Staat, Verwaltung, Information

Festschrift für Hans Peter Bull
zum 75. Geburtstag

Schriften zum Öffentlichen Recht

Band 1195

Staat, Verwaltung, Information

Festschrift für Hans Peter Bull
zum 75. Geburtstag

Herausgegeben von

Veith Mehde
Ulrich Ramsauer
Margrit Seckelmann

Duncker & Humblot · Berlin

Bibliografische Information der Deutschen Nationalbibliothek

Die Deutsche Nationalbibliothek verzeichnet diese Publikation in
der Deutschen Nationalbibliografie; detaillierte bibliografische Daten
sind im Internet über http://dnb.d-nb.de abrufbar.

ISSN 0582-0200
ISBN 978-3-428-13448-9 (Print)
ISBN 978-3-428-53448-7 (E-Book)
ISBN 978-3-428-83448-8 (Print & E-Book)

Gedruckt auf alterungsbeständigem (säurefreiem) Papier
entsprechend ISO 9706 ⊗

Internet: http://www.duncker-humblot.de

Vorwort

Am 17. Oktober 2011 feiert Hans Peter Bull seinen 75. Geburtstag. Zu diesem Anlass ehren ihn Freunde, Wegbegleiter und Schüler mit der vorliegenden Festschrift, die mit ihren vielfältigen Beiträgen inhaltlich zu einem Spiegel seiner weit gespannten Tätigkeit in Rechtswissenschaft, Verwaltungswissenschaften und Politik geworden ist.

Hans Peter Bull wurde am 17.10.1936 in Lübben im Spreewald geboren. Dort erlebte er auch das Kriegsende. Im Sommer 1947 floh der noch Achtjährige mit seiner Mutter und der jüngeren Schwester in den Westen – nach Hamburg, wo der Vater bereits auf sie wartete. Dort baute sich die Familie eine neue Existenz auf. Der Vater trat in die Justiz in der Hansestadt ein, der Sohn absolvierte das Gymnasium.

Das Juristische Studium begann Hans Peter Bull 1956 in Hamburg. Nach Semestern in Marburg und Berlin kehrte er – wie auch auf den späteren Stationen – zurück in die Hansestadt. Nach dem Referendarexamen erfolgte die Promotion zum Thema „Verwaltung durch Maschinen – Rechtsfragen der Technisierung der Verwaltung" bei Hans Peter Ipsen. Die Arbeit erschien zunächst in einer Schriftenreihe der Kommunalen Gemeinschaftsstelle für Verwaltungsvereinfachung (KGSt), war aber so schnell vergriffen, dass bereits im folgenden Jahr eine Neuauflage im Fachverlag Grote aufgelegt wurde. Der junge Wissenschaftler hatte sich auf das stets drängende Thema „Recht und Technik" bzw. „Verwaltung und Technik" eingelassen und damit gleichzeitig die Grundlage für die spätere Beschäftigung mit dem Datenschutz gelegt.

Nach dem Ersten Staatsexamen fand Hans Peter Bull die Zeit, einer weiteren Tätigkeit nachzugehen, die sich zu einer ernsthaften beruflichen Perspektive entwickelte: der Tätigkeit als Journalist. Anfang der 60er Jahre entstand durch eine einfache Anfrage seinerseits ein Kontakt zur Wochenzeitung „Die Zeit". Hans Peter Bull erhielt die Möglichkeit, in der Redaktion mitzuarbeiten, Artikel zu schreiben und Korrektur zu lesen. Auf Letzteres dürfte sich auch seine – für seine Mitarbeiter mitunter etwas beängstigende – Fähigkeit zurückführen lassen, in Texten auf den ersten Blick Tippfehler zu entdecken. Ein noch während des Referendariats erfolgtes Angebot zum Eintritt in die Redaktion lehnte er ab, um seine juristische Ausbildung abzuschließen.

Nach dem Assessorexamen übernahm Hans Peter Bull zunächst eine Stelle als Wissenschaftlicher Assistent bei der Handelskammer in Hamburg. Nach rund eineinhalb Jahren trat er wieder in die Universität ein und wurde Wissenschaftlicher Assistent bei Werner Thieme. Über diese Zeit hat Hans Peter Bull stets voller Respekt für seinen akademischen Lehrer berichtet. Die Freiheiten, die er dort genoss, ließ er Jahrzehnte später auch seinen Assistenten zuteil werden. Am Seminar für Verwaltungslehre kam Hans Peter Bull auch intensiv mit verwaltungswissenschaftlichen Fragen in Berührung. Hier entstand auch seine bis heute vielzitierte Habilitationsschrift zum Thema „Die Staatsaufgaben nach dem Grundgesetz". Die Arbeit erschien in Buchform zum ersten Mal 1973. Im Jahr 1977 erfolgte die 2. Auflage, die zugleich auch als „Studienausgabe" bezeichnet wurde. Damit gehört Hans Peter Bull zu der kleinen Gruppe von Wissenschaftlern, bei denen sowohl die Dissertation als auch die Habilitation in zweiter Auflage erschienen sind.

Eines der Arbeitsgebiete, denen sich Hans Peter Bull schon in seiner Assistentenzeit gewidmet hatte, war die Reform der Juristenausbildung. Insofern war es nur konsequent, dass die fakultätsübergreifende Auswahlkommission, die mit Beteiligung von Rechtspraktikern die Grundlage für die neukonzipierte, einstufige Juristenausbildung in Hamburg legen sollte, ihn als einen der Gründungsprofessoren berief. Diese Aufbauarbeit war äußerst anforderungsreich und hat viel Verzicht bei der Verfolgung der eigenen wissenschaftlichen Interessen erfordert.

Schon bald nach der ersten Aufbauphase ergab sich für Hans Peter Bull eine Chance, Erfahrungen in der Staatspraxis zu sammeln: Der damalige Bundesminister des Innern, Werner Maihofer, selbst Lehrstuhlinhaber, benannte ihn als Kandidaten für das neu zu schaffende Amt des Bundesbeauftragten für den Datenschutz. In der damals ganz neuen Datenschutzszene war er nicht zuletzt durch seine Dissertationsschrift aufgefallen. Darüber hinaus war er Mitglied in der Kommission, die 1972 vom Deutschen Juristentag eingesetzt worden war, um Vorschläge für das Datenschutzrecht zu erarbeiten. Neben der herausfordernden inhaltlichen Arbeit an dem ganz neu entstandenen Rechtsgebiet musste Hans Peter Bull mit einem kleinen Stab von Mitarbeitern die Behörde aufbauen. Durch die Art der Arbeit des Bundesdatenschutzbeauftragten erhielt er wertvolle Einblicke in die Arbeitsweise ganz verschiedener Stellen in der öffentlichen Verwaltung.

Nach einer Amtszeit, in die auch der Regierungswechsel in Bonn fiel, kehrte Hans Peter Bull auf seinen Hamburger Lehrstuhl zurück. Kurz danach endete mit dem Ablauf der bis 1984 befristeten sog. Experimentierklausel des DRiG die einstufige Juristenausbildung.

Für die schleswig-holsteinische Landtagswahl im September 1987 berief der Spitzenkandidat der SPD, Björn Engholm, Hans Peter Bull in sein Schattenkabinett. Da diese Wahl mit einem „Patt" der politischen Blöcke endete, begann die Amtszeit des Innenministers Hans Peter Bull erst im Jahr 1988. Für knapp sieben Jahre beherrschten die Leitung eines großen, wichtigen Ministeriums und die politische Auseinandersetzung das Leben des politisch denkenden, aber bis dahin an der vordersten politischen Front unerfahrenen Ministers Bull. Wer Hans Peter Bull aus der Universität und privat als höflichen, freundlichen und mitunter zurückhaltend wirkenden Gesprächspartner, Kollegen, Freund oder Vorgesetzten erlebt hat, mag kaum glauben, dass er sich über einen so langen Zeitraum den öffentlichen Druck eines solchen Amtes zugemutet hat. Er muss aber genug Freude am praktischen Gestalten empfunden haben, hat er doch in den Kabinetten unter Engholm und sodann auch unter Heide Simonis diese Rolle ausgefüllt.

Nach der Rückkehr aus Kiel im Jahre 1995 begann für Hans Peter Bull der letzte Abschnitt im aktiven Berufsleben. Es handelte sich um eine Heimkehr in vielerlei Hinsicht: Zum einen wurde wieder die Universität Hamburg zum Mittelpunkt der beruflichen Tätigkeit. Zum anderen wurde Hans Peter Bull Geschäftsführender Direktor des Seminars für Verwaltungslehre und damit zum Nach-Nachfolger seines akademischen Lehrers Werner Thieme. Es ist leicht vorstellbar, wie groß die Umstellung gewesen sein muss, vom Vorgesetzten eines Personalkörpers, der unter anderem die gesamte Polizei eines – wenn auch kleinen – Bundeslandes umfasste, wieder zum Hochschullehrer auf einem eher spartanisch ausgestatteten Lehrstuhl zu werden. Wenn es Hans Peter Bull tatsächlich schwergefallen ist, so hat er es sich jedenfalls nicht anmerken lassen. Es begann für ihn eine wissenschaftlich ausgesprochen produktive Zeit. Hans Peter Bull erkannte die Chance, die ihm das Seminar mit seiner von Thieme begründeten Tradition mit Praxiskontakten und intensiven Diskussionen über nicht nur rechtliche, sondern auch verwaltungswissenschaftliche Themen bot. Die Seminare fanden oft zu aktuellen Themen aus dem Bereich der Verwaltungsreform statt. Der Name Bull öffnete viele Türen und viele Praktiker kamen der Einladung zu Vorträgen im Seminar gerne nach. Eine wichtige Rolle spielte dabei auch der Freundeskreis des Seminars für Verwaltungslehre, in dem sich ehemalige Mitarbeiter und Doktoranden regelmäßig trafen. Hans Peter Bull nahm diesen Kontakt sehr gerne auf und veranstaltete Seminare in vielen Fällen zusammen mit diesem Freundeskreis.

Auch in dieser Rolle wirkte Hans Peter Bull in vielfältiger Weise in die Staatspraxis hinein. Wissenschaftlich wie publizistisch meldet er sich zu aktuellen rechtlichen und rechtspolitischen Themen zu Wort. In vielen Kommissionen sind sein Sachverstand und seine Erfahrungen gefragt. Hervorzuheben ist hier die Leitung der von der nordrhein-westfälischen Landesregierung eingesetzten (und mit seinem Namen verbundenen) Kommission „Zukunft des öffentlichen Dienstes – Öffentlicher Dienst der Zukunft". Die Pensionierung war für Hans Peter Bull, wie das Schriftenverzeichnis eindrucksvoll belegt, nicht das Ende der produktiven Zeit.

Diesen außergewöhnlichen Lebensweg hätte Hans Peter Bull nicht ohne große private Unterstützung beschreiten können. Seine Familie – seine Ehefrau Karin und die beiden Kinder Christine und Olaf – sind für ihn ein großes Glück, das ihn manch eine berufliche Auseinandersetzung sicherlich mit größerer Gelassenheit hat ertragen lassen. Sie haben alle seine beruflichen Stationen miterlebt und sind in die jeweiligen Wirkungsstätten gefolgt.

Das Erscheinen dieser Festschrift ist in großzügiger Weise unterstützt worden durch den bereits erwähnten Freundeskreis des Seminars für Verwaltungslehre sowie durch die Friedrich-Ebert-Stiftung. Für diese Unterstützung bedanken sich die Herausgeber herzlich. Ebenfalls ein herzlicher Dank gebührt den Autoren, die mit vielfältigen Beiträgen zum Gelingen der Festschrift beigetragen haben, sowie Frau Angelika Köhler, in deren Händen die mühevolle Arbeit des Layouts lag. Ohne ihren Einsatz wäre ein fristgerechtes Erscheinen des Werkes nicht denkbar gewesen.

Hamburg, Hannover, Speyer im April 2011

Die Herausgeber

Inhaltsverzeichnis

Staat und Politik

Verwaltung, Verwaltungsreform, Öffentlicher Dienst

Information, Kommunikation, Datenschutz

Staat und Politik

Staatliche Gewaltmonopole

Manfred Baldus

I. Gewalt und staatliches Gewaltmonopol

Gewalt zählt zu den elementaren Bedingungen menschlichen Lebens. Häufig wird sie motiviert durch den Drang, Aggressionen auszuleben, Macht über andere Menschen zu erlangen, Ansehen zu erwerben oder Mangelprobleme zu lösen. Als politische zielt Gewalt auf die Etablierung und Stabilisierung von Herrschaft, als revolutionäre auf deren Veränderung oder Beseitigung. Möglicherweise liegt ihr ein Jahrmillionen altes biologisches Erbe zugrunde: der Zwang, miteinander konkurrieren und rivalisieren zu müssen.

Gewalt kann einhergehen mit der Faszination von Grenzüberschreitungen und dem Empfinden von Lust. Ihre zerstörerische Wirkung lässt sich beträchtlich erhöhen, wenn es gelingt, ihren Einsatz im Wege der Arbeitsteilung vorzubereiten und durchzuführen. Ihrer Tendenz zur Entgrenzung, die im Zeitalter von Massenvernichtungswaffen bis hin zur Möglichkeit reicht, sämtliches Leben zu vernichten, steht allerdings die Chance ihrer Eingrenzung gegenüber: Durch die Formung menschlicher Beziehungen lässt sich die Wahrscheinlichkeit gewaltsamer Handlungen reduzieren. Erforderlich sind dafür soziale Institutionen, die zur Eindämmung von Gewalt indessen selbst wiederum Gewalt benötigen. Gelingt es diesen Institutionen, Gewalt durch Gewalt einzudämmen, wird diese zu einer ordnungsstiftenden Kraft.[1]

Dass Gewalt nicht allgegenwärtig ist, wurzelt gewiss nicht immer und ausschließlich darin, dass soziale Institutionen Gewalt mit Gegengewalt unterdrücken. Die Abwesenheit von Gewalt ist häufig auch darauf zurückzuführen, dass Menschen die nachteiligen Folgen ihres Einsatzes kalkulieren und zu vermeiden suchen oder aber sich an Normen der Gewaltlosigkeit oder des Gewaltver-

---

[1] Vgl. *Heinrich Popitz*, Phänomene der Macht, 2. Aufl., 1992, S. 43ff.; *Walter Laqueur* (Hrsg.), Zeugnisse politischer Gewalt. Dokumente zur Geschichte des Terrorismus, 1976; *Anatol Rapoport*, Ursprünge der Gewalt, 1990; *René Girard*, Das Heilige und die Gewalt, 2006 (1. Aufl. 1972); *Georges Sorel*, Über die Gewalt, 1981 (1. Aufl. 1908); *Richard Wrangham/Dale Peterson*, Bruder Affe. Menschenaffen und die Ursprünge menschlicher Gewalt, 2001.

zichts orientieren.[2] Eines muss aber immer hinzukommen: eine besondere Verteilung von Gewaltmitteln und Erlaubnissen ihrer Anwendung. Gewalt ist nur
dann ein nicht-alltägliches Phänomen, wenn in einer Gesellschaft nur relativ
wenige ihrer Mitglieder Gewaltmittel besitzen, nur ihnen die Ermächtigung zugewiesen ist, diese Mittel unter genauer festgelegten Bedingungen einzusetzen
und der Einsatz der Gewaltmittel dann auch tatsächlich nur unter Beachtung
dieser Ermächtigung erfolgt.

Ein so organisierter Umgang mit Gewalt wird bekanntlich in Staatstheorie
und Staatsrechtslehre mit der Formel vom *staatlichen Gewaltmonopol* erfasst.
Eingeführt wurde sie von Max Weber, im Rahmen seines Versuchs, politische
Verbände zu charakterisieren. Ihm zufolge zeichnen sich diese Verbände durch
die „Monopolisierung der legitimen Gewaltsamkeit" zur Durchsetzung ihrer
Ordnung innerhalb des von ihnen beherrschten Gebiets aus. Entsprechend charakterisiert Weber den *modernen Staat* durch den „Monopolcharakter der staatlichen Gewaltherrschaft". Diese Herrschaft manifestiert sich in einer Verwal-
tungs- und Rechtsordnung, die Geltung beansprucht „innerhalb eines angeb-
baren geographischen Gebiets", sodann kennzeichnet sie, dass sich allein nach
dieser Rechtsordnung die Legitimität der Gewaltherrschaft bestimmt.[3]

Diese Formel enthält genau genommen einen Pleonasmus: Ein Herrschafts-
verband ist nur dann Staat, wenn er über das Gewaltmonopol verfügt. Das Gewaltmonopol ist unverzichtbares Attribut des Staates, nicht das einer Form politischer Herrschaft überhaupt.[4] Fragt man weiter, in welchem kausalen Verhältnis die Elemente dieser Formel zueinander stehen, wird zudem ihre Zirkularität
erkennbar: Die staatliche Rechtsordnung kann Geltung nur aufgrund der „Gewaltsamkeit" des Staates beanspruchen, die Legitimität dieser Gewaltsamkeit
verweist aber wiederum auf die staatliche Rechtsordnung.

Gleichwohl ist diese Formel, die trotz aller Kritik als wirkungsmächtigste
Staatsdefinition des 20. Jahrhunderts gilt,[5] nicht nur eine solche der Staatstheorie. Das Gewaltmonopol des Staates ist auch Gegenstand und Gut des Völker-

---

[2] Vgl. *Sigmund Freud*, Das Unbehagen in der Kultur, 1994 (1. Auflage 1930); *Wolfgang Lienemann*, Gewalt und Gewaltverzicht. Studien zur abendländischen Vorgeschichte der gegenwärtigen Wahrnehmung von Gewalt, 1982; *Friedrich Engel-Janosi*
(Hrsg.), Gewalt und Gewaltlosigkeit. Probleme des 20. Jahrhunderts, 1977.

[3] *Max Weber*, Wirtschaft und Gesellschaft, 5. Aufl., 1980 (1. Aufl. 1921/22), S. 28,
30 und 516.

[4] *Dieter Grimm*, Das staatliche Gewaltmonopol, in: Wilhelm Heitmeyer/John Hagan
(Hrsg.), Internationales Handbuch der Gewaltforschung, 2002, S. 1297/1299.

[5] *Andreas Anter*, Von der politischen Gemeinschaft zum Anstaltsstaat. Das Monopol
der legitimen Gewaltsamkeit, in: Edith Hanke/Wolfgang J. Mommsen (Hrsg.), Max
Webers Herrschaftssoziologie, 2001, S. 120 f., dort auch Nachweise zur Frage, ob der
Staat allein durch sein Mittel, nämlich die Gewaltsamkeit, und damit unter Verzicht auf
Sinnfunktionen definiert werden kann.

und Verfassungsrechts. Das Völkerrecht schützt nicht nur das staatliche Gewaltmonopol, es erlaubt und fordert sogar seinen Einsatz.[6] Und im Verfassungsrecht der Bundesrepublik Deutschland ist das Gewaltmonopol Teil des grundgesetzlichen Staatsbegriffs[7] und damit als juristisch relevantes Argument anerkannt.[8]

II. Staatliches Gewaltmonopol – Präzisierungen

Faktisch verfügt kein Staat über ein Gewalt*monopol*. In einer staatlich organisierten Gesellschaft sind vielfältige Formen nicht-staatlicher Gewaltmittel und -potentiale vorhanden und zahlreiche Gewaltakte unter Privaten zu beobachten. Daher kann allenfalls davon die Rede sein, dass die in einer Gesellschaft existenten Gewaltmittel beim Staat *konzentriert* sind. Von einem *Monopol* lässt sich allein hinsichtlich des normativen Fundaments staatlicher Gewalt sprechen. Nur der Staat verfügt über die Legitimation, Personen mit Gewaltmitteln auszustatten *und* zu ermächtigen, diese einzusetzen. Ein solches Monopol hat der Staat insoweit inne, als allein er letztverbindlich entscheidet, wie die Ermächtigungen zum Besitz von Gewaltmitteln und ihrer Anwendung verteilt werden. Privaten kann dabei durchaus erlaubt sein, Gewaltmittel zu besitzen und unter bestimmten Voraussetzungen einzusetzen. Das Monopol steht damit nicht in Frage.[9] Denn es ist ausschließlich der Staat, der die Privaten ermächtigt.

Es handelt sich beim staatlichen Gewaltmonopol um eine zweigliedrige, aus einer empirischen und einer normativen Komponente bestehenden Formel: Sie

---

[6] Schutz des Gewaltmonopols z.B. durch das Einmischungsverbot, Erlaubnis seines Einsatzes durch Art. 51 VN-Charta und Forderung seines Einsatzes aufgrund fremden- und sonstiger individualrechtlicher Verpflichtungen; vgl. u.a. dazu *Markus Heintzen*, Das staatliche Gewaltmonopol als Strukturmerkmal des Völkerrechts, Der Staat 1986, S. 17ff.

[7] Vgl. *Hans Peter Bull*, Die Staatsaufgaben nach dem Grundgesetz, 1977, S. 349 (Gewaltmonopol als Komponente der staatlichen und in zahlreichen Normen des Grundgesetzes zum Ausdruck gebrachten Aufgabe des Rechtsgüterschutzes); *Dietrich Murswiek*, Die staatliche Verantwortung für die Risiken der Technik, 1985, S. 104 (Gewaltmonopol von Art. 20 Abs. 1 GG erfasst); *Bernd Jeand'Heur*, Von der Gefahrenabwehr als staatlicher Angelegenheit zum Einsatz privater Sicherheitskräfte, AöR 1995, S. 107/115 (Gewaltmonopol aus Rechtsstaatsgedanken abzuleiten).

[8] BVerfGE 54, 277/291 (Anforderungen an Bestimmtheit der Regelungen über den Zugang zu den Gerichten); 69, 315/360 (Interpretation des Erfordernisses der Friedlichkeit in Art. 8 Abs. 1 GG); 123, 267/332, 358f. (Grenze der Europäisierung deutscher Staatsgewalt).

[9] A. A. *Rainer Pitschas*, Gefahrenabwehr durch private Sicherheitsdienste?, DÖV 1997, S. 393/397, der aufgrund der Beobachtung, dass die Rechtsordnung den Einsatz privater Gewalt gestattet, den Schluss zieht: „Der Staat verfügt über kein Gewaltmonopol."

umfasst die faktische Konzentration der Gewaltmittel beim Staat *und* das ihm zustehende Monopol über die Verteilung von Ermächtigungen zur Gewaltanwendung.[10] Da im modernen Staat das staatlich geschaffene Recht die letztverbindliche Legitimationsquelle ist, der Staat mithin das Rechtsmonopol inne hat, setzt sich diese Formel aus einem empirischen und einem *rechts*normativen Element zusammen. Beide Elemente – Konzentration der Gewaltmittel beim Staat *und* sein Monopol über die Verteilung von Gewaltanwendungsrechten[11] – bedingen sich: Das Rechtsmonopol des Staates fordert diese Konzentration, denn nur so kann er es überhaupt wahrnehmen. Zugleich beantwortet dieses Monopol die Frage, über welche Gewaltmittel der Staat verfügt und unter welchen Voraussetzungen er sie einsetzen darf. Diese empirisch-normative Zweigliedrigkeit der Formel vom Gewaltmonopol verdeutlicht ihre Zirkularität.

Monopolist ist der Staat aber nur innerhalb des von ihm beanspruchten Herrschaftsgebietes. Bei einer globalen Betrachtung zeigen sich damit zahlreiche – gegenwärtig rund zwei hundert – staatliche Gewaltmonopolisten, die zum Teil ihre Gewaltmittel gegeneinander, zum Teil auch kooperativ einsetzen. Mit in den Blick zu nehmen sind zudem internationale Organisationen, die ebenfalls über Gewaltanwendungsrechte verfügen und diese unter Rückgriff auf staatliche Gewaltmonopole wahrnehmen.

Die staatlichen Gewaltmonopole dienen der Normdurchsetzung gegen Widerstand. Dies geschieht allerdings nur selten durch den unmittelbaren Einsatz von Gewalt.[12] Sehr oft genügt schon ihre bloße Androhung oder das Wissen um die Möglichkeit ihres Einsatzes. Anlass zur Aktivierung des Gewaltmonopols liefert in der Regel die Feststellung geschehener oder drohender Normverletzungen. Wurde eine Norm schon verletzt, zielt das Gewaltmonopol darauf, durch Sanktionierungen zukünftige Verletzungen zu verhindern.

Die Normdurchsetzung mit Hilfe des staatlichen Gewaltmonopols setzt die Erwartung und die Wahrscheinlichkeit voraus, dass sich die vorhandenen und jederzeit aktualisierbaren Gewaltmittel des Staates immer und überall auf dessen Gebiet gegen private Gewalt durchsetzen werden. Sie *müssen* daher in ei-

---

[10] Gelegentlich wird die Formel vom Gewaltmonopol ganz unter Ausblendung dieser Zweigliedrigkeit verwendet: z.B. *Pitschas* (Fn. 9); *Jörn Axel Kämmerer*, Der lange Abschied vom staatlichen Gewaltmonopol, FS-Stober, 2008, S. 595ff. Dagegen ähnlich wie hier *Christoph Gusy*, Rechtsgüterschutz als Staatsaufgabe, DÖV 1997, S. 573/576 („Rechtsordnung und Realität"); *Christoph Möllers,* Der Staat als Argument, 2000, S. 273 („Verschränkung deskriptiver und normativer Momente").

[11] A.A. *Möllers* (Fn. 10), S. 276f., der die Formel des Gewaltmonopols auf ein Rechtsmonopol beschränken muss, weil er sie hinsichtlich der Frage nach den tatsächlichen Gewaltverhältnissen wörtlich nimmt. Dies ist aber nicht geboten.

[12] Vgl. zu den drei wesentlichen Gründen der Normbefolgung Sanktionsorientierung, Identifikation und Internalisierung: *Manfred Rehbinder*, Rechtssoziologie, 5. Aufl., 2003, Rn. 115ff.

nem solchen Maße beim Staat konzentriert sein, dass kein ernsthafter Zweifel an ihrer Überlegenheit aufkommen kann. Handelt es sich um Normdurchsetzung in einem Rechtsstaat, so geschieht diese wiederum normgebunden. Die dem Einsatz der Gewaltmittel vorausgehende Erhebung von Informationen, um einen möglicherweise normwidrigen Sachverhalt aufzuklären, die konkrete Festlegung der Gewaltmittel, ihre Androhung, die einzelnen Phasen ihres Einsatzes, ihre vorherige und nachträgliche Kontrolle – sämtliche dieser staatlichen Handlungen sind in hohem Maße an normative Vorgaben geknüpft.

Die durch das Gewaltmonopol bewirkte Normdurchsetzung bezweckt primär, Frieden und Sicherheit zu gewährleisten. Das Gewaltmonopol im Sinne der bei einem Staat konzentrierten Gewaltmittel und bei ihm monopolisierten Gewaltanwendungsrechte will ein relativ gewaltfreies soziales Leben ermöglichen, indem es private Gewalt mit staatlicher Gegengewalt zu unterdrücken verspricht.[13] Darin erschöpft sich der Zweck des Gewaltmonopols aber nicht. Das Monopol ist auch ein unverzichtbares Mittel zur Durchsetzung einer bestimmten Idee politischer Ordnung. Das Gewaltmonopol erlaubt, die in einer Gesellschaft dominierenden Vorstellungen über die Verteilung politischer Macht und ökonomischer Güter gegen Widerstände zu verwirklichen, unter Umständen sogar unter Inkaufnahme von Unfrieden und kriegerischen Auseinandersetzungen. Gelingt es dabei einem Staat nicht, in einem signifikanten Maße Frieden und Sicherheit zu gewährleisten und seine Ordnungsidee durchzusetzen, läuft er Gefahr, zu zerfallen. Die Auflösung des staatlichen Gewaltmonopols und seine Ablösung durch parastaatliche Ordnungsformen oder Ordnungen gewalttätiger Selbsthilfe[14] tritt ein, wenn sich innerhalb des Staatsgebietes dauerhaft Enklaven privater Gewalt herausbilden. Anders verhält es sich bei Revolutionen: Diese zielen nicht auf die Auflösung oder Beseitigung des Gewaltmonopols. Revolutionäre Kräfte streben regelmäßig danach, sich des Gewaltmonopols zu bemächtigen, um mit seiner Hilfe eine neue Idee politischer Ordnung durchzusetzen. Es kommt dann regelmäßig zu einem Austausch des Personals, das bisher über die Gewaltmittel verfügte, sowie zu einer neuen Verteilung der Gewaltanwendungsrechte.

---

[13] Diese Rechtfertigung des staatlichen Gewaltmonopols trägt gewiss dann nicht, wenn der Einzelne gezwungen wird, für die Existenz des Staates sein Leben zu opfern. Zu dieser Aporie einer auf die Schutzleistung des Staates abstellenden Staatsrechtfertigungslehre: etwa *Peter Cornelius Mayer-Tasch,* Thomas Hobbes und das Widerstandrecht, 1965 S. 103 ff., 108 ff.; bezogen auf die Wehrpflicht der Bundesrepublik Deutschland: *Manfred Baldus,* Die Verfassungsmäßigkeit der Wehrpflicht unter veränderten militärpolitischen Bedingungen, Neue Zeitschrift für Wehrrecht, 1993, S. 92/99 ff.

[14] *Trutz von Trotha,* Ordnungsformen der Gewalt oder Aussichten auf das Ende des staatlichen Gewaltmonopols, in: Birgitta Nedelmann (Hrsg.), Politische Institutionen im Wandel, 1995, S. 129 ff.; *Erhard Eppler,* Vom Gewaltmonopol zum Gewaltmarkt, 2002, S. 30ff., 42 ff.

III. Staatliches Gewaltmonopol und Recht

In der Formel vom staatlichen Gewaltmonopol sind Gewalt und Recht symbiotisch verbunden. Die Gewalt bedarf zu ihrer Legitimation des Rechts, das Recht bedarf zu seiner Durchsetzung der Gewalt. Im modernen Staat ist diese Verbindung so stark, dass Normen allein durch die Möglichkeit ihrer gewaltsamen Durchsetzung zu Normen des Rechts werden.[15]

Das Recht begründet und legitimiert, begrenzt und delegitimiert Gewalt.[16] Es begründet und legitimiert, indem es zum Einsatz der Gewalt ermächtigt – nicht um der Gewalt selbst willen, sondern zum Schutz individueller Rechte oder zur Durchsetzung der dem Staat zugrunde liegenden Ordnungsidee. Das Recht begrenzt Gewalt, indem es den Umfang der Ermächtigungen zur Gewaltanwendung bestimmt, und es delegitimiert Gewalt, indem die von ihm bereitgehaltenen Verfahren zur Feststellung führen können, dass die begrenzenden Ermächtigungen nicht beachtet wurden. Werden staatliche Gewaltmittel ermächtigungswidrig eingesetzt, erschüttert dies die Legitimität des Gewaltmonopols.

Der freiheitliche Verfassungsstaat hat ein sehr differenziertes Normensystem zur Legitimation und Delegitimation von Gewalt entwickelt: Normen bestimmen und differenzieren Träger der Gewaltanwendungsrechte, Arten der einsetzbaren Gewaltmittel, Tatbestände, Adressaten, Orte, Verfahren und Dosierungen ihrer Anwendung, deren Verbote sowie Verfahren unabhängiger Überprüfung des Einsatzes von Gewalt.

Ein wesentlicher Grund für diese umfassende Verrechtlichung liegt in der Knappheit von Gewalt als staatliche Ressource der Normdurchsetzung.[17] Umfangreiche rechtliche Vorgaben für den Einsatz von Gewaltmitteln verhindern ihren leichtfertigen oder verschwenderischen Gebrauch. Vor allem aber findet die Verrechtlichung des Gewaltmonopols ihren Grund im Risiko einer missbräuchlichen Verwendung. Wird eine Person instand gesetzt, durch die Anwendung von Gewalt individuelle Rechtsgüter zu schützen oder eine Idee politischer Ordnung durchzusetzen, wird sie zugleich mit Macht ausgestattet, die

---

[15] *Immanuel Kant*, Metaphysische Anfangsgründe der Rechtslehre, 1797, S. 36 („Das Recht ist mit der Befugnis zu zwingen verbunden"); *Weber* (Fn. 3), S. 17; *Walter Benjamin*, Zur Kritik der Gewalt (1. Aufl. 1921), in: ders., Gesammelte Schriften, Bd. II.1, 1999, S. 179 ff.; *Hans Kelsen*, Reine Rechtslehre, 1934, S. 32.

[16] *Grimm* (Fn. 4), 1301ff.; *Martin Ludwig Hofmann*, Die Wiederkehr der Gewalt. Vier Kapitel zur Lehre normativer Theorie, in: Der Staat 2005, S. 251/259 ff.

[17] *Grimm*, (Fn. 4), S. 1304; *Ralf Poscher*, Verwaltungsakt und Verwaltungsrecht in der Vollstreckung, Verwaltungsarchiv 1998, S. 111/117 f.; *ders.*, Recht und Gewalt, in: Globaler Wandel Rubin 2007, S. 12/15.

missbraucht werden kann. Diese Erkenntnis war schon in den Theorien des absolutistischen Staates verbreitet.[18]

Der freiheitliche Verfassungsstaat hat verschiedene Mechanismen entwickelt, um die Gefahr eines Missbrauchs durch ermächtigungs- und zweckwidrige Anwendung von Gewaltmitteln zu minimieren.[19] Von besonderer Bedeutung ist dabei, dass die Verteilung von Gewaltanwendungsrechten in einem öffentlichen parlamentarischen Verfahren beschlossen wird, an dem alle Staatsangehörigen teilnehmen können bzw. in dem sie repräsentiert sind. Zudem hat der freiheitliche Verfassungsstaat in Gestalt von Grund- und Menschenrechten besonders geltungsstarke Grenzlinien festgelegt, die das Parlament bei der Verteilung der Rechte zur Gewaltanwendung und die Exekutive beim Einsatz der Gewaltmittel nicht überschreiten darf. Grund- und Menschenrechte schützen bestimmte Verhaltensweisen und Lebensbereiche gegen staatliche Gewalt allerdings nicht dadurch, dass sie ein für allemal feststehende, starre Linien formulieren. Diese Rechte schützen, indem sie die Anwendung staatlicher Gewalt mit besonderen Rechtfertigungslasten versehen, deren Gewicht wiederum von lagebezogenen und damit veränderbaren Faktoren abhängig ist.[20] Grund- und Menschenrechte enthalten mithin Programme zur Ermittlung dieser Grenzlinien. Im freiheitlichen Verfassungsstaat ist in erster Linie unabhängigen Gerichten die Aufgabe zugewiesen, den Verlauf dieser Linien anhand konkreter Verfahren zu bestimmen.

IV. Staatliche Gewaltmonopole und Grundgesetz

Die Verfassung der Bundesrepublik Deutschland weist Zentralstaat und Gliedstaaten, also Bund und Ländern, Gewaltmittel zu.[21] Zudem statuiert sie entweder selbst Gewaltanwendungsrechte oder ermächtigt Bund und Länder in

---

[18] *Thomas Hobbes*, De Cive, 1642, 6. Kapitel, 13. Abschnitt (deutsche Ausgabe eingeleitet und herausgegeben von Günter Gawlick, 1994): „Denn der, welcher Macht genug hat, alle zu beschützen, hat auch Macht, alle zu unterdrücken".

[19] Vgl. dazu *Hans Peter Bull*, Wie weit reicht das Sicherheitsversprechen des Staates gegenüber seinen Bürgern?, in: Kurt Graulich/Dieter Simon (Hrsg.), Terrorismus und Rechtsstaatlichkeit, 2007, S. 303 ff.

[20] Vgl. dazu *Manfred Baldus*, Freiheitssicherung durch den Rechtsstaat des Grundgesetzes, in: Stefan Huster/Karsten Rudolph, Vom Rechtsstaat zum Präventionsstaat, 2008, S. 107/110 ff.

[21] Die einschlägigen Verfassungsnormen: Art. 87 Abs. 1 GG („Bundesgrenzschutzbehörden", „Kriminalpolizei"); Art. 87 Abs. 3 als Ermächtigung, weitere Gewaltmittel zu schaffen durch einfaches Gesetz in Bereichen, in denen Bund die Gesetzgebung zusteht; Art. 87a GG („Streitkräfte"), Art. 35, 87a Abs. 4, 91 („Polizeikräfte" der „Länder"); Art. 30 GG.

Gestalt von Kompetenznormen, solche zu begründen.[22] Unter dem verfassungsrechtlichen Dach des Grundgesetzes existieren daher insgesamt siebzehn Gewaltmonopole.

Die Gewaltmittel des Bundes können bundesweit eingesetzt werden, allerdings nur bei bestimmten Sachverhalten wie Aufrechterhaltung der öffentlichen
Ordnung in den Ländern, Naturkatastrophen und Unglücksfällen, Bekämpfung
bestimmter Verbrechen, Schutz der Bundesgrenzen oder Verteidigung.[23] Die
Gewaltmittel der Länder sind grundsätzlich nur auf deren Gebieten einzusetzen.
Bei Naturkatastrophen, besonders schweren Unglücksfällen, in bestimmten Fällen der Strafverfolgung und besonderen Gefahrenlagen[24] darf sich ihr Einsatz
allerdings auch auf Gebiete anderer Länder erstrecken. Bei bestimmten Lagen
lässt die Verfassung den Einsatz der Gewaltmittel des Bundes und der Länder
auch im Verbund zu.[25]

Der Verfassung fehlt eine ausdrückliche Ermächtigung, um Gewaltanwendungsrechte auf ausländische Staaten zu übertragen. Gleichwohl wird ein solcher Vorgang für verfassungsrechtlich unbedenklich gehalten.[26] Ganz unbestrit-
tenermaßen ermächtigt dagegen die Verfassung, einer internationalen Organisation wie die der Europäischen Union oder einem internationalen Gerichtshof
das Recht zur Gewaltanwendung auf deutschem Staatsgebiet oder gegen deutsche Staatsangehörige außerhalb dieses Gebietes zu übertragen.[27] Im Falle der
Ausstattung eines internationalen Gerichtshofs mit Gewaltanwendungsrechten
verlangt die Verfassung allerdings die Wahrung rechtsstaatlicher Grundsätze;
dies gilt auch hinsichtlich der Europäischen Union.[28] Zudem leitet das Bundesverfassungsgericht aus dem Demokratieprinzip des Grundgesetzes ein Verbot
ab, das Gewaltmonopol vollständig auf die Europäische Union übergehen zu
lassen. Das zivile und militärische Gewaltmonopol gehört danach zu den wesentlichen Bereichen demokratischer Gestaltung, die für eine Europäisierung
nur offen stehen, wenn es zur Koordinierung grenzüberschreitender Sachver-

---

[22] Art. 37 GG; Art. 73 Nr. 5, Nr. 9a, 10 GG; Art. 87a Abs. 3 bis 4 GG; Art. 91 GG;
Art. 70 GG.

[23] Vgl. vorstehende Fn.

[24] Art. 35 Abs. 2 und 3 GG, Art. 91 GG, ferner z.B. Art. 11 BayPOG; § 78 B-W
PolG.

[25] Art. 35 Abs. 2 und 3 GG; Art 87a Abs. 3 GG; Art. 91 Abs. 1 GG.

[26] *Marius Breucker*, Transnationale polizeiliche Gewaltprävention, 2003, S. 259 ff.
m.w.N.; *Claus Dieter Classen*, Kommentierung zu Art. 24, in: v.Mangoldt/Klein/Starck,
GG, Bd. 3, 6. Aufl., 2010, Rn. 66. A.A. *Manfred Baldus*, Die Übertragung von Hoheits-
rechten auf ausländische Staaten im Bereich der Sicherheitsverwaltung, Die Verwaltung
1999, S. 481 ff.

[27] Art. 16 Abs. 2 S. 2 GG; Art. 23 Abs. 1 S. 1 GG.

[28] Art. 16 Abs. 2 S. 2 GG; Art. 23 Abs. 1 S. 2 GG.

halte notwendig ist.[29] Eine vollständige Europäisierung des Gewaltmonopols bedürfte daher einer Aktivierung und Entscheidung der verfassungsgebenden Gewalt.[30]

Die Verfassung untersagt ebenfalls nicht, Private mit Gewaltanwendungsrechten auszustatten. Dies in Frage zu stellen, verbietet sich schon deshalb, weil sie es in einem Fall sogar selbst tut.[31] Zudem fordert sie nur, die Ausübung hoheitsrechtlicher Befugnisse als ständige Aufgabe in der Regel – wozu auch die Wahrnehmung von Gewaltanwendungsrechten gehört – Angehörigen des öffentlichen Dienstes zu übertragen.[32] Doch ebenso wie bei einer Übertragung auf zwischenstaatliche Einrichtungen ist auch hier eine Grenze zu beachten. Das staatliche Gewaltmonopol umfasst die Konzentration tatsächlicher Gewaltmittel und das Monopol der Verteilung von Gewaltanwendungsrechten beim Staat. Dies verkennt, wer für eine Verantwortungsteilung zwischen Staat und Privaten im Sicherheitsbereich plädiert.[33] Die Übertragung von Gewaltanwendungsrechten auf Private ist von Verfassung wegen gewiss nicht verboten, sie darf aber nicht dazu führen, dass die Überlegenheit des Staates und seiner Gewaltmittel in Zweifel gerät. Privatisierungen dürfen das Gewaltmonopol des Staates nicht schwächen. Da das Gewaltmonopol ein Gut der Verfassung ist, handelt es sich dabei auch um ein verfassungsrechtliches Verbot.

Die Verfassung der Bundesrepublik Deutschland benennt den Zweck des Gewaltmonopols, eine bestimmte Idee politischer Ordnung durchzusetzen, zum Teil ausdrücklich.[34] Für den Fall, dass ein Land oder mehrere Länder eine andere Idee präferieren sollten, ist dem Bund das Recht zugewiesen, Gewalt gegen solche Länder anzuwenden.[35] Dagegen spricht die Verfassung den Zweck des Gewaltmonopols, ein relativ gewaltfreies soziales Leben der Staatsangehörigen zu ermöglichen, nicht explizit aus. Dieser Zweck lässt sich aber aus der Staatlichkeit der Bundesrepublik Deutschland ableiten. Zu den traditionellen konsti-

---

[29] BVerfGE 123, 267/358 f.

[30] BVerfGE 123, 267/332.

[31] Art. 20 Abs. 4 GG. Dazu etwa *Roman Herzog*, in: Maunz/Dürig, Art. 20, Abschnitt IX. (Lieferung 1980), Rn. 47 ff.

[32] Art. 33 Abs. 4 GG. Dazu etwa *Markus Möstl*, Die staatliche Garantie für die öffentliche Sicherheit und Ordnung, 2002, S. 354 ff.

[33] So aber etwa *Rolf Stober*, Staatliches Gewaltmonopol und privates Sicherheitsgewerbe, NJW 1997, S. 889/892f.; *ders.*, Police-Private-Partnership aus juristischer Sicht, DÖV 2000, S. 261/265. Dagegen wie hier: *Christoph Gusy*, DÖV 1996, S. 574/583; *Friedrich Schoch*, Polizei- und Ordnungsrecht, in: Eberhard Schmidt-Aßmann (Hrsg.), Besonderer Verwaltungsrecht, 12. Aufl., 2002, Rn. 29 f.

[34] Art. 87a Abs. 4 und Art. 91 GG.

[35] Art. 37 GG. Dazu etwa *Michael Bothe*, in: AK-GG, Art. 37 (Lieferung 2001), Rn. 22 ff.

tutiven Merkmalen eines Staates gehört das Gewaltmonopol mit sämtlichen ihm zuzudenkenden Funktionen.

V. Staatliche Gewaltmonopole und Grundrechte des Grundgesetzes

Die Grundrechte des Grundgesetzes begrenzen die staatlichen Gewaltmonopole. Die Grenzen, die sie ziehen, verlaufen aber nicht starr. Sie sind in hohem Maße einzelfall- und lageabhängig. Zurückzuführen ist dies auf die besondere dogmatische Struktur der Grundrechte, die aus grundrechtlichem Schutzbereich bzw. Gewährleistungsgehalt, Eingriff und Eingriffsrechtfertigung besteht. Ob ein Grundrecht die Statuierung eines bestimmten Gewaltanwendungsrechts oder den konkreten Einsatz von Gewalt verbietet, führt regelmäßig zur Frage, ob für die Statuierung dieses Rechts oder für den konkreten Einsatz rechtfertigende Gründe erkennbar sind. Ist dies der Fall, so ist zwischen dem Grundrecht und entgegenstehenden Rechten Dritter oder sonstigen Gütern von Verfassungsrang abzuwägen.

Bei dieser Abwägung kann das staatliche Gewaltmonopol nicht für sich genommen als rechtfertigender Grund angeführt werden, wohl aber die Zwecke, die zu erreichen es dient, mithin der Schutz des Rechts, nicht durch Gewalt Privater verletzt zu werden, sowie der Schutz der sich in der Verfassung manifestierenden Ordnungsidee. Die grundrechtliche Grenze des Gewaltmonopols ist auch dann nicht starr, wenn die Pflicht des Staates berührt ist, die Würde des Menschen zu achten und zu schützen.[36] Bei genauerer Betrachtung erweist sich die Menschenwürdegarantie keinesfalls als eine absolute, einer Abwägung mit Grundrechten Dritter oder sonstiger Rechtsgüter von Verfassungsrang ganz und gar nicht nicht zugänglichen Größe.[37]

Die Grundrechte des Grundgesetzes begrenzen das staatliche Gewaltmonopol, nicht aber begrenzt das Gewaltmonopol den Tatbestand der Grundrechte:[38]

---

[36] A.A. *Kämmerer* (Fn. 10), S. 604.

[37] *Karl Eberhard Hain*, Menschenwürde als Rechtsprinzip, in: Sandkühler (Hrsg.), Menschenwürde. Philosophische, theologische und juristische Analysen, 2007, S. 87/95; *Hans Georg Dederer*, Die Garantie der Menschenwürde (Art. 1 Abs. 1 GG). Dogmatische Grundfragen auf dem Stand der Wissenschaft, Jahrbuch für öffentliches Recht, 2009, 89/113; *Rolf Gröschner/Oliver W. Lembcke*, Dignitas absoluta. Ein kritischer Kommentar zum Absolutheitsanspruch der Würde, in: dies. (Hrsg), Das Dogma der Unantastbarkeit, 2009, S. 13/20.

[38] *Felix Hammer*, Private Sicherheitsdienste, staatliches Gewaltmonopol, Rechtsstaatsprinzip und „schlanker Staat", DÖV 2000, 613/618; *Kämmerer* (Fn. 10), S. 601.

Private Gewalt fällt nicht aus dem Schutzbereich der Grundrechte heraus.[39] Darin äußert sich keinesfalls eine Perversion des Grundrechtsdenkens.[40] Grundrechte schützen jegliches Handeln der Grundrechtsträger, ob es gewalttätig ist oder nicht, weil grundrechtliche Freiheit „formale Freiheit" ist.[41] Schon der Verfassungstext liefert dafür ein wichtiges Indiz: Nur in Art. 8 Abs. 1 GG wird Gewalt ausdrücklich vom grundrechtlichen Schutz ausgenommen; die anderen Grundrechte nennen einen solchen Friedlichkeitsvorbehalt nicht.[42] Zudem ermächtigt Art. 20 Abs. 4 GG zum gewaltsamen Widerstand gegen denjenigen, der die Ordnung des Grundgesetzes zu beseitigen trachtet, sofern gewaltfreie Abhilfe nicht möglich ist. Würde man gewalttätiges Handeln aus dem Schutzbereich der Grundrechte verbannen, ließe sich außerdem nicht erklären, warum auch der Gewalttäter, gegen den staatliche Gewalt eingesetzt wird, durch den grundrechtlichen Verhältnismäßigkeitsgrundsatz geschützt ist.[43] Schließlich ist der Selbstschutz grundrechtlich erfasst.[44] In welchem Umfang indessen Grundrechte private Gewalt schützen, ist mittels der grundrechtlichen Eingriffs- und Rechtfertigungsdogmatik zu beantworten. Sie führt im Ergebnis zur Erkenntnis, dass private Gewalt nur in Ausnahmefällen gerechtfertigt ist.[45]

VI. Gewaltmonopol der Vereinten Nationen und der Europäischen Union?

Die Annahme, die Vereinten Nationen verfügten über ein Gewaltmonopol,[46] stützt sich auf das Gewaltverbot der Charta der Vereinten Nationen sowie auf die Kompetenz des Sicherheitsrates, militärische Sanktionen zu verhängen. Dabei wird jedoch ausgeblendet, dass die Vereinten Nationen allein über Gewalt-

---

[39] A.A. *Detlef Merten*, Rechtsstaat und Gewaltmonopol, 1975, S. 44 f.; *Josef Isensee*, Das staatliche Gewaltmonopol als Grundlage und Grenze der Grundrechte, Sendler-FS, 1991, S. 39 ff.

[40] So aber *Christian Hillgruber*, Selbstbestimmung und Fremdbestimmung, in: Isensee-FS, 2007, S. 561/571.

[41] BVerfGE 102, 370/395.

[42] *Möllers* (Fn.10), S. 280.

[43] *Möllers* (Fn. 10), S. 281.

[44] *Hans Joachim Faller*, Gewaltmonopol des Staates und Selbstschutzrecht des Staates, in: Geiger-FS, 1989, S. 3/8ff.; *Jürgen Schwabe*, Grenzen des Notwehrrechts, NJW 1974, S. 670/671 f.

[45] *Grimm* (Fn. 4), S. 1298.

[46] *Joschka Fischer*, Rede am 6. Februar 1999 auf der Konferenz für Sicherheitspolitik in München; *Christian Calliess*, Die Staatsaufgabe der äußeren Sicherheit im Wandel: Staatstheoretische Grundlagen und völkerrechtliche Konsequenzen, in: ders. (Hg.), Äußere Sicherheit im Wandel – Neue Herausforderungen an eine alte Staatsaufgabe, 2005, S. 13/29; *Heribert Franz Köck*, Legalität und Legitimität der Anwendung militärischer Gewalt, Zeitschrift für öffentliches Recht, 1999, S. 133/143.

anwendungsrechte zum Schutz des Friedens, nicht aber über eigene Gewaltmittel verfügen. Sie sind auf Staaten angewiesen, die Truppen für die Vereinten Nationen stellen oder bereit sind, ihre Organe einzusetzen zur Vollstreckung von Beschlüssen der Vereinten Nationen, Urteilen des Internationalen Gerichtshofs oder Entscheidungen des Internationalen Strafgerichtshofs. [47] Aber diesen Formen überstaatlicher Gewalt fehlt die Wahrscheinlichkeit einer dauerhaften und weltweiten Überlegenheit. Die Wahrnehmung der Gewaltanwendungsrechte der Vereinten Nationen kann allenfalls dazu führen, dass die Gewaltmonopole bestimmter Staaten vorübergehend und punktuell relativiert werden. Ein überstaatliches Gewaltmonopol der Vereinten Nationen können sie dagegen nicht begründen. [48]

Auch die Europäische Union ist ohne Gewaltmonopol. In den letzten Jahren sind zwar zahlreiche europäische Sicherheitsbehörden entstanden, etwa das Europäische Polizeiamt, das europäische Amt für Betrugsbekämpfung, das Schengener Informationssystem, Eurojust und die europäische Agentur für die operative Zusammenarbeit an den Außengrenzen der Union. Aber diese Behörden selbst sind nicht mit Gewaltmitteln ausgestattet und sie sind auch nicht zur Anwendung von Gewalt berechtigt.

Anders ist dies im militärischen Bereich. Hier sind der Europäischen Union eigene Gewaltanwendungsrechte zugewiesen, zum Zwecke der Friedenssicherung, Konfliktverhütung und Stärkung der internationalen Sicherheit außerhalb des Unionsgebietes und in Übereinstimmung mit den Grundsätzen der Vereinten Nationen. [49] Aber auch hier verfügt die Union nicht über eigene Gewaltmittel. Die Gemeinsame Sicherheits- und Verteidigungspolitik der Union schließt zwar eine auch auf militärische Mittel gestützte Operationsfähigkeit der Union ein. Doch diese beruht auf Streitkräften der Mitgliedstaaten, die ihre Kräfte der Union zur Verfügung stellen.

Da die Europäische Union ohne Gewaltmonopol ist, ist sie zur Durchsetzung ihres Rechts auf die Gewaltmonopole der Mitgliedstaaten angewiesen. [50] So nutzt sie die staatlichen Gewaltmittel und nimmt auf deren Ausübung Einfluss: Die mitgliedstaatlichen Behörden sind kraft europäisch-unionalen Rechts ver-

---

[47] Art. 38 ff., 94 Abs. 2 VN-Charta; Art. 103ff. Statut des Internationalen Strafgerichtshofs.

[48] *Werner Link*, Die Neuordnung der Weltpolitik. Grundprobleme globaler Politik an der Schwelle zum 21. Jahrhundert, 1998, S. 114f.; *Michael Bothe*, Friedenssicherung und Kriegsrecht, in: Wolfgang Graf Vitzthum, Völkerrecht, 2. Aufl., 2001, Rn. 1; *Knut Ipsen*, Verteidigung: Neue Dimensionen eines Völkerrechts- und Verfassungsbegriffs?, in: Beiträge aus Sicherheitspolitik und Friedensforschung, 2009, S. 266/268.

[49] Art. 42 Abs. 1 und 3 EUV.

[50] Dazu auch *Utz Schliesky*, Souveränität und Legitimität von Herrschaftsgewalt, 2004, S. 339 ff.

pflichtet, ihre Gewaltmittel einzusetzen, um europäischen Behörden die Überprüfung von potentiellen Normverletzungen zu ermöglichen,[51] zu erwartende Verletzungen europäischen Rechts zu verhindern[52] oder geschehene Verletzungen adäquat zu ahnden, d.h. nach ähnlichen sachlichen und verfahrensrechtlichen Regelungen wie gleichartige Verstöße gegen nationales Recht.[53] Durch europäisches Recht ist zudem bestimmt, wie staatliche Gewaltausübungsrechte wahrzunehmen sind. Beispielsweise ist festgelegt, dass Sanktionen „wirksam, verhältnismäßig und abschreckend" sein[54] oder dass dazu durchzuführende Strafprozesse bestimmten verfahrensrechtlichen Vorgaben genügen müssen.[55] Für die Europäische Union ist mithin eine Indienstnahme der mitgliedstaatlichen Gewaltmonopole festzustellen.

VII. Verabschiedung des staatlichen Gewaltmonopols aufgrund seiner Internationalisierung?

Seit rund zwei Jahrzehnten ist eine zunehmende Ent-Territorialisierung sowie Vernetzung der staatlichen Gewaltmonopole zu beobachten. Staaten gewähren sich immer häufiger wechselseitig das Recht, ihre Gewaltmittel außerhalb ihrer und auf fremden Staatsgebieten einzusetzen oder sie verständigen sich darauf, ihre Gewaltmittel zu verbinden durch diverse Formen gemeinsamen Handelns. Vor allem im Bereich der Europäischen Union hat eine Internationalisierung der Gewaltmonopole in einem bislang ungekannten Ausmaß stattgefunden. Diese Entwicklung hat sich auch in der Entstehung eines besonderen transnationalen Rechts niedergeschlagen, das diese grenzüberschreitenden Vorgänge zu steuern und zu disziplinieren versucht.[56] Dabei setzen die

---

[51] Art. 4 Abs. 3 Europol-Übereinkommen; Art 6 und 7 Beschluss des Rates über die Errichtung von Eurojust; Art 14 Abs. 6 EG-VO Nr. 17; Art. 4 Abs. 3 EG-VO 1073/1999 i.V.m. Art. 9 VO Nr. 2185/1996; Art. 299 AEUV.

[52] Art. 222 AEUV.

[53] EuGH, Rs. C-68/88, Slg. 1998, 2965 (Rn. 24) – Griechischer Mais; EuGH, Rs. C-326/88, Slg. 1990, I-2911 (Rn. 17) – Hansen; EuGH, Rs. C-2/88, Slg. 1990, I-3365 (Rn. 17) – Zwartveld.

[54] EuGH, Rs. C-387/02 u.a. (Rn. 65 m.w.N.) – Bilanzfälschung.

[55] Zu den Rechtsakten, die die Durchführung von Strafverfahren betreffen, so etwa zur konkreten Strafhöhe bei bestimmten Delikten, zur Rechtsstellung von Opfern im Verfahren, zur Überstellung und Auslieferung von Personen oder zur Verwertung von Beweismitteln vgl. etwa *Martin Wasmeier/Angeligka Möhlig* (Hrsg.), Strafrecht der Europäischen Union, 2. Aufl., 2008.

[56] *Grimm* (Fn. 4), 1312, *Manfred Baldus*, Transnationales Polizeirecht, 1999; *Ludwig Knemeyer*, Polizei- und Ordnungsrecht, 9. Aufl, 2002, Rn. 21 ff.; *Bodo Pieroth/Bernhard Schlink/Michael Kniesel*, Polizei- und Ordnungsrecht, 2002, Rn. 35; *Thomas Würtenberger/Dirk Heckmann/Rainer Riggert*, Polizeirecht in Baden-Württemberg, 5. Aufl., 2002, Rn. 47 ff.; *Schoch* (Fn. 33), Rn. 44 ff.; *Wolf Rüdiger Schenke*, Polizei- und Ordnungsrecht, 2. Aufl., 2003, Rn. 460 ff.; *Christoph Gusy*, Polizeirecht, 5. Aufl., 2003, Rn.

Staaten nicht mehr allein das Recht zur Begrenzung des Gewaltmonopols. Vielmehr handeln sie und internationale Organisationen diese Grenzen im Vertragswege aus. Die Staaten leihen ihre Gewalt dann nicht mehr selbstgesetztem, sondern partiell fremdem Recht.

Diese Entwicklung zwingt aber nicht dazu, das staatliche Gewaltmonopol als überholte Vorstellung zu verabschieden.[57] Die Abschwächung der Gebietskomponente oder der zunehmende Einsatz verbundener Gewaltmonopole deuten allenfalls auf einen punktuellen Wandel seiner Gestalt. Es zeigt sich lediglich eine neue Facette einer im Kern nicht erschütterten Größe. Die neueren Entwicklungen lassen sich nur verstehen und vermitteln mit Hilfe der Formel vom staatlichen Gewaltmonopol, die deshalb gewiss weiter Bestand haben wird.

---

24 ff.; *Peter J. Tettinger*, Besonderes Verwaltungsrecht, 7. Aufl., 2004, Rn. 391 ff.; *Markus Möstl*, Polizeiliche Sicherheitsgewährleistung im Mehrebenensystem, Die Verwaltung 2008, S. 309ff.; *Dieter Kugelmann*, Europäisierung der Verfassung – Europäisierung der Polizeiarbeit, in: ders., (Hrsg.), Polizei unter dem Grundgesetz, 2010, S. 91 ff.; *Bettina Schöndorf-Haubold*, Europäisches Sicherheitsverwaltungsrecht, 2010.

[57] So aber *Kämmerer* (Fn. 10), S. 598f.

Der „nicht-eheliche Vater" und das Bundesverfassungsgericht – Rechtswandel mittels richterlicher Hilfe

Jörg Berkemann

Die rechtspolitische Macht des BVerfG ist außerordentlich, wenn das Gericht will. Ob dieser Wille richterlich autonom ist oder eher oder doch auch einen Zeitgeist widerspiegelt, ist eine andere Frage. Das „uneheliche Kind" und sein Vater galten in der Gesellschaft als diskriminiert. Im Jahre 2008 wurde etwa ein Drittel aller Kinder „unehelich" geboren. Sie hatten alle einen „außer-ehelichen" Vater. Der Beitrag verfolgt die These, dass das BVerfG sukzessive, nicht selten dem Modus einer Sprungprozession folgend, den in Art. 6 GG von einer Mehrheit im Parlamentarischen Rat „bürgerlich" niedergelegten Wertekanon relativierte und schließlich ein neues Schutzsystem etablierte. Abgeschlossen ist dieser Vorgang nicht.

I. Parlamentarischer Rat

Art. 6 GG ist *der* Familienartikel des Grundgesetzes. Die Verfassung behandelt in ihm den Schutz von Ehe und Familie. Schutz und Fürsorge für die Mutter wird als Verpflichtung betont. Art. 6 Abs. 5 GG ermahnt den Gesetzgeber, für „uneheliche Kinder" die gleichen Bedingungen wie für eheliche Kinder zu schaffen. Der „Vater" kommt im Verfassungstext nicht vor. Das war in Art. 119, 121 WRV 1919 nicht anders. Explizit kennt das GG kein Vater-Kind-Verhältnis.

1. Der Herrenchiemseer Konvent hatte sich in seinem Entwurf jeder Regelung enthalten. Der Grundsatzausschuss behandelt Ende 1948 die Aufnahme einer familienrechtliche Regelung in das Grundgesetz.[1]

Die Mehrheit sprach für eine Regelung aus. Den Schutz des unehelichen Kindes diskutierte man kontrovers. Die Frage war, ob unehelichen Kindern die gleichen Bedingungen für ihre leibliche, seelische und gesellschaftliche Entwicklung schaffen war wie den ehelichen Kindern. Für diese Position warben

---

[1] Nachweise der Erörterungen im Grundsatzausschuss und im Hauptausschuss in JöR Bd. 1 n. F. [1950] S. 93 ff. Auf Einzelnachweise wird nachfolgend verzichtet.

die sozialdemokratischen Abgeordneten des Grundsatzausschusses, und zwar
im Sinne einer wirklichen rechtlichen Gleichstellung. Eine derartige Regelung
erschien den Vertretern der CDU/CSU kaum möglich. Man sah rechtliche
Probleme im Hinblick auf Fragen des Sorgerechtes. Ein Schutzgebot also solches wollte man allerdings nicht ablehnen. Man verständigte sich im Ausschuss
zunächst auf die Fassung: „Uneheliche Kinder haben das gleiche Recht auf den
Schutz und die Fürsorge durch die Gemeinschaft wie die eheliche Kinder".

2. Die weltanschaulichen Gegensätze prallten auch im Hauptausschuss mit
Deutlichkeit aufeinander. Die Abg. Nadig (SPD) trug für die Sozialdemokratie
vor, dass der Frauenüberschuss in den Altersgruppen von 22 bis 45 Jahre zu
neuen Formen der Lebensgemeinschaft geführt habe und führen werde. Darauf
müsse man reagieren. Nach Ansicht der Abg. Nadig war eine verfassungsrechtliche Regelung, welche dem unehelichen Kind nur Fürsorgeversprechen gewährte, unzureichend. Es sei vielmehr notwendig, „daß durch das Grundgesetz
die Paragraphen des BGB dem wirklichen Leben angepaßt werden". Der Abg.
Dr. Bergsträßer (SPD) meinte unterstützend, als Minimum einer verbesserten
Rechtsstellung des unehelichen Kindes aufgrund dessen Verwandtschaft „mit
seinem natürlichen Vater" sei zu fordern, das Erbrecht des Kindes durch einen
Pflichtteil festzulegen. Erstmals war der Vater des unehelichen Kindes immerhin erwähnt, wenngleich nur in seiner Rolle als „zahlungsfähiger Erzeuger", also im Bild des § 1708 BGB damaliger Fassung.[2] Die gesetzliche Fiktion des
§ 1589 Abs. 2 BGB war eindeutig: „Ein uneheliches Kind und dessen Vater
gelten nicht als verwandt", hieß es dort.

Das Bemühen der sozialdemokratischen Abgeordneten scheiterte an der gemeinsamen Front der Abgeordneten der CDU, des Zentrums und der DP. Die
Abg. Wessel (Z) meinte, es sei ein Widerspruch, wenn einerseits Ehe und Familie unter den Schutz des Staates gestellt würden und andererseits ein uneheliches Kind nach der „gleichen Rangordnung bewertet" werde, obwohl es aus der
Ordnungssphäre von Ehe und Familie herausfalle. Das war der privilegierende
Schutzgedanke, der auch viele Jahre später die politische Diskussion beherrschen sollte. In diesem Rahmen gab es für den „nichtehelichen" Vater und die
nichteheliche Lebensgemeinschaft keinen verfassungsrechtlichen Status. Das
BVerfG hat den Schutzgedanken, der seine immanente Qualität erst aus der
Konkurrenz mit anderen sozialen Lebensformen erhielt, erst spät für irrelevant
erklärt. Es sei verfassungsrechtlich nicht begründbar, aus dem besonderen
Schutz der Ehe abzuleiten, dass andere Lebensgemeinschaften im Abstand zur

---

[2] § 1708 BGB [1900] lautete: „Der Vater des unehelichen Kindes ist verpflichtet,
dem Kinde bis zur Vollendung des sechzehnten Lebensjahrs den der Lebensstellung der
Mutter entsprechenden Unterhalt zu gewähren. Der Unterhalt umfasst den gesamten Le-
bensbedarf sowie die Kosten der Erziehung und der Vorbildung zu einem Berufe."

Ehe auszugestalten und mit geringeren Rechten zu versehen seien (BVerfGE 124, 199 [226] – 2009; vgl. bereits BVerfGE 105, 313 [351] – 2002).

Der Abg. Dr. Süsterhenn (CDU) votierte dahin, dass die *rechtliche* Gleichstellung eines unehelichen Kindes nicht möglich sei, weil eine absolute Gleichheit zwischen einem ehelichen und einem unehelichen Kind *von Natur aus* nicht bestehe. Das uneheliche Kind lebe normalerweise außerhalb des Familienverbandes. Der Abg. vertiefte seine Auffassung gegen Einwände des Abg. Dr. Schmid (SPD) damit, dass innerhalb der christlich-abendländischen oder westlichen Kulturordnung die Familie ständig als geschlossene Einheit aufgefasst worden sei. Als eine solche solle sie auch bewahrt bleiben. Der Abg. Dr. Schmid hatte den Begriff der „natürlichen Ordnung" der Familie aufgegriffen. Die Rechtsfolgen, welche dieser Ordnung zugewiesen würden, seien keineswegs „von Natur aus" gegeben, sondern Produkte der Rechtsordnung. Es sei daher Aufgabe des Verfassungsgebers, dem Gesetzgeber vorzugeben, was die Auswirkungen der vom Gesetz anerkannten natürlichen Ordnung sein sollten. Der wechselseitige Rückgriff auf die „Natur" war schon etwas merkwürdig.

Die Mehrheit im Hauptausschuss neigte der vor allem vom Abg. Dr. Süsterhenn (CDU) vertretenen Auffassung zu, die Frage der Gleichstellung von unehelichen mit ehelichen Kindern lasse sich in der Verfassung nicht näher regeln. Es müsse bei einem Appell an den Gesetzgeber sein Bewenden haben. Der Abg. Dr. Seebohm (DP) formulierte als Textvorschlag: „Den unehelichen Kindern sind durch die Gesetzgebung die gleichen Bedingungen für ihre leibliche, seelische und gesellschaftliche Entwicklung zu schaffen wie den ehelichen Kindern". Die Vorschläge der sozialdemokratischen Abgeordneten wurden abgelehnt.

3. In der 43. Sitzung des Hauptausschusses am 18.1.1948 stellten die Abg. Nadig (SPD) und Dr. Selbert (SPD) einen neuen Antrag. Sie formulierten jetzt radikaler als anfangs im Grundsatzausschuss. Es sei folgender Text aufzunehmen: „Das uneheliche Kind steht dem ehelichen Kind gleich. Es gilt mit seinem natürlichen Vater als verwandt. Durch die Gesetzgebung sind dem unehelichen Kind die gleichen Bedingungen für seine leibliche, seelische und gesellschaftliche Tüchtigkeit zu schaffen wie dem ehelichen Kind." Ziel dieses Antrages war es unter anderem zu erreichen, dass die Höhe der Unterhaltszahlungen nicht mehr – wie nach gegebener Rechtslage des BGB – nach der Stellung der Mutter, sondern nach den finanziellen Verhältnissen des Vaters zu bemessen sei. Die Stellung des Kindes würde auch wesentlich verbessert, wenn es beantragen könne, den Namen des Vaters zu führen. Das gesetzliche Vertretungsrecht und die Personensorge sollten nach Auffassung der Abg. bei der Mutter liegen.

Es konnte nicht zweifelhaft sein, dass dieses Antragsbegehren keine Mehrheit finden konnte. Die Abg. Wessels (Z) machte sich wiederum zur Sprecherin dieser Mehrheit. Man könne dem „unehelichen" Vater keine Pflichten auferle-

gen, ohne ihm auch Rechte einzuräumen. Es sei daher nicht möglich, ausschließlich der „unehelichen" Mutter das Recht der gesetzlichen Vertretung des
Kindes zu geben. Eine rechtliche Gleichstellung aller unehelichen Kinder lasse
sich schon deswegen nicht erreichen, weil die Kinder ohne feststellbaren Vater
unter anderen Bedingungen stünden als die Kinder, deren Vater bekannt sei.
Die Fraktion der SPD gab nicht auf. Sie wiederholte im Hauptausschuss am
5.5.1949 sinngemäß ihren Antrag in folgender Fassung: „Das uneheliche Kind
ist mit seinem Vater auch im Rechtssinne verwandt". Der Antrag wurde abgelehnt. Redaktionelle Änderungen führten zur heutigen Fassung des Art. 6 Abs.
5 GG.

4. Das historische Resümee der Entstehungsgeschichte des Art. 6 Abs. 5 GG
ist recht eindeutig: Das Grundgesetz übertrug weiteres dem Gesetzgeber. Die
Kernfragen waren insoweit vertagt und zugleich delegiert. Man beließ es bei
einer verfassungsrechtlichen Zielvorgabe, deren Erfüllung dem Gesetzgeber
und damit einfachen parlamentarischen Mehrheiten überantwortet wurde.

Trotz dieser „Vertagung" wollte die Mehrheit im Parlamentarischen Rat
nicht wirklich etwas an dem überkommenen familienrechtlichen Status des
„unehelichen" Kindes ändern. Die dauernde soziale und rechtliche Prävalenz
der Ehe (Art. 6 Abs. 1 GG) wurde ohne weiteres angenommen. Es ging nicht
um eine Rechtsstellung, sondern allenfalls um „Bedingungen". Der historische
Wille war in dieser Frage besonders deutlich. Der konservativ-bürgerliche Teil
des Hauptausschusses konnte sich letztlich zu nicht mehr als einem gebotenen
Lippenbekenntnis durchringen. Das uneheliche Kind sollte auf keinem Fall in
rechtlicher Hinsicht mit seinem Vater verwandt sein. Dieser sollte verfassungsrechtlich eine zu „vernachlässigende Größe" bleiben. Der Rekurs auf eine „natürliche" Ordnung stellte dies außer Zweifel. Insoweit hatte der Parlamentarische Rat absichtsvoll dem Art. 6 Abs. 5 GG eine kodifikatorische Bedeutung
zugeschrieben.

II. Einsetzende Judikatur des BVerfG – Pflicht
des säumigen Gesetzgebers

1. Art. 6 Abs. 5 GG hatte den verfassungsrechtlichen Status eines nichtehelichen Kindes mit einer Verheißung relativiert. Dies hatte dogmatisch zunächst
die Folge, dass Art. 6 Abs. 5 GG entgegenstehendes Recht nicht derogierte. Insoweit galt die Bindung des Art. 1 Abs. 3 GG nicht (so noch BVerfGE 8, 210
[216] – 1958). Diese verfassungsdogmatische Zuordnung hinderte anfangs die
unmittelbare Umsetzung des Art. 6 Abs. 5 GG. Das hatte prozessuale Konsequenzen für die Frage, ob Zivilgerichte den familienrechtlichen Status eines
außerehelich geboren Kindes feststellen dürften. Das hätte bedeutet, dass jedenfalls prozessual eine rechtliche Verwandtschaftsbeziehung zumindest kraft

Richterspruchs feststellungsfähig gewesen wäre. Ein derartiges Verfahren sah an sich § 644 ZPO a. F. vor. Unverändert blieb das Institut der „Zahlvaterschaft" des § 1708 BGB a. F. Die Beziehung zwischen Kind und Vater galt hier als eine schuldrechtliche. Die „uneheliche" Mutter und ihr Kind waren gesellschaftlich stigmatisiert.

Im Sommer 1956 wurde das BVerfG im Verfahren gemäß Art. 100 Abs. 1 GG gefragt, „ob die Vorschrift des § 644 ZPO bezüglich einer Klage auf Feststellung des Bestehens oder Nichtbestehens der blutmäßigen Abstammung eines unehelichen Kindes gegen die Vorschriften des Art. 6 Abs. 5, des Art. 3 Abs. 1 und 3 in Verbindung mit Art. 117 Abs. 1 des Bonner Grundgesetzes verstößt". Das BVerfG verneinte dies (BVerfGE 8, 210 [216 f.] – 1958). Art 6 Abs. 5 GG enthalte zwar einen bindenden Auftrag an den Gesetzgeber. Dieser verletze die Verfassung erst, wenn er es unterlasse, den Verfassungsauftrag in angemessener Frist auszuführen. Noch sei diese Frist nicht verstrichen. § 644 ZPO sei allerdings verfassungskonform auszulegen. Er schließe das Statusverfahren nach §§ 640 ff. ZPO nur für die Feststellung der Zahlvaterschaft, nicht aber für die Feststellung der wirklichen unehelichen Vaterschaft aus. Nur bei dieser Auslegung entfalle eine Benachteiligung unehelicher Kinder. Es bestehe nämlich kein Zweifel, dass Ungewissheit über die Person des Vaters die leibliche und seelische Entwicklung eines Kindes und seine Stellung in der Gesellschaft beeinträchtigen könne. Das BVerfG ging mit dieser Lösung ebenso pragmatisch vor, wie es dies zuvor bei der unterlassenen Gesetzgebung zur Frage der Gleichberechtigung von Mann und Frau getan hatte (BVerfGE 3, 225 – 1953). Das war hinsichtlich der außerehelich geborenen Kinder vielleicht nicht besonders originell. Denn bereits 1952 hatte sich der BGH für eine derartige Lösung ausgesprochen.[3] Auf die Rechtswirkung *inter omnes* des Statusurteils kam es an.

Immerhin hatte das BVerfG einen dogmatischen Hebel gefunden, der ihm eine hinreichend weite Prüfungskompetenz zuwies. Die Kombination von verfassungskonformer Auslegung und Wertgehalt eines Grundrechtes eröffnete dem Gericht ein erstes, wenngleich einstweilen noch schwaches Steuerungspotential gegenüber staatlichem Verhalten (BVerfGE 17, 280 [283] – 1964). So unterlag der Gesetzgeber einem Verschlechterungsverbot. Ihm war beispielsweise untersagt, bei der Regelung des Kinderzuschlags die unehelichen Kinder als solche wegen ihrer unehelichen Geburt schlechter zu stellen als die ehelichen Kinder (BVerfGE 17, 148 – [154] – 1963). Ob Art. 6 Abs. 5 GG auch mittelbare Benachteiligungen erfasste, ließ man offen. In verfassungsgerichtlicher Perspektive waren vor allem finanzielle Regelungen. Das Gericht folgte darin dem Zeitgeist. Immerhin benutzte es 1963 die Gelegenheit, das ihm wohl be-

---

[3] BGH, Urt. v. 28.4.1952, Az. IV ZR 99/51, BGHZ 5, 385.

kannte unterschwellige Urteil in der Gesellschaft, dem Verhalten des „unehelichen" Vaters hafte ein sittlicher Makel an, der zur Differenzierung berechtigte, mit dem Hinweis auf die Wertentscheidung des Art. 6 Abs. 5 GG für rechtlich unerheblich zu erklären. Noch betonte das Gericht, dass es Aufgabe der Gesetzgebung sei, dem unehelichen Kind gleiche Lebensbedingungen wie dem ehelichen zu schaffen (BVerfGE 17, 280 [283] – 1964). Das Gericht war erkennbar unzufrieden. Die Regelung im Familienrechtsänderungsgesetz 1961 stelle nur eine Annäherung an das verfassungsrechtliche Ziel auf einem Teilgebiet des Unehelichenrechts dar. Lippenbekenntnisse zum Gleichstellungsgebot wurden gleichwohl wiederholt. Auch das Gericht war davon nicht frei.[4] Den Maßstab der Gleichstellung sollte der „Normalfall" des ehelichen Kindes bilden, das in einer stabilen Ehe aufwachse.[5]

Im Jahre 1969 war die Geduld des BVerfG gleichwohl zu Ende. Es waren zwanzig Jahre seit der Erörterung im Parlamentarischen Rat vergangen. Nichts Wesentliches war geschehen. Erfülle der Gesetzgeber den ihm von Art 6 Abs. 5 GG erteilten Auftrag zur Reform des Unehelichkeitsrechtes auf dem Gebiete des BGB nicht bis zum Ende der laufenden Legislaturperiode, so sei der Wille der Verfassung so weit wie möglich von der Rechtsprechung zu verwirklichen (BVerfGE 25, 167 [178] – 1969). Art. 6 Abs. 5 GG erlange alsdann derogierende Kraft gegenüber entgegenstehendem einfachen Recht. Erneut ließ das Gericht offen, welchen Status der Vater des nichtehelichen Kindes habe. Der angemahnte Gesetzgeber kam seiner Pflicht mit dem Gesetz über die rechtliche Stellung der nicht ehelichen Kinder (NEhelG) vom 19.8.1969 (BGBl. I S. 1243) nach.[6] Das Gesetz stellte eine „rechtliche" Verwandtschaft zwischen

---

[4] BVerfG, B. v. 7.5.1991, Az. 1 BvL 32/88, BVerfGE 84, 168 [185]; BVerfG, B. v. 28.2.2007, Az. 1 BvL 9/04, BVerfGE 118, 45 [62] (Betreuungsunterhalt), wiederholend BVerfG [K], B. v. 12.5.1999, Az. 1 BvR 1988/95, NJW 1999, 3112.

[5] So explizit BVerfG, B. v. 3.11.1981, Az. 1 BvL 11/77, BVerfGE 58, 377 [392 f.]; BVerfG, B. v. 7.5.1991, Az. 1 BvL 32/88, BVerfGE 84, 168 [185].

[6] Vgl. etwa folgende Gesetze: G. zur Vereinheitlichung und Änderung familienrechtlicher Vorschriften (Familienrechtsänderungsgesetz) vom 11.8.1961 (BGBl. I S. 1221); G. über die rechtliche Stellung des nichtehelichen Kindes vom 19.8.1969 (BGBl. I S. 1243); Erstes Gesetz zur Reform des Ehe- und Familienrechts vom 14.6.1976 (BGBl. I S. 1421); G. zur Neuregelung des Rechts der elterlichen Sorge vom 18.7.1979 (BGBl. I S. 1061); G. zur Änderung unterhaltsrechtlicher, verfahrensrechtlicher und anderer Vorschriften vom 20.2.1986 (BGBl. I S. 301); Schwangeren- und Familienhilfeänderungsgesetz vom 21.8.1995 (BGBl. I S. 1055); G. zur Reform des Kindschaftsrechts vom 16.12.1997 (BGBl. I S. 2942); G. zur Vereinheitlichung des Unterhaltsrechts minderjähriger Kinder vom 6.4.1998 (BGBl. I S. 666); G. zur Ergänzung des Rechts zur Anfechtung der Vaterschaft vom 13.3.2008 (BGBl. I S. 313); G. zur Änderung des Unterhaltsrechts vom 21.12.2007 (BGBl. I S. 3189); G. zur Klärung der Vaterschaft unabhängig vom Anfechtungsverfahren vom 26.3.2008 (BGBl. I S.441); G. zur Erleichterung familiengerichtlicher Maßnahmen bei Gefährdung des Kindeswohls vom 4.7.2008 (BGBl. I S. 1188); G. zur Reform des Verfahrens in Familiensachen und in den Angelegenheiten der freiwilligen Gerichtsbarkeit vom 17.12.2008 (BGBl. I S. 2585).

leiblichem Vater und seinem nicht ehelich geborenen Kind fest (§ 1589 BGB n.F.). Dadurch wurde dieses grundsätzlich in das allgemeine Unterhalts- und Erbrecht einbezogen (vgl. § 1615a BGB n.F., § 1924 Abs. 1 BGB n.F.). Mit der rechtlichen Anerkennung der Verwandtschaft zwischen dem Vater und seinem nichtehelichen Kind gehört das uneheliche Kind nunmehr grundsätzlich zu den Erben erster Ordnung nach seinem „unehelichen" Vater (§ 1924 Abs. 1 BGB). Eine unterschiedliche erbrechtliche Stellung der vor dem 1. Juli 1949 geborenen nichtehelichen Kinder hielt das BVerfG aus Gründen des „Vertrauensschutzes" dennoch für zulässig (BVerfGE 44, 1 [34] – 1976). Der EGMR sah dies 2009 als konventionswidrig an.[7]

Indes relativierten zahlreiche Sonderregelungen diese grundsätzliche Gleichstellung. Tatsächlich hielt der Gesetzgeber substantiell an der Exklusivität des Sozialmodells der „bürgerlichen" Ehe fest. Die elterliche Gewalt blieb der Mutter, nicht aber den Eltern gemeinsam zugewiesen (BVerfGE 56, 363 [383] – 1981). Ob mit dem NEhelG 1969 der Auftrag des Art. 6 Abs. 5 GG als erfüllt anzusehen war, blieb zweifelhaft. Immerhin hatte sich das Gericht selbst flexibilisierende Atempausen verschafft, indem es schon früher dekretiert hatte, dass die Erfüllung des Verfassungsauftrages des Art. 6 Abs. 5 GG keine schematische Übertragung der für eheliche Kinder geltenden Rechtsvorschriften auf die unehelichen Kinder fordere (BVerfGE 26, 44 [61] – 1969). Einstweilen beschränkte sich das Gericht in den kommenden Jahren auf Randkorrekturen. Sie betrafen zumeist Fragen des Unterhaltsrechts oder des Erbrechts. Die Fraktionen der CDU/CSU und der SPD im Bundestag hatten sich dahin verständigt, dass neue erbrechtliche Regelungen nur für Erbfälle nach Inkrafttreten des Gesetzes und nur für die nach dem Inkrafttreten des Grundgesetzes geborenen Kinder gelten sollten. Dem Erbrecht des nichtehelichen Kindes zog der Gesetzgeber Grenzen. Hinterließ der „nichteheliche" Vater bei seinem Tode weder eheliche Kinder noch eine Ehefrau, so erbte das nichteheliche Kind allein. Traf es mit ehelichen Kindern und/oder der überlebenden Ehefrau zusammen, so trat an die Stelle seiner gesamthänderischen Beteiligung am väterlichen Nachlass ein Erbersatzanspruch gegen die Erben (§ 1934a Abs. 1, § 1934b BGB). Daneben schuf der Gesetzgeber in § 1934d BGB das Institut des vorzeitigen Erbausgleichs des unehelichen Kindes gegen seinen Vater. Diese Konstruktion war neu. Keine Gleichstellung, sondern nur ein Ausgleich für ein gegenüber den ehelichen Kindern generell bestehendes Lebensdefizit war die legislatorische Zielsetzung gewesen. Das hatte für nichteheliche Kinder durchaus einen diskriminierenden Effekt. Das BVerfG billigte diese Konstruktion als verfassungsgemäß (BVerfGE 58, 377 [391 ff.] – 1981). Die vom Verfassungsgeber vorausgesetzte ungünstigere Ausgangsposition des nichtehelichen Kindes ge-

---

[7] EGMR, Urt. v. 28.5.2009, Az. Nr. 3545/04, NJW-RR 2009, 1603 (Brauer vs. Germany).

genüber dem ehelichen Kind beruhe darauf, dass nach den Art. 6 Abs. 1 GG zugrunde liegenden Vorstellungen die Ehe die einzige legitime Form umfassender Lebensgemeinschaft zwischen Mann und Frau sei und die gesunde körperliche Entwicklung des Kindes grundsätzlich das Geborgensein in der nur in der Ehe verwirklichten vollständigen Familiengemeinschaft mit Vater und Mutter voraussetze. Wiederum wurde der Vater des Kindes nur als schuldrechtliches „Zuordnungsobjekt" eines finanziellen Ausgleiches mit erbrechtlichem Hintergrund betrachtet. Die dem Parlamentarischen Rat zugeschriebene Befundbeschreibung war gewiss zutreffend. Will man das BVerfG nicht einer Sozialromantik zeihen, erkannte das Gericht insoweit nicht die realen Zeichen der Zeit. Die „nichteheliche Lebensgemeinschaft" begann sich zu etablieren. 1991 hatte ihre Zahl in Westdeutschland bereits die Millionengrenze überschritten. Das musste Konsequenzen für den sozialen und dann auch rechtlichen Status des „nichtehelichen" Vaters haben.

III. Nicht nur ein Seitenthema: Die Feststellung der rechtlichen und sozialen „Vaterschaft"

1. *Der Mehrpersonen-Komplex.* Konnte die Ehelichkeit eines Kindes mit Erfolg angefochten werden, hatte dies die Annahme der Nichtehelichkeit des Kindes zwingend zur Rechtsfolge. Dieses Ergebnis wiederum eröffnete die Frage, ob und wie die Vaterschaft des nichtehelichen Kindes festgestellt werden könnte. Vier Personen konnten ein Interesse an einer Klärung, aber auch an einer Nichtklärung haben, nämlich das Kind selbst, die leibliche Mutter, der „eheliche" Scheinvater und der „biologische" Vater. Denkbar war auch ein Interesse der jeweiligen Eltern der Mutter, des Scheinvaters oder des biologischen Vaters.

Der Gesetzgeber gab – eher konzeptionslos – dazu recht unterschiedliche Antworten. Die Nichtehelichkeit eines Kindes, das während der Ehe geboren ist, konnte gemäß § 1593 BGB 1979 nur geltend gemacht werden, wenn die Ehelichkeit angefochten und die Nichtehelichkeit rechtskräftig festgestellt war. Dies war nur in einem statusrechtlichen Prozessverfahren möglich (vgl. § 640 ZPO 1979). Die Feststellung der Nichtehelichkeit war mithin Voraussetzung dafür, dass das Kind seine Abstammung vom Vater gerichtlich klären lassen konnte (§ 1600a BGB 1969). Danach wurde bei nichtehelichen Kindern die Vaterschaft durch Anerkennung oder gerichtliche Entscheidung mit Wirkung für und gegen alle festgestellt. Da der „uneheliche" Vater kein Klagerecht hatte, konnte er seine Vaterschaft für ein in einer Ehe geborenes Kind nicht geltend machen. Es war also nicht möglich, dass der „biologische Vater" ohne Klage der übrigen Beteiligten festgestellt werden konnte.

Einen Rückschlag erhielt das Bemühen um die Bedeutung der statusrechtlichen Feststellung der Vaterschaft eines nichtehelichen Kindes im Jahre 1972. Das BVerfG verneinte die Frage, ob es bei schuldhafter Versäumung einer Berufungsfrist durch einen anwaltlichen Prozessbevollmächtigten in Kindschaftssachen eine Wiedereinsetzung in den vorigen Stand aus verfassungsrechtlichen Gründen geben müsse (BVerfGE 35, 41 – 1972, mit diss. op. v. Schlabrendorff). Man beharrte trotz aller Hinweise auf die in Art. 6 Abs. 5 GG enthaltene Wertentscheidung dann doch noch bei einer eher „schuldrechtlichen" Sichtweise. So hatte es der Gesetzgeber 1969 gesehen. Noch 1974 meinte das BVerfG, der mögliche oder wirkliche Erzeuger werde häufig kein eigenes Interesse an der Anfechtung der Ehelichkeit haben. Er habe ebenso wie das Kind ein berechtigtes Interesse daran, dass nicht für unbegrenzte Zeit ein Schwebezustand bestehe und er möglicherweise erst viele Jahre nach der Geburt des Kindes als Vater festgestellt und rückwirkend auf Zahlung von Unterhalt in Anspruch genommen werde (BVerfGE 38, 241 [252] – 1974). Der Staat müsse gemäß dem ihm in Art. 6 Abs. 2 Satz 2 GG erteilten Auftrag darüber wachen, dass die Entwicklung des Kindes, das sich noch nicht selbst zu schützen vermöge, durch eine Anfechtung seiner Ehelichkeit nicht mehr als unvermeidlich Schaden leide. Eine Richtergeneration später sah man dies etwas anders, wiederum allerdings noch mit deutlich finanziellem Akzent. War beim Tod des Vaters eines nichtehelichen Kindes die Vaterschaft weder anerkannt noch rechtskräftig festgestellt, so stand dem Kind ein gesetzliches Erbrecht oder ein Erbersatzanspruch nur zu, wenn das gerichtliche Verfahren zur Feststellung der Vaterschaft bereits zur Zeit des Erbfalls anhängig war (§ 1934c Abs. 1 S. 1 BGB 1969). Das BVerfG missbilligte dies 1986 als verfassungswidrig (BVerfGE 74, 33 [39] – 1986). Das war ein wichtiger Schritt, um der Klärung des Status des „nichtehelichen" Vaters näher zu kommen. Eine postmortale Feststellung der Vaterschaft eines nichtehelichen Kindes war nach Ansicht des BVerfG jedenfalls nicht von vornherein rechtlich ausgeschlossen. Wegen der rückwirkenden Nichtigkeit konnten die seit Inkrafttreten des NEhelG 1969 entstandenen Altfälle aufgerollt werden. Diese Möglichkeit kam naturgemäß nur dem Kind zugute, verstärkte aber mittelbar auch den noch zu klärenden verfassungsrechtlichen Status des Vaters des nichtehelichen Kindes.

2. *Kindeswohl als neuer Zielwert.* Immer deutlicher wurde, dass der Prozess der rechtlichen Gleichstellung der ehelichen und der unehelichen Kinder zugleich eine Annäherung an eine Gleichstellung der Väter bedeuten musste. An Rückschlägen fehlte es auch hier nicht. Was für eine postmortale Klärung möglich sein konnte, sollte eigentlich erst recht für lebende Beteiligte möglich sein. Noch 1996 weigerte sich indes eine Kammer des BVerfG, die mit § 1934d Abs. 1 BGB geschaffene erbrechtliche Lösung grundsätzlich auf den verfassungsrechtlichen Prüfstand zu nehmen.[8] Die gesellschaftlichen Verhältnisse hätten sich noch nicht so grundlegend gewandelt, dass die Prämisse des Gesetzgebers,

den nichtehelichen Kindern einen Ausgleich für ein gegenüber den ehelichen Kindern generell bestehendes Lebensdefizit zu geben, nunmehr offensichtlich nicht mehr tragfähig sei. Der Gesetzgeber sei deshalb von Verfassungs wegen zu einer Änderung der Regelung nicht verpflichtet. Die Verweigerung der Kammer hatte offensichtlich auch taktische Gründe. Denn wenig später strich das Gesetz zur erbrechtlichen Gleichstellung nichtehelicher Kind vom 16.12.1997 (BGBl. I S. 1997, 2968) den § 1934d Abs. 1 BGB. Damit löste sich jedenfalls der Gesetzgeber nach fast fünfzig Jahren auch insoweit von den im Parlamentarischen Rat mehrheitlich geäußerten Vorbehalten (vgl. aber § 1371 Abs. 4 BGB).

Bereits Anfang der 1980er Jahre hatte allerdings ein neues Verständnis an Gewicht gewonnen, das auch die Frage nach dem Status des „nichtehelichen" Vaters beeinflussen konnte. Dem Zeitgeist durchaus folgend, orientierte sich das BVerfG zunehmend am Kindeswohl. Dies galt ihm als neuer Orientierungspunkt.[9] Das Wohl des Kindes sei immer Richtpunkt, hieß es jetzt. Ihm sei daher auch Vorrang vor den Elterninteressen einzuräumen (BVerfGE 72, 155 [172] – 1986). Jedenfalls: Aus Art. 6 Abs. 5 GG folge, dass nichteheliche Kinder grundsätzlich nicht schlechter als eheliche behandelt werden dürften, soweit sich nicht aus ihrer besonderen Situation rechtfertigende Gründe für eine Ungleichbehandlung ergäben.[10] Das war gewiss ein dehnbarer Vorbehalt. Er konnte sich auch gegen den „leiblichen" Vater wenden, wenn dieser seinen Status geklärt haben und daraus Befugnisse ableiten wollte. Aber der zur Abwägung geeignete Zielwert eröffnete einem zielbewussten BVerfG auch neue Entscheidungsräume.

IV. Beginnender Paradigmenwechsel

1. *Neues Väterverhalten?* Seit Mitte der 1980er Jahre akzentuierte das BVerfG einen neuen verfassungsrechtlichen Gesichtspunkt. Trugen die eingrenzenden Regelungen des fristenbezogenen Anfechtungsrechts zur Erhaltung

---

[8] BVerfG [K], B. v.11.3.1996, Az. 1 BvR 261/94, NJW 1996, 1884.

[9] BVerfG, Urt. v. 24.3.1981, Az. 1 BvR 1516/78, BVerfGE 56, 363; BVerfG, B. v. 30.11.1988, Az. 1 BvR 37/85, BVerfGE 79, 203; BVerfG, B. v.17.10.1984, Az. 1 BvR 284/84, BVerfGE 68, 176 [188]; BVerfG, B. v. 13.5.1986, Az. 1 BvR 1542/84, BVerfGE 72, 155 [172].

[10] Vgl. BVerfG, B. v. 7.5.1991, Az. 1 BvL 32/88, BVerfGE 84, 168 [185]; BVerfG, B. v. 5.11.1991, Az. 1 BvR 1256/89, BVerfGE 85, 80 [87]; BVerfG, B. v. 6.5.1997, Az. 1 BvR 409/90, BVerfGE 96, 56 [65]; BVerfG, Urt. v. 29.1.2003, Az. 1 BvL 20/99, BVerfGE 107, 150 [183].

der Ehe und zur Wahrung des Familienfriedens bei, wurde diese an sich empirisch kaum nachprüfbare Annahme nunmehr mit einer neuen Bewertung unterlegt. Die Beschränkung der Abstammungsklage wurde ausdrücklich mit dem Wohl des Kindes, das in einer „intakten" Ehe lebte, vom BVerfG zunächst gleichsam bewertend rückgekoppelt (vgl. BVerfGE 79, 256 [271] – 1989). Es sei Sache des Gesetzgebers, wie er der verfassungsrechtlichen Beanstandung Rechnung tragen wolle. Er werde zu entscheiden haben, ob er dem Anspruch des nicht vom Ehemann der Mutter stammenden Kindes auf Kenntnis seines leiblichen Vaters durch Erweiterung der Gründe für eine zulässige Anfechtung der Ehelichkeit oder bei Aufrechterhaltung von §§ 1598, 1596 Abs. 1 Nr. 2 BGB – dem Kind durch Einräumung von durch § 1593 BGB bisher ausgeschlossenen Klagemöglichkeiten entsprechen wolle. Der Schutz von Ehe und Familie schließe nicht aus, das Vater-Kind-Verhältnis abweichend von der natürlichen Abkunft zu regeln, soweit die leibliche Abstammung des Kindes von dem Ehemann seiner Mutter als Regelfall anerkannt bleibe. Der damit betonten Prävalenz des Art. 6 Abs. 1 GG hatte sich der „nichteheliche" Vater also zu beugen. Das verfassungsrechtliche Gebot, die Ehe und die Familie als Gemeinschaft von Eltern und Kindern zu schützen, könne nicht davon abhängen, ob das Kind von dem Ehemann seiner Mutter abstamme (BVerfGE 79, 256 [271] – 1989). Dennoch wagte der Senat eine neue Sichtweise. Man verließ den Schutzbereich des Art. 6 GG und wandte sich – den Grundsatz der Spezialität nicht weiter thematisierend – dem allgemeinen Persönlichkeitsrecht zu (vgl. BVerfGE 90, 263 [271] – 1994). Dieses umfasse auch das Recht des Kindes auf Kenntnis der eigenen Abstammung. Soweit der Gesetzgeber eine solche Statuszuweisung aber unangreifbar ausgestaltet und damit das Verbot einer Abstammungsklage verbunden habe, beeinträchtige er damit die Persönlichkeitsentfaltung des „noch" als ehelich geltenden Kindes. Diesem müsse von Verfassungs wegen ermöglicht werden, die genetische Vaterschaft klären zulassen.

Die angenommene Fragmentierung des Subjekts, das keine Kenntnis über eine begehrte Information besitzt, wurde also zum Ansatz einer neuen grundrechtlichen Bewertung. Eine Referenz an den Zeitgeist lag nicht fern.[11] Jetzt, so der Sinneswandel des Gerichts, war die Erhaltung der Ehe und die Wahrung des Familienfriedens keineswegs mehr eine unhinterfragbare Position, sondern nur noch ein gewichtiger Belang unter anderen. Die neue Auffassung des Gerichtes konnte die Grundlagen dafür geben, das familienrechtliche Leitbild des Parlamentarischen Rates endgültig ins Wanken zu bringen. Noch war der Status des „nichtehelichen" Vaters nur im Reflex von dieser Entwicklung der Judikatur berührt. Die „biologische" Komponente des Kindes gegenüber der sozialen schien wieder an Gewicht zuzunehmen. Das ist zutreffend als Beginn eines Pa-

---

[11] *Thilo Ramm*, Ehelichkeitsanfechtung und Bundesverfassungsgericht, NJW 1989, 1594–1597.

radigmenwechsels beschrieben worden.[12] Dieser reichte allerdings noch nicht aus, um den Status des „unehelichen" Vaters verfassungsrechtlich substantiell zu verbessern. Das BVerfG hatte Art. 6 Abs. 5 GG frühzeitig als eine Schutznorm allein zugunsten des uneheliches Kindes interpretiert.[13] Immerhin hatte das Gericht bereits 1981 eine erste Konzession gemacht. Dem „nichtehelichen" Vater, der mit seinem Kind und der Mutter zusammenlebe und damit die Voraussetzungen für die Wahrnehmung seiner elterlichen Verantwortung konkret erfülle, könne sich auf Art. 6 Abs. 2 Satz 1 GG berufen (BVerfGE 56, 363 [384] – 1981, auch BVerfGE 79, 203 [211] – 1988; wieder zögernd BVerfGE 84, 168 – 1991). Das Gericht hielt an dieser Ansicht auch später fest (vgl. BVerfGE 92, 158 [176] – 1995). Damit war der Sache nach ein neuer Familienstatus „jenseits" des Sozialmodells des Art. 6 Abs. 1 GG in den Grundzügen akzeptiert. Denn diese Verfassungsnorm schützte das Zusammenleben von Eltern und Kindern in einer häuslichen Gemeinschaft.[14] Näherte man die „eheliche" und die „nichteheliche" Lebensgemeinschaft grundgesetzlich einander an und akzentuierte flankierend das Wohl des Kindes, wurde immer klärungsbedürftiger, wie eigentlich der verfassungsrechtliche Status des „nichtehelichen" Vaters substantiell zu bestimmen sei. Der Redlichkeit der Analyse entsprach es, dass das BVerfG ein gegenläufiges Verständnis des Parlamentarischen Rates immerhin erwähnte. Dort sei zwar zu Art. 6 Abs. 5 GG die Auffassung vertreten worden, dem Vater sollten keine Mitwirkungsrechte bei der Erziehung des nichtehelichen Kindes eingeräumt werden, da dieses ungestört bei der Mutter aufwachsen können solle. Diese Erwägungen, die im Wortlaut des Art. 6 Abs. 2 Satz 1 GG keinen Niederschlag gefunden hätten, könnten eine Beschränkung des Grundrechts auf die „nichteheliche" Mutter schon deshalb nicht mehr rechtfertigen, weil inzwischen ein nicht geringer Teil der Väter an der Entwicklung ihrer nichtehelichen Kinder Anteil nehme. Das war dann doch eine etwas ungewöhnliche Interpretationsmethodik, mit der sich das Gericht über den gut belegbaren historischen Sinn und den darauf bezogenen Diskussionsstand hinwegsetzte. Die vorgegebene empirische Grundlage des „neuen" Väterverhaltens war wohl eher eine „gefühlte". Bei einer derartig schwachen Begründung war der Wille des Gerichts, zu Veränderungen in den dogmatischen Statusstrukturen des Art. 6 GG durchzustoßen, besonders augenfällig. Ein interpretatorisches Schlupfloch schaffte sich das Gericht gleichwohl: Die Einbeziehung aller Väter nichtehelicher Kinder in den Schutzbereich des Art. 6 Abs. 1

---

[12] Vgl. *Elisabeth Koch*, Der Anspruch des Deszendenten auf Klärung der genetischen Abstammung – ein Paradigmawechsel im Abstammungsrecht, FamRZ 1990, 569–574.

[13] BVerfG, Beschluss vom 29.10.1963 – 1 BvL 15/58 – BVerfGE 17, 148 [153 f.], 291; erneut BVerfG, Beschluss vom 30.11.1988 – 1 BvR 37/85 – BVerfGE 79, 203.

[14] BVerfG, B. v.18.3.1970, Az. 1 BvR 498/66, BVerfGE 28, 104 [112]; BVerfG, B. v.3.11.1982, Az. 1 BvL 25/80, BVerfGE 61, 358 [372]; BVerfG, B. v. 30.11.1988, Az. 1 BvR 37/85, BVerfGE 79, 203 Rn. 34.

GG schließe eine differenzierende Ausgestaltung ihrer Rechtsstellung unter Berücksichtigung der unterschiedlichen tatsächlichen Verhältnisse nicht aus (BVerfGE 92, 158 [179] – 1995). Noch Jahrzehnte dauerte es, bis endgültig entschieden war, dass Unterhaltsansprüche von ehelichen und nichtehelichen Kindern nicht unterschiedlich bestimmt werden dürften. Die Entwicklung ist hier nicht nachzuzeichnen. Sie führte auch hier zu einer weitgehenden Gleichstellung nicht nur dieser Kinder, sondern zugleich deren Mütter und „nichtehelichen" Väter. Art. 6 Abs. 5 GG verbietet nun einmal, mit zweierlei Maß zu messen. Denn welchen Maßes ein Kind an persönlicher elterlicher Betreuung, Zuwendung und finanzieller Unterstützung bedarf, richtet sich ersichtlich nicht danach, ob es ehelich oder unehelich geboren wurde (BVerfGE 118, 45 – 2007).[15] Auch nachweisbare unterschiedliche soziale Situationen, in denen sich Kinder befinden, oder Unterschiede, die in den Beziehungen ihrer Eltern auszumachen sind, können vor dem Hintergrund des Art. 6 Abs. 5 GG in Verb. mit Art. 6 Abs. 2 GG keinen rechtfertigenden Grund für eine Differenzierung geben.

2. *Nicht nur ein Seitenthema: Die nichteheliche Lebensgemeinschaft.* Die verfassungsrechtlichen Friktionen häuften sich. Das BVerfG war – so in der Rückschau der Entwicklung – zunehmend mit Randkorrekturen beschäftigt. Es mehrten sich die Zweifel an der Leistungsstärke des Gesetzgebers. Die konzeptionelle Schwäche seiner punktuellen Arbeit war nicht zu übersehen. Es war an der Zeit, ein einheitliches Abstammungsrecht für eheliche und nichteheliche Kinder zu schaffen und die Institute der Ehelichkeitsanfechtung und der Vaterschaftsanfechtung zusammenzuführen.

Im Jahre 1972 gab es rd. 137.000 nichteheliche Lebensgemeinschaften (früheres Bundesgebiet).[16] Aufgrund verbesserter Mikrozensusauswertungen wurde es später möglich, nichteheliche Lebensgemeinschaften und Ehen in sozialstatistischer Hinsicht genauer zu erfassen. Bereits 1995 bestanden von rund 37 Mio. Haushaltungen 28% aus Ehepaaren mit Kindern, 24% aus Ehepaaren ohne Kinder, 3 % aus nichtehelichen Lebensgemeinschaften ohne Kinder und weitere 1% mit Kindern.[17] Im Jahre 2001 (früheres Bundesgebiet) gab es 2,1 Mio. nichteheliche Lebensgemeinschaften, von denen 27,6 % mit Kindern unter 18 Jahren zusammenlebten. Dies betraf 821.000 Kinder. Demgegenüber lebten 2,12 Mio. Kinder mit nur einem Elternteil zusammen.[18] Damit lebten 2001

---

[15] Die Entscheidung des BVerfG korrigiert teilweise BGH, Urt. v. 5.7.2006, Az. XII ZR 11/04, BGHZ 168, 245.

[16] Nachweise bei *Rüdiger Peuckert*, Familienformen im sozialen Wandel, 7. Aufl. 2008, S. 63.

[17] Nachweise bei *Ingo Richter*, AK-GG, 3. Aufl. 2001, Art.6 Rn. 12a.

[18] *Statistisches Bundesamt* (Hrsg.), Leben und Arbeiten in Deutschland, Ergebnisse des Mikrozensus 2001, 2002, S. 22.

etwa 19,4 % aller 15,1 Mio. minderjährigen Kinder bei ihren unverheirateten Eltern beziehungsweise Elternteilen, während 12,16 Mio. Kinder, das heißt 80,5 %, mit ihren verheirateten Eltern zusammenlebten. Es war offenkundig, dass ein Teil der Gesellschaft das bürgerliche Sozialmodell, das der Parlamentarische Rat mit Art. 6 GG vor Augen gehabt hatte, „abgewählt" hatte. Im Jahr 2007 gab es annähernd 2,4 Mio. nichteheliche Lebensgemeinschaften im gesamten Deutschland. Seit 1996 war damit die Anzahl um rund ein Drittel gestiegen. Auf Basis des Mikrozensus 2009 dürfte 2011 von mindestens 2,6 Mio. nichtehelichen Lebensgemeinschaften auszugehen sein.[19] Etwa 30% der nichtehelichen Lebensgemeinschaften zogen mindestens ein minderjähriges Kind groß.[20] Die unter Dreißigjährigen leben mittlerweile häufiger unverheiratet als in einer Ehe zusammen. Die Ehe verlor also zunehmend ihren Monopolanspruch, nämlich das „einzige soziale System mit Spezialisierung auf emotionale Bedürfnislagen" (Luhmann 1982) zu sein.[21] Es war eine Frage der Zeit, wann und wie das BVerfG den Strukturwandel moderner familiärer Lebensformen in das grundgesetzliche Schutzsystem übertragen würde. Eine Elternstellung konnte dem Vater eines nichtehelichen Kindes schwerlich dann abgesprochen werden, wenn er mit dem Kind und der Mutter zusammenlebte.

Noch war der „nichteheliche" Vater gleichsam Destinatär anderer Rechtspositionen. Derjenige, dem die Personensorge für das Kind zustand, bestimmte den Umgang des Kindes mit dem Vater (vgl. § 1711 BGB 1979). Das BVerfG hatte dies gebilligt (BVerfGE 56, 363 [381] – 1981). Das Familiengericht war ermächtigt, den Umgang des Vaters mit seinem Kind näher zu regeln (vgl. § 1634 Abs. 2 BGB 1979). § 63a FFG 1969/1976 schloss in Verfahren, die den persönlichen Umgang des Vaters mit dem nichtehelichen Kind zum Gegenstand haben, die Möglichkeit einer „weiteren" Beschwerde aus. Eine hiergegen gerichtete Verfassungsbeschwerde nahm das BVerfG (1989) nicht zur Entscheidung an.[22] Die gerügte vermeintliche Ungleichbehandlung betreffe nicht gleiche, sondern unterschiedliche Gruppen von Normadressaten. Die tatsächliche und rechtliche Situation nichtehelicher und ehelicher Kinder und ihrer Väter sei – trotz Art. 6 Abs. 5 GG – nicht vergleichbar. Das war – gelinde gesagt – überraschend. Die zuständige Kammer des Gerichtes ging hinter die sich abzeichnende Entwicklung zurück. Dies ließ sich als ein Anzeichen dafür inter-

---

[19] *Julia Weinmann/Stefan Rübenach*, Paare in Deutschland: Gleich und gleich gesellt sich gern, in: STAT-Magazin, Statistisches Bundesamt, 2010.

[20] *Stefan P. Rübenach/Julia Weinmann*, Haushalte und Lebensformen der Bevölkerung, in: Statistisches Bundesamt (Hrsg.), Wirtschaft und Statistik 9/2008, S. 772–783 (778); ferner *Statistisches Bundesamt* (Hrsg.), Statistisches Jahrbuch 2010, Tab. 2.17 (S. 47).

[21] *Niklas Luhmann*, Liebe als Passion – Zur Codierung von Intimität. Frankfurt/Main 1982.

[22] BVerfG [K], B. v. 27.4.1989, Az. 1 BvR 718/88, juris.

pretieren, dass die Meinungsbildung innerhalb des BVerfG (1. Senat) über den tatsächlichen und rechtlichen Status des „nichtehelichen" Vaters keineswegs als abgeschlossen, geschweige denn als gesichert anzusehen war. Ein Jahr später wies das BVerfG eine Richtervorlage als nicht hinreichend begründet zurück, mit der eine prozessuale Schlechterstellung der nichtehelichen Kinder dargetan worden war (BVerfGE 83, 111 [117] – 1990). Das Gericht versagte sich der einfachen Wahrheit, dass auch eine „nur" prozessuale Ungleichbehandlung diskriminierenden Gehalt besitzen kann. Noch 1991 ließ das Gericht ausdrücklich offen, ob der Vater des nichtehelichen Kindes sich eigentlich generell auf das Elternrecht des Art. 6 Abs. 2 GG berufen könne (BVerfGE 84, 168 [179] – 1991). Die bereits im Parlamentarischen Rat geäußerten Ansichten erwiesen sich für den Regelungsbereich des Art. 6 GG erneut als langlebig.

Immerhin: Mit BVerfGE 84, 168 (1991) entschloss sich das Gericht zu einer ersten Korrektur. Die „nichteheliche" Lebensgemeinschaft „mit Kind" wurde in den Schutzbereich des Art. 6 GG aufgenommen. Eine Pluralisierung der Lebensformen war längst erkennbar. Bereits erwägend fragte sich das Gericht, ob der Gesetzgeber angesichts der seit der Verabschiedung des Nichtehelichengesetzes 1969 „erheblich gestiegenen Zahl von Fällen, in denen die Eltern eines nichtehelichen Kindes zusammenleben und bereit sind, die Elternverantwortung gemeinsam zu übernehmen, weiterhin von einer Konfliktsituation zwischen den Eltern des nichtehelichen Kindes als Regelfall ausgehen und davon absehen kann, ein Verfahren zur Erlangung der gemeinsamen Sorge im Falle des Einvernehmens zur Verfügung zu stellen". Bei dieser sich verstärkenden Entwicklung mochte es zunehmend eine eher verfassungsdogmatische Marginalie sein, ob man den familiären Schutzkern in erster Linie Art. 6 Abs. 1 oder Art. 6 Abs. 2 S. 1 in Verb. mit Art. 6 Abs. 5 GG zuordnete. Die frühere Entscheidung BVerfGE 56, 363 (1981) wurde ausdrücklich aufgegeben. Noch zögerte man allerdings mit einer zu radikalen Wendung. Welche Folgerungen im einzelnen aus Art. 6 Abs. 1 GG für gesetzliche Regelungen der nichtehelichen Lebensgemeinschaft zu ziehen seien, könne offen bleiben, meinte das Gericht. Jedenfalls ergebe sich keine Pflicht, nichteheliche Lebensgemeinschaften in Erfüllung der angenommenen Prävalenz des Instituts der „Ehe" schlechter als diese zu behandeln (andeutend bereits BVerfGE 82, 6 [15] – 1990). Noch 1971 hatte sich das BVerfG einem bewusst diskriminierenden Effekt zugunsten der „bürgerlichen" Ehe nicht verschlossen. Es verstoße nicht gegen Art. 3 Abs. 1 GG, wenn dem ehelichen Vater durch § 1634 BGB ein Verkehrsrecht, dem nichtehelichen Vater dagegen nach § 1711 BGB 1969 kein Verkehrsrecht gewährt sei (BVerfGE 31, 194 – 1971). Für die Benachteiligung nichtehelicher Kinder, die mit Vater und Mutter zusammenlebten, gebe es keinen rechtfertigenden Grund, verkündete das Gericht nunmehr mit schlichten Worten (BVerfGE 84, 168 [186] – 1991). Aber wiederum bleibt der familienrechtliche Status des „nichtehelichen" Vaters ungefestigt. Ein kleiner Schritt war gleichwohl die

Feststellung des Gerichtes, dass Art. 6 Abs. 5 GG grundsätzlich die Gleichstellung nichtehelicher und ehelicher Kinder bei der Ausgestaltung des Instanzenzuges für Unterhaltsstreitigkeiten fordere (BVerfGE 85, 80 – 1991). Das Gericht blieb hier ungewohnt nachsichtig. Dem Gesetzgeber gebühre bei der Neuregelung eines komplexen Sachverhalts ein zeitlicher Anpassungsspielraum; er dürfe sich zunächst mit einer grob typisierenden Regelung begnügen, um diese nach hinreichender Sammlung von Erfahrungen allmählich durch eine differenzierte zu ersetzen. Das klang im Jahr 1991, also mehr als vierzig Jahre nach Inkrafttreten des Grundgesetzes, nicht wirklich überzeugend. Der Gesetzgeber erhielt immerhin eine angemessene Nachfrist. Die Festsetzung einer starren Frist erschien dem Gericht nicht erforderlich, weil davon ausgegangen werden könne, dass die Gleichstellung im Zuge der angekündigten Überprüfung des Nichtehelichenrechts und des Kindschaftsrechts vorgenommen werde.

Das Gericht wollte also punktuelle verfassungsgerichtliche Korrekturen im Sinne einer wechselseitigen Atempause einstweilen vermeiden. Oder war die Konsensbildung im Senat schwierig? War das Gericht im gerichtlichen Reformeifer zugunsten der nichtehelichen Kinder und ihrer Väter etwas müde geworden? Im Jahre 1995 erwachte es jedenfalls. Nun hieß es: Väter nichtehelicher Kinder seien unabhängig davon, ob sie mit der Mutter des Kindes zusammenlebten oder mit dieser gemeinsam die Erziehungsaufgaben wahrnähmen, Träger des Elternrechts aus Art. 6 Abs. 2 S. 1 GG (BVerfGE 92, 158 - 1995). Der Gesetzgeber sei aber befugt, bei der Ausgestaltung der konkreten Rechte beider Elternteile die unterschiedlichen tatsächlichen Verhältnisse zu berücksichtigen. Sieben Jahre später formulierte das Gericht (BVerfGE 107, 150 [170] – 2003): Es gebe Situationen, in denen der Vater nicht feststellbar sei oder nicht feststehe, in denen er mit dem Kind über die Unterhaltszahlung hinaus nichts zu tun haben oder zwar mit dem Kind, aber nicht mit der Mutter Verbindung halten wolle, bis hin zu solchen, in denen der Vater im Einvernehmen oder im Zusammenleben mit der Mutter gemeinsam mit ihr Sorge für das Kind zu tragen bereit sei. Es war nicht zu übersehen, dass sich aus dieser Sicht eine recht unterschiedliche Rechtsprechung zur Frage des Rechts des Vaters auf Umgang mit seinem nichtehelichen Kind entwickeln würde.

Gleichwohl bejahte das BVerfG jetzt das eigenständige Elternrecht des „nichtehelichen" Vaters mit einer Überzeugungskraft, als habe es nie einen Zweifel oder Zögern gegeben. Art 6 Abs. 2 Satz 1 GG schütze den leiblichen Vater in seinem Interesse, auch rechtlich die Stellung als Vater einzunehmen. Ihm sei verfahrensrechtlich die Möglichkeit zu eröffnen, die rechtliche Vaterposition zu erlangen, wenn dem der Schutz einer familiären Beziehung zwischen dem Kind und seinen rechtlichen Eltern nicht entgegenstehe (BVerfGE 108, 82 [100] – 2003). Das Gericht gewann jetzt an Klarheit: Der Schutz des Art. 6 Abs. 2 Satz 1 GG setze die rechtliche Elternschaft nicht voraus. Der Mann, von dem ein Kind abstamme, sei Vater des Kindes, auch wenn er von der Rechtsordnung nicht als solcher anerkannt sei. Mehr als diese auf Abstammung beruhende Elternschaft setze Art. 6 Abs. 2 Satz 1 GG für die Einbeziehung von Eltern in seinen Schutzbereich nicht voraus. In der prozeduralen Konsequenz hieß dies, den Gesetzgeber anzuhalten, nicht nur die Zuweisung der elterlichen Rechtsposition an der Abstammung des Kindes auszurichten, sondern auch eine verbindliche Feststellung der Vaterschaft zu ermöglichen (vgl. noch zögernd BVerfGE 79, 256 [267] – 1989; entschlossen BVerfGE 108, 82 [103,109] – 2003).

V. Erneut: Feststellung der Vaterschaft

1. *Auskunftsfragen.* Quia mater semper certa est, etiam si volgo conceperit: pater vero is est, qem nupitae demonstrant (Dig. 2.4.5 – Julius Paulus). Wer Vater eines in der Ehe geborenen Kindes ist, mag die Rechtsordnung – zumindest vorläufig – als sicher ansehen. Wer Vater eines nichtehelichen Kindes ist, gilt gleichsam a priori als unsicher. Es fehlt an Wissen.

Die Frage, ob der nichtehelichen Mutter Rechtsnachteile daraus erwachsen könnten, dass sie den Namen des Vaters ihres Kindes verschweigt, beschäftigte Rechtsprechung und Schrifttum seit den 1950er Jahren.[23] Dabei hat sich zunächst und sehr rasch die Auffassung durchgesetzt, dass es zu dem grundrechtlich geschützten Bereich der Intimsphäre der Mutter gehöre, den Namen des Vaters nicht preisgeben zu müssen.[24] Es mochte die Gerichte überraschen, als bei ihnen zunehmend Klagen anhängig gemacht wurden, mit denen uneheliche Kinder von ihren beklagten Müttern Auskunft darüber begehrten, wer ihre „biologischen" Väter seien. Eine geeignete Anspruchsgrundlage gab es im Familienrecht des BGB nicht. Einige Gerichte sahen in der entsprechenden Anwendung der Beistandsregelung des § 1628a BGB 1979 in Verb. mit Art. 6 Abs. 5 GG die benötigte Grundlage.

Das BVerfG mochte sich in der Frage, ob die Mutter gegenüber ihrem nichtehelichen Kind zur Auskunft über den leiblichen Vater verpflichtet sei, nicht so recht entscheiden. In einem Kammerbeschluss meinte es 1988, die grundgesetzlich geschützten Rechte der Mutter und des Kindes seien gegeneinander abzuwägen. Dabei seien grundsätzlich die Kindesinteressen aufgrund der Wertentscheidung des Verfassungsgebers vorrangig.[25] Das nichteheliche Kind solle

---

[23] Vgl. BGH, Urt. v. 20.10.1958, Az. III ZR 121/57, FamRZ 1959, 16; darstellend BGH, B. v. 11.11.1981, Az. IVb ZB 783/81, BGHZ 82, 173.

[24] So bereits BGH, Urt. v. 20.10.1958, Az. III ZR 121/57, FamRZ 1959, 16; später auch BVerwG, Urt. v. 3.9.1970, Az. II C 130.67, BVerwGE 36, 53.

[25] BVerfG [K], B. v. 18.1.1988, Az. 1 BvR 1589/87, NJW 1988, 3010 zu LG Passau, Urt. v. 26.11.1987, Az. 1 S 231/87, NJW 1988, 144.

nach Möglichkeit annähernd dem ehelichen gleichgestellt werden. Dazu sei die Kenntnis des nichtehelichen Vaters notwendig. Nur wenn das Kind seinen Vater kenne, mit dem es gemäß § 1589 BGB verwandt sei, könne es in eine persönliche Beziehung zu ihm treten oder unterhaltsrechtliche und erbrechtliche Ansprüche durchsetzen. Die Eltern eines nichtehelichen Kindes hätten daher im Regelfall ihre Interessen denjenigen des Kindes unterzuordnen, denn sie hätten die Existenz des Kindes und seine Nichtehelichkeit zu vertreten. Das waren klare Worte. Einige Jahre später nuancierte das Gericht anders. Für das grundgesetzlich geschützte Recht des Kindes auf Kenntnis seiner Abstammung sei für die Frage, ob ein nichteheliches Kind einen Anspruch gegen seine Mutter auf Benennung des Vaters habe, ein bestimmtes Ergebnis nicht vorgegeben (BVerfGE 96, 56 [63, 65] – 1997).[26] Ob ein Auskunftsanspruch bestehe, sei vom Gesetzgeber oder von den Gerichten bei der Wahrnehmung ihrer aus den Grundrechten folgenden Schutzpflicht zu entscheiden. Das war eine halbherzige Sicht. Sich auf die Prävalenz des Gesetzgebers und auf die Notkompetenz der Zivilgerichte zurückzuziehen, war eher ungewöhnlich. In zahlreichen Entscheidungen hatte das BVerfG nicht gezögert, klare Zielsetzungen zugunsten des Kindeswohls zu formulieren. Kleinlich und belehrend mäkelte man jetzt an der Abwägungsentscheidung des angegriffenen Zivilgerichts herum, ohne angesichts der unumstrittenen Sachverhaltsgrundlage selbst zu entscheiden. Ersichtlich hatte man sich im Senat im Streitfall auf eine klare Linie nicht zu verständigen vermocht. Die juristisch-technisch schlecht formulierten Entscheidungsgründe lassen kaum einen anderen Schluss zu. Ein Wertungswiderspruch zur bisherigen Rechtsprechung des Gerichts zum Recht auf Kenntnis der eigenen Abstammung (BVerfGE 79, 256 – 1989) blieb unerörtert. Dass das Kindschaftsrechtsreformgesetz (1997) eine Differenzierung zwischen ehelicher und nichtehelicher Abstammung gerade aufheben wollte, blieb unerwähnt.

2. *Anfechtungsklage des „biologischen" Vaters.* Gründe der Rechtssicherheit waren es, das dem leiblichen Vater zuerkannte Elternrecht mit der rechtsverbindlichen Feststellung seiner Vaterschaft zu verbinden. Ohne diese Feststellung fiel der unmittelbare Schutz des Art. 6 Abs. 2 S. 1 GG aus. Es ging also um die Frage, ob Art. 6 Abs. 2 S. 1 GG eine prozedurale Vorwirkung zuzuerkennen sei. Das BVerfG näherte sich einem derartigen Ergebnis sukzessive. Im Jahre 2003 hatte es – erwähnt – Art. 6 Abs. 2 S. 1 GG dahin verstanden, dass der leibliche Vater in seinem Interesse geschützt werde, die rechtliche Stellung als Vater einzunehmen. Ihm sei verfahrensrechtlich die Möglichkeit zu eröffnen, die rechtliche Vaterposition zu erlangen, wenn diesem Verlangen der Schutz einer familiären Beziehung zwischen dem Kind und seinen rechtlichen Eltern nicht entgegenstehe (BVerfGE 108, 82 [109] – 2003). § 1600 BGB 1998 sei daher verfassungswidrig, soweit die Vorschrift den leiblichen Vater eines

---

[26] BVerfG, B. v. 6.5.1997, Az. 1 BvR 409/90, BVerfGE 96, 56 – NJW 1997, 1769.

Kindes ausnahmslos von der Anfechtung der für sein Kind anerkannten Vaterschaft zur Erlangung der eigenen rechtlichen Vaterschaft ausschließe. § 1600 BGB 1998 sei mit Art. 6 Abs. 2 Satz 1 GG insoweit unvereinbar, als er dem biologischen Vater auch dann das Recht auf Anfechtung der rechtlichen Vaterschaft vorenthalte, wenn die rechtlichen Eltern mit dem Kind gar keine soziale Familie bildeten, die es nach Art. 6 Abs. 1 GG zu schützen gelte. Der Ausschluss des biologischen Vaters von der Möglichkeit, im Falle nicht bestehender familiärer Beziehungen zwischen dem rechtlichen Vater und dem Kind Zugang zur eigenen rechtlichen Vaterposition zu gelangen, fand jetzt Priorität. Der Gesetzgeber sei gehalten, die Rechtslage bis zum 30.4.2004 mit der Verfassung in Einklang zu bringen (BVerfGE 108, 82 [121] – 2003). Das BVerfG war also entschlossen, eine zweite „Kernfamilie" zu organisieren. Ein prozessualer Anfang war gemacht. Er trat flankierend dem bereits entwickelten Elternrecht des „nichtehelichen" Vaters hinzu. Die Anfechtungsklage des biologischen Vaters beinhaltet im Falle des Obsiegens nämlich zugleich die Feststellung seiner Vaterschaft (§ 640h Abs. 2 ZPO 2008, nunmehr §§ 169 ff. FamFG 2009).

Auch das ehelich oder außerhalb einer Ehe geborene Kind, der rechtliche Vater oder schließlich auch die Mutter können ein berechtigtes Interesse an der Klärung der Abstammungsverhältnisse haben. Im Jahre 2007 „räumt" das BVerfG grundrechtlich auf: Der Gesetzgeber habe zur Verwirklichung des Rechts des *rechtlichen* Vaters auf Kenntnis der Abstammung seines Kindes von ihm ein geeignetes Verfahren allein zur Feststellung der Vaterschaft bereitzustellen (BVerfGE 117, 202 [226] – 2007). Das Anfechtungsverfahren diene dazu, die rechtliche und biologische Vaterschaft für ein Kind zusammenzuführen und beende die rechtliche Vaterschaft, wenn sich im Verfahren erweise, dass das Kind nicht von seinem rechtlichen Vater abstamme. Der Gesetzgeber habe es unter Verletzung des Grundrechtsschutzes des rechtlichen Vaters unterlassen, einen Verfahrensweg zu eröffnen, auf dem das Recht auf Kenntnis der Abstammung in angemessener Weise geltend gemacht und durchgesetzt werden könne. Ebenso wie das grundgesetzliche Persönlichkeitsrecht einem Mann das Recht auf Kenntnis einräume, ob ein Kind von ihm abstamme, begründe dies in gleicher Weise auch ein Recht des Kindes auf Kenntnis der eigenen Abstammung (BVerfGE 117, 202 [226] – 2007). Der Gesetzgeber ist dem Anliegen des BVerfG mit §§ 169 ff. FamFG 2009 nachgekommen. Materiell-rechtlich sind §§ 1591 ff. BGB maßgebend. Vater eines Kindes ist gemäß § 1592 BGB 2009, wer zum Zeitpunkt der Geburt mit der Mutter des Kindes verheiratet war, wer die Vaterschaft anerkannt hat oder wessen Vaterschaft nach § 1600d BGB oder § 182 Abs. 1 FamFG gerichtlich festgestellt wurde. Nur er ist Träger des Elternrechts des Art. 6 Abs. 2 S. 1 GG. Ob die deutschen gesetzgeberischen Konzepte mit Art. 8 EMRK vereinbar waren, zog der EGMR erstmals 2005 in Zweifel.[27]

Allerdings stellen sich schwierige Fragen zulässiger Ermittlungen. Sie hat das BVerfG noch nicht abschließend beurteilt.[28] Die Verwertung heimlich eingeholter genetischer Abstammungsgutachten lehnt das Gericht jedenfalls ab (BVerfGE 117, 202 [228, 229] – 2007). Die Annahme eines Auskunftsanspruches des Kindes gegenüber seiner Mutter, wer sein „biologischer" Vater sei oder sein könnte, hatte das Gericht – wie erwähnt – zurückhaltend beurteilt (BVerfGE 96, 56 [63, 65] – 1997). Soweit es zur Feststellung der Abstammung erforderlich ist, hat jede Person Untersuchungen, insbesondere die Entnahme von Blutproben, zu dulden, es sei denn, dass die Untersuchung dem zu Untersuchenden nicht zugemutet werden kann (§ 372a Abs. 1 ZPO in Verb. mit § 178 Abs. 1 FamFG 2009).

VI. Elterliche Sorge und Umgangsrecht – auch des „nichtehelichen Vaters

1. *Zwischen Zahlvaterschaft und Sorgerechtsanspruch.* Gemäß § 1705 BGB stand seit 1979 die elterliche Sorge für das nichteheliche Kind nur der Mutter zu. Eine Beteiligung des Vaters an der elterlichen Sorge war nicht vorgesehen. Auch die Möglichkeit, dem Vater die elterliche Sorge gesondert zu übertragen, bestand nicht. Das BVerfG sah dies zunächst als verfassungsgemäß an (BVerfGE 56, 363 – 1981). Immerhin: Nach § 1723 BGB war ein nichteheliches Kind auf Antrag seines Vaters für ehelich zu erklären, wenn dies dem Wohl des Kindes entsprach und keine schwerwiegenden Gründe entgegenstanden. Ein weiterer Baustein fehlte noch zur Komplettierung zur Entwicklung der zweiten „Kernfamilie", bestehend aus Mutter, nichtehelichem Kind und dessen „nichtehelichem" Vater. Rechtliche Strukturen der elterlichen Sorge mussten noch näher geklärt werden. Der Parlamentarische Rat war unausgesprochen von einer Trennlinie zwischen Art. 6 Abs. 1 GG in Verb. mit Art. 6 Abs. 2 S. 1 GG einerseits und Art. 6 Abs. 5 GG in Verb. mit Art. 6 Abs. 4 GG andererseits ausgegangen. Der „nichteheliche" Vater befand sich danach gleichsam in einem verfassungsrechtlichen Niemandsland. Wiederum war es das BVerfG, das den Gesetzgeber zum Nachdenken aufforderte.

Auf diesem Verständnis aufbauend, setzte der Gesetzgeber seine Novellierungen fort. Waren die Eltern eines nichtehelichen Kindes bei dessen Geburt

---

[27] Vgl. EGMR, Urt. v. 10.11.2005, Az. Nr. 40324/98, NJW 2006, 2241 (Ausschluss des Umgangs mit einem Kind aus geschiedener Ehe).

[28] BVerfG [K], B. v. 18.8.2010, Az. 1 BvR 811/09, NJW 2010, 3772 (genetische Erbsubstanzen der betroffenen Personen).

nicht miteinander verheiratet, so stand auf der Grundlage des NEhelG 1969 der Mutter das Sorgerecht zu (vgl. § 1705 BGB 1969). Der „nichteheliche" Vater hatte danach kein elterliches Sorgerecht. Eine gemeinsame Sorgetragung nicht miteinander verheirateter Eltern für ihr Kind war gesetzlich nicht vorgesehen. Auch für geschiedene Eltern war ein gemeinsames Sorgerecht für ihre ehelichen Kinder selbst dann ausgeschlossen, wenn sie willens und geeignet waren, die Elternverantwortung zum Wohle des Kindes weiterhin zusammen zu tragen. Das BVerfG hatte dies als verfassungswidrig angesehen (BVerfGE 61, 358 – 1982). Nachdem das Gericht das Elternrecht des „nichtehelichen" Vaters zunächst nur erwogen, dann anerkannt hatte (BVerfGE 84, 168 – 1991; vgl. auch BVerfGE 92, 158 [177 f.] – 1995), lag es Mitte der 1990er Jahre nahe, nach einer gemeinsamen Lösung zu suchen. Für die nichtehelichen Kinder geschah dies mit dem erwähnten Kindschaftsrechtsreformgesetz 1997.

2. *Die unvollkommene Sorgerechtserklärung.* Zur Regelung schuf der Gesetzgeber einen neuen § 1626a S. 1 BGB. Danach steht Eltern, die bei der Geburt des Kindes nicht miteinander verheiratet sind, die elterliche Sorge dann gemeinsam zu, wenn sie erklären, dass sie die Sorge gemeinsam übernehmen wollen (Sorgeerklärungen), oder wenn sie einander heiraten. Ist beides nicht gegeben, hat die Mutter die elterliche Sorge. Damit eröffnet der Gesetzgeber nicht miteinander verheirateten Eltern unabhängig davon, ob sie zusammenleben, die Möglichkeit, die elterliche Sorge gemeinsam zu tragen, wenn sie dies wollen und entsprechende Sorgeerklärungen abgeben. Die Sorgeerklärung gilt als eine höchst persönlich abzugebende Erklärung. Nach bestehender Gesetzeslage konnte sie von dem Vormundschafts- oder Familiengericht nicht ersetzt werden.[29] Der „nichteheliche" Vater konnte nach nun bestehender Gesetzeslage nur dann das alleinige Sorgerecht gegen den Willen der Mutter erhalten, wenn ihr die elterliche Sorge entzogen wird (§ 1680 Abs. 3 BGB), sie tatsächlich verhindert ist (§ 1678 Abs. 2 BGB) oder stirbt (§§ 1680, 1681 BGB). Das war die rechtliche Konsequenz der vom BVerfG sukzessive durchgesetzten Auffassung, dass der „nichteheliche" Vater mit seinem Kind nicht nur „rechtlich" verwandt ist (beginnend BVerfGE 25, 167 – 1969). Der Wille des Gesetzgebers war, bewusst eine starke Stellung der nicht mit dem Vater des Kindes verheirateten Mutter zu begründen. Das bedingte – so schien es – eine Schwächung der Rechtsposition des „nichtehelichen" Vaters. Die Wahl der Mutter (und nicht des Vaters) als des allein sorgeberechtigten Elternteils sei legitim und aus tatsächlichen Gründen des Kindeswohls gerechtfertigt (BVerfGE 99, 145 [164] – 1998).

Das BVerfG stellte 2003 fest, § 1626a BGB sei teilweise nicht mit dem GG vereinbar. Es fehle eine Übergangsregelung für unverheiratete Eltern, die 1996

---

[29] So auch BGH, B. v. 4.4.2001, Az. XII ZB 3/00, NJW 2001, 2472.

zusammengelebt, sich aber noch vor Inkrafttreten des Kindschaftsrechts-reformgesetzes am 1. Juli 1998 getrennt hätten (BVerfGE 107, 150 – 2003).[30] Bei diesen „Altfällen" sei es nicht möglich gewesen, vor dem 1.7.1998 eine gemeinsame Sorgeerklärung abzugeben. Im Übrigen sei die grundsätzliche Zuweisung des Sorgerechts an die Mutter des nichtehelichen Kindes verfassungsgemäß.[31] Diese Lösung verstoße nicht gegen das Elternrecht des „nicht-ehelichen" Vaters. Sie folge vielmehr der zutreffenden Einsicht, dass es das Kindeswohl verlange, dem Kind ab seiner Geburt eine Person zuzuordnen, die rechtsverbindlich für es handeln könne (vgl. ähnlich bereits BVerfGE 84, 168 – 1991). Noch zögerte das BVerfG gleichwohl. Die Einbeziehung aller Eltern in den Schutzbereich des Art. 6 Abs. 2 GG bedeute nicht, dass allen Müttern und Vätern die gleichen Rechte im Verhältnis zu ihrem Kind eingeräumt werden müssten. Das Elternrecht bedürfe der Ausgestaltung durch den Gesetzgeber, blieb das Credo.

Anders als in BVerfGE 92, 158 (1995) stützte das BVerfG sich auch auf empirische Grundlage. Das Gericht sah jetzt deutlicher als zuvor, dass es auch das gewachsene „Institut" der nichtehelichen Lebensgemeinschaften zu würdigen hatte. Bei der Ausgestaltung der Rechte von Eltern nichtehelicher Kinder sei zu beachten, dass nicht generell vom Bestehen einer sozialen Beziehung zwischen ihnen und dem Kind auszugehen sei. Zu fragen sei auch, ob der Vater ein hinreichendes Interesse an der Entwicklung des Kindes zeige (vgl. BVerfGE 92, 158 [179] – 1995; BVerfGE 107, 150 [173] – 2003). Der Gesetzgeber wurde angehalten, die tatsächliche Entwicklung zu beobachten und zu prüfen, ob seine Prämissen, die er bei seinerzeit § 1626a S. 1 BGB 1997 zugrunde gelegt hatte, vor der Wirklichkeit Bestand hätten. Gleichwohl: Der entscheidende Punkt des Judikates war, dass das Gericht das gemeinsame Sorgerecht gegen den Willen der Mutter eines nichtehelichen Kindes prima facie als dem Kindeswohl nicht dienlich ansah. Nur für die „Altfälle" reagierte der Gesetzgeber auf BVerfGE 107, 150 (2003). Er führte noch 2003 mit Art. 224 § 2a EGBGB eine Sonderregelung ein. Die legislatorische Bereinigung war indes überstürzt, denn sie löste Fragen der Ungleichbehandlung gegenüber dem Sorgerecht für Kinder aus geschiedenen Ehen aus. Es schien auch, dass das BVerfG nicht hinreichend gesichertes Datenmaterial verwandt oder es nicht kundig genug interpretiert hatte. Bereits 2005 begann eine Kammer des BVerfG die Entscheidung BVerfGE 107, 150 (2003) in korrigierender Auslegung des § 1680 Abs. 2 S. 2 BGB neu zu justieren.[32] Wenn ein nach § 1626a BGB nichtsorgeberechtigter

---

[30] BVerfG, Urt. v. 29.1.2003, Az. 1 BvL 20/99, BVerfGE 107, 150; vgl. auch BVerfG [K], B. v. 23.4.2003, Az. 1 BvR 1248/99, BVerfGK 1, 117; BVerfG [K], B. v. 22.12.2003, Az. 2 BvR 2108/00, BVerfGK 2, 190.

[31] So auch BGH, B. v. 4.4.2001, Az. XII ZB 3/00, NJW 2001, 2472.

[32] BVerfG [K], B. v. 8.12.2005, Az. 1 BvR 364/05, – BVerfGK 7, 65 [69]; vgl. auch BVerfG [K], B. v. 19.12.2007, Az. 1 BvR 2681/07, BVerfGK 13, 119).

Vater über einen längeren Zeitraum die elterliche Sorge für ein Kind zwar nicht in rechtlicher, aber in tatsächlicher Hinsicht wahrgenommen hatte, sei es geboten, die Vorschrift dahingehend auszulegen, dass eine Sorgerechtsübertragung auf den Vater regelmäßig dem Kindeswohl diene, solange nicht konkret feststellbare Kindesinteressen der Übertragung widersprächen. Eine weitere Kammerentscheidung wiederholte 2008 diesen Standpunkt.[33] Bereits zuvor hatte eine Kammer das Umgangsrecht des nichtsorgeberechtigten Elternteils gestärkt.[34] Das Umgangsrecht auch des nicht sorgeberechtigten Elternteils eines Kindes stehe unter dem Schutz des Art. 6 Abs. 2 S. 1 GG. Es ermögliche also dem „nichtehelichen" Vater, sich von dem körperlichen und geistigen Befinden seines Kindes und seiner Entwicklung durch Augenschein und gegenseitige Aussprache fortlaufend zu überzeugen, die verwandtschaftlichen Beziehungen zu ihm aufrechtzuerhalten und einer Entfremdung vorzubeugen, sowie dem Liebesbedürfnis beider Teile Rechnung zu tragen.[35]

3. *Streithelfer EGMR.* Die Aufgabe von BVerfGE 107, 150 (2003) deutete sich in der Kammerjudikatur also an. Bevor es dazu kommen konnte, verlor das BVerfG das Heft des Handelns. Eine neue Lage trat 2009 durch zwei Entscheidungen des EGMR ein. Beide Entscheidungen „korrigierten" die bisherigen Erwägungen des BVerfG.[36] Dabei ging der EGMR in offensiver Sprache von einer „notwendigerweise" dynamischen Auslegung der EMRK aus. Der Gerichtshof könne das sich verändernde entsprechende europäische Umfeld nicht außer Acht lassen.

a) *Erbrecht.* Zunächst entschied der EGMR auf eine Individualbeschwerde, dass die in Art. 12 Abs. 1 § 10 Abs. 2 Satz 1 NEhelG enthaltene Regelung, nach der die vor dem 1. Juli 1949 geborenen nichtehelichen Kinder von der gesetzlichen Erbfolge nach ihrem Vater ausgeschlossen seien, gegen das Diskriminierungsverbot des Art. 14 in Verb. mit Art. 8 EMRK verstoße.[37] Es müssten

---

[33] BVerfG [K], B. v.20.10.2008, Az. 1 BvR 2275/08, BVerfGK 14, 347. Vgl. auch BVerfG [K], B. v. 17.6.2009. – Az. 1 BvR 467/09, FamRZ 2009, 1472 (Sorgerecht).

[34] BVerfGE [K], B. v. 9.6.2004, Az. 1 BvR 487/04, FamRZ 2004, 1166; BVerfG [K], B. v. 18.1.2006, Az. 1 BvR 526/04, FamRZ 2006, 605; BVerfG [K], B. v. 26.9.2006, Az. 1 BvR 1827/06, BVerfGK 9, 274; BVerfG [K], B. v. 23.3.2007, Az. 1 BvR 156/07, BVerfGK 10, 519; BVerfG [K], B. v. 9.5.2007, Az. 1 BvR 1253/06, BVerfGK 11, 146.

[35] BVerfG [K], B. v. 9.2.2007, Az. 1 BvR 217/07, FamRZ 2007, 531.

[36] Vgl. *Christine Hohmann-Dennhardt*, Eltern-Recht(s)-Ansichten. Die Entscheidungen des BVerfG und des EGMR zur gemeinsamen Sorge nicht miteinander verheirateter Eltern für ihr Kind, in: dies./Peter Masuch/Mark Villiger (Hrsg.), Grundrechte und Solidarität. Durchsetzung und Verfahren. FS Renate Jaeger, Kehl, 2010, S. 653-673; *Sebastian Graf Kielmansegg*, Jenseits von Karlsruhe. Das deutsche Familienrecht in der Straßburger Rechtsprechung, AVR 46 (2008), S. 273–308.

[37] EGMR, Urt. v. 28.5.2009 – Az. Nr. 3545/04, NJW-RR 2009, 1603 (Brauer vs. Germany). Die Entscheidung „korrigierte" BVerfG, B. v. 8.12.1976, Az. 1 BvR 810/70, BVerfGE 44, 1.

sehr schwerwiegende Gründe vorgetragen werden, ehe eine unterschiedliche Behandlung wegen nichtehelicher Geburt als mit der EMRK vereinbar angesehen werden könne. Anders als das BVerfG sah der EGMR derartige Gründe nicht. Nach Auffassung des Gerichtshofs sind die seinerzeit vom BVerfG angeführten Argumente nicht mehr zeitgemäß. Die deutsche Gesellschaft habe sich wie andere europäische Gesellschaften erheblich weiter entwickelt. Die rechtliche Stellung nichtehelicher Kinder entspreche heute dem rechtlichen Status ehelicher Kinder. Bereits 1979 hatte der EGMR festgestellt, dass die aus erbrechtlichen Gründen vorgenommene Unterscheidung zwischen „nichtehelichen" und „ehelichen" Kindern nach Art. 14 in Verb. mit Art. 8 EMRK nicht aufrecht erhalten werden könne.[38]

Der EGMR ließ allerdings unerwähnt, dass der zu beurteilende Altfall in einen Zeitraum hineinragte, zu dem die Bundesrepublik die EMRK noch nicht ratifiziert hatte. Vor allem hatte der EGMR nicht bemerkt, dass wenige Monate zuvor ein Kammerbeschluss des BVerfG kurzerhand die bisherige Judikatur aufgegeben hatte.[39] Für die gebotene erbrechtliche Gleichstellung, so hieß es jetzt, komme etwa eine verfassungskonforme Auslegung von Art. 12 § 10 Abs. 2 NEhelG oder eine analoge Anwendung von § 1719 BGB a.F. in Frage. Das war in prozessualer und materieller Hinsicht ein merkwürdiges Judikat, zu spät offenbar, um einer Verurteilung des EGMR noch auszuweichen. Eine langjährig verteidigte Senatsrechtsprechung wurde kurzerhand aufgegeben. Dazu wurde eine analoge Anwendung einer außer Kraft getretenen Vorschrift empfohlen. Auch dies war in methodischer Hinsicht überraschend. Die überkommene und textbelegte Auffassung, Art. 6 Abs. 5 GG enthalte einen in erster Linie an den Gesetzgeber gerichteten Auftrag, war zur Seite geschoben. Die praktische Bedeutung der Bindung der Gerichte an Art. 6 Abs. 5 GG bestehe darin, dass die in der Verfassungsnorm ausgeprägte Wertauffassung bei der den Gerichten anvertrauten Interessenabwägung und vor allem bei der Interpretation der einfachen Gesetze zugrunde zu legen sei, hieß es jetzt. Hatte man die Hoffnung auf legislatorische Qualitätsarbeit aufgegeben?

b) *Sorgerecht*. Wenige Monate später wiederholte der EGMR seine Kritik auf der Grundlage einer weiteren Individualbeschwerde. Jetzt handelte es sich nicht mehr um eine eher technische Frage, ein geeignetes Überleitungsrecht zu finden. Die Kritik am BVerfG war nahezu unverhohlen massiv. Deutschland diskriminiere Väter außerehelich geborener Kinder beim Zugang zur (gemeinsamen) elterlichen Sorge.[40] Es liege ein Verstoß gegen Art. 8 EMRK in Verb.

---

[38] EGMR, Urt. v.13.6.1979 – Serie A Bd. 31 (Paula Marckx vs. Belgien).

[39] BVerfG [K], B. v. 8.1.2009, Az. 1 BvR 755/08, NJW 2009, 1065.

[40] EGMR, Urt. v. 3.12.2009, Az. Nr. 22028/04,– NJW 2010, 501 (Zaunegger vs. Deutschland). Vgl. kritisch erneut EGMR, Urt. v. 21.12.2010, Az. Nr. 20578/07, FamRZ 2011, 269.

mit Art. 14 EMRK vor. Nur sehr gewichtige Gründe könnten die Ungleichbehandlung aufgrund des Geschlechts oder einer außerehelichen Geburt rechtfertigen. Dieser Maßstab gelte auch für die Beurteilung der Rechtmäßigkeit der unterschiedlichen Behandlung des Vaters eines aus einer nichtehelichen Lebensgemeinschaft hervorgegangenen Kindes im Vergleich zum Vater eines ehelichen Kindes. Das war für das BVerfG eine bittere Entscheidung, denn sie betraf direkt BVerfGE 107, 150 (2003). Mit diesem Judikat hatte sich das Gericht mehr als früher die Mühe gemacht, das Entscheidungsergebnis anhand sozialstatistischer Befunde abzustützen. Für den EGMR war dies misslungen. Überraschend war dessen Sichtweise keineswegs. Sie hatte sich bereits 2004 abgezeichnet.[41]

Die Prüfung des EGMR war methodisch allerdings eine andere als die des BVerfG. Dieses hatte § 1626a S. 1 BGB 1997 im Sinne einer Normenkontrolle „abstrakt" auf seine Verfassungsgemäßheit untersucht. Der Gesetzgeber wurde nur für verpflichtet gehalten, die tatsächliche Entwicklung zu beobachten und zu prüfen, ob seine Annahmen auch vor der sozialen Wirklichkeit noch Bestand hätten. Der EGMR wählte einen anderen Prüfungsansatz. Der Gerichtshof fragte nicht abstrakt, sondern nach dem konkreten Ergebnis.[42] Hier war seine Antwort eindeutig. Unter Würdigung der Umstände des Streitfalles widerspreche eine gemeinsame elterliche Sorge gegen den Willen der Kindesmutter nicht auf den ersten Blick dem Kindeswohl. Der grundsätzliche Ausschluss einer gerichtlichen Überprüfung der ursprünglichen Zuweisung der Alleinsorge an die Mutter habe nicht in einem angemessenen Verhältnis zu dem verfolgten Ziel, nämlich dem Schutz des Wohls eines nichtehelichen Kindes, gestanden. Unausgesprochen stand also hinter den Aussagen des EGMR die Annahme, der „nichteheliche" Vater habe auch konventionsrechtlich einen Rechtsanspruch auf Beteiligung an der elterlichen Sorge. Der zugestandene Anspruch des Vaters kann sich innerstaatlich gegenüber dem Gesetzgeber nur aus Art. 6 Abs. 2 GG ergeben. Das zwang das BVerfG, den Schutzbereich gleichsam konventionsrechtlich „aufzuladen", wie es das Gericht im Görgülü-Beschluss selbst empfohlen hatte (BVerfGE 111, 307 [317, 327] – 2004).

4. *Kurzfristige Ratlosigkeit.* Was sollte nach den Judikaten des EGMR nun geschehen? In seinem Görgülü-Beschluss hatte das BVerfG entschieden, dass sich die Bindungswirkung einer Entscheidung des EGMR gemäß Art. 59 Abs. 2 in Verb. mit Art. 19 Abs. 4 GG auf alle staatlichen Organe und Gerichte erstrecke. Diese sind grundsätzlich verpflichtet, im Rahmen ihrer Zuständigkeit möglichst einen konventionsgemäßen Zustand herzustellen (BVerfGE 111, 307 – 2004). Nun wandte sich das eigene Judikat gegen sich selbst.

---

[41] EGMR, Urt. v. 26.2.2004, Az. Nr. 74969/01, NJW 2004, 3397 (Görgülü).

[42] EGMR [GK], Urt. v. 8.7.2003, Az. Nr. 31871/96, ECHR 2003-VIII = FamRZ 2004, 337 (Sommerfeld vs. Deutschland).

Im Sommer 2010 zieht das BVerfG aus den Irrungen und Wirrungen, auch den eigenen, um den verfassungsrechtlichen Status des „nichtehelichen" Vaters die Konsequenzen[43] Seine Worte sind klar und einfach: „Es verletzt das Elternrecht des Vaters eines nichtehelichen Kindes aus Art. 6 Abs. 2 GG, dass er ohne Zustimmung der Mutter generell von der Sorgetragung für sein Kind ausgeschlossen ist und nicht gerichtlich überprüfen lassen kann, ob es aus Gründen des Kindeswohls angezeigt ist, ihm zusammen mit der Mutter die Sorge für sein Kind einzuräumen oder ihm anstelle der Mutter die Alleinsorge für das Kind zu übertragen." Der doch nur „auftragsgebundene" Gesetzgeber, der in Jahrzehnten dem sprungprozessionalen Gericht zu folgen versuchte und sich unterschiedlich intensiv an die historischen Vorgaben des Parlamentarischen Rates gebunden sah, mag sich einstweilen erlöst fühlen. In den alten Bundesländern werden gegenwärtig mehr als 25 % der Kinder zunächst nichtehelich geboren, in den neuen Bundesländer fast das Zweifache. Die ohnedies verspätete Konzeption des NEhelG 1969 konnte dieser sozialen Wirklichkeit nicht gerecht werden. Insoweit zog das BVerfG in deutlicher Abkehr auch von dem Grundverständnis des Parlamentarischen Rates die gebotenen integrativen Konsequenzen.

VII. Gratulation an BVerfG und EGMR

Das Grundgesetz normiert explizit ein Vater-Kind-Verhältnis nicht. Die Normativität des Art. 6 GG, wie der Parlamentarische Rat ihn verstand, sollte biologische Wahrheiten und sozial wirksame Gegebenheiten überdecken. In mäandernden Bewegungen hat das BVerfG in Nachvollzug des sozialen Wandels und gegen den hinhaltenden Widerstand des Gesetzgebers die Funktion des Art. 6 GG in Jahrzehnten neu justiert. Eine schwierige Leistung! Der EGMR war auf der Strecke des Weges behilflich. Weder das BVerfG noch der EGMR geben ein Regelungsmodell vor. Für seine Übergangsregelung orientiert sich das BVerfG an einem „Opt-in-Modell" und ordnete verbindlich an: Nach der vorläufig geänderten Rechtslage ist die Mutter von Gesetzes wegen allein sorgeberechtigt; der Vater kann die Übertragung des Sorgerechts beim Familiengericht beantragen und erlangt es, wenn dies dem Kindeswohl entspricht. Die Gefahr der Mythen bleibt. Der Mythos von der idealisierten und uneigennützigen Mutter sollte nicht durch einen entsprechenden des Vaters substituiert werden. Der achte Familienbericht der Bundesregierung (2011) wird vielleicht weitere Aufklärung erbringen.

---

[43] BVerfG, B. v.21.7.2010, Az. 1 BvR 420/09, NJW 2010, 3008.

Kultur versus Politik

Bayreuther Ambivalenzen: ein Beispiel aus Deutschland

Udo Bermbach

I.

Nach dem Scheitern des Dresdner Aufstandes vom Mai 1848, nach seiner gelungenen Flucht ins Züricher Exil, legte Richard Wagner während der Jahre 1848 bis 1851 in drei umfänglichen Schriften seine Grundüberzeugungen zum Verhältnis von Politik und Kunst und zu seinem ‚Kunstwerk der Zukunft' nieder. Wollte man die Essenz seines politisch-ästhetischen Nachdenkens auf eine kurze Formel bringen, so lässt sich kaum ein anderer Satz zitieren, der mit solch scharfer Prägnanz seine aus der Revolution gewonnene, ein Leben lang beibehaltene Grundüberzeugung formuliert – und der in gewisser Weise auch die fundamentale Überzeugung großer Teile der deutschen Kultureliten im 19. Jahrhundert charakterisiert: „So ist die Kunst des Dichters zur Politik geworden: Keiner kann dichten, ohne zu politisieren. Nie wird aber der Politiker Dichter werden, als wenn er eben aufhört, Politiker zu sein: in einer rein politischen Welt nicht Politiker zu sein, heißt aber so viel, als gar nicht existieren; wer sich jetzt noch unter der Politik hinwegstiehlt, belügt sich nur um sein eigenes Dasein. Der Dichter kann nicht eher wieder vorhanden sein, als bis wir keine Politik mehr haben."[1]

Wagners Satz bezieht sich auf die Zeit um 1848/49, als in Deutschland – nach den gescheiterten Einheitsbemühungen der nachnapoleonischen Zeit und der Zeit der Pariser Julirevolution von 1831 – erneut in der Frankfurter Paulskirchen-Versammlung der Versuch unternommen wurde, diese politische Einheit Deutschlands doch noch zustande zu bringen, was bekanntlich kläglich scheiterte. Während dieser revolutionären Unruhen von 1848/49, die Wagner zunächst hoffnungsvoll begleitet hatte, bildete sich bei ihm mehr und mehr die Überzeugung heraus, dass zunächst einmal Staat und Gesellschaft durch revolutionäre Umgestaltung in eine neue politische Struktur gebracht werden müssten, die, verkürzt gesprochen, unter der Form einer Monarchie sowohl Elemen-

---

[1] *Richard Wagner,* Oper und Drama, in: Gesammelte Schriften und Dichtungen, Leipzig o.J., Bd. 4, S. 53.

te des Parlamentarismus wie der direkten Demokratie zur Grundlage haben
sollte. Soweit er sich über die Art der Organisation einer postrevolutionären
Gesellschaft überhaupt Gedanken gemacht hat – Äußerungen dieser Art gibt es,
aber sie sind eher beiläufig und organisationstechnisch nicht sehr ausdifferenziert –, laufen sie auf ein genossenschaftlich verfasstes Gemeinwesen hinaus,
dessen Fundament die liberalen Grund- und Freiheitsrechte abgeben sollte.[2]
Doch würde eine solche Perspektive – dachte Wagner – erst dann realisiert
werden können, wenn zuvor die Revolution die ungerechten sozialen und un-
haltbaren politischen Zustände grundlegend verändert haben würde. Erst danach erschien es ihm sinnvoll, über einen genauen Auf- und Ausbau des Gemeinwesens nachzudenken, wobei, wie schon erwähnt, die künstlerischen Berufsgenossenschaften das Vorbild abgeben sollten. Für Wagner war in all seinen Überlegungen, die er stets eng mit ästhetischen Fragen verwob, bestimmend, dass die Politik zunächst jene Grundlage zu schaffen hatte, auf der alles
weitere aufgebaut werden konnte. Konzeptionell orientierte er sich in seinen
Vorstellungen dabei an der antiken Polis, weil hier die Einheit aller Bürger aus
dem Zusammenwirken von Politik, Kunst und Religion hervorging. Diese Ein-
heitsvision lag seinem Politik- wie Kunstverständnis gleichermaßen zugrunde,
und dies erklärt auch, weshalb er die Pluralisierung und Ausdifferenzierung der
Moderne als ein Verfallssymptom interpretierte. Nie verlegen, wenn es um
weitgreifend Grundsätzliches ging, glaubte er, die klassische europäische Politik seit den Römern sei infolge ihrer einseitigen Machtfokussierung strukturell
auf einen Interessensausgleich und eine Konfliktlösung ausschließlich durch
Gewalt festgelegt, und diesen von ihm als unaufhebbar betrachteten Mechanismus und Grundcharakter sah er als das entscheidende Hindernis für eine
neue Moral und Politik an, dem nur durch eine vollkommene Kehre begegnet
werden könne, welche die Politik vollständig neu einjustieren müsse.

Sobald die Revolution gesiegt haben würde, glaubte Wagner, könne die
Kunst – und dies sagt der zweite Satz des Zitats aus – wieder zu ihrer eigentlichen Aufgabe zurückfinden. Sie könne dann wieder um ihrer selbst willen da
sein, brauche sich nicht mehr, von wem auch immer, in Dienst nehmen zu lassen. Die Autonomie der Kunst, die Wagner anstrebte, war eine postrevolu-
tionäre Autonomie, sie ließ sich seiner Überzeugung nach erst realisieren,
nachdem die Politik auf völlig neue Grundlagen gestellt und dadurch auch die
Freiheit und Unabhängigkeit der Kunst gesichert worden war. Solange dies
nicht erreicht war, galt für ihn der Satz: „Das absolute Kunstwerk, das ist: das
Kunstwerk, das weder an Ort und Zeit gebunden, noch von bestimmten Men-

---

[2] Dazu genauer *Udo Bermbach*, Der Wahn des Gesamtkunstwerks. Richard Wagners
politisch-ästhetische Utopie, Stuttgart/Weimar 2004, S. 81 ff.

schen dargestellt und von diesen verstanden werden soll –, ist ein vollständiges Unding, ein Schattenbild ästhetischer Gedankenphantasie."[3]

In diesen eingangs zitierten drei Sätzen wird das im Denken Wagners zentrale Thema des Verhältnisses von Kunst/Kultur und Politik prinzipiell umrissen und die damit getroffene Verhältnisbestimmung, mit der Wagner den Vorrang der Kunst vor der Politik festlegt, wenngleich unter der Maßgabe, dass die Politik die Bedingungen für diesen Vorrang zu schaffen habe, hat er ohne alle Einschränkungen bis an sein Lebensende beibehalten. Seine Überzeugung, wonach der Dichter erst dann wieder Dichter sein könne, wenn „wir keine Politik mehr haben", steht freilich in einer langen Traditionskette der deutschen Kultur- und Geistesgeschichte. Sie geht zurück in die Vorklassik des 18. Jahrhunderts und sie ist Reflex auf die über Jahrhunderte gemachte Erfahrung der Deutschen, dass die deutschen Staaten, obwohl formell in einem Kaiserreich vereint, gleichwohl ihre je eigenen Interessen verfolgten und sich dabei oft in ausländische Loyalitäten begaben. Im kollektiven Gedächtnis der deutschen Führungs- und Kultureliten war die negative Erfahrung seit dem Westfälischen Frieden, der Deutschland langfristig partikularisierte und dem Einfluss fremder Staaten aussetzte, tief verankert, zumal wenn der Blick auf Frankreich, England, Spanien oder auch Russland zeigte, dass es mächtige Staaten gab, die ihre nationale Souveränität politisch nutzen konnten.[4] Diese Erfahrung der immer erneuten Instrumentalisierung deutscher Einzelstaaten zugunsten nicht-deutscher Interessen führte spätestens im 18. Jahrhundert dazu, dass die Kultureliten sich allmählich von der Politik abwandten, hin zur Philosophie, Literatur und Musik, und die deutsche Sprache mehr und mehr als das eigentlich alle verbindende, die nationale Identität stiftende Medium verstanden wurde. Kultur avancierte zu „einem Ort für vorenthaltende Partizipation"[5], sie übergriff staatliche Grenzen und umfasste auch die deutschsprachigen Bevölkerungsteile der Schweiz sowie der Habsburger Monarchie, die selbstverständlich als Bestandteile der deutschen Nation verstanden wurden. Je mehr die Politik sich in diplomatischen Strategien erging, die zwar den herrschenden Dynastien Vorteile versprachen, dem jeweiligen Volk aber keineswegs, umso mehr flüchteten sich die Kultureliten in ihre Kultur und brachten diese mehr und mehr in eine grundsätzliche Opposition zur Politik schlechthin. Lessing *Hamburgische Dramaturgie* ist dafür ein signifikantes Beispiel: sie war der Versuch, ein Nationaltheater jenseits des Staates zu begründen, in dem sich die deutschsprechenden und deutschschreibenden bürgerlichen Schichten und kulturell bestimmenden Intellektuellen, gleichviel ob adelig oder bürgerlich, gemeinsam als Nation empfin-

---

[3] *Richard Wagner*, Eine Mittheilung an meine Freunde, in: GSD, Bd. 4, S. 234.

[4] Vgl. dazu *Otto Dann*, Nation und Nationalismus 1770–1990, München 1996, passim.

[5] *Wolf Lepenies*, Kultur und Politik. Deutsche Geschichten, München 2006, S. 46.

den konnten. Schillers Abhandlungen *Über die ästhetische Erziehung des Menschen* gingen noch einen entschiedenen Schritt weiter: in ihnen war – wie später auch im Denken Wagners – der politische Staat lediglich als Rahmen und Vorbedingung einer ästhetischen Erziehung der Menschen gedacht, die das ‚Politische' in seinem klassischen Sinne des Macht- und Konfliktstaates überwinden sollte. Die Kunst müsse, so Schiller „die Wirklichkeit verlassen und sich mit anständiger Kühnheit über die Bedürfnisse erheben; denn die Kunst ist eine Tochter der Freiheit, und von der Notwendigkeit der Geister, nicht von der Notdurft der Materie will sie ihre Vorschriften empfangen."[6] Da alle Menschen, wie Schiller argumentierte, zur Schönheit befähigt seien, alle auch potentiell erkennen könnten, was Schönheit sei, könne auch das Streben nach Schönheit – die Schiller mit Kant als eine Theorie des Erhabenen verstand – als ein allen Menschen gemeinsames Medium verstanden werde. Daraus zog Schiller den Schluss, die Kunst werde, sofern sie nach Schönheit strebe, zukünftig das entscheidende Medium der Vergemeinschaftung bzw. Vergesellschaftung sein, damit aber auch entscheidend werden für die Bestimmung der Nation.

Man könnte dieses Argumentationsmuster weiter ausziehen und in seiner geistesgeschichtlichen Fortentwicklung nachverfolgen. Das soll hier nicht geschehen, nur so viel: zu verweisen wäre nach Schiller etwa auf Wackenroder, der in seinen kunstästhetischen Überlegungen die kulturelle Bestimmung des ‚Deutschen' noch einmal zuspitzte, indem er innerhalb der Künste den Vorrang der Musik konstatierte. Denn die Musik allein, so argumentierte Wackenroder, sei jene Universalsprache, die alle Menschen verstünden. Diesem Argument folgten viele der Romantik verpflichtete Literaten, Philosophen und natürlich Musiker. Die Behauptung der universellen Sprach- und Verständnisfähigkeit der Musik gewann im Verlaufe der weiteren deutschen Geschichte zunehmend an Gewicht. So etwa bei Schopenhauer, dessen zentraler Kern seiner Philosophie, die Willensmetaphysik, in der Musik ihre Erfüllung findet. Auch Schopenhauers Philosophie ordnet die Kunst aller Politik normativ vor, und dies taten viele Autoren des 19. Jahrhunderts, die alle in seinem Sinne votierten und den Gedanken ventilierten, die Kunst alleine, insonderheit die Literatur und Musik, sei das alle Deutschen verbindende Gemeinsame, ihr eigentliches Wesensmerkmal. Eine Überzeugung, die nur aus der zwanghaften Kompensation einer schmerzhaft erfahrenen Vorenthaltung der politischen Einheit der Nation heraus zu verstehen ist. Noch zu Beginn des 20. Jahrhunderts hat Friedrich Meinecke mit seiner Unterscheidung der Nationalstaatenbildung von „Kulturnation" und „Staatsnation" diesem spezifischen deutschen Weg der Findung nationaler Identität gerecht zu werden versucht, und damit zugleich die Selbstbe-

---

[6] *Friedrich Schiller*, Über die ästhetische Erziehung des Menschen in einer Reihe von Briefen, in: Sämtliche Werke, hrsg. von G. Fricke und H. Göpfert, München 1980, Bd. V. S. 573.

schreibung großer Teile der deutschen Führungseliten auch zu seiner Zeit auf den Begriff gebracht.[7] Zu erinnern ist in diesem Zusammenhang auch daran, dass der überwiegende Teil der Bildungs- und Führungseliten des Deutschen Kaiserreiches den Ersten Weltkrieg vornehmlich als Verteidigung der deutschen Kultur gegen den (dekadenten) Westen rechtfertigten, ganz so, wie es Thomas Mann in seinen *Betrachtungen eines Unpolitischen* formuliert hat, als er davon sprach, der Unterschied von Geist und Politik enthalte den von Kultur und Zivilisation, von Seele und Gesellschaft, von Freiheit und Stimmrecht, von Kunst und Literatur, und Deutschtum sei „Kultur, Seele, Freiheit, Kunst und *nicht* Zivilisation, Gesellschaft, Stimmrecht, Literatur." Deutsche Geistigkeit und Menschlichkeit sei immer „Anti-Politik".[8]

Wenn es denn einen ‚deutschen Sonderweg' gegeben haben sollte, dann wäre er wohl darin zu sehen, dass die Deutschen ihr nationales Selbstverständnis primär kulturalistisch bestimmt haben, während andere europäische Nationen – allen voran die Franzosen – sich selbst in erster Linie als politisch begriffen. In dieser, hier nur kurz angedeuteten, spezifisch deutschen Tradition denkt auch Wagner, auf ihr baut er sein Kunstverständnis auf. Sein Konzept des Gesamtkunstwerks ist die – um Hegel zu paraphrasieren –utopische Aufhebung der Politik im ästhetischen Erlebnis. Was Wagner freilich nicht bedachte, ist das Faktum, dass eine solche Vorrangstellung der Kunst gegenüber der Politik in der Realität immer dann, wenn die Politik, sei's innen- oder außenpolitisch, debattenbeherrschend wurde, zur Politisierung der Kunst/Kultur führen musste, auch wenn diejenigen, die von diesem Politisierungsprozess betroffen waren, dies selbst nicht wahrnahmen oder diese Feststellung empört zurückzuweisen suchten.

II.

Dem Postulat des Vorrangs der Kunst vor aller Politik wohnt freilich eine spezifische Dialektik inne, die unter entsprechenden Kontextbedingungen ins gerade Gegenteil dessen führt, was eigentlich beabsichtigt ist. Es ist eine Sache, diese Kunst- und Kulturdominanz als Idee und Konzept zu formulieren, eine andere, sie auch faktisch einzulösen. Was Bayreuth betraf – das hier als ein besonders prägnantes Beispiel für diese deutsche Besonderheit stehen mag –, so zeigten bereits die Schwierigkeiten der Baufinanzierung des Festspielhauses dieses prinzipielle Dilemma auf: einerseits wollte Wagner mit dem von ihm konzipierten Festspielhaus und den in ihm geplanten (Muster-)Aufführungen

---

[7] *Friedrich Meinecke*, Weltbürgertum und Nationalstaat (1907), Stuttgart 1962, S. 10.

[8] *Thomas Mann*, Betrachtungen eines Unpolitischen, in: Gesammelte Werke, Bd. XII, Frankfurt/M. 1974, S. 31.

seinen ästhetischen Dominanzanspruch einlösen und zeigen, wie Kunst durch
räumliche und zeitliche Konzentration lebensintervenierend wirken konnte.
Andererseits aber standen weder für den Bau des Festspielhauses noch zur Finanzierung der ersten Aufführungen – 1876 fand mit der Eröffnung des Festspielhauses auch die Uraufführung des Ring-Zyklus statt – genügend private
Mäzene zur Verfügung.[9] Der 1870 gegründete Bayreuther Patronatsverein
konnte zwar erhebliche Gelder einsammeln, aber sie reichten insgesamt nicht
aus, so dass Ludwig II. mehrfach einspringen musste, um das Unternehmen vor
dem Scheitern zu bewahren.[10] Es war also die ‚Politik' bzw. der ‚Staat', der
dem kulturalistischen Gegenentwurf zum Leben verhalf, vielleicht in der sicheren Gewissheit, dass Anspruch und Realisierung zumeist erheblich auseinanderklaffen und am Ende der Politik durch das Bayreuther Unternehmen keinerlei Gefahr drohte.

Ein besonders signifikantes Beispiel für dieses Auseinanderklaffen zeigt sich
am Beispiel *Parsifal*, dessen Autorenschutz mit dem Jahresende 1912 ablief
und der danach für alle Bühnen der Welt frei werden sollte. Denn dieses ‚Frei-
werden für alle Bühnen' stand scheinbar im Widerspruch zu Wagners Wille,
der zwei Jahre vor der Uraufführung von 1882 in einem Brief an den bayerischen König bemerkt hatte, man dürfe eine Handlung, in der „die erhabensten
Mysterien des christlichen Glaubens offen in Szene gesetzt sind, auf den Thea-
tern wie den unsrigen, neben einem Opernrepertoire und vor einem Publikum
wie dem unsrigen",[11] nicht aufführen, sondern müsse diese Aufführung dem
Bayreuther Festspielhaus vorbehalten. Abgesehen davon, dass die mit dieser
Bemerkung verbundene Sakralisierung und Christianisierung des *Parsifal* in
striktem Gegensatz zu zahlreichen anderen Äußerungen Wagners steht, die sich
etwa in Cosimas Tagebüchern finden[12], und vermutlich eher aus strategischen
Erwägungen formuliert worden sind, um Bayreuth die finanziellen Mittel aus
dem Gewinn von *Parsifal*-Aufführungen zu erhalten, hat sie aber für das Bayreuther Bemühen, die allgemeine Bühnen-Freigabe des Stückes nach Ablauf
der Autoren-Schutzfrist von 30 Jahren zu verhindern, einen fundamentalen Re-
ferenzcharakter erlangt. Mit Verweis auf diesen ‚Willen' Wagners wurden bereits um die Jahrhundertwende, also weit im Vorfeld des rechtlichen Ablaufs
des Autorenschutzes, seitens Bayreuths erste Bemühungen unternommen, um
das kommende ‚Unheil' abzuwenden. Bayreuth wandte sich an den Kaiser, an

---

[9] Vgl. *Udo Bermbach*, Bayreuther Festspiele. Idee und Realisierungsaspekte, in: derselbe, Opernsplitter. Aufsätze. Essays, Würzburg 2005, S. 307 ff.

[10] *Veit Veltzke*, Vom Patron zum Paladin. Wagnervereinigungen im Kaiserreich von
der Reichsgründung bis zur Jahrhundertwende, Bochum 1987.

[11] König Ludwig II. und Richard Wagner, Briefwechsel. Mit vielen Urkunden in vier
Bänden hrsg. vom Wittelsbacher Ausgleichs-Fonds und von Winifred Wagner, bearbeitet von Otto Strobel, Karlsruhe 1936, Bd. 3, S. 182.

[12] Vgl. dazu *Udo Bermbach*, Blühendes Leid, S. 281 ff.

die Reichsregierung, an einflussreiche Persönlichkeiten des öffentlichen und politischen Lebens, um für sich eine rechtliche Sonderregelung zu erreichen. Als der Deutsche Reichstag im April und Mai 1901 in zweiter und dritter Beratung darüber debattierte, ob die Schutzfrist für „Werke der Literatur und der Tonkunst" von damals dreißig Jahren auf fünfzig erhöht werden sollte[13] – und diese Verlängerung schließlich ablehnte, u. a. mit dem Argument, das könne Rückwirkungen auf das Ausland haben und dann im Falle der Aufführung nicht-deutscher Werke zu höheren Gebühren führen, was das deutsche Kulturleben finanziell belaste –, legte Bayreuth eine Petition vor, die mit rund 18000 Unterschriften vom Parlament bzw. der Regierung eine ‚Lex Parsifal' verlangte.[14] Bayreuth unternahm alle nur denkbaren Anstrengungen, um über die politischen Organe des Reiches – vom Kaiser bis zum ansonsten eher verachteten Reichstag – Unterstützung für seine Forderung zu erhalten. Wollte man die darin implizierte Paradoxie formulieren, ließe sich sagen, Bayreuth habe in einer für die Festspiele existentiellen und vor allem auch für die mit dem Werk verbundene Weltanschauung – dem *Bayreuther Gedanken*[15] – die Hilfe der sonst so verachteten Politik erbeten, anders gesagt: der eigene und auf Kunst gegründete, gegen die Politik gerichtete Dominanzanspruch sollte mithilfe der Politik in seine Geltung gesetzt werden, weil er – was Bayreuth allerdings nie reflektierte – aus eigener Kraft sich nicht am Leben erhalten konnte.

Ein strukturell ähnliches Verhalten legten die Erbe-Verwalter Wagners nach Ausbruch des Ersten Weltkriegs, der von Bayreuth keineswegs begrüßt worden ist, an den Tag. Chamberlain, wichtigster Interpret Wagners nach dessen Tod bis in die zwanziger Jahre, schrieb im September 1914, jeder Deutsche wisse, „dass er bei seiner geographischen Lage von einem Krieg alles zu fürchten und wenig zu hoffen hat. Wie sollte ein Volk, bei welchem Industrie, Handel und Wissenschaft von Jahr zu Jahr immer höher blühen, wie dies in Deutschland in den letzten fünfundvierzig Jahren der Fall war, Krieg herbeizetteln wollen, der alle drei vernichtet?"[16] Und ähnlich äußerte sich Hans von Wolzogen, Herausgeber der *Bayreuther Blätter* und führender Kopf des *Bayreuther Kreises*; er ging, fast subversiv, sogar noch einen Schritt weiter und erklärte: „Sogar ein

---

[13] Stenographische Berichte über die Verhandlungen des Reichstags, X. Legislaturperiode, II. Session 1900/1902, Bd. III, Berlin 1901. Zweite Beratung des „Entwurfs eines Gesetzes, betr. das Urheberrecht an Werken der Literatur und der Tonkunst", beginnend mit der Sitzung am 17. April 1901, S. 2142 ff; Dritte Beratung desselben Gesetzes beginnend am 1. Mai 1901, S. 2458 ff.

[14] *R. Freiherr von Lichtenberg/L. Müller von Hausen* (Hrsg.), Mehr Schutz dem geistigen Eigentum. Der Kampf um das Schicksal des ‚Parsifal', Berlin. o.J.

[15] Vgl. dazu das gleichlautende Kapitel in *Udo Bermbach*, Richard Wagner in Deutschland. Studien zu seiner politisch-ästhetischen Rezeption, Stuttgart/Weimar 2011.

[16] *Houston Stewart Chamberlain*, Deutsche Friedensliebe, in: Bayreuther Blätter 1914, S. 247. Auch *derselbe*, Kriegsaufsätze. 1. und 2. Reihe, München 1915, S. 12.

physisches Unterliegen ließe sich denken, wobei doch aber der moralische Sieg auf unserer Seite wäre, weil er auf keiner anderen Seite sein kann. ... Mit all den im Krieg erweckten neuen moralischen Kräften, die nicht wie Schlachten verloren werden, würde alsdann unser leidgeprüftes Volk am innerlichst begründeten Wiederaufbau seiner Kultur zu arbeiten sich berufen fühlen ...".[17] Beiden Überlegungen liegt die tiefe Überzeugung zugrunde, dass es in diesem Krieg in erster Linie um einen ‚Kampf der Kulturen' gehe und dass nun, nachdem der Krieg dem Reich vor allem durch England aufgezwungen worden sei, der Sieg erzielt werden müsse, der deutschen Kultur und ihrer Weltgeltung wegen. Und diese Überzeugung gleichsam konkretisierend brachten die *Bayreuther Blätter* Entwürfe für eine Schulreform mit der Empfehlung von Modellen, die in vielen Details Inhalten der Lebensreform-Bewegung nachempfunden waren; reformatorische Empfehlungen für ein national-völkisch ausgerichtetes ‚arisches Christentum'; Kataloge für die nach dem Krieg zu lesende deutsche Literatur, bis hin zu einer anti-kapitalistischen Neuausrichtung der deutschen Wirtschaft und dem Entwurf einer unter der Form der Monarchie zu erreichenden, expertokratisch verfassten Regierung, die – wie Chamberlain träumte – eine (natur-)wissenschaftlich grundierte Politik betreiben solle.[18]

Bei all diesen Vorschlägen, die sich auf das von Chamberlain aus den Spätschriften Wagners entwickelte Konzept des Regenerationsgedankens[19] gründeten, springt ins Auge, dass soziale wie politische Konzeptionen propagiert werden, die offensichtlich die Vorbedingungen und den Rahmen für das dann erst danach wirksam werdende kulturalistische Paradigma abgeben sollten. Bayreuth war offenbar davon überzeugt, dass die von Wagner immer wieder formulierte These, wonach die Kunst und die damit verbundene ästhetische Erfahrung der Kunstrezipienten die Politik ablösen könne, weil sie nicht nur einen eigenen Modus der Vergesellschaftung bereit stelle, sondern auch einen sehr viel wirksameren und tiefergehenden –, dass diese These Wagners eine substantielle Voraussetzung im Bereich der Politik selbst hatte. Anders ist die vor allem in den *Bayreuther Blättern* sehr detailliert geführte Debatte über strukturelle Gegebenheiten der deutschen Gesellschaft für die Zeit nach dem Weltkrieg – von der Religion über die Wirtschaft hin zu Politik und Staat – nicht zu verstehen. Das aber heißt zugleich auch, dass die behauptete Autonomie des Ästhetischen weder für den Bereich der Kunst-Produktion noch für den der Kunst-Rezeption wirklich bestand, nicht einmal bei deren entschiedensten Vertretern, weil beides offensichtlich von politische und gesellschaftlichen Vorbedingungen abhängig gemacht wurde. Sie war eher ein ästhetisches Ideal, an

---

[17] *Hans von Wolzogen*, Gedanken zur Kriegszeit, in: Bayreuther Blätter 1914, S. 243.

[18] Das ist im Detail ausgeführt bei *Udo Bermbach*, Richard Wagner in Deutschland, Kapitel: Bayreuth und die Moderne.

[19] Ebenda, Kapitel: Der Bayreuther Gedanke.

dessen Realisierung in einer Form der Selbstsuggestion geglaubt wurde, die freilich Zweifel an diesem Glauben nicht völlig ausschlossen. Anders sind die bezeichneten Widersprüche nicht zu erklären.

III.

Was als Bayreuther Ambivalenzen eben beschrieben und charakterisiert worden ist – und hier nur pars pro toto für große Teile der deutschen Intellektuellen steht –, vereindeutigt sich spätestens nach dem Ende des Ersten Weltkriegs. Hier schlagen die subkutanen politischen Implikationen des von Wagner formulierten, von seinen Erbe-Verwaltern weiter ausgebauten Kunstbegriffs so stark durch, dass sie gleichsam die Ebene des Ästhetischen zuerst überlagern, dann dominieren und schließlich fast zum Verschwinden bringen.

Die militärische Niederlage von 1918/19 wurde in Bayreuth primär als eine moralische Niederlage empfunden, die aus dem kulturellen Dekadenzprozess der deutschen Gesellschaft des Kaiserreichs folgerichtig resultierte. Die weltanschaulich führenden Personen des *Bayreuther Kreises* sahen im Sieg der Entente eine tiefe kulturelle Demütigung Deutschlands, und sie zogen daraus den Schluss, Deutschland müsse sich seiner eigenen kulturellen Traditionen versichern, um erneut stark werden zu können. Um dies zu ermöglichen, vollzog Bayreuth zugleich eine Radikalisierung seiner politischen Ansichten. Wo bis 1918 Sympathien und Verbindungen ins völkisch-nationale Milieu bestanden und manche der dort herrschenden Anschauungen – wie etwa im Falle eines radikalen Antisemitismus – eher vorsichtig und nicht immer offen geteilt wurden, wurden nun nach dem Kriegsende die Positionen verschärft. Für das Verhältnis von Kunst und Politik bedeutete dies: nach wie vor wurde der Kunst eine überragende Rolle zugesprochen – und Bayreuth damit ins Zentrum einer ‚deutschen‘ Kunst gerückt –, doch zugleich verbreitete sich dort die Einsicht, dass die Behauptung einer solchen Position nicht ohne eigene politische Mitwirkung gehen werde. Zunehmend glaubte man, dass ohne eigenes politisches Engagement und ohne entscheidende politische Selbstbeteiligung die kulturellen Ziele nicht zu realisieren waren. Daraus resultierte insgesamt eine Änderung der Haltung zur Politik und in deren Folge ein Politisierungsprozess, der, konsequent zu Ende gedacht, faktisch den ästhetischen Autonomieanspruch Wagners suspendieren und das ursprüngliche Verhältnis der beiden Bereiche in ihr Gegenteil verkehren musste. Man müsse, schrieb einer der Hauptvertreter Bayreuths bereits zu Beginn des Ersten Weltkriegs, den Kulturbegriff zukünftig entscheidend um die Dimension der technischen Leistungen des deutschen Volkes erweitern, weil man sehen müsse, welche „vielseitigste und geistige Tätigkeit" in den modernen wissenschaftlichen wie technischen Entwicklungen stecke.[20]

Die Etappen der veränderten Entwicklung dieses Verhältnisses von Kunst/Kultur und Politik sind bekannt und hinreichend erforscht. Spätestens nach dem ersten Besuch Hitlers in Wahnfried 1923 schlug die bisher eher vage Sympathie in ein enges Bündnis zwischen Bayreuth und der NS-Bewegung um, das 1926 durch den Eintritt Winifred Wagners in die NSDAP formell bekräftigt wurde.[21] Die tatkräftige Unterstützung und die Mitwirkung Winifred Wagners sowohl bei der NS-Bewegung als auch der Person Hitlers lässt sich unter der Perspektive der strategischen Einordnung der Beziehung von Kunst/Kultur und Politik als Versuch verstehen, rechtzeitig politischen Einfluss auf eine politische Partei und deren Führer bzw. Führungspersonal zu nehmen, dessen Sieg schon frühzeitig unterstellt wurde. Bayreuth priorisierte damit eindeutiger als je zuvor die Politik gegenüber der eigenen Kunstauffassung, auch wenn die damit verbundene Politisierung des eigenen Kulturverständnisses unter dem Deckmantel einer die Kunst fördernden und zentral auf Kunst ausgerichteten Politik bemäntelt wurde. Und dies scheinbar umso leichter, als Hitler sich selbst als ‚Wagnerianer' bekannte und in seinen einschlägigen Reden der Kunst – ganz wie Bayreuth – eine prioritäre Stellung zumaß. Auch wenn bezweifelt werden muss, dass Hitlers Wagner-Verständnis dem Komponisten und seinem Werk wirklich adäquat gewesen ist,[22] seine Berufung auf Wagner als seinem einzigen Vorbild und die Bewunderung für die ‚heiligen Stätten' des Wagner-Grabs und Wahnfrieds sowie die jährlichen Besuche der Festspiele als Höhepunkte seiner künstlerischen Erlebnisses mochten genügen, Bayreuth und die NS-Bewegung zusammenzuführen. Hitler verehrte zwar *den* Wagner, den er politisch brauchen konnte, aber ebenso hatte Bayreuth sich *dem* Hitler angeschlossen, von dem es sich die Schaffung der Rahmenbedingungen für die Realisierung des noch immer verfochtenen ästhetisch-kulturalistischen Konzeptes Wagners erhoffte. Es war ein wechselseitiges Geben und Nehmen, das da stattfand, spätestens ab der Wiedereröffnung der ersten Festspiele nach dem Weltkrieg von 1924, die ganz im Zeichen eines völkisch-nationalistischen Aufbruchs und des Hakenkreuzes standen. Später, als Hitler dann die Macht übernommen hatte, als er 1933 erstmals als Reichskanzler zu den Festspielen nach Bayreuth kam, wurde er dort auch entsprechend begrüßt: als jener zweite der „Deutschesten der Deutschen"[23], „der nach Kämpfen ohnegleichen heute die Geschicke unseres Volkes

---

[20] *Hans von Wolzogen*, Gedanken zur Kriegszeit, in: Bayreuther Blätter 1915, S. 90.

[21] Vgl. für die genauen Einzelheiten und die Geschichte der Beziehungen von Bayreuth zu Hitler *Brigitte Hamann*, Winifred Wagner oder Hitlers Bayreuth, München 2002.

[22] Vgl. *Udo Bermbach*, Richard Wagner in Deutschland, Kapitel: Hitlers nazifizierter Wagner.

[23] Richard Wagner hatte von sich selbst als dem „Deutschesten der Deutschen" in einer privaten Notiz gesprochen, wobei sich dies allerdings nicht auf seine politische, son-

lenkt und wie noch kein leitender Staatsmann vor ihm seine fördernde und schützende Hand auch über die deutsche Kunst hält." Hitler und Wagner verbinde – so der *Festspielführer* – ein „festes Band, eine Schicksalsgemeinschaft".[24]

Dass Hitler in vielen seiner verbalen Bekundungen scheinbar tief mit der deutschen Tradition einer Priorisierung der Kultur vor der Politik verbunden schien, ließ sich in einem oberflächlichen Sinne aus seinen programmatischen Reden zu Kunst und Kultur zwischen den Jahren 1933 und 1939 herauslesen.[25] In immer neuen Varianten wird dort der „Ewigkeitswert" der Kultur für ein Volk beschworen, das nur so lange lebe, wie die Dokumente seiner Kunst und Kultur lebendig seien, in denen die höchste schöpferische Entfaltung der ‚Rasse eines Volkes' zum Ausdruck komme. Aber dann zeigen Sätze, wonach Kunstförderung sich nicht nach vorhandenen finanziellen Möglichkeiten richten dürfe, sondern unabhängig davon als die zentrale Aufgabe des Staates (sic!) gelten müsse, weil Kunst eine zeitlose Geltung habe, die politische Vereinnahmung der zuvor so hoch gelobten Kunst an. Und wenn es heißt, Kunst sei deshalb von Bedeutung, weil sich in ihr der Einzelne eines Volkes wiedererkenne, sie nehme eine gemeinschaftsbildende Funktion wahr, die weder durch Politik noch durch Wirtschaft ersetzt werden könne, wird die politische Nützlichkeit und Nutzbarkeit von Kunst und Kultur in Hitlers Vorstellung und Strategie endgültig deutlich.

Dass der rassistisch aufgeladene und völkisch verengte Kunstbegriff Hitlers mit dem Wagners in entscheidenden Dimensionen nicht übereinstimmte, war für Bayreuth offenbar weniger bedeutsam als dessen vordergründiges Bekenntnis zur hegemonialen Bedeutung der Kunst und hier insbesondere zur Kunst Richard Wagners. Bayreuth sah die Möglichkeit einer politischen Protektion der eigenen Kunstproduktion, ohne zum einen zu bedenken, dass es damit die Priorität der Politik anerkannte, noch dazu die eines autoritär-diktatorischen Staates, auch wenn sich Winifred Wagner erfolgreich bemühte, den direkten Zugriff des NS-Regimes und seiner zuständigen Institutionen – wie der Reichs-

---

dern die auf der deutschen Sprache als den ‚Urwurzeln' aller Kunst beruhende ästhetische Überzeugung bezog, mit der er sich gegen die französische und italienische Operntradition abgrenzen wollte. *Richard Wagner*, Das Braune Buch. Tagebuchaufzeichnungen 1865 – 1882; Hrsg. von Joachim Bergfeld, Zürich/Freiburg. i.Br. 1975, S. 86.

[24] Die Zitate in: Bayreuther Festspielführer 1933, hrsg. im Einvernehmen mit der Festspielleitung von *Otto Strobel*, Bayreuth 1933, S. 4.

[25] *Robert Eikmeyer* (Hrsg.), Adolf Hitler. Reden zur Kunst- und Kulturpolitik: 1933 – 1939, Frankfurt/M. 2004. Die folgenden Zitate aus verschiedenen Reden in dieser Dokumentation, die zumeist auf NSDAP-Parteitagungen oder aber NSDAP-Kulturtagungen gehalten worden sind. Sie werden im Einzelnen hier nicht nachgewiesen. Ausführlicher *Udo Bermbach*, Richard Wagner in Deutschland, Kapitel: Hitlers nazifizierter Wagner.

musikkammer – auf den Spielplan und die in Bayreuth wirkenden Künstler abzuwehren. Über Jahre brachte sie das Kunststück fertig, sich einerseits mit Hitler politisch auf das engste zu verbinden, sich andererseits weitgehende künstlerische Selbstbestimmung zu bewahren. Dass am Ende der Versuch, zugunsten
des eigenen Kunstparadigmas die Politik des Dritten Reiches einsetzen zu wollen, krachend scheiterte, war nicht nur dem verlorenen Krieg mit seinen Konsequenzen geschuldet, sondern bereits den Ausgangspositionen beider Seiten ein-
geschrieben: für Hitler war die Kunst, allen sonstigen Bekenntnissen zum
Trotz, stets ein Mittel zur repräsentativen Darstellung der von ihm angestrebten
weltanschaulich-politischen Ordnung, sie war nie Selbstzweck und konnte daher auch nie einen autonomem Status beanspruchen. Vielmehr hatte sie der
Idee des ‚neuen Reiches‘ zu dienen, und wo dies nicht eingefordert werden
konnte, wurde sie verboten. Diesen funktionalen Zusammenhang hat Hitler in
zahlreichen Reden immer wieder aufs Neue betont. Im Original las sich das so:
„Es gibt nun nichts, was gewaltiger für die Größe einer Ordnung zeugen könnte, als die höchste Gemeinschaftsleistung dieser Ordnung. Die höchste Gemeinschaftsleistung ist aber stets die kulturelle, weil sie nicht der persönlichen Be-
friedigung der Bedürfnisse des einzelnen dient, sondern im gesamten der Ver-
herrlichung der Gemeinschaftsarbeit durch diese ihre höchsten Leistungen darstellt. Es ist daher die kulturelle Tätigkeit ein Element der moralischen Rechtfertigung der menschlichen Gesellschaftsordnung.“[26]

IV.

Mit dem Entstehen der Bundesrepublik und der Verabschiedung ihres
Grundgesetzes 1949 waren die Deutschen im westlich-demokratischen Verfassungsmodell endgültig angekommen. Die in Art. 5, Abs. 3 GG formulierte
Freiheit von Kunst und Wissenschaft, Forschung und Lehre ist eine durch die
zuständigen Verfassungsorgane zu garantierende Freiheit, sie ist keine Freiheit
aus eigener Zuständigkeit der betreffenden Bereiche. Für die Kunst heißt das,
dass sie einen freien Gestaltungsraum hat, der allerdings durch die normativen
Vorgaben der Verfassung selbst begrenzt werden kann – etwa durch die Grundrechte –, dass aber genau dadurch jeglicher Suprematie-Anspruch gegenüber
der Politik von vornherein abgewehrt ist. In der Sprache des juristischen Kom-
mentators: „Die Freiheit der Kunst, Wissenschaft, Forschung und Lehre bildet
…in ihrer geltenden Form aber nicht nur ein individual-subjektives Abwehrrecht, sondern auch ein objektives, teilweise organisiertes Rechtsprinzip…“.[27]

---

[26] *Adolf Hitler*, Programmatische Kulturrede des Führers. Rede zur Eröffnung der
Großen Deutschen Kunstausstellung in München, am 19. Juli 1937, in: ebenda, S. 136.
[27] *Maunz / Dühring / Stark* (Hrsg.), Grundgesetz-Kommentar, Bd. 1, München 2010,
Abs. III/ Art. 5, S. 100. Hier und auf den Seiten 101 und 102 auch die folgenden Zitate.

Entsprechend der herrschenden Lehre ist der Staat „zum Schutz und zur positiven Pflege von Kunst, Wissenschaft, Forschung und Lehre verpflichtet", weil es aus der Staatszielbestimmung heraus einen „Verfassungsauftrag Kulturstaat" gib. Einerseits erlaubt Art 5, Abs. 3 ein individuelles Abwehrrecht gegenüber Übergriffen des Staates in die autonome Sphäre von Kunst und Wissenschaft, andererseits haben die zuständigen staatlichen Organe die Pflicht, „die Freiheit der Kunst als autonomen und eigengesetzlichen Lebensbereich" zu sichern und zu garantieren. Aus dem liberalen Verständnis eines Freiheitsrechtes heraus sind „Pflege und Förderung der Kunst als Teil der grundgesetzlichen Kulturverfassung (Kulturstaatlichkeit)" zentrale Aufgabe des demokratischen Verfassungsstaates.[28]

Mit dem Grundgesetz haben sich die Politik, die demokratisch-parlamentarischen Institutionen und die durch sie gestalteten Sphären der Gesellschaft in Deutschland als die zentralen Medien nationaler Identitätsbildung selbst gesetzt und so dafür gesorgt, dass die Kunst zwar ihren eigenen, durch Verfassung geschützten Bereich hat, aber keineswegs in der Lage ist, ernsthaft gegenüber den politischen Verfassungsorganen einen Dominanzanspruch zu erheben. Nicht einmal im ideenpolitischen Sinne, weil solche weltanschaulichen Ambitionen von niemandem mehr ernst genommen werden könnten.

Es geht hier nicht um das komplexe Feld der juristischen Feinstrukturierung der in Art. 5 formulierten Freiheiten, sondern schlicht um das in der Verfassung zum Ausdruck kommende Selbstverständnis der Deutschen, soweit es das Verhältnis von Politik und Kunst/Kultur nach dem Zweiten Weltkrieg betrifft. Was die Verfassung festschreibt, kann u. a. als Ergebnis der Entwicklung einer historischen Grundüberzeugung der Deutschen gelten, die 1945 mit der militärischen und moralischen Totalniederlage auch ihre eigene Grablegung erfuhr. Die am Beispiel Bayreuths nachvollziehbare Geschichte eines Denkens, das die Suprematie der Kultur behauptete, sich, wenn nötig, der Politik zur Einlösung dieser Suprematie bedienen wollte und am Ende dann von der Politik zu eigenen Zwecken funktionalisiert wurde, ist 1945 an ihr definitives Ende gekommen. Kein Künstler käme heute noch auf die Idee, seine Werke könnten lebensintervenierende, gar lebensrevolutionierende Kraft entfalten und in einem so konkreten Sinne, wie Wagner sich das dachte, zu einer neuen individuellen wie kollektiven Moral und Gesellschaft führen – und wer, wie etwa Joseph Beuys und die ihm ästhetisch Verbundenen oder in seinem Sinne Nachfolgenden, sol-

---

Auch das BVerfGE hat festgestellt, der Staat habe die Aufgabe, „ein freiheitliches Kunstleben zu erhalten und zu fördern." BVerfGE 36; 321, 331, 81, 108, 116.

[28] Im Prinzip derselben Auffassung, aber mit Vorbehalten gegenüber der Rechtsqualität der Begriffe „Kulturstaat", „Kulturstaatlichkeit" oder auch „Kulturverfassung" *von Mangoldt/Klein/Starck*, Bonner Grundgesetz. Kommentar, Bd. 1, München 4. Aufl. 1999, S. 698.

ches kontrafaktisch gegen alle Realität behauptet, kann nicht damit rechnen, in seinem Anspruch politisch ernst genommen zu werden.[29]

Diese Situation ist auch im Nachkriegs-Bayreuth zur Kenntnis genommen worden. Im Vorfeld der Wiedereröffnung der Bayreuther Festspiele von 1951 ging es einzig um das Weiterführen einer Theatertradition, der jegliche missionierenden Tendenzen ausgetrieben worden waren. Es ging schlicht um die Weiterpflege der Werke Wagners, um die Aufrechterhaltung der noch immer bedeutendsten internationalen Festspiele Deutschlands, ohne damit den hegemonialen Kunstanspruch Wagners und dessen Erbe-Verwalter zu übernehmen und zu vertreten. Wenn anfangs darüber gestritten wurde, ob die Festspiele überhaupt wieder eröffnet werden sollten; wenn es den Vorschlag von Franz W. Beidler, dem ersten, allerdings von der Wagner-Familie nicht anerkannten Enkel Richard Wagners, gab, Thomas Mann mit der Leitung der Festspiele zu beauftragen, so stand dahinter einerseits der Wunsch nach einem radikalen Schnitt mit der NS-Vergangenheit, andererseits aber ebenso die Absicht, mit dem missionarischen Virus des Gesamtkunst-Konzepts von Wagner ein für allemal Schluss zu machen.[30] Dass am Ende Wieland und Wolfgang Wagner neue Festspielleiter wurden, ist Folge einer sorgfältigen Strategie, die vor allem Wolfgang Wagner ausgetüftelt hatte, und die beiden Brüdern die Festspiele sicherten.[31]

Dass Bayreuth seinen weltanschaulichen Anspruch aufgegeben hatte und sich stattdessen auf die Erreichung der Position einer ästhetischen Avantgarde zu konzentrieren begann, zeigt die im Wesentlichen finanziell erzwungene, durch Wieland Wagner realisierte und viel diskutierte ‚Entrümpelung‘ der Szene, die einer völlig neuen Bühnenästhetik zum Durchbruch verhalf. In den

---

[29] Vgl. *Udo Bermbach*, Richard Wagner und Joseph Beuys. Über die Fortdauer der Idee des Gesamtkunstwerks, in: derselbe, Opernsplitter. Aufsätze. Essays., Würzburg 2005, S. 283. Das gilt auch für den kürzlich verstorbenen, sich immer wieder auf Beuys beziehenden Christoph Schlingensief.

[30] Dazu *Dieter Borchmeyer* (Hrsg.), Cosima-Wagner-Liszt. Der Weg zum Wagner-Mythos. Ausgewählte Schriften des ersten Wagner-Enkels und sein unveröffentlichter Briefwechsel mit Thomas Mann, Bielefeld 1997. Franz W. Beidler war der Sohn des Schweizer Dirigenten Franz Beidler und der ersten Tochter Wagners und Cosimas, Isolde, die allerdings zur Welt kam, als Cosima noch mit Hans von Bülow verheiratet war. Sie durfte daher den Namen Wagner nicht tragen, galt als Kind Hans von Bülows, unterlag in einem spektakulären und für Bayreuth äußerst peinlichen Prozess um ihre Anerkennung vor dem Landgericht Bayreuth (1913/14) aufgrund der Falschaussagen Cosima Wagners und der falschen Angaben der übrigen Mitglieder der Wagner-Familie sowie Houston Stewart Chamberlains, weil das Erbe Bayreuths dem nachgeborenen Sohn Siegfried vorbehalten bleiben sollte. Ebenda, S. 371 ff.

[31] Dazu eingehender *Winfried Gebhard/Arnold Zingerle*, Pilgerfahrt ins Ich. Die Bayreuther Richard-Wagner-Festspiele und ihr Publikum. Eine kultursoziologische Studie, Konstanz 1998; *Frederic Spotts*, Bayreuth. Eine Geschichte der Wagnerfestspiele, München 1994.

wegweisenden Inszenierungen Wieland Wagners fiel alles, was sich als Ansatz für eine in der Vorkriegszeit verankerte Tradition hätte eignen können, weg; Wielands Bühnenbilder waren einer ‚neuen Sachlichkeit' verpflichtet, seine Personenregie dem Archetypischen von C. G. Jungs Psychoanalyse, und sie ließen keinen Platz für ästhetische Gegenmodelle utopischer Sehnsüchte, wie sie nach Wagners Tod in Richtung der völkisch-nationalistischen Veränderungshoffnungen lange existiert hatten. Wielands Arbeiten – und ebenso die von Wolfgang – waren angesiedelt im Prinzipiellen bestehender Gesellschaften, sie versuchten, diese in ihren Tiefendimensionen auszuleuchten und nahmen auf ihre Weise das wahr, was Kunst, sofern sie sich auf den gesellschaftlichen Kontext ihrer Existent sich bezieht, im wesentlichen ausmacht.

Unter dem hier zur Debatte stehenden Aspekt des Verhältnisses von Kunst/ Kultur und Politik lässt sich sagen, dass Bayreuth nach dem Krieg mehr und mehr zum Spiegel der allgemeinen gesellschaftlichen und politischen Entwicklung der Bundesrepublik wurde. Die auf der Bühne des Festspielhauses gezeigten Inszenierungen bewegten sich im Kontext des zeitgenössischen Theaters, ästhetisch waren sie auf ihre eigene Art und Weise Reflex auf die in der Gesellschaft und Politik verhandelten Probleme, reagierten auf strukturelle Gegebenheiten, in denen sie selbst sich bewegten. Das wurde nachdrücklich mit jenem *Tannhäuser* von 1972 deutlich, den Götz Friedrich – damals aus der DDR kommend – gegen den Einspruch vieler Alt-Wagnerianer inszenierte, und der gesellschaftskritisch auf die Entwicklungen westlich-kapitalistischer Systeme reagierte. Deutlicher noch freilich 1976, als der später so genannte ‚Jahrhundert-*Ring*' von Patrice Chéreau die ursprüngliche Idee Wagners, in der Tetralogie die Gründe für das Scheitern der bürgerlichen Politik zu dramatisieren, offenlegte und damit unmissverständlich auf die durch die 1968iger Bewegung aufgeworfenen Fragen reagierte.

Spätestens seit damals hat Bayreuth das Werk seines Gründers in all seinen denkbaren und möglichen Facetten als Reflex und Reflexionsstoff eingesetzt, hat es die Musikdramen als Folien des Nachdenkens über Gesellschaft und Politik, auch über das Verhältnis von beiden zu Kunst und Kultur begriffen und sich damit weit abgesetzt von den einstmals vertretenen Positionen. In dem Maße, wie die Festspielbesucher sich in ihrer sozialen Struktur und ihren politischen Einstellungen stetig der Sozialstruktur und der Durchschnittshaltung der deutschen Bevölkerung insgesamt angenähert haben[32], in dem Maße hat sich auch der Kunstbegriff von seinen Überhöhungen verabschiedet und gleichsam normalisiert. Die Deutschen – und mit ihnen Bayreuth – sind in der Normalität westlich-demokratischer Gesellschaften angekommen.

---

[32] Ebenda, S. 82 ff.

Wissenschaft wird Praxis, am Beispiel des Polyhistors und Polypragmatikers J. J. Becher

Carl Böhret

I. Einordnung

Er lebte und wirkte in einer typischen Übergangsgesellschaft[1], im desolaten Zustand nach dem verheerenden 30-jährigen Krieg. Deutschland lag danieder, die Bevölkerung war dezimiert, die Wissenschaft traditionsgehemmt, die Wirtschaft antriebslos, hohe Arbeitslosigkeit sowie Unordnung und Unsicherheit prägten den Alltag. Die Zukunft erschien den meisten düster und hoffnungslos.

In England hatte Thomas Hobbes (1651) postuliert, dass der unselige „Kampf aller gegen alle" aus Vernunftgründen zugunsten eines Sicherheit und Überleben ermöglichenden Neuaufbaus beendet werden müsse.[2]

Auch *er* sah ein, dass der dringende Wiederaufbau die vordringliche Aufgabe einer ordnenden und aktivierenden „Obrigkeit" sei, wobei vor allem die ökonomische Basis, der technologische Fortschritt und das Humanpotential zu fördern seien. Einer arbeitsamen, wachsenden Bevölkerung wären die Grundbedürfnisse (Nahrung, Wohnung, Ausbildung) zu gewährleisten. Die Herstellung der „Glückseligkeit" galt ihm als oberste Staatsaufgabe.

Er, das war der Polyhistor und Polypragmatiker Johann Joachim Becher (Speyer 1635 – 1682 London), der Begründer des deutschen Merkantilismus in Theorie und Praxis; Erfinder und Technologe[3], Politikberater an europäischen

---

[1] Übergangsgesellschaften sind dadurch beschreibbar, dass sich in ihnen mehrere konstitutive Merkmale so verändern, dass die bisher geltende Produktions- und Lebensweise (einschl. der Denkweise) sich allmählich, fundamental und irreversibel wandelt. – Am Ende solche epochaler Prozesse ist dann eine ziemlich andere Gesellschaftsformation entstanden, in der aber einige der bisher leitenden Komponenten (im Hegel'schen Sinne) aufgehoben sind.

[2] Der ordnende und schützende Staat ließe sich durch einen fiktiven Gesellschaftsvertrag errichten, in dem jenem „Leviathan" Rechte wie Pflichten übertragen und so wieder Frieden, Rechtssicherheit und innere Entwicklung herstellbar würden.

[3] Es zeichnete diesen Universalgelehrten besonders aus, dass er stets anwendungsbezogen agierte und dabei auf vielen Gebieten wichtige Entwicklungsanstöße gab. Er entdeckte das Leuchtgas, entwickelte die Phlogiston-Theorie (Übergang zur wissenschaftl.

Regierungszentralen.[4] Nach einem erlebnisreichen, ja überschäumenden Leben starb er 47-jährig in England: hoch gelobt und oft geschmäht, erfolgreich und scheiternd. Ein Mensch in seiner Zeit und doch auch weit in die Zukunft weisend.[5]

Aus der Fülle seiner Vorschläge und Projekte sollen hier exemplarisch und konzentriert drei bedeutende Bereiche[6] behandelt werden, nämlich

1. Politische Ökonomie des pragmatischen Merkantilismus (Ansätze einer politischen Wirtschafts- und Gesellschaftslehre – Auswahl)
2. Theoreme guten Regierens (pol. Klugheitslehre)
3. Konkrete Utopie (einer idealen Zukunfts-Gesellschaft).

1. Politische Ökonomie des pragmatischen Merkantilismus

J. J. Becher entwickelte das Gerüst einer anwendungsorientierten politischen Ökonomie; mit ihrem betonten Praxisbezug und einer funktionalen Rolle des Staates wurden seine Theoreme zum anerkannten Programm[7] für den Wiederaufbau und die Modernisierung nach dem Desaster des europäischen Krieges. Aus der Vielzahl seiner politikökonomischen Vorschläge und Programme sollen hier vor allem die Merkantilistischen Regeln und Axiomata herausgearbeitet werden, die Becher als 15-Punkte-Programm für den bayerischen Kurfürsten entwickelte.[8]

Chemie), konzipierte Kanalverbindungen (u.a. Vorläufer des Rhein-Main-Donau-Kanals). Für mehrere (auch energietechnologische) Erfindungen erhielt er Patente. Das „Werkhaus"-Projekt verband Produktions-Synergien, F&E. mit Aus- und Fortbildung (s.v.w. „Gewerbelehranstalt"). Als gelernter Mediziner (Universität Mainz) hat er auch wichtige Beiträge zur Heilkunde und zur Pharmazie geliefert. Becher war maßgeblich beteiligt an der allmählichen Herausbildung der modernen Wissenschaft(en).

[4] So in Mainz, München, Wien, Den Haag/Amsterdam, London.

[5] Vgl. das grundlegende Werk von *Herbert Hassinger*: J. J. B., Wien 1951. Zu den „Befindlichkeiten" und sozialpsychologischen Hintergründen *Carl Böhret*: Virtuelle Tagzettel des Universalgelehrten und Politikberaters Johann Joachim Becher, Speyer 2011 passim.

[6] Weitere „lohnende" Gebiete Becherschen Denkens und Handelns wären Kinderheilkunde, Arzneien, Assekuranzen, Verschlüsselung/Übersetzung der Sprachen, Chemie, Technologie(n), moderate Kolonialpolitik.

[7] So wird J. J. Becher neuerdings in die Reihe der bedeutenden Ökonomen (Smith, Malthus, Marx, Schumpeter Eucken, Keynes, Galbraith, Friedman) eingereiht. Vgl. *Bernd O. Weitz* (Hrsg.): Bedeutende Ökonomen, München 2008); auch als Friedrich List seines Jahrhunderts wurde er gekennzeichnet (K. Lambrecht).

[8] Diese Programmatik zieht sich durch sein Hauptwerk „Politischer Diskurs" (1668, danach mehrere Aufl.; hier nach der erw. 3. Aufl. 1688).

a) Fünfzehn-Punkte-Programm:
Merkantilistische Regeln und Axiomata

1. Das *Geld im Land halten* und es vermehren.

2. Belastung exportierter Waren, Luxusgüter (auch importierte) besonders besteuern (eine Art *„Reichensteuer"*).

3. Möglichst auf Makler und *Zwischenhändler verzichten*; Waren direkt vom Erzeuger.

4. Exportierte Rohprodukte höher besteuern als verarbeitete; eher *Rohstoffe einführen* (und diese im Land *verarbeiten.)*

5. Was man im eigenen Land genau so teuer erstellen kann wie durch Importe, soll man *nicht von Fremden holen.*

6. Es ist besser, *viele Mittelreiche zu fördern als einen hauptreichen Mann.*

7. Stets versuchen, die *Ausgewogenheit von Produktion und Konsumtion zu erreichen.* Dabei ist die *Konsumtion* die eigentliche *Triebkraft des Wirtschaftens.*[9]

8. Es ist zu erstreben, eine passende *Anzahl von Handwerken/Manufakturen* zu etablieren, deren *Inventionskraft* zu fördern, sie nicht zu sehr zu belasten.

9. Der *Kaufhandel ist zu unterstützen*, Mindestgewinne sind zuzulassen, Verkaufsförderung.

10. *Das öffentliche Interesse hat Vorrang vor dem privaten.*

11. *Monopole , Zünfte,* Sozietäten *sind nicht zu unterstützen*; Monopole sind verboten (schaden dem Gemeinwesen), Zünfte brauchen nicht gefördert zu werden (die Holländer haben sie abgeschafft).

12. Commercien sind Handel und Wandel einer Stadt; gute *Verbindung von Handel und innerer Ordnung („policey")* erstreben.

13. Die Commercien finden erleichtert statt, wenn ein Land eine optimale Größe hat und einerlei *Sprache, Geld, Glauben und Herrschaft sowie beständige Ordnung* gegeben sind.

---

[9] Die Konsumtion schafft Einkommen und führt zu Inlandsinvestitionen. J. Schumpeter hat das später das „Becher-Prinzip" genannt!

14. Passgerechte Häuser *(Unterkünfte) und viele Arbeitskräfte bewirken die Blüte des Gemeinwesens.*

15. Der *größte Zierath und Nutzen einer Stadt* sind eine *wohlbestellte Müntz, ein freies Kaufhaus, ein wohlbesetztes Werkhaus*[10] *und eine reiche Bank.*

b) Ausgewogene Steuererhebung

Der merkantilistische Staat des J. J. Becher benötigt Einnahmen, um wichtige Entwicklungsaufgaben sowie die militärische Sicherung („Türkengefahr") erfüllen zu können. Ein stetiges Abgleichen zwischen dem Bedürfnisbudget der Obrigkeit und der Bezahlbarkeit durch die Bürger/innen ist erforderlich. Wozu auch Einsparungen und eine gute Funktionalität der Steuerverwaltung gehören. Der Staat braucht also beides: geregelte und regelmäßige Einnahmen mit gerechter Lastenverteilung sowie ein passendes System finanzpolitischer Lenkungsinstrumente.

Dazu postulierte Becher einige Grundsätze, nämlich:

1. Die Steuererhebung hat so zu erfolgen, dass den Leut´ nicht zu viel weggenommen wird. Die Erträge sollen so verteilt werden, dass die Stände unterstützt werden und dass Beschäftigungsvermehrung erreicht wird.

2. Luxussteuern sind einer allgem. Verbrauchssteuer vorzuziehen. Grundnahrungsmittel und einfache Wohnung sind nur moderat zu besteuern.

3. Es darf von keinem Stand zu viel genommen werden, vielmehr sollen alle fähig bleiben, den anderen aufzuhelfen und die Zirkulation von Waren und Geld zu gewährleisten (frühe Darstellung eines „Wirtschaftskreislaufes").

4. Zugleich muss auch die Besoldungsordnung (für öffentliche Bedienstete) korrigiert werden; auch in der Absicht, zu „Ersparungen" zu gelangen.

5. Damit dies alles gut funktioniert und richtig verwaltet werden kann, soll die Hof- und Finanzkammer mit der Oberaufsicht betraut werden. Aber dieses Gremium, muss seinerseits überprüft werden können, z.B. durch einen Kommerzienrat. Weil durchaus befürchtet werden muss, das sogar die Hof- und Finanzkammer vier großmächtige Feinde hat, nämlich: Unverstand, Unfleiß, Unordnung und Untreue.

---

[10] Das Werkhaus war eines der bedeutenden Projekte Bechers (Synergetik, F&E, Ausbildung) Mehrfach beschrieben; vgl. für viele *Hans J. Hatschek*: Das Manufakturhaus auf dem Tabor bei Wien = Staats- und socialwiss. Forschungen, Bd 6/ H.1, Leipzig 1886.

J. J. Becher hoffte, dass mit diesem Konzept brauchbare finanzwirtschaftliche Grundlagen geschaffen werden, die angesichts der steigenden Militärausgaben wie der erforderlichen Ankurbelung der Wirtschaft ausgewogen und sozial einigermaßen gerecht sein dürften.

c) Arbeitspolitik

Becher wurde es immer klarer, dass in der gegebenen Lage eine aktivierende Beschäftigungspolitik nötig sei. Der Staat hat die Pflicht „Arbeit und Brot" zu schaffen, Ausbildung anzubieten und so insgesamt die Wohlfahrt („Glückseligkeit") der Untertanen zu fördern, Elend und Ausbeutung zu minimieren, was sich dann auch „gesamtwirtschaftlich" als nutzenstiftend erweisen wird.

Dazu formulierte er einige arbeitspolitische Grundsätze; nämlich:

Loslösung aus den engen Fesseln der Zünfte, wodurch auch verbreitet neue Produktionsmethoden, Entwicklung und Einsatz arbeitserleichternder Maschinen, Werkzeuge und Verfahren ermöglicht werden.

Langzeitarbeitslose („Bettler") sind in „Arbeit und Brot" zu bringen, statt sie zu Almosenempfängern zu degradieren.

Arbeitslose und Jugendliche müssen angelernt und ausgebildet werden. Das Werkhaus verstand er auch als eine Art „Gewerbelehranstalt".

Errichtung von „Arbeiterbörsen" (z.B. im Werkhaus) mit Vermittlung und Verteilung von Arbeit; Einführung von Arbeitsbüchern.

Einführung von Lohntafeln (Vorform der Tarifverträge), die vergleichbare Vergütungen und Arbeitsbedingungen für Handwerker, Tagelöhner, Gesinde, Lehrlinge regeln.

Das Einkommen der Arbeiter/innen soll es ihnen ermöglichen, ihre Kinder *gut* zu ernähren und aufzuziehen, was wiederum im Interesse des Gemeinwesens und der Wirtschaft ist.

Grundnahrungsmittel dürfen nicht überteuert sein.

Man erkennt, wie wichtig die arbeitspolitische Komponente im Becher'schen System ist, zumal eine direkte Verbindung zu seinem Ausbildungsprogramm besteht, das letztlich das duale System vorwegnimmt.

d) Begleitende Politikprogramme: Bildung, Bevölkerung, Gesundheit

Es ist schon bemerkenswert, wie J. J: Becher seine politische Ökonomie über das Wirtschaftliche i. e. S. hinaus platziert und dabei ganz modern die Basis erfolgreichen Wirtschaftens erkennt und betreibt.

Ohne viele, gut ausgebildete und gesunde Arbeitskräfte können die großen Zukunftsaufgaben in einer Übergangsgesellschaft nicht gelöst werden. Woraus sich mehrere vorrangige Steuerungsanforderungen ergeben. Hier werden exemplarisch[11] drei davon skizziert:

- Ausbildungsprogramme
- Bevölkerungspolitik (Vermehrung)
- Gesundheitsförderung.

aa) Ausbildung als Fundament von Staat und Gesellschaft

Wirtschaft und Gesellschaft können nur florieren, wenn eine breite und auch an praktischen Dingen („Fertigkeiten") ansetzende Bildung für alle erreicht wird. Grundlage des Becher'schen Bildungsprogramms ist die „Grundschule" (Lesen, Schreiben, Rechnen, Muttersprache). Darauf bauen (fremd-)sprachliche, mechanische und kaufmännische Kenntnisse auf, die zugleich der Berufsqualifikation dienen. Solchermaßen vorbereitet ist dann auch die universitäre Bildung (mit Schwerpunkt Naturwissenschaften) möglich. Becher betont, dass handwerkliche und gelehrte Bildung gleichwertig seien. Und er fordert, dass auch die Kinder armer Leute alle Bildungschancen bekommen müssten. Die Bildungsmöglichkeiten dürfen nicht nur in den Zentren (v.a. den Städten, in den Werkhäusern) angeboten werden, sondern auch auf dem Land; zumindest soll in den Zentren über den dortigen Bedarf hinaus ausgebildet werden, um so auch die ausgebildeten Fachkräfte „draußen im Land" einsetzen zu können. Dies wird unterstützt durch „Wanderausstellungen" zur Verbreitung des neuesten technischen und handwerklichen Wissens. Eine Sammlung von Anschauungsstücken („Naturalienkabinett") soll vor allem die höhere Bildung befördern. Und – typisch für den Kameralisten J. J. Becher:

- der Staat muss Bildungsplanung betreiben und
- eine wirksame Schulverwaltung mit Förderprogrammen einrichten.

Damit das funktioniert, empfiehlt der Verwaltungspolitiker die Errichtung einer speziellen Behörde, des „Collegium doctrinale", eine für Bildung und Wissenschaft zuständige Institution. Und immer wieder weist Becher darauf hin, dass ohne ein solches Bildungssystem die wirtschaftliche Prosperität und die „Glückseligkeit" des Gemeinwesens nicht zu erreichen sei.

---

[11] Außerdem für viele andere: Förderung des Personen- und Warenverkehrs; J. J. Becher will dazu v. a. Kanalverbindungen implementieren, ein Beispiel für spätere Realisationen: Rhein-Main-Donau-Kanal. Außerdem (für viele): Technologien zur effizienten Energieerzeugung (z.B. oberschlächtige Mühlen, Windräder(parks) im Wattenmeer; Regulierte Laboröfen, Öl aus Torf, Leuchtgas usw. Chemische Experimente und Erkenntnisse: „Ausstieg aus der Alchemie".

bb) Bevölkerungspolitik für eine „volkreiche, nahrhafte Gemein"

Ein wichtiger Grundsatz seiner Epoche (nach dem verheerenden 30-jährigen Krieg): „Nur der volkreiche und nahrhafte Staat ist ein mächtiger Staat". Wenn es zu wenig Menschen im Lande gibt, muss (der Staat) ein „aktive Peupulierungspolitik" betreiben; Basis hierfür ist eine moderate Steuerung der Produktion und Verteilung. J. J. Becher entwickelte für das kaiserliche Kommerz-Kolleg ein Vier-Punkte-Programm:

Erstens: Zuwanderung (möglichst vorgebildeter, ausbildungswilliger und arbeitsbereiter) Personen, die sich schnell integrieren (spätestens in der zweiten Generation). Dabei könnten auch Christen-Sklaven aus der Türkei freigekauft (!) werden, „welche erlöset gerne eine Zeitlang für die Bauern arbeiten würden"; dazu könnten billige Arbeitskräfte aus den westindischen Kolonien, oder auch Türken und Tartaren eingesetzt werden, womit brachliegende Ländereien zur Nahrungsproduktion nutzbar würden.

Zweitens: Einen guten Rahmen für das Bevölkerungswachstum ist zu schaffen, so insbesondere ausreichende Nahrungsmittel, angemessene Siedlungsstruktur/Wohnungsbedingungen mit Gründung neuer Gemeinden, staatliche Familienförderung.

Drittens: Man muss auch an indirekte Maßnahmen denken, z.B. an die staatliche Förderung des Ehestandes und der Familie als Fundament der Gemein.

Dabei soll das richtige Heiratsalter und der zulässige Altersunterschied der Ehepartner gesteuert werden. So wären „Heiraten, welche ungleiches Alter halber nur ums Geld (oder Stolz) geschieht, vom Staat nicht zu zulassen."

Viertens: Öffentliche Findelhäuser sind einzurichten, worin man vor allem die Hurenkinder aufzieht und so das Abtreiben verhütet.

cc) Gesundheitsförderung

Schon in seiner Mayntzischen Policey-Ordnung (1668) – aber auch in späteren Schriften – hat J. J. Becher auf die öffentliche Verantwortung für die Gesundheit in der Gemein hingewiesen, und daraus schließlich ein gesundheitspolitisches Programm abgeleitet:

Erstens: Die meisten Krankheiten werden von falscher Ernährung und schlechten Nahrungsmitteln verursacht. Was auch darin begründet ist, dass die meisten Menschen ein kümmerliches Leben führen müssen.

Zweitens: Zur Verbesserung der Gesundheit aller muss das ungebührliche Fressen und Saufen vieler Bürgersleut unterbunden werden; wer so maßlos ist, schafft dem Tod in die Hände.[12]

Drittens: Die Doctores dürfen die Patienten nicht „ausnehmen"; aber die Patienten müssen ihrerseits auch die Konsultationen bezahlen. Dazu wird eine Gebührenordnung festgelegt. Der Doctor kann die Aussenstände einklagen. Die Armen aber, die nicht bezahlen können, dürfen sich bei einem öffentlich besoldeten Stadt-Medicus kostenfrei kurieren lassen.

Viertens: Wer wirklich sehr krank ist, kann im Krankenhaus gepflegt werden; das vorzugsweise einem Werkhaus angegliedert ist. Dort können dann Genesende schon wieder mit einfachen Hilfstätigkeiten betraut werden, ebenso wie Bettler (Langzeit-Arbeitslose) zu sinnvoller (Pflege-)Tätigkeit herangezogen werden sollen.

Fünftens: Für Kinder ist eine gesonderte Heilkunde vonnöten; sie benötigen auch spezielle Arzneien.[13]

Sechstens: Als erstrebenswert schlägt Becher vor, dass die Gesunden die Kranken warten und kurieren sollen, und so man selbst krank wird, soll man (seinerseits) guter Wartung und Medizinen versichert sein … durch gute Doctoren und Krankenwärter mit Medizin, Speisen und Betten bedient werden.[14]

Siebtens: Zur Finanzierung sollen auch Spenden, öffentliche Sammlungen und eine Art „Spielsteuer" dienen.

Achtens: Schließlich muss das alles wohlgeordnet und staatlich geregelt werden, also von der Obrigkeit „ratifiziert" verlaufen. Beispielsweise soll – im Interesse öffentlicher Gesundheit – bestraft werden, wer „aus den Häusern die Nachtgeschirre (auf die Strasse) ausleeret und auf den Strassen die Notdurft verrichtet".

---

[12] „Den Kranken, der nicht will, den kann der Arzt nicht heilen." (*Bona Becheri*: Handleytung zu dem Himmel (ergänzt und kommentiert durch J. J. Becher), München 1667, S. 13).

[13] Vgl. dazu auch die (neu entdeckte) Schrift H. I. I. (Hrsg.): Des Hochberühmten Becheri Medicinische Schatzkammer, Leipzig 1700. Grundsatz: Kinder sind nicht als „kleine Erwachsene" zu behandeln. Den oft unwissenden oder unerfahrenen Eltern sollen spezielle Krankheits-Hinweise und geeignete Medikamente dargeboten werden. Beispiele: „Von übernatürlicher Entzündung des Hauptes der Kinder"; „Vor Verstopfung der Nasen"; „Wenn die Kinder des Nachts in die Wiegen bruntzen". Letzteres blieb ein Problem der Kinderurologie: „Wenn Bettnässen nicht aufhören will" (Die Rheinpfalz v. 27.05.10).

[14] Spätere Generationen könnten dies vielleicht als eine Art Krankenversicherung mittels „Zeitkonten" einordnen. Dieser Vorschlag wird später in der Utopie von der „ruhliebenden Gesellschaft" aufgegriffen, vgl. Abschnitt 3.

Neuntens: Nur die von der Medizinischen Fakultät zugelassenen Ärzte dürfen die Heilkunst ausüben, nicht aber Barbiere oder Bader. Und auch den Apothekern ist ein klar abgegrenztes Arbeitsfeld zuzuweisen; sie dürfen nicht frevelhaft gegenüber Kranken und Doktoren handeln.

Ein Verzeichnis (zugelassener) Medikamente ist zu erstellen.

Zehntens: Vorbeugung, Krankenpflege und Gesundmachen darf nicht dem Zufall überlassen bleiben, sondern muss durch die Obrigkeit wohl geordnet und geschützt werden. Deshalb empfiehlt Becher dringend die Errichtung einer dafür zuständigen Behörde, ein Collegium vitale. Diese obrigkeitliche Einrichtung ist verantwortlich für die Erhaltung und Förderung der Gesundheit aller wie für die Kontrolle des gesamten Gesundheitswesens.

2. Lehrsätze für gutes Regieren („politische Klugheitslehre")

In seinen vielfältigen Beziehungen und Tätigkeiten an den europäischen Regierungszentralen und Fürstenhöfen als Politikberater, Wissenschaftler und Projektemacher erkannte Becher schnell, dass es hilfreich sein müsste, diesen „Obrigkeiten" ein paar Grundregeln für gutes und geordnetes Regieren zu vermitteln. Nur damit ließen sich dann auch die politikökonomischen Erkenntnisse und die technologischen Projekte voranbringen, Zustimmungen „im Volk" erreichen.

Nach all den Erfahrungen trieb es den J. J. Becher um, nun doch selbst eine Art „Klugheitslehre" zu verfassen, eine Sammlung von Lehrsätzen für gutes Regieren, richtiges Gehorchen und politische Tugend. Die erste Sammlung könnte er wohl Kaiser Leopold I. als Reisepräsent mitbringen; *ein wenig* in der Tradition der „Fürstenspiegel",[15] nur mit mehr Bezug zu Wirtschaft und Verwaltung.

Die wichtigsten Lehrsätze der Becher'schen Klugheitslehre für Regenten lauten:[16]

1. Die Förderung der allgemeinen Wohlfahrt ist Zweck und Pflicht des Herrschers.

---

[15] Beispielsweise *Niccolo Machiavelli* (Der Fürst 1513/32), vorher G. v. Viterbo (1228) u.a.m. Im 17. Jahrhundert wurden die traditionellen Herrschertugenden und -pflichten dann zunehmend mit Verwaltungslehren verbunden. Hervorragend *Ludwig V. von Seckendorff*: Teutscher Fürstenstaat (1656), *Gustav Marchet* reiht J. J. Becher als Fortentwickler der Seckendorff'schen Lehren ein (= Studien der über die Entwicklung der Verwaltungslehre in Deutschland, München 1885).

[16] Diese Theoreme werden zusammengefasst dargestellt aus den wichtigsten Schriften Bechers und aus verschiedenen Archivdokumenten.

2. Das öffentliche Interesse hat Vorrang vor dem privaten.

3. Man darf das allgemein Beste nicht hintansetzen wegen des Eigennutzes.

4. Eine Gemein ist nicht um der Obrigkeit willen da, sondern die Obrigkeit um der Gemein willen.

5. Ein Regent soll tugendhaft sein, denn er ist der Spiegel und Wart des einfachen Volkes.

6. Ein Regent muss wissen, dass er nicht alles weiß. Aber er muss soviel wissen, dass er das weiß.

7. Die edle Haushaltskunst … ist eine der nötigsten und nützlichsten Wissenschaften, wodurch das Gemeinwesen befördert wird.[17] Sobald dieses Fundament der menschlichen Glückseligkeit durch teure Zeit, oder die Tyrannei der Obrigkeit und gottloses Leben der Untertanen erschüttert wird, muss das ganze (Gemeinwesen) in kurzer Zeit zu Grunde gehen.

8. Regenten, die nicht wissen, wo das Geld herkommt, wissen auch nicht, wo und wann sie es nützlich anwenden können.

9. Hierinnen besteht gute Regierung der Untertanen, dass man den Armen helfe, solche aufrichte und zu Bürgern mache; die Bürger aber so regiere, dass sie nicht an den Bettelstab geraten.

10. Ein rebellierender Untertan ist gefährlicher als zehn ausländische Feinde.

11. Eine gute Erziehung(der Jugend) ist das Fundament des Staates.

12. Ein Regent (muss) gescheit sein und die Regierkunst wohl und selber verstehen, damit er nicht allemal den Doktoren *(Experten)* glauben muss.

13. Der Diener muss wissen, dass er seinem Herrn raten, aber nicht befehlen soll.

14. Wenn ein Regent sich mit zu viel Dienern überhäuft, so ist es um ihn geschehen.

15. Die Besoldung soll so proportioniert sein, dass die Tüchtigen sich ergötzen und die Unfleißigen zum Fleiß angereizt oder doch nicht über ihren Verdienst (Beitrag) belohnt werden.

---

[17] Klassisch zur Spannung zwischen Einnahmen und Ausgaben wie zur Aufgabenpolitik immer noch *Aristoteles* (Hauswirtschaft, um 340 v. Chr.); exemplarisch: „Wer über den Haushalt beraten will, muss die Einkünfte des Staates kennen … Weiterhin muss er alle (Aufgaben) des Staates kennen, damit Überflüssiges abgeschafft und allzu große Ausgaben verringert werden" (Und so gilt) „… dass nämlich nie die Ausgaben die Einnahmen übersteigen dürfen … Danach muss man überlegen …, welche Ausgaben, die jetzt gemacht werden … ohne Schaden beschnitten werden können."

16. Es ist ratsam, eine Besoldungskasse einzurichten um aus dem angelegten Kapital dann die Besoldung der Bediensteten vornehmen zu können.

3. Konkrete Utopie[18] – eine ideale Gemeinschaft

> „Der Fortschritt ist eine Verwirklichung von Utopien."
>
> (*Oscar Wilde*, 1891)

Oscar Wildes Satz hätte gut in die Vorstellungswelt und die Praxeologie des Johann Joachim Becher gepasst. Und man durfte erwarten, dass Becher sich auch mit der wünschenswerten Gestalt einer Zukunftsgesellschaft befasste. Seine Überlegungen gingen nicht „vom Schreibtisch" aus, sie waren angestoßen und geprägt von den mühseligen Erlebnissen und den oft erfolglosen Kämpfen des Polypragmatikers gegen die innovationsfeindliche Umgebung. In seinem relativ kurzen Leben hatte er immer wieder Hektik, Unsicherheit und Anfeindung erdulden müssen. Konkurrenzneid, Unverständnis, Häme, Mobbing und die damit verbundenen Gegnerschaften und gesellschaftlichen Ausgrenzungen waren ihm alltäglich. Sich immer dafür rechtfertigen zu müssen, dass man an der besseren Zukunft arbeitet, dass man Neues in die Welt bringen will, dass man eine Vorstellung von einer idealen Gesellschaft („Gemein") hat, das zehrt schon an Geist und Körper. So ist es verständlich und konsequent, dass sich J. J. Becher eine bessere, erstrebenswerte Gesellschaft erträumt. Ein so schöpferischer Mensch, der muss sich auch ein ideales Gemeinwesen „erschaffen", in dem die Bösartigkeiten seiner Erlebniswelt aufgehoben sind und die „Glückseligkeit" aller eintritt.

Wie könnte eine solchermaßen ideale Gemeinschaft aussehen, in der jede Person gleichberechtigt eingebettet ist, in der nicht Eigennutz und die Verführungen der Macht wie des Geldes vorherrschen und so „der Kampf aller gegen alle" (Thomas Hobbes, Leviathan 1651) vermieden wird? So entwirft auch J. J. Becher (1682) seine konkrete Utopie: Entwurf oder Einladung einer ruhliebenden und ihrem Nächsten zu dienen suchende philosophischen Gesellschaft. In eine solche Societät möchte Becher dann selbst eintreten und sein Wissen wie seine Ideen einbringen.

Sein Gesellschaftsentwurf steht in der Tradition der klassischen Utopisten und schlägt die Brücke zu den nachfolgenden frühsozialistischen Konzepten:

---

[18] Der Begriff geht auf Ernst Bloch zurück. Konkrete Utopie wird verstanden als (realisierbare wie wünschenswerte) *Möglichkeit*, die tastend-experimentell erreicht werden kann, wobei *Theorie und Praxis* sich wechselseitig stimulieren und überprüfen. Ein Zukunftsentwurf ist rückgebunden zu den Potentialen seiner (prozessualen) Verwirklichung, denen er quasi vorauseilt.

Thomas Morus: Utopia (1516)

Thomas Campanella: „Sonnenstaat" (1623)

Francis Bacon: „Neu-Atlantis" (1624)

J. J. Becher:

Ruhliebende Gesellsch.

(1682)

Charles Fourier : Vier Bewegungen (1803)

Robert Owen: Neue Auffassung… (1817)

Henri de Saint-Simon: Organisation der

Gesellsch. (1820 ff.)

Pierre J. Proudhon: Philosophie des

Fortschritts (1853)

J. J. Becher beginnt mit der soziökonomischen Basis seiner Utopie:

1. Diejenigen, die in diese Sozietät eintreten, bringen – im Rahmen ihrer Möglichkeiten – Kapital und Land ein.

2. Das eingebrachte Gut verbleibt jedem garantiert (z.B. wenn er wieder austreten wollte).

3. Der Zugewinn gehört der Sozietät, aber anteilig erhält jedes Mitglied vom Gesamtertrag seine persönliche Gutschrift.

4. Kost und Logie sind frei, desgleichen systematische Ausbildung der Kinder, die Gesundheits- und Altersversorgung.

5. Stille Forschungsarbeit und Umsetzung in praktischen Nutzen werden ermöglicht.

Danach formuliert er einige Grundregeln:

- Jede(r) darf nach seiner/ihrer Religion leben
- Alle sollen zusammenwirken ohne Gezänk und üble Rede
- Alle sollen still, bescheiden und tugendhaft in der Gemeinschaft leben
- Alle sollen freudig tun und treulich bewahren, was ihnen von der Gesellschaft anvertraut wird
- Die Jugend ist in Tugend und für die Wissenschaften zu erziehen
- Die Alten sind zu warten und die Kranken sind zu kurieren.

J. J. Becher weiß, dass man ihm vorwerfen wird, sein Entwurf sei utopisch und irgendwie urkommunistisch, schon wegen des Gemeineigentums, der erstrebten Gleichheit. Und man wird sagen, dass dieses Programm einfach nicht realisierbar wäre, weil es die idealen Menschen dafür nicht geben kann. Aber – so Becher – die Verwirklichung solcher Utopien wurde bisher noch nicht ernsthaft versucht, und Menschen lassen sich von einer guten Idee schon überzeugen; zumindest erproben könnte man ja diese „Ruhliebende Gesellschaft".

Jahrhunderte später demonstrierte die Kibbuz-Bewegung, dass solche Gesellschaftsideen durchaus realisierbar sein können.[19]

II. Epilog

Von Johann Joachim Becher habe ich gelernt, dass man sich auch mal trauen muss, etwas eher Unübliches zu produzieren. Wohl ahnend, dass das *hier* Befremden und dort Erstaunen auslösen kann. Dann habe ich mir *Hans Peter Bull* vorgestellt als vielseitig interessierte, auf vielen Gebieten erfahrene und innovative Persönlichkeit, erfolgreich agierend zwischen Wissenschaft und Praxis, voll guter Ratschläge und auch mal mit hilfreicher Kritik. Da schien mir eine gewisse Kongenialität zu J. J. Becher durchaus erkennbar – trotz der Zeit-Trennung. Gewiss, man agiert auf unterschiedlicher Stufenleiter der Entwicklung, aber manche Probleme scheinen doch recht ähnlich – fast zeitlos? – zu sein, was zu der bangen Frage führt: Sind etwa einige solcher Probleme überhaupt nicht dauerhaft und befriedigend zu lösen? Ist da ein „basisstruktureller Widerstand" eingebaut und wir kratzen bestenfalls „an der Oberfläche" herum? Auch weil es uns an einer passgenauen historischen Theorie oder an den wirksamen Problemlösungsinstrumenten mangelt? In den 70er Jahren des 20. Jahr-

---

[19] Vgl. KIBBUZ-Prinzipien und deren Realisierung in Israel. Am 29.10.1910 wurde mit Degania der erste Kibbuz gegründet – als solidarisch organisierte Dorfgemeinschaft mit kollektivem Eigentum und sozialer Gleichheit, basisdemokratischer Selbstverwaltung, Gemeinschaftseinrichtungen (Kindererziehung, Ausbildung; Gesundheitsfürsorge etc.) usw.

hunderts haben wir uns mit ungenügend erscheinender „Problemlösungskapazität" herumgeschlagen und in umfassenden Planungsbemühungen eine Veränderungschance erhofft. Und wie erwartungsfroh sind wir dann in Verwaltungsmodernisierung und Rechtsoptimierung eingetaucht; nicht zuletzt in Schleswig-Holstein und Rheinland-Pfalz.

Nichts tun, keine Ideen entwickeln, keine Projekte beginnen, ist allemal verwerflicher als mit einem Vorhaben auch mal zu scheitern. Aus dieser Sicht hat sich wohl nicht viel geändert, seit J. J. Becher mit Optimismus und ideenreich versuchte, in und mit „der Politik" Fortschritte zu erreichen in Richtung auf eine ideale(re) Gesellschaft, durchaus auf der Basis neuer wissenschaftlich-technologischer Erkenntnisse und sozioökonomischer Konzepte, zu denen er selbst immer wieder beitrug. Wobei – eben deswegen – die Menge der Bedenkenträger, der Missgünstlinge und der Gegner wuchs. Hatte er denn nicht N. Machiavellis „Grundgesetz der Implementation" gelesen oder wenigstens eine gefühlte Vorstellung vom Wirken des „Ohm'schen Gesetzes der Politik"?[20] Oder galt – was durchaus nachvollziehbar ist – eben jene Grundhaltung des „Dennoch..." (Bibel, Ps. 73/23). Bei solchen Überlegungen gewann ich den Mut, diesen ideengeschichtlichen Entwurf in der Festschrift für den verehrten und vorbildhaften Kollegen Hans Peter Bull zu platzieren. Der würde wohl – als praktizierender Kenner mehrerer Politikfelder und als Vermittler von Wissenschaft und Praxis – diesen Versuch akzeptieren können.

Quellenhinweise

Umfassendes Standardwerk über J. J. B. ist immer noch *Herbert Hassinger*: J.J. Becher. Ein Beitrag zur Geschichte des Merkantilismus, Wien 1951. Au-

---

[20] „Es gibt kein schwierigeres Wagnis ... als eine neue Ordnung einzuführen. Denn jeder Neuerer hat all diejenigen zu Feinden, die von der alten Ordnung Vorteile haben, und findet nur zögernde Befürworter bei jenen, die sich von der neuen Ordnung Vorteile erhoffen ... Daher kommt es, dass die Gegner die neue Ordnung bei jeder Gelegenheit mit aller Leidenschaft angreifen und die Befürworter diese zu schwach verteidigen. Deshalb gerät der Neuerer zusammen mit den (zurückhaltenden) Befürwortern in Gefahr." (*N. Machiavelli* um 1513 ff.).

Es bedarf auch heute einiger Anstrengungen um gegen Beharrungskräfte vorzustoßen und letztlich Innovation und Widerstand zu „versöhnen"; auch begründeter Widerstand hat ja durchaus seine evolutive Funktion! Das Ohm'sche Gesetz der Politik will diesen Grundkonflikt im übertragenen Sinne repräsentieren. Das Grundgesetz der Elektrotechnik (*G.S. Ohm*, 1826) beschreibt den Zusammenhang von elektr. Spannung (U), elektrischem Strom (I) und elektrischem Widerstand (R). Übertragen auf Politik bedeutet das: Je mehr eine politisch-administrative Innovation („Spannung") wichtige Interessen („das Immunsystem") zu verletzten droht, desto größer wird der Widerstand, der nur durch zusätzliche Interventionen oder Hilfsangebote/Kompromisse (Stromstärke = „Macht") relativiert werden kann.

ßerdem *G. Frühsorge/G. F. Strasser* (Hrsg.): J.J. Becher (1635–1682, = Wolfenbütteler Arbeiten zur Barockforschung, Bd 22, Wiesbaden 1993, *J. Klaus / J. Starbatty*: J. J. B. Vademecum zu einem universellen merkantilistischen Klassiker, Düsseldorf 1990.

Neuerdings – unter Berücksichtigung umfangreicher Archivrecherchen und ergänzender Literaturstudien – *Carl Böhret*: Virtuelle Tagzettel des Universalgelehrten und Politikberaters Johann Joachim Becher, Speyer 2011 (im Erscheinen). J. J. Bechers bekanntestes Werk, „Politischer Diskurs" (1668, danach weitere Aufl.) wurde ausgewertet, Bechers Psychosophia (1678) und die „Närrische Weisheit und weise Narrheit" (1682) sowie der „Rostocker Nachlass" (IV) berücksichtigt. Im Übrigen darf auf die einschlägigen Beiträge in der „Schriftenreihe der Johann Joachim Becher-Gesellschaft" (28 Hefte seit 1991) und auf die seit 2000 editierten Bände der J. J. Becher-Stiftung verwiesen werden.

Zur Rolle der Justiz in Deutschland

Heinz Joachim Bonk

I. Judikative als dritte Staatsgewalt

1. Justiz und Öffentlichkeit

Es vergeht kaum ein Tag, an dem nicht in Zeitungen und Zeitschriften, in Rundfunk und Fernsehen über Gerichtsverfahren und Gerichtsentscheidungen aus den unterschiedlichsten Rechtsgebieten und Gerichtsinstanzen bei Straf-, Zivil-, Arbeits-, Sozial-, Finanz- oder Verwaltungsgerichten berichtet wird. Besonders wichtig sind ferner vor allem Verfahren und Entscheidungen des Bundesverfassungsgerichts, seit einiger Zeit auch solche des Europäischen Gerichtshofs für Menschenrechte in Straßburg und des Gerichtshofs der Europäischen Union in Luxemburg.

Insgesamt eine für den Laien vielfach verwirrende, für den Juristen geläufige Vielfalt von Verfahren, Gerichten und Instanzen mit unterschiedlichen Zuständigkeiten. Daraus kann man den – nicht völlig falschen – Eindruck bekommen, dass jedenfalls in Deutschland (fast) alles justiziabel ist und vor Gericht gebracht werden kann. Man erfährt aber auch, dass Gerichtsverfahren meistens ziemlich lange dauern und oft mit weiterem Zeit- und Geldaufwand durch mehrere Instanzen gehen. Allein in Deutschland wird eine Zahl von jährlich 1,5 Millionen Klagen vor den Zivilgerichten genannt; hinzu kommen weitere 1,2 Millionen Klagen vor den Sozial-, Verwaltungs- und Finanzgerichten.[1] Man erfährt ferner, dass es in Deutschland rund 20000 Richter (nebst 5000 Staatsanwälten) im Bundes- und Landesdienst gibt, von denen drei Viertel bei den Zivil- und Strafgerichten tätig sind.[2] Die Zahl der Rechtsanwälte/-innen wird für 2010 mit rd. 153000 angegeben. 1970 waren es noch rd. 22000, im Jahr 1990 rd. 56000 und im Jahr 2000 rd. 104000.[3] Und beim Bundesverfassungsgericht wurden im Jahr 2010 allein rd. 7000 Verfassungsbeschwerden anhängig ge-

---

[1] Vgl. Berliner Morgenpost vom 13.01.2011. S. 4.

[2] Vgl. Bundesamt für Statistik, unter „Gerichte und Personal" für das zuletzt veröffentlichte Jahr 2008.

[3] Vgl. BRAK-Magazin 04/2010, S. 4.

macht, so dass allein für diese Verfahren jeder der 16 Bundesverfassungsrichter jährlich für rd. 440 neue Verfahren zuständig ist.[4]

2. Rechtsstaat, Rechtswegestaat, Richterstaat

Ob diese Zahlen auf absolut oder relativ viele oder wenige Verfahren bei der Justiz in Deutschland hindeuten und ob die Zahl der Richter, Staatsanwälte und Rechtsanwälte hoch, niedrig oder angemessen ist, mag dahinstehen. Denn für jede Bewertung finden sich Argumente pro und contra. Das ist für eine Betrachtung der Rolle der Justiz aus Innen- und Außensicht auch nicht entscheidend. Denn hier soll der Frage nachgegangen werden, ob die oft verwendete Formel richtig und akzeptabel ist, dass Deutschland nicht nur Rechtsstaat, sondern zugleich (auch) Rechtswegestaat und Richterstaat ist. Diese Prädikate kann man kritisch sehen, aber auch durchaus auch als Lob und Anerkennung für diesen Staat werten. Denn nur ein stabiles Land – und das ist Deutschland erst seit 1949 - verträgt so viele Klagen und Gerichtsentscheidungen durch unabhängige Gerichte in praktisch in allen Lebensbereichen.

Die zweite sich daran anschließende Frage ist, ob das deutsche Justizsystem in seiner bestehenden Form den notwendigen effektiven Rechtsschutz bringt oder ob es nicht verändert und verbessert werden muss. Dabei muss man aber sehen, dass nicht nur die Gerichte oft viel Zeit für ihre Entscheidungen brauchen, sondern auch die Exekutive, wenn sie etwa bei Bau oder Änderung von Straßen, Flughäfen oder Bahnhöfen komplexe Infrastruktur- und Planungsentscheidungen zu treffen und dabei viele öffentliche und private Belange zu berücksichtigen hat. Bei der Frage nach schnellerer Rechtssicherheit und Rechtsklarheit ist in Deutschland daher nicht nur das Verfahren vor den Gerichten von Bedeutung, sondern auch das bis zu einer Behördenentscheidung in den verschiedenen Bereichen. Verwaltungsverfahren und Gerichtsverfahren gehören insofern in vielen Bereichen zusammen.

Nachfolgend geht es nur um die Rolle der Justiz in Deutschland. Für eine Antwort auf die Frage, ob das gerichtliche Rechtsschutzsystem in Deutschland zu dicht geknüpft ist, ob es hinreichend schnellen und effektiven Rechtsschutz bietet oder welche Alternativen oder Änderungsmöglichkeiten es gibt, ist eine Darstellung der wesentlichen verfassungsrechtlichen Rahmenbedingungen unverzichtbar. Denn der derzeitige Zustand des deutschen Gerichtssystems ist wesentlich bestimmt von mehreren verfassungsrechtlichen Grundsatzentscheidungen, die bis heute für die Gerichte in Deutschland maßgebend sind. Auf sie soll nachfolgend jedenfalls stichwortartig eingegangen werden.

---

[4] Vgl. Magazin Focus vom 13.01.2011 und „Tagesspiegel" vom 13.01.2011, S. 4.

II. Verfassungsrechtliche Grundlagen des deutschen Justizsystems

Die Kompetenzen der Gerichte als dritte Staatsgewalt neben Legislative und Exekutive in Deutschland finden ihre wesentlichen verfassungsrechtlichen Grundlagen im Grundgesetz von 1949; diese Grundsatzentscheidungen sind auch nach der Wiedervereinigung Deutschlands nicht geändert worden. [5] Der heutige Rechtszustand auch im Bereich der Justiz ist die Antwort des Verfassungsgebers auf die Weimarer Verfassung von 1919 und die Nazizeit bis 1945 mit den bekannten Ergebnissen. Das darf auch mehr als 60 Jahre nach dem Krieg nicht vergessen werden.

Im Wesentlichen sind es fünf verfassungsrechtliche Prinzipien, die für die Betrachtung der Rolle der Justiz in Deutschland nach wie von zentraler Bedeutung sind und für alle Zweige der Fachgerichtsbarkeiten gelten. Dies sind 1. die Unmittelbarkeits- und Bindungswirkung der Grundrechte, 2. die Rechtsweggarantie, 3. der sog. Vorbehalt und Vorrang des Gesetzes, 4. die Bindung der Gerichte an Gesetz und Recht sowie 5. die Unabhängigkeit der Gerichte.

Die nationale Rechtsordnung wird seit längerer Zeit von europäischem Gemeinschaftsrecht beeinflusst und überlagert, denn ihm kommt im Rahmen der der Europäischen Union übertragenen begrenzten Befugnisse Anwendungsvorrang vor nationalem Recht zu[6] Inzwischen geht mehr als die Hälfte aller Gesetze im Bund auf Vorgaben des europäischen primären und sekundären Gemeinschaftsrechts zurück, so dass die deutsche Rechtsordnung in vielen Bereichen europäisiert ist. Über das maßgebliche Recht haben daher nicht nur deutsche Gerichte zu befinden, sondern unter bestimmten Voraussetzungen auch der Gerichtshof für Menschenrechte in Straßburg und/oder der Gerichtshof der Europäischen Union in Luxemburg. Nach wie vor sind aber für die Rolle der Justiz in Deutschland die vorgenannten fünf Verfassungsprinzipien maßgebend.

1. Bindungswirkung der Grundrechte

Von unmittelbarer Bedeutung für die Gerichte ist Art. 1 Abs. 3 GG. Danach binden die Grundrechte Gesetzgebung, Exekutive und Justiz als unmittelbar

---

[5] Vgl. den Bericht der Verfassungsrechtskommission 1994 BT-Drs. 12/6000; 13/2280, S. 44 ff.; 13/8450, S. 25; insgesamt dazu Berlit JöR n.F. 44 (1996); S. 18 ff.

[6] Zum Lissabon-Vertrag vgl. das Urteil des BVerfGE vom 30.06.2009, BVerfGE 113, 267 = NJW 2009, 2267. Zum Verhältnis BVerfG/EGMR vgl. v. Raumer AnwBl 2011, 195.

geltendes Recht. Diese Norm ist eine der wichtigsten Antworten des Verfassungsgebers von 1949 auf die Weimarer Verfassung von 1919. Dort waren
zwar Grundrechte aufgezählt, aber diese waren bloße Programmsätze, rechtlich
nicht bindend und vor Gericht nicht einklagbar[7].

Vor allem in Prozessen bei den Verwaltungs-, Sozial- und Finanzgerichten
wird oft wegen behaupteter Grundrechtsverletzungen gestritten. Davon wird ersichtlich zunehmend stärker Gebrauch gemacht, weil sich die Bürger deutlich
stärker und häufiger als früher auf ihre Grundrechte als Abwehrrechte gegen
den Staat und/oder auf ihre Leistungs-, Teilhabe- und Schutzansprüche gegenüber dem Staat berufen. Man hat den Eindruck, dass die Konfliktbereitschaft
der Bürger zunimmt und sich dies in auch in Prozessen niederschlägt. Das kann
man das als selbstverständliche Wahrnehmung demokratischer Rechte für den
Bürger sehen, weil dies von der Verfassung so angelegt ist. Es bleibt oft aber
das Problem des Interessenausgleichs mit öffentlichen Belangen.

Die Grundrechte wirken sich auch in der ordentlichen Gerichtsbarkeit bei
den Zivil- und Strafgerichten aus. Zwar kommt den Grundrechten – von Ausnahmen wie bei der Koalitionsfreiheit abgesehen – keine unmittelbare Drittwirkung zu, gleichwohl ist auch der Gesetzgeber an sie gebunden, so dass eine
mittelbare Drittwirkung der Grundrechte entsteht[8]. Sind von der Anwendung
zivil- oder strafrechtlicher Vorschriften Grundrechte berührt, haben die Gerichte diese Vorschriften im Lichte der Grundrechte auszulegen und anzuwenden.[9]
Das führt auch in der Zivil- und Strafgerichtsbarkeit oft zu Streitfragen im Zusammenhang mit den Grundrechten und ihren Grenzen, im Zivilrecht etwa im
Daten- und Persönlichkeitsschutz, im Strafrecht bei den Rechten von Beschul-
digten und Angeklagten. Es ist derzeit zwar keine Statistiken bekannt, aus denen sich der Anteil derjenigen Prozesse ergibt, in denen allein oder vornehmlich Grundrechtsverletzungen Gegenstand gerichtlicher Verfahren waren. Die
Zahl dürfte jedoch nicht unerheblich sein. Das ist angesichts des verfassungsrechtlichen Rangs der Grundrechte nur folgerichtig.

---

[7] Hierzu etwa *Starck*, in: v. Mangoldt/Klein/Starck, GG. 6. Aufl., 2010, Art. 1 Rdn.
146; *Jarass/Pieroth*, GG, 11. Aufl. 2011, Art. 1 Rdn. 31.

[8] Hierzu etwa BVerfGE 73, 261 (269); 89, 214 (229); 96, 375 (398), 112, 332 (358),
wonach das GG in seinem Grundrechtsabschnitt zugleich Elemente objektiver Ordnung
eingebaut hat, die als verfassungsrechtliche Grundentscheidung für alle Bereiche des
Rechts Geltung haben, mithin auch das Privat- und Strafrecht beeinflussen. Inhalt und
Systematik der sog. Drittwirkung von Grundrechten im Einzelnen sind aber strittig; vgl.
etwa *v. Mangoldt/Klein/Starck*, GG, 6. Aufl., 2010, Art. 1 Rdn. 303 ff.; *v. Münch/Ku-
nig*, GG, 5. Aufl. 2008, Vorbem. vor Art. 1 Rdn. 28 ff.; *Sachs*, GG,.5. Aufl., 2008, vor
Art. 1 Rdn. 32 ff.

[9] Vgl. etwa BVerfGE 84, 192 (195); 103, 89 (100); 114, 339 (348).

2. Rechtsweggarantie, effektiver Rechtsschutz, gerichtliche Kontrolldichte

Die zweite wichtige Verfassungsentscheidung für den Rechtsschutz des Einzelnen und damit auch für die Rolle der Justiz in Deutschland ist Art. 19 IV 1 GG: Wird danach jemand durch die öffentliche Gewalt in seinen Rechten verletzt, so steht ihm der Rechtsweg offen. Art. 19 IV GG schließt an Art. 1 Abs. 3 GG an und ist gleichfalls eine klare Antwort des Verfassungsgebers von 1949 auf die Zeit vor 1945: Jeder, der Träger eines Grundrechts sein kann, soll Rechtsschutz bei einem Gericht erlangen können und damit vor rechtswidrigen Grundrechtseingriffen der öffentlichen Gewalt bewahrt werden. Die Rechtsweggarantie des Art. 19 IV GG ist die wichtigste Norm für die betroffenen Bürger, aber auch für die Gerichte.

Art. 19 IV soll nicht nur das Recht garantieren, überhaupt bei einer möglichen Grundrechtsverletzung vom Gericht eine Sachentscheidung erreichen zu können, sondern gleichzeitig einen *effektiven* Rechtsschutz garantieren. Dieser hat zwei inhaltliche Aspekte: Das zeitliche Element besagt, dass Gerichtsverfahren keine überlange Dauer haben dürfen und Rechtsschutz innerhalb angemessener Zeit erreicht werden können muss[10]. Wann diese Grenze überschritten ist, hängt von der Ausgestaltung des Prozessrechts und den Umständen des Einzelfalls ab. Eine pauschale Antwort, wann die Grenze überschritten ist, gibt es daher nicht. Der inhaltliche Aspekt der Rechtsweggarantie besagt, dass sie keine bloß formale Überprüfung des angefochtenen Akts der öffentlichen Gewalt auf bloße Plausibilität durch die Judikative beinhalten darf. Den Gerichten wird daher grundsätzlich vor allem bei sog. unbestimmten Gesetzesbegriffen – mit Ausnahme bestimmter Bereiche von Beurteilungsermächtigungen bei Leistungsbewertungen und wirtschaftlichen Prognoseentscheidungen – die grundsätzliche Befugnis zur vollständigen Überprüfung der angefochtenen Maßnahme in rechtlicher und tatsächlicher Hinsicht zugestanden, was die Kassation der angefochtenen Entscheidung in der Regel einschließt.[11] Diese inhaltliche Überprüfungs- und Ersetzungsbefugnis für die Gerichte bei unbestimmten Gesetzesbegriffen ist der zentrale Kernpunkt ihrer Befugnisse und wird mit dem Stichwort von der vollen richterlichen Kontrolldichte umschrieben. Denn die Gerichte sind an die Einschätzung der Behörden nicht gebunden, sondern können eine Norm auf der Tatbestandsseite mit dem vom Gericht selbst gefundenen Inhalt füllen, eine gegenteilige Bewertung anderer Stellen für rechtswidrig erachten und damit auf den Regelungsgehalt der Norm und seine Auslegung und

---

[10] Vgl. etwa BVerfGE 54, 391; 55, 349 (369); 60, 253 (269); 93, 1 (13); BVerfG NJW 2010,1422.

[11] Std. Rspr., vgl. etwa BVerfGE 78, 214 (226); 84, 34 (49); 101, 106 (123); 103, 142 (156); BVerwGE 101, 106 (123); 118, 352 (357); ferner *Kopp/Ramsauer*, VwGO.13. Aufl., § 42 Rdn. 91 ff.; *Eyermann*, VwGO, 12. Aufl., § 137 Rdn. 18, jeweils m. w. N.

Anwendung erheblichen Einfluss nehmen. Diese Einschätzungs- und Ersetzungsbefugnis für die Gerichte bei unbestimmten Gesetzesbegriffen führt denn auch zu der These vom Richterstaat (dazu nachfolgend).

Verfassungsrechtliches Minimum der Rechtsweggarantie des Art. 19 IV GG ist nach der Rechtsprechung des Bundesverfassungsgerichts gerichtlicher Rechtsschutzes durch *eine* gerichtliche Instanz[12]. Ist durch Gesetz ein mehrinstanzlicher Rechtsschutz geschaffen worden, darf der Zugang zu ihnen jedoch nicht in unzumutbarer Weise erschwert oder verhindert werden[13] In den Prozessordnungen für alle Fachgerichtszweige finden sich – unter Berücksichtigung der Vorgabe für die Obersten Gerichtshöfe des Bundes in Art. 95 GG - für die meisten Fälle prozessuale Regelungen für mehrere Instanzen, so dass Gerichtsentscheidungen eher selten in einer einzigen Instanz abgeschlossen werden. Durch die Klagemöglichkeit nicht nur in einer Instanz, sondern einer zweiten und ggfls. dritten entsteht einerseits weiterer Kosten- und Zeitaufwand, gleichzeitig mehr Rechtsklarheit und Rechtssicherheit. Die viel zitierte „Instanzenseligkeit" in Deutschland führt zur Mehrfachbefassung von mehreren Gerichtsinstanzen mit ein und demselben Streitgegenstand, ist aber durch Art. 95 GG in bestimmter Weise vorgegeben und verhindert jedenfalls in aller Regel „kurze Prozesse". Es spricht nichts dafür, dass das bestehende Rechtsbehelfs- und Rechtsmittelsystem in den einzelnen Prozessordnungen substanziell reduziert oder verändert werden könnte, was prozessuale Änderungen da und dort nicht ausschließt.

3. Vorbehalt und Vorrang des Gesetzes

Für die Rolle der Justiz in Deutschland haben zwei weitere Verfassungsprinzipien erhebliche Auswirkungen, nämlich der sog. Vorbehalt und Vorrang des Gesetzes. Beide hängen mit dem Demokratieprinzip zusammen und betreffen die Gesetzgebung insgesamt, schlagen aber auf den Verwaltungsvollzug, die betroffenen Bürger und die Gerichte durch. Beide Verfassungsprinzipien gehören rechtssystematisch zusammen, sind aber zwei Seiten einer Medaille.

a) Der Verfassungsgrundsatz des *Vorbehalts* des (Parlaments-)Gesetzes besagt nach ständiger Rechtsprechung des BVerfG[14], dass der Gesetzgeber in grundlegenden normativen Bereichen alle wesentlichen Entscheidungen selbst treffen muss und nicht anderen Stellen der Exekutive überlassen darf, weil nur

---

[12] Vgl. etwa BVerfGE 87, 48 (61); 92, 365 (410); BVerwGE 120, 87 (93).
[13] Vgl. etwa BVerfGE 78, 88 (99); 96, 27 (39); 104, 230 (231 ff.).
[14] Vgl. etwa BVerfGE 49, 89 (126); 84, 212 (226); 101, 1 (34).

er die notwendige demokratische Legitimation dafür besitzt. Diese sog. Wesentlichkeitstheorie bezieht sich nicht nur auf alle Eingriffe in grundrechtsrelevante Positionen, insbesondere in Freiheit und Eigentum. Sie gilt auch für Prozedurregelungen, sofern sie Auswirkungen auf die Rechtsstellung Einzelner haben. Für die Abgrenzung der wesentlichen von „unwesentlichen" Entscheidungen kommt es auf den jeweiligen Sachbereich und die Eigenart des betroffenen Regelungsgegenstandes an, wobei die Wertungskriterien, insbesondere die Grundrechtsrelevanz, den tragenden Prinzipien des Grundgesetzes zu entnehmen sind.[15] Umstritten ist, ob die Gewährung von Leistungen außer einer Ermächtigung im Haushaltsplan noch ein spezielles Gesetz fordert[16] Im Ergebnis bedeutet diese Rechtsprechung ein permanentes Normierungsgebot für praktisch alle Lebensbereiche und damit eine quasi-ausnahmslose Normerzeugnispflicht für das Parlament nicht nur für neue Gesetze, sondern auch für deren Änderungen.

Der sog. Parlamentsvorbehalt ist im Laufe der Zeit in der Rechtsprechung des BVerfG nicht nur durch die sog. Wesentlichkeitstheorie ausgeformt, sondern inhaltlich durch das Bestimmtheits- und Klarheitsgebot weiter verfeinert worden. Es besagt im Kern, dass die Regelungen unter Berücksichtigung des konkreten Gesetzesgegenstandes so konkret sein müssen, dass die aus einer Regelung folgenden Konsequenzen messbar und in gewissem Ausmaß berechen- und vorhersehbar sind. Je schwerwiegender die Auswirkungen einer Regelung sind, desto genauer müssen die Vorgaben des Gesetzgebers sein[17].

Daraus folgt in der Praxis, dass mehr oder weniger in allen Lebensbereichen Gesetze auf Bundes- oder Landesebene erlassen werden und diese Gesetze tendenziell länger werden und immer mehr materiell- und verfahrensrechtliche Details regeln. Aus dem Normierungszwang folgt also eine Normenflut verbunden mit einer Tendenz zu Expansion und Kurzlebigkeit, weil sich die politischen, sozialen und wirtschaftlichen Rahmenbedingungen oft ziemlich schnell ändern und Grundsatz- oder Detailregelungen immer wieder angepasst werden müssen. Die Gesetzgebung zum Steuer- und Sozialrecht gibt Beispiele für praktisch voll durchnormierte Bereiche. Da vor allem neue Regelungen vielfach zu Auslegungs- und Anwendungsschwierigkeiten führen, endet daraus entstehen-

---

[15] Vgl. BVerfGE 98, 218 (251).

[16] Vgl. etwa BVerfGE 77, 170 (230); 98, 218 (251); 101, 1 (34). Nachweise zum Inhalt der Wesentlichkeitstheorie und ihren Grenzen, auch zur Frage des Parlamentsvorbehalts bei der Gewährung staatlicher Leistungen vgl. etwa bei *Jarass/Pieroth*, GG., 11. Aufl. Art. 20 Rn. 47 ff.; *Sachs* (Hrsg), GG. 5. Aufl., 2008, Art. 20 Rdn. 113 ff.; *v. Mangoldt/Klein/Starck*, GG., 6. Aufl., 2010, Art. 20 Rdn. 176 ff., 263 ff.; *v. Münch/Kunig*, GG, 6. Aufl., Art. 20 Rdn. 53 ff., jeweils m.w.N.

[17] Vgl. etwa BVerfGE 86, 288 (311); 93, 213 (238); 109, 133 (188); 110, 33 (55).

der Streit vielfach vor Gericht. Insofern gibt es eine klare Kausalkette zwischen Normgebung, Normanwendung und Normkontrolle durch die Gerichte.

In der Öffentlichkeit wird immer wieder die populäre Forderung nach „kurzen und verständlichen Gesetzen" erhoben. Das ist juristisch aber praktisch nicht machbar. Denn ein kurzes und verständliches Gesetz muss im Zweifel mit vielen unbestimmten Rechtsbegriffen arbeiten und Einzelheiten offenlassen. Dies aber läuft einerseits den Forderungen des Bestimmtheitsgebots nach Art. 80 I 2 GG bei Rechtsverordnungsermächtigungen zuwider, zugleich auch der Rechtsprechung des BVerfG im Rahmen seiner Wesentlichkeits- und Bestimmtheitstheorie. Die Formel von kurzen, aber klaren Gesetzen ist daher ein Widerspruch in sich. In der Gesetzgebungspraxis finden sich denn auch in detaillierten Gesetzen oft zur Präzisierung unbestimmter Gesetzesbegriffe noch nicht abschließende insbesondere-„Regenschirm"-Beispielsklauseln. Auch damit ist vielfach Auslegungs- und Anwendungsstreit über die richtige Umsetzung in Einzelfallentscheidungen aber nicht verhindert, weil es neben den enumerierten Fällen auch noch sonstige Konstellationen geben kann, die unter das Gesetz fallen. Und auch dann ist die Inanspruchnahme der Gerichte zur Klärung daraus entstehender Streitfragen nicht verhindert.

b) Von Bedeutung für die Inanspruchnahme der Gerichte ist auch der verfassungsrechtliche sog. *Vorrang des Gesetzes*. Dieser bedeutet im Kern, dass jede nachrangige Norm in Einklang stehen muss mit der höherrangigen Norm[18]. Dadurch entsteht eine Normenhierarchie, so dass im nationalen Bereich vor allem die Vereinbarkeit von Gesetzesrecht mit Verfassungsrecht, manchmal auch die Vereinbarkeit von Verordnungsrecht mit Gesetzesrecht immer wieder Gegenstand gerichtlicher Verfahren ist. In letzter Zeit wird zunehmend auch über die Vereinbarkeit deutscher Normen mit Gemeinschaftsrecht und seinem Anwendungsvorrang vor nationalem Recht gestritten[19]. Da inzwischen mehr als die Hälfte der nationalen Normen auf Gemeinschaftsrecht zurückgeht, wird der Inhalt und Umfang der nationalen Rechtsordnung zunehmend von den Vorgaben des Gemeinschaftsrecht und der Rechtsprechung des EuGH beeinflusst.[20]

---

[18] Vgl hierzu etwa *Jarass/Pieroth*, GG, 11. Aufl. 2011, Art. 20 Rdn. 32 ff.; *Sachs*, GG, 5. Aufl. 2008, Art. 20 Rdn. 112 ff., jeweils m.w.N.

[19] Zum Lissabon-Vertrag vgl. BVerfGE 123,267 =NJW 2009, 2267.

[20] Zum Verhältnis EuGH und BVerfG vgl. zuletzt BVerfG NJW 2010, 3432 mit der danach begrenzten ultra-vires-Kontrollbefugnis des BVerfG gegenüber ausbrechenden Entscheidungen des EuGH.

4. Bindung an Gesetz und Recht

Für die Rolle der Justiz in Deutschland ist ferner das Verfassungsprinzip der Bindung an Gesetz und Recht (Art. 1 III und Art. 20 Abs. 3 GG) bedeutsam. Das bedeutet in der Konsequenz, dass die Gerichte als dritte Staatsgewalt nur so viel geben und nehmen dürfen, wie das Gesetz es zulässt. Dennoch lässt dieses Prinzip den Gerichten in allen Rechtsgebieten und Gerichtszweigen immer noch viele Entscheidungsspielräume, und zwar vor allem im Bereich der sog. unbestimmten Gesetzesbegriffe mit ihren offenen und wertausfüllungsbedürftigen Inhalten. Die exekutierenden Behörden haben, das Erstentscheidungsrecht, Gerichte wegen der ihnen durch Art. 19 IV GG zugebilligten weitgehenden richterlichen Vollkontrolle oft das Letztentscheidungsrecht. Denn sie können und müssen den Regelungsgehalt eines unbestimmten Gesetzesbegriffs mit konkreten Inhalten füllen und davon abweichende Behördenentscheidungen ggfls. wegen Rechtswidrigkeit aufheben.

Dies führt dazu, dass in der öffentlichen Diskussion manchmal nicht nur von einem Rechtsstaat und Rechtswegestaat gesprochen wird, sondern auch von einem Richterstaat. Diese Einschätzung trifft aber letztlich deshalb nicht zu, denn auch wenn unbestimmte Gesetzesbegriffe einer richterlichen Auslegung und Anwendung zugänglich sind und den Gerichten auch die grundsätzliche Befugnis zur Rechtsfortbildung zusteht,[21] trifft der Normgeber letztlich die wesentlichen inhaltlichen Entscheidungen. Nicht gewollte Resultate einer Rechtsprechung der Gerichte kann der Gesetzgeber korrigieren, was in der Praxis immer wieder geschieht. Insofern erhält und behält der Gesetzgeber das erste und letzte Wort, sofern sie nicht dem Bundesverfassungsgericht zusteht (hierzu nachfolgend).

Im Bereich der Ermessensvorschriften, also auf der Rechtsfolgenseite, in denen der Normgeber selbst mehrere Möglichkeiten der Entscheidung zulässt, haben die Gerichte nur eine eingeschränkte Befugnis zur Kontrolle im Einzelfall, nämlich nur darauf (vgl. etwa § 114 VwGO), ob bestimmte Ermessensfehler vorliegen. Wird ein solcher relevanter Fehler festgestellt und liegt kein Fall einer Ermessensreduzierung auf Null vor, kann das Gericht nicht seine Vorstellung von der „richtigen" Entscheidung an die Stelle derjenigen der Behörde setzen. Es kann dann nur die alte Entscheidung aufheben und die Behörde zur Neubescheidung unter Beachtung der Rechtsauffassung des Gerichts verpflichten.

Die gerichtliche Entscheidungsfindung selbst ist intern vielfach ein komplexer Vorgang. Es versteht sich von selbst, dass auch innerhalb der Spruchkörper

---

[21] Zu den Grenzen der richterlichen Rechtsfortbildung vgl. etwa BVerfGE 34, 269 (288); 96, 375 (394); 98, 49 (59); 109, 190 (252); BVerwGE 98, 280 (294).

über die Auslegung und Anwendung jeweils relevanter Normen unterschiedliche Meinungen bestehen können und nicht notwendig immer inhaltliche Übereinstimmung besteht. Denn in die rechtliche Beurteilung dessen, was sich aus Wortlaut, Sinn und Zweck unter Berücksichtigung der Entstehungsgeschichte einer strittigen Norm ergibt, fließen nun einmal unterschiedliche Grundeinstellungen, Zielvorstellungen und Erfahrungen jedes einzelnen Richters ein. Deshalb sind auch strittige Beratungen in Spruchkörpern manchmal einerseits produktiv, andererseits auch oft mühselig, weil sie sehr hartnäckig geführt werden können. Und das kann sich dann bis in die Einzelformulierung der schriftlichen Urteilsgründe fortsetzen. All das ist aber keine Schwäche des Systems, sondern Kernbestandteil der richterlichen Überzeugungsbildung.

5. Unabhängigkeit der Gerichte

Bei der Betrachtung der Rolle der Justiz in Deutschland ist ferner das Verfassungsprinzip der Unabhängigkeit der Richter zu erwähnen. Dieses Prinzip schließt an die Gesetzesbindung der Gerichte (siehe vorstehend) an, hat aber weitere eigenständige und konstitutive Elemente:

Der Kern der *sachlichen* Unabhängigkeit der Richter (Art. 97 GG) besteht in der Weisungs0unabhängigkeit bei der Entscheidungsfindung selbst und den verfahrensmäßigen Schritten dahin, und zwar gegenüber allen anderen Stellen und Instanzen aller Staatsgewalten, auch gegenüber Wünschen oder Interessen Privater. Die sachliche Unabhängigkeit kommt sämtlichen Personen zu, die Rechtsprechung ausüben, also schon Proberichtern ebenso wie lebenslang angestellten Berufsrichtern und ehrenamtlichen Richtern[22].

Die *persönliche* Unabhängigkeit besteht in dem grundsätzlichen Verbot der (unfreiwilligen) Versetzung und der Amtsenthebung. Dass sie nur hauptamtlich und planmäßig endgültig angestellten Richtern zukommt (Art. 97 Abs. 2 GG), richtet sich nicht gegen ihre rechtsprechende Tätigkeit und richterliche Überzeugungsbildung, sondern dient der notwendigen Flexibilität bei der Organisation der Gerichte, bei Proberichtern vor allem der Sammlung von Erfahrungen und der Prüfung der Belastbarkeit in mehr als nur einem einzigen Arbeitsbereich.

Im Kern soll die Unabhängigkeit die richterlichen Überzeugungsbildung schützen und verhindern, dass nur willfährige Richter in bestimmten Positionen entscheidungsbefugt sind und bleiben, andere hingegen in bestimmten Bereichen ausgeschlossen werden. Die verfassungsrechtlich garantierte Unabhängigkeit steht nicht nur auf dem Papier, sondern ist in Deutschland tägliche und

---

[22] Vgl. BVerfGE 26, 186 (201); 40, 356 (367); 87, 68 (86 ff.).

gleichzeitig notwendige Realität. Jeder Richter wird sich gegen Einflussnahmen Dritter wehren. Richter sind keine Parteisoldaten.

Hervorzuheben ist in diesem Zusammenhang die nicht zu unterschätzende Bedeutung der Rechtsanwälte bei der außergerichtlichen Beratung und in Prozessen. Sie sind als unabhängige Organe der Rechtspflege in vielen Verfahren beteiligt, was auch im Interesse der sog. Waffengleichheit angezeigt ist. Sie haben nicht nur eine wichtige Beratungsfunktion für ihre Mandanten, sondern auch auf Ablauf und Ergebnis gerichtlicher Verfahren beachtlichen Einfluss. Es ist keine Seltenheit, dass Rechtsanwälte durch gute Schriftsätze Gerichte bis in die Revisionsinstanz bei der Überzeugungsbildung entscheidungserheblich beeinflussen. Ein Justizsystem ohne Rechtsanwälte ist nicht denkbar.

III. Bundesverfassungsgericht

Neben den Fachgerichtsbarkeiten kommt bei der Betrachtung der Justiz in Deutschland dem Bundesverfassungsgericht *die* zentrale Rolle zu. Der Verfassungsgeber von 1949 hat diesem Gericht als Antwort auf die negativen Erfahrungen unter der Weimarer Verfassung und in der Nazizeit erhebliche Entscheidungsbefugnisse eingeräumt, und zwar auch gegenüber der Legislative und Exekutive. Ihm ist die Funktion als „Hüter der Verfassung" übertragen. Das gilt nicht nur für den Bereich des Grundrechtsschutzes der Bürger, sondern auch für die Wahrung der Staatsorganisation und Rechtsstaatlichkeit in Deutschland insgesamt. Es ist keine Selbstverständlichkeit, dass sich ein Staat auch im Bereich der Legislative und Exekutive dem Spruch von unabhängigen Richtern unterstellt und ihn sogar mit der Befugnis zur Nichtigkeitserklärung ganzer Gesetze ausstattet, die von den gesetzgebenden Organen in oft mühseligen Prozeduren beschlossen worden sind. Auch das ist eine klare Reaktion des Verfassungsgebers auf die Verhältnisse in Deutschland bis 1945, soll die Wiederholung früherer Zustände ausschließen und strikte Rechtsstaatlichkeit sichern.

Die herausragende Stellung des Bundesverfassungsgerichts kommt in dem umfangreichen Kompetenzkatalog des Art. 93 GG vor allem in drei Befugnissen zum Ausdruck, nämlich 1. der Entscheidung von Bundesorganstreitigkeiten, 2. der abstrakten und konkreten Normenkontrolle und 3. der Befugnis zur Entscheidung über Verfassungsbeschwerden.

1. Bei den Bundesorganstreitigkeiten (Art. 93 I 1 GG) entscheidet es über die Auslegung des Grundgesetzes aus Anlass von Streitigkeiten über den Umfang der Rechte und Pflichten eines obersten Bundesorgans oder anderer Beteiligter, die durch das GG oder die Geschäftsordnung eines obersten Bundesorgans mit eigenen Rechten ausgestattet sind (Art. 93 Abs. 1 Nr. 1 GG). In der Vergangenheit bis heute hat das Bundesverfassungsgericht immer wieder der

Sache nach durchweg Streitigkeiten mit politischem Hintergrund zu entscheiden gehabt und dadurch Rechtsklarheit und -sicherheit herbeigeführt.

2. a) Die Zuständigkeit für die abstrakte Normenkontrolle (Art 93 I Nr. 2, 2a GG) bezieht sich auf Meinungsverschiedenheiten oder Zweifeln über die förmliche und sachliche Vereinbarkeit von Bundesrecht oder Landesrecht mit dem Grundgesetz oder sonstigem Bundesrecht (Art. 93 Abs. 1 Nr. 2, 2a GG). Seit Bestehen der Bundesrepublik ist dieses Instrument immer wieder unter den verschiedensten politischen Konstellationen für diverse Fragestellungen in Anspruch genommen worden. Vor allem die Frage der Grundrechtskonformität von Gesetzen sowie die nach einer Zustimmungspflichtigkeit von Bundesgesetzen hat das Bundesverfassungsgericht immer wieder beschäftigt. Auch hier haben seine Entscheidungen die nötige Rechtsklarheit gebracht und dem Staat Stabilität verschafft.

b) Bei der konkreten Normenkontrolle nach Art. 100 GG kann jedes Gericht für ein Gesetz, das es für verfassungswidrig hält und auf dessen Gültigkeit es bei der Entscheidung ankommt, das Bundesverfassungsgericht anrufen und um Entscheidung bitten. Von der Möglichkeit solcher Richtervorlagen ist in der Vergangenheit immer wieder Gebrauch gemacht worden. In der Zwischenzeit sind die formellen Darlegungsanforderungen an die Zulässigkeit solcher Richtervorlagen mit Recht so erhöht worden, dass die Fachgerichte nicht mehr – wie teils früher – mit wenig eigenem Aufwand die angebliche Verfassungswidrigkeit behaupten und den Rest der Arbeit dem Bundesverfassungsgericht überlassen können. Von diesem Instrument wird nach wie vor Gebrauch gemacht, inzwischen vielfach auch von Obersten Bundesgerichten.

3. Für den Grundrechtsschutz der Bürger sind vor allem die Verfassungsbeschwerdeverfahren (Art. 93 I 1 Nr. 4 a GG) wichtig. Danach kann jedermann Verfassungsbeschwerde zum höchsten deutschen Gericht erheben mit der Behauptung, durch die öffentliche Gewalt in einem seiner Grundrechte oder grundrechtsähnlichen Rechte verletzt zu sein. Gemäß § 90 Abs. 2 BVerfG ist grundsätzlich die – von Art. 94 II 2 GG gedeckte – vorherige Erschöpfung des Rechtswegs erforderlich, soweit ein Rechtsweg zu Fachgerichten eingeräumt ist. Für die Bürger ist die Verfassungsbeschwerde vor allem deshalb bedeutsam, weil dadurch die Rechtsweggarantie des Art. 19 Abs. 4 GG vorbehaltlos eingehalten wird: Jedermann kann also seine Grundrechte in der Regel nach Ausschöpfung des Rechtswegs ggfls. bis zum höchsten deutschen Gericht geltend machen. Von diesem Institut wird nach wie vor reichlich Gebrauch gemacht, wie die zuletzt allein für das Jahr 2010 genannte Zahl von 7000 Verfassungsbeschwerden zeigt (vgl. dazu vorstehend zu I.1.). Dass nur ein kleiner Teil davon Erfolg hat, spricht nicht gegen sie, sondern kann auch als Erfolg der Arbeit der Fachgerichte gesehen werden.

IV. Rechtsfrieden/Konfliktmittlung/Mediation

Unstreitig kommt den Gerichten die Aufgabe der Entscheidung von Streitigkeiten sowie die Herbeiführung von Rechtsklarheit und Rechtssicherheit zu. Das geschieht in der Regel durch rechtskraftfähige Urteile oder Beschlüsse. Kontradiktorische Entscheidungen sind aber nicht überall und notwendig auch zur Herbeiführung von Rechtsfrieden geeignet. Schon bisher ist seit alters her daher auch die gütliche Bereinigung von Streitigkeiten durch gegenseitiges Nachgeben in Form eines gerichtlichen oder außergerichtlichen Vergleichs ein probates Mittel, sofern das nicht gesetzlich ausdrücklich ausgeschlossen ist.[23] Die Zulässigkeit von Vergleichen ist daher ein allgemeiner Rechtsgrundsatz und in vielen Gesetzen ausdrücklich zugelassen, soweit die Beteiligten über den Streitgegenstand verfügen können (vgl. etwa im Zivilrecht § 779 BGB, §§ 278 V 2, 1025 ff. ZPO, im Strafrecht beim Täter-Opfer-Ausgleich, § 46 a StGB, im Verwaltungsrecht vgl. § 55 VwVfG, § 106 VwGO). Konfliktmittlungen gibt es darüber hinaus auch in gesetzlich nicht ausdrücklich geregelten außerprozessualen Bereichen, etwa im Umweltrecht sowie bei Infrastruktur- und Großprojekten, etwa beim Flughafenbau.[24]

Nunmehr sollen die bereits vorhandenen Regelungen noch ergänzt werden: Die Bundesregierung hat im Januar 2011 den Entwurf eines Gesetzes zur Förderung der Mediation und anderer Verfahren der außergerichtlichen Konfliktbeilegung beschlossen, in der in allen Prozessordnungen (ohne StPO und FGO) neue Regelungen für die Zulässigkeit von sog. Mediationsvereinbarungen und generelle Standards für Mediatoren statuiert sind.[25] Die Konfliktmittler als unbeteiligte Dritte sind die eigentliche Neuerung des Gesetzentwurfs. Der Gesetzentwurf sieht drei Formen der Konfliktmittlung vor: 1. die außergerichtliche Streitmittlung unabhängig von einem Gerichtsverfahren, 2. die gerichtsnahe Mediation während des Prozesses, aber ohne Mitwirkung des Gerichts. 3. die gerichtsinterne Mediation von einem nicht entscheidungsbefugten Richter. Wesentliches Ziel dieses Gesetzentwurfs ist es, die außergerichtliche und gerichtsinterne Mediation und andere Verfahren der außergerichtlichen Konfliktbeilegung zu fördern. Das soll durch eine Ergänzung der Prozessordnungen (ohne StPO und FGO) geschehen.

---

[23] Im Steuer- und Abgabenrecht sind Vergleiche im Hinblick auf die Grundsätze der Gesetzmäßigkeit und Gleichmäßigkeit der Abgabenerhebung nur in Form von tatsächlichen Verständigungen über die Grundlagen der Erhebung zulässig, vgl. BFH 60, 235; 61, 137; 74, 312; 78, 225; 142. 549 = BFH NWNwZ 1985, 863; *Stelkens/Bonk/Sachs*, VwVfG, 7. Aufl. 2008, § 54 Rn. 124 ff. m.w.N.

[24] Vgl. dazu etwa Kopp/Ramsauer, VwVfG, 11. Aufl. 2010, Einf.vor § 1 Rdn. 77 ff.; Stelkens/Bonk/Sachs, aaO., § 54 Rdn. 42 ff., jeweils m.w.N.

[25] Vgl. BR-Drs. 60/11 = BT-Drs. 17/1750.

Durch diese nur teilweise neuen Regelungen werden Klageverfahren nicht ausgeschlossen; sie sollen in geeigneten Fällen möglichst durch einvernehmliche Lösungen ersetzt werden. Auch das Bundesverfassungsgericht hat es im Hinblick auf Art. 19 IV GG für grundsätzlich unbedenklich erklärt, wenn eine zunächst streitige Problemlage durch eine freiwillige und einvernehmliche Lösung statt durch kontradiktorisches Urteil in einem Prozess entschieden wird[26] Rechtssicherheit und Rechtsklarheit werden durch Gerichtsentscheid erreicht, Rechtsfrieden eher durch Konsens. Letzterem soll die neue Form der Konfliktmittlung dienen. Sie erweitert die Handlungsformen der Justiz und verdient eine faire Chance.

V. Fazit

Die Justiz in Deutschland hat als dritte Staatsgewalt neben Legislative und Exekutive eine wichtige Funktion. Die starke Stellung ist ihr von der Verfassung seit 1949 bewusst eingeräumt worden, und zwar als klare Reaktion auf die Zeit bis 1945. Vor allem die Verfassungsprinzipien der unmittelbaren Bindungswirkung der Grundrechte, der Vorbehalt und Vorrang des Gesetzes, die Rechtsweggewährleistung mit weitgehender richterlicher Kontrolldichte und die Unabhängigkeit der Gerichte sichern die Rechtsstaatlichkeit in Deutschland.

Noch nie in der Geschichte ist in Deutschland im Staat ein solch dichtes Netz zur Wahrung der Bürgerrechte und der Rechtsstaatlichkeit gezogen gewesen. Dass ein gewisser rechtsstaatlicher Komfort durch relativ großzügige Instanzenzüge mit weit reichenden Prüf- und Kassationsbefugnissen der Gerichte Probleme mit sich bringen kann und auch bringt, liegt auf der Hand. Es überwiegen aber eindeutig die Vorteile. Bei einer Gesamtbetrachtung der Rolle der Justiz in Deutschland kommt man insgesamt – unbeschadet aller Mängel oder Defizite im Detail – zu einer grundsätzlich positiven Gesamtbewertung.

---

[26] BVerfG(K) vom 14.02.2007, BVerfGK 10, 275 = NJW-RR 2007, 1073.

Niklas Luhmanns These zur Funktion der Grundrechte. Verfassungspatriotismus, Menschenrechtsphilosophie oder schlicht Soziologie?

Klaus Dammann

I. Zwei Juristen

Hans Peter Bull, Jürgen Habermas und Niklas Luhmann gehören zu den Protagonisten einer Kultur der alten BRD, die man aus Londoner Sicht „left-liberal" nennt.[1] Bull und Luhmann hatten soviel Erfahrung mit der Rechtspraxis erworben, dass sie zum bloßen Wünschen (mit oder ohne philosophische Begründung) auf Distanz gehen und ihre Vorschläge glaubhaft mit Realitätstests versehen konnten. Das Schärfen von Theorien an der Realität gelang zunächst Niklas Luhmann als Hilfsarbeiter am Oberverwaltungsgericht, Justitiar und Politikreferent (Parlament, KMK, Haushalt) in einem Landesministerium sowie danach als Berater politischer Parteien, dann auch Hans Peter Bull als Leiter der Bundesdatenschutzbehörde und als Innenminister eines Bundeslandes.

Die Wege von Bull und Luhmann kreuzten sich Mitte der 1960er Jahre, als sie in ihren jeweiligen Promotionsverfahren kurz nacheinander bemerkenswerte Monographien zur Technisierung von Verwaltungen vorlegten. Luhmann musste auf Bulls Arbeit eingehen. Auch Verwaltungspolitik blieb eine Zeitlang ein gemeinsames Thema der späteren Lehrstuhlinhaber.[2] Es war aber im Grundrechtebuch, vor seiner Dissertation zu Verwaltungsautomation erschienen, in dem Luhmann sich zum ersten Mal auf Hans Peter Bull bezog. Noch ganz im humanistischen Tonfall protestierte er gegen Bulls abwägende verfassungsrechtliche Beurteilung zur Frage des Gehorsams vor Ampelrotlicht eben-

---

[1] Zu Habermas und Luhmann aus Londoner Sicht: *Perry Anderson*, A New Germany? In: New Left Review 57, May–June 2009, p. 5–40.

[2] *Hans Peter Bull*, Verwaltung durch Maschinen. Rechtsprobleme der Technisierung der Verwaltung 2.Auflage 1964 (Diss.iur. Hamburg 1964), *Niklas Luhmann*, Recht und Automation in der öffentlichen Verwaltung. Eine verwaltungswissenschaftliche Untersuchung 1966 (Diss. sc.pol. Münster 1966, Gutachter Dieter Claessens und Hans J. Wolff), dort S. 19,10,81 zu Bull.

so wie gegen eine überdrehte Kantianische Ethik, die Menschen zu Vaterlands-
zwecken zu instrumentalisieren vermag.[3]

Die Grundrechtearbeit gehört zugleich zum juristischen und zum gesellschaftstheoretischen Werk Niklas Luhmanns. Dieser hatte als Referent am gerade gegründeten Forschungsinstitut der Hochschule Speyer drei Jahre lang
Raum für thematisch freie Forschung neben den juristischen Auftragsarbeiten
bekommen – von Carl Hermann Ule, der Luhmann aus seiner Vorordinarienzeit
am Lüneburger Oberverwaltungsgericht kannte. In diesem Freiraum ist sein
Buch über Grundrechte entstanden.[4] Es markiert gleichzeitig Luhmanns Übergang zur soziologischen Gesellschaftstheorie, mit der er schließlich Weltruhm
erlangt hat. Fast alle späteren Themen seiner Gesellschaftstheorie sind hier
schon vorhanden oder vorsichtig vorbereitet.

II. Ein Buch – mehrere Anschlüsse

„Gundrechte als Institution. Ein Beitrag zur politischen Soziologie". Das so
untertitelte Buch hat Juristen in Rechtspraxis und -dogmatik, Rechtstheorie und
-philosophie seit mehr als 40 Jahren beeindruckt. Speziell mit der auch im
Grundrechtebuch enthaltenen Gewissensanalyse ist Luhmann in die deutsche
Rechts- und Militärgeschichte eingegangen. Die weitgehende Abschaffung der
mündlichen Gewissensprüfung für den Militärersatzdienst gilt als „geronnener
Luhmann". Auf solche Analysen Luhmanns wird noch heute in Grundrechts-
handbüchern, Kommentaren und zahllosen Monographien referiert, vor allem
zur Dogmatik von Menschenwürde und Gewissen, aber auch zu informationeller Selbstbestimmung.

Die Auflage von inzwischen 3300 Exemplaren und die Übersetzungen ins
Japanische (1989), Italienische (2002) und Spanische (2010) rühren wohl aus
juristischem Interesse her. Die Allgemeine Soziologie jedenfalls hat die Arbeit
erst neuerdings entdeckt. Offenbar haben fast alle ihre Vertreter die Schrift sehr
lange für eine „nur" juristische, allenfalls auch rechtssoziologische gehalten –
trotz des Untertitels und vielleicht wegen des Seriennamens („Schriften zum öffentlichen Recht", Band 24). Es war die Kontroverse zwischen Jürgen Habermas und Niklas Luhmann, die den Bielefelder Lehrstuhlinhaber 1971 blitzartig
als Soziologen beleuchtete und schnell als Beginn seiner steilen Karriere in diesem Fach definiert wurde. Die Grundrechteschrift wurde von Habermas und

---

[3] Grundrechte als Institution 1965, S. 75 (zu Bull), 74 (zu Kant).

[4] Für Belege zu den Lebenslaufdaten verweise ich auf mein Buch: *Klaus Dammann,
Niklas Luhmann. Die Biographie* 2012 (Berlin: Kadmos-Kulturverlag).

Luhmann in dieser Debatte verschwiegen – wohl aus unterschiedlichen Gründen.[5]

Die soziologische Hypothese (oder These, was bei ihm keinen Unterschied macht), die Niklas Luhmann im Grundrechtebuch formuliert und anplausibilisiert, ist einfach, aber aufregend: Grundrechte als mit Konsensunterstellung ausgerüstete soziale Struktur („Institution") sichern die funktionale Differenzierung, also das Kernstück der Moderne, gegen Gefahren, die ihr aus der Politik drohen. Diese Herkunft der Gefährdung bedingt den Untertitel. Ein Beitrag zur *Politik*soziologie und nicht zur Rechtssoziologie war das Buch aber auch deshalb, weil Luhmann damals einen rechtlichen Bereich der Gesellschaft noch nicht als aus der Politik ausdifferenziert ansah.

An diese zentrale These über einen Zusammenhang zwischen Grundrechten und übriger Gesellschaftsstruktur ist sehr verschieden angeknüpft worden. Hier konnten *kognitive* Erwartungen der soziologischen Theorie ebenso anschließen wie *normative*, also bei Enttäuschung nicht aufzugebende Erwartungen im rechtlichen und politischen Bereich der Gesellschaft. Unter den rechtlichen Disziplinen hat auch die Rechtsphilosophie die Grundrechtethese aufgegriffen – als Versuch einer Begründung von mehr oder minder universellen Rechten. Und zwischen Soziologie und Rechtsdogmatik hat sich eine Rechts- und speziell Verfassungstheorie geschaltet, die ebenfalls mit der Luhmannschen These argumentiert und mit ihrer Hilfe dazu beiträgt, bestimmte Rechtsnormen als geltende auszuzeichnen (Karl-Heinz Ladeur).

Weil Luhmann sein Grundrechtebuch nach 1965 in allen Jahrzehnten seines Schaffens wieder erwähnt und nichts darin ausdrücklich widerrufen hat, scheint es angebracht, sein gesamtes Werk zur Präzisierung der These heranzuziehen. Erst dann wird deutlich, wie man sich heute in einer brauchbaren Weise auf die zentrale These beziehen kann, ohne sie schon historisieren zu müssen.

Ich will die rechtsdogmatische und die darauf bezogene rechtstheoretische Diskussion des Grundrechtebuchs ausklammern. Eine solche Untersuchung würde eine oder mehrere Monographien hervorbringen. Es bleiben drei Formen der Bezugnahme, die geklärt werden sollen, eine, die zur Forschung gehört: Soziologie, sowie zwei in der Form von Selbstbeschreibung der Politik oder des Rechts: Verfassungspatriotismus und Menschenrechtsphilosophie.

---

[5] Das Buch hätte in die damalige Argumentation von Habermas, Luhmanns Systemtheorie sei rechtsschmittianisch und sozialtechnologisch orientiert, nicht hineingepasst. Vgl. *Jürgen Habermas / Niklas Luhmann,* Theorie der Gesellschaft oder Sozialtechnologie. Was leistet die Systemforschung? 1971.

III. Luhmanns These – mit Kontinuitäten

Luhmann arbeitete ständig an seinen Begriffen, und er soll gesagt haben: „Was ich vor zwei Jahren geschrieben habe, interessiert mich nicht mehr". Dennoch überraschen immer wieder Kontinuitäten über mehr als dreißig Jahre hinweg. Luhmann hat die zentrale These zur Funktion der Grundrechte in allen Jahrzehnten seines Schaffens und in jenen drei Hauptwerken seiner Gesellschaftstheorie wiederholt, die das Recht der Gesellschaft in den Mittelpunkt rücken, 1972, 1981 und 1993.[6]

Das Bezugsproblem bleibt gleich: Gefährdung der funktionalen Differenzierung. Luhmann erwähnt als andere zusätzliche (aber nicht funktional äquivalente) Lösungen neben Grundrechten die Gewaltentrennung und die Trennung der (politischen) Politik von Verwaltung (S. 24, 153ff), was hier noch das Recht einschließt. Das wird in der Folge abgewandelt. In einer Formulierung von 1966 wird die ursprüngliche These einer besonderen Differenzierungsgefährdung durch das politische System (organisatorisch „Staat") noch angedeutet.[7] Später wird aber durchaus Anschluss an die juristische These einer grundrechtlichen Schutzwirkung auch gegen Dritte geboten. Das entspricht der expliziten Ablehnung einer besonderen Auszeichnung der Politik (und der Wirtschaft oder Wissenschaft) als Funktionsbereiche, die unter den anderen einen Primat behaupten. Diese Bedrohung der Grundrechte von überall her wird heute u. a. von Gunther Teubner, der Luhmann in Großbritannien (Modern Systems Theory) und Frankfurt a. M. („Kritische Systemtheorie") repräsentiert, besonders betont.[8]

Man hat Luhmanns Buch auch als einen der ersten soziologischen Beiträge zur Analyse „totalitärer" Regimes im Nachkriegsdeutschland gewürdigt.[9] Man

---

[6] Das Zitat bei *Roswita Königswieser*, „Gefühle spielen doch eine Rolle!" Ein Abschied von Niklas Luhmann, in: Theodor M. Bardmann / Dirk Baecker (Hg.), „Gibt es den Berliner Zoo noch?" Erinnerungen an Niklas Luhmann 1999, S. 40f. Vgl. die These in: *Luhmann*, Rechtssoziologie 1972, S. 192, in: Die Ausdifferenzierung des Rechts 1981, S.146 und in: Das Recht der Gesellschaft 1993, S. 60. Ich habe die Kontinuitäten für zahlreiche Unterscheidungen ausführlich geprüft in: Los escritos de Luhmann sobre los Derechos Fundamentales. Su actualidad después de más de 40 anos, In: Niklas Luhmann, Los derechos fundamentales como institución. Aportación a la sociología política, trad. Javier Torres Nafarrate, México, D.F.: Universidad Iberoamericana, 2010, S. 12–77. Eine neuere deutschsprachige Fassung dieser Arbeit ist erhältlich über: klaus.dammman@uni-bielefeld.de.

[7] *Luhmann* (Fußnote 2) S. 28.

[8] Vgl. *Gunther Teubner*, Die anonyme Matrix des Rechts: zu Menschenrechtsverletzungen durch „private" transnationale Akteure, in: Der Staat Jg. 45, 2006, S.161–187.

[9] *Hartmann Tyrell*, Zweierlei Differenzierung. Funktionale und Ebenendifferenzierung im Frühwerk Niklas Luhmanns, in: Soziale und gesellschaftliche Differenzie-

kann in ihm die Quintessenz eines privat und amtlich geförderten Interesses an der Zeit des Nationalsozialismus sehen. Z.B. hatte Luhmann sich in seiner Justitiarsrolle 1955 bis 1962 auf die Folgen des Nationalsozialismus spezialisieren, nämlich sich personalrechtlich mit Opfern („Wiedergutmachung") und Tätern (soweit sie „verdrängte" Beamte nach Art. 131 GG waren) beschäftigen müssen. Das Bemerkenswerte ist aber nicht das Thema, sondern wie er es behandelt: nicht bloß zeitdiagnostisch, sondern mit allgemeiner Theorie: „Totalisierende" Staaten und auch „Entwicklungsländer" sind Fälle einer Sozialordnung ohne Primat funktionaler Differenzierung.

Außerhalb von soziologischer Forschung, nämlich in Politik- und Rechtsphilosophie, versucht man zu begründen, warum Grundrechte, soweit es sie gibt, nicht angetastet werden dürfen und rechtlich ausgeweitet werden sollen: innerstaatlich zu Menschenrechten statt nur Bürgerrechten, außerdem zu universell, nämlich überall und für alle Menschen geltenden Menschenrechten. Luhmanns Buch kommt diesem Versuch einer philosophischen Aneignung in dreierlei Hinsicht entgegen.

Zum einen verwendet er 1965 noch Pathosformeln, die er später auch zum alteuropäischen Gedankengut rechnet, von dem es sich abzusetzen gilt: Heute „... findet der Mensch seine Sicherheit ... in der Funktionsfähigkeit des gesellschaftlichen Systems, an dem er teilnimmt. Dessen Struktur zu sichern, ist die Aufgabe des Rechts, und dessen Ordnung ist das Gerechte" (S. 181). Mit dem Kollektivsingular „der" Mensch weist Luhmann sprachlich noch nicht auf die Gefahren eines Humanismus hin, im Namen von Menschenbildern (arischer, neuer, gesunder, unbehinderter usw. Mensch) Einzelmenschen zu opfern, oft in Massen. „Dem Menschen" wollen viele andere, die dieselbe Formel verwenden, mit Menschenrechten gerade helfen.

Das leicht Pathetische in Luhmanns Grundrechteschrift lässt an Verfassungspatriotismus denken. Diese Idee meint ja nicht alle Artikel der Verfassungsurkunde, ja setzt nicht einmal solche Urkunden voraus. Es geht um den durch Dolf Sternberger (zum 30.Jahrestag des Bonner Grundgesetzes) und Jürgen Habermas (später zum Historikerstreit) geprägten Begriff. Da aber Luhmann mit seinen historischen Kenntnissen Grundrechte auch ohne Verfassungsrang denken kann, müssten wir bei ihm, schon deswegen von Grundrechtspatriotismus sprechen. Anders als die, die den entnationalisierten Patriotismusbegriff propagieren, kennt Luhmann aber kein soziales oder psychisches Problem, zu

---

rung 2008, S. 55–72 (61f.). Die sich hier, S. 55, findende Vermutung, das Grundrechtebuch sei Luhmanns Habilitationsschrift gewesen, ist an anderer Stelle von Tyrell berichtigt worden. Luhmann und sein Münsteraner Examensbetreuer Dieter Claessens hatten für die Habilitation etwas anderes ausgewählt: *Luhmann*, Funktionen und Folgen formaler Organisation 1964.

deren Lösung wir Pathossemantik brauchen können. Dahrendorfs Problembeschreibung: „Menschen (müssen) irgendwo hingehören" ist für die soziologische Systemtheorie Laienpsychologie.[10] Luhmann weiß: Die aus Kommunikationen und nicht aus Menschenkörpern mit angehängten Psychen bestehende Gesellschaft schafft ihren „Zusammenhalt" anders, z.B. durch die Erfolgsmedien Geld, Liebe, Macht und Wahrheit.

Grundrechtepatriotismus wäre mit Luhmann nicht als Lob von deutschen, ja nicht einmal von westeuropäischen Verhältnissen denkbar. Mit einer Territorialmetapher ginge es vielmehr um einen OECD-Patriotismus. Es ist eine „OECD-Welt", wo wir funktionale Differenzierung mit Grundrechten verbunden finden.[11] Die Menschenrechtsphilosophie greift allerdings weiter als nur in diesen Raum. Hier geht es um die These, dass eine Weltgesellschaft, wenn es sie denn mit Luhmann gibt, mit diesem Luhmann auch Grundrechte braucht. Der menschenrechtliche Universalismus soll eine soziologische Grundlage bekommen. Man denkt an soziologistisches Naturrecht.[12]

Luhmanns Theorie sozialen Wandels war 1965 noch nicht so ausgearbeitet, dass er mit seiner Wortwahl den Eindruck vermeiden konnte, funktionale Differenzierung (und damit viel Gutes im Bonner Grundgesetz, auch Rechtsstaatlichkeit und Demokratie) sei ein Ziel der Geschichte: „Es ist eine gesunde wissenschaftliche Hypothese zu vermuten, dass differenzierte Sozialordnungen das Problem des menschlichen Daseins in der Welt wirksamer zu lösen vermögen als undifferenzierte Sozialordnungen." (S.198). Man hat das jetzt Luhmanns

---

[10] Die Dahrendorfsche Behauptung findet sich bei *Dolf Sternberger*, Verfassungspatriotismus 1982, S. 7. Zur Verbreitung der Zugehörigkeits-Semantik in der Diskussion vgl. *Jan-Werner Müller*, Verfassungspatriotismus 2010.

[11] *Klaus P. Japp* benutzt diese OECD-Metapher, ohne damit etwa die Verhältnisse in der Türkei oder Mexico mitzumeinen, vgl. Regionen und Differenzierung, in: Soziale Systeme Jg.13, 2007, S. 185-195.

[12] Vgl. positiv *Gert Verschraegen*, Human Rights and Modern Society: A Sociological Analysis from the Perspective of Systems Theory, in: Journal of Law and Society vol. 29, 2002, p. 258–281, sowie: Systems Theory and the Paradox of Human Rights, in: Michael King / Chris Thornhill (eds.), Luhmann on Law and Politics. Critical Appraisals and Applications 2006, p. 101–125; *Gregor Noll*, The Exclusionary Construction of Human Rights in International Law and Political Theory, in: Zenon Bankowski ed., Epistemology and Ontology 2003, p. 103–118; dagegen humanistisch argumentierend *Andreas Noll*, Die Begründung der Menschenrechte bei Luhmann. Vom Mangel an Würde zur Würde des Mangels 2006. Andreas Noll sieht aber in Luhmanns Theorie, und besonders in dessen Grundrechtebuch, neben den Theorien von Höffe, Habermas / Alexy und Rawls einen Versuch, die Menschenrechte zu „begründen". Das ist nicht abwegig, da Luhmann in der Grundrechtearbeit ausdrücklich von „Daseinsrechtfertigung" der Grundrechte spricht (S. 197). Auch *Costas Douzinas*, Torture and Systems Theory, in: Soziale Systeme Jg.14, 2008, S.110–125 (116) scheint das so zu lesen und lehnt aus anderen Gründen ab: „18th century naturalism of the most naive kind". Bei diesen beiden Autoren bleibt aber das Problem der Ausweitung von Grundrechten auf Regionen außerhalb der OECD-Welt unbehandelt.

„Differenzierungsnormativismus" genannt und schon früh Geschichtsphiloso-phie.[13] Mit der Entwicklung von Luhmanns Evolutionstheorie ist klargestellt, dass auch der soziokulturellen Evolution keine Ziele zuzuschreiben sind. Funk-tionale Differenzierung ist allenfalls in jenem Sinne eine evolutionäre „Errun-genschaft", als sie schwer rückgängig zu machen ist. Entdifferenzierung ist für die Soziologie dann nichts Unerwünschtes mehr, sondern etwas, was in der Evolution der Sozialordnung passieren und dann beschrieben werden kann. Dabei steht es der politischen und rechtlichen Theorie (Philosophie), im Sinne einer Theorie der Politik oder des Rechts innerhalb dieser Systeme (und nicht des Forschungssystems) der Gesellschaft, weiterhin frei, Entdifferenzierung zur Katastrophe für die Menschen der westlichen Welt zu erklären und einen mo-dernen Liberalismus dagegen in Stellung zu bringen. Die Luhmannsche sozio-logische Beschreibung der Moderne kann dabei durchaus als Beschreibung von nicht wieder zu verlierenden Errungenschaften zur Hilfe gezogen werden[14] – vielleicht mit Hilfe einer Regel für die Darlegungslast: Veränderungswünsche müssen zeigen können, was unter welchen Bedingungen besser ist. Luhmann hat später so etwas soziologische Subventionierung der politischen Theorie ge-nannt. Gerade im Abwehrkampf gegen theokratische Tendenzen in religiös un-terstützten Protestbewegungen liegt die Betonung der Ausdifferenzierung vieler Gesellschaftssphären nahe. Diese Bereiche werden ja in den entsprechenden fundamentalistischen Lesarten von Juden- und Christentum sowie Islam fusio-niert gedacht.

Das Grundrechtebuch hat neben pathetischen Formeln und der unterentwi-ckelten Evolutionstheorie noch ein drittes Charakteristikum, das eine Philoso-phie dazu einlädt, hier die soziologische Basis für Grundrechtsbegründung zu suchen. Das Buch ist noch normativ erwartungsvoll formuliert, was die Leis-tungsfähigkeit der soziologischen Forschung anbelangt, dem Recht, also auch der Rechtsphilosophie, mehr als Anregungen zum eigenen Überdenken alter Argumentationsmuster zu geben. Luhmann sieht später, vor allem als er den Unterschied zwischen Forschung (bei ihm „Wissenschaft") und anderen aka-demischen Disziplinen herausgearbeitet hat, „nur" Irritationsmöglichkeiten zwischen Sozialforschung und Recht, wobei Recht die Rechtsdisziplinen au-ßerhalb von Rechtsgeschichtsschreibung und Rechtssoziologie einschließt. Die Effekte dieser Irritation kann die Soziologie beobachten, aber nicht vorschrei-

---

[13] Vgl. *Stefan Lange*, Niklas Luhmanns Theorie der Politik. Eine Abklärung der Staatsgesellschaft 2003 S. 142f. und *Christian Starck*, Rezension von Luhmann, Grund-rechte als Institution, in: Archiv des öffentlichen Rechts Jg.92, 1967, S. 417–422.

[14] So *Chris Thornhill*, On Norms as Social Facts: A View from Historical Political Science, in: Soziale Systeme Jg.14, 2008, p. 47-67; *Luhmanns* neue Evolutionstheorie zuerst in: Evolution des Rechts (1970), in: Die Ausdifferenzierung des Rechts 1981, S. 11–34.

ben.[15] Ablehnung von Besserwisserei außerhalb seiner Kernkompetenz Soziologie ist an die Stelle eines Besserwissenwollens von 1965 getreten.[16] Die Chance, Luhmanns Grundrechteschriften auch als Angebot zum Irritiertwerden zu lesen, wird allerdings da nicht ergriffen, wo man genau diese Möglichkeit gar nicht sieht, sondern Luhmanns soziologischen, also kognitiven Stil des Erwartens damit kritisiert, dass man Normativität vermisst. Dann heißt es, Luhmann verändere durch die Dezentrierung des Staates und durch sein Umstellen von Anspruch auf Institution den Charakter der Grundrechte.[17]

Wenn man die Luhmannsche Grundrechte-Hypothese aus dem alten Zusammenhang von 1965 herauslöst und in den letzten Stand Luhmannscher Überlegungen einfügt, ist es schwer, mit ihr als Soziologie normative Erwartungen an Menschenrechtsausweitung oder auch nur die Rechtfertigung eines status quo in der „OECD-Welt" zu begründen. Was sechs Milliarden Menschen (nicht „dem" Menschen) und vielleicht auch Hunderttausenden von nichtmenschlichen Menschenaffen (und anderen Tieren) gut tut, mag politisch entschieden werden. Gute Gründe dafür mögen aus empirischer Untersuchung von abweichenden Verhältnissen gewonnen werden, aus Forschungen zum deutschen Faschismus, zur Gulag-Sowjetunion, zu Somalia, Afghanistan, Kuba, Myanmar, Jemen, Zentralafrika, Nordkorea usw. Die Luhmann-Hypothese bringt dafür nichts. Sie postuliert ein Problem (Gefährdung der funktionalen Differenzierung der Gesellschaft), das man auch entproblematisieren mag, und vermutet eine Problembearbeitung (durch Grundrechte). Diese „Lösung" des Problems kann man in ihrer Alternativenlosigkeit anzweifeln, indem man ihr funktionale Äquivalente an die Seite stellt. Luhmann sieht solche nicht (S.198), wenn man vom Grundrechtäquivalent autonome Zentralbank (S. 119), als Lösung für ein Teilproblem, absieht.

Soweit Soziologie die Menschenrechtsphilosophie immerhin zu irritieren vermag, könnten sich allerdings aus Neuerungen Luhmanns Schranken für die Überzeugungskraft einer solchen soziologie*nahen* (nicht soziologisierenden) Begründung universeller Menschenrechte ergeben. Ich will in dem, was folgt, kurz Argumentationsprobleme prüfen, die sich aus drei Diskontinuitäten und einer bleibenden theoretischen Figur im Luhmannschen Werk für die soziologi-

---

[15] Das Konzept der Irritation z.B. in: Verfassung als evolutionäre Errungenschaft, in: Rechtshistorisches Journal Jg.9, 1990: 176-222 (220) . Zu soziologischer „Subventionierung": *Luhmann*, Politische Theorie im Wohlfahrtsstaat 1981, Kap. XVII.

[16] Tatsächlich verwendet *Luhmann* ein später perhorresziertes „Besserwissen" der Soziologie im Grundrechtebuch, nämlich gegen Peter Badura: „Das überzeugt jedoch nur, solange man nichts Besseres weiß" (S.74).

[17] *Sybille Tönnies,* Der westliche Universalismus. Eine Verteidigung klassischer Positionen 1995, S. 98 ff.

sche These zur Funktion der Grundrechte ergeben. Es geht um Neuschöpfungen Luhmanns, nämlich

– die explizite Einführung des Konzeptes nur einer Gesellschaft, der *Weltgesellschaft,*

– die Neubestimmung von Grenzen gesellschaftlicher *Funktionsbereiche,*

– und den Wegfall des Wortstamms *„Institution"*.

Dazu kommt eine manchmal unbeachtete Kontinuität, nämlich die Unterscheidung von Erwartungsbildung einerseits und zwei Stilen der Enttäuschungsabwicklung andererseits: Normativität und Kognitivität. Das wird wiederum mit einer Neuerung Luhmanns verbunden, nämlich der Annahme eines eigenen Codes, an dem man speziell rechtliche Normierung erkennen und diese z.B. von Protest unterscheiden kann, der Menschenrechte thematisiert, aber nicht Recht mobilisiert.

IV. Weltgesellschaft mit Menschenrechten?

Die funktionale Differenzierung der Weltgesellschaft wird durch institutionalisierte Weltgrundrechte, dann Menschenrechte genannt, geschützt. So verstehen einige Autoren die Untersuchung, die Gert Verschraegen vorgelegt hat.[18]

Auf welche sozialen Systeme bezieht Luhmann seine Aussage über die Funktion institutionalisierter Grundrechte? Er spricht 1965 meistens von Sozialordnung, manchmal auch schon von Gesellschaft. Andererseits wird als Beispiel nur das Bonner Grundgesetz, nicht z.B. die österreichische oder die

---

[18] In der Tat sieht Verschraegen anscheinend Grundrechte als global institutionalisiert, vgl. (Fußnote 12) 2002, S. 280, obwohl er präventiv darauf hinweist (S. 281), dass er die Frage nicht gestellt hat, wie Menschenrechte „besser zu fördern und zu implementieren" sind. Vgl. Verschraegen so verstehend *Hans-Georg Moeller*, „Human Rights Fundamentalism". The Late Luhmann on Human Rights, in: Soziale Systeme Jg.14, 2008, p. 126–141(128), *Douzinas* (Fußnote 12) S. 116 f., *Ralf Rogowski*, Aufbruch in das Weltrecht. Thesen zu Recht und Politik in Luhmanns Weltgesellschaft, in: Iablis. Jahrbuch für Europäische Prozesse Jg. 3, 2004 www.iablis.de/iablis_t/2004/ rogowski.htm (Zugriff 28.Nov.2009); anders wohl *Jean Clam*, Entmachtung der Macht, Entpolitisierung der Politik, in: Gerd Bender et al. (Hg.), Die Andere Seite des Wirtschaftsrechts. Steuerung in den Diktaturen des 20. Jahrhunderts 2006, 355–382, www.jean-clam.org (dort geänderter Titel, Zugriff 10. Dez. 2009). Zwei Diskutanten, Moeller und Douzinas, machen gegen diese starke These von Verschraegen Luhmanns Menschenrechtsskeptizismus geltend. Es ist richtig, dass Luhmann schon im Grundrechtebuch an Rechtsinstitutionalisierung als „faktischem Geschehen" (S. 15) interessiert ist. Menschenrechtsadvokatentum und dessen Steigerung im Menschenrechtsbellizismus sind etwas anderes.

[19] *Luhmann*, Politische Soziologie (1968) 2010, S. 33

Schweizer Bundesverfassung herangezogen. 1968 war seine Vorstellung von Gesellschaft so weit entwickelt, dass er explizit für die Gegenwart nur noch eine Gesellschaft postulierten konnte statt tausender, wie man sie für die Zeit vor 100 Jahren annehmen kann, oder etwa 200, die manche Sozialwissenschaftler heute sehen, indem sie auf Staaten schauen.[19] Das Argument für Gesellschaft in der Einzahl bezieht sich auf die schon im Grundrechtebuch von Luhmann analysierte funktionale Differenzierung: Funktionsbereiche wie Forschung, Sport, Religion, Kunst und andere lassen sich nicht nach räumlichen Kriterien abgrenzen. Allerdings sind politischer und rechtlicher Bereich der Gesellschaft noch heute segmentär binnendifferenziert, in ca. 200 staatliche und noch sehr viel mehr substaatliche Ordnungen.

Wir dürfen also das Gundrechtebuch als eine Studie am Fall BRD lesen, die mit anderen Fällen wiederholt werden könnte. Luhmann hätte auch die Schweizer Föderation als Herkunftsland seiner Mutter oder das Bundesland Niedersachsen als Heimat seines Vaters nehmen können, oder wie in seiner ersten, einer rechtsvergleichenden Dissertation von 1955 mehrere andere territorial beschreibbare Fälle. Luhmanns viele empirische Arbeiten, z.B. eine quantitative zur Dienstrechtsreform und zahlreiche zum Verhältnis von Gesellschaftsstruktur und Semantik, folgen, ganz wie Experimente, der Logik replikativer Fallstudien (im Unterschied zu solchen, die mit repräsentativen Stichproben arbeiten). Der Anspruch ist also in der Grundrechtearbeit, jedenfalls wenn man sie retrospektiv und wohlwollend liest: Sie beschreibt eine der segmentierten Strukturen der in der Einzahl vorhandenen weltweiten Sozialordnung.

Diese heute Weltgesellschaft genannte Ordnung umfasst alle für einander *zugängliche* Kommunikation. Sie ist also *modal* konstruiert: Die Bedingungen der Möglichkeit, dass Kommunikationen an andere anschließen, bleiben überwiegend außerhalb der Theorie. Mit anderen Worten: Soweit in einer lokalen Kommunikation ein „und so weiter" impliziert ist, heißt das weltgesellschaftliche Kommunikation.[20] Die in Zentral- und Westeuropa sowie Nordamerika weitgehend beobachtete Unterstellung kommunikativen Konsenses für Kernbereiche vieler Grundrechte verweist , vermittelt über die Berichterstattung von Amnesty International oder Human Rights Watch, heute darauf, dass solche Grundrechte für alle Menschen und auch räumlich überall auf dem Erdball gefordert werden können. Grundrechtekommunikation ist insofern weltgesellschaftliche Kommunikation. Sie ist in diesem Sinne auch Menschenrechtskommunikation: Alle Menschen können in die Lage kommen, sich auf Grundrechte zu berufen. Davon zu unterscheiden sind drei andere Fragen: die der *Institutionalisierung* (Konsensunterstellung), die der *Normierung* (kontrafakti-

---

[20] Vgl. *Luhmann*, Die Weltgesellschaft (1971), in: Soziologische Aufklärung 2, 1975, S. 51–71 und Die Gesellschaft der Gesellschaft 1997, S. 150.

sche Stabilisierung) und die, ob institutionalisierte Menschenrechtsnormen im *Rechts*system kommuniziert werden und nicht nur in Politik oder Massenmedien.

Modal kann man nicht nur die Lösung, sondern auch den Problembezug in der Luhmann-These konstruieren: die funktionale Differenzierung. Die in der „OECD-Welt" voll ausdifferenzierten etwa vierzehn Funktionssysteme sind heute kommunikativ überall anschlussfähig. Allerdings (so die eine These) sind die Bedingungen für die Möglichkeit des Anschließens nicht überall vorhanden. Die Codes der Funktionssysteme seien „überlagert" durch andere Codes und durch personale Netzwerke, die ihre Effekte zunichte machen.[21] Die alternative These behauptet, dass in manchen zusätzlichen Weltregionen (Beispiel: Lateinamerika) zwar funktionale Ausdifferenzierung zu beobachten ist, manche der Systeme aber durch personale Netzwerke strukturell gekoppelt seien.[22]

Es ist deshalb zumindest sehr missverständlich, wenn behauptet wird, die Luhmann-These dürfe heute so verstanden werden, dass Menschenrechte die funktionale Ordnung der weltgesellschaftlichen Sozialstruktur abstützen. Der modaltheoretische Gehalt der Annahme einer Weltgesellschaft wird dabei unterschlagen.

Mit der modaltheoretischen Version der Weltgesellschaftsthese ist durchaus vereinbar, dass es zu einer fast weltweiten Ausbreitung von (z.B.) Forschung und Wirtschaft gekommen ist. Die Möglichkeit des Anschlusses an Nuklearforschung und Handel ist auch in Nordkorea und im Iran wahrgenommen worden, ohne dass es dazu dort funktionaler Ausdifferenzierung dieser Bereiche aus Politik bzw. Religion bedarf. Es geht um „parasitäre" Nutzung[23] der Ausdifferenzierung in der OECD-Welt. Bei Welthandel und weltweiten Investitionen können durchaus Leben und Eigentum der Beteiligten geschützt werden, aber das geschieht dann gestützt auf Interessenbildung und nicht auf Grundrechte. Sogar wenn es zu *rechtlichem* Schutz kommt, etwa im Sinne eines vielfach fragmentierten *Welt*rechts[24], sind die Rechte auf die am Funktionsbereich (z. B. Handel und Investitionen) Beteiligten beschränkt. Man mag hier an funktionale Äquivalente zu Grundrechten denken. Sie sind aber funktionssystemspezifisch normiert. So heißt Eigentumsschutz nicht zusätzlich Kunst- oder Meinungsäußerungsfreiheit.

---

[21] So *Marcelo Neves*, Die Staaten im Zentrum und die Staaten an der Peripherie, in: Soziale Systeme Jg.12, 2006, S. 258.

[22] Vgl. die beiden Thesen diskutiert bei *Klaus P. Japp* (Fußnote 11).

[23] So *Klaus P. Japp* (Fußnote 11), S.184 f.

[24] Vgl. Andreas *Fischer-Lescano/Gunther Teubner*, Regimekollisionen 2006.

Wir sehen also, dass Luhmanns Theorie keine Funktionsthese für eine „Welt OECD + X" hergibt.[25] Man macht allerdings manchmal prinzipiell aus einer gut bestätigten *Funktions*aussage eine noch nicht geprüfte Aussage über die *Entstehung* der Lösung, hier die Grundrechte: Das Problem generiert die Lösung mit. Luhmann lehnt es ab, seine These auch so zu lesen (S. 37). Mit seiner Evolutionstheorie käme man nur zur Hypothese einer Koevolution von Grundrechten einerseits und funktionaler Differenzierung andererseits. Und auch dann steht man für die Weltgesellschaft vor dem Problem, dass die Bedingungen für eine Evolution dieser Sozialstrukturen außerhalb der OECD-Welt nicht sichtbar sind.

V. Ein neuer Begriff von funktionaler Differenzierung

Niklas Luhmanns Gesellschaftstheorie gewinnt heute ihre Attraktivität aus einer Differenz zu weberianischen oder neo-weberianischen Versionen der Theorie funktionaler Differenzierung (z.B. denen von Schluchter bzw. Bourdieu). Mit der Postulierung eines binären Codes für die Funktionsbereiche lässt Luhmann, anders als andere, relativ präzise erkennen, wie diese Funktionssysteme sich selber von anderen unterscheiden, d.h. wie sie sich als Systeme zur Umwelt hin „schließen". Im Grundrechtebuch, dreizehn Jahre bevor Luhmann basale Selbstreferenz, später Autopoesis genannt, in seine Theorie einführte, war das noch nicht entwickelt. Ein politisches System konnte, so das Grundrechtebuch, in andere Funktionssysteme hinein durchgreifen, wenn es nicht durch Grundrechte daran gehindert wurde. Das hieß dann Gefahr der Entdifferenzierung.

Heute ist unklar, wann die Grenzen eines Funktionsbereichs „korrumpiert" werden. Die alte Vorstellung ist entfallen, andere Funktionssysteme könnten sich dadurch entdifferenzieren, dass in sie kausal eingegriffen, interveniert, Inputs hineingeschickt werden usw. Wenn diese Systeme durch einen Code geschlossen sind, an dem sie sich erkennen und nur durch Programme sich öffnen, mit denen sie Richtigkeit ihrer Entscheidungen prüfen[26] , ist schwer zu sehen, wann Differenzierung aufgehoben ist. Wenn eine Militär- oder Gottesregierung befiehlt, dass bestimmte Religionen, sexuelle Orientierungen oder Kunststile nicht mehr praktiziert werden dürfen? Dann können trotzdem Religion, Sexualität oder Kunst von Politik (oder Militär) mit Hilfe ihrer funktionsspezifischen binären Codes (Transzendenz/Immanenz, Begehren/Befriedigung, staatliche Macht haben/nicht haben usw.) unterscheidbar bleiben.

---

[25] Auch *Andreas Fischer-Lescano* nimmt an, dass die funktional differenzierte Sozialordnung nur nationalstaatlich durch Grundrechte abgesichert wird, vgl.: Globalverfassung. Die Geltungsbegründung der Menschenrechte 2005, S. 13.

[26] Vgl. z.B. *Luhmann*, Das Recht der Gesellschaft 1993, Kap. 2 und 4.

Deshalb ist strittig, was die Diagnose des Vorherrschens personaler Netzwerke in weiten Teilen Lateinamerikas oder Südeuropas bedeutet: Fehlende Abschließung der Bereiche Politik, Recht, Wirtschaft und Grossfamilien gegeneinander (fehlende funktionale Differenzierung) oder aber strukturelle Kopplung codemäßig geschlossener, d.h. sich selbst voneinander unterscheidender Funktionsbereiche (bei insofern vorhandener funktionaler Differenzierung)? Und/oder gibt es dort einen „Schalter", der bei grundsätzlich vorhandener funktionaler Differenzierung in vielen Fällen umgelegt wird, und insbesondere die Anwendung des Rechtscodes dann ausschaltet? Dahin scheint Niklas Luhmann neuerdings zu tendieren. Das erinnert an Ernst Fränkels Zeitdiagnose einer Doppelgesichtigkeit des Staates, mit der man am deutsch dominierten Europa unter dem Nationalsozialismus beobachten kann, dass unter bestimmten Bedingungen, z.B. bei „rassischer" Unerwünschtheit oder „Reichsfeindlichkeit", ein Normenstaat aus- und ein Maßnahmestaat angeschaltet wurde.[27]

Interessant für unser Thema ist, dass in zwei der oben angedeuteten Beschreibungsversionen grundrechtsdefizitärer Verhältnisse durchaus angenommen wird, dass *vorhandene* funktionale Differenzierung ohne institutionalisierte, d.h. auf einer umfassenden Konsensunterstellung aufruhende Grundrechte auskommt. Im Gegenteil: Breiter kommunikativer Konsens wird nur für die netzwerkartige Kopplung der Funktionssysteme bzw. die Möglichkeit einer Ausschaltung des Normenstaats sichtbar. Wenn man Luhmann heute so liest, entzieht das einer differenzierungstheoretisch gegründeten Rechtfertigung von Menschenrechten den Boden, die sich auf Luhmanns einfache Grundrechtethese beruft. Man müsste stattdessen dann deutlich etwa sagen: Wir wollen solche „korrumpierenden" (Luhmann) Bedingungen in der „peripheren Moderne" (Marcelo Neves) nicht, die das Recht fallbezogen auszuschalten vermögen.

VI. Verrechtlichung und Normierung von Menschenrechten?

Der Norm- und Rechtscharakter von Grundrechten und universellen Menschenrechten wird in der philosophischen Diskussion, die sich auf Luhmanns Grundrechtebuch bezieht, nicht in Frage gestellt. Offenbar wird Recht immer als normiert gedacht. Mit Luhmann muss man hier aber mehrere Unterscheidungen zur Beobachtung verwenden.

Es geht zunächst einmal um kommunikative Erwartungen und reflexiv um das *Erwarten dieser Erwartungen*, ohne das, so schon im Grundrechtebuch (S.

---

[27] Vgl. *Luhmann*, Ethik in internationalen Beziehungen (1994), in: Soziale Welt Jg. 50, 1999, S. 247-254 (251), ähnlich schon (Fußnote 26) S. 81 f., S. 82 zur NS-Rechtspflege; zu *Ernst Fränkels* Dual State (1941) *Horst Dreier*, Rätselhafter Doppelstaat, in: Merkur Jg. 64, 2010, Heft 739, S. 1190–1196.

85 ff.), die Abstimmung des Handelns gar nicht zustandekäme. Beides muss nicht, kann aber *rechtlich* geschehen. Menschenrechtliche Erwartungen können ziemlich einfach mit einem *rechtlichen* Geltungsymbol versehen werden, wenn man der neueren Luhmannschen Konstruktion eines besonderen Rechtssystems folgt. Jede Juristin kann bei ihrer Produktion einer Rechtsansicht (auch bei einer „anderen" oder gar „alternativen" Meinung) sich argumentativ auf frühere Rechtmobilisierungen berufen, indem sie diese mit Hilfe des Codes Recht/Unrecht erkennt. Damit schafft sie *Recht*erwartungen. Sie kann sogar an Luhmann anknüpfen und dabei rechtsquellenkritisch vorgehen: Nicht Staatenverträge oder Gewohnheitsrechtsbildung, sondern eine „colère publique" habe massenmedienvermittelt einen Menschenrechtskern im Menschenrechts-*Recht* fixiert: etwa das Verbot nicht-kriegerischer absichtlicher Tötungen oder des Verschwindenlassens von Menschen.[28]

Wenn man dann aber prüft, ob dieses in Verbote (korespondierend zu Rechten) gefasste rechtliche Erwarten seinerseits erwartet wird, wird die Unterscheidung von Normativität und Kognitivität von Erwartungen wichtig, auf die Luhmann sich schon im Grundrechtebuch bezieht. Wir finden einen kognitiven Erwartungsstil in der alltäglichen Rechtspraxis (und in deren massenmedialer Beobachtung) zum Beispiel immer dann beschrieben, wenn von juristischem Risiko von Entscheidungen die Rede ist oder vom Wunsch, sie gerichts- oder rechtsmittelfest zu machen. Luhmann spricht die Differenz von Normativität und Kognitivität des Erwartens fast nie für die Interna des Rechtssystems, sehr wohl aber allgemeiner für die Weltgesellschaft an. Die vor 40 Jahren schon erkennbaren Entwicklungen sieht er damals als Herausbildung von weltweiten Systemen mit Dominanz kognitiven Erwartens: Forschung, Wirtschaft usw. Und er fragt sich, ob das für das Recht wiederholt werden kann.[29]

Ich sehe nicht, dass in Organisationen oder Netzwerken, aus denen Menschenrechts-Rechtsverletzungen hervorgehen, oder in denen, die dann trotz rechtlich erwarteter Verpflichtung nicht intervenieren, Menschenrechte auch nur vorwiegend normativ benutzt werden. Meine Vermutung ist, dass die stark diskutierte, aber weithin rechtlich normierte und institutionalisierte „Souveränität" von Staaten mit korrespondierender Interventionsabstinenz anderer Staaten dazu führt, dass die behaupteten Menschenrechtsverletzungen, sofern überhaupt Recht mobilisiert wird, kognitiv und nicht normativ behandelt werden – in

---

[28] Vgl. *Andreas Fischer-Lescano* (Fußnote 25). In dieser Fallstudie zum Verschwindenlassen von Menschen in Argentinien wird das volle Instrumentarium einschlägiger Luhmannscher Unterscheidungen erkennbar, mit fachlich bedingtem Schwerpunkt auf die Rechtsförmigkeit der Menschenrechte („Menschenrechts-Recht").

[29] *Luhmann* (Fußnote 20).

terms of legal risk : Gibt es ein rechtliches Risiko und welches?[30] Es mag sein, dass diese Risikobeobachtung sich nicht direkt auf das Verbot des Mordens bezieht. Diese normative Erwartung mag normativ erwartet werden. Aber das gilt nicht für negative Sanktionen in Rechtsform bei Normverletzung. Hier gibt es keinen Anlass, die Erwartung einer Sanktionierung nicht einfach fallenzulassen, wenn sie nicht erfolgt. Und wir wissen, wie selten das Mordverbot des Menschenrechte-Rechtsrechtliche Konsequenzen hat.

Solche rechtlichen Risiken sind *Durchlauf*risiken. Sie werden in aller Regel in andere Risiken verwandelt. Rechtliche Ressourcen werden selten als riskiert dargestellt, wenn Recht kognitiv behandelt wird. Rechtliches Risiko verweist vielmehr auf mögliche Folgen in *anderen* Kommunikationsbereichen, z.B. auf politische (Stimmenverlust, Regierungswechsel) oder wirtschaftliche (geldwerte Verluste). Es wird übersetzt: Wie groß ist das wirtschaftliche oder politische Risiko, dass rechtzeitig andere Mächte aus Rechtsgründen mordhemmend intervenieren? Oder das Risiko, dass es präventiv zu einem effektiven Embargo kommt ? Mit welcher Wahrscheinlichkeit ist rechtlich bedingt welche Art negativer Sanktionierung zu erwarten? Von wem? Durch Banken, andere Staaten, Gerichte oder „nur" Massenmedien und Wahrheitskommissionen ?

VII. Institutionalisierung von Menschenrechten?

Erwartungen, und zwar sowohl normative wie auch kognitive, können ein Mehr oder Weniger an kommunikativer Konsensvermutung auf sich ziehen. Was in einem Kommunikationszusammenhang erwartet wird, kann in anderen bestritten werden. Im Kabinett oder auch im Innenministerium wird nicht unbedingt dasselbe erwartet wie auf Polizeirevieren. Die Verbreiterung kommunikativ unterstellten Konsenses soll bei Luhmann mit Institutionalisierung ausgedrückt werden (S. 13). Der Wortstamm Institution und damit auch die Institutionalisierungsterminologie verschwindet aber ab Ende der 1970er Jahre aus Luhmanns Schriften. Ebenso wie „der" Mensch oder wie Kultur gehört Institution nun zu den „schlimmen" Ausdrücken, die nur Aneinandervorbeireden oder Dilettantismus provozieren.[31] Damit ist aber keineswegs die alte Unterschei-

---

[30] *Luhmann* spricht das kognitive Erwarten von Norminhalten selten deutlich an, vgl. aber immerhin Bemerkungen in: Modern Society Shocked by its Risks (University of Hongkong) 1996. Obwohl die Funktion des Rechts in der kontrafaktischen Stabilisierung von Erwartungen liegt, findet auch die Kommunikation rechtlichen Risikos im Rechtssystem statt. Sie ist im anwaltlichen oder administrativen Beratungsgespräch sowie in Vergleichsverhandlungen geradezu alltäglich: Formeln dafür sind u. a.: „Prozessrisiko", „gerichtsfest", „rechtsmittelfest".

[31] Zu Institution vgl. insofern *Luhmann*, Die Universität als organisierte Institution, in: Universität als Milieu 1992 , S.92 und das Register in: Soziale Systeme 1984. Bei Institution geht es wohl auch darum, nicht mehr mit Hinweis auf die „Leipziger Schule"

dung von Konsens/Dissens bei der Untersuchung von Erwartungsgeneralisierung aufgegeben. Luhmann hat statt von Institutionalisierung später von rechtlichen „Einrichtungen" oder von „sozialer Unterstützung des Rechts" gesprochen.[32] Im Zentrum des Rechtssystems sehen wir weiter die gerichtlichen Verfahren, die dazu dienen, Akzeptanz der Unterlegenen und damit auch Unterstützung für Konsensunterstellung zu schaffen. Sie leisten allerdings noch mehr, sind nämlich Ausdruck eines „Einige für alle"-Prinzips.[33]

Eine soziologische Untersuchung der Verbreitung von Menschenrechte-Recht wird weiterhin mit einem Institutionalisierungskonzept arbeiten müssen. Wenn Luhmann von einer menschenrechtlichen Juridifizierung als „protojuristisch" spricht,[34] wird beides angesprochen:

- die noch fehlende Normierung in weiten Teilen der weltgesellschaftlichen Kommunikation, d.h. das Kalkül mit einem juristischen Risiko, das Massenmord eher ermuntert als dass es zu Rechtstreue motiviert, und

- die noch geringe Verbreitung von kommunikativem Konsens (Konsensvermutung) über Menschenrechte-Recht.

VIII. Ergebnis

Niklas Luhmanns 1965 formulierte zentrale *soziologische* These zur Absicherung funktionaler Differenzierung durch institutionalisierte Grundrechte kann so gelesen werden, dass sie von späteren Veränderungen in der Luhmannschen Theorie unberührt bleibt. Das gilt, wenn man soziologisch an sie anschließen will. Sie beansprucht dann, Zustände in einer „OECD-Welt" zu erfassen. Luhmanns Studie kann als Fallstudie über die alte BRD gelesen werden, die man in anderen Gegenden wiederholen mag.

Dagegen hat sich die Anschlussfähigkeit für *„einheimische"* Beschreibungen der Politik und des Rechts verändert, z.B. für solche, die Grund- oder Menschenrechte rechtfertigen wollen.

Ein OECD-Grundrechtspatriotismus, der sagen will: „So soll es bei uns bleiben", kann sich immerhin noch plausibel auf Luhmanns Soziologie berufen.

---

der Soziologie politisch stigmatisiert zu werden, mit deren Trias von Volk, Staat und Institution Luhmanns Theorie nichts gemein hat.

[32] Vgl. *Luhmann* (Fußnote 26) Register; hier ist Institution nur noch ein ideenhistorischer Begriff.

[33] *Luhmann* (Fußnote 26) S. 261 f., Legitimation durch Verfahren (1969), 2. erweiterte Auflage 1973; Vorarbeiten dazu im Grundrechtebuch (Fußnote 3), S. 144 ff.

[34] *Luhmann* (Fußnote 27), S. 250: „protojuristisch", und: „eine Art Recht, für das man nach Sanktionsmöglichkeiten sucht".

Man mag das heute auch soziologische Irritation oder Subventionierung von politischen oder rechtlichen Selbstbeschreibungen nennen, wenn man damit jedes soziologische Besserwissenwollen ausschließt.

Aber eine Philosophie, die in einem Weltrechtssystem einen Bedarf an universellen Menschenrechten für Regionen außerhalb der „OECD-Welt" begründen will, kommt mit der neueren Entwicklung der Luhmannschen Unterscheidungen in Schwierigkeiten. Zum einen kann man die Luhmann-These nicht als These über die Absicherung eines Primats funktionaler Differenzierung in der Weltgesellschaft auffassen. Soweit es in der „Peripherie" Anschlüsse an territorial nicht eingrenzbare Funktionssysteme wie Weltforschung oder Weltwirtschaft gibt, werden sie „parasitär" im Anschluss an die OECD-Welt gebildet und durch Interessenformierung und damit verbundenes fragmentiertes Weltrecht abgesichert. Wir sehen in dieser Beschränkung dann funktionale Äquivalente für Teile eines Menschenrechte-Rechts. Das bezieht sich aber gerade nicht auf die „fundamentalen" Menschenrechte, die um die Menschenwürde zentriert sind.

Wenn man menschenrechtliche Kommunikation beobachtet, wird es mit Luhmann konzeptuell schwierig. Man muss Erwartungen und Erwartungserwartungen unterscheiden, aber auch rechtliche und anderssystemische. Und rechtliche Kommunikation kann, wie jede andere, normative und kognitive Erwartungen auf Rechte richten. Und schließlich kann das nach Luhmann „protojuristische" Menschenrechte-Recht, das sich um einen Menschenwürde betonenden Menschenrechtskern gebildet hat, auch noch weiterhin auf die Breite an Konsens / Dissens hin untersucht werden, obwohl Luhmann die Institutionen - Redeweise aufgegeben hat. Das, was sich dann noch als kommunikative Konsensunterstellung für normatives rechtliches Erwarten soziologisch beschreiben lässt, gibt zu Hoffnungen Anlass, aber nicht zu einer universalistischen Rechtfertigung, die Weltgesellschaft brauche Menschenrechte.

Direkte Demokratie in Hamburg – Erfahrungen und Reformbedarf

Andreas Dressel

Hamburg ist weiterhin *die* Hauptstadt der direkten Demokratie in Deutschland. Im Mikrokosmos des Stadtstaates gedeihen außerparlamentarische Initiativen besonders gut – und schaffen es nicht selten, die politischen Grundfesten zu erschüttern. So geschehen im vergangenen Jahr mit dem Volksentscheid zur Primarschule. Dessen Ausgang und der parallele Abgang des Ersten Bürgermeisters Ole von Beust markierten den Anfang vom Ende der ersten schwarzgrünen Koalition auf Landesebene.

Acht Jahre nach meiner Dissertation bei meinem überaus geschätzten Doktorvater *Hans Peter Bull* zum Thema Bürgerbegehren und Bürgerentscheid in den Hamburger Bezirken ist ein guter Zeitpunkt für eine Zäsur, für eine überblicksmäßige Betrachtung, wie es mit der überaus lebendigen direkten Demokratie in Hamburg weiter gegangen ist. Denn die direkte Demokratie war, ist und bleibt politischer Zankapfel und Reformbaustelle – das war in der zu Ende gegangenen 19. Wahlperiode der Hamburgischen Bürgerschaft so. Und das wird auch in der nun beginnenden 20. Wahlperiode genauso sein. Dieser Beitrag soll daher auch den einen oder anderen Hinweis für die fortlaufende Reformdebatte liefern.

Dieser Beitrag basiert dabei auf einem Vortrag, den ich am 2. Dezember 2010 im Rahmen der Veranstaltungsreihe des Seminars für Verwaltungslehre der Universität Hamburg gehalten habe. Nach einer Betrachtung der direktdemokratischen Instrumente auf Landesebene (I.) bildet der Stand der Überlegungen zu Bürgerbegehren und Bürgerentscheid (II.) den Schwerpunkt.

I. Der Sachstand bei Volksinitiative, Volksbegehren und Volksentscheid

Die Hamburger Volksgesetzgebung war der große Streitpunkt vor allem in der 18. Wahlperiode (2004-2008). In Hamburg wurde fast ein „Kulturkampf" um die direkte Demokratie geführt. Ein Volksentscheid gegen den Verkauf des Landesbetriebs Krankenhäuser (2004) war erfolgreich – und trotzdem wurden die Krankenhäuser verkauft. Ein Volksentscheid für ein neues Wahlrecht (ebenfalls 2004) – im Wesentlichen das Wahlrecht, nach dem Hamburg 2011 gewählt hat – war erfolgreich – und trotzdem hat die seinerzeit allein regierende CDU hieran Veränderungen vorgenommen. „Moralischer Verfassungsbruch" und „Wahlrechtsraub" – diese Begriffe machten die Runde. Eine Volksinitiative für verbindliche Volksentscheide startete, scheiterte aber am Zustimmungsquorum in einem Volksentscheid 2007.

Mit der 19. Wahlperiode und der geschlossenen schwarz-grünen Koalition eröffnete sich die Chance, die entstandenen Gräben wieder zuzuschütten und eine verfassungsändernde Mehrheit hierzu zustande zu bringen. Im Koalitionsvertrag vom 17. April 2008 vereinbarten CDU und GAL, mit den Vertrauenspersonen der Volksinitiative sowie mit den Fraktionen von SPD und LINKE Gespräche über Regelungen für die Verbindlichkeit von Volksentscheiden und über die Änderung von Zustimmungsquoren zu führen. Nach zähem Ringen führten diese Gespräche zu einem Gesetzentwurf zur Änderung des Artikels 50 der Verfassung der Freien und Hansestadt Hamburg[1], der ganz wesentlich auf der Volksinitiative „Für faire und verbindliche Volksentscheide – Mehr Demokratie" beruhte. In 2. Lesung wurde dieser Entwurf am 10.12.2008 einstimmig von der Bürgerschaft verabschiedet. Der zuvor immer geltende parteiübergreifende Verfassungskonsens in Fragen der direkten Demokratie war wieder hergestellt.

Der verfassungsändernde Gesetzentwurf zielte auf eine Stärkung der Volksgesetzgebung, insbesondere auf eine wesentlich höhere Verbindlichkeit von Volksentscheiden ab, und übernahm insoweit die Formulierungen der Volksinitiative. Des Weiteren war geregelt, dass Volksentscheide künftig grundsätzlich an Wahltagen stattfinden sollten (sog. Trichterwirkung). Klargestellt wurde auch, dass Volksinitiativen finanzielle Auswirkungen haben dürfen – ohne gleich unter den Haushaltsvorbehalt zu fallen. Weiterentwickelt wurde der ursprüngliche Gesetzentwurf der Volksinitiative vor allem in der Frage der Mindestzustimmung beim Volksentscheid, die nach der Vorlage der Initiative vollständig entfallen sollte. Stattdessen hat man sich darauf geeinigt, das bisherige Zustimmungsquorum hinsichtlich einfacher Gesetze und anderer Vorlagen nunmehr weiterhin für Volksentscheide an Nichtwahltagen gelten zu lassen. Für Volksentscheide an Wahltagen wurden dagegen sog. dynamische Quoren eingeführt, die sich nach der Beteiligung an der gleichzeitig stattfindenden Wahl richten. Der Grundgedanke war, dass einem Volksentscheid ebenso viele Hamburgerinnen und Hamburger zustimmen müssen, wie durch eine entsprechende Entscheidung des Parlaments repräsentiert würden[2].

---

[1] Vgl. Bü-Drs. 19/1476.

[2] Art. 50 Abs. 3 S. 10-13 lautet nunmehr: „Findet der Volksentscheid am Tag der Wahl zur Bürgerschaft oder zum Deutschen Bundestag statt, so ist ein Gesetzentwurf

Herzstück der Neuregelung war der neue Art. 50 Abs. 4[3]. Mit Einführung dieser Vorschrift wurde die Verbindlichkeit von Volksentscheiden wesentlich erhöht. Das Parlament kann Gesetze, die auf einem Volksentscheid beruhen, zwar ändern, aber die Änderungen treten nicht in Kraft, wenn 2,5 Prozent der Wahlberechtigten einen Volksentscheid über das Änderungsgesetz verlangen. Gegenstand dieses Volksentscheides wären also die Änderungen, die das Parlament anstrebt. Jene muss es sich durch einen neuen Volksentscheid legitimieren lassen, für den dieselben Quorenregelungen gelten, wie für den Ausgangsvolksentscheid. Mit diesen Änderungen behält das Volk das letzte Wort – und man weicht trotzdem anderen Regelungsideen aus, die eine ausdrückliche Veränderungssperre für die Bürgerschaft beinhaltet hätten. Eine Überlegung, die eine vermutlich verfassungswidrige Verschiebung der Gewichte zwischen parlamentarischer und direktdemokratischer Willensbildung bedeutet hätte.

Andreas von Arnauld hat die Verfassungsänderung einer kritischen Würdigung unterzogen und kommt dabei zu dem Schluss, dass die Streitpunkte „jedenfalls .... in verfassungskonformer Weise gelöst" seien[4]. *Arnauld* gibt wichtige, prüfenswerte Hinweise für die weitere Gesetzgebungsarbeit in der nun beginnenden 20. Wahlperiode. In der Tat ist es zum Beispiel dringend erforderlich, das Ausführungsgesetz, das Volksabstimmungsgesetz, der neuen Verfassungslage anzupassen. So regelt beispielsweise § 23 Abs. 4 Volksabstimmungsgesetz noch in der geltenden Fassung: „Ein durch Volksentscheid zu-

---

oder eine andere Vorlage angenommen, wenn die Mehrheit der Abstimmenden zustimmt und auf den Gesetzentwurf oder die andere Vorlage mindestens die Zahl von Stimmen entfällt, die der Mehrheit der in dem gleichzeitig gewählten Parlament repräsentierten Hamburger Stimmen entspricht. Verfassungsänderungen bedürfen einer Mehrheit von zwei Dritteln der Abstimmenden und mindestens zwei Dritteln der in dem gleichzeitig gewählten Parlament repräsentierten Hamburger Stimmen. Steht den Wahlberechtigten nach dem jeweils geltenden Wahlrecht mehr als eine Stimme zu, so ist für die Ermittlung der Zahl der im Parlament repräsentierten Hamburger Stimmen nach den Sätzen 10 und 11 die tatsächliche Stimmenzahl so umzurechnen, dass jeder Wahlberechtigten und jedem Wahlberechtigten nur eine Stimme entspricht. Findet der Volksentscheid nicht am Tag der Wahl zur Bürgerschaft oder zum Deutschen Bundestag statt, so ist er angenommen, wenn die Mehrheit der Abstimmenden und mindestens ein Fünftel der Wahlberechtigten zustimmt."

[3] Art. 50 Abs. 4 lautet nunmehr: „Ein von der Bürgerschaft beschlossenes Gesetz, durch das ein vom Volk beschlossenes Gesetz aufgehoben oder geändert wird (Änderungsgesetz), tritt nicht vor Ablauf von drei Monaten nach seiner Verkündung in Kraft. Innerhalb dieser Frist können zweieinhalb vom Hundert der Wahlberechtigten einen Volksentscheid über das Änderungsgesetz verlangen. In diesem Fall tritt das Änderungsgesetz nicht vor Durchführung des Volksentscheids in Kraft. Das Volk entscheidet über das Änderungsgesetz. Absatz 3 Sätze 5, 7 und 10 bis 13 ist sinngemäß anzuwenden."

[4] *Andreas von Arnauld*, „Refolution" an der Elbe: Hamburgs neue direkte Demokratie – Die Verfassungsänderungen der Jahre 2008 und 2009 im Kontext, in: Jahrbuch für direkte Demokratie 2009, S. 90 ff.

stande gekommenes Gesetz kann innerhalb von zwei Jahren nach dem Tag der Annahme nicht im Wege von Volksinitiative, Volksbegehren und Volksentscheid geändert werden (Artikel 50 Absatz 4 der Verfassung)". Wie dargelegt hat der Art 50 Abs. 4 allerdings einen völlig anderen Regelungsgehalt. Glücklicherweise sind diese und andere Widersprüchlichkeiten noch nicht praxisrelevant geworden – das kann aber jederzeit der Fall sein. Deshalb muss die neue Wahlperiode für eine Bereinigung des Volksabstimmungsgesetzes genutzt werden. Grundsätzliche Akzentverschiebungen sind gegenwärtig allerdings nicht angezeigt. Die Verfassungsänderungen von 2008 sind noch zu frisch, um sie einer abschließenden Evaluation zu unterziehen. Im Übrigen sollte der wiederhergestellte Verfassungskonsens im Hinblick auf die direkte Demokratie nicht wieder leichtfertig aufs Spiel gesetzt werden.

II. Der Sachstand bei Bürgerbegehren und Bürgerentscheid

Die Vorschrift über Bürgerbegehren und Bürgerentscheid, zunächst § 8a BezVG dann § 32 BezVG, ist durch Volksentscheid 1998 Gesetz geworden und hat alle Reformen beim Bezirksverwaltungsgesetz weitestgehend unverändert „überstanden". Damit erging es dem Volksentscheid zur Einführung von Bürgerbegehren – wie dargelegt – anders als etwa dem Volksentscheid zu den Krankenhäusern und zum Wahlrecht.

Nach zahlreichen – mitunter kontroversen - Anwendungsfällen und vielfältiger Rechtsprechung gab es in der 19. Wahlperiode der Bürgerschaft eine Übereinkunft zwischen den Fraktionen, sich gemeinsam mit „Mehr Demokratie" in einen Reformdialog zu begeben, um auszuloten, ob ein fraktionsübergreifender Konsens mit den damaligen Gesetzesinitiatoren erreichbar ist, das Gesetz über Bürgerbegehren und Bürgerentscheid neueren Gegebenheiten anzupassen. Dieser Dialog befand sich auf der Zielgerade – und wurde dann durch die vorzeitig zu Ende gehende Wahlperiode unterbrochen. Es gilt als sicher, dass dieser Reformprozess in der 20. Wahlperiode wieder aufgenommen wird.

Hierfür möchte ich einige aus meiner Sicht zentrale Gesichtspunkte nennen, wo ich Handlungsbedarf sehe, um dieses Instrument auch zukünftig handhabbar zu halten.

1. Umfassende und frühzeitige Zulässigkeitsprüfung

Ein zentraler Kritikpunkt ist die mittlerweile gefestigte Rechtsprechung von VG und OVG, dass bei der Entscheidung über die Zulässigkeit eines Bürgerbegehrens (§ 32 Abs. 4 BezVG) nicht bereits die Prüfung vorzunehmen ist, ob die mit dem Bürgerentscheid verfolgten Ziele mit den durch § 21 BezVG gesetzten Grenzen des Entscheidungsrechts der Bezirksversammlung im Einklang stehen.

Vielmehr sei, sofern nicht ausnahmsweise ein Bürgerbegehren in einer derart eklatanten Weise gegen die Rechtsordnung verstößt, dass hierfür nicht öffentlich geworben werden darf[5], erst nach Durchführung des Bürgerentscheids eine Prüfung der Rechtmäßigkeit vorzunehmen[6]. Es lasse sich, so die gefestigte Rechtsprechung, weder aus § 32 BezVG noch der Systematik des Gesetzes ableiten, dass ein Bürgerbegehren nur zulässig ist, wenn sich die Fragestellung eindeutig innerhalb der Grenzen hält, die der Bezirksversammlung durch § 21 BezVG für Entscheidungen gezogen sind. Die rechtliche Verbindlichkeit eines Bürgerentscheides sei nicht das vordringliche Ziel eines Bürgerbegehrens. Ob der mit der Durchführung eines Bürgerentscheides verbundene Aufwand die erhofften Früchte trage, sei auch nach einer positiven Zulässigkeitsentscheidung immer offen, weil ungewiss bleibe, ob die Mehrheit der abgegebenen gültigen Stimmen (§ 32 Abs. 9 Satz 2 BezVG) erreicht werde, so argumentiert das OVG.

Diese Rechtsprechung ist zweifelhaft, sie wird der ratio legis des § 32 BezVG nicht gerecht. Das Risiko ist groß, dass letztlich rechtswidrige Bürgerbegehren das Verfahren durchlaufen und erst nach einem Bürgerentscheid beanstandet werden können – das ist für alle Beteiligten nicht sinnvoll: Für die Initiative nicht, für die Verwaltung nicht, für die Politik nicht – und für die Bürger erst recht nicht. Die Selbstkorrekturmöglichkeit nach einer Beanstandung ist für ein regelmäßig tagendes Gremium wie die Bezirksversammlung unproblematisch zu bewältigen – für die ad hoc Situation eines Bürgerentscheides ist sie es nicht. Ein Bürgerentscheid kann sich nicht mehr selbst korrigieren. Auch dieses hätte in die gesetzessystematischen Betrachtung mit einbezogen werden müssen. Für die von der Rechtsprechung gefundene Interpretation findet sich auch in der historischen Auslegung keine Stütze. Nur der Wortlaut in § 32 Abs. 1 BezVG mit dem „Beschlüsse fassen *kann*" – der rechtswidrige quasi mit einschließt – führt einen auf die falsche Fährte. Deshalb muss zukünftig sichergestellt werden, dass die Zulässigkeit eines Bürgerbegehrens nicht nur formal, sondern auch materiell geprüft wird – d.h. sie muss sich auf die Grenzen des § 21 BezVG beziehen. Um dieses klarzustellen, muss mindestens in § 32 Abs. 1 BezVG das „kann" durch ein „darf" ersetzt werden.

Aber auch der Zeitpunkt der Zulässigkeitsentscheidung bedarf der Überprüfung. Sachgerecht wäre es, die Zulässigkeitsprüfung auf das Drittelquorum vorzuverlegen. Zu diesem Zeitpunkt löst ein Bürgerbegehren Rechtswirkungen für die Verwaltung und für Dritte aus – insbesondere die Sperrwirkung. Die schon grundgesetzliche Bindung an Recht und Gesetz sollte zu dem Prinzip führen,

---

[5] Vgl. bereits OVG Hamburg, Beschluss vom 05.05.1999, NordÖR 1999, 408 f.

[6] Vgl. OVG Hamburg, Beschluss vom 09.10.2009, 2 Bf 21/08; sowie Urteil vom 14.11.2002, 2 Bf 452/00.

dass letztlich nur rechtmäßiges Bürgerbegehren diese Wirkungen auslösen können.

2. Mehr Transparenz bei den Unterstützerunterschriften

Die Erfahrung lehrt, dass – vorsichtig ausgedrückt – nicht alle Unterstützer von Bürgerbegehren sich im Detail ein Bild von Inhalt und Form des Begehrens machen, das sie unterstützen. Hier müssen die gesetzlichen Anforderungen höher geschraubt werden. Nach dem Vorbild des Hamburger Volksabstimmungsgesetzes[7] sollte auch den Unterstützern von Bürgerbegehren in jedem Fall bei der Eintragung in die Unterschriftslisten Gelegenheit zur Kenntnisnahme des vollständigen Wortlauts der Fragestellung des Bürgerbegehrens gegeben werden. Ihnen sollte ferner die Gelegenheit geben werden, von den Namen der drei Vertrauensleute und deren Befugnissen nach diesem Gesetz Kenntnis zu nehmen. Diese Punkte dürften in der anstehenden Reformdiskussion nicht wirklich strittig sein.

3. Stärkung der Kompromissmöglichkeiten im Verfahren

Aus der allgemeinen aktuellen Diskussion um Bürgerbeteiligung erwächst der Hinweis, die Beteiligungsverfahren so auszugestalten, dass möglichst frühzeitig alle Chancen für Konsensfindungen ausgeschöpft werden sollten. Und in der Tat zeigt die Anwendungspraxis in Hamburg, dass überall dort, wo erfolgreiche Bürgerbegehren zu echten Kompromissen zwischen Kommunalpolitik und Initiative geführt haben, eine befriedende und konfliktauflösende Wirkung eingetreten ist. Dass zwei kommunalpolitische Züge – Initiative und Bezirksversammlung – in einem Bürgerentscheid aufeinander zurasen, sollte die Ausnahme bleiben. Deshalb gibt es große Einigkeit in der politischen Debatte, die Konsensmöglichkeiten in einer Überarbeitung des Bürgerbegehrensgesetzes auszubauen. So sollten die Vertrauensleute des Bürgerbegehrens ausdrücklich die Gelegenheit erhalten, das Anliegen des Bürgerbegehrens in einem Ausschuss der Bezirksversammlung zu erläutern – schon das zwingt zu einer intensiveren Auseinandersetzung mit den aufgeworfenen Fragestellungen. Und: Die

---

[7] § 4 Volksabstimmungsgesetz lautet: „Die Unterstützung der Volksinitiative gemäß Artikel 50 Absatz 1 Satz 3 der Verfassung erfolgt durch eigenhändige Unterzeichnung in Unterschriftslisten. Die Unterschriftslisten müssen eine zweifelsfreie Bezugnahme auf den Gesetzentwurf oder die andere Vorlage (§ 3 Absatz 2 Nummer 1 oder 2) enthalten. Den Unterzeichnerinnen und Unterzeichnern ist bei der Eintragung in die Unterschriftslisten Gelegenheit zur Kenntnisnahme des vollständigen Wortlauts des Gesetzentwurfs oder der anderen Vorlage zu geben. Ihnen ist ferner Gelegenheit zu geben, von den Namen der drei Vertrauenspersonen und deren Befugnissen nach diesem Gesetz Kenntnis zu nehmen."

Möglichkeiten einer Fristaussetzung vor dem Bürgerentscheid für ein echtes Moderationsverfahrens müssen ausgebaut werden – bislang fand das eher im rechtsfreien Raum statt. Die Vertrauensleute und die Bezirksversammlung sollten sich auf die Einleitung eines Moderationsverfahrens einigen können, bei dem ein Moderator im Einvernehmen zu benennen ist – der auch in angemessener Weise auf Ressourcen des Bezirksamtes zugreifen kann.

Dabei ist auch zu klären, inwieweit die Sperrwirkung des Bürgerbegehrens nach Erreichen des Drittelquorums während eines solchen Moderationsverfahrens fort gilt. So dürfte eine Fortgeltung aus Sicht von Verwaltung und betroffenen Dritten zwar problematisch sein. Allerdings ist kaum vorstellbar, dass man drinnen am Verhandlungstisch sitzt und draußen die Bagger anrollen – insofern dürfte eine Fortgeltung während eines Verhandlungsverfahrens letztlich alternativlos sein.

Eine weitere Möglichkeit der Verfahrens- und Qualitätsoptimierung sollte die Einräumung einer Überarbeitungsbefugnis für die Vertrauensleute sein. Allerdings dürften in diesem Fall Grundcharakter und Zielsetzung des Anliegens nicht verändert werden. Sofern schon auf den Unterschriftenlisten auf diese Ermächtigung der Vertrauensleute hingewiesen wird, sind Legitimationsprobleme nicht erkennbar.

Denkbar ist auch, Teileinigungen zwischen Initiative und Bezirksversammlungen ausdrücklich – z.B. durch Ersetzung des Wortes „sofern" durch „soweit" in § 32 Abs. 7 BezVG – zuzulassen. Ein Bürgerentscheid würde dann nur noch über den nach Entscheidung der Bezirksversammlung noch strittigen Teil des Anliegens des Bürgerbegehrens stattfinden. Damit könnte der Sach- und Streitstand reduziert werden mit Vorteilen für alle Beteiligte. Insbesondere die Situation, dass Sachstände zur Abstimmung stehen, die sachlich überholt sind, könnte so besser als bisher vermieden werden.

4. Mehr Klarheit beim Bürgerentscheid

In den Anwendungsfällen gab es immer wieder Kritik am Verfahren bei Bürgerentscheiden. Inwiefern ist sinnvoll, bei gegenläufigen Bürgerbegehren einen Wettlauf zum Bürgerentscheid zu ermöglichen (Stichwort IKEA-Abstimmung in Hamburg-Altona)? Verwirrt die Stichfrage beim Bürgerentscheid die Bürger eher?

Bei gegenläufigen oder thematisch zusammenhängenden Bürgerbegehren sollte das Bezirksamt nach Anhörung der Vertrauensleute der betroffenen Bürgerbegehren einen gemeinsamen Abstimmungstermin festsetzen und mit Zustimmung der Bezirksversammlung von den Vorlauffristen für einen Bürgerentscheid angemessen abweichen können. Es ist nicht erklärbar, dass es hier einen Wettlauf der Begehren mit möglicherweise widersprechenden Bürgerentscheiden geben kann. Ob man schon vor Zustandekommen eines Bürgerbegehrens eine Zusammenlegung mit einem erfolgreichen Bürgerbegehren zulässt, begegnet Bedenken. Entsprechende Überlegungen widersprechen dem Gleichbehandlungsprinzip und Neutralitätsgebot, denn der erforderliche „Ernsthaftigkeitstest" ist bis zu diesem Zeitpunkt für das zweite Bürgerbegehren ja gerade noch nicht bestanden. Dieses wird sehr sorgfältig weiter zu prüfen sein – ebenso wie die Möglichkeit eines sog. „Ratsentscheids", also der Option, dass die Bezirksversammlung bei Bürgerbegehren selbst entscheiden kann, ob sie die dort behandelte Fragestellung quasi vorab den Bezirksbürgern zur Abstimmung vorlegt. Das wäre ein echter Systemwechsel, denn das Initiativrecht lag bisher bei den Initiatoren eines Bürgerbegehrens.

Auf viel Unverständnis bei den Abstimmungsberechtigten z.B. beim Bürgerentscheid Bebauung Isebek ist die Möglichkeit gestoßen, beim Bürgerentscheid jede Vorlage einzeln annehmen oder ablehnen zu können. „Für den Fall, dass mehrere sich widersprechende Vorlagen zum gleichen Gegenstand zur Abstimmung stehen, ist den Abstimmenden die Möglichkeit zu geben, darüber zu befinden, welche sie vorziehen (Stichfrage)", heißt es in § 32 Abs. 9 BezVG. Die Möglichkeit des doppelten „Ja" bei sich klar widersprechenden Vorlagen haben nicht wenige Abstimmungsberechtigte als verwirrend kritisiert. Deshalb sollte das Abstimmungsverfahren dahingehend optimiert werden, dass im Einvernehmen zwischen Vertrauensleuten und Bezirksversammlung eine Alternativabstimmung ermöglicht werden sollte, wenn lediglich zwei Vorlagen zur Abstimmung stehen.

Eine gute Informationsquelle vor dem Bürgerentscheid ist das Informationsheft, das die Abstimmungsberechtigten mit den Briefabstimmungsunterlagen erhalten und in dem die Bezirksversammlung und die Vertrauensleute in gleichem Umfang Stellung nehmen. Hier sollte zum einen zur Vorgabe gemacht werden, dass in den Stellungnahmen von beiden Seiten auch über die rechtlichen und haushaltsrelevanten Folgen der herbeizuführenden Entscheidung zu informieren ist – damit sich eben niemand bei einem reinen Appell-Bürgerentscheid falsche Vorstellungen macht. Erwägenswert wäre auch, die Stellungnahme der Bezirksversammlung ähnlich zu differenzieren wie die Stellungnahme der Bürgerschaft beim Volksentscheid[8]. Denn eine Stellungnahme „der Bezirksversammlung" ist nicht selten eine Fiktion – es ist die Stellungnahme der jeweiligen Mehrheitsfraktion(en). Insofern wäre es nur fair, den

---

[8] Dazu heißt es in § 19 Abs. 2 VAG. „Die Bürgerschaft nimmt als Ganze oder nach Fraktionen getrennt Stellung. Der Anteil der Stellungnahmen der Fraktionen an der gesamten Stellungnahme der Bürgerschaft entspricht der Sitzverteilung der Fraktionen in der Bürgerschaft."

Bürgern die gesamte Bandbreite der Meinungsbildung der Fraktionen deutlich zu machen.

5. Diskussion über Verbindlichkeit und Zustimmungsquoren

Im Zentrum der Diskussion um Bürger- und Volksentscheid stand in den letzten Jahren immer die Frage der Zustimmungsquoren bzw. der Verbindlichkeit. Der Bürgerentscheid, dessen Gesetzwerdung von Mehr Demokratie initiiert wurde, verzichtet auf Quoren und setzt nur auf die einfache Stimmenmehrheit. Und er weist keinerlei gesonderte Verbindlichkeitsregelung auf. Gerade letzteres hat immer wieder zu Diskussionen geführt – es ist als Einladung für sogenannte Scheinzustimmungen der Bezirksversammlung verstanden worden, so geschehen z.B. beim Bürgerbegehren zur Stresemannstraße in Altona, aber auch bei den Bürgerbegehren zu Bebauungsplänen in den Walddörfern. Und zuletzt wurden nach dem Isebek-Bürgerentscheid in Eimsbüttel zudem die Stimmen lauter, die die Einführung eines Beteiligungs- oder Zustimmungsquorums beim Bürgerentscheid forderten, um zu verhindern, dass zuvörderst Einzelinteressen mittels Bürgerentscheid durchgesetzt werden. So lag beim Bürgerentscheid zum Isebek-Kanal die Abstimmungsbeteiligung bei ganzen 23%.

Die Kombination aus „Null-Quoren" und „Null-Verbindlichkeit" ist in der Tat eine Gefahr für das Instrument Bürgerentscheid. Es droht eine Entwertung, eine Beliebigkeit des Instruments – das ist für keine Seite gut. Deshalb kam von sozialdemokratischer Seite in den interfraktionellen Verhandlungen der Vorschlag, ein maßvolles Quorum mit einer Verbindlichkeitsregelung zu koppeln: „Haben mindestens ein Fünftel der Wahlberechtigten der angenommenen Vorlage zugestimmt, darf die Entscheidung innerhalb von zwei Jahren nach dem Tag des Bürgerentscheids von der Bezirksversammlung nicht geändert werden", sollte entsprechend eingefügt werden. Damit würde die direktdemokratische Willensbildung in den Bezirken nicht per se mit höheren Hürden belegt – aber es wird für eine höhere Verbindlichkeit auch eine höhere Zustimmung verlangt. Einer schleichenden Entwertung von Bürgerentscheiden wird vorgebeugt und die Akzeptanz erhöht. Leider stieß dieser Vorschlag bei den Gesetzesinitiatoren von Mehr Demokratie, die nach wie vor an ihrer „Null-Lösung" bei den Quoren festhalten, auf wenig Gegenliebe. Demgegenüber hat auch die CDU ihr Interesse an maßvollen Quoren bekundet. Man darf gespannt sein, wie diese Diskussion in der neuen Wahlperiode weitergeht.

Um die Gefahr sich widersprechender Bürgerentscheide zum gleichen Sachverhalt binnen kurzer Frist zu minimieren, wird auch zu diskutieren sein, ob man nach dem Vorbild des bereits genannten § 23 Abs, 4 Volksabstimmungsgesetz in der noch in der geltenden Fassung, eine ähnlich lautende Regelung im Bürgerentscheidsgesetz schafft[9]. Die niedrigen Hürden des Verfahrens könnten in der Tat für Gegeninitiativen (wie geschehen beim Thema IKEA Altona) eine Einladung sein, es auch zu versuchen. Eine Regelung wie im Volksabstimmungsgesetz könnte zu einer bezirkspolitischen Befriedung eines Streitstandes beitragen.

Auch wenn einige immer mit dem Gedanken spielen, ist weitgehender Konsens, auch bei Bürgerentscheiden am Prinzip der Einheitsgemeinde festzuhalten und eine Intervention des Senats im Wege der Evokation gegenüber Bürgerentscheiden nicht gesetzlich auszuschließen – ob das politisch immer klug ist, steht auf einem anderen Blatt. Verbessert werden sollte jedoch die parlamentarische Rückkoppelung einer solchen Intervention, um eine weitere Legitimationsebene zu schaffen. So könnte in das Gesetz folgender Passus aufgenommen werden: „Ändert der Senat eine durch Bürgerentscheid zustande gekommene Entscheidung, so unterrichtet er die Bürgerschaft und die Bezirksversammlung unter Angabe der maßgeblichen Gründe." So wird dem Senat seine Rechtsstellung nicht genommen – er muss sich aber parlamentarisch dafür rechtfertigen. Das wäre ein sinnvoller Interessenausgleich.

III. Fazit

Die Diskussion um die direkte Demokratie und ihre Ergebnisse wird in der neuen Wahlperiode mit neuen Konstellationen nicht verstummen. Der Primarschul-Volksentscheid wirft noch lange Schatten – genauso wie der Wahlrechts-Volksentscheid. Über das „vom Volk" wesentlich geprägte 20-Stimmen-Wahlrecht wird bereits sehr kontrovers diskutiert – mit offenem Ausgang. Erkennbar ist allerdings, dass direktdemokratische Entscheidungsformen und Ergebnisse nach einer Phase der Euphorie durchaus auch wieder kritisch kommentiert werden – nicht nur innerhalb der Parlamente, sondern auch in manchen Kommentarspalten Hamburger Zeitungen. Man wird sehen, wie sich diese Debatte in einem neuen Kontext, einer mit absoluter Mehrheit regierenden SPD, entwickeln wird.

Konkret sind bei den Regelungen zu Volksinitiative, Volksbegehren und Volksentscheid neben einigen „Reparaturmaßnahmen" keine grundlegenden Änderungen zu erwarten. Anders dagegen in den Bezirken: Hier wird bei Bürgerbegehren und Bürgerentscheid weiter über die Reichweite einer Novelle intensiv diskutiert werden. Angesichts der Notwendigkeiten im Bereich des

---

[9] „Ein durch Volksentscheid zustande gekommenes Gesetz kann innerhalb von zwei Jahren nach dem Tag der Annahme nicht im Wege von Volksinitiative, Volksbegehren und Volksentscheid geändert werden (Artikel 50 Absatz 4 der Verfassung)".

Wohnungsneubaus in Hamburg – alle Parteien wollen 5.000 bis 6.000 neue Wohneinheiten pro Jahr für die Stadt – wird sicher auch wieder ein Idee auf der Agenda landen, bauplanungsrechtliche Angelegenheiten mit einem formellen Beteiligungsverfahren nach BauGB aus dem Anwendungsbereich von Bürgerbegehren und Bürgerentscheid herauszunehmen. Auf die Ergebnisse darf man gespannt sein. Die direkte Demokratie in Hamburg bleibt damit sicher auch in Zukunft politisch sehr relevant – und allemal ein spannender rechtswissenschaftlicher Forschungsgegenstand.

Verfassungsrechtliche und verwaltungswissenschaftliche Rationalitätskriterien für den Ressortzuschnitt von Regierungen

Klaus-Eckart Gebauer

I. Ressortzuschnitt und Erkenntnisinteressen

1. Schnittstelle von Politik, Recht und Management

Zu den beliebtesten Spekulationen in jeder Wahlnacht gehört die Suche nach Personal- und Organisationsentscheidungen. Zeigen sich schon Konturen der künftigen Regierungspolitik aus ersten Hinweisen auf Zusammensetzung und Zuschnitt des Kabinetts? Gab es Ankündigungen im Wahlkampf oder sogar konkrete Planungen? Spätestens im Zuge von Koalitionsverhandlungen und dann bei der Aufstellung des Regierungsprogramms wird deutlich: Entscheidungen über den Ressortzuschnitt bewegen sich wie kaum ein anderes Thema an der Schnittstelle von Politik, Recht und Management.

Hans Peter Bull ist dem Thema in mehrfacher Weise verbunden: Als Innenminister in den Kabinetten Engholm und Simonis von 1988 bis 1995, aber lange zuvor und bis heute auch als Hochschullehrer – von seiner zum Klassiker gewordenen Habilitation über die Staatsaufgaben nach dem Grundgesetz bis hin zur neuen Auflage seines Lehrbuches „Allgemeines Verwaltungsrecht mit Verwaltungslehre".

2. Realitätsgerichtete Rechtslehre

Schon in seinen „Staatsaufgaben" ermutigte Bull zur Heranziehung der Sozialwissenschaften, „um die Qualität (Rationalität) von Entscheidungen und Entscheidungsvorschlägen zu erhöhen".[1] Auch im Festschriftbeitrag über „Vernunft gegen Recht?" geht es ihm um die Frage nach der Verknüpfung an-

---

[1] *H. P. Bull,* Die Staatsaufgaben nach dem Grundgesetz, Frankfurt 1973.

derer als juristischer Rationalitäten mit den rechtlichen Überlegungen im eigentlichen Sinne.[2]

Und wenn er in seinem Lehrbuch im Sinne einer „aufgeklärten, realitätsgerichteten Rechtslehre und Praxis" zur Verbindung und gegenseitigen Bezugnahme rechts- und sozialwissenschaftlicher Erkenntnisse und Methoden aufruft,[3] dann beschränkt sich dieser integrierende Ansatz nicht auf das Verwaltungsrecht; auch im Verfassungsrecht geht es um die Suche nach maßgeblichen Entscheidungskriterien.

Die „nichtjuristische Entscheidungslehre" knüpft dann dort an, „wo die juristische Methodenlehre aufhört, nämlich bei der Ausfüllung der gesetzlichen Vorgaben, soweit diese rechtliche oder faktische Spielräume eröffnen".[4] In diesem Sinne spricht Bull von „*Einfallstoren*" für nichtjuristische Methodik, die sich aus jenen Begriffen ergeben, die in rechtlichen oder sonst normativen Vorgaben für eine Entscheidung vorgeben sind.[5] Er kann sich dabei bestärkt fühlen durch die Ansätze der sogenannten Neuen Verwaltungsrechtswissenschaft; danach ist der unverändert leitende Maßstab der Subsumtionsrichtigkeit „angesichts der Einschätzungs- und Gestaltungsfreiheit vieler Rechtsvorschriften zu ergänzen durch Zielwerte wie Effizienz, Akzeptabilität, Kooperationsbereitschaft, Flexibilität oder Implementierbarkeit".[6]

Verfassungsrechtliche Einfallstore im vorgenannten Sinne können den Blick frei geben auf Erkenntnisinteresse und Forschungsansätze unterschiedlicher Disziplinen. Bull entscheidet sich für einen Einstieg über die Verwaltungswissenschaft(en) mit ihrer disziplinübergreifenden Integrationsfunktion. Zumal im Blick auf Regierung und Ministerialverwaltung kann ihr überdies eine Transfer- und Orientierungsfunktion beigemessen werden.[7] Vor diesem Hintergrund soll es nachstehend unternommen werden, anhand des Themas „Ressorts-

---

[2] *H. P. Bull*, „Vernunft" gegen „Recht"? Zum Rationalitätsbegriff der Planungs- und Entscheidungslehre, in: A. Benz/H. Siedentopf/K.-P. Sommermann (Hrsg.), Institutionenwandel in Regierung und Verwaltung (FS K. König), Berlin 2004, S. 179 ff., 181.

[3] *H. P. Bull/V. Mehde*, Allgemeines Verwaltungsrecht mit Verwaltungslehre, 8. Aufl., Heidelberg u.a. 2009, S. 2.

[4] *Bull/Mehde* (Anm. 3), S. 194.

[5] *Bull/Mehde* (Anm. 3), S. 197.

[6] *Bull/Mehde* (Anm. 3), S. 508 mit Hinweis auf *W. Hoffmann-Riem/E. Schmidt-Aßmann/A. Voßkuhle* (Hrsg.): Grundlagen des Verwaltungsrechts, Band I., München 2006, S. VII.

[7] *Bull/Mehde*, (Anm. 3), S. 145 ff., 195; zur Rolle der Verwaltungswissenschaft in unserem Zusammenhang s. Bundestagsdrucksache 7/2887 vom 4.12.1974, S. 80 ff., 87; *K.-E. Gebauer*, Grenzüberschreitung „als Beruf" – Künftige Anforderungen an Verwaltung und Verwaltungswissenschaft, in: W. Jann/K. König/Chr. Landfried/P. Wordelmann (Hrsg.), Politik und Verwaltung auf dem Weg in die transindustrielle Gesellschaft (FS C. Böhret), Baden-Baden 1998, S. 575 ff., 584 ff.

zuschnitt" verfassungsrechtliche Einfallstore mit verwaltungswissenschaftlichen Forschungsansätzen zusammenzuführen.[8]

II. Verfassungsrechtliche Kriterien

1. Aussagen des Grundgesetzes

Die Aussagen des Grundgesetztextes zum Ressortszuschnitt sind spärlich.[9] Nach Artikel 62 GG besteht die Bundesregierung aus dem Bundeskanzler und den Bundesministern. An verstreuten Stellen erwähnt werden der Bundesminister der Finanzen (Artikel 108 Abs. 3 Satz 2 / Artikel 112 / Artikel 114 Abs. 1 GG), der Bundesminister der Verteidigung (Artikel 65 a GG) sowie der Geschäftsbereich des Bundesjustizministers (Artikel 96 Abs. 2 Satz 4 GG). Nach Artikel 64 GG werden die Bundesminister auf Vorschlag des Kanzlers vom Bundespräsidenten ernannt und entlassen; Artikel 65 überträgt dem Bundeskanzler die Richtlinienkompetenz für die Regierungspolitik.

Die aus Artikel 64 und Artikel 65 GG abgeleitete *Organisationsgewalt*[10] des Bundeskanzlers gilt für die personelle und für die funktionsbezogene Zusammensetzung seines Kabinetts.[11] Im Vorschlag an den Bundespräsidenten ist ne-

---

[8] Zugleich inhaltliche und methodische Fortschreibung von *K.-E. Gebauer*, Kriterien und praktische Beispiele für den Ressortszuschnitt von Regierungen – Erfahrungsbericht aus deutscher Sicht, Projektdokument Nr. 27 des GTZ-Projekts „Reform der öffentlichen Verwaltung in der Ukraine" (Hrsg. D. Schimanke), Kiew 2009 sowie verschiedener Papiere im Rahmen meiner Projekt-Arbeitsgemeinschaft zur Ministerialverwaltung an der DHV Speyer; s.a. *Chr. Wolf*, Ressortzuschnitt in Bundes- und Landesregierungen zwischen verfassungsrechtlichen Vorgaben, verwaltungswissenschaftlichen Idealvorstellungen und politischer Realität (Magisterarbeit DHV Speyer 2003 – unveröffentlicht).

[9] *H. Siedentopf*, Ressortzuschnitt als Gegenstand der vergleichenden Verwaltungswissenschaft, in: Die Verwaltung (9) 1976, S. 1 ff., 13 (im GG nur in Leitlinien Rationalitätskriterien für die Regierungsorganisation); *H. Kaja*, Ministerialverfassung und Grundgesetz, in: AöR (89) 1964, S. 381 ff., 392 (denkbar größte Zurückhaltung des GG).

[10] *E.-W. Böckenförde*, Die Organisationsgewalt im Bereich der Regierung, Berlin 1964.

[11] *V. Busse*, Art. 64 GG, in: K.-H. Friauf/W. Höfling (Hrsg.), Berliner Kommentar zum Grundgesetz, Band 3, Berlin 2010, Rn. 4; *S. Detterbeck*, Innere Ordnung der Bundesregierung, in: J. Isensee/P. Kirchhof (Hrsg.), Handbuch des Staatsrechts der Bundesrepublik Deutschland, Band III, 3. Aufl., Heidelberg 2005, § 66, S. 1159 ff., Rn. 25; *R. Herzog*, Art. 64 GG, in: Th. Maunz/G. Dürig/R. Herzog (Hrsg.), Grundgesetz Kommentar, Band V, München 2010, Rn. 4; *W. Leisner*, Art. 64 GG, in: H. Sodan (Hrsg.), Grundgesetz, München 2009, Rn. 5 ff.; *Chr. Roth*, Bundeskanzlerermessen im Verfassungsstaat, Berlin 2009, S. 143 ff.; *M. Schröder*, Aufgaben der Bundesregierung, in: J. Isensee/P. Kirchhof, a.a.O., § 64, S. 1115 ff., Rn. 18; *ders.*, Bildung, Bestand und parlamentarische Verantwortung der Bundesregierung, in: J. Isensee/P. Kirchhof, a.a.O., § 65, S. 1133 ff., Rn. 26.

ben dem Namen des Kabinettsmitglieds bereits die künftige Amtsbezeichnung enthalten; einen politischen Einfluss des Bundespräsidenten auf einen möglichen Ressortszuschnitt gibt es nicht.[12]

Auch wenn einzelne Ressortbereiche im Grundgesetz angesprochen werden, so folgt daraus keine organisatorische Vorgabe für deren Ausgestaltung[13]. Die Entscheidung des nordrhein-westfälischen Verfassungsgerichtshofes, aus der Wesentlichkeitstheorie des Bundesverfassungsgerichts das Verbot einer Zusammenlegung von Innen- und Justizministerium abzuleiten, ist Einzelmeinung geblieben.[14] Anders als einzelne Landesverfassungen[15] und abweichend von einem Vorentwurf während der Beratungen des Herrenchiemseer Konvents[16] sieht das Grundgesetz davon ab, zur Größe des Kabinetts Stellung zu nehmen; es gibt auf Bundesebene auch kein formelles Mitspracherecht des Kabinetts als Kollegium,[17] und der verfassungsrechtlich abgesicherte Einfluss des *Bundestages* auf den Ressortszuschnitt bezieht sich – anders als bei einigen Landesparlamenten[18] – im Grunde nur auf sein (meist nachträgliches) Budgetbewilligungsrecht.[19] Auch wenn der Gesetzgeber einzelne Aufgaben bestimmten Mi-

---

[12] *Busse* (Anm. 11), Rn. 18, *Herzog* (Anm. 11), Rn. 13; *K.-U. Meyn*, Art. 64 GG, in: I. von Münch/Ph. Kunig (Hrsg.) Grundgesetzkommentar, Band 2, 5. Aufl., München 2001, Rn. 3 (wie bei anderen allerdings auch Hinweis auf formalrechtliches Prüfungsrecht); *M. Oldiges*, Art. 64 GG, in: M. Sachs (Hrsg.), Grundgesetzkommentar, 5. Aufl., München 2009, Rn. 23.

[13] Diskutiert wird, ob man die im GG ausdrücklich genannten Ministerien zu sog. „Und-Ministerien" erweitern darf; dem steht m.E. nichts entgegen; dazu vgl. etwa *Herzog* (Anm. 11), Rn. 5.

[14] Dazu: *Bull/Mehde* (Anm. 3), S 83; s.a. die Urteilsanmerkung von *J. Isensee* in JZ 1999, S. 1113 ff.; *Leisner* (Anm. 11), Rn. 5.

[15] *M. Niedobitek*, Die Landesregierung in den Verfassungen der Länder, in: Benz u.a (Anm. 2), S. 355 ff., S 358 ff, 363; *Busse* (Anm. 11) Rn. 2; *Schröder*, Art. 64 GG, in: H. v. Mangoldt/F. Klein/ Chr. Starck (Hrsg.), Kommentar zum Grundgesetz, Bd. II, 6. Aufl., München 2010, Rn. 20; zur jüngsten Entwicklung in Nordrhein-Westfalen *J.-D. Busch*, Geschäftsregierung und Regierungsbildung im Land Nordrhein-Westfalen nach der Landtagswahl am 9. Mai 2010, in: Nordrhein-Westfälische Verwaltungsblätter, 2010, S. 373 ff., 376; zu Rheinland-Pfalz ausführlich *E. Czerwick*, Regierungsorganisation und Politik in Rheinland-Pfalz, in: U. Sarcinelli/J.W. Falter/G. Mielke/ B. Benzner (Hrsg.), Politik in Rheinland-Pfalz. Gesellschaft, Staat und Demokratie, Wiesbaden 2010, S. 373 ff., 380 ff.

[16] *Böckenförde* (Anm. 10), S. 193; *Roth* (Anm. 11), S. 144.

[17] *Busse* (Anm. 11), Rn. 2.

[18] *Niedobitek* (Anm. 15), S. 363 f.

[19] Dazu im Einzelnen *V. Busse,* Organisation der Bundesregierung und Organisationsentscheidungen der Bundeskanzler in ihrer historischen Entwicklung und im Spannungsfeld zwischen Exekutive und Legislative, in: Der Staat (45), 2006, S. 245 ff., S. 250 („zugriffsfest"); zum Diskussionsstand s. etwa *R. Bergmann*, Art. 62 in: D. Hömig (Hrsg.), Grundgesetz, 9. Aufl., München 2010, Rn. 2; *Detterbeck* (Anm. 11), Rn. 48; *Herzog* (Anm. 11), Rn. 16; *A. Uhle*, Art. 64 in: B. Schmidt-Bleibtreu/H. Hofmann/A. Hopfauf (Hrsg.), Kommentar zum Grundgesetz der Bundesrepublik Deutsch-

nisterien zugewiesen hat, bedeutet dies keine Einschränkung der Organisationsgewalt des Bundeskanzlers; das Zuständigkeitsanpassungsgesetz sieht lediglich vor, dass bei einer Änderung der Ressortzuständigkeit der Bundesjustizminister im Einvernehmen mit den beteiligten obersten Bundesbehörden die notwendige Anpassung der Gesetzestexte durch Rechtsverordnung regeln kann.[20]

2. „Einfallstore" für interdisziplinäre Frageansätze

Bei diesem verfassungsrechtlichen Befund verwundert nicht, wenn festgestellt wird, die sachlogische Zusammensetzung des Kabinetts werde im Grundgesetz nur implizit[21] angesprochen und der Organisationsgewalt des Kanzlers seien beim Ressortszuschnitt letztlich nur *„staatspraktische Grenzen"*[22] gesetzt. In den verfassungsrechtlichen Kommentierungen geht es dementsprechend im Wesentlichen um die Sicherung der Funktionsfähigkeit der Bundesregierung und effektive Kabinettsarbeit,[23] die Wahrung von Inter- und Intraorganzuständigkeiten,[24] um die Forderung nach klarer und lückenloser Zuordnung al-

---

land, 12. Aufl., Neuwied 2011, Rn. 10; ausdrücklich für Mitwirkungsrechte des Bundestages vor allem *H.-P. Schneider*, Art. 64 in: E. Denninger/W. Hoffmann-Riem/H.-P. Schneider/E. Stein (Hrsg.), Kommentar zum Grundgesetz für die Bundesrepublik Deutschland, 3. Aufl., 2002, Rn. 3; *B. Pieroth*, Art. 64 GG, in: H.D. Jarras/B.Pieroth (Hrsg.), Grundgesetz für die Bundesrepublik Deutschland 10. Aufl., München 2009, Rn. 2; s.a. *G. Hermes*, Art. 64 Rn. 18 (Anm. 23). Unstrittig ist die politische Verflechtung zwischen Regierungsbildung und Parlament (-smehrheit), s. *D. Weckerling-Wilhelm*, Art. 64 GG, in: D. C. Umbach/Th. Clemens, Grundgesetz, Band II., Heidelberg 2002, Rn. 10; grundlegend *K.-P. Sommermann*, Art.20, in: H. v. Mangoldt/ F. Klein/Chr. Starck (Hrsg.), Kommentar zum Grundgesetz, Bd. 2, 6. Aufl., München 2010, Rn.186 ff., 273 ff.

[20] *V. Busse*, Änderung der Organisation der Bundesregierung und Zuständigkeitsanpassungs-Gesetz 2002, in: Die Öffentliche Verwaltung (56), 2003, S. 407 ff.

[21] *Roth* (Anm. 11), S 143 f.; *Schröder* (Anm. 11), § 65 Rn. 26; damit bewegt man sich bei der Suche nach „Einfallstoren" auf einer weitgehend durch Auslegung geprägten Ebene.

[22] *Detterbeck* (Anm. 11), Rn. 14.

[23] *Böckenförde* (Anm. 10), S 196; *Busse* (Anm. 11), Rn. 6; *Detterbeck* (Anm. 11), Rn. 14; *Th. Knoll*, Das Bundeskanzleramt – Funktionen und Organisation, in: K. H. Schrenk/M. Soldner (Hrsg.), Analyse demokratischer Regierungssysteme, Wiesbaden 2010, S. 146; *Leisner* (Anm. 11), Rn. 7; *H. Maurer*, Zur Organisationsgewalt im Bereich der Regierung, in: P. Kirchhof u.a. (Hrsg.), Staaten und Steuern (FS K. Vogel), Heidelberg 2001, S. 331 ff., S 336; *Oldiges* (Anm 12), Rn. 26; *Roth* (Anm. 11), S 146; *W-R. Schenke*, Art. 64 GG; in: R. Dolzer/W. Kahl/Chr. Waldhoff/K. Graßhoff (Hrsg.), Bonner Kommentar zum Grundgesetz, Heidelberg 2010, Rn. 47; *Schröder* (Anm. 11) § 65 Rn. 29; *Uhle* (Anm. 19), Rn. 8; *Weckerling-Wilhelm* (Anm. 19), Rn. 23; *G. Hermes*, Art. 62, in: H. Dreier, Grundgesetz, Kommentar, 2. Aufl., Tübingen 2006, Rn. 12.

[24] *Schröder* (Anm. 11), § 64 Rn. 18.

ler Regierungsaufgaben,[25] um Wirksamkeit der Zielerreichung,[26] um die Zahl der Ministerien[27] und die Zulässigkeit von Sonderministerien,[28] um die Sicherung eines Kernbereichs[29] oder um das Staatswohl.[30] Damit wird die Tür zu dahinterliegenden nichtjuristischen Forschungsfeldern weit geöffnet.

III. Verwaltungswissenschaftliche Kriterien

Heinrich Siedentopf, einer der Vorgänger von Hans Peter Bull im Amt des Präsidenten der Deutschen Sektion des Internationalen Instituts für Verwaltungswissenschaften, hat sich bereits in seiner Speyerer Antrittsvorlesung im Jahre 1975 ausdrücklich auf die Suche nach wissenschaftlichen *„Rationalitätskriterien des Ressortzuschnitts"*[31] gemacht. Es folgten die bis heute wegweisenden Beiträge von Derlien und Laux. Eine wissenschaftlich fundierte Aufbereitung praxisrelevanter Fakten findet sich in regelmäßiger Fortschreibung bei Busse, historische Hintergrundinformation bei Lehngut/Vogelgesang und Hoffmann. Eine empirisch äußerst ergiebige Erkenntnisquelle sind jetzt die verschiedenen Arbeiten von Pappi/Schmitt/Linhart, nach deren Analyse für den Zeitraum 1946 bis 2005 innerhalb der untersuchten 273 Landesregierungen 83 verschiedene Geschäftsbereiche in den Ressortbezeichnungen auftauchen.[32] Eine eindrucksvolle verwaltungswissenschaftliche Erkenntnisquelle bilden nach wie vor die Berichte zweier Kommissionen: Auf Bundesebene der 1969 vorgelegte Erste Bericht der Projektgruppe „Regierungs- und Verwaltungsreform" und in 1985 die Bände der Kommission „Neue Führungsstruktur Baden-Württemberg".

Verknüpft man die insbesondere in diesen Aufsätzen und Berichten entwickelten Ansätze unter dem Aspekt einer disziplinübergreifenden Anschlussfä-

---

[25] *Böckenförde* (Anm. 10), S 197; *Busse* (Anm. 20), S. 411; *Roth* (Anm. 11), S. 146; *Schenke* (Anm. 23), Rn. 49; *Schröder* (Anm. 11) § 65 Rn. 57.

[26] *Weckerling-Wilhelm* (Anm. 19), Rn. 23.

[27] *Böckenförde* (Anm. 10), S 196 sieht die Obergrenze, wo das „Kollegium" zu einer „Versammlung" wird (allenfalls bei 21); allgemein werden konkrete Festlegungen vermieden, vgl. etwa *Detterbeck* Anm. 11) Rn. 14 m.w.N; siehe auch unten III 3 b.

[28] s. etwa *Böckenförde* (Anm. 10), S. 192 f.; *Oldiges* (Anm. 12), Rn. 31; *Weckerling-Wilhelm* (Anm. 19), Rn. 23.

[29] *Schröder* (Anm. 11), § 65 Rn. 27.

[30] *Detterbeck* (Anm. 11), Rn. 14.

[31] *Siedentopf* (Anm. 9), S 2 ff.; grundsätzlich zu den verwaltungswissenschaftlichen Rationalitäten, s. *K. König*, Moderne öffentliche Verwaltung, Berlin, 2008, S. 386 ff., 371.

[32] *F.U. Pappi/R. Schmitt/E. Linhart*, Die Ministeriumsverteilung in den deutschen Landesregierungen seit dem Zweiten Weltkrieg, in: Zeitschrift für Parlamentsfragen (39), 2008, S. 323 ff., 327 ff.

higkeit mit den oben skizzierten verfassungsrechtlichen „Einfallstoren", so lässt sich ein übergreifendes Erkenntnisinteresse in vier Hauptgruppen bündeln:

- Orientierung an Leitzielen
- Vertikale und horizontale Kompatibilität
- Funktionsgerechtes Binnenmanagement
- Flankierung durch Ablaufstrukturen.

1. Orientierung an Leitzielen

a) Aufgabenkongruenz

Eine Kernthese der *Bonner Projektgruppe* betraf die Ausrichtung an übergreifender Ziel- und Problemorientierung. Ausgangsbefund in 1968 war ein Kabinett von Kanzler und 19 Ministern. Ziel war eine funktionsgerechte Bündelung. Der Fortbestand der fünf „klassischen" Ressorts (AA, BMI, BMF, BMJ, BMVtg) wurde unbeschadet einzelner Umschichtungen nicht in Frage gestellt. Als „neuklassisch" bezeichnete Ministerien wurden akzeptiert das Ministerium für Wirtschaft, das Ministerium für Ernährung, Landwirtschaft und Forsten, das Ministerium für Arbeit und Soziales sowie das Ministerium für Verkehr. Unproblematisch erschien der Fortbestand des Ministeriums für wissenschaftliche Forschung. Sah man vom Ministerium für das Post- und Fernmeldewesen sowie dem Ministerium für Gesamtdeutsche Fragen ab (die gesondert erörtert wurden), so blieben 7 Ressorts, von denen nach Ansicht der Kommission ein erheblicher Teil Aufgaben wahrnahmen, die *gesellschaftspolitisch relevant* waren und soziale Bezüge aufwiesen. Ein anderes mögliches Gruppierungsmerkmal war die Zuständigkeit für Aufgaben mit typisch *strukturpolitischer Bedeutung*. Für einen Neuzuschnitt boten sich somit drei Alternativen an:[33]

In einem *Ministerium für soziale Fragen* sollten Aufgaben des Familienministeriums, Teile aus dem Gesundheitsministerium zusammen mit dem Veterinärwesen aus dem Landwirtschaftsressort und einer Abteilung für soziale Fragen aus dem Innenministerium, das Wohnungswesen sowie verschiedene Zuständigkeiten in Sachen Hauswirtschaft und Verbraucherberatung gebündelt werden.

---

[33] *Projektgruppe für Regierungs- und Verwaltungsreform beim Bundesminister des Innern*, Erster Bericht zur Struktur von Bundesregierung und Bundesverwaltung, Bonn 1969, S. 9, 12, 17 ff.

Alternativ kam ein *Bundesministerium für Strukturfragen* in Betracht. Dort sollten Aufgaben der Raumordnung (bislang Innen), des Städtebaus und Wohnungswesens (bislang Wohnungsministerium), der Reinhaltung von Wasser und Luft sowie der Lärmbekämpfung aus dem Gesundheitsressort und des Naturschutzes aus dem Landwirtschaftsministerium vereinigt werden.

Als *dritte* Möglichkeit kam in Betracht, die in den beiden Alternativen beschriebenen Aufgaben – *ohne Einrichtung eines neuen Ressorts* – ihrem Sachzusammenhang nach den weiter bestehenden Ministerien zuzuordnen. Bei allen drei Modellen entfielen sieben Ressorts.

b) Lebensbereichskonzept

Die *baden-württembergische Kommission* stellte darauf ab, jedes Ministerium müsse im Grunde für einen elementaren Lebensbereich und das damit verbundene staatliche Handeln verantwortlich sein (z.B. für Umwelt, Wirtschaft, Recht und Ordnung, Bildung).[34] Dementsprechend sollte die bisherige Verknüpfung mit der Landwirtschaft zu Gunsten eines eigenständigen Umweltministeriums aufgelöst werden und dieses neben dem klassischen Umweltschutzrecht Zuständigkeiten für die Mitgestaltung umweltrelevanter Großprojekte erhalten. In einer Zusammenführung von Innen- und Justizressort sah man die sachgerechte Bündelung zu Erhaltung der Rechtsstaatlichkeit, soziale Lebensbereiche könnten in einem einheitlichen Ministerium für Soziales und Gesellschaftspolitik gebündelt, Schule und Hochschule wieder zusammengeführt werden.

Diese an *Aufgaben* oder *Lebensbereichen* orientierten Konzepte werden sowohl der politischen Logik als auch dem organisationswissenschaftlichen Grundsatz einer strategischen Ausrichtung an Leitzielen gerecht. Entsprechend groß ist die Zustimmung in der Literatur.[35] Nur im Ausnahmefall hat dies allerdings zur Einrichtung eines ganz neuen Ressorts geführt (Umwelt); in der Re-

---

[34] *Kommission „Neue Führungsstruktur Baden-Württemberg im Auftrag des Staatsministeriums"* (Hrsg.): Neue Führungsstruktur Baden-Württemberg, Bände I. – III., Stuttgart 1985, Bd. I. S. 12; Bd. II. S. 49.

[35] *Böckenförde* (Anm. 10) S. 140 ff.; *H.-U. Derlien*, Zur Logik und Politik des Ressortzuschnitts, in: Verwaltungsarchiv (87), 1996, S. 548 ff., 564; *W. Jann*, Generalüberholung der Bundesministerien; Thesen zur Modernisierung der Bundesverwaltung, in: Verwaltung – Organisation – Personal (VOP), 1996, S. 12, 14; *E. Laux*, Landesressorts. Grundsätze für Geschäftsverteilung und Organisation, in: Die Öffentliche Verwaltung (39) 1986, S. 1 ff, 5, 7; *K.-P. Sommermann*, Staatsziele und Staatszielbestimmungen, Tübingen 1997, S. 452 ff., 485 (zur Bedeutung der Regierungsorganisation für die Implementierung von Staatszielbestimmungen); s.a. *G. F. Schuppert*, Staatswissenschaft, Baden-Baden 2003, S. 372 unter Hinweis auf die entscheidungsorientierte Regierungslehre (Böhret).

gel hat sich das Konzept in einer jeweils aktualisierten Ergänzung von Ministeriumsbezeichnungen niedergeschlagen (z.B. durch Zusätze wie Senioren, Integration, Europa, Technologie, Verbraucherschutz, Weiterbildung, Forsten).

2. Vertikale und horizontale Kompatibilität

a) Regieren im Mehrebenensystem

Nicht nur verfassungsrechtlich, sondern auch aus Sicht der Verwaltungswissenschaft ist im Auge zu behalten, dass im Mehrebenensystem (Länder/Bund/EU) die jeweilige Regierungsstruktur eine *vertikale Koordinierung* erleichtern sollte;[36] das richtet sich in erster Linie an die 16 Landeskabinette, deren Mitglieder und Mitarbeiter sich je nach Ressortzuschnitt in recht unterschiedlich beschickten Fachministerkonferenzen oder Bund-Länder-Gremien wiederfinden. Umso wichtiger bleiben hier funktionierende Strukturen auf administrativer Ebene. Die beliebte Kritik an einer vorgeblich überbordenden Gremienflut der Fachbruderschaften geht nur selten darauf ein, in welch hohem Maße die Reibungslosigkeit des Informationsflusses (zumal unter dem Zeitdruck einer Bundesratsvorbereitung)[37] nur durch derartige Netzwerke ermöglicht wird. Gerade wo bestimmte Sachzuständigkeiten in Bund und 16 Ländern unterschiedlichen Stammressorts zugeordnet sind, bleiben fachbezogen vorstrukturierte „Gremien" unverzichtbar, zumal deren Zusammenarbeit heute weitgehend elektronisch praktiziert werden kann.

b) Interorganfreundlichkeit und gesellschaftliches Umfeld

Die Gewährleistung der *horizontalen Kompatibilität* bedeutet zum einen, dass die Interorganzuständigkeiten[38] der Bundesregierung wahrgenommen werden können: das heißt effiziente, *interorganfreundliche* Zusammenarbeit[39] mit den anderen Verfassungsorganen, zumal mit Bundestag und Bundesrat. Ein nicht unbedingt identischer, aber funktionaler Zuschnitt von Ministerverant-

---

[36] *Laux* (Anm. 35), S. 10.

[37] *K.-E. Gebauer*, Zur Optimierung von Koordination und Planung in einer Regierungszentrale, in: AöR (85) 1994, S. 485 ff., 499 ff.; *ders.*, Staatskanzleien in Deutschland – Aufgabenspektrum und Organisation, in: Schweizerische Staatsschreiberkonferenz (Hrsg.), Perspektive Staat, Zürich 2008, S. 128 ff., 131.

[38] *Schröder* (Anm. 11), § 64 Rn. 18.

[39] *K.-E. Gebauer*, Art. 98 LV, in: Chr. Grimm/P. Caesar (Hrsg.), Verfassung für Rheinland-Pfalz, Baden-Baden 2001, Rn. 7 ff.; *ders.*, Verfassungsergänzende Verfahrensregelungen, in: W. Jann/K. König (Hrsg.), Regieren zu Beginn des 21. Jahrhunderts, Tübingen 2008, S. 345 ff., 373.

wortlichkeit und Parlamentsausschüssen ist für die laufende Regierungsarbeit ein wichtiges Kriterium.

Was im Zeitalter von Good Governance als Forderung nach Einbeziehung aller maßgeblichen Kräfte in den Fokus gerückt wird, hat in der Praxis des Ressortszuschnitts seit jeher eine Rolle gespielt – durch Adressatenorientierung und Einbeziehung des *gesellschaftlichen Umfeldes*.[40] Traditionell erhielten etwa Arbeitgeber, Gewerkschaften und Landwirte stets „ihr" Ministerium als ständigen Ansprechpartner. Das zweite Kabinett Schröder hat mit dieser Praxis gebrochen: Wirtschaft und Arbeit wurden unter Leitung des früheren nordrheinwestfälischen Ministerpräsidenten Clement zusammengelegt. Damit sollte ganz bewusst die einheitliche Verantwortung für diese Lebensbereiche unterstrichen werden.[41] Dies von Anfang an eher skeptisch beobachtete Experiment ist im Herbst 2005 von der Regierung Merkel eingestellt worden. Die ebenfalls 2002 eingeführte Verbindung zwischen „Ernährung und Verbraucherschutz" wurde – unter Wiederaufnahme des Namensbestandteils Landwirtschaft – beibehalten. In Rheinland-Pfalz hat sich beispielsweise auch gegen anfänglichen Widerstand das Modell behauptet, die ministerielle Zuständigkeit für die Landwirtschaft mit der für den gewerblichen Mittelstand zu verbinden; Ansprechpartner für die Waldbesitzer und Waldnutzer wurde dabei das Ministerium für Umwelt, Forsten und (jetzt auch) Verbraucherschutz.

In der Literatur wird darauf hingewiesen, dass es transparenter ist und im Ergebnis zu tragfähigeren Lösungen führt, wenn gesellschaftliche Interessen – organisiert oder nicht organisiert – zunächst einen *eigenen Minister* als Gegenüber haben.[42] Über die politische Koordinierung wird eine abschließende Entscheidung im Kabinett getroffen. Dafür sprechen gute Gründe, zumal auf diesem Wege eine frühzeitige Mitbeteiligung des Kanzleramts sichergestellt wird. Dem steht nicht entgegen, dass dort, wo nicht gesellschaftliche Interessengegensätze, sondern vorwiegend fachlich verwandte Aufgabenfelder in Rede stehen, das Organisationsmodell „Lebensbereich" zu wünschenswerten Synergieeffekten führen kann.[43]

---

[40] Zugespitzt *K. von Beyme*, Organisationsgewalt, Patronage und Ressorteinteilung im Bereich der Regierung, in: Die Verwaltung (2), 1969, S. 279 ff.; 292 ff. (Verbandsinseln/Gruppenfriede).

[41] *Busse* (Anm. 19), S. 260 f; kritisch *Leisner*, Der Superminister. Machtverlust für Kanzler, Regierung, Parlament, Sozialpartner, in: Zeitschrift für Rechtspolitik (35) 2002, S. 501 ff.

[42] *Kommission* (Anm. 34), Bd. II. S. 50; *Laux* (Anm. 35), S. 9.

[43] *Kommission* (Anm. 34), Bd. II. S. 50; s.a. *König* (Anm. 31) S. 337.

3. Funktionsgerechtes Binnenmanagement

Ministerien haben in der Regel *zwei Funktionen*: Sie unterstützen den Minister in seiner Eigenschaft als Mitglied der Regierung und sie sind zugleich oberste Verwaltungsbehörde. Das Ministerium als *politisches Organ* bereitet die Entscheidungen des Ministers als Regierungsmitglied vor. Das Ministerium als *administratives Organ steuert* den Vollzug, erlässt Verordnungen, Richtlinien oder Verwaltungsvorschriften, ist Dienstherr und Aufsichtsbehörde. Nur in besonderen Fällen sollen auch typische Vollzugsaufgaben im Ministerium angesiedelt werden.

Unter dem Aspekt des Ressortszuschnitts ist ferner zu beachten, dass es verschiedene *Grundtypen* von Ministerien gibt. Laux[44] unterscheidet Ministerien für die Verwaltung einer Ressource (Finanzministerium) / Ministerien für die Vorhaltung von Personal (auf Landesebene etwa Schule und Justiz) / Ministerien für sozialökonomische Steuerung (wie etwa Ressorts für Wirtschaft, Verkehr, Umwelt, Gesundheit oder Wissenschaft) sowie Ministerien mit Assistenzfunktion (wie früher das sogenannte Bundesratsministerium). Zu erwähnen bleibt auch die Rolle von Auffangministerien (in Deutschland traditionell das Bundesministerium des Innern), in dem sich abzeichnende neue Aufgaben über Referate und Abteilungen ihren späteren Weg in andere Ressorts begonnen haben. Hinzu kommen Ministerien mit Sonderaufgaben oder Minister ohne Geschäftsbereich.[45]

Unter dem Stichwort „Binnenmanagement" soll hier wie folgt abgeschichtet werden: Einmal fragen wir nach den Rahmenbedingungen für eine funktionsgerechte *Balance* innerhalb des Kabinetts; zum Zweiten geht es um *allgemeine Organisations- und Leitungsstrukturen innerhalb von Ministerien*

a) Kabinettsarchitektur

Die Projektgruppe formulierte seinerzeit, unabhängig von der Zahl der Ressorts und den dazu angestellten Überlegungen sollten die Zuständigkeiten so aufgeteilt werden, dass eine annähernde Ausgewogenheit der Ressorts erreicht wird; entscheidend für die Beurteilung sei das politische Gewicht des Anteils an den gesamten Staatsaufgaben.[46] Auch die Kommission Neue Führungsstruktur Baden-Württemberg strebte eine Zuordnung an, bei der das politische Ge-

---

[44] *Laux* (Anm. 35), S. 1 ff.
[45] Dazu *Böckenförde* (Anm. 10), S. 221 f.; *Busse* (Anm. 11), Rn. 6; *Herzog* (Anm. 11), Rn. 6, 7; *Roth* (Anm. 11), S. 144.
[46] *Projektgruppe* (Anm. 33), S. 9 f.

wicht der Ressorts möglichst gleich sei.[47] Laux definierte das wie folgt: „Politisches Gewicht ist keine abstrakte Größe sondern äußert sich in der

- Bedeutung des Ressorts gegenüber Parlament, Parteien und politischer Öffentlichkeit,
- Bedeutung im Zusammenwirken mit anderen Ressorts einschließlich der Fähigkeit, eigene Mittel aktiv in die Zusammenarbeit einbringen zu können,
- Umsetzungsfähigkeit politischer Ziele in administrative Aktivitäten".

Er fährt im Blick auf neu erkannte Politikfelder fort: „Ist eine solche Ausgewogenheit nicht herstellbar, so empfiehlt sich in aller Regel nicht die Bildung eines neuen Ressorts, sondern die Angliederung des Problems und Aufgabenfeldes an ein bestehendes Ministerium".[48]

Wer darauf abstellt, dass den Kabinettssitzungen eine ergebnisoffene Diskussions- und Entscheidungssituation zugrunde liegen soll, spricht sich unter gruppendynamischen Aspekten für eine begrenzte Mitgliederzahl aus.[49] Dabei bleiben angesichts der politisch überlagernden Realitäten alle Überlegungen sowohl zur ausgewogenen Kräfteverteilung als auch zu einem durchgehend ergebnisoffenen Entscheidungsprozess im Kabinett zwar grundsätzlich berechtigt, aber doch eher idealtypische Zielvorgaben.

b) Organisations- und Leitungsstrukturen

aa) Äußerer und innerer Zuschnitt

Bull geht in seinem Lehrbuch von einem idealtypischen Ressortszuschnitt (einer Landesregierung) von acht Ministerien aus (Justiz, Innen, Kultus, Wirtschaft, Landwirtschaft, Umwelt, Arbeit und Soziales, Finanzen).[50] Vom 31.5.1988 – 24.1.1995 war er schleswig-holsteinischer Innenminister – die ganze Zeit übrigens mit „klassischer" Ressortbezeichnung – also ohne „Und-Zusätze".

Die Vorbereitungskommission zum Entwurf des Grundgesetzes (Herrenchiemseer Konvent) hatte eine Begrenzung auf *sieben bis acht* ständige Minis-

---

[47] *Kommission* (Anm. 34), Bd. II, S. 51.

[48] *Laux* (Anm. 35), S. 5 f.

[49] *Derlien* (Anm. 35), S. 567; *Laux* (Anm. 35), S. 3.

[50] *Bull/Mehde* (Anm. 3), S. 60; zur Kabinettsgröße s. auch oben Anm. 27 und *Derlien* (Anm. 35), S. 567.

ter und eventuell zwei Minister ohne Portefeuille vorgeschlagen.[51] Der Organisationsausschuss der Ministerpräsidenten[52] sah neben Innen-, Justiz- und Finanzministerium noch Ministerien für Ernährung und Landwirtschaft, Verkehr und Post, Wirtschaft und Arbeit vor. Bundeskanzler Adenauer hat sich nicht daran gehalten, sondern 13 Ministerien eingerichtet, wobei die auswärtigen Aufgaben zunächst noch im Kanzleramt wahrgenommen wurden und es ein Verteidigungsministerium noch nicht gab. Die Größenordnung von 13 Ministerien wurde bis heute nicht unterschritten; die *Obergrenze* ergab sich im Zusammenhang des Wiedervereinigungsprozesses, als Bundeskanzler Kohl zeitweilig sein Kabinett auf insgesamt 24 Minister aufstockte.[53] Zu Beginn der 12. Wahlperiode wurde das Ministerium für Jugend, Familie, Frauen und Gesundheit in drei Ressorts aufgeteilt: Familie und Senioren; Gesundheit; Frauen und Jugend – dessen Ministerin die junge Abgeordnete Angela Merkel wurde. Als sie 1994 in das Umweltministerin wechselte, führte man die Bereiche Frauen und Jugend (wieder) mit Familie und Senioren zusammen.[54]

Organisationsberater verweisen darauf, welche *Einspareffekte* durch die Zusammenlegung erzielt werden könnten;[55] das zielt vor allem auf die Querschnittsaufgaben (Personal, Organisation, Haushalt, Datenverarbeitung, Registratur, Hausverwaltung einschließlich technische Dienste, Fuhrpark, Bibliotheks- und Registraturdienste). Rationalisierungseffekte werden sich am ehesten über die Einrichtung von Shared Service Centern durchsetzen, das heißt durch Bündelung bestimmter Querschnittsaufgaben in einem Ressort oder in Form einer oberen Bundesbehörde (wie etwa beim Bundesverwaltungsamt).

Bei der Suche nach Ausgewogenheit sind auch *quantitative Messgrößen* wie das zu verwaltende Budget oder die Zahl der Kabinettsvorlagen untersucht worden. Laux stimmte der Projektgruppe zu, dass etwa bei der Entscheidung über Neugründung oder Neuzuschnitt solche Kriterien offenbar nicht ausschlaggebend sind; das gilt nach Laux auch nur eingeschränkt für die Zahl der

---

[51] *Böckenförde* (Anm. 10), S. 193.

[52] *G. Lehngut/K. Vogelgesang*, Die Organisationserlasse der Bundeskanzler seit Bestehen der Bundesrepublik Deutschland im Lichte der politischen Entwicklung, in: AöR (113), 1988, S. 532 ff., 537.

[53] *Busse* (Anm. 19), S. 252.

[54] Zur Entwicklung der Kabinettsstrukturen umfassend *Busse*, Bundeskanzleramt und Bundesregierung, 4. Aufl., Heidelberg 2005, S. 172 ff.; 192 ff; s.a. *Gebauer* (Anm. 8), S. 33 ff. (Bundes- und Landesebene) sowie *H. Hoffmann*, Die Bundesministerien 1949 – 1999. Bezeichnungen, amtliche Abkürzungen, Zuständigkeiten, Aufbauorganisation, Leitungspersonen, Koblenz 2003.

[55] *R. Wassermann*, Zur Reform von Bundesregierung und politischer Willensbildung, in: Recht und Politik 1999, S. 32 ff. (zu einem Gutachten von Roland Berger); weitere Nachweise auch bei *G. F. Schuppert*, Verwaltungswissenschaft. Verwaltung, Verwaltungsrecht, Verwaltungslehre, Baden-Baden 2000, S. 984 ff.

Beschäftigten. Maßgeblich schien vielmehr stets die politische Position innerhalb des Regierungsprogramms.[56] Gleichwohl ist nicht von der Hand zu weisen, dass auch quantitative Größen bei der Suche nach (z.B. koalitionsinterner)
Ausgewogenheit herangezogen werden können, etwa durch Verlagerung einer
personal- oder budgetstarken Fachabteilung. Das gilt insbesondere beim Zuschnitt sogenannter „Und-Ministerien" (zum Beispiel für Umwelt *und* Gesundheit; Inneres *und* Sport usw.).

Wenig bewährt hat sich die Ausgründung kleiner Sonderministerien wie für
Frauenfragen; erfolgreicher scheint hier, solche Aufgaben einem großen Ministerium zuzuordnen, gegebenenfalls unter Ergänzung der Ressortbezeichnung;
das erhöht nicht zuletzt die politische Tauschkapazität[57] bei Ressortverhandlun-
gen. Wichtig bleibt, dass nach einem Neuzuschnitt tatsächlich alle Aufgaben
lückenlos und klar nachvollziehbar verteilt sind; empfohlen wird eine Klausel,
dass bei der Umschichtung nicht ausdrücklich erwähnte Bereiche einem ganz
bestimmten Ressort zugewiesen werden / bleiben.[58]

Als mögliche Referenzen zum organisatorischen Zuschnitt benennt König –
neben Aufgabenfeld und Klientel – auch Gleichartigkeit der Leistung oder Ter-
ritorialbezug.[59]

bb) Effizienz durch Motivation

Nach Möglichkeit soll – so Laux – für jeden Geschäftsbereich eine ausgewogene Mischung von fortbestehenden *Daueraufgaben und Zukunftsproblemen*
angestrebt werden. Dies auch im Hinblick auf die Motivation von Minister und
Administration, einerseits gesellschaftlich anerkannte Aufgaben zu verantworten und gegebenenfalls innovativ zu durchforsten, aber zugleich durch die Weiterentwicklung neuer Problemfelder gefordert zu werden. So braucht jedes Ressort einen hinreichenden Gestaltungsspielraum in der politischen Arena, der
dem Minister Profilierung und den Mitarbeitern Identifikation ermöglicht.[60]

In diesem Zusammenhang spielt auch das Stichwort von der *Kontrollspan-
ne*[61] eine Rolle. Die persönlichen Kapazitäten eines Ressortchefs, sich mit glei-

---

[56] *Derlien* (Anm. 35), S. 571 f.; *Laux,* (Anm. 35), S. 5.

[57] *Derlien* (Anm. 35), S. 575.

[58] *Busse* (Anm. 20), S. 411.

[59] *König* (Anm. 31), S. 335; grundsätzlich zur Organisation insbes. auch *V. Busse,*
Regierungsbildung aus organisatorischer Sicht. Tatsächliche und rechtliche Betrachtungen am Beispiel des Regierungswechsels 1998, in: Die Öffentliche Verwaltung (52),
1999, S. 313 ff.

[60] *Laux* (Anm. 35), S. 8, 10.

[61] *Laux* (Anm. 35), S. 9; *Derlien* (Anm. 35), S. 566; *Busse* (Anm. 20), S. 408.

cher Aufmerksamkeit verschiedenen politischen Feldern zuzuwenden, sind begrenzt. Nach innen können sich einzelne Abteilungen abgeschrieben fühlen, nach außen wird es schwer, ein klar erkennbares Profil zu entwickeln. Auch die Einrichtung reiner Planungs- oder Koordinationsministerien wird kritisch gesehen.[62] Sie wären stets in der Rolle, sich in Ressortkompetenzen anderer einzumischen und sich ohne die Autorität eines Kanzleramtes mit den Fachministerien auseinandersetzen zu müssen.

Größere Veränderungen im Ressortszuschnitt führen mindestens zeitweilig zu *Effizienzverlusten*. Laux spricht von einer Dauer von ein bis zwei Jahren, ehe größere Organisationsveränderungen einigermaßen verkraftet sind.[63] Das gilt vor allem, wenn bislang in der Ausrichtung auf politische Ziele oder Zielgruppen eher konträre oder nach Sozialisation und hergebrachten Handlungsmustern verschiedene Personalkörper zusammengeführt werden (z. B. wirtschaftsnahe und gewerkschaftsnahe Ressorts / Auswärtiges Amt und Entwicklungshilfe). Im Ausnahmefall kann die Neubildung eines Ressorts mit einem in sich geschlossenen, zukunftsorientierten Leitbild zu einem Motivationsschub für die Mitarbeiter führen – es bedeutet eine öffentliche Aufwertung ihres Aufgabenbereichs (z. B. Umwelt). Als grundsätzlicher *Vorteil größerer Personalkörper* gilt die Chance, innerhalb des gleichen Hauses mehr Flexibilität bei der Personalbewirtschaftung zu gewinnen und zudem über ein Potential an Fachwissen für wirksame politische Initiativen zu verfügen.[64]

Insgesamt bleiben vorbereitende und begleitende Personalentwicklungskonzepte und die Erfahrungen des Changemanagements hoch einzuschätzen.

4. Flankierung durch Ablaufstrukturen

a) Schlüsselfunktion der Geschäftsordnung

Der Ablauf der praktischen Kabinettsarbeit wird maßgeblich durch die von der Bundesregierung beschlossene Geschäftsordnung geprägt. Als unterverfassungsrechtliche Norm kann ihr allerdings keine kompetenzbegründende Eigenwirkung zufallen.[65]

---

[62] *Projektgruppe* (Anm. 33), S. 21; *K. Stern*, Das Staatsrecht der Bundesrepublik Deutschland, Band I., 2. Aufl., München 1984, § 22 III 2 b S. 985; *Herzog* (Anm. 11), Rn. 47 hält diese für zulässig, soweit ihnen keine eigene Weisungs- und Entscheidungsbefugnis zukommt; skeptisch sogar gegenüber einem Minister im Kanzleramt *Schenke* (Anm. 23), Rn. 54; s.a. *Meyn* (Anm. 12), Rn. 12.

[63] *Laux* (Anm. 35), S. 3.

[64] *Laux* (Anm. 35), S. 8.

[65] *Detterbeck* (Anm. 11), Rn. 54; *Schröder* (Anm. 11), § 64 Rn. 25.

Gemäß § 9 der *Geschäftsordnung der Bundesregierung*[66] wird der Geschäftsbereich der einzelnen Bundesminister in den Grundzügen durch den Kanzler festgelegt; bei Überschneidungen und sich daraus ergebenden Meinungsverschiedenheiten zwischen den einzelnen Bundesministern entscheidet die Bundesregierung durch Beschluss. Unbeschadet dessen dürfte die Praxis eher von einer auch Streit schlichtenden Organisationsgewalt des Kanzlers (oder des Kanzleramtes) ausgehen.[67]

Besondere Verfahrensrechte werden in § 15 a den für Familie und für Verbraucherschutz zuständigen Ministern sowie in § 26 dem Finanz-, Justiz- und Innenminister eingeräumt; ein sogar verfassungsrechtliches Zustimmungsrecht des Finanzministers kann sich aus Artikel 112 GG ergeben (z. B. bei über- und außerplanmäßigen Ausgaben im Zuge einer Neugründung).

b) Insbesondere: Zentrale Koordinierung

Auch bei Berücksichtigung rationaler Kriterien bleiben Überschneidungen niemals auszuschließen. Daher kommt der *politischen Koordinierung* innerhalb der Regierung eine zentrale Aufgabe zu.[68] Diese wird im Wesentlichen vom Chef des Bundeskanzleramtes (bzw. vom Chef der Staatskanzlei) zusammen mit den Koordinationsabteilungen und dort insbesondere den *Spiegelreferaten* geleistet. Diesen obliegt letztlich das integrierende Programm - Management des Kabinetts. Die Referatsleiter begleiten alle wichtigen Vorhaben „ihres" Ministeriums, unterrichten den Regierungschef und sind in der Verantwortung, Reibungspunkte mit anderen Ministerien, Regierungsfraktionen oder gesellschaftlichen Gruppen frühzeitig zu erkennen. Lassen sich fachliche Differenzen nicht ausräumen, so versucht der Chef des Kanzleramtes Gegensätze auszugleichen. Insoweit kann eine effiziente Koordinierung durch die Regierungszentrale auch Kompetenzüberschneidungen erfolgreich auffangen. Eine solche Koordination setzt nicht nur politische Sensibilität, sondern auch die Fähigkeit voraus, sich schnell in oft sehr unterschiedliche Fachprobleme einzudenken. In einer Studie über das Bundeskanzleramt heißt es, aufgrund der Gefahr einer durch den Ressortbezug verengten Sichtweise der Spiegelreferate sei deren Abschaffung zu Gunsten anderer Steuerungseinheiten „das dringende Gebot der

---

[66] Geschäftsordnung der Bundesregierung vom 11.5.1951(GMBl. S. 137), zuletzt geändert gem. Bekanntmachung des BMI vom 21.11.2002 (GMBl. S. 848).

[67] *Busse* (Anm. 11), Rn. 4; *Herzog* (Anm. 11), Rn. 2; *Meyn* (Anm. 12), Rn. 14 a.

[68] *Busse* (Anm. 54), S. 56; *Gebauer* (Anm. 37), S. 489 ff.; *Knoll* (Anm. 23), S. 209.

Stunde".[69] Davon kann nur abgeraten werden; das schließt die Einrichtung flankierender Querschnittseinheiten nicht aus.[70]

IV. Zwischen self-restraint und internationaler Anbindung

Die Aufarbeitung unseres Themas kann innerhalb des vorgegebenen Rahmens nicht abschließend sein. Immerhin mag man als Zwischenbilanz festhalten, dass es – ganz im Sinne einer „realitätsgerechten Rechtswissenschaft" – hinreichend verfassungsrechtliche wie verwaltungswissenschaftliche Rationalitätskriterien gibt, die sich bei der Entscheidungsfindung über einen möglichen Ressort(neu)zuschnitt sinnvoll ergänzen. Und falls sich eine Bundes- oder Landesregierung entscheiden sollte, das Thema Ressortzuschnitt nach langer Zeit wieder einmal grundsätzlich aufarbeiten zu lassen, so finden sich in den Berichten von Projektgruppe und Kommission Baden-Württemberg unverändert nützliche Hinweise zum Verfahren und zur Einbeziehung internen wie externen Sachverstandes.

Zugleich muss man sich allerdings dessen bewusst bleiben, dass auch künftig ganz andere, nämlich *„politische Rationalitäten"* beim Ressortzuschnitt eine (mit-)entscheidende Rolle spielen werden: Solche Kriterien nämlich, die schlicht mit Proporz oder dem persönlichen Profil einzelner Ministerkandidaten zu tun haben. Da geht es um Fraktionszugehörigkeit, regionale Herkunft, Geschlecht oder vielleicht Konfession, nach einem in der Öffentlichkeit erworbenen fachlichen oder politischen Profil; es geht um die Einbindung hoher Integrationsfähigkeit, um die Belohnung für langjährige Verdienste, um Nachwuchsförderung oder um die Machtbalance im (Koalitions-)Kabinett[71] – mit möglichen Auswirkungen auch auf den Zuschnitt der Regierung. So behält jede Komposition einer Regierungsmannschaft immer etwas von einem Kunstwerk.

---

[69] *R. Sturm/H. Pehle,* Das Bundeskanzleramt als strategische Machtzentrale, in: *Bertelsmann-Stiftung* (Hrsg.), Jenseits des Ressortdenkens – Reformüberlegungen zur Institutionalisierung strategischer Regierungsführung in Deutschland, Gütersloh 2007, S. 56 ff, 70.

[70] *Gebauer* (Anm. 37 – Staatskanzleien –), S. 133 f.; *Knoll* (Anm. 23), S. 215 f.; zur internationalen Vorbildfunktion der Spiegelreferate *H.-U. Derlien,* Regierungsorganisation – Institutionelle Restriktionen des Regierens?, in: H.-H. Hartwich/G. Wewer (Hrsg.), Regieren in der Bundesrepublik I, Opladen 1990, S. 91 ff., 100.

[71] Dazu *Busse* (Anm. 11), Rn. 3; *Derlien* (Anm. 35), S. 571 ff.; *Gebauer* (Anm. 8), S. 36 ff.; *Knoll* (Anm. 23), S. 206; *W. Schreckenberger,* Informelle Verfahren der Entscheidungsvorbereitung zwischen der Bundesregierung und den Mehrheitsfraktionen. Koalitionsgespräche und Koalitionsrunden, in: Zeitschrift für Parlamentsfragen (25), 1994, S. 329 ff., 330.; *Weckerling-Wilhelm* (Anm. 19), Rn. 8; zum „Koalitionsproporz" jetzt ausführlich *E. Linhart/F. U. Pappi/ R. Schmitt,* Die proportionale Ministerienaufteilung in deutschen Koalitionsregierungen. Akzeptierte Norm oder das Ausnutzen strategischer Vorteile?, in: Politische Vierteljahresschrift (XLIX), 2008, S. 46 ff., S. 46 ff.

Das gehört dazu – und self-restraint wissenschaftlicher Beratung bleibt angesagt.[72]

Umso erfreulicher ist umgekehrt, dass jüngst eine *weltweit angelegte Studie* damit begonnen hat, empirisch gesicherte Erkenntnisse zum idealen Ressortszuschnitt zu gewinnen. Auf einem Fachkongress des Internationalen Instituts für Verwaltungswissenschaften (IIAS / Brüssel) wurde im Juli 2010 ein koreanisches Forschungsvorhaben präsentiert, das unter anderem den Zusammenhang zwischen Kabinettsgröße und Effizienz der Regierungsarbeit untersuchen möchte.[73]

Heinrich Siedentopf hat es seinerzeit als eine Aufgabe der Verwaltungswissenschaft definiert, „in der vergleichenden Analyse so konkreter Probleme wie des Ressortzuschnitts die vielfältigen und komplexen Wirksamkeitsbedingungen von Regierung und Verwaltung, ihre differenzierten Rationalitätskriterien zu analysieren und sich über solche Ergebnisse empirisch orientierter Forschung Bausteine einer Theorie zu erarbeiten".[74] Sein damals auf Deutschland, Frankreich und Großbritannien bezogener Ansatz hat jetzt die internationale Ebene erreicht.

Hans Peter Bull wird sich darüber freuen: als langjähriges Kabinettsmitglied, als Wissenschaftler – und nicht zuletzt als Tagungspräsident einer früheren IIAS-Konferenz.[75]

---

[72] *Derlien* (Anm. 35), S. 549, 579 f.; *Siedentopf* (Anm. 9), S. 13 widerspricht allerdings, soweit *von Beyme* pauschal formuliert: „Der Rationalist, der nach logischen Kriterien der Einteilung von Ressorts sucht, wird von der praktischen Politik enttäuscht" (Anm. 40, S. 292).

[73] *Cho, Munseok/Moon, M. Jae/Chung, Janghoon*: Functional Scope, Structure and Size of Government and Governance Capacity (Draft), Department of Public Administration, Yonsei University, Seoul 2010 (Arbeitspapier für den 28. IIAS-Kongress, Juli 2010).

[74] *Siedentopf* (Anm. 9), S. 18.

[75] *H. P. Bull*, Die Berliner IIAS-Konferenz im September 2005, in: Verwaltungswissenschaftliche Informationen (33), Heft 3-4, Berlin 2005, S. 54 f.

„Ausbrechende Rechtsakte"
in der europäischen Gerichtsverfassung

Armin Hatje

I. Kompetenzordnung und europäische Gerichtsverfassung

Kompetenzordnungen verteilen politische Gestaltungsmacht auf verschiedene Akteure und sichern zugleich die individuelle Rechtssphäre gegen willkürliche Eingriffe. Sie sind, neben den Grundrechten, ein konstituierendes Element der Rechtsstaatlichkeit. Auch in der Europäischen Union (EU) haben die Vorschriften über die Verteilung der Zuständigkeiten zwischen den Mitgliedstaaten und ihrer überstaatlichen Komplementärorganisation eine grundlegende Bedeutung. Sie weisen der Union bestimmte Befugnisse zu und bestimmen das mit ihrer Ausübung betraute Organ. Gemäß dem grundlegenden Prinzip der begrenzten Einzelermächtigung (Art. 5 Abs. 1 u. 2 EUV) können die Union und ihre Organe nur die in den Verträgen eingeräumten Kompetenzen in Anspruch nehmen. Die zentrale Instanz zur Sicherung der Zuständigkeitsordnung ist der Gerichtshof der Europäischen Union.

Indes wurde dem Gerichtshof wiederholt der Vorwurf gemacht, die Grenzen der europäischen Zuständigkeiten dadurch verletzt zu haben, dass er entweder seine eigenen Zuständigkeiten überschritten oder Kompetenzverletzungen durch die anderen Organe gebilligt hat. Angefangen bei der Rechtsprechung zur unmittelbaren Wirkung von Richtlinien[1], über die Anerkennung einer allgemeinen Staatshaftung bei der Verletzung des Unionsrechts[2], die Auslegung der

---

[1] Siehe in Deutschland etwa die Kontroverse zwischen dem BFH und dem BVerfG, BFH, Beschluss vom 16. Juli 1981 – V B 51/80 (Kloppenburg I), EuR 1981, S. 442; BFH, Urteil vom 25. April 1985 – V R 123/84 (Kloppenburg II), , EuR 1985, S. 191; dazu BVerfGE 75, 223; auch beim französischen Conseil d' Etat stieß die Rechtsprechung zunächst auf Ablehnung, C.E., Entscheidung vom 22.Dezember 1978, Cohn-Bendit, EuR 1979, S. 292 (in deutscher Übersetzung); überholt durch C.E., Entscheidung vom 28.Februar 1992, Rothmans u.a., AJDA 1992, S. 210.

[2] Dazu eingehend *M. Cornils*, Der gemeinschaftsrechtliche Staatshaftungsanspruch, Baden-Baden 1995; *D. Tietjen*, Das System des gemeinschaftsrechtlichen Staatshaftungsrechts, Berlin 2010; siehe ferner *R. Caranta*, Judicial Protection Against Member States: A New *Jus Commune* Takes Shape, CMLR 1995, S. 703; *F. Schockweiler*, La

Binnenmarktkompetenz des Art. 114 AEUV (ex Art. 95 EGV) im Falle des Ta-
bakwerbeverbots[3] bis zu Urteilen aus jüngerer Zeit, in denen der Gerichtshof
nationale Vorschriften des Arbeitsrechts unter Berufung auf europäische
Grundsätze für unanwendbar erklärte[4], reicht die Liste kritisch kommentierter
Fälle. Sie zeigen, unabhängig davon, ob die Vorwürfe im konkreten Fall berechtigt waren, dass es letztlich auf die Frage ankommt, welche Voraussetzungen und rechtlichen Folgen es hätte, wenn der EuGH seine Zuständigkeiten
überschreiten würde.

Das Bundesverfassungsgericht hat in diesem Zusammenhang den Begriff
des „ausbrechenden Rechtsakts" geschaffen.[5] Er markiert die Grenze des verbindlichen Unionshandelns, sei es durch den Gesetzgeber, die Exekutive oder
die Gerichtsbarkeit. Zugleich eröffnet er den nationalen Gerichten eine eigene
Ultra-vires-Kontrolle und weist ihnen die Letztentscheidungsbefugnis über die
Anwendbarkeit europäischen Rechts zu.[6] Wo aber genau verläuft die Linie zwischen der extensiven Nutzung einer Kompetenz und einem ausbrechenden
Rechtsakt? Führt etwa jede Verletzung von Zuständigkeiten bereits zu einem
ausbrechenden Rechtsakt? Wer entscheidet unter welchen Voraussetzungen,
wann ein solcher Akt vorliegt? Welche Konsequenzen hat die Feststellung?
Nach dem Honeywell-Beschluss des Bundesverfassungsgerichts vom 6. Juli
2010[7], der insofern als wegweisend bezeichnet werden kann, besteht Anlass,

---

responsabilité de l' autorité nationale en cas de violation du droit communautaire, RTDE
1992, S. 27.

[3] Vgl. etwa *C. Hillgruber*, Die Verwirklichung des Binnenmarktes durch Rechtsangleichung – Gemeinschaftsziel und -kompetenz ohne Grenzen?, in: Krause/Veelken/
Vieweg (Hrsg.), Recht der Wirtschaft und der Arbeit in Europa: GS für Wolfgang Blo-
meyer, Berlin 2004, S. 597; *M. Möstl*, Grenzen der Rechtsangleichung im europäischen
Binnenmarkt – Kompetenzielle, grundfreiheitliche und grundrechtliche Schranken des
Gemeinschaftsgesetzgebers, EuR 2002, S. 318; *P.-C. Müller-Graff*, Die Rechtsangleichung zur Verwirklichung des Binnenmarktes, EuR 1989, S. 107; zum „Tabakwer-
bungs-Urteil" des EuGH *J. Gundel*, Die Tabakprodukt-Richtlinie vor dem EuGH: Zur
Zulässigkeit der Nutzung doppelter Rechtsgrundlagen im Rechtsetzungsverfahren der
Gemeinschaft – Anmerkung zu EuGH, Rs. C-491/01 – BAT/Secretary of State, EuR
2003, S. 100.

[4] Siehe nur *R. Herzog/L. Gerken*, Stoppt den Europäischen Gerichtshof!, FAZ v.
08.09.2008, S. 8; *L. Gerken/V. Rieble/G. H. Roth/T. Stein/R. Streinz*, „Mangold" als ausbrechender Rechtsakt, München 2009.

[5] Vgl. BVerfGE 58, 1 (30 f.); 75, 223 (235, 242); 89, 155 (188); 123, 267 (353); Beschluss vom 6. Juli 2010 – 2 BvR 2661/06 (Honeywell), EuZW 2010, S. 828.

[6] Siehe nur BVerfGE 123, 267 (353 f.).

[7] BVerfG, Beschluss vom 6. Juli 2010 – 2 BvR 2661/06 (Honeywell), EuZW 2010, S.
828; siehe dazu etwa *C. O. Lenz*, Erfreuliche Momentaufnahme – Zum Mangold-Urteil
des BVerfG, EWS 9/2010, Erste Seite; *J. P. Terhechte*, Von Lissabon zu Mangold – Die
Konsolidierung des europäischen „Verfassungsgerichtsverbundes" durch das BVerfG,
EuZW 2011, S. 81; *H. Sauer*, Europas Richter Hand in Hand? – Das Kooperationsver-

diesen Fragen erneut nachzugehen. Die Antworten reichen über den engeren Bereich der europäischen Gerichtsverfassung hinaus. Sie konturieren auch das grundsätzliche Verhältnis zwischen Unionsrecht und nationalem Recht, welches *Hans Peter Bull* bereits in seiner Habilitationsschrift unter dem Aspekt einer zukunftsfähigen Staatsaufgabenlehre beschäftigt hat.[8]

II. Kompetenzwidrige Akte im europäischen Gerichtsverbund

Die Grundkonstellation ist einfach. Jede rechtsstaatliche Ordnung kalkuliert die Verletzung von Kompetenzgrenzen ein. So gehört etwa die Unzuständigkeit zu den sog. *cas d'ouverture* der Nichtigkeitsklage nach Art. 263 AEUV.[9] Die Rechtsfolge bestimmt Art. 264 AEUV, wonach der Gerichtshof bei einer begründeten Klage die angefochtene Handlung aufhebt und dadurch den Kompetenzverstoß beseitigt. Problematisch wird es erst, wenn der Gerichtshof selbst seine Zuständigkeiten überschreitet oder eine Überschreitung durch die anderen Unionsorgane billigt. Dann greift die autonome rechtsstaatliche Kontrolle durch die europäische Gerichtsbarkeit nicht mehr. Aber kann dieser Fall überhaupt eintreten?

1. Die Theorie des ausbrechenden Rechtsakts

Mit dem rein tatsächlich-pragmatischen Hinweis, weder die politischen Unionsorgane noch der EuGH werden ihre Kompetenzen in dieser Weise nutzen, lässt sich die Frage nicht beantworten. Rechtlich zielt sie vor allem auf die Verteilung der Entscheidungskompetenzen in der europäischen Gerichtsverfassung ab. Aus der Perspektive einer autonom konzipierten Unionsrechtsordnung lautet die Antwort, dass der Gerichtshof das letzte Wort in einer ihm zugewiesenen Rechtssache hat.[10] So unterstrich der EuGH bereits 1957 in der Rechtssache

---

hältnis zwischen BVerfG und EuGH nach Honeywell, EuZW 2011, S. 94; *M. Payandeh*, Constitutional review of EU law after *Honeywell*: Contextualizing the relationship between the German Constitutional Court and the EU Court of Justice, CMLR 2011, S. 9; *A. Proelß*, Zur verfassungsgerichtlichen Kontrolle der Kompetenzmäßigkeit von Maßnahmen der Europäischen Union: Der „ausbrechende Rechtsakt" in der Praxis des BVerfG – Anmerkung zum Honeywell-Beschluss des BVerfG vom 6. Juli 2010, EuR 2011, S. 238.

[8] Vgl. *H. P. Bull*, Die Staatsaufgaben nach dem Grundgesetz, 1. Aufl., Frankfurt a.M. 1973, S. 257 f. u. 259.

[9] Der Gerichtshof der Europäischen Union war daher schon immer „Kompetenzgericht". Deshalb war von Anbeginn nicht klar, welchen zusätzlichen Nutzen ein spezielles Gericht zur Wahrung der europäischen Kompetenzordnung haben sollte, siehe aber *R. Herzog/L. Gerken* (Anm. 4).

[10] Siehe zu dieser Position *H. P. Ipsen*, Europäisches Gemeinschaftsrecht, Tübingen 1972, S. 260 ff.; *G. Nicolaysen*, Europarecht I, 2. Aufl., Baden-Baden 2002, S. 72 ff.;

Algera, dass Rechtsakte der – damals – Gemeinschaftsorgane solange als gültig zu betrachten sind, bis sie vom erlassenden Unionsorgan oder vom EuGH in einem förmlichen Rechtsmittelverfahren aufgehoben werden.[11] Danach gibt es keine ausbrechenden Rechtsakte im Sinne des Bundesverfassungsgerichts, sondern nur rechtmäßige oder allein vom EuGH aufzuhebende rechtswidrige Maßnahmen.

Dieser Ansicht steht eine in Europa verbreitete, man muss wohl sagen: herrschende Meinung gegenüber, wonach der Gerichtshof in einem „Staatenverbund" oder „Vertragsverbund" nicht in jedem Fall das letzte Wort haben darf.[12] Namentlich das Grundgesetz öffnet sich europäischer Hoheitsgewalt nur soweit, wie es die parlamentarische Ermächtigung gestattet. So hat das Bundesverfassungsgericht erstmals in seinem Kloppenburg-Beschluss von 1988 formuliert, es sei verfassungsrechtlich erheblich, ob „eine zwischenstaatliche Einrichtung im Sinne des Art. 24 Abs. 1 GG sich in den Grenzen der ihr übertragenen Hoheitsrechte hält oder aus ihnen ausbricht [...]".[13] Im Maastricht-Urteil präzisierte das Gericht sein Konzept: „Würden etwa europäische Einrichtungen oder Organe den Unions-Vertrag in einer Weise handhaben oder fortbilden, die von dem Vertrag, wie er dem deutschen Zustimmungsgesetz zugrunde liegt, nicht mehr gedeckt wäre, so wären die daraus hervorgehenden Rechtsakte im deutschen Hoheitsbereich nicht verbindlich. Die deutschen Staatsorgane wären aus verfassungsrechtlichen Gründen gehindert, diese Rechtsakte in Deutschland anzuwenden."[14] Diese materiell-verfassungsrechtliche Betrachtungsweise hat eine wichtige prozessuale Konsequenz: für die Feststellung derartiger Grenzüberschreitungen bleibt letztlich das Bundesverfassungsgericht zuständig. Das Gericht wörtlich: „Dementsprechend prüft das Bundesverfassungsgericht, ob Rechtsakte der europäischen Einrichtungen und Organe sich in den Grenzen der ihnen eingeräumten Hoheitsrechte halten oder aus ihnen ausbrechen."[15] Dabei kann es sich um Akte des europäischen Gesetzgebers, Maßnahmen im direkten Verwaltungsvollzug oder um Entscheidungen der Unionsgerichte handeln. Letztere sind besonders bedeutsam, weil in ihnen die sachlichen und or-

---

letztlich folgt auch der EuGH diesem Konzept, welches besonders prägnant in der Rs. 11/70, Internationale Handelsgesellschaft, Slg. 1970, 1125, Rn. 3, zum Ausdruck kommt.

[11] EuGH, verb. Rsen. 7/56 und 3- 7/57 (Algera u.a./ Gemeinsame Versammlung), Slg. 1957, 83 (126); ferner Rs. 101/78 (Granaria/Hoofdproduktschap voor Akkerbouwprodukten), Slg. 1979, 623, Rn. 4.

[12] Dänisches Höchstes Gericht (Højesteret), Urteil vom 6.April 1998, EuGRZ 1999, S. 49, 52 (in deutscher Übersetzung); siehe zu diesem Themenkreis auch *P. Craig/G. De Búrca*, EU Law, 4. ed., Oxford [u.a.] 2008, S. 353 ff.

[13] BVerfGE 75, 223 (242).

[14] BVerfGE 89, 155 (188).

[15] Siehe den Nachweis in Anm. 14.

ganisatorischen Kompetenzprobleme zusammentreffen. In der Figur des ausbrechenden Rechtsakts spiegeln sich daher nicht nur die Grenzen europäischer Handlungsbefugnisse wider. Der ausbrechende Rechtsakt markiert auch die Grenzen der exklusiven Jurisdiktion des EuGH.

2. Verdachtsfälle: der „ausbrechende Rechtsakt" im juristischen Alltag

Es geht mithin im Wortsinne um Grenzfälle. Sie sind daher zwar selten, aber von prinzipieller Bedeutung für die Abgrenzung der Rechtsprechungsbefugnisse europäischer und nationaler Gerichte. Die Praxis kennt eine Reihe von Streitfällen. So wurde ein Konflikt durch die Rechtsprechung des EuGH zur unmittelbaren Wirkung von Richtlinien ausgelöst. Insbesondere der Bundesfinanzhof (BFH) sah hierin eine unzulässige Fortbildung dieser Handlungsform, die nach dem Wortlaut des Art. 288 AEUV (damals Art. 189 EWGV) lediglich die Mitgliedstaaten bindet und ihnen die Wahl der Form und der Mittel zur Transformation des Inhalts der Richtlinie in nationales Recht überlässt.[16] Gegen die Weigerung des BFH, den EuGH in dieser Frage erneut im Wege der Vorabentscheidung anzurufen, wurde von einer Betroffenen eine Verfassungsbeschwerde wegen Verletzung der Garantie des gesetzlichen Richters (Art. 101 Abs. 1 S. 2 GG) erhoben. Sie war zwar im Ergebnis unbegründet, wurde aber vom Bundesverfassungsgericht genutzt, um eine Bindung nationaler Instanzen an Entscheidungen des EuGH und, allgemeiner, an europäische Rechtsakte in Konstellationen zu verneinen, in denen ein ausbrechender Rechtsakt vorliegt.[17] Im konkreten Fall wurde das Vorliegen einer solchen Handlung allerdings verneint.[18]

Ein weiteres Beispiel ist die Rechtsprechung des EuGH zur Haftung der Mitgliedstaaten bei Verletzung subjektiver europäischer Rechte. In der Rechtssache Francovich hatte der Gerichtshof einen allgemeinen Grundsatz der Staatshaftung entwickelt.[19] Er bezog sich dabei insbesondere auf die herzustellende Kohärenz der Haftungssysteme zwischen der EU (damals noch EWG) und den Mitgliedstaaten, die Loyalitätspflicht der Mitgliedstaaten aus Art. 5 EWGV (später Art. 10 EGV; heute Art. 4 Abs. 3 EUV) sowie die unionsrechtliche Amtshaftungsklausel des Art. 340 AEUV (damals Art. 215 EWGV).[20] Namentlich im deutschen Schrifttum wurde dem Gerichtshof vorgeworfen, er

---

[16] Vgl. die Wiedergabe der wesentlichen Gründe in BVerfGE 75, 223 (228).

[17] BVerfGE 75, 223 (235, 242).

[18] BVerfGE 75, 223 (243).

[19] EuGH, verb. Rsen. C-6/90 und C-9/90, Francovich, Slg. 1991, I-5357.

[20] Eine ausführliche Begründung hat der EuGH in den verb. Rsen. C-46/93 und C-48/93, Brasserie du Pêcheur/Factortame, Slg. 1996, I-1029, nachgeliefert.

habe den Vertrag in unzulässiger Weise fortgebildet, zumal die Begründung „geistige Diät"[21] darstelle.[22] Wieder stand das Verdikt des ausbrechenden Rechtsakts im Raum. Die ordentlichen Gerichte, insbesondere der BGH, sind der Judikatur des EuGH gleichwohl ohne Einschränkungen gefolgt.[23]

Ein letztes Beispiel, welches die möglichen Anwendungsfälle des ausbrechenden Rechtsakts illustriert, ist die sog. Mangold-Entscheidung des EuGH. In diesem Verfahren ging es um die Frage, ob europäisches Recht einer (deutschen) Regelung entgegensteht, die für Arbeitnehmer ab dem 52. Lebensjahr eine sachgrundlose Befristung des Arbeitsverhältnisses erlaubte. Der Gerichtshof vertrat in seiner Vorabentscheidung die Ansicht, eine solche Regelung sei zum einen mit bestimmten Richtlinien der EG und zum anderen mit dem Verbot der Altersdiskriminierung unvereinbar, welches zu den allgemeinen Rechtsgrundsätzen der Gemeinschaft gehöre.[24] Die Entscheidung erregte nicht zuletzt deshalb Aufsehen, weil die deutsche Befristungsregelung dazu dienen sollte, gerade ältere Arbeitnehmer leichter in Beschäftigung zu bringen. Auch in diesem Fall wurde von einer Kompetenzverletzung durch den EuGH gesprochen, und zwar einmal hinsichtlich der sachlichen Zuständigkeiten, wonach die Regelung der Arbeitsverhältnisse grundsätzlich in die Kompetenz der Mitgliedstaaten falle.[25] Zudem wurde die Annahme eines allgemeinen Rechtsgrundsatzes in Gestalt des Verbots einer Diskriminierung aus Altersgründen bezweifelt.[26] Schließlich warf man dem EuGH vor, die lange Zeit auch von ihm abgelehnte unmittelbare Wirkung von Richtlinien unter Privaten nunmehr doch bejaht zu haben, was eine Verletzung des Art. 288 AEUV (damals Art. 249 EGV) darstelle.[27]

---

[21] *F. Ossenbühl*, Der gemeinschaftsrechtliche Staatshaftungsanspruch, DVBl. 1992, S. 993, 995.

[22] *F. Ossenbühl*, Staatshaftungsrecht, 5. Aufl., München 1998, S. 486 f. mit einer Zusammenfassung der Kritik.

[23] BGHZ 134, 30; im Fall Brasserie du Pêcheur wurde die Klage allerdings als unbegründet abgewiesen, dazu *A. Hatje*, Die Haftung der Mitgliedstaaten bei Verstößen des Gesetzgebers gegen europäisches Gemeinschaftsrecht, EuR 1997, S. 297.

[24] EuGH, Rs. C-144/04, Mangold, Slg. 2005, I-9981, insb. Rn. 78; siehe ferner insbesondere EuGH, Urteil vom 19.Januar 2010, Rs. C-555/07, Kücükdeveci (noch nicht in der amtl. Sammlung).

[25] *R. Herzog/L. Gerken* (Anm. 4); *L. Gerken/V. Rieble/G. H. Roth/T. Stein/R. Streinz* (Anm. 4.) mit einer eingehenden Analyse; *K. Hailbronner*, Hat der EuGH eine Normverwerfungskompetenz?, NZA 2006, S. 811.

[26] Vgl. nur *K. Hailbronner* (Anm. 25), S. 811, 814.

[27] Siehe etwa *T. Gas*, Die unmittelbare Anwendbarkeit von Richtlinien zu Lasten Privater im Urteil „Mangold", EuZW 2005, S. 737; zusammenfassend *J. Wieland*, Der EuGH im Spannungsverhältnis zwischen Rechtsanwendung und Rechtsgestaltung, NJW 2009, S. 1841; dazu auch *N. Reich*, Anmerkung zum Mangold-Urteil, EuZW 2006, S. 20, 21; kritisch auch *R. Streinz/C. Herrmann*, Der Fall Mangold – eine „kopernikanische

3. Voraussetzungen eines ausbrechenden Rechtsakts

Die Fälle zeigen, dass der „ausbrechende Rechtsakt", neben seinem theoretischen Reiz, auch eine durchaus reale Dimension hat.[28] Deshalb sind die Kriterien bedeutsam, die ein ausbrechender Rechtsakt erfüllen muss. Die Frage, wann Rechtshandlungen der Union für die Mitgliedstaaten und innerhalb ihrer Rechtsordnung nicht mehr verbindlich sind, wurde von verschiedenen nationalen Gerichten thematisiert. So betonte das dänische Höchstgericht (Højesteret), dass europäisches Recht innerstaatlich nicht anwendbar sei, wenn eine „außergewöhnliche Situation" vorliege, in der eine Kompetenzüberschreitung mit der notwendigen Sicherheit festgestellt werden könne.[29] Im Gegensatz dazu schien das Bundesverfassungsgericht, wie sich dem Lissabon-Urteil entnehmen lässt, bereits dann von einem ausbrechenden Akt auszugehen, wenn eine „ersichtliche Grenzüberschreitung" der Unionsorgane vorliegt.[30] Danach war es lediglich erforderlich, dass die Kompetenzverletzung erkennbar bzw. offenkundig ist. Auf die Rechtsfolgen kam es nicht an. Ein fehlerhafter Unionsakt konnte mithin auch dann für unanwendbar crklärt werden, wenn er keine Bedeutung für das grundsätzliche Verhältnis der Mitgliedstaaten zur EU hatte.[31]

In seiner jüngsten Entscheidung hat das Bundesverfassungsgericht diesen Maßstab allerdings verfeinert und strenger gefasst. Wörtlich heißt es im Beschluss vom 6. Juli 2010: „Eine Ultra- vires- Kontrolle durch das Bundesverfassungsgericht kommt [...] nur in Betracht, wenn ersichtlich ist, dass Handlungen der europäischen Organe und Einrichtungen außerhalb der übertragenen

---

Wende im Europarecht"?, RdA 2007, S. 165; *G. Kuras*, Besprechung des Urteils EuGH v. 22.11.2005 – Rs. C-144/04, RdA 2007, S. 169, 172.

[28] Ein weiteres Beispiel ist die Rechtsprechung des EuGH zur Modifizierung des Vertrauensschutzes bei der Rücknahme von Verwaltungsakten, die gemeinschafts- bzw. unionsrechtwidrige Beihilfen zusagen, sowie zur Unanwendbarkeit der Jahresfrist des § 48 Abs. 4 VwVfG des betreffenden Bundeslandes. Auch hier wurde dem EuGH u.a. vorgeworfen, jenseits der Gemeinschafts- bzw. Unionskompetenzen „ultra vires" ein Allgemeines Verwaltungsrecht entwickelt zu haben; zu diesem Konflikt siehe etwa *C. Enders*, Offene Staatlichkeit unter Souveränitätsvorbehalt – oder: Vom Kampf der Rechtsordnungen nach Maastricht, in: Grawert/Schlink/Wahl/Wieland (Hrsg.), Offene Staatlichkeit: FS für Ernst-Wolfgang Böckenförde, Berlin 1995, S. 29, 41 f.; ferner ein Überblick zur Diskussion bei *R. Scholz*, Zum Verhältnis von europäischem Gemeinschaftsrecht und nationalem Verwaltungsverfahrensrecht, DÖV 1998, S. 261; *F. Schoch*, Die Europäisierung des verwaltungsgerichtlichen vorläufigen Rechtsschutzes, DVBl. 1997, S. 289, 293 ff.; hingegen sah das Bundesverfassungsgericht keinen Anlass zum Einschreiten, BVerfG, Beschluss vom 17. Februar 2000 – 2 BvR 1210/98 (Alcan), EuZW 2000, S. 445, 447.

[29] Siehe oben Anm. 12.

[30] BVerfGE 123, 267 (353).

[31] Siehe dazu die abweichende Meinung des Richters Landau zum Beschluss des BVerfG vom 6. Juli 2010 – 2 BvR 2661/06 (Honeywell), EuZW 2010, S. 828, Rn. 102.

Kompetenzen ergangen sind [...]. Ersichtlich ist ein Verstoß gegen das Prinzip der begrenzten Einzelermächtigung nur dann, wenn die europäischen Organe und Einrichtungen die Grenzen ihrer Kompetenzen in einer das Prinzip der begrenzten Einzelermächtigung spezifisch verletzenden Art überschritten haben (Art. 23 Abs. 1 GG), der Kompetenzverstoß mit anderen Worten hinreichend qualifiziert ist [...]".[32] Das Gericht zieht ausdrücklich die Parallele zum unionsrechtlichen Haftungsrecht, wo es insbesondere bei der Haftung der Mitgliedstaaten für Verstöße gegen das Unionsrecht darauf ankommt, dass es sich um einen hinreichend qualifizierten Verstoß handelt. Dies bedeute, dass „das kompetenzwidrige Handeln der Unionsgewalt offensichtlich ist und der angegriffene Akt im Kompetenzgefüge zwischen Mitgliedstaaten und Union im Hinblick auf das Prinzip der begrenzten Einzelermächtigung und die rechtsstaatliche Gesetzesbindung erheblich ins Gewicht fällt [...]".[33] Es geht folglich um Rechtshandlungen, die nach keiner Betrachtungsweise in Anspruch nehmen können, kompetenzgemäß ergangen zu sein.

4. Rechtsfolgen eines ausbrechenden Rechtsakts

Das Verdikt eines ausbrechenden Rechtsakts hat einschneidende Rechtsfolgen. Es wirkt kompetenzbegründend in dem Sinne, dass sich jedenfalls einzelne nationale Gerichte abweichend von der im Unionsrecht vorgezeichneten Zuständigkeitsordnung als befugt ansehen, über die Verbindlichkeit sekundären Unionsrechts zu entscheiden. Deshalb ist hiermit zugleich das Recht verbunden, den Akt im Jurisdiktionsbereich des betreffenden Gerichts für unverbindlich oder nicht anwendbar zu erklären. Hingegen können nationale Gerichte nicht die Ungültigkeit eines Unionsakts feststellen. Die eigentliche Verwerfungskompetenz des EuGH bleibt also unangetastet.[34]

III. Vereinbarkeit einer Ultra-vires-Kontrolle mit den Grundsätzen der europäischen Gerichtsverfassung

Obwohl bisher kein Akt der Union von nationalen Gerichten wegen erheblicher und offenkundiger Fehler für unanwendbar erklärt wurde, wirft die bloße

---

[32] BVerfG, Beschluss vom 6. Juli 2010 – 2 BvR 2661/06 (Honeywell), EuZW 2010, S. 828, Rn. 61.

[33] BVerfG, Beschluss vom 6. Juli 2010 – 2 BvR 2661/06 (Honeywell), EuZW 2010, S. 828, Rn. 61.

[34] Soweit ersichtlich nimmt kein nationales Gericht eine echte Verwerfungskompetenz für sich in Anspruch. Das BVerfG spricht seit dem Solange I-Beschluss davon, den fraglichen europäischen Akt für „unanwendbar" zu erklären, BVerfGE 37, 271 (281, 282).

Anerkennung dieser Figur durch nationale Höchstgerichte grundsätzliche Fragen der europäischen Gerichtsverfassung auf. Denn jedermann kann sich auf gravierende und evidente Fehler berufen, um die Verbindlichkeit eines Unionsakts in Frage zu stellen. Es bedarf daher einiger Klarstellungen, um dieses Instrument unionsrechtskonform einzuhegen.

1. Einheit des Unionsrechts als europäisches und nationales Verfassungsgebot

Leitmaxime muss die Einheit des Unionsrechts sein. Sie wird vom EuGH zu Recht seit den grundlegenden Urteilen in den Rechtssachen van Gend & Loos[35] sowie Costa/E.N.E.L.[36] als zentrale Funktionsbedingung des gesamten Unionsrechtssystems betrachtet. Denn andernfalls wären die Verpflichtungen aus den Verträgen keine unbedingten mehr[37], die Gleichheit der Einzelnen vor dem Unionsrecht[38] und die Lastengleichheit zwischen den Mitgliedstaaten[39] nicht mehr gewährleistet. Es handelt sich um ein Verfassungsprinzip des Unionsrechts, welches nicht nur seine Funktionsfähigkeit, gemessen an den Unionszielen und der Rechtsstellung des Einzelnen, sichert, sondern den vorrangigen Durchgriff europäischer Normbefehle rechtsstaatlich legitimiert. Gerade weil die Union nicht über die Integrationsdichte eines staatlichen Gemeinwesens verfügt, sind ihre Eingriffe in den Mitgliedstaaten nur hinnehmbar, wenn ihre Gleichmäßigkeit sichergestellt ist.[40] Anders formuliert: Ein Staat verträgt ein Implementationsgefälle eher als die EU. Es ist keineswegs bloße „Integrationsrhetorik", wenn der EuGH bereits in der Rechtssache Internationale Handelsgesellschaft darauf hinweist, dass mit der Beachtung dieses Grundsatzes die europäische Integration steht und fällt. Wörtlich: „Die einheitliche Geltung des Gemeinschaftsrechts würde beeinträchtigt, wenn bei der Entscheidung über die Gültigkeit von Handlungen der Gemeinschaftsorgane Normen oder Grundsätze des nationalen Rechts herangezogen würden. Die Gültigkeit solcher Handlungen kann nur nach dem Gemeinschaftsrecht beurteilt werden, denn dem vom

---

[35] EuGH, Rs. 26/62, Van Gend & Loos, Slg. 1963, 1.

[36] EuGH, Rs. 6/64, Costa/ENEL, Slg. 1964, 1251.

[37] So ausdrücklich in Rs. 6/64, Costa/ENEL, Slg. 1964, 1251 (1270).

[38] Vgl. etwa EuGH, Rs. 94/71, Schlüter/HZA Hamburg, Slg. 1972, 307, Rn. 11; Rs. 39/77, Kommission/Italien, Slg. 1973, 101, Rn. 24 u. 25.

[39] Vor allem EuGH, Rs. 11/76, Niederlande/Kommission, Slg. 1979, 245, Rn. 9; mit dem Vertrag von Lissabon ist dieser Grundsatz ausdrücklich in Art. 4 Abs. 2 S. 1 EUV verankert worden.

[40] Den Mitgliedstaaten ist umgekehrt der Rückgriff auf Instrumentarien des Völkerrechts verwehrt, die es erlauben würden, einer Störung der wechselseitigen Pflichterfüllung zu begegnen, siehe dazu *J. Schwarze*, Das allgemeine Völkerrecht in den innergemeinschaftlichen Rechtsbeziehungen, EuR 1983, S. 1.

Vertrag geschaffenen, somit aus einer autonomen Rechtsquelle fließenden Recht können wegen seiner Eigenständigkeit keine wie immer gearteten innerstaatlichen Rechtsvorschriften vorgehen, wenn ihm nicht sein Charakter als Gemeinschaftsrecht aberkannt und wenn nicht die Rechtsgrundlage der Gemeinschaft selbst in Frage gestellt werden soll."[41]

Die Einheit des Unionsrechts ist auch von den nationalen Gerichten zu wahren. Sie sind einmal kraft Zustimmung ihrer jeweiligen Staaten zu den Gründungsverträgen verpflichtet, ihre Befugnisse in diesem Sinne auszuüben. Für die deutschen Gerichte ergibt sich diese Bindung auch aus dem Grundgesetz selbst. In der ausdrücklichen Bezugnahme auf die EU in Art. 23 Abs. 1 S. 1 GG liegt zugleich die Anerkennung ihrer Funktionsbedingungen, zu denen die Einheit des Unionsrechts gehört.[42] Auch das Bundesverfassungsgericht hat diesen Zusammenhang im Grundsatz nie in Abrede gestellt.[43] Darüber hinaus verlangt die Vorschrift von der Union die Beachtung des Rechtsstaatsprinzips, zu dessen materiellen Gewährleistungsbereich die Grundsätze der Rechtsbindung aller öffentlichen Gewalt und, verstärkt durch den Grundrechtsvorbehalt des Art. 23 Abs. 1 S. 1 GG, auch die Gleichheit vor dem Gesetz gehört. Danach wäre es mit dem Grundgesetz nicht zu vereinbaren, wenn deutsche Gerichte dem Unionsrecht innerstaatlich die Wirksamkeit versagen würden, ohne seinen konstituierenden Prinzipien Rechnung zu tragen. Deshalb kann die Nichtbeachtung eines Rechtsakts der Union wegen Überschreitung der Kompetenzgrenzen nur *ultima ratio* sein. Andernfalls wäre nicht nur die Einheit des Unionsrechts, sondern auch in letzter Konsequenz der Bestand des europäischen Verfassungsverbundes insgesamt gefährdet.

---

[41] EuGH, Rs. 11/70, Internationale Handelsgesellschaft, Slg. 1970, 1125, Rn. 3.

[42] Dies wurde auch vom BVerfG niemals in Abrede gestellt, wie etwa die Ausführungen zum demokratischen Prinzip im Maastricht-Urteil zeigen, BVerfGE 89, 155(183): „Die Einräumung von Hoheitsbefugnissen hat zur Folge, dass deren Wahrnehmung nicht mehr stets vom Willen eines Mitgliedstaates allein abhängt. Hierin eine Verletzung des grundgesetzlichen Demokratieprinzips zu sehen, widerspräche nicht nur der Integrationsoffenheit des Grundgesetzes, die der Verfassungsgeber des Jahres 1949 gewollt und zum Ausdruck gebracht hat; es legte auch eine Vorstellung von Demokratie zugrunde, die jeden demokratischen Staat jenseits des Einstimmigkeitsprinzips integrationsunfähig machte. Die Einstimmigkeit als *durchgängiges* [Hervorhebung Verf.] Erfordernis setzte zwangsläufig den partikularen Willen über den der zwischenstaatlichen Gemeinschaft selbst und stellte eine solche Gemeinschaft damit schon strukturell in Frage."

[43] Besonders deutlich aber im Beschluss vom 6. Juli 2010 – 2 BvR 2661/06 (Honeywell), EuZW 2010, S. 828, insb. Rn. 56 u. 57.

2. Das Verwerfungsmonopol des EuGH als Voraussetzung der Einheit des Unionsrechts

Deshalb unterstreicht der Gerichtshof in ständiger Rechtsprechung sein Verwerfungsmonopol für Sekundärrechtsakte.[44] Es ergibt sich zum einen aus Art. 344 AEUV, wonach die Mitgliedstaten verpflichtet sind, Streitigkeiten über die Auslegung und Anwendung der Verträge nicht anders als hierin vorgesehen zu regeln.[45] Zum anderen folgt aus den Art. 263, 264 und Art. 267 AEUV, das ausschließlich der Gerichtshof rechtswidrige Maßnahmen der Unionsorgane aufheben oder für ungültig erklären darf. Andernfalls könnte er seine Aufgabe, das Recht bei der Auslegung und Anwendung der Verträge zu wahren (Art. 19 Abs. 1 EUV), nicht erfüllen. Insbesondere wäre auch die Rechtssicherheit gefährdet, die als Teil der Rechtsstaatlichkeit der Union seit langem zu den allgemeinen Grundsätzen des Unionsrechts gehört.[46] Das Verwerfungsmonopol wird auch vom Bundesverfassungsgericht und anderen staatlichen Gerichten grundsätzlich respektiert.[47] Jedoch verwandelt sich diese „Arbeitsbeziehung" in ein Ausnahmeverhältnis, wenn sich ein Beteiligter auf die Figur des ausbrechenden Rechtsakts beruft. Der offenkundige Konflikt zwischen der Einheit des Unionsrechts, verkörpert im Verwerfungsmonopol des Gerichtshofs, und der Wahrung der Kompetenzordnung kann nur dann systemkonform entschärft werden, wenn die Voraussetzungen des ausbrechenden Rechtsakts dem Unionsrecht entnommen werden. Denn nur unter dieser Voraussetzung bleibt auch im Ausnahmefall die Rechtseinheit gewahrt.

3. Entscheidung am Maßstab des Unionsrechts

Konkreter Maßstab ist das Recht der Gründungsverträge. Das Sekundärrecht kommt hingegen kaum in Betracht, weil die offenkundige Verkennung einer abgeleiteten Rechtsnorm kaum genügen dürfte, einen grundsätzlichen Strukturwandel herbeizuführen. Auch das nationale Recht muss außer Betracht bleiben, weil es keinen Inhalt hat, aus dem sich die Kompetenzen der Unionsorgane im Einzelfall erschließen lassen. Anders formuliert: Der verbliebene Bereich

---

[44] Siehe etwa EuGH, Rs. 11/70, Internationale Handelsgesellschaft, Slg. 1970, 1125; Rs. 166/73, Rheinmühlen/Einfuhr- und Vorratsstelle Getreide, Slg. 1974, 33, Rn. 2; verb. Rsen. C-143/88 und C-92/89, Zuckerfabrik Süderdithmarschen/ HZA Itzehoe u.a., Slg. 1991, I-414, Rn. 23.

[45] Zur Bedeutung dieser Vorschrift siehe EuGH, Gutachten 1/91, EWR I, Slg. 1991, I-6079; dazu eingehend *U. Becker*, in: Schwarze/Becker/Hatje/Schoo (Hrsg.), EU-Kommentar, 2. Aufl., Baden-Baden 2009, Art. 292, Rn. 2.

[46] Vgl. EuGH, verb. Rsen. 42/59 und 49/59, SNUPAT/Hohe Behörde, Slg. 1961, 109 (172); Rs. 98/78, Racke/HZA Mainz, Slg. 1979, 69.

[47] Siehe nur BVerfGE 37, 271 (282).

staatlicher Zuständigkeiten ergibt sich im Umkehrschluss aus den auf die Union übertragenen Kompetenzen.[48] Außerdem ist der EuGH nicht befugt, das Unionsrecht am Maßstab des nationalen Rechts auszulegen. D.h. er kann nur anhand unionsrechtlicher Kriterien prüfen, ob eine Maßnahme die europäische Kompetenzordnung einhält. Dies gilt auch für seine eigene Tätigkeit.

Die Prüfung eines Rechtsakts an den Verträgen wirft keine prinzipiellen Probleme auf, denn auch die nationalen Gerichte sind verpflichtet, europäisches Primärrecht auszulegen und anzuwenden. Dies gilt nicht nur für das Sachrecht, sondern auch für die Kompetenznormen. Andernfalls wäre es ihnen nicht möglich, dem Gerichtshof nach Art. 267 AEUV etwa die Frage nach der Ungültigkeit eines Rechtsaktes wegen der Verletzung des Prinzips der begrenzten Einzelermächtigung nach Art. 5 Abs. 1 EUV vorzulegen. Damit sind aber nicht nur der Normtext, sondern auch die Dogmatik und Methodik des Unionsrechts vorgegeben.[49] Deshalb sind die Besonderheiten des Unionsrechts in Rechnung zu stellen. So ist zum einen die Steuerungsfähigkeit des Normtextes im Unionsrecht durch die Verbindlichkeit in 23 Amtssprachen begrenzt. Zum anderen kann von einer Dogmatik, die sich aus 27 verschiedenen Rechtskulturen speist, nicht erwartet werden, über die Kohärenz und Stringenz einer einzelstaatlichen Dogmatik zu verfügen. Ein Beispiel: In seinem Francovich-Urteil hat der Gerichtshof den Grundsatz der Staatshaftung nur sehr knapp und – hier muss man den Kritikern Recht geben – angesichts der Tragweite der Entscheidung wenig überzeugend begründet. Über die Ursachen kann nur spekuliert werden. Nicht unwahrscheinlich ist, dass es dem Gericht jedenfalls im ersten Anlauf schwer fiel, über die Begründung Einigkeit zu erzielen. Dies gelang dann Jahre später im Brasserie du Pêcheur-Urteil. Manchmal muss man dem EuGH Zeit lassen, eine Rechtsprechungslinie genauer zu begründen, jedenfalls mehr Zeit, als in staatlichen Rechtsordnungen angemessen wäre. So hat sich etwa das BVerfG bei seiner Honeywell-Entscheidung konsequent an den funktionellen und methodischen Besonderheiten des Unionsrechts orientiert.[50]

---

[48]   Vgl. nur Art. 5 Abs. 1 EUV; dies ist auch der Grund, weshalb Art. 23 Abs. 1 GG keinen Verweis auf Art. 79 Abs. 1 enthält, wonach das Grundgesetz „nur durch ein Gesetz geändert werden [kann], das den Wortlaut des Grundgesetzes ausdrücklich ändert oder ergänzt." Da sich der verbleibende Kompetenzbereich des Mitgliedstaats im Umkehrschluss aus den der EU übertragenen Zuständigkeiten ergibt, die zudem noch dynamisch sind, wäre es schon sprachlich schwierig, die nationalen „Restkompetenzen" im Verfassungstext positiv auszuweisen.

[49]   Allerdings ist die EU, mithin auch der EuGH, nach Art. 4 Abs. 2 S. 1 EUV verpflichtet, die „nationale Identität" der Mitgliedstaaten zu achten, die „in ihren grundlegenden politischen und verfassungsmäßigen Strukturen einschließlich der regionalen und lokalen Selbstverwaltung zum Ausdruck kommt".

[50]   Siehe BVerfG, Beschluss vom 6. Juli 2010 – 2 BvR 2661/06 (Honeywell), EuZW 2010, S. 828, Rn. 66, zu den Gründen der Selbstverpflichtung des BVerfG, die Ultravires-Kontrolle zurückhaltend auszuüben: „Dies bedeutet [...], dass die unionseigenen

IV. Voraussetzungen einer Ultra-vires-Kontrolle im Mehrebenensystem der europäischen Gerichtsverfassung

Damit ist allerdings das Konfliktpotential einer Ultra-vires-Kontrolle noch nicht vollkommen entschärft. Es bedarf einer möglichst genauen Definition ihrer Voraussetzungen und Verfahren.

1. Der „hinreichend qualifizierte Kompetenzverstoß"

Zunächst muss der Kontrollmaßstab festgelegt werden. Hier trifft sich der oben skizzierte Ansatz des Bundesverfassungsgerichts, zumindest im Kern, mit der Rechtsprechung des EuGH. Auch der Gerichtshof unterscheidet zwischen rechtswidrigen Akten, die prinzipiell gültig sind und lediglich aufgehoben werden können, und solchen Handlungen, die aufgrund schwerer und offenkundiger Fehler *ipso iure* unwirksam sind.[51] So machten Mitgliedstaaten in Vertragsverletzungsverfahren wiederholt geltend, sie hätten Rechtsakte der EU (EG) deshalb nicht beachtet, weil sie rechtswidrig gewesen seien. Obwohl der EuGH gerade in dieser Verfahrensart besonders strenge Maßstäbe an die Vertragstreue der Mitgliedstaaten anlegt, wurde der Einwand der Rechtswidrigkeit nicht pauschal verworfen. Zwar sind die Mitgliedstaaten danach grundsätzlich solange an einen Rechtsakt gebunden, bis er vom zuständigen Organ oder dem EuGH aufgehoben wurde.[52] Indes gilt diese Bindung nicht im Falle sog. inexistenter Rechtsakte.[53] Ein solcher Akt liegt nach der Rechtsprechung des Gerichtshofs vor, wenn die fragliche Handlung schwerwiegende und offenkundige Fehler aufweist.[54] Zu diesen Fehlern gehören nicht nur Verstöße gegen materielle Rechtsvorschriften und Grundsätze, sondern auch die Verletzung von Zuständigkeitsnormen.[55]

Allerdings wäre es vorschnell, aus dieser oberflächlichen Übereinstimmung sogleich eine Konvergenz zwischen Gerichtshof und deutschem Verfassungsgericht herauslesen zu wollen. Das Bundesverfassungsgericht versucht zur nä-

---

Methoden der Rechtfindung, an die sich der Gerichtshof gebunden sieht und die der „Eigenart" der Verträge und den ihnen eigenen Zielen Rechnung tragen [...], zu respektieren sind".

[51] Siehe dazu die Arbeit von *C. Annacker*, Der fehlerhafte Rechtsakt im Gemeinschafts- und Unionsrecht, Wien [u.a.] 1998, S. 79 ff.

[52] Siehe etwa EuGH, Rs. C-74/91, Kommission/Deutschland, Slg. 1992, I-5437, Rn. 10.

[53] EuGH, verb. Rsen. 6/69 und 11/69, Kommission/Frankreich, Slg. 1969, 523, Rn. 13; Rs. 226/87, Kommission Griechenland, Slg. 1988, 3611, Rn. 16.

[54] EuGH, Rs. 15/85, Consorzio Cooperative d'Abruzzo/Kommission, Slg. 1987, 1005, Rn. 10.

[55] Siehe dazu etwa *C. Annacker* (Anm. 51), S. 88.

heren Umschreibung der Merkmale eines ausbrechenden Rechtsakts die Rechtsprechung des EuGH zur Haftung der Mitgliedstaaten für Verstöße gegen das Unionsrecht fruchtbar zu machen. Danach liegt ein ausbrechender Rechtsakt erst vor, wenn eine rechtliche Handlung der Unionsorgane die Zuständigkeitsnormen der Verträge in „hinreichend qualifizierter Weise" verletzt.[56] Der Gerichtshof hat diesen Terminus zwar bisher nicht abschließend definiert, jedoch betont, dass ein Rechtsverstoß hinreichend qualifiziert ist, wenn „ein Organ oder ein Mitgliedstaat bei der Rechtsetzung die Grenzen, die der Ausübung seiner Befugnisse gesetzt sind, offenkundig und erheblich überschritten hat".[57] Jedoch drängt sich die Frage auf, was unter diesen Voraussetzungen einen haftungsauslösenden von einem inexistenten Rechtsakt unterscheidet. Immerhin hat der EuGH aus einer hinreichend qualifizierten Rechtsverletzung bisher nicht die Konsequenz gezogen, die Maßnahme sei zugleich nichtig.[58] Es muss also, trotz der vordergründigen sprachlichen Übereinstimmung, einen Unterschied zwischen den Maßstäben geben.

Dieser Unterschied liegt darin, dass es sich bei der hinreichend qualifizierten Rechtsverletzung um eine *Haftungsvoraussetzung* handelt, die das Risiko einer Ersatzpflicht nationaler und europäischer Organe begrenzen soll, während das Kriterium der Inexistenz eine negative Rechtsgeltungsvoraussetzung darstellt. Genau letztere sollen aber durch die Voraussetzungen eines ausbrechenden Rechtsakts definiert werden. Denn es handelt sich, wie oben gezeigt, um solche Handlungen der Unionsorgane, die nach keiner Betrachtungsweise als kompetenzgemäß anzusehen sind und daher von Anbeginn keine Verbindlichkeit beanspruchen können. Die Anknüpfung an einen hinreichend qualifizierten Rechtsverstoß erweist sich daher als irreführend. Vielmehr sind die Maßstäbe eines inexistenten und eines ausbrechenden Rechtsakts identisch. Entscheidend für das Vorliegen eines ausbrechenden Rechtsakts ist danach, ob ein Rechtsakt der Union an offenkundigen und derart schwerwiegenden Fehlern leidet, die seine Zugehörigkeit zum geltenden Recht *ipso iure* ausschließen.[59] Im Übrigen scheint das Bundesverfassungsgericht in der Sache die gleiche Linie zu verfolgen, auch wenn die Begriffswahl dies zunächst nicht erkennen lässt. Das Ergebnis ist auch mit dem Grundsatz der Einheit des Unionsrechts vereinbar.

---

[56] BVerfG, Beschluss vom 6. Juli 2010 – 2 BvR 2661/06 (Honeywell), EuZW 2010, S. 828, Rn. 61.

[57] EuGH, verb. Rsen. C-178/94, C-179/94, C-188/94, C-189/94 und C-190/94, Dillenkofer, Slg. 1996, I-4845, Rn. 25; verb. Rsen. C-46/93 und C-48/93, Brasserie du Pêcheur, Slg. 1996, I-1029, Rn. 43-47.

[58] Zur Bedeutung dieses Kriteriums im Haftungsrecht eingehend *M. Ruffert*, in: Calliess/Ruffert (Hrsg.), EUV/EGV, 3. Aufl., München 2007, Art. 288, Rn. 19 f.; *W. Berg*, in: Schwarze/Becker/Hatje/Schoo (Hrsg.), EU-Kommentar, 2. Aufl., Baden-Baden 2009, Art. 288, Rn. 43 ff.; *D. Tietjen* (Anm. 2), S. 191 ff.

[59] Dazu auch *C. Annacker* (Anm. 51), S. 82.

Denn selbst die Unionsorgane nehmen für sich die Befugnis in Anspruch, einen „inexistenten Rechtsakt" nicht anzuwenden.[60] Mehr noch: Die vorherige Anrufung des EuGH wird ersichtlich nicht als zwingend angesehen.[61] Hier ist namentlich das Bundesverfassungsgericht strenger, wenn es eine nationale Ultravires-Kontrolle erst zulassen will, sofern der EuGH vorher Gelegenheit zur Korrektur der fraglichen Maßnahmen gehabt hat.[62]

2. Präzisierung des Prüfungsmaßstabes

Der Maßstab für einen Ultra-vires-Akt besteht aus drei Elementen: einem Kompetenzverstoß, seiner Erkennbarkeit und aus den Folgen für das Verhältnis der Union zu den Mitgliedstaaten. Hinsichtlich der Frage, ob ein Unionsorgan den Grundsatz der begrenzten Einzelermächtigung verletzt hat, kommt es darauf an, den Inhalt der maßgeblichen Kompetenznorm auszulegen. Bereits hierbei zeigt sich, dass es nicht auf eine bestimmte nationale Sichtweise ankommen kann, sondern die Autonomie des Unionsrechts respektiert werden muss. Andernfalls wird es zwangsläufig zu dysfunktionalen Konflikten mit dem EuGH kommen, der lediglich die Befugnis hat, das Unionsrecht nach seinen Maßstäben auszulegen. Außerdem ist in Rechnung zu stellen, dass der EuGH nicht auf eine Interpretation anhand des Wortlauts, der Systematik, des Sinn und Zwecks sowie der Entstehungsgeschichte beschränkt ist. Vielmehr wird seit langem auch seine Befugnis zur richterlichen Rechtsfortbildung anerkannt.[63] Dies hat das Bundesverfassungsgericht im Honeywell-Beschluss nochmals unterstrichen. Danach kann eine „Rechtsfortbildung im Wege methodisch gebundener Rechtsprechung [...] gerade auch im supranationalen Verbund zu einer der grundlegenden Verantwortung der Mitgliedstaaten über die Verträge gerecht werdenden Kompetenzabgrenzung zu den Regelungsbefugnissen des Unionsgesetzgebers beitragen."[64] D.h. bereits bei der Feststellung eines Kompetenzverstoßes ist äußerste Behutsamkeit geboten.

Hierfür müssen die Grenzen der Fortbildung des europäischen Rechts durch den Gerichtshof genauer bestimmt werden. Der EuGH hat sich – aus nahe lie-

---

[60] Siehe dazu *C. Annacker* (Anm. 51), S. 82, unter Hinweis auf die Mitteilung der Kommission in ABl. 1980 Nr. L 269/21, wonach eine Verordnung als „nicht vorhanden anzusehen" sei.

[61] So auch *Annacker* (Anm. 51), S. 82.

[62] BVerfG, Beschluss vom 6. Juli 2010 – 2 BvR 2661/06 (Honeywell), EuZW 2010, S. 828, Rn. 60.

[63] Geradezu klassisch die Formulierung des BVerfG im Kloppenburg-Beschluss, E 75, 223 (243): „Der Richter war in Europa niemals lediglich ‚la bouche qui prononce les paroles de la loi' [....] ".

[64] BVerfG, Beschluss vom 6. Juli 2010 – 2 BvR 2661/06 (Honeywell), EuZW 2010, S. 828, Rn. 62.

genden Gründen – bisher nicht abstrakt zu den Grenzen seiner Rechtsfortbildungskompetenzen geäußert. Jedoch weigerte er sich in einem Fall, die Klagebefugnis natürlicher und juristischer Personen gegen Verordnungen nach Art. 230 Abs. 4 EGV zu erweitern. Danach müssen nicht- privilegierte Kläger nicht nur unmittelbar, sondern auch individuell betroffen sein. Nach der sog. Plaumann-Formel kann eine andere Person als der Adressat einer Entscheidung nur dann geltend machen, individuell betroffen zu sein, wenn diese Entscheidung den Kläger wegen bestimmter persönlicher Eigenschaften oder besonderer, ihn aus dem Kreis aller übrigen Personen heraushebender Umstände berührt und ihn daher in ähnlicher Weise individualisiert wie den Adressaten einer Entscheidung.[65] Daran fehlt es in aller Regel bei echten Normativakten. Um Rechtsschutzlücken zu schließen, hatte das Gericht erster Instanz dieses Erfordernis modifiziert. Danach lag eine individuelle Betroffenheit auch dann vor, wenn der Kläger in seinen Rechten eingeschränkt wird und der nationale Rechtsweg nicht zumutbar ist.[66] Der EuGH sah hierin jedoch eine unzulässige Fortbildung der individuellen Betroffenheit als Klagevoraussetzung. Wörtlich führte er hierzu aus: „Diese Voraussetzung ist zwar im Licht des Grundsatzes eines effektiven gerichtlichen Rechtsschutzes unter Berücksichtigung der verschiedenen Umstände, die einen Kläger individualisieren können, auszulegen [...]; doch kann eine solche Auslegung nicht, ohne dass die den Gemeinschaftsgerichten durch den Vertrag verliehenen Befugnisse überschritten würden, zum Wegfall der fraglichen Voraussetzung, die ausdrücklich im EG-Vertrag vorgesehen ist, führen. Auch wenn ein anderes System der Rechtmäßigkeitskontrolle der Gemeinschaftshandlungen allgemeiner Geltung als das durch den ursprünglichen Vertrag geschaffene, das in seinen Grundzügen nie geändert wurde, sicherlich vorstellbar ist, so wäre es doch Sache der Mitgliedstaaten, das derzeit geltende System gegebenenfalls gemäß Artikel 48 EU zu reformieren."[67] Das Bundesverfassungsgericht hat hingegen eine allgemeine Formulierung der Grenzen zulässiger Rechtsfortbildung durch den EuGH versucht, die durchaus geeignet erscheint, wenigstens evidente Fälle der Überschreitung zu erkennen: „Rechtsfortbildung überschreitet diese Grenzen, wenn sie deutlich erkennbare, möglicherweise sogar ausdrücklich im Wortlaut dokumentierte (vertrags-) gesetzliche Entscheidungen abändert oder ohne ausreichende Rückbindung an gesetzliche Aussagen neue Regelungen schafft. Dies ist vor allem dort unzulässig, wo Rechtsprechung über den Einzelfall hinaus politische Grundentscheidungen trifft oder durch die Rechtsfortbildung strukturelle Verschiebungen im

---

[65] EuGH, Rs. 25/62, Plaumann/Kommission, Slg. 1963, 213 (238).

[66] Siehe EuG, Rs. T-177/01, Jégo-Quéré/Kommission, Slg. 2002, II-2365, Rn. 45-52; vgl. auch die Schlussanträge des GA Jacobs in der Rs. C-50/00 P, Unión de Pequeños Agricultores/Rat, Slg. 2002, I-6677 (6715).

[67] EuGH, Rs. C-50/00 P, Unión de Pequeños Agricultores/Rat, Slg. 2002, I-6677, Rn. 44/45.

System konstitutioneller Macht- und Einflussverteilung stattfinden."[68] Dabei räumt das Gericht dem EuGH zusätzlich einen „Anspruch auf Fehlertoleranz" ein, der einen Raum vertretbarer Auslegungsergebnisse eröffnet, die keine Korrektur im Wege der Ultra-vires-Kontrolle rechtfertigen.[69]

Die Offenkundigkeit eines Rechtsverstoßes hängt von der Bestimmtheit der herangezogenen Ermächtigungsnorm bzw. der Vorschrift ab, die von dem Organ als solche bezeichnet wird. Wann ein evidenter Kompetenzverstoß vorliegt, lässt sich daher kaum abstrakt formulieren. Die Rechtsprechung des EuGH zu dieser Frage ist nicht sehr ergiebig. Hier bietet sich der juristisch gebildete Durchschnittsbetrachter als Referenzpunkt an. Wenn aus dieser Perspektive ein klarer Verstoß gegen die Zuständigkeitsnormen des EUV/AEUV vorliegt, wäre die Offenkundigkeit zu bejahen. Schließlich muss es sich um einen schwerwiegenden Verstoß handeln. Im Rahmen der Doktrin der Inexistenz kommen alle möglichen Folgen in Betracht, auch solche, die durch die Verletzung subjektiver Rechte ausgelöst werden. Eingegrenzt auf den ausbrechenden Rechtsakt kann es nur um die Verschiebung von Machtbalancen zwischen den Mitgliedstaaten und der EU gehen – in rechtlichen Termini: um Kompetenzverschiebungen. Sie lassen sich nur im Einzelfall feststellen und unterliegen den gleichen strengen Maßstäben wie der Kompetenzverstoß selbst. In dieser Hinsicht sind nach dem Honeywell-Beschluss aber auch noch solche Interpretationen der vertraglichen Grundlagen hinzunehmen, die „sich ohne gewichtige Verschiebung im Kompetenzgefüge auf Einzelfälle beschränken und belastende Wirkungen auf Grundrechte entweder nicht entstehen lassen oder einem innerstaatlichen Ausgleich solcher Belastungen nicht entgegenstehen."[70] Im Ergebnis fällt es schwer, sich überhaupt noch Fälle vorzustellen, die objektiv als ausbrechende Rechtsakte zu qualifizieren sind.

3. Zuständigkeits- und Verfahrensfragen

Zeigen sich mithin gewisse Konvergenzen bei den materiellen Maßstäben für Rechtsakte, die keine Geltung beanspruchen können, bleibt das Problem zu lösen, welches Verfahren beachtet werden muss, wenn ein nationales Gericht die Letztentscheidungsbefugnis beansprucht. Das Bundesverfassungsgericht

---

[68] BVerfG, Beschluss vom 6. Juli 2010 – 2 BvR 2661/06 (Honeywell), EuZW 2010, S. 828, Rn. 64.

[69] BVerfG, Beschluss vom 6. Juli 2010 – 2 BvR 2661/06 (Honeywell), EuZW 2010, S. 828, Rn. 66.

[70] BVerfG ebenda; dazu *H. Sauer*, Europas Richter Hand in Hand? – Das Kooperationsverhältnis zwischen BVerfG und EuGH nach Honeywell, EuZW 2011, S. 94, 95, der meint, es müsse danach ausbrechende Rechtsakte geben, die keine strukturellen Verschiebungen nach sich zögen. Indes wird dabei verkannt, dass die Strukturverschiebung eine konstitutive Voraussetzung eines ausbrechenden Rechtsakts darstellt.

formuliert insoweit einen europafreundlichen „Solange-Vorbehalt": „Solange der Gerichtshof keine Gelegenheit hatte, über die aufgeworfenen unionsrechtlichen Fragen zu entscheiden, darf das Bundesverfassungsgericht für Deutschland keine Unanwendbarkeit des Unionsrechts feststellen".[71] Ausdrücklich wird dabei auf den Grundsatz der einheitlichen Geltung und Anwendung des Unionsrechts Bezug genommen, der akut gefährdet wäre, wenn mitgliedstaatliche Gerichte wie das deutsche Verfassungsgericht uneingeschränkt eine Quasi-Verwerfungskompetenz in Anspruch nehmen würden.[72] Die danach bestehende Spannungslage muss im Einklang mit der europäischen Integrationsidee kooperativ und im Sinne wechselseitiger Rücksichtnahme aufgelöst werden.[73] Die nationalen Gerichte verfügen lediglich über eine Reservezuständigkeit für den Fall, dass der Gerichtshof der Union seine Kontrollaufgabe offenkundig und mit schwerwiegenden Folgen nicht wahrnimmt. Danach besteht eine Befugnis zum Einschreiten erst, wenn, wie das Bundesverfassungsgericht betont, die Urteile des EuGH nicht mehr als Ausdruck einer methodengeleiteten Interpretation und Fortbildung des europäischen Rechts angesehen werden können.[74] Diese Kriterien dürften auch für die Gerichte der anderen Mitgliedstaaten anschlussfähig sein. Zugleich dürfte klar sein, dass sich nur das Bundesverfassungsgericht als befugt ansieht, innerstaatlich über das Vorliegen eines ausbrechenden Rechtsakts zu entscheiden.

V. Schluss

Die Figur des „ausbrechenden Rechtsakts"[75] markiert die Grenze des Geltungsanspruchs des Unionsrechts und des Jurisdiktionsbereichs des EuGH. Sie spiegelt zugleich die grundlegenden Zuständigkeitsfragen in einem föderalen System wider, welches sich aus souveränen Mitgliedstaaten und einer autonomen überstaatlichen Union zusammensetzt. Mit seinem jüngsten Beschluss zu einer nationalen Ultra-vires-Kontrolle hat das Bundesverfassungsgericht, gleichsam als Wiedergutmachung des Lissabon-Urteils[76], eine Brücke zur Rechtsprechung des EuGH gebaut, die auch in Zukunft tragfähig ist. Zwar blei-

---

[71] BVerfG, Beschluss vom 6. Juli 2010 – 2 BvR 2661/06 (Honeywell), EuZW 2010, S. 828, Rn. 60.

[72] BVerfG, Beschluss vom 6. Juli 2010 – 2 BvR 2661/06 (Honeywell), EuZW 2010, S. 828, Rn. 56 u. 57.

[73] BVerfG, Beschluss vom 6. Juli 2010 – 2 BvR 2661/06 (Honeywell), EuZW 2010, S. 828, Rn. 57.

[74] BVerfG, Beschluss vom 6. Juli 2010 – 2 BvR 2661/06 (Honeywell), EuZW 2010, S. 828, Rn. 78.

[75] Für einen Abschied vom Begriff des „ausbrechenden Rechtsakts" (Anm. 7).

[76] Siehe den Kommentar des früheren Generalanwalts am EuGH *C. O. Lenz* (Anm. 7).

ben viele Fragen offen, insbesondere sind die Voraussetzungen eines ausbrechenden Rechtsakts immer noch sehr unbestimmt. Jedoch bietet die sich abzeichnende Lösung eine gute Chance, zu einer konvergenten Beurteilung von europäischen Rechtsakten im Grenzbereich der Kompetenzordnungen zu gelangen.

Modernisierung der Rechtswissenschaft als fortwährende Aufgabe

Impulse aus der einstufigen Juristenausbildung

Wolfgang Hoffmann-Riem[*]

Auch zur Rechtswissenschaft gehört das Ringen um Antworten auf jeweils neue Entwicklungen. Gegenstand der Rechtswissenschaft sind das Recht und sein Umfeld und in diesem Zusammenhang auch die Rechtswissenschaft in ihren Erkenntnisinteressen, Methoden und Befunden. Der folgende Beitrag geht den Impulsen für die Modernisierung der Rechtswissenschaft nach, die von der Reform der Juristenausbildung in den siebziger Jahren des 20. Jahrhunderts (der so genannten einstufigen Juristenausbildung)[1] ausgehen sollten. An dieser Reform hat Hans Peter Bull sowohl konzeptionell als auch bei der praktischen Durchführung maßgebend mitgewirkt. Der Beitrag versucht, einen Bogen zu der aktuellen Diskussion um die Weiterentwicklung der Rechtswissenschaft zu ziehen, allerdings begrenzt auf die Verwaltungsrechtswissenschaft.

I. Vergangene Kontroversen um die Reform der Juristenausbildung

Angesichts des Postulats der Einheit von Forschung und Lehre und des Anspruchs einer Juristenausbildung als rechtswissenschaftlicher Ausbildung spiegeln Diskussionen um die Ausbildungsreform auch Entwicklungen in der Rechtswissenschaft wider. Die Diskussion um die Reform[2] ist fast so alt ist wie die Juristenausbildung, deren Reform immer wieder angemahnt wird. Dabei

---

[*] Es handelt sich um die erweiterte und aktualisierte Fassung des Festvortrags, den ich aus Anlass des 70. Geburtstags von *Hans-Peter Bull* am 20.10.2006 gehalten hatte und dessen ursprüngliche Fassung in der JZ 2007, S. 645 ff. veröffentlicht worden ist.

[1] Der Name rührte daher, dass die Zweiteilung der juristischen Ausbildung zwischen Studium und Referendarstadium aufgegeben wurde und die beiden bisher getrennten Ausbildungsteile entweder zeitlich parallel oder in mehreren Intervallen nacheinander durchgeführt wurden.

[2] Als Überblick über die Stadien der Reformgeschichte s. *Dietrich Oehler*, In welcher Weise empfiehlt es sich, die Ausbildung der Juristen zu reformieren?, Verhandlungen des 48. DJT, Gutachten E, 1970, S. 45 ff.; s. auch die so genannte *Husserl-Denkschrift*: Die Ausbildung der deutschen Juristen. Darstellung, Kritik und Reform, 1960. Zur aktuellen Diskussion s. die Nachw. u. Fn. 117.

ging es lange Zeit insbesondere um die Änderung der im Preußen des 18. Jahrhunderts eingeführten Aufteilung der Ausbildung in einen universitären und einen Praxisstrang mit ihren vielen, auch wissenschaftstheoretischen und rechtsdogmatischen Prämissen und Implikationen.

In einer Monographie heißt es zu dem Erfolgsgeheimnis des alten preußischen Systems: „Es ermöglichte sowohl in fachlicher als auch in sozialer Hinsicht eine Auslese und brachte loyale Staatsdiener hervor."[3] Die Idee einer Praxis und Theorie verbindenden Juristenausbildung wurde erstmals durch *Heinrich Dernburg* im Jahre 1886 (!) öffentlich benannt und vergeblich eingefordert.[4] Auch ein anderes Reformthema ist alt: „Ihren Höhepunkt erlebte die Debatte, als auf dem Juristentag 1912 eine Einbindung der Soziologie in die Juristenausbildung verlangt wurde. Die Forderung wurde als dermaßen radikal empfunden, dass die bestehende Ausbildung an Ansehen gewann und der Wille zur Reform nachließ."[5] Nicht viel anders war es mit der Diskussion um die Reform der Juristenausbildung in den siebziger Jahren.[6]

1. Reformbemühungen in den siebziger Jahren

Das Memorandum des Loccumer Arbeitskreises zur Juristenausbildung[7] bedeutete 1969 einen wichtigen Startschuss für diese Reformdiskussion[8], die in grundlegender Weise auf eine Neubestimmung der Rolle der Juristen und auf eine verstärkte gesellschaftstheoretische Fundierung der Rechtswissenschaft zielte. Das Memorandum kritisierte, der herkömmlich ausgebildete Jurist versage vor den Aufgaben der Anpassung des Rechts an den sozialen Wandel: „Für Erhaltung und Bewahrung ist er nach Mentalität und Instrumentarium gerüstet, für Fortschritt und Veränderungen dagegen nicht. Er tendiert deshalb da-

---

[3] *Nicolas Lührig*, Die Diskussion über die Reform der Juristenausbildung 1945–1995, 1997, S. 233.

[4] s. *H. Dernburg*, Die Reform der juristischen Studienordnung, 1886, S. 22 f., 37.

[5] *Lührig* (Fn. 3), S. 234.

[6] Statt Einzelbelegen sei verwiesen auf die Darstellung und Belege bei *Alfred Rinken*, Einführung in das juristische Studium, 3. Aufl. 1996, S. 282 ff. S. ferner *Lührig* (Fn. 3), S. 145 ff.; *Rinken*, a.a.O., S. 287, unterscheidet nach Intensität und Reforminteresse drei Typen von Reformvorschlägen: a) Vorschläge für eine technokratische Reform; b) Reformvorschläge mittlerer Reichweite; c) Vorschläge für eine grundlegende Inhaltsreform. Zur Diskussion zwischen 1985 und 1995 s. *Lührig* (Fn. 3), S. 180 ff. und für die Diskussion danach s. statt vieler *Hans Peter Bull,* Irrtümer in der Juristenausbildung, ZRP 2000, S. 425 ff.

[7] Loccumer Arbeitskreis (Hrsg.), Neue Juristenausbildung. Materialien des Loccumer Arbeitskreises zur Reform der Juristenausbildung, 1970 (gekürzt in JuS 1970, S. 51 f.).

[8] Zu weiteren Reformanstößen s. *Rinken* (Fn. 6), S. 284 f.

zu, den Status quo zu stabilisieren."[9] Ferner: „Es gibt noch keinen ernst zu nehmenden Versuch, aus den Prinzipien freiheitlich-demokratischer und sozialer Rechtsstaatlichkeit Konsequenzen für die Ziele der juristischen Ausbildung zu ziehen."[10]

So provokant ging die Arbeitsgruppe „Einstufige Juristenausbildung" in Hamburg nicht vor[11], deren Berichte, vor allem deren „Zweiten Bericht", ich im Folgenden heranziehe und als Vergleichsmaterial zu gegenwärtigen Diskussionen nehme.[12] Diese Konzentration auf ein Beispiel soll die Darstellung erleichtern. Es muss aber hinzugefügt werden, dass es parallel zur Reform in Hamburg auch andernorts Bemühungen um eine Veränderung der Rechtswissenschaft und der Ausbildung gegeben hat, darunter auch solche mit dem Anspruch einer Inhaltsreform.[13]

Die Hamburger Arbeitsgruppe kritisierte im Mai 1974, die Distanz der Wissenschaft zur Ebene praktischen Handelns habe u. a. dazu geführt, dass für die juristische Praxis relevante gesellschaftliche Konflikte und ihre Regelung durch Recht wissenschaftlich unzureichend aufgearbeitet seien.[14] Aufgabe der „Verpflichtung der Rechtswissenschaft auf die Praxis" sei es, in „relativer Autonomie – unter Einbeziehung der kritischen und innovativen Dimension – die Probleme der Gestaltung einer sinnvollen gesellschaftlichen Ordnung durch Recht aufzuarbeiten. Nur dann kann es gelingen, im Bereich der Ausbildung wissenschaftlich fundierte Handlungsfähigkeit für die juristischen Berufe zu vermitteln."[15]

Es sollte also um eine wissenschaftlich angeleitete Ausbildung in Universität und – damit verkoppelt – Praxis gehen, bezogen auf die „rechtliche Regelung

---

[9] Loccumer Arbeitskreis (Fn. 7), S. 12, 14.

[10] A.a.O., S. 12.

[11] Die Arbeitsgruppe war vor Beginn der Ausbildung auf gesetzlicher Grundlage als Kommission aus Hochschullehrern, Praktikern und Studenten mit dem Ziel eingerichtet worden, Richtlinien für die Lehrinhalte und Lehrmethoden, Arbeitspläne für die Lehr- und Ausbildungsveranstaltungen, Lernziele und Vorschläge für ausbildungsbegleitende Leistungskontrollen sowie die Ausgestaltung des Abschlussverfahrens u. ä. zu unterbreiten. Sprecher der Arbeitsgruppe war *Hans-Peter Bull.*

[12] Dabei will ich nicht verschweigen, dass ich die Reform der Juristenausbildung in Hamburg selbst mitgestalten konnte. Mitglied der Arbeitsgruppe oder Mitverfasser des im Folgenden herangezogenen „Zweiten Berichts" (s. u. Fn. 14) war ich allerdings nicht.

[13] Besonders intensiv in Bremen, aber auch in Hannover und in Bielefeld. Außerhalb Norddeutschlands wurde mit einer einstufigen Juristenausbildung etwa in Augsburg und in Bayreuth experimentiert. s. dazu die Hinweise in Fn. 6.

[14] Arbeitsgruppe „Einstufige Juristenausbildung", Zweiter Bericht gemäß Art. 2 § 1 Abs. 4 des Gesetzes zur Einführung der einstufigen Juristenausbildung vom 30. 4. 1973, Abschnitt 1.1.

[15] A.a.O., S. 16.

gesellschaftlicher Probleme".[16] Hier passt eine nicht speziell auf die Rechtswissenschaft bezogene Formulierung des Wissenschaftstheoretikers *Jürgen Mittelstrass*, der 1992 formulierte:[17] „Die Probleme tun uns immer weniger den Gefallen, sich nach der Ordnung unserer wissenschaftlichen Gewohnheiten zu definieren." Und er fügte hinzu: „Es kommt darauf an, das wissenschaftliche Wissen wieder mit den lebensweltlichen Problemlagen und den lebensweltlichen Zwecken in problemlösender Weise zu verbinden."

Besser kann man auch das Programm der einstufigen Juristenausbildung, soweit es auch auf eine Reform der Wissenschaft zielt, nicht umschreiben. Die Veränderungen[18] im Curriculum, die neuen didaktischen Formen, veränderte Leistungskontrollen, der verstärkte Zugriff auf Sozialwissenschaften und die inhaltliche – also nicht nur organisatorische – Verknüpfung von theoretischer und praktischer Ausbildung waren Teil des Anliegens, Rechtswissenschaft auch auf den Prüfstand zu stellen und dies nicht im Elfenbeinturm, sondern orientiert an aktuellen gesellschaftlichen Problemen und damit inmitten gesellschaftlicher Konflikte. Es handelte sich auch um eine Reaktion auf wissenschaftsexterne Herausforderungen für das Rechtssystem und die Rechtswissenschaft.[19]

2. Die Art der Einbeziehung der Sozialwissenschaften als Streitobjekt

Soweit eine so ausgerichtete Juristenausbildung[20] auf massive Ablehnung bei Rechtswissenschaftlern und Praktikern stieß, geschah dies kaum deshalb, weil sie die universitäre und praktische Ausbildung neu („einstufig") organisierte. Grundsätzlicher Angriffspunkt war auch nicht, dass sie die soziale Realität einbeziehen wollte. Entsprechende Forderungen gehörten spätestens 1970 zum „guten Ton", so etwa auf dem der Juristenausbildung gewidmeten Deutschen Juristentag 1970. Mit 333 : 5 Stimmen wurde dort beschlossen: „Die

---

[16] A.a.O., S. 17.

[17] *Jürgen Mittelstrass*, Auf dem Wege zur Transdisziplinarität, GAIA 1 (1992), S. 250.

[18] Über die für Hamburg damals vorgesehenen Änderungen informieren insbesondere zwei Publikationen: unihh reform, Dokumente zur Studien- und Prüfungsreform aus der Universität Hamburg, Nr. 7 und Nr. 13 (1976 und 1981) sowie *Heinz Giehring/Fritz Haag/Wolfgang Hoffmann-Riem/Claus Ott* (Hrsg.), Juristenausbildung – erneut überdacht. Erfahrungen aus der Einstufigen Juristenausbildung als Grundlage für eine weiterhin anstehende Reform, 1990.

[19] Zu unterschiedlichen Anstößen am Beispiel der Forderung nach Interdisziplinarität aus heutiger Sicht s. *Alexander Bogner/Karen Kastenhofer/Helge Torgersen*, in: dies. (Hrsg.), Inter- und Transdisziplinarität im Wandel?, 2010, S. 7 ff.

[20] Ermöglicht wurde sie durch eine so genannte Experimentierklausel in § 5 b DRiG, s. Gesetz zur Änderung des DRiG vom 10. 9. 1971 (BGBl. I, S. 1557), später geändert durch das Zweite Gesetz zur Änderung des DRiG vom 16. 8. 1980 (BGBl. I, S. 1451).

Ausbildung muss den Juristen in die Lage versetzen, die Wechselwirkung zwischen Recht und Wirklichkeit zu erfassen, die sozialen Hintergründe rechtlicher Regelungen zu erkennen und zu verarbeiten.“[21]

Die Abstraktheit dieses Satzes sicherte ihm Zustimmung. Die Details der Umsetzung produzierten aber Kritik und Ablehnung, jedenfalls soweit der Anspruch Ausflüge in das Gefilde der Sozialwissenschaften und folgenreiche Kommunikation mit Sozialwissenschaftlern bedeutete[22] – also nicht nur die Mitnahme einiger gefälliger Argumentationsbrocken aus den als Steinbruch genutzten Sozialwissenschaften in das Reich der Rechtswissenschaft. Vor allem aber stieß das Bemühen auf vehemente Ablehnung, soweit es letztlich auf eine neue Rechtswissenschaft und Rechtspraxis zielte, ja – so die provokante These aus Bremen – sogar auf einen „neuen Juristen“.[23] Bevorzugtes Angriffsziel der Kritik war die der Sozialwissenschaft zugedachte Funktion, nämlich die Forderung nach ihrer Integration in die Rechtswissenschaft.[24] Dies galt als Schreckgespenst, etwa als Trojanisches Pferd[25], im Inneren vollgeladen mit „Systemveränderern“, die – so eine der Befürchtungen in Politik und Medien – eine „linke Kaderschmiede“ errichten wollten.[26]

---

[21] Verhandlungen des 48. DJT, In welcher Weise empfiehlt es sich, die Ausbildung der Juristen zu reformieren? Sitzungsberichte Bd. II Teil P, 1970, S. 314 (Beschluss Nr. 2). Auch der Rechtsausschuss des Deutschen Bundestages hat in seinem Bericht (schriftlicher Bericht vom 7. 6. 1971, BT-Drs. 6/2269, Vorblatt) die stärkere Einbeziehung der Gesellschaftswissenschaften in die Juristenausbildung gefordert.

[22] Als Beispiele für seinerzeitige, dem Anliegen gegenüber aufgeschlossene, Publikationen zum Thema vgl. *Hubert Rottleuthner*, Rechtswissenschaft als Sozialwissenschaft, 1973; *Rüdiger Lautmann*, Soziologie vor den Toren der Jurisprudenz, 1971; *ders.*, Justiz – die stille Gewalt, 1972; *Wolfgang Naucke*, Über die juristische Relevanz der Sozialwissenschaften, 1972; sowie die Beiträge in: *Dieter Grimm* (Hrsg.), Rechtswissenschaft und Nachbarwissenschaften, Bd. 1 und 2, 1973 (unveränderte 2. Aufl. 1976); *Wolfgang Hoffmann-Riem* (Hrsg.), Sozialwissenschaften im Studium des Rechts: Verfassungs- und Verwaltungsrecht, 1977.

[23] s. *Rinken* u. a., Der Neue Jurist. Materialien zur reformierten Juristenausbildung, 1973.

[24] s. etwa *Helmut Schelsky*, Nutzen und Gefahren der sozialwissenschaftlichen Ausbildung von Juristen, JZ 1974, S. 410 ff. sowie *Helmut Coing*, Bemerkungen zu dem Modellentwurf für einstufige Juristenausbildung in Hessen, JuS 1973, S. 797 ff. (Erwiderung darauf von *Klaus Lüderssen*, Wie rechtsstaatlich und solide ist ein sozialwissenschaftlich-juristisches Grundstudium?, JuS 1974, S. 131 ff.).

[25] Dieses Bild greift der Titel des Aufsatzes von *Andreas Heldrich* auf, Das Trojanische Pferd in der Zitadelle des Rechts? JuS 1974, S. 281 ff.

[26] So etwa „Die Welt“ im Hamburger Lokalteil am 5. 9. 1977: *Uwe Bahnsen*, „Hamburgs Justiz befürchtet eine linke Kaderschmiede für Juristen“. Aufschlussreich auch der Redebeitrag von *Carsten P. Claussen* in der Bürgerschaftsdiskussion zur einstufigen Juristenausbildung, 8. Wahlperiode, 36. Sitzung am 23. 10. 1975, S. 2075 ff.

Die Fokussierung der Kritik auf die Sozialwissenschaften, insbesondere die Soziologie, war eine plakativ gestaltete Vereinfachung der Auseinandersetzung, hinter der allem Anschein nach die Sorge stand, dass eine Neuausrichtung der Rechtswissenschaft – wenn sie denn gelingen sollte – wissenschaftstheoretisch und -politisch folgenreich sein und manche bisherige Selbstverständnisse, ja die Identität der bisherigen Rechtswissenschaft, auf den Prüfstand stellen und verändern könnte.[27] Die Reformbestrebungen waren ja auch eine Reaktion auf die Studentenbewegung. Das „Hamburger Modell" nahm Partei für eine Art Recht und eine Art Rechtswissenschaft, die auf aktuelle Konflikt- und Problemlagen bezogen sind, den Status quo gegebenenfalls in Frage stellen und damit gesellschaftlichen Wandel begleiten und fördern wollten.[28] Denn die lebensweltlichen Problemlagen, von denen *Mittelstrass* später gesprochen hat, waren aus der Sicht der Verantwortlichen für das Reformprojekt allein mit den überkommenen Einstellungen und Instrumenten nicht mehr zu bewältigen. Die vielfach befürchtete Systemveränderung ist – auch später – ausgeblieben. Die Heftigkeit der Debatte[29] führte aber zu Verhärtungen der Diskussion und bewirkte den Verzicht auf einen vertieften wissenschaftlichen Dialog über die Anlässe der Änderungsbemühungen und ihre Berechtigung.

3. Fortdauernde Anstöße für Wandel

Bundesregierung und Bundestag sahen sich durch den Streit unter Rechtswissenschaftlern und Praktikern über den richtigen Weg ermuntert, das von der politischen Mehrheit nicht erwünschte Reformprojekt nach wenigen Jahren, und zwar ohne die zuvor versprochene Evaluation[30], wieder zu beenden. Die

---

[27] Zu solchen Befürchtungen s. *Rinken* (Fn. 6), 3. Aufl. 1996, S. 284 f.

[28] Vgl. dazu auch *Rinken*, Einführung (Fn. 6), S. 296 f.

[29] Zur Polarisierung der Diskussion s. *Rinken* (Fn. 6), S. 292 ff. Bei den besonders kontroversen Problemfeldern ging es etwa um die Rolle von Juristen in der Gesellschaft: Insoweit kreiste die Diskussion etwa um die Frage, ob der Jurist eine Art „Sozialingenieur" sein dürfe, kritisch dazu *Coing* (Fn. 24), 797. Ferner ging es etwa um den „politischen Richter"; so der Titel des Buches von *Rudolf Wassermann*, 1972. S. außerdem zur Diskussion etwa *Helmut D. Fangmann/Ulrich Zachert*, Gewerkschaftliche und politische Betätigung von Richtern, 1986; *Werner Hill*, Wie „politisch" dürfen Richter sein?, DRiZ 1986, S. 81 ff.; *Werner Birkenmeier,* Der politische Richter, DRiZ 1992, S. 194 ff.; *Andreas Voßkuhle*, Rechtsschutz gegen den Richter, 1993, S. 270 mit Fn. 102–104. Insbesondere wurde der Vorwurf erhoben, mit der angestrebten Veränderung der Berufsrolle der Juristen sei eine Absage an die Gesetzesbindung verbunden, s. als Entgegnung dazu statt vieler *Lüderssen* (Fn 24), S. 131 f.

[30] Zu dem Streit um die Evaluation und die (nicht beendete) Evaluationsarbeit insbesondere der zentralen Forschungsgruppe in Mannheim s. *Lührig* (Fn. 3), S. 159 ff.; s. ferner *Paul Enck*, Die „Bundesevaluation" aller einphasigen Jura-Studiengänge, in: Gerd-Michael Hellstern/Hellmut Wollmann (Hrsg.), Experimentelle Politik – Reformstrohfeuer oder Lernstrategie: Bestandsaufnahme und Evaluierung, 1983, S. 358 ff.;

Experimentalklausel wurde zwar einmal für drei Jahre, bis Ende 1984, dann aber nicht wieder verlängert.[31] Damit wurde die zweistufige Ausbildung wieder allgemein verbindlich. Daraus ließe sich folgern, die Reform sei gescheitert. Eine dauerhafte Ausbildungsreform ist in der Tat unterblieben. Davon unabhängig ist die Frage, ob auch die damaligen wissenschaftlichen Anliegen obsolet geworden sind.

Ein Ende der Wirkungskraft der in der Reformdiskussion aufgegriffenen Änderungsansätze in der Rechtswissenschaft wäre festzustellen, wenn als Maßstab der Inhalt der Kurz- und Lernbücher und Repetitorenskripten genommen würde, die – geht man nach dem Eindruck des aktuellen Buchangebots der Fachbuchhandlungen in der Nähe von Universitäten – offenbar das geistige Futter der meisten heutigen Studierenden und möglicherweise auch für viele die alleinige Wegspeisung zum Examen sind. Derartige Publikationen spiegeln aber nicht den Stand der Rechtswissenschaft und auch nicht das Problembewusstsein unter vielen Praktikern wider. Ersteres zeigt ein Blick in die wissenschaftlich anspruchsvollen Publikationen von Rechtswissenschaftlern. Für den zweiten Teil der These stehen viele Judikate und erst recht praktische Entscheidungen etwa der Verwaltung oder auch die Gesetzgebung, die insbesondere infolge der Europäisierung zum Teil massive Reformen in der Rechtsordnung auf den Weg gebracht hat, die Neuansätze suchen und dabei teilweise auch auf wirtschafts- und sozialwissenschaftlichen Sachverstand aufbauen. Die Gesetzgebungsreformen in mehreren Bereichen des besonderen Verwaltungsrechts, so im Umweltrecht, im Kommunikationsrecht oder im Recht der Netzwirtschaften, aber auch im Wettbewerbs- oder im Vergaberecht, haben viele „neue", von der überkommenen Dogmatik zuvor nicht aufgegriffene Regelungsstrategien behandelt und neue Regelungsinstrumente gebracht.[32] So haben sie in das kontinentaleuropäische Recht insbesondere angelsächsisches Rechtsdenken im-

---

Albrecht Hesse, Über den Stillstand der Debatte zur Reform der Juristenausbildung, JZ 1977, S. 49 ff.; *Dieter Hohenadel*, Probleme der Evaluation von Reformstudiengängen unter Bezugnahme auf die einphasige Juristenausbildung, RuP 1977, S. 46 ff.; *Fritz Haag*, in: Winfried Hassemer/Wolfgang Hoffmann-Riem/Jutta Limbach (Hrsg.), Juristenausbildung zwischen Experiment und Tradition, 1986, S. 11 ff.; *Lührig* (Fn. 3), S. 159 ff.

[31] Zum letzten Mal konnten daher bis zum 15.9.1984 Studierende in die einstufige Juristenausbildung aufgenommen werden.

[32] s. statt vieler die Beiträge von *Helmuth Schulze-Fielitz*, Grundmodi der Aufgabenwahrnehmung, in: Wolfgang Hoffmann-Riem/Eberhard Schmidt-Aßmann/Andreas Vosskuhle (Hrsg.), Grundlagen des Verwaltungsrechts (im Folgenden: GVwR), Bd. I, 2006, § 1 sowie *Martin Eifert*, Regulierungsstrategien, in: GVwR, Bd. I, 2006, § 19, jeweils m. w. Nachw. Michael Fehling/Matthias Ruffert (Hrsg.), Regulierungsrecht, 2010. s. auch Fn. 36. Zu den zwischenzeitlich erfolgten Änderungen im Bereich des Technikrechts s. etwa die Beiträge in Martin Schulte/Rainer Schröder (Hrsg.), Handbuch des Technikrechts, 2. Aufl. 2011.

plantiert, das ohnehin pragmatischer als das deutsche vorgeht, erheblich weniger Berührungsängste gegenüber den Sozialwissenschaften kennt und solchen Steuerungsfaktoren wie Verfahren seit langem größere Bedeutung zuweist, als es über weite Strecken in Deutschland der Fall war. Angesichts des wissenschaftlichen Wandels und der europäisch induzierten Rechtsreformen mussten neue Antworten gefunden werden. Viele dieser europäischen Reformvorhaben, erwähnt seien nur die Veränderungen des Telekommunikationsrechts, sind in wesentlichen Teilen Kondensierungen (wirtschafts-)wissenschaftlicher Theorien, im Beispiel etwa der Netzwerkökonomie.[33] Ohne ihre Rekonstruktion lassen sich viele Regelungen einschließlich der deutschen Umsetzungsakte nicht verstehen und damit auch nicht, etwa im Rahmen einer teleologischen Argumentation, verständnisvoll anwenden.[34] Aber auch ohne europapolitische Impulse gab es viele Anlässe zu veränderten Analyse- und Lösungswegen, so etwa im Umwelt-, Informations- oder Risikorecht aufgrund technologischer Entwicklungen, neuer Verwendungsmöglichkeiten von Technologien, aber auch durch veränderte Wahrnehmung von Risiken.

In der Gesetzgebungs- und Verwaltungspraxis sowie der Rechtswissenschaft müssen heute selbstverständlich viele Antworten gefunden werden, die in den 1970-er Jahren so noch nicht möglich waren. Gegenwärtig sind etwa Erscheinungen wie die Deregulierung, die Informatisierung oder die Globalisierung und vielfältige Entgrenzungen, aber auch neue Krisenphänomene, wie etwa die im Jahre 2008 begonnene Finanzkrise,[35] zu verarbeiten. Die herkömmliche rechtswissenschaftliche Methode ist nicht darauf ausgerichtet, solche komplexen Erscheinungen in ihren Ursachen und im Hinblick auf Handlungsmöglichkeiten zu erfassen, mit der Folge, dass rechtliche Regelungen und deren Anwendung häufig zu kurz greifen. Da Recht bei der Krisenbekämpfung und anderen komplexen Phänomenen in erster Linie benötigt wird, um politisch zu findende Regelungsstrategien oder konkrete Interventionen in Rechtsform umsetzen zu helfen, ist offensichtlich, dass Rechtswissenschaft mit ihren Methoden auch gar nicht hinreichend zur Problembewältigung sein kann.

---

[33] Vgl. dazu statt vieler *Jürgen Kühling*, Sektorspezifische Regulierung in den Netzwirtschaften, 2004; *Dirk Wieddekind*, Die Regulierung des Zugangs zu Telekommunikationsnetzen, 2007; *Kamyar Abrar*, Notwendigkeit einer „sektorspezifischen Fusionskontrolle" oder Möglichkeiten einer Neubewertung bei Zusammenschlüssen im Telekommunikations-Sektor?, 2007.

[34] s. außer den Nachw. in Fn. 33 etwa *Jens-Peter Schneider*, Liberalisierung der Stromwirtschaft durch regulative Marktorganisation, 1999; *Susanne Bumke*, Frequenzvergabe nach dem Telekommunikationsgesetz – unter *besonderer* Berücksichtigung der Integration ökonomischer Handlungsrationalität in das Verwaltungsverfahren, 2006. *Stefan Rutkowski*, Innovationsförderung im Telekommunikationsrecht zwischen Netzzugang und Regulierungsfreistellungen, 2009.

[35] Zu ihr s. statt vieler etwa *Helge Peukert*, Die große Finanzmarktkrise. Eine staatswissenschaftlich-finanzsoziologische Untersuchung, 2010 m. w. Hinw.

II. Reformimpulse mit Bedeutung für die Gegenwart (Beispiele)

Im Folgenden wähle ich exemplarisch acht Themenfelder aus der aktuellen verwaltungsrechtswissenschaftlichen Diskussion aus, in denen sich Parallelen zwischen damals und heute sowie das Fortwirken früherer Impulse finden lassen.[36] Ich könnte auch viele weitere nennen.[37]

1. Überwindung einer rein vorrangig geisteswissenschaftlichen Methode

Eine zentrale These des Reformanliegens lautete: Es reiche nicht, Normen mit hermeneutisch-sinnverstehenden, also „geisteswissenschaftlichen", Methoden zu interpretieren. Normen dürften nicht von ihrem sozialen Substrat isoliert werden, die politischen, ökonomischen, individual- und sozialpsychologischen Voraussetzungen von Recht (der Realbereich der Normen) und der konkreten Rechtsanwendung dürften nicht außer Acht gelassen werden.[38] Diese These hatte schon damals auch außerhalb des Kreises der Ausbildungsreformer[39] viele

---

[36] Über die aktuelle, in der Verwaltungsrechtswissenschaft geführte Reformdiskussion informieren u. a. die folgenden Beiträge: *Christoph Möllers,* Braucht das öffentliche Recht einen neuen Methoden- und Richtungsstreit?, VerwArch 90 (1999), S. 187 ff.; *Hartmut Bauer* Die Verwaltung (DV) 25 (1992), S. 301 ff.; *Wilhelm Henke,* Wandel der Dogmatik des öffentlichen Rechts, JZ 1992, S. 541 ff.; *Udo Di Fabio,* Risikoentscheidungen im Rechtsstaat, 1994, S. 445 ff.; *Werner Thieme,* Über die Notwendigkeit einer Reform des Allgemeinen Verwaltungsrechts, DÖV 1996, S. 757 ff.; *Wolfgang Hoffmann-Riem,* Tendenzen in der Verwaltungsrechtsentwicklung, DÖV 1997, S. 433 ff.; *Peter Badura,* Verwaltungsrecht im Umbruch, in: Zentaro Kitagawa (Hrsg.), Das Recht vor den Herausforderungen des neuen Jahrhunderts, 1998, S. 147 ff.; *Reiner Schmidt,* Die Reform von Verwaltung und Verwaltungsrecht, VerwArch 91 (2000), S. 149 ff.; *Andreas Vosskuhle,* Die Reform des Verwaltungsrechts als Projekt der Wissenschaft, DV 32 (1999), S. 545 ff.; *ders.,* Schlüsselbegriffe der Verwaltungsrechtsreform, VerwArch 92 (2001), S. 184; *Rainer Pitschas,* Neues Verwaltungsrecht im partnerschaftlichen Rechtsstaat, DÖV 2004, S. 231 ff.; *Rainer Wahl,* Herausforderungen und Antworten: Das öffentliche Recht der letzten fünf Jahrzehnte, 2006; *Dirk Ehlers,* in: Hans-Uwe Erichsen/Dirk Ehlers (Hrsg.), Allgemeines Verwaltungsrecht, 14. Aufl. 2010, § 3 Rn. 100 f. Weitere Hinweise finden sich bei *Wolfgang Kahl,* Über einige Pfade und Tendenzen in Verwaltungsrecht und Verwaltungswissenschaft – Ein Zwischenbericht, DV 2009, S. 463 ff., dort auch Hinweise auf kritische Stimmen, insbesondere in Fn. 10.

[37] Als Auflistung und Systematisierung von Neuansätzen einer „Neuen Verwaltungsrechtswissenschaft" s. den Beitrag von *Andreas Voßkuhle,* Neue Verwaltungsrechtswissenschaft, in: GVwR (Fn. 32), Bd. I, 2006, § 1. s. ferner die in den 10 Bänden der Schriften zur Reform des Verwaltungsrechts (herausgegeben von *Eberhard Schmidt-Aßmann* und *Wolfgang Hoffmann-Riem*), 1993–2004, abgedruckten Beiträge. s. auch – insbesondere zu den Folgen der Europäisierung – *Rainer Wahl,* Herausforderungen und Antworten: Das Öffentliche Recht der letzten fünf Jahrzehnte, 2006.

[38] Vgl. Arbeitsgruppe (Fn. 14), S. 17 f.

[39] Hier und im Folgenden beziehe ich den Begriff „Ausbildungsreformer" allein auf diejenigen, die die einstufige Juristenausbildung mit dem Ziel auch einer Inhaltsreform

Anhänger, war aber nicht h. M. Heute dürfte sie in der Theorie weitgehend akzeptiert sein[40], auch durch Ausweitung der hermeneutischen Perspektive durch verstärkten[41] Kontextbezug der Vorgehensweise – in der Verwaltungspraxis ist sie es ohnehin.

2. Abschied von der These einer regelhaft „einzig richtigen" Entscheidung

Das gilt auch für die weitere, seinerzeit noch keineswegs selbstverständliche These[42], es sei Abschied zu nehmen von der Vorstellung, es gäbe stets oder auch nur regelhaft „einzig richtige" Interpretations- und Entscheidungsergebnisse. Diese Annahme war (und ist) auch rechtlich folgenreich, so beispielsweise bei der Überprüfbarkeit der Anwendung unbestimmter Rechtsbegriffe, bei der Handhabung von Abwägungs- und Gestaltungsaufträgen oder im Umgang

---

der Rechtswissenschaft umzusetzen versucht haben. Dies soll keine Ausgrenzung anderer reformorientierter Wissenschaftler signalisieren.

[40] Zur neueren Methodendiskussion insbesondere mit Bezug zum öffentlichen Recht s. etwa *Christian Bumke*, in: Eberhardt Schmidt-Aßmann/Wolfgang Hoffmann-Riem (Hrsg.), Methoden der Verwaltungsrechtswissenschaft, 2004, S. 73 ff.; *Hans-Joachim Koch/Helmut Rüßmann*, Juristische Begründungslehre, 1982; *Hans-Joachim Koch*, Methoden zum Recht, 2010; *Christoph Möllers*, Methoden, in: GVwR (Fn. 32), Bd. I, 2006, § 3; *ders./Andreas Voßkuhle* DV 36 (2003), 321 ff.; *Friedrich Müller/Ralph Christensen*, Juristische Methodik, Bd. I, Grundlagen für die Arbeitsmethoden der Rechtspraxis, 10. Aufl. 2009, Bd. II, Öffentliches Recht, 9. Aufl. 2004; Bd. II, Europarecht, 2003; *Andreas Voßkuhle*, Methode und Pragmatik im öffentlichen Recht, in: Hartmut Bauer u. a. (Hrsg.), Umwelt-Wirtschaft-Recht, 2002, S. 172 ff.; *Katja Langenbucher*, Europarechtliche Methodenlehre, in: dies., (Hrsg.), Europarechtliche Bezüge des Privatrechts, 2. Aufl. 2008, S. 1 ff.; *Karl Riesenhuber*, Europäische Methodenlehre, 2. Aufl. 2010; Über neuere Ansätze in der zivilrechtlichen Methodendiskussion s. statt vieler *Stefan Grundmann*, Methodenpluralismus als Aufgabe – Zur Legalität von ökonomischen und rechtsethischen Argumenten in Auslegung und Rechtsanwendung, RabelsZ, 61 (1997), S. 423 ff.; *Horst Eidenmüller*, Rechtswissenschaft als Realwissenschaft, JZ 1999, S. 53 ff.; *Thomas M. Möllers*, Die Rolle des Rechts im Rahmen der europäischen Integration. Zur Notwendigkeit einer europäischen Gesetzgebungs- und Methodenlehre, 1999; *Thomas Henninger*, Europäisches Privatrecht und Methode: Entwurf einer rechtsvergleichend gewonnenen juristischen Methodenlehre, 2009; *Axel Adrian*, Grundprobleme einer juristischen (gemeinschaftsrechtlichen) Methodenlehre, 2009. s. ferner etwa *Axel Flessner*, Juristische Methode und europäisches Privatrecht, JZ 2002, S. 14 ff.; *Karl-Heinz Ladeur*, Die rechtswissenschaftliche Methodendiskussion und die Bewältigung des gesellschaftlichen Wandels, RabelsZ 64 (2000), S. 60 ff.

[41] Der Kontextbezug ist der Hermeneutik allerdings nicht neu, wird aber in der neueren Literatur stärker herausgearbeitet, s. dazu etwa *Ino Augsberg*, Die Lesbarkeit des Rechts, 2009.

[42] Vgl. *Arbeitsgruppe „Einstufige Juristenausbildung"*, Zweiter Bericht (Fn. 14), S. 19. Zur Diskussion s. etwa *Rolf Gröschner*, Dialogik und Jurisprudenz, 1982, S. 197 ff.; *Robert Alexy*, Theorie der juristischen Argumentation, 3. Aufl. 1996, S. 433; *Hans-Joachim Cremer*, Anwendungsorientierte Verfassungsauslegung, 2000, S. 287 ff.

mit (Regulierungs-)Ermessen. Seit einiger Zeit aber ist wieder Fluss in die Diskussion gekommen, nicht zuletzt durch Entscheidungen des Bundesverwaltungsgerichts zum Regulierungsermessen im Recht der Netzwirtschaften.[43]

In der rechtstheoretischen Diskussion ist insbesondere die Forderung aufgestellt worden, Rechtswissenschaft habe sich von einer anwendungsbezogenen Interpretationswissenschaft zu einer auch rechtsetzungsorientierten Handlungs- und Entscheidungswissenschaft zu entwickeln.[44] Rechtsanwendung ist angesichts vielfältiger in den Normen enthaltener Spielräume in vielerlei Hinsicht Optionenwahl[45], ohne dass die Kriterien für den Wahlvorgang stets normativ abschließend vorgegeben sind. Auch enthält Rechtsanwendung häufig Normergänzungen, sie schafft Präjudizien auch für zukünftige Rechtsetzungsakte und enthält auch in anderen Hinsichten Elemente von Rechtsetzung. Selbst ein konventionell orientierter Jurist wird dies nicht bestreiten. Angesichts der häufig gegebenen Möglichkeit mehrerer „vertretbarer" Entscheidungen lässt sich allenfalls von der regulativen Idee der „möglichst richtigen Entscheidung" ausgehen; eine solche Entscheidung kann allerdings autoritativ durch die kompetente Instanz zu einer „einzig richtigen" erklärt (fingiert) werden – oder aber es kann auf eine solche Fiktion verzichtet werden.

3. Gesetzesbindung im Prozess der *Herstellung* der Entscheidung

Die Anerkennung von Entscheidungsspielräumen ist eine Herausforderung für den Umgang mit dem Grundsatz der Gesetzesbindung. Die Ausbildungsreformer betonten – ebenso wie seinerzeit etwa *Josef Esser*[46] –, dass die Denkoperationen der Rechtsanwender sowohl Vorstellungen über tatsächliche Verhältnisse als auch Wertvorstellungen enthalten, die nicht oder nur begrenzt un-

---

[43] s. BVerwGE 130, 39,48; 131, 43, 62,; BVerwG NVwZ 2010, S. 1359 ff. Zum Regulierungsermessen s. etwa *Claudio Franzius,* Wer hat das letzte Wort im Telekommunikationsrecht?, DVBl 2009, S. 409 ff. Ablehnend *Klaus Ferdinand Gärditz,* „Regulierungsermessen" und verwaltungsgerichtliche Kontrolle, NVwZ 2009, S. 1005 ff.

[44] So *Andreas Voßkuhle*, Methode und Pragmatik (Fn. 40), 171, 179 ff. Vgl. auch *Eidenmüller,* Realwissenschaft, JZ 1999, S. 53, 60. Den entscheidungswissenschaftlichen Bezug der Rechtswissenschaft betonen etwa auch *Alexander Hollerbach*, Rechtswissenschaft, in: Görres-Gesellschaft (Hrsg.), Staatslexikon, Bd. IV, 7. Aufl. 1995, Sp. 751, 758; *Müller/Christensen* (Fn. 40), Bd. 1, Rn. 191 ff.

[45] Darauf verweist der Ausdruck Entscheidung. Zum Entscheidungscharakter des Verwaltungshandelns s. *Walter Schmidt*, Einführung in die Probleme des Verwaltungsrechts, 1982, S. 24 ff.; *ders.*, Staats- und Verwaltungsrecht, 2. Aufl. 1994, S. 95 ff.; *Roman Loeser*, System des Verwaltungsrechts, Bd. I, 1994, S. 379 ff.

[46] *Josef Esser*, Vorverständnis und Methodenwahl in der Rechtsfindung, 2. Aufl. 1972.

vermittelt aus Normtexten abgeleitet werden können.[47] Diese wollten sie nicht ausblenden – wie dies in der auf die Darstellung einer Entscheidung als lege artis konzentrierten, auf deren Unangreifbarkeit bei der (gerichtlichen) Überprüfung der Rechtmäßigkeit ausgerichteten, wohl immer noch vorherrschenden Vorgehensweise in vielerlei Hinsicht geschieht.[48] Die Ausbildungsreformer wollten – in der (damals noch nicht etablierten) Terminologie von Niklas Luhmann[49] – auch den Prozess der Herstellung der Entscheidung in den Blick nehmen. Dies war zugleich unabdingbare Voraussetzung dafür, die Universitätsausbildung auf ihre Praxisrelevanz hin zu besehen und zu klären, wieweit die Verwaltungsrechtswissenschaft und -ausbildung verstärkt auf die Arbeitspraxis der Verwaltung ausgerichtet werden können, ohne dadurch ihren Anspruch theoretischer Fundierung aufzugeben. Praktizierte Rechtsanwendung ist Problemlösungsverhalten und damit die Nutzung des Rechts als Orientierung und Rahmen für den Prozess des Auffindens einer angemessenen Problembewältigung. Hier sei als Zwischenbemerkung allerdings angefügt, dass der Anspruch einer verstärkten Ausrichtung der Rechtswissenschaft und ihrer Methodik auf die Herstellungsebene[50] bisher kaum eingelöst worden ist.[51]

Rechtsanwendung als Problemlösung setzt voraus, dass Juristen in ihrer praktischen Arbeit Folgenanalysen vornehmen müssen.[52] Der Zugriff auf das gesellschaftlich verfügbare Wissen und insbesondere auf Folgenannahmen sollte – so die damals so umstrittene These – durch verstärkten Rückgriff auf Sozialwissenschaften rationalisiert werden. Zwar ist heute weiterhin streitig, welchen normativen Stellenwert das Folgenargument hat.[53] Dass aber Folgen- und

---

[47] Arbeitsgruppe (Fn. 14), S. 18. Dazu aus der aktuellen Diskussion etwa *Matthias Jestaedt*, Maßstäbe des Verwaltungshandelns, in: Hans-Uwe Erichsen/ Dirk Ehlers (Hrsg), Allgemeines Verwaltungsrecht, § 11, 14. Aufl. 2010

[48] Die Dominanz dieser Perspektive zeigt ein Blick in die weit verbreiteten Methodenlehren, etwa die von *Karl Larenz/Claus-Wilhelm Canaris*, Methodenlehre der Rechtswissenschaft, 3. Aufl. 1995. s. demgegenüber aber etwa *Müller/Christensen* (Fn. 44).

[49] *Niklas Luhmann*, Recht und Automation in der öffentlichen Verwaltung, 1. Aufl. 1966, S. 50 ff.

[50] Dazu s. *Hans-Heinrich Trute*, in: Eberhard Schmidt-Aßmann/Wolfgang Hoffmannn-Riem (Hrsg.), Methoden der Verwaltungsrechtswissenschaft, 2004, S. 293 ff.

[51] Jedenfalls ein methodisches Raster für die Bewältigung dieser Aufgabe habe ich in dem Beitrag: Methoden einer anwendungsorientierten Verwaltungsrechtswissenschaft, in: Schmidt-Aßmann/Hoffmannn-Riem (Fn. 50), S. 9 ff. bereitzustellen versucht. Der Beitrag von *Christoph Möllers*, Methoden, in: GVwR (Fn. 32), Bd. I, 2006, § 3, blendet diese Dimension leider fast vollständig aus.

[52] Arbeitsgruppe (Fn. 14), S. 18.

[53] Dazu s. etwa *Thomas W. Wälde*, Juristische Folgenorientierung, 1979; *Gertrude Lübbe-Wolff*, Rechtsfolgen und Realfolgen, 1981; *Horst Sendler*, Zur richterlichen Folgenberücksichtigung und -verantwortung, in: FS Helmut Simon, 1987, S. 113 ff.; *Martina Renate Deckert*, Folgenorientierung in der Rechtsanwendung, 1995, S. 5 ff.; *Christi-*

insbesondere Risikoanalysen aus der Rechtswissenschaft und aus der Arbeit des Rechtsanwenders nicht hinweg zu denken sind[54], dürfte nicht nur im Risikoverwaltungsrecht anerkannt sein. Ebenso aber ist nicht zu übersehen, dass hier viele ungelöste Probleme bestehen, bedingt auch dadurch, dass ebenfalls in den Wirtschafts-, Technik- und Sozialwissenschaften nur begrenzt Wissen über mögliche Folgen – etwa von risikoreichem Verhalten – generiert worden oder doch leicht verfügbar ist.[55]

4. Nutzung von Angeboten der Sozialwissenschaften beim Zugriff auf den Realbereich

Wer meint, eine Norm nicht ohne Wahrnehmung des von ihr erfassten Ausschnitts sozialer, ökonomischer, kultureller, politischer, technologischer u. ä. Realität, ihres „Realbereichs", verstehen zu können, wer auch die im Prozess der Herstellung einer Entscheidung wichtigen, gegenwärtig etwa in dem Fokus der Governance-Forschung[56] stehenden – Steuerungsfaktoren in den Blick nimmt und wer zusätzlich absehbare oder auch nur mögliche Folgen einer Entscheidung als rechtserheblich einordnet, steht vor dem Befund, dass die tradierte juristische Methode bzw. die üblichen Methodenlehren der Rechtswissenschaft hierfür (fast) kein Handwerkszeug, geschweige denn theoretisch aufbereitete Handlungsstrategien bereitstellen und dass auch die Rechtsdogmatik nur begrenzt darauf eingestellt ist. Solche Defizite wollten die Ausbildungsreformer

---

na Coles, Folgenorientierung im richterlichen Entscheidungsprozess, 1991, S. 110 ff.; *Gunther Teubner*, Entscheidungsfolgen als Rechtsgründe, 1995; *Klaus Röhl/Hans-Christian Röhl*, Allgemeine Rechtslehre, 3. Aufl. 2008, S. 641 ff.; *Georg Hermes*, in: Eberhard Schmidt-Aßmann/Wolfgang Hoffmann-Riem (Hrsg.), Methoden der Verwaltungsrechtswissenschaft, 2004, S. 359 ff. Zur sozialwissenschaftlichen Diskussion s. die Beiträge in: *Karl-Peter Sommermann* (Hrsg.), Folgen von Folgenforschung, 2002. Zur Technikfolgenabschätzung s. statt vieler *Alexander Roßnagel*, Rechtswissenschaftliche Technikfolgenabschätzung, 1993; zur Innovationsfolgenabschätzung als einem anderen Beispiel s. etwa *Ivo Appel*, Aufgaben und Verfahren der Innovationsfolgenabschätzung, in: Martin Eifert/Wolfgang Hoffmann-Riem (Hrsg.), Innovationsverantwortung, 2009, S. 147 ff.

[54] Dazu s. etwa *Di Fabio* (Fn. 36) sowie *Arno Scherzberg* und – allerdings zurückhaltender – *Oliver Lepsius*, Risikosteuerung durch Verwaltungsrecht: Ermöglichung oder Begrenzung von Innovationen?, in: VVDStRL 63 (2004), S. 214 ff., 264 ff.; *Ivo Appel*, Staatliche Zukunfts- und Entwicklungsvorsorge, 2005; *Florian Dietz*, Technische Risiken und Gefährdungshaftung, 2006.

[55] Zum Problem des (Nicht-)Wissens und Wissens s. aus der wissenschaftstheoretischen Diskussion statt vieler *Rainer Völker/Sigrid Sauer/Monika Simon*, Wissensmanagement im Innovationsprozess, 2007; *Gunnar Folke Schuppert/Andreas Voßkuhle* (Hrsg.), Governance von und durch Wissen, 2008; *Ulrich Beck*, Weltrisikogesellschaft, 2007.

[56] Nachw. u. in Fn. 70.

u. a. durch Einbeziehung von Sozialwissenschaften unter Einschluss der Wirtschaftswissenschaft in die theoretische und praktische Arbeit mit dem Recht beheben.

Dass es sinnvoll ist, die soziale Realität mit dafür geeigneten Methoden zu erfassen, dürfte heute ebenso wenig bestritten werden[57], wie etwa die weitere Feststellung, dass auch die so genannten Nachbarwissenschaften dafür nur begrenzt Befunde oder hinreichend anerkannte theoretische Konzepte (als geeignete Basis jedenfalls für Plausibilitätseinschätzungen) verfügbar haben – mit der Folge, dass die Rechtsanwender sich auf andere Weise behelfen, d. h. auf besondere Regeln ausweichen müssen. Dazu gehören etwa Regeln über die Beweis- und Prognoselast, die Anerkennung von Einschätzungs- und Prognosespielräumen, die Ermächtigung zu riskantem Verhalten bei hinreichender Vorsorge für Beobachtung, Evaluation und Rückholoptionen oder die Zulassung nur einer gestuften Risikoverwirklichung (mit hinreichenden Korrekturmöglichkeiten) usw.

Wenn die Rechtswissenschaft für die Erfassung des Realbereichs der Norm geeignete Methoden kaum bereithält, bleibt nur der Weg der Entwicklung einer ausgeweiteten (neuen) rechtswissenschaftlichen Methode – dafür fehlten seinerzeit und fehlen weiterhin hinreichend ausgearbeitete Vorarbeiten – oder der der Anleihe bei anderen Wissenschaften, jedenfalls insoweit, als sie über „Wissen" verfügen, das in Rechtsetzungs- und Rechtsanwendungsprozesse transferiert werden darf.[58] Auf solche Transfers jedenfalls zielten die Ausbildungsreformer, indem sie insbesondere auf die Sozialwissenschaften zugriffen und hofften, sie methodisch mit der Rechtswissenschaft verbinden zu können.[59] Sehr wahrscheinlich war das Programm einer Interdisziplinarität zu anspruchs-

---

[57] Dass es schon seit langem, selbst in „klassischen" Lehrbüchern, aufgegriffen wird, betont *Andreas Voßkuhle*, Allgemeines Verwaltungs- und Verwaltungsprozessrecht, in: Dietmar Willoweit (Hrsg.), Rechtswissenschaft und Rechtsliteratur im 20. Jahrhundert, mit Beiträgen zur Entwicklung des Verlages C. H. Beck, 2007, S. 958 f.

[58] Dazu s. statt vieler *Michael Fehling*, Das Verhältnis von Recht und außerrechtlichen Maßstäben, in: Hans-Heinrich Trute/Thomas Gross/Hans Christian Röhl/Christoph Möllers (Hrsg), Allgemeines Verwaltungsrecht – Zur Tragfähigkeit eines Konzepts, 2008, S. 461, 467. Zu den Risiken der Transformation sozialwissenschaftlicher Wissensbestandteile durch den Transfer in andere wissenschaftliche Verwendungskontexte s. schon *Ulrich Beck/Wolfgang Bonß* (Hrsg.), Weder Sozialtechnologie noch Aufklärung? Analysen zur Verwendung sozialwissenschaftlichen Wissens, 1989; *Wolfgang Bonß/Heinz Hartmann* (Hrsg.), Entzauberte Wissenschaft. Zur Relativität und Geltung soziologischer Forschung, 1985; *Christoph Lau/Ulrich Beck*, Definitionsmacht und Grenzen angewandter Sozialwissenschaft, 1989; *Matthias Wingens*, Soziologisches Wissen und politische Praxis. Neuere theoretische Entwicklungen der Verwendungsforschung, 1988.

[59] s. dazu statt vieler aus dem oben (Fn. 18) erwähnten Band von *Giehring* u. a. meinen Beitrag: Zur Verwendungstauglichkeit der Sozialwissenschaften für die Juristenausbildung, S. 75 ff.

voll und das der Transdisziplinarität[60] wäre zumindest als Zwischenschritt angemessener gewesen.[61] Dass aber versucht wurde, die produktive Kraft von Sozialwissenschaften auch für die Rechtswissenschaft fruchtbar zu machen, war überfällig, auch wenn das Vorhaben möglicherweise erfolgreicher gewesen wäre, wenn dabei auch die Grenzen der Verfügbarkeit sozialwissenschaftlichen Wissens und seiner Verwertbarkeit in juristischen Verwendungskontexten stärker betont und Regeln über die dennoch zulässige Verwendbarkeit entwickelt worden wären.

Für die Nutzbarkeit von Sozialwissenschaften wählten die Ausbildungsreformer allerdings aus der Sicht von Gegnern und Skeptikern die „falschen" sozialwissenschaftlichen Ansätze. Einem Trend der damaligen sozialwissenschaftlichen Diskussion entsprechend[62] – man kann auch sagen: gemäß einer Strömung des Zeitgeistes – hatten sie Sympathie für die kritische Theorie[63], befragten (in Hamburg allerdings nur marginal) marxistische Theorien[64] auf ihre Analysefähigkeit; jedenfalls sympathisierten sie mit konstruktivistischen Ansätzen wie dem labelling approach in der Kriminologie[65] oder gar mit der Akti-

---

[60] Dieser Begriff wird allerdings in höchst unterschiedlicher Weise benutzt, so etwa für den Blick über die Grenzen unterschiedlicher wissenschaftlicher Disziplinen, aber auch für die Überschreitung der Grenze zwischen Wissenschaft und Praxis. Einen Überblick über die höchst unterschiedlichen Definitionen der Transdisziplinarität und ihrer „Spielarten" findet sich in *Christian Pohl/Gertrude Hirsch Hadorn*, Gestaltungsprinzipien für die transdisziplinäre Forschung. Ein Beitrag des td-net, 2006, S. 84 ff. s. auch den Hinweis in Fn. 19.

[61] Zur allgemeinen Diskussion mit besonderem Blick auf empirische Beispiele s. die Beiträge in *Bogner/Kastenhofer/Torgersen* (Fn. 19).

[62] Dies kann hier nicht im Einzelnen nachgezeichnet werden, s. statt vieler aus der damaligen sozialwissenschaftlichen Einführungsliteratur als Überblicke etwa *Joachim Matthes*, Einführung in das Studium der Soziologie, 1973, etwa S. 197 ff.; *Kiss*, Einführung in die soziologischen Theorien, Bd. I und II, 2. Aufl. 1974/75 sowie die Diskussionen auf den Deutschen Soziologentagen, s. etwa *M. Rainer Lepsius* (Hrsg.), Zwischenbilanz der Soziologie, Verhandlungen des 17. Deutschen Soziologentages, 1976. s. ferner *Karl Otto Hondrich/Joachim Matthes* (Hrsg.), Theorienvergleich in den Sozialwissenschaften, 1978.

[63] Einer ihrer prominenten Vertreter war *Jürgen Habermas*, s. statt vieler seinen Sammelband: Die Einbeziehung des anderen, 1997, sowie als Diskussion mit dem Systemtheoretiker *Niklas Luhmann*: *Jürgen Habermas/Niklas Luhmann*, Theorie der Gesellschaft oder Sozialtechnologie – Was leistet die Systemforschung? 1971.

[64] Ein Beispiel des Versuchs der Rezeption marxistischer Theorien durch einen Juristen ist: *Heinz Wagner*, Recht als Widerspiegelung und Handlungsinstrument. Beitrag zu einer materialistischen Rechtstheorie, 1976. Zur damaligen Diskussion über Klassenjustiz s. statt vieler: Klassenjustiz heute?, Vorgänge 12. Jahrgang 1973, Heft 1.

[65] Dieser wurde seinerzeit insbesondere von *Fritz Sack* in Deutschland populär gemacht, s. statt vieler *Fritz Sack*, in: ders./René König, Kriminalsoziologie, 1968, S. 431 ff.

onsforschung[66], die Empathie für die Schwachen der Gesellschaft[67] aufbrachte und damit bereit war, Distanz und Neutralität von Wissenschaft neu zu werten. Heute sind andere sozialwissenschaftlichen Ansätze en vogue, so etwa die Institutionenökonomie[68], die ökonomische Analyse des Rechts[69], in der Politikwissenschaft die Governance-Forschung[70] u. a. Vermutlich wäre der Widerstand gegen Rückgriffe auf Sozialwissenschaften geringer gewesen, wenn seinerzeit stärker nach solchen „das System bejahenden" Ansätzen gesucht worden wäre. Allerdings: Eine Garantie, dass die Hochschätzung beispielsweise der ökonomischen Theorie des Rechts oder der Governance-Perspektive länger anhalten wird als die, der in den siebziger Jahren viel diskutierten kritischen Theorien, gibt es nicht.

Als im Herbst 2006 plötzlich in der öffentlichen Diskussion das Wort Unterschicht wieder hoffähig[71] und der Begriff des Prekariats geprägt wurde[72] – er

---

[66] s. statt vieler *Fritz Haag* u. a. (Hrsg.), Aktionsforschung. Forschungsstrategien, Forschungsfelder und Forschungspläne, 2. Aufl. 1975.

[67] Insofern wurde an die Diskussion über soziale Ungleichheit angeknüpft, dazu s. statt vieler *Karl Martin Bolte/Stefan Hradil*, Soziale Ungleichheit in der Bundesrepublik Deutschland, 1984.

[68] Zu ihr s. etwa *Rudolf Richter/Eirik G. Furubotn*, Neue Institutionenökonomik, 4. Aufl. 2010; *Mathias Erlei/Martin Leschke/Dirk Sauerland*, Neue Institutionenökonomik, 1999.

[69] In Deutschland führend ist das – von Hochschullehrern der ehemaligen einstufigen Juristenausbildung in Hamburg verfasste – Lehrbuch *Hans-Bernd Schäfer/Claus Ott*, Lehrbuch der ökonomischen Analyse des Zivilrechts, 4. Aufl. 2005. Aus der reichhaltigen älteren Literatur s. statt vieler *Peter Behrens*, Die ökonomischen Grundlagen des Rechts, 1986; *Oliver Lieth*, Die ökonomische Analyse des Rechts im Spiegelbild klassischer Argumentationsrestriktionen des Rechts und seiner Methodenlehre, 2007; *Reinhard Bork*, Ökonomische Analyse des Verfahrensrechts, 2009; *Robert Cooter*, Law and Economics, 6. Aufl. 2011. Speziell zum Öffentlichen Recht s. etwa Anne van Aaken/Stefanie Schmid-Lübbert (Hrsg.), Beiträge zur ökonomischen Theorie im Öffentlichen Recht, 2003; *Wolfgang Weigel*, Rechtsökonomik, 2003; *Josef Franz Lindner*, Verfassungsrechtliche Rahmenbedingungen einer ökonomischen Theorie des Öffentlichen Rechts, JZ 2008., S. 957 ff.

[70] s. die zum Teil auch rechtswissenschaftlich geprägten Beiträge in dem von *Gunnar Folke Schuppert*, der ebenfalls früher in der Hamburger einstufigen Juristenausbildung engagiert war, herausgegebenen Band: Governance-Forschung: Vergewisserung über Stand und Entwicklungslinien, 2005. s. ferner statt vieler *Arthur Benz/Susanne Lütz/Uwe Schimank/Georg Simonis* (Hrsg.), Handbuch Governance, 2007; *Sebastian Botzem/Jeanette Hofmann/Sigrid Quack/Gunnar Folke Schuppert/Holger Straßheim* (Hrsg.), Governance als Prozess. Koordinationsformen im Wandel, 2009; *Gunnar Folke Schuppert*, Governance und Rechtsetzung, Grundfragen einer modernen Regelungswissenschaft, 2011; *Gunnar Folke Schuppert/Michael Zürn* (Hrsg.), Governance in einer sich wandelnden Welt, Sonderheft 41 der Politischen Vierteljahresschrift 2008; *Edgar Grande/Stefan May* (Hrsg.), Perspektiven der Governance-Forschung, 2009.

[71] Beispielsweise sei auf die folgenden Zeitungsartikel verwiesen, *Cathrin Kahlweit*, Eine Klasse für sich, „Süddeutsche Zeitung" v. 17. 10. 2006, S. 2; *Heinz Bude*, Abhanden gekommen. Was ist los mit der Unterschicht? „Süddeutsche Zeitung" v. 18. 10.

kennzeichnet diejenigen, die im Gefühl leben, gesellschaftlich im Abseits, auf der Verliererseite zu stehen, die also auf die Bahn gesellschaftlicher Exklusion geraten sind und durch das Gefühl des Nicht-Handeln-Könnens geprägt sind –, fehlte nur noch die Frage, ob die in den 1970er Jahren diskutierten Ansätze (etwa die differenzierende Kapitalismuskritik, wie sie z. B. *Claus Offe* in seinen Analysen zu „disparitären Lebensbereichen" formuliert hat[73]) auch gegenwärtig in mancherlei Hinsicht analytische Orientierung bieten könnten, vielleicht sogar mehr als die Theorien, für die heute Nobelpreise in Wirtschaftswissenschaften verliehen werden. In Zukunft werden vermutlich wieder andere Ansätze die Geister erregen. Wissenschaft ist trial and error und nicht alles, was einmal als Irrtum bewertet wird, muss sich im Laufe der Geschichte als Irrtum erweisen.

Heute ist die Forderung nach stärkerer Berücksichtigung oder nach Einbeziehung der Sozialwissenschaften in die rechtswissenschaftliche Arbeit[74] in vielen Bereichen der Rechtswissenschaft anerkannt – auch wenn der programmatische Anspruch bescheidener als früher formuliert wird und der Ertrag weniger durch ausdrückliche Thematisierung als durch Nutzung der durch die „Versozialwissenschaftlichung" vieler Lebensverhältnisse veränderten Sichtweisen und Begriffe erzielt wird. Wer etwa das Gutachten von *Masing* über Regulierungsverwaltungsrecht für den Deutschen Juristentag 2006[75] oder die Referate zu Rechtsfragen von Mehrebenensystemen auf der Staatsrechtslehrertagung 2006[76] besieht und diese mit entsprechenden Referaten der siebziger Jahre vergleicht, wird sich überzeugen können, wie viel sich hier bewegt hat. Gleiches ergibt der Blick in viele neuere Habilitationsschriften[77] und Dissertationen, aber auch manche Lehrbücher.[78]

2006, S. 13; *Friederike von Tiesenhausen* u. a., Warnungen vor Unterschicht im Osten, „FTD-Kompakt" v. 18. 10.2006, S. 8.

[72] s. Friedrich-Ebert-Stiftung, Gesellschaft im Reformprozess, 2006, S. 20, 81 ff. Dort wird der Begriff des „abgehängten Prekariats", also einer bereits vom sozialen Abstieg geprägten Gruppe, benutzt.

[73] *Claus Offe*, in: Gisela Kress/Dieter Senghaas (Hrsg.), Politikwissenschaft, 1972, S. 135, 154, 160.

[74] Auch die Diskussion um die Bedeutung von Empirie bricht nicht ab, s. dazu etwa *Niels Petersen*, Braucht die Rechtswissenschaft eine empirische Wende?, Der Staat 2010, S. 435 ff.

[75] *Johannes Masing*, Soll das Recht der Regulierungsverwaltung übergreifend geregelt werden? Verhandlungen des 66. DJT, Gutachten, Bd. I, 2006, D 1 ff.

[76] Abgedruckt in Bd. 66 der Veröffentlichungen der Vereinigung der Deutschen Staatsrechtslehrer, 2007.

[77] Die Auswahl muss selektiv und damit ungerecht sein. Einzelne Beispiele: *Arno Scherzberg*, Die Öffentlichkeit der Verwaltung, 2000 (unter Einbeziehung der Systemtheorie); *Gernot Sydow*, Verwaltungskooperation in der Europäischen Union, 2004; *Florian Becker*, Kooperative und konsensuale Strukturen in der Normsetzung, 2005; *Martin Eifert*, Electronic Government, 2006; *Ulrich Smeddinck*, Integrierte Gesetzes-

5. Rechtswissenschaft als Steuerungswissenschaft

Die Anerkennung der Erheblichkeit des Herstellungsprozesses einer Entscheidung, vor allem aber die Einsicht, dass Rechtsanwendung gesellschaftliche Probleme zu lösen hat und dass Rechtswissenschaft insofern eine Problemlösungswissenschaft ist oder sein muss, sind heute Grundlagen dafür, dass Rechtswissenschaft von Praktikern und vielen Wissenschaftlern als Steuerungswissenschaft verstanden wird.[79] Das heißt nicht, dass sie sich einer der vielen Varianten sozialwissenschaftlicher Steuerungstheorien[80] anzuschließen, wohl aber, dass Rechtswissenschaft die Wirkungsdimensionen des praktizierten Rechts in den Blick zu nehmen hat: Recht und Rechtsanwendung zielen auf die Erreichung normativ erwünschter und die Vermeidung normativ unerwünschter Wirkungen.[81] Nichts anderes prägt die tägliche Arbeitspraxis etwa von Verwal-

---

produktion. Der Beitrag der Rechtswissenschaft zur Gesetzgebung in interdisziplinärer Perspektive, 2006; *Matthias Knauff*, Der Regelungsverbund: Recht und Soft Law im Mehrebenensystem, 2010; *Daniel Thym*, Migrationsverwaltungsrecht, 2010. Für eine Reihe neuerer Habilitationsschriften ist weniger der ausdrückliche methodische oder systematische Bezug auf Nachbarwissenschaften bedeutsam als das Bemühen um eine sozialwissenschaftlich informierte Erfassung des Realbereichs der Normordnung.

[78] So ist das Lehrbuch *Hans Uwe Erichsen/Dirk Ehlers* (Hrsg.), Allgemeines Verwaltungsrecht, 14. Aufl. 2010, weitgehend neu konzipiert worden und zwar unter Rückgriff auf viele der in der Reformdiskussion aktuell erheblichen Ansätze. Insbesondere die Verwaltungslehre ziehen *Hans Peter Bull/Veith Mehde*, Allgemeines Verwaltungsrecht mit Verwaltungslehre, 8. Aufl. 2009, ein. Als Beispiel für die Einarbeitung in ein traditionsbeladenes Lehrbuch s. *Hans J. Wolff/Otto Bachof/Rolf Stober*, Verwaltungsrecht, Bd. I, 12. Aufl. 2007 oder *Hans Julius Wolff/Otto Bachof/Rolf Stober/Winfried Kluth*, Verwaltungsrecht, Bd. II, 7. Aufl. 2010. Zu verweisen ist ferner auf Lehr- und Handbücher zu Teilen des besonderen Verwaltungsrechts, etwa – statt vieler – *Rüdiger Engel/Reinhard Sparwasser/Andreas Voßkuhle*, Umweltrecht: Grundzüge des öffentlichen Umweltschutzrechts, 5. Aufl. 2003; *Hans-Joachim Koch* (Hrsg.), Umweltrecht, 3. Aufl. 2010; *Michael Kloepfer*, Informationsrecht, 2002.

[79] Vgl. dazu *Gunnar Folke Schuppert*, in: Wolfgang Hoffmann-Riem/Eberhard Schmidt-Aßmann/Gunnar Folke Schuppert (Hrsg.), Reform des Allgemeinen Verwaltungsrechts, 1993, S. 65 ff.; *ders.*, in: Dieter Grimm (Hrsg.), Wachsende Staatsaufgaben – sinkende Steuerungsfähigkeit des Rechts, 1990, S. 217 ff.; *Claudio Franzius*, Modalitäten und Wirkungsfaktoren der Steuerung durch Recht, in: GVwR (Fn. 32), Bd. I, 2006, § 4; *Andreas Voßkuhle*, Neue Verwaltungsrechtswissenschaft, in: GVwR (Fn. 32), Bd. I, 2006, § 1 Rn. 16 ff., 32, 46. *Ivo Appel/Martin Eifert*, Das Verwaltungsrecht zwischen klassischem dogmatischen Verständnis und steuerungswissenschaftlichem Anspruch, VVDStRL 67 (2008), S. 226 ff., 286 ff.; *Jens Kersten/Sophie-Charlotte Lenski*, Die Entwicklungsfunktion des Allgemeinen Verwaltungsrechts, DV 42 (2009), S. 501, 529 ff., *Arno Scherzberg*, Das Allgemeine Verwaltungsrecht zwischen Praxis und Reflektion, in: Trute et al., Verwaltungsrecht (Fn. 58), S. 836ff. Zu kritischen Stimmen s. die Nachw. bei *Kahl* (Fn. 36).

[80] s. etwa *Renate Mayntz/Fritz W. Scharpf* (Hrsg.), Gesellschaftliche Selbstregelung und politische Steuerung, 1995.

[81] s. zu einem solchen normativen Steuerungsverständnis *Christian Bumke*, Relative Rechtswidrigkeit, 2004, S. 262 ff.

tungsbeamten. Dem trägt moderne Rechtswissenschaft auch dadurch Rechnung, dass sie fragt, auf welche Weise durch Recht verantwortungsvoll auf Verhalten eingewirkt („gesteuert") werden kann, etwa wie die Maßgeblichkeit rechtsstaatliche Verfahren, Transparenz und demokratische Legitimation insoweit gesichert werden können, als der Rechtsanwender unter Optionen zu wählen hat, die Richtigkeit der Entscheidung sich also nicht allein an der Fehlerfreiheit eines Subsumtionsvorgangs ermessen lässt. Dabei kommen neben dem in Worte gefassten normativen Programm auch „weiche" Maßstäbe und Ziele in den Blick, wie Effizienz, Akzeptabilität, Implementierbarkeit oder Innovationsoffenheit[82] und dem Thema „Soft Law" wird immer mehr Aufmerksamkeit gewidmet.[83] Insbesondere zeigt sich, dass die überkommene „Juristische Methode" nicht ausreicht, um Verwaltungsaufgaben angemessen zu bewältigen.[84]

6. Steuerungsmedien neben dem geschriebenen Recht

Heute ist ein Gemeinplatz, dass Rechtsanwendungsverhalten nicht nur durch die geschriebene Norm, sondern auch durch die Rahmenbedingungen (den Kontext) ihrer Anwendung geprägt wird. Maßgebliche Steuerungsmedien waren schon im Titel einer Lehrveranstaltung der einstufigen Juristenausbildung in Hamburg benannt: „Organisation, Personal und Mittel der Verwaltung".[85] Die reformierte Juristenausbildung wollte – um ein Beispielsfeld zu benennen – den Einsatz subjektgebundener Faktoren wie Alltagstheorien, Intuition, individuelle Leitbilder, Karrieremuster oder gar einen Korpsgeist, aber auch das im Personal und in Organisationen gespeicherte implizite Wissen[86], nicht in der Dunkelkammer eines juristischen Darstellungskünstlers lassen, sondern demokratischer Verantwortung unterziehen. Allerdings war noch nicht sehr deutlich, wie dieses Programm eigentlich eingelöst werden kann. Klar war jedenfalls, dass eine rein darstellungsorientierte Methodik viele Möglichkeiten bestehen lässt, um die Wirkungskraft solcher Faktoren zu verdecken.

Zumindest die auch in der Rechtsordnung allgemein (gegebenenfalls nicht speziell für das jeweils zu lösende soziale Problem) näher geregelten Steue-

---

[82] Dazu s. *Rainer Pitschas*, Maßstäbe des Verwaltungshandelns, in: GVwR (Fn. 32), Bd. II, 2007, § 42.

[83] s. statt vieler *Knauff* (Fn. 77) m. w. Hinw.; *Ulrich Sieber*, Rechtliche Ordnung in einer globalen Welt, in: Rechtstheorie Bd 41 (2010), S. 151 ff.; *Jürgen Schwarze,* Soft Law im Recht der Europäischen Union, EuR 2011, s. 3ff.

[84] Zu einer weitergehenden Perspektive s. statt vieler *Voßkuhle*, Neue Verwaltungsrechtswissenschaft (Fn. 37), Rn. 2 ff. m. w. Hinw. in Fn 18 ff. und passim.

[85] Arbeitsgruppe (Fn. 14), S. 43.

[86] Zur Relevanz von implizitem Wissen s. statt vieler *Arno Scherzberg*, in: Schuppert/Voßkuhle (Fn. 55), S. 240 ff.

rungsfaktoren – wie Organisation, Personal und Ressourcen – sollten in ihrer Steuerungskraft erfasst und es sollte gefragt werden, ob und wieweit die auf sie bezogenen Rechtsgebiete (wie das Organisationsrecht, das Verfahrensrecht, das Recht des öffentlichen Dienstes oder das Haushaltsrecht) so konzipiert sind oder werden müssten, dass sie der Steuerungskraft ihres Einsatzes gerecht werden und mithelfen, dieses rechtsstaatlich und demokratisch verantwortbar zu gestalten. Dabei durfte beispielsweise der Steuerungsfaktor Personal nicht nur aus der Brille des öffentlichen Dienstrechts besehen und die rechtliche Ausbildung dürfte nicht auf die Behandlung von Rechtsfragen der Beamtenernennung, Abordnung und Besoldung beschränkt werden.[87] Soweit Personalsteuerung auch Sachsteuerung ist[88], sind auch Fragen der Beamtensozialisation[89], spezifische Organisationskulturen oder situative Entscheidungsfaktoren u. a. von Belang.[90] So können etwa Einsichten der Personalökonomie[91] oder solche über Personalmanagement[92] als Grundlagen zur Erfassung wichtiger Steuerungsfaktoren im Bereich der Rechtsanwendung dienen. Gleiches gilt für das Organisationsrecht und die Nutzung je spezifischer Formen der Aufbau- und Ablauforganisation für spezifische Aufgaben der Problembewältigung im Zuge von Rechtsanwendung.[93] Spezifische Organisationsformen – wie etwa Regulierungsagenturen – dürften hinsichtlich ihrer Organisationskulturen[94] und Wissensbestände andere Möglichkeiten zum Umgang mit Spielräumen im Recht und in Kooperation mit anderen Akteuren nutzen können als „klassische" Ver-

---

[87] Vgl. demgegenüber die steuerungswissenschaftliche Sicht auf das Personal des öffentlichen Dienstes in dem Beitrag von *Andreas Voßkuhle*, Personal, in: GVwR (Fn. 32), Bd. III, 2008, § 43.

[88] So *Voßkuhle* (Fn. 87), Rn. 1.

[89] Allgemeiner: Die Subjektabhängigkeit von Erkenntnis und Entscheidung.

[90] Als frühere Beschreibung maßgebender Faktoren vgl. *Renate Mayntz*, Soziologie der öffentlichen Verwaltung, 4. Aufl. 1997. Aus neueren Diskussionen über maßgebende Fakten zur Sicherung von Rationalität in einem neu verstandenen Sinn s. etwa die Beiträge in *Arno Scherzberg* (Hrsg.), Kluges Entscheiden, 2006; *ders.* (Hrsg.), Klugheit, 2008.

[91] s. etwa *Uschi Backes-Gellner/Edward P. Lazear/Birgitta Wolff*, Personalökonomik, 2001; *Dieter Sadowski*, Personalökonomie und Arbeitspolitik, 2002.

[92] s. dazu vgl. etwa *Jürgen Lorse*, Personalmanagement im öffentlichen Dienst, 2001; *Jürgen Berthel/Fred G. Becker*, Personalmanagement, 8. Aufl. 2007; *Wolfgang Jetter*, Performance Management. Zielvereinbarungen, Mitarbeitergespräche und leistungsabhängige Entlohnungssysteme, 2. Aufl. 2004; *Andreas Gourmelon*, Führung im öffentlichen Sektor, 2010; *Marion Festing/Peter J. Dowling/Wolfgang Weber/Allen D. Engle*, Internationales Personalmanagement, 3. Aufl. 2011.

[93] Zu den Dimensionen und Erscheinungsformen von Organisationen und Organisationsrecht s. statt vieler *Wolff/Bachus/Stober/Kluth* (Fn. 78), S. 207 ff.

[94] Dazu s. statt vieler *Wolff/Bachus/Stober/Kluth* (Fn. 78), S, 240 ff. mit vielen Literaturhinw.

waltungsbehörden. Das E-Government[95] mit seinen neuartigen Möglichkeiten der Kommunikation (etwa im Rahmen des One-Stop-Government) im Verhältnis zu den Bürgern oder innerhalb der Verwaltung, die elektronisch gestützte Wissensgenerierung und Informationsarbeit sowie Formen telekooperativer Verwaltungsarbeit und vieles andere mehr sind auch als Steuerungsfaktoren zu verstehen und sie können – insbesondere im Zuge eines darauf abgestimmten Innovationsmanagements – auch gezielt zur Qualitätsgewährleistung der Rechtsanwendung angewandt werden.[96]

Heute gehört die Erfassung solcher Faktoren, aber auch von Organisation[97] und Verfahren[98], zum Gegenstand steuerungswissenschaftlicher Ansätze.[99] Sie sind auch zentral für die Governance-Forschung, die den Modus, das „Wie", des Entscheidens in den Blick nimmt.[100] Die Governance-Perspektive zielt auf die Erfassung der vielen Facetten eines Problems und der vielfältigen Abhängigkeiten verschiedener Lösungsoptionen und identifiziert die darauf bezogenen – häufig komplexen – Regelungsstrukturen.[101] Dafür wird das Zusammenspiel von rechtsnormativen Programmen, verfügbaren Organisationen, maßgebenden Verfahren, entscheidungsbezogenen „Spielregeln" und Handlungsanreizen und ähnlichem in die Betrachtung einbezogen. Dies nicht von der normativen Legitimation abzukoppeln, sondern einen rechtlich geprägten Umgang mit den verschiedenen Governance-Faktoren zu sichern, ist eine bis heute nicht eingelöste Aufgabe.

---

[95] Dazu statt vieler *Martin Eifert*, Electronic Government, 2006; *Hermann Hill/Utz Schliesky* (Hrsg.), Herausforderung e-governemnt, 2009.

[96] s. dazu auch die Beiträge in *Hermann Hill/Utz Schliesky* (Hrsg.), Innovationen im und durch Recht, 2010.

[97] Dazu s. statt vieler *Gunnar Folke Schuppert*, Verwaltungsorganisation und Verwaltungsorganisationsrecht als Steuerungsfaktoren, in: GVwR (Fn. 32), Bd. I, 2006, § 16.

[98] Dazu s. statt vieler *Evelyn Hagenah*, Prozeduraler Umweltschutz, 1996; *Gralf-Peter Calliess*, Prozedurales Recht, 1999; *Eberhard Schmidt-Aßmann*, Der Verfahrensgedanke im deutschen und europäischen Verwaltungsrecht, in: GVwR (Fn. 32), Bd. II, 2007, § 27.

[99] s. o. Fn. 79.

[100] Zur Nutzbarkeit für die Rechtswissenschaft s. etwa *Wolfgang Hoffmann-Riem*, Governance im Gewährleistungsstaat – vom Nutzen der Governance-Perspektive für die Rechtswissenschaft, in: *Schuppert* (Fn. 70), S. 195 ff.; *ders.*, Die Governance-Perspektive in der rechtswissenschaftlichen Innovationsforschung, 2011.

[101] s. dazu *Hans-Heinrich Trute*, Die Verwaltung und das Verwaltungsrecht zwischen gesellschaftlicher Selbstregulierung und staatlicher Steuerung, DVBl. 1996, S. 950 ff.; *ders./Wolfgang Denkhaus/Doris Kühlers* DV 37 (2004), Governance in der Verwaltungsrechtswissenschaft, S. 451, 457 ff.; *Claudio Franzius,* Governance und Regelungsstrukturen, VerwArch 97 (2006), S. 186 ff.

7. Auflösung der Grenzen der traditionellen Rechtsdisziplinen

Verwaltungspraxis ist nicht auf Handeln in hierarchischen Strukturen begrenzt, sondern seit langem in kooperative Strukturen eingebunden und sie ist nicht auf die Nutzung hoheitlicher Handlungsformen begrenzt. Auch greift sie keineswegs nur auf öffentliches Recht zurück. Eine auf die Komplexität der Verwaltungspraxis bezogene und damit problemorientierte Rechtswissenschaft lässt sich daher nicht in den Käfig tradierter Rechtsdisziplinen sperren. So sind öffentliches und Privatrecht im heutigen Gewährleistungsstaat[102] – etwa im Bereich der so genannten regulierten Selbstregulierung[103] oder des kooperativen Verwaltungshandelns[104] – vielfältig verzahnt, und die Instrumente der verschiedenen Rechtsgebiete sind zum Teil austauschbar oder stehen in einem Auffangverhältnis zueinander.[105] Viele Rechtsgebiete, etwa das Recht der Netzwirtschaften[106] oder weite Teile des Risikoverwaltungsrechts[107], sind ferner in den europäischen Regelungsverbund[108] eingeordnet, dessen Rechts- und Handlungsformen sich ohnehin weitgehend nicht am deutschen Recht und seinen Disziplingrenzen ausrichten und sind durch vorrangige Problemorientierung geprägt.[109]

Die reformierte Juristenausbildung in Hamburg hat entsprechende sich schon damals abzeichnende Entwicklungen und Neuorientierungsbedarfe u.a.

---

[102] Zum Konzept des Gewährleistungsstaates (als Versuch der Beschreibung eines wichtigen Aspekts moderner Staatlichkeit) s. *Martin Eifert*, Grundversorgung mit Telekommunikationsleistungen im Gewährleistungsstaat, 1998, S. 18 ff., 139 ff.; *Gunnar Folke Schuppert*, Der moderne Staat als Gewährleistungsstaat, in: Festschrift Hellmut Wollmann, 2001, S. 399 ff., sowie die Beiträge in: *ders.* (Hrsg.), Der Gewährleistungsstaat – ein Leitbild auf dem Prüfstand, 2004; *Claudio Franzius*, Der „Gewährleistungsstaat" – Ein neues Leitbild für den sich wandelnden Staat?, Der Staat 42 (2003), S. 493 ff.; *Matthias Knauff*, Der Gewährleistungsstaat: Reform der Daseinsvorsorge, 2004.

[103] Dazu s. die Beiträge in: DV Beiheft 4, 2001; *Matthias Schmidt-Preuß* und *Udo Di Fabio*, Verwaltung und Verwaltungsrecht zwischen gesellschaftlicher Selbstregulierung und staatlicher Steuerung, in: VVDStRL 56 (1997), S. 283 ff.

[104] Dazu s. statt vieler *Helmuth Schulze-Fielitz* (Fn. 32), Bd. I, 2006, § 12, Rn. 64 ff. m. w. Hinw. sowie – mit besonderem Bezug auf die europäische Dimension – *Gernot Sydow,* Verwaltungskooperation (Fn. 77); *Katrin Thomsen*, Verwaltungszusammenarbeit bei der Abfallverbringung in der EU, 2010.

[105] Dazu s. die Beiträge in *Wolfgang Hoffmann-Riem/Eberhard Schmidt-Aßmann* (Hrsg.), Öffentliches Recht und Privatrecht als wechselseitige Auffangordnungen, 1996.

[106] Dazu s. etwa *Kühling* (Fn. 33) sowie *Masing* (Fn. 75).

[107] *Di Fabio* (Fn. 36); *Scherzberg* und *Lepsius* (Fn. 54); *Ivo Appel*, Methodik des Umgangs mit Ungewissheit, in: Eberhard Schmidt-Aßmann/Wolfgang Hoffmann-Riem (Hrsg.), Methoden der Verwaltungsrechtswissenschaft, 2004, S. 327 ff.

[108] Dazu s. *Schmidt-Aßmann*, Verfassungsprinzipien für den europäischen Verwaltungsverbund, in: GVwR (s. o. Fn. 32), Bd. I, 2006, § 5 m. w. Hinw.

[109] Dazu s. etwa *Masing* (Fn. 75) sowie viele der Beiträge in *Jörg Terhechte* (Hrsg.), Verwaltungsrecht der Europäischen Union, 2011 (i. E.).

dadurch aufgreifen wollen, dass sie den Rechtsstoff neu gliederte. In curricularer Hinsicht bildete sich dies in neu vermessenen Teilbereichen des Rechts ab. Besonders intensive Kritik fand der Teilbereich „Familie und soziale Infrastruktur", in dem u. a. Veranstaltungen zum Familienrecht, zum Sozialrecht und zum Recht der Kommunal- und Sozialplanung behandelt und möglichst Bezüge zwischen den jeweiligen Gegenstandsbereichen herausgearbeitet wurden. Wer z. B. heute den mit dem Begriff „abgehängtes Prekariat"[110] bezeichneten Befund sozialer Exklusion und möglicher Bestimmungsfaktoren dafür – etwa die Verankerung der individuellen Biographie in dem familiären Hintergrund, in defizitären infrastrukturellen Ausstattungen oder in der durch die geographisch gebundene Lage benachteiligten Lebenssituation – erfassen und nach der Rolle des Rechts bei ihrer Entstehung oder Entwicklung fragen will, kann durch eine derart mehrdimensionale Betrachtung vermutlich eher analytisch fündig und im Normativen handlungskompetent werden als derjenige, der Realität und Norm nur aus der verengten Perspektive disziplinärer Abschottung betrachten kann. Auch wer neue Familienformen oder Arten der Verknüpfung von Familie, Kindererziehung und Beruf rechtlich erfassen will, greift zu kurz, wenn er nur auf das Familienrecht sieht, ohne die Verknüpfung mit Änderungen im Arbeitsleben, mit dem Schulsystem und infrastrukturellen Vorkehrungen wie etwa Kindertagesstätten (oder deren Fehlen) zu verarbeiten.

8. Theoretische Reflexion von Praxis

Hinsichtlich der Integration von Theorie und Praxis zielte die einstufige Juristenausbildung auf die verstärkte Verknüpfung von Theorie und Praxis in der Ausbildung, aber auch in der Rechtswissenschaft. Dabei wurde es abgelehnt, nur das als praxisrelevant anzusehen, was die Praxis gerade für sich als relevant wahrnimmt. Wissenschaft muss über die bloße Nachzeichnung hinausgehen, sie muss die Praxis theoretisch reflektiert beobachten und vor allem Zusammenhänge aufdecken, die z. B. in der täglichen Überlast an ungelösten Problemen, angesichts der Ressortegoismen oder des häufig problematischen Zuschnitts von Zuständigkeiten verdeckt bleiben. Theoretische Reflektion aber fordert auch Theorie, gute Theorie, also auch auf die Analyse und Lösung gesellschaftlicher Probleme bezogene Theorie, die nicht kurzatmig von Laufsteg zu Laufsteg eilt. Dies führt zu dem Problem des möglichen Zugriffs auf Rechts- und Gesellschaftstheorie sowie auf Sozialwissenschaften, insbesondere soweit diese auch der Frage gesellschaftstheoretischer Fundierung der Beobachtung des Realgeschehens nachgehen.

---

[110] Fn. 72.

So wurde beispielsweise nachhaltig im Memorandum des Loccumer Arbeitskreises[111] der Anspruch einer gesellschaftstheoretischen Fundierung der Neukonzeption von Rechtswissenschaft und Ausbildung erhoben. Soweit heute – ich nehme wieder das Beispiel der Verwaltungsrechtswissenschaft – an der Modernisierung der Rechtswissenschaft gearbeitet wird, wird dies nicht in dem Bemühen um eine (einheitliche) gesellschaftstheoretische Fundierung betrieben, sondern in Offenheit für unterschiedliche gesellschaftstheoretische Konzepte. Gesucht wird nach Reformansätzen unter Respektierung der Werte- und Erfahrungspluralität moderner Gesellschaften. Dazu gehört auch die Anerkennung des Befundes, dass Theorien auf früheren Theorien aufbauen und regelmäßig in ein Netzwerk verschiedener Theorien eingewebt sind und dass ihre Leistungskraft sich auch daran zeigt, ob sie angemessene Verknüpfungsmöglichkeiten bieten.

Für die auch auf eine gesellschaftliche Fundierung von Wissenschaft und Ausbildung ausgerichtete einstufige Juristenausbildung erwies es sich als eine Hypothek, dass die siebziger Jahre ein Diskussionshoch für gesellschaftsbezogene Großtheorien erlebten – das etwa auf den Soziologentagen in Debatten insbesondere zwischen *Jürgen Habermas, Niklas Luhmann* und *Karl Hermann Tjaden* kulminierte.[112] Solche Theorien mit Universalitätsanspruch haben sich nicht, jedenfalls nicht überall, durchsetzen können. Das heißt nicht, dass sie falsch sein müssen. Juristen können aber nicht zuletzt aufgrund des Zuschnitts der von ihnen zu bearbeitenden Probleme mit Theorien mittlerer oder auch kürzerer Reichweite häufig mehr anfangen. Der wissenschaftliche Diskurs der Moderne ist nicht zufällig ein Diskurs in Theorienvielfalt und zwar auch einer Vielfalt von Theorien unterschiedlicher Reichweite.

Allerdings pflegen viele Rechtswissenschaftler relativ unbekümmert mit dem Zugriff auf Theorien umzugehen, so dass der Vorwurf des „unreflektierten Theorienimports" formuliert worden ist.[113] Synkretistische Beliebigkeit im Zugriff auf Sozialwissenschaften ist in der Tat nicht zu empfehlen. Auch kann, soweit etwa sozialwissenschaftliche Einsichten als Interpretationsangebote zum besseren Verständnis des Realgeschehens, gegebenenfalls auch zur Prognose möglicher künftiger Entwicklungen, genutzt werden, ein Alleinvertretungsanspruch bestimmter Theorieangebote nicht akzeptiert werden. Letztlich werden Juristen sich um eigene, aus den spezifischen juristischen Erkenntnisinteressen und in Bezug auf den spezifischen Verwendungszusammenhang legitimierte Einschätzungen über die Plausibilität bestimmter Interpretationsangebote für das Realgeschehen bemühen müssen. Sie werden zu klären haben, ob die jewei-

---

[111] A.a.O. (Fn. 7), S. 14 ff.

[112] Vgl. *M. Rainer Lepsius* (Hrsg.), Zwischenbilanz (Fn. 62).

[113] So durch *Voßkuhle*, Methode und Pragmatik (Fn. 40), S. 182 ff.

ligen Einsichten unter Berücksichtigung des normativ geprägten Erkenntnisinteresses und des juristischen Verwendungszusammenhangs auch aus rechtswissenschaftlicher Sicht verwertbar sind.[114] Dabei wird auch einzukalkulieren sein, dass für Rechtsanwendung regelmäßig nur begrenzte Ressourcen (Zeit, Geld, Wissen u. ä.) verfügbar sind und die Rechtsanwender dennoch zur Entscheidung befugt und meist verpflichtet sind. Diese Ausgangsbedingungen haben rechtlich legitimierte staatliche Institutionen und insbesondere der Gesetzgeber weitestgehend selbst geschaffen; jedenfalls akzeptieren sie sie, wenn sie Problemlösungen im Zuge der Rechtsanwendung erwarten, ohne an diesen Randbedingungen etwas zu ändern. Der „Vorbehalt des Möglichen" gilt daher für praktische Rechtsanwendung in fast allen Feldern, und nicht nur denen, in denen er – wie etwa im Numerus clausus-Urteil des Bundesverfassungsgerichts – ausdrücklich anerkannt worden ist.[115]

III. Rück- und Ausblick

Der Rückblick auf das Beispiel der mit dem Hamburger Modell beabsichtigten Reform der Ausbildung zeigt, dass diese (auch) auf einen veränderten Zugriff auf Recht und damit auf eine zum Teil veränderte Rechtswissenschaft zielte. Dies war – wie eingangs erwähnt – keine Hamburger Erfindung, sondern das Aufgreifen von Vorstellungen über Recht und Rechtswissenschaft, die auch andere Hochschullehrer, insgesamt allerdings nur eine Minderheit, vertraten. Aus heutiger Sicht ist vieles damals Angestrebte für viele selbstverständlich geworden[116], allerdings zum Teil in veränderter, insbesondere zeitgemäßer Terminologie. Deshalb klingen die Inhalte gar nicht mehr so radikal und erst recht nicht so provozierend wie seinerzeit. Diejenigen, die in den siebziger und achtziger Jahren des 20. Jahrhunderts den Auftrag zur Einführung der reformierten Juristenausbildung auch als Auftrag zur Erneuerung der Inhalte der Ausbildung und des Bemühens um die Modernisierung der Rechtswissenschaft verstanden, waren – so scheint mir – dem heutigen Zugriff weiter Teile der Rechtswissenschaft und Rechtspraxis auf das Recht und die Rechtsanwendung deutlich näher als die damaligen Skeptiker und Gegner der Reform.

Auch heute besteht guter Grund für die Annahme, dass die Entwicklung der Rechtswissenschaft nicht bei dem jetzigen Stand stehen bleiben wird, und es ist zu erwarten, dass die noch erheblichen verbleibenden Defizite – etwa im me-

---

[114] Vgl. dazu auch meine Beobachtungen in dem oben (Fn. 59) zitierten Beitrag, S. 88 ff. sowie – zur Bedeutung in der Lehre – S. 99 ff.

[115] s. BVerfGE 33, 303, 333. Ein solcher Vorbehalt ist auch in anderen Zusammenhängen formuliert worden, so beispielsweise im Polizei- und Versammlungsrecht. Zur Problematik s. *Veith Mehde,* Grundrechte unter dem Vorbehalt des Möglichen, 2000.

[116] s. – wenn auch in anderem Zusammenhang – *Müller/Christensen* (Fn. 44), S. 5.

thodischen Ansatz, in der intradisziplinären Ausrichtung und vor allem in der noch nicht hinreichend erfolgten Verarbeitung von Internationalisierung und Globalisierung – Schritt für Schritt weiter bearbeitet, wenn auch sicherlich nicht völlig beseitigt werden. So wie die Reform der Ausbildung eine „unendliche Geschichte" ist[117], so wird es auch das Bemühen um eine Modernisierung der Rechtswissenschaft sein, die helfen soll, jeweils angemessene Antworten auf die jeweiligen lösungsbedürftigen Probleme einer Gesellschaft geben zu können.

Allerdings muss auch berücksichtigt werden, dass Reformbemühungen in der Wissenschaft von Faktoren beeinflusst werden, die ihrerseits wissenschaftsextern gesetzt werden. Dazu gehört auch die Schaffung von Rahmenbedingungen für die Steuerungsfaktoren Personal und Ressourcen in einer den Besonderheiten von Wissenschaft Rechnung tragenden Weise. Wichtig für die Zukunft von Wissenschaft ist die Rekrutierung geeigneter Hochschullehrer, die gegenwärtig beispielsweise durch die neue Besoldungsstruktur (W-Besoldung) erheblich gefährdet ist.

Gefährdungen der Unabhängigkeit von Wissenschaft werden durch die Erwartung ausgelöst, dass möglichst weitgehend drittmittelfinanzierte (und damit meist durch bestimmte Anwendungsinteressen selektiv beeinflusste) Forschungsprojekte durchgeführt werden. Die politisch im weltweiten Trend liegenden Exzellenzinitiativen können sich als sehr ambivalent erweisen, so wenn sie zu Bluffverhalten und dem Streben nach Augenblickserfolgen führen, die allem Anschein nach vielfach eine bessere Voraussetzung für die Fortsetzung der Förderung sind als grundsätzliche, auch grundlagentheoretisch ausgerichtete, nur „mit langem Atem" zu bewältigende Arbeiten. Die gegenwärtigen Trends in der Wissenschaftsförderung können sich als Restriktionen für die Entwicklung einer kreativen und innovationsoffenen, nicht nur am Mainstream orientierten Forschung erweisen. Das Risiko einer Verfehlung substantieller Modernisierung durch Stimulierung einer auf kurzfristige (häufig sogar nur quantitativ bestimmte) Leistungsnachweise ausgerichteten und insoweit auf die Darstellung messbarer Erfolge ausgerichteten Wissenschaft scheint nahe liegend.

Wenn ferner bedacht wird, wie gegenwärtig an fast allen rechtswissenschaftlichen Fakultäten die Grundlagenfächer abgebaut oder doch erheblich stärker als schon früher in Nischen abgeschoben werden und dass die Kataloge der Prüfungsfächer für die juristische Staatsprüfung in vielem an vergangenen

---

[117] So *Walter Stiebeler*, Gedanken zur unendlichen Geschichte der Reform der Juristenausbildung, in: Giehring u. a. (Fn. 18), S. 43 ff. Zur aktuellen Reformdiskussion s. statt vieler *Horst Konzen*, Bologna-Prozeß und Juristenausbildung, JZ 2010, S. 241 ff.; *Johann Friedrich Staats*, Recht und Politik 2010, S. 147 ff.; *Andreas Voßkuhle*, Rechtswissenschaft 2010, S. 326 ff.

Schwerpunktsetzungen orientiert sind[118], gibt es – anders als in den Zeiten der einstufigen Juristenausbildung – gegenwärtig auch keine von dem Ausbildungsauftrag ausgehenden Impulse zur Regenerierung und Weiterentwicklung der Rechtswissenschaft. Deren Modernisierung müssen die Rechtswissenschaftler vielmehr aus eigenem wissenschaftlichem Antrieb und zum Teil gegen manche aktuell auf das Universitätssystem einwirkende negative Impulse vorantreiben. In der Folge sind ein so altmodisch klingender Appell wie der an das wissenschaftliche Ethos und der Verweis auf die immaterielle Belohnung von Kreativität von hoher Aktualität.

---

[118] Im öffentlichen Recht gilt das etwa für die besondere Hervorhebung des Polizei- und Ordnungsrechts als Pflichtfach. Natürlich lässt sich am Polizeirecht immer noch viel insbesondere über die klassische Eingriffsverwaltung lernen und auch gegenwärtig brauchen. Die Probleme moderner Regulierung mittels öffentlichen Rechts sind allerdings viel komplexer und lassen sich an Gebieten wie etwa dem Umweltrecht, dem Recht der Netzwirtschaften u. ä. erheblich wirklichkeitsnaher illustrieren und lernen.

Unionsbürgerschaft contra Ausländerfeindlichkeit?

Kann das europäische Rechtsinstitut der Unionsbürgerschaft zu einer erfolgreiche(re)n Integrationspolitik in Deutschland beitragen?

Rainer Holtschneider

I. Einleitung

Im Spätsommer 2010 erscheint Thilo Sarrazins Buch „Deutschland schafft sich ab" und löst eine heftige Debatte über Ausländerintegration besonders muslimischer (sprich türkischer) Einwanderer aus.[1] Im Herbst 2010 hält Heribert Prantl von der SZ einen –„natürlich" zu Sarrazins Thesen gegenläufigen – Vortrag[2] zur Integrationspolitik und bei der anschließenden Debatte um denkbare Fördermaßnahmen für Migranten schlägt der Ex-Vorsitzende der SPD Franz Müntefering u. a. vor, man solle doch über eine „europäische Staatsbürgerschaft" nachdenken.

Das gab mir den Anstoß, darüber ein wenig genauer zu reflektieren. Das tue ich mit diesem Beitrag für die *„Festschrift für Hans Peter Bull"* umso lieber, als meine unmittelbare Zusammenarbeit mit dem Jubilar durch zwei inhaltlich mit dem Thema zusammenhängende Phasen gekennzeichnet ist: die zwei Jahre von Herbst 1991 bis Herbst 1993, die ich unter der Leitung des damaligen Arbeitsgruppenvorsitzenden der SPD-Bundestagsfraktion Hans-Jochen Vogel als dessen Assistent für die Arbeit der „Gemeinsamen Verfassungskommission von Bundestag und Bundesrat" (GVK) 1992 – 1993[3] in Bonn verbracht habe, zu deren Mitgliedern aus Schleswig-Holstein der damalige Innenminister H. P. Bull gehörte, sowie die anschließenden 5 Jahre als Abteilungsleiter der Ausländerabteilung des gleichen Ministeriums des Inneren in Kiel, in dem ich die libe-

---

[1] s. zuletzt *Roland Preuß* im Jahresrückblick der SZ für 2010, S. 4 „Eine Bibel für Islamgegner" sowie ders., „Drehen und dehnen, bis es passt" in SZ v. 11.1.2011, S.6.

[2] Vortrag von *Heribert Prantl* – ltd. innenpolitischer Redakteur der SZ – am 14. November 2010 in Herne auf Einladung der dortigen SPD (zus. mit dem Eine-Welt-Zentrum Herne) mit dem Thema: „Die 2. deutsche Einheit – Zehn Gebote der Integration".

[3] s. dazu Bericht der GVK vom 28. 10. 93, BTgs-Drs. 12/6000; auch vollständig abgedruckt in: „Dt. Bundestag – Zur Sache 5/93 –", Bonn 1993.

rale, aber selbstverständlich durch und durch gesetzestreue Ausländerpolitik dieses Innenministers kennen und schätzen gelernt habe.[4]

Im Prozess der GVK wurde 1992 – nach Unterzeichnung des Maastrichter Vertrages – auch der neue Art. 23 GG geschaffen, der als weitere Staatszielbestimmung die europäische Integration in die Bundesverfassung aufnahm.

Europa blieb aber bekanntlich nicht bei Maastricht stehen, sondern zuletzt stärkte der Vertrag von Lissabon die Europäische Integration; der Vertrag ist seit dem 1. 12. 2009 in Kraft. Auch das BVerfG in Karlsruhe hatte dazu im Sommer 2009 seinen Beitrag geleistet. Dessen Urteil[5] rief ein unterschiedliches Echo hervor: nach anfänglicher Freude darüber, dass der Ratifikation von Seiten Deutschlands nun kein unüberwindbares Hindernis mehr entgegenstand, gab es sowohl in der Fachwelt (dazu s. u. zu III.) wie in der politischen Publizistik auch sehr kritische Stimmen, bis hin etwa zu Joschka Fischer „Ein nationaler Riegel"[6] oder Alfred Grosser „Deutschland auf dem Sonderweg"[7] oder Roland Bieber „Autistisch und selbstgerecht"[8].

Kann nun die im Lissabon-Vertrag gestärkte „Unionsbürgerschaft" zum Abbau von Fremden- oder Ausländerfeindlichkeit in Deutschland beitragen?

Dazu soll nach einem kurzen Überblick über die Entwicklung der Ausländer- und Migrationspolitik in Deutschland (unter II.) und die Entwicklung des Unionsbürgerrechts (einschl. des Verständnisses des BVerfG's dazu, unter III.) der Kern des Problems im Verständnis des Zusammenhangs von Demokratie und Staatsbürgerschaft (s. unter IV.) entwickelt werden, bevor (unter V.) eine zusammenfassende Bewertung und Beantwortung der Frage versucht wird.

II. Ausländer- und Migrationspolitik in Deutschland (Überblick)

Mit der französischen Revolution entsteht Ende des 18. Jahrhunderts die „Idee der unteilbaren Nation und der ihr angehörenden Bürger", die man als Hintergrund für die in den Nationalstaaten entstehenden Staatsangehörigkeiten

---

[4] Allerdings trat *H.P. Bull* im Januar 1995 als Innenminister zurück, insbesondere wegen Differenzen mit der Ministerpräsidentin *Heide Simonis*. Seine liberale Handschrift in Sachen Ausländerpolitik wurde aber von seinem Nachfolger *Ekkehard Wienholtz* (zuvor sein Staatssekretär) fortgesetzt, s. dessen Beitrag – zusammen mit dem Verfasser – „Wie die Ausländer zum Wohlstand in Deutschland beitragen" in FR v. 19. Aug. 1998, S. 9.

[5] Urteil vom 30. 6. 2009, BVerfGE 123, 267 ff.

[6] s. in „Die Zeit" v. 9. 7. 2009 – Die Zeit online.

[7] s. in SZ v. 11./12. 7. 2009, S. 2.

[8] s. in SZ v. 20. 7. 2009, S. 2.

und für die ersten dazu erlassenen gesetzlichen Regelungen ansehen kann.[9] In Deutschland hatte es diese Idee aber erst mal schwer, denn im Deutschen Bund von 1815 zementierten die deutschen Fürsten die Kleinteiligkeit ihrer über 40 selbständigen Territorien; für eine deutsche Staatsangehörigkeit gab es da keinen Platz.

Trotz zahlreicher und wichtiger Änderungen (etwa 1999 und 2005) stellt das „Reichs- und Staatsangehörigkeitsgesetz" (RuStAG) von 1913 – das allerdings seit der Novelle 1999 nur noch „Staatsangehörigkeitsgesetz" heißt – nach wie vor die Hauptquelle unseres heutigen Staatsangehörigkeitsrechts dar. Damit – insbes. über das Geburts- bzw. Abstammungsprinzip „wer von Deutschen abstammt, ist Deutscher" – konnte nun auch Deutschland unterteilen: wer ist Deutscher[10], wer ist Ausländer.

1. Das herkömmliche Verständnis des Ausländerrechts als „Abwehrrecht": Deutschland ist kein Einwanderungsland

„Seit jeher diente die Definition des Fremden als konstitutive Voraussetzung zur Bestimmung des Eigenen".[11] Bestimmt das Staatsangehörigkeitsrecht die, die – jedenfalls rechtlich – dazugehören, regelt das Ausländerrecht, wer nicht dazugehört bzw. wie mit diesen auf „eigenem" Territorium zu verfahren sei.

Entgegen dem einen Satz in der Gesetzesbegründung von 1962, die „Bundesregierung verfolge eine liberale und weltoffene Fremdenpolitik, die die Einreise und den Aufenthalt von Ausländern erleichtere"[12], was mit dem Gesetz von 1965 – wenn denn wirklich gewollt – offenbar kaum oder nicht erreichbar war[13], ist Kay Hailbronner in vollem Umfang zuzustimmen, wenn er analysiert: „Das *Ausländergesetz des Jahres 1965* ist von der Vorstellung des *Fremden* beherrscht, dem der Aufenthalt zwar – wenn es im öffentlichen Interesse liegt – gestattet werden kann, der aber auch nach langem Aufenthalt nicht seine Frem-

---

[9] Vgl. zur Geschichte des Staatsangehörigkeitsrechts *Fritz Sturm / Gudrun Sturm*, Das deutsche Staatsangehörigkeitsrecht, 2001, S. 25, RN 9 ff. sowie *Ingo v. Münch*, Die deutsche Staatsangehörigkeit, 2007, S. 4 f., jeweils m w N.

[10] Auf die Besonderheiten aufgrund der jüngeren deutschen Geschichte seit dem 2. Weltkrieg – s. Art. 116 GG – kann hier nicht weiter eingegangen werden; s. dazu in den einschlägigen GG-Kommentaren.

[11] So *Ulrich Herbert*, Wie lange müssen „Fremde" „fremd" bleiben?, in: Klaus Barwig/Gisbert Brinkmann (u. a. Hrsg.), Vom Ausländer zum Bürger, 1994, S. 25 ff. (26).

[12] s. BT-Drs. IV/ 868 v. 28.Dez. 1962, S. 10.

[13] So auch *Fritz Franz*, ZAR 1990, S. 7; *Georg Albrecht*, Die Gastarbeiter, in: Klaus Barwig/Gisbert Brinkmann (u. a. Hrsg.), Vom Ausländer zum Bürger, 1994, S.42 ff. (43).

deneigenschaft, die ihn vom inländischen Staatsvolk unterscheidet, verliert. Das Ausländerrecht hat daher *primär polizeiliche Funktion* ..."[14].

Trotz wachsender Kritik sowie vieler Reformforderungen[15], kam es erst *1990* zu einem *grundsätzlich neuen Entwurf*[16] *und Gesetz*[17]. Entscheidender Unterschied zum AuslG 1965 ist die Einräumung von *Ansprüchen* auf Aufenthalt, z. B. in den §§ 16 (Recht auf Wiederkehr für junge Ausländer), 18 (Ehegattennachzug) usw., überhaupt die genaue Formulierung verschiedener Tatbestände, die das Ermessen erheblich einschränken und damit für *mehr Rechtssicherheit* für die betroffenen Ausländer sorgen. Die Interessen des Ausländers werden endlich gegenüber den öffentlichen Interessen als Abwägungskriterium in die Rechtsnormen – z. B. bei der Ausweisung in den §§ 45 ff. – aufgenommen.

Insbesondere in einem Bereich gab es eine wichtige Durchbrechung des „alten Denkens": Auch bei den *Einbürgerungen* wurden in den §§ 85 ff. AuslG 1990 endlich *Anspruchs*normen eingeführt, die einmal für junge Ausländer zwischen dem 16. und dem 23. Lebensjahr sowie für Ausländer mit langjährigem Aufenthalt (nach 15 Jahren) die Regel-Einbürgerung vorsahen, falls keine Straftaten vorlagen und insbesondere die bisherige Staatsangehörigkeit aufgegeben wurde; auch für die letztere Voraussetzung gab es in § 87 erste Erleichterungen i. S. einer Hinnahme der Mehrstaatigkeit.

1990 liest sich der Duktus des Gesetzentwurfes – jedenfalls in diesem Bereich – doch ganz anders als 1965: da heißt es unter „Ausländerpolitische Grundlagen"[18], als erste Aufgabe sei die *Sicherung der Integration* der „vornehmlich in den letzten beiden Jahrzehnten legal zugewanderten Ausländer, die auf Dauer im Bundesgebiet bleiben und auch von einer durch Fördermaßnahmen erleichterten Möglichkeit der freien Rückkehr in die Heimat keinen Gebrauch machen wollen" (!) ein „vorrangiges gesamtpolitisches Ziel". D. h. die frühere „Gastarbeiter"- und Rückkehrideologie ist gescheitert. Es solle auch erreicht werden, „dass allgemein ein Ausländern gegenüber aufgeschlossenes, womöglich wohlwollendes, zumindest aber *tolerantes Meinungsklima* in der

---

[14] *Kay Hailbronner*, ZAR 1990, S. 56, Hervorhebungen hinzugefügt.

[15] Zur Kritik am alten wie am neuen GesE bzw. Gesetz s. etwa *Fr. Franz*, ZAR 1990, S. 3 ff.; *ders.* zuvor schon in ZAR 1983, S. 61 sowie *K. Hailbronner*, ZAR 1990, S. 56 mwN.; zur früheren Kritik und Reformversuchen in den 70'er Jahren s. *G. Albrecht*, S. 42 ff.

[16] s. GesE der BReg. in BT-Drs. 11/6321 v. 27. 1. 1990, hier werden unter „A. Zielsetzung" (S. 1) als Grund der Novellierung zuallererst der weite Ermessensspielraum und die fehlenden Regelungen zum Familiennachzug genannt.

[17] s. Gesetz zur Neuregelung des Ausländerrechts vom 9. 7. 1990, BGBl. I S. 1354.

[18] s. BT-Drs. 11/6321, Begründung S. 40 ff. – Hervorhebung hinzugefügt.

einheimischen Bevölkerung gewahrt" bleibe und die große Zahl von Ausländern „nicht zu gesellschaftlichen Spannungen und Konflikten" führe.

2. Die reale Entwicklung in der Gesellschaft und der Umbruch im Recht 1999/2005

Mit der erleichterten Einbürgerung der §§ 85ff. AuslG 1990 und der veränderten Einstellung zur Integration der auf Dauer hier bleiben „wollenden" Ausländer, also insbes. der ehemaligen „Gastarbeiter" und ihrer Nachkommen, war in die These „Deutschland ist kein Einwanderungsland" eine erste Bresche geschlagen.

Ende der 80'er Jahre gab es bei ca. 5,5 Mio. Ausländern – gerne sprach man in den 80'ern von „ausländischen Mitbürgern", eigentlich ein Widerspruch in sich [19] – eine sehr *niedrige Einbürgerungszahl* von ca. 27.000 Personen pro Jahr (ohne Spätaussiedler), und trotz der neuen Rechtsansprüche in §§ 85 ff. AuslG 1990 stieg diese Zahl bis 1998 zwar auf 107.000 an, aber bei einer Zahl von 7,3 Mio. Ausländern, von denen ein großer Teil auch schon sehr lange hier lebt(e), war das mit einer Quote von 1–2 % extrem unbefriedigend [20] für alle, die an einer schnellen Integrationspolitik interessiert waren.

Die Zeit für grundlegende Änderungen [21] kam – trotz aller vorhergehenden Reformversuche [22] – (erst) mit der SPD / Grünen Koalition 1998. Mit *Gesetz vom 15. Juli 1999* [23] wurde nicht nur der Name des" RuStAG" auf „Staatsangehörigkeitsgesetz" geändert, sondern mit der Änderung von § 4 Abs. 3 ein jus-soli-Erwerb ermöglicht und damit in das bisherige reine Abstammungsprinzip (jus sanguinis) eine wirkliche Bresche geschlagen. Mit der Geburt im Inland erhält – von Gesetzes wegen, ohne gesonderten Antrag – ein Kind ausländischer Eltern die deutsche Staatsangehörigkeit, wenn ein Elternteil sich seit acht Jahren rechtmäßig mit einem unbefristeten Aufenthaltsrecht im Inland aufhält. Gleichzeitig wurde für den Einbürgerungsanspruch für Ausländer mit langem

---

[19] So *H. Rittstieg*, NJW 1991, S. 1383 (1384), weil „dem Inländer fremder Staatsangehörigkeit die wichtigsten Bürgerrechte fehlen";.zum Gebrauch des Ausdrucks.s. auch R. v. Weizsäcker als Reg.BM von Berlin 1981, zit. bei *Fr.Franz*, ZAR 83, S. 61, dort Fn. 4.

[20] Zu den Zahlen ab 1990 s. *Ingo v. Münch*, S. 216; ab 1997 auch BMI – Einbürgerungsstatistik.

[21] Grundlegend anderer Ansicht ist *Hubert Heinold*, Das Zuwanderungsgesetz, Eine Einführung, in: Ausländerrecht 2008, 3. Aufl. 2008, S. 7, der auch für die neueren Gesetze meint, nur die Begriffe und Paragrafen seien ausgetauscht worden.

[22] s. z.B. den GesE der SPD-Fraktion vom März 1993, BT-Drs. 12/4533 sowie des BR vom Sept. 1993, BT-Drs. 12/5684.

[23] s. BGBl. I S 1618.

Aufenthalt (bisher nach 15 Jahren) im neuen AuslG v. 1999 die Zeit massiv auf acht Jahre regulären Aufenthalt verkürzt. Eine Aufgabe der zweiten (bisherigen) Staatsangehörigkeit wird im Übrigen bei *EU-Angehörigen* nicht mehr verlangt, s. § 87 Abs. 2 AuslG i.d.F. 1999.

Trotz dieser Erleichterungen ist allerdings die Zahl der Einbürgerungen nach einem Maximum von 187 000 im Jahre 2000 auf zuletzt gut 96 000 im Jahre 2009 gesunken.[24]

Diese gesamten Regelungen finden sich ähnlich heute (seit 2005) in den §§ 10–12 StAG.

Obwohl damit die Grundstrukturen bei den Einbürgerungsvoraussetzungen feststanden, gab es 2001/2002 bis 2005 noch eine heftige Auseinandersetzung zwischen der SPD/Grünen- Bundestagsmehrheit und der konservativen Bundesratsmehrheit. Im Ergebnis konnte erst nach einjährigen Verhandlungen im Vermittlungsausschuss unter Inkaufnahme entsprechender Kompromisse ein neues Zuwanderungsgesetz[25] (Aufenthaltsgesetz, Freizügigkeitsgesetz/EU, Staatsangehörigkeitsgesetz usw.) verabschiedet werden.

Endlich hat auch die Union akzeptiert, was ihr Mitglied, die ehemalige Bundestagspräsidentin Rita Süßmuth, in dem Bericht der nach ihr benannten sog. Süßmuth-Kommission (offiziell: Unabhängige Kommission Zuwanderung mit dem stellvertr. Vorsitzenden H. J. Vogel) schon im Sommer 2001 festgestellt hatte: *„Faktisch ist Deutschland seit langem ein Einwanderungsland“.*[26]

Zu dieser realistischen Betrachtung hat sicherlich die Erkenntnis beigetragen, dass der *demografische Wandel* in Deutschland und Europa unaufhaltsam ist und die nachteiligen Folgen dieses Prozesses durch Migration gemildert werden können: „Die erfolgreiche Integration von Menschen mit Migrationshintergrund ist für die Bewältigung des demografischen und gesellschaftlichen Wandels zentral.“[27]

Ob vor diesem Hintergrund die Rolle der nationalen Staatsangehörigkeit noch die gleiche bleiben kann wie in der Vergangenheit, ist fraglich. Die Unionsbürgerschaft der EU könnte eine nächste Stufe darstellen.

---

[24] s. 8. Ausländerbericht der „Beauftragten der BReg. für Migration, Flüchtlinge und Integration" vom Juli 2010, BT-Drs. 17/ 2400, S.218, Abb. 9 und S. 291, Tab. 14; über die Gründe wird weiter gestritten, s. 8. Ausld.bericht, S. 218.

[25] s. insbes. das Aufenthaltsgesetz vom 30. 7. 2004, BGBl.I S.1950; zum Vermittlungsausschuss s. BRDrs. 528/04 v. 1.7.04. Das Gesetz gilt heute nach Einarbeitung versch. EU-Richtlinien 2007 i.d.F. d. Bek. v.25. 2. 2008.

[26] s. Zusammenfassung des Berichts vom 4. 7. 2001, S. 1 (Einleitung).

[27] s. 8. Ausl.bericht, S. 25.

III. Die Entwicklung der Unionsbürgerschaft im Rahmen der europäischen Integration

1. Die Unionsbürgerschaft nach dem Maastrichter Vertrag (1993)

Die Entwicklung vom „Marktbürger" der frühen EWG zum „Unionsbürger" der EU von heute kann hier nicht im Einzelnen nachgezeichnet werden[28]; es sei aber wenigstens an den „Vertragsentwurf zur Gründung einer Europäischen Union" erinnert, der von Altiero Spinelli angeregt und 1984 vom Europäischen Parlament verabschiedet, erstmalig den Begriff der „Unionsbürgerschaft" (UB) verwendet hat.

Entscheidend ist aber hier die Neufassung der unionsrechtlichen Grundlagen durch das *Vertragswerk von Maastricht* 1992/93[29]. Der Vertrag von Maastricht, unterzeichnet im Februar 1992, in Kraft seit Nov. 93, gründete die *Europäische Union*, die sich in Art. 1 Abs. 2 EUV als „neue Stufe bei der Verwirklichung einer immer engeren Union der Völker Europas" begreift und dazu sich u.a. ganz an der Spitze des EU-Vertrages (Art. 2 Satz 1, 3. Sp.str.) als *Ziel* setzt: die Stärkung des Schutzes der Rechte und Interessen der Angehörigen ihrer Mitgliedstaaten durch Einführung einer *Unionsbürgerschaft"*(UB), die in Art. 17 – 22 EGV[30] ausgeführt wird.

Danach ist – gem. Art. 17 Abs. 1 EGV - „Unionsbürger, wer die Staatsangehörigkeit eines Mitgliedsstaates besitzt". Durch den Amsterdamer Vertrag 1997 wurde ein weiterer Satz hinzugefügt: *„Die Unionsbürgerschaft ergänzt die nationale Staatsbürgerschaft, ersetzt sie aber nicht."* Die Rechte, die sich daraus ableiten, sind insbes. gem. Art. 18 EGV das Recht auf Freizügigkeit „im Hoheitsgebiet der Mitgliedstaaten" (MS), das Petitionsrecht zum Europäischen Parlament (EP) gem. Art. 21 EGV sowie gem. Art. 20 EGV der Anspruch auf diplomatischen und konsularischen Schutz in Drittstaaten. Neu wird das aktive und passive *Kommunalwahlrecht* jedes Unionsbürgers an seinem Wohnort – also auch wenn er in einem MS wohnt, dessen Staatsangehörigkeit er nicht hat – geregelt; dazu musste Art. 28 Abs. 1 GG durch einen neuen Satz 3 ergänzt

---

[28] s. dazu – auch zum *Spinelli-Entwurf – Stefan Kadelbach,* Unionsbürgerschaft, in: A.v.Bogdandy/J. Bast(Hrsg.), Europäisches Verfassungsrecht, 2.Auflage 2009, S. 611 ff. (614–618); zum *Spinelli-Entwurf* s. auch *M. Hilf,* in: Grabitz/Hilf, Das Recht der Europäischen Union, Altband I, (Stand 1998), zu Art. 8 EGV (= Art. 17 EGV), RN 28.

[29] Dazu vgl. im Einzelnen *T. Oppermann/C.D. Classen,* NJW 1993, S. 5 ff: „Die EG vor der Europäischen Union".

[30] Zu den Vorschriften im Einzelnen vgl. die Kommentierung zu Art. 9 EUV und den Art. 20–25 AEUV etwa bei *Lenz/Borchardt,* EU-Verträge, Kommentar 5. Aufl. 2010 (Bearb.: Werner Kaufmann-Bühler).

werden[31]. Auch bei den *Wahlen zum EP* besitzt der Unionsbürger (damals nach Art. 19 Abs. 2 EGV, heute nach Art. 22 Abs. 2 AEUV) an seinem jeweiligen Wohnort, auch wenn er die Staatsangehörigkeit des Wohnsitzlandes nicht besitzt, das aktive wie passive Wahlrecht.

2. Bestätigung und Aufwertung durch den Vertrag von Lissabon (2007/2009)

Auch wenn der Inhalt der einzelnen Rechte des Unionsbürgers und die Grundkonstruktion des Zustandekommens der UB (Vermittlung ausschl. über die nationale Staatsangehörigkeit) sich nicht geändert haben, hebt doch der Lissabon-Vertrag die Bedeutung der UB deutlich an: im ursprünglichen Unionsvertrag (von Maastricht) war sie nur eine unter verschiedenen Zielsetzungen, aber im Lissabon-Vertrag wird die UB ganz anders eingeordnet. Die *individuellen Rechte* werden insgesamt *massiv gestärkt*[32]. In Art. 2 EUV bekennt sich die EU zunächst zu den grundlegenden Werten der Menschenwürde, Freiheit, Demokratie, Gleichheit, Rechtsstaatlichkeit und Wahrung der Menschenrechte. Während der EUV nach Maastricht in Art. 6 Abs. 2 „lediglich" die Grundrechte der EMRK „achtet"(e), bekennt sich jetzt die EU zu ihrer eigenen umfangreichen GR-Charta vom 7. Dez. 2000 [33] und inkorporiert sie i. d. F. der feierlichen Proklamation vom 12. 12. 2007 als rechtlich gleichrangig (!) mit den Verträgen. Nach der Regelung der UB in Art. 9 S. 2 und 3 (wie bisher in Art. 17 EGV) folgen aber in den Art. 10 und 11 des EUV (i. d. F. des Lissabon-Vertrages) Bestimmungen über die repräsentative Demokratie. So bestimmt Art. 10 Abs. 2: „Die Bürgerinnen und Bürger sind auf Unionsebene *unmittelbar im Europäischen Parlament* vertreten", Abs. 3: „Alle Bürgerinnen und Bürger haben das Recht, am demokratischen Leben der Union teilzunehmen." Schließlich wird in Art. 11 eine neue Möglichkeit der Bürgerbeteiligung und insbesondere einer *europäischen Bürgerinitiative* geschaffen (ab 1 Mio. Unterstützer aus verschiedenen MS). D. h. insgesamt wird die UB in einen *engen Zusammenhang mit der Demokratie* gebracht.

Insgesamt handelt es sich – i. S. eines verstärkten Bemühens um ein „*Europa der Bürger"* [34] – um einen Katalog von Rechten für die Unionsbürger, der –

---

[31] s. Vorschlag der GVK zu Art. 28 Abs. 1 (damals Satz 4) GG, Bericht (s. o. Fn. 3) in „Zur Sache 5/93", S. 37 ff (S. 50 f).

[32] s. zur Entwicklung der „Subjektive(n) Rechte im Unionsrecht", *Martin Nettesheim,* AÖR 132 (2007), S. 333 ff. (336, 339).

[33] s. statt aller mit zahlreichen w. N. *Hans-Michael Wolffgang,* in: Lenz/Borchardt, zu Art. 6 EUV.

[34] s. *M. Nettesheim,* S. 339; *M. Hilf,* in: Grabitz/Hilf, zu Art. 8 EGV a.F. (=Art. 17 EGV), Rn. 21 ff.

zusammen mit der GR-Charta und mit an anderen Stellen verbürgten Rechten, z. B. Datenschutz (Art. 16 AEUV) – nicht nur von enormer praktischer Bedeutung für den einzelnen Bürger ist[35], sondern vergleichbar mit unserem Grundrechtskatalog der Art. 1 - 19 GG, die „Unionsbürgerschaft" zu einem *Kernstück der europäischen Einigung* macht[36]. Der EuGH bezeichnet die UB als den „grundlegenden Status" der Angehörigen der MS.[37]

3. Das Verständnis des BVerfG von der europäischen Integration und der Unionsbürgerschaft

Gegen die Ratifizierung des Lissabon-Vertrages im Frühjahr 2008 durch Bundestag und Bundesrat[38] wurde vor dem BVerfG geklagt, jetzt u. a. vom CSU-Abgeordneten Gauweiler sowie von der Fraktion Die Linke. Zwar wurde auch diese Klage (wie schon 1993 die gegen den Maastricht-Vertrag[39]) am 30. 6. 09 abgewiesen[40], aber die Begleitgesetze zur Stärkung von Bundestag und Bundesrat erschienen dem BVerfG noch nicht ausreichend; sie mussten nachgebessert werden[41].

Das BVerfG versteht die EU als einen *Staatenverbund,* d. h. eine „enge, auf Dauer angelegte Verbindung souverän bleibender Staaten, die auf vertraglicher Grundlage öffentliche Gewalt ausübt, deren Grundordnung jedoch *allein* der Verfügung der MS unterliegt und in der die Völker – d. h. die staatsangehörigen (!) Bürger – der MS die Subjekte demokratischer Legitimation bleiben"[42].

---

[35] So *Kaufmann-Bühler*, zu Art. 9 EUV, Rn. 3.

[36] s. *M.Hilf,* in Grabitz / Hilf, zu Art. 8 EGV a. F. (Art. 17 EGV), Stand 1998, Rn. 39; s.auch *M. Nettesheim*, EuR 2009, S.24 ff. (27), der vom „verfassungsrechtlichen Mittelpunkt" spricht und von „kaum zu überschätzender Bedeutung".

[37] EuGH, C 200/02, *Zhu* und *Chen,* Slg. 2004, I – 9925, RN 25; *Kaufmann-Bühler,* zu Art. 9 EUV, RN 2; *Ingo v. Münch* (s. o. Fn 9), S.299 ff. mwN.

[38] s. Ratifiz.Ges.Entw. v. 28. 2. 2008 (BT-Drs. 16/8300), Beschlussempfehlung und Bericht EU-Ausschuss vom 23. 4. 2008 (BT-Drs. 16/8917); der BRat stimmte am 23. 5. 2008 zu.

[39] s. BVerfGE 89, 155 ff.

[40] s. BVerfGE 123, 267 ff.

[41] s. die 4 GesE. vom 21.8.09, insbes. zum Integrationsverantwortungsgesetz BT-Drs. 16/13923 sowie die 3 anderen Entwürfe in BT-Drs. 16/13924–13926; sie wurden am 8.9.09 vom BT und am 18.9.09 vom BRat verabschiedet.

[42] s. Leitsatz 1 der Entscheidung vom 30. 6. 09 (E 123, 267), s. a. S. 348, Randziffer (Rz) 229 – Hervorhebungen hinzugefügt; die Entscheidung ist in den Abdrucken außerhalb der Amtl. Sammlung absatzweise mit Rz versehen, s. z. B. JZ 2009, S. 890 ff., danach wird hier künftig zitiert.

Zwar gäben Art. 23 Abs. 1 GG[43] und die Präambel einen „Verfassungsauftrag zur Verwirklichung eines vereinten Europas" und das bedeute für alle Verfassungsorgane u. a. einen „Grundsatz der Europarechtsfreundlichkeit"[44]. Die Ermächtigung zur Ausübung supranationaler Zuständigkeiten „ stammt von den MS einer solchen Einrichtung. Sie bleiben deshalb dauerhaft die *Herren der Verträge*". Es könne immer nur das *„Prinzip der begrenzten Einzelermächtigung"* gelten[45].

Dem BVerfG obliege es, „im Fall von ersichtlichen Grenzüberschreitungen" die Einhaltung dieser Grenzen im Rahmen einer „Identitätskontrolle" im Hinblick auf den „unantastbaren Kerngehalt der Verfassungsidentität des GG" einfordern zu können[46]. Den deutschen Verfassungsorganen (neben der BReg. bes. BTag, BRat und letztlich dem BVerfG) obliege eine besondere *Integrationsverantwortung*[47], die darauf achten müsse, dass die EU-Organe ihre Grenzen nicht überschritten und der BTag und die BReg. „gestaltenden Einfluss auf die politische Entwicklung in Deutschland behalten".

Diese Linie wird danach bei den Ausführungen zur *„Unionsbürgerschaft"* beibehalten[48]. Der Begriff des Unionsbürgers gründe „ausschließlich im Vertragsrecht" und die UB sei „allein von dem Willen der MS abgeleitet und konstituiert kein Unionsvolk, das als sich selbst verfassendes Rechtssubjekt zur eigenen Selbstbestimmung berufen wäre". Historische Vergleiche führten nicht weiter, etwa zur Begründung bundesstaatlicher Föderalität im Norddeutschen Bund 1867[49].

4. Zur Kritik an der Rechtsprechung des Bundesverfassungsgerichts

Es sind zahlreiche kritische Veröffentlichungen zu dem Urteil erschienen, die hier nicht im Einzelnen gewürdigt werden können[50]. Es sollen aber einige

---

[43] Dieser war im Okt. 1992 von der GVK vorgeschlagen – s. Bericht S. 38f. – und unverändert vom verfassungsändernden Gesetzgeber übernommen worden, s. Ges. v. 21.12.92, BGBl. I S. 2086.

[44] S. 346/347, Rz 225.

[45] s. Rz 234; das stellt auch Art. 5 Abs. 1 EUV klar, worauf auch das BVerfG hinweist.

[46] s. Rz 240, dort auch zum „ausbrechenden Rechtsakt" und zur sog. „Ultra-Vires-Kontrolle". Dabei schafft das BVerfG das Kunststück, im gleichen Atemzug diese Kontrolle als Ausdruck der „Europarechtsfreundlichkeit des GG" darzustellen, denn Art. 4 Abs. 2 EUV spreche von der Achtung der „grundlegenden politischen und verfassungsmäßigen Strukturen" der MS, die Kontrollen könnten somit „Hand in Hand" gehen.

[47] s. Leitsatz 2a, sowie Rz 236 und 245.

[48] s. Rz 346ff (S. 404f).

[49] s. Rz 347.

wenige wichtige Hinweise gegeben werden. Die Kritik geht inhaltlich insbes. dahin, das Gericht habe „den nationalen Kontrollanspruch überbetont" und werde so „nur schwerlich" dem Integrationsauftrag des GG [51] und den „Anforderungen der europäischen Integration"[52] gerecht. Das Gericht bleibt bei seiner Ausgangsposition der auf Paul Kirchhof zurückgehenden Konzeption von der „als Staatenverbund konzipierten EU"[53], allerdings mit einer massiven[54] Betonung der *staatlichen Souveränität* der MS. Damit orientiere sich das Gericht „an den Fixpunkten der spätkonstitutionellen Staatsrechtslehre" und „nähere sich dem Prozess der europäischen Integration mit den Instrumenten der klassischen deutschen Bundesstaatsdebatte"[55]. Alternative Ansätze, wie die eines „Verfassungsverbundes"[56] oder einer „supranationalen Föderation"[57] oder C. Schönbergers verfassungshistorische Analyse zum „Unionsbürgerschaftsrecht"[58], wurden verdrängt oder verworfen. Auch wenn die „MS einerseits – unstreitig – *Herren der Verträge* bleiben", so stellt die Staatszielbestimmung des Art. 23 Abs. 1 S. 1 GG der Bundesrepublik und allen Verfassungsorganen *gerade nicht* frei, ob sie sich an der europäischen Integration beteiligen wollen oder nicht[59]. Und die MS sind zwar „Herren der Verträge", aber ebenso den Verträgen verpflichtet, also auch „Diener der Verträge".

Das Gericht entwickelt *„hypothetische Konflikte"* zwischen Integrationsentwicklung und deutschem Verfassungsrecht"[60] und bringt sich dann selbst als

---

[50] s. die Aufzählung z. B. bei *Albrecht Weber*, JZ 2010, S. 157, FN 1; eine sehr ausführliche, in der Bewertung und Kritik aber sowohl moderate wie präzise Analyse findet sich bei *P.-C. Müller-Graff*, Das Karlsruher Lissabon-Urteil, in: integration 4/09, S. 331 ff. (–360) mit zahlreichen weiteren Nachweisen.

[51] s. *A. Weber*, S. 164; *U. Everling*, EuR 2010, S. 91 ff. (107), spricht von „germanozentrischer Sicht" des BVerfG.

[52] s. *J. Schwarze*, S. 108: „keine angemessene Rücksichtnahme", und S. 111; in diesem Sinne auch *E. Pache*, EuGRZ 2009, S. 285 ff. (298).

[53] s. *Matthias Ruffert*, DVBL 2009, S. 1197 ff. (1198).

[54] *C. O. Lenz*, FAZ v. 8. 8. 2009, S. 7 „Ausbrechender Rechtsakt", zählte 33 mal den Verweis auf die zu bewahrende „Souveränität" der BRepD, zit. nach online-Ausdruck des „fazarchiv.faz.net", S. 1.

[55] *Ders*, ebenda; zur Kritik am traditionellen Souveränitätsdenken s.auch *R. van Ooyen*, Öffentliche Sicherheit und Freiheit, Baden-Baden 2007, S.105.

[56] s. *Ingolf Pernice*, VVDStRL 60 (2001), S. 148 (160 ff.).

[57] s. *Armin v. Bogdandy*, Supranationaler Föderalismus als Wirklichkeit und Idee einer neuen Herrschaftsform: Zur Gestalt der EU nach Amsterdam, 1999.

[58] *C. Schönberger*, Unionsbürger, 2005 (bes. S. 94 ff.), der vom BVerfG ausdrücklich genannt (und als nicht weiterführend „verworfen") wird, s.o. Fn 57.

[59] s. *M. Ruffert*, S. 1199; s. auch zu den „Dienern der Verträge" *U. Everling* (s.o. Fn. 51), S. 95.

[60] s. dazu *Müller-Graff*, S. 347.

„Kontrolleur" i. S. einer Reservekompetenz ins Spiel. Das Gericht *positioniert sich hier mehrfach selbst* „im komplexen europäischen und deutschen Gewaltenteilungssystem[61] und ist dabei *„nicht neutral"*[62]. „ Funktion und Leistung des EuGH bei der Rechtsprechung" werden herabgestuft, die Müller-Graff nur „erstaunen" lässt[63].

IV. Der Kern des Problems: Der Zusammenhang von Demokratie, Souveränität und Staatsbürgerschaft

1. Zur Abgrenzung Staatsangehöriger – Staatsbürger – Unionsbürger

Nach Auffassung des BVerfG im Maastricht – Urteil 1993 wird mit der *Unionsbürgerschaft* „zwischen den Staatsangehörigen der MS ein auf Dauer angelegtes rechtliches Band geknüpft, das zwar nicht eine der gemeinsamen Zugehörigkeit zu einem Staat vergleichbare Dichte besitzt, dem bestehenden Maß existentieller Gemeinsamkeit jedoch einen rechtlich verbindlichen Ausdruck verleiht"[64]. Mit der UB wurde ein neuer Begriff eingeführt, der sich – nach Ansicht von M. Hilf – „sprachlich bewusst an den der Staatsbürgerschaft anlehnt und nicht an den der Staatsangehörigkeit, die für den herkömmlichen Nationalstaat kennzeichnend ist"[65].

Da sich die UB gem. Art. 9 EUV nur über die nationale Staatsangehörigkeit vermittelt, sie ergänzt, aber nicht ersetzt, kann man statt von einem „entweder – oder" bei der UB von einem „sowohl – als auch" sprechen (man ist *sowohl* deutscher Staatsangehöriger *als auch* Unionsbürger). D. h. es gibt keine Konkurrenz, sondern eine Überlappung, deren Verhältnis sich – wie bei allen gesellschaftlich-rechtlichen Ideen und Rechtsinstituten – historisch im Fluss befindet.

Im Übrigen ist auch die angebliche Ausschließlichkeit nationaler Staatsangehörigkeit nicht real, wie die zahlreichen – und immer zahlreicher werdenden – Doppelstaatsangehörigkeiten zeigen[66].

---

[61] s. *Müller-Graff*, S. 350; s. *ders.*, S.339, auch zu den zahllosen „Termini, die nicht dem Text des GG entstammen".

[62] s. *C. O. Lenz*, Ausbrechender Rechtsakt (s.o. Fn 54), Ausdruck S. 2.

[63] s. *Müller-Graff*, S. 349.

[64] BVerfGE 89, 155 ff. (184) – Hervorhebung hinzugefügt.

[65] *M. Hilf*, in: Grabitz/Hilf, zu Art. 8 EGV (entspricht dem späteren Art. 17 EGV und dem heutigen Art. 9 EUV und Art. 20 AEUV), Rn. 7.

[66] s. Einbürgerungsstatistik des BMI: 1997 betrug der Anteil der Mehrstaater bei der Einbürgerung noch 21 % (ca. 17.000 von 83.000), 2009 betrug er 53,7 % (51.600 von 96.100).

Historisch gibt es insbes. in Föderalstaaten Entwicklungen, die – wie etwa in den USA, der Schweiz oder im entstehenden Deutschen Reich 1867/71 – zeigen, wie sich die „Zugehörigkeitsbande" je nach historischer Entwicklungsstufe in den verschiedenen „Bürgerrechten" niederschlagen[67].

2. Das Verständnis von Demokratie und Volkssouveränität

a) ... aus Sicht des Individuums

Noch vor Art. 20 Abs. 1 und 2 GG steht nach den furchtbaren Erfahrungen mit der NS-Diktatur die *Menschenwürde* des Art. 1 GG – Ingolf Pernice: „Souveränität ist die in der Menschenwürde wurzelnde Selbstbestimmung des einzelnen"[68] – und das Bekenntnis zu den „unverletzlichen und unveräußerlichen Menschenrechten als Grundlage *jeder* menschlichen Gemeinschaft, des Friedens und der Gerechtigkeit in der Welt (Art. 1 Abs. 2 GG).

Das BVerfG fixiert sich in traditioneller Weise ganz an der (mitglieds-) *staatlichen* Souveränität, der eigentliche Kern des demokratischen Gedankens liegt aber davor: Die *individuelle Selbstbestimmung* der Bürgerinnen und Bürger wird durch zahllose Bindungen real ermöglicht und zugleich eingeschränkt (durch wirtschaftliche, soziale, politische, kulturelle usw.). Er gehört auch politisch-gesellschaftlich verschiedenen „Kreisen" an: auf der familiären Ebene, durch Mitwirkung in Vereinen und Verbänden, auf der kommunalen Ebene, in seinen beruflichen Bindungen usw., natürlich *auch* im Rahmen seiner Landes- und Bundesstaatsangehörigkeit. Aber „*Keines Bürgers Identität wird hinreichend erfasst, indem ihm einfach eine Staatsangehörigkeit zugeschrieben wird*"[69]. Aus einem „derart verflochtenen System" – wie es diese verschiedenen „Bindungskreise" auf allen Ebenen zusammen darstellen – „erwächst eine größere Chance auf Selbstbestimmung als aus einem rein staatlichen" System. „Legitimation erwächst hier aus einer Vielzahl von Beteiligungs- und Mitwirkungsrechten der Bürger und Institutionen auf allen Ebenen politischer Gestaltung"[70].

---

[67] s. *M. Hilf*, RN 8 ff., insbes. Rn. 13–16 für das entstehende Deutsche Reich; grundlegend und sehr ausführlich *C. Schönberger*, z. B. zur Schweizer Entwicklung, S. 80 ff.; s. auch *Karl Thedieck*, Deutsche Staatsangehörigkeit im Bund und in den Ländern, Berlin 1989 (Diss.), S. 32 ff., 52, 135ff.

[68] *Ingolf Pernice*, VVDStRL 60 (2001), S. 190, LS 7.

[69] So *Roland Bieber*, SZ v. 20. 7. 09, S. 2 (s. oben Fn. 8).

[70] s. *R. Bieber* ebenda; s. zum Legitimationsproblem in der EU *M. Nettesheim*, in Grabitz / Hilf / Nettesheim, Das Recht der Europäischen Union, Kommentar Band I, zu Art. 10 EUV (Stand Juli 2010), Rn. 2.

b) ... im Hinblick auf die „staatliche Souveränität"

Die nationale Souveränität ist längst gegenüber anderen Staaten durch vertragliche Bindungen wie z. B. durch den NATO-Vertrag, durch Völkerrecht und Unionsrecht, aber auch durch sonstige Entwicklungen wirtschaftlicher und sozialer Art bis hin zur Globalisierung rechtlich und real erheblich eingeschränkt. Deutschland hätte weder 1955 einen wichtigen Teil seiner (formalen) Souveränitätsrechte wieder eingeräumt bekommen noch 1990 den 2+4-Vertrag „erhalten", wenn es nicht von sich aus – etwa in der Präambel des GG, in Art. 1 Abs. 2, in Art. 23, 24–26, 88 GG – und durch eben insbesondere die Einordnung in die europäische Integration deutliche Einbußen an klassischer nationaler Souveränität – s. zuletzt etwa bei der gemeinsamen Währung und in der Finanzkrise – akzeptiert hätte[71]. Entscheidend ist, dass *„nationale Souveränität und europäische Hoheitsausübung* daher nicht einseitig als Gegensatz oder Konkurrenzverhältnis, sondern in einem *Ergänzungsverhältnis* zu konzipieren" sind[72].

Theoretisch kann die BRepD aus der EU austreten (s. Art. 50 EUV), praktisch „käme ein solcher Schritt einem wirtschaftlichen und politischen Selbstmord gleich", wie Joschka Fischer zu Recht feststellte[73].

c) ... vom „deutschen Volk" her

Fast 20 % der „deutschen" Bevölkerung hat einen Migrationshintergrund (zwischen 15 bis 16 Mio.) und knapp die Hälfte davon (gut 7 Mio.) sind rechtlich gesehen Ausländer, d. h. sie haben eine ausländische Staatsangehörigkeit, auch wenn sie hier schon sehr lange leben[74]. Von den gut 7 Mio. Ausländern stammen aber ca. 35 % aus EU-Staaten, sind also Unionsbürger, die bei einer evtl. Einbürgerung ihre zweite Staatsangehörigkeit grds. behalten könnten. Europäische Integration wie internationale Verflechtungen schaffen real viele binationale Ehen, aus denen viele „Doppelstaater" entstammen. Die entsprechende Einbürgerungsstatistik des BMI zeigt, dass bei den ca. 96.000 Einbürgerungen des Jahres 2009 über 50 % der Eingebürgerten ihre 2. Staatsangehörigkeit behalten, und das mit steigender Tendenz[75].

---

[71] Darauf weist *A. Grosser* zu Recht hin (s. o. Fn. 7), ebenso *R. Bieber* (s. o. Fn. 8) oder *C. D. Classen,* JZ 2009, S. 889.

[72] *Müller-Graff,* ebenda unter Berufung auf *Norbert Röttgen* (s. dort Fn. 292); Hervorhebung hinzugefügt.

[73] s. *J. Fischer,* s. o. Fn. 6, am Ende seines Artikels.

[74] s. 8. Ausl.bericht der „Beauftragten der BReg. Für Migration, Flüchtlinge und Integration" vom Juli 2010, BT-Drs. 17/2400, S. 26 ff.

[75] s. BMI-Einbürgerungsstatistik, s. o. Fn. 66.

Dieses sind Beispiele dafür, dass Kay Hailbronner (übrigens schon vor 20 Jahren!) richtig lag mit seiner Feststellung[76], dass „mit der Weiterentwicklung der europäischen Integration auch eine Unsicherheit über die Bedeutung der Begriffe „Nation, Volk und Staat" eingetreten ist, die u. a. bewirkt, dass ein nationalstaatliches Denken auf ethnisch-völkischer Grundlage nicht mehr als alleinige Basis für die Ausländerpolitik der kommenden Jahrzehnte angesehen werden kann." Und weiter: „Die Konzeption eines einheitlichen Staatsvolks mit gleichen Rechten und Pflichten wird durch eine wesentlich erleichterte Einbürgerung nicht in Frage gestellt: Das „deutsche Volk" des Jahres 1990 ist bereits das Ergebnis unzähliger Vermischungs- und Assimilierungsvorgänge". Die „Veränderung des Nationenbegriffs als Folge der europäischen Integration" ziehe auch eine *veränderte Funktion der Staatsangehörigkeit* nach sich". Er rate dem Bundesgesetzgeber, der Tendenz aus anderen europäischen Staaten zu folgen und mehr Doppelstaatsangehörigkeiten zu tolerieren.

Denn eine „außerhalb der staatsbürgerlichen Gleichheit lebende Dauerbevölkerung steht im Widerspruch zur grundlegenden Legitimation der Industriegesellschaft und der westlichen Demokratie"[77].

3. Schlussfolgerungen für die „Unionsbürgerschaft"

Über die historische Parallele, die das BVerfG so schnell mit einem Satz hinweggefegt hat[78], kann man m. E. durchaus nachdenken: Wieso soll das „gemeinsame Indigenat" nach Art. 3 der RV von 1871 nicht Vorbild sein für ein späteres „europäisches Bürgerrecht" im vollen Sinne? Mit M. Hilf[79] ist feststellbar: „Wie Art. 3 RV für die Angehörigen der Gliedstaaten des Deutschen Reiches, so zielt die Unionsbürgerschaft auf ein gemeinsames europäisches Indigenat", d. h. alle Unionsbürger sind in den MS „wie Inländer" zu behandeln, sofern nicht Sonderregelungen im EU-Sekundärrecht etwas anderes vorsehen, insbesondere bei der Beanspruchung von Sozialleistungen[80]. Die Bundes- bzw. Reichsangehörigkeit ist damals der Angehörigkeit in den Einzelstaaten nachgefolgt, auch wenn das Reich (ab 1870/71) das gesamte Reichs- und Staatsangehörigkeitsrecht zuständigkeitshalber regeln konnte. Das kann die EU heute nicht, das ist noch alleinige Sache der MS. In der BRepD gab es bis 1994 noch eine eigene Kompetenzvorschrift in Art. 74 Nr. 8 GG zur Regelung von „Lan-

---

[76] s. ZAR 1990, S. 57 und 62.

[77] So schon *H. Rittstieg*, NJW 1991, S. 1387.

[78] s. RZ 347; s. zur hist. Entwicklung ausführl. *C. Schönberger,* Unionsbürger, S. 94 ff.

[79] In Grabitz / Hilf, zu Art. 8 EGV, Rn. 14.

[80] s. dazu den bitteren Kommentar zur „sehr weitgehenden" Rechtsprechung des EuGH von *K. Hailbronner,* NJW 2004, S. 2185 f.

desstaatsangehörigkeiten". Ohne jeden Protest wurde diese Vorschrift von der GVK gestrichen, da die Vorschrift „keine praktische Bedeutung" mehr hatte[81].

Früher waren also „Einzel- oder Landesstaatsangehörigkeiten" das wichtigste „Band" zur Einordnung in eine territorial begrenzte Bevölkerung, später ging es nur noch um die Reichs- oder Bundesstaatsangehörigkeit und noch später könnte die UB in unserem „grenzenlosen" europäischen „Raum der Freiheit, der Sicherheit und des Rechts" in diese Rolle wachsen[82].

V. Zusammenfassende Bewertung und Ergebnis

Die Entwicklung der Nationalstaaten in Europa bedingte zunächst eine sehr auf Abgrenzung bedachte und eher völkerrechtlich dominierte Entwicklung des Staatsangehörigkeits- und Ausländerrechts auch in Deutschland. Das Abstammungsprinzip auf völkisch-ethnischer Grundlage galt mindestens seit 1870 und wurde erst 1999 durch den jus-soli-Erwerb hier geborener junger „Bürger mit Migrationshintergrund" ernsthaft durchbrochen. Die reale Zuwanderungsentwicklung in Deutschland (von 1 Mio. 1965 auf über 15 Mio. Bevölkerung mit Migrationshintergrund heute) sowie die stetig zunehmende internationale Verflechtung in Wirtschaft, Gesellschaft, Kultur u. a. m., insbesondere im Rahmen der seit mehr als 50 Jahre anhaltenden europäischen Integration haben *einerseits* innerstaatlich – wenn auch sehr spät – eine Reaktion i. S. ernsthafter Integrationsanstrengungen zur Folge gehabt, um das eine Fünftel der Bevölkerung in Deutschland „mit Migrationshintergrund" auf Dauer in die „deutsche" Gesellschaft und Politik mit einzubeziehen und so den Grundgedanken der Bürgerrechte in der Demokratie auch unter diesen neuen Bedingungen zu realisieren. Das verträgt sich nicht mehr mit nationaler Abgeschlossenheit und ausschließlicher Berufung auf das (ethnisch verstandene) „deutsche Volk" als Subjekt demokratischer Willensbildung, d. h. das System öffnet sich.

Auf der *anderen Seite* entstand und wächst weiter eine EU mit einer UB, die auf zahllosen Gebieten von der Wirtschafts- und Währungsunion bis zum gemeinsamen „Hohen Vertreter für Außen- und Sicherheitspolitik", einem eigenen, direkt gewählten Parlament, einer „Regierung" (der Kommission) und einem Gerichtshof über viele „staatsnahe" Institutionen, Gesetzgebungsregeln und Arbeitsweisen verfügt, die in der rechtlichen wie gesellschaftlichen Realität längst einen erheblichen Teil der ehemals so nationalen „staatlichen Souve-

---

[81] s. GVK-Bericht (s.o. Fn. 3) in „Zur Sache 5/93", S. 67.

[82] *Stefan Hobe*, Der Staat 32 (1993), S.245 ff. (265), hat schon 1993 die UB charakterisiert als „seiner Rechtsstruktur nach eines europäischen Indigenats", als ein „erster Ansatz zur möglichen späteren Begründung einer die nationalen Angehörigkeiten substituierenden Europaangehörigkeit"; *Ingo v. Münch*, (s. o. Fn. 9) S. 312, findet dies nicht nur vertretbar, sondern „überzeugend".

ränität" eingeschränkt bzw. übernommen hat, zu unser aller Wohl, was Frieden, Freiheit und Wohlstand angeht.

Während sich also Öffnung von der „nationalen" Seite her und – durch Berücksichtigung des Subsidiaritätsgedankens – beschränkte „Übernahmen" von der europäischen Seite her miteinander verschränken und so einen „Verbund" auf höherer Ebene entstehen lassen, der mit rd. 500 Mio. Unionsbürgern auch weltweite Bedeutung hat, sitzt das BVerfG offenbar noch im „nationalen Bremserhäuschen" und versucht, seine eigene Rolle im europäischen Wechselspiel möglichst weitgehend zu sichern oder sogar noch auszubauen. Aber es dürfte gelten: „Europa wird mit zahlreichen Rückschlägen und durch tiefe Krisen hindurch" – s. jetzt etwa die Euro-Verschuldungskrise – „als sich integrierender Staatenverbund weiter voranschreiten, ob Karlsruhe dies gefällt oder nicht" (J. Fischer).

Bei dieser Integration wird die UB weiter eine zunehmend wichtige Rolle spielen und die Funktion der nationalen Staatsangehörigkeit auf lange Sicht zurückdrängen, so wie es in der Entwicklung von kleineren zu größeren politischen Einheiten historisch schon mehrfach zu beobachten war.

Was schließlich unsere Ausgangsfrage angeht (s. o. unter I.) hatte schon die Gesetzesbegründung zum AuslG 1990 (s. o. unter II.1) den Zusammenhang erkannt zwischen gelingender Integration der „Bevölkerung mit Migrationshintergrund" und einem „aufgeschlossenen, zumindest aber toleranten Meinungsklima in der einheimischen Bevölkerung". Das Abgehen von engstirnigen „nationalen", eher formalrechtlichen Staatsangehörigkeitsregeln und das Fördern von integrationsoffener „übernationaler" Unionsbürgerschaft kann sehr wohl zum Gelingen eines friedlichen Zusammenlebens und damit zum Abbau bestehender oder besser noch zur Verhinderung entstehender Ausländerfeindlichkeit beitragen.

Es bleibt allerdings das Problem, dass erhebliche Teile der Bevölkerung mit Migrationshintergrund insbesondere aus der Türkei stammen, die zunächst nicht mit der UB erfasst werden können. Die noch lange nicht ausgestandene, z. T. sehr gereizte Diskussion über einen möglichen Beitritt der Türkei (etwa als 28. oder 30. oder x-ter MS) zur EU – trotz ihres langjährigen Assoziationsstatus – zeigt, dass auch eine gestärkte und sehr geförderte UB nicht alle Probleme unserer Migrations- und Integrationspolitik lösen kann.

Bürgerentscheide und Bebauungsplanverfahren

Hans-Joachim Koch

I. Partizipation im Städtebaurecht – von der Öffentlichkeitsbeteiligung zum Bürgerentscheid

1. Entwicklungslinien der Partizipationsdebatte

Die erste sozialliberale Regierung ist 1969 mit dem Motto „Mehr Demokratie wagen" angetreten und hat damit gewiss die Einstellung weiter Kreise der Bevölkerung getroffen. Bürgerinitiativen waren eine neue, prägende Erscheinung dieser Aufbruchstimmung. Die Bürgerinitiativen richteten sich gerade auch auf die Beeinflussung von solchen Verwaltungsentscheidungen, die mit erheblichen Auswirkungen auf die Lebensverhältnisse der betroffenen Öffentlichkeit verbunden waren.

Die Vereinigung der deutschen Staatsrechtslehrer hat das Thema 1975 zum Gegenstand ihrer Jahrestagung gemacht, allerdings aus einer eher defensiven Perspektive: „Organisierte Einwirkungen auf die Verwaltung. Zur Lage der zweiten Gewalt".[1] Bedenkliche Einflüsse der Bürgerinitiativen auf die Verwaltung wurden befürchtet. Die Referenten haben allerdings durchaus, wenngleich mit großer Vorsicht, den Partizipationsbestrebungen eine gewisse Berechtigung zuerkannt.

Der Gesetzgeber hat seither vielfältige Regelungen einer „Bürgerbeteiligung" in Verwaltungsverfahren geschaffen.[2] Das Bundesverfassungsgericht hat mit seiner berühmten *Mülheim-Kärlich*-Entscheidung von 1979 eine verfassungsrechtliche Flankierung geliefert. Die verfassungsrechtlichen Botschaften lauteten: (1) Effektiver Grundrechtsschutz erfordert auch faire Verwaltungsverfahren.[3] (2) Zu den grundrechtsschützenden Verfahrensvorschriften gehören ge-

---

[1] s. die Vorträge von *W. Schmidt* u. *R. Bartelsperger* in: VVDStRL 33 (1975), S.183 ff. u. S. 221 ff.

[2] s. den Überblick bei *Rossen-Stadtfeld*, Beteiligung, Partizipation und Öffentlichkeit, in: Hoffmann-Riem u. a. (Hrsg.), Grundlagen des Verwaltungsrechts, Bd. II, 2008, § 29.

[3] s. ausführlich bilanzierend BVerfGE 53, S. 30 (71 ff.).

rade auch Vorschriften über die Beteiligung potenziell Drittbetroffener am Verwaltungsverfahren.[4]

Die Entdeckung des Grundrechtsschutzes durch Verwaltungsverfahren ist auf breite und vorwiegend positive Resonanz in der Rechtswissenschaft gestoßen[5] und hat die Gesetzgebung eine Zeit lang wesentlich beeinflusst. Allerdings ließ die „Gegenbewegung" nicht allzu lange auf sich warten. Im Rahmen der seit Anfang der 80er Jahre geführten Standort-Deutschland-Debatte[6] rückte die geradezu permanente Beschleunigung von Verwaltungsverfahren durch eine Vielzahl von Beschleunigungsgesetzen in das Zentrum der Interessen. Zu den Beschleunigungsmaßnahmen rechneten und rechnen zahlreiche Vorschriften zur Heilung von Verfahrensfehlern.[7] Diese Entwicklung hat auch zum partiellen Abbau bürgerschaftlicher Verfahrensbeteiligung geführt.[8] Insbesondere ist gemäß § 10 Abs. 6 BImSchG der Erörterungstermin als wesentliches Element der Bürgerbeteiligung nur noch fakultativ. Das sollte inzwischen auch für die Planfeststellungsverfahren normiert werden[9], ist jedoch unter dem Eindruck der Proteste gegen den Bahnhof „Stuttgart 21" von der Tagesordnung genommen worden.

Die Standort-Deutschland-Debatte und die damit teilweise verbundene Entwertung von Verwaltungsverfahren hat die Partizipationswünsche nicht „erledigen" können. Dem standen und stehen bekanntlich europarechtliche Vorgaben für eine Beteiligung der Öffentlichkeit an Verwaltungsverfahren entgegen, etwa die UVP-Richtlinie von 1985 und nachfolgend die Informations- und die Beteiligungs-Richtlinie, deren Novellierungen in jüngerer Zeit völkerrechtliche Vorgaben der Aarhus-Konvention umgesetzt haben.[10]

---

[4] s. BVerfGE 53, S. 30 (77 ff.).

[5] s. nur für viele *W. Kahl*, Grundrechtsschutz durch das Verwaltungsverfahren in Deutschland und der EU, VerwArch 95 (2004), S. 1; *D. Grimm*, Verfahrensfehler als Grundrechtsverstöße, NVwZ 1985, S. 865.

[6] s. mit vielen Nachweisen und einiger Kritik *H.-J. Koch*, Beschleunigung, Deregulierung, Privatisierung: Modernisierung des Umweltrechts oder symbolische Standortpolitik, ZAU 10 (1997), S. 45 u. 210.

[7] s. umfassend und kritisch zum erreichten Stand *SRU*, Umweltverwaltungen unter Reformdruck, Sondergutachten 2007, Tz. 336 ff.

[8] s. detailliert und kritisch *SRU* (Fn. 7), Tz. 283 ff.

[9] Der entsprechende Referentenentwurf aus dem BMI zur Änderung des Verwaltungsverfahrensgesetzes ist zurückgezogen worden.

[10] s. zur Aarhus-Konvention und ihrer Umsetzung *v. Danwitz*, Aarhus-Konvention: Umweltinformation, Öffentlichkeitsbeteiligung, Zugang zu den Gerichten, NVwZ 2004, S. 272; *Epiney*, Zu den Anforderungen der Aarhus-Konvention an das europäische Gemeinschaftsrecht, ZUR Sonderheft 2003, S. 176; *Zschiesche*, Die Aarhus-Konvention – mehr Bürgerbeteiligung durch umweltrechtliche Standards?, ZUR 2001, S. 177.

Davon unabhängig ist Ende der 80er, Anfang der 90er Jahre mit wachsender Intensität um die Einführung von Plebisziten in Gesetzgebung und Verwaltung mit einigem Erfolg gerungen worden.[11] Inzwischen haben alle Bundesländer für die bürgerschaftliche Teilhabe an kommunalen Verwaltungsverfahren Bürgerbegehren und Bürgerentscheide normiert.[12] Ein solcher Bürgerentscheid ist in einer Reihe von Bundesländern auch in Fragen der Bauleitplanung möglich. Darauf ist nun einzugehen.

2. Partizipation in der Bauleitplanung

Die Teilhabe der Bürger an der kommunalen Bauleitplanung hat im Wesentlichen den gleichen Entwicklungsgang genommen, wie die bereits skizzierte allgemeine Entwicklung bürgerschaftlicher Beteiligung an Verwaltungsverfahren:

Mit der Novelle zum BBauGB von 1976[13] wurde die zweistufige Bürgerbeteiligung in Form einer frühzeitigen Bürgerbeteiligung zur Erörterung auch grundlegender Alternativen sowie in Form des späten Auslegungs- und Anregungsverfahrens betreffend den fertigen Planentwurf normiert.[14] An diesem grundsätzlich noch unverändert geltenden Beteiligungskonzept verdienen zwei Elemente besondere Beachtung, zum einen die Ermöglichung einer frühzeitigen Debatte gerade auch von grundsätzlichen Fragen der möglichen städtebaulichen Entwicklung, zum anderen die Offenheit des Prozesses in Form der Popularbeteiligung. Insbesondere die Möglichkeit einer frühzeitigen Ziel- und Alternativendiskussion fehlt den Beteiligungsregelungen im Fachplanungsrecht und im förmlichen Genehmigungsverfahren etwa des BImSchG.

Im weiteren Verlauf hat gerade das Bauleitplanverfahren eine große Fülle vielfältiger Beschleunigungsnovellen erfahren, wodurch die Beteiligungsrechte in ihrer Bedeutung ebenso geschwächt worden sind, wie durch die zahlreichen Vorschriften über Heilung und Irrelevanz von Verfahrensfehlern im Namen des Grundsatzes der Planerhaltung.[15] So ist beispielsweise das Unterbleiben der

---

[11] s. den Überblick bei *O. Jung*, Abschluss und Bilanz der jüngsten plebiszitären Entwicklung in Deutschland auf Landesebene, JöR 48 (2000), S. 39.

[12] s. den Überblick bei *U. Spies*, Bürgerversammlung – Bürgerbegehren – Bürgerentscheid, 1999.

[13] BBauG i. F. d. Bekanntmachung vom 18.08.1976 (BGBl. I S. 2256, ber. S. 3617), s. dazu die Gesetzesbegründung BT-Drucks. 7/4793, S. 9, sowie seinerzeit näher *Battis/Schrödter*, Die Novelle zum Bundesbaugesetz, DVBl. 1977, S. 160 (163).

[14] s. seinerzeit grundlegend insbesondere zu den Beteiligungsregelungen des Städtebauförderungsgesetzes *U. Battis*, Partizipation im Städtebaurecht, 1976.

[15] s. den Überblick mit zahlreichen Nachweisen bei *Koch/Hendler*, Baurecht, Raumordnungs- und Landesplanungsrecht, 5. Aufl. 2009, § 18.

frühzeitigen Bürgerbeteiligung rechtlich für den Bestand des Planes irrelevant (§ 214 Abs. 1 S. 1 Nr. 2 BauGB).

3. Insbesondere: Bürgerbegehren und Bürgerentscheide in der Bauleitplanung

Die Auseinandersetzungen um plebiszitäre Elemente in Gesetzgebung und Verwaltung haben – wie schon erwähnt – auf kommunaler Ebene zur Einführung von Bürgerbegehren und Bürgerentscheiden in den Gemeindeordnungen geführt. Dabei hat der Bürgerentscheid die Wirkung eines Beschlusses des Gemeinderates. Die Angelegenheiten, in denen Bürgerentscheide zugelassen sind, haben die Bundesländer recht unterschiedlich normiert.[16] Grundsätzlich muss es sich um Angelegenheiten des eigenen Wirkungskreises der Gemeinden handeln. Im Übrigen enthalten eine ganze Reihe von Gemeindeordnungen so genannte Negativkataloge solcher Aufgaben, über deren Erfüllung nicht durch Bürgerentscheid befunden werden kann.

In einem Teil der Gemeindeordnungen gehört die Bauleitplanung zum sog. Negativkatalog, und zwar in den Ländern Baden-Württemberg, Brandenburg, Mecklenburg-Vorpommern, Niedersachsen, Nordrhein-Westfalen, Rheinland-Pfalz, Saarland, Schleswig-Holstein und Thüringen[17]; gleichwohl bestehen Möglichkeiten eines Bürgerentscheids auch in diesen Ländern, nämlich mit Blick auf die grundsätzlichen städtebaulichen Entwicklungskonzepte.[18]

In einem anderen Teil der Gemeindeordnungen ist die Bauleitplanung nicht von Bürgerbegehren und Bürgerentscheiden ausgeschlossen, nämlich in den Ländern Bayern, Berlin, Bremen, Hessen, Sachsen[19] und insbesondere auch nicht in Hamburg (siehe § 32 Bezirksverwaltungsgesetz (BezVG)). In diesen Ländern stellen sich schwierige Rechtsfragen hinsichtlich der rechtlichen Grenzen der grundsätzlich zulässigen Bürgerbegehren und -entscheide. In diesem Zusammenhang werden insbesondere

---

[16] s. *J. Oebbecke*, Nicht bürgerbegehrensfähige Angelegenheiten, Die Verwaltung 2004, S. 105.

[17] § 21 Abs. 2 Nr. 6 BadWürttGO, § 20 Abs. 3 j BbgGO, § 20 Abs. 2 Nr. 4 MV-Kommverf., § 22 b Abs. 2 Satz 2 Nr. 6 NdsGO, § 26 Abs. 5 Nr. 6 NWGO, § 17 a Abs. 2 Nr. 6 RhPfGO, § 21 a Abs. 4 Nr. 6 SaarlKSVG, § 16 g Abs. 2 Nr. 6 SchlHGO, § 17 Abs. 2 Nr. 1 i. V. m. § 26 Abs. 2 Nr. 2 ThürKO.

[18] *Wickel/Zengerling*, Beeinflussung der gemeindlichen Bauleitplanung durch Bürgerentscheide – Möglichkeiten und Grenzen, NordÖR 2010, S. 91 (94).

[19] Art. 18 a Abs. 3 BayGO, § 8 b Abs. 2 HessGO, § 24 Abs. 2 SächsGO, §§ 8,9 BremVolksentscheidG, Art. 62 BerlVerf.

- die verfahrensrechtlichen Anforderungen sowie

- die Anforderungen des Abwägungsgebots

als Schranken bürgerlicher „Direktentscheidungen" angesehen.

Vielfach wird in Rechtsprechung und Literatur vertreten, dass der Abstimmungsmodus von Bürgerbegehren und Bürgerentscheiden mit der Zuspitzung auf eine Ja-Nein-Entscheidung den komplexen Anforderungen des rechtstaatlichen Abwägungsgebots a priori nicht gerecht werden könne. Etwa konkrete planerische Festsetzungen könnten daher der planenden Gemeinde nicht als verbindlich vorgegeben werden, da insofern dem Abwägungsgebot des § 1 Abs. 7 BauGB mit dem Bürgerentscheid nicht genüge getan werde. Mithin dürften Bürgerbegehren und Bürgerentscheide jedenfalls nicht über das planerische „Wie", sondern allenfalls über das grundsätzliche „Ob" entscheiden, wobei die Kommunen sodann auf der Grundlage einer fehlerfreien Abwägung über das konkrete „Wie" entschieden.

Nachfolgend werden die Probleme zunächst an einigen instruktiven Gerichtsentscheidungen verdeutlicht (II.). Sodann wird die restriktive Bestimmung des Anwendungsbereichs von Bürgerbegehren und Bürgerentscheiden im Bereich der Bauleitplanung einer kritischen Prüfung unterzogen (III.). Schließlich werden die Besonderheiten erörtert, die sich aus den stadtstaatlichen Verwaltungsstrukturen Hamburgs ergeben (IV.).

II. Bürgerbegehren und Bürgerentscheid in der Bauleitplanung an Hand ausgewählter Judikatur

1. Entscheidungen des BayVGH

a) Der BayVGH hatte mit dem Bürgerbegehren „Unser Oberhaching – mit Grund und Boden sparsam umgehen" zu tun.[20] Die Bürger wurden um Zustimmung zu der Forderung gebeten, dass die im Flächennutzungsplan von Oberhaching dargestellten 53 ha Wohnflächen auf ca. 35 ha reduziert werden sollten. Diese Forderung wurde weiter dadurch konkretisiert, dass eine der dargestellten Wohnbauflächen um 50 %, fünf andere Wohnbauflächen um je 30 % reduziert werden sollten. Der BayVGH hat einen Verstoß dieser Fragestellung für das Bürgerbegehren gegen § 1 Abs. 7 BauGB angenommen. Wörtlich heißt es:

„Das in § 1 Abs. 7 BauGB verankerte Gebot, bei der Aufstellung der Bauleitpläne die öffentlichen und privaten Belange gegeneinander und untereinander gerecht abzuwägen, setzt der direkten demokratischen Einflussnahme auf die kommunale Bauleitpla-

---

[20] BayVGH v. 28.05.2008, BayVBl. 2009, 245–247.

nung durch Bürgerentscheid rechtliche Grenzen. Denn während die planerische Abwägung nicht in einer einmaligen Entscheidung, sondern in einem dynamischen Prozess mit einer Kette gestufter Präferenzentscheidungen unter Abschichtung von Alternativen erfolgt, zielt der Bürgerentscheid mit seiner geschlossenen, nur mit „Ja"
oder „Nein" beantwortbaren Fragestellung (§ 18a Abs. 4 Satz 1 GO) auf eine Einzel-
entscheidung mit beschränkt bindender Wirkung … Diese strukturellen Unterschiede
führen indes nicht zwingend zu einem Widerspruch, solange durch Bürgerentscheid
lediglich Rahmenfestlegungen vorgegeben werden sollen, die einen verbleibenden
Planungsspielraum von substanziellem Gewicht belassen und damit genügend Alternativen zur Abwägung der konkreten Belange offen halten, um ein rechtmäßiges
Abwägungsergebnis zu ermöglichen. Das hat der Senat mit Blick auf Bebauungspläne wiederholt entschieden … Für Flächennutzungspläne gilt nichts anderes."[21]

Zwar dürfte – so folgert der BayVGH – die pauschale Forderung, dass die
Wohnbauflächen im Flächennutzungsplan von 53 ha auf ca. 35 ha reduziert
werden müssten, den genannten Anforderungen einer bloßen Rahmensetzung
mit Spielraum für eine gerechte Abwägung mit gegenläufigen Belangen noch
genügen. Die Konkretisierung dieser globalen Reduktionspflicht auf sechs konkrete Darstellungen von Wohnbauflächen im Flächennutzungsplan ließen der
Gemeinde jedoch keinen „essentiellen Planungsspielraum" mehr und verstießen
damit gegen das Abwägungsgebot.

b) Im Zusammenhang mit dem Bau eines zweiten Forschungsreaktors der
TU München in Garching hatte der BayVGH mit zwei Bürgerbegehren zu tun,
nämlich einem, das sich gegen den Bau des Reaktors richtete, und einem, das
eine durchaus recht konkrete Bebauungsplanung für das Gelände der technischen Universität forderte, um den Isar-Auwald gegenüber nachrückender Bebauung zu schützen. Dieses zweite Begehren, dass u. a. darauf gerichtet war,
die im Flächennutzungsplan dargestellten Forst-, Wald- und Grünflächen in einem qualifizierten Bebauungsplan festzuschreiben, um das „Hineinwachsen"
der Uni in den Auwald zu verhindern, hat der BayVGH als zulässig und insbesondere „durch § 1 Abs. 3 BauGB" gedeckt angesehen. Ein Bürgerbegehren,
das auf die Aufstellung eines Bebauungsplans gerichtet sei und dabei gewisse
Vorgaben mache, liege im Wirkungskreis der Gemeinde und sei mithin grundsätzlich zulässig. Auch liege in der „Festschreibung" der im Flächennutzungsplan dargestellten Forst-, Wald- und Grünflächen keine gemäß § 1 Abs. 3
BauGB unzulässige Negativplanung, da die angestrebten Festsetzungen Bestandteil einer komplexen städtebaulichen Ordnung des Sondergebiets „Hoch-
schul- und Forschungsbereich" seien, die nicht auf Verhinderung von Vorhaben, sondern ihre verträgliche Integration in den bisherigen Außenbereich gerichtet seien.[22]

---

[21] BayVGH (Fn. 20), BayVBl. 2009, 246 (Rn. 33).
[22] BayVGH v. 14.10.1998, 4B 98.505, UA Rn. 41 (juris).

Bedenken aus der Perspektive des Abwägungsgebots gegen die Vorgaben für einen aufzustellenden Bebauungsplan hat der BayVGH ersichtlich deshalb nicht, weil hier – anders als im Fall der detaillierten Vorgaben für die Reduktion der Festsetzung von Wohnbauflächen – ein deutlicher Abwägungsspielraum für die Gemeinde verblieb.

c) In einem weiteren Fall hatte der BayVGH über ein Bürgerbegehren zu befinden, mit dem der Stopp eines Bauleitplanverfahrens angestrebt wurde. Konkret ging es um einen Bebauungsplanentwurf, mit dem drei Baugrundstücke derart festgesetzt werden sollten, dass als Voraussetzung die Rodung eines Waldstückes zulässig sein musste. Im Parallelverfahren sollte der Flächennutzungsplan mit integriertem Landschaftsplan entsprechend angepasst werden.[23] Der BayVGH hat markant klargestellt, dass ein solcher Stopp von Bauleitplanverfahren durch ein Bürgerbegehren rechtlich grundsätzlich zulässig sei, soweit nicht § 1 Abs. 3 BauGB entgegenstehe, wofür im konkreten Fall nichts ersichtlich sei.

2. Das Sächsische OVG

Oftmals erscheint die Rechtsprechung zur Zulässigkeit von Bürgerbegehren und -entscheiden allerdings deutlich restriktiver als die Rechtsprechung des Bayerischen Verwaltungsgerichtshofs:

Das Sächsische OVG hat leitsätzlich entschieden, dass durch Bürgerbegehren keine „Einzelfragen" der Bauleitplanung sozusagen vorgezogen entschieden werden dürften. Die Zielrichtung eines Bürgerbegehrens, in einem in der Aufstellung befindlichen Bebauungsplan anstelle eines Industriegebiets ein Mischgebiet sowie Gewerbegebiete mit zulässigen Gebäudehöhen von 15 bzw. 20 Meter festzusetzen, sei unzulässig, weil dadurch in einem Bauleitplanverfahren ohne Berücksichtigung der nach § 1 Abs. 7 BauGB geforderten Abwägung eine Festsetzung sozusagen vorab durch Bürgerentscheid vorgenommen würde.[24] Das Abwägungsgebot sei sowohl auf den Abwägungsvorgang wie auch auf das Abwägungsergebnis gerichtet und erfordere daher einen „dynamischen Planungsprozess" dergestalt, „dass die Gemeinde im Fortgang des Bauleitplanverfahrens bei jeder Entscheidung zwischenzeitlich erlangte Erkenntnisse mit den bereits vorliegenden Erkenntnissen wiederum gegeneinander abwägt und die öffentlichen und privaten Interessen ausgleicht." Dieses durch das Abwägungsgebot vorgegebene „dynamische Bauleitplanverfahren" könne nicht durch einen Bürgerentscheid ersetzt werden.[25]

---

[23] BayVGH, Beschl. v. 14.03.2001, BayVBl. 2002, 184 f.

[24] SächsOVG, Beschl. v. 08.06.2000, SächsVBl. 2000, S. 265–267.

[25] SächsOVG (Fn. 24), SächsVBl. 2000, S. 265–267.

Damit hat das Sächsische OVG eine Rechtsauffassung entwickelt, die in der Rechtsprechung[26] und in der Literatur[27] eine erhebliche Bedeutung gewonnen hat, aber deutlich restriktiver ist als die Judikatur des BayVGH. Die Ansicht des Sächsischen OVG begegnet allerdings einigen Bedenken, die schon hier benannt, später vertiefend erörtert werden sollen:

Zwar ist gewiss richtig, dass ein Bürgerentscheid keinen „Abwägungsvorgang" mit Berücksichtigung der Anforderungen des Abwägungsgebots abbildet. Daraus folgt allerdings keineswegs zwingend, dass weder planerische Ziele – hier: keine Industrieansiedlung, sondern nur Gewerbeansiedlung – noch entsprechende Festsetzungen durch ein Bürgerbegehren vorgegeben werden könnten. Zweierlei ist nämlich zu bedenken:

Zum einen unterliegt eine planerische Zielsetzung derart, Industrieansiedlung durch entsprechende Gebietsfestsetzung zu ermöglichen, auf der ersten Stufe nicht dem Abwägungsgebot, sondern einerseits dem Regime der städtebaulichen Erforderlichkeit im Sinne des § 1 Abs. 3 BauGB – wie dies der BayVGH auch judiziert hat – und andererseits dem Anpassungsgebot des § 1 Abs. 4 BauGB. Erst auf einer zweiten Stufe hat sich dann die zielkonforme Festsetzung in der Abwägung mit gegenläufigen Belangen zu bewähren.

Zweitens ist zu bedenken, dass das Bürgerbegehren und ein entsprechender Bürgerentscheid vom plebiszitären Legitimationsmodus getragen werden, wodurch die für die Rechtfertigung von Entscheidungen der Verwaltung relevanten Anforderungen an den Abwägungsvorgang möglicherweise substituiert werden. Dies hieße keinesfalls, der plebiszitären „Willkür" in der Bauleitplanung Tür und Tor zu öffnen. Denn eine Entscheidung über planerische Festsetzungen im Bürgerentscheid muss jedenfalls im Ergebnis mit den Anforderungen des Abwägungsgebots vereinbar sein. Das ist eine der gesetzlichen Grenzen, die einem Bürgerentscheid in der Bauleitplanung gezogen sind. Ob diese Grenze gewahrt ist, entscheidet zunächst die Gemeinde im weiteren Bauleitplanverfahren, unter Umständen die Kommunalaufsicht und letztlich das Gericht.

---

[26] VG Würzburg, Urteil v. 08.05.2002, BayVBl. 2003, S. 87-91 (88): „...dass ein Bürgerbegehren grundsätzlich nicht in der Lage ist, den Anforderungen des Abwägungsgebots...inhaltlich zu genügen"; ebenso VG Würzburg, Urteil v. 02.07.2003, BayVBl. 2003, S. 758–761 (760); ebenso VG Augsburg, Urteil v. 21.03.2002, Az. Au 8 K 01 1408, Rn. 31 (juris).

[27] Sehr klar in diesem Sinne *Burrack/Stein*, Plebiszit und Bauleitplanung in Berlin, LKV 2009, S. 433; markant auch *K. Finkelnburg*, Direkte Demokratie durch Bürgerbegehren und Bürgerentscheid und die städtebauliche Planung, in: Festschrift Krautzberger 2008, S. 1 (15 f.).

3. Entscheidungen der hamburgischen Verwaltungsgerichte

Die hamburgische Verwaltungsgerichtsbarkeit hatte sich bereits mehrfach intensiv mit Bürgerbegehren in der Bauleitplanung zu befassen:

a) In jüngerer Zeit hat das Bürgerbegehren „Hände weg vom Isebek" eine Fülle gerichtlicher Entscheidungen hervorgebracht. Im Kern des Bürgerbegehrens ging es darum, die vorgesehenen Festsetzungen des Bebauungsplanentwurfs Hoheluft 13/Harvestehude 12 insoweit zu verhindern, als er zwischen U-Bahnhof Hoheluftbrücke und Isebekkanal die Errichtung eines Wohn- und Geschäftsgebäudes mit Tiefgarage und Zufahrten ermöglichen sollte. Stattdessen wurde im Bürgerbegehren gefordert, für den umstrittenen Bereich eine öffentliche Grünfläche festzusetzen. Zu einer Entscheidung darüber, ob mit Bürgerentscheid eine entsprechende Ablehnung des Bebauungsplans mit ersetzenden positiven Festlegungen rechtmäßig erfolgen könnte, ist es nicht gekommen. Der Rechtsstreit ging insoweit nur um die Zulässigkeit des Bürgerbegehrens, die nach gefestigter Rechtsprechung der hamburgischen Verwaltungsgerichtsbarkeit nicht von der Rechtmäßigkeit des eventuellen Bürgerentscheids abhängt.[28]

b) Ebenfalls sehr aktuell sind Entscheidungen von VG und OVG zum Bürgerbegehren „Rettet die Elfenwiese". Im Streit stand die Zulässigkeit eines Bürgerbegehrens, das auf Einstellung des Planverfahrens für den Bebauungsplan Marmstorf 29 gerichtet war. Der Planentwurf sieht in Übereinstimmung mit den Zielsetzungen des hamburgischen Senats Wohnbebauung auf der Elfenwiese als Beitrag zum Sofortprogramm „Wohnbauflächen für die wachsende Stadt Hamburg" vor.

Obgleich nur die Zulässigkeit des Bürgerbegehrens in Streit stand, hat das VG – abweichend von der Rechtssprechung des OVG – nicht nur geprüft, ob das Bürgerbegehren eine Angelegenheit betrifft, in der die Bezirksversammlung Beschlüsse fassen darf (siehe § 32 Abs. 1 BezVG), was hinsichtlich der Zuständigkeit für eine Zustimmung bzw. Ablehnung eines Bebauungsplanentwurfs zweifellos der Fall ist (§ 6 Abs. 2 Bauleitplanfeststellungsgesetz). Vielmehr hat das VG auch geprüft, ob das Bürgerbegehren sich im Rahmen aller maßgeblichen rechtlichen Vorgaben halten würde (siehe dazu § 21 BezVG), also uneingeschränkt rechtmäßig wäre.[29] Damit musste sich das VG tiefdringend mit den Spezialitäten Hamburger Stadtstaatlichkeit befassen, wovon hier noch abgesehen werden soll.[30] Im Ergebnis ist das VG zu der Rechtsansicht gelangt,

---

[28] Grundlegend OVG 2 Bf. 452/00, Urteil v. 14.11.2002, UA S. 12 ff.; bestätigt in OVG 2Bs 71/09, Beschl. v. 10.06.2009, BA S. 9 f.

[29] Siehe VG Hamburg, Urteil v. 20.11.2007, NordÖR 2007, S. 167 (168 liSp).

[30] Kritisch zu dem Urteil insoweit *U. Niere*, Die Einheitlichkeit der Abwägung im Stadtstaat, NordÖR 2007, S. 153.

dass das Bürgerbegehren mit der Frage rechtmäßig sei, ob die Bürger dafür sind, dass die Bezirksversammlung dem ihr gegebenenfalls vom Bezirksamt zur Zustimmung vorgelegten Bebauungsplan Marmstorf 29 nicht zustimmen soll. Welche Bedeutung Bürgerbegehren und Bürgerentscheiden in der Bauleitplanung in Hamburg danach zukommt, wird später näher behandelt (IV.).

Das OVG hat die Berufung nicht zugelassen, weil das Urteil des VG keinen ernstlichen Zweifeln unterliege.[31] Das Urteil des VG sei schon deshalb im Ergebnis richtig, weil es – wie der Senat schon mehrfach entschieden habe – im Streit um die Zulässigkeit des Bürgerbegehrens auf die komplizierten Rechtmäßigkeitsfragen gar nicht ankomme. Unzweifelhaft liege aber eine Angelegenheit vor, in der die Bezirksversammlung Beschlüsse fassen dürfe. Damit sei das Bürgerbegehren materiell zulässig.

c) Beide Angelegenheiten sind noch nicht abgeschlossen. In der Sache „Rettet die Elfenwiese" sind das Planaufstellungsverfahren ausgesetzt und die Verwaltung gebeten worden, auf der Grundlage eines Eckpunktepapiers von Bezirksversammlung und Bürgerinitiative eine schonendere Planungsalternative zu prüfen.

III. Bürgerbegehren und Bürgerentscheid
in der Bauleitplanung – Chancen und Risiken

Im Zentrum der rechtsdogmatischen Erörterungen der Zulässigkeit von Bürgerbegehren und -entscheiden in der Bauleitplanung steht das Gebot gerechter Abwägung des § 1 Abs. 7 BauGB als mögliche Grenze von Plebisziten (1.). Die Einwände, die sich auf den regelmäßig defizitären Abwägungsvorgang bei Bürgerbegehren und –entscheiden beziehen, können bei näherer Betrachtung des Verhältnisses von Abwägungsvorgang und Abwägungsergebnis wohl überwunden werden (2.). Schließlich ist auch der Anwendungsbereich des Abwägungsgebots gegenständlich näher zu bestimmen. Entscheidungen über städtebauliche Zielsetzungen unterfallen ihm zum Beispiel nicht (3.).

1. Das Abwägungsgebot als gesetzliche Grenze
für Bürgerbegehren und -entscheide

Zur Rolle des Abwägungsgebots bei Bürgerentscheiden in der Bauleitplanung wird ein breites Spektrum von Rechtsansichten vertreten. Sie reichen von einem Verständnis des Abwägungsgebots als strikte Grenze, die planerische Entscheidungen durch Bürgerentscheide kategorisch ausschließt, bis zu der

---

[31] OVG Hamburg 2Bf 21/08.Z, Beschl. v. 09.10.2009, NordÖR 2010, 468.

Auffassung, dass Bürgerentscheide sowohl hinsichtlich des Abwägungsvorgangs wie hinsichtlich des Abwägungsergebnisses ohne weiteres den entsprechenden Anforderungen des Gebots gerechter Abwägung im Sinne von § 1 Abs. 7 BauGB genügen könnten.

Burrack/Stein sind der Auffassung, das den Anforderungen des Abwägungsgebots nur in „einem dynamischen Prozess mit einer Kette gestufter Präferenzentscheidungen" genüge geschehen könne. Im Rahmen eines auf „Ja" oder „Nein" ausgerichteten Bürgerentscheids könnten diese Anforderungen nicht erfüllt werden. Damit schieden sämtliche auf Entscheidungswirkungen ausgerichteten Bürgerbegehren im Rahmen des Bauleitplanverfahrens aus.[32] Das entspricht auch der bereits oben behandelten Judikatur des Sächsischen OVG.[33]

Eine vermittelnde, den Plebisziten konstruktiver begegnende Position nimmt der BayVGH ein. Wie bereits dargelegt, hält der BayVGH Bürgerentscheide über bauplanungsrechtliche Fragen dann für zulässig, wenn diese Entscheide nur eine „Rahmensetzung" enthielten und dem kommunalen Planungsträger im Übrigen einen essentiellen Planungsspielraum überließen. Offenbar nimmt das Gericht an, dass in solchen Fällen ein fehlerfreier Abwägungsvorgang und ein fehlerfreies Abwägungsergebnis durch die „Nacharbeit" in dem „normalen" Bauleitplanverfahren sichergestellt werden kann. Man wird vielleicht hinzufügen dürfen, dass eine plebiszitäre „Vorabentscheidung", die in einem nachfolgenden kommunalen Bauleitplanverfahren keine abwägungsfehlerfreie Berücksichtigung finden kann, deshalb an den gesetzlichen Grenzen des Abwägungsgebots scheitert.

Kürzlich haben *Wickel/Zengerling* auf der Grundlage einer detailgenauen Berücksichtigung der Abwägungsjudikatur des Bundesverwaltungsgerichts einen größeren Spielraum für Bürgerentscheide in der Bauleitplanung aufgezeigt. Wesentlicher Ausgangspunkt ihrer Überlegungen ist die Identifikation von Bürgerentscheiden im Bauplanungsrecht als so genannte „Vorabbindungen" für die anschließende Bebauungsplanung der Kommune.[34] Damit kommt die einschlägige Rechtsprechung des Bundesverwaltungsgerichts zu so genannten Vorabbindungen in der *Flachglas*-Entscheidung in den Blick.[35] Danach begründeten rechtlich oder tatsächlich bindende Vorabfestlegungen der planenden Gemeinde regelmäßig ein Abwägungsdefizit, das allerdings dadurch ausgeglichen werden könne,

---

[32] *Burrack/Stein*, Plebiszite und Bauleitplanung in Berlin, LKV 2009, S. 433 (438f); teilweise ebenso *S. Kautz*, Bürgerbegehren und Bürgerentscheide beim Erlass von Bebauungsplänen, BayVBl. 2005, S. 193 (195 f.).

[33] SächsOVG, Beschl. v. 08.06.2000, SächsVBl. 2000, S. 265–267.

[34] *Wickel/Zengerling* (Fn. 18), S. 96; diesen Ansatz wählt auch schon *S. Kautz* (Fn. 32), S. 198.

[35] BVerwGE 45, 309 (315 ff.).

  – „dass die Vorwegnahme der Entscheidung sachlich gerechtfertigt war,

  – bei der Vorwegnahme die planungsrechtliche Zuständigkeitsordnung
    gewahrt wurde und

  – die vorweggenommene Entscheidung inhaltlich nicht zu beanstanden
    ist", was u. a. erfordere, „dass die vorweggenommene Entscheidung ih-
    rerseits dem Abwägungsgebot ... genügt."[36]

Im Falle plebiszitärer Vorgaben durch Bürgerentscheid, die das nachfolgende Bauleitplanverfahren abwägungsdefizitär machen könnten, sind nach *Wi-
ckel/Zengerling* die Voraussetzungen der Rechtsprechung für einen kompensa-
torischen Ausgleich erfüllt: (1) Die Vorwegnahme der Entscheidung sei durch
die gesetzliche Einrichtung des Bürgerentscheids sachlich gerechtfertigt. (2)
Die Zuständigkeitsordnung sei aus dem gleichen Grunde gewahrt: die Gemeinde entscheidet in den vorgesehenen Fällen durch Plebiszit in Fragen der Bauleitplanung. (3) Schließlich könne die Vorabentscheidung auch ohne weiteres
dem Abwägungsgebot entsprechen. Zum einen bekämen die Bürger sehr wohl
einen Überblick über die verschiedenen betroffenen Belange und könnten diese
nach ihren Vorstellungen gewichten und entsprechend votieren. Außerdem
müsse die Entscheidung auch inhaltlich im Ergebnis den Anforderungen des
Abwägungsgebots genügen.[37]

Die Überlegungen zum dritten Ausgleichserfordernis bei Abwägungsdefizi-
ten durch Vorabentscheidungen vermögen nicht wirklich zu überzeugen. Die
Hinweise auf die mehr oder minder ausgeprägten individuellen Abwägungs-
prozesse der Bürger genügen sicher nicht den Anforderungen des Abwägungsgebots an den Abwägungsvorgang. Insofern wird man den Bedenken der Ge-
genmeinung zustimmen müssen. Allerdings könnten die mehr oder minder großen Defizite des Abwägungsvorgangs in den Verfahren der Bürgerentscheide
aus anderen Gründen gerechtfertigt sein.

2. Die Anforderungen des Abwägungsgebots an Abwägungsvorgang und Abwägungsergebnis beim Bürgerentscheid

Die bekannten Anforderungen des Abwägungsgebots sind nach gefestigter
Rechtsprechung des Bundesverwaltungsgerichts sowohl an den so genannten
Abwägungsvorgang wie auch an das Abwägungsergebnis zu stellen.[38] Diese
Doppelung der Anwendung des Maßstabes des Abwägungsgebots ist durchaus

---

[36] BVerwGE 45, 309 (LS 3 sowie 321 ff.).

[37] *Wickel/Zengerling* (Fn. 18), S. 96 rSp.

[38] Erstmals BVerwGE 41, S. 67 (71); s. näher m. w. N. *Koch/Hendler* (Fn. 15), § 17
Rn. 64 ff.

fragwürdig.[39] Sie lässt sich allerdings damit erklären, dass die kommunale Bebauungsplanung Entscheidungen im Rahmen eines planerischen Ermessens verlangt, wobei die Kontrolle von Ermessensentscheidungen traditionell und auch heute eine Kontrolle der Ermessenserwägungen, also sozusagen des Abwägungsvorganges ist. Bei Ermessensfehlern sind Ermessensentscheidungen grundsätzlich aufzuheben und die Verwaltung hat neu zu entscheiden. Beim Planungsermessen hat das Bundesverwaltungsgericht sodann eine gesonderte Ergebniskontrolle hinzugefügt, was nicht nötig gewesen wäre. Inzwischen hat die Ergebniskontrolle sogar eine gewisse rechtliche Dominanz erlangt. Denn gemäß § 214 Abs. 3 S. 2 BauGB sind Fehler im Abwägungsvorgang irrelevant, es sei denn sie sind offensichtlich und ergebniskausal. Andernfalls reicht es, wenn das Abwägungsergebnis den Anforderungen des Abwägungsgebots genügt. Das zeigt schon deutlich, dass auf eine Kontrolle des Abwägungsvorgangs am Maßstab des Abwägungsgebots unter Umständen ohne besondere Verluste verzichtet werden kann. Am Verfassungsrang des Abwägungsgebots als Element des Rechtsstaatsprinzips hat die Doppelung von Vorgangs- und Ergebniskontrolle jedenfalls nicht teil.

Damit drängt sich die Frage geradezu auf, ob nicht die Rechtfertigungskraft des plebiszitären Entscheidungsmodus den Verzicht auf den nicht wie in einem Verwaltungsverfahren darstellbaren Abwägungsvorgang als Gegenstand des Gebots gerechter Abwägung rechtfertigt. Dann zöge noch immer das Gebot gerechter Abwägung einem planungsrechtlichen Bürgerentscheid eine gesetzliche Grenze: Die planerische Entscheidung muss sich im Ergebnis mit Blick auf die Anforderungen des Abwägungsgebots als rechtfertigungsfähig, begründbar erweisen. Auf diese Weise würde dem Bürgerentscheid in der Bebauungsplanung ein angemessener Raum eingeräumt und zugleich den gesetzlichen, verfassungsrechtlich verbürgten Anforderungen an ein abwägungsgerechtes Ergebnis genüge getan.

Ein Blick auf die Gesetzgebung und deren verfassungsgerichtliche Kontrolle bestätigt die vorgeschlagene restriktive Auslegung der planungsrechtlichen Abwägungserfordernisse bei Plebisziten: Das Bundesverfassungsgericht prüft Gesetze daraufhin, ob sich ihre Regelungen als im Ergebnis verhältnismäßig rechtfertigen lassen. Es prüft in der Regel nicht, ob sich im parlamentarischen Willensbildungsprozess ein entsprechend qualifizierter Ermittlungs- und Abwägungsvorgang feststellen lässt. Der Gesetzgeber schuldet ein Gesetz, das sich als verfassungskonform und damit als auch grundrechtskonform rechtfertigen lässt. Das genügt. Das sollte auch für Plebiszite reichen.

---

[39] s. näher *Koch*, Abwägungsvorgang und Abwägungsergebnis als Gegenstände gerichtlicher Plankontrolle, DVBl. 1998, S. 399; *Koch/Hendler* (Fn. 15), § 17 Rn. 64 ff.

3. Der gegenständliche Anwendungsbereich des Abwägungsgebots und anderer planungsrechtlicher Schranken

Dem Abwägungsgebot kommt die näher beschriebene Kontrollfunktion zu, soweit durch Bürgerentscheid planerische Darstellungen bzw. Festsetzungen erfolgen sollen. Soweit es dagegen – vorausliegend – um die Entscheidung über städtebauliche Entwicklungsziele geht, ist nicht das Abwägungsgebot des § 1 Abs. 7 BauGB maßgeblich. Vielmehr geht es dabei zum einen um eventuelle Vorgaben der Raumordnung und Landesplanung gemäß § 1 Abs. 4 BauGB[40] und zum anderen um die gemäß § 1 Abs. 3 BauGB verlangte städtebauliche Erforderlichkeit.[41] Hinsichtlich der städtebaulichen Erforderlichkeit steht der Gemeinde unstreitig ein weites planerisches Ermessen zu, in dessen Rahmen sich entsprechend auch Bürgerentscheide bewegen können. Allerdings sind durchaus auch Planungspflichten denkbar. Im Übrigen untersagt § 1 Abs. 3 BauGB Bebauungspläne, die auf absehbare Zeit der Vollzugsfähigkeit entbehren. Sofern sich ein Bürgerentscheid gegen eine bestimmte gemeindliche Planung wendet, etwa die beabsichtigte Festsetzung eines Industriegebiets oder von Wohnbebauung in einem bisher bestehenden Landschaftsschutzgebiet, so ist auch hier – natürlich – das Abwägungsgebot kein relevanter Maßstab. Es könnten aber Planungspflichten aus § 1 Abs. 4 bzw. § 1 Abs. 3 BauGB einem ablehnenden Bürgerentscheid definitive Grenzen ziehen.

IV. Die Rolle von Bürgerentscheiden in der Bauleitplanung nach hamburgischem Recht

1. Bauleitplanung in Hamburg

Nach Art. 4 Abs. 1 HVerf werden staatliche und gemeindliche Tätigkeiten nicht getrennt. Es gibt in der Freien und Hansestadt Hamburg mithin keine kommunale Selbstverwaltung.[42] Bürgerentscheiden kann daher – anders als in den Flächenländern mit kommunaler Selbstverwaltung – nicht die Kraft verliehen werden, Entscheidungen des Gemeinderates zu ersetzen. Gleichwohl kennt auch Hamburg, das in der Sache auch kommunale Aufgaben zu erledigen hat, die Erledigung örtlicher Angelegenheiten durch „Bezirksämter", die durch Gesetz für Teilgebiete der Stadt bzw. des Landes gebildet und eingerichtet werden

---

[40] s. für Einzelheiten *Koch/Hendler* (Fn. 15), § 13 Rn. 14 ff.

[41] s. für Einzelheiten *Koch/Hendler* (Fn. 15), § 13 Rn. 1 ff.

[42] s. näher *U. Karpen*, Verfassungsrecht, in: Hoffmann-Riem/Koch (Hrsg.), Hamburgisches Staats- und Verwaltungsrecht, 3. Aufl. 2006, S. 25 ff. (36 f).

und denen die „selbstständige Erledigung übertragener Aufgaben obliegt" (Art. 4 Abs. 2 S. 1 HVerf).[43]

Zu diesen übertragenen Aufgaben gehören auch wesentliche Aufgaben der Bauleitplanung.[44] Nach dem Bauleitplanfeststellungsgesetz[45] werden Flächennutzungspläne durch Beschluss der hamburgischen Bürgerschaft festgestellt (§§ 2 Abs. 1, 3 Abs. 2). Die Bebauungspläne dagegen werden durch Rechtsverordnung des Senats festgestellt, soweit der Senat diese Kompetenz nicht gemäß § 6 Bauleitplanfeststellungsgesetz an die Bezirksämter delegiert hat. Dies ist aber in erheblichem Umfange durch die sogenannte Weiterübertragungsverordnung-Bau[46] geschehen, so dass den Bezirksämtern in erheblichem Umfang die Bebauungsplanung in der Hansestadt obliegt. Über die vielfältigen rechtlichen Grenzen wird noch zu sprechen sein (unten 2. und 3.). Wenn somit die Aufgabe der Bauleitplanung wesentlich bei den Bezirksämtern liegt, ist es grundsätzlich auch sachgerecht, wenn die Möglichkeit und Zulässigkeit von Bürgerbegehren und Bürgerentscheiden in der Bauleitplanung auf der Ebene der Bezirksverwaltung angesiedelt ist.

2. Bürgerbegehren und Bürgerentscheide in der Bauleitplanung der hamburgischen Bezirksverwaltung[47]

§ 32 Abs. 1 BezVG bestimmt:

„Die wahlberechtigten Einwohnerinnen und Einwohner eines Bezirkes können in allen Angelegenheiten, in denen die Bezirksversammlung Beschlüsse fassen kann, einen Bürgerentscheid beantragen (Bürgerbegehren). Ausgenommen vom Bürgerbegehren sind Personalentscheidungen und Beschlüsse über den Haushalt."

§ 32 Abs. 8 BezVG bestimmt, dass ein Bürgerentscheid „die Wirkung eines Beschlusses der Bezirksversammlung hat."

Danach bemisst sich insgesamt die rechtliche Gestaltungskraft des Bürgerentscheids in Hamburg an den Beschlusskompetenzen der Bezirksversammlungen. Diese sind zwar keine „Kommunalparlamente", aber gleichwohl von den

---

[43] s. zur Bezirksverwaltung in HH, *H. P. Bull*, Recht der Verwaltungsorganisation und des Verwaltungshandelns, in: Hoffmann-Riem/Koch (Hrsg.), Hamburgisches Staats- und Verwaltungsrecht, 3. Aufl. 2006, S. 89 ff. (105).

[44] s. *H.-J. Koch*, Recht des Städtebaus und der Landesplanung, in: Hoffmann-Riem/Koch (Hrsg.), Hamburgisches Staats- und Verwaltungsrecht, 3. Aufl. 2006, S. 233 ff.

[45] HmbGVBl. 1999, S. 271, zul. geändert durch Gesetz v. 14.07.2009 (HmbGVBl. S. 306).

[46] WeiterübertragungsVO-Bau vom 08.08.2006, GVBl. 2006, 481, Anlage 1 geändert und Anlage 2 aufgehoben durch VO vom 02.12.2008, GVBl. S. 408.

[47] s. für viele Einzelheiten *A. Dressel*, Bürgerbegehren und Bürgerentscheid in den Hamburger Bezirken, 2003, insbes. S. 169 ff.; ferner die Beiträge in *H. P. Bull* (Hrsg.), Fünf Jahre direkte Bürgerbeteiligung in Hamburg, 2001.

Bürgerinnen und Bürgern der Bezirke gewählte örtliche Vertretungen der Bevölkerung, denen die Aufgabe zugewiesen ist, die Führung der Geschäfte des Bezirksamtes zu kontrollieren (§ 19 Abs. 2 S. 1 BezVG). Dafür ist den Bezirksversammlungen die Befugnis zugewiesen, in allen Angelegenheiten, für die das Bezirksamt zuständig ist, das Bezirksamt bindende Beschlüsse zu fassen (§ 19 Abs. 2 S. 2 BezVG).

Danach liegt zunächst die Annahme nahe, dass die Bezirksversammlung auch in den Bauleitplanverfahren, die den Bezirksämtern übertragen sind, jederzeit Beschlüsse mit bindender Wirkung für das Bezirksamt fassen darf. Ein zweiter Blick, nämlich ein Blick in das Bauleitplanfeststellungsgesetz, zeigt allerdings, dass die Kompetenzen der Bezirksversammlungen in der Bauleitplanung eine spezifische Ausgestaltung erfahren haben, die nur mit Einschränkungen verbindliche Entscheidungen gegenüber dem Bezirksamt zulassen:

Nach § 6 Abs. 2 Bauleitplanfeststellungsgesetz bedürfen „Beschlüsse des Bezirksamtes zur Feststellung von Bebauungsplänen...der Zustimmung der Bezirksversammlung". Verweigert die Bezirksversammlung die Zustimmung, ist jedoch der Bebauungsplan des Bezirksamtes noch nicht gescheitert. Vielmehr ist gemäß § 3 Abs. 2 Nr. 2 Bauleitplanfeststellungsgesetz die Bürgerschaft ermächtigt, u.a. solche Bebauungspläne durch Gesetz festzustellen, denen die örtlich zuständige Bezirksversammlung nicht zugestimmt hat. Wenn aber ein Bebauungsplanentwurf des Bezirksamtes trotz verweigerter Zustimmung der Bezirksversammlung über die Bürgerschaft noch zu geltendem Recht werden kann, erschiene es widersprüchlich, wollte man der Bezirksversammlung das Recht zuerkennen, ein Bebauungsplanverfahren während des Planverfahrens durch verbindliche Beschlüsse zu blockieren oder ihm eine gänzlich andere als die städtebaulich intendierte Ausrichtung zu geben.[48]

Gleichwohl ist das Recht, die Zustimmung zum Planentwurf des Bezirksamts zu verweigern, von erheblicher praktischer Bedeutung und hindert auch definitiv das Bezirksamt daran, den Plan festzustellen. In diesem Sinne ist die Bezirksversammlung mithin zu einem für das Bezirksamt verbindlichen Beschluss ermächtigt. Im Übrigen folgt aber gerade aus dieser Position der Bezirksversammlung das Recht jederzeit im Bebauungsplanverfahren empfehlende Beschlüsse zu fassen. Nur auf diese konstruktive Weise wird dem Bezirksamt ja Gelegenheit gegeben, im Dialog mit der Bezirksversammlung eventuell einen „zustimmungsfähigen" Bebauungsplanentwurf zu ermöglichen.[49]

Mit der vorstehenden Erläuterung der Kompetenzen der Bezirksversammlung im bezirklichen Bauleitplanverfahren ist mit Blick auf die Koppelung der

---

[48] In diesem Sinne auch dezidiert *U. Niere* (Fn. 30), S. 168 rSp.

[49] In diesem Sinne VG Hamburg, Urteil v. 20.11.2007, NordÖR 2008, S. 167 (168 rSp).

Bürgerentscheide an die Kompetenzen der Bezirksversammlung auch die mögliche Rolle der Bürgerentscheide in der Freien und Hansestadt Hamburg für den Bereich der Bauleitplanung beschrieben. Dem plebiszitären Element kommt im Hamburger Bauleitplanverfahren eine durchaus geringere Rolle zu als in den Flächenländern, die – wie etwa Bayern – Bürgerbegehren in Bauleitplanverfahren zulassen. Das liegt daran, dass die Bürgerentscheide in diesen Flächenländern einen unmittelbaren Einfluss auf den Gemeinderat als maßgeblichen Entscheidungsträger haben. Eine entsprechende Regelung wäre auch für Hamburg sachgerecht.

3. Bürgerentscheid in der Bauleitplanung und Senatskompetenzen

Das Bild von den Plebisziten in der Hamburgischen Bauleitplanung bedarf aber abschließend noch einer wichtigen Abrundung mit Blick auf den mehrstufigen Verwaltungsaufbau.[50] Der Senat der Freien und Hansestadt Hamburg ist nicht nur die Regierung des Bundeslandes Hamburg, sondern zugleich oberste Verwaltungsbehörde. Nach Art. 33 Abs. 2 HVerf „führt und beaufsichtigt" der Senat die Verwaltung. Dementsprechend darf der Senat nach § 1 Abs. 4 Verwaltungsbehördengesetz „allgemein und im Einzelfall Weisungen erteilen und Angelegenheiten selbst erledigen, auch soweit eine Fachbehörde oder ein Bezirksamt zuständig ist". Das wird explizit in § 42 BezVG bestätigt und in den dort nachfolgenden Vorschriften konkretisiert. Schon redundant ist die Wiederholung der mit den Senatskompetenzen notwendig verbundenen Grenzen der Entscheidungsrechte der Bezirksversammlung in § 21 BezVG. Schließlich wird auch noch im Bauleitplanfeststellungsgesetz bestätigt, dass auch in den Bauleitplanverfahren, die an die Bezirke delegiert sind, die Befugnisse des Senats nach § 1 Abs. 4 des Verwaltungsbehördengesetzes unberührt bleiben. Das bedeutet, dass der Senat der Freien und Hansestadt Hamburg auch in den Bauleitplanverfahren allgemein und im einzelnen Weisungen erteilen, aber auch die Verfahren selbst erledigen darf (sog. Evokation). An entsprechende Weisungen ist nicht nur das Bezirksamt, sondern natürlich auch die Bezirksversammlung gebunden. Zugleich markieren diese Senatsbefugnisse auch weitere Schranken für Bürgerentscheide in der Bauleitplanung.

Auch wenn stets zu bedenken ist, dass die praktische Relevanz rechtlicher Regelungen nicht nur von den unmittelbaren Rechtswirkungen abhängt, sondern auch im politischen Kontext näher bestimmt werden muss, erscheint mir die Hamburgische Antwort auf den Wunsch nach plebiszitären Möglichkeiten im Bereich des Verwaltungshandelns eher als unangemessen zurückhaltend.

---

[50] Siehe dazu nochmals *H. P. Bull* (Fn. 43), S. 101 ff.

V. Fazit

Ermutigung, den hier vorgeschlagenen Weg zu gehen, findet man auch in der Rechtsprechung des Bundesverwaltungsgerichts:

„Einer realistischen Einschätzung der Gegebenheiten drängt sich...die Erkenntnis auf, dass der für den Abwägungsvorgang entscheidende Zeitpunkt sehr häufig mehr von Bindung als von Freiheit beherrscht wird." (BVerwGE 45, 309 (317)).

Auch das ist ein Votum für die Konzentration auf die Abwägungskonformität des Planungsergebnisses.

Konzepte der Regierungslehre

Klaus König

I. Organisatorisches Regierungskonzept

In der Tradition der deutschen Staatslehre und Staatsrechtslehre unterscheidet man zwischen einem organisatorisch-institutionell und einem funktionalen Regierungsbegriff.[1] Organisatorisch-institutionell kann man bei der Verfassung anknüpfen. Das Grundgesetz für die Bundesrepublik Deutschland bestimmt die Bundesregierung als aus dem Bundeskanzler und aus den Bundesministern bestehend. Staatsminister und Parlamentarische Staatssekretäre gehören nicht dazu. Auch der Chef des Bundeskanzleramtes ist nicht Regierungsmitglied, wenn er nicht zugleich Bundesminister ist. Dieser Status für sich gibt freilich nur begrenzte Auskunft über die Wirkmächtigkeit des jeweiligen Amtschefs. Auch beamtete Staatssekretäre haben es in dieser Rolle zu bemerkenswertem Einfluss gebracht. Für die Erkenntnisinteressen einer Regierungslehre kann man die grundgesetzliche Begriffsbildung verallgemeinern. Allgemein kann man auf das Kollegialorgan an der Spitze der Exekutive abstellen.[2] Dann gehören je nach Verfassungslage, wie etwa in Bayern, auch „politische" Staatssekretäre dem Kabinett an.

In dieser Definition ist die Regierung als Organisation Inhalt.[3] Von Regierung im organisatorisch-institutionellen Sinne kann man sprechen, weil eine bestimmte Organisation nicht in ihren Strukturen oder Funktionen, sondern als öffentliche Einrichtung zur Diskussion steht. Entsprechend lässt sich dieser Regierungsbegriff auf das exekutive Spitzenorgan im Staate erweitern. Präsidentielle und semipräsidentielle Regierungssysteme umfassen ebenfalls Kabinette als Kollegialorgane. Im strengen Falle wie in den Vereinigten Staaten von Amerika ist freilich konstitutionell der Präsident der alleinige Amtsträger der Exekutive. Die Verfassung nennt noch den Vizepräsidenten, der zugleich dessen potentieller Nachfolger ist. Sie weist aber den Ressortchefs keine eigene

---

[1] Vgl. *Grote,* Rainer, Regierung, in: Werner Heun u.a. (Hrsg.), Evangelisches Staatslexikon, Stuttgart 2006, Sp. 1974 ff.

[2] Vgl. *Frotscher,* Werner, Regierung als Rechtsbegriff, Berlin 1975.

[3] Vgl. *Stern,* Klaus, Das Staatsrecht der Bundesrepublik Deutschland, Band II, München 1980, S. 31 ff.

Ministerverantwortung zu. Diese sind „secretaries" – also zum Beispiel für äußere Angelegenheiten der „Secretary of State" – und den Weisungen des Präsidenten unterworfen. Daran ändert sich nichts, wenn der Präsident wichtige Ressortchefs als Kabinett einberuft.[4] Seine Stimme entscheidet selbst gegen die Mehrheit der Kabinettsmitglieder. Dieses Kollegium hat es so auch informal nicht zu einem Mittelpunkt der Regierung gebracht.

Der Begriff der Regierung im organisatorisch-institutionellen Sinne hat Wurzeln im Konstitutionalismus des 19. Jahrhunderts, als es darum ging, der politischen Herrschaft durch eine grundlegende – geschriebene – Verfassung Ordnung und Beschränkung zu geben. Insofern wird von Regierung im formellen Sinne gesprochen. Wenn man das Regierungshandeln im „arbeitenden Staat" beobachtet, geraten indessen mit den konstitutionellen Herrschaftsträgern zugleich deren Arbeitsstäbe, die Regierungsapparate, die „machinery of government" ins Blickfeld. Sie erweisen sich in der Moderne für die Regierungsgeschäfte als unverzichtbar. Selbst der eigenwillige und bürokratieferne Regierungschef ist auf Beratung und Unterstützung durch professionelle Dienste angewiesen. Unter organisatorischen Vorzeichen lassen sich solche Dienste in den Regierungsbegriff einbeziehen, soweit sie in einem unmittelbaren hierarchischen Weisungszusammenhang mit den Regierungsmitgliedern stehen.[5] Es geht mithin für die Regierungslehre um Bundeskanzler und Bundeskanzleramt, Bundesminister und Bundesministerien, Präsidenten und Exekutiv-Amt des Präsidenten, „secretaries", „departments" und so fort. Die Erweiterung des Regierungsbegriffs findet zunächst freilich dort ihre formelle Grenze, wo sie ihr durch die Gewaltenteilung im klassischen Verständnis gezogen sind. Die ältere Gewaltenteilungslehre unterscheidet streng zwischen Legislative, Exekutive und Judikative und weist diese drei Staatsfunktionen jeweils organisatorisch-institutionell geschiedenen Organen und ihren Amtswaltern zu. Ein ebenso organisatorisch-institutionelles Regierungskonzept ist damit in den Rahmen der Exekutive eingeordnet.

II. Funktionales Regierungskonzept

Mit der Einpassung des Regierungsbegriffs in die klassische Gewaltenteilungslehre ist die ursprüngliche und umfassende Bedeutung des Ausdrucks Regierung als Ausübung von Herrschaft aufgegeben. Überdies konnte durch die Zuordnung der Regierung zur „Vollziehung" die Vorstellung entstehen, dass es gelungen sei, die Macht der Herrschaft durch die Herrschaft des Gesetzes zu er-

---

[4] Vgl. *Cohen,* Jeffrey, The Politics of the U.S. Cabinet, Pittsburgh 1988.

[5] Vgl. *Loschelder,* Wolfgang, Weisungshierarchie und persönliche Verantwortung in der Exekutive, in: Josef Isensee/Paul Kirchhof (Hrsg.), Handbuch des Staatsrechts, Band V, 3. Aufl., Heidelberg 2007, S. 409 ff.

setzen. Es bedurfte eines Methodenwandels in der Verfassungstheorie weg vom Rechtspositivismus hin zu „soziologischen und teleologischen" Gehalten, um dem eminent Politischen der Regierung seinen Rang zu geben.[6] Es entwickelte sich ein Regierungsbegriff im funktionalen Sinne, der an den Leistungen der Staatsleitung anknüpft.[7] Man verweist auf Felder öffentlicher Aufgaben, in denen die Gesetzesakzessorietät von vornherein begrenzt erscheint, und zwar etwa auf die Außenpolitik mit ihren friedensstiftenden, diplomatischen usw. Maßnahmen oder auf die Wirtschaftspolitik mit ihren Gebieten der Konjunkturpolitik, der Geldpolitik usw. Schließlich bezieht man sich auf Teilfunktionen der Staatsleitung wie die Setzung politischer Richtlinien, die Budgetierung, die Gesetzgebungsinitiative, die politische Planung usw.

Weitere Bemühungen, den Begriff der Regierung als Staatsleitung zu konkretisieren, setzen bei der Kategorie des Regierungsaktes an.[8] Herkömmlich geht es bei dieser Kategorie um die Frage der Justiziabilität von Staatsakten, also darum, ob bestimmte als Regierungsakte zu charakterisierende Entscheidungen der gerichtlichen Kontrolle entzogen sind. Zu verweisen ist dazu insbesondere auf die französische Lehre von den „actes de gouvernement" als gerichtsfreie Hoheitssphäre. Auch in der angloamerikanischen Welt finden sich entsprechende Doktrinen von der Prärogative und den „acts of state" wie von den „political questions".[9] In Deutschland sind spätestens seit der grundgesetzlichen Rechtsweggarantie und dem Ausbau der Verfassungsgerichtsbarkeit Überlegungen zu gerichtsfreien Hoheitsakten obsolet. Allenfalls innerhalb staatlicher Handlungsformen ist zu prüfen, wie weit das Regierungsermessen reicht und sich die gerichtliche Kontrolle verdünnt. Wenn also die Bundesregierung auf der Grundlage verfassungsrechtlicher Befugnisse und einschlägiger Gesetze die Ausfuhr bestimmter Rüstungsgüter in bestimmte Regionen nicht genehmigt, dann genießt der Exporteur gegen den einschlägigen Hoheitsakt Rechtsschutz, muss allerdings mit einem breiten gouvernementalen Entscheidungsspielraum rechnen.

Heute wird der Kategorie des Regierungsaktes eher die Bedeutung zugemessen, den Bereich der Regierung zu konkretisieren. Hingewiesen wird eben auf die Genehmigungsbefugnisse der Bundesregierung im Kriegswaffenrecht, dann die Zustimmung der Bundesregierung zur Abschließung von Verträgen der

---

[6] Vgl. *Smend,* Rudolf, Verfassung und Verfassungsrecht, München u.a. 1928.

[7] Vgl. *Scheuner,* Ullrich, Der Bereich der Regierung, in: Festgabe für Rudolf Smend, Göttingen 1952, S. 253 ff.

[8] Vgl. *Schröder,* Reinhard, Die Bereiche der Regierung und der Verwaltung, in: Josef Isensee/Paul Kirchhof (Hrsg.), Handbuch des Staatsrechts, Band V, Heidelberg 2007, S. 387 ff.

[9] Vgl. *Rumpf,* Helmut, Regierungsakte im Rechtsstaat, Bonn 1955.

Länder mit auswärtigen Staaten, die Vornahme des Bundeszwanges, die Gegenzeichnung durch den Bundeskanzler oder durch den zuständigen Bundesminister bei Anordnungen und Verfügungen des Bundespräsidenten und vieles mehr bis zu der Gesetzesinitiative der Bundesregierung, der Ausübung der Richtlinienzuständigkeit des Bundeskanzlers, den Leitungsentscheidungen im Rahmen der Ressortverantwortung, der Entscheidung der Bundesregierung über Meinungsverschiedenheiten zwischen den Bundesministern.[10]

Geht es bei der Regierung im funktionalen Sinne zum einen darum, die Exekutive jenseits bloßer Vollziehung als politische Instanz zu begreifen, so erweist sich zum anderen, dass ein Regierungsbegriff, der bei der Funktion der Staatsleitung anknüpft, sich nicht auf die exekutive Sphäre beschränken kann, sondern jedenfalls die Legislative bzw. das Parlament einbeziehen muss. Das zeigt auch der Versuch, den Bereich der Regierung durch die Kategorie des Regierungsaktes zu konkretisieren. Wenn man Haushaltsvorgriffe der Regierung – „Nothaushalt" – zu den Regierungsakten zählt, so muss erst Recht das Budgetrecht des Parlaments bzw. die Haushaltsgesetzgebung der Legislative zur Staatsleitung gerechnet werden. Entsprechendes gilt für die Gesetzesinitiative des Bundestages, für die Mitwirkungsrechte in der Außen- und Verteidigungspolitik und neben anderem insbesondere die Kontrolle der Exekutive, die einschlägigen Vertrauens- und Entlastungsentscheidungen, die Rekrutierung der Exekutivpolitiker – im Falle der Bundesregierung die Wahl des Bundeskanzlers. Im Grunde zeigen sich Parlament und Regierung als exekutive Spitze als so verflochten, dass man von der Staatsleitung als „kooperativen Prozess", „kombinierter Gewalt", schließlich Staatsleitung „zur gesamten Hand" spricht.[11]

Freilich müsste man dann das Konzept der Staatsleitung noch weiter ausdehnen, im Falle der Bundesebene in Deutschland auf Akte des Bundespräsidenten – bei der völkerrechtlichen Vertretung, beim Begnadigungsrecht, bei der Ernennung von Bundeskanzler und Bundesministern usw. –, auf Akte des Bundesrates – bei der eigenen Gesetzesinitiative, bei der Bundesaufsicht, bei der Ausgabenerhöhung usw. – und schließlich auch auf Akte des Bundesverfassungsgerichts – bei der Nichtigkeitserklärung von Gesetzen, bei der Verfassungswidrigkeitserklärung, bei zeitlichen und inhaltlichen Vorgaben für die verfassungskonforme Gesetzgebung usw. Die Verfassungsgerichtsbarkeit ist auch eine politische Kraft. Insofern hat man von einer „Über-, Neben- oder Gegenregierung" gesprochen.[12]

---

[10] Vgl. *Kassimatis,* Georg, Der Bereich der Regierung, Berlin 1967, S. 92 ff.

[11] Vgl. *Magiera,* Siegfried, Parlament und Staatsleitung in der Verfassungsordnung des Grundgesetzes, Berlin 1979.

[12] Vgl. *Battis,* Ulrich/*Gusy,* Christoph, Einführung in das Staatsrecht, 4. Aufl., Heidelberg 1999, S. 18.

III. Politologisches Regierungskonzept

Findet der Regierungsbegriff im organisatorisch-institutionellen Sinne wie der im funktionalen Sinne seine Wurzeln in der deutschen Staats- und Staatsrechtslehre, so hat das politologische Regierungskonzept sein Herkommen in der Verselbständigung der Politischen Wissenschaft nach 1945. Es ist an das angloamerikanische Verständnis von „government" angelehnt, das weder mit dem kontinentaleuropäischen Staatsbegriff noch mit dem einer exekutiven Staatsspitze gleichgesetzt werden kann. „Government" ist die Summe politisch-autoritativer Institutionen, insbesondere von Exekutive und Legislative, so dass der „secretary" eines Ministeriums wie der Kongressabgeordnete in den USA mit gleichem Recht hinter einem Rednerpult mit der Aufschrift „Government of the United States" stehen kann. Die Zuwendung zum angloamerikanischen „Government"-Begriff hat das politologische Regierungskonzept in vielfältiger Hinsicht geprägt. Die kontinentaleuropäische Wahrnehmung von Staat und Regierung – „État" und „gouvernement" – ist zunächst zurückgedrängt. Man griff auf eine politische Kultur zurück, in der der Staat kein umfassender Leitbegriff in öffentlichen Angelegenheiten ist. Alexis de Tocqueville bemerkte in der Mitte des 19. Jahrhunderts, dass für den europäischen Reisenden in den Vereinigten Staaten nichts auffallender sei, als die Abwesenheit dessen, was wir als Staat oder Verwaltung bezeichnen. In den internationalen Beziehungen der USA besteht freilich traditionell ein Staatsverständnis, symbolisiert durch die Bezeichnung des Ministeriums für auswärtige Angelegenheiten als „State department". Im 20. Jahrhundert setzte sich „big government" auf allen politischen Ebenen durch, so dass vielerorts Großbürokratien in öffentlichen Angelegenheiten zu beobachten sind. Auch die Kategorie des Staates scheint nicht nur nach außen, sondern auch nach innen unverzichtbar. Wenn in einer Krise der Finanzindustrie Banken verstaatlicht werden, dann sind die einschlägigen Eigentumsrechte nicht dem Präsidenten oder dem Kongress zugeordnet, sondern sie stehen den Vereinigen Staaten als Staat zu. Indessen gibt es eine Perzeption politischer Institutionen, bei der eine gewisse „statelessness" zu verzeichnen ist.[13]

Die anfängliche Distanz der Politischen Wissenschaft in Deutschland zum Staatsbegriff beruhte nicht nur auf ihrer Rezeptionsgeschichte. Man stellte sich auch gegen die ideologische Überhöhung einer Staatsraison in der deutschen Wissenschaftsgeschichte. Später sprach man von der „Entzauberung des Staates".[14] Überdies wurden antidemokratische Implikationen im tradierten Staatskonzept vermutet. Das Demokratische gehört jedoch zu den entwicklungsge-

---

[13] Vgl. *Stillman,* Richard J., Preface to Public Administration, New York 1991.

[14] Vgl. *Willke,* Helmut, Entzauberung des Staates, Königstein 1983.

schichtlichen Wertprämissen dieses Faches. Heute ist der Staat in seinen vielfältigen Aspekten Gegenstand der Politischen Wissenschaft. Diese Diskussion ist nicht zuletzt durch die Europäisierung und die Globalisierung ausgelöst worden. Besonders interessiert die Veränderung der Staatlichkeit.[15] Es gibt überdies ein staatswissenschaftliches Erkenntnisinteresse, das Politische Wissenschaft und Staatsrechtslehre näher zusammenbringt.[16] Trotz aller „Rückzugs-"Lehren lautet das gemeinsame Fazit: „Staatlichkeit – Kein Nekrolog".[17] Die Regierung wird also nach wie vor zuerst als eine politische Institution begriffen, die im Staat und in der staatlich umgrenzten Umwelt von Gesellschaft und Wirtschaft wie aus diesem Gehäuse heraus operiert. Das ändert freilich nichts daran, dass sich in der Politischen Wissenschaft nicht nur im Rückblick auf Staatslehre und Regierungslehre[18], sondern auch im Blick auf die „neue Staatlichkeit" zwei Diskussionsstränge gebildet haben, die nicht direkt aufeinander bezogen sind.

Charakteristisch für das politologische Regierungskonzept ist hiernach die Ausweitung seines Inhaltsbereichs. Unter dem Vorzeichen des Regierungssystems werden nicht nur die politisch-autoritativen Institutionen behandelt, sondern zudem Parteien, Bürgerbewegungen, Interessenorganisationen, Medien und anderes.[19] Hieraus ergeben sich enge Zusammenhänge mit der „Innenpolitik" als einer herkömmlichen Teildisziplin der Politischen Wissenschaft.[20] „Innenpolitik" hat zunächst die politischen Strukturen und Prozesse innerhalb eines staatlichen Systems zum Gegenstand. Wiederum werden in den Lehr- und Forschungsbereich dann gesellschaftliche und wirtschaftliche Entwicklungen und Machtkonstellationen einbezogen, also die politische Willensbildung jenseits staatlicher Instanzen.[21] Intradisziplinär stellt sich mithin die Frage: „Regie-

---

[15] Vgl. *Benz*, Arthur, Der moderne Staat, München/Wien 2001.

[16] Vgl. *Schuppert*, Gunnar Folke, Was ist und wie misst man Wandel von Staatlichkeit?, in: Der Staat 2008, S. 325 ff.; *Genschel*, Philipp/*Leibfried*, Stephan, Schupperts Staat: Wie beobachtet man den Wandel einer Formidee?, in: Der Staat 2008, S. 359 ff.

[17] Vgl. *Prätorius*, Rainer, „Staatlichkeit" – kein Nekrolog, in: Edgar Grande/Rainer Prätorius (Hrsg.), Politische Steuerung und neue Staatlichkeit, Baden-Baden 2003, S. 11 ff.

[18] Vgl. *Jann*, Werner, Staatslehre – Regierungslehre – Verwaltungslehre, in: Stephan von Bandemer/Göttrik Wewer (Hrsg.), Regierungssysteme und Regierungslehre, Opladen 1989, S. 33 ff.

[19] Vgl. *Westphalen*, Raban Graf von (Hrsg.), Deutsches Regierungssystem, München 2001.

[20] Vgl. *Böhret*, Carl u.a., Innenpolitik und politische Theorie, 3. Aufl., Opladen 1988.

[21] Vgl. *Lompe*, Klaus/*Roy*, Klaus-B., Innenpolitik, in: Everhard Holtmann u.a., Politik-Lexikon, München/Wien 1991, S. 248 ff.

rungslehre" oder „Innenpolitik".[22] An der Breite des Regierungskonzepts ändert das freilich nichts.

IV. Operatives Regierungskonzept

Hiernach stehen drei Regierungsbegriffe zur Verfügung, in deren Rahmen man eine Regierungslehre ausführen könnte: ein organisatorisch-institutioneller der exekutiven Spitze, ein funktionaler der Staatsleitung und ein politologischer, der die Regierungslehre auf alle Institutionen bezieht, die am politischen Willensbildungs- und Entscheidungsprozess beteiligt sind.[23] Alle drei begrifflichen Bereiche sind in vielen Texten der Rechts-, Wirtschafts- und Sozialwissenschaften reflektiert. Die exekutive Spitzenorganisation tritt in ihrem formalen Charakter vor allen in Kommentierungen hervor, die der Systematik der Verfassung, im deutschen Falle des Grundgesetzes folgen.[24] Der funktionale Begriff der Staatsleitung ist in der herkömmlichen Allgemeinen Staatslehre weniger eingelöst.[25] Deutlicher wird eine solche Funktionalität im Ansatz einer „Neuen Staatswissenschaft", in der dann auch auf die Regierungslehre Bezug genommen wird.[26] Die Bereiche des politologischen Regierungsbegriffs sind insbesondere in Werken zum Regierungssystem zusammengefügt.[27] Wegen der Weite des Begriffes lassen sich auch Darstellungen zum „Politischen System" beiziehen.[28] Wo freilich der Regierungslehre eine spezifische Programmatik vorausgesetzt ist, fehlt es an einer systematischen Ausführung.[29]

Der Pluralismus begrifflicher Bestimmungen von Regierungsbereichen eröffnet Spielräume dafür, der Regierungslehre ein eigenes Konzept zu Grunde

---

[22] Vgl. *Wewer*, Göttrik, Innenpolitik, Regierungssystem und Regierungslehre, in: Stephan von Bademer/Göttrik Wewer (Hrsg.), Regierungssystem und Regierungslehre, Opladen 1989, S. 11 ff.

[23] Vgl. *Holtmann*, Everhard u.a. (Hrsg.), Politik-Lexikon, Regierungslehre, München/Wien 1991, S. 542.

[24] Vgl. etwa *Starck*, Christian (Hrsg.), Das Bonner Grundgesetz: Kommentar, Band 2, 4. Aufl., München 2000.

[25] Vgl. *Doehring*, Karl, Allgemeine Staatslehre, 3. Aufl., Heidelberg 2004; *Kriele*, Martin, Einführung in die Staatslehre, 5. Aufl., Opladen 1994; *Zippelius*, Reinhold, Allgemeine Staatslehre, 15. Aufl., München 2007.

[26] Vgl. *Schuppert*, Gunnar Folke, Staatswissenschaft, Baden-Baden 2003, S. 345 ff.

[27] Vgl. etwa *Westphalen*, Raban Graf von (Hrsg.), Deutsches Regierungssystem, München/Wien 2001.

[28] Vgl. etwa *Gabriel*, Oscar W./*Holtmann*, Everhard (Hrsg.), Politisches System der Bundesrepublik Deutschland, München/Wien 1997.

[29] Vgl. *Hennis*, Wilhelm, Aufgaben einer modernen Regierungslehre, in: ders., Regieren in modernen Staat, Tübingen 1999, S. 142 ff.

zu legen. Regierung ist in der Moderne nicht nur institutionalisierte Herr-schaftsausübung, sondern auch Regierungsgeschäft in einer „machinery of government", das sich in den Kommunikationsmedien der Macht, aber auch des Geldes, des Rechts, der Kompetenz usw. bewegt. Regierung bedeutet mit-hin Professionalität und Professionalisierung von Politikern und Beamten, zu-mindest wenn sie operative Regierungsgeschäfte betreiben. Operationalität und Professionalität als ein Gegenstand jenseits allgemeiner und politischer Bildung treten insbesondere hervor, wenn man es in der Perspektive von Graduierten-, Aufbau-, Weiterbildungsstudien unternimmt, berufliche Bildung zu antizipie-ren. Die Nähe zur Berufsaufnahme oder Berufsausübung bringt es mit sich, dass die operative Regierung als Beschäftigungsgebiet und als Arbeitsplatz wahrgenommen wird. Diese Perspektive beschränkt sich nicht auf Staatsdiens-te. Regierungsnahe, in ihrem Anforderungsprofil vergleichbare Tätigkeiten in Parteisekretariaten, Spitzenverbänden, internationalen Organisationen usw. ge-raten ebenfalls in den Blick. Regierung und Bildung stellen ein schwieriges Be-zugsfeld dar. Hier mag noch zuerst die altenglische Leitidee maßgeblich sein, dass es kein akademisches Studienfach gebe, das vorzugsweise für öffentliche Ämter qualifiziere.[30] Professionalität in Regierungsgeschäften wird letztlich in der politischen Praxis erworben. Das schließt es nicht aus, dass man versucht, Anforderungen des Regierens durch Bildung zu antizipieren und sich so an das Operative anzunähern. Ein bemerkenswerter historischer Fall sind insofern Fürstenspiegel und Fürstenerziehung im Absolutismus.[31]

Heute wird in vielfältigen Bildungseinrichtungen versucht, den Studierenden zumindest Orientierungswissen zur als Berufsfeld verstandenen Regierung zu vermitteln. Das prominente Beispiel einer einschlägigen staatsinternen Ausbil-dung ist die École national d'administration Frankreichs. Bezeichnungen wie „Enarchie" oder „Enaklatura" weisen auf die Nähe zur Herrschaft ihrer Absol-venten hin.[32] Der interessanteste akademische Anschauungsfall sind die „pro-fessional schools" der U.S.-amerikanischen Forschungsuniversitäten – Havard, Princeton, Berkely usw. – die unter Namen wie „Government", „Public Affa-irs", „Public Policy" usw. auch ein Personalreservoir für Regierungsgeschäfte hervorbringen, gestützt durch die Regierungsnähe vieler Lehrenden.[33]

---

[30] Vgl. *Painter,* Chris, The British Civil Service in the Post-Fulton-Era, Tampere 1976.

[31] Vgl. *Mühleisen,* Hans-Otto u.a. (Hrsg.), Fürstenspiegel der Frühen Neuzeit, in: Hans Maier/Michael Stolleis, Bibliothek des Deutschen Staatsdenkens, Band 6, Frank-furt a.M. 1997.

[32] Vgl. *Gaillard,* Jean-Michel, L'E.N.A., Miroir de l'Etat, Bruxells 1995.

[33] Vgl. *König,* Klaus, Zur Professionalisierung eines Graduiertenstudiums im Be-reich Politik und Verwaltung, in: Jörg Bogumil u.a. (Hrsg.), Politik und Verwaltung, Po-litische Vierteljahresschrift, Sonderheft 37/2006, S. 527 ff.

Stellt man die Regierungslehre unter das Vorzeichen von Professionalität und Professionalisierung im Hinblick auf operatives Handeln, so wird man für sie pragmatische Relevanzkriterien gelten lassen müssen. Im Sprachgebrauch der politischen Praxis in Kontinentaleuropa versteht man unter Regierung – „gouvernement", „governo", „gobierno" usw. – nach wie vor die exekutive Spitze des staatlichen Institutionengefüges. Selbst wenn in der internationalen Kommunikation das Angloamerikanische als Lingua franca genutzt wird, geht es zu meist um den exekutiven Kernbereich. Wird also von den „Centres of Government" gesprochen, ist eindeutig, dass es nicht um das Präsidium oder den Ältestenrat des Parlaments, schon gar nicht um die noch so mächtige Verbandszentrale geht, sondern um das Exekutiv-Amt mit Weißem Haus in Washington DC, um Elysée Palast und Hôtel Matignon in Paris, um No10 Downingstreet in London und eben das Bundeskanzleramt in Berlin.[34] Entsprechend solchen Kommunikationsgepflogenheiten kann man die Regierung im organisatorisch-institutionellen Sinne in den Mittelpunkt der Regierungslehre stellen, mithin den Begriffsbereich der exekutiven Spitze der staatlichen Institutionen mit Gegenständen der Regierungsbildung, der Kabinettsarbeit, der Ressortleitung, der politischen Planung, der Budgetinitiative, der Ministerialorganisation usw.

Solche Fokussierung der Regierungslehre orientiert sich an der Operationalität und der Professionalität der Regierungsgeschäfte. Man kann der Exekutive aber auch aus Sachgründen, nämlich aus Gründen der politischen Balance im staatlichen Institutionengefüge besondere Aufmerksamkeit beimessen. Der Parlamentarismus etwa wird herkömmlich aus vielen systemimmanenten wie systemüberwindenden Gründen in Frage gestellt.[35] Ein Hauptpunkt der Parlamentarismuskritik ist heute die Einschätzung, dass die Gesetzgebung, in der die Volksinteressen parlamentarisch Ausdruck finden sollen, gegenüber der Vollziehung in ihrer Bedeutung herabgesunken sei. Der Machtzuwachs der Exekutive bei gleichzeitiger Entmachtung der Legislative gilt als Erfahrungsgrundlage für kritische Ansätze. Man spricht in diesem Sinne von „exekutiver Führerschaft".[36] Man verweist auf die besseren Arbeitsressourcen der Exekutive, auf ihre Informationsvorsprünge, ihre Möglichkeiten der Machtgewinnung im vorparlamentarischen Raum, ihre Fähigkeit im Parlament selbst Fachinteressen zu mobilisieren usw. Heute kommen überdies europäische Integration und Globa-

---

[34] Vgl. Organisation for Economic Co-Operation and Development, Profiles of Centres of Government, Paris o.J.

[35] Vgl. *Böhret,* Carl u.a., Innenpolitik und politische Theorie, 3. Aufl., Opladen 1988, S. 204 ff.

[36] Vgl. *Grauhan,* Rolf-Richard, Modelle politischer Verwaltungsführung, in: Politische Vierteljahresschrift 1969, S. 269 ff.

lisierung mit ihren exekutiven Orientierungen immer mehr ins Spiel. Die Machtverteilung zwischen Regierung und Parlament bedarf indessen einer differenzierten Betrachtung.[37] Die Spannweite situativer Möglichkeiten ist breit. Gegenläufige Sachinteressen in der Regierungsfraktion können einen Ressortminister übermächtigen; Fraktionsmehrheiten können in ihrer Bindung an die Parteibasis selbst dem Regierungschef seine Grenzen zeigen. Jedenfalls sind mit einem Konzept, das die Exekutive in den Mittelpunkt setzt, nicht zwangsläufig generelle Urteile zur Machtbalance in Staat und Politik verbunden.

Bei einem organisatorisch-institutionellen Verständnis anzusetzen, schließt nicht aus, Begriffstraditionen zu relativieren und auszuweiten. Das gilt zuerst für die Regierung im formellen Sinne. Regierung lässt sich nicht nur aus ihren niedergeschriebenen, formellen Handlungsmustern verstehen. Zwar ist die Regierung eine hochformalisierte Organisation. Das erklärt sich nicht zuletzt daraus, dass es um eine im beachtlichen Maße gefahrengeneigte Tätigkeit geht. Politische Risiken kennzeichnen nicht die Ausnahmesituation, sondern den Arbeitsalltag. Daher bedarf es der formalen Rückversicherung. Überdies bedeutet Ministerialbürokratie eine rationale Leistungsordnung. Indessen pflegt gerade der exekutive Spitzenbereich wohl mehr als andere Organisationen ein Ort informaler Kommunikationsnetze zu sein, die zwischen der Welt individueller Regierungspersönlichkeiten und der Welt der Organisationspläne, Dienstanweisungen, Statushierarchien gespannt sind.[38]

Regierungsgeschäfte sind sachlich wie zeitlich zu anspruchsvoll, als das man sie im Wege persönlicher Zuwendung erledigen könnte. Systemvertrauen erscheint Exekutivpolitikern nicht überall angemessen, wenn man zum Beispiel an den Grad der Parteipolitisierung in der Ministerialverwaltung denkt. Und so gibt es ungeschriebene Zuständigkeiten für besonders sachkundig und vertrauenswürdig eingeschätzte Mitarbeiter; Beamte von hohem informalem Status jenseits ihres Ranges, weil sie höherenorts Gehör genießen; Pressesprecher, die sich wegen des hohen Drucks der Massenmedien nicht an ihrem bürokratischen Platz halten lassen; informale Kommunikationskanäle, die an Hierarchieebenen vorbei zur Hausspitze führen; Minister, die die in der Geschäftsordnung vorgesehenen Gespräche nicht führen, weil sie eine Koalition nicht belasten wollen usw. Die Regierungslehre kann an solchen informalen Kommunikationsmustern nicht vorbeigehen. Wenn in einer Koalitionsregierung die Fraktionsvorsitzenden der Regierungsparteien an der Kabinettsberatung zur Haushaltsinitiative

---

[37] Vgl. *Kropp,* Sabine, Ausbruch aus der „exekutiven Führerschaft"? Ressourcen- und Machtverschiebungen im Dreieck von Regierung, Verwaltung und Parlament, in: Jörg Bogumil u.a., Politik und Verwaltung, Politische Vierteljahresschrift, Sonderheft 37/2006, S. 275 ff.

[38] Vgl. *Hartwich,* Hans-Herrmann/*Wewer,* Göttrik (Hrsg.), Formale und informale Komponenten des Regierens, Regieren in der Bundesrepublik II, Opladen 1991.

der Exekutive teilnehmen, dann ist es ein Sachverhalt, der von der Regierungslehre interpretiert werden muss.

Dieses Beispiel weist auf erforderliche Ausweitungen des herkömmlichen organisatorisch-institutionellen Verständnisses der Regierung hin. Die exekutive Spitze lässt sich als eigenes soziales System, in ihrer Ausdifferenzierung, in ihrer Grenzbildung, aber nicht in der Abschottung von ihrer Umwelt verstehen. Regierungen begründen sich teilweise aus ihrer eigenen Ordnung, teilweise aus den Einflüssen ihrer Umwelt. Parlamente, Parteien, Verbände usw. müssen nicht für sich gewürdigt werden, wohl aber in ihren Interdependenzen mit der Regierung. Es geht also etwa um den besonderen Respekt gegenüber der Legislative bei Haushaltsberatungen, weil das Budgetrecht schon aus historischen Gründen einen hohen Selbstwert des Parlaments jenseits parteipolitischer Konstellationen darstellt; um das Parteipolitische, wie es die Rolle der Exekutivpolitiker einerseits, die Rolle der „Parteibuchbeamten" andererseits definiert; um die Regierungszwänge, die unter dem Druck von Massenmedien entstehen können; um die Verbandseinflüsse, die sich dadurch ergeben, dass der Verbandsfunktionär seine Vorlage nun nicht mehr nur der Verbandsspitze vorlegt, sondern als Fachmann an der Formulierung von Regierungsvorhaben in Ministerien selbst mitarbeitet.

Im Grunde ist es aber schon der normative wie empirische Stand der Gewaltenteilung, der einfache Abgrenzungen nicht zulässt. Die ältere Gewaltenteilungslehre gilt als nicht mehr zutreffend. Konstitutionell geht man von der Funktionsgerechtigkeit als grundlegendem normativen Prinzip jeweiliger konkreter Verfassungsordnung aus. Organadäquanz bedeutet verfassungsrechtlich, dass die Funktionen danach zuzuweisen sind, dass sie von den Organen wahrgenommen werden, „die dafür nach Organisation, Zusammensetzung, Funktion und Verfahrensweise über die besten Voraussetzungen verfügen". Zuordnungskriterien sind die Legitimitätsmaßstäbe des modernen Verfassungsstaates: Demokratie, Rechtstaatlichkeit, Leistungsfähigkeit usw.[39] Auch in der empirischen Sicht erweist sich die Gewaltenteilung als ein dynamisches Prinzip, wie sich aus dem Bedeutungswandel politischer Institutionen, etwa der Verfassungsgerichtsbarkeit, der Einführung neuer Kontrollinstanzen wie Ombudsleute, dem Anwachsen gesellschaftlicher Einflusskräfte wie der Massenmedien usw. ergibt. Insbesondere in der Mehrebenenregierung von Föderalismus und Supranationalität zeigt sich, wie es in der Verschränkung und Verflechtung der politischen Vertikale zu Hemmungen und Balancierungen öffentlicher Gewalt

---

[39] Vgl. *Heun, Werner,* Das Konzept der Gewaltenteilung in ihrer verfassungsgeschichtlichen Entwicklung, in: Christian Starck (Hrsg.), Staat und Individuum im Kultur- und Rechtsvergleich, Baden-Baden 2000, S. 95 ff.

kommt.[40] Gerade die Probleme der „intergovernmental relations" belegen, dass die Regierung im organisatorisch-institutionellen Sinne nicht einfach für sich, sondern immer auch in ihrer Umwelt gesehen werden muss.

Steht die exekutive Spitze so in einem weiteren institutionellen Kontext, zunächst von öffentlich-autoritativen Institutionen und dann weiteren gesellschaftlichen Institutionen der politischen Willensbildung, bedarf es mit der strukturellen zugleich eine funktionale Betrachtungsweise, mit der das jeweilige Leistungsgeschehen reflektiert wird. Anders als beim funktionalen Regierungsbegriff sind aber Leistungen der Staatsleitung nicht der konzeptionelle Ansatzpunkt. Vielmehr erfolgt die primäre Anknüpfung beim Organisatorisch-Institutionellen. In diesem Sinne wird die Regierung in den Mittelpunkt des Erkenntnisinteresses gestellt und von dieser Perspektive her die funktionalen Verbindungslinien zu anderen Institutionen öffentlicher Autorität und politischer Einflussnahme gezogen. Das bedeutet nicht, dass primär funktionale Regierungsbegriffe keinen Erkenntnisgewinn erbringen. Funktional-strukturelle Betrachtungsweisen sind wissenschaftstheoretisch begründet und insbesondere in der Vergleichenden Regierungslehre fruchtbar. Das Voranstellen des Institutionell-Strukturellen hat den Vorzug, dass man bei beobachtbaren Organisationen anknüpft und damit eine Anschaulichkeit des Regierungshandelns vermitteln kann, wie es für professionelle Interessen angemessen ist. Die Organisation gibt in der komplexen und veränderlichen Welt des Regierens noch zuerst Orientierung. Von hieraus kann man vor allem erwarten, sich die Operationalität der Regierungsgeschäfte zu erschließen.

Das gilt auch, wenn man dem Regierungsbegriff eine gewisse Eigenständigkeit gegenüber dem Staatsbegriff beimisst. Herkömmlicherweise meint Regierung eine Institution, die Bestandteil des staatlichen Institutionengefüges ist und im staatlich definierten Rahmen von Gesellschaft und Wirtschaft agiert. Weiteres ist Außenpolitik. Die Regierungslehre bezieht sich traditionell auf den jeweiligen territorial-nationalen Staat im Sinne der Vereinten Nationen mit seinen sozialen, ökonomischen, politischen Eigenarten und dem tieferen Schichten seiner politischen Kultur. Diese Bindung an den Staat ist auch in einer späten Moderne nicht obsolet. Die Regierungslehre reflektiert so zunächst politische Institutionen, wie sie sie im eigenen Land vorfindet. Weiteres lässt sich durch Komparatistik[41], Typisierung, Modellierung, gegebenenfalls Generalisierung wissenschaftlich erschließen.

---

[40] Vgl. *Kropp,* Sabine/*Lauth,* Hans-Joachim (Hrsg.), Gewaltenteilung und Demokratie, Baden-Baden 2007.

[41] Vgl. etwa *Lehner,* Franz/*Widmaier,* Ulrich, Vergleichende Regierungslehre, 3. Aufl., Opladen 1995.

Globalisierung und europäische Integration bringen es indessen mit sich, über die Vergleichende Regierungslehre etwa als Vergleich von Regierungssystemen hinaus die internationale und supranationale Organisation stärker unter dem Vorzeichen der Regierung zu betrachten. Die Forderung nach einer „Weltregierung" ist alt.[42] Geht man vom Leitbild der Staatsregierung aus, erweist sich dieses Postulat als kaum einlösbar. Gefragt werden muss mithin, wie die Welt ohne eine Weltregierung zu regieren ist.[43] Die Antworten reichen bis zur Formel von der „Governance without Government".[44] Jedenfalls sind die Vereinten Nationen wie andere internationale Einrichtungen Organisationen mit Lenkungs- und Leitungsfunktionen, die in ihrem Eintreten für öffentliche Interessen Staatsregierungen ähneln.[45] Die Kommission der Europäischen Gemeinschaften selbst spricht vom „Europäischen Regieren".[46] Hinter der deutschen Übersetzung mag man ein angelsächsisches Vorverständnis vermuten. Aber die aufgeworfenen Probleme des Regierens weisen eine hohe Schnittmenge mit den Anforderungen an eine Staatsregierung auf. Die Europäisierung führt einerseits zu einem institutionellen Wandel der Regierung in den Mitgliedstaaten der Union. Andererseits ist eine eigene Regierungsebene supranationaler Organisation entstanden. Die Europäische Integration ist so nicht nur Umwelt der Staatsregierung. Die Union muss von der Regierungslehre als eigene Lenkungs- und Leitungsorganisation berücksichtigt werden.

Nicht zuletzt ist eine Regierungslehre professioneller Orientierungen und operativer Erkenntnisinteressen so zu konzipieren, dass sie zusammen mit Herrschafts- und Machtfragen wie Verfassungs- und Rechtsproblemen die Regierung in ihrer Arbeit, ihrem Betrieb, ihren Geschäften, als Organisation, als Prozess, als Personal wahrnehmen kann. Die vielseitigen Relevanzen des Regierens werden in den Kabinettsvermerken deutlich, die der Apparat dem Regierungschef vorlegt und die für ihn in der Technizität modernen Regierens unverzichtbar sind, will er ein Regierungskollegium leiten. In den entsprechend verfassten Mitgliedsländern der Organisation für wirtschaftliche Zusammenarbeit und Entwicklung wird damit gerechnet, dass im Jahr rund 500 Tagesordnungspunkte für die Kabinettsarbeit anfallen. Ein Regierungschef kann selbst

---

[42] Vgl. *Fried,* Alfred Herrmann, „Organisiert die Welt", in: Die Friedenswarte 1906, S. 3.

[43] Vgl. *Kohler-Koch,* Beate, Die Welt regieren ohne Weltregierung, in: Carl Böhret/Göttrik Wewer (Hrsg.), Regieren im 21. Jahrhundert, Opladen 1991, S. 109 ff.

[44] Vgl. *Rosenau,* James Nathan/*Czenpiel,* Ernst-Otto (Hrsg.), Governance without Government, Cambridge 1992.

[45] Vgl. *Jachtenfuchs,* Markus/*Knodt,* Michèle (Hrsg.), Regieren in internationalen Institutionen, Opladen 2002.

[46] Vgl. *Hayder,* Roberto, Das Weißbuch „Europäisches Regieren" der EU-Kommission, in: Zeitschrift für Gesetzgebung 2002, S. 49 ff.

bei hoher Gedächtnisleistung nur einen Bruchteil davon präsent haben. Entsprechend ist durch interne Vorschriften abgesichert, dass Kabinettsvermerke alle Erheblichkeiten präzisieren. Durch informale Regeln kann überdies etwa der Umfang des Vermerks an die jeweilige Aufnahmebereitschaft angepasst werden.

An vorderer Stelle steht im Kabinettsvermerk das Politische. Zuerst wird das Regierungsvorhaben als Sachpolitik – „policy" –, als verkehrspolitisches, wissenschaftspolitisches, sozialpolitisches usw. Projekt auf den Punkt gebracht. Sodann geht es um Machtpolitik – „politics". Auch von einem Ministerialbeamten wird erwartet, dass er politische Unterstützung wie Widerstand zu reflektieren weiß. Probleme der politischen Ordnung – „polity" – werden in einer legalistischen Kultur regelmäßig als Verfassungs- und Rechtsfragen erörtert. Das Politische scheint indessen durch, wenn nicht wie üblich von juristischen Bedenken, sondern von rechtlichen Risiken die Rede ist. Kabinettsvermerke enthalten volkswirtschaftliche wie betriebswirtschaftliche Bewertungen, also etwa zur Wirkung auf dem Arbeitsmarkt bzw. zur Kostenüberwälzung auf Unternehmen. Effizienz- und Effektivitätskriterien sind aber nicht auf monetäre Größen begrenzt. Und damit kommt der Geschäftsbetrieb der Regierung ins Spiel. Anmerkungen zur Geschäftslage runden den Informationsgehalt des Kabinettsvermerks ab, etwa dass und warum in einer streitigen Kabinettsvorlage entgegen der Geschäftsordnung kein Chefgespräch der betreffenden Minister vorher stattgefunden hat; oder dass es zu zeitlichen Engpässen kommen kann und es sich empfiehlt, das intendierte Vorhaben den Regierungsfraktionen zu überlassen, um mit einer Initiative aus der Mitte des Bundestages zwei Durchgänge durch den Bundesrat zu vermeiden; oder dass es sich um ein neues, noch nicht erfahrenes Ereignis handelt – so zum Beispiel „Chernobyl" –, für das noch keine Regierungsroutinen bestehen usw. Das beste politische Management ist freilich das, das Geschäftsprobleme etwa in einer Staatssekretärsrunde so frühzeitig löst, dass sie nicht mehr vermerkt werden müssen.

Sieht man auf den Rang des Politischen in Kabinettsvermerken, und zwar des Politischen in einem demokratischen Institutionengefüge, und weiter auf die hochprofessionelle Ausarbeitung des Politischen durch den Mitarbeiterstab, dann ist schwerlich zu verstehen, wenn versucht wird, „demokratische Legitimität" gegen „technische Effizienz" auszuspielen und damit eine Wegscheide anzunehmen, ob die Regierungslehre zur „Betriebslehre des autoritären Verwaltungsstaates" degeneriere oder sich als „kritische Demokratiewissenschaft" profiliere.[47] Damit wird nicht eine vertretbare Auswahl von Lehrstoff und Forschungsgegenstand getroffen, sondern ein ideologisches Vorurteil gefällt, dass

---

[47] Vgl. *Hirsch,* Joachim, Ansätze einer Regierungslehre, in: Gisela Kress/Dieter Senghaas (Hrsg.), Politikwissenschaft, Frankfurt am Main 1969, S. 269 ff.

sich wissenschaftstheoretisch nicht begründen lässt. Es gibt keine transitive Ordnung der Werte, keine Wertehierarchie in die Demokratie und Effizienz a priori eingestellt sind. Selbst Demokratie kann angesichts von Menschenrechten und Minderheitenschutz nicht die „Einheit eines höchsten Wertes" in Anspruch nehmen,[48] wiewohl sich dann demokratische Standards als Grenzzeichen zwischen Regierungssystemen zeigen. Demgegenüber erweist der Kontext von „Regieren und Verwalten", von „Regierungs- und Verwaltungslehre"[49] seine Maßgeblichkeit für das Verständnis der Regierungsgeschäfte. Im deutschen Falle rechnet man mit über 2000 Regierungsvorhaben in einer Legislaturperiode, die als wesentlich gekennzeichnet sind. Sie werden von einigen Dutzend Exekutivpolitikern und dann von einigen Tausend Ministerialbediensteten befördert. Die moderne Verwaltung zeigt sich auch für das Regieren als „unentrinnbar".

Mit der Einbeziehung von Regierungszentrale und Ministerialverwaltung, ihrer Geschäftsgänge, Aufbaustrukturen, Leitungspersonalien erhält die Regierungslehre zugleich eine verwaltungswissenschaftliche Komponente. Diese Einbeziehung der Verwaltungswissenschaft zusammen mit der Fokussierung auf die exekutive Spitze der staatlichen und weiter supranationalen und internationalen Organisation unterscheiden von einer Regierungslehre, die auf „Macht und Gegenmacht" im politischen Institutionengefüge ausgerichtet ist.[50] Regieren ist ein multimediales Unternehmen. Regierungen kommunizieren mit Macht, aber weiter mit Recht, mit Geld und nicht zuletzt mit der Kompetenz ihres professionellen Mitarbeiterstabs. Politische Wissenschaft und Rechtswissenschaft als für die Regierungslehre vorzüglich relevanten Wissenschaften orientieren sich insbesondere an den ihnen entsprechenden generalisierten Kommunikationsmedien von Macht bzw. Recht. Ein Erkenntnisinteresse, das den Regierungsbetrieb in die Regierungslehre einbezieht, bedarf daher einer entsprechenden Kennzeichnung. Angesichts der betrieblichen Eigenschaft ist so hier von der operativen Regierung die Rede.

---

[48] Vgl. *Luhmann,* Niklas, Zweckbegriff und Systemrationalität, Tübingen 1968, S. 19 ff.

[49] Vgl. *Ellwein,* Thomas, Einführung in die Regierungs- und Verwaltungslehre, Stuttgart u.a. 1966; *ders.,* Regieren und Verwalten, Opladen 1976.

[50] Vgl. *Gellmer,* Winand/*Glatzmeier,* Armin, Macht und Gegenmacht – Einführung in die Regierungslehre, Baden-Baden 2004.

Russlands erstes Polizeigesetz: Polizeibegriff und Struktur

Otto Luchterhandt

I. Einleitung

Am 1. März 2011 wird das „Polizeigesetz" Russlands in Kraft treten. Es wurde von der Staatsduma in dritter Lesung am 28. Januar verabschiedet, vom Föderationsrat am 2. Februar gebilligt und von Präsident Dmitrij Medvedev am 7. Februar unterzeichnet[1]. Das Gesetz tritt an die Stelle des Gesetzes der Russländischen Sozialistischen Föderativen Sowjetrepublik (RSFSR) „über die Miliz". Dieses war am 27. April 1991, also noch zur Zeit der Sowjetunion, erlassen worden und war das erste Polizeigesetz der russischen Unionsrepublik im Verband der UdSSR überhaupt.

Die Miliz mit ihren ca.1.200.000 Mitarbeitern ist vermutlich der fragwürdigste Teil der Exekutive Russlands. Von der Bevölkerung wird sie gefürchtet[2] und verachtet zugleich, Fachleute halten sie schon lange für nicht mehr reformierbar[3]. Die Bürger erfahren sie im Alltag als korrupt, inkompetent und ineffektiv und fürchten die wegen ihrer Willkür und Brutalität. Die Miliz genoss 2004 nur bei etwa 10 % der Bevölkerung volles Vertrauen, während etwa 40 % ihr ganz im Gegenteil nicht das geringste Vertrauen entgegenbrachten[4]. Daran hat sich seither nichts geändert[5]. Selbst die seriöse Presse Russlands bekräftigt

---

[1] Text in der „Rossijskaja gazeta" vom 8.2.2011(http://www.rg.ru/2011/02/07/ police-dok.html). Die von der Regierung herausgegebene Zeitung ist ebenso wie das Gesetzblatt Russlands offizielles Veröffentlichungsorgan für sämtliche Rechtsakte der Föderation unter Einschluss von Gesetzen.

[2] Die sozial-liberale Partei JABLOKO hat einen Leitfaden mit Verhaltensempfehlungen im Umgang mit der Miliz herausgegeben, der diesen Umstand reflektiert. Siehe Babuškin, Andrej: Esli vy okazalis´ v milicii [Wenn Sie in der Miliz landen], Moskau 2010, 76 Seiten.

[3] Novaja gazeta 2010, Nr. 19 (24. 2.), S. 7/8 (Michail Krasnov).

[4] Analitičeskij centr Jurija Levady izučil otnošenie rossijan k milicii [Das Analytische Zentrum „Jurij Levada" studierte das Verhältnis der Russländer zur Miliz], Text: http://www.regnum.ru/allnews/264655.html. Die im Mai 2004 durchgeführte Untersuchung erfasste Großstädte in 12 Regionen Russlands.

[5] Das regierungsnahe Umfrageinstitut „VCIOM" kommt für 2005 bis 2010 zu etwas günstigeren Zahlen. Vgl. http://wciom.ru/index.php?id=268&uid= 13684; ferner Nezavisimaja gazeta vom 16/17. 7. 2010, S. 2 (Leitartikel der Redaktion); zum Ganzen

das Bild fast Woche für Woche. Sie ist voll von Berichten über schreiende Willkür, Korruption, und Verbindungen zur organisierten Kriminalität, über systematischen Missbrauch der polizeilichen Machtbefugnisse für persönliche Interessen, ihre Pervertierung in „Business", über die gängige Nötigung von Geschäftsleuten, mit der Miliz zu erheblichen Kosten Schutzverträge zur ‚Absicherung gegen Kriminelle' abzuschließen („kryševanie", d. h. Schutzdachgewährung)[6], sie berichtet von einer in der Miliz weit verbreiteten feindseligen und habgierigen Einstellung gegenüber den Bürgern[7], über ruppigen bis brutalen Umgang mit ihnen, über die eine eingefahrene Praxis, nicht aufgeklärte Verbrechen unschuldigen, zufällig in die Hände der Miliz gelangten Personen anzuhängen und ihnen Geständnisse mit Druck und Prügel abzupressen[8], und immer wieder liest man Meldungen und Strafverfahren wegen Raub, Vergewaltigung, Folter, Erschießungen, Mord[9]. Die Liste strafrechtlicher Verurteilungen von Milizionären aller Hierarchieebenen ist seit Jahren lang, doch abschreckend haben die Prozesse, wie jedes Jahr von neuem beweist, bis heute nicht gewirkt[10].

Nach einer Kette besonders spektakulärer Skandale[11] und heftiger Resonanz aus der sich im Internet immer lebhafter zu Wort meldenden Zivilgesellschaft Russlands reagierte Präsident Medvedev auf die zum Himmel schreienden Zustände in der Miliz und leitete, noch sehr vorsichtig, mit einem Dekret (ukaz) vom 24. Dezember 2009[12] eine Reform des Innenministeriums und der Miliz ein. Es verordnete weitere Antikorruptionsmaßnahmen, nahm eine Reihe von Umbesetzungen vor und versprach eine deutliche Anhebung der Gehälter für

---

auch *Schröder*, Hans-Henning: Miliz plus Polizei = Pilizei?, in: Russland-Analysen (Universität Bremen) Nr. 206 vom 24. 9. 2010, S. 2–4.

[6] Novaja gazeta 2010, Nr. 105 (22. 9.), S. 1–3.

[7] Novaja gazeta 2010, Nr. 19 (24. 2.), S. 7/8 (Michail Krasnov).

[8] Novaja gazeta 2010, Nr. 106 (24.9.), S. 3 (Leonid *Nikitinskij*).

[9] Novaja gazeta 2009, Nr. 120 (28. 10.), S. 8/9.

[10] Siehe zum Beispiel die „Chronik der Willkür" des (fast beliebig herausgegriffenen) Monats Juli 2009 in: Novaja gazeta 2009, Nr. 80 (27.7.), S. 3.

[11] Die inzwischen berühmt gewordene, auf investigativen Journalismus spezialisierte „Novaja gazeta" veröffentlichte 2008/2009 unter der Rubrik „Gegen Milizwillkür" zahlreiche Berichte und Reportagen, die sich zu einer Skandal-Chronik addieren. Besonderes Interesse verdienen die Analysen des „Polizeirechtlers" der Zeitung, Leonid *Nikitinskij*. Siehe derselbe: Diktatura menta [Die Diktatur der Bullen], in: Novaja gazeta 2009, Nr. 44 (27.4.), S. 12/13 und vom 29. 4. 2009, S. 10/11; ferner *Kanev*, Sergej: OOO „OVD" [Die GmbH „Organe des Inneren"], in: Novaja gazeta 2009, Nr. 55 (29.5.), S. 3/5; Novaja gazeta 2009, Nr. 58 (3. 6.), S. 16/17; 2009, Nr. 60 (8. 6.), S. 5; 2009, Nr. 69 (1.7.), S. 16/17; 2009, Nr. 71 (6. 7.), S. 16/17 („Skol´ko stojat pytki? [Wie teuer ist Foltern?]); 2009, Nr. 84 (5.8.), S. 15; 2009, Nr. 99 (9. 9.), S. 5; 2009, Nr. 121 (30. 10), S. 1/3; 2009, Nr. 125 (11. 11.), S. 2/3.

[12] Text: http://www.rg.ru/2009/12/24/mvd-ukaz-anons.html.

die Milizionäre, kündigte zugleich aber auch eine Kürzung des Personals um 20% bis Ende 2012 an.

Die Verurteilung des Majors der Moskauer Miliz, Denis Evsjukov, wegen mehrfachen Mordes[13] nutzte dann der Präsident, um am 18. Februar 2010 ein weit darüber hinaus gehendes Reformdekret zu erlassen[14]. Er beauftragte die von Vladimir Putin geleitete Regierung (pravitel'stvo), ihm bis zum 31. März ein Maßnahmenpaket zur Reform des Innenministeriums (im Weiteren: MWD) und insbesondere ein Konzept für ein neues „Gesetz über die Miliz" (Punkt 1) vorzulegen. Dessen Entwurf sollte bis zum 1. Dezember des Jahres in die Staatsduma eingebracht worden sein[15]. Das Dekret verfügte die Verlagerung einer Reihe von Aufgaben, die vom Präsidenten für polizeifremd gehalten wurden, in andere Ressorts; so kam die Abschiebung von Ausländern und Staatenlosen zum Föderalen Migrationsdienst, die technische KfZ-Kontrolle an eine andere Hauptverwaltung des Inneren und die Ausnüchterungseinrichtungen zu den örtlichen Verwaltungen für Gesundheitswesen. Die Zahl der Mitarbeiter des „zentralen MWD-Apparates" sollte im Zusammenhang mit dem Ausbau der territorialen Strafverfolgungsorgane des Ministeriums von knapp 20.000 auf gut 9.000 gesenkt werden.

Putin beauftragte Innenminister Rašid Nurgaliev mit der Erledigung der Aufgabe[16]. Er folgte damit einer seit Sowjetzeiten gängigen Praxis, nämlich dem sachlich zwar zuständigen, aber von einer Reform am stärksten betroffenen Ressort die Ausarbeitung der Vorlage anzuvertrauen, also den sprichwörtlichen ‚Bock zum Gärtner zu machen'.

Am 2. Juli billigte der Präsident die von der Arbeitsgruppe des Innenministers vorgelegte „Konzeption" eines neuen Milizgesetzes und am 6. August schloss er auf einer weiteren Sitzung die Arbeit an dem Entwurf vorläufig ab.

---

[13] Evsjukov hatte im April 2009 aus Übermut erst seinen Taxifahrer, danach in einem Supermarkt mehrere Menschen erschossen. Zum Prozess siehe Novaja gazeta 2010, Nr. 19 (24.2.), S. 9 („Delo Evsjukova ne zakryto" [Die Akte ‚Evsjukov' ist nicht geschlossen]).

[14] Text: http://www.rg.ru/2010/02/19/reforma-dok.html; Schröder, Polizei (Anm. 4).

[15] *Veser*, Reinhard: Russlands Miliz wird ausgenüchtert, in: Frankfurter Allgemeine Zeitung (FAZ) vom 20.2.2010, S. 2; *Hosp*, Gerald: Medvedev stößt weitere Polizeireformen an, in: Neue Zürcher Zeitung (NZZ) vom 20.2.2010, S. 5; *Holm*, Kerstin: Russlands Miliz soll eine moderne Polizei werden, in: FAZ vom 27.8.2010, S. 33.

[16] Medvedev sagte bei der offiziellen Vorstellung des Gesetzesentwurfs am 6. 8. 2010 er habe „die Regierung bzw. den Innenminister beauftragt gehabt, [das Milizgesetz] in einer neuen Fassung bis zum 1. Dezember zu erarbeiten", um nicht ohne Stolz hinzuzufügen: „Diese Aufgabe ist schon jetzt vollbracht." (Text: http://www.kremlin.ru/transcripts/8588).

Seine wichtigsten Ansprüche und Erwartungen an das Gesetz fasste Medvedev in fünf Punkten (in dieser Reihenfolge) zusammen[17]:

1. die Stärkung der öffentlichen, gesellschaftlichen Kontrolle über die Miliz;

2. eine genaue und möglichst vollständige „Aufzählung" der „Pflichten" der Miliz;

3. „eine maximale Konkretisierung der Rechte der Miliz";

4. eine sorgfältigere Auswahl der Milizionäre in beruflicher und charakterlicher Hinsicht und

5. die Einführung eines neuen Namens – „Gesetz über die Polizei". Wörtlich sagte Medvedev:

„Und nun der letzte Punkt. Die Sache ist zwar eher eine äußerliche, aber wichtige. Bereits seit den Zeiten der Oktoberrevolution wurden die Organe der Rechtsordnung [so im Original – O.L.] in unserem Land Miliz genannt. Dadurch wurde ihr Volks- oder, wie man gewöhnlich sagte, ihr Arbeiter- und Bauerncharakter unterstrichen, wobei man im Blick hatte, dass das eigentlich Hilfspolizisten in Uniform waren. Wir aber brauchen Fachleute, wir brauchen Mitarbeiter, die effektiv, ehrlich und zügig arbeiten. Deswegen ist meiner Ansicht nach die Zeit dafür gekommen, der Miliz ihren früheren Namen zurückzugeben und künftig die Organe der Rechtsordnung Polizei zu nennen."

Am 7. August 2010 wurde der Gesetzentwurf in der „Rossijskaja Gazeta" veröffentlicht[18] und die Öffentlichkeit aufgefordert, den Text zu diskutieren und Änderungsvorschläge zu machen. Man nahm damit die für die Sowjetperiode typische Tradition der „Volksdiskussion" von Gesetzesentwürfen wieder auf. Damals waren das große, vom ZK gelenkte Propagandaveranstaltungen gewesen, die vor allem dazu bestimmt waren, den vorbildlichen demokratischen Charakters der Staats- und Rechtsordnung nach Innen und gegenüber dem Ausland zu bekunden, zum Nutzen der Staatsführung aber auch etwas über im Volk zu dem Projekt vertretene Meinungen zu erfahren. Nun hingegen sollte das Instrument der „Volksdiskussion" vermutlich dazu dienen, der Reform Schwung zu verleihen und den Reformern in der Auseinandersetzung mit den Beharrungskräften zusätzliche demokratische Legitimation und Rückendeckung zu verschaffen[19]. Allerdings hatte Präsident Medvedev zuvor Grenzen seiner Be-

---

[17] http://www.kremlin.ru/transcripts/8588.

[18] www.rg.ru/2010/08/07/proekt-dok.html. Bereits am 16. 6. waren die ersten vier Kapitel des Entwurfs veröffentlicht worden. Siehe Nezavisimaja gazeta vom 17. 6. 2010, S. 1; ferner Nezavisimaja gazeta vom 4. 8. 2010, S. 1/3; *Igorev*, Aleksandr: Milicizm s čelovečeskim licom [Milizismus mit menschlichem Antlitz], in: Kommersant vom 17.6.2010, S. 1.

[19] Kommersant vom 28. 10. 2010, S. 3.

reitschaft markiert, an ihn herangetragene Vorschläge zu übernehmen: die Konzeption stand nicht zur Diskussion; Korrekturen am Entwurf sollten nur in dessen konzeptionellem Rahmen zulässig sein.

Erstmals spielte sich eine Gesetzesdiskussion auf einer von der Präsidialadministration dafür eigens eingerichteten Internetseite ab. Sie war tatsächlich lebhaft; etwa 20.000 Beiträge sollen eingegangen sein[20]. Sie wurden bis Ende Oktober ausgewertet und in den Entwurf eingearbeitet. Einige von liberaler Seite aus rechtsstaatlicher Sicht begrüßte Verbesserungen sind tatsächlich erfolgt[21]. So wurde insbesondere die „Vermutung für die Rechtmäßigkeit" der von der Polizei verfügten Maßnahmen gestrichen, die Pflicht des Polizisten, sich im Einsatz auszuweisen bzw. die Möglichkeit des Bürgers, die Identität der Beamten festzustellen, präziser geregelt und ausgestaltet, die Rechte festgenommener Personen, Kontakt nach außen, zu Angehörigen oder einem Anwalt aufzunehmen, verstärkt und die Vorschriften über die Anwendung unmittelbaren Zwanges präzisiert. Trotz der Verbesserungen reagierte die liberale Öffentlichkeit enttäuscht, denn strukturelle Veränderungen wies der Entwurf trotz der intensiven öffentlichen Debatte nicht auf[22], und angesichts der in der Duma nur sehr schwach vertretenen liberalen Reformkräfte erschienen Hoffnungen auf eine substantielle Nachbesserung des Entwurfes wenig gerechtfertigt, eine Einschätzung, die sich vollauf bestätigen sollte[23].

Am 27. Oktober wurde der Entwurf vom Präsidenten kraft seiner Befugnis zur Gesetzesinitiative (Art. 104 Abs. 1 Verfassung Russlands) in die Staatsduma zusammen mit einer kurzen amtlichen Erläuterung (pojasnitel'naja zapiska) eingebracht[24]. Die erste Lesung fand am 10. Dezember, dem Tag der Menschenrechte, statt. Das geschah aber wohl nur zufällig. Die Qualität des Gesetzentwurfes rechtfertigte ein solches Symbol jedenfalls nicht! Die zweite und dritte Lesung folgten am 28. Januar. Zuvor hatte es in den Ausschussberatungen heftige Auseinandersetzungen zwischen den Abgeordneten, der Präsidialadministration und dem Innenministerium gegeben, bei denen es vor allem um die Modalitäten einer Qualifikationsüberprüfung der aktiven Milizionäre, ihre eventuelle Degradierung und Entlassung ging[25].

---

[20] Novaja gazeta 2010, Nr. 123 (3. 11.), S. 9.

[21] Novaja gazeta 2010, Nr. 122 (1.11.), S. 15 (Boris *Višnevskij*).

[22] *Čikov*, Pavel: Restajling, rebrending ... Tol´ko relaksa ne budet [Restyling und Rebranding ... Nur Relaxing wird es nicht geben], in: Novaja gazeta 2010, Nr. 123 (3.11.), S. 9; Novaja gazeta 2010, Nr. 140 (13.12.), S. 7; Kommersant vom 13.12. 2010, S. 2.

[23] Novaja gazeta 2011, Nr. 10 (31.1.), S. 4.

[24] Kommersant vom 28. 10. 2010, S. 3.

[25] *Rodin*, Ivan: Prezident beret policiju pod ličnuju opeku [Der Präsident nimmt die Polizei und persönliche Kuratel], in: Nezavisimaja gazeta vom 25.1. 2011, S. 3; ferner

II. Russlands Polizeigesetz vom 1. März 2011 im Überblick

Das Polizeigesetz Russlands unterscheidet sich in vieler, ganz besonders aber in konzeptioneller, systematischer und dogmatischer Hinsicht vom Polizeirecht Deutschlands. Die Bemerkung in der amtlichen Erläuterung[26], in dem Entwurf habe man, neben der Berücksichtigung ausländischer Erfahrungen, „auch die die vaterländische Tradition der rechtlichen Regelung der Polizeitätigkeit bewahrt", findet in der Tat vielfältige Bestätigung. Der rechtsstaatlichen Ausgestaltung des Polizeirechts war das aber leider nicht förderlich.

1. Kurzer geschichtlicher Rückblick auf Zaren- und Sowjetzeit

Das Polizeirecht, diese klassische Materie des Modernen Staates und, paradoxerweise, auch des Rechtsstaates, hat in Russland keine Tradition. Erst im späten 19. Jahrhundert rezipierte seine sich nach der Jahrhundertmitte rasch entfaltende, junge russische Rechtswissenschaft von der deutschen Staats- und Staatsrechtslehre den Begriff und die Systematik des Polizeirechts, aber schon Anfang des 20. Jahrhunderts erschienen erste Lehrbücher.

Das Wort „Polizei" (policija) war natürlich schon länger geläufig. Nach 1811 hatte es sogar ein „Polizeiministerium" gegeben, das aber schon bald wieder in „Ministerium des Innern" rückbenannt wurde. Im Zusammenhang mit den politischen Attentaten der „Narodniki", die 1881 ihren Höhepunkt mit der Ermordung Zar Alexanders II. erreichten, war im Innenministerium ein „Staatspolizei-Departement" (Departament gosudarstvennoj policii) gebildet worden[27]. In ihrem Rahmen arbeiteten „Abteilungen zur Wahrung (po ochraneniju) der Ordnung und der öffentlichen Sicherheit", kurz: „Ochrana", die gefürchtete Geheimpolizei des Zarenreiches[28]. Ebenso wie diese wurde das Polizeidepartement zum institutionellen Synonym der verhassten Autokratie in Russland. Schon die Provisorische Regierung beschloss daher – am 10. März

---

Nezavisimaja gazeta vom 21. 1. 2011, S. 3; Kommersant vom 20. 1. 2011, S. 3. Wie sich aus Art. 54 Abs. 3 – 5 der Schlussbestimmungen des Polizeigesetzes ergibt, wurde ein Kompromiss im Sinne einer abgemilderten Säuberung des heutigen Milizkorps gefunden, dem die Administration des Präsidenten aber ihren Stempel aufdrücken konnte.

[26] Siehe Anm. 15.

[27] Ministerskaja sistema v Rossijskoj imperii. K 200-letiju ministerstv v Rossii [Das ministerielle System im Kaiserreich Russland. Zur 200 Jahrfeier der Ministerien in Russland], Moskau 2007, S. 193 ff (Vom Zaren förmlich bestätigter Vortrag des Innenministers *M. T. Loris-Melikov*).

[28] *Voroncov*, S.A.: Pravoochranitel'nye organy. Specsluzby. Istorija i sovremennost'[Die Rechtswahrungsorgane. Geheimdienste. Geschichte und Gegenwart], Rostov am Don 1998, S. 112 ff.; *Ruud*, Carl´z/ *Stepanov*, Sergej: Fontanka 16. Političeskij sysk pri Carjach [Politischer Spitzeldienst unter den Zaren], Moskau 1993, S. 68 ff.

1917 – seine Ersetzung durch eine „Volksmiliz" (narodnaja milicija). Seit dem Vormärz war im bürgerlichen Liberalismus die Vorstellung von der Organisation eines „Volksheeres" mit der Idee einer „Miliz" eng verbunden gewesen[29]. Nun wurde sie auf den Schutz der Ordnung im Innern des Staates übertragen. Die Bolschewiki knüpften daran an. Nur drei Tage nach dem Oktoberumsturz errichteten sie, dem politökonomischen Klassenprinzip folgend, eine dezentralisierte „Arbeitermiliz" (rabočaja milicija) im Verband der Sowjets[30]. Alsbald fest eingegliedert in die Innenkommissariat der UdSSR (und der Unionsrepubliken), das unter Stalin zum Synonym für den Staatssicherheitsdienst wurde („NKWD"), vollzog die Miliz die zahlreichen Reorganisationen der Sicherheitsressorts mit. Ein Milizgesetz gab es – erstaunlicherweise – während der gesamten Sowjetepoche praktisch nicht. Status und Tätigkeit der Miliz wurden im Wesentlichen durch Gemeinsame Verordnungen des ZK der KPdSU und des Ministerrats der UdSSR, durch Dekrete des Präsidiums des Obersten Sowjets der UdSSR und durch Verwaltungsvorschriften des Innenministeriums der UdSSR geregelt. Erst ein halbes Jahr vor dem Untergang der Sowjetunion, am 6. März 1991, verabschiedete der Oberste Sowjet der UdSSR ein „Gesetz über die Sowjetmiliz"[31]. Am 18. April 1991 zog die Russländische Sozialistische Föderative Sowjetrepublik (RSFSR), aus der kurz darauf das heutige Russland hervorging, mit einem Gesetz „über die Miliz" nach und bekundete damit ihre politische Distanz zum Sowjetsystem[32].

Wegen der Fixierung der sowjetischen Partei- und Staatsführung auf organisatorische Machtstrukturen und -institutionen wurde das Milizrecht während der gesamten Sowjetepoche von einem organisatorisch-institutionellen Polizeibegriff beherrscht. Die Funktion der Gefahrenabwehr war zwar präsent, aber untergeordnet und schwach ausgeprägt. Es dominierte die Funktion, rechtswidrigem Handeln jeglicher Art und ganz besonders kriminellen Aktivitäten vorzubeugen und zu verfolgen. Infolgedessen dominierten im Milizrecht Kompetenzvorschriften über die Verhütung, Ermittlung und Verfolgung von Straftaten

---

[29] *Ritter*, Gerhard: Staatskunst und Kriegshandwerk. Band I, München 1954, S. 130 ff.

[30] Beschluss des Volkskommissariats für Innere Angelegenheiten (NKVD) vom 10. November (d. h. der 28. 10. nach dem alten, Julianischen Kalender); *Avrutin*, Ju. E.: Policija i milicija v mechanizme obespečenija gosudarstvennoj vlasti v Rossii: teorija, istorija, perspektivy [Polizei und Miliz im Mechanismus der Gewärleistung der Staatsgewalt in Russland: Theorie, Geschichte. Perspektiven], Sankt Peterburg 2003.

[31] Vedomosti SSSR (VVS) 1991, Nr. 12, Position (Pos.) 319. Es löste das Dekret des Präsidiums des Obersten Sowjets der UdSSR vom 8.6.1973 „über die Hauptpflichten und Rechte der Sowjetmiliz bei der Wahrung der öffentlichen Ordnung und der Bekämpfung der Kriminalität", Text: VVS SSSR 1973, Nr. 24, Pos. 309.

[32] VVS RSFSR 1991, Nr. 16, Pos. 503.

und Ordnungswidrigkeiten sowie über deren Vollzug[33]. „Die Sowjetmiliz", so
Art. 1 des UdSSR-Gesetzes über die Sowjetmiliz von 1991, „ist eine staatliche
rechtswahrende bewaffnete Organisation, welche die Bürger, ihre Rechte, Freiheiten und gesetzlichen Interessen sowie die sowjetische Gesellschaft und den
Sowjetstaat vor kriminellen und sonstigen rechtswidrigen Anschlägen schützt."

2. Verfassungsrechtliche Grundlagen des föderalen Polizeigesetzes

Russland/ Die Russländische Föderation ist trotz einer sehr weitgehenden
Zentralisierung der Staatsgewalt unter Präsident Vladimir Putin in formellver-
fassungsrechtlicher Hinsicht noch immer ein Bundesstaat. Dementsprechend
sind die Gesetzgebungskompetenzen im Staat zwischen der Föderation und ihren Gliedstaaten, den sogenannten Subjekten der Föderation, aufgeteilt. Dabei
werden ausschließliche Kompetenzen des Zentralstaates (Art. 71 Verfassung)
und Gemeinsame Kompetenzen (Art. 72 Verfassung) unterschieden[34]. Letztere
stellt, anders als Art. 72, 74 GG, keine konkurrierende Gesetzgebung dar, sondern im Prinzip nur eine Ermächtigung zum Erlass von Rahmengesetzen[35]. Allerdings hat die Föderation, mit Unterstützung des Verfassungsgerichts, die
Materien auch der gemeinsamen Kompetenzen weitgehend durch ihre Gesetze
geregelt und die Gesetzgebung der Gliedstaaten dementsprechend marginali-
siert[36]. Davon sind auch die Materien der inneren Sicherheit erfasst: die „Sicherheit" ist (zusammen mit der Verteidigung) Gegenstand der ausschließli-

---

[33] Vgl. Art. 2 Abs. 1 des UdSSR-Gesetzes von 1991: „Die Hauptaufgaben der Miliz
sind: die Gewährleistung der persönlichen Sicherheit der Bürger und der öffentlichen
Sicherheit und die Wahrung (ochrana) der öffentlichen Ordnung; die Verhütung von
Verbrechen und anderen Rechtsverletzungen; die schnelle und vollständige Aufklärung
von Verbrechen; der Schutz des Eigentums vor rechtswidrigen Angriffen, die Teilnahme
an der Leistung sozialer und rechtlicher Hilfe an die Bevölkerung und der Vollzug der
strafrechtlichen Ahndungen und Verwaltungszwangsmaßnahmen." Siehe auch den Katalog der „Pflichten" der Miliz in Art. 11 des Gesetzes.

[34] Ausführlich *Uebe*, Franz: Das Profil Russlands als Bundesstaat nach der Rechtsprechung des Verfassungsgerichts, Hamburg 2006, S. 36 ff.; S. 61 ff. Den Bestimmungen der russischen Verfassung über die Kompetenzverteilung fehlt eine Konzeption. Sie
sind daher gründlich misslungen.

[35] *Luchterhandt*, Otto: Zum Entwicklungsstand des Föderalismus in Rußland, in:
Kappeler, Andreas (Hrsg.): Regionalismus und Nationalismus in Rußland, Baden-Baden
1996, S. 243–268 (251).

[36] Im Ergebnis de jure beseitigt hat der Zentralstaat Russland auch die zunächst noch
praktizierte Verfassungsautonomie der Gliedstaatstaaten, und zwar durch das föderale
Gesetz „über die allgemeinen Prinzipien der Organisation der Gesetzgebungs- (Vertre-
tungs-) und der Ausführungsorgane der Staatsgewalt der Subjekte der Föderation" vom
6.10. 1999, das im Widerspruch zu seiner Bezeichnung den Verfassungsraum der Gliedstaaten im Zuge zahlreicher Novellierungen bis in die Details durchreglementiert und
vereinheitlicht hat. Einzelheiten bei *Uebe*, Das Profil (Anm.34), passim.

chen Gesetzgebung (Art. 71 lit. l), ebenso das Strafprozess- und Strafvoll-
zugsrecht (lit. n). Zu den Gemeinsamen Kompetenzen zählen „die Gewährleistung der Gesetzlichkeit, der Rechtsordnung, der öffentlichen Sicherheit" (Art.
72 Abs. 1 lit. b) sowie das Verwaltungs- und das Verwaltungsprozessrecht (lit.
j). „Zu den Gegenständen, die sich in der Gemeinsamen Kompetenz der Russländischen Föderation und der Subjekte RF befinden", so Art. 76 Abs. 2 der
Verfassung, „werden föderale Gesetze und ihnen entsprechende Gesetze und
sonstige normative Rechtsakte der Subjekte RF erlassen." Infolgedessen nimmt
die Föderation kraft extensiver Auslegung der Bestimmungen die volle Kompetenz für die Regelung (auch) des Polizeirechts in Anspruch.

Zentralisiert ist auch der Vollzug der Gesetze auf dem Gebiet der inneren Sicherheit. Begründet wird das über ein unitarisches Verständnis des Art. 77 Abs.
2, demzufolge die Exekutivorgane der Föderation und die ihrer Subjekte „ein
einheitliches System der Exekutivgewalt in der Russländischen Föderation"
bilden. Eine Bestätigung dafür sieht man in Art. 114 Abs. 1 lit.e) Verfassung,
der die föderale Regierung ermächtigt, „Maßnahmen zur Gewährleistung der
Gesetzlichkeit, der Rechte und Freiheiten der Bürger, zum Schutze des Eigentums und der öffentlichen Ordnung und zur Bekämpfung der Kriminalität (zu
treffen)".

Die Vorschriften über die „Organisation der Polizei" in Art. 4 des Polizeigesetzes konkretisieren die Verfassungsbestimmungen im zentralistischen Geiste.
Infolgedessen läuft auch Art. 132 Abs. 1 der Verfassung leer, demgemäß „die
Organe der örtlichen Selbstverwaltung selbständig…den Schutz der öffentlichen Ordnung wahrnehmen sowie sonstige Fragen von örtlicher Bedeutung
entscheiden". Für eigenständige kommunale Polizeibehörden lässt der föderale
Gesetzgeber einstweilen keinen Raum.

3. Zur juristischen Konzeption des Polizeigesetzes

a) Funktion und Hauptaufgaben der Polizei

Das Polizeigesetz Russlands (im Weiteren: PolG RF) wird konzeptionell beherrscht von einer Abfolge von Bestimmungen, die gleichsam stufenweise zunehmend konkreter werden: Ausgangspunkt ist eine allgemeine Funktionsbe-
stimmung der Polizei in Art. 1 Abs. 1: „Die Polizei hat ihre Bestimmung in
dem Schutz (zaščita) des Lebens, der Gesundheit, der Rechte und Freiheiten der
Bürger der RF, Ausländer und Staatenlosen (im Weiteren: Bürger, Personen),
in der Vorbeugung von Kriminalität, in der Wahrung (ochrana) der öffentlichen
Ordnung, des Eigentums und der Gewährleistung der öffentlichen Sicherheit."

Konkretisiert wird die Bestimmung durch einen abschließenden Katalog von 13 „Hauptrichtungen" polizeilicher Tätigkeit (in Art. 2), der sichtlich diejenigen Aufgabenfelder und Handlungsbereiche erfassen will und erfasst, auf denen die Miliz bislang tätig war und ist. Abs. 1 bestimmt: „1) Schutz der Persönlichkeit, der Gesellschaft und des Staates vor rechtswidrigen Anschlägen; 2) Vorbeugung und Unterbindung von Verbrechen und Ordnungswidrigkeiten; 3) Ermittlung und Aufdeckung von Verbrechen, Durchführung des Ermittlungsverfahrens (doznanie) in Strafsachen; 4) Personenfahndung; 5) Durchführung von Ordnungswidrigkeitenverfahren, Vollzug von administrativen Strafen; 6) Gewährleistung der Rechtsordnung (pravoporjadka) an öffentlichen Orten; 7) Gewährleistung der Sicherheit des Straßenverkehrs; 8) Kontrolle über die Einhaltung der Gesetzgebung Russlands auf dem Gebiet des Umgangs mit Waffen; 9) Kontrolle über die Einhaltung der Gesetzgebung Russlands auf dem Gebiet des Privatdetektivwesens und der Bewachungstätigkeit; 10) Bewachung (ochrana) von Vermögen und Objekten, dabei auch auf vertraglicher Grundlage; 11) staatlicher Schutz (zaščita) von Opfern, Zeugen und sonstigen Teilnehmern der strafgerichtlichen Verfahrens, von Richtern, Staatsanwälten, Untersuchungsführern, Amtspersonen der Rechtswahrungs- und von Kontrollorganen sowie anderer zu schützender Personen; 12) Ausübung von Expertentätigkeit in der Kriminalistik. Und Abs. 2 fügt noch hinzu: „ Auf Entscheidung des Präsidenten der Russländischen Föderation dürfen Mitarbeiter der Polizei an einer Tätigkeit zur Unterstützung und Wiederherstellung des internationalen Friedens und Sicherheit teilnehmen."

Auffällig ist, dass von den in Art. 1 Abs. 1 des Gesetzes herausgestellten drei Funktionen in Art. 2 zwar direkt der Schutz von Individuen und des Eigentums sowie die Verbrechensbekämpfung aufgegriffen werden, nicht aber die Funktionen „Wahrung der öffentlichen Ordnung" und „Gewährleistung der öffentlichen Sicherheit". Diese Begriffe, die, wie weiter oben bemerkt, auch Verfassungsbegriffe sind (Art. 72 Abs. 1 lit. b), tauchen in dem Katalog nicht mehr auf. Ja, sie werden ganz offenkundig vermieden, was sich daran zeigt, dass Art. 2 Punkt 6) nicht von der Gewährleistung der „öffentlichen Ordnung", sondern von der Gewährleistung der „Rechtsordnung" (pravoporjadka) spricht und das mit Blick nur auf „öffentliche Orte". Darauf wird noch einmal zurückzukommen sein. Man kann aber bereits hier erkennen und feststellen, dass das PolG RF sich bewusst und definitiv gegen den für das Polizeirecht namentlich Deutschlands so charakteristischen Ansatz entschieden hat, nämlich gegen eine polizeiliche Generalklausel. Der tiefere Grund dafür hängt mit der die Rechtskultur Russlands generell prägenden und tief verwurzelten Neigung zur Kasuistik zusammen, die wiederum aus der Schwäche resultiert, methodisch, lege artis, mit Selbständigkeit und sozio-politischem Selbstbewusstsein, mit den Gesetzen, ihrer Systematik, mit Generalklauseln sowie unbestimmten Rechts- und Gesetzesbegriffen umzugehen[37].

b) Regelung der Kompetenzen und Eingriffsbefugnisse der Polizei

Den Ansatz einer enumerativen Aufzählung der polizeilichen Arbeits- und Einsatzfelder des Art. 2 führen die Bestimmungen über die „Pflichten" (objazannosti)" (Art. 12) und die „Rechte (prava) der Polizei" (Art. 13) fort, denn auch sie sind Kataloge, die darauf abzielen, die zur Realisierung der Funktionen des Art. 1 und der Hauptaufgaben des Art. 2 erforderlichen Kompetenzen der Polizeiorgane und Polizisten aufzulisten und zu bestimmen. Das ist, entsprechend der Vorgabe Medvedevs[38], mit dem Bemühen um Vollständigkeit sowohl für die Pflichten als auch für die Rechte geschehen: Der Pflichtenkatalog zählt 38, der Rechtekatalog 37 Punkte.

Aus rechtstheoretischer und rechtsdogmatischer Sicht ist die Verwendung der Begriffe Pflichten und Rechte fragwürdig, denn sie verwischt den prinzipiellen Unterschied zwischen den Kompetenzen und Befugnissen von Staatsorganen und Amtsträgern einerseits und den privaten und den subjektivöffentlichen Rechten des Menschen und Bürgers sowie sonstiger nichtstaatlicher Subjekte andererseits. Erstere beruhen auf gesetzlichen Aufgabenzuweisungen mit der Maßgabe, sie ausschließlich im öffentlichen, staatlichen Interesse wahrzunehmen, letztere haben letztlich ihre Wurzel in der Freiheit des Menschen. Ihre Ausübung unterliegt daher nicht der Pflicht bzw. pflichtgemäßem Ermessen, sondern geschieht nach dem Prinzip individuellen Beliebens. In der Volksdiskussion des Entwurfes ist auf diesen Unterschied ausdrücklich hingewiesen worden. Die Publizistin Natal´ja *Taubina* schreibt[39]: „Und noch ein seltsamer Aspekt: in den entsprechenden Artikeln des Entwurfes wird ständig von ‚Rechten und Pflichten' der Polizei gesprochen. Aber es kann doch nicht von irgendwelchen Vertragsverhältnissen die Rede sein, bei denen völlig rational von Rechten und Pflichten der Parteien gesprochen werden kann; die Rede ist doch von der Regelung der Tätigkeit eines Organs der Staatsgewalt. Hier ist es angemessen, nicht von Rechten und Pflichten, sondern von Befugnissen (polnomočija) der Polizei zu sprechen."

Der Autorin kann man nur zustimmen. Die von ihr kritisierte Terminologie des Polizeigesetzes zeigt die Macht der sowjetischen Tradition im heutigen Polizeirechts Russland mit besonderer Deutlichkeit. Denn die Kompetenz- und

---

[37] Zur Rechtskultur Russlands siehe *Nußberger,* Angelika: Einführung in das russische Recht, München 2010, S. 6 ff.

[38] Siehe oben bei Anmerkung 17 die von Medvedev genannten Prioritäten bei der Reform des Polizeirechts.

[39] Novaja gazeta 2010, Nr. 96 (1. 9.), S. 6.

Befugnis-Kataloge der Art. 12 und 13 haben ihren Vorläufer im Milizgesetz der RSFSR, das in Russland noch immer gilt[40], und auch in dem der UdSSR von 1991[41]. Ihrerseits haben sie eine im sowjetischen Verwaltungs- und Wirtschaftsrecht längst verbreitete, stereotype Praxis unkritisch übernommen. Wie tief und unreflektiert diese verwurzelt ist, kann man daran erkennen, dass die Kommentare zum Milizgesetz Russlands über die Begriffe „Pflichten" und „Rechte" kein einziges Wort verlieren, sondern sich sofort den konkreten Punkten der Kataloge zuwenden[42]. Angesichts eines solchen Grades von fehlendem Problembewusstsein selbst bei den Polizei- und Verwaltungsrechtlern wird man dem Präsidenten und promovierten Juristen Dmitrij Medvedev keinen Vorwurf machen können, dass er diese Terminologie unkritisch übernommen hat. Als Dozent für Zivilrecht in Sankt Petersburg war er von dogmatischen Problemen des Verwaltungsrechts außerdem weit entfernt[43].

Ein Vergleich zwischen den beiden Kompetenz- bzw. Befugnis-Katalogen führt zu der Erkenntnis, dass die „Pflichten" (Art. 12) tendenziell eher konkrete, gegenständliche Aufgaben umschreiben, die die Polizei bzw. ihre Organe zu erfüllen haben, ihnen also ein Entschließungsermessen fehlt, während bei den Rechten (Art. 13) deutlicher als bei den Pflichten der Akzent auf dem Charakter von Befugnissen liegt, welche die Polizei dazu ermächtigen, in Rechtspositionen des Bürgers einzugreifen. Die Eingriffsbefugnisse sind enger, „punktueller" definiert als die Pflichtaufgaben gemäß Art. 12. Hier liegt auch der Grund dafür, dass gemäß Art. 13 die „Rechte" zur Erfüllung der „Pflichten" eingeräumt sind und deren Ausführung dienen sollen. Im Übrigen sind sie so normiert, dass die Polizeiorgane über den Gebrauch ihrer Eingriffsbefugnisse nach Ermessen entscheiden können.

Die „Pflichten-" und „Rechte-"Kataloge bzw. die in ihnen normierten Kompetenzen und Eingriffsbefugnisse erfüllen nach dem PolG RF offenkundig die Funktion, die im deutschen Polizeirecht durch die Generalklausel „Schutz der

---

[40] Art. 10 mit 33 Pflichten und Art. 11 mit 38 Rechten.

[41] Art. 11 zählte 25 Pflichten und Art. 12 umfasste 29 Rechte.

[42] *Ryžakov*, A. P.: Kommentarij k zakonu Rossijskoj Federacii „o milicii" (postatejnyj) [Kommentar zu Gesetz der Russländischen Föderation „über die Miliz". Artikelweise], 3. Auflage, Moskau 2008, S. 60; 206; *Kondrašov*, B. P./ *Solovej*, Ju. P./ *Černikov*, V. V.: Kommentarij k zakonu Rossijskoj Federacii „o milicii", 6. Auflage, Moskau 2009, S. 90; 183.

[43] Das Allgemeine Verwaltungsrecht ist in Russland immer noch völlig unterentwickelt. Schlüsselgesetze wie ein Verwaltungsverfahrensgesetz und eine Verwaltungsgerichtsprozessordnung fehlen noch immer; sie sind im Entwurfsstadium hängen geblieben. Die Lehrbücher bieten keinen Ersatz, weil die Autoren sich an den Bedürfnissen eines Studienbetriebs orientieren, in dem die Vermittlung traditioneller Positionen noch immer völlig dominiert. Monographien hingegen werden aus mancherlei Gründen kaum verfasst, wenn sie aber scheinen, dann in einer allzu geringen Auflage.

öffentlichen Sicherheit und Ordnung" und die Standardmaßnahmen wahrgenommen wird.

Der qualitative Unterschied zwischen den „Rechten" des PolG RF und den Standardmaßnamen der Polizeigesetze deutscher Bundesländer ist im Übrigen aus rechtsstaatlicher Sicht beträchtlich. Als Defizite bei den „Rechten der Polizei" Russlands fallen vor allem folgende ins Gewicht:

1. Die der russischen Polizei gewährten Eingriffsbefugnisse sind nur schwach oder gar nicht nach Tatbestand und Rechtsfolge aufgebaut.

2. Wegen des vorgenannten Gesichtspunktes und wegen des mitunter sehr unübersichtlichen Satzbaus ist das sichere Verständnis der Befugnisse und ihrer Reichweite nicht unerheblich erschwert.

3. Weitaus die meisten „Rechte" bzw. Eingriffsbefugnisse sind unvollständige Bestimmungen, denn sie verweisen fast durchweg auf tatbestandliche Voraussetzungen oder auf Rechtsfolgen, die in föderalen Gesetzen geregelt sein sollen (und es vielleicht auch sind), die vom PolG RF nur ausnahmsweise (z. B. StPO) ausdrücklich genannt werden.

4. Die Eingriffsbefugnisse sind ferner ohne Differenzierung nach dem Grad der Gefährdung der vom PolG RF vorgeblich geschützten Rechtsgüter des Einzelnen und der Allgemeinheit normiert worden.

5. Die Eingriffsbefugnisse sind ohne Berücksichtigung des Grundsatzes der Verhältnismäßigkeit normiert. Der Grundsatz könnte auch nicht dem Prinzipienkatalog des zweiten Kapitels (Art. 5–11)[44] entnommen und so bei der Anwendung der „Rechte" zur Wirkung gebracht werden, denn er ist in dem Katalog nicht enthalten. Nur in die Vorschriften des Kapitels 5 über die Anwendung unmittelbaren Zwanges sind Aspekte des Grundsatzes der Verhältnismäßigkeit eingeflossen (vgl. Art. 18 Abs. 3; 19 Abs. 3; 23 Abs. 4 und Abs. 6 PolG RF).

Die Ausblendung des Grundsatzes der Verhältnismäßigkeit und des Übermaßverbots aus dem Prinzipienkatalog des PolG RF ist kein Redaktionsversehen, sondern offenkundig eine bewusst getroffene Entscheidung. Seine partielle

---

[44] Der Katalog sieht die folgenden Prinzipien vor: 1) Einhaltung und Achtung der Rechte und Freiheiten des Menschen und Bürgers (Art. 5); Gesetzlichkeit (Art. 6); Unparteilichkeit (Art. 7); Offenheit und Publizität (Art. 8), Öffentliches Vertrauen und Unterstützung von Seiten der Bürger (Art. 9); Zusammenwirken und Kooperation (Art. 10); Nutzung der Errungenschaften von Wissenschaft und Technik, der modernen Technologien und Informationssysteme (Art. 11). Die Prinzipien werden erstmals, im Unterschied zu ihrer schlichten Aufzählung im geltenden Milizgesetz (Art. 3), ausführlich, durch eine lange Reihe von Absätzen konkretisiert und inhaltlich verständlicher gemacht.

Berücksichtigung in den Vorschriften über die Anwendung unmittelbaren Zwanges liefert dafür einen klaren Beleg[45].

c) Die Vorschriften über die Anwendung von Mitteln des Zwanges

An das Kapitel über die Pflichten und Rechte der Polizei schließen sich noch zwei Kapitel an, die besonders einschneidende Eingriffsbefugnisse regeln. Es sind das zunächst „einzelne staatliche, mit Zwangsausübung verbundene Maßnahmen", nämlich „Festnahme" (zaderžanie, Art. 14), Betreten (vchoždenie) bzw. Eindringen (proniknovenie) in Wohnungen und sonstige Räumlichkeiten sowie Grundstücke (Art. 15), „Einkreisung" (oceplenie) bzw. „Blockierung" von Wohn- und sonstigen Objekten (Art. 16) und Anlegung von Datenbanken über Bürger (Art. 17). Daran schließt sich die schon erwähnte Regelung über den unmittelbaren Zwang an (Kapitel 6). Es gliedert sich in die Anwendung physischer Gewalt (Art. 20), der Einsatz von „Spezialmitteln" (special'nych sredstv, Art. 21) und der Schusswaffengebrauch (Art. 22).

Den Regelungen beider Kapitel sieht man schon auf den ersten Blick an, dass man sich bei der Regelung dieser qualifizierten, besonders schweren und nachhaltigen Eingriffe in die Freiheits- und Unverletzlichkeitsrechte des Individuums ernsthaft darum bemüht hat, wirksame rechtsstaatliche Sicherungen gegen den Missbrauch der Befugnisse durch Polizei zu schaffen. Das ist vor allem durch ausführliche Regelungen der Verfahren geschehen, welche die Polizei bei der Anwendung jener Befugnisse zu beachten und zu befolgen hat. Relativ ausführlich sind die tatbestandlichen Voraussetzungen für deren Einsatz bestimmt, von den Polizisten dabei zu beachtende Einschränkungen zum Schutze gefährdeter höherrangiger Grundrechte formuliert, klare, kurze Fristen vorgegeben und Verfahrensrechte zugunsten derjenigen geschaffen, die Adressaten und Betroffene der Eingriffsmaßnahmen sind. Dabei ist, wie bereits bemerkt, durchgehend der Grundsatz der Verhältnismäßigkeit und das Übermaßverbot eingearbeitet worden. Es ist diesem Teil des PolG RF sichtlich gut bekommen, dass während der Volksdiskussion des Entwurfes viele Bürger, Verbände und Vertreter von Menschenrechtsorganisationen ganz besondere Aufmerksamkeit auf seine Bestimmungen gerichtet haben und dabei auch von Präsident Medvedev unterstützt worden sind.

Die Sorgfalt und Ausführlichkeit, welche man bei der Ausarbeitung der Vorschriften über die Anwendung von Zwangsmaßnahmen aufgewendet hat, lassen die vorausgegangenen Vorschriften über die sonstigen, „einfachen" Eingriffsbefugnisse vermissen. Der rechtsstaatliche Gesetzesvorbehalt tritt deutlich in den Hintergrund, ja, seine Geltung ist hier zusätzlich durch die Ermächtigung

---

[45] Hinzuweisen ist im Übrigen auch darauf, dass der Grundsatz in Art. 55 Abs. 3 der Verfassung Russlands als Schrankenschranke für alle vorhergehenden Grundrechte gilt.

des Innenministeriums relativiert, „das Verfahren der Realisierung der der Polizei gewährten Pflichten und Rechte" selbständig zu regeln, sofern keine höherrangigen Rechtsvorschriften vorhanden sind[46].

Es erscheint bezeichnend, dass es Präsident Medvedev bei dem betreffenden Kapitel vor allem darauf ankam, die der Miliz (Polizei) noch in sonstigen Gesetzen eingeräumten Kompetenzen möglichst vollständig in die Kataloge über die „Pflichten und Rechte der Polizei" aufzunehmen[47]. Natürlich hätte eine ähnlich ausführliche, auch und gerade Einzelheiten des Verfahrens berücksichtigende Regelung der betreffenden Eingriffsermächtigungen den Umfang des Polizeigesetzes stark ausgeweitet und es damit wohl unmöglich gemacht, einen solchen Entwurf in derselben kurzen Zeit zustande zu bringen. Das war vom Präsidenten von vorherein nicht gewollt, denn es ging ihm, wie die eingangs skizzierte „Einfädelung" seiner Reforminitiative zeigt, aus politischen Gründen vor allem darum, sie gegen die im Innenministerium konzentrierten Widerstandskräfte, unter Ausnutzung des Rückenwindes aus der Öffentlichkeit, zügig durchzusetzen. Das ist Medvedev offenkundig gelungen. Das stellt eine beachtliche Leistung dar, wenn man bedenkt, dass Medvedevs Handlungsspielraum gegenüber den Sicherheitsressorts, die bis heute die Basis der überlegenen Machtstellung Vladimir Putins in der von ihm 2007 geschaffenen „Tandemokratie" bilden, stark begrenzt ist[48]. Gegenüber dem Milizgesetz Russlands stellt das Polizeigesetz gleichwohl, zumindest auf dem Papier, eine erhebliche Verbesserung dar, mag es auch noch allzu sehr der strafrechtslastigen sowjetischen Tradition und ihren rechtsstaatsfremden Eigenheiten verhaftet sein.

d) Eklatante Vernachlässigung des gerichtlichen Rechtsschutzes

Die nach wie vor großen Defizite des russischen Polizeirechts und nicht weniger der in Russland erschienenen einschlägigen Literatur zeichnen sich vor dem Horizont des deutschen Polizeirechts und seiner wissenschaftlichen Dogmatik besonders scharf ab. Das hat gewiss viele Ursachen. Einer der Hauptgründe des rechtsdogmatischen Defizits im russischen Polizeirecht aber dürfte darauf beruhen, dass es in Russland bis heute so gut wie keine Rechtsprechung auf dem Gebiet des Miliz- bzw. Polizeirechts gibt. Bedenkt man die Bedeutung, welche das liberale preußischen OVG für die praktische Herausbildung und für

---

[46] Siehe die entsprechende, gleichlautende Bestimmung in Art. 12 Abs. 3 für die Pflichten und in Art. 13 Abs. 3 PolG RF für die Rechte der Polizei („...wird bestimmt durch das föderale Organ der Exekutivgewalt im Bereich der inneren Angelegenheiten").

[47] Siehe oben bei Anmerkung 17.

[48] Dazu ausführlich *Luchterhandt*, Otto: Russlands „Tandemokratie" unter Putin und Medvedev: Co-Habitation oder Provisorium?, in: Jahrbuch 2010 der Braunschweigischen Wissenschaftlichen Gesellschaft (BWG), Braunschweig 2011 (im Erscheinen).

die Entwicklung der Dogmatik eines rechtsstaatlichen Polizeirechts in Deutschland besessen hat, und die Schlüsselrolle, welche Verwaltungs- und Verfassungsgerichtsbarkeit seither bei ihrer Fortentwicklung gespielt haben und weiter spielen werden, so fällt dieser Unterschied besonders ins Auge.

Präsident Medvedev hat an die erste Stelle seiner Petita für das neue Polizeigesetz die Kontrolle der Polizei durch die Öffentlichkeit gestellt. Die Forderung hat im Prinzipienkatalog auch ihren Niederschlag gefunden in Bestimmungen über zivilgesellschaftliche Partizipation, Dialog und Kontrolle (Art. 9) gefunden. Eigenartigerweise hat Medvedev den gerichtlichen Verwaltungsrechtsschutz des Bürgers mit keinem Wort erwähnt, obwohl er die Reform der Justiz und des Gerichtswesens immer wieder zu einem Hauptanliegen seiner Amtszeit erklärt und auch manche Initiativen dazu ergriffen hat. Die Einführung einer Verwaltungsgerichtsbarkeit, über die in Russland bereits seit über zwei Jahrzehnten diskutiert wird, gehört allerdings, wie es scheint, zumindest vorläufig nicht dazu.

Zu diesem Bild passt die Behandlung des gerichtlichen Rechtsschutzes im PolG RF. Sie ist nicht nur enttäuschend, sondern völlig missglückt. Der betreffende, unmittelbar vor den Schlussbestimmungen des Gesetzes stehende Art. 53 lautet: „Handlungen (Untätigkeit) des Mitarbeiters der Polizei, welche die Rechte und gesetzlichen Interessen des Bürgers, eines staatlichen (!?!) oder kommunalen Organs, einer gesellschaftlichen Vereinigung, einer religiösen oder einer sonstigen Organisation verletzen[49], können bei dem übergeordneten Organ oder bei der höherrangigen Amtsperson, bei den Organen der Staatsanwaltschaft der Russländischen Föderation oder bei Gericht angefochten werden."

In Art. 53 fehlt sogar die vom Gesetz sonst so reichlich verwendete Verweisung auf die Gesetze, aus denen sich die Bestimmungen über Zuständigkeiten, Fristen und Verfahren für die gerichtliche Anfechtung ergeben. Einschlägig ist insofern das Gesetz vom 27. April 1993 (in der Fassung vom 9. 2. 2009) „über die gerichtliche Anfechtung von Handlungen und Entscheidungen, welche die Rechte und Freiheiten der Bürger verletzen"[50]. Das Gesetz besteht zwar nur aus neun Artikeln, verweist wegen des Verfahrens im Übrigen aber auf die ZPO[51].

---

[49] Der entsprechende Art. 39 des geltenden Milizgesetzes ist bei der Formulierung der Klagebefugnis treffender und genauer: „Ein Bürger, der der Ansicht ist, dass eine Handlung oder Untätigkeit eines Mitarbeiters der Miliz zur Einschränkung seiner Rechte...geführt hat,...". Der neue Wortlaut stellt insofern eine Verschlechterung dar.

[50] Text: Sobranie Zakonodatel'stva Rossijskoj Federacii (SZRF) [Sammlung der Gesetzgebung der Russländischen Föderation] 1993, Nr. 19, Pos. 685.

[51] Eingehend dazu *Hartwig*, Matthias: Gerichtliche Kontrolle der Verwaltung unter besonderer Berücksichtigung von Ermessensentscheidungen in Rußland, in: Luchterhandt, Otto (Hrsg.): Verwaltung und Verwaltungsrecht im Erneuerungsprozess Osteuropas, Berlin 2001, S. 345–370.

Gleichwohl scheint es im Alltag kaum Anwendung zu finden. Die Kommentare zur Vorgängernorm, dem noch geltenden Art. 39 Milizgesetz RF, sind äußerst dürftig. Weder problematisieren sie die nur fragmentarisch referierten Vorschriften des betreffenden Gesetzes von 1993 noch berichten sie von gerichtlicher Praxis, geschweige denn verarbeiten sie Entscheidungen[52]. Klagen von Bürgern gegen die Verwaltung nach Maßgabe dieses Gesetzes sind generell selten; gegenüber der Miliz tendierten sie bisher gegen Null. Sehr häufig scheitern sie bereits in der Zulässigkeitsprüfung an dem Unwillen des Gerichts, solche Fälle zu entscheiden und dabei das Risiko einzugehen, sich mit der Exekutive anzulegen. Die starke, kaum verständliche Vernachlässigung und Marginalisierung des gerichtlichen Rechtsschutzes gibt der Hoffnung auf eine zügige rechtsstaatliche Entwicklung im Polizeirecht Russlands auf der Grundlage des neuen Polizeigesetzes nur wenig Raum.

e) Tiefe Unterschiede zur Dogmatik des deutschen Polizeirechts

Die für das deutsche Polizeirecht charakteristische Konfiguration aus einer Generalklausel der Ermächtigung zu polizeilichen Maßnahmen, Standardbefugnissen zur Gefahrenabwehr und sonstigen, spezialgesetzlichen Ermächtigungen der Vollzugspolizei kennt das Polizeirecht Russlands nicht. Es folgt dem Ansatz, ausgehend vom positiven Recht, die konkreten Bereiche polizeilicher Tätigkeit auf den Gebieten der öffentlichen Sicherheit und Ordnung sowie der Kriminalitätsbekämpfung enumerativ in einem Aufgabenkatalog zu erfassen, die zur Erfüllung der Aufgaben den Polizeiorganen bereichsweise eingeräumten konkreten Maßnahme-Kompetenzen und Eingriffsbefugnisse wiederum in („Plichten" und „Rechte"-) Katalogen aufzulisten und schließlich, davon abgesetzt, (in der Regel) mit der Anwendung von Zwang und Gewalt verbundene, für die Betroffenen besonders einschneidende Eingriffsmaßnahmen ausführlich gesondert zu normieren.

Bei den grundlegenden Bestimmungen des PolG RF über Funktion und Aufgaben der Polizei sticht ins Auge, dass der russische Gesetzgeber die Tätigkeit der Polizei – kaum anders als unter dem Sowjetsystem – primär als Repressions- und Kontrollinstrument versteht, nicht hingegen als eine Einrichtung, deren Aufgabe im Sinne des klassischen materiellen Polizeibegriffs vor allem darin besteht, Gefahren abzuwehren und Störungen zu beseitigen, und das im

---

[52] *Ryžakov*, Kommentarij (Anm. 43), S. 377 f.; *Kondrašov/Solovej/Černikov*, Kommentarij (Anm. 43), S. 443. Mit grotesker Gleichgültigkeit und Vernachlässigung des verwaltungsgerichtlichen Rechtsschutzes verhält sich *K. S. Bel'skij* in seiner Monographie zum „Polizeirecht". Von den über 800 Seiten seines Werkes widmet er dem Problem ganze vier (4) Seiten, die auch noch zur Hälfte vom gerichtlichen Rechtsschutz im westlichen Ausland berichten. Siehe Policejskoe pravo. Lekcionnyj kurs [Polizeirecht. Vorlesungskurs], Moskau 2004, S. 789–792.

Prinzip unabhängig davon, ob der Verursacher der Gefahr rechtswidrig oder gar schuldhaft gehandelt hat. Hier liegt auch die tiefere Ursache dafür, dass weder das Milizgesetz noch das neue Polizeigesetz Russlands die Rechtsfigur des „Störers" kennen, in der Form des Handlungsstörers ebenso wenig wie in der des Zustandsstörers. Daher sind dem PolG RF auch das Rechtsinstitut des polizeilichen Notstandes und die durch ihn legitimierte Heranziehung des Nichtstörers zur Beseitigung einer Gefahr oder Störung der öffentlichen Ordnung oder Sicherheit unbekannt. Zwar räumt das PolG RF der Polizei das Recht ein, etwa auf private KfZ „in dringenden Fällen" zuzugreifen (Art. 13 Abs. 1 Nr. 37), aber wann solche Fälle vorliegen, lässt das Gesetz offen, sodass die Eingriffsbefugnis keine rechtsstaatlich akzeptable Legitimation hat.

Der Verwaltungs- und Polizeirechtsliteratur Russlands fehlt auch eine Lehre von der Gefahr mitsamt ihren mannigfachen Erscheinungsformen. Soweit erkennbar hat sich bislang nur *K. S. Bel'skij* ausführlich mit dem Phänomen der Gefahr im Kontext des Polizeirechts beschäftigt[53]. Anstatt indes die praktische juristische Bedeutung des Merkmals der Gefahr als Voraussetzung für die Anwendung polizeilicher Eingriffsbefugnisse zu erkennen und im Blick zu behalten, verliert sich der Autor in allgemeinen, ‚philosophischen' Betrachtungen über globale Gefahren und komplexe Sicherheitslagen und geht gründlich an den eigentlichen juristischen Problemen der Sache vorbei.

Die rechtsstaatlichen Mängel bei den (standardmäßigen) Eingriffsbefugnissen des „Rechte"-Kataloges reflektieren ernste Schwächen der Rechtskultur im Allgemeinen und der Gesetzgebung im Besonderen. Das PolG RF enthält ein Übermaß an Vorschriften, die entweder schon ihrer juristischen Natur nach, sei es als programmatische Zielbestimmungen oder als Aufgabennormen[54] ein nur flaches normatives Profil haben oder deren Normativität wie bei den Eingriffsbefugnissen wegen eines allzu großzügigen Gebrauchs von Verweisungen eingeschränkt oder zumindest unklar ist. Zwar führt die Unklarheit nicht zur Unanwendbarkeit der betreffenden Bestimmungen, weil die Polizei die in Verweisung genommen Vorschriften natürlich kennt und berücksichtigt, sie wirkt sich aber im Ergebnis zu Lasten des Bürgers aus. Denn dieser kann sich mit dem sprichwörtlichen ‚Blick ins Gesetz' nur ein unvollständiges Bild von der Rechtslage, von den Voraussetzungen und Grenzen der polizeilichen Befugnisse machen. Seine Position gegenüber der Polizei wird dadurch nachhaltig geschwächt. Das bedeutet eine Beeinträchtigung nicht nur aus dem Blickwinkel des Rechtsstaatsgedankens, sondern auch des Demokratieprinzips im Sinne von Art. 1 Abs. 1 der Verfassung Russlands.

---

[53] Policejskoe pravo (Anm. 52), S. 193 ff.

[54] Zur Normativität von Aufgabennormen grundlegend *Bull*, Hans-Peter: Die Staatsaufgaben nach dem Grundgesetz (Studienausgabe), Kronberg/ Ts 1977, S. 132 ff.

III. Der Polizeibegriff des Polizeigesetzes und das Verständnis der „öffentlichen Ordnung" im Polizeirecht

Dem Polizeigesetz Russlands liegt, wie schon dem noch geltenden Milizgesetz, ein institutionell-organisatorischer Polizeibegriff zugrunde[55]. Er ist aus dem Sowjetrecht überkommen. Die Polizei ist Vollzugspolizei. Die von ihr wahrgenommenen Aufgaben lassen sich nicht auf einen gemeinsamen materiellen Polizeibegriff, insbesondere nicht auf den Begriff der Gefahrenabwehr bringen. Sie gehen darüber hinaus. Das heißt nicht, dass es im russischen Polizeirecht keine Ansätze zu einem materiellen Polizeibegriff gäbe. Der oben zitierte Art. 1 Abs. 1 PolG RF scheint im Gegenteil einem solchen Verständnis verhaftet zu sein[56]. Bei näherer Prüfung zeigt sich jedoch, dass das russische Polizeirecht insbesondere unter „öffentliche Ordnung" (obščestvennyj porjadok) etwas anderes versteht als in Deutschland, also nicht „die Summe ungeschriebener Normen, deren Befolgung nach den herrschenden sozialen und ethischen Anschauungen als unerlässliche Voraussetzung eines geordneten menschlichen Zusammenlebens in einem bestimmten Gebiet"[57].

In der russischen Literatur ist man sich darüber im Klaren, dass „öffentliche Ordnung" ein höchst unbestimmter, unklarer, sowohl im Verwaltungsrecht als auch im Strafrecht[58] verwendeter Begriff ist und ferner sowohl in einem weite-

---

[55] Das spiegelt sich auch in der russischen Fachliteratur wider. Während das Schrifttum speziell zum Miliz- bzw. Polizeirecht ziemlich begrenzt ist, ist ein großer Teil der Lehrbücher zum Polizeirecht dem Studienfach „Rechtswahrungsorgane" (pravoochranitel'nye organy) gewidmet. Darin werden die Organe des Inneren und insbesondere die Miliz zusammen mit den Geheimdiensten, weiteren Sicherheitsbehörden, der Staatsanwaltschaft und manchmal auch den Gerichten behandelt. Siehe *Voroncov*: S.A.: Pravoochranitel'nye organy. Specslužby. Istorija i sovremennost', Rostov am Don 1998, S. 325 ff.; *derselbe*: Pravoochranitel'nye organy RF. Istorija i sovremennost', Rostov am Don 2001, S. 436 ff.; *Grigolis*, É. P.: Pravoochranitel'nye organy, Sankt Peterburg 2002, S. 299 ff.; *Bezlepkin*, B. T.: Sudebnaja sistema, pravoochranitel'nye organy i advokatura Rossii, Moskau 2001, S. 239 ff.; *Božev*, V. P.: Pravoochranitel'nye organy RF. Učebnik, Moskau 2004, S. 203 ff.; *Černikov*, V.V.: Sudebnaja sistema, pravoochranitel'nye organy, specslužby. Učebnik, Moskau 2001, S. 210 ff.

[56] „Die Polizei hat ihre Bestimmung in dem Schutz (zaščita) des Lebens, der Gesundheit, der Rechte und Freiheiten der Bürger der RF, Ausländer und Staatenlosen (im Weiteren: Bürger, Personen), in der Vorbeugung von Kriminalität, in der Wahrung (ochrana) der öffentlichen Ordnung, des Eigentums und der Gewährleistung der öffentlichen Sicherheit."

[57] So das BVerfGE 69, 315(352) – Brokdorf. Zu dem Problem des Begriffs der öffentlichen Ordnung *Tettinger*, Peter J. / *Erbguth*, Wilfried: Besonderes Verwaltungsrecht. Kommunalrecht, Polizei- und Ordnungsrecht, Baurecht, 8. Auflage, Heidelberg, 2005, S. 184 ff.

[58] Abschnitt IX (Kapitel 24–28) des Strafgesetzbuches Russlands vom 13. 6. 1996 erfasst „Verbrechen gegen die öffentliche Sicherheit und öffentliche Ordnung" und kennt in diesem Rahmen „Verbrechen gegen die Gesundheit der Bevölkerung und die öffentli-

ren, als auch in einem engeren Sinne verstanden und gebraucht werden kann. Übereinstimmend beschreibt man öffentliche Ordnung aber als einen Zustand, sei es, der „gesellschaftlichen Verhältnisse" oder des Zusammenlebens der Menschen an einem bestimmten Ort. Dabei legt man durchweg den Akzent auf das Wort „Ordnung". Öffentliche Ordnung wird daher nicht eigentlich oder primär als ein Normenkomplex, als ein Inbegriff von Normen verstanden, sondern als ein Zustand, der sich dadurch auszeichnet, dass sich das Leben an irgendeinem Ort des Landes, sei es Bereich des öffentlichen Verkehrs oder in den Wohngebieten oder Wohngebäuden, ohne Verletzung der rechtlichen und sittlichen Normen eines friedlichen Zusammenlebens abspielt. Dazu legt man dem Begriff auch eine subjektive Seite bei, nämlich die Einstellung und Bereitschaft der Menschen, jenen objektiven Zustand nicht durch Normverletzungen zu stören. „Öffentliche Ordnung im weiteren Sinne", schreibt Bel'skij[59], „das ist eine friedliche Ordnung, in welcher normale Beziehungen zwischen den Menschen herrschen, Konflikte gegen ein Minimum tendieren und rechtswidrige Anschläge verhütet und unterbunden werden. Indem der Staat diese polizeiliche Tätigkeit ausübt, verfügt er über die ständige Bereitschaft, die Bürger gegen Anschläge von Seiten der Verletzer der öffentlichen Ordnung zu schützen und den Bürgern bei der Realisierung des Rechts auf Unverletzlichkeit, der Bewegungsfreiheit und der anderen Rechte zu helfen." Ordnung sei ein „moralischer und rechtlicher Zustand der Gesellschaft"[60]. Der Autor meint daher, dass der Begriff der öffentlichen Ordnung auch die Begriffe der öffentlichen Sicherheit (obščestvennaja bezposnost') und „gute öffentliche Eingerichtetheit" (obščestvennoe blagoustrojstvo) einschließe und insgesamt durch Normen des Rechts und der Moral geregelt werde.

Im engeren Sinne versteht man in der russischen Polizeirechtsliteratur unter öffentlicher Ordnung die allein durch Rechtsvorschriften geregelten sozialen Beziehungen im öffentlichen Raum, d. h. „Straßen, Plätze, Verkehrslinien, öffentliche Verkehrsmittel, Flughäfen, Bahnhöfe, Häfen, Parkanlagen, Wohnquartiere, Sportkomplexe und sonstige Orte der Begegnung bzw. des Aufenthaltes der Menschen, die allgemein zugänglich sind"[61].

Es zeigt sich, dass die heutige russische Polizeirechtslehre mit dem Inhalt des Begriffs der öffentlichen Ordnung einen Gedanken und eine politische Vorstellung verbindet, die schon der Polizeibegriff des pr. ALR in seinem berühmten § 10 Teil II, Titel 17 (§ 10 II 17) enthielt, nämlich den der „öffentlichen

---

che Sittlichkeit" (obščestvennaja nravstvennost'), Kap. 25 (Art. 228 – 245), Tatbestände, die Rauschgiftdelikte, Pornographie, Prostitution, Beschimpfung von Toten und Tierquälerei unter Strafe stellen.

[59] Policejskoe pravo (Anm. 52), S. 242 f.

[60] Ebenso Ryžakov, Kommentarij (Anm. 43), S. 16 (Art. 2 Punkt 22).

[61] Kondrašov/ Solovej/ Černikov, Kommentarij (Anm. 43), S. 18.

Ruhe": „Die nöthigen Anstalten zur Erhaltung der öffentlichen Ruhe, Sicherheit und Ordnung und zur Abwendung der dem Publico oder einzelnen Mitgliedern desselben bevorstehenden Gefahr zu treffen, ist das Amt der Polizey."[62]

---

[62] Die Erhaltung der öffentlichen Ruhe, das Bestreben, die Bürger ‚ruhig‘ zu halten, war zur Zeit der Ausarbeitung des „Gesetzbuches für die Preußischen Staaten" (1791), also während der Französischen Revolution, allgemein ein wesentliches Anliegen der Obrigkeit. So spricht § 12 II 17 „von der unter der besondern Obhut der Polizey stehende(n) öffentliche(n) Ruhe und Sicherheit", und § 2 II 13 stellt bei „den Rechten und Pflichten des Staats überhaupt" fest: „Die vorzügliche Pflicht des Oberhaupt im Staate ist, sowohl die äußere als auch die innere Ruhe und Sicherheit zu erhalten, und einen jeden bei dem Seinigen gegen Gewalt und Störungen zu schützen." Und zum geflügelten Wort (siehe Büchmann!) wurde der vom Berliner Stadtkommandanten von der Schulenburg am 17. 10. 1806 nach der verlorenen Schlacht von Jena-Auerstedt geprägte Satz: „Der König hat eine Bataille verloren. Nun ist Ruhe die erste Bürgerpflicht. Ich fordere die Einwohner Berlins dazu auf…". Den Hintergrund dieser ‚Philosophie‘ geordneter Zustände bildet die ältere naturrechtliche Trias von tranquilitas, securitas und pax in der Lehre von Thomas Hobbes und anderen. Dazu *Saupe*, Achim: Von „Ruhe und Ordnung" zur „inneren Sicherheit". Eine Historisierung gesellschaftlicher Dispositive (online): http://www.zeithistorische-forschungen.de/site.

„Verhältnismäßigkeit" als „Mega-Prinzip" im Unionsrecht?[*]

Überlegungen zur Rechtsprechung des Gerichtshofes der Europäischen Union (EuGH) zum Verhältnis der Grundfreiheiten zur Autonomie des Nationalstaates

Norbert Reich

„Der Grundsatz der Verhältnismäßigkeit ist einer der ungeschriebenen allgemeinen Rechtsgrundsätze des Gemeinschaftsrechts"[1]

I. Ein persönliches Wort vorweg

Meine Bekanntschaft, jetzt Freundschaft mit Hans Peter Bull, dem diese Zeilen gewidmet sind, datiert aus meiner (kurzen) Zeit als Lektor des Athenäum-Verlages in Frankfurt. Ich hatte dort das große Glück, die bemerkenswerte Habilitationsschrift eines jungen Hamburger Privatdozenten namens Hans Peter Bull verlegerisch mitbetreuen zu dürfen. Sie erschien im Jahre 1973 mit dem ehrgeizigen Titel „Die Staatsaufgaben nach dem Grundgesetz" und erlebte nach meiner Verlagstätigkeit eine 2. „erweiterte" Auflage und Studienausgabe 1977. In seiner Einleitung schreibt der Autor, dass das Ziel seiner Arbeit ein doppeltes war: „Zum einen sollte der häufig gebrauchte, aber selten erläuterte Begriff der Staatsaufgaben einer Klärung nähergebracht werden, zum anderen sollten mit der inhaltlichen Ausfüllung dieses Begriffs für die Bundesrepublik Deutschland wesentliche Elemente eines modernen Sozialstaates dargestellt werden."

Eines „modernen Sozialstaates" – dies scheint mir als Nicht-Öffentlich-rechtler eines der ganz zentralen Forschungs- und Arbeitsschwerpunkte von Hans Peter Bull zu sein, mit dem ich in Hamburg einige Jahre am Fachbereich Rechtswissenschaft II der Universität lehren durfte. Danach wandte sich mein Interesse am frisch gegründeten ZERP (Zentrum für Europäische Rechtspolitik)

---

[*] Aktualisierte deutsche Fassung meines Vortrages „How proportionate is the proportionality principle in EU law" anläßlich des EUI Workshop „The European Court of Justice (ECJ) and the Autonomy of Member States", Florenz 20-21 April 2009 (publiziert in FS G. Roth, 2011, 325-346).

[1] *H. Kutscher*, Der Grundsatz der Verhältnismäßigkeit im Recht der Europäischen Gemeinschaften, 1985, S. 90. Kutscher, ehem. Richter am BVerfG und (bislang einziger deutscher!) Präsident des EuGH.

in Bremen dem gerade erwachsen werdenden Gemeinschaftsrecht zu, während Hans Peter Bull dem rechtspolitischen Täufling „Datenschutz" zu Anerkennung, aber auch Kritik verhalf. Das Gemeinschaftsrecht führte dann beider Interessen wieder zusammen; die angeblich unvollständige Umsetzung der Datenschutzrichtlinie 95/45/EG v. 24.10.1995[2] resultierte in der Verurteilung der Bundesrepublik im Urteil des EuGH v. 9.3.2010[3], dem er einen fulminanten kritischen Aufsatz beisteuerte, der in der Bemerkung gipfelt: „Der Gerichtshof verkennt also infolge einer verengten Sichtweise die Bedeutung der *demokratischen Legitimation* (Hervorhebung NR) amtlichen Handelns".[4]

Ein moderner Sozialstaat basierend auf demokratischer Legitimation – diese Stichworte aus Hans Peter Bulls wissenschaftlichem und praktischen Wirken während eines Zeitraumes von mehr als 30 Jahren, das in dieser Festschrift gewürdigt wird, möchte ich in den folgenden Zeilen aufnehmen und mit der Rechtsprechung des EuGH aus dem letzten Jahrzehnt kontrastieren, die zunehmend genau in diese Spielräume des Nationalstaates eingreift. Das entscheidende europarechtliche Vehikel hierfür ist der *Verhältnismäßigkeitsgrundsatz,* der sich von seiner bescheidenen Kinderstube etwa in der vielzitierten, noch genauer zu referierenden *Cassis-de Dijon*-Entscheidung aus dem Jahre 1979[5] offensichtlich zu einen „Megaprinzip" entwickelt hat, der für viele Kritiker die demokratischen und sozialstaatlichen Spielräume des Nationalstaates – und hier ganz besonders der Bundesrepublik – entscheidend einzuengen droht, ohne aber selbst demokratisch legitimiert zu sein.[6]

Vorschnelle (Ver-) Urteile(ungen) sind allerdings nicht angebracht – sie wären auch ganz gegen das Temperament von Hans Peter Bull, der in seinem oben zitierten Aufsatz zur Unabhängigkeit der Datenschutzaufsicht immerhin das

---

[2] ABlEG L 277/3 v. 5.11.1995.

[3] EuGH, Urt. v. 9.3.2010, Rs. C-518/07 *Kommission/Deutschland*, EuZW 2010, 296 mit Anm. Roßnagel.

[4] *Bull*, Die „völlig unabhängige" Aufsichtsbehörde, EuZW 2010, S. 488 (492).

[5] EuGH, Urt. v.20.2.1979, Rs. 120/78 *Rewe-Zentral AG v Bundesmonopolverwaltung für Branntwein* (*Cassis de Dijon*) Slg. 1979, 649; dazu jetzt die Würdigungen von A. Rosas, K. Niscolaidis, N. Bernard und D.G. Regan in M. Maduro/L. Azoulai (eds.), The Past and Future of EU Law, 2010, pp. 431.

[6] Dazu die Tagung am EUI Florenz; außerdem G. Roth (Hrsg.), Der EuGH und die Souveränität der Mitgliedstaaten – Eine kritische Analyse richterlicher Rechtsschöpfung auf ausgewählten Rechtsgebieten, Linde Wien, 2008; grundlegend jetzt zur recht*schöpferischen* und recht*schöpfenden* Rolle des EuGH jetzt den Aufsatz des Kammerpräsidenten am EuGH K. Lenaerts (mit J. Gutiérrez-Fons), The Constitutional Allocation of powers and general principles of EU Law, Common Market Law Review (CMLRev) 2010, 1629-1669. Lenaerts – sicherlich einer der prominentesten Richter am EuGH – gibt in gewisser Weise das Selbstverständnis des EuGH wieder, auch wenn der Aufsatz den üblichen Hinweis enthält: „All opinions expressed herein are personal to the authors".

Urteil des EuGH auch als „Anregung" zum Nachdenken über die stärkere Unabhängigkeit von Aufsichtsbehörden generell begriffen hat.[7] Der folgende eigene Beitrag erläutert zunächst kurz die Ausweitung des Anwendungsbereiches der Grundfreiheiten, die gegenüber staatlichen und zuletzt auch nichtstaatlichen Maßnahmen im Sinne eines liberalen Marktmodells auch von Privatpersonen – in der Regel, aber nicht nur aktiven Wirtschaftssubjekten - als direkt wirkende subjektive Rechte in Feld geführt werden können und von staatlichen Gerichten zu schützen sind (II). Dem entspricht eine judikative Ausdehnung der Einschränkungen der Grundfreiheiten rechtfertigenden staatlichen Schutzziele (III). Die Ausbalanzierung dieser Normkollision erfolgt dann durch den Verhältnismäßigkeitsgrundsatz, dessen durchaus unterschiedliches Wirken an vier Fallgruppen erläutert wird (IV). Die beachtliche „Kontrolldichte" des EuGH mittels des Verhältnismäßigkeitsgrundsatzes gegen staatlichen Maßnahmen wird zum Schluss kontrastiert dem wesentlich großzügigeren Kontrollmaßstab gegenüber Maßnahmen der Gemeinschaft und jetzt der Union selbst (V), auch wenn diese starke Einschränkungen des liberalen Marktmodells der Gemeinschaft/Union enthalten.

Angesichts des Umfangs der Rechtsprechung[8] wird nur auf die Grundfreiheiten eingegangen, nicht etwa auf den – sicherlich gleich bedeutsamen – Bereich der Unionsbürgerschaft[9], der einen eigenen Beitrag verdiente, sowie die neuerdings erstarkende unionsrechtliche Grundrechtskontrolle[10], die in Art. 52 (1) der Europäischen Grundrechts-Charta ausdrücklich an das Verhältnismäßigkeitsprinzip gebunden ist.

II. Die „beinahe schrankenlose" Ausweitung der „Beschränkungsrechtsprechung"

Wenig in der kritischen Öffentlichkeit bemerkt, aber dennoch einschneidend gegenüber mitgliedstaatlichen Aktionsspielräumen zeigt sich zunächst der Anwendungsbereich der Grundfreiheiten selbst und des in ihnen enthaltenen Dis-

---

[7] AaO Fn. S. 494.

[8] Die Monographie von *O. Koch*, Der Grundsatz der Verhältnismäßigkeit in der Rechtsprechung des EuGH, 2003, hat zum damaligen Zeitpunkt etwa 800 Urteile ausgewertet; inzwischen dürften mindestens 200 hinzugekommen sein, was die schon quantitativ zentrale Rolle des Verhältnismäßigkeitsgrundsatzes bestätigt.

[9] Zuletzt EuGH, Urt. v. 13.3.2010, *N. Bressol v Gouvernement de la Communauté francaise*, EuZW 2010, 465 mit Anm. Hilpold ; kritisch zu den Schussanträgen der GÄin Sharpston vgl. Reich, EuZW 2009, 637 (zum Hochschulzugang) ; 22.12.2010, Rs. C-208/09, *Ilonka Sayn-Wittgenstein v Landeshauptmann von Wien*, Slg. 2010, I-(nnv) (zum Namensrecht).

[10] Dazu jetzt EuGH, Urt. v. 9.11.2010, Rs. C-92+93/09 *Volker und Markus Schecke GbR v Land Hessen*, EuZW 2010, 939 mit Anm. Guckelberger.

kriminierungsverbots, das vom EuGH zu einem umfassenden Beschränkungs-
verbot ausgebaut wird; hier werden nur Stichworte aufgeführt, ohne eine umfassende Würdigung zu bringen. Im Bereich der Niederlassungs-, Dienstleis-
tungs- und Kapitalverkehrsfreiheit ist „Beschränkung" bereits jede staatliche
Maßnahme, die eine potenziell grenzüberschreitende wirtschaftliche Tätigkeit
aufwendiger oder weniger attraktiv macht.[11] Es geht also nicht nur um Marktzugang, sondern um Gewährung von Marktfreiheiten ganz generell. Im Bereich
der Warenverkehrsfreiheit hat die sog. *Keck*-Rechtsprechung[12] zunächst eine
Differenzierung zwischen solchen Regelungen vorgenommen, die als „Pro-
duktmodalitäten" direkt die Vermarktung betreffen (Vorschriften über Inhalt,
Aufmachung, Verpackung usw. eines Produkts), und sog. „Verkaufsmodalitäten" über Werbung, Vertrieb und Vertragsregelungen, die dann nicht in den
Anwendungsbereich des EU-Rechts fallen, wenn sie nicht- diskriminierend
vorgehen und inländische wie ausländische Produkte oder Produzenten rechtlich wie faktisch gleich behandeln. Die neue Rechtsprechung des EuGH hat jedoch diese feine Unterscheidung weitgehend obsolet werden lassen, weil auch
bei sog. Verkaufsmodalitäten relativ leicht der Nachweis zu führen ist, das sie
eben für EU-ausländische Produkte oder Unternehmen eine höhere Bürde im
Marktzugang enthalten als für inländische, die mit solchen Regelungen umzugehen gelernt haben; dies gilt besonders im Bereich des (von der Union aktiv
geförderten) Internethandels[13]. Neuestens werden Produktions- oder Nutzungs-
beschränkungen den Produktregelungen gleichgestellt und nicht als „Verkaufsmodalitäten" privilegiert. Die *Keck*-Rechtsprechung hat m.E. heute den
Symbolwert einer europäischen Begriffsjurisprudenz!

Aber die „Erfolgsgeschichte" von der Ausbreitung der Grundfreiheitenrechtsprechung ist damit noch nicht zu Ende: Die Grundfreiheiten schützten
nicht nur den Marktzugang, sondern auch den Markt"austritt", etwa von Produkten,[14] Dienstleistungen,[15] oder Unternehmen[16]. Sie schützen nicht nur den
„aktiven", sondern auch den „passiven" Markbürger i.S. von Empfängerfreihei-

---

[11] Dazu aus der ständigen Rspr. etwa EuGH, Urt. v. 5.10.2004, Rs. C-442/02 *Caixa
Bank France v Ministère,* Slg. 2004, I-8961 Rdnr. 11.

[12] EuGH, Urt.v. 24.11.1993, verb. Rs. C-267 + 268/91 *Bernhard Keck and Daniel
Mithouard*, Slg. 1993, I-6097.

[13] Dazu neuerdings EuGH, Urt. v. 2.12.2010, Rs. C-108/09 *Ker-Optika v ANTSZ,*
Slg. 2010. I-(nnv) Rdnr. 54.

[14] EuGH, Urt. v. 16.12.2008, C-205/07 *Gysbrechts,* Slg.2008, I-9947; comment W.-
H. Roth, CMLRev 2010, 509.

[15] EuGH, Urt. v. 10.5. 1995, Rs. C-384/93 *Alpine Investments BV v Minister van Fi-
nancien* Slg. 1995, I-1141.

[16] EuGH, Urt.v. 16.12.2008, Rs. C-210/06 *Cartesio Oktató és Szolgátató* Slg. 2008,
I-9641; comment Szydlo, CMLRev 2009, 703.

ten[17]. Das Merkmal der „Grenzüberschreitung", eigentlicher Angelpunkt der Grundfreiheiten, wird damit mehr oder minder obsolet[18]. Auch das Merkmal der „Staatlichkeit" einer Maßnahme, ohnehin vom EuGH weit gezogen, gerät unter Druck, wie das *Raccanelli*-Urteil[19] erst kürzlich bestätigt hat.

Der Gerichtshof ist daher in Bezug auf Art. 39 EG (jetzt Art. 45 AEUV), der eine Grundfreiheit formuliert und eine spezifische Anwendung des in Art. 12 EG (Art. 18 AEUV) ausgesprochenen allgemeinen Diskriminierungsverbots darstellt, zu dem Ergebnis gelangt, dass das Diskriminierungsverbot auch für alle die abhängige Erwerbstätigkeit kollektiv regelnden Tarifverträge und *alle Verträge zwischen Privatpersonen* (Hervorhebung NR) gilt (Rdnr. 45).

Bekanntlich hat diese Rechtsprechung – die auch im Bereich der Dienstleistungs- und Niederlassungsfreiheit gilt[20], während ihre Anwendung bei der Waren- und Kapitalverkehrsfreiheit noch ungeklärt ist[21] – dazu geführt, dass gewerkschaftliche Kampfmaßnahmen, die sich bislang als außerhalb des EU-Rechts stehend angesehen hatten und zudem grundrechtlich in Art. 28 der Charta geschützt sind, der Grundfreiheitenrechtsprechung unterfallen.[22] Auch

---

[17] EuGH, Urt.v. . v. 31.1.1984, verb. Rs. 286/82 + 26/83 *Luisi & Carbone/Ministerio del Tesoro* Slg. 1984, 377; 2.2.1989, Rs, 186/87 *Cowan v Trésor public* Slg. 1989, 195; 28.4.1998, Rs. C-158/96 *Kohll v Union des Caisses de Maladie* Slg. 1998, I-1931 ; 18.6. 1998, *Clean Car Autoserve v Landeshaptumann Wien*, Slg. 1998 I-2521.

[18] Z. B. Urt. v.11.7. 2002, Rs. C-60/00 *Mary Carpenter v Secretary of State for the Home Department* Slg. 2020 I-6279;GÄin Sharpston will auf das Merkmal der Grenzüberschreitung ganz verzichten, jedenfalls im Bereich im der Personenfreizügigkeit, Schlussanträge in der Rs. C-30/09 *Zambrano v ONEM* v. 30.9.2010.

[19] EuGH, Urt. v. 27.7.2009, C-94/07 *Raccanelli v Max-Planck-Gesellschaft*, Slg. 2009, I-5939.

[20] EuGH, Urt. v. 19.2.2002 C. 309/99, *Wouters v Alg Rad van de NL Ordre van Advocaaten*, Slg. 2002 I-11577 Rdnr. 120.

[21] Dazu *P. Oliver* (ed.), Free Movement of Goods in the EU, 5th ed. 2010, Rdnr. 6.134 unter Hinweis auf die staatliche Pflicht, Störungen des freien Warenverkehrs durch Dritte zu verhindern, dazu EuGH, Urt. v. 1997, Rs. C-365/95 *Kommission/Frankreich* Slg. 1997 I-6959; *Reich,* The Interrelation between Rights and Duties in EU Law, Yearbook of European law (YEL) 2010, 112 at p. 138.

[22] EuGH, Urt. v. 11.12.2007, Rs.C-438/05 *International Transport Workers Federation (ITF) and Finnish Seaman's Union (FSU) v. Viking Line* Slg. 2007, Slg.I-10779, v. 18.12.2007, Rs. C-341/05 *Laval v Bygnadds et al.* Slg. 2007, I-11767; zur sehr kontroversen Diskussion vgl *Reich,* Fundamental Freedoms vs. Fundamental Rights: Did *Viking* get it wrong? In: Europarättslig Tijdskrift, 2008, 851–873: *N. Hös,* The principle of proportionality in the *Viking* and *Laval* cases: An appropriate standard of judicial review? EUI Working Papers Law 2009/06. Kritik vor allem bei *Chr. Joerges/F. Rödl,* Von der Entformalisierung europäischer Politik und dem Formalismus europäischer Rechtsprechung im Umgang mit dem „sozialen Defizit" des Integrationsprojekts – Ein Beitrag aus Anlass der Urteile des EuGH in den Rs. *Viking* und *Laval,* ZERP-Diskussionspapier 2/2008 = Informal Politics, Formalised Law, and the ‚Social Deficit' of European Integration: Reflections after the Judgments of the ECJ in *Viking* and *Laval,* ELJ 2009, 1; *P. Rodière,* Les arrêts *Viking* et *Laval,* le droit de grève et le droit de

der Ausnahmebereich des Art. 137 (5) EG (jetzt Art. 153 (5) AEUV) kann nicht als Einschränkung der Grundfreiheiten angeführt werden, sondern gilt – wie auch die anderen „Ausnahmebereiche" des Unionsrechts – „nur" für die Unions-Gesetzgebung.[23] Auch vor sekundärrechtlichen Schranken macht das Primärrecht keinen Halt, wie etwa einerseits die Ausnahme einer Regelung der Gewinnspiele in den einschlägigen Richtlinien[24] einerseits und die unten darzustellende Rechtsprechung des EuGH zur dortigen Geltung des Beschränkungsverbots der Dienstleistungsfreiheit andererseits verdeutlicht. Nach ständiger Formel des EuGH müssen die Mitgliedstaaten auch in den Bereichen, in denen die Union keine Gesetzeskompetenz hat, ihre Staatsaufgaben dennoch in Konformität mit den Grundfreiheiten ausüben.[25] Dies gibt der von Hans Peter Bull entwickelten Staatsaufgabenlehre eine ganz neue Wendung, die z.Z. des Erscheinens seiner Habilitationsschrift natürlich noch nicht absehbar und auch nicht prognostizierbar war! Demokratisch legitimierter Sozialstaat: ja, aber in ständiger Konformität und gelegentlich Konfrontation mit den Grundfreiheiten. Hier wird die Bedeutung des Verhältnismäßigkeitsprinzips im Unionsrecht überdeutlich, das aber zunächst vor dem Hintergrund einer erweiterten Rechtsfertigungsdogmatik betrachtet werden soll.

---

négociation collective, RDT eur. 2008, 47; *E. Kocher*, Kollektivverhandlungen und Tarifautonomie – welche Rolle spielt das europäische Recht?, AuR (Arbeit und Recht) 2008, 13; *R. Rebhahn*, Grundfreiheiten und Arbeitskampf, ZESAR (Zeitschrift für europäisches Sozial- und Arbeitsrecht) 2008, 109; *A. C. L. Davies*, One Step Forward, Two Steps back? The *Viking* and *Laval* cases in the ECJ, ILJ (Industrial Law Journal) 2008, 126; *J. Malmberg* & *T. Sigman*, Industrial actions and EU economic freedoms: The autonomous collective bargaining model curtailed by the ECJ, CMLRev 2008, 1115; *L. Azoulai*, The Court of Justice and the social market economy: The emergence of an ideal and the conditions for its realization, CMLR 2008, 1335; *M. Höpner*, Usurpation statt Delegation – Wie der EuGH die Binnenmarktintegration radikalisiert und warum er politischer Kontrolle bedarf, MPI f. Gesellschaftsforschung, DP 08/12; *S. Deakin*, Regulatory Competition after Laval, in: Cambridge Yearbook of European Legal Studies, 2008, 581; *W. Däubler*, ITF-Aktionen gegen Billig-Flaggen-Schiffe – im Widerspruch zum EG-Recht? AuR 2008, 409. Zur Frage der Haftung der schwedischen Gewerkschaften wegen eines gemeinschaftsrechtswidrigen Streiks vgl. jetzt das Urteil des schwedischen Arbeitsdomstolen (Arbeitsgericht) v. 2.12.2009, in *Reich:*, Laval „4. Akt", EuZW 2010, 454; *U. Bernitz/N. Reich*, CMLRev 2011, demnächst. Aus der Sicht des EuGH vgl., die Rechtfertigungsversuche von *Th. v. Danwitz*, Grundfreiheiten und Kollektivautonomie, EuZA 2010, 6; *Lenaerts/Gutiérrez-Fons*, supra Fn 6, p. 1665 (Verbot der Marktabschottung!).

[23] Urteil *Viking* Rndr. 40.

[24] Art. 1 (2) (d) der RiLi 2000/31/EG v.8.6.2000 über den elektronischen Geschäftsverkehr, ABl. L 178, 17.7.2000, 12; Art. 2 (2) (h) der RiLi 2006/123/EG v. 12.12.2006 zu Dienstleistungen im Binnenmarkt, ABl L 376, 27.12.1006, 36.

[25] EuGH, Urt. v. 19.5.2009, verb. Rs. C-171 + 172/07, *Apothekerkammer des Saarlands v Doc Morris* Slg. 2009, I-4171 Rdnr. 18.

III. „Neue" Rechtfertigungsgründe für Beschränkungen

Bekanntlich hat der ursprüngliche EWG-Vertrag, der insoweit durch den Unionsvertrag auch nicht geändert worden ist, einen *„numerus clausus"* von erlaubten staatlichen Diskriminierungen und Beschränkungen der Grundfreiheiten eingeführt, der auf die klassischen Vorbehalte der öffentlichen Ordnung, Sicherheit und Gesundheit sowie des eigentlichen nicht-wirtschaftlichen Staatshandelns abstellt, z.B. in Art. 36/45/52/65 AEUV. Einzelheiten sind hier nicht darzustellen; es genügt der Hinweis auf eine durchgehend enge Auslegung dieses „ordre public"-Vorbehalts als Ausnahme von der Regel in der Rechtsprechung des EuGH.

Wichtiger erscheint der Hinweis auf die seit der oben erwähnten *Cassis*-Entscheidung vom EuGH eingeführte Erweiterung des Rechtfertigungskatalogs durch den generellen Vorbehalt der „zwingenden Erfordernisse" im Allgemeininteresse. Hier heißt es:

Hemmnisse für den Binnenhandel der Gemeinschaft, die sich aus den Unterschieden er nationalen Regelungen über die Vermarktung dieser (alkoholischen NR) Erzeugnisse ergeben, müssen hingenommen werden, soweit diese Bestimmungen notwendig sind, um zwingenden Erfordernissen gerecht zu werden, insbesondere den Erfordernissen einer wirksamen steuerlichen Kontrolle, des Schutzes der öffentlichen Gesundheit, der Lauterkeit des Handelsverkehrs und des Verbraucherschutzes (Rdnr. 8).

Der EuGH verrät uns allerdings nicht, warum diese „zwingenden Erfordernisse" nicht direkt aus den „ordre public"-Vorbehalten des Gemeinschafts- bzw. Unionsrechts, damals Art. 36 EWG (jetzt Art. 34 AEUV) entnommen werden können. Dieser im Prinzip offene Katalog der zwingenden Erfordernisse, der auf Belange des Sozial-, Umwelt-, Jugend- und Kulturschutzes und neuerdings der Grundrechtsverwirklichung erweitert worden ist[26], hat sich im Bereich der anderen Freiheiten mit gleicher Intensität durchsetzen können, etwa der Verbraucher- und Klientenschutz bei der Ausübung der anwaltlichen Dienstleistungsfreiheit[27], der Gläubigerschutz im Niederlassungsrecht[28] usw. Die nicht immer klare Grenze besteht nach Meinung des EuGH bei Regelun-

---

[26] EuGH, Urt: v. 27.5.Rs. C-113/89 *Rush Portuguesa v Office national d'immigration* Slg.1990, I-1417 (Sozialschutz); v. 14.12.2004, Rs. C-309/02 *Radlberger Getränkegesellschaft v Land Baden-Württemberg* Slg. 2004, I-11763 (Umweltschutz), v. 12.6.2003, Rs. C-112/00 *Eugen Schmidberger v Österreich*, Slg. 2003, I-5659 (Versammlungsfreiheit); v. 14.10.C-36/02 *Omega*, Slg.2004, I-9609 (Grundrecht auf Menschenwürde); v. 14.2.2008, Rs. C-244/06 *Dynamic Medien Vertriebs GmbH v Avides Media AG* Slg. 2008, I-505 (Kinderschutz).

[27] Urt. v. 12.12.C-3/95 *Reiseburo Broede v Gerhard Sandker* Slg. 1996, I-6511; v. 5.12.2006 2006, verb. Rs. C-94 + 202/04 *Frederico Cipolla et al v Rosaria Fazari, née Portolese et al* Slg. 2006, I-11421.

[28] EuGH, Urt. v. 9.3.1999, Rs. C-212/97 *Centros Ltd. v Erhvervs og Selskabsstyrelsen* Slg. 1999, I-1459.

gen, die „lediglich" fiskalischen Interessen[29] oder der Verwaltungsvereinfachung dienen. Eine „Rückausnahme" hat der EuGH im Bereich des Gesundheitswesens gemacht, wo die Finanzierung eines leistungsfähigen Krankenhaus-[30] oder neuerdings auch eines aufwendigen ambulanten Versorgungssystems[31] Einschränkungen der Grundfreiheiten im Allgemeininteresse zu rechtfertigen vermag, das zudem nicht auf den offenen Rechtfertigungskatalog nach der *Cassis*-Entscheidung gestützt wird, sondern ausdrücklich auf die „öffentliche Gesundheit" in Art. 36 AEUV als Rechtfertigung zur Einschränkung etwa der Dienstleistungsfreiheit bei der Erbringung und beim Erwerb grenzüberschreitender Gesundheitsdienstleistungen verweist[32]

IV. Der alles entscheidende Auftritt des „Megaprinzips" der Verhältnismäßigkeit

1. Methodische Vorbemerkungen

Ein indirektes dennoch im Ergebnis klares Bekenntnis zum Verhältnismäßigkeitsprinzip als Maßstab für die Prüfung der Konformität staatlicher Maßnahmen mit den Grundfreiheiten findet sich bereits in der oben erwähnten „*Cassis-de-Dijon*"-Entscheidung des EuGH, wo es heißt:

> …die Festsetzung von Grenzwerten beim Weingeistgehalt von Getränken(kann) der Standardisierung von Erzeugnissen und ihrer Kennzeichnung im Interesse einer größeren Transparenz des Handels und der Angebote an die Verbraucher dienen. Andererseits kann man jedoch nicht soweit gehen, die zwingende Festsetzung eines Mindestweingeistgehaltes in diesem Bereich als wesentliche Garantie eines lauteren Handelsverkehrs zu betrachten, denn eine angemessene Unterrichtung der Käufer lässt sich ohne Schwierigkeiten dadurch erreichen, dass man die Angabe von Herkunft und Alkoholgehalt auf der Verpackung des Erzeugnisses angibt (Rdnr. 13).

Präsident des EuGH war damals übrigens Prof. Kutscher, von dem die oben zitierte Wendung des Verhältnismäßigkeitsgrundsatzes als „ungeschriebener allgemeiner Rechtsgrundsatz des Gemeinschaftsrechts" stammt. Im konkreten Fall zweifelt der EuGH weniger an der (abstrakten) Eignung einer Produktregelung für den Verbraucherschutz als legitimes öffentliches Interesse i.S. der

---

[29] EuGH, Urt.v 10.7.1984, Rs. 72/83 *Campus Oil v Minister for Industry and Energy* Slg. 1984, 2727 (gleichzeitig mit einer Rückausnahme!).

[30] EuGH, Urt. v. 10.3.2009, Rs. C-169/07*Hartlauer,* Slg. 2009, I- 1721, comment Hancher/Sauter, One Step Beyond? From Sodemare to DocMorris: EU's Freedom of Establishment Case Law Concerning Health Care, CMLRev 2010, 117 at p. 136.

[31] EuGH, Urt. v. 5.10.2010, Rs. C-512/08 *Kommission/Frankreich* Slg. 2010 I-nnv.

[32] EuGH, Urt v. 16.5.2006, Rs. C-372/04 *Yvonne Watts v Bedford Primary Care Trust* Slg. 2006 I-4325. Rdnr. 104-105; inzwischen ist die EU hier gesetzgeberisch tätig geworden!

zwingenden Erfordernisse als an seiner „Notwendigkeit" und begründet damit den zentralen Satz für das verbraucherschützende Binnenmarktrecht der EU: im Zweifel *Informationsgebote* statt *Vermarktungsverbote*.[33] Tridimas[34] entwickelt daraus den „least restrictive alternative-test" als Grundregel für die Ausbalanzierung von EU-Grundfreiheiten und nationalen Regelungsinteressen.

Die spätere Rechtsprechung hat diese Grundsätze verfeinert. In der *Gebhard*-Entscheidung[35] heißt es gleichsam leitsatzartig:

> Aus der Rechtsprechung des Gerichtshofs ergibt sich jedoch, dass nationale Maßnahmen, die die Ausübung der durch den Vertrag garantierten grundlegenden Freiheiten behindern oder weniger attraktiv machen können, vier Voraussetzungen erfüllen müssen: Sie müssen in nichtdiskriminierender Weise angewandt werden, sie müssen aus zwingenden Gründen des Allgemeininteresses gerechtfertigt sein, sie müssen geeignet sein, die Verwirklichung des mit ihnen verfolgten Zieles zu gewährleisten, und sie dürfen nicht über das hinausgehen, was zur Erreichung dieses Zieles erforderlich ist (Rdnr. 37).

Zentrale Bedeutung für die weitere Diskussion haben die beiden letztgenannten Voraussetzungen, nämlich

- die *Eignung* einer Maßnahme zur Erreichung des avisierten Allgemeininteresses;

- die *Notwendigkeit* einer solchen Maßnahme.

Anders als die herrschende deutsche Verfassungsrechtslehre nennt der EuGH nicht ausdrücklich die „Angemessenheit" der Maßnahme i.S. eines Übermaßverbotes.[36] Im Ergebnis spielt dies jedoch keine Rolle, weil der EuGH im Rahmen der „Notwendigkeitsprüfung" auch implizit die „Angemessenheit" untersucht: eine „nicht angemessene", d.h. übermäßig restriktiv in die Handlungsfreiheiten eingreifende Maßnahme ist daher regelmäßig als „nicht notwendig" zu verwerfen[37].

Die weitere, notwendig skizzenhafte Untersuchung wird nun nicht versuchen, die abstrakten methodischen Bemerkungen in den zahlreichen EuGH-Urteilen im einzelnen zu untersuchen, wie das etwa in der Arbeit von Koch mit großer Detailkenntnis geschehen ist. Koch weist selbst darauf hin, dass „(a)lle

---

[33] *Reich/Micklitz*, Europäisches Verbraucherrecht, 4. A. 2003, Rdnr. 2.42.

[34] *T. Tridimas*, The General Principles of Community Law, 2nd. ed. 2006, 193 at pp. 209-220 (Proportionality – review of national measures).

[35] EuGH, Urt. v. 30.11.1955, Rs. C-55/95, Gebhard v Consiglio dell'Ordine degli Advocati e procuratori di Milano, Slg. 1995 I-4165.

[36] Dazu *O. Koch* aaO Fn. 8, S. 254 ff., 287 ff.; *D. Grimm*, Proportionality in Canadian and German Constitutional Jurisprudence, U of Toronto LJ 2007, 383.

[37] Beispiel in EuGH, Urt v. 6.11. 2003, Rs. C-243/01 *Piergiorgio Gambelli et al* Slg. 2003, I-13031 Rdnr. 73.

Versuche, die im Rahmen der Verhältnismäßigkeitsprüfung vorzunehmende Abwägungsentscheidung mit empirischen Methoden darzustellen, ... letztlich zum Scheitern verurteilt (sind). Auch wenn das ‚Rechtsprinzip der Verhältnismäßigkeit suggerieren mag, dass es sich bei der Beurteilung der Verhältnismäßigkeit um eine ‚objektive‘ Entscheidung handelt, ist sie einer (sic!) Maßnahme nicht das Ergebnis einer rational-logischen Subsumtion, sondern beruht stets auf subjektiven Wertungen.[38]“

Vielmehr geht es um Herausarbeitung der dahinter erkennbaren „Philosophie“ des EuGH, wenn er eine restriktive, nicht-diskriminierende und der behaupteten Verwirklichung eines Allgemeininteresses dienende, staatliche – neuerdings auch privat-kollektive – Maßnahme einer Grundfreiheitenkontrolle unterzieht. Gleichzeitig soll damit eine methodische und rechtspolitische Kritik unter Aspekten einer Rechtsfolgenabschätzung verbunden sein, die die von Hans Peter Bull herausgearbeiteten demokratischen und sozialstaatlichen Aspekte auch im Rahmen des EU-Rechts thematisiert.

Nach Überzeugung des Verfassers lassen sich vier verschiedenen Vorgehensweisen feststellen:

- Eine „autonome Abwägung“ der konfligierenden Aspekte durch den EuGH selbst (sub 2.);

- ein Verweis auf „mitgliedstaatliche Abwägungsprärogativen“ (3.);

- eine „grundrechtsorientierte Abwägung“ (4.);

- eine „quasi-legislatorische“ Abwägung (5.).

Im Folgenden werden die unterschiedlichen Vorgehensweisen, die naturgemäß in dieser Form nicht vom EuGH selbst verwendet werden, anhand neuerer Beispiels-Entscheidungen verdeutlicht. Das dahinter stehende Erkenntnisinteresse fragt einerseits nach der Begründungsdichte durch den EuGH selbst, die die Leerformeln der „Eignung“ bzw. „Notwendigkeit“ ausfüllt, andererseits nach den Folgewirkungen auf mitgliedstaatliche, demokratisch legitimierte Handlungsalternativen im Rahmen des (direkt wirkenden) Unionsrechtsverbundes[39].

---

[38] S. 274.
[39] Vgl. Insoweit die Hinweise bei *Koch*, aaO Fn. 8, S. 556 ff.

2. „Autonome Abwägung"

Die Methode der „autonomen Abwägung" findet sich bereits in der mehrfach erwähnten *Cassis*-Entscheidung und bedeutet nichts anderes als die Verwerfung (seltener Bestätigung!) einer mitgliedstaatlichen Regelung durch den EuGH, auch wenn formal gesehen dieser eine solche ausdrückliche Kompetenz nach dem Unionsrecht nicht hat. Denn im Rahmen des Vorabentscheidungsverfahrens hat das nationale Gericht die Folgen aus dem Urteil des EuGH auf das nationale Recht zu ziehen, die für den begünstigten Wirtschaftsbürger aber durch die Prinzipien der Direktwirkung der unionsrechtlichen Grundfreiheiten und einem eventuellen Staatshaftungsanspruch bei Rechtsschutzverweigerung abgesichert sind.

In eine ähnliche Richtung gehen die späteren Urteile zu den Folgen für eine Kapitalgesellschaft bei Verlegung ihres effektiven Verwaltungssitzes von einem Mitgliedstaat (Niederlande) in einen anderen (Deutschland) vor deutschen Gerichten, die auf Grund der damals herrschenden Sitztheorie nicht mehr klagebefugt war. Die rechtsschutzverweigernden Ergebnisse dieser Rechtanwendung verurteilte der EuGH in der *Überseering*-Entscheidung[40] mit folgenden Worten:

> Es lässt sich nicht ausschließen, dass zwingende Gründe des Gemeinwohls, wie der Schutz der Interessen der Gläubiger, der Minderheitsgesellschafter, der Arbeitnehmer oder auch des Fiskus, unter bestimmten Umständen und unter Beachtung bestimmter Voraussetzungen Beschränkungen der Niederlassungsfreiheit rechtfertigen können. Solche Ziele können es jedoch nicht rechtfertigen, dass einer Gesellschaft, die in einem anderen Mitgliedstaat ordnungsgemäß gegründet worden ist und dort ihren satzungsmäßigen Sitz hat, die Rechtsfähigkeit und damit die Parteifähigkeit abgesprochen wird. Eine solche Maßnahme kommt nämlich der Negierung der den Gesellschaften in den Artikeln 43 EG und 48 EG zuerkannten Niederlassungsfreiheit gleich (Rdnr. 92–93).

Ähnlich überzeugende „autonome" Abwägungen hat der EuGH etwa in dem Urteil *Doc Morris*[41] vorgenommen, wo es um gerechtfertigte Beschränkungen des Internethandels für rezeptpflichtige Arzneimittel ging, die aber bei frei verkäuflichen Medikamenten nicht zutreffen.

Aber auch eine umgekehrte Wirkung der „autonomen Abwägung" ist denkbar, wie der EuGH kürzlich im Urteil über das lokale Besuchsverbot durch Unionsbürger von holländischen „coffee-shops" gezeigt hat. Dieses Besuchsverbot sollte den „Drogentourismus", provoziert durch eine liberale Politik des

---

[40] EuGH, Urt. v. 5.11.2002, Rs. C-208/00 Überseering BV v Nordic Construction Company Baumanagement GmbH (NCC) Slg. 2002, I-9919.

[41] EuGH, Urt: v. 11.12.2003, C-322/01 *Deutscher Apothekenverband v Doc Morris NV and Jacques Waterval* Slg. 2003, I-14887; zum unzulässigen Verbot des Internetverkaufs von Kontaktlinsen jetzt EuGH, Urt. v. 2.12.201, oben Fn 13.

Vertriebs von sog. „leichten Drogen" in den Niederlanden unterbinden. Im Verfolg der sehr klaren Schlussanträge des französischen Generalanwalts Bot betonte der EuGH in seinem kürzlichen *Josemans*-Urteil[42], das die dadurch verursachte Beschränkung der (passiven) Dienstleistungsfreiheit wegen des unionsrechtlich anerkannten Zieles der Bekämpfung der von – auch „leichten" – Drogen ausgehenden Gefahren trotz der (umstrittenen, von GA Bot heftig kritisierten!) niederländischen Duldungspolitik und trotz denkbarer Alternativmaßnahmen gegen den Drogentourismus verhältnismäßig sei:

> Den Mitgliedstaaten kann aber nicht die Möglichkeit abgesprochen werden, das Ziel der Bekämpfung des Drogentourismus und der damit einhergehenden Belästigungen durch die Einführung allgemeiner Vorschriften zu verfolgen, die von den zuständigen Behörden einfach gehandhabt und kontrolliert werden können.... Im vorliegenden Fall ergibt sich aus den Akten nichts, was dafür sprechen könnte, dass das angestrebte Ziel durch eine Regelung, die Gebietsfremden den Zutritt zu Coffeeshops gestattet, den Verkauf von Cannabis an diese jedoch verbietet, in dem gleichen Maße wie durch die im Ausgangsverfahren fragliche Regelung erreicht werden könnte.

Dem Ergebnis mag man zustimmen, obwohl sich die Begründung kaum im Rahmen der sonst – wie noch aufzuzeigenden – sehr strengen Verhältnismäßigkeitsprüfung bewegt.

3. Der Verweis auf „mitgliedstaatliche Abwägungsprärogativen"

Auf mitgliedstaatliche Abwägungsprärogativen verweist der EuGH ähnlich der These des Europäischen Menschengerichtshofs (EGMR) vom „margin of appreciation"[43] in unterschiedlichen, nicht immer klar zu kategorisierenden Fallgestaltungen. Dabei werden dem nationale Gericht häufig detaillierte Anweisungen an die Hand gegeben, wie die Abwägung durchzuführen sei – in vielen Fällen ist das Ergebnis damit schon vorherbestimmt. Der „margin of appreciation" hängt auch mit der Wertigkeit des geschützten Allgemeininteresses nach Auffassung des EuGH zusammen – ein nicht unproblematischer Eingriff in mitgliedstaatliche Handlungsspielräume. Hier einige Beispiele aus der reichhaltigen Kasuistik:

Fragen des Rechtsschutzes vor allem der Verbraucher und Bürger haben in der EuGH-Rechtsprechung einen hohen Stellenwert, und Beschränkungen etwa bei der Schuldbeitreibung auf bei Gericht zugelassene Anwälte (*Reisebüro*

---

[42] EuGH, Urt. v. 16.12.2010, *Josemans v.Burgemeester van Maastricht*, Slg. 2010, I-(nnv).

[43] Dazu *Chr. Grabenwarter*, Europäische Menschenrechtskonvention, 3. A. 2008, § 18 Rdnr. 20; auch *J. Frowein/W. Peukert*, EMRK-Kommentar, 3. A. 2009, Vorbem. vor Art. 8-11, Rndr. 13 ff.

Broede) [44] und restriktive Regelungen der anwaltlichen Gebührenstellung (*Cipolla*)[45] sind trotz offenkundig negativer Auswirkungen auf die Dienstleistungsfreiheit und trotz der Unterschiedlichkeit mitgliedstaatlicher Regelungen diesen letztlich autonom überlassen worden. Bei Regelungen zur Straßenverkehrssicherheit[46] und der beruflichen Unfallversicherung[47] genießen die Staaten einen weiten Beurteilungsspielraum, der beschränkende Regelungen der Fahrzeugnutzung sowie eine Zwangsversicherung rechtfertigen kann. Im Bereich der Gesundheitspolitik hat der EuGH im Prinzip die Entscheidungsprärogative der Mitgliedstaaten anerkannt und sich in der Regel nur an überschießenden, nicht konsistenten Regelungen gestört, deren konkrete Würdigung letztendlich den nationalen Gerichten anheimgegeben ist.[48]

Besonders „turbulent" ist die Rechtsprechung zur staatlichen Regelung von Gewinnspielen, Wetten, Lotterien usw., wobei in einer typischen Fallkonstellation Anbieter aus dem liberaleren Regelungskomplex in Großbritannien auf der einen Seite den hartnäckig ihre hergebrachten Wettmonopole verteidigenden kontinentalen Mitgliedstaaten gegenüberstehen. Dabei wird mit hehren Prinzipien wie „Dienstleistungsfreiheit" im Internet einerseits und „Verbraucherschutz gegen Suchtgefahr" andererseits argumentiert, wo es doch nur um die Verteilung des aus der Spielsucht gezogenen Geldes geht: einerseits private Anbieter in England, andererseits der staatliche, immer klamme Fiskus auf dem Kontinent! Keine ganz leichte Aufgabe für die Verhältnismäßigkeitsrechtsprechung des EuGH! Schienen die ersten Urteile zu beschränkenden Regelungen hier einen eher großzügigen, das fiskalische Interesse des Staates nicht unberücksichtigt lassenden Maßstab anzulegen[49], so ist die spätere Rechtsprechung, insbesondere zu italienischen Verboten des Internetvertrieb von (vor allem aus England stammenden) Wettdienstleistungen, deutlich strenger, weil offenbar die Bekämpfung der behaupteten Betrugsgefahr und Wettsucht des Publikums als vom EuGH anerkannter legitimer Verbraucherschutzaspekt in Wirklichkeit den Finanzinteressen des Staates diente, die zudem durch eine expansive Aus-

---

[44] EuGH, oben Fn. 27.

[45] EuGH, oben Fn. 27; hier lag kein grenzüberschreitender Sachverhalt vor, auf den die Dienstleistungsfreiheit eigentlich keine Anwendung findet.

[46] EuGH, Urt. v. 10.2.2009, Rs. C-110/05 *Kommission v Italien*, Slg. 2009 I-519 Rdnr. 65.

[47] EuGH, Urt. v. 5.3. 2009, Rs. C-350/07, *Kattner Stahlbau v Maschinen- und Maschinenbauberufsgenossenschaft*, Slg. 2009 I-1513, wobei auch Aspekte des finanziellen Gleichgewichts des Zwangsversicherungssystems auf Grund der Risikostruktur der versicherten Arbeitnehmergruppen eine Rolle spielen!

[48] Vgl. oben die *Watts*-Entscheidung, Fn 32, sowie *Hartlauer*, Fn 30 und *Apotherkammer des Saarlands*, Fn 25.

[49] Vgl. EuGH, Urt. v. 24.3.1994, Rs. C-275/92 *Schindler*, Slg. 1994 I-1039; v. 21.9.1999, Rs. C-124/97, *Läärä*, Slg. 1999 I-6067.

weitung des Wettgeschehens in Italien noch verstärkt wurden[50]. Beim portugie-
sischen[51] und niederländischen Wettmonopol[52] schien der EuGH von einem legitimen, verhältnismäßig ausgeübten Schutzziel auszugeben, während die deutschen Regelungen im Lotto-Staatsvertrag sich das Verdikt einer unverhältnismäßigen Inkonsistenz gefallen lassen mussten[53]. Es wäre einer besonderen Abhandlung würdig, hier auf die Verästelungen der EuGH-Rechtsprechung und
ihre (höchst unpopulären!) Folgewirkungen für die Mitgliedstaaten und ihre
wie immer knappen Finanzen einzugehen[54]. Dass dabei der EuGH – gegen das
Votum des Generalanwalts Mengozzi v. 4.3.2010, der eine gegenseitige Anerkennung von Glücksspielkonzessionen m.E. zu Recht abgelehnt hatte – sogar
die Dienstleistungsfreiheit eines Wettanbieters aus Gibraltar schützt, der sich
aus steuerlichen Gründen niedergelassen hatte, aber dort keinerlei Aktivitäten
betrieb, zeigt die Aberrationen, zu denen ein gut gemeintes Freiheitsrecht in einem missverstandenen „offenen" Binnenmarkt führen kann. Dazu heißt es in
der *Carmen Media*-Entscheidung[55] scharfsinnig:

> Nach alledem ist auf die erste Vorlagefrage zu antworten, dass Art. 49 EG (jetzt Art.
> 56 AEUV) dahin gehend auszulegen ist, dass ein Wirtschaftsteilnehmer, der über das
> Internet Sportwetten in einem anderen Mitgliedstaat als dem, in dem er ansässig ist,
> anbieten möchte, nicht allein deshalb aus dem Anwendungsbereich dieser Bestim-
> mung herausfällt, weil er nicht über eine Erlaubnis verfügt, solche Wetten Personen
> im Hoheitsgebiet des Mitgliedstaats seiner Niederlassung anzubieten, sondern nur
> über eine Erlaubnis, diese Dienstleistungen Personen im Ausland anzubieten.

Dass das deutsche Wettmonopol durch eine Übergangsregelung des BVerfG
zeitlich (noch) abgesichert war, hat den EuGH ebenfalls unbeeindruckt gelassen, was den weitreichenden, die Autonomie der Mitgliedstaaten einschnüren-
den Durchgriff des Verhältnismäßigkeitsprinzips auch in verfahrensrechtlicher
Hinsicht beweist.[56]

---

[50] Dazu die Urteile *Gambelli,* oben Fn 37 und v. 6.3.2007, Rs. C-338/04 u.a., *Massi-
mo Placanica*, Slg. 2007 I-1891.

[51] EuGH, Urt. v. 8.9.2009, Rs. C-42/07 Liga Portugesa di Futbol Profesional u.a. v.
Departamento de Jugo de Santa Casa, Slg. 2009 I-7633.

[52] EuGH, Urt. v. 3.6.2010, Rs. C-238/08 Ladbrokes Betting & Gaming Lt. et al v.
Stichting de Nationale Sportstotalisator , Slg. 2010 I-nnv.

[53] EuGH, Urt. v. 8.9.2010, Rs. C-409/06 *Winner Wetten*, EuZW 2010, 759; C-316/07
u.a., *Stoß,* EuZW 2010, 760; C-46/08, *Carmen Media* EuZW 2010, 759.

[54] Vgl. einen Versuch von *H.G. Dederer*, Konsistente Glücksspielregelung, EuZW
2010, 771: *G. Spindler/W. Hambach/B. Berberich,* The Carmen Media Case, EJRR
2011, 135.

[55] Rdnr. 50.

[56] EuGH, *Winner Wetten*, oben Fn 53 Rdnr. 61 ff. Diese Folge wird faktisch durch
die lange Verfahrensdauer kompensiert!

4. Eine „grundrechtsorientierte Abwägung"

Die zunehmende „Grundrechtsfreudigkeit" des EuGH hat dazu geführt, dass der Verhältnismäßigkeitsgrundsatz bei der Einschränkung von Marktfreiheiten sich einem Grundrechtstest stellen muss. Die Leitentscheidung hierfür ist nach wie vor *Schmidberger*[57], wo die Warenverkehrsfreiheit (hindernisfreie Verbringung von Gütern auf der Brennerautobahn) abgewogen wurde gegen die von der EU in Art. 6 EU anerkannten Grundrechte auf Meinungs- und Demonstrationsfreiheit in Art. 10/11 EMRK gegenüber einer befristeten ökologischen Blockade, die auf die schädlichen Auswirkungen des steigenden Güterverkehrs über die Alpen aufmerksam machen wollte. Ähnliche Abwägungsparadigmata finden wir in *Omega*[58], wo es um das Verhältnis Menschenwürde – Dienstleistungsfreiheit bei Beschränkungen sog. „killer-games" ging, und in *Dynamic Medien*,[59] wo der Kinder- und Jugendlichenschutz eine Zweitkontrolle von aus der EU einführten Videospielen erlaubte – trotz des sonst seit *Cassis de Dijon* geradezu geheiligten Verbots von Doppelkontrollen im Binnenmarkt.

Diese Rechtsprechung ist m.E. von Shuibhne[60] durchaus zu Recht dahingehend kritisiert worden, dass sie die Einheitlichkeit des Binnenmarktes unterschiedlichen nationalen Grundrechtsstandards opfert. Diese Kritik gilt allerdings weniger gegenüber den Urteilen *Schmidberger* als gegenüber *Omega* und *Dynamic Medien*; die Grundrechtcharta kann hier für eine gewisse Vereinheitlichung sorgen. Lenaerts/Gutiérrez-Fons rechtfertigen diese Rechtsprechung mit Hinweis auf (EU-)Grundrechte als „general principles".[61] Dennoch bleibt der Adressatenwechsel der Grundrechte als problematisch zu beachten: es geht nicht um den Schutz individueller Rechte, sondern um die Verwendung von Grundrechten zur Legitimation staatlichen Handels als einer Art institutioneller Garantie, d.h. als Staatsaufgabe i.S. von H.P. Bull. Vom EuGH wird der Unterschied zwischen individuellem Grundrechtsschutz und institutioneller Garantie aber nicht näher thematisiert. Diese beiden Ebenen sollte man m.E. nicht verwechseln, und eine großzügige Auslegung der „public policy" wäre letztlich auch in *Schmidberger* überzeugender als der Hinweis auf Grundrechte, auf die sich plötzlich der österreichische Staat beruft, um einer möglichen Amtshaftungsfolge zu entgehen, während das Schutzobjekt die Meinungs- und Versammlungsfreiheit der blockierenden Bürger und nicht der Staat ist!

---

[57] Oben Fn. 26

[58] Oben Fn. 26.

[59] Oben Fn 26.

[60] *N. Shuibhne*, Margins of appreciation: National values, fundamental rights and EC free movement law, ELRev 2009, 230 at 24-235.

[61] Oben Fn. 6 p. 1659.

5. Eine „quasi-legislatorische" Abwägung

Letztlich ist eine Serie von Urteilen zu nennen, die aus den Grundfreiheiten, verkoppelt mit dem Verhältnismäßigkeitsprinzip, ein legislatorisches Programm entwickelt, das allerdings nicht mehr vom EU-Gesetzgeber, sondern von der Kommission bzw. den Gerichten durchgesetzt wird – eine Folge, die jüngst von Lenaerts/Gutierrez-Fons heftig abgestritten wurde.[62] Auch hier ist letztlich der von der *Cassis*-Entscheidung entwickelte Grundsatz der „gegenseitigen Anerkennung" im Binnenmarkt zu nennen, der spätestens seit dem Binnenmarktprogramm von 1985[63] gesetzgeberische Maßnahmen auf dem Gebiet der Güter- und Leistungszirkulation weitgehend überflüssig machen sollte.

Einen zweiten Höhepunkt hat diese Rechtsprechung in der umstrittenen und (fast zu!) reichlich kommentieren Rs. *Centros*[64] gefunden, wo es darum ging, ob eine von einem dänischen Ehepaar gegründete englische „limited", die dort als reine Briefkastenfirma registriert war, in Dänemark als Zweigstelle unter Verzicht auf das dänische gesellschaftsrechtliche Gründungserfordernis mit seinen Vorschriften zum Mindestkapital u. ä. geschäftlich aktiv werden konnte. Zwar anerkennt das EU-Recht auch ein „sekundäres Niederlassungsrecht" durch Ausgründen von Zweigniederlassungen usw. in Art. 43, 48 EG (jetzt Art. 49 (1) S. 2, 54 AEUV), aber nach dem Telos der Norm schien dies auf aktive, im Herkunftsstaat tätige Gesellschaften beschränkt zu sein. Eine der Produktmobilität vergleichbare Rechtsprechung zur Mobilität von Gesellschaften ist vom EuGH in der früheren *Daily-Mail*-Entscheidung[65] abgelehnt worden, da diese Geschöpfe des nationalen, nicht angeglichenen Rechts seien; der EU-Gesetzgeber hat erst in jüngster Zeit die Initiative zur Schaffung einer „Europäischen Privatgesellschaft" unternommen, die aber noch nicht das Gesetzgebungsverfahren durchlaufen hat.[66] Gleichsam im Vorgriff auf die EU-Gesetzgebung hat der EuGH in *Centros* eine Mobilität der Gesellschaften auf dem Umweg über die Gründung einer Briefkastenfirma im „laxer" geregelten, da auf ein Mindestkapital verzichtenden englische Gesellschaftsrecht ermöglicht. Das Gläubigerschutzargument, das vor allem von der dänischen Regierung zur Verteidigung des Erfordernisses einer „Vollgründung" ins Feld geführt wurde, hat der EuGH mit den Worten abgelehnt:

---

[62] Supra Fn. 6 p. 1668.

[63] KOM (1985) 310; vgl. bereits meine Überlegungen in FS Coing, 1982, pp. 456 ff. und zur Kritik der Kommissionsmitteilung zu *Cassis v.* 3.10.1980, ABl EG C 256/2 v. 3.10.1980.

[64] EuGH, oben Fn. 28.

[65] EuGH, Urt. v. 27. September 1988, Rs. 81/87, *Daily Mail and General Trust*, Slg. 1988, 5483.

[66] KOM (2008) 396.

Diese Voraussetzungen (des Gläubigerschutzes, NR) sind im Ausgangsfall nicht erfüllt. Zum einen ist das dänische Vorgehen nicht geeignet, das mit ihm verfolgte Ziel des Gläubigerschutzes zu erreichen, da die Zweigniederlassung in Dänemark eingetragen worden wäre, wenn die Gesellschaft eine Geschäftstätigkeit im Vereinigten Königreich ausgeübt hätte, obwohl die dänischen Gläubiger in diesem Fall ebenso gefährdet gewesen wären. Da die Gesellschaft als Gesellschaft englischen Rechts, nicht als Gesellschaft dänischen Rechts auftritt, ist den Gläubigern weiter bekannt, dass sie nicht dem dänischen Recht über die Errichtung von Gesellschaften mit beschränkter Haftung unterliegt (Rdnr. 34–35).

Die Argumente zum Gläubigerschutz mögen für rechtsgeschäftliche, nicht aber für gesetzliche Gläubiger (Arbeitnehmer, Staat, Sozialversicherungsträger) gelten, denen das vom Gericht hochgehaltene Informationsparadigma gem. der *Cassis*-Entscheidung nicht hilft. Es überrascht auch, mit welch „dünner" Begründung ohne jede Tatsachenunterfütterung der EuGH das Argument des Gläubigerschutzes einfach vom Tisch wischt. Auch einen „Missbrauch" gesellschaftsrechtlicher Gestaltungsmöglichkeiten wollte er nicht anerkennen: die vorgenommene Fallgestaltung sei ja nur eine Ausübung der EU-rechtlich gewährten Grundfreiheiten! Wirklich? Inzwischen treibt die sog. „englische limited" auch in Deutschland ihr Unwesen, vor allem zwecks Umgehung gläubiger- und arbeitnehmerschützender Regelungen, wobei vor allem auf Seiten einer m.E. missverstandenen liberalen Gesellschaftsrechtsdoktrin ein vom italienischen GA La Pergola in seinen Schlussanträgen v. 16.7.1998[67] angeführtes Element eines sog. „Wettbewerbs der normativen Systeme (*competition among rules)"* hervorgehoben wird. Wettbewerb worum: um die „laxeste" und damit für Drittbetroffene „schlechteste" Rechtsordnung? Immerhin: die spätere, zum grenzüberschreitenden Steuerrecht ergangene *Cadbury-Schweppes*-Entscheidung weist in eine andere Richtung, indem sie künstliche Konstruktionen wie die Einschaltung einer Briefkastenfirma in Irland zwecks Steuerersparnis in England als Missbrauch verwirft![68]

Eine weitere, sehr umstrittene Anwendung des Verhältnismäßigkeitsgrundsatzes betrifft das gewerkschaftliche Streikrecht, das in Art. 28 der EU-Grundrechtscharta (und implizit in Art. 11 EMRK in der Auslegung durch den EGMR[69]) ausdrücklich anerkannt ist, allerdings nur „nach dem Unionsrecht...",

---

[67] S. 1679; zur Kritik bereits *Reich*, Competition between Legal Orders – A new paradigm of EC Law? CMLRev 1992, 861.

[68] EuGH, Urt. v. 12. 9. 2006, Rs. C-196/04 *Cadbury Schweppes* (Overseas*)* v Commissioners of Inland Revenue Slg, 2006 I-7995. Auf die umfangreichen Folgediskussionen einschließlich der EuGH_Rechtsprechung (zuletzt das Urteil *Cartesio*, oben Fn. 16) kann hier nicht eingegangen werden.

[69] Dazu die Urteile *Gustavson*, Recueil des Arrêts de la Cour, 1996-II, 637 paras 44–45; *Rasmussen:* Judgment of 11 January 2006, applications No. 52656 and 52620/99, paras. 58. Available at: http://cmiskp.echr.coe.int/tkp197/search.asp?skin=hudoc-en, last accessed 31 January 2008.

aber mit einer Wesensgehaltsgarantie nach Art. 52 (1). In den Rs. *Viking* und *Laval* standen die Schranken dieses Grundrechts gegenüber den (horizontal wirkenden Freizügigkeitsrechten) auf dem Prüfstand.[70] Während in der Rs. *Laval* m.E. wegen der groben Unverhältnismäßigkeit der Kampfaktionen schwedischer Gewerkschaften gegenüber den lettischen entsandten Arbeitnehmern ausgegangen werden musste,[71] ging es im *Viking*-Fall um ein legitimes sozialpolitisches Anliegen der Finnischen Seegewerkschaft (FSU), nämlich das Verhindern von „outsourcing" zum Zwecke des „Lohndumping" (Ersatz „teurerer" finnischer Seeleute durch „billigere" estnische als Schiffsbesatzung durch Ausflaggung der Fähre *Rosella* von Helsinki nach Tallinn) sowie eine Solidaritätsaktion der „International Transport Worker's Federation (IWF)" gegen „Billigflaggen". Wie oben erwähnt, hat die Gemeinschaft/Union im Bereich des Arbeitskampfrechts keine legislatorische Kompetenz.[72] Dennoch bemüht hier der EuGH das Verhältnismäßigkeitsargument, um an der Rechtmäßigkeit des Streiks der finnischen Seeleute und der Unterstützungsaktion von IWF Zweifel anzumelden:

> In Bezug auf die Frage, ob die im Ausgangsverfahren in Rede stehende kollektive Maßnahme nicht über das zur Erreichung des verfolgten Ziels Erforderliche hinausgeht, obliegt es dem vorlegenden Gericht, insbesondere zu prüfen, ob zum einen die FSU nach den nationalen Rechtsvorschriften und dem für diese Maßnahme geltenden Tarifrecht nicht über andere, die Niederlassungsfreiheit weniger beschränkende Mittel verfügte, um zu einem Abschluss der Tarifverhandlungen mit Viking zu gelangen, und ob zum anderen die FSU diese Mittel vor Einleitung einer derartigen Maßnahme ausgeschöpft hatte. Was zweitens die kollektiven Maßnahmen zur Gewährleistung der Umsetzung der ITF-Politik betrifft, ist zu betonen, dass sich die Beschränkungen der Niederlassungsfreiheit, die sich aus derartigen Maßnahmen ergeben, objektiv nicht rechtfertigen lassen, soweit diese Politik darauf hinausläuft, die Reeder daran zu hindern, ihre Schiffe in einem anderen Staat als dem registrieren zu lassen, dessen Staatsangehörigkeit die wirtschaftlichen Eigentümer dieser Schiffe besitzen. Allerdings ist festzustellen, dass die genannte Politik, wie aus dem Vorlagebeschluss hervorgeht, auch das Ziel des Schutzes und der Verbesserung der Arbeitsbedingungen der Seeleute verfolgt (Rndr. 87-88).

Hier wird die Freiheit der Gewerkschaften, über ihre Kampfstrategie auch im Rahmen legitimer Mittel zu bestimmen, erheblich beschnitten, und damit ein privatrechtlicher Verband in seinem Verhalten dem Staat gleichge-

---

[70] Oben Fn. 22 mit Hinweis auf die sehr kontroverse Folgediskussion.

[71] Dies war auch der letztlich der Grund für deren Verurteilung zum Schadenersatz durch den schwedischen *Arbetsdomstolen* (Arbeitsgericht), dazu Reich, EuZW 2010, 454.

[72] Oben Fn 23.

stellt, obwohl nur dieser gegenüber der Union eine Treupflicht nach Art. 4 (3) EU (ex-Art- 10 EG) hat.[73]

V. Eine Schlussbemerkung: Die „leichte" Handhabung des Verhältnismäßigkeitsprinzips bei der Kontrolle des Unionsrechts

Die Würdigung des Verhältnismäßigkeitsprinzips im Rahmen der Grundfreiheitenkontrolle durch den EuGH hat ein durchaus zwiespältiges Bild hinterlassen. Während in den Bereichen 2 (autonome Abwägung) und 3 (mitgliedstaatlicher „margin of appreciation") der EuGH auf methodisch sicherem, wenn auch nur wenig durch rechtstatsächliche Untersuchungen abgesicherten Terrain agiert, ist das in den Bereichen 4 (grundrechtsorientierte Abwägung) und 5 (quasi-legislatorische Abwägung) schon kritischer zu sehen. Im Bereich 4 treten Defizite im Grundrechtsverständnis hervor, im Bereich 5 schwingt sich der EuGH zum europäischen Quasi-Gesetzgeber auf, auch wenn dies etwa von Lenaerts/Gutiérrez-Fons[74] lebhaft bestritten wird.

In diesem Zusammenhang ist auch an ein weiteres Paradox zu erinnern, auf das Harbo[75] in einem kürzlichen Beitrag hingewiesen hat: Der EuGH geht – bewusst oder unbewusst – von einem „weak" und einem „strong rights regime" aus, dem umgekehrt unterschiedliche Verhältnismäßigkeitsmaßstäbe entsprechen. Die Mitgliedstaaten unterliegen einem „strong rights regime" im Rahmen der Grundfreiheitenkontrolle und müssen sich deshalb weitgehende Eingriffe in ihre Autonomieräume im Interesse eines liberalen Binnenmarktmodells gefallen lassen. Gegenüber Maßnahmen auf Gemeinschafts-/Unionsebene – die ja im Prinzip die gleiche „wettbewerbsfähige soziale Marktwirtschaft" (Art. 3 (3) S. 1 EU) verwirklichen sollen, zeigt der EuGH in der Verhältnismäßigkeitskontrolle einen „deferent approach vis-à-vis the legislator, being based on a very strong substantial bias, namely that of promoting European integration"[76]. In der einschlägigen Rechtsprechung[77] heißt es in ständig wiederkehrender Formel (hier zur Roaming-VO (EG) Nr. 717/2007[78]):

---

[73] Zu Einzelheiten der Kritik vgl. meinen Aufsatz in Europarättslig Tijdskrift 2008, 851 auf S. 869 ff. unter Hinweis auf enge Verbotsregelungen, z.B. bei offenen Diskriminierungen gegenüber Ausländern, Frauen usw., bei Gewaltanwendung u.a.

[74] Oben Fn 6, p. 1666 unter Hinweis auf die vorgeblich „protectionist measures by struggling to keep jobs home", was m.E. nur für *Laval;* aber nicht für *Viking* gilt.

[75] *T.-I. Harbo*, The Function of the Proportionality Principle in EU Law, ELJ 2010, 158.

[76] Ebendort p. 166/172.

[77] Zuletzt EuGH, Urteil v. 8.6.2010, Rs. C-58/08 Vodafone, Slg. 2010 I-nnv; ähnlich vorher und im Urteil zitiert: Urteile vom 12. Juli 2001, C-189/01, *Jippes u. a.*, Slg. 2001,

Nach ständiger Rechtsprechung gehört der Grundsatz der Verhältnismäßigkeit zu den allgemeinen Grundsätzen des Gemeinschaftsrechts und verlangt, dass die von einer Gemeinschaftsbestimmung eingesetzten Mittel zur Erreichung der mit der betreffenden Regelung verfolgten Ziele geeignet sind und nicht über das dazu Erforderliche hinausgehen. Was die gerichtliche Nachprüfbarkeit der Einhaltung dieser Voraussetzungen betrifft, hat der Gerichtshof dem Gemeinschaftsgesetzgeber im Rahmen der Ausübung der ihm übertragenen Zuständigkeiten ein weites Ermessen in Bereichen zugebilligt, in denen seine Tätigkeit sowohl politische als auch wirtschaftliche oder soziale Entscheidungen verlangt und in denen er komplexe Prüfungen und Beurteilungen vornehmen muss. Es geht somit nicht darum, ob eine in diesem Bereich erlassene Maßnahme die einzig mögliche oder die bestmögliche war; sie ist vielmehr nur dann rechtswidrig, wenn sie zur Erreichung des Ziels, das das zuständige Organ verfolgt, offensichtlich ungeeignet ist (Rdnr. 51-52).

Diesen Ausführungen zum legislativen (also letztlich politischen) Ermessen wird man zustimmen können, nur ist kein Grund einzusehen, warum die Maßstäbe auf Unionsebene andere sein sollten als auf mitgliedstaatlicher Ebene. Hier hat sich in gleicher Weise das Prinzip des demokratischen Sozialstaats zu verwirklichen[79], auf das Hans Peter Bull immer wieder hingewiesen hatte.

I-5689, Randnrn. 82 und 83, v. 10.12.2002, Rs. C-491/01, *British American Tobacco [Investments] und Imperial Tobacco*, Slg. 2002 I-11453 Randnr. 123; v. 12.7.2005, Rs. C-151/05, *Alliance for Natural Health u. a.*, Slg. 2005 I-6451; Randnr. 52; vom 6. Dezember 2005, C-453/03, C-11/04, C-12/04 und C-194/04, *ABNA u. a.*, Slg. 2005, I-10423, Randnr. 68 und vom 7. Juli 2009, C-558/07, *S.P.C.M. u. a.,* Slg. 2009, I-5783, Randnr. 42.

[78] ABl. EG L 171 v. 2007, 32.

[79] *D. Schiek*, Is there a social ideal behind the ECJ? In: U. Neergrad et al (eds.), The Role of Courts in developing a European Social Model, 2010, 63 at p. 96.

Kommunale Daseinsvorsorge im Spannungsfeld von sozialstaatlicher Politik und Markt

Alfred Rinken

Mit dem Thema „Kommunale Daseinsvorsorge im Spannungsfeld von sozialstaatlicher Politik und Markt" wird eine Problemstellung formuliert, die als ein zentraler Gegenstand und vielleicht sogar als ein Leitmotiv des wissenschaftlichen Werkes des Jubilars bezeichnet werden kann. Von der grundlegenden und bis heute hochaktuellen Habilitationsschrift des Jahres 1973 „Die Staatsaufgaben nach dem Grundgesetz" bis zu dem 2008 veröffentlichten Aufsatz „Daseinsvorsorge im Wandel der Staatsformen" ist es vor allem die Sozialstaatlichkeit des Grundgesetzes, die Hans Peter Bull unter unterschiedlichen Perspektiven einer realanalytischen und verfassungsrechtlichen Untersuchung unterzogen hat.[1] Es ist deshalb ein besonders reizvolles Unternehmen, mit den folgenden Überlegungen den wissenschaftlichen Dialog mit dem verehrten Freund und Kollegen zu vertiefen.

I. Kommunale Daseinsvorsorge im Sozialstaat des Grundgesetzes[2]

1. Der Begriff der Daseinsvorsorge als solcher ist diffus und ohne feste Konturen.[3] In seiner Allgemeinheit gibt er keine Auskunft darüber, welche Vorkeh-

---

[1] *H. P. Bull,* Die Staatsaufgaben nach dem Grundgesetz. Um einen Anhang erweiterte Studienausgabe. Taschenbuchausgabe der 2. Aufl., 1977, insbes. § 11, S. 163 ff.; vgl. auch *ders.,* Sozialstaat – Krise oder Dissens? in: Festschrift Badura, 2004, S. 57 ff.; *ders.,* Daseinsvorsorge im Wandel der Staatsformen, in: Der Staat 47 (2008), S. 1 ff.; vgl. auch schon *ders.,* Öffentliche Verwaltung und öffentlicher Dienst heute, in: H. P. Bull (Hrsg.), Verwaltungspolitik, 1979, S. 15 ff., 32 f.

[2] Die folgenden Ausführungen knüpfen an die Ergebnisse eines vom Verfasser durchgeführten, von der Hans-Böckler-Stiftung geförderten Forschungsprojekts „Öffentlich-rechtliche Formen der Krankenhausorganisation" an, dem Hans Peter Bull als Mitglied des Projektbeirats verbunden war; vgl. dazu *A. Rinken,* Alternativen zur Privatisierung. Das selbständige Kommunalunternehmen als Organisationsform der kommunalen Daseinsvorsorge am Beispiel der kommunalen Krankenhäuser, 2008.

[3] Zu Geschichte und Gehalt des in der deutschen Verwaltungsrechtstradition verankerten Begriffs „Daseinsvorsorge" vgl. insbes. *H. P. Bull,* Daseinsvorsorge (Fn. 1), S. 2 ff.; weiterhin *D. Scheidemann,* Der Begriff der Daseinsvorsorge, 1991; *St. Storr,* Der Staat als Unternehmer, 2001, S. 309 ff.; *G. Püttner,* Das grundlegende Konzept der

rungen zur Daseinserhaltung und Daseinsgestaltung des Menschen gerade vom
Staat (im weiten, die Kommunen umfassenden Sinne) erbracht werden sollen.
Normativen Gehalt gewinnt der Begriff erst durch das Sozialstaatsgebot
(Art. 20 Abs. 1, 28 Abs. 1 GG) und die Menschenwürdegarantie (Art. 1 Abs. 1
GG) des Grundgesetzes.[4] Das Sozialstaatsgebot ist – entgegen einer interessierten Polemik – kein von der Globalisierung überrolltes Relikt, das den Markt an
der Entfaltung seiner heilenden Kräfte hindert. Das als rechtsverbindliche
Norm geltende Sozialstaatsgebot ist ein zum unantastbaren Kerngehalt der Verfassungsidentität des Grundgesetzes (Art. 79 Abs. 3 GG) gehörendes Struktur-
prinzip.[5] Nach der Rechtsprechung des Bundesverfassungsgerichts verpflichtet
es den Staat zu „sozialer Gerechtigkeit".[6] Danach hat der Staat die Pflicht, „für
einen Ausgleich der sozialen Gegensätze und damit für eine gerechte Sozialordnung zu sorgen".[7] Das Gebot des sozialen Rechtsstaats sei – so führt das
Bundesverfassungsgericht aus – in besonderem Maße auf einen Ausgleich sozialer Ungleichheiten zwischen den Menschen ausgerichtet und diene zuvörderst
der Erhaltung und Sicherheit der menschlichen Würde, dem obersten Grundsatz
der Verfassung.[8] Aus dieser Fundierung des Sozialstaatsprinzips im Menschenwürdegebot des Art. 1 Abs. 1 GG[9] und aus seiner Ausrichtung auf die
praktische Realisierung dieses Fundamentalgebots sowie aus der ausdrücklichen Bezugnahme auf ein nicht nur formal verstandenes Gleichheitspostulat
ergibt sich als Konsequenz die Sozialpflichtigkeit des Staates[10] und damit die
Pflicht des Staates zur Daseinsvorsorge, die nun in einem ersten Konkretisie-
rungsschritt bestimmt werden kann als die Pflicht, „den Menschen die Leistungen und Güter zu gewährleisten, die für eine menschenwürdige Existenz in der
gegenwärtigen Gesellschaft unverzichtbar sind".[11]

Daseinsvorsorge, in: R. Hrbek/M. Nettesheim (Hrsg.), Europäische Union und mitgliedstaatliche Daseinsvorsorge, 2002, S. 32 ff.

[4] Zur Entwicklung des Sozialstaats in Deutschland vgl. *Chr. Enders,* Sozialstaatlichkeit im Spannungsfeld von Eigenverantwortung und Fürsorge, in: VVDStRL 64 (2005),
S. 7 ff., 14 ff.

[5] Vgl. BVerfGE 123, 267, 362 – Lissabon-Urteil. – Der von *E. Wiederin,* Sozialstaatlichkeit im Spannungsfeld von Eigenverantwortung und Fürsorge, in: VVDStRL 64
(2005), S. 74 f., These 13, eher abwegigen Auffassung, das Sozialstaatsprinzip sei nur
durch ein Redaktionsversehen in Art. 79 Abs. 3 GG hineingerutscht und nehme nicht an
dessen Garantiegehalt teil, hat *Zacher* (ebd. S. 89) zu Recht widersprochen.

[6] BVerfGE 5, 85, 198 – KPD-Urteil.

[7] BVerfGE 22, 180, 204 – Sozialhilfe-Urteil; 123, 267, 362 – Lissabon-Urteil.

[8] BVerfGE 35, 348, 355 f. – Armenrecht für juristische Personen.

[9] Zum Zusammenhang von Sozialstaatsgebot und Menschenwürdegarantie vgl. eindrücklich BVerfGE 125, 175, 222 ff. – Menschenwürdiges Existenzminimum.

[10] *E. Stein / G. Frank,* Staatsrecht, 17., neu bearb. Aufl., 2000, S. 164 f., unter Berufung auf *H. Ridder,* Zur verfassungsrechtlichen Stellung der Gewerkschaften im Sozialstaat nach dem Grundgesetz für die Bundesrepublik Deutschland, 1960, S. 3 ff.

Welche in diesem Sinne unverzichtbaren Leistungen und Güter die Pflicht zur staatlichen Daseinsvorsorge auslösen und in welcher Form deren Gewährleistung durch den Staat erfolgen soll (unmittelbar durch staatliche/kommunale Aktivitäten oder mittelbar durch staatliche Regulierung marktförmiger oder zivilgesellschaftlicher Erbringung), lässt sich dem Sozialstaatsprinzip nicht unmittelbar entnehmen.[12] Der Sozialstaat des Grundgesetzes ist kein patriarchalischer Wohlfahrtsstaat und kein allwissender Planungsstaat, sondern ein die grundrechtlich gesicherte freie Marktgesellschaft (Art. 14 Abs. 1, 12 Abs. 1 GG) respektierender Rechtsstaat. Der Verfassungsgeber ist von der Überlegenheit einer freien Marktwirtschaft über jede Form der Planwirtschaft ausgegangen – eine Annahme, die durch den Zusammenbruch des real existierenden Sozialismus drastisch bestätigt worden ist. Aber die Vorteile des Marktes haben ihre Kosten. Der ökonomische Wettbewerb geht von den in der Gesellschaft vorhandenen sozialen Ungleichheiten aus und verstärkt diese in seinen Ergebnissen zum Teil erheblich. Den Ungerechtigkeiten des Marktprozesses setzt der Sozialstaat im Namen der Menschenwürde Grenzen. „Vorzüglich darum ist das Sozialstaatsprinzip zum Verfassungsgrundsatz erhoben worden; es soll schädliche Auswirkungen schrankenloser Freiheit verhindern und die Gleichheit fortschreitend bis zu dem vernünftigerweise zu fordernden Maße verwirklichen."[13]

Als materiales Prinzip ist das Sozialstaatsprinzip auf die Umsetzung durch Politik angewiesen. „Art. 20 Abs. 1 GG bestimmt nur das ‚Was', das Ziel, die gerechte Sozialordnung; er lässt aber für das ‚Wie', d. h. für die Erreichung des Ziels, alle Wege offen."[14] Die Aufgabe der inhaltlichen Konkretisierung obliegt in erster Linie dem demokratisch legitimierten Gesetzgeber. Dieser hat sich bei seinen sozialstaatlichen Interventionen einerseits an den „normativen Leitplanken" der Verfassung (Menschenwürdegebot, Gleichheitsgebot, soziale Demokratie)[15] zu orientieren, hat andererseits aber – sollen seine Maßnahmen nicht wirkungslos bleiben – in besonderem Maße die „soziale Ambiance" zu berücksichtigen. Zu dieser sozialen Ambiance gehören außer den jeweils aktuellen politischen (insbesondere finanzpolitischen), gesellschaftlichen und wirtschaftlichen Bedingungs- und Wirkungsfaktoren vor allem die historisch gewachsenen, die Sozialstaatlichkeit in ihrer konkreten Gestalt prägenden Organisations- und Leistungsstrukturen. Diese sind, da das Sozialstaatsprinzip ein zukunftsoffenes

---

[11] Zitiert nach *H. P. Bull,* Daseinsvorsorge (Fn. 1), S. 19.

[12] Vgl. dazu *H. P. Bull,* Allgemeines Verwaltungsrecht, 6., neubearb. Aufl., 2000, Rn. 37.

[13] BVerfGE 5, 85, 198 – KPD-Urteil.

[14] BVerfGE 22, 180, 204 – Sozialhilfe-Urteil; 123, 267, 362 – Lissabon-Urteil.

[15] *D. Schiek,* Art. 20 Abs. 1-3, V. Sozialstaatsprinzip, in: E. Denninger u. a. (Hrsg.), Kommentar zum Grundgesetz, 3. Aufl., 2001, Rn. 58.

und damit dynamisches Prinzip ist, keineswegs unveränderbar; sie dürfen aber nicht beliebig, sondern nur aus sachgerechten Gründen grundlegend umgestaltet werden. Insofern besteht ein auf die sozialstaatlichen Grundstrukturen bezogenes Rückschrittsverbot.[16]

Die sozialstaatliche Daseinsvorsorge hat in Deutschland in einem langen, weit in das 19. Jahrhundert reichenden Entwicklungsprozess[17] eine komplexe Gestalt gefunden. Diese umfasst einerseits die Verpflichtung zur Sicherung einer menschenwürdigen Existenz in Notlagen (Sozialhilfe) und zur Sicherung gegen Lebensrisiken (Sozialversicherungen), andererseits – und dies mit zunehmender Relevanz – die Verpflichtung zur Sicherung der sozialen Infrastrukturleistungen (insbes. Verkehrs- und Kommunikationsinfrastruktur, Energie- und Wasserversorgung, Bildungs- und Gesundheitswesen), all jener auf die Gesellschaft als Ganzes bezogenen Leistungen also, „deren der Bürger zur Sicherung einer menschenwürdigen Existenz unumgänglich bedarf".[18]

2. Zu den die Sozialstaatlichkeit des Grundgesetzes prägenden Organisationsstrukturen gehört die Erbringung und Gewährleistung der Daseinsvorsorge vornehmlich durch die Kommunen. Die *kommunale Selbstverwaltung* ist dem Sozialstaat in doppelter Hinsicht verbunden: faktisch-historisch und normativ. Historisch ist die gemeindliche Armenfürsorge der früheste Vorläufer sozialstaatlicher Praxis[19] und sind Infrastrukturleistungen seit Beginn des 19. Jahrhunderts auf kommunaler Ebene und als Ergebnis eines progressiven Kommunalisierungsprozesses zu Beginn des 20. Jahrhunderts zunehmend von den Gemeinden selbst erbracht worden.[20] Normativ ist es die Bürgernähe der kommunalen Selbstverwaltung, die deren besondere Eignung für die existenzwichtigen Leistungen der Daseinsvorsorge begründet. Die Gemeinde ist der Ort, an dem

---

[16] Argumentum a maiore ad minus im Anschluss an BVerfGE 84, 90, 121 – DDR-Enteignungen. Das Bundesverfassungsgericht stellt hier fest, auch der *verfassungsändernde* Gesetzgeber könne wegen Art. 79 Abs. 3 GG die positivrechtlichen Ausprägungen des Rechts- und Sozialstaatsprinzips nur aus sachgerechten Gründen modifizieren. – Das Bundesverwaltungsgericht hat seinem Urteil vom 27.05.2009 – BVerwG 8 C 10.08 –, DVBl. 2009, 1382 = NVwZ 2009, 278, festgestellt, aus Art. 28 Abs. 2 Satz 1 GG ergebe sich eine Bindung der Gemeinden zur Aufrechterhaltung des Kernbestandes ihres Aufgabenbereichs.

[17] Zur geschichtlichen Entwicklung des Sozialstaats vgl. *A. Ritter,* Der Sozialstaat, 2. Aufl., 1991, S. 30 ff.

[18] BVerfGE 66, 248, 258 (m. w. Nachw.) – Energieversorgung.

[19] Die in der Geschichtsschreibung vernachlässigte Eigenständigkeit bürgerschaftlich-kommunaler Hilfeleistungen gegenüber christlicher Liebestätigkeit schon seit dem Mittelalter betont *M. R. Vogel,* Die kommunale Apparatur der öffentlichen Hilfe, 1966, S. 48 ff.

[20] Vgl. dazu *H.-U. Wehler,* Deutsche Gesellschaftsgeschichte, Dritter Band, 1995: zur Entwicklung der kommunalen Infrastrukturleistungen, S. 523 ff., und der Kommunalbetriebe, S. 532 f.

sich das konkrete Leben der Bürger ereignet: Kindheit, Jugend, Alter, Krankheit, Sport, Kultur usw. In den „kleinen Republiken"[21] der Gemeinden wird Sozialstaatlichkeit für die Bürgerinnen und Bürger in den Leistungen der Daseinsvorsorge unmittelbar erlebbar. Art. 28 Abs. 1 GG verpflichtet in Satz 1 die Länder deshalb ausdrücklich auf eine sozialstaatliche Ordnung und nennt als wesentliche Garanten dieser Ordnung in Satz 2 die demokratisch organisierten und gemäß Art. 28 Abs. 2 GG mit Selbstverwaltung ausgestatteten Kommunen als Organisationsformen einer „sozialen Demokratie". Für diese wird der Auftrag zur Daseinsvorsorge in den Landesverfassungen und Gemeindeordnungen dahingehend präzisiert, dass es zu ihren ureigenen Aufgaben (Aufgaben des eigenen Wirkungskreises) gehört, „in den Grenzen ihrer Leistungsfähigkeit die öffentlichen Einrichtungen zu schaffen und zu erhalten, die für das wirtschaftliche, soziale und kulturelle Wohl und die Förderung des Gemeinschaftslebens ihrer Einwohner erforderlich sind". Zutreffend ist deshalb der Auftrag zu Daseinsvorsorge als eine Grundpflicht der kommunalen Selbstverwaltung und als in den Funktionskern der Selbstverwaltung gehörend bezeichnet[22] und die kommunale Daseinsvorsorge als ein Eckpfeiler unseres Gesellschaftssystems gekennzeichnet worden.[23]

Die Mitverantwortung der Kommunen für die Sicherung menschenwürdiger Existenzbedingungen in einer modernen Gesellschaft war traditionell und ist auch heute der zentrale Rechtfertigungsgrund für die Existenz *öffentlicher kommunaler Unternehmen* der Daseinsvorsorge. Die Kommunalgesetzgeber fordern für die Zulässigkeit kommunaler Unternehmen oder Beteiligungen, dass ein öffentlicher Zweck das Unternehmen erfordert, sehen diese Voraussetzung aber generell als gegeben an, wenn die Gemeinde mit dem Unternehmen Aufgaben der Daseinsvorsorge erfüllen will. Und auch die Subsidiaritätsregelung, nach der die Gemeinde ein Unternehmen nur betreiben darf, wenn der Zweck nicht ebenso gut und wirtschaftlich durch einen anderen erfüllt wird oder erfüllt werden kann, gilt nicht für ein Tätigwerden im Bereich der kommunalen Daseinsvorsorge. Das Unternehmensziel kommunaler öffentlicher Unternehmen ist nicht die bloße Gewinnerzielung. Kommunales Wirtschaften im Bereich der Daseinsvorsorge ist vielmehr ein Modus kommunaler Aufgabenerfüllung. Der Unterschied zu privatwirtschaftlicher Leistung liegt darin, dass hinter der kommunalen Wirtschaftsbetätigung politische Sachziele stehen. Das kommunale Unternehmen ist nicht um seiner selbst willen geschaffen, sondern als

---

[21] *A. Bovenschulte,* Gemeindeverbände als Organisationsformen kommunaler Selbstverwaltung, 2000, S. 495 f.

[22] *D. Schefold/M. Neumann,* Entwicklungstendenzen der Kommunalverfassungen in Deutschland: Demokratisierung und Dezentralisierung? 1996, S. 227, m. w. Nachw.

[23] *D. Sterzel,* Verfassungs-, europa- und kommunalrechtliche Rahmenbedingungen für eine Privatisierung kommunaler Aufgaben, in: Th. Blanke/R. Trümner (Hrsg.), Handbuch Privatisierung, 1998, Rn. 228.

Instrument der Gemeinwohlverwirklichung.[24] Mit dieser seiner Instrumental-funktion ist das kommunale Unternehmen ein wesentliches Element der politi-schen Gestaltungsmacht der Kommune und damit ein wesentliches Element der kommunalen Selbstverwaltung.[25]

II. Kommunale Daseinsvorsorge in der Krise

Der Sozialstaat und mit ihm die kommunale Daseinsvorsorge sind in neuerer Zeit unter erheblichen Problemdruck geraten. Auf einer pragmatischen Ebene ist es die Finanznot, die die Kommunen zu einer Überprüfung ihres Aufgaben-bestandes zwingt (dazu Abschnitt 1.) und sie in erheblichem Umfang zur Ent-lastungsstrategie der Privatisierung greifen lässt (dazu Abschnitt 2.), ein Pro-zess, der durch das europäische Beihilferecht gefördert wird (dazu Ab-schnitt 3.). Unter verfassungspolitischer Perspektive ist auf die Ambivalenz dieser Entwicklung hinzuweisen. Auf der einen Seite sind die Europäisierung und Globalisierung von Politik und Wirtschaft als Chance der Modernisierung positiv zu werten; für die sozialstaatlichen Leistungsinstitutionen bilden sie ei-ne Herausforderung, verkrustete Strukturen aufzubrechen und ihre Arbeit zu ra-tionalisieren. Auf der anderen Seite bewirkt eine einseitig ökonomisch moti-vierte Privatisierungspraxis eine Veränderung der sozialstaatlichen Verfas-sungsstruktur (dazu Abschnitt 4.). Mit welchen institutionellen Vorkehrungen auf diese Entwicklung zu reagieren ist, ist eine mit dem Konzept des Gewähr-leistungsstaates nicht abschließend beantwortete Frage (dazu Abschnitt 5.). Ei-ne auf das Ökonomische verengte Sichtweise wird der Problematik nicht ge-recht (dazu Abschnitt 6.).

1. Die *Finanznot der Kommunen* ist gravierend, sie wird von den Kommu-nen als dramatisch beschrieben.[26] Nachdem in den Jahren 2006 bis 2008 auf Grund gestiegener Einnahmen aus der Gewerbe- und Einkommensteuer und aufgrund sich stabilisierender Sozialausgaben eine gewisse Entspannung einge-treten war,[27] sind die Städte und Gemeinden seit 2009 vor allem durch sinkende

---

[24] *M. Burgi,* Neue Organisations- und Kooperationsformen im europäisierten kom-munalen Wirtschaftsrecht – ein Plädoyer für die kommunale Organisationshoheit, in: M. Ruffert (Hrsg.), Recht und Organisation, 2003, S. 55 ff., 63 f.

[25] Zu den Unterschieden von öffentlich-rechtlichen Kommunen und privatrechtli-chen Unternehmen vgl. auch *H. P. Bull,* Insolvenzfähigkeit von Gemeinden – Contra, in: NordÖR 2010, 343 ff.

[26] So der Vizepräsident des Deutschen Städtetages Christian Ude; vgl. „Berliner Re-solution der deutschen Städte zur kommunalen Finanzlage", 18.11.2010 [Deutscher Städtetag, Internetseite].

[27] Die Einnahmen aus der Gewerbesteuer betrugen in Mrd. Euro 2006 28,2 (+ 20,9 %), 2007 30,1 (+ 6,7 %), 2008 31,1 (+ 3,5 %); der Gemeindeanteil an der Ein-kommensteuer 2006 20,2 (+ 8,4 %), 2007 22,9 (+ 13,3 %), 2008 25,9 (+ 13,1 %); Bun-

Gewerbesteuereinnahmen unmittelbar von den Folgen der Weltwirtschaftskrise betroffen.[28] Dem stehen steigende Ausgaben vor allem im Sozialbereich gegenüber. Hatten die Gemeinden und Gemeindeverbände der Flächenstaaten (ohne Stadtstaaten) 2008 als Finanzierungssaldo noch ein Plus von 7,6 Mrd. Euro verbuchen können, so betrug das Saldo 2009 minus 7,2 Mrd. und wird für 2010 auf eine Rekordsumme von minus 11 bis 12 Mrd. geschätzt.[29] Alarmierend hoch sind vor allem die Kassenkredite, die eigentlich nur zur Überbrückung vorübergehender Engpässe in Anspruch genommen werden dürfen; sie waren im Jahre 2009 auf 34,9 Mrd. angestiegen[30] und dies bei beunruhigend niedrigen Investitionsausgaben mit 21,9 Mrd. im Jahre 2009 und einem kommunalen Investitionsbedarf, den das Deutsche Institut für Urbanistik (Difu) schon für die Jahre 2000 bis 2009 auf etwa 686 Milliarden Euro geschätzt hatte.[31]

2. Die Kommunen reagieren auf den Problemdruck, dem die kommunale Daseinsvorsorge durch die Finanznot ausgesetzt ist, in verbreitetem und zunehmendem Maße durch *Privatisierungen als Entlastungsstrategie*. Sie nutzen das Instrument der Privatisierung in seinen unterschiedlichen Erscheinungsformen.[32]

---

desministerium der Finanzen, Monatsbericht September 2010, Bundespolitik und Kommunalfinanzen.

[28] Gewerbesteuer in Mrd. Euro 2009 25,0 (–19,7 %); Einkommensteueranteil 23,9 (–7,7 %); Bundesministerium der Finanzen, Eckdaten zur Entwicklung und Struktur der Kommunalfinanzen 2000 bis 2009, Stand: Mai 2010; Monatsbericht September 2010 (Fn. 27). Für das Jahr 2010 betragen die geschätzten Zahlen der Gewerbesteuer 24,65 (–17,4 %), der Einkommensteueranteil 21,65 (–9,8 %); Bundesvereinigung der kommunalen Spitzenverbände, Kommunalfinanzen 2008 bis 2010, Stand: 2.2.2010. Nach der Steuerschätzung von Anfang November 2010 werden die Einnahmen aus der Gewerbesteuer in 2010 voraussichtlich höher ausfallen (Deutscher Städtetag, Fn. 26); gleichzeitig sind allerdings die Sozialausgaben gestiegen, so dass der im Text genannte Finanzierungssaldo realistisch ist.

[29] Quellen wie Fn. 28.

[30] Bundesministerium der Finanzen, Eckdaten (Fn. 28); Monatsbericht (Fn. 27). Die Kassenkredite werden für 2011 auf 40,5 Mrd. geschätzt; nach *G. Kneier,* Deutschlands Städte in Not, 26.12.2010 [Deutscher Städtetag, Internetseite].

[31] *M. Reidenbach u. a.,* Der kommunale Investitionsbedarf in Deutschland. Eine Schätzung für die Jahre 2000 bis 2009, 2002; vgl. auch *M. Reidenbach,* Die Sachinvestitionen der Kommunen und ihrer Unternehmen – eine Bestandsaufnahme, 2006.

[32] Auch zum Thema der Privatisierung kann auf wichtige Arbeiten des Jubilars hingewiesen werden: *H. P. Bull,* Privatisierung öffentlicher Aufgaben, in: VerwArch 86 (1995), S. 621 ff.; *ders.,* vor Art. 83, in: Denninger u. a. (Hrsg.), Kommentar (Fn. 15), Rn. 78 ff. – Aus der geradezu unübersehbaren Literatur zur Privatisierung sei hier nur verwiesen auf: *F. Schoch,* Privatisierung der Abfallentsorgung, 1992; *ders.,* Privatisierung von Verwaltungsaufgaben, in: DVBl. 1994, 962 ff.; *L. Osterloh / H. Bauer,* Privatisierung von Verwaltungsaufgaben, in: VVDStRL 54 (1995), S. 204 ff., 243 ff.; *W.-W. Lee,* Privatisierung als Rechtsproblem, 1997; *M. Burgi,* Funktionale Privatisierung und Verwaltungshilfe, 1999; *ders.,* Privatisierung öffentlicher Aufgaben, Gutachten D

Bei der *echten Aufgabenprivatisierung* oder *materiellen Privatisierung* wird eine bisher von der öffentlichen Hand wahrgenommene Aufgabe auf natürliche Personen oder auf nur von Privaten gebildete juristische Personen des Privatrechts übertragen. An die Stelle staatlicher Leistungserbringung durch die Verwaltung treten die Mechanismen des Marktes und dies mit allen Risiken für die Nachhaltigkeit der Leistungserbringung. Bei der sog. *unechten Aufgabenprivatisierung* wird die unmittelbare staatliche Aufgabenwahrnehmung abgelöst durch unterschiedlichste Formen der Einflussnahme, Überwachung, Reglementierung und Regulierung, durch die eine ordnungsgemäße Aufgabenerfüllung sichergestellt werden soll. Relevante Felder der Aufgabenprivatisierung auf der kommunalen Ebene finden sich vor allem im Bereich kultur- und sportbezogener Infrastruktur. Nur beispielhaft seien genannt der Wohnungsbestand, Theater, Schwimmbäder, Krankenhäuser, Alten- und Pflegeheime.

Bei der *funktionalen Privatisierung* werden (nur) Vorbereitung und/oder Durchführung der betreffenden Staatsaufgabe auf einen Privaten übertragen, während Zuständigkeit und Verantwortung für die Aufgabenerfüllung insgesamt beim Verwaltungsträger verbleiben. Der Private fungiert als Verwaltungshelfer; er erbringt einen Teilbeitrag mit funktionalem Bezug zu einer Staatsaufgabe.[33] Dieses Modell der Aufgabenerledigung durch Einschaltung Privater in die Aufgabendurchführung spielt auf der kommunalen Ebene bei pflichtigen Selbstverwaltungsaufgaben eine erhebliche Rolle. Genannt seien wiederum nur beispielhaft die technisch-wirtschaftliche Betriebsführung bei einer kommunalen Abfallentsorgungsanlage, das Abschleppen von Fahrzeugen nach polizeilicher Anordnung oder die Unterhaltung öffentlicher Einrichtungen, aber auch die Wahrnehmung von Aufgaben der Gefahrenabwehr durch gewerbliche Sicherheitsunternehmen, z. B. Überwachung des Straßenverkehrs, verschiedene Tätigkeiten in Strafvollzugsanstalten.[34]

Als besonders modern gelten unterschiedliche Formen der Public Private Partnership (im Abkürzungsjargon PPP).[35] Die *projektbezogene PPP* definieren die einschlägigen Handbücher als „die langfristige, vertraglich geregelte Zusammenarbeit zwischen öffentlicher Hand und Privatwirtschaft zur wirtschaft-

---

zum 67. Deutschen Juristentag, 2008; *J. A. Kämmerer,* Privatisierung, 2001; *W. Weiß,* Privatisierung und Staatsaufgaben, 2002; *A. Voßkuhle,* Beteiligung Privater an der Wahrnehmung öffentlicher Aufgaben und staatliche Verantwortung, in: VVDStRL 62 (2003), S. 266 ff.; *R. Stober,* Kooperation mit Privaten und Privatisierung, in: Wolff / Bachof / Stober / Kluth, Verwaltungsrecht II, 7. Aufl., 2010, § 89.

[33] Vgl. dazu *R Stober,* Kooperation mit Privaten (Fn. 32), § 89 Rn. 13 ff..; *M. Burgi,* Funktionale Privatisierung (Fn. 32), S. 72, 145 ff.; jeweils m. w. Nachw. und Beispielen.

[34] Beispiele nach *M. Burgi,* Privatisierung (Fn. 32), S. 34 f.

[35] Vgl. dazu insbes. Grünbuch der EG-Kommission zu öffentlich-privaten Partnerschaften und die gemeinschaftlichen Rechtsvorschriften für öffentliche Aufträge und Konzessionen vom 30.04.2004 (KOM [2004] 327 endg., Ziff. 3).

lichen Erfüllung öffentlicher Aufgaben, wobei die erforderlichen Ressourcen (z. B. Know-how, Betriebsmittel, Kapital) von den Partnern in einen gemeinsamen Organisationszusammenhang eingestellt und vorhandene Projektrisiken … angemessen verteilt werden".[36] Wichtige Einsatzbereiche der projektbezogenen PPP, die auch als Unterfall der funktionalen Privatisierung angesehen werden kann, sind Schulen, Verwaltungsgebäude, Straßen und Krankenhäuser. Im Unterschied zur vertraglich geregelten PPP im engeren Sinn beinhaltet die *institutionalisierte PPP* „die Einrichtung eines gemeinsam vom öffentlichen und vom privaten Partner unterhaltenen Wirtschaftsgebildes mit eigener Rechtspersönlichkeit".[37] Die häufigsten Rechtsformen sind die GmbH und die Aktiengesellschaft mit gemischt staatlich-privater Kapitalstruktur bei staatlicher Beherrschung oder zumindest Kontrollmacht.[38] Anwendungsfelder der institutionalisierten PPP sind vor allem Planung und Betrieb von Straßen, Schulen oder Mehrzweckhallen.[39]

Bei der *Organisationsprivatisierung* oder *formellen Privatisierung* erfolgt keine Aufgabenübertragung auf einen Privaten; privatisiert wird nur die Rechtsform. Der Verwaltungsträger erfüllt die betreffende Staatsaufgabe von nun an in privatrechtlicher und nicht mehr in öffentlich-rechtlicher Rechtsform.

3. Einen deutlichen Druck auf die Kommunen zur Privatisierung ihrer öffentlichen Unternehmen übt das *europäische Gemeinschaftsrecht* aus.[40] Das Gemeinschaftsrecht überlässt es zwar den Mitgliedstaaten, die Rechtsform ihrer Leistungsorganisationen zu bestimmen (Art. 295 EGV; jetzt Art. 345 AEUV),[41] und schreibt die Privatisierung öffentlicher Unternehmen nicht ausdrücklich vor. Dennoch fördert es indirekt die Privatisierung und zwar in sehr effektiver Weise, weil es im *Beihilferecht* (Art. 86 Abs. 1 i. V. m. Art. 87 Abs. 1 EGV, jetzt Art. 106 Abs. 1 i. V. m. Art. 107 Abs. 1 AEUV) öffentliche Unternehmen

---

[36] Hier nach *M. Burgi,* Privatisierung (Fn. 32), S. 38, m. w. Nachw.

[37] Grünbuch (Fn. 35), Rn. 53 f. In den deutschen Lehrbüchern werden die so gebildeten Unternehmen als *gemischtwirtschaftliche Unternehmen* bezeichnet und als Ergebnis einer Organisationsprivatisierung charakterisiert. Die Einordnung im Grünbuch der EG-Kommission ist aber zutreffender, weil das so entstandene Gebilde anders als die Eigengesellschaft nicht einfach dem staatlichen Bereich zugerechnet werden kann, sondern gerade zwischen Staat und Wirtschaft angesiedelt ist.

[38] So zutreffend *M. Burgi,* Privatisierung (Fn. 32), S. 39.

[39] *M. Burgi,* Privatisierung (Fn. 32), S. 40.

[40] Zum Folgenden ausführlich *A Rinken,* Alternativen (Fn. 2), S. 32 ff., 71 ff., m. w. Nachw.; vgl. auch *H. P. Bull,* Daseinsvorsorge (Fn. 1), S. 16 ff.; aus der neueren Literatur vgl. *St. Bauer,* Die mitgliedschaftliche Finanzierung von Aufgaben der Daseinsvorsorge und das Beihilfeverbot des EG-Vertrages, 2008; *M. Rottmann,* Vom Wettbewerbsrecht zur Ordnungspolitik, 2008.

[41] Die Verträge in der Fassung des Vertrags von Lissabon werden im Folgenden in ihrer konsolidierten Fassung zitiert (ABl. 2010/C 83/01).

weitgehend wie private Unternehmen behandelt und somit keine hinreichende Rücksicht auf deren Gemeinwohlfunktion nimmt.

Allerdings ist mit der Einfügung des Art. 16 EGV durch den Amsterdamer Vertrag (1997) ein grundlegender Paradigmenwechsel[42] erfolgt: Mit dieser Bestimmung ist erstmals außerhalb des Wettbewerbsrechts die Existenz von Allgemeininteressen anerkannt worden, die nicht oder zumindest nicht allein durch Marktmechanismen befriedigt werden können. Festzustellen ist auch, dass die Kommission im Anschluss an das „Altmark Trans-Urteil" des EuGH vom 24. Juli 2003[43] mit einer zu Art. 86 Abs. 2 EGV erlassenen Gruppenfreistellungsentscheidung vom 28. November 2005[44] für eine gewisse Entspannung gesorgt hat. Die Kommission hält aber an einem der deutschen Tradition gegenläufigen Verständnis der Daseinsvorsorge (europarechtlich: Dienstleistungen von allgemeinem wirtschaftlichen Interesse) fest. Während für dessen Begriff in Deutschland die Zuordnung zu einem kommunalen Träger kennzeichnend ist, ist das Begriffsverständnis der EU-Kommission ausschließlich funktional und damit völlig trägerneutral. Dieses Festhalten an einer rein funktionalen Sichtweise verkennt den besonderen, durch ihre Instrumentalfunktion geprägten Charakter öffentlicher Unternehmen.

4. Was bedeuten nun Privatisierungen im Bereich der kommunalen Daseinsvorsorge für die sozialstaatliche Struktur der grundgesetzlichen Ordnung? Eine Antwort auf diese Frage muss beachten, dass alle oben dargestellten Privatisierungsformen – die Organisationsprivatisierung ausgenommen – zu materiellen Privatisierungen unterschiedlicher Dichte und Tiefe führen. Erfolgen solche Privatisierungen in qualitativ und/oder quantitativ erheblichem Umfang, erfährt das Gesamtregime der Aufgabenwahrnehmung einen grundlegenden *Systemwechsel*, eine Umstellung vom Handlungssystem „Politik" auf das Handlungssystem „Markt" mit je unterschiedlichen Handlungsmaximen.[45] Mit jeder Beteiligung von privatem Kapital an der Durchführung öffentlicher Aufgaben erfolgt eine Vermischung der unterschiedlichen Handlungsmaximen.

---

[42] So auch *M Krajewski,* Öffentliche Dienstleistungen im europäischen Verfassungsrecht, in: DÖV 2005, 665 ff. Allerdings ist der normative Gehalt des Art. 16 EGV in der Literatur höchst umstritten.

[43] EuGH, Urteil vom 24.07.2003, Rs. C-280/00 – Altmark Trans GmbH und Regierungspräsidium Magdeburg gegen Nahverkehrsgesellschaft Altmark GmbH, Slg. 2003, I-7747; vgl. dazu *A. Rinken,* Alternativen (Fn. 2), S. 35 ff., m. w. Nachw.

[44] Entscheidung 2005/842/EG der Kommission vom 28.11.2005 über die Anwendung von Art. 86 Abs. 2 EG-Vertrag auf staatliche Beihilfen, die bestimmten mit der Erbringung von Dienstleistungen von allgemeinem wirtschaftlichem Interesse betrauten Unternehmen als Ausgleich gewährt werden (ABl. 2005, Nr. L 312/67).

[45] Zum Folgenden vgl. auch *G. Kirchhof,* Rechtsfolgen der Privatisierung. Jede Privatisierung lockert, löst öffentlich-rechtliche Bindungen, in: AöR 132 (2007), S. 215 ff.

In idealtypischer und damit unvermeidlich zugespitzter Weise lassen sich die hier relevanten Unterschiede der beiden Systeme folgendermaßen beschreiben:[46] *Im politischen System* sind Entscheidungen zur staatlichen/kommunalen Aufgabenerfüllung final an Sachzielen orientiert und werden in strukturierten Verfahren getroffen. Wirtschaftlichkeit ist ein wesentlicher Modus der Aufgabendurchführung, nicht aber Zweck der Staatstätigkeit; dabei ist das Wirtschaften grundsätzlich am Prinzip der Kostendeckung und nicht an der Gewinnerzielung orientiert. Die Institutionen des demokratischen Verfassungsstaates sollen gewährleisten, dass die Sachzielorientierung nicht eine beliebige, sondern eine unmittelbar „gemeinwohlorientierte" ist. Das Gemeinwohl ist den politischen Entscheidungen nicht als feste Konstante vorgegeben, sondern muss im demokratischen Prozess definiert werden.[47] *Im Marktsystem* sind die Entscheidungen systemnotwendig primär gewinnorientiert; Sachziele müssen sich im Konfliktfall der Gewinnorientierung unterordnen, weil ein Unternehmen, das keinen Profit bringt, mitsamt der von den Unternehmern subjektiv verfolgten Sachziele aus dem Markt ausscheidet. „Gemeinwohl" stellt sich (nur) mittelbar als von der „unsichtbaren Hand" bewirktes Ergebnis des ökonomischen Wettbewerbs ein. Der Vorteil des Systems „Markt" und der Grund seiner Überlegenheit über jede Form von Planwirtschaft ist die hohe Problemlösungskapazität des Wettbewerbs, der als leistungsfähiges Informationssystem über den kaufkräftigen Bedarf funktioniert und durch die stets präsente Gefahr des „Untergangs" einen hohen Innovationsdruck auf die Unternehmen erzeugt. Diese Vorteile ökonomischen Wettbewerbs sind der Grund dafür, dass der Großteil der Güter- und Dienstleistungsproduktion und -verteilung in modernen Gesellschaften über den Markt erfolgt.

Allerdings ist die Wirklichkeit kein Abbild idealtypischer Modellvorstellungen.[48] Weder sind gemeinwohladäquate Ergebnisse des Marktprozesses ausgeschlossen, noch sind sie im politischen Prozess garantiert. In einer Vielzahl von Fällen ist das Eigeninteresse mit dem Gesamtinteresse kompatibel und sind marktwirtschaftliche Lösungen politischen Lösungen überlegen. In einer Vielzahl von Fällen wird das Gemeinwohl gerade durch politische Machtinteressen korrumpiert. Die idealtypische Unterscheidung von Markt und Politik eignet

---

[46] Zur Vertiefung auf die hier nur skizzenhafte Gegenüberstellung von Staatsmodell und Markmodell sei verwiesen auf die differenzierte Darstellung bei *C. Franzius,* Gewährleistung im Recht. Grundlagen eines europäischen Regelungsmodells öffentlicher Dienstleistungen, 2009, S. 25 ff., 42 ff.

[47] Vgl. dazu *P. Häberle,* Öffentliches Interesse als juristisches Problem, 1970, S. 468 ff.; *A Rinken,* Demokratie als Organisationsform der Bürgergesellschaft, in: A. Bovenschulte u. a. (Hrsg.), Demokratie und Selbstverwaltung in Europa. Festschrift für D. Schefold, 2001, S. 237 ff.

[48] Zum Folgenden vgl. auch die Ausführungen bei *H. P. Bull,* Vom Staatsdiener zum öffentlichen Dienstleister, 2006, S. 32 ff.

sich nicht als trennscharfes Schema für die Verteilung öffentlicher und privater Aufgaben und liefert deshalb keine schlüssige Antwort auf die Frage nach den Grenzen der Privatisierung öffentlicher Aufgaben. Aber die Unterscheidung sensibilisiert für die Erkenntnis, dass die materielle Privatisierung zwischen zwei verfassungsrechtlich unverfügbaren Polen verortet ist: zwischen der grundrechtlich geschützten freien und privatnützigen Zwecksetzung der Bürger auf der einen Seite und der dem Gemeinwohl verpflichteten Kompetenzordnung des Staates und seiner Kommunen auf der anderen Seite, und dass mit jeder Privatisierung die Aufgabenerfüllung aus dem politisch-öffentlichen Regime in ein privatwirtschaftlich bestimmtes oder (bei einer Teilprivatisierung) in ein privatwirtschaftlich zumindest mitbestimmtes Regime verlagert wird. Das kann bei der Aufgabenprivatisierung zu einer Dominanz des Gewinninteresses führen (nach einer Krankenhausprivatisierung werden z. B. profitable Abteilungen ausgebaut zu Lasten einer wenig profitablen Versorgung in der Fläche). Es führt bei Mischformen der funktionalen Privatisierung und der Public Private Partnership jedenfalls zu einem strukturellen Spannungsverhältnis zwischen öffentlicher Gemeinwohlbindung und legitimem privatem Gewinninteresse. Dieses Spannungsverhältnis kann sich positiv auf die Aufgabenwahrnehmung auswirken, wenn es durch sinnvolle Rationalisierungen die Produktivität steigert und dadurch auch die öffentlichen Unternehmen zu höherer Leistungseffizienz anreizt (auch diese Wirkung lässt sich im Krankenhaussektor beobachten). Aus dem Spannungsverhältnis kann sich aber auch eine Dominanz des privaten Gewinninteresses zu Lasten der Gemeinwohlorientierung ergeben – eine Gefahr, die umso größer ist, je mehr sich die gemischtwirtschaftlichen Unternehmen verselbständigen und dem Einfluss der demokratisch legitimierten Gemeindeverwaltung entziehen.

Und diese Gefahr einer Verselbständigung ist nicht nur bei materiellen Privatisierungen auf Grund des strukturellen Interessenkonflikts gegeben, sondern wird schon durch den Rechtsformwechsel vom öffentlichen Recht zum Privatrecht gefördert und ist deshalb auch der *Organisationsprivatisierung* eigen. Öffentliches Recht und Privatrecht sind von strukturell unterschiedlichen Handlungsrationalitäten geprägt. In strukturell unterschiedlicher Weise werden sowohl ihre institutionelle Binnenstruktur (Unternehmensverfassung) und ihre Entscheidungsstrukturen (Art und Umfang der Rechtsbindung, Entscheidungsverfahren, Mitbestimmungsregime) geregelt als auch ihre Außenbeziehungen zum Trägergemeinwesen und zu anderen (öffentlichen, privaten und internationalen) Rechtsträgern sowie zu den Bürgern (Beteiligungsmöglichkeiten, Rechtsschutz).[49] Mit der Wahl der Rechtsform wird somit in erheblichem Um-

---

[49] Vgl. dazu *H. P. Bull,* Über Formenwahl, Formwahrheit und Verantwortungsklarheit in der Verwaltungsorganisation, in: Festschrift für H. Maurer, 2001, S. 545 ff.,

fang über die Art und Weise der Aufgabenerfüllung vorentschieden. Vor allem kommt der Rechtsform die entscheidende Bedeutung für die Instrumentierbarkeit eines Unternehmens zu, konkreter: für die Bindung eines öffentlichen Unternehmens an seinen öffentlichen Zweck.[50] Da privatrechtliche Gesellschaften eine häufig beobachtete Tendenz zur Verselbständigung haben und die Einwirkungsmöglichkeiten der Kommune hier nur indirekt über die Gesellschaftsorgane bestehen, bildet ein unangemessener Einfluss der Privatinteressen insbesondere bei gemischtwirtschaftlicher Unternehmen eine stets präsente Gefahr.

Es ist Aufgabe des Rechts, Vorkehrungen zu treffen, um die gemeinwohlorientierten Ziele staatlich-kommunalen Handelns auch bei Beteiligung Privater an der Aufgabenerfüllung zu sichern.

5. Die Politik und die sie begleitende wissenschaftliche Reflexion haben in der jüngeren Vergangenheit den Versuch gemacht, den Gegensatz von sozialstaatlicher Sozialpflichtigkeit auf der einen Seite und der auf Überforderungssymptome reagierenden Entlastungsstrategie der Privatisierung auf der anderen Seite in der Figur des *„Gewährleistungsstaates"* praktisch aufzuheben.[51]

Das Leitbild des Gewährleistungsstaates basiert auf der Vorstellung, dass Gemeinwohlverantwortung im modernen Staat nicht als eine beim Staat monopolisierte zu denken ist, weil sich eine Vielzahl von staatlichen, nicht staatlichen oder auch halbstaatlichen Akteuren in Gemeinwohldiskussionen einbringt und auch selbst Dienstleistungen im Gemeinwohlsinne erstellt. Auf der Grundlage dieser Annahme zieht sich der Staat zwar nicht aus der Gemeinwohlverantwortung zurück, überträgt oder überlässt aber die Erfüllung von ihm bisher eigenhändig wahrgenommener Aufgaben privat-gesellschaftlichen Kräften. Die umfassende Erfüllungsverantwortung des Staates wird durch eine Gewährleistungsverantwortung ersetzt. Dabei bleibt die öffentliche Hand im Rahmen ihrer Auffangverantwortung in der Pflicht, korrigierend und substituierend tätig zu werden, wenn die privaten Akteure nicht in der Lage sind, eine Leistung in dem

---

552 f.; *A. Rinken,* Alternativen zur Privatisierung (Fn. 2), S. 95 ff.: Rechtsformenwahl als komplexe Systementscheidung, m. w. Nachw.

[50] Vgl. dazu *W. Rüfner,* Formen öffentlicher Verwaltung im Bereich der Wirtschaft, 1967, S. 142.

[51] *H. P. Bull,* Staatsdiener (Fn. 48), S. 33: Die Formel vom Gewährleistungsstaat „steht zwischen dem Wohlfahrtsstaat und dem neoliberalen ‚Minimalstaat'". – Vgl. zum Folgenden insbes. *G. F. Schuppert,* Der moderne Staat als Gewährleistungsstaat, in: E. Schröter (Hrsg.), Empirische Policy- und Verwaltungsforschung, 2001, S. 399 ff., 400; *ders.* (Hrsg.), Der Gewährleistungsstaat – Ein Leitbild auf dem Prüfstand, 2005; *M. Knauff,* Der Gewährleistungsstaat: Reform der Daseinsvorsorge, 2004; umfassend nun *C. Franzius,* Gewährleistung im Recht (Fn. 46); vgl. auch *ders.,* Der Gewährleistungsstaat, in: VerwArch 99 (2008), S. 351 ff.

Maße zu erbringen, wie es vom Staat politisch als notwendig definiert wird.[52]
Es kommt zu einer neuen Verantwortungsteilung zwischen Staat und nicht
staatlichen Leistungsträgern.[53] Die Rechtslehre hat inzwischen eine differenzierte Dogmatik eines Gewährleistungsverwaltungsrechts entwickelt. [54]

Die Praktizierung der neuen Form staatlicher Steuerung im Gewährleistungsstaat ist jedoch mit einem gravierenden Wissens- und Know-how-Problem
konfrontiert. In dem Maße, in dem der Staat auf privates Know-how zurückgreift, verliert er selbst an Handlungswissen, das er aber weiterhin benötigt, um
seiner Gewährleistungsverantwortung nicht nur theoretisch, sondern realitätsnah, effektiv und nachhaltig gerecht werden zu können.[55] Konkreter: Um die
Ziele der ausgelagerten Aufgabe hinreichend präzise definieren und die Zielerreichung zeitnah kontrollieren zu können, braucht der Staat ein stets aktuelles
Wissen um die Interna der privaten Aufgabenträger und dies „auf gleicher Augenhöhe" mit diesen. Um im „Notfall" im Rahmen seiner Auffangverantwortung seine Rückholoption effektiv ausüben zu können, sei es durch Einschaltung eines „Ersatzunternehmens", sei es durch Selbsteintritt, bedarf es des entsprechenden Know-hows und eventuell ausreichender eigener Ersatzkapazitä-
ten.[56] Man wird dieses Wissens- und Know-how-Problem als die Achillesferse
des Gewährleistungskonzepts bezeichnen können.[57]

---

[52] *G. F. Schuppert,* Der moderne Staat (Fn.. 51), S. 400 ff.

[53] Zum Konzept der Verantwortungsteilung vgl. *H.-H. Trute,* Verantwortungsteilung
als Schlüsselbegriff eines sich verändernden Verhältnisses von öffentlichem und privatem Sektor, in: G. F. Schuppert (Hrsg.), Jenseits von Privatisierung und „schlankem"
Staat, 1999, S.. 1 ff.; *W. Hoffmann-Riem,* Verantwortungsteilung als Schlüsselbegriff
moderner Staatlichkeit, in: P. Kirchhof u a. (Hrsg.), Staaten und Steuern, 2001, S. 4 ff.

[54] *A. Voßkuhle,* Beteiligung Privater (Fn. 32), S 292, 31 ff.; vgl. auch *C. Franzius,*
Vom Gewährleistungsstaat zum Gewährleistungsrecht, in: G. F. Schuppert (Hrsg.), Der
Gewährleistungsstaat (Fn. 51), S. 53 ff., 59 ff.

[55] Über den Einzelfall hinaus zutreffend ist die Feststellung des Bundesverwaltungsgerichts in BVerwGE 95, 237, 248: „Verantwortung reicht nur soweit, wie sie aufgrund
hinreichender Sachkunde wahrgenommen werden kann."

[56] Vgl. dazu *B. Wollenschläger,* Effektive staatliche Rückholoptionen bei gesellschaftlicher Schlechterfüllung, 2006. – Zur Pflicht des Staates, institutionelle Vorkehrungen für eine effektive Wahrnehmung seiner Gewährleistungsverantwortung zu treffen: Staatsgerichtshof der Freien Hansestadt Bremen, Urteil vom 15.01.2002 – St 1/01 –,
LVerfGE 13, 209, 227 = NordÖR 2002, 60 = NVwZ 2003, 81.

[57] Zum Wissensproblem vgl. *J. Libbe, / J. H. Trapp, / St. Tomerius,* Gemeinwohlsicherung als Herausforderung – umweltpolitisches Handeln in der Gewährleistungskommune, 2004, S. 131 ff.; *A. Voßkuhle,* Beteiligung Privater (Fn. 32), S. 295, 308;
C. Franzius, Gewährleistung im Recht (Fn. 46), S. 615 ff. – Kritisch insbes. zur praktischen Einlösung der Rückholoption auch *Ph. Genschel / St. Leibfried,* Schupperts Staat.
Wie beobachtet man den Wandel einer Formidee? in: Der Staat 47 (2008), S. 359 ff.,
374 ff.

Die Problematik stellt sich im kommunalen Bereich in zugespitzter Weise. Die großen Regulierungsvorhaben der Telekommunikation und der Deutschen Bahn können nach Größendimension sowie nach organisatorischem und personellem Aufwand für den kommunalen Bereich nicht vorbildhaft sein. Im Unterschied zu den großen netzgebundenen Infrastrukturunternehmen ist die kommunale Unternehmensstruktur durch Kleinteiligkeit und Vielgestaltigkeit geprägt. Diese pluralistische Struktur verursacht erhebliche Schwierigkeiten einmal für die Recherche der Informationen, die für die effektive Wahrnehmung der Steuerungs- und Kontrollpflichten unabdingbar sind, dann aber vor allem für den Vorhalt des Know-hows und der notwendigen Rückhol-Kapazitäten. Ohne spezielles Know-how und ohne ausreichende Kapazitäten ist aber die Rückholoption eine rein theoretische und für das privatisierte Unternehmen ohne jedes Drohpotential. „Spätestens mit dem Ausscheiden von Verwaltungsmitarbeitern, die die Erfüllungsverantwortung der Kommune noch im Echtbetrieb mitgetragen haben, geht ein operatives Detailwissen aus dem Zugriffsbereich der Kommune unwiederbringlich verloren."[58] Es besteht deshalb Grund zu Zweifeln, ob die Gemeinwohlfunktion der kommunalen Daseinsvorsorge von der Gewährleistungskommune ausreichend sichergestellt werden kann.[59]

6. Einer differenzierten Problembehandlung kann es nicht um eine Attacke gegen Privatisierung an sich gehen, sondern nur um ein Gegensteuern gegen einen Privatisierungstrend aus rein pragmatischen, insbesondere fiskalischen Gründen, bei der nur nach der betriebswirtschaftlichen Effizienz und nicht mehr nach der Einlösung der öffentlichen Gemeinwohlverantwortung gefragt wird. Es geht vor allem um die Kritik an einer Aufgabenprivatisierung, welche sich unter marktradikalen Vorzeichen als Sozialstaatsreform ausgibt, die grundsätzliche Entlassung der Leistungen der Daseinsvorsorge aus dem öffentlichen Regime und ihre Unterstellung unter die Gesetze des Marktes und des Wettbewerbs als prinzipielle gesellschaftspolitische Umstellung fordert und so zu einer Dominanz ökonomischer Kriterien und zu einer „Vermarktlichung" der Politik führt.[60]

Eine solche ökonomistische Engführung des Problems der Daseinsvorsorge leidet unter einer Verkürzung der Sichtweise in zweifacher Weise: Es handelt sich um eine auf das Ökonomische verkürzte Sicht, mit der soziale Werte wie

---

[58] *J. Libbe / J. H. Trapp / St. Tomerius*, Gemeinwohlsicherung (Fn. 57), S. 133.

[59] Skeptisch auch die Diskussionbeiträge in VVDStRL 62 (2003): *Engel*, S. 342 f.; *Lege*, S. 346 f.; *Rupp*, S. 355; *Kämmerer*, S. 360; *Voßkuhle*, S. 362. – Grundsätzlicher die Kritik bei *G. Püttner*, VVDStRL 64 (2005), S. 277 (Diskussionsbeitrag), der die Lehre vom Gewährleistungsstaat für eine ausgesprochene Irreführung der Betroffenen bezeichnet, da der Staat einmal privatisierte Dienste nicht mehr gewährleisten könne.

[60] Vgl. dazu *C. Butterwegge*, Krise und Zukunft des Sozialstaates, 2., durchges. Aufl., 2005, S. 76 ff.; *ders*, Wohlfahrtsstaat im Wandel, 3., überarb. Aufl., 2001, S. 101 ff.; *F. Schoch*, Privatisierung von Verwaltungsaufgaben (Fn. 32), S. 1 ff., 4.

Solidarität und soziale Gerechtigkeit ausgeblendet werden. Es handelt sich um eine verkürzte ökonomische Sicht, weil sie auf die betriebswirtschaftliche Dimension reduziert ist und die volkswirtschaftliche Dimension vernachlässigt.[61]

Wenn Aufgabenprivatisierungen Entscheidungen für einen Systemwechsel von der „Politik" zum „Markt" sind, dann sind sie zugleich Entscheidungen für eine weitgehende Entlassung aus dem demokratischem Legitimations- und Kontrollzusammenhang, in den Politik im demokratischen Verfassungsstaat eingebunden ist. Wenn die demokratisch legitimierten Organe der Gemeinde sich ihrer Entscheidungskompetenz entäußert haben oder ihre Gewährleistungskompetenz nicht mehr effektiv wahrnehmen können, dann entfällt oder verdünnt sich auch ihre öffentliche Verantwortung und dann werden öffentliche Kritik und Kontrolle weitgehend funktionslos. Ich bezeichne den damit eingeleiteten Prozess der Entpolitisierung und Entdemokratisierung als einen Prozess der *Erosion des Öffentlichen*.[62]

III. Kommunale Daseinsvorsorge in der EG als Wirtschafts- und Politikgemeinschaft[63]

Die Unangemessenheit einer einseitig ökonomischen Betrachtungsweise der mit den Begriffen Sozialstaatlichkeit und Daseinsvorsorge umschriebenen Problemstellungen lässt sich mit besonderer Prägnanz an der europäischen Entwicklung erläutern. Die als Wirtschaftsgemeinschaft (EWG) gegründete Europäische Gemeinschaft (EG) befindet sich in einem tiefgreifenden Strukturwandel zu einer (auch) politischen Gemeinschaft. Ist die EG nicht mehr nur Wirtschaftsgemeinschaft, so ist eine Neubestimmung des Verhältnisses von Staat und Wirtschaft, auf die europäische Ebene bezogen exakter: des Verhältnisses von Politik und Markt, erforderlich.[64] Wo soll Politik, wo der Markt als Steuerungsmedium eingesetzt werden? Konkreter: Welchen Stellenwert soll sozialstaatliche Daseinsvorsorge und speziell kommunale Daseinsvorsorge im europäischen Mehrebenensystem haben?

---

[61] Kritisch zu einer einseitig betriebswirtschaftlichen „Ökonomisierung der Verwaltung" auch *H. P. Bull,* Staatsdiener (Fn. 48), S. 30 ff.

[62] Vgl. dazu *A. Rinken,* Privatisierung – eine Erosion des Öffentlichen? in: Jahrbuch der Juristischen Gesellschaft Bremen 11 (2010), S. 51 ff.

[63] Zu den folgenden Überlegungen vgl. *A. Rinken,* Alternativen zur Privatisierung (Fn. 2), S. 71 ff., m. w. Nachw.; *A. Rinken / O. Kellmer,* Kommunale Krankenhäuser als Instrumente sozialstaatlich-kommunaler Daseinsvorsorge im Europäischen Verfassungsverbund, in: Die Verwaltung 39 (2006), S. 1 ff., 16 ff.

[64] Zur Notwendigkeit einer Neubestimmung des europarechtlichen Verhältnisses von Markt und Politik *F. Löwenberg,* Service public und öffentliche Dienstleistungen in Europa, 2001, S. 59 ff.; *M. Knauff,* Der Gewährleistungsstaat (Fn. 51), S. 98 ff.; jeweils m. w. Nachw.

Schutz und Förderung der Daseinsvorsorge haben erst spät Anerkennung als eigenständige Elemente des Gemeinschaftsrechts gefunden. In den römischen Verträgen war eine heftige Kontroverse zwischen den Mitgliedstaaten über den Stellenwert öffentlicher Dienstleistungen nur mühsam mit dem dilatorischen Formelkompromiss des Art. 86 Abs. 2 EGV entschärft worden. In der Folgezeit standen die Entfaltung des Wettbewerbsgedankens und seit der Einfügung des Art. 14 EGV im Jahre 1986 und des Art. 4 EGV im Jahre 1992 die Verwirklichung eines einheitlichen Binnenmarkts im Vordergrund der europäischen Politik. Eine Wende deutet sich seit 1993 an. Zunächst war es der EuGH, der eine Akzentverschiebung zugunsten öffentlicher Dienstleistungspflichten vornahm und den Mitgliedstaaten zubilligte, Unternehmen des öffentlichen Sektors als Mittel zur Verwirklichung der Ziele ihrer staatlichen Politik zu nutzen.[65] Die Kommission folgte 1996 mit der Mitteilung „Leistungen der Daseinsvorsorge in Europa",[66] in der Solidarität und Gleichbehandlung in einer offenen und dynamischen Marktwirtschaft als grundlegende Ziele der Europäischen Gemeinschaft genannt und Leistungen der Daseinsvorsorge als Beiträge zur Stärkung der europäischen Wettbewerbsfähigkeit und der sozialen Solidarität sowie zur Erhöhung der Lebensqualität gewürdigt werden.

Auf der Grundlage dieser neuen offeneren Sichtweise erfolgte mit der Einfügung des Art. 16 EGV durch den Amsterdamer Vertrag der oben schon beschriebene Paradigmenwechsel, der zu einer Intensivierung der Debatte um Funktion und Organisation der Daseinsvorsorge führte.[67] Zwar dominiert auch in dieser Debatte[68] eine primär ökonomische Betrachtungsweise, doch ist eine größere Sensibilität für soziale Probleme vorhanden.[69] Daseinsvorsorge wird nicht mehr als eine unter der Perspektive von Markt und Wettbewerb suspekte Angelegenheit betrachtet, vielmehr werden Dienstleistungen von allgemeinem

---

[65] Vgl. dazu *F. Löwenberg*, Service public (Fußn. 64), S. 186 ff.

[66] Mitteilung der Kommission, Leistungen der Daseinsvorsorge in Europa (96/C 281/03), Amtsbl. Nr. C 281/3 vom 26.09.1996; zu den Ausführungen im Text vgl. insbes. Ziff. 1, 4, 6 und 15.

[67] *C. Franzius*, Gewährleistung im Recht (Fn. 46), S. 56, 665: „Es hat sich ein über Korrekturen des Marktmodells hinausgehender Wandel zur stärkeren Beachtung der mitgliedstaatlichen Daseinsvorsorge vollzogen."

[68] Vgl. dazu Kommission der Europäischen Gemeinschaften, Grünbuch zu Dienstleistungen von allgemeinem Interesse, 21.05.2003, KOM(2003) 270 endg.; Kommission der Europäischen Gemeinschaften, Weißbuch zu Dienstleistungen von allgemeinem Interesse, 12.05.2004, KOM(2004) 374 endg.; EG-Kommission, Aktionsplan staatliche Beihilfen. Weniger und besser ausgerichtete staatliche Beihilfen – Roadmap zur Reform des Beihilferechts 2005-2009 (Konsultationspapier) [07.06.2005].

[69] Zum Folgenden vgl. die Einzelnachweise bei *A. Rinken,* Alternativen zur Privatisierung (Fn. 2), S. 74 ff.

Interesse[70] verstanden als „eine der Grundsäulen, auf denen das europäische Gesellschaftsmodell gründet". An die Stelle einer Entgegensetzung von Markt und Politik tritt die Erkenntnis der Notwendigkeit, „ein harmonisches Miteinander von Marktmechanismen und Gemeinwohlaufgaben sicherzustellen". Die politische Dimension der Daseinsvorsorge wird mit zunehmender Deutlichkeit erkannt. Der Mensch erscheint nicht mehr nur als Wettbewerber, Kunde und Verbraucher, sondern auch als Bürger, für den nicht nur die wirtschaftsbezogenen Gemeinschaftsrechte, sondern auch demokratische Mitwirkungs- und Kontrollrechte wichtig sind. Der Zugang zu hochwertigen Dienstleistungen von allgemeinem Interesse wird nicht mehr nur als unerlässlich für die Erhaltung sozialer und territorialer Kohäsion und für die Wettbewerbsfähigkeit der europäischen Wirtschaft gewertet, sondern auch als politisch unverzichtbar. Die Legitimität öffentlicher Interessen und die Verantwortung der öffentlichen Hand für ihre Durchsetzung werden stärker betont als in der Frühzeit der Wirtschaftsgemeinschaft. Und es wird hervorgehoben, „dass die zuständigen öffentlichen Stellen im Rahmen eines wettbewerbsfähigen Binnenmarkts über die benötigten Befugnisse verfügen müssen, damit gewährleistet ist, dass die ausgemachten Ziele öffentlicher Politik effektiv verwirklicht und demokratische Entscheidungsmöglichkeiten gewahrt werden". Dabei werden als „zuständige öffentliche Stellen" mit bisher nicht gekannter Klarheit die regionalen und lokalen Behörden genannt und in ihrer essentiellen Rolle auf dem Gebiet der Dienstleistungen von allgemeinem Interesse anerkannt.

Die mit Art. 16 EGV eröffnete Entwicklungslinie wird von dem am 1. Dezember 2009 in Kraft getretenen Vertrag von Lissabon fortgeführt. Die stärkere Ausprägung der sozialen Dimension der EU lässt sich an zentralen Stellen des Vertrags festmachen. Art. 2 EUV hebt an herausragender Stelle als Werte einer europäischen Gesellschaft Nichtdiskriminierung, Gerechtigkeit und Solidarität hervor. Art. 3 Abs. 3 EUV nennt als eines der Ziele der Union eine „soziale Marktwirtschaft, die auf Vollbeschäftigung und sozialen Fortschritt abzielt". Die Charta der Grundrechte der Europäischen Union, die als primäres, den Verträgen gleichrangiges Gemeinschaftsrecht anerkannt wird (Art. 6 EUV), enthält in dem mit „Solidarität" überschriebenen Titel IV zahlreiche soziale Rechte (Art. 27 bis 38).

Diese neue soziale Dimension der Gemeinschaft bewirkt eine größere Sensibilität auch für die Besonderheiten der sozialstaatlichen Verfasstheit der Mitgliedsstaaten und hier vor allem für deren regionale und kommunale Organisationsformen. Die kommunale Selbstverwaltung war, da für die Wirtschaftsgemeinschaft als nicht relevant angesehen, von den Römischen Verträgen nicht

---

[70] Grünbuch und Weißbuch verwenden durchweg den Begriff „Dienstleistungen von allgemeinem Interesse", mit dem wirtschaftliche und nicht-wirtschaftliche Dienstleistungen umfasst werden.

zur Kenntnis genommen worden. Einen ersten Fortschritt brachte die vom Europarat verabschiedete „Charta der lokalen Selbstverwaltung".[71] Die Charta formuliert einen europaweiten Standard kommunaler Selbstverwaltungsrechte und geht dabei von einem grundlegenden Recht der Kommunen aus, einen wesentlichen Teil der öffentlichen Aufgaben wahrzunehmen (Art. 3 Abs. 1). Jedoch tritt allein durch die vertraglichen Bindungen der einzelnen Mitgliedstaaten keine unmittelbare Bindungswirkung für die EU ein, der ihrerseits gemäß Art. 15 der Charta der Beitritt verwehrt ist. Allerdings könnte die kommunale Selbstverwaltung dann gemeinschaftsrechtlichen Schutz genießen, wenn – wofür gute Gründe sprechen – die Bestimmungen der Charta als allgemeine Rechtsgrundsätze des Gemeinschaftsrechts Anerkennung finden würden.[72]

Einen Durchbruch bringt auch hier der Vertrag von Lissabon, indem er zwei in der neueren Entwicklung angelegte Tendenzen aufgreift und verstärkt: die Betonung der nationalen Identität – gleichsam die Transformationsform der nationalen Souveränität im europäischen Mehrebenensystem – und die Garantie der kommunalen Selbstverwaltung.[73] In der Präambel zur „Charta der Grundrechte der Union" heißt es, die Union trage zur Erhaltung und zur Entwicklung der gemeinsamen Werte (Menschenwürde, Freiheit, Gleichheit und Solidarität) unter „Achtung der Vielfalt der Kulturen und Traditionen der Völker Europas sowie der nationalen Identität der Mitgliedstaaten und der Organisation ihrer staatlichen Gewalt auf nationaler, regionaler und lokaler Ebene" bei. In Art. 4 Abs. 2 EUV wird diese feierliche Proklamation in einen Normtext übersetzt: „Die Union achtet die ... nationale Identität der Mitgliedstaaten, die in deren grundlegender politischer und verfassungsrechtlicher Struktur einschließlich der regionalen und kommunalen Selbstverwaltung zum Ausdruck kommt." Verfahrensmäßig wird diese materiellrechtliche Garantie durch die Grundsätze der loyalen Zusammenarbeit (Art. 4 Abs. 3 EUV), der Verhältnismäßigkeit (Art. 5 Abs. 4 Satz 1 EUV) und der Subsidiarität (Art 5 Abs. 3 EUV) abgesi-

---

[71] European charter of local self-government vom 15.10.1985; in Kraft getreten am 01.09.1988; vgl. *A. Faber,* DVBl. 1991, 1126, 1128, m. w. Nachw.; ausführlich *M. W. Schneider,* Kommunaler Einfluss in Europa, 2004, S. 273 ff.

[72] Diese Position vertritt mit beachtlichen Gründen *B. Schaffarzik,* Der Schutz der kommunalen Selbstverwaltung im europäischen Mehrebenensystem, in: Th. Mann / G. Püttner (Hrsg.), Handbuch der kommunalen Wissenschaft und Praxis [HKWP], 3. Aufl., Bd. 1, 2007, Rn. 23 ff.

[73] Vgl. zum Folgenden insbes. *M. Ruffert,* Unions- und gemeinschaftsrechtliche Einwirkungen auf die kommunale Selbstverwaltung, in: HKWP (Fn. 72), Rn. 13 ff.; zum Problembereich weiterführend: *S. Magiera,* Kompetenzverteilung in Europa – Möglichkeiten und Grenzen der Beachtung der dritten Ebene, in: Speyer-Jahrbuch 1 (2000), S. 163 ff.; *D. Schefold,* Zur Gestalt der Regionen in: Ch. Gaitanides / St. Kadelbach / G. C. R. Iglesias (Hrsg.), Europa u. seine Verfassung, Festschrift Zuleeg, 2005, S. 288 ff.

chert. Dabei wird das Subsidiaritätsprinzip – und dies ist eine entscheidende Weichenstellung – über die bisherige Regelung in Art. 5 Abs. 2 EGV hinaus ausdrücklich auf die regionale und kommunale Ebene ausgedehnt[74] und durch das dem Vertrag von Lissabon beigefügte, mit primärrechtlichemn Rang geltende (vgl. Art. 5 Satz 2 EUV) „Protokoll über die Anwendung der Grundsätze der Subsidiarität und der Verhältnismäßigkeit" ergänzt. Mit der Achtung der nationalen Identität und mit der Anerkennung des für diese Identität – zumindest in Deutschland – zentralen Instituts der kommunalen Selbstverwaltung hat das Gemeinschaftsrecht seine oft kritisierte „Kommunal-Blindheit" überwunden.

Das wirkt sich auch in einer größeren Offenheit für die Besonderheiten der kommunalen Daseinsvorsorge aus: einmal durch den nun primärrechtlich verbindlichen Art. 36 GRCh und sodann durch eine Neufassung des Art. 16 EGV. Gemäß Art. 36 GRCh anerkennt und achtet die Union den Zugang zu Dienstleistungen von allgemeinem wirtschaftlichem Interesse, wie er – und dieser Hinweis ist bemerkenswert – „durch die einzelstaatlichen Rechtsvorschriften und Gepflogenheiten im Einklang mit der Verfassung" geregelt ist, um den sozialen und territorialen Zusammenhalt der Union zu fördern.[75] Art. 16 EGV erhält in Art. 14 AEUV eine Neufassung, durch welche die Gestaltungsmöglichkeiten der Mitgliedstaaten und ihrer regionalen und lokalen Ebenen gerade auch im Hinblick auf die Organisation der Dienste von allgemeinem wirtschaftlichem Interesse gestärkt werden.[76] Im Normtext kommt dies vor allem in der Aufnahme des Subsidiaritätsprinzips (Art. 5 EUVV) in die Unbeschadet-Klausel des Satzes 1 zum Ausdruck. Das bedeutet, dass die Anwendung der Wettbewerbs- und Beihilferegelungen unter Achtung der nationalen Identität

---

[74] Auf diesem Hintergrund plädiert *M. W. Schneider,* Kommunaler Einfluss in Europa, 2004, S. 600 ff., mit beachtlichen Gründen für eine die Kommunen einbeziehende Neuinterpretation des Subsidiaritätsprinzips des Art. 5 Abs. 2 EGV. Auf diese Weise könnten die elementaren Rechte der Charta der kommunalen Selbstverwaltung Einzug in das Gemeinschaftsrecht erhalten.

[75] Vgl. dazu *T. Winner,* Die europäische Grundrechtscharta und ihre soziale Dimension, 2005, S. 181 ff.

[76] Da es sich bei Art. 14 AEUV um einen typischen Formelkompromiss handelt, ist die im Text gegebene Auslegung nicht unumstritten, im Kontext der geschilderten Gesamtentwicklung aber gut begründet; vgl. dazu *A. Rinken,* Alternativen zur Privatisierung (Fn. 2), S. 82. Sie kann sich auch auf das dem Vertrag von Lissabon beigefügten „Protokoll über Dienste von allgemeinem Interesse" stützen. – Ähnlich auch *M. Krajewski,* Dienstleistungen von allgemeinem Interesse im Vertrag von Lissabon, in: ZögU 2010, S. 75 ff.; vgl. auch *St. Storr,* Europäische Wirtschaftsverfassung und Daseinsvorsorge, in: U. Fastenrath / C. Nowak (Hrsg.), Der Lissabonner Reformvertrag, 2009, S. 219 ff., 229 ff.; skeptischer zur Auslegung des Art. 14 AEUV *M. Rottmann,* Wettbewerbsrecht (Fn. 40), S. 380 ff.

der Mitgliedstaaten einschließlich der regionalen und kommunalen Selbstverwaltung erfolgen muss.[77]

Ein unverändertes Festhalten an der funktionalen Rechtspraxis der Kommission, die in ihrer starken Wettbewerbsorientierung die Besonderheiten des öffentlichen Sektors vernachlässigt, würde hinter dieser Rechtsentwicklung zurückbleiben. Eine Synchronisation dieser Rechtspraxis mit der schon in Art. 16 EGV eingeleiteten, in der Charta der lokalen Selbstverwaltung und im Vertrag von Lissabon zum Ausdruck kommenden Fortentwicklung des Gemeinschaftsrechts sollte den Stellenwert des öffentlichen Sektors und hier insbesondere den Stellenwert der kommunalen Daseinsvorsorge neu bestimmen und aufwerten. Kommunale Daseinsvorsorge durch öffentliche Unternehmen sollte nicht länger als eng definierte und immer unter Verdacht stehende Ausnahme von den im Übrigen uneingeschränkten Regeln des Wettbewerbs betrachtet werden. Vielmehr sollte ein demokratisch verfasster öffentlicher Sektor einen eigenständigen Stellenwert als Alternative zum privaten Markt- und Wettbewerbssektor erhalten.[78]

In der Übertragung genuin sozialstaatlicher Themen auf die europäische Rechtsebene kommt ein Zweifaches zum Ausdruck. Zunächst ist diese Hochzonung eine Anerkennung der Tatsache, dass der „souveräne Sozialstaat" in Europa der Vergangenheit angehört,[79] dass somit Sozialstaatlichkeit nur noch in europäischer Interdependenz gewährleistet werden kann. Sodann ist sie eine Konsequenz des neuen Leitbilds der Europäischen Union: In dem Maße, in dem die EU von einer Wirtschaftsgemeinschaft zur politischen Union mutiert, ist sie nicht nur auf eine demokratische, sondern auch auf eine sozialstaatliche Integration und Legitimation angewiesen. Das bedeutet nicht, dass nun der nationale Sozialstaat durch einen europäischen Sozialstaat abgelöst würde. Vielmehr zeigt sich gerade in der Sozialstaatlichkeit die Notwendigkeit, die europäische Gesamtordnung nicht von einem überholten „Staatsdenken", sondern von einem am Bürger orientierten „Verfassungsdenken" her zu begreifen,[80] wie es

---

[77] Die Bedeutung des Hinweises auf das Subsidiaritätsprinzip gerade für die kommunale Daseinsvorsorge betont zutreffend *M. Krajewski,* Öffentliche Dienstleistungen (Fn. 42), S. 665, 669.

[78] Die letzte Passage im Anschluss an: Arbeitsgruppe Alternative Wirtschaftspolitik, Memorandum 2005. Sozialstaat statt Konzern-Gesellschaft. Alternativen der Wirtschaftspolitik – Kurzfassung – www.memo.uni-bremen.de/docs/memo05-kurz.pdf.

[79] Vgl. dazu im Einzelnen *St. Leibfried /P. Pierson,* Halbsouveräne Wohlfahrtsstaaten: Der Sozialstaat in der europäischen Mehrebenen-Politik, in: dies. (Hrsg.), Standort Europa, 1998, S. 58, 6. ff.

[80] Vgl. dazu *A. Rinken,* Demokratie und Hierarchie. Zum Demokratieverständnis des Zweiten Senats des Bundesverfassungsgerichts, in: KritV 79 (1996), S. 28. ff.; *ders.,* Demokratie als Organisationsform der Bürgergesellschaft, in: A. Bovenschulte u. a. (Hrsg.), Demokratie und Selbstverwaltung (Fn. 47), 2001, S. 22. ff.

in der Rechtslehre mit dem Begriff des Verfassungsverbundes geschehen ist.[81] Die dem Bürger gegenüber bestehende Gemeinwohlverantwortung ist im europäischen Mehrebenensystem zwar aufgeteilt, sie soll aber im europäischen Verbund „als komplementäre und nicht als konträre Wahrnehmung"[82] rechtlich zugewiesener Aufgaben verstanden werden. Dabei kann sich – das ist der Kerngedanke des gerade für die Bereiche der Sozial- und Daseinsvorsorgepolitik bedeutsamen Subsidiaritätsprinzips – die Gemeinsamkeit der Gemeinwohlverantwortung gerade auch in der Achtung und Förderung der Gemeinwohlagenden einer anderen Ebene des Verbundes äußern.

---

[81] Begriffsprägend *I. Pernice,* Die Dritte Gewalt im europäischen Verfassungsverbund, in: EuR 31 (1996), S. 2 ff., 29 f.; *ders.,* Europäisches und nationales Verfassungsrecht, in: VVDStRL 60 (2001), S. 148, 163 ff.; daran anschließend *Th. Kingreen,* Das Sozialstaatsprinzip im Europäischen Verfassungsverbund, 2003, S. 381 ff.; vgl. auch *P. Häberle,* Europäische Verfassungslehre, 2. Aufl., 2004.

[82] *Th. Kingreen,* Das Sozialstaatsprinzip (Fußn. 81), S. 389.

Homo Oeconomicus, Verhaltensökonomik und liberaler Paternalismus

Hans-Bernd Schäfer / Claus Ott

Seit mehr als 30 Jahren ist der Jubilar für uns nicht nur hochgeschätzter Kollege, sondern auch Weggefährte und Freund. Von seinen zahlreichen Verdiensten sei hier nur eines hervorgehoben. Er war Initiator und Mitautor des 2. Berichts zur einstufigen Juristenausbildung (1971) in Hamburg. In dieser Programmschrift zur Juristenausbildung war unter dem Motto der „Integration von Rechts- Sozialwissenschaft" die Forderung enthalten, in die Rechtswissenschaft die Erforschung der Wirkungen von Rechtsnormen systematisch einzubeziehen. Ohne die Faszination, welche diese Schrift in den siebziger Jahren mit der Autorität einer knappen Tatsache auf viele ausübte, wäre ein Wirtschaftswissenschaftler kaum das Wagnis eingegangen, sich wissenschaftlich umzuorientieren und auch ein Rechtswissenschaftler hätte sich wohl kaum der ökonomischen Analyse des Rechts zugewandt. Dafür gilt ihm heute unser großer und besonderer Dank.

I. *Homo Oeconomicus* – Der rationale egoistische Mensch

Dieser Aufsatz behandelt ein umstrittenes Grundlagenproblem der Wirtschaftswissenschaft, die Kritik der „behavioral school" (Verhaltensökonomik) am Modell des homo oeconomicus und rechtspolitische Konsequenzen aus den Ergebnissen dieser neuen Forschung. Die aktuelle Debatte um das homo oeconomicus Modell hat wichtige Literatur hervorgebracht, die aus den beobachtbaren Willens- und Entscheidungsschwächen der Menschen die Forderung nach einer stärker paternalistisch geprägten Rechtsordnung ableiten[1]. Damit wird sich dieser Aufsatz vornehmlich beschäftigen.

Eine der wichtigsten, wenn auch in letzter Zeit stark in Frage gestellte Hypothesen ökonomischer Theorie besteht in der Annahme, die Menschen verfolgten ihre eigenen, egoistischen Interessen und gingen bei der Verfolgung dieser

---

[1] Überblick bei *A. van Aaken*, Begrenzte Rationalität und Paternalismusgefahr, das Prinzip des schonendsten Paternalismus (2006) in: M. Anderheiden et al. (Hg.), Paternalismus im Recht, Gedächtnisschrift für Angela Augustin, Verl. Mohr Siebeck, Tübingen, S. 109–144.

Ziele rational vor (methodologischer Individualismus)[2]. Sowohl die Analyse einzelner Märkte wie ganzer Volkswirtschaften und – in der neuen politischen Ökonomie – die Beschreibung der Funktionsweise von Parteien, Bürokratien und Verbänden arbeitet mit dieser Annahme. Makrophänomene einer Gesellschaft werden somit auf der Grundlage individuellen Verhaltens beschrieben. Auf die individuelle Verhaltenshypothese gestützt werden Prognosen über die Wirkungen von wirtschaftspolitischen Maßnahmen, Gesetzesänderungen oder Änderungen der Rechtsprechung erstellt.

Gesellschaftliche Phänomene wie Vertrauen, Kooperation oder Solidarität werden nicht zum Ausgangspunkt einer sozialwissenschaftlichen Analyse genommen, sondern auf der Basis rational eigennützigen Verhaltens zu erklären versucht. Es handelt sich um „emergente Phänomene, die sich aus der Interaktion rational egoistischer Akteure ergeben können"[3].

Gestützt auf das homo oeconomicus Modell wird zudem abgeleitet, dass eine Wirtschaft unter marktwirtschaftlichen Bedingungen den wünschenswerten Zustand der Allokationseffizienz erreicht. Eingriffe in die allgemeine Handlungsfreiheit, welche keine negativen Auswirkungen auf Dritte haben, sind zu unterbleiben, weil jeder am besten weiß, was gut für ihn ist.

II. Verhaltensökonomik (Behavioral Economics)

1. „Bounded Rationality" und Verhaltensökonomik

Nach dem Konzept der „Bounded Rationality" (*Herbert Simon*) lässt sich menschliches Verhalten nicht generell als rational, egoistisch und nutzenmaximierend begreifen. Stattdessen wird angenommen, dass sich die Menschen in bestimmten Situationen weder egoistisch noch nutzenmaximierend verhalten, und häufig nur beschränkt oder gar nicht in der Lage sind, rationale Entscheidungen zur Verfolgung ihrer eigenen Interessen zu treffen. Unsicherheiten über die Zukunft beschränken den Umfang, in dem rationale Entscheidungen getroffen werden können. Die Individuen seien deshalb gezwungen, bei ihren Entscheidungen ein zufriedenstellendes anstatt eines nutzenmaximierenden Ergeb-

---

[2] Im englischen Sprachgebrauch wird oft die Formel REMM-Hypothese (resourceful, evaluating, maximizing man) verwendet. Vgl. *M. Tietzel*, Die Rationalitätsannahme in den Wirtschaftswissenschaften, in: Jahrbuch für Sozialwissenschaften (1981), S.115 ff., insb. S. 125. Zum methodologischen Individualismus vgl. *P. Behrens*, Die ökonomischen Grundlagen des Rechts (1986), S. 34 ff. und *J. Coleman*, Foundations of Social Theory (1990), S. 5 sowie *G. Kirchgässner*, Homo Oeconomicus, 3. Aufl. 2008 Mohr Siebeck, S. 63 ff.

[3] Vgl. *J. Coleman*, Foundations of Social Theory, a.a.O., S. 5 und S. 31 ff.

nisses anzustreben („satisficing" statt „maximizing"), und sie können sich in der realen Welt mit ihren Unsicherheiten dafür bestenfalls an „Daumenregeln" orientieren. Der Begriff der „bounded rationality" umfasst allerdings bisher keine ausgebaute Verhaltenstheorie als Alternative zur Theorie des Rationalverhaltens (rational choice). Danach ist ein Verhalten rational, wenn der Entscheider eine vollständige und transitive Präferenzordnung (ein Ranking aller Optionen) bildet und sich für die am höchsten eingestufte Option entscheidet (Maximierung)[4]. Andernfalls ist sein Verhalten nicht rational. Das Konzept der bounded rationality bringt demgegenüber ein Unbehagen zum Ausdruck, dass die Theorie des Rationalverhaltens unzureichend als Verhaltensmodell für die ökonomische Wissenschaft ist. Es entstand vor und unabhängig von der Verhaltensökonomik.

Behavioral Economics oder Verhaltensökonomik bezeichnet eine Forschungsrichtung und eine Anzahl von Forschungsergebnissen, die das ökonomische Rationalverhaltensmodell und die Ausrichtung der ökonomischen Theorie am homo oeconomicus durch empirische Untersuchungen in Frage stellen. Diese Forschung verbindet sich insbesondere mit den Namen *Tversky und Kahnemann*[5] und übt einen nachhaltigen Einfluss auf die ökonomische Analyse des Rechts aus. Aus der Sicht der Behavioral Economics geht das homo oeconomicus Modell einerseits nicht von einer zutreffenden und tragfähigen Beschreibung menschlichen Verhaltens aus. Zum andern zielt diese Forschungsrichtung darauf ab, normative Regeln zu entwickeln, die anstelle einer Reduktion auf die Homo-Oeconomicus-Hypothese die Vielschichtigkeit menschlicher Verhaltensweisen berücksichtigen[6]. Schließlich geht es diesem Ansatz, soweit er die Rechtswissenschaft beeinflusst, um die Korrektur individueller Entscheidungen, die durch Verhaltensanomalien beeinflusst und die inkonsistent mit den eigenen Interessen der Handelnden sind, durch paternalistische Eingriffe.

Die Verhaltensökonomik (Behavioural Economics) versucht bisher nicht, das Konzept des homo oeconomicus systematisch durch ein anderes zu erset-

---

[4] Die Axiomatisierung des Rationalverhaltensmodells geht auf von Neumann und Morgenstern zurück. Wenn in den Wirtschafts- und Sozialwissenschaften unspezifiziert von Rationalverhalten (rational choice) gesprochen wird, so ist damit in der Regel gemeint, dass ein Entscheider nicht gegen diese Axiome verstößt. *J. von Neumann / O. Morgenstern,* Theory of Games and Economic Behavior. Princeton, NJ. Princeton University Press. 1944.

[5] *A. Tversky / D. Kahneman* (1986), „Rational Choice and the Framing of Decisions". Journal of Business 59: 5251–5278. *A. Tversky / D. Kahneman* (1991). „Loss Aversion in Riskless Choice. A Reference-Dependent Model." Quarterly Journal of Economics 106: 1039–1061. *C. Engel* Behavioural Analysis: A User Manual for Lawyers, Max Planck Institute for Research on Collective Goods October 2005, MPI Collective Goods Preprint No. 2005/21, 42 S.

[6] *C. R. Sunstein* (Ed.) (2000), Behavioral Law and Economics. Cambridge series on judgment and decision making. Cambridge England, Cambridge University Press.

zen, sondern zeigt in empirischen Studien und insbesondere in Experimenten mit Versuchspersonen, dass das tatsächliche Verhalten von Individuen oft vom rational egoistischen Verhalten abweicht. So erscheint im Lichte dieser Forschung das homo oeconomicus Modell und mit ihm ein großer Teil der gesamten analytischen und normativen Wirtschaftswissenschaft in Frage gestellt.

Die wichtigsten Ergebnisse dieser empirischen Studien sind:

(1) Menschen haben heuristische Schwächen. Sie machen Schnitzer bei der Verarbeitung von Informationen (heuristischer Bias), die ihre Entscheidungen in eine bestimmte, vom Rationalverhalten abweichende Weise steuern. So überschätzen sie oft systematisch ihre Fähigkeiten, verhalten sich widersprüchlich oder räumen dem Status quo ein unerklärlich hohes Gewicht ein. Dieses Forschungsergebnis ist nicht zu verwechseln mit der seit langem bekannten Tatsache, dass die Informationskosten für Entscheidungen positiv sind und daher die tatsächlichen Entscheidungen stark von jenen abweichen, die bei vollständiger Information getroffen würden. Dieses letzte Problem ist sehr relevant, berührt aber die Rationalverhaltenshypothese überhaupt nicht.

(2) Menschen haben Willensschwächen („bounded willpower"). Wenn sie planvoll und langfristig denken, diskontieren sie den zukünftigen Nutzen nicht stark ab. Ihr impulsives und spontanes Empfinden drängt sie jedoch dazu, den Gegenwartsgenuss hochzuschätzen und den Zukunftsgenuss stark abzudiskontieren. Viele ruinieren zum Beispiel ihre Gesundheit durch übermäßigen Konsum von Fettmachern oder Alkohol, obwohl sie eigentlich schlank und gesund sein wollen.

(3) Menschen folgen Gerechtigkeits- und Fairnessvorstellungen („bounded selfishness"). Wenn sie glauben, ungerecht behandelt zu werden, schlagen sie oft zurück, selbst wenn sie damit nicht nur das Ziel ihres Angriffs treffen, sondern auf eigene Vorteile verzichten und hauptsächlich sich selbst dadurch schädigen. Die Hypothese egoistischen Verhaltens der Individuen wird hierdurch in Frage gestellt.

Die Forschungsergebnisse der Verhaltensökonomik können hier nicht im Einzelnen nachgezeichnet werden. Sie beruhen weitgehend auf experimentellen Studien mit Probanden. Sie zeigen, dass die Probanden systematisch vom rational egoistischen Verhalten abweichen. Wir verweisen hier auf einschlägige zusammenfassende Literatur.[7]

---

[7] Eine ausführliche Darstellung findet sich bei *Schäfer* und *Ott*, Lehrbuch der ökonomischen Analyse des Zivilrechts, 5. Aufl. 2011, Springer Verlag Heidelberg, im Erscheinen. Siehe insbesondere auch *R. Dawes*, Rational Choice in an Uncertain World (1988), *D. Tversky / A. Kahneman,* Choices, Values and Frames, American Psychologist, Bd. 39 (1984), S. 341 ff. Vgl. *R. Eichenberger,* Verhaltensanomalien und Wirt-

III. Methodologischer Stellenwert der Anomalienforschung

1. Abkehr vom Homo Oeconomicus?

Wenn eingeschränkte Rationalität, eingeschränkte Willenskraft und einge-schränkter Egoismus überall verbreitet sind, so muss ein solcher Befund Folgen sowohl für die analytische als auch die normative Fundierung der Rechtsöko-nomie haben. Der Homo Oeconomicus als ein zentrales Element der Fol-genanalyse muss dieser Forschung gegebenenfalls angepasst werden, damit vermeidbare Fehlprognosen über die Wirkungen von Rechtsnormen unterblei-ben. Und eine Rechtsethik, die sich nur an den beobachtbaren Entscheidungen der Gesellschaftsmitglieder orientiert und diese als alleinige Erkenntnisquelle für die Bestimmung individueller Präferenzen im Sinne der Nutzentheorie nutzt, muss zu Widersprüchen führen, wenn die beobachtbaren Handlungen nicht die Ziele oder Präferenzen der Individuen abbilden. Die Behauptung, die Menschen wüssten immer selbst am besten, was für sie gut ist, und sollten Ent-scheidungen, die sie selbst betreffen, nur selbst treffen, kann dann fragwürdig werden.

2. Einwände gegen die Verhaltensökonomik

Die Forschungsergebnisse der Verhaltensökonomik stoßen jedoch auf eine Reihe von Einwänden, die die Reichweite der Kritik am Rationalver-haltensmodell in Frage stellen. Die Auffassungen darüber, wie die Forschungs-ergebnisse der „behavioral economics" einzuschätzen sind und welchen Stel-lenwert sie für die ökonomische Analyse des Rechts beanspruchen können, ge-

---

schaftswissenschaft: Herausforderung, Reaktionen, Perspektiven (1992), S. 27. *Thaler, R.*, Toward a Positive Theory of Consumer Choice, Journal of Economic Behaviour and Organization, Bd. 1 (1980), S. 39 ff. *K. Viscusi*, How do Judges Think about Risk?, American Law and Economics Review (1999), 26–62. *H. Eidenmüller*, Der homo oeco-nomicus und das Schuldrecht: Herausforderungen durch Behavioral Law and Econom-ics, in: JZ 2005, S. 216 ff. *D. Kahneman / A. Tversky*, Prospect Theory, An Analysis of Decision under Risk, Econometrica Bd. 46 (1979), S. 263 ff. *H. Shefrin / Statman, M.*, The Disposition to Sell Winners Too Early and Ride Loosers Too Long: Theory and Ev-idence, Journal of Finance, Bd. 60 Heft 3 (1985), S. 777. *A. C. Swann / J. M. Bjork / F.G. Moeller / D. M. Dougherty* (2002), Two models of impulsivity: relationship to per-sonality traits and psychopathology, Biological Psychiatry, Vol. 51, Issue 12, Pages 988–994. *W. Güth / R. Schnittberger / B. Schwarze*, An Experimental Analysis of Ulti-matum Bargeining, Journal of Economic Behaviour and Organization 3 (1982) S. 367-388. Einen Überblick über die experimentelle Forschung vermittelt *W. Güth*, On Ultima-tum Bargaining Experiments – A Personal Review, Journal of Economic Behaviour and Organization 27 (1995), S. 329–344. *T. Gilovich* (1993), How We Know What Isn't So: The fallibility of human reason in everyday life. New York: Simon & Schuster. pp. 146–149.

hen weit auseinander. Sie reichen von der Zurückweisung des homo oeconomicus Modells bis zur Einschätzung, die methodologische Bedeutung dieser Forschung für die Wirtschaftswissenschaft werde übertrieben[8] oder sei gar nicht vorhanden[9].

a) Vereinbarkeit mit Rationalverhalten

Die Vertreter der Behavioral Economics sind – so lautet die Kritik – zu schnell bereit, das Modell des Rationalverhaltens als Erklärung menschlichen Verhaltens aufzugeben und es durch Annahmen über Willensschwäche oder Zufallsverhalten zu ersetzen. Dies wird hier exemplarisch an nur einem Beispiel verdeutlicht, der Erklärung von Suchtverhalten etwa Alkohol- oder Drogensucht.

So wird von Anhängern der Behavioral Economics geltend gemacht, die Theorie eines rationalen Suchtverhaltens sei trivial, weil sie lediglich behaupte, ein Süchtiger habe durch den Drogen- oder Alkoholmissbrauch einen höheren Nutzen als ohne diesen; damit sei nichts erklärt. Nach ihrer Ansicht verhält sich ein Süchtiger aber nicht rational, sondern handelt aufgrund einer nicht beherrschbaren Willensschwäche.

Diese Kritik ist zurückzuweisen[10], weil das Modell der Willensschwäche zu gänzlich anderen Vorhersagen über die Wirkungen von Interventionen in Drogenmärkte gelangt wie das Modell des rationalen Süchtigen. Das Modell der Willensschwäche sagt voraus, dass die Verteuerung von Drogen nur einen geringen Einfluss auf die Nachfrage hat, weil die Willensschwäche dadurch nicht beseitigt wird, der Nachfragerückgang nur durch die Budgetrestriktion ausgelöst wird und daher am ausgeprägtesten bei Personen mit geringem Einkommen sein muss. Das Modell des rationalen Süchtigen sagt dagegen voraus, dass Preissteigerungen auch und gerade bei Süchtigen einen erheblichen Rückgang

---

[8] *Y. Foka-Kavalieraki / A. N. Hatzis*, Rational After All, Toward an Improved Model of Rationality in Economics, discussion paper, presented at the Pan-Hellenic conference in Philosophy of Science, Oct. 2010, 36 S. *V. L. Smith*, 2008. Rationality in Economics: Constructivist and Ecological Forms. New York: Cambridge University Press. *E. L. Glaeser* (2004), „Psychology and the Market". American Economic Review, Papers & Proceedings 94(2): 408–413. Eine umfassende Gesamtdarstellung der Problematik im deutschen Sprachraum bietet *G. Kirchgässner*, Homo Oeconomicus 3. Aufl. Verlag Mohr Siebeck, Tübingen 2008.

[9] *R. Posner* (1998), Rational Choice, Behavioral Economics, and the Law, Stanford Law Review, Vol. 50, No. 5 (May, 1998), pp. 1551–1575.

[10] *R. Posner*, Fn 27.

der Nachfragemengen zur Folge haben, dass sogar die Preiselastizität der Nachfrage[11] bei ihnen größer als bei den nicht Süchtigen ist.

Beim Nicht Süchtigen führt im Rationalverhaltensmodell die Preiserhöhung – etwa für alkoholische Getränke – nur zum Nachfragerückgang aufgrund des Einkommens- und des Substitutionseffekts. Beim Süchtigen dagegen hat der preisbedingte Nachfragerückgang in der Gegenwart noch den zusätzlichen Nutzen einer verbesserten Gesundheit in der Zukunft wodurch sich für ihn die Größe des Substitutionseffekts erhöht. Dieser Effekt – auch wenn er beim Süchtigen stark abdiskontiert wird- fällt beim nicht Süchtigen ganz weg.

Die Theorie des rationalen Süchtigen sagt zudem voraus, dass die langfristige Nachfrageelastizität für Süchtige höher ist als die kurzfristige, für nicht Süchtige dagegen nicht. Dafür ist folgende Erwägung maßgeblich. Üblicherweise nimmt bei Süchtigen der Verbrauch an Suchtmitteln im Zeitablauf zu. Die zukünftige Menge des Konsums pro Periode ist beim Süchtigen abhängig von der Höhe des Gegenwartskonsums. Dämpft eine Preiserhöhung den Gegenwartskonsum des Süchtigen, so dämpft sie auch den Zukunftskonsum, soweit dieser durch die Höhe des Gegenwartskonsums mitbestimmt wird. Dieser langfristige Effekt entfällt beim nicht Süchtigen Konsumenten gänzlich.

Die Theorie des rationalen Suchtverhaltens sagt zudem voraus, dass der Nachfragerückgang bei jungen Menschen höher ist als bei alten Menschen weil für junge Menschen die kumulierten Nachteile aus der Preissteigerung größer sind als für alte Menschen. Diese Prognose kann aus dem Willensschwächemodell ebenfalls nicht abgeleitet werden.

Welche der beiden Theorien ist besser? Dies lässt sich nicht dadurch bestimmen, welche Theorie man intuitiv für am meisten einleuchtende hält, sondern nur durch empirische Studien.

Der Nachfragerückgang bei einer Preiserhöhung für Drogen ist tatsächlich bei älteren Menschen geringer als bei jungen Menschen.[12] Dieser Befund stützt die Hypothese des Rationalverhaltens und nicht die der Willensschwäche. Zudem haben Preissteigerungen erhebliche Wirkungen auf den Alkoholkonsum der Süchtigen. Empirische Forschung bestätigt, dass Preissteigerungen für alkoholische Getränke die Anzahl der alkoholbedingten Todesfälle stark zurückgehen lassen. So berichten Becker, Grossman und Murphy, dass in den USA in den achtziger Jahren eine Erhöhung der Alkoholsteuer um einen Dollar zu ei-

---

[11] Die Preiselastizität der Nachfrage gibt an, um wie viel Prozent die Nachfragemenge zurückgeht, wenn der Preis einer Ware um einen Prozent ansteigt. Ist dieser Prozentsatz höher als eins, so spricht man von einer hohen, andernfalls von einer niedrigen Nachfrageelastizität.

[12] *Gary Becker, Grossman & Murphy* (1991), Rational Addiction and the Effect of Price on Consumption, 103 Am. Econ. Rev., May 1991, Papers and Proceedings, 237 ff.

nem Rückgang der alkoholbedingten Todesfälle um 10,7 Prozent führte[13]. Mit anderen Worten ist bei Süchtigen die langfristige Preiselastizität der Nachfrage nach Suchtmitteln hoch und nicht niedrig, wie es das Modell der Willensschwäche vorhersagt. Die Theorie des rationalen Suchtverhaltens ist somit stärker im Einklang mit empirischen Untersuchungen zum Suchtverhalten als das Konzept der Willensschwäche. Jene, die über Interventionen in Märkten für Drogen oder Alkohol entscheiden, gelangen folglich zu besseren Resultaten wenn sie statt mit dem Modell der Willensschwäche mit dem Modell der rationalen Sucht arbeiten.

b) Einwände gegen die Untersuchungsmethoden
der Behavioral Economics

Die Forschungsergebnisse der behavioural economics beruhen zu wesentlichen Teilen auf Laborexperimenten. Sie können nicht ohne weiteres auf das Verhalten von Individuen in lebenspraktischen Zusammenhängen übertragen werden, insbesondere bei schwerwiegenden Entscheidungen.

Es ist wohl unumstritten, dass Menschen in Laboratoriumsversuchen vom Rationalverhalten in bestimmter Weise abweichen[14]. Bei den im Labor durchgeführten Versuchen werden sowohl Lernprozesse als auch der von Markt und Wettbewerb ausgehende Anpassungsdruck ausgeklammert. Selbst wenn sich innerhalb einer Gruppe, deren Mitglieder miteinander konkurrieren, zunächst nur wenige rational verhalten, haben diese einen Vorteil gegenüber den anderen und sind erfolgreicher. Sie können sogar die anderen übervorteilen. Warum soll dies keinen Einfluss auf das Verhalten aller anderen haben? Die Experimentalökonomen Smith, Plott und Zeiler[15] haben daher in weiteren Studien kompetitive Bedingungen sowie die Möglichkeit des Lernens in die Versuchsanordnungen eingeführt. Diese Studien führten dazu, dass die Abweichungen vom

---

[13] *Gary Becker, Grossman & Murphy*, Rational Addiction and the Effect of Price on Consumption, a.a.O.

[14] Auch diese Schlussfolgerung ist nicht gänzlich ohne Kritik geblieben, weil das Referenzmodell rationalen Verhaltens in der Forschung der Verhaltensökonomik die Neumann-Morgenstern'sche Erwartungsnutzentheorie ergänzt um eine Bayes'sche Korrektur der Erwartungen im Zeitablauf ist. Dies sei aber nicht das einzig mögliche Referenzmodell. Verhält sich zum Beispiel jemand irrational, der es ablehnt ein Schiff zu besteigen, weil gerade gestern ein Schiff gesunken ist, obwohl er weiß, dass Schiffskatastrophen sehr selten sind? Vgl. *G. Gigerenzer* (1991), How to Make Cognitive Illusions Disappear: Beyond „Heuristics and Biases", in: W. Stroebe / M. Hewstone (Eds.) (1991), European Review of Social Psychology (Vol. 2, pp. 83–115).

[15] *C. R. Plottand / K. Zeiler* (2005), „The Willingness to Pay – Willingness to Accept Gap, the ‚Endowment Effect', Subject Misconceptions, and Experimental Procedures for Eliciting Valuations". American Economic Review 95: 530–545. *V. L. Smith* (2008), Rationality in Economics, a.a.O.

Rationalverhalten sich bei den Probanden verminderten oder ganz verschwanden. Zudem ist das Verhalten der Personen in Laborexperimenten von den Rahmenbedingungen der jeweiligen Versuche abhängig. Je nach den Versuchsanordnungen ändern sich auch die Ergebnisse, wie an zwei Beispielen gezeigt wird.

(1) Der „*Endowment Effekt*": Teilnehmer an den diversen Versuchen bewerten einerseits den Besitz eines bestimmten Gegenstands höher als einen bestimmten Geldbetrag und sind deshalb nicht bereit, einen ihnen nach dem Zufallsprinzip zugeordneten Gegenstand gegen Zahlung dieses Geldbetrags aufzugeben. Andererseits sind sie aber auch nicht bereit, die Sache zu dem gleichen Geldbetrag zu kaufen. Dies wird als Ausdruck einer Verhaltensanomalie angesehen. Diese Verhaltensweise ist aber typisch für Personen, die in ihrer eigenen Lebenspraxis nicht oft an Tauschgeschäften teilnehmen. Bei Akteuren, die in solchen Geschäften erfahren sind und unter Konkurrenzbedingungen tritt dieser Effekt in erheblich geringerem Umfang auf.[16]

(2) Das „*Ultimatumspiel*" gilt als Beleg für das Konzept der „Bounded Selfishness". Dabei gibt der Versuchsleiter einer Person A einen Geldbetrag unter der Auflage, diesen mit einer ihm unbekannten Person zu teilen und die Teilungsquote selbst festzulegen. Danach kann Person B dem die andere Versuchsperson ebenfalls unbekannt ist, dieses Angebot annehmen oder ablehnen. Nimmt er es an, wird der Geldbetrag auf beide Personen entsprechend dem Vorschlag von A aufgeteilt, lehnt er es ab, erhalten beide nichts. Nach dem Modell des Rationalverhaltens ist zu erwarten, dass der Angebotsempfänger bereit ist, auch ein sehr geringes Teilungsangebot anzunehmen. Tatsächlich verhielten sich die Adressaten in vielen Experimenten nicht in diesem Sinne rational, sondern lehnten lieber einen kleinen Gewinn ab, als eine unfair empfundene Aufteilung zu akzeptieren, mit der Folge, dass auch der Anbieter leer ausgeht. Dieses selbstschädigende Verhalten wird damit erklärt, dass die Angebotsempfänger bei einem als unfair empfundenen Teilungsangebot dem Fairnessprinzip und der Bestrafung eines unfairen Anbieters den Vorrang vor der Maximierung ihres eigenen Gewinns einräumen. Neuere Untersuchungen bei denen den Angebotsempfängern Überlegungsfristen gewährt worden sind, haben jedoch zu Ergebnissen geführt, wonach auch geringe Anteile akzeptiert werden. In einem von Grimm und Mengel durchgeführten Experiment hat sich ergeben, dass sich die Akzeptanzrate niedriger Angebote dramatisch von 0–

---

[16] *John List* (2004), „Neoclassical Theory Versus Prospect Theory: Evidence from the Marketplace". Econometrica 72: 615-625; *Charles Plott / Kathryn Zeiler* (2005), „The Willingness to Pay – Willingness to Accept Gap, the ‚Endowment Effect', Subject Misconceptions, and Experimental Procedures for Eliciting Valuations". American Economic Review 95: 530–545.

15% auf 65–75% erhöht hat, wenn die Entscheidung des Angebotsempfängers um ungefähr 10 Minuten verzögert wurde.[17]

Das Verhalten des Angebotsempfängers kann im Übrigen auch ohne Rückgriff auf ein das egoistische Verhalten einschränkendes Fairnessprinzip erklärt werden. Ein sehr niedriges Angebot würde dem Empfänger signalisieren, dass der Anbieter ihn für jemanden hält, der nur ein geringes Selbstwertgefühl hat und für Almosen dankbar ist. Ein solches Angebot anzunehmen würde den Empfänger in seinen eigenen Augen abwerten und seine Möglichkeiten, vorteilhafte Transaktionen durchzuführen beeinträchtigen.[18]

(3) Insgesamt besagen derartige Befunde nicht, dass Abweichungen vom homo oeconomicus Modell nicht auftreten Sie belegen aber, dass ihre Bedeutung für Auswirkungen von rechtlichen Anreizen, die auf dem homo oeconomicus Modell basieren begrenzt ist. Eine generelle Abkehr vom Homo Oeconomicus-Modell erscheint daher nicht angezeigt.

c) Ad-hoc-Aussagen ohne Entwicklung einer Verhaltenstheorie

Kritisiert wird auch der Umstand, dass die Forschungsergebnisse der Behavioral Economics nicht zu einem neuen Verhaltensmodell geführt haben. Es sind ad-hoc-Aussagen zu individuellen Verhaltensweisen und führen nicht zu einer positiven Theorie menschlichen Verhaltens. Bisher bestehen sie aus einer Kollektion unverbunden nebeneinander stehender Forschungsergebnisse über menschliches Verhalten, das von der Hypothese des Rationalverhaltens nicht umfasst ist. Es lassen sich hieraus infolgedessen keine allgemeinen Prognosen über die Auswirkungen von Verhaltensanreizen und keine allgemeinen normativen Aussagen darüber ableiten, wie Rechtsnormen ausgestaltet sein sollen, um die gesellschaftliche Wohlfahrt zu befördern.

d) Gründe für die Dominanz von Rationalverhalten

Die These von der generellen Irrationalität menschlichen Verhaltens gibt keine Antwort auf die Frage, wie der homo sapiens in unfreundlicher oder feindlicher Umwelt überleben konnte und wie irrationales Verhalten in menschlichen Gesellschaften evolutorisch stabil sein kann, obwohl Menschen untereinander in Konkurrenz stehen.

Die neuropsychologische Forschung hat ergeben, dass manche der Abweichungen vom Rationalverhalten auf angeborene Reaktionsmuster im Gehirn zu-

---

[17] *V. Grimm Veronika / F. Mengel* (2010), „Let Me Sleep On It: Delay Reduces Rejection Rates in Ultimatum Games." Maastricht University, METEOR, Working Paper RM/10/017.

[18] *R. Posner* (Fn. 27) S. 1564.

rückzuführen sind, welche auf die Frühzeit der menschlichen Entwicklung zurückgehen und damals rational waren. Aus diesem Grund fürchten Menschen
sich mehr vor Schlangen und Spinnen als vor Autos. Der „endowment effect"
ist wahrscheinlich in einer Zeit entstanden und neurobiologisch verfestigt worden, in der jeglicher Besitz und insbesondere Nahrungsmittel mit hohem Aufwand errungen und verteidigt werden musste. Es war daher vorteilhaft, zu signalisieren, dass man den Besitz mit erheblichem Aufwand verteidigen würde.
In vorrechtlicher Zeit war es zudem vorteilhaft, Angriffe durch einen Gegenan-
griff oder Rachefeldzug abzuschrecken, was Ergebnisse des Ultimatumspiels
erklären kann. Das gleiche gilt für hohe Abdiskontierungsraten künftigen Nutzens. Die Lebensumstände des frühen homo Sapiens waren so unsicher, dass es
vorteilhaft war, das unmittelbar erreichbare vorzuziehen. Dieses neurologisch
fixierte, im Spontanverhalten von Individuen zum Ausdruck kommende Verhalten ist dagegen einer modernen Umwelt gegenüber nicht angepasst. Solche
angeborenen Verhaltensmuster sind aber beim Menschen nicht unausweichlich
wie etwa bei einem Hund, der sich bekanntlich keinen Wurstvorrat anlegt. Das
menschliche Gehirn verfügt über angeborene Entscheidungsroutinen. Wenn
diese Schemata dysfunktional werden, hat es die Flexibilität, sie mit Hilfe von
Denk- und Lernprozessen zu überwinden und das Verhalten an wechselnde
Umgebungen entsprechend einem Kosten-Nutzen Kalkül anzupassen[19]. Dabei
unterlaufen auch Fehler, die aber nicht die Rationalverhaltenshypothese grundlegend in Frage stellen können.

3. Folgerungen für die ökonomische Analyse des Rechts

Somit scheint es im Lichte der neuen Forschungsergebnisse und ihrer Kritik
geboten, das Modell des Homo Oeconomicus mit Erkenntnissen der Anomali-
enforschung anzureichern, nicht aber, dieses zu ersetzen. Für die ökonomische
Analyse des Rechts impliziert dies die Notwendigkeit einer Einbeziehung von
Entscheidungsschwächen in die Analyse von Rechtsnormen, ohne die Rationalverhaltenshypothese grundsätzlich in Frage zu stellen[20]. Die Wirtschaftswissenschaft ist nicht so schlecht, wie manche Verhaltensforscher es glauben machen wollen und die Psychologie ist nicht so gut, dass es ratsam erschiene, die
Wirtschaftswissenschaft darin aufgehen zu lassen.

---

[19] *D. Friedman* (2005), „Economics and Evolutionary Psychology." Advances in
Austrian Economics7: 17–33. *P. Heyne* (2000), The Economic Way of Thinking. Upper
Saddle River, NJ: Prentice Hall, 9th ed. *B. McKenzie / B. Richard* (2010), Predictably
Rational? In Search of Defenses for Rational Behavior in Economics. Berlin: Springer.

[20] Siehe insbes. auch *Y. Foka-Kavalieraki / A. N. Hatzis*, Rational After All, a.a.O.

IV. Verhaltensanomalien und Paternalismus

1. Eingriffe in die individuelle Handlungsfreiheit

Die Einsichten der Behavioral Economics können zur Begründung paternalistischer Eingriffe in die allgemeine Handlungsfreiheit herangezogen werden, die in Anspruch nehmen, Fehlentscheidungen der Betroffenen in deren eigenem Interesse zu korrigieren und dabei den Zustand herzustellen, den der Betroffene selbst gewählt hätte, wenn er über bessere kognitive Kompetenzen und volle Selbstkontrolle verfügt hätte.

Eingriffe in die allgemeine Handlungsfreiheit, die der Vermeidung oder dem Ausgleich externer Effekte bei Dritten dienen, sind keine Erscheinungsformen des Paternalismus. Sicherheitsvorschriften dienen nicht nur dem Schutz des Einzelnen vor fehlerhaften Entscheidungen zu seinem eigenen Nachteil, sondern ebenso dem Schutz Dritter. Auch AGB-Kontrollen von Verträgen sind kein Paternalismus, weil sie Informationsasymmetrien korrigieren, die auch bei voll rationalem Verhalten zu unfairen Klauseln führen.

2. Autoritärer und liberaler Paternalismus

Eingriffe in die Handlungsfreiheit der Menschen mit dem Ziel, sie auf den richtigen Weg zu führen und vor Fehltritten zu bewahren, durchziehen die Geschichte bis auf den heutigen Tag. Immer gehen sie von Instanzen aus, die beanspruchen, besser als die Betroffenen zu wissen, was für sie in ihrem eigenen wohlverstandenen Interesse das Beste ist und dies auch durchsetzen. Zu solchen Instanzen gehören weltliche und geistliche Machthaber, Staaten und Kirchen, Regierungen, Parlamente, Parteien, Bürokratien und Gerichte, aber auch Privatpersonen wie Eltern und Erzieher. Geschichtliche Beispiele belegen vielfach einen autoritären *Paternalismus*: den Betroffenen wird von höherer Warte vorgegeben, was für sie gut und richtig ist, welche Präferenzen für sie angemessen sind und welches Verhalten diesen Präferenzen entspricht; kurz, was sie wollen sollen. Ihre eigenen Präferenzen werden dabei im Kollisionsfall den von anderen vorgegebenen Präferenzen untergeordnet.

Von einem solchen Paternalismus unterscheidet sich der im Gefolge der Behavioral Economics entwickelte Paternalismus insofern, als dieser die als legitim angesehen Eingriffe in die Handlungsfreiheit nicht aus verbindlichen Vorstellungen übergeordneter Instanzen vom richtigen Gebrauch dieser Freiheit ableitet. Soweit die von der Verhaltensforschung identifizierten heuristischen Schwächen und Willensschwächen die Menschen dazu bringen, nicht ihrem eigenen besten und selbst definierten Interesse gemäß zu handeln, sollen paternalistische Korrekturen eingreifen.[21] Der Einzelne soll in seinem eigenen Interesse davor geschützt werden, sich selbst zu schädigen.

Eine Verknüpfung von paternalistischer Fehlerkorrektur und individueller Handlungsfreiheit unternimmt das Konzept des *„liberalen Paternalismus"*, der die als erforderlich angesehenen Eingriffe danach bemessen will, welche Entscheidungen der Einzelne selbst getroffen hätte, wenn er nicht aufgrund von Verhaltensanomalien fehlgeleitet worden wäre.[22] Die Fehlerkorrekturen sollen den Einzelnen besser stellen, und zwar nach seinem eigenen Maßstab. Auch dieses Konzept schließt ein, dass der Einzelne in Situationen, in denen er unter dem Einfluss von Verhaltensanomalien sich nicht oder nur eingeschränkt rational zu verhalten vermag, vor sich selbst geschützt werden soll. Zu diesem Zweck wird seine Handlungsfreiheit eingeschränkt.

Eine milde Form des Paternalismus zielt darauf ab, die Individuen zu Entscheidungen zu bewegen, die in ihrem eigenen Interesse liegen und heuristische sowie Entscheidungsschwächen korrigieren, ohne dabei in ihre Handlungsfreiheit einzugreifen. Dazu werden „Entscheidungsarchitekturen" entwickelt, die dazu dienen, das Verhalten von Menschen durch bloßes Umarrangieren der Entscheidungslage zu beeinflussen und zu klugen Entscheidungen anzustoßen, ohne ihre Entscheidungsfreiheit zu beschränken (Nudging).[23]

Dies wird auch als libertärer Paternalismus bezeichnet.

3. Umsetzungsprobleme des liberalen Paternalismus

a) Das Problem der Abgrenzung von autoritärem und liberalem Paternalismus

Beim liberalen, Fehler vermeidenden Paternalismus bedient sich das Individuum in Kenntnis seiner Entscheidungsschwächen des Staats, um besser in der Lage zu sein, abgewogene Entscheidungen zu treffen, die Willensschwächen und heuristische Schwächen ausgleichen. Für einen Gesetzgeber oder ein

---

[21] *Camerer / Issacharoff / Loewenstein / Donoghue / Rabin*, Regulation for Conservatives: Behavioral Economics and the Case for „Asymmetric Paternalism", 151 U.Pa.L.Rev. 1211 (2002–2003): paternalistic regulations that are designed to help on an individual basis. Paternalism treads on consumer sovereignty by forcing, or preventing, choices for the individual's own best, much as when parents limit their child's freedom … To the extent that the errors identified by behavioral research lead people not to behave in their own best interest, paternalism may prove useful.

[22] LibertarianPaternalism; andere Bezeichnungen lauten soft paternalism, asymmetric paternalism.

[23] *Richard H. Thaler / Cass R. Sunstein* (2008), Nudge: Improving Decisions about Health, Wealth, and Happiness Sunstein New Haven: Yale University Press, 2008.

rechtsfortbildendes Gericht ist es aber schwierig, festzustellen, wann ein bestimmtes Verhalten Ausdruck solcher Schwächen und wann es Ausdruck eines abweichenden Lebensentwurfs ist. Diese Schwierigkeit wird zudem ausgenutzt von jenen, die das Verhalten der Gesellschaftsmitglieder nach einer Idealvorstellung regulieren wollen. So gibt es bereits Stimmen, die den Verzehr von Hamburgers, Pommes Frites und Schokolade regulieren wollen[24].

Manche Menschen leben in den Tag hinein, nicht weil sie entscheidungsschwach sind und ihr impulsives Verhalten nicht ihren langfristigen Plänen anpassen können, sondern weil sie künftigem Nutzen nur einen geringen Wert beimessen (wollen). Sie diskontieren künftigen Nutzen durch einen Faustischen Vertrag stark ab. Wenn ein solcher Lebensstil Dritte nicht belastet, gibt es keinen Grund, diesen mit paternalistischen Maßnahmen, die in die Entscheidungsfreiheit eingreifen, zu bekämpfen. Neuere Forschung hat zudem ergeben, dass Individuen oft hohe und niedrige Diskontraten in einer Person vereinen und bezüglich einiger Lebensbereiche hohe Entbehrungen für einen weit in der Zukunft liegenden Nutzen auf sich nehmen und in anderen einen hedonistischen gegenwartsbezogenen Lebensstil führen[25]. Und es ist ganz unbekannt, wie sich eine paternalistische Intervention bei ihnen auswirken würde. Die herausragenden Jazzmusiker Charlie Parker und Django Reinhardt mussten viele Jahre hingebungsvoller Arbeit an ihren Instrumenten investieren, um ihre musikalische Größe zu erreichen. Gleichzeitig lebten sie in den Tag hinein. Der Arzt von Charlie Parker beschreibt ihn als „A man living from moment to moment....music, food, sex, drugs, kicks, his personality arrested at an infantile level"[26] Dies ist nur eines von vielen Beispielen, die in der Literatur diskutiert werden. So war König Ludwig XVIII von Frankreich extrem übergewichtig, was für eine hohe Diskontrate spricht. Gleichzeitig verfügte er über eine außergewöhnliche Ausdauer bei der Verfolgung politischer Ziele, was eine niedrige Diskontrate belegt. Churchill's Alkoholkonsum ist legendär. Auf der Konferenz von Jalta soll er „eimerweise Krimsekt" getrunken haben. Wohlmeinenden Kritikern hielt er entgegen „I got more out of alcohol than alcohol got out of me"[27].

Bei einer stärkeren Einbeziehung paternalistischer Elemente in die Rechtsordnung müssen daher Methoden und Entscheidungsroutinen entwickelt wer-

---

[24] Kritisch dazu *J.-C. Wolf* (2006), Die liberale Paternalismuskritik von J. S. Mill, in: Paternalismus und Recht, in memoriam Angela Augustin (1968-2004), hrsg. v. M. Anderheiden et al., Mohr Siebeck, Tübingen 2006, S. 55–68.

[25] *G. Chapman* et al. (2001), Value for the future and preventive health behavior. Journal of Experimental Psychology: Applied 7, 235–50.

[26] Zitiert bei *J. Elster* (2010), Reputation and Character, in Law and Economics, Essays in Honor of ErlingEide S. 69.

[27] www.quotegarden.com, besucht am 10.11. 2010.

den, die in der Lage sind, Entscheidungsschwächen einerseits und andere Lebensentwürfe oder Lebensstile andererseits zu trennen und in letztere nicht einzugreifen, d.h. einen liberalen, fehlerkorrigierenden Paternalismus vom autoritären Paternalismus zu unterscheiden. Es ist fraglich ob derartige Routinen zuverlässig entwickelt werden können.

So lassen sich paternalistische Eingriffe oft nur auf Vermutungen über individuelle Präferenzen stützen. In diesem Sinne spricht Thaler nunmehr statt von Paternalismus von einer „Best Guess policy": „the policy of choosing the choice architecture that is your best guess of what the participants would choose for themselves if they had the time and expertise to make an informed choice"[28]. Mangels anderer Anhaltspunkte werden die Paternalisten manchmal ihre eigenen Präferenzen zugrundelegen, die mit den gesellschaftlich anerkannten Präferenzen übereinstimmen.[29] Dann tritt der autoritäre Paternalismus nur im Gewande des liberalen Paternalismus auf.

b) Das Problem der Unterbrechung von Lernvorgängen
durch paternalistische Eingriffe

Verhaltensanomalien sind keine starren und unveränderbaren Verhaltensprogramme, sondern werden durch Lernprozesse korrigiert. Ein Schachspieler, der nur die Regeln kennt, wird alle möglichen Fehler machen und gegenüber einem erfahrenen Schachspieler verlieren. Aber er lernt durch Spielen. Paternalistische Gesetze können solche Lernprozesse unterbinden und das Ergebnis kann dann schlechter sein als ein über individuelle Lernprozesse gesteuertes Ergebnis. Nach der Wiedervereinigung haben viele Ostdeutsche die Westdeutschen als „abgebrüht" und „berechnend" charakterisiert, weil sie den Lockungen der Werbung und der Faszination des Warenangebots besser widerstehen konnten. Mittlerweile ist davon keine Rede mehr und das Kaufverhalten hat sich angeglichen. Hätte man stattdessen ein Konsumentenschutzgesetz-Ost verabschieden sollen?

In Schweden bestand seit etwa 100 Jahren eine strikte Regulierung des Alkoholkonsums. Wegen des EU-Beitritts musste Schweden sein Alkoholmonopol abschaffen, und seit 1994 können Konsumenten alkoholische Getränke für den persönlichen Gebrauch unversteuert aus anderen EU-Staaten einführen. Dies hat den Alkoholkonsum dort um über 20 Prozent ansteigen lassen. Die Zahl der alkoholbedingten Krankheiten und Todesfälle ist dadurch aber nicht angestiegen. Ein Grund dafür ist die Änderung der Trinkgewohnheiten hin zu

---

[28] *Richard Thaler*, The Argument Clinic, Cato Unbound, April 16, 2010 (http://www.cato-unbound.org).

[29] *Glen Whitman*, The Rise of the New Paternalism, Cato Unbound April 5, 2010, p. 3 (http://www.cato-unbound.org).

mäßigem, aber über die gesamte Woche verteilten Trinken anstatt der bis dahin üblichen Konzentration des Trinkens auf Feiertage und Wochenenden[30].

c) Das Problem der Nicht Separierbarkeit von autoritärem und liberalem Paternalismus, sowie von externen Effekten

Auf der konzeptuellen Ebene sind die Unterschiede zwischen echtem und liberalem Paternalismus klar genug. Auf der praktischen Ebene können beide Formen aber oft nicht getrennt werden. Dies gilt auch, wenn dem Gesetzgeber jene Gruppen, die geschützt werden sollen und jene, die keinen Schutz benötigen genau bekannt sind. Es besteht das Problem der Nichtseparierbarkeit von autoritärem und Fehler vermeidendem Paternalismus. Ein paternalistisches Gesetz kann für eine Bevölkerungsgruppe Fehler vermeidender Paternalismus und für eine andere autoritärer Paternalismus sein.

Angenommen eine Gruppe der Bevölkerung leide unter Entscheidungsschwäche und wünsche sich daher die Staatshilfe geradezu herbei (Liberaler Paternalismus). Für die andere Gruppe ist aber die Intervention des Staats echter Paternalismus und daher abzulehnen. Denn dieser Gruppe wird es durch die paternalistische Intervention, etwa eine starke Besteuerung alkoholischer Getränke verwehrt, ihren optimalen Konsumplan zu verwirklichen. Der Staatseingriff kann aber nicht zwischen beiden Gruppen unterscheiden, weil es unmöglich ist, das Verbot oder die Besteuerung nur für eine Gruppe einzuführen. Ökonomen sprechen von einem Nicht-Separierbarkeitsproblem. Ähnlich wie die Hypothek akzessorisch an die Forderung gebunden ist, können echter und Fehler vermeidender Paternalismus dann nur gemeinsam auftreten[31]. Wann ist unter dieser Voraussetzung eine paternalistische Regel gerechtfertigt? Camerer et al. (2003)[32] schlagen vor, eine paternalistische Regel nur dann einzuführen, wenn der positive Effekt des liberalen, Fehler vermeidenden Paternalismus

---

[30] *T Norström, M Ramstedt* (2006) Sweden – Is Alcohol becoming an Ordinary Commodity? in: Addiction, 2006 , 101, S. 1543–1545.

[31] Der Leser oder die Leserin mögen beachten, dass das Nicht Separierbarkeitsproblem manchmal nicht oder nicht in der gleichen Schärfe auftritt. Bei der Regulierung des Marktes für Tabakwaren sieht das Problem bereits anders aus, weil jeglicher Tabakgenuss gesundheitsschädlich ist, im Gegensatz zum Alkoholgenuss. Die Gurtanlegepflicht ist zwar für die Vollrationalen echter Paternalismus. Es kann jedoch angenommen werden, dass diese Gruppe den Gurt ohnehin angelegt hätte und daher durch das gesetzliche Gebot keinen Schaden erleidet.

[32] *Camerer, Colin* et al. (2003), „Regulation for conservatives: behavioral economics and the case for ‚asymmetric paternalism‘", University of Pennsylvania Law Review 151, 1211–1254, p. 1219. Siehe auch *P. Cserne* (2007), Freedom of Choice and Paternalism, in: Contract Law, Prospects and Limits of an Economic Approach, Gabler Verlag Wiesbaden.

größer als der schädliche Effekt des autoritären Paternalismus ist. Dies hängt ab von der Größe der Gruppen und von der Höhe des Nutzens oder Schadens derjenigen, die entweder Vorteile durch den liberalen oder Schäden aus dem autoritären Paternalismus erleiden. Dieser Gedanke lässt sich in einer Abwägungsformel ausdrücken, die angibt, wann bei der Einführung einer paternalistischen Regel die Vorteile des Fehler vermeidenden Paternalismus die Nachteile des mit der Regel auch verbundenen echten Paternalismus überwiegen.

$$v*S_n<(1-v)*N_a+K$$

Dabei ist *v* die Quote der vollrationalen Gruppe an der von der Intervention insgesamt betroffenen Gruppe, *(1-v)* ist die Quote der unter einer Entscheidungsschwäche leidenden Menschen, für die die Intervention einen Vorteil im Sinne des liberalen Paternalismus mit sich bringt. S_n bezeichnet den Schaden der paternalistischen Regulierung pro Mitglied der vollrationalen Gruppe und N_a den Nutzen der Regulierung für ein Mitglied der zu schützenden Gruppe. *K* bezeichnet alle durch die Regulierung darüber hinaus anfallenden Kosten, wie die Kosten der der Normgenerierung und des Vollzugs der Norm sowie Kosten bei den privaten Anbietern pro Person.

Es ist klar, dass die Anwendung dieser konzeptuellen Bedingung für Gerichte wie für den Gesetzgeber einen hohen Informationsstand erfordert, wenn auf sie gestützt eine paternalistische Regel eingeführt werden soll. Bei Anwendung dieser Abwägungsregel müssen daher hohe Hürden genommen werden, damit der paternalistische Eingriff legitim erscheint.

Eine entsprechende Abwägung sollte auch dann vorgenommen werden, wenn der Eingriff in die persönliche Freiheit teilweise aus paternalistischen Gründen und teilweise zur Vermeidung von Drittwirkungen erfolgt und etwa zu Belastungen des Gesundheitssystems führt. Auch derartige Drittwirkungen sind manchmal unvermeidbar und können oft nicht durch Prämienstaffelung bei Versicherungen oder durch Steuern internalisiert werden.

Für diesen Fall ist ein Zweistufentest empfehlenswert. In der ersten Stufe muss geprüft werden, ob der Nutzen des paternalistischen Eingriffs bei jenen, die einer Verhaltensanomalie unterliegen, insgesamt größer ist als die Schäden des Paternalismus für jene, in deren Lebensführung ungerechtfertigt im Sinne des autoritären Paternalismus eingegriffen wird. Kann diese Frage bejaht werden, so ist die paternalistische Intervention im Grundsatz ohne weitere Prüfung gerechtfertigt. Wird die Frage dagegen verneint, so ist eine weitere Prüfung anzustellen. Es ist dann zu fragen, ob die durch den paternalistischen Eingriff bewirkten verminderten Kosten bei Dritten zusammen mit dem Nutzen derjenigen, für die der Paternalismus gerechtfertigt ist, größer oder kleiner sind als der Schaden bei jenen, in deren Lebensführung autoritär paternalistisch eingegriffen wird. Es ist klar, dass eine solche Prüfung eine hinreichend genaue Darle-

gung von Kosten und Nutzen voraussetzt, bevor in die allgemeine Handlungsfreiheit eingegriffen werden kann.

Bei der Wahl zwischen verschiedenen Interventionsmöglichkeiten, z. B. unterschiedlichen Steuersätzen auf Alkohol, ist die Maßnahme zu treffen, bei der
die Kosten-Nutzen-Rechnung den größten Nutzenüberschuss für die Schutzbedürftigen und die Allgemeinheit gegenüber den Nutzenverlusten der nicht
Schutzbedürftigen ergibt.

d) Das Problem der populistischen Verstärkung
von Verhaltensanomalien durch Politik

Politiker können den gleichen Fehleinschätzungen und Willensschwächen
unterliegen wie die Wähler und sich zudem – sogar wider besseres Wissen –
diese zu Eigen machen, um Vorteile zu erlangen.

Interventionen sind politischen Einflüssen und dem Druck von Interessen-
verbänden ausgesetzt, die paternalistische Eingriffe in ihrem Sinne zu beeinflussen suchen. Außerdem verfolgen die Planer auch eigene Interessen in Bezug auf Anerkennung und Aufstiegsmöglichkeiten innerhalb der Organisation,
in der sie tätig sind. Dies fördert ihre Bereitschaft, sich externen Erwartungen
anzupassen und ihre Entscheidungen nicht ausschließlich davon abhängig zu
machen, ob der Gewinn für die Betroffenen selbst größer ist als ihr Verlust.
Staatshandeln dämpft daher Verhaltensanomalien oft nicht ab, sondern verstärkt sie durch populistische Politik.

In Deutschland ist die Zahl der Verkehrstoten durch bessere Straßen, siche-
rere Autos, stärkere Polizeikontrollen und Geschwindigkeitsbegrenzungen in
geschlossenen Ortschaften und Wohngebieten erheblich gesunken. Ein Tempolimit auf Autobahnen ist politisch aber nicht durchzusetzen. Die Selbstüber-
schätzungsanomalie führt die Mehrheit der Deutsche dazu, ein Tempolimit auf
Autobahnen abzulehnen. Die maßgeblichen Teile der Politik ziehen einen Nutzen daraus, diese Fehleinschätzung populistisch zu verstärken anstatt zu korrigieren. Zu den Wirkungen eines Tempolimits auf Autobahnen gibt es viele
Dutzende Studien. Diese gelangen zwar zu unterschiedlichen Ergebnissen[33],

---

[33] Studien zu den Auswirkungen von Geschwindigkeitsbegrenzungen gibt es viele
Dutzende. Sie gelangen nicht zu eindeutigen Ergebnissen. Großer Konsens besteht je-
doch darüber, dass für die Vermeidung tödlicher Unfälle eine Angleichung der Ge-
schwindigkeiten von großer Bedeutung ist und die Zahl der tödlichen Unfälle mit der
Varianz der Geschwindigkeiten zunimmt. *S. Garber / J. D. Graham,*The effects of the
new 65 mile-per-hour speed limit on rural highway fatalities: A state-by-state analysis
Accident Analysis & Prevention Volume 22, Issue 2, April 1990, Pages 137–149. Diese
Studie ergab einen etwa 15 prozentigen Anstieg der tödlichen Unfälle als Folge einer
Heraufsetzung der Geschwindigkeitsbegrenzung von 55 auf 65 Meilen pro Stunde in

aber mit einer deutlichen Tendenz. Die Weltgesundheitsorganisation hat in einer Metastudie die Ergebnisse von 37 Untersuchungen evaluiert und gelangt zu der Schlussfolgerung, wonach bei höheren Geschwindigkeiten (ab 50 km/h) die Reduktion der Höchstgeschwindigkeit um 1 km/h die Unfallhäufigkeit um 2 Prozent reduziert und dass die Unfallwahrscheinlichkeit mit dem Quadrat der Geschwindigkeit zunimmt[34]. In der Schweiz hat nach Angaben der Weltgesundheitsorganisation die Einführung der Geschwindigkeitsbegrenzung auf Autobahnen die Zahl tödlicher Unfälle um 12 Prozent, in Dänemark um 21 Prozent und in Schweden um 23 Prozent absinken lassen[35]. Einigkeit besteht in der Fachdiskussion zudem darin, dass nicht allein die Höhe der Durchschnittsgeschwindigkeit Unfälle verursacht, sondern auch die Varianz der Geschwindigkeit. Im Deutschen Bundestag war eine Höchstgeschwindigkeit nicht durchsetzbar. Das zuständige Ministerium hat 1976 auf dem Verordnungswege eine Richtgeschwindigkeit eingeführt. Diese wird von manchen eingehalten von vielen aber nicht, was die Varianz der Geschwindigkeiten auf Autobahnen zusätzlich vergrößert. Im Jahre 2009 starben auf deutschen Autobahnen etwa 500 Menschen[36]. Auf jeden tödlichen Unfall kommen mehrere Unfälle mit Verletzten. Die Ablehnung der Geschwindigkeitsbegrenzung ist auf einen heuristischen bias in der Bevölkerung zurückzuführen, der über die Medien und die Politik verstärkt und nicht korrigiert wird.

Ein krasses Beispiel der Verstärkung eines heuristischen bias in der Bevölkerung war die Entscheidung der ägyptischen Regierung, während der Schweinepestgrippe alle im Lande gehaltenen Schweine zu töten und zu entsorgen, obwohl das Virus weltweit in keinem einzigen Schwein nachgewiesen wurde[37].

Zwischen der Bevölkerung in den westlichen Industriestaaten und der Wissenschaft besteht eine Kluft in der Einschätzung der Risiken und Chancen genetisch veränderter Pflanzen und Nahrungsmittel. Wir können hier nicht auf diese Risiken inhaltlich eingehen. Es ist aber nachgewiesen, dass die öffentliche Diskussion und die Politik zu einer Einschätzung dieser Risiken gelangen, die nicht das Ergebnis der Kenntnisnahme wissenschaftlicher Forschungser-

---

den USA. *T. S. Dee / R. J. Sela* (2003), The fatality effects of highway speed limits by gender and age. Economics Letters Volume 79, Issue 3, June 2003, Pages 401–408. Diese Studie ergab keinen signifikanten Anstieg der Verkehrsunfälle als Folge der Erhöhung der Geschwindigkeitsbegrenzung.

[34] *WHO* (2004), World Report on Traffic Injury Prevention, Genf 2004, insbes. S. 126 ff.

[35] *WHO* (2004), a.a.O.

[36] Quelle: Stat. Bundesamt, Unfallentwicklung auf deutschen Straßen 2008, S. 17.

[37] *B. Dixon* (2009), Flu confusions, Current Biology, Volume 19, Issue 13, 14. Juli 2009, S. R499.

gebnisse ist[38]. Dadurch entsteht die Tendenz, durch Regulierung den Anbau solcher Pflanzen zu stark zu verteuern. Wiederum werden im politischen Prozess heuristische Schwächen nicht abgebaut, sondern weiter getragen.

Populistisches Staatshandeln und populistische Gesetzgebung verstärken die von der Verhaltensökonomik aufgedeckten Verhaltensanomalien. Staatliche Eingriffe in die Privatautonomie verschlimmern dann die negativen Folgen der Anomalien durch ihre zentralisierenden Wirkungen. Eine notwendige aber nicht hinreichende Voraussetzung für eine stärker paternalistische Gesetzgebung oder richterliche Rechtsfortbildung ist daher das Fernhalten populistischer Einflüsse auf den Entscheidungsprozess des Gesetzgebers und der rechtsfortbildenden Gerichte. Dies kann zum Beispiel dadurch geschehen, dass vor der Verabschiedung einer paternalistischen Gesetzgebung Kosten-Nutzen Rechnungen und eine wissenschaftliche Begleitung ihrer Wirkungen zwingend vorgeschrieben werden. Auch zeitlich befristete Gesetze (sunset clauses), deren Verlängerung von fundierten Kenntnissen über die Wirkungen des Gesetzes abhängig gemacht werden, können der populistischen Ausnutzung von Willensschwächen und heuristischen Schwächen durch den Gesetzgeber entgegenwirken.

e) Das Problem der Verbindung von Liberalismus und Paternalismus

Die Legitimität paternalistischer Eingriffe hängt nicht nur von der Zielgenauigkeit ihrer Wirkung, sondern auch von der Eingriffsintensität ab. Ein Verbot oder die Nichtigkeit eines Vertrags schädigt jene, für die der Eingriff eine echte paternalistische Maßnahme beinhaltet. Oft kann das rechtspolitische Ziel, eine überlegte und nicht impulsive Entscheidung herbeizuführen mit weichen Maßnahmen herbeigeführt werden, die die freie Entscheidung nicht in Frage stellen. Dies gilt für Formerfordernisse wie die Schriftform, die notarielle Beglaubigung oder Beurkundung oder Rücktrittsrechte von einem Vertrag innerhalb einer Frist wie bei Haustürgeschäften oder Verbraucherkreditverträgen.

Sunstein und Thaler haben eine vieldiskutierte Form des Paternalismus vorgeschlagen, die die Wahlfreiheit der Individuen unangetastet lässt und nur minimale Belastungen für jene mit sich bringt, die sich anders entscheiden wollen. Ihre sehr originelle Grundidee besteht darin, Verhaltensanomalien instrumentell zur Korrektur anderer Verhaltensanomalien einzusetzen und gleichsam den

---

[38] *L. J. Frewer / S. Miles / R. Marsh* (2002), The Media and Genetically Modified Foods: Evidence in Support of Social Amplification of Risk, Risk Analysis, Volume 22, Issue 4, S. 701–711 und *G. Gaskell* et al. (2004), GM and the misperception of risk perception, Risk analysis 24, S.185–194.

Teufel mit Beelzebub auszutreiben. Sie nennen dies libertären[39] Paternalismus[40], der nur in einem „Anschubsen" (nudging) besteht.

Beispiel: Ein Unternehmen bietet seinen Arbeitnehmern einen betrieblichen Pensionssparplan mit Beteiligung des Arbeitgebers an der Finanzierung an. Die Arbeitnehmer können beitreten und bekommen ihre Beiträge vom Lohn abgezogen oder nicht beitreten und erhalten dann ein höheres verfügbares Einkommen. Das Angebot ist wegen der Arbeitgeberbeteiligung sehr günstig. Bei einer vernünftig niedrigen Diskontrate zukünftigen Nutzens müssten eigentlich alle oder fast alle Arbeitnehmer beitreten (opting in). Wegen der Willensschwäche, auf Gegenwartskonsum zu verzichten und wegen des status quo bias werden aber viele diesen Vertrag nicht abschließen, obwohl dieser für sie –im Sinne ihrer langfristigen Präferenzen- vorteilhaft ist. Sunstein und Thaler schlagen zur Überwindung des Problems vor, den Vertrag für alle Arbeitnehmer verbindlich zu machen, es sei denn, jemand erklärt ausdrücklich, er wolle daran nicht teilnehmen (opting out). Der Status quo bias sorgt nun dafür, dass viele im dem Sparprogramm bleiben, die ihm bei einer opting in Regelung nicht beigetreten wären. Die Kosten des opting in und des opting out bestehen nur in der Abgabe einer Willenserklärung. Sie sind für den Arbeitnehmer trivial niedrig. Es dürfte daher bei voll rationalem Verhalten keinen Unterschied für die Anzahl der Teilnehmer am Sparplan machen, ob man das eine oder das andere Modell wählt. Der Status quo bias führt aber – wie empirische Untersuchungen gezeigt haben dazu, dass das opting out Modell zu einer höheren Beteiligungsquote als das opting in Modell führt. Auf diese Weise soll das opting out Modell eine Willensschwäche mit Hilfe einer anderen Willensschwäche korrigieren, ohne dabei in die freie Entscheidung des Individuums einzugreifen.

Ob diese Methode, den Status quo bias instrumentell zur Überwindung einer spontanen Kurzfristorientierung einzusetzen häufig erfolgreich ist, muss jedoch bezweifelt werden, wie das folgende Beispiel aus dem deutschen Sozialversicherungsrecht belegt. Nach früherem Sozialversicherungsrecht konnten Frauen, die bei ihrer Eheschließung die Berufstätigkeit aufgaben, den von ihnen geleisteten Arbeitnehmeranteil auf Antrag (opting out Regel im Sinne von Sunstein und Thaler) rückerstattet bekommen. Dadurch verloren sie jeglichen Anspruch auf eine Alters- oder Erwerbsunfähigkeitsrente. Außerdem wurde der gleich große Arbeitgeberbeitrag nicht an sie ausgezahlt. Zudem verloren sie die Zinsgewinne aus diesen Ersparnissen, die wegen der Koppelung der Renten an die allgemeine Lohnentwicklung wesentlich höher als der normale Sparzins waren.

---

[39] Libertäre in den USA fordern den freiheitsverbürgenden Minimalstaat.

[40] *C. R. Sunstein / R. H. Thaler* (2003), Libertarian Paternalism Is Not an Oxymoron, The University of Chicago Law Review, Vol. 70 Fall 2003 Number 4 S. 1159–1202 und *dieselben*, Nudge, Improving Decisions about Health, Wealth and Happiness, Chicago 2008.

Eine Frau, die sich unter diesen Umständen auszahlen ließ, erhielt weniger als 40 Prozent des Gegenwartswerts ihrer Rentenansprüche, auf die sie verzichtete. Gleichwohl haben sich in den Jahren von 1963–1967 drei Viertel aller Frauen auszahlen lassen[41].

Ein Beispiel mit der gleichen Struktur betrifft starkes und gesundheitsgefährliches Übergewicht als Folge einer hohen Diskontrate für künftigen Nutzen. Auch hier kann der Status Quo Bias eingesetzt werden, in dem z.B. Schulkantinen oder Mensen veranlasst werden, das Obst an den bevorzugten Stelle anzubieten, etwa im Regal in Augenhöhe und die Sahnetorten so, dass man ein paar Schritte laufen oder sich bücken muss, um sie zu bekommen. Wiederum wird nicht in die Entscheidungsfreiheit eingegriffen und wiederum wird eine Verhaltensanomalie instrumentell eingesetzt, um die Folgen einer anderen zu bekämpfen.

Sunstein und Thaler weisen zudem zutreffend darauf hin, dass jede Form der Präsentation einer Wahlmöglichkeit wegen des Framing-Effektes und des Status quo bias manipulierend wirkt. Man kann beim Pensionsfonds die opting in oder die opting out Version wählen. Man kann bei der Information über einen chirurgischen Eingriff die Überlebens- oder die Sterbewahrscheinlichkeit betonen. Man kann die Sahnetorte oder das Obst in Augenhöhe platzieren. Stets entsteht ein manipulativer Effekt, der somit unvermeidlich ist. Dann ist es besser, jene Präsentation zu wählen, die bei einigen Entscheidern Willensschwächen und heuristische Schwächen korrigiert.

Sunstein und Thaler schlagen vor, diese Methoden des „Nudging" in vielen Bereichen des Rechts, etwa im Arbeitsrecht, Mietrecht oder Verbraucherschutzrecht, bei der rechtlichen Organisation von Organspenden oder Kreditverträgen anzuwenden.

Die Medizin, die hier verordnet wird, ist mit der Homöopathie des *Dr. Hahnemann* vergleichbar. Sie kuriert gleiches mit gleichem (Similia similibus curantur). Sie hat kaum Kosten und keine Nebenwirkungen. Ob sie dann letztlich auf Dauer mehr bewirken kann als einen Placebo-Effekt, kann erst zukünftige Wirkungsforschung zeigen.

V. Fazit

Die verhaltensökonomische Forschung ergibt, dass auch bei voll geschäftsfähigen Menschen erhebliche heuristische Schwächen und Willensschwächen

---

[41] Vgl. *Ellen Kirner* (1980), Ursachen für die Unterschiede in der Höhe der Versichertenrenten an Frauen und an Männer in der gesetzlichen Rentenversicherung, DIW, Berlin 1980, S. 63.

auftreten, die nicht einem Rationalverhalten entsprechen, wie das Modell des homo oeconomicus dies nahelegt. Diese Schwächen können allerdings überwiegend durch Lernprozesse überwunden werden. Sie rechtfertigen daher grundsätzlich keine Eingriffe in die allgemeine Handlungsfreiheit, wohl aber Regelungen, die eine überlegte und auf rationalen Erwägungen beruhende Entscheidung besser ermöglichen, wie z.B. Formerfordernisse oder cool-off-Perioden. Auch das von Sunstein und Thaler vorgeschlagene „Nudging", mit dem Verhaltensanomalien durch andere Anomalien bekämpft werden sollen, ohne in die Entscheidungsfreiheit einzugreifen, ist in diesem Zusammenhang zu nennen.

Dies schließt allerdings nicht aus, dass auch nach Lernprozessen und Überlegungsphasen bei voll geschäftsfähigen Individuen Verhaltensanomalien im Sinne von Willensschwächen und heuristischen Schwächen bestehen bleiben, die durch einen liberalen Paternalismus in eng begrenzten Ausnahmefällen korrigiert werden können. Der liberale Paternalismus versucht, heuristische Schwächen und Willensschwächen zu korrigieren, nicht aber, ein Verhalten von höherer Warte aus vorzuschreiben.

Insgesamt vertreten wir die Auffassung, dass die Ergebnisse der verhaltensökonomischen Forschung nicht zu einer generellen Aufgabe des Homo Oeconomicus-Konzepts führen soll und führen wird und darum auch nicht zur Infragestellung einer Rechtsordnung, die auf der Autonomie des Individuums beruht. Die Ergebnisse dieser Forschung führen aber auch zu einer höheren Sensibilität für menschliche Entscheidungsschwächen und können in begrenzten Ausnahmefällen und unter hohen Begründungslasten Einschränkungen der allgemeinen Handlungsfreiheit im Sinne eines liberalen Paternalismus legitimieren.

Demokratische Staatsrechtslehre in der Weimarer Republik

Überlegungen zu einem neuen Forschungsfeld

Dian Schefold

I.

Mit der Weimarer Verfassung gelingt in Deutschland erstmals, über die noch umstritteneren und letztlich erfolglosen Versuche um 1848 hinaus, eine demokratische Verfassungsgebung durch eine verfassungsgebende Nationalversammlung. Nahe liegt daher, hier den Beginn einer *demokratischen Staatsrechtslehre* zu lokalisieren und das Schrifttum der Weimarer Zeit unter diesen Oberbegriff zu subsumieren. Christoph Gusy hat auf diese Fragestellung aufmerksam gemacht und sie in eigener Darstellung sowie einem durch eine Tagung vorbereiteten Sammelband[1] behandelt. Notwendigerweise war dieser Band von der Heterogenität der vielen Autoren geprägt. Um so erfreulicher ist, dass aus seiner Bielefelder Schule jetzt eine Arbeit aus der Hand von Kathrin Groh vorliegt, die das demokratische Staatsdenken systematisch zu erfassen sucht und insofern zur Diskussion stellt[2]. Mit dieser Fragestellung wird eine neue, spezifisch verfassungsrechtliche Forschungsrichtung begründet. Sie ist einem Autor wie Hans Peter Bull besonders adäquat, der, bei allem aktuellen verfassungspolitischen Interesse, den historisch-theoretischen Grundlagen des öffentlichen Rechts immer sein Augenmerk geschenkt und dabei die Notwendigkeit demokratischer Legitimation der Verfassung betont hat. Da auch der Verfasser dieser Zeilen im Zug seiner Beschäftigung mit Hugo Preuß an dieser Forschungsrichtung ein vorrangiges Interesse hat[3], sei die folgende Auseinandersetzung mit Kathrin Grohs Buch Hans Peter Bull zugeeignet.

Die neue Sichtweise kann freilich nicht über den bisher überwiegenden Gesichtspunkt hinweggehen, dass Staatsrechtslehre auch unabhängig von der kon-

---

[1] *Christoph Gusy* (Hrsg.), Demokratisches Denken in der Weimarer Republik, Baden-Baden 2000.

[2] *Kathrin Groh*, Demokratische Staatsrechtslehrer in der Weimarer Republik, Tübingen 2010. Verweise auf dieses Buch erfolgen im Folgenden durch Seitenangaben in Klammern.

[3] Eine erste Fassung dieses Beitrags ist auf der Website der Hugo Preuß-Stiftung zur Diskussion gestellt worden, www.hugo-preuss-stiftung.de.

kreten Verfassung betrieben werden kann. Mehr noch, der Verfassungsbegriff des 19. Jahrhunderts, als Element der konstitutionellen Monarchie fest gefügt in Folge des Wiener Kongresses, des Deutschen Bundes und des ihn insofern nur in der nationalen Einheit, nicht im Verfassungsmodell grundsätzlich verändernden Deutschen Reiches, mochte als aprioristisches Modell seinen Einfluss ausüben, ungeachtet oder in Umdeutung der Verfassungsschöpfung von Weimar. Daher ist der Methoden- und Richtungsstreit der Weimarer Zeit zumindest vorrangig keiner um die Weimarer Verfassung. Die Fronten werden vor deren Erlass, im Wesentlichen schon 1911/12, abgesteckt, und soweit die Weimarer Verfassung zum Gegenstand des Streits wird, etwa hinsichtlich des Verfassungsbegriffs, des Gleichheitssatzes, der allgemeinen Gesetze, des Hüters der Verfassung, geht es weniger um Auslegung des Verfassungstexts und dessen historisch-systematisches Verständnis, als um die Anwendung bestimmter, von außen an die Verfassung herangetragener methodischer Maßstäbe.

Aber gerade deshalb hat es seinen guten Grund, dass Kathrin Groh sich von vornherein auf einen bestimmten Kreis, auf „demokratische Staatsrechtslehrer", die die Weimarer Verfassung behandelt haben, beschränkt. Nur, wie wird dieser Kreis bestimmt? Man könnte den Ausschluss bestimmter recht zweifelsfrei der Verteidigung der Weimarer Verfassung zuneigender Autoren, etwa Ludwig Waldeckers, kritisieren[4], oder durch Abstellen auf die Legitimität der Verfassung oder die Tagung republikanischer Hochschullehrer vom 23./24.4.1926[5] den Kreis zu bestimmen suchen, oder Beteuerungen der Verfassungstreue angesichts von Angriffen gegen die geisteswissenschaftliche Methode[6] zugrunde legen. Jede dieser Abgrenzungen wäre kritisierbar.

Eben dies spricht für die Methode der Verfasserin, sich auf fünf zweifelsfrei bedeutende, der Weimarer Verfassung verbundene und sie interpretierende Autoren zu beschränken, auf Hugo Preuß, Gerhard Anschütz, Richard Thoma, Hans Kelsen und Hermann Heller. Allerdings impliziert dies Inkongruenzen. Die Geburtsdaten der fünf Autoren liegen bis über 30 Jahre (Preuß: 1860, Heller: 1891), die Todestage gar fast 50 Jahre (Preuß: 1925, Kelsen: 1973) auseinander. Folglich ist Preuß dem Schwerpunkt seiner Tätigkeit nach noch der Zeit vor 1918, methodisch einem dem Weimarer Methoden- und Richtungsstreit vorausliegenden Methodenstreit zwischen der von der Romanistik beherrschten Staatsrechtsdogmatik und der germanistischer Kritik daran verhaftet (richtig S. 25), gehören Kelsen und Heller zu den – freilich beide aus Österreich

---

[4] S. 1 werden als weiter in Betracht kommende Autoren *Wittmayer, Radbruch, Nawiasky, Giese* genannt.

[5] Dazu die Listen bei *E. R. Huber*, Deutsche Verfassungsgeschichte seit 1789, Bd. 6, Stuttgart 1981, S. 10, 988.

[6] So *Gerhard Leibholz* in seiner Rezension zu *O. Mainzer*, Gleichheit vor dem Gesetz, Archiv des öffentlichen Rechts 18, 1930, S. 254 (259).

stammenden und deshalb nicht so zentral an der Weimarer Verfassung interessierten – Beteiligten am Weimarer Methodenstreit, allerdings Heller zur Zeit von dessen Erledigung verstorben, Kelsen von Anfang an, dann in der Emigration und nach dem Zweiten Weltkrieg ein Neubegründer der Rechtstheorie. All dies, ebenso wie Anschütz' und Thomas Tätigkeit vor 1918, muss im Rahmen der vorliegenden Arbeit zurücktreten, bedarf aber der Bewusstmachung, wenn den Autoren Gerechtigkeit widerfahren soll.

Grohs Arbeit gliedert sich, nach einer die Fragestellung konkretisierenden Einleitung, in drei Hauptteile: zunächst eine knappe Darstellung der Lehre der fünf behandelten Autoren, dann eine eingehende Behandlung von fünf Grundfragen des Weimarer Regierungssystems: Führerauslese, Parteienstaat, Pluralismus, Parlamentarismus, Grundrechte. Den Abschluss bildet ein Teil zu einer demokratischen Verfassungstheorie der Weimarer Republik. Das sind Schlaglichter, die sich sämtlich rechtfertigen lassen und heuristisch zu akzeptieren sind. Aber schon die Gliederung zeigt im Einzelnen, dass manchmal die Behandlung durch die fünf Autoren einfach nebeneinander gestellt wird, manchmal systematisch, und dann meist unter Einbeziehung auch der neueren Diskussion, argumentiert wird. Die erstgenannte Methode, die den Autoren besser gerecht wird, hat den Nachteil, ihre Ausführungen einfach zu referieren und zu addieren, die zweite, aktueller relevante, kann schwerlich vermeiden, die Aussagen der Autoren unter Hintanstellung des wissenschaftsgeschichtlichen Zusammenhangs zu nivellieren. Vorweg betont sei die vorzügliche Literaturerfassung, der Primär- wie der Sekundärliteratur. Hugo Preuß' Schriften etwa sind ziemlich komplett erfasst, wobei Band 1 der Gesammelten Schriften[7] bereits herangezogen wird, wenn auch die dort abgedruckten Schriften nicht alle danach zitiert werden. Für die übrigen Bände hat die Verfasserin ihrerseits einen großen Teil der Editionsarbeit eigenständig vorbereitet[8].

II.

1. a) Im *1. Teil* muss die Darstellung der Lehre der fünf Autoren auf eine Rekonstruktion im Detail verzichten und bisweilen apodiktisch ausfallen, wenn etwa *Hugo Preuß* die „Verstaubtheit der organischen Staatstheorie" (S. 25) trotz der Erkenntnis von deren Funktion entgegengehalten oder die Rückführung auf das Volk, die sich in seinem Denken erst nach und nach entwickelt, als

---

[7] Herausgegeben im Auftrag der Hugo Preuß-Gesellschaft e.V. von *Detlef Lehnert* und *Christoph Müller*, Tübingen, Bd.1, eingeleitet von *Lothar Albertin*, 2007, Bd. 4, eingeleitet von *Detlef Lehnert*, 2008, Bd. 2, eingeleitet von *Dian Schefold*, 2009; im folgenden nur als „Gesammelte Schriften" mit Band- und Seitenzahl zitiert.

[8] Bei „*Anschütz*, Staatsrecht" (so zahlreiche Zitate S. 53 Fn. 63 ff.) stört etwas, dass das Werk im Literaturverzeichnis zutreffend nur unter *Meyer/ Anschütz* aufgeführt ist.

genuin für Preuß bezeichnet wird (richtiger S. 30). Die Prämisse, dass die Vielheit der Bürger in der Einheit des Staates aufgehoben werde (S. 27 – das wäre
eher für die von Preuß verworfene Gesellschaftsvertragslehre oder auch für
Gneist, vgl. S. 37, zutreffend), vernachlässigt die von Preuß stets betonte „Einheit in Vielheit"[9]. Richtig ist dagegen die Konzentration der Freiheit auf demokratische, also nicht vorstaatliche, Mitgestaltung (S. 35). Natürlich gab es zu
Preuß' Zeiten noch keine ausgearbeitete soziologische Methode zur Erfassung
der dafür notwendigen Lernprozesse (S. 41). Aber die Beschreibung der auftretenden Konflikte und deren allmählicher Eingrenzung und Ausgleichung leitet
doch zu hoch aktuellen Fragestellungen über.

b) Für *Gerhard Anschütz* weist die Darstellung eine Preuß' Entwicklung
verblüffend ähnliche Herausbildung des demokratischen Denkens auf, besonders eindrücklich in Anschütz' Rezension von Preuß' Buch über Das deutsche
Volk und die Politik (1916). Allerdings hat die teleologisch-politische Argumentation bei Anschütz ganz andere Wurzeln und bleibt die Staatsbejahung
abstrakt. Gewiss kann man sie als demokratisch, etwa im Sinn heutiger Argumentationen mit Verfassungspatriotismus, bezeichnen (S. 64, 68), aber im Verhältnis zu Preuß fehlt die Grundlage in der organischen Theorie, im Verhältnis
zur französischen Verfassungstradition – man denke an Carré de Malberg! – die
Betonung der volonté générale, so dass der Staat als solcher stark, die demokratische Bestimmung zwar bejaht, aber doch eher aufgesetzt wirkt[10].

c) Beim gegenüber Anschütz sieben, gegenüber Preuß vierzehn Jahre jüngeren *Richard Thoma* ist dagegen der Einfluss des „Weimarer" Methoden- und
Richtungsstreits bereits evident, so sehr in der praktischen Wirksamkeit die
Kooperation mit Anschütz hervortritt, und so sehr das Methodenbewusstsein
durch den Einfluss Max Webers geprägt ist (S. 78 ff.). Aber die Bedeutung der
Vorstellung eines Beziehungsgefüges als Wesensmerkmal des Staates (S. 83)
erinnert außer an Weber doch mehr an Smend als an Kelsen (vgl. S. 86) – wobei freilich die wiederum durch Weber geprägte realistische Sicht des Herr-
schaftsverbands in bloßer Rechtsform der Körperschaft die Zurückführung auf
die reale Zustimmung der Herrschaftsunterworfenen, die in Preuß' Organisationslehre so zentral war, erschwert. So wird der Demokratie-Begriff schillernd,
normativ wenig aussagekräftig. Man nimmt Thoma sein Bekenntnis zum Parlamentarismus und seine Loyalität gegenüber der Republik gern ab. Aber sie ist
weniger theoretisch als praktisch politisch fundiert.

---

[9] Vgl. Gesammelte Schriften Bd. 2, S. 95, und öfter.

[10] In diesem Sinn wäre auch die starke Betonung der Kontinuität von monarchischem
und republikanischem Reich zu erwähnen, vgl. etwa *Anschütz*, Die Verfassung des
Deutschen Reichs, 14. Aufl. Berlin 1933, Einleitung, S. 1 ff.

d) Gilt dies auch für *Hans Kelsen*? Zumindest für die Fragestellung des vorliegenden Bandes muss die Demokratielehre, über deren Bedeutung kein Zweifel mehr bestehen sollte, deren Verhältnis zur Rechtstheorie aber problematisch ist, im Mittelpunkt stehen (S. 106 ff., 129 ff.). Der die Demokratietheorie bestimmende Wertrelativismus, vor allem die Ablehnung einer ontologischen, sei es naturrechtlichen, soziologischen oder materialistischen Begründung von Sollenssätzen, bestimmt jedoch zugleich Kelsens Rechtstheorie. Daher überzeugt, dass Groh den Ausgangspunkt der Entwicklung der Reinen Rechtslehre, vor allem in den Frühschriften vor 1914, in einer Entzauberung des Staates, einer Kritik an den für den Obrigkeitsstaat hilfreichen Theorien sieht (S. 113 f.). Gerade insofern ist die Parallele zu Preuß deutlich. Wie die Genossenschaftstheorie und die daraus abgeleitete Bestimmung der Gebietskörperschaft durch den Gemeinwillen den Patrimonialstaat, so entzaubert die Reine Rechtslehre durch Definition des Staates als Sollensordnung den personalen Herrscher. Die Kelsen'sche Gleichsetzung von Staat und Recht erweist sich auch insofern der schon von Preuß gesehenen engen Verbindung beider (wie auch Krabbes Lehre von der Rechtssouveränität) verwandt, mag auch der methodische Ausgangspunkt entgegengesetzt sein. Mehr noch: wenn Groh aus der Verwerfung der Trennung von öffentlichem und privatem Recht ableiten will, dass Kelsen die von Preuß herausgearbeitete Wesensgleichheit aller Gebietskörperschaften zur Wesensgleichheit aller juristischen Personen erweitere (S. 114), so lenkt sie das Augenmerk auf die Herrschaftsverhältnisse zwischen juristischen Personen, in der Terminologie der Genossenschaftstheorie zwischen Gesamtpersonen und ihren Gliedpersonen. Diese Herrschaftsverhältnisse sind – daran lässt gerade Preuß keinen Zweifel – durch die faktischen, wenn auch oft verrechtlichten Machtverhältnisse bestimmt. Kelsen setzt an deren Stelle die hypothetische Grundnorm. Aber diese knüpft das Sollen an die faktische Autorität des Rechtserzeugers (vgl. mit Nachw. S. 111). Unter Gebietskörperschaften mag diese, auch nach Völkerrecht, evident sein. Soll sie aber auch bei andern juristischen Personen konstatiert und dabei deren Regelung nach einer Sonderordnung des staatlichen, öffentlichen Rechts vermieden werden, so stellt sich jedes Mal die Frage nach der sozialen, machtmäßigen Legitimation der das Recht erzeugenden juristischen Person. Damit bliebe für die selbständige Sollensordnung wenig übrig. Die Demokratietheorie müsste, als politische Soziologie der jeweiligen Körperschaften, über die Wirksamkeit (vgl. S. 126 f.) der jeweiligen Sollensordnung befinden. – Kelsen hätte diese Konsequenz wohl nicht akzeptiert. Aber sie zeigt, dass die hypothetische Grundnorm gebietsspezifisch verstanden werden muss, wenn sie die einheitliche Sollensordnung begründen soll.

e) Stellt Grohs Analyse schon bei Kelsen die Zurückdrängung der seinswissenschaftlichen Grundlagen der Staatsrechtslehre in Frage, so hat *Hermann Heller* die wirklichkeitswissenschaftliche Methode der Staatslehre bewusst in den Mittelpunkt gerückt. Damit hat er nach Einschätzung der Verfasserin

(S. 144) – die zumindest bis 1970, wenn nicht bis 1980 schwerlich, für die neuere Zeit aber eher zutrifft – die neuere Entwicklung am nachhaltigsten von allen Theoretikern der Weimarer Zeit beeinflusst. Dennoch, das Postulat einer wirklichkeitswissenschaftlichen Staatslehre blieb schillernd. Keinesfalls war damit ein materialistisches Verständnis gemeint. Die „Dialektik" von Sein und Sollen, die an Preuß erinnert (richtig S. 160, 166), beruhte bei diesem auf den von Heller nicht übernommenen und in der Tat jedenfalls für das zweite Viertel des 20. Jahrhunderts nicht mehr plausiblen Prämissen der organischen Staatslehre. Zwischen andern methodischen und soziologischen Theorien oszillierte Heller, so dass man seine Beschreibung der Hervorbringung des Staates als Einheit kaum als wirklicher betrachten kann als die Smends (überzeugend S. 163). Insofern sind die Fragezeichen an den Rand des Heller'schen Befunds der Wirklichkeit des Staates (S. 158) angebracht. Es gilt im Auge zu behalten, dass seine „Staatslehre" Torso geblieben und dass Heller in einem Alter gestorben ist, in dem die andern von Groh behandelten Autoren nahe dem Höhepunkt ihres Wirkens waren. Als fruchtbar hat sich wohl Hellers kulturwissenschaftliche Begründung der Einheit von Volk, Nation und Staat erwiesen. Sie prägt vor allem die Demokratietheorie und die These vom sozialen Rechtsstaat als Verbindung kultureller Einheitsbildung, liberaler Grundrechte und sozialer Gleichheit durch demokratische Entscheidung. Aber dies verlangt von der Arbeiterschaft, dass sie sich in die nationale Kultur hineinkämpfe (S. 169, 172); denn Ort der demokratischen Entscheidung bleibt der Staat als organisierte Einheit trotz zunächst bestehender sozialer Gegensätze. Dass diese etatistische Betrachtungsweise (so zutr. insb. S. 177) auch die gegenseitige Entfaltung durch die Menschen in der Gemeinschaft einschließe (S. 179), nehme ich gern zur Kenntnis, und ich korrigiere mich insofern, nicht aber hinsichtlich meines Befundes des Primats des Staates als Wirkungseinheit, der die demokratische Selbstbestimmung relativiert und absorbiert[11]. In diesem Befund glaube ich mich mit der Verfasserin einig wissen zu dürfen.

2. Der *zweite Teil* setzt ein mit einer Analyse des Volksbegriffs, wobei der mythisierende, antidemokratische Kollektivbegriff einem auf die Verbindung der Individuen gegründeten Volk gegenübergestellt wird. Die Gegenüberstellung wird jedoch dadurch relativiert und erschwert, dass gerade Preuß seiner organischen Staatskonzeption einen rationalen, verfassungsrechtlich konstituierten Volksbegriff zugrunde gelegt hat (richtig S. 188 Fn. 9).

---

[11] *Dian Schefold*, Gesellschaftliche und staatliche Demokratietheorie, in: Gusy (Hrsg.), Demokratisches Denken in der Weimarer Republik, Baden-Baden 2000, S. 256 (insb. 283 ff.).

a) Insofern muss die zunächst behandelte Fragestellung nach *Führertum und Elitenherrschaft* auf eine schillernde soziologische Fragestellung aufbauen; sie ist staatstheoretisch schwer fassbar und, wie die Ausführungen zeigen, wenig ergiebig. Bei Anschütz wird die Fragestellung kaum zum Gegenstand. Auch bei Preuß bleibt sie marginal und einem Pflichtethos der Führenden sowie einer Hoffnung auf natürliche Auslese, die freilich Pluralismus, Konkurrenz und deshalb letztlich Chancengleichheit bei Proporz der politischen Strömungen voraussetzt, verhaftet. Im Ergebnis verhält sich das, trotz des entgegengesetzten methodischen Ansatzes, ganz ähnlich wie bei Kelsen und seinem Plädoyer für die Ablösbarkeit der Führer, die nicht als Genies verklärt werden sollen. – Dieser Negativbefund kontrastiert freilich zur eingehenden, wohl auf Max Weber zurückgehenden Diskussion der Führer-Problematik bei Richard Thoma (S. 195 ff.) und zu den verwandten Überlegungen bei Hermann Heller (S. 208 ff.). Thoma hat in der Tat das Volk zunächst als Masse gesehen und dem, wohl auch in einer Nostalgie nach der Epoche des Honoratiorentums, Elite und Geistesaristokratie gegenübergestellt. Obwohl dies die Schleuse zu einem demokratisch fragwürdigen Führertum öffnen könnte, insistiert Thoma jedoch auf der Legitimation durch den Wahlakt und der Ablösbarkeit der Eliten. Auch bei Heller begünstigt das Postulat der Einheitlichkeit der Herrschaft die kleine Zahl, ja die Sympathie für den genialen Führer im Gegensatz zum Funktionär und daher Skepsis gegenüber der Verhältniswahl[12]. Aber vor allem die Faschismus-Analyse schützt ihn vor einem Abgleiten ins antidemokratische Lager.

b) Fruchtbarer erscheint das folgende Kapitel zum *Weimarer Parteienstaat*. Er wird grundsätzlich von allen fünf behandelten Autoren bejaht. Aber die Darstellung dieser Bejahung leidet daran, dass sie auf dem Hintergrund des Art. 21 GG erfolgt (was S. 220 f. auch zugestanden wird) und daher die heutige Sicht in eine noch nicht ausgeformte und in ihren Dimensionen sehr umstrittene Parteienstaatlichkeit hineinträgt; so sind die Ausführungen zur Vermittlungs-, Bündelungs- und Auswahlfunktion sowie zur Ausgrenzung verfassungswidriger Parteien stark von der heutigen Betrachtungsweise geprägt. Hoch interessant ist dagegen die Gegenüberstellung der relativistischen Theorien von Kelsen, der den Gemeinwohlbegriff verwirft, und Radbruch, der ihn pluralistisch-ethisch fasst, aber für den Parteibegriff die Orientierung an einem solchen Gemeinwohl fordert; zu Recht wird die Nähe dieser Position zu Preuß und auch Thoma betont (S. 233 ff.). Schärfer fällt demgegenüber das Urteil über den Parteienstaat als „Variante identitärer Demokratie" bei Gerhard Leibholz aus; eine solche Abwandlung sei antiparlamentarisch. Aber sie ist nur vor dem Hintergrund von Leibholz' – gewiss idealistisch überhöhter und in Verbindung mit Carl Schmitt und Heinrich Triepel einzuordnender – Repräsentationslehre ei-

---

[12] So *Groh* S. 211; hier wäre aber immerhin auf das moderate Rechtsgutachten über Die Gleichheit in der Verhältniswahl (1929, jetzt in: GS Bd. 2, S. 319 ff.) hinzuweisen.

nerseits, der politischen Entwicklung um 1930 andererseits verständlich, und die These bedürfte der Auseinandersetzung mit der neueren Leibholz-Literatur[13]. Konkret ist die Betrachtung der Parteien als Staatsorgane nur eine terminologische Variante zur vom Reichsstaatsgerichtshof angedachten und von den von der Verfasserin als solchen behandelten demokratischen Staatsrechtslehrern rezipierten Behandlung als Verfassungsorgane. Beide Varianten sind nach 1951 für die bundesverfassungsgerichtliche Rechtsprechung zur Parteiendemokratie wichtig geworden. Ähnliches gilt von den Lösungen für den Konflikt zwischen Parteienstaatlichkeit und freiem Mandat. Bei aller Bedeutung der von der Verfasserin geschilderten Vermittlungsversuche wird man sie nicht als die einzigen sehen können, die die Entwicklung nach 1945 beeinflusst haben.

c) Ein weiteres Kapitel sucht die Problematik des *Pluralismus* einerseits grundsätzlicher, andererseits speziell im Hinblick auf Interessenverbände zu erfassen. Das Verhältnis zum vorangehenden Kapitel ist schillernd; Parteienpluralismus ist ja ein klassischer Anwendungsfall der Pluralismustheorie. Aber der Einstieg mit Hugo Preuß (S. 257 ff.) erklärt die Argumentationslinie: Während, wie ausgeführt, auch bei Preuß eine Bejahung des Parteienstaats konstatiert wird, soll der Ansatz der organischen Staatslehre der Annahme eines Verbändepluralismus entgegenstehen. Zur Begründung wird auf Preuß' vorrangiges Interesse an kommunaler Selbstverwaltung hingewiesen; aber letztlich scheint mir das schon im 1. Teil angesprochene Verhältnis zwischen Gesamtperson und Gliedperson entscheidend. Indem Groh hier Preuß unterstellt, er lasse die Vielheit der Bürger in der Einheit des Staates aufgehen (S. 27, dazu oben II 1 a), vernachlässigt sie die von Preuß ständig betonte „Einheit in der Vielheit"[14]. Die Vielheit tritt in den lokalen Gebietskörperschaften zutage, gewiss, aber ebenso in den politischen Parteien, und ebenso in den wirtschaftlichen Kräften. Schon in der Habilitationsschrift hat Preuß, über seinen Lehrer Gierke hinausgehend, den Genossenschaftsbegriff gleichermaßen auf das private und das öffentliche Recht angewendet[15]. In den Folgeveröffentlichungen, namentlich zum Völker-

---

[13] *Manfred Wiegandt*, Norm und Wirklichkeit. Gerhard Leibholz (1901–1982), Baden-Baden 1995; *Susanne Benöhr*, Das faschistische Verfassungsrecht Italiens aus der Sicht von Gerhard Leibholz, Baden-Baden 1999 sind gar nicht berücksichtigt; *Ernst Benda*, Hugo Preuß und Gerhard Leibholz, in: Zeitschrift für Religions- und Geistesgeschichte 48, 1996, S. 291 wird zwar bibliographiert, im vorliegenden Zusammenhang aber nicht diskutiert.

[14] Das Sachverzeichnis zu GS Bd. 2, S. 872, verzeichnet dazu 9 Belegstellen.

[15] Gemeinde, Staat, Reich als Gebietskörperschaften, Berlin 1889 (Neudrucke 1964, 1999), Kap. IX, insb. S. 239 ff., und dazu meine Erläuterung in der Einleitung zu GS Bd. 2, S. 16. Schon deshalb ist die von *Groh* S. 260 gezogene Folgerung, Preuß habe sich nur für öffentlichrechtliche Körperschaften interessiert, unzutreffend; auch private Organisationen können nach seiner Terminologie „gewachsene", nicht nur „gewillkürte" sein: Die organische Theorie ist für Preuß ausdrücklich (etwa GS Bd. 2, S. 80 f., 168 ff.,

recht im Dienst des Wirtschaftslebens[16] und in Auseinandersetzung mit Wilhelm Kaufmanns Buch über die Welt-Zuckerindustrie[17], treten als Akteure nationaler wie internationaler Verflechtung neben den Gebietskörperschaften auch private Wirtschaftssubjekte in den Blick. Dass dieses Blickfeld in den Weimarer Schriften nicht verengt, sondern eher noch geweitet worden ist, hat Detlef Lehnert überzeugend nachgewiesen[18]. Seitdem überdies Andreas Vosskuhle in seinem Vortrag zum 150. Geburtstag von Hugo Preuß am 26.10.2010 „Hugo Preuß als Vordenker einer Verfassungstheorie des Pluralismus" dargestellt und seine Sicht unter Verwertung der gesamten Literatur überaus umfangreich dokumentiert hat, sieht sich die Argumentation der Verfasserin gewichtigen Einwänden ausgesetzt, die hier nur unterstrichen werden können. – Richtig ist dagegen, dass Preuß' Einwände gegen die Souveränitätslehre den Pluralismus begünstigten. Ebenso überzeugt, dass trotz der Betonung des starken Staates bei Anschütz und Thoma pluralistische Konzepte Eingang finden und dann bei Heller, erst recht bei Kelsen entfaltet werden.

d) Weitaus die breitesten Ausführungen sind jedoch der *parlamentarischen Demokratie* gewidmet (S. 280-408). Sie können hier nur fragmentarisch diskutiert werden. Zu Recht wird betont, dass die Verzerrungen des preußischen Dreiklassenwahlrechts und auch der Wahlkreiseinteilung für die Mehrheitswahl beim Reichstagswahlrecht, von der Laband/ Jellinek'schen herrschenden Lehre durch die Reduktion auf Reflexe der Regeln über die Bildung des Parlaments reduziert, für alle[19] in Frage stehenden demokratischen Autoren untragbar und durch ein spiegelbildlich, also durch Verhältniswahl, das Wahlvolk abbildendes

---

304 ff.) alles andere als mystisch! Wenn sie, wie S. 263 richtig konstatiert wird, den Zweckgedanken aus der Organisationslehre eliminiert, so doch nicht den Willen der beteiligten Subjekte, auch nicht den Gemeinwillen der öffentlich- oder privatrechtlichen Körperschaften.

[16] GS Bd. 2, S. 426 ff.

[17] 1906, dazu *Preuß*' Rezension in GS Bd. 2, S. 805 ff.

[18] Grundlegend bereits in PVS 33, 1992, S. 33 ff.; seither u.a. in der Einleitung zu *Preuß*, GS Bd. 4, insb. S. 9, 57 f., 67 f.; eine weitere Studie zum pluralistischen Staatsdenken bei Hugo Preuß steht kurz vor dem Erscheinen.

[19] Dass Preuß ursprünglich, insb. im Aufsatz über Die Organisation der Reichsregierung und die Parteien (1890, jetzt in GS Bd. 1, S. 155 ff.), im Rahmen seiner organschaftlichen Betrachtungsweise noch nicht zu allen Weimar bestimmenden Reformpostulaten gelangte (*Groh* S. 286 ff.), trifft zwar für die Zeit bis ca. 1900, vielleicht teilweise 1910 zu, hindert aber nicht, dass er schon im Aufsatz über Organpersönlichkeit (1902, jetzt in GS Bd. 2, S. 131, dazu meine Einleitung S. 39), wenn auch mit eigener Begründung, ähnlich wie Anschütz den subjektivrechtlichen Charakter des Wahlrechts betonte und in der Folge dezidiert für gleiches Wahlrecht und Verhältniswahl eintrat (richtig zum Frauenwahlrecht S. 290; die Aussage S. 286 mit Fn. 20 – Befürwortung des Wahlalters 25 Jahre – ist unzutreffend, die zur organischen Staatslehre S. 293 Fn. 53 bezieht sich auf van Calker und ist Preuß nicht zuzurechnen).

Wahlsystem zu korrigieren waren. Auch Groh will (S. 299 f.) daraus mit Recht keine Schuld am Scheitern der Republik ableiten.

Das Hauptgewicht liegt – nach sehr knappen Bemerkungen zu den direktdemokratischen Institutionen – auf der Behandlung „demokratischer Rechtserzeugungslehren", d.h. des Verfahrens parlamentarischer Gesetzgebung unter den Bedingungen und angesichts der Praxis der Weimarer Republik, wiederum mit getrennter Behandlung der fünf Autoren. Dass Preuß die Tätigkeit des Parlaments einem außerdem existierenden Gemeinwillen gegenüberstellt, wird sehr kritisch vermerkt – obwohl doch der Begriff des Gemeinwillens bei Preuß, ganz anders als bei Rousseau, weder auf einen Gesellschaftsvertrag zurückgeführt, noch idealistisch verabsolutiert, sondern in der gewordenen Körperschaft ausformuliert wird, wobei Preuß jede Mythisierung und auch die antidemokratische Stoßrichtung des Volksgeists, in Absetzung von der historischen Schule, vermeidet (zutr. S. 318). Wohl aber bildet sich der Gemeinwille, vor allem das Recht, in der öffentlichen Diskussion, an der auch und vor allem das Parlament Anteil hat, als Endprodukt eines Willensbildungsprozesses[20]. Nur fragt sich jetzt, ob einzig die parlamentarische Repräsentation den Gemeinwillen verkörpert und damit absorbiert, so dass nur durch sie von Gemeinwillen gesprochen werden kann, oder ob ein ausgesprochener Volkswille ihm entgegengestellt werden kann. Groh entscheidet sich eindeutig für den absorptiven Charakter der parlamentarischen Repräsentation, und sie ist dabei in guter Gefolgschaft etwa zu E. W. Böckenförde[21] und Ernst Fraenkel (S. 329). Dass Preuß diese Entscheidung nicht eindeutig getroffen habe, brandmarkt sie als Mangel[22]. Aber sie konstatiert selbst (S. 313), dass Bluntschli und Holtzendorff, also zwei vor allem für den jungen Preuß zentral wichtige Autoren, die parlamentarische Entscheidung unter den Vorbehalt der Berücksichtigung der öffentlichen Meinung gestellt haben, und sie kann schwerlich verkennen, dass die Verifikation des Repräsentationsprozesses ein dauerndes Legitimationsproblem darstellt – in der stärkeren Rückbindung der Parlamente an die Spiegelbildfunktion, dann in den direktdemokratischen Institutionen in Weimar, die eben deshalb eine Betrachtung in diesem Zusammenhang verdient hätten, und verstärkt in der neueren Entwicklung zu Instrumenten direkter Demokratie. Ob diese, vor allem durch

---

[20] Insofern ist es schief, wenn S. 310 nach Anschütz, Thoma, Kelsen und Heller der Gemeinwille als Produkt der Staatswillensbildung formuliert werden soll, während er bei Preuß der Ursprung der Staatswillensbildung sei: Auch und gerade für Preuß bedingen sich Gesellschaft (Staat) und Recht („ubi societas, ibi jus") und formiert sich der Gemeinwille erst in der Staatswillensbildung.

[21] Wohl am schärfsten formuliert in dessen Aufsatz: Mittelbare/repräsentative Demokratie als eigentliche Form der Demokratie, Festschrift Kurt Eichenberger, Basel/Frankfurt 1982, S. 301–328.

[22] S. 321, mit einer Diktion, die von Carl Schmitt, nicht von demokratischen Staatsrechtslehrern geprägt ist.

die starke Stellung des Reichspräsidenten, in der Weimarer Verfassung sinnvoll ausgestaltet waren, hätte erörtert werden können; das hätte in der Tat wohl Anlass zur häufig geäußerten Kritik an Preuß gegeben. Aber der Vorwurf, Preuß habe die Bedeutung des Vorbehalts des Gesetzes und des parlamentarischen Verfahrens unterschätzt, scheint mir ungerechtfertigt[23].

Insofern ist zwischen Preuß und dem danach behandelten Anschütz – der in der Spätphase Weimars angesichts des Versagen des Reichstags durchaus für die Rechtsetzungsmacht des Reichspräsidenten argumentierte (S. 339 ff.) – kaum ein Unterschied auszumachen. Auch die im Anschluss daran (S. 342 ff.) dargestellte Ideologiekritik und Demokratielehre Kelsens stellt sich zwar, außer gegen alle naturrechtlichen Strömungen, auch gegen den Volksgeist und damit gegen Preuß' und Krabbes soziologisierende Lehren von der Rechtserzeugung und Rechtsgeltung, gelangt aber durch die Postulate des Pluralismus, des Kompromisses und des Minderheitenschutzes zu ganz ähnlichen Anforderungen an die Gesetzgebung, ohne dass damit eine Monopolstellung des Parlaments, geschweige denn eine konkrete Gesetzgebungslehre entwickelt würde. Dabei unterschlägt Groh außerdem, dass Kelsen eine Reform des Parlamentarismus, vor allem durch Einbau direktdemokratischer Elemente, durchaus befürwortete[24] und daher keinesfalls als Befürworter einer absorptiven Repräsentationstheorie eingeordnet werden kann. Trotz der völlig unterschiedlichen methodischen Ausgangspunkte unterscheiden sich insofern die Positionen von Kelsen und Preuß im Ergebnis nicht. – Dass demgegenüber Thomas parlamentszentrierte Haltung eher mit der von Groh gelobten absorptiven Repräsentation übereinstimmt, liegt nach den bisherigen Ausführungen nahe (S. 367 f.). Hier geht, auch unter dem Eindruck der Kritiker im Methoden- und Richtungsstreit, die Parlamentarismustheorie in eine Technik des rationalen Funktionierens des parlamentarischen Regierungssystems durch Überwindung von Gegensätzen und Suche nach Kompromissen über. Mag dies demokratischen Grundsatzpositionen gegenüber als eine Verengung erscheinen – es ist nicht das geringste Verdienst der Arbeit Grohs, die Bedeutung dieser Position für Weimar und, fortwirkend, darüber hinaus herausgestellt zu haben. Im Gegensatz dazu sind die Ausführungen Hellers (dazu S. 371 ff.) abstrakter. Dass die Rechtsgrundsätze und ihre kulturelle Verankerung die staatliche Gesetzgebungsaufgabe nicht

---

[23] Insofern ist bedauerlich, dass der Verfasserin der – freilich an versteckter Stelle publizierte – Vortrag über den konstitutionellen Gesetzesbegriff (1903, jetzt in: GS Bd. 2, S. 191 ff.) entgangen ist. Er weist Preuß, schon vor 1918, als ferventen Verteidiger des Parlamentarismus und insofern als Bundesgenossen von Anschütz (bei *Groh*, S. 333 ff.) aus – nur dass er, im Gegensatz zu diesem, eine festere theoretische Basis hatte (und vielleicht deswegen nicht so leicht wie Anschütz den Reichspräsidenten als Ersatzgesetzgeber akzeptiert hätte).

[24] *Hans Kelsen*, Vom Wesen und Wert der Demokratie, 2. Aufl. Tübingen 1929, S. 38 ff.

prädeterminieren, wird überzeugend dargelegt. Insofern scheint mir, auch aufgrund der verwandten Methode, kein wesentlicher Unterschied zu Preuß zu bestehen[25] und auch die methodische und grundsätzliche Kluft zwischen Positivisten und Antipositivisten unter den fünf behandelten Staatsrechtslehrern im
Ergebnis überbrückbar. Wohl aber hebt die Monopolisierung der Kompromiss-
Suche im parlamentarischen Gesetzgebungsverfahren Heller – wie Anschütz
und Thoma – von Preuß und Kelsen ab. Insgesamt wird der Vergleich der fünf
Autoren dadurch kompliziert, dass sich die Fragen der Bindung an außerpositi-
ve Grundsätze und der Monopolisierung der Entscheidungsfindung beim Parlament überschneiden; hinzu kommt die im 3. Teil behandelte Frage nach der
gerichtlichen Kontrolle der legislativen Entscheidungen.

Den Abschluss der Ausführungen zum Parlamentarismus bildet eine eher
knappe und nicht nach Autoren getrennte Stellungnahme zur Ausgestaltung des
parlamentarischen Regierungssystems (S. 389–408). Sie arbeitet heraus, dass
sich die Einstellung gerade der demokratischen Staatsrechtslehrer – außer von
Hugo Preuß, den der Tod 1925 dieser Überprüfung enthob – unter dem Eindruck der Weimarer Entwicklungen wandelt (S. 398). Mit Recht wird auf die
Schwächung des Parlamentarismus schon durch die Übernahme monarchischer
Elemente, aber auch durch die Überlegungen zur Führerauslese (oben II 2 a)
hingewiesen. Zu ergänzen wären die negativen Erfahrungen der französischen
Dritten Republik und, vor allem bei Preuß und zur Zeit der Nationalversamm-
lung, die Gefahr des Separatismus, die eine Betonung staatlicher Einheit in einem monokratischen Organ nahe legte. Dazu kam die Scheu, Details des Regierungssystems in ein Normenkorsett zu pressen. Erst die Staatspraxis weckte
Konkretisierungswünsche[26]. Angesichts der praktischen Entwicklungen und der
konservativen Stimmen konnten sie nur auf eine Stärkung des Einflusses des
Reichspräsidenten bei der Regierungsbildung abzielen. In der Tat liegt auf der
Hand, dass angesichts der Gefahr negativer Reichstagsmehrheiten der Kampf
dagegen, eben die „Kampfregierung", Gründe für sich hatte. Aber in der Rückschau steht ebenso fest, wohin dieser Weg geführt hat.

e) Die Darstellung des Regierungssystems schließt, durch die Anlage der
Weimarer Verfassung begründbar, aber im Gegensatz zu den Auffassungen von
Preuß und Kelsen, die die demokratische Freiheit auf die Gleichheit und politi-
sche Rechte stützen wollten, mit Ausführungen zur *Grundrechtstheorie* ab.

---

[25] Die auf S. 382 Preuß entgegengehaltenen Einwände Hellers beruhen auf dem
Missverständnis, dass Preuß die gesellschaftlichen Interessengegensätze durch die Annahme eines Volksgeists überkleistert habe; dass diese Interpretation nicht zutrifft,
ergibt sich aus Preuß' vielfachen Auseinandersetzungen mit Klassenkonflikten, etwa GS
Bd. 1, S. 322 ff., Bd. 2, S. 198 ff., 426 ff., Bd. 4, S. 280 ff.

[26] Die auf S. 395 Fn. 501 erhobene Forderung Thomas datiert von 1929, der Hinweis
auf Glum, S. 397 Fn. 513, bezieht sich gar auf eine Veröffentlichung von 1965.

Diese Fragestellung ist freilich vor allem durch die Entwicklung seit 1949 geprägt und trägt daher heutige Sichtweisen an Weimar heran (so deutlich S. 411), während der für die Aufnahme eines Grundrechtsteils als Basis des Regierungssystems doch ebenfalls wichtige Rückbezug auf die Grundrechtsdiskussion der Paulskirche[27] im Hintergrund bleibt. Sie wäre jedoch ein Schlüssel vor allem zum Verständnis der demokratischen Funktion der Grundrechte, die Smend und insofern ähnlich Heller entwickelt, E.R. Huber zur Karikatur denaturiert[28] und Carl Schmitt zu verdrängen gesucht hat. Dabei kann sich Groh vor allem auf Anschütz berufen; dass Preuß dessen epochemachendes Werk von 1912 sofort – wenn auch nicht unkritisch – in seiner Bedeutung erkannt hat, verdient denn doch, hervorgehoben zu werden[29]. Die Behandlung der Grundrechtsbindung des Gesetzgebers bleibt, weil von der des erst im 3. Teil erörterten richterlichen Prüfungsrechts getrennt, eher abstrakt, und die dargestellten Bemühungen vor allem Thomas um die Unantastbarkeit von Grundrechten für bestimmte rechtsetzende Instanzen erscheinen für die Analyse des Regierungssystems letztlich wenig ergiebig. Im Gegensatz dazu hatte die Kontroverse um die Beschränkbarkeit von Meinungs- und Kommunikationsfreiheit in der Tat politische Brisanz. Smends Güterabwägungslehre und ihre Übernahme durch Heller insofern als Freiheitsverlust zu qualifizieren, kann sich auf Folgen um 1933, vor allem E. R. Hubers Argumentation stützen, trägt aber wohl doch weder Smends Position in der Zeit[30], noch ihren Auswirkungen in der bundesverfassungsgerichtlichen Rechtsprechung seit dem Lüth-Urteil Rechnung. Die Bilanz einer sozialstaatlichen Grundrechtstheorie fällt für Weimar mager aus, freilich abgesehen von Preuß' Verteidigung des Munizipalsozialismus und Hellers Konzept des allerdings demokratisch, nicht durch Grundrechtsinterpretation zu verwirklichenden sozialen Rechtsstaats. Insgesamt ist daher der im Vergleich zu 1848 zu konstatierende Rückstand der Grundrechtsdogmatik des Kaiserreichs bis 1933 nur sehr ansatzweise aufgeholt worden.

3. a) Nach diesen Befunden fragt der Schlussteil nach der Leistung einer *demokratischen Verfassungstheorie* für die Weimarer Republik. Hat die Weimarer Verfassungsdogmatik das Korsett eines nur formalen Verfassungsverständnisses gesprengt und das Modell eines materialen demokratischen Verfas-

---

[27] Dazu namentlich *Jörg-Detlef Kühne*, Die Reichsverfassung der Paulskirche, 2. Aufl. Neuwied 1998, insb. S. 160 ff.

[28] Eindrücklich und Preuß pervertierend das Huber-Zitat S. 418 Fn. 34.

[29] Vgl. gegenüber den Zitaten S. 426 f. Fn. 67/68 *Preuß*' Rezensionsabhandlung, jetzt in GS Bd. 2, S. 570 ff.

[30] Ist es ein bloßer Druckfehler, dass S. 449 Fn. 167 Smends Referat zur freien Meinungsäußerung in das Jahr 1938 statt 1928 datiert wird? Gerade der Unterschied zwischen *Smends* Vortrag über Bürger und Bourgeois im deutschen Staatsrecht (1933) und *Hubers* fast gleichzeitiger Studie über den Bedeutungswandel der Grundrechte (AÖR 62, 1933, S. 1 ff.) charakterisiert die beiden Positionen.

sungsstaats entwickelt? Insofern lässt sich die Lehre Kelsens vom Stufenbau der Rechtsordnung und daher Superiorität der Verfassung durchaus material, als „Superlegalität" (S. 465, 468 ff.) deuten. Gegenüber dem Konzept des *pouvoir constituant* ist Groh jedoch kritisch, da es, namentlich in Carl Schmitts Lesart, die bestehende Verfassung delegitimiere, ihre Ersetzung begünstige. Namentlich mit Berufung auf Thoma, Kelsen und Heller plädiert sie daher für die Ausblendung einer verfassunggebenden Gewalt, die Gleichsetzung von Verfassung und Verfassungsgesetz und dessen Vorrang vor allem sonstigen Recht. Dabei beruft sie sich auch auf das von Preuß zugrunde gelegte Konzept der gewordenen Körperschaft, blendet dabei jedoch aus, dass diese nach Preuß einen Gemeinwillen artikuliert, der durchaus die Form eines *pouvoir constituant* annehmen kann[31]. Mir scheint, dass hier die legitimierende Funktion der verfassunggebenden Gewalt für ein materiales Verfassungsverständnis zu wenig bedacht ist. Auf der gerade von Preuß betonten Grundentscheidung zugunsten des Volksstaats, der Republik, beruhte ja die materiale Bindungswirkung des Weimarer Verfassungswerks, und es wäre doch zu erwähnen, dass dessen Verteidigung, über die Verfassungsdogmatik hinaus, Anliegen der Herzensrepublikaner war[32]. Ob die normative Verankerung von Grenzen der Verfassungsänderung insofern eine Stärkung der Bindungswirkung der Verfassung bewirken konnte, mochte man erwägen, aber auch bezweifeln – der diesbezügliche von Groh zusammengetragene Befund (S. 472 ff.) ist dünn.

b) Wesentlich breiter wird, unter etwas sibyllinischem Titel, „*Die Verfassung als Konstituante*" behandelt (S. 476-546). Offenbar geht es hier um „das Prä der Verfassung", eine Verfassungskraft des Rechtsstaatsprinzips aufgrund dessen demokratischer Verankerung – eine Fragestellung, die aufs engste mit dem richterlichen Prüfungsrecht zusammenhängt, aber zunächst davon getrennt abgehandelt wird. Für dieses Konzept wird auf westeuropäische und nordamerikanische Traditionen, unter Vermeidung der Idee des pouvoir constituant, verwiesen – offenbar erneut eine auch auf die Bundesrepublik bezogene Betrachtungsweise. Die Darstellung gewinnt hier jedoch Konturen, da die fünf Autoren einzeln diskutiert werden. Für Preuß wird (S. 479 ff.) zutreffend die Vermeidung des Souveränitätsbegriffs und die daraus resultierende Suprematie des Rechts hervorgehoben, aber vernachlässigt, dass diese durch die Genese des Gemeinwillens zugleich bedingt und begrenzt ist. Gewiss ist das nicht die Beliebigkeit, die Carl Schmitt für die verfassunggebende Gewalt vindiziert, und liegt Preuß die Argumentation vom Ausnahmezustand her völlig fern. Aber um

---

[31] Dadurch löst sich der auf S. 470 mit Fn. 7 behauptete Widerspruch auf.

[32] Dazu eindrücklich und reich – auch mit Anschütz' Rede vom 11.8.1923, S. 55 ff. – belegt *Ralf Poscher* (Hrsg.), Der Verfassungstag, Baden-Baden 1999; die Bedeutung dieses Aspekts für Preuß hat *Detlef Lehnert* in seiner Einleitung zu Bd. 4 der Gesammelten Schriften, S. 17 ff., zutreffend gewürdigt.

„das Prä der Verfassung" zu begründen, bedarf es der Argumentation mit dem Gemeinwillen als verfassunggebender Gewalt[33]. Wie Preuß auf den zunehmenden Missbrauch des Art. 48 WV am Ende der Weimarer Republik reagiert hätte, lässt sich nur mutmaßen. Anhaltspunkte ergeben sich allerdings aus der Frühschrift über Friedenspräsenz und Reichsverfassung[34], in der Preuß, entgegen den kasuistischen Lösungen, auf dem Vorbehalt des Gesetzes insistiert – wie er auch für Art. 48 WV den Erlass eines Ausführungsgesetzes für unabdingbar erklärt hat[35]. – Für Kelsen kommt Groh zu ganz ähnlichen Ergebnissen (S. 488 ff.), aber auf der Grundlage des Stufenbaus der Rechtsordnung, der ohne weiteres zu einer Überordnung der Verfassung führt und einen Ausnahmezustand nur nach Maßgabe ihrer Regelungen zulässt. Nur, was bringt das angesichts des ausdrücklichen Art. 48 WV? – Der schon im 1. Teil (oben II 1 b) konstatierte Vorrang des Staates setzt bei Anschütz der Funktion der Verfassung Grenzen (S. 496 ff.). Aber Groh zeigt, dass die konkreten Fragen der Verfassungsinterpretation zu einer Betonung der Bindungswirkung der Verfassung führen – vor allem bei der Interpretation des Art. 48 im Verfassungsstreit zwischen Preußen und dem Reich. Diese neue, etwa vom Befund Paulys (vgl. S. 505) abweichende Argumentation dürfte eine neue Phase der Diskussion eröffnen. – Bei Thoma führt die Einbeziehung soziologischer Elemente zu einer Flexibilisierung der Verfassung und Anpassung an sich ändernde gesellschaftliche Lagen, vor allem zur Betonung der Stellung des Reichspräsidenten in Krisenzeiten (S. 505 ff.). Bei allen guten Absichten lag hier die Missbrauchsgefahr einerseits, die Nähe zu den Befürwortern der Präsidialrepublik auf der Hand. – Am eingehendsten ist Grohs Auseinandersetzung mit Heller (S. 514 ff.). Das ist angesichts der oben (II 1 e) referierten Einschätzung seiner Bedeutung folgerichtig, befrachtet aber die Untersuchung mit den Problemen einerseits der wirklichkeitswissenschaftlichen Methode, die die Normativität der Verfassung relativiert, andererseits des Verständnisses des Staates als Wirkungseinheit mit Betonung der Souveränität, die der politischen Entscheidung Vorrang vor der normativen Bindung vindiziert. Das wirkt sich besonders beim Verfassungsbegriff aus. Das darüber verfasste Kapitel ist das letzte der „Staatslehre", das Heller, bereits Verfolgter des Nationalsozialismus, im Exil abschließen konnte, und es geht von einer Vielfalt der Verfassungsbegriffe aus. Insofern begrenzt Heller bewusst – und nach bitterer Erfahrung – die normative Kraft der Verfassung. Darüber hinaus erfordert die Souveränitäts-Argumentation, ganz gegen Preuß und Kelsen, die Durchsetzung der Staatsgewalt gegenüber dem Recht. Hier nä-

---

[33] Exakt das besagt die von *Groh* S. 484 Fn. 27 zitierte Stelle DJZ 1924, Sp. 649 (651) (jetzt in GS Bd. 4, S. 547, 548 f.), die das richterliche Prüfungsrecht gerade durch die Höherrangigkeit des pouvoir constituant legitimiert.

[34] 1887, jetzt in GS Bd. 2, S. 333 ff.

[35] So zutreffend S. 485; vgl. die Hinweise in GS Bd. 4, S. 279, 567, 575 und die Einleitung durch *Lehnert*, S. 14, 51.

hert sich Heller Carl Schmitts Theorie an, wenn er an diesem auch die Beliebigkeit der Realanalyse und die Zurückdrängung ethischer Rechtsgrundsätze kritisiert. Aber wer urteilt darüber? In einem funktionierenden parlamentarischen System mochte diese Rolle der Arbeiterschaft zufallen, die mit Hilfe der Volkslegislative den liberalen in einen sozialen Rechtsstaat überführt[36]. Aber davon konnte 1933 kaum mehr die Rede sein. Hier setzte Hellers Argumentation mit der kommissarischen Diktatur ein. Aber bei aller Ablehnung des Faschismus: auch in Hellers Sichtweise wurde damit das „Prä der Verfassung" preisgegeben, wie Groh selbst (S. 534) zugesteht.

Entsprechend werden aus dieser Darstellung der fünf Autoren die Stellungnahmen zur Diktaturgewalt des Reichspräsidenten hergeleitet. Die umfangreiche Diskussion der Weimarer Zeit, in der Bundesrepublik vielfach behandelt, wird vorgestellt. Dabei stellt sich freilich das Problem der zeitlichen Einordnung, denn die Bedeutung des Art. 48 WV hat sich gewandelt und erst allmählich zugenommen, so dass Stellungnahmen der Phase der Verfassungsgebung nicht unbesehen denen der Jahre um und nach 1930 verglichen werden können. Allerdings hat schon in der Phase um 1924 das Notverordnungsrecht für Ebert als Reichspräsidenten eine große Rolle gespielt. Es ist auf der ersten Staatsrechtslehrertagung diskutiert und früh von Preuß, der wohl bei der Verfassungsgebung die Bedeutung der Vorschrift unterschätzt hatte, verteidigt worden[37]. Diese Präjudizien, die damals die Verfassungsstruktur nicht entscheidend tangiert haben, mochten die Bedeutung dessen verschleiern, was durch die Brünig-Hindenburg'sche Notverordnungspraxis eingeleitet wurde. Die Diskussion der Grenzen des Notverordnungsrechts im Grundrechts- und Organisationsbereich, die Erforderlichkeit eines Ausführungsgesetzes und die Justitiabilität der Notstandsvoraussetzungen und -befugnisse werden erörtert – mit dem Ergebnis, dass wirkliche Grenzen kaum durchzusetzen waren. Schärfer gesagt: das „Prä der Verfassung" wurde durch ein Prä der Präsidialmacht aus den Angeln gehoben. Insofern erscheint das Ergebnis des so umfangreichen und reich belegten Kapitels mager, wenn nicht sogar negativ.

c) Erst danach und davon getrennt wird auf die „*Gewähr der Verfassung*", vor allem durch Rechtsprechung, eingegangen, wobei die Stellung des Reichspräsidenten und, aufgrund der Gegenzeichnung, der Reichsregierung zusätzlich

---

[36] So *Hermann Heller*, Rechtsstaat oder Diktatur? 1929/30, in: ders., Gesammelte Schriften Bd. 2, S. 449 ff.; vgl. dazu *Dian Schefold*, Hellers Ringen um den Verfassungsbegriff, in: Chr. Müller/ I. Staff (Hrsg.), Der soziale Rechtsstaat, Baden-Baden 1984, S. 555 (572).

[37] Wichtig und instruktiv insofern der Hinweis S. 536 Fn. 279 auf den Aufsatz „Reichsverfassungsmäßige Diktatur", der freilich schon 1923 in der Zeitschrift für Politik, Bd. 13, S. 97 ff. veröffentlicht wurde (jetzt in: Gesammelte Schriften Bd. 4, S. 523 ff.).

ein Prüfungsrecht[38] gegenüber Gesetzen impliziert. Im Vergleich dazu wird die ja durchaus existierende und dem parlamentarischen System gemäßere parlamentarische Selbstkontrolle im Gesetzgebungsverfahren gar nicht erwähnt; sie wurde in der Weimarer Zeit wohl kaum diskutiert. Wohl aber steht im Mittelpunkt das inzidente („diffuse") richterliche Prüfungsrecht, dessen Pro und Contra in der Weimarer Rechtsprechung und Diskussion ausgebreitet wird (S. 551-560). Mit Recht wird betont, dass es dabei nicht (nur) um Verfassungsmäßigkeitsprüfung, sondern um die Verwirklichung materieller Gerechtigkeit ging, etwa in der Aufwertungsfrage. Das richterliche Prüfungsrecht war daher weniger ein Instrument zur Gewähr der Verfassung, als zur Beschränkung demokratischer Politikgestaltung. Nur durch die – eben deshalb so wichtige – Interpretation des Gleichheitssatzes, wie sie im Methoden- und Richtungsstreit Leibholz und andere vertraten, ließen sich diese beiden Ziele verbinden und folglich das richterliche Prüfungsrecht ins Verfassungssystem einbauen. Aber trug das dem Sinn der demokratischen Verfassungsordnung Rechnung? Was Groh insofern den von ihr behandelten Staatsrechtslehrern entnimmt, stimmt skeptisch: vorsichtige und eher beiläufige Befürwortung bei Preuß, Skepsis bei Thoma, Ablehnung bei Anschütz und Heller; Kelsens abweichende positive Haltung ist rechtstheoretisch begründet und gehört in den Zusammenhang des österreichischen Bundes-Verfassungsgesetzes von 1920, dessen Grundgedanken Kelsen allerdings auch auf Deutschland erstrecken wollte. Aber wenn das Prüfungsrecht bejaht werden sollte, stellte sich, ähnlich wie in Österreich, die Frage einer Einordnung in ein System der Verfassungsgerichtsbarkeit (S. 559 ff.).

Insofern ist problematisch, dass Groh weder bei den historischen Grundlagen, noch beim Text der Weimarer Verfassung – zu dem erst S. 571 ff. kurz etwas gesagt wird – einsetzt. Grundlage der Verfassungsgerichtsbarkeit in Deutschland ist ja, ganz anders als in den USA und auch im Österreich nach dem Ersten Weltkrieg, die zentralstaatliche Kontrolle gliedstaatlicher Verfassungsautonomie und der Schutz der gliedstaatlichen Ordnung, zunächst mit eher repressiven Ursprüngen im System Metternich nach 1815, unterschiedlichen Ausprägungen in den gliedstaatlichen Verfassungen, einem Höhepunkt in der Paulskirchenverfassung 1849 und dem Relikt des Art. 76 RV 1871; daran knüpfte vor allem Art. 19 WV an, ohne freilich Verfassungsstreitigkeiten zwischen Reichsorganen einzubeziehen. Aber all dies hatte mit Normenkontrolle – zu der Art. 13 WV eine partielle, von Art. 19 strikt getrennte Regelung traf – nichts zu tun. Sollte nun die in ihren Ursprüngen nicht unproblematische Staatsgerichtsbarkeit mit der aufgrund der geisteswissenschaftlichen Methode

---

[38] S. 549 ist sogar von „Sanktion" die Rede; das ist schief, aber für die Weimarer Diskussion wohl symptomatisch.

und der Freirechtsschule[39] ebenfalls stark befrachteten Normenkontrolle zu einer einheitlichen Verfassungsgerichtsbarkeit verbunden werden, so lagen, gerade angesichts der in den zwanziger Jahren ja keineswegs überwundenen Einwände gegen das richterliche Prüfungsrecht, die Bedenken auf der Hand. Gewiss, die Verfassungsgerichtsbarkeit ist in der Bundesrepublik mit großem Erfolg implementiert worden und hat sich auch als Exportschlager, vor allem in demokratisierten Diktaturen, erwiesen. Aber eben deshalb liegt von heute her gesehen die Gefahr nahe, die dabei zu überwindenden und in der deutschen Nachkriegsliteratur intensiv diskutierten Schwierigkeiten zu übersehen[40]. Diese Diskussion hatte vor 1933 gerade erst begonnen. Sie war durch die Rechtsprechung des Reichsstaatsgerichtshofs zur Antragsberechtigung im Verfassungsstreit gefördert worden, die sich ihrerseits auf Hugo Preuß' Konzept von Rechtsverhältnissen im innerorganisatorischen Bereich stützen konnte[41]. Aber diese erweiterte Staatsgerichtsbarkeit auch noch zum Hauptträger des richterlichen Prüfungsrechts zu machen, war ein Schritt, zu dem die Weimarer Republik, allen Anstrengungen von Anschütz zum Trotz, noch schwerlich bereit war. Auch das von Anschütz und Thoma herausgegebene Handbuch des Deutschen Staatsrechts tat ihn nicht[42].

4. Eine abschließende *Zusammenfassung* (S. 579-592) erschließt das Buch in prägnanter, freilich sehr gedrängter Form; daher ist sie für sich ohne Lektüre des Vorhergehenden nicht überall verständlich und ist es schade, dass die einzelnen Absätze nicht auf die Ausführungen, die sie zusammenfassen, zurückverweisen. Sachlich lässt die Zusammenfassung nochmals erkennen, was für eine umfassende Darstellung der Verfasserin zu verdanken ist. Allerdings treffen die vorstehend dargelegten und angedeuteten Einwände auch die Zusammenfassung, wobei deren Zuspitzungen, etwa zur sozialstaatlichen Grundrechtsinterpretation (S. 583) oder zur Reaktion von Anschütz und Thoma auf die Krise der Republik (S. 584 f.) den – sachlich durchaus überzeugend dargestellten Befund – sogar überzeichnen. Aber das ist wohl der Preis prägnanter Aussagen.

---

[39] Der Hinweis darauf bei *Groh,* S. 565 f. ist durchaus begründet und hat Gewicht.

[40] Für einen Versuch, unter Einbeziehung der Weimarer Erfahrungen dieser Schwierigkeiten Herr zu werden, darf ich auf *Dian Schefold,* Normenkontrolle und politisches Recht, Juristische Schulung 1972, S. 1 ff. verweisen.

[41] So zutreffend S. 571 ff. mit Hinweis auf *Preuß'* Stellungnahme von 1902 (!) „Über Organpersönlichkeit", jetzt in: Gesammelte Schriften Bd. 2, S. 131ff., vgl. auch den Vortrag Über den konstitutionellen Gesetzesbegriff (1903), Gesammelte Schriften Bd. 2, S. 191 ff., und dazu meine Einleitung S. 38 f., 49.

[42] Besonders deutlich durch die Trennung der Kapitel über Die Staatsgerichtsbarkeit (*Ernst Friesenhahn,* Bd. 2, Tübingen 1932, § 98, S. 523 ff.) und Das richterliche Prüfungsrecht (*Ernst von Hippel,* § 99, S. 546 ff.).

III.

1. Grohs Buch ist ein wichtiger Beitrag zur Würdigung der Staatsrechtsentwicklung in der Weimarer Republik und zugleich zur Vorgeschichte und den Bedingungen der Verfassungsgebung und Verfassungsentwicklung der Bundesrepublik. Dadurch wird zwar die Gegenüberstellung verschiedener Schulen im Methoden- und Richtungsstreit nicht obsolet, und die immer wieder durchscheinende Sympathie der Verfasserin für den staatsrechtlichen Positivismus muss nicht als These verstanden werden, alle Positivisten seien Demokraten und alle Nicht-Positivisten Antidemokraten gewesen. Aber das Buch hat den Nachweis geführt und erbracht, dass es in der Weimarer Republik, wie das von Kurt Sontheimer dargestellte antidemokratische Denken, auch ein demokratisches Denken gegeben hat, das in sich zusammenhängend dargestellt werden kann und für die Staatsrechtslehre fruchtbar geworden ist. Dazu haben Positivisten Wesentliches beigetragen. Grohs Darstellung macht überdies deutlich, dass auch der vor dem Ausbruch des Methoden- und Richtungsstreits im Gegensatz zum Positivismus des Kaiserreichs entwickelte Ansatz von Hugo Preuß, die sich rechtstheoretisch vom klassischen Positivismus unterscheidende Reine Rechtslehre Hans Kelsens und die wirklichkeitswissenschaftlich argumentierende Staatslehre Hermann Hellers mit einbezogen werden können und sollten. Dabei zeigt die Darstellung verblüffende Parallelen auf, nicht nur zwischen Preuß und Anschütz und, worauf in den letzten Jahren häufiger hingewiesen worden ist, zwischen Preuß und Kelsen, sondern auch zwischen Preuß und Heller. Insofern hat sich die Auswahl der behandelten Autoren bewährt und neues Licht auf ihre Gedankengebäude geworfen. Abgrenzungen und Überschneidungen im Methoden- und Richtungsstreit müssen daher auf Grund der Ergebnisse des Buches neu überdacht werden. Diese Ergebnisse, in gründlicher Darstellung hergeleitet und griffig, ja pointiert zusammengefasst, sind eine wichtige und unentbehrliche Grundlage für jede weitere Forschung über das Thema.

2. Damit steht nicht in Widerspruch, dass manche Einzelthesen des Buchs *kritische Rückfragen* provozieren und teils zu kritisieren sind, teils als Diskussionsbeiträge zu Themen gelten können, zu denen man unterschiedlicher Meinung sein kann. Diese Einwände sind hier dargestellt worden; einige wichtige Punkte seien zusammenfassend nochmals hervorgehoben.

a) Zu *Preuß*, dessen Erfassung trotz Kenntnis erst des ersten Bandes der Gesammelten Schriften auf hohem Niveau gelungen ist, der aber zur Zeit als aktuelles Forschungsthema besonders interessieren kann, ist vor allem auf die sehr differenzierte Sicht der Stellung des Einzelnen und auch der Gliedperson in der Gesamtperson hinzuweisen. Die Ablehnung der Theorie des Gesellschaftsvertrags und die Charakterisierung der gewordenen Körperschaft ermöglichen es Preuß, trotz des kollektivistischen Ansatzes die innere Differenzierung der Gesamtperson anzuerkennen und eine Absorption der Stellung des Individuums – wie auch gesellschaftlicher Gruppen – im Gemeinwesen abzulehnen. Die dadurch entstehende „Einheit in Vielheit", die zunächst sogar die Gewährleistung von Grundrechten über die politischen Mitwirkungsrechte hinaus für entbehrlich erscheinen ließ, öffnet neben der von Groh zutreffend dargestellten positiven Sicht politischer Parteien auch die Sicht für eine pluralistische Gesellschaft. Daneben ist sie die Grundlage der Anerkennung von Rechten auch von Organträgern und innerhalb der Gesamtperson, damit eines wesentlichen Elements der modernen Verfassungsgerichtsbarkeit. Schließlich aber steht sie der Monopolisierung des Gemeinwillens der Gesamtperson im Parlament entgegen und ermöglicht die Verifikation, ob und wieweit die parlamentarische Entscheidung als endgültige Äußerung des Gemeinwillens anerkannt werden kann (vgl. oben II 1 a, II 2 c, II 2 d, II 3 c).

b) Damit zusammen hängt, dass Grohs Darstellung der parlamentarischen Demokratie mit der Mehrheit der von ihr behandelten Autoren – freilich nicht Kelsen, der insofern verkannt wird – zwar die Handlungsfähigkeit eines funktionierenden parlamentarischen Systems zum Thema macht, für „Die Rechte der direkten Demokratie" aber sehr wenig (S. 300-303) übrig hat. Das ist ein bis in die Gegenwart viel vertretener und deshalb sicher vertretbarer Standpunkt, aber er muss sich dem Einwand stellen, dass, von einem pluralistischen Standpunkt aus, auch Wert und Richtigkeit des Parlamentswillens relativ sind, und dass, von einem demokratischen Standpunkt aus, die Legitimation der politischen Entscheidung im Wahlakt, vor allem angesichts der in Weimar viel diskutierten und in dem Buch treffend dargestellten Probleme des Wahlsystems, in Frage gestellt, verifiziert und nötigenfalls modifiziert werden kann[43]. Wie das zu geschehen hat, ist eine in der Weimarer Verfassung und Verfassungspraxis wohl nicht überzeugend gelöste Frage. Aber auch die Antwort darauf entscheidet über die Funktionsfähigkeit parlamentarischer Demokratie (vgl. oben II 2 d).

c) Auch gegenüber der Legitimation der Verfassung durch eine *verfassungsgebende Gewalt* ist die Verfasserin sehr skeptisch. Offenbar wird sie dabei von der in der Spätphase der Weimarer Republik verbreiteten Idee eines neuen Akts der Verfassungsgebung und der Diskreditierung des geltenden „Verfassungsgesetzes" bestimmt, und die nach 1949, erneut nach 1989 geführte Diskussion zu Art. 146 GG mag solche Vorsicht untermauern. Aber dabei wird doch vernachlässigt, dass 1918/19, anders als 1948/49, von einem eigenständigen, durch die Wahl der Nationalversammlung legitimierten Verfassungsgebungsprozess gesprochen werden konnte. Dessen Nichtbeachtung oder Diskreditierung verletzte das demokratische Prinzip und insofern gerade „das Prä der Verfassung", das

---

[43] Dazu hat der Adressat dieser Zeilen in seiner Vaterstadt beigetragen, vgl. *Hans Peter Bull* (Hrsg.), Fünf Jahre direkte Bürgerbeteiligung in Hamburg – unter Berücksichtigung von Berlin und Bremen, Hamburg 2001.

mit solchem Aufwand begründet wird. Daher waren auch und gerade die von der Verfasserin behandelten Autoren Verfassungspatrioten, und sie beriefen sich auf die Entstehung der Verfassung, um deren Höherrangigkeit zu rechtfertigen. In der Tat spräche die Argumentation des Buchs zur parlamentarischen Demokratie eher gegen deren Kontrolle auf Verfassungsmäßigkeit und war es vor allem die Lehre vom pouvoir constituant, die den Vorrang der Verfassung rechtfertigen konnte (vgl. oben II 3 a, b).

d) Eine ähnliche, allerdings wohl dem Diskussionsstand der Weimarer Jahre geschilderte Lücke scheint mir ferner in der Vernachlässigung der Grundlagen zu liegen, die die Verfassungsgebung und *Reichsverfassung von 1848/49* gelegt haben, vor allem für die Grundrechte. Wenn schon das Preuß'sche Konzept eines Verzichts auf Grundrechte 1919 über Bord geworfen wurde, hätte eines der Hauptargumente dafür, die Kontinuität mit der liberal-demokratischen Orientierung von 1848/49, Würdigung verdient, zumal, wie in der neueren Literatur jetzt deutlich (aber schon 1912 von Hugo Preuß angedeutet!), das Grundrechtsverständnis von 1848/49 erleichtert hätte, die mit vollem Recht kritisierten Verkürzungen der Grundrechtsgeltung in der zweiten Hälfte des 19. Jh. als solche zu erkennen, wettzumachen und der neuen Grundrechtsdogmatik zugrunde zu legen (vgl. oben II 2 e).

e) Wie schon in den Kapiteln über den Parteienstaat und über die Grundrechtslehren, wirkt sich auch im 3. Teil des Buchs die Prägung durch die Fragestellungen des Grundgesetzes nachhaltig aus. Das ist diskutabel und zu rechtfertigen, aber es drängt die Rücksicht auf die geschichtlichen Zusammenhänge zurück. Jedenfalls für die Phasen funktionierender parlamentarischer Mehrheitsbildung bedeutet eben das *Prä der Verfassung* eine Zurückdrängung, ein „Post" des parlamentarischen Gesetzgebers. Von da her erklärt sich der Widerstand gerade demokratischer Staatsrechtslehrer gegen das richterliche Prüfungsrecht, dessen undemokratische Grundlagen gut herausgearbeitet werden. Zugleich ist auch die richterliche Entscheidung von Verfassungsstreitigkeiten historisch mit eher undemokratischen Zielsetzungen befrachtet. Der Weg zur modernen Verfassungsgerichtsbarkeit und ihrer Implementation in den demokratischen Staat war daher weit, und man muss schon die allmähliche Entwicklung der Verfassungsgerichtsbarkeit in der Bundesrepublik zugrunde legen, um sie als Rezept für Weimar empfehlen zu können (vgl. oben II 3 b, c).

f) Ein bereits angedeutetes Grundproblem des Buchs liegt darin, dass das Etikett „Demokratische Staatsrechtslehrer" exklusiv verstanden werden könnte. Dass Groh bestimmte Autoren ausgewählt hat, nicht alle demokratischen Staatsrechtslehrer Revue passieren lässt und immer wieder auch andere Autoren zu Wort kommen lässt, ist als Hypothese zu akzeptieren (oben I) und hat sich, würdigt man den Ertrag des Buchs, eindeutig bewährt. Aber was ist mit der *restlichen Staatsrechtslehre*? A contrario könnte sie als antidemokratisch bezeichnet werden. Groh vermeidet diesen Schritt, trotz ihrer bereits erwähnten Sympathie für die Positivisten, und mit gutem Grund. Alle Beteiligten am Methoden- und Richtungsstreit standen in der Krise der Republik vor der Bewährungsprobe; in allen Richtungen gab es Nazis und Verfolgte[44], bei allen, auch den demokratischen Staatsrechtslehrern, gab es – Groh zeigt dies eindrücklich auf – Ansätze, die im Sinn eines autoritären oder totalitären Staates pervertiert werden konnten. In dem Sinn gibt es demokratische Staatsrechtslehrer, auch wenn zu ihrem Demokratieverständnis einzelne Fragezeichen gesetzt werden können, und nicht eindeutig demokratisch orientierte Staatsrechtslehrer, die aber doch für die Entwicklung der Weimarer Demokratie wichtig geworden sind. Hier gilt es, mit dem Einwand der antidemokratischen Position vorsichtig zu sein, und insofern sind einzelne Rückfragen an die Verfasserin nötig. Leibholz' Option für die Parteienstaatlichkeit nimmt gewiss die Parlamentarismuskritik der zwanziger Jahre auf; aber sie hat sich als eine der Grundlagen der Parteiendemokratie der Bundesrepublik bewährt (vgl. oben II 2 b). Smends Argumentation zu den allgemeinen Gesetzen mochte auch den Vorrang eines apokryphen Gemeinschaftsideals verteidigen, aber sie konnte auch als Schutz der Meinungsäußerungsfreiheit dienen und hat sich als solcher nach 1949 bewährt (vgl. oben II 2 e). Hier und anderswo sind es zwar nicht die Grundpositionen der Verfasserin, aber Folgerungen mit Hinsicht auf nicht in ihren Darstellungsbereich gehörigen Autoren, zu denen etwas mehr Vorsicht und Differenzierung wünschbar wäre.

3. Aber diese Einwände, die, das sei betont, gegenüber dem grundsätzlich positiven Gesamturteil ganz sekundär sind, zeigen zugleich *Forschungsfelder* auf, die für die Zukunft Ertrag versprechen. Auch darauf hingewiesen zu haben, ist ein Verdienst des Buchs, das der engagierten und pointierten Darstellung zugute gehalten werden kann und soll.

---

[44] Vgl. *Horst Dreier / Walter Pauly*, die deutsche Staatsrechtslehre in der Zeit des Nationalsozialismus, VVDStRL 60, 2001, S. 9 ff.; *Michael Stolleis*, Geschichte des öffentlichen Rechts in Deutschland, Bd. 3, München 1999; für meine eigene Bewertung darf ich auf *Dian Schefold*, Geisteswissenschaften und Staatsrechtslehre zwischen Weimar und Bonn, in: K. Acham u.a (Hrsg.), Erkenntnisgewinne, Erkenntnisverluste, Stuttgart 1998, S. 567 (573 ff.) verweisen.

„Mitsprache 21" als Lehre aus „Stuttgart 21"? Zu den rechtspolitischen Folgen veränderter Legitimitätsbedingungen

Arndt Schmehl

I. Einleitung

1. Hans Peter Bull und die rechtspolitischen Aspekte der Rechtswissenschaft

Hans Peter Bull ist sowohl Rechtswissenschaftler als auch Rechtspolitiker. Das träfe bei einem weiten Verständnis beider Begriffe auch auf viele andere zu, passt aber bei einer engeren Eingrenzung schon nur noch auf einen deutlich kleineren Kreis und findet sich schließlich bei dem Jubilar in einer selten anzutreffenden Verdichtung in einer Person vereinigt. Wie er beides kombiniert und zudem durch zwischenzeitliche Berufswechsel zum Datenschutzbeauftragten auf Bundes- und zum Innenminister auf Landesebene ausgebaut hat, ist gewiss eines seiner Markenzeichen.

Die Möglichkeiten und Qualitäten einer Arbeit am Recht, die daraus schöpfen kann, sind unverkennbar. Denn „bevor Rechtsfiguren, Institute und Lehrsätze neu ausgeformt werden können", stellt sich „in der Regel zunächst die vorgelagerte Frage, welche rechtlichen und organisatorischen Rahmenbedingungen überhaupt erfüllt sein müssen, damit hinreichend legitimierte Politikvorstellungen verwirklicht und bei möglichst sparsamem Ressourceneinsatz sachrichtige, gemeinwohlfördernde Entscheidungen produziert werden können, die auch realistische Vollzugschancen besitzen."[1]

Folgerichtig zeichnet sich das ursprünglich Bull'sche, jetzt von ihm und Veith Mehde gemeinsam geschriebene Lehrbuch zum Allgemeinen Verwaltungsrecht unter anderem durch seine durchgängige Grundierung mit verwaltungswissenschaftlichen Erkenntnissen und rechtspolitischen Überlegungen aus. Der aus der Malerei entlehnte Begriff der Grundierung erscheint passend,

---

[1] *Voßkuhle*, Europa als Gegenstand wissenschaftliche Reflexion – eine thematische Annäherung in 12 Thesen, in: Franzius/Mayer/Neyer (Hrsg.), Strukturfragen der Europäischen Union, 2010, S. 37 (44).

denn hier wie dort geht es um die Elemente der Basis, auf der die weiteren
Schichten aufgetragen und von der sie stabilisiert werden. Indem sich das Buch
insbesondere sowohl mit der gedachten Funktion als auch der tatsächlichen
Funktionstüchtigkeit der jeweils erörterten rechtlichen Regelungen befasst, liefert es den Studierenden wie auch der Praxis Informationen für das Verständnis
und die Handhabung des Verwaltungsrechts, die trotz ihrer Wichtigkeit in so
genannten „rein dogmatischen" Lehrbüchern regelmäßig fehlen – übrigens ohne dass belegt wäre, dass letztere dafür immer den besseren Dienst für die in
der Juristenausbildung vielzitierte „Klausurvorbereitung" leisten.

2. Die Belebung der Aufmerksamkeit für legitimitätsstiftende
Verfahrensfunktionen durch den Fall Stuttgart 21

Eines der wichtigsten Beispiele für die das Recht prägende Rolle des Verständnisses von Funktionen und rechtspolitischen Hintergründen ist das Verfahrensrecht. Von der Wahrnehmung des Ermessens bei der Verfahrensgestal-
tung und die Auslegung von Regelungen über das Verwaltungsverfahren bis
hin zu den Fehlerfolgenregelungen aus den Perspektiven sowohl der Verwaltung wie auch der Rechtsprechung und der Rechtsetzung ist das Gebiet durchweg von der Reflexion der Funktionen des Verfahrens und seines Verhältnisses
zum materiellen Recht und von der in diesen Fragen jeweils dominierenden
Grundhaltung abhängig. Schauen Leserinnen und Leser bei Hans Peter Bull
und Veith Mehde zu den Fragen des Eigengewichts und der Eignung des zu einer Entscheidung führenden Verwaltungsverfahrens nach, so werden sie kurz
und bündig auch mit entsprechenden Einschätzungen versorgt. So bleibt dort
nicht unerwähnt, dass die faktische Durchsetzung des materiellen Rechts „entscheidend" von der angemessenen und fairen Verfahrensweise der Behörde abhängt und auch der „Stil" des Umgangs von „großer Bedeutung" ist.[2]

Hierfür war das vergangene Jahr lehrreich und womöglich längerfristig wirkungsvoll, indem die oftmals nicht allzu öffentlichkeitswirksame Thematik
große allgemeine Aufmerksamkeit erreichte. Das ungewöhnlich aufwendige
und einschneidende Auswirkungen mit sich bringende Bahnbauprojekt „Stuttgart 21" zog 2010 mit dem Beginn der sichtbaren Bauarbeiten zum Abriss eines
Flügels des Stuttgarter Bahnhofs äußerst heftige Proteste nicht zuletzt „auf der
Straße" auf sich. Sie führten zu einem erstaunlichen, späten Schlichtungsverfahren, das mit dem Namen und dem Gesicht, vor allem aber dem ausgeprägten
Gesprächsführungsgeschick und der Erfahrung des Mediators Heiner Geißler

---

[2] *Bull/Mehde*, Allgemeines Verwaltungsrecht mit Verwaltungslehre, 8. Aufl. 2009,
Rdnr. 612.

(und wohl sogar mit seiner in jenen intensiven Tagen sehr präsenten Sakkofarbe „kobaltblau") verbunden bleiben wird.

Zwar ist dies weder der erste Fall starker Proteste bei infrastrukturellen Großvorhaben noch das erste Mal, dass solche Vorhaben auch Gegenstand einer besonderen Mediation sind. Es ist in beiderlei Hinsicht nicht nur an die verschiedenen Flughafenerweiterungen in Frankfurt am Main zu denken. Dennoch wird im Falle Stuttgart 21 Neues auf beiden Ebenen gesehen. Denn dem Widerstand gegen die Verwirklichung des Vorhabens wurden insbesondere wegen seiner als ungewöhnlich breit empfundenen gesellschaftlichen Verankerung, dem Schlichtungsverfahren wegen seines Bezugs auf einen bereits bestands- und rechtskräftigen, damit eigentlich bereits große Legitimität für sich in Anspruch nehmenden Planfeststellungsbeschluss und wegen seiner anspruchsvollen Kommunikationsleistung jeweils ungewöhnliche Eigenschaften beigemessen. Die bundesweite rechtspolitische Resonanz war entsprechend groß und sehr kontrovers. Die Leitartikler spitzten die Federn und brachten es auf scharfe Punkte. Dort findet sich der Gesprächsleiter der Stuttgarter Runden einesteils als „Geißler 21" wieder und bekam sicherlich erfreut lesen, dass die Stuttgarter Schlichtung als Beispiel für die lohnende Anstrengung stehe, die Unruhe der Bürger als produktive Unruhe zu betrachten; selbst die Fernsehmacher hätten etwas gelernt: „Die Leute sind wissbegieriger und anspruchsvoller, als man meint. Man muss sie nicht mit getrüffelten Talkshows abspeisen. Sie essen auch das vermeintlich trockene Brot, wenn es so gut durchgebacken ist wie bei Geißler".[3] Demgegenüber wurde dieselbe Symbolfigur anderenorts vor allem wegen der von ihm abgeleiteten weiterführenden Vorschläge mit direktdemokratischen Ambitionen unter der Überschrift „Der anmaßende Schlichter"[4] attackiert.

Die Anschaulichkeit des Falles und die Tragweite der daran anknüpfenden Diskussion geben also Anlass, nach den Gründen und nach den Folgen im Kontext der Bedingungen der Legitimität öffentlicher Entscheidungsfindung zu fragen. Führt der Weg von Stuttgart 21 über Geißler 21 zur Mitsprache 21?

---

[3] *Prantl*, Süddeutsche Zeitung Nr. 278 v. 1.12.2010, S. 4.
[4] *Nonnenmacher*, Frankfurter Allgemeine Zeitung Nr. 291 v. 14.12.2010, S. 1.

II. Enttäuschte Staatsbürger, leidende Aktivbürger, entfesselte Wutbürger: Koinzidenzen der aktuellen Demokratiedebatten

1. Der Wandel von Legitimtätsbedingungen als Motor der rechtspolitischen Entwicklung

Es ist ein unbestrittener Kern der Erwartungen an den öffentlichen Willensbildungsprozess, dass öffentliche, zumal mit staatlichen Mitteln umzusetzende Entscheidungen nicht nur legal, sondern auch legitim sein sollen. In Zeiten utilitaristischen Denkens hilft dabei zunehmend unterstützend auch der Hinweis, dass eine Organisation langfristig effektiver und stabiler arbeitet, wenn sie von den Betroffenen als legitim angesehen wird. An die Legitimierung von Macht schließt also sogar eine Macht der Legitimierung an.[5]

Zu den vielen Gründen dafür, dass die Übereinstimmung mit Regeln beliebiger Art noch nicht für Legitimität genügt, gehört es auch, dass diese keineswegs alle als wichtig angesehenen Entscheidungen schon beinhalten können. Ob etwa Stuttgart einen oberirdischen Kopf- oder einen unterirdischen[6] Durchgangsbahnhof hat und welche weiteren Maßnahmen zugleich zur Verbesserung insbesondere des Schienenverkehrs in Ost-West-Richtung vor Ort sinnvoll sind, kann aus keinem allgemeinen Gesetz abgeleitet werden. Es dürfte im Gegenteil sogar geboten sein, dass die Zulässigkeit selbst sehr großer Infrastrukturvorhaben nicht direkt vom Gesetzgeber beschlossen wird, sondern konkret in einem gesetzlich eingerahmten Planungsprozess entwickelt wird. So geschah es denn auch im Fall Stuttgart 21 über eine Planungsdauer von zehn bis fünfzehn Jahren hinweg, einschließlich Alternativenprüfungen und Betroffenen- und Öffentlichkeitsbeteiligung. Indes wurde die mit dem aufwendigen Verfahren intendierte Stabilität einerseits und Akzeptanz andererseits faktisch offenbar nicht ausreichend erreicht. Es kam zu heftigen bis hin zu körperlichen Auseinandersetzungen vor Ort.

Die emotionalen Straßenszenen brachten es ferner mit sich, dass die populäre, teils auch populistisch verwendete Wortschöpfung des „Wutbürgers" ebenfalls haften blieb, obwohl sie allenfalls zum Teil mit dem Stuttgarter Fall zu verbinden war. Die Koinzidenz ist interessant, indem mit dem „Wutbürger" immerhin eine gewisse Gemeinsamkeit von sehr disparaten Gruppen benannt

---

[5] „Legitimacy of power" und „power of legitimacy": *Bodansky,* Am. J. Int'l L. 93 (1999) 596 (603).

[6] Es darf vielleicht dazu gesagt werden – denn bei dem derzeit hoch emotionalisierbaren Thema des Schienenverlaufs in Stuttgart gilt es, Vorsicht walten zu lassen – dass das Wort „unterirdisch" hier *nicht* im Sinne einer Architekturkritik, sondern nur als Ortsbeschreibung verwendet wird!

wurde, die nicht mehr zu übersehen ist.[7] Unter den damit Gemeinten fanden sich sowohl solche, die ohne Antrieb zu eigener Mitwirkung generell auf „die da oben", speziell die Führungen von Staat und Unternehmen, schimpfen und sich vielfach schon von der Politik abgewandt haben, und ebenso solche, die sich sehr wohl selbst aktiv einbringen wollen, dabei aber die Möglichkeiten dazu als unbefriedigend erleben, so dass es auch ihnen einmal „reicht". Beide mögen sonst wenig mit einander zu tun haben wollen, aber gemeinsam ist ihre Kritik an einem als zu bürgerfern empfundenen Staat. Man mag geneigt sein, den zweiten Typus – nennen wir ihn den „leidenden Aktivbürger" – immerhin als die edlere Variante des Wutbürgers bezeichnen zu wollen, da man ihm eine Verweigerungshaltung jedenfalls nicht vorwerfen kann. Dies könnte der Punkt sein, durch den die Legitimationsdiskussion durch Stuttgart 21 selbst einen Legitimitätsschub erhalten hat. Die Politikkritik dieser Enttäuschten scheint fundierter geworden und lässt sich so politisch weniger leicht überhören oder marginalisieren.

Von der Frage nach Stuttgart 21 war es also nicht weit zur Frage danach, was „Mitsprache 21" bedeuten müsste. Denn auch wenn natürlich Einseitigkeiten auch auf Seiten der Kopfbahnhofbefürworter („Oben bleiben") von Stuttgart beobachtet werden, so stimmt es, um ein zuspitzendes Indiz herauszugreifen, doch nachdenklich, warum das Großprojekt beispielsweise einen Beleg seiner Vorteile und seiner Nachhaltigkeit durch eine aussagefähige Belastungssimulation, einen so genannten Stresstest, nicht schon vorher angetreten hat, sondern es dazu offenbar erst unter Einwirkung einer lebensklugen Mediatorenpersönlichkeit kam. Die Gründe für die Entstehung der Schlichtung folgen einem gewandelten Partizipationsverlangen in Bezug auf Verwaltungsentscheidungen. Es ist gegenständlich erweitert, indem zunehmend Fragen als politisch entdeckt werden, die in der Tat – wie ein solch großes Infrastrukturprojekt – politischer Art sind, auch wenn sie weitgehend in Formen der Verwaltung und nicht der Gesetzgebung entschieden werden. Es ist verändert, indem staatsbürgerliche Rechte *zwischen* den Wahlen und hier teils für vergleichsweise speziellere, auch gruppenbezogene Interessen wieder stärker aktiv in Stellung gebracht werden.

2. Die Vertrauensfrage der repräsentativen Demokratie

Den Boden hierfür bereitete eine Situation, in der die repräsentative Demokratie gemeinsam mit den für sie so bedeutsamen politischen Parteien in der Kritik steht und in einen erheblichen Bedeutungswandel geraten ist.

---

[7] *Prantl*, Süddeutsche Zeitung Sonderausgabe V2 Jahresrückblick 2010, S. 4.

Auf die Frage, ob es sich bewährt habe, dass es in Deutschland kaum Volksabstimmungen gibt, antworten beispielsweise einer (diesmal im demoskopischen Sinne: repräsentativen) Befragung[8] zufolge 52 Prozent der Bürgerinnen
und Bürger mit Nein; vor die Alternative gestellt, ob möglichst viele Entscheidungen von den Bürgern direkt getroffen werden sollten oder möglichst viele
von den gewählten Repräsentanten, entscheiden sich 51 Prozent für direkte, 32
Prozent für repräsentative Demokratie. Diese Zahlen veränderten sich allerdings seit vielen Jahren nicht sehr stark. Es ist auch einzuwenden, dass etwa die
Aussage, „möglichst viel" direkte Demokratie zu wünschen, ohne größere Gewissensfragen zu haben sein wird, denn es lässt die eigentliche „harte" Frage,
welches Thema dann in welches Verfahren gehören soll, offen.

Ebenso findet sich eine Mehrheit beispielsweise für die Aussage „In einer
echten Demokratie müssen wichtige politische Entscheidungen vom Volk und
nicht von Politikern entschieden werden" findet. Dass dies nicht überraschend
ist, ändert nichts an der Ernsthaftigkeit des Satzes. Das Vertrauen, dass die Politikerinnen und Politiker sich ohnehin überwiegend an den Interessen der Bevölkerung orientieren und diese daher auch zwischen den Wahlen stets gut repräsentiert sind, ist eine bedeutsame Ressource, und es gibt durchaus Anzeichen dafür, dass sie kleiner wird. Dabei stehen allerdings „die Manager" und
„die Politiker" vor einer gemeinsamen Frage, indem beide in der Beurteilung
ihrer Bürgernähe gleichermaßen schlecht abschneiden. Entscheidungsträgervertrauen ist zudem zu Zeiten eines Aufschwunggefühls und einer Expansion sozialstaatlicher Sicherungen ungleich leichter zu gewinnen als zu Zeiten globalisierter Konkurrenz und Unübersichtlichkeit.

Es gibt weitere Anzeichen und Gründe dafür, warum der Wunsch nach mehr direkter Mitsprache auf beinahe jeder politischen Ebene zunimmt. So werden bei
Wahlen Phänomene einer asymmetrischen Wählerdemobilisierung beobachtet,
basierend auf der Überlegung, im Zweifel eher wenige klare Streitpunkte anzusprechen, damit mögliche Wählerinnen und Wähler der Gegenpartei nicht ihrerseits zum Wahlgang motiviert werden, sondern beruhigt zu Hause bleiben.
Kann dann noch einem von „Wahlsieg" sprechen, wer die meisten Stimmen
hat? Doch sogar bei direktdemokratischen Verfahren ist die Versuchung groß,
eher neblige Texte zur Abstimmung zu stellen. So stellte sich der Gegenstand
des Hamburger Volksentscheids zur Schulreform 2010 bei unbefangener Betrachtung des Stimmzettels nur als die Alternative dar, ob man eher für eine
hervorragende oder lieber für eine exzellente Schulbildung sei. Den Bürgerinnen und Bürgern wurde auf dem Abstimmungsschein dabei auch die in merk-

---

[8] Diese und die weiteren Umfrageangaben im Folgenden sind entnommen aus der
Zusammenfassung von Untersuchungen des Instituts für Demoskopie Allensbach und
deren Kommentierung durch *Köcher*, Der Ruf nach dem Plebiszit, Frankfurter Allgemeine Zeitung Nr. 244 vom 20. Oktober 2010, Seite 5.

würdiger Weise auf eine Art erhofften Anpassungs- oder Autoritätssog abstellende Frage vorgelegt, ob sie dem, so wörtlich, „einstimmigen" Beschluss der Bürgerschaft zustimmen oder nicht – der so in Bezug genommene Beschluss selbst war dagegen nicht mit abgedruckt. Ein Weg, auf dem Politik überhaupt dem Politischen entzogen wird, ist die Formel von der „Alternativlosigkeit" eines bestimmten Handelns, von der sowohl angesichts der raschen Aufeinanderfolge der Finanz-, Wirtschafts-, Staatsverschuldungs- und Währungskrisen von 2008 bis 2010 als auch der internationalen Verflochtenheit oft Gebrauch gemacht wird: „Wir können nicht anders", würde es übersetzt lauten. Ob es auch bedeuten soll: „Wir sind nicht verantwortlich", ist damit nicht gesagt, aber es regt diesen Gedanken beim Publikum an.

Die Initiative „Unwort des Jahres" kürte daraufhin 2010 den Ausdruck „alternativlos" auf Rang 1, „Wutbürger" und „Stuttgart 21" belegen im gleichen Jahre bei der Gesellschaft für deutsche Sprache die Plätze 1 und 2 als „Wörter des Jahres" – eine sprachkritische Koinzidenz, die eine tatsächliche Koinzidenz illustriert und die zugleich andeutet, wie stark das Thema, das diese drei Begriffe gemeinsam haben, die Bürgerschaft bewegt.

Da die eigentliche Vertrauensfrage der Demokratie nicht diejenige ist, die von der Regierungsbank aus an das Parlament gestellt werden kann, sondern vielmehr von den Bürgerinnen und Bürgern an das Parlament gestellt wird, ist nicht zu übersehen, dass diese Aufmerksamkeit und ein Wandel in der Demokratiedebatte berechtigt sind – und zwar im Wesentlichen schon als Effekt der Einsicht in die Begrenztheit der Funktionen der repräsentativen Demokratie, die nicht in der Lage ist, allein für das angemessene Legitimationsniveau allen staatlichen Handelns zu sorgen. Als Folgerung ist es notwendig, auf eine Linderung der aufkommenden Demokratieenttäuschungen neuer Art hinzuarbeiten. Dafür gilt es zum einen, Anwendungsfelder für eine demokratisch legitimierte Mitsprache zu erschließen oder zu verteidigen: Auf den europäischen und internationalen Ebenen wird hierfür insbesondere um mehr Kooperation zu ringen sein, die diese Ebenen handlungsfähiger macht und dadurch die Tür auch für demokratisches Mitwirken öffnet. Zum anderen ist das Anliegen berechtigt, auch die Wege der Mitwirkung vielfältiger werden zu lassen. „Mehr Plebiszite", eine in jüngerer Zeit wieder deutlich häufiger gehörte Forderung, bieten sich nicht als die alleinige Lösung, wenngleich als ein Teil davon an und wären zugleich die Konsequenz daraus, dass die Stabilität speziell der Demokratie in Deutschland eine andere ist als zu der Zeit, aus der die verfassungspolitische und -rechtliche Zurückhaltung gegenüber Volksbegehren und Volksentscheiden vorwiegend herrührt. Innerhalb der engeren Plebiszitdiskussion wird eine reine Pro- und Contra-Debatte zu Recht durch eine Verzahnungsdebatte abgelöst, die sich mit den geeigneten Verfahrensweisen für eine wechselseitige Koordination der Willensbildungswege befasst.

Was wichtig und was unwichtig ist, entscheidet sich ferner nicht durchweg nach der Rechtsform. Für Bürgerinnen und Bürger erscheint es nicht uneingeschränkt einsichtig, warum, wenn beispielsweise eine bereits beschlossene Schulreform nachträglich per Volksentscheid angezweifelt werden kann, dies nicht auch für einen Planfeststellungsbescheid über ein „Milliardenprojekt" mit mehrjähriger Bauzeit und weit reichenden Folgen möglich sein soll. Den Unterschied macht zwar neben der Rechtsform sowohl die Beteiligtenstruktur als auch das vorherige Entscheidungs- und Partizipationsverfahren. Doch ist dies eine Frage nicht nur des Rechts, sondern auch der tatsächlichen Verwirklichung seiner Ziele. Das Planfeststellungsverfahren ist zwar von Rechtsschutz und Öffentlichkeitsbeteiligung so geprägt, dass im Gegenzug dazu eine besonders hohe Stabilität der einmal verfahrensabschließend gefundenen Entscheidung gerechtfertigt sein kann. Doch steht in Frage, ob die Ausgestaltung und die Wirklichkeit dieses Verfahrens dies auch konkret trägt. Das betrifft vor allem den Zeitraum und die Art der Informations- und Kommunikationsbeziehungen, die der diesen Schluss tragenden Annahme einer ausreichenden Beteiligungschance zu Grunde liegen.

Die Interessenkonstellation bei Gegenständen wie großen Infrastrukturprojekten eignet sich weniger gut als manche anderen Themen für eine Bündelung durch politische Parteien. Je weniger sich staatliches Entscheiden, selbst das Regierungshandeln, um die großen gesellschaftspolitischen Weichenstellungen dreht und je mehr es sich stattdessen mit deren Auslegung und Verfeinerung im bedeutsamen Einzelfall befasst, um so mehr liegt es nahe, dass der Bedarf nach Mitsprache zwischen den Wahlen, außerhalb der Parlamente und unter Einbeziehung, aber ohne Bindung an Parteien angemeldet wird. Dass die eigenständige Relevanz politischer Parteien für die Meinungs- und Interessenaggregation ohnedies, auch auf ihren angestammten Feldern, abnimmt, fördert diese Entwicklung ohnedies.

Die Demokratiedebatte hat daher in einer konvergierenden Bewertung fast wie selbstverständlich Gesetzgebung, Regierung und Verwaltung gleichzeitig erfasst. Sie verweist allgemeiner auf die Bedingungen von Legitimität. Das Erlebnis von Stuttgart 21 ist, wie im Folgenden dargelegt werden soll, in dieser Hinsicht als Ausdruck und Grund einer Verschiebung im Verhältnis von verfahrens- und ergebnisbezogener Legitimation interpretierbar.

III. Das Verhältnis von verfahrens- und ergebnisbezogener Legitimation und seine rechtliche Verarbeitung

Legitimität ist die Basis für die Befolgung der Entscheidungen anderer, auch und gerade wenn sie für den Betroffenen selbst nicht ausschließlich vorteilhaft sind. Sie ist also die Grundlage für die einzelfallunabhängige Befolgung von

Regeln[9] und lässt sich als Antwort auf die Frage verstehen, warum Personen die Rechtsetzung einer Institution tatsächlich befolgen oder befolgen sollen. Letzteres bezeichnet dabei die juristische Dimension.

Diese Basis lässt sich prozedural und ergebnisbezogen herstellen.[10] Prozedurale Legitimation stellt auf den Prozess der Entscheidungsfindung ab. Beispielsweise die Rechtsprechung bezieht daraus einen Großteil ihrer Legitimationsgrundlage, indem ihre Verfahrensgrundsätze das diskretionäre Element hinnehmbar machen. Ergebnisbezogene Legitimation stützt sich auf die inhaltliche Qualität und den Zielerreichungsgrad.

Für staatliches Handeln ist die wechselseitige Abhängigkeit beider Wege zu seiner Legitimierung eine Kernfrage. Sie bedingt rechtlich die Anwendung einer Methode – soweit dieser Ausdruck vorsichtig hierher übertragen werden darf – der praktischenKonkordanz von Legitimation durch Ergebnis und Verfahren, denn die eine kann auf Kosten der anderen wachsen. So kann es die Erweiterung der Beteiligtenzahl und- rechte schwieriger werden lassen, zu einer für das Gemeinwohlziel tatsächlich wirksamen Entscheidung zu kommen. Wenn dies dazu führt, dass das Ergebnis leidet, ist zwar immerhin die prozedurale Legitimität im engeren Sinne zuerst größer geworden. Geht es aber so weit, dass eine Lähmung der Handlungsfähigkeit eintritt, so bedeutet dies eine Gefährdung des Bezugspunkts demokratischer Legitimation, der darin besteht, dass Einigungen auf gemeinsames Handeln ohne prohibitiv hohen Aufwand möglich und durchsetzbar sein müssen. Ähnlich wie bei internationalen Organisationen steigt derzeit auch im innerstaatlichen Bereich der Bedarf nach prozeduraler Legitimation, soweit sich rechtliche Entscheidungen nicht schon aus kohärenten Regeln inhaltlich entwickeln lassen, sondern vielmehr in einer rechtlich stark fragmentierten Welt getroffen werden, die weniger als bisher den Anspruch erhebt, eine Regel für jeden Fall aufzustellen und bereitzuhalten. Auch bei Stuttgart 21 war diese normative Unsicherheit zu erleben, in der nicht einmal bereits vorentschieden ist, was die dominanten Ziele des vorhandenen Rechtsrahmens sind.

Dass es wegen des offenen Charakters vieler Normen zu einer „Ausdünnung des erkenntnisleitenden dogmatischen Geflechts" kommt, obwohl die Menge der Regelungen gleichzeitig wächst[11], mag in gewissem Sinne paradox erscheinen, ist aber nicht widersprüchlich. Es gilt heute schon beinahe als selbstverständliches Wissen und lässt sich daher, wiederum mit Bull/Mehde, bereits in beiläufiger, in einen Nebensatz eingekleideter Formulierung – die dennoch sicherlich nicht wenige Jurastudierende in ihrem Bedarf nach Subsumtionssi-

---

[9] *Bodansky*, Am. J. Int'l L. 93 (1999) 596 (602).

[10] *Kelly*, Mich. J. Int'l L. 29 (2007-2008) 605 (613).

[11] Vgl. *Voßkuhle* (o. Fußn. 1), S. 37 (44).

cherheit zumindest sachte erschüttert – sagen, dass die Vorgänge raumbedeutsamer Planung höchst komplex, fast immer kontrovers und „mit materiellen Maßstäben allein kaum gestaltbar" sind; die Funktion der Regelungen zum Planfeststellungsverfahren wird daraufhin so beschrieben, dass sie „versuchen", diese Vorgänge „jedenfalls verfahrensmäßig so zu strukturieren, dass ein hohes Maß an Sorgfalt gewährleistet ist."[12] Dieser Darstellung ist jedes Pathos fremd, und gerade der ernüchternde Realismus, von dem sie getragen ist, spricht für ihr auf den ersten Blick so bescheiden wirkendes Ergebnis, wonach es im Kern um ein „hohes Maß an Sorgfalt" geht. Das Recht ist für die Entscheidung des Einzelfalls äußerst ergänzungsbedürftig; dies ist der Auslöser eines Bedarfs danach, dass die Vertretbarkeit einer Entscheidung sich im konkreten Fall aus der Qualität des Verfahrens ergibt.

Dies spricht zum einen dafür, dass es geboten ist, die prozedurale Legitimität zu fördern und zugleich dennoch die Grenze zur Lähmung nicht zu erreichen, wenn sich Demokratie nicht entweder aus dem einen – mangelnde Einflusschancen – oder dem anderen – mangelnde gemeinsame Handlungsfähigkeit – selbst erledigen soll.

Daran sind rechtspolitische Überlegungen zu messen. Empfehlenswert ist eine Prioritätensetzung zugunsten der Gewährleistung einer wirksameren Mitsprache, ohne die Zugangsschwellen zu echten, nicht auf inhaltliche Legitimation abstellenden Vetopositionen zu senken. Das Veto bleibt vorrangig eine Frage des materiellen Rechts, der Grundrechte und des Minderheitenschutzes und seine abschließende Abgrenzung findet im gerichtlichen Rechtsschutz ihren zentralen Platz.

Als zweite Folgerung gilt es zu gewährleisten, dass sich der Wandel der Bedingungen, unter denen „praktische Konkordanz" der legitimitätsstiftenden Elemente zu erreichen ist, sachgerecht im Recht abbildet. Dies ist in der Vergangenheit teils nicht mit der angemessenen Deutlichkeit gesehen worden. In einem langjährigen gesetzgeberischen Mainstream ist aus ihr eher ein Abbau von Verfahrensrechten oder zumindest der rechtlichen Folgen von Verfahrensfehlern als Beschleunigungsidee abgeleitet worden. Eine generelle Entwertung des Verfahrensrechts erweist sich bei Beobachtung der Kommunikationsperspektive als eine nicht überzeugende Grobtendenz. Wenn Gerichte ihr unter Berufung auf das insbesondere vom Europarecht ausgehende Insistieren auf der mangelnden Ersetzbarkeit vieler Verfahrensfunktionen bei offenen Rechtsbegriffen und kaum gesetzlich vorgegebenen Entscheidungen etwas entgegenhalten konnten, überzeugte dies stärker. Ein weiterer Fall eines „trade-offs" von verfahrensbezogener und ergebnisbezogener Legitimität im Verwaltungsverfahren ist das Verhältnis von Mitsprache oder Beteiligung und Präklusion. In-

---

[12] *Bull/Mehde* (o. Fußn. 2), Rdnr. 659.

tensive vorherige Beteiligung und umfassende Interessenwürdigung vermögen eine umso frühere und höhere Stabilität oder Unangreifbarkeit von darauf basierenden staatlichen Entscheidungen zu rechtfertigen, jedoch setzt dies auch eine dafür geeignete Gestaltung der vorherigen Beteiligung voraus.

IV. Stuttgart 21 zwischen kommunikativer Auflösung und kommunikativer Förderung von Verbindlichkeit

Fälle wie Stuttgart 21 lassen Verwaltung und Gesetzgebung außerdem insbesondere spüren, dass und wie sich der Gedanke einer Steuerung durch gemeinsamen Beschluss und dessen anschließende imperative Durchsetzung heute faktisch in weiten Teilen festgefahren hat. Er bleibt offenbar in der gewachsenen Kraft des weichen, aber zähen Materials der Informations- und Kommunikationsgesellschaft stecken.

Es sollte eigentlich Überzeugungskraft sichern, das Vorgehen „klassisch" in eine übersichtliche zeitliche Abfolge zu fassen, die aus einer von der allgemeinen Norm zum konkreten Fall führenden Willensbildung, einer darauf aufbauenden Willensfestlegung durch einen Rechtsakt und aus dessen tatsächlicher Verwirklichung besteht, die ihre Rechtfertigung schon aus dem vorangegangenen Willensbildungsprozess bezieht. Diese Abfolge ist unter anderem darauf gerichtet, einen Zeitpunkt definieren zu können, ab dem die Entscheidung als abschließend legitim akzeptiert und im Gegenzug die Forderung nach Umkehr als in der Regel nicht mehr legitim ausgeschlossen wird.

Stattdessen ist am Beispiel von Stuttgart 21 zu beobachten, dass dieser rechtlich vorgesehene Umkehrpunkt offenbar auf dem regulären Weg rechtlich, aber nicht faktisch mit der vorgesehenen Wirkung erreicht wurde.[13] Dafür lassen sich vor allem drei Gründe identifizieren: Die Zeit schien über die erst in einem allzu langwierigem Verfahren gefundene Entscheidung hinweggegangen zu sein, die Verwaltungsöffentlichkeit hatte den Zeitpunkt der eigentlichen Entscheidung offenbar nicht erkennen können oder ihn bereits wieder aus dem kollektiven Gedächtnis verloren und die Einflussmöglichkeiten waren als unzureichend angesehen worden.

Wann genau während der langjährigen planerischen und politischen Befassung Stuttgart 21 die ausschlaggebende Verdichtung von der Vorüberlegung zur definitiven bindenden Entscheidung geschah, schien vielen verborgen geblieben zu sein und ließ sich womöglich auch erst retrospektiv bestimmen. Die

---

[13] Hierzu und zum Folgenden besonderes anschaulich und insoweit auch unter einander weitgehend übereinstimmend *Steinberg*, Frankfurter Allgemeine Zeitung Nr. 291 v. 14.12.2010, S. 8; *Birk*, in: Frankfurter Allgemeine Zeitung Nr. 22 v. 27.1. 2011, S. 6; *Posch*, Frankfurter Allgemeine Zeitung Nr. 44 v. 22.2.2011, S. 10.

Entscheidungsgrundlagen hatten sich nach dem Dafürhalten eines Großteils der *heutigen*, nicht unbedingt mit den damaligen identischen *stakeholder* mittlerweile verändert. Die derzeitige Form der Öffentlichkeitsbeteiligung im Planfeststellungsverfahren, so kritisierte es jüngst auch ein Praktiker wie der hessische Wirtschaftsminister, werfe die für die Akzeptanz entscheidenden Grundsatzfrage nach dem Verhältnis von Eingriff, Kosten und Nutzen kaum auf und diene stattdessen eher einer „bürokratisierten Problembewältigung", deren „vorrangiges Ziel" es sei, „Baurecht zu schaffen, also Eingriffe in vielfach betroffene Belange förmlich zu legalisieren".[14] Am Ende schien der wirkliche Baubeginn gerade teils *wegen* der langen Verfahrensdauer für manche überraschend.

Auf diese Weise gelingt es einem Verfahren nicht, die Entscheidung ab einem bestimmten Punkt grundsätzlich für eine die Umsetzungsphase umfassende Dauer außer Frage zu stellen. Die Kommunikation geht stattdessen weiter oder beginnt neu, ohne den bereits vergangenen Wendepunkt zu akzeptieren. Bei Stuttgart 21 hat erst die nachlaufende Schlichtung die „eigentlich" bereits längst getroffene Entscheidung befestigt und letztlich im Wesentlichen „gerettet".[15]

Die Relevanz des kommunikativen Vorfelds ist die nachhaltige der damit verbundenen Botschaften an das Planungsrecht. Die Schlichtung hat indirekt das Bewusstsein dafür gestärkt oder entstehen lassen, dass entsprechend geeignete Vorkehrungen vorher entweder gefehlt oder ihre Wirkung verfehlt haben müssen. Das Problem wurde keineswegs erst oder nur durch Stuttgart 21 offen gelegt, die Ereignisse rund um dieses Vorhaben sind aber geeignet gewesen, dies auch weiteren Kreisen mit einer Deutlichkeit aufzuzeigen, die diesmal auch bis zu Konsequenzen in Rechtspolitik und Rechtsfortbildung tragen könnte.

V. Informieren genügt nicht: Die legitimitätsstiftende Bedeutung des „Wie" und „Wann" der Kommunikation

„Informieren" genügt dafür gerade nicht. Es geht auch um etwas qualitativ anderes als um die bloße Gewährleistung eines verständnisvollen, nichtherablassenden Umgangs mit Bürgerinnen und Bürgern, wie sie als Forderung

---

[14] *Posch* (o. Fußn. 13).

[15] Spöttisch wurde bemerkt, das „tolle" Ergebnis der Schlichtung habe darin bestanden, dass der unterirdische Bahnhof gebaut werde, nur eben noch teurer; sie habe eine Demokratieillusion genährt, so *jsl*, Süddeutsche Zeitung Nr. 303 v. 31.12.2010, S. 15. Tatsächlich wird auch damit aber nicht bestritten, dass das Verfahren zu Verbesserungen am Projekt für den Fall geführt hat, dass es verwirklicht wird; dies kann auf allen Seiten als überwiegend anerkannt gelten.

schon an die klassische Ordnungs- und insbesondere Sozialleistungsverwaltung seit langer Zeit weitgehend unbestritten ist. Die Rechtsschutzsperspektive ist ebenfalls zu eng. Stattdessen geht es um eine die Mitsprache vielfach überhaupt erst ermöglichende und zugleich legitimitätsstiftende Organisation des angemessenen „Wie" und „Wann" der Staat-Bürger-Kommunikation.

Die Regeln über das Planfeststellungsverfahren leiden insoweit trotz ihrer grundsätzlichen Partizipationseignung darunter, dass sie im Gegensatz zur frühzeitigen ersten Bürgerbeteiligung bei der Bauleitplanung erst ansetzen, wenn der Träger des Vorhabens einen fertiggestellten Planentwurf vorgelegt hat. Dies beeinträchtigt die Effektivität der darauf folgenden Beteiligung erheblich, indem sich die Beteiligten einem bereits geschlossenen Konzept gegenübersehen[16] und es daher entsprechend schwieriger und auch subjektiv weniger aussichtsreich ist, Alternativen ins Spiel zu bringen. Zudem wird die Neigung des Planungsträgers, eine bereits weit vorangetriebene Planung auch zu verteidigen, nicht nur psychologisch, sondern vor allem schon durch wirtschaftliche Erwägungen stärker sein als wenn noch nicht so viel in die Planung investiert worden wäre.

Die für die bisherige Abfolge sprechende, ebenfalls vernünftige und genauso verfahrensökonomisch gedachte Erwägung, dass ein aufwendiges Beteiligungsverfahren sich erst lohnt, wenn ein hinreichend konkreter Plan vorliegt, müsste in der Abwägung damit geringer gewichtet werden als bisher. Das Wissen um die Pfadabhängigkeit von Entscheidungsverläufen und das Beharrungsvermögen nach innerlich schon getroffenen Weichenstellungen ist präsenter geworden. Ferner ist möglicherweise zu Zeiten der früheren Planungsgesetzgebung stärker damit gerechnet worden, dass eine Verarbeitung möglicher Konflikte ohnehin durch den Vorhabenträger selbst im Interesse aller antizipiert werde, zumal planfeststellungsbedürftige Vorhaben ohnedies gemeinwohldienlich sein müssen. Dies verschiebt sich unter anderem dadurch, dass mit der Verwirklichung der teilweisen oder vollständigen Privatisierung von infrastrukturell bedeutsamen Leistungsbereichen auch die Fälle zunehmen müssten, in denen auf der Seite der Projektträger anstelle eines zwar zur Sparsamkeit und Wirtschaftlichkeit, aber nicht zur Gewinnerzielung verpflichteten Trägers nunmehr Unternehmen stehen, die auch Gewinne im unternehmensbezogenen Sinne erzielen sollten. Vor allem aber führt eine, und sei es auch nur implizite, vorweggreifende Einordnung des Vorhabenträgers auf der Pro-Gemeinwohlseite zu einer Kommunikationssituation zwischen dem Vorhabenträger als „Gemeinwohlvertreter" und Einwendern als möglichen „Gemeinwohlgegnern",

---

[16] Das ist eine der Einschätzungen, die übrigens zumal an der Hamburger Heimatfakultät Hans Peter Bulls Allgemeingut zu sein scheinen: In diesem Sinne deutlich nämlich nicht nur *Bull/Mehde* (o. Fußn. 2), Rdnr. 660, sondern auch *Koch/Rubel/Heselhaus*, Allgemeines Verwaltungsrecht, 3. Aufl. 2003, Rdnr. 57.

die allenfalls dann angemessen wäre, wenn die Gemeinwohldefinition an diesem Punkt bereits als ausreichend gesichert betrachtet würde. Dies ist indes angesichts der Offenheit der Konstruktion einer Gemeinwohlvorstellung und deren Konkretisierung aber selten der Fall.

Letzteres wird dadurch verstärkt, dass ein langer und vielfach gestufter Weg zunehmender Verdichtung der Gemeinwohlverständigung auf dem Weg zur Entscheidung dazu führen kann, dass es den potentiell Betroffenen und der Verwaltungsöffentlichkeit schwer fällt zu sehen, wann genau ein Konkretisierungsgrad erreicht wird, ab dem es aus ihrer Sicht intensiv tätig zu werden gilt. Es mag zwar leicht als paternalistisch empfunden werden, wenn verlangt würde, dass die sprichwörtlich braven deutschen Bürgerinnen und Bürger noch von der Behörde „mit der Nase darauf gestoßen" werden sollen, wann gerade einmal die richtige Zeit für einen tüchtigen Protest wäre. Aber jenseits des Schmunzelns über diese Vorstellung ist es doch ein treffendes Ziel, eine Scheinkommunikation zu vermeiden und eine echte Kommunikation zu initiieren. So objektiv ungewiss wie für den Einzelnen schwer überschaubar die Verwirklichungsstadien von Infrastrukturprojekten sind, so wenig kann es dem Gesetz als der leitende Normalfall zu Grunde gelegt werden, dass sich jedermann praktisch „auf Vorrat" mit bloß denkbaren, aber in ihrer Verwirklichung kaum absehbaren Rechtsbeeinträchtigungen zu befassen habe.

Daher sollte eine frühzeitigere Beteiligung gesichert werden und das planerisch-ergebnisoffene Element durch den Verwaltungsstil stärker betont werden. Ferner kann die Wechselseitigkeit der Kommunikation bisher im Planfeststellungsverfahren durch die praktische Handhabung zu sehr erschwert sein. Dies gilt etwa, wenn die Themenabschichtung nicht gut durchdacht ist, Versammlungsleiter ungeschickt agieren oder ihre Rolle zu sehr im Sinne der Zeitersparnis interpretieren oder die Verständlichkeit und Verfügbarkeit von Unterlagen mit angemessenem Aufwand wesentlich erleichtert werden könnte. Dafür könnte mit Blick auf den ebenfalls erheblichen Zeitfaktor beispielsweise auf das Raumordnungsverfahren verzichtet werden.[17] Aus Erfahrung gespeiste, konkrete und ausgewogene Vorschläge, die einen deutlich mehr auf Offenheit und inhaltliche Auseinandersetzung abzielenden rechtlichen Rahmen bilden könnten, liegen vor.[18] Sie verdienen rechtspolitisch wirksame Beachtung. Ein Funktionswandel der Verwaltungsöffentlichkeit findet statt und dürfte dem Grunde nach unausweichlich sein; er bedeutet Chancen wie Risiken für die Gemeinwohlorientierung und Legitimität des Verwaltungshandelns und bedarf wegen

---

[17] *Posch* (o. Fußn. 13).

[18] In aller Kürze anschaulich und ausgewogen etwa *Birk* (o. Fußn. 13).

dieser Ambivalenz der Gestaltung.[19] Stuttgart 21 hat beides verdeutlicht, sowohl die Faktizität des Wandels als auch seine Gestaltungsbedürftigkeit.

VI. Die Vagheit des rechtlichen Schlichtungsraums als ein „Kniff" der verspäteten Stuttgarter Schlichtung

Die Schlichtung im Fall Stuttgart 21 konnte den so beschriebenen, eigentlichen Gestaltungsbedarf nicht decken. Sie bietet allerdings lehrreiches Anschauungsmaterial für Möglichkeiten geeigneter inhaltlicher Auseinandersetzungsformen. Unter anderem ihre zumindest sehr große Nähe zu einem nachträglichen faktischen Aufschnüren einer nach bisher geltenden Maßstäben bestandssicher getroffenen Entscheidung kann hingegen kein allgemeines Vorbild sein.

Zwar äußern sich Rechtswissenschaftlerinnen und Rechtswissenschaftler zumeist zum Einsatz von Konfliktmittlern bei Großvorhaben ohnehin eher in vorsichtig tastender Weise. Die Methode kann in besonders schwierigen Entscheidungsprozessen die beste sein, bedingt aber unter anderem das Risiko, dass Partikularinteressen untereinander unabhängig vom öffentlichen Interesse abgewogen werden.[20] Wegen der Chancen besteht gleichwohl kein Mangel an der Entwicklung von sachgerechten Katalogen über die Bedingungen, unter denen Mediation sinnvoll ist und die erfüllt werden müssen, damit Rechtsstaatlichkeit, Grundrechtsschutz und Fairness gewahrt oder verbessert, nicht aber geschmälert werden.

Diese verbreiteten Anstrengungen, diesem Verfahrenselement den rechtlichen und verantwortungsgerechten Boden zu bereiten, konzentrieren sich aber wie selbstverständlich auf das zeitliche Vorfeld von Entscheidungen. Dies hat die Akteure in Stuttgart im Ergebnis nicht davon abgehalten, in ein Verfahren einzutreten, bei dem das Infragestellen der gesamten bestehenden Rechtsgrundlage zu Beginn eine immerhin mögliche, faktisch nicht völlig auszuschließende Entwicklungsmöglichkeit war.

Die Schlichtung in Stuttgart gestaltete sich als eine Art diskursives Wiederaufnahmeverfahren mit einem zu Beginn bewusst noch teils im Ungefähren gelassenen Verhältnis zum verbindlich geregelten Verfahren und Verfahrensergebnis. Dies wurde auch durchaus beobachtet und dürfte zu manch messerscharfer Gratwanderung wie etwa zu der öffentlichen Formulierung beigetragen haben, dass es keinen „Baustopp", sondern nur eine „Bauunterbrechung" gebe.

---

[19] *Rossen-Stadtfeld*, Beteiligung, Partizipation und Öffentlichkeit, in: Hoffmann-Riem/Schmidt-Aßmann/Voßkuhle (Hrsg.), Grundlagen des Verwaltungsrechts Bd. II, 2008, § 29 Rdnr. 104 f.

[20] *Bull/Mehde* (o. Fußn. 2), Rdnr. 638.

Der rasche Einstieg ohne Vorwegnahme einer ganz exakten Definition des Verfahrensgegenstands ermöglichte erst seinen ersten zentralen Erfolg, nämlich eine gewisse Befriedung der äußeren Heftigkeit der Auseinandersetzung. Dafür wurde die Möglichkeit einer Delegitimierung der bereits vorliegenden rechtsverbindlichen Entscheidungen anfangs wohl faktisch in Kauf genommen. Dies kann nur in einer höchst konflikthaften Ausnahmesituation akzeptiert werden und musste sich zudem unter den Vorbehalt stellen, dass eine bereits erzielte rechtliche Verbindlichkeit jedenfalls nicht unmittelbar in Frage gestellt wird. Auch wenn die Rechtmäßigkeit der Beteiligung staatlicher Stellen an der Schlichtung wegen des Konflikts zur Bindungswirkung und den Verfahrensrechten der Planfeststellung in Frage gestellt wurde[21], war sie daraufhin letztlich noch zulässig.

Derselbe Vorbehalt zugunsten der rechtlichen Verbindlichkeit verweist allerdings, indem er den Spielraum von vornherein auf die Nutzung verbliebener „weicher" Überdenkensoptionen beschränkt, aus anderer Perspektive wieder zurück auf die Fragwürdigkeit des Unterfangens, da er eine ganze Reihe von Ergebnissen bei Licht besehen von vornherein ausgeschlossen hatte. Die Beteiligten haben sich also insoweit dazu bereit erklärt, sich bewusst ein klein wenig selbst über das noch Erreichbare zu belügen. Darin lag in dem besonderen Fall eine Basis des Fortschritts, denn sie sind gerade dadurch überhaupt wieder mit einander ins Gespräch gekommen. Das ist also ein echtes Kunststück und war in der gegebenen Situation sogar verdienstvoll. Die Folgerung besteht indes darin, Vorkehrungen gegen die Notwendigkeit einer Wiederholung dieses Kunststücks zu treffen.

VII. Fazit und Ausblick

In der aktuellen Plebiszitbewegung wie im Planungsverfahren Stuttgart 21 zeigt sich exemplarisch, dass und wie eine mehr oder weniger breite interessierte Öffentlichkeit oder Interessengruppe das politische Mandat zurückfordert, wenn sie mit dessen Ausübung nicht einverstanden ist. Eine Legitimation auf der Basis einer Delegation an Mandatsträger und Verwaltung wird tatsächlich als weitaus stärker vorläufig und bedingt betrachtet, als es einer insoweit stär-

---

[21] Für ihre Rechtswidrigkeit daher *Risse/Haller*, Frankfurter Allgemeine Zeitung Nr. 286 v. 8.12.2010, S. 21, denn durch die Schlichtung werde „im rechtsfreien Raum ein faktisch bindendes Ergebnis ermittelt."

ker linear orientierten Demokratievorstellung entspräche. Die Gleichzeitigkeit der Forderung nach einer ausgebauten Verankerung von plebiszitären Elementen und danach, dass auch rechtlich bereits als „abgeschlossen" betrachtete Entscheidungsgrundlagen für Infrastrukturprojekte nicht zum „Schluss der Diskussion" führen sollen, erscheint nicht als Zufall, sondern als Ausdruck veränderter Ansprüche an die Erzielung von Legitimität, die mit dem Wandel der repräsentativen Demokratie, der Rolle politischer Parteien, der Bedeutung und Verwendungsweise von Medien und öffentlicher Kommunikation und mit veränderten gesellschaftlichen Interessenstrukturen einhergehen.

Es sprechen überwiegende Gründe dafür, den rechtspolitischen Schwung der aktuellen Erfahrungen zur Verwirklichung von Änderungen zu nutzen. Das Oberthema dieser Reformen ist als Modifikation dessen zu beschreiben, was als ein Zustand „praktischer Konkordanz" zwischen den unterschiedlichen, insbesondere verfahrens- und ergebnisbezogenen Wegen verstanden wird, auf denen staatliche Entscheidungen und die Konstruktion der ihnen zu Grunde zu legenden Gemeinwohlvorstellung legitimiert werden. Darin liegt eine weitere Gemeinsamkeit der zuletzt in Bezug auf Plebiszite und in Bezug auf die Planung von Infrastrukturvorhaben geführten Diskussionen.

In beiden Bereichen sollte sich die Suche nach Lösungen daher zunehmend auf den Wandel der geeigneten Verzahnung mehrerer Legitimationsquellen und -wege richten. Der Versuch, die Fragen einer Prävalenz von verfahrensbezogener oder ergebnisbezogener Legitimation oder auch von repräsentativer oder direkter Demokratie auszudiskutieren, wird gewiss weiterhin – wie gerade die insoweit extrem unterschiedlichen Bewertungen des Schlichtungsverfahrens zu Stuttgart 21 sowie der verschiedenen jüngsten Volksentscheide zeigen – von Belang sein, erweist sich aber für die Erzielung praktischer Fortschritte in der sich stellenden Legitimationsfrage nicht immer als fruchtbar und sollte daher nicht alle Energie an sich ziehen.

Geht es somit um Verfahrensweisen für eine auf mehrere Zugänge gestützte und diese wechselseitig abstimmende öffentliche Willensbildung, so bedingt dies auch juristisch, die Rechtsaktsperspektive zunehmend um die Kommunikationsperspektive zu erweitern. Beispielsweise für den durch Stuttgart 21 ins Blickfeld gekommenen Entscheidungsprozess bei großen Infrastrukturvorhaben sind die darauf abstellenden Reformüberlegungen oben genannt worden, insbesondere was die zeitliche Gestaltung, Transparenz und Beteiligungsoffenheit der Schritte zur Entscheidung angeht. Zwar lässt sich nicht alles, was zum funktionsgerechten Gelingen einer „Mitsprache 21" notwendig ist, rechtlich unmittelbar regeln. Doch werden auch die an den Übergängen zu den nicht sinnvollerweise zu normierenden Fragen liegenden Aspekte durch den rechtlichen Rahmen mitgeprägt. Die Erfahrung und das Vertrautsein mit dem Funktionieren von Regelungen sind ausschlaggebend dafür, dass Juristinnen

und Juristen dabei eine nicht ersetzbare „Ingenieurfunktion" einnehmen können.[22] Diese Funktion spricht im Übrigen dafür, in der Juristenausbildung,
gleichermaßen in Studium und Vorbereitungsdienst, die Grundlagen für die
entsprechenden Kenntnisse und Fertigkeiten zu legen.

Dass die Besonderheit auch der rechtspolitischen Fähigkeiten der Rechtswissenschaft gleichzeitig davon geprägt ist, von der Wirklichkeit aus in geeigneter
Weise zu abstrahieren und dadurch ein gewisses Maß an Geschlossenheit herzustellen[23], bildet dazu keinen Gegensatz, sondern steht im Einklang mit dem
Anliegen, sich mit dieser Wirklichkeit systematisch zu befassen. Die
essentiellen „Bauformen der verwaltungsrechtlichen Verfahrensrechtslehre"[24],
zu denen dies rechtspolitisch fruchtbar in Beziehung zu setzen ist, liegen
überdies gerade nicht auf derselben Ebene wie das jeweils bisher vorzufindende
Gesetzesrecht.

Als wichtiger rechtspolitischer Übereilungsschutz dient schließlich ein
Selbstkontrolltest, den Regelungen über allgemeine Grundlagen staatlicher Entscheidungsfindung zu bestehen haben: Die rechts- und verfassungspolitische
Positionierung in Fragen der Gestaltung von Demokratie und Partizipation
muss unabhängig davon überzeugend sein, auf welcher Seite man gerade zufällig im konkreten Fall stand – seien es sechsjährige Primarschulen in Hamburg,
das Bahnprojekt in Stuttgart oder einer der vielen anderen Anlassfälle der jüngeren Zeit.

---

[22] *Oebbecke*, Verwaltungsrechtswissenschaft und Verwaltungswissenschaft, in:
Schulze-Fielitz (Hrsg.), Staatsrechtslehre als Wissenschaft, 2007, S. 209 (219 f.).

[23] Vgl. *Oebbecke* (o. Fußn. 22), S. 209 (220).

[24] Wie sie *Schmidt-Aßmann*, Der Verfahrensgedanke im deutschen und europäischen
Verwaltungsrecht, in: Hoffmann-Riem/Schmidt-Aßmann/Voßkuhle (Hrsg.), Grundlagen
des Verwaltungsrechts Bd. II, 2008, § 27 Rdnr. 88 ff., entfaltet.

Institutionalisierung der Politikberatung am Beispiel des Deutschen Ethikrats

Edzard Schmidt-Jortzig

Hans Peter Bull hat in seinem Arbeitsleben beständig den Grenzbereich zwischen Recht und Politik, zwischen Rechtswissenschaft und Rechtsgestaltung, zwischen theoretischer Rechtsaussage und praktischer Rechtsanwendung ausgemessen. Das liegt bei einem Öffentlichrechtler ohnehin schon nahe, denn sein Metier ist die normative Gesamtordnung des verfassten Gemeinwesens, und deren Einzelregeln sind nun einmal im Grundsätzlichen wie im Detail die geronnenen Ergebnisse der Politik. Hans Peter Bull hat aber immer wieder auch bewusst den beruflichen Graben zwischen den beiden Bereichen übersprungen, weil ihn eben die andere, die praktische Seite noch spezieller interessierte und ihn die dortigen Herausforderungen reizten. Wie wenige Rechtswissenschaftler sonst hat er damit das Feld der praktischen Politik nicht nur ausgiebig kennengelernt, sondern namentlich auch Erfahrung mit den gegenseitigen Spannungen und Problemen gesammelt.

Eines dieser Gravamina ist die Politikberatung, und das veranlasst vor allem die Politikwissenschaft immer wieder zu ausführlichen Erhebungen, Untersuchungen und Kurierungsvorschlägen. Man beklagt, dass „die" Politik die zur Regelung anstehenden Probleme oft kaum oder nicht genau genug durchdringe, sich in dieser Situation zu wenig externen Sachverstand zunutze mache und, wenn man sich schon beraten lässt, die Erträge nicht angemessen in die eigenen Entscheidungen aufnähme.

Manches von der Kritik scheint freilich zu sehr von der Außenperspektive bestimmt zu sein. Wer will schon von dritter Seite objektiv beurteilen können, über wie viel und wie profunde Kenntnisse die Parlamentsabgeordneten oder Ministerialbeamten jeweils verfügen? Hier wird vom Publikum ohnehin manches unterschätzt. Wer will auch dafür einstehen, ob die extern mannigfach angetragene Expertise immer uneigennützig und solide zustande kam, wirklich stichhaltig ist und/oder nicht anderen Fachmeinungen widerspricht? Und wer könnte wirklich identifizieren, was von den diskursiven Anregungen in die politischen Entscheidungen tatsächlich eingeht bzw. darin konstruktiv verarbeitet wurde?

Aber dass in der wichtigen Politikberatung das Optimum erreicht sei, lässt sich gewiss auch nicht behaupten. Oft fehlt im politischen Entscheidungsprozess ja schon die Zeit (oder wird jedenfalls von den Protagonisten für fehlend gehalten), um noch mit Dritten eine ausführliche Abklärung der Probleme vornehmen zu können. Oft sind auch die sich anbietenden Experten eher die einfach präsentesten und medienwirksamsten und nicht wirklich die ergiebigsten. Und wenn sich in Frage kommende Sachverständige bereits wissenschaftlich zu Wort gemeldet haben (was ja für ihre Eignung sicher nicht unerwünscht sein kann), kennt man als Beratungsempfänger ja ihre (voraussichtlichen) Ergebnisse und entwickelt also im Vorurteil automatisch seine Sympathien oder Ablehnung. Ohnehin zeigt sich generell, dass das Feld der Bereitschaft zum Beratenwerden ebenso wie das der Beratung selber mit vielen psychologischen Unwägbarkeiten besetzt ist, und das erschwert die Aufstellung eines Musterszenarios für substantielle, wirksame Beratung zusätzlich.

Seit drei Jahren aber existiert nun ein neues Anschauungsbeispiel für institutionalisierte Politikberatung, das vielleicht innovative Erkenntnisse zu passenden Beratungsverfahren zulässt und eben auch erste reale Messbarkeiten liefern kann. Es geht um den *„Deutschen Ethikrat"*, der im Sommer 2007 eingesetzt wurde und im darauf folgenden Frühjahr seine Arbeit aufnahm. Er bietet sich als Referenzobjekt aus unterschiedlichen Gründen an. Zum einen gab es bei seinem normativen Inswerksetzen mit dem „Nationalen Ethikrat" eine Vorläufereinrichtung, deren Wirken über sechs Jahre beobachtet werden konnte und für die anschließende Diskussion um Bewährung oder Verbesserungsnotwendigkeit reichlich Anschauungsmaterial bot. Zum anderen war (und das hing sicherlich auch mit dem vorgenannten Grund zusammen) das parlamentarische, parteipolitische, publizistische wie öffentliche Ringen um die genaue Zumessung von Status, Auftrag und Arbeitsbedingungen des Gremiums an Ausführlichkeit kaum zu überbieten; es lief fast zwei Jahre. Und schließlich hat seine personelle Besetzung im Bemühen um fachliche Substanz wie allgemeine Repräsentativität dann noch einmal alle Sorgfalt mobilisiert (man brauchte dafür ein weiteres Dreivierteljahr).

Für dieses Gremium läuft nun seine primäre Berufungsperiode langsam ab, so dass es also Sinn macht, sein Wirken einer ersten Bewertung zu unterziehen. Außerdem ergeben sich daraus vielleicht Faktoren für eine wirksame Politikberatung

I. Bedingung: Beratungsbedarf

Wenn Politikberatung gelingen soll, muss offenkundig die politisch zu beratende Seite selber der Auffassung sein, Beratung nötig zu haben. D. h. sie muss die externe Kompetenzzufuhr wirklich wollen. Dabei kommt es aber wohl weniger darauf an, ob eine solche Beratung idealiter, d. h. objektiv nötig wäre. Wichtig ist vielmehr die subjektive Vorstellung des Beratungsempfängers. Denn aufgezwungene Beratung wird er immer intuitiv abblocken und nie wirklich in sich eindringen lassen, sie müsste also verpuffen. Ohnehin wird objektiver Beratungsbedarf ja stets durch die Medien hinreichend transportiert, so dass er auch vom Beratungsbedürftigen aufgenommen, verinnerlicht und zu subjektiver Überzeugung verarbeitet werden kann, sei es aufgrund tatsächlicher Einsicht, sei es eher aus Vernunftgründen.

Dass die Politik in ethischen Dingen Beratung braucht, war vor gut zehn Jahren zur allgemeinen Überzeugung geworden. Zu unübersehbar hatten sich Zweifel breit gemacht, ob bei den anstehenden Entscheidungen auch die moralischen, die über den Einzelfall hinausweisenden Fragen immer hinreichend berücksichtigt würden. Die Entwicklung dieser Einsicht im Einzelnen nachzuzeichnen, ist hier nicht der Platz. Sie ging jedenfalls wohl von den Lebenswissenschaften, u. zw. konkret der Medizin, aus, hat sich heute in der vielfältigen gesetzlichen Verankerung von Konsultations- und Mitentscheidungserfordernissen ethischer Gremien niedergeschlagen und erfasst eben längst auch Gesellschaft und Wirtschaft, wie man unschwer an der allfälligen Installierung von Ethikbeiräten, Ethikbeauftragten oder irgendwie sonst gearteten ethischen Monitoring erkennen kann. Augenscheinlich bündelt sich in dem Einfordern von (zusätzlicher) ethischer Reflexion das Verlangen nach wieder stärkerer Berücksichtigung von meta-expertisierten, einfach über den Tellerrand hinausreichenden Aspekten, also nach mehr Gemeinverträglichkeits- und Gerechtigkeitsausrichtung.

Für den Wunsch nach intensiverer ethischer Erörterung seiner Entscheidungsaufgaben und Lösungsansätze hatte – auf Bundesebene – der Deutsche Bundestag zunächst 2000–2002 eine Enquetekommission „Recht und Ethik der modernen Medizin" und 2002–2005 eine solche „Ethik und Recht der modernen Medizin" eingerichtet. Durch Kabinettsbeschluss vom 2. Mai 2001 zog die Bundesregierung mit der Einsetzung des „Nationalen Ethikrates" nach. Und ihm folgte dann 2007 – jetzt gemeinsam von Bundestag und Bundesregierung getragen – der „Deutsche Ethikrat". Das eigene Wollen einer Beratung in ethischen Belangen seitens der Politik ist damit nicht nur nachdrücklich zum Ausdruck gekommen, sondern wurde ja auch entsprechend manifestiert.

II. Bedingung: Eigene Beraterauswahl durch die Politik

Für die Politikberatung hilft es ebenso wohl auch wenig, sich als Auskunftsperson oder Auskunftseinrichtung von außen, d. h. in Eigeninitiative anzudienen. Selbst noch so einnehmende Selbstdarstellung des Anbieters führt nur ans Ziel, wenn der umworbene Beratungsnehmer selbst von der Nützlichkeit überzeugt werden kann; man kennt das ja aus der allgemeinen Werbung. Deshalb mag ein kleiner Teil der Kritik realer Politikberatung aus der Wissenschaft womöglich auch mit der Enttäuschung zusammenhängen, die aufkommt, wenn Hilfeanbieter nicht das erhoffte Echo finden.

Beim Deutschen Ethikrat wurde das gezielte Gewolltsein als Berater unübersehbar schon dadurch dokumentiert, dass er nur zu diesem Zwecke ja überhaupt gebildet wurde. Der Einsetzungsakt, das „Gesetz zur Einrichtung des Deutschen Ethikrates (Ethikratgesetz – EthRG)" vom 16. Juli 2007 (BGBl. I S. 1385) vermeidet zwar, diesen Widmungszweck expressis verbis festzuschreiben, neben anderen Aufgaben nämlich vorrangig als Beratungsgremium für Bundestag und Bundesregierung zur Verfügung zu stehen. Aber bereits der vom Einsetzer selbst gewählte Namensbestandteil „Rat" weist unübersehbar in diese Richtung, und außerdem sind – wie es im Gesetz heißt – alle auch noch so selbstinitiativ gefertigten „Stellungnahmen (des Deutschen Ethikrats gezielt) dem Deutschen Bundestag und der Bundesregierung vor der Veröffentlichung zur Kenntnis" zuzuleiten, ganz abgesehen davon, dass der Ethikrat im Übrigen auch „im Auftrag des Deutschen Bundestages oder im Auftrag der Bundesregierung" tätig zu werden hat (§ 2 Abs. 3 EthRG).

Die freie Entscheidungsmöglichkeit über eine Inanspruchnahme des vorhandenen Rates hat dann auch ihren Ertrag. Zwar lässt sich der Effekt von Beratung immer nur sehr bedingt messen, weil beim Beratenen die Prozesse der Informationsverarbeitung eben intern ablaufen und ohnehin unwägbar sind. Aber die eingeführte ethische Beratung der Bundespolitik lässt doch schon gewisse Wirkungen erkennen. Bis Ende 2010 hat der Deutsche Ethikrat zwei Stellungnahmen abgegeben, zunächst eine über „Das Problem der anonymen Kindesabgabe" und sodann eine über „Humanbiobanken für die Forschung". Beide Male führte die Zurkenntnisgabe – abgesehen vom öffentlichen Echo – zu intensiven Diskussionen innerhalb des Deutschen Bundestages sowie im federführenden Ministerium, in beiden Fällen haben daraufhin Fraktionen die Arbeit an entsprechenden Gesetzentwürfen aufgenommen. Bei der zuletzt gelaufenen intensiven Arbeit des Ethikrats an einer Stellungnahme zum Thema „Präimplantationsdiagnostik" nahm der Deutsche Bundestag mit seinem eigenen Zeitplan für eine Entscheidung sogar extra Rücksicht auf jenes Verfahren, damit er die Empfehlungen und Argumentationen des Deutschen Ethikrates noch mit in seine Überlegungen aufnehmen konnte. Von der vielfältig erbetenen Beratungsleistung einzelner Ethikratsmitglieder in Parteipräsidien, Fraktionszirkeln und ministeriellen Referentenrunden gerade bei dem bezeichneten Regelungsprojekt sei noch gar nicht gesprochen.

Im Übrigen berichtet „der Deutsche Ethikrat... dem Deutschen Bundestag und der Bundesregierung (nicht nur) zum Ablauf jedes Kalenderjahres schriftlich über seine Aktivitäten und den Stand der gesellschaftlichen Debatte" (§ 2

Abs. 4 EthRG), sondern lässt die Politik auch durch Einladung zu allen öffentlichen Sitzungen und Veranstaltungen immer von seiner Arbeit wissen. Und die dort vorgetragenen Überlegungen führen dann auch bei der Bundesregierung zu Folgerungen. Nach einem Referate- und Diskussionsabend des Ethikrats zur „Intersexualität" und anschließenden Ministeriumsgesprächen beauftragte deshalb beispielsweise die Bundesregierung den Rat, mit den Betroffenen einen Diskurs zu diesem Thema zu organisieren und darüber einen Berichtsentwurf für die UNESCO zu fertigen.

III. Bedingung: Glaubwürdigkeit des Beraters (bei Beratungseinrichtungen ihr Status)

Der Deutsche Ethikrat wurde bekanntlich durch Gesetz errichtet. Dieser gesetzgeberische Schritt war eine Reaktion auf die Einsetzungsform des Nationalen Ethikrats 2001 und die daraus resultierenden Belastungen seiner Wirksamkeit. Er nämlich war seinerzeit (allein) auf Initiative des Bundeskanzlers eingesetzt worden und hatte deshalb immer unter dem Makel zu leiden, eine interessengerichtete Unterstützungseinrichtung der Regierung zu sein. Diese Einordnung war zwar nach der sehr profunden Arbeit und den durchaus oft regierungskritischen Stellungnahmen des Rates überhaupt nicht gerechtfertigt, nagte aber latent an seiner Perzeption und seinem Selbstverständnis.

Für die Errichtung des Nachfolgegremiums wurde daraus nun die Konsequenz gezogen und die Gesetzesform gewählt, eine Konditionenänderung oder Aufhebung des Ethikrats durch Ad-hoc-Entscheidungen damit ausgeschlossen. Für die Berufung der Mitglieder ist zudem zwischen Bundestag und Bundesregierung Parität im Vorschlagsrecht festgelegt, „je zur Hälfte" (§ 5 Abs. 1 EthRG) besetzen sie den Ethikrat. Die laut Gesetz 26 Mitglieder sollen zudem möglichst repräsentativ sein, d.h. „unterschiedliche ethische Ansätze und ein plurales Meinungsspektrum vertreten" (§ 4 Abs. 2 EthRG). Und der gesetzliche Initialakt tut bezüglich Unangefochtenheit und Glaubwürdigkeit des Gremiums schließlich noch ein Übriges und bescheinigt in § 3 EthRG ausdrücklich: „Der Deutsche Ethikrat ist in seiner Tätigkeit unabhängig und nur an den durch dieses Gesetz begründeten Auftrag gebunden. Die Mitglieder des Deutschen Ethikrats üben ihr Amt persönlich und unabhängig aus". Selbst die Themenauswahl für die Gremienäußerung ist (neben der Möglichkeit einer Auftragserteilung durch Bundestag oder Bundesregierung) grundsätzlich freigestellt: „Der Deutsche Ethikrat erarbeitet seine Stellungnahmen auf Grund eigenen Entschlusses" (§ 2 Abs. 3 EthRG).

Wie es scheint, ist damit eine Hauptbedingung für die Wirksamkeit politischer Beratung erfüllt, nämlich die Gewähr tatsächlicher Unabhängigkeit und Neutralität des jeweiligen Beraters. Das mag für die laufende politische Arbeit zwar nicht immer in der Form abgesichert werden können wie im Ethikratsgesetz, und auch ist kaum allenthalben Repräsentativität bzw. Pluralität so wie beim Deutschen Ethikrat vorzugeben, denn die Verfahrensschwerfälligkeit eines Kollegialorgans wird die Beratungsabläufe doch oft zu sehr verlangsamen und verteuern müssen. Ein einzelner Berater kann demgegenüber nur (muss dies dann aber auch) mit seiner eigenen Person, seiner fachlichen Reputation also und dem gesellschaftlichen Ansehen, das er genießt, für seine Vertrauenswürdigkeit einstehen. Ein besonderes Augenmerk jedenfalls muss immer auf die überpartikuläre Vertrauens- und Glaubwürdigkeit des Beraters gelegt werden, und diese muss wohl auch jeweils für die Öffentlichkeit überzeugend klar liegen. In der alten, bis 2000 geltenden ‚Gemeinsamen Geschäftsordnung der Bundesministerien' (Sektion I: Allgemeiner Teil – GGO I) hieß es für die Sachverständigenauswahl demgemäß noch ausdrücklich (§ 61 Abs. 2 Satz 2): „Entscheidend sind hervorragende und anerkannte Sachkunde und völlige Unabhängigkeit gegenüber den von der Entscheidung berührten Kreisen".

Alternative wäre wohl nur eine – gleichfalls ganz offenzulegende – apriorische Mehrstimmigkeit der Beratung, für welche die verschiedenen Berater dann aber auch ihre Benennungsprovenienz bzw. ihre eigenen, subjektiven Bewertungs- und eventuell Interessenhintergründe darzutun hätten. Allerdings: Eine solche Pluritonalität würde zwar die Strittigkeit der einschlägigen Fragen anschaulich deutlich machen können und der argumentativen Munitionierung jeder Meinungsgruppe dienen, aber für eine wirklich Raterteilung wenig erbringen, denn der Beratene wäre danach zwischen den vorhandenen Alternativen genauso hin und her gerissen wie zuvor, nur kann er seine Verunsicherung jetzt noch besser begründen. – Gänzlich inakzeptabel wäre jedenfalls ein Verfahren zur Beraterauswahl, das mitunter auch im Bundestag bzw. seinen Untergruppen praktiziert wurde. Danach benennen die Fraktionen bzw. deren Vertreter im betreffenden Gremium für das einzuholende Gutachten jeweils Kandidaten, die dann um eine Skizze ihrer geplanten Überlegungen sowie möglichen Ergebnisse gebeten werden, und anhand dieser Exposees wird dann per Mehrheitsentscheid der Gutachter ausgewählt. Alibihafter, oder besser: voreingenommener, kann man Beratung kaum veranstalten.

IV. Bedingung: Beratungsform

Wie man die Raterteilung organisiert, ist grundsätzlich offen. In der Geschäftsordnung des Deutschen Bundestages ist für einen Ausschuss „zur Information über einen Gegenstand seiner Beratung (von einer) öffentliche(n) Anhörung von Sachverständigen, Interessenvertretern und anderen Auskunftspersonen" die Rede (§ 70 Abs. 1), und für die wird in der Regel auch ein schriftliches Votum gefordert. Regierungsmitglieder können einer „Befragung" unterzogen werden (§ 106 Abs. 2 GeschOBT). Und in ungeschriebener Befugnis ist für Ausschüsse ohnehin stets auch die Einholung von Gutachten möglich (nur deren Finanzierbarkeit unterliegt bestimmten Grenzen). Auf Regierungsseiten ist seit der Neufassung der ‚Gemeinsamen Geschäftsordnung der Bundesministerien' (2000) die externe Rateinholung nicht mehr allgemein geregelt. Die bis dato geltende alte GGO (Teil I – Allgemeiner Teil) thematisierte zwar „die Betrauung von Sachverständigen, Gutachtern, Prüfern usw." (§ 61) ausdrücklich, legte aber nur die Bedingungen der Heranziehung fest (s. o.), sagte aber nichts über die Form der erbetenen Raterteilung.

Schriftliche Stellungnahmen haben allemal den Vorteil, dass man die Gedankengänge, Begrifflichkeiten und Formulierungen noch einmal nachvollziehen kann. Und wenn ein Nachweisapparat beigefügt wird, ist immer auch ein umfänglicheres Eindringen möglich. Aber die Rezeption von Schriftlichem fällt Vielen eben doch schwerer als ein aufmerksames Zuhören. Eine bloß papierne Raterteilung kann man auch leicht ‚ablegen', und sie verfällt dann womöglich dem büroüblichen Schubladenschicksal. Ein mündlicher Vortrag dagegen hinterlässt doch nachhaltigeren Eindruck, mindestens dann, wenn er von Visuellem, Lesbarem begleitet wird. Auch ist das Nachhaken-Können mit Verständnisfragen unersetzlich. Und erst die Möglichkeit, mit dem Ratgeber auch Gegenargumente, Kritik und Alternativerwägungen auszutauschen, rundet das Spektrum erfolgreicher Beratung wirklich ab. Optimum effektiver Politikberatung ist daher allemal eine Kombination von schriftlichem Vorab-Votum und dann mündlicher Disputation. Die alleinige Ablieferung eines Skripts jedenfalls bleibt ebenso unbefriedigend wie das bloß kurzzeitige Einfliegen zu einem Vortrag. Eine medial und zeitlich irgendwie intensivere Form des Sich-Einlassen-Könnens auf den Ratgeber müsste schon gegeben sein, am besten in einem schriftlich vorbereiteten Dialog.

Für den Deutschen Ethikrat ist die Form seiner Bekundungen nicht limitiert. Das EthRG erwähnt nur als offizielle Äußerungsart die „Stellungnahme" (§§ 2 Abs. 3, 7 Abs. 2), nennt daneben noch „Empfehlungen und Berichte" (§ 7 Abs. 2) und spricht im Übrigen – neben „Anhörungen und öffentlichen Sitzungen" – allgemein von „öffentlichen Veranstaltungen" (§ 2 Abs. 2). Grundsätzlich ist er ja auch „in seiner Tätigkeit unabhängig" (§ 3 Satz 1) und kann sein Prozedere geschäftsordnungsmäßig selber regeln (§ 6 Abs. 2). Unter der großen Rubrik der „öffentlichen Veranstaltungen" hat sich demgemäß beim Deutschen Ethikrat etwa die alle zwei Monate stattfindende Reihe „Forum Bioethik" eingespielt, und zusätzlich gibt es im Jahr eine große Standardtagung sowie eine weitere ganztägige Konferenz außerhalb Berlins. Zu all diesen Veranstaltungen werden im Übrigen sämtliche Bundestagsabgeordnete und alle Ministerien noch gesondert eingeladen. Daneben finden speziell Richtung Politik ein Parlamentarischer Abend, verschiedene Berichtsrunden in den Fachausschüssen des Deutschen Bundestages und Einzelgespräche in den Ministerien und Fraktionen statt. Zudem hat der Deutsche Ethikrat extra eine Referentin für Öffentlichkeitsarbeit bestellt, so dass nach jeder Veranstaltung eine ausführliche Presseerklärung herausgeht. Schließlich sind alle dort geleisteten Beiträge ohnehin über die Homepage des Rates im Internet einzusehen, und es werden zusätzlich zum umfangreichen Versand per Post überhaupt sämtliche Informationen und Einladungen noch einmal ins Netz gestellt. Deshalb ist das Hingelangen aller Stellungnahmen, Anregungen und Vorhaben an ihren Adressaten, die Politik, umfassend sichergestellt. Und wo dann von dort Nachfragebedarf besteht, wird der auch ohne weiteres angemeldet. Diese Kommunikation hat sich bisher nicht nur gut eingespielt, sondern augenscheinlich auch bewährt.

V. Bedingung: Absolute Offenheit des Ablaufs

Die letzte hier aufzuführende Voraussetzung für gelingende Politikberatung dürfte zugleich die umstrittenste sein. Es ist dies die Forderung nach umfassender Publizität aller Anlässe und Vorgänge bei der jeweiligen Beratung.

Was den Deutschen Ethikrat anbetrifft, so ist dazu sein Erfahrungs- und Anregungsbeitrag sicher gering. Denn bei ihm ist die empfohlene Transparenz schon gesetzlich vorgegeben. § 7 EthRG bestimmt ja grundsätzlich: „Die Beratungen des Deutschen Ethikrats sind öffentlich" (bei zulässigerweise doch beschlossener Nichtöffentlichkeit können jedenfalls – und sollten – die Ergebnisse publik gemacht werden). Im Übrigen „veröffentlicht (der Deutsche Ethikrat alle) seine Stellungnahmen, Empfehlungen und Berichte". Vergleiche mit nichtöffentlich herbeigeführten Wirkungen fehlen also beim Deutschen Ethikrat, und indirekt erreichte Effekte entziehen sich ohnehin jeder objektiven Erfassung.

Gleichwohl scheint die Forderung nach absoluter Offenheit der Beratungsabläufe verallgemeinerungsfähig. Dies noch gar nicht mal so sehr aus dem Grundansatz der Demokratie heraus, dass alle bewertungsrelevanten politischen Faktoren für das Volk öffentlich zu sein hätten. Vielmehr sind rein beratungsspezifische, facheigene Gründe maßgeblich. Zwar mag mitunter Vertraulichkeit die Rezeptionsbereitschaft beim Beratenen fördern, weil sein kompetenzielles Aufhilfebedürfnis nicht gleich so unverhüllt zu Tage treten muss, er deshalb leichter überhaupt um Beratung ersucht und unbefangener nachfragen wird, oder vielleicht auch umstrittene, weil schonungsloser argumentierende Berater sich hinzuzuziehen traut.

Aber politische Beratung ist eben etwas prinzipiell anderes als Beratung generell. Und dies gilt speziell in einem System mit latentem Obrigkeitsmisstrauen, großer Parteienkonkurrenz und intensiver Pressebegleitung wie in Deutschland. Die zuletzt gewonnenen Erfahrungen mit ‚Stuttgart 21' einerseits und dem Üblichwerden diverser ‚Leaks' andererseits belegen das zusätzlich. Wenn nämlich erst im Nachhinein Beratungen ruchbar werden, von denen das Publikum nichts gewusst hat (und definitiv geheim bleibt eben in der modernen Mediendemokratie kaum etwas), wird über die tätig gewesenen Berater spekuliert, ihre Interessenbestimmtheit vermutet und bezüglich der Entscheider womöglich ihre „Einflüsterungsempfänglichkeit" oder „Lobbyabhängigkeit" angeprangert. Die Glaubwürdigkeit der zuständigen Stellen ist dann jedenfalls erschüttert, Überzeugungskraft und Befriedungswirkung der Entscheidungen verflogen. Erfolg bei der politischen Beratung definiert sich eben auch aus der Nachhaltigkeit ihrer Ergebnisse, und fachlich noch so fundierte, weil beratungsgeförderte Entscheidungen, deren Zustandekommen anschließend in die Kritik geraten, finden einfach nicht die notwendige (und erhoffte) demokratische Anerkennung. Außerdem signalisiert die in Ministerien offenbar immer noch verbreitete Grundannahme, für die Politik und ihren Apparat sei Beratungsbedürftigkeit etwas eigentlich Bedenkliches und also tunlichst geheim zu haltendes, einfach ein falsches, jedenfalls überholtes Politikverständnis.

Als Fazit bleibt nach alledem: Politikberatung ist – wenn man ihre besonderen Gelingensvoraussetzungen beachtet – offenbar doch nicht ganz so mühsam, erfolgsarm oder gar aussichtslos, wie von manchen behauptet wird. Zumindest muss sie es nicht sein.

Der Markt für Credit Default Swaps: Chancen, Risiken, Regelungsbedarfe

Margrit Seckelmann / Sikandar Siddiqui

I. Einleitung

Kein Gespenst, sondern ein ganz real existierendes Ungeheuer geht Presseberichten zufolge seit einiger Zeit auf den Weltfinanzmärkten um. Dem Vernehmen nach soll es eine Reihe ebenso profitgieriger wie risikobereiter Akteure in die Lage versetzen, Wetten auf die Insolvenz von Finanzinstituten, Industrieunternehmen oder gar ganzen Staaten abzuschließen. Damit sollen diese Akteure nicht nur von dem (möglichen) wirtschaftlichen Ruin dieser Schuldner zu profitieren, sondern diesen sogar mit herbeiführen können[1]. Durchaus folgerichtig haben einschlägig versierte Autoren bei der Benennung der betreffenden Finanzinstrumente und ihrer Nutzer an drastischen Formulierungen nicht gespart: Von „Brandzündern" und „finanziellen Massenvernichtungswaffen"[2] wird dort geschrieben; ihre Anwender werden bisweilen als „Zocker" und zynische „Finanzhasardeure"[3] porträtiert.

Die Rede ist dabei von so genannten Credit Default Swaps - versicherungsähnlichen Kontrakten, mit denen sich die Marktteilnehmer gegen Verluste absichern können, die aus der möglichen Zahlungsunfähigkeit einzelner Unternehmen oder auch öffentlicher Haushalte resultieren können. Das Volumen der von ihnen besicherten Forderungen weltweit wurde seitens der Bank für Internationalen Zahlungsausgleich für das Jahr 2009 auf über 50 000 Mrd. US-Dollar taxiert[4] und dürfte seitdem noch weiter angewachsen sein. Die augenscheinlich hohe Bedeutung derartiger Instrumente und die weit verbreiteten Befürchtungen, die mit ihrem Einsatz assoziiert werden, sollen in dem vorliegenden Artikel zum Anlass genommen werden, zunächst (in Kapitel 2) deren Funktions-

---

[1] Hierzu exemplarisch *A. Cünnen / G. Höhler / M. Maisch / U. Rettberg*, Hedge-Fonds greifen weitere Krisenländer an, Handelsblatt, 22. Februar 2010.

[2] *G. Beecken*, Politische Brandzünder, *Capital,* 21.04.2010.

[3] *U. Schäfter*, Schlag gegen die Finanzhasardeure, Süddeutsche Zeitung vom 10.03.2010.

[4] Quelle: *O. Kroll*, Credit Default Swaps – Aktuelle Entwicklungen und Einsatzmöglichkeiten im Investmentfondsmanagement, mimeo, Köln 2009.

weise und Einsatzmöglichkeiten zu charakterisieren. Darauf aufbauend findet sich in Kapitel 3 eine Darlegung der gesamtwirtschaftlichen Risiken, die sich aus dem Gebrauch und dem Handel derartiger Kontrakte ergeben. Ausgehend von den dabei erzielten Ergebnissen wird in Kapitel 4 diskutiert, welche Möglichkeiten staatliche Akteure haben, diese Risiken zumindest auf ein vertretbares Ausmaß zu reduzieren. Der Artikel endet in Kapitel 5 mit einer zusammenfassenden Schlussbemerkung.

II. Credit Default Swaps: Funktionsweise und Einsatzmöglichkeiten

Ein Credit Default Swap (CDS) ist ein zeitlich begrenzter bilateraler Vertrag, mit dem das Risiko der möglichen Zahlungsunfähigkeit eines spezifischen Referenzschuldners von einer Vertragspartei (dem Sicherungsnehmer) auf die andere (den Sicherungsgeber) übertragen wird. Als Gegenleistung für die Übernahme des Ausfallrisikos des Referenzschuldners erhält der Sicherungsgeber eine Abfolge von Prämienzahlungen.

Wird nun der Referenzschuldner während der Laufzeit des CDS-Kontrakts tatsächlich zahlungsunfähig, so endet einerseits die Pflicht des Sicherungsnehmers zur Prämienzahlung; andererseits muss in diesem Fall der Sicherungsgeber dem Sicherungsnehmer einen Verlustausgleich gewähren. Die Höhe dieses Verlustausgleichs richtet nach dem vereinbarten Nennwert des Kontrakts und nach der prozentualen Werteinbuße, welche die Forderungen an den Referenzschuldner infolge seiner Zahlungsunfähigkeit erlitten haben.

Wenn sich dies aus ihrer Sicht als notwendig oder vorteilhaft erweisen sollte, haben die Vertragspartner im CDS-Geschäft auch die Möglichkeit, einen zuvor abgeschlossenen Kontrakt vor dessen Laufzeitende „glattzustellen", d.h. ökonomisch zu neutralisieren. Dies kann auf dreierlei Weise geschehen:

1. Vorzeitige Auflösung im gegenseitigen Einvernehmen: In diesem Fall wird zunächst der marktkonforme Wert, den der Kontrakt aus Sicht des Sicherungsgebers hat, rechnerisch ermittelt. Ist dieser rechnerische Marktwert aus Sicht des Sicherungsgebers positiv, so erhält er als Gegenleistung für die Auflösung eine Ausgleichszahlung in entsprechender Höhe. Umgekehrt schuldet der Sicherungsgeber dem Sicherungsnehmer eine Ausgleichszahlung, sollte der rechnerische Marktwert des Kontrakts im Zeitpunkt der Auflösung für ihn negativ ausfallen.

2. Übertragung der aus dem Kontrakt resultierenden bedingten Zahlungsansprüche und -pflichten auf einen dritten Kontrahenten: Auch eine derartige Transaktion kann nur mit Einwilligung des ursprünglichen Vertragspartners erfolgen. Je nach dem, wie sich der Wert des Kontrakts in der Zwischenzeit

entwickelt hat, kann auch eine solcher Vorgang für die sie initiierende Partei entweder eine Zahlungspflicht oder einen Zahlungsanspruch gegenüber dem neuen Kontrahenten mit sich bringen.

3. Aufbau einer ausgleichenden Position: Kommt keine der beiden vorgenannten Alternativen in Betracht, kann der betreffende Marktteilnehmer auch ein neues Geschäft tätigen, welches den ökonomischen Effekt der anfänglich eingenommenen Position gänzlich oder näherungsweise ausgleicht.

Infolge der dadurch geschaffenen Handlungsmöglichkeiten werden Insolvenzrisiken im Kredit- und Kapitalmarktgeschäft faktisch weitgehend übertragbar. Folglich können die Marktteilnehmer (wie etwa Kreditinstitute oder einschlägig spezialisierte Investmentfonds) aus mindestens vier unterschiedlichen Motivationen im Markt für CDS tätig werden:

1. Erzielung von Prämieneinnahmen: Akteure, die einerseits besondere Kompetenzen bei der Einschätzung von Insolvenzrisiken aufweisen und andererseits über genügend große Reserven für die Inkaufnahme dieser Risiken verfügen, können diese beiden Befähigungen zur Gewinnerzielung nutzen, indem sie sich als Sicherungsgeber am CDS-Markt betätigen und im Erfolgsfall entsprechende Prämienzahlungen für sich vereinnahmen.

2. Absicherung: Marktteilnehmer, deren wirtschaftliches Wohlergehen in unerwünscht oder gar bedrohlich hohem Maße von der Zahlungsfähigkeit einzelner Kreditnehmer abhängt, können das damit verbundene Verlustrisiko durch die Einnahme von Sicherungsnehmerpositionen am CDS-Markt begrenzen.

3. Risikostreuung: Indem sie sich für einzelne Referenzschuldner als Sicherungsnehmer betätigen und gleichzeitig in Bezug auf andere Sicherungsgeberpositionen einnehmen, können entsprechend interessierte Akteure einerseits die Kosten für notwendig gehaltene Absicherungen durch zusätzliche Prämieneinnahmen ausgleichen und zugleich dafür sorgen, dass die Gesamtheit der von ihnen in Kauf genommenen Insolvenzrisiken gleichmäßiger und auf eine größere Gesamtheit einzelner Schuldner verteilt wird.

4. Spekulation: Anleger oder Händler können bei der Einnahme von Positionen am CDS-Markt von vornherein die Absicht verfolgen, diese bereits vor Ende der Kontraktlaufzeit in gewinnträchtiger Weise wieder glattzustellen. Ein anfänglicher Sicherungsgeber kann beispielsweise darauf spekulieren, dass die marktgerechte Prämie für die von ihm eingegangene Position im Zeitverlauf fällt, und bei Eintreten dieses Ereignisses durch die Aufnahme einer entgegengesetzten Position einen Gewinn erzielen, ohne weiterhin dem Insolvenzrisiko des Referenzschuldners ausgesetzt zu sein. In spiegelverkehrter Weise kann ein ursprünglicher Sicherungsnehmer darauf wetten, dass die marktgerechte Risikoprämie für den betreffenden Referenzschuldner im Zeitverlauf

ansteigt und die zuerst eingenommene Position dann in gewinnträchtiger Weise neutralisiert werden kann. Im Extremfall können Sicherungsnehmer am CDS-Markt nicht nur auf eine Verteuerung der Sicherungsgeberleistung, sondern tatsächlich auch auf die Zahlungsunfähigkeit des Referenzschuldners spekulieren, weil sie bei Eintritt dieses Falles Anspruch auf die vertraglich vereinbarte Ausgleichszahlung haben.

III. Gesamtwirtschaftliche Stabilitätsrisiken des Einsatzes von Credit Default Swaps

1. Wirken spekulativ motivierte Transaktionen per se destabilisierend?

Mitunter wird argumentiert, Credit Default Swaps seien schon deswegen eine Gefahr für die wirtschaftliche Stabilität ganzer Staaten oder gar des internationalen Finanzsystems insgesamt, weil sie (wie oben gezeigt) dazu eingesetzt werden können, auf die Zahlungsunfähigkeit bestimmter Referenzschuldner – also auch etwa ganzer Staatshaushalte – zu wetten. Anhänger dieser Hypothese behaupten, die (vorläufig abgewendete) Zahlungskrise des griechischen Staates im Frühjahr 2010 sei maßgeblich auf das Verhalten spekulativ agierender Marktteilnehmer zurückzuführen[5].

Diese Auffassung erscheint jedoch bei näherer Betrachtung wenig plausibel: Nur dann nämlich, wenn es auch Indizien dafür gibt, dass Geschäfte am CDS-Markt selbst nennenswerten Einfluss auf die Eintrittswahrscheinlichkeit einer Zahlungsunfähigkeit des jeweiligen Referenzschuldners ausüben, lässt sich die Behauptung begründen, spekulativ motivierte Transaktionen wirkten per se destabilisierend.

Wenig spricht dafür, dass dies tatsächlich der Fall ist: Zwar kann ein spekulativ motivierter Akteur, der im großen Stil Sicherungsgeberleistungen am CDS-Markt nachfragt, durchaus ein temporäres Anwachsen der hierfür zu entrichtenden Risikoprämien bewirken. Allerdings ist in solchen Fällen auch zu erwarten, dass die spätere, mit dem Ziel der Gewinnerzielung erfolgende Glattstellung der eingegangenen Position einen entgegengesetzten Preiseffekt auslöst. Nur dann, wenn ein spekulativ motivierter Sicherungsgeber nicht befürchten muss, dass dieser zweite Preiseffekt den erhofften Gewinn wieder zunichte macht, ist es für ihn sinnvoll, eine entsprechende Position überhaupt einzugehen. Die Wahrscheinlichkeit für die Erfüllung dieser Bedingung ist wiederum

---

[5] So sinngemäß *Birgit Voigt*, Griechenland im Griff der Spekulanten, NZZ am Sonntag, 13. Februar 2010.

vor allem dann erheblich, wenn es außerhalb des Einflussbereichs dieses Akteurs gewichtige Faktoren gibt, die entweder eine Zahlungsunfähigkeit des Referenzschuldners oder ein weiteres Anwachsen seines Insolvenzrisikos stark begünstigen. Diese Überlegung lässt den Schluss zu, dass spekulativ motivierte Transaktionen allein allenfalls als Reaktionsbeschleuniger, nicht aber als fundamentale Ursache von Überschuldungsproblemen ganzer Staaten oder Währungsgebiete in Betracht kommen.

Hinzu kommt: Will etwa ein Derivatehändler auf die Zahlungsunfähigkeit eines Staates zu spekulieren, indem er als Sicherungsnehmer in einen Credit Default Swap eintritt, so kann er diese Absicht nur dann in die Tat umsetzen, wenn ein zweiter Vertragspartner sich dazu bereit findet, auf den Fortbestand der Zahlungsfähigkeit desselben Staates zu spekulieren und sich als Sicherungsgeber zu betätigen. In beiden Fällen bleibt die Gesamtsumme der von beiden beteiligten Kontrahenten erzielten Gewinne (bzw. erlittenen Verluste) gleich, nur ihre Verteilung auf die beteiligten Teilnehmer fällt, je nach dem, welches der möglichen Ereignisse tatsächlich eintritt, unterschiedlich aus.

Dies lässt erkennen, dass Transaktionen am CDS-Markt eine erhebliche Umverteilung von Vermögen zwischen den beteiligten Akteuren – also gewissermaßen unterschiedlichen Gruppen mehr oder minder ruchloser „Spekulanten" – bewirken können. Ein Schaden für Unbeteiligte oder gar eine Bedrohung der gesamtwirtschaftlichen Stabilität ist dagegen so lange nicht zu erwarten, wie sichergestellt ist, dass die beteiligten Transaktionspartner ihren Zahlungsverpflichtungen fristgerecht nachkommen und die von ihnen möglicherweise akkumulierten Verlusten folglich nicht auf zunächst unbeteiligte Dritte überwälzt werden.

2. Fallbeispiel: Credit Default Swaps und die Zahlungskrise Griechenlands im Jahr 2010

Entsprechend dürfte die unlängst (vorläufig) abgewendete Zahlungskrise des griechischen Staates im Wesentlichen auf die seit vielen Jahren kontinuierlich bestehende Deckungslücke zwischen öffentlichen Ausgaben und Einnahmen zurückzuführen sein, welche die Gesamtverschuldung der öffentlichen Hand dort im Jahr 2009 auf 126,9% des Bruttoinlandsprodukts hat ansteigen lassen (Quelle: Eurostat). Zwar ist richtig, dass es mit den USA und Japan zwei bedeutende Industrienationen gibt, bei denen der entsprechende Prozentsatz schon seit einiger Zeit über dem genannten Wert liegt, ohne dass die Gefahr einer Zahlungsunfähigkeit dieser Länder bis dato ernsthaft in Betracht gezogen worden wäre. Der Hauptgrund für diesen offenkundigen Unterschied liegt jedoch darin, dass der weitaus größte Teil der öffentlichen Schulden Japans und der USA in einer Währung denominiert ist, deren Umlaufmenge (wenn auch mittelbar) durch die jeweils inländische Zentralbank beeinflusst werden kann. In Staaten, welche sich in einer derartigen Situation befinden, kann die jeweilige Zentralbank notfalls einer Überschuldungskrise der öffentlichen Hand entgegenwirken, indem sie auf Inlandswährung lautende staatliche Schuldverschreibungen im Austausch gegen neu geschaffenes Zentralbankgeld ankauft und so einem drohenden Angebotsüberhang entgegenwirkt. Ein derartiges Vorgehen kann allerdings mit erheblichen Risiken für die Geldwertstabilität und die weitere ökonomische Entwicklung im betreffenden Währungsgebiet verbunden sein.

Für die Zentralbank Griechenlands und ihre Schwesterorganisationen in den übrigen Staaten der Euro-Zone ist der Einsatz eines derartigen Instrumentariums im Rahmen eines nationalen Alleinganges dagegen nicht möglich, weil hier die Kontrolle über die Umlaufmenge der Landeswährung einer supranationalen Instanz – der Europäischen Zentralbank (EZB) obliegt. Weigert diese sich (aufgrund der damit verbundenen Stabilitätsrisiken) die Schulden ihrer Partnerländer in der oben skizzierten Weise zu „monetisieren", so kann ein hoch verschuldeter Staat zur Vermeidung einer drohenden Zahlungsunfähigkeit letztlich nur versuchen, die hierfür ursächliche Deckungslücke zwischen öffentlichen Ausgaben und Einnahmen zu schließen. Zweifeln die Akteure am Markt für Staatsanleihen daran, dass dieser Versuch gelingt, so äußert sich dies einerseits in fallen Kursen für bereits umlaufende Schuldverschreibungen und in steigenden Risikoprämien für Sicherungsgeberleistungen am Markt für Credit Default Swaps; andererseits bewirkt dies aber auch, dass der jeweilige Schuldner eine höhere Verzinsung für neu auszugebende Schuldverschreibungen anbieten muss, um angesichts der rückläufigen Akzeptanz dieser Papiere am Markt noch genügend Kreditgeber zu deren Erwerb (und zur Inkaufnahme des damit verbunden Verlustrisikos) zu bewegen. Gelingt auch das nicht und kommt es zu einem „Käuferstreik" der Anleger in dem entsprechenden Marktsegment, so ist die Zahlungsfähigkeit des betreffenden Schuldners akut gefährdet.

Die so beschriebene Wirkungskette legt den Schluss nahe, dass der im Frühjahr 2010 temporär zu verzeichnende Anstieg der Risikoprämien für griechischen Staatsanleihen und diesbezügliche Credit Default Swaps nicht als Auslöser der drohenden Zahlungskrise in Betracht kommt, sondern lediglich als ein Symptom dieser Entwicklung einzustufen ist. Das Auftreten dieses Symptoms resultiert im Wesentlichen nicht aus spekulativen Aktivitäten bestimmter Marktteilnehmer, sondern spiegelt lediglich die durchaus begründete Furcht potenzieller Kreditgeber vor der möglichen Zahlungsunfähigkeit eines bonitätsschwachen Schuldners wider. (Der Umstand, dass die EU-Statistikbehörde EUROSTAT bereits im Jahr 2004 erhebliche Fehler[6] in den Angaben griechischer Regierungen über Stand und Entwicklung der Staatsverschuldung aufgedeckt hatte, verlieh diesen Befürchtungen zusätzliche Nahrung). In Bezug auf den CDS-Handel kam dagegen auch eine einschlägige Untersuchung der Bundesanstalt für Finanzdienstleistungsaufsicht – BAFin – Anfang Mai 2010 zu dem Schluss, es habe in dem fraglichen Zeitraum keine nachteilige Spekulation gegen griechische Staatsanleihen gegeben[7].

Entsprechend konnte eine Überschuldung des griechischen Staates im Mai 2010 nur durch das konzertierte Einschreiten der Regierungen der Eurozone sowie der EZB abgewendet werden, in dessen Verlauf nicht nur ein rigoroses Sparprogramm Griechenlands und umfangreiche Kreditgarantien der Partnerländer, sondern – entgegen den bisherigen Gepflogenheiten der EZB – auch der Ankauf griechischer Staatsanleihen durch letztere vereinbart wurden.

3. Gesamtwirtschaftliche Stabilitätsrisiken infolge des CDS-Handels

In Abschnitt 1 wurde gezeigt, dass der Handel mit Credit Default Swaps so lange keine Gefahr für die Stabilität des Finanzsystems insgesamt beinhaltet, wie sichergestellt ist, dass alle beteiligten Transaktionspartner ihren Zahlungsverpflichtungen fristgerecht nachkommen können und folglich eine Überwälzung etwaiger Verluste auf zunächst unbeteiligte Dritte nicht in Betracht kommt. Da die Vermeidung von Verlusten, die infolge der Zahlungsunfähigkeit ihrer jeweiligen Transaktionspartners auftreten können, durchaus im Eigeninteresse der einzelnen Marktteilnehmer liegt, haben sich im Handel mit CDS-Kontrakten bereits heute eine Reihe wechselseitiger Absicherungsmechanismen weitgehend etabliert. Konkret haben die Marktteilnehmer die Möglichkeit, diese so genannten Kontrahentenrisiken einzudämmen, indem sie

- eine regelmäßige Feststellung der Marktwerte der einzelnen Kontrakte („mark-to-market") nach einem für beide verbindlichen Regelwerk vereinbaren,

- sich im Wege bilateraler Aufrechnungsvereinbarungen („netting agreements") dazu verpflichten, die wechselseitigen Zahlungsansprüche, die aus der Gesamtheit ihrer miteinander abgeschlossen Kontrakte resultieren, untereinander zu saldieren, und

---

[6] Quelle: Eurostat, Report on the Revision of the Greek Government Deficit and Debt Figures. Luxemburg, 22. November 2004.

[7] Quelle: *S. M. Ishmael*, BaFin says no evidence of malign Greek CDS speculation, Financial Times, 8. Mai 2010.

- die Bereitstellung von Sicherheiten vereinbaren („collateralisation"), durch deren Verwertung die Verluste vermindert werden können, welche ein Marktteilnehmer bei Zahlungsunfähigkeit seines Kontrahenten erleiden muss.

Allerdings haben die Akteure auf diesem Gebiet erhebliche Freiheitsgrade hinsichtlich der Vertragsgestaltung: Der Zeitabstand zwischen den Bewertungsstichtagen etwa kann von den Vertragsparteien ebenso frei vereinbart werden wie die Beschaffenheit und Höhe der zu stellenden Sicherheiten und der Modus, nach dem letztere an Veränderungen der jeweiligen Marktwerte anzupassen sind. Die oben beschriebenen Techniken bieten daher zwar einen erheblichen, aber keinen vollständigen Schutz vor den Kontrahentenrisiken des CDS-Handels. Insbesondere bestehen auf diesem Gebiet die folgenden Verlustpotentiale fort:

- Die rechtliche Durchsetzbarkeit von Aufrechnungs- und Besicherungsvereinbarungen ist bei akut drohender oder bereits eingetretener Zahlungsunfähigkeit eines Kontrahenten keineswegs immer gewährleistet.

- In dem Zeitraum, der zwischen dem jeweils letzten Bewertungsstichtag und dem Ausfall eines Kontrahenten liegt, kann der Wert der gestellten Sicherheiten so weit gefallen sein, dass der mit ihnen erzielte Verwertungserlös nicht ausreicht, um die Verluste aus den dazu gehörigen Positionen zu kompensieren.

- Vor allem dann, wenn der Handelspartner eines ausgefallenen Kontrahenten bei der Verwertung von Sicherheiten unter hohem Zeitdruck steht, weil er selbst dringend liquide Mittel benötigt, kann der durch den versuchten Verkauf erzeugte Angebotsüberhang den Kurswert dieser Sicherheiten so weit drücken, dass die Auflösung der betreffenden Positionen nur unter Inkaufnahme erheblicher Verluste vorgenommen werden kann.

Hinzu kommt, dass bilaterale Aufrechnungs- und Besicherungsübereinkommen im Handel mit derivativen Finanzinstrumenten aktuell nur etwa zwei Drittel der ausstehenden Risiken abdecken. Rund 33% bleiben Schätzungen zufolge unbesichert, da beispielsweise Staaten, Unternehmen sowie große Banken untereinander oftmals keine Sicherungsleistungen verlangen[8].

Die obenstehenden Überlegungen lassen folglich die Befürchtung entstehen, dass eben jene Gefahr für die gesamtwirtschaftliche Stabilität, die aus der Möglichkeit eines Übergreifens von Verlusten auf vormals unbeteiligte Dritte besteht, durch die marktgängigen Absicherungsmechanismen zwar vermindert, nicht aber gänzlich gebannt wird. So können unerwartete Kreditereignisse oder

---

[8] Quelle: *M. Chlistalla*, OTC-Derivate: Grundlagen und aktuelle Entwicklungen, Frankfurt a. M. 2010 (Deutsche Bank Research).

abrupte Wertminderungen der von einem Akteur (oder mehreren ähnlich agierenden Akteuren) gehaltenen Positionen zu einem so sprunghaften Anstieg der Verbindlichkeiten gegenüber den jeweiligen Vertragspartnern führen, dass die für ihre vertragsgemäße Besicherung oder Begleichung erforderlichen Mittel auch durch Notverkäufe eigener Aktiva nicht mehr aufgebracht werden können. Nicht auszuschließen ist folglich, dass die Zahlungsunfähigkeit eines Akteurs oder mehrerer Akteure auf die jeweiligen Partnerinstitute übergreift und anschließend eine Kettenreaktion von Folgeinsolvenzen im Finanzsektor auslöst, die auch im Nichtbankensektor schwerwiegende Störungen der Kreditversorgung und des Zahlungsverkehrs nach sich zieht. Dies gilt umso mehr, als die durch Credit Default Swaps hergestellte Handelbarkeit von Insolvenzrisiken den wirtschaftlichen Verflechtungsgrad der Akteure – und folglich die Ansteckungsgefahr[9] zwischen ihnen in Krisenzeiten – erheblich steigert.

Nach menschlichem Ermessen kann nicht als gesichert gelten, dass diese gesamtwirtschaftlichen Folgerisiken der Aktivitäten in den einzelwirtschaftlichen Kosten-Nutzen-Kalkülen der individuellen Akteure ausreichende Berücksichtigung finden. Das Bestreben, Gefahren für die Stabilität der davon betroffenen Wirtschaftsräume vorzubeugen, ist angesichts dieser Situation grundsätzlich ein ökonomisch begründetes Motiv für regulierende Eingriffe staatlicher Akteure.

IV. Staatliche Eingriffsmöglichkeiten zur Eindämmung von Stabilitätsrisiken

1. Einführung zentraler Clearingstellen

In Abschnitt III wurde gezeigt, dass im Handel mit Kreditderivaten die mögliche Zahlungsunfähigkeit eines der beteiligten Transaktionspartner bei seinen Kontrahenten schwerwiegende Verluste nach sich ziehen kann, die unter bestimmten Voraussetzungen die Solvenz weiterer Akteure und im Extremfall sogar die Stabilität der Finanzsystems insgesamt gefährden kann.

Bei börsengehandelten Kontrakten wird dieses Problem durch die Einschaltung einschlägig spezialisierter, börseneigener Verrechnungs- und Abwicklungsstellen („Clearingstellen") weitestgehend entschärft. Diese aufgrund ihrer hohen Eigenkapitalausstattung praktisch ausfallsicheren Instanzen positionieren sich bei den entsprechenden Transaktionen zwischen dem Käufer und dem Verkäufer und garantieren jeder dieser beiden Parteien die Erbringung der von der jeweiligen Gegenpartei geschuldeten Leistung. Um zu verhindern, dass die jeweilige Clearingstelle selbst nennenswerte Verluste erleidet, falls einer der

---

[9] Die Terminologie folgt hier S. *Edwards*, Interest Rates, Capital Controls, and Contagion, NBER Working Paper 6756, 1998.

Kontrahenten zahlungsunfähig wird, werden die einzelnen Marktteilnehmer dazu verpflichtet, Sicherheiten in Form wertbeständiger Aktiva (Barmittel oder Staatsanleihen erstklassiger Qualität) bei der Clearingstelle zu hinterlegen. Eine verpflichtende tägliche Neubewertung der zugrunde liegenden Kontrakte und eine entsprechende Anpassung der zu leistenden Sicherheitenwerte stellt zudem sicher, dass das Verlustrisiko für die Clearingstelle auch dann minimal bleibt, wenn sich Art oder Größe der eingegangenen Kreditrisiken aufgrund von Wertänderungen der Referenzaktiva verändern. Bei sachgemäßer Handhabung dieses Instrumentariums – d.h. quantitativ und qualitativ ausreichenden Anforderungen an die Sicherheiten und einer hinlänglichen Risikotragfähigkeit der Clearingstelle – kann also im Falle börsengehandelter Finanzinstrumente das Risiko von Forderungsausfällen für die beteiligten Kontrahenten praktisch eliminiert werden.

Ein ausgesprochen naheliegender Lösungsansatz wäre daher, die Marktteilnehmer zu verpflichten, auch den Handel mit Credit Default Swaps künftig über derartige Clearingstellen abzuwickeln. Ein Vorteil eines derartigen Vorgehens wäre, dass die Clearingstellen den Aufsichtsbehörden aggregierte Informationen über Transaktionsarten und -volumina zur Verfügung stellen und so zu einer verbesserten Transparenz des Marktgeschehens beitragen können[10]. Vor allem aber könnte so wirksam verhindert werden, dass unerwartet hohe Verluste eines Transaktionspartners auf andere übergreifen. Voraussetzung hierfür ist allerdings, dass die Risikotragfähigkeit dieser Clearingstellen hoch genug ist, um selbst in Krisensituationen keinerlei Zweifel an ihrer eigenen Solvenz aufkommen zu lassen. Ferner müssen die qualitativen und quantitativen Anforderungen an die zu stellenden Kreditsicherheiten so streng und die zur Positionsbewertung eingesetzten Verfahren so verlässlich sein, dass ihr risikomindernder Effekt auch bei extremen Marktverwerfungen erhalten bleibt.

Die oben beschriebenen Erfordernisse stehen einer privatrechtlichen Organisationsform von Clearingstellen ebenso wenig entgegen wie ihrem Betrieb durch kommerziell ausgerichtete Akteure, wie etwa etablierte Börsenbetreiber. Sie erfordern allerdings die Festlegung und konsequente Durchsetzung entsprechender aufsichtsrechtlicher Vorgaben, damit verhindert wird, dass der Wettbewerb zwischen unterschiedlichen Anbietern eine Abwärtsspirale bei den Risikomanagementstandards in Gang setzt[11]. Es ließe sich jedoch auch mit guten Gründen die Ansicht vertreten, dass das Clearing im Sinne der Sicherstellung der Funktionsvoraussetzungen des Marktes eine Staatsaufgabe ist und damit die

---

[10] So u. a. *S. Dullien / H. Herr*, Die EU-Finanzmarktreform – Stand und Perspektiven im Frühjahr 2010, Friedrich Ebert-Stiftung, Berlin 2010.

[11] So auch *M. Chlistalla*: OTC-Derivate: Grundlagen und aktuelle Entwicklungen. Deutsche Bank Research, Frankfurt a. M. 2010.

Wahrnehmung durch staatliche Behörden oder mit Staatsgewalt beliehene und überwachte Akteure erfordert.

2. Unterbindung von Ansteckungseffekten bei Bankinsolvenzen

Die Möglichkeit, dass die Insolvenz einzelner Marktteilnehmer eine Kettenreaktion von Folgeinsolvenzen mit potenziell desaströsen Auswirkungen auslösen kann, stellt die verantwortlichen Aufsichtsbehörden heute vor ein schwerwiegendes Dilemma: Einerseits gilt es, das Eintreten derartiger Ansteckungseffekte unbedingt zu vermeiden; andererseits erscheint es mit den Prinzipien sozialen Marktwirtschaft unvereinbar, Insolvenzen von Finanzdienstleistern generell durch staatliche Eingriffe verhindern zu wollen.

Der Grund hierfür besteht in der Überlegung, dass die Furcht vor einem Vermögensverlust durch Insolvenz für die Anteilseigner eines Unternehmens den vielleicht wirksamsten Anreiz dazu darstellt, sich für eine wirksame Kontrolle ökonomischer Risiken seitens der Unternehmensleitung einzusetzen. Fällt ein solcher Anreiz infolge ausdrücklich oder stillschweigend gewährter staatlicher Bestandsgarantien weg, dann fördert dies einen fahrlässigen Umgang mit diesen Risiken seitens der Begünstigten und macht so eine tatsächliche Inanspruchnahme der Garantieleistungen zu Lasten der Allgemeinheit wahrscheinlicher.

Um dieses Problem zu lösen, erscheint daher die Anwendung des im Folgenden geschilderten Ansatzes ratsam, der von unlängst von Theo Vermaelen und Christian Wolff vorgeschlagen worden ist[12]: Diesem Ansatz zufolge sollen Geschäftsbanken dazu verpflichtet werden, so genannte Pflichtwandelanleihen[13] – d.h. Schuldverschreibungen mit bedingter Wandlungspflicht in Eigenkapital – zu emittieren.

Der damit verbundene Mechanismus soll dann wie folgt funktionieren:

a) Die betreffende Anleihe wird zwangsweise in ein nennwertgleiches Aktienpaket umgewandelt, falls der Aktienkurs der betreffenden Bank unter einen a priori festgelegten Schwellenwert (etwa das Dreifache des Nennwertes) fällt. Dieser Schwellenwert wird so gewählt, dass seine Unterschreitung nur dann zu erwarten ist, wenn sich die Bank einer erheblich gewachsenen Insolvenzgefahr ausgesetzt sieht. Auf diesem Wege wird dem betreffenden Institut in

---

[12] *T. Vermaelen / C. Wolff*, How to save banks without using taxpayers' money, Insead Knowledge, Paris 2011, online verfügbar unter http://knowledge.insead.edu/finance-convertible-bonds-091204.cfm (Stand: 28. Januar 2011).

[13] Im Englischen hat sich hierfür die Bezeichnung „contingent convertibles" – oder CoCos – etabliert.

einer derartigen Situation neues Eigenkapital zugeführt und so die sonst zu befürchtende Zahlungsunfähigkeit abgewendet[14].

b) Die bisherigen Aktionäre erhalten ein zeitlich befristetes, übertragbares Bezugsrecht, welches ihnen erlaubt, die nach der erfolgten Umwandlung neu entstandenen jungen Aktien von den Gläubigern der Wandelanleihe – ebenfalls zum Nennwert – zu erwerben. Damit werden die Altaktionäre im Falle einer Umwandlung in die Lage versetzt, entweder ihren Anteil an der Bank durch Wahrnehmung ihres Bezugsrechts konstant zu halten, oder durch dessen entgeltliche Übertragung eine Ausgleichszahlung zu vereinnahmen.

Damit der oben geschilderte Mechanismus im Krisenfall wirksam werden kann, sollte sich der kumulierte Nominalbetrag aller Pflichtwandelanleihen an der aufsichtsrechtlich gebotenen Mindestkapitalausstattung des Instituts orientieren. In diesem Falle besteht für die jeweils aktuellen Aktionäre ein starker Anreiz dazu, sich bei der jeweiligen Unternehmensleitung für eine intensive Überwachung und strikte Begrenzung der von ihrer Bank eingegangenen Risiken einzusetzen. Der Grund hierfür ist, dass das vorgeschriebene Regelwerk eben diesen Aktionären die Möglichkeit nimmt, Teile der Folgeverluste einer möglichen Insolvenz entweder auf die Gläubiger des Instituts oder gar auf unbeteiligte Dritte – etwa die öffentliche Hand – abzuwälzen.

Dafür, dass der hier geschilderte Lösungsansatz am Markt Akzeptanz finden kann, gibt es erste ermutigende Anzeichen: Bis Mitte Dezember 2010 hatten sowohl die britische Bank Lloyds und die niederländische Rabobank auf freiwilliger Basis „Coco"-Anleihen begeben[15] (deren Bedingungen jedoch in einigen Punkten von dem hier beschriebenen Schema abweichen). Allerdings lassen die dabei gesammelten Erfahrungswerte vermuten, dass die Emittenten derartiger Papiere potenziellen Anlegern deutlich höhere Zinsen anbieten müssen als bei konventionellen Anleihen, um sie für das finanzielle Risiko zu entschädigen, das mit der Wandlungspflicht einhergeht. Wird diese Bedingung erfüllt, so dürften Pflichtwandelanleihen als Anlageinstrument allerdings just für risikobereite Investoren wie etwa Hedgefonds interessant werden.

Das hier vorgeschlagene Instrument kann die Wahrscheinlichkeit systemweiter Finanzmarktkrisen deutlich vermindern, aber keinen absolut verlässlichen Schutzmechanismus gewährleisten. Dies gilt vor allem deswegen, weil nicht von vornherein sicher ist, dass das Gesamtvolumen des ggf. durch eine Umwandlung von Pflichtwandelanleihen neu bereitgestellten Eigenkapitals für eine dauerhafte Stabilisierung der betroffenen Bank ausreicht. Ist dem nicht so,

---

[14] Diese Gestaltungsidee geht auf eine Arbeit von *Mark J. Flannery* (Stabilizing Large Financial Institutions with Contingent Capital Certificates, mimeo, 2009) zurück.

[15] Quelle: Credit Suisse macht Tempo bei Coco-Anleihen, Financial Times Deutschland, 14. Dezember 2010.

so kommt angesichts der problematischen Anreizeffekte anderer Handlungsalternativen[16] als letztes Mittel gegen eine Insolvenzwelle im Bankensektor nur eine obligatorische, vorübergehende Verstaatlichung akut von der Zahlungsunfähigkeit bedrohter Finanzinstitute in Betracht[17] – wenn und sofern nämlich das Gemeinwohl im Sinne des Art. 14 Abs. 3 GG nachhaltig gefährdet ist und die weiteren Voraussetzungen des Art 14 Abs. 3 GG gewahrt sind.

V. Schlussbemerkung

In der vorliegenden Arbeit wurden die Funktionsweise und die Einsatzmöglichkeiten von Credit Default Swaps untersucht. Dabei ergaben sich keine hinreichenden Indizien für die Auffassung, der Handel mit derartigen Finanzinstrumenten könne – insbesondere wenn er spekulativ motiviert ist – Überschuldungskrisen von Unternehmen oder gar ganzer Staaten auslösen. Problematisch an diesen Kontrakten ist allerdings, dass ihr Einsatz den Grad der wechselseitigen Abhängigkeit zwischen den individuellen Marktteilnehmern erheblich steigert. Dadurch erhöht sich auch die Wahrscheinlichkeit, dass die Folgeverluste von Forderungsausfällen bei einzelnen Akteuren auf andere übergreifen und zur Gefahr für die Stabilität der Finanzmärkte insgesamt werden. Durch regulatorische Maßnahmen, wie etwa die Institutionalisierung zentraler Clearingstellen und die obligatorische Einführung von Bankschuldverschreibungen mit bedingter Wandlungspflicht, lässt sich diese Gefahr jedoch signifikant vermindern.

---

[16] Vgl. hierzu ausführlicher *S. Siddqui / M. Seckelmann*, Der Subprime-Kollaps – Ursachen, Auswirkungen und Implikationen für staatliches Handeln. der moderne staat 1/2009, S. 133-157.

[17] So argumentiert u.a. auch *W. H. Buiter*, Time to take the banks into full public ownership, online verfügbar unter http://www.ft.com/maverecon, 16. Januar 2009.

Typisierende Rechtsetzung und individueller Grundrechtsschutz

Ein kritischer Blick auf die Härtefallrechtsprechung des Bundesverfassungsgerichts

Peter Selmer

I. Vorbemerkung

Das Spannungsverhältnis zwischen der am Regelfall orientierten Gesetzesallgemeinheit und dem von der gesetzesanwendenden Exekutive zu bewältigenden Einzelfall mit seinen Besonderheiten ist in der Rechtsprechung des BVerfG nach wie vor nicht abschließend und übergreifend geklärt[1]. Freilich konnte das Gericht einer tiefer auslotenden Würdigung zumeist durch einen Hinweis darauf ausweichen, dass der einfache Gesetzgeber durch eine – ihrerseits auslegungsoffene – Härteklausel Vorsorge für eine einzelfallgerechte grundrechtskonforme Lösung getroffen habe[2]. So verhält es sich auch mit dem Kammerbeschluss des Ersten Senats vom 3.9.2009[3], der eine 1978 begründete Judikatur zum steuerlichen Billigkeitserlass fortführt, wenn er resümierend feststellt: „Ein Billigkeitserlass gem. § 227 AO kann verfassungsrechtlich geboten sein, wenn ein Gesetz, das in seinen generalisierenden Wirkungen verfassungsgemäß ist, bei der Steuerfestsetzung im Einzelfall zu Grundrechtsverstößen führt. Allgemeine Folgen eines verfassungsgemäßen Gesetzes, die den gesetzgeberischen Planvorstellungen entsprechen und die der Gesetzgeber ersichtlich in Kauf genommen hat, vermögen einen Billigkeitserlass allerdings nicht zu rechtfertigen".

Die nachfolgenden Bemerkungen unternehmen es, die Linien der Judikatur des BVerfG zum verfassungsrechtlichen Stellenwert des atypischen Einzelfalls

---

[1] Vgl. zur Entwicklung der Judikatur m. w. Nachw. *P. Selmer*, Die Gewährleistung der unabdingbaren Grundrechtsstandards durch den EuGH, 1998, S. 67 ff.

[2] Vgl. BVerfGE 14, 76 (104); 16, 147 (177); 21, 54 (71); 27, 375 (385); 30, 250 (266, 272); 35, 283 (291); 38, 61 (95); 48, 102 (114) = JuS 1978, 716 (*Selmer*), st. Rspr.

[3] BVerfG, NVwZ 2010, 902 Leits. 2, unter Bezugnahme auf BVerfGE 48, 102 (114 ff.) = JuS 1978, 716 (*Selmer*).

– auch unter Lösung von so problemverhüllenden wie problemerleichternden Härteklauseln – noch einmal kritisch nachzuzeichnen.

II. Grundsätzliches

Der staatliche Normsetzer sieht sich primär mit der Problematik konfrontiert, die sich aus seinem Regelungs- und Ordnungsauftrag und der besonderen Regelungssituation ergibt, in der er sich befindet. Der Gesetzgeber ist im allgemeinen gehalten, Regeln und Grundsätze zu schaffen, die – in Bezug auf eine bestimmte Regelungsmaterie – der kontinuierlichen Anwendung auf eine unbestimmte Vielzahl von Lebenssachverhalten fähig sind. Das drängt zur Indolenz gegenüber den mannigfachen Besonderheiten jedes einzelnen Falles und zur generalisierenden Behandlung, soll nicht das positive Gesetz zur bloßen Aneinanderreihung scheinnormativer Einzelfallentscheidungen entarten und damit seine ordnungstiftende wie entscheidungsentlastende Funktion wesentlich verfehlen[4]. Hinzu treten seine, gemessen an der unendlichen Vielgestaltigkeit des Lebens nur beschränkten Einsichts- und Erkenntnismöglichkeiten, die es notwendig ausschließen, im Vorhinein alle Spezifika aller sich zukünftig realisierenden Konstellationen in seine Überlegungen und Normierungen einzubeziehen. „Das Individuelle erschließt sich zwar", wie Heinrich Henkel treffend bemerkt, „als Ereignis, im bereits geschehenen Vorgang oder in der gegebenen Zuständlichkeit einer Erscheinung, der unmittelbaren Anschauung, aber eben nicht der denkenden Vorausschau"[5].

Eine jedenfalls teilweise Auflösung findet das sich hier andeutende Dilemma in der uns geläufigen Kategorie des „Typus", der in der Welt des Allgemeinen und Abstrakten eine gewisse Mittelstellung zum Konkreten hin einnimmt[6]. Sie beruht auf der Einsicht, dass alle Lebenserscheinungen, alle Konstellationen des menschlichen Daseins bei aller unverwechselbaren Individualität des konkreten Falles gewisse prägende und stets wiederkehrende Gemeinsamkeiten aufweisen[7]. Diese Gemeinsamkeiten, ja eigentlich erst sie erlauben es, von der

---

[4] Zur entscheidungsentlastenden Funktion der generellen Norm vgl. etwa *R. Herzog*, Allgemeine Staatslehre, 1971, S. 303 ff.

[5] *H. Henkel*, Recht und Individualität, 1958, S. 25.

[6] Vgl. *K. Engisch*, Die Idee der Konkretisierung in Recht und Rechtswissenschaft unserer Zeit, 2. Aufl. 1968, S. 237 ff. (238 f.). Zum Typusbegriff s. für viele ferner *K. H. Strache*, Das Denken in Standards. Zugleich ein Beitrag zur Typologik, 1968, S. 19 ff.; *L. Osterloh*, Gesetzesbindung und Typisierungsspielräume bei der Anwendung der Steuergesetze, 1992, S. 96 und passim; *P. Kirchhof*, Die Steuern, in: Isensee/Kirchhof, Hdb. d. Staatsrechts, Bd. V, 3. Aufl. 2007, § 118 Rn. 97 f., jew. m. w. Nachw.

[7] Vgl. prägnant *H. Coing*, Grundzüge der Rechtsphilosophie, 2. Aufl. 1969, S. 202; s. ferner etwa *J. Isensee*, Die typisierende Verwaltung, 1976, S. 68 ff.; *R. Eckhoff*, Rechtsanwendungsgleichheit im Steuerrecht, 1999, S. 71; P. Kirchhof, aaO (o. Fn. 6).

Einzigartigkeit der konkreten Situationen zu abstrahieren und ihre Merkmals-fülle durch Regel-Typen zu überhöhen, ohne doch dabei die Eigenart des Ein-malig-Wirklichen gänzlich zu eliminieren. Indes liegt auf der Hand, dass auf dem Boden einer solchen Typisierung eben nur eine beschränkte Versöhnung des positiven Rechts mit der Individualität stattfindet und stattfinden kann. Zwischen der Allgemeinheit des abstrakten Tatbestandes und der Besonderheit des jeweiligen einzelnen Falles bleibt eine unaufhebbare Spannung – dies auch dann, wenn man die gegenüber älteren Rechtsordnungen ausgefeiltere heutige Gesetzgebungstechnik in Rechnung stellt[8].

In dieser in der Natur der Sache begründeten Antinomie von Normenrecht und Individualität hat Max Ernst Mayer eine solche von „Recht" und „Gerech-tigkeit" angelegt gefunden, ausgehend von der Prämisse, dass die Gerechtigkeit eine ausschließliche Affinität zum Konkret-Individuellen besitze[9]. Deutlicher noch hat diese Sicht etwa Johannes Strangas zum Ausdruck gebracht, wenn er bündig formuliert, dass es „zum Wesen der Gerechtigkeit gehört, Einzelfallge-rechtigkeit zu sein"[10]. In Wahrheit handelt es sich hier wohl, nach einem Wort Gustav Radbruchs, um einen „Konflikt der Gerechtigkeit mit sich selbst"[11]. Denn indem die der Rechtsnorm eigentümliche abstrakt-generelle Fassung des Tatbestandes sie der Anwendung auf eine Vielzahl gegenwärtiger und zukünf-tiger Fälle zugänglich macht, dient sie der Berechenbarkeit, Stetigkeit und Si-cherheit des Rechts, die ihrerseits wesentliche Garanten der Gleichheit und da-mit der Gerechtigkeit sind[12]. Steht damit auch der generalisierende und typisie-rende Rechtssatz ebenfalls unter der Idee der Gerechtigkeit, so wurde und wird doch die gänzliche Beschränkung auf die grob rasternde Normgerechtigkeit im Allgemeinen als unbefriedigend empfunden[13].

Der daraus resultierenden Ambition, den Umständen des individuellen Sachverhalts gegenüber der Strenge des Regeltatbestandes dort Geltung zu ver-schaffen, wo atypische Merkmale die Unterwerfung des Falles unter das ius strictum und die von ihm angeordneten Rechtsfolgen als unbillig erscheinen

---

[8] Für viele *O. Bachof*, Der Verfassungsrichter zwischen Recht und Politik, in: Summum ius summa iniuria – Individualgerechtigkeit und der Schutz allgemeiner Werte im Rechtsleben, 1963, S. 41 f.

[9] *M. E. Mayer*, Rechtsphilosophie, 2. Auf. 1926, S. 79 ff.

[10] *J. Strangas*, Die Billigkeit und ihr Standort im Rechtssystem, 1976, S. 85.

[11] Vgl. *G. Radbruch*, Gesetzliches Unrecht und übergesetzliches Recht, SJZ 1946, S. 107 = *ders.*, Der Mensch im Recht. Ausgewählte Vorträge und Aufsätze über Grundfra-gen des Rechts, 1957, S. 118.

[12] Vgl. dazu etwa die Bemerkungen bei *H. Krüger*, Allgemeine Staatslehre, 2. Aufl. 1966, S. 299 f.

[13] Vgl. dazu m. zahlr. Nachw. *P. Selmer*, Generelle Norm und individueller Grund-rechtsschutz. Gedanken zum Thema Recht und Individualität, DÖV 1972, 551 (553).

lassen, hat sich seit langem nicht nur das Schrifttum[14], sondern auch das BVerfG grundsätzlich verpflichtet gezeigt. Im Folgenden wird unter Setzung von Schwerpunkten noch einmal der Frage nachgegangen, ob und wie das Gericht das beschriebene Spannungsverhältnis zwischen normativer Generalisierung und Einzelfallgerechtigkeit grundgesetzlich, insbesondere grundrechtlich, verortet und aufgelöst, d. h. die „Kluft zwischen Norm und Normsituation, zwischen Gesetz und Leben"[15] am Maßstab der Verfassung überzeugend überbrückt hat.

III. Typisierung als Gleichbehandlungs- und als Freiheitsgewährungsproblem

Auszugehen ist davon, dass das BVerfG bei der Bewältigung der vorbezeichneten Aufgabe im Ansatz tatsächlich deutlich zwischen der typisierenden Rechtsetzung als einem Gleichheitsproblem und der typisierenden Rechtsetzung als einem Freiheitsproblem unterschieden hat und unterscheidet, ohne dies freilich als eine a priori dogmatisch scharfe Trennungslinie nachdrücklich kenntlich zu machen.

1. Typisierung als Problem verfassungsgebotener Gleichbehandlung durch den Gesetzgeber

Ausgangspunkt für die typisierungsspezifische Behandlung des individuellen Grundrechtsschutzes am Maßstab des Art. 3 I GG musste für das BVerfG naturgemäß das dem allgemeinen Gleichheitssatz innewohnende Postulat sein, „bei steter Orientierung am Gerechtigkeitsgedanken Gleiches gleich, Ungleiches seiner Eigenart entsprechend verschieden zu behandeln"[16]. Dieses Postulat war bei Lichte besehen freilich nur eine etwas prätentiöse Formulierung des Problems, nicht aber seine Lösung. Denn: Weist das Gebot, „Gleiches gleich zu behandeln", mehr auf den zur Generalisierung tendierenden Aspekt des Gerechtigkeitsprinzips hin, so hat die Forderung „Ungleiches seiner Eigenart entsprechend verschieden zu behandeln", offensichtlich eine größere Affinität zu

---

[14] Vgl. für viele R. *Mußgnug*, Der Dispens zu gesetzlichen Vorschriften, 1964; *P. Selmer* (Fn. 13), S. 554 ff.; *J. Isensee*, Das Billigkeitskorrektiv des Steuergesetzes, in: Festschr. f. Flume, Bd. II, S. 129; *P. Kirchhof*, Gesetz und Billigkeit im Abgabenrecht, in: Festschr. f. Scupin, 1983, S. 775; *I. Pernice*, Billigkeit und Härteklauseln im öffentlichen Recht, 1991; *G. Britz*, Einzelfallgerechtigkeit versus Generalisierung, 2008, jew. m. w. Nachw.

[15] *B. Rüthers*, Das Ungerechte an der Gerechtigkeit. Defizite eines Begriffs, 2. Aufl. 1993, S. 109.

[16] BVerfGE 3, 58 (135 f.).

seiner individualisierenden Komponente[17]. Das BVerfG stellte bereits früh den ersteren Aspekt in den Vordergrund: Jede gesetzliche Regelung müsse „generalisieren"; der Gesetzgeber sei daher gezwungen, aber auch berechtigt, bei seinen Entscheidungen von dem „Gesamtbild" auszugehen, das sich aus den vorliegenden Erfahrungen ergebe[18]. Daraus entwickelte das Gericht das gleichheitsdogmatische Konstrukt der „Typengerechtigkeit"[19]. Spricht es zunächst noch ganz allgemein von einer „von der Rechtsprechung entwickelten Typenlehre", der zufolge der Grundsatz der „individuellen Gleichmäßigkeit" hinter den Grundsatz der „generellen Gleichmäßigkeit" zurücktrete[20], so taucht wenig später – zunächst in Anführungszeichen – ausdrücklich der Begriff der „Typengerechtigkeit" auf Grund eines „typischen Tatbestandes" im Instrumentenkasten der Gleichheitsdogmatik des Gerichts auf[21], argumentativ abgesichert durch Gesichtspunkte der „Praktikabilität" und des maßvoll zu haltenden „Verwaltungsaufwands"[22]. Er bildet seither bis heute explizit oder implizit einen Schlüsselbegriff dieser Dogmatik[23].

Die Beantwortung der Frage, wie es in der Rechtsprechung des BVerfG mit dem Grundsatz der „individuellen Gleichmäßigkeit" bestellt ist, hängt mithin ersichtlich davon ab, welche gleichheitsrechtliche Legitimationskraft das Gericht der einmal als grundsätzlich zulässig erkannten Typisierung, die „bestimmte in wesentlichen Elementen gleich geartete Lebenssachverhalte normativ zusammenfasse"[24], beigemessen hat. Hier bietet sich ein durchaus diffuses, wenn auch in der individualrechtlichen Ausrichtung letztlich einhelliges Bild. Einigkeit besteht zunächst darüber, dass Typisierung auf Grund eines typischen Tatbestandes ungeachtet damit unvermeidlich verbundener Härten nicht schon per se gegen den allgemeinen Gleichheitssatz verstoße[25]. Auch findet sich in den Entscheidungen beider Senate immer wieder das Postulat, die ungleiche

---

[17] Ähnlich *H. Henkel* (Fn. 5), S. 17; vgl. auch *L. Tammelo*, Rechtslogik und materiale Gerechtigkeit, 1971, S. 56 ff.

[18] BVerfGE 11, 245 (254). Zu der vom Zweiten Senat ausgeformten „Gesamtbild"-Theorie, die freilich noch näherer Aufhellung bedürfte, vgl. ferner BVerfGE 116, 164 (182 f.); 122, 210 (232); 124, 282 (294).

[19] Zum Terminus s. BVerfGE 14, 76 (102); 31, 119 (130 f.); 65, 325 (354); vgl. zuletzt *P. Kirchhof* (Fn. 6), § 118 Rn. 98.

[20] BVerfGE 9, 3 (13) unter Hinweis auf *G. Wacke*, StuW 1947, Sp. 21 (56 f.); FG Karlsruhe, EFG 1955 Nr. 366; BFH, BStBl 1954 III, S. 231 (232).

[21] Vgl. BVerfGE 14, 76 (102); 31, 119 (130 f.); s. a. BVerfGE 21, 12 (27 f.).

[22] Vgl. BVerfGE 27, 220 (230); 31, 119 (130 f.); 84, 348 (360).

[23] Vgl. etwa BVerfGE 65, 325 (354 f.); 84, 348 (359 f.); 110, 274 (292); 116, 164 (182 f.); 117, 1 (31); 120, 1 (30); 122, 39 (59); 122, 210 (232); 123, 1 (19); 124, 282 (294).

[24] Vgl. zu diesem Verständnis der Typisierung BVerfGE 122, 210 (232).

[25] Vgl. BVerfGE 14, 76 (102); 84, 348 (359 f.); 116, 164 (182 f.).

Wirkung der Typisierung dürfe ein gewisses Maß nicht übersteigen; vielmehr müssten die Vorteile der Typisierung im rechten Verhältnis zu der mit der Typisierung notwendig verbundenen Ungleichheit der Belastung stehen[26]. Eine übergreifende Vertiefung dieser allgemeinen Voraussetzung findet freilich nicht statt. Ihre konkrete Umsetzung wird, was für sich genommen nicht der Kritik unterliegt, situationsspezifischen Abwägungen überlassen.

Im vorliegenden Zusammenhang interessiert indes mehr noch die Frage, wie das BVerfG den Kreis der zulässigerweise der Typisierung anheimfallenden Personen bzw. Personengruppe eingegrenzt hat. Hier klaffen die jeweiligen Bekundungen des Gerichts recht weit auseinander, wie eine knappe, aber repräsentative Abfolge unschwer erkennen lässt: So sollen „nur in besonderen Fällen auftretende Ungleichheiten" unbeachtlich sein; es dürften im Hinblick auf den allgemeinen Gleichheitssatz aber „nicht ganze Gruppen von Steuerpflichtigen wesentlich stärker belastet" werden[27]. Ähnlich wird eine Reihe von Jahren später dargelegt, die durch die Typisierung eintretenden Härten und Ungerechtigkeiten dürften „nur eine kleine Zahl von Personen betreffen" und der „Verstoß gegen den Gleichheitssatz" – gemeint ist offenbar aber kein (verfassungswidriger) Verstoß, sondern eine tatbestandliche Beeinträchtigung der Gleichheit[28] – dürfe nicht sehr intensiv sein[29]. Deutlich abweichend heißt es dann in mehreren Entscheidungen des Ersten Senats, der Gesetzgeber dürfe „in weitem Umfang die Besonderheiten nicht nur des einzelnen Falles, sondern gegebenenfalls auch ganzer Gruppen vernachlässigen"[30]. Letztere Aussage lässt derselbe Senat freilich einige Zeit später unter den Tisch fallen, wenn er dem Gesetzgeber nur noch konzediert, er dürfe „in weitem Umfang die Besonderheiten des einzelnen Falles vernachlässigen"[31]. Der Zweite Senat will es dann kurz darauf wieder bei der allgemeinen Aussage bewenden lassen, der Gesetzgeber dürfe sich grundsätzlich am Regelfall orientieren und sei „nicht gehalten, allen Besonderheiten jeweils durch Sonderregelungen Rechnung zu tragen"[32].

Insgesamt wird deutlich, dass das BVerfG unter dem Regime des allgemeinen Gleichheitssatzes dem atypischen Sonderfall als solchem keine grundsätzliche verfassungsschwere Beachtung geschenkt, ja gelegentlich sogar die Besonderheiten ganzer (Unter-)Gruppen hintangestellt hat. Abgemildert hat es

---

[26] Vgl. BVerfGE 21, 12 (27); 31, 119 (131); 65, 325 (354 f.); 110, 274 (292); 117, 1 (31); 120, 1 (30); 122, 39 (59), 123, 1 (9).

[27] BVerfGE 21, 12 (27 f.).

[28] Vgl. zur obigen Formulierung auch *L. Osterloh*, in: M. Sachs, Grundgesetz, 4. Aufl. 2007, Art. 3 Rn. 109 f.

[29] BVerfGE 84, 348, (359 f.).

[30] Vgl. BVerfGE 110, 274 (292); 117, 1 (31).

[31] BVerfGE 120, 1 (30); wie oben zuletzt BVerfGE 125, 1 (37).

[32] BVerfGE 122, 210 (232).

diesen Befund gelegentlich nur durch einen Hinweis auf existente gesetzliche Härte- bzw. Billigkeitsklauseln – insbesondere die des § 131 RAO = §§ 163, 227 AO –, die bei der Beurteilung der Verfassungsmäßigkeit von generalisierenden und typisierenden Normen ins Gewicht fallen sollten[33] und in ihrem tatbestandlichen Rahmen darüber hinaus auch „der Wirkkraft der Grundrechte" zugänglich gemacht wurden[34].

In diesem Sinne fest angeseilt an eine gesetzliche Billigkeitsregelung (§ 131 RAO) blieb denn auch der bis zur eingangs genannten Entscheidung vom 3.9.2009[35] fortwirkende erste wesentliche Einbruch in die herkömmliche Typisierungsdoktrin durch den Beschluss des Ersten Senats vom 5.4.1978[36]. Er nahm unter Hinweis auf das rechtsstaatliche Übermaßverbot einen Zwang zum Billigkeitserlass an, „wenn die Folgen (sc. einer schematisierenden Belastung) extrem über das normale Maß hinausschießen, das der Schematisierung zugrunde liegt (Isensee, Die typisierende Verwaltung, 1976, S. 130 f.), oder anders ausgedrückt: wenn die Erhebung der Steuer im Einzelfall Folgen mit sich bringt, die unter Berücksichtigung der gesetzgeberischen Planvorstellung durch den gebotenen Anlass nicht mehr gerechtfertigt sind (Selmer, Steuerinterventionismus und Verfassungsrecht, 1972, S. 290 f.)". Diese Einschätzung der verfassungsrechtlichen Relevanz des atypischen Härtefalls hat die 3. Kammer des Zweiten Senats, ebenfalls freilich unter dem Dach einer gesetzlichen Billigkeitsklausel (§ 227 AO), in einem Beschluss vom 13.12.1994[37] bestätigt – bezogen auf den Fall, dass ein Gesetz, das in seinen generalisierenden Wirkungen verfassungsgemäß ist, „im Einzelfall zu Ergebnissen führt, die dem Belastungsgrund des Gesetzgebers zuwiderlaufen". Ein solcher Überhang des gesetzlichen Tatbestandes sei „aus Gründen der Belastungsgleichheit" zu vermeiden, wenn die Anwendung des Gesetzes zu sachwidrigen Härten führe. Das könne der Fall sein, „wenn die Erhebung der Steuer im Einzelfall Folgerungen mit sich bringt, die unter Berücksichtigung der gesetzgeberischen Planvorstellung durch den gebotenen Anlass nicht mehr gerechtfertigt sind".

Die vorgenannten Beschlüsse[38] wie auch der sie aufgreifende Kammerbeschluss vom 3.9.2009[39] beharren freilich – mit Recht – darauf, dass im Rahmen einer Billigkeitsklausel keine Durchbrechung oder Korrektur des gesetzgeberischen Willens und seiner Planvorstellungen stattfinden, sondern nur einem un-

---

[33] Vgl. BVerfGE 14, 76 (104); 21, 54 (71); 35, 283 (291); 43, 1 (12); 48, 102 (114); 93, 165 (171).

[34] BVerfGE 43, 291 (376); 48, 102 (114).

[35] Vgl. Fn. 3.

[36] BVerfGE 48, 102 (116) = JuS 1978, 716 (Selmer).

[37] BVerfG, NVwZ 1995, 989 = JuS 1996, 273 (Selmer).

[38] Vgl. Fn. 36 und 37.

[39] Vgl. Fn. 3.

gewollten Überhang des gesetzlichen Tatbestandes abgeholfen werden dürfe. Härten, auch solche atypischer Natur, die der Gesetzgeber bei der Ausgestaltung eines Tatbestandes offenbar in Kauf genommen hat, bleiben damit vom Billigkeitsausgleich grundsätzlich ausgeschlossen. Die entscheidende Frage, ob sie – abgesehen von einer vom BVerfG in der Tat in Erwägung gezogenen Gesetzeskorrektur[40] – als solche, d. h. unabhängig von einer Härteklausel, potentiell einem verfassungsgerichtlichen Unwerturteil unterliegen, hat das Gericht im Hinblick auf den allgemeinen Gleichheitssatz bisher weder gestellt noch ausdrücklich beantwortet[41].

2. Typisierung als Problem verfassungsgebotener Freiheitsgewährung durch den Gesetzgeber

Während mithin der Einzelfall im Rahmen des allgemeinen Gleichheitssatzes als alleiniger Maßstabsnorm im härtefallklauselexternen Bereich kaum eine Rolle spielt, zeigt eine Musterung der einschlägigen Judikatur des BVerfG recht deutlich, dass das Gericht dem Einzelfall beim thematischen Eingreifen von Freiheitsrechten – insbesondere von Art. 12 I GG – offenbar einen höheren Stellenwert zuzubilligen geneigt ist. Er ist freilich ungeachtet einer Reihe von Ansätzen noch nicht abschließend geklärt, wovon noch zu handeln sein wird. Im Grundsatz entschieden und durch eine kontinuierliche Rechtsprechung abgesichert scheint nur die Konstellation ihrerseits typisierbarer Einzelfälle einer Gruppe: „Werden durch eine Berufsausübungsregelung, die im ganzen nicht zu beanstanden ist, innerhalb der betroffenen Gruppe nicht nur einzelne, aus dem Rahmen fallende Sonderfälle, sondern bestimmte, wenn auch zahlenmäßig begrenzte, Gruppen typischer Fälle ohne zureichende sachliche Gründe wesentlich stärker belastet, dann kann Art. 12 I GG in Verbindung mit Art. 3 I GG verletzt sein"[42].

Die hieraus unschwer abzulesende grundrechtliche Unbeachtlichkeit „einzelner, aus dem Rahmen fallender Sonderfälle" ist im Schrifttum auf Kritik gestoßen[43], die nicht nur darauf hinweist, dass „– theoretisch – jeder noch so singuläre Fall in seiner Eigenart als Typus beschreibbar" sei, sondern darüber hinaus vor allem auch auf den „Vorrang der Verfassung (Art. 20 III, Art. 1 III GG)", der ein schlichtes Übergehen des grundrechtlichen Einzelfalles ausschlösse[44]. Der vorstehend skizzierten Judikatur des BVerfG zur Seite steht

---

[40] Vgl. BVerfG, NVwZ 1995, 989 = JuS 1996, 273 (*Selmer*).

[41] Vgl. implizit immerhin BVerfGE 43, 1 (12); 60, 16 (51).

[42] BVerfGE 30, 292 (327); s. ferner BVerfGE 34, 1 (79); 38, 61 (95); 68, 155 (173).

[43] Vgl. *I. Pernice* (Fn. 14), S. 463; *Selmer* (Fn. 1), S. 70 f.

[44] *I. Pernice* (Fn. 14); S. 463.

denn auch ein durchaus individualrechtsfreundlicherer Aspekt seiner Typisierungsrechtsprechung, der freilich nach wie vor nicht ausgereift erscheint. Er geht mit Recht aus – etwa – von der „Bedeutung der Berufsfreiheit für die Freiheit jeder einzelnen Persönlichkeit"[45] und hat erstmals 1975 im Beschluss eines Vorprüfungsausschusses des Ersten Senats ausdrücklichen Niederschlag gefunden: Es sei „nicht von der Hand zu weisen, dass die Anwendung eines Gesetzes in besonders gelagerten Fällen zu einem Eingriff in verfassungsrechtlich geschützte Rechtsgüter führen" könne[46]. Allerdings ließ das Gericht die entscheidende Frage dahingestellt, wieweit für diese Fälle „allgemein ein verfassungsrechtlicher Zwang zur Aufstellung von Härteklauseln" bestehe[47], da eine derartige Regelung bereits in § 131 RAO getroffen sei, bei dessen Auslegung der „Wirkkraft der Grundrechte, insbesondere auch des Art. 14 GG", Rechnung getragen werden müsse.

Die damit von ihm selbst aufgeworfene Frage, wie es im härtefallklauselfernen Bereich mit dem grundrechtlichen Individualrechtsschutz bestellt ist, hat das BVerfG bislang nicht in übergreifender Weise beantwortet. Abgelehnt hat es das Gericht, § 131 RAO einen über den Bereich der öffentlich-rechtlichen Geldleistungspflichten hinausweisenden „Rechtsgrundsatz" zu deduzieren und unter Hinweis auf den Grundsatz der Gesetzmäßigkeit der Verwaltung (Art. 20 III GG) darauf beharrt, dass jede Ausnahme von diesem Grundsatz „einer besonderen gesetzlichen Ermächtigung" bedürfe[48]. Die Judikatur des BVerwG entspricht dem: Die Ansicht, dass es neben § 131 RAO „einen ihm inhaltsgleichen ungeschriebenen allgemeinen Rechtsgrundsatz" gebe, überschreite „die der Rechtsprechung durch ihre Bindung an Gesetz und Recht (Art. 20 III GG) gezogene verfassungsrechtliche Schranke"[49]. Die sich insoweit im härtefallklauselfernen Bereich offenbarende verfassungsgerichtliche Lücke im individuellen Grundrechtsschutz ist bislang nicht geschlossen worden. Sie steht im bemerkenswerten Gegensatz zu der heute im Schrifttum gesicherten Einsicht, dass grundrechtlicher Freiheitsschutz „Individualrechtsschutz" ist und deshalb jeweils in concreto eine Härtefallentscheidung im Einzelfall geboten ist[50]. Hieran ist vorliegend nicht mehr zu rütteln. Der Suche nach einem „allgemeinen

---

[45] BVerfGE 16, 147 (177).

[46] BVerfG, NJW 1976, 101 = JuS 1976, 193 (*Selmer*) m. Stellungnahmen von dems., StRK-Anm. GG Art. 14 R. 79, und *K. H. Friauf*, Substanzeingriff durch Steuer-Kumulation und Eigentumsgarantie, StuW 1977, 59 (64 f.).

[47] Insoweit verweist das BVerfG auf *P. Lerche*, Übermaß und Verfassungsrecht, 1961, S. 193; *P. Selmer* (Fn. 13), S. 557; *H. U. Erichsen*, Baudispens und Übermaßverbot, DVBl 1967, 269.

[48] BVerfGE 30, 292 (332).

[49] BVerwG, DÖV 1973, 784 = JuS 1974, 122 (*Selmer*).

[50] Vgl. für viele *P. Kirchhof* (Fn. 14), S. 789; *P. Selmer* (Fn. 1), S. 70 m. w. Nachw.

Rechtsgrundsatz" mit rechtsnormativer Verbindlichkeit i. S. des Art. 20 III GG
bedarf es im Grundrechtsbereich nicht.

3. Resümee

Die vorstehende Skizze hat verdeutlicht, dass der allgemeine Gleichheitssatz
in der Judikatur des BVerfG dem Typisierungs- und Generalisierungsstreben
des Gesetzgebers einen beträchtlichen, gelegentlich sogar die Besonderheiten
ganzer Gruppen vernachlässigenden Gestaltungsspielraum einräumt; die individuelle Komponente als solche tritt nur dort in den Vordergrund, wo „von Anfang an" mit beachtlichen Härtefällen zu rechnen war[51]. Demgegenüber entwickeln die Freiheitsrechte, insbesondere die Berufsfreiheit, in der Rechtsprechung des Gerichts a priori einen deutlich stärkeren Bezug zum Individuellen[52],
sei es zu einer (noch) typisierbaren kleinen Untergruppe, sei es – jedenfalls ansatzweise – zu einem spezifischen Einzelfall. Hervorzuheben bleibt indes, dass
das BVerfG sowohl für den allgemeinen Gleichheitssatz als auch für das Regime der Freiheitsrechte entsprechend dem Grundsatz der Gesetzmäßigkeit der
Verwaltung (Art. 20 III GG) entschieden auf einer expliziten gesetzlichen Ermächtigung zur Härtefallberücksichtigung bestanden hat: Bei Fehlen einer solchen Ermächtigung hat das Gericht zwar gelegentlich die Schaffung einer solchen von Verfassungs wegen angemahnt[53], ansonsten aber die grundsätzliche
Verpflichtung der zuständigen Behörden ausgesprochen, die einfachgesetzlichen typisierten Regelungen ohne Rücksicht auf atypische Konstellationen
durchzusetzen[54]. Die damit zu registrierende Kluft zwischen dem eine besondere Härtefallermächtigung fordernden Grundsatz der Gesetzmäßigkeit der Verwaltung einerseits und dem gleichermaßen verfassungskräftigen individuellen
Grundrechtsschutz andererseits[55] zu schließen, ist dem BVerfG bisher nicht gelungen[56].

---

[51] Vgl. BVerfGE 60, 16 (51 f.); 68, 155 (173 ff.); s. a. BVerfGE 12, 151 (166).

[52] Vgl. zust. aus jüngerer Zeit *G. Britz* (Fn. 14), S. 42.

[53] Vgl. BVerfGE 60, 16 (51 f.); 68, 155 (173 f.).

[54] Vgl. besonders deutlich BVerfGE 30, 292 (332).

[55] Vgl. BVerfGE 60, 234 (242): „Es wäre mit dem Vorrang der Verfassung (Art. 20
III, Art. 1 III GG) unvereinbar, wenn eine verfassungsrechtliche Gewährleistung kraft
einfachen Rechts ausgeschaltet werden könnte".

[56] Vgl. noch den entsprechenden Befund bei *L. Osterloh* (Fn. 6), S. 126, und *I. Pernice* (Fn. 14), S. 270.

IV. Insbesondere: Die grundrechtliche Bewältigung „einzelner, aus dem Rahmen fallender Sonderfälle"

Im Folgenden kann es nicht mehr darum gehen, wie im Einzelnen das BVerfG die grundrechtlichen Einwirkungskräfte und ihre Grenzen auf existente gesetzliche Härteklauseln fernerhin ausloten sollte. Vielmehr steht nunmehr allein das weitgehende Desiderat seiner Judikatur[57] in Rede, wie es mit dem individuellen Grundrechtsschutz – den nicht nur die Freiheitsrechte, sondern auch der allgemeine Gleichheitssatz vermitteln[58] – bestellt ist, wenn „einzelne, aus dem Rahmen fallende Sonderfälle" die Frage nach ihrer grundrechtlichen Beachtlichkeit aufwerfen. Vorab sei noch einmal verdeutlicht, welche Konstellationen nicht unter diese Kategorie fallen.

Zunächst wird jeweils in concreto noch einmal zu erwägen sein, ob sich die Sonderfälle nicht doch zu einer, wenn auch zahlenmäßig begrenzten, Untergruppe typischer Fälle[59] verdichten lassen, mit der vom BVerfG formulierten Konsequenz, dass ihr bei fühlbarer Mehrbelastung und Fehlen einer Härteklausel die Verfassungswidrigkeit zu attestieren ist[60]. Dabei ist auch in Rechnung zu stellen, dass bei Fehlen einer Härteklausel an die Typisierung höhere Anforderungen gestellt werden müssen[61]. Entsprechendes hat zu gelten, wenn von Anfang an mit solchen sich der Typengerechtigkeit entziehenden Härtefällen zu rechnen ist, daher entsprechende Regelungen zu Milderung besonderer Belastungen a priori unerlässlich sind[62]. Das trifft im Wesentlichen zu auch für die von Gabriele Britz jüngst entwickelte spezifische Kategorie des „Generalisierungsunrechts"[63], das – wie etwa die auf vermutete Leistungsdefizite abzielende Setzung berufsspezifischer Höchstaltersgrenzen – alle diejenigen zu Generalisierungsopfern macht, die die normativ unterstellte Eigenschaft nicht aufweisen[64].

---

[57] Abzusehen ist von dem Beschluss eines Dreier-Ausschusses des Ersten Senats vom 27.10.1975 (Fn. 46), der indes zwar die potentielle Grundrechtsrelevanz des atypischen Sonderfalles hervorhob, die Lösung des darin angelegten Problems indes (im Hinblick auf § 131 RAO) aufschob.

[58] Zum Grundrechtscharakter des Art. 3 I GG vgl. *M. Sachs*, Der Gleichheitssatz als eigenständiges subjektives Grundrecht, in: Festschr. f. Friauf, 1996, S. 309 (312 ff.); *W. Heun*, in: H. Dreier, Grundgesetz, 2. Aufl. 2004, Art. 3 Rn. 17, jew. m. w. Nachw.

[59] Zum Begriff der Typisierung vgl. BVerfGE 122, 210 (232).

[60] BVerfGE 30, 292 (327, 333).

[61] Vgl. etwa *Ch. Starck*, in: v. Mangoldt/Klein/Starck, Grundgesetz, 3. Aufl. 1985, Art. 3 Rn. 18; s. a. BVerfGE 60, 16 (43 ff., 51 f.).

[62] BVerfGE 68, 155 (173 ff.); s. a. BVerfGE 58, 137 (149 ff.).

[63] *G. Britz* (Fn. 14), S. 2 ff. und passim.

[64] Vgl. *G. Britz* (Fn. 14), S. 11 ff., 40 ff., 133 ff., 212 ff.

Sofern die vorgenannten Konstellationen nicht eingreifen, es sich vielmehr in der Tat um einen ganz singulären, aus dem Rahmen fallenden Sonderfall handelt, der sich der übergreifenden gesetzgeberischen Normierung entzieht[65], so stellt sich die Frage nach seiner grundrechtlichen Erheblichkeit allerdings unausweichlich. Insoweit sollte es für das BVerfG vorrangig vor allem darum gehen, sich von seinem strikten Beharren auf einer vermittelnden expliziten gesetzlichen Ermächtigung zur Härtefallberücksichtigung vorsichtig zu lösen. Der aus Art. 20 III GG resultierende und durch Art. 100 I GG bestätigte grundsätzliche Anwendungsvorrang des einfachen Gesetzes greift für den singulären, sich einer Normierung entziehenden Sonderfall nicht und macht dem Geltungsvorrang der Grundrechte (Art. 1 III GG) Platz, der es ausschließt, „dass eine verfassungsrechtliche Gewährleistung kraft einfachen Rechts ausgeschaltet werden könnte"[66]. Erscheint damit auch die unmittelbare Einwirkungskraft der Grundrechte auf diesen Sonderfall als gesichert, so bedarf es doch gegebenenfalls stets einer materiellen Betrachtung, welche Grundrechtseinbuße dem Betroffenen zugunsten der Typisierung zugemutet werden kann. In diesem Sinne hat sich die jeweils anzustellende, durch das grundrechtlich-rechtsstaatliche Verhältnismäßigkeitspostulat erzwungene Zumutbarkeitsprüfung auf alle Elemente des konkreten Einzelfalles zu richten, um im Wege einer Abwägung zu einem individualrechtsangemessenen Ergebnis zu gelangen[67].

V. Schlussbemerkung

Es bleibt schließlich die Frage der Härtemilderungskompetenz. Gesichert ist naturgemäß, dass Zuständigkeit und Verantwortung für die verfassungsgemäße Typisierung von Sachverhalten hinsichtlich bestimmter Gruppen oder ihrerseits typisierungsfähiger Untergruppen – seien diese aktuell oder doch im weiteren Verlaufe der Gesetzesanwendung absehbar zu erwarten – dem Gesetzgeber obliegen. Diesem einen mit allseitiger Verbindlichkeit versehenen Verstoß gegen die Grundrechte zu attestieren, steht weder der Verwaltung noch der Fachgerichtsbarkeit zu. Allein das BVerfG hat insoweit, sofern nicht eine verfassungskonforme Auslegung[68] oder das Auffangnetz einer Härteklausel[69] Platz greift, eine Härtemilderungszuständigkeit, die gegebenenfalls in einem – vollständi-

---

[65] Vgl. zu dieser Konstellation auch *K. H. Friauf* (Fn. 46), S. 65.

[66] BVerfGE 60, 234 (242).

[67] Vgl. zur Bedeutung von Verhältnismäßigkeit und Zumutbarkeit für die Einzelfallgerechtigkeit *P. Kunig*, Das Rechtsstaatsprinzip, 1986, S. 350 ff.; *G. Kirchhof*, Die Allgemeinheit des Gesetzes, 2009, S. 224 ff.; *I. Pernice* (Fn. 14), S. 476 ff., 485 ff. und passim; *P. Kirchhof* (Fn. 6), § 118 Rn. 98; *G. Britz* (Fn. 14), S. 40 ff., 212 ff.; *W. Heun* (Fn. 58), Art. 3 Rn. 33.

[68] BVerfGE 12, 151 (166).

[69] BVerfGE 38, 61 (95).

gen oder teilweisen – grundrechtlichen Unwerturteil über die unangemessen typisierte Inanspruchnahme der Betroffenen zum Ausdruck kommt. Dagegen ist dem hier in Rede stehenden ganz aus der normierten Typik herausfallenden, sich einer Normierung auch entziehenden Sonderfall mit dem Instrument einer gesetzlichen Härteklausel nicht beizukommen[70]. Die vom BVerfG seinerzeit aufgeworfene, allerdings niemals vertiefte Frage nach der grundrechtlichen Zwangsläufigkeit einer solchen Klausel[71] ist zu verneinen. So wird sich das Gericht in einem einschlägigen Fall entscheiden müssen, ob es der These einer allgemeinen Billigkeitskompetenz der Verwaltung folgt, „die als Element kooperativer Gewaltenteilung legitimiert ist"[72], oder unter Absehen vom grundsätzlichen Anwendungsvorrang des einfachen Gesetzes und Einbeziehung der gleitenden Steuerungskraft des Übermaßverbots auf die unmittelbare Verpflichtungskraft der Grundrechte abstellt. Im letzteren Falle hat gegebenenfalls das BVerfG dem Betroffenen die Verfassungswidrigkeit des Eingriffs in seine Grundrechtssphäre zu bestätigen[73], sofern nicht ein gesetzlicher Ermessensspielraum oder die Unbestimmtheit der gesetzlichen Regelung als Mittel zur Sicherung grundrechtlicher Einzelfallgerechtigkeit[74] in Betracht kommen.

---

[70] *I. Pernice* (Fn. 14), S. 464; a. A. noch *P. Selmer* (Fn. 13), S. 559 f.

[71] Vgl. BVerfG, aaO (Fn. 46).

[72] *I. Pernice* (Fn. 14), S. 465 und passim.

[73] Vgl. m. w. Nachw. näher *W. Heun*, Normenkontrolle, in: Festschr. 50 Jahre BVerfG, 2001, 615 ff., 634 ff.

[74] Vgl. zur „Unbestimmtheit gesetzlicher Regelungen" als einem „verfassungsrechtlich adäquaten Mittel, um das rechtsstaatliche Ziel grundrechtlicher Freiheitssicherung durch materielle Gerechtigkeit im Einzelfall zu fördern", nachdrücklich etwa *L. Osterloh* (Fn. 6), S. 126 f.

„Die innere Ordnung der Parteien muss
demokratischen Grundsätzen entsprechen."

(Art. 21 Abs. 1 Satz 3 GG)

Demokratische Willensbildung.
Zur inneren Ordnung der politischen Parteien

Carsten Stender

I. Hinführung

1. Zur Bedeutung innerparteilicher Demokratie

Das parlamentarische Regierungssystem steht und fällt mit den politischen Parteien. Sie sind „tragende Strukturelemente des politischen Lebens".[1] Der demokratisch verfasste Staat empfängt die Impulse seines Handelns aus der Gesellschaft. Die staatliche Sphäre bedarf der Spontanität eines dynamischen, politischen Lebens, die sie aus sich selbst heraus nicht hervorbringen könnte.[2] Diese Dynamik ist die Domäne der politischen Parteien. Sie sind – in der Sprache Carlo Schmids – die Kräfte, die unser öffentliches Leben, unser öffentliches Bewusstsein in Fluss und Bewegung halten.[3] Sie sind gefordert als Ideenproduzenten, Werbeträger für die demokratische Ordnung, Konfliktregulierungs- und Vermittlungsinstitutionen.[4]

Politisch-faktisch wirken die Parteien als „Kreationsorgane" der staatlichen Institutionen.[5] Innerparteiliche Demokratie ist deshalb eine notwendige Bedingung von Demokratie überhaupt, weil undemokratische Binnenstrukturen der Parteien den Staat früher oder später „infizieren" und mittelbar die demokrati-

---

[1] *Tsatsos,* Dimitris Th. / *Morlok,* Martin, Parteienrecht, Heidelberg 1982, S.V, 1.

[2] *Henke,* Wilhelm, Das Recht der politischen Parteien, 2. neubearbeitete Auflage, Göttingen 1972, S. 3.

[3] *Schmid,* Carlo: Rede im Parlamentarischen Rat am 8. September 1948, in: Deutscher Bundestag / Bundesarchiv (Hrsg.): Der Parlamentarische Rat 1948–1949, Akten und Protokolle", Band 9, München 1996, S. 20 ff.

[4] *Klein,* Hans Hugo, Kommentar zu Art. 21 GG, in: Maunz, Theodor / Dürig, Günter et altera, Grundgesetz Loseblatt-Kommentar, Art. 21, München (Stand: 60. Ergänzungslieferung 2010), Rdnr. 168.

[5] *Müller,* Ute, Die demokratische Willensbildung in den politischen Parteien, Mainz 1967.

sche Staatlichkeit gefährden würden.[6] Diese verfassungsrechtliche Anforderung an die demokratische Binnenverfassung der Parteien ist Ausdruck historischer Erfahrung: Autoritär und antidemokratisch organisierte Parteien haben zum Ende der Weimarer Republik und zur Errichtung der nationalsozialistischen Terrorherrschaft einer einigen Partei beigetragen. Die Mütter und Väter des Bonner Grundgesetzes unternahmen daher den Versuch, die neue Demokratie und die freiheitliche Verfassungsordnung an ihrer Quelle zu sichern.[7]

Der tiefere Sinn der Parteiendemokratie liegt in ihren Partizipationschancen. Faktisch ist die Mitwirkung an politischen Sachentscheidungen und an der Auswahl des Führungspersonals nur über die Mitarbeit in politischen Parteien möglich. Das gilt jedenfalls sofern der Einzelne nicht ganz ausnahmsweise aus einer wirtschaftlichen oder publizistischen Machtposition oder aus dem Zusammenschluss in anderen politisch relevanten Verbänden seine Interessen zur Geltung bringen kann.[8] Nur eine demokratische Ausgestaltung von Strukturen und Verfahren in den Parteien stattet den Bürger mit entsprechend effektiven Mitbestimmungsmöglichkeiten aus.[9]

2. Rechtswissenschaftlicher Forschungsstand

Das Rechtsinstitut der politischen Partei wurde durch die Rechtswissenschaft in der Vergangenheit eher zögerlich angenommen. Gemessen an der politischen Bedeutung ist es bis heute in der Literatur eher wenig rezipiert. Auch nachdem das Grundgesetz schließlich Notiz von den Parteien genommen hatte, hielt sich die Rechtswissenschaft zunächst vornehm zurück, sich diesem verfassungsrechtlichen Novum zu widmen. Beim einfachen Gesetzgeber lagen die Dinge ähnlich: Der Erlass des Parteiengesetzes musste zwei Jahrzehnte nach Gründung der Bundesrepublik durch das Bundesverfassungsgericht erzwungen werden. Über Dekaden gab es als einzige parteienrechtliche Habilitationsschrift nur das Standardwerk von Henke über „Das Recht der politischen Parteien".[10] Ei-

---

[6] *Henke,* Wilhelm, Kommentar zu Art. 21 GG, in: Dolzer, Rudolf/Vogel, Klaus (Hrsg.), Bonner Kommentar zum Grundgesetz (Loseblatt), (Stand: Drittbearbeitung September 1991), Rdnr. 262.

[7] *Hesse,* Konrad, Grundzüge des Verfassungsrechts der Bundesrepublik Deutschland, Neudruck der 20. Auflage, Heidelberg 1999, Rdnr. 175; *Morlok,* Martin, Kommentar zu Art. 21 GG, in: Dreier, Horst (Hrsg.), Grundgesetz-Kommentar, Bd.2, 2. Aufl. 2006, Rdnr. 115; Parteienrechtskommission, Rechtliche Ordnung des Parteiwesens. Probleme eines Parteiengesetzes. Bericht der vom Bundesminister des Innern eingesetzten Parteienrechtskommission, Bonn 1957, S. 154 f.

[8] *Bull,* Hans Peter, Leitsätze zur Innerparteilichen Demokratie. In: Recht und Politik 10 (1974), S. 79 ff. (79).

[9] Dreier-*Morlok*, Art. 21, Rdnr. 115.

[10] *Henke,* s. Fn. 2.

nen ähnlichen Status erreichte noch das Opus Magnus des Praktikers Seifert über „Die politischen Parteien im Recht der Bundesrepublik Deutschland".[11]

Es sollte vier Jahrzehnte nach Inkrafttreten des Parteiengesetzes dauern, bis der erste wissenschaftliche Kommentar von Ipsen folgte.[12] Inzwischen liegt ein weiterer von Kersten und Rixen vor.[13] Ein dritter Kommentar von Rossi und Lenski ist in Vorbereitung.[14] Daneben galten parteirechtlichen Fragen einige vereinzelte Dissertationen und Aufsätze, die aber nicht so viel Dichte und wechselseitige Bezogenheit erreicht haben, dass man von einer echten Parteirechtsdogmatik sprechen könnte. Neuerdings unternimmt die Habilitation von Foroud Shirvani den Versuch einer grundlegenden Systematisierung des Parteienrechts.[15]

In den politisch bewegten 60er und 70er Jahren waren einige Autoren angetreten, den Kampf um die politische Macht und die gesellschaftliche Emanzipation mit den Mitteln des Parteienrechts ordnen und disziplinieren zu wollen. Es verwundert nicht, dass viele – zum Teil fachfremde – Autoren dieser Ära durch ihr politisches Wirken zu einiger Bekanntheit gelangt sind. Zu denken ist hier etwa an Wolfgang Abendroth[16], Hermann Scheer[17] oder Norbert Lammert[18]. In gewisser Weise steht auch die 1994 erschienene Dissertation von Guido Westerwelle über „Das Parteienrecht und die politischen Jugendorganisationen"[19] in dieser Tradition. Sie war vom verdienstvollen Dimitris Tsatsos betreut worden, der im April 2010 verstorben ist.

---

[11] *Seifert*, Karl-Heinz, Die politischen Parteien im Recht der Bundesrepublik Deutschland, Köln / et altera 1975.

[12] *Ipsen*, Jörn (Hrsg), Parteiengesetz. Kommentar, München 2008.

[13] *Kersten*, Jens / *Rixen*, Stephan (Hrsg.), Parteiengesetz (PartG) und europäisches Parteienrecht. Kommentar, Stuttgart 2009.

[14] *Rossi*, Matthias / *Lenski*, Sophie-Charlotte, Parteiengesetz und Recht der Kandidatenaufstellung. Handkommentar, Baden-Baden 2011 (im Erscheinen).

[15] *Shirvani*, Foroud, Das Parteienrecht und der Strukturwandel im Parteiensystem: Staats- und europarechtliche Untersuchungen zu den strukturellen Veränderungen im bundesdeutschen und europäischen Parteiensystem, Tübingen 2010.

[16] *Abendroth*, Wolfgang, Innerparteiliche und innerverbandliche Demokratie als Voraussetzung der politischen Demokratie, in: Ders., Wirtschaft, Gesellschaft und Demokratie in der Bundesrepublik, Frankfurt a.M. 1965, S. 74 ff.

[17] *Scheer*, Hermann, Innerorganisatorische und innerparteiliche Demokratie. In: Greiffenhagen, Martin (Hrsg.), Demokratisierung in Staat und Gesellschaft, München 1973, S. 140 ff.

[18] *Lammert*, Norbert, Lokale Organisationsstrukturen innerparteilicher Willensbildung, Fallstudie am Beispiel eines CDU-Kreisverbandes im Ruhrgebiet, Bonn 1976.

[19] *Westerwelle*, Guido, Das Parteienrecht und die politischen Jugendorganisationen, Baden-Baden 1994.

Tsatsos hatte 1985 ein breit angelegtes Forschungsprojekt über „Das Parteienrecht der EG-Staaten" initiiert. Daraus ging im Sommer 1991 das Institut für Deutsches und Europäisches Parteienrecht (PRuF) hervor. 1997 folgte ihm Martin Morlok als Institutsdirektor. Mit der Arbeit von Tsatsos und Morlok verbinden sich ein Durchbruch und eine gewisse Etablierung der Parteienrechtswissenschaft. Sie begründen die „Schriften zum Parteienrecht". Eine wichtige Plattform des wissenschaftlichen Austausches stellen auch die Mitteilungen des Instituts für Deutsches und Europäisches Parteienrecht und Parteienforschung (MIP) dar.

Eine besondere Würdigung verdient an dieser Stelle der Beitrag Hans Peter Bulls zur Parteienrechtswissenschaft: Noch vor seiner Habilitation, meldete sich Bull 1971 mit der provokanten Frage „Demokratie – nur im geheimen?", zu Wort. Anlass waren Parteiausschlussverfahren im SPD-Landesverband Hamburg, dem Bull seit 1967 angehört. So stritt Hans Peter Bull in der Zeitschrift für Rechtspolitik gegen das Partei-Establishment um Hans-Ulrich Klose und für das Recht der Jungsozialisten auf innerparteiliche Opposition. Er wurde prompt zum Vorsitzenden der Landesschiedskommission gewählt. 1973, im Jahr seiner Berufung zum Professor für Öffentliches Recht erarbeitete eine Kommission der Arbeitsgemeinschaft sozialdemokratischer Juristen unter seinem Vorsitz „Leitsätze zur innerparteilichen Demokratie". Sie sind von zeitloser Gültigkeit. Nach vielen Jahren der Mitgliedschaft in der Bundesschiedskommission bekleidete er dort von 1997 bis 2003 das Amt eines stellvertretenden Vorsitzenden. Im obersten SPD-Parteigericht erwarb er sich etwa bei der Aufarbeitung der Kölner Parteispendenaffäre große Verdienste. Bulls Blick auf das Parteienrecht ist so bemerkenswert, weil er als Insider der Parteigerichtsbarkeit die nötige empirische Sättigung einbringt. Er stellt die Gretchenfrage, wie sich die demokratischen Grundsätze in ihrer organisationspolitischen Ausformung beweisen.

3. An den Grenzen der Organisationsfreiheit

Das Parteienrecht formiert sich im Zusammenwirken von Vorgaben des Grundgesetzes, den Vorschriften des Parteiengesetzes und der Wahlgesetze mit dem Binnenrecht der Parteien. Innerhalb der Parteien ergibt sich eine Ordnung ganz besonderer Art. Sie ist geprägt durch die Verknüpfung des Bundessatzungsrechts mit den Gliederungssatzungen, Richtlinienbeschlüssen, Geschäftsordnungen und den Entscheidungen der innerparteilichen Schiedsgerichte. Es handelt sich um politisches Kampfrecht, das um Mechanismen von Legitimation, Partizipation und Kontrolle ringt. An der Spitze dieser Normenpyramide thront das Bonner Grundgesetz. Es bestimmt in Art. 21 Abs. 1 S. 3 GG, dass die innere Ordnung der politischen Parteien demokratischen Grundsätzen zu entsprechen hat. Diese Vorschrift ist im nationalen wie im ausländischen

Verfassungsrecht ohne Vorbild.[20] Mindestens solange den Parteien eine wesentliche Rolle bei der politischen Willensbildung des Volkes zukommt, zählt auch die innerparteiliche Demokratie zum Demokratieprinzip des GG und wird damit kraft Art. 79 Abs. 3 GG änderungsfest.[21]

Das Gebot innerparteilicher Demokratie wird rechtsdogmatisch zumeist als Einschränkung der Parteienfreiheit – nämlich der in ihr enthaltenen Organisationsfreiheit – verstanden.[22] Anders als andere Vereine und Verbände unterliegen die politischen Parteien bei der Gestaltung ihres verbandsinternen Raumes besonderen Anforderungen. Sie sind an verfassungsrechtlich vorausgesetzte Strukturprinzipien gebunden, die ihre Satzungsautonomie beschränken. Die Verfassung setzt dem Ringen um die Ausgestaltung der Organisationsfreiheit einen Rahmen, der bei der Normierung konkreter Willensbildungsstrukturen politischer Parteien gebührende Beachtung verlangt. Andere Autoren stellen dabei weniger auf die Einengung der Organisationsfreiheit, sondern auf deren freiheitsdienlichen Zweck ab: Von der Parteifunktion her betrachtet stellt die Verpflichtung der Parteien auf interne Demokratie auch eine Gewährleistung der inneren Freiheit der Parteien dar.[23] Paradoxerweise handelt es sich also um eine Beschränkung der Parteienfreiheit im Dienste der Parteienfreiheit.

II. Grundsätze einer demokratischen inneren Ordnung

1. Strukturelle Homogenität des Aufbaus von Partei und Staat

Die Bedeutung des Verfassungsgebots der innerparteilichen Demokratie in Art. 21 Abs. 1 Satz 3 GG ist insofern eine rechtswissenschaftliche Herausforderung, als ein staatsrechtliches Prinzip – nämlich das der Demokratie – auf die Ordnung einer nichtstaatlichen Einrichtung – nämlich der Parteien – angewendet wird.[24] Ein ähnliches theoretisches Problem taucht unter dem Stichwort „Wirtschaftsdemokratie" auch in der Diskussion um geeignete Strukturen der Unternehmensmitbestimmung auf.[25] Im Fall der Parteien geht es um die Frage, wie der Demokratiebegriff in Art. 21 Abs. 1 S. 3 GG auf den staatlichen Demokratiebegriff des Art. 20 Abs. 1 GG inhaltlich Bezug nimmt.[26] Der gemein-

---

[20] *Klein,* Rdnr. 332.

[21] Dreier-*Morlok,* Art. 21 GG, Rdnr. 115.

[22] BVerfGE 20, 56 (109); BK-Henke, Art. 21, Rdnr. 255.

[23] Dreier-*Morlok,* Art. 21, Rdnr. 115; *Hesse,* Grundzüge, Rdnr. 175.

[24] *Henke,* S. 49.

[25] *Blankau,* Jutta, Wirtschaftsdemokratie aus gewerkschaftspolitischer Perspektive. In: SPW 5/2010, S. 30 ff.

[26] *Tsatsos/Morlok,* S. 36.

same Kern liegt darin, dass das Konzept der Volkssouveränität auch auf die innerparteiliche Willensbildung anzuwenden ist.[27] Alle staatliche Autorität legitimiert sich von der Gesellschaft her.[28] So wie alle Staatsmacht vom Volke ausgeht, legitimiert sich alle Parteimacht von den Mitgliedern her.[29]

Jenseits dieses Kerns ist manches zweifelhaft: Schon der Wortlaut der Vorschrift zeigt, dass die Strukturen der politischen Willensbildung innerhalb der Parteien denjenigen im Staat nicht gleichen, sondern nur deren „Grundsätzen entsprechen" müssen.[30] Es geht um strukturelle „Homogenität der Parteien mit den Grundsätzen des demokratischen Statutes".[31] Ein organisationsrechtliches Gleichmaß, wie es das föderale Homogenitätsgebot des Art. 28 Abs. 1 GG für Bund und Länder fordert, ist nicht gemeint. Wie im Fall des europäischen Homogenitätsgebots (Art. 23 Abs. 1 Satz 1 GG) fordert auch das parteipolitische Homogenitätsgebot keine Uniformität, sondern lediglich Nähe und Anschlussfähigkeit in den demokratischen Strukturen. Das Parteienrecht ist offen für Modifikationen, soweit sie sich aus Wesen und Begriff der politischen Parteien rechtfertigen.[32]

2. Parteientypisches Gepräge und organisationspolitische Mission

Die „demokratischen Grundsätze" nach Art. 21 Abs. 1 S. 3 GG haben also trotz gemeinsamer Wurzeln ein eigenes „vereinstypisches" Gepräge.[33] Indem das demokratische Prinzip auf den Binnenraum einer Freiwilligenorganisation mit Tendenzcharakter angewandt wird, ändern sich die Ausprägungen und Gehalte.[34] So muss sich eine Partei im Wettbewerb mit anderen Parteien beweisen. Dieser Wettbewerb folgt aber eben anderen Regeln als das Miteinander gesamtgesellschaftlich oder staatlich verfasster Entitäten. Dort wo sich die Demokratiekonzeptionen von Parteien und Staat unterscheiden, kommt es deshalb auf das Vorliegen eines anerkennenswerten, wesenstypischen Differenzierungsmerkmals an.

---

[27] Dreier-*Morlok*, Art. 21 GG, Rdnr. 115 .

[28] *Henke*, S. 49.

[29] *Bull*, Leitsätze, S. 79.

[30] *Klein*, Rdnr. 334, m. w. Nachw.

[31] Parteienrechtskommission, S. 157.

[32] *Tsatsos/Morlok*, S. 36.

[33] *Dreier-Morlok*, Art. 21 GG, Rdnr. 117; *Klein*, Rdnr. 335; *Seifert*, S. 190.

[34] *Grimm,* Dieter, Politische Parteien, in: HdbVerfR, § 14 Rdnr. 1.

Das Verfassungsgebot der innerparteilichen Demokratie ist rechtstheoretisch betrachtet ein Prinzip.[35] Sein Inhalt muss demgemäß erst spezifiziert werden. Programmfreiheit und Satzungsautonomie bedürfen der Ausformung, die für jede Partei in je eigener Weise geschehen kann und soll.[36] Demokratische Grundsätze der Parteiorganisation können nur über die Parteisatzung und das Parteiprogramm in die Praxis transformiert werden. Deshalb enthält Art. 21 Abs. 1 Satz 3 GG zugleich auch ein Verrechtlichungs- und Verfahrensgebot für die Verwirklichung der demokratischen Ordnungsgrundsätze der politischen Parteien.[37] In ihrem Bedürfnis nach Spezifizierung gewinnen die „demokratischen Grundsätze" mithin die Bedeutung von organisationspolitischen Mindestgehalten.[38] Dies entspricht in besonderer Weise der Organisationsfreiheit der politischer Parteien: Als Ausdruck ihrer parteipolitischen Tendenzfreiheit sollen die Parteien auch ihre jeweils eigene Interpretation demokratischer Grundsätze in ihrer Parteiorganisation verwirklichen und in der politischen Willensbildung vertreten können. Neben die spezifische programmatische Tendenz einer Partei tritt ihre je eigene organisationspolitische Mission.

Dabei gehen Organisationsrecht und organisationspolitische Standards Hand in Hand, weil das Recht der Binnenorganisation geronnene Organisationspolitik ist. Umgekehrt ist die organisationspolitische Wirklichkeit einer Partei der Lackmustest, an dem sich die Verwirklichung der demokratischen Grundsätze erweist. Dieses einheitliche Verständnis von Theorie und Praxis weist durchaus Bezüge zu Rechtsdenken Hermann Hellers auf, das die Lösung der Probleme von Demokratie und Repräsentation nicht nur im formalen Prozess, sondern ebenso in der sozialen Wirklichkeit sucht.[39]

So kommt es etwa bei der Beurteilung der Verfassungswidrigkeit einer Partei mehr auf deren „Verhalten" und ihre Seins-Ordnung als auf formale Binnenregeln (innere Sollens-Ordnung) an.[40] Auf die Sozialistische Reichspartei (SRP) trafen die Verbotsvoraussetzungen des Art. 21 Abs. 2 S. 1 GG letztlich deshalb zu, weil ihr organisationspolitisches Gesamtverhalten – kaum verhüllt – auf eine Wiederbelebung des „Führerstaates" hinauslief. Die Satzung der SRP war demgegenüber nur ein Oberflächenphänomen ihrer durch und durch demo-

---

[35] Dreier-*Morlok,* Art. 21 GG, Rdnr. 118, *Alexy,* Robert, Theorie der Grundrechte, 6. Auflage, Berlin 2011, S. 71 ff.

[36] *Trautmann,* Helmut, Innerparteiliche Demokratie im Parteienstaat, Berlin 1975, S. 170 ff.

[37] Dreier-*Morlok*, Art. 21 GG, Rdnr. 118.

[38] *Ipsen,* Jörn, Kommentar zu Art. 21 GG, in: Sachs, Michael, Grundgesetz Kommentar, 4. Auflage, München 2007, Rdnr. 7.

[39] *Heller,* Hermann, Politisches Denken und soziale Homogenität (1928), Gesammelte Schriften Bd. II, S. 425 ff.

[40] BVerfGE 2, 1 (12 f.) – SPR-Urteil; BVerfGE 5, 85 (141, 195, 238, 141, 208) – KPD-Verbot.

kratiefeindliche Haltung, wie das Bundesverfassungsgericht in seinem Urteil vom 23.10.1952 feststellte.[41] Sind die politischen Verhaltensnormen einer Partei aber verbotswürdig, so rettet sie auch keine formaldemokratische Struktur. Im Falle der NPD legten freilich beide Aspekte eine materielle Verfassungswidrigkeit nahe.

3. Demokratische Grundsätze

Gaben die Debatten im Parlamentarischen Rat noch eher vage Eindrücke von den wesentlichen Teilaspekten der inneren Ordnung, so differenzierten Literatur und Rechtsprechung später ein bestimmtes Set demokratischer Grundsätze heraus. Es ist Seiferts Verdienst hieraus einen anerkannten Kanon formuliert zu haben:

– Organisation der Willensbildung von unten nach oben, d.h. von der breiten Basis der Mitglieder zur Führungsspitze hin;

– Zuständigkeit der Mitgliederversammlung bzw. des Parteitags für alle wesentlichen Entscheidungen des Parteilebens, einschließlich des inhaltlichen Programms;

– Stellung der Mitgliederversammlung bzw. des Parteitages als oberstes Organ;

– regelmäßig wiederkehrende Wahl der Parteivorstände und übrigen Parteiorgane durch die Mitgliederversammlung bzw. den Parteitag;

– Verantwortlichkeit der Führungsorgane gegenüber der Mitgliederversammlung bzw. dem Parteitag, Abhängigkeit von deren Vertrauen und jederzeitige Abberufbarkeit;

– Kollegialform der Parteivorstände als Spezialprävention gegen den Typus der „Führerpartei";

– Aufstellung der Bewerber für Volkswahlen nicht ohne Zustimmung der Parteimitglieder;

– Geltung des Prinzip der Mehrheitsentscheidung in allen Parteiorganen;

– Gleichberechtigung, insbesondere gleiches Stimmrecht aller Mitglieder;

– angemessene Willens- und Entscheidungsfreiheit der Mitglieder mit grundsätzlicher Freiheit der Meinungsäußerung, ausreichenden Informations-, Re-

---

[41] BVerfGE 2, 1, S. 50 ff.; *Bull,* Hans Peter, Die Parteienfreiheit und der Schutz der Verfassung. In: Schröder, Gerhard / Schneider, Hans-Peter, Soziale Demokratie – Das Grundgesetz nach 40 Jahren, Heidelberg 1991, S. 73 ff. (76 f.).

de- und Antragsrechten in den Parteiorganen sowie wirksamem Schutz gegen Missbrauch der Verbandsgewalt;

– gebietliche Gliederung der Partei mit selbständigen Kompetenzen der nachgeordneten Verbände, die allen Mitgliedern eine unmittelbare Mitwirkung an der Parteiwillensbildung ermöglicht.[42]

III. Organisationspolitische Implikationen

Während die meisten dieser Grundsätze in den etablierten Parteien durchaus routiniert beachtet werden, bieten das Verhältnis von Basis und Führung, sowie der Umgang mit devianten oder oppositionellen Akteuren immer neuen Stoff für leidenschaftliche Diskussionen. Die demokratischen Grundsätze des Parteienrechts strahlen dabei aus in den parteipolitischen Alltag und das Rollenverständnis von Parteiführung, Parteibasis, innerparteilicher Opposition und Schiedsgerichtsbarkeit.

1. Die Rolle der Parteiführung

Der organisatorische Aufbau der Parteien muss von „unten nach oben" erfolgen.[43] Die Mitglieder dürfen nicht von der Willensbildung ausgeschlossen werden. Diese Formulierung bezeichnet – anders als die gängige Formel von der von unten nach oben verlaufenden Willensbildung – genauer, was gemeint ist. Sie postuliert keine „Basisdemokratie" in dem Sinne, dass alle wichtigen Entscheidungen einer Partei von der Summe ihrer Mitglieder getroffen werden müssten. Nicht erforderlich ist, dass alle Parteimitglieder tatsächlich mitwirken oder unmittelbar involviert werden. Entscheidend ist vielmehr, dass die innerparteilichen Sach- und Personalentscheidungen prinzipiell von der Basis der Mitglieder legitimiert sind und von diesen kontrolliert werden können. Das ist der Grund, warum alle wesentlichen Entscheidungen auf jeder organisatorischen Ebene der Mitgliederversammlung oder dem Parteitag vorbehalten sind.[44] Was das Verfassungsrecht unter dem Stichwort „Wesentlichkeits-Theorie"[45] diskutiert, kommt im Parteienrecht als Parteitagsvorbehalt daher.

---

[42] *Seifert*, S, 191 f.

[43] BVerfGE 2, 1 (40); *Kersten*, § 1 Rdnr. 69; Dreier-*Morlok*, Art. 21 GG, Rdnr. 119; *Klein*, Rdnr. 337.

[44] Dreier-*Morlok*, Art. 21 GG, Rdnr. 120.

[45] Vgl. BVerfGE 33, 125 (Berufsfreiheit der Fachärzte); BVerfGE 47, 46 (Sexualkundeunterricht); BVerfGE 49, 89 (Kalkar, Atomrecht).

Zwischen Staatsvolk und Staatsorganen verläuft die Willensbildung „in vielfältiger und tagtäglicher Wechselwirkung.“[46] Für das Innenleben der modernen Parteien gilt das gleiche. Das Gebot innerparteilicher Demokratie verhindert nicht, dass die maßgeblichen politischen Impulse häufig von den Führungsorganen der Parteien ausgehen, zumal diese einen wesentlich größeren Teil ihrer Zeit und Arbeitskraft der Partei widmen können und wollen als die Mehrzahl ihrer Mitglieder. Sie allein sind ständig präsent und handlungsfähig.[47]

Die demokratischen Prinzipien steht daher weder im Staat noch in den Parteien der Herausbildung politischer Eliten entgegen, die kraft der ihr durch Wahl übertragenen Funktionen und Ämter auf Zeit maßgeblichen Einfluss auf das politische Geschehen auszuüben in der Lage sind: Wo immer eine Vielzahl von Menschen sich zur Bildung eines gemeinsamen Willens zusammenschließt, ist die Bildung von Hierarchien unvermeidlich. Häufig führt etwa die gleichzeitige Wahrnehmung von Partei- und Staatsämtern zu einem Informations- und Einflussvorsprung.[48] Politisches Staatsamt und Parteifunktion stehen dabei in einem „verfassungsintendierten osmotischen Näheverhältnis", das keineswegs illegitim oder anrüchig ist.[49] Solche Elitenbildungen sind prinzipiell weder schädlich noch undemokratisch. Eine Parteiführung, die nicht führte, hätte ihre Profession verfehlt. Organisation und Verfahren müssen aber zuverlässig bewirken, dass die vom Führungspersonal getroffenen Entscheidungen an den politischen Willen der Geführten eng rückgekoppelt sind: Das staatliche Demokratie-Versprechen entstand in der Auseinandersetzung gegen eine selbstgenügsame Obrigkeit. Dieser Selbstgenügsamkeit stellt die Demokratie ein Konzept gegenüber, in dem der institutionalisierte Bereich staatlicher Herrschaft zu einer freien Gesellschaft hin offen ist und bleibt. Auf die Parteien bezogen bedeutet dies: Nicht die „Dominanz der Parteieliten" gilt es zu verhindern, sondern eine sich von der eigenen Basis ablösende Selbstherrlichkeit, die die nötige Offenheit und Responsivität vermissen lässt.

Bulls Kommission zur innerparteilichen Demokratie formulierte hierzu griffige Leitsätze:

„Die Führung der Partei darf die Meinungs- und Willensbildung der Mitglieder nicht manipulieren und keine Politik betreiben, die dem Willen der Mitglieder widerspricht." [...] „Gewählt werden soll nur, wer Beschlüsse des Wahlgremiums grundsätzlich unterstützt oder eine qualifizierte Minderheit vertreten will".[50] Funktionäre „sind grundsätzlich verpflichtet, die Beschlüsse der Parteigremien durchzuführen und

---

[46] BVerfGE 44, 125 (139 f.); BVerfGE 20, 56 (99).

[47] *Klein*, Rdnr. 338.

[48] *Kersten*, § 1 PartG, Rdnr. 69.

[49] *Klein,* Hans Hugo, Arbeitsstil und Amtsaufgabe von Politikern, in: Die Politische Meinung Nr. 369 (Aug. 2000), S. 83 ff.; *Klein*, Rdnr. 203.

[50] *Bull,* Leitsätze, S. 81.

darüber in regelmäßigen Abständen Rechenschaft zu geben". Die Parteiführung „hat aber das Recht und die Pflicht, auf die Herstellung eines Konsenses in den Parteigremien auch durch eigene Beiträge hinzuwirken und die Mitglieder politisch zu aktivieren".[51]

Abgeordnete sind durch das Prinzip des freien Mandats von Parteidisziplin im rechtlichen Sinne ausgenommen. Bulls Kommission diskutierte aber auch für sie das organisationspolitische Ethos,

> „dass sie die politischen Ziele der Partei verwirklichen. Von Mandatsträgern, die nicht bereit sind, Grundsatzentscheidungen der Partei zu vertreten, wird erwartet, dass sie ihr Mandat niederlegen". Mandatsträger „haben der Partei über ihre Tätigkeit Rechenschaft zu geben und ihre Entscheidungen zu begründen".[52]

2. Die Pflichten der Parteitagsdelegierten

In der Gestaltung ihrer internen Wahlen sind die politischen Parteien als gesellschaftliche Vereinigungen nicht unmittelbar an die Wahlgrundsätze des Art. 38 Abs. 1 S. 1 GG gebunden. Doch aufgrund des demokratischen Homogenitätsgebots (Art. 21 Abs. 1 Satz 3 GG) gelten die Wahlgrundsätze des Art. 38 Abs. 1 Satz 1 GG mittelbar auch für parteiinterne Wahlen.[53] Dies ist für die Allgemeinheit, die Gleichheit und die Freiheit der Wahl anerkannt. Die geheime Stimmabgabe bei Wahlen ist jedenfalls für alle wesentlichen Parteifunktionen zwingend (vgl. § 15 Abs. 2 PartG).[54] Dagegen findet der Grundsatz der Unmittelbarkeit der Wahl im Rahmen des parteientypischen mehrstufigen Delegiertensystems keine Anwendung. Stattdessen ist unerlässlich, dass zwischen der Mitgliedschaft des jeweiligen Gebietsverbandes insgesamt und den Inhabern einer Parteifunktion eine ununterbrochene Legitimationskette besteht,[55] wobei die Wahlgesetzgeber gelegentlich versuchen, allzu viele Glieder der Legitimationsketten zu vermeiden. Das Europawahlgesetz toleriert z.B. noch einen Delegiertenzug, der vom Ortsverein, über den Kreisverband zur Landes- und schließlich zur Bundesvertreterversammlung reicht.[56] Schaltete man zwi-

---

[51] *Bull*, Leitsätze, S. 79 f.

[52] *Bull*, Leitsätze, S. 82.

[53] *Gärditz*, Klaus Ferdinand, Wahlkampfkostenfinanzierung zwischen Parteiautonomie und Wahlrecht, BayVBl. 2008, S. 72 – 75 (74); *Kotzur*, Markus, Parteifreund auf Abwegen (Rechtsstellung von Parteien, Fraktionen und Bundestagsabgeordneten, innerparteiliche Grundrechtsbindung), JuS 2001, 54 (55); *Maurer*, Hartmut, Die Rechtsstellung der politischen Parteien, JuS 1991, 881; *Morlok*, Martin / *Streit*, Thilo, Mitgliederentscheid und Mitgliederbefragung, ZRP 1996, 447 (450).

[54] *Klein*, Rdnr. 348; BK-*Henke*, Art. 21, Rdnr. 285; Unproblematische Durchbrechungen des Grundsatzes finden sich z.B. bei der Konstituierung von Parteitagspräsidien.

[55] *Klein*, Rdnr. 340.

[56] Vgl. § 10 Abs. 2 S. 3 EuWG.

schen Kreis- und Landesebene noch eine Bezirksvertreterversammlung dazwi-
schen, würde die Legitimationskette jedoch unzulässig überdehnt. Bei demo-
kratietheoretischer Betrachtung ist nämlich mit jedem Delegiertensystem ein
unentrinnbares Problem der Repräsentation verbunden, das sich organisations-
theoretisch auch als Prinzipal-Agent-Problem verstehen lässt.[57] Dieses Problem
wird umso größer je mehr Zwischenstufen der Delegiertenzug aufweist. Bulls
Leitsätze zur innerparteilichen Demokratie empfehlen daher: „Bei der Ausübung ihres Mandats sollen Delegierte verpflichtet sein, die Anträge ihrer
Wahlgliederung zu vertreten, soweit sie zu deren Unterstützung delegiert worden sind, bzw. die Argumente der qualifizierten Minderheit vorzutragen, wenn
sie mit diesem Antrag gewählt worden sind. Es ist ihnen anheim gegeben, inhaltlich gleichgerichtete, aber abweichend formulierte Anträge zu unterstützen
und Kompromisse zu schließen. Bei schwerwiegenden inneren Konflikten dürfen sie anders abstimmen, als sie in der Wahl- oder Vorbereitungsphase angekündigt haben. Für die Entscheidung über grundsätzliche Fragen ist die Möglichkeit einer namentlichen Abstimmung" vorzusehen.[58]

3. Die Chancen der innerparteilichen Opposition

Das Gebot der innerparteilichen Demokratie zielt auf einen lebendigen und
nicht einseitig „von oben" gesteuerten politischen Diskurs innerhalb der Partei-
en ab.[59] Das Mehrheitsprinzip lebt von personellen und sachlichen Entscheidungsalternativen. Es hat deshalb den Minderheitenschutz zur Funktionsvo-
raussetzung. Dabei kommt es entscheidend darauf an, dass der Minderheiten
ausreichend Chancen verbleiben, ihrerseits zu Mehrheiten werden zu können.[60]
Für das Parteienrecht ist mithin der angemessene Schutz von Minderheiten in
der Ausgestaltung von Wahl- und Entscheidungsverfahren in den Parteisatzun-
gen von besonderer Bedeutung. Nur auf diese Weise sind innerparteiliche Entscheidungsprozesse so alternativ- und revisionsoffen[61], wie es einer demokratischen Ordnung entspricht. Strukturell betrachtet geht es um den Schutz der
Existenz einer Vielzahl von Zentren der Meinungsbildung und Entscheidungsfindung innerhalb der Partei.[62] Dies setzt z.B. eine organisatorische Unterglie-

---

[57] *Grossman*, Sanford J./*Hart*, Oliver, An Analysis of the Principal Agent Problem.
In: Econometrica. Band 51, Nr. 1, Januar 1983, S. 7 ff.; *Wenger*, Ekkehard/*Terberger*,
Eva, Die Beziehung zwischen Agent und Prinzipal als Baustein einer ökonomischen
Theorie der Organisation, in: WiST. Heft 10, 1988, S. 506 ff.

[58] *Bull*, Leitsätze, S. 82.

[59] Dreier-*Morlok*, Art. 21 GG, Rdnr. 115.

[60] Dreier-*Morlok*, Art. 21 GG, Rdnr. 119.

[61] *Kersten*, § 1 PartG, Rdnr. 73.

[62] *Morlok*, Martin, Die innere Ordnung der politischen Parteien, in: Tsatsos, Dimitris
Th./Schefold, Dian/Schneider, Hans-Peter (Hrsg.), Parteienrecht im europäischen Ver-

derung[63] der Partei voraus, die den Mitgliedern realistische Beteiligungs- und Erfolgschancen gibt. Der demokratischen Forderung nach einer Vielzahl von Zentren der Meinungsbildung und Entscheidungsfindung innerhalb der Partei stellen insbesondere die Kommunikations- und Strategieexperten das Leitbild eines einzigen, einheitlichen und maßgeblichen „Strategischen Zentrums" gegenüber, dass allein die nötige Geschlossenheit Strategie- und Kampagnenfähigkeit bewirken könne.[64] Aus dieser Perspektive wird gerne eingewendet, dass die den Parteien aufgetragene Aufgabe der Mitwirkung an der politischen Willensbildung des Volkes einschließlich ihrer Transformation in das staatliche Ämtersystem nur erfolgreich wahrgenommen werden könne, wenn sie nicht in beliebig viele „Fraktionen" zerfielen. So wollte etwa der langjährige SPD-Vorsitzende Franz Müntefering partout nicht der Vorsitzende einer Holding sein.[65] Eine realistische Betrachtung zeigt jedoch, dass die innerparteiliche Demokratie nur als interner Gruppenwettbewerb funktionieren kann.[66] Rechtliche Gewährleistungen müssen deswegen nicht nur die Handlungsmöglichkeiten von Individuen sichern. Es gilt auch die „Zwischenebene"[67] interner Gruppierungen als wesentliche Träger des politischen Prozesses zu schützen. So gibt es keine innerparteiliche Demokratie ohne das Recht auf innerparteiliche Opposition und Gruppenbildung.[68]

Für die Wirksamkeit des innerparteilichen Minderheitenschutzes ist die Ausgestaltung des innerparteilichen Wahlsystems von schicksalhafter Bedeutung. Das Wahlsystem muss Minderheiten eine Chance bieten, repräsentiert zu werden.[69] Ein strenges Blockwahlsystem, bei dem die Wähler für so viele Bewerber stimmen müssen, wie Ämter zu besetzen sind, ist verfassungswidrig, weil es Minderheiten zwingt, Kandidaten zu wählen, die sie nicht tragen und

---

gleich. Die Parteien in den demokratischen Ordnungen der Staaten der Europäischen Gemeinschaft, Baden-Baden 1990, S. 737 ff. (806).

[63] *Heinz,* Ursula E., Organisation innerparteilicher Willensbildung, Frankfurt/M. et altera 1987, S. 26 ff.

[64] *Raschke,* Joachim / *Tils,* Ralf, Politische Strategie. Eine Grundlegung, Wiesbaden 2007, S. 168 ff.

[65] *Müntefering,* Franz, Rede auf dem SPD-Landesparteitag Niedersachsen am 5. November 2005 in Walsrode: „Denkt daran, dass der Kopf immer in der Mitte sitzt. Die SPD ist auch keine Holding, die von einem Flügel übernommen werden kann".

[66] *Teubner,* Gunther, Organisationsdemokratie und Verbandsverfassung, Tübingen 1978 S. 91 ff., 197 ff.

[67] *Teubner,* S. 116, 197 ff.

[68] *Tsatsos,* Dimitris Th., Ein Recht auf innerparteiliche Opposition? in: Bernhardt, Rudolf (Hrsg.), Völkerrecht als Rechtsordnung, internationale Gerichtsbarkeit, Menschenrechte. Festschrift für H. Mosler, 1983, S. 997 ff.

[69] *Preuß,* Ulrich K., Kommentar zu Art. 21 I 3 GG, in: Wassermann, Rudolf (Hrsg.), Kommentar zum Grundgesetz für die Bundesrepublik Deutschland, Reihe Alternativkommentare, 2., überarbeitete Neuauflage, Neuwied 1989, Rdnr. 1 ff.

kleinere Gruppierungen daran hindert, aussichtsreich zu kandidieren.[70] Bulls Kommission kritisierte 1973 auch die in der SPD übliche abgemilderte Variante der Blockwahl, bei der zur Wahl gleichartiger Parteiämter in einem Wahlgang mindestens halb so viele Stimmen abzugeben sind, wie Funktionen zu besetzen sind. Denn auch dies bedeute „einen mittelbaren Zwang zur Stimmabgabe für nicht genehme Kandidaten".[71] Tatsächlich hat ein Gültigkeitserfordernis einer Mindestzahl abzugebender Stimmen, Auswirkung auf die innerparteiliche Koalitionsbildung. Niedrige Mindestzahlen begünstigen den innerparteilichen Gruppenwettbewerb, während hohe Mindestzahlen abzugebender Stimmen den Zwang zur innerparteilichen Koalitionsbildung betonen. Es lässt sich nicht abstrakt entscheiden, mit welcher Wahlverfahrensregel dieser Zielkonflikt am besten austariert wird. Will man aber einen Beitrag für einen dynamischeren Gruppenwettbewerb und eine Belebung des Willensbildung setzten, so könnte man besagtes Mindeststimmenerfordernis aufgeben oder absenken.

4. Die Verantwortung der Schiedskommissionen

Bei aller innerparteilichen Liberalität geraten die Handlungsfreiheiten der Mitglieder immer wieder in Konflikt mit den gleichrangigen Rechten der Partei auf tendenzreine effektive Parteiarbeit. Offenbar gibt es eine Zone des politischen Niemandslandes, wo die innere Parteifreiheit mit ihrem legitimen Meinungsstreit und notwendiger interner Oppositionsbildung endet und der Schutz einer gewissen parteiinternen Homogenität beginnt.[72] Dieses Niemandsland ist das Revier der innerparteilichen Gerichtsbarkeit, die von unabhängigen, weisungsfreien Schiedskommissionen ausgeübt wird. Hier wirkt sich aus, dass eine Partei auch gegenüber ihren Mitgliedern ihr spezifisches Gepräge verteidigen darf und muss. Denn nur so lässt sich den Notwendigkeiten der öffentlichen Selbstdarstellung und des schlagkräftigen Handelns im politischen Wettbewerb Rechnung tragen. Zwischen den Rechten der Mitglieder und im Einzelfall entgegenstehenden geschützten Parteiinteressen ist praktische Konkordanz herzustellen.[73]

Ausgangspunkt ist dabei das grundsätzliche Recht auf Verbleib in einer Partei.[74] Angesichts der kritischen Bedeutung einer Parteimitgliedschaft für die Möglichkeiten politischer Einflussnahme knüpfen sich an eine einmal erworbe-

---

[70] BGH NJW 1974, 183 (184); BGHZ 106, 67 (72); Dreier-*Morlok*, Art. 21 GG, Rdnr. 131 m.w.Nachw.

[71] *Bull*, Leitsätze, S. 82.

[72] *Tsatsos/Morlok*, S. 16.

[73] Dreier-*Morlok*, Art. 21 GG, Rdnr. 126.

[74] Dreier-*Morlok*, Art. 21, Rdnr. 128.

ne Mitgliedschaft schutzwürdige Kontinuitätserwartungen. Bull geht soweit, im Parteiausschluss sogar eine „Verbannung in die Wüste, wenn nicht das politische Todesurteil" zu sehen.[75] An einen Parteiausschluss sind mithin strenge Maßstäbe anzulegen: Um den innerparteilichen demokratischen Prozess und dessen Binnenpluralität zu schützen, sollen die Konfliktpartner möglichst „im Spiel" gehalten werden.

Andererseits besteht aufgrund des Tendenzrechts, das Ausdruck der Parteienfreiheit ist, „kein unbegrenzter Binnenpluralismus".[76] Dies zieht dem Recht auf innerparteiliche Opposition verfassungsrechtliche Grenzen.[77] Während im demokratisch verfassten Staat die Pluralität der Meinungen grundsätzlich unbegrenzt ist, formieren sich in einer Partei, wie der Name schon sagt, stets nur Teile der Gesellschaft, um ihre partikularen Ziele in möglichst effektiver Weise zur Geltung zu bringen und durchzusetzen.[78] Gerade weil die Verfassung der rechtstaatlichen Demokratie ihren Bürgern die Freiheit garantiert, sich zur besseren Verwirklichung ihrer politischen Ziele mit Gleichgesinnten zu Parteien zusammenzuschließen, dürfen die Parteien nicht durch eine ausufernde Vielstimmigkeit lahmgelegt werden. Für die tendenziell unendliche Vielstimmigkeit des Staatsvolkes ist innerhalb des „Parteivolkes" deshalb kein Raum.

So ergeben sich Ausschlussgründe aus dem Recht der Partei, ihre relative Überzeugungshomogenität (Tendenzreinheit), ihre organisatorische Integrität und ihre Wettbewerbsfähigkeit zu schützen. Erhebliche programmatische Divergenzen, der Verstoß gegen Mitgliedschaftspflichten – so die Mitgliedschaft in oder die Kandidatur für eine andere Partei – und ein die Wettbewerbschancen der Parteien beeinträchtigendes Verhalten können demgemäß einen Ausschluss rechtfertigen. Entscheidend ist dabei die gewissenhafte Abwägung mit dem Interesse des Mitgliedes am Verbleib in jedem Einzelfall. §10 Abs. 4 PartG gibt ein entsprechendes Abwägungsprogramm vor, dessen Anwendung aber naturgemäß erhebliche politischen Implikationen hat.[79]

---

[75] *Bull,* Hans Peter, Demokratie – nur im geheimen? Zu den Parteiausschlußverfahren wegen innerparteilicher Opposition. In: ZRP 4. Jg. (1971), S. 193 (196).

[76] *Kersten* § 1 PartG, Rdnr. 73.

[77] *Streinz,* Rudolf, Innerparteiliche Sanktionen gegen Mitglieder politischer Parteien. Von Ordnungsmaßnahmen bis hin zum Parteiausschluss, in: Detterbeck, Steffen / Rozek, Jochen / von Coelln, Christian (Hrsg.), Recht als Medium der Staatlichkeit. Festschrift für Herbert Bethge zum 70. Geburtstag, Berlin 2009, S. 79 ff. (84 f.).

[78] *Klein,* Rdnr. 334.

[79] Im Einzelnen vgl. *Grawert,* Friedrich, Parteiausschluß und innerparteiliche Demokratie, Heidelberg 1987; *Hasenritter,* Karl-Heinrich, Parteiausschluß und Parteiengesetz, ZRP 1982, S. 93; *Lenz,* Helmut / *Sasse,* Christoph, Parteiausschluß und Demokratiegebot, JZ 1962, S. 233; *Ortmann,* Andreas, Verfassungsrechtliche Probleme von Parteizugang und Parteiausschluß, Sinzheim 2001; *Risse,* Johannes, Der Parteiausschluß: Voraussetzungen, Verfahren und gerichtliche Überprüfung des Ausschlusses von Mitglie-

Vor den Parteischiedsgerichten – über die Hans Peter Bull so anschaulich berichtet[80] – wird um subjektive Mitgliederrechte gestritten.[81] In den Leitsätzen formuliert Hans Peter Bull und seine Kommission den Kern des Problems:

„Innerhalb der Partei muss Meinungsfreiheit herrschen. Gegensätzliche Ansichten sind umfassend zu diskutieren, Mindermeinungen zu respektieren. Es ist zulässig, sich mit anderen Parteimitgliedern zur Erarbeitung und Vertretung gemeinsamer Vorstellungen zu verabreden; solche Absprachen dürfen nicht geheim gehalten werden. Die Minderheit muss die Chance haben, zur Mehrheit zu werden." Andererseits ist die Partei „den Wählern gegenüber zu klaren Stellungnahmen verpflichtet. Sie muss daher Zielvorstellungen erarbeiten, die für die Partei verbindlich sind. Diese sind unter Berücksichtigung der innerparteilichen Diskussion ständig zu überprüfen".[82] In dieser Abwägung sieht Bull „insbesondere die Geschlossenheit der Parteien in Handeln und Reden" meist überschätzt.[83] Im Anschluss an Hesse und dessen Lehre vom öffentlichen Status der Parteien[84], können demokratische Massenparteien nicht als geschlossene Kaderformationen verstanden werden, die nach außen als monolithischer Block auftreten und nach innen eine Quarantäne für innerparteiliche Opposition zu verhängen suchen. Bull sieht fortschrittshemmende Wählerverachtung am Werk, wenn versucht wird, „noch in der härtesten Auseinandersetzung nach außen hin den Schein der Harmonie zu wahren". Der innerparteilichen Opposition kann nicht von vornherein untersagt werden, die eigene Meinung in der Öffentlichkeit zu vertreten, denn „wer Presse und Rundfunk nicht als Multiplikatoren benutzen darf, ist so gut wie stumm".[85] Nun hat öffentliche innerparteiliche Opposition aber ihrerseits Grenzen: „Innerparteiliche Gruppen müssen auch bei kritischen Stellungnahmen gegenüber der Öffentlichkeit die Solidarität gegenüber der Partei wahren".[86] Im Einzelnen kommt es nach Hans Peter Bull darauf an,

---

dern aus politischen Parteien, Berlin 1985; *Schiedermair,* Hartmut, Parteiausschluß und gerichtlicher Rechtsschutz, AöR 104 (1979), S.200.; *Strunk,* Gert Peter, Parteiausschlussverfahren wegen innerparteilicher Opposition, Diss., Köln 1974.

[80] *Bull,* Hans Peter, Vom Binnenleben einer Partei – aus der Sicht einer Schiedskommission, MIP 2000, Heft 10 , S. 7–17; *Arndt,* Claus, Das Schiedsverfahren in der SPD, in: Düwell, Franz Josef (Hrsg.), Anwalt des Rechtsstaates, Festschrift für Diether Posser, Köln et altera 1997, S. 229 ff.

[81] BVerfGE 89, 243 (259 f.).

[82] *Bull,* Leitsätze, S. 80.

[83] *Bull,* Binnenleben, S. 7.

[84] *Hesse,* Konrad, VVDStRL 17 (1959), S. 41 f., 52; Dreier-*Morlok,* Art. 21, Rdnr. 105 „Öffentlichkeit des Parteigeschehens"; *Klein,* Rdnr. 316 ff.

[85] *Bull,* Demokratie – nur im geheimen? S. 198.

[86] *Bull,* Leitsätze, S. 80.

– ob nur einzelne Beschlüsse von Parteigremien angegriffen werden oder eine grundsätzliche Opposition gegen die gesamte Parteipolitik bzw. wesentliche Teile davon betrieben wird;

– ob die Kritik sachlich oder in herabsetzender, verächtlich machender Form vorgetragen wird;

– ob die Kritiker auf die Äußerung ihrer Meinung beschränkt sind oder ob ihnen die Ausführung der beschlossenen Politik selbst aufgetragen ist.[87]

Werden diese Grenzen überschritten, so droht der Partei schwerer politischer Schaden und eine Verwässerung ihrer politischen Identität. Lässt der Kritiker einen solch schweren Mangel an Solidarität erkennen, so tritt die innerparteiliche Meinungsfreiheit zurück und Parteiordnungsmaßnahmen werden unvermeidlich.

---

[87] *Bull,* Leitsätze, S. 81.

Militärische Führungslehre einst und jetzt

Die Kriegskunst des Sun Tsu und die Menschen- und Truppenführung der Bundeswehr

Hans-Hermann Zahn

I. Einleitung und Gang der Untersuchung

Die Anforderungen an Führung waren und sind im Bereich der militärischen Organisation besondere. Im Verlauf der Menschheitsgeschichte stellte sich schon früh die Notwendigkeit, eine schlagfähige militärische Aufbau- und Ablauforganisation mit effektiven Führungsstrukturen zur Verfolgung von machtpolitischen Zielsetzungen vorzuhalten, auszubilden und einzuüben und bei Bedarf – auf der Basis von strategischen und taktischen Konzepten – einzusetzen. Ein historisches Werk, das sich mit der sog. Kriegskunst befasste, ist aus dem alten China überliefert worden Es wurde von Sun Tsu verfasst und diente durch viele Jahrhunderte hindurch als zum Teil geheimes Basis- und Herrschaftswissen für die damaligen militärischen Befehlshaber und Staatslenker. Für den Bereich der Führungslehre ist es von besonderem Interesse, diese überlieferte Quelle im Hinblick auf die darin enthaltene historische „Führungskunst" zu analysieren, deren System darzustellen und einer zeitgemäßen militärischen Führungslehre gegenüber zu stellen. Für die Gegenüberstellung wurde die Führungslehre der Bundeswehr der Bundesrepublik Deutschland als Referenzobjekt gewählt. Der Hauptteil der Untersuchung ist dem Vergleich und der Wertung der zuvor dargestellten militärischen Führungslehren gewidmet. Zum Abschluss werden die Relevanz von militärischen Führungslehren für die Verwaltungswissenschaft und die Verwaltung sowie weiterführende Fragestellungen behandelt.

Zunächst wird in das Thema mit einer kurzen Darstellung der Führungslehre als Teil der Verwaltungswissenschaft eingeführt.

II. Führungslehre als Teil der Verwaltungswissenschaft

Die Führungslehre ist in der Verwaltungswissenschaft ein klassisches Thema von wesentlicher Bedeutung. Die Führungslehre umfasst die Personalführung

im Sinne einer Koordination von menschlichen Verhaltensweisen und Arbeits-
anforderungen in Bezug auf die Verwirklichung von Zielen der administrativen
Organisation[1]. In diesem Rahmen spielt das Beurteilungswesen und die Leistungsbewertung eine wichtige Rolle. Das Führungsverhalten und der Führungsstil von Vorgesetzen sind wichtige Aspekte der Führungslehre. Führungsverhalten soll als die Gesamtheit der Reaktionsweisen der Führung oder einzelner
Führungspersönlichkeiten auf in Bezug auf internes oder externes Verwaltungshandeln und Einflüsse von außerhalb des Verwaltungssystems verstanden
werden und Führungsstil als die typische Art und Weise, in der Führungspersonal in Organisationen auf Probleme reagieren.[2]

Sozialwissenschaftlich war Max Weber von grundlegender Bedeutung. Max
Weber hat vier Führungsstile unterschieden: Den patriarchalischen und charismatischen Führungsstil, die meist nur in kleineren sozialen Gruppen zum Tragen kommen, sowie den autokratischen und schließlich den bürokratischen
Führungsstil, der für größere, arbeitsteilige Organisationen charakteristisch ist.[3]
Im patriarchalischen Führungsstil bestimmt sich das Verhältnis zwischen Führer und Mitarbeiter durch Macht, Autorität und Fürsorgepflicht auf der Seite
der Führenden und durch Unterordnung und Treue auf Seiten der Mitarbeiter.
Hauptmerkmal ist, dass die Gruppenmitglieder an der Führung nicht teilhaben,
insbesondere nicht an den Entscheidungen. Dem patriarchalischen Stil ist der
autokratische Führungsstil nah verwandt. Es gibt eine zentrale Befehlsgewalt in
größeren Organisationen und detailliert beschriebene Leistungspflichten für die
Mitarbeiter. Das soziale Gefüge ist streng hierarchisch.

Max Weber beschreibt als charismatischen Führungsstil nach dem Leitbild
eines begnadeten Führertums das Erzielen einer außergewöhnlichen Leistung
durch gemeinsames hohes Engagement und Opferbereitschaft in einer Risiko-
und Schicksalsgemeinschaft bei bedingungsloser Unterordnung unter den Willen eines Führers. Diesen Führungsstilen setzt Max Weber den Typ des bürokratischen Führungsstils entgegen. Er geht von einem arbeitsteiligen Großbe-
trieb aus und ist der bedeutsamste in der modernen Industriegesellschaft geworden. Max Weber definiert ihn wie folgt:

> „Die reinbureaukratische, also die bureaukratisch-monokratische aktenmäßige Ver-
> waltung ist nach allen Erfahrungen die an Präzision, Stetigkeit, Disziplin, Straffheit

---

[1] Vgl. dazu die Definition von *Reinert*, Eckhart, Personalführung, insbesondere Beurteilungswesen und Leistungsbewertung: in Handbuch der Verwaltung, Herausgegeben
von Ulrich Becker und Werner Thieme Heft 5.6, 1976, Rdnr. 5604.

[2] So *Laux*, Eberhard, Führungsverhalten und Führungsstil, in: Handbuch der Verwaltung, herausgegeben von Ulrich Becker und Werner Thieme Heft 5.7., 1974 Rdnr.
5702 f.

[3] Vgl. dazu im Einzelnen *Weber*, Max, Wirtschaft und Gesellschaft, Grundriss der
verstehenden Soziologie, 5. revidierte Auflage, 1. Halbband, 1976, S. 122 ff.

und Verlässlichkeit, also: Berechenbarkeit für den Herrn wie für die Interessenten, Intensität und Extensität der Leistung, formal universaler Anwendbarkeit auf alle Aufgaben, rein technisch zum Höchstmaß der Leistung vervollkommenbare, in all diesen Bedeutungen: formal rationalste Form der Herrschaftsausübung."[4]

Der bürokratische Führungsstil beruht auf Entpersonalisierung der Führung und Funktionalisierung des gesamten Leistungsprozesses, ohne die Grundzüge der Hierarchie aufzugeben. Der bürokratische Führungsstil versachlicht den Führungsprozess auf der Basis einer sozial weitgehend abgesicherten Mitarbeiterschaft.[5]

Alle genannten Führungsstile sind in der Praxis der öffentlichen Verwaltung feststellbar, zum Teil in Mischformen[6], wobei der bürokratische Führungsstil der am weitesten verbreitete ist. Wichtige Themen im Rahmen der Führungslehre sind u.a. auch die Wahrnehmung der Verantwortung und die Motivation der Mitarbeiter. Die Führungsmodelle haben eine große Bandbreite. Sie orientieren sich einerseits an eher vorgesetzten-orientierten Verhaltensweisen oder andererseits eher mitarbeiter-orientierten Verhaltensweisen. Diese modellartig bezeichneten Führungsstile hängen auch wesentlich von den objektiven Gegebenheiten in der Verwaltung ab. Sie treten daher in der Verwaltungswirklichkeit nicht in ihrer reinen Form auf, sondern sind – häufig vor dem Hintergrund einer organisationseigenen Führungskultur – auf die Anforderungen der jeweiligen Organisation zugeschnitten. So sind auch bei eher autoritativem Führungsverhalten die Möglichkeiten einer Delegation von Verantwortung (Dele-

---

[4] *Weber*, Max: Wirtschaft und Gesellschaft, Grundriss der verstehenden Soziologie, 5. revidierte Auflage, 1. Halbband, 1976, S. 128).

Weber führt weiter aus: „Die Entwicklung „moderner" Verbandsformen auf allen Gebieten (Staat, Kirche, Heer, Partei. Wirtschaftsbetrieb, Interessenverband, Verein, Stiftung und was immer) ist schlechthin identisch mit Entwicklung und stetiger Zunahme der bureaukratischen Verwaltung: ihre Entstehung ist z.B. die Keimzelle des modernen Staats.

Unser gesamtes Alltagsleben ist in diesen Rahmen eingespannt. Denn wenn die bureaukratische Verwaltung überall die – ceteris paribus – formal-technisch rationalste ist, so ist sie für die Bedürfnisse der Massenverwaltung (personalen oder sachlichen) heute schlechthin unentrinnbar. Man hat nur die Wahl zwischen „Bureaukratisierung" und „Dilettantisierung" der Verwaltung, und das große Mittel der Überlegenheit der bureaukratischen Verwaltung ist: Fachwissen, dessen völlige Unentbehrlichkeit durch die moderne Technik und Ökonomie der Güterbeschaffung bedingt wird, höchst einerlei ob dieser kapitalistisch oder – was, wenn die gleiche technische Leistung erzielt werden sollte, nur eine ungeheure Steigerung der Bedeutung der Fachbureaukratie bedeuten würde, sozialistisch organisiert ist."

[5] Vgl. *Laux*, Eberhard: Führungsverhalten und Führungsstil, in: Handbuch der Verwaltung, herausgegeben von Ulrich Becker und Werner Thieme, Heft 5.7., 1974, Rdnr. 5717 f.

[6] Vgl. *Laux*, Eberhard: Führungsverhalten und Führungsstil, in: Handbuch der Verwaltung, herausgegeben von Ulrich Becker und Werner Thieme Heft 5.7. 1974 Rdnr. 5717 f.

gation des Zeichnungsrechts) und bestimmte Management-Methoden wie zum Beispiel Management by exception, also Wahrnehmung von Führungsverantwortung in Ausnahmesitutationen verbreitet und bei den eher mitarbeiterorientierten Führungsmodellen sind ggf. auch andere Organisationsstrukturen sinnvoll, wie zum Beispiel Matrix- oder Projektmanagement.

III. Die militärische Führungslehre des Sun Tsu

1. Leben und Wirkung des Werkes von Sun Tsu

Sun Tsu ist bekannt durch sein philosophisch-mitlitärstrategisches Werk „Kriegskunst". Hingegen ist über das Leben des Sun Tsu (Sunzi) nur wenig überliefert, so dass hier weitgehend Vermutungen Platz greifen.

Der Verfasser der „Kriegskunst" war in militärischen Dingen sehr erfahren und gebildet. Er lebte nach den bisherigen Erkenntnissen zur Zeit der „Streitenden Reiche", also im Zeitraum von 450-220 v. Chr.[7] Andere datieren seine Lebensspanne noch früher auf ca. 534 v. Chr. und ca. 453 v. Chr. Vermutlich wurde das Werk unter einem Pseudonym verfasst. Im 20. Jahrhundert erschien das Opus erstmals im Jahre 1905 und dann 1931 unter dem Titel „Sun Tsu" in China. In der Volksrepublik China erschien die „Kriegskunst" später in vielen immer wieder neuen Ausgaben. Die „Kriegskunst" ist auch ein zen-philosophischer Text. Vergleichbar ist diesem militärphilosophischen Werk ist die weit über 2000 Jahre später erschienene Abhandlung von Carl von Clausewitz „Vom Kriege", herausgegeben zuerst in den Jahren 1832–1834. Es ist zu vermuten, dass Sun Tsu für den Bereich der Militärstrategie in China durch die Jahrhunderte hindurch eine bestimmende und herausragende Rolle spielte. Noch Mao Tse Dong hat im chinesischen Bürgerkrieg nach der Lehre von Sun Tsu die kommunistische Volksarmee geführt. Sun Tsu hat auch außerhalb Chinas Bedeutung erlangt.[8] Sun Tsu ist zunächst in Japan (als Sonshi), später in Arabien und in Europa rezipiert worden. In den letzten Jahrzehnten des 20. Jahrhunderts fand eine Anwendung bzw. Übertragung der Lehren des Sun Tsu auf Managementstrategien im Westen statt.

---

[7] *Sun Tsu*, Über die Kriegskunst, übersetzt und kommentiert von Klaus Leibnitz, Karlsruhe, 1. Auflage 1989, S. 109.

[8] *Sun Tsu*, a.a.O., S. 121 ff.

2. Wesentliche Inhalte der „Kriegskunst" im Hinblick auf das Thema Führungslehre

Im Folgenden sollen speziell im Hinblick auf das Thema „Führungslehre" einige zentrale inhaltliche Aussagen von Sun Tsu dargestellt werden. Rein strategische Konzepte hingegen werden nicht behandelt[9], ebenso wenig wie die Aussagen über die persönlichen Charaktereigenschaften des Heerführers[10].

Die ausgewählten Zitate aus der „Kriegskunst" folgen in der Reihenfolge der überlieferten Darstellung Sun Tsus:

- Die ganze Kriegskunst basiert auf List und Tücke.[11]

- Mit viel Planung kann man siegen, mit wenig kann man es nicht![12]

- Ohne jeden Kampf einen Feind zu unterwerfen, ist in der Tat wahrer Genius.[13]

- Unter fünf Bedingungen kann der Sieg vorausgesagt werden:

  o Derjenige, der genau weiß, wann er kämpfen darf und wann nicht, wird sicher siegen.

  o Derjenige, der die Verwendung von großen wie auch kleinen Truppeneinheiten beherrscht, wird sicher siegen.

  o Derjenige, dessen Armee wie ein Mann hinter ihm steht, wird sicher siegen.

  o Der Vorsichtige, der sich gegenüber einem unvorsichtigen Feind auf die Lauer legt, wird sicher siegen.

---

[9] Beispielsweise erwähnt *Sun Tsu* folgende strategischen Konzepte:
Unschlagbarkeit liegt in der Verteidigung – die Möglichkeit des Sieges liegt im Angriff. (Vgl. Sun Tsu, a.a.O., S. 33).
In einer aussichtslosen Situation musst Du kämpfen. (Vgl. Sun Tsu, a.a.O., S.57).

[10] Vgl. beispielsweise dazu das folgende Zitat (vgl. *Sun Tsu*, a.a.O., S.60 f.):
Es gibt fünf Charaktereigenschaften, die für einen Heerführer gefährlich sind:
Ist er leichtsinnig, kann man ihn leicht töten.
Ist er feige, kann man ihn gefangen nehmen.
Ist er hitzköpfig, kann man ihn leicht täuschen.
Hat er einen ausgeprägten Sinn für Ehre, kann man ihn in moralische Schwierigkeiten bringen.
Ist er mitfühlend, kann man ihn aufregen.
Diese fünf Eigenschaften sind ernstzunehmende Fehler eines Heerführers und bringen bei militärischen Operationen Probleme mit sich.

[11] *Sun Tsu*, a.a.O., S. 14.

[12] *Sun Tsu*, a.a.O., S. 17.

[13] *Sun Tsu*, a.a.O., S. 25.

    o Der Feldherr, dessen Generäle fähig sind, Truppen zu führen und die nicht vom Herrscher beeinflusst werden, wird sicher siegen.

Deswegen sage ich: „Kenne deinen Feind und kenne dich selbst, und in hundert Schlachten wirst du nie in Gefahr geraten." [14]

- Ein Meister der Kriegskunst erringt seine Siege immer. Das bedeutet: Was immer er tut, sichert seinen Sieg.[15]

- Wer in der Kunst des Krieges erfahren ist, legt sein Hauptaugenmerk auf die moralischen Gesetze (Tao) und hält sich genau an seine Pläne und die Disziplin. Nur so kann man den Sieg herbeiführen.[16]

- Das Befehligen einer großen Streitmacht geschieht im Allgemeinen nicht anders als das Befehligen einer kleinen. Man muss die große Streitmacht nur entsprechend in kleinere Verbände aufteilen.[17]

- Durch Kenntnis der Stärken und Schwächen des Feindes ist der Angriff einer Armee wie der Schlag eines Mühlsteines gegen ein Ei.[18]

- Wenn ein reißender Fluss große Steine bewegt, so geschieht dies durch das Bewegungsmoment.[19]

- Wenn der Falke im Sturz den Körper seiner Beute zerbricht, ist es durch das Zuschlagen im richtigen Zeitpunkt.[20]

- Deswegen ist derjenige ein guter Kämpfer, der im richtigen Moment einen kraftvollen Angriff genau geplant hat und den Feind überwältigt.[21]

- Scheinbares Durcheinander ist das Produkt guter Planung, scheinbare Schwäche ein Zeichen von Stärke.[22]

- Ordnung oder Unordnung hängen von der Organisation ab; Mut oder Feigheit von den Umständen; Stärke oder Schwäche von der richtigen Einteilung.[23] Deswegen sucht ein guter Befehlshaber den Sieg aus der Situation heraus und verlangt von seinen Unterführern nicht zu viel.[24]

---

[14] *Sun Tsu*, a.a.O., S. 30 f.
[15] *Sun Tsu*, a.a.O., S. 33.
[16] *Sun Tsu*, a.a.O., S. 36.
[17] *Sun Tsu*, a.a.O., S. 39.
[18] *Sun Tsu*, a.a.O., S. 39.
[19] *Sun Tsu*, a.a.O., S. 41.
[20] *Sun Tsu*, a.a.O., S. 41.
[21] *Sun Tsu*, a.a.O., S. 41.
[22] *Sun Tsu*, a.a.O., S. 42.
[23] *Sun Tsu*, a.a.O., S. 42.
[24] *Sun Tsu*, a.a.O., S. 42

- Der gute Befehlshaber wählt die richtigen Leute für die entsprechende Tätigkeit aus, die dann jede gegebene Situation voll ausnutzen.[25]

- Eine Truppe ohne Nachschubeinheiten, ohne ausreichende Verpflegung und ohne feste Ergänzungslager ist verloren.[26]

- Mit Disziplin und Ruhe erwarten erfahrene Soldaten einen aufgelösten und durcheinandergelaufenen Feind. Das ist die Kunst der Selbstdisziplin.[27]

- Täuscht er (der Feind) die Flucht vor, verfolge ihn nicht.[28]

- In einer aussichtslosen Situation musst du kämpfen.[29]

- Sind seine Soldaten unordentlich gekleidet, hat der Heerführer keine Autorität bei seinen Soldaten.[30]

- Stehen die Soldaten in kleinen Gruppen zusammen und flüstern miteinander, deutet das auf Unzufriedenheit in der Truppe hin.[31]

- Wenn ein Befehlshaber Vertrauen in seine Soldaten hat und das auch zeigt, aber trotzdem darauf besteht, dass seine Befehle ohne Einschränkung ausgeführt werden, ist das zum Nutzen für die Offiziere und die Mannschaften.[32]

- Schnelligkeit ist im Kriege das Wichtigste![33]

- Lege besonderen Wert auf die Verpflegung der Truppe und überanstrenge sie nicht. Bewahre ihre Energie und vergeude sie nicht unnötig.[34]

- Ein Heerführer sollte immer ruhig und gelassen, undurchschaubar, unparteiisch und voller Selbstbeherrschung sein.[35]

- Ein Meister der Kriegsführung ist immer durchtrieben und geheimnisvoll, er hinterlässt keine Spur.[36]

- Er (der Heerführer) muss in der Lage sein, Offiziere und Mannschaften über seine Pläne im Dunkeln zu lassen.[37]

---

[25] *Sun Tsu*, a.a.O., S. 43.

[26] *Sun Tsu*, a.a.O., S. 52.

[27] *Sun Tsu*, a.a.O., S. 55.

[28] *Sun Tsu*, a.a.O., S. 55.

[29] *Sun Tsu*, a.a.O., S. 57.

[30] *Sun Tsu*, a.a.O., S. 68.

[31] *Sun Tsu*, a.a.O., S. 69.

[32] *Sun Tsu*, a.a.O., S. 70.

[33] *Sun Tsu*, a.a.O., S. 81.

[34] *Sun Tsu*, a.a.O., S. 82.

[35] *Sun Tsu*, a.a.O., S. 83.

[36] *Sun Tsu*, a.a.o., S. 46.

- Stelle deine Soldaten vor eine Aufgabe, gib ihnen aber niemals den Plan zur Lösung bekannt. Wenn eine Truppe in großen Schwierigkeiten ist, entwickelt sie in diesem Augenblick die Fähigkeit, mit einem Schlage zu siegen.[38]

- Tue nichts, was nicht im Interesse des Staates ist. Wenn etwas unmöglich ist, versuche es nicht und verschwende keine Truppen. Kämpfe nicht, ohne dazu gezwungen zu sein.[39]

- Der Grund, warum kluge Herrscher und gute Heerführer den Feind schlagen, wo auch immer er sein mag, und warum ihre Leistungen die Taten gewöhnlicher Menschen übersteigen, ist das Vorauswissen.[40]

IV. Die Führungslehre der Bundeswehr

Die Führungslehre der Bundeswehr der Bundesrepublik Deutschland ist insbesondere in zwei Dienstvorschriften des Bundesministeriums für Verteidigung verbindlich definiert worden und zwar

- in der Zentralen Dienstvorschrift 10/1 Innere Führung (ZDv 10/1) und

- in der Heeresdienstvorschrift 100/100 Truppenführung von Landstreitkräften (HDv 100/100)

Die Dienstvorschriften werden im Folgenden im Hinblick auf das Thema Führungslehre dargestellt:

1. Wesentliche Inhalte der Inneren Führung

Durch die Innere Führung werden die Werte und Normen des Grundgesetzes in der Bundeswehr verwirklicht. Sie bildet die Prinzipien von Freiheit, Demokratie und Rechtsstaatlichkeit in den Streitkräften ab. Ihr Leitbild ist der „Staatsbürger in Uniform".[41]

Innere Führung stellt ein Höchstmaß an militärischer Leistungsfähigkeit sicher und garantiert zugleich ein Höchstmaß an Freiheit und Rechten für die Soldatinnen und Soldaten im Rahmen der freiheitlichen demokratischen Grundordnung.[42]

---

[37] *Sun Tsu*, a.a.O., S. 83.

[38] *Sun Tsu*, a.a.O., S. 86.

[39] *Sun Tsu*, a.a.O., S. 90.

[40] *Sun Tsu*, a.a.O., S. 91.

[41] Bundesministerium für Verteidigung, Zentrale Dienstvorschrift 10/1 Innere Führung (ZDv 10/1), Stand Januar 2008, Nr. 301.

[42] Bundesministerium für Verteidigung, ZDv 10/1, Nr. 302.

Ethische Grundlagen sind:

- Menschenwürde,

- Freiheit,

- Frieden,

- Gerechtigkeit,

- Gleichheit,

- Solidarität und

- Demokratie.[43]

Nach Darstellung der rechtlichen, politischen und gesellschaftlichen Grundlagen[44] werden die Grundsätze der Inneren Führung definiert als:

- Integration in Staat und Gesellschaft,

- Leitbild vom „Staatsbürger in Uniform",

- ethische, rechtliche und politische Legitimation des Auftrages,

- Verwirklichung wesentlicher staatlicher und gesellschaftlicher Werte in den Streitkräften,

- Grenzen für „Befehl und Gehorsam",

- Anwendung des Prinzips „Führen im Auftrag",

- Wahrnehmung der gesetzlich festgelegten Beteiligungsrechte der Soldatinnen und Soldaten sowie

- Wahrnehmung des im Grundgesetz garantierten Koalitionsrechts (Art. 9 Abs. 3 GG).[45]

Ziele der Inneren Führung sind

- Legitimation des Dienens in der Bundeswehr und des militärisches Auftrages,

- Integration der Bundeswehr in Staat und Gesellschaft,

- Motivation zur gewissenhaften Pflichterfüllung, zur Übernahme von Verantwortung und zur Zusammenarbeit und zur Disziplin und zum Zusammenhalt der Truppe sowie zur

- Gestaltung der inneren Ordnung.[46]

---

[43] Bundesministerium für Verteidigung, ZDv 10/1, Nr. 304.

[44] Bundesministerium für Verteidigung, ZDv 10/1, Nr. 306–315.

[45] Bundesministerium für Verteidigung, ZDv 10/1, Nr. 316.

Im Hinblick auf die Führungsverantwortlichen ergeben sich daraus folgende
Anforderungen:

- Vorgesetzte wecken, erhalten und vertiefen Verantwortungsbewusstsein und
  innere Bereitschaft zur Mitarbeit.

- Sie sind sich bewusst, dass sich der Dienst an den Erfordernissen des Einsatzes orientieren muss.

- Sie wenden das Prinzip „Führen im Auftrag" an.

- Sie beziehen Ausbildung und Erziehung sinnvoll auf die Aufgaben der Soldatinnen und Soldaten und fördern dabei deren Bildung und Persönlichkeits-
  entwicklung.

- Sie berücksichtigen bei allen Entscheidungen berechtigte Belange und Bedürfnisse ihrer Untergebenen.

- Sie sind für den Wandel in Politik, Gesellschaft, Wirtschaft, Kultur, Wissenschaft und Technik offen und berücksichtigen ihn in ihrem Führungsverhalten.

- Sie machen den Sinn des Auftrages der Bundeswehr sowie den Sinn und
  Notwendigkeit der jeweils gestellten Aufgabe einsichtig und verständlich.[47]

Menschenführung steht im Fokus der Inneren Führung.

Menschenführung, politische Bildung sowie Recht und soldatische Ordnung
stellen die hauptsächlichen Gestaltungsfelder für die Vorgesetzten dar, weil sie
damit unmittelbar und nachhaltig ihre Soldatinnen und Soldaten führen und
ausbilden.[48]

Vertrauen ist die wesentlichste Grundlage einer verantwortungsbewussten
Menschenführung. Vertrauen entsteht dadurch, dass sich Vorgesetzte Zeit für
die ihnen anvertrauten Soldatinnen und Soldaten nehmen.[49]

Das Vertrauen wird durch Vorgesetzte gefördert, indem sie Belastungen,
Entbehrungen und Gefahren gemeinsam mit ihren Soldatinnen und Soldaten er-
tragen, Verantwortung übernehmen und Führungskönnen beweisen.[50] Wer
Menschen führen will, muss Menschen mögen (positive Einstellung zu den
Mitmenschen)[51] und die Soldatinnen und Soldaten persönlich kennen lernen.[52]

---

[46] Bundesministerium für Verteidigung, ZDv 10/1, Nr. 401.

[47] Bundesministerium für Verteidigung, ZDv 10/1, Nr. 403.

[48] Bundesministerium für Verteidigung, ZDv 10/1, Nr. 602.

[49] Bundesministerium für Verteidigung, ZDv 10/1, Nr. 605.

[50] Bundesministerium für Verteidigung, ZDv 10/1, Nr. 606.

[51] Bundesministerium für Verteidigung, ZDv 10/1, Nr. 607.

[52] Bundesministerium für Verteidigung, ZDv 10/1, Nr. 608.

Führung muss Handlungsspielräume, Mitwirkung und Mitverantwortung ermöglichen. Vorgesetzte haben deshalb vorrangig vom Führen im Auftrag Gebrauch zu machen. Dabei müssen sie gegebenenfalls andere als die eigenen Lösungsansätze akzeptieren. Vorgesetzte sollen vor wichtigen Entscheidungen, wann immer möglich, ihre davon betroffenen Soldatinnen und Soldaten beteiligen. Dies trägt zu ihrer Motivation bei und ist ein wichtiger Faktor für die Berufszufriedenheit und Einsatzbereitschaft.[53] Durch die Auftragstaktik wird Mitverantwortung für die Erreichung eines gemeinsamen Zieles erlebbar.[54]

Vorgesetzte müssen Untergebenen immer wieder Sinn und Notwendigkeit ihrer Aufgaben und deren Einordnung in den Gesamtzusammenhang erklären, Informationen über wesentliche Dienstbelange und regelmäßig Gespräche sind notwendiger Bestandteil der Führung.[55]

Last not least: Das Wissen um die eigenen Grenzen erleichtert den Umgang mit den Stärken und Schwächen der Anderen. Hierzu ist eine kritische Selbsteinschätzung erforderlich.[56]

2. Wesentliche Inhalte im Rahmen der Truppenführung

Truppenführung ist die taktische Führung von nationalen oder multinationalen Streitkräften.[57]

Truppenführung ist eine Kunst, eine auf Charakter, Können und geistiger Kraft beruhend schöpferische Tätigkeiten. Truppenführung baut auf Führungsgrundsätzen auf.[58]

Grundsätze der Truppenführung sind:

Wille zum Erfolg

Führung wird durch den entschlossenen Willen zum Erfolg, vom ständigen Streben nach Handlungsfreiheit und vom Ringen um die Initiative bestimmt. Nie dürfen sich Truppenführer das Gesetz des Handelns aufzwingen lassen.[59]

Zielstrebigkeit

Jede Operation muss auf ein bestimmtes Ziel gerichtet sein. Es muss mit den verfügbaren Kräften und Mitteln erreicht werden können.[60] Das gesteckte Ziel

---

[53] Bundesministerium für Verteidigung, ZDv 10/1, Nr. 612.
[54] Bundesministerium für Verteidigung, ZDv 10/1, Nr. 613.
[55] Bundesministerium für Verteidigung, ZDv 10/1, Nr. 614.
[56] Bundesministerium für Verteidigung, ZDv 10/1, Nr. 622.
[57] Bundesministerium für Verteidigung, Heeresdienstvorschrift: Truppenführung von Landstreitkräften, HDv 100/100, Stand November 2007, Nr. 1001.
[58] Bundesministerium für Verteidigung, HDv 100/100, Nr. 1004.
[59] Bundesministerium für Verteidigung, HDv 100/100, Nr. 1007.

ist mit möglichst geringen Verlusten zu erreichen.[61] Kräfte, Zeit, Raum und Information sind auf das Ziel auszurichten.[62] Der Kräfte und Mitteleinsatz ist im Hinblick auf die Zielerreichung so auszurichten, dass eine maximale Wirkung hinsichtlich des angestrebten Ziels erreicht wird.[63]

Einfachheit

Der Erfolg ist durch einfaches Handeln herbeizuführen. Bei Friktionen sind ständig Handlungsalternativen zu entwickeln.[64]

Rechtmäßigkeit und Verhältnismäßigkeit

Alles militärische Handeln muss vom Bewusstsein des Rechts und vom Willen zu seiner Wahrung geleitet sein. Die Verantwortung zur Wahrung des Rechts hat jeder militärischer Führer.[65]

Schnelligkeit und Beweglichkeit

Überlegene Schnelligkeit ist meist der erste Weg zum Erfolg. Wer schneller ist als der Gegner, kann ihm zuvorkommen, ihn überraschen, dadurch Verluste vermeiden und mehr wagen. Schnelligkeit trägt dazu bei, Handlungsfreiheit zu erhalten oder zu gewinnen.

Bei Operationen mit langfristigen Zielen sind Geduld und Ausdauer oftmals wichtiger als schnelles Handeln und schnelle Ergebnisse.[66]

Der Schwächere kann durch Schnelligkeit an der entscheidenden Stelle der Überlegene sein.[67]

Truppenführung erfordert ein hohes Maß an Beweglichkeit. Beweglich führen heißt beweglich denken. Das bedeutet sich wendig jedem Wechsel der Lage und der Intensität anzupassen.[68]

Überraschung und Täuschung

Überraschung ist oft für den Erfolg entscheidend. Sie ermöglicht es, Erfolge auch mit geringem Aufwand an Kräften und Mitteln zu erzielen.[69]

---

[60] Bundesministerium für Verteidigung, HDv 100/100, Nr. 1010.

[61] Bundesministerium für Verteidigung, HDv 100/100, Nr. 1011.

[62] Bundesministerium für Verteidigung, HDv 100/100, Nr. 1012.

[63] Bundesministerium für Verteidigung, HDv 100/100, Nr. 1013.

[64] Bundesministerium für Verteidigung, HDv 100/100, Nr. 1014 f.

[65] Bundesministerium für Verteidigung, HDv 100/100, Nr. 1016.

[66] Bundesministerium für Verteidigung, HDv 100/100, Nr. 1020.

[67] Bundesministerium für Verteidigung, HDv 100/100, Nr. 1021.

[68] Bundesministerium für Verteidigung, HDv 100/100, Nr. 1021.

Rasches Gewinnen von Erkenntnissen über Lage und Absicht des Gegners, Informationsüberlegenheit, Schnelligkeit und Geheimhaltung sind Voraussetzungen für erfolgreiche Überraschung.[70]

Täuschung soll dem Gegner ein unzutreffendes Bild der eigenen Lage, Absicht und getroffenen Maßnahmen vermitteln und ihn zu falschem Handeln oder Untätigkeit verleiten. (1030)

Überraschung und Täuschung gelingen nur, wenn die eigenen Absichten geheim gehalten werden.[71]

Schwerpunkt bilden

Wird eine Entscheidung gesucht, kann man nie stark genug sein. Immer ist ein Schwerpunkt zu bilden. Nur der hat Erfolg, der die Wirkung aller nötigen Kräfte und Mittel zur richtigen Zeit und am richtigen Ort auf das Ziel konzentriert. Dazu tragen bei

- Einsatz von Reserven,

- Unterstützung durch Kräfte und Wirkung anderer Heeresteile,

- Einsatz luftbeweglicher Kräfte,

- Einsatz von Kampfunterstützung,

- Verdichten von Nachrichtengewinnung und Aufklärung,

- Maßnahmen zum Wirken im Informationsraum,

- Vorrang in der logistischen und sanitätsdienstlichen Unterstützung,

- Vorrang in der Führungsunterstützung,

- Besondere Maßnahmen zum Fördern und Hemmen von Bewegungen sowie

- Änderung der Raumordnung.[72]

Reserven bilden

Reserven sind das wichtigste, oft das letzte Mittel militärischer Führer, den Verlauf einer Operation entscheidend zu beeinflussen.[73]

---

[69] Bundesministerium für Verteidigung, HDv 100/100, Nr. 1027.

[70] Bundesministerium für Verteidigung, HDv 100/100, Nr. 1028.

[71] Bundesministerium für Verteidigung, HDv 100/100, Nr. 1032.

[72] Bundesministerium für Verteidigung, HDv 100/100, Nr. 1035.

[73] Bundesministerium für Verteidigung, HDv 100/100, Nr. 1036.

Haushalten mit den Kräften

Die Kräfte der Truppe müssen für höchste Anforderungen in entscheidenden Augenblicken frisch erhalten werden.[74]

Die Truppe kann den Auftrag nur erfüllen, für den sie ausgebildet und ausgestattet ist. Vor allem ausreichende logistische Unterstützung und sanitätsdienstliche Versorgung sowie rechtzeitige Ablösung und die Zuführung von Personalersatz tragen dazu bei, das Leistungsvermögen der Truppe zu erhalten oder wiederherzustellen. Je mehr militärische Führer für ihre Truppe sorgen, desto mehr können sie von ihr erwarten und auch fordern.[75]

Die wesentlichen Faktoren bei der militärischen Führung sind

- Kräfte
- Zeit (Alle Möglichkeiten den Zeitbedarf zu verringern, sind zu nutzen)
- Raum und
- Information.

Information beeinflusst in allen Operationen die Planung, den Einsatz der verfügbaren Kräfte und Mittel sowie das Verhalten der Truppe. Auf Informationen dürfen militärische Führer nicht warten. Sie müssen sie aktiv und offensiv gewinnen, wenn erforderlich auch durch Kampf.[76]

Durch Nachrichtengewinnung und Aufklärung gewonnene Information ist Grundlage für die Beurteilung der Fähigkeiten eines Gegners bzw. von Konfliktparteien und deren möglicher Absichten. Ziel muss sein, ständig über ein aktuelles gemeinsames Lagebild zu verfügen. Hierdurch soll Informationsüberlegenheit erringen werden. Dadurch lässt sich zunächst Zeit gewinnen und dann ein Vorsprung im Handeln gegenüber dem Gegner.[77]

Informationsüberlegenheit ist der Schlüssel zu Führungsüberlegenheit und damit dazu, die Initiative zu erringen und dauerhaft zu behaupten.[78]

Der Kampf um Information ist das ständige Ringen um umfassende Kenntnis der Feindlage, der eigenen Lage und sonstiger wichtiger Umstände.[79]

---

[74] Bundesministerium für Verteidigung, HDv 100/100, Nr. 1046.
[75] Bundesministerium für Verteidigung, HDv 100/100, Nr. 1047.
[76] Bundesministerium für Verteidigung, HDv 100/100, Nr. 1084.
[77] Bundesministerium für Verteidigung, HDv 100/100, Nr. 1086.
[78] Bundesministerium für Verteidigung, HDv 100/100, Nr. 1087.
[79] Bundesministerium für Verteidigung, HDv 100/100, Nr. 1088.

V. Vergleich und Wertung
der militärischen Führungslehren

Die Kriegskunst des Sun Tsu von vor ca. 2500 Jahren und die Zentralen Dienstvorschriften des Bundeswehr als einer modernen Armee in einem demokratischen Staat sind im Hinblick auf die darin enthaltenen Führungslehre nur im Kontext ihrer jeweiligen gesellschaftlichen und staatlichen Form zu werten und zu vergleichen. Unabhängig von diesen abweichenden Rahmenbedingungen soll anhand der konkreten auf die Führungslehre bezogenen Aussagen eine vergleichende Analyse unternommen werden.

1. Bindende Verpflichtung der Führung
an höchste Werte und Gesetze

Auffällig sind in beiden Führungslehren die Bindungen an ein oberstes Gesetz, das auf höchste zu verfolgenden Werte und moralische Grundsätze rückgekoppelt ist.

So führt Sun Tsu aus, dass in der Kunst des Krieges das Hauptaugenmerk auf die moralischen Gesetze (Tao). Diese moralischen Gesetze sind genauesten einzuhalten und nur so kann man der Sieg herbeigeführt werden. Welche Werte im Einzelnen vom Tao umfasst sind, hat Sun Tsu offen gelassen. Zu einem späteren Zeitpunkt ist von einem gewissen Tu Mu ein Kommentar zu dieser Maxime von Sun Tsu angefügt worden. Danach ist das Tao der Weg von Menschlichkeit und Gerechtigkeit. Diejenigen, die ihr Kriegshandwerk richtig verstehen, haben sich an diesen höchsten moralischen Grundsätzen zu orientieren.[80]

In der Dienstvorschrift zur Inneren Führung wird auf die Werte und Normen des Grundgesetzes verbindlich verwiesen, die in der Bundeswehr zu verwirklichen sind, insbesondere die Prinzipien von Freiheit, Demokratie und Rechtsstaatlichkeit. Ihr Leitbild ist der „Staatsbürger in Uniform". So bleibt der in der Armee dienende Soldat immer Bürger diesen Staates, wenn auch in einer besonderen Organisation und mit speziellem Auftrag. Die Innere Führung stellt ein Höchstmaß an militärischer Leistungsfähigkeit sicher und garantiert zugleich ein Höchstmaß an Freiheit und Rechten für die Soldatinnen und Soldaten im Rahmen der freiheitlichen demokratischen Grundordnung.

Die ethischen Grundlagen sind also Menschenwürde, Freiheit, Frieden, Gerechtigkeit, Gleichheit, Solidarität und Demokratie.

Besonders deutlich wird dies auch in der Heeresdienstvorschrift zur Truppenführung von Landstreitkräften, wo bestimmt wird, dass alles militärische

---

[80] *Sun Tsu*, a.a.O., S. 36.

Handeln vom Bewusstsein des Rechts und vom Willen zu seiner Wahrung geleitet sein muss. Die Verantwortung zur Wahrung des Rechts hat jeder militärischer Führer.

Auffällig ist also in beiden Führungslehren die Anbindung an höchste zu verfolgende Werte und moralische Grundsätze. Die historische Bindung an das Tao wurde in modernen demokratischen und rechtsstaatlichen Verhältnissen durch die Bindung an Recht und Gesetz, insbesondere an durch die Verfassung normierte Grundwerte und -ordnung abgelöst.

2. Vergleiche der Führungsgrundsätze im Einzelnen

Betrachtet man die Kriegskunst des Sun Tsu so fällt auf, dass sie eine ganze Reihe von strategischen Überlegungen und Anweisungen (sog. Strategeme) enthält, die für die Militärpraxis des Obersten militärischen Führers von Bedeutung sind.

Die Führungslehre der Bundeswehr hingegen hat nicht – jedenfalls nicht in erster Linie – ausschließlich den obersten Militärführer im Fokus, sondern bezieht sich auf Führungsverhältnisse auf allen Führungsebenen.

So geht es bei der Bundeswehr sehr intensiv um die Aufgaben des jeweiligen Vorgesetzten im Führungsverhältnis zu seinen nachgeordneten Soldatinnen und Soldaten. Es geht insbesondere um:

- Vertrauen als Grundlage einer verantwortungsvollen Menschenführung,

- Ermöglichung von Handlungsspielräumen, Mitwirkung und Mitverantwortung (Führen im Auftrag),

- Erklären von Sinn und Notwendigkeit ihrer Aufgaben und deren Einordnung in den Gesamtzusammenhang.

Als Führungsgrundsätze werden genannt:
- Wille zum Erfolg,
- Zielstrebigkeit,
- Einfachheit,
- Rechtmäßigkeit und Verhältnismäßigkeit,
- Schnelligkeit und Beweglichkeit,
- Überraschung und Täuschung,

- Schwerpunktbildung,

- Reservenbildung,

- Haushalten mit den Kräften sowie

- zielgerichtetes Informationsmanagement.[81]

Strategische Überlegungen spielen in den Dienstvorschriften der Bundeswehr ebenfalls eine zentrale Rolle. Sie wurden aber in Hinblick auf die Themenstellung „Führungsgrundsätze" weitgehend ausgeblendet.

Anhand der vorstehend genannten Führungsgrundsätze der Bundeswehr sollen die Ausführungen von Sun Tsu zur Kriegskunst abgeglichen werden. Insbesondere soll herausgearbeitet werden, welche Führungsgrundsätze übereinstimmend und welche abweichend behandelt werden. Darüber hinaus soll festgestellt werden, welche Führungsgrundsätze nicht und welche darüber hinaus im System der Kriegskunst des Sun Tsu angesprochen werden.

a) Übereinstimmend behandelte Führungsgrundsätze

Von diesen Führungsgrundsätzen der Bundeswehr lassen sich bereits bei Sun Tsu – allerdings für die oberste Führungsebene – die folgenden wiederfinden:

aa) Vertrauen als Grundlage
einer verantwortungsvollen Menschenführung

Dazu Sun Tsu:

- Derjenige, dessen Armee wie ein Mann hinter ihm steht, wird sicher siegen.

- Wenn ein Befehlshaber Vertrauen in seine Soldaten hat und das auch zeigt, aber trotzdem darauf besteht, dass seine Befehle ohne Einschränkung ausgeführt werden, ist das zum Nutzen für die Offiziere und die Mannschaften.

---

[81] Zu den Einzelheiten s.o. unter IV.1 und IV.2.

bb) Ermöglichung von Handlungsspielräumen, Mitwirkung und Mitverantwortung (Führen im Auftrag)

Dazu Sun Tsu:

Stelle deine Soldaten vor eine Aufgabe, gib ihnen aber niemals den Plan zur Lösung bekannt. Wenn eine Truppe in großen Schwierigkeiten ist, entwickelt sie in diesem Augenblick die Fähigkeit, mit einem Schlage zu siegen.

cc) Zielstrebigkeit

Dazu Sun Tsu:

- Mit viel Planung kann man siegen, mit wenig kann man es nicht!
- Ein Meister der Kriegskunst erringt seine Siege immer. Das bedeutet: Was immer er tut, sichert seinen Sieg.
- Deswegen ist derjenige ein guter Kämpfer, der im richtigen Moment einen kraftvollen Angriff genau geplant hat und den Feind überwältigt.
- Scheinbares Durcheinander ist das Produkt guter Planung, scheinbare Schwäche ein Zeichen von Stärke.
- Eine Truppe ohne Nachschubeinheiten, ohne ausreichende Verpflegung und ohne feste Ergänzungslager ist verloren.

dd) Einfachheit[82]

Dazu Sun Tsu:

Mit viel Planung kann man siegen, mit wenig kann man es nicht!

ee) Schnelligkeit und Beweglichkeit

Dazu Sun Tsu:

- Schnelligkeit ist im Kriege das Wichtigste!
- Wenn ein reißender Fluss große Steine bewegt, so geschieht dies durch das Bewegungsmoment.
- Wenn der Falke im Sturz den Körper seiner Beute zerbricht, ist es durch das Zuschlagen im richtigen Zeitpunkt.

---

[82] Albert Einstein: Mache alles so einfach wie möglich, aber nicht einfacher.

ff) Überraschung und Täuschung

Dazu Sun Tsu:

- Die ganze Kriegskunst basiert auf List und Tücke.
- Täuscht er (der Feind) die Flucht vor, verfolge ihn nicht.

gg) Haushalten mit den Kräften

Dazu Sun Tsu:

- Ohne jeden Kampf einen Feind zu unterwerfen, ist in der Tat wahrer Genius.
- Tue nichts, was nicht im Interesse des Staates ist.
- Wenn etwas unmöglich ist, versuche es nicht und verschwende keine Truppen. Kämpfe nicht, ohne dazu gezwungen zu sein.
- Lege besonderen Wert auf die Verpflegung der Truppe und überanstrenge sie nicht. Bewahre ihre Energie und vergeude sie nicht unnötig.

hh) Informationsmanagement

Dazu Sun Tsu:

- Durch Kenntnis der Stärken und Schwächen des Feindes ist der Angriff deiner Armee wie der Schlag eines Mühlsteines gegen ein Ei.
- Der Grund, warum kluge Herrscher und gute Heerführer den Feind schlagen, wo auch immer er sein mag, und warum ihre Leistungen die Taten gewöhnlicher Menschen übersteigen, ist das Vorauswissen.

b) Darüber hinaus behandelte Führungsgrundsätze

Darüber hinaus spricht Sun Tsu in diesem Zusammenhang an:

aa) Zweckmäßige Organisation

- Das Befehligen einer großen Streitmacht geschieht im Allgemeinen nicht anders als das Befehligen einer kleinen. Man muss die große Streitmacht nur entsprechend in kleinere Verbände aufteilen.

- Ordnung oder Unordnung hängen von der Organisation ab; Mut oder Feigheit von den Umständen; Stärke oder Schwäche von der richtigen Einteilung.

bb) Zielgerichteter Personaleinsatz

- Der Feldherr, dessen Generäle fähig sind, Truppen zu führen und die nicht vom Herrscher beeinflusst werden, wird sicher siegen.

- Der gute Befehlshaber wählt die richtigen Leute für die entsprechende Tätigkeit aus, die dann jede gegebene Situation voll ausnutzen.

cc) Situationsangepasstes Verhalten

- Derjenige, der genau weiß, wann er kämpfen darf und wann nicht, wird sicher siegen.

- Deswegen sucht ein guter Befehlshaber den Sieg aus der Situation heraus und verlangt von seinen Unterführern nicht zu viel.

- In einer aussichtslosen Situation musst du kämpfen.

dd) Bewahren von Ruhe und Disziplin

- Ein Heerführer sollte immer ruhig und gelassen, undurchschaubar, unparteiisch und voller Selbstbeherrschung sein.

- Mit Disziplin und Ruhe erwarten erfahrene Soldaten einen aufgelösten und durcheinandergelaufenen Feind. Das ist die Kunst der Selbstdisziplin.

- Sind seine Soldaten unordentlich gekleidet, hat der Heerführer keine Autorität bei seinen Soldaten.

- Stehen die Soldaten in kleinen Gruppen zusammen und flüstern miteinander, deutet das auf Unzufriedenheit in der Truppe hin.

c) Abweichend behandelte Führungsgrundsätze

Im Unterschied zu dem in den Dienstvorschriften der Bundeswehr geregelten Führungsgrundsatz, wonach der Sinn und die Notwendigkeit der Aufgaben und deren Einordnung in den Gesamtzusammenhang zu erklären Führungsaufgabe ist, empfiehlt Sun Tsu jedenfalls dem Meister der Kriegsführung, also dem obersten Befehlshaber, immer durchtrieben und geheimnisvoll zu sein und keine Spur zu hinterlassen. Der Heerführer muss in der Lage sein, Offiziere und Mannschaften über seine Pläne im Dunkeln zu lassen.

d) Nicht behandelter Führungsgrundsatz

Nicht behandelt hat Sun Tsu, der viele Jahrhunderte später entstandenen Rechtsstaat noch nicht kannte, den Führungsgrundsatz der „Rechtmäßigkeit und Verhältnismäßigkeit". Allerdings ist darauf hinzuweisen, dass ein Führungsgrundsatz des Sun Tsu lautet, dass in der Kunst des Krieges das Hauptaugenmerk auf die moralischen Gesetze (Tao) zu richten ist. Insoweit besteht auch bei Sun Tsu eine strenge Bindung an höchste gesetzliche und moralische Werte.[83]

3. Zusammenfassung/Ergebnis

Eine vergleichende Analyse der Kriegskunst des Sun Tsu mit den Führungsgrundsätzen der Bundeswehr hat ergeben, dass über die Jahrhunderte hinweg trotz anderer gesellschaftlicher, staatlicher und rechtlicher Systeme die zentralen Führungsfragen im militärischen Bereich weitgehend vergleichbare Themenstellungen und zum Teil auch Lösungen bzw. Lösungsansätze behandeln. Dies gilt, wenn auch auf ganz unterschiedlich Weise aber im Ergebnis mit der gleichen Zielrichtung, auch und insbesondere für die Bindung an höchste Werte und Gesetze.

Ein Vergleich der Führungsgrundsätze im Einzelnen ergibt in erstaunlichem Umfang, dass die gleichen Leitlinien mit mehr oder weniger vergleichbaren Inhalten zur Anwendung kommen sollen. Auch soweit bei Sun Tsu Führungsgrundsätze angesprochen werden, die jedenfalls in den hier zitierten Teilen der Dienstvorschriften der Bundeswehr nicht wiedergegeben wurden, ist davon auszugehen, dass diese Grundsätze generell modernen militärischen Führungsanforderungen entsprechen. Insofern kann jedenfalls für den vorliegenden Vergleich zu einem guten Teil von einem Universalismus der Führungsgrundsätze

---

[83] s. o. unter V.1

im militärischen Bereich gesprochen werden, und zwar von einem zeitübergreifenden.

VI. Relevanz der Ergebnisse für die Verwaltungswissenschaft und die Verwaltung

Für die Verwaltungswissenschaft ist im Hinblick auf den Untersuchungsgegenstand festzustellen, dass sich im militärischen Bereich das Thema „Führung" schon sehr früh aufgrund praktischer Notwendigkeit und in aller Schärfe stellte. Der Bereich der militärischen Führungslehre ist sicherlich von Besonderheiten geprägt, die für die Anwendung in einer zivilen staatlichen Verwaltung nur im übertragenen Sinne von Belang sind. Allerdings ist darauf hinzuweisen, das auch im Rahmen der staatlichen Verwaltung es Bereiche gibt, wie etwa die Einsatzbereiche von Polizei, Feuerwehr oder des Katastrophenschutzes, in denen die speziell auf die militärischen Aufgabenstellungen ausgerichteten Führungsgrundsätze jedenfalls teilweise Anwendung finden können.

In der Praxis der Verwaltung wird mit dem Thema „Führungslehre" unterschiedlich umgegangen. Teilweise werden Regelungen im Zusammenhang mit den Geschäftsordnungsbestimmungen getroffen, teilweise gibt es – speziell im Bereich der einsatzorientierten Verwaltungseinheiten – spezielle Dienstvorschriften vergleichbar denen bei der Bundeswehr.

Es gibt auch verschiedene Beispiele für konkrete Führungsgrundsätze für bestimmte Verwaltungseinheiten. Mit dem Thema wird dann in der Regel sehr pragmatisch umgegangen und die Zusammenarbeit zwischen dem oder der Vorgesetzten und den Mitarbeiterinnen und Mitarbeitern steht im Focus der Betrachtung. Als Beispiel mögen die Grundsätze für Führung und Zusammenarbeit des Personalamtes der Freien und Hansestadt Hamburg dienen[84]. Führung heißt danach, Ideen zu entwickeln, offen zu sein für neue Anforderungen und Entwicklungen, lösungsorientiert denken, entsprechend zu handeln und – nicht zuletzt – Zuversicht zu vermitteln. Danach sollen auf der Basis von Offenheit, Ehrlichkeit und Fairness, Respekt und persönlicher Akzeptanz sowie im Rahmen ihrer jeweiligen Verantwortlichkeit Vorgesetzte, Mitarbeiterinnen und Mitarbeiter darauf achten, sich gegenseitig umfassend zu informieren, zu beraten und zu unterstützen sowie Ziele zu vereinbaren und einzuhalten. Aufgabe der Vorgesetzten ist es insbesondere, ihre Entscheidungen transparent zu machen, ihren Mitarbeiterinnen und Mitarbeitern Rückendeckung zu geben, ihre

---

[84] Vgl. im Einzelnen: Flyer „Grundsätze für Führung und Zusammenarbeit im Personalamt", hrsg. vom Senat der Freien und Hansestadt Hamburg – Personalamt, ohne Datum.

Arbeitsaufträge klar und nachvollziehbar zu erteilen und eine gute Arbeitsatmosphäre zu fördern.

VII. Weiterführende Fragestellungen

Führungslehre ist in der Verwaltungswissenschaft ein eingeführtes, wichtiges Thema.[85] Für die Verwaltungswissenschaft kann es dennoch ein weiterführendes lohnendes Forschungsfeld sein, sowohl historisch überlieferte Führungslehren, als auch aktuelle Führungsgrundsätze unterschiedlicher politisch-administrativer Systeme ev. unter Einbeziehung von Managementmethoden im wirtschaftlichen Bereich zu untersuchen – ggf. unter Einbeziehung sozialwissenschaftlicher Forschungsmethoden – und zu vergleichen. Ziel könnte es sein, eine auf praktischen Anforderungen und Erfahrungen basierende Essenz von universell anwendbaren Führungsgrundsätzen zu erarbeiten.

---

[85] s. o. unter I.

Verwaltung, Verwaltungsreform, Öffentlicher Dienst

Politische Rechte von Beamten[1]

Ulrich Battis

Der verehrte Jubilar hat sich über Jahrzehnte als Rechts- und Verwaltungswissenschaftler immer wieder mit dem öffentlichen Dienst, seinem Personal und insbesondere dem Beamtenrecht und Tarifrecht auseinandergesetzt. Als Berater der Politik, der zudem viele Jahre als Innenminister, zugleich als Organisations- und Personalminister in Schleswig-Holstein wirkte, hat er die rechtspolitische Debatte sei es in Regierungskommissionen oder in Parlamentsanhörungen ganz wesentlich beeinflusst. Seit der gemeinsamen Mitgliedschaft in der Universität Hamburg bin ich Hans Peter Bull persönlich verbunden, wenn wir auch in beamtenrechtlichen und personalpolitischen Fragen nicht immer übereinstimmen. Der anregende Beitrag des langjährigen Vorsitzenden der deutschen Sektion des internationalen Instituts für Verwaltungswissenschaft in Helsinki[2] ist Anlass im Folgenden Gemeinsamkeiten über das Trennende zu stellen.

I. Historischer Rückblick

Im Gegensatz zu anderen Ländern wie Großbritannien, sind in Deutschland Beamte traditionell berechtigt politisch aktiv zu sein. Während des 19. Jahrhunderts waren Beamte in den deutschen Parlamenten überrepräsentiert. Ein spezifisches Beispiel ist das so genannte „Professorenparlament" von Frankfurt/Main in den Jahren 1848/1849, welches seinen Namen dem hohen Anteil an beamteten Professoren unter den Abgeordneten verdankt. Aber es war immer ein kontroverses Ziel, wie die politische Aktivität von Beamten zu limitieren sei, um die Integrität des öffentlichen Dienstes sicherzustellen. In der wechselvollen deutschen Geschichte hat es breitere und engere Begrenzungen auf verschiedenen Ebenen gegeben.

Während des 18. Jahrhunderts waren Beamte kein selbstbewusster Teil der Regierung, sondern subalterne Diener, die verbindlichen Vorgaben folgten, anstatt selbst im Rahmen der Gesetze unabhängig zu agieren. Sie waren strikt

---

[1] Überarbeitete Fassung eines am 5.3.2010 an der Universität Maastricht gehaltenen Vortrags.

[2] DÖV 2009, 786.

verpflichtet, dem Monarchen zu dienen.[3] Die Wurzeln dieser Pflicht zu persönlicher Loyalität gehen zurück auf das 17. Jahrhundert, als die Bediensteten auf lehnsrechtlicher Basis beschäftigt waren. In dieser Zeit gab es keine Unterscheidung zwischen persönlichem Bereich des Monarchen und Regierungsbereich.

Für die Entwicklung der politischen Rechte der Beamten war die Zeit der Reformen beginnend im Jahre 1807 eine einzigartige Periode der preußischen Geschichte. Nachdem der Staat durch Napoleon im Kern beschädigt worden war, vertraute König Friedrich Wilhelm III. die exekutive Gewalt führenden Beamten an. Unter dem vorsichtigen König startete der Freiherr vom Stein politische Reformen, die überwiegend fortgesetzt wurden durch seine Nachfolger, insbesondere den Fürsten Hardenberg. Sie errichteten einen hochqualifizierten Personalstamm ein, um die politischen Reformen zu unterstützen. Viele der Beamten jener Zeit wirkten mit an einem Programm der Modernisierung des Staates, angeregt durch Aufklärung und Liberalismus.[4] Sie starteten einen Prozess der Einbindung des Monarchen in die Bürokratie und ermöglichten so den Aufstieg von Preußen. Im Jahre 1809 zum Beispiel wurde die Humboldt-Universität gegründet durch Wilhelm von Humboldt, Abteilungsleiter für Bildung im Ministerium des Inneren.

In der nachfolgenden Periode der Restauration, besonders in Preußen, wurde die öffentliche Verwaltung wieder ein Teil der Exekutive, der erneut allein vom König repräsentiert wurde.

Diese Entwicklung setzte sich im Deutschen Reich (seit 1871) fort, als Beamte die Pflicht der Loyalität und der Ergebenheit hatten, die individuell bezogen war auf den Monarchen. Das Recht der Beamten wurde gesetzlich im Detail hinsichtlich ihrer Rechte und Pflichten geregelt. Beamte hatten einen Eid zu schwören, mit der Pflicht zur Loyalität, der politischen Zurückhaltung und der Neutralität. Die Pflicht zur politischen Loyalität hatte auch die Funktion, bestimmte Bevölkerungskreise von höheren Ämtern oder vom öffentlichen Dienst insgesamt auszuschließen. Betroffen waren Juden ebenso wie Sozialdemokraten, in Preußen auch Polen, Dänen, Hannoveraner und in vielen Fällen Katholiken.[5]

Mit dem Ende der Monarchie zu Beginn der Weimarer Republik war das persönliche Band zwischen Beamten und Monarchen abhanden gekommen. Art. 130 Abs. 1 der Verfassung der Weimarer Republik verpflichtete die Beamten, Diener der Gesamtheit und nicht einer Partei zu sein. Mit deutlich antiparteilichem und anitparlamentarischem Affekt wurde daraus abgeleitet, dass die

---

[3] *Bull,* DÖV 2009, 786, 788.
[4] *Bull,* DÖV 2009, 786, 788, 790.
[5] *Battis,* BBG, 4. Aufl. 2009, Einleitung Rn. 2.

Beamtenschaft die Idee der Nation repräsentiere – die Beamten wurden aufgewertet zu Repräsentanten der Nation.

Die Weimarer Reichsverfassung enthielt weitere Vorschriften für den öffentlichen Dienst. Diese umschlossen die Pflicht zur Eidesleistung und darauf beruhend die Pflicht zur Loyalität gegenüber dem Gesetz. Das System des öffentlichen Dienstes als einer neutralen Autorität, garantiert durch die Verfassung, stellte sicher, dass Beamte gesetzliche Entscheidungen autonom und unabhängig zu treffen hatten – nur gebunden durch politische Entscheidungen, die ihnen durch Gesetz vorgegeben waren.[6] Außerhalb des Dienstes waren Beamte in ihrer politischen Meinung frei.

Später wurde die Weimarer Republik attackiert von rechtsextremistischen und linksextremistischen politischen Kräften. Attentate fanden statt. Unter den Opfern war Erzberger, Mitglied des Reichstags und Finanzminister und Rathenau, der Außenminister. Daraufhin wurden die Dienstpflichten erweitert. Beamte des Deutschen Reiches und des preußischen Staates hatten die verfassungsgemäßen repräsentativen Organe im Dienst zu verteidigen. Während ihrer Freizeit wurde politische Zurückhaltung verlangt.

Mit der Machtergreifung durch die Nazis setzte eine Renaissance der personenbezogenen Pflichten ein. Die Treue zum Führer Hitler persönlich ersetzte die Treue zur Verfassung. Bekannte Wissenschaftler, die zuvor die Neutralität des öffentlichen Dienstes vertreten hatten, begannen nun damit, den Hitlerstaat – gestützt auf die Idee der Volksgemeinschaft – zu rechtfertigen.

Der Eid wurde nicht mehr auf die Verfassung, sondern auf Hitler persönlich geleistet. Beamte hatten die Pflicht zur Loyalität zu Hitler bis zum Tod. Sie hatten dem System des Nationalsozialismus ohne Ausnahme zu dienen. Weder Freiheit der Meinung noch Vereinigungsfreiheit existierten während dieser Zeit, weder im Dienst noch außerhalb des Dienstes. Eine andere Partei als die NSDAP zu unterstützen war ein Verstoß gegen die Loyalitätspflicht, weil alle anderen Parteien schon verboten waren. Es wurde sogar diskutiert, ob das Verlassen der NSDAP Gegenstand von disziplinarischen Maßnahmen sein könne.

Nach der bedingungslosen Kapitulation des Deutschen Reiches im Mai 1945 wurden alle Beamtenverhältnisse für null und nichtig erklärt. Dies war sehr bemerkenswert, weil die öffentliche Verwaltung fortfuhr zu arbeiten, angeleitet durch die Alliierten. Das Bundesverfassungsgericht bestätigte die Nichtigkeitserklärung mit der Begründung, dass Beamte den Treueid auf den Führer und nicht auf den Staat geschworen haben.[7]

---

[6] *Günther*, Der Staat, 2009, 411.
[7] BVerfGE 3, 58.

In der Nachkriegszeit war die Wiedereinführung des Beamtenrechts ein kontroverses Thema. Die Alliierten und einige deutsche Länder plädierten für die Einführung eines einheitlichen öffentlichen Dienstes auf der Basis des Arbeitsrechts ohne die Unterscheidung zwischen Beamten und tarifvertraglich Beschäftigten. Demgegenüber forderten die süddeutschen Länder die Fortsetzung des traditionellen Beamtensystems, wie es ihre Landesverfassungen garantierten. Schließlich wurde der Konflikt gelöst durch Fortsetzung des zweispurigen öffentlichen Dienstes in der Tradition der Weimarer Republik, nunmehr kodifiziert in Art. 33 Abs. 4 und 5 des Grundgesetzes.

Im Vergleich zu anderen europäischen Staaten ist festzustellen, dass manche einen zweigeteilten öffentlichen Dienst haben und manche nicht. Frankreich z.B. hat Beamte ebenso wie Tarifbeschäftigte. In Dänemark hat die Mehrheit der Beschäftigten den Status eines Beamten.[8] Andererseits werden z. B. in Großbritannien[9] und der Slowakei[10] geringe Unterschiede gemacht zwischen Beamten („by the pleasure of the crown") und anderen Beschäftigten, sodass man durchaus vertreten kann, dass die „Mandarine von Whitehall" formal gar keine Beamten sind.

Ein Ziel der Westalliierten war das generelle Verbot des Rechts von aktiven Beamten, für das Parlament zu kandidieren. Dieses Konzept stieß auf Widerstand, da man meinte, eine solche Inkompatibilitätsregelung stünde im Gegensatz zur deutschen Rechtstradition, für die die Kompatibilität von Amt und Mandat typisch war. Daher wurde das Recht der Beamten, für Parlamentswahlen zu kandidieren, nicht generell verboten. In Art. 137 Abs. 1 GG ist vielmehr kodifiziert, dass das Recht, für das Parlament zu kandidieren, durch Gesetz eingeschränkt werden kann. Von dieser Ermächtigung wurde nur sehr zurückhaltend Gebrauch gemacht. In jedem Fall aber führt das Prinzip der Gewaltenverteilung (Art. 20 II GG) dazu, dass eine Person, die in der Exekutive tätig ist, nicht zur gleichen Zeit ihr eigener Überwacher im Parlament sein kann. Damit bleibt das deutsche Konzept deutlich hinter dem britischen zurück, demzufolge Beamte für Kandidaturen als Mitglieder des Parlaments gesperrt sind.

---

[8] *Angelsen/Christensen/Pallesen*, in: Derlien/Peters (Ed.), The State of Work I, 2008, 259.

[9] *Hogwood*, in: Derlien/Peters (Ed.), The State of Work I, 2008, 35.

[10] *Bercik/Nemec*, The civil servant system of the Slovac Republic, in: Verheijen (Ed.) Civil Servants Systems in Central and Eastern Europe, Cheltenham, 1999, 189.

II. Neutralität des Berufsbeamtentums im „Parteienstaat"

Das Grundgesetz erwähnt beides. Den politischen Entscheidungsprozess durch Parteien (Art. 21 GG) und die Garantie des öffentlichen Dienstes (Art. 33). Angesichts dieser doppelten Garantie von Art. 21 und Art. 33 GG ist es ausgeschlossen, wie in der Weimarer Zeit geschehen, Schlüsse zu ziehen, denen zufolge die Beamten die Einheit der Nation repräsentierten im Gegensatz zu den Parteien, die nur Teile davon repräsentieren.

Gemäß § 7 Abs. 1 des BBG und § 60 Abs. 2 BBG haben Beamte ihre Aufgaben unparteiisch und gerecht zu erfüllen und bei der Amtsführung auf das Wohl der Allgemeinheit Bedacht zu nehmen. Dies umfasst die Pflicht des Beamten für jede verfassungsgemäß ins Amt gekommene Regierung zur Verfügung zu stehen. Da der Mehrheitswechsel ein essentieller Mechanismus der parlamentarischen Demokratie ist, ist die Umstellungsfähigkeit des öffentlichen Dienstes unverzichtbar. Unabhängig von den politischen Ansichten der Beamten dürfen diese nicht den Anschein der Voreingenommenheit erwecken. Das verfassungsrechtliche Prinzip der Neutralität wird verstanden auch als Neutralität gegenüber Interessen der Parteien oder der Verbände.

Der öffentliche Dienst ist strikt gebunden durch das Verfassungsrecht, in der von Hans Peter Bull nicht goutierten Formulierung der ständigen Rechtsprechung des Bundesverfassungsgerichts, der zufolge das Berufsbeamtentum eine Institution ist, die „gegründet auf Sachwissen, fachliche Leistung und loyale Pflichterfüllung eine stabile Verwaltung sichern und damit einen ausgleichenden Faktor gegenüber den das Staatsleben gestaltenden politischen Kräften darstellen soll."[11]

Die Neutralität des öffentlichen Dienstes darf nicht missverstanden werden als eine Ideologie gerichtet gegen Parteien und Pluralismus mit einem zutiefst anti-demokratischen Grundton. Da der öffentliche Dienst den politischen Zielen der Regierung zu dienen und diese umzusetzen hat, bezieht sich sein Auftreten auf unterschiedliche Interessen und kann daher politisch in einem weiteren Sinne verstanden werden. Beamte müssen ihre Rolle finden zwischen einer unpolitischen bürokratischen Pflichterfüllung und einem System, das belastet ist durch ein politisches Patronage-System. Ohne politische Neutralität kann das System der Lebenszeitverbeamtung nicht gerechtfertigt werden. Gerade gegenüber den Bürgern ist Neutralität nur glaubwürdig auf der Basis eines Konsenses, den alle politischen Akteure teilen.

---

[11] BVerfGE 7, 162; zu dieser st. Rspr. S. auch BVerwGs 110, 363/367 kritisch *Bull*, DÖV 2007, 1029, 1030; *ders.*, DVBl 2000, 1773; dazu *Battis*, FS 50 Jahre Bundesverwaltungsgericht, 2003, 771.

In allen europäischen Ländern wird von den Beamten verlangt, neutral zu sein in dem Sinne, dass sie jeder verfassungsgemäß zu Stande gekommenen Regierung zu dienen haben. In den ehemals kommunistischen Staaten, z.B. in Polen, ist versucht worden, den öffentlichen Dienst, der loyal zum früheren politischen System war, in „more or less political neutral administration, implementing the political agenda of the parlamentarian majority."[12] Überdies ist in vielen europäischen Ländern den Beamten ausdrücklich verboten, Bürger wegen ihrer politischen Vorlieben zu diskriminieren.[13]

Gemäß § 60 Abs. 1 S. 1 BBG haben Beamtinnen und Beamte dem ganzen Volke und nicht einer Partei zu dienen. Diese Grundpflicht ist zugleich Richtschnur für ein spezifisches Amtsethos. Beamte haben die Staatsfunktionen so wahrzunehmen, dass sie das Gemeinwohl in unparteiischer Weise verwirklichen. Diese Orientierung am Gemeinwohl unterscheidet öffentliche Bedienstete vom privaten Sektor. Wie die andauernde Diskussion zeigt, ist gerade in Zeiten von Modernisierung und einer partiellen Reorganisation der öffentlichen Einrichtungen Kontinuität erforderlich um angemessene Balance zu sichern. Gerade in den Staaten, in denen Public Management am weitesten gediehen ist, hat nach dem vermeintlichen „Auszug aus der Max-Weber-Welt" eine Rückbesinnung auf demokratische und rechtsstaatliche Werte, auf parteipolitische Neutralität, auf Verantwortung und Amtsethos eingesetzt. Der zentrale Begriff der Verantwortung prägte z.B. auch die Reformvorschläge der Middelhoek-Kommission, die auf dem Höhepunkt der Krise der Europäischen Kommission eingesetzt worden ist. Im Kern geht es darum, dass man das Berufsbeamtentum auch als Element nicht nur deutscher, sondern auch kontinentaleuropäischer Rechtsstaatlichkeit begreift.

Die Neutralität des öffentlichen Dienstes wird durch beständige Ämterpatronage[14] unter Missachtung von Art. 3 Abs. 3, 33 Abs. 2, 3, 5 GG gefährdet. Die verfassungswidrige Praxis beeinträchtigt die Funktionsfähigkeit des öffentlichen Dienstes. Neben der bewussten parteipolitischen Instrumentalisierung des öffentlichen Dienstes durch Eingriffe von oben besteht eine große Gefahr für die parteipolitische Neutralität des Berufsbeamtentums darin, dass bei stabilen, mehrere Wahlperioden gleichbleibenden, parlamentarischen Mehrheitsverhältnissen sich Beamte parteipolitisch einseitig ausrichten. Die Folge ist, dass nach

---

[12] *Torres-Batyzel/Gaaszyma*, The National Civil Servant System in Poland, in: Verheijen (Ed.) Civil Servant Systems in Central and Eastern Europe, Cheltenham 1999, 168.

[13] Thematic Section 27 § 3 of the Code of Civil Servants of the Helenic Republic, Law 2683/1999.

[14] Dazu *Voßkuhle*, in: Hoffmann/Riem/Schmidt-Aßmann (Hrsg.), Grundlagen des Verwaltungsrechts III, 2009, § 43 Rn. 65-68.

dem Regierungswechsel „einfarbig" gewordene Behörden nicht umstellungsfähig sind.

Die amtsbezogene parteipolitische Neutralität des Berufsbeamtentums wird nicht dadurch berührt, dass die Beamten eine oder mehrere Gruppen im pluralistischen System der Verbände bilden, die ihre Position mit systemkonformen Mitteln, durch Selbstorganisation und Einflussnahme auf Parteien und Fraktionen zu behaupten und auszubauen versuchen. § 118 BBG privilegiert durch Beteiligung der Spitzenorganisationen der für den öffentlichen Dienst zuständigen Gewerkschaften diese Form der Interessenwahrnehmung, und zwar als Ausgleich für das zu Grunde liegende Streikverbot.

Das Streikverbot für Beamte, nicht aber für Tarifbeschäftigte des öffentlichen Dienstes, ist von der deutschen Gerichtsbarkeit in langen Jahren als hergebrachter Grundsatz des Berufsbeamtentums verteidigt worden. Ob das in seiner Ausgestaltung innerhalb Europas einzigartige deutsche Streikverbot in seiner Form auf Dauer gehalten werden kann, ist eine durchaus offene Frage. Die beiden Entscheidungen des Europäischen Gerichtshofs für Menschenrechte in Verfahren gegen die Türkei zu Art. 11 EMRK,[15] die sich zudem auf die Auslegung von Art. 12 der Europäischen Grundrechtscharta auswirken können, müssen nicht unbedingt das Streikverbot beseitigen. Modifikationen in der Ausgestaltung und Begründung drängen sich aber auf.

Das effektivste Instrument gegen Ämterpatronage ist das Instrument der Konkurrentenklage. Über Jahrzehnte galt allerdings in der Rechtssprechung uneingeschränkt, trotz ständiger Kritik durch gewichtige Literaturstimmen, dass der Grundsatz der Ämterstabilität die Aufhebung einer rechtswidrig besetzen Stelle ausschließe. Die Fortentwicklung des vorläufigen Rechtsschutz durch Bundesverfassungsgericht und Bundesverwaltungsgericht in den letzten Jahren hat dazu geführt, dass dieser Grundsatz der Ämterstabilität in seinem strikten Sinne nicht mehr besteht.

Die Rechtsprechung verbessert die Effektivität des vorläufigen Rechtsschutzes dadurch, dass der Dienstherr im laufenden Verfahren die streitige Stelle nicht dauerhaft vergeben darf,[16] dass durch das Einfordern der Zusage für den Fall des Obsiegens eine weitere Stelle freizuhalten ist, dass mit der Besetzung der begehrten Stelle der Konkurrentenstreit nicht erledigt ist[17], dass dem Betroffenen die Weiterverfolgung des Bewerbungsverfahrensanspruchs im Wege der Verfassungsbeschwerde möglich sein muss, obwohl der Dienstherr

---

[15] Arbeit und Recht 2009, 269; dazu *Niedobiotek*, ZBR 2010, 361; *Lörcher*, Arbeit und Recht, 2009, 229; *Seifert*, Kritische Vierteljahresschrift 2009, 357.

[16] BVerwGE 118, 370; *Gundel* DV 2004, 401; krit. *Tegethoff*, ZBR 2004, 341; OVG RhPf DVBl 2009, 659.

[17] BVerwG, NVwZ 1998, 1082.

den Mitbewerber ernannt hat.[18] Daran anknüpfend hat das BVerwG nunmehr ausdrücklich einen Anspruch auf Neuausschreibung einer besetzten Stelle durchgesetzt.[19]

III. Verfassungstreuepflicht

Ein uneigennütziger und unvoreingenommener Dienst zum Wohle der Allgemeinheit ist nur möglich, wenn es eine gemeinsame politische Grundhaltung unter den Beamten gibt, ungeachtet ihrer unterschiedlichen politischen Meinungen. Die Bedeutung eines Minimums an einheitlichem Grundkonsenses hat sich besonders deutlich während der Weimarer Republik gezeigt. Sie ist an ihren inneren Konflikten zu Grunde gegangen, insbesondere wegen des Fehlens einer stabilen, republikanischen Mehrheit, auch unter den Beamten. Deshalb sind Beamte die in ihrer Amtsführung dem ganzen Volke zu dienen haben, verpflichtet, sich durch ihr gesamtes Verhalten, also innerhalb und außerhalb des Dienstes zu der freiheitlich-demokratischen Grundordnung zu bekennen, durch die sich das Volk im Grundgesetz sein staatliches Leben gestaltet hat.

Diese aus der allgemeinen Treuepflicht ableitbare Verfassungstreuepflicht erlaubt keine Distanz, Indifferenz oder Neutralität gegenüber der freiheitlich-demokratischen Grundordnung. Die Verfassungstreuepflicht ist sowohl vom Europäischen Gerichtshof für Menschenrechte[20] wie auch vom Europäischen Gerichtshof[21] gebilligt worden. Allerdings hat der Europäische Gerichtshof für Menschenrechte[22] den Vorrang der Meinungs- und Vereinigungsfreiheit vor der Verfassungstreue bei lebenszeitlichen Beamten entgegen der Rechtsprechung des Bundesverfassungsgerichts anerkannt.[23]

Anders als Deutschland oder Frankreich hat Großbritannien bekanntlich keine kodifizierte Verfassung. Deshalb haben die Bediensteten keine Pflicht zur Verfassungstreue, wohl aber eine Loyalitätspflicht zum Land. Darüber hinaus haben britische Bedienstete die Pflicht zur Loyalität zu ihrem Arbeitgeber, der Krone.[24]

Aus der Verfassungstreuepflicht folgt, dass der Beamte seine positive Haltung zu den Grundentscheidungen des Grundgesetzes in einer Situation, wo

---

[18] BVerfG, NVwZ 2007, 1178; BVerwG, NVwZ 1998, 1082.

[19] Urt. v. 4.1.2010, 2 G 16.09.

[20] NJW 1986, 3005 und 3007.

[21] NJW 1985, 540.

[22] NJW 1996, 375.

[23] Dazu *Häde/Jachmann*, ZBR 1997, 8.

[24] *Johnson*, DÖV 2001, 317, 319; *ders.*, DÖV 1994, 196.

diese Grundentscheidungen angegriffen werden, nicht verschweigen, sondern durch Worte des Protestes (nicht aber der aktiven Werbung) Ausdruck verleihen soll. Dem Beamten muss deutlich werden, dass er Angriffe gegen die freiheitlich-demokratische Grundordnung, die in seiner Gegenwart erfolgen, nicht billigt. Eine Pflicht zur Propaganda, zu politischen Loyalitätserklärung oder dazu, politische Tagesmeinungen zu vertreten, besteht nicht. Die Anforderungen, die an ein pflichtgemäßes Verhalten zu stellen sind, sind je nach der amtlichen Stellung des Beamten unterschiedlich.[25]

Übereinstimmend mit der Verfassungstreuepflicht ist es Beamten erlaubt, Mitglieder einer politischen Partei zu sein. Dieses Recht ist limitiert. Die Mitgliedschaft in Parteien, welche durch Entscheidung des Bundesverfassungsgerichts gemäß Art. 21 Abs. 2 GG für verfassungswidrig erklärt worden sind, ist verfassungswidrig. In den Zeiten den Kalten Krieges, der im geteilten Deutschland zugleich ein Kalter Bürgerkrieg war, hat es die Tendenz gegeben, Beamte aus dem öffentlichen Dienst zu entfernen, die Mitglieder waren von Parteien, die die Regierung für verfassungsfeindlich hielt. Nach der Wiedervereinigung Deutschlands ist die vom Bundesverfassungsgericht gebilligte, aber stets umstrittene Rechtsprechung nicht auf die Mitgliedschaft in der Nachfolgepartei der SED übertragen worden. Ein weiterer Schritt zur europäischen Normalität wäre es, wenn nicht abstrakt nach der Beamteneigenschaft, sondern jeweils funktionsbezogen die Unvereinbarkeit festgestellt würde, etwa auch bei der Mitgliedschaft in rechtsradikalen Parteien.

IV. Pflicht zur Mäßigung und Zurückhaltung

Gemäß § 60 Abs. 2 BBG haben Beamtinnen und Beamte bei politischer Betätigung diejenige Mäßigung und Zurückhaltung zu wahren, die sich aus ihrer Stellung gegenüber der Allgemeinheit und aus der Rücksicht auf die Pflichten ihres Amtes ergeben. Diese Mäßigungs- und Zurückhaltungspflicht besteht insbesondere in Hinblick auf das Vertrauen der Bürger in die Funktionsfähigkeit der öffentlichen Verwaltung. Die Pflicht wird vielfach als Einschränkung der Grundrechte aus Art. 5 Abs. 1 S. 1, 8, 9 Abs. 1 S. 3 verstanden. So gilt § 60 Abs. 2 BBG als allgemeines Gesetz im Sinne von Art. 5 Abs. 2 GG. Entscheidend ist jedoch, dass die Pflicht zur Mäßigung und Zurückhaltung auch, soweit sie außerdienstliches Verhalten erfasst, amtsbezogen ist und es daher primäre Amtswalterpflicht ist, die gegebenenfalls zu einer grundrechtsrelevanten Dienstpflicht werden kann. Wegen der Auswirkung auf die Glaubwürdigkeit der gemeinwohlorientierten, unparteiischen und gerechten Amtsführung (§ 60 Abs. 1 S. 2 BBG) ist der Beamte als Staatsorgan betroffen. Bei der Vornahme

---

[25] s. a. VGH Mannheim, NVwZ-RR 2008, 149.

von Amtshandlungen hat sich der Beamte einer politischen Meinungsäußerung ganz zu enthalten. Er handelt als Amtsperson und nicht als Privatperson und Grundrechtsträger. Das schließt nicht aus, dass etwa bei Lehrpersonen im Unterricht politische Meinungen in zulässiger Weise einfließen.

Der Streit um die kopftuchtragenden Lehrerinnen ist immer noch nicht gänzlich ausgestanden. Lehrer an staatlichen Schulen sind der staatlichen Neutralität verpflichtet. Das darauf gestützte Verbot, im Unterricht ein Kopftuch zu tragen, hatte vor dem Bundesverfassungsgericht keinen Bestand.[26] Der Versuch des in der Sache gespaltenen Gerichts, den Konflikt in die Gesellschaft zurückzutragen, ist gescheitert. Die Länder haben überwiegend, ohne den gesellschaftlichen Diskurs abzuwarten, ganz unterschiedliche gesetzliche Regelungen getroffen, und dies nicht nur für Lehrerinnen. So weit wie in Frankreich mit seinem klassischen Laizismus gehen die Regelungen in Deutschland nicht. Schülerinnen ist das Tragen des Kopftuchs erlaubt. Zum europäischen Kontext gehört es, dass in Großbritannien Kopftücher toleriert werden wegen einer langen Tradition von Einwanderern aus den Commonwealth-Staaten. Der Schweizer Kanton Genf, Ursprungsort des wirkmächtigen Calvinismus, hat es entsprechend laizistischer Tradition einer Grundschullehrerin nicht erlaubt, während des Unterrichts ein islamisches Kopftuch zu tragen. Der Europäische Gerichtshof für Menschenrechte hat darin keine Verletzung des Menschenrechts auf Religionsfreiheit und keine Diskriminierung gesehen.[27]

Politische Meinungsäußerungen innerhalb des Dienstes sind im Übrigen nur als private, die Arbeitsleitung und das Betriebsklima nicht beeinträchtigende Diskussionen unter Kollegen zulässig, nicht dagegen planmäßige Agitation und nicht gegenüber Dritten. Das Tragen von Parteiabzeichen im Dienst kann im Einzelfall verboten werden, wenn das Vertrauen der Öffentlichkeit in die parteipolitische Neutralität der Verwaltung in Frage gestellt ist, nicht aber generell. Die Mäßigungspflicht verbietet nicht, dass Vorgesetzte in einer Diskussion mit Untergebenen Partei für eine politische Meinung ergreifen.

Auch außerhalb des Dienstes sind politische Meinungsäußerungen inhaltlich nur durch die Verfassungstreue beschränkt. Inwieweit die Betätigung gemäß § 60 Abs. 2 BBG in der Form beschränkt ist, richtet sich vornehmlich nach der amtlichen Stellung des Beamten. Erheblich ist auch, ob die Meinungsäußerung im privaten Kreis oder in der Öffentlichkeit, z.B. auf einer Parteiversammlung unter Erwähnung des bekleideten Amtes erfolgt. Im ersten Fall ist eine Beeinträchtigung der Amtsführungspflicht nur ausnahmsweise möglich. Unter politische Betätigung fallen außer Meinungsäußerungen bei parteipolitischer Betätigung auch solche in Gewerkschaften, Verbänden und Bürgerinitiativen. Zur Si-

---

[26] BVerfGE 108, 282 – Sondervotum E 108, 314.
[27] NJW 2001, 2871.

cherung des Vertrauens der Bürger in die Funktionsfähigkeit der Verwaltung kann eine Genehmigungspflicht für das Auftreten von Beamten bei dienstbezogenen Veranstaltungen von Parteien, Verbänden etc. eingeführt werden. Es handelt sich insoweit um dienstliche Tätigkeiten außerhalb der Dienstzeit. Generell gesteigert ist die Mäßigungspflicht bei politischer Betätigung im Ausland, wo sich der Beamte jeglicher politischer Tätigkeit zu enthalten hat, die die Bundesrepublik Deutschland in außenpolitische Schwierigkeiten bringen könnte.[28] Wie in Deutschland haben auch die Bediensteten in Frankreich und Großbritannien die Pflicht zur Zurückhaltung innerhalb und außerhalb des Dienstes. So sind auch in Großbritannien amtsbezogene Restriktionen ausgeprägter je höher die Position des Bediensteten innerhalb der Verwaltung ist.[29]

Für politische Beamte gelten besondere Regeln. Die Gruppe der politischen Beamten bekleidet Ämter, zu deren Ausübung die fortdauernde Übereinstimmung mit den grundsätzlichen Ansichten und Zielen der Regierung erforderlich ist (§ 31 Abs. 1 BeamtStG). Zweck der Institution des politischen Beamten ist es, durch die fortdauernde Übereinstimmung mit der Regierungspolitik in Schlüsselstellen das reibungslose Funktionieren des Übergangs von der politischen Spitze in die Beamtenhierarchie zu gewährleisten.[30] Politische Beamte handeln im Grenzbereich zwischen Politik – verstanden als Regierung, Parlament, Parteispitzen – und Verwaltung.[31] Die Ablehnung der Institution des politischen Beamten[32] überschätzt die politische Umstellungs- und Einsatzfähigkeit des öffentlichen Dienstes und unterschätzt die Bedeutung des Regierungswechsels in der parlamentarischen Demokratie. Ein politischer Beamter kann als Beamter auf Lebenszeit jederzeit in den einstweiligen Ruhestand versetzt werden. Unabhängig von zeitlichen und sachlichen Bindungen genügt innerhalb des weiten Ermessens jeder Grund, der die fortdauernde Übereinstimmung der Amtsführung mit der Regierungspolitik in Frage zu stellen geeignet ist.

Das Land Bayern hat keine politischen Beamten. Die Staatssekretäre sind dort Mitglied der Regierung. Keine politischen Beamten sind die Inhaber eines Amtes in leitender Funktion, das ihnen nur auf Zeit verliehen worden ist. § 4 Abs. 3 b BeamtStG hat trotz zahlreicher Kritik an dieser Einrichtung festgehalten. Die noch auf § 12 b BRRG gestützten Regelungen einiger Länder, wie Bayern, Nordrhein-Westfalen und Sachsen, sahen vor, dass das Führungsamt zunächst für fünf Jahre im Beamtenverhältnis auf Zeit vergeben wurde und

---

[28] BVerwGE 21, 50; DVBl 1974, 463.

[29] *Hagenah*, Die Pflicht von Beamten zur Zurückhaltung bei politischer Betätigung und öffentlichen Äußerung, 2002, 34, 56f.

[30] BVerwGE 52, 34.

[31] *Bracher*, DVBl 2001, 19; *Kugele,* ZBR 2007, 109; *Hebeler*, Verwaltungspersonal, 2008, S. 136.

[32] Z.B. *Franz*, ZBR 2008, 236.

noch mal um fünf Jahre verlängert werden konnte, ehe nach spätestens zehn Jahren eine endgültige Entscheidung erfolgte. Der bayerische Verfassungsgerichtshof[33] hat die bayerische Regelung zur Vergabe von Führungspositionen auf Zeit mit der Verfassung für unvereinbar erklärt, gestützt hat er sich vor allem auf das Lebenszeitprinzip. Die Entscheidung war Auslöser dafür, dass der damalige bayerische Ministerpräsident in der Föderalismusreform I sich für die Einführung der Fortentwicklungsklausel in Art. 33 Abs. 5 GG eingesetzt hat. Die Neuregelung von Art. 32 b Bayerisches Beamtengesetz folgt dem Bayerischen Verfassungsgerichtshof nur eingeschränkt. Schulleiter können als Beamte auf Probe, Amtschefs, Abteilungsleiter der obersten Landesbehörden und Leiter und stellvertretende Leiter von Behörden mit B-Besoldung können weiterhin als Beamte auf Zeit ernannt werden, allerdings sind die zehn Jahre auf fünf verkürzt worden.

Das OVG Münster hat in mehreren Entscheidungen die Verfassungsmäßigkeit der nordrhein-westfälischen Regelung zur Vergabe von Führungsämtern auf Zeit bejaht.[34] Das Bundesverfassungsgericht hat jedoch diese Rechtsprechung kassiert. Das Bundesverfassungsgericht sieht das durch Art. 33 Abs. 5 GG geschützte Lebenszeitprinzip dadurch verletzt, dass bis zu zehn Jahre Ungewissheit darüber besteht, ob der Beamte das Führungsamt auf Dauer erhält. Dieser Meinung war zuvor auch schon das Bundesverwaltungsgericht.[35] M.E. haben beide Gerichte den ausdrücklich benannten hergebrachten Grundsatz des Berufsbeamtentums, das Leistungsprinzip (Art. 33 Abs. 2 GG) gegenüber dem Lebenszeitprinzip zu gering gewichtet.[36] Gewichtig ist allerdings auch das verfassungspolitische Argument gegen die Einführung der Spitzenpositionen auf Zeit: Die Schwelle für die verfassungswidrige Ämterpatronage sinkt.

V. Beamtentum und Staatsumbruch

Veränderungen und Brüche sind typisch für die Geschichte des deutschen öffentlichen Dienstes. Eine relative Unabhängigkeit während der Reformzeit wurde in Zeiten der Restauration in der ersten Hälfte des 19. Jahrhunderts sehr bald wieder zurückgenommen. Die Pflicht zur persönlichen Loyalität stand dem Fortbestehen der Beamtenverhältnisse in der Weimarer Republik nicht entgegen. Im Nationalsozialismus wurde die Loyalitätspflicht gesteigert zur Pflicht zur Loyalität gegenüber dem Führer Adolf Hitler. Der Status des Beam-

---

[33] ZBR 2005, 32.

[34] ZBR 2006, 624.

[35] BVerwGE 129, 272.

[36] s.a. *Voßkuhle*, in: Hoffmann/Riem/Schmidt-Aßmann (Hrsg.), Grundlagen des Verwaltungsrechts III, 2009, § 42 Rn. 125.

ten ist grundsätzlich unabhängig von der Form der Regierung und nationalen Krisen, solange der Staat rechtsstaatlich konzipiert ist. Gemäß dem traditionellen Verständnis würde selbst eine Revolution nicht notwendigerweise den Status der Beamten verändern.

Gleichwohl ist festzustellen, dass zwei wichtige Veränderungen der deutschen Staatlichkeit sich kaum unterschiedlicher auf die staatlichen Bediensteten hätten auswirken können.

Wie schon erwähnt sind alle Beamtenverhältnisse nach der bedingungslosen Kapitulation des Dritten Reiches gegenüber den Alliierten 1945 erloschen. Die deutsche Verwaltung existierte aber weiter mit den meisten der zuvor Beschäftigten, allerdings regiert von den Alliierten.

Als die Deutsche Demokratische Republik der Bundesrepublik Deutschland im Jahre 1990 nach Art. 35 GG a. F. beitrat, war vertraglich festgelegt, dass grundsätzlich auch die Arbeitsverträge der DDR mit ihren Bediensteten durch die Bundesrepublik Deutschland übernommen werden sollten, mit Ausnahme der Beschäftigten des Staatssicherheitsdienstes und der Diplomaten. Obwohl es in der DDR kein Beamtenrecht gab, sondern nur ein modifiziertes allgemeines Arbeitsrecht, ist die Grundsatzentscheidung für die Kontinuität der Beschäftigung nicht nur der Beschäftigten in der Verwaltung, sondern auch der Beschäftigten in den volkseigenen Betrieben getroffen wurden. Diese Entscheidung für die Kontinuität ist das Gegenteil dessen, was 1945 geschah. Der Staat existierte nicht länger, die Beschäftigungsverhältnisse dauerten aber fort. Danach wurde das Berufsbeamtentum, auch in den neuen Ländern, durch Beamtengesetze institutionalisiert.

Die Transformationsprozesse in der DDR und anderen exkommunistischen Staaten in Europa sind zugleich ein Beispiel für andere Länder, speziell in Asien, die ihre Planwirtschaft durch eine Marktwirtschaft ersetzen und deshalb auch ein neues System des öffentlichen Dienstes einführen, häufig beeinflusst von deutschen Beratern, wie z.B. in der Volksrepublik China und der Volksrepublik Vietnam. Die Einrichtung eines Beamtensystems ist Teil der Bildung einer neuen Staatlichkeit. Das Berufsbeamtentum ist dabei ein ausgleichender und festigender Faktor für die neue Staatlichkeit, aber nicht notwendig für die Demokratie. Dem eingangs zitierten Beitrag von Hans Peter Bull lässt sich entnehmen, dass im zusammenwachsenden Deutschland die in die neuen Länder entsandten Bediensteten einen wichtigen Beitrag geleistet haben zum Aufbau marktwirtschaftskompatibler, rechtsstaatlich-demokratischer Strukturen.

Kommunale Selbstverwaltung auf dem Pflegemarkt nach SGB XI – zwischen Einschätzungsprärogative, Subsidiarität und Kundenorientierung

Bernhard Blanke

I. Einführung: Kommunale Pflegeheime unter Ökonomisierungsdruck

Mit der Einführung der Pflegeversicherung wurden die tradierten Kompetenzen der Kommunen zurückgedrängt. War früher die Versorgung Pflegebedürftiger in die kommunalen Zusammenhänge von Altenhilfe und Behindertenpolitik eingebunden, und hatten die Kommunen nach dem Sozialhilferecht eine alleinige Infrastrukturverantwortung, ist jetzt der Einbau in ein komplexes Gefüge der Kooperation („gemeinsame Verantwortung"; § 8 SGB XI) zu verzeichnen. Durch die Neuordnung der Kostenträgerschaft liegt der Auftrag für die Sicherstellung der pflegerischen Versorgung bei den Pflegekassen und ihrer Vertragsgestaltung (§ 69 SGB XI). Hierdurch erfuhr die kommunale Selbstverwaltung in der Reformdimension der „Ökonomisierung" (*Bull* 2010, S. 552; vgl. auch Grohs 2010) einen Wandel, der zwar früh erkannt (vgl. *Igl* 1995; *Igl u.a.* 1995), aber in seinen Folgen später kaum analysiert wurde.

Die Aufgaben und Tätigkeiten der Kommunen im Bereich des Rechtes der Pflegeversicherung sind einerseits gemäß der Selbstverwaltungsgarantie des Art. 28 GG nach wir vor als Regelung von „Angelegenheiten der örtlichen Gemeinschaft" zu klassifizieren. Die Vorhaltung von eigenen Pflegeheimen, um die es hier exemplarisch gehe soll, stellt eine „wirtschaftliche Betätigung" der Kommune im Rahmen der allgemeinen Daseinsvorsorge (*Geiser* 1995, S. 73) dar, wobei die Wahl der Rechtsform ihrer Entscheidung vorbehalten bleibt. Den gesetzlichen Rahmen bietet andererseits das PflegeVG. Dieses enthält ein „modifiziertes" Subsidiaritätsprinzip, welches vordergründig ihre Betätigung beschränkt: „die kommunalen Körperschaften sollen eigene Einrichtungen nur schaffen, soweit die notwendige pflegerische Versorgungsstruktur nicht durch Einrichtungen anderer Träger sichergestellt werden kann" (§ 5 Abs. 2 Nds.

Landespflegegesetz (in der Fassung von 2007) in Verb. mit § 11 SGB XI Abs. 2 Satz 3).[1]

Die Kommunen finden darüber hinaus bezüglich der Versorgungsstruktur im SGB XI „nur im Rahmen einer allgemeinen Kooperationsnorm Erwähnung" (*Igl* 1999, S. 328). Geblieben ist die Letztverantwortung des örtlichen Sozialhilfeträgers.

Als Träger in der stationären Pflege nehmen Kommunen „nur" als Anbieter im Wettbewerb am „Pflegemarkt" teil. Dieses Faktum legt vordergründig nahe, die Rechtsform ihrer Tätigkeit hauptsächlich unter dem Gebot der „Wirtschaftlichkeit" zu betrachten. Gefragt werden könnte dann, ob eine *private Rechtsform* zu einer „wirtschaftlicheren" Erfüllung der Aufgabe (§ 135 Abs. 4 Satz 4 NKomVG), d.h. zu einer Kostendeckung, führen würde. Der „Pflegemarkt" ist nämlich neben anderen regulativen Umständen besonders durch eine Deregulierung auf dem Markt für Pflegekräfte und deren Entlohnung bestimmt (z.B. das Fehlen eines Branchentarifvertrages). Die Personalkosten im Rahmen der tariflichen Bindung (TVöD) städtischer Betriebe können nur schwer in Richtung einer vollen Kostendeckung durch die Pflegekassen gesenkt werden Dies verhindert derzeit der Entgeltwettbewerb zwischen den Trägern. Die Pflegekassen und Sozialhilfeträger legen in den Pflegesatzverhandlungen durchschnittliche Richtwerte zu den Pflegeentgelten fest. Durch das Pflege-Weiterentwicklungsgesetz wurden zwar auf Tarifbindung beruhende Gestehungskosten vorbehaltlos als „wirtschaftlich angemessen" anerkannt. Entsprechende Steigerungen der Pflegeentgelte bis zur Kostendeckung, selbst wenn sie sich in den Pflegesatzverhandlungen realisieren ließen, sind jedoch im Wettbewerb mit den Einrichtungen, die auf tarifliche Entlohnung in Anlehnung an den TVÖD verzichten, kaum marktfähig.

Es ist allgemein bekannt, dass die Mehrzahl der freigemeinnützigen Pflegeeinrichtungen ihre Personalkosten nahezu ausschließlich über eigene Tarifvereinbarungen oder andere betriebswirtschaftliche Neuerungen wie Ausgründungen senken. Viele öffentliche Träger wurden in eine private Rechtsform (gGmbH) überführt und schieden aus dem kommunalen Arbeitgeberverband aus, um der Tarifbindung zu entgehen. Die „neue Subsidiarität" wurde häufig so verstanden, dass „öffentlich-rechtliche Träger [...] eine neue Rechtsform für ihre Einrichtungen finden müssen, um nicht unterzugehen im Markt der Einrichtungsträger" (*Braun* 1995, S. 65).[2]

---

[1] Ich ziehe im Folgenden exemplarisch die Rechtslage in Niedersachsen heran, da dieser Beitrag auf eine Studie im Auftrag der Landeshauptstadt Hannover zurückgeht.

[2] Die Kommunen streifen mit privatrechtlich und privatwirtschaftlich organisierten Unternehmen „die Fesseln ab, die ihnen durch das *Regionalprinzip* angelegt sind, und ... folgen dadurch immer mehr den Gesetzen der Ökonomie und nicht denen der kom-

Die privaten Träger liegen sowohl bei den Personalkosten als auch bei der Personalstruktur (z.B. weniger Fachkräfte, prekäre Beschäftigungsverhältnisse) zum Teil erheblich unter den Maßstäben öffentlicher und freigemeinnütziger Heime. Häufig wird dann behauptet, dass „die Qualität" darunter nicht leide. Diese These kann nur dann stimmig sein, wenn die Messung der Ergebnisqualität eng an „medizinisch-pflegerische Erkenntnisse" (§ 11 Abs. 1 Satz 1 SGB XI) angelegt ist, wobei häufig genug selbst diese Kriterien nicht erreicht werden (Minderqualität). Es ist mittlerweile allgemein anerkannt, dass diese Kriterien nicht genügen, um eine „angemessen Pflege" zu bewerten (vgl. *Hasseler/Wolf-Ostermann* 2010). Auch das Bundessozialgericht hat seine Ansicht „dass Pflegeleistungen weitgehend standardisiert sind und ein Einrichtungsträger aus Gründen des Wettbewerbs nur daran interessiert sein kann, seine Leistungen möglichst kostengünstig anzubieten (vgl. BSGE 87, 199,203 =SozR 3-3300 § 85 Nr. 1 S 6)" mit Urteil vom 29.1.2009 (B 3 P 9/08 R; vgl, auch Butzer 2010) geändert. Nunmehr stellt das Gericht fest: „Diese Erwartungen haben sich im weiteren Verlauf so nicht bestätigt" (RN 21).

Hier erschwert die Informationsasymmetrie angesichts der Intransparenz des „Pflegegeschehens" insbesondere für die Abläufe *innerhalb* der einzelnen wirtschaftlich selbständigen Einrichtungen die Beurteilung. Diese sind Normadressaten (§ 11 Abs. 1 SGB XI) der Qualitätssicherung und des Qualitätsmanagements. *Öffentliche Einrichtungen* können einen Beitrag zum Qualitätswettbewerb leisten, indem sie konkretisierte („gelebte") Maßstäbe setzen, an denen sich andere Einrichtungen orientieren können und sollen („Leuchttürme"). Inwieweit und mit welchen *Steuerungs- und Kooperationsinstrumenten* sonst könnten die Kommunen ihrem Auftrag gerecht werden, wenn sie selbst nicht mehr „unternehmerisch" tätig sind? Dies würde, da das PflegeVG ein „Gewährleistungsmodell" beinhaltet, mindestens die Frage nach der „Auffangverantwortung" betreffen, die in der Rolle eines „Lückenbüßers" aktivierbar sein müsste. Kann eine Kommune ohne eigenes Betriebswissen beim Versagen anderer Träger einspringen? Dies gilt in allen Fällen von Privatisierung, in denen die öffentliche Hand in Bezug auf das Leistungsgeschehen einschlägiges „Produktions-Know-How" aufgegeben hat und „auf Grund der daraus resultierenden Informationsasymmetrie nicht mehr in der Lage ist, die Leistungen des (privaten) Anbieters zu beurteilen" (*Reichard/Röber* 2010).

---

munalen Selbstverwaltung ... Kommunen, die ihre Einrichtungen privatisieren, [begeben] sich damit in einen deutlichen Widerspruch zu ihrer eigenen Forderung, die Selbstverwaltung zu stärken" (*Bull* 2008, S. 290).

II. Rechtliche Rahmenbedingungen kommunaler Pflegeheime

1. Unternehmen oder Einrichtung?

Rechtlich gesehen (NKomVG in der Fassung vom 18.12.2010) sind die Städtischen Alten- und Pflegezentren zunächst kein *kommunales Unternehmen* (§ 135 Abs. 2), sondern eine *Einrichtung* im Sinne des § 135 Abs. 3 Nr. 2 (Einrichtungen des Gesundheits- und Sozialwesens).

2. Öffentliche Rechtsform

Solche Einrichtungen können ferner auch als *echte* Unternehmen geführt werden (§ 135 Abs. 4 Satz 3; siehe auch Abs. 2) und zwar als *Eigenbetriebe (ohne eigene Rechtspersönlichkeit)* oder *kommunale Anstalten des öffentlichen Rechts*, wenn ein wichtiges Interesse daran besteht (§ 135 Abs. 4 Satz 3).

3. Private Rechtsform

Sie können ebenfalls (§ 135 Abs. 4 Satz 4) in *einer Rechtsform des privaten Rechtes* geführt werden, wenn „ein wichtiges Interesse der Gemeinde daran besteht und in einem Bericht zur Vorbereitung des Ratsbeschlusses (§ 58 Abs. 1 Nr. 11) unter umfassender Abwägung der Vor- und Nachteile dargelegt wird, dass die Aufgabe im Vergleich zu den zulässigen Organisationsformen des öffentlichen Rechts wirtschaftlicher durchgeführt werden kann". Nachzuweisen wäre, dass bei einer privatrechtlichen Organisationsform wirtschaftlicher gearbeitet werden kann (wobei bei sozialen Einrichtungen die *Qualitätsgewährleistung* besonders ins Spiel kommt (siehe weiter unten)). Will eine Kommune die Altenpflege weiterhin als eine öffentliche Aufgabe wahrnehmen und kann sie bei einer privatrechtlichen Organisationsform die Möglichkeit eines wirtschaftlicheren Arbeitens sehen, käme für sie nur eine (§ 135 Abs. 2 Nr. 2) *privatrechtliche Eigengesellschaft (mit eigener Rechtspersönlichkeit)* in Frage (z.B. gGmbH), bei welcher sämtliche Anteile der Gemeinde gehören.

Jede andere Betriebsform würde den völligen Ausstieg der Kommune aus der Aufgabenwahrnehmung und damit die materielle Privatisierung bedeuten, die in der Bundesrepublik im Bereich der Alten- und Pflegeheime nach 1996 über die Jahre hinweg im Durchschnitt kontinuierlich erfolgt ist (vgl. Pflegestatistik). Allerdings zeigen sich hier nicht nur Unterschiede nach Bundesländern, sondern auch nach Regionen und Kreisen (vgl. RWI, Pflegeheim Rating Report 2009, S. 52 ff.) Hierin kommen unterschiedliche autonome Entscheidungen der Kommunen zum Ausdruck.

4. Auftrag der Kommunen (Versorgungsstruktur)

Generell steht der Kommune eine (justiziable) *„kommunalpolitische Einschätzungsprärogative"* über den öffentlichen Zweck einer wirtschaftlichen Betätigung und ihrer Form zu (vgl. Cronauge/Westermann 2006, S. 263 RdNr. 406). Dies gilt auch für Non-Profit (soziale) Einrichtungen. Die Kommunen haben aufgrund ihrer umfassenden Organisationshoheit ein Wahlrecht, solche Einrichtungen entweder im Gemeindehaushalt oder in Privatrechtsform zu führen (ebd. S. 30 RdNr. 19). Bei Beibehaltung der kommunalen Aufgabe im Pflegebereich in einer privatrechtlichen Organisationsform ist allerdings eine Antwort auf die mögliche und wirtschaftlichste Betriebsform von der Begründung des *öffentlichen Zweckes, des Bedarfes und der Rolle privater Dritter* (§ 108 Abs. 1 Nr. 1 und 2) abhängig.

Da sich hier Sozialrecht und Kommunalrecht überschneiden, ergibt sich der öffentliche Zweck zunächst aus den *Pflegegesetzen.* Vorab festzuhalten ist, dass in diesen Gesetzen grundsätzlich ein *Spannungsverhältnis* zwischen sozialen und (betriebs-)wirtschaftlichen (for-profit) Zielen in der Sozialgesetzgebung Mitte der 1990er Jahre eingeführt wurde, wobei in der damals regierenden CDU/CSU/F.D.P.-Koalition und im Entscheidungsprozess divergierende normative politische Vorstellungen kompromisshaft zusammengebunden wurden.

5. Pflegegesetze

Zunächst muss das Landesrecht herangezogen werden. Im Niedersächsischen Landespflegegesetz (in der Fassung von 2007) heißt es in § 5 Abs. 2: „die kommunalen Körperschaften sollen eigene Einrichtungen nur schaffen, soweit die notwendige pflegerische Versorgungsstruktur nicht durch Einrichtungen anderer Träger sichergestellt werden kann."

Diese auf den ersten Blick restriktiv auszulegende („nur") Bestimmung ist in einen *Bereit- d.h. Sicherstellungsauftrag* (§ 5 Abs. 1; vgl. auch § 8 SGB XI) eingebunden, aus dem sich der *öffentliche Zweck* kommunaler Betätigung ableitet. Demnach sind die Kommunen verpflichtet,

> „eine den örtlichen Anforderungen entsprechende notwendige pflegerische Versorgungsstruktur [...] sicherzustellen".

Hier formuliert das Landespflegegesetz von Baden-Württemberg (PflegeG in der Fassung von 2004) in § 1 Abs. 2 eindeutiger:

> „Wird die notwendige Grundversorgung nicht durch freigemeinnützige und private Träger sichergestellt, so sind Stadt- und Landkreise hierzu verpflichtet".

Zu der mit dieser Regelung gemeinten „Grundversorgung" gehört auch die Bereitstellung von Alten- und Pflegeheimen.

6. Offene Fragen zur „Subsidiarität?"

Eine erste Frage lautet: Welche Rolle können kommunale Einrichtungen unter dem Gesichtspunkt der *Notwendigkeit* im Rahmen der gemeinsamen Verantwortung (§ 8 SGB XI) spielen, wenn der Bedarf mengenmäßig und im Rahmen der Pflegeversicherung wirtschaftlich auch ohne sie durch private Dritte erfüllt werden könnte? Sollen die Kommunen im Sinne eines *sozialpolitischen Subsidiaritätsgebotes* nur für den Fall aktiv werden, dass private Dritte nicht „ausreichend" tätig sind (das „nur" im § 5 Abs. 2 des NPflegeG könnte so interpretiert werden)? Dies kann aber nach meiner Ansicht nicht für eine Reduzierung kommunaler Träger zum „Lückenbüßer" für den Notfall herangezogen werden, wenngleich diese Bestimmung nicht eindeutig ist und *politischen (ideologischen)* Interpretationen offen steht. Mitunter wird sie eher als „Privatisierungsklausel" verstanden (*Cronauge/Westermann* 2006, S. 252 RdNr. 405). Ein *wirtschaftliches* Subsidiaritätsgebot allerdings – und damit ein Konkurrenzschutz, bei dem „die Gemeinden nur bei einem unbefriedigenden Marktverhältnis im Sinne der Daseinsvorsorge wirtschaftlich tätig sein dürfen, besteht nicht" (*Link* 2008, S. 6; vgl. auch *Ruffert* 2009 zu Art. 12 GG; und *Hellermann* 2009 zu Art. 28 GG). Art. 12 GG z.B. gewährt „keinen Schutz vor staatlicher Konkurrenz". Marktteilnehmer haben „jederzeit mit der Konkurrenz zu rechnen, so dass es *nicht auf den Urheber*" ankommt (*Ruffert*, S. 371; Hervorhebung von mir). Zwar sind Ausnahmetatbestände (Verdrängungswettbewerb, Einsatz hoheitlicher Mittel, besondere Wettbewerbsvorteile) möglich, die aber auf den gegebenen Fall aus dem Sozialrecht *nicht* zu treffen.

Diese über Jahrzehnte auch von den Verwaltungsgerichten geteilte Ansicht ist allerdings seit Mitte des letzten Jahrzehnts strittig geworden (vgl. *Mehde* 2011). Bei der Gesetzgebung zur neuen Niedersächsischen Kommunalverfassung (NKomVG vom 17.12.2010; GVBl. 31/2010, 576 ff.) wurde die NGO zunächst ohne Änderungen in dieser Frage in die Regierungsvorlage integriert. Während der Beratungen im Ausschuss für Inneres und Sport wurde jedoch im neuen § 135 (früher NGO § 108) der Abs.1 Nr. 3 geändert (NdLtg Drs. 16/3110). Dies folgt Neuregelungen in anderen Bundesländern. Die Gesetz gewordene Veränderung führt eine Beschränkung bei einem Tätigwerden *außerhalb* traditioneller Unternehmen der technischen und informationellen Infrastruktur (Daseinsvorsorge) ein, wenn „der öffentliche Zweck nicht ebenso gut und wirtschaftlich durch einen privaten Dritten erfüllt wird oder erfüllt werden kann" (so auch schon § 108 NGO). Diese Beschränkung dient dem „Schutz privater Dritter, die sich entsprechend wirtschaftlich betätigen oder betätigen wollen" (Abs. 1 Satz 3), und erhöht die Begründungshürde für den öffentlichen Zweck und seine wirtschaftliche Erfüllung. Damit wird nach allgemeiner Auffassung ein Klagerecht privater Dritter eingeführt, das im Wesentlichen dem Mittelstand dienen soll, sich gegen öffentliche Expansion in seine Geschäftsfelder zu wehren. „Die Tendenz im Kommunalwirtschaftsrecht geht dahin, die Optionen der Kommunen für die Organisationsstruktur zu vergrößern, gleichzeitig aber die materiellrechtlichen Voraussetzungen für eine wirtschaftliche Tätigkeit zu verschärfen. Letzteres wird hinsichtlich der Umsetzung nicht mehr durch die Kommunalaufsicht kontrolliert, sondern nunmehr zunehmend durch die Gerichte auf die Klage von Konkurrenten hin. Veränderungen im kommunalen Machtgefüge sind damit nicht zwangsläufig verbunden, wohl aber können sich die Foren, innerhalb derer die Entscheidungen getroffen werden, verschieben" (*Mehde* 2010, S. 2).

Dieser Absatz des § 135 NKomVG bezieht sich jedoch auf *Unternehmen und nicht auf Einrichtungen nach Abs. 3,* in diesem speziellen Fall nach Nr. 2 (Einrichtungen des[...]Gesundheit- und Sozialwesens). Wenn eine solche Einrichtung nach §135 Abs. 4 Satz 4 in einer Rechtsform des privaten Rechts geführt würde, weil die *Aufgabe „* im Vergleich zu den zulässigen Rechtsformen des öffentlichen Rechts wirtschaftlicher durchgeführt werden kann", bliebe sie eine Einrichtung im Sinne des Abs. 3 und würde nicht der Beschränkung nach Abs. 1 Satz 3 unterliegen. Die Rechtsform würde die öffentliche Aufgabe nach der lex specialis SGB XI nicht tangieren, insbesondere kann ein Rechtsschutz privater Dritter nach § 135 Abs. 1 Satz 3 nicht herangezogen werden.

7. Wettbewerb und Subsidiarität

Zwischen dem Recht auf wirtschaftliche Betätigung der Kommunen im *Wettbewerb* und der tradierten sozialrechtlichen Subsidiaritätsidee besteht ein Spannungsverhältnis, welches der Gesetzgeber bei Schaffung des „Pflegemarktes" letztlich nicht in Betracht gezogen hat.[3]

Das klassische deutsche sozialpolitische Subsidiaritätsprinzip war nämlich ausschließlich im *Non-Profit Sektor* (und dort im Konflikt zwischen Staat, Kir-

---

[3] Oder ziehen wollte: Nicht unwichtig ist hier der Gang der Gesetzgebung. Im Regierungsentwurf vom 24.6.1993 (BT-Drucksache 12/5262), der am 1.7.1993 vom Bundestag, der einen gleichlautenden Entwurf vorlegte, in erster Lesung behandelt wurde, fehlt die Vorrangklausel. In der Einleitung des Entwurfes wird der Grundsatz dargelegt, dass mit der Schaffung der Pflegeversicherung „auf eine Vielfalt von Leistungserbringern in freigemeinnütziger, privater und öffentlicher Trägerschaft ebenso Wert gelegt [wird] wie auf die Prinzipien des Wettbewerbs, der Wirtschaftlichkeit und der Leistungsfähigkeit der Leistungserbringer sowie auf Qualität und Humanität der Pflegeleistungen". In den Beratungen des federführenden Ausschusses für Arbeit und Sozialordnung (Bericht in BT-Drucksache 12/5952, S. 4) wurde aber seitens der CDU/CSU und F.D.P berichtet: „Ferner habe man ergänzend (sic!) die Vorschrift aufgenommen, dass freigemeinnützige und private Träger Vorrang gegenüber öffentlichen Trägern hätten. Das entspräche dem Verständnis der Mitglieder der Fraktionen der CDU/CSU und F.D.P. vom Subsidiaritätsprinzip.

chen und anderweitig weltanschaulich gebundenen oder freien Akteuren; vgl. *Bäcker* u.a., 2008, S. 543 ff.), z.B. bei der Jugendhilfe, entwickelt worden. „Im Staatsrecht betrifft dieses Prinzip [...] nur das Verhältnis zwischen dem Staat und den einzelnen Menschen bzw. den Institutionen der gesellschaftlichen Selbstorganisation" (*Huster/Rust* 2009, S. 557). Das einschlägige Urteil des Bundesverfassungsgerichtes (BVerfG 22, 180) zur Subsidiarität steht hierfür. Wie es sich aber in einem Quasi-Markt verhält, in welchem gewinnorientierte private Träger mit freigemeinnützigen und öffentlichen Einrichtungen im Wettbewerb stehen, wurde vom Gesetzgeber nicht geprüft. Die *juristische* Unterscheidung von öffentlich und privat wurde mit der *wirtschaftswissenschaftlichen* Unterscheidung von Staat und Markt (vgl. *Berner* 2009, S. 54f.) schlicht gleichgesetzt. Private Unternehmen sind jedoch keine „gesellschaftliche Selbstorganisation" im rechtlichen Sinne. Bei der Pflegeversicherung handelt es sich zudem – gegensätzlich zum Krankenhaussektor, in dem die Marktverhältnisse ganz anders gelagert sind, und schon immer ein Public-Private-Mix existierte – um einen Bereich besonderer Bedürftigkeit und Abhängigkeit der Individuen (Bürger oder „Kunden") von halböffentlichen Dienstleistungen handelt. Die Pflegeversicherung knüpft an den Hilfebegriff an und nicht an „Marktprodukte".

III. Trägervielfalt als Ordnungskonzept und Wettbewerbsziel

1. Subsidiarität auf dem Prüfstand

Aus diesen Gründen muss man bei dem Grundsatz, dass „die Vielfalt der Träger von Pflegeeinrichtungen zu wahren ist" (§ 11 SGB XI Abs. 2 Satz 1) – nimmt man nicht an, dass ein Duopol (nur noch freigemeinnützige und private Träger) auf dem Pflegemarkt gerechtfertigt sei – von einer *rechtlichen* Gleichrangigkeit der Träger der „Versorgungsstruktur" ausgehen . Dieser Feststellung scheint der Wortlaut des § 5 Abs. 2 NPflegeG in Verbindung mit § 11 Abs. 2 Satz 3 SGB XI zu widersprechen. Allerdings war vor der ‚Marktschaffung' durch das Pflegeversicherungsgesetz eine entsprechende Trägerlandschaft vorhanden, die durch die privaten Träger *ergänzt und erweitert* wurde, um den Wettbewerb zu fördern. Eine Diskriminierung kommunaler Träger würde der Garantie der kommunalen Selbstverwaltung widersprechen, d.h. auch dem Recht, im öffentlichen Interesse auf dem Markt im Rahmen der Verantwortung für die Versorgungsstruktur tätig zu werden. Es kann auch nicht angenommen werden, dass die Zahl der öffentlichen Träger insoweit beschränkt wurde, dass keine neuen Einrichtungen mehr geschaffen werden dürfen, weil dies eine Angebotsbeschränkung auf dem Markt darstellen würde. Dies mag im Fürsorgerecht der Sozialhilfe begründbar sein, im Pflegerecht dagegen haben nach unserer Ansicht die Kommunen als (potentielle) *Anbieter* in vollem Umfang des § 8 SGB XI Abs. 2 und 3 die gleichen Rechte wie die anderen Träger.

Nach Verabschiedung des SGB XI bestand zunächst durchaus Unsicherheit in dieser Frage im Hinblick auf § 72 Abs. 3. So sollen Versorgungsverträge vorrangig mit freigemeinnützigen und privaten Trägern abgeschlossen werden. Es ging darum, ob kommunale Einrichtungen nach einer Umwandlung in eine privatrechtlich organisierte Eigengesellschaft (vgl. z.B. § 108 Abs. 2 Nr. 2 NGO) als „private Träger" auf dem Markt tätig sind. Exemplarisch kann hier ein Vorgang aus dem Jahre 1998 in Bayern herangezogen werden, bei dem der Kommunale Prüfungsverband diese Ansicht bezweifelte und eine Anfrage an das Bundesministerium für Arbeit und Sozialordnung richtete. Die Antwort des Ministeriums fiel unter Berufung auf das Subsidiaritätsprinzip negativ aus: „der formale Rechtsformwechsel" reiche nicht aus, „um als private Einrichtung im Sinne des § 72 Abs. 3 SGB XI gelten zu können", vielmehr muss, wie der Bayerische Prüfungsverband ergänzt, eine „Privatisierung mit einer echten Aufgabenverlagerung in den privaten Sektor gegeben sein" (bkpv 1998).

Eine Gegenposition wurde von *Klie* (2001, S. 84) vertreten: „Der Gesetzgeber hat allein auf die Rechtsform, nicht auf die hinter den Trägern stehende Gesellschafter o. ä. abgestellt", weshalb auch nicht verlangt werden kann, dass grundsätzlich ein Gebot der Aufgabe kommunaler Aufgabenerfüllung existiere.

2. Eigenverantwortung der Pflegebedürftigen

Die m. E. *strittigen* Rechtsansichten bestehen weiter, solange keine höchstrichterliche Entscheidung erfolgt ist. Jedoch ergibt sich aus einer anderen Sicht, nämlich dem *Wahlrecht der Pflegebedürftigen* (§ 2 SGB Abs. 2 XI) ein anderer Zugang: „Die Pflegebedürftigen können zwischen verschiedenen Einrichtungen und Diensten verschiedener Träger wählen". Die besondere Betonung der „religiösen Bedürfnisse" (Abs. 3) schützt die kirchlichen Träger gewissermaßen vor dem Privatisierungsdruck; es bleibt aber zu fragen, wie es mit möglichen „Bedürfnissen" nach einer weltanschaulich ungebundenen, non-profit öffentlichen Einrichtung (in den möglichen Rechtsformen) steht. Würden diese „eingeschränkt", würde nach unserer Ansicht ein diskriminierender Eingriff in das Wahlrecht der Pflegebedürftigen vorliegen. Dieser ließe sich nicht durch die sozial(ordnungs-)politische Zielsetzung des SGB XI einer Steigerung der Effizienz (Wirtschaftlichkeit) des Leistungsgeschehens durch eine Einbindung Privater in die Versorgungsstruktur rechtfertigen.

Geht man zudem von der *Finanzierung* der Pflege aus, ist festzuhalten, dass die Pflegebedürftigen einen Eigenbeitrag zur Pflegevergütung (Pflegepreise) über die pauschalierten Pflegesätze für pflegerische Leistungen der Versicherung hinaus leisten müssen (in Niedersachsen und anderen Bundesländern auch für die Investitionskosten) oder schon seit 1998 wieder in steigendem Maße aus öffentlichen Mitteln (Sozialhilfe) unterstützt werden müssen. 2007 trug die Pflegeversicherung im Bundesdurchschnitt 49% der Ausgaben für die stationäre Pflege, die Pflegebedürftigen 37% und die öffentliche Hand 14% (RWI, 2010, S. 20). Der öffentliche Anteil wird mit dem erwartbaren Sinken des gesetzlichen Rentenniveaus (und steigenden Pflegekosten) weiter zunehmen, was die bei den Entwürfen und der Verabschiedung des Pflegeversicherungsgesetzes vorhandene Hoffnung auf eine dauerhafte Entlastung der Kommunen schwer erschüttert. Nachfrageseitig betrachtet, erscheint es systemwidrig, wenn diesen „Kunden" (zu denen eben auch die öffentliche Hand zählt) bei der Entscheidung über die Verwendung ihres Einkommens und Vermögens sowie ggf. von Unterhaltszahlungen ihrer Angehörigen oder Steuermitteln eine Beschränkung bei der „angebotenen" Trägervielfalt auferlegt würde.

Gerade bei einem unter den aufeinander bezogenen Gesichtspunkten der Eigenverantwortung und der Qualität regulierten „Pflegemarkt" muss es aus Kundensicht gleiche Wettbewerbschancen geben. Da die Kommunen die „Letztverantwortung für Quantität, Qualität und die konkrete Ausgestaltung der sozialen Dienste und Einrichtungen vor Ort" haben, „bei der Planung und Bereitstellung sozialer Dienste stets die kulturellen und weltanschaulichen Bedürfnisse der Gesamtbevölkerung im Auge haben müssen und freigemeinnützige und privat-gewerbliche Träger nicht gezwungen werden können, bestimmte Angebote zu machen, sind sie bei entsprechendem Bedarf auch gehalten, eigenständig tätig zu werden" (*Bäcker* et al. 2008, S. 545).

3. Qualitätsgewährleistungsgebot

Angebotsseitig kommen nämlich nach dem gängigen „Wirtschaftlichkeitsgebot" des SGB V (§ 12 Abs. 1) und der entsprechenden Regelung im SGB XI (§ 4 Abs. 3, § 9) neben der Mengenbestimmung („zahlenmäßig ausreichend") und der monetären Wirtschaftlichkeit (Effizienz) die Ziele der „*Zweckmäßigkeit*" (SGB V) und der „*Leistungsfähigkeit*" (SGB XI), d.h. die Effektivität und Qualität sowie die „Kundenpräferenzen" ins Blickfeld. Diese Kriterien müssen von der *Nachfrage* der Nutzer her bestimmt werden. Auf einem ‚reinen' Gütermarkt (z.B. beim Lebensmittelkauf) entscheiden die Kunden über die Zweckerfüllung (den subjektiven Nutzen), d.h. über die Qualität der Leistung. Dies ist bei Gesundheitsdienstleistungen weitgehend anders gelagert (Informationsasymmetrie). Zu prüfen ist also, ob nicht auch und vor allem das *Qualitätsgewährleistungsgebot* hinsichtlich des Pflegeangebotes ins Spiel gebracht werden muss. § 9 SGB XI ist vom Gesetzgeber dahingehend abweichend – ‚verschärfend'– vom SGB V formuliert worden.

Interpretiert man Qualität (vgl. *Specke* 2005, S. 464 ff.) formal als Merkmal des Angebotes auf dem Pflegemarkt, und versteht Wettbewerb über den Kostenwettbewerb hinaus (wie es betriebswirtschaftlich üblich ist) als Qualitätswettbewerb, dann kann jeder Anbieter seine *eigenen* Vorstellungen von Qualität entwickeln, soweit sie nicht gemeinsam vereinbarten Prüfkriterien widersprechen. Die besondere Hervorhebung des Auftrages „kirchlicher und sonstiger Träger der freien Wohlfahrt" (§ 11 SGV XI Abs. 2 Satz 2), dem Rechnung zu tragen „ist", drückt hier im Zusammenhang mit der Marktschaffung (bei Träger- und damit Angebotsvielfalt) diesen Grundsatz aus, schwankt aber zwischen einer ‚konservierenden‘, ethischen Absicht und dem ‚reinen‘ Marktgedanken.

Bezeichnenderweise fehlt nämlich jede zusätzliche Charakterisierung für die privaten Träger. Bei diesen ging der Gesetzgeber offenbar von dem mit der Marktschaffung im Zuge der allgemeinen „Privatisierungswelle" ebenso wesentlich verbundenen Gedanken der Kostensenkung (Effizienzsteigerung) und Flexibilisierung aus (vgl. Reichard/Röber 2010). D.h., dass vom Gebot der Trägervielfalt aus betrachtet im „Quasi-Markt" der Pflege verschiedene (sozialpolitische und rechtliche) Prinzipien vermischt werden, deren Zusammenspiel letztlich ungeklärt ist. Für die Kostenstruktur der „Betriebe" z.B. sind sie aber von wesentlicher Bedeutung, besonders für die *Personalkosten*. So stellt das RWI in einer vergleichenden Untersuchung fest, dass „private Heime weniger Arbeitskräfte pro Heimbewohner einsetzen und die Personalkosten als Anteil am Umsatz deutlich geringer ausfallen als bei nichtprivaten Heimen" (2009, S. 39). Der jeweilige Personalanteil betrug durchschnittlich 69,3% bei öffentlich-rechtlichen Trägern, 65,0% bei freigemeinnützigen und 47,5% bei privaten (S. 130). Auch im Pflegereport 2010 wird berichtet, dass (über die Kosten hinaus) die „unterschiedliche Personalstruktur [...] in engem Zusammenhang mit der *Trägerschaft*" und deren unterschiedlichen organisationsspezifischen Merkmalen steht. „So ist z.B. bekannt, dass insbesondere in öffentlichen Einrichtungen Tarifverträge Anwendung finden, während der Abschluss derartiger Verträge in privaten Einrichtungen eher unüblich ist. Weiterhin ist in privaten Heimen weniger und jüngeres Personal beschäftigt" (*Rothgang* 2010, S. 74), und schließlich ist zu beachten, welche Beschäftigungsverhältnisse vorliegen (Vollzeit, Teilzeit, geringfügige Beschäftigung; ebd. S. 70). Wenn einem „Lohndumping" seitens der Privaten keine Grenzen gesetzt sind, verfügen sie über einen (unfairen) Wettbewerbsvorteil gegenüber den in einer spezifischen Weise „ethisch" oder öffentlich gebundenen Einrichtungen. Das mag auf dem Konsumgütermarkt bei freier Preisbildung angemessen sein (z.B. Bioprodukte, vegetarische Lebensmittel versus Massenware), im Bereich der Pflege ist eine solche Marktspreizung hochgradig problematisch. Um diesen Vorteil wird aber seitens der Privaten im Moment gerungen (vgl. RWI u.a. 2009, S. 105–118: Mindestlohn und Insolvenzgefahr).

Wesentliches Problem sind hierbei die mangelnde Transparenz des Marktgeschehens, die durch die „mixed economy" (*Powell* 2007) entstanden ist, und die unterschiedliche öffentliche (soziale) Bindung der konkurrierenden Betriebe/Unternehmen. Gegenüber den Pflegekassen und den Sozialhilfeträgern (Finanzierung) und bei den Wahlentscheidungen der Heimbewohner als Nachfrager sind die einzelnen Pflegeeinrichtungen formal gleichgestellt, bei den Präferenzen der „Kunden" ergeben sich *gruppen*spezifische Differenzierungen, wenn man unterstellt, dass bei einem erheblichen Teil der Pflegebedürftigen ethische oder sozialpolitische (Kirchen, Freie Wohlfahrt) oder auch staatsbürgerliche Bindungen (Kommunen) eine Rolle spielen. Schließlich ist für jeden Einzelfall zu analysieren, wie „frei" die Wahlentscheidung für ein bestimmtes Alten- und Pflegheim tatsächlich sein kann und/oder war. Der Pflegemarkt ist kein Wochenmarkt, der nahezu ohne Transaktionskosten funktioniert, sondern ein „Koordinationsgeschehen" mit erheblichen Transaktions- und insbesondere Informationskosten (siehe weiter unten).

Ob eine stark auf *Personalkostensenkung* ausgerichtete Strategie (die auch zunächst von den Sozialgerichten unter dem Stichwort „kostengünstig" favorisiert wurde) mit dem Qualitätsgewährleistungsgebot (insbesondere bezüglich der Ergebnisqualität) kompatibel ist, ließe sich nur bei voller Markttransparenz und durch eingehende empirische Untersuchungen des Zusammenhanges von Personaleinsatz, Personalkosten und Ergebnisqualität beantworten.

Aus meiner Sicht können gerade kommunale Einrichtungen eine Vorreiterfunktion übernehmen, indem sie in Wahrnehmung ihrer Gesamtverantwortung „Marktlücken" nicht rein mengenmäßig verstehen, sondern unter Qualitätsaspekten vorangehen. Diese sollten jedoch nicht auf das Leistungsspektrum der Pflegeversicherung (als Teilsicherungssystem) verengt werden, „sondern den gesamten Pflegebedarf, die Lebensumstände und die Teilhabe der pflegebedürftigen Menschen in den Blick" nehmen. „Pflegebedürftige Menschen sind besonders verletzlich in ihrer Anerkennung als Rechtsperson und in ihrer Entfaltung als Persönlichkeit" (*Welti* 2010, S.116).

Die Altenpflege wird häufig (so auch *Rothgang* 2010), als „Trendsetter" einer neuen Form von Sozialpolitik betrachtet, bei der die Erhöhung der *Kundensouveränität* dem Kunden einerseits eine erhöhte Wahlfreiheit einräumt, ihn dabei allerdings auch vor teils unübersichtliche Anforderungen stellt. Da es sich beim „Pflegemarkt" durch seine Akteurskonstellationen und das Finanzierungsmodell um einen Quasi-Markt handelt, ist auch die „Konsumsouveränität" engeren Grenzen unterworfen als der Begriff des „Kunden" es zunächst nahelegt. Zudem befinden diese sich tendenziell in einem mehr oder weniger ausgeprägten Zustand der Hilfsbedürftigkeit, die Wahlmöglichkeiten werden somit begrenzt vom somatischen und psychischen Gesundheitszustand und dem lokal vorhandenen Angebot der Pflegedienstleistungen. Deshalb sollte die *Selbstbestimmung der Pflegebedürftigen* wieder zu ihrem Recht kommen.

IV. Selbstbestimmung als oberster Wert

Policyanalytisch kann man Sozialgesetze als einen programmatischen „Ableitungszusammenhang" von Aufgaben, Werten, Zielen, Zwecken, und Mitteln betrachten. Hierin liegt sozusagen ihre „Steuerungslogik". Der oberste Wert soll sich auch in den letzten einzelnen Handlungen bei der Ausführung der Gesetze widerspiegeln, die damit im konkreten Fall auch wertbezogen justiziabel sein können (man denke an das Urteil des Bundesverfassungsgerichtes zu den Berechnungskriterien für Leistungen nach SGB II). Diese Programme können also „im Lichte" von Grundwerten bewertet werden. Das Pflegeversicherungsgesetz definiert in § 1 zunächst die Absicherung des Risikos der Pflegebedürftigkeit (Abs. 1) als einen neuen „eigenständigen Zweig der Sozialversicherung" Danach wird der oberste Wert für die Leistungen dieses Versicherungszweiges definiert:

> „Die Leistungen der Pflegeversicherung sollen den Pflegebedürftigen helfen, trotz ihres Hilfebedarfs ein möglichst selbständiges und selbstbestimmtes Leben zu führen, das der Würde des Menschen entspricht. Die Hilfen sind darauf auszurichten, die körperlichen, geistigen und seelischen Kräfte der Pflegebedürftigen wiederzugewinnen oder zu erhalten" (§ 2 Abs. 1 SGB XI).

Nach unserer Ansicht ist es in der langen Geschichte der Qualitätsbestrebungen in der Pflegeversicherung nicht gelungen, *diese* Grundsätze abschließend zu operationalisieren, so dass es im Rahmen der Prüfkriterien des MDK immer noch der einzelnen Einrichtung überlassen wird, wie und mit welchem Ressourceneinsatz sie dieses Ziel zu erreichen sucht (so auch die Kriterien zur Qualitätssicherung im Rahmen des so genannten Pflege-TÜVs). Auf diesen Zusammenhang verweisen auch die Ergebnisse des RWI (2009, S. 41 ff.), die frappierend feststellen, dass zwischen Struktur-, Prozess-, Ergebnisqualität und Preisniveau kein signifikanter Zusammenhang besteht (Daten des MDK Rheinland-Pfalz). Die Messkriterien des MDK enthalten jedoch keinerlei Zusammenhänge des Leistungserstellungsprozesses, sondern ausschließlich individualisierte Daten aus dem Katalog der verrichtungsorientierten Definition der Pflegebedürftigkeit. „Durch diese Verengung fließen grundlegende pflegetheoretische Erkenntnisse" nicht ein. „Der Verzicht, Lebenswirklichkeit und reale Bedürfnislage der Pflegebedürftigen umfassend widerzuspiegeln, ist gesundheitspolitisch und leistungsrechtlich begründet" (*Süß* 2009, S. 41). Der Zusammenhang zwischen Personalmanagement und Ergebnisqualität bleibt somit verborgen, und angemessene Pflege wird nicht erfasst.

Die seit der Verabschiedung des Pflege-Weiterentwicklungsgesetzes (PfWG) vom 1. Juli 2008 politisch-gesetzgeberisch angestoßenen Bestrebun-

gen, vor allem den Begriff der Pflegebedürftigkeit (§ 14 SGB XI) neu zu definieren (vgl. *Igl* 2009; *von Schwanenflügel* 2009, *Gohde* 2010), zielen darauf ab,
das tradierte und auf die Einordnung der Hilfebedürftigen in Pflegestufen an
Verrichtungen *(defizit-) orientierte* durch ein *kompetenzorientiertes Verständnis* zu ersetzen. Im Zentrum dieses neuen pflegewissenschaftlich fundierten
Konzeptes steht „der Grad der *Selbständigkeit* bei der Durchführung von Aktivitäten oder der Gestaltung von Lebensbereichen" (*von Schwanenflügel* 2009,
S, 157 f.). (*Gansweid/Wingenfeld/Büscher* 2009, S. 140 ff.). Aktivierung bedarf
auch der Rekonstruktion der häuslichen Lebenswelt im Heim und der weiteren
sozialen Einbindung der Pflegebedürftigen in ihr soziales Umfeld, d.h. ihre
Gemeinde.

Die Mehrzahl der Senioren wird irgendwann pflegebedürftig (Gesamtle-
benszeitprävalenz bei Frauen 66.7 %, bei Männern 47 % (*Rothgang u.a.* 2010,
S. 116)), aber das Überschreiten dieser Schwelle wird in den allermeisten Fällen „vor Ort" eintreten. Das *Pflegeheim als Wohnort*, wie es in allen fundierten
Qualitätsüberlegungen konzipiert ist, ist eine genuin „lokale" Einrichtung. Die
öffentliche Rechtsform kommunaler Heime hat deshalb einen *erheblichen Vorteil* gegenüber einer privaten Rechtsform: eingebunden in kommunale Verwaltung können einerseits wechselseitige Impulse zum beiderseitigen Vorteil ausgetauscht werden und die städtische Heime andererseits mit der parallel existierenden *kommunalen Seniorenpolitik* ohne erhebliche organisatorische Schnittstellen vernetzt werden. Eine solche „Pflegepolitik" entspricht dem Grundgedanken der „örtlichen Angelegenheiten" nach Art. 28 GG (BVerfGE 79, 127):
Bedürfnissen und Interessen, „die in der örtlichen Gemeinschaft wurzeln oder
auf sie einen spezifischen Bezug […] [haben], die also den Gemeindebewoh-
nern gerade als solchen gemeinsam sind, indem sie das Zusammenleben und
-wohnen der Menschen" betreffen.

Literatur

Bäcker, Gerhard / *Naegele*, Gerhard / *Bispinck*, Reinhard / *Hofemann*, Klaus / *Neubauer*,
Jennifer (2008): Sozialpolitik und soziale Lage in Deutschland, 2 Bde., 4. Aufl.,
Wiesbaden: VS Verlag.

Berner, Frank (2009): Der hybride Sozialstaat. Die Neuordnung von öffentlich und privat in der sozialen Sicherung, Frankfurt/New York: Campus Verlag.

Bieback, Karl-Jürgen (Hrsg.) (2009): Die Reform der Pflegeversicherung 2008, Münster
u.a.: LIT.

Braun, Helmut (1995): Auswirkungen des Pflegeversicherungsgesetzes auf die örtliche
Altenhilfeplanung und den alten Menschen, in: Igl et al., S. 67.

Bull, Hans Peter (2008): Kommunale Gebiets- und Funktionalreform – aktuelle Entwicklungen und grundsätzliche Bedeutung: in dms 2/2008, S. 285 – 302.

Bull, Hans Peter (2010): Modernisierung der kommunalen Selbstverwaltung, in: Blanke, Bernhard / Nullmeier, Frank / Reichard, Christoph / Wewer, Göttrik (Hrsg.), 2010: Handbuch zur Verwaltungsreform. 4. Aufl., Wiesbaden: VS Verlag, S. 545 – 563.

Butzer, Hermann (2010): Wirtschaftlichkeit im Verwaltungsrecht, in: Blanke et al., S. 445 – 454.

Fink, Susann (2008): Aktuelle Probleme des öffentlichen Wirtschaftsrechts. Möglichkeiten und Grenzen der wirtschaftlichen Betätigung von Kommunen, Norderstedt: GRIN Verlag.

Gaertner, Thomas / *Gansweid,* Barbara / *Gerber,* Hans / *Schwegler,* Friedrich / *von Mittelstaedt,* Gert (Hrsg.) (2009): Die Pflegeversicherung. Handbuch zur Begutachtung, Qualitätsprüfung, Beratung und Fortbildung, 2. Aufl., Berlin/New York: de Gruyter.

Gansweid, Barbara / *Wingenfeld,* Klaus / *Büscher,* Andreas (2009): Entwicklung eines neuen Begutachtungsinstruments, in: Gaertner u.a., S. 140 – 149.

Geiser, Matthias (1995): Kommunale Altensozialpolitik und Pflegeversicherung: Zur Zukunft der Altenplanung auf örtlicher Ebene, in: Igl. et al., S,70 – 79.

Gohde, Jürgen (2010): Wie viel Pflege braucht der Mensch?, in: Gesundheit und Gesellschaft 10/2010, S. 28 – 31.

Grohs, Stephan (2010): Lokale Wohlfahrtsarrangements zwischen Beharrung und Wandel: Die widersprüchlichen Effekte von Ökonomisierung und Kontraktmanagement, in: dms 2/2010, S. 413 – 432.

Hasseler, Martina / *Wolf-Ostermann,* Karin (2010): Wissenschaftliche Evaluation zur Beurteilung der Pflege-Transparenzvereinbarung für den ambulanten (PTVA) und stationären (PTVS) Bereich, gkvnet.

Hellermann, Johannes (2009): Kommentar zu Art. 28 GG, in: Epping/Hillgruber, S. 700 – 745.

Huster, Stefan / *Rux,* Johannes (2009): Kommentar zu Art 20 GG, in: Epping/Hillgruber, S. 549 – 602.

Igl, Gerhard (1995): Die Pflegeversicherung – Strukturelle Auswirkungen und Konsequenzen für die Kommunen. in: Igl/Kühnert/Naegele, S. 10 – 40.

Igl, Gerhard (1999): Pflegepolitik und pflegerische Versorgung, in: Naegele, Gerhard / Schütz, Rudolf-M.: Soziale Gerontologie und Sozialpolitik für ältere Menschen. Gedenkschrift für Margret Dieck, Wiesbaden: Westdeutscher Verlag, S. 317 – 332.

Igl, Gerhard (2009): Bisherige Erfahrungen und Defizite der Pflegeversicherung und die Reform 2008 – aus sozialrechtlicher Sicht, in: *Bieback* 2009, S. 41 – 65.

Igl, Gerhard / *Kühnert,* Sabine / *Naegele,* Gerhard (Hrsg.) (1995): SGB XI als Herausforderung an die Kommunen. Dortmunder Beiträge zur angewandten Gerontologie, Hannover: Vincentz Verlag.

Klie, Thomas (2001): Pflegeversicherung, 6. Aufl., Hannover: Vincentz Verlag.

Link, Charlotte (2008): Aktuelle Probleme des öffentlichen Wirtschaftsrechtes, Norderstedt: GRIN Verlag.

Mehde, Veith (2010): Vom Ende zum Anfang der Geschichte – Aktuelle Entwicklungen im Kommunalrecht der Bundesländer, in: DVBl, 465 – 471.

Möller, Isabell (2010): Steuerungsprobleme der Qualitätspolitik im Gesundheitswesen. Diss. Hannover.

Powell, Martin (ed.) (2007): Understanding the mixed economy of welfare. Bristol: Policy Press.

Reichard, Christoph / *Röber,* Manfred (2010): Verselbständigung, Auslagerung und Privatisierung, in: Blanke et al. 2010, S. 168 – 77.

Rothgang, Heinz et al. (2010): BARMER GEK Pflegereport 2010, Schwäbisch Gmünd.

Ruffert, Matthias (2009): Kommentar zu Art 12 GG (Berufsfreiheit), in: Epping, Volker / Hillgruber, Christian (Hrsg.): Grundgesetz Kommentar, S. 355 – 389.

RWI (2009): Pflegeheim Rating Report, RWI Materialien, Heft 54, Essen.

Specke, Helmut K. (2005): Der Gesundheitsmarkt in Deutschland. Daten – Fakten – Akteure, 3. Aufl., Bern u.a.: Hans Huber Verlag.

Süß, Martina (2009): Pflegetheorien und Bewertung des Hilfebedarfes, in: Gaertner u.a., S. 34 – 43.

von Schwanenflügel, Matthias (2009): Maßnahmen zur Schaffung eines neuen Pflegebedürftigkeitsbegriffes und eines neuen Begutachtungsverfahrens, in: Gaertner u.a., S. 155 – 161.

Welti, Felix (2010): Rechtliche Probleme einer Reform der Pflegeversicherung: Qualitätssicherung, Fallmanagement und räumliche Versorgungsstrukturen, in: Gaertner u.a., S. 115 – 131.

Westermann, Georg / *Cronauge,* Ulrich (2006): Kommunale Unternehmen. Eigenbetriebe – Kapitalgesellschaften – Zweckverbände, Berlin: Erich Schmidt Verlag.

Integration und Demografie – Herausforderungen an ein strategisches Personalmanagement

Volker Bonorden

Der Senat der Freien und Hansestadt Hamburg setzt in seinem Personalmanagement zunehmend auf Diversity und insbesondere auf Aspekte der interkulturellen Öffnung. Mit der Dachkampagne „Wir sind Hamburg! Bist Du dabei?" soll der Einstellungsanteil an jungen Menschen mit Migrationshintergrund bis 2011 in den Ausbildungen und Studiengängen der hamburgischen Verwaltung (Allgemeine Dienste – vormals Allgemeiner Verwaltungsdienst –, Justiz und Steuerverwaltung, Polizei und Feuerwehr) auf einen Zielwert von 20 Prozent erhöht werden. Beim Start der Kampagne in 2006 lag dieser bei rund fünf Prozent, inzwischen beträgt er rund 15 Prozent. Für sein Engagement wurde der Senat in 2008 im Rahmen des bundesweiten Wettbewerbs „Kulturelle Vielfalt in der Ausbildung" von der Beauftragten der Bundesregierung für Migration, Flüchtlinge und Integration mit einem Preis ausgezeichnet.

I. Vorbemerkung

Die hamburgische Verwaltung muss sich nach innen und außen so positionieren, dass sie auch in den nächsten Jahrzehnten als zukunftsorientierter und kostengünstiger Dienstleister für die Bürgerinnen und Bürger gut aufgestellt ist. Dazu gehört vor allem eine professionelle und motivierte Mitarbeiterschaft.

Die Apologeten eines „schlanken" Staates – nach dem Motto, der Markt wird es schon richten und wenn es Probleme geben sollte, greifen die Selbstheilungskräfte desselben „regulierend" ein – haben in der aktuellen internationalen Finanz- und Wirtschaftskrise in Deutschland vehement nach dem Staat als problemlösenden Akteur gerufen. In dieser größten Krise der letzten Jahrzehnte ist in Deutschland mehr als deutlich geworden, welchen Anteil eine gut funktionierende, moderne, stabile, kompetente, flexible und verlässliche öffentliche Verwaltung daran hat, dass die von den politischen Entscheidungsträgern von Bund und Ländern für notwendig gehaltenen Maßnahmen (hier sei z. B. an die konkreten Konjunkturprogramme erinnert) konzeptionell entwickelt und operativ in vorgegebenen Zeitfenstern umgesetzt werden konnten. Deutschland hat insgesamt – auch im Vergleich zu den anderen Mitgliedsländern der Europäischen Union – die Auswirkungen der Krise vergleichsweise gut in den Griff bekommen. Ausgestanden ist die Krise allerdings noch nicht.

Es sind die Mitarbeiterinnen und Mitarbeiter des öffentlichen Dienstes und damit die Arbeitnehmerinnen und Arbeitnehmer genauso wie die Beam- tinnen und Beamten, die die tragenden Pfeiler sind. Nach einer Veröffentlichung des Münchener ifo Instituts aus dem letzten Jahr üben in Deutschland 11,9 % aller Beschäftigten ihren Dienst beim Staat aus, in den USA 16,0 %, in Italien 18,9 %, in Großbritannien 21,4 %, in Frankreich 24,6 % und in Schweden 31,6 %![1]

Wer glaubt, insbesondere durch die veröffentlichte Meinung medial immer mal wieder die eine (Beamtinnen und Beamte) gegen die andere Statusgruppe (Arbeitnehmer und Arbeitnehmerinnen) ausspielen zu müssen, der diffamiert gleichzeitig beide, beschädigt Menschen und ist klug beraten, im Interesse eines gut funktionierenden Gesamtsystems – das sein Fundament in unserer Verfassung hat – derartiges Handeln kritisch zu reflektieren.

Es gilt Entwicklungen frühzeitig zu antizipieren und die Weichen richtig zu stellen, um die hamburgische Verwaltung zukunftsorientiert weiterzuentwickeln. Dazu gehört ein strategisch ganzheitliches Personalmanagement, das die gesamtgesellschaftlichen (Integration von Menschen mit Migrationshintergrund) und personellen Herausforderungen (demografische Entwicklung, Wettbewerb zwischen den öffentlichen Verwaltungen – Wettbewerbsföderalismus – von Bund, Ländern und Kommunen sowie der Privatwirtschaft) miteinander verknüpft. Dazu gehören z. B. die Potenziale der vorhandenen Mitarbeiterschaft durch konsequente Personalentwicklung systematisch zu heben genauso wie (junge) Menschen mit Migrationshintergrund für eine Beschäftigung in der hamburgischen Verwaltung zu begeistern. Und was spricht dagegen, die Verbeamtung als Wettbewerbselement zu nutzen?

II. Integration und demografische Entwicklung

1. Integrationspolitische Verantwortung eines öffentlichen Arbeitgebers und Dienstherrn

Integration ist erst dann gelungen, wenn Menschen mit Migrationshintergrund, die dauerhaft in Deutschland leben, die deutsche Sprache beherrschen und gleichberechtigt am wirtschaftlichen, gesellschaftlichen, politischen, kulturellen und sozialen Leben in Hamburg teilhaben und sich darüber hinaus als

---

[1] Vgl. *ifo Institut für Wirtschaftsforschung e.V.* 2009.

Teil dieser Gesellschaft verstehen.[2] Neben Sprache und Bildung sind insbesondere Ausbildung und Erwerbstätigkeit, also die berufliche Integration in den Arbeitsmarkt, wesentliche Schlüssel für eine erfolgreiche Integration.

Für die Freie und Hansestadt Hamburg in ihrer Dienstherrn- und Arbeitgeberfunktion leitet sich hieraus eine besondere Verantwortung ab. Ziel ist es, Menschen mit Migrationshintergrund auch in den Berufen der hamburgischen Verwaltung eine gleichberechtigte Teilhabe und Gestaltung des beruflichen Werdeganges zu ermöglichen. Hierbei ist es von großer Bedeutung, in den Prozessen der Personalauswahl und der Personalentwicklung ihre speziellen Kompetenzen zu erkennen und zu fördern und ihre berufliche Integration optimal zu realisieren.

2. Kompetenzgewinn durch Integration

Kulturelle Vielfalt ist für die hamburgische Verwaltung und ihre Mitarbeiterinnen und Mitarbeiter eine Bereicherung, sie ist Chance und Herausforderung zugleich. Interkulturelle Kompetenzen wie Mehrsprachigkeit oder Erfahrungen im Umgang mit anderen Kulturen werden als hilfreich und wertvoll angesehen, beispielsweise im Kundenkontakt, in der Vielfalt von Perspektiven bei Planungsprozessen und auch im Hinblick auf Innovation und Kreativität.

Nur so können die Qualität der Aufgabenerledigung zielgruppengerecht optimiert und die Interessen von Bürgerinnen und Bürgern mit Migrationshintergrund angemessen vertreten werden. Und hierauf kommt es an, denn die hamburgische Verwaltung ist ein Dienstleister für rund 1,8 Millionen Bürgerinnen und Bürger; von ihnen haben rund 495.000 einen Migrationshintergrund,[3] also einen ausländischen Pass oder familiäre Wurzeln in einer von über 180 Nationen.

Vor diesem Hintergrund hat der Erste Bürgermeister der Freien und Hansestadt Hamburg die Charta der Vielfalt („Diversity als Chance – Die Charta der Vielfalt der Unternehmen in Deutschland") am 10. November 2008 gegenüber der Beauftragten der Bundesregierung für Migration, Flüchtlinge und Integration unterzeichnet.

Interkulturelles Personalmanagement ist seit 2009 ein Schwerpunktthema und Teil des ganzheitlichen strategischen Personalmanagements für die hambur-

---

[2] Vgl. Hamburger Handlungskonzept zur Integration von Zuwanderern, Präambel, S. 9, Mitteilung des Senats an die Bürgerschaft, Bürgerschaftsdrucksache 18/5530.

[3] Vgl. *Statistisches Bundesamt* 2010: Bevölkerung mit Migrationshintergrund, Ergebnisse des Mikrozensus 2009, Fachserie 1, Reihe 2.2, Tabelle 1.

gische Verwaltung.[4] Es umfasst neben dem Themenfeld der Personalentwicklung auch die (verstärkte) Rekrutierung von Beschäftigten mit Migrationshintergrund im Rahmen von Stellenausschreibungen. Zugleich bedeutet eine interkulturelle Ausrichtung der Personalpolitik im Rahmen der Zukunfts- und Strategiefähigkeit der eigenen Organisation einen weiteren Beitrag zur Erhöhung der Arbeitgeberattraktivität (neben weiteren Komponenten wie beispielsweise Aus- und Fortbildungsangeboten, beruflichen Entwicklungsperspektiven, Arbeitszeitflexibilität, Work- Life-Balance und Vereinbarkeit von Beruf und Familie, Arbeitsplatzsicherheit).

3. Integration als Perspektive für den Arbeitsmarkt

Die Integration von Zuwanderern in unsere Gesellschaft wird zu Recht als eine der herausragenden gesellschaftspolitischen Aufgaben unserer Zeit betrachtet, am Arbeitsmarkt ist sie schon allein für eine perspektivisch verlässliche Personalbedarfssicherung von immens hoher Bedeutung.

Dies gilt ganz besonders für die Freie und Hansestadt Hamburg, in der Menschen mit Migrationshintergrund mit sehr hohen Bevölkerungsanteilen leben. Der Anteil der Personen mit Migrationshintergrund an der deutschen Bevölkerung beträgt 19,6 %, in Hamburg sind es 27,8 %. In der ausbildungsrelevanten Zielgruppe der 18- bis 25-Jährigen sind es in Deutschland 23,3 %, in Hamburg 33,5 %. In der Gruppe der unter 18-Jährigen sind es in Deutschland 30,2 %, in Hamburg hingegen bereits 44,4 %.[5]

Indes zeigt ein Blick auf die demografische Entwicklung, dass das verfügbare Potenzial an geeignetem Nachwuchs nicht größer geworden ist, sondern sich im Gegenteil in den kommenden Jahren in dramatischem Maße verknappen wird.

So ist die Bevölkerungszahl Deutschlands bereits seit 2003 rückläufig und wird bei Fortsetzung der demografischen Entwicklung von 2008 bis 2060 um rund 21 % auf etwa 65 Millionen abnehmen.[6] Das rasant wachsende Geburtendefizit kann dabei nicht von der Nettozuwanderung kompensiert werden; die Brisanz dieser Thematik wird in der Öffentlichkeit bislang kaum angemessen

---

[4] Vgl. *Personalamt*, blickpunkt personal: Personalbericht 2009, Personalmanagementbericht, Kap. 5, S. 38 ff., und Personalbericht 2010, Personalmanagementbericht, Kap. D.5, S. 46 ff.

[5] Vgl. *Statistische Ämter des Bundes und der Länder* 2010: Bevölkerung nach Migrationsstatus regional, Ergebnisse des Mikrozensus 2008.

[6] Vgl. *Statistisches Bundesamt* 2009: Bevölkerung Deutschlands bis 2060, 12. koordinierte Bevölkerungsvorausberechnung, S. 5 f., Basis: 31.12.2008, Szenario „Untergrenze der mittleren Bevölkerung", es liegt die Annahme zugrunde, dass die jährliche Nettozuwanderung (Saldo der Zu- und Fortzüge) jährlich etwa 100 000 Personen betragen wird.

diskutiert. Konnte in den Jahren 1985 bis 2007 noch jeweils ein Wanderungs-
zuschuss verzeichnet werden, so ergaben sich aus der Bilanzierung der Zu- und
Fortzüge für 2008 und 2009 erstmals Wanderungsdefizite.[7]

Ähnlich wie die Bevölkerung insgesamt wird auch die Bevölkerung im Erwerbsalter (hier: von 20 bis 65 Jahren) deutlich altern und schließlich schrump-
fen. Heute gehören knapp 50 Millionen Menschen dieser Altersgruppe an. Ihre Zahl wird ab 2020 deutlich zurückgehen und 2035 etwa 39 bis 41 Millionen
betragen. 2060 werden dann nur noch 33 Millionen Menschen im Erwerbsalter
sein (–34 %).[8]

4. Verknappung der nachwuchsrelevanten Zielgruppen

Die ausbildungsrelevante Altersgruppe der 16- bis unter 20-Jährigen wird
sich in Deutschland bis zum Jahr 2060 voraussichtlich um rund 42 % auf
knapp 2,1 Millionen Menschen vermindern, die ebenfalls nachwuchsrelevante
Zielgruppe der 20- bis unter 30-Jährigen voraussichtlich um rund 39 % auf 6,1
Millionen Menschen.[9] Dieser Trend bestätigt sich auch in aktuellen Prognosen
zur Entwicklung der Zahl der Schulabsolventinnen und Schulabsolventen.[10]

Gegenwärtig kommen rund 2/3 der Bewerberinnen und Bewerber für Ausbildungen der hamburgischen Verwaltung aus der Metropolregion Hamburg
und der näheren Umgebung der angrenzenden Bundesländer Niedersachsen
und Schleswig-Holstein, rund 1/3 aus Mecklenburg-Vorpommern sowie zum
Teil auch aus anderen Bundesländern.

Die Zahl der Realschulabsolventinnen und -absolventen nimmt in den norddeutschen Bundesländern (Bremen, Hamburg, Mecklenburg-Vorpommern,
Niedersachen und Schleswig-Holstein) von 2005 bis 2020 um über ein Viertel
ab, im selben relativen Ausmaß trifft dies auch auf Deutschland insgesamt zu.

Für Schulabsolventinnen und -absolventen mit Fachhochschul- oder Hochschulreife an Gymnasien ist innerhalb des genannten Zeitraumes in den norddeutschen Bundesländern, insbesondere infolge von Doppelabiturjahrgängen
infolge Schulzeitverkürzung, zwar noch ein Anstieg von 14 % zu erwarten, in
Deutschland von rund 9 %. Langfristig wird sich die rückläufige demografi-

---

[7] *Statistisches Bundesamt* 2010: Pressemitteilung Nr.185 vom 26. Mai 2010.

[8] Vgl. *Statistisches Bundesamt* 2009: Bevölkerung Deutschlands bis 2060, 12. koordinierte Bevölkerungsvorausberechnung, S. 6.

[9] Vgl. *Statistisches Bundesamt* 2009: Bevölkerung Deutschlands bis 2060, 12. koordinierte Bevölkerungsvorausberechnung, S. 43.

[10] Vgl. *Sekretariat der Ständigen Konferenz der Kultusminister der Länder in der
Bundesrepublik Deutschland* 2007, S. 97.

482 Volker Bonorden

sche Entwicklung allerdings auch hier bemerkbar machen. In Mecklenburg-Vorpommern wird sich das Rekrutierungspotenzial der Gruppe der Absolventinnen und Absolventen mit Hochschulzugangsberechtigung bereits ab 2012 ff. gravierend verringern (der Rückgang von 2005 bis 2020 wird insgesamt auf rund 27 % prognostiziert).

III. Strategische Positionierung des Personalmanagements

1. Steigende Nachwuchsbedarfe in der hamburgischen Verwaltung

Der viel diskutierte Mangel an Fach- und Führungskräftenachwuchs macht auch vor dem öffentlichen Sektor keinen Halt. Die veränderte altersbezogene Zusammensetzung lässt sich auch in der Belegschaft der hamburgischen Verwaltung erkennen; inzwischen liegt ihr Durchschnittsalter bei 46 Jahren. Für einige Berufe besteht bereits heute ein Fachkräftemangel, so beispielsweise für technische Berufe (Architektinnen und Architekten, Ingenieurinnen und Ingenieure), für soziale Berufe (Sozialarbeiterinnen und Sozialarbeiter, Erzieherinnen und Erzieher) sowie für Ärztinnen und Ärzte.

Bis 2017 werden 15.284 Beschäftigte altersbedingt ausscheiden. Dies entspricht einem Anteil von rund 23 % am statistischen Personalbestand; dieser umfasst alle befristet und unbefristet Beschäftigten und damit rund 66.000 Personen.[11]

Beispiele der Altersfluktuation bis 2017 für einzelne Berufsgruppen:

- Allgemeine Dienste: −21,3 %

- Lehrkräfte an Schulen: −31,2 %

- Polizei: −16,8 %

- Feuerwehr: −14,1 %

Währenddessen nehmen die Aufgaben der Verwaltung an Anspruch und Komplexität weiter zu, somit wird sich der Bedarf an Nachwuchskräften und gut ausgebildetem Personal in den kommenden Jahren deutlich erhöhen. Ausbildung ist auch vor diesem Hintergrund mehr denn je eine personalstrategische Kernaufgabe, sie ist elementare Voraussetzung für den Erhalt einer gut funktionierenden staatlichen Infrastruktur in Form einer modernen und leistungsfähigen hamburgischen Verwaltung.

---

[11] Vgl. *Personalamt*, blickpunkt personal: Personalbericht 2010, Personalstrukturbericht, S. 59 f.

2. Professionelle Personalgewinnung
zur Sicherung der Wettbewerbsfähigkeit

In Anbetracht der demografischen Entwicklung stehen die Maßnahmen zur Personalgewinnung jedoch in einem sich weiter verschärfenden Wettbewerb mit privatwirtschaftlichen Unternehmen wie auch mit anderen öffentlichen Arbeitgebern bzw. Dienstherren um jungen Nachwuchs, um Talente, um die Besten (sog. „war for talents").[12]

Um in diesem Wettbewerb erfolgreich zu bestehen, ist es zwingend erforderlich sich fortwährend auch mit den Stärken der anderen Wettbewerber am Ausbildungs- und Arbeitsmarkt auseinanderzusetzen, in den Anstrengungen der Personalgewinnung keinesfalls nachzulassen sowie den hohen Stellenwert der eigenen Ausbildungsangebote und die Attraktivität als Arbeitgeber bzw. Dienstherr progressiv und dynamisch zu kommunizieren und mit entsprechenden Maßnahmen zu flankieren.

Aus diesem Grund setzt die hamburgische Verwaltung bereits seit Jahren auf ein vielseitiges und zielgruppengerechtes Ausbildungsmarketing (z. B. Flyer, Plakate, Internetwerbung, Onlineselbsteinschätzung, Onlinebewerbung, Kurzfilme, Ausbildungsmessen, Veranstaltungen), auf professionelle und zugleich faire Auswahlverfahren, auf attraktive Ausbildungs- und Studienangebote sowie auf überzeugende berufliche Perspektiven (z. B. Übernahme aller geeigneten Nachwuchskräfte, herausfordernde Aufgaben, gute Entwicklungschancen/Karrierewege, motivierende Unternehmenskultur, flexible Arbeitszeitgestaltung).

Dabei gilt es insbesondere, die nachwuchsrelevanten Märkte gezielt zu beobachten, vorhandene Bewerbungsgruppen weiterhin anzusteuern und nachhaltig zu sichern, zugleich aber auch neue Zielgruppen zu gewinnen, deren Ausbildungsanteile bislang vergleichsweise gering geblieben sind.

3. Deshalb: Auch Rekrutierungvon Nachwuchskräften
mit Migrationshintergrund

(Junge) Menschen mit Migrationshintergrund sind in der hamburgischen Verwaltung gemessen an ihrem Bevölkerungsanteil unterrepräsentiert; in 2006 hatten nur 5,2 % der neu eingestellten Auszubildenden einen Migrationshintergrund.

---

[12] Vgl. *Bonorden* 2010, S. 302.

Zudem wurde als wesentliches Ergebnis einer freiwilligen und anonymen Beschäftigtenbefragung in 2008 festgestellt, dass nur 8,9 % der Beschäftigten der hamburgischen Verwaltung einen Migrationshintergrund haben (größte Gruppen bezogen auf die Herkunftsländer: Polen, Türkei, Russland), teils als ausländische Staatsangehörige (2,1 %), teils als deutsche Staatsangehörige mit Migrationshintergrund (6,8 %). Als Lehrkräfte an Hochschulen (17,9 %), sonstige Lehrkräfte (17,2 %), im sozialen (14,3 %), wissenschaftlichen (13,6 %) und technischen Bereich (10,2 %) sind besonders viele Beschäftigte mit Migrationshintergrund vertreten. Hingegen sind in Berufen, die überwiegend eine staatliche Laufbahnausbildung voraussetzen, vergleichsweise wenige Beschäftigte mit Migrationshintergrund tätig (z. B. Lehrkräfte an staatlichen Schulen mit Ausnahme der Lehrkräfte an Gesamtschulen, Richterinnen und Richter/ Staatsanwältinnen und Staatsanwälte, Straf- und Polizeivollzug, Berufsfeuerwehr und Steuerfachpersonal).[13]

Der Senat der Freien und Hansestadt Hamburg hatte am 31. Oktober 2006 für seine beschäftigungsintensiven Ausbildungsbereiche der Fachrichtungen Allgemeine Dienste, Justiz, Steuerverwaltung, Polizei und Feuerwehr ein umfangreiches Maßnahmenkonzept beschlossen. Hierunter fallen die Beamtenausbildungen der Laufbahngruppe 1, zweites Einstiegsamt, bisherige Bezeichnung „mittlerer Dienst", und der Laufbahngruppe 2, erstes Einstiegsamt, bisherige Bezeichnung „gehobener Dienst", sowie vergleichbare bedarfsorientierte Ausbildungen nach dem Berufsbildungsgesetz (Verwaltungsfachangestellte und Justizfachangestellte).

Verbunden damit ist das Ziel, jungen Menschen mit Migrationshintergrund zusätzliche Perspektiven in Ausbildung und Arbeit zu ermöglichen und ihre Bewerbungs- und Einstellungsanteile auf einen Zielwert von 20 % zu heben. Mittelfristig sollen – vor dem Hintergrund der Bedarfsorientierung der genannten Ausbildungsgänge – die Beschäftigtenanteile in diesen Berufsgruppen gehoben sowie der Zugang zu höheren Funktionen und zu Führungsaufgaben gefördert werden. In den mit der Dachkampagne beworbenen Ausbildungsbereichen stehen jährlich mehr als 500 Ausbildungsplätze zur Verfügung.

Mit der Umsetzung trägt der Senat den skizzierten demografischen Rahmenbedingungen – in der Bevölkerung wie auch in der hamburgischen Verwaltung – Rechnung. Gewichtige Potenziale für den Ausbildungs- und Arbeitsmarkt werden erkannt und erschlossen. Zugleich werden bedeutende organisations- und integrationsrelevante Ziele wie die Herstellung einer gleichberechtigten Teilhabe von Menschen mit Migrationshintergrund an Berufen des ham-

---

[13] Vgl. Bericht über die Ergebnisse der Beschäftigtenbefragung 2008, Mitteilung des Senats an die Bürgerschaft, Bürgerschaftsdrucksache 19/2532.

burgischen öffentlichen Dienstes und der in den Behörden und Ämtern gewollte Zuwachs an interkulturellen Kompetenzen verwirklicht.

Bei der vom Senat beschlossenen Zielsetzung handelt es sich um eine politische Selbstverpflichtung. Zur Dokumentation und Erfolgskontrolle wird dem Staatsrätekollegium (Staatssekretärinnen/Staatssekretäre in Flächenländern) jährlich ein ausführlicher Bericht zu den eingeleiteten Maßnahmen und den erreichten Erfolgen vorgelegt, der dort beraten wird und auch zu ggf. erforderlichen Modifikationen und Umsteuerungen führen kann. Das Maßnahmenkonzept wie auch der Umsetzungsstand sind darüber hinaus Gegenstand der Befassung unterschiedlicher Ausschüsse der Hamburgischen Bürgerschaft (Landesparlament). Die genannte Auftragslage berührt ferner auch die Umsetzung des vom Senat im Dezember 2006 beschlossenen Handlungskonzeptes zur Integration von Zuwanderern.

4. Und: Erhöhung der Ausbildungsleistung (Ausbildungsoffensive 2009/2010)

Der Senat hatte darüber hinaus am 7. April 2009 im Rahmen der von der Bürgerschaft beschlossenen „Hamburger Konjunkturoffensive 2009/2010 – Nachhaltiges Wachstum"[14] eine Ausbildungsoffensive beschlossen, mit der für die Einstellungsjahre 2009/2010 266 zusätzliche Ausbildungsplätze bzw. Einstellungsmöglichkeiten bereit gestellt worden sind:

- 158 Ausbildungsplätze in den Beamtenausbildungen der Laufbahngruppen 1 und 2 und den vergleichbaren Ausbildungen nach dem Berufsbildungsgesetz (Verwaltungsfachangestellte, Justizfachangestellte);

- 43 Ausbildungsplätze in weiteren Ausbildungen nach dem Berufsbildungsgesetz (z. B. Gärtnerin/Gärtner, Kaufmann/Kauffrau für Bürokommunikation);

- 65 Einstellungsmöglichkeiten für den Berufseinstieg in das zweite Einstiegsamt der Laufbahngruppe 2 (bisherige Bezeichnung „höherer Dienst": Allgemeine Dienste, z. B. Juristinnen/Juristen, Wirtschaftsreferandarinnen/Wirtschaftsreferendare, Geistes- und Sozialwissenschaftlerinnen/-wissenschaftler; Technische Dienste: Baureferendarinnen/Baureferendare; Steuerverwaltung; IT-Trainees).

---

[14] Vgl. Mitteilung des Senats an die Bürgerschaft, Bürgerschaftsdrucksache 19/2250.

Die zusätzlich bereit gestellten Ausbildungsmöglichkeiten und Einstellungen brachten auch zusätzliche Perspektiven für die Ausbildung und Beschäftigung von Nachwuchskräften mit Migrationshintergrund. Im Bereich der Beamtenausbildungen und -einstellungen wird der Senat bei erfolgreicher Ausbildung die anschließende Übernahme grundsätzlich sicherstellen, um im Rahmen des Konjunkturprogramms Beschäftigung nachhaltig zu sichern und proaktiv auf die demografische Entwicklung zu reagieren.

IV. Kampagne „Wir sind Hamburg! Bist Du dabei?"

1. Kernbereiche des Konzeptes

Das Maßnahmenkonzept zur Erhöhung des Bewerbungs- und Einstellungsanteils junger Menschen mit Migrationshintergrund wird unter der Federführung des Zentrums für Aus- und Fortbildung (ZAF)[15] als Dachkampagne „Wir sind Hamburg! Bist Du dabei?" umgesetzt. Die Maßnahmen richten sich insbesondere an Schülerinnen und Schüler mit Realschulabschluss, Fachhochschulreife oder allgemeiner Hochschulreife. Schülerinnen und Schüler mit einem Hauptschulabschluss haben die Möglichkeit, sich nach einer abgeschlossenen Berufsausbildung zu bewerben. Die deutsche Staatsangehörigkeit bzw. eine EU-Staatsangehörigkeit sind nicht zwingend erforderlich.

Kernbereiche des Konzeptes sind die gezielte Ansprache Jugendlicher mit Migrationshintergrund und die Kooperation mit Migrantenorganisationen und Qualifizierungsträgern im Bereich der Berufsorientierung sowie die kulturoffene Ausgestaltung der Auswahlverfahren, um auch die Kompetenzen und Potenziale junger Menschen mit Migrationshintergrund ganzheitlich zu erschließen und Benachteiligungen auszuschließen.

Zur Umsetzung der Dachkampagne wurde eine überbehördliche Arbeitsgruppe eingerichtet, die regelmäßig an der Weiterentwicklung, Ausgestaltung und Umsetzung der Maßnahmen arbeitet. Mit verschiedenen internen wie externen Kooperationspartnern bestehen vielfältige Formen der Zusammenarbeit, hier einige Beispiele:

- mit der Verwaltungsschule (Teil des ZAF) und der Hochschule für Angewandte Wissenschaften Hamburg (HAW Hamburg);

---

[15] Das Zentrum für Aus- und Fortbildung ist eine Organisationseinheit des Senats der Freien und Hansestadt Hamburg – Personalamt.

– mit der Behörde für Schule und Berufsbildung, um eine Vielzahl wichtiger Multiplikatoreneffekte in der Zusammenarbeit mit Schulen (Messen, Praktika, etc.) zu erzielen;

– mit diversen Migrantenorganisationen und Qualifizierungsträgern in Fragen der Berufsorientierung (Veranstaltungen, Projekte, Fördermaßnahmen, Praktika, etc.) wie BQM (Beratungs- und Koordinierungsstelle zur beruflichen Qualifizierung von jungen Migrantinnen und Migranten), TGH (Türkische Gemeinde Hamburg und Umgebung e. V.), Hamburger Verein der Deutschen aus Russland e.V., Bundesagentur für Arbeit u. v. m.;

– mit anderen Städten; Ziel ist der gegenseitige Best-Practice-Abgleich, der Aufbau eines entsprechenden Benchmarking und auf dieser Grundlage die Entwicklung weiterführender Handlungsempfehlungen.

Zur Finanzierung der Maßnahmen werden dem ZAF seit Beginn des Projektes jährlich rund 100 Tsd. Euro bereit gestellt. Das von vornherein klar festgelegte Budget bietet den erforderlichen Raum für die Umsetzung der Maßnahmen.

2. Zentrale Aktivitäten in der Umsetzung der Dachkampagne

Die dargestellten Maßnahmen zielen darauf ab, den Bekanntheitsgrad der Dachkampagne zu erhöhen und den Anteil von Bewerberinnen und Bewerbern mit Migrationshintergrund in allen Ausbildungsgängen nachhaltig zu steigern:

– Informationskampagne in allen Kundenbereichen der Behörden und Ämter (Aufstellung von Infodisplays, Aushang von Werbeplakaten und Auslage von Flyern); Anzeigenschaltungen in ausgewählten Printmedien, Ausbildungsplatzmagazinen, etc.;

– Standangebote auf zentralen Hamburger Ausbildungsplatzmessen (z. B. Messe Einstieg, Messe Job-Kontakt, Vocatium Hamburg, Hanseatische Lehrstellenbörse);

– Präsentation der Ausbildungsberufe unter Beteiligung von Nachwuchskräften an Hamburger Schulen mit hohen Anteilen an Schülerinnen und Schülern mit Migrationshintergrund;

– Mitwirkung an Veranstaltungen von Migrantenorganisationen und Qualifizierungsträgern; Beteiligung bei diversen – auch überregionalen, nationalen und internationalen – Fachtagungen und Kongressen; regelmäßiger Austausch mit anderen Stadtstaaten und Städten.

Zusätzliche Aktivitäten in 2010:

– Durchführung einer Fachtagung am 19. Oktober 2010 im Hamburger Rathaus zum Thema „Vielfalt in der Ausbildung – Warum sich öffentliche und private Arbeitgeber kulturell öffnen (müssen)"; Akteure waren die BQM, das ZAF sowie das international agierende Unternehmen Kühne + Nagel;

– Relaunch des Internetauftritts „Bist Du dabei?" (www.hamburg.de/ bist-du-dabei) „Für mehr kulturelle Vielfalt in der hamburgischen Verwaltung": Überarbeitung der Texte; neue gestalterische Elemente; neue inhaltliche Angebote in übersichtlicheren Strukturen; Aufnahme der Rubriken „Erfahrungsberichte" in Form von Kurzbiographien von Auszubildenden mit Migrationshintergrund, „Informationen für Eltern" und „Fachinformationen"; Einbindung von Kurzfilmen; userfreundlichere Navigation; Links zu den Ausbildungsangeboten der Behörden;

– Verstärkung der U- und S-Bahn-Werbung; Seitenscheibenplakatierung in rund jedem vierten Wagen; die Anzahl der Zugriffe auf die Internetseite (www.hamburg.de/bist-du-dabei) hat sich während der Laufzeit mehr als verdoppelt; Etablierung der U- und S-Bahn-Werbung als weiteres zentrales Marketinginstrument;

– Gestalterische und redaktionelle Überarbeitung der Flyer; Durchführung eines Gewinnspiels zur Dachkampagne;

– Realisierung von kurzen Werbefilmen zu verschiedenen Ausbildungsberufen der hamburgischen Verwaltung (hier: Allgemeine Dienste und Steuerverwaltung); Hauptdarstellerinnen und Hauptdarsteller sind Nachwuchskräfte mit und ohne Migrationshintergrund; Zielgruppen werden motiviert sich zu bewerben.

Viele der Maßnahmen sind so ausgerichtet, dass sie sowohl junge Menschen mit Migrationshintergrund wie auch junge Menschen ohne Migrationshintergrund ansprechen. Die Wege der Rekrutierung und des Ausbildungsmarketings verschmelzen zunehmend miteinander und wirken in beide Richtungen.

3. Positive Bilanz der Zielerreichung: Von 5 % auf 15 %

In der Umsetzung des Maßnahmenkonzeptes konnten deutliche Erfolge in der Erhöhung des Bewerbungs- wie auch des Einstellungsanteils junger Menschen mit Migrationshintergrund in der hamburgischen Verwaltung erzielt werden.

Im Einstellungsjahr 2010 hatten in den Laufbahnausbildungen sowie den vergleichbaren Ausbildungen nach dem Berufsbildungsgesetz z. B. 1.500 der insgesamt 9.552 Bewerberinnen und Bewerber einen Migrationshintergrund, dies entspricht einem Bewerbungsanteil von 15,7 % (2009: 15,3 %; 2008: 13,6 %; 2007: 10 %). Von den 639 eingestellten Auszubildenden haben 96 Personen einen Migrationshintergrund, dies entspricht einem Einstellungsanteil von 15,0 % (2009: 14,7 %; 2008: 12,4 %; 2007: 10,9 %; 2006: 5,2 %).

Der Einstellungsanteil konnte damit seit 2006 etwa verdreifacht werden. Die am stärksten vertretenen Herkunftsländer[16] der in 2010 neu eingestellten Auszubildenden sind wie auch in den Vorjahren Polen (21 %), die Türkei (18 %), Kasachstan (8 %) und Russland (7 %).

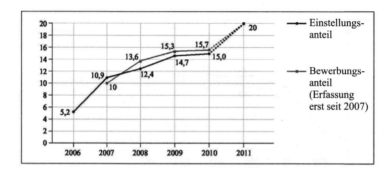

Grafik 1: Zielwertentwicklung des Bewerbungs- sowie des
Einstellungsanteils 2006 bis 2010 (Angaben in Prozent): Gesamtbetrachtung

Dabei konnten der Bewerbungs- und der Einstellungsanteil von Personen mit Migrationshintergrund in den Ausbildungsgängen der Laufbahngruppe 1 nahezu auf dem Niveau des Vorjahres gehalten werden; in den Ausbildungsgängen der Laufbahngruppe 2 konnten der Bewerbungs- und der Einstellungsanteil noch einmal leicht erhöht werden, siehe hierzu auch die Grafiken 2 a (Laufbahngruppe 1) und 2 b (Laufbahngruppe 2).

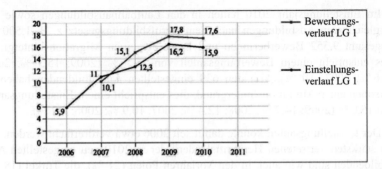

Grafik 2 a: Zielwertentwicklung des Bewerbungs- und des Einstellungsanteils 2006
bis 2010 (Angaben in Prozent): Laufbahngruppe 1 (ehemals „mittlerer Dienst")

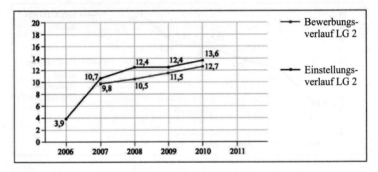

Grafik 2 b: Zielwertentwicklung des Bewerbungs- und des Einstellungsanteils 2006
bis 2010 (Angaben in Prozent): Laufbahngruppe 2 (ehemals „gehobener Dienst")

Der Bewerbungs- wie auch der Einstellungsanteil von Personen mit Migrationshintergrund liegen in den Ausbildungsgängen der Laufbahngruppe 1, die als
Bildungsvoraussetzung einen mittleren Bildungsabschluss voraussetzen, konstant höher als in den Ausbildungsgängen der Laufbahngruppe 2, in denen ein
Fachhochschulstudium absolviert wird und infolgedessen als Bildungsanforde-
rung eine Hochschulzugangsberechtigung in Form der allgemeinen Hochschulreife bzw. der Fachhochschulreife benötigt wird.

Dies ist nachvollziehbar vor dem Hintergrund der Erkenntnisse des Nationalen Bildungsberichtes 2010, wonach Schülerinnen und Schüler mit einem Migrationshintergrund selbst bei gleichem sozioökonomischen Status seltener auf
einem Gymnasium und häufiger in den niedriger qualifizierenden Schularten als

Schülerinnen und Schüler ohne einen Migrationshintergrund zu finden sind.[17] Im Bereich der mittleren Bildungsabschlüsse stehen 100 Personen ohne Migrationshintergrund 75 Personen mit Migrationshintergrund gegenüber. Im Bereich der allgemeinen Hochschulreife stehen hingegen 100 Personen ohne Migrationshintergrund nur 62 Personen mit Migrationshintergrund gegenüber.[18]

Hieraus kann für die Zukunft die Notwendigkeit der Formulierung spezifischer Zielwerte für die Ausbildungsgänge der Laufbahngruppen 1 und 2 erwachsen, die diesen Rahmenbedingungen angemessen Rechnung tragen.

4. Erhebung des Migrationshintergrundes

Bei den Bewerberinnen und Bewerbern wie auch den Neueingestellten wird im Rahmen der Auswahlverfahren rechtlich bedingt nicht gezielt nach einem möglichen Migrationshintergrund gefragt, dieser wird anhand von Merkmalen wie beispielsweise einer ausländischen Staatsangehörigkeit, einer anderen Muttersprache (neben Deutsch) oder dem Geburtsort in einem anderen Land im Bewerbungsschreiben, im Lebenslauf oder auch in Vorstellungsgesprächen (manche Bewerberinnen und Bewerber geben in der Bewerbung direkt an, dass sie über einen Migrationshintergrund verfügen bzw. schildern dies in Vorstellungsgesprächen im Kontext der Frage nach interkulturellen Kompetenzen) anonymisiert erfasst; eine personenbezogene Erfassung der Herkunft ist rechtlich nicht zulässig (es wird daher an keiner Stelle der Auswahlverfahren explizit nach einem möglichen Migrationshintergrund gefragt). Die dargestellte anonymisierte Erhebung orientiert sich an der Definition des Statistischen Bundesamtes zum Mikrozensus 2005.[19] Die so festgestellten Daten beinhalten folglich lediglich die Personen, die durch ihre Angaben im Einstellungsverfahren ohne Zweifel auf einen Migrationshintergrund schließen lassen; die tatsächliche Anzahl wird höher sein, dieser Mangel an Trennschärfe wird aus rechtlichen Gründen in Kauf genommen.

5. Standards in den Auswahlverfahren

Die Aktivitäten um Verbesserung der Integration einerseits und die Erhöhung des Ausbildungs- und Beschäftigungsanteils von Nachwuchskräften mit Migrationshintergrund andererseits haben auf die Standards in den Auswahlverfah-

---

[17] Vgl. *Autorengruppe Bildungsberichterstattung*: Bildung in Deutschland 2010, S. 65.

[18] Ebd. S. 92, eigene Berechnungen auf Grundlage der Daten.

[19] Vgl. *Statistisches Bundesamt*: Bericht „Leben in Deutschland – Haushalte, Familien und Gesundheit, Ergebnisse des Mikrozensus 2005", Kap. 8, S. 74.

ren keinen Einfluss. Bei der Auswahl sind die rechtlichen Regelungen (Artikel 33 Absatz 2 des Grundgesetzes, § 9 des Beamtenstatusgesetzes, §§ 1 und 2 des Allgemeinen Gleichbehandlungsgesetzes) zu beachten. Danach sind Auswahl und Einstellungen nach Eignung, Befähigung und fachlicher Leistung ohne Rücksicht auf Geschlecht, Abstammung, Rasse oder ethnische Herkunft, Behinderung, Religion oder Weltanschauung, politische Anschauungen, Herkunft, Beziehungen oder sexuelle Identität vorzunehmen. Insoweit handelt es sich bei der vom Senat formulierten politischen Zielsetzung um einen Zielwert, nicht um eine Quote.

Bei der Auswahl setzen die personalverantwortlichen Einstellungsbereiche auf ein hohes Maß an Standardisierung, Transparenz und vor allem auf die Anwendung einheitlicher Qualitätsmaßstäbe. Die Eignung von Bewerberinnen und Bewerbern für den gewünschten Ausbildungsgang wird vor dem Ausbildungsbeginn in einem mehrstufigen Auswahlverfahren geprüft (Vorauswahl, Eignungstest, persönliche Vorstellung). Hierbei kommt es in einer je nach Ausbildungsbereich und Laufbahngruppe unterschiedlichen Ausprägung auf verschiedene Fähigkeiten an.

6. Kulturoffene Elemente in der Auswahl der Nachwuchskräfte

Teil der Umsetzung des Maßnahmenkonzeptes ist es, alle behördlichen Auswahlverfahren kulturoffen zu gestalten, interkulturelle Kompetenzen sichtbar zu machen und diese positiv in die Auswahl einzubeziehen. So sollen die Potenziale auch von jungen Menschen mit Migrationshintergrund ganzheitlich erschlossen, Benachteiligungen ausgeschlossen und Chancengerechtigkeit unter Berücksichtigung kultureller Verschiedenartigkeit verwirklicht werden.

Soweit interkulturelle Kompetenzen in den jeweiligen Übungen und Phasen der Auswahlverfahren sichtbar bzw. nachgewiesen werden, erfolgt vor dem Hintergrund der jeweiligen berufsspezifischen Anforderungen eine positive, die Eignung fördernde Bewertung. Das ZAF hat hierzu eine Definition entwickelt, die einheitlich in den Auswahlverfahren bei der Einstellung von Nachwuchskräften wie auch von Beschäftigten sowie in der Aus- und Fortbildung der hamburgischen Verwaltung verwendet wird.[20]

Beispiele für die Feststellung interkultureller Kompetenzen in den Auswahlverfahren:

–   Vorauswahl: Positive Berücksichtigung z. B. originärer Mehrsprachigkeit wie auch von Erfahrungen im Umgang mit anderen Kulturen.

---

[20] Vgl. *Personalamt*, blickpunkt personal: Personalbericht 2009, Personalmanagementbericht, S. 44.

– Eignungstest: Erweiterung um „kulturoffene" Bausteine:

• Culture Fair Test CFT 20-R, der anhand sprachfreier und anschaulicher Testaufgaben die Fähigkeit erfasst, figurale Beziehungen und formallogische Denkprobleme mit unterschiedlichem Komplexitätsgrad zu erkennen und zu verarbeiten;

• Aufnahme interkultureller Wissensfragen.

– Persönliche Vorstellungstermine: Interkulturelle Kompetenzen werden in konstruierten Fallbeispielen[21] innerhalb der Interviews festgestellt und fließen in die Bewertung der jeweils relevanten Merkmale (Berufsmotivation, Urteilsvermögen, Wertschätzung) ein. Die Einstellungsverantwortlichen haben hierzu eine spezielle Schulung abgeschlossen und sich intensiv mit Grundlagen der interkulturellen Kommunikation, mit Bildungs- und Berufsbildungssystemen anderer Länder und dem Umgang mit thematisch bedeutsamen Fragestellungen (wie z. B. Kopftuch, Ramadan) befasst.

7. Interkulturelle Fortbildung der Beschäftigten

Die gesellschaftliche, kulturelle und soziale Integration und Teilhabe der Menschen mit Migrationshintergrund ist eine Querschnittsaufgabe für alle Ressorts und erfordert kultursensible Arbeit in allen Teilen der hamburgischen Verwaltung.

Alle Behörden sind aufgefordert, in ihrem Verwaltungshandeln im Hinblick auf das Ziel der Kundenorientierung die Berücksichtigung spezifischer Bedürfnisse und Anliegen von Menschen mit Migrationshintergrund besonders im Blickfeld zu haben. Führungskräfte sollen ihre Vorbildfunktion auch im Zusammenhang mit der Fortbildung im Themenbereich interkulturelle Kompetenz aktiv wahrnehmen. Mitarbeiterinnen und Mitarbeiter sollen für den Umgang mit Menschen anderer Kulturen sensibilisiert und motiviert werden, ebenfalls diese Fortbildungsangebote zu nutzen.

Das ZAF hat in 2010 die Seminarangebote zu Themen der interkulturellen Fortbildung weiter verstärkt, z. B.:

– Interkulturelle Fortbildungen für Ausbildungs- und Personalverantwortliche,

– Führungskräfte in interkultureller Verantwortung,

---

[21] Anm.: Es handelt sich um individuelle Fallbeispiele, gemeinsam entwickelt mit Mitgliedern des Integrationsbeirates, der BQM sowie erfahrenen Nachwuchskräften mit Migrationshintergrund.

- – Wahrnehmung – Kommunikation – Kultur,
- – Umgang mit kultureller Vielfalt im Kundenkontakt,
- – Islam im Arbeitsalltag,
- – Verstärkung der Sprachfortbildung:
  - • Englisch (für verschiedene Zielgruppen),
  - • Russisch und Türkisch im Kundenkontakt.

In 2010 hat das ZAF einen „Interkulturellen Selbstbewertungsbogen" für den Einsatz in den Behörden und Ämtern zum Zwecke einer organisationsbezogenen Auseinandersetzung entwickelt. Die Behörden und Ämter sollen so ihren jeweiligen Stand und künftige Handlungserfordernisse im Hinblick auf ihre interkulturelle Öffnung identifizieren und konkrete Maßnahmen ableiten. Zurzeit erfolgt die Erprobung der Selbstbewertung. Nach Abschluss der Evaluation soll der Selbstbewertungsbogen den Behörden und Ämtern als weiteres Instrument des Qualitätsmanagements zur Verfügung gestellt werden.

Das umfassende Fortbildungsangebot, dass das ZAF für die Beschäftigten der hamburgischen Verwaltung bereit hält, ist zudem ein weiterer wertvoller Bestandteil der Attraktivität der Freien und Hansestadt Hamburg als Arbeitgeber bzw. Dienstherr für potenzielle Bewerberinnen und Bewerber.

V. Fazit

Der hamburgischen Verwaltung ist es gelungen, die intensiven Kontakte und guten Kooperationen zu den Qualifizierungsträgern und Migrantenorganisationen zu verstetigen und die Aufmerksamkeit der Öffentlichkeit, der beworbenen Zielgruppen, der Medien und des Fachpublikums gezielt auf das Thema zu fokussieren. Die gehäufte regionale, überregionale, nationale und sogar internationale Platzierung der Dachkampagne als Best-Practice-Beispiel, die Ausrichtung von eigenen Fachveranstaltungen in Hamburg (auch unter Beteiligung der politischen Leitungsebene), die Teilnahme an einer Vielzahl von Messen und Veranstaltungen, die Ausweitung der Öffentlichkeitsarbeit in den Kundenbereichen aller Behörden bis hin zur U- und S-Bahn-Werbung haben den Bekanntheitsgrad der Dachkampagne Jahr für Jahr gehoben. Auch bei Bund und Ländern stoßen die Aktivitäten Hamburgs im Bereich der Integration von Beschäftigten mit Migrationshintergrund und hier insbesondere der Ausbildungskampagne „Wir sind Hamburg! Bist Du dabei?" auf großes Interesse; aktuell zeigt sich dies beispielsweise in der Bitte des Bundesministeriums des Innern um Mitarbeit in einer Arbeitsgruppe zum Aktionsplan zur Umsetzung des Nationalen Integrationsplans.

Eine Fortsetzung des erfolgreich eingeschlagenen Weges mit dem Ziel einer weiteren Verstetigung der Integration von jungen Menschen mit Migrationshintergrund in die Ausbildungen der hamburgischen Verwaltung wird ohne eine Kraftanstrengung, die zumindest der aktuellen Intensität entspricht, nicht gelingen. Hierzu bedarf es auch weiterhin der uneingeschränkt hohen Aufmerksamkeit seitens der ausbildenden Behörden, auf ihr Engagement und ihre Schaffenskraft als Promotoren dieses Prozesses wird es entscheidend ankommen. Eine ebenfalls hohe Bedeutung kommt auch der intensiven Zusammenarbeit mit den Migrantenorganisationen, Qualifizierungsträgern und Schulen als wichtigen Multiplikatoren wie auch der Fortsetzung der Öffentlichkeitsarbeit auf dem erreichten hohen Niveau zu. Nur so kann die interkulturelle Öffnung der Ausbildungsbereiche der hamburgischen Verwaltung in der Hamburger Bevölkerung und dort insbesondere der angesteuerten Zielgruppe nachhaltig präsent bleiben und sich weiter festigen.

Die Laufzeit des Projektes, das von vornherein auf fünf Jahre angelegt war, endet am 31. Dezember 2011. Das ZAF wird dem Senat in 2011 einen Vorschlag über die weitere Umsetzung unterbreiten. Hierin wird es auch eine Verstetigung der Auftragslage als Linienaufgabe anregen.

Gleichwohl: Die interkulturelle Öffnung der hamburgischen Verwaltung und die verstärkte Rekrutierung von Nachwuchskräften mit Migrationshintergrund sind „nur" eine – wenngleich jedoch eine überaus bedeutsame – Facette eines ganzheitlichen strategischen Personalmanagements, die als solche hier ausgewählt und dargestellt wurde.

Literatur

Autorengruppe Bildungsberichterstattung im Auftrag der Ständigen Konferenz der Kultusminister der Länder in der Bundesrepublik Deutschland und des Bundesministeriums für Bildung und Forschung (2010): Bildung in Deutschland 2010, Bielefeld.

Bonorden, V. (2010): Talentmanagement in der hamburgischen Verwaltung. In: Schwuchow, K. & Gutmann, J. (Hrsg.): Personalwirtschaft. Jahrbuch Personalentwicklung 2011. Köln: Luchterhand, S. 302–310.

Bürgerschaft der Freien und Hansestadt Hamburg (2007): Mitteilung des Senats an die Bürgerschaft, Hamburger Handlungskonzept zur Integration von Zuwanderern, Drucksache 18/5530, Hamburg.

Bürgerschaft der Freien und Hansestadt Hamburg (2009): Mitteilung des Senats an die Bürgerschaft, Hamburger Konjunkturoffensive 2009/2010 – Nachhaltiges Wachstum, Drucksache 19/2250, Hamburg.

Bürgerschaft der Freien und Hansestadt Hamburg (2009): Mitteilung des Senats an die Bürgerschaft, Bericht über die Ergebnisse der Beschäftigtenbefragung 2008 zur Erhebung eines Migrationshintergrundes der Mitarbeiterinnen und Mitarbeiter der hamburgischen Verwaltung, Drucksache 19/2532, Hamburg.

ifo Institut für Wirtschaftsforschung e.V. an der Universität München (2009): Public Employment as a Percentage of Total Employment, 1970–2009; OECD, Online Database, Calculations by CESifo.

Sekretariat der Ständigen Konferenz der Kultusminister der Länder in der Bundesrepublik Deutschland (2007): Vorausberechnung der Schüler- und Absolventenzahlen 2005 bis 2020, Statistische Veröffentlichungen der Kultusministerkonferenz, Nr. 182, Bonn.

Senat der Freien und Hansestadt Hamburg, Personalamt (2009): blickpunkt personal, Personalbericht 2009, Band 2: Personalmanagementbericht, Hamburg.

Senat der Freien und Hansestadt Hamburg, Personalamt (2010): blickpunkt personal, Personalbericht 2010, Band 1: Personalstrukturbericht, Band 2: Personalmanagementbericht, Hamburg.

Statistisches Bundesamt (2006): Bericht „Leben in Deutschland – Haushalte, Familien und Gesundheit, Ergebnisse des Mikrozensus 2005", Wiesbaden.

Statistisches Bundesamt (2009): Bevölkerung Deutschlands bis 2060, Begleitmaterial zur Pressekonferenz am 18. November 2009 in Berlin, 12. koordinierte Bevölkerungsvorausberechnung, Wiesbaden.

Statistische Ämter des Bundes und der Länder (2010): Bevölkerung nach Migrationsstatus regional, Ergebnisse des Mikrozensus 2008, Wiesbaden.

Statistisches Bundesamt (2010): Bevölkerung und Erwerbstätigkeit, Bevölkerung mit Migrationshintergrund, Ergebnisse des Mikrozensus 2009, Fachserie 1, Reihe 2.2, Tabelle 1, Wiesbaden.

Statistisches Bundesamt (2010): Pressemitteilung Nr.185 vom 26. Mai 2010, Wiesbaden.

Governance und Verwaltungsrechtsdogmatik – Skizze mit Fallstudie

Martin Burgi

I. Einführung

Hans Peter Bull, dem dieser Beitrag gewidmet ist, darf guten Gewissens als Grenzgänger tituliert werden, wandernd zwischen Politik und Wissenschaft, und dort als einer der großen Verwaltungswissenschaftler, zwischen der Jurisprudenz und ihren sog. Nachbarwissenschaften. Es ist daher zu hoffen, dass den weitsichtig-integrativen langjährigen Sprecher des Gesprächskreises „Verwaltung" innerhalb der Vereinigung der Deutschen Staatsrechtslehrer[1] eine kleine Skizze zur Relevanz des fast schon ubiquitären Governance-Ansatzes für die Dogmatik des Verwaltungsrechts interessieren wird, zumal er in seinem Lehrbuch „Allgemeines Verwaltungsrecht mit Verwaltungslehre" (8. Aufl., zusammen mit Veith Mehde)[2] selbst den Auftrag formuliert, den „aus der Verwaltungswissenschaft „hinübergeschwappten" Ansatz aus rechtlicher Sicht fruchtbar" zu machen. Dies soll nachfolgend versucht werden (gestützt auf eine notwendigerweise begrenzte Literaturauswahl), und zwar zunächst auf der abstrakten Ebene (II und III) und sodann anhand einer Fallstudie über das praktisch wie wissenschaftlich besonders relevante Feld der Versorgung mit ambulanten Gesundheitsdienstleistungen (IV).

II. Der Governance-Ansatz als analytische Perspektive

1. Begriff und Vorkommen

Worum geht es bei dem aus den Sozialwissenschaften kommenden Forschungsansatz der Governance? Nüchtern betrachtet, handelt es sich um eine analytische Perspektive, in deren Mittelpunkt „institutionelle Regelungsstruktu-

---

[1] Der dort vor nicht langer Zeit als Vortragender unter dem Vorsitz des *Verf.* im Jahr 2008 an der Universität Erlangen-Nürnberg in Erscheinung getreten ist (mit einem Beitrag über „Die Zukunft des Beamtentums: Zwischen Recht und Politik", DV 42 (2009), 1 ff.).

[2] 2009, § 10 Rdnr. 373.

ren" in ihrer Vielfalt und Verschränktheit stehen, seien sie rechtsförmiger oder informaler Natur. Dabei geht es um das Bewirken und Betroffensein staatlicher wie nicht-staatlicher Akteure sowie um die hierbei eingesetzten Instrumente und Koordinationsmechanismen,[3] nicht nur, aber auch in sog. Mehrebenen-systemen.[4] Als Forschungsansatz bildet Governance weder ein politisches Programm noch einen Kodex von Regeln, sondern buchstäblich den „Anfang"[5] wissenschaftlicher, regelmäßig interdisziplinärer Arbeitsprozesse. Neben der Dogmatik des Völker-, Europa-, Staats- und Verwaltungsrechts kann solches auch im Wirtschafts- und im Vertragsrecht („Contract Governance")[6] ertragreich sein; neben den Regelungsstrukturen selbst soll auch ihre Entstehung („Governance und Rechtsetzung")[7] aus dieser Perspektive analysiert werden können.

Governance ist indes nicht „nur" ein Forschungsansatz, sondern hat in unterschiedlichen Bereichen in unterschiedlichem Ausmaß bereits institutionelle Ausprägungen gefunden, so beschäftigt sich das Unternehmensrecht seit langem mit der „Corporate Governance", die international in stetig weiterentwickelten Kodices Niederschlag findet, etwa im „Deutschen Corporate Governance-Kodex" (DCGK)[8], dem vor kurzem ein auf die öffentlichen Unternehmen zielender „Public Corporate Governance-Kodex" (PCGK)[9] gefolgt ist. Aus dem Bereich des Öffentlichen Rechts ist „European Governance" der Titel eines Weißbuches der EU-Kommission, dies als Etappe auf dem Weg zur „Global Governance" und in Nachbarschaft zum „Recht auf gute Verwaltung" des Art. 41 der EU-Grundrechte-Charta.[10]

---

[3] Nach *Rixen*, DV 42 (2009), 309 (318).

[4] Vgl. insoweit *Benz*, in: Schuppert (Hrsg.), Governance-Forschung, 2. Aufl. 2006, 95 ff., und aus juristischer Perspektive *Trute/Denkhaus/Kühlers*, DV 37 (2004), 451, 462 f.

[5] *Benz*, in : Neue Governanceformen in der Forschung, Ergebnisse des Theorieworkshops am 1./2. 7. 2004, FÖV Speyer, 4.

[6] Näher *Riesenhuber/Möslein*, in: Riesenhuber (Hrsg.), Perspektiven des Europäischen Schuldvertragsrechts, 2008, 1 ff.

[7] So der Titel des von Schuppert verfassten aktuellen Bandes der „Schriften zur Governance-Forschung", 2011.

[8] Vgl. nur *Werder*, in: Ringleb/Kremer/Lutter/v. Werder (Hrsg.), DCGK, 3. Aufl. 2008.

[9] Dazu *Burgi*, CCZ 2010, 41 (43 ff.) m. w. N.

[10] Zu diesen Zusammenhängen *Efstatiou*, in: Trute u.a. (Hrsg.), Allgemeines Verwaltungsrecht – zur Tragfähigkeit eines Konzepts, 2008, 299 ff. m. w. N.; ferner *Zürn*, in: Schuppert, Governance-Forschung (Fn. 4), 121 ff.

2. Governance als Forschungsansatz

Als Forschungsansatz geht es bei „Governance" jedenfalls um Regelungs-strukturen, insbesondere in kooperativen Geflechten und mit Blick auf Wir-kungszusammenhänge, gerade auch dann, wenn neben der herkömmlichen Staatsverwaltung weitere Akteure[11] und neben dem Verwaltungsakt weitere In-strumente vorhanden sind. Die Rechtswissenschaft als Wissenschaft der Regeln kommt also gar nicht umhin, diesen Ansatz wahrnehmen und sich mit ihm aus-einandersetzen – ungeachtet seiner Entwicklungsbedürftigkeit[12] und trotz der vernünftigen Furcht, nicht bloß einer Mode hinterherzurennen. Die Rechtswis-senschaftler werden insoweit jedenfalls als sachverständige Informanten (neu-modischer formuliert als Inputgeber) eine Rolle spielen, indem sie jeweils über die hochkomplexen Rechtsstrukturen (beispielsweise: bei der Umweltüberwa-chung,[13] der Arbeitsmarktpolitik,[14] im Hochschulwesen[15] oder eben im Ge-sundheitswesen; dazu IV) Auskunft geben und ihnen einiges an „Tiefenschär-fe"[16] verleihen können. Viel spannender würde es freilich, wenn der Gover-nance-Ansatz seinerseits für die Rechtsdogmatik fruchtbar gemacht werden könnte.[17] Dies zu klären ist allein unsere, die Sache der Rechtswissenschaftler (wiederum sachverständig informiert durch die sozialwissenschaftliche For-schung).

Der Governance-Ansatz selbst bietet nicht mehr, aber auch nicht weniger als eine analytische Perspektive, die insbesondere in der Politikwissenschaft[18] we-gen ihrer Differenziertheit hoch geschätzt wird. Er wird dort verstanden als

---

[11] Nachfolgend wird von vornherein der von *Kersten* (in: Grande/May (Hrsg.), Per-spektiven der Governance-Forschung, 2009, 45 [46 f.]) so titulierte engere Begriff ver-wendet, der die „Regelungsstrukturen" in den Mittelpunkt stellt.

[12] Die sich etwa über die „Schriften zur Governance-Forschung" von Wissenschafts-zentrum Berlin für Sozialforschung/Alfred Herrhausen Gesellschaft (vgl. *Schuppert* (Hrsg.), Governance-Forschung, 2. Aufl. 2006) oder dem ehrgeizigen Forschungspro-gramm des „Münchener Centrums für Governance-Forschung" (vgl. den Auftaktband *Grande/May* (Hrsg.), Perspektiven der Governance-Forschung [Fn. 11]) erschließt.

[13] Dazu *Huber*, in: Hoffmann-Riem/Schmidt-Aßmann/Voßkuhle (Hrsg.), Grundla-gen des Verwaltungsrechts III, 2009, § 45 Rdnr. 68 f.

[14] Vgl. *Rixen*, DV 42 (2009), 309 (320 ff.).

[15] Hiermit beschäftigt sich aktuell ein BMBF-Forschungsprojekt an der Universität Bochum (www.sowi.rub.de/regionalpolitik/forschung/steueruni.html.de); vgl. ferner *Trute/Denkhaus/Kühlers*, DV 37 (2004), 471.

[16] *Trute/Denkhaus/Kühlers*, DV 37 (2004), 473.

[17] Erste Arbeiten hierzu haben *Franzius*, VerwArch 97 (2006), 186 ff.; *Tru-te/Kühlers/Pilniok*, in: Schuppert/Zürn (Hrsg.), Governance in einer sich wandelnden Welt, 2008, 173 ff.; *Kersten*, in: Grande/May (Fn. 11), 45 ff., vorgelegt.

[18] Eingehend *Benz* (Hrsg.), Governance – Regierung in komplexen Regelsystemen, 2004; *De La Rosa/Höppner/Kötter* (Hrsg.), Transdisziplinäre Governance-Forschung, 2008; *Holtkamp*, DV 43 (2010), 167 ff.

Überwindung einer rein steuerungsorientierten, die einzelnen Privaten allzu
leicht instrumentalisierenden[19] Sichtweise. Seine vielleicht größte Stärke besteht in der Weite des Horizonts bei gleichzeitiger Einsetzbarkeit in den verschiedensten Politikfeldern,[20] unter anderem eben auch im Bereich der Verwaltung, im Gesundheitswesen oder in Bereichen der Wirtschaftsordnung. Zunächst einmal befindet er sich jenseits des Rechts und der Rechtsanwendung
und nur die autonome, im wissenschaftlichen Diskurs zu treffende Entscheidung der Rechtsdogmatiker könnte ihm die Tür dorthin öffnen. Mehrere Arbeiten aus jüngerer Zeit haben ihn durch inhaltliche und begriffliche Vorklärungen
bis gleichsam vor die Tür gebracht.[21] Würde es sich nun lohnen, sie zu öffnen,
kann der Governance-Ansatz mithin der Rechtsdogmatik Perspektiven bieten?

III. Der Governance-Ansatz als Perspektive
für die Rechtsdogmatik?

1. Potenzial in abstracto

Die soeben gestellte Frage kann *abstrakt* bejaht werden. Versteht man
Rechtsdogmatik in aller Kürze als das auf die Anwendung von Rechtssätzen
bezogene systematische Denken[22], dann können fundierte Analysen des rechtstatsächlichen Vor- und Umfeldes sehr wohl dienlich sein, wie überhaupt das
„Hin- und Herwandern des Blicks" als solches ja nichts Neues ist[23]. Namentlich
die systematisch-teleologische Auslegung erfordert des Weiteren Einblicke in
die Zusammenhänge, d. h. in den sozialen Kontext der Rechtsanwendung[24]; le-
bendige Rechtsdogmatik ist seit jeher mehr als introvertierte Norminterpretati-
on. Dass Analysen über das Ineinandergreifen von Instrumenten und die Identifikation von Machtstrukturen im vermeintlich soften Gewande des Netzwerkes

---

[19] Grundlegend *Mayntz*, in: Schuppert/Zürn, PVS-Sonderheft 41 (2008), 43 ff.; *Appel*, VVDStRL 67 (2008), 226 (245 ff.); vgl. noch sogleich III. 2.

[20] *Grande*, in: Grande/May (Fn. 11), 77; zur Nutzbarkeit innerhalb der Politikwissenschaft, konkret für die Verwaltungsreformdiskussion *Holtkamp*, DV 43 (2010), 67 ff.

[21] Genannt seien *Hoffmann-Riem*, in: Schuppert, Governance-Forschung (Fn. 4),
207 f.; *Kersten* in: Grande/May (Fn. 11), 45 und *Rixen*, DV 42 (2009), 318 f.

[22] Ausführlichere Bestimmungen von Begriff und Funktion konkret mit Blick auf
das Verwaltungsrecht finden sich bei *Brohm*, VVDStRL 30 (1971), 245; *Schmidt-
Aßmann*, Das allgmeine Verwaltungsrecht als Ordnungsidee, 2. Aufl. 2004, 1. Kap.
Rdnr. 2 ff.; zuletzt *Lepsius*, in: Jestaedt/Lepsius (Hrsg.), Rechtswissenschaftstheorie,
2008, 1 (17 ff., 21 ff.).

[23] Begriffsbildend: *Engisch*, Logische Studien zur Gesetzesanwendung, 3. Aufl.
1963, 15.

[24] Eingehend *Schoch* in: Schulze-Fielitz (Hrsg.), Staatsrechtslehre als Wissenschaft,
DV Beiheft 7, 2007, 175 (205 ff.); *Augsberg*, in: Funke/Lüdemann (Hrsg.), Öffentliches
Recht und Wissenschaftstheorie, 2009, 145 (189).

in mehreren Rechtsgebieten nützlich sein können, liegt ebenfalls auf der Hand. Bei all dem ist es von allergrößter Bedeutung, die verschiedenen Disziplinen und ihre Erkenntnisse klar auseinanderzuhalten.[25] Gefragt ist Arbeitsteilung, nicht die Verwischung von Arbeitsergebnissen. Die Rechtsdogmatik ist dabei für den „strictly legal point of view"[26] zuständig und speziell der Öffentlich-Rechtler muss zudem auf die durchgängige Vereinbarkeit mit den Vorgaben des Verfassungs- und des Europarechts achten. Wichtig ist es dabei v. a., die Akteursperspektive nicht einzuebnen.[27] So beansprucht das Gebot demokratischer Legitimation auch in noch so verschachtelten Kooperationsstrukturen Geltung und selbstverständlich dürfen jedenfalls die staatlichen Akteure auch in komplexen Regelungsstrukturen nicht der Grundrechtsbindung entgehen.[28]

2. Governance, Steuerung, Regulierung

Der Forschungsansatz „Governance" hat in gewisser Weise die Nachfolge des Steuerungsansatzes angetreten, dem insoweit v. a. seine Akteurszentriertheit bei gleichzeitiger Überschätzung des Steuerungspotenzials zum Verhängnis geworden ist.[29] Aus juristischer Perspektive ist dem Steuerungsparadigma wiederholt seine (teilweise) Geringschätzung des Rechts als Arsenal von Schutz- und Kontrollnormen sowie der Stellung des Einzelnen, der eben nicht nur Steuerungsobjekt, sondern auch Träger subjektiver Rechte ist, vorgeworfen worden.[30] Das Anschlusspotenzial des Governanceansatzes ist demgegenüber größer. Zugleich bietet er eine deutlich weitere Perspektive und eröffnet ein größeres Einsatzfeld als der ebenfalls im Vordringen befindliche Regulierungsansatz. Dieser ist entstanden aus Anlass der Überführung der Netzwirtschaften (v. a. Energie und Telekommunikation)[31] in den Wettbewerb und wird dort

---

[25] Zuletzt *Ernst,* in: Engel/Schön (Hrsg.), Das Proprium der Rechtswissenschaft, 2007, 3 (19 f.).

[26] *Ernst,* aaO, 116.

[27] *Kersten,* in: Grande/May (Fn. 11), 49 ff., wichtig ist ferner, den Staat nicht zu „veranstaltlichen" (*Badura,* Konzeptionen europäischer und transnationaler Governance in der Perspektive des Verfassungsrechts, 2010, 10).

[28] Näher und mit Beispielen *Kersten* (Fn. 11), 49 ff.; *Kingreen,* DV 42 (2009), 362 ff.

[29] Vgl. *Mayntz,* in: Schuppert, Governance-Forschung (Fn. 4), 9 ff.; *Trute/Denkhaus/Kühlers,* DV 37 (2004), 459 f.

[30] Eindringlich *Masing,* in: Hoffmann-Riem/Schmidt-Aßmann/Voßkuhle (Hrsg.), Grundlagen des Verwaltungsrechts I, 2006, § 7 Rdnr. 3 ff.; *Rixen,* DV 42 (2009), 323, 334.

[31] Vgl. statt vieler *Frenzel,* JA 2008, 868 ff.; *Kühling,* DVBl. 2010, 205.

kraftvoll entfaltet, wobei begrifflich und inhaltlich[32] vieles im Fluss ist; namentlich im Hinblick auf den sogleich näher untersuchten Sektor der ambulanten Versorgung liegen schon seine Anwendungsvoraussetzungen nicht vor.[33]

IV. Fallstudie: Veränderte Regelungsstrukturen im Bereich der ambulanten Gesundheitsdienstleistungen

Das Recht der ambulanten Gesundheitswirtschaft wird bewusst willkürlich aus dem Kreis der gegenwärtig vom *Verf.* bearbeiteten Forschungsgegenstände herausgegriffen,[34] um die etwaige Nutzbarkeit des Governance-Ansatzes gleichsam am lebenden Objekt erproben zu können. Dabei handelt es sich um eine rechtsdogmatisch besonders schwierige, durch zahlreiche Verteilungskämpfe geprägte und folglich mit klassisch juristischen Fragestellungen gespickte Materie, in die zu 1 und 2 mit knappen Strichen eingeführt werden soll.

1. Vertragsärztliche Versorgung und neue Versorgungsformen nach dem SGB V (objektivrechtliche Dimension)

Der Rechtsrahmen für die vertragsärztliche Tätigkeit ergibt sich primär aus dem Privatrecht, aus dem SGB V und aus dem Wirtschaftsverwaltungsrecht. Letzteres erfasst die praktizierenden Ärzte als Angehörige eines freien Berufes, schließt sie in den Ärztekammern zusammen und reglementiert Berufswahl und Berufsausübung, u. a. durch Zugangsregelungen, durch Werbebeschränkungen und Qualitätssicherungsmaßnahmen. Urheber sind zumeist die Landesgesetzgeber und die Ärztekammern, zunehmend kommt es zu Überschneidungen mit dem SGB V,[35] vieles ist unabgestimmt. Eindeutig scheint nur zu sein, dass die

---

[32] Vgl. *Eifert,* in: Hoffmann-Riem/Schmidt-Aßmann/Voßkuhle (Hrsg.), Grundlagen des Verwaltungsrechts I, 2006, § 19 Rdnr. 1 ff.; *Ruffert,* in: Fehling/Ruffert (Hrsg.), Regulierungsrecht, 2010, § 7.

[33] U. a. liegen andere Realbedingungen vor als in den Netzwirtschaften. Der Wettbeweb ist hier nur das Instrument, nicht das Primärziel und der Status der Versicherten weicht von dem der Verbaucher ab (dennoch ordnen *Fehling/Ruffert* [Fn. 32] diesen Sektor dem Regulierungsrecht zu, was m. E. in dem darauf bezogenen (im Übrigen glänzenden) Beitrag von *Schuler-Harms* (§ 15) nicht gerechtfertigt werden kann).

[34] Unmittelbarer Anlass war die Frage nach der Statthaftigkeit der sog. defensiven Konkurrentenklage des einzelnen Vertragsarztes gegen die sogleich beschriebene Zulassung von Krankenhäusern zur ambulanten Behandlung; sie wird für die von *Baumeister/Roth/Ruthig* herausgegebene FS *Schenke* (2011, i. E.) unter dem Titel „Der Vertragsarzt und die Konkurrenz neuer Versorgungsformen im Spiegel der Schutznormlehre" zu beantworten versucht.

[35] Näher *Rixen,* in: Wienke/Dierks, Zwischen Hippokrates und Staatsmedizin, 2008, 124; *Axer,* in: Isensee/Kirchhof (Hrsg.), HStR IV, 3. Aufl. 2006, § 95 Rdnr. 27 (mit kompetenzrechtlichen Schlussfolgerungen).

Regelungsintensität zunimmt,[36] dies übrigens in augenfälliger Diskrepanz zur Entwicklung in anderen Berufsfeldern. Nach dem SGB V sind die an einem bestimmten Sitz niedergelassenen einzelnen Ärzte berechtigt, an der „vertragsärztlichen Versorgung" teilzunehmen, wenn sie dafür gemäß § 95 eine Zulassung erhalten haben. Zugleich werden sie dann Mitglieder der Kassenärztlichen Vereinigung, also einer weiteren Selbstverwaltungskörperschaft. Vermittels dieser Ärzte, den sog. Leistungserbringern, erfüllen die Gesetzlichen Krankenkassen als sog. Leistungsträger die ihnen den Kassenpatienten gegenüber obliegenden Behandlungspflichten[37] nach dem sog. Sachleistungsprinzip[38]. Herzstück des SGB V sind insoweit daher die Bestimmungen über das Verhältnis zwischen den Krankenkassen und ihren Leistungserbringern (ab § 69 ff.). Die Einzelheiten sind in diesem Grundmodell gemäß § 72 Abs. 2 SGB V in sog. Sicherstellungsverträgen zwischen den Krankenkassen und den Kassenärztlichen Vereinigungen (d. h. in Kollektivverträgen) geregelt.[39] Der einzelne Vertragsarzt sieht sich also auch hier einer Fülle von Reglementierungen ausgesetzt.[40] Der Wettbewerb unter den Vertragsärzten auf der Basis der freien Arztwahl ist ferner durch Bedarfsplanungen und Zulassungsbeschränkungen determiniert.

Auf dieses Grundmodell treffen nun die neuen Versorgungsformen zur „Weiterentwicklung"[41] des Gesundheitssystems.[42] Sie sind jeweils durch den Gesetzgeber konzipiert und gezielt in den Wettbewerb[43] mit der herkömmlichen vertragsärztlichen Versorgung gestellt worden. Dabei wirken jeweils verschiedene Stellen mit, von den Krankenkassen und den Kassenärztlichen Vereinigungen (KV), über den sog. Gemeinsamen Bundesausschuss (ein höchst plural zusammengesetztes Gremium, das insbesondere Leitentscheidungen zum medizinischen Leistungsspektrum trifft)[44] bis hin zu herkömmlichen Landesbehörden. Durch diese Schritte in Richtung einer „managed care" sollen Qualität und Effizienz gleichermaßen gesteigert werden. Teilweise kommt es dadurch zu Überschreitungen der Grenze zwischen dem Krankenhaus und der Praxis als

---

[36] Das Gesamtpanorama beschreibt *Steinhilper*, GesR 2009, 337.

[37] *Axer* (Fn. 35), § 95 Rdnr. 30.

[38] *Schuler-Harms*, in: Fehling/Ruffert (Hrsg.), Regulierungsrecht, 2010, § 15 Rdnr. 5.

[39] Gut *Schuler-Harms* (Fn. 38), § 15 Rdnr. 8.

[40] *Preis*, MedR 2010, 139. Systematisch *Boecken*, in: Sodan, Handbuch des Krankenversicherungsrechts, 2010, § 17 Rdnr. 4 ff.

[41] So explizit die Überschrift des 10. Abschnitts.

[42] *Quaas/Zuck*, Medizinrecht, 2. Aufl. 2008, 171 ff.; *Kingreen*, DV 42 (2009), 339 (354 f.); *Schuler-Harms* (Fn. 38), § 15 Rdnr. 10 ff., 34 f., 70 ff.

[43] *Steinhilper*, GesR 2009, 337 (339 f.); gute Nachweise auch bei *Schuler-Harms* (Fn. 38), § 15 Rdnr. 10.

[44] Treffliche Charakterisierung bei BSG, GesundheitsR 2010, 417.

Orte der stationären bzw. der ambulanten Versorgung.[45] Wichtige Beispiele[46] sind zunächst die „hausarztzentrierte Versorgung" nach § 73b und die „integrierte Versorgung" nach § 140a f. SGB V. In beiden Fällen werden bezüglich eines ausgewählten Teils von Leistungserbringern gesonderte Vereinbarungen über die Krankenbehandlung und über deren Vergütung getroffen; jeweils sind bestimmte Zulassungskriterien normiert,[47] ferner Regeln über die Form, das Verfahren und die Organisation, d. h. die Beteiligten an der Zulassungsentscheidung. Dabei gibt es Anreize sowohl für die Teilnehmer als auch für die Patienten.

Ein besonders plastisches Beispiel für die hier beschriebenen Veränderungen bildet die durch § 116b Abs. 2 SGB V vorgesehene Bestimmung von Krankenhäusern zur ambulanten Behandlung näher spezifizierter Erkrankungen. Diese Bestimmung erfolgt unmittelbar gegenüber dem antragstellenden Krankenhaus. Für die Vertragsärzte in der betroffenen Region hat sie zur Konsequenz, dass sie aus der Sicht des Rechts „Dritte" sind und aus der Sicht von immer mehr Patienten „zweite Wahl" werden.[48] Zuständig hierfür ist die Landeskrankenhausbehörde, die durch Verwaltungsakt entscheidet. Beteiligt sind im Vorfeld der Gemeinsame Bundesausschuss[49] und die Krankenkassen[50]. Die Kriterien für eine positive Entscheidung ergeben sich aus dem Gesetz und lauten: Erbringung von Katalogleistungen, Eignung des Krankenhauses[51] und Berücksichtigung der vertragsärztlichen Versorgungssituation[52]. Darauf, ob überhaupt ein Bedarf für die ambulante Behandlung im Krankenhaus besteht, kommt es nicht

---

[45] Näher *Quaas/Zuck* (Fn. 42), 374.

[46] Weitere sind genannt und thematisiert bei *Schuler-Harms* (Fn. 38), § 15 Rdnr. 34 (u. a.: Modellvorhaben nach § 63 und strukturierte Behandlungsprogramme nach §§ 137f und 137g SGB V).

[47] Mit wiederum unterschiedlich weiten Entscheidungsspielräumen.

[48] Dazu *Schillhorn,* in: Ministerium für Arbeit, Gesundheit und Soziales NRW (Hrsg.), Krankenhausrecht: Planung – Finanzierung – Stationäre und Ambulante Versorgung (Düsseldorfer Krankenhausrechtstag 2008), 2008, 87 ff.; *Schuler-Harms* (Fn. 38), § 15 Rdnr. 63 f.; *Steinhilper,* in: Laufs/Kern, Handbuch des Arztrechts, 2010, § 23 Rdnr. 83. Zu den Zielen des Gesetzgebers vgl. *Pitschas,* MedR 2008, 473 ff.

[49] Zur Reichweite von dessen Befugnissen und zur gerichtlichen Überprüfbarkeit auf Klage der KBV vgl. BSG, GesR 2010, 376.

[50] Von Bundesrechts wegen weder die Vertragsärzte noch die Kassenärztlichen Vereinigungen (*Stollmann,* in: Huster/Kaltenborn (Hrsg.), Handbuch des Krankenhausrechts, 2010, § 4 Rdnr. 119). *Pitschas* (Fn. 48), 477, hält die Beteiligung aus Gründen der Beurteilungsfähigkeit der „Versorgungssituation" für unverzichtbar, ebenso *Schroeder,* NZS 2010, 437 (441).

[51] Gemäß § 116b Abs. 3 Satz 2 gelten die Anforderungen für die vertragsärztliche Versorgung entsprechend (zum Ganzen *Schroeder* (Fn. 50), 437 ff.).

[52] Laut *Quaas/Zuck* (Fn. 45), 378, der Gesamtsituation, nicht der des einzelnen Arztes. Sehr sorgfältig zu den hier relevanten Abwägungsgesichtspunkten, die bis auf die einzelne Praxis hinab reichen *Schroeder* (Fn. 50), 441 f.

an. Umstritten ist, ob es sich um eine Ermessensentscheidung handelt,[53] jedenfalls wird die Rechtsfolge des Vergütungsanspruchs für die erbrachten Leistungen ausgelöst, immerhin nicht zu Lasten des Budgets der niedergelassenen Vertragsärzte.[54]

2. Konkurrenzschutz (subjektivrechtliche Dimension)

Eine erste subjektivrechtliche Dimension weist seit jeher das Verhältnis zwischen den einzelnen Vertragsärzten auf. Nachdem das BSG lange Zeit Konkurrentenklagen nur in Willkürfällen für zulässig erachtet hatte,[55] qualifizierte das BVerfG mit Beschluss vom 17. 8. 2004 das System staatlicher Planungs- und Vergütungsmaßnahmen des SGB V als Eingriff in das Berufsgrundrecht des Art. 12 Abs. 1 GG. Am Anfang der einzelnen Zulassungs- und Verteilungsmaßnahmen stehe eine Verknappungsentscheidung des Gesetzgebers, weswegen sich jene nachfolgenden hoheitlichen Maßnahmen als Perpetuierungen einer grundrechtlichen Eingriffswirkung zu Lasten der in das System eingebundenen Leistungserbringer darstellten.[56] Daraus folge die Befugnis des einzelnen Vertragsarztes, die Einhaltung der gesetzlichen Vorgaben für jene Einzelmaßnahmen „zur gerichtlichen Überprüfung"[57] zu stellen; die sog. defensive, da rein abwehrende Konkurrentenklage ist damit grundsätzlich eröffnet.[58] Ihr zur Seite tritt nun der Verteilungskampf innerhalb des jeweils neuen Versorgungsregimes, d. h. zwischen Aspiranten, die es grundsätzlich akzeptieren und daran teilhaben haben wollen, ähnlich wie die Bewerber um einen öffentlichen Auftrag. Ganz folgerichtig wird für diese Fälle gegenwärtig intensiv um die Anwendbarkeit des Vergaberechts gerungen.[59]

---

[53] *Quaas/Zuck* (Fn. 45), S. 379 f., befürwortet einen Anspruch, *Stollmann* (Fn. 50), § 4 Rdnr. 109, plädiert für die Eröffnung von Ermessen, ebenso *Schroeder* (Fn. 50), 443 (wegen der Abwägungsnotwendigkeit und der Option zur Einigung). Auch das Sächs-LSG, Beschluss vom 3. Juni 2010, L 1 KR 94/10 BER, KHR 2010, 91, Rdnr. 71, ist für die Anerkennung eines Entscheidungsspielraums, weil nur so die „Berücksichtigungspflicht" abgearbeitet werden könne. Es sei egal, ob auf Tatbestands- oder auf Rechtsfolgenseite.

[54] Wie sich aus § 116b Abs. 5 SGB V ergibt.

[55] BSGE 105, 10 (21).

[56] BVerfG, MedR 2004, 681; dies im Anschluss an BVerfGE 82, 209 (223 ff.); bestätigt durch BVerfG, NVwZ 2009, 977 zur Krankenhausplanung (dazu m. w. N. *Burgi*, NVwZ 2010, 601).

[57] BVerfG, MedR 2004, 682.

[58] Zum Begriff zuletzt *Klöck*, NZS 2010, 358 (359).

[59] Gesamtüberblick bei *Schuler-Harms* (Fn. 38), § 15 Rdnr. 86 ff. Wenn Verträge bestehen, ist dies grundsätzlich anzunehmen; vgl. für den Bereich der hausarztzentrierten Versorgung *Stolz/Kraus*, MedR 2010, 86, und für den Bereich der integrierten Versorgung *Jung*, SGb 2009, 388 f.; *Baumeister/Struß*, NZS 2010, 247.

Am interessantesten sind schließlich die Fälle, in denen es um den Schutz derer geht, die nicht an dem neuen Versorgungsregime teilhaben wollen,[60] die aber Beeinträchtigungen durch einen Wettbewerb erleiden, der gar nicht als Wettbewerb der Akteure, sondern als Wettbewerb der Formen konzipiert ist. Nach den Grundsätzen der BSG-Rechtsprechung[61] dürfte konkret die Klage eines Vertragsarztes gegen die Zulassung eines Krankenhauses zur ambulanten Behandlung nach § 116b Abs. 2 SGB V scheitern,[62] weil das konkurrierende Krankenhaus weder einen Vertragsarztsitz nebst Vergütung bekommt noch in § 116b Abs. 2 SGB V eine Bedarfsprüfung zugunsten der vorhandenen Vertragsärzte vorgesehen ist. Umso überraschend ist es daher, dass das SächsLSG[63] unter Bestätigung einer erstinstanzlichen Eilentscheidung des SG Dresden[64] die defensive Konkurrentenklage im Falle des § 116b Abs. 2 SGB V für statthaft erklärte.[65] Dies geschah zugunsten eines Facharztes mit Schwerpunkt „Gynäkologische Onkologie", der einen Rückgang seiner Patientinnenzahl und folglich seiner Umsätze und Gewinne auf nur noch ein Viertel seit der Zulassung des benachbarten[66] Krankenhauses zur ambulanten Behandlung belegen konnte. Das LSG geht hierbei den Weg der rein einfachgesetzlichen Auslegung[67] und erachtet die Judikatur des BSG als insofern nicht abschließend, das SG Dresden hingegen stellt das Grundrecht der Berufsfreiheit in den Mittelpunkt und hält eine verfassungskonforme Auslegung des § 116b Abs. 2 SGB V für geboten.[68]

---

[60] Daher hilft das Vergaberecht nicht weiter.

[61] Klage gegen Dialysegenehmigung (BSGE 98, 98: im Ergebnis keine Anfechtungsberechtigung); Klage gegen Ermächtigung eines Krankhausarztes (BSGE 99, 145: Erfolg); Klage gegen Sonderbedarfszulassung (BSGE 103, 269: Erfolg); Klage gegen Zweigpraxis (BSGE 105, 10: kein Erfolg). Die Entwicklung ist anschaulich geschildert bei *Barth*, MedR 2010, 205 (209 ff.).

[62] Dies prognostiziert auch *Stollmann*, NZS 2009, 248 (250): Keine Bedarfsprüfung, daher nach BSG kein Drittschutz; ferner werde jeweils ein eigener Rechtskreis begründet, da die Zulassung nach § 116b SGB V außerhalb der vertragsärztlichen Zulassungs- und Vergütungssystematik bleibe; es sei nur die „Situation" zu berücksichtigen. Den Drittschutz fordernd: *Steinhilper*, MedR 2007, 472.

[63] SächsLSG, Beschl. vom 03.06.2010, AZ: L1 KR 94/10 BER, KHR 2010, 91.

[64] 29. 9. 2009, S11 KA 114/09 ER, KHR 2009, 200 dazu juris-Anmerkung *Metschke*. Das SG bezieht die BVerfG-Entscheidung von 2004 (Fn. 56) zwar ein, sieht aber die wettbewerbsbezogenen Argumente nicht.

[65] Die jeweiligen Antragssteller waren auch in der Begründetheit erfolgreich, weil aufgrund der Verkennung des Merkmals „Berücksichtigung der vertragsärztlichen Versorgungssituation" keine rechtmäßige Abwägung aller relevanten Gesichtspunkte (ggf. mit Teilzulassungen etc.) erfolgt sei (SG Dresden [Fn. 64], Rdnr. 78 ff.; SächsLSG [Fn. 64], Rdnr. 72 ff.).

[66] Das sich in einer Entfernung von 7 km befindet.

[67] SächsLSG (Fn. 64), Rdnr. 61 ff.

[68] SG Dresden (Fn. 64) Rdnr. 61 ff.; dagegen SächsLSG (Fn. 64), Rdnr. 52.

Es nimmt nicht Wunder, dass Ergebnis wie Begründungen Diskussionen ausgelöst haben.[69]

3. Der rechtsdogmatische Analyserahmen

Die rechtsdogmatischen Herausforderungen in diesem Sektor lauten daher: Klagebefugnis bzw. Rechtsverletzung, Ausgestaltung des Verfahrens und der Organisation (d. h. der Zuständigkeitsverteilung), Ermittlung und Interpretation der tatbestandlichen Voraussetzungen der jeweiligen Entscheidungen (d. h. der Maßstabsnormen) sowie von deren Inhalten (d. h. den Rechtsfolgen). Dabei ist man zusätzlich mit dem Problem des Bestehens und der Reichweite von Entscheidungsspielräumen konfrontiert. All das erfordert mehr und ist mehr als schlichte Subsumtion. Noch ganz ohne „Governance" arbeitet freilich auch die Rechtsdogmatik in einem größeren Analyserahmen:

Zunächst erkennt sie, dass die Einführung der neuen Versorgungsformen Ausdruck einer stärker wettbewerbsorientierten Sichtweise im Sozialrecht ist. Neben dem Wettbewerb zwischen den Krankenkassen soll der Wettbewerb zwischen den Leistungserbringern als Instrument zur künftigen Sicherung des Systems der Gesetzlichen Krankenversicherung beitragen.[70] Das Reformgesetz 2007 trägt bezeichnenderweise den Titel „GKV-Wettbewerbsstärkungsgesetz"[71] und es will, wie weitere Gesetze vor und nach ihm, die Effizienz steigern, die Qualität verbessern und zugleich die bezahlbare Versorgung der Versicherten gewährleisten. Dies geschieht freilich nicht mit einem primär oder gar rein wettbewerblichen Ansatz, sondern mit einer Art Mix der Steuerungsinstrumente. Deshalb und wegen des Gefährdungspotenzials eines ungezügelten Wettbewerbs gerade in einem so gemeinwohlintensiven Bereich hat der Ausbau wettbewerblicher Elemente zu dem bereits diagnostizierten Zuwachs an Reglementierung und Rechtsunsicherheit geführt. So sind konkret die herkömmlichen Kollektivverträge (zwischen den Verbänden der Krankenkassen und den Kassenärztlichen Vereinigungen) durch sog. Selektivverträge[72] zwischen einzelnen Krankenkassen und einzelnen Leistungserbringern nicht abgelöst, sondern ergänzt worden und deshalb agieren die Krankenkassen seither in wechselnden Rollen als Behörden und Unternehmen.[73]

---

[69] Diese Rechtsprechung ablehnend: *Klöck*, NZS 2010, 358 (362), weil keine einfachgesetzliche Norm vorhanden sei; ähnlich *Quaas*, f&w 2010, 412 (416); zugunsten der Anfechtungsberechtigung plädiert *Verf.*, FS Schenke (Fn. 34), i. E.

[70] *Schuler-Harms* (Fn. 38), § 15 Rdnr. 6 ff.; also auf der Nachfrageseite (dazu *Becker*, in: Das Soziale in der Alterssicherung, DRV-Schriften, Band 66, 2006, 76 f.).

[71] GKV-WSG vom 26. 3.2007, BGBl. I S. 378.

[72] Vgl. *Wollenschläger*, Verteilungsverfahren, 2010, 497.

[73] Vgl. zuletzt *Becker/Kingreen*, NZS 2010, 417.

Es liegt sodann auf der Hand, dass derart grundlegende Veränderungen auch Auswirkungen auf die Beschäftigung mit der einschlägigen Rechtsmaterie haben. Schon immer lag das Sozialrecht im Schnittfeld von Privatrecht und Öffentlichen Recht und seit jeher gibt es im Recht der Leistungserbringer, konkret der Ärzte, die bereits beschriebenen Bezüge zum Wirtschaftsverwaltungsrecht. Neu hinzu gekommen sind das Kartell- und das Vergaberecht (auf die § 69 Abs. 2 SGB V verweist) sowie unter bestimmten Umständen das europäische Beihilfenrecht. Aus der Sicht der Rechtswissenschaft ist das Sozialrecht dadurch zu einem bevorzugten Referenzgebiet des Allgemeinen Verwaltungsrechts geworden.[74] Dies ermöglicht die Analyse von Querverbindungen, Gemeinsamkeiten wie Unterschieden und es eröffnet den Blick auf Deutungsansätze und Problemlösungen. Der größere Rahmen des Allgemeinen Verwaltungsrechts ist es, der überhaupt den Anschluss an den seinerseits fachbereichsübergreifend gedachten Governance-Ansatz ermöglicht:

4. Die Reichweite des Governance-Ansatzes in concreto

Die Einschätzung zur konkreten Nutzbarkeit des Governance-Ansatzes im Sozial[75]- und Gesundheitswirtschaftsrecht, d. h. zur Reichweite seines Potenzials, fällt naturgemäß zurückhaltender aus als die Beurteilung seines Potenzials in abstracto. Denn sie hängt von der Entwicklung konkreter Erkenntnisse durch die Akteure der Governance-Forschung aller beteiligten Fächer ab. Gegenwärtig befindet man sich hier im Anfangsstadium eines potenziellen Forschungsprogramms. Wichtig wären vor allem Analysen zur Regelungsstruktur des Wettbewerbs, die im Gesundheitssektor ja wie beschrieben ausgebaut und mit den bereits vorhandenen Regelungsstrukturen gemischt wird. Neben der Ausleuchtung jenes größeren Rahmens könnte die Governanceforschung Hilfestellung leisten bei der Zuordnung von Organisations[76]- und Verfahrensregeln (etwa über die Notwendigkeit zur Beteiligung der Vertragsärzte)[77] und bei der Beurteilung der Sinnhaftigkeit von Ermessens- und Beurteilungsspielräumen. Manches davon könnte in der Begründetheitsprüfung von Konkurrentenklagen weiterführen – wenn diese denn zulässigerweise erhoben werden können.

---

[74] Näher beschrieben bei *Kingreen/Rixen*, DÖV 2008, 741.

[75] Vgl. bereits *Kingreen*, DV 42 (2009), 339 ff.

[76] *Kingreen* (Fn. 75), 348 ff.; Zum Ganzen: *Hoffmann-Riem*, in: Schuppert, Governance-Forschung (Fn. 4), 200.

[77] Die Beteiligung der Vertragsärzte fordert *Pitschas*, MedR 2008, 473 (481), eine Beteiligung der Kassenärztlichen Vereinigungen lehnen ab: *Kuhla/Bedau*, in: Sodan, Handbuch des Krankenversicherungsrechts, 2010, § 25 Rdnr. 168; das „Einvernehmen" sei zwar anzustreben, aber nicht Voraussetzung für die Rechtmäßigkeit; so auch SG Hannover, KH 2009, 348.

Ob ein subjektives öffentliches Recht zugunsten der einzelnen Vertragsärzte besteht, ist nun eine ganz besonders *juristische* Frage. Nach der allgemein anerkannten, immer wieder klug weiterentwickelten sog. Schutznormlehre[78] hängt die Anerkennung der Klagebefugnis davon, ob Normen in Frage stehen, die nicht nur dem öffentlichen Interesse, sondern zumindest auch dem Schutz von Individualinteressen zu dienen bestimmt sind und dem Träger des Individualinteresses die Rechtsmacht einräumen, von den Normverpflichteten (hier: den Landesbehörden) die Einhaltung des Rechtssatzes (hier: des § 116b Abs. 2 SGB V) verlangen zu können.[79] Heute ist diese Lehre eigentlich ein Kanon von Methoden und Regeln,[80] mit dem der subjektivrechtliche Gehalt von Rechtssätzen vor allem anhand der systematischen und der teleologischen Auslegung[81] erschlossen werden kann. Dabei wird die Ausstrahlungswirkung[82] der Grundrechte ebenso selbstverständlich einbezogen wie die Vorgaben und Impulse des Unionsrechts[83] umzusetzen bzw. zu berücksichtigen sind. Dies erfordert regelmäßig die Auseinandersetzung mit dem jeweiligen normativen und tatsächlichen Kontext.

Selbst an dieser (nochmals: besonders juristisch geprägten) Stelle könnte sich mithin durchaus die Tür für eine sozialwissenschaftlich informierte Analyse der Regelungsstrukturen öffnen. Diese müsste das Ausmaß der tatsächlichen Betroffenheit, die Intensität der Wirkungszusammenhänge und vor allem das Gefährdungspotenzial für die Interessen der einzelnen Regelungsadressaten innerhalb des hochkomplexen GKV-Systems erfassen.[84] Mit dem Vorliegen entsprechender Erkenntnisse würde der Governance-Ansatz die juristische Begründung oder Ablehnung der Klagebefugnis nachvollziehbarer werden lassen. Aber auch in der umgekehrten Richtung, also von der Rechtsdogmatik zum Governanceansatz, entstünden Impulse. Sollte sich nämlich die defensive Konkurrentenklage gegen neue Versorgungsformen als statthaft erweisen, dann ginge dies mit einem Machtzuwachs zugunsten der Vertragsärzte als Akteure einher, der u. a. einen Schub für mehr Kooperationen mit den Krankenhäusern auslösen könnte,[85] also eine weitere „Regelungsstruktur" hervorbrächte.

---

[78] Zuletzt *Schoch*, in: Hoffmann-Riem/Schmidt-Aßmann/Voßkuhle (Hrsg.), Grundlagen des Verwaltungsrechts III, 2009, § 50 Rdnr. 138; *Groß*, DV 43 (2010), 349 (352).

[79] *Schoch* (Fn. 78), § 50 Rdnr. 135; *Steinbeiß-Winkelmann*, NJW 2010, 1234.

[80] *Schmidt-Aßmann*, in: Maunz/Dürig (Hrsg.), GG, Feb. 2003, Art. 19 IV Rdnr. 128.

[81] *Groß*, DV 43 (2010), 349 (353 f.).

[82] Differenziert nach normintern wie normextern; näher *Kopp/Schenke*, VwGO, 16. Aufl. 2009, § 42 Rdnr. 117 ff.

[83] Gute Zusammenfassung bei *Schoch* (Fn: 78), § 50 Rdnr. 152 ff.; zuletzt *Steinbeiß-Winkelmann*, NJW 2010, 1233; *Kopp/Schenke* (Fn. 82), § 42 Rdnr. 149 ff.

[84] Ähnlich in einem allgemeineren Zusammenhang *Kersten*, VVDStRL 69 (2010), 288 (334).

[85] *Steinhilper*, GesR 2009, 339.

V. Schluss: Governance als Plattform
der Verbundforschung

Es sollte deutlich geworden sein, dass der Governance-Ansatz für Felder, die durch komplexe Regelungsstrukturen geprägt sind, bislang aber isoliert mit den dogmatischen Werkzeugen beackert wurden, eine weiterführende Perspektive eröffnen kann. Genau genommen bietet er eine Plattform, auf der sich sozial- wie auch wirtschaftswissenschaftliche mit rechtswissenschaftlichen Untersuchungen treffen und buchstäblich miteinander verbinden können – im Interesse einer Problembewältigung, die das übergreifende Ganze befördert und zugleich dem einzelnen fachwissenschaftlichen Zugriff Kraft und Stärke gibt. Wenn die Rechtsdogmatik selbstbewusst ihre Alleinkompetenz für unmittelbar geforderte Problemlösungen[86] und für die Schutzgewähr zugunsten des einzelnen wahrnimmt, kann sie von Governance-Verbundforschung nur profitieren!

---

[86] Darauf macht *Hoffmann-Riem*, in: Schuppert, Governance-Forschung (Fn. 4), 199 aufmerksam.

Max Webers Bürokratietheorie

Hans-Ulrich Derlien †

I. Einleitung

Bürokratie hat umgangssprachlich immer noch eine abwertende Bedeutung. Wenn man hingegen sagt, man wolle unbürokratisch helfen, z.b. nach Überschwemmungen oder Katastrophen, dann bedeutet das nichts anderes, als Hilfen außerhalb des Haushaltsrechts zu gewähren, letztlich natürlich gedeckt als außerplanmäßige Ausgaben aus unabweisbarem Bedarf. Schon diese Denkfigur verweist auf den engen Zusammenhang von Bürokratie und Rechtsstaat. Entbürokratisierung wird seit Jahrzehnten gefordert, auf Bundes-, Landes- und europäischer Ebene. Das Ergebnis sind Aktionen, die als Durchforstung von Verwaltungsvorschriften, als Deregulierung oder als Vorschriftenstreichung bezeichnet werden können. *Hans-Peter Bull* (2005, S. 249) hat konsequent vorgeschlagen, schlicht von Rechtsvereinfachung zu sprechen. Webers Bürokratie*begriff* geht über das Merkmal der Regelgebundenheit des Verwaltungshandelns weit hinaus. Das ist hier als erstes in Erinnerung zu rufen (II).

Die letzte Reformwelle im öffentlichen Sektor, die auch die Bundesrepublik erfaßt hat, das sogenannte New Public Management, wird von seinen wissenschaftlichen Interpreten gerne gegenübergestellt dem sogenannten Weberschen Bürokratiemodell, das angeblich ausgedient habe. Max Weber hat aber keineswegs ein normatives Modell entwickelt, nicht präskriptiv, sondern empirisch und historisch gedacht und dabei eine Bürokratie*theorie* entworfen, deren Dimensionen herauszuarbeiten sind (III). Das darin geborgene tiefere historisch-funktionale Verständnis fehlt den Verwaltungsmodernisierern in der Regel, und daher übersehen sie nicht selten dysfunktionale Konsequenzen, zumal sie in der Regel mit einem reduzierten Effizienzbegriff operieren. Man muß Max Weber nicht verbiegen, um ihm Aktualität zuzusprechen; denn die Bürokratietheorie bietet Reflexionswissen, das vor Kurzsichtigkeit und eindimensionaler Betrachtung schützen kann, sie hilft aber auch, systemische Folgen punktueller Reformen im Blick zu halten und zu thematisieren, wie ich am Beispiel der jüngsten Universitätsreformen zeigen werde (IV).

II. Das Webersche Bürokratiekonzept

Keineswegs ausschließlich, aber doch vor allem mit Blick auf die öffentliche Verwaltung, entwickelte Max Weber in historischer Perspektive einen wissenschaftlichen Bürokratiebegriff, mit dem ein Typus von Organisation bezeichnet wird, dessen Merkmale sich mehr oder weniger auch in privaten Unternehmungen, Parteien, Verbänden oder Vereinen ausprägen können.

1. Bürokratiemerkmale

Die in Übersicht 1 aufgeführten Merkmale müssen jeweils mit ihrem historischen Vorläufer kontrastiert werden, um das besondere am Typus „bürokratischer Herrschaft" zu erkennen:

– Formal freie Kontrahierung der Beschäftigten statt Zwangsdienst in feudalen oder Sklavenhaltergesellschaften,

– hauptamtliches Personal anstelle neben- oder ehrenamtlicher Tätigkeit,

– Fachschulung im Gegensatz zur laienhaften „Dilettantenverwaltung",

– Einstellung und Beförderung nach objektiven Kriterien (Dienstalter, Leistung) anstatt nach zugeschriebenen Merkmalen wie sozialer Herkunft,

– Ernennung anstelle von Wahl, Vererbung oder Kauf von Ämtern,

– Bezahlung gegen Geld und nicht mehr mit Naturalien oder Pfründen; (Geschenkverbot, Unbestechlichkeit),

– Avancieren in einer Laufbahn anstelle „job-staffing",

– spezifisches Berufsethos und Disziplin – heute würden wir von professioneller Orientierung sprechen.

Neben diesem auf das Personal bezogenen Merkmalskomplex nennt Weber folgende organisatorische Merkmale:

– hierarchische Über- und Unterordnung von Dienstposten in einer Behörde und von Behörden im Instanzenzug, ausgedrückt in einer Staffelung von Weisungs- und Kontrollbefugnissen und korrespondierenden Gehorsams- und Berichtspflichten, womit das im 19. Jhd. zunächst verbreitete Kollegialsystem durch eine monokratische Leitung (Bureausystem) ersetzt wurde,

– formal abgegrenzte räumliche und sachliche Kompetenzverteilung, innerhalb derer Spezialisierung möglich wird,

– Regelgebundenheit und damit Unpersönlichkeit des Verfahrens sowie interne und externe Berechenbarkeit des Entscheidens im Verwaltungsvollzug,

– Schriftlichkeit und Aktenkundigkeit des Verkehrs mit der Möglichkeit interner und externer (gerichtlicher, parlamentarischer) Kontrolle,

Übersicht 1
Bürokratie-Merkmale nach Weber

Personalmerkmale	Organisationsmerkmale
formal freie Kontrahierung	Trennung Privat-
Hauptamtlichkeit	u. Betriebsmittel
Geldentlohnung	Kompetenzabgrenzung
(Unbestechlichkeit)	Schriftlichkeit
Spezialisierung	Aktenkundigkeit
	(Kontrollierbarkeit)
Fachschulung	Trennung von Amt
Ernennung nach objektiven	und Person
Kriterien	Laufbahn

– Trennung von Haushalt und Betrieb, sowohl in räumlicher Hinsicht als Ausdifferenzierung des Büros oder Kontors aus dem Haushalt des Herrschers bzw. Unternehmers; dieses Merkmal umschließt aber auch die Unterscheidung von Privatvermögen und Betriebsmitteln, die grundsätzlich vom Organisationsträger „appropriiert" sind; damit wird die historisch ältere Selbstausrüstung der Funktionäre ablöst, und diese Differenzierung führt zu einer Trennung von Amt und Person im Gegensatz zur historisch älteren Konstruktion des Amtes als Annex des Lehens.

2. Bürokratisierung und Entbürokratisierung

Mit diesen Begriffen werden Prozesse angesprochen, die sich unter Rückgriff auf den Weberschen Bürokratiebegriff nun bereits präziser fassen lassen, als dies bei umgangssprachlicher Betrachtung möglich ist.

Dabei lassen sich drei Dimensionen unterscheiden:

- Die Ausprägung und *Steigerung einzelner Merkmale* des Typus „Bürokratie" in konkreten Organisationen, z.B. in politischen Parteien die zahlenmäßige Zunahme hauptamtlicher Funktionäre; Geldentlohnung (Aufwandsentschädigung) in Vereinen zulasten der Ehrenamtlichkeit;

- die gesamtgesellschaftliche *Ausbreitung des Typus* vom staatlichen auf den Wirtschafts- und andere Sektoren. Damit wächst der bürokratische Organisationsgrad einer Gesellschaft. In makro-soziologischer Perspektive ist hier aber auch daran zu erinnern, dass der Typus sich nicht nur sektoral ausbreitet, sondern auch international, denn auch die sogenannten Entwicklungsländer erleben im Modernisierungsprozess, zumal als frühere Kolonien, die Übernahme der in Europa historisch entwickelten Bürokratie.

- Aus der Sicht des *Individuums*, das in solchen Organisationen arbeitet, ihnen als Klient, Kunde oder Mitglied in immer neuen Lebensbereichen gegenübertritt, wird Bürokratisierung spürbar als zunehmende Einbindung in Struktur und Verfahren bürokratischer Organisationen und am Anschwellen privater Aktenbestände.

Entbürokratisierung bedeutet entsprechend die Abschwächung oder Umkehr dieser Entwicklung. Rechtsvereinfachung, auch die Förderung von Ehrenamtlichkeit und Selbsthilfe sind Elemente von Entbürokratisierung, werden aber auf systematische Grenzen bei unverzichtbaren weiteren Bürokratiekomponenten stoßen.

3. Historischer Gehalt und Herrschaftssoziologie

Dieser Merkmalskatalog ist in historischer Perspektive aus dem Wandel von Herrschaftsstrukturen entwickelt worden: Bürokratie ist Merkmal der modernen, legal-rational legitimierten Herrschaft und gewinnt ihre Bedeutung aus der Gegenüberstellung mit traditional legitimierter (feudaler oder patrimonialer) und mit der instabilen charismatischen Herrschaft (Sekten, Kriegsunternehmer, Revolutionäre).

Die heuristische Fruchtbarkeit des weiten Weberschen Bürokratiebegriffs erweist sich nicht nur beim historischen Vergleich von Herrschaftstypen oder in der Anwendung auch auf formale Organisationen im politischen wie im sozioökonomischen Bereich, sondern z.B. auch in der Gegenüberstellung mit auf Ehrenamtlichkeit basierenden Freiwilligenorganisationen, wie wir sie im Vereinswesen kennen.

Auf dem Hintergrund der sich im Mittelalter (wieder) entwickelnden Geldwirtschaft und der Zentralisierung staatlicher Macht im Laufe von Hegemonialkämpfen gelingt es schrittweise, regelmäßige Steuern durchzusetzen und damit Söldnerheere zu unterhalten, Berufsbeamte aus (meist besitzlosen) bürgerlichen Schichten am fürstlichen Hofe abhängig zu halten und so den feudalen Adel als nebenamtlichen Träger von Verwaltungsgeschäften zu ersetzen. Der Hauptamtlichkeit und Geldentlohnung entsprechen andererseits eine zunehmende Trennung von Hof und Verwaltung und die Einrichtung von Büros oder Kontors sowie die Trennung von (öffentlichen) Betriebsmitteln und Privatvermögen des Herrschers (oder des Unternehmers). Im Zuge merkantilistischer Wirtschaftspolitik wird zudem die zum Teil universitäre kameralistische Fachausbildung des höheren Beamtenkörpers mit anschließendem Prüfungs- und Beförderungswesen erforderlich.

Zugleich gelingt es dem zunehmend unentbehrlichen Berufsbeamtentum, Privilegien, insbesondere ein gegen willkürliche Kündigung schützendes Disziplinarrecht und eine geregelte Pension durchzusetzen. Damit wird tendenziell die feudale Abhängigkeit der Krone vom Adel ersetzt durch die Abhängigkeit von der Kooperationsbereitschaft insbes. der Ministerialbürokratie.

Ende des 18. Jhd. vollzieht sich eine wesentliche Veränderung der Verwaltungsorganisation: Anstelle des kollegialen Kammersystems tritt das Einheits- oder Bureausystem, wird die Provinzialverwaltung durch das (spartenartige) Ressortsystem ersetzt, und es tritt damit eine kompetenzmäßige Spezialisierung und interne Hierarchisierung des Verwaltungssystems ein.

Mit der Entwicklung des liberalen Rechtsstaats und der Durchsetzung des Gesetzesvorbehalts bei hoheitlichen Eingriffen wird die Regelgebundenheit des Verwaltungshandelns und damit dessen interne Programmierbarkeit, externe Berechenbarkeit und gerichtliche Kontrollierbarkeit ausgebaut. Dessen Pendant ist die umfassende Schriftlichkeit und Aktenkundigkeit der internen und externen Kommunikation der Verwaltung – zugleich eine Voraussetzung für hierarchische und gerichtliche Kontrollen. Der Trennung von Haushalt und Betrieb, dem Entstehen eines hauptamtlichen Fachbeamtentums und der Regelgebundenheit der Verwaltung ist die typische Unpersönlichkeit der Amtsgeschäfte zuzuschreiben.

Disziplin und Berufsethos hatten sich ebenfalls historisch zunächst zu entwickeln, wobei bei materialistischer Betrachtung der Zusammenhang zu Nebenämtern und Korruption herauszustellen ist, bei eher idealistischer Betrachtung aber zu dem, was Max Weber die *methodische Lebensführung* genannt hat, wie sie sich aus der Domestizierung in Klöstern, im Militärdienst und schließlich in der Fabrik entwickelt hat. Fritz[1] hat sehr detailliert gezeigt, wie die Beamtenschaft sukzessive im Laufe des 18. Jahrhunderts an eine methodische Arbeit in Büros gewöhnt werden musste: Nachdem es geschafft war, die Beamten zu bewegen, überhaupt ihre Büros aufzusuchen, bestand die nächste Aufgabe darin, sie dazu zu bringen, dass sie das auch täglich taten, und schließlich (auch heute noch), dass sie in ihren Büros auch tatsächlich arbeiteten.

Was schließlich die *Trennung von Haushalt und Betrieb*, von öffentlichen und privaten Mitteln betrifft, so hat auch dieses Merkmal einen von der Organisationstheorie nicht beachteten, heute nicht mehr leicht erkennbaren historischen Bezug: Nicht nur ist damit gemeint die räumliche Aussonderung von Büros aus der fürstlichen Hofhaltung, sondern auch die Expropriation der Bediensteten vom Besitz der Produktionsmittel, wie Weber in bewusster Anlehnung an Karl Marx formulierte. Kein Wissenschaftler besitzt heute noch die teuren Laboreinrichtungen, mit denen er arbeitet, und während der Kavallerist sich früher nicht selten selbst equipieren musste, ist es für uns ganz und gar undenkbar, dass sein historischer Nachfolger: der Panzeraufklärer noch im Besitz dieses Verwaltungsmittels ist.

Es ist die Kombination dieser Merkmale mit historischem Gehalt, die uns zu verdeutlichen hilft, dass der Typus bürokratischer Organisation eindeutig nicht in organisationstheoretischer Hinsicht entwickelt worden ist, sondern seine Stellung im Rahmen der Weberschen Herrschaftssoziologie hat. Die legal-rationale Herrschaft mittels eines bürokratischen Verwaltungsstabes, kurz gesagt: die bürokratische Herrschaft ist das Produkt historischer Rationalisierung im politischen Subsystem der Gesellschaft. Wie einzelne der Charakteristika selbst bereits die Rationalitätssteigerung zum Ausdruck bringen: so z.B. die Regelgebundenheit oder die Fachschulung, so gibt auch das Zusammenspiel dieser Merkmale dem Typus legal-rationaler Herrschaft ein höheres Rationalitätsniveau, als es die anderen beiden Formen politischer Herrschaft beanspruchen können.

– Aus der Sicht des Bürgers ein historisch einmaliges Maß an Berechenbarkeit auf der Basis des Gesetzes- und Rechtsstaats;

– Aus der Sicht des Herrschers – wer auch immer er sei – ebenfalls ein Höchstmaß an Berechenbarkeit, da die Beamtenschaft sich kaum von der politischen Leitung emanzipieren und politisch verselbständigen kann, denn sie ist von ihr inzwischen existentiell abhängig, dank Geldentlohnung und Expropriation von den Betriebsmitteln.

---

[1] *Hans-Joachim Fritz*, Menschen in Büroarbeitsräumen, München 1982.

Traditionale Herrschaft beispielsweise beruht hingegen auf der Vergabe von Lehen, die wiederum die ökonomische Grundlage für eine politische Verselbständigung bieten können; und charismatische Herrschaft muss sich ökonomisch auf Geschenke, Beute und Bettel und damit auf einen unzuverlässigen Ressourcenstrom stützen mit entsprechend labiler Gefolgschaft.

4. Unentrinnbarkeit und funktionale Unentbehrlichkeit

Will man die formale Rationalität der Bürokratie nicht opfern, sondern sie geradezu etwa auch in den post-kommunistischen Staaten nutzen, ist Bürokratie historisch unentrinnbar:

> „Die Entwicklung ‚moderner‘ Verbandsformen auf *allen* Gebieten (Staat, Kirche, Heer, Partei, Wirtschaftsbetrieb, Interessentenverband, Verein, Stiftung und was immer) ist schlechthin identisch mit Entwicklung und stetiger Zunahme der *bureaukratischen* Verwaltung: ihre Entstehung ist z. B. die Keimzelle des modernen okzidentalen Staats. Unser gesamtes Alltagsleben ist in diesen Rahmen eingespannt. Denn wenn die bureaukratische Verwaltung *überall* die – ceteris paribus – formaltechnisch rationalste ist, so ist sie für die Bedürfnisse der *Massen*verwaltung (personalen oder sachlichen) heute schlechthin unentrinnbar. Man hat nur die Wahl zwischen ‚Bureaukratisierung‘ und ‚Dilettantisierung‘ der Verwaltung, und das große Mittel der Überlegenheit der bureaukratischen Verwaltung ist: *Fachwissen*, dessen völlige Unentbehrlichkeit durch die moderne Technik und Ökonomie der Güterbeschaffung bedingt wird, höchst einerlei ob dieser kapitalistisch oder – was, wenn die gleiche technische Leistung erzielt werden sollte, nur eine ungeheure *Steigerung* der Bedeutung der Fachbureaukratie bedeuten würde – sozialistisch organisiert ist."

Weber persönlich stand dieser Entwicklung höchst skeptisch gegenüber, sah mit der Bürokratisierung ein „stahlhartes Gehäuse neuer Hörigkeiten" heraufziehen, und es irritierten ihn die Auswirkungen auf den Menschentyp, die Ersetzung des (gebildeten) Kulturmenschen durch den spezialisierten Fachmenschen, so dass er am Ende von „Die Protestantische Ethik und der Geist des Kapitalismus" konstatierte: „Fachmenschen ohne Geist, Genussmenschen ohne Herz: dies Nichts bildet sich ein, eine nie vorher erreichte Stufe des Menschentums erstiegen zu haben."

5. Die Effizienzthese

Schließlich ist nicht zu bestreiten, dass sich dieser Typus staatlicher Organisation auch aufgrund seiner historisch einzigartigen *Effizienz, was Stetigkeit, Präzision und Berechenbarkeit* betrifft, durch Transfer in andere Regionen (z.B. Kolonien) oder Sektoren (z.B. Industriebürokratie) ausgebreitet hat.

> „Die reinbureaukratische, also: die bureaukratisch-monokratische aktenmäßige Verwaltung ist nach allen Erfahrungen die an Präzision, Stetigkeit, Disziplin, Straffheit und Verläßlichkeit, also: Berechenbarkeit für den Herrn wie für die Interessenten, In-

tensität und Extensität der Leistung, formal universaler Anwendbarkeit auf alle Aufgaben, rein technisch zum Höchstmaß der Leistung verkommenbare, in all diesen
Bedeutungen: formal rationalste, Form der Herrschaftsausübung." (*Weber*, S. 164)

Diese Effizienzthese ist immer wieder im doppelten Sinne missverstanden
worden. Die Organisationstheorie hat eine Fülle von z.T. pathologischen Folgen bürokratischer Organisation festgestellt, z.B. Ressortpartikularismus und
selektive Problemwahrnehmung als Folge von Spezialisierung, Formalismus
und gar „bürokratische Persönlichkeit" als Folge von Kontrolle oder die Filter-
wirkung hierarchischer Kommunikation bis zum Realitätsverlust der Organisa-
tionsspitze. Daher sind sicherlich, vor allem in auf Innovationen ausgerichteten
Organisationseinheiten oder in der Forschung, teambildende Strukturen mit horizontaler Kommunikation und flacher Hierarchie sowie Selbstkontrolle der
Professionals vorzuziehen. Webers Bezugspunkt war aber nicht die Einzelorga-
nisation, sondern das System politischer Herrschaft. Zweitens betont Weber allein die formale Rationalität als Berechenbarkeit, die er als universellen Prozess
nicht im politischen, sondern auch im ökonomischen System, in Recht, Religion, ja sogar in der Musik beobachtet. Bürokratiekritik stellt aber häufig auf
fehlende substantielle Rationalität ab („wir wollen Gerechtigkeit, bekamen aber
den Rechtsstaat" klagten einige Ostdeutsche nach 1990), vor allem auf mangelnde Verteilungsgerechtigkeit im weitesten Sinne; diese Antinomie von formaler und substantieller Rationalität war Weber natürlich bewusst, sonst hätte
er sie nicht betont: Ein auf substantielle Rationalität, auf – woran auch immer
gemessene – Verteilungsgerechtigkeit ausgerichtetes Steuersystem wird eben
kompliziert, undurchschaubar und wenig berechenbar zumindest für die Masse
der Bürger. Und die freiwilligen Krankenschwestern im von Weber 1915 (dilet-
tantisch, wie er sagte) geleiteten Reservelazarett bei Heidelberg lobte er wegen
der persönlichen Zuwendung den Verwundeten gegenüber, aber bei Operationen waren natürlich die professionellen Schwestern unverzichtbar; Selbsthilfegruppen im Medizinbereich sind funktional in der Betreuung jeder Art (oft in
der Nachsorge), aber einen Blinddarm können sie eben nicht operieren, da
braucht man Ärzte, Schwestern und die „Apparatemedizin" (*Derlien* 1989).

III. Dimensionen einer Bürokratietheorie

Weber hat nicht den Anspruch erhoben, eine Bürokratietheorie vorzulegen,
aber eine solche läßt sich auf vier Dimensionen rekonstruieren (*Derlien* 2003).

1. Bürokratietheorie als Gesellschaftstheorie

Für Weber steht die „legal-rationale Herrschaft mittels eines bürokratischen
Verwaltungsstabes" in Wechselbeziehung mit der Genese des Kapitalismus und

der Modernisierung im Sinne der französischen Revolution und Kants, kurz: einer universalgeschichtlichen Tendenz zu wachsender formaler Rationalisierung. Mit ihr hängen zusammen Wachstum, Umfang und Struktur öffentlicher Aufgaben und Ausgaben, aber auch des öffentlichen Dienstes. Hier ist Weber noch ganz Historiker und Ökonom. Betrachtet er zudem die zunehmende Verrechtlichung und die „Regelungsflut", vom Laien meist als Bürokratisierung schlechthin angesehen, wird der Jurist sichtbar. Privatisierung (z.b. der Bundesbahn), Deregulierung (z.b. des Arbeitsrechts) oder Steuervereinfachung (flat rate) müssen also immer betrachtet werden im Hinblick auf das ursprüngliche Marktversagen und auf die zukünftigen (Verteilungs-) Wirkungen.

2. Bürokratietheorie als Organisationstheorie

Die Organisationssoziologie, als deren partielle Spezialisierung man die Verwaltungssoziologie angesehen kann, rekurriert auf den Typus der bürokratischen Organisation, registriert – wie gesagt – dessen Dysfunktionen und Limitationen als präskritives Modell und untersucht Varianten des Typus. Die sehr stark angelsächsisch beeinflusste Organisationstheorie, die heute mit dem Typus „bürokratische Organisation" arbeitet, ist demgegenüber ausgesprochen a-historisch, verkennt nicht nur die historisch älteren Merkmalsausprägungen, sondern hat auch dort, wo sie ausdrücklich an Max Weber anknüpft, den Merkmalskatalog theoretisch folgenreich um die historisch besonders signifikanten Merkmale „hauptamtliches Personal" mit den dazu gehörigen Spezifika sowie „Trennung von Haushalt und Betrieb" verkürzt (*Derlien* 1989). Dass man hierbei Webers sogenannte „Effizienzthese" missversteht, wenn man sie aus dem herrschaftssoziologischen Kontext herauslöst, habe ich gesagt, ist aber der Untersuchung der Bürokratiemerkmale (Arbeitsteilung und Spezialisierung, Hierarchie, objektive Rekrutierung, Fachschulung, Hauptamtlichkeit, Geldentlohnung, Verfahren ohne Ansehen der Person, Trennung von Betriebs- und privaten Mitteln) und ihrer Korrelation nicht abträglich.

Speziell der Zusammenhang zwischen diesen Strukturmerkmalen und organisatorischen Prozessen interessiert Verwaltungssoziologen und andere Organisationswissenschaftler:

– Hierarchie und tatsächliche Machtverteilung,

– Arbeitsteilung und Koordinationsproblem,

– oder Hauptamtlichkeit / Geldentlohnung und Selbstverwirklichung / Zufriedenheit.

Die Analyse des Entscheidungsverhaltens unter dem Einfluss der Organisationsstruktur (und der Umwelt) tritt hinzu. Schließlich sind es auch die latenten Funktionen jenseits und unterhalb des Normierten und der formalen Organisation, die Auswirkung von Strukturen auf zwischenmenschliche Beziehungen und speziell die Machtverteilung haben, die der Soziologe unters Mikroskop legt. Auch unvorhergesehene Folgen wohlgemeinter Reformen inspirieren den Verwaltungssoziologen.

3. Individuum und Bürokratie

Das Spectrum der Themen, die sich mit den *Verwaltungsangehörigen* befassen, ist breit. Arbeitszufriedenheit, Motivation, Führungsverhalten oder Rollenverständnis wurden und werden untersucht. Vor allem die subjektive Komponente des öffentlichen Dienstes, Attitüden zu bestimmten Politik- und Organisationsproblemen, wird meist in Befragungen ermittelt. Die Analyse der amtlichen Personalstatistik des öffentlichen Dienstes könnte hingegen auch jeder andere durchführen. Zweitens interessiert das *Individuum als Bürger*, ausgehend von *Webers Dictum, dass politische Herrschaft im Alltag Verwaltung* sei. Damit wird das Verhältnis von Bürger und Verwaltung zum Untersuchungsgegenstand, wobei es zum einen um Interaktions-Analyse, zum anderen um attitudinale Erforschung geht. Bürgertypen vom „hilflosen Untertan" bis zum „kompetenten Systemkritiker" wurden so ermittelt.

4. Bürokratietheorie als politische Soziologie

Ausgangspunkt ist hier zum einen die idealtypische Unterscheidung von Politikern und Beamten (Übersicht 2), zum anderen die von Max Weber (in seinen politischen Schriften) konstatierte Gefahr der politischen Verselbständigung der Bürokratie infolge ihres überlegenen Fach-und Dienstwissens sowie ihrer Dauerhaftigkeit gegenüber dem prinzipiell „dilettantischen" und transitorischen Politiker. Inwieweit sich heute Politker und Beamte empirisch nach diesen Merkmalen – und sei es graduell – unterscheiden, habe ich in verschiedenen Arbeiten zu klären versucht[2]

Die Sicherung des Primats der Politik wird angesichts dieser Rollendifferenzierung zu einem zentralen Legitimationsaspekt. Ob es um die Leitung eines Ministeriums, um die Steuerung des Implementationsprozesses oder um das Zusammenwirken bürokratischer und politischer Elite geht, immer wieder kann man bei Weber anknüpfen. Speziell seine alles andere als wertfreien Kampfausdrücke in der Frankfurter Zeitung im Kaiserreich: „Beamtenherrschaft" zur Kennzeichnung des bürokratischen Karriereweges von Exekutivpolitikern,

---

[2] Die politische und die administrative Elite der Bundesrepublik, paper im AK Regieren im 21. Jahrhundert, Potsdam 2005; Mandarins or Managers? The Bureaucratic Elite in Bonn, 1970 to 1987 and Beyond, in: Governance 16 (2003), 401- 428.

„Pfründner und Sinekuristen", „Postenjägerei" zur Geißelung der Patronage bieten Gelegenheit, aktuelle Fragen, wie sie *Hans Peter Bull* (2005, Kap. 3) zuletzt aufgeworfen hat, auf Weber zurückzubeziehen.

Übersicht 2
Merkmale von Politikern und Beamten nach Max Weber

Typ Dimension	Politiker	Beamter
I. Entscheidungs- verhalten	Ziele setzen Entscheidung normative Komplexität Unsicherheit substantiell rational Dilettant Gesinnungsethiker Innovation	Mittel auswählen Durchführung faktische Komplexität Routine formal rational Fachmann Verantworthungs- ethiker Konservativismus
II. Karriere	Kampf Stimmenmaximierung Wahl Wahlamt auf Zeit Demission Verantwortlichkeit	Gehorsam sachliche Leistung Ernennung/Beförderung Lebenszeit Selbstverleugnung Verantwortung

III. Stil	Überzeugung	fachliche Argumentation
	Charisma	Fachautorität
	Präferenzänderungen	Analyse
	Leidenschaft	Unpersönlichkeit
	Rede	Schrift/Akten
	Öffentlichkeit	Büro

5. Bürokratiekritik

Schon die Begriffsgeschichte macht deutlich, dass eine klare Trennung zwischen Bürokratiekritik und Bürokratietheorie zumindest vor den Ausführungen Max Webers kaum möglich ist. Selbst bei Max Weber finden sich ja erhebliche Teile seiner bürokratietheoretischen Ausführungen in den politischen, also von ihm als praktisch und nicht dem Postulat der Werturteilsfreiheit folgend angesehenen Schriften. Bürokratiekritik ist vielfach lediglich implizit.

Da Kritik ganz allgemein normative Maßstäbe für die Bewertung eines beobachteten Sachverhalts voraussetzt, stellt sich die Frage, welches diese *normativen Bezüge der Bürokratiekritik* sind. Diese lassen sich den Dimensionen der Bürokratietheorie zuordnen.

- Ausgehend von gesellschaftlichen *Autonomie-Vorstellungen* wird der Umfang oder die Intensität der Staatstätigkeit oder die politische Herrschaft schlechthin kritisiert.
- Kritik richtet sich ferner auf die politische *Legitimation* bürokratischer Herrschaftsausübung, die sich insbesondere an der Gefahr der politischen Verselbständigung der Bürokratie gegenüber der politisch legitimierten Leitung entzündet – ein Strukturproblem, das sich auch in demokratisch verfassten Systemen wie Parteien und Verbänden im Verhältnis von Vertretungskörperschaft zu den hauptamtlichen Funktionären, aber auch in der Beziehung zwischen Unternehmungsverwaltung und Kapitalvertretern beobachten lässt.
- Bürokratiekritik ist drittens Kritik der Beziehung zwischen Individuum und bürokratischer Organisation aus der Sicht des auf *Selbstverwirklichung* bedachten Mitarbeiters oder aus der Sicht des auf *Anliegensgerechtigkeit* bedachten Bürgers oder Kunden.
- Schließlich kann sich Bürokratiekritik auch auf die *Effizienz* des Organisationstypus richten.

IV. Die Bürokratisierung der deutschen Universität

Soziologen sind selten Reformer, sondern vom „Geist, der stets widerspricht". Man weist eher auf latente Funktionen des status quo und potentiell negative Konsequenzen von Reformen hin. Das ist nicht wenig in einer Zeit, in der die gegenwärtigen Probleme oft die Folgen von vorangegangenen Verbesserungs- und Reformversuchen sind. Welche Folgen eine ahistorische Betrachtungsweise und ein organisationstheoretisches Missverständnis Webers haben, zeigt sich gelegentlich daran, dass Unternehmensberater flexiblen Personaleinsatz auch für die Richter fordern oder vorschlagen und damit natürlich die essentielle Institution des gesetzlichen Richters aufheben. Auch die deutschen Universitäten sind seit Jahren neben schleichendem Wandel punktuellen Reformen ausgesetzt, deren Elemente nicht selten ohne Prüfung der Gewebeverträglichkeit aus den USA transplantiert wurden und die in ihrer Summe inzwischen die mitgliedschaftlich verfasste Körperschaft „Universität" in eine Anstalt zu transformieren drohen. Dieser Gestaltwandel lässt sich recht gut mit dem Weberschen Bürokratiekonzept nachzeichnen.

1. Regulierung

Die Regulierung nimmt zu, und zwar wie allseits bekannt einerseits die staatliche Regulierung der Universitäten in immer neuen Gesetzesnovellen bis hin zur Regelung der Verteilung von Lehrveranstaltung eines Professors auf mindestens drei Tage pro Woche; andererseits ist die Regelflut im Bereich der Studienorganisation mindestens zum Teil von den Fakultäten selbst verschuldet. Inzwischen sind wir so weit, dass Studien- und Prüfungsordnungen keine Rechtssicherheit mehr gewähren, weil die Novellierungsgeschwindigkeit zur Desorientierung der Studenten (und der Prüfer) führt. Der Höhepunkt ist mit der (vorläufigen) Parallelität von traditionellen Studiengängen und modularisierten Bachelor- und Master-Studiengängen erreicht.

2. Hierarchisierung

Wohlbekannt ist auch der Trend zur Entscheidungszentralisierung: Die Kompetenzen der Dekane, vor allem aber der Hochschulleitung werden zu Lasten von Fachbereichsrat bzw. Senat gestärkt. In Bayern entscheidet seit 2006 der Fachbereichsrat nicht mehr über Berufungslisten, sondern der Rektor, der schon der Zusammensetzung der Berufungskommission zustimmen muss, hat das letzte Wort. Auch soll er nun Dienstvorgesetzter der Professoren sein. Mit der Einrichtung der Hochschulräte, die von den Kultusministern bestätigt werden müssen, findet sogar eine Verstaatlichung statt.

Parallel haben *neue Kontrollen* durch Ethik-Kommission und Studiendekane (Lehrevaluation) genauso den Weg in die Universität gefunden wie die Leistungsbeurteilung von Lehrstühlen (nach fragwürdigen Kritierien) bei der Mittelzuweisung und bei der Gewährung von Leistungszulagen nach der W-Besoldungsordnung, wobei wiederum der Rektor gehörigen Einfluss hat. Zudem schließt nicht nur das Kultusministerium Leistungsvereinbarungen mit den Universitäten (contract management), sondern auch die Hochschulleitung mit den Fakultäten (und der Dekan mit Professoren); es liegt zumindest der Versuch der Steuerung vor.

3. Spezialisierung

In den Fakultäten und beim Personals beobachten wir eine unaufhaltsam fortschreitende Spezialisierung der Professoren und der Lehrstühle, die kaum noch ohne ein „insbesondere" auskommen. Hier und dort sieht man sich schon gezwungen, sogenannte Eckprofessuren einzurichten, die zumindest Einführungs-Lehrveranstaltungen noch in der gesamten Breite des Faches abzuhalten in der Lage sind, um den Studierenden einen Überblick zu geben.

Gleichzeitig findet eine Differenzierung, also weitere Spezialisierung, zwischen Lehre an den Universitäten und der Forschung z.B. in Max-Planck-Instituten statt. Damit einher gehen natürlich organisatorische Veränderungen, die sich z.B. niedergeschlagen haben in Instituts- und Fachbereichsgründungen unterhalb der Ebene der klassischen Fakultäten.

Innerhalb der Fakultäten stellt man eine *Sekundärbürokratisierung* fest, die neben die Zentralverwaltung tritt und sich darin ausdrückt, dass sich die Zahl der Beauftragten, der Kommissare, ständig erhöht: meine Fakultät verfügt (mit Frauenbeauftragter) inzwischen über 19 Kommissare: Kapazitätsbeauftragte (jeweils für einen Studiengang), European Credit Transfer System (ECTS)-Beauftragter, European Master of Business Administration (EMBS)-Beauftragter, Auslandsbeauftragter der Fakultät und der sogenannten Fachgruppen, Koordinator für das Aktionsprogramm zur Verkürzung der Studiendauer, CIP-Pool-Beauftragter, WWW-Koordinator, Prüfungsbeauftragter für die deutsche Sprachprüfung für ausländische Studienbewerber, Beauftragter für die Öffentlichkeitsarbeit der Fakultät, EU-Forschungsbeauftragter; ferner Vertreter im Beirat des Rechenzentrums, im Leitungsgremium des Sprachen- und Medientechnischen Zentrums (SMZ) und im Zentrum für Wissenschaftliche Weiterbildung (ZWW). Hinzu kommen die klassischen Vertreter im Fakultätentag, im Senat und im Wahlausschuss sowie Zeichnungsberechtigte für das BaföG und Fachprüfungsbeauftragte für Lehramt/Magister, und natürlich der (zuweilen zwei) Studiendekan(e).

Zur Sekundärbürokratisierung, die neben die spezialisierte Zentralverwaltung tritt, ist an den Lehrstühlen die Buchhaltung (Aktenführung) für Prüfungsleistungen einschließlich (bei Bachelor-Studiengang) Registrierung der Zahl der Fehlversuche ebenso zu zählen wie Pflege des know how für die EDV-Ausrüstung und diverse Berichtspflichten, nicht zuletzt für die Mittelverteilung.

Selbstverständlich gibt es auch *gegenläufige Tendenzen* etwa im Bereich der Finanzierung, wo wie in anderen Politikfeldern eine Flucht aus der Steuerfinanzierung stattfindet in Gestalt der Gebührenfinanzierung des Studiums und mit einem Zwang zur Einwerbung von Drittmitteln. Zu den gegenläufigen Tendenzen gehört auch eine gewisse *Entprofessionalisierung* des Personalkörpers: Nicht nur wird die Lehre unter dem Ansturm der Studentenmassen immer stärker auf studentische Tutoren, Lehrbeauftragte und natürlich den Mittelbau verlagert, auch Professoren auf Zeit sind keine Seltenheit mehr. Man kann heute mit diesen Indikatoren bei Inspektion der Vorlesungsverzeichnisse ein recht aussagekräftiges Universitätsranking für die Seriosität der Lehre vornehmen.

Es geht mir hierbei nicht um eine hochschulpolitisch wertende Beurteilung, sondern lediglich darum, einen Strukturwandel zu skizzieren, der zum Teil nicht intendiert ist, von Vielen (speziell von Jüngeren, die keine andere Universität kennen) gar nicht wahrgenommen wird und der als Folge der Bewältigung vielfältiger unvorhergesehener Probleme – subjektiv gut gemeinter, das unterstelle ich – partieller Reformen eingetreten ist. Was dies im Einzelnen bedeutet, ließe sich nach den *Dimensionen der Bürokratietheorie* (III) durchspielen oder überdenken:

– für die Studierenden wie für die Lehrenden hinsichtlich eines möglichen Wandels von intrinsischer zu extrinsischer Motivation als Folge des Vordringens von Fremdkontrolle gegenüber der professionellen Selbstkontrolle; auf die prekäre Rechtssicherheit war schon verwiesen worden; auch sind Rekrutierungsprobleme für die sog. Universitätslaufbahn abzusehen;

– ob die Universität als Organisation leistungsfähiger wird, ist angesichts des skizzierten Gestaltwandels fragwürdig; instrumentelle Tests wie Ranking-Verfahren (mit verschiedenen Indikatoren) dürften die Reputationssteuerung von Fächern, Fakultäten und Universitäten jedenfalls so schnell nicht ersetzen, wohl aber schwächen;

– Machtverschiebungen, also Fragen politischer Natur, zeichnen sich sowohl inneruniversitär als Folge der Hierarchisierung ab wie auch im Verhältnis zum Kultusministerium;

– und dass last but not least die Entwicklung soziale und wirtschaftliche Voraussetzungen und Folgen hat, kann nicht bestritten werden: ob gestiegene Nachfrage nach tertiärer Bildung oder Finanzprobleme, die

„Lösungen" zu deren Bewältigung werden wiederum gesellschaftliche Folgen haben wie etwa die Inflationierung von Zertifikaten und die Verdrängung nicht-universitär Ausgebildeter von traditionellen Positionen oder die Beeinträchtigung des gleichen Hochschulzugangs.

Ich hoffe, die Beschäftigung mit Weber regt an und fördert den Durchblick. Die heuristische Funktion der Bürokratietheorie wird man nicht bestreiten, und einen Ersatz praxisbezogener (rezeptartiger) Organisationslehren bieten zu wollen, hieße Weber gründlich missverstehen.

Literatur

Bull, Hans Peter (2005), Absage an den Staat? Warum Deutschland besser ist als sein Ruf. Vorwärts Buch.

Weber, Max (1922), Wirtschaft und Gesellschaft: Grundriß der verstehenden Soziologie (5. Rev. Aufl. 1980. Tübingen: Mohr), 28f., 551–579.

Derlien, Hans-Ulrich (1989), Die selektive Interpretation der Weberschen Bürokratietheorie in der Organisations- und Verwaltungslehre, in: Verwaltungsarchiv 80, 319–329.

– (1992), Bürokratie, in: Handwörterbuch der Organisation, hg. von Erich Frese, Stuttgart: Poeschel, 391–400.

– (2003),Verwaltungssoziologie und Verwaltungswissenschaft, in: Jan Ziekow (Hg.), Verwaltungswissenschaften und Verwaltungswissenschaft. Berlin: Duncker & Humblot, 89–98.

Institutionenökonomie und Verwaltungsreformen[*]

Peter Eichhorn

I. Staatsversagen

1. Demokratiedefizite

Es ist ein weltweit zu beobachtendes Phänomen, dass viele Staatsbürger mit ihrem Staat unzufrieden sind. Mit Staat werden hier nicht Militärdiktaturen und andere despotische Regime angesprochen, sondern Demokratien westlicher Prägung. Selbst in Ländern mit rechtsstaatlicher Ordnung wie in Deutschland macht sich Verdrossenheit breit. Man traut den Staatsorganen, Parteien und Politikern immer weniger grundlegende und nachhaltige Lösungen für die komplexen lokalen, regionalen, nationalen, europäischen und globalen Probleme zu. Statt tragfähige Ausgleiche zu schaffen zwischen Arm und Reich, Alt und Jung, Familien und Singles, Gesunden und Kranken, Einheimischen und Ausländern, Arbeitgebern und Arbeitnehmern, Erwerbstätigen und Arbeitslosen, ergießt sich die Politik weitgehend in Rhetorik und ist damit beschäftigt, ihre eigenen Interessen durchzusetzen.

Hierzulande führt das Verhältniswahlsystem dazu, dass der Wähler häufig weder die von den Parteien nominierten Listenkandidaten kennt noch die Bildung von Koalitionsregierungen nach der Wahl abzuschätzen vermag. Das föderale System ist mit seinen zentrifugalen Kräften zu einem Föderalismus erstarrt, der Harmonisierung in Deutschland und erst recht in der Europäischen Union erschwert; von den Bürgern entrückt zieht der Vermittlungsausschuss zwischen Bundestag und Bundesrat seine Bahn – abgesehen von Insidern weiß niemand recht Bescheid, welche Entscheidungen wie getroffen werden. Wen wundert es, dass die Wahlbeteiligung rapide abnimmt.

Es soll hier nicht nach weiteren Ursachen von Demokratiedefiziten gesucht werden, auch nicht nach Symptomen wie Begünstigung, Manipulation, Korruption, Stimmenkauf, Verrat, Wahlfälschung usw. in der Politik. Feststellen lässt

---

[*] Wiederabdruck des Beitrages „Theoriezugänge zum Öffentlichen Management", in: Theoretische Aspekte einer managerialistischen Verwaltungsstruktur, hrsg. von Klaus König und Christoph Reinhard, Speyerer Forschungsberichte 254, Speyer 2007, S. 111-122.

sich aber pauschal, dass wir in einer Staatsautoritätskrise leben. Erkennbar wird diese auch am Unbehagen an der Behördenbürokratie.

2. Moloch Bürokratie

Bürokratie ist für sich genommen eine notwendige Nebensache. Sie initiiert, routinisiert und kontrolliert Abläufe, die ohne sie gar nicht realisiert werden könnten. Wogegen sich die Menschen wenden, ist – wie beim Föderalismus – die übersteigerte Form, der Bürokratismus. Hervorgerufen durch ausufernde Regelwerke, die im Interesse einer umfassenden Individualgerechtigkeit etabliert werden, schadet er letztlich allen und damit der Gemeinschaft.[1]

Wachsende Verwaltungsapparate finden sich bei den Parlamenten und Regierungen und selbst bei den Gerichten in Bund und Ländern und in den Kommunen und als Folge von Gesetzgebungen, Verordnungen und Gemeindesatzungen auch bei Sozialversicherungen, Hochschulen, Kammern, Verbänden, Gewerkschaften und Unternehmen.[2]

Als ein Exempel für die Fehlsteuerung öffentlicher Mittel seien die Mammutbehörden der gesetzlichen Rentenversicherungen genannt. Das in der Welt einzigartig engmaschige Netz ist so gestrickt, dass sich 73 000 Beschäftigte (!) um die Angestellten- und Arbeiterrenten kümmern, für letztere sind 22 Landesversicherungsanstalten tätig. Die aufwändigen Bauwerke der Rentenbehörden – die ehemalige Bundesversicherungsanstalt für Angestellte und seit 1. Oktober 2005 Deutsche Rentenversicherung Bund hat allein in Berlin 27 Gebäude an 13 Orten – beherbergen nicht nur Dienstzimmer und Sitzungsräume, sondern auch Schulungszentren, Zonen für den Publikumsverkehr usw. Betriebswirtschaftlich befremden nicht nur die riesigen Ressourcen an Personal, Kapital, Material, Energie und Diensten Dritter für den Verwaltungsapparat, sondern auch die Denkfehler in der Bürokratie.

So werden immer wieder die Personalkosten als Beleg für kostengünstige Verwaltungsarbeit genannt und in Beziehung gesetzt zum Haushalts- oder Beitragsvolumen. In der Deutschen Rentenversicherung Bund ist von 1,7 Prozent die Rede und dies gilt als vorbildlich. Abgesehen davon, dass vermutlich nur die laufenden unmittelbaren Personalausgaben gemeint sind und Personalnebenkosten und personalbezogene Sachkosten (u. a. Fortbildungs- und Reisekosten) sowie künftige Versorgungsbezüge der jetzt tätigen Beamten nicht in die eigentlichen Personalkosten einbezogen worden sind, fehlen bei dieser engen Betrachtung die ausufernden Sach-, Kapital- und Drittkosten für Grundstücke,

---

[1] Vgl. *Feldmann*, H. (1999), S. 2 ff.

[2] Vgl. *Richter*, R./*Furubotu*, E. (2003), S. 388 ff.

Gebäude, Büroausstattung, Computer, Fahrzeuge, Mieten, Porti, Telefon, Strom, Heizung, Reinigung und so weiter. Für die Wirtschaftlichkeit des Verwaltungshandelns sagt das Verhältnis von Personalausgaben zu Haushaltseinnahmen nichts aus. Man stelle sich vor, die Rentenbeiträge würden erhöht, dann würde nach dieser Auffassung die Verwaltung immer kostengünstiger arbeiten! Wirtschaftlich verhält sich eine Verwaltung, wenn die Verwaltungskosten pro Rentenfall minimiert werden. Dieser schlichte Zusammenhang wird leider vielerorts ignoriert. Der Abgabenpflichtige hat das Nachsehen und ebenso die gesamte Gesellschaft, denn was hier an Bürokratiekosten anfällt, fehlt im Bildungs- und Gesundheitswesen, bei Polizei, Kultur und Wissenschaft.[3]

II. Verwaltungsreformen

1. Modernisierung

Angesichts solcher gravierenden Entwicklungen sind Reformen überfällig. Ein bescheidenes Reformvorhaben zielt auf Modernisierung durch Verbesserung des Bestehenden. Dabei werden im Rahmen gegebenen Rechts wirtschaftlichere und wirksamere Alternativen generiert. Man sucht unter anderem aufbau- und ablauforganisatorische Schwachstellen zu beseitigen, Faktoreinsätze zu substituieren (z.B. Menschen durch Technik zu ersetzen), Informationen besser zu kommunizieren, Randaufgaben aufzugeben und Kontrollen zweckmäßiger zu gestalten. Die häufig von eigenen Organisationsämtern, Haushaltsreferenten, Controllern und Rechnungsprüfungsbehörden sowie externen (Personal- und Unternehmens-) Beratern und Gutachtern vorgeschlagenen Rationalisierungsmaßnahmen gehen de lege lata vor, ansonsten bleibt es beim „grundsätzlich bewährten System".[4]

2. Systemreformen

Von echten Reformvorhaben kann erst gesprochen werden, wenn das System auf dem Prüfstand steht und umgestaltet wird. Um das System leistungs- und wettbewerbsfähiger zu machen, sind die rechtlichen Restriktionen selbst in Frage zu stellen. Struktur- und Prozessreformen müssen so erfolgen, dass der erwünschte Zustand im Sinne von de lege ferenda erreicht wird. Die überbordenden Bürokratenregime im Ausbildungs-, Arbeitsvermittlungs-, Gesundheits- (speziell Krankenkassen- und Pflegekassen-), im Sozialhilfe-, Steuer- und Rentensystem, bei den Gemeinschaftsaufgaben und beim Finanzausgleich, im Poli-

---

[3] Vgl. *Clemens*, R. (1995), S. 19 ff., sowie *Eichhorn*, P. (2005), S. 21 ff.
[4] Vgl. *Reichard*, C. (1997), S. 49 ff., sowie *Blum*, U. (2005), S. 92 ff.

zeidienst und in den Bundeswehrverwaltungen lassen sich nicht von innen reformieren, sondern bedürfen der Anstöße von außen. Unabhängige wissenschaftliche Expertise ist gefragt, weil nur hier die Freiheit und die Unabhängigkeit existieren, um die bürokratisierten Systeme auszuhebeln. Entsprechende
Ansätze steuern insbesondere die Institutionenökonomie und der Managerialismus bei.[5]

III. Institutionenökonomie

1. Hierarchie und Markt

Unter dem Begriff Institutionenökonomie – oft ist auch wegen der Beachtung vielfältiger moderner Motive und Anreizstrukturen von neuer Institutionenökonomie bzw. -ökonomik die Rede – werden die seit Ende der 1960er und
Anfang der 1970er Jahre entstandenen und in den folgenden zwei Jahrzehnten
sich durchsetzenden ökonomischen Theorien der Politik subsumiert. Wie die
Wohlfahrtsökonomie bzw. -ökonomik Marktversagen aufgreift, nimmt sich die
Institutionenökonomie dem Staatsversagen an. Grundlegend für dieses Wissen-
schaftsprogramm ist die Frage, wie Institutionen bzw. institutionelle Arrangements gebildet und betrieben werden. Als Institutionen kommen Organisationen, aber auch Regelwerke und Verträge in Betracht. Zwischen den Akteuren
bestehen Austauschbeziehungen und manchmal empfehlen sich organisations-
interne alias hierarchische, manchmal sind marktmäßige Arrangements vorteil-
hafter. Es gilt also zwischen Hierarchie und Markt zu unterscheiden. Organisationen entstehen, wenn die komparativen Kosten- und Nutzenvorteile größer
sind als beim Markttausch – vorausgesetzt werden bei den Akteuren unter anderem persönliche Präferenzen, begrenzte Rationalität, zuverlässige Reaktionen
auf Anreize und opportunistisches Verhalten.[6]

Mit Blick auf Verwaltungsreformen im Sinne von Systemreformen stellt
sich das Problem, welchen Umfang der Gesetzgebungs- und Verwaltungsstaat
einerseits, der Gewährleistungs- und Verhandlungsstaat andererseits einnehmen
sollen. Anders gewendet: Welche Vorteile bieten Eigenerstellung und Fremd-
bezug und dementsprechend wie sollen welche Aktivitäten institutionell arran-
giert und damit die Betriebsgrößen respektive Verwaltungssysteme dimensio-
niert werden? Um Antworten darauf bemühen sich im Wesentlichen die folgenden vier Theorien.

---

[5] Vgl. *Erlei*, M./*Leschke*, M./*Sauerland*, D. (1999), S. 78 ff., sowie *Göbel*, E. (2002),
S. 18 ff.

[6] Vgl. *Ebers*, M./*Gotsch*, W. (2002), S. 199 ff., sowie *Horsch*, A. (2005), S. 3 ff.

2. Public Choice-Theorie

Sie setzt sich mit Fragen der Staatenbildung, der Wählerstimmenmaximierung, des Wählerverhaltens, der Konkurrenz und Konsumentenfreiheit im öffentlichen Sektor und mit allgemeinen Aspekten der Bürokratie auseinander. Ziel ist die Verbesserung der gesellschaftlichen Gegebenheiten und die Positionierung des Staates innerhalb der Gesellschaft.[7]

Bedeutsam für Verwaltungsreformen ist die Identifizierung öffentlicher Güter nach Art und Menge und wie sie finanziert werden können. Parallelen finden sich zur Wohlfahrtsökonomie, allerdings auch Differenzierungen bei der Definition der Güterarten. Während bei privaten Gütern (z.B. Brot, Kleidung, Autos) Rivalität im Konsum besteht und Konsumenten etwa durch hohe Preise ausgeschlossen werden können, gibt es drei Arten öffentlicher Güter: Gebührengüter (z.B. Rundfunk, Theater und Mautstraßen), bei denen keine Rivalität im Konsum besteht, wohl aber ein Ausschluss möglich ist, Allmendegüter (z.B. gemeinsam genutzte Wiesen, Wälder und Quellen), die Rivalität im Konsum aufweisen, von denen man aber nicht ausgeschlossen werden kann, und echte öffentliche Güter (z.B. Straße und nationale Sicherheit), wo weder Konsumrivalität noch Ausschlussmöglichkeit existiert. Verwaltungsreformen haben deshalb Regelungen und Regulierungen anzustreben, die den Umgang mit öffentlichen Gütern möglichst ressourcenschonend und wirtschaftlich gestalten. Im Übrigen kennzeichnet diese Unterscheidung echte öffentliche Güter und verdeutlicht die eigentlichen Kernkompetenzen des Staates.[8]

3. Transaktionskostentheorie

Der Grundgedanke besteht darin, dass Austauschbeziehungen (Transaktionen) zwischen Akteuren nicht kostenlos sind. Transaktionskosten umfassen Anbahnungs-, Vereinbarungs-, Kontroll- und Anpassungskosten. Sie setzen sich zusammen aus den Produktionskosten des Anbieters und den Kosten beider Verhandlungspartner für die Abwicklung und Organisation der Transaktion. Gesucht sind die kostengünstigsten Transaktionen. Beeinflusst werden die Kosten von der Spezifität der Investition sowie von Unsicherheit und Häufigkeit der Transaktion. Spezifität drückt aus, dass die Akteure speziell für die Transaktion Investitionen (in Sach- und Humankapital) tätigen, deren Wert nur innerhalb des Vertragsverhältnisses realisierbar ist, also eine anderweitige Verwendung auf dem Markt eher ausscheidet. Je spezifischer die Investition ist, desto geringer fallen Produktionskosten an, wohingegen Transaktionskosten

---

[7] Vgl. *Ostrom*, V. (1975), S. 844 ff., sowie *Friedrich*, P. (2003), S 856 f.
[8] Vgl. *Frey*, B. S. (1991), S. 492 ff., sowie *Bogumil*, J. (2002), S. 129 ff.

steigen können. Je unsicherer die Transaktion (wenn z.B. Sprach- und Kultur-
probleme auftreten oder es an Vertrauen mangelt), desto höher die Transaktionskosten. Je häufiger die Transaktion durchgeführt wird, mit desto geringeren
Transaktionskosten kann man rechnen.

Abgesehen von diesen und anderen Annahmen über das Verhalten der Akteure und die Informationsgewinnung sowie von Operationalisierungs-
schwächen, der Ausblendung von Macht und der Vernachlässigung von Hierar-
chieproblemen leistet die Transaktionstheorie einen essentiellen Beitrag zum
Verständnis der Arbeitsteilung zwischen Akteuren. Für Verwaltungsreformen
eröffnen sich Alternativen Make or Buy und damit auch „optimale" Entscheidungen über die Leistungstiefe. Die konkrete Umsetzung von auszugliedernden
staatlichen und/oder kommunalen Aufgaben erfolgt über Ausschreibungen und
Vergaben.[9]

4. Property Rights-Theorie

Diese Theorie analysiert die Verfügungsrechte (sie umfassen Eigentums-
und Besitzrechte und darüber hinaus Rechte, andere auszuschließen, und sogar
Rechtsansprüche auf z.B. einen Freundschaftsdienst) über materielle und immaterielle Ressourcen. Sie geht davon aus, dass die Verteilung der Verfügungsrechte das Verhalten der Akteure beeinflusst. Veränderungen in den Verfügungsrechten bewirken Anpassungsentscheidungen der Akteure. Idealerweise
sollten sich sämtliche Dinge vollständig und ausschließlich im Privateigentum
einzelner Personen befinden, weil damit ein sparsamer, sorgfältiger und werter-
haltender Umgang sichergestellt ist. Eine sog. Verdünnung der Rechte etwa
durch Verteilung auf mehrere Personen, Einschränkung von Eigentumsrechten
und durch Gemeineigentum (wegen „Trittbrettfahrens") mindert die Effizienz
im Sinne von Kosten und Nutzen des Handelns. Bei öffentlichen Gütern stellen
sich zwei Probleme: Zum einen Unterinvestition, denn ein Investor trägt ungern
die Kosten, wenn der Nutzen auch anderen zufällt; zum andern Übernutzung,
wenn der Nutzen privat anfällt, die Kosten aber sozialisiert werden. Daraus
folgt einerseits die Forderung nach Privatisierung aller Güter und ihr freier
Tausch über den Markt bis hin zu einer paretooptimalen Verteilung. Allerdings
gibt es zahlreiche Einwendungen gegen diesen Ansatz, die andererseits die Begründung für die Notwendigkeit staatlichen Handelns liefern. Das Recht über
etwas zu verfügen, bedarf der rechtsstaatlichen und staatlich gesicherten
marktwirtschaftlichen Ordnung; das Problem externer (d.h. sich außerhalb von
Marktvorgängen vollziehender) Effekte und deren Verteilung auf Betroffene

---

[9] Vgl. *Brand*, D. (1990), S. 50 ff., *Williamson*, O. E. (1996), S. 4 ff., sowie *Richter*,
R. (2001), S. 49 ff.

lässt sich nicht durchwegs über Kauf und Verkäufe lösen; manche Gemeinschaftsgüter (z.B. öffentliche Parkanlagen) würden nicht angeboten, wenn nur einzelne dafür zahlen müssen; vom Gemeinwesen erwünschte Ziele im Bereich Ausbildung, Gesundheitsvorsorge, öffentliche Sicherheit usw. unterblieben, wenn Verträge nicht zustande kommen, umgekehrt könnten unerwünschte Verträge im Drogen- und Menschenhandel vereinbart werden.

Was lehrt dies für etwaige Verwaltungsreformen? Zunächst ist festzustellen, dass es bei den institutionellen Arrangements nicht um ein entweder Markt oder Hierarchie geht, sondern um ein Nebeneinander von Markt und Hierarchie. Sodann: Für die Reform von Verwaltungsstrukturen kommen bei der Zuordnung von Verfügungsrechten auch hybride Formen, also eine Mischung aus Markt und Hierarchie, in Betracht. Unter Berücksichtigung sowohl von Public Choice samt Wettbewerb und Konsumentenfreiheit als auch von Transaktionskosten kann die Wahrnehmung bestimmter öffentlicher Aufgaben öffentlichen Unternehmen anvertraut werden. Für sie sprechen Möglichkeiten der Zuteilung von Einzelrechten, Identifizierung der Akteure bzw. Entscheider, Zurechnung von Ressourcen, Kosten und Nutzen auf betriebliche Einheiten (ohne die Probleme der Quantifizierung und Monetarisierung externer Effekte ignorieren zu wollen) und der größeren Marktnähe (im Vergleich zu öffentlichen Verwaltungen) mit den Anforderungen an Entrepreneurship. Die Kontrolle der Verfügungsrechte wird weniger über Bürokratie und mehr über den Markt ausgeübt.[10]

5. Principal Agent-Theorie

Die auch kurz als Agency-Theorie genannte Lehre widmet sich den Beziehungen zwischen einem Auftraggeber (Prinzipal) und einem Auftragnehmer (Agent). Der Prinzipal gibt Entscheidungs- und Ausführungskompetenzen an den Agenten ab, der seinen Nutzen steigern bzw. als homo oeconomicus Handelnder maximieren will – unter Umständen sogar auf Kosten des Prinzipals. Es sind erstens Zielkonflikte programmiert, zweitens kommt die sog. Informationsasymmetrie hinzu, die der Agent zu Lasten des Prinzipals ausspielt durch Vortäuschen von Absichten, Verleiten zu einer falschen Wahl, Tarnen von Faulenzerei und Missbrauch von Unternehmensressourcen für private Zwecke; drittens ist die Beziehung durch Unsicherheit über das jeweilige Verhalten der Partner gekennzeichnet. Um sich dagegen zu schützen, wird der Prinzipal Agenten vor Vertragsabschluss sorgfältig prüfen und auswählen, Wert auf ausgeklügelte Verträge legen, darin Anreize zur Verhaltenssteuerung des Agenten vorsehen und für Einhaltung der Verträge sorgen.[11]

---

[10] Vgl. *Williamson*, O. E. (1990), S. 9 ff.

[11] Vgl. *Meyer*, M. (2004), S. 58 ff.

Die Einsichten in die Agency-Beziehungen haben für Verwaltungsreformen insofern erhebliche Relevanz, als bei der Übertragung von öffentlichen Aufgaben an eigene Unternehmen oder bei der Ausgliederung an private Dritte sich Fehler vermeiden lassen. Die Theorie beflügelt ein Kontraktmanagement zu einem zielkonformen und motivierenden Verhalten von Agenten mit Anreizen und Abschreckungen. Mehr noch: Auch im Innenverhältnis von Vorgesetzten und Mitarbeitern oder zwischen Dienststellen können die Theorieaussagen Eingang finden in Ziel- und Leistungsvereinbarungen.[12]

Eine gänzlich andere Frage ist, ob sich die Principal Agent-Theorie auch für die Beziehung zwischen Politik und Verwaltung eignet. Das setzt voraus, dass die Politik als Prinzipal klare, überprüfbare Ziele vorgibt und konkrete Anreize und Abschreckungen setzt, der Verwaltung als Agentin zumindest ein gewisses Maß an opportunistischem Verhalten unterstellt wird und dass ein Überwachungssystem existiert, das das vertraglich vereinbarte Handeln von Verwaltung und Verwaltern objektiv prüft und gegebenenfalls Sanktionen vorbereitet. Wie die politisch-administrative Praxis im In- und Ausland zeigt, sind diese Voraussetzungen nicht vorhanden.[13]

IV. Managerialismus

1. Universalistischer Ansatz

Während die Institutionenökonomie die Perspektive eines Außenstehenden einnimmt, wird im Managerialismus der Standpunkt eines Insiders ergründet. Er ergänzt die vier skizzierten ökonomischen Theorien der Politik um eine Art ökonomischer Theorie des Managements. Der universalistische Ansatz zielt darauf, Systemreformen aus Managementsicht zu verwirklichen. Nicht Staatsversagen wird thematisiert und mit marktwirtschaftlichen Mechanismen gekontert, sondern der Ansatz beruht auf dem Einsatz betriebswirtschaftlicher Instrumente. Universalistisch wird er genannt, weil er das weit verbreitete privatwirtschaftliche Managementmodell zum Vorbild wählt.[14]

Danach sollten Verwaltungsreformen vornehmlich folgende Errungenschaften berücksichtigen: Das Konzept strategischer Unternehmensführung mit den diversen Strategietypen (Marktdurchdringung, Marktentwicklung, Produktentwicklung und Programmerweiterung), die „Vorteilhaftigkeitsbilanzierung" von Unternehmen hinsichtlich ihrer internen Stärken und Schwächen und ihrer Chancen und Risiken im Markt, mit Portfolio-Analysen, Wertkettenanalysen,

---

[12] Vgl. *Krapp*, M. (2000), S. 8 ff.
[13] Vgl. *Meinhövel*, H. (1999), S. 39 ff.
[14] Vgl. *Thonet*, P. J. (1977), S. 74 ff.

Betriebsvergleichen und Benchmarking zur Fundierung von Entscheidungen, das Konzept des Reengineering für Leistungsprozesse und die Integration in Netzwerke sowie die Modelle der Konzernorganisation mit Aspekten von Governance, Holdingstrukturen und Profit Centers.

2. Ansatz Öffentliche BWL

Die Öffentliche Betriebswirtschaftslehre (eine Bezeichnung, die ich 1979 einführte) widmet sich der wirtschaftlichen (kostengünstigen) und wirksamen, das heißt effizienten (zweckmäßigen) und effektiven (zielführenden) Erfüllung öffentlicher Aufgaben. Sie fragt vom Standpunkt einer Vision und Mission aus, wie öffentliche Aufgaben zustande kommen und wie und von wem sie unter den drei genannten Kriterien am besten wahrgenommen werden (können und sollen). Anders als der universalistische Ansatz, dessen aus der Privatwirtschaft gewonnene Erkenntnisse, Konzepte, Methoden und Instrumente manche Autoren für prädestiniert halten, auf den öffentlichen Bereich übertragen zu werden, argumentiert die Öffentliche Betriebswirtschaftslehre spezifisch.[15]

Als Public Management-Lehre befasst sie sich mit der Planung, Steuerung und Überwachung öffentlicher Aufgaben, genauer mit deren Eigenschaften, Umfang samt Zu- und Abnahme, Erstellung, Vorhaltung, Vernetzung, Kundenorientierung, Marketing, Ressourceneinsatz, Finanzierung sowie Buchführung und Rechnungslegung (ex ante und ex post) in staatlichen und kommunalen Verwaltungen (Ämtern, Behörden, Schulen, Hochschulen, Parlaments- und Gerichtsverwaltungen usw.) und Vereinigungen (Kammern, Sozialversicherungen, Kassenarztvereinigungen, Landschafts- und Wasserverbände KöR) im In- und Ausland. Da immer mehr öffentliche Aufgaben vor allem auf kommunaler Ebene hierzulande, in allen Mitgliedstaaten der Europäischen Union und weltweit seitens öffentlicher, gemischtwirtschaftlicher, privater Nonprofit und privat-kommerzieller Unternehmungen erfüllt werden, gehören auch diese zu den Untersuchungsobjekten und Fragestellungen von Public & Nonprofit Management. Spezifika finden sich namentlich bei netzgebundenen und weiteren infrastrukturell bedeutsamen öffentlichen Aufgaben der Strom-, Gas-, Fernwärme- und Wasserversorgung, Abwasserbeseitigung, Abfallentsorgung, Grundstückserschließung, -beratung und -finanzierung, Binnen-, See- und Flughäfen, des öffentlichen Personennahverkehrs, Ausstellungs- und Messewesens, der Tourismus- und Wirtschaftsförderung, der Theater, Orchester und Museen, Altenheime, Pflegeheime und Krankenhäuser sowie in ungezählten anderen Diensten, Einrichtungen und Verbänden der Freien Wohlfahrtspflege.[16]

---

[15] Vgl. *Eichhorn*, P. (1997), S. 48 ff.
[16] Vgl. *Budäus*, D./*Grüning*, G. (1998), S. 4 ff.

Die von der Öffentlichen Betriebswirtschaftslehre erforschten theoretischen Grundlagen und empfohlenen Anwendungen bieten ein reiches, vielfach ungenutztes Potenzial für Verwaltungsreformen. Die Vernachlässigung bis hin zur Ignoranz mag daran liegen, dass man öffentliche Institutionen mehr mit Rechtmäßigkeit und weniger mit Wirtschaftlichkeit in Verbindung bringt (anstatt beiden gerecht zu werden) und sie nicht als Dienstleistungsbetriebe versteht (sondern als Verkörperung des Staates und seiner hoheitlichen Organe). Seit Ende der 1960er Jahre, also zeitgleich mit der beginnenden Public Choice-Theorie in englischer Sprache, entstanden in Deutschland die ersten Beiträge zur Öffentlichen BWL, damals unter Bezeichnungen wie „Der Wirtschaftsstil gemeindlicher Regiebetriebe, insbesondere Planung, Führung, Rechnung, Prüfung", „Geschäftspolitik in gemischtwirtschaftlichen Unternehmen", „Die öffentliche Verwaltung als Dienstleistungsbetrieb", „Liquiditätsplanung und Gelddisposition in öffentlichen Haushalten", „Management im öffentlichen Dienst", „Verwaltungshandeln und Verwaltungskosten" usw. (um einige seinerzeitige Veröffentlichungen des Verfassers zu zitieren).

V. New Public Management

Seit 15 Jahren gehört diese englische Bezeichnung – in Deutschland wird gern von Neuem Steuerungsmodell gesprochen – zum Repertoire von Praktikern im Staats- und Nonprofit-Sektor sowie von Vertretern der Institutionenökonomie und der Öffentlichen BWL. Es hat in Deutschland 30 Jahre bzw. eine Generation gedauert bis die Ideen und Modelle angekommen sind. New Public Management fasst die institutionenökonomischen Theorien und den öffentlichbetriebswirtschaftlichen Ansatz zusammen, stützt sich also auf markt- und betriebswirtschaftliche Konzepte und bemüht sich, sie zu implementieren.

Den Verwaltungsreformern und jenen, die die Dringlichkeit von Systemreformen hierzulande noch nicht eingesehen haben, seien die realisierten Reformmaßnahmen in USA und Kanada, Australien und Neuseeland, auch in Europa (in erster Linie in Großbritannien, den Niederlanden, in Skandinavien und in der Schweiz), als erfolgreiche Belege vorgeführt. Dort werden längst Ausschreibungs- und Vergleichswettbewerbe, „Choice"-Möglichkeiten, In- und Outsourcing, Public Private Partnerships, Bürger- bzw. Kundenorientierung, E-Government, Qualitätsmanagement, Lean Management, Controlling, Performance Measurement, kaufmännisches Rechungswesen mit Kostenrechnungen, Geschäftsberichterstattung usw. praktiziert. Man kann als Wissenschaftler, Staatsbürger und Steuerzahler nur hoffen, dass das politische Establishment in Deutschland endlich das Notwendige tut.[17]

Literatur

Blum, Ulrich, Angewandte Institutionenökonomik: Theorien, Modelle, Evidenz, Wiesbaden 2005.

Bogumil, Jörg, Die Umgestaltung des Verhältnisses zwischen Rat und Verwaltung – das Grundproblem der Verwaltungsmodernisierung, in: Verwaltungsarchiv, 93. Jg., Heft 1, 2002, S. 129-148.

Brand, Dieter, Der Transaktionskostenansatz in der betriebswirtschaftlichen Organisationstheorie, Frankfurt a. M., 1990.

Budäus, Dietrich / *Grüning*, Gernod, New Public Management – Entwicklung und Grundlagen einer „Revolution" des öffentlichen Sektors, in: Zeitschrift Führung und Organisation, 67. Jg., Heft 1, 1998, S. 4–9.

Clemens, Reinhard, Bürokratie – ein Kostenfaktor, Stuttgart 1995.

Ebers, Mark / *Gotsch*, Wilfried, Institutionenökomische Theorien der Organisation, in: Organisationstheorien, hrsg. von Alfred Kieser, 5. Aufl., Stuttgart 2002, S. 199–252.

Eichhorn, Peter, Öffentliche Betriebswirtschaftslehre – Beiträge zur BWL der öffentlichen Verwaltungen und öffentlichen Unternehmen, Berlin 1997.

Eichhorn, Peter, Das Prinzip Wirtschaftlichkeit, 3. Aufl., Wiesbaden 2005.

Erlei, Mathias / *Leschke*, Martin / *Sauerland*, Dirk, Neue Institutionenökonomik, Stuttgart 1999.

Feldmann, Horst, Ordnungstheoretische Aspekte der Institutionenökonomik, Berlin 1999.

Frey, Bruno S., Public Choice – Ergebnisse der letzten zehn Jahre, in: Wirtschaftswissenschaftliches Studium, 20. Jg., Heft 10, 1991, S. 492–496.

Friedrich, Peter, Public Choice, in: Verwaltungslexikon, hrsg. von Peter Eichhorn u.a., 3. Aufl., Baden-Baden 2003, S. 856–857.

Göbel, Elisabeth, Neue Institutionenökonomik. Konzeption und betriebswirtschaftliche Anwendungen, Stuttgart 2002.

Horsch, Andreas, Institutionenökonomie und Betriebswirtschaftslehre, München 2005.

Krapp, Michael, Kooperation und Konkurrenz in Prinzipal-Agent-Beziehungen, Wiesbaden 2000.

Meinhövel, Harald, Defizite der Principal-Agent-Theorie, Köln 1999.

Meyer, Matthias, Prinzipale, Agenten und ökonomische Methode – Von einseitiger Steuerung zu wechselseitiger Abstimmung, Tübingen 2004.

Ostrom, Vincent, Public Choice Theory – A New Approach to Institutional Economics, in: American Journal of Agricultural Economics, 57. Jg., Heft 5, 1975, S. 844–850

---

[17] Vgl. *Reichard*, C. (1996), S. 241 ff., sowie *Schedler*, K./*Proeller*, I. (2003), S. 44 ff.

Reichard, Christoph, Die „New Public Management"-Debatte im internationalen Kontext, in: Kommunalverwaltung im Modernisierungsschub?, hrsg. von Christoph Reichard und Hellmut Wollmann, Basel 1996, S. 241-274.

Reichard, Christoph, Deutsche Trends der kommunalen Verwaltungsmodernisierung, in: Innovative Kommunen: internationale Trends und deutsche Erfahrungen, hrsg. von Frieder Naschold u.a., Stuttgart 1997, S. 49–74.

Richter, Rudolf, Die Tragweite des Transaktionskostenansatzes in der Institutionenökonomie, in: Der Transaktionskostenansatz in der Betriebswirtschaftlehre, hrsg. von Peter J. Jost, Stuttgart 2001, S. 449–466.

Richter, Rudolf / *Furubotu*, Eiric, Neue Institutionenökonomik, Eine Einführung und kritische Würdigung, 3. Aufl., Tübingen 2003.

Schedler, Kuno / *Proeller*, Isabella, New Public Management, 2. Aufl., Bern 2003.

Thonet, Peter J., Managerialismus und Unternehmenserfolg – Ein empirischer Beitrag, Saarbrücken 1977.

Williamson, Oliver E., Die ökonomischen Institutionen des Kapitalismus: Unternehmen, Märkte, Kooperationen, Tübingen 1990.

Williamson, Oliver E., Transaktionskostenökonomik, 2. Aufl., Hamburg 1996.

Der öffentlich-rechtliche Verwaltungsvertrag und seine Bedeutung im Sozialrecht

Dagmar Felix

I. Einleitung

Dass die auf der kritischen Stellungnahme *Otto Mayers*[1] gründende jahrzehntelange Skepsis gegenüber der Rechtsform[2] des öffentlich-rechtlichen Vertrags in neueren Werken zum Verwaltungsrecht unter der Überschrift „Historische Reminiszenzen" abgehandelt wird,[3] erscheint nicht erst seit der normativen Anerkennung des Vertrags in den Verwaltungsverfahrensgesetzen als sachgerecht. Auch wenn die gesetzlichen Regelungen lediglich „sporadische Ansammlungen von Vorsichtsmaßregeln"[4] enthalten, wird die Ordnungsidee einvernehmlicher und verbindlicher Regelungen der Beziehungen zwischen zwei oder auch mehreren Rechtssubjekten[5] in vielen Bereichen des Rechts mittlerweile alltäglich gelebt. In der dogmatischen Entwicklung des Verwaltungsvertrags hatte sich zunächst das Baurecht insbesondere mit Blick auf Erschließungsverträge[6] als klassisches Referenzgebiet herausgebildet. Mittlerweile hat die Verwaltungsrechtslehre jedoch eine Vielzahl weiterer Referenzgebiete er-

---

[1] Zur Lehre vom öffentlich rechtlichen Vertrage, AöR Band 3 (1988), 3, 42. Hier vertritt *Mayer* die Ansicht, dass „wahre Verträge des Staates auf dem Gebiete des öffentlichen Rechtes überhaupt nicht denkbar sind". Dabei bezieht er sich auf Verträge „zwischen dem Staate und den Unterthanen" (S. 41).

[2] Mit Rechtsform ist hier im Sinne *Hoffmann-Riems* ein bereits rechtlich näher ausgestalteter Typus des Verwaltungshandelns gemeint (in: Hoffmann-Riem/Schmidt-Aßmann/Voßkuhle, Grundlagen des Verwaltungsrechts, 2008, Band II, § 33 Rdnr. 11).

[3] *Bauer* in: Hoffmann-Riem/Schmidt-Aßmann/Voßkuhle, Grundlagen des Verwaltungsrechts, 2008, Band II, § 36 Rdnr. 1 ff. Zur historischen Entwicklung auch *Schliesky* in: Knack/Henneke, VwVfG, 9. Aufl. 2010, Vor § 54 Rdnr. 3 ff.

[4] *Ossenbühl*, JuS 1979, 681, 684.

[5] Zum Vertragsgedanken grundlegend *Schlette*, Die Verwaltung als Vertragspartner, 2000, S. 1 ff. m.w.N.

[6] Vgl. etwa *Weyreuther*, UPR 1994, 121 ff.

schlossen, die vom Vergaberecht über das Hochschulrecht bis hin zum Steuer-recht[7] reichen.[8]

Aus Sicht des Sozialrechts muss dieser Befund überraschen: Vor allem im Leistungserbringungsrecht ist der öffentlich-rechtliche Vertrag – verstanden als Vertrag auf Ebene der Verwaltung[9] – seit jeher das bedeutendste Steuerungs-instrument und war bereits als Standardmaßnahme öffentlich-rechtlichen Han-delns etabliert,[10] ehe die Verwaltungsrechtsdogmatik sich dem Städtebaurecht zuwandte. Dennoch wurden die im Sozialrecht gewonnenen Erkenntnisse und Erfahrungen lange Zeit nicht hinreichend wahrgenommen.[11]

Dabei wurde die Thematik der öffentlich-rechtlichen Verträge trotz ihrer langen Tradition gerade in den letzten Jahren auch im Sozialrecht noch einmal unerwartet aktuell.[12] Das liegt zum einen in der Bedeutung koordinationsrecht-licher Verträge zwischen Leistungsträgern und Leistungserbringern, die das Recht der gesetzlichen Kranken- und Pflegeversicherung maßgeblich prägen; hier wurden vor allem die Besonderheiten normsetzender Verträge sowie die Strategien des Gesetzgebers zur konsensualen Konfliktvermeidung und Streit-beilegung in den Blick genommen. Zum anderen hat spätestens das Vierte Ge-setz für Moderne Dienstleistungen am Arbeitsmarkt („Hartz IV-Gesetz")[13] dazu geführt, dass subordinationsrechtliche Verträge aktuell auch quantitativ gese-hen keineswegs nur eine unbedeutende Rolle[14] spielen, im Gegenteil: Die im

---

[7] Die Abgabenordnung enthält allerdings keine den §§ 54 ff. VwVfG entsprechenden Normen, weshalb gerade das Steuerrecht als vertragsfeindlich eingestuft wird (hierzu *Kopp/Ramsauer*, VwVfG, 11. Aufl. 2010, § 54 Rdnr. 5 m.w.N.). Der BFH (BFHE 142, 549; BFHE 162, 211, 214) arbeitet hier mit der Figur der „tatsächlichen Verständigung" (ausführlich *Seer*, Verständigungen im Steuerverfahren, 1996, S. 66 ff.).

[8] Vgl. *Fehling* in: Fehling/Kastner/Wahrendorf (Hrsg.), Verwaltungsrecht Hand-kommentar, 2006, § 54 Rdnr. 62 f., 68 ff.

[9] Zu vertraglichen Beziehungen in anderen öffentlich-rechtlichen Kontexten (Völker-recht, Gemeinschaftsrecht. Verfassungsrecht) vgl. *Bauer* in: Hoffmann-Riem/Schmidt-Aßmann/Voßkuhle, Grundlagen des Verwaltungsrechts, München 2008, Band II, § 36 Rdnr. 20 ff.; hier sind vertragliche Beziehungen teilweise „seit langem heimisch".

[10] Vgl. schon *Marburger*, ZfSH 1982, 202 ff.

[11] Kritisch zu Recht *Kingreen/Rixen*, DÖV 2008, 741, 747. Zur „Vernachlässigung des Sozialrechts durch die herkömmliche Lehre vom Verwaltungsvertrag" auch *Kret-schmer*, DÖV 2006, 893. Dass der Vertrag in seinen unterschiedlichen Erscheinungs-formen auch zukünftig das Bild des Sozialrechts prägen wird, dürfte nicht zweifelhaft sein – dies zeigt allein § 69 Abs. 1 S. 3 SGB V, der das Bürgerliche Gesetzbuch gleich-sam zur Ergänzungsordnung des Leistungserbringerrechts deklariert (hierzu *Rixen*, So-zialrecht als öffentliches Wirtschaftsrecht, 2005, S. 8).

[12] Zur „(Wieder-)Entdeckung des Sozialrechts als Referenzmaterie des öffentlichen Rechts vgl. auch *Kingreen/Rixen*, DÖV 2008, 741.

[13] Vom 24.12.2003 (BGBl. I, S. 2954).

[14] In diesem Sinne etwa *Zieckow/Siegel*, VerwArch Band 94 (2003), 593, wo – ty-pisch für die bis dahin vorherrschende Einschätzung – von einem geringen quantitativen

SGB II vorgesehene Eingliederungsvereinbarung ist ein öffentlich-rechtlicher Vertrag zwischen Behörde und Bürger, der „millionenfach"[15] ansteht und die Rechtsform damit zu einem Massengeschäft werden lässt.

Im folgenden Beitrag sollen zunächst die normativen Grundlagen des öffentlich-rechtlichen Vertrags im Sozialrecht nachgezeichnet werden. Hier bestehen zwar deutliche Parallelen, aber auch deutliche Unterschiede zu den in den allgemeinen Verwaltungsverfahrensgesetzen bestehenden Regelungen, die häufig nicht hinreichend bekannt sind. Dogmatisch interessant – und deshalb auch in der juristischen Ausbildung hervorragend einzusetzen – sind hierbei vor allem die Verbindungslinien zwischen öffentlich-rechtlichem Vertrag einerseits und Verwaltungsakt einschließlich Nebenbestimmungen andererseits. In einem zweiten Schritt wird die Bedeutung kooperativen Vertragsgeschehens am Beispiel der gesetzlichen Krankenversicherung dargelegt. Abschließend soll anhand der bereits erwähnten Eingliederungsvereinbarung gezeigt werden, dass in einem Teilbereich des Sozialrechts die Bedenken *Otto Mayers* auf eine ganz unvermutete Weise wieder aktuell geworden sind.

II. Die normativen Grundlagen im SGB X

Die allgemein geltenden normativen Vorgaben für den öffentlich-rechtlichen Vertrag finden sich in den §§ 53 – 62 SGB X.[16] Die durch Gesetz vom 18.8.1980[17] geschaffenen und am 1.1.1981 in Kraft getretenen Vorschriften gelten seither faktisch ohne jede Änderung.[18] Der Gesetzgeber, der mit dem SGB X den dritten Schritt zur Verwirklichung des SGB untergenommen hat,[19] hat sich von Beginn an eng an das Verwaltungsverfahrensgesetz des Bundes vom 25.5.1976[20] angelehnt, dessen Vorarbeiten bereits in den 60er Jahren begonnen hatten.[21] Vor diesem Hintergrund überrascht es nicht, dass auch die

---

Anteil die Rede ist. Vgl. auch *Maurer*, Allgemeines Verwaltungsrecht, 17. Aufl. 2009 § 14 Rdnr. 24.

[15] Hierzu *Bauer* in: Hoffmann-Riem/Schmidt-Aßmann/Voßkuhle, Grundlagen des Verwaltungsrechts, 2008, Band II, § 36 Rdnr. 37.

[16] Zu den Details *Pickel*, SGb 1984, 133 ff. Vgl. auch *Köhler*, Sozialverwaltungsrecht im Umbruch, 2007.

[17] BGBl. I, S. 1469.

[18] Allein § 60 SGB X (Unterwerfung unter die sofortige Vollstreckung) wurde mehrfach angepasst (*Engelmann* in: von Wulffen, SGB X, 6. Aufl. 2008, § 60 Rdnr. 1 m.w.N.).

[19] *Von Wulffen*, SGB X, 6. Aufl. 2008, Einleitung Rdnr. 1 ff.

[20] BGBl. I. S. 1253.

[21] Hierzu *Kopp/Ramsauer*, VwVfG, 11. Aufl. 2010, Einführung Rdnr. 25 ff. Diese Vorgehensweise wurde auch in den Folgejahren beibehalten, was mitunter zu nicht sinnvollen Anpassungen des SGB X an das VwVfG geführt hat (vgl. etwa zu den Hei-

Vorschriften des SGB X über den öffentlich-rechtlichen Vertrag annähernd wortgleich sind mit den §§ 54 bis 62 VwVfG. In beiden Regelungskomplexen geht es bekanntermaßen um die Zulässigkeit entsprechender Verträge[22] sowie besondere Anforderungen an Vergleichs- und Austauschverträge; geregelt sind zudem Form- und Zustimmungserfordernisse sowie die Fehlerfolgen. Schließlich geht es um die Anpassung und Kündigung von öffentlich-rechtlichen Verträgen, die Vollstreckbarkeit sowie die ergänzende Anwendung sonstigen Rechts.

Im Detail besteht allerdings ein entscheidender Unterschied.[23] Bereits die Zulässigkeit des öffentlich-rechtlichen Vertrags ist im Sozialrecht deutlich beschränkt – dies gilt für den so genannten subordinationsrechtlichen Vertrag. Zwar wurde auch im Sozialrecht der subordinationsrechtliche Vertrag, der in § 53 Abs. 1 S. 2 SGB X legal definiert ist, ausdrücklich zugelassen – aufgrund von § 53 Abs. 2 SGB X, der keine Entsprechung im VwVfG hat, stellt er in weiten Bereichen des Sozialrechts nach wie vor eine Ausnahme dar: Die Regelung erlaubt zum Schutz des Bürgers[24] den Abschluss eines öffentlich-rechtlichen Vertrags „über Sozialleistungen"[25] nur insoweit, als die Erbringung von Leistungen im Ermessen des Leistungsträgers liegt. Da auf Sozialleistungen gemäß § 38 SGB I grundsätzlich ein Anspruch besteht, soweit dem Leistungsträger nicht ausdrücklich Ermessen eingeräumt ist und das Sozialrecht eine weitgehend durchnormierte Materie mit nur punktuellen Ermessensspielräumen ist,[26] unterliegen damit die meisten Bereiche des Sozialrechts von vornherein nicht den §§ 53 ff. SGB X. Anders ist dies etwa in Teilen des Rehabilitationsrechts; hier finden sich sozialrechtliche subordinationsrechtliche Verträge. So sehen etwa die Gemeinsamen Kraftfahrzeughilfe-Richtlinien der Verbände der Unfallversicherungsträger unter den dort genannten Voraussetzungen einen Anspruch auf Kraftfahrzeughilfe vor, allerdings trifft die *„Entscheidung über die im Einzelfall zu gewährenden Leistungen ... der für die Versicherte/den Versicherten zuständige Unfallversicherungsträger im Rahmen seines*

---

lungs- und Unbeachtlichkeitsvorschriften, die im VwVfG mit Blick auf den „Wirtschaftsstandort Deutschland" geändert wurden, *Felix*, NZS 2001, 341 ff.).

[22] Die in vielen Bereichen des Rechts maßgebliche Abgrenzung von öffentlich-rechtlichen und privatrechtlichen Verträgen bereitet dabei auch im Sozialrecht Probleme. Dass das BSG die Abtretung von Sozialleistung unter Privatpersonen als öffentlich-rechtlichen Vertrag qualifiziert hat (BSGE 70, 37, 39), überzeugt nicht (hierzu *Diering* in: LPK-SGB X § 53 Rdnr. 8 sowie *Becker* in: Hauck/Haines, SGB X § 53 Rdnr. 82 ff.).

[23] Zur Berücksichtigung etwaiger sozialrechtlicher Besonderheiten bei der Schaffung des SGB X *Becker* in: Hauck/Haines, SGB X, § 53 Rdnr. 8.

[24] BT-Drs. 8/2034, S. 36 zu § 51. Vgl. zur Entstehungsgeschichte und auch zu den Anwendungsmöglichkeiten *Gent*, Der subordinationsrechtliche Vertrag (§ 53 SGB X) als geeignete Handlungsform zur Erbringung von Sozialleistungen, 1987.

[25] Zum Begriff der Sozialleistungen vgl. § 11 SGB I.

[26] *Becker* in: Hauck/Haines, SGB X, § 53 Rdnr. 35.

Ermessens unter Beachtung der nachstehenden Grundsätze".[27] In entsprechenden Verträgen verpflichtet sich der Sozialleistungsempfänger etwa zum pfleglichen Umgang mit dem Fahrzeug. Die nahe liegende Frage, ob sich das Ermessen auf die Leistung an sich oder die Ausgestaltung im Detail beziehen muss, soll im vorliegenden Kontext nicht weiter vertieft werden. Dem Sozialrecht sind Ermessensleistungen jedenfalls weitgehend fremd, so dass die Bedeutung des subordinationsrechtlichen Vertrags durch § 53 Abs. 2 SGB X erheblich eingeschränkt ist. Diese Beschränkung wird lediglich für den Bereich des Vergleichsvertrages durch § 54 Abs. 2 SGB X ausdrücklich aufgehoben: Bei diesem Vertragstypus, der gekennzeichnet ist durch ein gegenseitiges Nachgeben bei ungewisser Rechtslage[28] und der häufig vor dem Sozialgericht abgeschlossen wird[29], sieht der Gesetzgeber offenbar keinen Schutzbedarf für den Bürger. Dagegen dürfte die Zulassung subordinationsrechtlicher Verträge in Form von Austauschverträgen trotz § 55 Abs. 3 SGB X die Ausnahme bleiben: Gemäß § 55 Abs. 2 SGB X dürfen im Rahmen gebundener Verwaltungstätigkeit nur solche Gegenleistungen vereinbart werden, die bei Erlass eines Verwaltungsakts Inhalt einer Nebenbestimmung nach § 32 SGB X sein könnten. Aufgrund dieser – auch dogmatisch interessanten – Schnittstelle von Vertrag und Verwaltungsakt bzw. Nebenbestimmung zum Verwaltungsakt wird die Frage „gebundene Entscheidung/Ermessensentscheidung" für die Behörde erneut relevant: Für eine Nebenbestimmung im Kontext gebundener Sozialverwaltung bedarf es gemäß § 32 Abs. 1 SGB X entweder einer expliziten gesetzlichen Zulassung[30] oder es muss sich um eine Konstellation handeln, bei der es um die „Sicherstellung der gesetzlichen Voraussetzungen des Verwaltungsakts" geht. Bei der zweiten Alternative ist schon deshalb eine zurückhaltende Auslegung geboten, weil die Nebenbestimmung bei gebundener Verwaltung nach dem Willen des Gesetzgebers eine Ausnahme darstellt – das ergibt sich aus einem Vergleich mit der für Ermessensleistungen maßgeblichen und deutlich weniger restriktiven Regelung des § 32 Abs. 2 SGB X.[31]

Im Ergebnis bleibt damit festzuhalten, dass das Sozialrecht dem subordinationsrechtlichen Vertrag deutliche Grenzen setzt. Mit den beschriebenen Restriktionen soll vor allem der rechtsunkundige Bürger geschützt werden, der in der

---

[27] So Punkt 1.3. der Kraftfahrzeughilfe-Richtlinien (abrufbar unter http://www. dguv.de/inhalt/rehabilitation/documents/kfz.pdf).

[28] Hierzu *Engelmann* in: von Wulffen, SGB X, 6. Aufl. 2008, Rdnr. 4 ff.

[29] Hierzu *Becker* in: Hauck/Haines, SGB X § 53 Rdnr. 36. Seine Bedeutung im Verwaltungsverfahren ist nach wie vor gering (*Becker* aaO. § 54 Rdnr. 14).

[30] Eine solche findet sich etwa in § 73 Abs. 5 SGB VII bezogen auf die Befristung von Hinterbliebenenrenten; hier hat der Gesetzgeber die Behörde sogar zum Erlass einer Nebenbestimmung verpflichtet.

[31] Vgl. auch *Engelmann* in: von Wulffen, SGB X, 6. Aufl. 2008, § 32 Rdnr. 10 m.w.N.

Regel nicht weiß, dass er einen Anspruch auf die betreffende Leistung hat.[32] Letztlich soll er nicht schlechter gestellt werden als er bei Erlass eines entsprechenden Verwaltungsakts stünde. Mit Blick auf § 58 SGB X, der als Schlüsselnorm der Fehlerfolgenlehre fungiert[33] und bei seiner abgestuften Rechtsfolgenanordnung nicht nur das öffentliche Recht mit dem Zivilrecht, sondern auch die unterschiedlichen Rechtsformen des Verwaltungshandelns miteinander verklammert, erscheint ein entsprechender Schutz als dringend geboten: Einzige Fehlerfolge ist die Nichtigkeit des Vertrags, aber nicht jeder Verstoß gegen eine Rechtsvorschrift führt zur Nichtigkeit. Lediglich die im Gesetz bestimmten, besonders schwerwiegenden und abschließend aufgezählten Rechtsverletzungen begründen die Unwirksamkeit des Vertrags. Der rechtswidrige, aber wirksame Verwaltungsvertrag dürfte daher keine Seltenheit sein. Als besonders problematisch erweist sich in diesem Kontext die gegenüber dem Verwaltungsakt erhöhte Fehlerresistenz[34]: Während der Bürger einen rechtswidrigen Verwaltungsakt innerhalb der vorgegebenen Fristen anfechten und sogar nach Eintritt der formellen Bestandskraft über § 44 SGB X zu seinem Recht kommen kann[35], ist er an den wirksamen Vertrag gebunden.[36] Stellt man darauf ab, dass der Bürger beim Zustandekommen des Vertrags tatsächlich maßgeblich beteiligt ist und der Vertrag ohne seine Zustimmung nicht zustande kommen kann,[37] mag man Bedenken mit Blick auf die Rechtsschutzmöglichkeiten des Bürgers nicht für schwerwiegend halten; es wird allerdings zu klären sein, ob diese Voraussetzungen in der Realität tatsächlich immer gegeben sind.[38]

---

[32] Hierzu *Engelmann* in: von Wulffen, SGB X, 6. Aufl. 2008, § 56 Rdnr. 12. m.w.N.

[33] Hierzu *Bauer* in: Hoffmann-Riem/Schmidt-Aßmann/Voßkuhle, Grundlagen des Verwaltungsrechts, 2008, Band II, § 36 Rdnr. 92 ff.

[34] So *Bauer* in: Hoffmann-Riem/Schmidt-Aßmann/Voßkuhle, Grundlagen des Verwaltungsrechts, 2008, Band II, § 36 Rdnr. 93. *Becker* in: Hauck/Haines, SGB X § 58 Rdnr. 8 spricht von einer erhöhten Bestandskraft. Vgl. auch schon *Maurer*, DVBl. 1989, 798, 806 f.

[35] Wegen § 44 SGB X gibt es faktisch keine Bestandskraft bei belastenden Verwaltungsakten im Sozialrecht.

[36] Insofern überrascht es nicht, dass gegen die gesetzliche Fehlerfolge verfassungsrechtliche Bedenken geltend gemacht werden (hierzu nur *Bonk* in: Stelkens/Bonk/Sachs (Hrsg.), VwVfG, 7. Aufl. 2008 § 59 Rdnr. 8 m.w.N.).

[37] So *Kopp/Ramsauer*, VwVfG, 11. Aufl. 2010, § 59 Rdnr. 2.

[38] Hierzu unter III.

III. Zur Bedeutung koordinationsrechtlicher Verträge im Sozialrecht

1. Koordinationsrechtliche Verträge im Recht der gesetzlichen Krankenversicherung

Keine – auch gegenüber den Vorschriften der Verwaltungsverfahrensgesetze – gesonderten Regelungen hat der Gesetzgeber im SGB X für die koordinationsrechtlichen Verwaltungsverträge getroffen. Dies mag angesichts der Tatsache, dass entsprechende Verträge in weiten Bereichen des Sozialrechts eine ganz zentrale Bedeutung haben, auf den ersten Blick überraschen; detaillierte Vorgaben finden sich jedoch in den besonderen Teilen des Sozialgesetzbuchs. Dies führt gemäß § 37 S. 1 SGB I dazu, dass die Anwendbarkeit der §§ 53 ff. SGB X im konkreten Einzelfall zu prüfen ist.[39]

Für die Qualifizierung eines Vertrags als koordinationsrechtlich kommt es nicht darauf an, dass sich als Vertragspartner zwei oder mehrere Träger hoheitlicher Gewalt gegenüberstehen; koordinationsrechtlich sind vielmehr auch solche Verträge zwischen Träger öffentlicher Verwaltung und dem Bürger im Bereich des öffentlichen Rechts, bei denen hinsichtlich des Gegenstands des Vertrags kein Vertragsteil dem anderen übergeordnet ist.[40] Entsprechende Konstellationen finden sich vor allem im Recht der gesetzlichen Krankenversicherung, wo eine Vielzahl von Verträgen zwischen Krankenkassen und Leistungserbringern geschlossen wird.[41] Dies erklärt sich aus den Funktionsnotwendigkeiten des bestehenden Krankenversicherungssystems. Es ist bekanntermaßen geprägt vom Naturalleistungsprinzip[42]; gleichzeitig aber gilt der Grundsatz der Leistungserbringung durch Dritte[43]: Die Krankenkassen müssen ihren Versicherten die notwendigen medizinischen Leistungen als solche zur Verfügung stellen, ohne auf eigenes medizinisches Personal zurückgreifen zu können. Insoweit sind sie zwangsläufig auf die Mitwirkung selbstständiger Leistungserbringer angewiesen. Bereits in § 2 Abs. 2 S. 3 SGB V ist daher bestimmt, dass Krankenkassen als Leistungsträger mit den Leistungserbringern Verträge über die Erbringung von Sach- und Dienstleistungen schließen. Zur Sicherstellung der medizinischen Versorgung der Versicherten sind vertragliche Beziehungen

---

[39] Hierzu unter III. 2.

[40] *Kopp/Ramsauer*, VwVfG, 11. Aufl. 2010, § 54 Rdnr. 47.

[41] Eine umfassende Darstellung aller im SGB V vorgesehenen kooperationsrechtlichen Verträge würde den vorliegenden Rahmen sprengen.

[42] § 2 Abs. 1 S. 1 SGB V.

[43] Ausführlich hierzu *Sodan* in: Handbuch des Krankenversicherungsrechts, 2010, S. 323 ff.; *Schmitt* in: Schulin, Handbuch des Sozialversicherungsrechts, Band 1, Krankenversicherungsrecht, München 1994, S. 811 ff.

zwischen den Krankenkassen und den Leistungserbringern unerlässlich. Zwischen beiden besteht jedoch kein Über- und Unterordnungsverhältnis, weshalb es sich durchweg um koordinationsrechtliche Verträge handelt. Am öffentlich-rechtlichen Charakter entsprechender Vereinbarungen besteht angesichts der Zielsetzung – Sicherstellung der gesundheitlichen Versorgung der gesetzlich krankenversicherten Personen – kein Zweifel.[44]

Insbesondere das Vertragsarztrecht ist vom Vertragsprinzip geprägt. Gemäß § 72 Abs. 2 SGB V ist die vertragsärztliche Versorgung im Rahmen der gesetzlichen Vorschriften und der Richtlinien des Gemeinsame Bundesausschusses durch schriftliche Verträge so zu regeln, dass eine ausreichende, zweckmäßige und wirtschaftliche Versorgung der Versicherten unter Berücksichtigung des allgemein anerkannten Standes der medizinischen Erkenntnisse gewährleistet ist und die ärztlichen Leistungen angemessen vergütet werden. Die Norm enthält nicht nur eine Ermächtigungsgrundlage, sondern auch einen Regelungsauftrag zum Abschluss entsprechender Verträge öffentlich-rechtlicher Natur.[45] Schriftliche Verträge im Sinne dieser Vorschrift sind solche, die als Bundesmantelverträge von den Parteien der gemeinsamen Selbstverwaltung auf Bundesebene[46] als allgemeiner Inhalt der Gesamtverträge abgeschlossen werden – diese wiederum werden zwischen den Partnern auf Landesebene vereinbart und umfassen die gesamten übrigen Regelungsgegenstände der vertragsärztlichen Versorgung.[47] Sowohl bei den Bundesmantel- wie auch den Gesamtverträgen gibt es gesetzlich vorgeschriebene Verträge und solche, die nicht zwingend abgeschlossen werden müssen. Auf Bundesebene verpflichtend ist etwa der Abschluss von Verträgen über den einheitlichen Bewertungsmaßstab für ärztliche und zahnärztliche Leistungen[48] oder das Bundesleistungsverzeichnis für die zahnärztlichen Leistungen nach Maßgabe von § 88 SGB V; nicht verbindlich sind etwa Qualitätssicherungsvereinbarungen nach Maßgabe von § 135 Abs. 2 SGB V. Auf Landesebene sind beispielsweise gemäß §§ 82 Abs. 2, 83 SGB V die Gesamtvergütungs- und Vergütungsverträge abzuschließen, während etwa Vereinbarungen im Rahmen der Strukturverträge nach Maßgabe von § 73a SGB V geschlossen werden können.

---

[44] Zu Sicherstellung ärztlicher Versorgung der Versicherten der GKV als öffentliche Aufgabe vgl. nur BVerfGE 70, 1, 16. Vgl. insoweit auch *Becker* in: Hauck/Haines, SGB X, § 53 Rdnr. 57 ff.

[45] JurisPK-SGB V-*Hesral*, § 72 Rdnr. 25.

[46] Beteiligt sind dann die Kassen(zahn)ärztliche Bundesvereinigung auf der einen und der Spitzenverband Bund der Krankenkassen auf der anderen Seite.

[47] Zur Normhierachie in diesem Kontext jurisPK-SGB V-*Hesral*, § 72 Rdnr. 28.

[48] § 87 SGB V. In den Bundesmantelverträgen sind nach § 87 Abs. 1 S. 2 SGB V auch die Regelungen, die zur Organisation der vertragsärztlichen Versorgung notwendig sind (Vordrucke, Nachweise), zu vereinbaren.

Bei Zugrundelegung der neuen Konzeption eines Verwaltungskooperations-rechts[49] handelt es sich bei den beschriebenen koordinationsrechtlichen Verträgen zugleich um kooperationsrechtliche Verträge. Darunter versteht man Verträge, durch die Behörden und Privatrechtssubjekte die gemeinsame Durchführung von Aufgaben und Projekten im öffentlichen Interessen vereinbaren[50] – nichts anderes geschieht, wenn auch spezialgesetzlich durchgeformt, im Recht der gesetzlichen Krankenversicherung. Durch den Vertrag wird das Privatrechtssubjekt – etwa der Vertragsarzt – unmittelbar in die Erfüllung von Hoheitsaufgaben eingebunden.[51] Insofern kann der Sozialstaat auf eine lange und etablierte Form der Kooperation mit nichtstaatlichen Akteuren zurückblicken.[52] Ob es mit Blick auf das Verwaltungskooperationsrecht tatsächlich zur geplanten Überarbeitung der Vorschriften des VwVfG[53] und ggf. des SGB X kommt, ist offen; zu groß sollten die Erwartungen allerdings nicht sein.[54]

2. Die normative Wirkung kooperationsrechtlicher Verträge

Auch wenn der Gesetzgeber im Rahmen der jüngsten Gesundheitsreformen verstärkt auf Einzelverträge setzt,[55] ist das Vertragssystem des SGB V nach wie vor von Kollektivverträgen geprägt. Nicht der einzelne Arzt verhandelt mit der jeweiligen Krankenkasse, sondern auf beiden Seiten agieren vertragsschließende Körperschaften – beim Bundesmantelvertrag etwa die Kassenärztlichen Bundesvereinigungen[56] auf der einen und der Spitzenverband Bund der Kran-

---

[49] Hierzu *Bauer* in Hoffmann-Riem/Schmidt-Aßmann/Voßkuhle, Grundlagen des Verwaltungsrechts, 2008, Band II, § 36 Rdnr. 15 und 130 m.w.N.

[50] Vgl. auch *Schmitz*, DVBl. 2005, 17, 18 f.

[51] Hierzu *Kopp/Ramsauer*, VwVfG, 11. Aufl. 2010, § 54 Rdnr. 49a m.w.N. Zu den dogmatisch gleichsam zwingenden, wenn auch von der Rechtspraxis negierten Konsequenzen mit Blick auf das Haftungsregime vgl. *Mohr*, Die Haftung der Krankenkassen und Vertragsärzte für Behandlungsfehler, 2007.

[52] *Kingreen/Rixen*, DÖV 2008, 741, 745 f.

[53] *Kopp/Ramsauer*, VwVfG, 11. Aufl. 2010, § 54 Rdnr. 2a m.w.N. Vgl. auch *Schmitz*, DVBl. 2005, 17 ff.

[54] Kritisch zu Recht *Bauer* in Hoffmann-Riem/Schmidt-Aßmann/Voßkuhle, Grundlagen des Verwaltungsrechts, 2008, Band II, § 36 Rdnr. 15.

[55] Vgl. hierzu etwa §§ 73c Abs. 3 oder 140b SGB V. Das bestehende Kollektivvertragssystem wird mitunter als ursächlich für die Ineffinzienz im Gesundheitswesen angesehen (hierzu *Kingreen/Rixen*, DÖV 2008, 741, 747). Gerade diese Einzelverträge erfordern einen rechtlichen Rahmen für das Verhältnis zwischen Leistungserbringer und Krankenkasse, der insbesondere den Einflüssen des Kartell- und des Vergaberechts Rechnung trägt (hierzu grundlegende *Pruns*, Kartell- und vergaberechtliche Probleme des selektiven Kontrahierens auf europäischer und nationaler Ebene, 2008).

[56] § 77 Abs. 4 und 5 SGB V.

kenkassen[57] auf der anderen Seite. Bei solchen Verträgen handelt es sich um so genannte Normenverträge[58]: Sie regeln nicht nur die Rechte und Pflichten der jeweiligen Vertragspartner, sondern – und dies geschieht regelmäßig aufgrund einer gesetzlichen Ermächtigung – auch und vor allem die Rechte und Pflichten Dritter wie etwa der Vertragsärzte.[59] In solchen Verträgen wird damit Recht gesetzt. Das vertragliche Zusammenwirken würde ohne die Zuweisung von Normsetzungsbefugnissen an die Vertragspartner nicht zum Ziel führen, weshalb das Bundessozialgericht das Regelungskonzept der Rechtssetzung durch Normenverträge stets gebilligt hat.[60] Auch das Bundesverfassungsgericht hat sich in keiner seiner zahlreichen Entscheidungen, die sich mit der Anwendung vereinbarter Normen des Vertragsarztrechts befassen, kritisch gegenüber der Zulässigkeit vertraglicher Rechtsetzung geäußert.[61] Im Gegenteil: Zum EBM-Ä hat das Gericht ausgeführt, dass dessen Leistungsbeschreibungen dem Gemeinwohlbelang der Funktionsfähigkeit und Wirtschaftlichkeit der gesetzlichen Krankenversicherung dienen; diese seien geeignet und erforderlich, eine gleichmäßige Vergütung der Vertragsärzte sicherzustellen.[62] Die Normsetzung durch vertragliche Vereinbarung lässt sich sinnvoll in das demokratische Prinzip des Grundgesetzes einordnen. Auch wenn das System kollektivvertraglicher Normsetzung, auf dem das Vertragsarztrecht aufbaut, in wesentlichen Punkten von der autonomen Rechtsetzung abweicht, die mitgliedschaftlich strukturierten Körperschaften zur eigenverantwortlichen Regelung der sie selbst betreffenden Angelegenheiten eröffnet ist,[63] wäre es verfehlt, sie einzig als Instrument der Fremdbestimmung zu sehen.[64] Vertragliche Vereinbarungen sind vielmehr ein Instrument, das es ermöglicht, alle von einer Regelung betroffenen Interessen angemessen zu berücksichtigen, ohne deren Träger in eine Selbst-

---

[57] § 217a SGB V.

[58] Zur Begrifflichkeit – auch im Unterschied zu den Normsetzungsverträgen – vgl. *Axer*, Normsetzung der Exekutive in der Sozialversicherung, 2000, S. 60 ff. Vgl. auch *Axer* in: Schnapp/Wigge, Handbuch des Vertragsarztrechts, 2. Aufl. München 2006, S. 285 f.

[59] Hierzu *Axer*, Normsetzung der Exekutive in der Sozialversicherung, 2000, S. 60. Zu den Rechtsbeziehungen zwischen den Partnern des Vertragsarztrechts auch *Krauskopf/Clemens* in: Laufs/Kern, Handbuch des Arztrechts, 2010, S. 352 ff.

[60] Ausführlich hierzu BSGE 71, 42, 48 mit umfangreichen Nachweisen.

[61] Vgl. nur BVerfGE 70, 1 zu Vereinbarungen über die Preise für Heil- und Hilfsmittel.

[62] BVerfG, MedR 2005, S. 285.

[63] Beim Abschluss der Vereinbarungen über die vertragsärztliche Versorgung sind die Kassenärztlichen Vereinigungen und die Krankenkassen-Verbände gezwungen, einen Interessenausgleich mit der jeweils anderen Seite zu finden, können also gerade nicht autonom über die eigenen Belange entscheiden (BSGE 81, 73, 82).

[64] So *Ebsen* in: Schulin, Handbuch des Sozialversicherungsrechts, Band 1: Krankenversicherungsrecht, 1994, § 7 Rdnr. 119.

verwaltungseinheit einbinden zu müssen. Die gemeinsame autonome Regelung von Angelegenheiten in einem Bereich, in dem sich die Interessen der Mitglieder von Krankenkassen und Kassenärztliche Vereinigungen überschneiden, war im Übrigen der Grund dafür, hier von „gemeinsamer Selbstverwaltung" zu sprechen.[65]

Zwar sind die §§ 53 ff. SGB X auch auf normsetzende Verträge grundsätzlich – jedenfalls entsprechend – anwendbar[66]; allerdings ist im Einzelfall zu prüfen, ob es speziellere Vorschriften gibt, die das allgemeine Recht verdrängen. So findet § 57 Abs. 1 SGB X keine Anwendung, obwohl in Rechte Dritter eingegriffen wird. Der Eingriff erfolgt allerdings nicht auf der vertraglichen Ebene, sondern durch die normative Wirkung des Vertrags.[67] Jedes andere Ergebnis würde die Konstruktion des normsetzenden Vertrags ad absurdum führen. Nicht anwendbar sein dürfte auch § 58 Abs. 3 SGB X, der den Grundsatz der Gesamtnichtigkeit aufstellt. Da es sich faktisch um Normen handeln, können bei Vorliegen einer nichtigen Regelung die übrigen weiterhin Bestand haben. Etwas anderes würde nur dann gelten, wenn die verbleibenden Normen ohne die unwirksame Norm keinen sinnvollen und in sich geschlossenen Regelungsgehalt hätten.[68] Als problematisch erweist sich auch der in § 61 S. 2 SGB X enthaltene Verweis auf das Bürgerliche Gesetzbuch[69] – hier besteht ein Widerspruch zu § 69 Abs. 1 S. 3 SGB V, der eine entsprechende Anwendung nur vorsieht „*soweit sie mit den Vorgaben des § 70 und den übrigen Aufgaben und Pflichten der Beteiligten nach diesem Kapitel vereinbar*" ist.[70]

Die Konsequenzen, die sich aus der Normativität eines öffentlich-rechtlichen Vertrags für den Rechtsschutz der von ihm Betroffenen ergeben, sind auch unter Berücksichtigung verfassungsrechtlicher Vorgaben hinnehmbar. Als untergesetzliche Norm kann etwa ein Bundesmantelvertrag von einem Normadressaten zwar nicht im Wege der Anfechtungsklage angegriffen werden[71] und eine

---

[65] Zum Begriff *Axer* in: von Wulffen/Krasney (Hrsg.), Festschrift 50 Jahre Bundessozialgericht, 2004, S 339.

[66] Vgl. BSGE 70, 240, 243; *Pabst*, SGb 2002, 475; *Sodan*, NZS 1998, 305, 307; a.A. *Axer*, Normsetzung der Exekutive in der Sozialversicherung, 2000, S. 62, *Maurer*, DVBl. 1989, 798, 803 ff. Vgl. aber auch *Boerner*, SGb 2000, 389 ff. unter Einbeziehung von § 69 SGB V, der das Vertragsrecht als besonderes Recht ansieht, das das SGB X insgesamt verdrängt.

[67] Hierzu BSGE 76, 48, 52.

[68] JuirsPK-SGB V-*Freudenberg*, § 82 Rdnr. 40.

[69] Ausführlich hierzu *Becker* in: Hauck/Haines, SGB X § 61 Rdnr. 64 ff.

[70] Hierzu *Becker/Kingreen*, SGB V, 2008, § 69 Rdnr. 39.

[71] BSGE 71, 42.

abstrakte Normenkontrolle kennt das SGG nicht;[72] allerdings ist eine inzidente Überprüfung der maßgeblichen Bestimmungen möglich.[73]

3. Zur besonderen Bedeutung von Vertragshilfeorganen

Typisch für koordinations- bzw. kooperationsrechtliche Verträge im Sozialrecht ist die besondere Bedeutung so genannter Vertragshilfeorgane. Wenn der Gesetzgeber – wie im SGB V vielfach geschehen – von Krankenkassen, Kassenärztlichen Vereinigungen oder anderen eine Regelung im Detail durch Abschluss verbindlicher Verträge fordert, muss er zugleich die Konsequenzen einer gescheiterten Einigung in den Blick nehmen. Diese Fallkonstellation dürfte nicht selten sein – zu gegensätzlich ist häufig allein das gesundheitspolitische Grundverständnis.[74] Der Gesetzgeber hat sich vor allem, aber nicht nur im SGB V[75] für die Schaffung von Schiedsämtern[76], Schiedsstellen[77] oder Schiedspersonen[78] entschieden.[79] Dies ist letztlich keine Besonderheit des Sozialrechts, auch wenn das Phänomen hier überhand zu nehmen scheint – in nahezu allen Rechtsbereichen finden sich so genannte Schlichtungs-, Schieds-, Gutachter- oder Einigungsstellen, mit deren Hilfe gerichtliche Auseinandersetzungen vermieden werden sollen.[80] Im Sozialrecht haben sie eine lange Tradition – im Bereich des Kassenarztrechts kennt man etwa Schiedsämter seit annähernd 100 Jahren.[81] Gerade der kooperative Sozialstaat[82] setzt in den Bereichen, in denen öffentlich-rechtliche Verträge im Spannungsfeld zwischen Ressourcenknappheit auf der einen und betriebswirtschaftlichen Rentabilitätserwägungen auf der anderen Seite zu schließen sind, zunehmend auf entsprechende Stellen, die als

---

[72] Hierzu *Keller* in: Meyer-Ladewig/Keller/Leitherer, SGG, 9. Aufl. 2008, § 55 Rdnr. 10 a ff.

[73] BSGE 71, 42.

[74] Hierzu jurisPK-SGB V-*Beier*, § 89 Rdnr. 13. Vor diesem Hintergrund hat der Gesetzgeber bestimmte Regelungsmaterien auf Ausschüsse, wie etwa den Gemeinsamen Bundesausschuss, übertragen.

[75] Vgl. die Auflistung in jurisPK-SGB V-*Beier* § 89 Rdnr. 6 und 7.

[76] § 89 SGB V.

[77] Vgl. etwa § 114 SGB V (Landesschiedsstelle), § 134a Abs. 4 SGB V für die Versorgung mit Hebammenhilfe oder auch § 18a KHG für die Pflegesatzverfahren im Krankenhausfinanzierungsrecht.

[78] Vgl. nur § 39a Abs. 1 S. 7 SGB V.

[79] Hierzu auch *Hänlein*, Rechtsquellen im Sozialversicherungsrecht, 2001, S. 12.

[80] Grundlegend *Niklisch* in: Festschrift für Bülow, 1981, S. 159 ff.

[81] Im Jahr 1913 wurden entsprechende Schiedsämter erstmals eingerichtet (ausführlich *Dürig*, Das Schiedswesen in der gesetzlichen Krankenversicherung, 1992, S. 39 ff.).

[82] *Plagemann*, Festschrift 50 Jahre Bundesverwaltungsgericht, 2003, S. 65.

eine Art Vertragshilfeorgan agieren. So setzt zwar das Schiedsamt nach § 89 SGB V den Inhalt des Vertrags selbst fest, wenn ein gesetzlich vorgeschriebener Vertrag über die vertragsärztliche Versorgung ganz oder teilweise nicht zustande kommt;[83] allerdings entzieht es den Vertragsparteien nicht die Dispositionsbefugnis über die vertragliche Regelung. Diese können sich grundsätzlich auch noch während eines laufenden Schiedsverfahrens einigen und die Verhandlungen einvernehmlich wieder an sich ziehen.[84] Die personelle Besetzung entsprechender Vertragshilfeorgane spiegelt die gesetzlich vorgesehenen Vertragspartner wider: So besteht das Schiedsamt gemäß § 89 Abs. 2 S. 2 SGB V aus Vertretern der Ärzte und der Krankenkassen in gleicher Zahl sowie einem unparteiischen Vorsitzenden und zwei weiteren unparteiischen Mitgliedern. Auch wenn die Mitglieder des Schiedsamts nicht an Weisungen gebunden sind[85], dürfte die Entscheidung in der Praxis häufig von den unparteiischen Mitgliedern getroffen werden. In den Fällen, in denen die Schiedsstelle neben den Vertretern der jeweiligen Gruppen nur ein unparteiisches Mitglied kennt – dies ist etwa bei der Schiedsstelle nach § 18a KHG der Fall – dürfte dies keine leichte Aufgabe sein. Der Schiedsspruch ist nur einer eingeschränkten gerichtlichen Kontrolle unterzogen,[86] weil das Bundessozialgericht dem Schiedsamt einen weiten Beurteilungsspielraum einräumt, der dem Wesen des Schiedsspruchs als Kompromisslösung Rechnung trägt.[87]

Die Einschaltung von Vertragshilfeorganen als Ersetzung kooperationsrechtlicher Verträge erscheint als eine auch unter Selbstverwaltungsgesichtspunkten sachgerechte Lösung.[88] Probleme entstehen allerdings dann, wenn der Gesetzgeber den Schritt in die Selbstverwaltung nicht vollständig vollzieht, sondern sowohl für die zwischen den Parteien getroffene Vereinbarung als auch die gegebenenfalls von der Schiedsstelle getroffene Entscheidung die Genehmigung einer staatlichen Behörde vorsieht: Gemäß § 18 Abs. 5 KHG, § 20 BPflV und § 14 Abs. 1 KHEntgG bedürfen die maßgeblichen Vereinbarungen der Parteien bzw. die Festsetzungen der Schiedsstelle der Genehmigung der zuständigen Landesbehörde. In diesem zentralen Punkt unterscheidet sich die Tätigkeit der Schiedsstelle nach § 18a KHG von allen anderen sozialrechtlichen Schiedsstellen, deren Entscheidungen unmittelbar verbindlich sind. Mit dem Genehmi-

---

[83] Vgl. § 89 Abs. 1 SGB V. Aus Absatz 2 lässt sich entnehmen, dass das Schiedsamt nur auf Antrag – entweder der Vertragsparteien oder aber der zuständigen Aufsichtsbehörde – tätig wird.

[84] Hierzu jurisPK-SGB V § 89 Rdnr. 21.

[85] § 89 Abs. 3 S. 8 SGB V.

[86] jurisPK-SGB V § 89 Rdnr. 42.

[87] Vgl. nur BSG, SGb 2007, 753.

[88] *Schütte*, NDV 2005, 246 ff.

gungserfordernis hat der Gesetzgeber[89] einen Basiskonflikt zwischen Verhand-
lungsprinzip und staatlicher Steuerung[90] geschaffen, der im Entscheidungsdrei-
eck Schiedsstelle/Behörde/Gericht[91] das Risiko der über lange Zeiträume letztlich offenen Finanzierung des Krankenhauses und seiner Leistungen birgt.[92]

IV. Im Besonderen: Die Eingliederungsvereinbarungen nach § 15 SGB II

Subordinationsrechtliche Verträge im Sozialrecht wurden aufgrund des in
§ 53 Abs. 2 SGB X enthaltenen Vertragsverbots unter II. als Ausnahme dargestellt. Durch die Gesetzesänderungen im Bereich des Fürsorge-, aber auch des
Arbeitsförderungsrechts[93] hat sich dies grundlegend geändert. Durch die in
§ 15 SGB II getroffene Regelung zur Eingliederungsvereinbarung ist der öffentlich-rechtliche Vertrag in der Tat endgültig im Alltag der Massenverwaltung angekommen.[94]

Gemäß § 15 Abs. 1 SGB II soll die Agentur für Arbeit im Einvernehmen mit
dem kommunalen Träger mit jedem erwerbsfähigen Hilfebedürftigen die für
seine Eingliederung erforderlichen Leistungen vereinbaren. Das Gesetz gibt
den wesentlichen Inhalt der Vereinbarung wieder – es geht um die Leistungen,
die der Erwerbsfähige zur Eingliederung in Arbeit erhält, aber etwa auch um
sein Bemühen um Arbeit oder denkbare Schadensersatzansprüche[95] – und legt
den zeitlichen Rahmen (6 Monate) fest. Kommt eine Eingliederungsvereinbarung nicht zustande, sollen die genannten Regelungen gemäß § 15 Abs. 1
S. 6 SGB II durch Verwaltungsakt erfolgen. Der Gesetzgeber stellt dem zustän-

---

[89] Im Gesetzesentwurf war eine verbindliche Schiedsstellenentscheidung vorgesehen
(*Dietz/Bofinger*, Krankenhausfinanzierungsgesetz u.a., Loseblatt, § 18 KHG Anm.
VI.1.); letztlich wollten die Länder aber ihren Einfluss auf die Höhe der Pflegesätze
nicht aufgeben (*Jung* in: Heinze/Wagner (Hrsg.), Die Schiedsstelle des Krankenhausfi-
nanzierungsgesetzes, 1989, S. 1 ff.).

[90] So *Kisker* in: Heinze/Wagner (Hrsg.), Die Schiedsstelle des Krankenhausfinanzie-
rungsgesetzes, 1989, S. 21, 26.

[91] Bezieht man noch die Vertragsparteien selbst ein, die auch bei laufendem Verfahren grundsätzlich immer versuchen können, sich doch noch zu vereinbaren, handelt es
sich um ein Entscheidungsviereck.

[92] Ausführlich hierzu *Felix*, GesR 2010, 300 ff.

[93] Vgl. § 37 Abs. 2 SGB III.

[94] Hierzu *Kretschmer*, DÖV 2006, 893; *Bauer* in: Hoffmann-Riem/Schmidt-Aß-
mann/Voßkuhle, Grundlagen des Verwaltungsrechts, 2008, Band II, § 36 Rdnr. 37.

[95] Vgl. § 15 Abs. 3 SGB II. Zu Praxisbeispielen vgl. auch *Krahmer*, NDV 2006,
508 ff.

digen Träger damit zwei Handlungs- bzw. Rechtsformen zur Verfügung, wobei der Vertragsform vom Wortlaut der Norm her[96] der Vorrang eingeräumt wird.[97]

Nach überwiegender, wenn auch keinesfalls unbestrittener Auffassung handelt es sich bei der Eingliederungsvereinbarung um einen öffentlich-rechtlichen Vertrag im Sinne der §§ 53 ff. SGB X.[98] Bereits der Wortlaut des Gesetzes („Vereinbarung") spricht für einen Vertrag, und die Eingliederungsvereinbarung regelt konkrete Rechte und Pflichten der Beteiligten. Auch der in Absatz 3 erwähnte Schadensersatzanspruch spricht für einen vom Gesetzgeber unterstellten Rechtsbindungswillen,[99] der nicht durch einseitiges Handeln, sondern durch Vertrag entsteht. Ob es sich um einen Austauschvertrag im Sinne des § 55 SGB X handelt, wird kontrovers diskutiert;[100] die Vorstellung eines „hinkenden" bzw. „unechten" Austauschvertrags,[101] auf den die maßgeblichen Regelungen jedenfalls entsprechende Anwendung finden, dürfte den Besonderheiten der Eingliederungsvereinbarung am ehesten Rechnung tragen.

§ 53 Abs. 2 SGB X[102] als Vertragsverbot im Rahmen gebundener Sozialleistungsverwaltung steht dem Vertragsmodell des § 15 SGB II nicht entgegen: Es handelt sich bei den darin vorgesehenen Sozialleistungen um Ermessensleistungen.[103]

Dass zur Rechtsnatur der Eingliederungsvereinbarung trotz dieser auf den ersten Blick unproblematischen Bewertung letztlich doch sehr unterschiedliche Ansichten vertreten werden und die Zulässigkeit solcher Verträge diskutiert wird,[104] erklärt sich aus dem durch § 2 Abs. 1 S. 2 SGB II begründeten Kontra-

---

[96] Vgl. aber auch BSGE 104, 125.

[97] *Müller* in: Hauck/Noftz, SGB II § 15 Rdnr. 9.

[98] *Müller* in: Hauck/Noftz, SGB II § 15 Rdnr. 11; *Schön*, SGb 2005, 290, 292; *Berlit*, info also 2003, 195, 205; *Kunkel*, ZFSH/SGB 2004, 280, 282; *Fahlbusch* in: Rolfs/Giesn/Kreikebohm/Udsching, Sozialrecht – SGB II, III, VIII, XII, 2008, § 15 SGB II Rdnr. 3; a.A. aber *Spellbrink*, Sozialrecht aktuell 2006, 52, 55, der einen hoheitlichen Akt sui generis sieht. *Kretschmer*, DÖV 2006, 893, 895. Vgl. auch die umfangreichen Nachweise bei *Bieback*, in: Zeitschrift für Rechtssozuologie 2009, 185, 198 sowie bei *Bauer* in: Hoffmann-Riem/Schmidt-Aßmann/Voßkuhle, Grundlagen des Verwaltungsrechts, 2008, Band II, § 36 Rdnr. 37.

[99] Vgl. im Detail auch *Kretschmer,* DÖV 2006, 893, 895.

[100] Zustimmend etwa *Knoblauch/Hübner*, NDV 2005, 278; ablehnend *Luthe/Timm*, SGb 2005, 261.

[101] *Lehmann-Franßen*, NZS 2005, 519, 522; *Berlit*, Sozialrecht aktuell 2006, 41, 42.

[102] Hierzu oben unter II.

[103] § 16 Abs. 1 S. 2 SGB II. Vgl. hierzu auch *Knoblauch/Hübner*, NDV 2005, 277, 278.

[104] Hierzu *Bieback*, Zeitschrift für Rechtssoziologie 2009, 185, 198 f.; vgl. jüngst zur Eingliederungsvereinbarung auch *von Koppenfels-Spies*, NZS 2011, 1 und *Spellbrink*, NZS 2010, 649.

hierungszwang. Besondere „Sprengkraft"[105] hat insoweit die gesetzliche normierte Sanktionsregelung: Gemäß § 31 Abs. 1 S. 1 Nr. 1a SGB II wird das Arbeitslosengeld II abgesenkt, wenn der erwerbsfähige Hilfebedürftige sich trotz Belehrung über die Rechtsfolgen weigert, die ihm angebotene Eingliederungsvereinbarung abzuschließen. Der Bürger kann sich zwar dem Vertragsschluss theoretisch verweigern und den dann folgenden Absenkungsbescheid anfechten – angesichts der Tatsache, dass völlig unklar ist, wie Widerspruchsbehörde und Gericht den in § 31 Abs. 1 SGB II enthaltenen Begriff des „wichtigen Grundes" auslegen und die Frage der Beweislast hier offen ist,[106] geht er dabei aber ein erhebliches Risiko ein. Schließt er dagegen den Vertrag ab, um Sanktionen zu vermeiden, kommt es unter Rechtsschutzgesichtspunkten zu einer deutlichen Beeinträchtigung, denn den von ihm unterschriebenen Vertrag muss er – von Fällen der Nichtigkeit abgesehen – gegen sich gelten lassen.[107] Von einem Verhandlungsgleichgewicht zwischen Hilfebedürftigen und Fallmanager kann insofern keine Rede sein, denn der Hilfebedürftige ist dringend auf den Abschluss angewiesen, wenn er Sanktionen vermeiden will. Er selbst verfügt im Gegenzug über keinerlei Drohpotential gegenüber dem Sozialleistungsträger.[108]

Die Sanktionsregelung erweist sich als Instrument zur Knebelung des Hilfebedürftigen[109]. Die infolge des Aktivierungskonzepts[110] notwendige Perspektivenveränderung, die zu einer Metamorphose des Sozialleistungsempfängers zum Kunden führt, der nunmehr in vertragliche Beziehungen zur Sozialverwaltung tritt,[111] erscheint vor diesem Hintergrund als Farce. Es handelt sich um einen Vertrag im „pseudokonsensuellen Gewand".[112] Insofern überrascht es nicht, wenn der Eingliederungsvereinbarung das Scheitern vorhergesagt wird, wenn es nicht gelingt, mit ihr ein System der Beziehung zwischen „gleichberechtigten Partnern" aufzubauen.[113]

Auch wenn es als Hauptzweck des SGB II angesehen wird, arbeitsfähige Arbeitslose wieder in das Erwerbsleben einzugliedern und insoweit das Kon-

---

[105] *Kretschmer*, DÖV 2006, 893, 896.

[106] *Müller* in: Hauck/Noftz, SGB II § 15 Rdnr. 18 m.w.N.

[107] *Müller* in: Hauck/Noftz, SGB II § 15 SGB Rdnr. 20.

[108] *Schön*, SGb 2006, 290, 293 m.w.N.

[109] Hierzu *Fahlbusch* in: Rolfs/Giesen, Sozialrecht – SGB II, III, VIII, XII, 2008 § 15 Rdnr. 6 m.w.N. Dass die Sanktion bestehen bleibt, auch wenn der Sozialleistungsempfänger sich kurzfristig entscheidet, den Forderungen der Behörde nachzukommen, erscheint hier nur als „Spitze eines rechtstaatlich bedenklichen Eisbergs".

[110] Zu den rechtlichen Grundstrukturen der „Aktivierung" arbeitsloser Sozialhilfeempfänger aus rechtsvergleichender Sicht *Bieback*, ZFSH/SGB 2009, 259 ff.

[111] *Lang*, NZS 2006, 176.

[112] So *Knickrehm* in: Kreikebohm/Spellbrink/Waltermann, Kommentar zum Sozialrecht, 2009, § 15 SGB II Rdnr. 4.

[113] *Bieback*, Zeitschrift für Rechtssoziologie 2009, 185. 207.

zept des „Förderns" mit dem des „Forderns" untrennbar verbunden ist,[114] er-scheint diese von Zwang geprägte Struktur als mit der auch verfassungsrecht-lich gewährleisteten Vertragsfreiheit[115] nur schwerlich vereinbar und auch hin-sichtlich des durch Art. 2 Abs. 1 GG gewährten Schutzes sowie der Rechts-schutzgarantie gemäß Art. 19 Abs. 4 GG[116] als bedenklich.[117] Unabhängig von der Frage, ob tatsächlich eine Verfassungswidrigkeit des Gesamtkonzepts be-steht[118] und wie immer man die berechtigten Bedenken entkräften will[119] – letztlich wird man sich dem Vorwurf aussetzen müssen, ein vom Gesetzgeber gewolltes Ergebnis mit allgemeinen rechtsstaatlichen Mitteln aufzuweichen.[120]

Angesichts des faktischen Kontrahierungszwangs drängt sich die Frage nach einem Formenmissbrauch auf.[121] Es fehlt letztlich an den Grundvoraussetzun-gen für einen Vertrag dem Grunde nach[122]: Die Beziehung zwischen dem Bür-ger und der Sozialverwaltung im Kontext des SGB II ist geprägt durch eine starke Abhängigkeit des Einzelnen von der Verwaltung, sie ist damit stark asymmetrisch.[123] Angesichts der Tatsache, dass es um die Gewährung und dro-hende Verweigerung existenzieller Leistungen und damit die Grundlage jeder gesellschaftlichen Teilhabe geht, vermengt das SGB II mit dem Vertragsmodell Zwang und Freiwilligkeit in eklatanter Weise. Bei Erlass eines Verwaltungs-akts drohen keine entsprechenden Sanktionen – insoweit mag man die jüngste Rechtsprechung des Bundessozialgerichts, die unter dogmatischen Gesichts-punkten kritikwürdig ist, begrüßen. Danach hat ein erwerbsfähiger Hilfebedürf-

---

[114]   BSGE 104, 185, 188.

[115]   *Lang*, NZS 2006, 176 ff; *Schön*, SGb 2006, 290 ff.; hierzu auch *Knickrehm* in: Kreikebohm/Spellbrink/Waltermann, Kommentar zum Sozialrecht, 2009, § 15 SGB II Rdnr. 4.

[116]   Kretschmer, DÖV 2006, 893, 896, der allerdings eine Lösung in der entspre-chenden Handhabung der Sanktionsnormen sieht; *Schön*, SGb 2006, 290 ff.

[117]   Hierzu vor allem *Lang*, NZS 2006, 176, 183; *Spellbrink*, Sozialrecht aktuell 2006, 52, 55.

[118]   Letztlich dürfte dies zu verneinen sein (vgl. auch *Bauer* in: Hoffmann-Riem/Schmidt-Aßmann/Voßkuhle, Grundlagen des Verwaltungsrechts, 2008, Band II, § 36 Rdnr. 41).

[119]   *Berlit*, sozialrecht aktuell 2006, 41, 47 f. schlägt eine entsprechende Auslegung von § 58 Abs. 2 Nr. 4 SGB X vor.

[120]   *Fahlbusch* in: Rolfs/Giesn/Kreikebohm/Udsching, Sozialrecht – SGB II, III, VIII, XII, 2008, § 15 SGB II Rdnr. 7.

[121]   *Fahlbusch* in: Rolfs/Giesn/Kreikebohm/Udsching, Sozialrecht – SGB II, III, VIII, XII, 2008, § 15 SGB II Rdnr. 6 m.w.N.; *Martini/Schenkel*, VSSR 2010, 393.

[122]   *Becker* in: Hauck/Haines, SGB X § 53 Rdnr. 127. Dass verbraucherschutzrecht-liche Regelungen dem SGB II eher fremd sind, kann die Bedenken letztlich nur verstär-ken.

[123]   So *Bieback*, Zeitschrift für Rechtssoziologie, 2009, 185, 190.

tiger trotz der Wortwahl des Gesetzgebers („soll")[124] keinen Anspruch gegenüber dem Grundsicherungsträger auf Abschluss einer Eingliederungsvereinbarung oder auf entsprechende Verhandlungen.[125] Es handele sich um eine reine
Verfahrensvorschrift, die das Verhalten des Grundsicherungsträger steuern solle – dieser trifft nach Ansicht des Bundessozialgerichts aber insoweit eine nicht
justiziable Opportunitätsentscheidung darüber, welches Verfahren er wählt, der
Hilfebedürftige erleide hierdurch keinen Nachteile.[126] Zwar ist es genau die gesetzlich angeordnete Nachrangigkeit des Verwaltungsakts gegenüber dem Verwaltungsvertrag, die die Vorstellung vom aktivierenden Sozialstaat widerspiegelt;[127] unter Rechtsschutzgesichtspunkten erweist sich die Einschätzung des
BSG allerdings als vorteilhaft für den Bürger.

Die Schaffung der Eingliederungsvereinbarung in der vorliegenden Form
knüpft geradezu nahtlos an die eingangs beschriebenen Bedenken von Otto
Mayer aus dem Jahre 1888 an. Er hat ausgeführt, dass der öffentlich-rechtliche
Vertrag „kein wahrer Vertrag" sei – und wie treffend erscheinen seine Worte
vor dem Hintergrund der aktuellen Konzeption der Eingliederungsvereinbarung: „Die hoheitliche Natur des einen Kontrahenten schließt die im Begriffe
eines solchen liegende Rechtsgleichheit aus. Wie überall im Verwaltungsrecht
ist der Staat der Handelnde, Bestimmende; der einzelne nur das Objekt, auf
welches eingewirkt wird."[128]

V. Fazit

Das Sozialrecht hat sich gerade in den letzten Jahrzehnten zu einem verwaltungsrechtlichen Laboratorium entwickelt[129], das eine bunte Welt von Hand-
lungs- und Organisationsformen bereithält.[130] Der öffentlich-rechtliche Verwaltungsvertrag hat allerdings – dies betrifft vor allem die koordinationsrechtlichen
Verträge – schon eine lange Tradition; durch die im SGB II normierte Eingliederungsvereinbarung hat auch der subordinationsrechtliche Vertrag Einzug in
die sozialrechtliche Massenverwaltung gehalten.

Sowohl die Normenverträge, die vor allem das Vertragsarztrecht prägen, als
auch die neue Vertragskonzeption des Fürsorgerechts als Ausdruck des aktivie-

---

[124]   Hierzu *Müller* in: Hauck/Noftz, SGB II § 15 Rdnr. 10.
[125]   BSGE 104, 185.
[126]   BSGE 104, 185, 187.
[127]   *Bauer* in: Hoffmann-Riem/Schmidt-Aßmann/Voßkuhle, Grundlagen des Verwaltungsrechts, 2008, Band II, § 36 Rdnr. 39.
[128]   Zitiert nach *Maurer*, DVBl. 1989, 798 ff.
[129]   *Kingreen/Rixen*, DÖV 2008, 741, 745.
[130]   *Kingreen/Rixen*, DÖV 2008, 741, 745.

renden Sozialstaats werfen eine Vielzahl interessanter dogmatischer und verfassungsrechtlicher Fragen auf, für deren Bearbeitung die klassischen Kategorien des SGB X sich als wenig hilfreich erweisen. Die §§ 53 ff. SGB X wirken angesichts der spezialgesetzlichen Regelungen wie blasse Bausteine einer vergangenen Epoche; viele der dort getroffenen und auf die Bedürfnisse des Sozialrechts nur eingeschränkt passenden Regelungen sind aufgrund von § 37 S. 1 SGB I ohne jede Praxisrelevanz.

Bevor es tatsächlich zu der geplanten Überarbeitung der Vorschriften der Verwaltungsverfahrensgesetze kommt, sollte der Gesetzgeber das Sozialrecht verstärkt in den Blick nehmen. Das allgemeine Verwaltungsrecht lässt sich nur durch eine Rückkoppelung an Referenzgebiete des besonderen Verwaltungsrechts fortentwickeln – und kaum ein Rechtsgebiet dürfte im Kontext des öffentlichen Vertragsrechts derart vielfältige und zugleich innovative – wenn auch durchaus kritikwürdige – Denkfiguren vorweisen können. Ob der knappe Satz „Sozialrecht ist Vertragsrecht"[131] in dieser Form zutrifft, mag bezweifelt werden – aber eine gründliche Analyse und Fortentwicklung der hier verwendeten Steuerungsinstrumente dürfte zweifellos auch die Denkmuster des allgemeinen Verwaltungsrechts verändern.

---

[131] So schon *Kingreen/Rixen*, DÖV 2008, 741, 747.

Die weitreichende Wirkung der Verwaltungssprache

Rudolf Fisch

I. Kritik an der Verwaltungssprache

Wie kommt es, dass Behörden und die in ihnen tätigen Beamten und Verwaltungsangestellten im öffentlichen Bewusstsein nicht sonderlich gut angesehen sind, obwohl nachweislich Wichtiges und Wertvolles, ja Essentielles für die Bürgerinnen und Bürger und für das geordnete Leben in einem Gemeinwesen geleistet wird? Wenn über Behörden gesprochen oder in den Medien über sie berichtet wird, finden sich schnell einige illustrative, beispielhafte Sachverhalte oder Erlebnisse, um die wenig schmeichelhafte Einschätzung zu erläutern oder zu rechtfertigen. Ein Gegenstand häufiger Kritik oder des sich darüber lustig Machens ist die Verwaltungssprache[1]. Die Hauptpunkte der Kritik sind: Behördliche Texte sind in aller Regel kompliziert, laden von ihrer Aufmachung her wenig zum Lesen ein, wirken bisweilen sehr umständlich und sind vielfach inhaltlich wie sprachlich schwer verständlich. Implizit oder auch deutlich ausgesprochen wird dann in der Regel der Wunsch, dass sich an der administrativen Sprache unbedingt etwas ändern sollte[2].

Die Verwaltungssprache ist gekennzeichnet durch einen Nominalstil, gewollt unpersönliche Formulierungen und durch den Gebrauch formelhafter Wendungen sowie schematischer Satzformen (*Margies*, 2008, 260–261). Besonders kommt es den Autoren auf die Gewährleistung der Rechtssicherheit an. Das alles sind eher inhaltlich-technische Gesichtspunkte für das Abfassen von administrativen Texten. Lesbarkeit und Verständlichkeit als Kriterien für die Gestaltung von amtlichen Schreiben, Mitteilungen, Bescheiden etc. an Personen innerhalb und außerhalb der Verwaltung sowie an Gewerbebetriebe, Firmen, Vereine etc. haben offenbar eine nachrangige Bedeutung (*Sechi*, 2003).

---

[1] Ich danke der Forschungsreferentin *Ursula Giesen-Winkler*, M. A. und dem Forschungsreferenten *Burkhard Margies*, M. A., Deutsches Forschungsinstitut für öffentliche Verwaltung Speyer, für ihre gedanklichen Beiträge, konkrete Arbeit und Kritik, die aus unserer gemeinsamen Forschungsarbeit in dieses Kapitel eingeflossen sind.

[2] Von der Verwaltungssprache zu unterscheiden ist, trotz gewisser Ähnlichkeiten, die juristische Sprache, die ebenfalls seit Jahrhunderten Kritik erfährt. Doch für die Juristensprache gelten andere Überlegungen als sie hier vorgestellt werden.

Auf Grund der Kritiken gibt es natürlich schon seit langer Zeit immer wieder einmal Versuche zur Veränderung der Verwaltungssprache. Sprachführer und Leitfäden zur besseren Verwaltungssprache vermitteln, wie man sich verständlich ausdrückt (zum Beispiel *Langer, Schulz von Thun* und *Tausch*, 2011). Speziell für Behörden gibt es immer wieder – und dies seit mehr als zweihundert Jahren – Sprachleitfäden für angemessene behördliche Schreiben. Bereits 1795 wurde in der „Allgemeinen Gerichtsordnung für die preußischen Staaten" eine allgemein verständliche Schreibart angemahnt. Weitere Vorschläge zur Verbesserung der Verwaltungssprache finden sich in den Büchern „Gutes Amtsdeutsch" von *Bruns* (1898) in „Amtsdeutsch: Wie es ist und wie es sein soll" (*Köpping*, 1925); „Bürgernahe Sprache in der Verwaltung" (*Bayerisches Staatsministerium des Innern*, 1999); „Verständliche Briefe machen die Verwaltung bürgernah" (*Gedaschko*, 2004); „Tipps zum einfachen Schreiben – Ein Leitfaden zur bürgernahen Verwaltungssprache" (*Stadt Bochum* o.J.) oder „Flotte Schreiben vom Amt" (*Berger*, 2004). Doch es ist festzustellen: „Obwohl sich in den Ratgebern durch die Jahrhunderte stets die gleichen Kritikpunkte, stets die gleichen Abhilfen finden, hat sich nicht viel geändert" (*Margies*, 2008, 258). Die Alltagsbeobachtung zeigt, dass nach wie vor der klassische Sprachstil in den Verwaltungen dominiert[3].

II. Zur Verbesserung der Verwaltungssprache

In jüngerer Zeit findet man wieder vermehrt Ansätze, pragmatisch und in Form von lokalen ad-hoc-Lösungen externes Wissen quasi „dazu zu kaufen", um dafür zu sorgen, dass sich die Verwaltungssprache verbessert und auf diese Weise der Kritik an administrativen Texten entgegengewirkt wird. Eine alte und naheliegende Methode ist es, auf die Beschäftigten in Verwaltungen direkt einzuwirken: Man ermahnt oder ermuntert die Beschäftigten zu einer guten Ausdrucksweise und legt ihnen nahe, ihren Sprachstil insgesamt so anzupassen, dass das Geschriebene inhaltlich korrekt ist und zugleich unmittelbar verständlich wirkt. Zur Unterstützung des Bemühens werden entsprechende Broschüren oder Bücher verteilt.

Ebenso ist es eine schon lange gängige Vorgehensweise, zur Stärkung der individuellen Sprachfertigkeiten der Beschäftigten einschlägige Seminare oder Workshops anzubieten, die von sprachbewussten und sprachgewandten Trainern durchgeführt und durch geeignete Lehrbücher unterstützt werden. Doch die Wirkung von Seminaren oder Leitfäden hält nach ersten Anfangserfolgen nicht lange vor, wie Erfahrungen aus der Vergangenheit zeigen.

---

[3] Mehr zu diesem Thema findet sich in dem Buch *Fisch / Margies* (2011).

Ein anderer Ansatz ist, „Übersetzungen" administrativer Texte durch sprachlich ausgebildete Fachkräfte als externe Leistung auszuschreiben. Die so entstehenden Produkte werden nach einem hauseigenen Prüfverfahren akzeptiert oder verworfen. Das ist der Gedanke externer Zulieferer bei der industriellen Fertigung von komplizierten Produkten, umgesetzt auf eine Verwaltung. Das Verfahren hat attraktive Züge: So sind Externe nicht mit verwaltungsinternen Mikropolitiken verflochten und können daher unvoreingenommener formulieren. Es findet eine hausinterne Qualitätskontrolle statt und es wird nur bezahlt, was für gut befunden wurde. Das Vorgehen entlastet die Verwaltungsbeschäftigten. Für einfache Standardbescheide oder schlichte Mitteilungen dürften die Übersetzungen eine Unterstützung sein, vielleicht auch eine Anregung, bestimmte sprachliche Elemente zum Beispiel in neue Texte oder in frei formulierte Bescheide zu übernehmen. Wenn jedoch komplizierte Sachverhalte in einem Bescheid niederzulegen sind und es auf sprachliche Nuancen ankommt, sind Grenzen erreicht: Externe dürften im Allgemeinen kaum über so viel Fachwissen verfügen und die Hintergründe einer Entscheidung kennen wie die Verwaltungsbeschäftigten vor Ort. Die Auftraggeber der „Übersetzungen" haben dann Schwierigkeiten, das Übersetzungsprodukt in der vorliegenden Form abzunehmen. Unter Umständen beginnt dann ein für beide Seiten konflikthafter, mühsamer Prozess, dessen Ausgang offen ist. - Was im Moment hilft, kann zudem, längerfristig gesehen, zu einem Nachteil werden: Die Beschäftigten benutzen zwar die neuen Textelemente, verändern aber nicht ihre eigene Art zu denken und zu formulieren. Neues Wissen wird auf diesem Wege nicht dauerhaft in der Behörde integriert. Bei jeder Veränderung der Rechtslage, die andere Texte als bisher bedingt, müssen gegebenenfalls erneut Externe beauftragt werden.

III. Keine langfristige Verbesserung der Sprache

Nach unseren Recherchen ist festzustellen: Bisher hatten alle plausiblen, naheliegenden, lösungsorientierten Maßnahmen, die sich spezifisch mit den Verbesserungen der Sprache in Verwaltungstexten befassten, keine erkennbar breiten und nachhaltigen Wirkungen. Woran könnte das liegen?

Die Verwaltungssprache besteht seit Jahrhunderten und wird in den staatlichen und kommunalen Einrichtungen von Generation zu Generation tradiert. Verwaltungssprache lässt sich offensichtlich nicht allein durch die eigene Einsicht in die Notwendigkeit einer verständlicheren Sprache verändern. Auch darüber wurde schon lange vor uns nachgedacht. *Köpping* (1925, S. 3-4) umschreibt das Phänomen so: „Eine gewisse Unbeweglichkeit des Geistes sträubt sich, beim Entwerfen von Berichten und dergleichen nach dem besseren Wort, besseren Ausdruck, der einfachen Satzbildung zu suchen; es ist doch einfacher zu schreiben, wie immer geschrieben wurde". Vielleicht ist es nicht einmal die

„Unbeweglichkeit des Geistes", welche die beschriebenen Effekte verursacht: Die administrativen Vorgänge beim Zustandekommen eines Bescheids sind oftmals arbeitsteiliger und damit vielfältiger, verflochtener und schwieriger Natur. Daher verwundert es nicht, wenn die Produzenten eines solchen Bescheids, in der Regel sind es mehrere Personen, froh sind, wenn sie den Sachverhalt und die Entscheidung aus ihrer Sicht zutreffend und gerichtsfest dargestellt haben.

IV. Es geht um mehr als um eine Verbesserung von Texten

Verwaltungssprache umfasst vorrangig das geschriebene Wort in amtlichen Texten wie Vermerke, Mitteilungen, Bescheide, Erlasse, Pläne und so weiter. Verbesserungen setzen zum Beispiel bei Fragen der Textgliederung an, arbeiten auf klarere Formulierungen hin, auf den Einsatz bestimmter Sprachformen wie Höflichkeitsformeln oder auf die Art und Weise der Aufbereitung eines Textes im Sinne der besseren Lesbarkeit und Verständlichkeit. Am Ende dieses Kapitels wird anhand der Modifikation eines amtlichen Merkblatts beispielhaft gezeigt, wie ein administrativer Text unter fachkundlicher Anleitung zum Besseren gewandelt werden kann und dies unter maßgeblicher Mitwirkung von Beschäftigten, zu deren Aufgaben das Erstellen von Texten gehört.

Wenn erste Erfolge bei der Verbesserung der administrativen Sprache vorliegen, die Richtung der Veränderung klar herausgearbeitet und für gut befunden worden ist, könnte es eine günstige Zeit sein, einen selbstkritischen Blick auf die gesamte Kommunikation der betreffenden Behörde zu werfen. Denn es ist sowohl für das Ansehen wie auch das Wirken einer Verwaltung nach innen und außen bedeutsam, dass ihre Kommunikation insgesamt als stimmig erfahren wird. Eine einheitliche Kommunikationsstrategie sollte erkennbar sein, zum Beispiel das Bemühen um Bürgernähe oder um einen respektvollen Umgang mit Kunden. So ist es unter anderem bedeutsam, ob und wie die Telefonzentrale oder die Pforte im Sinne der neuen Kommunikation nach außen auftreten. Des Weiteren wäre darauf zu achten, dass sich die Grundgedanken der dann modernisierten Sprache in anderen Äußerungsformen wie zum Beispiel der Internetdarstellung der Behörde wiederfinden. In den Internetdarstellungen wird bekanntermaßen stark mit Bildern und graphischen Elementen gearbeitet, die neben der Sachinformation noch weitere Eindrücke vermitteln sollen. Bedeutsam für die Eindrucksbildung auf der Empfängerseite ist demnach, neben dem Inhaltlichen, auch die Art und Weise, wie etwas dargestellt wird und was man quasi zwischen den Zeilen zu lesen glaubt.

Bevor der Eindruck erweckt wird, dass nur auf eine Veränderung der Sprache geachtet werden müsse, sei hier betont: behördliche Kommunikation findet auch auf dem Weg über nicht-verbale Tatbestände statt. Es ist zum Beispiel zu denken an: Die Aufmachung eines Textes (Layout, Typographie, Papiertyp, Papierformat), die Verwendung von Symbolen wie ein Logo auf einem Briefkopf oder auf anderen Veröffentlichungen, des Weiteren die Gestaltung von Informationsbroschüren, gegebenenfalls deren Bebilderung mit Fotos, Karikaturen, Graphiken, Tabellen und ähnliches. Im weiteren Sinn gehören zur Kommunikation: die Art der Gebäudearchitektur, der Pflegezustand des Gebäudes, die Besucherleitung im Gebäude, so dass man als Besucher zu seinem Ziel findet, die Innenausstattung der Räume, die der Öffentlichkeit zugänglich sind. Dies alles sind Merkmale jenseits des Textlich-Sprachlichen, in denen die jeweilige Behörde sich an die eigenen Mitarbeiter wie an Besucher und „Kunden" mit bestimmten Informationen wendet. Daraus ziehen Menschen üblicherweise Schlüsse darüber, was die Behörde ausmacht und wie die Behördenleitung sowie die im Haus Arbeitenden zu ihren Kunden stehen.

Neben diesen Aspekten der behördlichen Senderseite berücksichtigt werden sollte auch die Empfängerseite und deren Reaktionen auf die Verwaltungskommunikation insgesamt. Nicht zuletzt geht es auch um die Art und Weise, wie die Kunden oder Klienten einer Behörde gegenüber treten, wie sie mit ihr verkehren und über sie reden. Daher soll die Empfängerseite jetzt genauer betrachtet werden. Auf was gilt es zu achten?

Ein Aspekt betrifft die Qualität der Beziehung von Behörde und Kunde/Klient und umgekehrt. Damit ist eine grundlegende Dimension zwischenmenschlichen Denkens und Handelns angesprochen, die bei allen Begegnungen mit Personen und Organisationen unwillkürlich und unterschwellig aktiviert wird[4].

Woher wird der Eindruck über die Art der Beziehung von mitteilender Behörde und einem Empfänger bezogen? Es sind in erste Linie die Texte selbst, aber auch die oben beispielhaft dargelegten nicht-verbalen Gesichtspunkte. Folgendes fiktives Beispiel soll den Sachverhalt verdeutlichen: Angenommen, man erhält einen Brief mit Anlagen von einer Behörde und sieht sich selbst als verständiger Bürger. Beim ersten Lesen könnten, mehr oder weniger bewusst, Gedanken auftreten wie: Um was geht es? In welcher Tonart spricht man zu mir? Wie viel Mühen hat man sich mit der äußeren Gestaltung des Briefs und mit seinen Anlagen gemacht? Wie werden die – zugegeben – vielleicht schwierigen Sachverhalte dargelegt, erläutert, illustriert, um es mir möglich zu machen, das Geschriebene zu verstehen? – Dass amtliche Schreiben kompliziert sein können, hat man immer wieder gehört oder schon selbst erfahren.

Wie die Verwaltung zu einem steht, wird also in der Regel aus der Antwort auf die Frage abgeleitet: „Wie spricht man mit mir?" Hier macht die volkstümliche Metapher „Der Ton macht die Musik" auf den Kernpunkt aufmerksam: Der Ton, der in einem amtlichen Schreiben wahrgenommen wird, hat zu tun

---

[4] Für eine umfassende Darstellung von sozialen Interaktionen zugrundeliegenden Wahrnehmungs- und Urteilsdimensionen siehe *Bales*, 1970.

mit der Bereitschaft, den Text verstehen, akzeptieren oder ablehnen zu wollen und gegebenenfalls das zu tun, was der Text verlangt. Demnach wäre beim Abfassen eines Bescheids oder einer Mitteilung auch zu bedenken, dass bei der Rezeption von Texten nicht nur Sachinhalte zählen, sondern auch die in den Formulierungen zum Vorschein kommende persönliche oder behördliche Haltung gegenüber den Lesern.

Im allgemeinen Verständnis, geprägt durch bisherige, verallgemeinerte Erfahrungen mit Behördenschreiben, dürfte die Qualität der Beziehung von Behörden zum Bürger günstigen falls als neutral, das heißt weder positiv noch negativ, eingeschätzt werden. Im üblichen gesellschaftlichen Umgang werden neutrale Beziehungen als eher unfreundlich empfunden und bewertet. Das kann wegen der denkbaren Folgen eigentlich nicht im Sinn einer „bürgernahen" Verwaltung sein.

Offensichtlich muss sich, neben der Arbeit an der Sprache, in den Verwaltungen etwas im Bereich der Mentalität und der Haltung gegenüber dem „mündigen" Bürger, der Wirtschaft oder gesellschaftlichen Gruppierungen etc. verändern, die im Kontakt mit Verwaltungen sind. Dieser Aspekt wird in einer Zeit der „Wutbürger" immer bedeutsamer. Gute Verwaltungskommunikation sollte eher als empathisch denn neutral wahrgenommen werden, so weit das von der Sache her gestattet erscheint. Dass Verwaltungen sich bemühen, gut zu kommunizieren, beweist zum Beispiel die Finanzverwaltung seit den achtziger Jahren des zurückliegenden Jahrhunderts in ihren Broschüren und Rundschreiben, in denen sie sich an die Steuerpflichtigen wendet[5]. Kommunale Verwaltungen haben, wohl auf Grund ihrer relativ hohen Bürgernähe, besonders in jüngerer Zeit intensiv an der Verwaltungskommunikation gearbeitet oder arbeiten lassen. Ein gutes Zeugnis solcher Aktivitäten sind gelungene Seiten von Städten im Internet. Vergleichbares gilt für die Landesportale der Länder.

Zusammenfassend ist festzuhalten: Die Verbesserung der Verwaltungssprache erfordert eine Arbeit in vielen kleinen Schritten. Dabei ist zu beachten, nicht nur an Texten, sondern zugleich ein Stück weit auch an der Verwaltungskommunikation im weiteren Sinne zu arbeiten. Solche weiterführenden Gesichtspunkte der Corporate Identity oder allgemeiner, der Gestaltung der Verwaltungskultur, können hier jedoch nicht weiter vertieft werden.

---

[5] Damit kontrastieren allerdings die typischen Steuerbescheide und andere, damit zusammenhängende Schreiben, die für den Laien zu knapp begründet und schwer durchschaubar sind.

V. Unerfüllbare Aufgaben für die Verwaltung?

Beim Schriftverkehr oder sonstigen Kommunikationsformen unter anderem auch in Termini von Beziehungen zu denken, ist natürlich nicht verwaltungsgemäß. Denn die deutsche Verwaltung ist bekanntermaßen traditionell apersonal organisiert, was letztendlich zum Eindruck des Neutralen führen mag, ganz im Sinne des Selbstverständnisses kontinentaler Verwaltung. Als eine durch Gesetz und Recht gebundene Einrichtung legt sie allergrößten Wert darauf, dass es ihr in der Hauptsache um die Sache geht, die ohne Ansehen der Person bearbeitet und beschieden wird, zum Beispiel bei der angemessenen Umsetzung politischer Vorgaben oder bei der Ausarbeitung von Bescheiden über Anträge oder Eingaben. Bei der Aufgabenbearbeitung ist das administrative Regelwerk zu befolgen, das heißt, die Gesetze müssen eingehalten, rechtliche Vorgaben und Verordnungen müssen befolgt werden und das Ressortprinzip sowie die Wirtschaftlichkeit des Verwaltungshandelns etc. sind zu beachten. Es sollte der Eindruck vermieden werden, persönliche Momente könnten bei Entscheidungen eine Rolle gespielt haben. Insbesondere für die interne Kommunikation in der Verwaltung sowie, etwas weniger ausgeprägt für das Verhältnis zwischen Politik und Verwaltung, ist die Einhaltung dieser Maximen im Allgemeinen selbstverständlich. Bei Regelüberschreitung greifen Sanktionen.

Wenn für den internen Verkehr eine bestimmte Fachsprache oder Verwaltungssprache, das heißt eine Mischung aus Standard- und Rechts- oder Gesetzessprache, benutzt wird, dürfte das in vieler Hinsicht sehr hilfreich sein. Sobald eine Verwaltung jedoch nach außen kommuniziert, überschreitet sie ihre organisationalen Grenzen. Fortan hat sie relativ wenige Einflussmöglichkeiten auf das Verständnis dessen, was ihre Kommunikation besagt und was sie bewirken sollte. Anders gesagt: Sie kann außerhalb der Behörde kaum noch die Regeln bestimmen, nach denen Botschaften rezipiert, verarbeitet, gedeutet, bewertet, und gegebenenfalls umgesetzt werden. Das bedeutet in der Praxis: Für den interpersonellen und interorganisationellen Verkehr außerhalb der Behörde müsste die Sprache auf die Empfänger hin abgestimmt und eingerichtet werden, immer unter der Voraussetzung, dass man verstanden werden möchte[6]. In der Konsequenz läuft es darauf hinaus, dass die Verwaltungsmitglieder, die nach außen gehende Texte verfassen, zwei Sprachen beherrschen müssen: Politiker- und Verwaltungssprache einerseits und Standardsprache (deutsch) andererseits. Die Beschäftigten sollten Verwaltungsvorgänge eher in Standard- oder Alltagssprache ausdrücken. Für die Gliederung von Schriftstücken ist zu klären: Wel-

---

[6] Erfahrene Verwaltungsbeamte machen darauf aufmerksam, dass eine korrekte aber wenig verständliche Sprache in einem Bescheid die Empfänger veranlassen soll, sich sehr genau zu überlegen, ob sie Widerspruch gegen den Bescheid einlegen, weil der oder die Widersprechende nicht richtig erkennen kann, welches die tragenden Punkte sind, an denen man mit dem Widerspruch ansetzen kann.

che Informationen werden wann gegeben? Was ist für den Empfänger wirklich interessant? Häufig gibt es „Absenderbotschaften", die in den Vordergrund rücken, was nur aus Behördensicht interessant ist. In Bescheiden zum Beispiel finden sich Aussagen wie: „Seit 2006 wird die X-Leistung nur noch zur Hälfte gewährt." Diese Aussage wäre schon im Jahr 2007 eher eine Botschaft für die Beschäftigten der Verwaltung gewesen, gemäß der veränderten Rechtslage zu entscheiden. Im Jahr 2011 interessiert diese Aussage jedoch niemanden mehr. Dennoch „überleben" derartige Aussagen in Sammlungen von Textbausteinen recht häufig. Wichtig für den Empfänger des Schreibens ist nicht die Rückschau, sondern die Höhe, in der er die Leistung heute bekommt.

Das Beispiel verdeutlicht, dass, über die zweierlei Sprachkenntnisse hinausgehend, noch eine Idee vom jeweiligen Empfängerhorizont hinzukommen sollte, auf den hin administrative Texte ausgerichtet werden. Verwaltungsrichter haben deshalb für nach außen gehende Verwaltungstexte das Vorstellungsbild vom „verständigen Bürger" entwickelt. Ähnlich ist die richterliche Auffassung, der Autor eines administrativen Textes soll immer an den „durchschnittlichen Leser und dessen Verständnishorizont denken". Das sind raffinierte Formulierungen, welche die Verwaltung ermutigen möchten, zum Beispiel bei Planfeststellungsverfahren nur solche Unterlagen öffentlich auszulegen, welche diesen vagen, aber wohl kaum besser umschreibbaren Anforderungen genügen.

In Trainings für eine verbesserte Kommunikation jedweder Art lautet der oberste Lehrsatz: „Ankommen ist alles!" Das heißt für die vorliegenden Überlegungen: Der Blick ist bei allen kommunikativen Handlungen, neben allem Bemühen um eine gute inhaltliche Aufbereitung von Sachverhalten, auf die Empfängerseite hin auszurichten. Diese Ausrichtung bedeutet zum einen, dass man mit Multiadressierung umgehen kann und zum anderen, dass beim Abfassen eines Textes der denkbare oder erkennbare Verständnishorizont bedacht wird. Wie kann so etwas gehen?

Bescheide oder Mitteilungen, die nach außen gehen, werden im Massengeschäft üblicherweise aus Textbausteinen zusammengefügt. Sinnvollerweise werden schon die einzelnen Textbausteine adressatengerecht aufbereitet. Dabei ist zu berücksichtigen, dass der Bescheid – zumindest implizit – an verschiedene Adressaten geht: Der Bescheid sollte vom Empfänger oder von der Empfängerin ebenso im intendierten Sinne verstanden werden können wie in einer anderen Abteilung der Behörde oder in anderen Behörden. Darüber hinaus muss im Fall von Widersprüchen oder Rechtsstreitigkeiten eine Gerichtsfestigkeit des Bescheids gewährleistet sein. Die adressatengerechte Aufbereitung eines administrativen Textes ist demnach ein anspruchsvolles Unterfangen. Die folgenden Überlegungen zeigen, dass es darüber hinaus noch um einiges mehr gehen könnte als um reine Textbearbeitung im Hinblick auf Klarheit, Eindeutigkeit und Verständlichkeit oder Ähnliches.

Ein Beispiel: Jemand erhält einen Bescheid über die Gewährung oder Ablehnung einer Sozialleistung. In einem korrekten Bescheid wird zur Begründung auf einen bestimmten Paragraphen des Sozialgesetzbuchs verwiesen. Dann ist es höflich, so weit wie möglich bezogen auf den Einzelfall zu erläutern, wie die Behörde von der Feststellung der Merkmale des Falls zur Rechtsfolge gelangt ist. Der einschlägige Gesetzestext kann auch in die Anlage gegeben werden, sofern er nicht zu lang ist. Der oder die Beschiedene wird sich dann als jemanden sehen, dem seitens der Verwaltung Respekt gezollt und Verständnis für seine oder ihre nicht ausreichende Informationslage entgegengebracht werden. Die Reaktion auf ein solches ergänztes Schreiben dürfte in der Regel ganz anders ausfallen als wenn eine Leserin oder ein Leser ihre/seine Hilflosigkeit gegenüber einem schlichten Gesetzesverweis empfindet, obwohl das Schreiben ansonsten völlig korrekt abgefasst sein mag. Solches, vom Empfänger wahrgenommenes, sich in seine Lage Hineindenken auf Verwaltungsseite geht beispielhaft in die Richtung dessen, was mit „Berücksichtigen des Empfängerhorizonts" gemeint ist. – Ein weiteres Beispiel für die Berücksichtigung des Empfängerhorizonts bei der Bearbeitung eines Merkblatts für die „Kunden" einer Behörde wird unten beschrieben.

Administrative Informationen gut verständlich im obigen Sinne aufzubereiten, geht vom Aufwand her natürlich über die übliche Verwaltungsarbeit hinaus; so zu handeln erfordert ein umfassenderes Denken und Handeln als es bei der Bearbeitung einer rein administrativen Aufgabe oder einer Entscheidung üblicherweise der Fall ist. Zugleich ist typisches Verwaltungswissen jedoch unumgänglich für eine gute Aufbereitung der Information. Eine gute administrative Aufgabenbearbeitung ist oftmals recht anspruchsvoll und erfordert einiges Wissen, das im Laufe der beruflichen Sozialisation in vielen Schritten erworben und ständig aufgefrischt werden muss, zum Beispiel wenn Gesetze sich ändern oder die aktuelle Rechtsprechung anderes Entscheiden verlangt. Daher sollten in der Hauptsache Verwaltungskundige die schwierige Textarbeit erledigen.

Beim Erstellen administrativer Mitteilungen an unterschiedliche Adressatengruppen zu denken (Bürger, Behörde(n), Gericht) und sich zugleich an deren vermuteten Empfängerhorizonten zu orientieren, ist eine weitgehend ungewohnte und bisher in einem normalen Berufsleben in Verwaltungen nicht systematisch zu erwerbende Kompetenz. So stoßen „der gelernte Verwaltungsmann" oder die „gelernte Verwaltungsfrau" unter solchen Umständen schnell an die Grenze des eigenen Könnens. Sein oder ihr berufliches Selbstverständnis als Beschäftigte einer Verwaltung werden berührt, die Berufsehre oder der Berufsstolz sind betroffen: Es müsste doch genügen, eine administrative Entscheidung oder eine Mitteilung sachlich richtig darzulegen, korrekt zu formulieren und zu begründen und das in einer Form, die keine Verbesserungen durch den eigenen Vorgesetzten hervorruft. Dafür gibt es bewährte Regelungen. Damit ist die Arbeit gut gemacht. Und so weiter. – Diesem Verständnis von Verwaltungsarbeit entsprechend ist zu erwarten, dass eine erste Reaktion auf die obigen Überlegungen zum Beziehungsaspekt Verwaltung – Empfänger und zum Empfängerhorizont etwa lauten könnte: Völlig sachfremd und den Aufgaben einer Verwaltung überhaupt nicht entsprechend, ja geradezu widersinnig!

Wenn jedoch heutzutage von politischer Seite zum Beispiel die Gedanken von Transparenz und Partizipation als gesellschaftliche Werte propagiert werden, eine „bürgernahe Verwaltung" aufgebaut werden soll, wenn „bürgerschaftliches Engagement" an die Stelle von nicht mehr erbringbaren Verwaltungsleistungen treten soll, wer Mitwirkung bei „Bürgerhaushalten" haben möchte, eine Zivilgesellschaft anstrebt und sich insgesamt eine demokratische Gesellschaft wünscht, wird nicht umhin können, einige Mühen auf eine Verbesserung der Verwaltungskommunikation zu verwenden. Denn stärkere Partizipation der Bürger setzt voraus, dass Verwaltungen ihr Handeln und ihre Absichten für die Bürger verständlich darstellen und damit sowohl besser anfechtbar als auch besser akzeptierbar machen[7].

VI. Aktionsforschung zur Veränderung der Verwaltungssprache

Ausgangspunkt unserer Arbeit am Thema Verwaltungssprache war unter anderem die Begegnung mit der Leiterin einer Landesoberbehörde, die bei der Übernahme ihres Amtes angesichts zahlreicher nicht intendierter Folgen der spezifischen Kommunikationsweise ihrer Verwaltung nachdenklich geworden war. In der Folge entstanden am Deutschen Forschungsinstitut für öffentliche Verwaltung Speyer zwei Aktionsforschungsprojekte zum Thema Verwaltungskommunikation, bei denen mit serviceorientierten Behörden auf Landes- und Bundesebene[8] eine Zusammenarbeit begann. Aktionsforschung oder Handlungsforschung (zum Beispiel Argyris, 1970; Stringer, 1999) ist in der Regel qualitativ und praxiskritisch. Ihr Ziel ist es, die Forschungsergebnisse und deren Implikationen zu Veränderungen im Sinne einer Problemlösung in einer bestimmten Organisation fortlaufend einzusetzen. Zugleich wird immer auch nach Anwendungsmöglichkeiten in anderen Organisationen ähnlichen Zuschnitts gesucht. Das geschah in unserem Fall bei der großen Behörde „Deutsche Rentenversicherung", der wir auf Grund einer öffentlichen Ausschreibung Unterstützung in ihrem Bemühen um verständliche Bescheide anboten. Beide Behörden

---

[7] Aktuell verfolgt diese Ziele das „Regierungsprogramm Vernetzte und transparente Verwaltung". Es umfasst auch die Öffnung des staatlichen und kommunalen Handelns gegenüber Bürgern, Wirtschaft und anderen Organisationen durch Transparenz, Partizipation und Kollaboration. Eine gute Kommunikation ist Voraussetzung für all dies.

[8] Es handelt sich um die Landesoberbehörde „Landesamt für Besoldung und Versorgung Nordrhein-Westfalen" in Düsseldorf sowie um die Träger der Deutschen Rentenversicherung.

versenden täglich zahlreiche Bescheide an ihre „Kunden" und halten wegen reger Nachfragen ein Beratungsangebot bereit.

Beide Projekte haben zum Ziel, eine den Aufgaben der jeweiligen Behörde adäquate Form von Mitteilungen und von Bescheiden zu finden, die empfängerseitig aus einer verständigen Haltung heraus akzeptiert, gelesen, verstanden und insgesamt so rezipiert werden können, dass sie gegebenenfalls die intendierten Handlungen bei den Empfängern hervorrufen. Über die besondere Vorgehensweise und einige Ergebnisse der beiden Studien wird hier berichtet[9].

Es wurde oben beschrieben, dass bisherige, durchaus naheliegende Maßnahmen zur Verbesserung der administrativen Sprache in klassischen Verwaltungen nicht so erfolgreich gewirkt haben, wie man es sich wünschen könnte. In diesem Bewusstsein haben wir mit dem Ansatz der Aktionsforschung einen Weg gesucht, der mit Aussicht auf mehr Erfolg begangen werden kann. Anstatt gleich bei einer Verbesserung der Verwaltungssprache anzusetzen, wurde eine eigene Diagnose-Phase zur Bestimmung der aktuellen Lage in der Behörde vorgeschaltet. Wie sie aussah, wird weiter unten beschrieben. Dieser Schritt war notwendig, um einen aussichtsreichen Ansatzpunkt für noch zu entwickelnde Maßnahmen zu finden. Immerhin steht hinter dem Bemühen um eine bessere Verwaltungssprache der Versuch einer Organisationsänderung in umschriebenen Bereichen. So wird nahegelegt, Organisationsroutinen bei der Erstellung von administrativen Texten zu ändern, die Texte selbst sollten nicht nur inhaltlich anders formuliert, sondern auch äußerlich anders gestaltet werden. Das wiederum betrifft diejenigen, die die geänderten Texte layouten und drucken etc. Man braucht als externer Berater Informationen darüber, wie die informelle Organisation beschaffen ist und wie sie arbeitet, bei welchen organisationskulturellen Gegebenheiten man ansetzen kann, wo Unterstützung zu finden ist und woher Erschwernisse kommen könnten. Damit lässt sich unter anderem abschätzen, welche Erfolgsaussichten bestimmte Vorgehensweisen an welchen Stellen in der Behörde haben und welchen tatsächlichen Änderungsaufwand man mit seiner Innovation auslöst und so weiter.

Das übergeordnete Ziel der gemeinsamen Arbeit mit den Behörden ist, neues Wissen um Texte, Textverständlichkeit, Textrezeption und deren interpersonelle Wirkungen dauerhaft in die Behörde hineinzutragen. Bei der konkreten Arbeit an Texten wird des Weiteren anhand guter Beispiele quasi nebenbei vermittelt, wohin sich die oben beschriebene Haltung oder Mentalität den Empfängern gegenüber ändern könnte. In den Projektgruppensitzungen und in Einzelgesprächen wird implizites Erfahrungswissen über die Verständigung mit Laien aufgedeckt und für die Organisation nutzbar gemacht. Der Moderator ergänzt dies durch systematisch gewonnenes Fachwissen in kurzen Impulsrefera-

---

[9] Siehe dazu auch *Giesen-Winkler / Margies / Fisch* (2011).

ten oder in der Gesprächseinleitung. Vom Ansatz her bedeutet dies: Eine neue Art zu formulieren, wird zu guten Teilen in der Verwaltung und durch sie selbst erarbeitet, abgestimmt, selbstkritisch geprüft und dann umgesetzt. Die Rolle des externen Moderators ist dabei eher die eines Katalysators, der den Veränderungsprozess unterstützt und verstärkt.

Ganz wesentlich für die erfolgreiche Wirkung dieser Maßnahmen ist das Handeln der Behördenleitung: Durch sie gefordert und unterstützt, wird das neue Wissen und anderes Formulieren von Texten etc. bis in die unteren Hierarchieebenen getragen, indem Mitarbeiterinnen und Mitarbeiter, die an Texten arbeiten, gezielt beteiligt und gefördert werden. Im günstigen Fall breitet sich so der veränderte Sprachstil allmählich in der ganzen Einrichtung aus. Nach der Implementierung kann der neue Sprachstil eigenständig von den Beschäftigten als Teil der Kultur weiter gelebt werden, insbesondere wenn sie mitbekommen, wie sehr der neue Sprachstil sowohl intern wie extern geschätzt wird und entsprechend wirkt.

VII. Das Vorgehen im Einzelnen

Konkret sieht das im Prinzip schrittweise Vorgehen so aus (siehe dazu *Margies*, 2008): In einem ersten Schritt, bei dem es um eine Lagebestimmung geht, führt der externe Moderator halbstrukturierte Interviews in Gesprächsform mit Mitarbeiterinnen und Mitarbeitern, die direkten Kontakt mit Kunden haben. Ermittelt wird deren implizites Wissen über typische, häufig gestellte Fragen der Kunden sowie über typische Antworten, die das Informationsbedürfnis der Kunden befriedigen. Ferner werden wichtige Hinweise über die Wirkungen von Bescheiden gesammelt, zum Beispiel um etwas über die Art möglicher Verständnisprobleme mit bestimmten Passagen eines Bescheids zu erfahren oder über die Neigung, einen Bescheid überhaupt zu lesen und Ähnliches. Zudem wird mit jenen Beschäftigten gesprochen, die bei der Formulierung der bisher verwendeten amtlichen Texte mitgewirkt haben. Auch Vorgesetzte werden aufgesucht und unter anderem im Hinblick auf ihre Erfahrungen mit der Wirkung der amtlichen Texte befragt. Diese Informationen dienen als Keimzellen für die Entwicklung eines neuen Sprachstils.

Neben der Informationsgewinnung dienen alle Gespräche dazu, bereits in der Anfangsphase der Arbeit in der Behörde ein gewisses Maß an Verständnis und möglichst Akzeptanz für das Vorhaben zu schaffen. Denn es ist immer zu erwarten, dass Maßnahmen zur Veränderung von bisher für gut befundenen Arbeitsergebnissen zu Widerständen führen, stören die Änderungen doch die Abläufe und bedrohen in gewisser Weise das professionelle Selbstverständnis der Beschäftigten.

In einem zweiten Schritt werden referats- und abteilungsübergreifende Projektgruppen innerhalb der Einrichtung gebildet. Von Seiten des Forschungsteams nimmt eine Person als Moderator und Impulsgeber an den Sitzungen der Projektgruppen teil. Immer muss der Bereich „IT" vertreten sein, denn deren Vertreterinnen und Vertreter fällt eine Schlüsselrolle zu: Sie achten darauf, dass die Veränderungen von Inhalt, Struktur und Layout der Texte kompatibel mit dem EDV-System der Behörde bleiben, denn ihnen obliegt später die praktische Umsetzungsarbeit zur Erstellung der Bescheide.

Die Projektgruppen erörtern in vorbereiteten Sitzungen die bisher gebräuchlichen Textbausteine, aus denen Bescheide und andere Schriftstücke zusammengesetzt werden. Diese Textbausteine werden modifiziert. Dabei berücksichtigt die Projektgruppe – neben den rechtlichen Erfordernissen – die Ergebnisse der ersten Befragungen sowie vorher vereinbarte Regeln für das Schreiben von Texten, damit sie leichter lesbar und verständlich sind.

Erste Entwürfe für neue Texte können vom Moderator stammen oder werden von anderen Mitgliedern der Projektgruppe eingebracht. Anlässlich der Erörterungen überprüfen die Projektgruppenmitglieder selbstkritisch ihre bisherigen Sprachgewohnheiten und verändern diese gegebenenfalls. Der Moderator notiert die von den Projektgruppen vereinbarten Formulierungs- und Gestaltungsregeln und stellt sie in einem Leitfaden zusammen, der auf die Bedingungen der jeweiligen Behörde abgestimmt ist. Nach einer „Schlussabnahme" durch dazu beauftragte Juristen aus der Behörde werden die neuen Texte im EDV-System zur Verfügung gestellt. – Das illustrative Fallbeispiel im nächsten Abschnitt vermittelt einen Eindruck von dem Wie der Bearbeitung einer behördlichen Mitteilung nach den oben beschriebenen Gesichtspunkten für eine gute Verwaltungskommunikation.

VIII. Beispiel: Die Neugestaltung eines amtlichen Merkblatts

Abbildung 1 auf der nächsten Seite ist ein Textausschnitt aus der ursprünglichen Version des „Merkblatt Besoldung" des Landesamts für Besoldung und Versorgung Nordrhein-Westfalen (im Folgenden LBV abgekürzt). Das zwei Seiten umfassende Merkblatt wurde über viele Jahre vom LBV an alle neu eingestellten Mitarbeiter des Landes Nordrhein-Westfalen versandt.

1 Aufgaben des Landesamtes für Besoldung und Versorgung NRW

Das Landesamt für Besoldung und Versorgung Nordrhein-Westfalen - LBV - ist eine Landesoberbehörde. Insgesamt erhalten zur Zeit ca. 570.000 Beamtinnen und Beamte, Richterinnen und Richter, Angestellte, Arbeiterinnen und Arbeiter, Versorgungsberechtigte und Auszubildende von dieser Behörde ihre Bezüge. Die gestellte Aufgabe kann das LBV nur durch Einsatz moderner Datenverarbeitungsanlagen lösen. Das bedingt einen bestimmten Ablauf des Verfahrens und die Einhaltung von Richtlinien, da anderenfalls ein reibungsloser Ablauf und eine zeitgerechte Zahlung nicht gewährleistet werden können.

Das LBV ist neben der Durchführung von Maßnahmen nach den gesetzlichen Regelungen im Besoldungs-, Tarif- und Versorgungsrecht i.d.R. auch zuständig für die Festsetzung und Zahlung von Kindergeld nach dem Einkommensteuergesetz - EStG - an die Landesbediensteten (siehe Nr. 3.1.4).

Nicht zuständig ist das LBV für die Entgegennahme von Anträgen auf Leistungen des Dienstherrn, über die außerhalb der besoldungsrechtlichen Regelungen zu entscheiden ist (Beihilfen und Unterstützungen an aktive Bedienstete; Vorschüsse, Reisekosten, Umzugskosten und Trennungsentschädigungen, Kosten von Gesundheitszeugnissen). Hierauf gerichtete Anträge sind unmittelbar Ihrer Dienststelle vorzulegen.

1.1 Auskünfte zu Besoldungsfragen

Im Rahmen der Besoldungszuständigkeitsverordnung (SGV.NW 20320) werden verbindliche Auskünfte zu Fragen der Besoldung nur vom LBV erteilt bzw. gegeben.

---

mehrere Personalnummern betreffen (z.B. bei Ehegatten, die beide Bezüge vom LBV erhalten), sollten Sie mit Durchschrift (Ablichtung) übersenden.

2.2 Bezügemitteilung

Bei jeder Änderung des Auszahlungsbetrages um mehr als 0,04 EUR erhalten Sie eine Mitteilung. Dies gilt nicht, wenn sich der Auszahlungsbetrag lediglich durch den Wegfall einer im Vormonat geleisteten einmaligen Zahlung ändert (z.B. Urlaubsgeld oder Nachzahlung bei einer allgemeinen Besoldungserhöhung). Aus dieser Mitteilung können Sie die Besoldungsmerkmale, die Bruttobezüge, die Abzüge und die Nettobezüge ersehen. Veränderungen können Sie durch Vergleich der neuen Mitteilung mit der zuletzt erhaltenen Mitteilung erkennen. Es empfiehlt sich daher, alle Mitteilungen sorgfältig aufzubewahren. Geht Ihnen trotz Änderung des Auszahlungsbetrages keine Mitteilung zu (Ausnahme wie vor), so können Sie diese vom LBV nachfordern. Die Höhe des Auszahlungsbetrages können Sie Ihrem jeweiligen Kontoauszug entnehmen.

Trotz der Bemühungen des LBV, fehlerfrei zu arbeiten, sind Unrichtigkeiten nicht ganz auszuschließen. Damit diese Fehler möglichst schnell erkannt werden, wird darauf hingewiesen, dass es eine Ihrer Pflichten aus dem öffentlich-rechtlichen Dienst- oder Ausbildungsverhältnis ist, die Gehaltsgutschriften und Bezügemitteilungen zu prüfen und Unstimmigkeiten sofort dem LBV anzuzeigen. Dies entspricht der ständigen Rechtsprechung der Verwaltungsgerichte (u.a. Urteile vom 25. Nov. 1982 - BVerwG 2 C 14.81, 2 C 22.81, 2 C 25.81, Buchholz 235 § 12 BBesG Nr. 3). Danach sind Sie verpflichtet, sich mit den der Berechnung Ihrer Bezüge zugrundeliegenden Rechtsvorschriften vertraut zu machen und die Ihnen gezahlten Beträge

Abbildung 1: Ursprüngliche Version des Merkblatts „Besoldung"

Die äußere Gestalt des Merkblatts entspricht satz- und drucktechnischen Standards, wie sie bis in die siebziger Jahre des zurückliegenden Jahrhunderts für amtliche Texte üblich waren: ein einfaches Layout und eine kleine Schrift. Die Informationen sind sprachlich und vom visuellen Eindruck her sehr verdichtet. Im LBV war bekannt, dass das Merkblatt, wenn überhaupt, in der Regel nur teilweise gelesen wurde.

Abbildung 2 auf der Seite 16 zeigt, dass ein Merkblatt äußerlich attraktiver, inhaltlich leichter lesbar und verständlich gestaltet werden kann. Es handelt sich um einen Ausschnitt aus der überarbeiteten Version des Merkblatts. Im neuen Merkblatt sind die gleichen Informationen enthalten wie in der ursprünglichen Fassung, jedoch inhaltlich wie formal unter Berücksichtigung des Empfängerhorizonts nutzerfreundlich aufbereitet. So ist das neue Merkblatt mit einem farbigen Deckblatt versehen, das auch das Logo des LBV verziert und verfügt über ein Inhaltsverzeichnis. Der Text ist in sechs Abschnitte gegliedert, die Schrift ist größer gesetzt. Die einzelnen Abschnitte sind nach Fragen sortiert, beispielsweise „Wofür ist das LBV zuständig?". Zusätzlich wurde am rechten Seitenrand eine farbig abgesetzte Marginalspalte als „Schnelllesespalte" eingefügt. Darin sind die wichtigsten Informationen für eilige Leser schlagwortartig und übersichtlich zusammengestellt. Fettgedruckte Schlagwörter in der Marginalspalte verweisen auf die wichtigsten Informationen. Mehr Informationen zu den Schlagwörtern stehen links daneben im Haupttext. Außerdem finden sich einige zusätzliche Informationen, beispielsweise Kontaktmöglichkeiten zum LBV allgemein, Erreichbarkeit der zuständigen Sachbearbeiter oder Informationen zu Auswirkungen von Elternschaft. Die gründliche Bearbeitung von Text und Layout führte zu einem Umfang von 16 Seiten; damit war es sogar denkbar, das neue Merkblatt in Form einer handlichen Broschüre herauszugeben. – Im Ergebnis ist das Merkblatt für die Adressaten verständlicher und gefälliger geworden, und es wird nachweislich eher gelesen (siehe unten, Abschnitt „Weitere Wirkungen").

Auch für Beschäftigte in der Behörde hat das neue Merkblatt Vorteile gebracht:

– Es wird bei der Beratung am Telefon gern als Nachschlagewerk für Grundlageninformation mit herangezogen.

– Die Beschäftigten selbst nutzen das Merkblatt als Informationsquelle für Fragen aus Gebieten, in denen sie sich nicht so sicher fühlen. Es wird sogar von anderen Behörden mit ähnlichen Fragestellungen genutzt.

– Die Beschäftigten nutzen das Merkblatt als Stilbeispiel, wenn sie selbst einen freien Text zu formulieren haben.

Über das Landesamt für Besoldung und Versorgung (LBV)

1. Wofür ist das LBV zuständig?

– Das LBV
- berechnet und zahlt die Bezüge der Beschäftigten und Versorgungsempfänger des Landes,
- zahlt das Kindergeld an Bedienstete des Landes als Familienkasse,

- gibt Auskünfte zu Fragen der Besoldung,
- erteilt Auskünfte über Versorgungsanwartschaften an Familiengerichte.

– Für Beamtinnen und Beamte der Finanz- und Steuerverwaltung sowie für Ruhestandsbeamtinnen und -beamte des Landes und deren Hinterbliebene berechnet und zahlt das LBV Beihilfen.

2. Womit wende ich mich an meine Dienststelle?

– Bitte legen Sie Anträge auf Leistungen des Dienstherrn, über die außerhalb der besoldungsrechtlichen Regelungen zu entscheiden sind, unmittelbar Ihrer Dienststelle vor. Dies betrifft beispielsweise Anträge im Zusammenhang mit:
- Beihilfen und Unterstützungen für aktive Bedienstete außerhalb der Finanz- und Steuerverwaltung,
- Vorschüssen, Reisekosten, Umzugskosten oder Trennungsentschädigungen,
- Kosten von Gesundheitszeugnissen.

3. Ich erreiche niemanden am Telefon. Beim LBV ist ständig besetzt.

– Wir bearbeiten die Bezüge für über 600.000 Kolleginnen und Kollegen. Besonders zu Stoßzeiten, zum Beispiel rund um den Zahltag, stehen unsere Telefone nicht still. Wir müssen uns auch Notizen zu den Anrufen machen und können dann nicht sofort wieder ans Telefon gehen. Falls Sie Fragen zu Ihren Bezügen haben, bitten wir Sie:
- Schauen Sie ins Internet. Unter www.lbv.nrw.de finden Sie sehr vie-

Wir berechnen und zahlen Ihre Bezüge.
Wir zahlen Kindergeld als Familienkasse.
Wir geben Auskünfte.

Infos im Internet:

Abbildung 2: Bearbeitete Version des Merkblatts „Besoldung" (Neuer Name: „Wichtige Hinweise für Beamtinnen und Beamte")

Dieses Beispiel zeigt, dass und wie amtliche Texte zum Besseren verändert werden können.

Es lohnt also, an der Verwaltungskommunikation und damit auch an der Verwaltungssprache zu arbeiten, insbesondere dann, wenn es um ein Massengeschäft geht, bei dem täglich eine Vielzahl an Personen von einer Behörde Briefe erhält. Damit erzeugt man bei den Leserinnen und Lesern nicht nur eine bessere Informationsaufnahme und -bewertung, sondern auch eine Breitenwirkung bei den Bemühungen um die Förderung eines positiveren Images von Verwaltung. Kaum eine andere Maßnahme zur Imagebildung kann auf Dauer so wirkungsvoll (und kostengünstig!) sein wie die hier vorgestellte.

In beiden Behörden hat es, quer durch die Hierarchien, Zuspruch für das Vorgehen und für die Ergebnisse der Arbeiten an der Verwaltungskommunikation gegeben[10].

IX. Weitere Wirkungen

Eine Unterstützung des neuen Sprach- und Kommunikationsstils erfahren die Mitarbeiterinnen und Mitarbeiter sowohl auf der kollegialen, als auch der übergeordneten Ebene. Die übergeordnete Ebene, insbesondere die Behördenleitung, spielt eine zentrale Rolle bei der Umsetzung der Vorschläge für eine bessere Verwaltungssprache. Wenn dies zu einer spezifischen Führungsaufgabe gemacht und die Umsetzung regelmäßig kontrolliert wird, sind alle Voraussetzungen gegeben, um die Verwaltungssprache einer Behörde dauerhaft zum Besseren hin zu entwickeln und auf einem hohen Niveau zu erhalten. Unsere Beobachtungen zeigen, dass heutzutage der neue Sprachstil in beiden Behörden schon wie selbstverständlich in der täglichen Praxis angewendet wird – vom Sachbearbeiter im direkten Kundenkontakt genauso wie von den Mitgliedern der Vordruckausschüsse, welche die standardisierten Textbausteine formulieren.

Aus beiden Behörden haben wir Rückmeldungen, dass sich der Beratungsaufwand auf Grund der veränderten Texte verringert hat. Die Berater führen das darauf zurück, dass die versandten Schreiben häufiger vollständig gelesen und besser verstanden werden. Dies sei unter anderem an den wesentlich präziseren Fragen und der besseren Gesprächsvorbereitung seitens der „Kunden" erkennbar.

---

[10] Es darf in dem Zusammenhang nicht unerwähnt bleiben, dass der Zuspruch sicher auch dem Wissen und dem professionellen Wirken geschuldet ist, das Herr *Burkhard Margies* als Moderator in die Projektgruppen eingebracht hat.

Qualitative Umfragen[11] sowie Gelegenheitsbeobachtungen bei Sachbearbeiterinnen und Sachbearbeitern in beiden Behörden ergaben, dass die überarbeiteten Textbausteine überwiegend als gleich gut oder besser als die alten bewertet werden. Es wird als Entlastung empfunden, wenn die Schreiben so formuliert werden (dürfen), dass keine Verständnisnachfragen seitens der Kunden mehr folgen. Außerdem wird jetzt vermehrt darauf geachtet, dass freie Schreiben im Sinne einer verständlichen Verwaltungssprache formuliert werden. Wenn man, so wird berichtet, in den alten Sprachstil zurückfalle, werde man von anderen Mitarbeitern zum Beispiel freundlich darauf hingewiesen, dass diese Formulierung „nicht gerade sehr bürgerfreundlich" sei.

X. Schlussfolgerungen

Eingangs wurde von der öffentlichen Kritik an Verwaltungen und ihrer Sprache berichtet. Der Appell, dass sich in dieser Hinsicht etwas verbessern möge, ist unüberhörbar. Die Ergebnisse unserer Studien sind einerseits etwas ernüchternd: Es dürfte wenig aussichtsreich sein, für alle Verwaltungen die Sprache und die Kommunikation verändern zu wollen, unter anderem auch deshalb, weil keine übergeordnete Instanz erkennbar ist, welche ein solches Vorhaben in ihrer Breite mit Aussicht auf Erfolg dauerhaft durchsetzen und kontrollieren könnte. Eine Veränderung erfordert stets einen Mehraufwand und um ihn nicht zu leisten, werden sich immer gute Gründe finden lassen. Man kann natürlich die Verständlichkeit und Höflichkeit von administrativen Texten in einer demokratisch geprägten Gesellschaft zu einem Wert an sich erheben, zum Beispiel weil nur dann eine verantwortungsvolle und kundige Mitwirkung von Bürgern bei staatlichen und kommunalen Vorhaben denkbar wird. Daraus erwüchse dann ein spezifischer Auftrag für die laufenden Verwaltungsreformen.

Andererseits machen die Ergebnisse unserer Studien Mut, denn: Wesentlich günstiger ist die Lage, wenn eine Verwaltung aus sich heraus den Wunsch entwickelt, an ihrer Kommunikation zu ihren „Kunden" zu arbeiten und sie optimieren zu wollen. Sprachlich und kommunikativ hoch gebildete Fachleute mit Verwaltungskenntnissen, am besten von außen, können diese Arbeit mit Wissen und Rat unterstützen. Wenn dann die Leitung der Verwaltung verlässlich hinter einem solchen Programm steht, lässt sich das Vorhaben, die administrative Kommunikation zu verbessern, wie hier gezeigt, mit hohen Erfolgsaussichten realisieren und dauerhaft implementieren.

---

[11] Die qualitativen Umfragen wurden dankenswerter Weise von Frau *Ursula Giesen-Winkler* durchgeführt.

Das hier berichtete Vorgehen ist ohne Zweifel sehr aufwendig. Dafür ist es aber nachweislich um einiges effektiver und nachhaltiger als die oben beschriebenen ad-hoc-Lösungen üblicher Art. Der besondere Aufwand ist unter anderem dann vertretbar, wenn mit dem Einsatz eine hohe Breitenwirkung der behördlichen Arbeit erzeugt werden kann, was dann längerfristig unter anderem zu einem Ansehensgewinn für die Behörde in der Bevölkerung führen dürfte. Ferner kann es zu Sekundäreffekten kommen in dem Sinne, dass andere Behörden aus dem erfolgreichen Beispiel einer Behörde Anregungen für eigene Initiativen beziehen, an ihrer Verwaltungskommunikation zu arbeiten.

Literatur

Argyris, Chris: Intervention Theory and Method. A Behavioral Science View. Reading, Massachusetts, 1970.

Bales, Robert Freed: Personality and Interpersonal Behavior. New York, 1970.

Bayerisches Staatsministerium des Innern: Bürgernahe Sprache in der Verwaltung. München, 1999.

Berger, Peter: Flotte Schreiben vom Amt. Eine Stilfibel. Köln, 2005.

Bruns, Karl: Gutes Amtsdeutsch: eine Betrachtung mit vielen Beispielen. Berlin, 1898.

Fisch, Rudolf / *Margies,* Burkhard (Hrsg.): Gute Verwaltungssprache. Berlin, 2011.

Gedaschko, Axel: Verständliche Briefe machen die Verwaltung bürgernah, in: Innovative Verwaltung 3/2004, S. 29-30.

Giesen-Winkler, Ursula / *Margies,* Burkhard / *Fisch,* Rudolf: Integration externen Wissens bei der Einführung einer verständlichen Verwaltungssprache. In: Reinbert Schauer / Norbert Thom / Dennis Hilgers (Hrsg.), Innovative Verwaltungen – Innovationsmanagement als Instrument von Verwaltungsreformen. Universitätsverlag Rudolf Trauner, Linz 2011 (im Druck).

Köpping, Otto (1925): Amtsdeutsch: wie es ist und wie es sein soll. Berlin, 1925.

Langer, Inghard / *Schulz von Thun,* Friedemann / *Tausch,* Reinhard: Sich verständlich ausdrücken (9. neu gestaltete Auflage). München, 2011.

Margies, Burkhard: Warum das Amtsdeutsch so beharrlich ist – und wie man es verändern kann, in: Verständlichkeit als Bürgerrecht? Die Rechts- und Verwaltungssprache in der öffentlichen Diskussion, 1. Aufl., hrsg. v. Karin M. Eichhoff-Cyrus und Gerd Antos, Mannheim u. a. 2008, S. 257 – 267.

Sechi, Silvia (2003): Verständlichkeit und Höflichkeit in der deutschen Verwaltungssprache der Gegenwart. URL: http://www-brs.ub.ruhr-uni-bochum.de/netahtml/HSS/Diss/SechiSilvia/diss.pdf, 20.11.2010.

Stadt Bochum: Tipps zum einfachen Schreiben – Ein Leitfaden zur bürgernahen Verwaltungssprache. http://www.bochum.de/personalamt/einfachesschreiben.pdf

Stringer, Ernest T. (1999): Action Research. (Second Edition). London, 1999.

Die Erfüllung öffentlicher Aufgaben durch staatliche Stiftungen – ein rechtlicher Überblick und ein (kleiner) verwaltungswissenschaftlicher Ausblick

Thomas Fraatz-Rosenfeld

I. Fragestellung

In Zeiten wirtschaftlicher Zwänge werden vielfach Überlegungen angestellt, die öffentlichen Haushalte zu entlasten und die Verwaltung „schlanker"[1] zu gestalten, sei es unmittelbar durch eine der möglichen Formen von Privatisierung oder jedenfalls mittelbar durch Organisationsveränderungen.[2] Im zuletzt genannten Zusammenhang ist eine der zu erwägenden Maßnahmen die Ausgliederung von Organisationseinheiten aus der unmittelbaren staatlichen Verwaltung[3] und dies wiederum u. a. durch die Einrichtung von öffentlich-rechtlich oder privatrechtlich organisierten Stiftungen[4]; es wird bisweilen auch von einem Boom im Stiftungswesen gesprochen.[5] Während bisher Stiftungen typischerweise mit den Begriffen Kultur, Wissenschaft und Soziales verbunden wurden, sind sie neuerdings sogar in den „Niederungen" der Ausführungsverwaltung zu finden.[6] Auch in der Rechtswissenschaft ist die staatliche Stiftung deutlich ins Blickfeld gerückt.[7]

---

[1] *Gölz*, Der Staat als Stifter, Diss. jur., Bonn, 1999, S. 18 mit Hinweis auf den Kongress „schlanker Staat" am 19.2.1997 in Düsseldorf.

[2] Für den Bereich der Hochschulen ist insoweit exemplarisch das Nds. HochschulG mit seinem § 50. Danach hat die als Stiftung organisierte Hochschule „.zum Ziel, durch einen eigenverantwortlichen und effizienten Einsatz der ihr überlassenen Mittel die Qualität von Forschung, Lehre, Studium und Weiterbildung … zu steigern".

[3] *Battis*, Entlastung des Staates durch Outsourcing, in: Mecking/Schulte (Hrsg.), Grenzen der Instrumentalisierung von Stiftungen, 2003, S. 45 ff.

[4] Stiftungen haben einen „guten Namen" und schaffen über das von ihnen verbreitete Allgemeinwohlimage Anreize zur Förderung durch Private: *Schmid/Lex*, Die Zulässigkeit der Errichtung von Stiftungen durch die öffentliche Hand, in: KommunalPraxis spezial 2008, 57; soweit im Folgenden von Stiftungen die Rede ist, bezieht sich die Darstellung allein auf rechtsfähige Stiftungen (siehe sogleich II.3).

[5] *Schmid/Lex* (Fn. 4), S. 57.

[6] Ein aktuelles Beispiel hierfür die ist im Jahre 2008 durch Staatsvertrag der Bundesländer in die „Stiftung für Hochschulzulassung" ausgründete ZVS; Gesetz zur Errich-

In dieser Ausarbeitung soll – nach einigen begrifflichen Klarstellungen, anhand derer die verschiedenen Formen staatlicher Stiftungen aufgezeigt werden (II.) – zusammenfassend[8] der Frage nachgegangen werden, warum die Form der Stiftung für die Bewältigung staatlicher Aufgaben so attraktiv ist (III.) wie auch problematisch (IV.): In rechtlicher Hinsicht ist zu diskutieren, ob die Übernahme von staatlichen Aufgaben durch eine Stiftung nicht eine „Flucht ins Privatrecht"[9] und damit eine „verfassungswidrige Formenwahl"[10] darstellt, die letztlich nur der Umgehung von Aufsichts- und Kontrollrechten dient[11] und mittels derer als Folge der oft nur unzureichenden materiellen Ausstattung mit einem (idealtypisch) soliden Stiftungsvermögen[12] nur der öffentliche Mangel verschleiert werden soll.[13] Nicht zuletzt stellt sich die Frage, ob unter der Prämisse „schlanker Staat" die Ausgründung von Stiftungen eine angemessene Organisationswahlentscheidung ist. Dieser Beitrag soll überschlägig dokumentieren[14] und die wichtigsten Probleme in den Blick nehmen.

---

tung einer Stiftung „Stiftung für Hochschulzulassung" vom 18.11.2008, GV. NRW S. 710.

[7] Hinzuweisen ist insoweit auf die Dissertationen von *Gölz,* (Fn.1) und *Iris Kemmler*, Diss. jur., Tübingen, 2001; *Andreas Richter*, Diss.jur., Berlin, 2001 und – als Endpunkt der längeren Reihung der hier berücksichtigten stiftungsrechtlichen Ausarbeitungen – zuletzt auf *Schmid/Lex* (Fn. 4), S. 57.

[8] Die vorhandene „stiftungsrechtliche" Literatur – so etwa *Mecking/Schulte* (Fn. 3) – beschäftigt sich schwerpunktmäßig mit juristischen Einzelthemen aus dem Gesamtkomplex, die dieser Überblick insbesondere auch um einige verwaltungswissenschaftliche Aspekte ergänzen soll.

[9] *Schmid/Lex* (Fn. 4), S. 57; ebenso: *Kilian*, Flucht des Staates in die Stiftung und *Battis* (Fn. 3), S. 53: „Mißbräuchliche Stiftungen der öffentlichen Hand?".

[10] *Schmid/Lex* (Fn. 4), S. 57 mit Verweis auf *Fiedler*, Die staatliche Errichtung von Stiftungen als verfassungswidrige Formenwahl des Bundes, in: Zeitschrift zum Stiftungswesen 2003, 191.

[11] *Kilian*, Inhalt und Grenzen staatlicher Organisationshoheit in Bezug auf staatliche Stiftungen, in: Zeitschrift zum Stiftungswesen 2003, 179, 189.

[12] Davon geht jedenfalls das BGB aus, siehe auch: *Ossenbühl*, Stiftungen als institutionelle Sicherung der Wissenschaftsfreiheit, in: Classen/Dittmann/Fechner/Gassner/Kilian (Hrsg.), „In einem vereinten Europa dem Frieden der Welt zu dienen ..."; Liber amicorum, Thomas Oppermann, 2001, S. 841, 843.

[13] *Schmid/Lex* (Fn. 4), S. 57, 59.

[14] Der Verfasser dankt insoweit Herrn Rechtsreferendar *Jens Kahrmann* für die Hilfe bei der umfänglichen Materialsammlung.

II. Öffentlich-rechtliche und privatrechtliche Stiftungen: Geschichte, rechtliche Voraussetzungen und Formen

1. Der Begriff „Stiftung"

Die Geschichte der Stiftungen reicht zurück bis in die Antike.[15] Und obwohl dies so ist, gibt es für die Stiftung bis heute keine einheitliche Legaldefinition in den deutschen Gesetzen. Einigkeit herrscht gleichwohl darüber, dass es sich bei Stiftungen um rechtsfähige Organisationen handelt, die die Aufgabe haben, mit Hilfe des der Stiftung gewidmeten Vermögens den festgelegten Stiftungszweck dauernd zu verfolgen.[16] Anders gewendet: Ein Stifter widmet mittels eines Stiftungsgeschäftes eine Vermögensmasse der Erfüllung eines durch ihn vorgegebenen Zweckes und erlässt dabei zur Regelung der internen Organisation der zu gründenden Stiftung eine Satzung (vgl. § 81 BGB). Durch Anerkennung seitens der zuständigen Behörde wird die Stiftung rechtsfähig (§ 80 BGB) und bleibt so lange existent, bis sie behördlicherseits aufgehoben wird, was jedoch nur im Falle der Unmöglichkeit der Zweckerreichung oder eines gemeinwohlgefährdenden Zwecks denkbar ist.

2. Organisationsrechtliche Grundlagen

Die Einordnung von Stiftungen des Staates in die Staatsorganisation ist im Grundgesetz und den Landesverfassungen – von Ausnahmen abgesehen[17] – nicht geregelt. Die stiftungsrechtliche Kommentarliteratur geht ganz selbstverständlich – zu selbstverständlich, wie wir unten[18] sehen werden – davon aus, dass der Stiftungsbegriff unabhängig von der Rechtsform von dem Begriff der Körperschaften und Anstalten des öffentlichen Rechts mit umfasst wird[19] und daher die für diese Institutionen geltenden verfassungsrechtlichen Gesichtspunkte entsprechend gelten. Damit sind sie „Träger öffentlicher Verwaltung", müssen nach dem Prinzip der Gesetzmäßigkeit der Verwaltung im Sinne des Art. 20 Abs. 3 GG handeln und sind, wie juristische Personen des öffentlichen Rechts allgemein[20], zur Beachtung der Grundrechte verpflichtet. Allerdings gel-

---

[15] Für einen geschichtlichen Abriss siehe *Wolff/Bachof/Stober/Kluth*, Verwaltungsrecht Band II, 2010, § 87, Rn. 1 ff.

[16] Die gegenwärtig wohl umfassendste und systematische Übersicht befindet sich bei *Gölz* (Fn. 1), S.41 ff.

[17] Beispielsweise: Art. 55 Nr. 5 Satz 2 bayVerf.

[18] Siehe unten, IV. 1).

[19] Allgemeine Auffassung, so etwa *Seifart/v. Campenhausen*, Stiftungsrechtshandbuch, 2009, § 15 Rdn. 6; *Ossenbühl* (Fn. 12), S. 841, 845.

[20] *v. Campenhausen* a.a.O., § 15 Rn. 6.

ten diese Bindungen nicht nur für die Stiftungen selbst, sondern auch für das „Muttergemeinwesen"[21] – also Land, Bund oder Kommune. Auch bei der Errichtung von Stiftungen sind die allgemeinen Kompetenzregeln des Grundgesetzes zu beachten: Nur soweit der Bund im Sinne des Art. 30 GG eine eigene Verwaltung zu errichten berechtigt ist, darf er auch eigene Stiftungen einrichten.[22] Regeln im Übrigen Bundesgesetze nicht Aufgaben der Verwaltung (Art. 83 ff. GG), können die Länder allein oder auch gemeinsam[23] auf der Grundlage der eigenen Landesverfassungen Stiftungen errichten.

3. Unterscheidung zwischen staatlichen Stiftungen des öffentlichen Rechts und staatlichen Stiftungen des privaten Rechts

Wenn der Staat als Stifter tätig wird, ist damit noch nichts über den rechtlichen Status der Stiftung ausgesagt – namentlich ist nicht klar, ob es sich um eine Stiftung des öffentlichen Rechts oder eine Stiftung des privaten Rechts handelt. Diese Differenzierung ist bereits in § 89 BGB angelegt und durchaus von Relevanz, wie noch zu zeigen sein wird. § 46 des Schleswig-Holsteinischen VwVfG definiert die Stiftung des öffentlichen Rechts als „auf einen Stiftungsakt gegründete, auf Grund öffentlichen Rechts errichtete oder anerkannte Verwaltungseinheit mit eigener Rechtspersönlichkeit, die mit einem Kapital- oder Sachbestand Aufgaben der öffentlichen Verwaltung erfüllt". Der Nutzen dieser Definition ist indes begrenzt: Auch privatrechtliche Stiftungen bedürfen gem. § 80 Abs.1 BGB einer behördlichen Anerkennung, und auch sie können öffentlichen Zwecken dienen, wobei sie dann in manchen Bundesländern gemeinsam mit den Stiftungen des öffentlichen Rechts als „öffentliche Stiftungen" bezeichnet werden.[24] Hilfreicher ist eine Abgrenzung nach einer Interpretation des Gründungsvorganges sowie nach dem Verhältnis zum Verwaltungssystem: Eine Stiftung ist daher regelmäßig dann öffentlich-rechtlich, wenn der Staat oder ein anderer Verwaltungsträger öffentlichen Rechts ein Vermögen unter rechtlicher Verselbstständigung einem Zweck zur Verfügung stellt, der in den Funktionsbereich der Stifterbehörde fällt.[25] Letztlich kann dann auch noch bei Stiftun-

---

[21] Ebda.

[22] Das ist u. a. mit den Stiftungen „Deutsche Bundesstiftung Umwelt", der „Deutschen Stiftung Friedensforschung", der „Kulturstiftung des Bundes" und der „Stiftung Preußischer Kulturbesitz" geschehen; Gesamtübersicht bei *Wolff/Bachof/Stober* (Fn. 15), § 89, Rdn. 21.

[23] Gegenschluss aus Art. 130 Abs. 3 GG: *v. Campenhausen* (Fn. 19), § 15 Rdn. 9; *Kilian* (Fn. 11), S. 179, 185.

[24] Siehe z.B. § 3 Abs. 3 rp-StiftG.

[25] *v. Campenhausen* (Fn. 19), § 16, Rdn. 9.

gen des öffentlichen Rechts zwischen rechtsfähigen selbstständigen und nicht rechtsfähigen unselbstständigen Einrichtungen unterschieden werden.[26]

4. Vermögensstiftungen und Einkommensstiftungen

Gerade auch bei der Betrachtung staatlicher Stiftungen fällt der Unterschied von Vermögensstiftungen und Einkommensstiftungen ins Auge. Vermögensstiftungen entsprechen dem Modell des BGB, bei dem die Stiftung von ihrem ihr eingangs zugewendeten Vermögen lebt. Diese Stiftungsform ist jedoch bei staatlichen Stiftungen nicht zuletzt in Zeiten knapper Kassen mehr die Ausnahme denn die Regel – wesentlich häufiger sind die sog. Einkommensstiftungen, die laufende Zuwendungen aus dem staatlichen Haushalt erhalten.[27]

III. Gründe für die Errichtung staatlicher Stiftungen in beiderlei Rechtsformen

Übergeordnete und spezielle Gründe

Wenn heute auch gelegentlich von einem „Boom im Stiftungswesen die Rede" ist, so ist nicht sicher festzustellen, wie intensiv der Staat sich im Stiftungswesen engagiert. Das hat seine Ursache darin, dass es (von Ausnahmen einiger Bundesländer abgesehen) keine einschlägigen Register und Verzeichnisse gibt und dass Stiftungen nicht immer nach außen in Erscheinung treten. Zwar wurden bereits in der Vergangenheit Zählungsversuche durchgeführt, jedoch kamen diese zu unterschiedlichen Ergebnissen.[28] Als gesichert kann indes gelten, dass die bisher bekannten Stiftungen der öffentlichen Hand vor allem in Forschungsbereich sowie im kulturellen und sozialen Sektor tätig werden – weitere Betätigungsfelder sind der Umwelt- und Verbraucherschutz und die Politik.[29]

Für die Wahl der Rechtsform Stiftung gibt es eine Vielzahl von Gründen: Diesen voran stehen einige generelle Motive, die für staatliche Organisations-

---

[26] *v. Campenhausen* (Fn. 19), § 16, Rdn. 16.

[27] *Ossenbühl* (Fn. 12), S. 841, 843.

[28] *Schulte*, Der Staat als Stifter: Die Errichtung von Stiftungen durch die öffentliche Hand, in: Kötz/Rawert/Schmidt/Walz (Hrsg.), Non Profit Law Yearbook 2001, S. 127 f. Für einen Versuch einer Übersicht der Stiftungen des Bundes siehe *Kilian*, Flucht des Staates in die Stiftung, in: Mecking/Schulte (Fn. 3), S. 87, 89 f.

[29] *Schulte* a.a.O., S. 127, 128.

wahlentscheidungen im Allgemeinen gelten, wie z.B. Vermeidungsstrategien[30], politische Beweggründe, die öffentliche Wahrnehmung von Organisationen, Tradition und Gewohnheit und nicht zuletzt auch verwaltungswissenschaftliche oder verwaltungspolitische Kriterien.[31]

Speziell für die Ausgründung einer Stiftung spricht die Tatsache, dass der Begriff der Stiftung Assoziationen zu Freigiebigkeit und Altruismus weckt – entsprechend positiv ist die Ausstrahlung dieser Organisationsform.[32] Betont wird insoweit, dass der Stiftung ein öffentlicher „good will" entgegengebracht wird, was auch daran liegt, dass der Stiftungszweck dauerhaft festgelegt und einer Veränderung durch den Stifter oder die Mitglieder entzogen ist – somit können leichter Zustiftungen und ehrenamtliches Engagement gewonnen werden.[33] Die Stiftung ist nämlich (einigermaßen) immun gegenüber parteipolitischen Einflussnahmen und personellen Wechseln innerhalb der jeweiligen Einrichtungen. Aber auch aus Kostengründen erscheint die Stiftung als gute Wahl: Sofern es sich um eine Vermögensstiftung handeln sollte, kann sich die öffentliche Hand mit der Bereitstellung des Stiftungsvermögens einerseits einer laufenden Ausgabeposition im Haushalt entledigen und zudem zumindest auf dem Papier Planstellen einsparen, da Stiftungen grundsätzlich nur einer Rechtsaufsicht unterliegen und somit die Aufsichtspflichten des Staates und das dafür notwendige Personal auf ein Minimum gesenkt werden können.[34] Ferner wird auch immer wieder die Möglichkeit genannt, Personengruppen in besonders schwierigen Lebenssituationen durch Stiftungen flexibler, „staatsferner", „ziviler" und „unbürokratischer" unterstützen zu können[35]. Schließlich können Stiftungen Rechnungslegung nach den Grundsätzen des kaufmännischen Rechnungswesens betreiben.[36] Gerade auf Bundesebene zeigt sich anhand der Gründung großer Stiftungen wie der Deutschen Bundesstiftung Umwelt, der Deutschen Stiftung Friedensforschung und der Kulturstiftung des Bundes, dass in jüngerer Vergangenheit die Gründung staatlicher Stiftungen des bürgerlichen Rechts gegenüber denen des öffentlichen Rechts favorisiert zu werden scheint.[37] Ohne dass es dazu empirische Aussagen gibt, dürfte die Ursache in

---

[30] Umgehung haushaltsrechtlicher Probleme, beamtenrechtlicher Restriktionen, föderativer Hürden, etc.

[31] Näher zu alledem *Müller*, Rechtsformenwahl bei der Erfüllung öffentlicher Aufgaben (institutional choice), 1993, S. 155 ff. und unten IV. 2.

[32] *Ipsen*, Hochschulen als Stiftungen des öffentlichen Rechts?, in: NdsVBl. 2000, S. 240, 241.

[33] *Schulte* (Fn. 28), S. 127, 132.

[34] *Fiedler*, Verfassungsrechtliche Probleme staatlicher Kulturförderung durch Stiftungen, in: Mecking/Schulte (Fn. 3), S. 77.

[35] *Kilian*, in: Werner/Saenger (Hrsg.), Die Stiftung, 2008, Rdn. 1096. Rdn. 1045.

[36] *Schulte* (Fn. 28), S. 127, 133.

[37] *Kilian* (Fn. 28), S. 87, 99.

der „... zivilen, staatsfernen, neutralen, bürger- und gesellschaftsfreundlichen Anmutung von außen her ..." liegen.[38]

IV. Rahmenbedingungen der Aufgabenwahrnehmung durch Stiftungen

1. Rechtliche Bindungen

a) Beschränkungen der Stiftungserrichtung in Hinblick auf den Staatsaufgabenumfang

Nach wie vor diskutiert wird die Frage, ob und ggf. welche der beiden Stiftungsformen – öffentlich-rechtliche oder die des BGB – überhaupt vom Staat errichtet werden dürfen und welche Schranken es dafür gibt.[39] Abgesehen von der in diesem Zusammenhang zu stellenden Fragen nach dem Vorbehalt des Gesetzes – dazu sogleich[40] – ist dies in erster Linie einmal eine Frage nach dem Umfang der staatlichen Organisationshoheit überhaupt: Die Kommentarliteratur zum Stiftungsrecht[41] geht schlank über diese Frage hinweg und übergeht dabei eine Reihe von Problemen: Sowohl das Grundgesetz als auch die Landesverfassungen sind in dieser Hinsicht „... seltsam dünn und blutleer ...".[42] Vor dem Hintergrund der wenigen vorhandenen Regelungen[43] besteht nur eine geringe rechtliche Bindung[44] und, da es eine positive Formulierung der Staatsaufgaben in der Verfassung nicht gibt, ist die Einrichtung von Stiftungen keineswegs ein „Selbstgänger".

Allerdings lassen sich einige Grundsätze herausarbeiten: So kann zunächst einmal für die Stiftungen des öffentlichen Rechts auf den ausdrücklichen Gesetzesvorbehalt des § 87 Abs. 3 GG verwiesen werden und allgemein – jedenfalls innerhalb des Staatsaufbaus – auf die grundsätzliche Subsidiarität der Aufgabenerledigung durch die höhere Organisationsstufe zugunsten der niedrigeren: Letzteres lässt sich herleiten aus der Garantie der kommunalen Selbstverwaltung durch Art. 28 Abs. 2 GG. Nach wie vor ungeklärt ist allerdings die Frage, ob es ein ganz allgemeines Subsidiaritätsprinzip des Inhalts gibt, dass solche Aufgabenerledigung dem Staat vorbehalten bleiben soll, die nicht oder

---

[38] *Kilian* a.a.O., S. 87, 100.

[39] *Kilian* (Fn. 11), S. 179 ff.

[40] Siehe unten, 1. c).

[41] *v. Campenhausen* (Fn. 19), Rdn. 7 zu § 15.

[42] *Kilian* (Fn. 11), S. 179, 181.

[43] Betreffend beispielsweise die Einführung der Sozialversicherungsträger.

[44] *Kilian* (Fn. 11), S. 179, 182.

nicht so gut von untergeordneten anderen oder gar privaten Organisationsein-heiten erledigt werden kann.[45]

Unabhängig von dieser generellen Frage gibt es einzelne Aufgabengebiete, bei denen sich spezielle Fragen der verfassungsrechtlichen Zulässigkeit der Übertragung von Aufgaben auf Stiftungen stellen. So ist mehrfach anhand der Schaffung der Niedersächsischen Stiftungsuniversität die Frage problematisiert worden, ob nicht durch die Übertragung auf eine Stiftung die Wissenschafts-freiheit im Sinne des Art. 5 GG eingeschränkt wird[46] oder jedenfalls die Selbst-verwaltungsgarantie der Hochschulen.[47] Hinzu kommt noch eine Reihe von Abwicklungsschwierigkeiten wie das des Rechtsträgerwechsels und der Eigen-tumsübertragung.[48] Diese zuletzt genannten Probleme betreffen nicht allein die Stiftungsuniversität, sondern sind von allgemeiner Bedeutung: So stellt sich beispielsweise die Frage nach der Dienstherreneigenschaft, der Vermögens-übertragung oder die Frage nach der Unternehmenseigenschaft im Sinne des Art. 87 EG-Vertrag auch bei anderen Stiftungen.[49]

b) Verstoß gegen den Grundsatz der „Formenwahrheit"?

Bull[50] hat sich in seinem Beitrag zur Festschrift für Maurer im Zusammen-hang mit den allgemeinen Privatisierungstendenzen ausführlich mit der Frage nach der richtigen Form der Verwaltungsorganisation beschäftigt und dabei ei-nige Überlegungen angestellt, die auch im Zusammenhang mit der öffentlich-rechtlichen wie privatrechtlichen staatlichen Stiftung eine Rolle spielen. Das liegt auch nahe, kann man doch – wie durchaus in der Literatur vertreten – im Falle der privatrechtlich organisierten staatlichen Stiftung sogar von einem „doppelten Formenmissbrauch" sprechen: „Einsatz privater Rechtspersönlich-keit plus Nutzung staatlicher Ressourcen".[51] Zwar gilt auch hier der Grundsatz, dass die öffentliche Verwaltung in der Wahl der Organisationsform grundsätz-lich frei ist, dennoch ist die „... Rechtsordnung zu einem wichtigen Teil Rechts-

---

[45] BVerfGE 22, 180, 204; siehe auch BVerwGE 23, 304, 306.

[46] *v. Brünneck*, Verfassungsrechtliche Probleme der öffentlich-rechtlichen Stiftungs-hochschule, WissR 2002, 23 ff., 24.

[47] *v. Brünneck* a.a.O., S. 30 f.; *Ipsen* (Fn. 32), S. 240, 242.

[48] *Ipsen*, Hochschulen in Trägerschaft von Stiftungen des öffentlichen Rechts – Ein Beitrag Niedersachsens zur Hochschulreform, in: NdsVBl. 2003, S. 1 ff.

[49] Zu diesen Problemen: *Ipsen* a a O, S. 1, 3 ff.

[50] Über Formenwahl, Formwahrheit und Verwantwortungsklarheit in der Verwal-tungsorganisation, in: Geis (Hrsg.), Staat, Kirche, Verwaltung; Festschrift für Hartmut Maurer zum 70. Geburtstag, 2001, S. 545 ff.

[51] *Kilian* (Fn. 11), S. 179, 189.

formenordnung ...".[52] Vor dem Hintergrund der Prämisse, dass eine „zuverlässige Rechtsformenlehre ... die Rechtsanwendung ..." erleichtert und „... Sicherheit für die Normadressaten ..." schafft, sollte auch der Stiftung öffentlichen Rechts ein bestimmter Platz im System der möglichen Formen zugewiesen werden.[53] Übertragen auf das Konstrukt „Stiftung" ergibt sich daraus, dass es „... nützlich und notwendig ..." wäre, „... für die Stiftung eine Lehre von der Typengerechtigkeit ..."[54] zu schaffen. Die Überlegungen Bulls richten den Blick darauf, Stiftungen nur in solchen Bereichen einzusetzen, in denen die ihnen typischen Eigenschaften wie die Ausstattung mit einer zweckgebundenen Vermögensmasse, die bestimmten Personen oder Personenengruppen zugute kommen sollen, einzusetzen usw. Nimmt man diesen Ansatz ernst, stellt sich die von Battis aufgeworfene Frage nach missbräuchlichen Stiftungen in der öffentlichen Hand[55] erst gar nicht.

c) Beschränkungen durch verfassungsrechtliche und einfachgesetzliche Normen (Vorbehalt des Gesetzes)

aa) Schranken aus dem staatsorganisatorischen Gesetzesvorbehalt und aus Kompetenzregelungen?

(1) Bundesebene

Relativ eindeutig stellt sich die Lage hinsichtlich *Stiftungen des öffentlichen Rechts* auf Bundesebene dar. Einschlägig ist hier Art. 87 GG, nach dessen Abs. 3 „selbstständige Bundesoberbehörden und neue bundesunmittelbare Körperschaften und Anstalten des öffentlichen Rechtes durch Bundesgesetz errichtet werden" können. Stiftungen sind dabei also ausdrücklich nicht erwähnt, jedoch bietet die Entstehungsgeschichte keinen Anhaltspunkt dafür, dass schon von der im Deutschen Reich gepflegten Tradition der Verwendung von Stiftungen des öffentlichen Rechts zur Erfüllung von Verwaltungsaufgaben abgewichen werden sollte,[56] so dass der in Art. 87 Abs. 3 GG statuierte Gesetzesvorbehalt nach einhelliger Auffassung auch für staatliche Stiftungen des öffentlichen Rechts auf Bundesebene gilt.

---

[52] *Bull* (Fn. 50), S. 545, 552, mit Verweis auf Schmidt-Aßmann, Zur Bedeutung der Privatrechtsform für den Grundrechtsstatus gemischt-wirtschaftlicher Unternehmen, in: Jayme (Hrsg.), Festschrift für Hubert Niederländer, 1991, S. 383.

[53] *Bull* a.a.O., S. 545, 555.

[54] *Kilian* (Fn. 11), S. 179, 189.

[55] *Battis* (Fn. 3), S. 45, 53.

[56] *Fiedler* (Fn. 10), S. 191, 192. Siehe auch *Maunz/Dürig*, Art. 86 GG, Rdn. 74 mit Nachweisen zu Meinungen, die stattdessen eine analoge Anwendung auf öffentlich-rechtliche Stiftungen befürworten.

Vereinzelt wird vertreten, dass die *Errichtung privatrechtlicher Stiftungen* auf Bundesebene durch den Wortlaut des Art. 87 Abs. 3 GG, der ausdrücklich nur juristische Personen des öffentlichen Rechtes erfasst, generell ausgeschlossen sei.[57] Dem wird man kaum folgen können, da es ebenfalls staatsrechtliche Tradition in Deutschland ist, Teile der hoheitlichen Verwaltung auf Private zu übertragen – für eben genannte Interpretation hätte sich der Verfassungsgeber eindeutig von der hoheitlichen Errichtung von Stiftungen des privaten Rechts distanzieren müssen[58].

Von erheblicher Relevanz ist daher die Frage, ob bzw. inwieweit der sich in Art. 87 Abs. 3 GG niederschlagende institutionelle Gesetzesvorbehalt auch für staatliche Stiftungen des privaten Rechts gilt. Ossenbühl vertritt die Auffassung, dass Art. 87 Abs. 3 GG zwar auch hinsichtlich privater Stiftungen Anwendung findet, in dieser Hinsicht aber nicht mehr bedeutet, als dass durch Bundesgesetz die Gründung einer entsprechenden Verwaltungseinheit in Privatrechtsform zugelassen wird – dafür genügen nach seiner Ansicht bereits die §§ 80 ff. BGB.[59] Ehlers hingegen wendet den Art. 87 GG nicht an, erstreckt aber den institutionellen Gesetzesvorbehalt auf die Inanspruchnahme privatgesetzlich geregelter Organisationsformen und verlangt gesetzliche Bestimmungen, die die allgemeinen Voraussetzungen der Verwendung privatrechtlicher Organisationsformen durch die Verwaltung regeln – dafür würde indes schon § 65 Abs. 1 BHO genügen, wonach sich der Bund „an der Gründung eines Unternehmens in der Rechtsform des privaten Rechts (..) nur beteiligen soll, wenn 1. ein wichtiges Interesse des Bundes vorliegt (..)"[60]. Ein spezielles Gesetz sei nach Ehlers nur notwendig, wenn der privatrechtlichen Vereinigung öffentlich-rechtliche Handlungsbefugnisse eingeräumt oder ihr Aufgaben übertragen würden, die parlamentarischer Kontrolle und Lenkung entzogen wären.[61] Richtiger erscheint es, Art. 87 Abs. 3 S.1 GG in der Tat entsprechend auf privatrechtliche Stiftungen zu beziehen. Denn wenn aufgrund der Normhistorie öffentlich-rechtliche Stiftungen in den Anwendungsbereich der Vorschrift fallen, dann müssen dieselben bereits dargelegten historischen Argumente auch eine Ausdehnung auf privatrechtliche Stiftungen zulassen.

Erkennt man dies an, bedarf es auch nicht der Bemühung des Wesentlichkeitsgrundsatzes, um insoweit einen institutionellen Gesetzesvorbehalt zu be-

---

[57] *Sachs*, Die Einheit der Verwaltung als Rechtsproblem, NJW 1987, 2338, 2341.

[58] *Fiedler*, Staatliches Engagement im Stiftungswesen zwischen Formenwahlfreiheit und Formenmissbrauch, Diss. Jur., Dresden 2003, S. 62.

[59] *Ossenbühl* (Fn. 12), S. 841, 846.

[60] *Ehlers*, Verwaltung in Privatrechtsform, 1984, S. 156.

[61] *Ehlers* a.a.O, S. 157.

gründen.[62] Mit einem umfassenden institutionellen Gesetzesvorbehalt würde auch nicht das Verwaltungsprivatrecht „tödlich getroffen"[63], jedenfalls nicht, wenn der Vorschlag von Gölz aufgegriffen würde, in einem noch zu schaffenden Bundesstiftungs- oder gar Bundesorganisationsgesetz[64] die wesentlichen Organisationsstrukturen von Bundesstiftungen in Ergänzung der §§ 80 ff. BGB, Art. 87 Abs. 3 S.1 GG zu normieren, womit gleichzeitig auch die bisherigen, nicht auf gesetzlicher Grundlage gegründeten Bundesstiftungen des Privatrechts legalisiert werden könnten.

(2) Landesebene

Für die Landesebene ist zu beachten, dass die Regelung des Art. 87 Abs. 3 GG nicht entsprechend gilt. Sofern die Landesverfassungen nicht selbst entsprechende institutionelle Gesetzesvorbehalte normiert haben, wird man sie insoweit aus der Wesentlichkeitstheorie des BVerfG herzuleiten haben.[65] Anders als auf Bundesebene können dann aber auf Landesebene Stiftungen nicht nur durch Gesetz, sondern auch aufgrund eines Gesetzes errichtet werden.[66]

bb) Verfassungsmäßige Gebotenheit

Angesichts der in Hinblick auf den Vorrang des Gesetzesvorbehalts eher kritischen Stimmen zur Zulässigkeit der Verlagerung von staatlichen oder kommunalen Aufgaben auf Stiftungen bleibt in der Literatur dagegen die Frage unbeantwortet, ob nicht auch gerade die durch den Staat errichtete Stiftung im Hochschulbereich ein Garant der Wissenschaftsfreiheit sein kann. Das BVerfG führt in einer Entscheidung vom 29.5.1973[67] aus: „Dem einzelnen Träger des Grundrechts aus Art. 5 Abs. 3 GG erwächst auch aus der Wertentscheidung ein Recht auf solche staatlichen Maßnahmen auch organisatorischer Art, die zum Schutz seines grundrechtlich gesicherten Freiheitsraums unerlässlich sind, weil sie ihm freie wissenschaftliche Betätigung erst ermöglichen".

Der Stiftung als aus dem unmittelbaren staatlichen Bereich ausgegliederte Organisationseinheit ist eine gewisse Freiheit von staatlicher Einflussnahme ei-

---

[62] Für diese Lösung aber z.B. *Stettner*, Grundfragen einer Kompetenzlehre, 1983, S. 353; *Gölz* (Fn. 1), S. 215.

[63] *Zezschwitz*, Rechtsstaatliche und prozessuale Probleme des Verwaltungsprivatrechts, in: NJW 1983, 1873, 1879.

[64] Dazu *Gölz* (Fn. 1), S. 269 ff.

[65] *Schulte*, Staat und Stiftung, 1989, S. 65 f.

[66] *Fiedler* (Fn. 58), S. 105. Ausdrücklich normiert dies z.B. § 46 LVwG SH.

[67] BVerfGE 35, 79 = NJW 1973, 1176 = DVBl. 1973, 536.

gen, und das kann auch positive Aspekte im Sinne einer „institutionellen Sicherung"[68] haben. Zu Recht führt Ossenbühl aus: „Der Staat … kann auch als echter Mäzen tätig werden, der eine wichtige Gemeinwohlaufgabe sachgerecht erledigt sehen möchte und zu diesem Zweck eine Stiftung bürgerlichen Rechts errichtet…". Auf diese Weise „… besteht die Möglichkeit, politischen Einfluss dort zu unterbinden, wo er wegen der Sachgesetzlichkeit der Aufgabenerfüllung nur störend wirken kann. Wissenschaft und Forschung gehören in diesen Bereich."[69]

d) Demokratieprinzip

Da nach Art. 20 Abs. 2 GG alle Staatsgewalt vom Volke auszugehen hat, müssen alle von Amtswaltern getroffenen Entscheidungen demokratisch legitimiert sein. Staatliche Stiftungen sind Teil der mittelbaren Staatsverwaltung, weswegen neben ihrer Errichtung vor allem auch ihr Handeln einer demokratischen Legitimation bedarf.[70] Die stiftenden Hoheitsträger haben nur begrenzte Einflussmöglichkeiten auf die Stiftungen (insbesondere privaten Rechts); diese Weisungsfreiheit ist gerade ein Wesensmerkmal, dessentwegen sie geschätzt wird. Und selbst wenn man Weisungsbefugnisse in der Stiftungssatzung normierte, würde dies einen Verstoß gegen die Stiftungsautonomie als Kernelement dieser Rechtsform darstellen.[71] Hinzu kommt bei Bundesstiftungen das Problem, dass die demokratische Legitimation nur vom Volk des Aufgabenträgers vermittelt werden kann, was bei der Bundesstiftung das Volk der Bundesrepublik Deutschland ist – die Rechtsaufsicht obliegt aber dem Land, in dem die Stiftung ihren Sitz hat.[72] Und auch die grundsätzliche „Unsterblichkeit" der Stiftungen ist aus der Sicht des Demokratiebegriffs ein Problem, da moderne Demokratien stets auf dem Prinzip der Herrschaft auf Zeit aufbauen, also Entscheidungen grundsätzlich reversibel sein müssen und Bereiche der Verwaltung nicht der Disposition der jeweiligen politischen Mehrheit entzogen sein dürfen.[73]

Wie also können staatliche Stiftungen dennoch hinreichend demokratisch legitimiert sein? Tatsächlich wird mit gewichtigen Argumenten die Auffassung vertreten, dass die staatliche Stiftungsaufsicht über die privatrechtlich organisierten Stiftungen die Legitimation nicht ausreichend absichere, da die Stiftun-

---

[68] *Ossenbühl* (Fn. 12), S. 841; der sich seinerseits aber der kritischen Auffassung anschließt.

[69] *Ossenbühl* (Fn. 12), S. 841, 855.

[70] *Fiedler* (Fn. 10), S. 191, 194.

[71] *Schmid/Lex* (Fn. 4), S. 57, 59.

[72] *Ossenbühl,* (Fn. 12), S. 841, 848.

[73] *Fiedler* (Fn. 10), S. 191, 196.

gen insoweit nur einer Rechtsaufsicht unterliegen, im Rahmen derer lediglich die Einhaltung von Satzung und Gesetz, nicht aber die Zweckmäßigkeit der Handlungen überprüft werde[74] – staatliche Stiftungen des bürgerlichen Rechts verstießen schlichtweg gegen das Demokratieprinzip.[75]

Diese These wird in der Allgemeinheit nicht zu halten sein, denn bereits das GG selbst erlaubt, Staatsaufgaben durch Selbstverwaltungsträger wahrnehmen zu lassen, die lediglich der Rechtsaufsicht unterliegen.[76] Dagegen spricht ferner, dass es sich bei den meisten staatlichen Stiftungen – wie gezeigt – nicht um Vermögens-, sondern um Einkommensstiftungen handelt, so dass teilweise gar beklagt wird, dass der Staat die Stiftungen mit Hilfe eines „goldenen Zügels" gängele.[77] Außerdem hat der jeweilige Rechnungshof die Möglichkeit, öffentlich-rechtliche Stiftungen zu kontrollieren (§ 55 HGrG, § 111 Abs. 1 BHO/LHO). Bei privatrechtlichen Stiftungen, die nicht durch die öffentliche Hand verwaltet werden und schon deswegen überprüft werden können, kann (und aufgrund des gewissen Legitimationsdefizits sollte!) dies vorher entsprechend mit dem Rechnungshof vereinbart werden (§ 104 Abs.1 Nr.2, 4 BHO/LHO). Kurzum: Bei der gesetzlichen und der satzungsrechtlichen Ausgestaltung der Stiftungen sind Aufsichts- und Steuerungsrechte zwischen Stiftungen und Staat auszubalancieren – das ist schwierig, aber nicht unmöglich.[78]

2. Verwaltungswissenschaftlicher Rahmen

Neben der Erörterung der normativen Restriktionen, die der Erledigung öffentlicher Aufgaben durch Stiftungen Grenzen setzen und doch auch wieder Spielräume eröffnen, ist noch die Frage zu beantworten, unter welchen Umständen die Übertragung von Aufgaben auf Stiftungen überhaupt – verwaltungsorganisatorisch letztlich unter dem Gesichtspunkt einer effizienten Aufgabenerledigung – sinnvoll ist.

Zu Recht hat Müller[79] eine große Zahl von Kriterien aufgezeigt, die oft Ursachen für die Ausgliederung von Verwaltungsaufgaben sind und die gerade nicht auf der Grundlage objektiver Überlegungen zur effektiven Gestaltung der Verwaltungsorganisation entstanden sind: Vornehmlich sind hier neben allgemeinen politischen Erwägungen insbesondere zu nennen u. a. die zur Vermei-

---

[74] *Schulte* (Fn. 28), S. 127, 137.

[75] *Fiedler* (Fn. 10), S. 191, 196.

[76] *Ehlers* (Fn. 60), S. 125 unter Hinweis auf die Sozialversicherungsträger.

[77] *Rawert*, in: *Hopt/Reuter* (Hrsg.), Stiftungsrecht in Europa, 2001, S. 109, 130.

[78] *Battis* (Fn. 3), S. 45, 55. Zweifelnd *Ossenbühl,* (Fn. 12), S. 841, 849 f.

[79] Näher zu alledem *Müller* (Fn. 31), S. 155 ff.

dung des Einblicks von Außen geringere „Publizität des Geschäftsgebarens"[80] und die Ausschaltung haushaltsrechtlicher, beamten- und stellenrechtlicher sowie föderativer Restriktionen und anderer, einschränkender rechtlicher Rahmenbedingungen (etwa auch schlicht solcher des Steuerrechts oder des Haftungsrechts).

Sucht man nach objektiven Organisationskriterien zur Einrichtung einer Stiftung und damit nach Grundsätzen für eine Herauslösung einer vom Staat wahrzunehmenden Aufgabe aus der allgemeinen Verwaltungsorganisation durch „Ausgründung" einer Stiftung, so ist dies – verwaltungswissenschaftlich abstrakt verstanden – die Frage nach dem „Ob" und dem „Wie" der Auslagerung einer öffentlichen Aufgabe aus der allgemeinen Staatsorganisation, kurzum: Es geht um die „Organisationswahlentscheidung",[81] also um die Entscheidung, durch welche Institution eine öffentliche Aufgabe wahrgenommen werden soll, ob eine bestehende Institution in eine andere Organisationsform überführt, oder ob ein bestimmter Ausschnitt einer Leistung in anderer Organisationsform erledigt werden soll.[82]

Zurückkommend auf die eingangs formulierte Blickrichtung „schlanker Staat durch Ausgründung einer Stiftung" liegen auf den ersten Blick Begriffe wie „Dezentralisation" im Sinne einer „Verselbständigung von Verwaltungseinheiten" oder „Entlastung des Staats durch Outsourcing"[83] nahe. Ob und wann dies der richtige Weg ist, und wann diese gerade durch Einrichtung einer Stiftung sinnvoll ist, soll zum Abschluss dieser Ausarbeitung näher betrachtet werden.[84] Dabei hilft eine Analyse des bisherigen Befundes wenig; sieht man sich den gegenwärtigen Bestand an Stiftungen unter organisatorischen Gesichtspunkten an, ist praktisch alles und jedes möglich und vorzufinden[85] – ein System ist nicht zu erkennen.

Voraussetzung für die Beantwortung der Frage nach der Geeignetheit der Auslagerung von Aufgaben in eine Stiftung ist die Prämisse, dass „... die Art und Weise der Aufgabenerfüllung ..." unter anderem auch ganz entscheidend

---

[80] Ebda.

[81] *Schuppert*, Verwaltungswissenschaft, 2000, S. 605 ff. u. a. mit Verweis auf *Reichhard*, Institutionelle Wahlmöglichkeiten bei der öffentlichen Aufgabenwahrnehmung, in: Budäus (Hrsg.), Organisationswandel öffentlicher Aufgabenwahrnehmung, 1998, S. 121.

[82] Reichard ebda.

[83] *Battis* (Fn. 3), S. 45 ff.

[84] *Müller* (Fn. 31), S. 155.

[85] Siehe dazu die instruktive Übersicht bei *Kilian* (Fn. 28), S. 87, 88 f.; aber auch der Systematisierungsversuch bei *Gölz* (Fn. 1), S. 41.

durch die „... Organisation der Aufgabenerfüllung ...“ beeinflusst wird.[86] Dabei kann nach dem gegenwärtigen Stand der Erkenntnisse zunächst festgehalten werden, dass für die Auswahl der geeignetsten Organisation zur Erfüllung einer bestimmten öffentlichen Aufgabe die Wahl der Rechtsform relativ unbedeutend ist.[87] Entscheidend ist vielmehr, für den jeweiligen Organisationstypus einen geeigneten Steuerungsmechanismus zu ermitteln – es ist also letztlich „andersherum“ zu fragen: Ist eine bestimmte Organisationsstruktur zur Erledigung einer bestimmten Aufgabe geeignet? Die Rechtsformfrage ist dann lediglich eine Folgefrage.[88]

Zwangsläufig ist die Entscheidung für eine zur Steuerung geeignete Organisationsstruktur zu orientieren an der Frage, was für eine „öffentliche Aufgabe“ und was für ein „Objekt“ zu organisieren ist (Umorganisation einer öffentlichen Körperschaft, Neuorganisation einer öffentlichen Aufgabe insgesamt oder in Teilen[89]) sowie welchen Zielen die Struktur dienen soll[90] – die Ausgründung von Stiftungen erfolgt in allen diesen Bereichen und in der Regel fast ausschließlich vor dem Hintergrund der „Haushaltsentlastung“.

Sieht man sich die bisher in der deutschen „Stiftungslandschaft“ wahrgenommenen Aufgaben mit ihren oft sehr speziellen „Themen“[91] an, so eignet sich als „kompetente“ Organisationsstruktur mit der notwendigen „Problemlösungskapazität“[92] zunächst einmal – allgemein gesprochen – jede Form von Dezentralisation durch Verlagerung auf gesonderte Institutionen: Dadurch wird die Verlagerung von Aufgaben auf eigenständige Rechtsträger bewirkt, die diese umfassend und in umfassender Kompetenz wahrnehmen und dabei nur staatlicher Rechtsaufsicht und damit eingeschränkter Kontrolle unterliegen.[93] Dezentralisation ist dann angezeigt, wenn sehr spezielle Aufgaben mit besonderem Sachverstand zu erledigen sind („... problemnähere Strukturierung ...“[94])

---

[86] *Schuppert*, Verwaltungswissenschaft, 2000, S. 544; die anderen Steuerungselemente wären dann – nach Schuppert – die normative Steuerung (S. 461 ff.), das Personal (S. 625 ff.) und das Budget (S. 698 ff.).

[87] *Schuppert* a.a.O., S. 606 f.

[88] *Schuppert* a.a.O., S. 607.

[89] *Reichard* (Fn. 81), S. 121 ff.

[90] *Schuppert*, Verwaltungslehre, mit Verweis auf Reichard, Organisationswahlentscheidung, ebenda.

[91] Wir finden so gegensätzliche Aufgaben wie die Trägerschaft für kulturelle Einrichtungen (Stifung Preußischer Kulturbesitz), Forschungseinrichtungen (Deutsches Elektronen-Synchroton), Organisationen mit sozialen Aufgaben (Stiftung Mutter und Kind – Schutz des ungeborenen Lebens) oder technikanwendungsbezogene Stiftungen (Stiftung Stahlverwendungsforschung).

[92] *Schuppert* (Fn. 86), S. 618.

[93] *Müller* (Fn. 31), S. 164.

[94] *Müller* (Fn. 31), S. 166.

und/oder auch eine räumliche Dezentralisation notwendig ist („... höhere Bürgernähe ...")[95]; sie entlastet darüber hinaus die darüber stehende Zentraleinheit und kann damit auch das Ziel der Haushaltsentlastung erreichen. Insoweit ist die Stiftung in diesen Bereichen durchaus eine geeignete Organisationsform.

Tatsächlich kann – sieht man sich die staatliche und kommunale Stiftungslandschaft in Deutschland an – diese Erscheinung leicht ausgemacht werden. Es sind ganz spezielle und vielfach auch im Randbereich des öffentlichen Aufgabenspektrums liegende Aufgaben,[96] die von Stiftungen erfüllt werden. Zwar mag die aus diesen Aufgabenstellungen herzuleitende Notwendigkeit der Dezentralisation ein wichtiges Kriterium sein, ist aber keineswegs das einzige Kriterium – eine solche Ausgliederung gibt es auch bei einer großen Zahl von Bundes- und Landesoberbehörden[97], soweit diese sehr spezielle oder zu konzentriedende Aufgaben erledigen.

Stiftungen sind zusätzlich aber noch etwas anderes – und diese Eigenschaft bildet zugleich das zweite Hauptkriterium, das (verwaltungswissenschaftlich) für die Ausgründung einer Stiftung spricht: Stiftungen bilden „im Meer der Veränderung ... eine ... Ausnahme als Orte der Kontinuität und Bewahrung".[98] Die rechtlich kritische[99] „Unsterblichkeit" der Rechtsform Stiftung[100] spricht jedenfalls dann unter dem organisatorischen Blickwinkel für eine Ausgründung nicht nur sehr spezieller, sondern auch von Langzeitaufgaben. Es ist offenbar neben der Frage der Notwendigkeit einer inhaltlichen Spezialisierung auch eine Frage der Aufgabenkontinuität, die bei der Organisationswahlentscheidung für eine Stiftung eine Rolle zu spielen hat. Nicht zuletzt ist es eben auch eine Frage der dann doch gegebenen (wenn auch nur punktuellen) Freiheit von ganz striktem Einfluss durch die Staatsorganisation im engeren Sinne.

Darüber hinaus gibt es dann noch zwei weitere Gesichtspunkte, die hier als Nebenkriterien bei der Organisationswahlentscheidung von Bedeutung sein dürften: Ebenso verwaltungswissenschaftlich wie rechtlich ist ein ganz erhebli-

---

[95] Ebda.

[96] Oder gar Aufgaben, die der Staat als letztlich vermeintlich öffentlich an sich gezogen hat wie die „Contergan-Stiftung".

[97] Beispiele gibt es viele: So etwa die Wasser- und Schifffahrtsverwaltung, das Eisenbahnbundesamt mit seiner Zentrale und seinen Außenstellen oder die Bundesanstalt für Güterfernverkehr so wie die gesamten technisch-wissenschaftlichen Assistenzbehörden wie das Bundesluftfahrtamt usw. oder die Landesverwaltungsämter (= Konzentration spezieller Aufgaben der ausführenden Verwaltung).

[98] *Kilian* (Fn. 11), S. 179.

[99] Siehe oben Fn. 74.

[100] Zwar gilt dieser Gesichtspunkt genau genommen nur für Stiftungen in Privatrechtsform, da staatliche Stiftungen auf der Grundlage spezieller gesetzlicher Ausgestaltung auch „endlich" sein können – auch der öffentlich-rechtlich organisierten Stiftung wohnt aber meist ein überdauernder Zweck inne.

cher Gesichtspunkt für die Ausgliederung auf eine Stiftung der bereits genannte, rechtlich nur schwer zu fassende Gesichtspunkt der Subsidiarität staatlicher Aufgabenerfüllung – dieser Idee trägt die Ausgründung einer Stiftung in besonderer Weise Rechnung. Darüber hinaus wird die Stiftung geprägt durch die eigene selbstverwaltende Binnenorganisation. Insofern kann eine aus dem allgemeinen Staatsaufbau ausgegliederte staatliche Stiftung – sei sie nun öffentlich-rechtlich oder privatrechtlich organisiert – durch die Weisungsfreiheit und das ihr eigene Selbstverwaltungselement ein gutes Beispiel der bürgerschaftlichen „Mitverwaltung" im Staatswesen sein.

Die „Gewährträgerversammlung"[1]

Ein Phänomen im Dickicht zwischen Staatsaufsicht und Gewaltenteilung

Max-Emanuel Geis

I. Der Wettstreit zwischen dem „Kooperationsmodell" und dem „Integrationsmodell"

1. Die Vorgeschichte

Seit Mitte der 90er Jahre wird das Feld der Hochschulmedizin vom Dualismus zwischen dem sog. Kooperationsmodell[2] und dem Integrationsmodell geprägt.[3] Dabei geht es schlicht um die Frage des Verhältnisses zwischen der Medizinischen Fakultät einer Universität und dem „dazugehörigen" Klinikum. Bis in die 90er Jahre des letzten Jahrtausends war es eine Selbstverständlichkeit, dass ein Universitätsklinikum vor allem die Aufgabe hatte, die Angelegenheiten von Forschung und Lehre durch die Arbeit am Patienten zu unterstützen: Die Krankenversorgung auf höchstem, forschungsbasiertem Niveau war eine zwar höchst wichtige, aber – im Gegensatz zu kommunalen Kliniken und Krankenhäusern – eben nicht die einzige Aufgabe der Universitätsklinika.[4] Dies führte u.a. zu Schwierigkeiten in der Abgrenzung zwischen beiden Welten: Forschung und Lehre sind dem Wissenschaftsideal verpflichtet und sowohl hinsichtlich des einzelnen Wissenschaftlers als auch der teilrechtsfähigen (medizinischen) Fakultät vom Schutz der Wissenschaftsfreiheit (Art. 5 Abs. 3 GG) und damit auch der akademischen Selbstverwaltung[5] umfasst, während die

---

[1] Für inhaltliche Hinweise und konstruktive Kritik danke ich Herrn Akad. Rat Sebastian Madeja, Erlangen.

[2] Der Begriff wurde durch die *KMK* geprägt; vgl. „Überlegungen zur Neugestaltung von Struktur und Finanzierung der Hochschulmedizin" (Beschluss der Kultusministerkonferenz vom 29.09.1995).

[3] Vgl. dazu ausf. *Wissenschaftsrat*, Allgemeine Empfehlungen zur Universitätsmedizin, Köln 2007, (Drs.Nr.7984/07), S. 33 ff., 45 ff.

[4] Dazu grdl. BVerfGE 57, 70 (95 ff.); StGH Baden-Württemberg ESVGH 24, 12 (16).

[5] Dazu jetzt *Max-Emanuel Geis*, Autonomie der Universitäten, in: Papier/Merten (Hrsg.), Handbuch der Grundrechte, Bd. 4, § 92.

Krankenversorgung in einem Klinikum wesentlich als Dienstleistungsbetrieb angesehen wird und insbesondere dem Prinzip der Wirtschaftlichkeit, der Rentabilität und der Kostengünstigkeit verpflichtet ist, nicht aber unter Art. 5 Abs. 3 GG fällt. Dies spiegelt sich insbesondere auch haushaltsrechtlich in der sog. „Trennungsrechnung" wider: So sind die Mittel für Forschung und Lehre (sog. „Landeszuführungsbetrag") klar von denen der Krankenversorgung zu trennen (auch hausintern!)[6], insbesondere sollten (und dürfen) eingeworbene Forschungsdrittmittel (namentlich der DFG) auch nur für diesen Zweck verwendet werden. Die Krankenhäuser haben seit der Gesundheitsreform 2002 mit den Krankenkassen über ihre Budgets am Maßstab des Fallpauschalensystems zu verhandeln.[7] Realität ist jedoch, dass die Mittel für Forschung und Lehre bis hin zu drittmittelfinanzierten Personalstellen – unzulässigerweise und unter Verstoß gegen allfällige Bewilligungsbedingungen – eben auch zur Abdeckung der Bedürfnisse und Defizite in der Krankenversorgung verwendet werden („Quersubventionierung")[8], seltener auch in der Gegenrichtung. Auf weitere Probleme der Personal-, Sachmittel- und Immobilienbewirtschaftung kann hier nicht weiter eingegangen werden[9].

2. Das Wesen der Kooperationsmodelle

Unter diesem Gesichtspunkt erschien vielen Bundesländern, in deren Kompetenz das Recht der Hochschulklinika – seit der sog. Föderalismusreform I vom 01.09.2006[10] – ausschließlich fällt, die Trennung von Universität/Medizinischer Fakultät einerseits und Klinikum andererseits als Zeichen der Zeit[11]:

---

[6] KMK (Fn.1); *Wissenschaftsrat* (Fn.2), S. 46; *ders.*, Empfehlungen zur Struktur der Hochschulmedizin – Aufgaben, Organisation, Finanzierung, Köln 1999, S. 54.

[7] Fallpauschalengesetz (FPG) vom 23.04.2002, BGBl. I 2002, 1412; Das Fallpauschalensystem wurde 2003 zunächst als Option, 2004 verpflichtend für alle Krankenhäuser/Universitätsklinika eingeführt.

[8] Hierzu Bericht der *KMK*, Überlegung zur Neugestaltung von Struktur und Finanzierung der Hochschulmedizin, v. 29.09.1995.

[9] Dazu etwa *Georg Sandberger*, Rechtsfragen der Organisationsreform der Hochschulmedizin 1996; *Markus Heintzen*, Neuer Entwicklungen im Organisationsrecht der Hochschulmedizin, DÖV 1997, S. 530 ff.; *Balders*, Zur Organisationsreform der Hochschulmedizin: Effizient nur ohne Universität, WissR 31 (1998), S. 91 ff.; *Karthaus/Schmehl*, Umsetzungsprobleme der Strukturreform der Universitätsklinika – Eine Zwischenbilanz, MedR 2000, S. 299 ff. Zus.fassend jetzt auch *Thomas Kingreen*, Hochschulmedizin, in: Geis (Hrsg.), Das Hochschulrecht im Freistaat Bayern, 2009, Kap. VII, Rdn. 30 f.

[10] BGBl. I, 2006, 2034; Zuvor hatte Art. 91a GG aF zumindest den Hochschulbau als Gemeinschaftsaufgabe deklariert.

[11] So in Baden-Württemberg, Bayern, Hessen, Mecklenburg-Vorpommern, Nordrhein-Westfalen, Rheinland-Pfalz (bis 2007), Saarland, Sachsen, Sachsen-Anhalt, Schleswig-Holstein.

Die Klinika werden rechtlich verselbständigt – meist zu Anstalten des Öffentlichen Rechts[12]; die vormalige Leitungsfunktion geht vom Rektor/Präsidenten auf einen eigenen autonomen Vorstand über, der meist aus einem wissenschaftlichen/medizinischen Direktor, einem kaufmännischen Direktor und einem Pflegedirektor besteht. Auch entfallen die, für die dem Schutzbereich des Art. 5 Abs. 3 GG entrückten Kliniken, allfälligen Organe der – nun nicht mehr einschlägigen – akademischen Selbstverwaltung wie Fakultätsräte als im Sinne einer straffen Verwaltungsführung nur „hinderliche" Kollegialorgane. Im gleichen Zuge wurde die „alte" ministerielle Staatsaufsicht auf das demokratisch unabdingbare Minimum (Anstaltsaufsicht) reduziert und stattdessen auf Aufsichtsräte nach dem Vorbild einer Aktiengesellschaft übertragen. All dies lief verwaltungsorganisatorisch unter den Flaggen des New Public Management und der Errichtung von modernen „Governance-Strukturen".[13] Die Personalhoheit wird aufgeteilt: Während die professoralen Chefärzte beim Land als Dienstherrn der Universität verbleiben, wird das nachgeordnete Personal (ärztliches und Pflegepersonal) dem Klinikum zugewiesen, mit Ausnahme von (Mittelbau-)stellen, die der Forschung und Lehre vorbehalten sind. Die Trennungsmodelle werfen freilich neue Fragen auf, von der Konkurrenz von Weisungsrechten in den klinischen Einheiten bis hin zur Frage der Versorgungslasten und der Umsatzsteuerpflichtigkeit der zwischen Universität und Klinikum erbrachten Leistungen.[14]

Dabei lassen sich – je nach Bundesland – deutliche Abweichungen im Detail beobachten. Die progressivste Form des Trennungsmodells stellt zweifellos die völlige (materielle) Privatisierung der Universitätsklinika Marburg und Gießen dar, die 2005 zunächst zu einer gemeinsamen Anstalt des Öffentlichen Rechts verschmolzen wurden, um dann – ein Jahr später – an die Rhön-Klinikum AG verkauft zu werden.[15] Da die Belange von Forschung und Lehre auch im Falle der Trennung und insbesondere im Falle der materiellen Privatisierung eines

---

[12] Exemplarisch in Bayern (Art. 1 Abs. 1 BayUniversitätsklinikaG v. 23.05.2006, GVBl. S. 285), oder eben bis dato in Baden-Württemberg.

[13] Stellvertretend für die fast unüberschaubare Literatur zum NPM: *Klaus König*, Zur Kritik eines neuen öffentlichen Managements, Speyer 1997; *G. Grüning*, Grundlagen des New-public-Management, Münster 2000; *Dietrich Budäus* (Hrsg.), Governance von Profit- und Nonprofit-Organisationen in gesellschaftlicher Verantwortung, Wiesbaden 2005. Public Management, *Gunnar Folke Schuppert*, Verwaltungswissenschaften, Berlin 2000, S. 1000.

[14] Dazu *Beate Frank*, Universitätsmedizin im strukturellen Wandel: Vom Kooperationsmodell zum Integrationsmodell am Beispiel des rheinland-pfälzischen Entwurfs eine Universitätsmedizingesetzes, DÖV 2008, S. 441 (442, 448 f.); *Sebastian Madeja*, WissR 43 (2010), S. 127 (128) m.w.N.

[15] Ausf. hierzu *Wissenschaftsrat*, Stellungnahme zur Entwicklung der universitätsmedizinischen Standorte Gießen und Marburg nach Fusion und Privatisierung der Universitätsklinika, Köln 2010, S. 10 ff.

rechtlichen Schutzes bedürfen, waren umfangreiche vertragliche Konvolute einschließlich einer Beleihung für die Aufgaben in Forschung und Lehre[16] erforderlich, die den Wissenschaftsbetrieb gegenüber betriebswirtschaftlichen Rationalisierungsbedürfnissen schützen sollen (suchende Wissenschaft, zumal Grundlagenwissenschaft, ist ein tendenziell unwirtschaftliches Unterfangen) – Zeit, die für Forschung und Lehre in Anspruch genommen wird, fehlt notgedrungen in der Krankenversorgung und damit für die Erwirtschaftung von Einnahmen für erbrachte Leistungen (die ihrerseits unter dem Druck außeruniversitär definierter klinischer Benchmarks stehen[17]).

3. Das Wesen der Integrationsmodelle

Einige Länder sind dem Mainstream der Kooperationsmodelle nicht gefolgt[18], manche Länder haben sogar Integrationsmodell und Kooperationsmodell nebeneinander verwirklicht[19]. Dabei existieren durchaus unterschiedliche Konstruktionen: Neben dem „klassischen" Einheitsmodell, das das Klinikum der Universität/Hochschule angliedert (wie die MHH Hannover[20]) – z.T. als rechtsfähige Teil- (bzw. Glied-) körperschaft (Uni Jena, Uni Hamburg, FU und HU Berlin) oder als Sondervermögen innerhalb einer rechtsfähigen Stiftung des öffentlichen Rechts (Universitätsmedizin Göttingen) – findet sich auch das Mainzer Modell, das die Medizinische Fakultät aus der Universität ausgliedert und mit dem Klinikum zur einer selbständigen Vollkörperschaft „Universitätsmedizin" vereinigt; letztlich mit dem Ziel wie in Hessen, die Universitätsmedizin in eine GmbH zu überführen (vgl. § 25 UMG Rh.-Pf.). Die medizinische Fakultät gilt (!) jedoch noch als Fakultät der Universität (§ 2 Abs. 1 S. 2 UMG Rh.-Pf.[21]).

---

[16] Vgl. Universitätsklinikum Gießen und Marburg GmbH, § 25 a Abs. 2 HessUniKlinG.

[17] Dazu etwa *Bernhard Maisch*, Zwischen allen Stühlen? Die Medizinfakultäten Gießen und Marburg nach der Fusion und Privatisierung – Eine Zwischenbilanz aus der Sicht von Forschung und Lehre, in: Hessisches Ärzteblatt 2007, Heft 4, S. 215; zur Aufgabenkonkurrenz und zum Rangverhältnis: *Stefan Becker*, Das Recht der Hochschulmedizin, S. 62 ff.

[18] Berlin (Charité); Stiftungsuniversität Göttingen, Hamburg (UKE); Hannover (MHH); Jena.

[19] So kontrastiert das hessische Privatisierungsmodell „Gießen/Marburg" (§ 57 HHG i.V.m. § 25a HessUniKlinG) mit dem Einheitsmodell, das in der hessischen Stiftungsuniversität Frankfurt/Main entwickelt worden ist (§ 100a-k HHG).

[20] Die MHH Hannover gilt allerdings als Spezialfall, da sie eine eigenständige Hochschule ist.

[21] Vom 10.09.2008 (GVBl. Nr. 13, S. 205); Vgl. dazu *Frank* (Fn. 14), S. 441, 449.

4. Die baden-württembergische Neuregelung

Baden-Württemberg hatte sich – wie die meisten Bundesländer – durch das Universitätsklinikagesetz (UKG) v. 24.11.1997[22] für das Kooperationsmodell entschieden und die Universitätsklinika Freiburg, Heidelberg, Tübingen und Ulm zu rechtsfähigen Anstalten des öffentlichen Rechts umgewandelt (§ 1 UKG). Lediglich das Klinikum Mannheim bildete von Anfang an eine GmbH[23]. Am 15.02.2011 hat der Baden-Württembergische Landtag eine grundlegende Novellierung des Universitätsklinikagesetzes verabschiedet. Wesentlicher Inhalt ist die Rückkehr zum Integrationsmodell, da der vorübergehende Ausflug in das Kooperationsmodell der Amtszeit von Klaus von Trotha von seinem Nachfolger als zu wirtschaftsbezogen, als „sachwidrig und dem Zeitgeist geschuldet" (!) bewertet wird[24]. Allerdings in einer neuen Variante: Die Medizinischen Fakultäten und die bis dato selbständigen Universitätsklinika werden in „Körperschaften für Universitätsmedizin (KUM)" vereinigt, die ihrerseits eine Teilkörperschaft innerhalb der Gesamtuniversität darstellt. Die neugebildeten Körperschaften sind wiederum Grundrechtssubjekt des Art. 5 Abs. 3 GG und Träger der akademischen Selbstverwaltung. Folgerichtig erhalten sie als Organ neben dem KUM-Vorstand auch einen KUM-Fakultätsrat sowie – als Aufsichtsorgan – einen KUM-Aufsichtsrat. Sofern der KUM-Fakultätsrat für Angelegenheiten von Forschung und Lehre zuständig ist, soll er trotz seiner eigenartigen Zusammensetzung die nach dem Hochschulurteil erforderlichen Professorenquoten erfüllen, was allerdings nur durch Stimmgewichtungsvorschriften erreicht werden kann, die freilich auf Satzungsebene delegiert werden.[25]

Die Neuregelungen gehen wesentlich auf ein Gutachten der Unternehmensberatung *Linklaters Roland Berger Strategy Consultants*[26] aus dem Jahre 2008 zurück, das vom Wissenschaftsministerium in Auftrag gegeben worden war. Das Vorhaben stand allerdings unter erheblichem Zeitdruck: Der Anhörungsentwurf vom 16.09.2010 mündete in den Regierungsentwurf vom 07.12.2010[27]. Trotz massiver öffentlicher Diskussion und kritischen Stellungnahmen seitens des Medizinischen Fakultätentages und des Verbands der Universitätsklinika,

---

[22] GBl. S. 474.

[23] Seit 1997 firmiert das Klinikum als gemeinnützige GmbH. Die Bezeichnung Universitätsklinikum erhielt Mannheim im Jahre 2001.

[24] So der jetzige Wissenschaftsminister *Peter Frankenberg*, zit. in der Badischen Zeitung vom 08.12.2010.

[25] Die Zulässigkeit dieser Regelung ist zweifelhaft, da nach BVerfGE 35, 79 (135) der Gesetzgeber die Stimmverhältnisse selbst regeln muss. Eine bloß nachträgliche Kontrolle über den Rechtsweg (§ 47 VwGO) reicht nicht aus.

[26] Veröffentlicht auf der Homepage des baden-württembergischen Wissenschaftsministeriums: mwk.baden-wuerttemberg.de.

[27] LT-Drs. 14/7299.

wurde der Regierungsentwurf nach einer Anhörung im Wissenschaftsausschuss
des Landtags am 18.01.2011 – wie erwähnt – sodann am 15.02.2011 ohne substantielle Änderungen verabschiedet. Diese Schnelligkeit war sicher der bevorstehenden Landtagswahl geschuldet, deren Ausgang wegen der Stuttgart21-
Proteste zumindest zeitweise keineswegs als „sichere Bank" der derzeit regierenden Parteien anzusehen war. Ungewöhnlich war auch eine Anzeigenkam-
pagne, die von betroffenen Ärzten als Privatpersonen „geschaltet" wurde.

II. Zusammensetzung und Aufgaben

Nach dem neuen baden-württembergischen § 93 Abs. 1 UniMedG besteht
die Gewährträgerversammlung aus insgesamt sechzehn Mitgliedern, von denen
zwölf von dem Landtag und vier von der Landesregierung bestimmt werden.
Von den vier von der Landesregierung entsandten Mitgliedern müssen zwei
dem Wissenschaftsministerium angehören. Das Sozialministerium und das Finanzministerium entsenden je ein Mitglied. Bei den Vertretern des Landtags
wird die Mitgliederzahl der Fraktionen berücksichtigt, die Vertreter der Landesregierung führen jeweils drei Stimmen, so dass im Ergebnis Stimmengleichheit zwischen den Mitgliedern der Legislative und denen der Exekutive
besteht. Der Wissenschaftsminister führt den Vorsitz der Gewährträgerversammlung. Wie alle anderen Mitglieder kann auch der Wissenschaftsminister
im Verhinderungsfall die Ausübung seines Stimmrechts auf ein anderes Mitglied übertragen. Bei *Stimmengleichheit* entscheidet die Stimme des Wissenschaftsministers bzw. die Stimme des Mitglieds, auf das er sein Ausübungs-
recht im Verhinderungsfall übertragen hat.

§ 93 Abs. 2 UniMedG bestimmt, dass die Gewährträgerversammlung für den
Beschluss einer jährlich fortzuschreibenden *strategischen Gesamtplanung* für
die Universitätsmedizin Baden-Württemberg zuständig ist. Dies kann sie jedoch nur auf Vorschlag des Wissenschaftsministeriums beschließen. Dieses behält also das Initiativrecht.

§ 93 Abs. 2 S. 2 Nr. 1–5 UniMedG enthält eine abschließende Liste von
Rechtsgeschäften und Maßnahmen, die der Zustimmung der Gewährträgerversammlung bedürfen.

Zustimmungsbedürftig sind:

- die Übernahme von Bürgschaften, Garantien und sonstigen Verpflichtungen für fremde Verbindlichkeiten (Nr. 1);
- die Gründung von und Beteiligung an Unternehmen (Nr. 2);

- der Erwerb, die Veräußerung und die Belastung von Grundstücken und grundstücksgleichen Rechten (Nr. 3);

- die Aufnahme von Krediten und die Gewährung von Darlehen (Nr. 4);

- die Beleihungsvereinbarung nach § 96 UniMedG (Nr. 5).

§ 93 Abs. 2 UniMedG beinhaltet zwei explizite Ausnahmen von der Zustimmungsbedürftigkeit. Zum einen ist die Zustimmung der Gewährträgerversammlung im Rahmen der Gründung von Unternehmen dann nicht erforderlich, wenn die Körperschaft für Universitätsmedizin (KUM) Alleingesellschafterin des zu gründenden Unternehmens ist und das Unternehmen nur Hilfsdienstleistungen für die Krankenversorgung der KUM leisten soll (§ 93 Abs. 2 S. 2 Nr. 2 Hs. 2 UniMedG). Zum anderen sind solche Maßnahmen nicht zustimmungsbedürftig, die in der von der Gewährträgerversammlung beschlossenen strategischen Planung ausgewiesen sind.

III. Argumente pro und contra

1. Demokratiegewinn durch frühzeitige Einbindung des Gesetzgebers?

Die Gewährträgerversammlung soll – ausweislich der Gesetzesbegründung[28] – im Rahmen der „strategischen Gesamtplanung" die staatlichen Mitwirkungsmöglichkeiten ergänzen (d.h. vermehren), d.h. die sinnvolle und effektive Aufeinanderzuordnung der Kliniken des Landes zur Vermeidung von Parallelstrukturen etc. Dabei übernimmt die Legislative in Fragen der strategischen Ausrichtung zwei Aufgaben: Zum einen wird sie im Sinne einer frühzeitigen Einbeziehung in haushaltsrechtliche Fragestellungen als Präventivkontrolle („-aufsicht") tätig. Zum anderen begibt sie sich auf ein planerisches und damit auf ein klassisches Terrain der Exekutive. Die Einbindung der demokratisch gewählten Vertreter in die Gewährträgerversammlung ist sicherlich ein Zuwachs an demokratischer Legitimation, darf allerdings nicht über rechtsstaatliche Prinzipien wie das Gewaltenteilungsprinzip hinwegtäuschen.

2. Die „doppelte Aufsicht"

Auf den ersten Blick scheint die Installation einer Gewährträgerversammlung sogar rechtsstaatlich geboten zu sein. Immerhin gehört es zu den Schwächen von etlichen Governance-Konstruktionen wie Universitäts-, Hochschul-

---

[28] LT-Drs. 14/7299, S. 59 (Zu § 93).

oder „Aufsichtsräten", dass dadurch die Klarheit der demokratischen Legitimationskette, wonach sich die Entscheidungen von der verantwortlichen Exekutive über das kontrollierende Parlament auf den Willen des Volkes als Träger der Staatsgewalt zurückführen lassen[29] und die zum zentralen Wesen der Aufsicht gehört, immer mehr diffundiert wurde. Während der Bayerische Verfassungsgerichtshof die Zulässigkeit von Hochschulräten – gerade noch – mit der Begründung billigte, dass er der Rechts- bzw. Fachaufsicht des Staatsministeriums unterstünde[30], hatte das Bundesverwaltungsgericht in seiner kürzlichen Entscheidung zur Stiftungsuniversität Göttingen einen deutlich strengeren Maßstab vertreten: Das Erfordernis der demokratischen Kontrolle erfordere eine „kraftvolle" Rechtsaufsicht, die gerade nicht in einem System obskurer Selbstreferenz verschwinden dürfe[31]; daher müsse das Ministerium in jedem Falle letzte Aufsichtsinstanz sein.

Genau dies scheint die Gewährträgerversammlung zu verkörpern, da die Letztentscheidung von den einzelnen Aufsichtsräten auf die Vertreter der beteiligten Ministerien, unter Vorsitz des Wissenschaftsministers zurückverlagert wird. Also alles in Ordnung?

Tatsächlich bleiben Zweifel. Zum einen sind sowohl die einzelnen KUM-Aufsichtsräte als auch die Gewährträgerversammlung als (explizit exekutivische) Aufsichtsorgane konstruiert.[32] Dies wirft die Frage nach dem Verhältnis zwischen beiden auf. Gesetzlich ist dies nicht explizit geregelt; systematisch-teleologisch ist freilich davon auszugehen, das für die Gewährträgerversammlung als intendiert anzunehmen; dem widerspricht aber eine partielle Personalunion der Mitglieder, insb. des Wissenschaftsministers als Vorsitzendem mit Letztentscheidungsrecht sowohl gegenüber den KUM-Aufsichtsräten als auch gegenüber der Gewährträgerversammlung.

Gerade der Jubilar hat sich im Rahmen seiner verwaltungsorganisatorischen Forschung mit dem Thema Aufsicht und Hierarchie befasst[33]. Er weist richtig darauf hin, dass bei Selbstverwaltungsaufgaben die Durchsetzung politischer oder anderer Zweckmäßigkeitserwägungen dem Staate de iure grundsätzlich

---

[29] *Ernst Wolfgang Böckenförde*, in: HStR III, 3. Aufl. 2005, § 34 Rdn. 16 ff.

[30] BayVerfGH, BayVBl. 2008, 592 ff.; dazu auch *Wolfgang Kahl*, Das bayerische Hochschulurteil 2008, Eine Dokumentation mit Einführung, unter Mitarbeit von *Klaus Ferdinand Gärditz*.

[31] BVerwGE 135, 286 (298) und dazu *Klaus Ferdinand Gärditz*, Die niedersächsische Stiftungshochschule vor dem Bundesverwaltungsgericht, in: WissR 43 (2010), S. 220 (228 ff.). Inhaltlich ebenso, aber schon vorher *Paul Kirchhof*, Mittel staatlichen Handelns, in: Isensee/Kirchhof (Hrsg.), HStR V, 3. Aufl. 2007, § 99, Rdn. 242.

[32] Vgl. Begründung zum Gesetzesentwurf, LT-Drs. 14/7299, S. 59 Satz 4, zu § 93.

[33] *Hans Peter Bull*, Allgemeines Verwaltungsrecht, 6. Aufl. 2000, Rdn. 152.

versagt sei und dieser regelmäßig auf die Rechtsaufsicht beschränkt sei.[34] In der Realität könne freilich „unter dem Titel der Rechtsaufsicht doch eine erhebliche Anzahl von Einwirkungen auf die Selbstverwaltungskörperschaften zulässig sein, da heute alle bedeutsamen Verwaltungsprobleme durch Gesetz geregelt oder von Richterrecht beeinflusst sind und z.b. der Gleichheitssatz oder die – häufig rechtlich vorgeschriebenen – Grundsätze der Wirtschaftlichkeit und Sparsamkeit der Verwaltungsführung hinreichend Ansatzpunkte[35] für Aufsichtsmaßnahmen bieten." So ist es hier: Zum einen bietet gerade der letztere Gesichtspunkt im Fall von kostenintensiven Kliniken hervorragende Einfallstore für staatliche Einflussnahme; zum anderen ist die Befugnis zur – durchaus unscharf formulierten – „strategischen Gesamtplanung" eine offene Flanke für Ingerenzen auf Forschung und Lehre (Art. 5 Abs. 3 GG, Art. 20 Abs. 1 LV BW). Gerade die Berufung auf die Haushaltsverantwortung des Staates eröffnet – entgegen den treuherzigen Beteuerungen – eine Flanke für Eingriffe in das operative Geschäft.

Verwaltungsorganisatorisch werden hier im übrigen zwei theoretische Aufsichtskonzepte miteinander verbunden (vermengt?), ist doch das dem Gesellschaftsrecht entlehnte Modell eines öffentlich-rechtlichen „Aufsichtsrats" ein klassisches Beispiel für die Lehren des „Neuen Steuerungsmodells" (New Public Management), das unter den Schlagworten Autonomie, Deregulierung, Ökonomisierung, Governance einen weitgehenden Rückzug des Staates befürwortet.[36] Das Instrument *Gewährträgerversammlung* führt indes die staatliche Prädominanz wieder ein. Das ist nun freilich ein grundsätzlich zulässiges und – wie oben angedeutet – auch gebotenes Anliegen, wenn man dem Optimismus der neuen Verwaltungsrechtswissenschaft, zumal im Hochschulbereich, nicht so recht traut.[37]

Auch das Nebeneinander zweier Aufsichtsorgane ist in dieser Form zwar Neuland, für sich genommen jedoch ein gangbarer Weg, um einen breiteres Entscheidungsspektrum zu generieren[38]; gleichzeitig ist dies jedoch geeignet, die gebotene bzw. gewünschte Flexibilität für Entscheidungen zu behindern.

---

[34] *Bull,* a.a.O. Rdn. 152.

[35] *Bull,* a.a.O. Rdn. 152.

[36] Statt vieler *Gunnar Folke Schuppert,* Verwaltungsorganisation als Steuerungsfaktor, in: Hoffmann-Riem/Schmidt-Aßmann/Voßkuhle(Hrsg.), Grundlagen des Verwaltungsrechts, Bd. I, 2006, § 16, Rdn. 112 ff., sowie *Andreas Voßkuhle,* Neue Verwaltungsrechtswissenschaft, ebd. § 1, Rdn. 53 ff., 68.

[37] Krit. auch *Klaus Ferdinand Gärditz,* Hochschulorganisation und verwaltungsrechtliche Systembildung, 2009, S. 204, 549 f.; *Daniel Krausnick,* Staat und Hochschule im Gewährleistungsstaat, Habilitationsschrift, 2010 (i. E.).

[38] Eine Parallele – wenngleich auf ganz anderem Gebiet – ergibt sich immerhin aus dem Nebeneinander von (allgemeiner) Kommunalaufsicht und der (der obersten Landesplanungsbehörde vorbehaltenen) landesplanerischen Untersagung.

Dieser Ansatz ist jedoch dadurch, dass die unterschiedlichen Aufsichtsgremien teilweise personalidentisch sind und insbesondere in beiden Gremien der Wissenschaftsminister mit Letztentscheidungsrecht den Vorsitz führt, in Frage zu stellen. Dies lässt den Sinn der „Pluralisierung" in der Aufsicht anzweifeln und relativiert den ursprünglichen Sinn der als Deregulierungsorgan geschaffenen Aufsichtsräte stark. Die so geschaffene Doppelorganschaft wird sich daher auf ihre Effizienz hinterfragen lassen müssen.

3. Struktur der Gewährträgerversammlung

Am problematischsten erscheint indes die Konstruktion der Gewährträgerversammlung (§ 93). Neben vier Repräsentanten der beteiligten Ministerien sind auch zwölf Parlamentarier Mitglieder dieses Gremiums, die nach Fraktionsproporz ausgewählt werden (§ 93 Abs. 1). Begründet wird dies mit der frühzeitigen Einbindung der Legislative in Fragen der strategischen Ausrichtung der Universitätsmedizin Baden-Württemberg.[39] Dabei erscheinen allerdings die staatsrechtlichen Probleme nicht nur unterbelichtet, sondern schlicht inexistent: Der Abschlussbericht von *Linklaters Roland Berger* äußert sich zwar zu den – seinem Metier entsprechenden – arbeits-, steuer- und kartellrechtlichen Fragen, schweigt sich aber zu den wissenschaftlich nahe liegenden Fragen der Gewaltenteilung (Art. 20 Abs. 2 S. 2 GG; Art. 25 Abs. 1 S. 2 LV B.-W.) völlig aus.[40]

Doch besteht in dieser neuartigen Konstruktion eine Abweichung vom klassischen Legitimationsmodell, das die Staatsgewalten in der Legitimationskette bewusst „hintereinander" schaltet, nicht dagegen vermengt. Nur so bleibt gewährleistet, dass die Legislative gegenüber der Exekutive ihre Kontrollrechte ausüben kann. Werden dagegen Abgeordnete frühzeitig in ein Gremium der Exekutive eingebunden, das sie weder zahlenmäßig dominieren können und bei dem der Wissenschaftsminister die entscheidende Stimme führt, stehen die eigentlich als solche gedachten Kontrolleure unter dem Diktat der Exekutive. Da die vorgesehenen Abgeordneten fachlich regelmäßig dem Wissenschafts- und Finanzausschuss entstammen dürften, führt dies zu einer Gleichschaltungsmechanik und zu einer vorweggenommenen (jedenfalls faktischen, aber durchaus auch beabsichtigten, jedenfalls billigend in Kauf genommenen) Bindungswirkung bei längerfristigen Festlegungen für den Haushalt.

Da die Haushaltszustimmung im Einzelnen regelmäßig vom Judiz der jeweiligen Fachvertreter abhängt, wird ein Beschluss der Gewährträgerversammlung regelmäßig eine faktische Bindung erzeugen, weil sich die Abgeordneten nicht

---

[39] Begr. zum GesE (LT-Drs. 14/7299, S. 59).
[40] Vgl. hierzu Abschlussbericht, S. 208 ff.

dem Vorwurf des widersprüchlichen Verhaltens (*venire contra factum propri-um*) bzw. des Wankelmuts in der Öffentlichkeit aussetzen wollen. Damit bemächtigt sich die Exekutive eines wichtigen Teils des parlamentarischen Budget- und Kontrollrechts.[41]

Zwar ist eine Verschränkung der Teilgewalten, die Generierung gemeinsam getragener Entscheidungen durch Zusammenwirken jederzeit möglich. Das Zusammenwirken der Gewalten und gegenseitige Kontrollbeziehungen („„system of checks and balances") sind Bestandteil einer effektiven Gewaltenteilung.[42] In diesen Fällen handelt es sich aber stets um ein Zusammenwirken zwischen den klar abgegrenzten Organen der drei Gewalten mit einer klaren Zielrichtung. Selbst bei den markantesten Beispielen parlamentarischer Kontrolle, den Untersuchungsausschüssen oder dem Parlamentarischen Kontrollgremium[43] bleibt die Trennung zwischen der Exekutive und der Legislative klar gezogen.

Die institutionelle Vereinigung von Vertretern der Legislative und Exekutive in einem Gremium der Exekutive überschreitet jedoch diese Grenze: Die gegenseitigen Beziehungen werden zu einem geschlossenen Kreis, bei dem der „Rest" des Parlaments nur pro forma Akteur ist. Es ist zumindest kritisch zu hinterfragen, ob das von *Hermann Hill*[44] oder *Wolfgang Kahl*[45] auch für die Gewaltenteilung geforderte „Kontrollniveau" so zu erreichen ist. Das genannte Urteil des Bundesverwaltungsgerichts zur niedersächsischen Stiftungshochschule hat gerade gezeigt, dass Aufsicht, die sich in einem „geschlossenen Kreis" bewegt, nicht die verfassungsrechtlich gebotene Wirksamkeit erzeugen kann. Das Prinzip der Verantwortung der Inhaber der Staatsgewalt verlangt aber, dass den gewählten Volksvertretern und den von ihnen berufenen Amtsträgern das öffentliche Handeln jeweils klar zugerechnet werden kann; dies ist aber dann nicht möglich, wenn sie in einem Gremium mit Vertretern der Exekutive vereinigt werden. Besonders plastisch hat dies *Udo Di Fabio* ausgedrückt: „Ein Übermaß an opaken Verflechtungen höhlt die Substanz demokratischer Verantwortlichkeit aus."[46]

---

[41] Vgl. *Thomas Puhl*, in: Isensee/Kirchhof, HStR III, 3. Aufl. 2005, § 48 Rdn. 47.

[42] *Badura*, Staatsrecht, 3. Aufl. 2003; D Rdn. 48.

[43] Dazu *Max-Emanuel Geis*, in: Isensee/Kirchhof, HStR III, 3. Aufl. 2005, § 54 Rdn. 22.

[44] *Hermann Hill*, Neue Organisationsformen in der Staats- und Kommunalverwaltung, in: Schmidt-Aßmann/Hoffmann-Riem (Hrsg.), Verwaltungsorganisationsrecht als Steuerungsressource, Baden-Baden 1997 S. 93 f.

[45] *Wolfgang. Kahl*, Begriff, Funktionen und Konzepte von Kontrolle, in: Hoffmann-Riem/Schmidt-Aßmann/Voßkuhle (Hrsg.), Grundlagen des Verwaltungsrechts, Bd. III, § 47 Rdn. 70 ff., 213.

[46] *Udo Di Fabio*, in: Isensee/Kirchhof, HStR II, 3. Aufl. 2004, § 27 Rn. 41.

Die Ausführungen im Regierungsentwurf, die sich mit den kritischen Stellungnahmen und Einwänden auseinandersetzen,[47] verharmlosen diese Probleme, die auch im Anhörungsverfahren thematisiert worden sind: „Die Gewährträgerversammlung sei lediglich ein Gremium zur Wahrung der Landesinteressen in strategischer Hinsicht mit begrenztem Kompetenzkatalog". Tatsächlich ermöglicht gerade dies die wesentliche Weichenstellung, die durch die Entscheidung in fast allen geldrelevanten Angelegenheiten noch verstärkt wird. Die aufgeworfene Frage der Gewaltenteilung wird jedoch signifikant ausgeblendet.

Da die vorgesehenen Abgeordneten regelmäßig dem Wissenschafts- und Finanzausschuss entstammen dürften, führt dies zu einer Gleichschaltungsmechanik und kann zu einer vorweggenommenen (jedenfalls faktischen, aber gewollten) Bindungswirkung bei längerfristigen Festlegungen für den Haushalt führen.

IV. Fazit

Im Bestreben, durch frühzeitige Abstimmungen größtmöglichen Konsens zu erreichen, wurde zwar das Kooperationsmodell aufgegeben und die (Umsatz-) Steuerlasten verkleinert, was den Interessen der Wissenschaft nur zugute kommen kann; insofern ist der Ansatz der Reform grundsätzlich zu billigen. In der Konstruktion sind die Landesregierung und der Landtag jedoch über das anvisierte Ziel hinausgeschossen. Das Bedürfnis konsensualer Strukturen schafft zum einen ein Organ, das unter dem Gesichtspunkt der Gewaltenteilung nicht mehr zulässig erscheint. Insbesondere ist es nicht notwendig, für die Interessen des Landes als Eigentümer eine eigene Gewährträgerversammlung zu kreieren; auch der Landtag selbst als Haushaltsgesetzgeber oder der Wissenschaftsausschuss repräsentieren das Land als Eigentümer. Durch die Schaffung dieses Organs dürfte sich aufgrund der faktischen Machtverhältnisse eher eine Zementierung der Einflussmöglichkeiten der Exekutive ergeben. Gänzlich ungeklärt und erst durch den mittelfristigen Vollzug feststellbar sind die – schleichenden – Kollateralauswirkungen für die Wissenschaftsfreiheit. Ob sie so positiv bzw.

---

[47] LT-Drs. 14/7299 zu § 93, S. 87.

harmlos sind, wie es das Wissenschaftsministerium prognostiziert, sei hier dahingestellt. Negativ ist auf jeden Fall das Entstehen neuer „byzantinisch" anmutender Verwaltungsnetzwerke.

Public Leadership –
Wertebasierte Verwaltungsführung

Hermann Hill

I. Verwaltung im Übergang

Noch zum Ende des 20. Jahrhunderts waren das Handeln der öffentlichen Verwaltung sowie Führung und Verhalten im öffentlichen Dienst von relativ stabilen und vorhersehbaren Entwicklungen geprägt. Als Strategien und Handlungsmuster galten Compliance (Regeleinhaltung) und Performance (Leistung).[1] Zunehmend werden jedoch die Handlungsfelder der Verwaltung nicht mehr vorhersehbar, Krisen und Katastrophen, Unsicherheit und Turbulenzen[2] sowie komplexe und dynamisch sich verändernde Probleme (wicked problems)[3] prägen das Bild. Für dieses Handeln in unsicheren Zeiten werden Strategien wie Emergence (langsam sich herausbildende Maßnahmen) und Resilience (Widerstands- und Anpassungsfähigkeit) empfohlen[4].

Wenn Führen in chaotischen Zeiten oder gar in der Dauerkrise[5] nicht nur hektisches Reagieren und ständiges Getriebensein bedeuten soll, bedarf es der Orientierung, die über den Tag und die aktuelle Krise hinausreicht. Vor diesem Hintergrund kommen vor allem grundlegende Werte des Verwaltungshandelns als Wegweiser (wieder) ins Spiel[6].

---

[1] *Jocelyne Bourgon*, New Directions in Public Administration. Serving Beyond the Predictable, Public Policy and Administration 2009, 309.

[2] *Hermann Hill*, Staatliches Innovationsmanagement – Bilanz und Perspektiven, in: Hermann Hill/Utz Schliesky (Hrsg.), Innovationen im und durch Recht, 2010, S. 285 (298 ff.).

[3] *Keith Grint*, Wicked Problems and Clumsy Solutions: The Role of Leadership, in: Stephen Brookes/Keith Grint (eds.), The New Public Leadership Challenge, 2010, 169

[4] *Bourgon* (Fn. 1); *Hill*, Perspektive 2020, in: ders. (Hrsg.), Verwaltungsmodernisierung 2010, 2010, S. 9 (16).

[5] *David J. Snowden/Mary E. Boone*, Entscheiden in chaotischen Zeiten, Harvard Business manager, Dezember 2007, S. 28; *Ronald Heifetz u. a.*, Führen in der Dauerkrise, Harvard Business manager, Oktober 2009, S. 76.

[6] Vgl. noch *Hella Hoppe u.a.*, Grundwerte. Eine theologisch-ethische Orientierung, 2007; *Ulrich Wickert*, Das Buch der Tugenden, 2009.

II. Werte und andere Wegweiser

Der deutsche Öffentliche Dienst ist traditionell an den sog. „hergebrachten Grundsätzen des Berufsbeamtentums" (Art. 33 Abs. 5 GG) ausgerichtet. Neben der Beachtung allgemeiner rechtstaatlicher Grundsätze, wie etwa der Wahrung der Grundrechte, der Beachtung des Gleichheitssatzes (Willkürverbot) sowie des Grundsatzes der Verhältnismäßigkeit gehören dazu insbesondere eine objektive und neutrale (unparteiische) Amtsführung (vgl. auch §§ 20, 21 VwVfG). Im Unterschied zu anderen Staaten wurden dagegen Effizienz und Transparenz in einer OECD-Umfrage von 1990 als zentrale Werthaltungen von Deutschland nicht genannt[7].

International haben insbesondere Ethik-Maßnahmen in den USA[8] sowie die von internationalen Organisationen initiierte Bewegung „Good Governance"[9] die Wertediskussion bestimmt. Im Weißbuch der Europäischen Kommission wurden als Grundsätze des Guten Regierens Offenheit, Partizipation, Verantwortlichkeit, Effektivität und Kohärenz erwähnt. Zusammen mit dem Europäischen Kodex für Gute Verwaltungspraxis des Ombudsmanns beim Europäischen Parlament dienten diese Grundsätze[10] auch als Vorbild für viele Codes of Conducts in den mittel- und osteuropäischen Beitrittsstaaten[11].

Auch der britische Civil Service Code mit den Kernwerten Integrität, Ehrlichkeit, Objektivität und Unparteilichkeit sowie die britischen „Seven Principles of Public Life" (Selbstlosigkeit, Integrität, Objektivität, Verantwortlichkeit, Offenheit, Aufrichtigkeit und Führung) werden vielfach in diesem Zusammenhang zitiert[12].

Jørgensen und Bozeman[13] haben anhand der relevanten internationalen Literatur ein Bestandsverzeichnis zu „Public Values" erstellt. Dabei haben sie die

---

[7] *Nathalie Behnke*, Alte und neue Werte im öffentlichen Dienst, in: Bernhard Blanke u.a. (Hrsg.), Handbuch zur Verwaltungsreform, 4. Aufl. 2011, S. 340 (342).

[8] *Behnke*, Ethik in Politik und Verwaltung, 2004.

[9] *Hill*, Good Governance – Konzepte und Kontexte, in: Gunnar Folke Schuppert (Hrsg.), Governance-Forschung, 2005, S. 220.

[10] *Hill*, Verwaltungskommunikation und Verwaltungsverfahren unter europäischem Einfluss, in: Hermann Hill/Rainer Pitschas (Hrsg.), Europäisches Verwaltungsverfahrensrecht 2004, S. 273.

[11] *Jolanda Palidauskaite/Alan Lawton*, Codes of Conduct for Public Servants in Central and East European Countries: Comparative Perspectives, in: György Jenei et al (eds.), Challenges of Public Management Reforms, 2004, 397; *Olivia Seifert*, Codes of Conducts, in: Hill (Hrsg.), Verwaltungsmodernisierung im europäischen Vergleich, 2009, 113.

[12] www.civilservice.gov.uk/about/values/index.aspx; *Behnke* (Fn. 7), S. 345.

[13] *Torben Beck Jorgensen/Barry Bozeman*, Public Values – An Inventory, Administration & Society 39 (2007), 354; vgl. auch *Beck Jorgensen*, Public Values in Denmark,

Werte in sieben Kategorien eingeteilt: Beitrag des Öffentlichen Sektors zur Gesellschaft, Transformation von Interessen in Entscheidungen, Beziehungen zwischen Verwaltungsbediensteten und Politikern, Beziehungen zwischen Verwaltungsbediensteten und ihrer Umgebung, intraorganisationale Aspekte der Öffentlichen Verwaltung, Verhalten der öffentlichen Beschäftigten, Beziehungen zwischen der Öffentlichen Verwaltung und den Bürgern. Zentrale Werte (nodal values) waren danach: Human dignity, Sustainability, Citizen involvement, Openness, Secrecy, Compromise, Integrity and Robustness.

Als Wegweiser für das Verhalten im Öffentlichen Dienst gelten auch Leitbilder[14], die jeweils Verwaltungskulturen[15] und auch das Selbstverständnis bzw. Image der einzelnen Bediensteten prägen. So sollte etwa das traditionelle hoheitliche Amtsverständnis von einer Management- und Dienstleistungskultur im Rahmen des Neuen Steuerungsmodells (New Public Management) abgelöst werden. Mit den Begriffen Gewährleistungsstaat und Governance war ein Verständnis von Kooperation und Partnerschaft, von Netzwerken und Verantwortungsteilung verbunden. Allerdings führte der mit den jeweiligen Reformmaßnahmen angestrebte Kulturwandel häufig auch zu Irritationen bei den Beschäftigten, die sich gelegentlich sogar auf ihre Identitätswahrnehmung auswirkten[16].

Nach ausländischen Vorbildern erlassene sog. Informationsfreiheitsgesetze haben es jedenfalls bisher im Allgemeinen offenbar nicht vermocht, die „Kultur des Amtsgeheimnisses" in Richtung von mehr Offenheit und Transparenz aufzulockern[17].

---

in: Hill (Hrsg.), Die Zukunft des öffentlichen Sektors, 2006, S. 207; sowie noch *Richard Barrett*, Building a Values-Driven Organization, 2006.

[14] *Margrit Seckelmann*, Die „effiziente Verwaltung" – Zur Entwicklung der Verwaltungsleitbilder seit dem Ende der 1970er Jahre, in: Peter Collin/Klaus-Gert Lutterbeck (Hrsg.), Eine intelligente Maschine? Handlungsorientierungen moderner Verwaltung (19./20. Jh.), 2009, 245; *Marc Jan Beer*, Staatsleitbilder, in: Blanke u.a.(Hrsg.), Handbuch zur Verwaltungsreform (Fn. 7), S. 52.

[15] *Joachim Wentzel*, Europäische Verwaltungskulturen, in: Hill (Hrsg.), Verwaltungsmodernisierung im europäischen Vergleich, 2009, 9.

[16] *Sylvia Horton*, New Public Management: its impact on public servant's identity. International Journal of Public Sector Management, 2006, 533; vgl. noch *Janet V. Denhardt/Robert B. Denhardt*, The New Public Service, 2003; *Christoph Demmke*, Die europäischen öffentlichen Dienste zwischen Tradition und Reform, 2005; *Frances Stokes Berry*, Government reform and public service values in democratic societies, in: Jeffrey A. Raffel et al (eds.), Public Sector Leadership, 2009, 35; Rainer Koch u.a. (Hrsg.), New Public Service. Öffentlicher Dienst als Motor der Staats- und Verwaltungsmodernisierung, 2. Aufl. 2011.

[17] Vgl. noch *Hill*, Der öffentliche Dienst – gut aufgestellt für die Zukunft?, in: Siegfried Magiera u.a. (Hrsg.), Verwaltungswissenschaft und Verwaltungspraxis in nationaler und transnationaler Perspektive, Festschrift für Heinrich Siedentopf, 2008, S. 577.

Wegweisend für Selbstverständnis und Image der öffentlich Bediensteten ist sicherlich auch die seit einigen Jahren verstärkt geführte Diskussion um die notwendigen Handlungskompetenzen[18], insbesondere bei offenen Sachverhalten und zunehmend dynamischen Entwicklungen. Gerade die modernen Informations- und Kommunikationstechniken verlangen zudem neue Kompetenzen im Umgang mit elektronisch gewonnenen, aufbereiteten und vermittelten Informationen[19]. Eine besondere Rolle bei der Entwicklung von Werten, Leitbildern und Kompetenzen spielen die Führungskräfte, die diese Werte einerseits vorleben, andererseits für ihre Entfaltung und Stärkung bei den einzelnen Mitarbeitern und innerhalb der Organisation Sorge tragen sollen.

III. Leadership

Leadership wird vor allem in der angelsächsischen Literatur immer wieder als wesentlich für den Erfolg bzw. die Zukunftsfähigkeit von Organisationen bezeichnet: Leadership macht den Unterschied[20], Leadership ist der Schlüssel für Qualitätsmanagement[21], Innovationsmanagement[22] oder Risikomanagement[23], ja für jegliche Art von Veränderung, Verbesserung und Reform[24].

Dabei ist die Forschung und Literatur zu Leadership schier unübersehbar, ebenso wie die entsprechenden Versuche, Leadership zu definieren[25]. Generell wird vor allem ein Unterschied zwischen Leadership und Management gese-

---

[18] *Sylvia Horton et al* (eds.), Competency Management in the Public Sector, 2002; *Tim A. Mau*, Is public sector leadership distinct? A comparative analysis of core competencies in the senior executive service, in: Raffel et al (Fn. 16), S. 313.

[19] *Hill*, E-Kompetenzen, in: Blanke u.a. (Hrsg.), Handbuch zur Verwaltungsreform (Fn. 7), S. 385.

[20] *Michael D. Mumford et al*, Leadership Research: Traditions, Developments, and Current Directions, in: David A. Buchanan/Alan Bryman (eds.), The SAGE Handbook of Organizational Research Methods, 2009, S. 111.

[21] Sowohl bei EFQM als auch bei CAF steht Leadership jeweils an 1. Stelle der Kriterien, zu diesen Qualitätsmanagementsystemen vgl. *Christian Jock*, Qualitätsmanagement in Europa – Entwicklungen, Probleme, Ausblick, in: Hill (Hrsg.), Verwaltungsmodernisierung im europäischen Vergleich, S. 35; *Mario Etscheid*, Potenziale des Common Assessment Framework (CAF) für eine nachhaltige Verwaltungsmodernisierung, in: Hill (Hrsg.), Wege zum Qualitätsmanagement, 2010, S. 35.

[22] *Hill* (Fn. 2), S. 292.

[23] *Laurent F. Carrel*, Leadership in Krisen, 2. Aufl. 2010; *Erika Hayes James/Lynn Perry Wooten*, Leading under Pressure, 2010.

[24] *Geert Bouckaert*, New Public Leadership for Public Service Reform, in: Jon Pierre/Patricia Ingraham (eds.), Comparative Administrative Change and Reform, 2010, S. 51.

[25] Vgl. schon *Hill*, Von Good Governance zu Public Leadership, Verwaltung und Management 2006, S. 81.

hen, in den Worten der OECD: „While management puts more emphasis on formal systems, processes and incentives, leadership is more about informal influence – how to mobilise people through values and visions."[26] Vielfach wird auch zwischen „transformational leadership" (Wandel und Veränderung herbeiführend) und „transactional leadership" (eher vollziehend und umsetzend) unterschieden[27], wobei Letzteres in öffentlichen Organisationen wegen der engeren Bindungen eher die Norm sein soll[28].

Während unter dem Begriff Leadership anfangs vor allem die Person der individuellen Führungskraft, ihres Charakters, ihres Verhaltens und ihrer Fähigkeiten thematisiert wurde, hat sich der Schwerpunkt des Interesses später mehr auf die Beziehungen zu den Geführten (followers) verlagert. Dabei wurde auch die jeweilige Situation sowie die Organisation insgesamt einbezogen[29]. Eine andere Auffassung versteht Leadership eher als Prozess[30]. Insbesondere in kollaborativen Netzwerken wird die Rolle der Führungskraft als Ermöglicher und Katalysator betont[31].

Teilweise wird Leadership auch als kollektives Phänomen verstanden[32]. Es geht um die Eigenheit und das Selbstverständnis eines ganzen Systems. Leadership ist danach auf allen Ebenen einer Organisation und außerhalb, soweit es um das Zusammenwirken geht, erforderlich[33]. Leadership stellt aus dieser Sicht eine aufgaben- und entwicklungsorientierte professionelle Haltung und Einstellung aller Mitarbeiter dar.

Zwischen Leadership im privaten und Öffentlichen Sektor werden durchaus Unterschiede gesehen. Im Öffentlichen Sektor habe Leadership eine duale Natur durch die Aufteilung in Political Leadership und Administrative/Organisational Leadership. Kennzeichnend seien auch die Vielfalt der Ziele sowie

---

[26] OECD (Hrsg.), Public Sector Leadership for the 21st Century, 2001, S. 15.

[27] *Alan Bryman*, Leadership in Organizations, in: Stewart R. Clegg et al (eds.), Managing Organizations1999, S. 26 (31).

[28] *Nicolai Petrovsky*, Leadership, in: Rachel Ashworth et al (eds.), Public Service Improvement, 2010, S. 78 (84).

[29] *Maria Stippler u.a.*, Führung, Ansätze – Entwicklungen – Trends, Teil 1: Erste Ansätze, Teil 2: Systemische Führung, Bertelsmann Stiftung Leadership Series, 2010.

[30] *Gary Yukl*, Leadership in Organizations, 6th Edition, 2006, 6 „Process of influencing others".

[31] *Myrna P. Mandell/Robyn Keast*, A new look at leadership in collaborative networks: process catalysts, in: Raffel et al (Fn. 16), 163.

[32] *Don Dunoon*, Rethinking Leadership for the Public Sector, Australian Journal of Public Administration 2002, 3 (15): Collective Leadership.

[33] *Elke Löffler*, Leadership im öffentlichen Sektor – nicht nur eine Herausforderung für Führungskräfte, in: Rainer Koch/Peter Conrad (Hrsg.), New Public Service, 2003, S. 239 (244).

die durch rechtliche Regelungen und demokratische Anforderungen engeren Rahmenbedingungen[34].

IV. Public Leadership

1. Wertorientierung

Im Zusammenhang mit der Einführung von Performance Management[35] im Öffentlichen Dienst sind auch in vielen Verwaltungen sog. leistungsorientierte Vergütungen bzw. Anreizsysteme etabliert worden[36]. Zunehmend zeigt sich jedoch Kritik an solchen Formen extrinsischer Motivation[37]. Sie könnten das Gefühl der Fremdsteuerung bzw. verminderten Selbstbestimmung entstehen lassen[38], schlechtes Verhalten begünstigen, Abhängigkeit verursachen und Kurzzeitdenken auf Kosten der Nachhaltigkeit verstärken. Insbesondere bei komplexen und kreativen Aufgaben könne so das weitsichtige Denken eingeschränkt werden, welches zum Finden innovativer Lösungen jedoch unerlässlich sei[39].

Hingegen seien es drei grundlegende Elemente, die uns wirklich motivieren könnten: (1) Selbstbestimmung – das Bedürfnis, unser Leben selbst zu bestimmen; (2) Perfektionierung – der (innere) Drang, bei einer wichtigen Sache immer besser zu werden; (3) Sinnerfüllung – die Sehnsucht, unser gesamtes Tun im Dienste von etwas Größerem als uns selbst zu vollbringen[40].

Vor diesem Hintergrund gewinnt das zuerst in den USA entwickelte Konzept der „Public Service Motivation" an Bedeutung[41]. Weitere internationale

---

[34] *Bouckaert* (Fn. 24), S. 57; *Petrovsky* (Fn. 28), S. 80.

[35] *Isabella Proeller/John Philipp Siegel*, Performance Management in der deutschen Verwaltung – Eine explorative Einschätzung, der moderne staat 2009, 455.

[36] *Sven Kurella*, Performance Pay, in: Hill (Hrsg.), Verwaltungsmodernisierung im europäischen Vergleich, S. 83; *Jörg Bellmann*, Leistungsorientierung im Besoldungs- und Tarifrecht des öffentlichen Dienstes: Grundlagen und aktuelle Entwicklungstendenzen, in: Hill (Hrsg.), Verwaltungsmodernisierung 2010, S. 237.

[37] *Holger Mühlenkamp*, Was bewirkt die Karotte vor der Nase? – Ein kritischer Blick auf anreizorientierte Entgeltsysteme im öffentlichen Sektor, in: Andreas Gourmelon/Michael Mroß (Hrsg.), Führung im öffentlichen Sektor, 2010, S. 131.

[38] *Renate Meyer/Isabell Egger-Peitler/Gerhard Hammerschmid*, Das Konzept der Public Service Motivation, in: Blanke (Hrsg.), Handbuch zur Verwaltungsreform, S. 350 (355).

[39] *Daniel H. Pink*, Drive – Was Sie wirklich motiviert, 2010, S. 64 f.

[40] *Pink* (Fn. 39), S. 246.

[41] *Nicole Klawitter*, Public Service Motivation, in: Hill (Hrsg.), Verwaltungsmodernisierung im europäischen Vergleich, S. 91; *David Giauque et al*, Public Service Motivation. First empirical evidence in Swiss municipalities, in: Jahrbuch der Schweizerischen Verwaltungswissenschaften, 2010, S. 159.

Untersuchungen legen die Annahme nahe, dass sich Beschäftigte im Öffentlichen Dienst im Vergleich zu privatwirtschaftlich Beschäftigten durch eine stärkere Ausprägung folgender vier Dimensionen auszeichnen: Interesse für Politik und Politikberatung, Orientierung am Gemeinwohl, soziales Mitgefühl sowie Uneigennützigkeit bzw. Altruismus.

Zwar bleibt offen, ob sich Menschen, bei denen diese Interessen und Eigenschaften stärker ausgeprägt sind, eher dem öffentlichen Sektor zuwenden oder ob die Ausprägung dieser Motive eher das Ergebnis der Tätigkeit im Öffentlichen Dienst ist[42]. Jedenfalls scheint der Öffentliche Dienst Gestaltungsfelder und Tätigkeiten zu bieten, die der Arbeit mehr Sinn[43] verleihen können als viele Tätigkeiten in privaten Unternehmen. Diese Wertorientierung gilt es auch im Rahmen der Verwaltungsführung zu beachten.

2. Wertschöpfung

In den ersten Jahrzehnten der Bundesrepublik Deutschland wurde die Tätigkeit der Verwaltung vor allem als rückwärts am Gesetz orientierter, rechtstaatlicher Vollzug angesehen. Im Hinblick auf die eigene Legitimation der öffentlichen Verwaltung im Grundgesetz[44] kommt ihr indessen darüber hinaus vor allem auch ein gestalterischer, nach vorne gerichteter Gemeinwohlauftrag zu, der, neben der Rechtsverwirklichung auch Ziele wie Wirtschaftlichkeit, Zweckmäßigkeit, Bürgerorientierung, Transparenz, Akzeptanz und Nachhaltigkeit umfasst (Gesamtauftrag der Verwaltung)[45].

Entsprechend hat sich im Rahmen von New Public Management bzw. Performance Management neben der Orientierung an Leistungen (Ergebnissen) des Verwaltungshandelns auch immer stärker eine Orientierung an Wirkungen herausgebildet[46]. Verwaltung kann und soll durch ihr Handeln bestimmte Wirkungen im Sinne des Gemeinwohls erzielen. Dies zeigt sich deutlich an der auch in öffentlichen Organisationen immer wieder zu stellenden Frage: Was

---

[42] *Meyer u.a.* (Fn. 38), S. 352.

[43] Grundlegend *Viktor E. Frankl*, Der Mensch vor der Frage nach dem Sinn: Eine Auswahl aus dem Gesamtwerk, 2010.

[44] *Wolfgang Hoffmann-Riem*, Eigenständigkeit der Verwaltung, in: Wolfgang Hoffmann-Riem/Eberhard Schmidt-Aßmann/Andreas Voßkuhle, Grundlagen des Verwaltungsrechts, Bd. I, 2006, §10.

[45] *Hill*, Das fehlerhafte Verfahren und seine Folgen im Verwaltungsrecht, 1986, S. 208; *Voßkuhle*, Verwaltungsrecht & Verwaltungswissenschaft = Neue Verwaltungsrechtswissenschaft, BayVBl 2010, 581 (582).

[46] *Christoph Reichard*, Wirkungsorientiertes Verwaltungsmanagement, in: Martin Brüggemeier u.a. (Hrsg.), Controlling und Performance Management im öffentlichen Sektor, Festschrift für Dietrich Budäus, 2007, S. 3.

wäre, wenn es uns nicht gäbe? Welche Wirkungen erzielen bzw. welche Werte schöpfen wir für das Gemeinwohl?

Dieses Konzept der öffentlichen Wertschöpfung (Public Value Management)[47] wurde in den neunziger Jahren zunächst in den USA entwickelt und weltweit aufgegriffen. Dabei erschöpft sich Wertschöpfung nicht nur in sichtbaren Ergebnissen oder Wirkungen als Endprodukt des Verwaltungshandelns, vielmehr erwächst öffentliche Wertschöpfung im Verfassungsstaat des Grundgesetzes auch aus der Art und Weise, wie Entscheidungen zustande kommen (Verfahren, Beteiligung, Transparenz), aus dem bewussten und nachhaltigen Einsatz von Ressourcen sowie aus der Begründung und Rechtfertigung des Handelns (Accountability) und der ständigen Suche nach Verbesserung[48].

Wertschöpfung (für das Gemeinwohl) und Wertorientierung (am Gemeinwohl) sind eng miteinander verbunden. So heißt es etwa schon im Papier der Strategy Unit des britischen Cabinet Office: „Value and values are closely linked ... Inappropriate values may lead to the distruction of public value"[49].

3. Wertschätzung

Ein Klassiker in der Literatur zum Personalmanagement sind die Führungstheorien von Douglas Mc Gregor[50]. Danach kann man Menschen prinzipiell auf zwei Arten betrachten: „Entweder man geht davon aus, dass die Menschen von Natur aus dumm und faul sind, so wenig wie möglich arbeiten und Verantwortung meiden, wo es nur geht. Einfallsreich werden sie nur dann, wenn es darum geht, die Regeln zu überlisten und sich einen egoistischen Vorteil zu verschaffen, auch wenn das auf Kosten der Gemeinschaft geht.

Oder man geht davon aus, dass die Menschen von Natur aus motiviert sind, den unbedingten Willen haben, sich zu entfalten und zu entwickeln. Sie haben ihren eigenen Antrieb, etwas zu leisten, und sind unter den richtigen Bedingun-

---

[47] *Hill*, Public Value Management, in: Festschrift Budäus (Fn. 46), S. 373; *Timo Meynhardt*, in: Blanke u.a. (Hrsg.), Handbuch zur Verwaltungsreform, S. 517.

[48] Vgl. noch *Hill*, Urban Governance – Zum Wohle der Kommune, in: Deutsches Institut für Urbanistik (Hrsg.), Brennpunkt Stadt, Festschrift für Heinrich Mäding, 2006, 155.

[49] *Gavin Kelly u.a.*, Creating Public Value, 2002, S.4, www.strategy.gov.uk/ seminars/public_value/index.asp; vgl. dazu noch *Timo Meynhardt/Jörg Metelmann*, Public Value – ein Kompass für die Führung in der öffentlichen Verwaltung, Verwaltung und Management 2008, 246; *Armin König*, Brauchen wir Public-Value-Manager?, Verwaltung und Management 2008, 318.

[50] *Douglas Mc Gregor*, The Human Side of Enterprise, 1960, deutsch: Der Mensch im Unternehmen, 1971; *Hill*, Vom Administrator zum Wertschöpfer, Personalwirtschaft 5/2003, 16.

gen bereit, alles zu geben und ihre Kreativität zielgerichtet und zum Wohle des Ganzen einzusetzen, um Probleme zu lösen"[51].

Mc Gregor nannte das erste Menschenbild Theorie X und das zweite Theorie Y. Seltsamer Weise glaubt bei Befragungen häufig nur eine verschwindend geringe Menge von Menschen, dass sie selbst dem Menschenbild X entsprechen, etwas größer ist indessen der Anteil der Führungskräfte, der behauptet, dass ein Teil seiner Mitarbeiter leider dem Menschenbild X zuzuordnen sei und deshalb strenge detailorientierte Anweisungen und Kontrollen erforderlich seien. Mit ziemlicher Wahrscheinlichkeit funktionierte die Theorie X deshalb wohl vor allem immer dann, wenn man an das dazugehörige Menschenbild glaubte. Denn es bestätigte sich von selbst[52].

Als Alternative zu „Command and Control" oder „Zuckerbrot und Peitsche" hat das Personalmanagement schon immer Ansätze entwickelt, die die Wertschätzung der Mitarbeiterinnen und Mitarbeiter als Quelle von Arbeitszufriedenheit, positivem Arbeitsklima und gemeinsamem Arbeitserfolg ausmachen. Dazu gehören etwa Konzepte einer aktivierenden Führung[53], bei der die Führungskraft nicht nur eine klare Linie hat, umfassend informiert, Arbeitsziele vereinbart, sondern auch durch ihr Engagement motiviert, Anerkennung bei guter Leistung sowie Rückmeldung über das erreichte Leistungsniveau gibt. In ähnliche Richtung gehen Ansätze einer respektvollen Führung[54], bei der die Führungskraft den Mitarbeitern vertraut, dass sie eigenständig und selbstverantwortlich gute Leistungen erbringen, bei denen sie die Mitarbeiter als vollwertiges Gegenüber anerkennt, sie selbst und ihre Arbeit ernst nimmt und fair behandelt.

Mit vielfältigen Instrumenten kann diese Wertschätzung zum Ausdruck gebracht werden, etwa Leitbildentwicklungen, Zielvereinbarungen, Mitarbeitergespräche, Qualitätszirkel etc. Mit der Methode der „Appreciative Inquiry" (wertschätzende Erkundung bzw. Befragung)[55] können im Sinne einer positiven Verstärkung persönliche Erlebnisse, Erfahrungen und Erfolge erinnert, neu belebt und für zukünftige Aufgaben genutzt werden. Auf diese Weise kann Wertschöpfung durch Wertschätzung erzielt werden.

---

[51] Darstellung entnommen aus *Niels Pfläging*, Die 12 neuen Gesetze der Führung, 2009, S. 20 f.

[52] *Pfläging* (Fn. 51), S. 21.

[53] *Helmut Klages/Thomas Gensicke*, Führungsstil der Verwaltung im Wandel, VOP 8/1996, S. 34.

[54] *Tilman Eckloff u.a.*, Respektvolle Führung und ihre Bedeutung für die Gestaltung von Veränderungen in Organisationen, in: Rudolf Fisch u.a. (Hrsg.), Veränderungen in Organisationen, 2008, S. 249.

[55] *Matthias zur Bonsen/Carole Maleh*, Appreciative Inquiry (AI): Der Weg zu Spitzenleistungen, 2001; *zur Bonsen*, Leading with Life, 2. Aufl. 2010.

Mitarbeiter sind dankbar, wenn Führungskräfte ihnen Orientierung geben, wie sie ihr Können am besten einsetzen können[56]. In diesem Sinne schafft der Ansatz, der Eigenverantwortung und Qualifikation der Mitarbeiterinnen und Mitarbeiter Richtung und Raum zu geben, auch Resilienz (Widerstands- und Anpassungsfähigkeit) im Hinblick auf zukünftige Krisen und Turbulenzen[57].

4. Wertvielfalt

In einer (Verwaltungs-)Welt mit verschiedenen Generationen und Kulturen und den dadurch bedingten unterschiedlichen Erfahrungen, Sozialisationen, Kompetenzen und Werten stellt es gerade für Führungskräfte immer wieder eine Herausforderung dar, diese Werte in ihrem Ursprung und Kontext, in ihrer (Un-)Bedingtheit und Wechselbezüglichkeit zu erkennen und zu beachten, sie untereinander abzuwägen und zuzuordnen[58] sowie sie wie bei einem vielstimmigen Orchester zu einem harmonischen Klangkörper auf der Basis verfassungsrechtlicher Leitvorstellungen zu entwickeln.

Die eigene Wertvorstellung selbständiger Subjekte zu tolerieren, aber dennoch einen gemeinsamen Wertekanon zu entwickeln und ein kohärentes Wertebild zu formen, ist nicht zuletzt entscheidend auch für die Leistungs- und Wettbewerbsfähigkeit der Organisation und die Identifikation ihrer Mitglieder mit deren Aufgaben und Zielen. Dies gipfelt in der plakativen Frage: „Wie produktiv gehen die Unternehmen mit ihrer Vielfalt um – managen sie Diversity oder nutzen sie die Kollektive Intelligenz?"[59]

Die Vielfalt der Werte führt nicht nur zur Aufgabe, ein kohärentes Wertebild innerhalb einer Organisation zu schaffen, sondern auch zur Frage, inwieweit ein Wertetransfer zwischen verschiedenen Organisationen möglich ist. Dies betrifft insbesondere die Frage nach einem Kultur-, Kompetenz- oder Innovationstransfer. Zwar ist die Wertekultur jeder Organisation sowohl pfadabhängig als auch kontextabhängig. Dennoch erscheint eine Öffnung und Entwicklung sowie ein Wertetransfer nicht unmöglich. Zwar gelten gerade in unruhigen Zei-

---

[56] *Felicitas Morhart/Wolfgang Jenewein*, Was gute Führung ausmacht, Harvard Business Manager, November 2010, S. 29 (32).

[57] *Dietmar Bodingbauer/Frank Kühn*, Gut vorbereitet auf die nächste Krise?, Change Management 3/2010, S. 2 (3), www.ICG.eu.com.

[58] *Dietrich Schramm/Stefan Wetzel*, Personalmanagement 2015 – Praktische Anforderungen und strategische Aktionsfelder, in: Dietrich Wagner/Susanne Herlt (Hrsg.), Perspektiven des Personalmanagements 2015, 2010, S. 55 (78) beschreiben das Erkennen und Tolerieren der Unterschiedlichkeit und Relativität der Werte von Einzelpersonen und Systemen als klassische Tugend von Führungskräften.

[59] *Hans A. Wüthrich u. a.*, Leadership schafft Wettbewerbsvorteile 2. Ordnung, zfo 2007, 312 (317).

ten Werte als wichtige Orientierung. Andererseits nötigen aber gerade diese Zeiten auch zu einem Hinterfragen und Überdenken der vielleicht bisher als selbstverständlich vorausgesetzten Wertannahmen, so dass diese Reflexion im Rahmen einer Weiterentwicklung auch einen Wertetransfer ermöglichen kann.

5. Wertentwicklung

Wenn Leadership etwas mit Beziehungen zu tun hat und soziale Technologien und Netzwerke Beziehungen (und Arbeitsweisen) verändern[60], muss sich auch Leadership ändern[61]. Neue Technologien, die allgemein mit den Stichworten Web 2.0 oder Enterprise 2.0[62] bezeichnet werden, schaffen einen neuen Kommunikationsraum, der vielfältige Möglichkeiten zu einer Veränderung der Arbeits- und Kommunikationsbeziehungen sowie zu ihrer aktiven Gestaltung und Mitwirkung ergibt[63]. Dies gilt sowohl innerhalb der Organisation als auch in Bezug auf eine Öffnung nach außen, bei der etwa unter dem Stichwort Open Government[64] neue Plattformen für die Einbeziehung und die Diskussion mit Bürger, Kunden oder Stakeholdern entstehen. Auf diese Weise entwickelt sich sowohl eine neue Arbeitswelt, als auch ein neues Staatsbild; Wertesysteme verändern sich in Hinsicht auf mehr Transparenz und Interaktion.

Auch die Rolle von Führungskräften im Öffentlichen Sektor verändert sich. Manche beklagen einen Kontrollverlust, andere sehen aber neue Chancen für die Führungskräfte als Impulsgeber und Katalysator des Wandels. In diesem sog. „Open Leadership" werden Beziehungen und Werte neu definiert, dazu gehören Offenheit und Neugier, Demut und Bescheidenheit[65], aber auch Mut und Vertrauen[66]. Gerade in Zeiten der Veränderung ist eine wechselseitig verlässliche Vertrauensbasis wichtig, um gemeinsam die Kraft zum Lernen und zur Veränderung aufzubringen.

---

[60] *Don Tapscott/Anthony D. Williams*, Wikinomics. Die Revolution im Netz, 2006; *Erik Qualman*, Socialnomics. Wie Social Media Wirtschaft und Gesellschaft verändern, 2010; *Tim Cole*, Unternehmen 2020 – das Internet war erst der Anfang, 2010.

[61] *Charlene Li*, Open Leadership. How Social Technology can transform the way you lead, 2010, S. 163; *Grady McGonagill/Tina Doerffer*, The Leadership Implications of the Evolving Web, Bertelsmann Stiftung Leadership Series, 2010.

[62] Willms Buhse/Sören Stamer (Hrsg.), Die Kunst loszulassen – Enterprise 2.0, 2008; *Frank Schönefeld*, Praxisleitfaden Enterprise 2.0, 2009.

[63] *Hill*, Qualitätsmanagement im 21. Jahrhundert, DÖV 2009, 789 (793).

[64] ISPRAT e.V. (Hrsg.), Vom Open Government zur Digitalen Agora, 2010; *Hill*, Open government als Form der Bürgerbeteiligung, in: Kurt Beck/Jan Ziekow (Hrsg.), Mehr Bürgerbeteiligung wagen, 2011.

[65] *Li* (Fn. 61), S. 168 f.

[66] *Matthias Nöllke*, Vertrauen. Wie man es aufbaut. Wie man es nutzt. Wie man es verspielt, 2009.

Zu der Entwicklung im Innern und der Öffnung nach außen kommt eine Offenheit und Aufgeschlossenheit für die Entwicklung in die Zukunft. Organisationen benötigen dazu institutionalisierte Regeln zur Änderung ihrer Regeln. Diese institutionalisierte Reflexivität forscht nach veränderten Voraussetzungen im gegenwärtigen Handeln und stellt gegenwärtigen Handlungsroutinen systematisch Alternativen gegenüber. Statt einer reinen Kontrolle der Erfüllung von Zielvorgaben werden dabei auch Ziele (und Werte) reformuliert, ebenso wie Kriterien, anhand derer diese Ziele und Werte festgestellt und entwickelt werden können[67].

Es geht jedoch nicht nur um eine Rückbezüglichkeit (Reflexivität) im Hinblick auf geltende Regeln und Werte, sondern auch um eine institutionalisierte Wachheit und Proaktivität im Hinblick auf mögliche zukünftige Entwicklungen (institutionalisierte Achtsamkeit). Führungskräfte haben die Aufgabe und Verantwortung durch eine Mobilisierung von Personal und Organisation diese Kultur der Wachsamkeit, der Geistesgegenwart, der Sorgfalt und der pro-aktiven dynamischen Verantwortung aufzubauen und zu entwickeln[68]. Verwaltungsmodernisierung ist in diesem Sinne zugleich auch Kultur- und Wertentwicklung.

V. Folgerungen für Personal- und Führungskräfteentwicklung

Wenn Wertschöpfung sehr stark von Wertorientierung und Wertschätzung abhängt, dann sind auch Verwaltungen gut beraten, ihre Personal- und Führungskräfteentwicklung an diesen Grundsätzen auszurichten. Schon bei der Suche nach Nachwuchskräften kann daher der Hinweis auf eine wertebasierte Verwaltungsführung die Attraktivität des öffentlichen Arbeitgebers stärken. Die Gestaltung von Arbeitsaufgaben sollte ebenfalls an Werteorientierung und Wertschätzung ausgerichtet sein. Diese sollten schließlich bei allen Maßnahmen der Qualifikation und Fortbildung berücksichtigt werden.

Führungskräfte müssen lernen, die „innere Verwaltungskraft", die in den Werten, Potenzialen und Energien wurzelt, freizusetzen und zu mobilisieren. Auf diese Weise können Eigenverantwortung und Qualifikation Raum und

---

[67] *Daniela Manger/Manfred Moldaschl*, Institutionelle Reflexivität als Modus der Kompetenzentwicklung von Organisationen, in: Heike Jacobsen/Burkhard Schallock (Hrsg.), Innovationsstrategien jenseits traditionellen Managements, 2010, S. 282 (289).

[68] *Hill*, Von Innovationsmanagement und Management der Unsicherheit zur zukunftsfähigen Verwaltung, in: Reinbert Schauer u.a. (Hrsg.), Innovative Verwaltungen, 2011, abgedruckt auch in Verwaltung & Management 2011, S. 3 (4).

Richtung gegeben werden. Diese Aufgabe der Führungskräfte als Kultur- und Wertemanager sollte verstärkt auch in Kurse zur Führungskräfteentwicklung Eingang finden.

Reform des Öffentlichen Dienstes und Good Governance – Das Beispiel Ägypten

Ulrich Karpen

I. Öffentlicher Dienst und neue Herausforderungen der Verwaltung

Hans Peter Bull hat sich in seiner wissenschaftlichen und praktischen Arbeit – letzteres vor allem als Innenminister – immer wieder mit dem Öffentlichen Dienst, seinen Rechtsproblemen und seiner Reform beschäftigt[1]. Das ist ein wesentlicher Bestandteil von *Good Governance* als dem Bemühen um bessere Regierungsführung und eine Daueraufgabe jedes modernen Staates. Wenn deutsche Verwaltungsrechtler als Aufbau – oder Reformhelfer im Ausland um ihren Rat gefragt werden[2], ist der Öffentliche Dienst stets eines der Aufgabenfelder, dem sie sich zuerst zuwenden müssen, sei es in einem EU-Beitrittsland - wie Kroatien[3] oder Mazedonien[4] – oder in anderen Ländern – wie Südafrika[5] oder Ägypten[6]. Letzteres soll hier als Referenzland herangezogen werden, um einige Probleme der Reform des Öffentlichen Dienstes in der Praxis vorzustellen. Die jüngsten Ereignisse in Ägypten vom Februar 2011 mögen – soweit heute schon absehbar – zu grundlegenden Veränderungen des Staats- und

---

[1] Zuletzt: Zukunft des Öffentlichen Dienstes – Öffentlicher Dienst der Zukunft - Bericht der von der Landesregierung Nordrhein-Westfalens eingesetzten Kommission, Vorsitzender Hans Peter Bull, Düsseldorf, 2003

[2] *Margrit Seckelmann*, „Good Governance" – Importe und Re-Importe, in: Vanessa Duss u.a. (Hrsg.), Rechtstransfer in der Geschichte, München 2006, S. 108 f; *Ulrich Karpen*, Das Grundgesetz als „Exportartikel", in: Rainer Pitschas u.a. (Hrsg.), Wege gelebter Verfassung in Recht und Politik. Festschrift für Rupert Scholz zum 70. Geburtstag, Berlin, 2007, S. 615–636.

[3] Support to the Civil Service and Public Administration Reform, in: Croatia, Project within the European CARDS Programme for Croatia. Draft Law on General Administrative Procedures of the Republic of Croatia, Introduction and arguments of the legal texts, Zagreb, 2007, 8–11.

[4] *Tatjana Temelkoska / Ulrich Karpen*, Manual on Secondary Legislation, OSCE, Spillover Monitor Mission to Skopje, Skopje, 2010.

[5] *Ulrich Karpen*, Good Governance in South Africa and Western Cape, Kapstadt, 2010.

[6] *Ulrich Karpen*, Civil Service Legislation in Egypt, OECD, SIGMA, Paris, 2009.

Rechtsgefüges des Landes führen. Jedenfalls wird die Dienstreform zu den ganz dringlichen Aufgaben gehören.

Der moderne Staat und seine Verwaltung sehen sich neuen Herausforderungen gegenüber: Globalisierung, Umweltschutz, Wirtschaft und Finanzen, EU- und Internationales Recht, Gleichstellung, Rahmensetzung für die (zivil-) gesellschaftlichen Aktivitäten, Kooperation und gesellschaftlichen Partnern (ppp) usw.[7] Diese Entwicklung führt zu einer großen Ausweitung der Staatsaufgaben und einer Aufblähung der *Quantität* der Staatsbediensteten. Mit ihr hält die *Qualität* der Verwaltung nicht Schritt. Es mangelt an guten Kräften, Führung und Motivation, Besoldung und Beförderung, Serviceleistung und Kundenorientierung. Das hat Auswirkungen auf die Bemühungen um Good Governance[8]. Ein gut geplantes, reguliertes, geführtes Öffentliches-Dienst-System ist ausschlaggebend für eine gute und erfolgreiche Regierungs- und Verwaltungsführung als Kern von Good Governance. Die EU fordert und unterstützt in allen Beitrittsverfahren im Gleichschritt zwei Reformunternehmen[9]: Zunächst den *Aufbau eines professionellen Öffentlichen Dienstes*, in der Regel durch Verabschiedung eines modernen Dienstgesetzes, ferner den Erlass eines *Verwaltungsverfahrensgesetzes*[10], das den Anforderungen von heute und morgen gerecht wird.

Diese Schwerpunktsetzung ist richtig. Der Staat braucht, um seine Aufgaben erfüllen zu können, in erster Linie Mitarbeiter, die für die professionelle und unparteiische Erledigung der öffentlichen Verwaltung verantwortlich sind[11]. Diese Management-Aufgabe führt zur Notwendigkeit eines speziellen Dienstrechtes, in dem Stellenbesetzungen und Karriereplanung, Auswahl, Anstellung, Beförderung, Besoldung, Disziplinarfragen, Beschwerderecht und Mitbestimmung geregelt sind[12]. Diese Regelungen müssen einen homogenen und hoch qualifizierten Stab und seine Aufgabenerfüllung in allen Zweigen und auf allen

---

[7] *OECD*, Government at a Glance, Paris 2009, S. 19 ff.

[8] World Bank, Good Governance, http://go.worldbank.org/MKOGR258VO,2009-10-25; *Ulrich Karpen*, Good Governance, in: European Journal of Law Reform, 2010 (12), p. 24 f; *Margrit Seckelmann,* Keine Alternative zur Staatlichkeit – Zum Konzept der „Global Governance" in: VerwArch, 2008, S. 30 ff.

[9] Vgl für Kroatien Fn. 3, S. 11.

[10] Dazu *Ulrich Karpen*, Grundrechte, due process und Reform des Verwaltungsverfahrens – das Beispiel Kroatien, in: Hartmut Siekmann u.a. Der grundrechtsgeprägte Verfassungsstaat, Festschrift für Klaus Stern, Berlin 2011 (im Druck); auch *Michael Fehling*, Der Eigenwert des Verfahrens im Verwaltungsrecht, Vortrag auf der Staatsrechtslehrertagung 2010, hektographiert, S. 3 ff.

[11] *OECD (*Fn. 7), S.20

[12] OECD-SIGMA Paper No. 27. European Principles for Public Administration, Paris, 1999, pp. 20 ff; *Hans-Joachim Roll*, Civil Service Legislation in Egypt – seen from the EU-perspective, OECD, Paris, 2009; Legislation in the Arab Republic of Egypt, OECD, Paris, 2009.

Stufen der Verwaltung strukturieren, in Übereinstimmung mit den Geboten des *demokratischen Rechtsstaates* in Bezug auf *Personalführung, Organisation und Verfahren.* Staatsbedienstete brauchen ein spezielles Gesetz. Sie können nicht lediglich als „Arbeiter für den Staat" angesehen werden[13]. Besonderer Behandlung bedürfen die Fragen von Verantwortung und Kontrolle, Legitimität, Vertrauen in die Verwaltung, damit in den Staat, die notwendige Unterscheidung von Staat und Gesellschaft, die professionelle Kontinuität, Stabilität, verlässliche Handlungsweisen und Verhaltensformen, die Notwendigkeit, die qualifiziertesten Mitarbeiter zu gewinnen und halten zu können.

Die *Quellen* dieses Rechtes des Öffentlichen Dienstes sind in der Verfassung, in den Prinzipien von Demokratie und Rechtsstaat und besonderen Artikeln für den Staatsdienst zu finden, in Spezialgesetzen, in Verordnungen und Verwaltungsvorschriften und in Verhaltenscodices, seien sie geschrieben oder ungeschrieben. Das alles ist nationales Recht. Und Verwaltung, Öffentlicher Dienst und Verwaltungsreform- sowohl als Personal – wie Verfahrensreform – sind nationale Angelegenheiten. Sowohl der soziale, ökonomische, politische und kulturelle Kontext sind prägend. Wird er nicht beachtet, lässt sich eine Reform nicht implementieren, geschweige denn ihre langfristige Umsetzung sicherstellen. Deshalb gibt es auch – z.B. – keine direkt anwendbaren Vorschriften des EU-Rechts für den Öffentlichen Dienst. Das macht es schwer, Beitrittskandidaten direkt zu vergleichen. Das Gleiche gilt für außereuropäische Länder, für Empfehlungen der Internationalen Organisationen und der EU, auf deren Rat Reformstaaten dennoch dringend angewiesen sind.

Gleichwohl lassen sich aus internationalen, supranationalen (hier: Europäischen) und nationalen Rechtsvorschriften sowie den praktischen Verfahrensweisen von Verwaltungen *Prinzipien* und *Standards guter Verwaltung* herausarbeiten, die übertrag- und einübbar sind. Solche Standards eines Öffentlichen Dienstes sollen im Folgenden dargestellt und auf ihre „Importfähigkeit" für ein Land im Übergang (Ägypten) geprüft werden.

II. Prinzipien und Standards eines demokratisch-rechtsstaatlichen Öffentlichen Dienstes

Rechtliche Prinzipien, Einzelregelungen und Standards für einen rechtsstaatlichen, effektiven und effizienten Öffentlichen Dienst finden sich im inter- und supranationalen wie im nationalen Raum. Die allgemeinen Prinzipien von Good Governance, näherhin guter Verwaltung, sind letztlich für jeden modernen Staat bindend oder doch empfehlenswert. Für Europa gelten die schon ins Einzelne gehenden Regeln des *„Europäischen Verwaltungsraumes" (European*

---

[13] Sigma (Fn. 12), S. 22/23.

Administrative Space – EAS). Die Details guter Verwaltung sind im jeweiligen nationalen Recht – Verfassung und einfaches Recht – sowie in eingeübter Verwaltungspraxis zu finden. Verwaltungsreform ist in erster Linie eine nationale Angelegenheit, da Regierung und Verwaltung immer staats-, gesellschafts-, kulturgebunden sind.

Soweit es die *internationale Ebene* angeht, sind einige wenige Prinzipien rechtlich verankert. Das gilt etwa für den Anspruch auf rechtliches Gehör in Art. 10 der Allgemeinen Erklärung der Menschenrechte der UNO, näherhin das Recht auf ein der Billigkeit entsprechendes und öffentliches Verfahren vor einem unabhängigen und unparteiischen Gericht. Es ist zutreffend, dass die sich hieraus ergebenden Rechte und Pflichten wörtlich für das Gerichtsverfahren gelten. Art. 10 ist aber tragender Pfeiler für das Prinzip des due process, welches auch für Verfahren von Regierungs- und Verwaltungsbehörden gilt. Es drückt den umfassenden Anspruch aus, dass der Einzelne im Mittelpunkt allen staatlichen Handelns steht, nicht umgekehrt Objekt behördlichen Handelns ist. Im Verwaltungshandeln hat das in den Standards der Service-Orientierung und der Kundenfreundlichkeit seinen Niederschlag gefunden[14].

Die *OECD*[15] hat weltweit die maßstäblich-wichtigsten Standards eines rechtsstaatlichen Öffentlichen Dienstes entwickelt. Sie haben deshalb eine besondere Bedeutung, weil die *Weltbank* ihre Förderung von Ländern u.a. nach den dort erreichten Fortschritten guter Verwaltung bemisst, die die OECD evaluiert. Die OECD-Standards enthalten eine Reihe von Forderungen und Empfehlungen, die letztlich für jeden modernen Staat gelten sollten. Dazu gehören: ein professioneller Öffentlicher Dienst, mit ex ante - und ex post-Kontrollen der Vorgesetzten; zu diesem Zweck sind Auswahl, Ausbildung, Karriereförderung, Weiterbildung, Besoldung, aber auch ein funktionierendes Disziplinarrecht unabdingbar. Die OECD[16] befürwortet eine Balance von zentraler und dezentraler Personalverwaltung und -führung, ferner eine Unterscheidung von Civil Service und Senior Civil Service[17], welch Letzterem solche öffentlich Bediensteten angehören, die eine besondere Ausbildung, herausragende Führungseigenschaften und Verwaltungserfahrung haben. Diese Gliederung des Dienstes sollte ohne Beschädigung der Karrierechancen vorgenommen werden. Ferner erwähnt die OECD die Notwendigkeit von Rechtsmitteln, Mitbestimmung und Instru-

---

[14] Dazu im Einzelnen *Karpen* (Fn. 4).

[15] OECD Guidelines for Managing Conflict of Interest in the Public Service, Policy Brief, Paris, Sept. 2005; OECD Managing Conflict of Interests in the Public Sector, a Toolkit, Paris, 2005; OECD, Government at a Glance, Paris 2009; ferner OECD-SIGMA (Fn. 12).

[16] Government at a Glance (Fn. 15), S. 65 f. (76).

[17] Government (Fn. 19), S. 82.

menten für eine offene und verantwortliche Verwaltung, etwa durch Formen des e-government.

Besondere Aufmerksamkeit widmet die OECD der Entwicklung eines *Verhaltenskodex für eine gute Verwaltung*. Grundlage für einen solchen Kodex sind die heute überall anerkannten sieben Prinzipien eines Öffentlichen Dienstes, die schon in den Siebziger Jahren in England entwickelt wurden[18]: Uneigennützigkeit, Redlichkeit, Objektivität, Verantwortung, Öffentlichkeit, Ehrlichkeit, Führung. Instrumente zur Sicherung dieser Verhaltensmaßstäbe sind z.B.: die Einrichtung von Ethikkommissionen, die Möglichkeit, vertraulich Fehlverhalten öffentlich zu machen (whistle-blowing), Inkompatibilitätsregelungen, Vermeidung der Nutzung von dienstlich erlangten Informationen für private Zwecke, Verbot der Annahme von Vorteilen, Offenlegung von wesentlichen finanziellen Interessen, Berücksichtigung möglicher Interessenkonflikte bei Familienangehörigen, Tätigkeiten nach Ausscheiden aus dem Öffentlichen Dienst usw. Die Einführung eines solchen Verhaltenskodex erfordert besondere Personalführungsmaßnahmen, wie ein Anreizsystem, Führung und Rat, äußere wie innere Kontrolle. Hier gibt es viele Möglichkeiten. Jedenfalls muss ein *multidimensionaler Ansatz* bei der Verfolgung „guten Verhaltens" gewählt werden.

In allen Ländern, die ernsthaft Verwaltungsreform betreiben, ist die Vermeidung von *Interessenkonflikten* im Öffentlichen Dienst eines der Hauptziele[19]. Was ist ein Interessenkonflikt, gibt es objektive Tests für eine Diagnose? Kann man allgemeine Bestimmungen zu seiner Vermeidung formulieren? Etwa durch ein Register möglicher Konflikte? Lässt sich das Erkennen von Gefahrenlagen in der Ausbildung trainieren, etwa durch Transparenzgebote, Verantwortungsbewusstsein, Beratung und Führung[20]? Gibt es besondere „Minenfelder": Familienbeziehungen, Berufung von Mitarbeitern aus Arbeitsfeldern außerhalb des Öffentlichen Dienstes, Tätigkeiten nach Ausscheiden aus dem Dienst unter „Mitnahme" von Insider-Informationen?

Solche Regeln einer *„Ethik des Öffentlichen Dienstes"* dienen der Erreichung einer qualifizierteren Verwaltung als Teil von Good Governance. Was unter Letzterem, auch hierzulande neuerdings häufiger verwandten Begriff Governance zu verstehen ist, hat die Weltbank – in enger Kooperation mit der OECD – definiert[21]: „We define *Governance* as the tradition and institutions by which authority in a country is exercised for the common good. This includes (1) the process by which those in authority are selected, monitored and re-

---

[18] *Roll* (Fn. 12), S. 16.
[19] Vgl. vor allem das Toolkit (Fn. 15), S. 13 ff.
[20] Guidelines (Fn. 15), S. 95.
[21] *Quelle*: Fn. 8.

placed, (2) the capacity of the government to effectively manage its resources and implement sound policies and (3) the respect of citizens and the state for the institutions that govern economic and social interactions among them". Diese weit über die klassische Verwaltung hinausgehenden Funktionen sollen in demokratisch rechtsstaatlicher Form ausgeübt werden. Das ist das Ziel der *internationalen Regeln und Standards.*

Das gilt auch für das Europarecht. Es gibt nur wenige explizite Rechtsquellen, die für die Verbesserung des Öffentlichen Dienstes herangezogen werden können. Denn Organisation der Verwaltung und Öffentlicher Dienst sind in erster Linie national geregelt. Das ist der Grund dafür, dass die EU etwa den Beitrittsländern relativ wenige Anpassungen ihrer Ordnung des Öffentlichen Dienstes verbindlich vorschreiben kann. Die *Beitrittskandidaten* müssen nach eigener Gesetzgebung verbindlich Ergebnisse vorweisen, die zeigen, dass sie in der Lage sind, den aquis communautaire effektiv anzuwenden[22]. Wie sie das machen, ist ihnen überlassen. Alle Beitrittsländer haben bei der Anpassung ihres Verwaltungs-, besonders ihres Dienstrechtes, allerdings Standards europäischen Verwaltungshandelns übernommen, die den „Europäischen Verwaltungsraum" (European Administrative Space (EAS) prägen. Überwiegend haben sie diese nicht formalrechtlichen Standards, die einen großen Teil des *aquis communautaire* bilden, Bestandteil eines *gemeineuropäischen Verwaltungsrechtes* sind, in Gesetzen und Verordnungen niedergelegt[23].

Es gibt mangels formalrechtlicher Regelungen kein verbindliches Europäisches Dienstrecht. Allerdings sind einzelne Vorschriften des Europarechtes für die Reform des Öffentlichen Dienstes heranzuziehen, nicht zuletzt als Vorgabe für einen ethischen Verwaltungskodex. Das gilt für das Primärrecht und das Sekundärrecht, auch für die Rechtsprechung des EuGH als Rechtsquelle. Art. 4 und Art. 73 des Vertrags über die Arbeitsweise der Europäischen Union (AEU) regeln Grundfragen der Zuständigkeit, die nicht nur für das Verwaltungsverfahren, sondern auch für das Handeln des Öffentlichen Dienstes nach Gesetz und Recht einschlägig sind; Vergleichbares gilt für Art 15 AEU (Zugang zu Dokumenten, Informationsfreiheitsanspruch) und Art. 16 (Datenschutz). .Das Gleiche betrifft Regelungen des Sekundärrechtes[24]. Art. 41 der Grundrechtecharta der EU regelt das *„Recht auf eine gute Verwaltung"*, Art. 42 erneut das Dokumentenzugangsrecht. Beide Vorschriften haben – zumal der detaillierte Art. 41 – tiefgreifende Rückwirkungen auf das Verhalten der Angehörigen des Öffent-

---

[22] Sigma (Fn. 12), S. 6.

[23] *Roll* (Fn. 12), S. 16.

[24] Etwa die Dienstleistungsrichtlinie 2006/123/EC vom 12. Dez. 2006 mit ihren Regelungen über one-stop-shops und e-administration.

lichen Dienstes[25]. Die zu der Frage der Verhaltensregeln von Verwaltung und Öffentlichen Dienst umfangreiche Rechtsprechung des EuGH tritt hinzu.[26].

Wichtiger als die Auslegung und Anwendung geschriebenen Europäischen Rechtes ist allerdings die unifizierende Wirkung der Beachtung bestimmter Regeln, Prinzipien und Standards, die sich im Interesse einer guten Verwaltung nach den Grundregeln der Verträge, der Grundrechtecharta, der Kopenhagener Kriterien – insbesondere der demokratischen Rechtsstaatlichkeit – herausgebildet haben. Es besteht ein starker Konsens über solche Standards der Verwaltung und des in ihr wirkenden Öffentlichen Dienstes, die Resultat von Rechtsvergleichung, Rechtsvereinheitlichung und gelebter Verwaltungspraxis sind. Europa bildet einen einheitlichen Verwaltungsraum, in den sich Beitrittsländer mit ihrer Reform integrieren und dessen Prinzipien weit über Europa ausstrahlen[27]. Diese Standards guter Verwaltung und effektiven Öffentlichen Dienstes im EAS haben sich aus der Arbeit der EU-Behörden, der Zusammenarbeit der Behörden der Mitgliedstaaten und nicht zuletzt aus dem Umstand herausgebildet, dass die EU auf starke nationale Verwaltungen und ihr Streben nach Einheitlichkeit der Maßstäbe angewiesen ist[28]. Diese Standards sind vom EuGH aufgegriffen und ausformuliert worden und sickern über die nationale Rechtsetzung und das tatsächliche Verwaltungshandeln in den Europäischen Rechtraum ein. Ob sie bereits *„Europäisches Gewohnheitsrecht"* sind oder solches werden, sei hier offen gelassen. Tatsache ist, dass Standards, die die EU-Behörden für sich und nationale Verwaltungen – mit teilweise sehr unterschiedlichen institutionellen und personellen Voraussetzungen – für sie entwickelt haben, heute supranational angewandt werden[29].

Die *Kernelemente des EAS* sind: Verwaltung durch Recht, also Rechtssicherheit und Vertrauensschutz, due process, Redlichkeit, Unparteilichkeit, Professionalität-Transparenz und Öffentlichkeit, Aufsicht und Kontrolle, Abwägung von öffentlichem und privatem Interesse – Verantwortlichkeit und Be-

---

[25] OECD/SIGMA, The Right to Open Public Administration in Europe. Emerging Legal Standards on Administrative Transparency, Paper 46 OECD/SIGMA (2010) 2.

[26] Sigma (Fn. 12), S. 7.

[27] *Oliver Treib u. a.*, Modes of Governance. A Note Towards Conceptual Classifications. European Governance Paper, NoW-05-02, Wien, 2005; SIGMA, working paper, Can Civil Reform Last, Paris, 2010.

[28] *Joana Mendes*, La bonne administration en droit communautaire et le code européen de bonne conduite administrative, in: Revue française d'administration publique No. 131 (2009), S. 55–571; vgl. schon European Governance. A White Paper, Com 2001/428/final.

[29] *Raadschelders / Rutgers*, The evolution of civil service systems in: Bekko, Perry and Teonen (eds.), Civil Service Systems in Comparative Perspective, Indiana University Press, 1996, S. 28 ff.

gründungspflicht – Effektivität und Effizienz[30]. Hierzu kommen: Leistungs- und Karriereprinzip, insbesondere: Mobilität[31], politische Neutralität und Korruptionsfreiheit, die klare Unterscheidung von Politik und Verwaltung, klare und durchsetzbare Rechte und Pflichten, Verständnis für die Unterscheidung von Staat und Gesellschaft. Ermessen und Verhältnismäßigkeit sind besondere Beiträge Europäischen Verwaltungsrechtes und seiner Praxis zu den internationalen Standards, und die „drei ES" – economy, effectiveness und efficiency – kennzeichnen die Ziele des Öffentlichen Dienstes in einer dem Bürger verantwortlichen und globalisierten Welt[32].

Natürlich gehört die klare Unterscheidung von Beamten und nicht beamteten Staatsdienern, im funktionellen, institutionellen, statusmäßigen Sinne, zu den Essentials des Rechtes und der Praxis des Öffentlichen Dienstes. Ob ein Staat ein breites oder enges Verständnis von Staatsdienern im Sinne einer Unterscheidung von Beamten und Nicht-Beamten hat, ist gelegentlich in der Verfassung, jedenfalls in einem parlamentarischen Gesetz geregelt[33].

Die nationale Umsetzung der Regelungen, Prinzipien und Standards ist die zentrale Aufgabe jeder Dienstreform in jedem Lande. Hier sei nur stichwortartig wiedergegeben, welche Mängel deutschen Dienstrechtes und seiner Praxis die erwähnte Bull-Kommission[34] an der Verwaltung Nordrhein-Westfalens als Referenzland festgestellt hat. Der eigentliche Träger der Verwaltung ist der Bürger, welches Grundverständnis sich noch nicht in allen Verwaltungsbereichen durchgesetzt hat. Der Staat ist und bleibt Garant von Sicherheit und Ordnung, hat sich um den Rahmen des Zugangs zu den natürlichen und sozialen Lebensgrundlagen zu kümmern, setzt und sichert die Wirtschaftsordnung und die Basis von Bildung und Gesundheit. Ihr Partner ist der mündige Bürger: von „obrigkeitlicher Gewährung" kann keine Rede sein. Die „klassischen Tugenden" – Zuverlässigkeit, Loyalität usw. – müssen gestärkt werden. Ein bisschen „Unternehmergeist" – Ergebnisorientierung, Kostenbewusstsein – muss dazu kommen. Das Personal muss hochqualifiziert sein und bleiben, mit den notwendigen Konsequenzen für die Entwicklung der Personalsysteme und des Personalmanagements in einer hierarchischen Verwaltung. Gerade dieses Feld ist aber „verregelt". Viele Detailregelungen hindern den Mitarbeiter an eigenen Entscheidungen und an der Entfaltung seiner Kräfte. Zielvereinbarungen und das NSTM mögen helfen[35]. Wichtig sind Leistungsorientierung, wirtschaftli-

[30] *Roll* (Fn. 12), S. 2.
[31] EuGH 149/1979.
[32] EuGH, 68/81, Commission v. Belgium (1982), ECR 153.
[33] Sigma 27 (Fn. 12), S. 22.
[34] Vgl. Fn. 1, S. 19ff.
[35] Vgl. aber die neue Kritik und das „Gegenmodell": *Wolfgang Drechsler*, The Re-Emergence of „Weberian" Public Administration after the Fall of New Public Manage-

ches und soziales Denken und Verhalten, Wettbewerb, Qualitätsstreben, Anreizsysteme unter Einschluss leistungsfördernder Bezahlung. Das erfordert Bestenauslese mit Ausschreibung und Auswahl, Assessment Centers, Leistungsbeurteilung nach objektiven Kriterien, auch gender mainstreaming, Zielvereinbarungen, Fortbildung. Die andere Seite ist eine qualifizierte Führung, eine „aktivierende" und motivierende Führungsspitze, die Zusammenfassung von Aufgaben-, Fach- und Ressourcen-Verantwortung in möglichst dezentralisierter Form. Neue Kommunikationsformen, e-government[36], eine neue Kultur des e-learning, Schnelligkeit von Entscheidungen bedürfen der Förderung. Das deutsche Verwaltungsverfahrensrecht, auch das Recht der Beamten und Angestellten hat viele Standards aus dem EAS übernommen, umgekehrt auch großen Einfluss auf diese Prinzipien genommen[37], etwa in Bezug auf die breite Akzeptanz der Verhältnismäßigkeit, der Willkürfreiheit, des Vertrauensschutzes und den Gleichbehandlungsgrundsatz. Eigenheiten sind geblieben wie die Handhabung des Ermessens und der Konsequenzen des Verstoßes gegen Verfahrensregeln.

III. Das ägyptische System des Öffentlichen Dienstes – Mängel und Reformvorschläge

Die genannten internationalen europäischen und deutschen Standards sind bei der Reform des ägyptischen Dienstrechtes heranzuziehen. Das ist der Fall, weil die deutsche Verwaltung in diesem Land anerkannt ist und deutsche Experten an Neuorganisation, dem Erlass von Verwaltungsverfahrensvorschriften und Dienstrecht Ägyptens beteiligt sind. Zunächst zu den *Rechtsquellen*, die für den Öffentlichen Dienst von Bedeutung sind. Die Verfassung der Arabischen Republik Ägyptens gilt, wiederholt geändert, im Wesentlichen in der Fassung des Änderungsgesetztes vom 22. März 1980, das durch Referendum angenommen wurde[38]. Sie enthält keine Bestimmung, die einen Öffentlichen Dienst institutionalisierte, geschweige denn einem solchen Dienst besonderen Status verliehe. Das mag sich bei der nun anstehenden Verfassungsreform ändern. Allgemeine Strukturbestimmungen haben natürlich Einfluss auf den Öffentlichen Dienst, wie das Rechtsstaatsprinzip (Art. 64/65), das Recht auf Zugang zur

---

ment, in: Halduskultuur, 2005, vol. 6, pp. 94–108 und *Jon Pierre / Bo Rothstein*, Reinventing Weber: The Role of Institutions in Creating Social Trust, in: Per Lagreid u.a. (ed), New Public Management, Burlington (Ashgate) 2010, pp. 407–419.

[36] Vgl. BundOnline 2005, aus dem Entwicklungsprojekt des BMI „Moderner Staat – Moderne Verwaltung".

[37] *Georg Nolte*, General Principles of German and European Adminstrative Law, A Comparison in Historical Perspective, 57 Mod.L.Rev. 191 (1994), S. 191 ff.

[38] Nähere Nachweise bei *Carpenter* (Fn 12), S. 4.

Verwaltung (Art. 14) und die Beteiligung der Bürger an der Durchführung und Kontrolle von Projekten öffentlichen Interesses (Art. 27). In Art. 30 wird dem öffentlichen Sektor eine besondere Rolle beim Fortschritt der Gesellschaft zugewiesen. So hat der Gesetzgeber die Verantwortung, bei der Ausgestaltung des Öffentlichen Dienstes moderne Entwicklungen zu berücksichtigen. Dieser Verfassungsartikel kann aktiviert werden, wenn es um Argumente für die Förderung der Dienstreform geht[39]. Als unterverfassungsrechtliche Normen sind heranzuziehen: das Gesetz Nr. 47 von 1978, welches die Beamten betrifft; die Dekrete der Regierung zu diesem Gesetz vom 20. Sept. 1999; das Gesetz Nr. 5 von 1991 über Höhere Verwaltungsbeamte (Civil Top Management Posts) sowie das Dekret Nr. 1596 des Premierministers von 1991 zur Umsetzung letzteren Gesetzes[40]. Ferner gibt es allein 40 Gesetze und 55 Dekrete für die Besoldung von öffentlichen Bediensteten.

Das zeigt einen ersten gravierenden Mangel des ägyptischen Rechts des Öffentlichen Dienstes: Die *unzureichende Gesetzgebungstechnik*, die hohe Regelungsdichte, die Unfähigkeit zu einer umfassenden Kodifizierung, welche Rechtsunklarheit zur Folge hat. Es fehlt an Übersichtlichkeit, Transparenz. Die Kapitel des Gesetzes Nr. 47 von 1978, um das es hier in erster Linie geht, sind nicht sachgerecht geordnet, auch in ihrem Umfang schlecht balanciert. Paragraphen sind unausgewogen. An manchen Stellen ist die Rechtssprache nicht fachmännisch. Nicht immer ist die notwendige Abstraktionsebene erreicht. Vieles ist redundant, so detailliert, dass es an sich in Rechtsverordnungen, gar Verwaltungsvorschriften geregelt werden müsste. Auch ist die Gesamtanlage der einschlägigen Gesetze und Dekrete unbefriedigend. Es beginnt schon damit, dass unklar bleibt, was *der Öffentliche Dienst ist*, was Beamte und andere im Öffentlichen Dienst Beschäftigte, was „normale Beamte" und „Topbeamte" sind. Ferner zeigt die Verwaltungspraxis, dass Effektivität, Effizienz und wirtschaftliches Denken als Verwaltungsstandard noch nicht anerkannt sind. Das Gleiche gilt für die Bürger- und Serviceorientierung. Das Grundverständnis des modernen Staates, dass die Verwaltung für den Bürger da ist, nicht umgekehrt, hat im Land noch nicht Einzug gehalten, und zwar auf beiden Seiten. Als Folge streng hierarchischen Verwaltungsaufbaus fehlt es an Selbständigkeit, Verantwortungs- und Selbstbewusstsein der Verwaltungsbediensteten. Entscheidungen werden in der Linie nur vorbereitet; unterschreiben muss der Behördenchef, mit der Folge, dass sich auf den Schreibtischen der chronisch überlasteten Spitzenbeamten, gar des Ministers, die Akten stapeln und die Beamten nicht lernen, selbst zu entscheiden, auch eine Ermessensentscheidung zu verantworten. Hier handelt es sich um ein allgemeines Problem von Transformationsländern – *Rechte und Pflichten der Mitarbeiter* des Öffentlichen Dienstes sind

---

[39] *Roll* (Fn. 12), S. 4.
[40] *Karpen* (Fn. 6), S. 2.

nicht klar niedergelegt. Unklar sind das Recht auf Besoldung, Beförderung, Fortbildung, Urlaub, Gewerkschaftsmitgliedschaft – es gibt kein Streikrecht, aber ein Recht, gewerkschaftlich organisiert zu sein –, andere Fragen der Mitbestimmung. Auf der Pflichtenseite fehlt es an einer umfassenden Strategie, durch eine integre, nicht parteiische Verwaltung das *Grundvertrauen der Bürger* zu erlangen, Interessenkonflikte zu erkennen und zu vermeiden, vor allem Korruption abzuwehren. Eine wichtige Pflicht fehlt ganz: die zu *politischer Neutralität.* Einige gesetzliche Pflichten sind praktisch unanwendbar vage formuliert, so die Pflicht, „die Öffentlichkeit gut zu behandeln", „die Würde des Amtes zu wahren", „mit anderen Mitarbeitern zusammenzuarbeiten". Solche richtigen und wichtigen Maßgaben gehören – detaillierter formuliert – in einen Verhaltenscode.

Der Stand der *Standards ethischen Verhaltens* wird als in der Praxis sehr schlecht bezeichnet[41]. Die Möglichkeit, das Gesetz von solchen Normen guten Verwaltungshandelns freizuhalten, wurde nicht genutzt. Das *Disziplinarrecht* ist nur rudimentär geregelt. Manche Tatbestände entsprechen nicht den Maßstäben rechtsstaatlicher Klarheit. Das gilt etwa für die Vorschrift, dass jedes Verhalten disziplinarisch verfolgt wird, das „in einer Art geeignet erscheint, die Würde des Amtes zu beschädigen"[42]. Der Sanktionskatalog entbehrt ebenfalls der Klarheit und verfehlt Maßstäbe und Standards in anderen Ländern.

Das *Personalmanagement* leidet Not[43]. Die Fragen von Anwerbung, Auswahl, Einstellung, Beförderung und Aufstieg, Mobilität und Überstieg sind nicht hinreichend, vor allem nicht klar geregelt. In den einzelnen Verwaltungen herrscht eine Art „Silomentalität"[44]. Es mangelt an Uniformität der Regelungen, Transparenz, Gerechtigkeit, vor allem an Leistungsanreizen. Insgesamt ist das Personalmanagementsystem auch unklar. Es ist überwiegend zentralistisch, ohne bottom-up-Elemente. An der Spitze steht die *Central Agency for Organization and Administration (CAOA)*, eine Behörde, deren Leiter Kabinettsrang hat[45]. Diese Behörde ist für den gesamten Öffentlichen Dienst des Landes verantwortlich. Unterhalb dieser Ebene sind Führung, Verantwortungsbereitschaft, Leistungsmotivation eher schwach entwickelt[46]. Damit werden wesentliche Voraussetzungen effektiver und effizienter Verwaltung verfehlt.

Was ist zu tun? Eine durchgreifende Reform des Öffentlichen Dienstes stößt auf massive Umsetzungsprobleme, nicht nur in Ägypten, sondern auch in ande-

---

[41] *Roll* (Fn. 12) S. 15 ff.
[42] Art. 78 des Gesetzes 47/1978.
[43] *Roll* (Fn. 12), S. 19, *Karpen* (Fn. 6), S. 15.
[44] *Carpenter* (Fn. 12), S. 8, 10.
[45] Errichtet durch Gesetz No. 118/1964, näher bei *Roll* (Fn. 12), S. 4 ff.
[46] Sigma-working paper (Fn. 27), S. 15.

ren Ländern. Große Organisationen tendieren strukturell zur Beharrung[47]. Sie kann nur überwunden werden, wenn die politische Führung hinter dem Vorhaben steht und Ziele und Maßnahmen der Reform transparent und glaubwürdig vermittelt werden. Ohne ein neues, konzentriertes *Gesetz* wird es nicht gehen. Es muss den Standards moderner Verwaltung ebenso entsprechen wie denen der Gesetzgebungstechnik. Das Gesetz sollte etwa überschaubar die Grundlagen des gesamten Öffentlichen Dienstes regeln und Details der nachgeordneten Normsetzung überlassen, d.h. dem heutigen Kenntnisstand einer geordneten Normenhierarchie entsprechen. Eine Verankerung des Öffentlichen Dienstes in der *Verfassung* wird empfohlen. Wettbewerb und Leistungsprinzip bilden einen roten Faden. Die Neuordnung des Öffentlichen Dienstes muss im *Gegenstromprinzip* erfolgen, d.h. zugleich von oben nach unten und von unten nach oben: Führung und Partizipation zugleich. Alle Ebenen reformieren und nehmen teil: die Behörden selbst (etwa was die Kommunikationskultur betrifft), die übergeordneten Behörden (etwa was e-government angeht), Regierung und Parlament (Gesetzgebung, Besoldung, Fortbildung usw.). Ohne ein nachhaltiges Reformcontrolling geht es nicht[48].

Die Reform sollte *fünf Leitlinien* folgen. Zunächst hat eine durchgehende Professionalisierung des Öffentlichen Dienstes Vorrang. Leistung, Selbständigkeit im Beurteilen und Handeln, Fortbildung sind wichtig. Es ist zu überlegen, ob *Führungspositionen auf Zeit* vergeben werden sollten. Für einen solchen professionell arbeitenden Öffentlichen Dienst[49] ist es allerdings unerlässlich, dass es substantiell „gute Gesetze" gibt, so dass eine gesetzesausführende Verwaltung Halt hat. Ferner bedarf es eines guten Verfahrensrechtes[50] sowie der Zusammenführung von sachlicher und finanzieller Verantwortung, unter selbstverständlicher Vorhaltung von Kontrollmechanismen. – Zweitens ist die *Personalführung* nach Leistungs- und Wettbewerbskriterien neu zu gestalten. Das heißt: offener Zugang, Tests, Probezeit, Anstellung, Beförderung, Beurteilung, Versetzung, Abordnung, grundsätzlich Durchlässigkeit und Mobilität. Personalmanagement erfolgt nicht karriere-, sondern positions-, stellenorientiert. Für Auswahl, Beförderung, Weiterbildung gelten nicht Seniorität und Quantität, sondern Qualität. Die auf mannigfachen Stufen des Berufsweges notwendige Beurteilung muss inhaltlich wirklich relevant sein, keine lediglich bürokratische Prozedur. Vergleichbarkeit und Vergleich sind Kernkriterien. Rechte und Pflichten des Bediensteten müssen sich aus dem Gesetz – sei es Beamten –, sei es Arbeitsrecht – ergeben. Ferner aus einem Kodex ethischen Verhaltens. Wichtige Ziele eines solchen Kodex sind *Integrität, politische Neutra-*

---

[47] Sigma (Fn. 27), S. 2.
[48] Vgl. Sigma (Fn. 27): „Can Civil Service Reform Last".
[49] Sigma (Fn. 12), S. 25 f.
[50] *Karpen* (Fn. 10), pass.

lität, Unparteilichkeit und *Bürgerorientierung*[51]. Dazu gehört ein Disziplinarrecht, das durch due process, formale Prozeduren sowie Vermutung der Unschuld und Verteidigungsmöglichkeiten geprägt ist[52]. Drittens muss das Besoldungsrecht neu gestaltet werden. Ziele der Besoldung müssen Leistung- und Chancengerechtigkeit sowie Anreiz sein. Soweit es – viertens – die *Personalverwaltung* angeht, wird ein Ausgleich zwischen zentraler und dezentraler Verantwortung gesucht werde müssen. Zweifellos muss der Öffentliche Dienst einheitlich geführt werden, nach gemeinsamen Standards, ohne entbehrliche Fragmentierung. Das bedeutet: Verantwortung von Parlament und Regierung. Auf der anderen Seite ist dezentrale Verwaltung hilfreich, durch staatliche Untergliederungen, Fachbehörden, die Einheiten der kommunalen Selbstverwaltung usw.[53] Auf der zentralen Ebene sind zwei Modelle, auch in Europa, verbreitet. Entweder wird eine zentrale Civil Service-Kommission eingerichtet, die Zugang zum Kabinett hat – wie sie in Ägypten in Gestalt der CAOA existiert –, oder das Kabinett selbst, der Innenminister oder der Finanzminister ‚sind oberste Dienstbehörde. Bei nachgeordneten Behörden muss im Übrigen die Partizipation von Personalräten u.ä. Vertretungen gestärkt werden. – Fünftens und letztens ist ein funktionierendes *Rechtsschutzsystem* einzuführen, vorzugsweise in Gestalt einer Verwaltungs- oder Disziplinargerichtsbarkeit[54].

IV. Wirksamkeit, Beständigkeit und Nachhaltigkeit einer Reform des Öffentlichen Dienstes

Internationale Erfahrungen mit der Neuordnung von Öffentlichen Diensten in voll entwickelten und sich entwickelnden Ländern lassen *fünf Kernfragen*[55] deutlich hervortreten. Zunächst erzwingen nationale Eigenarten, Vorzüge und Hindernisse der Verwaltung eines Landes einen *maßgeschneiderten Reformansatz*. Eine Reform „von der Stange" ist nicht möglich. Allerdings sind internationale Standards einzuhalten. Zweitens: Jede Reform des Öffentlichen Dienstes ändert ein *soziales Teilsystem eines Landes*. Das hat Auswirkungen auf andere Teile der Gesellschaft, braucht eine gewisse Zeit, die volle Unterstützung der Politik. Nach der Phase einer Reformwilligkeit, gar Euphorie, mag es Perioden der Reformmüdigkeit geben. Die gilt es zu überwinden. Daraus folgt – drittens: eine Dienstreform kommt nur in Gang und kann nur durchgesetzt werden, wenn *politischer Druck* dahinter steht, wenn die politischen Akteure sie als notwendig ansehen, und zwar gemeinsam, nicht in einer polarisierten Politik.

---

[51] *Karpen* (Fn. 6), S. 13.
[52] *Roll* (Fn. 12), S. 19.
[53] *Roll* (Fn. 12), S. 22.
[54] Sigma (Fn. 27), S. 11.
[55] Sigma (Fn. 27), S. 3.

Die „hohe Politik" ist im Allgemeinen überladen mit täglichen Problemen. Da bleibt wenig Raum für ein Langfristprojekt von großer infrastruktureller Bedeutung, wenn dieses Interesse überhaupt besteht. Ohne den Schutz „von ganz oben" geht es aber nicht. Viertens muss eine Dienstreform – wie Politik meist – zwei Leitlinien verfolgen, die gelegentlich kollidierende Ziele vorgeben: *Stabilität und Anpassungsfähigkeit*. Es versteht sich, dass ein funktionierender Öffentlicher Dienst in einer sich rasch verändernden Welt beide Ziele im Auge behalten muss. Zusammengenommen bedeutet das – fünftens –, dass *internationale oder nationale Beratungs- und Förderungsprojekte*[56] von realistischen Erwartungen ausgehen müssen. Das langsam gewachsene System des Öffentlichen Dienstes eines Landes lässt sich nicht nach einem Konfektionsmodell neu gestalten, schon gar nicht von außen. Die Reformkraft muss von innen kommen und behutsam – mit Geduld und Augenmaß – in Änderungen umgesetzt werden.

---

[56] Sigma (Fn. 27), S. 9.

Was leistet die Netzwerkanalyse für die Verwaltungswissenschaft?

Karl-Heinz Ladeur

I. „Networks are everywhere" – aber wo kommen sie her?

1. „Netzwerk" – ein Modebegriff?

Die Netzwerk-Metapher breitet sich in den Sozialwissenschaften geradezu epidemisch aus. Dies gilt auch für die Politik, für die Wirtschaft und die Verwaltungspraxis. So ist es nicht verwunderlich, dass sich auch in der Verwaltung immer mehr „Netzwerke" finden. Auch formelle Kooperationsverhältnisse wie der neue transnationale Regulierungsverbund für die Telekommunikation nach dem EU-Richtlinienpaket für die Telekommunikation und dem deutschen TKG werden als Netzwerke bezeichnet[1]. In der Wirtschaftsförderungspraxis taucht der Begriff ebenfalls auf[2]: Bund und Länder legen seit einigen Jahren in ihrer Förderpraxis Wert auf die Bildung von Forschungs- und anderen Netzwerken, von Unternehmensverbünden, „Clusters", die unterschiedliche Fähigkeiten und Kompetenzen zu Zwecken der Innovationssteigerung kombinieren sollen[3]. In den USA hat sich gezeigt, dass innovative Produkte und Dienstleistungen vor allem in heterogenen kooperativen Verbünden aus Unternehmen, Forschern, Beratern etc. entwickelt werden, die als „Netzwerke" bezeichnet werden[4].

In der Wissenschaft geht es aber „nicht einfach nur um neue Worte, sondern um Präzisierungen von Unterscheidungen, mit deren Hilfe Sachverhalte be-

---

[1] Vgl. *K.H. Ladeur/C. Möllers*, Der europäische Regulierungsverbund der Telekommunikation im deutschen verwaltungsrecht, DVBl 2005, 351; *K.H. Ladeur*, Das europäische Telekommunikationsrecht im Jahre 2002, K&R 2003, 153.

[2] *W. Damkowski/D. Harms/C. Precht*, Clusterbildung als regionalwirtschaftliche Strategie, Die Verwaltung 2006, 275; vgl. zum global integrierten Unternehmen *S. J. Palmisano*, The Globally Integrated Enterprise, Foreign Affairs 2006 (Mai/Juni), 127.

[3] Vgl. kritisch *G. Krücken/F. Meier*, „Wir sind alle überzeugte Netzwerktäter". Netzwerk als Formalstruktur und Mythos der Innovationsgesellschaft, Soziale Welt 2003, 71.

[4] *Krücken/Meier*, a.a.O. (Fn. 3).

zeichnet werden"[5]. Was ist das unterscheidungsfähige Neue, das durch das Netzwerk-Konzept bezeichnet werden soll?

2. Ein problematischer Import aus der Mathematik?

Die Recherche nach dem Ursprung der neuen Lesart des schon früher verwendeten Konzepts führt in die Mathematik, in der es seit langem etabliert ist. Dieses Herkunftszeugnis ist noch kein Seriositätsnachweis für die sozialwissenschaftliche Begriffsrezeption, haben doch die Methoden der Mathematik und der Naturwissenschaften einen Verwendungskontext, der nicht ohne weiteres die Übertragbarkeit der Begriffe über die Grenze zwischen den „zwei Kulturen" zu den Sozialwissenschaften nahe legt[6]. Es gibt durchaus auch einen produktiven Austausch zwischen Naturwissenschaften und Mathematik einerseits sowie den Geistes- und Sozialwissenschaften andererseits: So ist der moderne Begriff des Rechtsgesetzes nicht ohne die naturwissenschaftliche Vorstellung eines Naturgesetzes denkbar, das jenseits der Vielzahl der Einzelphänomene eine abstrakte Regelkonstante „durch Weglassen" isoliert und damit erst einen „Eigenkontext der Begriffe" erzeugt[7], der die Einheit der Wissenschaft in der Vielfalt der Phänomene des Realen ermöglicht und insbesondere rechtswissenschaftliche Praxis und Dogmatik abstützt.

3. Ein neues ordnungsbildendes Paradigma? – Die Umstellung von der linearen Kausalität auf die multipolare Konnektivität

Die Einleitung eines neuen interdisziplinären Werkes mit dem Titel „The Structure and Dynamics of Networks" konstatiert in ihrem ersten Satz „Networks are everywhere"[8]. Dies ist insofern programmatisch gemeint, als die Netzwerktheorie eine neue universale Perspektive auf die Welt eröffnen könnte, die den Übergang zu einer „Science of Networks"[9] schafft. Die Modellierung der Konnektivität zwischen den „Knoten" eines Netzwerks in der Mathematik zielt gerade auf die Dynamik nicht-deterministischer stochastischer Wahrscheinlichkeitsverbindungen, die sich nach Mustern aufbauen, die ex ante nicht bestimmbaren Gesetzmäßigkeiten und Regeln folgen. Die mathematische „Netzwerktheorie" („Graphentheorie") fragt eher nach der Ausbildung und

---

[5] *N. Luhmann*, Die Wissenschaft der Gesellschaft, 1990, S. 384.

[6] *C. P. Snow*, Die zwei Kulturen, 1959.

[7] *Luhmann*, a.a.O. (Fn. 5), S. 386f.

[8] *M. Newman/A. L. Barábasi/D. J. Watts*, Introduction, in: dies. (Hrsg.), The Structure and Dynamics of Networks, 2006, S. 1.

[9] *A. L. Barabási,* Linked. How Everything is Linked to Everything Else, 2003.

Veränderung der Muster von Beziehungen in dynamischen Systemen (statt nach Verkettungen in kausalen Ereignisreihen).

Produktiv für geistes- und sozialwissenschaftliche Anleihen ist die Netzwerktheorie gerade darin, dass die Beziehungen zwischen Akteuren („Elementen") beobachtet und analysiert, die durch offene und veränderliche Beziehungsmuster charakterisiert sind und im Einzelnen nicht ohne weiteres erkennbar sind[10]. Die Metapher des „Netzes" passt darauf durchaus: Das starre Netz ist nur der Grenzfall einer dynamischen nicht-deterministischen Netzwerkbildung, die einem diskontinuierlichen Veränderungsprozess unterliegt (wie etwa ein Fischernetz im Wasser seine Gestalt verändert). Ein Beispiel dafür wäre etwa die Suche nach Mustern im Prozess der Diffusion einer Technologie[11], die sich im Allgemeinen nicht gleichmäßig und vor allem nicht entsprechend den Vorstellungen der Protagonisten ausbreitet, sondern eben nach einem stochastischen Muster, das nicht durch ex ante festliegende Abhängigkeit zwischen Variablen bestimmt wird[12].

II. Netzwerkanalyse in der Soziologie und in der Ökonomik

1. Die Untersuchung „emergenter" Eigenschaften von Sozialsystemen

Die Bedeutung der Netzwerkanalyse in der Soziologie lässt sich am Beispiel des Buches von *Dorothea Jansen* „Einführung in die Netzwerkanalyse" untersuchen[13]. Dieser Forschungsansatz, von dem die Autorin annimmt, er habe zur Zeit in der „in der Diagnose von modernen Gesellschaften durch Soziologen, Politikwissenschaftler und Ökonomen Hochkonjunktur", wird auf die Beschreibung der „sozialen Unterstützung" konzentriert, „die Personen aus ihren Netzwerken beziehen"[14]. Dies wird mit der Orientierung der Forschungsperspektiven auf „soziales Kapital" verknüpft, das „als Voraussetzung" funktionierender Gemeinwesen oder gar der demokratischen Entwicklung überhaupt diskutiert" wird. Diese „soziale Unterstützung" wird konturiert im Rekurs auf das

---

[10] Vgl. etwa *D. R. White/S. P. Borgatti*, Betweenness Centrality Measures for Directed Graphs, Social Networks 1994, 335.

[11] Vgl. dazu den klassischen Text von *E. M. Rogers*, Diffusion of Technology, 4. Aufl., 1995.

[12] Vgl. nur *W. König*, Wege aus dem UMTS-Dilemma, Wirtschaftsinformatik 2001, 221; in theoretischer Perspektive *W. B. Arthur*, Competing Technologies: An Overview, in: G. Dosi/C. Freeman/R. Nelson/G. Silverberg/L. Soete (Hrsg.), Technical Change and Economic Theory, 1988, S. 590.

[13] *D. Jansen*, Einführung in die Netzwerkanalyse, 3. Aufl., 2006.

[14] *Jansen*, a.a.O. (Fn. 13), S. 11.

„Eingebettetsein" („Embeddedness"[15]), das für die Handlungsmöglichkeiten individueller und korporativer Akteure relevant sei. Zusammenfassend lässt sich daraus ableiten, dass Netzwerke als zusätzliche Ebene der Handlungskoordination „neben" den individuellen und kooperativen Akteuren verstanden werden. Dies erscheint nicht ganz befriedigend, da sich die Frage stellt, wie denn die Handlungsmöglichkeiten generiert und realisiert werden. Aufschlussreicher ist die Beschreibung der Netzwerkanalyse als eine Form der Verknüpfung von „Handlungstheorien" mit „Theorien über Institutionen, Strukturen und Systemen" und die Fokussierung auf die Erfassung der „emergenten oder systemischen Eigenschaften von Sozialsystemen".[16] Der Ansatz der empirisch orientierten Netzwerkanalyse geht von einer formalen Definition des Netzwerks als einer aggregierten Menge von „Knoten" und „Kanten" (Verknüpfungen") aus[17], die die Grundformen der Beschreibung liefern. Damit wird ein Abstraktionsniveau gewählt, das weitgehend dem der mathematischen „Netzwerktheorie" entspricht, dann allerdings in die Gefahr gerät, deren Hauptintention, die Erfassung von nicht-deterministischen veränderlichen *Prozessen* der Musterbildung, an die empirische Ebene der Beschreibung zu verweisen.

2. Netzwerke als neue Form der Koordination zwischen Markt und Organisation

In der ökonomischen Theorie der Institutionen werden Netzwerke als eine Form der „Governance" thematisiert, die sich von anderen unterscheidet und zwischen Markt und Organisation anzusiedeln ist[18], die also Kooperation und Wettbewerb miteinander verbindet. Dem Markt entspricht die ex post Koordination nach relativ stabilen Regeln, für die Kooperationsbeziehungen steht die Koordination individueller Handlungen nach einem ex ante organisierten Zweck im Vordergrund. Netzwerke bringen dann ein „Zwischen" zur Geltung, dessen Klärung nach diesem Ansatz ebenfalls primär der empirischen Untersuchung überlassen wird. Damit wird von dieser neuen Theorievariante die Abhängigkeit der grundlegenden Institutionen der gesellschaftlichen Koordination

---

[15] Der Begriff geht zurück auf *M. Granovetter*, Economic Action and Social Structure: The Problem of Embeddedness, American Journal of Sociology 1985, 481.

[16] *Jansen*, a.a.O. (Fn. 13), S. 11f.

[17] *Jansen*, a.a.O. (Fn. 13), S. 12.

[18] Vgl. dazu *O. E. Williamson*, Comparative Economic Organization: The Analysis of Discrete Structural Alternatives, Administrative Science Quarterly 1991, 269; *B. Schiemenz*, Wissensverteilung und Vertrauen in produktionsorientierten Netzwerken, in: E. Kahle/F. E. P. Wilms (Hrsg.), Effektivität und Effizienz durch Netzwerke, 2005, S. 205; *M. Tilebein*, Netzwerke als komplexe adaptive Systeme – Effektivität und Effizienz in Anwendungen der Komplexitätstheorie auf Netzwerke von und in Unternehmen, ebd., S. 276.

(Markt und Organisation) von der Erzeugung variabler Muster der Erwartungsbildung durch Regeln und durch intra- und interorganisationale Koordination diesseits der Hierarchie akzentuiert[19].

Anschlussfähig für die Rechtswissenschaft – wenngleich noch nicht ohne weiteres für die Verwaltungswissenschaft – ist die Beobachtung der Verbreitung von neuen Vertragsformen, die die Vorteile des Marktes mit den Vorteilen der Organisation verbinden[20]: Die Koordination von Produktionsvorgängen (insbesondere die Verwendung der Zulieferprodukte) in einem „Betrieb" war bisher auf die Alternative Erwerb der Zulieferteile auf dem Markt (Austauschvertrag) oder Erwerb des Zulieferbetriebes selbst (Organisation/Gesellschaftsvertrag) festgelegt. Beide Varianten haben Vor- und Nachteile: Der Austauschvertrag entlastet den Käufer von bestimmten Risiken, andererseits ist es aber schwierig, die Umsetzung der Qualitätsanforderungen in das Produkt im Einzelnen zu verfolgen. Dieses Ziel gewährleistet der „relationale Vertrag" über Qualitätssicherung: Die Informatisierung hat die bisher nur durch Organisation und Hierarchie gewährleistete formale Integration der Produktionsprozesse in einer neuen hybriden Form ermöglicht und damit neue Verknüpfungen von Elementen des Marktes und der Organisation hervorgebracht, die man insofern mit dem Konzept „Netzwerk" in einer mehr als nur analogischen Form bezeichnen kann.

III. Beispiele für die Anwendung der Netzwerkanalyse in der Beschreibung der Veränderung der Wirtschaft

1. Produktion von Informationsgütern in disaggregierten „Netzwerken"

Auch die „Hochtechnologie" ist gekennzeichnet von hoher Beweglichkeit der Wissensbasis, mit der operiert werden muss[21]. Die starke Innovationsabhängigkeit zwingt dazu, das in den sich verändernden organisatorischen „Knoten" und Teilnetzen eingetragene „tacit knowledge" durch den schnellen vari-

---

[19] Vgl. nur *M. Brown/A. Falk/E. Fehr,* Relational Contracts and the Nature of Market Interactions, Econometrica 2004, 747.

[20] Vgl.dazu *G. Teubner,* Netzwerk als Vertragsverbund, 2004; vgl. auch die Beiträge in: *M. Amstutz/ders.,* Contractual Networks: Legal Issues of Multilateral Cooperation, 2009.

[21] *J. Owen-Smith/W. W. Powell,* Knowledge Networks as Channels and Conduits in the Boston Biotechnology Community, Organization Science 2004, 5; *M. Kenney* (Hrsg.), Understanding Silicon Valley. The Anatomy of an Entrepreneurial Region, 2000; weit fortgeschritten ist die Auflösung tradierter Organisationsstrukturen auch in der Filmindustrie, vgl. *L. D. Introna/H. Moore/M. Cushman,* The Virtual Organisation – Technical or Social Innovation? Lessons from the Film Industry, London School of Economoics, WP 72/1999.

ablen intra- und interorganisationalen Auf- und Abbau von Kooperationsstrukturen in Bewegung zu halten und dauerhafte Organisationsformen zu vermeiden. Dies könnte als Indiz für einen grundlegenden Wandel der Wirtschafts- und Gesellschaftsstruktur wahrgenommen werden, der möglicherweise auch der Verwaltungswissenschaft – und nicht nur der Ökonomik – neue Denkformen abverlangt – und sei es nur als Instrument der Beschreibung einer sich verändernden Umwelt, mit der sich die Verwaltung konfrontiert sieht und die sie mit ihren bisherigen Wissensbeständen und Wissenserzeugungsregeln nicht angemessen erfassen kann.

2. Zwischenüberlegung: Der Staat und die großen Infrastrukturnetzwerke der Vergangenheit

Staat und Verwaltung haben auch in der Vergangenheit ihrerseits eine wesentliche Aufgabe im Aufbau und in der Erhaltung der „großen Netze" gesehen[22], die mit der Entwicklung der modernen Industrie für den ökonomischen Austausch innerhalb großer Märkte erforderlich werden: Dies gilt etwa für die großen Transportnetze (Eisenbahn, Straße, Schifffahrtskanäle) und die Energieversorgungsnetze (Strom, Gas), Wasserversorgung und Telefon. Die Verantwortung für diese Netze war eine der charakteristischen Aufgaben des Staats der Industriegesellschaft, ja, sie schienen seine Essenz auszumachen. Ihre Eigenart besteht vor allem in der hierarchischen Definition: Ihr Aufbau ist eine große Ingenieurleistung, die von einem relativ einheitlichen zentral zu verwirklichenden Zweck geprägt ist. Die Netze dienen der zur Verfügung Stellung der einen vorab definierten Leistung, das Ziel ihres Ausbaus besteht in der möglichst weit reichenden Verknüpfung aller, damit jeder in den großen Markt integriert und mit bestimmten Basisressourcen versorgt werden kann[23].

3. Das Internet als dynamisches Netzwerk

Eine Bestätigung für die Notwendigkeit des „Denkens in Netzwerken" als dynamische Muster der Konnektivität bietet aber das Internet als ein spektakuläres neues heterarchisches Netz, das in einem deutlichen Gegensatz zur Konstruktion der „großen Netze" der Vergangenheit steht: Das Internet ist ein Netzwerk ohne Zentrum! Es ist so aufgebaut, dass nicht bestimmte vorgegebene Dienste und Aufgaben für den Aufbau des Netzes formgebend sind, viel-

---

[22] *Th. P. Hughes*, Networks of Power. Electrification of Western Society 1880-1930, 1983.

[23] *Th. P. Hughes*, The Evolution of Large Technological Systems, in: W. E. Bijker/ders./T.J. Pinch (Hrsg.), The Social Construction of Technological Systems, 1987, S. 51.

mehr lässt es zu, dass jeder neue Anwendungen entwickelt, denen die Systemarchitektur keine Grenzen setzt. Dies ist auch für Staat und Verwaltung in sofern von Bedeutung, als damit auch ein zentraler Bereich betroffen ist, der bisher Gegenstand staatlicher Leistungen der Infrastrukturverwaltung war[24]. Aus deren Wandel hat sich eine Veränderung des Staatsverständnisses zum „Gewährleistungsstaat" ergeben[25], der nicht allein durch die Höherlegung der Abstraktionsebene staatlicher Agenden und Interventionen bestimmt sein kann. Die neuen Netzwerke insbesondere der Telekommunikation und der Medien werden von der Ökonomie der „dynamischen Märkte" und Technologien geprägt[26]. Die daran angepassten Organisations- und Handlungsformen entwickeln sich ihrerseits stochastisch, sie sind vom schnellen Wandel der Verknüpfungsmuster, von strategischem Marketing und hohem Risiko charakterisiert.

4. Die Netzwerkökonomie – Besonderheiten der Märkte für Informationsgüter

a) Ungewissheit und Dynamik der Netze

Für die Verwaltungswissenschaften könnte auch der Begriff der Netzwerkökonomie[27] relevant werden, der eine Veränderung der Produktionsbedingungen der Wirtschaft indiziert und Anschlussmöglichkeiten für die Wissens- und Beschreibungsregeln der Verwaltung bei der Konstruktion von Strategien der ökonomischen Steuerung eröffnen könnte. Mit diesem Konzept wird eine Besonderheit insbesondere der Medien- und Informationsökonomik beschrieben, die darin besteht, dass Investitionen in diesem Teil der Wirtschaft von besonders hoher Ungewissheit geprägt sind. Dynamische Märkte machen einerseits einen relativ hohen Aufwand beim Einstieg mit neuen Angeboten erforderlich, zugleich kann aber bei Verfehlen der Gewinnschwelle sehr schnell eine Abwärtsspirale ausgelöst werden, deren Ende nur schwer aufzuhalten ist.

---

[24] *G. Hermes*, Staatliche Infrastrukturverantwortung, 1998.

[25] *G. F. Schuppert* (Hrsg.), Der Gewährleistungsstaat – Ein Leitbild auf dem Prüfstand, 2005; *W. Hoffmann-Riem*, Governance im Gewährleistungsstaat, in: G. F. Schuppert (Hrsg.), Governance-Forschung, 2005, S. 195.

[26] Vgl. *C. Shapiro/H. R. Varian*, Information Rules, 1998.

[27] Vgl. nur *D. Allen*, New Telecommunication Services. Network Externalities and Critical Mass, Telecommunications Policy 1988, 257.

b) „Meta-Märkte" – zur Abhängigkeit der Nutzung der Informationsgüter von der Verfügbarkeit allgemeiner Wissensbestände

Eine andere Erscheinungsform der Veränderung der Informationsmärkte ist bestimmt von dem zunehmenden Gleichgewicht zwischen dem (bisher) stabilen allgemeinen Wissenspool der Gesellschaft, der auch das Erfahrungswissen speichert, das für die Nutzung neuer Produkte durch Kunden benötigt wird, und dem jeweils besonderen Wissen, das daran angeschlossen und für die Entwicklung einzelner Produkte und Dienstleistungen spezifiziert werden kann. Wenn der Wandel der Technik sich beschleunigt, kann das allgemeine technologische Wissen einschließlich des Erfahrungswissens der Verbraucher hinter den Erfordernissen dynamischer Produkt- und Dienstleistungsmärkte zurückbleiben. In einem solchen Fall spricht man in der Wirtschaft auch von der Entstehung von „Meta-Märkten"[28], die eine Beobachtung und Reflexion der allgemeinen, nicht an der Nutzung einzelner Produkte orientierter Wissensbasis der Gesellschaft unter dem Gesichtspunkt der Erhaltung und Verbesserung des technologischen Allgemeinwissens verlangen, auf dessen spontane Selbsterzeugung nicht mehr vertraut werden darf.

c) Wandel der Verallgemeinerung gesellschaftlichen Wissens – von den „professionellen Gemeinschaften" zu den „epistemischen Gemeinschaften"

Auch im Wandel der Formen der Wissensgenerierung für neue Produkte lässt sich eine ähnliche Problematik beobachten: Es bilden sich zwischen den umfassenden repräsentativen Organisationen, die früher das allgemeine technologische Wissen als „professionelle Gemeinschaften"[29] systematisiert und gefördert haben (VDI, TÜV etc.), neue spezialisierte „epistemische Gemeinschaften"[30], die sich an übergreifenden strategischen gemeinsamen Problemstellungen orientieren, die auf einem mittleren Abstraktionsniveau zwischen den der allgemeinen professionellen Gemeinschaften und den besonderen produktbezogenen Organisationen innerhalb der Unternehmen bilden. Auch hier lassen sich mit dem Netzwerkkonzept hybride Phänomene beschreiben, die mit den bisherigen Begriffen nicht angemessen zu erfassen sind.

---

[28] *M. Gensollen*, Economie non rivale et communautés d'information, Réseaux Nr. 124 (2004), 141; *ders.*, Biens informationnels et communautés médiatisées, Revue d'Economie Politique, Sonderheft 2003, 8.

[29] Vgl. allg. *M. Več*, Normierung Recht und Normierung in der industriellen Revolution, 2006; auch schon *R. Wolf*, Der Stand der Technik, 1986.

[30] Vgl. *B. Conein*, Communautés épistémiques et réseaux cognitifs, Revue d'Economie Politique, Sonderheft 2003, 138; *Gensollen*, a.a.O. (Fn. 33), 2003; *R. Arena*, Relations inter-entreprises et communautés médiatisées – une analyse préliminaire, ebd., 209.

5. Netzwerke und ihre Verarbeitung im Privatrecht

Im Privatrecht wird schon seit einigen Jahren über die rechtliche Anpassung an die neuen „hybriden" Netzwerke nachgedacht, die sich mehr und mehr zwischen dem Austauschvertrag und dem Gesellschaftsvertrag herausgebildet haben. Vor allem die Aufwertung der „Marke" als wirtschaftliches Informationsgut hat Kooperationsmodelle ermöglicht, die früher wegen der notwendig werdenden Wissensteilung als zu riskant angesehen worden wären, weil die Gefahr der Eigennutzung zu Konkurrenzzwecken bestanden hätte. So stellt z.B. der moderne Franchisingvertrag jedem einzelnen Franchisenehmer eine Fülle von wertvollem know how (z.B. eine Produktpalette, Preisvorteile des Masseneinkaufs etc.) zur Verfügung. Dies ist nur möglich, weil die Marke (z.B. eines Baumarkts) einen so hohen, durch Werbung zu erhaltenden Bindungseffekt erzeugt, dass die Möglichkeit des Ausbrechens aus dem „Franchise-Netzwerk" zum Zwecke der Konkurrenz mit dem Franchisegeber als nicht sehr bedrohlich erscheint. Aus der Franchiseverbindung ergeben sich aber zugleich Überwirkungen der Marktstellung des einzelnen Franchisenehmers auf das Netzwerk insgesamt (nicht nur auf den Franchisegeber), für die nach einer rechtlichen Lösung gesucht wird[31].

IV. Die Verwaltung und ihr Wissen

1. Der Aufstieg des spezialisierten Wissens

Eine erste Überlegung zum Nutzen des Netzwerkkonzepts für den Gegenstandsbereich der Verwaltungswissenschaft könnte bei der Frage nach der Generierung des Wissens ansetzen, das die Verwaltung für komplexe Entscheidungen benötigt. Während die Wissensbasis, auf die die Verwaltung in früheren Epochen der Verwaltungsgeschichte zurückgreifen konnte, relativ leicht zu beschreiben war, hat sich mit dem Aufstieg insbesondere der Hochtechnologie, aber auch der Zunahme von Planungsaufgaben die Bedeutung des spezialisierten Wissens im systematischen Einbau des Sachverstands in Verwaltungsverfahren niedergeschlagen. Das Polizeirecht und das sich daraus entwickelnde spezialisierte Ordnungsrecht war in der Vergangenheit auf einen sich kontinuierlich entwickelnden Bestand von gesellschaftlichen Erfahrungen angewiesen[32], deren Grundregeln auch die relativ autonome Wissensgenerierung durch die Verwaltung geprägt haben. Die Rationalität der Verwaltungsentscheidung

---

[31] Vgl. *Teubner*, a.a.O. (Fn. 20), insbes. S. 111 ff. m.w.N.

[32] *K. H. Ladeur*, Coping with Uncertainty: Ecological Risks and the Proceduralization of Environmental Law, in: G. Teubner/L. Farmer/D. Murphy (Hrsg.), Environmental Law and Ecological responsibility, 1994, S. 299.

war weniger durch Gesetzesbindung als vielmehr durch die ungeschriebenen Gebote der autonomen Erzeugung einer eigenen Verwaltungserfahrung gekennzeichnet, die durch Entscheidungen von Fall zu Fall akkumuliert wurde und den kontinuierlichen Wandel der Muster der (privaten) gesellschaftlichen Erfahrungen nachbildete. Die Verwaltung hat auf die Entwertung dieser allgemeinen Erfahrungsbestände, die für die Technikentwicklung von Bedeutung waren, schon früh durch die Förderung der Verallgemeinerung der Wissenserzeugung über regionale Grenzen hinweg reagiert und die Systematisierung der Erzeugung und Verbreitung insbesondere des technischen Wissens unterstützt. Ohne diese staatlichen Systematisierungsprozesse hätte sich der technische Fortschritt in Deutschland nicht so schnell ausbreiten können. Diese stabile privat-öffentliche Grundform einer „sozialen Epistemologie"[33] ist in der jüngsten Vergangenheit durch den Aufstieg des spezialisierten Wissens und der technologischen Beschleunigung aus dem Blick geraten.

2. Privat-öffentliche Wissenserzeugung

Für die Verwaltung ist aber vor allem ein Phänomen von besonderer Bedeutung, das auch in den hier zu beschreibenden Bereich hybrider privat-öffentlicher Koordinationsformen gehört, die mit dem Netzwerk-Konzept erfasst werden könnten: Auch bei der Erzeugung von normalisierenden, an praktische Wissensprobleme anknüpfenden und auf praktische Bindung neuer Varianten von Ungewissheit zielenden „Standards" entwickelt sich eine Kooperation von Staat und Privaten[34], die diesseits des gemeinsamen Interesses an der Erhaltung der klassischen allgemeinen, relativ stabilen Wissens- und Regelbestände aber jenseits der Lösung konkreter technischer und wissenschaftlicher Aufgaben anzusiedeln ist: Die inter- und intraorganisationalen „epistemischen Gemeinschaften", die innerhalb der privaten Wirtschaft projektbezogen entstehen, finden ihr Pendant in privat-öffentlich koordinierten Formen der Wissensgenerierung (z.B. für die Gewährleistung technischer Sicherheit oder die Regulierung von Gesundheitsrisiken etc.), die ein Moment der Modellierung des Entwurfs und der Prognose enthalten, in dem sich die Beschleunigung der technisch-wissenschaftlichen Wissensbildung ausdrückt, deren Ungewissheit nur strategisch gebunden werden kann. Auch diese Kooperationsformen zwischen Staat und gesellschaftlichen Akteuren (aus der Wissenschaft, Technik und Wirtschaft) lassen sich insofern als „Netzwerke" bezeichnen, als sie das

---

[33] Vgl. zum Begriff *A. Buchanan*, Political Liberalism and Social Epistemology, Social Philosophy and Policy 2004, 95.

[34] Vgl. nur *K. H. Ladeur*, Towards a Legal Concept of the Network in European Standard-Setting, in: C. Joerges/E. Vos (Hrsg.), EU Committees. Social Regulation, Law and Politics, 1999, S. 151.

dynamische, auf Selbstveränderung angelegte, selektive Moment der Kooperation verschiedener „epistemischer Gemeinschaften"[35] in Anschlag bringen, die sehr viel weniger als in der Vergangenheit auf generalisierungsfähige Regelbildung und damit Stabilität für einen relativ langen Zeitraum angelegt sind. Eine Veränderung der privat-öffentlichen Wissensgenerierung hatte sich in der Vergangenheit schon mit dem Aufstieg des Gruppenstaates vollzogen, der – wie sich in den öffentlichen Versicherungssystemen manifestiert hat – das Operieren mit „Gruppenwahrscheinlichkeit" zwischen stabilem dauerhaftem Regelwissen und dem bloßen Zufall ermöglicht hatte[36].

3. Die Bedeutung der gemeinsamen „Wissenspools"

Die privat-öffentliche Kooperation für Zwecke der Standardsetzung steht in einem Entsprechungsverhältnis zu privaten „joint ventures": Diese bilden eine Variante privater koordinierter Wissenserzeugung zwischen Unternehmen, die sich im Übrigen in Konkurrenz zueinander befinden. Im Unterschied zu den eher informellen „epistemischen Gemeinschaften", in denen Personen gemeinsame Aufgaben unter Überschreitung der Grenzen von Organisationen (z.B. bei der „Software-Entwicklung") neues Wissen entwickeln, handelt es hier um formalisierte interorganisationale Kooperationen, die ebenfalls darauf reagieren, dass die bisherige stabile Unterscheidung von allgemeinem (allen zur Verfügung stehenden) Wissen und besonderem (vor allem als know how durch praktische Organisation oder explizit durch Patente) anzueignendem privatem Wissen unterlaufen wird durch die Beschleunigung sowohl der Wissensproduktion als auch der Nutzung wissenschaftlichen Wissens in der Technologie. Die besonderen Produktionsstrategien der Unternehmen müssen ihrerseits (wie für die Nutzer innovativer Produkte auf „Meta-Märkten" s.o.) auch ein Moment des allgemeinen Wissens auf eine paradoxe Weise privat erzeugen, ohne es jedoch in vollem Umfang privat aneignen zu können[37]. Die Verwaltung kann und muss ihrerseits in Netzwerken denken, wenn die Gesellschaft sich mindestens partiell in eine „Gesellschaft der Netzwerke"[38] verwandelt und damit auch die

---

[35] *Conein*, a.a.O. (Fn. 30).

[36] *Th. M. Porter*, The Rise of Statistical Thinking, 1820-1900, 1986; *ders.,* Lawless Society: Social Science and the Reinterpretation of Statistics in Germany, 1850–1880, in: L. Krüger/L. J. Darton/M. Heidelberger (Hrsg.), The Probabilistic Revolution, 1986, S. 351.

[37] Vgl. dazu *Y. Benkler*, The Battle over the Institutional Ecology in the Digital Environment, Communications of the ACM 2001 (Februar), 84; allg. *ders.*, The Wealth of Networks, 2006.

[38] *J. M. Guéhenno*, The End of the Nation State, 1995, S. 33; *ders.*, L'avenir de la liberté, 1999, S. 61.

Bedingungen der Wissenserzeugung für die Verwaltung einem grundlegenden Wandel ausgesetzt werden.

4. Zur Kooperation mit Sachverständigen in der „Gesellschaft der Netzwerke"

Das Expertenwissen, insbesondere das wissenschaftliche Wissen, das die Verwaltung z.b. für die Förderung neuer Technologien oder für die Risikovorsorge jenseits der Erfahrung benötigt, ist selbst „embedded knowledge", d.h. es ist kein Wissen, das in „professionellen Gemeinschaften" in einer relativ allgemeinen Form gesammelt, systematisiert und verbreitet wird, sondern es ist an besondere „epistemische Gemeinschaften"[39] gebunden, die z.b. in der Gentechnik, der Nanotechnik oder in der Nukleartechnologie, Unternehmensgrenzen und Institutionen übergreifend (Kooperation von Universitäten, Unternehmen, Ingenieurbüros etc.) entstehen. Das neue Wissen ist nicht mehr in allgemein zugänglichen Erfahrungsräumen verfügbar, die ohne *besondere* Expertise in dem betreffenden besonderen Anwendungsbereich Sachverständigen zugänglich sind. Ähnlich ist auch z.B. das technologische oder Managementwissen in einer hybriden Form relational und flexibel aggregiert, die die traditionelle Schichtung von „freiem" Allgemeinwissen und durch Know How oder Patente gebundenes privat anzueignendem Wissen untergräbt.

Insbesondere das Internet erlaubt es, die quantitativen Grenzen der Kommunikation zwischen Individuen und Organisationen durch die Nutzung der „strength of weak ties"[40] zu überwinden: Die Kommunikation zwischen einer Vielzahl von Beiträgern kann sehr stark vereinfacht und differenziert werden, ohne dass der einzelne sein gesamtes privates Wissen preisgeben müsste. Open Source ist ein Weg[41], die „cognitive commons", das gemeinsame Wissen, das alle nutzen können, in neuartiger Form zu erzeugen und zu verbreiten. Auch hier zeigt sich das charakteristische Merkmal des Netzwerks: Netzwerke sind dynamisch und können sich schnell ausdifferenzieren, verbreiten, überlappen und damit ihre Leistungsfähigkeit variieren.

Netzwerke als ubiquitäre Koordinationsform, die Wissen in einer hybriden besonderen, aber doch relativ breit anschlussfähigen Form generiert, ermöglichen auch eine weitere Erscheinungsform des Wissenstransfers, die in den letzten Jahren große praktische Bedeutung erlangt hat: die Unternehmens- oder

---

[39] *Conein*, a.a.O. (Fn. 30).

[40] So der Titel eines berühmten Aufsatzes von *M. Granovetter*, American Journal of Sociology 1973, 1360.

[41] *St. Weber*, The Success of Open Source, 2004, insbes. S. 157 ff.

Organisationsberatung[42]. Berater verknüpfen (insbesondere) das Management-wissen, das der Unternehmenspraxis implizit bleibt, aber durch Beobachtung von Experten dekontextualisiert, expliziert und auf andere Kontexte übertragen werden kann. Dies ist ein äußerst voraussetzungsvolles Verfahren, das entspre-chend missbrauchsanfällig ist und hohe Risiken des Scheiterns mit sich bringt[43], gerade weil die Rekombination von Wissen in neuen Organisations-kontexten ein komplexer Vorgang ist. Dies gilt auch für die Kommunikation mit wissenschaftlichen Experten, deren Produktivität davon abhängig ist, dass die Grenzen des „analogischen" Verfahrens der Wissenserzeugung beachtet werden[44], die bei der auf technologische Anwendung zielenden Modellbildung außerhalb der autonomen nach wissenschaftlichen Gesichtspunkten definierten Systemrationalität überschritten werden.

V. Der Beitrag der Netzwerkanalyse
zur Selbstbeschreibung der Verwaltung

1. Transnationale Behördennetzwerke

Es bleibt noch zu fragen, ob die Netzwerkanalyse auch für die Beschreibung der Veränderungen der Handlungs- und Organisationsform und -prozesse in-nerhalb der Verwaltung selbst eingesetzt werden kann. In einem ersten Schritt ist hier an die nicht-hierarchische Variante der Kooperation von Behörden in transnationalen Verfahren der Entscheidung und der Normbildung zu erinnern. Im Zuge der Globalisierung der Wirtschaft, die zwangsläufig auch die admi-nistrativen Formen der Wirtschaftsregulierung erfasst, bildet sich immer stärker eine transnationale Form der Kooperation von Behörden heraus, die den traditi-onellen durch das Völkerrecht gebahnten Weg der Vermittlung über die Staats-spitze nach außen umgehen und unmittelbar sachbezogen Verwaltungsverfah-ren integrieren[45]. Diese Variante der Kooperation wird nur zum Teil ver-

---

[42] *P. Cohendet/F. Meyer-Krahmer*, The Theoretical and Policy Implications of Knowledge Codification, Research Policy 2001, 1563ff.

[43] Vgl. auch die Beiträge in *R. Schützeichel/Th. Büsemeister* (Hrsg.), Die beratene Gesellschaft: Zur gesellschaftlichen Bedeutung von Beratung, 2004.

[44] *Ph. E. Tetlock*, Expert Political Judgment. How Good is it?, 2005, S. 230; *St. P. Turner*, Liberal Democracy 3.0, 2003, S. 61; vgl. auch *St. Fuller*, Social Epistemology, 1988, S. 289.

[45] *C. Möllers,* Transnationale Behördenkooperation. Verfassungs- und völkerrechtli-che Probleme transnationaler administrativer Standardsetzung, Zeitschrift für ausländi-sches öffentliches und Völkerrecht 2005, 351, 353; *ders.*, Netzwerk als Kategorie des Organisationsrechts, in: J. Oebbecke (Hrsg.), Nicht-normative Steuerung in dezentralen Systemen, 2005, S. 285. S. 288; am Beispiel der Umweltverwaltung *M. Warning*, Transnational bureaucracy networks: a resource of global environmental governance?,

rechtlicht. Das Phänomen des „disaggregating state"[46], der sich nicht etwa auflöst, sondern eher fragmentiert in einzelne transnationale Regulierungszirkel, ist gekennzeichnet von „Behördennetzwerken", die transnationale Aufgaben wahrnehmen. Es lässt sich ebenfalls als ein sich neben der hierarchischen Organisation von Entscheidungen entwickelndes heterarchisches Koordinationsmodell beschreiben. Beispiele dafür bieten sich auch innerhalb der EG, allerdings auf einer neuen transnationalen Ebene, die ein Analogon zur dritten Ebene des Bundestaates darstellt, etwa im Telekommunikationsrecht. Hier verlangen die neue Rahmenrichtlinie der EG für Telekommunikation und das deutsche Telekommunikationsgesetz eine Kooperation der Regulierungsbehörden durch wechselseitige Information und die Pflicht zur „weitestmöglichen Berücksichtigung" der Stellungnahmen in den Entscheidungen der jeweils anderen Regulierungsbehörden. Auch dies ist charakteristisch für eine Netzwerkstruktur: Es entsteht eine offene flexible Form der Beziehung zwischen Entscheidern jenseits der Hierarchie, deren Gegenstand und Methode nicht exante bestimmt sind und für das deutsche Recht als eine Variante der horizontalen Begrenzung eines Beurteilungsspielraums durch prozedurale Kooperationsgebote verstanden werden kann[47]. Ähnliches gilt für private Varianten flexibler transnationaler Foren der Normbildung (IOSCO)[48], die Handlungs-, Wissens- und Kontrollregeln für den globalisierten Finanzmarkt formulieren und die in der einen oder anderen Form in das staatliche Recht integriert werden.

2. Public Private Partnership als Netzwerk?

Das Netzwerkkonzept öffnet auch eine neue Perspektive auf die seit einigen Jahren sich herausbildenden Erscheinungsformen der Public Private Partnership (PPP)[49]. Eine avanciertere Form der PPP zielt gerade darauf, durch ein private und öffentliche Beteiligte verbindendes Netzwerk von Knoten und Verknüp-

---

in: G. Winter (Hrsg.), Multilevel Governance of Global Environmental Change. Perspectives from Science, Sociology and the Law, 2006, S. 305; aus politikwissenschaftlicher Sicht *T. Börzel*, Organizing Babylon – On the Different Conceptions of New Policy Networks, Public Administration 1998, 253.

[46] *A. M. Slaughter*, The New World Order, 2004; vgl. auch *Th. Vesting*, Die Staatsrechtslehre und die Veränderung ihres Gegenstandes: Konsequenzen von Europäisierung und Internationalisierung, VVDStRl 63 (2004), S. 41, 56ff.

[47] Vgl. *H. H. Trute*, Der europäische Regulierungsverbund in der Telekommunikation – ein neues Modell europäisierter Verwaltung, in: FS Selmer, 2004, S. 585, 589; *Ladeur/Möllers*, a.a.O. (Fn. 1).

[48] *Möllers*, a.a.O. (Fn, 45) Netzwerk , S. 291; vgl. allg. auch *St. Augsberg*, Rechtsetzung zwischen Staat und Gesellschaft. Möglichkeiten differenzierter Steuerung des Kapitalmarktes, 2004.

[49] Vgl. allg. *J. Ziekow*, Public Private Partnership – Projekte, Probleme, Perspektiven, Speyerer Forschungsberichte Nr. 229, März 2003.

fungen neues Wissen zu generieren, das z.B. für die Entwicklung und Förderung von Hochtechnologien genutzt werden kann, für die allgemein verfügbares Wissen nicht mehr als selbstverständlich verfügbare Ressource unterstellt werden kann. Das „Denken in Netzwerken"[50] lässt auch erwarten, das die Grenzen der privat-öffentlichen Kooperation im hybriden Bereich – zwischen der unmittelbaren Steuerung privaten Handelns[51] nach vorgegebenen Regeln und dem öffentlichen, nach internen (Rechts-)Regeln autonom erzeugten Verwaltungswissen – reflektiert werden kann. Darüber hinaus lässt sich der Aufstieg des kooperativen Staates in seinen verschiedenen Erscheinungsformen besser verstehen: Es entsteht immer mehr Wissen, das in private Netzwerke impliziert bleibt und für den Staat nur noch schwer expliziert werden kann. Daraus ergibt sich ein neues Bedürfnis für Deregulierung oder regulierte Selbstregulierung[52], das kooperativ über die Vorgabe von Zielen und durch prozedurale Steuerungsvarianten realisiert werden kann (Orientierung an privaten „Beurteilungsspielräumen", deren Überschreitung von einem öffentlichen Akteur sanktioniert werden kann).

3. Governance-Konzept und Netzwerkanalyse

Das Netzwerk-Paradigma eröffnet auch eine Sichtweise auf eine grundlegende Veränderung des Verhältnisses von Staat (Verwaltung) und privaten Akteuren, das normativ immer weniger mit dem Steuerungskonzept erfaßt werden kann: Bisher haben sich die Konstruktion und Reflexion der staatlichen Intervention z.B. in die Wirtschaft mit dem Ziel der Durchsetzung eines öffentlichen Zweckes verwaltungswissenschaftlich des Konzepts der „Steuerung" bedient. Dieses Paradigma wird durch das Konzept der „Governance" in Frage gestellt[53]. Vor allem *Renate Mayntz*[54] hat darauf aufmerksam gemacht, dass

---

[50] Vgl. *I. Augsberg/T. Gostomzyk/L. Viellechner*, Denken in Netzwerken, 2009; *L. Viellechner*, Können Netzwerke die Demokratie ersetzen? Zur Legitimation der Regelbildung im Globalisierungsprozess, in: Sigrid Boysen u. a. (Hrsg.), Netzwerke, 47. Assistententagung Öffentliches Recht, 2007, S. 36.

[51] *G. F. Schuppert*, Verwaltungsrechtswissenschaft als Steuerungswissenschaft, in: W. Hoffmann-Riem/E. Schmidt-Aßmann/ders. (Hrsg.), Reform des allgemeinen Verwaltungsrechts, 1993, S. 65; kritisch *O. Lepsius*, Steuerungsdiskussion, Systemtheorie und Parlamentarismuskritik, 1999; vgl. auch den guten Überblick in: *M. Eifert*, Das Verwaltungsrecht zwischen klassischer Dogmatik und steuerungswissenschafttlichem Anspruch, VVDStRL 67 (2008), S. 286.

[52] Vgl. dazu nur *H. P. Bull*, Bürokratieabbau – Richtige Ansätze unter falscher Flagge, Die Verwaltung 2005, 286, 291ff., und die Beiträge in: Die Verwaltung, Beiheft 2001.

[53] Vgl. aus der Literatur nur *H. H. Trute/W. Denkhaus/D. Kühlers*, Governance in der Verwaltungsrechtswissenschaft, Die Verwaltung 2004, 451, und die Beiträge in: *Schuppert* (Hrsg.) a.a.O. (Fn. 25); vgl. auch *G. F. Schuppert*, Staat als Prozeß, 2010.

dem Konzept die Vorstellung zugrunde liegt, dass Subjekt und Objekt der Steuerung nicht als eindeutig getrennt gedacht werden können. Dann kann auch keine lineare Steuerung (eines Objekts durch ein Subjekt) unterstellt werden. Im Vordergrund steht nicht mehr ein ex ante zu steuernder Entscheidungsablauf, sondern eine offene, distribuierte „Regelungsstruktur", innerhalb deren z.B. die Entscheidungsmöglichkeiten der Verwaltung von einer dynamischen, in der Zeit veränderlichen Verteilung von Handlungsressourcen und Wissensbeständen abhängig werden.[55] Dadurch wird die Suche nach einem produktiven Koordinationsmuster organisiert, das sich im Wege der Evolution (und nicht durch rationale Wahl) durch Ausprobieren und variable Verknüpfungen erst herausbildet.

Das „Denken in Netzwerken" kann auch für die Beobachtung der zunehmend komplexer werdenden Prozesse der Bildung von Individualität in postmodernen Gesellschaften fruchtbar gemacht werden. Viele Bildungsreformen unterschätzen die Probleme der Erreichbarkeit von Individuen und die Schwierigkeiten des Erfolg versprechenden Designs von Interventionen in komplexe Entwicklungsprozesse[56]: Die Akzentuierung der „Embeddedness" der Individuen verändert auch die Wahrnehmung sozialer Probleme im Prozess der Entwicklung von Individualität. Daraus ergeben sich z.B. optimale und weniger optimale Zeitfenster für die „soziale Hilfe"[57], die immer auch die Risiken der Verfestigung von destruktiven Milieus und ihrer diffusen „Einflüsse" berücksichtigen muss.

4. Netzwerkanalyse und Selbstbeobachtung der Verwaltung

Nachdem die Bedeutung der Netzwerkanalyse für die Beschreibung der Wissensgenerierung sowohl im Bereich der Gesellschaft als auch in den Kooperationsprozessen der Standardsetzung und der PPP untersucht worden ist und nach der Fruchtbarkeit des Ansatzes für die Beschreibung der Herausbildung neuer Formen der Koordination zwischen Markt und Hierarchie (Organisation) im privaten Sektor gefragt worden ist, muss der Blick schließlich noch

---

[54] R. Mayntz, Governance-Theorie als fortentwickelte Steuerungstheorie?, in: G. F. Schuppert (Hrsg.), a.a.O. (Fn. 25), S. 11.

[55] Vgl. A. Voßkuhle, Das Konzept des rationalen Staats in: G. F. Schuppert/ders. (Hrsg.), Governance von und durch Wissen, 2008, S. 13; I. Spiecker gen. Döhmann, Wissensverarbeitung im öffentlichen Recht, Rechtswissenschaft 2010, 247.

[56] Trute/Denkhaus/Kühlers, a.a.O. (Fn. 55); und die Beiträge in: Schuppert, a.a.O. (Fn. 25).

[56] N. Luhmann, Schriften zur Pädagogik, 2004; G. Corsi, Sistemi che apprendono, 1997.

[57] D. Baecker, Soziale Hilfe als Funktionssystem der Gesellschaft, Zeitschrift für Soziologie 1994, 93.

auf die Frage nach der Leistungsfähigkeit des Netzwerk-Modells für die in-
neradministrative Reflexion von Handlungs- und Koordinationsmustern gerichtet werden. Oben ist bereits das Sonderproblem der transnationalen Kooperation von Verwaltungsbehörden jenseits der tradierten Einheit des Staates im
Völkerrecht aufgegriffen worden. Es bleibt aber noch zu klären, ob auch unabhängig von diesem Sonderfall neue Kooperationsmuster innerhalb der Verwaltung entstanden sind, die ebenfalls mit dem Netzwerkbegriff fruchtbar beschrieben werden können. Hier muss akzentuiert werden, dass das Problem der
Wissenserzeugung nicht der Verwaltung äußerlich bleiben kann. Am Beispiel
des Engagements des Staates in der bürgerlichen Epoche zeigt sich, dass das für
Entscheidungsprozesse in der Verwaltung notwendige Wissen nicht spontan erzeugt und distribuiert wird, sondern der Systematisierung, der Transformation
und der Verteilung durch private Organisationen (VDI etc.) sowie den Staat unterliegt[58], weil beide, Wirtschaft und Staat, auf eine verlässliche allgemeine
Wissensbasis angewiesen sind. Dann ist aber auch die Frage nahe liegend, wie
sich die Veränderung der Generierung des Wissens, die sich mit Hilfe des
Netzwerkkonzeptes beschreiben lässt, auf die internen Organisations- und Verfahrensfragen der Verwaltung auswirken. Der interne Prozess der Wissenserzeugung im liberalen Staatsmodell folgt – wie angedeutet – ebenfalls dem Modell der kontinuierlichen Generierung von (Verwaltungs-)Erfahrung) durch das
Prozessieren von Verwaltungsentscheidungen „von Fall zu Fall". Vor allem in
komplexen Planungsverfahren oder bei der Organisation „sozialer Hilfe" ist es
für die Verwaltung darüber hinaus äußerst schwierig, Lernen über den einzelnen Fall hinaus zu gewährleisten. Viele Entscheidungen bleiben für die Verwaltung Unikate, da sich ein vergleichbarer Fall innerhalb eines überschaubaren
Zeitraums nicht wiederholen wird.

Der Begriff der „Wissensgesellschaft", der den Übergang der Industriegesellschaft zu einer neuen postindustriellen Gesellschaftsformation beschreiben
soll, muss so verstanden werden, dass immer mehr die informationellen kognitiven Komponenten der Produktion und der Entscheidung zu Lasten der materi-
al-, sach- und erfahrungsgebundenen Komponenten an Bedeutung gewinnen.
Nicht aber ergibt sich daraus, dass die Gesellschaft immer mehr weiß und deshalb weniger Ungewissheit bestünde – im Gegenteil! N. Luhmann spricht iro-
nisch von der Notwendigkeit, „die Kommunikation von Nichtwissen aushalten
zu können"[59].

---

[58] *Več*, a.a.O. (Fn. 29).

[59] *N. Luhmann,* Beobachtungen der Moderne, 1992, S. 176; es ist auch die Frage zu
stellen, ob die vielfach konstatierte Enttäuschung über die nur begrenzten Erfolge des
„New Public Management" (*Bull*, a.a.O.,Fn. 52, S. 312) nicht auch darauf zurückzuführ-
en ist, dass die Reflexion der Veränderung der Stellung der Verwaltung durch die neue
„Wissensordnung" unzulänglich geblieben ist, *H. Elsenhans/R. Kulke/Ch. Roschmann,*

Hier stellt sich deshalb die Frage, ob nicht die Verwaltung über den informellen Wissenstransfer in Arbeitsgruppen hinaus mehr Aufmerksamkeit auf das Wissensmanagement richten muss[60], damit ggf. das Lernen jenseits der bisherigen Kompetenzgrenzen unterstützt werden kann. Dies ist mindestens teilweise bei der Entwicklung intelligenter Software für Verwaltungszwecke im Rahmen des E-Governments zu gewährleisten.[61]

VI. Ausblick auf den „virtual state"

Längerfristig müsste aber daran gedacht werden, das durch Bearbeitung komplexer Aufgaben gewonnene Wissen systematischer auf andere Verwaltungsentscheider zu transferieren. Auch diese Form des Wissenstransfer und des Lernens könnte mit Hilfe von elektronischen Formen abgestützt und verbessert werden. Dies findet seine Entsprechung z.B. auch in dem „Open Source-Movement" im Internet, das ebenfalls die Entwicklung „epistemischer Gemeinschaften" fördert, die schnell und flexibel an der Bewältigung gemeinsamer Wissensprobleme arbeiten. Vorformen dazu bestehen im Aufbau von Registern, die einen gemeinsamen, aber relativ stabil bleibenden Wissenspool auf der Grundlage einer Fülle wiederkehrender Verwaltungsvorgänge aber jenseits der Zuständigkeit einzelner Verwaltungen bilden.In komplexeren Aufgabenfeldern der Sozialverwaltung, der Bildung, der Technologieförderung, des technischen Sicherheitsrechts käme es aber darauf an, systematisch gemeinsame Lösungsstrategien zu entwickeln, die das Lernen über Kompetenzgrenzen hinweg erlauben. Man könnte dies in einer begrifflichen Analogiebildung als eine Form der „joint administration" bezeichnen.[62] Diese längerfristige Strategie, die über die jetzigen Formen des E-Governments hinaus weist, ließe sich in eine Entwicklung zum „virtual state"[63] einordnen, der stärker problembezogen operiert und unter Nutzung elektronischer Wissensspeicher und Transferverfahren Wissensressourcen jenseits strikter Kompetenzgrenzen z.B. in inneradmi-

---

Verwaltungsreform in Deutschland: Das neue System des Managements als Anwendung der New-Public-Management-Theorie und die Krise des Wohlfahrtsstaats, Die Verwaltung 2005, 315; *S. Ast*, Verwaltungsreform ohne Ziel?, Verwaltungsarchiv 2003, S. 574.

[60] Für private Unternehmen vgl. *B. Nett/V. Wulff*, Wissensprozesse in der Softwarebranche, in: P. Gendolla/J. Schäfer (Hrsg.), Wissensprozesse in der Netzwerkgesellschaft, 2005, S. 119, 128.

[61] Vgl. allg. *M. Eifert*, Electronic Government, 2006.

[62] *K. H. Ladeur*, Die Wissensinfrastruktur der Verwaltung, in: W. Hoffmann-Riem/E. Schmidt-Aßmann/A. Voßkuhle (Hrsg.), Grundlagen des Verwaltungsrechts, Bd. 2, 2008, § 21 Rnr. 95.

[63] *J. F. Fountain*, Information, Institutions and Governance: Advancing a Basic Social Science Research Program for Digital Government, RWP No 03-004, Kennedy School of Governance, Harvard University, 2003; *dies.*, Building the Virtual State. Information Technology and Institutional Change, 2001.

nistrativen „epistemischen Gemeinschaften" oder in komplexen inter- und int-raadministrativen Netzwerken (einschließlich NGOs) aggregiert und dafür eine „strategic orchestration" konzipiert.[64] Viele komplexe Aufgaben der Verwaltung wären besser zu bewältigen, wenn nach dem Muster des „open source movement"[65] Wissensbestände flexibel und kooperativ jenseits örtlicher Zuständigkeiten prozessiert würden. Auf dieser Grundlage wäre ein funktionales Äquivalent zu den privaten Formen des Wissensmanagements zu schaffen, das die neue Wissensordnung flexibel und dynamisch organisiert und damit eine neue „soziale Epistemologie" stabilisiert.[66]

---

[64] *R. Agranoff*, Managing within Networks. Adding Value to Public Organizations, 2007, S. 205, 125; *K. G. Provan/P. Kenis*, Modes of Network Governance: Structure, Mangement and Effectiveness, J. of Public Administration Research and Theory 2007, 1 (mit einem guten Überblick über die Formen der „network governance"); vgl. in diesem Zusammenhang zur Durchlässigkeit der Grenze zwischen Innen und Außen von Organisationen *M. Power*, Organized Uncertainty: Designing a World of Risk Management, 2007.

[65] Vgl. *Weber*, a.a.O. (Fn. 41).

[66] Vgl. zu den Perspektiven des Rechts auch *K. H. Ladeur*, Die Netzwerke des Rechts, in: M. Bommes/V. Tacke (Hrsg.), Netzwerke in der funktional differenzierten Gesellschaft, 2010, S. 143.

Art. 41 GRCh (Recht auf eine gute Verwaltung) im Lichte des deutschen Verwaltungsrechts

Hans-Werner Laubinger

Hans Peter Bull ist sowohl akademischer Lehrer als auch ein Mann der Verwaltungspraxis. Sein wissenschaftliches Interesse galt und gilt sowohl der Verwaltungsrechtswissenschaft als auch der Verwaltungslehre und der Verwaltungspolitik. Er hat nicht nur die rechtsdogmatische Literatur bereichert, sondern auch immer wieder Reformen im Bereich der Verwaltung angestoßen. Deshalb hoffe ich, dass die folgenden skizzenhaften[*] Überlegungen sein Interesse finden werden.

I. Die Europäische Grundrechtecharta

Die Charta der Grundrechte der Europäischen Union (Grundrechtecharta – GRCh) statuiert in ihrem Art. 41[1] das „Recht auf eine gute Verwaltung" („Right to a good administration", „Droit à une bonne administration")[2]. Schon mehrere Jahre zuvor hatte der Europäische Bürgerbeauftragte einen „Europäischen Kodex für gute Verwaltung" formuliert[3]. Nach überwiegender Meinung gelten weder Art. 41 noch der Kodex unmittelbar für die deutsche Verwaltung (s.u. II). Da jedoch nicht auszuschließen ist, dass sie dennoch – beispielsweise über die unionsgerichtliche Judikatur – Auswirkungen auf das deutsche Verwaltungsrecht und die deutsche Verwaltung haben werden, kann es nicht scha-

---

[*] Wegen Platzmangels musste der Beitrag stark gekürzt werden. Die ungekürzte Fassung kann von der Homepage des Verfassers unter http://www.jura.uni-mainz.de/laubinger/ heruntergeladen werden.

[1] Wenn im Folgenden von Art. 41 die Rede ist, ist damit stets Art. 41 GRCh gemeint, sofern nicht anderes angegeben ist.

[2] *Hans Peter Bull/Veith Mehde*, Allgemeines Verwaltungsrecht mit Verwaltungslehre, 8. Aufl., Heidelberg u.a 2009, S. 264 f. (Rn. 613) weisen auf Art. 41 und den Kodex für gute Verwaltungspraxis der EU-Kommission hin.

[3] Auf ihn kann aus Platzgründen leider nicht eingegangen werden. Zu dem Kodex *José Martínez Soria*, Die Kodizes für gute Verwaltungspraxis, EuR 2001, 682 ff.; *Martina Lais*, Das Recht auf eine gute Verwaltung unter besonderer Berücksichtigung der Rechtsprechung des Europäischen Gerichtshofs, ZeuS 2002, 447 ff., 476 ff.; *Knut Bourquain*, Die Förderung guten Verwaltungshandelns durch Kodizes, DVBl. 2008, 1224 ff.; *Kristin Pfeffer*, Das Recht auf eine gute Verwaltung, Baden-Baden 2006, S. 55 ff.

den, sich Gedanken darüber zu machen, ob unser Verwaltungsrecht den Anforderungen jener Regelung gerecht wird.

II. Die Adressaten des Art. 41

Nach wohl einhelliger Meinung verpflichten die Abs. 3 (Haftung) und 4 (Sprachenwahlrecht) nur die Union, nicht die Mitgliedstaaten. Umstritten ist hingegen, ob dasselbe für die beiden ersten Absätze gilt. Ein Teil der Literatur vertritt die Ansicht, an die Abs. 1 und 2 seien auch die Mitgliedstaaten gebunden, wenn sie Unionsrecht ausführen oder – nach einer anderen Formulierung – im Anwendungsbereich des Unionsrechts handeln[4]. Dagegen spricht jedoch sowohl der eindeutige Wortlaut als auch die Entstehungsgeschichte der Vorschrift[5].

Die beiden Ansichten liegen in der praktischen Konsequenz nicht so weit auseinander, wie es auf den ersten Blick scheinen mag. Denn die Mitgliedstaaten bleiben auch nach Inkrafttreten der Grundrechtecharta an die allgemeinen

---

[4] So *Ralf Bauer*, Das Recht auf eine gute Verwaltung, Frankfurt a.M. u.a. 2002, S. 142; *Lais* (Fn. 3), S. 457 ff.; *Diana-Urania Galetta*, Inhalt und Bedeutung des europäischen Rechts auf eine gute Verwaltung, EuR 2007, 57 ff. Zu einer unmittelbaren oder analogen Anwendung auf die Mitgliedstaaten tendiert wohl auch *Hans D. Jarass*, Charta der Grundrechte der Europäischen Union, München 2010, Art. 41 Rn. 4 und 10. Unentschieden *Sebastian M. Heselhaus*, § 57 Recht auf eine gute Verwaltung, in: Heselhaus/Nowak (Hrsg.), Handbuch der Europäischen Grundrechte, München 2006, S. 1607 f. (Rn. 132 f.), der zu erwägen gibt, „ob nicht die mitgliedstaatlichen Verwaltungen generell an jene Vorgaben gebunden sein sollen, aber im Bereich der Fehlerfolgen auf die Bedeutung für die effektive Wirkung des Gemeinschaftsrechts eine Einschränkung herbeigeführt werden kann".

[5] Eingehend *Kai-Dieter Classen* in seiner hervorragenden Untersuchung Gute Verwaltung im Recht der Europäischen Union, Berlin 2008, S. 74–94. Ebenso *Pfeffer* (Fn. 3), S. 102 ff.; *Walter Frenz*, Handbuch Europarecht, Bd. 4 – Europäische Grundrechte, Berlin/Heidelberg 2009, S. 1365 f. (Rn. 4534 ff.); *Siegfried Magiera*, in: Jürgen Meyer (Hrsg.), Charta der Grundrechtrechte der Europäischen Union, 3. Aufl., Baden-Baden 2011, Art. 41 Rn. 9; *Diana Urania Galetta/Bernd Grzeszick*, in: Tettinger/Stern (Hrsg.), Kölner Gemeinschaftskommentar zur Europäischen Grundrechte-Charta, München 2006, Art. 41 Rn. 12 (*Galetta* weist in ihrem in Fn. 4 genannten Aufsatz in Fn. 157 auf S. 79 ausdrücklich darauf hin, die im Kommentar vertretene Ansicht stamme von *Grzeszick*); *Philipp Voet van Vormizeele*, in: Schwarze (Hrsg.), EU-Kommentar, 2. Aufl., Baden-Baden 2009, Art. 41 GRCh Rn. 5. Auch *Matthias Ruffert*, in: Callies/Ruffert (Hrsg.), EUV/EGV, 3. Aufl., München 2007, Art. 41 GRCh Rn. 9, der jedoch moniert, die Unverbindlichkeit des Art. 41 für die Mitgliedstaaten sei in Situationen geteilter Verantwortungswahrnehmung verfassungspolitisch unbefriedigend.

Rechtsgrundsätze gebunden, die in den Gründungsverträgen enthalten sind oder von den Unionsgerichten herausgearbeitet worden sind[6].

III. Art. 41 und allgemeine Rechtsgrundsätze

Das Präsidium des Grundrechtekonvents hat der von ihm ausgearbeiteten Charta 2000 *Erläuterungen* mit auf den Weg gegeben[7]. In ihren Erläuterungen zu Art. 41 heißt es, die Vorschrift sei auf das Bestehen einer Rechtsgemeinschaft gestützt, deren charakteristische Merkmale sich durch die Rechtsprechung entwickelt hätten, die insbesondere den Grundsatz einer guten Verwaltung festgeschrieben habe; anschließend wird auf eine Reihe von Entscheidungen der Unionsgerichte sowie auf Art. 253 (Pflicht zur Begründung von Rechtsakten), 288 (Haftung der Gemeinschaft) und 21 Abs. 3 (Petitionsrecht, Sprachenwahlrecht) EGV verwiesen, an deren Stelle mit dem Lissabonner Vertrag Art. 296, 340 und 24 Abs. 4 AEUV getreten sind.

Das bedeutet, dass der unionsgerichtlichen Rechtsprechung, die vor dem Inkrafttreten von Art. 41 ergangen ist, bei dessen Interpretation besondere Bedeutung zukommt, indem sie gewissermaßen einen Mindeststandard markiert. Denn die Charta soll – davon kann man mit Sicherheit ausgehen – keinesfalls bewirken, dass die Rechte des Bürgers gegenüber dem vorher bereits erreichten Stand gemindert werden.

IV. Die von Art. 41 Abs. 1 und 2 gewährleisteten Rechte

Art. 41 setzt sich aus der amtlichen Überschrift und vier Absätzen zusammen. Die Abs. 1, 2 und 4 regeln Fragen des Verfahrens, und zwar – wie man in Hinblick auf die amtliche Artikelüberschrift wird feststellen dürfen – Fragen des *Verwaltungs*verfahrens, während die Schadensersatzbestimmung des Abs. 3 dem materiellen Recht angehört und deshalb einen Fremdkörper in der Vorschrift darstellt.

Wegen des zur Verfügung stehenden begrenzten Raums beschränke ich mich auf die Auseinandersetzung mit der Überschrift und den beiden ersten Absätzen des Art. 41, scheide also Abs. 3 (Anspruch auf Schadensersatz) und Abs. 4 (Sprachenwahlrecht) von vornherein aus.

---

[6] Darauf weisen zutreffend *Magiera* (Fn. 5), Art. 41 Rn. 9; *Voet van Vormizeele* (Fn. 5). Art. 41 Rn. 5; *Frenz* (Fn. 5), S. 1366 (Rn. 4537), und *Galetta/Grzeszick* (Fn. 5), Rn. 13, hin.

[7] CHARTE 4473/00 vom 11. 10. 2000.

1. Das „Recht auf eine gute Verwaltung" (Artikelüberschrift)

Die amtliche Überschrift des Art. 41 verheißt ein Recht auf eine gute Verwaltung (Right to good administration, Droit à une bonne administration). Schon allein der Ausdruck „Recht auf eine gute Verwaltung"[8], über den bereits im Konvent heftig gestritten wurde[9], löst bei einem hartgesottenen deutschen Verwaltungsrechtler heftiges Bauchgrimmen aus.

Martin Bullinger[10] meint, die Überschrift sei eine Generalklausel, die anschließend im Gesetzestext zum Teil ausformuliert, aber nicht erschöpfend behandelt werde. Das „Recht auf eine gute Verwaltung" entbehre allerdings in der Form einer bloßen amtlichen Überschrift der Präzisierung; dieser Mangel wiege jedoch nicht allzu schwer im Rahmen einer Charta, die eher den Charakter einer Proklamation europäischer Einigkeit als den einer ausgefeilten, verbindlichen Rechtsvorschrift trage.

Das vermag nicht zu überzeugen. Die Überschrift hat nicht die Struktur einer Rechtsvorschrift und kann daher nicht als eine eigenständige Rechtsquelle angesehen werden, aus der sich –unabhängig von den folgenden vier Absätzen, in der die Formel nicht auftaucht – subjektive Rechte oder auch nur objektive Grundsätze ableiten lassen. Sie stellt lediglich eine Sammelüberschrift für die sich aus den vier Absätzen ergebenden Rechte dar, aus der sich allenfalls Hinweise für deren Auslegung gewinnen lassen. Schon allein aus diesem Grund statuiert Art. 41 kein Recht auf eine gute Verwaltung. Die amtliche Überschrift ist also irreführend.

Kaum zu bewältigende Probleme bereitet die Beantwortung der Frage, was eine gute Verwaltung ausmacht[11]. Ist eine Verwaltung schon dann gut, wenn sie rechtmäßig handelt (das ist doch wohl das Mindeste, was zu verlangen ist), oder müssen andere Qualitäten hinzukommen, etwa Effektivität und Effizienz[12], Bürgerfreundlichkeit oder was sonst noch an wünschenswerten Anforderungen in Betracht kommen mag? Die Formel birgt die Gefahr der Beliebigkeit und tut der Rechtssicherheit Abbruch. Zutreffend charakterisiert *Classen*[13] „gu-

---

[8] Die Unionsgerichte sprechen statt dessen zumeist von *„ordnungsgemäßer* Verwaltung" (Nachweise bei *Magiera* (Fn. 5), Art. 41 Fn. 101), was nicht viel, aber doch etwa besser, weil enger umgrenzt, ist.

[9] *Pfeffer* (Fn. 3), S. 90.

[10] *Bullinger*, Das Recht auf eine gute Verwaltung nach der Grundrechtecharta der EU, Festschrift für Brohm, München 2002, S. 25 ff., 31.

[11] Schon im Grundrechtekonvent wurde eingewendet, der Begriff „gute Verwaltung" sei undeutlich, nicht definierbar und decke den Text der Vorschrift inhaltlich nicht ab (*Pfeffer* [Fn. 3], S. 90).

[12] So in der Tat *Bullinger* (Fn. 10), S. 30 f.

[13] *Classen* (Fn. 5), S. 429.

te Verwaltung" als einen konturlosen Begriff, der zur Kennzeichnung eines Bestandes justiziabler Grundrechtspositionen nicht geeignet sei.

Doch selbst wenn man die zuvor aufgeworfenen Probleme bewältigen könnte, wäre damit noch nicht gesagt, dass *jedermann* ein subjektives Recht auf eine gute Verwaltung zusteht. Soll jeder Bürger tatsächlich gerichtlich geltend machen können, irgendeine Maßnahme, von der er vielleicht nur per Zufall erfahren hat, sei rechtswidrig oder unökonomisch? Die Frage stellen, heißt, sie verneinen, wenn man nicht den quivis ex populo auf den Schild heben will.

Dieser untragbaren Konsequenz könnte man allerdings entgehen, indem man die Überschrift im Lichte der vier Absätze des Art. 41 liest, die mit unterschiedlichen Formulierungen verlangen, dass derjenige, der Ansprüche geltend macht, in seinen eigenen Angelegenheiten betroffen ist. Bei Berücksichtigung dessen würde die Überschrift nicht jedermann, sondern nur demjenigen ein subjektives Recht auf eine gute Verwaltung einräumen, in dessen Angelegenheiten die in Rede stehende Maßnahme eingreift.

Doch ändert das nichts daran, dass die Artikelüberschrift wegen ihrer Struktur und ihrer Grenzenlosigkeit keine taugliche Rechtsquelle ist mit der Folge, dass es ein subjektives Recht auf eine gute Verwaltung nicht gibt. Es ist deshalb zu begrüßen, dass das EuG in seiner Tillack-Entscheidung[14] ausführt, der *Grundsatz der ordnungsgemäßen Verwaltung als solcher* verleihe dem Einzelnen keine Rechte, sofern er keine Ausprägung spezifischer Rechte darstellt wie des Rechts darauf, dass die eigenen Angelegenheiten unparteiisch, gerecht und innerhalb einer angemessenen Frist behandelt werden, des Rechts, gehört zu werden, des Rechts auf Zugang zu den Akten und des Rechts darauf, dass Entscheidungen begründet werden, im Sinne von Art. 41 der Charta.

Das Gebot einer guten Verwaltung kann daher allenfalls – und auch das nur unter Zurückstellung von Bedenken – als ein objektiver allgemeiner Rechtsgrundsatz akzeptiert werden. Ein subjektives Recht auf eine gute Verwaltung gibt es ebenso wenig wie ein subjektives Recht auf eine rechtsstaatliche Verwaltung.

2. Das Verhältnis der Absätze 1 und 2 des Art. 41 zueinander

Der Abs. 1 gewährleistet jeder Person ein Recht darauf, dass ihre Angelegenheiten von den Organen, Einrichtungen und sonstigen Stellen der Union unparteiisch, gerecht und innerhalb einer angemessenen Frist behandelt werden.

---

[14] Urteil vom 4. 10. 2006 – Rs. T-193/04, Ls. 3 und Rn. 127.

Das sind drei durchaus unterschiedliche Ansprüche[15]. Deshalb ist es unverständlich, dass Abs. 2 formuliert, „Dieses Recht" (Welches von den dreien?) umfasse die dann unter a) bis c) aufgeführten Rechte, nämlich das Recht auf Anhörung, das Recht auf Akteneinsicht und das Recht auf Begründung, die sich ihrerseits wiederum deutlich von den im Abs. 1 genannten Ansprüchen abheben. Das alles macht einen chaotischen Eindruck.

Im Folgenden werden die in den Abs. 1 und 2 niedergelegten Ansprüche unter Berücksichtigung der sie konkretisierenden Bestimmungen des Kodex und der unionsgerichtlichen Rechtsprechung abgehandelt und jeweils mit der deutschen Rechtslage konfrontiert.

3. Das Recht auf unparteiische Sachbehandlung

Art. 41 Abs. 1 Alt. 1 gewährleistet jeder Person, dass ihre Angelegenheiten von den Organen Einrichtungen und sonstigen Stelle der Union unparteiisch behandelt werden[16].

Unparteiisch bedeutet, geht man vom umgangssprachlichen Wortsinn aus: ohne Ansehung der Person. Niemand darf diskriminiert werden, d.h. ohne sachlichen Grund schlechter oder besser behandelt werden als andere Personen in der gleichen Lage und unter den gleichen Umständen.

Die unionsgerichtliche Rechtsprechung, die einen Anspruch auf unparteiische Sachbehandlung schon seit langem als einen der allgemeinen Rechtsgrundsätze, die den Verfassungtraditionen der Mitgliedstaaten gemeinsam sind[17], anerkennt, hat der Formel einen darüber hinausgehenden Sinngehalt zugesprochen. Danach gewährt sie dem Einzelnen auch einen Anspruch auf die sorgfältige und unvoreingenommene Aufklärung aller für die Entscheidung bedeutsamen Umstände[18].

---

[15] *Pfeffer* (Fn. 3), S. 88 f., meint, im Verhältnis der beiden Absätze stelle Abs. 1 „die ausfüllungsbedürftige Generalklausel bzw. das Grund- oder Kernrecht" dar. Bei „unparteiisch", „fair" und „innerhalb einer angemessenen Frist" handele es sich um Prinzipien im Sinne von Optimierungsgeboten. Eine Begründung dafür gibt sie nicht.

[16] Vgl. dazu *Classen* (Fn. 5), S. 345 f.

[17] EuGH, Urteil vom 21. 11. 1991 – Rs. C-269/90 – TU München, Slg. 1991, I-5469, Rn. 14; EuG, Urteil vom 18. 9. 1995 – Rs. T-167/94 – Nölle, Slg. 1995, II-2589, Rn. 73. Siehe auch *Heselhaus* (Fn. 4), S. 1599 (Rn. 110); *Galetta/Grzeszick* (Fn. 5), Art. 41 Rn. 31.

[18] Der EuG schreibt in seiner Entscheidung max-mobil (Urteil vom 30. 1. 2002 – Rs. T-54/99, Slg. 2002, II-313, Ls. 1 und Rn. 48), im Rahmen des Rechts auf eine geordnete Verwaltung, das zu den allgemeinen Grundsätzen des Rechtsstaats gehöre, die in den Verfassungtraditionen der Mitgliedstaaten gemeinsam sind, bestehe ein Anspruch auf die sorgfältige und unparteiische Behandlung einer Beschwerde. Art. 41

Das Verwaltungsverfahrensgesetz fordert nicht expressis verbis eine „unparteiische" Sachbehandlung oder Entscheidung. Ein solches Erfordernis findet sich in den Beamtengesetzen. So verlangt § 33 Abs. 1 Satz 2 BeamtStG, dass die Beamten „ihre Aufgaben unparteiisch und gerecht erfüllen".

Die Pflicht zur unparteiischen Sachbehandlung ergibt sich aus Art. 3 GG. Sie wird abgesichert durch §§ 20 und 21 VwVfG (ausgeschlossene Personen und Besorgnis der Befangenheit), wonach bestimmte Personen im Verwaltungsverfahren nicht mitwirken dürfen, weil bei ihnen die gesetzlich vermutete oder tatsächliche Besorgnis der Befangenheit besteht[19].

Die Pflicht, den Sachverhalt soweit aufzuklären, wie dies die zu treffende Entscheidung erfordert, folgt aus § 24 VwVfG, der den Untersuchungsgrundsatz festlegt[20]. Sein Abs. 2 hebt hervor, dass die Behörde auch die für die Beteiligten günstigen Umstände zu berücksichtigen hat.

4. Das Recht auf gerechte Sachbehandlung

Am schwierigsten einzugrenzen ist das durch Art. 41 Abs. 1 Alt. 2 verbürgte Recht auf eine gerechte Sachbehandlung, d. h. auf gerechte Behandlung der eigenen Angelegenheit desjenigen, der sich auf diese Vorschrift beruft, falls dies mehr bedeuten soll als eine *rechtmäßige* Behandlung. Im Gegensatz zu den anderen durch Art. 41 gewährleisteten Rechten hat die unionsgerichtliche Judikatur vor Inkrafttreten der Charta einen Anspruch auf gerechte Sachbehandlung nicht als einen in der Tradition der Mitgliedstaaten wurzelnden allgemeinen Rechtsgrundsatz anerkannt, ja nicht einmal in Erwägung gezogen[21]. Angesichts

---

Abs. 1 bekräftige das. Ebenso EuG, Urteil vom 3. 9. 2009 – Rs. T-326/07 – Cheminova/Kommission, Rn. 228.; EuGH, Urteil vom 1. 10. 2009 – Rs. C-141/08 P – Foshan Shunde Yongjian, Rn. 81. Weitere Nachweise bei *Frenz* (Fn. 5), S. 1367 (Fn. 265); vgl. auch *Voet van Vormizeele* (Fn. 5). Art. 41 Rn. 6. Nach *Ruffert* (Fn. 5), Art. 41 GRCh Rn. 10, werden durch das Gebot der Unparteilichkeit (auch) sachfremde, willkürliche Argumente und Verfahrensweisen ausgeschlossen. *Jarass* (Fn. 4), Art. 41 Rn. 15, subsumiert die „Pflicht zu sorgfältiger Verwaltung" unter das Recht auf *gerechte* Sachbehandlung.

[19] Hierzu *Bull/Mehde* (Fn. 2), S. 269 f. (Rn. 625 f.) unter der Überschrift „Unparteilichkeit der Verwaltung"; ferner *Carl Hermann Ule/Hans-Werner Laubinger*, Verwaltungsverfahrensrecht, 4. Aufl., Köln/Berlin/Bonn/München 1995, S. 127 ff. (§ 12).

[20] Dazu *Bull/Mehde* (Fn. 2), S. 270 (Rn. 627), und *Ule/Laubinger* (Fn. 19), S. 222 ff. (§ 21).

[21] *Heselhaus* (Fn. 4), S. 1600 (Rn. 114); *Galetta/Grzeszick* (Fn. 5), Art. 41 Rn. 40; *Frenz* (Fn. 5), S. 1368 (Rn. 4548). Anders allerdings *Ruffert* (Fn. 5), Art. 41 GRCh Rn. 11: Das Gebot der gerechten Behandlung lasse sich schon jetzt in der Rechtsprechung des EuGH belegen. In Fn. 36 verweist er zu Unrecht auf die Urteile vom 12. 2. 1992 – Rs. C-48/90 und C-66/90 – Niederlande/Kommission, Rn. 44; vom 29. 6. 1994 – Rs. C-135/92 – Fiskano, Rn. 39, und vom 24. 10. 1996 – Rs C-32/95 P– Kommissi-

dessen verwundert es nicht, dass die Literatur dem Recht auf gerechte Sachbehandlung einigermaßen ratlos gegenüber steht und sehr unterschiedliche Interpretationen vorschlägt.

Galetta/Grzeszick[22] und *Voet van Vormizeele*[23] empfehlen zur Konkretisierung einen Rückgriff auf die Praxis des Europäischen Bürgerbeauftragten und auf den von ihm verfassten Kodex, insbesondere dessen Art. 11.

Zu Recht warnt *Jarass*[24] davor, den Begriff des Gerechten umfassend im Sinne von Gerechtigkeit zu verstehen und ihn mit materiellen Gehalten aufzuladen, weil die Bestimmung dann jegliche Konturen verlöre und zum Supergrundrecht mutieren würde.

Nach Ansicht von *Pfeffer*[25] verlangt das Gebot der Verfahrensfairness solche Verfahrensbedingungen, die die beteiligten Parteien gegen Willkür und sonstiges Unrecht schützen und ihnen die Möglichkeit geben, zur Wahrung ihrer Rechte auf den Gang des Verfahrens hinreichend Einfluss zu nehmen.

Nach Meinung von *Frenz*[26] beinhaltet die gerechte Behandlung der Angelegenheiten die Verpflichtung, rechtliches Gehör zu gewährleisten und keine willkürliche Bevorzugung oder Benachteiligung vorzunehmen. Da diese Anforderungen in Abs. 1 und Abs. 2 Buchst. a bereits enthalten sind, habe die Gewährleistung einer gerechten Behandlung keinen eigenständigen materiellen Gehalt, sondern sei als Verbindung der andern Gewährleistungen des Abs. 1 zu sehen.

Schon fast resignierend schreibt *Classen*[27], der Begriff der Gerechtigkeit bleibe im Kontext der unionsgerichtlichen Entscheidungen so unbestimmt, dass ihm kein spezifischer, über ein allgemeines Gerechtigkeitsempfinden hinausgehender Bedeutungsgehalt zugemessen werden könne. Im Sinne einer verfahrensbezogenen Deutung könne das Merkmal der Gerechtigkeit – ggf. im Zusammenspiel mit dem Merkmal der Unparteilichkeit – als Recht auf ein faires Verfahren bzw. in anglo-amerikanischer Interpretation als Grundsatz der Verfahrensgerechtigkeit zu verstehen sein.

---

on/Lisrestal, Rn. 21, in denen lediglich von den „Verteidigungsrechten" oder dem Anhörungsrecht die Rede ist.

[22] *Galetta/Grzeszick* (Fn. 5), Art. 41 Rn. 41 und 42.

[23] *Voet van Vormizeele* (Fn. 5), Art. 41 GRC Rn. 6 a.E.

[24] *Jarass* (Fn. 4), Rn. 14. Demgegenüber vertritt *Heselhaus* (Fn. 4), S. 1601 (Rn. 115), die Meinung, eine Reduzierung auf verfahrensrechtliche Aspekte werde dem Sinn der Gewährleistung einer gerechten Behandlung nicht gerecht.

[25] *Pfeffer* (Fn. 3), S. 116 f.

[26] *Frenz* (Fn. 5), S. 1369 (Rn. 4550).

[27] *Classen* (Fn. 5), S. 344 f. und 402.

Dafür spricht in der Tat, dass nach der englischen und französischen Fassung der Vorschrift die Angelegenheiten „faily" bzw. „équitablement" behandelt werden sollen und dass gemäß Art. 11 Kodex der Beamte „unparteiisch, *fair* und vernünftig" handeln soll. Das legt es nahe, statt von „gerechter" von „fairer" Sachbehandlung zu sprechen und eine Brücke zu dem Recht auf ein faires Verwaltungsverfahren zu schlagen, das das BVerfG aus Art. 2 Abs. 1 GG i.V.m. dem Rechtsstaatsprinzip abgeleitet hat[28] und das Art. 6 der Europäischen Konvention zum Schutze der Menschenrechte und Grundfreiheiten (EMRK) gewährleistet. Dessen Abs. 1 Satz 1 garantiert jeder Person ein Recht darauf, dass über Streitigkeiten in Bezug auf ihre zivilrechtlichen Ansprüche und Verpflichtungen oder über eine gegen sie erhobene strafrechtliche Anklage von einem unabhängigen und unparteiischen, auf Gesetz beruhenden Gericht in einem fairen Verfahren, öffentlich und innerhalb angemessener Frist verhandelt wird[29]. Man darf freilich nicht vergessen, dass diese Vorschrift auf gerichtliche, nicht auf Verwaltungsverfahren zugeschnitten ist und dass gerichtliche und Verwaltungsverfahren unterschiedlichen Zwecken dienen, so dass sich die Rechtsprechung zu Art. 6 EMRK[30] nicht schlankweg auf dieses übertragen lässt. Der Verweis hierauf hilft daher nur bedingt weiter. Es bleibt ein hohes Maß an Unsicherheit darüber zurück, was unter einer „gerechten Sachbehandlung" zu verstehen ist. Das kann leicht zu Enttäuschungen bei denjenigen führen, die meinen, ein subjektives Recht auf eine gerechte Behandlung zu haben.

Deshalb scheint es mir erwägenswert zu sein, das „*Recht*" auf gerechte Sachbehandlung als einen *Grundsatz* im Sinne des Art. 52 Abs. 5 GRCh zu qualifizieren. Aus den Grundsätzen der Charta[31] ergeben sich nicht unmittelbar subjektive Rechte, sondern sie sind darauf angelegt, durch legislative oder administrative Akte umgesetzt zu werden. Sie können daher nicht eingeklagt, sondern vor Gericht nur bei der Auslegung der Durchführungsakte und bei Entscheidungen über deren Rechtmäßigkeit herangezogen werden (Art. 52 Abs. 5 Satz 2 GRCh). Der Qualifizierung als Grundsatz steht die Benennung als „Recht" nicht unbedingt entgegen, denn die vom Konventspräsidium beschlossenen Erläuterungen zu Art. 52 Abs. 5 bezeichnen als Grundsatz auch die „Rechte älterer Menschen" (Art. 25).

Das Verwaltungsverfahrensgesetz kennt keinen Anspruch auf gerechte Sachbehandlung; man möchte hinzufügen: und das ist gut so. § 33 Abs. 1

---

[28] Beschluss vom 18. 1. 2000, BVerfGE 101, 397 ff., 405.

[29] Eingehend dazu *Christoph Grabenwarter/Katharina Pabel,* Der Grundsatz des fairen Verfahrens, in: Grote/Marauhn, EMRK/GG – Konkordanzkommentar, Tübingen 2006, S. 642.

[30] Vgl. *Grabenwarter/Pabel* (Fn. 29), S. 683 ff. (Rn. 87 ff.).

[31] Dazu eingehend *Johannes Schmidt*, Die Grundsätze im Sinne der EU-Grundrechtecharta, Tübingen 2010.

Satz 2 BeamtStG hält die Beamten allerdings an, ihre Aufgaben „unparteiisch und gerecht" zu erfüllen. Dabei bedeutet „gerecht" jedoch nicht mehr als unter Beachtung des geltenden Rechts.

5. Das Recht auf Sachbehandlung innerhalb angemessener Frist (Beschleunigungsgebot)

Gemäß Art. 41 Abs. 1 Alt. 3 hat jeder das Recht darauf, dass seine Angelegenheiten innerhalb angemessener Frist behandelt werden. Das lässt sich mit dem Stichwort Beschleunigungsgebot auf eine kurze Formel bringen.

Auch das Beschleunigungsgebot ist keine Erfindung der Charta. Schon vor deren Proklamation und Inkrafttreten hat die Judikatur das Recht auf ein zügiges Verfahren als einen wesentlichen Aspekt des Rechts auf eine gute Verwaltung angesehen[32]. Die Pflicht, Verwaltungsverfahren innerhalb einer angemessenen Frist durchzuführen, stellt einen allgemeinen Grundsatz des Gemeinschaftsrechts dar, dessen Beachtung die Unionsgerichte sicherstellen[33].

Das Beschleunigungsgebot gilt nicht nur für den Abschluss des Verfahrens und die Endentscheidung, sondern auch für die einzelnen Verfahrensschritte, etwa die Eröffnung des Verfahrens[34], die Termine für die Anhörung und die Erhebung von Beweisen.

Ob eine Zeitdauer angemessen war, lässt sich nur aufgrund der Umstände des konkreten Falles beurteilen[35], und hängt von einer Reihe von Faktoren ab: insbesondere von dem Schwierigkeitsgrad der Angelegenheit in rechtlicher und tatsächlicher Hinsicht, von der Kooperationsbereitschaft der an dem Verfahren Beteiligten sowie von der Belastung der Behörde. Zur Rechtfertigung einer für die Betroffenen unzumutbaren Verzögerung kann sich die Behörde jedoch nicht auf Dauer auf das Fehlen ausreichender personeller oder technischer Ressourcen berufen[36]. Aus dem Beschleunigungsgebot wird sich die Verpflichtung ableiten lassen, Behörden derart auszustatten, dass sie ihre Aufgaben in angemessener Zeit bewältigen können; dieser Verpflichtung der Union korrespondiert freilich kein subjektives Recht des Bürgers.

---

[32] EuGH, Urteil vom 18. 3. 1997 – Rs. C-282/95 P – Guérin Automobiles, Slg. 1997, I-1503, Rn. 37; *Heselhaus* (Fn. 4), S. 1596 (Rn. 104); *Frenz* (Fn. 5), S. 1369 (Rn. 4551); eingehend *Classen* (Fn. 5), S. 334 ff.

[33] EuG, Urteil vom 8. 7. 2008 – Rs. T-48/05 – Franchet und Byk, Rn. 273.

[34] Vgl. EuGH, Urteil vom 18. 3. 1997 – Rs. C-282/95 P – Guérin Automobiles, Slg. 1997, I-1503, Rn. 38: Zulässigkeit der Untätigkeitsklage wegen des Versäumnisses, innerhalb einer angemessenen Frist ein Verfahren einzuleiten.

[35] EuG, Urteil vom 14. 7. 1997 – T-81/95 – Interhotel, Slg. 1997, II-1265, Rn. 65; EuG, Urteil vom 13. 1. 2004 – Rs. T-67/01 – JCB Service, Rn. 36 m.w.N.

[36] EuG, Urteil vom 8. 7. 2008 – Rs. T-48/05 – Franchet und Byk, Rn. 280.

Wenn die Kommission innerhalb einer angemessenen Frist weder ein Verfahren gegen die Person einleitet, gegen die sich die Beschwerde richtet, noch eine endgültige Entscheidung erlässt, kann der Beschwerdeführer gemäß Art. 175 des Vertrages Untätigkeitsklage erheben[37]. Der Verstoß rechtfertigt die Nichtigerklärung einer Entscheidung allerdings nur dann, wenn durch ihn auch die Verteidigungsrechte des Betroffenen verletzt worden sind. Ist nicht bewiesen, dass die übermäßig lange Verfahrensdauer die Möglichkeit für den Betroffenen, sich wirksam zu verteidigen, beeinträchtigt hat, wirkt sich der Verstoß nicht auf die Rechtmäßigkeit des Verwaltungsverfahrens aus[38].

Die Forderung nach einer Sachbehandlung binnen angemessener Frist erhebt vor allem § 10 Satz 2 VwVfG, dem zufolge Verwaltungsverfahren einfach, zweckmäßig und zügig durchzuführen sind[39]. Die Beschleunigung von Genehmigungsverfahren haben ferner die §§ 71a bis 71e VwVfG im Auge. Das deutsche Recht trifft darüber hinaus zahlreiche weitere Vorkehrungen, um eine schleunige Sachbehandlung zu sichern. Dazu zählt die gesetzliche Festlegung von Fristen, innerhalb der die Behörde eine Entscheidung getroffen haben muss, wie etwa § 48 Abs. 4 VwVfG, wonach die Behörde einen rechtswidrigen Verwaltungsakt nur innerhalb eines Jahres nach Kenntniserlangung zurücknehmen kann. Dem gleichen Zweck dienen ferner Bestimmungen des Inhalts, dass eine Genehmigung als erteilt gilt, wenn die Behörde nicht innerhalb einer bestimmten Frist auf den Genehmigungsantrag reagiert.

6. Das Recht auf Anhörung (Art. 41 Abs. 2 Buchst. a)

Gemäß Art. 41 Abs. 2 Buchst. a hat jede Person das Recht, gehört zu werden, bevor ihr gegenüber eine für sie nachteilige individuelle Maßnahme getroffen wird[40].

Die Vorschrift gewährt das Anhörungsrecht allen Personen, denen gegenüber eine für sie nachteilige individuelle Maßnahme getroffen werden soll. Hierdurch wird zweierlei festgelegt: wer anzuhören ist und in welchen Verfahren Anhörungsrechte bestehen. Ausgeschieden werden damit implizit solche Verfahren, die keine nachteiligen Wirkungen auf einzelne Bürger haben kön-

---

[37] EuGH, Urteil vom 18. 3. 1997 – Rs. C-282/95 P – Guérin Automobiles, Slg. 1997, I-1503, Rn. 38

[38] EuG, Urteil vom 14. 7. 1997 – T-81/95 – Interhotel, Slg. 1997, II-1265, Rn. 66 m.w.N.; EuG, Urteil vom 13. 1. 2004 – Rs. T-67/01 – JCB Service, Rn. 40 m.w.N.; EuG, Urteil vom 3. 9. 2009 – Rs. T-326/07 – Cheminova/Kommission, Rn. 208 m.w.N. Ferner *Frenz* (Fn. 5), S. 1370 f. (Rn. 4555); *Classen* (Fn. 5), S. 339 ff.

[39] Dazu *Bull/Mehde* (Fn. 2), S. 276 (Rn. 648); *Ule/Laubinger* (Fn. 19), S. 207 ff. (Rn. 13 f.).

[40] Dazu eingehend *Classen* (Fn. 5), S. 265 ff.; *Pfeffer* (Fn. 3), S. 138 ff.

nen. Anders formuliert: Keinen Anspruch auf Anhörung hat derjenige, dem die Maßnahme keinen Nachteil bringen kann.

In seinem Alvis-Urteil vom 4. 7. 1963[41] stellte der EuGH fest, nach einem im Recht der Mitgliedstaaten der EWG allgemein anerkannten Rechtssatz müssten die Behörden der Gemeinschaft vor Erlass von Disziplinarmaßnahmen dem betroffenen Bediensteten Gelegenheit geben, zu den gegen ihn erhobenen Vorwürfen Stellung zu nehmen. Dieser Rechtssatz entspreche den Erfordernissen einer geordneten Rechtspflege und einer einwandfreien Verwaltungsführung. Im Laufe der Zeit wurde die Anhörungspflicht über Disziplinarverfahren hinaus schrittweise immer weiter ausgedehnt[42]. Sie obliegt den Behörden der Union nunmehr in allen Verfahren, die zu einer den Betroffenen beschwerenden Maßnahme führen können, und zwar ohne Rücksicht darauf, ob die Anhörung ausdrücklich vorgesehen ist oder nicht.

Nachteilig ist eine Maßnahme, wenn sie in die Rechte einer Person eingreift, aber wohl auch dann, wenn sie rechtlich nicht geschützte wirtschaftliche oder ideelle Interessen beeinträchtigt[43].

Nachteilig betroffen ist der Antragsteller nicht nur dann, wenn ihm die begehrte Leistung gänzlich verweigert wird, sondern auch dann, wenn ihm nur ein Teil des Beantragten gewährt werden soll oder wenn die beantragte Genehmigung mit belastenden Nebenbestimmungen (Bedingungen, Auflagen, Wider-

---

[41] Rs. 32/62 – Alvis, Slg. 1963, 103 ff., Ls. 1 und S. 123.

[42] Vgl. etwa die Urteile des EuGH vom 23. 10. 1974 – Rs. 17/74 – Transocean Marine Paint Ass., Slg. 1974, 1063, Rn. 15 (Anhörungspflicht insbesondere dann, wenn einem Unternehmen erhebliche Verpflichtungen mit weitreichenden Auswirkungen auferlegt werden sollen); vom 13. 2. 1979 – Rs. 85/76 – Hoffmann-La Roche, Slg. 1979, 461, Ls. 1 und Rn. 9 (Anhörungspflicht in allen Verfahren, in denen Sanktionen, insbesondere Geldstrafen oder Bußgelder verhängt werden können); vom 9. 11. 1983 – Rs. 322/81 – Michelin, Slg. 1983, 3461, Ls. 1 und Rn. 7 (Verfahren, die zu Sanktionen nach den Wettbewerbsregeln des EWG-Vertrages führen können); EuGH, Urteil vom 18. 10. 1989 – Rs. 374/08 – Orkem, Slg. 1989, 3283, Ls. 3; vom 27. 6. 1991 – Rs. 49/88 – Al-Jubail Fertilizer, Slg. 1991, I-3187, Rn. 15 (Die Grundsätze zur Wahrung der Verteidigungsrechte gelten nicht nur im Rahmen von Verfahren, die zu Sanktionen führen können, sondern auch in den Untersuchungsverfahren, die dem Erlass von Antidumpingverordnungen vorausgehen, die die betroffenen Unternehmen trotz ihrer allgemeinen Geltung unmittelbar und individuell berühren und nachteilige Auswirkungen auf diese haben können.); vom 21. 11. 1991 – Rs. C-269/90 – TU München, Slg.1991, I-5469, Rn. 14. vom 10. 7. 2001 – Rs. C-315/99 P – Ismeri Europa, Slg. 2001, I-5281, Ls. 2 und Rn. 28; vom 12. 2. 1992 – Rs. C-48/90 und C-66/90 – Niederlande/Kommission, Slg. 1992, I-565, Ls. 2 und Rn. 44 ff.; vom 1. 10. 2009 – Rs. C-141/08 P – Foshan Shunde Yongjian Housewares, Rn. 83, sowie die Urteile des EuG vom 6. 12. 1994 – Rs. T-450/93 – Lisrestal, Slg. 1994, II-1177, Ls. 2 und Rn. 42; vom 19. 6. 1997 – Rs. T-260/94 – Air Inter, Slg. 1997, II-997, Rn. 59 f.; vom 17. 9. 1998 – Rs. T-50/96 – Primex, Slg. 1998, II-3773, Ls. 1 und Rn. 59 f.; – Weitere Nachw. bei *Frenz* (Fn. 5), S. 1372 Fn. 291; *Heselhaus* (Fn. 4), S. 1587 (Rn. 79); *Magiera* (Fn. 5), Art. 41 Fn. 112.

[43] *Frenz* (Fn. 5), S. 1372 (Rn. 4559); *Heselhaus* (Fn. 4), S. 1589 (Rn. 82).

rufsvorbehalt usw.) versehen werden soll. Das ist ihm vorher unter Angabe der Gründe anzukündigen, so dass er sich dazu äußern kann.

Die Anhörungsverpflichtung besteht ferner dann, wenn eine gewährte Leistung zurückgefordert wird[44].

Zu den individuellen Maßnahmen zählen nicht nur Rechts-, sondern auch Realakte[45]. Die Verpflichtung zur Anhörung Einzelner vor Erlass von Verordnungen hat der EuG in seinem Urteil vom 11. 12. 1996[46] verneint. Die Verteidigungsrechte, zu denen auch und insbesondere das Anhörungsrecht zählt, gelten allerdings auch in den Untersuchungsverfahren, die dem Erlass von Antidumpingverordnungen vorausgehen, die die betroffenen Unternehmen trotz ihrer allgemeinen Geltung unmittelbar und individuell berühren und nachteilige Auswirkungen auf diese haben können[47].

Anhörungsberechtigt ist jede Person, der gegenüber die Maßnahme getroffen werden soll. Das ist auf jeden Fall der künftige Adressat der Maßnahme. Anzuhören sind darüber hinaus aber auch Nichtadressaten, deren Interessen durch die Maßnahme unmittelbar nachteilig betroffen werden[48], wie beispielsweise unterlegene Konkurrenten bei Nullsummenspielen.

Ausnahmen vom Anhörungsrecht kennt weder Art. 41 noch Art. 16 Kodex. Gleichwohl gibt es Fallgestaltungen, bei denen die Anhörung insgesamt oder doch das eine oder andere Element entfallen kann[49]. So ist es nicht geboten, dass die Behörde dem Betroffenen mitteilt, von welchen Tatsachen sie bei ihrer Entscheidung auszugehen beabsichtigt, wenn der Betroffenen selbst ihr diese Tatsachen unterbreitet hat. Gleiches gilt, wenn der Betroffene selbst vorgeschlagen hat, die von ihm beantragte Genehmigung mit bestimmten Nebenbestimmungen zu versehen.

---

[44] EuGH, Urteil vom 24. 10. 1996 – Rs. C-32/95 P – Kommission/Lisrestal, Slg. 1996, I-5373, Rn. 33.

[45] *Heselhaus* (Fn. 4), S. 1590 (Rn. 85).

[46] Rs. T-521/93 – Atlanta AG u.a., Slg. 1996, II-1707, Ls. 4 und Rn. 65 ff., insbes. Rn. 70: „... the right to be heard in an administrative procedure affecting a specific person cannot be transposed to the context of legislative process leading to the adoption of general laws."

[47] EuGH, Urteil vom 27. 6. 1991 – Rs. 49/88 – Al-Jubail Fertilizer, Slg. 1991, I-3187, Rn. 15; Classen (Fn. 5), S. 272 f.

[48] Vgl. EuG, Urteil vom 15. 3. 2001 – Rs. T-73/98 (Rn. 41) – Pryon-Rupel: Im förmlichen Verfahren bestehe die Verpflichtung, interessierten Dritten Gelegenheit zur Stellungnahme zu den geprüften Maßnahmen zu geben. Vgl. *Classen* (Fn. 5), S. 273, 276 ff.; *Heselhaus* (Fn. 4), S. 1589 (Rn. 82).

[49] Dazu *Heselhaus* (Fn. 4), S. 1591 f. (Rn 89); *Frenz* (Fn. 5), S. 1373 (Rn. 4563 f.); *Classen* (Fn. 5), S. 292 ff.: Unaufschiebbarkeit der Maßnahme, Zweckvereitelung, Unerreichbarkeit des Anzuhörenden, Geringfügigkeit der Interessenbeeinträchtigung.

Der EuG neigt der Ansicht zu, dass jedenfalls bei Massenverfahren eine Anhörung des Antragsteller nicht erforderlich ist: Es entspreche dem System der von der Gemeinschaft durchgeführten finanziellen Unterstützungsprogramme, dass die Bewerber um eine solche Unterstützung während des Auswahlverfahrens in der Regel nicht mehr gehört werden, da dieses Verfahren auf der Grundlage der von den Antragstellern eingereichten Unterlagen durchgeführt wird. Diese Verfahrensweise sei dann, wenn Hunderte von Anträgen bewertet werden müssen, angemessen und stelle keine Verletzung des Anspruchs auf rechtliches Gehör dar[50]. Die Behörde kann die unterlassene Anhörung hingegen nicht damit rechtfertigen, diese wäre „extrem schwierig" gewesen[51].

Die Anhörungspflicht bedeutet nicht nur, dass die Behörde dem Anhörungsberechtigten Gelegenheit geben muss, sich zu allen für die zu treffende Maßnahme bedeutsamen Tatsachen und rechtlichen Gesichtspunkte zu äußern, sondern sie muss ihm auch die Tatsachen mitteilen, auf die sie ihre Entscheidung zu stützen gedenkt, damit er sich dazu vor der behördlichen Entscheidung äußern kann[52]. Das bedeutet wiederum, dass die Behörde ihre Entscheidung nur auf solche Tatsachen stützen darf, zu denen der Betroffene hat Stellung nehmen können[53].

Das Anhörungsrecht umfasst auch das Recht, zu den Äußerungen an dem Verfahren beteiligter Dritter Stellung zu nehmen[54], und die Verpflichtung der Behörde, die Stellungnahmen zur Kenntnis zu nehmen und bei der Entscheidung zu berücksichtigen[55]. Das bedeutet freilich weder, dass die Behörde sich

---

[50] EuG, Urteil vom 13. 12. 1995 – Rs. T-109/94 – Windpark Groothusen (Ls. 2 und Rn. 48). Kritisch *Heselhaus* (Fn. 4), S. 1589 (Rn. 83). Zu weiteren Ausnahmen siehe *Pfeffer* (Fn. 3), S. 148 ff.

[51] EuGH, Urteil vom 24. 10. 1996 – Rs. c-32/95 P – Kommission/Lisrestal, Slg. 1996, I-5373, Rn. 35 - 37: Ein praktisches Argument könne nicht für sich allein die Verletzung eines grundlegenden Prinzips wie der Beachtung der Verteidigungsrechte rechtfertigen.

[52] Siehe etwa EuGH, Urteil vom 29. 10. 1980 – Rs. 209/78 ua. – van Landewyk Sarl, Slg. 1980, 3125, Ls. 2 und Rn. 39; Urteil vom 12. 2. 1992 – Rs. C-48/90 und C-66/90 – Niederlande/Kommission , Slg. 1992, I-565, Rn. 45; EuG, Urteil vom 15. 3. 2006 – Rs. T-15/02 – BASF/Kommission, Slg. 2006, II-497, Rn. 45 f.: Die Beschwerdepunkte müssen von der Behörde – sei es auch in gedrängter Form – so klar abgefasst werden, dass die Betroffenen tatsächlich erkennen können, welches Verhalten ihnen zur Last gelegt wird.

[53] EuGH, Urteil vom 12. 2. 1992 – Rs. C-48/90 und C-66/90 – Niederlande/Kommission, Slg. 199, I-565, Rn. 45; Urteil vom 18. 10. 1989 – Rs. 374/08 – Orkem, Slg. 1989, 3283, Rn. 25.

[54] EuGH, Urteil vom 12. 2. 1992 – Rs. C-48/90 und C-66/90 – Niederlande/Kommission, Slg. 1992, I-565, Rn. 46.

[55] *Pfeffer* (Fn. 3), S. 147 f.

der Stellungnahme anschließen muss, noch, dass sie in der Begründung der Entscheidung auf jedes Detail der Stellungnahme eingehen muss.

Hinzuweisen ist schließlich darauf, dass die Behörde – genau betrachtet – nicht verpflichtet ist, den Betroffenen anzuhören, sondern dass sich ihre Verpflichtung darauf beschränkt, dem Betroffenen *Gelegenheit zu geben*, sich zu äußern. Dazu darf sie ihm eine angemessene Frist setzen. Macht der Betroffene von dieser Möglichkeit innerhalb der Frist keinen Gebrauch, kann die Behörde die Entscheidung auch ohne die Stellungnahme des Betroffenen fällen.

Über die Form der Anhörung sagt Art. 41 Abs. 2 Buchst. a nichts, so dass die Behörde grundsätzlich wählen kann, ob sie dem Betroffenen die Möglichkeit geben will, schriftlich oder mündlich Stellung zu nehmen[56]. Dies darf jedoch nicht dazu führen, dass das Anhörungsrecht in unzumutbarer Weise erschwert wird; dies wäre beispielsweise der Fall, wenn dem weit entfernt lebenden Betroffenen angesonnen würde, sich in einer relativ geringfügigen Angelegenheit an den Sitz der Behörde zu begeben, ohne stattdessen eine schriftliche Stellungnahme abgeben zu dürfen. Ein Anspruch darauf, von der Behörde mündlich angehört zu werden, besteht nur dann, wenn der Betroffene nur auf diese Weise seine Interessen wirksam geltend machen kann. Art. 16 Abs. 2 Kodex bringt dies durch die Wendung „erforderlichenfalls" zum Ausdruck.

Die Verletzung des Anhörungsrechts hat grundsätzlich die Rechtswidrigkeit der Maßnahme zur Folge. Das gilt allerdings dann nicht, wenn dieser Mangel nicht in der Lage war, den Inhalt der Entscheidung zu beeinflussen[57].

Eine Heilung des Anhörungsmangels, nachdem die Entscheidung getroffen worden ist, ist ausgeschlossen, denn: „It goes without saying that an institution is naturally more willing to welcome observations before definitively determining its view of a matter than after publication thereof since acknowledgment after publication that criticisms were well founded would compel it to go back on its views by issuing a rectification."[58]

In Deutschland ist das Anhörungsrecht der an einem Verwaltungsverfahren Beteiligten insbesondere in § 28 VwVfG geregelt[59]. Er schreibt eine Anhörung nur vor dem Erlass von Verwaltungsakten, nicht auch vor der Vornahme von

---

[56] *Pfeffer* (Fn. 3), S. 147 m.w.N. Umfassend zu Art und Umfang der Anhörung *Classen* (Fn. 5), S. 284 ff.

[57] EuGH, Urteil vom 10. 7. 2001 – Rs. C-315/99 P – Ismeri Europa, Slg. 2001, I-5281, Rn. 33 f.

[58] EuGH, Urteil vom 10. 7. 2001 – Rs. C-315/99 P – Ismeri Europa, Slg. 2001, I-5281, Rn. 31. Die Rechtsprechung ist allerdings uneinheitlich; vgl. *Pfeffer* (Fn. 3), S. 150 f.; *Classen* (Fn. 5), S. 298 ff.

[59] Dazu *Bull/Mehde* (Fn. 2), S. 271 ff. (Rn. 633 ff.); *Ule/Laubinger* (Fn. 19), S. 235 ff. (§ 24).

Realakten vor und bleibt damit hinter Art. 41 zurück. Er setzt ferner voraus, dass der Verwaltungsakt in die Rechte eines am Verwaltungsverfahren Beteiligten eingreift. Der drohende Eingriff in rechtlich nicht geschützte wirtschaftliche oder ideelle Interessen reicht danach nicht aus; auch in dieser Hinsicht bleibt § 28 VwVfG hinter Art. 41 zurück. Ob § 28 VwVfG ein Rechtsgespräch gebietet, ist umstritten[60]. Gleiches gilt für die Frage, ob eine Anhörung geboten ist, wenn die Behörde den Antrag auf Erlass eines begünstigenden Verwaltungsakts ablehnen will[61]. Als „bedenklich Lücke" sehen *Bull/Mehde*[62] es an, dass Drittbetroffene nicht automatisch „Beteiligte" und damit anhörungsberechtigt sind, sondern es dazu ihrer Hinzuziehung bedarf. Anders als Art. 41 regeln die Abs. 2 und 3 des § 28 VwVfG ausdrücklich, unter welchen Voraussetzungen die Behörde von der Anhörung absehen darf oder sogar muss; diese Ausnahmegründe stoßen teilweise auf verfassungsrechtliche Bedenken[63] und gehen über die Ausnahmegründe hinaus, die bisher von der unionsgerichtlichen Judikatur anerkannt worden sind. Gleiches gilt für die in § 45 Abs. 1 Nr. 3 VwVfG vorgesehene Möglichkeit der Heilung durch Nachholung der Anhörung[64].

7. Das Recht auf Akteneinsicht (Art. 41 Abs. 2 Buchst. b)

Der Buchst. b des Art. 41 Abs. 2 gewährleistet „das Recht jeder Person auf Zugang zu den sie betreffenden Akten unter Wahrung des berechtigten Interesses der Vertraulichkeit sowie des Berufs- und Geschäftsgeheimnisses".

Bei der Interpretation dieser Vorschrift ist zu berücksichtigen, dass Art. 42 GRCh darüber hinaus ein „Recht auf Zugang zu Dokumenten" statuiert, nämlich das Recht auf Zugang zu den Dokumenten der Organe, Einrichtungen und sonstigen Stellen der Union. Die Anwendungsbereiche dieser beiden Vorschriften sind tunlichst überschneidungsfrei voneinander abzugrenzen. Grob gesprochen korreliert dies der Unterscheidung im deutschen Recht zwischen dem Recht auf Anhörung im Verwaltungsverfahren (§ 29 VwVfG) und den Rechten auf Auskunft und Akteneinsicht aufgrund der Informationsfreiheitsgesetze des Bundes und der Länder.

---

[60] Bejahend *Bull/Mehde* (Fn. 2), S. 271 (Rn. 633); verneinend *Ule/Laubinger* (Fn. 19), S. 237 (Rn. 4) unter Berufung auf den Musterentwurf.

[61] Verneinend BVerwG, Urteil vom 14. 10. 1982, BVerwGE 66, 184 ff.; bejahend *Bull/Mehde* (Fn. 2), S. 272 (Rn. 634); *Ule/Laubinger* (Fn. 19), S. 236 (Rn. 2); *Laubinger*, Zur Erforderlichkeit der Anhörung des Antragstellers vor Ablehnung seines Antrags durch die Verwaltungsbehörde, VerwArch. 75 (1984), 55 ff.

[62] *Bull/Mehde* (Fn. 2), S. 271 (Rn. 633).

[63] *Bull/Mehde* (Fn. 2), S. 272 (Rn. 634); *Ule/Laubinger* (Fn. 19), S. 242 f. (Rn. 16).

[64] Dazu *Ule/Laubinger* (Fn. 19), S. 566–569 (§ 58 Rn. 1). Kritisch zu den Heilungsmöglichkeiten generell *Bull/Mehde* (Fn. 2), S. 328 (Rn. 777).

Auch das Akteneinsichtsrecht ist von den Unionsgerichten schon vor In-krafttreten der Charta anerkannt worden, zunächst allerdings als Bestandteil des Anhörungsrechts, dessen Effektuierung die Akteneinsicht dienen soll[65].

Unter „Akten" (files, dossier) sind nicht nur aus Papier(en) bestehende Kon-volute zu verstehen, sondern auch elektronische Aufzeichnungen, z.b. Festplat-ten oder CDs, die seit einigen Jahrzehnten immer mehr an die Stelle der her-kömmlichen Akten treten[66]. Ohne diese über den ursprünglichen Wortsinn hin-ausgehende Deutung des Aktenbegriffs würde das Akteneinsichtsrecht mehr und mehr ausgehebelt.

In seinem Urteil vom 7. 1. 2004[67] führt der EuGH aus, als Ausfluss des Grundsatzes der Wahrung der Verteidigungsrechte bedeute das Recht auf Ak-teneinsicht, dass die Kommission dem betroffenen Unternehmen die Möglich-keit geben muss, alle Schriftstücke in der Ermittlungsakte zu prüfen, die mög-licherweise für seine Verteidigung erheblich sind. Zu ihnen gehörten sowohl belastende als auch entlastende Schriftstücke mit Ausnahme von Geschäftsge-heimnissen anderer Unternehmen, internen Schriftstücken der Kommission und anderen vertraulichen Informationen.

Ein Zugangsrecht hat eine Person nur „zu den *sie betreffenden* Akten". Die Vorschrift verfolgt die Absicht, jedermann in die Lage zu versetzen festzustel-len, was die EU über ihn weiß. Ihn „betreffen" deshalb nicht nur solche Akten, die speziell über seine Person angelegt worden sind, sondern auch solche, die in erster Linie andere Personen betreffen und in denen der Zugang Suchende nur gewissermaßen in einer Nebenrolle (z.B. als potentieller Zeuge Informant oder Auskunftsperson) auftaucht. Nicht erfasst von der Vorschrift sind dagegen sol-che Datensammlungen, die keinerlei Bezug zu dem Auskunftsuchenden auf-weisen. Insoweit kann sich ein Zugangsanspruch aus Art. 42 GRCh ergeben.

Ein Akteneinsichtsrecht steht zumindest jedem zu, dessen Rechte oder Inte-ressen durch den Ausgang des Verfahrens nachteilig berührt werden können. Das ist nicht nur derjenige, gegen den die Behörde eine belastende Maßnahme vorzunehmen beabsichtigt, sondern auch der, der die Vornahme einer ihn be-günstigenden Maßnahme beantragt hat; dies zumindest dann, wenn sich ab-

---

[65] Vgl. etwa EuG, Urteil vom 19. 2. 1998 – Rs. T-42/96 – Eyckeler & Malt, Rn. 79 „Die Akteneinsicht gehört ... zu den Verfahrensgarantien, die das Recht auf Anhörung schützen sollen.", ebenso EuG, Urteil vom 17. 9. 1998 – Rs. T-50/96 – Primex, Slg. 1998, II-3773, Rn. 62; beide mit Nachw. zu früheren Entscheidungen. Weitere Nach-weise auch bei *Magiera* (Fn. 5), Art. 41 Fn. 123. Eingehend zum Akteneinsichtsrecht in der unionsgerichtlichen Judikatur *Classen* (Fn. 5), S. 302 ff.

[66] *Jarass* (Fn. 4), Art. 41 Rn. 24.

[67] Rs. C-204/00 P u.a. – Aalborg Portland, Slg. 2004, I-123, Ls. 7 und Rn. 68. Ebenso EuG, Urteil vom 30. 9. 2009 – Rs. T-161/05 – Hoechst GmbH, Rn. 161.

zeichnet, dass die Behörde in Erwägung zieht, den Antrag abzulehnen oder ihm nur unter Maßgaben stattzugeben.

Fraglich ist, ob mit den Akten nur solche gemeint sind, die ein laufendes Verwaltungsverfahren betreffen, sondern auch andere Akten, sofern sie einen Bezug zu dem Auskunftssuchenden aufweisen. Letzteres dürfte zu bejahen sein[68].

Nach seinem Wortlaut gewährleistet Art. 41 Abs. 2 Buchst. b den „Zugang" zu den Akten (right to have access, droit d'accès). Das kann Unterschiedliches besagen und hängt u.a. von der Art der Akten ab. Bei Akten aus Papier gestaltet sich der Zugang notwendigerweise anders als bei elektronischen Datensammlungen. Zugang bedeutet nicht zwangsläufig optische Einsichtnahme in die Papiere oder die elektronischen Dokumente. Sie kann möglicherweise verweigert werden müssen, um zu verhindern, dass vertrauliche Informationen, Berufs- oder Geschäftsgeheimnisse unbefugt offenbart werden. In derartigen Fällen kann und muss sich die Behörde darauf beschränken, dem Berechtigten *Auskunft* über den ihn betreffenden Akteninhalt zu geben[69].

Angesichts der großen Entfernungen innerhalb des sich stetig ausweitenden Europas wird man dem Zugangsberechtigten das Recht zubilligen müssen, von der Behörde die postalische oder elektronische Übersendung von Kopien zu verlangen, wenn es ihm nicht zuzumuten ist, „vor Ort" Einsicht zu nehmen. In der Praxis geschieht dies sehr häufig und stellt wohl den Regelfall der Einsichtnahme dar[70].

Mit der bloßen Einsichtnahme ist dem Zugangsberechtigten oftmals nicht gedient. Ihm muss darüber hinaus die Möglichkeit gegeben werden, sich Notizen zu machen oder Abschriften (bei elektronischen Dokumenten Kopien) anzufertigen.

---

[68] So wohl auch *Jarass* (Fn. 4), Art. 41 Rn. 24 (Auch Akten mit primärem Bezug zu Dritten würden erfasst, sofern es um Angelegenheiten des Grundrechtsträgers geht.), *Frenz* (Fn. 5), S. 1375 (Rn. 4568) und *Classen* (Fn. 5), S. 307 f.

[69] *Jarass* (Fn. 4), Art. 41 Rn. 25: zusammenfassender Vermerk über den wesentlichen Akteninhalt.

[70] Siehe etwa EuG, Urteil vom 29. 6. 1995 – Rs. T-30/91 – Solvay, Slg. 1995, II-1775, passim: Übermittlung zahlreicher Beweiszwecken dienender Schriftstücke durch die Kommission an die Klägerin und andere Unternehmen. In Rn. 89 zitiert das Gericht die Aussage der Kommission in einem anderen Verfahren, sie verfüge über zwei Möglichkeiten: „Sie kann entweder der Mitteilung der Beschwerdepunkte sämtliche Schriftstücke beifügen, die sie zum Nachweis ihrer Rügen verwenden will, einschließlich der Unterlagen, die ‚eindeutig' als für das beschuldigte Unternehmen entlastend angesehen werden können, oder diesem ein Verzeichnis der einschlägigen Schriftstücke übersenden und ihm Einsicht in die ‚Akte' gewähren, d. h. ihm gestatten, die Schriftstücke in den Räumen der Kommission einzusehen."

Wie Art. 41 Abs. 2 Buchst. b hervorhebt, darf und muss die Behörde den Zugang zu den Akten ganz oder teilweise dann versagen, wenn dies notwendig ist, um berechtigte Interessen der Vertraulichkeit oder um Berufs- oder Geschäftsgeheimnisse zu wahren. Damit nimmt die Vorschrift Regelungen aus dem Vertrag über die Arbeitsweise der Union auf. Art. 16 Abs. 1 AEUV gewährleistet jedermann das Recht auf den Schutz der ihn betreffenden personenbezogenen Daten, und Art. 339 AEUV verpflichtet die Organe, die Ausschussmitglieder und die Bediensteten der Union, Auskünfte, die ihrem Wesen nach unter das Berufsgeheimnis fallen, nicht preiszugeben. Überdies statuiert Art. 8 GRCh das Recht jeder Person auf den Schutz der sie betreffenden personenbezogenen Daten. Ferner bildet der Schutz von Geschäftsgeheimnissen einen allgemeinen Rechtsgrundsatz, wie die Unionsgerichte schon früh herausgestellt haben[71].

Der Schutz von Vertraulichkeit, Berufs- und Geschäftsgeheimnissen dürfte nicht er einzige Grund sein, der eine Versagung des Akteneinsichtsrechts rechtfertigen kann. Zur Legitimierung der Zugangsverweigerung kann sich die Behörde allerdings nicht auf solche praktischen oder rechtlichen Schwierigkeiten berufen, die eine leistungsfähige Verwaltung überwinden kann und muss[72].

Die Behörde darf ihre Entscheidung nicht auf solche Unterlagen stützen, in die der Betroffene nicht hat Einsicht nehmen können[73]. Wird der Zugang zu Dokumenten zu Unrecht ganz oder teilweise verweigert, hat dies die Rechtswidrigkeit der Maßnahme zur Folge, sofern ein Kausalzusammenhang zwischen dem Mangel und der behördlichen Entscheidung besteht. So meint der EuGH in seinem Urteil vom 7. 1. 2004[74], wenn ein bestimmtes Schriftstück dem einsichtsberechtigten Unternehmen nicht übermittelt worden ist, müsse dieses

---

[71] In seinem Urteil vom 13. 2. 1979 (Rs. 85/76 – Hoffmann-La Roche, Slg. 1979, 461, Ls. 2) betonte der EuGH, das Anhörungsrecht, das damals noch das Akteneinsichtsrecht umfasste, müsse mit dem Schutz des Berufsgeheimnisses versöhnt werden. In einem Verfahren zur Untersuchung von Wettbewerbsverletzungen dürfe die Kommission nicht zum Nachteil eines Unternehmens Tatsachen oder Dokumente zugänglich machen. In der Entscheidung des EuGH vom 9. 11. 1983 (Rs. 322/81 – Michelin, Slg. 1983, 3461 ff., Ls. 2 und Rn. 8) heißt es, wenn die Kommission zu der Ansicht gelangt, die im Laufe des Verwaltungsverfahrens erlangten Kenntnisse fielen unter das Berufsgeheimnis, sei sie verpflichtet, sie dem betroffenen Unternehmen nicht preiszugeben. Siehe ferner EuG, Urteil vom 29. 6. 1995 – Rs. T-30/91 – Solvay, Slg. 1995, II-1775, Rn. 88 m.w.N.

[72] EuG, Urteil vom 29. 6. 1995 – Rs. T-30/91 – Solvay, Slg. 1995, II-1775, Rn. 102.

[73] So dürfte das EuGH-Urteil vom 9. 11. 1983 – Rs. 322/81 – Michelin, Slg. 1983, 3461, Ls. 2 und Rn. 8, zu verstehen sein. Vgl. *Galetta/Grzeszick* (Fn. 5), Art. 41 Rn. 54. Eindeutig EuG, Urteil vom 29. 6. 1995 – Rs. T-30/91 – Solvay, Slg. 1995, II-1775, Ls. 1.

[74] Rs. C-204/00 P u.a. – Aalborg Portland, Slg. 2004, I-123, Ls. 7 und Rn. 71 ff.; ebenso EuG, Urteil vom 13. 1. 2004 – Rs. T-67/01 – JCB Service, Rn. 64; EuG, Urteil vom 30. 9. 2009 – Rs. T-161/05 – Hoechst GmbH, Rn. 165 f.

dartut, dass sich die Kommission zur Untermauerung ihres Vorwurfs, eine Zu-
widerhandlung liege vor, auf dieses Schriftstück gestützt hat und dass dieser
Vorwurf nur durch Heranziehung des fraglichen Schriftstücks belegt werden
kann. Das Unternehmen müsse dartun, dass das Ergebnis, zu dem die Kommission gekommen ist, anders ausgefallen wäre, wenn das nicht übermittelte
Schriftstück, auf das die Kommission ihre Vorwürfe gestützt hat, als belasten-
des Beweismittel ausgeschlossen werden müsste. Wurde dagegen ein entlasten-
des Schriftstück nicht übermittelt, müsse das Unternehmen nur nachweisen,
dass das Unterbleiben seiner Offenlegung den Verfahrensablauf und den Inhalt
der Entscheidung der Kommission zu Ungunsten des Unternehmens beeinflussen konnte.

Die Verletzung des Akteneinsichtsrechts im Verwaltungsverfahren wird
nicht dadurch geheilt, dass die Einsicht im Gerichtsverfahren im Rahmen einer
Klage auf Nichtigerklärung der Entscheidung ermöglicht worden ist. Wurde die
Einsicht in diesem Stadium gewährt, so braucht das betroffene Unternehmen
nicht zu beweisen, dass die Entscheidung der Kommission anders gelautet hätte, wenn es Einsicht in die nicht übermittelten Unterlagen erhalten hätte, sondern lediglich, dass es die fraglichen Schriftstücke zu seiner Verteidigung hätte
einsetzen können[75].

Gemäß § 29 Abs. 1 Satz 1 VwVfG haben die am Verfahren Beteiligten einen
Anspruch auf Einsicht in die das Verfahren betreffenden Akten, soweit deren
Kenntnis zur Geltendmachung oder Verteidigung ihrer rechtlichen Interessen
erforderlich ist[76]. Abs. 2 schränkt das Akteneinsichtsrecht aus mehreren Gründen ein, darunter auch zum Zwecke des Geheimnisschutzes. Gemäß § 30
VwVfG haben die Beteiligten Anspruch darauf, dass ihre Geheimnisse von der
Behörde nicht unbefugt offenbart werden. Die Einsichtnahme erfolgt grundsätzlich bei der Behörde, die die Akten führt; hiervon können Ausnahmen gemacht werden (§ 29 Abs. 3). Die nicht gerechtfertige Verweigerung der Akteneinsicht hat die Rechtswidrigkeit des Verwaltungsaktes zur Folge. § 45 VwVfG
sieht die Heilung dieses Mangels nach Abschluss des Verwaltungsverfahrens
nicht vor; jedoch wird teilweise angenommen, dass § 45 Abs. 1 Nr. 3 VwVfG
(Nachholung der Anhörung) auf die Akteneinsicht entsprechend angewendet
werden kann[77].

---

[75] EuG, Urteil vom 29. 6. 1995 – Rs. T-30/91 – Solvay, Slg. 1995, II-1775, Rn. 98;
EuG, Urteil vom 13. 1. 2004 – Rs. T-67/01 – JCB Service, Rn. 64 m.w.N.

[76] Dazu *Bull/Mehde* (Fn. 2), S. 273 f. (Rn. 640 f.); *Ule/Laubinger* (Fn. 19), S. 242 ff.
(§ 25).

[77] So *Kopp/Ramsauer*, Verwaltungsverfahrensgesetz, 10. Aufl., München 2008, § 45
Rn. 24; *Ziekow*, Verwaltungsverfahrensgesetz, Stuttgart 2006, § 45 Rn. 10.

8. Das Recht auf Begründung der Entscheidung
(Art. 41 Abs. 2 Buchst. c)

Der Buchst. c des Art. 41 Abs. 2 statuiert die Verpflichtung der Verwaltung, ihre Entscheidungen zu begründen[78]. Dass dieser behördlichen Verpflichtung ein subjektives Recht des Einzelnen entsprechen soll, ergibt sich aus den Eingangsworten des Abs. 2.

Die „Erläuterungen" des Konventspräsidiums verweisen auf Art. 253 EGV, der bestimmte, dass die Verordnungen, Richtlinien und Entscheidungen, die vom Europäischen Parlament und vom Rat gemeinsam oder vom Rat oder von der Kommission angenommen worden sind, mit Gründen versehen werden müssen sowie auf die Vorschläge oder Stellungnahmen Bezug nehmen müssen, die nach dem EGV eingeholt werden mussten. An die Stelle dieser Vorschrift ist am 1. 12. 2009 Art. 296 AEUV getreten, dessen Abs. 2 bestimmt, dass die Rechtsakte mit einer Begründung zu versehen sind und auf die in den Verträgen vorgesehenen Vorschläge, Initiativen, Empfehlungen, Anträge und Stellungnahmen Bezug nehmen müssen.

Der Anspruch auf Erteilung einer Begründung richtet sich nach Art. 41 Abs. 2 Buchst. c gegen die „Verwaltung" (the administration, l'administration). „Verwaltung" kann hier nur im funktionellen Sinne gemeint sein. Eingeschlossen sind daher auch das Europäische Parlament[79] und der EuGH, soweit sie Verwaltungstätigkeit ausüben.

Zu begründen sind nur das Verfahren abschließende Entscheidungen, nicht auch behördliche Stellungnahmen und sonstige Maßnahmen in der Vorbereitungs- und Sachermittlungsphase[80].

Fraglich ist, ob die Behörden nur zur Begründung von Einzelmaßnahmen verpflichtet sind oder auch zur Begründung abstrakt-genereller Maßnahmen, etwa von Rechtsverordnungen, Verwaltungsvorschriften oder Richtlinien. Für letzteres streitet, dass Art. 296 Abs. 2 AEUV verlangt, Rechtsakte (Art. 288 AEUV: Verordnungen, Richtlinien, Beschlüsse, Empfehlungen und Stellungnahmen) mit Gründen zu versehen, und man davon ausgeht, die Charta wolle hinter diesem Standard nicht zurückgehen. Andererseits spricht Art. 41 Abs. 2 Buchst. c von Entscheidungen statt von Rechtsakten; und außerdem begründet Art. 296 Abs. 2 AEUV lediglich eine objektivrechtliche Verpflichtung, während Art. 41 Abs. 2 Buchst. c ein subjektives Recht schafft. Angesichts dessen spricht wohl mehr für die Annahme, Art. 41 Abs. 2 Buchst. c gewähre einen

---

[78] Eingehend zur Begründungspflicht in der unionsgerichtlichen Rechtsprechung *Classen* (Fn. 5), S. 318 ff.

[79] So auch *Heselhaus* (Fn. 4), S. 1577 (Rn. 57).

[80] EuGH, Urteil vom 15. 10. 1987 – Rs. 222/86 – Heylens, Slg. 1987, 4097, Rn. 16.

gerichtlich durchsetzbaren Anspruch auf Begründung nur dann, wenn eine Person durch eine konkret-individuelle Maßnahme der Verwaltung betroffen ist[81].

Auch den Bürger belastende Realakte sind als „Entscheidungen" im Sinne der Begründungspflicht anzusehen[82]. Klärungsbedürftig ist, ob die Verwaltung auch solche Entscheidungen begründen muss, die sie auf dem Boden des Privatrechts trifft, z.b. die Entscheidung darüber, mit welchem von mehreren Anbietern sie einen Kauf- oder Mietvertrag abschließt. Auch das wird wohl zu bejahen sein, zumal wenn man annimmt, dass eine solche Entscheidung im Sinne der Zwei-Stufen-Theorie öffentlich-rechtlicher Natur ist.

Keine Regelung trifft die Vorschrift darüber, ob und ggf. unter welchen Voraussetzungen von einer Begründung abgesehen werden darf[83] und ob eine zu Unrecht unterlassene Begründung mit heilender Wirkung nachgeholt werden kann[84]. Eine Begründung wird insoweit nicht geboten sein, als dem Bürger die Ansicht der Behörde aufgrund voraufgegangener Besprechungen bekannt ist[85]

Bei der Begründungspflicht handelt es sich um ein *Verfahrens*erfordernis. Von ihr zu unterscheiden ist die *Stichhaltigkeit* der Begründung; sie gehört zur materiellen Rechtmäßigkeit des Rechtsakts[86].

Die Begründung muss unzweideutig und widerspruchsfrei sein. Sie braucht nicht auf sämtliches Vorbringen der Beteiligten einzugehen, sondern es genügt, wenn diese ihr die wesentlichen tatsächlichen und rechtlichen Erwägungen der Behörde entnehmen können[87]. Die Begründung müsse – so führt der EuGH in seinem Urteil vom 19. 2. 1996[88] aus – die Überlegungen der Behörde so klar

---

[81] Ähnlich *Heselhaus* (Fn. 4), S. 1577 (Rn. 58): Generell-abstrakte Regelungen würden von der Begründungspflicht jedoch ausnahmsweise dann erfasst, wenn sie sich konkret und individuell auswirkten, z.B. „Schein-Verordnungen". Nach Ansicht von *Jarass* (Fn. 4), Art. 41 Rn. 28, werden nicht nur individuelle, sondern auch generelle Entscheidungen, nicht jedoch Akte der Gesetzgebung erfasst.

[82] *Heselhaus* (Fn. 4), S. 1578 (Rn. 59).

[83] Dazu *Classen* (Fn. 5), S. 329 f., der betont, echte Ausnahmen von der Begründungspflicht im Sinne systematischer Fallgruppen seien nicht erkennbar, nur in Einzelfällen sei bisher das Fehlen einer Begründung nicht beanstandet worden.

[84] Nach Mitteilung von *Frenz* (Fn. 5), S. 1378 (Rn. 4582 mit Nachw. in Fn. 338), haben die Unionsgerichte in jüngerer Zeit das Nachschieben von Gründen grundsätzlich abgelehnt. Ebenso *Classen* (Fn. 5), S. 324 f. mit Nachw. in Fn. 535.

[85] EuG, Urteil vom 30. 1. 2002 – Rs. T-54/99 – max.mobil, Slg. 2002, II-313, Rn. 79.

[86] EuG, Urteil vom 9. 9. 2010 – Rs. T-300/07 – Evropaïki Dynamiki, Rn. 47, m.w.N.

[87] *Classen* (Fn. 5), S. 322 ff.; *Heselhaus* (Fn. 4), S. 1579 (Rn. 62); *Jarass* (Fn. 4), Art. 41 Rn. 30; *Galetta/Grzeszick* (Fn. 5), Art. 41 Rn. 61.

[88] Rs. C-122/94 – Kommission/Rat, Slg. 1996, I-881, Rn. 29. Ebenso schon vorher EuGH, Urteil vom 21. 11. 1991 – Rs. C-269/90 – TU München, Slg. 1991, I-5469, Rn. 26; EuGH, Urteil vom 12. 2. 1992 – Rs. C-48 und 66/90 – Niederlande/Kommission, Slg. 1992, I-565, Ls. 2 und Rn. 45; und später EuGH, Urteil vom 12. 11. 1996 – Rs. C-84/94 – UK/Rat, Slg. 1996, I-5755, Ls. 6 und Rn. 74. Ebenso EuG, Ur-

und eindeutig zum Ausdruck bringen, dass die Betroffenen ihr die Gründe für die getroffene Maßnahme entnehmen und die Gerichte ihre Kontrolle ausüben können. Die Begründung brauche jedoch nicht sämtliche tatsächlich oder rechtlich erheblichen Gesichtspunkte zu enthalten[89]. Die Frage, ob die Begründung diesen Anforderungen genügt, sei nicht nur im Hinblick auf ihren Wortlaut zu beurteilen, sondern auch anhand ihres Kontextes sowie sämtlicher Rechtsvorschriften, die das betreffende Rechtsgebiet regeln. Lasse sich dem angegriffenen Rechtsakt der von der Behörde verfolgte Zweck in seinen wesentlichen Zügen entnehmen, sei es unnötig, eine besondere Begründung für jede einzelne der fachlichen Entscheidungen zu geben, die die Behörde getroffen hat.

Ergänzend betont das EuG in seiner Entscheidung vom 11. 12. 1996[90], der Umfang der Begründung hänge von der Art des Rechtsaktes und den Umständen ab, unter denen er erlassen worden ist. In dem Urteil vom 13. 9. 2010[91] heißt es, das Begründungserfordernis sei nach den Umständen des Einzelfalls, insbesondere nach dem Inhalt des Rechtsakts, der Art der angeführten Gründe und nach dem Interesse zu beurteilen, das die Adressaten oder andere durch den Rechtsakt unmittelbar und individuell Betroffenen an Erläuterungen haben können.

Auch hier sind das völlige oder teilweise Fehlen der erforderlichen Begründung einerseits sowie die Unrichtigkeit der Begründung andererseits zu unterscheiden. Art. 41 Abs. 2 Buchst. b betrifft nur den zuerst genannten Mangel.

Im Nold-Urteil[92] entschied der EuGH, eine gar nicht oder unzureichend begründete behördliche Entscheidung sei aufzuheben. Dies gilt nach der neueren unionsgerichtlichen Rechtsprechung jedoch dann nicht, wenn der Begründungsmangel nicht geeignet ist, den Zweck der Vorschrift, insbesondere die Rechtsschutzfunktion der Begründung, zu beeinträchtigen[93]. Die unzureichende

---

teil vom 30. 1. 2002 – Rs. T-54/99 – max.mobil, Slg. 2002, II-313, Ls. 5 und Rn. 78; EuGH, Urteil vom 2. 12. 2009 – Rs. C-89/08 P – Kommission/Irland, Rn. 77; EuG, Urteil vom 13. 9. 2010 – Rs. T-314/06 – Whirlpool Europe Srl, Rn. 111–113.

[89] Dies betont der EuGH auch in seinem Urteil vom 7. 1. 2004 – Rs. C-204/00 P u.a. – Aalborg Portland, Slg. 2004, I-123, Ls. 15 und Rn. 372 in Bezug auf gerichtliche Entscheidungen. Im selben Sinne EuG, Urteil vom 8. 7. 2008 – Rs. T-48-05 – Franchet und Byk, Rn. 244.

[90] Rs. T-49/95 – Van Megen Sports Group, Slg. 1996, II-1799, Ls. 6 und Rn. 51.

[91] Rs. T-314/06 – Whirlpool Europe Srl, Rn. 112.

[92] EuGH, Urteil vom 20. 3. 1959 – Rs. 18/57, Slg. 1959, 91 ff., 115.

[93] *Classen* (Fn. 5), S. 331; *Frenz* (Fn. 5), S. 1379 (Rn. 4583).

Begründung eines Rechtssetzungsaktes löst nach der Rechtsprechung der Unionsgerichte[94] nicht der Haftung der Union aus.

Der EuGH[95] vertritt in ständiger Rechtsprechung die Ansicht, dass ein Rechtsmittel zurückzuweisen ist, wenn zwar die gerichtlichen Urteils*gründe* eine Verletzung des Gemeinschaftsrechts erkennen lassen, die Urteils*formel* sich aber aus anderen Rechtsgründen als richtig erweist. Gleiches muss auch für Administrativakte gelten: Eine sachlich unrichtige Begründung hat also nicht die Rechtswidrigkeit der Maßnahme zur Folge.

§ 39 Abs. 1 VwVfG schreibt eine Begründung nur für Verwaltungsakte vor und schränkt diese Verpflichtung noch weiter auf schriftliche oder elektronische Verwaltungsakte sowie auf solche ein, die in einer dieser beiden Formen bestätigt werden. Keiner Begründung bedürfen also mündliche Verwaltungsakte und solche, die durch Zeichen erlassen werden. Darüber hinaus dispensiert der Abs. 2 in einer Reihe von Fällen von der Begründungspflicht[96].

Das Fehlen der erforderlichen Begründung hat die Rechtswidrigkeit des Verwaltungsaktes zur Folge. Der Mangel kann jedoch durch Nachholung geheilt werden (§ 45 Abs. 1 Nr. 2 VwVfG), und zwar noch in der letzten Instanz eines verwaltungsgerichtlichen Verfahrens (§ 45 Abs. 2 VwVfG).

V. Schlussbemerkung

Art. 41 ist eine Vorschrift, die als Vorbild für das deutsche Recht nicht taugt. Sie ist gesetzestechnisch misslungen. Ein subjektives Recht auf eine gute Verwaltung, das die Überschrift verheißt, gibt es nicht. Ob ein subjektives Recht auf eine gerechte Sachbehandlung (Abs. 1 Alt. 2) existiert, erscheint zumindest fraglich. Derartige Großformeln beflügeln zwar die juristische Fantasie, verursachen jedoch Rechtsunsicherheit bei der Verwaltung und Enttäuschung bei den Bürgern, weil die Verwaltung nicht halten kann, was die Norm vollmundig verspricht.

---

[94] EuG, Urteil vom 18. 9. 1995 – Rs. T-167/94 – Nölle, Slg. 1995, II-2589, Ls. 5 und Rn. 57 m.w.N.; Urteil vom 8. 7. 2008 – Rs. T-48/05 – Franchet und Byk, Rn. 243 m.w.N.

[95] EuGH, Urteil vom 9. 9. 2008 – Rs. C-120und 121/06 P und C-121/06 P – FIAMM und Fedon, EurR 2009, 660 ff., Rn. 187 m.w.N.

[96] Zur Begründungspflicht *Bull/Mehde* (Fn. 2), S. 277 f. (Rn. 650 f.); *Ule/Laubinger* (Fn. 19), S. 522 ff. (§ 52).

Verwaltungswissenschaft, Verwaltungspraxis und die Wissenschaft vom öffentlichen Recht – Eine Bestandsaufnahme

Veith Mehde

I. Einleitung

Wie nur wenige hat Hans Peter Bull Praxis und Wissenschaft zu verbinden vermocht. Der Wissenschaftler, der sich zu politisch brisanten Themen äußerte und dabei weit über die Fachgrenzen hinaus wahrgenommen wurde, hat diese Ideen in der Praxis umsetzen oder sich jedenfalls aktiv ihre Verwirklichung vorantreiben können. Umgekehrt hat er nach seiner zweimaligen Rückkehr an die Universität seine vielfältigen, intensiven Erfahrungen, die er beim Aufbau und der Leitung des Amtes des Bundesbeauftragten für den Datenschutz und an der Spitze eines Ministeriums gewonnen hatte, in Lehre und Forschung fruchtbar machen können. Den Schritt aus der Wissenschaft in die Praxis und dann wieder zurück in die Wissenschaft bewältigte er allem Anschein nach jeweils völlig mühelos. Für die Studierenden war er daher stets in zweifacher Rolle wahrnehmbar: Einerseits als wissenschaftliche Autorität in der Ausbildung, als die er auch nach jahrelanger Abwesenheit von der Fakultät mit großer Souveränität rechtsdogmatische Details erläutern und Falllösungen examensrelevant vermitteln konnte. Andererseits blieb er dabei stets wahrnehmbar als eine Persönlichkeit mit einer bemerkenswerten Karriere in höchst verantwortungsvollen Positionen des öffentlichen Lebens, der fundiert politische und administrative Entwicklungen einzuordnen vermochte.

Das Verhältnis zwischen öffentlichem Recht, praktischen Verwaltungsreformbemühungen und Verwaltungswissenschaft, das sich im Berufsleben von Hans Peter Bull in eigener Person so selbstverständlich gestaltete, ist im Zusammenspiel der unterschiedlichen damit befassten Akteure durchaus nicht immer so konfliktfrei. Wenn der Eindruck nicht trügt, sind diese Konfliktlinien in den letzten Jahrzehnten tendenziell prägnanter geworden als noch in den ersten Jahrzehnten bundesrepublikanischer Geschichte. Die Hintergründe dieses Phänomens sind vielfältig und betreffen die Wissenschaftstradition und -kultur, sind aber auch die Konsequenz bestimmter praktischer Entwicklungen, insbesondere eines Zuwachses an Komplexität der Verwaltungsrealität wie auch der hinter bestimmten Reformplänen stehenden Konzepte.

II. Die Verwaltungswissenschaft und die Wissenschaft vom öffentlichen Recht

In Deutschland ist die Verbindung zwischen der Verwaltungswissenschaft und dem öffentlichen Recht traditionell sehr eng. Allerdings werden bestimmte Veränderungen sehr nachhaltig spürbar. Die sich daraus ergebenden Konsequenzen dürften nicht nur wissenschaftstheoretischer bzw. -soziologischer Natur sein, sondern sich auch durchaus auf die Praxis der Verwaltungspolitik auswirken.

1. Die Anfangsjahre der Bundesrepublik

Die wissenschaftliche Beschäftigung mit Verwaltung war in den ersten Jahren der Bundesrepublik[1] stark von Wissenschaftlern aus dem Bereich des öffentlichen Rechts dominiert. Diese Verknüpfung zeigt sich an verschiedenen Stellen. Lehrstühle mit einer auch verwaltungswissenschaftlichen Ausrichtung wurden mit Juristen besetzt – wenn auch häufig mit solchen, die nicht als reine Dogmatiker wahrgenommen wurden. Eine Beschäftigung mit den empirisch vorgefundenen Phänomenen in der Verwaltung wurde wie selbstverständlich von Wissenschaftlern mit einem Hintergrund in der Wissenschaft vom öffentlichen Recht geleistet, die sich dabei durchaus nicht scheuten, auch normative Aussagen zu treffen[2]. Ein naheliegendes Anschauungsobjekt ist dabei die Deutsche Hochschule für Verwaltungswissenschaften Speyer, die traditionell neben den dogmatisch arbeitenden Juristen auch solche mit zumindest einem Standbein in der sozial- bzw. geisteswissenschaftlich geprägten Verwaltungswissenschaft hat. An juristischen Fakultäten wurde demgegenüber mit einem ähnlichen Anspruch die sogenannte „Verwaltungslehre" gepflegt[3], die immer eine juristisch inspirierte, aber nicht auf die Rechtsdogmatik beschränkte Beschäftigung mit tatsächlichen Phänomenen der Verwaltungsarbeit betrieb und weiter

---

[1] Man kann derartiges selbstverständlich schon lange vor Gründung der Bundesrepublik feststellen. Die Anknüpfungspunkte sind hier sehr vielfältig. Zur disziplinären Entwicklung der Verwaltungswissenschaft vgl. *König*, Moderne öffentliche Verwaltung – Studium der Verwaltungswissenschaft, Berlin 2008, S. 40 ff.; siehe auch *Bogumil/Jann*, Verwaltung und Verwaltungswissenschaft in Deutschland, 2. Aufl., Wiesbaden 2009, S. 39.

[2] Vgl. etwa die Habilitationsschrift von *Wagener*, Neubau der Verwaltung, Berlin 1969.

[3] Vgl. dazu *Bogumil/Jann* (FN 1), S. 38.

betreibt[4]. Ihre Vertreter nutzten dieses „Label", um sich auch zu solchen Fragen zu äußern, die man mit der juristischen Methodik nicht beantworten konnte[5]. Für die Rechtswissenschaft stellt sie bis heute „eine Art Hilfswissenschaft" dar, „die sich mit Verwaltungsempirie und Verwaltungspolitik beschäftigen soll"[6]. Konsequenterweise berief man sich auf eine Vielfalt von nichtjuristischen Methoden, derer sich die Verwaltungslehre bedienen könne[7].

2. Veränderungen in der deutschen Verwaltungswissenschaft

Die derzeitige Wissenschaftsentwicklung hat zwar nicht zu einem generellen oder gar vollständigen Bedeutungsverlust der Rechtswissenschaft geführt – wobei die Einschätzung dieser Frage natürlich von den dabei angelegten Kriterien abhängt[8]. Tendenziell werden Juristen in einer auf Methodenbewusstsein ausgerichteten Wissenschaftsszene aber auf ihre Rolle als Rechtsdogmatiker reduziert bzw. reduzieren sich entsprechend selbst[9]. Fragen der tatsächlichen Abläufe werden zutreffend als empirisch wahrgenommen, die vom Recht nur unzureichend abgebildet werden[10]. Über das methodische Handwerkszeug für die Beschreibung und Analyse der in der Praxis vorfindbaren Phänomene verfügen in erster Linie Sozialwissenschaftler. Aussagen darüber, wie die Verwaltung tatsächlich arbeitet, sind von der von Rechtswissenschaftlern betriebenen Verwaltungslehre in der Tat mitunter auf einer wenig transparenten Grundlage getroffen worden. In der Regel dürfte diese stark individuell geprägt gewesen sein, namentlich durch eigene praktische Erfahrungen oder aber durch viele informelle Gespräche mit Praktikern. Zu der gewachsenen Bedeutung methodologischer Fragen kommt hinzu, dass infolge eines größer gewordenen Erfahrungsschatzes und komplexer werdender Strukturen normative Aussagen immer schwerer zu treffen sind. Sozialwissenschaftlicher Forschung ist daher zunehmend die Tendenz zu eigen, sich auf solche Aussagen nicht mehr einzulas-

---

[4] Vgl. *Bull/Mehde*, Allgemeines Verwaltungsrecht mit Verwaltungslehre, 8. Aufl. Heidelberg 2009, Rn. 329 ff.

[5] vgl. *Oebbecke*, in: Schulze-Fielitz (Hrsg.), Staatsrechtslehre als Wissenschaft, Die Verwaltung – Beiheft 7, S. 210 (210 f.).

[6] *König* (FN 19), S. 59.

[7] Vgl. etwa *Thieme*, Verwaltungslehre, 4. Aufl., Köln u.a. 1984, Rn. 27 ff.

[8] Jedenfalls dürfte man heute weit davon entfernt sein, „der Rechtswissenschaft die Universalkompetenz für Fragen des Staatslebens und der Staatsgestaltung" zuzuschreiben, wie es *Benz* (Der Moderne Staat, 2. Aufl. München 2008, S. 74) bei der allgemeinen Staatslehre als problematische Tendenz beobachtet.

[9] Vgl. etwa die instruktive Diskursanalyse zu Aufkommen und Verbreitung von New Public Management in Deutschland von *Vogel*, DMS 2/2009, 367 ff.

[10] Daran ändert auch die Tatsache nichts, dass natürlich auch Gesetze in gewisser Weise Tatsachen sind; vgl. *Thieme* (FN 7), Rn. 14.

sen. Juristen, die sich auf die Tradition der Verwaltungslehre berufen könnten, sind tendenziell ebenfalls zu methodenbewusst, um derartige, praktisch verwertbare, wissenschaftlich aber nicht mehr goutierte Aussagen zu treffen.

Hiermit korreliert wohl auch die Tatsache, dass für Rechtswissenschaftler heute weniger Anreize bestehen als noch in den ersten gut zwei Jahrzehnten des Bestehens der Bundesrepublik, sich mit Verwaltungswissenschaft zu beschäftigen. In der damaligen Zeit war die Verwaltungslehre neben dem Völker- und dem Kirchenrecht eines der naheliegenden Nebenfächer für Habilitanden im Hauptfach „Staats- und Verwaltungsrecht". Nunmehr ist die Zahl der möglichen Nebenfächer sehr viel größer – und andere als die Verwaltungslehre sind karrieretechnisch möglicherweise auch sehr viel erfolgversprechender. Letzteres liegt nicht zuletzt an der Tatsache, dass die Verwaltungslehre nur mehr an wenigen Fakultäten als Spezialisierung angeboten und die Berufungsfähigkeit möglicherweise auch ohne einen nichtjuristischen Ausweis schon aufgrund von Veröffentlichungen im Kernbereich des allgemeinen Verwaltungsrechts angenommen wird. Auf einen solchen Effekt zu spekulieren, hat auch den Vorteil, dass man sich nicht nachsagen lassen muss, sich auf einer methodisch angreifbaren Grundlage zu fachlichen Fragen geäußert zu haben. Dabei ist auch zu berücksichtigen, dass, wie schon angedeutet, auch in der Sozialwissenschaft gegenüber normativen Aussagen dieser Art massive Bedenken bestehen – noch dazu, wenn sie von Rechtswissenschaftlern getätigt werden.

3. Internationale Entwicklung und Internationalisierung in Deutschland

Hinzu kommt eine Besonderheit, die die Rechtswissenschaft in allen Ländern außerhalb des angelsächsischen Sprachraums betrifft: Für die Analyse der jeweiligen nationalen Rechtsordnungen, die ein Anknüpfen an Rechtsbegriffe erfordert, bietet sich eigentlich nur die jeweiligen Landes- als die Publikationssprache an. Dies erfordert sowohl die Präzision der Argumentation wie die Zugänglichkeit der gewonnen Erkenntnisse für die Praxis. Auch in Deutschland findet der rechtswissenschaftliche Diskurs fast ausschließlich in deutscher Sprache statt, obwohl viele Wissenschaftler über akademische Auslandserfahrungen verfügen, jedenfalls aber durchaus in der Fremdsprache an dem Diskurs teilnehmen könnten. Naturgemäß werden dadurch auch solche Beiträge, die von ihren wissenschaftlichen Ergebnissen her durchaus international interessant sein könnten, außerhalb des Landes kaum gelesen. Schon aus diesem Sprachergibt sich ein Problem der Wahrnehmbarkeit der deutschen rechtswissenschaftlich geprägten Forschung, auch soweit sie einen Beitrag zum internationalen verwaltungswissenschaftlichen Diskurs leisten könnte. Sehr viel eher als Rechtswissenschaftler an diesen anschließen können deutsche Sozialwissenschaftler und Ökonomen, da auch sie mittlerweile eindeutig auf Publikationen in internationalen, englischsprachigen Zeitschriften ausgerichtet sind und sich mit internationalen Entwicklungen und vergleichenden Analysen beschäftigen[11]. Im Ergebnis führt das dazu, dass die deutsche Rechtswissenschaft eine sehr wenig hörbare Stimme in der internationalen Szene hat und eher Wissenschaftler mit einem nichtjuristischen Hintergrund als Repräsentanten der deutschen Verwaltungswissenschaft im Ausland wahrnehmbar sind.

4. Probleme

Man würde sich vermutlich nicht ganz zu Unrecht dem Vorwurf aussetzen, die positiven Wirkungen der „eigenen" Wissenschaft zu überschätzen, wollte man die hier beschriebenen Phänomene als ein Problem für Staat und Verwaltung darstellen. Es handelt sich um die konsequente Fortentwicklung einer Wissenschaftslandschaft, die sich immer höher entwickelten Anforderungen gegenüber sieht und dabei von bestimmten Gesetzmäßigkeiten dominiert ist, die wenig Rücksicht auf „Wert" oder Funktionsgesetzmäßigkeiten der jeweiligen Fächer nehmen. Gleichzeitig überwiegen bei den Teilnehmern am interdisziplinären Diskurs die Sichtweise und auch die Interessen der jeweiligen „Heimatdisziplin"[12]. Die Rechtswissenschaft ist in gewisser Weise von den dominierenden wissenschaftspolitischen Anforderungen abgehängt worden: Publikationen in deutscher Sprache, kaum auf der Grundlage von peer-reviews zusammengestellte Zeitschriften und vergleichsweise geringe Drittmittelaufkommen. Die gerade das Gegenteil fordernden Standards werden weltweit und auf alle Fachrichtungen gleichermaßen angewendet. Versuche, gegen ihre Aussagekraft anzuargumentieren, werden leicht als Rufe einer lediglich diesen Anforderungen nicht genügenden Wissenschaft interpretiert. Eine Anpassungsverweigerung an den übermächtigen Trend führt zwangsläufig zu einem gewissen Mangel an Anschlussfähigkeit.

Für die Rechtswissenschaft liegt die vermutlich wichtigste Kompensation in dem, was diese Wissenschaft ohnehin immer ausgezeichnet hat, nämlich ihre praktische Relevanz, die sich kaum in der Weise in einer anderen Wissenschaft zeigt[13]. Diese ist bis heute weitgehend unabhängig von der Rolle, die die Rechtswissenschaft im Konzert der verschiedenen an der Verwaltungswissenschaft beteiligten Disziplinen spielt. Sie betrifft sowohl die Gegenstände – namentlich die Analyse der Rechtsentwicklung und die Interpretation von Normen wie Gerichtsentscheidungen – als auch den personellen Austausch, näm-

---

[11] Vgl. *Bogumil/Jann* (FN 1), S. 55.

[12] *Bogumil/Jann* (FN 1), S. 57.

[13] Zu den unterschiedlichen Facetten dieses Phänomens vgl. *Voßkuhle*, in: Schulze-Fielitz (Hrsg.), Staatsrechtslehre als Wissenschaft, Die Verwaltung – Beiheft 7, 2007, S. 135.

lich die Übernahme von hochrangigen Ämtern durch Professoren und umgekehrt die Teilnahme von führenden Praktikern in Forschung und Lehre. Die in der Szene selbst aufgestellten Anforderungen führen demgegenüber zu einer Selbstbeschränkung, die tatsächlich die Einflusssphäre auf bloße Fragen der Rechtmäßigkeit zuschneidet und diese dominierende praktische Rolle in Frage stellt. Juristen, die sich weigern, einen nicht aus dem Recht hergeleiteten, also etwa verwaltungspolitischen Sollenssatz zu formulieren, dürfen sich nicht wundern, wenn sie nicht um Empfehlungen gebeten werden – und damit auch auf einen wichtigen Impuls für Erkenntnisse verzichten[14]. Die Frage aber, ob eine rechtswissenschaftliche Vorprägung nicht dennoch einen wichtigen Beitrag in dieser Hinsicht – auch über die Diskussion der Rechtmäßigkeit hinaus – liefern kann, dürfte bislang nicht überzeugend verneint worden sein.

III. Rechtswissenschaft und Verwaltungspraxis

Wer sich in Deutschland mit dem Verhältnis zwischen dem Recht und der Verwaltung auseinandersetzen möchte, darf sich nicht auf die Wissenschaft beschränken. Bemerkenswert ist vielmehr vor allem die Bedeutung, die das Recht und Juristen für die praktische Verwaltungsarbeit erlangt haben. Allerdings ist diese Tendenz alles andere als ungebrochen.

1. Juristenprivileg und legalistische Verwaltungstradition

Wie wohl in keinem anderen Land haben in Deutschland die Juristen die höheren Ränge in der öffentlichen Verwaltung dominiert. Dies hat zu den Schlagwörtern vom „Juristenmonopol" oder – etwas abgeschwächt – vom „Juristenprivileg" geführt[15]. Auch das Fachhochschulstudium für den gehobenen Dienst der allgemeinen Verwaltung war sehr stark von der Vermittlung juristischer Kenntnisse geprägt[16]. Neben der so gekennzeichneten personellen Seite ist aber die zentrale Bedeutung des Rechts an inhaltlichen Fragen festzumachen.

Die besondere Bedeutung, die der legalistischen Tradition zukommt, lässt sich nur verstehen bei der Betrachtung des Rechts als Instrument der Steuerung

---

[14] *König* (FN 1, S. 71) hat darauf hingewiesen, dass „[m]anchmal (...) die Verwaltungswissenschaft mehr aus Verwaltungsreformen" lerne „als die Verwaltungspraxis selbst".

[15] Vgl. *Mehde*, ZRP 1998, 394 ff.

[16] *Hebeler*, Verwaltungspersonal, Baden-Baden 2007, S. 103.

und Begrenzung administrativer Tätigkeit[17]. Vorrang und Vorbehalt des Gesetzes als Rechtmäßigkeitsmaßstäbe kennzeichnen die beiden zentralen Fragen, die sich für die Mitarbeiter einer Verwaltung stellen, die eine Entscheidung in einem konkreten Fall treffen müssen: einerseits ist das die nach den Spielräumen, die bei der Entscheidung zur Verfügung stehen, und damit nach den Grenzen einer solchen Entscheidungstätigkeit. Bei grundrechtlich relevanten Problemen stellt sich andererseits die Frage, ob eine Norm die jeweilige Verhaltensweise ausdrücklich erlaubt. Bei beiden Rechtmäßigkeitsmaßstäben wird also zunächst eine juristische Einschätzung erwartet. Beide sind unmittelbar aus dem Rechtsstaatsprinzip herzuleiten, das in Deutschland eine wesentlich längere Tradition hat[18] als die aus dem Demokratieprinzip hergeleitete Festschreibung eines Parlamentsvorbehalts bei „wesentlichen" Entscheidungen[19]. Da gleichzeitig aus Art. 19 Abs. 4 GG der Anspruch voller gerichtlicher Überprüfbarkeit von Verwaltungsentscheidungen, auch soweit sie auf der Auslegung unbestimmter Rechtsbegriffe beruhen, hergeleitet wurde, bestand und besteht nach wie vor bei der Verwaltung ein ständiger Bedarf an juristischem Sachverstand[20].

2. Der Einzug der Betriebswirtschaft im Verwaltungsdenken

Der deutschen legalistischen Verwaltungstradition lässt sich idealtypisch die managerialistische Tradition gegenüberstellen[21]. Die legalistische Tradition wie auch speziell das Juristenprivileg sind seit den 1990er Jahren ausgerechnet unter den Druck managerialistischer Reformansätze geraten. Ausgangspunkt war ein Reformkonzept, das unter der Überschrift „Neues Steuerungsmodell" als deutscher Variante des „New Public Management" große Aufmerksamkeit erlangte[22]. Damit verbunden waren verschiedene Einzelmaßnahmen, die zum Teil bis heute in der Praxis kaum eine Rolle spielen, zum Teil aber sogar zu den

---

[17] Vgl. *Mehde*, ZRP 1998, 394 (395); mit etwas anderer Nuancierung sieht *König* (FN 1, S. 123) im Recht das „für den Beamten (…) durchgängige und vorrangige Kommunikationsmedium", welches „ihn gegebenenfalls sogar autorisiert, der Politik zu widersprechen".

[18] Zur Permanenz der klassischen, auf den Gedanken der Bürokratie zurückgehenden Verwaltungen über die verschiedenen Regimewechsel in Deutschland hinweg vgl. *König* (FN 1), S. 121 ff.

[19] *Bull/Mehde* (FN 4), Rn. 159 ff.

[20] Zur Verwaltungskontrolle als Daueraufgabe der Verwaltungsgerichtsbarkeit vgl. *Mehde*, Die Verwaltung 43 (2010), 379 ff.

[21] *König*, IRAS 69:4 (2003), 449 ff.; *Raadschelders*, Government: A Public Administration Perspective, Armonk u.a., 2003, S. 189 ff.

[22] Vgl. dazu statt vieler die Beiträge von *Jann* (S. 98 ff.) und *Schröter* (S. 79 ff.) in: Blanke u.a. (Hrsg.), Handbuch zur Verwaltungsreform, 4. Aufl., Wiesbaden 2011.

Selbstverständlichkeiten in der administrativen Arbeit gehören. Ausgehend von der Analyse, dass es in der Verwaltung zu massiven Ineffizienzen gekommen sei[23], fanden diese Ansätze vor allem deshalb große Resonanz, weil damit – wie man heute weiß – stark übertriebene Hoffnungen bezüglich der Haushaltssanierung verbunden waren. Ihnen gemeinsam war das Bemühen, mehr Denken aus der Privatwirtschaft im öffentlichen Sektor zu verankern[24]. Dieses Denken sollte insbesondere in Gestalt bestimmter Instrumente wirksam werden. Zu nennen sind etwa die Trennung von Politik und Verwaltung, die Budgetierung, der Abschluss von outputorientierten Kontrakten (Zielvereinbarungen) und, um diese zu ermöglichen, die Definition von Produkten.

Hans Peter Bull hat diese Entwicklung von Beginn an aktiv begleitet. Von ihm stammt eine der ersten wissenschaftlichen Stellungnahmen, in der er das Konzept des Neuen Steuerungsmodells weitgehend auf den Gedanken der Dezentralisierung zurückführte, also durchaus eine Traditionslinie zu den bisher in der Verwaltung wirksamen Mechanismen und Reformdiskussionen sah[25]. Nach seiner Amtszeit, aber noch im Jahr seines Rücktritts als Innenminister wurden bestimmte Anpassungen im schleswig-holsteinischen Kommunalrecht vorgenommen, welche erkennbar von diesem Reformmodell inspiriert waren[26]. Tatsächlich lassen sich in seiner Haltung gleichermaßen Interesse für die Reformpotenziale und eine gewisse Skepsis hinsichtlich der Überlegenheit betriebswirtschaftlicher Instrumente ablesen. Inwieweit dies einen Mentalitätswandel in der öffentlichen Verwaltung insgesamt mit sich gebracht hat, lässt sich schwerlich messen. Dennoch ist es ein Fakt, dass die Einführung dieser Instrumente mit einem Bedarf an Beschäftigten im öffentlichen Sektor einhergegangen ist, die über eine hinreichende Expertise bei der Anwendung der betriebswirtschaftlichen Mechanismen verfügen[27]. Da natürlich nicht im selben Umfang Stellen neu geschaffen wurden, sind diese Neueinstelllungen tendenziell zu Lasten der Juristen gegangen[28]. Die Alternative, Juristen in diesen Instrumenten zu schulen, ist demgegenüber nicht systematisch verfolgt worden.

---

[23] Charakterisiert durch das von *Banner* (VOP 1/1996, 6 [7]) gesprochene Urteil über die Verwaltung als ein „System organisierter Unverantwortlichkeit".

[24] Vgl. *Schedler/Proeller*, New Public Management, 4. Aufl. Bern u.a. 2009, S. 37 ff.

[25] *Bull*, in: Ipsen, Verwaltungsreform – Herausforderung für Staat und Kommunen, Baden-Baden 1996, S. 69 ff.

[26] Vgl. dazu *Mehde*, Neues Steuerungsmodell und Demokratieprinzip, 2000, S. 353 f.

[27] *Mehde*, ZRP 1998, 394 (396).

[28] Dies deckt sich auch mit der Analyse von *Schedler/Proeller* (FN 24, S. 54) [a]ls Hauptproblem unserer Verwaltung" werde „nicht die Legalität oder die (demokratische) Legitimation erlebt, sondern die mangelnde Effizienz und Effektivität".

3. Veränderungen in der Laufbahn- und Ausbildungsstruktur

Zu einer erheblichen Verschiebung der Rolle von Juristen in der Verwaltung könnte es schließlich durch die letzte Welle der Dienstreformen und der Veränderungen bei den Universitätsabschlüssen kommen. Erstere Reformen erfolgten im Nachgang zu der Föderalismusreform I. In diesem Zug wurde die Rahmengesetzgebungskompetenz des Bundes abgeschafft und dafür stattdessen lediglich eine konkurrierende Gesetzgebungskompetenz eingeführt, die bei weitem nicht dieselbe Tiefenschärfe erreicht. Dadurch haben die Länder auch Spielräume im Bereich des Laufbahnrechts gewonnen[29]. Die Gestaltungsansprüche der verschiedenen Länder verbieten eigentlich eine generelle Aussage über Entwicklungslinien. Wohl aber kann man sagen, dass ein Trend zu einer größeren Flexibilität im Laufbahnrecht festzustellen ist[30]. Das impliziert für das hier interessierende Thema vor allem eine Entwertung des Zweiten Staatsexamens, das bislang als Laufbahnprüfung zu einer faktischen Bevorzugung von Juristen führte. Tendenziell wird damit weniger auf die formale Qualifikation in diesem Sinne, sondern die Frage abgestellt werden, ob ein Hochschulstudium absolviert wurde.

Diese Entwicklung wird zusätzlich verstärkt werden durch die praktisch zeitgleich stattfinden Entwicklungen im Bereich der Hochschulabschlüsse[31]. Für die deutschen Universitäten ergibt sich daraus eine zunehmende Konkurrenz durch die Fachhochschulen (nun oftmals Hochschulen bzw. „universities of applied sciences"). Während früher die Unterscheidung zwischen Abschlüssen der Universitäten und der Fachhochschulen mehr oder minder in klaren Bahnen verlief – die Zielrichtung auf den höheren im ersten, die auf den gehobenen Dienst im zweiten Fall –, sind die Unterschiede mittlerweile aufgeweicht. Diese Trennlinie beginnt sich nunmehr hin zu jener zwischen Bachelor- und Master-Absolventen zu verschieben. Bei akkreditierten Studiengängen fällt es eben schwer, auf der Art der Hochschule basierende Unterschiede zu machen. Hinzu kommt, dass gerade die Fachhochschulen eine große Expertise darin entwickelt haben, auch Fern- und Teilzeitstudien zu ermöglichen. Entsprechende Weiterbildungsbemühungen lassen sich in einem flexibler gewordenen Laufbahnrecht nicht einfach ignorieren.

---

[29] Vgl. *Pechstein*, ZBR 2008, 73 ff.; zu den Folgen vgl. *Lorse*, DÖV 2010, 829 (833 ff.).

[30] Kritisch: *Lorse*, DÖV 2010, 829 (833 ff.); international wird eine Tendenz weg vom Laufbahn- und hin zum Positionensystem beobachtet; vgl. *Reichard/Schröter*, DMS 1/2009, 17 (24).

[31] *Grunewald/Lösch*, RiA 2008, 201 ff.

Auf diese Weise hält auch der aus den angelsächsischen Ländern gut bekannte MPA[32] als Fachhochschulabschluss Einzug in die deutschen Verwaltungen – und zwar als ein Abschluss, der, wie auch andere fachlich einschlägige
Master-Abschlüsse, jedenfalls mit der Ersten Juristischen Prüfung gleichrangig
ist. Über den Zugang zum Verwaltungs- bzw. Wirtschaftsreferendariat kann so
laufbahntechnisch eine identische Ausgangslage erreicht werden[33]. Für gute
Bachelor-Studenten an den Fachhochschulen, die bislang den Weg in den gehobenen Dienst gegangen wären, eröffnet sich die interessante Perspektive,
durch einen Master-Abschluss eine wesentliche Besserstellung zu erreichen.
Das Risiko einer solchen Entscheidung ist auch dadurch gering, dass diese
Hochschulen – mit allen Konsequenzen für die rechtliche Stellung der Studierenden – ohnehin nicht mehr als verwaltungsinterne Ausbildungsstätten konzipiert sind, so dass mit einem Masterstudium kein Ausstieg aus einem bereits
vorgezeichneten Karriereweg verbunden ist.

4. Internationale Entwicklung

Im internationalen Vergleich sind sowohl die legalistische Tradition der
deutschen Verwaltung wie auch der hohe Anteil von Juristen bzw. die große
Bedeutung rechtlicher Fragen in der Ausbildung für den öffentlichen Dienst
bemerkenswert[34]. Bei den Spitzenfunktionen in anderen Verwaltungstraditio-
nen sind anderweitige Karrierewege regelrecht sprichwörtlich geworden[35]. Derartige Idealtypen begegnen einem in Gestalt des französischen ENA-
Absolventen oder des Karrierebeamten aus Whitehall, der in Oxford oder
Cambridge Classics studiert haben muss. Letzterem Typus ist durch den Per-
manent Secretary Sir Humphrey in der berühmten BBC-Serie „Yes Minister"
ein Denkmal gesetzt worden[36]. In beiden Systemen geht es um den Techniker

---

[32] *Thieme* (FN 7, Rn. 72) hat das institutionalisierte Fach „Public Administration" mit
dem Begriff der „Verwaltungslehre" übersetzt.

[33] *Battis*, DMS 1/2009, 93 (95).

[34] Dies ändert allerdings nichts an der Tatsache, dass das Recht auch in anderen Systemen und Traditionen eine große Rolle spielt. Vgl. etwa die Aussage von
Pollitt/Bouckaert (Continuity and Change in Public Policy and Management, Chelten-
ham/Northampton, 2009) über ihren Vergleich der Polizei und des Krankenhaussektors
in England und Belgien: „We should also register the (perhaps unfashionable) opinion
that the existence of a law is important – at least in generally law-respecting, stable political regimes such as those of Belgium and England".

[35] Für Japan und Korea werden allerdings auch eine legalistische Orientierung und
entsprechende Ausbildungswege für die höheren Beamten beobachtet, vgl. *Kim*, IRAS
68 (2002), 389 (392).

[36] Sir Humphrey erläutert in einer Folge „The Greasy Pole" aus dem Jahre 1981auf
die Frage seines Ministers, wie sich denn Meta-Dioxin von Dioxin unterscheide, die Be-

in der Zentrale der Macht, obwohl die Frage nach Ausbildung und Fähigkeiten des Spitzenbeamten unterschiedlich beantwortet wird: Im ersten Fall mit einer konkret staatsbezogenen Ausbildung, welche die jeweils für relevant gehaltenen Aspekte aufnehmen kann, im zweiten Fall aus der Kombination von humanistischer Bildung, den damit verknüpften intellektuellen, insbesondere analytischen Fähigkeiten und praktischer Formung.

In Deutschland ist demgegenüber der Jurist als der geborene Generalist angesehen worden[37]. Auch hier sind es nicht nur die juristischen Fähigkeiten als solche, die als notwendig für eine entsprechende Karriere angesehen werden. Zwar bringen es die Rechtsstaatstradition und die legalistische Steuerungstechnik mit sich, dass sich in der praktischen Arbeit viele rechtliche Fragen stellen. Die dem „Juristenprivileg" zugrundeliegende Annahme ist dennoch eine andere: Die juristische Ausbildung begegnet einem hierbei als Analyse- und Entscheidungsschule[38]. Nicht umsonst spricht – oder sprach man jedenfalls bis zu den Dienstrechtsreformen im Nachgang zur Föderalismusreform II – vom höheren, nichttechnischen Verwaltungsdienst. Sofern Kritik an den klassischen Rekrutierungswegen aufkommt, gehen damit Forderungen einher, die in eine ganz andere Richtung zielen, wie etwa die stärkere Internationalisierung oder auch Berücksichtigung von Managementtechniken und eine stärkere – in beide Richtungen wirksame – Durchlässigkeit zwischen den Karrieren im öffentlichen und im privaten Sektor.

IV. Verwaltungsreformen und Rechtsprechung

In einer im Wortsinne entscheidenden Rolle begegnen Verwaltungsreformern die Rechtswissenschaft und die Juristen in Gestalt der Verwaltungsgerichte und insbesondere des Verfassungsgerichts.

---

deutung der griechischen Vorsilbe; ein Hinweis auf die Fernsehserie findet sich auch bei *König* (FN 1), S. 121.

[37] *Benz* (FN 8), S. 184; vgl. dazu auch die – durchaus kritischen – Bemerkungen bei *König* (FN 1) S. 71.

[38] Vgl. etwa *Thiemes* (FN 7, Rn. 26) Aussage zur Verwaltungsausbildung: „Es kommt für die Frage, welches Fach studiert werden sollte, nicht allein darauf an, welche unmittelbare Nützlichkeit dieses Fach für die spätere berufliche Tätigkeit hat, sondern vor allem darauf, welche Möglichkeiten allgemeiner geistiger Durchdringung das Fach dem Studenten bietet".

1. Verwaltungsgerichtliche Rechtsprechung

Die Verwaltungsgerichte haben im Allgemeinen wenig Anlass, sich über die Konzeption von Verwaltungsreformen insgesamt zu äußern. Generell geht es bei ihnen um den Vollzug von Konzepten und die Anwendung der mit ihnen verbundenen Regelungen in Einzelfällen. Nur in Ausnahmefällen erfolgt eine Vorlage an das Bundesverfassungsgericht nach Art. 100 GG. Ebenfalls selten wird eine verfassungskonforme Auslegung vorgenommen, die die weitere Anwendung einer bestimmten Vorgabe auf künftige Fälle verhindert. Auch die Einzelfallkontrolle kann aber wichtige Weichenstellungen für zukünftige Entwicklungen mit sich bringen. Verwaltungsgerichtliche Entscheidungen entfalten breite Wirkungen über die Rechtskraftwirkungen hinaus, was sicherlich auch eine Ausprägung und Folge der oben beschriebenen legalistischen Tradition ist, vor allem aber den jeweiligen Mitarbeitern zur persönlichen Rechtfertigung dient. Besonders intensiv gelingt diese Kontrolle im Bereich des Dienstrechts. Das liegt zum einen an der großen Zahl der in individuellen Rechten Betroffenen, zum anderen aber auch an der Engmaschigkeit der in diesem Bereich wirksamen Regelungen. Dabei spielen vor allem das Bemühen um eine gleichmäßige Anwendung des geltenden Rechts, die Kohärenz der darauf beruhenden Entscheidungsstrukturen sowie die Folgerichtigkeit eine Rolle. Oftmals übersehen wird in diesem Zusammenhang das Problem, dass diese Anwendungsüberprüfung den Aufwand im administrativen Vollzug tendenziell erhöht. Auch die in der Praxis gerne angeführte Leitsatzfunktion der Obergerichte ist somit in die unvermittelt andauernde Diskussion über den Bürokratieabbau in den Blick zu nehmen.

2. Verfassungsgerichtliche Rechtsprechung I – Explizite Hindernisse

Verwaltungsreformen spielen in der verfassungsgerichtlichen Rechtsprechung eine nur untergeordnete Rolle. Wenige der vielbeachteten Entscheidungen betrafen überhaupt Fragen der Aufbau- und Ablauforganisation in der Verwaltung. Das mag auch damit zusammenhängen, dass es zwar einige praktisch relevante und breit diskutierte Trends bei den Reformen gab, diese aber nur in seltenen Fällen eine rechtliche Wirkung hatten, die potentiellen Antragstellern oder Beschwerdeführern einen Anhaltspunkt für entsprechende Gänge nach Karlsruhe geboten hätte. Bei den Ausnahmen zu nennen ist zunächst die im Ansatzpunkt durchaus reformfreudige Rechtsprechung zu den kommunalen Gebietsreformen[39], wie sie in Westdeutschland in den 1970er Jahren mit großer

---

[39] BVerfGE 50, 50; 50, 195; 107, 1; vgl. aber auch BVerfGE 59, 216; 86, 90.

Intensität[40] und nach der Wiedervereinigung in Ostdeutschland in zwei Wellen[41] durchgeführt worden sind. Inzwischen ist dieser Part allerdings weitgehend von den Landesverfassungsgerichten übernommen worden. Darüber hinaus betrifft dies etwa die Entscheidung zu den Arbeitsgemeinschaften nach dem SGB II[42] sowie Entscheidungen, die Reformen im Beamtenrecht als unvereinbar mit den hergebrachten Grundsätzen des Beamtenrechts ansahen[43].

Die Rollen, die das Bundesverfassungsgericht dabei spielte, sind höchst unterschiedlich. Im Fall der Gebietsreformen wurde auf materiellrechtliche Grenzen sehr weitgehend verzichtet und der Schutz im Wesentlichen auf Beteiligungsrechte im Verfahren reduziert. Jedenfalls wurde dem Gesetzgeber ein weiter Spielraum eingeräumt bei der Gestaltung der kommunalen Landschaft – und damit der Gebietskörperschaften, deren Selbstverwaltungsrecht er zu achten hat. Dies sieht in den beiden anderen genannten Fällen grundlegend anders aus. Mit dem Verbot der in den ARGEn institutionalisierten Zusammenarbeit hat das Bundesverfassungsgericht das bis dahin nicht sehr wirkungsvoll ausgestaltete Verbot der Mischverwaltung[44] aktiviert, um eine mit einem klaren verwaltungspolitischen Regelungsziel verbundene Reform für generell unzulässig zu erklären[45]. Konsequenterweise hat der Verfassungsgesetzgeber, da er an dem Regelungsziel als solchem festhalten wollte, die Zulässigkeit nunmehr durch eine Verfassungsänderung herbeigeführt. Auch bei den insgesamt eher vorsichtig zu nennenden Reformen im Beamtenrecht hat das Gericht ein mit diesen Reformen nicht kompatibles Leitbild angewandt und so materielle Grenzen für Reformen eingezogen. Dies ist in diesem Fall umso bemerkenswerter, als damit die im Zuge der Föderalismusreform I eingeführte Fortentwicklungsklausel[46] nicht zu einer Erweiterung der Spielräume des Gesetzgebers geführt hat[47].

3. Verfassungsgerichtliche Rechtsprechung II – Implizite Blockaden

Wesentlich bemerkenswerter als diese ausdrücklichen Vorgaben erscheinen die impliziten Wirkungen, die mit diesen und anderen Entscheidungen verbunden sind. Wenn man so will, geht es also um Reformhindernisse „aus Verse-

---

[40] Vgl. dazu *Thieme/Prillwitz* (Hrsg.), Durchführung und Ergebnisse der kommunalen Gebietsreform, Baden-Baden 1981.

[41] Vgl. *Mehde*, DVBl. 2010, 465 (469 f.).

[42] BVerfGE 119, 331.

[43] BVerfGE 119, 247; 121, 205; 121, 241; vgl. aber auch BVerfGE 110, 353.

[44] Vgl. *Hebeler*, in: Bauschke u.a. (Hrsg.), Pluralität des Rechts, Stuttgart u.a. 2003, S. 37 ff.

[45] BVerfGE 119, 331 (330 ff.).

[46] BVerfGE 119, 247 (272 f.); 121, 205 (232).

[47] Vgl. *Battis*, DMS 1/2009, 93 (99).

hen". Angeknüpft wird in der Debatte dann nämlich nicht an die konkreten Aussagen für einen Einzelfall, sondern an die – meistens von Prinzipien geprägten – verallgemeinerbaren Aussagen, die dann auf die jeweils andere, die Reform betreffende Fallgestaltung angewendet werden. Das führt dazu, dass bei Verwaltungsreformen auch ohne ein explizites Verbot – rühre es ausdrücklich aus dem Grundgesetz oder aus der verfassungsgerichtlichen Rechtsprechung her – Bedenken hinsichtlich der Verfassungskonformität der Maßnahmen formuliert werden können. Die Ursachen sind dann in der Regel Formulierungen der Ober- bzw. Verfassungsgerichte, die vom Wortlaut her auch in einem anderen Kontext anwendbar zu sein scheinen, ohne dass das Gericht diesen ausdrücklich in die verfassungsrechtliche Argumentation einbezogen hätte.

Aktuell ist das besonders auffällig mit Blick auf die Perspektiven des E-Government. Die in diesem Kontext diskutierten, äußerst vielversprechenden Gestaltungsoptionen stehen in einer erheblichen Spannung mit einigen Aussagen des Bundesverfassungsgerichts, die allerdings das E-Government nicht ausdrücklich betreffen. Dies gilt insbesondere für die Aussagen aus der ARGE-Entscheidung hinsichtlich des Verbots der Mischverwaltung. Hintergrund der Problematik ist die Tatsache, dass die elektronische Verfahrensabwicklung neue Perspektiven für eine ebenen- und die jeweiligen Gebietskörperschaften überschreitende Zusammenarbeit eröffnet hat. Standardisierung und Modularisierung ermöglichen eine Spezialisierung, die von einzelnen Dienststellen für alle anderen beteiligten Verwaltungen erbracht werden kann. Die mit dem „Abschied vom Zuständigkeitsdenken"[48] verbundenen Effizienzpotenziale werden für so groß gehalten, dass in dem konsequenten Umsetzen des E-Government sogar eine Alternative zu Gebietsreformen gesehen wird[49]. Die Erschließung dieser Potenziale setzt aber eine Verwaltungsstruktur voraus, die – mit unterschiedlicher Intensität – durchaus Züge der Mischverwaltung trägt[50]. Die Formulierungen des Gerichts aus dem ARGE-Urteil – und anderen die demokratische Legitimation der öffentlichen Verwaltung betreffenden Entscheidungen[51] – scheinen hier enge Grenzen zu setzen[52], ohne dass diese konkrete Konstellation allerdings Gegenstand der Erwägungen gewesen wäre. Will man trotz dieses Spannungsverhältnisses die Zulässigkeit bejahen, so bleiben im Grundsatz zwei Wege: zum einen das Berufen darauf, dass die Entscheidung auf die Beseitigung eines Problems zielte, das sich für die Frage des E-Government nicht in derselben Weise ergibt, zum anderen eine vorsichtige Verschiebung der Dog-

---

[48] *Lenk*, VM 2007, 235 ff.

[49] Deutlich in diesem Sinne etwa *Schuppan*, VM 2008, 66 ff.

[50] Vgl. *Mehde*, in: Wirtz (Hrsg.), E-Government – Grundlagen, Instrumente, Strategien, Wiesbaden 2010, S. 133 (135 ff.).

[51] BVerfGE 83, 37; 83, 60; 93, 37; vgl. aber auch BVerfGE 107, 59; 111, 191.

[52] Vgl. dazu *Mehde* (FN 50), S. 133 ff.

matik hin zu einer stärkeren Wahrnehmung des Outputs in Abgrenzung zur bislang auf den Input fokussierten Legitimation.

V. Schluss

Das hier beschriebene Verhältnis zwischen den drei beruflichen Interessengebieten Hans Peter Bulls – öffentliches Recht, Verwaltungswissenschaft und Verwaltungspraxis – hat sich im Laufe seines Berufslebens massiv verändert. Die Internationalisierung und eine verstärkt wettbewerbliche Ausrichtung haben auch hier ihre Spuren hinterlassen. Die Position der Juristen in der Verwaltungswissenschaft wie auch der Verwaltungspraxis ist tendenziell schwächer geworden, ohne dass allerdings die zentralen Elemente der deutschen Verwaltungstradition in Frage gestellt würden. Gleichzeitig ist es für die Gerichte in einem hochkomplexen Umfeld sehr schwierig geworden, das genaue Ausmaß ihrer Entscheidungen einzuschätzen. Es spricht viel dafür, dass dieser Trend aufgrund von methodischen Anforderungen und dem Einbau neuer, aus dem privaten Management herrührender Instrumente nicht vollständig umkehrbar sein wird. Für die Rechtswissenschaft folgt daraus die Notwendigkeit, sich in Forschung und Lehre auch mit diesen neuen Instrumenten zu beschäftigen. Die Arbeit von Hans Peter Bull kann dabei als ein Vorbild dienen.

Aus der Praxis der Verwaltungsreform – Bruch des Hochschulpakts durch Wegnahme von Rücklagen aus den Hochschulhaushalten

Andreas Musil

I. Einleitung

Hans Peter Bull gehört zu den Architekten und Wegbereitern der tiefgreifenden Verwaltungsreform der letzten Jahre. In vielen Bereichen hat er Reformmaßnahmen wissenschaftlich begleitet und als politisch Verantwortlicher mit angestoßen. Was liegt da näher, als sich in einer Festschrift zu seinen Ehren einem aktuellen Praxisbeispiel zu widmen, das juristische Aspekte und Probleme der neuen Verwaltungssteuerung aufzeigt. Konkret geht es um die Handhabung des Instruments des Hochschulpakts durch die Ministerialbürokratie der Länder. Es wird sich zeigen, dass der Sinn und das Potential neuer Steuerungsinstrumente bei einigen Akteuren noch nicht erkannt wurde, was langfristig auch die Gefahr eines Scheiterns derartiger Instrumente in sich birgt. Von übergreifender Bedeutung ist der im Folgenden zu behandelnde Fall vor allem deshalb, weil erstmals die Beschreitung des Rechtswegs im Zusammenhang mit einem Hochschulpakt und damit einem Instrument neuer Verwaltungssteuerung ernstlich und konkret erwogen wurde.

Im konkreten Fall wurden die Hochschulen des Landes Brandenburg Mitte des vergangenen Jahres darüber informiert, dass die Landesregierung plane, insgesamt 10 Mio. Euro aus ihren Rücklagen zu entnehmen und für die Haushaltssanierung des Landes zu verwenden. Eine vorherige Anhörung oder Einbeziehung der Hochschulen war nicht erfolgt. Die Hochschulen wehrten sich unter Hinweis auf die geschlossenen Hochschulpakte, die die Rücklagenbildung ausdrücklich zusagten.

Die Hochschulpakte stammen aus den Jahren 2004 und 2007 und wurden jeweils vom Ministerpräsidenten für die Landesregierung und dem Präsidenten der Landesrektorenkonferenz für die dort vertretenen Hochschulen abgeschlossen.

Wörtlich heißt es im ersten Hochschulpakt vom 9.2.2004: „In den Haushaltsjahren 2004 und 2005 werden nicht verbrauchte Haushaltsmittel über die bisherigen Regelungen hinaus in vollem Umfang übertragen und stehen damit bis

Ende des Haushaltsjahres 2006 zur Verfügung. Auf der Grundlage der gewonnenen Erfahrungen soll dann im Laufe des Jahres 2006 neu entschieden werden."

Im zweiten Hochschulpakt vom 4.6.2007 ist zu lesen: „Die im ersten Hochschulpakt seitens der Landesregierung zugesagte Übertragung nicht verbrauchter Haushaltsmittel und die damit verbundene Rücklagenbildung haben sich bewährt und zur Erhöhung des flexiblen Mitteleinsatzes und zur Planungssicherheit der Hochschulen beigetragen. Diese Regelungen werden in vollem Umfang beibehalten."

Bis zum Jahr 2009 wurde die Rücklagenbildung im Rahmen des Haushaltsübertrags immer einvernehmlich entsprechend den Vorgaben der Hochschulpakte gehandhabt. Die Änderung der Praxis seitens des Landes erfolgte ohne vorherige Information oder Anhörung der Hochschulen und lediglich unter Hinweis auf die angespannte Haushaltslage. Die Regelungen der Hochschulpakte hätten lediglich politischen Charakter und seien rechtlich nicht bindend. Technisch wurde die Entnahme aus den Universitätshaushalten durch eine Sperrung der Mittel im Jahr 2010 und eine Wegnahme im Rahmen des Haushaltsübertrags nach 2011 vorgenommen. Im Rahmen der folgenden Auseinandersetzungen wurde ich mit der rechtlichen Vertretung der Universität Potsdam beauftragt. Es entstand ein Antrag auf Erlass einer einstweiligen Anordnung, der jedoch letztlich nicht bei Gericht eingereicht wurde. Das Land hatte sich durch die Drohung mit rechtlichen Schritten beeindrucken lassen und war zu Zugeständnissen bereit.

Im Folgenden sollen die Rechtsfragen dokumentiert werden, die sich im Rahmen der Arbeit an dem Schriftsatz stellten. Es wird sich zeigen, dass Hochschulpakte juristische Probleme aufwerfen, die an die Grenzen verwaltungsrechtlicher Dogmatik reichen. Das gilt zum einen für Fragen der Zulässigkeit (dazu II.), zum anderen für den materiellen Anspruch (dazu III.). Neben den speziell auf Hochschulpakte bezogenen Fragestellungen ist bei beiden Punkten auch die Frage nach der Reichweite der Selbstverwaltungsgarantie der Hochschulen im finanziellen Bereich und nach aus ihr ableitbaren Verfahrensrechten für die Hochschulen zu erörtern. Auf der Grundlage der rechtlichen Erwägungen kann ein Ausblick auf die Zukunft derartiger Hochschulverträge gewagt werden (IV.).

II. Fragen der Zulässigkeit gerichtlichen Rechtsschutzes

1. Einstweiliger Rechtsschutz oder Hauptsacheverfahren

Im Zuge der Vorbereitung eines Schriftsatzes war bereits die Frage problematisch, ob gerichtlicher Rechtsschutz im Wege einstweiligen Rechtsschutzes oder im Rahmen eines Klageverfahrens in der Hauptsache zu suchen sei. Während die BTU Cottbus eher über eine Feststellungsklage nachdachte, kam unseres Erachtens allein einstweiliger Rechtsschutz in Betracht. Infolge des Jährlichkeitsprinzips, das in Brandenburg noch allgemein dem Haushaltsrecht zugrunde liegt, sind Rücklagen keine Sparbeträge, die über die Grenzen des Haushaltsjahres identisch blieben. Vielmehr sind Rücklagen nur eine andere Umschreibung für die Zulässigkeit des Mittelübertrags in das kommende Haushaltsjahr. Dort sind sie als Einnahmen zu buchen. Bleibt von ihnen etwas übrig, so ist im folgenden Jahr wiederum ein Übertrag zu bilden, der aber nicht mit demjenigen des letzten Jahres identisch ist. Das bedeutet, dass sich im Jahre 2011 die Rücklagenwegnahme wegen des Wegfalls des Streitgegenstandes erledigt hätte. Es musste daher einstweiliger Rechtsschutz bis zum Ende des Haushaltsjahres 2010 gesucht werden. Demgegenüber wäre eine Feststellungsklage in 2011 mangels Feststellungsinteresses unzulässig gewesen. Eine Wiederholungsgefahr kann wegen der Singularität des Vorgangs kaum unterstellt werden. Im Ergebnis sollten seitens der Universität Potsdam folgende Anträge gestellt werden:

1. dem Antragsgegner im Wege einer einstweiligen Anordnung gemäß § 123 Abs. 1 Satz 2 VwGO aufzugeben, die mit Schreiben vom 23. Juli 2010 ausgesprochene Sperrung der Mittelrücklage in Höhe von 4.494.120,64 Euro für das Haushaltsjahr 2010 wieder aufzuheben.

2. dem Antragsgegner im Wege der einstweiligen Anordnung gemäß § 123 Abs. 1 Satz 1 VwGO aufzugeben, die Entnahme der für die Rücklage vorgesehenen Mittel im Zuge des Haushaltsübertrages 2011 zu unterlassen.

2. Statthaftigkeit der einstweiligen Anordnung

Fraglich ist im Rahmen der weiteren Prüfung auch die Statthaftigkeit einer einstweiligen Anordnung. Wegen § 123 Abs. 5 VwGO ist zunächst ein Antrag nach § 80 Abs. 5 VwGO zu erwägen. Ein solcher scheitert aber an der fehlenden Verwaltungsaktqualität der vom Wissenschaftsministerium vorgenommenen oder angedrohten Maßnahmen. Vorliegend stehen Maßnahmen des Haushaltsrechts zwischen Land und Hochschule (Sperre, Entnahme von Rücklagen) in Rede. § 5 Abs. 3 Satz 2 BbgHG bestimmt hierzu, dass der Haushaltsvollzug im Verhältnis von Land und Hochschule zu den staatlichen Aufgaben zählt. Im Bereich staatlicher Aufgabenerfüllung besteht zwischen Land und Hochschule ein verwaltungsrechtliches Innenverhältnis. Mangels Außenwirkung der im Streit befindlichen Maßnahmen fehlt die Verwaltungsaktqualität. Hinsichtlich des Antrags zu 2. ist zusätzlich darauf zu verweisen, dass dieser vorbeugender Natur und damit im Rahmen von § 123 VwGO und nicht § 80 Abs. 5 VwGO statthaft ist.

Mit Blick auf den ersten Hauptantrag ist von einer Regelungsanordnung gem. § 123 Abs. 1 Satz 2 VwGO auszugehen, da die Aufhebung der Mittelsperrung die Verpflichtung zu einem aktiven Tun seitens der Ministerin erfordert. Hingegen kann die Verpflichtung zur Unterlassung mit Blick auf die Entnahme mit der Sicherungsanordnung gem. § 123 Abs. 1 Satz 1 VwGO verfolgt werden.

3. Antragsbefugnis

Zu prüfen ist des Weiteren die Antragsbefugnis entsprechend § 42 Abs. 2 VwGO. Hier könnte man der Auffassung sein, wegen des haushaltsrechtlichen Charakters der in Streit stehenden Maßnahmen des Landes komme von vornherein keine Verletzung subjektiv-öffentlicher Rechte der Hochschulen in Betracht. Eine solche Überlegung übersähe jedoch, dass es hier nicht allein um formalen Haushaltsvollzug geht. Die vom Land ergriffenen Maßnahmen stellen vielmehr Eingriffe in vertragliche und verfassungsrechtlich geschützte Rechtspositionen der Antragstellerin dar, die die Antragsbefugnis begründen. Sie betreffen die Gültigkeit der im Rahmen der Hochschulpakte I und II geschlossenen Vereinbarungen und tangieren sowohl inhaltlich als auch prozedural die Selbstverwaltungsgarantie aus Art. 5 Abs. 3 GG und Art. 32 Abs. 1 BbgVerf. Die Antragstellerin kann insoweit Folgenbeseitigung und Unterlassung verlangen. Dem steht der staatliche Charakter des Haushaltsvollzugs nicht entgegen. Denn dieser erstreckt sich nur auf den technischen Ablauf der Haushaltsbewirtschaftung, wohingegen die Grundentscheidungen über die Finanzausstattung der Hochschulen deren Selbstverwaltungssphäre und damit ihre Stellung als eigenständige Rechtssubjekte tangieren[1].

Hier dürfte ein erster Knackpunkt der juristischen Argumentation liegen. Zum einen haben die Maßnahmen des Landes als Instrumente des Haushaltsrechts keine Verwaltungsaktqualität. Gleichwohl erscheint die Verletzung subjektiver Rechte der Hochschulen nach unserer Auffassung möglich. Dieser auf den ersten Blick bestehende Widerspruch muss und kann dadurch aufgelöst werden, dass zwischen der Ebene der konkret getroffenen Maßnahme und der Ebene des durch sie tangierten Außenrechtsverhältnisses zwischen Hochschulen und Land differenziert wird. Zu dogmatischen Verwirrungen führt demgegenüber die Annahme einer Außenwirkung der haushaltsrechtlichen Maßnahmen in Fällen wie dem vorliegenden oder umgekehrt die Annahme subjektiv-öffentlicher Rechte im Innenverhältnis. Hier zeigt sich aber, dass die Haus-

---

[1] Ausführlich und m.w.N. *Uerpmann*, Rechtsfragen von Vereinbarungen zwischen Universität und Staat, JZ 1999, S. 644 ff., 647 f.; auch *Trute*, Die Rechtsqualität von Zielvereinbarungen und Leistungsverträgen im Hochschulbereich, WissR 33 (2000), S. 134 ff., 147 f.; *Oppermann* in HWissR Bd. 1, S. 1009 ff., 1029.

haltssteuerung im Wege des Kontraktmanagements zu schwierigen Abgrenzungsfragen führen kann.

Konkret erscheint eine Rechtsverletzung auf Seiten der Hochschulen unter drei Aspekten möglich: Zunächst wird durch den Zugriff auf deren Rücklagen möglicherweise die im Rahmen des Hochschulpakts II getroffene Vereinbarung über die Bildung dieser Rücklagen verletzt. Bei der Vereinbarung handelt es sich um einen verbindlichen öffentlich-rechtlichen Vertrag, der im Umfang seiner Bindungswirkung gültige Rechtspositionen begründet[2]. Auf Seiten der Hochschule bedeutet das, dass der Zugriff auf die Rücklagen ihre vertraglich gesicherte öffentlich-rechtliche Rechtsposition verletzt.

Gleichzeitig verletzt das vertragswidrige Verhalten des Landes potentiell auch die Selbstverwaltungsgarantie, die sich aus Art. 5 Abs. 3 GG und aus Art. 32 Abs. 1 BbgVerf ergibt[3]. Die Hochschulen haben das verfassungskräftig verbürgte Recht auf ein Mindestmaß an Finanzautonomie. Dazu gehört auch das Recht, im Rahmen getroffener Finanzierungsabreden Planungssicherheit zu erhalten.

In der Verletzung dieses Rechts auf Planungssicherheit kann auch noch ein prozeduraler Vertrags- und Verfassungsverstoß liegen[4]. Vertragspartner sind untereinander verpflichtet, im Rahmen vorgesehener Abweichungen von der Vereinbarung den Vertragspartner umfassend zu informieren und anzuhören. Zudem beinhaltet die Hochschulautonomie in prozeduraler Hinsicht das Recht der Hochschulen, in sie betreffende Entscheidungen des Haushaltsgesetzgebers und der vollziehenden Stellen in hinreichender Art und Weise einbezogen zu werden. Aus dem Schriftverkehr zwischen Land und Antragstellerin ergibt sich jedoch, dass die Universität vor der Grundsatzentscheidung, auf die Rücklagen zugreifen zu wollen, nicht einmal angehört wurde. Dies ist ein Verstoß gegen den Hochschulpakt II und das Selbstverwaltungsrecht der Antragstellerin.

Aufgrund der Verletzung ihrer Rechtspositionen kommt vorliegend ein Anspruch auf Beseitigung der Beeinträchtigung und Unterlassung weiterer Beeinträchtigungen in Betracht. Die Möglichkeit einer Verletzung subjektiver Rechte auf Seiten der Antragstellerin ist nach alledem gegeben.

---

[2] Dazu sogleich III. 1.
[3] Dazu sogleich III. 2.
[4] Dazu sogleich III. 3.

III. Ansprüche der Hochschulen aus Hochschulpakt und Selbstverwaltungsrecht

1. Beseitigungs- und Unterlassungsanspruch aus dem Hochschulpakt II

a) Die Rechtsnatur von Hochschulpakten

Im Zentrum der Auseinandersetzungen zwischen Land und Hochschulen stand die Frage, ob aus dem Hochschulpakt II und seinen Rücklagenregelungen ein Beseitigungs- und Unterlassungsanspruch gegen das Land Brandenburg hergeleitet werden könne. Während das Land von einer bloß politischen Absprache ausging, betonten die Hochschulen die rechtliche Verbindlichkeit zumindest eines Teils der dort getroffenen Regelungen. Damit sind wiederum Kernfragen der Dogmatik neuer Steuerungsinstrumente im Verwaltungsrecht berührt. Das Neue Steuerungsmodell[5] stellt die herkömmliche Verwaltungsrechtswissenschaft vor allem deshalb vor schwierige Herausforderungen, weil sein Instrumentarium quer zu den in den Verwaltungsverfahrensgesetzen vorfindlichen Handlungsformen des allgemeinen Verwaltungsrechts liegt. Deshalb muss jedes Instrument mit Blick auf seine dogmatische Struktur differenzierend betrachtet werden.

Hochschulpakte sind besondere Ausprägungen des Steuerungsinstruments der Zielvereinbarung[6]. Es gibt hierbei keine nach einheitlichen Kriterien zu behandelnde eigenständige Handlungsform der Zielvereinbarung[7]. Vielmehr haben sich unterschiedliche Typen der Zielvereinbarung herausgebildet. Gemeinsam ist den verschiedenen Ausprägungen, dass sie helfen sollen, die Verwaltungssteuerung im Sinne des Neuen Steuerungsmodells insgesamt zu verbessern. Dabei kann die Steuerung im Wege nur informeller oder politischer Absprachen, aber auch durch rechtlich verbindliche Kontrakte erfolgen. Welche rechtlichen Folgen Zielvereinbarungen haben, muss einzelfallbezogen ermittelt werden.

---

[5] Dazu ausführlich und eingehend *Mehde*, Neues Steuerungsmodell und Demokratieprinzip, 2000, passim.

[6] Dazu *Musil*, Zielvereinbarungen im Hochschulrecht – rechtliche Zweifelsfragen und Probleme, in: Knopp/Peine u.a. (Hrsg.), Ziel- und Ausstattungsvereinbarungen auf dem Prüfstand, Cottbuser Schriften zu Hochschulpolitik und Hochschulrecht, Bd. 2, 2010, S. 51 ff., 56.

[7] Dazu bereits allgemein *Musil*, Verwaltungssteuerung durch Zielvereinbarungen, VR 2006, S. 397 ff.; *Schmidt*, Zielvereinbarungen als Herausforderung des allgemeinen Verwaltungsrechts, DÖV 2008, S. 760 ff.

b) Die Verbindlichkeit der Rücklagenregelungen

Meines Erachtens handelt es sich bei den Bestimmungen des Hochschulpaktes, in denen eine Übertragung von Haushaltsmitteln und die Bildung entsprechender Rücklagen zugesagt wird, um verbindliche vertragliche Vereinbarungen im Sinne der §§ 54 ff. VwVfG. Die fraglichen Bestimmungen beinhalten das auch im Rahmen des Haushaltsvollzugs zu beachtende Verbot, auf die bereits gebildeten und bestätigten Rücklagen der Universität Potsdam zuzugreifen. Die Frage der Verbindlichkeit ist durch Auslegung zu ermitteln. Dabei sind die anerkannten Auslegungsmethoden heranzuziehen. Wie im Vertragsrecht üblich ist vom Standpunkt eines objektiven Empfängers der abgegebenen Willenserklärungen auszulegen[8]. Dabei sind auch einzelne Bestandteile einer einheitlich gefassten Vereinbarung der jeweils gesonderten Auslegung zugänglich. Es kommt deshalb nicht entscheidend darauf an, ob man die Hochschulpakte als einheitliche Verträge oder die Bestimmungen über die Rücklagen als eigenständige Verträge im Rahmen eines ansonsten bloß informell gemeinten Agreements ansieht. Das Auslegungsergebnis hinsichtlich der Rücklagenbestimmungen ist jedenfalls eindeutig: Diese sind für beide Seiten verbindlich. Betrachtet man zunächst den Wortlaut, so ist in den oben wiedergegebenen Passagen der Hochschulpakte I und II von Entscheidungen und Zusagen die Rede. Es werden konkrete Angaben über Gegenstand und Laufzeit der Vereinbarung gemacht. Damit unterscheiden sich die entsprechenden Passagen signifikant von den nicht verbindlich gemeinten Teilen des Hochschulpakts, in denen vor allem Absichtserklärungen und Ziele enthalten sind, die nicht näher bestimmt werden. Es ist nicht nur davon die Rede, dass die Erlaubnis einer entsprechenden Rücklagenbildung in Aussicht gestellt werde, so dass die Notwendigkeit weiterer Umsetzungsakte deutlich würde. Vielmehr kann die Zusage ohne Weiteres für sich selbst stehen und ist nicht durch weitere Maßnahmen bedingt. Auch der Sinn und Zweck der fraglichen Passagen spricht für deren Verbindlichkeit. Ihre Einfügung in die Hochschulpakte ist nämlich nur dann sinnvoll zu erklären, wenn sie den Hochschulen als verlässliche Planungsgrundlage dienen können. Andernfalls wären die Sätze im Rahmen der ansonsten allgemein gehaltenen Pakte verzichtbar gewesen. Sie sollten erkennbar Rechts- und Planungssicherheit für einen überschaubaren Zeitraum bieten[9]. In diesem Sinne wurden sie auch in den vergangenen Jahren von beiden Seiten durchgeführt.

Die Tatsache, dass der Landtag als Haushaltsgesetzgeber an den Hochschulpakten nicht beteiligt war, steht deren partieller Verbindlichkeit nicht entgegen. Im Rahmen des Haushaltsvollzuges kommt der Exekutive eine maßgebliche

---

[8] Allgemein *Palandt/Heinrichs*, BGB, 69. Aufl. 2010, § 133, Rz. 1 ff.

[9] Zu diesem Sinn sogenannter Finanzierungssicherungsverträge *Trute*, WissR 33 (2000), S. 134 ff., 147.

Stellung zu. Sie ist hier ungeachtet des Budgetrechts des Landtags berechtigt, gegenüber untergeordneten Verwaltungsstellen oder selbständigen Rechtsträgern wie den Hochschulen verbindliche Entscheidungen mit Haushaltsrelevanz zu treffen. Die Entscheidung über die Übertragbarkeit von Mitteln muss nicht in jedem Einzelfall das Parlament fällen. Vielmehr können die zuständigen Mitglieder der Landesregierung hier eigenverantwortlich tätig werden. Im Übrigen bleibt die Budgethoheit des Parlaments in jedem Fall erhalten. Es kann jederzeit im Wege abweichender Gesetzgebung ein bisher praktiziertes Haushaltsgebaren mit Wirkung für die Zukunft beenden.

c) Außenrecht oder Innenrecht?

Eine Frage, die sich häufig bei Kontrakten zwischen Verwaltungsträgern stellt, ist die nach der Zugehörigkeit zum Innen- oder Außenrecht. Diese Unterscheidung hat Relevanz für die Existenz und Begründung subjektiv-öffentlicher Rechte und muss deshalb zwingend auch im vorliegenden Zusammenhang entschieden werden. Für Rechtsverhältnisse des Innenrechts ist das Vorliegen subjektiver Rechte nur ausnahmsweise anzunehmen. Zudem sind die §§ 54 ff. VwVfG direkt nur auf Verträge des Außenrechts anwendbar[10].

Betrachtet man die hier relevanten Regelungen der Hochschulpakte näher, so erweisen sie sich als solche zwischen selbständigen Rechtsträgern im Außenrechtsverhältnis. Zwar gehört der Haushaltsvollzug der Hochschulen zum Bereich staatlicher Aufgabenerfüllung und damit zum Innenrecht. Davon erfasst sind jedoch nicht die übergeordneten und später zu vollziehenden Finanzierungsentscheidungen, die zwischen Land und Hochschulen getroffen werden[11]. Die Grundentscheidungen über die Mittelausstattung der Hochschulen berühren diese immer auch in ihrem Recht auf Selbstverwaltung. Hochschulautonomie ohne ein Mindestmaß an finanzieller Eigenständigkeit ist undenkbar. Eine Trennung zwischen der Finanzierung der Selbstverwaltung und der staatlichen Aufgaben ist insoweit nicht möglich und wäre lebensfremd. Somit berührt eine Regelung über Rücklagenbildung, die in hohem Maße Bedeutung für die Gesamtfinanzierung der Hochschule besitzt, deren Hochschulautonomie und damit ihr Außenverhältnis zum Staat. Es wurde bereits beschrieben, dass dieses Ergebnis aus meiner Sicht zwingend ist, aber durch differenzierende dogmatische Überlegungen gewonnen werden muss.[12]

---

[10] Ausführlich *Kracht*, Das Neue Steuerungsmodell im Hochschulbereich, 2006, S. 170 ff.

[11] Ausführlich und m.w.N. *Uerpmann*, JZ 1999, S. 644 ff., 647 f.; auch *Groß*, DVBl. 2006, S. 721 ff., 723; *Trute*, WissR 33 (2000), S. 134 ff., 147 f.; *Oppermann* in: HWissR Bd. 1, S. 1009 ff., 1029.

[12] Dazu bereits II. 3.

d) Konkreter Inhalt der Regelung und fehlende Rechtfertigung

Den hier näher betrachteten Rücklagenregelungen ist das Gebot zu entnehmen, gebildete Rücklagen der Hochschulen nicht anzutasten, oder umgekehrt ein entsprechendes Eingriffsverbot. Zwar enthalten die fraglichen Regelungen dem Wortlaut nach nur die Erlaubnis, entsprechende Haushaltsübertragungen vorzunehmen. Diese Erlaubnis ist aber ohne eine entsprechende Garantie, die zurückgelegten Mittel auch behalten zu dürfen, sinnlos. Der Anreiz, die Übertragungsmöglichkeit zu nutzen, wäre nicht mehr vorhanden. Deshalb lebt die gebotene Erlaubnis von der mit ihr verbundenen Rechts- und Planungssicherheit.

Eine Rechtfertigung für die Sperrung und Wegnahme der Mittel durch das Land Brandenburg ist nicht erkennbar. Da eine Nichtigkeit der Vereinbarung nicht in Betracht kommt, kann der Vertrag gem. § 60 Abs. 1 VwVfG nur bei wesentlichen Veränderungen der Vertragsgrundlage angepasst oder gekündigt werden. Für derart wesentliche Veränderungen liegen keine Anhaltspunkte vor. Insbesondere ist eine angespannte Haushaltslage kein Umstand, der den Staat zur Vertragsanpassung berechtigen könnte, weil dieser Zustand eher die Regel als die Ausnahme darstellt. Im Übrigen bestand eine angespannte Haushaltslage bereits im Zeitpunkt des Abschlusses der Hochschulpakte. Eine Haushaltsnotlage wurde vom Land Brandenburg zu keinem Zeitpunkt behauptet oder bei der Argumentation angeführt. Sonstige Rechtfertigungsgründe für einen Eingriff in den Hochschulpakt sind nicht vorhanden und wurden vom Land auch nicht geltend gemacht.

2. Beseitigungs- und Unterlassungsanspruch aus dem Selbstverwaltungsrecht

a) Finanzielle Gewährleistungen aus der Selbstverwaltungsgarantie

Weiterhin war zu überlegen, ob sich die Ansprüche der Hochschulen nicht allein auf die vertraglichen Regelungen der Hochschulpakte, sondern auch direkt auf die materiellen Gewährleistungen des Selbstverwaltungsrechts der Hochschulen stützen ließen. Ich würde einen solchen verfassungsrechtlich abgesicherten Anspruch im Zusammenhang mit der Rücklagenbildung bejahen. In dem Verstoß gegen den Hochschulpakt II liegt gleichzeitig ein Verstoß gegen das Selbstverwaltungsrecht der Brandenburger Hochschulen aus Art. 5 Abs. 3 GG und Art. 32 Abs. 1 BbgVerf. Es wird deren aus dem Selbstverwaltungsrecht fließende Recht verletzt, auf einmal rechtmäßig gebildete Rücklagen ungehindert und ungeschmälert zugreifen und über die Mittel verfügen zu können.

Die Selbstverwaltungsgarantie ist ausdrücklich in Art. 32 Abs. 1 BbgVerf gewährleistet, folgt als Mindestgarantie aber auch aus der Wissenschaftsfreiheit gem. Art. 5 Abs. 3 GG[13]. Die Selbstverwaltungsgarantie beinhaltet das Recht der Hochschulen, die Selbstverwaltungsaufgaben im Rahmen der Gesetze eigenständig und ohne inhaltliche Einflussnahme durch den Staat wahrzunehmen[14]. Selbstverwaltungsaufgaben sind vor allem die Aufgaben von Forschung und Lehre; dem stehen die staatlichen Aufgaben gegenüber[15].

Die Einordnung der Rücklagenbildung in diesen Dualismus ist nicht einfach. Einerseits ist der Finanzierungsbereich betroffen, der traditionell der staatlichen Ebene zugeordnet wird. Andererseits sind die Rücklagen wesentliche Voraussetzung für eine reibungslose Aufgabenerfüllung vor allem im Bereich der Forschung. Im Ergebnis ist deshalb die Frage der Rücklagenbildung dem Selbstverwaltungsbereich der Hochschulen zuzuordnen. Wenn es um Finanzierungsfragen geht, ist die Eigenständigkeit der staatlichen Hochschulen zwar durch ihre traditionelle Abhängigkeit von staatlicher Finanzierung begrenzt. Zudem besitzen sie (abgesehen von Studiengebühren und -beiträgen, die in Brandenburg keine entscheidende Rolle spielen) keine eigenständigen Einnahmen aus öffentlich-rechtlicher Quelle[16]. Allerdings steht den Hochschulen das Recht auf eine finanzielle Mindestausstattung, die ihr eine Aufrechterhaltung des Betriebs erlaubt, und auf Beachtung ihrer Vermögenssphäre durch den Staat zu. Die zu gewährende Mindestausstattung muss so bemessen sein, dass die der Hochschule obliegenden Aufgaben erfüllt werden können. Aus dem Selbstverwaltungsrecht folgt auch die Pflicht des Staates, in finanziellen Angelegenheiten besonders Rücksicht auf die Belange der Hochschulen und insbesondere ihr Bedürfnis nach Planungssicherheit zu nehmen. Sie sind keine einfachen Verwaltungsuntergliederungen, sondern selbständige Körperschaften mit eigenen Rechten. Diesem Umstand ist bei haushaltsrelevanten Entscheidungen Rechnung zu tragen.

---

[13] Zum Verhältnis beider Garantien grundlegend *Geis* in: ders./Hailbronner, Hochschulrecht, § 58 HRG, Rz. 41 ff.

[14] Ausführlich *Geis* in: ders./Hailbronner, Hochschulrecht, § 58 HRG, Rz. 1 ff.; zum Gewährleistungsinhalt von Art. 32 Abs. 1 BbgVerf siehe allgemein *Wolff* in: Geis/Hailbronner, Hochschulrecht, Landesteil Brandenburg, Rz. 87 ff.

[15] Zur Abgrenzung im Einzelnen *Hailbronner* in: Geis/ders., Hochschulrecht, § 59 HRG, Rz. 25 ff.

[16] Vgl. zur generellen Reichweite der Finanzautonomie der Hochschulen mit weiteren Nachweisen *Sieweke*, Zur Verfassungsmäßigkeit der Zielvorgabe gegenüber der Universität Rostock, NordÖR 2009, S. 56 ff., 57 f.

b) Rücklagenbildung als Teil des Selbstverwaltungsrechts

Die einmal erworbenen Rücklagen sind nach alledem vom Gewährleistungsumfang der Selbstverwaltungsgarantie erfasst. Der Staat weist den Hochschulen jährlich Mittel zu, aus denen sie ihre Aufgaben zu bestreiten haben. Da das akademische Jahr und das Haushaltsjahr nicht übereinstimmen, können nicht immer alle zugewiesenen Mittel im selben Haushaltsjahr sinnvoll verausgabt werden. Rücklagen sind daher nicht etwa Sparvermögen der Hochschulen, das eine Überzuweisung von Mitteln im vergangenen Haushaltsjahr anzeigen würde. Vielmehr sind Rücklagen eine Grundvoraussetzung für die stetige Aufgabenerfüllung durch die Hochschulen[17]. Vor allem in der Forschung ist die Hochschule zunehmend auf eine überjährige Finanzierung angewiesen. Im Rahmen von mehrjährigen Finanzierungslaufzeiten können leicht Konflikte mit dem Jährlichkeitsprinzip des Haushaltsrechts entstehen. Insbesondere im Hinblick auf große Investitionsvorhaben ist eine passgenaue jährliche Ausgabenplanung nicht möglich. Dem trägt die Übertragbarkeit von Haushaltsmitteln und die damit verbundene Rücklagenbildung Rechnung. Ohne eine Übertragbarkeit von Mitteln wäre die Wettbewerbsfähigkeit der Hochschulen massiv gefährdet. Mithin bildet die Rücklagenbildung eine wesentliche Säule der finanziellen Fundierung von Selbstverwaltung. Ihre Gewährung hat Anteil an der Garantie einer Mindestausstattung und Mindestbewegungsfreiheit.

Auch die konkreten Umstände des hier vorliegenden Streitfalls sprechen für eine Einbeziehung in den Schutz der Selbstverwaltungsgarantie. Das Land Brandenburg hat in den Hochschulpakten zum Ausdruck gebracht, dass es die hohe Relevanz der Rücklagenbildung für die Selbstverwaltung der Hochschulen erkannt hat und anerkennt. Durch die Zuweisung auf der Grundlage des Hochschulpaktes haben die staatlichen Stellen dementsprechend bindend zum Ausdruck gebracht, dass sie die jeweils übertragenen Rücklagen den Hochschulen zur eigenverantwortlichen Bewirtschaftung überlassen wollen. Mit ihrer Bildung erlangen die Rücklagen einen gegenüber sonstigen Haushaltmitteln herausgehobenen Schutz, der auch verfassungsrechtlich bindet. Ohne einen solchen Schutz wäre eine langfristige Ausgabenplanung und damit Wahrnehmung der Selbstverwaltungsaufgaben nicht möglich. Das hat das Land bisher auch immer anerkannt und respektiert. Umso schwerer wiegt nun der intendierte Eingriff in die Hochschulautonomie durch den Zugriff auf bereits gebildete Rücklagen.

Im Ergebnis können sich die Hochschulen mit Blick auf die geltend gemachten Ansprüche auch auf die Gewährleistungen des Selbstverwaltungsrechts stützen. Der verfassungsrechtlich untermauerte Anspruch besteht auch unab-

---

[17] Dazu eingehend *Schuster* in: HWissR Bd. 1, S. 1061 ff., 1073.

hängig davon, wie weit die vertraglichen Ansprüche aus den Hochschulpakten reichen.

3. Verfahrensrechtliche Gewährleistungen für die Hochschulen

Noch eine dritte Anspruchsdimension war im Streitfall zu prüfen und letztlich zu bejahen. Angesichts der fehlenden Beteiligung der Hochschulen im Entscheidungsprozess lag es nahe, über Verstöße des Landes gegen verfahrensrechtliche Gewährleistungen nachzudenken. Zunächst erwachsen Beseitigungs- und Unterlassungsansprüche bereits aus dem Umstand, dass es im Rahmen verbindlicher Verträge zu den Pflichten der Vertragsparteien gehört, den Partner über beabsichtigte Abweichungen vom Vertrag zu informieren und diesem Gelegenheit zur Stellungnahme zu bieten.

Diese Pflichten werden vorliegend noch durch das Selbstverwaltungsrecht verstärkt. Unabhängig von einer geschlossenen Vereinbarung beinhaltet das Selbstverwaltungsrecht der Hochschulen das Recht, in allen Angelegenheiten, die für ihre Aufgabenerfüllung von Relevanz sind, in die staatliche Entscheidungsfindung einbezogen zu werden[18]. Dem Recht auf Selbstverwaltung lässt sich dementsprechend ein Gebot zu hochschulfreundlichem Verhalten herleiten, das staatliche Stellen dazu verpflichtet, die Stellung der Hochschulen als eigenständige Rechtsträger zu achten und im Rahmen der Kompetenzausübung auf deren Belange besonders Rücksicht zu nehmen[19].

Diese prozeduralen Pflichten staatlicher Stellen bestehen unabhängig von einer Verletzung materieller Pflichten. Für das Selbstverwaltungsrecht der Hochschulen ist es von elementarer Bedeutung, dass diese die Belange von Forschung und Lehre in allen Angelegenheiten, für die sie zuständig sind, gegenüber dem Staat zur Geltung bringen können. Das Selbstverwaltungsrecht ist unter anderem Ausdruck des Umstandes, dass nur die Träger der Wissenschaftsfreiheit selbst in der Lage sind, Belange von Forschung und Lehre angemessen zu beurteilen. Deshalb stehen den Hochschulen unabhängig von der konkret betroffenen Sachfrage immer verstärkte Mitwirkungs- und Anhörungsrechte zu, soweit ihre Angelegenheiten berührt sind[20].

---

[18] Ebenso *Uerpmann*, JZ 1999, S. 644 ff., 647; siehe auch Verfassungsgerichtshof des Landes Berlin v. 22.10.1996 – VerfGH 44/96, LVerfGE 5, 37, 44 f.

[19] Grundlegend *Erichsen/Scherzberg*, Verfassungsrechtliche Determinanten staatlicher Hochschulpolitik, NVwZ 1990, S. 8 ff., 16 f.

[20] Vgl. hierzu Verfassungsgerichtshof des Landes Berlin v. 22.10.1996 – VerfGH 44/96, LVerfGE 5, 37, 44 f.

Auch im vorliegenden Zusammenhang hätten diese verstärkten Mitwirkungsrechte beachtet werden müssen. Durch den Zugriff auf die Rücklagen ist ein sensibler Bereich der Hochschulfinanzierung und -planung betroffen. Die bereits oben geschilderten Zusammenhänge, insbesondere die Bedeutung von Rücklagen für die wissenschaftliche Wettbewerbsfähigkeit, aber auch Fragen der sachgerechten Lastenverteilung zwischen den Brandenburger Hochschulen, konnten zutreffend nur unter deren Mitwirkung entschieden werden. Da somit eine für die Aufgabenerfüllung durch die Hochschulen essentielle Sachfrage tangiert wurde, mussten sie vor der endgültig en Entscheidung durch das Kabinett zumindest informiert und angehört werden. Eine solche Anhörung hat zu keinem Zeitpunkt stattgefunden. Vielmehr wurden die betroffenen Hochschulen vor vollendete Tatsachen gestellt.

Es ist auch nicht ausreichend, dass die Hochschulen im Vorfeld der konkreten Sperrungsmaßnahmen informiert wurden. Denn zu diesem Zeitpunkt war keine Abweichung von der grundlegenden Zugriffsentscheidung mehr möglich. Das Kabinett hatte bereits die globale Einsparsumme in Höhe von 10 Mio. Euro beschlossen.

Dieser Verstoß gegen den Hochschulpakt II, das Selbstverwaltungsrecht und den Grundsatz hochschulfreundlichen Verhaltens hat sich auch mit großer Wahrscheinlichkeit auf das Ergebnis der Entscheidung ausgewirkt, da Einwände und Bedenken erst im nachhinein Eingang in die Diskussion finden konnten. Schon im Hinblick auf Aspekte der politischen Gesichtswahrung konnten sie zu diesem Zeitpunkt nicht mehr adäquat berücksichtigt werden. Vor diesem Hintergrund ist bereits der prozedurale Verstoß gegen den Hochschulpakt II und das Selbstverwaltungsrecht allein geeignet, einen Beseitigungs- und Unterlassungsanspruch zu tragen.

IV. Hochschulpakte und neue Steuerungsinstrumente auf dem Prüfstand

Über die dargestellten konkreten Rechtsfragen hinaus besitzt der Fall eine starke rechtspolitische Dimension. Es stellt sich die Frage, ob die Prämissen und Ideen der Verwaltungsreform, für die auch *Hans Peter Bull* steht, in den Köpfen der handelnden Akteure, insbesondere auf Seiten der Ministerialbürokratie, angekommen ist. Es ist bezeichnend, dass die Ministerin für Wissenschaft, Forschung und Kultur in einer ersten Reaktion auf die Kritik der Hoch-

schulen auf die Unverbindlichkeit der Hochschulpakte verwies. Diese Rechtsauffassung hat das Ministerium bis heute beibehalten. Der unbefangene Be-
trachter fragt sich dann aber, welchen Wert Absprachen in Hochschulpakten
haben sollen, wenn sie im Ernstfall nicht belastbar sind.

Nun könnte man antworten, dass es dem Neuen Steuerungsmodell nicht in
erster Linie um rechtliche Verbindlichkeit, sondern um die Steuerungswirkun-
gen geht, die rechtlich begründet sein können, aber nicht müssen. So ist nicht
nur eine rechtliche, sondern auch eine soziale oder politische Verbindlichkeit
denkbar. Aber auch andere als die rechtlichen Facetten von Verbindlichkeit
werden durch das Verhalten der Landesregierung in Frage gestellt. Für Hochschulen erscheint der Abschluss von Hochschulpakten wenig attraktiv, wenn
sie dort zwar auf die Erreichung bestimmter Planungsziele und –zahlen festgelegt werden, aber nicht sicher sein können, im Gegenzug das notwendige Rüst-
zeug garantiert zu erhalten.

So gefährdet das Verhalten der Ministerin und der Landesregierung die Prämissen der Verwaltungsreform insgesamt. Diese ist darauf angewiesen, dass die
Beteiligten die Grundannahmen neuer Steuerungsinstrumente verstehen und für
ihr Handeln zumindest akzeptieren. Werden neue Steuerungsinstrumente hingegen abgelehnt oder sogar bekämpft, muss die Reform scheitern.

Beispiele für ein solches Scheitern finden sich auch in vielen Bereichen von
Verwaltungshandeln. So wird die Schaffung anreizorientierter Besoldungssys-
teme von weiten Kreisen der Beschäftigten staatlicher Verwaltungen abgelehnt
und konterkariert. Die Schaffung kennzahlenorientierter Leistungserfassungs-
systeme wird intern nicht mitgetragen. Weitere Beispiele ließen sich finden.

Es fragt sich, ob die zu Tage tretenden Widerstände abzubauen und in einem
konstruktiven Dialog sogar nutzbar gemacht werden können, oder ob sich die
Reformen der letzten Jahre in einer grundlegenden Sackgasse befinden. Hier
wage ich noch kein abschließendes Urteil. Immerhin hat die Ministerin nun zugesagt, einen neuen Hochschulpakt verhandeln zu wollen, dessen Rücklagenregelungen dann verbindlich sein sollen.

Im konkreten Fall hätte angesichts der guten Erfolgsaussichten ein Beschreiten des Rechtswegs Wirkungen auch über Brandenburg hinaus haben können.
Es hätte im Falle eines Obsiegens deutlich werden können, dass Hochschulpakte auch in den Augen der Rechtsprechung eine signifikante rechtliche Relevanz
besitzen. Immerhin hat aber nun allein die Drohung mit Rechtsmitteln zu einer

Rückkehr an den Verhandlungstisch geführt. Es ist zu hoffen, dass sich in künftigen Fällen vernünftiges Handeln ohne Drohung mit Rechtsmitteln einstellen wird.

Materielle Verfassungsmäßigkeit kommunaler Gebietsreformen

Janbernd Oebbecke

In den letzten Jahren haben sich im wissenschaftlichen Schaffen des Jubilars zu den Arbeiten über die Verwaltungsaufgaben und die Verwaltungsmittel – Personal und (Daten)Technik – solche über Fragen des Verwaltungsgebiets gesellt[1]. Das Thema kommunale Gebietsreform, das dabei im Vordergrund stand, soll hier aufgegriffen werden.

I. Überblick

Gebietsreformen werfen eine große Zahl rechtlicher Fragen auf. Sie lassen sich verschiedenen Komplexen zuordnen:

Die formelle und materielle Zulässigkeit von Gebietsreformen bestimmt sich nach Verfassungsrecht.

Es besteht die Gefahr, dass im Vorfeld einer Gebietsreform vollendete Tatsachen geschaffen werden, welche ihre Umsetzung oder die Erreichung der verfolgten Ziele erheblich erschweren. Für eine neu gebildete Gemeinde ist es zum Beispiel wenig erfreulich, wenn sie nach einer Gebietsreform eine Vielzahl vor kurzer Zeit gewählter kommunaler Wahlbeamter beschäftigen oder die Folgekosten gerade abgeschlossener Investitionen in die kommunale Infrastruktur ihrer Rechtsvorgänger wie Sportanlagen oder Stadthallen tragen muss. Derartigen Erblasten kann man durch Vorschalt- oder Begleitgesetze vorbeugen. Solche

---

[1] Etwa: Über den richtigen Gebietszuschnitt von Ländern und Verwaltungsbezirken, NordÖR 2003, 438 ff; Falscher Abwägungsprozess oder falsches „Ergebnis"?, in: C. Büchner/J. Franzke/M. Nierhaus (Hg.), Verfassungsrechtliche Anforderungen an Kreisgebietsreformen – Zum Urteil des Landesverfassungsgerichts Mecklenburg-Vorpommern, Potsdam 2007, S. 23 ff.; Kommunale Selbstverwaltung heute – Idee, Ideologie und Wirklichkeit, DVBl. 2008, 1 ff.; Verfassungsrechtliche Rahmenbedingungen einer Funktional-, Struktur- und möglichen Kreisgebietsreform in Schleswig-Holstein, in: Landesregierung Schleswig-Holstein (Hg.), Gutachten zur Verwaltungsstruktur- und Funktionalreform in Schleswig-Holstein, Kiel 2008, S. 1 ff.; Kommunale Gebiets- und Funktionalreform – aktuelle Entwicklung und grundsätzliche Bedeutung, dms 2008, 285 ff.; Kommunale Selbstverwaltung als Schule der Demokratie, in: D. Schimanke (Hg.), Verwaltung und Raum, Baden-Baden 2010, S. 131 ff.

Regelungen können sich auch im Interesse einer leichteren politischen Durchsetzung der Reform empfehlen. Man kann also fragen, welche Regelungen zweckmäßig und zulässig sind, um die erfolgreiche Durchführung von Gebietsreformen zu sichern.

Gebietsreformen werfen eine große Zahl rechtlicher Folgefragen auf. Sie betreffen die Zuordnung von Rechten und Pflichten, also Rechtsnachfolgefragen im öffentlichen Recht und im Privatrecht[2], nicht zuletzt im Dienst- und Arbeitsrecht[3], sie betreffen aber etwa auch die Geltung von Ortsrecht[4], die Bauleitplanung[5], das Schicksal kommunalpolitischer Ämter[6] sowie die Tätigkeit kommunaler Unternehmen, insbesondere der Sparkassen[7]. Die praktische Bedeutung dieser Folgefragen ist groß.

Schließlich gibt es den Komplex Rechtsschutz. Zwar ist das Vorhaben einer Gebietsreform als solches nicht selten in seiner Notwendigkeit und vielleicht auch noch in seiner Konzeption unbestritten, die Konkretisierung auf Kosten der Selbständigkeit bestimmter einzelner Gemeinden oder Kreise oder zu Lasten der gewohnten Zuordnung von Gebieten ist bei den Betroffenen aber häufig unwillkommen. Bei den Verfassungsgerichten der Länder – das Bundesverfas-

---

[2] Dazu etwa *Volker Hassel*, Rechtsfolgen kommunaler Gebietsreformen, Siegburg 1975, passim; *Herbert Bethge*, Vermögensauseinandersetzungen nach der Gebietsreform, BayVBl. 1978, 659 ff; *Joachim Burmeister*, Rechtsprobleme bei der Durchführung von Verwaltungsreformen, insbesondere der Gebietsreform, DÖV 1979, 385 (387 ff.) jeweils m. w. Nachw.

[3] Dazu etwa *Rudolf Summer*, Rechtsnachfolge in die Arbeitsverhältnisse bei einer Gebietsreform, BayVBl. 1972, 91 ff.; *Wolfgang Hamer*, Übergang der Arbeitsverhältnisse im öffentlichen Dienst bei Verwaltungs- und Gebietsreformen in den neuen Ländern, PersR 1992, 291 ff.

[4] Dazu etwa BVerwG, Urt. v. 15.4.1983 – 8 C 167/81 –, NVwZ 1983, 741 f.; *Christoph Druschel*, Kommunale Gebietsreform und Satzungsrecht in Sachsen-Anhalt, LKV 2010, 253 ff.

[5] Etwa *Franz Otto*, Gemeindegebietsänderung und Bauleitplanung, SKV 1974, 163ff.

[6] Dazu etwa VerfGH NRW, Urt. v. 4.7.1970 – VGH 2/70 –, DVBl. 1971, 502 ff; s. schon *Roman Schnur*, Änderung von Gemeindegrenzen und kommunale Vertretungsorgane, DVBl. 1965, 505 ff.

[7] Etwa VerfGH NW, Urt. v. 11.7.1980 - 8/79 -, DVBl. 1981, 216 ff.; BVerwG, Beschl. v. 23.8.1982 – 1 B 23.82 –, DÖV 1983, 73 ff.; BayVerfGH, Entsch. v. 23.9.1985 – Vf. 8-VII-82 –, DVBl. 1986, 39 ff.; OVG Lüneburg, Urt. v. 5.2.1985 – 2 A 39/82 –, OVGE 38, 401 ff.; OVG NW, Urt. v. 6.8.1987 – 15 A 111/86 –, DÖV 1988, 477 ff.; *Peter Weides*, Die Sparkasse des Zweckverbandes in der kommunalen Neugliederung, Köln 1979; *Karl-Peter Winters*, Kommunale Gebietsreform und Sparkassenrecht, NJW 1980, 2685 ff.; *Paul Kirchhof*, Hoheitsgebiet und Sparkassengebiet, DVBl. 1983, 921 ff.; *Detlef Merten*, Sparkassenrechtliches Regionalprinzip und kommunale Neugliederung, DVBl. 1983, 1140 ff.; *Peter Weides*, Kreissparkassen und Gebietsreform, Köln 1983; *Jochen Hofmann*, Kommunale Neugliederung in Bayern und Sparkassenorganisation, BayVBl. 1990, 641 ff. und 681 ff.

sungsgericht dürfte künftig nur noch in seltenen Fällen[8] eine Rolle spielen – lösen Gebietsreformen Arbeitsspitzen aus. Neben prozessualen Fragen[9] werfen diese Verfahren in besonderer Weise die Frage nach den Grenzen verfassungsgerichtlicher Kontrolle gegenüber dem Gesetzgeber auf, also nach der verfassungsgerichtlichen Kontrolldichte.[10] Wie auch bei der in mancher Hinsicht rechtsähnlichen gerichtlichen Kontrolle der Planung kann man die Frage, welche Rechtmäßigkeitsanforderungen zu beachten sind, und die nach dem Umfang ihrer gerichtlichen Kontrolle begrifflich zwar klar unterscheiden, praktisch lassen sie sich aber nicht immer deutlich trennen.

Die folgenden Überlegungen konzentrieren sich auf die Anforderungen an die materielle Rechtmäßigkeit von Gebietsreformen. Sind diese beachtet, kommt es insoweit auf die Frage der Kontrolldichte jedenfalls aus der Sicht des Reformgesetzgebers nicht mehr an.

Die materiellen Anforderungen, die bei einer kommunalen Gebietsreform zu beachten sind, lassen sich drei Gruppen zuordnen: Die mit der Gebietsreform verfolgten Ziele müssen solche des öffentlichen Wohls sein (II.). Die gesetzgeberische Entscheidung muss weitere, nicht gebietsreformspezifische verfassungsrechtliche Anforderungen beachten (III.). Schließlich müssen die Gebilde, die eine Gebietsreform als Gemeinde oder Kreis schafft, den verfassungsrechtlichen Anforderungen an diese kommunalen Körperschaften entsprechen (IV.).

II. Gründe des öffentlichen Wohls

In sechs jüngeren Landesverfassungen findet sich eine ausdrückliche Regelung zu kommunalen Gebietsänderungen[11]. Alle Bestimmungen verlangen zur

---

[8] s. etwa die Konstellation von BVerfG, Beschl. v. 19.11.2002 – 2 BvR 329/97 –, BVerfGE, 107, 1 ff.

[9] So gelten nach einer schon vom Staatsgerichtshof für das deutsche Reich vertretenen Auffassung (StGH 11.12.1929 RGZ 126, Anh. 14 ff. [21]; 5.12.1931 RGZ 134, Anh. 12 ff. [19]) aufgelöste Gemeinden für die Durchführung solcher Verfahren als fortbestehend (VerfGH NRW, Urt. v. 10.1.1959 – 3/58 –, OVGE 14, 372; VerfGH NRW, Entsch. v. 15.3.1969 – 8/68 –, DVBl. 1969, 809 f.) und es gelten teilweise besondere Regeln für ihre Vertretung (VerfGH NRW, Urt. v. 18.12.1970 – OVGE 26, 306 [310]; VerfG Bbg, Urt. v. 14.7.1994 – 4/93 –, LKV 1995, 118; *Werner Hoppe/ Hans-Werner Rengeling*, Rechtsschutz bei der kommunalen Gebietsreform, Siegburg 1973, S. 206 f.).

[10] Dazu etwa VerfGH RP, Urt. v. 17.4.1969 – 2/69 –, DVBl. 1969, 799 (802); VerfGH NRW, Urt. v. 24.4.1970 – 13/69 –, OVGE 26, 270 (277 ff.); StGH BW, Urt. v. 8.9.1972 – 6/71 –, DÖV 1973, 163 (165); StGH Nds, Urt. v. 14.2.1979 – 22/77 –, OVGE 33, 497 LS 10 f.; VerfG Bbg, Urt. v. 15.9.1994 – 3/93 –, Juris Nr. 53 ff.; zur Entwicklung der Kontrolldichte-Judikatur etwa in Nordrhein-Westfalen *Hans Peter Bull* (Fn. 1), DVBl. 2008, 1 (2).

[11] Art. 98 Verf BB, 74 LV BW, 59 Verf ND, 88 Verf SN, 90 Verf ST, 92 Verf TH.

materiellen Seite lediglich sehr knapp „Gründe des öffentlichen Wohls". Auch unter Berufung auf die vorkonstitutionelle Rechtsentwicklung gilt nach der Rechtsprechung der Verfassungsgerichte dieselbe Anforderung auch in den anderen Ländern[12]. Aus der schier unendlichen Fülle der als Gründe des öffentlichen Wohls berücksichtigungsfähigen Gesichtspunkte[13] sollen hier nur drei angesprochen werden.

1. Leistungsfähigkeit zur Erfüllung kommunaler Aufgaben

Der praktisch wohl wichtigste Grund des öffentlichen Wohls ist die Steigerung der Leistungsfähigkeit der betroffenen Körperschaften.[14] Weil der Gesetzgeber eine Gesamtverantwortung wahrzunehmen hat, kann und muss er auch die Leistungsfähigkeit der kommunalen Selbstverwaltung in ihrem Zusammenspiel berücksichtigen. Es kommt also nicht allein auf die einzelne Gemeinde oder den einzelnen Kreis an. Die Erfüllung mittel- und oberzentraler Funktionen für umliegende Gemeinden und die Perspektiven für die Zusammenarbeit von Gemeinden und Kreisen sind einzubeziehen.

Den Maßstab der Leistungsfähigkeit kann man in Effektivität, also Maximierung der Leistung, und Effizienz, also Maximierung des Verhältnisses von Aufwand und Nutzen, differenzieren und vielfältig weiter auffächern.[15] Der Ausgangspunkt der in Werner Webers Juristentags-Gutachten 1964 erhobenen Forderung nach einer Gebietsreform waren zum Beispiel die Probleme der räumlichen Planung[16]. Man kann auch – eines der großen Themen der Reform der Jahre um 1970 – die Voraussetzungen für Hauptamtlichkeit bei der Erledigung der Verwaltungsaufgaben schaffen, oder man vergrößert die Gemeinden so weit, dass sie selbständig und allein die kommunale Basisinfrastruktur wie

---

[12] Etwa VerfGH NRW, Urt. v. 10.1.1959 – 3/58 –, OVGE 14, 372 (376); VerfGH NRW, Entsch. v. 15.3.1969 – 8/68 –, DVBl. 1969, 809 f.; VerfGH RP, Urt. v. 17.4.1969 – 2/69 –, DVBl. 1969, 799 (800 f.); VerfGH NRW, Urt. v. 4.8.1972 – 9/71 –, OVGE 28, 291 (292 f.); BayVerfGH, Entsch. v. 20.4.1978 – 6-VII-78 –, BayVBl. 1978, 497 (502); *Bernhard Stüer*, Verwaltungsreform auf Kreisebene, DVBl. 2007, 1267 (1268); *Maximilian Wallerath*, Selbstverwaltungsgarantie und Kreisgebietsreform, in: FS Schnapp, Berlin 2008, 695 (701).

[13] StGH BW, Urt. v. 14.2.1975 – 11/74 –, ESVGH 25 (1 (5 f.); *Hans Peter Bull* (Fn. 1), NordÖR 2003, 438 (441): „überaus weite Maßstäbe"; *Maximilian Wallerath* (Fn. 12), in: FS Schnapp, 695 (702): „Sammelbegriff".

[14] Etwa VerfGH RP, Urt. v. 17.4.1969 – 2/69 –, DVBl. 1969, 799 (802 f.); StGH BW, Urt. v. 14.2.1975 – 11/74 –, ESVGH 25, 1 (6).

[15] Dazu *Hans Peter Bull* (Fn. 1), NordÖR 2003, 438 (439).

[16] *Werner Weber*, Entspricht die gegenwärtige kommunale Struktur den Anforderungen der Raumordnung? Empfehlen sich gesetzgeberische Maßnahmen der Länder und des Bundes? Welchen Inhalt sollen sie haben?, Gutachten 5 zum 45. Deutschen Juristentag 1964.

Grundschulen oder Sportplätze tragen können. Häufig geht es um Betriebsgrößen.[17] Daneben spielt der Zuschnitt eine Rolle, etwa um eine gewisse Autarkie oder Homogenität zu erreichen oder die Zerschneidung eines Gebiets zu vermeiden.

Durch die Gebietsreform soll die Leistungsfähigkeit besser werden. Unmittelbar beeinflussbar durch eine Gebietsreform sind aber nur die organisatorischen Voraussetzungen für die Erbringung der Leistungen. Daraus resultiert ein Prognoseproblem, das die Gerichte bei der Bestimmung der Kontrolldichte berücksichtigen müssen.

2. Leistungsfähigkeit zur Erfüllung staatlicher Aufgaben

Vor allem die Kreise, aber auch die Gemeinden nehmen nicht allein freiwillige und pflichtige kommunale Selbstverwaltungsaufgaben, sondern auch Pflichtaufgaben zur Erfüllung nach Weisung oder Auftragsangelegenheiten und hier und da auch staatliche Aufgaben im Wege der Organleihe wahr. Man kann deshalb fragen, ob auch die Erhöhung der Leistungsfähigkeit zur Verbesserung oder Schaffung der Voraussetzungen für die Erledigung staatlicher Aufgaben einen Gemeinwohlgrund für eine Gebietsänderung darstellen kann.[18]

Die Nennung der verschiedenen Aufgabentypen zeigt schon, dass der Begriff der „staatlichen" Aufgabe nicht immer einfach anzuwenden ist. Er trifft ohne weiteres auf die Organleiheaufgaben zu, die für die Länder wahrgenommen werden. Man kann ihn sicher auch für die zu den Aufgaben des übertragenen Wirkungskreises gerechneten Auftragsangelegenheiten[19] benutzen. Anders sieht das bei Pflichtaufgaben zur Erfüllung nach Weisung aus, die es in den Ländern gibt, die dem Modell des Weinheimer Entwurfs folgen. Hier mag man von staatlichen Aufgaben da noch sprechen können, wo das Modell nur einfachrechtlich etabliert ist, wie etwa in Hessen oder Mecklenburg-Vorpommern. In Nordrhein-Westfalen sind diese Aufgaben aber kraft Verfassungsrechts kommunale Aufgaben. Anders als etwa in Brandenburg werden sie in der Landesverfassung nämlich nicht als „Angelegenheiten des Landes" (Art. 97 Abs. 3 Satz 1 LV Brbg), sondern als „öffentliche Aufgaben" (Art. Abs. 3 Satz 1 LV NW) bezeichnet. Weil die Kommunen „in ihrem Gebiet die alleinigen Träger

---

[17] Zu Skalenerträgen etwa *Hans Peter Bull* (Fn. 1), dms 2008, 285 (288); *Janbernd Oebbecke*, Überlegungen zur Größe von Verwaltungseinheiten, in: Optimale Aufgabenerfüllung im Kreisgebiet, Stuttgart 1998, S. 47 (50 ff).

[18] Diese Frage hat in der Auseinandersetzung über die Kreisreform Mecklenburg-Vorpommern eine Rolle gespielt. s. etwa VerfG MV, Urt. v. 26.7.2007 – 9/06 u.a. –, Juris Nr. 66.

[19] Etwa Art. 10 Abs. 3 Verf Bay.

der öffentlichen Verwaltung (sind), soweit die Gesetze nichts anderes vorschreiben" (Art. 78 Abs. 2 LV NW), ist hier auch jede Zuständigkeitszuwei-
sung an nicht-kommunale Behörden verfassungsrechtlich besonders rechtfertigungsbedürftig. Wer „staatliche" Aufgaben bei den Überlegungen zur Leistungsfähigkeit nicht berücksichtigt wissen will, plädiert damit also wegen der
Verschiedenartigkeit der rechtlichen Konzeptionen[20] für nach Ländern differenzierte Maßstäbe.

Wieso die Auswirkungen einer Gebietsänderung auf die Erfüllung staatlicher
Aufgaben nicht als Gemeinwohlgrund berücksichtigt werden sollten, ist nicht
ersichtlich. Wenn die Aufgabenzuweisung als solche verfassungsgemäß ist, ist
das sogar geboten, denn es gibt auch ein öffentliches Interesse an der möglichst
erfolgreichen und wirtschaftlichen Erledigung staatlicher Aufgaben. Auch die
Schaffung der Voraussetzungen für die bessere Erfüllung der Aufgaben rein
staatlicher Behörden durch eine Gebietsreform kann ein berücksichtigungsfähi-
ger Gemeinwohlgrund sein.[21]

Spätestens seit der grundlegenden Arbeit von *Frido Wagener*[22] ist bekannt,
dass sich Gebietsänderungen auf verschiedene Aufgaben unterschiedlich auswirken. Was der Erfüllung der einen Aufgabe nützt, kann bei der anderen abträglich sein. Das gilt für kommunale wie staatliche Aufgaben. Bei der nötigen
Abwägung haben nicht alle Aufgaben dasselbe Gewicht für das Gemeinwohl.
Nicht zuletzt spielen die Alternativen eine Rolle: Man darf im Interesse staatlicher Aufgaben keine für die Selbstverwaltungsaufgaben deutlich unteroptimale
Struktur wählen, wenn sich die staatliche Aufgabe mit nur geringen Nachteilen
auch anderweit wahrnehmen lässt.

3. Leistungsfähigkeit und bürgerschaftliche Mitwirkung

Die Realisierung der verwaltungswirtschaftlichen Ziele wird spätestens seit
den siebziger Jahren in einem gewissen Gegensatz zu den Auswirkungen einer
Gebietsreform auf die bürgerschaftliche Mitwirkung gesehen. Das Mecklen-
burg-vorpommerische Verfassungsgericht hat im Leitsatz 6 der Entscheidung
zur Kreisgebietsreform verlangt, den „beiden die kommunale Selbstverwaltung
tragenden Komponenten – die Leistungsfähigkeit im Sinne rationeller Aufgabenerfüllung einerseits und die bürgerschaftlich-demokratische Dimension an-

---

[20] *Albert von Mutius*, Gemeinden und Landkreise in der Landesverfassung Mecklenburg-Vorpommern – Anspruch und Verfassungswirklichkeit, LKV 1996, 177 (179)
spricht von „verwirrender Vielfalt".

[21] Zutreffend VerfG MV, Urt. v. 26.7.2007 – 9/06 u.a. –, Juris Nr. 119; *Hans Peter
Bull* (Fn. 1), dms 2008, 285 (289).

[22] *Frido Wagener*, Neubau der Verwaltung, Berlin 1969; dazu *Hans Peter Bull*
(Fn. 1), NordÖR 2003, 438 (439).

dererseits –" sei jeweils hinreichend zu genügen. Diese Überlegungen lehnen sich an die Rastede-Entscheidung des Bundesverfassungsgerichts an.[23]

Es fragt sich aber, ob eine derartige Entgegensetzung der beiden Aspekte überzeugen kann. Anders als das Bundesverfassungsgericht damals gemeint hat, stehen die Ziele Verwaltungseffizienz und Bürgernähe – darunter fasst das Gericht auch die Bürgermitwirkung – gewiss nicht „stets" in einem „Spannungsverhältnis".[24] Die bürgerschaftliche Mitwirkung ist im 19. Jahrhundert gerade um der Leistungsfähigkeit der örtlichen und ortsnahen Verwaltung willen eingeführt worden. Die Mitwirkung gewählter Bürgervertreter lässt Entscheidungsbedarf eher und genauer erkennen, bringt zusätzliche Informationen über Entscheidungsgegenstände und besser angepasste Entscheidungsmaßstäbe ein und verbessert die Akzeptanz der Entscheidungen. Die pauschale Entgegensetzung von Leistungsfähigkeit und bürgerschaftlicher Demokratie ist deshalb verfehlt. Man wird eine kommunale Ordnung, die bei einem Maximum an bürgerschaftlicher Mitwirkung schwache Leistungen zu hohen Kosten erbringt, schwerlich als besonders demokratisch ansprechen können.[25] Es geht hier wie sonst auch eben genauso um Herrschaft über das Volk *für* das Volk wie *durch* das Volk.

Die Erfolgsbedingungen bürgerschaftlicher Mitwirkung, die „genossenschaftlichen Elemente der gemeindlichen Selbstverwaltung"[26] müssen bei der Bestimmung der Leistungsfähigkeit zur Aufgabenerfüllung allerdings hinreichend berücksichtigt werden.[27] Verfassungsrechtlich ist Kommunalverwaltung etwas qualitativ anderes als staatliche Verwaltung.[28]

Wer ihre Leistungsfähigkeit ausschließlich an Produktionskosten von Verwaltungsleistungen messen und Gesichtspunkte wie Bedarfsgerechtigkeit, Innovationsfähigkeit und Akzeptanz außen vor lassen wollte, verfehlte damit auch die Vorgaben der Selbstverwaltungsgarantien. Bürgerschaftliche Mitwirkung ist aber kein Selbstzweck kommunaler Körperschaften und sie ist verfassungsrechtlich auch nicht als Selbstzweck gewährleistet. Das hat in der Rastede-Entscheidung letztlich auch das Bundesverfassungsgericht gesehen, wenn es

---

[23] BVerfG, Beschl. v. 23.11.1988 – 2 BvR 1619/83 –, BVerfGE 79, 127 (148).

[24] In diese Richtung auch VerfGH TH, Urt. v. 18.12.1996 – 2/95, 6/95 –, Juris Nr. 90.

[25] s. dazu StGH BW, Urt. v. 14.2.1975 – 11/74 –, ESVGH 25, 1(8).

[26] BayVerfGH, Entsch. v. 20.4.1978 – 6-VII-78 –, BayVBl. 1978, 497 (502).

[27] A. A. *Hans Meyer*, Liegt die Zukunft Mecklenburg-Vorpommerns im 19. Jahrhundert?, NVwZ 2008, 24 (26).

[28] Deshalb ist die Formulierung „bürgerschaftlich-demokratisch", anders als *Hans Meyer* (Fn. 27), NVwZ 2008, 24 (27) meint, nicht tautologisch.

sagt, ein „unverhältnismäßiger Kostenanstieg" rechtfertige den Eingriff in den geschützten Aufgabenbestand[29].

Die Diagnose des Rastede-Beschlusses, die besondere Betonung der „insgesamt wirtschaftlichen und rationellen Aufgabenerledigung" habe „Defizite hinsichtlich der bürgerschaftlichen Selbst-Verwaltung" eingetragen,[30] bezog sich damals ohne nähere Differenzierung und unter Vernachlässigung der großen Unterschiede ausdrücklich auf alle deutschen Länder nach der Gebietsreform der siebziger Jahre. Das Gericht hat damit also etwa nicht gegen die Einheitsgemeinde und für kleinere Lösungen plädiert. Das wäre im konkreten Zusammenhang seiner Entscheidung auch ganz verfehlt gewesen, denn es ging um die Gemeinde Rastede mit immerhin knapp 17.000 Einwohnern. Wer heute die damals zum Schutz der Gemeinden vor Aufgabenentzug zugunsten der Kreise entwickelten Überlegungen des Bundesverfassungsgerichts zur Beurteilung von Gebietsreformen heranziehen will, muss sich obendrein klar machen, dass es bei einer Gebietsreform nicht um einen Eingriff in den verfassungsrechtlich geschützten Aufgabenbestand, sondern um die Ausgestaltung der Selbstverwaltung geht, bei der die Bindungen des Gesetzgebers ungleich schwächer sind. Er wird schließlich auch zu bedenken haben, dass die Verhältnismäßigkeit etwa von Kosten der Verwaltung heute etwa angesichts hoher Staatsschulden anders zu beurteilen sein kann als zwei Jahre vor der deutschen Einheit.[31] Einen Zusammenhang hat die Rastede-Entscheidung ohnehin unterbelichtet: Wenn nicht die wirtschaftlichste Lösung gewählt wird, können die Mittel nicht für andere Zwecke verausgabt oder dem steuerzahlenden Bürger belassen werden. Es geht also letztlich nicht „nur" um Geld, sondern um unterbleibende Leistungen in Sachbereichen wie Soziales, Kultur, Schule oder um Beschränkungen der steuerzahlenden Bürger in ihrem Streben nach Glück. Diese Belange genießen ebenso verfassungsrechtlichen Schutz wie die kommunale Selbstverwaltung.

Schließlich darf die Rolle der konkreten Kommunalverfassung für die bürgerschaftliche Selbstverwaltung nicht außer acht gelassen werden. Die bürgerschaftliche Mitwirkung wird in den Ländern durch das Kommunalverfassungsrecht und in den Gemeinden und Kreisen durch ihre Handhabung in der Praxis sehr unterschiedlich ausgestaltet. Das ist verfassungsrechtlich durchaus nicht zu beanstanden. Grundgesetz und Landesverfassungen ist an Vorgaben ja lediglich zu entnehmen, dass die bedeutsamen Entscheidungen von der gewählten Vertretung zu treffen sind, und dass bürgerschaftliche Mitwirkung eine maßgebliche Rolle spielen muss. Diesen Vorgaben ist durchaus genügt, wenn die Vertretung zur Wahrnehmung katalogmäßig vorgegebener Zuständigkeiten drei oder

---

[29] BVerfG, Beschl. v. 23.11.1988 – 2 BvR 1619/83 –, BVerfGE 79, 127 (153).

[30] BVerfG, Beschl. v. 23.11.1988 – 2 BvR 1619/83 –, BVerfGE 79, 127 (148).

[31] In diesem Sinne *Hans Peter Bull* (Fn. 1), DVBl. 2008, 1 (11).

vier mal im Jahr zusammenkommt, wie das mit jeweils vorgeschalteten Fraktionssitzungen nicht nur in den Kreisen lange Zeit üblich war. Es leuchtet unmittelbar ein, dass die bürgerschaftliche Mitwirkung dann ein anderes Gesicht hat und andere Anforderungen stellt, als wenn die Vertretung acht mal im Jahr ganztägig tagt und daneben zwanzig Fraktions-, zwölf Ausschuss- und acht Sitzungen von Fraktionsarbeitskreisen stattfinden, an denen der einzelne Mandatsträger teilzunehmen hat. Der Zusammenhang zwischen den Anforderungen der bürgerschaftlichen Mitwirkung an den Mandatsträger und der konkreten Ausgestaltung der Kommunalverfassung dürfte deutlich enger sein als der mit der Gebietsgröße.

Es gibt auch einen Zusammenhang zwischen der Ausgestaltung der Kommunalverfassung und der Flächengröße der Körperschaft. Legt man etwa die sämtlich aus der ersten Hälfte der fünfziger Jahre stammenden Kommunalverfassungen der Gemeinden, Kreise und Landschaftsverbände Nordrhein-Westfalens nebeneinander, wird deutlich erkennbar, dass die Kräfteverhältnisse zwischen Vertretung und Hauptverwaltungsbeamten sich mit wachsender Gebietsgröße zu Lasten der Vertretung verschieben.[32] Diese Differenzierung hat eine lange Tradition und sie hat sich durchaus bewährt.

Diese Zusammenhänge werden ausgeblendet, wenn ohne Auseinandersetzung mit der konkreten Kommunalverfassung und den Spielräumen ihrer praktischen Handhabung Maßstäbe für eine Gebietsreform aus einem abstrakten Leitbild gewonnen werden, ohne zu berücksichtigen, dass die bürgerschaftliche Mitwirkung unterschiedlich ausgestaltet ist und ausgestalten werden kann. Aber auch das jeweilige Kommunalverfassungsrecht und der auf dieser Grundlage übliche status quo der bürgerschaftlichen Mitwirkung sind als Grundlage zur Herleitung rechtlicher Maßstäbe allein nicht geeignet. Die Möglichkeit von Anpassungen der Kommunalverfassung muss stets mitgedacht werden und ist in der Vergangenheit von Verfassungsgerichten mitgedacht worden[33]. Wenn der Gesetzgeber zur Lösung oder Abmilderung von ihm gesehener Probleme Regelungen wie mehr hauptamtliche Unterstützung vorsieht, kann man diese als rechtspolitisch zweifelhaft ansehen, auch wenn solche Lösungen wie in vielen Großstädten längst praktiziert werden[34]. Indessen genügen diese rechtspoli-

---

[32] *Janbernd Oebbecke*, Gemeindeverbandsrecht Nordrhein-Westfalen, Köln 1984, Rn. 304.

[33] VerfGH NW, Urt. v. 2.11.1973 – 17/72 –, OVGE 28, 307 (310): Um die Beeinträchtigung der politischen Integration und der örtlichen Verbundenheit durch eine Eingemeindung auszugleichen, werde der Gesetzgeber „alte Einrichtungen verbessern oder neue schaffen müssen", etwa eine „möglichst gut ausgestaltete Bezirksverfasssung".

[34] Darauf weisen hin: *Hubert Meyer*, Überschaubarkeit und Ehrenamt: Prägende Elemente kreislicher Selbstverwaltung, NdsVBl. 2007, 265 (269); *Hans Meyer* (Fn. 27), NVwZ 2008, 24 (27).

tischen Zweifel nicht, um das angesteuerte Arrangement aus Größe und Verfassung einer kommunalen Körperschaft als verfassungswidrig anzusehen.[35]

III. Weitere verfassungsrechtliche Maßstäbe

Neben der Bindung an das Gemeinwohlziel sind das Übermaßverbot mit seinen Elementen Geeignetheit, Erforderlichkeit und Angemessenheit[36] und der Gleichheitssatz[37] bzw. das Willkürverbot[38] zu beachten. Die beiden Vorgaben sind maßstäblich für Gebietsreformentscheidungen, weil das Rechtsstaatsprinzip und die rechtsstaatliche Basisnorm des allgemeinen Gleichheitssatzes die Selbstverwaltungsgarantie mit prägen.

Bei der Prüfung der Angemessenheit geht es darum, ob die mit der Gebietsänderung erzielbaren Vorteile nicht außer Verhältnis zu den Nachteilen stehen, welche die Neuordnung mit sich bringt. Als solche Nachteile müssen auch die mit der Neuordnung verbundenen Umstellungskosten in Ansatz gebracht werden. Sie dürfen nicht deshalb außer Betracht bleiben, weil sie gewissermaßen nur vorübergehend anfallen. Man wird sie vielmehr als Investition betrachten müssen, die langfristig einen Nutzen bringt, der den Aufwand der Reform rechtfertigt. Bleibt die Neuordnungs-„rendite" hinter diesem Aufwand zurück, wäre es besser, auf die Neuordnung zu verzichten.

Nach dem Willkürverbot darf der Gesetzgeber eine einmal eingeschlagene Linie nicht ohne guten Grund verlassen. Die Rechtfertigungsanforderungen für Richtungsänderungen erhöhen sich zusätzlich in den Fällen der Mehrfachneugliederung.

---

[35] So aber im Ergebnis VerfG MV, Urt. v. 26.7.2007 – 9/06 u.a. –, Juris Nr. 190; wie hier etwa *Markus Scheffer*, Die Bürokratisierung des Schicksals, LKV 2008, 158 (160).

[36] VerfGH RP, Urt. v. 17.4.1969 – 2/69 –, DVBl. 1969, 799 (804); VerfGH NRW, Urt. v. 24.4.1970 – 13/69 –, OVGE 26, 270 (282 ff.); VerfGH NRW, Urt. v. 4.8.1972 – 9/71 –, OVGE 28, 291 (294); StGH BW, Urt. v. 8.9.1972 – 6/71 –, DÖV 1973, 163 (168); StGH BW, Urt. v. 14.2.1975 – 11/74 –, ESVGH 25, 1 (18 ff.); StGH Nds, Urt. v. 14.21979 – 22/77 –, OVGE 33, 497 LS 13 bis 16; VerfG Bbg, Urt. v. 15.9.1994 – 3/93 –, Juris Nr. 60 ff; VerfGH TH, Urt. v. 18.12.1996 – 2/95, 6/95 –, Juris Nr. 127; *Bernhard Stüer* (Fn. 12), DVBl. 2007, 1267 (1269); *Maximilian Wallerath* (Fn. 12), in: FS Schnapp, 695 (701 f.).

[37] StGH BW, Urt. v. 14.2.1975 – 11/74 –, ESVGH 25,1 (23); VerfGH TH, Urt. v. 18.12.1996 – 2/95, 6/95 –, Juris Nr. 103 f. und 136; BayVerfGH, Entsch. v. 20.4.1978 – 6-VII-78 –, BayVBl. 1978, 497 (503); *Bernhard Stüer* (Fn. 12), DVBl. 2007, 1267 (1269).

[38] StGH Nds, Urt. v. 14.21979 – 22/77 –, OVGE 33, 497 LS 12; VerfG Bbg, Urt. v. 15.9.1994 – 3/93 –, Juris Nr. 69; *Bernhard Stüer* (Fn. 12), DVBl. 2007, 1267 (1269).

IV. Institutionelle Identität

Durch Art. 28 Abs. 2 Satz 1 GG wird die Gemeinde als Institution garantiert. Was bei einer Reform herauskommt, muss also Gemeinde sein. Nicht dem Art. 28 Abs. 2 Satz 2 GG, wohl aber Art. 28 Abs. 1 Satz 2 GG wird auch eine Garantie der Kreisebene entnommen.[39] Das bedeutet, die Reform darf auch nicht zur Abschaffung der Kreise führen. Der Gesetzgeber einer Gebietsreform muss diese verfassungsrechtliche Vorgabe der Wahrung institutioneller Identität beachten.

Die institutionelle Garantie der Gemeinden verlangt, „nach Gebiet, Bevölkerung und Leistungsfähigkeit Gemeinwesen zu schaffen, die eine sachgerechte Erfüllung der Gemeindeaufgaben erwarten lassen"[40]. Diese Anforderung ist bisher nicht problematisch geworden. Das überrascht nicht, weil die traditionell vorfindliche Breite der ohne verfassungsrechtliche Bedenken als Gemeinde angesehenen Erscheinungen von Millionenstädten wie München und Köln über mehrpolige Flächengemeinden bis zu Einheiten mit nur wenigen Einwohnern und einer entsprechend kleinen Fläche reicht, die existentiell auf gemeindeverbandliche Hilfsstrukturen angewiesen sind. Es ist nicht recht vorstellbar, bei einer Gebietsreform zu irgendwie vorzeigbaren Lösungen zu gelangen, die sich nicht mehr als Gemeinde ansprechen lassen.

Weniger einfach scheint die Sache bei den Kreisen zu sein, jedenfalls ist darüber in der letzten Zeit heftig diskutiert worden. Bei dieser Diskussion geht vor allem um die Zulässigkeit von Regionalkreisen[41]. Die Frage hat anlässlich der vom Verfassungsgericht Greifswald wegen eines Fehlers im Abwägungsvorgang für verfassungswidrig gehaltenen Kreisgebietsreform eine große Rolle gespielt.

Die Beschwerdeführer und Antragsteller in dem Verfahren über die Kreisreform in Mecklenburg-Vorpommern hielten „die Flächen der Kreise für so überdimensioniert, dass dort ehrenamtliche Verwaltung nicht mehr sinnvoll stattfinden könne. Wegen der Fläche und der Zuweisung zahlreicher Aufgaben, die bislang das Land unmittelbar wahrgenommen hat, sehen sie in Großkreisen

---

[39] Dazu etwa *Albert von Mutius* (Fn. 20) LKV 1996, 177 (180); *Arne Pautsch*, Kreisgebietsreform und verfassungsrechtlicher Schutz der kreislichen Selbstverwaltung, DVP 2008, 230 (231); *Alfred Katz/Klaus Ritgen*, Bedeutung und Gewicht der kommunalen Selbstverwaltungsgarantie, DVBl. 2008, 1525 (1532 f. und 1534).

[40] BayVerfGH, Entsch. v. 20.4.1978 – 6-VII-78 –, BayVBl. 1978, 497 LS 8a und 502.

[41] Dazu *Hans-Günter Henneke*, Kreisgebietsreform und ihre verfassungsrechtlichen Grenzen, LK 2006, 59 (61); *Hans Peter Bull* (Fn. 1), Gutachten zur Verwaltungsstruktur- und Funktionalreform in Schleswig-Holstein, S. 1 (60 ff.); *Maximilian Wallerath* (Fn. 12), in: FS Schnapp, 695 (696 f. und 707 ff.).

eher staatliche Verwaltungsbezirke als kommunale Selbstverwaltungskörperschaften."[42] Das Gericht hat gemeint, die Bedenken seien nicht von der Hand zu weisen, weil das Land in der Tat in eine neue Dimension vorstoße; die neuen Kreise wären mit teilweise weitem Abstand die nach Fläche größten Kreise in Deutschland gewesen. Es räumt indessen ein, es sei noch nicht gelungen, überzeugungskräftig zu entwickeln, wo von Verfassungs wegen eine äußerste Grenze für die Fläche von Kreisen liege, und wie weit sie bei Einbeziehung weiterer Faktoren wie Verkehrsinfrastruktur und Bevölkerungsdichte variabel wäre. Bisher sei noch kein Verfassungsgericht vor diese Frage gestellt gewesen. Es hat dann offen gelassen, ob eine verfassungswidrige Abschaffung der Kreise als Institution vorlag[43].

Nicht nur in der dünn besiedelten Fläche wird über die Bildung nach bisherigen Maßstäben ungewöhnlich großer Kreise nachgedacht. Man kann beobachten, dass im Stadt-Umland Gemeindeverbände errichtet werden, die an die Stelle der bisherigen Kreise treten und die Kernstädte einbeziehen. Beispiele sind die Region Hannover[44] und die Städteregion Aachen[45]. Die Landesgesetzgebung gestaltet sie als nur leicht modifizierte Kreise aus. Die Region Hannover hat mehr als 1,1 Mio. Einwohner. Das Beispiel der auf den einhelligen Wunsch der beteiligten kommunalen Gebietskörperschaften errichteten Städteregion Aachen zeigt, welches die treibenden Kräfte solcher Entwicklungen sind: Die Vertiefung der auf vielen Feldern bereits bestehenden Zusammenarbeit im Stadt-Umland, die Einsparung der Kosten durch die gemeinsame Aufgabenwahrnehmung und – in Aachen verstärkt durch die Herausforderungen der Grenzlage – der Wunsch, als Region mit einer Stimme sprechen zu können.

Anders als die Gemeinden waren die Kreise von Anfang an weniger eine verfasste Form für eine vorhandene Gemeinschaft als die rationale Lösung für ein Organisationsproblem der öffentlichen Verwaltung. Sie waren traditionell und sind vielfach noch heute nicht allein Selbstverwaltungskörperschaft, sondern zugleich staatlicher Verwaltungsbezirk, wobei die staatliche Verwaltung in den Ländern sehr unterschiedlich ausgestaltet ist. Es ist konsequent, diese Form zu modifizieren, wenn die tatsächlichen Voraussetzungen und die öko-

---

[42] VerfG MV, Urt. v. 26.7.2007 – Juris Nr. 138.

[43] VerfG MV, Urt. v. 26.7.2007 – 9/06 u.a –, Juris Nr. 139 ff.; daran ist verschiedentlich Kritik geübt worden. S. etwa *Markus Scheffer* (Fn. 35), LKV 2008, 158 (159).

[44] Gesetz über die Region Hannover v. 5.6.2001 (Nds. GVBl. 2001, 348), s. vor allem § 3 Abs. 3.

[45] Städteregion Aachen Gesetz v. 26.2.2008 (GV. NRW. 2008 S. 162), s. vor allem § 3.

nomischen Bedingungen sich geändert haben.[46] Gibt es dafür aber eine Größengrenze?[47]

Begrifflich wird sie nicht zu ermitteln sein. Seit dem preußischen Gendarmerieedikt[48] wird der Kreis auch in Abgrenzung von der kreisfreien Stadt, der Stadt erster Ordnung, wie es damals hieß, gesehen. Daraus wird man indessen nicht schließen könne, in einem Land, in dem es keine kreisfreien Städte mehr gibt, könne es keine Kreise geben. Die Kreise sollen eine angemessene Verwaltung sicherstellen, wo die Gemeinden allein das nicht vermögen. Der Maßstab für die Angemessenheit lässt sich durchaus auch ohne die Heranziehung kreisfreier Städte bestimmen.

Grenzen wird man nur den verfassungsrechtlichen Vorgaben entnehmen können.

Sieht man von der unproblematischen Anforderung ab, dass die Kreise Gemeindeverbände sein und als solche oberhalb der Gemeinden angesiedelt sein müssen, lässt sich Art. 28 Abs. 1 Satz 2 und Absatz 2 Satz 2 GG entnehmen, dass sie eine Vertretung haben müssen und bürgerschaftliche Selbstverwaltung in ihnen stattfinden kann. Über diesen letzten Punkt wird gestritten.

Egal, wie man die Vorgabe genau versteht: Sie ist zuerst und vor allem eine Vorgabe für die Ausgestaltung des Kommunalverfassungsrechts. Grenzen für die Gebiets- und Bevölkerungsgröße lassen sich daraus schwerlich ableiten.[49] Die Preußen sollen im frühen 19. Jahrhundert die Kreise in ihren neu erworbenen westlichen Gebieten so zugeschnitten haben, dass der Landrat mit seiner Pferdekutsche jeden Ort des Kreises innerhalb eines Tages aufsuchen und zurückkehren konnte. Von der so markierten Flächenobergrenze ist alles, was in Mecklenburg-Vorpommern und anderswo diskutiert wird, unter den heutigen Benzinkutschen-Bedingungen weit entfernt. Die Preußen schufen dann später oberhalb der Kreise mit den Provinzialverbänden eine weitere Ebene kommunaler Selbstverwaltung. Die beiden nordrhein-westfälischen Landschaftsverbände als ihre Nachfolgeinstitution arbeiten noch heute.[50] Die bayerische Verfassung bezeichnet die Gemeindeverbände Kreis und Bezirk gleichermaßen als

---

[46] *Maximilian Wallerath* (Fn. 12), in: FS Schnapp, 695 (698) spricht insofern von einer „gewissen Labilität" der Kreisebene.

[47] Zum Problem s. etwa *Wilfried Erbguth*, Modellvorhaben Verwaltungsreform Mecklenburg-Vorpommern, LKV 2004, 1 (2 ff.); *Hans Meyer* (Fn. 27), NVwZ 2008, 24 (28 f.).

[48] Preuß. GS 1812, 141 ff.

[49] Das zeigt *Thomas Groß*, Hat das kommunale Ehrenamt eine Zukunft?, in: Festgabe Treiber, Wiesbaden 2010, S. 447 (454 ff und 460) für die Ehrenamtlichkeit auf.

[50] Zu den Landschaftsverbänden *Ansgar Hörster*, in: HdBKWP, Band 1, 3. Auflage, Heidelberg 2007, § 31 Rn. 11 ff.

Selbstverwaltungskörper;[51] die Bezirkstage werden unmittelbar gewählt[52]. Gemeindeverbandliche Selbstverwaltung funktioniert also durchaus auch in sehr großen räumlichen Einheiten.[53]

V. Schluss

Egal, wie man von großen Flächenkreisen oder Regionalkreisen hält: Allein auf ihre Größe gestützte verfassungsrechtliche Bedenken gegen ihre Zulässigkeit als Kreise sind nicht berechtigt. Auf die Frage, ob die herrschende Lehre von der kommunalen Selbstverwaltung richtig ist[54], kommt es dabei nicht an. Es genügt, das ganze differenzierte Bild der kommunalen Selbstverwaltung zu betrachten, wie sie sich seit zweihundert Jahren und in allen Flächenländern darstellt und wie sie im Interesse ihres Fortbestandes fortentwickelt werden muss[55].

---

[51] Art. 10 Abs. 1 Verf Bay.

[52] *Ansgar Hörster* (Fn. 50), § 31 Rn. 46.

[53] Das muss bei der Aufstellung und Handhabung eines Maßstabes wie „Überschaubarkeit" (*Eberhard Schimdt-Aßmann*, Perspektiven der Selbstverwaltung der Landkreise, DVBl. 1996, 533 [534]; VerfG MV, Urt. v. 26.7.2007 – 9/06 u.a –, Juris Nr. 177; *Hubert Meyer* (Fn. 34), NdsVBl. 2007, 265 [269]) bedacht werden. Im Übrigen: Überschaubarkeit ist mindestens ebenso sehr Aufgabe wie Voraussetzung des Verwaltungshandelns. Jede Verwaltung muss ihren Raum überschauen (können).

[54] Zweifel daran bei *Hans Peter Bull* (Fn. 1), DVBl. 2008, 1 ff.

[55] *Veith Mehde*, Das Ende der Regionalkreise, NordÖR 2007, 331 (335).

D115 – „Ein Callcenter" für die Verwaltung

Stefan Ulrich Pieper[1]

Hans Peter Bull[2] gehört zu den Staatsrechtslehrern, die die Universität immer wieder verlassen haben, um praktische Erfahrungen zu sammeln – ob als Innenminister des Landes Schleswig-Holstein oder bereits zuvor als erster Bundesdatenschutzbeauftragter. Insbesondere in diesem Amt wurde er früh mit den neuen technischen Entwicklungen vertraut, die heute – nach der Föderalismusreform II – unter dem Label „Informationstechnik" in Art. 91c GG unmittelbar in die Verfassung Eingang gefunden haben. Ihn interessiert bis heute nicht allein die verwaltungsrechtliche, sondern auch die verwaltungswissenschaftliche Seite dieser Entwicklungen, die er immer wieder mit kritischen und nachdenklichen Beiträgen begleitet.[3]

Wie in einem Brennglas lässt sich die Entwicklung der Elektronisierung der Verwaltung am Beispiel der sog. einheitlichen Behördennummer D115 veranschaulichen, aber auch die zutage tretenden rechtlichen Fragen.[4]

I. Einleitung

„Alle Plätze sind derzeit belegt. Sie werden so bald wie möglich verbunden. Dieser Anruf kostet Sie 1,14 € pro Minute aus dem deutschen Festnetz." – Dann läuft für den Anrufer geraume Zeit eine Warteschleife und er hört die immer selbe Bandansprache. Solche – nicht immer positiven – Erfahrungen mit Callcentern macht man nicht selten. Als am 18. Dezember 2006 auf dem IT-

---

[1] Der Beitrag gibt ausschließlich meine persönliche Auffassung wieder. Er beruht auf öffentlich zugänglichen Informationen. Ich danke Herrn Dr. *Domik Böllhoff*, BMI, für seine umfangreichen Hinweise.

[2] Ich erinnere mich gerne an die intensive Zusammenarbeit mit dem *Jubilar* in den Jahren 2001 – 2003.

[3] Der Beschäftigungsbogen beginnt bereits mit „Verwaltung durch Maschinen. Rechtsprobleme der Technisierung der Verwaltung". 2. Auflage, 1964, zugleich: Dissertation, Hamburg 1964.; jüngst *Hans Peter Bull,* Vom „Verwaltungsfabrikat" zur „Produktion von Dienstleistungen", VM 2010, Heft 2.

[4] Vgl. jüngst zur verwaltungswissenschaftlichen Einordnung des Projekts *Miriam Rauscher/Dominik Vogel/Markus Reiners,* Mehrebenenperspektive bei der Institutionalisierung von mehr Servicequalität – Projekt D115, VM 2011. Grundlegend *Jörn von Lucke,* Hochleistungsportale für die öffentliche Verwaltung, 2008, Kapitel 4.3.2.

Gipfel der Bundesregierung die Idee einer einheitlichen Behördennummer auf-
kam,[5] dachte man sicher nicht an solche Szenarien. Am 24. März 2009 startete
D115 mit einer zweijährigen Pilotphase in einer Reihe von Modellregionen.[6]
Inzwischen liegen erste Erfahrungen vor.[7] Ab Frühjahr 2011 soll dann der
Übergang von der Pilotphase in einen sogenannten Regelbetrieb erfolgen.[8] Der
Koalitionsvertrag zwischen CDU, CSU und FDP legt fest, dass eine einheitliche Behördenrufnummer bis Ende 2013 in ganz Deutschland zur Verfügung
stehen soll.[9] Zurzeit haben 14,3 Millionen Menschen in Deutschland die Mög-
lichkeit, D115 zu nutzen.[10]

---

[5] Zur Projekthistorie vgl. http://www.d115.de/cln_108/nn_739980/DE/D115/ Pro-
jekthistorie/projekthistorie__node.html?__nnn=true.

[6] Am Modellprojektbetrieb nehmen teil: Berlin, Hamburg, Hessen (u. a. Frankfurt am
Main, Main-Taunus-Kreis, Offenbach), Nordrhein-Westfalen (u. a. Aachen, Bielefeld,
Bonn, Dortmund, Düsseldorf, Duisburg, Köln, Leverkusen, Landschaftsverband Rhein-
land, Kreis Lippe, Münster, Remscheid, Rheinisch-Bergischer Kreis, Rhein-Erft-Kreis,
Solingen, Staatskanzlei, Stadt Bergisch-Gladbach, Wuppertal), Sachsen (Dresden),
Sachsen-Anhalt (Magdeburg), Bodenseekreis in Baden-Württemberg, Stadt Oldenburg
und Wolfsburg in Niedersachsen, Trier, Trier-Saarburg in Rheinland-Pfalz sowie fol-
gende Einrichtungen des Bundes: Auswärtiges Amt – AA, Bundesamt für Migration und
Flüchtlinge – BAMF, Bundeskanzleramt – BK, Bundesministerium des Innern – BMI,
Bundesministerium für Arbeit und Soziales – BMAS, Bundesministerium für Familie,
Senioren, Frauen und Jugend – BMFSFJ, Bundesministerium für Umwelt, Naturschutz
und Reaktorsicherheit – BMU, Bundesministerium für Verkehr, Bau und Stadtentwicklung – BMVBS, Bundesministerium der Verteidigung – BMVg, Bundesministerium für
Wirtschaft und Technologie – BMWi, Deutsche Rentenversicherung Bund – DRV, In-
formations- und Wissensmanagement der Zollverwaltung - IWM-Zoll, Presse- und In-
formationsamt der Bundesregierung – BPA, Statistisches Bundesamt – StBA, Steuerli-
ches Info-Center des Bundeszentralamts für Steuern – SIC; Quelle: http://www.d115.
de/cln_108/nn_744930/DE/D115/Modellregionen/modellregionen__node.html?__nnn=t
rue.

[7] *Bundesministerium des Innern/Hessen* (Hrsg.), Einheitliche Behördenrufnummer,
Jahresbericht Projekt D115, 2010 (Stand März 2010); vgl. auch *Thomas Wolf-
Hegerbekermeier*, D115 im ländlichen Raum – Ein Plädoyer für mehr Bürgerservice,
DVP 2010, 406 ff. passim.

[8] Vgl. Gemeinsame Erklärung des *BMI, des Deutschen Städtetages, des Deutschen
Landkreistages und des deutschen Städte- und Gemeindebundes* über die Zusammenarbeit im Rahmen des Projekts Einheitliche Behördenrufnummer D115 vom 24. November 2009; vgl. Projekthistorie homepage   d115, http://www.d115.de/nn_1449716/
DE/D115/Projekthistorie/projekthistorie__node.html?__nnn=true.

[9] http://www.cdu.de/doc/pdfc/091026-koalitionsvertrag-cducsu-fdp.pdf, S. 110.

[10] Vgl. http://www.d115.de/cln_108/nn_744930/DE/D115/Modellregionen/modellre-
gionen__node.html?__nnn=true; *Thoma Wolf-Hegerbekermeier*, D115 im ländlichen
Raum – Ein Plädoyer für mehr Bürgerservice, DVP 2010, 406, 409 ff.

Im Folgenden wird in einem ersten Teil das Projekt vorgestellt. Anschließend soll – nach einer Einordnung des Projekts – der rechtliche Rahmen beleuchtet werden.[11]

II. Das D115 Konzept

1. Ausgangslage

Im Rahmen der Bemühungen der Bundesregierung um eine Verwaltungsmodernisierung (etwa Normenkontrolle[12] oder E-Government[13]) gehörte das Projekt einer einheitlichen Behördennummer zu den Vorzeigeprojekten. Mit der Telefonnummer 115 erhalten Bürgerinnen und Bürger unmittelbaren telefonischen Zugang zur Verwaltung und zwar bundesweit einheitlich und in der Zielprojektion für alle Zweige der öffentlichen Verwaltung.

Eine einheitliche Rufnummer, unter der man die Verwaltung, den Staat, erreicht – das klingt zunächst einfach und faszinierend zugleich: Mit einem Anruf viele Behördengänge vermeiden! Das Projekt erinnert an Notrufnummern wie 110 oder 112. An diese haben sich heute alle Menschen in Deutschland gewöhnt - sie werden vielfach frequentiert.[14] Aber die Ähnlichkeit ist nur vordergründig: Tatsächlich erreicht man unter den beiden Notrufnummern nur die jeweils örtlich zuständige Polizei oder Notfallrettung. Und historisch gesehen ist zu beachten, dass diese von der Post geschaltet wurden - also zumindest seinerzeit von einer Behörde, die die Bundesaufgabe Post wahrnahm. Das Projekt einer einheitlichen Behördenrufnummer ist – zwangsläufig – anspruchsvoller:

a) Die Zahl der Verwaltungsstellen der unterschiedlichen Verwaltungsträger in Deutschland wird auf über 20.000 geschätzt. Dies sind die Verwaltungen der Kommunen, die allgemeinen und die Fachverwaltungen der Länder und des

---

[11] Nicht eingehen werde ich auf ähnliche Projekte im Ausland, etwa in den USA, in Frankreich oder Großbritannien, vgl. dazu ISPRAT, 115 Bürgertelefon, hrsg. von *Harald Lembke/Horst Westfeld*, 2007, 13 ff. (http://isprat.net/fileadmin/ downloads/pdfs/ strategie_115_langfassung.pdf).

[12] Vgl. Gesetz zur Einsetzung eines nationalen Normenkontrollrates vom 14. August 2006 (BGBl. I S. 1866), http://www.normenkontrollrat.bund.de/Webs/ NKR/DE/ NationalerNormenkontrollrat/nationaler-normenkontrollrat.html.

[13] Vgl. zur nationalen E-Gov,ernement-Strategie http://www.it-planungsrat.de/cln_ 103/DE/Strategie/negs_node.html;jsessionid=A58A9F40F62290   FE1907C70F6D7E0 707; zum E-Government aus juristischer Sicht vgl. etwa *Gabriele Britz*, Elektronische Verwaltung, in: Hoffmann-Riem /Schmidt-Aßmann /Voßkuhle (Hrsg.), Grundlagen des Verwaltungsrechts, Bd. II: Informationsordnung, Verwaltungsverfahren, Handlungsformen, 2008, § 26 Rn. 2 ff.

[14] Die Polizei Hamburgs gibt an, das täglich unter der Rufnummer 110 etwa 3000 Anrufe eingehen, vgl. http://www.hamburg.de/pez-np/.

Bundes sowie der verselbstständigten Körperschaften.[15] Allein diese Zahl verdeutlicht, wie ambitioniert das Projekt einer einheitlichen Behördenrufnummer in seiner Zielperspektive ist. Und der Telefonanruf bei der Verwaltung ist schon heute und auch mittelfristig die bevorzugte Kontaktaufnahme des Bürgers.[16] Geschätzte 120 Millionen Anrufe pro Jahr gehen bei den Telefonzentralen der Verwaltung bereits jetzt ein. Sie sollen in Zukunft möglichst unter dem Zugang 115 abgewickelt werden.[17]

b) Entscheidender als die Anzahl der Anrufe ist die Kommunikationsqualität, die mit der einheitlichen Behördennummer angestrebt wird: Während man unter den Notrufnummern die ohnehin örtlich wie sachlich zuständige Behörde für den Notruf erreicht und eine beschränkte Meldung macht, auf die eine ganz spezielle Verwaltungsreaktion erfolgt, soll der Anrufer – jedenfalls in nicht allzu ferner Zukunft – unter der Nummer 115 möglichst umfangreiche Informationen über einen bunten Strauß von Leistungen der öffentlichen Verwaltung erhalten können. Bedenkt man den Umfang von Verwaltungsleistungen – allein der Katalog kommunaler Leistungen umfasst ca. 30.000 Serviceangebote – wird klar, wie komplex das Projekt ist. Sperrig erweist sich zudem das dezentrale System von auf Kommunen, Land und Bund sowie spezielle Fachverwaltungen verteilten Verwaltungszuständigkeiten.

Zwei Beispiele mögen dies verdeutlichen:

– Ein Bürger möchte das Dach seines Einfamilienhauses ausbauen. Wenn er anfragt, wer hierfür zuständig ist und gegebenenfalls sogar, welche Voraussetzungen er für einen Dachausbau erfüllen muss, müsste er unter der Nummer 115 – konkret auf seine Adresse bezogen – Auskunft erhalten. Für die Frage sind in der Regel die Gemeinden oder die Gemeindeverbände zuständig.[18]

– Eine qualifizierte Auskunft erwartet der Bürger auch auf eine Frage zum BAföG-Darlehen für seine Kinder. Beim BAföG-Darlehen (vgl. §18 Abs. 1 BAföG) handelt es sich um eine Leistung, für die der Bund zuständig ist.[19]

---

[15] *Bundesministerium des Innern/Hessen* (Hrsg.), Einheitliche Behördenrufnummer, Jahresbericht Projekt D115, 2010 (Stand März 2010), S. 46.

[16] *Bundesministerium des Innern/Hessen* (Hrsg.), Einheitliche Behördenrufnummer, Jahresbericht Projekt D115, 2010 (Stand März 2010), S. 9.

[17] Dazu ISPRAT, 115 Bürgertelefon, hrsg. von *Harald Lembke/Horst Westfeld*, 2007, 8 ff. (http://isprat.net/fileadmin/downloads/pdfs/strategie_115_langfassung.pdf.

[18] Vgl. z.B. § 60 Abs. 1 BauO NRW.

[19] § 39 Abs. 2 BAföG, vgl. http://www.bva.bund.de/cln_092/ nn_372236/DE/ Aufgaben/Abt__IV/BAfoeG/bafoeg-node.html?__nnn=true.

2. Grundzüge der Anfragebeantwortung und Serviceversprechen

Das Konzept ist auf der untersten von drei Stufen zunächst dezentral angelegt, auf der zweiten und der dritten Stufe erfolgt eine stärkere Zentralisierung. Zudem wird ein interner Informationsverbund angestrebt. Die Grundzüge des Konzepts werden deutlich, wenn man sich die Abwicklung eines Bürgeranrufes vorstellt:[20]

Der Anrufer, der die Nummer 115 wählt, landet bei einem regionalen bzw. lokalen Callcenter, das im D115-Verbund als Servicecenter bezeichnet wird, um den höheren Anspruch deutlich werden zu lassen. Betreiber der Servicecenter auf der unteren Stufe ist die kommunale Ebene. Dies basiert auf der wohl zutreffenden Annahme, dass die primäre Vollzugszuständigkeit von Gesetzen in erster Linie bei den kommunalen Gebietskörperschaften liegt und dementsprechend 80% der Anfragen kommunale Dienstleistungen betreffen und nur jeweils 10% Fragen der Landes- und Bundesverwaltung. Ein telefonisches Durchstellen der Anfrage an die speziellen Fachreferate der Kommunal-, Landes- oder Bundesverwaltung soll allenfalls im Ausnahmefall erfolgen. Vielmehr wird das Anliegen der Anrufer von Mitarbeitern des Servicecenters aufgenommen werden, um es an die Fachebene bzw. an das Servicecenter der zuständigen Ebene elektronisch weiterzuleiten. Diese Aufnahme und Weiterleitung des Bürgeranliegens sind standardisiert. Hierbei soll der Anrufer wählen können, auf welchem Weg er die Antwort erhalten möchte: postalisch, per e-mail oder telefonisch. Die Servicecenter sind – das ist wichtig – dabei nicht als „point of single contact"[21] geplant: Die Bürger sollen weiterhin bei der Fachverwaltung unmittelbar anfragen können, namentlich bei laufenden Verfahren bzw. Sachstandsanfragen.

In den zuvor genannten Beispielen des Dachausbaus und des BAföG-Darlehens würde im Idealfall auf der ersten Stufe etwa die Frage nach den Zuständigkeiten und Voraussetzungen für den Dachausbau beantwortet. Ist das Servicecenter zur Beantwortung nicht in der Lage, kann der Anrufer an ein Servicecenter der Fachverwaltung weitergeleitet werden oder – sofern die Anfragen die Zuständigkeit des Landes oder des Bundes betreffen, wie im Falle des BAföG – an die jeweiligen Servicecenter dieser Ebenen. In den geschilder-

---

[20] *Bundesministerium des Innern/Hessen/Berlin/Wiesbaden*, (Hrsg.), Projekt Einheitliche Behördenrufnummer, Feinkonzept Version 1.1 (Stand 08.10.2008), S. 37 ff.; *Bundesministerium des Innern/Hessen* (Hrsg.), Einheitliche Behördenrufnummer, Jahresbericht Projekt D115, 2010 (Stand März 2010), S. 16 ff.

[21] Zum europäischen Konzept vgl. http://ec.europa.eu/internal_market/eu-go/index_de.htm sowie zur Dienstleistungsrichtlinie http://ec.europa.eu/internal_market/services/services-dir/index_de.htm; sowie http://ec.europa.eu/internal_market/services/services-dir/implementation_de.htm m. w. Links.

ten Beispielen könnte im „Endstadium" das Servicecenter dem Bauwilligen alle Informationen geben, also zu der für ihn zuständigen Stelle, zu Antragserfordernissen, Gebühren usw. Die Beantwortung der BAföG-Anfrage fällt nicht in die Zuständigkeit der Kommune und damit auch nicht in die des lokalen bzw. regionalen Servicecenters. Hier wäre die Weiterleitung an die Servicecenter des Bundes möglich, entweder durch telefonische Weitervermittlung oder elektronisch.[22]

Maßgeblich für den Erfolg des D115-Projektes beim Bürger ist die Qualität der Informationen, die er bei einem Anruf unter der Nummer 115 erhält. Die Eckpunkte für die Qualität werden in einem sogenannten „Serviceversprechen"[23] erklärt, das sich auf Servicezeiten, Service Level, Dienstleistungstiefe sowie Gesprächsstandards und -qualität bezieht. Die Servicezeiten sind von Montag bis Freitag 08.00 – 18.00 Uhr. Die Güte eines Servicecenters hängt zunächst davon ab, wie viele Anfragen es bewältigen kann. Der „Standard Service Level" der D115-Servicecenter soll als Endziel die Benchmark 80/20 erreichen: 80 % der Anrufe soll innerhalb von 20 Sekunden entgegen genommen werden. Im Pilotbetrieb liegt der Level bei 75/30. Ein weiteres Qualitätsmerkmal besteht in der Dienstleistungstiefe: Im Erstkontakt sollen möglichst viele Anfragen fallabschließend bearbeitet werden, d.h. ein Anrufer soll mit demselben Anliegen kein weiteres Mal anrufen müssen. Dabei gilt als fallabschließend auch die Weitervermittlung an einen konkreten Ansprechpartner in der Fachverwaltung oder an ein Servicecenter der zweiten bzw. dritten Stufe, sofern diese vom Anrufer erwünscht ist. Die Benchmark für den Pilotbetrieb liegt bei 55 %. Die Meldung der Servicecenter erfolgt einheitlich, es werden verschiedene Begrüßungsstandards festgelegt. Freundlichkeit und Verbindlichkeit im Gespräch mit dem Anrufer sollen sichergestellt werden, weshalb Mitarbeiterschulungen erfolgen. Die Mitarbeiterinnen und Mitarbeiter sollen durch die Schulung der Fragetechnik in den Stand versetzt werden, die Anliegen der Anrufer zu identifizieren.

3. Aufbau eines Wissensmanagements

Die Beantwortung der Anfrage zum BAföG-Darlehen ist durch das lokale Servicecenter denkbar, nämlich dann, wenn das im Rahmen des Projekts geplante Wissensmanagement effizient und erfolgreich funktioniert: Um bereits beim Erstkontakt mit dem jeweiligen lokalen Servicecenter eine möglichst hohe fallabschließende Behandlung der Anfrage zu erreichen, soll ein besonderes

---

[22] Dazu *Bundesministerium des Innern/Hessen/Berlin/Wiesbaden* (Hrsg.), Projekt Einheitliche Behördenrufnummer, Feinkonzept Version 1.1 (Stand 08.10.2008), S. 43 ff.

[23] Hierzu und zum Folgenden *Bundesministerium des Innern/Hessen* (Hrsg.), Einheitliche Behördenrufnummer, Jahresbericht Projekt D115, 2010 (Stand März 2010), S. 9 f.

Wissensmanagement aufgebaut werden.[24] Wer selbst in der Verwaltung tätig ist und häufiger Kontakt zu Bürgern hat, weiß indes, dass es am Telefon ad hoc kaum möglich ist, alle Fragen zur eigenen Behördenzuständigkeit zu beantworten. Deshalb kommt es auf ein effektives und umfassendes Wissensmanagement für die Mitarbeiter der Servicecenter entscheidend an.

Beim Aufbau dieses Wissensmanagements ist es hilfreich, dass die Verwaltungsaufgaben trotz der föderalen Vielfalt in Deutschland grundsätzlich gleichartig sind, sieht man von spezifischen Sonderaufgaben ab. Allerdings weisen die Zuständigkeitszuweisungen zu spezifischen Verwaltungsträgern und für die Aufgabenerledigung kein einheitliches Schema auf. Deshalb ist die Festlegung eines einheitlichen, alle Angaben umfassenden Leistungskatalogs schwierig, namentlich wenn einheitlich, in allen Servicecentern qualitativ hochwertige Auskünfte vermittelt werden sollen. Analysen der Anfragestruktur in bestehenden kommunalen und verwaltungsspezifischen Servicecentern und Telefonzentralen zeigen, dass Anrufer bestimmte Informationen sehr häufig, andere eher selten nachfragen. Daher soll zunächst eine Datenbasis mit Angaben zu 100 kommunalen,[25] 25 landes- und 25 bundesspezifischen Verwaltungsleistungen aufgebaut werden, die von den Bürgern und Bürgerinnen häufig nachgefragt werden. Aber selbst die Beschränkung auf diese so genannten Top-Leistungen erfordert ein kooperatives, einheitlichen Standards genügendes Informationssystem: Im D115-Verbund sollen die Leistungen durch die teilnehmenden Servicecenter bzw. die hinter diesen stehenden Verwaltungen bereitgestellt werden. Diese Bereitstellung erfolgt in einem einheitlichen, standardisierten Inhaltsmuster. Dazu werden die erforderlichen Leistungen in einheitlichen Formaten (XML bzw. Mikroformat)[26] abgebildet und in einer Datenbank abgespeichert. Die Leistungsinformationen werden in erster Linie auf der Grundlage lokal vorhandener und stetig aktualisierter Datenquellen zusammengestellt.[27] Für die Landes- und Bundesleistungen gilt Entsprechendes: Bund und Länder tragen die Verantwortung dafür, die notwendigen organisatorischen wie inhaltlichen Rahmenbedingungen zu schaffen, damit der Wissensverbund effektiv arbeiten kann. Von den landes- und bundesseitig eingestellten Informationen profitieren unmittelbar zwar in erster Linie die Servicecenter auf der regionalen Ebene, mittelbar aber auch die Verwaltungen von Ländern und Bund, da die sie

---

[24] Dazu *Bundesministerium des Innern/Hessen/Berlin/Wiesbaden*, (Hrsg.), Projekt Einheitliche Behördenrufnummer, Feinkonzept Version 1.1 (Stand 08.10.2008), S. 47 ff.

[25] *Bundesministerium des Innern/Hessen* (Hrsg.), Einheitliche Behördenrufnummer, Jahresbericht Projekt D115, 2010 (Stand März 2010), S. 19.

[26] *Bundesministerium des Innern/Hessen* (Hrsg.), Einheitliche Behördenrufnummer, Jahresbericht Projekt D115, 2010 (Stand März 2010), S. 19.

[27] *Bundesministerium des Innern/Hessen* (Hrsg.), Einheitliche Behördenrufnummer, Jahresbericht Projekt D115, 2010 (Stand März 2010), S. 19.

betreffenden Anfragen bereits auf der untersten Stufe fallabschließend beantwortet werden können. Die von kommunalen, Landes- und Bundesstellen eingestellten Informationen stehen den Servicecentern der Verbundteilnehmer offen. Die Mitarbeiter der Servicecenter greifen auf die Informationen zu und können sie an die Anrufer weitergeben. Dies erfolgt mithilfe einer informationstechnologisch gestützten Suchapplikation, in die ein Schlagwort oder die Leistung eingegeben wird. Der Suchalgorithmus greift auf die vorhandenen Informationen der Wissensdatenbank zu und zeigt den Mitarbeitern die vorhandenen Informationen an, die er dem Anrufer mitteilen kann.

Die Pflege der in die Wissensdatenbank eingestellten Informationen, ihre Aktualität und sachliche Richtigkeit sowie die Bereitstellung von Neuinformationen liegt in der Verantwortung der teilnehmenden Verwaltungen. Bereits bei den Verwaltungen vorhandene Informationssysteme, Datenbanken und Register können dabei auch in das D115-Verbundsystem einbezogen werden.

4. Zusammenfassung

Die einheitliche Behördenrufnummer D115 verfolgt das Ziel, möglichst weitreichend dem Bürger über das Medium Telefon alle verwaltungsspezifischen Auskünfte im Erstkontakt zu ermöglichen – unabhängig davon, welche Verwaltungträger für die Aufgabe sachlich und örtlich zuständig sind. Dabei geht es um die Erteilung von Auskünften und Rat, nicht um die Sachentscheidung als solche. Zugleich erfordert dieser Primärzweck die Schaffung eines D115-Wissensmanagements, das einen weit reichenden *föderalen Informationsverbund* bewirkt, indem der Bund, die Länder und die Gemeindeverbände gemeinsam tätig werden. Dies setzt zugleich stark standardisierte Muster und Bearbeitungsvorgänge voraus – was zwangsläufig zu einer Vereinheitlichung, Zentralisierung und einer verstärkten Kooperation führt: Die Einrichtung eines Servicecenters lohnt sich wirtschaftlich nach den vorliegenden Berechnungen erst ab einer Reichweite von ca. 230.000 Bürgerinnen und Bürgern. Insbesondere auf dem „flachen Land"[28] mit kleingliederigeren Verwaltungsstrukturen kann der Betrieb eines Servicecenters nur in gemeinsamer Zusammenarbeit mehrerer kommunaler Verwaltungen erfolgen. Ob und inwieweit die Bereitschaft zu einer solchen Kooperation besteht, wird sich erst im Laufe des Pilotbetriebs zeigen. Rechtlich wäre eine solche Kooperation nicht neu, die Kommunalgesetzgebung der Länder sieht für die Zusammenarbeit kommunaler Gebietskörperschaften rechtliche Rahmenbedingungen vor.

---

[28] Vgl. hierzu *Thoma Wolf-Hegerbekermeier*, D115 im ländlichen Raum – Ein Plädoyer für mehr Bürgerservice, DVP 2010, 406 ff.

III. Rechtliche Rahmenbedingungen

Schon das Label „Föderaler Integrationsverbund" gibt Anlass zu verfassungsrechtlichen Fragen. Denn gerade nach dem Versuch von Jobcentern, die das Bundesverfassungsgericht für verfassungsrechtlich unzulässig hielt, ist das Verbot der Mischverwaltung eines der Probleme im Bund-Länder-Verhältnis, das besondere Beachtung findet. Auf den ersten Blick scheint das Projekt D115 vielleicht durch die neue Bund-Länder-Gemeinschaftskompetenznorm des Art. 91c GG[29] gedeckt zu sein, mit dem eine so genannte IT-Kompetenz in das Grundgesetz eingefügt wurde.[30]

1. D115 und Art. 91c GG

„Bund und Länder können bei der Planung, der Errichtung und dem Betrieb der für ihre Aufgabenerfüllung benötigten informationstechnischen Systeme zusammenwirken." (Art. 91c Abs. 1 GG)

Nach allgemeinem Dafürhalten soll diese neue Gemeinschaftsaufgabe eine weite und ausreichende Kompetenzgrundlage geben, damit Bund und Länder mit der technologischen Entwicklung Schritt halten und im IT-Bereich zusammenarbeiten können. Auch wenn Art. 91c Abs. 1 GG als eine möglichst weitreichende Kompetenz angesehen wird, so geht es doch um die Planung, Errichtung und den Betrieb der erforderlichen informationstechnischen Systeme. Aber stellt D115 ein solches informationstechnisches System dar?

D115 ist jedenfalls mehr als eine bloße technische Applikation, auch wenn das Projekt eine Vielzahl von technischen Problemen in der Abwicklung aufwirft. Es geht indes nicht um den Aufbau eines bloßen Informationsapparates, wie z.B. bei der Errichtung eines neuen digitalen Funknetzes für alle Sicherheitsbehörden, damit diese sich technisch auch verständigen können. D115 bedeutet auch eine Vereinheitlichung und Standardisierungen im Auskunftsverhalten der Behörden, die Rückwirkungen haben auf die jeweilige Organisation und die Verfahren der verschiedenen Verwaltungsträger.

Art. 91c Abs. 1 GG soll aber solche Rückwirkungen nicht ermöglichen. Gegenstand der Kompetenznorm sind die technischen Mittel (IT-*Technologie*) zur

---

[29] BGBl. I 2009, S. 2248. Zur Entstehungsgeschichte siehe den Gesetzesentwurf der Fraktionen von CDU/CSU und SPD vom 24.03.2009, BT-Drs. 16/12410, S. 2 und 11 ff., sowie die Beschlüsse der Kommission von Bundestag und Bundesrat zur Modernisierung der Bund-Länder-Finanzbeziehungen vom 5. März 2009, Kommissions-Drs. 174, S. 68 ff.; vgl. allgemein *Joachim Suerbaum*-Epping /Hillgruber (Hrsg.), Beckscher online Kommentar zum Grundgesetz, Art. 91 c Rn. 1 ff.

[30] Der Beitrag beschränkt sich auf die verfassungsrechtlichen Aspekte.

Verarbeitung und Übertragung von Informationen,[31] nicht aber die Information als Verwaltungsaufgabe selbst. Das macht schon der Wortlaut deutlich, indem er auf die „für ihre Aufgabenerfüllung benötigten informationstechnischen Systeme" abhebt. Auch Absatz 2, der eine Vereinbarungskompetenz für Bund und Länder beinhaltet, stellt auf die Standards und Sicherheitsanforderungen ab.

Vor diesem Hintergrund bleibt fraglich, ob die nichttechnischen Komponenten des Projekts verfassungsrechtlich Art. 91c GG zugerechnet werden können. Namentlich die Übernahme von fallerledigenden Beantwortungen von Anfragen auf dem ersten Level für die übrigen, aber auch umgekehrt, geht über den technischen Aspekt hinaus: Kenntnisse der Verfahren und Zuständigkeiten der jeweils anderen Behörden und Verwaltungsträgern sind notwendig. Dass dies mehr als bloße Technik ist, wird an der Haftungsfrage deutlich: Wer steht dafür ein, wenn eine Auskunft zu einem anderen Verwaltungsträger falsch ist und der Bürger einen Schaden erleidet? Besondere (staats-)haftungsrechtliche Probleme entstehen mit der Einrichtung der Servicecenter nicht. Es haftet der Rechtsträger des jeweiligen Servicecenters für schädigende Handlungen seiner Amtswalter. Praktisch bedeutsam wird sein, dass dem Bürger gegenüber deutlich wird, in welcher Rechtsträgerschaft das Servicecenter arbeitet. In der Praxis werden namentlich Falschauskünfte eine Rolle spielen. In unserem Beispiel etwa die falsche Auskunft, eine Genehmigung für den Dachausbau sei nicht erforderlich. Problematisch sind in diesen Fällen Verwaltungskooperationen, bei denen die Falschauskunft auf einer Fehlinformation des für die Information zuständigen Verwaltungsträgers basiert.[32] Führt eine solche Auskunft dazu, dass der Bürger nichts unternimmt, obwohl er tätig werden müsste, kann er gegebenenfalls Folgenbeseitigung beanspruchen.[33] Allerdings muss für den Anrufer deutlich werden, in welcher Trägerschaft das Servicecenter geführt wird, mit dem er kommuniziert. Denn eine Haftung des D115-Verbundes – etwa für Falschauskünfte – scheidet aus. Für die Richtigkeit der Informationen des Wissensmanagements haften die Behörden, die Informationen einspeisen.

Damit aber ist die Frage aufgeworfen, inwieweit D115 jenseits der rein technischen Komponenten im Einklang mit dem Grundgesetz steht.

---

[31] Vgl. *Pieroth/Schlink*, GG, 11. Aufl. 2011, Art. 91c Rdnr. 4).

[32] Haftungsrechtlich entspricht diese Situation derjenigen der Baugenehmigung, die im Einvernehmen zwischen Gemeinde und Kreis zu erteilen ist: Haftungsgegner ist die nach außen auftretende Gemeinde.

[33] Zu denken wäre auch an den Rechtsgedanken, der im sozialrechtlichen Wiederherstellungsanspruch konkretisiert ist.

2. Mittelbarer Eingriff in die Landesorganisationsgewalt?

Zunächst stellt sich im föderalen Staat, der bis auf wenige Ausnahmen einem Primat der Landesverwaltung, zu der auch die Kommunalverwaltung zählt, statuiert, die Frage nach der Befugnis des Bundes, überhaupt eine einheitliche Behördennummer zu kreieren. Denn selbst wenn die Teilnahme – wie dies vorgesehen ist – dem Prinzip der Freiwilligkeit folgt, wird nach Aufschalten der Nummer ein Erwartungsdruck beim Bürger erzeugt werden, dem sich die Verwaltung nur schwer entziehen kann. Zudem bleibt es nicht bei einer rein technischen Anlaufstelle – auch inhaltlich – erfolgt durch die Standardisierung eine zumindest partielle Vereinheitlichung. Die lokalen und kommunalen Verwaltungen werden faktisch dazu angehalten, Servicecenter aufzubauen und am Verbund teilzunehmen.

Rechtlich gewendet bedeutet dies – trotz des Freiwilligkeitsprinzips – angesichts des faktischen Drucks einen mittelbaren Eingriff in die Organisationshoheit des Landes und der Kommunen. Für die Länder steht damit einen Verletzung ihrer Verwaltungsorganisationshoheit gem. Art. 83 ff. GG, für die Kommunen möglicherweise eine Verletzung der kommunalen Selbstverwaltungsgarantie (Art. 28 Abs. 2 GG) in Rede. Art. 28 Abs. 2 GG garantiert den Gemeinden die eigenverantwortliche Regelung ihrer Angelegenheiten und hierzu zählt namentlich die Organisationshoheit als Befugnis zur Ausgestaltung der inneren Verwaltungsorganisation nach eigenem kommunalpolitischem Ermessen.[34] Auch die zur Selbstverwaltungsgarantie zählende Finanzhoheit[35] wird angesichts der Kosten, die durch die Einrichtung eines Servicecenters verursacht werden, tangiert. Ein vielleicht drastisches Beispiel verdeutlicht dies: Ich war über den Jahreswechsel auf einer ostfriesischen Insel. Die Gemeinde hat ca. 800 Einwohner, die Gemeindeverwaltung hat einen hauptamtlichen Bürgermeister und beschäftigt 8 hauptamtliche Verwaltungsmitarbeiter. Eine solche Gemeinde wäre wohl kaum in der Lage, ein eigenes Servicecenter zu betreiben. Sie müsste sich an einem Verwaltungsverbund zum Betrieb eines Servicecenters beteiligen.

3. Verstoß gegen das Verbot der Mischverwaltung?

In Rede steht weiterhin ein Verstoß gegen das Verbot der Mischverwaltung[36]. D115 basiert auf dem Prinzip, möglichst viele Anfragen im Erstkontakt

---

[34] Vgl. *Nierhaus*, in: Sachs, Grundgesetz, 5. Aufl. 2009, Art. 28 Rdnr. 53 f. m.w.N.

[35] Ebenda.

[36] s. dazu ausführlich *Dittmann*, in: Sachs, Grundgesetz, 5 Auflage, 2009, Art. 83 Rn. 3 f.

bereits fallabschließend durch das Servicecenter der ersten Stufen zu beantworten. Der Aufbau einer einheitlichen Wissensdatenbank macht deutlich, dass das kommunale bzw. regionale Servicecenter damit auch Fragen beantwortet, die die Zuständigkeit anderer Verwaltungsträger berührt. Dies könnte gegen das in der Rechtsprechung des Bundesverfassungsgerichts entwickelte sog. „Verbot der Mischverwaltung" verstoßen.

a) Der Begriff „Mischverwaltung" dient verwaltungswissenschaftlich zunächst der klassifizierenden Kennzeichnung bestimmter Arten verwaltungsorganisatorischer Erscheinungsformen. So kann man generell von Mischverwaltung immer dann sprechen, wenn die Verwaltungen verschiedener Verwaltungsträger zusammenwirken. Bei einer solchen verwaltungswissenschaftlichen Beurteilung ist der D115-Verbund damit ohne weiteres als Form der Mischverwaltung zu qualifizieren, zumal wenn man die Beantwortung von Bürgeranfragen und den Hinweis auf Zuständigkeiten, Verfahrenserfordernisse und Ähnliches als schlichtes Verwaltungshandeln qualifiziert.

Angesichts der im Grundgesetz angelegten „Trennung der Verwaltungsräume" von Bund und Ländern[37] wird der Begriff juristisch aber zumeist zur Kennzeichnung grundsätzlich unzulässiger Verbindungen zwischen Bund und Ländern auf den Bereich der Verwaltung verwendet.[38] Allerdings lässt sich der Begriff so absolut und in dieser Charakterisierung kaum mehr aufrecht erhalten. Dies verdeutlicht die Entwicklung der Rechtsprechung des Bundesverfassungsgerichts zum Verbot der Mischverwaltung: Ursprünglich erfasste die Rechtsprechung des Bundesverfassungsgerichts[39] Fälle, in denen verwaltungsorganisatorisch eine Bundesbehörde einer Landesbehörde übergeordnet war oder bei der ein Zusammenwirken von Bundes- und Landesbehörden durch Zustimmungserfordernisse erfolgte. Das Bundesverfassungsgericht stellte auf die vom Grundgesetz vorgesehene Trennung der Kompetenzräume von Bund und Ländern und die fehlende Anerkennung einer gemeinsamen Ausführung von Bundesgesetzen durch Bundes- und Landesbehörden als allgemeine Verwaltungs-

---

[37] Siehe etwa *Stern*, Das Staatsrecht der Bundesrepublik Deutschland, Band II, 1980, § 41 VIII 1, S. 832; *Grawert*, Verwaltungsabkommen zwischen Bund und Ländern in der Bundesrepublik Deutschland, 1967, S. 264; *Ronellenfitsch*, Die Mischverwaltung im Bundesstaat, 1975, S. 32 f., 248 ff.; auch schon *Kratzer*, DÖV 1950, S. 529 ff. [534]).

[38] Vgl. *Hömig*, GG, 9. Aufl. 2010, Vor Art. 83 Rn 8; *Trute*, in: von Mangoldt, Hermann/Klein, Friedrich, Das Bonner Grundgesetz, Kommentar, 6. Aufl. 2010, Art. 83 Rn 29 ff.; *Henneke*, in Schmidt-Bleibtreu/Hoffmann/Hopfauf, GG, 12. Aufl. 2010, Vorb. vor Art. 83 Rdnr. 18 ff.; *Pieroth/Schlink*, GG, 11. Aufl. 2011, Art. 30 Rn 10; mit weiteren Nachweisen *Matthias Cornils*, Verbotene Mischverwaltung – Zur Kontur des Verfassungsgrundsatzes föderal getrennter Verwaltungsräume vor dem Hintergrund der jüngsten Rechtsprechung des BVerfG, ZG 2008, S. 184 ff.

[39] s. zu der Entwicklung der Rechtsprechung *Trute*, in: von Mangoldt, Hermann/Klein, Friedrich, Das Bonner Grundgesetz, Kommentar, 6. Aufl. 2010, Art. 83 Rn. 27 ff.

form ab. Diese verfassungsrechtlichen Zuordnungen und Verantwortungszuteilungen an die jeweilige Ebene könnten indes nicht durch ein einfachrechtlich vorgesehenes oder gar nur faktisches Zusammenwirken aufgehoben werden.[40] Allerdings betonte das Bundesverfassungsgericht später, die Einordnung einer verwaltungsorganisatorischen Erscheinungsform als Mischverwaltung müsse nicht zwingend zu einer Beurteilung als verfassungswidrig führen. Vielmehr komme es darauf an, ob „ihr zwingende Kompetenz- oder Organisationsnormen oder sonstige Vorschriften des Verfassungsrechts entgegenstehen."[41] Das Grundgesetz schließe, von begrenzten Ausnahmen abgesehen, eine sogenannte Mischverwaltung aus.[42]

Das grundgesetzliche Verbot einer Mischverwaltung gilt mithin nicht absolut, sondern abhängig von den grundgesetzlichen Vorgaben: Eine verwaltungsorganisatorische Erscheinungsform wie die einer einheitlichen Behördenrufnummer einschließlich der damit zusammenhängenden Verwaltungsstruktur der Servicecenter sowie der inhaltlichen Aufgaben ist daher nicht bereits deshalb mit dem Stigma der Verfassungswidrigkeit zu belegen, „weil sie als Mischverwaltung einzuordnen ist, sondern nur, wenn ihr zwingende Kompetenz- oder Organisationsnormen oder sonstige Vorschriften des Verfassungsrechts entgegenstehen".[43] Das hat zur Folge, dass es zwar keiner ausdrücklichen verfassungsrechtlichen Ermächtigung für eine Mischverwaltung als Ausnahme

---

[40] Das Verbot der Mischverwaltung erstreckte das Bundesverfassungsgericht in Folge dessen auf „Mitplanungs-, Mitverwaltungs- und Mitentscheidungsbefugnisse gleich welcher Art im Aufgabenbereich der Länder, ohne dass die Verfassung dem Bund entsprechende Sachkompetenzen übertragen hat (...)." vgl. BVerfGE 32, 145, 156; 108, 169, 182.

[41] „Die Regelungen der Art. 83 ff. GG gehen damit grundsätzlich von der Unterscheidung zwischen Bundes- und Landesverwaltung aus. Sie lassen freilich auch erkennen, dass die Verwaltungsbereiche von Bund und Ländern in der Verfassung nicht starr voneinander geschieden sind. Ein Zusammenwirken von Bund und Ländern bei der Verwaltung ist in vielfältiger Form vorgesehen (vgl. nur die bei der Auftragsverwaltung und im Rahmen der Ausführung der Bundesgesetze durch die Länder als eigene Angelegenheit möglichen Einwirkungen des Bundes (Art. 84, 85 GG). Innerhalb des durch die Art. 83 ff. GG gezogenen Rahmens ist eine zwischen Bund und Ländern aufgeteilte Verwaltung deshalb zulässig (vgl. BVerfGE 63, 1, 38 ff.; BVerfG, Beschluss der 3. Kammer des Ersten Senats vom 14. Mai 2007 – 1 BvR 2036/05 –, NVwZ 2007, S. 942, 944). Damit wird dem Bedürfnis der öffentlichen Gewalt, in ihrem Streben nach angemessenen Antworten auf neue staatliche Herausforderungen nicht durch eine zu strikte Trennung der Verwaltungsräume gebunden zu werden, Rechnung getragen." Vgl. BVerfG, 2 BvR 2433/04 vom 20.12.2007, Absatz-Nr. 154, http://www.bverfg.de/ent scheidungen/rs20071220_2bvr243304.html (=BVerfGE 119, 331).

[42] Vgl. BVerfGE 63, 1, 38 ff.; 108, 169, 182 m.w.N.

[43] BVerfGE 63, 1, 38.

bedarf,[44] wohl aber eines besonderen sachlichen Grundes für eine eng umgrenzte Verwaltungsmaterie.[45]

Das Mischverwaltungsverbot hat zwei maßgebliche Schutzzwecke: Weil Verwaltungsträger, denen durch eine Kompetenznorm des Grundgesetzes Verwaltungsaufgaben zugewiesen worden sind, diese Aufgaben durch eigene Verwaltungseinrichtungen – mit eigenen personellen und sächlichen Mitteln – wahrnehmen[46], dient es maßgeblich dem Schutz der Länder bzw. umgekehrt auch dem des Bundes vor einem unberechtigten Eindringen in die jeweilige Organisations- und Verwaltungshoheit; eine Aushöhlung des Grundsatzes des Art. 30 GG soll verhindert werden.[47] Für die Arbeitsgemeinschaften zwischen der Bundesagentur und den Kommunen hat das Bundesverfassungsgericht insoweit festgestellt, dass die gemeinsame einheitliche Leistungsverwaltung durch die Arbeitsgemeinschaften gegen die genannten Grundsätze verstößt.[48]

Die zweite Schutzrichtung ist aber die in einem demokratischen und rechtsstaatlichen Gemeinwesen wichtigere:

Die Trennung der Verwaltungsräume und Verwaltungszuständigkeiten sind nach der Rechtsprechung maßgeblich dadurch veranlasst, dass sie den rechtsstaatlichen Grundsätzen der Normenklarheit und Widerspruchsfreiheit[49] Beachtung verschaffen.[50] Wenn das Gericht auf die „Sicht des Bürgers" abstellt und dabei betont, dass rechtsstaatliche Verwaltungsorganisation vor allem Klarheit der Kompetenzordnung meint, weil nur so Verwaltung in ihren Zuständigkeiten und Verantwortlichkeiten für den einzelnen „greifbar" werde[51], dann wird deutlich, dass auch Staatsorganisation und Verwaltung allein im Bürgerinteresse stehen. Auch der Bezug auf das Erfordernis einer hinreichend klaren Zuordnung von Verwaltungszuständigkeiten vor allem im Hinblick auf das Demokratieprinzip[52] bestätigt dies. Denn – so das Bundesverfassungsgericht – an dem

---

[44] BVerfGE 63, 1, 40; BVerfG, 2 BvR 2433/04 vom 20.12.2007, Absatz-Nr. 169, http://www.bverfg.de/entscheidungen/rs20071220_2bvr243304.html.

[45] BVerfG, 2 BvR 2433/04 vom 20.12.2007, Absatz-Nr. 169, http://www.bverfg.de/entscheidungen/rs20071220_2bvr243304.html (=BVerfGE 119, 331).

[46] BVerfGE 63, 1, 41.

[47] BVerfGE 108, 169, 181 f.

[48] Vgl. BVerfG, 2 BvR 2433/04 vom 20.12.2007, Absatz-Nr. 162 ff., http://www.bverfg.de /entscheidungen/rs20071220_2bvr243304.html (=BVerfGE 119, 331).

[49] Vgl. BVerfGE 21, 73, 79; 78, 214, 226; 98, 106, 119; 108, 169, 181 f.

[50] BVerfG, 2 BvR 2433/04 vom 20.12.2007, Absatz-Nr. 156–158, http: //www.bverfg.de/entscheidungen/rs20071220_2bvr243304.html(=BVerfGE 119, 331).

[51] BVerfG, 2 BvR 2433/04 vom 20.12.2007, Absatz-Nr. 157, http: //www.bverfg.de/entscheidungen/rs20071220_2bvr243304.html(=BVerfGE 119, 331).

[52] BVerfG, 2 BvR 2433/04 vom 20.12.2007, Absatz-Nr. 158, http: //www.bverfg.de/entscheidungen/rs20071220_2bvr243304.html(=BVerfGE 119, 331) unter Hinweis auf die Erfordernisse einer klaren demokratischen Legitimation.

notwendigen Legitimationsniveau fehlt es, wenn die Aufgaben durch Organe oder Amtswalter unter Bedingungen wahrgenommen werden, die eine klare Verantwortungszuordnung nicht ermöglichen. Der Bürger muss wissen können, wen er wofür – auch durch Vergabe oder Entzug seiner Wählerstimme – verantwortlich machen kann.[53]

Unter der Prämisse, dass eine verwaltungsorganisatorische Erscheinungsform nicht deshalb verfassungswidrig ist, weil sie verwaltungswissenschaftlich als Mischverwaltung einzuordnen ist, muss also beurteilt werden, ob und inwieweit die einheitliche Behördennummer und die dahinterstehende Verwaltungsstruktur gegen zwingende Kompetenz- oder Organisationsnormen verstößt bzw. ausnahmsweise zulässig ist, weil ein besonderer sachlicher Grund vorliegt.

Für die Einrichtung des D115-Verbundes ist zunächst davon auszugehen, dass es sich bei den Aktivitäten der Servicecenter um Verwaltungstätigkeit handelt. Zwar ist mit dem Bundesverfassungsgericht festzuhalten, dass Mischverwaltung jedenfalls jede Verwaltungstätigkeit ist, bei der die sachlichen Entscheidungen in einem irgendwie gearteten Zusammenwirken von Bundes- und Landesbehörden getroffen werden.[54] Denn gerade auch sachliche Entscheidungen stehen in einem engen Kontext zum Grundsatz der eigenverantwortlichen Aufgabenwahrnehmung[55] als Konkretisierung des Mischverwaltungsverbots.[56]

Die Vermittlung von Informationen zu öffentlichen Dienstleistungen unter der Nummer D115 erfolgt im Vorfeld der möglicherweise sachlichen Behandlung der anstehenden Fragen in einem förmlichen Verwaltungsverfahren, das der Bürger beantragen kann.[57] Die informative Tätigkeit über Zuständigkeit und Verfahren ist jedenfalls als schlicht-hoheitliches Handeln einzustufen. Dass die Servicecenter lediglich Auskünfte erteilen sollen und keine förmlichen Anträge entgegennehmen und Verwaltungsverfahren bearbeiten, ist für die verfassungsrechtliche Einordnung als Verwaltung unerheblich. Sachlich-inhaltliche Entscheidungen, die in Verwaltungsakte und Bescheide münden, werden von den Servicecentern nicht erlassen. Zudem erfolgt die Informationsvermittlung auf der Grundlage von Mitteilungen und Angaben der (sachlich und örtlich) zuständigen Verwaltungen. Die Entscheidungskompetenz im Vollzug der ein-

---

[53] Ebenda.

[54] BVerfGE 63, 1, 38 in Anlehnung an *Ronellenfitsch*, Mischverwaltung im Bundesstaat, 1975, S. 58 ff.

[55] Vgl. *Grawert*, Verwaltungsabkommen, 1967, S. 195.

[56] Vgl. BVerfG, 2 BvR 2433/04 vom 20.12.2007, Absatz-Nr. 159, http: //www. bverfg.de/entscheidungen/rs20071220_2bvr243304.html (=BVerfGE 119, 331).

[57] Dass es sich um hoheitliche Verwaltungstätigkeit handelt, setzen auch das BMI und seine Partner in der Projektstudie voraus, da man eine Umsatzsteuerpflicht der Servicecenter wegen des hoheitlichen Charakters nicht als gegeben ansieht.

schlägigen Gesetze liegt weiter allein in der Verantwortung der eigentlich zuständigen Verwaltungsträger. Das gilt auch für die inhaltliche Verantwortung für die von den Servicecentern vermittelten Auskünfte. Das wirft die Frage auf, ob das Mischverwaltungsverbot nur in solchen Fällen einschlägig ist, in denen die Verwaltung sachlich-inhaltliche Entscheidungen trifft.[58] So wird etwa angeführt, Mitplanungs-, Mitentscheidungs- und Mitverwaltungsbefugnisse sollten nur dann ausgeschlossen sein, wenn der jeweils andere Rechtsträger entscheidenden Einfluss auf die Entscheidung haben könnte.[59] Aber dass das Mischverwaltungsverbot auf sachliche Entscheidungen beschränkt wäre, ist nicht ersichtlich und auch wenig überzeugend: Art. 83 ff. GG erstrecken sich auch auf schlichtes Verwaltungshandeln und sind keineswegs nur auf Hoheitsakte bezogen.[60] Schlichtes Verwaltungshandeln ist keine Kategorie minderen Rangs.[61] Sind letztlich das Demokratie- und Rechtsprinzip maßgeblicher Grund für das Mischverwaltungsverbot, so heißt dies nichts anderes, als dass das Mischverwaltungsverbot ausschließlich den Bürger schützen soll. Nimmt man dies ernst, greift das Verbot überall dort, wo der Bürger unmittelbar auf den Staat in Form der Verwaltung trifft, und zwar unabhängig davon, ob schlicht hoheitlich handelnd oder entscheidend. Verwaltung ist kein Selbstzweck, sondern fremdnützig.[62]

Bleibt die Frage, ob es einen sachlichen Grund für eine Ausnahme gibt – wobei zu berücksichtigen ist, dass sich die Informationstätigkeit unter D115 nicht auf eine eng umgrenzte Verwaltungsmaterie beschränkt. Ein sachlicher Grund ist der Servicecharakter für den Bürger. Ein anderer, dass die Bürger heute oftmals wenig Verständnis für die föderalen Unterschiede aufbringen und zumindest eine umfassende und qualitativ gute Information erwarten. Jedenfalls ist festzuhalten, dass es sich beim D 115-Verbund um einen *„föderalen" Informationsverbund* handelt, dessen dargestellte organisatorische und inhaltliche Ausgestaltungen in einem Spannungsverhältnis zur verfassungsrechtlichen Kompetenz- und Organisationsordnung stehen. Diese Spannungslage wird verstärkt durch die faktische Zentralisierungs- und Vereinheitlichungstendenz, die mit dem D115-Verbund einhergeht. Demzufolge steht – meiner Einschätzung

---

[58] So aber etwa *Utz Schliesky*, Die Aufnahme der IT in das Grundgesetz, ZSE 2008, 304, 320; zurückhaltender *Martin Burgi*, Zukunftsfähige Kooperationen trotz Entflechtung und statt Hochzohnung: ein Auftrag für die Föderalismusreform II, ZSE 2008, 281, 293 ff.

[59] So etwa dezidiert *Hömig*, GG, 9. Aufl. 2010, Vor Art. 83 Rn 8, der deshalb etwa reine Benehmensregelungen oder eine Selbstbeschränkung des Bundes in gemeinsamen Einrichtungen für im Hinblick auf das Mischverwaltungsverbot zulässig hält.

[60] *Trute*, in von Mangoldt/Klein/Starck, GG, 6. Aufl. 2010, Art. 83 Rdnr. 19.

[61] BVerfGE 104, 249, 273 ff.; vgl. *Friedrich Schoch*, in Isensee/Kirchhof, HBStR III, § 37 Rn 128 ff.

[62] Lesenswert: *Bull*, Allgemeines Verwaltungsrecht, 1982, S. 38 ff.

nach – die Einrichtung der einheitlichen Rufnummer D115 in einem Konflikt mit dem vom Bundesverfassungsgericht entwickelten Verbot der Mischverwaltung.

4. Organleihe

Diese Konfliktlage ließe sich gegebenenfalls dadurch abmildern, dass man den D 115-Verbund als eine Form der Organleihe ansieht. Zwar kann die Zusammenfassung der verwaltungsorganisatorisch vielfältig unterschiedenen Erscheinungsformen, die unter dem Begriff der Organleihe zusammengefasst werden, die Beurteilung der rechtlichen Zulässigkeit solcher organisatorischer Ausgestaltungen im einzelnen Fall nicht ersetzen; es kommt vielmehr auf den Einzelfall an.[63]

Bei der Organleihe wird das Organ eines Rechtsträgers beauftragt, im Außenverhältnis Aufgaben eines anderen Rechtsträgers wahrzunehmen.[64] Organleihen sind aber ebenso wie „echte" Mischverwaltungen nur ausnahmsweise zulässig, weil sie eine Ausnahme vom Grundsatz der eigenverantwortlichen Aufgabenwahrnehmung sind. Entscheidend ist aber, dass bei der Organleihe – anders als bei der Mischverwaltung – nicht Kompetenzen verschoben werden, sondern lediglich personelle und sächliche Verwaltungsmittel eines anderen Rechtsträgers in Anspruch genommen werden. Eine Verantwortungsverschiebung – in der Sichtweise des Bundesverfassungsgerichts das maßgebliche Kriterium – findet nicht statt.[65] Daher dürften auch die Anforderungen an die Organleihe nicht so streng zu setzen sein wie bei der Mischverwaltung.

Um die Zulässigkeit einer Ausnahme zu beurteilen, muss man – so schreibt der *Jubilar*[66] – Aspekte der Verantwortungszuordnung, die Intensität der Ausnahme und die materienspezifischen Besonderheiten in Betracht ziehen und wägen. Auf den D115-Verbund angewendet, erweist sich die Organleihe in diesem Fall als *hybride* Form, denn letztlich entsteht für die D115 Ansprech- und Erreichbarkeit ein komplexes Beziehungsbündel für die Verbundpartner der verschiedenen Ebenen. Gegenseitig werden Aufgaben anderer Rechtsträger im Außenverhältnis wahrgenommen, nämlich die Auskunft über Zuständigkeit und Verfahren.

---

[63] BVerfGE 60, 1, 33.

[64] BVerfGE 60, 1, 32 zu dem herkömmlichen Erscheinungsbild; vgl. *Hömig*, GG, 9. Aufl. 2010, Vor Art. 83 Rdnr. 9. zur Organleihe vgl. etwa auch *Trute*, in: von Mangoldt/Klein/Starck, GG, 6. Aufl. 2010, Art. 83 Rdnr. 34 f., *Henneke*, in: Schmidt-Bleibtreu/Hoffmann/Hopfauf, GG, 12. Aufl. 2010, Vorb. vor Art. 83 Rdnr. 21.

[65] BVerfGE 60, 1, 39 ff.

[66] *Bull*, in AK GG, 3. Aufl. Loseblatt, Vor Art. 83 Rdnr. 60.

Eine solche Einordnung passt aber meiner Auffassung nach auch auf D115, weil der Verbund auf partnerschaftlicher Zusammenarbeit basiert. Nach wie vor ist die rechtliche Struktur zwar nicht eindeutig geklärt, in der der D115-Verbund organisiert wird, auch wenn es eine gemeinsame Erklärung der Verbundpartner über die Kooperation gibt:[67] Unter einem Projekt-Lenkungsausschuss arbeitet eine Projektleitung, die vom Bundesministerium des Innern und dem Land Hessen gestellt wird.[68] Eine solche offene Organisationsstruktur ist aber auch bei freiwilliger Teilnahme zumindest für die Projektphase verständlich – beim Übergang in den Normalbetrieb aber nicht ganz unproblematisch. Denkbar ist die Organisation in Form eines nichtwirtschaftlichen Vereins (§ 21 ff. BGB), den auch juristische Personen des öffentlichen Rechts gründen können. Da dieser Verein lediglich koordinierende und intern Qualität sichernde Aufgaben hätte, läge auch kein Verstoß gegen den Grundsatz „keine Flucht ins Privatrecht" vor. Auch ein Verbund auf der Grundlage öffentlich-rechtlicher Vereinbarungen ist möglich, in denen die gemeinsamen technischen Standards niedergelegt würden (vgl. jetzt Art. 91c Abs. 2 GG). Allerdings besäße diese Kooperationsform – anders als ein nichtwirtschaftlicher Verein – keine eigene Rechtsqualität.

Auch die Organleihe ist eine Ausnahme von der Trennung der Verwaltungsräume. Sie ließe sich als Muster auf den D115-Verbund übertragen, um die Verfassungserwartung an ein verfassungskonformes Ergebnis zu erfüllen. Dabei spielt es auch eine Rolle, dass D115 keine Verschiebung der Sachentscheidungsbefugnisse vorsieht, sondern allein einheitliche Informationen für den Bürger vorhalten soll. Dies ist ein zweifellos vorteilhaftes Projekt mit bürgerfreundlichem Innovationswert. Es macht es dem Bürger sicherlich zunächst einfacher, die Verwaltung zu erreichen, als wenn er über die Telefonauskunft erst einmal die Nummer einer Verwaltungsbehörde recherchieren muss. Das eigentlich Innovative ist einerseits der Aufbau eines standardisierten Wissensmanagements, das zudem der beständigen Aktualisierung und Pflege bedarf. Auch ohne prophetisches Talent wird dies zumindest mittelfristig zu einer Vereinheitlichung der Verwaltungsdienstleistungen führen. Andererseits geht von der einheitlichen Einwahlnummer ein Zentralisierungsschub aus: Horizontal werden kleine Gebietskörperschaften nicht umhin kommen, Servicecenter aufzubauen und hierfür Verwaltungskooperationen einzugehen. Vertikal erfolgt

---

[67] Vgl. Gemeinsame Erklärung des *BMI, des Deutschen Städtetages, des Deutschen Landkreistages und des deutschen Städte- und Gemeindebundes* über die Zusammenarbeit im Rahmen des Projekts Einheitliche Behördenrufnummer D115 vom 24. November 2009.

[68] *Bundesministerium des Innern/Hessen* (Hrsg.), Einheitliche Behördenrufnummer, Jahresbericht Projekt D115, 2010 (Stand März 2010), S. 12 f.; der Lenkungsausschuss besteht nach Auskunft des BMI aus jeweils drei Vertretern des Bundes, der Länder und der Gemeindeverbände.

die Zentralisierung mittelbar, weil die Informationen im Endstadium nicht mehr von der eigentlich zuständigen Verwaltung an die Bürger gegeben werden, sondern vom Servicecenter. Der Staat und seine Verwaltungen treten dem Bürger nicht mehr in ihren vielfältigen Erscheinungsformern wie herkömmlich entgegen, sondern einheitlich. Die Erwartungen der Bürger werden steigen und ein qualitativ unterschiedliches Informationsniveau werden sie in letzter Konsequenz kaum mehr akzeptieren. Dies zeigen schon jetzt Umfragen.[69] Bei der angestrebten Reichweite im Pilotbetrieb geht auch genügend Ausstrahlungswirkung von einer einheitlichen Zugangsnummer aus – mit der Folge, dass sich mittelfristig Verwaltungsträger kaum einer Beteiligung entziehen werden können.

IV. Fazit

Mit dem Projekt der einheitlichen Behördennummer verfolgen die Bundesregierung und die beteiligten Projektpartner ein ambioniertes Projekt, das die Bürgerinnen und Bürger auch wünschen.[70] Aus grundgesetzlicher Sicht steht angesichts der zur Zeit verfolgten Zielsetzung – eines einheitlichen Auftretens der Verwaltung dem Bürger gegenüber[71] – allerdings die Verfassungsmäßigkeit des angestrebten Informationsverbundes in Frage: Das Bundesverfassungsgericht hat in seiner schon erwähnten Entscheidung vom Dezember 2007 betont: „Aus Sicht des Bürgers bedeutet rechtsstaatliche Verwaltungsorganisation ebenfalls zuallererst Klarheit der Kompetenzordnung; denn nur so wird die Verwaltung in ihren Zuständigkeiten und Verantwortlichkeiten für den einzelnen „greifbar".[72] Mit diesen Formulierungen verweist das Bundesverfassungsgericht auf den Grundsatz der Verantwortungsklarheit: Dieser beruht maßgeblich auf rechtsstaatlichen und demokratischen Erwägungen, welche eine rationale und transparente Verwaltungsorganisation gebieten. Er dient daher maßgeblich dem Schutz der Bürger.[73] Wenn man diese Forderung ernst nimmt, muss man für die einheitliche Behördenrufnummer konstatieren, dass es an dieser Klarheit mangelt.

---

[69] ISPRAT, D 115, 2008, S. 13.

[70] Vgl. Institut für Demoskopie Allensbach, Die Einheitliche Behördennummer 115, Studie von Herbst 2009; vgl. auch *Thoma Wolf-Hegerbekermeier*, D115 im ländlichen Raum – Ein Plädoyer für mehr Bürgerservice, DVP 2010, 406, 409.

[71] So dezidiert *Thomas Wolf-Hegerbekermeier*, D115 im ländlichen Raum – Ein Plädoyer für mehr Bürgerservice, DVP 2010, 406, 407 f.

[72] Vgl. BVerfG, 2 BvR 2433/04 vom 20.12.2007, Absatz-Nr. 157, http: //www. bverfg.de/entscheidungen/rs20071220_2bvr243304.html (=BVerfGE 119, 331).

[73] Vgl. BVerfG, 2 BvR 2433/04 vom 20.12.2007, Absatz-Nr. 157, http: //www. bverfg.de/entscheidungen/rs20071220_2bvr243304.html (=BVerfGE 119, 331).

Um mit den Worten des *Jubilars* zu schließen: Es „wird gelegentlich das Bedürfnis empfunden, die Formenstrenge und Zuständigkeitsordnung insbesondere im Bund-Länder-Verhältnis zu überwinden; dann ist die Versuchung groß, Mischverbände zu gründen (…). Es ist klar, daß dieser Formenwechsel rechtlich bedenklich ist."[74] Das galt damals und gilt auch heute.

---

[74] *Bull*, Allgemeines Verwaltungsrecht, 1982, S. 102; nach wie vor *Bull/Mehde*, Allgemeines Verwaltungsrecht mit Verwaltungslehre, 7. Aufl. 2005, Rdnr. 106.

Über verwaltungswissenschaftliche Seins- und Sollensaussagen

Am Beispiel Public Management

Heinrich Reinermann

I. Ein Beispiel gelungener Praxis/Wissenschaft-Kooperation

Die dramatischen Ereignisse im südamerikanischen Chile der Monate August bis Oktober des Jahres 2010 werden so schnell nicht aus unserer Erinnerung schwinden. Regierung und Verwaltung hatten in Zusammenarbeit mit mehreren Unternehmungen eine außerordentlich schwere Aufgabe erfolgreich und bravourös bewältigt. Die ganze Welt war Zeuge einer spektakulären Rettungsaktion: Dreiunddreißig Bergleute der Mine San José waren über sechshundert Meter tief in einem Hohlraum eingeschlossen worden, aus dem sie nach nicht weniger als neunundsechzig Tagen geborgen werden konnten.

Was zeichnete diese Aktion aus?

- Eine an Dringlichkeit kaum zu überbietende Notlage lag vor, die zu sofortigen Maßnahmen aufrief.

- Das verfügbare Zeitbudget war äußerst knapp; jede Verzögerung konnte den Erfolg der Aktion gefährden.

- Es gab ein unbedingtes, von allen, so den Angehörigen, den Bergbauunternehmen, der Politik akzeptiertes und nach Kräften unterstütztes Ziel, die Bergleute innerhalb einer gesetzten Zeitspanne lebend zu retten.

- Die höchsten Repräsentanten der Politik schalteten sich ein.

- Das Medieninteresse war riesig.

- Eine präzise, detaillierte Beschreibung und Analyse der Situation der in dem Hohlraum Eingeschlossenen wurde vorgenommen.

- Die Erfahrungen aus vergleichbaren Unglücken, so von Lengede, wurden herangezogen.

- Es setzte eine intensive, vom Willen der Zielerreichung immer wieder angetriebene Suche nach verlässlichen geologischen, ingenieurmäßigen, psychologischen, medizinischen, ökonomischen, ernährungswissenschaftlichen und weiteren Zusammenhängen ein, die bei der Aktion hilfreich sein könnten.

- Diese Erkenntnisse wurden disziplinübergreifend ausgewertet.

- Darauf wurde ein Aktionspaket gegründet und entschlossen umgesetzt.

- Die lokalen Gegebenheiten waren genauestens zu berücksichtigen.

- Mehrere konkurrierende Technologien und Firmen kamen bei den Bergungsarbeiten zum Einsatz.

- Die eingeschlossenen Bergleute als unmittelbar Betroffene wurden ständig und intensiv einbezogen und zur aktiven Mitwirkung veranlasst.

- Aber auch die mittelbar Betroffenen, vor allem die Angehörigen, wurden, bis hin zur physischer Präsenz am Ort des Geschehens, einbezogen.

- Die Öffentlichkeit wurde über die Pläne und Maßnahmen und über den Ausführungsstand sowie die Erfolge und aufgetretenen Schwierigkeiten ständig informiert.

- Auch bei auftretenden Schwierigkeiten oder wenn sich versuchte Maßnahmen als nicht zielführend erwiesen hatten, wurde nicht aufgegeben, sondern das Aktionsprogramm weiterentwickelt und an die Erfahrungen angepasst.

Ähnlich zum Tragen kommen auf Wissenschaft gegründete Analysen und Maßnahmenprogramme auch in anderen Bereichen, so in der Medizin. Ratschläge und Behandlung sind erwünscht – aus einsichtigen, im Wunsch nach Aufrechterhaltung der Lebensqualität liegenden Gründen. Bei der Akzeptanz verwaltungswissenschaftlicher Analysen und Reform- oder Modernisierungsprogramme für das öffentliche Handeln in Staat und Verwaltung jedoch scheinen die Dinge so einfach nicht zu liegen. Ein Beispiel bieten die seit über zwanzig Jahren vorgebrachten und hierzulande wie im Ausland so intensiv wie wenige andere erörterten Vorschläge zu einem Public Management, also zu generellen Sollvorgaben für die Art und Weise öffentlichen Entscheidens. So wie ein Netzplan ein, weithin angewandtes, Sollmodell für die Einzelaktivitäten bei einen Brückenprojekt darstellt, ist Public Management als eine Vorgabe, eine Menge von Regeln, Anweisungen und Schulungen zu verstehen, die den Freiraum konkreter Einzelentscheidungen in einer Gebietskörperschaft oder Behörde in einer Weise einengen soll, die zu einer besseren Erfüllung der öffentlichen Aufgaben beiträgt. Ob dieses Konzept Erfolge, ja überhaupt eine Daseinsberechtigung hat, ist umstritten. Dass Sollkonzepte nicht voll umgesetzt werden, wäre allerdings auch nichts grundlegend Neues. Gerichte, Rechnungshöfe oder Kirchen werden nicht abgeschafft, obwohl ihr ständiges Mahnen keineswegs immer gehört und befolgt wird. Gesetze oder Gebote erübrigen sich nicht dadurch, dass sie immer wieder übertreten werden. Im Folgenden wird der Beeinflussung öffentlichen Handelns durch Managementmodelle nachgegangen, wobei die vorgenannten Rettungsaktionen als Hintergrund dienen sollen.

II. Ein wissenschaftstheoretischer Blick auf das Fallbeispiel

Wenn man unsere Fallstudie wissenschaftstheoretisch betrachtet, liegt hier, neben anderen Faktoren, ein Beispiel gelungenen Zusammenwirkens empirischer und gestaltender Wissenschaft vor.

Wissenschaft leitet ihre Daseinsberechtigung daraus ab, dass unser Wissen über Strukturen und Funktionen der Welt ebenso unvollkommen ist wie unsere Zufriedenheit mit ihren Zuständen unterschiedlich. Unser Wissen über die Welt ist unvollkommen, weil der Stand wissenschaftlicher Erkenntnis immer nur ein vorläufiger sein kann, jederzeit durch neue Phänomene zu widerlegen oder zu erweitern (so der Kritische Rationalismus[1]). Unsere Zufriedenheit mit den Zuständen der Welt ist unterschiedlich, je nachdem, ob wir uns als Personen und Gruppen von ihnen benachteiligt oder begünstigt fühlen. Strukturen und Funktionen sowie im Gefolge Zustände der Welt verändern zu wollen, erscheint somit je nach Betroffensein als ein zu förderndes oder als ein zu verhinderndes Unterfangen. Will man sich mit existenten, aber als unzureichend empfundenen Zuständen der Welt nicht abfinden, gleichwohl aber utopische Verbesserungsbemühungen vermeiden, muss man beide Wissenschaftsrichtungen bemühen, die empirische und die gestaltende, und beim Ausdenken besserer Welten möglichst viel Wissen über die Wirklichkeit einbeziehen. Wissenschaft assistiert dabei den legitimierten Akteuren, die über zu verfolgende Ziele und Maßnahmen entscheiden.

Wissenschaft steht somit vor zwei Aufgaben: Wirklichkeit immer besser verstehen helfen – das Feld empirischer Aussagen über das Sein, und Wirklichkeit immer besser gestalten helfen – das Feld praxeologischer Aussagen über das Sollen. Auf beiden Feldern geht es um die Beziehungen zwischen drei Aspekten: zu beobachtende Phänomene P, diese auslösende Ausgangslagen oder Antecedenzbedingungen A und den Zusammenhang beider erklärende Hypo-

---

[1] Vgl. *Karl R. Popper*, Die Logik der Forschung, 10. Aufl., Tübingen 2002 sowie *Hans Albert*, Probleme der Theoriebildung, in: derselbe (Hrsg.), Theorie und Realität, Tübingen 1964, S. 3 ff.

thesen H (bei deren hinreichender Bewährung: Theorien)[2]. Ziel einer erklärenden Variante empirisch-theoretischer Wissenschaft ist die Ableitung von Hypothesen, die ein zu beobachtendes Phänomen als Folge einer festgestellten Ausgangslage erkennen. In einer prognostischen Variante ist die empirisch-theoretische Wissenschaft bemüht, aus einer Ausgangslage, verbunden mit geltenden Hypothesen, ein zu beobachtendes Phänomen vorauszusagen. Beide Varianten befassen sich also mit der Wirklichkeit.

Diese Ebene wird nun allerdings verlassen, wenn wir uns einer dritten Beziehung zwischen P, A und H zuwenden, der Gestaltung. Mit dem Bemühen, eine Ausgangslage A zu finden, die als Folge geltender Hypothesen H ein gewünschtes zu beobachtendes Phänomen P erwarten ließe, begeben wir uns auf das Feld praxeologischer Aussagen. Hier ist jetzt etwas Wichtiges zu beachten: Eine nur tautologische Umkehrung empirischer Beziehungen zwischen P, A und H reicht einer wissenschaftlich untermauerten Gestaltung nicht aus. Über die existente Wirklichkeit soll ja gerade hinausgegangen, eine bessere gestaltet werden. Ergo ist der Bedingungsrahmen zu verlassen, der die vorfindlichen, nun zu verbessernden Zustände zur Folge hatte. „Aus Seinssätzen folgen keine Sollenssätze", so David Hume, oder José Ortega y Gasset: „Die Vergangenheit kann uns nicht sagen, was wir tun, wohl aber was wir lassen müssen." Die Gestaltung braucht einen anderen gedanklichen Kontext als den, der empirisch zur ja gerade zu behebenden „Notlage" geführt hatte. Von der Zukunft her ist zu denken und nicht von einer weiterreichenden Dominanz der Vergangenheit auszugehen. Wo wollen wir hin? Das angestrebte Phänomen ist dabei zunächst einmal ein erwünschter Sollzustand, eine Vision. Sie weitet aber den Blick auf in Betracht kommende, etwa durch wissenschaftlich-technischen Fortschritt neu entstandene Antecedenzbedingungen, die geschaffen werden können und sollten, sofern die zugehörigen empirischen Hypothesen erwarten lassen, dass die Vision so Wirklichkeit werden kann. Die gestaltende Wissenschaftsrichtung ruft damit zu Interdisziplinarität und zur Optimierung unter den möglichen zu schaffenden Ausgangslagen auf. Die Erkenntnisse der empirisch-theoretischen Wissenschaft sind dabei wie ein Werkzeugkasten heranzuziehen, um die Machbarkeit der Vision und gegebenenfalls ihre bestmögliche Umsetzung zu gewährleisten.

Der Dreh- und Angelpunkt, die Schnittstelle zwischen empirisch und gestaltend, verdient somit große Aufmerksamkeit. Welche Zusammenhänge bestehen zwischen Sein und Sollen wirkungsvollen Handelns, zwischen Tradition und Innovation? Wo sind Sollensanforderungen durch gleichsam „genetische" Prädispositionen der Seinswirklichkeit begrenzt? Wie müssten realistische und dif-

---

[2] Dazu *Carl G. Hempel / Paul Oppenheim*, Studies in the Logic of Explanation, in: Herbert Feigl et al. (eds.), Readings in the Philosophy of Science, New York 1953.

ferenzierte Sollvorgaben geplant und umgesetzt werden, damit sie nicht utopisch bleiben? Sind sich die verschiedenen Wissenschaftskonzeptionen – erklärend hier, gestaltend dort – ihrer Unterschiede überhaupt bewusst, oder besteht zwischen beiden eine Kluft? Wie müssten sie zusammenarbeiten?

Bei der Abbildung der Entscheidungssituation darf die Modellabstraktion (durch „ceteris paribus" - Klauseln der Ökonomen oder „es sei"- Annahmen der Mathematiker) nicht zu weit getrieben werden. Zwar abstrahiert jedes Modell notwendiger Weise, weil eine 1:1-Abbildung keinerlei Orientierung böte. Aber für die Voraussage des Systemverhaltens wichtige Größen dürfen nicht ausgeblendet werden. Systemtheoretisch ist ein geschlossenes System zu suchen, definiert durch „die Grenze, die die kleinste Anzahl von Komponenten umschließt, innerhalb derer das zu untersuchende dynamische Verhalten erzeugt wird".[3] Das ist geradezu die typische Aufgabe der gestaltenden Wissenschaftsrichtung, dass alle für eine bestimmte Situation maßgeblichen Einflussfaktoren erkannt und einbezogen werden. Immanuel Kant: „Die Theorie kann unvollständig und die Ergänzung derselben vielleicht nur durch noch anzustellende Versuche und Erfahrungen geschehen, von denen der aus seiner Schule kommende ... Kameralist sich neue Regeln abstrahieren und seine Theorie vollständig machen kann und soll."[4]

Der „Werturteilsstreit"[5] hat bewusst gemacht, dass bei der Gestaltung die Zielvorgaben selbst außerwissenschaftlich sind, etwa von autorisierten Führungskräften stammen müssen, so wie der gesamte situative Kontext nur von den Praktikern geliefert werden kann, während zur Zielerreichung gleichwohl möglichst wissenschaftlich begründete Handlungsempfehlungen zu erarbeiten sind. Wissenschaftler und Anwender tun also grundlegend verschiedene Dinge. Aufgabe der Handlungsempfehlungen aussprechenden Wissenschaftler ist es auch, diesen Zusammenhang deutlich zu machen und sich selbst zurück zu nehmen, weil nur der Anwender seinen Kontext hinreichend genau kennen kann.

Wissenschaftstheoretischen Zusammenhänge, insbesondere am Dreh- und Angelpunkt zwischen empirischen und gestaltenden Aussagen, sind im betrachteten Beispielsfall offensichtlich erfolgreich beachtet worden. Sie werden sich auch für die Bewertung von Public Management als wichtig erweisen.

---

[3] *Jay W. Forrester*, Grundzüge einer Systemtheorie, Wiesbaden 1972, S. 88.

[4] *Immanuel Kant*, Über den Gemeinspruch Das mag in der Theorie richtig sein, taugt aber nicht für die Praxis, zitiert aus dem Bonner Kant-Korpus, Zugriff am 3.2.2011 unter http://korpora.org/kant/aa08/275.html.

[5] Dazu *Alois Riklin*, Verantwortung des Akademikers, St. Gallen 1987.

III. Gegenwärtige Herausforderungen für Staat und Verwaltung und Public Management als mögliches Handlungsprogramm

Besteht auf dem Feld von Staat und öffentlicher Verwaltung eine im Grundsatz dem Chile-Beispiel analoge Lage, die ein Aktionsprogramm erfordert? Diese Frage wird überwiegend mit Ja beantwortet. Denn die öffentliche Hand hierzulande steht vor gewaltigen Herausforderungen, wenngleich sich versteht, dass diese weniger zeitkritisch und dramatisch sind als im Bezugsbeispiel. So kristallisiert sich der Aufbau von Gewährleistungsarchitekturen angesichts der Abhängigkeit der Einzelnen von einer immer komplexeren Welt als wichtige Staatsaufgabe heraus; Finanzprodukte, Lebensmittel, medizinische Behandlungen, innere und äußere Sicherheit oder Verkehrsmittel sind Beispiele, wie sich der Einzelne in unserer hochgradig arbeitsteiligen und global vernetzten Welt auf andere verlassen können muss und auf zuverlässige Kontrollen unter Aufsicht des Staates setzt. Der globale Standortwettbewerb und der technische Fortschritt bedeuten gravierende Umwälzungen für die Beschäftigten, worauf die Arbeitswelt, aber auch das Bildungssystem für eine entsprechende Qualifizierung eingestellt werden müssen. Der Altersaufbau der Bevölkerung belastet die Sozialsysteme, bedeutet aber auch neue Chancen für den Arbeitsmarkt, wenn es gelingt, zur Deckung des wachsenden Bedarfs an unersetzbarer menschlicher Fürsorge umzuschichten. Die Globalisierung verstärkt Migration und Integrationsaufgaben. Der informationstechnologische Fortschritt hat mittlerweile zu einer hyper-vernetzten Welt geführt; immer mehr Bürger und Institutionen sind per Computer und Mobiltelefon mit dem Internet und untereinander verbunden, so dass immer mehr Menschen zeitgleich über das Geschehen irgendwo auf der Welt informiert sind; damit können auch – über den Stand an eGovernment weit hinaus – zusammengehörende Verwaltungsprozesse mit dem Ziel größerer Leistungsfähigkeit und Wirtschaftlichkeit der Behörden integriert werden[6]. Und nicht zuletzt: Die Wertvorstellungen der Bürger wandeln sich, denkt man an die deutlich vorgetragenen Forderungen nach Transparenz des Verwaltungshandelns, Beteiligung, Beachtung ökologischer Zusammenhänge oder Dienstleistungsorientierung.

Schon diese grobe Skizze zeigt, dass die Welt des Sozialen und damit auch der uns interessierende öffentliche Sektor stärker als die Welt der Naturgesetze voller relativ kurzfristiger Veränderung ist. Außerdem ist zu beachten, dass sich naturgemäß auch in Wirtschaft, Wissenschaft und Zivilgesellschaft ein rascher Wandel vollzieht, der von einem zurückhängenden öffentlichen Sektor nicht gebremst werden darf. Auch für das öffentliche Handeln gilt somit, dass nichts so gut ist, dass es nicht noch besser werden könnte. Mit neuen Sollvorstellun-

---

[6] Dazu auch *Utz Schliesky*, Der überforderte Phönix, in: Frankfurter Allgemeine Zeitung vom 8. Oktober 2009.

gen bezüglich der Problemlösungsfähigkeit und -geschwindigkeit der öffentlichen Hand ist zu rechnen – angesichts von Finanz- und Bankenkrisen[7], Lebensmittelskandalen, Pisa-Studien, Cyberattacken, Leistungsdefiziten und pathologischen Befunden der Rechnungshöfe, nur zögerlicher Umsetzung informationstechnologischer Potenziale oder der durch „Draufsatteln" weiter wachsenden Staatsschulden zumal.

Die Public Management-Bewegung sah geeignete Handlungsprogramme für ein wirkungsvolles öffentliches Handeln in den empirischen Erfahrungen mit Strukturen in den anderen gesellschaftlichen Sektoren neben dem Staat, vor allem in der Wirtschaft. Bemühen wir wieder das Hempel/Oppenheim-Schema, so lässt sich das Phänomen P „hohe Problemlösungsfähigkeit, schnelle Anpassung an neue Bedingungen und Herausforderungen, hohe Innovationsfähigkeit mit Blick auf Produkte, Herstellungs- und Vertriebsprozesse, rasches Eingehen auf sich äußernde Bedarfslagen, hohes Kostenbewusstsein usw. in der Wirtschaft" unter anderem erklären mit Antecedenzbedingungen A wie „Unternehmen als relativ kleine und autonome Organisationseinheiten, hohe Selbstverantwortung der Leitungsinstanzen, Konkurrenz und Wettbewerbsdruck oder Sanktionen bei Nichtanpassung an neue Herausforderungen".

Die Vermutung, dass die Hypothese H „wenn A, dann P" auch im öffentlichen Sektor Anwendung finden könnte, ist also erkennbar durch Neoliberalismus und Institutionenökonomik geprägt. Ein Paradigmenwechsel vom Weberschen Bürokratiemodell mit seiner (unverzichtbaren) Betonung von formaler Rationalität und Normsubsumtion zu Public Management mit einem Schwerpunkt auf ökonomischer und politischer Rationalität und Normsetzung war durchaus beabsichtigt, geleitet von der Vorstellung, dass es heute weniger darum geht, den Menschen mit ausgefeiltem Regelapparat in den Griff zu bekommen als die Umweltdynamik *durch* den Menschen. Allerdings ist dabei höchst wesentlich, im Auge zu haben, dass a) Paradigmenwechsel, richtig verstanden[8], ausgesprochen lange dauern können, b) bewährte Bestandteile eines Paradigmas beim Übergang auf ein anderes durchaus „aufgehoben" werden[9]

---

[7] *Horst Köhler* in seiner „Berliner Rede" vom 24. März 2009: „Viele…warnten vor dem Risiko einer Systemkrise. Doch es wurden die Warnungen nicht aufgegriffen. Es fehlt der Wille, das Primat der Politik über die Finanzmärkte durchzusetzen."

[8] Sie bedeuten ja ebenso wenig das Umlegen eines Schalters wie Quantensprung für große Sprünge steht. Vgl. *Thomas Kuhn*, Die Struktur wissenschaftlicher Revolutionen, 3. Auflage, Frankfurt am Main 1978 mit seiner klassischen Analyse der Schübe naturwissenschaftlicher Theoriebildung.

[9] *Georg Friedrich Wilhelm Hegel* hat auf die Bedeutung von „aufheben" als „bewahren" aufmerksam gemacht. Zur Weitergeltung Weberscher Grundsätze im Public Management vgl. vom *Verfasser,* Ein neues Paradigma für die öffentliche Verwaltung – Was Max Weber heute empfehlen dürfte, Speyerer Arbeitshefte 97, 1993, weiter ausge-

und c) die Beachtung des Verbots einer nur tautologischen Umkehr von empirischen Zusammenhängen zwischen P, A und H ein darauf gegründetes Handlungsprogramm A in seiner Gestalt erheblich beeinflussen kann.

Dies im Sinn, lässt sich Public Management so skizzieren: Entflechtung monolithischer Verwaltungen zugunsten überschaubarer Organisationseinheiten mit präzisem Auftrag und eigenem Handlungsspielraum (Center-Prinzip); damit ebenso Wettbewerb lancieren wie die Behörden auf Kernaufgaben konzentrieren, d.h. wenn nötig entschlacken bzw. privatisieren; durch Kontraktmanagement über Ziele und Ergebnisse der Organisationseinheiten verhandeln lassen, um immer wieder die Frage nach der Existenzberechtigung von Etatansätzen zu provozieren und öffentliche Mittel nur gegen Leistungsvereinbarung zu gewähren; dadurch frühzeitig zur Befassung mit gesellschaftlichen Problemen anregen, politische und administrative Führung stärker für Strategien, Ziele und Prioritäten interessieren (finale neben konditionaler Programmierung, „mehr steuern – weniger rudern"); dadurch Information und Wissenschaftsunterstützung einfordern, um mehr über Wirkungen, Nutzen und Ressourcenverbrauch der verantworteten Aktivitäten zu erfahren sowie zu Transparenz und Rechenschaftslegung gegenüber der Gesellschaft beizutragen[10]; Fach- und Ressourcenverantwortung möglichst in eine Hand geben, um einer Trennung von Denken und Handeln entgegenzuwirken und die Folgen eigener Entscheidungen auch am eigenen Budget spürbar zu machen[11]; durch Delegation von Kompetenzen Eigeninitiative, Kreativität und Motivation des öffentlichen Dienstes fördern, über formale Verantwortung für das Einhalten von Vorschriften hinaus zu materieller Verantwortung für die eigenen Ergebnisse und zu persönlich spürbaren Folgen des eigenen Verhaltens leiten[12]. Letztlich will Public Management somit bessere Voraussetzungen dafür schaffen, dass ein Infragestellen der laufenden öffentlichen Programme und der sie ausführenden Einheiten

---

arbeitet in: *Derselbe*, Die Krise als Chance, Wege innovativer Verwaltungen, Speyerer Forschungsberichte Nr. 139, 5. Aufl. 1995.

[10] 2010 hat der Deutsche Bundestag ein Gesetz über die Ausdehnung der Befugnisse des Normenkontrollrats auf den „gesamten Erfüllungsaufwand" von Gesetzen, also nicht nur für die entstehenden Berichtspflichten, damit begründet, dass erst eine „umfassende Kenntnis der Folgen, die ein Gesetz hat", eine bewusste und verantwortungsvolle Entscheidung der Rechtsetzungsorgane ermögliche.

[11] *Karl Popper*, Bemerkungen zu Theorie und Praxis des demokratischen Staates, Vortrag am 9. Juni 1988 auf Einladung der Bank Hofmann AG, Zürich, in München, hier S. 29, kritisierte „undemokratische" Bürokratien, die „unzählige Taschendiktatoren (enthalten), die praktisch nie für ihre Taten und Unterlassungen zur Verantwortung gezogen werden".

[12] Gerade hierin wird die entscheidende Motivationsvoraussetzung gesehen, sich der Gestaltung seines Zuständigkeitsbereichs deutlicher zuzuwenden als bei anderen Reformansätzen der Fall, die im Fordern neuer Verhaltensweisen stecken blieben, während mit Public Management das Eigeninteresse an „unternehmerischem" Verhalten beachtet werden soll.

an die Stelle linearen Fortschreibens tritt und treffsicher sowie mit geringst möglichem Aufwand auf Veränderungen in den globalen und nationalen Rahmenbedingungen reagiert werden kann.

IV. Erfahrungen mit Public Management

Lässt sich mit Blick auf Public Management als für den öffentlichen Sektor empfohlenes Handlungsprogramm dem Chile-Beispiel ähnlich sagen: Mission erfüllt? Die dahinter stehende Doppelfrage – kommt Public Management zum Einsatz, und erfüllt es die Erwartungen? – ist so leicht nicht zu beantworten.[13]

1. Evaluierungen – weder einfach noch eindeutig

Das liegt schon daran, dass, anders als im Bezugsbeispiel, die auf Public Management setzenden Behörden in aller Regel damit keine gezielte Öffentlichkeitsarbeit verbinden, die über Absichten, Schritte, Schwierigkeiten und Erfolge informierte. Ebenso selten werden bei den Stellen, die mit solchen Behörden zusammenarbeiten, Befragungen durchgeführt oder überhaupt Ressourcenverbrauch und Wirkungen dokumentiert, woraus auf den Erfolg geschlossen werden könnte. Anders wäre es, wenn mit computergestützter Normsetzung eines der eGovernment-Konzepte schon griffe, weil ein Rückkopplungskreis um sämtliche Schritte zwischen der Observation der diversen Regelungsfelder und der Evaluierung der Wirkungen getroffener Maßnahmen dann belastbare Daten lieferte. Es kommt hinzu, dass anders als im Bezugsbeispiel die Medien sich weit mehr für Verwaltungsskandale als für Verwaltungsmodernisierung interessieren.

Einer Evaluierung stellt sich zusätzlich in den Weg, dass die gestaltende Umsetzung des Handlungsprogramms Public Management ja nicht tautologisch erfolgen darf, sondern lagespezifisch die jeweils geltenden Zielvorstellungen und Restriktionen berücksichtigen muss.[14] Modernisierungskonzepte müssen als Komplexe verstanden werden, die, wie Computersysteme, viele Bestandtei-

---

[13] Mit Modernisierungsbilanzen befassen sich *Hans Peter Bull*, Fortschritte, Fehlschläge und Moden: eine Zwischenbilanz, in: Jan Ziekow (Hrsg.), Entwicklungslinien der Verwaltungspolitik, Baden-Baden 2007, S. 149-159; *M. Shamsul Haque*, Revisiting the Public Management, in: Public Administration Review, January/February 2007, S. 29-32; *OECD*, Modernising Government: The Way Forward, Paris 2005; *Jörg Bogumil / Stephan Grohs / Sabine Kuhlmann / Anna K. Ohm*, Zehn Jahre Neues Steuerungsmodell, Berlin 2007; *Hermann Hill*, NPM in Deutschland: Was bleibt? Was kommt? Erscheint in: Fabrice Larat / Joachim Beck (Hrsg.), Reform von Staat und Verwaltung in Europa – Jenseits von New Public Management?, u. a.

[14] Schon *Harvey Sherman*, It all depends, University of Alabama Press, 1966.

le haben, die aber selten alle an einer Stelle benötigt werden. Wenn also nur individuell Passendes identifiziert und zusammengestellt wurde, ist dies noch kein Scheitern der Reform.[15] Wirkliche Implementations- und Wirkungsforschung über Public Management-Ansätze in der Praxis müsste also zuerst die jeweilige Situation bzw. den gewählten Programmzuschnitt herausarbeiten, was wegen des Aufwands aber nur zu gern unterbleibt und durch Pauschalaussagen ersetzt wird. Da kommt es schon einmal vor, dass ein Aufsatz aus renommiertem Hause Reformmaßnahmen – hier Neuseelands – „analysiert", die schon fünf Jahre vorher und unter einer anderen Premierministerin als der im Artikel genannten umgestaltet wurden.[16] Zu Missverständnissen kommt es oft schon beim Begriff des Management[17], so wenn dieser in einem verengten, nur die administrativen und operativen Funktionen meinenden Sinne verwendet wird oder die Meinung vertreten wird, Management sei zwar etwas für Amts- und Kanzleichefs, nicht aber für Regierungs- und Ressortchefs. Befragt man allerdings die zuständige Disziplin, also die Betriebswirtschaftslehre, so hat sich eine umfassende Managementdefinition durchgesetzt.[18] Verstärkt dadurch, dass es in unseren hektischen Zeiten nicht möglich zu sein scheint, eine Zeitlang bei einem Begriff für eine Reform zu bleiben, kommt es zu immer neuen Wort-

---

[15] Deutlich *Immanuel Kant*, a. a. O., S. 276: „Indes ist doch noch eher zu dulden, dass ein Unwissender die Theorie bei seiner vermeintlichen Praxis für unnötig … ausgebe, als dass ein Klügling sie und ihren Wert für die Schule … einräumt, dabei aber zugleich behauptet: dass es in der Praxis ganz anders laute".

[16] Siehe E-Mail-Kommunikation auf dem International Public Management Listserv vom 20.-23. März 2004: *Fred Thompson* (Willamette University in Salem, Oregon) hatte auf ein Arbeitspapier von *Elaine Kamark* (Kennedy School of Government) aufmerksam gemacht, was *Tim Tenbensel* (University of Auckland) zu den Richtigstellungen veranlasste. Im Übrigen sei keineswegs, anders als in Australien und Englang, Privatisierung („market-testing") der Kern der neuseeländischen Reformen gewesen, sondern eine (übertriebene) Segmentierung des öffentlichen Sektors nach der „agency theory". Seit 1999 schon habe man dies aber aufgegeben zugunsten situationsgerechter Mischungen von Hierarchie, Markt und Netzwerken. *Richard Norman* (Victoria University, Wellington, Neuseeland) ergänzt, dass NPM ein deutliches Erbe hinterlassen habe, vor allem dezentralisierte Finanz- und Personalverantwortung, Entpolitisierung des öffentlichen Dienstes und Planungsroutinen.

[17] *Hans Peter Bull* ist zuzustimmen: „Im Grunde müsste die Bedeutung der jeweils benutzten Reformvokabel genau geklärt werden, ehe man über den Grad der Zielerreichung spricht". In: Fortschritte, Fehlschläge und Moden, a. a. O., S. 151.

[18] *Christoph Reichard* definiert Public Management als „zielorientierte Gestaltung und Lenkung des öffentlichen Sektors sowie der ihn bestimmenden organisatorischen Teileinheiten" (Verwaltung aus der Sicht der Managementlehre, in: Klaus König / Christoph Reichard (Hrsg.), Theoretische Aspekte einer managerialistischen Verwaltungskultur, Speyerer Forschungsberichte Nr. 254, 2007, S. 25–38, hier S. 26). Vgl. auch vom *Verfasser*, Die Krise als Chance, a. a. O. „Die in einer Institution wahrgenommene Managementfunktion besteht … darin, die Position einer Institution als offenes System in ihrer Umwelt zu erhalten oder zu verbessern", so der *Verfasser / Gerhard Reichmann*, Verwaltung und Führungskonzepte, Berlin 1978, S. 36.

schöpfungen, mit denen man den Belangen des öffentlichen Sektors besser gerecht werde, wie Governance, Public Value Management oder New Weberian State (NWS). Mit letzterer Wortschöpfung sollen über Max Webers Anliegen hinaus auch die Bürgerbelange sowie eine professionelle Kultur der Qualität und der Dienstleistungsorientierung berücksichtigt werden, die repräsentative Demokratie soll durch Bürgersichten ergänzt werden und Ergebnisse eine stärkere Rolle spielen, und der öffentliche Dienst soll nicht nur Bürokraten, sondern auch professionelle Manager enthalten[19] – eine grundlegende Kritik an Public Management erhellt daraus allerdings kaum. Man findet auch den Fall, dass Reformvorhaben, statt auf ihren lagespezifischen Kontext einzugehen, nach Art einer Karikatur „definiert" werden, um eine Strohpuppe zu haben, die man dann öffentlich verbrennen kann. Friedrich Nietzsche nannte das: ein „Ding hinter einem Busch verstecken, es ebendort wieder suchen und auch finden".[20] Insbesondere in wissenschaftlichen „communities" ist es zeitweise „in", gegen bestimmte Reformansätze zu sein, die man dann gern als „Reformrhetorik" abqualifiziert. An Geduld mangelt es oft ebenfalls. „Leider wissen wir noch viel zu wenig über solche Langzeitprozesse, weil es kaum wissenschaftliche Longitudinalstudien der systematischen Evaluation von Innovationen gibt."[21] Im Ergebnis müssten wir nach alledem eigentlich auf die Frage, ob sich Modernisierungsmaßnahmen mit Public Management bewährt haben, oft ehrlicherweise antworten: So genau wissen wir es nicht. Berichte über Scheitern oder Erfolge bedürfen selbst in der Regel einer Überprüfung auf Stichhaltigkeit.

2. Zum Anwendungsstand von Public Management

Bei aller Messungsschwierigkeit wird aber die Feststellung kaum auf Widerspruch stoßen, dass die Public Management-Bewegung weltweit eine langjährige, als bisher einmalig angesehene Diskussion über Reform und Modernisierung des öffentlichen Sektors ausgelöst hat. Man müsste sich wundern, wenn dieses Faktum spurlos an der Funktionsauffassung im öffentlichen Bereich vorüber gegangen wäre. Bürgernähe (Bürgerbüros), Transparenz (Internetauftritte), Produktbewusstsein (Leistungskataloge) und Wirtschaftlichkeitsdenken

---

[19] Vgl. *Christopher Pollitt / Geert Bouckaert*, Public Management Reform, Oxford 2004, z. B. S. 99 f.

[20] Vgl. *Friedrich Nietzsche*, Über Wahrheit und Lüge im außermoralischen Sinn,. in: *derselbe*, Gesammelte Schriften, Band 3, München, Wien 1977, S. 309–322, hier S. 316.

[21] *Rudolf Fisch / Dieter Frey / Lutz von Rosenstiel*, Innovationen in der öffentlichen Verwaltung Deutschlands sowie Erfolgsfaktoren und Stolpersteine bei Veränderungen in Verwaltungen, in: Neue Wege wagen, hrsg. von der Münchner Innovationsgruppe, Stuttgart 2009, S. 163–181, hier S. 170.

(verändertes Rechnungswesen) haben zugenommen.[22] Ohne den „frischen Wind" dieser Public Management-Diskussion sähe unser öffentlicher Sektor schlechter aus.

Es ist keineswegs so, dass die Praxis den Bedenkenträgern nachgegeben hätte.[23] Public Management wird nach wie vor als wichtiges Thema erachtet, sein Ansatz angewendet.[24] Für den Kommunalbereich mag dies aus einem Schreiben der Bundesvereinigung der kommunalen Spitzenverbände an die Ministerpräsidenten vom 16. Dezember 2008 hervorgehen: „Die Kommunalverwaltungen in der Bundesrepublik Deutschland gehören zu den Vorreitern der Verwaltungsmodernisierung. Von den rd. 14.000 Gebietskörperschaften befasst sich so gut wie jede intensiv mit der Reform ihrer Verwaltung, bis hin zu Budgetierungsansätzen, Kosten- und Leistungsrechnung und der Einführung eines doppischen Haushaltswesens."[25] Von den staatlichen Gebietskörperschaften sei nur Baden-Württemberg angeführt. Das 1999 per Ministerratsbeschluss eingeführte informationstechnik-gestützte NSI (Neue Steuerungsinstrumente) wird – nach kritischen Äußerungen des Landesrechnungshofs 2007 – bereichsspezifisch und mit folgendem Acht-Punkte-Programm letztlich als Public Management umgesetzt: Zielvereinbarungen, dezentrale Sachmittel- und Personalausgabenbudgetierung, ressortspezifische Kosten- und Leistungsrechnungen mit Führungsinformationssystemen, Leistungsprämie, produktorientierter Haushalt, Fördercontrolling und Querschnittsvergleich.[26]

Auch die Parteien betreiben ja nichts anderes als Management, wenn sie peinlich genau kontrollieren, wie sie bei Europa-, Bundes-, Landes- oder Kommunalwahlen bzw. Umfragen bei welchen Wählergruppen wegen welcher Argumente abschneiden, wenn sie gezielt die Auftritte ihrer Redner planen oder wie am überzeugendsten auf Vorstöße der Konkurrenz-Parteien zu reagieren ist. Und wenn Klaus König bei Koalitionsverhandlungen festgestellt hat, dass „das Ganze den Charakter einer Art Regierungsplanung annahm: mit flächen-

---

[22] *Hans Peter Bull*, Fortschritte, Fehlschläge und Moden, a. a. O., S. 153, kommt zu einem gar nicht so schlechten Urteil. Im Vortrag, der jener Publikation zugrunde liegt, führte er aus: „Ohne Neue Steuerung ist öffentliche Verwaltung nicht mehr vorstellbar".

[23] Wie stark die Public Management-Debatte sich hierzulande niederschlägt, sieht man an WiDut, einer Sammlung von Berichten über Reformansätze in Bund und Ländern, wo nicht weniger als 1/3 aller Eingänge zur „Neuen Steuerung" gehören. Dazu *Rudolf Fisch*, Führungskräfte als Modernisierer, ihre Vorstellungen, ihr Handeln, Speyerer Vorträge 87, Speyer 2007, S. 11.

[24] „The recent reforms have made public management in most OECD countries more efficient, more transparent and customer oriented, more flexible, and more focused on performance", OECD-Feststellung, zitiert nach *M. Shamsul Haque*, a. a. O., S. 31.

[25] Es geht in dem Schreiben um den beklagten Rückgang an verwaltungswissenschaftlichen Lehrstühlen.

[26] Vgl. *Gisela Meister-Scheufelen*, Wirkungsorientierte Steuerung, in: Behörden Spiegel, Januar 2009, S. 6.

deckenden Festlegungen der Sachpolitik, Aufgabenkatalogen Haushaltsansätzen, ... Fristsetzungen, Prüfungsaufträgen usw."[27], so wird man das durchaus als Public Management in der politischen Praxis bezeichnen können. Wenn der Außendruck groß genug wird, greift man also zu Management. Und schließlich deuten die Ausbildungsgänge in Public Management an Universitäten und Fachhochschulen im deutschsprachigen Raum auf das Interesse der Praxis an diesem Thema hin.

Schwerer tut man sich mit der Beantwortung des zweiten Teils obiger Doppelfrage: Hat sich mit Public Management die Lage des öffentlichen Sektors verbessert? Naturgemäß muss die Langfristigkeit in Rechnung gestellt werden. Die Praxis braucht Zeit für die Umsetzung der Konzepte, die von der Wissenschaft entwickelt werden. Diese sollte deshalb nicht nur antreiben und sich bei Ausbleiben sofortiger Erfolge schon wieder neuen Konzepten zuwenden, sondern sich mit gleicher Intensität bei der Umsetzung empirischer Erkenntnisse nützlich machen, wie das ja auch im Chile-Beispiel der Fall war. Und gerade weil der Fortschritt sich in der Regel kleiner Schritte bedient, braucht man einen Stern, ein Leitbild, auf das hin die Schritte zu setzen sind. Aber auch, was die unter II. skizzierte Lage des öffentlichen Sektors angeht, haben sich die genannten Problemlagen keineswegs erledigt. Entwarnung kann nicht gegeben werden, es bleibt beim Bedarf an Public Management.

3. Zum weiteren Umgang mit Public Management

Obwohl man einiges darüber weiß, was beim Aufeinandertreffen von Innovation und Tradition geschieht, bleibt die Heranziehung empirischen Wissens über die Veränderbarkeit der Welt oft hinter der Propagierung neuer Modelle zurück.[28] Hier sollte sich die Wissenschaft stärker einbringen. Andernfalls bleibt das „Licht, das die Erfahrung spendet, ... eine Laterne am Heck, die nur die Wellen hinter uns erleuchtet."[29] Würde man das empirische Wissen bei den Reformern und der beobachtenden Öffentlichkeit gezielt zur Kenntnis nehmen, wären übrigens auch Enttäuschungen bei (vermeintlichen) Fehlschlägen von

---

[27] *Klaus König*, Regieren als Management-Problem, in: Werner Jann / Klaus König (Hrsg.), Regieren zu Beginn des 21. Jahrhunderts, Tübingen 2008, S. 29-47, hier S. 35.

[28] *Rudolf Fisch*, Führungskräfte als Modernisierer, a. a. O., S. 16: „In den Modernisierungsdebatten tauchte so gut wie nichts von dem Wissen auf, das die Innovationsforschung...seit mindestens 50 Jahren...erarbeitet hat." Vgl. auch *Hans Peter Bull*, Rechtliche Möglichkeiten und Grenzen von Innovationen im öffentlichen Sektor, in: Rudolf Fisch / Dieter Beck / A. Müller (Hrsg.), Veränderungen in Organisationen, Wiesbaden 2008, S. 39-52.

[29] So der britische Philosoph *Samuel Coleridge*, zitiert nach *Barbara Tuchman*, Die Torheit der Regierenden, Frankfurt am Main 1992, S. 480.

Reformvorhaben vermeidbar. Wichtig ist also, die Sollensaussagen zu erden, damit sie nicht in Wolkenschieberei ausarten. Nach vorliegenden wissenschaftlichen Erkenntnissen zur Änderbarkeit des öffentlichen Handelns muss allerdings teils regelrecht gefahndet werden[30], denn auswertbare Sammlungen darüber liegen nicht vor. Hier gilt immer noch: „Verwaltungsreformen haben...gezeigt, dass ... der Nutzen wissenschaftlicher Unterstützung" davon abhängt, „inwieweit es gelingt, eine Verwaltungswissenschaft als Integrationswissenschaft zu entwickeln."[31] Damit fehlen auch die die integrierten Werkzeugkästen und Clearinghäuser für wissenschaftliche Erkenntnisse. Darüber hinaus fehlt es aber oft schon an genügend Zeit für die Vorbereitung von Modernisierungsmaßnahmen unter Beteiligung der Wissenschaften. Fraglich ist weiter, ob die Praktiker stets die „Einmischung" der Wissenschaft begrüßen bzw. die Wissenschaftler sich mit der Praxis einlassen wollen. Zu einer wissenschaftlichen Fundierung von Sollkonzepten kommt es aber nicht, wenn Praktiker den „Wissenschaftsschock" fürchten und Wissenschaftler den „Praxisschock"[32]. Wenn sich wissenschaftliche Berater nicht in die Seinswirklichkeit, in die zu gestaltende Realität hineinbegeben, um sie in ihren tatsächlichen Funktionsweisen und Determinanten möglichst gut kennen zu lernen, hat auch vorhandenes empirisches und praxeologisches Wissen kaum Chancen, angewendet zu werden.

Zum Wissensfundus über die öffentliche Hand gehört seit langem, dass diese der Gesellschaft eine besondere Art von Gütern und Dienstleistungen bereitstellt, nämlich öffentliche und meritorische Güter, die sich durch besondere Eigenschaften von privatwirtschaftlich angebotenen unterscheiden. Denn sie unterliegen weithin der Zwangsfinanzierung durch Steuern und Abgaben und meist auch dem Zwangskonsum durch gesetzliche Vorschriften. Eine Folge ist eine besondere Art der Beschlussfassung über diesen Teil der Güterversorgung[33], nämlich durch Parlamente. Die stellen aber keine Einheit dar, sondern setzen sich aus Regierungs- und Oppositionsfraktionen zusammen, für politische Vorhaben müssen also erst einmal Mehrheiten zusammen gebracht werden. Politiker müssen zunächst einmal an die Regierung gelangen bzw. in dieser verbleiben (also immer den Blick auf die Opposition haben), wollen sie, gewissermaßen erst in zweiter Linie, überhaupt in die Lage kommen, an Sach-

---

[30] Vgl. vom *Verfasser*, Neues Politik- und Verwaltungsmanagement: Leitbild und theoretische Grundlagen, in: H. Reinermann / F. F. Ridley / J-C. Thoenig, Neues Politik- und Verwaltungsmanagement in der kommunalen Praxis – ein internationaler Vergleich, Interne Studie Nr. 158/1998, Konrad-Adenauer-Stiftung, Sankt Augustin.

[31] *Klaus König*, Verwaltungswissenschaften und Verwaltungsreformen, Speyerer Forschungsberichte Nr. 14, Speyer 1979, S. 25.

[32] *Carl Böhret*, Vom Umgang mit der Wissenschaft, in: Verwaltung und Fortbildung 1985, S. 58-81, hier S. 79.

[33] Siehe dazu auch *Hans Peter Bull*, Vom Auf- und Abbau der Bürokratie, Vorträge aus dem Deutschen Forschungsinstitut für öffentliche Verwaltung, Nr. 1, Speyer 2005.

problemen arbeiten zu dürfen. Dies erschwert, dass sich Politiker vorrangig um die Sache kümmern. Sie werden vielmehr zuerst einmal durch die Parteienkonkurrenz in Anspruch genommen, befeuert durch ständig irgendwo stattfindende Wahlen, durch die Medien, durch Meinungsumfragen, „Bei uns ist ein Berufspolitiker im allgemeinen weder Fachmann noch Dilettant, sondern ein Generalist mit dem Spezialwissen, wie man politische Gegner bekämpft."[34] Hinzukommt das Politikerbemühen um das eigene Image und die persönliche Zukunft, was mit der Arbeit an der Sache konkurrieren kann. Es ist also eigentlich kein Wunder, dass die politischen Arenen oft eher einem im Licht der Medienöffentlichkeit stehenden Boxring gleichen, in dem es mehr zur Sache als um die Sache geht. Angesichts dieses auch durch die Verfassung untermauerten Sachverhalts ist es durchaus erstaunlich, dass dessen Folgen für das öffentliche Handeln immer wieder verkannt werden und die von Renate Mayntz so genannten „Problemlösungs-Vorurteile"[35] so weit verbreitet sind. Für Public Management hat dies aber Konsequenzen, so etwa, dass unpopuläre Entscheidungen immer wieder aufgeschoben werden[36], dass die angestrebte Transparenz unter diesen Umständen nicht immer willkommen sein kann, weil man überprüfbar und angreifbar wird, der Opposition jedoch keine Abhakliste liefern will, aber auch, weil Erwartungen in der Öffentlichkeit geweckt werden könnten, die sich später nicht erfüllen lassen. Allein durch das Spezifikum der Parteienkonkurrenz wird also der Spielraum für praxeologische Umsetzungen von Public Management in typischer Weise geformt.

Damit hängt eine weitere Erfahrung zusammen, nämlich dass „eine möglichst große Zahl verschiedener kleiner Schritte ... dem einzigen großen Sprung nach vorn eindeutig vorzuziehen (ist), weil sie das ganz große Risiko vermeidet, vor allem aber, weil sie den unmenschlichen Zwang von uns nimmt, uns um den Preis des Gattungsmenetekels nicht irren zu dürfen".[37] Nach Guy Kirsch hat die Schweiz die Überzeugung „res publica semper reformanda" bes-

---

[34] *Richard von Weizsäcker*, Gespräch mit Gunter Hofmann / Werner A. Perger, Frankfurt am Main 1992, S. 155.

[35] *Renate Mayntz*, Zur Selektivität der steuerungstheoretischen Perspektive, Working Paper 1/2 des Max-Planck-Instituts für Gesellschaftsforschung, Mai 2001, S. 5.

[36] Hierzu *Roman Herzog* (in der 54. Ergänzungslieferung zum Grundgesetzkommentar von *Mauntz / Dürig* zu den Artikeln 54–61): Wenn „Bundestag und Bundesregierung solche langfristigen, oft unpopulären Themen nicht hinlänglich behandeln können (oder wollen)", müsse es „wenigstens ein Staatsorgan geben, das sie in die öffentliche Diskussion bringt", und das könne „faute de mieux nur der Bundespräsident sein".

[37] *Bernd Guggenberger*, Zwischen Postmoderne und Präapokalyptikon: Zurück in die Zukunft oder Nach uns die Maschine? Zur Dialektik von Arbeitsorganisation und Daseinsgestaltung, in: Peter Sloterdijk (Hrsg.), Vor der Jahrhunderttausendwende: Berichte zur Lage der Zukunft, Zweiter Band, Frankfurt am Main 1990, S. 598.

ser verinnerlicht als Deutschland.[38] Dass auch mit kleinen Schritten große Prioritätsverschiebungen zu erreichen sind, zeigt ein Blick auf das unterschiedliche Wachstum zweier gleich hoher Anfangsbeträge bei unterschiedlich festgesetzten Zinssätzen. Um die kleineren Schritte einer solchen, weniger ambitioniert daher kommenden Veränderungsstrategie nicht wahllos setzen zu müssen, bedarf es dann aber doch wieder der Soll-Größe. eines Leitbildes. Public Management, richtig verstanden, kann ein solches sein.

Eine weitere Erfahrung ist, dass gravierende Veränderungen „schleichend" unter Sachzwängen Platz greifen können[39]. Leopold von Ranke: „Der Fortschritt ist wie ein Strom, der sich auf seine eigene Weise den Weg bahnt." Ein anschauliches Beispiel bietet die Umsetzung informationstechnischer Innovationen als Teil von Public Management, zurzeit eGovernment genannt. Auslöser ist die grundlegend neue jederzeitige elektronische Erreichbarkeit von Personen, Daten, Software und Geräten an jedem Ort der Welt. Zu den Sachzwängen gehören Druck aus Bürgerschaft und Wirtschaft, wo die Internettechnologien helfen können, bisher empfundene Fesseln traditioneller Medien abzuwerfen, etwa was Verwaltungstransparenz oder Aufgabenbündelung anbelangt. Sachzwänge gehen auch von den Mitarbeiterinnen und Mitarbeitern aus, die ihre Arbeitsabläufe am allerbesten kennen und die neue Erreichbarkeit für Verbesserungen nutzen wollen (wie im Chile-Beispiel ist schon deshalb die Einbeziehung der Betroffenen von ausschlaggebender Wichtigkeit). Die erwähnten neuen staatlichen Gewährleistungsaufgaben offenbaren weitere Sachzwänge, ebenso die derzeitige Finanzlage in den öffentlichen Haushalten, die vermutlich für die nächste Zeit kostensparende Verwaltungszusammenarbeit und Verwaltungsstraffung im Rahmen von eGovernment hoch bewerten lässt. Sachzwänge gehen weiter von den ebenso wenig ausbleibenden wie vorhersagbaren Folgeinnovationen im Informationstechnikkomplex aus (man denke nur an die drahtlose Kommunikation über Mobilfunk oder W-LAN) sowie von Art und Zeitpunkt nötiger Komplementärinnovationen durch die Wirtschaft (so die Entwicklung neuer elektronischer Dienstleistungen) und durch den Staat (etwa die Bereitstellung von informationstechnischen Infrastrukturen oder Rechtsgrundlagen).

Alles in allem zeigt sich auch am eGovernment, wie stark Soll-Modelle in ihrer Umsetzung durch die Wirklichkeit, das Sein, geprägt werden – als lang-

---

[38] *Guy Kirsch / Klaus Mackscheidt*, Zum Gelingen und Misslingen von Wirtschaftsreformen, in: Stefan Brink / Heinrich Amadeus Wolf, Gemeinwohl und Verantwortung, Berlin 2004, S. 121–134, hier S. 128.

[39] „Die breiten Prozesse sozialer Anpassung an die geänderten Verhältnisse der Demokratisierung, Industriealisierung, Technisierung, Verstädterung usw. ... greifen in manchem tiefer als die politisch intendierten und gesteuerten Umstellungen von Staats wegen." *Klaus König*, Verwaltungswissenschaften und Verwaltungsreformen, a. a. O., S. 22.

wieriger, nur schwer voraussehbarer Prozess der Interaktion technischer und sozialer Innovation unter Sachzwängen[40]. Wenn die Praxis so schnell nicht mitkommt, wird eGovernment dadurch nicht falsch und bedarf schon gar nicht eines neuen feschen Begriffes; die Frage, was nach eGovernment kommt[41], erübrigt sich im laufenden Paradigma noch.

Es gibt derzeit einige Anzeichen dafür, dass neue Sachzwänge zur Umsetzung von Public Management dadurch hinzukommen, dass die (Wähler-) Öffentlichkeit eine wirkungsvollere und schnellere Lösung von Problemen mit größerem Nachdruck und mit größeren Einflussmöglichkeiten als bisher fordert. Damit könnte ein systemkonformer Druck auf die Politik ausgeübt werden, wie er auch bei Parteien und Regierungskoalitionen zu Management führt. So verschiedene Phänomene wie das Abschalten des Internet durch autoritäre Regime oder die Proteste um „Stuttgart 21" zeigen auf, dass inzwischen das Social Web einmal die Verbreitung von Wissen außerordentlich stark beschleunigt (man spricht vom Entstehen „kollektiver Intelligenz") und zum andern eine druckvolle Organisation von Protest unterstützt. Damit werden Ansätze wie die der Peter G. Peterson Foundation ergänzt, die durch Öffentlichkeitsarbeit das Bewusstsein der Wähler für die Notwendigkeit unangenehmer politischer Entscheidungen (Beispiel: Abbau der Staatsschulden) stärken und zu entsprechenden Forderungen an die Politik beitragen wollen.[42] Die Spielräume für Public Management werden insoweit verbreitert.

Auf weiteres empirisches Wissen wäre einzugehen, so zum Änderungsmanagement, mit dem Versuche mit Public Management zu begleiten sind. So wichtig dieses ist, wird es doch oft vernachlässigt. Etwa moniert der Bundesrechnungshof, dass die Bundesverwaltung Veränderungsvorhaben zu schlecht plant und organisiert, und muss – 2009 – entsprechende Vorschläge für einen vom Bundesinnenministerium zu erstellenden Praxisleitfaden machen.

Begnügen wir uns jedoch abschließend mit einigen Ausführungen zu Paradigmenwechseln. Es gehört zum Fundus empirischen Wissens, dass diese lange dauern können. Thomas Kuhn hat gezeigt, dass über dem Wechsel von Weltbildern und Denkgewohnheiten sogar in der Naturwissenschaft Jahrzehnte vergehen können, und Max Planck bemerkt rückblickend auf seine wissenschaftliche Laufbahn: „Eine neue wissenschaftliche Wahrheit pflegt sich nicht in der

---

[40] Wie im Chile-Beispiel könnte auch bei Modernisierungsvorhaben ein durch strikte Terminvorgaben ausgelöster Zeitdruck Sachzwang ausüben.

[41] *Sayeed Klewitz-Hommelsen / Hinrich Bonin*, Die Zeit nach dem E-Government, Münster 2005.

[42] http://www.pgpf.org (abgerufen am 11.2.2011). Auch die Hoffnung *Barbara Tuchman*s (a. a. O., S. 485) :„Vielleicht sollte man vor allem die Wähler erziehen, Integrität und Charakter (der Politiker) zu erkennen und zu belohnen", findet heute Nahrung im Social Web.

Weise durchzusetzen, dass ihre Gegner überzeugt werden und sich als belehrt erklären, sondern vielmehr dadurch, dass die Gegner allmählich aussterben und dass die heranwachsende Generation von vornherein mit der Wahrheit vertraut gemacht ist." Entsprechend muss man dem Ansatz des Public Management mehr Zeit geben. Das schließt allerdings nicht aus, dass innerhalb dieses Paradigmas Justierungen aufgrund von Umsetzungserfahrungen vorzunehmen sind. Und irgendwann kann natürlich auch für Public Management der Wechsel zu einem neuen Paradigma anstehen, denn Paradigmen fügen sich ihrerseits in den Zeitstrom mit seinen Sachzwängen ein.

Hermann Hesse hat gemahnt „Damit das Mögliche entsteht, muss immer wieder das Unmögliche versucht werden." Bei Fehlschlägen nicht gleich aufzugeben, auch das kann man vom Chile-Beispiel lernen. Das Ziel eines wirkungsvollen öffentlichen Sektors rechtfertigt die Anstrengung des Public Management. Wie gezeigt, ist dabei das Verbot der tautologischen Umkehr empirisch-wissenschaftlicher Erkenntnisse in praxeologische Handlungsempfehlungen wesentlich und stets die Situationsspezifik des Herangehens zu bedenken. James March: „Wenn sich ein Katze einmal auf eine heiße Herdplatte gesetzt hat, tut sie das nie wieder – und das ist richtig. Aber sie setzt sich auch nie wieder auf eine kalte – und das ist nicht richtig." [43] Negative Erfahrungen mit Public Management an einer Stelle müssen in einem anderen Kontext nicht auftreten und sind somit kein Grund, auf eigene Bemühungen zu verzichten.

---

[43] *James March,* Gespräch mit *Diane Coutu,* in: Harvard Businessmanager, Heft 2/2007.

„Ich weiß nicht, was ich gesagt habe,
bevor ich nicht die Antwort des anderen darauf gehört habe."

Norbert Wiener

Systemtheorie als sozialtheoretische Grundlage der Verwaltungslehre

Arno Scherzberg*

Die folgende Darstellung erläutert anhand von Leitfragen einige zentrale Aspekte der Systemtheorie und stellt deren Nutzen als theoretische Grundlage für die Bearbeitung verwaltungswissenschaftlicher Fragestellungen dar. Sie knüpft dabei an die von *Niklas Luhmann* vorgelegte Konzeption der Systemtheorie an und berücksichtigt einige Vorschläge zu deren Weiterentwicklung.[1]

I. Wozu dient die Systemtheorie?

1. Die Systemtheorie ist eine deskriptive, keine normative Theorie.[2]

„Moderne Systemtheorien [sind eine] [.] Form gesamtgesellschaftlicher Analyse".[3] Dabei geht es „um die seit Parsons nicht mehr gewagte Formulie-

---

* Meinem ehemaligen Mitarbeiter, Herrn PD Dr. Stephan Meyer, danke ich für sorgfältige vorbereitende Recherchen, Herrn Kollegen Prof. Dr. André Brodocz für kritische Anregungen.

[1] Eine allgemeine Einführung in die Systemtheorie ist mit den folgenden Ausführungen also nicht beabsichtigt. Hierfür wird auf geeignete Grundlagenliteratur verwiesen, vgl. etwa *Helmut Willke*, Systemtheorie, Bd. 1, 7. Aufl. 2006, Bd. 2, 4. Aufl. 2005, Bd. 3, 3. Aufl. 2001; *Frank Becker/Elke Reinhardt-Becker*, Systemtheorie, 2001; *Walter Reese-Schäfer*, Luhmann zur Einführung, 5. Aufl. 2005; *Christina Huber*, Systemtheorie, sozialwissenschaftlich: Luhmann, in: Detlef Horster/Wolfgang Jantzen (Hrsg.), Wissenschaftstheorie, 2010, S. 179 ff.

[2] Vgl. *Niklas Luhmann,* Soziale Systeme: Grundriß einer allgemeinen Theorie, 4. Aufl. 1994, S. 30.

[3] *Niklas Luhmann*, Moderne Systemtheorien als Form gesamtgesellschaftlicher Analyse, in: Jürgen Habermas/ders. (Hrsg.), Theorie der Gesellschaft oder Sozialtechnologie – was leistet die Systemforschung?, 1971, S. 7 (7).

rung einer fachuniversalen Theorie",[4] um eine „theoretisch fundierte Beschreibung der modernen Gesellschaft", die sich selbst als eine Operation ihres Gegenstandes betrachtet und einbezieht.[5]

2. Die Systemtheorie ist eine konstruktivistische Theorie.[6]

Die Systemtheorie analysiert soziale Prozesse und Strukturen und deutet sie als System. Der *Luhmannsche* Systembegriff knüpft dabei nicht an die Unterscheidung von Ganzem und seinen Teilen an, sondern an die Differenz von Innen und Außen.[7] Entscheidend für die Ausbildung eines Systems ist mithin seine Abgrenzung gegenüber einer (systemrelativen) Umwelt. Die Entscheidung für die System/Umwelt-Differenz als Ausgangsunterscheidung beruht aber nicht auf einer ontologischen Behauptung. Vielmehr wären auch andere theoretische Ausgangsunterscheidungen möglich, die andere Aspekte der „gesellschaftlichen Wirklichkeit" erkennbar werden ließen.[8] Für die Wahl der System/Umwelt-Differenz maßgeblich ist vielmehr das Erkenntnisinteresse der Systemtheorie.

3. Das Erkenntnisinteresse der Systemtheorie richtet sich auf die sozialen, nicht dagegen die physischen oder psychischen Voraussetzungen gesellschaftlicher Problembewältigung. Sie macht damit emergente soziale Phänomene sichtbar.[9]

Die Systemtheorie sucht nicht ein Verständnis des Ganzen aus der Betrachtung seiner Elemente zu gewinnen. Vielmehr geht es ihr um eine Betrachtung der Funktion, Struktur und Wirkung eines Ganzen, aus der dann auch die zugehörenden Komponenten definiert und verstanden werden können. „Das, was

---

[4] *Luhmann* (Fn. 2), S. 10.

[5] *Niklas Luhmann*, Die Gesellschaft der Gesellschaft I, 2. Aufl. 1999, S. 16 f., 22.

[6] Konstruktivistisch ist bereits die Einführung des Systembegriffs bei *Luhmann* (Fn. 2), S. 30: „Die folgenden Überlegungen gehen davon aus, daß es Systeme gibt". Dazu *Fritz B. Simon*, Radikale Marktwirtschaft, 5. Aufl. 2005, S. 34; *Stefan Jensen*, Erkenntnis – Konstruktivismus – Systemtheorie, 1999, S. 375 ff.; zur Auseinandersetzung *Luhmanns* mit dem Konstruktivismus vgl. *Niklas Luhmann*, Soziologische Aufklärung 5, 4. Aufl. 2009, S. 21; ferner *ders.*, Die Gesellschaft der Gesellschaft, Band I S. 34, 156, Band II S. 1119 f.; *ders.*, Beobachtungen der Moderne, 2. Aufl. 2006, S. 73 f.; mithin wird nicht die Übereinstimmung mit der empirischen Wirklichkeit, sondern die Viabilität der vorgeschlagenen Abbildung dieser Wirklichkeit, ihre Eignung zum Erkenntnisgewinn und/oder zur Problemlösung, behauptet; dazu *Rolf Werning*, Konstruktivismus, in: Detlef Horster/Wolfgang Jantzen (Hrsg.), Wissenschaftstheorie, 2010, S. 289, 291.

[7] s. bereits *Niklas Luhmann*, Zweckbegriff und Systemrationalität, 6. Aufl. 1999, S. 174 ff.

[8] Vgl. *Luhmann* (Fn. 2), S. 244 f., bes. S. 593 mit Fn. 2; *Armin Nassehi*, Wie wirklich sind Systeme?, in: Werner Krawietz/Michael Welker (Hrsg.), Kritik der Theorie sozialer Systeme, 2. Aufl. 1993, S. 43 (65).

[9] Zur Funktion der Systemtheorie vgl. *Luhmann* (Fn. 5), S. 16 ff.; *ders.* (Fn. 2), S. 7 ff.; zum Emergenzbegriff vgl. ebd., S. 157; *Becker/Reinhardt-Becker* (Fn. 1), S. 26 f.

mit der Differenz von Ganzem und Teil gemeint war, wird als Theorie der Systemdifferenzierung reformuliert und so in das neue Paradigma eingebaut".[10] Dieser Ansatz erlaubt eine Antwort auf eine der Grundfragen der Soziologie, das Mikro-Makro-Problem.[11] Er macht erklärbar, wie angesichts der begrenzten individuellen Einflusssphären und damit auch der begrenzten Reichweite transindividueller Kommunikation makroskopische Strukturbildung – also die Entstehung von Gesellschaft und sozialen Teilsystemen – möglich ist.[12]

II. Was versteht sie als System?

1. System im Sinne der Systemtheorie ist jede Menge von Relationen zwischen Elementen, die sich durch besondere Merkmale von ihrer Umwelt unterscheiden.[13]

Soziale Systeme zeichnen sich als eine besondere Klasse von Systemen gegenüber anderen, etwa biologischen oder technischen Systemen, durch einen spezifischen Typ von Elementen aus: sie bestehen aus Kommunikationen. Ein soziales System ist demnach ein Zusammenhang aufeinander bezogener Kommunikationen, die sich durch einen gemeinsamen Sinnbezug von einer Umwelt unterscheiden. „Ein Kommunikationssystem [..] benutzt für die Bestimmung seiner Operationen das Medium Sinn und ist dadurch imstande, von jeder Operation aus sich selektiv auf andere Operationen zu beziehen und dies in Horizonten, die dem System die gleichzeitig bestehende Welt präsentieren."[14]

2. Kommunikationssysteme verselbständigen sich gegenüber ihren individuellen Akteuren. Individuen sind deshalb nicht Teil eines sozialen Systems, sondern gehören seiner Umwelt an.[15]

Diese von *Niklas Luhmann* eingeführte Sicht ist in den Sozialwissenschaften umstritten. Nach einer verbreiteten Gegenauffassung werden soziale Systeme als Netzwerk von Individuen *und* den zwischen ihnen stattfindenden Interaktio-

---

[10] *Luhmann* (Fn. 2), S. 22.

[11] Hierzu etwa *Jeffrey C. Alexander*, The micro-macro link, 1987.

[12] Vgl. *Renate Mayntz*, The Influence of Natural Science Theories, in: Meinolf Dierkes/Bernd Biervert (Hrsg.), European Social Science in Transition, 1992, S. 27 (63 ff.); *Stephan Meyer*, Chaostheorie, Gesellschaft, Steuerung – Die Suche nach der Isomorphie, in: Hans-Peter Burth/Axel Görlitz (Hrsg.), Politische Steuerung in Theorie und Praxis, 2001, S. 77 (78, 92 ff.).

[13] Vgl. *Luhmann* (Fn. 2), S. 42 ff.; *Uwe Schimank*, Gesellschaftliche Teilsysteme als Akteurfiktionen, KZSoS 1988, S. 619 (627 f.).

[14] *Luhmann* (Fn. 5), S. 73 f.

[15] Vgl. *Luhmann* (Fn. 2), S. 242 ff., 347 ff.; *Dirk Baecker*, Die Unterscheidung zwischen Kommunikation und Bewußtsein, in: Wolfgang Krohn/Günter Küppers (Hrsg.), Emergenz, 1992, S. 217 (235 ff).

nen konzipiert.[16] Ein System liegt danach vor, wenn Individuen aufgrund gemeinsamer Realitätskonstruktionen miteinander interagieren.[17] Dieser Systembegriff ist am Paradigma vom Ganzen und seinen Teilen orientiert: Ein System besteht aus Teilen, die ihm angehören, und den Vorgängen zwischen diesen Teilen. Die von *Luhmann* vorgeschlagene Perspektive ist demgegenüber für die Verwaltungswissenschaft aus verschiedenen Gründen vorzugswürdig:

a) Sie erlaubt eine präzise Analyse des sozialen Geschehens. Unbestritten haben Individuen daran einen evidenten Anteil: sie regen Kommunikationen an und speisen ihre Umwelteindrücke darin ein. Will man diesen Anteil aber genauer definieren, darf man die individuellen Akteure als Träger der Kommunikation nicht einfach mit den Kommunikationsvorgängen selbst zu einem umfassenden System „addieren". Erst eine Trennung der Ebenen, der sozialkommunikativen und der individuell-psychischen, erlaubt es vielmehr, das Zusammenwirken der jeweiligen Faktoren zu erkennen und zu analysieren, wie individuell-psychische Beiträge in den Kommunikationszusammenhang aufgenommen oder nicht aufgenommen werden und wie umgekehrt die Inhalte von Kommunikationen auf Individuen zurückwirken.[18] So finden Gedanken in Kommunikation keinen Eingang, ebenso wenig wie die internen Vorbehalte eines Beteiligten. Wenn es zu einer gelingenden Anschlusskommunikation kommt, wird das Verstehen des Mitgeteilten unterstellt, unabhängig davon, ob das innere Konstrukt des Empfängers mit dem inneren Konstrukt des Senders übereinstimmt.[19] Es ist daher für das System regelmäßig auch nicht wichtig, welches Individuum eine Aussage gemacht hat. Man denke an die Systemtheorie selbst: Das weitere Schicksal dieser Theorie liegt nicht in der Hand der sie begründenden Autoren, sondern folgt aus der wissenschaftlichen Anschlusskommunikation, die sie aufnimmt, modifiziert oder widerlegt. Die Theorie, wie auch jede andere Form von Kommunikation, ist also ein gegenüber den betei-

---

[16] Vgl. *Humberto R. Maturana*, Gespräch mit Humberto R. Maturana, in: Volker Riegas/Christian Vetter (Hrsg.), Zur Biologie der Kognition, 3. Aufl. 1993, S. 11 (32); *Peter Hejl*, Soziale Systeme: Körper ohne Gehirn oder Gehirn ohne Körper? Rezeptionsprobleme der Theorie autopoietischer Systeme in den Sozialwissenschaften, in: Volker Riegas/Christian Vetter (Hrsg.), Zur Biologie der Kognition, 3. Aufl. 1993, S. 205 (217); *ders.*, Konstruktion der sozialen Konstruktion: Grundlagen einer konstruktivistischen Sozialtheorie, in: Siegfried J. Schmidt (Hrsg.), Der Diskurs des Radikalen Konstruktivismus, 9. Aufl. 2003, S. 303 (319 ff.); *Siegfried J. Schmidt*, Medien, Kultur: Medienkultur. Ein konstruktivistisches Gesprächsangebot, in: ders. (Hrsg.), Der Diskurs des Radikalen Konstruktivismus 2, 1992, S. 425 (431).

[17] Vgl. *Hejl*, Soziale Systeme (Fn. 16), S. 218.

[18] *Arno Scherzberg*, Die Öffentlichkeit der Verwaltung, 2000, S. 37; s. auch bereits *Udo Di Fabio*, Offener Diskurs und geschlossene Systeme, 1991, S. 105.

[19] Zum Kommunikationsbegriff der Systemtheorie vgl. *Luhmann* (Fn. 2), S. 193 ff.; zusammenfassend *Scherzberg* (Fn. 18), S. 39 ff.

ligten individuell-psychischen Vorgängen emergentes Phänomen.[20] Das lässt sich nur bei einer Trennung der sozial-kommunikativen von der individuell-psychischen Ebene erkennen.[21]

b) Das *Luhmannsche* Systemverständnis reduziert Komplexität. Es richtet den Fokus der Betrachtung gezielt auf das, worum es in einem Kommunikationsprozess geht: auf den gemeinsamen Sinnhorizont. Würde man eine Gruppe von Akteuren, die über ein Thema kommunizieren, unter Einschluss ihrer persönlichen Merkmale und Beziehungen betrachten, müssten individuelle Befindlichkeiten, persönliche Spannungen und spontane Gruppenprozesse einbezogen werden, obwohl diese für die verfolgte Fragestellung unmittelbar keine Rolle spielen. Relevant ist insoweit nur, was mit Bezug auf den gewählten Sinn gesagt wird. Darauf beschränkt sich das betreffende soziale System.

c) Das Paradigma des Ganzen und seiner Teile, wie es der Gegenauffassung zugrunde liegt, basiert auf einem Zirkelschluss. Als „Teil" kann ein Element nur betrachtet werden, wenn es zu einem System gehört; als „Ganzes" kann ein Phänomen nur angesehen werden, wenn es ihm zugehörende Teile gibt. Damit wird eine logisch vorrangige Festlegung vernachlässigt: die Festlegung, worin sich Elemente, die zum System gehören, von anderen Elementen unterscheiden. Vorrangig ist die Einführung dieser Unterscheidung. Es ist die Unterscheidung zwischen System und Umwelt. Sie entspricht im Übrigen auch dem menschlichen Beobachtungsmodus:[22] Wenn etwas beobachtet werden soll, bedarf es einer Unterscheidung,[23] die das Beobachtete von einem Hintergrund abhebt.

d) Der *Luhmannsche* Systembegriff ist universal einsetzbar: jeder soziale Kontakt lässt sich als System begreifen und mit den Instrumenten der Systemtheorie bearbeiten: von der individuellen Interaktion bis zur Gesellschaft als Gesamtheit aller möglichen Kommunikationen.[24] Dabei sind drei Ebenen sozia-

---

[20] Vgl. *Helmut Willke*, Systemtheorie entwickelter Gesellschaften, 2. Aufl. 1993, S. 24.

[21] Die Systemtheorie *Luhmanns* verarbeitet die Beiträge der Individuen im übrigen in dem Begriff der Inklusion und deren Prägung durch das System als Sozialisation; näher *Niklas Luhmann*, Die Gesellschaft der Gesellschaft II, 2. Aufl. 1999, S. 618 ff.; *Tilmann Sutter*, Integration durch Medien als Beziehung struktureller Kopplung, in: Kurt Imhof/Otfried Jarren/Roger Blum (Hrsg.), Integration und Medien, 2000, S. 122, 124 ff.

[22] Dazu mit Bezug auf das menschliche Bewusstsein allgemein *Karl-Heinz Ladeur*, Postmoderne Rechtstheorie, 2. Aufl. 1995, S. 91 ff., 128 ff.; ferner *Scherzberg* (Fn. 18), S. 28 ff.

[23] *Luhmann* (Fn. 5), S. 48; *George Spencer-Brown*, Laws of Form, 2. Aufl. 1999, S. 5.

[24] Vgl. *Luhmann* (Fn. 2), S. 33.

ler Kommunikation zu verzeichnen: Interaktionen, Organisationen und Gesellschaften.[25]

III. Welches sind die theoretischen Alternativen?

1. Der methodologische Individualismus

Als ein theoretischer Gegenpol der Systemtheorie gilt der methodologische Individualismus.[26] Er geht davon aus, dass sich das soziale Geschehen und seine Gesetzmäßigkeiten auf das Verhalten der individuellen Mitglieder der Gesellschaft und die zwischen ihnen stattfindenden Abstimmungsprozesse zurückführen lassen. Alle Makrozustände werden mikrosoziologisch erklärt.[27] Basal ist hier also der ggf. verhaltenswissenschaftlich zu untersuchende Beitrag des individuellen Akteurs. Auch aus Sicht der Systemtheorie hängen das Zustandekommen und das Gelingen von Kommunikation nicht allein von systemischen Strukturen ab, sondern auch vom Beitrag der beteiligten psychischen Systeme.[28] Mikroereignisse werden von ihr aber nicht zu einem Makrogeschehen aggregiert.[29] Vielmehr handelt es sich bei ihnen um eine nicht zum System gehörende, vom System auch nicht zu gewährleistende *Voraussetzung* für die Entstehung und das Fortbestehen von Kommunikation. Bei deren Analyse hat der akteurzentrierte Ansatz seine spezifische Relevanz.[30]

Handlungstheoretisch orientierte Ansätze können aber die Verselbständigung von Inhalt und Ablauf sozialer Kommunikation gegenüber dem Bewusstsein der sie tragenden Akteure nicht verarbeiten.[31] Angesichts der Intransparenz der Bewusstseinssphären lässt sich der Gehalt dessen, was zwischen den Akteuren kommuniziert wird, nur anhand der Anschlusskommunikation erschließen.

---

[25] Vgl. *Luhmann* (Fn. 2), S. 15 f.

[26] Vgl. *Stefan Braun*, Luhmann und der Akteur, in: Stefan Lange/Dietmar Braun (Hrsg.), Politische Steuerung zwischen System und Akteur, 2000, 102 ff.

[27] *Thomas Schwinn*, Brauchen wir den Systembegriff, in: Gert Albert/Steffen Sigmund (Hrsg.), Soziologische Theorie kontrovers, 2011, S. 447, 452.

[28] *Luhmann* (Fn. 2), S. 291: „Die Bestimmung des Handelns hat [.] normalerweise verschiedene Quellen, psychische und soziale".

[29] *Schwinn* (Fn. 27), S. 452.

[30] Zum Verhältnis von akteurzentrierter und systemischer Betrachtung allgemein vgl. *Nicolai Dose*, Trends und Herausforderungen der politschen Systemtheorie, in: Edgar Grande/Rainer Prätorius (Hrsg.), Politische Steuerung und neue Staatlichkeit, 2003, S. 19 ff.; zur Relevanz akteurzentrierter Beobachtungen für die Systemtheorie vgl. *Luhmann* (Fn. 2), S. 226. Zu diesem Ansatz allg. *Renate Mayntz/Fritz W.Scharpf*, Der Ansatz des akteurzentrierten Institutionalismus, in: dies. (Hrsg.), Gesellschaftliche Selbstregelung und politische Steuerung, 1995, S. 39 ff.; *Fritz W. Scharpf*, Interaktionsformen: akteurzentrierter Institutionalismus in der Politikforschung, 2000.

[31] Vgl. *Niklas Luhmann*, Ökologische Kommunikation, 4. Aufl. 2004, S. 65 f.

Kommunikation begründet mithin schon insoweit eine selbstbezügliche soziale Realität.[32] Im Zuge des Fortgangs des sozialen Kontakts bilden sich überdies vielfach Regeln für die im System zugelassenen Anschlussmöglichkeiten aus, die die weitere Kommunikation konditionieren.[33] Bei fortlaufenden Kommunikationsbeziehungen ist eine Mitteilung dann nicht das Ergebnis einer „autistisch" gewonnenen Präferenz des Sprechers, sondern Ausdruck der sich in früheren Interaktionen herausgebildeten Sprachspiele und Verhaltensmuster.[34] In Organisationen verfestigen sich Unternehmenskulturen und kognitive Routinen, die sich gleichfalls nicht auf die individuellen Beiträge konkreter Rollenträger zurückführen lassen.[35] Solche im Kommunikationssystem erzeugten emergenten Effekte gründen im sozialen System selbst und lassen sich von einer ausschließlich individualistischen Gesellschaftsanalyse nicht erfassen.

2. Der akteurzentrierte Institutionalismus

Angesichts der Schwächen des methodologischen Individualismus ist dieser in den Sozialwissenschaften heute weitgehend durch den akteurzentrierten Institutionalismus abgelöst.[36] Der akteurzentrierte Institutionalismus zieht für die Analyse gesellschaftlicher Prozesse neben den individuellen und korporativen Akteuren auch den jeweiligen institutionellen Kontext heran. Darunter werden – bei unterschiedlich weiter Fassung des Institutionenbegriffs – vor allem die anerkannten Erkenntnis- und Verhaltensregeln verstanden, nach denen sich das soziale Geschehen organisiert. Die Interaktionen zwischen Akteuren werden demnach sowohl von vorfindlichen sozialen Handlungsorientierungen als auch von der konkreten Akteurkonstellation beeinflusst.[37]

Ob dieser Ansatz, der seinen Vertretern selbst teilweise nur als „Forschungsheuristik"[38] gilt, eine vollwertige Alternative zur Systemtheorie darstellt, ist fraglich. So wird der institutionelle Kontext zumeist als gegeben un-

---

[32] *Luhmann* (Fn. 2), S. 193 ff.; s. ferner die Beiträge von *Baecker* (Fn. 15), S. 217 (230 ff.) und *Siegfried J. Schmidt*, Über die Rolle von Selbstorganisation beim Sprachverstehen, in: Wolfgang Krohn/Günter Küppers (Hrsg.), Emergenz, 1992, S. 293 (309 f.).

[33] *Luhmann* (Fn. 2), S. 158, 178, 222.

[34] Vgl. *Birger P. Priddat*, Kommunikative Entscheider: Sprache und Ökonomie, in: Arno Scherzberg et al. (Hrsg.), Kluges Entscheiden, 2006, S. 45 ff.

[35] Zu emergenten Phänomenen in Kommunikationen vgl. *Luhmann* (Fn. 5), S. 134, 195; *Georg Kneer/Armin Nassehi*, Niklas Luhmanns Theorie sozialer Systeme, 4. Aufl. 2000, S. 65 ff.; *Mark Michaels*, Seven Fundamentals of Complexity for Social Science Research, in: Alain Albert (Ed.), Chaos and Society, 1995, S. 24; zu Organisationen vgl. *Simon* (Fn. 6), S. 68 ff.

[36] s. *Mayntz/Scharpf* (Fn. 30), S. 39 ff.; *Scharpf* (Fn. 30).

[37] Vgl. *Mayntz/Scharpf* (Fn. 30), S. 45.

[38] *Mayntz/Scharpf* (Fn. 30), S. 39; zustimmend *Arthur Benz*, Der moderne Staat, 2001, S. 74.

terstellt, und ist auch seine Funktion bei der Verhaltensorientierung der Akteure offen. Unreflektiert bleibt ferner, dass die soziale Regelbildung selbst nur als emergentes Ergebnis von Kommunikationen verstanden werden kann. So lässt sich der akteurzentrierte Institutionalismus bestenfalls als Theorie mittlerer Reichweite betrachten,[39] die den umfassenderen Erklärungsanspruch der Systemtheorie nicht in Frage stellt.

3. Die Theorie kommunikativen Handelns

Die von *Jürgen Habermas* vorgestellte Theorie kommunikativen Handelns postuliert ein zweistufiges Modell der modernen Gesellschaft, die sich in systemisch und lebensweltlich geordnete Bereiche ausdifferenziert.[40] Dem intersubjektiven kommunikativen Handeln innerhalb der „Lebenswelt" stehen danach die systemisch geordneten komplexen Prozesse strategischen Handelns in den Bereichen der Wirtschaft, der Politik und des Staates gegenüber.[41] Ob die damit aufgestellte Behauptung einer Dichotomie von der kommunikativen Orientierung der Lebenswelt und der zweckrationalen Orientierung der Systeme und die bekannte These von der Kolonialisierung der Lebenswelt durch die systemischen Steuerungsmedien Geld und Recht[42] überzeugen, kann hier dahinstehen. In ihrem normativen Anspruch einer Kritik der modernen Gesellschaft[43] trifft die Theorie kommunikativen Handelns das verwaltungswissenschaftliche Erkenntnisinteresse jedenfalls nicht unmittelbar. In ihren Deskriptionen des politisch-administrativen Systems und des Wirkens der öffentlichen Verwaltung als Instrument der politischen Sozialgestaltung greift sie weitgehend auf das systemtheoretische Modell zurück[44] und bietet abgesehen von der Kolonialisierungsthese keine weiterführenden Erkenntnisse als dieses. Sie wirft aber die bislang nicht befriedigend geklärte Frage auf, warum und unter welchen Voraussetzungen ab einer gewissen Komplexitätsstufe die intersubjektive Handlungsperspektive zugunsten einer selbstregulativen Systemperspektive verlassen werden muss.[45]

---

[39] *Benz* (Fn. 38), S. 75 spricht dem akteurzentrierten Institutionalismus die Eigenschaft einer Theorie völlig ab, und bezeichnet ihn stattdessen als Beitrag zur Entwicklung von Theorien.

[40] *Jürgen Habermas*, Legitimationsprobleme im Spätkapitalismus, 1. Aufl. 1996 (Nachdruck), S. 14; *ders.*, Theorie des kommunikativen Handelns Bd. II, 4. Aufl. 2001, S. 229 ff.

[41] *Habermas*, Legitimationsprobleme (Fn. 40), S. 14 ff.

[42] *Habermas*, Theorie Bd. II (Fn. 40), S. 522 ff.

[43] Dazu *Jürgen Habermas*, Der philosophische Diskurs der Moderne, 12 Vorlesungen, 10. Aufl. 2007, S. 426; *ders.*, Theorie Bd. II (Fn. 40), S. 549 f.

[44] Und zwar in der Fassung von Parsons' AGIL-Schema, dazu *Habermas*, Legitimationsprobleme (Fn. 40), S. 14 f.

[45] *Schwinn* (Fn. 27), S. 452 f.

IV. Welches sind die wichtigsten Erkenntnisse der Systemtheorie?

1. Systeme bestehen aus Kommunikationen, nicht aus Handlungen.

Handlungen dienen der Mitteilung von Informationen und sind damit ein Ereignis im Kommunikationsprozess. Zum Bestandteil des Systems wird indes nur das, was tatsächlich kommuniziert wird. Die Handlung ist der Kommunikation deshalb untergeordnet. Allerdings sind nur Handlungen, nicht auch Kommunikationen von außen erkennbar. Erst der Handlungsbegriff macht Information, Mitteilung und Verstehen als die basalen Elemente von Kommunikation sichtbar. Nur der Handlungsbegriff eignet sich deshalb auch für die Zurechnung von Ereignissen zum System. Freilich ist es eine Zurechnung von außen. Die Identifikation einer Mitteilung als Handlung ist selbst ein kommunikativer Akt, ein Konstrukt des sich selbst beobachtenden Kommunikationssystems, mit dem sich dieses komplexitätsreduzierend selbst beschreibt.[46]

2. Systeme produzieren die Elemente selbst, aus denen sie bestehen.

Wenn Systeme aus Kommunikationen bestehen, bestehen sie nicht aus festen Partikeln, sondern aus Ereignissen. Diese werden in Form von Anschlusskommunikation vom System selbst erzeugt. Dieses reproduziert sich dergestalt fortlaufend, bis es aufhört zu existieren. *Luhmann* nennt dies die Autopoiese des Systems, einen Begriff, den andere Autoren biologischen Systemen und dem psychischen System des Bewusstseins vorbehalten wollen.[47] Für die Autopoiese muss das System nicht selbst über alle Ursachen verfügen, die zur Selbstproduktion erforderlich sind, aber es muss genügend Dispositionsmöglichkeiten haben, um seine eigene Reproduktion zu gewährleisten. Etwa brauchen eine Interaktion zumindest zwei psychische Systeme und ein Organisationssystem genügend weisungsgebundene Mitglieder.[48]

---

[46] *Luhmann* (Fn. 5), S. 86; *ders.* (Fn. 2), S. 226 ff.; *ders.*, Soziologische Aufklärung 3, 3. Aufl. 1993, S. 16 f., 52 ff.; *Sutter* (Fn. 21), S. 124 f.

[47] Vgl. *Gerhard Roth,* Autopsie und Kognition: die Theorie H. R. Maturanas und die Notwendigkeit ihrer Weiterentwicklung, in: Günter Schiepek (Hrsg.), Systeme erkennen Systeme, 1987, S. 55 (71 f.); *Walter Kargl,* Kritik der rechtssoziologischen Autopoiesekritik, ZfRSoz 1991, S. 120 (124 f.); *Peter Hejl,* Konstruktion des sozialen Konstruktion: Grundlinien einer konstruktivistischen Sozialtheorie, in: Heinz Gumin/Armin Mohler (Hrsg.), Einführung in den Konstruktivismus, 1985, S. 85 (88 ff.); *Maturana* (Fn. 16), S. 39 ff.; *Ladeur* (Fn. 22), S. 118 ff.

[48] Vgl. *Niklas Luhmann*, Organisation und Entscheidung, 2000, S. 49.

3. Die moderne Gesellschaft als umfassendes Sozialsystem ist das Ergebnis eines Prozesses funktionaler Differenzierung, in dem sich soziale Teilsysteme und in diesen wiederum Organisationssysteme ausbilden.

Als Ergebnis der gesellschaftlichen Spezialisierung lassen sich verschiedene Sozialbereiche mit einem in sich geschlossenen Zusammenhang kognitiver, normativer und evaluativer Orientierungen unterscheiden. Als solche gelten etwa Politik, Wirtschaft, Recht und Wissenschaft. Jedes dieser Systeme ist darauf eingerichtet, bestimmte Fragestellungen sozialer Beziehungen zu bearbeiten, dafür prozedurale und materielle Problemlösungsstrategien zu entwickeln und dadurch eine spezifische Funktion im Hinblick auf das gesellschaftliche Ganze zu erfüllen. Diese Ausdifferenzierung in Teilsysteme vervielfältigt die Beobachtungs- und Handlungsalternativen in der Gesellschaft und erhöht das gesellschaftliche Informationsverarbeitungspotential. Erst dies garantiert das Lebensniveau der Moderne. Deshalb ist die funktionale Differenzierung – nicht dagegen der gegenwärtige Stand des teilsystemischen Operierens – in ihr ohne grundsätzliche Alternative[49] und setzt sich die Eigenrationalität der Systeme gegenüber von außen kommenden Gesichtspunkten „letztlich" durch.[50]

Organisationen dienen der Koordination, Diversifikation und Perpetuierung teilsystemischer Prozesse und sind ein integraler Bestandteil des jeweiligen Systems.[51] Ihre Kommunikationen sind systemisch kodiert, sie fungieren als Repräsentanten des Teilsystems und ermöglichen die Vermittlung seines Programms in die Umwelt. Der Gegenstand der Kommunikation in Organisationen sind Entscheidungen.[52] Entscheidungen kommunizieren etwas Entschiedenes, also nunmehr zunächst Unabänderliches. Damit sind sie geeignet, Herrschaftsverhältnisse auszudifferenzieren und begünstigen die Organisationsbildung.[53] Aus ihrer Funktion, anhand von Entscheidungsprämissen über Entscheidungen zu kommunizieren, entwickeln sich in Organisationen besondere Programme, Kommunikationsstrukturen und Mitgliedschaftsrollen.[54]

---

[49] *Niklas Luhmann*, Protest – Systemtheorie und Protestbewegungen, in: Kai Uwe Hellmann/ders. (Hrsg.), Protest – Systemtheorie und soziale Bewegungen, 1996, S. 175, 197; dazu *Uwe Schimank*, Kritik – Wie Akteurkonstellationen so erscheinen, als ob gesellschaftliche Teilsysteme handeln – und warum das gesellschaftstheoretisch von zentraler Bedeutung ist, in: Gert Albert/Steffen Sigmund (Hrsg.), Soziologische Theorie kontrovers, 2011, S. 462, 466.

[50] *Schimank* (Fn. 49), S. 467.

[51] Dazu *Luhmann* (Fn. 48), S. 380 f.

[52] *Luhmann* (Fn. 48), S. 63.

[53] Dazu *Luhmann* (Fn. 48), S. 69.

[54] Dazu *Luhmann* ebd.

4. Funktionale Teilsysteme vollziehen Kommunikationen anhand eines binären Codes. Die Kommunikationsvorgänge anhand dieser Leitunterscheidung verlaufen selbstreferentiell.

Selbstreferenz bedeutet, dass sich eine Einheit bei der Auswahl ihrer Elemente und der zwischen diesen bestehenden Relationen auf vorgängige Operationen oder die Einheit des Systems bezieht und durch diese Selbstbezüglichkeit Identität gewinnt.[55] Die Muster der Beziehungen zwischen den Elementen werden nach intern produzierten Regeln selbst erzeugt, die Komplexität der Umwelt wird nach selbst erzeugten Maßstäben in Systemkomplexität überführt. Dazu muss sich das System zunächst von seiner Umwelt unterscheiden. Das gelingt mit systemspezifischen binären Codes, der Leitunterscheidung des Systems, die über die Zuordnung einer Operation zum System entscheidet und den Verweis auf externe Werte ausschließt.[56]

Den Code des Rechtssystems bildet die Unterscheidung von Recht und Unrecht, die des Wissenschaftssystems die Unterscheidung von wahr und unwahr, die der Wirtschaft die von Zahlung und Nichtzahlung.[57] Durch die Beschränkung auf diesen Code und die fortlaufende Anknüpfung an die daran orientierten vorgängigen Operationen gewinnt das System seine Leistungskraft. Weil im Rechtssystem nur die Differenz Recht/Unrecht prozessiert wird und die wirtschaftliche Verwertbarkeit, die moralische Qualität oder der erzieherische Wert einer Erkenntnis als unmittelbare Entscheidungsmaßstäbe nicht in Betracht gezogen werden müssen, kann sich das Recht immer weiter spezialisieren und immer komplexere Aufgaben bewältigen.[58]

Wenn man mit wissenschaftlichem Anspruch über soziale Systeme spricht, knüpft dies daran an, was zuvor darüber gesagt bzw. geschrieben wurde. Für diese Debatte ist nicht unmittelbar relevant, welche Aussagen sich in der Wirtschaft, in der Medizin oder in einer Gerichtsentscheidung zur Systemtheorie finden. Maßstab der wissenschaftlichen Betrachtung ist nicht die Möglichkeit, mit dem Systembegriff Gewinn zu erzielen, auch nicht die Möglichkeit, aus dem Systembegriff eine medizinische Diagnose oder Therapie abzuleiten. Es geht allein um die Richtigkeit und den Nutzen der Beobachtung von Phänomenen der realen Welt aus der Systemperspektive. Alle anderen Fragestellungen und Antworten werden ausgeklammert. Man agiert beschränkt auf die selbst gesetzte Referenz.

---

[55] Vgl. *Luhmann* (Fn. 2), S. 25.

[56] Dazu *Luhmann* (Fn. 31), S. 75 ff.; *Willke*, Systemtheorie I (Fn. 1), S. 63 f.

[57] s. dazu *Luhmann* (Fn. 2), S. 510 ff.; *ders.*, Die Wirtschaft der Gesellschaft, 3. Aufl. 1999, S. 54; *ders.*, Die Wissenschaft der Gesellschaft, 3. Aufl. 1998, S. 174, 184.

[58] Dazu *Niklas Luhmann*, Das Recht der Gesellschaft, 1995, S. 38 ff.; *ders.* (Fn. 31), S. 126 f.

5. Funktionale Teilsysteme arbeiten nach Maßgabe eines Programms; dabei sind sie gegenüber der Umwelt operational geschlossen, aber strukturell an sie gekoppelt.

Programme sind je nach Systemreferenz rechtliche Regeln, künstlerische Stile oder wissenschaftliche Theorien, nach denen sich die Bedingung für den Ablauf der systemischen Operationen bestimmen.[59] Diese – und nicht die aus der Umwelt an das System herangetragenen Erwartungen – bestimmen die Ereignisse im System. Dieses prüft die Bedeutung der beobachteten Ereignisse für die Umsetzung seiner Leitunterscheidung und reagiert darauf nach Maßgabe seines Programms. Würde die Umwelt das System direkt determinieren, wäre die Differenz von System und Umwelt zusammengebrochen und das System nicht mehr existent.[60] Das Scheitern der Planwirtschaft zeigt die Folgen eines Versuchs der Determinierung ökonomischer Abläufe durch die Politik.

Grundsätzlich gibt es mithin keine operative, sondern nur eine strukturelle Kopplung zwischen System und ihrer Umwelt.[61] Strukturelle Kopplung bezeichnet eine System/Umwelt-Beziehung, bei der es keine determinierenden Eingriffe in das System gibt, die Beobachtung der Ereignisse in der Umwelt aber langfristig die vom System gesteuerten Prozesse beeinflussen kann. Jedes Teilsystem wird seine internen Strukturen den von anderen Teilsystemen erzeugten und vom System selbstreferentiell gedeuteten Umweltereignissen anpassen, soweit dies zur ungestörten Fortsetzung der eigenen Operationen angemessen erscheint. Strukturelle Kopplung ermöglicht mithin Resonanz bei gleichzeitiger Aufrechterhaltung der Differenz.

6. Funktionale Teilsysteme entwickeln im Wege der Selbststeuerung eine eigene Rationalität.

Die Exklusivität ihrer Leitunterscheidung und Programme bildet die Grundlage für den ungestörten Aufbau interner Komplexität und damit die Lern- und Leistungsfähigkeit des Systems.[62] Dieses kann dabei als Zusatzeinrichtungen zur Sprache symbolisch generalisierte Kommunikationsmedien ausbilden wie Wissen, Liebe, Macht, Recht oder Geld, und damit zur Befolgung von Selektionsvorschlägen motivieren.[63] Bei der Nutzung von Code und Programm entwickeln Systeme eine eigene Rationalität, die auf die Aufrechterhaltung ihrer Handlungsfähigkeit und Vermehrung ihrer Wahlmöglichkeiten, d.h. auf die Ermöglichung von Anschlusskommunikation in einer komplexen und sich ver-

---

[59] Dazu *Luhmann* (Fn. 2), S. 432 ff.; *ders.*, Die Wissenschaft der Gesellschaft (Fn. 57), S. 401 ff.; *ders.* (Fn. 31), S. 89 ff.

[60] Dazu *Luhmann* (Fn. 2), S. 35; *ders.* (Fn. 48), S. 68.

[61] *Niklas Luhmann*, Die Politik der Gesellschaft, 2000, S. 111 ff.

[62] Vgl. *Luhmann* (Fn. 5), S. 134 ff.

[63] Vgl. *Luhmann* (Fn. 5), S. 316 ff.

ändernden Umwelt gerichtet ist.[64] Damit wird die Identität des Systems und werden seine Strukturen gegenüber externen Kontingenzen und internen Störungen stabilisiert.[65] Wirtschaftliche Transaktionen werden darauf ausgerichtet, dass ihre Teilnehmer am Markt bestehen können. Juristische Entscheidungen werden von den Gerichten möglichst berufungs- bzw. revisionssicher begründet und möglichst so erlassen, dass sie von den Betroffenen angenommen und umgesetzt werden können. Wenn dies nicht gelingt oder die Anschlusskommunikation falsch antizipiert wird, wird die Entscheidung keinen Bestand haben oder keine weiteren als die gesetzlich erzwingbaren Wirkungen zeitigen.

7. Die Funktionsfähigkeit der Teilsysteme und ihrer Organisationen ist von Voraussetzungen abhängig, die die Systeme selbst nicht garantieren können.

Ohne seine Umwelt, ohne Mitarbeiter, Klienten, Ressourcen und Infrastrukturen kann ein System nicht existieren. Die externen Voraussetzungen für die Funktionsfähigkeit von Systemen werden regelmäßig von anderen Systemen bereitgestellt, im Falle der Verwaltung etwa von Familie, Bildung, Wirtschaft, Recht und Politik.[66] Das Recht hat dabei die Aufgabe, Befugnisse, Bindungen und Spielräume der Akteure innerhalb einer Verwaltungsorganisation so auszugestalten, dass sich das Potential der Organisation im Sinne des rechtlich vorgegebenen Ziels entfaltet. Ferner sind soziale Systeme in dynamischen Umwelten auch auf nichtkonformes Verhalten angewiesen, das zur Steigerung der Komplexität und Flexibilität des Systems und zur Produktion neuer Lösungen beitragen kann.[67] Dazu dient die strukturelle Koppelung des sozialen Systems an psychische Akteure.[68] So sind die Teilsysteme einer ausdifferenzierten Gesellschaft nur im Zusammenspiel miteinander und unter Rückgriff auf Ressourcen aus ihrer Umwelt funktionsfähig.[69] Die Zirkularität ihrer selbstreferentiellen Operationsweise kann dennoch zur Verabsolutierung der Teilsystem-Rationalität führen und die Gefahr einer wechselseitigen Schädigung im Gesellschaftsverbund begründen.[70]

---

[64] Näher dazu *Luhmann* (Fn. 5), S. 183 ff.; *Willke*, Systemtheorie I (Fn. 1), S. 65 f.

[65] Näher dazu *Luhmann* (Fn. 2), S. 79 ff., 236 ff.

[66] Vgl. *Luhmann* (Fn. 2), S. 242 f.

[67] Näher *Scherzberg* (Fn. 18), S. 46.

[68] Zum Begriff *Luhmann*, Soziologische Aufklärung 5 (Fn. 6), S. 102; *ders.*, Die Wissenschaft der Gesellschaft (Fn. 57), S. 30, 38 ff.; *ders.* (Fn. 5), S. 100 ff.

[69] *Willke* (Fn. 20), S. 165.

[70] *Renate Mayntz*, Funktionelle Teilsysteme in der Theorie sozialer Differenzierung, in: dies./Bernd Rosewitz/Uwe Schimank/Rudolf Stichweh (Hrsg.), Differenzierung und Verselbständigung, 1988, S. 11 (33 ff.).

V. Sind und ggf. wie sind diese Erkenntnisse
für die Verwaltungslehre nutzbar?

1. Sie sind für die Verwaltungslehre nutzbar, soweit sich deren Erkenntnisinteresse darauf richtet, was man beobachten kann, wenn man die Verwaltung als ein Organisationssystem innerhalb eines Gefüges ausdifferenzierter Sozialsysteme deutet und die ihr zuzurechnenden Erkenntnis- und Entscheidungsprozesse als Vorgänge der Kommunikation konzipiert.

Prima facie entspricht dies dem Erkenntnisinteresse der Verwaltungswissenschaft. So greift die kommunikationstheoretische Fassung des administrativen Geschehens den Umstand auf, dass die Verwaltung als Organisation gerade darauf gerichtet ist, einen überzeitlichen und personenunabhängigen formalen Rahmen für die Aufgabenwahrnehmung bereitzustellen.[71] Die in diesem Rahmen getroffenen Entscheidungen sind gerade nicht das Produkt eines psychischen, einem individuellen Bewusstsein zuzuschreibenden Willens, sondern das Ergebnis der Verarbeitung individueller Beiträge in einem rechtlich strukturierten Verfahren, das als Kommunikationsprozess zwischen den Entscheidungsträgern auf verschiedenen Hierarchieebenen der Organisation unter Einbeziehung ihrer Umwelt stattfindet. Auch lassen sich die der Organisation zuzurechnenden Entscheidungen regelmäßig nicht als isolierte Einzelakte verstehen, sondern sind – wie im Rahmen der Planung, der Konzepterstellung oder der Selbstbindung – in einen Zusammenhang mit vorgängigen und nachfolgenden Entscheidungen gestellt und nur aus diesem Kontext heraus zu bewerten. Die öffentliche Verwaltung lässt sich also sinnvoll als eine Organisation zur Hervorbringung von Entscheidungen und zu ihrer überindividuellen und überzeitlichen Stabilisierung verstehen.

2. Auf der Grundlage ihrer Prämissen vermittelt die Systemtheorie gesellschaftstheoretisches Orientierungswissen, keine konkreten Handlungsanweisungen.

Etwa beschreibt die Systemtheorie die internen Operationen des Organisationssystems Verwaltung, erläutert deren Funktion als Teil des politisch-administrativen Systems und bietet eine Erklärung der Rahmen- und Erfolgsbedingungen administrativer Steuerung.[72] So stellt die Systemtheorie etwa fest, dass die Existenz eines Systems auf der Aufrechterhaltung der Unterscheidung zu seiner Umwelt beruht und es die von außen angebotenen Informationen nur

---

[71] Vgl. *Max Weber*, Wirtschaft und Gesellschaft, 1922, Abschnitt III. § 4; *Peter Badura*, Auftrag und Grenzen der Verwaltung im sozialen Rechtsstaat, DÖV 1968, S. 446 ff.

[72] Dazu *Luhmann* (Fn. 2), S. 139 f., 178, 204 f., bes. S. 216 ff.; *ders.* (Fn. 31), S. 90 f., 218 ff., passim; *Helmut Willke*, Ironie des Staates, 1996, S. 154 ff.

nach der jeweiligen Systemlogik aufnehmen und verarbeiten kann.[73] Daraus lassen sich Folgerungen für die Organisation der verwaltungsinternen Selbststeuerung wie auch auf die Sinnhaftigkeit des Einsatzes bestimmter Steuerungsinstrumente durch die Verwaltung ableiten.[74] Die Systemtheorie vermag freilich ihre Leistungsfähigkeit für andere Forschungskontexte nicht selbst festzulegen. Sie kann nur ihre eigenen Leistungen beschreiben und den Anschluss für andere Systeme aus ihrer eigenen Referenz heraus imaginieren.

3. Insbesondere bietet sie keine neuen Beiträge für das Dauerthema der Verwaltungsreform, sondern beobachtet die Verwaltungslehre mit ihren Bemühungen, über Verwaltungsreform zu kommunizieren.

An Stelle einer Planung der Reform begnügt sich die Systemtheorie mit der Beobachtung der Bedingungen für Systementwicklung und weist darauf hin, dass Planung unter den Bedingungen des Fehlens fester Kopplungen der zukunftsbildenden Variablen regelmäßig scheitert. Dagegen könne für nicht planbare Evolution durchaus Vorsorge getroffen werden, etwa durch Einführung von Mehrdeutigkeit und Anreizen zur Variation.[75]

„Das Prinzip der effizienten Rationalität erwies sich als Endlosanreiz für Reformen. Jeder gemessene Zustand konnte, gemessen am Prinzip, als unzulänglich wahrgenommen werden. Die Orientierung am jeweils realisierten historischen Zustand des Systems war ausreichender Anlass für weitere Reformen. [...] An der Linie konnte man Querschnittsfunktionen, Stabsfunktionen entdecken, die nicht ausreichend bedient waren, an zu starker Zentralisation Bedarf für Dezentralisation, an den bisher favorisierten Gruppen Züge der Cliquenbildung, an der formalen Organisation die informale Organisation – und umgekehrt. [...] Bemühungen um Reformen dienen als Grundlage für weitere Bemühungen um Reformen. Sie ändern am Grundproblem der Ungewissheit der Umwelt nichts, die im System durch mehr oder weniger vorausschauende Festlegung und mehr oder weniger spontane Korrekturmöglichkeiten bewältigt werden muss."[76] „Eine Gesamtbeschreibung hätte daher das System als prinzipiell-bistabil darstellen müssen. Aber eine solche Beschreibung hätte eine Reflexionsschleife erfordert, die im System selbst nicht vorgesehen war. Sie war nur als externe Beobachtung möglich".[77] Dazu dient die Systemtheorie.

---

[73] Vgl. *Luhmann* (Fn. 5), S. 95: „Gesellschaft ist [.] ein ausschließlich und vollständig durch sich selbst bestimmtes System".

[74] Etwa *Willke* (Fn. 72), S. 154 ff., 184 ff., 303 ff. sowie die Nachweise bei Fn. 59.

[75] Vgl. *Luhmann* (Fn. 48), S. 349.

[76] *Luhmann* (Fn. 48), S. 303 f.

[77] *Luhmann* (Fn. 48), S. 304.

VI. Welche Beobachtungen und Folgerungen ergeben sich aus einer systemischen Modellierung von Verwaltung und Recht?

1. Die öffentliche Verwaltung ist Teil des politischen Systems.

Die Zuordnung der Verwaltung zum politischen System mit seiner Aufgabe der Definition, Bereitstellung und Sicherung von Kollektivgütern ist aus juristischer Sicht nicht selbstverständlich, vor allem, wenn man sich im Gefolge von *Otto Mayer* um eine strikte Verrechtlichung der Verwaltung bemüht.[78] Allerdings wäre die Ausklammerung der politischen Willensbildung aus dem Verwaltungssystem schon empirisch nicht haltbar, rekurriert die Verwaltung doch bei der Vorbereitung von Gesetzen und der Planung, bei der untergesetzlichen Normsetzung und der Ausübung von Ermessen vielfach auf ganz oder überwiegend als politisch zu qualifizierende Entscheidungsprämissen. Neben dem Einsatz des Kommunikationsmediums Recht stehen ihr zudem auch die politiktypischen Aktionsformen der politischen Aufklärung, der informellen Koordination und des symbolischen Handelns sowie der Einsatz der Ressourcen Geld und tatsächliche Macht zur Verfügung. Verwaltung vollzieht und generiert mithin (überwiegend) Politik, nicht Recht.[79]

Auch als Teil des politischen Systems ist sie freilich in mehrfacher Weise an das Rechtssystem gekoppelt und von dessen Leistungen abhängig. Etwa erhält sie durch das Recht eine formale Struktur, konkrete Aufgaben und materielle Orientierungen und gibt dem Recht ihrerseits Anstöße zu seiner Weiterentwicklung. Angesichts ihrer Zuordnung zur Politik gilt für die Verwaltung aber auch die das politisch-administrative System als Ganzes betreffende Erkenntnis, daß dieses nicht als quasi neutrales Steuerungszentrum der Gesellschaft begriffen werden kann, sondern ebenso wie andere Teilsysteme einer Eigenrationalität unterliegt, die von der idealen Referenz eines als vorfindlich gedachten Gemeinwohls abweicht.[80] Anlässe für politisches Handeln entstehen im Kommunikationskreislauf des politischen Systems selbst, nicht in seiner Umwelt.[81] Auch die Verwaltung agiert in diesem Sinne selbstreferentiell. Auch wenn sie ihre Kommunikation am Leitbegriff des Gemeinwohls ausrichtet, besitzen die Ziele und Informationen, die ihr zur Bildung spezifischer policies dienen, keine

---

[78] Vgl. *Otto Mayer*, Deutsches Verwaltungsrecht I, 3. Aufl. 1961, S. 77 f., 88 f; *Thomas Ellwein*, Der Staat als Zufall und als Notwendigkeit, Bd. 1, 1993, S. 41 f.

[79] So etwas überspitzt *Luhmann*, Das Recht der Gesellschaft (Fn. 58), S. 43; dazu auch *Carl Böhret*, Politik und Verwaltung, 1983, S. 138 ff.; *Hans Dieter Jarass*, Politik und Bürokratie als Elemente der Gewaltenteilung, 1975, S. 123.

[80] Dazu *Luhmann* (Fn. 61), S. 120 ff., 138.

[81] Vgl. *Luhmann* (Fn. 61), S. 85, 112, bes. 117 ff.; *Stefan Lange*, Schlussbetrachtung: Möglichkeiten und Grenzen einer systemtheoretischen Analyse politischer Steuerung, in: ders./Dietmar Braun, Politische Steuerung zwischen System und Akteur, 2000, S. 85.

Objektivität, sondern sind als genuin politische Selektionen zu begreifen, die das Steuerungsfeld nach Maßgabe politischer Kriterien beleuchten.[82]

2. Das Organisationssystem „öffentliche Verwaltung" besteht aus Kommunikationen. Diese sind auf die Hervorbringung und Zurechnung von Entscheidungen gerichtet.

Alle Sozialsysteme bestehen aus systemtheoretischer Sicht aus Kommunikationen.[83] Organisationssysteme bilden sich um einen speziellen Typ von Kommunikation: der Kommunikation von Entscheidungen. Im Falle der öffentlichen Verwaltung geht es um Entscheidungen über den problem- und zielorientierten Einsatz tatsächlicher und rechtlicher staatlicher Ressourcen.[84] Andere mögliche Definitionselemente wie Ziele, Hierarchien, Rationalitätschancen, weisungsgebundene Mitglieder und weiteres bezeichnen lediglich Resultate der Entscheidungsoperationen des Systems.[85] Die Funktion einer Organisation und damit auch der öffentlichen Verwaltung liegt darin, durch die Verknüpfung von Entscheidungen die Unsicherheit über die Zukunft in geeigneter Weise zu verarbeiten und in Sicherheit zu transformieren.[86] Auf die Rechtsförmlichkeit, Rechtsverbindlichkeit oder Rechtswirksamkeit der Entscheidungen kommt es dabei nicht an. Alles als relevant eingeschätzte, der Organisation zuzurechnende Verhalten wird von ihr als Entscheidung dargestellt und gerechtfertigt, auch wenn für externe Beobachter die tatsächliche Umsetzung der Entscheidung in einer Dienstleistung oder deren Auswirkung auf die Umwelt des Systems im Vordergrund stehen mögen.[87]

3. Rechtliche Regeln, Personal und Kommunikationswege sind Entscheidungsprämissen, die an das System aus der Umwelt herangetragen, aber vom System selbst konstituiert werden.

Der Prozess der Hervorbringung der Entscheidungen wird durch Verhaltenserwartungen strukturiert, die als Entscheidungsprämissen bezeichnet werden können.[88] Dabei handelt es sich um politische Ziele, um materiale und prozedurale Verhaltensprogramme in Gesetz, Verwaltungsvorschriften und Dienstanweisungen, ferner um Personal und Kommunikationswege. Ob und welche

---

[82] *Lange* (Fn. 81), S. 86.

[83] *Luhmann* (Fn. 48), S. 62 (Hervorhebung im Original).

[84] *Scherzberg* (Fn. 18), S. 76.

[85] *Luhmann* (Fn. 48), S. 63.

[86] Vgl. *Luhmann* (Fn. 48), S. 183 ff.

[87] Vgl. *Luhmann*, Die Wirtschaft der Gesellschaft (Fn. 57), S. 295 f.

[88] Zum Begriff *Luhmann* (Fn. 2), S. 139 f.

Entscheidungsprämissen genutzt werden, ist im rekursiven Netzwerk des Systems von diesem selbst zu entscheiden.[89]

4. Die Verwaltungsorganisationen entwickeln dabei eine spezifische, bürokratieeigene Rationalität. Diese besteht nicht in der Optimierung von Zweck/Mittel-Relationen, sondern in der Erhaltung ihrer Identität und Handlungsoptionen in einer ungewissen Umwelt.

Die spezifische Rationalität der öffentlichen Verwaltung soll nach verbreiteter Auffassung in der sachgerechten und willkürfreien Konkretisierung und Vollziehung der Systemprogramme,[90] nach anderer Ansicht in der Optimierung der berührten Interessen und einer effektiven und effizienten Sozialgestaltung bestehen.[91] Teilweise wird auch die politische Absicherung des eigenen Verhaltens einbezogen. Zutreffend ist, dass das Verwaltungssystem politische Funktionen mit administrativen Mitteln wahrnimmt, sich seine Eigenrationalität also aus politischer Opportunität und administrativem Erfahrungswissen bildet.

Dabei bleibt allerdings offen, nach welchen Kriterien das System die Zweckmäßigkeit und Effizienz seiner Operationen und ihrer Folgen für die Umwelt beobachtet. Weder der Hinweis auf Sachgerechtigkeit noch der Aufruf zur Optimierung reichen insoweit über Tautologien hinaus. Ohnehin liegen die Zwecke einer Organisation nicht notwendig fest und ist auch der Mitteleinsatz nicht sicher durch einen Zweck bestimmt: der Zweck „heiligt" schließlich nicht die Mittel. Statt an der Zweck/Mittel-Unterscheidung knüpft die Systemtheorie deshalb an die System/Umwelt-Differenz an. Deren Bewältigung setzt die Fähigkeit zur Absorption von Unsicherheit und das wiederum setzt Kontinuität und Flexibilität voraus. Auch für Organisationen gilt insoweit die allgemeine systemtheoretische Erkenntnis, dass sich die Selbstorientierung der Sozialsysteme stets auf die Erhaltung ihrer Identität und die Stabilisierung ihrer Strukturen gegenüber externen Kontingenzen und internen Störungen richtet.[92] Auch die Verwaltung ist auf die Wahrung der Kontinuität ihres Entscheidungsverhaltens und die Erhaltung von Optionen und Ressourcen für künftiges Verhalten angewiesen.

Verwaltungseigene Rationalität ist demnach primär Anschlussrationalität. Dabei gewinnen Gesichtspunkte wie die Ersparnis von Zeit und Aufwand, die

---

[89] *Luhmann* (Fn. 48), S. 228.

[90] *Werner Thieme,* Entscheidungen in der öffentlichen Verwaltung, 1981, S. 23.

[91] Vor allem *Wolfgang Hoffmann-Riem,* Reform des allgemeinen Verwaltungsrechts – Vorüberlegungen, DVBl 1994, S. 1381 (1382 f.); *ders.,* Verwaltungsrechtsreform – Ansätze am Beispiel des Umweltschutzes, in: ders./Eberhard Schmidt-Aßmann/ Gunnar Folke Schuppert (Hrsg.), Reform des Allgemeinen Verwaltungsrechts, 1993, S. 115 (132 f., 147).

[92] Vgl. *Scherzberg* (Fn. 18), S. 79 f.

Vermeidung interner Störungen und externer Blockaden, die Förderung und Erhaltung langfristiger Informations- und Kooperationsbeziehungen, der Ausschluss unerwünschter Nebenfolgen und die Gewinnung von politischem Rückhalt und öffentlicher Akzeptanz ein entscheidungsleitendes Gewicht.[93] Die Eigenrationalität des Verwaltungssystems gestaltet so eine spezifische, eher problem- als normorientierte, bürokratieeigene Perspektive.

5. Die Binnenorganisation der Verwaltung dient der Verarbeitung der eigenen Komplexität durch die Erzeugung von Rahmenbedingungen, die zu Entscheidungen über Entscheidungsprämissen befähigen.

Die Verwaltung braucht eine Organisation, wenn sie in der Lage sein soll, über Entscheidungsprämissen zu entscheiden, etwa durch Organisationsplanung.[94] Primäres Ziel der Binnenorganisation ist die Verarbeitung der eigenen Komplexität. Dazu bildet sie eine Arbeits-, Kompetenz- und Rollenverteilung aus. Wenn damit zugleich eine flexible Anpassung an Umweltbedingungen, also Mitarbeiter, Klienten und normative Handlungsvorgaben, gewährleistet werden soll, kann der Aufbau der Organisation nicht dem Maschinenmodell folgen, sondern muss ein gewisses Maß an Vagheit und Auslegbarkeit aufweisen. Die administrative Binnenorganisation sollte dann wenig starre Vollregelungen enthalten, sondern überwiegend darauf beschränkt sein, Kooperation sicherzustellen, schädliche Wirkungen zu minimieren und Kreativität zu ermöglichen. Wichtig ist dafür die Förderung der Motivation der Mitarbeiter, die nach verhaltenswissenschaftlichen Analysen nicht zuletzt an das Gefühl von Fairness gebunden ist.

Ferner sind die Bedingungen der Verwaltung bei der Normimplementation zu antizipieren. Immer ist die Verwaltung auf die Beobachtung ihrer Umwelt, oft auf deren Akzeptanz und manchmal wie ein Unternehmen auf deren Zahlungsbereitschaft angewiesen. Stets muss sie dafür über geeignete Beobachtungsinstrumente und Transferstellen verfügen, die es ihr ermöglichen, bestimmte Aspekte der Umwelt zu beobachten und Kommunikations- und Kooperationspartner zu generieren. Dazu kann die Institutionalisierung oder fallweise Einrichtung von Verhandlungssystemen dienen, die Schaffung von Beauftragten, die bestimmte Interessen verkörpern, oder auch die Förderung der Mehrfachmitgliedschaft einzelner Akteure, die die Differenz von systeminterner und systemexterner Beobachtungsperspektive bearbeitbar macht.

---

[93] Zu entsprechenden Befunden der Implementationsforschung vgl. *Renate Mayntz*, Die Entwicklung des analytischen Paradigmas der Implementationsforschung, in: dies. (Hrsg.), Implementation politischer Programme I, 1980, S. 12 ff.

[94] *Luhmann* (Fn. 48), S. 305 f.

6. Zur Erhaltung der Arbeitsfähigkeit der Verwaltung kann es angezeigt sein, die Pluralisierung, Spezialisierung und Ausdifferenzierung in der Umwelt des Systems im System selbst abzubilden.

Nicht mehr Zentralisation und Konzentration, sondern die verwaltungsinterne Pluralisierung in Spezialbehörden, Beauftragte mit autonomem Status und verselbständigte Funktionsträger sichert heute die Homogenität und Effektivität der staatlichen Aufgabenerfüllung.[95] Die Organisationspluralisierung reflektiert die zunehmende Spezialisierung der gesellschaftlichen Kommunikation und die Diversifizierung des administrativen Aufgabenprofils.[96] Die zeitgenössische Verwaltung stellt sich deshalb durchaus funktionsgerecht als Netzwerk von in unterschiedlicher Intensität miteinander gekoppelten verselbständigen Einheiten dar. Das öffentliche Interesse wird in konkurrierenden Handlungsaufträgen pluralisiert, deren bereichs- und problemspezifische Koordination oft horizontal und selbstregulativ erfolgt. Das bestätigt die systemtheoretische Sicht, dass sich das moderne Gemeinwesen nicht mehr „von einem punktuellen Willenszentrum" aus gestalten lässt.[97]

7. Verwaltungsorganisationen entwickeln interne Interaktionssysteme, die sich der Unterscheidung formal/informal entziehen und damit auch einer Kontrolle durch die Hierarchie.

Während das klassische Modell der Organisation die Funktion zur Verarbeitung der durch die Umwelt erzeugten Unsicherheit der hierarchischen Spitze zuwies, geht man heute allgemein davon aus, dass eine Zentralisierung des notwendigen Wissens und damit auch eine Zentralisierung der Unsicherheitsabsorption nicht gelingt.[98] Etwa verlaufen die Umweltkontakte einer Organisation nicht nur über deren Spitze, sondern überwiegend über nachgeordnete Stellen, die in fallspezifische Beziehungsnetzwerke eintreten und eigenes, problembezogenes Wissen aggregieren.[99] Auch deshalb können sich innerhalb von Organisationen Interaktionssysteme entwickeln, die die Unterscheidung formal/informal transzendieren und sich einer hierarchischen Kontrolle entziehen.[100] Dann wird es eine auf allen Ebenen ständig neu zu beantwortende Frage, welche Informationen und welches Wissen in das formale Netzwerk eingespeist werden sollen und müssen. Diese Art der Reflexion entzieht sich der Hie-

---

[95] Dazu im Überblick *Scherzberg* (Fn. 18), S. 80 ff.

[96] Zur Organisationspluralisierung ferner *Gunnar Folke Schuppert*, Verwaltungswissenschaft, 2002, S. 831 ff.

[97] *Horst Dreier*, Hierarchische Verwaltung, 1991, S. 298.

[98] Vgl. *Luhmann* (Fn. 48), S. 211.

[99] Vgl. *Scherzberg* (Fn. 18), S. 119 ff.

[100] Vgl. *Luhmann* (Fn. 48), S. 207, 210 ff.

rarchie, ja diese wird selbst auf diese Weise kontrolliert.[101] Vor allem auf Handlungsfeldern mit hoher Umweltkomplexität und -dynamik wie bei Planungen und Prognosen trägt eine solche Enthierarchisierung der Kommunikations- und Entscheidungswege zur Optimierung der Aufgabenerfüllung bei.

Auch wenn sich eine Organisation in ihrem Selbstverständnis als Hierarchie beschreibt, kann man deshalb davon ausgehen, dass sich de facto „directive correlations" einstellen, die die wechselseitige Abnahme von Informationsverarbeitungslasten jenseits der Hierarchieebenen erlauben.[102] Die hierarchische Struktur verbleibt als Instrument zur Zurechnung formal bindenden Entscheidens und als Mittel zur Erfüllung der externen Erwartungen an die Organisation.[103]

8. Administrative Sozialgestaltung ist unter systemtheoretischen Prämissen nicht als hierarchisch-deterministische Fremdsteuerung der betreffenden Sozialsysteme, sondern als deren Anregung zur Selbststeuerung zu konzipieren. Ihr Gelingen ist insoweit in doppelter Weise erschwert.

a) Unter den Bedingungen funktioneller Ausdifferenzierung selbstreferentieller Teilsysteme lassen sich die Kommunikationsprozesse außerhalb des Verwaltungssystems regelmäßig nicht mit Erfolg nach dem Muster eines politischen Oktrois steuern.[104] Die Politik kann zwar mit Hilfe des Rechts Verbote aussprechen und Kosten verursachen. Sie muss sich dabei aber vergegenwärtigen, dass sie mit ihrem Verbindlichkeitsanspruch lediglich Prämissen setzt, deren Verarbeitung von der Resonanzbereitschaft und der Resonanzfähigkeit des jeweils betroffenen Sozialbereichs abhängt.[105]

Politische Steuerung kann deshalb nicht als deterministische Fremdsteuerung begriffen werden, sondern nur als Versuch, das angesprochene System durch Anreiz und Irritation zur gewünschten Selbststeuerung anzuregen. Diesem verbleibt stets die Wahl, die Ursache der Irritation in sich selber zu erkennen und daraus zu lernen, die Irritation der Umwelt zuzurechnen und sie zu ignorieren oder sie als Information über die Resonanz der eigenen Operationen in der Umwelt zu verstehen und zu nutzen.[106] Politische Steuerung funktioniert

---

[101] Vgl. *Luhmann* (Fn. 48), S. 327.

[102] Vgl. *Luhmann* (Fn. 48), S. 207.

[103] *Boris Holzer*, Von der Beziehung zum System – und zurück?, in: Jan Fuhse/Sophie Mützel (Hrsg.), Relationale Soziologie, 2010, S. 97, 108.

[104] Aus der umfangreichen Steuerungsdiskussion vgl. nur *Niklas Luhmann*, Politische Steuerung: Ein Diskussionsbeitrag, PVS 1989, S. 4 ff.; *ders.*, Die Wirtschaft der Gesellschaft (Fn. 57), S. 337 f., 346; *ders.* (Fn. 2), S. 63.

[105] Vgl. *Luhmann* (Fn. 31), S. 40 ff.; *ders.*, Die Wirtschaft der Gesellschaft (Fn. 57), S. 346 ff.

[106] *Luhmann* (Fn. 5), S. 118.

nur vermittelt durch die insoweit nicht vorhersehbar verlaufenden internen Operationen des angesprochenen Systems, mithin als strukturelle Kopplung.[107] Sie kann beispielsweise daran scheitern, dass die Selbststeuerung des betreffenden Systems versagt, und wird regelmäßig um so eher Erfolg haben, je stärker sie an dessen Funktionslogik anknüpft.[108] So lassen sich Interaktionsbarrieren meist leichter abbauen als aufrichten. Eine Erweiterung des gemeinsamen Marktes wird von den Unternehmen typischerweise angenommen, seine Beschränkung löst hingegen Umgehungsversuche aus. Steuerung konzipiert als Anregung zur Selbststeuerung berücksichtigt „responsiv" diese Gesetzmäßigkeiten, nützt das in den betreffenden Sozialbereichen aggregierte Erfahrungswissen, stellt geeignete Rahmenbedingungen und Ressourcen bereit, die die systeminterne Anpassung erleichtern und erhält dadurch deren Leistungskraft. Direkte inhaltliche Interventionen sind dagegen nur in Krisensituationen des akuten Versagens der Selbststeuerung angezeigt.[109]

b) Mögliche Gründe für das Scheitern politischer Steuerung liegen indes nicht nur in der Selbstreferenz des angesprochenen Sozialbereichs, sondern gleichermaßen in der Selbstreferenz der Politik. Das politisch-administrative System vermag Ereignisse in seiner Umwelt nur nach eigenen Relevanzkriterien wahrzunehmen und zu bearbeiten.[110] Fraglich ist insoweit nicht nur, ob es die betreffende funktionsspezifische Handlungslogik in zutreffender Weise erfasst, sondern auch, ob es seine Beobachtung in passender Weise in eigene Operationen übersetzt. Immerhin erfolgt politische Kommunikation nicht aus einer gleichsam neutralen Beobachterposition. Auch das politisch-administrative System nimmt die Umwelt aus einer systemrelativen Perspektive wahr. Seine Reaktionen sind vornehmlich am Ziel der Selbsterhaltung, der Erhaltung politischer Macht und damit an der Mehrheitsfähigkeit der verfügbaren Optionen orientiert.[111] Es muss dem Publikum gegenüber Probleme sichtbar machen, die durch sein Problemhandeln abgemindert werden können. Dieses Problemhandeln bzw. die öffentliche Kritik mangelnden Problemhandelns gilt als sein Erfolgsnachweis gegenüber dem Wähler.[112] Auch dies erschwert politi-

---

[107] Näher zur strukturellen Kopplung als Mechanismus von „Steuerung" *Luhmann* (Fn. 5), S. 100 ff.; ferner *Axel Görlitz/Ulrich Druwe*, Steuerung und Systemumwelt, 1990, S. 26 f., 60.

[108] In diese Richtung die Ansätze von *Gunther Teubner/Helmut Willke*, Kontext und Autonomie: Gesellschaftliche Selbststeuerung durch reflexives Recht, ZfRSoz 1984, S. 4 ff.; *Helmut Willke*, Kontextsteuerung durch Recht?, in: Manfred Glagow/Helmut Willke (Hrsg.), Dezentrale Gesellschaftssteuerung, 1987, S. 3 ff.; *ders.*, Supervision des Staates, 1997, Kap. 4 sowie *Görlitz/Druwe* (Fn. 107); zurückhaltend dazu *Luhmann* oben die Nachweise bei Fn. 104.

[109] *Willke* (Fn. 72), S. 202 f.

[110] *Luhmann*, Die Wirtschaft der Gesellschaft (Fn. 57), S. 346 ff.

[111] Vgl. *Luhmann* (Fn. 61), S. 100 ff., 111 ff.

[112] Vgl. *Luhmann* (Fn. 61), S. 85, 96, 99, 111 f.

sche Steuerung. Auch deshalb kann der Staat einer ausdifferenzierten Gesellschaft für die Wahrung des Gemeinwohls regelmäßig keine Erfüllungs-, sondern allenfalls eine Gewährleistungs- und Überwachungsverantwortung übernehmen.

9. Auch der Erfolg einer „Steuerung" der Verwaltung durch das Recht ist nicht zuletzt von systeminternen Bedingungen abhängig. Die Selbstreferenz des Verwaltungssystems erklärt etwa die häufige Wahl informeller, nicht rechtlich standardisierter Handlungsformen und die Neigung zur Herstellung „brauchbarer Illegalität".

Auch in der Einwirkung des Rechts auf die Verwaltung liegt, nicht anders als in der rechtlichen Steuerung der übrigen Subsysteme der Gesellschaft, der Versuch, generalisierte Verhaltenserwartungen gegenüber der systemischen Selbstreferenz zu stabilisieren.[113] Auch die Verwaltung ist aber als eigenrationales System einer deterministischen Fremdsteuerung prinzipiell unzugänglich. Normative Vorgaben werden als Informationen aus dem systemischen Umfeld wirksam, anhand derer sich das System selbst die für die Wahrnehmung seiner Aufgaben geeigneten Entscheidungsprämissen bildet. Die durch das Recht kommunizierten Erwartungen werden demnach nicht unmittelbar entscheidungsbestimmend. Sie werden vielmehr selektiert nach den Kriterien der bürokratieeigenen Rationalität.[114] Steuerungserfolge sind damit von systeminternen Bedingungen abhängig, deren Eintritt für den externen Beobachter nur bedingt vorhersehbar sind.

Einige Elemente der Eigenrationalität des Verwaltungssystems sind oben bereits skizziert worden.[115] Regelmäßig wird sie sich auf die Entwicklung einer praktikablen, konfliktmindernden, durchsetzungsfähigen und die eigenen Ressourcen schonenden Lösung richten.[116] Für die Steuerungskraft des Rechts wird dann die Frage relevant, inwieweit dieses einen zur Erreichung dieser Ziele geeigneten Vorschlag hervorbringt oder zulässt, der zugleich der Komplexität der Entscheidungssituation Rechnung trägt und zur Legitimation des gefundenen Ergebnisses beiträgt. Einerseits lässt sich heute – als Ausdruck und Ergebnis struktureller Kopplung – eine enge Rückbindung des administrativen Selbstverständnisses an das Recht feststellen. Hierzu tragen die Umsetzung rechtlicher Vorgaben in Dienstpflichten, die Formalisierung von Verantwortlichkeitsstrukturen und die teilweise Hierarchisierung der internen Kommunikationsbeziehungen bei. Die Berufung auf das Recht kann sich überdies zur Absicherung

---

[113] Näher *Scherzberg* (Fn. 18), S. 146 ff.; *Edwin Czerwick*, Bürokratie und Demokratie, 2001, S. 278 ff.

[114] Zusammenfassend *Czerwick* (Fn. 113), S. 387.

[115] Dazu oben VI. 4.

[116] s. etwa *Czerwick* (Fn. 113), S. 187 f.

der eigenen Position gegenüber politischen Irritationen und zur Durchsetzung von Gestaltungsintentionen gegenüber konfligierenden Interessen eignen. Andererseits kann die situative Logik der Sachbezogenheit, Zweckmäßigkeit und Professionalität der Aufgabenwahrnehmung einer unreflektierten Übernahme rechtlicher Erwartungen entgegenstehen und können gegenläufige politische Ziele, gesellschaftliche Rahmenbedingungen oder wirtschaftliche Machtverhältnisse die uneingeschränkte Durchsetzung normativer Vorgaben hindern.

Die Selbstreferenz der Verwaltung manifestiert sich insoweit vornehmlich in einem strategischen Umgang mit dem Recht.[117] So werden die vom Recht angebotenen Handlungsformen als disponible und strategisch einsetzbare Optionen behandelt und in den verschiedenen Vollzugsfeldern in unterschiedlicher Intensität genutzt. Der strategische Zugriff auf das Recht zeigt sich ferner bei der Bearbeitung von Interessenkonflikten, deren rechtliche Lösung angesichts offen formulierter Normtexte und fehlender präjudizieller Entscheidungen nicht sicher beurteilt werden kann. In dieser „Grauzone" rechtlicher Ungewissheit siedeln Absprachen und Arrangements, Kompensationsgeschäfte sowie Opportunitäts- und Billigkeitserwägungen, die sich an vorwiegend politischen Zwecken orientieren. Nicht selten koppelt sich die Verwaltung aber auch in Bereichen, in denen sich die prima facie „richtige" Rechtsanwendung hinreichend präzise bestimmen lässt, zugunsten von Formen „brauchbarer Illegalität" vom Rechtssystem ab.[118] Sie sieht sich insoweit, wie die Praxis der steuerrechtlichen „Nichtanwendungserlasse" zeigt, durchaus zur selektiven Behandlung der Ergebnisse der Rechtskommunikation befugt. Auch die zum Umwelt und Technikrecht betriebene Implementationsforschung deutet auf eine teilweise Verselbständigung gegenüber normativen Entscheidungsprämissen hin.[119]

10. Im Rechtssystem ist in mehrfacher Hinsicht ein Wandel erkennbar, der diese Erkenntnisse aufnimmt.

Aus Sicht der Systemtheorie lässt sich beobachten, wie das Rechtssystem seinerseits auf veränderte Reaktionen im Verwaltungssystem reagiert und deren Gemeinwohlorientierung zunehmend indirekt, etwa über die Bereitstellung von Handlungsformen, die Verteilung von Handlungsbefugnissen und die Einrichtung von Entscheidungsverfahren sichert.[120] Gegenüber dieser „Bereitstellungsfunktion" des Rechts tritt seine sachliche Steuerungsintention bereichsweise deutlich zurück, was sich nicht nur an der teilweisen Vagheit inhaltlicher Vorgaben, sondern allgemein auch daran dokumentiert, dass das Recht rechtswid-

---

[117] *Scherzberg* (Fn. 18), S. 147 m.w.N.

[118] *Niklas Luhmann*, Theorie der Verwaltungswissenschaft, 1966, S. 99.

[119] Zu den Ergebnissen der Implementationsforschung zusammenfassend *Scherzberg* (Fn. 18), S. 148 f.

[120] Zum Wandel der normativen Programmierung *Scherzberg* (Fn. 18), S. 104 ff.

rige Verwaltungsakte nach kurzer Frist für bestandskräftig, nicht vorgebrachte Einwendungen für präkludiert und Verfahrensfehler unter bestimmten Voraussetzungen für unbeachtlich und damit überspitzt formuliert „Unrecht zu Recht erklärt".[121]

Die Methodenlehre wiederum nimmt die Erkenntnis auf, dass es bei der Orientierung am Recht nicht um die einmalige Erkenntnis und richtige Durchführung vorfindlicher Normbefehle geht, sondern um die beständige Konstruktion und Operabilisierung von Rechtsgehalten.[122] Die abstrakte Rechtsnorm ist mit der fallspezifischen Konfliktlage regelmäßig nicht ohne gestaltende Zwischenakte zu korrelieren.[123] Bis zu einer konkreten, kognitive, volitive und normative Faktoren umschließenden Maßstabbildung ist die Sach- und Rechtslage im Einzelfall faktisch wie rechtlich ungestaltet und offen.[124]

Auch die veränderten Regelungsmodi verweisen auf eine Fortentwicklung des Selbstverständnisses des Rechts und eine Rücknahme seines Steuerungsanspruchs. Bekannt ist die Ersetzung von konditionalen Programmen durch finale Regelungen und die Ergänzung materieller durch prozedurale Programmierung.[125] Inhaltliche Vorgaben werden zunehmend als Kontextsteuerung konzipiert, d.h. als Bereitstellung von Rahmenbedingungen für eine gemeinwohlverträgliche Selbststeuerung, etwa durch optionale Programme, prozedurales und reflexives Recht, das eine Selbstkorrektur der „gesteuerten" Systeme fördert. Zu verweisen ist etwa auf die Öffnung des Informationszugangs gem. § 3 UIG, § 1 IFG, die Einführung einer im Ergebnis als Anreiz ausgestalteten Umweltverträglichkeitsprüfung und die vor allem im Umwelt- und Technikrecht häufige Verknüpfung von adminstrativer Normkonkretisierung mit den Ergebnissen korporativer Selbstregulierung.

VII. Ein Anwendungsbeispiel: Die systemtheoretische Modellierung des Verhältnisses von Verwaltung und Öffentlichkeit

Die Beziehungen des Organisationssystems „Verwaltung" mit ihrem systemspezifischen Umfeld lassen sich exemplifizieren an ihrem Verhältnis zur

---

[121] *Gerd Roellecke*, Verwaltung und Verwaltungsrecht, Die Verwaltung 29 (1996), S. 1 (12).

[122] *Karl-Heinz Ladeur*, Die Zukunft des Verwaltungsakts, VerwArch 86 (1995), S. 511 (521); *Luhmann* (Fn. 7), S. 313.

[123] *Rainer Pitschas*, Verwaltungsverantwortung und Verwaltungsverfahren, 1990, S. 658 f.; *ders.*, Allgemeines Verwaltungsrecht als Teil der öffentlichen Informationsordnung, in: Wolfgang Hoffmann-Riem/Eberhard Schmidt-Aßmann/Gunnar Folke Schuppert (Hrsg.), Reform des Allgemeinen Verwaltungsrechts, 1993, S. 219 (286 f.).

[124] s. bereits *Scherzberg* (Fn. 18), S. 126 f.

[125] Dazu im Überblick *Scherzberg* (Fn. 18), S. 70 ff., 104 ff.

politischen Öffentlichkeit. Die Systemperspektive eröffnet insoweit eine Reihe von Erkenntnissen:[126]

Verwaltung und Öffentlichkeit sind füreinander Umwelt. Die Öffentlichkeit nimmt im Zuge der Beobachtung gesellschaftlich relevanter Ereignisse auch die Prozesse politischer Kommunikation und die Entscheidungen des administrativen Subsystems wahr. Die Verwaltung wiederum beobachtet, ob und wie die am Code der sozialen Relevanz orientierte Öffentlichkeit administrative Vorgänge zur Kenntnis nimmt und bewertet.

Die Selbstreferenz der psychischen und sozialen Systeme zwingt zu einer Diversifikation der Instrumente administrativer Wirklichkeitsgestaltung und zur verstärkten Nutzung von Wissen als Kommunikationsmedium der Politik. Die Herstellung von Öffentlichkeit wird deshalb zu einem wichtigen Mittel für die Verfolgung konkreter Steuerungsanliegen auch der Verwaltung. Die Bedeutung von Beratungsangeboten und staatlichen Appellen, Warnungen und Empfehlungen nimmt zu, um durch öffentliche Darstellung und Bewertung von Sachverhalten das Problembewusstsein und die Lösungskompetenz der Rezipienten zu stärken und diese „durch Wissen zur Einsicht" und damit zur Veränderung ihrer Wertorientierung und Selbststeuerung anzuregen.

Sowohl die öffentliche Verwaltung als auch die politische Öffentlichkeit erstellen aber aus ihren Umweltkontakten die für die Fortsetzung ihrer Operationen geeigneten Steuerungsimpulse selbst. Sie entscheiden also auch selbst über die Aufnahme der wechselseitigen Anregungen. Die Anknüpfung an den öffentlichen Diskurs ist für die Verwaltung dabei ambivalent: einerseits erzeugt die massenmedial vermittelte öffentliche Kommunikation ihre eigene, für die Zwecke administrativer Aufgabenwahrnehmung nicht uneingeschränkt brauchbare Wirklichkeit. Andererseits kann die Aufnahme des im öffentlichen Diskurs prozessierten Wissens und der Ergebnisse öffentlicher Meinungsbildung zur Optimierung ihrer Entscheidungsprozesse und zur Verbesserung der Durchsetzung der Verwaltungsprogramme beitragen. Außerdem setzt sich auch in öffentlicher Kommunikation die gesellschaftliche Selbstorganisation fort, auf die sich die Legitimität des politisch-administrativen Systems einer demokratischen Gesellschaft gründet.

Die öffentliche Kommunikation ist deshalb prinzipiell geeignet, auf die verwaltungseigene Selbstkontrolle einzuwirken. Öffentlichkeit als „prozessbegleitende Kontrollstruktur"[127] wird vornehmlich präventiv wirksam. Die Aussicht auf den öffentlichen Diskurs erzeugt einen angemessenen Druck zur Selbstre-

---

[126] Ausführlich dazu *Scherzberg* (Fn. 18), S. 195 ff.

[127] *Dietrich Fürst*, Die Neubelebung der Staatsdiskussion, in: Thomas Ellwein/Joachim Jens Hesse/Renate Mayntz/Fritz W. Scharpf (Hrsg.), Jahrbuch zur Staats- und Verwaltungswissenschaft Bd. 1, 1987, S. 261 (281).

flexion, regt zur Antizipation und Integration konkurrierender Denkmuster und systemfremder Belange an und erlaubt es damit, den Horizont des Verwaltungssystems im System selbst zu überschreiten. Soweit sich die Verwaltung in ihren Entscheidungen an den öffentlich kommunizierten Erwartungen orientiert, folgt sie aber einem selbst erzeugten Anpassungszwang. Das gilt selbst dann, wenn dem quivis ex populo partizipative Rechte am Prozess der Entscheidungsfindung eingeräumt sind. Die Berücksichtigung der Ergebnisse der insoweit eingerichteten verfahrensspezifischen Diskurse wie auch der in der breiten Öffentlichkeit vorgebrachten Sichtweisen richtet sich nach den Maßstäben politischer und bürokratieeigener Rationalität.[128] Auch die Kopplung von Politik und Öffentlichkeit beschränkt sich mithin auf die Erzeugung von Resonanz bei Aufrechterhaltung der Differenz.[129]

VIII. Einige abschließende Feststellungen zum Nutzen der Systemtheorie

Die Systemtheorie legt die Entwicklung einer Staatstheorie nahe, die ihren Ausgangspunkt bei der Ausdifferenzierung der Gesellschaft und den sich daraus ergebenden kommunikativen Differenzen zwischen dem politisch-administrativen System und anderen gesellschaftlichen Teilsystemen sowie unter diesen Teilsystemen nimmt und damit sowohl die Restriktionen als auch die Optionen der politischen Steuerung realitätsnah erfasst.[130]

Eine solche Staatstheorie müsste die Absage an ein expansives Politikverständnis beinhalten und die Vorstellung einer unilateralen, zielgerichteten politischen Kontrolle des gesellschaftlichen Geschehens verabschieden.[131] Die Idee, das politisch-administrative System und sein Staat seien „eine Art Kommandohöhe, von der aus die Gesellschaft zielsicher besseren Zuständen entgegengesteuert werden könne"[132] ist aus systemtheoretischer Sicht überholt. Der Erfolg politischer Einwirkung auf gesellschaftliche Kommunikationen ist sehr voraussetzungsvoll und selbst nicht steuerbar. Letztlich „steuert" das politische System nur sich selbst. „Daß dies geschieht und wie dies geschieht, hat ohne Zweifel gewaltige Auswirkungen auf die Gesellschaft, weil es Differenzen erzeugt, an denen sich andere Funktionssysteme dann ihrerseits orientieren müssen. *Aber dieser Effekt ist schon nicht mehr Steuerung und auch nicht steuer-*

---

[128] Ein Eingriff in diese findet also nur statt, wenn sich an den öffentlichen Kommunikationsprozess ein formalisiertes juristisches Kontrollverfahren anschließt.

[129] s. oben IV. 4. a. E.; zur Kombination von Resonanz und Differenz *Alfons Bora*, Differenzierung und Inklusion, 1999, S. 387 ff.

[130] *Lange* (Fn. 81), S. 87.

[131] Dazu vor allem *Willke*, Supervision des Staates (Fn. 108), passim.

[132] *Lange* (Fn. 81), S. 84.

bar, weil er davon abhängt, was im Kontext anderer Systeme als Differenz konstruiert wird und unter die dort praktizierten Steuerungsprogramme fällt."[133]

Das Abstraktionsniveau der Systemtheorie ist zu hoch für die tägliche Politikberatung. Immerhin weist sie aber darauf hin, dass Organisation und Verfahren der Verwaltung so gestaltet werden müssen, dass sie die Selbstreferenz der Verwaltung und die Komplexität ihrer Umwelt verarbeiten und in angemessener Form in sich abbilden. Von daher liegt die Forderung nach weitestmöglicher Transparenz des Verwaltungshandelns und nach Verfahren breiter gesellschaftlicher Partizipation nahe, die es ermöglichen, die System/Umwelt-Differenz im System selbst abzubilden. Die Systemtheorie erlaubt auch einen kritischen Blick auf den empirisch-analytischen Ansatz der policy-Forschung, die von der Fiktion einer Zurechnung von Politik und Politikergebnissen auf Konstellationen und Handlungen individueller, kollektiver und korporativer Akteure ausgeht. Statt hier bei einem Steuerungsanlass anzusetzen, der in einem Problem außerhalb des politischen Systems liegt, müsste eine Intrasystemanalyse angestellt werden. Der Steuerungsanlass wird im politisch-administrativen System selbst und nach Maßgabe eigener Kriterien konstruiert.[134]

Gegenüber ihren theoretischen und konzeptionellen Erträgen bleibt die Eignung der Systemtheorie zur konkreten Anleitung der administrativen Praxis vage. Sie muss sich „mit einem ‚loose coupling of cognition and action' zufrieden geben." Allerdings „mag genau dies ein praktischer Vorteil sein, wenn man davon auszugehen hat, daß loose coupling eine grundlegende Bedingung für Systemstabilität ist."[135]

---

[133] *Luhmann*, Die Wirtschaft der Gesellschaft (Fn. 57), S. 337 f. (Hervorhebung im Original).

[134] Dazu *Lange* (Fn. 81), S. 85.

[135] *Luhmann* (Fn. 48), S. 474.

Territorialität und Funktionalität – zwei Grundprinzipien in den Reformen von öffentlichen Verwaltungen, insbesondere der Kommunalverwaltungen

Dieter Schimanke

I. Öffentliche Verwaltung und Differenzierung der Strukturen

1. Soziale Differenzierung

Die öffentliche Verwaltung ist Teil des politisch-administrativen Systems. Verfassungsrechtlich bildet sie zusammen mit der Regierung die Exekutive und vollzieht die öffentlichen Programme und Gesetze. Für die Erfüllung ihrer Aufgaben hat die öffentliche Verwaltung Strukturen ausdifferenziert, die wegen sich ändernder Anforderungen und korrespondierender Verwaltungsreformen weiter entwickelt werden. Die öffentliche Verwaltung unterliegt damit vergleichbaren Prozessen der Differenzierung ihrer Binnenstrukturen wie andere soziale Systeme.[1] Bei diesen wird auch häufig der Begriff der Arbeitsteilung verwendet, die einen funktionalen Beitrag zu Leistungsfähigkeit des Systems leistet.

In den öffentlichen Verwaltungen finden sich bei einer historischen und vergleichenden Betrachtung unterschiedliche Ausprägungen der Differenzierung. Es geht dabei in vertikaler Dimension um Zentralisierung und Dezentralisierung (bei letzterem mit dem besonderen Fall des deutschen Vollzugsföderalismus) sowie um Konzentration und Dekonzentration (prägend etwa für das britische System mit verschiedenen Phasen der Konzentration und Dekonzentration). In horizontaler Dimension geht es um die organisatorische Ausdifferenzierung der einzelnen Politik- und Verwaltungsfelder, was die Entwicklungsgeschichte des Innenministeriums besonders deutlich macht (etwa die Überführung von Verkehr und Wohnungsbau in ein eigenständiges Ministerium oder die Ausgliederung des Umweltschutzes in ein eigenes Ressort in Folge der Tschernobyl-Katastrophe).

---

[1] *König*, S. 331.

2. Ausprägungen der Prinzipien
von Territorialität und Funktionalität

Ein Staat wird völkerrechtlich definiert durch die Merkmale von Staatsvolk, Staatsgewalt und Staatsgebiet. Politische Herrschaft hat sich historisch in einem bestimmten Gebiet entwickelt und verteidigt gegen andere Mächte, die Einfluss und Macht streitig machten.[2] Das Territorium, in dem die Staatsgewalt vollzogen wird, ist also konstitutiv für einen Staat. Staatsherrschaft wird ausgeübt durch Institutionen und Organe des Staates, zu denen die öffentliche Verwaltung als eine wesentliche Ausprägung gehört. Die öffentliche Verwaltung hat somit einen unmittelbaren Bezug zum Territorium des Staates, zu dessen Exekutive sie gehört. Wenn Verwaltungsprogramme und Gesetze in bestimmten Teilen des Staatsgebiets nicht oder nicht mehr vollzogen werden können, bedeutet das zugleich eine Schwächung des Staates insgesamt. Beispiele gibt es nicht nur in der Geschichte, sondern auch in heutiger Zeit – bis hin zum Staatstypus des „Failing State". So kann Georgien in Teilen seines Staatsgebietes keine Verwaltungsleistungen erbringen. Selbst Lehrer, vom Bildungsministerium nach Südossetien und Abchasien entsandt, sind ihres Lebens nicht sicher. Dasselbe gilt für Vollzugsbeamte des Staates Modalwien in seiner Ostprovinz Transnistrien.

Öffentliche Verwaltungen werden typischerweise nach zwei Grundtypen organisiert: nach dem Territorialprinzip oder nach dem Funktionalprinzip[3]. Bei dem Territorialprinzip ist die Verwaltung einer Ebene (Region, Kreis oder Gemeinde) für alle Aufgaben zuständig, die auf dieser Ebene angesiedelt sind. Bei dem Funktionalprinzip sind Fachbehörden auf allen Verwaltungsebenen nur für ein bestimmtes Aufgabenfeld eingerichtet (z.B. Schulverwaltungen, Gesundheitsverwaltungen). Häufig werden beide Prinzipien gemischt. Aber es gibt deutliche Unterschiede zwischen den Ländern: In den USA und in vielen Staaten Osteuropas, einschließlich der Ukraine, ist das Funktionalprinzip stark ausgeprägt, während in skandinavischen Ländern, Frankreich oder Deutschland das Territorialitätsprinzip vorherrschend ist. Soll die kommunale Selbstverwaltung gestärkt werden, müssen Aufgaben der Fachverwaltungen auf die allgemeine Kommunalverwaltung übertragen werden. D.h. das Territorialitätsprinzip und die kommunale Selbstverwaltung stehen in einem engen Zusammenhang.

---

[2] *Benz*, S. 207 ff.
[3] *Wollmann/Bouckaert* 2006.

II. Verwaltungen in Europa: Kein Einheitstyp

Gern wird vom europäischen Verwaltungsmodell gesprochen. Vor allem im Zuge der Verwaltungsmodernisierung der osteuropäischen Länder, die „EU-tauglich" gemacht werden sollten, wurden Grundprinzipien der öffentlichen Verwaltung formuliert.[4] Allein bei den westeuropäischen Ländern ist die Bandbreite zwischen zentralistischen und dezentralen Systemen genauso groß wie zwischen einer starken oder schwachen Stellung der Kommunalebenen. Diese bestehen zudem aus sehr kleinen Einheiten (Frankreich, teilweise Deutschland) oder sehr großen Einheiten (Dänemark, Schweden, England).

Die Kommunalverwaltungen in Europa haben einerseits eine lange Tradition, andererseits weisen sie erhebliche Unterschiede in der Entwicklungsgeschichte und in den Erscheinungsformen auf. Sie sind eingebunden in die jeweiligen nationalen Verwaltungssysteme und deren Verwaltungskultur. So sind öffentliche Verwaltungen, einschließlich der Kommunalverwaltung, in der kontinentaleuropäischen Tradition (Frankreich, Italien, Deutschland, Österreich, Polen usw.) stark legalistisch geprägt – im Gegensatz zu britischen oder skandinavischen Verwaltungen. In föderalen Staaten haben sich ihrerseits durchaus erhebliche Unterschiede bei den Strukturen der Kommunalverwaltung zwischen den Regionen (Deutschland und Österreich: Länder, Schweiz: Kantone) herausgebildet, während unitarische Staaten über ein einheitliches kommunales System verfügen (England, Frankreich, Schweden).

Die Systeme der Kommunalverwaltungen in den europäischen Staaten waren und sind sehr unterschiedlich, was die Funktionen und die Ausgestaltung der kommunalen Verwaltung angeht. Andererseits hat die Europäische Charta der kommunalen Selbstverwaltung des Europarats vom 15.10.1985 einige Strukturelemente aufgelistet, die als allgemeingültig gelten können. Die Charta ist getragen von den Gedanken der Demokratisierung und Dezentralisierung. Die Kommunen erhalten das Recht, weitgehend selbstständig einen signifikanten Anteil der öffentlichen Aufgaben zu erledigen und über kommunale Angelegenheiten abschließend zu entscheiden. Den Bürgern wird die Möglichkeit eingeräumt, an den Entscheidungen unmittelbar teilzunehmen. Ferner wählen sie die Vertretungsorgane der kommunalen Selbstverwaltung (Räte).

Es stellt sich die Frage nach dem Verhältnis von staatlicher Verwaltung und kommunaler Verwaltung. Im Regelfall stehen auf der Ebene von Region, Kreis und Städten staatliche Verwaltungen und kommunale Verwaltungen nebeneinander. Die staatlichen Verwaltungen nehmen staatliche Aufgaben, die Kommunalverwaltungen kommunale Aufgaben – und zwar in kommunaler Selbstverwaltung – wahr. Es ist aber auch möglich, den Kommunalverwaltungen die

---

[4] *OECD* 1999.

Wahrnehmung staatlicher Aufgaben zu übertragen. Einen solchen Weg geht traditionell Deutschland, d.h. die kommunalen Verwaltungen auf der Kreisebene und auf der Gemeindeebene nehmen staatliche und kommunale Aufgaben wahr. Nur die kommunalen Aufgaben sind Gegenstand der kommunalen Selbstverwaltung und der Kontrolle bzw. Steuerung durch die staatliche Verwaltung weitgehend entzogen. Für den Bürger hat dieses Modell den Vorteil, dass er es für seine Anliegen grundsätzlich nur mit einer Verwaltung zu tun hat.

Zum Verhältnis staatliche Verwaltung zur Kommunalverwaltung gehört auch die Frage der Aufsicht und Kontrolle. Es gibt Staaten, die haben praktisch die Kommunalaufsicht abgeschafft. Dazu gehören vor allem skandinavische Staaten. So gibt es in Dänemark faktisch keine Fachaufsicht und nur eine begrenzte Rechtsaufsicht des Zentralstaates über die Kommunen und Kreise. Die Entscheidungen der Kommunalbehörden können vor speziellen Berufungsgremien angefochten werden, die weitgehend unabhängig sind. Hinzu tritt das Ombudsmann-System, d.h. der Bürger kann sich mit Beschwerden über die Verwaltung an eine unabhängige Person wenden, die das Recht der Untersuchung des Falles, des Zugangs zu den Verwaltungsakten sowie der Stellungnahme hat. In Großbritannien führt die Zentralregierung die Aufsicht über die Kommunalverwaltungen, soweit sie durch ein Gesetz dazu ermächtigt ist. Zudem ist der Leistungsvergleich der Kommunalverwaltungen untereinander (Best-Value bzw. Best-Practice) seit dem Jahr 2000 fester Bestandteil des Kontrollsystems geworden. Derartige Leistungsvergleiche gibt es in anderen Ländern auf freiwilliger bzw. informeller Basis.

In anderen Staaten übt die Zentralregierung eine detaillierte Kontrolle aus bis hin zu der Praxis, einzelne Entscheidungen an sich zu ziehen und die Entscheidung der staatlichen Aufsichtsbehörde an die Stelle der Kommunalbehörde zu setzen oder dieser Weisungen für den Einzelfall zu erteilen.

Bestimmte Staaten haben eine Lösung entwickelt, die zwischen diesen beiden Modellen liegt. Zu nennen sind hier Deutschland und Frankreich. In Deutschland führt der Staat die Aufsicht über die Gemeinden. Soweit diese staatlich übertragenen Aufgaben wahrnehmen, kann die Kontrolle und Steuerung auch die Frage umfassen, welche Entscheidung fachlich zweckmäßig ist (sogen. Fachaufsicht). Die Kommunalverwaltungen bewilligen beispielsweise finanzielle Unterstützung an Personen mit geringem Einkommen. Grundlage dieser Leistungen ist ein Bundesgesetz. Der Staat kann den Vollzug der Gesetze im Einzelnen kontrollieren und durch Weisungen steuern. Soweit es sich um Aufgaben der kommunalen Selbstverwaltung handelt, kann die staatliche Aufsicht nur überprüfen, ob eine Entscheidung gegen geltendes Recht verstößt (sogen. Rechtsaufsicht). In diesem Fall kann sie die Entscheidung beanstanden oder aufheben. Hiergegen kann die Gemeinde vor den Verwaltungsgerichten klagen mit dem Argument, das in der Verfassung garantierte Recht der kommunalen Selbstverwaltung sei verletzt.

Das in Frankreich praktizierte Modell wird wie folgt empfohlen:[5] Es sei einerseits zentralistisch, bringe aber auch andererseits die Zielvorstellungen des Europarats zum Ausdruck. Das französische Modell strebe die Einhaltung der folgenden vier Prinzipien an: Bestimmung der Entscheidungen, die innerhalb einer bestimmten Frist einer obligatorischen Überprüfung unterliegen sollen; systematische Einübung nachträglicher Kontrolle; Überprüfung der Rechtmäßigkeit und nicht der Zweckmäßigkeit; Möglichkeit der Befassung einer juristischen Instanz.

III. Typen von Kommunalverwaltungen in Westeuropa

1. Typologie

Die große Bandbreite bei den Systemen der Kommunalverwaltung in Westeuropa läßt sich auf einige Grundtypen reduzieren. Man verwendet häufig eine Klassifikation in drei unterschiedliche Typen:

(1) Der Nord-/mitteleuropäische Typ (Skandinavische Länder, Deutschland, Österreich, Schweiz, Niederlande),

(2) Der Franco-Typ (Frankreich, Italien, Belgien, Spanien, Portugal, Griechenland),

(3) Der Anglo-Typ (Großbritannien, Irland, Kanada, USA, Australien, Neuseeland).

Diese Typen unterscheiden sich – von (1) über (2) bis zu (3) in abnehmender Tendenz – danach, wie hoch der Grad der Selbstständigkeit und Autonomie der Kommunalebene ist, welches Gewicht die kommunale Selbstverwaltung hat und wieweit diese durch Gesetze abgesichert ist. Die erste Gruppe verfügt über eine starke kommunale Selbstverwaltung mit Verfassungsstatus und weiten Handlungsspielräumen. In Großbritannien besaßen die Kommunen ebenfalls weite Handlungsspielräume, indem sich die zentralstaatliche Ebene auf die Gesetzgebung beschränkte. Allerdings ist dieser Status verfassungsrechtlich nicht abgesichert, und die Aufgaben müssen den Kommunen ausdrücklich durch Gesetz übertragen werden, was in der Thatcher-Periode eine Re-Zentralisierung erleichterte. Im klassischen französischen System (bis 1982) dominierte die zentralistische Staatsverwaltung mit einer Departement-Verwaltung, in der der Präfekt neben der Leitung der staatlichen Verwaltung auch die Aufgaben der

---

[5] *Belloubet-Frier*, S. 5 ff.

Selbstverwaltung der Departments (und teilweise der Kommunen) mit erledigte.

Diese strukturellen und verfassungsrechtlichen Unterschiede sind zunächst weitgehend unabhängig von der Größe der Gemeinden (Einwohnerzahl und Fläche). Es finden sich in allen drei Typen kleine und große Gemeinden. Allerdings war in Frankreich die hohe Zahl von Kleinstgemeinden hinderlich, über die Departement-Ebene hinaus Aufgaben zu dezentralisieren. Und die skandinavischen Länder des Typs (1) haben die kommunale Ebene mit extrem großen Zuschnitten an Einwohnern und Fläche ausgestattet.

2. Entwicklungen in den einzelnen Ländern

Die Entwicklungen der Verwaltungsstruktur auf den kommunalen Ebenen und die heutige Situation soll an Hand von 5 ausgewählten Ländern dargestellt werden. Hauptsächliche Kriterien für die Auswahl waren, dass diese Länder interessantes Material liefern können und dass die drei oben genannten Typen vertreten sind. Die Darstellung kann sich auf unterschiedliche Quellen stützen. Teilweise sind es unmittelbare Dokumente aus den Reformprozessen, teilweise liegen empirische Untersuchungen[6] oder zumindest einschlägige Berichte vor. Allerdings ist der Informationsgrad für die fünf Länder nicht gleich. Deshalb fällt die Darstellung teilweise unterschiedlich aus, und Lücken sind nicht zu vermeiden.

a) Schweden

Die Verwaltung in Schweden ist zweistufig:

– 22 Kreise (*län*), 2 Regionen (Västra Götaland, Skåne) (durchschnittlich 400.000 Einwohner),

– 288 Kommunen (*kommuner*) (durchschnittlich 34.000 Einwohner).

Innerhalb des zweistufigen Kommunalsystems liegen die meisten kommunalen Aufgaben bei den Kommunen (*kommuner*), während die Kreise (*län*) im Wesentlichen für das öffentliche Gesundheitswesen (Krankenhäuser usw.) zuständig sind.

Die Verwaltungsstrukturen gehen auf Reformen im 19. Jahrhundert zurück und haben vor allem 1974 ihr heutiges Gesicht gefunden. Die Reform von 1974 umfasste neben der Territorialreform auch eine Übertragung von Aufgaben (Funktionalreform). Das schwedische Modell eines modernen, umfassenden Sozialstaats forderte eine Änderung der Verwaltungsstrukturen und machte die

---

[6] *Wollmann* 2008, *Kuhlmann* 2008.

Kommunen zur wichtigsten administrativen Institution des schwedischen Wohlfahrtsstaates.

Die wesentlichen Aufgaben der beiden Ebenen Kreis und Gemeinde sind die folgenden:

Aufgaben der *Kreise*:

– Der Schwerpunkt liegt eindeutig im Gesundheitssektor (breites Aufgabenfeld von medizinischer Grundversorgung über Spezialbehandlung, Zahnversorgung, spezialisierte psychiatrische Versorgung usw.), der drei Viertel des Budgets und des Personals ausmacht

– Freiwillige Aufgaben im Bereich Kultur, Bildung und Tourismus Regionalentwicklung.

Aufgaben der *Gemeinden*:

– Pflichtaufgaben sind vor allem Aufgaben des Schwedischen Wohlfahrtsstaates: Leistungen für ältere Menschen und für Behinderte, individuelle und Familienhilfe, Sozialhilfe)

– Bildung (Vorschule, Grundschule und Sekundarschule)

– Planung und Bauwesen

– Schutz von Umwelt und Gesundheit

– Wasser- und Abwasserversorgung, Abfallbeseitigung

– Freiwillig Aufgaben umfassen Kultur und Erholung und öffentliche Leistungen wie technische Dienste und Energieversorgung.

b) Dänemark[7]

Dänemark hat zwei große Phasen der Verwaltungsreform durchlaufen (1970 und 2007). Deren Ergebnis ist eine Gliederung der öffentlichen Verwaltung in 3 Ebenen: Zentralebene – Regionen – Kommunen. Auffällig ist die hohe Einwohnerzahl bei den Institutionen der zweistufigen kommunalen Selbstverwaltung:

– 5 Regionen mit 580.000 bis 1,65 Mill. Einwohnern

– 98 Gemeinden mit mindestens 30.000 Einwohnern.

Die Reform im Jahr 1970 war durch eine klare 3-Ebenen-Struktur (Staat, Amtskommunen und Gemeinden) und eine deutliche Verlagerung von staatlichen Aufgaben auf die beiden kommunalen Ebenen gekennzeichnet. Eine besondere Verbandslösung wurde für die Region der Hauptstadt Kopenhagen ge-

---

[7] *Priebs* 2007.

schaffen. Bald nach dieser Reform standen die Amtskommunen und die Regionalplanung im Mittelpunkt von Reformüberlegungen, die Anfang 2004 in einem Kompromiss einer Strukturkommission zu einer Lösung fanden. Seit dem Jahr 2007 sind die 14 Amtskommunen durch 5 Regionen ersetzt und die 277 zu 98 Großgemeinden zusammengefasst worden.

Die Hauptaufgaben der *Regionen* liegen in folgenden Bereichen:

- Krankenhäuser

- Öffentliche Krankenversicherung

- Psychiatrische Versorgung

- Verantwortung für soziale Institutionen

- Bodenschutz, Rohstoffkartierung und -planung

- Regionale Verkehrsgesellschaften

- Regionalplanung (Regionale Entwicklungskonzepte als strategische Pläne).

Daneben wurde auch die staatliche Regionalverwaltung neu organisiert.

Die wesentlichen Aufgaben der *Gemeinden* liegen insbesondere in folgenden Bereichen:

- Kindergarten und Grundschule für Kinder von 7 bis 17 Jahre

- Einrichtungen für ältere Menschen

- Soziale Dienstleistungen und finanzielle Unterstützungen von Bedürftigen

- Integration von Flüchtlingen und Einwanderern

- Aktive Beschäftigungspolitik für nicht-versicherte Arbeitslose; lokale Job-Zentren

- Versorgung mit Strom, Gas und Wasser; Rettungsdienst

- Überwachung der Umwelt.

Insgesamt kann für Dänemark festgehalten werden, dass rund zwei Drittel aller öffentlichen Aufgaben auf der kommunalen Ebene getätigt werden. In keinem anderen Land innerhalb der EU oder der OECD wird dieser Wert übertroffen. Die Kommunen beschäftigen rund drei Viertel aller Personen im öffentlichen Dienst, weil der dänische Zentralstaat weitgehend auf eigene oder nachgeordnete Behörden verzichtet.

c) Deutschland

Die Kommunalverwaltung in Deutschland hat im Grundsatz ebenfalls zwei Ebenen (Kreise und Gemeinden). Die Strukturen sind deshalb nicht einfach darzustellen, als die Kommunalordnung eine Aufgabe der 16 Länder ist, die Verfassung auf der Bundesebene sich auf die Garantie der kommunalen Selbstverwaltung beschränkt und die einzelnen Länder teilweise in der Organisation der öffentlichen Verwaltung sehr weit voneinander abweichen. Im Einzelnen sieht die Gliederung wie folgt aus:

- 439 Kreise, davon

  - 323 Landkreise und

  - 116 kreisfreie Städte

- 12.312 Gemeinden, 16 Prozent von diesen sind Einheitsgemeinden, während 77 Prozent von ihnen einem zwei-stufigen Gemeindeverband (Verbandsgemeinde – dazu siehe Kapitel VII und Anhang –, Verwaltungsgemeinschaft, Amt usw.) angehören.

Die durchschnittliche Bevölkerungsgröße beträgt:

- Landkreise: ca. 250.000 EW.

- Kreisfreie Städte: ca. 200.000 EW.

- Gemeinden: 6.000 EW (mit beträchtlichen Unterschieden zwischen den Ländern – in der Bandbreite zwischen durchschnittlich 40.000 in Nordrhein-Westfalen und durchschnittlich 2.400 in Schleswig-Holstein.

Auf das funktionale Gewicht, das die Landkreise, kreisfreien Städte, Gemeinden (und interkommunalen Verbände) im System der kommunalen Selbstverwaltung haben, gibt die prozentuale Verteilung ihrer Beschäftigten Hinweise:

- 25,6 Prozent aller Kommunalbediensteten sind bei Kreisen beschäftigt,

- 32,8 Prozent bei kreisfreien Städten,

- 37,2 Prozent bei kreisangehörigen Gemeinden und

- 4,7 Prozent bei interkommunalen Verbänden (Verwaltungsgemeinschaften usw.).

Daran, dass rund ein Drittel aller Kommunalbediensteten bei kreisfreien Städten und rund ein Viertel bei Kreisen angestellt sind, lässt sich einerseits die funktionale Bedeutung dieser beiden Typen kommunaler Gebietskörperschaften ablesen. Dazu trägt die Tatsache wesentlich bei, dass es innerhalb des der deutschen Verwaltungs- und Kommunaltradition eigentümlichen dualistischen

Aufgabenmodells insbesondere die kreisfreien Städte und Kreise sind, die neben ihren kommunalen Selbstverwaltungsangelegenheiten übertragene, d.h. staatliche Aufgaben (insbesondere in der sog. Ordnungsverwaltung, wie Bauaufsicht, Umweltschutz usw.) ausführen.

Andererseits spricht die Tatsache, dass immerhin über ein Drittel aller Kommunalbeschäftigten in kreisangehörigen Gemeinden tätig sind, für das erhebliche funktionale Gewicht dieser Ebene.

Kreise und Gemeinden nehmen heute im Wesentlichen folgende Aufgaben wahr:

- In der Systematik der öffentlichen Aufgaben gibt es im deutschen Verwaltungssystem die Besonderheit, dass die kommunalen Verwaltungen sowohl staatliche Aufgaben (sogenannte übertragene Aufgaben) als auch Aufgaben der kommunalen Selbstverwaltung wahrnehmen – und zwar in einer Verwaltung.

- Die Gemeinden haben das Recht, alle Angelegenheiten der örtlichen Gemeinschaft selbst zu erledigen; das gilt insbesondere auch für neue Aufgaben, die nicht erst durch ein staatliches Gesetz – wie z.B. in England oder Frankreich – übertragen werden müssen (Grundsatz der Allzuständigkeit).

Die *Kreise* nehmen insbesondere die folgenden konkreten Aufgaben wahr:

- Gesundheitswesen (Krankenhäuser, Gesundheitsämter)

- Sozialhilfe; Jugendhilfe; Sozialverwaltung

- Berufsschulen, Sonderschulen

- Abfallwirtschaft (Mülldeponien, Müllverbrennung)

- Öffentlicher Personennahverkehr

- Umwelt- und Naturschutz

- Veterinärwesen

- Kreisstraßen; Zulassung von Kraftfahrzeugen; Erteilung von Führerscheinen.

Die *Gemeinden* nehmen insbesondere die folgenden konkreten Aufgaben wahr:

- Verwaltung im traditionellen Sinn (sogenannte Ordnungsverwaltung): Meldewesen, Standesamt, Baurecht, Umweltschutz

- Planung: räumliche Planung, Entwicklungsplanung, Haushalts- und Finanzplanung

– Schaffung und Bereitstellung öffentlicher Einrichtungen (Schulen, Kindergärten, Betreuung von alten Menschen, Sport, Kultur, Verkehr, Versorgung und Entsorgung)

– Förderung von Wirtschaft, Beschäftigung, Landwirtschaft

– Wirtschaftliche Betätigung zur Versorgung der Bevölkerung mit Energie, Wasser, Gemeindestraßen.

Nach 1990 nahmen die neuen Bundesländer (Ostdeutschland) sogleich eine Gebietsreform der Kreise in Angriff, deren Zahl von 189 auf 87 reduziert wurde. Hingegen sahen sie von einem gebietlichen Neuzuschnitt der Gemeinden ab – in politischer Respektierung der Gemeinden als politische Arenen für die soeben erst wiedergewonnene lokale Demokratie. Stattdessen führten auch sie – dem Bespiel der meisten westdeutschen Länder folgend die interkommunale Zwischenebene der Verwaltungsgemeinschaften, Ämter usw. ein.

In den letzten Jahren haben die neuen Länder eine neue Runde kommunaler Gebietsreformen durchgeführt bzw. bringen sie derzeit zum Abschluss.

d) Frankreich[8]

Frankreich ist traditionell der Prototyp des Franco-Modells mit einer starken Zentralebene und einer Dekonzentration der staatlichen Verwaltung durch die Departments und ihre Präfekten. Jedoch sind seit 1982 wesentliche Schritte in Richtung einer Dezentralisierung eingeleitet worden. Allerdings führten diese nicht zur Stärkung der Gemeinden, sondern zur Veränderung der Department-Ebene (Einführung von Selbstverwaltung; Beschränkung der Befugnisse des Präfekten).

In der überwiegenden Zahl von Klein- und Kleinstgemeinden und in dem fast verschwindend geringen Anteil von Mittel- und Grosstädten tritt die riesige Asymmetrie zu Tage, die zwischen den französischen Kommunen hinsichtlich ihrer administrativen, finanziellen und ökonomische Handlungsfähigkeit klafft.

Das Scheitern einer kommunalen Gebietsreform, das vor allem auf die starke Stellung und gesellschaftliche Verankerung der französischen (ehrenamtlichen) Bürgermeister zurückzuführen ist, hat verhindert, dass den Gemeinden zusätzliche Aufgaben übertragen wurden. Ferner führte die ausgebliebene Gebietsreform dazu, dass zwischen den Kommunen und zwischen den Verwaltungsebenen Verbände gegründet wurden. Diese sollen die Nachteile von zu kleinen Gebietszuschnitten ausgleichen, führen aber zu einem komplizierten Verwaltungssystem, in dem die Verantwortlichkeiten unklar und der Abstimmungsbedarf hoch sind.

---

[8] *Kuhlmann* 2006.

Funktional stehen die *départements* im Mittelpunkt des französischen Systems der dezentralen/kommunalen Selbstverwaltung. Sie waren politisch wie funktional die hauptsächlichen Nutznießer der Dezentralisierung von 1982 (*Acte I*) ebenso wie der von 2003 (*Acte II*).

e) England

Das englische Kommunalsystem ist zweistufig (*County councils* und *district councils*) und setzt sich gegenwärtig zusammen aus:

- 34 *County councils*, überwiegend in ländlichen Gebieten,

- 238 innerhalb von *counties* liegenden *district councils*,

- 82 einstufige *county* und *district*-Aufgaben vereinigende Kommunaleinheiten, nämlich 36 *metropolitian district councils* und 46 *unitary authorities,* sowie (ansatzweise zweistufig) die *Greater London Authority* und 32 London *borough council*s (plus *City of London*),

- eine Vielzahl von kleinen Orten (*parishes*), die vielfach auf das 19. Jahrhundert zurückgehen, bestehen zwar vielfach auch in Form von *parish councils* weiter, haben jedoch keine nennenswerte kommunale Funktion und Bedeutung.

Betrachtet man die *counties, districts* und *unitary authorities* zusammen, so beläuft sich ihre durchschnittliche Bevölkerungszahl auf 120.000 Mit dieser (demographischen) Größe der kommunalen Einheiten steht England weit an der Spitze der europäischen Länder.

In den zweistufigen Strukturen nehmen die *counties* die wichtigsten kommunalen Aufgaben (*social services*, Schulen usw.) wahr. Dadurch, dass inzwischen die meisten der mittleren und größeren Städte, zumal die Großstädte, einstufige (*county* und *district*-Funktion verbindende) *unitary authorities* sind, stellen diese den politischen und funktionalen Kern des englischen *local government* dar.

Die gegenwärtige Struktur ist das Ergebnis einer langen Serie von territorialen und organisatorischen Reformen.[9]

f) Ergebnisse im Überblick

Die nachfolgende Übersicht mit einem Vergleich der kommunalen Ebenen von fünf Ländern macht diese Unterschiede deutlich.

---

[9] *Wollmann* 2008.

Land	Kommunale Ebene	Zahl	Bevölkerung im Durchschnitt bzw. Mindestgröße	Bemerkungen
England	Counties Districts Unitary authorities / Country boroughs	34 282 82	720.000 120.000 130.000	Reformen 1974, 1986, 1990 ff
Schweden	Landstins-kommuner Kommuner	22 + 2 286	380.000 30.300	Reform 1974
Dänemark	Regions Kommunen	5 98	1.095.000 >30.000	Reformen 1970, 2007
Deutschland	Kreise Städte (kreisfrei) Gemeinden 2-stufige Kommunalorganisationen Verbandsgemeinde, Verwaltungsgemeinschaft usw.)	323 116 12.250	170.000 >100.000 6.100 >8.000	Reformen 1970, 1990, 2003 ff; Große Unterschiede zwischen den einzelnen Ländern
Frankreich	Régions Department Communes intercommunalité	22 + 4* 96 + 4* 35.000 16.202	2.300.000 550.000 1.560	Reformen 1982, 1999, 2003
		*Übersee		

Die Zahlen beziehen sich je nach Quelle auf die Jahre 2006 bis 2009

In der tabellarischen Übersicht fällt auf, dass es *das* „Europäische Modell" der lokalen Verwaltung auf Kreisebene und Gemeindeebene nicht gibt. Auch innerhalb der Gruppe ‚Nord-/Mitteleuropäischer Typ' gibt es eine große Bandbreite. Während Schweden bereits 1974 große Gemeinden geschaffen hat, ist dem Dänemark in zwei Stufen bis zum Jahr 2007 gefolgt. In Deutschland kam es demgegenüber zu einer moderaten Zusammenlegung von Gemeinden. Und auch die zweite Ebene, die Kreise, sind in Deutschland kleiner als die entsprechenden Institutionen in Dänemark und Schweden, vor allem die Regionen in Dänemark.

In den skandinavischen Staaten und in England sind die Gemeinden großflächig und weisen eine extrem hohe Zahl an Einwohnern (als Mindestzahl und als Durchschnitt) auf. Demgegenüber hat Frankreich auf eine Territorialreform auf der Gemeindeebene verzichtet. Deutschland bewegt sich zwischen diesen Extremen. Mit Ausnahme von Frankreich wurden damit Voraussetzungen geschaffen, der Kommunalebene den Vollzug von wesentlichen öffentlichen Aufgaben zu übertragen. Das gilt vor allem für Dienstleistungen des Wohlfahrtsstaates, aber auch für den Bildungsbereich und die Versorgung mit Wasser, Energie etc. In Frankreich war im Rahmen der Dezentralisierungskonzepte eine entsprechende Übertragung nur bis zur Ebene der Departments möglich.

Die großflächigen Lösungen in Skandinavien haben ferner folgenden Effekt: die regionale Planung, die zusammenhängende Wirtschafts- und Verflechtungsräume (sogen. Sozio-ökonomische Verflechtungsräume der Landesplanung) voraussetzt, kann ohne Probleme den neuen kommunalen Organisationseinheiten der zweiten Ebene (Landstingskommuner, Regionen) übertragen werden, wobei die untere Ebene noch ausreichenden Spielraum für die örtliche Entwicklungsplanung hat. Deutschland tut sich hier schwer. Teilweise sind Regionalverbände oberhalb der Ebene der Kreise gebildet worden (diese sind aber kaum mit den Régions in Frankreich oder den Counties in England zu vergleichen). Und für die Metropolregionen haben alle Staaten besondere Verbandsformen für die regionale Entwicklungsplanung und die Erfüllung von bestimmten Aufgaben, die über die Kernstadt hinausgehen, entwickelt. Diese Verbandsformen bedürfen einer besonderen Untersuchung und Darstellung, die hier nicht geleistet werden kann; andererseits steht auch die Ukraine vor der Herausforderung, für die Metropolregionen passende Organisationsformen zu finden.

Mit der Übertragung von einer Vielzahl von Aufgaben auf die neu strukturierten Kreise und Gemeinden ist zugleich eine andere Form der Steuerung und Kontrolle durch den Staat verbunden. Dies wird besonders in den skandinavischen Staaten deutlich. Die Zentralebene beschränkt sich weitgehend auf die Entwicklung von allgemeinen Programmen und den Erlass von Gesetzen. Die Entscheidungs- und Ergebnisverantwortung beim Vollzug ist den kommunalen Behörden überlassen. Die Kontrolle der staatlichen Verwaltung beschränkt sich im Kern auf eine Rechtsprüfung. In der staatlichen Verwaltung sind die Ministerien noch weiter entlastet bzw. verschlankt worden, indem Agenturen (‚Agencies') einen Teil der ehemaligen Funktionen der Ministerien übernommen haben.

Deutschland weist traditionell eine starke Dezentralisierung des Verwaltungsvollzugs, der Steuerung und Kontrolle auf (administrative Dezentralisierung). Diese Tendenz ist im Zuge der geschilderten Reformen noch verstärkt worden. In dieselbe Richtung zielten die Reformen in Frankreich von 1982 und 2003, so dass vor allem aufgrund der Einrichtung einer kommunalen Selbstverwaltung auf der Department-Ebene von politischer Dezentralisierung gesprochen werden kann. Demgegenüber hat England auf der lokalen Ebene staatliche Behörden installiert, so dass man nur von einer Dekonzentration und letztlich einer Re-Zentralisierung sprechen kann.

Die bisherige Bilanz betont die Reform der Strukturen der öffentlichen Verwaltung. Alle Reformen haben jedoch mit einer weiteren Herausforderung zu tun: die Frage der Legitimation von Politik und Verwaltung. Diese Legitimation erfolgt vorrangig durch Wahlen und Abstimmungen der Bürger. Große Gemeinden und Kreise mit einer hohen Zahl von Einwohnern und einer großen Flächenausdehnung können die Möglichkeiten der Bürger einschränken, auf die Entwicklung ihrer Kommune Einfluss zu nehmen. Interessanterweise wird diese Diskussion seit vielen Jahren in Deutschland mit seinen eher moderaten Lösungen wesentlich intensiver geführt als in England oder Skandinavien. Bei den jüngsten nationalen Wahlen in Dänemark war das Thema der Verwaltungsreform kein Gegenstand der Wahlauseinandersetzung trotz der radikalen Reform von 2007. Vor dem Hintergrund der Entwicklungen in den westeuropäischen Staaten ist deshalb das Urteil der Landesverfassungsgerichts Mecklenburg-Vorpommern vom 26. Juli 2007, das eine Kreisgebietsreform zur Sicherung der Handlungsfähigkeit des Landes und zur Stabilisierung eines einfachen 2-stufigen Verwaltungsaufbaus mit einer starken allgemeinen Verwaltung auf der Kreisebene verworfen hat, im Vergleich mit westeuropäischen Ländern einzigartig und ein Stück wirklichkeitsfremd. Art. 28 GG hätte auch eine zeitgemäße Interpretation, gerade unter Hinzuziehung vergleichender europäischer Beispiele zugelassen.

In allen genannten Ländern wird der Spannungsbogen zwischen Territorialprinzip und Funktionalprinzip deutlich. Vor allem in den skandinavischen Ländern dominiert das Territorialprinzip, indem die Kommunalebenen als allgemeine Verwaltung für den Verwaltungsvollzug von den meisten öffentlichen Aufgaben zuständig sind.

IV. Ziele der Verwaltungsreformen

Die Ziele von Verwaltungsreformen variieren zwischen den einzelnen europäischen Ländern teilweise erheblich. Und sie sind abhängig vom jeweiligen Zeitpunkt. So dominierten in Westeuropa in den 1970er Jahre Ziele der Leistungssteigerung und der stärkeren Verwirklichung demokratischen Prinzipien (Einbindung der Bürger, kommunale Selbstverwaltung), während es in den 1990er Jahre im Zuge von New Public Management um Effizienz und Privatisierung ging. Haushaltskonsolidierung und Reduzierung der öffentlichen Verschuldung, nicht zuletzt durch Verpflichtungen durch die Europäische Union, haben das Zielsystem in den letzten Jahren nochmals verschoben.

Den Verwaltungsreformen werden in der Regel positive Ziele vorgestellt. Mit diesen Zielen soll zum Ausdruck kommen, welche Funktionen die öffentliche Verwaltung in Zukunft wahrnehmen soll. Im heutigen Europa sind es vor allem die Ziele, gute Dienstleistungen für den Bürger und die Gesellschaft zu erbringen. Daneben gibt es aber auch weitere Ziele, die sich in folgenden Katalog bringen lassen:

1. Die Dienstleistungen für den Bürger und die Gesellschaft werden zeitnah und in guter Qualität erbracht.

2. Die Leistungsfähigkeit der öffentlichen Verwaltung ist verbessert.

3. Effizienz und Effektivität sind gesteigert.

4. Die Leistungen werden bürgernah erbracht (Der Vollzug der Verwaltungsleistungen erfolgt dezentral).

5. Die öffentliche Verwaltung handelt transparent unter Beteiligung der Bürger an den Entscheidungen (Demokratisches Prinzip gestärkt).

6. Es wird ein Beitrag zur Haushaltskonsolidierung geleistet.

Aus diesen Zielen lässt sich einerseits ein positives Bild der öffentlichen Verwaltung in der Zukunft zeichnen („Leitbild'). Andererseits wird bei dem Zielkatalog bereits auf diesen abstrakten Ebenen deutlich, dass die Ziele in einem Spannungs- und Konfliktverhältnis stehen. Effizienz oder Haushaltskonsolidierung können im Konflikt mit der Leistungsqualität oder der Bürgernähe der öffentlichen Verwaltung stehen. Zielkataloge können dieses Spannungsverhältnis transparent machen und fordern nach politischer Prioritätensetzung.

V. Gebiets- und Funktionalreformen in Deutschland

Aus den Materialien zur Territorialreform und zur Reform der Aufgabenzuordnung auf die verschiedenen Verwaltungsebenen lassen sich im wesentlich auf der Basis der Materialien aus Deutschland die folgenden Eckpunkte herausarbeiten:

1. Auf allen Verwaltungsebenen muss der Verwaltungsapparat so ausgestattet sein, dass er in der Lage ist, die ihm übertragenen öffentlichen Aufgaben sachgerecht zu erfüllen. Das setzt voraus, dass der Verwaltungsraum, der abzudecken ist, hinreichend groß, über eine Mindestzahl an Einwohnern und genügend Fälle im Jahr in den einzelnen Sachgebieten verfügt. Erst dann kann das entsprechende Fachpersonal eingestellt und ausgelastet werden (Effizienz). Dieser Grundsatz führt zwingend zu einer Vergrößerung der Verwaltungsräume und zu einer Reduzierung der Zahl der Gemeinden, Kreise und u.U. der Bezirke.

2. Die öffentliche Verwaltung unterhält eine Vielzahl von Einrichtungen (Schulen, Krankenhäuser, Wasserversorgung, Müllbeseitigung, Personennah-

verkehr usw.). Die Trägerschaft dieser Einrichtungen liegt bei den Gemeinden, Städten, Kreisen und Bezirken. Diese brauchen eine Leistungsfähigkeit, solche Einrichtungen auch betreiben zu können. Auch dies setzt eine Mindestgröße der jeweiligen öffentlichen Verwaltung voraus.

3. Die öffentliche Verwaltung hat auch eine Gestaltungsfunktion. Sie hat zu gewährleisten und zu ordnen, wie das Territorium genutzt wird und dass die einzelnen Nutzung zueinander austariert und koordiniert werden. Denn Raum ist eine knappe Ressource, um die viele streiten: Verkehr, Industrieanlagen, Siedlungsflächen, Erholungsflächen, Wasser- und Energieversorgung, Abfall, Landwirtschaft, Wälder und Forstwirtschaft u.a.m. Die Aufgabe für die öffentliche Verwaltung besteht in einer abgestimmten Planung. Auch diese Funktion setzt voraus, dass die einzelnen Verwaltungen einen hinreichend großen Raum abdecken. Dieser sollte nicht nur der Größe nach sinnvoll zugeschnitten sein, sondern auch von seinem Charakter her zusammenpassen und mit den Anforderungen der Raumplanung in Einklang stehen (sogen. sozio-ökonomischer Verflechtungsraum und Zentrale-Orte-System, ferner sprachlich-kulturelle oder topographisch-geographische Zusammenhänge).

4. Die Verwaltungsbehörden dürfen aber auch nicht so groß werden, dass ein zu hoher interner Koordinationsbedarf entsteht. Es geht also nicht nur um Mindestgrößen, sondern auch um optimale Größen von öffentlichen Verwaltungen.

5. Die öffentliche Verwaltung sollte übersichtlich sein, d.h. sie sollte eine möglichst geringe Anzahl von Verwaltungsebenen aufweisen und sich im Wesentlichen auf die allgemeine Verwaltungen stützen. Nur in den Fällen, wo eine hohe Spezialisierung vorliegt (z.B. Vermessung, Kataster, Gewerbeaufsicht, Immissionsschutz, Atomenergie, Steuern, Polizei), sollte es eine Sonderverwaltung neben der allgemeinen Verwaltung geben. Sie sind aber die Ausnahme vom ‚Prinzip der Einheit der Verwaltung'.

6. Die allgemeine Verwaltung und die Sonderverwaltungen decken immer das gesamte Gebiet ihres Raumes ab. D.h. es gibt keine freien Gebiete, die nicht zu einer Gemeinde oder Stadt, dann zu einem Kreis und schließlich zu einem Bezirk gehören. Ausgenommen sind allenfalls militärische Übungsplätze.

7. Die Räume der allgemeinen Verwaltung und der Sonderbehörden haben dasselbe Territorium abzudecken (sogen. ‚Prinzip der Einräumigkeit der Verwaltung'). Das verringert den Koordinationsaufwand und steigert die Effizienz der Verwaltung. Sollte eine Sonderbehörde einen größeren Einzugsbereich als eine Gemeinde, Stadt oder Kreis benötigen, weil anders sie nicht effizient arbeiten kann, ist ihr Verwaltungsraum so festzulegen, dass sie jeweils zwei oder mehr Räume der allgemeinen Verwaltung abdeckt (sogen. ‚Prinzip der Einräumigkeit im weiteren Sinne').

8. Eine Verwaltungsreform muss sowohl den Besonderheiten des dünn besiedelten ländlichen Raums als auch der Verdichtungsräume gerecht werden.
Das bedeutet, dass die Maßstäbe und Prinzipien für diese unterschiedlichen Lagen auch zu Unterschieden in der Ausgestaltung führen (z.B. müssen die Mindestgrößen für Gemeinden in dichtem Siedlungsgebiet deutlich höher sein als
in dünn besiedelten Agrarregionen).

9. Die eher technischen Maßstäbe der Verwaltungseffizienz sind in Übereinstimmung zu bringen mit dem Erfordernis, dass die öffentliche Verwaltung für
den Bürger erreichbar sein muss. Die Verwaltungsaufgaben mit hohem Publi-
kumsbezug (d.h. viele Bürger müssen persönlich eine Verwaltungsbehörde aufsuchen, z.B. Sozialamt) sind möglichst auf der untersten Verwaltungsebene anzusiedeln und diese Behörde muss gut erreichbar sein (das hängt u.a. vom Personennahverkehr ab).

10. Der Trend zur Übertragung möglichst vieler Vollzugsaufgaben auf Gemeinden, Städte und Kreise nach der Durchführung einer kommunalen Territorialreform ist in den europäischen Staaten durchgängig anzutreffen (Prinzip der
Dezentralisierung). Diese Aufgaben sollen möglichst als eigenständige Aufgaben durch die kommunalen Körperschaften wahrgenommen werden.

11. Im Wandel ist auch das Verfahren, die Leitungspersonen der einzelnen
Behörden zu bestellen. Solange die Behörden auf den einzelnen Ebenen staatliche Behörden sind, werden ihre Leiter von der staatliche Exekutive bestellt.
Verantwortlich sind die einzelnen Ministerien und die Regierung. Wenn die
Behörden sowohl staatliche Aufgaben als auch kommunale Aufgaben wahrnehmen, geht der Trend dahin, dass der Staat zwar die Kriterien (für die Qualifikation und das Verfahren) regeln kann (durch Gesetz), dass aber die Auswahl
bei dem lokalen Parlament liegt. Das gilt natürlich in besonderer Weise, wenn
Städte und Gemeinden nur kommunale Aufgaben wahrnehmen. Die direkte
Wahl des Bürgermeisters – und teilweise auch der Landräte – durch die Bürger
der Gemeinde ist die Regel.

12. Wenn ehemals staatliche Aufgaben in kommunale Aufgaben umgewandelt sind, beschränkt sich die Aufsicht der staatlichen Behörden gegenüber den
kommunalen Behörden darauf, dass diese die Gesetze beachten und rechtmäßig
anwenden (Rechtsaufsicht). Damit gewährleisten die staatlichen Behörden den
einheitlichen Vollzug von Gesetzen im Land. Die staatlichen Behörden können
nicht mehr prüfen, ob die einzelnen Entscheidungen auch zweckmäßig sind; sie
können die Entscheidung im Einzelfall auch nicht an sich ziehen.

13. Mit der Dezentralisierung der Aufgabenerfüllung durch die Gemeinde,
Städte und Kreise ist auch eine stärkere Beteiligung der Bürger an kommunalen
Entscheidungen verbunden, die durch diese Strukturreformen teilweise erst

möglich geworden ist und durch entsprechende rechtliche Regelungen begünstigt wird.

VI. Kommunale Kooperationen und interkommunale Zusammenarbeit auf der Regionalebene

Gebietsreformen sind nur eine Form, die Größe und Leistungskraft der öffentlichen Verwaltung an geänderte Anforderungen anzupassen. Unter Beibehaltung der rechtlichen Selbstständigkeit der Kommunen und Kreise haben sich verschiedene Formen der kommunalen Kooperation herausgebildet. Sie sind letztlich eine Verbindung des Territorialprinzips (Gebietskörperschaft) mit dem Funktionalprinzip (Erledigung einer bestimmten öffentlichen Aufgabe in dem Territorium der Gebietskörperschaften).

Das Instrument des kommunalen Zweckverbandes ist eine klassische Organisationsform der kommunalen Zusammenarbeit. Für eine bestimmte Aufgabe, für deren Erledigung eine einzelne Gemeinde zu klein ist, wird ein Verband gebildet, der eine klare Aufgabenstellung, eine Finanzierungsregelung und eine Regelung über die Entscheidungs-Organe enthält.

In der Verwaltungspraxis finden sich kommunale Zweckverbände für die folgenden Aufgaben: Abfallbeseitigung, Abwasserbeseitigung, Schlachthof, Energieversorgung, Wasserversorgung, Feuerwehr, Jugendhilfe, Kindergarten, Schulen, Krankenhaus, Öffentlicher Personennahverkehr, Kommunale Sparkassen, Bau und Unterhaltung von Straßen und andere kommunale Aufgaben.

In den letzten Jahren haben sich darüber hinaus weitere Formen der interkommunalen Zusammenarbeit auf der Gemeindeebene herausgebildet. Gründe und Formen sind vielfältig. Wesentlich sind Kostengesichtspunkte und die überörtliche Erledigung von kommunalen Aufgaben. Die Kooperation ist durch Verträge geregelt.

VII. Regional Governance

Vergleichbare Gründe gibt es auch auf der Regionalebene, die in Deutschland starke Elemente der kommunalen Selbstverwaltung aufweist. In einem Arbeitspapier der Akademie für Raumforschung und Landesplanung (Hannover 2007) werden die Gründe und Formen der interkommunalen Kooperation ausführlich dargestellt.[10] Dabei wird zwischen harten Kooperationsformen (kommunale Gebietsreform; regionale Gebietskörperschaften; Zweckverbände) und weichen Kooperationsformen (gemeinsame Projekte oder Geschäftsstelle) un-

---

[10] *Beier/Matern* 2007.

terschieden. Bei den regionalen Gebietskörperschaften geht es u.a. um die Errichtung von großen Kreisen (Regionalkreise) oder die Einführung von zweistufigen Organisationen auf der Kommunalebene (eine Verbandsgemeinde, die mindestens 10.000 Einwohner hat und mehrere kleine Gemeinden umfasst). Schließlich geht es um die Errichtung eines Regionalmanagement.

Der Bedarf an zunehmender Koordinierung auf der regionalen Ebene wird mit der Veränderung der Aufgaben und Funktionen von Politik und Verwaltung durch die Globalisierung begründet, die zunehmen einen Abstimmungsbedarf oberhalb der Kommunalebenen erfordere. Das Konzept von „Regional Governance" hat aber nicht nur eine rein räumliche Dimension, sondern findet ihre theoretische Fundierung im New Public Management - Ansatz. Er richtet sich wie die Dezentralisierung „auf eine problemnahe Verwaltung in einem räumlichen Kontext".[11] (*Benz* 2002, S. 223).

Auch diesem Ansatz liegt das Territorialprinzip zugrunde, ergänzt um eine funktionale Differenzierung der Verwaltung.

VIII. E-Government

Mit dem Einzug der Informationstechnologie hat sich in den beiden letzten Jahrzehnten eine prinzipielle Veränderung in den Arbeitsprozessen und in den Strukturen der öffentlichen Verwaltung ergeben. Bereits der Einsatz von Computern am Arbeitsplatz hat einen grundlegenden Wandel bedeutet. Die Entwicklung von Netzstrukturen und die Einsatzmöglichkeiten von Intranet und Internet stellten ab den späteren 1990er Jahren dann eine neu qualitative Stufe dar.

Der Einsatz der Informationstechnologien führte zu einem starken Konzentrationsprozess innerhalb der Verwaltung. Die Systeme verlangten nach der Einheitlichkeit der Programme. Innerhalb der Landesverwaltungen wurden deshalb zentrale Dienststellen errichtet, die auf einheitliche Software und auch Hardware achten und Umsetzungskompetenzen (Ausstattung mit Fachpersonal, Haushaltmittel, Veto-Positionen) besitzen. Die verwaltungsinternen Arbeitsprozesse wurden teilweise sehr grundlegend neu gestaltet, indem die Verarbeitung der Informationen zentral organisiert wurde. So konnte das Land Berlin ein landesweit operierendes Amt für Meldeangelegenheiten einrichten (Landesamt für Bürger- und Ordnungsangelegenheiten), das die Meldebehörden der Bezirke unterstützt. Land und Kommunalverwaltungen in den Ländern haben sich auf IT-Verbundsysteme geeinigt bzw. es wurden entsprechende gesetzliche Grundlagen geschaffen. Diese Systeme sind für den Bürger und Unternehmer,

---

[11] *Benz*, S. 223.

die eine Verwaltungsleistung nachfragen, nicht sichtbar. Für sie ist der Zugang zur öffentlichen Verwaltung entscheidend: das sogen. „Front Office". Aus dieser Entwicklung ist ableitet worden, dass die Aufteilung der Funktionen in „Front Office" (dezentral) und „Back Office" (zentral) ein wichtiges neues Strukturelement für die Funktional- und Gebietsreform sei, das Gebietsreformen überflüssig mache. Dem muss entgegengehalten werden, dass politisch sowie verwaltungs- und kostenmäßig für diese Dienstleistungen die Gebietskörperschaft verantwortlich bleibt. Und diese muss leistungsfähig, kompetent und effizient sein – mithin ist mit dem Thema des E-Government die Frage der richtigen Größe von Kreisen und Gemeinden nicht erledigt.[12]

Letzteres gilt auch für die Call-Center und die einheitliche Behördenrufnummer 115. Die Call-Center erleichtern dem Bürger den Zugang zur örtlichen Verwaltung, indem zu dem direkten Kontakt im Rathaus oder zu der Erledigung im Internet eine persönliche Auskunft oder Erledigung eines Anliegens per Telefon möglich ist. Diese Auskunftsstellen können zentral operieren wie z.B. das Call-Center Köln, das neben der Stadt Köln auch für weitere Städte und Landkreise zuständig ist (für über 2 Mill. Einwohner bei rund 150 Mitarbeitern). Die Auskunftsstellen beziehen sich auf die jeweiligen Entscheidungen der Kommunalverwaltung. Damit wird deren Verantwortung und Zuständigkeit nicht aufgehoben, sondern ihre Entscheidungen werden vollzogen.

Einen Schritt weiter gehen theoretische und praktische Ansätze, das Handeln und Entscheiden der öffentlichen Verwaltung in sogen. Geschäftsprozesse zu zerlegen. Hier belebt die technologische Seite die Analyse des Verwaltungshandelns.[13]

IX. Resumée

Das Territorialitätsprinzip, das unmittelbar mit der Existenz des Staates verbunden ist, liegt in vielen Ländern als Grundmuster für die Organisation des Verwaltungssystems zugrunde. Es weist gegenüber dem Funktionalitätsprinzip grundlegende Vorteile auf: es macht das Verwaltungssystem übersichtlich und transparent, insbesondere in der deutschen Form der Gebietskörperschaft als allgemeine Verwaltungsbehörde, es erleichtert die horizontale Kommunikation und Koordination, es unterstützt die Dezentralisierung, insbesondere in der Form des Föderalismus, und es kann mit demokratischer Legitimation durch gewählte Gremien und Institutionen auf der jeweiligen Ebene verknüpft werden. Als Behörden der allgemeinen Verwaltung sind sie den Fachbehörden insoweit unterlegen, als diese eine höhere fachliche Professionalität ausbilden

---

[12] *Bull*, S. 290 ff.
[13] *Lenk/Brüggemeier* 2011.

und komplizierte Materien besser bewältigen können (vor allem: technische Verwaltungen wie Straßenbau, Arbeitsschutz, Umweltschutz). Fachbehörden lassen sich in ihrem Sektor zielgenauer steuern (bis hin zum direkten Durchgriff). Sie profitieren von behördenübergreifenden Netzen.

Der umfassende Einzug der Informationstechnologie in die öffentliche Verwaltung hat an diesen Bewertungen der beiden Prinzipien nichts Grundlegendes geändert. E-Government wurde von Fragen der Aufbauorganisation zur Analyse von Geschäftsprozessen fortentwickelt. Damit stehen Information, Kommunikation, Koordination und Entscheidung im Vordergrund. Diese Kategorien sind unabhängig davon, ob die Verwaltung territorial oder funktional gegliedert ist. Allerdings liegen in der IT und dem Geschäftsprozessansatz andere Potentiale, die die Verwaltung leistungsfähiger machen können. Die Verwaltungsabläufe lassen sich anders gestalten und verknüpfen. Und sie lassen sich grundsätzlich mit der Frage der Qualität des Verwaltungshandelns verbinden. Sowohl einheitliche Anlaufstellen (Bürgerämter, einheitliche Anlaufstellen für Unternehmen ‚one-stop-shop' und in den Fachverwaltungen) als auch neue Formen der Verwaltungskooperation (‚shared Service Center')[14] sind Beispiele, das Potential der Informationstechnologie für die öffentliche Verwaltung zu nutzen. Dabei sollte die Organisation der Geschäftsprozesse sich an den Kernaufgaben der jeweiligen Verwaltung und deren guten Erfüllung orientieren. Die Quality-Management-Ansätze (QM wie z.B. CAF ‚Common Assessment Framework') sprechen hier von Kernprozessen (bestmögliche Erfüllung der Hauptaufgabe der Verwaltung, z.B. Leistungsbescheide der Sozialverwaltung und deren Vollzug) und sekundären bzw. Unterstützungsprozessen (Planung, Kommunikation, Management, Einsatz der Ressourcen Finanzen und Personal, IT). Diese lassen sich sowohl in der allgemeinen d.h. gebietskörperschaftlichen Verwaltung als auch die sektoralen Fachverwaltung anwenden.

Die Gebietskörperschaften Bund, Land, Kreis, Kommunen werden und sollen weiterhin die Grundlage des Verwaltungssystems in Deutschland und anderen Ländern bilden. Die Kunst der richtigen Verwaltungsarchitektur besteht in der Kombination und in einem balancierten Verhältnis der beiden Prinzipien. Dabei können sich im Rahmen der Funktional- und Verwaltungsreform Verschiebungen zwischen den beiden Prinzipien ergeben, die auch aus einer anderen Konfiguration der Geschäftsprozesse begründet sind. Deren Optimierung verlangt aber nicht die grundsätzliche Reduzierung eines der beiden Prinzipien. Die Verwaltungsebene der Kreis und Kommunen kann und sollte dadurch vor ihrem Bedeutungsverlust bewahrt werden, indem die kommunale Kooperationen weiter verstärkt werden. Diese reichen von bilateralen Vereinbarungen

---

[14] *Schuppan* 2010.

zwischen Kommunen über die Stärkung von Zweck- und Regionalverbänden bis hin zu Gebietsreformen auf der Kreis- und Gemeindeebene.

In der Bundesrepublik Deutschland läßt sich die Anwendung des Territorial- und des Funktionalprinzips anhand von Realexperimenten studieren: das Territorialprinzip war Leitmaxime in der Verwaltungsreform in Baden-Württemberg, das Funktionalprinzip war Orientierung in Niedersachsen. Auf den ersten Blick scheint der baden-württembergische Ansatz eher geeignet, die Qualität der Verwaltungsleistungen zu verbessern. Vergleichende empirische Untersuchungen stehen aus, wären aber in methodischer und inhaltlicher Hinsicht ein spannendes Unternehmen.

Literatur

Beier, Markus/*Matern*, Antje: Stadt-Umland-Prozesse und interkommunale Zusammenarbeit. Stand und Perspektiven der Forschung, Akademie für Raumforschung und Landesplanung, Hannover 2007.

Belloubet-Frier, Nicole: Vers un modèle européen d'administration locale?, in: Revue francaise d'administration publique, No. 121.122, S. 5 ff.

Benz, Arthur: Die territoriale Dimension von Verwaltung, in: König, Klaus (Hrsg.), Deutsche Verwaltung an der Wende zum 21. Jahrhundert, Baden-Baden 2002, S. 207 ff.

Bull, Hans Peter: Kommunale Gebiets- und Funktionalreform – aktuelle Entwicklung und grundsätzliche Bedeutung, in: Der moderne Staat, Heft 2, 2008, S. 285ff.

König, Klaus: Moderne öffentliche Verwaltung. Studium der Verwaltungswissenschaft, Berlin 2008.

Kuhlmann, Sabine: Kommunen zwischen Staat und Markt: Lokalmodelle und –reformen im internationalen Vergleich, in: Deutsche Zeitschrift für Kommunalwissenschaft II/2006.

Kuhlmann, Sabine: Politik und Verwaltungsreform in Kontinentaleuropa. Subnationaler Institutionenwandel im deutsch-französischen Vergleich, Baden-Baden 2008.

Lenk, Klaus/*Brüggemeier*, Martin (Hrsg.): Zwischenbilanz: E-Government und Verwaltungsmodernisierung, Alcatel-Lucent Stiftung für Kommunikationsforschung, Stuttgart, 2011.

OECD (ed.): „European Principles for Public Administration", Sigma Papers, No. 27, OECD Publishing, Paris 1999.

Priebs, Axel: Die Verwaltungsreform in Dänemark unter besonderer Betrachtung der Neuordnung der Regionen und des Planungssystems, in: Raumforschung und Raumordnung 2007.

Schuppan, Tino: Die Territorialität der Verwaltung im E-Government-Zeitalter, in: Hatzelhoffer, L./Lobeck, W./Wiegandt, C.-C. (Hrsg.): E-Government und Stadtentwicklung, Berlin 2010, S. 25 ff.

Wollmann, Hellmut/*Bouckaert*, Geert: State Organisation in France and Germany between Territoriality and Functionality, in: Vincent Hoffmann-Martinot, Hellmut Wollmann (eds.), State and Local Government Reforms in France and Germany. Divergence and Convergance, Wiesbaden 2006, p.11 pp.

Wollmann, Hellmut: Reformen in Kommunalpolitik und -verwaltung. England, Schweden, Frankreich und Deutschland im Vergleich, Wiesbaden 2008.

Verwaltungsmodernisierung und Verwaltungsverfahrensrecht

Utz Schliesky

I. Einführung

Hans Peter Bull hat sich in seinem wissenschaftlichen und praktischen Wirken eingehend mit der Verwaltung[1], ihrer Organisation[2] und ihren Verfahren[3], Verwaltungsstruktur- und Gebietsreformen[4] und grundlegend mit den zu erfüllenden Staatsaufgaben[5] befasst. Innerhalb dieses Themenspektrums wird sich auch dieser dem Jubilar gewidmete Beitrag bewegen, der dem Änderungsbedarf im Verwaltungsverfahrensrecht aufgrund neuer Herausforderungen, die unter dem Schlagwort „Verwaltungsmodernisierung" zusammengefasst werden können, nachgehen wird. Die „große Bedeutung des Verwaltungsverfahrens" hat *Hans Peter Bull* selbst immer wieder hervorgehoben[6], zugleich ist ihm immer bewusst gewesen, wie sehr „äußere" Einflüsse wie beispielsweise das Europarecht, namentlich das Recht auf gute Verwaltung gem. Art. 41 Grundrechte-Charta[7], und verwaltungspolitische Reformkonzepte[8] auf das Verwaltungs-

---

[1] *Bull*, Verwaltungslehre heute – Rückblick, Standortbestimmung und Perspektive, NordÖR 2006, 1 ff.; unter didaktischen Gesichtspunkten s. auch das von *Hans Peter Bull* begründete und nunmehr gemeinsam mit *Veith Mehde* bearbeitete Lehrbuch, *Bull/Mehde*, Allgemeines Verwaltungsrecht mit Verwaltungslehre, 8. Aufl. 2009.

[2] *Bull*, Recht der Verwaltungsorganisation und des Verwaltungshandelns, in: Hoffmann-Riem/Koch (Hrsg.), Hamburgisches Staats- und Verwaltungsrecht, 2. Aufl. 1998, S. 77 ff.; *ders.*, Über Formenwahl, Formwahrheit und Verantwortungsklarheit in der Verwaltungsorganisation, in: Geis/Lorenz (Hrsg.) Staat – Kirche – Verwaltung, FS für Hartmut Maurer, München 2001, S. 545 ff.

[3] *Bull*, Verwaltung durch Maschinen, 2. Aufl. 1964.

[4] *Bull*, Verfassungsrechtliche Rahmenbedingungen einer Funktional-, Struktur- und möglichen Kreisgebietsreform in Schleswig-Holstein, in: Landesregierung Schleswig-Holstein (Hrsg.), Gutachten zur Verwaltungsstruktur- und Funktionalreform in Schleswig-Holstein, Kiel 2008, S. 1–126.

[5] *Bull*, Staatsaufgaben nach dem Grundgesetz, 2. Aufl. 1977; *ders.*, Daseinsvorsorge im Wandel des Staatsformen, 2008, S. 1–20.

[6] Etwa *Bull/Mehde*, Allgemeines Verwaltungsrecht mit Verwaltungslehre (Fn. 1), Rn. 613.

[7] Dazu eingehend *Schliesky*, Das Recht auf gute Verwaltung, Schriftenreihe der IHK Schleswig-Holstein zum öffentlichen Wirtschaftsrecht, Band 1, 2006, S. 8 ff.; zu Art. 41 GRCh auch *Galetta*, EuR 2007, 57 ff.; *Grzeszick*, EuR 2006, 161 ff.; *Heselhaus*, in:

verfahren haben können. Mit dieser Bereitschaft für den Blick über den engen Horizont einer rein juristischen Methode hinaus[9] knüpft er sowohl an alte Traditionslinien der Verwaltungswissenschaft[10] als auch ein modernes Verständnis einer für gesellschaftliche Entwicklungen offenen Rechtswissenschaft an. Dabei hebt er die Rolle des Juristen hervor, die eben nicht „Herren", sondern „Diener" des Rechts seien – geltende Rechtsnormen zu beachten, sei ein demokratisches Gebot und nicht etwa überholter „Positivismus"[11].

II. Die dienende Funktion der Verwaltungsverfahren und des Verfahrensrechts

Genau diese „dienende" Funktion wird auch dem Verwaltungsverfahrensrecht zugesprochen. Mit Recht wird an dieser Kennzeichnung aber kritisiert, dass damit kein Nachrang, gar eine „Vernachlässigbarkeit" des Verwaltungsverfahrensrechts gemeint ist oder zumindest gemeint sein darf[12]. Das Verfahrensrecht ist der „Verwirklichungsmodus des Verwaltungsrechts"[13]. Organisations- und Verfahrensrecht sind aufgaben- und zweckdienlich konzipiert sowie an den vorhandenen Medien und technischen Möglichkeiten orientiert zugeschnitten worden[14]. Die strikte Trennung zwischen formeller (Verfahren) und

---

ders./Nowak (Hrsg.), Handbuch der Europäischen Grundrechte, 2006 § 57, Rn. 1 ff.; *Jarass*, EU-Grundrechte, 2005, § 1 Rn. 18 ff., § 2 Rn. 1 ff. Zu den Inhalten und Maßstäben des Rechts auf eine gute Verwaltung auch *Bauer*, Das Recht auf eine gute Verwaltung im Europäischen Gemeinschaftsrecht, 2002, S. 115 ff.; *Pfeffer*, Das Recht auf eine gute Verwaltung, 2006, S. 87 ff.; *Klappstein*, Das Recht auf eine gute Verwaltung, 2006; ausführlich zum Einfluss des Europarechts auch *Grünewald*, Die Betonung des Verfahrensgedankens im deutschen Verwaltungsrecht durch das Gemeinschaftsrecht, 2009.

[8] *Bull/Mehde*, Allgemeines Verwaltungsrecht mit Verwaltungslehre (Fn. 1), Rn. 1227 ff.

[9] s. das Bekenntnis zu einer aufgeklärten, realitätsgerechten Rechtslehre und Praxis, die durch die Verbindung und gegenseitige Bezugnahme rechts- und sozialwissenschaftlicher Kenntnisse und Methoden gekennzeichnet ist, *Bull/Mehde*, Allgemeines Verwaltungsrecht mit Verwaltungslehre (Fn. 1), Rn. 5, wenn er auch einer „Neuen Verwaltungsrechtswissenschaft" gegenüber skeptischer als der Verfasser dieses Beitrags bleibt, ebd., Rn. 1226.

[10] Beleg ist die langjährige Mitgliedschaft und stete Präsenz in der *Lorenz von Stein-Gesellschaft zu Kiel e. V.*

[11] *Bull/Mehde*, Allgemeines Verwaltungsrecht mit Verwaltungslehre (Fn. 1), Rn. 5.

[12] *Pünder*, in: Erichsen/Ehlers (Hrsg.), Allgemeines Verwaltungsrecht, 14 Aufl. 2010, § 13 Rn. 1; *Schmidt-Aßmann*, in: Hoffmann-Riem/Schmidt-Aßmann/Voßkuhle (Hrsg.), Grundlagen des Verwaltungsrechts, Band II, 2008, § 27 Rn. 65; umfassend *Quabeck*, Dienende Funktion des Verwaltungsverfahrens und Prozeduralisierung, 2010.

[13] *Wahl*, VVDStRL 41 (1983), S. 151 (153); diesem folgend *Schmidt-Aßmann*, in: GVwR II (Fn. 12), § 27 Rn. 65.

[14] *Schliesky*, in: Hill/Schliesky (Hrsg.), Herausforderung e-Government, 2009, S. 11 (13).

materieller (normgeprägte Aufgabenverwirklichung) Seite einer Verwaltungsentscheidung[15] ist ebenso unzutreffend wie der in der deutschen Verwaltungsrechtswissenschaft oft künstlich hergestellte Gegensatz zwischen Organisation
und Verfahren[16]. Das Verwaltungsverfahren und das Verwaltungsverfahrensrecht sind abhängig von den jeweils zu erfüllenden Aufgaben und ihren Erfüllungsmöglichkeiten sowie -modalitäten. Das Verwaltungsverfahrensrecht bildet
den Prototyp eines zu einer vergangenen Zeit, im besten Fall noch gegenwärtig
praktizierten Verwaltungsverfahrens normativ ab und zieht es vor die Klammer
der Materien des Besonderen Verwaltungsrechts; es ist der Gesetz gewordene
Kompromiss zwischen Rechtssicherheit und Rechtsvielfalt im Verwaltungsrecht[17]. Es liegt auf der Hand, dass gravierende Veränderungen der wahrzunehmenden Aufgaben, des Verwaltungsalltags, der tatsächlich praktizierten
Verwaltungsverfahren, der technischen Möglichkeiten, der gesellschaftlichen
Rahmenbedingungen und Erwartungen nicht ohne Weiteres mit dem normativen Bild des kodifizierten Verwaltungsverfahrens übereinstimmen, möglicherweise mit diesem sogar kollidieren und – soll die Realitätsnähe, Praxistauglichkeit und prägende Wirkung des Verwaltungsverfahrensrechts erhalten bleiben –
den geänderten Realitäten angepasst werden muss[18]. Neben gesetzgeberisch
gewollten normativen Prägungen[19] ist das Verfahrensrecht vor allem ein Abbild, ein allgemeiner Querschnitt tatsächlich zu einer bestimmten Zeit praktizierter Verwaltungsverfahren. Maßnahmen der Verwaltungsmodernisierung,
vor allem mithilfe der Informations- und Kommunikationstechnik, lösen einen
derartigen Veränderungs- und Anpassungsbedarf aus[20]. Dies verwundert nicht,

---

[15] So aber noch *Ule/Laubinger*, Verwaltungsverfahrensrecht, 4. Aufl. 1995, § 2 Rn.
3; dagegen zutreffend *Schmidt-Aßmann*, in: GVwR II (Fn. 12), § 27 Rn. 65.

[16] Zur Notwendigkeit einer Relativierung dieses strikten Trennungsdenkens
Schliesky, in: Hill/Schliesky (Fn. 14), S. 11 ff.; im Hinblick auf den Grundsatz der Wirtschaftlichkeit als Organisations- und Verfahrensmaßstab *ders.*, DVBl 2007, 1453 ff.;
ders., in: ders./Ernst (Hrsg.), Recht und Politik, 2006, S. 35 ff.

[17] *Klappstein*, Rechtseinheit und Rechtsvielfalt im Verwaltungsrecht, 1994, S. 113;
von Unruh/Klappstein, Rechtsstaatliche Verwaltung durch Gesetzgebung, 1987, 58 ff.

[18] s. etwa für den Bereich des E-Government *Britz*, in: GVwR II (Fn. 12), § 26 Rn.
45; *Schliesky*, in: Hill/Schliesky (Fn. 14), S. 11 (34 ff.).

[19] Beispiele aus jüngerer Zeit sind die (mittlerweile partiell bereits wieder eleminierte) „Beschleunigungsgesetzgebung" im Verwaltungsverfahrensrecht auf der Grundlage
der sog. „Schlichter-Kommission" (dazu *Schliesky*, DVP 1996, 47 [48]]) oder das von
der EU-Dienstleistungsrichtlinie vorgegebene „Verfahren über eine einheitliche Stelle"
gem. §§ 71a ff. VwVfG (BGBl I 2008, 2418); dazu *Schmitz/Prell*, NVwZ 2009, 1 ff.;
Prell, apf 2009, 65 ff. *Schulz*, NdsVBl 2009, 97 ff.; *Windoffer*, DÖV 2008, 797 ff.;
Schliesky, DVBl 2005, 887 ff.; *ders.*, Kommentierung der §§ 71a ff. VwVfG, in:
Knack/Henneke (Hrsg.), Verwaltungsverfahrensgesetz, 9. Aufl. 2010; s. auch *Ernst*,
DVBl 2009, 953 ff.; zum schleswig-holsteinischen Landesrecht *Schulz*, Die Gemeinde
SH 2010, 98 ff.

[20] Zum Einfluss von Reformkonzepten auf das Verwaltungsrecht *Bull/Mehde*, Allgemeines Verwaltungsrecht mit Verwaltungslehre (Fn. 1), Rn. 1224 ff.

da Modernisierung begriffsimmanent und ihrem Aufgabencharakter entsprechend bestehende Verfahren und Organisationen auf den Prüfstand stellt[21]. Den veränderten Möglichkeiten und Modalitäten der Aufgabenerfüllung und der dadurch ausgelösten Änderungsbedarfe in Verwaltungsverfahren und Verwaltungsverfahrensrecht soll nun anhand einiger aktueller Beispiele nachgegangen werden.

III. Aktuelle Beispiele für Veränderungen der Aufgabenerfüllungsmodalitäten und ihre Auswirkungen

1. Wandel der staatlichen Aufgabenerfüllung

So wie der Wandel der Handlungsformen der Verwaltung ein schon lange konstatiertes Phänomen ist[22], so wandeln sich auch die Wege der Verwaltung zu dem ihr vorgegebenen oder von ihr selbst angesteuerten Ergebnis, also das Verfahren, der Aufgabenerledigungsprozess und die eingesetzten Mittel und Erfüllungsmodalitäten[23].

a) Entscheidung weiterer Erfüllungssubjekte

Nicht mehr als neu, sondern eher als allgegenwärtig ist die Einschaltung weiterer – öffentlich-rechtlicher oder privater – Akteure in den Aufgabenerledigungsprozess zu bezeichnen. Die Verwaltung schaltet zunehmend – aus vielerlei Gründen – „Verwaltungshelfer" in den Prozess der Aufgabenerledigung ein, die einzelne Teile (Module) der Aufgabenerledigung oftmals selbstständig übernehmen. Bei diesen regelmäßig als funktionale Privatisierung gekennzeichneten Fällen ändern sich Organisations- und Verantwortungsstruktur nicht nach außen, da Aufgabenzuständigkeit und Verantwortung bei einem Träger der öffentlichen Verwaltung verbleiben; doch die Verantwortungsstruktur wird insoweit intern verändert, als Teilbeiträge von der vollständigen staatlichen Er-

---

[21] Dazu *Schliesky*, VerwArch. 98 (2008), 313 (318 ff.); s. auch *Schliesky/ Schulz/Tallich*, in: Schliesky (Hrsg.), Staatliches Innovationsmanagement, 2010, S. 21 (67 ff.).

[22] Zur Bedeutung der Handlungsformen *Ehlers*, in: Erichsen/Ehlers (Fn. 12), § 1 Rn. 61; *Schmidt-Aßmann*, Das Allgemeine Verwaltungsrecht als Ordnungsidee, 2. Aufl. 2004, S. 298; zum Wandel der Handlungsformen im öffentlichen Recht *Bull/Mehde*, Allgemeines Verwaltungsrecht mit Verwaltungslehre (Fn. 1), Rn. 680.

[23] Zur Wandelbarkeit der Erfüllungsmodalitäten *Cornils*, AöR 131 (2006), 378 ff.; *Hermes*, Staatliche Infrastrukturverantwortung, 1998, S. 159 f.; *Schulz*, in: Schliesky (Hrsg.), Selbstverwaltung im Staat der Informationsgesellschaft, 2010, S. 101 (117 f.).

füllungsverantwortung abgeteilt und einem privaten Rechtssubjekt zur Wahrnehmung zugewiesen werden[24].

Die eingeschalteten Erfüllungssubjekte können allerdings auch öffentlich-rechtlicher Natur sein. Ein klassisches Beispiel für eine derartige Form der Arbeitsteilung ist das schleswig-holsteinische Amt, das vom Gesetzgeber als Bundkörperschaft der amtsangehörigen und ihr Selbstverwaltungsrecht in vollem Umfang behaltenden Gemeinden konzipiert worden ist. Die Ämter übernehmen Vorbereitung und Durchführung der gemeindlichen Aufgaben (§ 3 Abs. 1 Satz 1 AO), können aber auch als Aufgabenträger an die Stelle der Gemeinden treten (§§ 1 Abs. 1 Satz 3, 4, 5 AO). Dieses an sich gelungene und bewährte Modell der Arbeitsteilung innerhalb der Verwaltung ist allerdings seit längerem verfassungsrechtlichen Fragen ausgesetzt[25]; vor kurzem hat nun das Schleswig-Holsteinische Landesverfassungsgericht die Amtsordnung insofern mit Art. 2 Abs. 2 Satz 2 und Art. 3 Abs. 1 LV SH für unvereinbar erklärt, als sie in § 5 Abs. 1 Satz 1 die Möglichkeit eröffnet, dass sich die Ämter infolge zunehmender Übertragung von Selbstverwaltungsaufgaben durch die Gemeinden zu Gemeindeverbänden entwickeln, sie aber für diesen Fall in § 9 keine unmittelbare Wahl der Mitglieder des Amtsausschusses als das zentrale Entscheidungsorgan der Ämter durch das Volk vorsehe. Die Entwicklung der Institution Amt zum Gemeindeverband sei nach der gesetzgeberischen Konzeption bereits abgeschlossen, wenn ein erstes Amt einen den kommunalen Gebietskörperschaften vergleichbaren Bestand in Selbstverwaltungsaufgaben erlange[26]. Nach diesem aus dem Demokratieprinzip abgeleiteten Maßstab sind auch die sich großer Beliebtheit erfreuenden kommunalen Zweckverbände keine Alternative, sondern ebenfalls verfassungsrechtlich nicht unproblematisch und dennoch unverzichtbar[27].

---

[24] *Burgi*, in: Ehlers/Erichsen (Fn. 12), § 10 Rn. 31; *Schliesky*, Öffentliches Wirtschaftsrecht, 3. Aufl. 2008, S. 132 f.

[25] Dazu BVerfGE 52, 95 ff.; grundlegend *Schliesky/Tietje*, Der ehrenamtliche Bürgermeister im Spannungsfeld zwischen Amt und Gemeinde, 2000; *Schliesky*, in: Schleswig-Holsteinischer Gemeindetag (Hrsg.), Das Amt – bewährt und zukunftsfähig, SHGT-Arbeitsheft Nr. 19, 2004, S. 9 ff.; *Steinger*, Amtsverfassung und Demokratieprinzip, 1997, *Schliesky/Ernst/Schulz*, Aufgabenbestand, Legitimationsbedarf und Entwicklungspotential der Ämter in Schleswig-Holstein, 2009; s. auch *dies.*, NordÖR 2010, 6 ff.; *dies.*, Die Gemeinde SH 2009, 206 ff.

[26] LVerfG SH, U. v. 26.02.2010, NordÖR 2010, 155 (159 ff.); dazu *Busch*, NordÖR 2010, 142 f.; *Ernst*, NVwZ 2010, 816 ff.; *Engelbrecht/Schwabenbauer*, DÖV 2010, 916 ff.; *Ernst/Schulz*, Sicherstellung der demokratischen Legitimation der schleswig-holsteinischen Ämter, 2010; *dies.*, Die Gemeinde SH 2010, 189 ff. – *Hans Peter Bull* war an diesem Verfahren als Prozessbevollmächtigter der Landesregierung beteiligt.

[27] Dazu BVerfG, DÖV 2003, 678 f.; BVerwGE 106, 64 ff.; BVerwG, NVwZ 1999, 870 ff.; zur empirischen Entwicklung in Nordrhein-Westfalen *Müller*, DÖV 2010,

b) Informations- und Kommunikationstechnik

Derartige Beispiele einer Einschaltung weiterer Erfüllungssubjekte finden sich derzeit vermehrt im Bereich der Informations- und Kommunikationstechnik. Die jeweils zuständigen Aufgabenträger sind angesichts der exponentiellen Zunahme des IT-Einsatzes gar nicht mehr in der Lage, derartige Fertigkeiten selbst vorzuhalten. Die Vorteile von IT-Lösungen erschließen sich überdies regelmäßig erst dann, wenn eben nicht jeder Aufgabenträger alles selbst macht, sondern IT-Systeme für viele Verwaltungsträger gemeinsam betrieben werden – sei es von privaten Unternehmen, sei es von öffentlichen IT-Dienstleistern. Denn die technischen, fachlichen und finanziellen Anforderungen übersteigen die Fähigkeiten einzelner Behörden oder Aufgabenträger, außerdem sind die IT-Systeme von ihrer Verarbeitungskapazität und -geschwindigkeit her auf viel größere Einheiten angelegt als die kleinteilige deutsche Behördenstruktur es vorsieht. Der Einsatz von IT sowie von leistungsfähigen IT-Dienstleistern[28] führt zu einer arbeitsteiligen Vernetzung, die viele Arten von rechtlichen Fragen auslöst. Ein aktuelles Beispiel bildet das sog. Cloud Computing, bei dem externe Dienstleister innerhalb eines – denkbar weltweiten – Netzwerks Speicherplatz, Datenbanken und/oder Softwareprogramme zur Verfügung stellen[29]. Es liegt auf der Hand, dass bei derartigen Aufgabenerledigungsmodellen eine neue Form der Arbeitsteiligkeit die bislang zusammengefallene Aufgaben- und Durchführungsverantwortung der Verwaltung abgelöst hat.

Eine gravierende neue rechtliche Qualität hat der IT-Einsatz in der öffentlichen Verwaltung auch durch Art. 8 der EU-Dienstleistungsrichtlinie[30] erfahren.

---

931 ff.; umfassend zum Zweckverband *Schmidt,* Kommunale Kooperation – Der Zweckverband als Nukleus des öffentlich-rechtlichen Gesellschaftsrechts, 2005.

[28] Übersicht über die IT-Dienstleister der Länder bei *Erps/Luch/Schulz/Rieck,* in: Schliesky (Hrsg.), eGovernment in Deutschland, 2006, S. 119 ff.; speziell zur bayerischen AKDB *Köhler,* BayVBl 2007, 545 ff.; zur Problematik der IT-Beschaffung durch Zweckverbände auch *Baden,* ITRB 2010, 14 ff.

[29] Dieses baut auf dem Konzept der Virtualisierung (*Baun/Kunze/Ludwig,* Informatik Spektrum 32 [2009], 197 ff.) auf, bei dem spezielle systemnahe Software genutzt wird, um Hardware (als virtuelle Maschine) und deren Systemsoftware (das Gastbetriebssystem) nachzubilden. Damit wird die technische IT-Infrastruktur virtuell und vollständig immateriell; s. dazu *Weiss,* Computing in the clouds, netWorker 11 (2007), 16 ff.; zu rechtlichen Aspekten *Pohle/Amann,* CR 2009, 273 ff.; *Niemann/Paul,* K&R 2009, 444 ff.; *Schulz/Rosenkranz,* ITRB 2009, 232 ff.; *Bierekoven,* ITRB 2010, 42 ff.; *Schultze-Melling,* CRi 2008, 142 (143 ff.); *Schuster/Reichl,* CR 2010, 38 ff.; zum Einsatz in der öffentlichen Verwaltung *Schulz,* MMR 2010, 75 ff.; *ders.,* VM 2010, 36 ff.; s. auch *Heckmann,* Cloud Computing in der öffentlichen Verwaltung? Rechtliche Grenzen für eine Lockerung staatlicher Datenherrschaft, in: Hill/Schliesky (Hrsg.), Innovationen in und durch Recht, 2010, S. 97 ff.

[30] Richtlinie 2006/123/EG des Europäischen Parlaments und des Rates vom 12.12.2006 über Dienstleistungen im Binnenmarkt, ABl EU 2006 Nr. L 376 vom 27.12.2006, S. 36 ff.; grundlegend dazu *Schlachter/Ohler* (Hrsg.), Europäische Dienst-

Art. 8 Abs. 1 EU-DLR verpflichtet die Mitgliedsstaaten seit spätestens 28.12.2009, alle Verfahren und Formalitäten für die Aufnahme oder Ausübung einer Dienstleistungstätigkeit problemlos aus der Ferne und elektronisch über die einheitlichen Ansprechpartner oder bei der jeweils zuständigen Behörde direkt abwickeln zu können; es besteht also erstmals eine rechtliche Pflicht zur elektronischen Verfahrensabwicklung[31]. Diese Vorschrift ist ein erster, aber große Teile der nationalen Verwaltung erfassender Hebel für die verbindliche Einführung elektronischer Verfahren.

c) Behördennetz

Erhebliche Veränderungen des Verwaltungsverfahrens hat auch die von Art. 28 ff. EU-DLR[32] normierte Pflicht zur „Europäischen Amtshilfe" ausgelöst, die in den §§ 8a ff. VwVfG als „Europäische Verwaltungszusammenarbeit" ihre Umsetzung erfahren hat[33]. Diese Europäische Amtshilfe ist – anders als die bislang bekannte Amtshilfe des deutschen Verwaltungsverfahrensrechts – nicht bloße Verfahrenshandlung des Hauptverfahrens, sondern ein eigenständiges, gemeinschaftsrechtlich geregeltes Verwaltungsverfahren. Die Europäische Amtshilfe wird in Art. 28 ff. DLR als stetige Informationshilfe konzipiert. Die Amtshilfe ist damit kein Ausnahmefall mehr, sondern anlassbezogener Regelfall. Auf diese Weise entsteht zugleich ein verfestigter behördlicher Kontrollverbund (s. insbes. Art. 30 f., 32 Abs. 2, 33, 34 EU-DLR), in dessen Kontext das Behördennetz zum Rechtsbegriff wird. Nicht mehr nur das Verwaltungsverfahren wird punktuell modifiziert, sondern durch die Europäisierung des Verwaltungsverfahrens erfolgt ein mittelbare Modifizierung der Verwaltungsorganisation in den Mitgliedsstaaten. Allein durch das nach Art. 34 DLR errichtete Informationssystem (IMI) wird eine institutionelle Verfestigung der Informationsbeziehungen bewirkt; eine verwaltungspraktische und verwaltungs-

---

leistungsrichtlinie – Handkommentar, 2008; *Schliesky* (Hrsg.), Die Umsetzung der EU-Dienstleistungsrichtlinie in der deutschen Verwaltung – Teil I: Grundlagen, 2008; Teil II: Verfahren, Prozesse, IT-Umsetzung, 2009; Teil III: Wissen, Information, Verantwortung, 2010.

[31] Dazu *Schliesky*, DVBl 2005, 887 (891 ff.); *ders.*, in: Schliesky (Fn. 30), Teil I, S. 1 (21 ff.); *Ziekow/Windoffer*, in: Schlachter/Ohler (Fn. 30), Art. 8 Rn. 3; *Schulz*, DVBl 2009, 12 ff.; *ders.*, VM 2009, 3 ff.; *Schliesky*, in: Knack/Henneke (Fn. 19), § 71e Rn. 7; ausführlich *Luch/Schulz*, in: Schliesky (Fn. 30), Teil II, S. 219 (278 ff.).

[32] Grundlegend zu Art. 28 ff. DLR *Schliesky*, Die Europäisierung der Amtshilfe, 2008; aus historischer und grundlegender Perspektive *ders.*, Von der organischen Verwaltung Lorenz von Steins zur Netzwerkverwaltung im Europäischen Verwaltungsverbund, 2009; *ders.*, DÖV 2009, 641 ff.

[33] Dazu *Schliesky/Schulz*, DVBl 2010, 601 ff.; *Schliesky*, in: Knack/Henneke (Fn. 19), § 8a Rn. 4 ff.; *Schmitz/Prell*, NVwZ 2009, 1121 ff.; *Weidemann*, VR 2010, 37 ff.; *Lenders*, NWVBl 2010, 87 ff.

rechtliche Abbildung des Netzwerks erfolgt schon durch das elektronische Berechtigungswesen. Die Positivierung des verwaltungswissenschaftlichen Netzwerkmodells lässt sich an diesem Beispiel der Europäischen Amtshilfe deutlich nachvollziehen: Zunächst einmal werden die Steuerungs- und Aufsichtsfunktionen der EU-Kommission für das Behördennetz in Art. 28 Abs. 2 und vor allem Abs. 8 EU-DLR normiert. Die eingehende Verantwortungsverteilung zwischen den beteiligten Behörden in Gestalt der Abgrenzung von jeweiligen Zuständigkeiten lässt sich am Beispiel der Verantwortung für die Rechtmäßigkeit des Verwaltungshandelns deutlich nachvollziehen[34].

d) One-Stop-Government-Modelle

Eine derartige, gemeinschaftsrechtlich angestoßene Veränderung von Organisation und Verfahren hat auch die von Art. 6 EU-DLR vorgeschriebene Pflicht zur Schaffung sog. einheitlicher Ansprechpartner bewirkt. Dabei handelt es sich mit Sicherheit um die Vorgabe der Dienstleistungsrichtlinie, die im Bereich der öffentlichen Verwaltung am intensivsten diskutiert wurde[35] und pünktlich, aber in föderaler Vielfalt umgesetzt wurde[36]. Unabhängig von der konkreten organisatorischen Lösung in den einzelnen Bundesländern hat sich nach anfänglichem Zögern[37] eine verfahrensrechtliche Lösung in Gestalt der §§ 71a ff. VwVfG n. F. ergeben[38]. Mit dem – für alle Verwaltungsbereiche aktualisierbaren – „Verfahren über eine einheitliche Stelle" wird ein Konzept des One-Stop-Government[39] normativ verankert und zu einem allgemeinen Verfahrenstypus erklärt. Kennzeichen ist das von einer Behörde koordinierte „Gesamtverfahren", das rechtliche selbstständige und selbstständig bleibende Verwaltungsverfahren mit anderen Behörden auf Wunsch und aus Sicht des Antragstellers behandelt. Der Arbeitsteiligkeit korrespondiert eine Verfahrensver-

---

[34] Dazu näher *Schliesky*, Die Europäisierung der Amtshilfe (Fn. 32), S. 29 ff.

[35] Dazu etwa *Luch*, in: Schliesky (Fn. 30), Teil I, S. 149 ff.; *Schliesky*, ebd., S. 1 (15 ff.); *Ruge*, ZG 2009, 45 ff.; *Windoffer*, GewArch. 2008, 97 ff.; Ziekow/Windoffer (Hrsg.), Ein einheitlicher Ansprechpartner für Dienstleister, 2007.

[36] Umfassende Darstellung der Verortungsentscheidungen sowie der verfahrensrechtlichen Umsetzung bei *Schliesky/Schulz/Neidert*, in: Schliesky (Fn. 30), Teil III, S. 249 ff; *Schliesky*, DVP 2010, 266 ff.

[37] Für die verfahrensrechtliche Lösung zuerst *Schliesky*, DVBl 2005, 887 ff.; dann ebenso *Ramsauer*, in: Schliesky (Fn. 30), Teil II, S. 119 ff.; *Ziekow*, GewArch. 2007, 179 ff.; 219 ff.; *ders.*, WiVerw 2008, 176 ff.

[38] Dazu *Ernst*, DVBl 2009, 953 ff.; *Schmitz/Prell*, NVwZ 2009, 1 ff.; *Schulz*, Nds-VBl 2009, 97 ff.; *Windoffer*, DÖV 2008, 799 ff.

[39] Dazu eingehend *Schulz*, One-Stop-Government – Verwaltungsorganisationsrechtliche Rahmenbedingungen und verfassungsrechtliche Grenze für die Umsetzung in Schleswig-Holstein –, 2007, S. 9 ff.

antwortung für das gesamte „Genehmigungspaket", die u. a. durch eine Genehmigungsfiktion gem. § 42a VwVfG flankiert wird[40].

e) Das Medium der Verwaltungskommunikation

Nach § 10 Satz 1 VwVfG ist das Verwaltungsverfahren grundsätzlich nicht an bestimmte Formen gebunden, so dass elektronische Kommunikation zwischen Bürgern und Verwaltung schon immer rechtlich zulässig war[41]. Den eigentlichen „Knackpunkt" bildet vielmehr das *Medium*, mit dessen Hilfe Verwaltungsverfahren abgewickelt werden: das Papier[42]. An dem „Medium" haben sich in jahrhundertelanger Entwicklung verschiedene Funktionen des Verwaltungsverfahrens wie etwa die Dokumentations- und Authentifizierungsfunktion entwickelt. Diese finden wiederum Ausdruck in ca. 3900 verwaltungsrechtlichen Bestimmungen allein des Bundes mit der Anordnung einer Schriftform[43]. Die erste Anpassung des Verwaltungsverfahrensrechts an die moderne Informations- und Kommunikationstechnik bestand in der Einführung der Generalklausel des § 3a VwVfG[44]. Danach ist elektronische Kommunikation nicht nur für das eigentliche Verwaltungsverfahren i. S. d. § 9 ff. VwVfG, sondern auch für die sonstige öffentlich-rechtliche Verwaltungstätigkeit i. S. d. § 1 Abs. 1 VwVfG erlaubt[45]. § 3a Abs. 2 VwVfG erlaubt – als Generalklausel – die grundsätzliche Ersetzung einer durch Rechtsvorschrift angeordneten Schriftform durch elektronische Form, soweit nicht durch Rechtsvorschrift etwas Anderes bestimmt ist. Nach § 3a Abs. 2 Satz 2 VwVfG muss das elektronische Dokument dann aber mit einer qualifizierten elektronischen Signatur i. S. d. § 2 Nr. 3 SigG versehen werden. Und genau diese elektronische Signatur ist in der Ver-

---

[40] *Bernhardt*, GewArch 2009, 100 ff.; *Jäde*, UPR 2009, 169 ff.; *Heiß/Jedlitschka*, ThürVBl 2009, 265 (271 ff.); *Röckinghausen*, NWVBl 2009, 464 (468 f.); *Lenders*, NWVBl 2009, 457 (458 ff.); *Uechtritz*, DVBl 2010, 684 ff; s. auch *Biermann*, NordÖR 2009, 377 (379 f.); *Ramsauer*, NordÖR 2008, 417 (422 f.); *Schulz*, NdsVBl 2009, 97 (103).

[41] *Roßnagel*, NJW 2003, 569 (472); *Schliesky*, NVwZ 2003, 1322 (1323).

[42] Näher *Groß*, DÖV 2001, 159 (163 f.), *Roßnagel*, NJW 2003, 469 (470).

[43] Zahl nach *Schmitz/Schlatmann*, NVwZ 2002, 1281 (1282); s. auch *von Lucke*, in: Reinermann/von Lucke (Hrsg.), Electronic Government in Deutschland, Speyerer Forschungsberichte 226, 2002, S. 68 (70).

[44] Drittes Gesetz zur Änderung verwaltungsverfahrensrechtlicher Vorschriften vom 21. 08. 2002, BGBl I S. 3322; s. dazu auch *Bludau*, NdsVBl 2007, 7 ff.; *Schmitz*, DÖV 2005, 885 ff.; *Geis*, K&R 2003, 21 ff.; *Schliesky*, NVwZ 2003, 1322 ff.; *Dietlein/Heinemann*, NWVBl 2005, 53 ff.; *Schmitz/Schlatmann*, NVwZ 2002, 1281 ff.; *Roßnagel*, NJW 2003, 469 ff.; ausführlich zur elektronischen Signatur *Kunstein*, Die elektronische Signatur als Baustein der elektronischen Verwaltung, 2005; *Skrobotz*, Das elektronische Verwaltungsverfahren, 2005, S. 52 ff.

[45] *Schliesky*, NVwZ 2003, 1322 (1323); s. auch Amtl. Begr. BT-Drs. 14/9000, S. 28.

waltungspraxis das Problem geblieben: Weder Behörden noch Bürger und Wirtschaft haben diese vom Gesetzgeber eröffnete Möglichkeit genutzt, da sie in der Regel als zu aufwendig und zu kostspielig angesehen wird.

Gerade bei dieser Thematik zeigt sich nun die Schnelllebigkeit der technischen Entwicklung, die immer wieder Anpassungs- und Änderungsbedarf im Verwaltungsverfahrensrecht auslöst. Der Gesetzgeber selbst hat hier vor kurzem neue Möglichkeiten zur Identitätsfeststellung gegenüber der Verwaltung und auch im geschäftlichen Verkehr mit dem „elektronischen Personalausweis" eröffnet. Nach § 18 Abs. 1 Satz 1 des neuen Gesetzes über Personalausweise und den elektronischen Identitätsnachweis[46] kann der Personalausweisinhaber, der mindestens 16 Jahre alt ist, seinen Personalausweis dazu verwenden, seine Identität gegenüber öffentlichen und nicht öffentlichen Stellen elektronisch nachzuweisen[47]. Darüber hinaus ist ein sog. „DE-Mail-Gesetz"[48] in Vorbereitung, mit dem rechtssichere E-Mail-Kommunikation ermöglicht werden soll. Parallel dazu hat die Deutsche Post AG den E-Postbrief entwickelt, der elektronische und schriftliche Kommunikation miteinander kombiniert und damit eine neue hybride Form des Verwaltungshandelns eröffnet[49]. Diese auf das Medium fokussierte Diskussion über elektronische Form oder Schriftform betrifft vordergründig die *Form* des Verwaltungshandelns, aufgrund der technischen Einbettung und der daraus resultierenden Anforderungen lässt sich diese Form jedoch nicht ohne Änderungen des Verwaltungsverfahrens und oftmals auch der Verwaltungsorganisation einsetzen. Gerade die letztgenannten neuen Kommunikationswege wie die DE-Mail oder E-Postbrief stellen wiederum zugleich ein arbeitsteiliges Verfahrensmodell dar.

---

[46] BGBl. I 2009 S. 33.

[47] Dazu näher *Luch*, in: Schliesky (Hrsg.), Gesetz über Personalausweise und den elektronischen Identitätsnachweis, 2009, § 18 Rn. 1 ff.; *Schulz*, CR 2009, 267 ff.

[48] Vgl. zum gegenwärtigen Entwurf BT-Drs. 17/3630 sowie BR-Drs. 645/10; dazu *Roßnagel*, CR 2011, 23 ff.; zum alten Entwurf des Bürgerportalgesetzes: BR-Drs. 174/09; BT-Drs. 16/12598; zum Referentenentwurf *Stach*, DuD 2008, 1 ff.; *Probst*, DSB 2/2009, 16 ff.; *Stach/Wappenschmidt*, eGov Präsenz 2/2009, 78 ff.; *Warnecke*, MMR 2010, 227 ff.; s. auch *Werner/Wegner*, CR 2009, 310 ff.; *Schallbruch*, it 2009, 125 ff.; *Steppling*, NJW-Editorial 18/2009; *Roßnagel u. a.*, DuD 2009, 728 ff.; kritisch *Lapp*, DuD 2009, 651 ff.; *Fox*, DuD 2009, 387; zur Authentizität elektronischer Kommunikation vor Einführung der »De-Mail« *Kast*, CR 2008, 267 ff.; vgl. auch *Schulz*, DuD 2009, 601 ff.

[49] Dazu ausführlich *Hoffmann u. a.*, Der E-Postbrief in der öffentlichen Verwaltung, 2011.

2. Veränderungen des Verwaltungsverfahrens durch diese gewandelte Aufgabenerfüllung

Die beispielhaft dargestellten Entwicklungen lassen sich mit den klassischen Kategorien Zuständigkeit, Verfahren und Form nicht mehr angemessen erfassen, da gerade die Bezugsgrößen dieser bisherigen Kategorisierung verändert werden. Die Möglichkeiten und Anforderungen der Informations- und Kommunikationstechnik realisieren sich anders als bei dem am Papier orientierten Verwaltungsverfahren.

Die Gemeinsamkeit der zuvor genannten Veränderungen der Aufgabenerfüllungsmodalitäten liegt im Aspekt der *Arbeitsteilung*, die als Kennzeichen des heutigen Staates und vor allem seiner Verwaltung dienen kann[50]. Nun ist die Arbeitsteilung als solche kein neues Phänomen: In Wirtschaft und Gesellschaft ist sie seit über 2000 Jahren bekannt[51], und auch im Bereich des Staates ist Arbeitsteilung an sich nichts Neues, sondern letztlich ein Grundgedanke des Verwaltungsorganisationsrechts. Mit Recht wird insoweit von einer „normativen Doppelaufgabe" des Verwaltungsorganisationsrechts gesprochen[52], Arbeitsteilung durch eine Vielzahl differenzierter Organe bei gleichzeitig die Einheit der Staatsgewalt abbildender Verantwortungszurechnung zu ermöglichen. Spätestens seit der Neuzeit lässt sich Arbeitsteilung also auch in der Verwaltung feststellen, und zwar in Gestalt der Fachverwaltungen. Diese Fachverwaltungen sind mit dem Aufkommen neuer Staatsaufgaben und -tätigkeiten entstanden; sie waren die Antwort des neuzeitlichen Staates auf die neuen Herausforderungen der wirtschaftlichen und gesellschaftlichen Dynamik von Industrialisierung und Verstädterung[53]. Diese Arbeitsteilung wurde in einer aufgabenbezogenen Spezialisierung im Sinne von Dekonzentration in Gestalt einer Vielzahl von Sonderbehörden realisiert. Kennzeichen der mit dem Organisationsrecht gewährleisteten Kompetenzordnung ist die horizontale Arbeitsteilung zwischen verschiedenen Fachbehörden, die zu einer wechselseitigen Abschottung und in der Regel völlig eigenständigen Aufgabenerledigung innerhalb des eigenen Zuständigkeitsbereiches führt. Die heutige Arbeitsteilung in der Wirtschaft und eben auch zunehmend in der Verwaltung gestaltet sich allerdings anders: Sie ist modulbezogen und prozessorientiert. Zu beobachten ist ein Trend zu einer mo-

---

[50] *Schliesky*, in: Hill/Schliesky (Fn. 14), S. 11 (17 ff.); s. auch *ders.*, ZSE 6 (2008), 304 (318 ff.).

[51] Statt vieler *Bofinger*, Grundzüge der Volkswirtschaftslehre, 2003, S. 46 ff.; *Homann/Suchanek*, Ökonomik: Eine Einführung, 2. Aufl. 2005, S. 131 ff.

[52] *Jestaedt*, in: Hoffmann-Riem/Schmidt-Aßmann/Voßkuhle (Hrsg.), Grundlagen des Verwaltungsrechts, Band I, 2006, § 14 Rn. 3.

[53] *Raphael*, Recht und Ordnung, 2000, S. 89 f.; s. auch *Groß*, Das Kollegialprinzip in der Verwaltungsorganisation, 1999, S. 113 ff.; *ders.*, in: GVwR I (Fn. 52), § 13 Rn. 18.

dularen Aufgabenerledigung bei gleichzeitiger Konzentration bestimmter Aufgabenteile, und der Schlüssel zu diesem Verständnis ist das Prozessdenken[54]. Neu ist also insoweit die Arbeitsteilung bezogen auf einzelne Module eines komplexen Aufgabenerledigungsprozesses, die Ausdifferenzierung der Arbeitsteilung innerhalb bestehender Zuständigkeiten. Diese Art der Arbeitsteilung ist bei der Umsetzung praktikabler und wirtschaftlicher E-Government Lösungen geradezu zwingend. Gerade bei IT-Projekten, aber auch bei allen anderen Reformvorhaben in der Wirtschaft[55] und ebenso in der Verwaltung[56] hat sich längst die Erkenntnis durchgesetzt, dass eine Prozessorientierung erforderlich ist, bei der Aufgabenerledigungsprozesse in verschiedene Teilmodule zerlegt werden und unter Nutzung der Möglichkeiten von Informations- und Kommunikationstechnik neu organisiert werden. Die Wirtschaftlichkeit derartiger IT-Verfahren lässt sich zudem regelmäßig erst dann begründen, wenn bestimmte Teilaufgaben in größerer Menge gemeinsam bearbeitet werden (sog. *Economies of Scale*). Ebenfalls nicht zu vernachlässigen ist die Entwicklung zu immer weiterer Ausdifferenzierung und Spezialisierung der Erledigung öffentlicher Aufgaben, ohne dass hierfür jeweils – wie in früherer Zeit – eine eigene Fach- bzw. Sonderbehörde gegründet werden könnte. Die Verwaltung verfügt gar nicht mehr über die Fachkompetenz und – angesichts des demografischen Wandels – über das Fachpersonal zur vollständigen Aufgabenerledigung, so dass nicht nur aus wirtschaftlichen, sondern auch aus sachlichen Gründen die Bündelung oder sogar Auslagerung bestimmter Teilprozesse erforderlich ist.

Mit derartigen Modellen der Arbeitsteilung ändert sich der Geschäftsgang der Verwaltung, es ändert sich der Aufgabenerledigungsprozess, den Juristen traditionell als „Verwaltungsverfahren" bezeichnen, bei dem aber immer auch Organisation und Formen des Handelns einzubeziehen sind. Die Besonderheit der Informations- und Kommunikationstechnik liegt eben darin, dass sie mediumsbedingt andere Möglichkeiten als die an Papier, Schriftlichkeit und Örtlichkeit orientierten Erfüllungsmodalitäten bietet. Verwaltungshandeln ist bei intensivem Einsatz von IuK nicht mehr an Raum, Zeit und Verkörperung als klassische Parameter staatlicher Verwaltung gebunden[57]. Aus der Perspektive des klassischen Verwaltungsverfahrens lassen sich eine Enträumlichung und

---

[54] *Britz*, in: GVwR II (Fn. 12), § 26 Rn. 11; *Schliesky*, in: ders./Ernst (Fn. 16), S. 35 (61 ff.).

[55] Statt vieler *Dörflein*, in: Thome/Schinzer/Hepp (Hrsg.), Electronic Commerce und Electronic Business, 3. Aufl. 2005, S. 101 (106 f.).

[56] *Hesse/Ellwein*, Das Regierungssystem der Bundesrepublik Deutschland, Band I, 9. Aufl. 2004, S. 331 f.; *Schliesky*, in: ders./Ernst (Fn. 16), S. 35 (60 ff.); *H.-J. Schmidt*, Betriebswirtschaftslehre und Verwaltungsmanagement, 5. Aufl. 2001, S. 178; *Skrobotz* (Fn. 44), S. 94 f.; *Timmer*, in: Zechner (Hrsg.), E-Government – Strategien, Lösungen und Wirtschaftlichkeit, 2007, S. 91 (94 f.).

[57] Dazu bereits *Schliesky*, NVwZ 2003, 1322 (1326).

Entgrenzung der Verwaltung durch E-Government konstatieren[58]. Zwar ist schon im geltenden Recht die Raumbindung der Verwaltung nicht mehr in absoluter Exklusivität in dem Sinne ausgestaltet, dass ein bestimmter Raum auf der Erdoberfläche ausschließlich einer Behörde zugeordnet ist. Auf der anderen Seite ist Verwaltung trotz allem nach wie vor strikt raumgebunden, indem die Zuweisung von Herrschaftsgewalt nur für einen bestimmten Verwaltungsbezirk, der maximal den Raum des Staatsgebietes der Bundesrepublik Deutschland umfasst, zugewiesen ist. Diese Raumbindung ist in Zeiten modularer Arbeitsteilung und insbesondere eines umfassenden IT-Einsatzes nicht mehr selbstverständlich. Zu beobachten sind Tendenzen zur Enträumlichung und Entgrenzung.

Unter *Enträumlichung* kann man den Bedeutungsverlust der räumlichen Nähe zu den Verwaltungsadressaten verstehen. Die Raumbindung der Verwaltung wird im Sinne einer Enträumlichung aufgrund der gewandelten technischen Möglichkeiten, aber auch mit Blick auf die Anforderungen an die Wirtschaftlichkeit der Verwaltung gelockert. Möglichkeit und Grad der Enträumlichung variieren allerdings in Abhängigkeit vom konkreten Verwaltungsgegenstand und von der konkreten Beziehung zwischen Bürger und Verwaltung. Mit Recht ist insoweit darauf hingewiesen worden, dass beispielsweise Kommunikation an sich keine raumgebundene Operation zwischen Bürger und Verwaltung darstellt[59]. Die Raumabhängigkeit gewinnt u. U. mit zunehmender Interaktionsabhängigkeit an Bedeutung[60], wobei schon Brief und Fax, erst recht aber die schon heute existenten Möglichkeiten elektronischer Verfahrensabwicklung (E-Government)[61] die Bedeutung des Raumes für Interaktionen zunehmend schmälern. Gerade die neue modulare Form der Arbeitsteilung trägt zu einer Enträumlichung zumindest bestimmter, oftmals sogar zentraler Teile wie z. B. der Entscheidung bei.

Eine andere Facette der Lockerung der Raumbindung der Verwaltung ist die *Entgrenzung*, die sich als Aufweichung des räumlichen Exklusionsverständnisses der örtlichen Zuständigkeit definieren lässt. Dieser Aspekt geriet zunächst in den Blick, da die weltweite Vernetzung durch das Internet tagtäglich vor Augen führt, dass die bislang als maßgeblich wahrgenommenen Grenzen für

---

[58] Hierzu und zum Folgenden *Schliesky*, Raumbindung der Verwaltung in Zeiten des E-Government, in: Schimanke (Hrsg.), Verwaltung und Raum, Schriften der Deutschen Sektion des Internationalen Instituts für Verwaltungswissenschaften, Band 34, 2010, S. 49 (53 ff.); s. auch *Boehme-Neßler*, Unscharfes Recht, 2009, S. 112 ff.

[59] *Luhmann*, Die Politik der Gesellschaft, 2002, S. 263.

[60] *Luhmann* (Fn. 59), S. 263.

[61] Zur aktuellen Entwicklung – insbesondere der zunehmenden Orientierung am europäischem E-Government-Verständnis in Abkehr von der Speyerer Definition – *Luch/Schulz*, in: Schliesky (Fn. 30), Teil II, S. 219 ff.; *Schulz*, DVBl 2009, 12 ff.

derartige Kommunikations- und Interaktionsbeziehungen keine Rolle mehr spielen. Konnte man zunächst im Bereich der globalisierten Wirtschaft und vor allem im Bereich des E-Commerce beobachten, dass geografische Grenzen in einer digitalisierten Welt eine zunehmend geringere Rolle spielen[62], so gilt dies auch für zunehmend mehr Verwaltungsbereiche. Vor allem in Konzepten, aber auch realisierten Anwendungen des E-Governments zeigt sich deutlich, dass die Besonderheit der vernetzten Verwaltung[63] und das Potenzial zur Modernisierung der Verwaltung darin liegen, die überkommene Zuständigkeitsordnung zu überwinden[64]. Es liegt auf der Hand, dass die von der IuK ermöglichte und als Folge bedingte Arbeitsteilung, Enträumlichung und Entgrenzung der klassischen Verwaltung nicht ohne Auswirkungen auf das Verwaltungsverfahren bleiben (können).

IV. Exkurs: verfassungsrechtliche Brisanz

Dabei darf aber nicht übersehen werden, dass Verwaltungsverfahren und Verwaltungsorganisation sich nicht in einem verfassungsrechtlich „luftleeren" Raum befinden und daher einige der skizzierten Entwicklungen de lege et constitutione lata durchaus kritisch zu hinterfragen sind. Denn die skizzierten arbeitsteiligen Modelle sind nicht ohne weiteres mit dem existierenden Verwaltungsverfahrens- und Verwaltungsorganisationsrecht vereinbar. Insoweit darf nicht übersehen werden, dass für diese Erfüllungsmodalitäten staatlicher Aufgaben verfassungsrechtliche Vorgaben bestehen. Die rechtliche Prägung erfährt die Erfüllung staatlicher Aufgaben durch das Verwaltungsorganisations- und Verwaltungsverfahrensrecht. Das zentrale rechtliche Organisationsmuster bildet dabei die (insbesondere sachliche) Zuständigkeit, und zwar sowohl hinsichtlich der vollständig eigenen Aufgabenerledigung durch eine Behörde als auch hinsichtlich der zumindest horizontal und vertikal bekannten Arbeitsteilung. Dahinter stehen wiederum zwei Schlüsselbegriffe[65], für die das Konzept der Zuständigkeit einen wesentlichen instrumentellen Charakter besitzt: demo-

---

[62] Dazu *Boehme-Neßler* (Fn. 58), S. 112 ff., auch mit prägnanten Bemerkungen zu weiteren Dimensionen einer durch die IT ausgelösten Entgrenzung.

[63] Zur Verrechtlichung des Netzwerkgedankens *Schliesky*, in: ders. (Fn. 30), Teil I, S. 203 (228 ff.); *ders.*, in: Leible (Hrsg.), Die Umsetzung der EU-Dienstleistungsrichtlinie, 2008, S. 43 (71 f.); vgl. auch *Boehme-Neßler*, NVwZ 2007, 650 ff.; *Möllers*, in: Oebbecke (Hrsg.), Nicht-normative Steuerung im dezentrale System, 2005, S. 285 (296); *Peters*, Elemente einer Theorie der Verfassung Europas, 2001, S. 205 ff.; *Ruffert*, Die Verwaltung 36 (2003), 293 (312); *Schuppert*, in: GVwR I (Fn. 52), § 16 Rn. 134 ff.; *Wettner*, Die Amtshilfe im Europäischen Verwaltungsrecht, 2005, S. 289 ff.

[64] Zu diesem Problemkreis bereits *Schliesky*, in: Meyer/Wallerath (Hrsg.), Gemeinden und Kreise in der Region, 2004, S. 80 (100 ff.).

[65] Zum Konzept der Schlüsselbegriffe *Voßkuhle*, in: GVwR I (Fn. 52), § 1 Rn. 40.

kratische Legitimation und Verantwortung bzw. Verantwortungszurechnung. Mit anderen Worten: Die sachliche Zuständigkeit ruht auf dem Fundament des Demokratie-, Rechtsstaats- und Bundesstaatsprinzips[66]. Vergleichbares gilt für die örtliche Zuständigkeit, wobei diese im demokratischen Kontext vor allem ein Ergebnis föderaler Verwaltungsgliederung und der „Teilvolk"-Konzeption des Bundesverfassungsgerichts[67] bildet. Deshalb ist der vom E-Government verkündete Generalangriff auf die Zuständigkeitsordnung[68] zugleich ein grundsätzliches verfassungsrechtliches Problem.

Aus Raumgründen kann hier nicht auf die verfassungsrechtlichen Fragen im Detail eingegangen werden[69], doch darf bei aller Modernisierungseuphorie dieser verfassungsrechtliche Hintergrund nicht übersehen werden. Die Abkehr vom traditionellen Bauplan der Verwaltung führt nicht ohne weiteres zur Verfassungswidrigkeit von Modernisierungsmaßnahmen, doch müssen die rechtsstaatlichen Erfordernisse einer klaren Verantwortungszurechnung und einer rationalen Organisation[70], das verfassungsrechtliche Gebot einer hinreichenden demokratischen Legitimation der Ausübung von Staatsgewalt[71] oder etwa das Dogma vom Verbot der Mischverwaltung[72] als mögliche Grenzen der gerade

---

[66] Zum verfassungsrechtlichen Hintergrund von Verwaltungsorganisation und Verwaltungsverfahren s. auch *Schmidt-Aßmann*, in: GVwR II (Fn. 12), § 27 Rn. 31 ff.; *Ziekow*, in: Schliesky (Fn. 30), Teil II, S. 141 (155 ff.).

[67] BVerfGE 83, 60 (74 f.).

[68] s. etwa *Schedler/Proeller*, New Public Management, 3. Aufl. 2006, S. 249, 251.

[69] Dazu bereits *Schliesky*, DÖV 2004, 809 ff.; *ders.*, in: Hill/Schliesky (Fn. 14), S. 11 (19 ff.); s. ferner *Eifert*, Electronic Government, 2006, S. 119 ff.; *Schmidt-Aßmann*, in: GVwR I (Fn. 52), § 5 Rn. 49 ff.; *Trute*, in: GVwR I (Fn. 52), § 6 Rn. 15 ff., 60 ff.

[70] *Schulze-Fielitz*, in: Dreier (Hrsg.), Grundgesetz, Band II, 2. Aufl. 2006, Art. 20 (Rechtsstaat) Rn. 199 ff.; mit Blick auf die IuK *Britz*, in: GVwR II (Fn. 12), § 26 Rn. 67 ff.

[71] Ausführlich hierzu BVerfGE 83, 60 (73); 93, 37 (67 ff.); *Böckenförde*, in: Isensee/Kirchhof (Hrsg.), Handbuch des Staatsrechts, Band II, 3. Aufl. 2004, § 24 Rn. 11 ff.; *Mehde*, Neues Steuerungsmodell und Demokratieprinzip, 2000, S. 163 ff.; *Schliesky*, Souveränität und Legitimität von Herrschaftsgewalt, 2004, S. 230 ff.; *Trute*, in: GVwR I (Fn. 52), § 6 Rn. 4 ff.

[72] In diesem Kontext muss vor allem der vom Bundesverfassungsgericht in seiner „ARGE"-Entscheidung formulierte Grundsatz der vollständigen Aufgabenerledigung durch den jeweils zuständigen Verwaltungsträger Beachtung finden. In seiner Entscheidung zur Verfassungswidrigkeit der Arbeitsgemeinschaften gem. § 44b SGB II postuliert das Gericht zunächst ein grundsätzlich striktes Trennungsprinzip hinsichtlich der Verwaltungskompetenzen, um dann hinsichtlich der Aufgabenerledigung wie folgt fortzufahren: „Der Verwaltungsträger, dem durch eine Kompetenznorm des Grundgesetzes Verwaltungsaufgaben zugewiesen worden sind, hat diese Aufgaben grundsätzlich durch eigene Verwaltungseinrichtungen, also mit eigenem Personal, eigenen Sachmitteln und eigener Organisation wahrzunehmen. (...) Von dem Gebot, die Aufgaben eigenverantwortlich wahrzunehmen, darf nur wegen eines besonderen sachlichen Grundes abgewichen werden." – BVerfGE 119, 331 (367); dazu *Schliesky*, ZSE 6 (2008), 304 (307, 318 ff.). S. auch *P. M. Huber*, DÖV 2008, 844 ff.; *Meyer*, NVwZ 2008, 275 ff.; *Peters*, NDV

IT-gestützten Verwaltung beachtet werden. Rechtsstaats-, Demokratie- und Bundesstaatsprinzip bieten dem einfachen Gesetzgeber und der Exekutive jedoch bei näherem Hinsehen genügend Spielraum zur Implementierung auch neuer Konzepte[73], sofern das änderungsfeste verfassungsrechtliche Minimum der genannten Staatsstrukturprinzipien[74] gewahrt (oder sogar gegenüber herkömmlichen Verfahren übertroffen) wird.

V. Lösungsansatz: Weiterentwicklung des Verfahrens- und Organisationsrechts

Die neue Welt der Verwaltung ist zumindest betreten, doch Verfahrens- und Organisationsrecht sind darauf noch nicht vorbereitet. Zugleich ist der rechtliche Handlungsdruck groß, da ohne parlamentarische Begleitung und Absicherung die Verwaltungsrealität in zunehmendem Maße verfassungsrechtliche Vorgaben zu verletzen droht. Der rechtliche Veränderungsbedarf zeigt sich sogar auf Verfassungsebene, wie die – allerdings deutlich Kompromisscharakter tragenden – neuen Art. 91c[75] und 91e GG[76] belegen, die spezifische Formen der Arbeitsteilung verfassungsrechtlich absichern[77]. Gerade das einfache Recht ist aber ein Gestaltungs- und Steuerungsinstrument, das begleitend zur Verwaltungsmodernisierung genutzt werden muss und sollte. Die Anforderungen der komplexen, arbeitsteiligen, IT-basierten Verwaltung erfordern vor allem eine Weiterentwicklung des Verwaltungsverfahrens- und Verwaltungsorganisationsrechts.

2008, 53 f.; speziell zum Aspekt der „Mischverwaltung" *Burgi*, ZSE 6 (2008), 281 ff.; *Henneke*, Der Landkreis 2008, 59 ff.; *Schnapp*, Jura 2008, 241 ff.; *Schulz*, DÖV 2008, 1028 (1029); *Trapp*, DÖV 2008, 277 ff.

[73] Für das Demokratieprinzip *Schliesky* (Fn. 71), S. 656 ff.

[74] Wiederum für das Demokratieprinzip *Schulz*, Änderungsfeste Grundrechte, 2008, S. 251 ff.

[75] BGBl I 2009, 2248; speziell zu Art. 91c GG s. *Siegel*, DÖV 2009, 181 ff.; *ders.*, NVwZ 2009, 1128 ff.; *ders.*, in: Hill/Schliesky (Fn. 50), S. 337 ff.; *ders.*, Der Staat 49 (2010), 299 ff.; *Sichel*, DVBl 2009, 1014 ff.; *Schallbruch/Städler*, CR 2009, 619 ff.; *Heckmann*, K&R 2009, 1 ff.; *Schulz*, DÖV 2010, 225 ff.; *Henneke*, Der Landkreis, 2009, 223 ff.; s. auch *Suerbaum*, in: Epping/Hillgruber (Hrsg.), Beck'scher Online Kommentar zum Grundgesetz (Stand: 01.06.2010), Art. 91c Rn. 9 ff.; *Schliesky*, ZSE 6 (2008), 304 ff.; *ders.*, in: Bonner Kommentar zum Grundgesetz, Kommentierung des Art. 91c GG, i. E.; *Volkmann*, in: von Mangoldt/Klein/Starck (Hrsg.), Das Bonner Grundgesetz, 6. Aufl. 2010, Kommentierung des Art. 91c GG.

[76] BGBl I 2010 S. 944; *Henneke*, Der Landkreis 2010, 159 ff.; *Nakielski*, SozSich 2010, 165 ff.; *Dyllick/Lörincz/Neubauer*, NJ 2011, 15 ff.

[77] Zur Rechtsnatur der Beschlüsse des IT-Planungsrates *Schulz/Tallich*, NVwZ 2010, 1338 ff.

1. Zuständigkeitsverzahnung

Zunächst einmal muss eine rechtliche Lösung für die tatsächlich existente modulare Arbeitsteilung innerhalb der Verwaltung und/oder mit Privaten gefunden werden. Wenn Modularisierung und Arbeitsteilung richtig, gewollt oder zumindest real sind, dann muss gerade die Zuständigkeitsordnung dieses plurale Modell integrieren. Aufgrund der verfassungsrechtlichen Fundierung kann und darf es nicht um die Abschaffung der sachlichen und örtlichen Zuständigkeit gehen, die als Anknüpfungspunkte demokratischer und rechtsstaatlicher Verantwortungszurechnung auch weiterhin unverzichtbar sind, sondern um die Weiterentwicklung der bislang als exklusiv verstandenen sachlichen und örtlichen Zuständigkeiten hin zu einer vernetzten Gesamtzuständigkeit, bei der aber auch weiterhin die einzelnen Verantwortungsbestandteile ermittelbar sind. Ein Lösungsweg zur Sicherung der rechtsstaatlichen und demokratischen Funktionen der Zuständigkeitsordnung bei einer komplementären Aufgabenwahrnehmung verschiedener Verwaltungsträger könnte in der neuen Figur einer Zuständigkeitsverzahnung[78] liegen. Um dem organisationsrechtlichen Gesetzesvorbehalt[79] zu genügen, wäre eine gesetzliche Regelung denkbar, die es ermöglicht, Verfahrensteile und Entscheidungsbeiträge der nach der Zuständigkeitsordnung eigentlich zuständigen Behörde zuzurechnen. Auf diese Weise könnte die Grundannahme der deutschen Zuständigkeitsordnung, dass eine einzige örtlich und sachlich zuständige Behörde das Verwaltungsverfahren einschließlich aller zu treffenden Entscheidungen vollständig selbst durchführt, aufrechterhalten werden. Zugleich bietet die Figur der Zuständigkeitsverzahnung eine taugliche rechtliche Grundlage, um bereits praktizierte Back-Office-Modelle abzubilden, bei denen Entscheidungen für mehrere sachlich und örtlich zuständige Behörden von einer im Hintergrund wirkenden Behörde getroffen werden. Eine derartige Rechtsfigur ermöglicht vernetztes Denken und eine effektive Verwaltungsorganisation mithilfe von E-Government-Anwendungen. Dabei sollte allerdings nicht übersehen werden, dass auch ein Nachdenken über das Konzept demokratischer Legitimation angezeigt ist[80]; eine plurale Gesellschaft, eine komplexe, arbeitsteilige und modular aufgebaute Verwaltung, die – auch grenzüberschreitend – in einem Behördennetz arbeitet und vielfältig mit privaten Akteuren verzahnt ist, bedarf eines pluralen Legitimationsmodells im Sinne

---

[78] Dazu bereits *Schliesky*, Regelungsbedarf für elektronische Verwaltungsstrukturen, in: Henneke (Hrsg.), Kommunale Verwaltungsstrukturen der Zukunft, 2006, S. 59 (70 ff.); *ders.*, in: Leible (Fn. 63), S. 43 (68 f.); zustimmend *Ziekow*, in: Schliesky (Fn. 30), Teil II, S. 141 (158 f.).

[79] Zu diesem BVerfGE 106, 1 (22); *Maurer*, Staatsrecht I, 5. Aufl. 2007, § 8 Rn. 22; *Reimer*, in: GVwR I (Fn. 52), § 9 Rn. 37.

[80] Dazu *Mehde*, in: Hill/Schliesky (Fn. 14), S. 213 ff.; *Schliesky* (Fn. 71), S. 588 ff., insbes. S. 656 ff.; *ders.*, in: Hill/Schliesky (Fn. 14), S. 11 (32 ff.); *Trute*, in: GVwR I (Fn. 52), § 6 Rn. 15 ff.

einer das erforderliche Legitimitätsniveau sichernden Bausteinlegitimation. Die Schaffung eines derartigen Modells ist unter dem entwicklungsoffenen Demokratieprinzip des Grundgesetzes und des EUV auch möglich.

2. E-Government-Gesetze als Bestandteile des Verwaltungsverfahrensrechts

Dementsprechend werden Verfahrens- und Organisationsrecht die flexibleren Arbeitserledigungsprozesse im Wege modularer, arbeitsteiliger Kooperation abzubilden haben. Die Prozesse im komplexen Behördennetz bedürfen der normativen Abbildung und Strukturierung, um Verantwortungszurechnungen sicherzustellen[81]. Dies wird nur gelingen, wenn das Prozessdenken in das Verwaltungsrecht Einzug hält und dann für die Konturierung, Verstetigung und Rahmensetzung für elektronische wie physische Behördennetzwerke fruchtbar gemacht werden kann. Dies wird in beherrschbarer und vor allem auch wirtschaftlicher Art und Weise aber nur gelingen, wenn vor der Neugestaltung dieser Prozesse mithilfe der IT eine Prozessanalyse und eine Prozesskritik vorgenommen werden. Im Hinblick auf die elektronische Abbildung der Prozesse können die Vorteile und Möglichkeiten der IuK nur genutzt werden, wenn die Prozessoptimierung in engem Wechselspiel der rechtlichen, organisatorischen und technischen Anforderungen vorgenommen wird. Die angeblich lediglich dienende Funktion der IT ist längst einer mitgestaltenden Rolle der Technik gewichen[82].

Die bereits heute praktizierten und angesichts der technischen Möglichkeiten längst denkbaren elektronischen Verwaltungsverfahren bedürfen eines adäquaten Rechtsrahmens. Dies führt zu der Forderung nach E-Government-Gesetzen, mit denen ggf. elektronische Netzwerkstrukturen einschließlich der Zuständigkeitsverzahnung, die Regelung der Infrastrukturverantwortung für den Betrieb, Unterhalt und Weiterentwicklung der technischen und organisatorischen Infrastrukturen, die Festlegung von gemeinsamen nutzbaren Basiskomponenten und vor allem die Vorsehung von Möglichkeiten zur rechtsverbindlichen Herstellung von Interoperabilität, etwa mithilfe von Verordnungsermächtigungen, zu normieren sind. Darüber hinaus können weitere Regelungen zur Ersetzung der Schriftform und auch Experimentierklauseln aufgenommen werden, die zur Erprobung, Einführung und Fortentwicklung des E-Government Ausnahmen von Zuständigkeits-, Verfahrens-, Form- und Zustellungsvorschriften zulassen[83].

---

[81] Aus legitimatorischer Perspektive dazu *Schliesky* (Fn. 71), S. 712 f.

[82] Dies erkennt auch BVerfGE 119, 331 (374); weitsichtig auch bereits VerfGH NW, NJW 1979, 1201 (1201).

[83] s. etwa § 9 EGovG SH.

Darüber hinaus sollte die verbindliche Pflicht zur Prozessoptimierung bei der Durchführung von Modernisierungsmaßnahmen bzw. bei der Einführung von IT-Anwendungen festgeschrieben werden[84]. Schleswig-Holstein hat auf Betreiben des Verfassers als erstes Bundesland ein solches E-Government-Gesetz verabschiedet[85]; andere Bundesländer und nunmehr vor allem auch der Bund arbeiten ebenfalls an derartigen Regelungswerken. Angesichts der grundsätzlichen Verwaltungsorganisationshoheit der Länder und der durch die Föderalismusreform I eingeschränkten bundesgesetzlichen Regelungsmöglichkeiten können und müssten die Bundesländer derartige Koordinierungsgesetze erlassen, um insbesondere das Verhältnis zwischen Landesbehörden und kommunalen Behörden sowie anderen verselbstständigten Verwaltungsträgern wie z. B. Kammern zu regeln. Zweifelsohne wird damit in die (vor allem kommunale) Organisationshoheit eingegriffen, die sich sowohl auf Selbstverwaltungsaufgaben als auch auf (staatliche) Pflichtaufgaben zur Erfüllung nach Weisung erstreckt[86]. Diese Organisationshoheit schützt nach innen die konkrete Ausgestaltung der Verwaltungsabläufe sowie die Entscheidung über die eingesetzten Mittel bis hin zur konkreten Technikausstattung[87] und wird insoweit gerade durch die Vorgabe von technischen und prozessualen Interoperabilitätsstandards tangiert. Allerdings handelt es sich hierbei letztlich um klassische Regelungsgegenstände einer Fachaufsicht, die aus verfassungsrechtlichen Gründen dem Land jedenfalls im Hinblick auf den kommunalen Vollzug staatlicher Aufgabenerfüllung nach Weisung zusteht (ausdrücklich etwa § 17 Abs. 1 LVwG SH). Im Übrigen ist eine weitestmögliche Schonung der kommunalen Organisationshoheit möglich, wenn die Länder von einem Grundsatz des kooperativen E-Government ausgehen, wie es Art. 91c GG vorsieht und § 3 EGovG SH ausdrücklich als Grundsatz der kooperativen Kommunikation festschreibt und mit dem Instrument eines gemeinsamen Abstimmungsverfahrens konkretisiert[88]. Rechtliche Vorgaben zur Verwirklichung des Ziels einer modernen, IT-gestützten Verwaltung sind also möglich, aufgrund des verfassungsrechtlichen Gesetzesvorbehaltes aber eben nur aufgrund einer *gesetzlichen* Re-

---

[84] Dazu und zu anderen Inhalten eines E-Government-Gesetzes *Schliesky* (Fn. 78), S. 59 (68 ff., 74 f.); *ders.,* in: Zechner (Hrsg.), Handbuch E-Government, 2007, S. 49 (50 ff.).

[85] Gesetz zur elektronischen Verwaltung für Schleswig-Holstein (E-Government-Gesetz – EGovG) vom 8. Juli 2009, GVOBl. 2009 S. 398; dazu *Schulz*, Die Gemeinde SH 2008, 272 ff.; zu Landes-E-Government-Gesetzen als Konsequenz des Art. 91c GG zutreffend *Schulz*, DÖV 2010, 225 ff.

[86] BVerfGE 83, 363 (382); 91, 228 (236, 241); *Schliesky*, Die Verwaltung 38 (2005), 339 (344 f.); grundlegend *Schmidt-Jortzig*, Kommunale Organisationshoheit, 1979, S. 187 ff.

[87] *Schliesky*, DÖV 2004, 809 (814).

[88] Zu diesem Aspekt kooperativer Kommunikation auch *Schulz*, DÖV 2010, 225 (228 f.).

gelung von Eingriffen in die kommunale Organisationshoheit[89]. Bislang haben die meisten Bemühungen um Realisierung von E-Government lediglich auf informellem Wege stattgefunden, so dass die mittlerweile allseits beklagten, nicht miteinander kommunizierenden Insellösungen entstanden sind. Spätestens mit dem rechtlichen Zwang zur Realisierung elektronischer Verwaltungsverfahren gem. Art. 8 EU-DLR sollte die Phase der informellen Pilotvorhaben endgültig beendet sein. Es liegt auf der Hand, dass die für E-Government-Gesetze vorgeschlagenen Regelungen Aspekte des Verwaltungsverfahrens und auch der Verwaltungsorganisation berühren und daher am besten in den Verwaltungsverfahrensgesetzen des Bundes und der Länder aufgehoben wären. Aus Gründen rechtspolitischer Effektivität wird man dieses systematische Desiderat allerdings zunächst einmal zurückstellen müssen, da die rechtliche Innovationskraft aus den Modernisierungs- und IT-Einheiten und nicht so sehr von den für das Verwaltungsverfahrensrecht zuständigen Referenten stammt.

3. Neue Organisationsformen

Für die Realisierung arbeitsteiliger Kooperation im Behördennetz oder auch zur Umsetzung neuer Rechtsfiguren wie z. B. des einheitlichen Ansprechpartners (Art. 6 EU-DLR) wird auch über neue Organisationsformen nachzudenken sein. Zunächst ist allerdings immer zu hinterfragen, inwieweit überkommene Rechtsinstitute genügend Spielraum aufweisen, um durch interne Weiterentwicklung den Anforderungen zu genügen. So kann die von Art. 6 EU-DLR gestellte Aufgabe, einen verschiedenste Behörden von verschiedenen Verwaltungsebenen koordinierenden Verfahrensmanager einzurichten, auch in einer Anstalt öffentlichen Rechts gelingen, die von verschiedenen Verwaltungsträgern wie z. B. Land, Kommunen und Wirtschaftskammern gemeinsam getragen wird[90]. Das Errichtungsgesetz bietet ausreichend Spielraum, um aufgabenadäquate Ausgestaltungen vorzunehmen. Für die organisationsrechtliche Abbildung modularisierter Arbeitsteilung dürfte hingegen eine neue Organisationsform erforderlich werden, da die bislang vorhandenen verselbstständigten Verwaltungsträger letztlich nur für die Delegation von Aufgaben zur Verfügung stehen. Hier ist an die Figur eines „Verwaltungsverbandes" zu denken, die dann als Organisationsentscheidung auch für die (intern) vergaberechtsfreie gemeinsame Wahrnehmung bestimmter Teilfunktionen verschiedener Verwaltungsträger und damit für die IT-gestützte Realisierung eines Back-Office zur Verfü-

---

[89] Näher zu diesem Problemkreis *Schliesky* (Fn. 78), S. 59 (75 ff.); *Schulz*, Die Gemeinde SH 2008, 272 ff.

[90] So das Gesetz über die Errichtung einer Anstalt öffentlichen Rechts „Einheitlicher Ansprechpartner Schleswig-Holstein" vom 17. Sept. 2009, GVOBl. SH, S. 577; dazu *Luch/Schulz*, Die Gemeinde SH 2008, 118 ff.

gung stünde[91]. Auch das Organisationsrecht sollte zu den Konzepten der Verwaltungswissenschaften und zu teilweise schon praktizierten Organisationsmodellen aufschließen.

VI. Fazit

Die Ausführungen haben gezeigt, dass der heutige Stand der Verwaltungsmodernisierung erhebliche Auswirkungen auf das Verwaltungsverfahrens- und Verwaltungsorganisationsrecht hat, da gerade die Möglichkeiten der IuK traditionelle Parameter des Verwaltungshandelns, die eine normative Abbildung vor allem im Verwaltungsverfahrensrecht erfahren haben, verschoben haben. Die Diskrepanz zwischen Verwaltungsverfahrensgesetzen und den tatsächlich praktizierten Verfahren darf nicht zu groß werden, da sonst die Ordnungs-, Systematisierungs- und Prägungsfunktionen des Verwaltungsverfahrensgesetzes verloren gehen. Zudem würde der Kodifizierungs- und Vereinheitlichungsgedanke preisgegeben, so dass schließlich die Leitfunktion des Verwaltungsverfahrensrechts nicht mehr anerkannt werden würde und die Simultangesetzgebung von Bund und Ländern kaum mehr zu rechtfertigen wäre. Die Konsequenz wäre neuerliche Rechtszersplitterung, die als negatives Beispiel im Gewerbe- und Wirtschaftsverwaltungsrecht beobachtet werden kann. Angesichts der aufgezeigten Möglichkeiten einer rechtlichen Weiterentwicklung muss sich dieses Negativszenario aber nicht realisieren. Es wartet daher viel Arbeit auf praxiskundige Wissenschaftler, die Weiterentwicklung des Verwaltungsverfahrensrechts in Angriff zu nehmen. *Hans Peter Bull* gehört zu dieser Spezies, und insoweit darf man auf seine Beiträge zu diesem Themenfeld gespannt sein.

---

[91] Dazu *Schliesky*, Die Verwaltung 38 (2005), 339 (355); zu entsprechenden Überlegungen im Zuge der Föderalismusreform II *Burgi*, Stenografischer Bericht, 8. Sitzung der Kommission von Bundestag und Bundesrat zur Modernisierung der Bund-Länder-Finanzbeziehungen vom 8.11.2007, S. 209; *Schliesky,* ZSE 6 (2008), 304 (325 ff.).

Normen und Ziele

Werner Thieme

I.

Hans Peter Bull hat sich wiederholt mit der Frage auseinander gesetzt, wie sich das Verwaltungsrecht und die Verwaltungslehre unterscheiden und wo und wie sich beide Wissenschaftszweige berühren oder gar decken. Am eindeutigsten ist dies in seinem Lehrbuch geschehen.

Er hat damit ein Thema behandelt, das auch Gegenstand von Veröffentlichungen des Verfassers dieses Beitrags war. Dabei bestand keineswegs vollständige Einigkeit zwischen Hans Peter Bull und dem Verfasser. Das war auch kaum zu erwarten, weil bereits bei der didaktischen Verwendung der Gegenstände unterschiedliche Positionen zu einer unterschiedlichen Terminologie des Gegenstandes führen. Es geht um die Worte „Verwaltungswissenschaft", „Verwaltungswissenschaften", „Verwaltungslehre" und „Verwaltungsrecht". Ehe eine Auseinandersetzung zur Sache versucht wird, muss zunächst geklärt werden, was unter diesen Worten verstanden wird.

Gegenstand der Problematik ist – das ist unstreitig – die Verwaltung, das heißt die öffentliche Verwaltung, sowohl des Bundes, der Länder, der Kommunen, der sonstigen Körperschaften, Anstalten und Stiftungen des öffentlichen Rechts, aber auch die privatrechtlich geführte öffentliche Verwaltung sowie die Verwaltung der internationalen Organisationen, insbesondere die Europäische Union. Nicht zur Verwaltung in diesem Sinne wird im Allgemeinen die kirchliche Organisation gerechnet, obwohl bei ihr ähnliche oder gar dieselben Probleme auftauchen.

Im Einzelnen kann zweifelhaft sein, was zur öffentlichen Verwaltung gerechnet wird, in der weltlichen und in der kirchlichen Verwaltung. Obwohl grundsätzlich Einigkeit besteht, was Verwaltung ist, gibt es immer wieder Grenzfälle, die sich nur problem- und fallbezogen lösen lassen. Auf sie kommt es jedoch nicht an. Was Verwaltung im Sinne der Wissenschaft ist, ist im Kern unstreitig.

II.

Es geht also um die Wissenschaft von der Verwaltung. Verwaltung kann wissenschaftlich unter verschiedenen Gesichtspunkten beschrieben und diskutiert werden. Sie kann rechtlich untersucht werden. Sie kann als Teil der Geschichte, als Verwaltungsgeschichte, behandelt werden. Verwaltungswissenschaft ist auch Verwaltungssoziologie oder Verwaltungspsychologie. Verwaltungswissenschaft ist immer Entscheidungswissenschaft. Die Verwaltung ist ein Personalkörper, der die Aufgabe hat, Entscheidungen zu treffen. Entscheidungen stehen im Gegensatz zur Produktion. Entschieden wird - um ein Beispiel zu nennen - ob und wie die Polizei eingesetzt wird. Das ist Polizeiwissenschaft als Teil der Verwaltungswissenschaft. Im Gegensatz hierzu steht die Ausführung selbst, das Handeln der Polizeibeamten, auch Implementation oder Produktion genannt. Hier wird die Entscheidung in die Praxis umgesetzt. Dabei ist es für den Entscheidungsbegriff der Verwaltungswissenschaft gar nicht notwendig, dass die Verwaltung die Umsetzung ihrer Entscheidung selbst vollzieht. Die Entscheidung der Verwaltung kann auch ein Befehl sein, den die Bürger zu vollziehen haben, zum Beispiel eine Polizeiverfügung.

III.

Die Entscheidungen der Verwaltung streben nach Optimierung, sie sollen optimal sein. Was optimal ist, kann in vielen Fällen ohne Zweifel erkannt und definiert werden. In anderen Fällen ist es aber zweifelhaft, welche der möglichen Entscheidungsalternativen die beste ist. Dann kommt es auf den Maßstab an, den man zur Bestimmung des Optimums anlegt. Es gibt Fälle, in denen die schnellste Entscheidung ohne Rücksicht auf die Kosten die beste ist. Und es gibt andere Entscheidungen, in denen die kostengünstigste Entscheidung die beste ist, ohne Rücksicht auf den Zeitverbrauch. Es gibt also unterschiedliche Gesichtspunkte (oder Maßstäbe), an denen gemessen wird, was optimal ist.

Die benutzten Maßstäbe definieren die Zugehörigkeit zu einem bestimmten Zweig der Wissenschaft, nicht dagegen deren Inhalt oder eine Beschreibung. Man kann Wissenschaften selbstverständlich auch nach Inhalten oder Strukturen einteilen. Doch ergeben sich hieraus in der Regel keine wissenschaftsrelevanten, das heißt Erkenntnis fördernden Einsichten.

Wenn wir Wissenschaft als ein Gedankengebäude bezeichnen, das Fragen durch Anwendung von logischen, rationalen Methoden zu beantworten versucht, so kommt es für die Definition eines Wissenschaftszweiges primär auf die angewandte Methode an. Die Deskription oder die gegenständliche Einteilung ist sicherlich auch für die wissenschaftliche Erkenntnis von Belang. Aber sie hilft nicht bei der Klärung der Abgrenzung möglicher Felder der Verwaltungswissenschaft weiter.

IV.

Bei der Frage nach der Optimierung von Entscheidungen kommt es darauf an, dass die richtigen Maßstäbe benutzt werden. Das führt zur Methodenfrage. Für das Verwaltungsrecht ist die rechtswissenschaftliche Methode angezeigt. Es gibt Vertreter der Meinung, das Recht sei ein Zweig der Sozialwissenschaften. Dem ist zu widersprechen. Die Tatsache, dass das Recht es vielfach – nicht immer – mit sozialen Tatbeständen zu tun hat, sagt gar nichts. Denn es gibt zahlreiche rechtswissenschaftliche Fragen, die nichts mit sozialen Tatbeständen zu tun haben. Als Beispiele sei der Einsturz einer Brücke oder die Falschbehandlung eines Patienten durch den Arzt genannt. Hierbei sind für die Frage nach einem Schadensersatzanspruch juristische Entscheidungen zu treffen, aber das sind keine sozialwissenschaftlichen Entscheidungen.

Der Jurist hat nicht nur Normen auszulegen, d. h. ihren Inhalt festzustellen. Ein wesentliches Arbeitsfeld des Richters ist die Feststellung des Sachverhalts, über den der Richter urteilt. Die Beweiserhebung und die Beweiswürdigung, die Bewertung von Indizien, auch die Festlegung der Beweislast zu Lasten einer der Prozessparteien gehören zur beruflichen Aufgabe des Richters. Sie sind aber nicht spezifisch juristische Aufgaben, sondern gelten für alle wissenschaftlichen Tätigkeiten, seien es Geisteswissenschaften, Naturwissenschaften oder Sozialwissenschaften. Sie müssen Tatsachen feststellen und tun dies, sofern sie nach heutigem Verständnis als Wissenschaft bezeichnet werden wollen, alle nach denselben Regeln der Empirie.

Auch für die Arbeit mit den Entscheidungswissenschaften kommt es darauf an, dass die Entscheider bei der Feststellung der Tatsachen zutreffend vorgehen. Aber für das hier zu behandelnde Thema ergeben die Regeln der Tatsachenfeststellung nichts; sie sind nicht spezifisch verwaltungswissenschaftlich, sondern generelle Regeln.

V.

Soweit die Juristen in der Praxis Fälle der sozialen Wirklichkeit zu behandeln haben, ist die abwägende Entscheidung vielleicht eine „soziale" Abwägung, sie ist auch eine juristische Entscheidung, aber keine rechtswissenschaftliche Entscheidung. Die Wissenschaft vom Recht beschäftigt sich mit den Maßstäben des Rechts und das sind Normen, das heißt Sätze, die konditional in der Form des „wenn..., dann"-Satzes gebildet sind. Der Jurist fragt, ob die Voraussetzungen der Norm vorliegen („wenn"). Und wenn er dies bejaht, fragt er weiter, welche Rechtsfolge („dann") das Gesetz darauf setzt. Eine primitive An-schauung, wie sie noch Montesquieu vertreten hat, sah bei dieser Arbeit des Ju-risten nur eine mehr mechanische Tätigkeit, der Jurist war für ihn nur „der Mund des Gesetzes".

Das mag für viele Fälle zutreffen. Leider ist das Gesetz in vielen Fällen aber nicht so eindeutig, dass man durch einfache Subsumtion zu einem unzweifel-haften Ergebnis kommt. Diejenigen Fälle, die Zweifel am Sinn und Inhalt der Norm aufkommen lassen, sind das tägliche Brot des Juristen. Das heißt: Der Ju-rist muss dem mehrdeutigen Gesetzestext einen eindeutigen Sinn abgewinnen. Der Umgang mit Texten, ihre Auslegung ist die ureigene wissenschaftliche Aufgabe des Juristen. Es geht um Exegese (auch Hermeneutik genannt). Im Prinzip ist es dasselbe, was die anderen Geisteswissenschaften, die Theologie, die Historie, die Philologie, auch leisten. Auch sie arbeiten an Texten und er-mitteln den Sinn des Inhalts der Texte.

Der Jurist steht bei dieser Aufgabe in einer besonderen Situation. Es gibt sehr viele juristische Normen, die objektiv inhaltlich mehrdeutig sind und die nicht zwingend einem bestimmten exegetischen Ergebnis zuzuordnen sind. Gleichwohl muss der Jurist, insbesondere als Richter, zu einem Ergebnis kom-men, das „richtig" ist, während alle anderen Alternativen als unrichtig verwor-fen werden. Die Methoden der Geisteswissenschaften arbeiten mit der der Ge-schichte des Textes, seiner Entstehung, seinem systematischen Zusammenhang, seiner gedanklichen Umgebung und schließlich mit den Ansichten und Absich-ten der Autoren, für die es nur beschränkt Regeln gibt, wie die einzelnen Aus-legungsmittel bei Mehrdeutigkeit des Ergebnisses zu werten sind. In vielen Fäl-len kommen Zweifel auf, welcher Meinung zu folgen ist. Muss der Entscheider auf wörtliche Äußerungen der gesetzgebenden Personen abstellen oder auf den Sinn im systematischen Gesetzeszusammenhang der Norm? Der Jurist hat als Richter verantwortlich zu entscheiden, welches der wissenschaftlich möglichen Ergebnisse das „richtige" ist. Es gibt nach der Ethik des Richters nur eine „rich-tige" Meinung. Der Richter entscheidet als Zivilrichter über Vermögen, oft über Millionenbeträge, und über das Schicksal von Unternehmen mit ihren Kunden, Gläubigern, Schuldnern und Arbeitnehmern. Als Strafrichter entschei-det er über das Schicksal von Menschen, über ihre Freiheit, über ihr Vermögen und über das Recht, ihren bisherigen Beruf auszuüben. Er muss das richtige Er-gebnis finden und dies muss für ihn durch Auslegung festgestellt werden und damit für ihn eindeutig werden.

Wenn wir die Rechtswissenschaft als eine Entscheidungswissenschaft be-zeichnen, und zwar als eine Wissenschaft, die zu einer optimalen Entscheidung kommen will und muss, so kommt es darauf an, wie sie mit ihrem „Entschei-dungsmaterial", mit den Normen, umgeht. Auch der Jurist ist sich bewusst, dass er bei aller Bemühung um das beste Ergebnis nicht selten doch daran zweifeln

muss, ob er das „Beste" oder das „Richtige" wirklich getroffen hat. Dies ist eine Frage, die sich nicht nur dem Richter stellt, sondern in erster Linie dem Gesetzgeber. Auch er will mit seinen Normen das beste Ergebnis für die Normadressaten erzielen. Aber er kann nicht in die Zukunft blicken. So kann er oft
nicht sagen, ob seine Normen das optimale Ergebnis erreichen, das noch nach
vielen Jahren unter veränderten Umständen optimal ist. Daher sind die Rechtsnormen nicht immer streng nach dem Schema „wenn..., dann" in dem Sinne
aufgebaut, dass es nur ein Ergebnis als richtiges Ergebnis gibt. Die Rechtsordnung enthält eine Fülle von „Kann"-Bestimmungen, bei deren Anwendung der
Gesetzesanwender die Freiheit hat, innerhalb eines gesetzlichen Rahmens zwischen verschiedenen Alternativen zu wählen. Die Rechtsordnung gibt hier dem
Juristen die Freiheit zu mehreren unterschiedlichen Ergebnissen. Für den Juristen sind dann alle diesen mehreren mehrere Ergebnisse richtig.

Das heißt aber noch nicht, dass der Jurist sein Entscheidungsverhalten optimiert hat, gleichgültig welches der möglichen rechtlich zulässigen Ergebnisse
er ausgewählt hat. Wenn zum Beispiel ein Verwaltungsakt angefochten wird,
so wird der Verwaltungsbeamte sich in vielen Fällen bei Gericht durchsetzen,
weil die Variante, die der Beamte gewählt hat, sich innerhalb des Spielraums
befindet, den die anzuwendende Kann-Vorschrift zulässt. Aber es kann – unter
gesellschaftlichen Kriterien oder auch für den Adressaten – eine schlechte oder
gar dumme Entscheidung sein.

VI.

Rechtswissenschaft und Rechtsprechung haben dieses Problem sehr wohl
gesehen und versucht, Abhilfe zu schaffen. Mit der Rechtsfigur der „Ermessensfehler" lassen sich in vielen Fällen grobe Abweichungen von der optimalen
Entscheidung verhindern. Dabei ist die Rechtsfigur der sogenannten „Ermes-
sensüberschreitung" keine Hilfe. Denn mit ihr werden nur Fehler gerügt, die
ohnehin eine Rechtsverletzung bedeuten. Es geht vielmehr allein um den sogenannten „Ermessensmissbrauch". Der Ermessensfehler ist eine Rechtsfigur, die
aus dem französischen Verwaltungsrecht als „détournement de pouvoir" zunächst in das deutsche Polizeirecht übernommen worden und sodann ganz allgemein im deutschen Verwaltungsrecht anerkannt worden ist. Schließlich ist
sie auch im Verfassungsrecht heimisch und sogar herrschend geworden.

Ein Ermessensmissbrauch liegt immer dann vor, wenn der Grundsatz der
Verhältnismäßigkeit verletzt worden ist, d. h. wenn der Zweck des Gesetzes
und das eingesetzte Mittel unstimmig sind. Das Zweck-Mittel-Verhältnis ist der
Kern des Verhältnismäßigkeitsprinzips, das unser Recht heute beherrscht. Es
gibt dem Richter oft eine Entscheidungsmöglichkeit an die Hand, die die Härte
des Gesetzes mildert und das Entscheidungsergebnis verbessert.

VII.

Das Problem freilich, das dabei zu lösen ist, ist die Frage, wie der Jurist feststellen kann, ob die Verhältnismäßigkeit zwischen Zweck und Mittel gewahrt ist. Für die Lösung dieser Frage stellt die Rechtswissenschaft keine Regel zur Verfügung. Es ist dem Ermessen des Richters, seinem „Gerechtigkeitssinn" überlassen – wenn es so etwas überhaupt gibt. Denn das Ergebnis des „gerechten" Entscheidens kann ebenso dem sozialen oder persönlichen Vorurteil des Entscheiders entsprechen. Daher können analytische Verfahren gegenüber der unbegründeten oder nur oberflächlich begründeten Ermessensentscheidung Vorteile bringen.

Es sind in der Regel mehrere Ziele, die der Entscheider mit seiner Entscheidung erreichen will. Er will in der Regel einen bestimmten Nutzen schaffen, der wirtschaftlicher oder sozialer Art ist. Er will die Kosten minimieren. Er will umweltschonend vorgehen. Er will soziale Gesichtspunkte zur Geltung kommen lassen, usw. usw. Die Zahl und Art der Ziele ist grundsätzlich unbeschränkt. Die Ziele sind dem Entscheider teilweise von einem Vorgesetzten oder dem Gesetzgeber vorgegeben, teilweise von ihm selbst gewählt.

Es ist keineswegs so, dass die Ziele ein für allemal feststehen. Sie sind vielmehr für jede Entscheidung oder Gruppe von gleich liegenden Entscheidungen zu klären. Dabei bietet ein analytisches Verfahren einen weiteren Vorteil. Der Entscheider muss vollständig offenlegen, welche Gründe ihn zu seiner Entscheidung bewogen haben und welches Gewicht er diesen Gründen beigemessen hat. Das steht im Gegensatz zu der einfachen Ermessensentscheidung, bei der allenfalls einige Gründe genannt werden und das unterschiedliche Gewicht dieser Gründe in der Regel im Verborgenen bleibt. Diese Erwägungen erfordern, dass der Entscheider die Ziele, die er mit der Entscheidung erreichen will, auflistet. Allerdings genügt eine einfache Liste der Ziele in der Regel nicht. Es muss gewährleistet sein, dass die Ziele nicht doppelt oder gar dreifach bewertet werden. Wenn zum Beispiel Sparsamkeit und Wirtschaftlichkeit nebeneinander und einzeln als Ziele gewählt werden, so stellt sich die Frage, ob dies nicht zu einer doppelten Bewertung eines Zieles „Kostenminimierung" führt. In den Verfahren der analytischen Entscheidungen kann man dies vermeiden, indem man zwischen Oberzielen und Unterzielen unterscheidet, unter Umständen auch noch Ziele dritter oder vierter Stufe definiert. So kann man zum Beispiel bei einem Oberziel der Wirtschaftlichkeit die Ausgabenvermeidung und die Nutzenvermehrung als Unterziele bilden. Bei dem Unterziel der Ausgabenvermeidung kann man auf einer weiteren Stufe das Ziel der Finanzierung mit möglichst geringen Fremdmitteln oder möglichst geringen Zinsen oder den schnellen Rückfluss der eingesetzten Mittel festsetzen.

Wenn man die Ziele bewerten will, so ist es unvermeidbar, dass man den Zielen numerische Werte beilegt, das heißt, dass man quantifiziert. Denn ohne Zahlen kann man bei einer Mehrheit von Entscheidungsalternativen keine Reihung durchführen und keine Abstände zwischen den einzelnen Objekten messen.

Da die Quantifizierung unvermeidlich subjektive Elemente enthält, liegt hier eine evidente Schwachstelle des Systems. Allerdings dürften diese Schwierigkeiten geringer sein als bei einer summarischen Bewertung. Es soll hier nicht über die Vor- und Nachteile analytischer und summarischer Bewertungen gesprochen werden. Denn es lässt sich nicht leugnen, dass bei einfachen Entscheidungssituationen die summarischen Bewertungen von den Betroffenen der Entscheidungen leichter verstanden werden und eine Kontrollinstanz (in der Regel das Gericht) diese Entscheidungen nicht beanstanden kann, die Entscheidungen daher erfolgreicher sind, weil sie leichter akzeptiert werden.

VIII.

Mit diesen Ausführungen sind die beiden unterschiedlichen Methoden zur Findung optimaler Entscheidungen benannt und dargestellt. Bei der Entscheidung auf Grund von Normen handelt es sich um ein geisteswissenschaftliches Verfahren, eine Suche nach dem Inhalt der Normen, die dem Entscheider vorgegeben sind. Bei der Entscheidung auf Grund von Zielen handelt es sich um eine sozialwissenschaftliche Methode, bei der die Maßstäbe zur Entscheidungsfindung ganz anderer Art sind als bei der juristischen Entscheidung. Es soll dabei nicht verschwiegen werden, dass beide Wissenschaften miteinander verwandt sind. Oft genug sind die Fragestellungen identisch.

Vor allem aber können Normen auch Ziele sein. Die Rechtsrichtigkeit einer Entscheidung ist in der Regel wesentlich für die Optimierung der Entscheidung. Die Beachtung der Rechtsnorm kann zwingende Vorbedingung der Entscheidung sein, die deshalb überhaupt nicht in das Entscheidungssystem als Ziel eingeführt wird, weil sie gewissermaßen als Randbedingung selbstverständlich ist. Sehr viele Entscheidungen in der öffentlichen Verwaltung unterliegen daher einer doppelten Prüfung. Es wird zunächst geprüft, was das Recht verlangt. Hierbei wird die Norm als Maßstab eingesetzt. Dann erfolgt eine zweite Prüfung, bei der es um die möglichst vollständige Erreichung der Ziele geht. Dabei kann es aber auch so sein, dass keine der möglichen alternativen Entscheidungen (Optionen) die beste ist. Es wird sogar behauptet, dass es logisch keine optimale Entscheidung geben kann, weil die Bewertungen der einzelnen Ziele und der Grad der Zielerreichung auf subjektiven Entscheidungen beruhen. Dies ist hinzunehmen, weil es eine genauere Methode der Optimierung nicht gibt. Es sind immer nur Menschen am Werk, sei es bei der Auslegung der Normen, sei es bei der Feststellung der Ziele, ihrer Bewertung und der Feststellung des Grades der Zielerreichung im konkreten Fall.

IX.

Die Aufzeigung der methodischen Unterschiede zwischen den beiden Entscheidungswegen klärt auch das Verhältnis der Verwaltungs-Teilwissenschaften. Die Entscheidungsfindung anhand von Normen ist Verwaltungsrecht, die Entscheidungsfindung anhand von Zielen ist Verwaltungslehre. Man mag darüber streiten, ob das Wort „Verwaltungslehre" glücklich gewählt ist. Unter dem Oberbegriff Verwaltungswissenschaft, zu denen auch das Verwaltungsrecht, die Verwaltungsgeschichte, die Verwaltungssoziologie und manche andere gehören, hat sich der Terminus Verwaltungslehre eingebürgert. Es geht hier nicht um Wortklauberei, sondern um den Versuch einer wissenschaftlich-methodischen Exaktheit. Mit der Unterscheidung der Begriffe „Normen" und „Ziele" lässt sich diese methodische Exaktheit erreichen.

Governance und Verwaltungs(rechts)wissenschaft[*]

Hans-Heinrich Trute / Arne Pilniok

I. Governance und Verwaltungswissenschaft: Begriffe und Entwicklungen

Das Thema Governance und Verwaltungswissenschaft verbindet zwei gleichermaßen unbestimmte Begriffe miteinander. Was Verwaltungswissenschaft ist, weiß man nicht so genau. Für Governance gilt ähnliches. Der Begriff wird für ganz unterschiedliche Konzepte in den verschiedenen Disziplinen verwendet. Seine Charakterisierungen als „notoriously slippery"[1] und „anerkannt uneindeutiger Begriff"[2] gehören zum festen Repertoire der Governance-Diskussion. Insbesondere in der Rechtswissenschaft wird oftmals das Fehlen einer Definition notiert.[3] Ungeachtet aller Operationalisierungsschwierigkeiten, die freilich für Konzepte zunächst einmal nicht ungewöhnlich sind, möchten wir in diesem Beitrag die These verfolgen, dass Governance als Brückenbegriff[4] geeignet ist, Verwaltungsrechts- und Verwaltungswissenschaft zu verbinden.

---

[*] Die nachfolgenden Überlegungen sind Ergebnis der DFG-geförderten Projekte „Innovationsfördernde Regelungsstrukturen im deutschen Universitätssystem" und „Der Einfluss externer Governance auf die Regelungsstrukturen der universitären Forschung", die Teilprojekte der DFG-Forschergruppe 517 „Internationale Wettbewerbsfähigkeit und Innovationsfähigkeit von Universitäten und Forschungsorganisationen – Neue Governanceformen" waren.

[1] *J. Pierre/B. G. Peters*, Governance, Politics and the State, 2000, S. 7.

[2] *J. v. Blumenthal*, Governance – eine kritische Zwischenbilanz, in: Zeitschrift für Politikwissenschaft 15 (2005), S. 1150; prominent etwa bei *G. F. Schuppert*, Governance – auf der Suche nach Konturen eines „anerkannt uneindeutigen Begriffs", in: ders./Zürn (Hrsg.), Governance in einer sich wandelnden Welt, 2008, S. 13 ff.

[3] Vgl. beispielsweise *A. Voßkuhle*, Verwaltungsrecht & Verwaltungswissenschaft = Neue Verwaltungsrechtswissenschaft, in: BayVBl. 2010, S. 581 (588).

[4] Dazu *H.-H. Trute*, Verantwortungsteilung als Schlüsselbegriff eines sich verändernden Verhältnisses von öffentlichem und privaten Sektor, in: Schuppert (Hrsg.), Jenseits von „Privatisierung" und „schlankem Staat", 1999, S. 13; *G. F. Schuppert*, (Fn. 2), S. 13 (18).

1. Verwaltungswissenschaft und Verwaltungsrechtswissenschaft

Das setzt zunächst – um auf vertrauterem Terrain zu bleiben – voraus, das Verhältnis von Verwaltungsrechtswissenschaft und Verwaltungswissenschaft in den Blick zu nehmen. Unter der Bezeichnung Verwaltungswissenschaft oder Verwaltungswissenschaften versammeln sich ganz unterschiedliche Theoriebestände und disziplinäre Zugriffe. Über die Tatsache hinaus, dass sich die Verwaltungswissenschaft mit der Verwaltung in ihrer Wirklichkeit befasst, lässt sich kaum von *einer* methodisch integrierten Verwaltungswissenschaft sprechen.[5] Vielmehr dominiert – im Unterschied zu den USA – der fachwissenschaftliche Zugang zu der Verwaltung. Diese wird also aus der Perspektive verschiedener Disziplinen beschrieben, die sich mehr oder weniger interdisziplinär öffnen, und so auf Wissensbestände ganz unterschiedlicher Disziplinen, wie der Verwaltungsrechtswissenschaft, der Politikwissenschaft, der Betriebswirtschaftslehre oder der Soziologie zugreifen. Gemeinsam ist ihnen jedenfalls der Gegenstand: die öffentliche Verwaltung.[6]

Aus der Perspektive der Verwaltungsrechtswissenschaft wurde lange Zeit versucht, die Verwaltungswissenschaft unter dem Begriff der Verwaltungslehre als die nichtjuristische Schwesterdisziplin der Verwaltungsrechtswissenschaft[7] und insofern als ihre empirische Seite zu begreifen.[8] Diese Begrifflichkeit entlang der Unterscheidung normativ-empirisch oder deskriptiv-präskriptiv und die in ihnen enthaltene Arbeitsteilung ist auf den ersten Blick einleuchtend. Bei genauerem Hinsehen schneidet sie freilich wichtige Fragestellungen ab. So lässt sie offen, warum sich die Verwaltungslehre auf das Nichtjuristische der Verwaltung beschränken sollte, wenn doch die Verwaltung und ihr Handeln

---

[5] Dazu und zu den Gründen bereits *W. Brohm*, Verwaltungswissenschaft, in: Görres-Gesellschaft (Hrsg.), Staatslexikon Bd. V, 1987, S. 758 ff.

[6] Diese Gemeinsamkeit betont *G. F. Schuppert*, Verwaltungswissenschaft: Verwaltung, Verwaltungsrecht, Verwaltungslehre, 2000, S. 42.

[7] Womit freilich, wie *Roellecke* mehrfach deutlich gemacht hat, wenig gewonnen ist, wenn man nicht einen einigermaßen anspruchsvollen Begriff von Verwaltung zugrunde legt, der dann auch aus der Perspektive der Verwaltungslehre deren Erkenntnisinteressen hinreichend spezifiziert; dazu *G. Roellecke*, Verwaltung und Verwaltungsrecht, in: Die Verwaltung 29 (1996), S. 1 ff.; *ders.*, Verwaltungswissenschaft – von außen gesehen, in: VerwArch 2000, S. 1 ff.; *ders.*, Das Interesse der Rechtswissenschaft an Nichtwissen, in: DÖV 2003, S. 896 ff.

[8] In dieser wissenschaftsgeographisch bemüht sauberen Abgrenzung äußert sich das Erbe des rechtspositivistischen Sieges des Verwaltungsrechts über die ältere Verwaltungslehre; dazu *M. Stolleis*, Verwaltungswissenschaft und Verwaltungslehre 1866-1944, in: Die Verwaltung 15 (1982), S. 1 ff.; *ders.*, Geschichte des Öffentlichen Rechts in Deutschland, Bd. 2, Staatsrechtslehre und Verwaltungswissenschaft 1800-1914, 1992; knappe Rekonstruktion bereits bei *Brohm*, Verwaltungswissenschaft (Fn. 5); aus politikwissenschaftlicher Perspektive *J. Bogumil/W. Jann*, Verwaltung und Verwaltungswissenschaft in Deutschland, 2. Auflage 2009, S. 17 ff., 37 ff.

durch Recht immerhin auch geprägt werden. Ebenso stellt sich die Frage, ob nicht die Verwaltungsrechtswissenschaft für eine angemessene Konzeption auf die Wissensbestände der (empirischen) Verwaltungswissenschaft angewiesen ist.[9]

Von daher sind die folgenden Überlegungen von der These getragen, dass eine angemessene Konzeption nicht durch die zu einfache Unterscheidung von normativ-empirisch oder deskriptiv-präskriptiv strukturiert werden kann, sondern nur durch eine Verbindung von rechtlicher und nichtrechtlicher Perspektive auf den Gegenstand.[10] Insoweit ist auf beiden Seiten der Unterscheidung so etwas wie ein Re-entry erforderlich: der Eintritt verwaltungswissenschaftlich orientierter Fragestellungen in die Verwaltungsrechtswissenschaft und von rechtlich orientierten Forschungsfragen in die Verwaltungswissenschaft sowie die wechselseitige Nutzung der jeweiligen Wissensbestände. Ob man die jeweiligen Forschungsfragen dann eher als solche einer interdisziplinär geöffneten Verwaltungsrechtswissenschaft oder einer normativ informierten Verwaltungswissenschaft bezeichnet, ist eher eine Frage der jeweiligen disziplinären Herkunft und Schwerpunkte. Als Programm ist dies angesichts der nicht seltenen Ausblendung oder Simplifizierung des Rechts in vielen sozialwissenschaftlichen Ansätzen der Verwaltungswissenschaft wie auch der Ausblendung der sozialwissenschaftlichen Seite in der Verwaltungsrechtswissenschaft allerdings leichter formuliert als eingelöst. Mit dem Governance-Begriff – so unsere These – steht freilich eine mögliche Verknüpfung von Verwaltungsrechts- und Verwaltungswissenschaft zur Verfügung.[11]

2. Zur Entwicklung der Governance-Diskussion

Damit sind wir bei dem zweiten, durchaus heterogen verwendeten Begriff: Governance.[12] Er hat sich in der politikwissenschaftlichen Diskussion[13] zu-

---

[9] Zur Entwicklung der Verwaltungsrechtswissenschaft unter dem Blickwinkel ihrer interdisziplinären Öffnung *C. Bumke*, Die Entwicklung der verwaltungsrechtswissenschaftlichen Methodik in der Bundesrepublik Deutschland, in: E. Schmidt-Aßmann/W. Hoffmann-Riem (Hrsg.), Methoden der Verwaltungsrechtswissenschaft, 2004, S. 73 ff. So lässt sich etwa das von Hoffmann-Riem/Schmidt-Aßmann/Voßkuhle herausgegebene Werk zu den Grundlagen des Verwaltungsrechts ungeachtet der Pluralität der Zugänge im Einzelnen durchweg als eine Konzeption interdisziplinär geöffneter Verwaltungsrechtswissenschaft verstehen, die also die Wissensbestände auch der Verwaltungswissenschaften rezipiert.

[10] Zu Recht in diesem Sinne *Schuppert*, Verwaltungswissenschaft (Fn. 6), S. 42 f.

[11] Zum Versuch der Integration von Allgemeinem Verwaltungsrecht und Verwaltungslehre jetzt auch die neueste Auflage des Lehrbuchs von *H. P. Bull/V. Mehde*, Allgemeines Verwaltungsrecht mit Verwaltungslehre, 8. Auflage 2009.

[12] Aus der internationalen verwaltungswissenschaftlichen Diskussion siehe *B. Jessop*, The Future of the Capitalist State, 2002; *J. Kooiman* (ed.), modern governance: New

nächst im Feld der Internationalen Beziehungen entwickelt, nämlich in Abgrenzung zum Begriff Government.[14] Dieser bezieht sich auf die nationalstaatlichen Regierungssysteme und deren Entscheidungen und wird in der politikwissenschaftlichen Debatte stärker auf hierarchische Steuerung fokussiert. Governance zielte dagegen auf das ebenenübergreifende Zusammenspiel staatlicher und nichtstaatlicher Akteure, zu denen nicht und nicht einmal in erster Linie private Akteure, sondern auch und vor allem supranationale und internationale Organisationen zu rechnen sind, und deren Formen kollektiver Entscheidungsbildung. Das erhellt eine wesentliche Stoßrichtung des Konzepts, seine Orientierung auf Herrschaftsstrukturen ohne souveränes Zentrum, also solche, die durch das Fehlen *einer* Instanz zur verbindlichen kollektiven Entscheidung gekennzeichnet sind. Das Fehlen eindeutiger Hierarchiebeziehungen und die Abgrenzung klarer Herrschaftsbereiche, die Mischung aus einseitiger Machtausübung und Kooperation, die Dominanz von Kommunikation und Verhandlung sowie von Prozessen über Strukturen kennzeichnen die wesentlichen Merkmale dieser Entwicklungslinie der Governance-Diskussion.[15]

Ein weiterer sozial- und verwaltungswissenschaftlicher Entwicklungsstrang ergibt sich aus der Diskussion um die Bedingungen politischer Steuerung.[16] Im Ausgangspunkt wurde diese im Einklang mit den Vorstellungen vom Staat als

---

Government-Society interactions, 1993; *ders.*, Governing as Governance, 2003; *J. Pierre* (ed.), Debating Governance: Authority, Steering and Democracy, 2000; *ders./B. G. Peters*, Governing Complex Societies, 2005; zur Entwicklung *J. v. Blumenthal*, Governance – eine kritische Zwischenbilanz, in: Zeitschrift für Politikwissenschaft 15 (2005), S. 1150 ff.; *A. Benz/N. Dose*, Governance – Modebegriff oder nützliches sozialwissenschaftliches Konzept?, in: Benz/Dose (Hrsg.), Governance – Regieren in komplexen Regelsystemen, 2. Auflage 2010, S. 13 (17 ff.). Im Folgenden wird ein analytischer Begriff von Governance zu Grunde gelegt, d.h. wir werden nicht die Fragestellungen erörtern, die mit dem normativen Begriff von Good Governance verbunden sind; dazu etwa *H. Hill*, Good Governance – Konzepte und Kontexte, in: Schuppert (Hrsg.), Governance-Forschung, 2005, S. 220 ff.; *H. Goerlich*, Good Governance und Gute Verwaltung, in: DÖV 2006, S. 313 ff.; *R. Czada*, Good Governance als Leitkonzept für Regierungshandeln, in: Benz/Dose (Hrsg.), Governance – Regieren in komplexen Regelsystemen, 2. Auflage 2010, S. 201 ff.

[13] Zu der Entwicklung in der Ökonomie und Soziologie vgl. *H.-H. Trute/W. Denkhaus/D. Kühlers*, Governance in der Verwaltungsrechtswissenschaft, in: Die Verwaltung Bd. 37 (2004), S. 451 ff.

[14] Deutlich ist die Entgegensetzung etwa bei *J. N. Rosenau/E. Czempiel* (eds.), Governance without government: order and change in world politics, 1992; siehe dazu auch *Benz/Dose*, Governance – Modebegriff oder nützliches sozialwissenschaftliches Konzept? (Fn. 12), S. 13 (22 ff.).

[15] *Benz/Dose*, Governance – Modebegriff oder nützliches sozialwissenschaftliches Konzept? (Fn. 12), S. 13 (15 f.).

[16] Siehe auch die Rekonstruktion bei *W. Jann*, Praktische Fragen und theoretische Antworten: 50 Jahre Policy-Analyse und Verwaltungsforschung, in: PVS 50 (2009), S. 476 (483 f.).

zentraler gesellschaftlicher Steuerungsinstanz und Garant öffentlicher Wohlfahrt als hierarchische Steuerung eines Objektes durch den Staat mittels verschiedener Steuerungsinstrumente geführt. Die Diskussion um das staatliche
Steuerungsversagen in den 1970er Jahren des letzten Jahrhunderts hat den
Blick auf die Rahmenbedingungen politischer Steuerung gelenkt.[17] Damit sind
neben den institutionellen Voraussetzungen der Steuerungsfähigkeit des politisch-administrativen Systems insbesondere die Steuerbarkeit gesellschaftlicher
Felder und die Eigenlogik von Systemen und Akteuren thematisiert worden.
Die Tendenzen zur Entstaatlichung, die auf wettbewerbliche Rationalität und
gesellschaftliche Selbstregelung setzten, erwiesen sich freilich in vielen Fällen
als ein komplexes Zusammenspiel von staatlichen und nichtstaatlichen Akteuren bei der Erledigung öffentlicher Aufgaben. Zusammengenommen machte
die Diskussion um die politische Steuerung deutlich, dass die Vorstellung eines
hierarchisch steuernden politisch-administrativen Systems auf unrealistischen
Annahmen beruhte und bereitete damit ebenfalls die Wende zu einer Governance-Perspektive vor. Fasst man die Gründe knapp zusammen, fehlt es gerade
an einem zentralen steuernden Subjekt, weil sich Steuerungsobjekt und -subjekt
nicht mehr eindeutig unterscheiden lassen.[18] Der Governance-Ansatz ist in dieser Perspektive dann die Konsequenz der Erkenntnis, dass politische Steuerung
in Reaktion auf die gesellschaftliche Pluralität, Dynamik und Komplexität
durch unterschiedliche staatliche und nichtstaatliche Akteure auf unterschiedlichen Ebenen und mit je nach Feldern unterschiedlichen Formen und Instrumenten stattfindet und damit nicht oder nicht notwendig mehr einem zentralen
Steuerungssubjekt zugeschrieben werden kann,[19] das hierarchisch bestimmte
Maßnahmen treffen und durchsetzen kann. Dann aber verschiebt sich das Interesse auf die Gesamtheit nebeneinander bestehender Formen kollektiver Regelung gesellschaftlicher Sachverhalte von der institutionalisierten gesellschaftlichen Selbstregelung über unterschiedliche Formen des Zusammenwirkens von
staatlichen, hybriden und privaten Akteuren hin zu hoheitlichem Handeln staatlicher Akteure. Diese nebeneinander stehenden, enger oder loser verknüpften
Formen kollektiver Regelung gesellschaftlicher Sachverhalte machen dann die
Governance-Strukturen aus. Der Perspektivenwechsel von Steuerung zu
Governance verweist also sowohl auf Veränderungen der relevanten Wirklich-

---

[17] Nachgezeichnet ist die Diskussion bei *R. Mayntz,* Politische Steuerung: Aufstieg,
Niedergang und Transformation einer Theorie, in: K. v. Beyme/C. Offe (Hrsg.), Politische Theorien in der Ära der Transformation, 1996, S. 148 ff.

[18] *R. Mayntz,* Governance Theory als fortentwickelte Steuerungstheorie?, in: Schuppert (Hrsg.), Governance-Forschung, 2005, S. 11 ff.

[19] *R. Mayntz/F. W. Scharpf,* Steuerung und Selbstorganisation in staatsnahen Sektoren, in: dies. (Hrsg.), Gesellschaftliche Selbstregelung und politische Steuerung, 1995,
S. 9 (13 f.).

keit als auch auf ein verändertes Erkenntnisinteresse.[20] Nicht mehr steuernde Akteure, sondern Regelungsstrukturen, innerhalb derer Akteure zur Regelung kollektiver Sachverhalte zusammenwirken, stehen im Zentrum der Analyse. Es geht also nun um die ermöglichende oder restringierende Wirkung derartiger institutioneller Arrangements und damit ersichtlich nicht mehr darum, wer wen steuert, sondern darum, welche Wirkung eine bestimmte institutionelle Struktur auf das Handeln der Akteure hat und wie diese Handlungspraxis ihrerseits auf die institutionelle Struktur zurückwirkt. An der Analyse der institutionellen Struktur setzt die Governance-Perspektive mit der Identifizierung unterschiedlicher Formen der Handlungskoordinierung an.

3. Kernelemente der Governance-Perspektive

Auch wenn unübersehbar ist, das der Governance Begriff zu einem *catch all word* geworden ist,[21] so lässt sich doch ein über die Disziplinen hinweg beobachtbarer Kern destillieren:[22] (1) Governance steht für Koordinieren (oder auch Regieren und Verwalten) mit dem Ziel des Managements von Interdependenzen zwischen (in der Regel kollektiven und begrenzt autonomen) Akteuren auf gesellschaftlicher, staatlicher und überstaatlicher Ebene. (2) Die Koordination von Interaktionen beruht auf institutionalisierten Regelsystemen oder Regelungsstrukturen, die das Handeln der Akteure beeinflussen, wobei in der Regel Kombinationen unterschiedlicher Regelungsformen vorliegen.[23] (3) Governance umfasst Interaktionsmuster und Modi kollektiven Handelns, die sich im Rahmen von Institutionen ergeben, wie etwa Netzwerke, Koalitionen, Vertragsbeziehungen, wechselseitige Anpassung im Markt oder Formen der Konsensbildung in Gemeinschaften. (4) Prozesse des Koordinierens oder Regierens überschreiten schließlich in der Regel Organisationsgrenzen, insbesondere auch die Grenzen von Staat und Gesellschaft bzw. die Grenzen von staatlichen und

---

[20] *Mayntz*, Governance Theory als fortentwickelte Steuerungstheorie (Fn. 18), S. 11 (17); in diesem Sinne auch *Benz/Dose*, Governance – Modebegriff oder nützliches sozialwissenschaftliches Konzept? (Fn. 12), S. 13 ff.

[21] *S. Lange/U. Schimank*, Governance und gesellschaftliche Integration, in: Lange/Schimank (Hrsg.), Governance und gesellschaftliche Integration, 2004, S. 9 (18).

[22] *Benz/Dose*, Governance – Modebegriff oder nützliches sozialwissenschaftliches Konzept? (Fn. 12), S. 13 (25 f.).

[23] Zum Teil wird der Governance-Begriff in der politikwissenschaftlichen Debatte allerdings auf die Konstellation des Zusammenwirkens staatlicher und privater Akteure oder auf Formen des nichthierarchischen staatlichen Handelns beschränkt; zu diesem engeren Begriff von Governance vgl. *J. v. Blumenthal* (Fn. 2), S. 1150 (1151); *S. Bröchler/J. v. Blumenthal*, Von Government zu Governance, in: dies. (Hrsg.), Von Government zu Governance – Regieren im modernen Staat, 2006, S. 7 ff., 11; *Benz/Dose*, Governance – Modebegriff oder nützliches sozialwissenschaftliches Konzept? (Fn. 12), S. 13 (17 f., 24 f.).

überstaatlichen Organisationen. Der Staat ist selbst heterogen strukturiert und interagiert mit einer heterogenen Vielzahl gesellschaftlicher Akteure.

Auf diese Grunddiagnosen aufbauend ist ein analytisches Instrumentarium ausgeformt worden, dass – wenn auch mit Modifikationen – auch als verwaltungsrechtswissenschaftliches Instrumentarium genutzt werden kann, wie im Folgenden noch näher exemplifiziert wird. Differenziert wird zwischen Governance-Mechanismen, Governance-Formen und Governance-Regimen.[24] Auf der Grundlage dreier grundlegender Governance-Mechanismen (Nachahmung auf der Grundlage von Beobachtung, Anpassung auf der Grundlage von Beeinflussung und Vereinbarungen auf der Grundlage von Verhandeln[25]) werden in der sozialwissenschaftlichen Diskussion regelmäßig Formen der Handlungskoordinierung interdependenter Akteure wie Hierarchie, Wettbewerb, Verhandlungen und Netzwerke ebenso wie Konsens- oder Konventionsbildung in Gemeinschaften unterschieden,[26] die weiter ausdifferenziert werden können und müssen. Diese Governance-Modi treten aber in aller Regel nur kombiniert auf und können in ihrem Zusammenspiel als Governance-Regime bezeichnet werden. Ein prägnantes und fast schon klassisches Beispiel dafür ist – nicht zuletzt im Bereich der Verwaltung – die von *Scharpf* erstmals identifizierten Verhandlungen im Schatten der Hierarchie. Die Governance-Regime können dann auf ihre Wirksamkeit hin analysiert werden.[27]

II. Governance und Verwaltungsrechtswissenschaft

Der Governance-Ansatz ist in der Verwaltungsrechtswissenschaft lange Zeit zumindest nicht explizit aufgenommen worden. Vielmehr dominierte insbesondere in der verwaltungsrechtswissenschaftlichen Reformdiskussion eine steue-

---

[24] *A. Benz/N. Dose*, Von der Governance-Analyse zur Policytheorie, in: Benz/Dose (Hrsg.), Governance – Regieren in komplexen Regelsystemen, 2. Auflage 2010, S. 251 (252 ff.).

[25] *Benz/Dose*, Von der Governance-Analyse zur Policytheorie (Fn. 24), S. 251 (252) unter Verweis auf *Lange/Schimank*, Governance und gesellschaftliche Integration (Fn. 21), S. 9 (20 f.).

[26] *A. Benz*, Governance in Connected Arenas – Political Science Analysis of Coordination and Control in Complex Rule Systems, in: Jansen (ed.), New Forms of Governance in Research Organisations – Disciplinary Approaches, Interfaces and Integration, 2007, S. 3 ff.

[27] Dazu *Lange/Schimank*, Governance und gesellschaftliche Integration (Fn. 25), S. 9 ff. sowie *Trute/Denkhaus/Kühlers*, Governance in der Verwaltungsrechtswissenschaft (Fn. 13), S. 451 ff.; zu den Problemen, denen sich ebenfalls eine steuerungsorientierte Konzeption gegenüber sieht, ohne dieses freilich zu thematisieren, vgl. *H.-H. Trute/D. Kühlers/A. Pilniok*, Governance als verwaltungsrechtswissenschaftliches Analysekonzept, in: Schuppert/Zürn (Hrsg.), Governance in einer sich wandelnden Welt, 2008, S. 173 (180 f.).

rungsorientierte Perspektive.[28] Wir gehen indes davon aus, dass mit dem Konzept der Regelungsstrukturen ein disziplinspezifisches Pendant zur sozialwissenschaftlichen Governance-Konzeption vorliegt, das wechselseitige Anschlüsse ermöglicht.

1. Regelungsstrukturen als verwaltungsrechtswissenschaftliche Governance-Perspektive

Der Begriff der Regelungsstrukturen wird hier als disziplinspezifischer Begriff von Governance benutzt.[29] Das Konzept der Regelungsstruktur dient als analytischer Rahmen, innerhalb dessen die Wirkungszusammenhänge, Substitutions- und Ergänzungsverhältnisse zwischen Handlungsmaßstäben, Akteuren und Instrumenten thematisierbar werden. Er umfasst also die für die Regelung eines bestimmten Sachbereichs wichtigen Regelungsinstanzen, Maßstäbe, Formen und Instrumente. So verstanden lässt sich das Konzept der Regelungsstruktur nicht nur in den Feldern der Aufgabenteilung von staatlichen und privaten Akteuren, sondern auch darüber hinaus fruchtbar machen. Dies gilt letztlich in allen Feldern, in denen Akteure mit einer unterschiedlichen Handlungslogik zusammenwirken. Beispiele dafür sind neben der Analyse des europäischen Verwaltungsraumes etwa die Regelungsstrukturen des Forschungssystems[30] und der Netzwirtschaften.[31]

Das Denken in Regelungsstrukturen thematisiert den übergreifenden Zusammenhang von Regelungen, denen Akteure bei durch Aufgaben und Kompetenzen vermittelten Interdependenzen unterliegen, nicht nur die Maßstäbe und Formen, die die einzelnen Handlungen für den jeweiligen Einzelfall regeln. Insoweit verlagert sich das Interesse von der Frage, wer wen mit welchen Instru-

---

[28] Vgl. dazu die von *Hoffmann-Riem* und *Schmidt-Aßmann* herausgegebenen Bände zur Reform des Verwaltungsrechts, sowie die Beträge von *I. Appel* und *M. Eifert*, Das Verwaltungsrecht zwischen klassischem dogmatischen Verständnis und steuerungswissenschaftlichem Anspruch, VVDStRL 67 (2008), S. 226 ff. und 286 ff.

[29] Dazu *Trute/Denkhaus/Kühlers*, Governance in der Verwaltungsrechtswissenschaft (Fn. 13), S. 451 ff.; *G. F. Schuppert*, Governance im Spiegel der Wissenschaftsdisziplinen, in Schuppert (Hrsg.), Governance-Forschung, 2005, S. 371 ff.; *C. Franzius*, Governance und Regelungsstrukturen, in: VerwArch Bd. 97 (2006), S. 186 ff.; *H.-H. Trute/D. Kühlers/A. Pilniok*, Rechtswissenschaftliche Perspektiven, in: Benz/Lütz/Simonis/Schimank (Hrsg.), Handbuch Governance, 2007, S. 240 (245 f.); *Trute/Kühlers/Pilniok*, Governance als verwaltungsrechtswissenschaftliches Analysekonzept (Fn. 27), S. 173 (175 f.).

[30] Zum europäischen Forschungssystem und seine Verknüpfung mit den mitgliedstaatlichen Forschungssystemen im Konzept eines europäischen Verwaltungsraumes vgl. *A. Pilniok*, Governance im europäischen Forschungsförderverbund, 2011.

[31] Dazu *R. Broemel*, Strategisches Verhalten in der Regulierung: zur Herausbildung eines Marktgewährleistungsrechts in den Netzwirtschaften, 2010.

menten steuert, auf die Frage, innerhalb welcher institutionellen Struktur die Akteure handeln, wie diese also die einzelnen Handlungen prägen und ob damit das gewollte Ziel innerhalb der gegebenen verfassungsrechtlichen Rahmenbedingungen auch erreicht werden kann.[32] Daher kommt es nicht nur auf die rechtlichen Regelungen an, sondern auch auf die nicht-rechtlichen Mechanismen der Handlungskoordination. Zusammen genommen entscheiden sie darüber, ob die Ziele erreicht werden können oder nicht. Rechtliche wie nichtrechtliche Formen der Handlungskoordination bilden gemeinsam die institutionelle Struktur, innerhalb derer die Akteure handeln. An dem Zusammenspiel von staatlichen und privaten Akteuren wird dies deutlich. Unterliegen letztere zugleich dem Wettbewerb, dann kann diese Form der Handlungskoordinierung die Aufgabenerledigung fördernde und damit normative Formen der Handlungskoordination entlastende Wirkungen haben oder aber eine konfligierende Handlungslogik darstellen, die gegebenenfalls weitere Formen normativer Absicherung erforderlich machen. Diese Einbeziehung der nicht-rechtlichen Formen der Handlungskoordinierung betrifft nicht nur die privaten Akteure, sondern umfasst auch die öffentliche Verwaltung. Denn es ist ja nicht zu übersehen, dass die Verwaltung aufgrund einer ganzen Reihe von Rahmenbedingungen handelt, die nicht rechtlich geprägt sind. Verwaltung, so kann man – aus der Perspektive des Rechtssystems etwas überspitzt – mit Luhmann formulieren, realisiert Politik und nicht Recht.[33] Hier liegt dann auch eine wesentliche Schnittstelle von normativen und nicht-normativen Disziplinen der Verwaltungsforschung. Denn es liegt auf der Hand, dass die Wirkungen nicht mit dem üblichen methodischen Inventar der Rechtswissenschaft analysierbar sind.[34]

2. Anwendungsfelder

Die sozial- und rechtswissenschaftliche Diskussion hat zwar ihren Ausgangspunkt bei den Kooperationsverhältnissen von staatlichen und nichtstaatlichen Akteuren genommen. Eine analytische Governance-Perspektive, die nach den Formen der Koordination zwischen unterschiedlichen Akteuren fragt, erlaubt es aber, die öffentliche Verwaltung auch über diese Kooperationsbeziehungen hinaus in den Blick zu nehmen. So können ganz unterschiedliche Kontexte von Verwaltungstätigkeit und ihrem Verhältnis zu Gesetzgebung und Re-

---

[32] Zum Zusammenhang von Handlung und Struktur vgl. *Trute/Kühlers/Pilniok*, Governance als verwaltungsrechtswissenschaftliches Analysekonzept (Fn. 27), S. 173 (184 ff.).

[33] *N. Luhmann*, Das Recht der Gesellschaft, 1993, S. 431.

[34] Zu dem damit verbundenen Problem der Interdisziplinarität und der normativen Beschreibung vgl. *H.-H. Trute*, Staatsrechtslehre als Sozialwissenschaft?, in Schulze-Fielitz (Hrsg.), Staatsrechtslehre als Wissenschaft, Die Verwaltung Beiheft 7 (2007), S. 115 (125 ff.); *I. Appel*, (Fn. 28), S. 268 ff.

gierung thematisiert werden. Dabei verweist die Governance-Perspektive aber auch auf Querschnittsthemen, wie etwa die kognitiven Voraussetzungen der unterschiedlichen Formen der Handlungskoordinierung.[35]

Governance von Organisationen wird bisher in der Regel auf private Organisationen bezogen;[36] dabei lässt sich dieses Konzept aber auch für die Analyse der Verwaltung fruchtbar machen. Dies gilt vor allem für die komplexer strukturierten öffentlichen Organisationen: Ein Beispiel dafür ist die interne Governance der Universitäten. Gleiches lässt sich aber auch für andere Formen der Selbstverwaltung, insbesondere auch die Kommunen, durchführen. Insoweit lässt sich die analytische Governance-Perspektive auch für andere klassische Themen der Verwaltungswissenschaft nutzen. So kann auf dieser Ebene die Umstellung von der klassischen Inputsteuerung der Verwaltung auf Formen des New Public Managements[37] in diesem Analyseraster untersucht werden. Durch die Interpretation als veränderte Governance-Arrangements können die Verwaltungsreformen insbesondere auf kommunaler Ebene systematisch verglichen werden.[38] Über diese Formen von „local governance" hinaus haben auch die Regionen die Aufmerksamkeit der Governance-Forschung gefunden,[39] die damit auch klassische Themen der Verwaltungsforschung wie die Stadt-Umland-Kooperation aufgreift. Die Vorzüge der Governance-Perspektive werden aber besonders sichtbar, wenn man die Einbettung der Akteure in ebenenübergreifende Regelungsstrukturen thematisieren kann. So lassen sich Fragen der staatlichen Aufsicht über Kommunen und Regionen aus dieser Perspektive interpre-

---

[35] Siehe etwa *G. F. Schuppert/A. Voßkuhle* (Hrsg.), Governance von und durch Wissen, 2008; *H. Straßheim*, Netzwerkpolitik: Governance und Wissen im administrativen Austausch, 2011.

[36] Siehe den Überblick bei *D. Eberle*, Governance in der politischen Ökonomie II: Corporate Governance, in: Benz/Dose (Hrsg.), Governance – Regieren in komplexen Regelsystemen, 2. Auflage 2010, S. 155 ff.

[37] Anders *Jann*, Governance und Verwaltungspolitik, in: Benz/Dose (Hrsg.), Governance – Regieren in komplexen Regelsystemen, 2. Auflage 2011, S. 175 ff., der Governance als verwaltungspolitisches Leitbild begreift, das das New Public Management abgelöst habe; zu Recht kritisch *Holtkamp*, Governance-Konzepte in der Verwaltungswissenschaft, Die Verwaltung 43 (2010), S. 167 (167 f.).

[38] Dazu die Analyse von *Holtkamp*, Governance-Konzepte in der Verwaltungswissenschaft (Fn. 37).

[39] Siehe im Überblick *D. Fürst*, Regional Governance, in: Benz/Dose (Hrsg.), Governance – Regieren in komplexen Regelsystemen, 2. Auflage 2010, S. 49 ff. sowie die Beiträge in Kleinfeld/Plamper/Huber (Hrsg.), Regional Governance: Steuerung, Koordination und Kommunikation in regionalen Netzwerken als neue Formen des Regierens, Bd. 1und 2, 2006.

tieren[40] und ihre Einbettung in politische Wettbewerbe auf unterschiedlichen Ebenen fruchtbar analysieren[41].

Wenn in vielen Sachbereichen eine Problembearbeitung nur im Zusammenwirken der verschiedenen Ebenen erfolgen kann, dann bietet sich Governance für die Analyse von Mehrebenensystemen an.[42] Governance-Ansätze erstrecken sich allerdings nicht nur auf neue Mehrebenensysteme, wie die Zusammenarbeit der Verwaltungen im Europäischen Verwaltungsraum, sondern auch auf die klassischen föderalen Mehrebenensysteme.[43] Ein klassisches Thema ist insoweit die Verflechtung von Bundes- und Landesverwaltung im Rahmen der Gemeinschaftaufgaben, die sich aus dieser Perspektive beschreiben lassen.[44] Letztlich lassen sich aber auch in Einheitsstaaten ebenfalls unterschiedliche Verwaltungsebenen konstruieren, die gleichermaßen durch die Aufteilung von Macht oder Kompetenzen auf mehrere Ebenen gekennzeichnet sind, die wiederum im Interesse einer verflochtenen Aufgabenwahrnehmung koordiniert werden müssen.[45]

Ein besonders aussichtreicher Kandidat für die Anwendung des Governance-Ansatzes dürfte jedoch die Verwaltung im Europäischen Verwaltungsraum sein. Insofern ist von der „EU administrative governance"[46] die Rede. Die Verwaltungsrechtswissenschaft hat die Verwaltung lange Zeit unter dem Leitaspekt der Trennung der Verwaltungsräume und damit einer Perspektive der mitgliedstaatlichen Souveränität analysiert. So richtig diese Aufteilung von Aufgaben und Kompetenzen auch ist, so wenig fasst sie die Entwicklung der Verwaltung im Europäischen Verwaltungsraum angemessen. Denn ohne eine mehr oder weniger dichte Form der horizontalen wie vertikalen Kooperation kann eine Verwaltung des Unionsraums, die die harmonisierte Anwendung des

---

[40] *K. Wegrich*, Steuerung im Mehrebenensystem der Länder: Governance-Formen zwischen Hierarchie, Kooperation und Management, 2006.

[41] *A. Meincke*, Wettbewerb als Steuerungsmodus in der Regionalpolitik, in: Kleinfeld/Plamper/Huber (Hrsg.), Regional Governance, Bd. 2, 2006, S. 329 ff.

[42] *A. Benz*, Governance im Mehrebenensystem, in: Schuppert (Hrsg.), Governance-Forschung, 2005, S. 95 (99); *ders.*, Politik in Mehrebenensystemen, 2009; *A. Pilniok*, Governance im europäischen Forschungsförderverbund, 2011.

[43] Eingehend dazu auch *A. Benz*, Politik in Mehrebenensystemen, 2009, S. 103 ff.

[44] *Benz*, Politik in Mehrebenensystemen, S. 115 ff.; eindrucksvoll die empirische Studie von *A. Wiesner*, Politik unter Einigungszwang: eine Analyse föderaler Verhandlungsprozesse, 2006.

[45] *Benz*, Governance im Mehrebenensystem (Fn. 42), S. 95 (96 f.); zur Differenzierung unterschiedlicher Formen von Mehrebenensystemen *ders.*, Verwaltung als Mehrebenensystem, in: Blanke/Nullmeier/Reichard/Wewer (Hrsg.), Handbuch zur Verwaltungsreform, 4. A. 2011, S. 18 ff.

[46] *H. C. H. Hofmann/A. Türk (eds.)*, EU administrative governance, 2006.

Rechts voraussetzt, keine effiziente Verwaltung sein.[47] Diese Formen der Ko-operation können eher lose Formen des Informationsaustausches, die gegensei-tige Anerkennung von Verwaltungsentscheidungen oder aber verdichtete For-men von Verwaltungsverbünden sein, die die Herstellung von Verwaltungsent-scheidungen als Ergebnis des über Verfahren horizontal und vertikal koordi-nierten Zusammenspiels von europäischen und mitgliedstaatlichen Verwal-tungseinheiten beinhalten.[48] Selbst dort, wo die Europäische Union nicht oder nur begrenzt über die Kompetenz zur Rechtssetzung verfügt, finden sich viel-fältige Formen der Koordination, etwa durch die Offene Methode der Koordi-nierung. Auch insoweit finden sich vielfältige Formen der Verbindung von rechtlichen und nicht-rechtlichen Formen der Handlungskoordinierung der Verwaltungen im Europäischen Verwaltungsraum, die erst in ihrem Zusam-menspiel die Wirksamkeit der jeweiligen institutionellen Struktur ausmachen. Eine solchermaßen horizontal wie vertikal pluralisierte Architektur, die zu-gleich durch die Verknüpfung von rechtlichen und nicht-rechtlichen Formen der Handlungskoordinierung gekennzeichnet ist, kann mit den klassischen Dogmen der Verwaltungsrechtswissenschaft nicht angemessen rekonstruiert werden. Sie kann auch unter methodischen Gesichtspunkten nicht sinnvoll auf ein Zentrum ausgerichtet werden, etwa auf den Willen des Gesetzgebers oder einer anderen Rechtssetzungsinstanz. Vielmehr verlangt die Pluralität des an-zuwendenden Rechts nach Meta-Regeln der Verknüpfung. Vertrags- und Ge-setzesrecht, Europa-, Völker- und Verfassungsrecht sowie gesellschaftliche Konventionen und Standards, seien sie spontan gebildet oder durch Recht indu-ziert, sowie administratives Recht unterschiedlicher Formen und Richterrecht müssen gegebenenfalls im Rahmen einer Regelungsstruktur aufeinander bezo-gen werden.[49] Darin liegt zugleich die Anerkennung der Rechtsproduktions-funktion unterschiedlicher Akteure bei ihrer Anwendung von Normen, die die Zäsur von allgemeinem Gesetz und besonderen Bedingungen des Einzelfalls verschleift und so methodische Vorstellungen einer Einheit der Rechtsordnung als unterkomplex aufweist. Gilt dies schon innerhalb des Nationalstaates, so erst recht mit Blick auf die Europäisierung, die ihrerseits nicht einfach als Ad-dition einer neuen Rechtsressource oder gar als ein neues Zentrum gedacht werden kann, sondern als ein multipolares Netzwerk von Akteuren, das durch

---

[47] Zu den Prinzipien von Trennung und Kooperation vgl. *E. Schmidt-Aßmann*, Das Allgemeine Verwaltungsrecht als Ordnungsidee, 2. A. 2004, Kap. 7/6 ff.

[48] Zu letzterem *H.-H. Trute*, Der europäische Regulierungsverbund in der Telekom-munikation: ein neues Modell europäisierter Verwaltung, in: Osterloh/Schmidt/Weber (Hrsg.), Staat, Wirtschaft, Finanzverfassung: Festschrift für P. Selmer zum 70. Geburts-tag, 2004, S. 565 ff.; *K.-H. Ladeur/C. Möllers*, Der europäische Regulierungsverbund der Telekommunikation im deutschen Verwaltungsrecht, in: DVBl. 2005, S. 525 ff.

[49] Von einem anderen Ansatz her *K.-H. Ladeur*, Methodology and European Law – Can Methodology Change so as to cope with the Multiplicity of the Law?, in: M. van Hoecke (ed.), Epistemology and Methodology of Comparative Law, 2004, S. 91 ff.

Recht aufgespannt ist und Recht produziert, aber seinerseits auf ganz unterschiedlichen Traditionen, Wissensbeständen und Problemlösungsbeständen aufruht.[50]

Nicht nur die vertikal und horizontal verflochtene Verwaltung im Bundesstaat und ihr Verhältnis zur kommunalen Ebene, sondern die ausdifferenzierte Verwaltung überhaupt kann unter einer Governance-Perspektive betrachtet werden, wie etwa das Verhältnis von Ministerialverwaltung und verselbständigten Verwaltungseinheiten. Auch hier lassen sich unterschiedliche Formen der Einflussnahme und Kontrolle herausarbeiten und im Hinblick auf die Aufgabenerfüllung analysieren, eine normativ etwa unter dem Gesichtspunkt demokratischer Legitimation bedeutsame Frage.[51] So ließe sich etwa an der Bundesnetzagentur mit ihren vielfältigen Beziehungen zu Politik, Ministerialverwaltung, anderen verselbstständigten Einheiten, wie dem Bundeskartellamt, wissenschaftlicher Beobachtung, etwa durch die Monopolkommission und der Einbeziehung der Regelungsadressaten in die Generierung von Normen eine Governance-Struktur aufzeigen, die mit den üblichen dogmatischen Figuren des Verhältnisses von Ministerialverwaltung und verselbständigten Verwaltungseinheiten auch *normativ* nicht angemessen zu rekonstruieren ist.

III. Governance als Verknüpfung von Verwaltungsrechtswissenschaft und Verwaltungswissenschaft

Vor dem Hintergrund der Entwicklung des Governance-Ansatzes zeigen sich wechselseitige Anschlussmöglichkeiten von Verwaltungsrechtswissenschaft und Verwaltungswissenschaft jenseits der traditionellen Abgrenzung von Verwaltungsrecht und Verwaltungslehre über die Formel von Recht und Nichtrecht. Wenn das Recht Teil der institutionellen Struktur ist, die das Handeln der Akteure beeinflusst (und von diesem Handeln beeinflusst wird), dann sind unfruchtbare Frontstellungen unter dem Titel normativ-empirisch und deskriptiv-präskriptiv, wie sie sich in Teilen der Verwaltungsrechtswissenschaft ebenso wie in der Verwaltungswissenschaft finden, letztlich eher Ausdruck wechselseitig wenig fruchtbarer Abgrenzungsstrategien. Dabei ist sowohl aus der Sicht

---

[50] *Ladeur*, Methodology and European Law (Fn. 49); vgl. unter methodischen Gesichtspunkten auch *K.-H. Ladeur/I. Augsberg*, Auslegungsparadoxien: Zur Theorie und Praxis juristischer Interpretation, in: Rechtstheorie Bd. 36 (2005), S. 143 ff.; dazu auch *H.-H. Trute*, Die konstitutive Rolle der Rechtsanwendung, in: Trute/Groß/Möllers/Röhl (Hrsg.), Allgemeines Verwaltungsrecht – Zur Tragfähigkeit eines Konzepts, 2008, S. 211 f.

[51] Dazu *H.-H. Trute*, Die demokratische Legitimation der Verwaltung, in: Hoffmann-Riem/Schmidt-Aßmann/Voßkuhle (Hrsg.), Grundlagen des Verwaltungsrechts, Bd. 1, 2006, § 6.

der Verwaltungsrechtswissenschaft als auch der Verwaltungswissenschaft nicht zu leugnen, dass diese jeweils ihre eigenständigen Forschungsfragen und ihr eigenes, nach Disziplinen differenziertes methodisches Arsenal haben. Aber es gibt doch eine erhebliche Schnittmenge, in dem sie sich wechselseitig ergänzen. Denn so selbstverständlich es ist, dass etwa die Wirkungen von institutionellen Arrangements von Verwaltungsrechtswissenschaftlern mit ihrem Methodenarsenal nicht untersucht werden können und daher beispielsweise Formen institutionellen Wettbewerbs und seiner Konsequenzen in der politikwissenschaftlichen Verwaltungsforschung analysiert werden, so wenig können die empirisch arbeitende Verwaltungswissenschaft auf die Bedeutung normativer Aspekte der institutionellen Struktur verzichten. Wer Recht allerdings nur mit hierarchischen Formen von Governance identifiziert, hat es insofern zwar leicht, verspielt aber damit auch die Möglichkeit der Wahrnehmung eines deutlich differenzierteren Instrumentariums, regelmäßig ohne sich Rechenschaft darüber abzulegen, was dies für die Ergebnisse empirischer Untersuchungen bedeuten könnte.

Von daher sind wechselseitige Frontstellungen, die sich historisch gut aus der Entstehung der politikwissenschaftlichen Verwaltungsforschung erklären lassen, die mit einem – heute allerdings in weiten Teilen längst aufgegebenen – Verharren der Verwaltungsrechtswissenschaft bei einer stark normativ geprägten Verwaltungslehre erklären lassen,[52] gerade vor dem Hintergrund eines institutionalistischen Ansatzes wenig weiterführend. Wenn von verwaltungswissenschaftlicher Seite völlig zu Recht darauf hingewiesen wird, dass eine der wesentlichen Herausforderungen angesichts der Pluralisierung und Differenzierung des politisch-administrativen Systems darin liege, dass in modernen Massendemokratien demokratische und rechtsstaatliche Steuerung und Koordination etwas anderes bedeuten müsse als Hierarchie und Ministerverantwortlichkeit[53], liegt eine Gemeinsamkeit von Fragestellungen moderner Verwaltungsrechtswissenschaft und Verwaltungswissenschaft auf der Hand.

Wir haben daher vorgeschlagen,[54] den Governance-Ansatz als einen disziplinübergreifenden Ansatz zu nutzen und entsprechende gemeinsame Fragestellungen zu identifizieren und zu bearbeiten. Rechtliche wie nicht-rechtliche Formen der Handlungskoordinierung sind gleichermaßen Teil der Institutionen,

---

[52] Dazu etwa *Bogumil/Jann*, Verwaltung und Verwaltungswissenschaft in Deutschland, S. 17 ff.

[53] *W. Jann*, Verwaltungswissenschaft und Managementlehre, in: Blanke/v. Bandemer/Nullmeier/Wewer (Hrsg.), Handbuch zur Verwaltungsreform, 3. Auflage 2005, S. 50 (59).

[54] *Trute/Denkhaus/Kühlers*, Governance in der Verwaltungsrechtswissenschaft (Fn. 13), S. 451 ff.; *Trute/Kühlers/Pilniok*, Rechtswissenschaftliche Perspektiven (Fn. 29), S. 240 ff.

innerhalb derer sich dann bestimmte Kommunikations- und Handlungszusammenhänge und Entscheidungen ausbilden. Insoweit wird die jeweilige Handlungspraxis durch rechtliche wie nicht-rechtliche Modi der Handlungskoordinierung geprägt. Schon dies macht deutlich, dass die Trennung zumal dann, wenn es auch normativ auf die Wirkung eines institutionellen Arrangements ankommt, ebenso künstlich wie unzureichend ist. Das Recht ist seinerseits mit Wirkungsurteilen und nicht-rechtlichen Koordinationsmodi vielfach verzahnt. Dies betrifft zum einen dogmatische Begriffe wie hinreichendes Legitimations- oder Kontrollniveau, es betrifft zum anderen das hinreichende Schutzniveau bei grundrechtlichen Schutzpflichten, die Wissenschaftsadäquanz von Organisation und Finanzierung der Forschungseinrichtungen, um nur einige Beispiele zu nennen. Rechtliche Regelung und nicht-rechtliche Formen der Handlungskoordination sind also in unterschiedlicher Form aufeinander bezogen. Wenn man beispielsweise Wettbewerb als Modus der Handlungskoordinierung oder Markt als Institution betrachtet, dann sind diese jeweils unterschiedlich normativ eingebettet, was für die Institutionenökonomie eine nicht eben neue Erkenntnis ist.[55] Ein Markt kann überhaupt erst durch Recht eröffnet und damit zugleich konditioniert und strukturiert werden, und zwar sowohl durch Verhaltensregulierung (Wettbewerbsrecht, Regulierung in ehemals staatsnahen Sektoren zur Herstellung eines funktionsfähigen Wettbewerbs) als auch durch Handlungsformen hierarchischer Provenienz.[56] Dies eröffnet die Möglichkeit, konkrete Governance-Regime als Verknüpfung unterschiedlicher Governance-Modi aus unterschiedlichen Perspektiven zu analysieren und so die Wissenschaftsbestände unterschiedlicher Disziplinen nutzbar zu machen.

IV. Exemplarisch: Veränderte Governance-Formen der Hochschulforschung

Als Beispiel kann die Veränderung der Governance-Formen der universitären Forschung herangezogen werden.[57] Das Universitätssystem befindet sich

---

[55] Siehe dazu näher *W. Denkhaus*, Die neue Institutionenökonomik und das Governancekonzept – Zum Wandel der ökonomischen Theorie und ihren Implikationen für die Verwaltungsrechtswissenschaft, in: M. Bungenberg et al. (Hrsg.), Recht und Ökonomik. 44. Assistententagung Öffentliches Recht Jena 2004, S. 33 ff.

[56] *H.-H. Trute/W. Denkhaus/D. Kühlers*, Regelungsstrukturen der Kreislaufwirtschaft zwischen kooperativem Umweltrecht und Wettbewerbsrecht, 2004; *R. Broemel*, Strategisches Verhalten in der Regulierung (Fn. 31).

[57] D. Jansen (ed.), New Forms of Governance in Research Organizations, 2007; zum Folgenden auch *H.-H. Trute/A. Pilniok*, Von der Ordinarien- über die Gruppen- zur Managementuniversität? Veränderte Governance-Strukturen der universitären Forschung und ihre normativen Konsequenzen, in: Jansen (Hrsg.), Neue Governance für die Forschung, 2009, S. 21 ff.

seit den 1990ern in einem tiefgreifenden Transformationsprozess, der – im Gegensatz etwa zur Verschiebung von der Ordinarien- zur Gruppenuniversität in den 1960ern – nicht lediglich auf eine Veränderung der universitätsinternen Organisations- und Entscheidungsstrukturen beschränkt ist. Die Reform der Binnenorganisation und die Veränderung des Verhältnisses zwischen Staat und Universitäten gehen einher mit einer Öffnung der Universitäten für externe Einflussnahme. Schon dies erhellt, dass eine Analyseperspektive notwendig ist, die die Regelungsstruktur insgesamt in den Blick nimmt, um das Zusammenspiel unterschiedlicher Organe, den Wettbewerb der Organisationen sowie den verstärkten Einfluss externer Prinzipale zureichend abzubilden. Das gilt umso mehr, als auch die europäische Forschungsförderung schon aufgrund des deutlich steigenden Finanzvolumens der unionalen Förderprogramme zunehmende Bedeutung erlangt.

1. Modi der Handlungskoordinierung

Der Governance-Ansatz bietet daher für die Betrachtung der Hochschulreformen einen analytischen Rahmen. Die Modi der Handlungskoordination, die üblicherweise in der sozialwissenschaftlichen Governance-Debatte identifiziert werden, bedürfen allerdings einerseits der sachbereichsspezifischen Ausformung und andererseits einer Konkretisierung, um eine verwaltungs(rechts)-wissenschaftliche Analyse zu ermöglichen. Im Anschluss an *de Boer/Enders/ Schimank*[58] kann man für die Analyse der Hochschulen von fünf Governance-Modi ausgehen. Die *akademische Selbstverwaltung* erfolgt durch (nach Gruppenzugehörigkeit zusammengesetzte) Selbstverwaltungsgremien und gehört zu den in der Gruppenuniversität dominanten Modi der Handlungskoordination. Die *Managementselbstverwaltung* wird dagegen durch Leitungsorgane – kollegial oder monokratisch organisiert – der Hochschule mit hierarchischen Befugnissen, insbesondere was die Ressourcenallokation betrifft, ausgeübt. Die Wissenschaftsministerien, zum Teil aber auch die jeweiligen Finanzministerien oder die Landesregierung, greifen durch *staatlich-administrative Regulierung* auf die Universitäten zu. Dieser Zugriff ist durch einseitig-hierarchische Regelungen gekennzeichnet, ausgeübt etwa durch Genehmigungsvorbehalte. Mit *Wettbewerb* kann man (quasi-)marktförmige Steuerungsverfahren bezeichnen, die auf der Konkurrenz um knappe Ressourcen beruhen. *Außensteuerung* bezeichnet schließlich die Einflussnahme durch externe Prinzipale, die durch die

---

[58] *H. de Boer/J. Enders/U. Schimank*, On the way to New Public Management? The Governance of University Systems in England, the Netherlands, Austria, and Germany, in: Jansen (Fn. 57), S. 137 ff.; *H.-H. Trute/W. Denkhaus/B. Bastian/K. Hoffmann*, Governance Modes in University Reform in Germany – From the Perspective of Law, in: Jansen (Fn. 57), S. 155 ff.

Wissenschaftsministerien mittels Formen nichthierarchischer Koordination, etwa durch Ziel- und Leistungsvereinbarungen, durch universitätsextern besetzte Hochschulräte und durch Drittmittelgeber ausgeübt wird. Jeder dieser Modi ist durch ein spezifisches Set an Regeln gekennzeichnet, die Organisation, Verfahren, Maßstäbe, Instrumente und Handlungsorientierungen sowie nichtrechtliche Formen der Handlungskoordinierung in jeweils spezifischer Weise verbinden. Die so konfigurierten Governance-Modi werden in jeweils spezifischer Weise zu einem Governance-Regime verknüpft.

2. Veränderungen der Governance-Struktur

Die neueren Hochschulgesetze sind – mit Nuancen im Einzelnen – zum einen dadurch gekennzeichnet, dass als neue Governance-Dimension Außensteuerung und Managementselbstverwaltung eingeführt oder jedenfalls verstärkt worden sind, zum anderen aber auch dadurch, dass die Governance-Modi anders instrumentiert werden. Bei aller Varianz im Detail lassen sich als Entwicklungstendenzen beschreiben: Eine Verstärkung der auf Ziele bezogenen Außensteuerung durch multiple Akteure, die Stärkung der Managementverwaltung zu Lasten der akademischen Selbstverwaltung und eine Verstärkung des Wettbewerbs. Diese Entwicklungstendenzen lassen sich sozialwissenschaftlich beschreiben, woran wiederum die normative Analyse anknüpfen kann. Diese freilich kommt gegenüber gelegentlichen Vereinfachungen und unreflektierten Anknüpfungen an Bestände älterer Verfassungsrechtsprechung nicht umhin, die Regelungsstruktur als Ganzes in den Blick zu nehmen. Wer also die Stärkung der Managementselbstverwaltung verfassungsrechtlich angreift,[59] wird nicht umhin können, zur Kenntnis zu nehmen, dass Wettbewerb strategiefähige Akteure voraussetzt, deren Ausbildung gerade nicht eine Stärke der traditionellen akademischen Selbstverwaltung war und ist. Beide Ziele lassen sich daher nur schwer gleichermaßen optimieren. Das bedeutet freilich nicht, dass damit von vornherein jede Gestaltung des Verhältnisses beider Ziele schon wissenschaftsadäquat ist. Aber die Governance-Analyse vermag insoweit das Argumentationspotential einer normativen Konstruktion anzureichern.

Umgekehrt kann verdeutlicht werden, dass die Formen staatlich angereizten Wettbewerbs um Mittel zu erheblichen Struktureffekten führen kann, die von dem normativen Rahmen nur begrenzt aufgefangen werden. Dies gilt schon für

---

[59] Siehe den Beschluss des Bundesverfassungsgerichts vom 20. Juli 2010 zum Hamburgischen Hochschulgesetz, abrufbar unter http://www.bverfg.de/entscheidungen/rs20100720_1bvr074806.html.

die Anreizstrukturen im Bereich innerorganisatorischer Mittelallokation.[60] Mehr noch aber werden Struktureffekte durch wettbewerbliche Formen der Mittelvergabe beobachtbar sein. Dies gilt für die Förderung durch die Europäische Union ebenso wie für die Exzellenzinitiative.

Deutlich wird die Einflussnahme, die sich erst aus dem Zusammenspiel zwischen der Öffnung der Universitäten und der Veränderung ihrer internen Governance ergibt, am Beispiel der Exzellenzinitiative von Bund und Ländern, unter Einbeziehung von Wissenschaftsrat und DFG. Die Regelungsstruktur dieses staatlich institutionalisierten Mittelvergabewettbewerbs ist durch ein Zusammenspiel von Governance-Mechanismen und Akteuren gekennzeichnet: Zentrale Bedeutung kommt dabei dem Wettbewerb als Governance-Modus zu und zwar sowohl dem Wettbewerb zwischen den Universitäten wie demjenigen innerhalb der Universitäten. Zunächst wird der Wettbewerb um Mittel durch einen staatlichen Rechtsakt eröffnet und normativ vorstrukturiert.[61] Insofern handelt es sich um eine Instrumentalisierung des Wettbewerbs zur Erzielung bestimmter Struktureffekte. Dabei kann man sehen, dass die Konditionierung der Mittelvergabe durch Rahmenbedingungen zu massiven innerorganisatorischen Umstrukturierungen veranlasst, die zumal im föderalen System kaum durch gesetzliche Instrumente durchsetzbar wären. Intern wird damit zugleich ein Wettbewerb um die Teilhabe an dem Profil ausgelöst, der durch die anreizorientierten internen Governance-Mechanismen verstärkt wird. Voraussetzung einer erfolgreichen Bewerbung ist die Ausbildung einer hinreichenden Strategiefähigkeit der Einrichtung nach außen und innen, um eine Profilbildung auch durchsetzen zu können. Insoweit ist die Verstärkung der Managementkompetenzen der Einrichtungen eine wesentliche Voraussetzung für die prognostizierten Wirkungen des Programms. Dadurch wird auch der Einfluss akademischer Selbstverwaltung verändert. Die Programmkonkretisierung durch Verfahrensregelungen und Kriterienbildung sowie die wesentliche Vorprägung der Auswahl der Gewinner durch DFG und die wissenschaftliche Kommission des Wissenschaftsrats lässt sich entweder als eine Form kollektiver akademischer Selbstverwaltung konzipieren oder diese Einrichtungen wirken als Intermediäre zwischen Wissenschaft, Politik und anderen gesellschaftlichen Teilsystemen.

---

[60] Vgl. dazu *R. Broemel/A. Pilniok/S. Sieweke/H.-H. Trute*, Disciplinary Differences from a Legal Perspective, in: Jansen (ed.), Governance and Performance in German Public Research Sector. Disciplinary Differences, 2010, S. 19 (31 ff.).

[61] Bund-Länder-Vereinbarung gemäß Art. 91b des Grundgesetzes (Forschungsförderung) über die Exzellenzinitiative des Bundes und der Länder zur Förderung von Wissenschaft und Forschung an den deutschen Hochschulen vom 18. Juli 2005, BAnz. 2005, S. 13347 und Verwaltungsvereinbarung zwischen Bund und Ländern gemäß Artikel 91b Abs. 1 Nr. 2 des Grundgesetzes über die Fortsetzung der Exzellenzinitiative des Bundes und der Länder zur Förderung von Wissenschaft und Forschung an deutschen Hochschulen vom 24. Juni 2009, BAnz. 2009, S. 2416.

Insoweit erweist sich dies als Verbindung unterschiedlicher Governance-Mechanismen, die erst in ihrem Zusammenwirken Struktureffekte im deutschen Universitätssystem auslösen. Dies freilich geschieht auf einer bestenfalls schmalen gesetzlichen Basis und zwar sowohl hinsichtlich der Mittelvergabe wie auch hinsichtlich der innerorganisatorischen Struktureffekte. Erstere beruhen allein auf den entsprechenden Verwaltungsvereinbarungen von Bund und Ländern, letztere allein auf den dünnen Regeln über den Umgang mit Drittmitteln, die einer Zeit abgeschaut sind, in denen externen Prinzipalen kein strukturbildender Effekt auf die Einrichtungen auf diesem Wege zugestanden war.

3. Exemplarisch: Einige normative Konsequenzen

Die normativen Konsequenzen dieser Entwicklungen können hier nicht im Detail dargestellt, sondern nur angedeutet werden. Als Folie dient die bisherige verfassungsrechtliche Dogmatik der Wissenschaftsfreiheitsgarantie. Die älteren Entscheidungen des Bundesverfassungsgerichts[62] sind sehr stark auf die Organisation und vor allem auf die Zusammensetzung ihrer Organe und deren Aufgaben bezogen. Wissenschaftsadäquanz als zentraler Maßstab wird dann vor allem über die Fiktion bestimmt, dass mit der dominanten Besetzung der für wissenschaftsrelevante Entscheidungen zuständigen Organe durch Wissenschaftler im Zweifel wissenschaftsadäquate Entscheidungen erzielt werden. Diese Fiktion konnte man immer schon mit guten Gründen bezweifeln. Für ein Modell, das auf den Wettbewerb von Einrichtungen mit den damit verbundenen Profilbildungen, das Zusammenspiel unterschiedlicher Organe und zugleich auf den verstärkten Einfluss Externer ausgerichtet ist, ist dies kein durchgängig tauglicher Maßstab mehr. Was geändert wird, ist eben gerade nicht die Zusammensetzung der Organe, sondern das Governance-Regime als aufgabenbezogenes Zusammenspiel unterschiedlicher Formen der Handlungskoordinierung. Deren Wirkung aber lässt sich derzeit nach allen uns bekannten empirischen Untersuchungen nur schwer abschätzen. Eine Gefährdung der Wissenschaftsfreiheit lässt sich insofern gerade in einer Transitionsphase nur schwer operationalisieren. Dies wird noch deutlicher, wenn man die obige Erkenntnis heranzieht, dass die institutionellen Strukturen die konkreten Handlungen der Akteure nicht determinieren, sondern allenfalls deren Möglichkeitsspielraum strukturieren, der durch die konkrete Praxis der mehr oder weniger autonomen Akteure immer auch verändert wird. Gerade wenn man auf eine Profilierung der Universitäten im Wettbewerb abstellt, wird dieser Rahmen offen für unvorgesehene Effekte sein müssen. Von daher wird der verfassungsrechtliche Maßstab zum einen auf das Zusammenspiel der unterschiedlichen Modi der Handlungskoordinierung

---

[62] Vgl. als Leitentscheidung insbesondere BVerfGE 35, 79 (113 ff.).

ausgerichtet werden müssen, zum anderen aber auch die Ungewissheit über die Wirkungen der Reform einbezogen werden müssen.

Die strukturelle Gefährdung der Wissenschaft durch Regelungsstrukturen, von der das Bundesverfassungsgericht in der Brandenburg-Entscheidung[63] spricht, weist insofern in die richtige Richtung, als in der Tat damit auf das aufgabenspezifische Zusammenspiel unterschiedlicher institutioneller Arrangements abgestellt wird. Er lässt aber offen, wann von einer Gefährdung gesprochen werden kann. Auch in dem Beschluss des Bundesverfassungsgerichts zum Hamburgischen Hochschulgesetz ist dieser Maßstab nicht konkretisiert worden.[64] Hier bietet der Governance-Ansatz die Möglichkeit einer Fortentwicklung, indem die unterschiedlichen Governance-Modi, ihre Wirkungen und das Zusammenspiel analysiert werden.

Darüber hinaus muss gerade auch die staatliche Rolle anders verstanden werden als in der bisherigen Dogmatik, die immer noch von kulturstaatlichen Denktraditionen durchzogen ist. Aus der Perspektive staatlicher Regelung wird als Konsequenz die Selbständerungsfähigkeit der Adressaten der Regelung immer schon mitgedacht werden müssen. Verbunden ist damit dann die Entsetzung des Staates aus der Rolle eines gleichsam „idealen Beobachters", der aufgrund seines überlegenen Wissens die Regeln für die Kooperation und Konfliktlösungen der Akteure setzt. In Auseinandersetzung mit der Beschreibungsformel des Gewährleistungsstaates, die insbesondere dem Gesetzgeber die Rolle der Zuordnung unterschiedlicher Governance-Modi zu einem Governance-Regime zuschreibt, haben wir in anderem Zusammenhang auf innere Widersprüchlichkeiten dieser Konzeption hingewiesen und dafür plädiert, diese Beschreibungsformel auf unvollständiges Wissen über die Wirkung von Regelungsstrukturen zu beziehen.[65] Insoweit wird die staatliche Rolle, insbesondere die Rolle des Gesetzgebers, umgestellt auf die Beobachtung der Folgen von Regelungen und die Regeln zur Generierung von Wissen über dieselben in ihrerseits dynamischen Feldern. Die staatliche (vor allem gesetzgeberische) Gewährleistungsverantwortung kann insofern als Form der Meta-Governance bestimmt werden,[66] die auf das Ungewissheitsproblem bezogen werden muss und insoweit den gleichen kognitiven Beschränkungen unterliegt wie jede Form von Governance. Die Konsequenz liegt dann darin, dass das Recht in seinem Ansatz umgestellt werden muss auf Reflexivität und Lernfähigkeit, ohne dass aller-

---

[63] BVerfGE 111, 333(355).

[64] Beschluss des Bundesverfassungsgerichts vom 20. Juli 2010 (Fn. 59).

[65] *Trute/Denkhaus/Kühlers*, Governance in der Verwaltungsrechtswissenschaft (Fn. 13), S. 451 ff.

[66] *Trute/Denkhaus/Kühlers*, Governance in der Verwaltungsrechtswissenschaft (Fn. 13), S. 451 (465 ff.).

dings das kognitive Problem damit prinzipiell gelöst werden kann.[67] Insoweit wäre der Maßstab dann gerade nicht gleichsam substantiell zu bestimmen, sondern das aufgabenbezogene Zusammenspiel unterschiedlicher Governance-Modi darauf hin zu befragen, ob die Wirkungen auf die Forschung ihrerseits wiederum reflexiv berücksichtigt werden können. Auch insofern enthält der neuere Beschluss des Bundesverfassungsgerichts wiederum eher prozeduralisierende Ansätze, die fortentwickelt werden können und auch müssen. Dies gilt insbesondere dann, wenn man die bisher weitgehend vernachlässigte Wirkung externer Prinzipale mit in die Dogmatik einbezieht.

Damit sind nur einige der normativen Konsequenzen aus einer verfassungsrechtlichen Perspektive beleuchtet. Selbstverständlich wäre dieser Ansatz fortzuführen in das Organisationsrecht der Universitäten, das Verfahren der Ressourcenallokation und der Personalrekrutierung. Für alle diese Bereiche gilt, dass die grundlegenden Veränderungen der Governance-Modi und die Wirkungen ihres Zusammenspiels erst den Rahmen einer Analyse der Wissenschaftsadäquanz von Einrichtungen des Forschungssystems abgeben können.

V. Exemplarisch: Der Europäische Forschungsförderungsverbund

Ein weiteres Feld, das sich für die Governance-Analyse als fruchtbar erweist, ist – wie oben bereits allgemein erörtert – die Analyse des Europäischen Verwaltungsraums als Mehrebenensystem – also des Verwaltungsverbundes.[68] Mittlerweile ist deutlich geworden, dass diese Verbundform nicht nur in einzelnen Feldern zu beobachten ist, sondern allgemein institutionelle Arrangements entstanden sind, die durch die Bauformen des allgemeinen europäischen Verwaltungsrechts ebenso geprägt werden wie durch sachbereichsspezifische Bau-

---

[67] Dazu *Trute/Denkhaus/Kühlers*, Governance in der Verwaltungsrechtswissenschaft (Fn. 13), S. 451 (466 f.).

[68] Begriffsprägend: *E. Schmidt-Aßmann/B. Schöndorf-Haubold* (Hrsg.), Der Europäische Verwaltungsverbund, 2005. In der Verwaltungsrechtswissenschaft werden die horizontalen und vertikalen Interaktionen der Verwaltungen innerhalb der Europäischen Union unter diesem Titel analysiert, vgl. etwa *Schöndorf-Haubold*, Die Strukturfonds der Europäischen Gemeinschaft: Rechtsformen und Verfahren europäischer Verbundverwaltung, 2005, sowie der Telekommunikationsregulierung, vgl. *H.-H. Trute*, Der europäische Regulierungsverbund in der Telekommunikation (Fn. 48); *K.-H. Ladeur/ C. Möllers*, Der europäische Regulierungsverbund der Telekommunikation im deutschen Verwaltungsrecht (Fn. 48). Ebenso ist in der englischsprachigen Literatur davon die Rede, dass die europäische Verwaltung gemeinsam mit den Verwaltungen der Mitgliedstaaten eine „integrated administration" *(H. C. H. Hofmann/A. Türk*, The Developement of Integrated Administration in the EU and its Consequences, in: European Law Journal 13 (2007), S. 253 ff.) oder „multilevel union administration" *(M. Egeberg* (ed.), Multi-level union administration, 2006).

formen.[69] Exemplarisch soll dies hier am Beispiel der Forschungsförderung erörtert werden,[70] die bisher – nicht zuletzt aufgrund der Differenzen zu dem klassischen Bild der öffentlichen Verwaltung und ihrer Handlungsformen – nicht untersucht worden ist. Eine Governance-Perspektive durch die Analyse der Funktionslogik der Interaktionsstrukturen bietet sich dabei an, weil dogmatische Analysen der Rechtsakte – die oftmals zudem die für die Governance-Strukturen relevanten Satzungen, Förderverträge u. ä. ignorieren – nur einen Teil der Geschichte erzählen: „Die vielfältigen neuen Formen des Regierens und Verwaltens, die in diesem System [der Europäischen Union, HHT/AP] angewandt und erprobt werden, machen eine governance-orientierte Analyse geradezu unverzichtbar, weil sowohl eine reine Rechtsschutz- und Kontrollperspektive als auch ein akteurszentrierter Steuerungsansatz die netzwerkartigen Verflechtungen im Mehrebenensystem und ihre Auswirkungen nicht vollständig erfassen können."[71]

1. Entstehung eines europäischen Forschungsförderverbundes

Die zentrale These ist dabei, dass sich – wie in nahezu allen anderen Bereichen auch – ein derart dichtes Netz an ebenenübergreifenden Interaktionsbeziehungen findet, dass die Bezeichnung als Verbund gerechtfertigt ist. Die Eigenarten des Sachbereichs Wissenschaft, die Kompetenzverteilung zwischen der Union und den Mitgliedstaaten, die administrativen Restriktionen, denen die Kommission unterliegt, sowie das europäische Verwaltungsrecht führen zur Ausprägung einer sachbereichsspezifischen Verbundstruktur. Dabei betont die Governance-Perspektive die Eigenlogik der jeweiligen gesellschaftlichen Sachbereiche.[72] Das Forschungssystem als differenziertes gesellschaftliches Funktionssystem ist durch seine partielle Autonomie bei gleichzeitiger Interdependenz mit anderen Teilsystemen gekennzeichnet.[73] Staatliches Handeln ist daher weitgehend auf eine Kontextsteuerung beschränkt, die die Funktionsbedingungen der Forschung gestaltet. Die Rahmenbedingungen der Forschung können insbesondere durch Forschungsorganisationen und durch die Finanzierung der

---

[69] Überblick und Nachweise bei *A. Pilniok*, Governance im europäischen Forschungsförderverbund, S. 24 f.

[70] Ausführlich *Pilniok*, Governance im europäischen Forschungsförderverbund, S. 46 ff.

[71] *M. Ruffert*, Was ist „Democratic Governance"?, in: Botzem et al. (Hrsg.), Governance als Prozess, 2009, S. 55 (58).

[72] *Trute/Kühlers/Pilniok*, Governance als verwaltungsrechtswissenschaftliches Analysekonzept (Fn. 27), S. 173 (176 f.).

[73] Siehe beispielsweise *Gläser/Lange*, Wissenschaft, in: Benz et al. (Hrsg.), Handbuch Governance, S. 437 ff.; *Braun*, Wie nützlich darf Wissenschaft sein?, in: Lange/Schimank (Hrsg.), Governance und gesellschaftliche Integration, S. 65 ff.

Forschung durch Forschungsförderorganisationen beeinflusst werden. Dabei sind die nationalen Forschungssysteme innerhalb der Europäischen Union außerordentlich heterogen. Die nationalen Forschungsförderstrukturen ebenso wie die Forschungseinrichtungen sind durch große Unterschiede in Rechtsform, Zielen, Organisationsstrukturen, Förderungs- und Begutachtungsverfahren, Strategien, Finanzen, Berichtspflichten, institutioneller Einbettung aber auch Leistungsfähigkeit gekennzeichnet. Diese Heterogenität auf der Ebene der Forschung wie auch auf der Ebene der Forschungsförderung muss bei allen Maßnahmen vorausgesetzt werden. Folglich kommt wissensgenerierenden Mechanismen eine hohe Bedeutung im Forschungsförderverbund zu. Die Interaktionsstrukturen können zudem nur erfolgreich sein, wenn sie angesichts der Differenz und der Tatsache, dass erprobte Lösungen im europäischen Maßstab noch nicht vorhanden sind, Mechanismen vorsehen, die eine permanente Reflexion und Fortentwicklung ermöglichen. Differenz erfordert darüber hinaus nicht nur Wissen, sondern auch Vertrauen in die Zusammenarbeit. Die Governance-Strukturen müssen also so ausgestaltet sein, dass horizontal eine gemeinsame Handlungsperspektive sowie Vertrauen zwischen den heterogenen mitgliedstaatlichen Akteuren entstehen kann.[74]

Vor dem Hintergrund dieser Sachbereichsstrukturen hat die Europäische Union sich mit dem Europäischen Forschungsraum in Art. 179 Abs. 1 AEUV ein umfassendes primärrechtliches Leitbild der forschungspolitischen Gestaltung gesetzt.[75] Mit dem Europäischen Forschungsraum soll ein ganzes Zielbündel verfolgt werden, das auf eine stärkere strukturelle Integration der Forschung und der Forschungsförderung abzielt. Paradigmatisch dafür ist der Begriff des Binnenmarktes der Forschung, der an die wirtschaftliche Integration Europas anknüpft. Die forschungspolitischen Kompetenzen der Union, die von dem Prinzip der begrenzten Einzelermächtigung und dem Subsidiaritätsprinzip limitiert werden, sind wesentlich auf eine strukturell komplementäre Forschungsförderung durch die Union ausgerichtet. Dazu wird – ausgehend vom mehrjährigen Forschungsrahmenprogramm[76] – ein mehrstufiges Planungs- und Durchführungssystem errichtet, das Forschungsförderung über alle Forschungsformen und Disziplinen hinweg betreibt. Neben diese Förderkompetenzen tritt eine

---

[74] Zur Bedeutung des Vertrauens im Europäischen Verwaltungsraum *Franzius*, Gewährleistung im Recht, 2009, S. 254 ff. und passim; *Röhl*, Akkreditierung und Zertifizierung im Produktsicherheitsrecht, 2000, S. 49; *Trute*, Die demokratische Legitimation der Verwaltung (Fn. 51), § 6 Rn. 115 f.

[75] Siehe im Einzelnen *Trute/Pilniok*, in: Streinz (Hrsg.), EUV/AEUV, 2. Auflage 2011, Art. 179 Rn. 10 ff.

[76] Derzeit das 7. Forschungsrahmenprogramm, vgl. Beschluss Nr. 1982/2006/EG des Europäischen Parlamentes und des Rates vom 18. Dezember 2006 über das Siebte Rahmenprogramm der Gemeinschaft für Forschung, technologische Entwicklung und Demonstration (2007-2013), ABl. 2006 L 412/1.

Koordinierungskompetenz, die darauf zielt, ein kohärentes System aus den mitgliedstaatlichen Forschungspolitiken sowie der unionalen Forschungspolitik zu formen. Dies wird ergänzt durch die primärrechtlichen Kompetenzen, die es erlauben, im Zusammenwirken mit den Mitgliedstaaten ergänzende Strukturen zur Forschungsförderung zu schaffen. Darauf zurückzugreifen liegt nicht nur vor dem Hintergrund des primärrechtlichen Ziels des Europäischen Forschungsraums nahe, sondern auch aufgrund der beschränkten administrativen Kapazitäten der Kommission, die bereits zu einer institutionellen Ausdifferenzierung geführt haben und zugleich Rückwirkungen auf die Governance-Strukturen einer verstärkten Zusammenarbeit in der Forschungsförderung haben.[77] Insofern liegt aus der Perspektive der Union eine Verschiebung hin zu einer Struktursteuerung nahe, die mit verschiedenen reflexiven Elementen verkoppelt wird.

Die geteilten Zuständigkeiten im europäischen Mehrebenensystem der Forschungsförderung führen dazu, dass wissenschaftsbezogenes Recht auf mehreren Ebenen gesetzt und vollzogen wird. Die Zuständigkeiten für die rechtliche Verfassung der Forschungseinrichtungen stehen in einem Ausschließlichkeitsverhältnis zueinander, weil die rechtliche Gestaltung der Forschungsorganisationen notwendigerweise auf einer Ebene angesiedelt sein muss. Daher steht der Union eine Steuerung durch Forschungsorganisationen kaum zur Verfügung. Zugleich finden sich im Bereich der Forschungsförderung parallele Kompetenzen zwischen Bund, Ländern und der Europäischen Union, die zunächst einmal unabhängig voneinander Maßnahmen erlassen können – insbesondere Forschungsförderprogramme auflegen – und deren Kompetenzen insoweit nebeneinander stehen. Eine klare Trennung im Sinne einer Arbeitsteilung ist aufgrund des mit dem Europäischen Forschungsraum verbundenen umfassenden Förderanspruchs nicht mehr erkennbar. Die Ausgestaltung der institutionellen Finanzierung der staatlich finanzierten Forschungseinrichtungen entscheidet darüber, wie externe Anreize, die über die Forschungsförderung anderer Akteure vermittelt werden, aufgenommen und verarbeitet werden. Diese Anreize werden durch die projektförmige Forschungsfinanzierung bewirkt, die auf allen Ebenen gleichermaßen parallel betrieben werden kann und insoweit auch in einem Wettbewerbsverhältnis zueinander steht.

---

[77] Allgemein zum – häufig nicht hinreichend thematisierten – Zusammenhang zwischen den administrativen Kapazitäten und den Governance-Strukturen *A. Schout/A. Jordan*, The European Union's governance ambitions and its administrative capacities, in: Journal of European Public Policy 15 (2008), S. 957 ff.

2. Governance durch Ausschüsse

Ein wesentliches Element der ebenenübergreifenden Integration im Verwaltungsverbund ist das für die Europäische Union kennzeichnende extensive Ausschusswesen, das eine wesentliche Form der Integration darstellt. An den Komitologieausschüssen lässt sich der Mehrwert der Governance-Perspektive besonders deutlich akzentuieren. Eine klassische verwaltungsrechtswissenschaftliche Untersuchung würde die Organisations- und Verfahrensregeln der Komitologieausschüsse[78] sowie die einschlägige Rechtsprechung des EuGH aufarbeiten und die verschiedenen Beteiligungsformen der Ausschüsse an der Rechtsetzung. Die Governance-Perspektive bringt diese rechtlichen Rahmenbedingungen erst zum Sprechen, indem sie den so institutionalisierten Rahmen und die Konsequenzen für die Interaktionen der Akteure analysiert. Das System der Komitologieausschüsse lässt sich insoweit als Verhandlungssystem rekonstruieren. Die Zusammensetzung, die aus den Verfahrensarten resultierenden Verhandlungspositionen und Drohpunkte sowie die Stellung im institutionellen Gefüge der Europäischen Union insgesamt prägen die Interaktionen innerhalb der Ausschüsse.[79] Dies erlaubt dann auch, empirische Untersuchungen hinsichtlich der rechtstatsächlichen Bedeutung der Ausschüsse, ihrer Arbeitsweise und Konfliktlösung sowie mögliche Sozialisationseffekte bei den nationalen Beamten[80] einzubeziehen. In den Ausschüssen der Leistungsverwaltung wie der Forschungsförderung, die mit strategischen Verteilungsfragen anstelle von Regulierungsfragen[81] befasst sind, sind die Funktionen anders zu akzentuieren. Neben Verhandlungen steht hier insbesondere der wissens- und vertrauensgenerierende Effekt dieser Netzwerke auf europäischer Ebene im Vordergrund.[82]

---

[78] Rechtsgrundlage ist neben jeweiligen Fachrechtsakten insbesondere der Komitologiebeschluss, siehe Beschluss des Rates vom 28. Juni 1999 zur Festlegung der Modalitäten für die Ausübung der der Kommission übertragenen Durchführungsbefugnisse (1999/468/EG), ABl. L 184/23, geändert durch den Beschluss des Rates 2006/512/EG vom 17. Juli 2006, ABl. 2006 L 200/11.

[79] Siehe im Einzelnen *Pilniok*, Governance im europäischem Forschungsförderverbund, S. 171 ff.

[80] Zusammenfassender Überblick bei *L. Quaglia/F. de Francesco/C. M. Radaelli*, Committee Governance and Socialization in the European Union, in: Journal of European Public Policy 15 (2008), S. 155 ff.

[81] Die ursprünglich als Kontrollmechanismus der Mitgliedstaaten eingeführten Komitologieausschüsse sind bisher überwiegend vor dem Hintergrund der Risikoregulierung im Binnenmarkt analysiert worden, siehe beispielsweise *C. Joerges/J. Falke* (Hrsg.), Das Ausschußwesen der Europäischen Union, 2000.

[82] Eine ähnliche Funktion kommt der Vielzahl von formellen und informellen Expertengruppen mit unterschiedlichen Funktionen zu, die die Kommission eingerichtet hat und in denen ebenenübergreifend Vertreter der Wissenschaft mit Vertretern der nationalen Forschungsadministrationen und Forschungsförderorganisationen zusammenarbei-

3. Offene Methode der Koordinierung als Leistungswettbewerb?

Zu den zentralen Elementen des Europäischen Forschungsraums zählt darüber hinaus die Koordinierung von Akteuren und Handlungen auf den unterschiedlichen Ebenen des europäischen Mehrebenensystems auf der Grundlage
von Art. 181 AEUV.[83] Hier bildet die Offene Methode der Koordinierung einen
Schwerpunkt der Koordinierungsbemühungen der Union im Bereich der Forschung. Die Offene Methode der Koordinierung, die in den letzten Jahren große
wissenschaftliche Aufmerksamkeit erfahren hat, lässt sich ohne das Gerüst der
Governance-Perspektive ebenfalls kaum hinreichend hinsichtliche ihrer Wirkungen und der daraus resultierenden normativen Anforderungen analysieren.
Sie setzt – jedenfalls dem Modell nach – auf Standards, institutionellen Wettbewerb und ein Benchmarking der Verwaltungen.[84] Aus der Governance-
Perspektive lässt sich dies als Leistungswettbewerb rekonstruieren, der nur unter bestimmten, rechtlich mitdeterminierten Rahmenbedingungen auch ein
funktionsfähiger ist.[85]

Im Bereich der Forschungspolitik ist ein differenziertes Bild zu zeichnen.[86]
Nachdem zunächst ein Benchmarking der nationalen Forschungspolitiken anhand europäisch festgelegter Indikatoren dominierte, herrscht nunmehr ein
mehrstufiges Verfahren zur Erarbeitung gemeinsamer thematisch orientierter
Positionen und bewährter Praktiken vor. Dies wird ergänzt durch eine gegenseitige Begutachtung der mitgliedstaatlichen Forschungspolitiken unter Beteiligung der Kommission. Ein wichtiges Ergebnis der Analyse ist daher, dass die
vorherrschende analytische Perspektive auf die Offene Methode der Koordinierung erweitert werden muss. Sie kann nicht auf einen Wettbewerb zwischen
den Mitgliedstaaten reduziert werden. Vielmehr müssen auch andere Modi der

---

ten; näher dazu *Pilniok*, Governance im europäischen Forschungsförderverbund, S.
139 ff.

[83] Zu den unterschiedlichen Dimensionen *Trute/Pilniok*, in: Streinz (Hrsg.),
EUV/AEUV, 2. Auflage 2011, Art. 181 Rn. 2 ff.

[84] Dazu *V. Mehde*, Wettbewerb zwischen Staaten, 2005, S. 345 ff.; ausführlich die
Beiträge in J. Zeitlin/P. Pochet (eds.) with L. Magnusson: The Open Method of Co-
ordination in Action – The European Employment and Social Inclusion Strategies, 2005;
vgl. auch *D. Hodson/I. Maher*, The Open Method as a New Mode of Governance, in:
Journal of Common Market Studies Vol. 39 (2001), S. 719 ff.; *D. M. Trubek/L. G.
Trubek,* Hard and Soft Law in the Construction of Social Europe: the Role of the Open
Method of Coordination, in: European Law Journal 2005, S. 343 ff.; *J. Lang/K.
Bergfeld,* Zur offenen Methode der Koordinierung als Mittel der Politikgestaltung in der
Europäischen Union, in: EuR 2005, S. 381 ff.

[85] Im Detail *Benz*, Accountable Multilevel Governance by the Open Method of Coordination?, in: European Law Journal 13 (2007), S. 505 ff.; *ders.*, Politik in
Mehrebenensystemen, S. 160 ff.

[86] Ausführliche tatsächliche Analyse bei *Pilniok*, Governance im europäischen Forschungsförderverbund, S. 201 ff.

Handlungskoordinierung in den Blick genommen werden, die die Union im Rahmen der Offenen Methode der Koordinierung entwickelt hat. Zwei Modi der Koordinierung treten hinzu: Zum einen setzt die Kommission unverbindliche europäischen Standards durch Empfehlungen, deren Implementation wiederum Formen der Offenen Methode der Koordinierung aufnimmt. Zum anderen hat die Kommission Mechanismen der öffentlichen Bewertung und Überwachung der nationalen Forschungspolitiken entwickelt, um eine wechselseitige Anpassung der Mitgliedstaaten zu forcieren.

4. Gemeinsame Forschungsförderung im Verbund

Schließlich haben sich Formen der gemeinsamen Forschungsförderung durch mitgliedstaatliche Forschungsförderorganisationen entwickelt, die durch die Union initiiert, strukturiert und kontrolliert werden und damit ebenfalls ein wichtiges Element eines Forschungsförderverbundes bilden.[87] Sowohl die administrativen Akteure der Mitgliedstaaten, die Forschungsförderorganisationen, aber auch für die Forschungseinrichtungen und Forscher, die von der Forschungsförderung adressiert werden, verfolgen jeweils eigene strategische Ziele, die jeweils von der institutionellen Struktur geprägt werden, in die diese eingebunden sind. Insofern besteht die zentrale Herausforderung an die Governance-Strukturen darin, die strategischen Eigeninteressen der heterogenen Akteure einzubinden. So bindet die Union, insbesondere die Kommission, über das Forschungsrahmenprogramm Konsortien aus nationalen Förderorganisationen ein, die disziplin- und themenspezifisch Forschungsprojekte fördern. Die unionsrechtlichen Regelungen lassen sich als rechtlich determinierter Ressourcenwettbewerb im Mehrebenensystem beschreiben, der gezielt zur Verfolgung europäischer Ziele etabliert wird.

Horizontal sind Forschungsförderorganisationen durch Konsortialverträge miteinander verbunden, während sie vertikal durch eine Finanzhilfevereinbarung mit der Kommission in einen Vertragsverbund integriert werden. Hier lässt sich eine spezifische Governance-Kombination von Verhandlungen und hierarchischen Elementen identifizieren, die nicht zuletzt aus dem Haushaltsrecht resultieren. Die graduellen Integrationsleistungen sollen zur Entwicklung und Durchführung gemeinsamer spezifischer Forschungsförderprogramme führen. Das bildet eine Gemeinsamkeit mit den organisatorisch stärker verfestigten Maßnahmen auf der Grundlage von Art. 185 AEUV. Ebenfalls themen- und disziplinspezifisch gründen Förderorganisationen eigenständige juristische Personen, die von der Union über spezifische Organisationsrechtsakte und Finan-

---

[87] Siehe zum Folgenden im Einzelnen *Pilniok*, Governance im europäischen Forschungsförderverbund, S. 271 ff.

zierungsverträge ko-finanziert werden, um gemeinsame Forschungsförderprogramme durchzuführen. Damit werden auf verschiedene Weisen Strukturen
gemeinsamer Aufgabenerfüllung institutionalisiert, indem ein Organisations-
rahmen geschaffen wird, der die Förderorganisationen insbesondere durch die
unionale Ko-Finanzierung zur Kooperation anreizt und diese rechtlich strukturiert.

5. Normative Konsequenzen

Auf der Grundlage einer umfassenden Analyse der Governance-Strukturen
können dann normative Folgefragen angeschlossen werden. Das Handeln der
mitgliedstaatlichen Forschungsadministrationen und Forschungsförderorganisationen im Verbund muss demokratischen und rechtsstaatlichen Strukturprinzipien genügen.[88] Das klassische deutsche Modell der demokratischen Legitimation der Verwaltung, das sich stark auf Formen der Inputlegitimation konzentriert,[89] muss für das europäische Mehrebenensystem erweitert werden. Neben Formen der Outputlegitimation spielen für die administrativen Interaktionen im Mehrebenensystem insbesondere Transparenz und Verantwortungsklarheit eine entscheidende Rolle. Mit dem Begriff der Verantwortlichkeit kann
insbesondere hinsichtlich der Komitologieausschüsse und der Offenen Methode
der Koordinierung an eine umfangreiche rechts- und politikwissenschaftliche
Debatte angeknüpft werden, die die Notwendigkeit eines Rechtfertigungs-
zwangs der administrativen Akteure betont, die jedoch nicht zwangsläufig in
hierarchischen Strukturen erfolgen muss.[90] Entscheidend ist, dass insgesamt ein
Arrangement entsteht, das eine hinreichende Rückbindung sichert. Im Verbund
insgesamt wie auch in der föderalen Forschungspolitik dominieren exekutive
Akteure, während eine hinreichende parlamentarische Rückbindung bisweilen
fehlt. Eine mögliche Kompensation kann in der Netzwerkbildung auf der Ebene
der Parlamente liegen. Europäische Governance-Regime wie das der Offenen
Methode der Koordinierung können insoweit auch positive Effekte zeitigen, indem ein Rechtfertigungszwang auf europäischer Ebene erzeugt wird.[91] Hier wie
auch bei anderen Bauformen des Forschungsförderverbundes wie der gemeinsamen Forschungsförderung spielt zudem die gegenseitige Kontrolle der betei-

---

[88] Allgemein dazu *Schmidt-Aßmann*, Verfassungsprinzipien für den Europäischen
Verwaltungsverbund, in: Hoffmann-Riem/Schmidt-Aßmann/Voßkuhle (Hrsg.), Grundlagen des Verwaltungsrechts Bd. I, 2006, § 5 Rn. 28.

[89] Rekonstruktion bei *Trute*, Die demokratische Legitimation der Verwaltung (Fn.
51), § 6 Rn. 7 ff.; *Mehde*, Neues Steuerungsmodell und Demokratieprinzip, 2000, S.
163 ff.

[90] Näher dazu *D. Curtin*, Executive Power in the European Union, 2009, S. 246 ff.

[91] Zu diesem Argument m. w. N. *Pilniok*, Governance im europäischen Forschungsförderverbund, S. 264 f.

ligten Akteure eine wichtige Rolle. Insofern ist die Transparenz des Handelns im Forschungsförderverbund nicht so defizitär wie gelegentlich hinsichtlich der Europäischen Union behauptet wird. Auch wenn es sich um ein höchst komplexes Governance-System handelt, sind Modifikationen zur Erhöhung der Transparenz an verschiedenen Punkten möglich und angezeigt. Verbesserungen hinsichtlich der Verantwortungsklarheit sind insbesondere bei einzelnen Formen der gemeinsamen Forschungsförderung notwendig, wo die genauen Aufgaben und Verantwortungsbereiche der beteiligten Akteure bei den Verfahren der Mittelvergabe nicht immer hinreichend bestimmt sind.

VI. Fazit

Die Beispiele der Governance der Universitäten sowie der Forschungsförderung und Forschungspolitik im Mehrebenensystem verdeutlichen die zentrale These, dass die Verknüpfung verwaltungsrechtswissenschaftlicher und verwaltungswissenschaftlicher Analysen durch den Governance-Ansatz einen Mehrwert bietet. Auf der einen Seite kann eine Normtextanalyse die institutionelle Einbettung und den daraus resultierenden Handlungsrahmen der Akteure auf den unterschiedlichen Ebenen nur begrenzt erschließen. Umgekehrt ist die Funktionsweise der Governance-Modi durch das (europäische) Verwaltungsrecht erheblich geprägt und bedarf daher einer detaillierten Einbeziehung in die Analyse. Erst die Integration erhellt die komplexen Strukturen der Verwaltung im Mehrebenensystem. Mit Governance sieht die Verwaltungs(rechts)-wissenschaft daher mehr.

Aufgaben und Struktur

Zur Rekonstruktion der gemeindlichen Ebene

Maximilian Wallerath

I. Einführung: Der Konnex von Aufgabe und Struktur

Die Aufgaben geben die Inhalte des Verwaltens vor. Zugleich bestimmen sie maßgeblich die Struktur der mit ihrer Wahrnehmung betrauten Verwaltungseinheit. Es gehört deshalb zu den verwaltungswissenschaftlichen Grundeinsichten, dass am Anfang jeder Organisationsmaßnahme die Bestimmung der Aufgaben steht. Mit gutem Grund hat sich deshalb der Jubilar in zahlreichen Beiträgen auch und gerade Fragen richtungweisend zugewandt[1]. Die Aufgaben liefern nicht nur den eigentlichen Legitimationsgrund der Verwaltung, sondern bestimmen auch maßgeblich die Organisationsstruktur auf der Makroebene der „großflächigen" Organisation wie auch der Binnenorganisation der einzelnen Verwaltungseinheiten. Auf der Makroebene weist sie eine vertikale wie eine horizontale Differenzierung auf. In der *Vertikalen* folgt sie mit den „Hauptverwaltungsbereichen" Bundes-, Landes und Kommunalverwaltung[2] einem Mehrebenen-Konzept, das maßgeblich durch das Bund-Länder-Verhältnis und die dieses ausfüllende Kompetenzordnung, namentlich die Art. 83 ff GG, ausgefüllt und inzwischen durch das Europäische Gemeinschaftsrecht funktional überformt wird. In *horizontaler* Hinsicht folgt der Aufbau im staatlichen Bereich der fachlichen Gliederung des Ressortprinzips, das die Einrichtung von verschiedenen Verwaltungszweigen mit Sonderbehörden erklärt; es wird durch Behörden mit konzentrierter Aufgabenwahrnehmung gemildert. Der Bereich kommunaler Selbstverwaltung wird durch eigene Strukturvorgaben bestimmt, die sich aus Art. 28 Abs. 2 GG ergeben. Schließlich prägen die Aufgaben der Verwaltung – was häufig übersehen wird – nicht unerheblich die *binnenorgani-*

---

[1] Vgl. nur *Hans Peter Bull*, Die Staatsaufgaben nach dem Grundgesetz, 1. Aufl. 1973, 2. Aufl. 1977; *ders.*, Wandel der Staataufgaben im föderalen System, in: König/ Schnapauff (Hg.), Die deutsche Verwaltung unter 50 Jahren Grundgesetz, 2001, S. 49 ff.; *ders.*, Wandel der Verwaltungsaufgaben, in: König (Hg.), Deutsche Verwaltung an der Wende zum 21. Jahrhundert, 2002, S. 77 ff.

[2] *Krebs*, Verwaltungsorganisation, in: HStR V, 3, Aufl. 2007, § 108 Rn. 17.

satorische Struktur einer Verwaltung[3]. Die zu erfüllende Aufgabe ist deshalb Bezugspunkt für jede organisatorische Entscheidung auf jedweder Ebene.

II. Gemeindliche Strukturen

Insbesondere die kommunale Landschaft ist nicht nur aus Kompetenzgründen, sondern auch aus guten sachlichen Gründen vielscheckig. Hierin spiegeln sich die unterschiedliche Funktionen und der unterschiedliche Zuschnitt der verschiedenen kommunalen Verwaltungsträger. Diese entsprechen jeweils eigenständigen Entwicklungen und sind Ausdruck der Regelungskompetenz des betreffenden Landes. Der heutige Zuschnitt der Gemeinden ist nicht zuletzt von den Gebiets- und Funktionalreformen der 60er und 70er Jahre, in den neuen Bundesländern von den Reformen der letzten 20 Jahre, geprägt. Sie geben einen Hinweis darauf, dass die Weiterentwicklung kommunaler Verwaltungsträger in Anpassung an gesellschaftliche Veränderungen ein sehr komplexer Vorgang ist, bei dem die verschiedenen Ebenen im Auge zu behalten und in ihren jeweiligen Besonderheiten zu erfassen sind[4].

Aufgrund der beträchtlichen Divergenz in der Verwaltungs- und Veranstaltungskraft von Gemeinden unterschiedlicher Größenordnung hat sich eine eigene Typologie herausgebildet[5]. Dem entspricht die Grundeinteilung von kreisfreien Städten sowie sonstigen Städten und Gemeinden, die in Funktionsteilung mit einem Kreis die allgemein erwarteten oder gesetzlich festgelegten Leistungen der unteren kommunalen Ebene erbringen. Die weit überwiegende Zahl der Gemeinden gehört der letzten Gruppe an. In verschiedenen Ländern ist innerhalb dieser Gruppe noch eine weitere Aufgliederung auf einer zusätzlichen kommunalen Ebene in Form von Ämtern, Verbandsgemeinden oder Verwaltungsgemeinschaften vorgesehen[6]. Hier ist der weitaus größte Teil der Gemeinden zugleich amts- bzw. verbandsangehörig.

---

[3] Näher *Wallerath*, Allgemeines Verwaltungsrecht, 6. Aufl. 2009, § 6 Rn. 10 ff.

[4] s. a. *Laux*, Erfahrungen und Perspektiven der kommunalen Gebiet- und Funktionalreformen, in: Roth/Wollmann (Hg.), Kommunalpolitik – Politisches Handeln in den Gemeinden, 1993, S. 136, 137.

[5] Siehe *Püttner*, Gutachten für den 49. DJT, Bd.1, Teil F, 1972, F 26 f.

[6] Zu den verschiedenen Modellen: *Laux* (Fn. 4) S. 142 f sowie nachfolg. Fn. 16.

1. Der ländliche Raum: Zahlen und Größenordnungen

Durch die Gebietsreformen in den 60er und 70er Jahren wurde die Zahl der kreisangehörigen Gemeinden von 24.282 auf 8.409 (d.h. um 65 %) reduziert[7]. Bis dahin entsprach der gebietliche Zuschnitt der kreisangehörigen Gemeinden noch weitestgehend der territorialen Ordnung des 19. Jahrhunderts. Tatsächlich hatten die ländlichen Gemeinden bis ins 20. Jahrhundert darum zu kämpfen, die überkommenen ständischen Strukturen abzustreifen. Das war auf fortscheitende Demokratisierung und Liberalisierung der Gemeindeverfassung gerichtet – erst 1891 erfolgte im wesentlichen die Gleichstellung mit den Städten und erst unter der Weimarer Reichsverfassung war diese vollendet[8]. Bis dahin kamen Gebietsreformen auf dieser Ebene nicht in den Blick. Die neuen Bundesländer spiegeln diese aus dem 19. Jahrhundert überkommene territoriale Ordnung der ländlichen Gemeinden – bis auf Sachsen – noch heute wieder.

Die drastische Reduktion der Zahl von Gemeinden durch die Gebietsreformen der 60er und 70er Jahre im Westen fand namentlich in Nordrhein-Westfalen, Hessen und dem Saarland eine Stütze. Dagegen erfolgten erheblich geringere Veränderungen insbesondere in Rheinland-Pfalz und Schleswig-Holstein[9]. Diese weisen heute noch die größte Vergleichbarkeit mit der Struktur der Gemeinden in den Neuen Bundesländern auf. Demgegenüber haben die größeren Städte im Laufe der Zeit durch ihr ständiges Anwachsen, nicht zuletzt infolge von Eingemeindungen, wiederholt gebietliche Änderungen erfahren[10]. Zwar hat die Zahl der kreisfreien Städte im Zuge der großen Gebiets- und Funktionalreformen deutlich (von 137 auf 87) abgenommen, indessen gehörten Eingemeindungen in die verbliebenen kreisfreien Städte zum gängigen Instrumentarium der Reformen[11].

Heute bestehen insgesamt 11.451 Gemeinden (Städte) in der Bundesrepublik[12]. Davon sind 11.340 kreisangehörig. Hiervon sind 3.201 Gemeinden (Städte) verbandfrei, während 8.250 Gemeinden einer der 1.351 Gesamtgemeinden[13]

---

[7] Nachw. zu wissenschaftlichem Vorlauf und Bilanz bei *J. Koenig*, Verwaltungsreform in Hessen (1945–1981), 2006, S. 20 ff.

[8] *Heffter*, Die Deutsche Selbstverwaltung im 19. Jahrhundert, 2. Aufl. 1969, S. 129 ff; *Scheuner*, AfK 8 (1969) S. 222 f, 227, 230.

[9] In Rheinland-Pfalz nur um 20 %, in Schleswig-Holstein um 17,9 % gegenüber 82,6 % in Nordrhein-Westfalen und 84 % in Hessen. Näher *Laux* (Fn. 4) S. 140.

[10] *Scheuner*, AfK 8 (1969) S. 222, 226.

[11] *Laux* (Fn. 4) S. 141 m.w.N.

[12] Statistisches Bundesamt, Gemeindeverzeichnis-Informationssystem (GV-ISys), Administrative Gebietsgliederungen, Verwaltungsgliederung, aktuelle Informationen zum 30.9.2010 (3. Quartal), http: www.destatis.de.

[13] Inzwischen hat sich die Bezeichnung als Sammelbegriff für die unterschiedlichen Formen mehrstufiger Aufgabenwahrnehmung auf gemeindlicher Ebene etabliert; vgl.

(Verbandsgemeinden, Samtgemeinden, Ämtern, Verwaltungsgemeinschaften) angehören. Damit ist die gemeindliche Ebene im ländlichen Raum überwiegend funktionenteilend organisiert.

2. Gesamtgemeindelösungen

Die Spannung zwischen den überkommenen Verwaltungseinheiten und ihrer *begrenzten Leistungsfähigkeit* auf der einen Seite und den *Veränderungen der Verwaltungsumwelt* mit ihren gewachsenen Anforderungen an die Verwaltung auf der anderen Seite war ein maßgeblicher Reformimpuls für die Gebiets- und Funktionalreformen in der 60er und 70er Jahren. Die Landwirtschaft war zunehmend technisiert, die Zahl der in ihr tätigen Bevölkerung war deutlich zurückgegangen, begleitet von größerer Mobilität und einer neuen Welle der Urbanisierung. Zugleich ebbte das ungebrochene wirtschaftliche Wachstum der Nachkriegsjahre ab. Die Länder, die dem Trend zu größeren kommunalen Einheiten nicht folgten und die kleinen Gemeinden unangetastet ließen, suchten mit Verbandslösungen die Kluft zwischen den gestiegenen Anforderungen und der geringen Leistungsfähigkeit der kleineren Gemeinden zu verringern: Sie entwickelten die bestehenden Formen kommunaler Zusammenarbeit weiter oder führten die kleinen Gemeinden unter dem Dach neuer, funktionenteilender Organisationsformen zusammen. Das Konzept ist von der Vorstellung getragen, kleine Gemeinden im ländlichen Raum zu erhalten, dabei aber zugleich die Erledigung anspruchsvollerer Aufgaben durch eine institutionelle Lösung sicherzustellen, welche die Wahrnehmung kommunaler Aufgaben der örtlichen Ebene in kommunaler Hand belässt. So attestiert das Bundesverfassungsgericht[14] den Verwaltungsgemeinschaften in Sachsen-Anhalt, sie hätten eine „wichtige eigenständige Funktion im Verwaltungsaufbau des Landes". Sie seien „das strukturbestimmende Merkmal der durchgeführten gemeindlichen Verwaltungsreform, mit der das Land Sachsen-Anhalt die Existenz kleiner Gemeinden erhalten wollte, um eine sonst notwendige Gemeindegebietsreform mit größeren Einheitsgemeinden zu vermeiden".

Die Kompensation unzureichender Leistungsfähigkeit bestimmter Gemeinden durch eine Anreicherung der unteren kommunalen Ebene mit zusätzlichen Verwaltungseinheiten kennt verschiedene Spielarten mit unterschiedlichen Ab-

---

nur *Burgi*, Kommunalrecht, 2. Aufl. 2008, § 20 Rn. 3; *Schmidt-Aßmann/Röhl*, Kommunalrecht, in: Schmidt-Aßmann/Schoch (Hg.), Besonderes Verwaltungsrecht, 14. Aufl. 2008, 1. Kap. Rn. 153; *Seewald*, Kommunalrecht, in: Steiner (Hg.), Besonderes Verwaltungsrecht, 8. Aufl. 2006, I Rn. 419 ff.; *Bovenschulte*, Minderheitenschutz und Aufgabenwahrnehmung durch Gesamtgemeinden, in: Kommunale Selbstverwaltung im Spiegel von Verfassungsrecht und Verwaltungsrecht, 35. Assistententagung 1995, S. 175 f.

[14] BVerfGE 107, 1, 17.

stufungen der Aufgabenzuweisung an die ergänzenden Verwaltungseinheiten und deren Legitimationsstruktur[15]. Sie reichen – mit jeweils wachsendem Aufgabenbestand – von *Verwaltungsgemeinschaften* (in Bayern, Baden-Württemberg und Thüringen) über die *Ämter* (in Brandenburg, Mecklenburg-Vorpommern und Schleswig-Holstein) sowie die *Samtgemeinden* in Niedersachsen bis hin zu den *Verbandsgemeinden* in Rheinland-Pfalz und – neuerdings – Sachsen-Anhalt. Lediglich Verbands- und Samtgemeinden kennen die unmittelbare Wahl einer eigenen Vertretungskörperschaft durch die Bürger der Gesamtgemeinde. Nach Auffassung des Bundesverwaltungsgerichts[16] dient die Einrichtung und Organisation der Verbandsgemeinden in Rheinland-Pfalz gerade der Bewahrung des Rechts auf Selbstverwaltung, weil dadurch der Erhalt der bisherigen Kleingemeinden als Ortsgemeinden erst ermöglicht werde. Die Übertragung von Aufgaben auf die Verbandsgemeinde diene der Sicherstellung des Systems, so dass sie als das gegenüber der Auflösung der Ortsgemeinden mildere Mittel nicht gegen die Selbstverwaltungsgarantie verstoße. Demgegenüber hat das schleswig-holsteinisches Landesverfassungsgericht[17] unlängst die dortigen Ämter, die keine unmittelbar gewählte Vertretungskörperschaft kennen, als unvereinbar mit der Landesverfassung erklärt. Es lohnt sich, den unterschiedlichen kommunalen Strukturen in beiden Ländern und den sich daraus ergebenden Folgeproblemen nachzugehen, um auf diese Weise sicheren Boden bei der Rekonstruktion der gemeindlichen Ebene insbesondere im ländlichen Raum zu gewinnen.

III. Zwei Referenzmodelle

Als paradigmatisch für zwei unterschiedliche Konzepte sollen hier die schleswig-holsteinische Amtsverfassung und die rheinland-pfälzische Verbandsgemeindeverfassung vorgestellt werden. Beide finden eine kleinteiligen kommunale Landschaft vor, die Zeugnis davon abgibt, dass sich diese Länder einer mit mancherlei Verwerfungen verbundenen „großen Lösung" versagt und

---

[15] Ausführlich: *Bovenschulte* (Fn. 13) S. 184 ff.; *Dittmann,* in: Achterberg/Püttner/Würtenberger (Hg.), Besonderes Verwaltungsrecht, Bd. II, 2. Aufl., 2000, S. 130 ff.; *Hlépas*, Unterschiedliche rechtliche Behandlung von Großgemeinden und Kleingemeinden, 1990, S. 274 ff.; *v. Mutius,* in: ders./ Schmidt-Jortzig (Hg.), Probleme mehrstufiger Erfüllung von Verwaltungsaufgaben auf kommunaler Ebene, 1982, S. 19, 36 ff.

[16] BVerwG, NVwZ 1984, 379; NVwZ 1965, 832; *Dietlein/Thiel,* Verwaltungsreform in Rheinland-Pfalz. Ein Beitrag zur Debatte um die Zukunft der Verbandsgemeindeverfassung, erstellt im Auftrag des Gemeinde- und Städtebundes Rheinland-Pfalz, 2006, S. 101; krit. hierzu *Siedentopf*, Die Verwaltung 4 (1971), 279, 292 f.

[17] Urt. vom 26. Februar 2010 – LVerfG 1/09, NordÖR 2010, 155 ff mit Bespr. von von *Waechter*, S. 225 ff. = NVwZ 2010, 834 L mit Bespr. von *Ernst*, NVwZ 2010, 816 ff.; DÖV 2010, 486 (L) mit Bespr. von *Engelbrecht/Schwabenbauer*, S. 916 ff.

dafür auf eine ergänzende verbands- (Schleswig-Holstein) bzw. gebietskörperschaftliche (Rheinland-Pfalz) Lösung auf lokaler Ebene gesetzt haben. Beide
Lösungen sind relativ stark kompetenzangereichert. Das ist auch der Grund,
weshalb sie – anders als die verschiedenen Formen der Verwaltungsgemeinschaft[18] – unterschiedliche verfassungsrechtliche Probleme aufwerfen.

1. Die schleswig-holsteinische Amtsverfassung

Die schleswig-holsteinischen Ämter sind *Körperschaften des öffentlichen
Rechts*. Sie dienen der Stärkung der Selbstverwaltung der amtsangehörigen
Gemeinden. Im Rahmen der Amtsordnung treten die Ämter als Träger von
Aufgaben der öffentlichen Verwaltung an die Stelle der amtsangehörigen Gemeinden. Das Amt soll zur Durchführung seiner Aufgaben eine eigene Verwaltung einrichten; alternativ kann es die Verwaltung einer größeren amtsangehörigen Gemeinde mit deren Zustimmung in Anspruch nehmen oder eine Verwaltungsgemeinschaft vereinbaren. Die Ämter sollen ein abgerundetes Gebiet mit
in der Regel nicht weniger als 8.000 Einwohnern aufweisen. Seit der Änderung
der Amtsordnung durch das Erste Verwaltungsstrukturreformgesetz[19] müssen
sie nicht mehr demselben Kreis angehören.

Organe des Amtes sind der Amtsausschuss sowie der Amtsvorsteher bzw.
der Amtsdirektor. Sie entsprechen den gemeindlichen Organen, wobei an die
Stelle der Gemeindevertretung der Amtsausschuss, an die Stelle des Vorsitzenden der Gemeindevertretung der Amtsvorsteher und an die Stelle des Bürgermeisters der Amtsdirektor, in ehrenamtlich verwalteten Ämtern der Amtsvorsteher tritt. Der Amtsausschuss trifft alle für das Amt wichtigen Entscheidungen und überwacht ihre Durchführung. Er wählt den Amtsvorsteher; dieser
führt den Vorsitz im Amtsausschuss. Bei ehrenamtlich verwalteten Ämtern leitet der Amtsvorsteher auch die Verwaltung. Bei hauptamtlich verwalteten Ämtern mit mehr als 8.000 Einwohnern, bei denen die Hauptsatzung eine hauptamtliche Verwaltung bestimmt, erledigt dies der Amtsdirektor, der ebenfalls
vom Amtsausschuss gewählt wird, nach den Grundsätzen und Richtlinien des
Amtsausschusses. Der Amtsausschuss besteht aus den Bürgermeistern der
amtsangehörigen Gemeinden, die je nach Größe der Gemeinde zwischen 1 und
7 weitere, von den Gemeindevertretungen gewählte Mitglieder entsenden können. Gemeinden über 8.000 Einwohner entsenden zusätzlich für je 2.000 weitere Einwohner ein weiteres Mitglied in den Amtsausschuss.

---

[18] Hierzu insbes. BVerGE 107, 1, 17 ff. Die Formen können miteinander gekoppelt
sein; näher (für Schleswig-Holstein) *Jörg Bülow*, Die Gemeinde SH 2009, 98, 101 ff.

[19] Gesetz vom 28. März 2006 (GVOBl S. 28).

Die Ämter sind Träger der ihnen und den amtsangehörigen Gemeinden übertragenen *Aufgaben „zur Erfüllung nach Weisung"*. Im Übrigen *bereitet* das Amt bereitet im Einvernehmen mit dem Bürgermeister die *Beschlüsse* der Gemeinde *vor* und *führt* nach diesen Beschlüssen die Selbstverwaltungsaufgaben der amtsangehörigen Gemeinden *durch*. Beabsichtigt das Amt, einen Beschluss wegen Rechtsverletzung nicht auszuführen, hat es die Gemeinde unverzüglich zu unterrichten. Die Gemeinde kann nach Anhörung des Amtes mit Zustimmung der Kommunalaufsichtsbehörde beschließen, einzelne Selbstverwaltungsaufgaben selbst durchzuführen. Ist die Gemeinde in einem gerichtlichen Verfahren beteiligt, so wird sie in der Regel durch das Amt vertreten. Das Amt besorgt die Kassengeschäfte oder die Aufgaben der Finanzbuchhaltung und die Vorbereitung der Aufstellung der Haushaltspläne für die amtsangehörigen Gemeinden. Soweit Finanzzuweisungen oder andere Finanzmittel den Bedarf der Ämter nicht decken, wird bei den amtsangehörigen Gemeinden eine *Amtsumlage* erhoben.

Nach § 5 AO SH können schließlich mehrere amtsangehörige Gemeinden gemeinsam dem Amt *Selbstverwaltungsaufgaben* übertragen. Bei der Beschlussfassung haben die Mitglieder des Amtsausschusses, deren Gemeinden von der Übertragung nicht betroffen sind, kein Stimmrecht. Die Gemeinden können eine Rückübertragung verlangen, wenn sich die Verhältnisse, die der Übertragung zugrunde lagen, so wesentlich geändert haben, dass den Gemeinden ein Festhalten an der Übertragung nicht weiter zugemutet werden kann. Die Rückübertragung bedarf der Zustimmung der Kommunalaufsichtsbehörde, wenn das Amt mit der Rückübertragung nicht einverstanden ist.

2. Die Gemeindeverbandsordnung Rheinland-Pfalz

Die landesweite Einführung der *Verbandsgemeindelösung* für das Land Rheinland-Pfalz erfolgte in mehreren Schritten im Zuge der Reformen in den 60er Jahren des vorigen Jahrhunderts. Dabei ging es vor allem um die Zusammenführung unterschiedlicher organisatorischer Strukturen in Rheinland-Pfalz, die sich in den verschiedenen Landesteilen wiederfanden und auf unterschiedlichen kommunalpolitischen Traditionen beruhten. Die Verbandsgemeinden waren zunächst als Übergangsform zur Einheitsgemeinde gedacht. Sie wurden jedoch bald als dauerhafter Verwaltungstypus im Rahmen der rheinlandpfälzischen Kommunalstruktur akzeptiert und nur gelegentlich in Frage gestellt[20].

---

[20] *J. J. Hesse*, Gutachterliche Stellungnahme zur Kommunal- und Verwaltungsreform in Rheinland-Pfalz, Untersuchung im Auftrag des Ministeriums des Innern und für Sport, 10. März 2010, S. 11 f. m.w.N.

Verbandsgemeinden sind Gebietskörperschaften, die aus benachbarten Gemeinden des gleichen Landkreises – den Ortsgemeinden – bestehen (§§ 64 ff GO RhPf). Sie nehmen anstelle der Ortsgemeinden zahlreiche Selbstverwaltungsaufgaben sowie die *staatlichen* Auftragsangelegenheiten wahr. U.a. haben die Verbandsgemeinden die Verwaltungsgeschäfte durch eine bei ihr gebildete hauptamtliche Verwaltung zu führen, während die Verwaltungsleitung bei den Ortsgemeinden (bislang noch) durchgehend auf ehrenamtlicher Betätigung beruht[21]. Nach Art 1 § 2 Abs.2 des Ersten Landesgesetzes Kommunal- und Verwaltungsreform in Rheinland-Pfalz sollen die Verbandsgemeinden in Zukunft in der Regel mindestens 12.000 Einwohner umfassen.

Organe sind der unmittelbar von den Bürgern der Verbandsgemeinde gewählte Verbandsgemeinderat sowie der (ebenfalls unmittelbar gewählte) Verbandsgemeindebürgermeister. Die Verbandsgemeindeverwaltung führt nach § 68 Abs. 1 GO RhPf die Verwaltungsgeschäfte der Ortsgemeinden in deren Namen und in deren Auftrag. Dazu gehören etwa auch die Verwaltung der gemeindlichen Abgaben, die Kassen- und Rechnungsgeschäfte einschließlich der Kassenanordnungen, die Vollstreckungsgeschäfte sowie die Vertretung in gerichtlichen Verfahren, soweit es nicht um Rechtsstreitigkeiten im Verbandsgemeindeverbund geht. Die Verbandsgemeindeverwaltung ist bei der Wahrnehmung von Verwaltungsgeschäften der Ortsgemeinden an Beschlüsse der Ortsgemeinderäte und an Entscheidungen der Ortsbürgermeister gebunden.

Die Verbandsgemeinden nehmen nach § 67 Abs. 1 GO RhPf anstelle der Ortsgemeinden eine Reihe von (*geborenen*) Selbstverwaltungsaufgaben wahr: Die nach den Schulgesetzen übertragenen Aufgaben, den Brandschutz und die technische Hilfe, den Bau und die Unterhaltung von zentralen Sport-, Spiel- und Freizeitanlagen sowie überörtlicher Sozialeinrichtungen, soweit nicht freie gemeinnützige Träger solche errichten, die Wasserversorgung und Abwasserbeseitigung sowie den Ausbau und die Unterhaltung von Gewässern dritter Ordnung. Überdies ist den Verbandsgemeinden gemäß § 203 Abs. 2 BauGB die Flächennutzungsplanung übertragen (§ 67 Abs. 2 GO RhPf).

Weitere (*gekorene*) Selbstverwaltungsaufgaben können sie von den Ortsgemeinden unter Beachtung bestimmter Verfahrensvorschriften übernehmen, soweit deren gemeinsame Erfüllung im dringenden öffentlichen Interesse liegt. Ferner können einzelne Ortsgemeinden der Verbandsgemeinde mit deren Zustimmung weitere Selbstverwaltungsaufgaben zur eigenverantwortlichen Erfüllung übertragen. Die den Ortsgemeinden übertragenen *staatlichen* Auftragsangelegenheiten obliegen den Verbandsgemeinden im eigenen Namen, soweit nicht gesetzlich etwas anderes bestimmt ist. Schließlich sollen die Verbandsgemeinden die verbandsangehörigen Ortsgemeinden, die ihre Aufgaben nicht

---

[21] Hierzu *Dietlein/Thiel* (Fn. 16) S. 93 m.w.N.

ausreichend erfüllen können, im Rahmen ihrer finanziellen Leistungsfähigkeit unterstützen und zu einem wirtschaftlichen Ausgleich unter den Ortsgemeinden beitragen.

IV. Ein bedeutsamer Impuls

Einen neuen, bedeutsamen Impuls für die Diskussion um die nähere Ausgestaltung der funktionenteilenden Aufgabenzuweisung auf der unteren kommunalen Ebene setzte das *schleswig-holsteinische Verfassungsgericht* in seinem ersten[22], am 26. Februar 2010 ergangenen Urteil. Mit dieser Entscheidung meldete sich das Gericht gleichsam mit einem Paukenschlag zu Wort: Es entschied, die Amtsordnung für Schleswig-Holstein sei mittlerweile insofern mit der Landesverfassung unvereinbar, als sie die Möglichkeit eröffne, dass sich die Ämter aufgrund zunehmender Übertragung von Selbstverwaltungsaufgaben durch die Gemeinden zu Gemeindeverbänden entwickelten. Zwar enthalte die Landesverfassung keine Definition des „Gemeindeverbands". Im Wege der Auslegung könne ihr jedoch ein „kombinierter formeller und materieller Gemeindeverbandsbegriff" entnommen werden. Danach seien Gemeindeverbände „die zur Erfüllung von Selbstverwaltungsaufgaben gebildeten Gebietskörperschaften (*formelle* Gemeindeverbände) und diesen nach Umfang und Gewicht der von ihnen wahrzunehmenden Selbstverwaltungsaufgaben vergleichbare kommunale Zusammenschlüsse" (*materielle* Gemeindeverbände).

Die offene Regelungstechnik des § 5 AO SH habe es zugelassen, dass sich jedenfalls ein Teil der Ämter inzwischen infolge des gewachsenen Aufgabenstandes zu „Gemeindeverbänden" im Sinne der Art. 2 und 3 Landesverfassung entwickelt habe. Die Amtsordnung sehe für diesen Fall keine unmittelbare Wahl der Mitglieder des Amtsausschusses durch das Volk vor. Indes gebiete die Landesverfassung, für „Gemeindeverbände" eine Volksvertretung als maßgebliches Beschlussorgan vorzusehen, die aus unmittelbaren Wahlen hervorgegangen sei. Eine Grenze für die Aufgabenübertragung lasse sich auch nicht im Wege einer verfassungskonformen Auslegung des § 5 AO SH bestimmen. Der Gesetzgeber sei verpflichtet, die verfassungswidrige Rechtslage bis spätestens zum 31. Dezember 2014 durch eine Neuregelung zu beseitigen. Bis dahin bleibe die Regelung über die Zusammensetzung des Amtsausschusses anwendbar. Es bleibt dem Gesetzgeber überlassen, ob er die Übertragung von Selbstverwaltungsaufgaben auf die Ämter beschränkt, um die Entwicklung der Ämter zu Gemeindeverbänden aufzuhalten (etwa durch Aufstellung eines Kataloges an bestimmten übertragbaren Selbstverwaltungsaufgaben), oder ob er der eingetre-

---

[22] Das Land Schleswig-Holstein hat als letztes aller Länder ein eigenes Verfassungsgericht errichtet. Damit ist die Entscheidungszuständigkeit, die zuvor vom BVerfG wahrgenommen wurde, auf das neu errichtete Landesverfassungsgericht übergegangen.

tenen Entwicklung in Richtung von „Gemeindeverbänden" eine neue tragfähige Legitimationsgrundlage verschafft.

Das Verfahren vor dem Landesverfassungsgericht knüpft an die Entscheidung des Bundesverfassungsgerichts vom 24. Juli 1979[23] an. Dem Bundesverfassungsgericht war seinerzeit auf Grundlage des Art. 99 GG die Entscheidung von Verfassungsstreitigkeiten innerhalb des Landes Schleswig-Holstein übertragen. In dem seinerzeitigen Urteil hatte das Bundesverfassungsgericht die Frage verneint, ob Art. 2 Abs. 2 der damaligen Landessatzung es gebot, dass die Bürger auch in den Ämtern eine Vertretung haben, die aus unmittelbaren Wahlen hervorgegangen ist. Gemeindeverbände im Sinne der Landessatzung seien nur die zur Erfüllung von Selbstverwaltungsaufgaben gebildeten Gebietskörperschaften sowie solche kommunalen Zusammenschlüsse, welche diesen nach Umfang und Gewicht der wahrzunehmenden Selbstverwaltungsaufgaben vergleichbar sind. Die Ämter nähmen jedoch nach dem (damals) gegenwärtigen Rechtszustand nur in so beschränktem Umfange Selbstverwaltungsaufgaben wahr, dass sie nicht als Gemeindeverbände angesehen werden könnten. Sie müssten deshalb auch keine unmittelbar gewählte Volksvertretung haben.

Beide Gerichte legen den gleichen Gemeindeverbandsbegriff zugrunde und zeichnen sich durch das gleiche methodische Vorgehen aus: Das Landesverfassungsgericht macht sich die „vom Bundesverfassungsgericht entwickelte sogenannte doppelte Anknüpfung einerseits an die einfachgesetzliche Ausgestaltung des Bestandes an Selbstverwaltungsaufgaben, andererseits an den tatsächlichen Aufgabenbestand" ausdrücklich zu eigen. Die entscheidende Divergenz zwischen den Entscheidungen liegt im Ergebnis, allenfalls noch in der Bewertung des Umfangs realen Kompetenzzuwachses zugunsten der Ämter, was sich freilich angesichts der zwischenzeitlichen Anreicherung mit weiteren Kompetenzen der Ämter deutlich relativiert. Man kann darüber streiten, ob das Landesverfassungsgericht nicht bereits die offene Regelungstechnik der Aufgabenübertragung hätte zum Anlass nehmen können, § 5 AO SH für von Anfang an nichtig zu erklären[24], oder aber, ob das Gericht nicht umgekehrt die Möglichkeiten einer verfassungskonformen Auslegung zu eng gesehen hat[25]. Jedenfalls verdient es hohen Respekt, wenn es besonderen Wert auf die Operationalität der anzulegenden Kriterien legt. Wichtiger erscheint mir, sich den mit einer möglichen Entwicklung in Richtung einer Samt- oder Verbandsgemeinde auftauchenden Folgefragen zu stellen: Welche rechtliche Qualität kommt diesen im Verhältnis zu den Ortsgemeinden zu, insbesondere welchen verfassungsrechtlicher Status haben sie? Welche Anforderungen gelten generell für eine funktio-

---

[23] BVerfG, Urt. vom 24. Juli 1979 – 2 BvK 1/78 – BVerfGE 52, 95, 109.

[24] So *Engelbrecht/Schwabenbauer*, DÖV 2010, 923; s. a. *Ernst*, NVwZ 2010, 818. Insofern könnte die Vorgeschichte (BVerfGE 52, 95) eine Rolle gespielt haben.

[25] s. a. *Waechter*, NordÖR 2010, 226 f.

nenteilende Ausgestaltung der gemeindlichen Ebene? Welche Rolle spielen die Kleinstgemeinden bei diesen Überlegungen? – Diesen Fragen soll im Folgenden insbesondere im Hinblick auf das Modell der – mit den umfänglichsten Kompetenzen ausgestatteten – Verbandsgemeinde nachgegangen werden.

V. Die rechtliche Einordnung
von Orts- und Verbandsgemeinden

1. Gemeinden und Gemeindeverbände

Die Annäherung an eine tragfähige rechtliche Qualifizierung der Verbandsgemeinde muss ihren Ausgangspunkt bei der Institution „*Gemeinde*" nehmen. Das kann im vorliegenden Zusammenhang nur einen Rechtsbegriff meinen[26], mag dieser auch an soziologische Gegebenheiten anknüpfen. Die Schwierigkeit liegt darin, dass die Landesverfassungen ebenso wenig wie das Grundgesetz den Begriff der Gemeinde oder des Gemeindeverbandes selbst definieren[27]: Sie setzen die Begriffe schlicht voraus und überlassen ihre konkrete Ausgestaltung dem kompetenziell hierfür zuständigen einfachen Landesgesetzgeber. Immerhin gibt das Verfassungsrecht bestimmte Anhaltspunkte vor, aus denen sich zumindest mittelbar die Typik der Gemeinden erschließen lässt, wenn es davon spricht, dass ihnen das Recht zu gewährleisten ist, alle Angelegenheiten der örtlichen Gemeinschaft im Rahmen der Gesetze in eigener Verantwortung zu regeln, oder wenn es die unmittelbare Volkswahl der Gemeindevertretung als spezifische Legitimationsform für die Gemeinden bestimmt[28]. Daraus lassen sich gewisse, institutionenprägende Eigenheiten der Gemeinde ableiten: *Gemeinden* sind rechtlich konstituierte Verbände mit einer gebietskörperschaftlicher Ausformung, die auf personaler Mitgliedschaft gründen, mit einem eigenen, „Angelegenheiten der örtlichen Gemeinschaft" umfassenden Aufgabenbestand versehen sind und diesen in bestimmter Form als Träger der untersten Verwaltungsebene wahrnehmen können.

Schwieriger ist der Bedeutungsgehalt des *Gemeindeverbandes* zu bestimmen. Als „Sammelbegriff" für verbandliche Organisationen „ohne feste Konturen"[29], der unterschiedliche Kooperationsformen mit ebenso unterschiedlichen Legitimationsmustern und Aufgabenstellungen umfasst, vereinigt er eine Fülle

---

[26] Hierzu *Nierhaus/Gebhardt*, Kommunale Selbstverwaltung zur gesamten Hand: Von der Samt- und Verbandsgemeinde zur Orts- und Amtsgemeinde?, 2000, S. 53 mwN.

[27] Vgl. für die Gemeinde: *Nierhaus/Gebhardt* (Fn. 26) S. 51; für den Gemeindeverband: LVerfG SH Urt. v. 26.2.2010 – 1/09 (Fn. 17) Rn. 38.

[28] Art. 28 Abs. 1 S. 2 und Abs. 2 S. 1 GG sowie beispielhaft Art 49, 50 LV RhPf.

[29] BVerfGE 52, 95, 110.

administrativer Institutionen, deren Gemeinsamkeit einzig darin besteht, dass sie zumindest mit der „Erledigung" kommunaler Aufgaben betraut und deshalb der kommunalen Ebene zuzuordnen sind. Die Schwierigkeiten einer exakten Erfassung beruhen nicht zuletzt darauf, dass verfassungsrechtliche Anforderungen an das Legitimationsniveau des jeweils maßgeblichen Beschlussorgans und die Reichweite der verfassungsrechtlichen Garantie des spezifischen Wahrnehmungsmodus im Grundgesetz in verschiedene Regelungszusammenhänge gestellt sind[30]. Teilweise weiterreichende landesverfassungsrechtliche oder verfassungsprozessrechtliche Gewährleistungen[31] verwirren vollends bei dem Bemühen um eine generelle Statusbestimmung. Tatsächlich gibt es kaum eine Organisationsform, die mit größerer Unsicherheit rechtlicher Einschätzung behaftet wäre als die der „Gesamtgemeinde".

Zu unterscheiden ist einer *weiter* Begriff von Gemeindeverbänden, der rein funktional zu bestimmen ist, sowie ein *engerer verfassungsrechtlicher* Begriff, der im Lichte des Art. 28 Abs. 1 S. 2 sowie des Art. 28 Abs. 2 S. 1 GG zu entwickeln ist. Namentlich die Zuordnung zu letzterem bereitet nicht nur deshalb erhebliche Probleme, weil Legitimations- und Gewährleistungsebene normativ getrennt erfasst sind, sondern auch deshalb, weil normative wie faktische Elemente in die Entscheidung eingehen. Lediglich die Eckpunkte scheinen einigermaßen gesichert. Danach erfüllen – abgesehen von den insoweit unproblematischen Kreisen – jedenfalls die *Verbandsgemeinden* in Rheinland-Pfalz und in Sachsen-Anhalt wie auch die *Samtgemeinden* in Niedersachsen den verfassungsrechtlichen Gemeindeverbandsbegriff, sind sie doch gebietskörperschaftlich verfasst[32], während umgekehrt reine *Zweckverbände* ganz überwiegend von diesem ausgenommen werden[33]. Zwischen diesen öffnet sich eine Grauzone, die von den *Ämtern*[34] als Bundkörperschaften bis hin zu den unterschiedlichen Formen von *Verwaltungsgemeinschaften* reicht und bei der vor allem, dem doppelten Gemeindeverbandsbegriff des Bundesverfassungsgerichts folgend, die tatsächlich übertragene Aufgabenfülle als materielles Zuordnungskriterium für eine Qualifizierung als Gemeindeverband i.S. des Art. 28 Abs. 2 S. 2 GG in Betracht kommt – womit eine weitergehende landesverfassungsrechtli-

---

[30] Näher *Burgi/Ruhland,* Regionale Selbstverwaltung durch die Landschaftsverbände in Nordrhein-Westfalen im Spiegel von Rechtsprechung und Rechtsliteratur, 2003, S. 23 ff., 105 ff.; *Wiese,* Garantie der Gemeindeverbandsebene 1972, S. 17 ff.

[31] Z.B. Art. 71 Abs.1 LV BW, Art 130 Abs. 1 LVRhPf, Art. 82 Abs.2 SächsVerf; s.a. *Wiese* (Fn. 30) S. 50 ff.

[32] BVerwG, NVwZ 1984, 378 ff, NVwZ 1985, 831; NdsStGH, DVBl 1981, 214.

[33] Statt vieler: BVerfGE 52, 95,110 f; *Oebbecke,* Gemeindeverbandsrecht Nordrhein-Westfalen, 1984, Rn. 35; abweichend namentlich *Bovenschulte,* Gemeindeverbände als Organisationsformen kommunaler Selbstverwaltung, 2000, S. 472.

[34] Neben BVerfGE 52, 95 ff. und LVerfG SH (Fn. 17) BdgVerfG, LVerfGE 8, 71, 77.

che Absicherung keineswegs ausgeschlossen ist[35]. Die Grenzen der Zuordnung sind unscharf, weil die leitenden Kriterien hierfür weitgehend unklar bleiben.

Deshalb folgt auch die jeweilige Zuordnung eher Konventionen als einer klaren Systematik. Eine schlichte Synchronsierung von Art. 28 Abs. 1 S. 2 GG und Art. 28 Abs. 2 S. 2 GG scheint schon begrifflich ausgeschlossen[36]. Will man die Umgehung des in Art. 28 Abs. 1 S. 2 GG angesprochenen Legitimationsniveaus vermeiden, bleibt nur der Rückzug auf Formeln wie die „gebietskörperschaftliche" Struktur des Verbandes[37] oder – ganz im Sinne des doppelten Gemeindeverbandsbegriffs – ein *materielles* Kriterium wie eine den Kreisen vergleichbare Aufgabenfülle oder ein entsprechendes Aufgabenbündel[38]. Für den Gewährleistungsbereich des *Art.* 28 Abs. 2 S. 2 GG ließe sich dagegen auf die strukturelle, für die staatliche Gesamtorganisation bedeutsame Stellung des Verbandes abstellen, dem die substituierende Wahrnehmung kommunaler Verwaltungsaufgaben aufgrund genereller gesetzlicher Entscheidung überantwortet ist[39]. Das könnte die verfassungsrechtliche Absicherung eigenverantwortlicher Aufgabenwahrnehmung auch solcher Gemeindeverbände eröffnen, die auf einfach-gesetzlicher Grundlage beruhen, aber nicht über ein so umfassendes Aufgabenspektrum verfügen, dass die Legitimationsanforderungen des Art. 28 Abs. 1 S. 2 GG ausgelöst würden[40]. Voraussetzung dafür wäre, dass das Legitimationsniveau bei punktueller Aufgabenüberwälzung geringer ausfallen kann als bei umfassender Aufgabenverlagerung – eben dies wird in der Diskussion meist stillschweigend vorausgesetzt[41].

Dessen ungeachtet bleibt es dabei, dass sich der Legitimationsdruck für funktionenteilende kommunale Organisationsformen mit zunehmender Aufgaben-anreicherung erhöht. Nicht zufällig hat sich dieser gerade beim schleswig-holsteinischen Amt manifestiert. Druck entsteht freilich auch aus anderer Rich-

---

[35] Siehe BW StGH, DÖV 1976, 589 ff; NW VerfGH, DVBl. 2001, 1595 f (Schutz der Landschaftsverbände durch Art. 78 LV NW); SächsVerfGH DÖV 1999, 338, 339 (Schutz des „Verwaltungsverbands" durch Art. 82 Abs.2, 84 Abs.1 SächsVerf).

[36] BVerfGE 52, 95, 110; s.a. *Oebbecke*, (Fn. 33) Rn. 33; *Wiese* (Fn. 30) S. 23 ff.

[37] Das entspräche einem formellen Zugriff. In dieser Richtung Hess StGH, DVBl 1999, 1725 f.; *Waechter*, Kommunalrecht, 1983, Rn. 082; s. a. *Tettinger*, in: v. Mangoldt/Klein/Strack, GG, 5. Aufl. 2005, Art. 28 Abs. 2 Rn. 241.

[38] BVerfGE 52, 95, 110; BdgVerfG, LVerfGE 8, 71,77; NdsStGH, OVGE 34, 500, 503 ff; *Kluth*, in: Wolff/Bachof/Stober, Verwaltungsrecht III, 5. Aufl. 2004, § 94 Rn. 81.

[39] Siehe *Burgi/Ruhland* (Fn. 30) S. 33; *Oebbecke* (Fn. 33) Rn. 34; *Wimmer*, NJW 1964, 1654, 1657 m.w.N.

[40] Der Umfang dieses Schutzes bleibt hinter dem Schutz der Gemeinden zurück. Er umfasst nicht die Rechtssubjektsgarantie, insbesondere nicht den (relativen) Schutz des individuellen Bestandes, sondern lediglich den Schutz gegenüber einer Beeinträchtigung *eigenverantwortlicher* Wahrnehmung der gesetzlich zugewiesenen Aufgaben.

[41] Ähnlich schon *v. Mutius* (Fn. 15) S. 33, 53 f. Siehe auch – zur funktionalen Selbstverwaltung – BVerfGE 107, 59, 87; krit. hierzu *Jestaedt*, JuS 2004, 649 ff.

tung, nämlich im Hinblick auf die Frage zulässiger Aufgabenverdünnung der Ortsgemeinde. Nicht zuletzt vor diesem Hintergrund sind die Bemühungen zu verstehen, funktionenteilenden kommunalen Organisationsformen wie denen der „Verbandsgemeinde" in Rheinland-Pfalz (inzwischen auch Sachsen-Anhalt) eine Deutung zu geben, die eine sich insoweit zusätzlich öffnende Flanke schließen will.

2. Föderale (zweistufige) Gemeinden?

Dass die Verbandsgemeinde als *Gemeindeverband* zu qualifizieren ist, entspricht der heute überwiegenden Auffassung[42]. Es ist dies insbesondere die Position des Verfassungsgerichtshofs Rheinland-Pfalz sowie des Oberverwaltungsgerichts Rheinland-Pfalz[43], aber auch einer Reihe von Autoren im Schrifttum[44]. Teilweise wird aber auch davon gesprochen, die Ortsgemeinde *teile* sich mit der Verbandsgemeinde in die Gemeindequalität: In einem Prozess kreativer Institutionenschöpfung wird von *zweistufiger* oder auch *föderaler* Gemeinde gesprochen[45]. Dabei wird in unterschiedlicher Deutung entweder Orts- und Verbandsgemeinde jeweils eigene Gemeindequalität zuerkannt oder aber beiden zusammen – in einer Art „Zellteilung" – Gemeindequalität zugesprochen oder gar von einer „Gesamthandsgemeinde" geredet[46].

---

[42] So *Hellermann/Görisch*, Gemeinde und Stadt Beilage 8 zu Heft 9/2003, S. 14 mwN; zur niedersächsischen Samtgemeinde: NdsStGH, DVBl 1981, 214 f.

[43] VerfGH RhPf, AS 12, 239 f, 246 f.; 15, 1, 7 ff.; OVG Koblenz, AS 25, 232, 233 ff.

[44] *Dahm*, Die Verbandsgemeinde und ihre Ortsgemeinden, 1986, S. 15; *Gern*, Deutsches Kommunalrecht 2.Aufl. 1997, S. 584; *Pagenkopf*, Kommunalrecht, Bd.1 2. Aufl. 1975, S. 143; *Salzmann/Schunck/Hofmann/Schrick*, Verbandsgemeindeordnung. Kommentar 1969, § 1 Rn. 1; *Schmidt-Aßmann/Röhl* (Fn. 13) Rn. 153; *Seewald* (Fn. 13) E Rn. 419; *Wurzel*, in: H.J. von Oertzen (Hg.), Rechtsstaatliche Verwaltung im Aufbau I, 1992, S. 97, 100; *W. Hofmann*, DVBl 1968, 932, 935; *W. Loschelder*, DÖV 1969, 225, 227; *Schmidt-Eichstaedt*, NVwZ 1997, 846, 847.

[45] Siehe *Sachverständigenkommission für die kommunale und staatliche Neugliederung des Landes Nordrhein-Westfalen*, Die kommunale und staatliche Neugliederung des Landes Nordrhein-Westfalen, Gutachten Abschnitt A: Die Neugliederung der Gemeinden in den ländlichen Räumen, 1966, S. 32 ff.; *Bogner*, in: Mann/Püttner (Hg.) Handbuch der kommunalen Wissenschaft und Praxis, Bd.1, 3. Aufl. 2007, § 13 Rn. 13 f; *Hill,* in: Gemeinde- und Städtebund (Hg.), 20 Jahre Verbandsgemeinde in Rheinland-Pfalz, 1992, S. 1, 4 f; *Hlépas* (Fn. 15) S. 293; *v. Mutius* (Fn. 15) S. 37; *Dietlein/Thiel*, Gemeinde und Stadt 2005, 294, 297; *Dittmann*, (Fn. 15) § 18 Rn. 72; *Stich*, DÖV 1969, 236, 238; s. a. *Bovenschulte* (Fn. 33) S. 449 (aber auch S. 445 f.); *Engelbrecht/Schwabenbauer*, DÖV 2010, 918 sowie *Göke* in: Blum u.a. (Hg.), Kommunalverfassungsrecht Niedersachen, 2010, § 71 Rn. 27 (zur nds. Samtgemeinde).

[46] *Nierhaus/Gebhardt*, (Fn. 26) S. 60 Fn. 173; zur rechtskonstruktiven Seite auch *Bovenschulte* (Fn. 33) S. 446.

Die Vorstellung von einer föderalen (zweistufigen) Gemeinde speist sich aus einem *funktionalen Selbstverwaltungsverständnis*[47], das insbesondere in den 60er Jahren des vorigen Jahrhunderts die Diskussion beherrschte. Es lebte von der Annahme, angesichts der Politikverflechtung unter den Gebietskörperschaften aller Ebenen sei es unmöglich, örtliche und überörtliche Aufgaben sicher voneinander abzugrenzen[48]. Kommunale Selbstverwaltung sei Teil eines arbeitsteiligen administrativen Verbundsystems, der nach bestimmten Regeln agiere und sich insbesondere auch in Formen der „Mitverwaltung" mit anderen Entscheidungsträgern äußern könne. Das hat im Schrifttum zu Recht keine Gefolgschaft gefunden[49] und wurde der Sache nach durch die Rastede-Entscheidung des Bundesverfassungsgerichts[50] im Kern zurückgewiesen. Immerhin hat sich das Gericht später – im Zusammenhang mit der funktionenteilenden Aufgabenwahrnehmung auf gemeindlicher Ebene – stärker einer funktionalen Betrachtungsweise geöffnet, wenn es ausführte, „der Verlust einer eigenständigen Aufgabenerfüllung im Bereich der örtlichen Angelegenheiten" werde „durch effektive Weisungs- und Mitwirkungsrechte der Gemeinden auf der Ebene der Verwaltungsgemeinschaft kompensiert"[51].

Bei einer rein funktionalen Betrachtung der Aufteilung gemeindlicher Aufgaben auf zwei kommunale Verwaltungsträger liegt es in der Tat nahe, von einer „gemeindlichen" Aufgabenwahrnehmung auf zwei Ebenen zu sprechen. Diese Sicht legt auch die rheinland-pfälzischen Gemeindeordnung zugrunde, wenn sie davon spricht, dass Verbandsgemeinden „neben den Ortsgemeinden öffentliche Aufgaben der örtlichen Gemeinschaft" erfüllen[52]. Zwar können die Länder die innere Organisation der Kommunen wie auch die Struktur der kommunalen Landschaft im jeweiligen Land unterschiedlich bestimmen; das Verfassungsrecht ist also auch offen für Verbundlösungen. Indes können sie Eigenschaften, die den *Gemeinden* zukommen, anderen kommunalen Trägern nur

---

[47] *Pappermann*, VerwArch 65 (1974) 172 ff; *Roters*, Kommunale Mitwirkung an höherstufigen Entscheidungsprozessen, 1975, S. 11 f., 30 f., 54.

[48] Ähnlich *Burmeister,* Verfassungstheoretische Neukonzeption der kommunalen Selbstverwaltungsgarantie, 1977, S. 105, 116 ff, der daraus den Schluss zieht, kommunale Selbstverwaltung müsse „durch Freiräume politischer Beweglichkeit" als „unterste ‚Vollzugsinstanz' *aller* staatlichen Verwaltungsaufgaben" abgeschirmt werden. Die Unterscheidung zwischen einem eigenen und einem übertragenen gemeindlichen Wirkungskreis sei aus der Sicht des Verfassungsrechts unhaltbar.

[49] Hierzu namentlich *Blümel*, in: VVDStRL 36 (1978) S. 171, 209, 244 f; *Hendler,* Selbstverwaltung als Ordnungsprinzip, 1984, S.201 ff.; *M. Möller,* Subsidiaritätsprinzip und kommunale Selbstverwaltung, 2009, S.159 ff, 171 f.; *v. Mutius*, Gutachten zum 53. DJT, 1976, E 9, 18 ff; *H. Krüger*, NWVBl 1987, 97 ff. m.w.N.

[50] BVerfGE 79, 127 ff. (zum Verhältnis von Gemeinden und Kreisen); s. a. BVerfGE 110, 370, 401 (Klärschlammbeseitigung).

[51] BVerfGE 107, 1, 10 (sachsen-anhaltinische Verwaltungsgemeinschaften).

[52] § 64 Abs. 1 GO RhPf; krit. hierzu *Nierhaus/Gebhardt* (Fn. 26) S. 70 ff., 120.

beimessen, sofern es sich *nicht* gerade um ein *exklusives* Merkmal von Gemeinden handelt. Insoweit stoßen der Gestaltungsspielraum des einfachen Gesetzgebers wie auch seine Definitionsmacht – und damit auch die des Exege-
ten – auf einen anderen verfassungsrechtlichen Rahmen als bei lediglich auf die
Landesverwaltung bezogenen *internen* Organisationsmaßnahmen, auch wenn
beide Formen staatlicher Organisationsgewalt entspringen. Es geht insofern um
die verfassungsrechtlichen Strukturvorgaben für eine Steuerung durch Organi-
sation(srecht), an denen sich die einfach-gesetzliche Organisationsentscheidung
messen lassen muss.

Das Bundesverwaltungsgericht[53] hat die Frage des Verhältnisses von Orts-
und Verbandsgemeinde offen gelassen – es brauchte sie schlicht nicht zu entscheiden. Das ändert nichts daran, dass auch der Gesetzgeber das grundlegende
Ordnungsmuster, das durch Art. 28 Abs. 1 S. 2 sowie Art. 28 Abs. 2 GG vorgegeben ist, unbeschadet der Aufgabenteilung im Einzelnen, nicht verlassen
darf[54]. Dieses entzieht sich einer glatten Lösung. Ein gewisser, damit zusammen hängender Dilemmacharakter wird sichtbar bei *Nierhaus/Gebhardt*[55], die
einerseits von einem *Gemeindeverband* sprechen, dessen Zuständigkeit sich
ausschließlich aus einfachem Recht ergebe, andererseits aber von einer „*Gesamthandsgemeinde*", ohne dass deutlich wird, wie sich unterschiedliche Legi-
timationsgrundlagen und Hoheiten damit vereinbaren lassen sollen. Im Übrigen
ist das Bild der „Gesamthandsgemeinde" trotz der durchaus vorhandenen kooperativen Elemente[56] eher irreführend: Das Konstrukt der Verbandsgemeinde
folgt in seinem Kern ersichtlich dem Grundgedanken der Funktionenteilung.
Diese ist aber nur zum Teil eine Aufgabenwahrnehmung „zur gesamten Hand";
ihre Problematik liegt gerade in der Abkopplung bestimmter Selbstverwaltungsaufgaben von der Ortsgemeinde. Zutreffend und unabhängig hiervon
sprechen allerdings beide davon, die Deutung als „doppelzelliges Gemeinde-
modell" sei „verfassungsrechtlich außerordentlich sensibel"[57].

---

[53] BVerwG, NVwZ 1984, 378; ebenso *Hellermann/Görisch* (Fn. 42) S. 14; *Siedentopf,* DV 4 (1971) 273, 298.

[54] Hierzu insbes. *Hendler* (Fn. 49) S. 194 f.; *Stern,* in: Der Kreis I, 1972, S. 156, 166.

[55] Siehe *Nierhaus/Gebhardt* (Fn. 26) S. 25; ähnlich zwiespältig *Bovenschulte* (Fn. 33)
S. 445 f. einerseits, S. 449 andererseits.

[56] Vgl. etwa § 67 Abs. 6, § 69 Abs. 3 und 4 sowie § 70 GO RhPf.

[57] *Nierhaus/Gebhardt* (Fn. 26) S. 118; s.a. *Bovenschulte* (Fn. 33) S. 442 ff., 449 sowie *Püttner* (Fn. 5) F 41, der sich für eine Grundgesetzänderung mit ausdrücklicher Anerkennung der zweistufigen Gemeinde ausspricht.

Die *verfassungsrechtliche Leitentscheidungen* zur kommunalen Selbstverwaltung in Art. 28 Abs. 2 GG bzw. den entsprechenden Bestimmungen der Landesverfassungen garantieren den Gemeinden das Recht, *alle Angelegenheiten der örtlichen Gemeinschaft* im Rahmen der Gesetze *in eigener Verantwortung* zu regeln. Die Formulierung enthält drei konstituierende Elemente, die das Wesen gemeindlicher Selbstverwaltung beschreiben: Angelegenheiten der *örtlichen Gemeinschaft* (soziale und räumliche Komponente), *alle* Angelegenheiten (aufgabenbezogene Komponente), *in eigener Verantwortung* (bestimmter Wahrnehmungsmodus). Bei allen Schwierigkeiten, die örtlichen Angelegenheiten näher zu bestimmen, besteht jedenfalls darin Einigkeit, dass die Allzuständigkeit (*Universalität*) ein essentielles Element gemeindlicher Kompetenzbestimmung bedeutet – eine für das deutsche Kommunalrecht spezifische Eigenheit, die sich in dieser Form in anderen Ländern nicht wiederfindet. Sie ist einer *Teilbarkeit nicht zugänglich*[58]. Zwar kann der einfache Gesetzgeber das gemeindliche Aufgabenzugriffsrecht im Hinblick auf einzelne Agenden aus bestimmten Gründen beschränken. Auch kann er eine der gemeindlichen Kernkompetenz angenäherte Rechtsstellung anderen Trägern zuweisen; diese kann indes immer nur der gemeindlichen Wahrnehmungskompetenz gegenüber *subsidiär* sein. Mit Allzuständigkeit ausgestattet sind nach den einschlägigen Kommunalverfassungen[59] aber ist nur die Ortsgemeinden. Nur ihnen kommt die (bundes-)verfassungsrechtliche Qualität einer Gemeinde und deren spezifischer Schutz zu. *Kompetenz-Kompetenzen* von Gesamtgemeinden sind verfassungsrechtlich besonders rechtfertigungsbedürftig und auf eine verfahrensrechtliche Absicherung angewiesen[60]. Verfassungsrechtlich prekär ist auch ein restriktiver Umgang mit Rückübertragungsrechten der Ortsgemeinden bei hinreichender eigener Leistungskraft[61].

---

[58] *Niehaus/Gebhardt* (Fn. 26) S. 57; s. aber auch *Siedentopf* 4 (1971) S. 284 ff; a.A. offenbar *Engelbrecht/Schwabenbauer*, DÖV 2010, 916, 918.

[59] Siehe § 2 Abs. 1 NdsGO, § 1 Abs. 2 GO RhPf, § 2 Abs. 1 GO LSA.

[60] Ebenso *Siedentopf,* DV 4 (1971) S. 294 ff. S.a. *Hlépas* (Fn. 15) S. 289, *Stern*, in: Der Kreis I, 1972, S. 166; vgl. aber auch *Nierhaus/Gebhardt* (Fn. 26) S. 81.

[61] Hierzu BVerwG, NVwZ 1985, 832; OVG Koblenz, DVBl 1985, 179 f. Beide Gerichte halten sich bei der näheren Konturierung des hierfür geforderten „öffentlichen Wohls", etwa im Hinblick auf die Entwertung schutzwürdiger Investitionen, zurück.

VI. Anforderungen an eine funktionenteilende Konstruktion der unteren kommunalen Ebene

1. Aufgabenübertragungen

Man wird kaum fehlgehen in der Annahme, dass das Sprechen von einer *zweistufigen* Gemeinde von der Vorstellung geleitet wird, die *Aufgabenverlagerung* auf die Verbandsgemeinde werde dadurch *erleichtert*[62]. Indes könnte eine solche Vorstellung mit zunehmender Aufgabenanreicherung ins Auge gehen[63]. Zwar haben die Modelle der Verbandsgemeinde (in Rheinland-Pfalz) wie auch der niedersächsischen Samtgemeinde als solche den Segen der Rechtsprechung gefunden. Das *Bundesverwaltungsgericht*[64] meinte gar, angesichts der Anzahl und des Gewichts der den Ortsgemeinden verbliebenen Sachkompetenzen könne von einer Aushöhlung der Allzuständigkeit der Ortsgemeinden durch die rheinland-pfälzische Verbandsgemeinde nicht gesprochen werden. Das Schrifttum[65] hat sich dem weitgehend angeschlossen. Erst in jüngerer Zeit finden sich Stimmen, welche die konkrete Ausgestaltung des Verhältnisses zwischen Orts- und Verbandsgemeinde kritischer beleuchten[66]. Tatsächlich dürfte in diesem Zusammenhang unerheblich sein, ob man eine zweistufige Gemeinde oder einen Gemeindeverband annimmt[67]. Seit dem Rastede-Urteil des BVerfG[68] sollte klar sein, dass die *Ortsgemeinde* verfassungsrechtlichen *Schutz vor einem Aufgabenentzug* auch bei Annahme eines zweistufigen Gemeindemodells genießt. Das bedeutet, dass eine „Hochzonung" von Selbstverwaltungsaufgaben erst zulässig ist, wenn eine ordnungsgemäße Aufgabenerfüllung vor Ort nicht mehr gewährleistet ist oder es zu einem unverhältnismäßigen Kostenanstieg kommen

---

[62] In dieser Richtung *Nierhaus/Gebhardt* (Fn. 26) S. 63; *Hill* (Fn. 45) S. 5 f.; *Dietlein/Thiel*, Gemeinde und Staat 2005, 297 (unter Berufung auf BVerwG, NVwZ 1984, 378. Demgegenüber hat das Gericht die konstruktive Frage gerade offen gelassen).

[63] *Bovenschulte* (Fn. 33) S. 85, 447; *Nierhaus/Gebhardt* (Fn. 26) S. 32, 119; s. a. *Hill* (Fn. 45) S. 6 f; *Siedentopf*, DV 4 (1971) S. 298 m.w.N.

[64] BVerwG, NVwZ 1984, 378, NVwZ 1985, 831; *Nierhaus/Gebhardt* (Fn. 26) S.32.

[65] *Dahm*, Die Verbandsgemeinde und ihre Ortsgemeinden, 1986, S. 26; *Dietlein/Thiel*, Gemeinde und Stadt 2005, 297; *Hellermann/Görisch* (Fn. 42) S. 14; *Hofmann/Neth/Dreibus/Beucher/Neutz*, Die Kommunalgesetze für Rheinland-Pfalz, Losebl,, Erl. 2 zu § 64 GemO; *Klöckner*, in: Gabler/Höhlein/Klöckner/Lukas/Oster/Schaaf/Stubenrauch/Tutschapsky, Kommunalverfassungsrecht Rheinland-Pfalz – Gemeindeordnung, Losebl., Vorbem. 5 zu §§ 64 – 73; *Nierhaus/Gebhardt* (Fn. 26) S. 32 f.

[66] *Nierhaus/Gerhardt* (Fn. 26) S. 63 ff., 72 ff, 80 ff, 97 ff; *Siedentopf*, DV 4 (1971) S. 293, 298; s. a. *Bovenschulte* (Fn. 33) S. 447.

[67] Zutreffend *Dietlein/Thiel* (Fn. 16) S. 101; *Hellermann/Görisch* (Fn. 42) S. 15; *Nierhaus/Gebhardt* (Fn. 26) S. 32, 98. Anders mag sich die Frage im Hinblick auf nicht gebietskörperschaftlich verfasste Verbände stellen; s. a. oben Fn. 45.

[68] BVerfGE 79, 127 ff.; *Nierhaus/Gebhardt* (Fn. 26) S. 99. Bereits zuvor: BVerwG, NVwZ 1984, 378 f.

würde und die den Aufgabenentzug tragenden Gründe des Gemeinwesens gegenüber dem verfassungsrechtlichen Aufgabenverteilungsprinzip des Art. 28 Abs. 2 S. 1 GG überwiegen. Hier mag dann auch das *Legitimationsniveau* eine Rolle spielen, wenn es um die Bestimmung des zulässigen Umfangs einer Aufgabenzuweisung an die Gesamtgemeinde geht, oder die Überlegung, die Aufgabenübertragung an die Gesamtgemeinde sei gegenüber einer Auflösung der Ortsgemeinde das „mildere Mittel"[69]. Immerhin fällt auf, dass das Landesrecht auch dort, wo es eine Differenzierung nach Gemeindegrößen für die Zuordnung zu Gesamtgemeinden vornimmt, weiterhin ein breites Spektrum von Gemeinden umfasst, die ihrerseits eine höchst divergierende Leistungsfähigkeit aufweisen. Gerade hier kann das Modell der Gesamtgemeinde an eine Grenze stoßen, die typischerweise ein Leerlaufen gemeindlicher Aufgabenwahrnehmung in bestimmten Gemeindegrößenklassen verfestigt und deshalb besondere Aufmerksamkeit verlangt[70]. Das lenkt den Blick abschließend auf die Situation von Kleinstgemeinden und deren Rolle innerhalb des Konstrukts der Gesamtgemeinde.

2. Kleinstgemeinden und verfassungsrechtliches Leitbild

In der Regel haben Kleinstgemeinden eine lange Tradition. In ihnen spiegelt sich die soziale Dimension der örtlichen Gemeinschaft besonders anschaulich wider. Nicht selten haben sie eine Vielzahl von Reformen überdauert, teils, weil sie eine Nische bilden, an der die allgemeine politische Aufmerksamkeit vorbeiging, teils, weil sie von den großen Reformen systematisch ausgespart wurden, teils, weil sie sich allgemeinen Neuordnungstrends, etwa wegen der Besonderheit der Lage oder Siedlungsstruktur, mit Erfolg widersetzen konnten. Dennoch ist in Erinnerung zu rufen, dass Verwaltungsträger einschließlich der kommunalen Träger *rechtliche* Konstrukte sind. Ihre „Konstruktion" kann bestimmten Traditionen folgen (wie bei alten Städten), ist jedoch stets mit den ihnen obliegenden Aufgaben abzugleichen und auf die angemessene Verarbeitung der physischen und sozialen Entitäten angewiesen. Sie kann sich hiervon nur um den Preis von Verwerfungen und Dysfunktionalitäten lösen. Zu den zu berücksichtigenden Faktoren zählt nicht zuletzt die Größe der Verwaltungseinheit: Sie bestimmt ebenso die anfallenden Probleme[71] mit wie das Maß der Problemverarbeitungskapazität. Beides wird gewöhnlich an *Regeleinwohnerzahlen* festgemacht. Diese erlauben ein systemgerechtes Vorgehen und sind als

---

[69] Vgl. BVerwG, NVwZ 1984, 378, 379; ähnlich BWStGH 26, 1, 4; *Dietlein/Thiel* (Fn. 16) S. 102; gegen diese Argumentation *Siedentopf*, DV 4 (1971) S. 292 f; *Nierhaus/Gebhardt* (Fn. 26) S. 57 f.: einem „Totschlagsargument" gleichkommend.

[70] Vgl. Bdg LVerfG 13, 159 m.w.N.; s. a. *v.Mutius* (Fn. 15) S. 33, 53 f.

[71] s. a. *Faber*, in: AK-GG, 3. Aufl. (2002), Art. 28 Abs. 1 II, Abs. 2 Rn. 26; *Stein/Frank*, Staatsrecht, 21. Aufl. 2010, § 15 IV.

grundsätzlich taugliche Indikatoren zur Bestimmung der *Verwaltungskraft und Veranstaltungskraft* von Kommunen bestimmter Größenklassen anerkannt[72]. Sie müssen freilich empirisch gestützt[73] und mit Öffnungsklauseln versehen sein, die es erlauben, atypischen Gegebenheiten wie einer besonderen Siedlungs- und Bevölkerungsstruktur angemessen Rechnung zu tragen[74]. So betragen die Einwohnerrichtwerte für verbandsfreie Gemeinde in Mecklenburg-Vorpommern 5.000, in Sachsen-Anhalt 8.000. Nach dem Ersten Landesgesetz zur Kommunal- und Verwaltungsreform in Rheinland-Pfalz[75] sollen durch territoriale Veränderungen Verbandsgemeinden mit in der Regel mindestens 12.000 Einwohnern sowie verbandsfreie Gemeinden mit regelmäßig mindestens 10.000 Einwohnern geschaffen werden. Für die verbandsangehörigen Gemeinden enthält sich das Gesetz einer Vorgabe. Sachsen-Anhalt sieht insoweit eine Regelmindestgröße von 1000 Einwohnern vor, Mecklenburg-Vorpommern bestimmt für seine amtsangehörigen Gemeinden eine Mindestsollgröße von 500 Einwohnern. Sachsen geht von Leitbild für Mitgliedsgemeinden von Verwaltungsgemeinschaften und Verwaltungsverbänden aus, das eine Größe von 1000 Einwohnern vorsieht.

In krassem Gegensatz dazu steht die kommunale Wirklichkeit in verschiedenen Ländern: Von den 12.227 Gemeinden in der Bundesrepublik weisen 2.680 (= 21,4 %) eine Einwohnerzahl bis zu 500 Einwohnern auf. 6,2 % aller Gemeinden haben 200 oder weniger Einwohner. Kleinstgemeinden bis zu 200 Einwohnern („Zwerggemeinden"[76]) konzentrieren sich vor allem auf die Länder Rheinland-Pfalz (373 Gemeinden = 16,2 %), Schleswig-Holstein (139 = 12,4 %), Thüringen (100 = 10,4 %) und Mecklenburg-Vorpommern (43 = 5,1 %)[77]. Die Diskrepanz zwischen normativem Leitbild und kommunaler Wirklichkeit ist unübersehbar. Angesichts dieses Befundes lässt sich nicht mehr der Frage ausweichen, ob insbesondere die Kleinstgemeinden noch institutionen-

---

[72] BVerfGE 50, 50, 51; BVerfG, NVwZ 2003, 850, 854; BayVerfGH, BayVBl 1978, 497, 503; BdgVerfG, LVerfGE 13, 159, 171 f; BW StGH, DVBl 1975, 385, 391; s. a. SächsVerfGH, LVerfGE 10,375, 378, 396; ThürVerfGH, LVerfGE 5, 391,422; *Dreier* in. ders., GG, Art. 28 Rn. 122; *Tettinger* (Fn. 37) Art. 28 Rn. 233; *Oebbecke,* in: Henneke (Hg.), Optimale Aufgabenerfüllung im Kreisgebiet?, 1998, S. 47 f.

[73] Hierzu namentlich BVerfGE 50, 50, 51; 259, 333 f; Bdg VerfG, LVerfGE 13, 161 f; SächsVerfGH, LVerfGE 13, 394 ff. Das Ergebnis braucht freilich nur *vertretbar* zu sein, siehe BVerfG, NVwZ 2003, 854; BdgVerfG, LVerfGE 13, 172; ThürVerfGH, LVerfGE 5, 391, 423; s. a. *Horst Kappe,* Wirtschaftlichkeitsanalysen zur Gebiets- und Funktionalreform, 1978, S. 14; *Püttner,* SächsVBl 1993, 195.

[74] BdgVerfG, LVerfGE 13, 159, 173 f; LKV 2002, 573, 575 f.

[75] Art.1 § 2 Abs.2 des Ersten Landesgesetz zur Kommunal- und Verwaltungsreform v. 28.9.2010 (GVBl 2010, S. 272).

[76] Zur Begrifflichkeit einschließlich der leitenden Grenzwerte *Werner Weber,* Kommunalwirtschaft 1967, 471, 472.

[77] Stand am 31.12.2008 (Statistisches Bundesamt, Statist. Jahrb. 2010 S. 40 f.).

gerecht ausgestaltet sind. Sie steht seit langem im Raum und bezeichnet ein Desiderat, das zunehmend auf eine Lösung drängt. Werner Weber wies bereits 1964 in seinem Gutachten zum 49. Deutschen Juristentag[78] darauf hin, „die an Zahl weit überwiegende Masse der (dörflichen) Gemeinden" sei „in ihrem Zuschnitt, d.h. ihrer finanziellen und personellen Verwaltungskraft, so bescheiden, daßdass sie den Erwartungen, die heute von der Bevölkerung dem kommunalzivilisatorischen Standard entgegengebracht werden, nicht mehr genügen können". Aus Anlass der Gebietsreformen in Rheinland-Pfalz beklagte die damalige Landesregierung[79]: „Gemeinden unter 300 Einwohner können – auch im begrenzten Rahmen einer verbandsangehörigen Gemeinde – kommunale Selbstverwaltungsaufgaben in der heutigen Zeit nicht mehr wirksam gestalten". Das entsprach ganz dem Zwischenbericht der 1965 dort eingesetzten Kommission „Stärkung der Verwaltungskraft", welche die Zusammenlegung von Kleinstgemeinden unter 300 Einwohnern vorschlug, soweit dem nicht „besondere örtliche Umstände entgegenstünden wie z.B. eine erhebliche Entfernung oder die völlige Unwahrscheinlichkeit, dass ein ersprießliches Verhältnis entsteht"[80]. Und völlig zutreffend konstatierte die Sachverständigenkommission „Verwaltungs- und Gebietsreform in Niedersachsen"[81], den Mitgliedsgemeinden dürfe nicht nur ein mehr oder minder unbeachtlicher Rest von Aufgaben belassen und damit in der Kernbereich des Art. 28 Abs. 2 GG eingegriffen werden.

Angesichts eines solchen Befundes kann der Hinweis auf die fortbestehende „*Universalität* des gemeindlichen Wirkungskreises für die verbandsangehörigen Gemeinden" heute nicht mehr[82] pauschal damit begründet werden, Gemeinden hätten „nach wie vor eine große Fülle von örtlichen Aufgaben zu erledigen". Namentlich für Kleinstgemeinden gibt es keine empirischen Belege für eine verbleibende „Fülle von örtlichen Aufgaben". Diese wären umso dringlicher, als Ausgangspunkt der Verbandsgemeindelösung ja gerade die mangelnde Verwaltungskraft der Gemeinden ist[83]. Zwar ist die Aufgabenübertragung an die Gesamtgemeinde der notwendige Preis der Aufrechterhaltung von kleineren

---

[78] *Werner Weber*, Gutachten für den 45. DJT. Bd.1, Teil 5, 1964, S. 4, 44.

[79] Pressestelle der Staatskanzlei des Landes Rheinland-Pfalz (Hg.), Ein Land gibt ein Beispiel, Mainz 1970, S. 30, zit. nach *Rüschenschmidt,* Die Verwaltungsreform im Lande Rheinland-Pfalz unter besonderer Berücksichtigung der Territorialreform auf der Ebene der Kreise und Gemeinden, Diss. Trier, 1975, S. 355 Fn. 1.

[80] Zwischenbericht der Kommission, abgedruckt in: Verwaltungsvereinfachung in Rheinland-Pfalz, Eine Dokumentation, 2. Teil 1968, S. 15, 25; s. a. *Hesse* (Fn. 20) S. 7; Rüschenschmidt (Fn. 79) S. 347 ff, 356; *Dietlein/Thiel* (Fn. 16) S. 107.

[81] Bd. I, 1969, S. 44, zit. nach *Siedentopf,* DV 4 (1971) S. 289.

[82] *Dietlein/Thiel* (Fn. 16) S. 106 weisen darauf hin, dass es schon bei Einführung der Verbandsgemeinde an der Leistungsfähigkeit der Ortsgemeinden fehlte. Das macht die Dinge nicht besser und belegt nur den seit langem bestehenden Handlungsdruck. s. a. *Bovenschulte* (Fn. 33) S. 446 f; *Rüschenschmidt* (Fn. 79) S. 347 ff, 356.

[83] *Siedentopf,* Die Verwaltung 4 (1971), 294.

Gemeinden im ländlichen Raum. Als Maßnahme zur Herstellung „maß-
geschneideter" Lösungen im ländlichen Raum mögen gute Gründe für sie sprechen[84]. Indes kann dies nicht dazu führen, dass die verbleibenden Kompetenzen
der Ortsgemeinden (Mitgliedsgemeinden) die Struktur kommunaler Selbstverwaltung dauerhaft verfehlen. Eben dies ist bei Kleinstgemeinden – zumindest
aus heutiger Sicht[85] – regelmäßig der Fall. Auch wenn man die „Universalität"
im Kern als eine auf einem *Aufgabenerfindungsrecht* der Gemeinden beruhende
Subsidiaritätsregel versteht[86], das vornehmlich eine Potentialität zum Ausdruck
bringt, kann sie doch nicht völlig von den realen Verwirklichungsbedingungen
abgekoppelt werden. Mit Recht hat das Bundesverfassungsgericht[87] den Kon-
nex von formaler rechtlicher Befugnis und materiell verstandener Verwirkli-
chungschance in verschiedenen Zusammenhängen herausgestellt. Es genügt
demnach nicht, die Ortsgemeinden nur noch als „Verwaltungsplattform" zu
nehmen, die unter den realen Bedingungen nur noch marginale Entfaltungs-
räume bereit hält[88]. Die objektive Rechtsinstitutionsgarantie des Art. 28 Abs. 2
GG verfehlte ihr Ziel, wenn sie nur die bloße Existenz einer Gemeinde mit leer-
laufendem Kompetenzbündel umfasste. Dass die administrative Funktion der
Ortsgemeinde schon auf ein Minimum reduziert ist, mag in der Natur der Sache
sowie des Konstrukts „Gesamtgemeinde" liegen und im Hinblick auf Art. 28
Abs. 2 GG geringeres Gewicht aufweisen. Fehlt es aber typischerweise an sub-
stantiellen kommunalpolitischen Gestaltungsmöglichkeiten[89], namentlich an der
tatsächlichen Möglichkeit einer Sicherstellung öffentlicher Grundversorgung
vor Ort, so sind deutliche Zweifel anzumelden, ob insoweit noch von einer in-
stitutionsgerechten Ausgestaltung der gemeindlichen Ebene die Rede sein
kann[90]. So lässt sich fragen, ob nicht auch kleine Gemeinden noch zu einer gewissen Grundversorgung in der Lage sein müssen – etwa beim Zugang zum
„Gut Bildung", das im Rahmen einer Schule, heute zumindest im Rahmen einer
Kindertagesstätte, bereitzustellen ist. Jedenfalls wäre die Pflege eines Dorfge-

---

[84] *Schmidt-Aßmann/Röhl* (Fn. 13) Rn. 151; s.a. BVerwG, NVwZ 1984, 378, 379;
Dietlein/Thiel (Fn. 16) S. 102.

[85] s. a. *Dietlein/Thiel* (Fn. 16) S. 106 f., die sich indessen der daraus zu ziehenden
Konsequenz letztlich entziehen. Vgl. demgegenüber *Wimmer*, NJW 1966, 1658.

[86] *Bull*, DVBl. 2008, 1, 4; *Möller* (Rn. 49) S. 168 ff., 176 f.

[87] BVerfGE 23, 353, 367; 79, 127, 155; 83, 127, 143; 107, 1, 12. S.a. *Oebbecke* (Fn.
33) S. 54; *Siedentopf*, DV 4 (1971), 279, 294.

[88] BVerfGE 79, 150; 107, 12. S.a. *Czybulka*, Die Legitimation der öffentlichen Verwaltung, 1989, S. 216; *Faber* (Fn. 71) Rn. 30. Aus der Sicht der politischen Ökonomie
lassen sich unschwer Ortsbürgermeister wie auch (vordergründig) Verbandsgemeinden
als Gewinner eines status-quo ausmachen.

[89] *Hellerman/Görisch* (Fn. 42) S. 26; s.a. BVerfGE 79, 150; 107, 18 f; *Thiele*, DVBl
1980, 13, aber auch *Blümel* (Fn. 49) S. 213 f (gegen ein pauschales Abzählen).

[90] Siehe *Hill* (Rn. 45) S. 7; *Laux* (Fn. 4) S. 138; *Möller* (Fn. 53) S. 158; *Waechter*,
NordÖR 2010, 225, 228; *Wimmer*, NJW 1966, 1658.

meinschaftshauses allein nicht ausreichend, um der Institution „Gemeinde" insoweit Inhalt zu geben. Dabei soll nicht verkannt werden, dass es heute angesichts geringer „freier Spitzen" auch größeren Gemeinden (Städten) schwer fallen kann, kommunalpolitische Prioritäten zu setzen.

Der naheliegende Verweis auf den Modus kommunaler Selbstverwaltung, der auch und gerade hier Raum findet[91], kann die Substanzschwäche der Kleinstgemeinden nicht überspielen. Ohne politische Gestaltungsräume bedeutet ein solcher Verweis die Abkopplung von Modus und Inhalt; er setzt eine bestimmte Sozialform verkürzend mit politischer Entscheidungsherstellung gleich[92]. Eine angemessene Erfassung der spezifischen Effizienz *ehrenamtlichen Engagements* in der kommunalen Selbstverwaltung ist deswegen keineswegs ausgeschlossen. Ein solches Engagement indiziert, wie Kluth[93] mit Recht bemerkt, in hohem Maße die Wahrnehmung von Missständen und die Ansprechbarkeit im Hinblick auf die mehr oder weniger kleinen Dinge vor Ort. Dem kann, kommen nicht triftige Besonderheiten der Siedlungs- oder Bevölkerungsstruktur hinzu, regelmäßig im Rahmen einer Ortsteilsverfassung Rechnung getragen werden. Sie bietet erheblich größeren Spielraum für Funktionalreformen, die der unteren kommunalen Ebene insgesamt zugutekommen. Das Modell der „Landgemeinde" in Thüringen nach § 45a ThürKO kann insoweit als Anhaltspunkt dienen.

VII. Fazit

Gesamtgemeindelösungen waren und sind ein bedeutsamer Beitrag zur Verankerung kommunaler Selbstverwaltung im ländlichen Raum. Gerade deshalb ist es wichtig, sich der rechtlichen Problematik ihrer näheren Ausformung auf gemeindlicher Ebene zu stellen und deren Rekonstruktion neu anzugehen. Dies ist lange Zeit nicht geschehen, vielmehr wurde in verschiedenen Ländern die Ebene der Ortsgemeinden gänzlich aus den Reformüberlegungen ausgeklammert. Auf diese Weise wurden für eine Gesamtschau bedeutsame verfassungsrechtliche Randbedingungen schlicht ausgeblendet. Das ist umso folgenreicher, als Verwaltung sich ständig wandelnden Einflüssen der Umwelt ausgesetzt ist und deshalb imstande sein muss, diese adäquat zu verarbeiten. Hier stoßen Verbandsmodelle auf verfassungsrechtliche Restriktionen, die ihre Entwick-

---

[91] *Waechter*, NordÖR 2010, 226. Siehe aber auch zur Repräsentationsfrage *Bovenschulte* (Fn. 13) S. 180 f.

[92] Vgl. auch – in anderem Zusammenhang – zur Formenwahrheit *Bull,* in: Staat – Kirche – Verwaltung, FS für Hartmut Maurer, 2001, S. 545, 553 f.

[93] *Kluth/Rosenfeld*, Zur Wirtschaftlichkeit gemeindlicher Verwaltungsstrukturen in Sachsen-Anhalt, Gutachten im Auftrag des Ministeriums des Innern des Landes Sachsen-Anhalt, 2007, S. 60.

lungsmöglichkeit einschränken. Schon heute wird sichtbar, dass sich die einfach-gesetzliche Ausgestaltung einzelner Gesamtgemeindemodelle von der Wirklichkeit weit entfernt hat und zu Fiktionen greift, die dem gesetzgeberischen Auftrag zu institutionskonformen Lösungen nicht mehr gerecht werden. Auch wenn man in Rechnung stellt, dass es sich bei einer Neuordnung von Kleinstgemeinden angesichts der Vielzahl der davon betroffenen Funktionsträger um einen politisch spannungsreichen Vorgang handelt, ist im Blick zu behalten, dass die institutionelle Garantie kommunaler Selbstverwaltung nicht von dem Gestaltungsauftrag an den Gesetzgeber entkoppelt werden kann, kommunale Selbstverwaltung substantiell auszufüllen und mit funktionsgerechten Strukturen zu versehen.

Soziale Selbstverwaltung und Bürgerbeteiligung im sozialen Gesundheitswesen

Felix Welti

I. Soziale Selbstverwaltung und Bürgerbeteiligung – Probleme und Potenziale

„Anders als die kommunale Selbstverwaltung ist die soziale Selbstverwaltung bei der Bevölkerung weitgehend unbekannt und an ihren Problemen besteht wenig Interesse[1]. Auch in der staatstheoretischen und politikwissenschaftlichen Diskussion spielt sie kaum eine Rolle, obwohl die Auseinandersetzung um Demokratie und Partizipation Anlass dazu geboten hätte[2]. Von den Juristen befassen sich mit ihr fast nur die Spezialisten für Sozialrecht[3].

---

[1] „Vgl. die Kurzfassung der demoskopischen Untersuchung: Die Selbstverwaltung in der Sozialversicherung. (…), BT-Drs. 7/4244, S. 24 ff. Danach haben 69% der Versicherten überhaupt noch nichts von der Selbstverwaltung gehört. Die Personen und Organisationen (…) sind sogar 84% der Versicherten unbekannt. 43% (…) meinten, die Probleme der sozialen Sicherung sollten ‚Fachleuten überlassen bleiben'." Vgl. *Bernard Braun*/ Gerd Marstedt, Wie bürgernah sind Selbstverwaltung und Sozialwahlen?, Gesundheitsmonitor 3/2010, S. 2, 4: „37% der in einer GKV-Kasse versicherten Bürger war bekannt, dass es in ihrer Krankenkasse einen aus ehrenamtlich tätigen Vertretern (…) zusammengesetzten (…) ‚Verwaltungsrat' gibt. (…) 32% derjenigen, die (…) von einem Verwaltungsrat (…) wussten, gaben an, ihnen seien (…) nähere Einzelheiten bekannt. (…) 42% meinen, der Verwaltungsrat sei überflüssig, ‚weil die wichtigen Entscheidungen (…) an anderer Stelle fallen'".

[2] „In der über 50 Druckseiten umfassenden Bibliographie von *Antritter* zur Demokratisierungsdiskussion (…) findet sich kein Titel der speziell auf die soziale Selbstverwaltung hinweist. (…)". Gibt man heute (27.2.2011) in der Datenbank juris „Partizipation" und „SGB IV" ein, so werden immerhin 26 Titel zur sozialen Selbstverwaltung zwischen 1976 und 2010 ausgewiesen, bei 1.684 Literaturnachweisen zu Partizipation.

[3] „Zu nennen sind insbes. *Harald Bogs*, Die Sozialversicherung im Staat der Gegenwart, Berlin 1973; *Rohwer-Kahlmann, Salzwedel* in verschiedenen Veröffentlichungen (Nachweise (…) bei *Dieter Leopold*, Die Selbstverwaltung in der Sozialversicherung, 2. Aufl., Bonn 1974 (…), *Wertenbruch*, Zur Selbstverwaltung im Sozialrecht in: (…) Festschrift für Horst Peters (…), 1975, S. 203 ff. (…)." Eine juris-Abfrage für „Selbstverwaltung" und „SGB" ergibt zwischen 1976 und heute (27.2.2011) 2.167 Treffer, verengt sich aber auf 740 Treffer, wenn das übergreifend einschlägige „SGB IV" genannt wird. Aus den letzten Jahren: *Peter Axer*, Selbstverwaltung in der Gesetzlichen Krankenversicherung, Verw 35 (2002), S. 370–397; *Ulrich Becker*, Funktionen der sozialen Selbstverwaltung, LVAMitt 2003, S. 571–577; *Hermann Butzer*, Bürgerschaftliches Engagement in der sozialen Selbstverwaltung, SDSRV 50 (2003), S. 51-92; *Erich Standfest*, Was leistet die Selbstverwaltung für die soziale Sicherung, was leistet sie in der Form

Die geringe Resonanz der sozialen Selbstverwaltung steht in auffallendem Gegensatz zu der Zahl der an ihr Beteiligten und dem von ihr bewegten Finanzvolumen. (...) Im Übrigen scheinen die meisten Aktivitäten der Selbstverwaltung den Mitgliedern gar nicht bekannt zu werden (...). Die Verbände (...) bleiben weitgehend unter sich. Es ist ihnen nicht gelungen oder sie haben es gar nicht versucht, die Mitglieder umfassend zu informieren und dadurch zu aktivieren."[4]

Diese Sätze von Hans Peter Bull stammen aus einem 1976 erschienenen Beitrag und beschreiben auch heute noch in Manchem den Zustand der sozialen Selbstverwaltung[5], wenn auch in den letzten Jahren eine deutliche Zunahme der wissenschaftlichen und politischen Diskussion merkbar ist, die jedoch den öffentlichen Diskurs noch nicht erreicht hat. Dieser Befund könnte im Jahr der Sozialversicherungswahlen 2011 in verschiedener Weise gelesen werden: Er könnte beruhigen, weil die Institutionen der Sozialversicherung sich über weitere 35 Jahre als krisenfest erwiesen haben oder darauf hinweisen, dass die soziale Selbstverwaltung an einem Ideal gemessen wird, das sie nie erreicht hat und von Rechts wegen auch nicht erreichen muss[6]. Andererseits könnte die Kontinuität der Probleme dazu verleiten, die soziale Selbstverwaltung als reformunfähig abzutun. Jedenfalls scheint jeweils im Abstand einer Generation eine intensivere Diskussion von Defiziten, Potenzialen und Reformoptionen stattzufinden.

---

der Ehrenamtlichkeit?, SDSRV 50 (2003), S. 95–99; *Matthias von Wulffen*, 50 Jahre soziale Selbstverwaltung, DRV 2003, S. 662–667; *Friedrich E. Schnapp*, Gibt es noch eine Selbstverwaltung in der Sozialversicherung?, VSSR 2006, S. 191–203; *Franz Ruland*, Gibt es noch eine Selbstverwaltung in der Rentenversicherung?, VSSR 2006, S. 157–173; *Felix Welti*, Gibt es noch eine Selbstverwaltung in der gesetzlichen Krankenversicherung?, VSSR 2006, S. 133–156; *Tanja Klenk*, Selbstverwaltung – ein Kernelement demokratischer Rechtsstaatlichkeit?, ZSR 2006, S. 273–291; *Wolfgang Schroeder*, Selbstverwaltungskorporatismus und neuer Sozialstaat, ZSR 2006, S. 253–271; *Peter Kirch*, Strategische, strukturelle und inhaltliche Neuausrichtung notwendig, SozSich 2006, S. 58–60; *Robert Paquet*, Ansatzpunkte für eine Reform der GKV-Selbstverwaltung, SozSich 2006, S. 61–65; *Eberhard Jung*, Die demokratische Legitimation der Selbstverwaltung, SGb 2007, S. 65–71; *Wolfgang Schroeder/ Benjamin Erik Burau*, Zur Reform der sozialen Selbstverwaltung in der GKV, SozSich 2008, S. 251–255; *Bernard Braun/ Tanja Klenk/ Winfried Kluth/ Frank Nullmeier/ Felix Welti*, Modernisierung der sozialen Selbstverwaltung und der Wahl ihrer Vertreter, SozSich 2008, S. 245–250; *dies.*, Modernisierung der Sozialversicherungswahlen, 2009; *Günter Güner/ Fritz Schösser/ Wolfgang Metschurat/ Heidelind Jockel/ Hans Jürgen Söffing/ Angelika Beier/ Peter Deutschland/ Hartmut Tölle/ Iris Kloppich/ Dietmar Muscheid/ Andreas Schmidt/ Alfred Staudt/ Susanne Wiedemeyer/ Peter Köhler/ Georg Keppeler*, Zukunft der Selbstverwaltung in der GKV, SozSich 2009, S. 133–140, 165–176; *Udo Kruse/ Silke Kruse*, Sozialwahl 2011: Selbstverwaltung zwischen Staat und privaten Wirtschaftsunternehmen, WzS 2010, S. 233–241.

[4] *Hans Peter Bull*, Zur Lage der Selbstverwaltung in der Sozialversicherung, KrV 1976, S. 175.

[5] Der Autor hat daher die Bull'schen Fußnoten bis in die Gegenwart fortgeschrieben.

[6] In diesem Sinne: *Schnapp*, VSSR 2006, S. 191, 194.

Noch bemerkenswerter als die Kontinuität der Probleme ist die bei Bull sich anschließende gesundheitspolitische Argumentation für eine Neubelebung der sozialen Selbstverwaltung:

> „Inzwischen sind jedoch neue Aufgaben und Probleme auf die Sozialversicherung zugekommen, die diesen Arbeitsbereich politisch wieder ‚attraktiv' machen. Zwar sind nach wie vor wesentliche Bereiche reiner Gesetzesvollzug, mühsame Arbeit an Detailfragen, aber darüber hinaus gewinnen Aufgaben zunehmend an Bedeutung, zu deren Durchführung planende und gestaltende Maßnahmen unverzichtbar sind und bei denen dann auch die Gegensätzlichkeit der Interessen wieder erkennbar wird. Je deutlicher es wird, dass zur Erhaltung von Gesundheit und Erwerbsfähigkeit der Menschen über die ärztliche Behandlung und die Krankenhauspflege hinaus ein umfassendes und sorgfältig abgestimmtes System von Vorsorge und Rehabilitation erforderlich ist, desto mehr werden auch die organisatorischen Strukturen in Bewegung geraten."[7]

Diese Prognose fordert dazu heraus, die zahlreichen Reformen des sozialen Gesundheitswesens seit 1976 in einen Bezug zur sozialen Selbstverwaltung zu stellen und zu fragen, welche planenden und gestaltenden Maßnahmen das Gesetz der Selbstverwaltung ermöglicht, wie diese ausgeführt werden und ob und wie dabei auch die organisatorischen Strukturen in Bewegung geraten sind[8].

II. Die heutige Gestalt sozialer Selbstverwaltung

1. Organisationsreformen der Sozialversicherungsträger

Das 1976 in Kraft getretene SGB IV sah für die Sozialversicherungsträger eine zweistufig ehrenamtliche Selbstverwaltung aus der bei Sozialversicherungswahlen bestimmten Vertreterversammlung und dem von ihr gewählten Vorstand vor[9]. Daneben steht die hauptamtliche Geschäftsführung, die auf Vorschlag des Vorstands von der Vertreterversammlung gewählt wird[10]. In diesem an die früheren norddeutschen Kommunalverfassungen mit einem ehrenamtlichen Magistrat und einem hauptamtlichen Bürgermeister oder Stadtdirektor erinnernden System erscheint problematisch, wie ein ehrenamtlicher Vorstand seiner zentralen Stellung gerecht werden kann und wie sich sein Verhältnis zur Geschäftsführung und dem Verwaltungsapparat in praxi gestaltet.

Während das zweistufig ehrenamtliche Modell bei der Rentenversicherung und Unfallversicherung bis heute gilt, ist es bei den Krankenkassen 1996 durch

---

[7] *Bull*, S. 175.

[8] Die nach Aufgabe, Struktur und Tradition abweichend gestaltete Bundesagentur für Arbeit wird hier nicht behandelt.

[9] §§ 33, 35 SGB IV.

[10] § 36 SGB IV.

ein einstufiges Modell ersetzt worden[11]. Der bei Sozialversicherungswahlen bestimmte Verwaltungsrat wählt einen hauptamtlichen Vorstand[12]. Die Reform wurde nicht zuletzt damit begründet, dass durch den neu eröffneten Wettbewerb zwischen gesetzlichen Krankenkassen diese schneller und flexibler handeln müssten. Während das neue Selbstverwaltungsmodell Reibungsverluste vermeidet, spitzt sich die Frage zu, in welchem Maß die ehrenamtlichen Mitglieder des Verwaltungsrats noch über das Handeln der Krankenkasse informiert werden und darauf Einfluss nehmen können. Die gesetzliche Berichtspflicht bei Entscheidungen von grundsätzlicher Bedeutung und bei wichtigen Anlässen ist so unbestimmt ausgestaltet, dass sie sich in der Praxis eher als Machtfrage den als Rechtsfrage darstellt. So beklagen nicht wenige Mitglieder der Verwaltungsräte, dass ihre Einflussmöglichkeiten gering seien[13]. Konflikte darum, was grundsätzliche Bedeutung hat und ob die Berichtspflicht eher der Kenntnisnahme oder eher der Mitentscheidung dient, werden nicht oder nur unter Ausschluss der Öffentlichkeit geführt. In gewisser Weise ist die heutige Krankenkassenverfassung mit den früher nur in Süddeutschland verbreiteten Kommunalverfassungen vergleichbar, die sich heute fast vollständig durchgesetzt haben und in denen ein hauptamtlicher Bürgermeister einer ehrenamtlichen Stadtvertretung gegenübersteht. Allerdings wird der Bürgermeister durch eine Volkswahl legitimiert, während der Kassenvorstand weiter vom Verwaltungsrat gewählt wird.

Weitere Reformen betrafen nicht die innere Struktur der Sozialversicherungsträger, sondern ihren Kontext. In der Kranken- und Rentenversicherung wurde die vor 1918 zurück reichende und in der Bundesrepublik restaurierte Gliederung in verbindliche Angestellten- und Arbeiterversicherungsträger aufgegeben[14] und als eines der letzten Relikte der ständischen Differenzierung zwischen Arbeitern und Angestellten im Arbeits- und Sozialrecht[15] beseitigt,

---

[11] Dazu: *Harry Fuchs*, Aufgaben, Handlungsgrundlagen und -instrumente, SozSich 1994, S. 249–253; *Franz-Josef Oldiges*, Vorstand und Verwaltungsrat in der GKV, Soz-Sich 1994, S. 308–311; *Dagmar Felix*, Verwaltungsrat und Vorstand in der gesetzlichen Krankenversicherung – Aufgaben und Befugnisse, in: Friedrich E. Schnapp (Hrsg.), Funktionale Selbstverwaltung und Demokratieprinzip – am Beispiel der Sozialversicherung, 2001, S. 43-64.

[12] § 35a SGB IV.

[13] Vgl. *Bernard Braun / Stefan Greß / Daniel Lüdecke / Heinz Rothgang / Jürgen Wasem*, Funktionsfähigkeit und Perspektiven der Selbstverwaltung in der GKV, SozSich 2007, S. 365, 366 ff.

[14] In der Krankenversicherung 1996, in der Rentenversicherung 2005.

[15] Dazu BVerfG, Urt. v. 16.11.1982, Az. 1 BvL 16/75, 1 BvL 36/79, BVerfGE 62, 256; BVerfG, B. v. 30.5.1990, Az. 1 BvL 2/83, BVerfGE 82, 126 zur fehlenden Rechtfertigung von Unterschieden bei der Kündigungsfrist; BVerfG, B. v. 8.2.1994, Az. 1 BvR 1237/85, BVerfGE 89, 365 zur Bedenklichkeit der Unterschiede beim Beitragssatz in der Krankenversicherung; vgl. *Wolfgang Hromadka*, Arbeiter und Angestellte im Arbeits- und Sozialversicherungsrecht, NZS 1992, S. 7–15.

wenn auch die unterschiedlichen Traditionen Zusammensetzung und Arbeitsweise der heutigen Träger noch beeinflussen. In der Krankenversicherung erfolgt die Zuordnung der Versicherten nun mit Ausnahme geschlossener Betriebskrankenkassen und der landwirtschaftlichen Krankenversicherung durch Wahl der Versicherten[16], in der Rentenversicherung durch gewichtete Zufallsverteilung zwischen Bundes- und Regionalträgern[17].

In der Kranken-, Renten- und Unfallversicherung wurde die Zahl der Versicherungsträger durch inneren und äußeren Druck stark reduziert[18]. Örtliche Ortskrankenkassen und betriebliche Betriebskrankenkassen gibt es kaum noch und auch die regionalen AOK, IKK und Regionalträger der DRV erstrecken sich immer häufiger über bis zu drei Länder.

Die Bundes- und Landesverbände der Sozialversicherungsträger – ursprünglich selbst geschaffene Vereine der Körperschaften – sind vereinheitlicht und verrechtlicht worden. Kompetenzen und Struktur der DRV Bund im Grundsatz- und Querschnittsbereich[19] und des GKV-Spitzenverbandes[20] sind gesetzlich geregelt.

Diese Reformen haben in der Summe die Zahl der ehrenamtlich Tätigen in der Selbstverwaltung erheblich gemindert[21], persönliche, örtliche und betriebliche Bezüge geschwächt und die Stellung der hauptamtlichen Verwaltung in den Trägern und ihren Verbänden gestärkt. Dass dem Gewinne an Effizienz und Effektivität durch Größenvorteile, Rationalisierung und Professionalisierung gegenüberstehen, hat der Gesetzgeber vermutet, ob dies zutrifft, ist nicht erforscht.

2. Gemeinsame Selbstverwaltung

Verrechtlicht und aufgewertet wurde die gemeinsame Selbstverwaltung[22] in der Krankenversicherung, die im Kern aus den Kassenverbänden und den Kas-

---

[16] § 173 SGB V.

[17] § 127 SGB VI.

[18] *Dieter Leopold*, Nur noch 227 selbstständige Sozialversicherungsträger, SozSich 2011, S. 60–62. Die Zahl hat sich weiter reduziert.

[19] §§ 138, 139 SGB VI.

[20] § 217a–g SGB V.

[21] *Butzer*, SDSRV 50 (2003), S. 51, 85 f.; *Kruse / Kruse*, WzS 2010, S. 233, 237 beziffern den Rückgang der ehrenamtlich Tätigen in der Selbstverwaltung von 1981 bis 2011 auf 35.000 zu 2.100.

[22] Vgl. *Thorsten Kingreen*, Systemstabilisierung durch ein lernendes System – Die gemeinsame Selbstverwaltung in der gesetzlichen Krankenversicherung und das Bundessozialgericht, ZMGR 2010, S. 216–227; *Peter Axer*, Gemeinsame Selbstverwaltung in: Festschrift 50 Jahre BSG, 2004, S. 339-361.

senärztlichen Vereinigungen auf Landes- und Bundesebene besteht und der das Aushandeln wesentlicher Bedingungen der ärztlichen Versorgung übertragen ist. Im weiteren Sinne gehört dazu auch ein umfangreiches Kollektivvertragswesen zwischen Kassen und anderen Leistungserbringern, das durch gesetzliche Regelungsaufträge und Schiedsstellen institutionalisiert ist.

Auf Bundesebene ist sie durch den Gemeinsamen Bundesausschuss (G-BA)[23] ergänzt worden, in dem auch die privatrechtlich organisierte Deutsche Krankenhausgesellschaft, vom Bundesministerium für Gesundheit berufene unparteiische Mitglieder und beratende Mitglieder der Selbsthilfe von Patienten, chronisch kranker und behinderter Menschen vertreten sind. Der G-BA hat eine zentrale Steuerungsfunktion für das Leistungsrecht der Krankenversicherung, indem er konkretisiert, welche Versorgung der Versicherten ausreichend, zweckmäßig und wirtschaftlich ist[24]. Insoweit ist der G-BA auch die zentrale Innovation in der sozialen Selbstverwaltung der Krankenversicherung, aus der heraus fünf seiner 13 Mitglieder legitimiert sind – vermittelt durch vier zwischengeschaltete Wahlen[25]. Die Legitimation des G-BA war und ist rechtswissenschaftlich und politisch umstritten[26].

3. Pflegeversicherung

Mit der Einrichtung der Pflegeversicherung wurde 1994 das Risiko der Pflegebedürftigkeit überwiegend den neu geschaffenen Pflegekassen zugeordnet. Damit wurde die Sozialhilfe entlastet. Auch die Verantwortung für die Infrastruktur und Sicherstellung der Pflegeleistungen ist damit von der kommunalen Selbstverwaltung der Träger der Sozialhilfe auf die soziale Selbstverwaltung

---

[23] § 91 SGB V.

[24] §§ 92, 135 SGB V.

[25] Wahl des Verwaltungsrates der Kasse durch die Versicherten, dieser wählt Vertreter für die Mitgliederversammlung des GKV-Spitzenverbandes (§ 217b Abs. 3 SGB V), dieser den Verwaltungsrat des GKV-Spitzenverbandes (§ 217c SGB V), dieser den Vorstand (§ 217b Abs. 2 SGB V), der die Außenvertretung bestimmt.

[26] Vgl. *Volker Neumann*, Verantwortung, Sachkunde, Betroffenheit, Interesse – Zur demokratischen Legitimation der Richtlinien des Gemeinsamen Bundesausschusses, NZS 2010, 593–600; *Ernst Hauck*, Der Gemeinsame Bundesausschuss (G-BA) – ein ungeliebtes Kind unserer Verfassungsordnung?, NZS 2010, 600–611; *Thorsten Kingreen*, Legitimation und Partizipation im Gesundheitswesen, NZS 2007, S. 113–121; *Ruth Schimmelpfeng-Schütte*, Die Zeit ist reif für mehr Demokratie in der Gesetzlichen Krankenversicherung, MedR 2006, S. 21–25; *Friedhelm Hase*, Verfassungsrechtliche Bewertung der Normsetzung durch den Gemeinsamen Bundesausschuss, MedR 2005, S. 391–397; *Hermann Butzer / Markus Kaltenborn*, Die demokratische Legitimation des Bundesausschusses der Ärzte und Krankenkassen, MedR 2001, S. 333–342.

der Pflegekassen, ergänzt durch individuelle und kollektive Verträge mit Pflegeeinrichtungen, übergegangen[27].

Die Pflegeversicherung wurde in finanzieller Abgrenzung zur Krankenkassen, aber in organisatorischer Einheit mit ihr konstituiert: Die Organe der Krankenkassen sind die Organe der Pflegekassen[28]. Die eigenen inhaltlichen, finanziellen und organisatorischen Interessen der Pflege haben kein auf ihre Wahrnehmung zugeschnittenes Organ. Auch eine gemeinsame Selbstverwaltung von Pflegekassen und Leistungserbringern ist nur in Ansätzen entwickelt: Die Pflegeeinrichtungen sind nicht in einer Körperschaft zusammengeschlossen und es besteht auch kein gemeinsames fachlich ausgerichtetes Beschlussorgan, sondern es sind nur Schiedsstellen[29] und beratende Landespflegeausschüsse[30] errichtet. Um der Pflegekasse eine eigene Stimme zu geben, wären eigene Selbstverwaltungsorgane[31], zumindest jedoch Fachausschüsse[32] sinnvoll.

4. Rehabilitationsträger

Kranken-, Renten- und Unfallversicherungsträger sind Rehabilitationsträger für Leistungen zur Teilhabe[33]. Seit 2001 verpflichtet sie das SGB IX zur institutionalisierten Zusammenarbeit durch gemeinsame Empfehlungen zum Leistungs- und Verfahrensrecht, die im Rahmen der Bundesarbeitsgemeinschaft für Rehabilitation (BAR) vereinbart werden[34], durch regionale Arbeitsgemeinschaften[35] und gemeinsame Infrastrukturplanung[36], durch gemeinsame Rahmenverträge mit Leistungserbringern[37] und durch gemeinsame örtliche Servicestellen[38]. Damit sollen Kooperation, Koordination und Konvergenz institutiona-

---

[27] §§ 8, 12, 69 SGB XI.

[28] § 46 Abs. 2 Satz 1 SGB XI.

[29] §§ 76, 113b SGB XI.

[30] § 92 SGB XI.

[31] Braun / Klenk / Kluth / Nullmeier / Welti, 2009, S. 234.

[32] *Güner et. al.*, SozSich 2009, S. 133, 139.

[33] § 6 SGB IX.

[34] §§ 12 Abs. 1, 13 SGB IX; dazu *Friedrich Schoch/ Joachim Wieland*, Verfassungsrechtliche Probleme sozialrechtlicher Vereinbarungen, ZG 2005, S. 223–242.

[35] § 12 Abs. 2 SGB IX.

[36] § 19 Abs. 1 SGB IX.

[37] § 21 Abs. 2 SGB IX; dazu *Felix Welti/ Harry Fuchs*, Leistungserbringungsrecht der Leistungen zur Teilhabe nach dem SGB IX, Die Rehabilitation 2007, S. 111–115.

[38] §§ 22–25 SGB IX; vgl. dazu *Reza F. Shafaei*, Die gemeinsamen Servicestellen für Rehabilitation, 2008.

lisiert und Nachteile gemildert werden, die den behinderten Menschen im gegliederten System entstehen können[39].

Die genannten Regelungen und Maßnahmen sind im Wesentlichen der Selbstverwaltung überlassen. Die BAR ist eine Vereinigung privaten Rechts, die nur die Plattform bildet, innerhalb derer die Rehabilitationsträger sich verständigen sollen. Bei Nichthandeln ist eine Verordnung durch das BMAS möglich[40]. Die Umsetzung der Regelungen im SGB IX wird weithin als defizitär angesehen[41], so dass mehr Verbindlichkeit und unmittelbare Beteiligung und Verantwortlichkeit der Selbstverwaltungsorgane notwendig sein könnte. Die Mitwirkung der Verbände behinderter Menschen an den gemeinsamen Servicestellen und der Infrastrukturplanung[42] ist bislang nur wenig entwickelt.

III. Verfassungsrechtliche Garantie und Legitimation sozialer Selbstverwaltung

Ob die soziale Selbstverwaltung durch das Grundgesetz garantiert sei, hat Bull 1976 – auch unter dem Eindruck der AOK-Entscheidung des BVerfG von 1975 – verneint. Denn dort heißt es:

> „Eine Verfassungsgarantie des bestehenden Systems der Sozialversicherung oder doch seiner tragenden Organisationsprinzipien ist dem Grundgesetz nicht zu entnehmen. (…) Es wäre deshalb mit dem Grundgesetz zu vereinbaren, wenn z.B. der Gesetzgeber sämtliche Träger der gesetzlichen Krankenversicherung zusammenfasste und in einem Bundesamt für Krankenversicherung als bundesunmittelbarer Körperschaft organisierte.“[43]

Dabei ging es dem BVerfG vorrangig darum, die Grundrechtsfähigkeit und Existenzgarantie der einzelnen Krankenkasse zu verneinen. Diese ist Körperschaft des öffentlichen Rechts, die durch dieses geschaffen und auch wieder

---

[39] Vgl. *Felix Welti*, Systematische Stellung des SGB IX im Sozialgesetzbuch – Zusammenarbeit der Leistungsträger und Koordination der Leistungen, SGb 2008, S. 321–331.

[40] §§ 13 Abs. 7, 16 SGB IX.

[41] Vgl. *Bernard Braun*, Die Rehabilitation im System des Sozialleistungsrechts aus sozialpolitischer Sicht unter besonderer Berücksichtigung der Probleme der trägerübergreifenden Kooperation und Koordination in: Felix Welti (Hrsg.), Das Rehabilitationsrecht in der Praxis der Sozialleistungsträger, 2009, S. 33–45; *Harry Fuchs*, Vernetzung und Integration im Gesundheitswesen am Beispiel der medizinischen Rehabilitation, 2008.

[42] §§ 13 Abs. 6, 19 Abs. 1 Satz 3 SGB IX.

[43] BVerfG, Urt. v. 9.4.1975, Az. 2 BvR 879/73, BVerfGE 39, 302, 314, 315.

abgeschafft oder belastet werden darf, wie das BVerfG später zum Risikostrukturausgleich bekräftigt hat[44]

Wäre der Gesetzgeber also tatsächlich berechtigt, die Sozialversicherung im Ganzen entweder durch unmittelbare Staatsverwaltung als öffentliche Fürsorge oder durch private Pflichtversicherung zu ersetzen? Die völlige Verlagerung des Solidarausgleichs aus der Krankenversicherung würde praktisch zu ihrer Privatisierung führen, das konsequent durchgeführte Grundeinkommens-Konzept[45] würde auch die Rentenversicherung durch öffentliche Fürsorge ersetzen. Praktisch griffen solche Reformen tief in erworbene Ansprüche, aber auch in die im Bundesstaat austarierten Verantwortlichkeiten und Finanzströme ein und wären daher kaum ohne Verfassungsänderung zu bewältigen. Ohne entsprechenden politischen Konsens erschienen sie auch abenteuerlich.

Davon zu trennen ist die Frage, ob Sozialversicherung ohne Selbstverwaltung denkbar ist oder ob der Bundesgesetzgeber ein Bundesamt für Sozialversicherung ohne Mitwirkung der Versicherten schaffen könnte, ohne mit Art. 87 Abs. 2 GG in Konflikt zu kommen. Diese Frage ist zu verneinen. Die Pflichtmitgliedschaft in einer Körperschaft – und nur diese ist nach dem Grundgesetz ein sozialer Versicherungsträger – ist ein Freiheitseingriff, der nicht nur durch sozialen Schutz, sondern auch durch Mitwirkung an seiner Organisation gemildert und gerechtfertigt wird[46]. Insoweit könnte zudem darauf zurückgegriffen werden, dass die „maßgebliche Mitwirkung der Versicherten" zu dem in Art. 161 WRV beschriebenen Bild der Sozialversicherung gehört, das auch bei Schaffung des Grundgesetzes präsent war[47]. Dazu kommt der von Bull zu Recht dem BVerfG entgegen gehaltene Aspekt der Gewaltenteilung, der von einer verselbständigten Körperschaft ausgeht und der auch den Schutz der bestimmungsgerechten Verwendung der Pflichtbeitragsmittel bezweckt[48].

In den letzten 15 Jahren wurde jedoch weniger die Garantie, als vielmehr die Legitimation der sozialen Selbstverwaltung in Frage gestellt, jedenfalls soweit

---

[44] BVerfG, B. v. 9.6.2004, Az. 2 BvR 1248/03, 2 BvR 1249/03, SozR 4-2500 § 266 Nr. 7.

[45] Kritisch dazu: *Eberhard Eichenhofer*, Was verbürgt das Bürgergeld, und was verbirgt sich dahinter?, DRV 2007, S. 38–42; *Wolfgang Spellbrink*, Das garantierte Grundeinkommen nach Götz W. Werner – oder der Drogist als Weltenlenker, RsDE 71 (2010), S. 71–78; zu einem Konzept im Rahmen einer Sozialversicherung vgl. *Michael Opielka*, Grundeinkommensversicherung, SF 2004, S. 114–126.

[46] So zur IHK: BVerfG, B. v. 7.12.2001, Az. 1 BvR 1806/98, NVwZ 2002, 335; ebenso *Güner et. al.*, SozSich 2009, S. 133, 135; *Rainer Schlegel*, GKV-Wettbewerbsstärkungsgesetz und Selbstverwaltung aus sozialrechtlicher Sicht, SozSich 2006, S. 378, 379; *von Wulffen*, DRV 2003, S. 662, 667.

[47] *Heinrich Reiter*, Die Selbstverwaltung in der Sozialversicherung in: Festschrift für Wolfgang Zeidler, 1987, S. 597, 618 f.

[48] *Bull*, KrV 1976, S. 175, 178.

ihr nicht Gesetzesvollzug, sondern auch Gesetzeskonkretisierung durch untergesetzliche Normen übertragen ist. Diese Diskussion betraf im Wesentlichen
den G-BA. Seine Richtlinien über ausreichende, zweckmäßige und wirtschaftliche Versorgung betreffen unmittelbar die Leistungsansprüche der gesetzlich
Versicherten und tangieren finanzielle Interessen, zum Teil auch die Berufsausübung von Ärzten und anderen Leistungserbringern im Gesundheitswesen.
Die Kritik machte vor allem geltend, der G-BA sei nicht hinreichend demokratisch legitimiert für diese wesentlichen Entscheidungen; hierfür wird unter anderem die schwache und mehrfach vermittelte Vertretung der Versicherten angeführt[49].

Wer die Richtliniensetzung durch den G-BA kritisiert, müsste benennen, wer
die Konkretisierung der unbestimmten Rechtsbegriffe des Leistungsrechts an
seiner Stelle vornehmen sollte. Denkbar wäre einerseits die Rückkehr zur rein
individuellen Konkretisierung durch Arzt oder Krankenkasse. Im Hinblick auf
die demokratische Legitimation der Entscheidungen wäre dann nicht viel gewonnen. Auch der Rechtsschutz gegen solche Einzelfallentscheidungen wäre
jedenfalls faktisch schwach, denn Konflikte um akut benötigte Gesundheitsleistungen sind stets schwierig und belastet. Verloren gingen aber die durch die
Richtlinien bezweckte Einheitlichkeit und Gleichmäßigkeit des Leistungsrechts
und auch die Möglichkeit, wissenschaftliche Evidenz über Notwendigkeit und
Nutzen von Gesundheitsleistungen in einem geregelten Verfahren zu rezipie-
ren. Eine andere Möglichkeit wäre, die Richtlinien als Verordnungen des zuständigen Ministeriums[50] oder gar als Gesetze zu konzipieren. Die Leistungsfähigkeit staatlicher Gesundheitspolitik wäre damit gewiss herausgefordert.

Die Kernfrage ist, ob es dem Gesetzgeber verwehrt sein soll, die Gesetzeskonkretisierung in – vielleicht weiser – Selbstbeschränkung an eine durch
Sachkunde und Interesse ausgewiesene funktionale Selbstverwaltung zu delegieren. Im Zuge einer – bereits von Bull kritisierten – etatistisch-zentralis-
tischen Anschauung von Staat und Demokratie[51] könnte man die Legitimation
solcher Selbstverwaltung verneinen und jegliche Staatsgewalt möglichst gerade
auf die gewählten Parlamente zurückführen wollen. Dem steht jedoch ein um
partizipatorische Elemente angereichertes Demokratieverständnis gegenüber,

---

[49] So *Schimmelpfeng-Schütte*, MedR 2006, S. 21.

[50] So *Kingreen*, NZS 2007, S. 113, 120, der den G-BA zur Vorbereitung solcher Verordnungen heranziehen will.

[51] *Bull*, KrV 1976, S. 175, 178; zugespitzt in diesem Sinne die Kritik am BVerfG bei
Thomas Blanke, Antidemokratische Effekte der verfassungsgerichtlichen Demokra-
tietheorie, KJ 1998, S. 452–471; vgl. BVerfG, Urt. v. 31.10.1990, Az. 2 BvF 3/89,
BVerfGE 83, 60 (Bezirkliches Wahlrecht für Ausländer in Hamburg); BVerfG, B. v.
24.5.1995, Az. 2 BvF 1/92, BVerfGE 93, 37 (Personalvertretungsgesetz Schleswig-
Holstein).

das auch dezentrale Mitbestimmung von Betroffenen, Interessierten und Sachkundigen integriert.

Das BVerfG hat mit der Entscheidung zu den nordrhein-westfälischen Wasserverbänden die Zulässigkeit funktionaler Selbstverwaltung grundsätzlich bestätigt[52] und im „Nikolaus-Beschluss" zum Leistungsrecht der gesetzlichen Krankenversicherung[53] die Gelegenheit nicht genutzt, dem G-BA die Legitimation zur Konkretisierung des Leistungsrechts abzusprechen. Allerdings hat das BVerfG deutlich gemacht, dass jede Delegation von Entscheidungen unter dem Vorbehalt von Rechtsschutz steht, der die Übereinstimmung delegierter Rechtsetzung mit gesetzlichem Recht und Verfassungsrecht überprüfen muss. Insofern hatte das BSG mit einer allzu weit zurückgenommenen Rechtskontrolle von G-BA-Richtlinien zur Zuspitzung der Diskussion beigetragen[54].

Insgesamt erscheint das gesetzgeberische Konzept plausibel, mit den Krankenkassen – damit indirekt den Versicherten und den Arbeitgebern – und den Leistungserbringern des Gesundheitswesens diejenigen Gruppen in die gemeinsame Entscheidungsverantwortung zu nehmen, die das Gesundheitssystem in unterschiedlichen Rollen finanzieren und tragen[55] und sie zugleich zu einer engen Anbindung an den Stand der medizinischen Wissenschaft zu verpflichten, zumal der Gesetzgeber weiter alle wesentlichen Entscheidungen treffen oder an sich ziehen kann und ein Bundesministerium die Rechtsaufsicht ausübt[56].

Doch bleiben Fragen offen: So sind nichtärztliche Leistungserbringer durch Entscheidungen des G-BA betroffen, ohne dort repräsentiert zu sein[57]. Noch gewichtiger ist die Frage, ob und wie die Versicherten im G-BA vertreten sind. Hier ist deren doppelte Rolle als Beitragszahler und als Patienten zu bedenken, die zum Spannungsfeld zwischen dem Interesse an niedrigen Beiträgen und demjenigen an ausreichenden Leistungen führt. Dabei sind kranke Versicherte stets eine schutzbedürftige Minderheit, zumal sich das Risiko ungleich verteilt. Chronisch kranke, behinderte und ältere Versicherte brauchen mehr Leistungen und zahlen weniger Beiträge. Es besteht die Gefahr, dass das Interesse der jun-

---

[52] BVerfG, B. v. 5.12.2002, Az. 2 BvL 5/98, 2 BvL 6/98, BVerfGE 107, 59; dazu: *Andreas Musil*, Das Bundesverfassungsgericht und die demokratische Legitimation der funktionalen Selbstverwaltung, DÖV 2004, S. 116–120.

[53] BVerfG, B. v. 6.12.2005, Az. 1 BvR 347/98, BVerfGE 115, 25; dazu *Robert Francke/ Dieter Hart*, Zur Leistungspflicht der gesetzlichen Krankenversicherung für Heilversuche, MedR 2006, S. 131–138.

[54] Vgl. *Rainer Schlegel*, Gerichtliche Kontrolle von Kriterien und Verfahren, MedR 2008, S. 30–34; *Klaus Engelmann*, Die Kontrolle medizinischer Standards durch die Sozialgerichtsbarkeit, MedR 2006, S. 245–259.

[55] So im Ergebnis bereits: *Ingwer Ebsen*, Autonome Rechtsetzung in der Sozialversicherung und in der Arbeitsförderung als Verfassungsproblem, VSSR 1990, S. 57–73.

[56] § 91 Abs. 8 SGB V; BSG, Urt. v. 6.5.2009, Az. B 6 A 1/08 R, BSGE 103, 106.

[57] Vgl. BSG, Urt. v. 28.6.2000, Az. B 6 KA 26/99 R, BSGE 86, 223.

gen, gesunden und leistungsfähigen Versicherten sich zu häufig durchsetzt und
das Nutzer- und Patienteninteresse strukturell unterlegen ist[58]. Das wäre nicht
nur ein Verstoß gegen das solidarische Prinzip der gesetzlichen Krankenversicherung, sondern würde auch den Generationenausgleich beeinträchtigen, der
der Pflichtversicherung zu Grunde liegt: Die meisten Menschen werden im Lebenslauf chronisch krank, behindert und alt, würden jedoch ohne organisierten
Generationenvertrag die Vorsorge dafür vernachlässigen. Eine gute gesundheitliche Versorgung für chronisch kranke, behinderte und alte Menschen ist aber
nicht nur in der Summe wohlverstandener Einzelinteressen zu fordern, sondern
ermöglicht auch erst eine integrierte und inklusive Gesellschaft, an der alle teilhaben können[59]. Um dieses Interesse zu repräsentieren, sind Organisationen
von Patienten und der Selbsthilfe chronisch kranker und behinderter Menschen
beratend und mit Verfahrensrechten im G-BA vertreten[60]. Es ist eine plausible
Entscheidung des Gesetzgebers, schwachen Interessen auf diese Weise Gehör
zu geben[61]. Da funktionale Selbstverwaltung nicht auf numerischer Gleichheit,
sondern auf Interesse und Sachkunde aufbaut, wäre auch ein Stimmrecht dieser
Vertreter möglich, wenn auch keineswegs geboten.

IV. Politische Relevanz

An der regen wissenschaftlichen und zumindest fachöffentlichen Diskussion
über Legitimation und Entscheidungen des G-BA wird deutlich, dass die Ausgestaltung des sozialen Gesundheitswesens gesellschaftlich relevant ist. Zwar
wird Gesundheitspolitik auch heute zuerst an Hand von Verteilungsfragen zwischen Versicherten, Arbeitgebern, Ärzten und Krankenhäusern diskutiert. Doch
sind in den letzten Jahren qualitative Aspekte wichtiger geworden: In Gesetzgebung und Politik waren etwa Integrierte Versorgung[62], strukturierte Behandlungsprogramme für chronisch Kranke[63], das Verhältnis ambulanter zu statio-

---

[58] So im Ergebnis *Neumann*, NZS 2010, 593 ff.; *Rainer Pitschas*, Zur Rolle des „Patienten" im Wandel des Gesundheitssystems, VSSR 2007, S. 319-334.

[59] Vgl. Art. 25 des Übereinkommens der Vereinten Nationen über die Rechte von
Menschen mit Behinderungen (BGBl. II 2008, 1420).

[60] Vgl. *Sabine Schlacke*, Kontrolle durch Patientenbeteiligung im Medizin- und Gesundheitssystem, in: Arndt Schmehl / Astrid Wallrabenstein (Hrsg.), Steuerungsinstrumente im Recht des Gesundheitswesens, 2007, S. 41–66; kritisch: *Rainer Pitschas*, Me-
diatisierte Patientenbeteiligung im Gemeinsamen Bundesausschuss als Verfassungsproblem, MedR 2006, S. 451–457.

[61] Ebenso: *Ingwer Ebsen*, Patientenpartizipation in der gemeinsamen Selbstverwaltung der GKV – ein Irrweg oder ein Desiderat?, MedR 2006, S. 528–532.

[62] § 140a SGB V.

[63] § 137f SGB V.

nären Leistungen in Krankenhäusern[64], die Aufwertung nichtärztlicher Berufe[65], die Sicherung von Hospizen und Palliativdiensten[66], qualifizierte Beratungsstellen für Patienten[67], Pflegebedürftige[68] und behinderte Menschen[69], Betriebliche Gesundheitsförderung[70] sowie die Einbeziehung der Selbsthilfe in die gesundheitliche Versorgung[71] Thema. Für die Ausgestaltung dieser Innovationen tragen die Kranken- und Pflegekassen einzeln sowie gemeinsam auf Landesebene die Hauptverantwortung.

Bei allen diesen Themen ist eine qualifizierte Beteiligung bürgerschaftlicher Organisationen, der Erfahrungen und des Sachverstands der Betroffenen insbesondere auf regionaler Ebene hilfreich, um sie in den Betrieben, in den Gemeinden und Regionen zu konkretisieren[72]. Die Organe der Selbstverwaltung in den einzelnen Kassen und ihren Landesverbänden wären hierzu zumindest ein wichtiges Medium[73]. Doch scheinen dort oft weniger diese gesundheitspolitischen Zukunftsfragen den Kern der Arbeit zu bilden, sondern vielmehr die Positionierung der jeweiligen Einzelkasse im Wettbewerb, der vor allem um niedrige Beiträge bzw. heute die Vermeidung von Zusatzbeiträgen[74] geführt wird[75]. Die nun gesetzlich verankerte Insolvenzfähigkeit der Kassen[76] verstärkt die Selbstbeschäftigung, denn Leidtragende der Insolvenz wären nicht die Versicherten, sondern die Vorstände und Beschäftigten. Eine längerfristig ausgerichtete Orientierung an Versorgungsqualität kann nur schwer entstehen, wenn den Versicherten die Möglichkeit nahe gelegt wird, den je aktuell niedrigsten Beiträgen zu folgen.

Der Gesetzgeber hat sich vom Wettbewerb der Kassen mehr Effektivität und Effizienz erwartet. Eine Evaluation, ob er andere Ergebnisse als teure Reklame

---

[64] §§ 115a-117 SGB V.

[65] § 63 Abs. 3b, 3c SGB V.

[66] §§ 37b, 39a SGB V.

[67] § 65b SGB V.

[68] § 92c SGB XI.

[69] § 22 SGB IX.

[70] § 20a, b SGB V.

[71] § 20c SGB V; § 29 SGB IX; vgl. zum Zusammenhang mit der Selbstverwaltung: *Gunnar Folke Schuppert*, Selbstverwaltung, Selbststeuerung, Selbstorganisation – Zur Begrifflichkeit einer Wiederbelebung des Subsidiaritätsgedankens, AöR 114 (1989), S. 127, 145 ff.

[72] Vgl. bereits *Rainer Pitschas*, Verrechtlichung von Sozialleistungen im wohlfahrtsdistanzierten Sozialstaat, SDSRV 41 (1996), S. 7, 36.

[73] Ebenso: *Güner et. al.*, SozSich 2009, S. 133, 135 f.

[74] § 242 SGB V.

[75] Vgl. *Braun / Greß / Lüdecke / Rothgang / Wasem*, SozSich 2007, S. 365, 366 ff.

[76] § 171b SGB V; kritisch: *Ingo Heberlein*, Die Insolvenz von Krankenkassen aus der Sicht von Versicherten – ein verfehltes Paradigma, GesR 2009, S. 141–146.

durch öffentlich-rechtliche Körperschaften und Risikoselektion zu Lasten Schwacher gebracht hat, steht noch aus. Jedenfalls fehlt gegenwärtig ein Ort, an dem die fachlichen Entscheidungen über die Weiterentwicklung des sozialen Gesundheitswesens in den Regionen mit Bürgerbeteiligung verknüpft werden[77]. Die soziale Selbstverwaltung und die sie tragenden Organisationen sind daher gefordert zu prüfen, welche Rolle sie dabei künftig einnehmen wollen und können.

V. Reformvorschläge

In den letzten Jahren sind Vorschläge zur Reform der Selbstverwaltung diskutiert worden. Die Sozialversicherungswahlen 2011 werden noch nach hergebrachtem Modus durchgeführt, Änderungen in Struktur oder Regelwerk der Selbstverwaltung sind jedoch zu erwarten.

1. Abkehr von der sozialen Selbstverwaltung?

Wie ausgeführt, wäre eine Sozialversicherung ohne jegliche Mitwirkung der Versicherten an der Verwaltung keine Sozialversicherung mehr. Es stünde dem Gesetzgeber jedoch frei, Aufgaben und Reichweite der Sozialversicherung zu beschneiden, jedenfalls dann, wenn er die entsprechenden sozialen Aufgaben und Ansprüche anders zuordnet.

Bei der Sicherung gegen Arbeitsmarktrisiken ist in den letzten Jahren der Schutz durch die Arbeitslosenversicherung reduziert worden zu Gunsten des Fürsorgesystems des SGB II. Dabei ist auch der Einfluss der anstaltlichen Selbstverwaltung der Bundesagentur auf zentraler und regionaler Ebene reduziert worden, ohne dass dies durch sonst fürsorgetypische Verantwortung der kommunalen Selbstverwaltung kompensiert worden wäre. Vielmehr wurde mit den Jobcentern eine problematische Mischverwaltung[78] installiert, die, nun auch verfassungsrechtlich abgesichert[79], weder Selbstverwaltungsorganen noch einer staatlichen Ebene voll rechenschaftspflichtig ist. Dass diese Verwaltung weder als bürgernah noch als effektiv gilt[80] und wesentlich zu einer Klageflut

---

[77] Ebenso: *Wolfgang Wodarg*, Kooperation statt Wettbewerb der Kassen, SozSich 2008, S. 414–416.

[78] BVerfG, Urt. v. 2012.2007, Az. 2 BvR 2433/04, 2 BvR 2434/04, BVerfGE 119, 331; vgl. *Peter M. Huber*, Das Verbot der Mischverwaltung – de constitutione lata et ferenda, DÖV 2008, S. 844–851.

[79] Art. 91e GG.

[80] Dazu die Beiträge in *Wolfgang Gern / Franz Segbers* (Hrsg.), Als Kunde bezeichnet, als Bettler behandelt, 2009; *Helga Spindler*, Entrechtung auf verschiedenen Ebenen zum Zwecke der Aktivierung durch die Hartz-Gesetzgebung, KJ 2010, S. 163-170.

bei den Sozialgerichten beigetragen hat[81], zeigt die Bedeutung rechtsstaatlicher Formen auch für die effektive Verwirklichung sozialer Rechte.

Eine mögliche Entwicklung ist die Privatisierung der Kranken- und Pflegekasse, die sich nach einer Verlagerung des sozialen Ausgleichs aus der Krankenversicherung schon durch Europäisches Wettbewerbsrecht ergeben könnte[82]. Da ein ungesteuerter Gesundheitsmarkt mit privaten Versicherungen – wie das Beispiel USA zeigt – sozial unakzeptable Ergebnisse bei hohen Kosten hervorbringt, müsste die Infrastruktur- und Planungsverantwortung für die gesundheitliche Versorgung auf Länder und Kommunen übergehen und im Sinne von Effektivität und Partizipation mit neuen Gremien der Bürger- und Betroffenenbeteiligung wahrgenommen werden.

Wird ein solcher Systemwechsel nicht angestrebt, so muss über Reichweite und Wahrnehmung des gesundheitspolitischen Mandats der sozialen Selbstverwaltung[83] intensiver nachgedacht werden. Dies würde insbesondere bedeuten, dass die Infrastrukturaufgaben der Kranken- und Pflegekassen für Krankenversorgung, Prävention, Rehabilitation und Pflege auf Ebene der Länder und Regionen Gegenstand von Diskussion und Kontrolle der Selbstverwaltungsorgane sein sollten und diese in die Lage versetzt werden, engeren Anschluss an die realen Kräfte des Volkslebens zu finden, um die Lösung auch von Aufgaben möglich zu machen, denen die Staatsgewalt allein in gleichem Umfange nicht gewachsen sein würde[84].

2. Träger der sozialen Selbstverwaltung

Konkret ist zu fragen, welche realen Kräfte des Volkslebens vom Gesetz als Träger der sozialen Selbstverwaltung vorzusehen sind. Gegenwärtig sind dies für die Versicherten die Gewerkschaften sowie sonstige Arbeitnehmervereinigungen mit sozial- oder berufspolitischer Zwecksetzung[85] und für die Arbeitgeber deren Vereinigungen[86]. Mit wenigen Ausnahmen sind Versicherte und Ar-

---

[81] *Armin Höland / Felix Welti / Sabine Schmidt*, Fortlaufend anwachsende Klageflut in der Sozialgerichtsbarkeit? – Befunde, Erklärungen, Handlungsmöglichkeiten, SGb 2008, S. 689-697.

[82] Vgl. EuGH, Urt. v. 16.3.2004 (AOK-Bundesverband), Rs C-264/01, C-306/01, C-354/01 und C-355/01.

[83] *Güner et. al.*, SozSich 2009, S. 133, 138.

[84] So die Kaiserliche Botschaft vom 17.11.1881, Reichstag V.1., S. 1 f., mit der die Sozialversicherungsgesetze angekündigt wurden.

[85] Vgl. *Frank Baumeister*, Zum Begriff der selbständigen Arbeitnehmervereinigung i.S.d. §§ 48, 48a SGB IV, SGb 1999, S. 236–239.

[86] § 48 Abs. 1 SGB IV.

beitgeber paritätisch in den Vertreterversammlungen und Verwaltungsräten repräsentiert[87].

In den letzten Jahrzehnten ist der Versichertenkreis vor allem in der Kranken- und Pflegeversicherung, aber auch in der Rentenversicherung um Nichterwerbstätige erweitert worden, die als Familienangehörige, Erziehende, Pflegende, Rentner, Arbeitslose, Studierende oder allgemein Versicherungspflichtige Zugang haben. Dazu kommen versicherungspflichtige Selbstständige, die nicht zugleich Arbeitgeber sind. Zwar ist die Sozialversicherung weiterhin eine Beschäftigtenversicherung, die überwiegend aus Arbeitsentgelten finanziert wird, doch sind die Nichterwerbstätigen keine zu vernachlässigende Randerscheinung. Auch in der Finanzierung sind mittlerweile neben die Beiträge aus Arbeitsentgelt erhebliche Beiträge aus Sozialeinkommen, weiterer Einkommensquellen der Versicherten und aus Steuern getreten. Legitimiert neben der Beteiligung der Beitragszahler auch diejenige der Nutzerinnen und Nutzer die Selbstverwaltung, wird es noch bedeutender, Nichterwerbstätige als ihre Mitträger zu akzeptieren. Es spricht daher viel dafür, die allein aus dem Erwerbsleben legitimierte Mitwirkung der Arbeitgeber auf ein Drittel zu begrenzen und bei den Versicherten alle Vereinigungen mit sozialpolitischer Zwecksetzung – also auch solche mit einem Schwerpunkt etwa bei Rentnern, behinderten Menschen oder Familien – als mögliche Träger der sozialen Selbstverwaltung zu den Wahlen zuzulassen[88]. Damit würde Gewerkschaften und Arbeitnehmerorganisationen nicht abgesprochen, auch Nichterwerbstätige vertreten zu können, sondern lediglich anderen Verbänden eine Zugangs- und Wettbewerbschance eröffnet. Wird auf diese Weise ein Versicherten- und Patienteninteresse diskutiert und definiert, ist dies nicht partikular[89]. Anachronistisch und verfassungsrechtlich bedenklich ist im Übrigen auch, dass Familienversicherte bislang vom Wahlrecht ausgeschlossen sind.

Bei den gewerblichen und landwirtschaftlichen Berufsgenossenschaften sind gesichertes Risiko und Mitgliedschaft weiterhin auf die Erwerbsarbeit bezogen, dort sollte es beim bisherigen Modell bleiben. Die Unfallkassen der Länder versichern neben den Beschäftigten des öffentlichen Dienstes auch Studierende, Schüler und Ehrenamtliche. Hier sollten die Länder eine Regelung finden.

---

[87] § 44 Abs. 1 SGB IV. Ausnahmen: Ersatzkassen und landwirtschaftliche Unfallversicherung.

[88] *Braun / Klenk / Kluth/ Nullmeier / Welti*, 2009, S. 105 ff., 232 f.

[89] So aber *Schroeder / Burau*, SozSich 2008, S. 251, 253, die die Öffnung ablehnen, weil sie Partikularinteressen am Zuge sehen.

3. Modus der Sozialversicherungswahlen

Öffentlicher Kritik ist gelegentlich die Tatsache ausgesetzt, dass bei vielen Sozialversicherungsträgern sogenannte „Friedenswahlen" stattfinden[90], also Wahlen ohne Wahlhandlung, bei denen die einzig antretende Liste ohne weiteres gewählt ist. Dies ist bei der Gruppe der Arbeitgeber durchgängig, bei den Versicherten bei den meisten Versicherungsträgern der Fall, wo jeweils nur eine gewerkschaftliche Liste antritt.

Wer Wahlen ohne Wahlhandlung vermeiden will, hat zwei Wege: Zum einen kann das Interesse von relevanten sozialpolitischen Organisationen an einer Kandidatur erhöht werden, wenn sich die Selbstverwaltung mit relevanten sozialpolitischen Fragen befasst. Eine Öffnung für nicht-arbeitnehmerzentrierte Verbände würde den Kreis möglicher Listenträger vergrößern. Nimmt man pragmatisch an, dass gleichwohl nicht für alle Sozialversicherungsträger konkurrierende Listen antreten werden, könnte eine Regelung aus dem Kommunalwahlrecht einiger Länder[91] übernommen werden, die im vergleichbaren Fall aus einer Listenwahl eine Mehrheitswahl aus der Liste macht[92]. Wer dagegen Kostenersparnis durch den Verzicht auf Wahlhandlungen beschwört, vernachlässigt den politischen und psychologischen Effekt, der durch die Wahlhandlung eine Verbindung zwischen Wählern und Gewählten herstellt. Wahlen setzen nicht nur Ressourcen voraus[93], sie schaffen auch die politische Ressource von Aufmerksamkeit und Legitimität.

Kein weiterführender Weg wäre der Verzicht auf Bedingungen für die Kandidatur, wie das gegenwärtige Erfordernis, bei einem Träger mit mehr als einer Million Versicherten 1.000 Unterschriften zur Unterstützung beizubringen[94]. Der sozialen Selbstverwaltung wäre mit Kandidaturen ohne soziale Verankerung und der aus ihr entstehenden Sachkunde, Meinungs- und Urteilsfähigkeit nicht geholfen. Dies wird schon heute deutlich an den bei einigen Versicherungsträgern zur Wahl stehenden Listen, die den Namen des Trägers gebrauchen, kaum programmatische Aussagen haben und die außerhalb der Selbstverwaltungsgremien mit keinerlei sozialpolitischer Aktivität in Erscheinung tre-

---

[90] *Janbernd Oebbecke*, Demokratische Legitimation nicht-kommunaler Selbstverwaltung, VerwArch 1990, S. 349, 363: „verfassungswidrig"; ebenso: *Raimund Wimmer*, Friedenswahlen in der Sozialversicherung – undemokratisch und verfassungswidrig, NJW 2004, S. 3369-3374; für Rechtmäßigkeit: BSG, Urt. v. 15.11.1973, Az. 3 RK 57/72, BSGE 36, 242.

[91] § 1 Abs. 2 Hessisches Kommunalwahlgesetz.

[92] *Braun / Klenk / Kluth / Nullmeier / Welti*, 2009, S. 121 ff., 234 f.

[93] Darauf stellen *Schroeder / Burau*, SozSich 2008, S. 251, 252 ab, die verpflichtende Wahlhandlungen ablehnen.

[94] *Braun / Klenk / Kluth / Nullmeier / Welti*, 2009, S. 111 ff.

ten[95]. Die Vermutung, dass hier die Unkenntnis der Versicherten ausgenutzt wird, liegt nicht fern. Nimmt man die Verflechtung zwischen den Trägern in den Verbänden der Sozialleistungsträger und bei ihren infrastrukturellen Aufgaben ernst, läge es näher, dass nur solche Verbände zur Wahl zugelassen werden, die bei mindestens drei Trägern Listen aufstellen und dadurch ein nicht-partikulares Interesse dokumentieren[96]. Richtig verstandene Versicherten- und Bürgerbeteiligung sollte nämlich gerade dazu dienen, ein kontrollierendes Gegengewicht zu den Eigeninteressen der Verwaltung und ihrer Beschäftigten zu schaffen und sie an den öffentlichen Zweck ihrer Organisation zu erinnern.

4. Öffentlichkeit und Partizipation

Wenn funktionale Selbstverwaltung zur Funktion hat, dass öffentliche Aufgaben durch Einbeziehung gesellschaftlicher Kräfte besser erledigt werden, kann dies nur durch Öffentlichkeit und Partizipation gelingen. Es muss daher Standard werden, dass die Versicherungsträger ihre gedruckten Medien und Internetauftritte nutzen, um Information über und Kommunikation mit der Selbstverwaltung zu ermöglichen. Die Öffentlichkeitsfunktion ist aber mindestens genauso Aufgabe der Arbeitgeberverbände, Gewerkschaften und anderen Vereinigungen, die ihre Mitglieder und die repräsentierten Gruppen über ihr Wirken informieren und in dieses einbeziehen müssen. Eine Regelung, mit der die Kandidatenaufstellung transparent gemacht wird[97], kann dazu beitragen.

Traditionelle Instrumente des Kontakts zwischen Versicherten und Versicherungsträgern wie die Bestellung von Versichertenältesten und Vertrauenspersonen[98] können ebenso zur Öffentlichkeit und Partizipation beitragen wie regionalisierte Wahlen mit Wahlkreisen oder regionale Gremien mit Kontakt zu Versicherten und Arbeitgebern, wie sie in einigen Krankenkassen bereits vorhanden sind.

VI. Schluss

Wer das Gesundheitswesen erneuern will, wird dies nicht allein durch die Kopfgeburten von Unternehmensberatern, Expertenkommissionen und Ethikkomitees erreichen. Mindestens genauso wichtig wie der professionelle und

---

[95] *Braun / Klenk / Kluth / Nullmeier / Welti*, 2009, S. 109 f.

[96] *Braun / Klenk / Kluth / Nullmeier / Welti*, 2009, S. 233.

[97] *Braun / Klenk / Kluth / Nullmeier / Welti*, 2009, S. 233.

[98] § 39 SGB IV; ebenso *Schroeder/ Burau*, SozSich 2008, S. 251, 254; *Braun / Klenk / Kluth / Nullmeier / Welti*, 2009, S. 227 ff.; *Güner et. al.*, SozSich 2009, S. 133, 137.; *Paquet*, SozSich 2006, S. 61, 63; vgl. *Butzer*, SDSRV 50 (2003), S. 51, 67 f.

wissenschaftliche Sachverstand ist die tägliche und tätige Einbeziehung der betroffenen Bürgerinnen und Bürger in die Umsetzung und Konkretisierung gesetzlicher Ziele und für sie geschaffener Institutionen. Weil diese Erkenntnis nicht neu ist, bedarf es oftmals keiner grundlegend neuen Gremien und Organe, sondern es würde genügen, an vernünftige Traditionen, etwa der sozialen Selbstverwaltung, anzuknüpfen, wenn diese zeit- und zweckgemäß weiterentwickelt und mit Leben erfüllt werden.

Verfassungsgerichtliche Kontrolle von Gebietsreformen

Joachim Wieland

I. Problemaufriss

Gebietsreformen sind streitanfällig. Nur selten gelingt es dem Gesetzgeber eines Landes eine Gebietsreform durchzuführen, ohne dass sein Reformgesetz dem zuständigen Verfassungsgericht zur Prüfung vorgelegt wird. Und nicht selten sind die Kommunen, die regelmäßig Antragstellerinnen in diesen Verfassungsprozessen sind, vor Gericht erfolgreich. Die Erfolge reizen zur Nachahmung. Fühlen eine Gemeinde oder ein Kreis sich durch eine Gebietsreform benachteiligt, ist der Weg zum Verfassungsgericht fast schon selbstverständlich geworden. Man wird Verständnis für die klagenden Kommunen aufbringen müssen: Lassen Sie sich rechtlich beraten, erfahren sie, dass der Weg zu einer Neugliederung für den Gesetzgeber schwierig ist und mit einer gewissen Wahrscheinlichkeit auch darauf vertraut werden darf, dass Fehler passieren – jedenfalls dann, wenn man die landesverfassungsrechtliche Rechtsprechung ernst nimmt. Die Prognosen für eine kommunale Verfassungsbeschwerde sind also nicht schlecht. Gleichzeitig beraubt jede Gebietsreform eine ganze Reihe von Amtsträgern auf kommunaler Ebene des bisherigen Substrats ihrer Mitwirkung an der Selbstverwaltung. Was die neue Ordnung bringt, kann niemand ganz genau prognostizieren. Demgegenüber weiß man, was man an der alten kommunalen Struktur hat, auch wenn man ihre Mängel ebenso gut kennt wie ihre Vorteile. Aus dieser Situation heraus führt regelmäßig zumindest für eine, oft auch für mehrere Kommunen der Weg zum Verfassungsgericht. Auch die Opposition im Landtag beschreitet nicht selten den gleichen Weg, weil sie auf Zustimmung derjenigen hoffen kann, die mit der geplanten Reform und folglich auch mit dem Handeln der Regierungsmehrheit unzufrieden sind.

Warum sollte gegen diese Entwicklung etwas einzuwenden sein? In einem gewaltenteiligen Rechtsstaat wie Deutschland ist der Gesetzgeber an die Verfassung gebunden. Wer sich in seinen Rechten verletzt fühlt, kann sich an die Verfassungsgerichte wenden. So weit, so gut. Das Problem liegt aber darin, dass sich die verfassungsgerichtliche Kontrolle im Laufe der Zeit immer mehr intensiviert hat. Für den Gesetzgeber gleicht die Durchführung einer Gebietsreform einem Hürdenlauf, bei dem die Höhe der Hürden langsam, aber stetig zunimmt. Gleichzeitig herrscht aber in vielen Ländern Übereinstimmung, dass die überkommenen kommunalen Strukturen den Anforderungen der Gegenwart nicht mehr genügen und dringend modernisiert werden müssen. Das gilt besonders für Ostdeutschland. Hier ist nach der Wiedervereinigung eine kommunale Ordnung geschaffen worden, die von recht optimistischen Prognosen ausging. Das betraf nicht nur die wirtschaftliche Zukunft des Landes, sondern vor allem auch die demographische Entwicklung. Der starke Rückgang der Bevölkerung wurde auch nicht annähernd vorausgesehen. Fünfzehn bis zwanzig Jahre später ist eine Anpassung der Selbstverwaltungsstrukturen dringend erforderlich. Abwarten ist für den Gesetzgeber keine realistische Alternative. Deshalb wendet er sich den Reformaufgaben zu und versucht gleichzeitig, sich durch eine Vielzahl von Gutachten und intensive rechtliche Beratung abzusichern. Viel Papier wird bedruckt und viele Anhörungen finden statt, um Reformvorhaben verfassungsgerichtsfest zu machen. Ein großer Wurf ist unter diesen Voraussetzungen nicht zu erwarten. Vielmehr tritt an die Stelle eines Neuanfangs nicht selten eine sehr vorsichtige Weiterentwicklung des Vorhandenen, die zwar niemanden furchtbar schmerzt, aber auch kaum jemanden glücklich macht und jedenfalls nicht mit hinreichenden Erfolgschancen zu einer Struktur führt, die den neuen Anforderungen zumindest auf die überschaubare Zeit gerecht wird.

Wie ist es zu dieser Entwicklung gekommen? Hans Peter Bull hat sich als Wissenschaftler, als Innenminister und als Prozessbevollmächtigter mit diesen Fragen auseinandergesetzt. Er hat zu Recht die Aufmerksamkeit auf den Wandel der Rechtsprechung gerichtet, der wesentlich dazu beigetragen hat, dass Gebietsreformen heute nur noch unter großen Anstrengungen und mit äußerster Vorsicht zu verwirklichen sind[1]. Der von Bull begründete Forschungsansatz soll im Folgenden vorgestellt und ein Stück weit vertieft werden. Dazu ist zunächst ein Blick auf die frühe Rechtsprechung zu werfen, die vor etwa vierzig Jahren in Westdeutschland mit den dortigen Gebietsreformen eingesetzt hat (II.). Sodann ist die einschlägige Rechtsprechung des Bundesverfassungsgerichts nachzuzeichnen (III.). Schließlich führt eine Analyse der aktuellen Rechtsprechung in den ostdeutschen Ländern auf den gegenwärtigen Stand der von der Rechtsprechung entwickelten Dogmatik (IV.), die abschließend einer kritischen Würdigung unterzogen wird (V.).

---

[1] *Bull*, DVBl. 2008, 1.

II. Landesverfassungsgerichtsrechtsprechung
zur Gebietsreform in Westdeutschland

Das erste Urteil, das sich gründlich mit den verfassungsrechtlichen Voraussetzungen für Neugliederungen auseinandergesetzt hat, stammt vom Verfassungsgerichtshof Rheinland-Pfalz[2]. Gegenstand der Entscheidung war die Verfassungsbeschwerde einer Gemeinde gegen ihre Eingemeindung. Der Verfassungsgerichtshof legte zunächst dar, dass die Selbstverwaltungsgarantie der Landesverfassung in Art. 49 die Gemeinden nur allgemein in ihrem Bestand schütze, nicht jedoch die Existenz der einzelnen Gemeinde gewährleiste. Der Garantieinhalt des Art. 49 LV stehe deshalb einer kommunalen Neugliederung des Landesgebietes grundsätzlich nicht entgegen. Nach dem geschichtlich gewordenen Bild der Selbstverwaltung müsse ein gesetzlicher Eingriff in den individuellen Bestand einer Gemeinde aber dem Gemeinwohl dienen[3].

Der Verfassungsgerichtshof sah sich von Verfassungs wegen zwar zur Prüfung verpflichtet, ob der Gesetzgeber den Begriff des Gemeinwohls richtig verstanden habe. Ihm war das Spannungsverhältnis zur Gestaltungsfreiheit des Gesetzgebers aber deutlich bewusst. Deshalb betonte er ausdrücklich, dass der Verfassungsgerichtshof sich mit der Inanspruchnahme der Prüfungskompetenz nicht an die Stelle des Gesetzgebers setze. Der Inhalt des Gemeinwohls sei ohne feste Umrisse sowie nach Zeit und Raum wandelbar, was zur Folge habe, dass er nicht abstrakt definiert werden könne. Vielmehr sei es im gewaltenteiligen Rechtstaat legitime Aufgabe des Parlaments, das Gemeinwohl in seinen Gesetzen festzulegen. Dabei dürfe er Diagnosen sowie Prognosen aufstellen und Toleranzen für sich in Anspruch nehmen. Die Vollziehung des Gemeinwohlauftrags im Rahmen wertender und abwägender Erkenntnis könne von Verfassungsgerichten nicht in allen Einzelheiten nachgeprüft werden. Der Kontrolle des Verfassungsgerichtshofs unterliege nur, ob die wertende Inhaltsbestimmung des Begriffs Gemeinwohl „eindeutig widerlegbar" oder „offensichtlich fehlsam" sei oder der verfassungsrechtlichen „Wertordnung" widerspreche. „Allein diese Betrachtung wird den Spielregeln und Eigengesetzlichkeiten des parlamentarisch-demokratischen Staatssystems gerecht; denn das aus allgemeinen, unmittelbaren, freien, gleichen und geheimen Wahlen hervorgegangene Parlament ist in erster Linie dazu berufen, der Verwirklichung des Gemeinwohls durch die Setzung von Rechtsnormen gestaltende Umrisse zu geben. Eine Kontrolle, die diese Grundsätze missachtet, würde zu schwerwiegenden Störungen des staatlichen Gewaltenvollzugs führen. Eine unbeschränkte Nachprüfung des Gemeinwohlbegriffs im abstrakt-generellen Normbereich würde nämlich bewirken, dass der Richter anstelle des Gesetzgebers das Gemeinwohl zu

---

[2] VerfGH Rheinland-Pfalz, Urteil vom 17. April 1969, VGH 2/69, DVBl. 1969, 799.
[3] VerfGH Rheinland-Pfalz, Urteil vom 17. April 1969, VGH 2/69, DVBl. 1969, 800.

bestimmen hätte. Die Gefahr eines Richterstaates läge alsdann nicht fern; denn die Rollen, die die Verfassung den einzelnen Gewalten zuweist, würden vertauscht, wenn die Verfassungsgerichte in den wertenden Entscheidungsbereich des Gesetzgebers eingreifen könnten"[4].

Zu Beginn der Rechtsprechung zur verfassungsgerichtlichen Kontrolle von Gebietsreformen stand den Gerichten also deutlich vor Augen, dass verfassungsgerichtliche Kontrolle des Gesetzgebers zwar auch dann notwendig ist, wenn er eine kommunale Neuordnung regelt, dass aber die Verwirklichung des Gemeinwohls vorrangig Aufgabe des Parlaments ist und dass sich die Gerichte nicht an dessen Stelle setzen dürfen. Dementsprechend hat der Verfassungsgerichtshof Rheinland-Pfalz auch die Konkretisierung des Gemeinwohlauftrags in dem Neuordnungsmodell des rheinland-pfälzischen Gesetzgebers wie selbstverständlich respektiert. Es hat darauf hingewiesen, dass der Gesetzgeber in Erfüllung des Gemeinwohlauftrags eine Wertung vollzogen und eine Abwägung getroffen habe, die weder eindeutig widerlegbar noch offensichtlich fehlsam gewesen sei noch der verfassungsrechtlichen Wertordnung widerspreche. Eine weitergehende, auf den Einzelfall bezogene Nachprüfung des Gemeinwohlerfordernisses lehnte das Gericht ausdrücklich ab[5].

Auch die Verhältnismäßigkeit des Neuordnungsgesetzes bejahte der Verfassungsgerichtshof, weil es Ziel des Gesetzgebers sei, die Leistungskraft der Selbstverwaltung zu stärken und die Probleme der Raumordnung zu lösen, um so dem Gemeinwohl zu dienen. Dabei sah er, dass dieses Ziel auf verschiedenen Wegen erreicht werden konnte, billigte aber dem Gesetzgeber insoweit Entscheidungsfreiheit zu. Die gerichtliche Prüfung beschränkte sich darauf, ob das Neuordnungsgesetz von systemgerechten Erwägungen getragen wurde oder systemfremde Ziele durchsetzen sollte. Systemfremde Ziele sollten aber nur dann vorliegen, wenn der gesetzgeberische Akt der Eingemeindung oder Zusammenlegung sich nicht mehr in die gemeinwohlbezogenen Richtpunkte einer den Gesamtinteressen dienenden Verwaltungsvereinfachung einordnen lasse[6]. Aus der Selbstverwaltungsgarantie und dem Rechtstaatsprinzip leitete der Verfassungsgerichtshof das Gebot ab, die betroffenen Gemeinden anzuhören. Er wies aber auch darauf hin, dass die Art und Weise der Durchführung des verfassungsrechtlich gebotenen Anhörungsverfahrens nicht vorgegeben sei, sondern in das Ermessen des Gesetzgebers gestellt sei, der sich für die Anhörung auch der Verwaltung bedienen dürfe[7].

---

[4] VerfGH Rheinland-Pfalz, Urteil vom 17. April 1969, VGH 2/69, DVBl. 1969, 802.

[5] VerfGH Rheinland-Pfalz, Urteil vom 17. April 1969, VGH 2/69, DVBl. 1969, 803.

[6] VerfGH Rheinland-Pfalz, Urteil vom 17. April 1969, VGH 2/69, DVBl. 1969, 804 ff.

[7] VerfGH Rheinland-Pfalz, Urteil vom 17. April 1969, VGH 2/69, DVBl. 1969, 807 ff.

Damit finden sich bereits in der ersten einschlägigen landesverfassungsgerichtlichen Entscheidung die Gemeinwohlbindung und die Anhörungspflicht des Neuordnungsgesetzgebers. Beide verfassungsrechtlichen Vorgaben wurden aber vom Gericht nur sehr zurückhaltend kontrolliert. Insoweit herrschte die Auffassung, dass die verfassungsgerichtliche Kontrolle eines Gebietsreformgesetzes nicht dazu führen dürfe, dass die Richter sich an die Stelle des Gesetzgebers setzten. Es fand also zwar eine verfassungsgerichtliche Kontrolle von Neugliederungen statt, der Primat der Prärogative des Gesetzgebers hinsichtlich der Ausgestaltung der Gebietsreform wurde aber ausdrücklich und durchgehend beachtet.

Der Verfassungsgerichtshof für das Land Nordrhein-Westfalen hat sich seinerzeit in zwei Urteilen vom 24. April 1970 im Wesentlichen der Rechtsprechung des Verfassungsgerichtshofs Rheinland-Pfalz angeschlossen[8]. Er hat das Recht der Gemeinde auf Anhörung zu einem sie betreffenden Neugliederungsvorhaben und die entsprechende Anhörungspflicht des Staates als Bestandteile des Selbstverwaltungsrechts qualifiziert. Dem Anhörungsrecht sei genügt, wenn die Gemeinde den wesentlichen Inhalt des Neugliederungsvorhabens erfahre und ihr eine angemessene Frist zur Willens- und Meinungsbildung zur Verfügung stehe. Es sei nicht erforderlich, dass der Gemeinde das Neugliederungsvorhaben in allen Einzelheiten bekannt gegeben werde oder dass sie zu den von der zuständigen Verwaltungsbehörde zu erlassenden Vorschriften über die Vollziehung des Neugliederungsgesetzes gehört werde. Dem Sinn und Zweck des Anhörungsgebots werde jedes Verfahren gerecht, das eine ordnungsmäßige und rechtzeitige Interessenermittlung und -übermittlung an den Gesetzgeber sicherstelle. Auch der Verfassungsgerichtshof für das Land Nordrhein-Westfalen stellte dem Gesetzgeber frei, ob er selbst nach Einbringung des Gesetzes die betroffenen Gemeinde anhören oder ob er sie durch einen seiner Ausschüsse hören lassen oder ob er die Anhörung der Exekutive übertragen wollte, die ihm dann ihre Erkenntnisse übermitteln musste[9]. Die inhaltliche Schranke, welche die Verfassung der Verfügungsgewalt des Gesetzgebers über den Bestand der Gemeinden zieht, sah auch der Verfassungsgerichtshof für das Land Nordrhein-Westfalen in der Bindung an das Vorliegen von Gründen des öffentliches Wohls. In den Bestand einer Gemeinde dürfe folglich nur aus Gründen des öffentlichen Wohls eingegriffen werden. Bei dessen Prüfung könne der Verfassungsgerichtshof nicht an die Rechtsauffassung des Gesetzgebers gebunden sein. Soweit aber für die Bestimmung des öffentlichen Wohls Wertungen und Erwägungen des Gesetzgebers von Bedeutung seien, könne sich das Gericht über sie nur dann hinwegsetzen, wenn sie eindeutig widerlegbar oder offensichtlich fehlsam seien. Demzufolge unterliege die Frage, ob Gründe des

---

[8] OVGE 26, 270 und 26, 286.
[9] OVGE 26, 286 (288 ff.).

öffentlichen Wohls vorlägen, nur hinsichtlich der Motive des Gesetzgebers der uneingeschränkten Prüfung des Gerichts. Der Gesetzgeber müsse mit dem Neugliederungsgesetz dem öffentlichen Wohle dienen wollen. Das sei dann nicht der Fall, wenn der Gesetzgeber sachfremde Zwecke verfolge. Ob mit dem Gesetz auch der gemeinwohlorientierte Zweck erreicht werde, könne der Verfassungsgerichtshof nur in beschränktem Umfang prüfen. Insoweit müsse er alle Umstände des konkreten Sachverhalts beachten und alle Wertungen und Erwägungen des Gesetzgebers berücksichtigen. Über diese Wertungen und Erwägungen könne sich das Gericht nur hinwegsetzen, wenn sie eindeutig widerlegbar oder offensichtlich fehlsam seien. Ausdrücklich hervorgehoben wurde der Gestaltungsspielraum des Gesetzgebers, der diesem die ihm zukommende Gestaltungsfreiheit zu politischen Willensentscheidungen auf dem Gebiet der kommunalen Gebietsgliederung des Landes lasse und gleichzeitig die Gemeinden in ausreichendem Maße vor nicht sachgerechten Eingriffen des Staates in ihrer Existenz und ihren Bestand schütze. Damit respektierte auch der Verfassungsgerichtshof für das Land Nordrhein-Westfalen den Gestaltungsspielraum des Gesetzgebers und verstand sowohl dessen Anhörungspflicht als auch seine Bindung an das öffentliche Wohl so, dass im Wesentlichem Raum für politische Gestaltung blieb.

III. Bundesverfassungsgericht

Das Bundesverfassungsgericht hat sich der Neuordnungsproblematik sehr vorsichtig und zurückhaltend genähert. Die erste einschlägige Entscheidung, die in der sogenannten amtlichen Sammlung veröffentlicht wurde, hat nicht etwa ein Senat erlassen. Vielmehr handelt es sich um den Beschluss eines Vorprüfungsausschusses, mit dem die Verfassungsbeschwerde der Stadt Laatzen gegen Vorschriften des Gesetzes über die kommunale Neugliederung im Raum Hannover[10] nicht zur Entscheidung angenommen wurde, weil sie keine hinreichende Aussicht auf Erfolg hatte[11]. Die Verfassungsbeschwerde wandte sich gegen die Eingliederung von Gebietsteilen der ehemaligen Stadt Laatzen und der ehemaligen Gemeinde Rethen (Leine) in die Landeshauptstadt Hannover. Die Begründung der Nichtannahmeentscheidung wurde mit dem kurzen Satz eingeleitet, dass Art. 28 Abs. 2 Satz 1 GG die Gemeinden nur institutionell, aber nicht individuell gewährleiste. Das Grundgesetz stehe Eingriffen in die gemeindliche Gebietshoheit nicht von vorneherein entgegen, selbst wenn sie gegen den Willen der betroffenen Gemeinde erfolgten. Wesentlicher Grund für die Nichtannahme der Verfassungsbeschwerde war die Feststellung, dass Auflösungen von Gemeinden, Gemeindezusammenschlüsse, Eingemeindungen und

---

[10] Vom 11. Februar 1974, GVBl. S. 57.
[11] BVerfGE 50, 50.

sonstige Gebietsänderungen den verfassungsrechtlich geschützten Kernbereich des Selbstverwaltungsrechts grundsätzlich nicht beeinträchtigten. Der Vorprüfungsausschuss berief sich insoweit auf Stimmen aus der Literatur und den Niedersächsischen Staatsgerichtshof[12].

Zum verfassungsrechtlich garantierten Kernbereich der kommunalen Selbstverwaltung gehört auch nach Auffassung des Bundesverfassungsgerichts aber, „dass Bestands- und Gebietsänderungen von Gemeinden nur aus Gründen des öffentlichen Wohls und nach vorheriger Anhörung der betroffenen Gebietskörperschaft zulässig sind". Der Anspruch auf rechtliches Gehör und die Bindung des Gesetzgebers an das öffentliche Wohl leitet das Bundesverfassungsgericht zudem aus dem Rechtsstaatsprinzip ab. Bekräftigend verweist es darauf, dass die Bindung an das Gemeinwohl selbstverständliche Voraussetzung jeder verfassungsrechtlich gebundenen Gesetzgebung sei[13].

Das Bundesverfassungsgericht sah aber 1978 noch Anlass, ausdrücklich auf das Spannungsverhältnis hinzuweisen, das zwischen der Selbstverwaltungsgarantie und der politischen Gestaltungsfreiheit des Gesetzgebers besteht. Es komme insoweit darauf an, einerseits dem Gesetzgeber die ihm zukommende politische Entscheidungsbefugnis und Gestaltungsfreiheit ungeschmälert zu belassen und andererseits den Kernbereich der Selbstverwaltungsgarantie zu wahren. Der schlage sich bei Gebietsreformen vor allem in der Bindung des Gesetzgebers an Gründe des öffentlichen Wohls nieder. Diesem Spannungsverhältnis versuchte das Bundesverfassungsgericht dadurch gerecht zu werden, dass es zwar für sich die Prüfungsbefugnis in Anspruch nahm, ob der Gesetzgeber den für seine Maßnahmen erheblichen Sachverhalt zutreffend und vollständig ermittelt und dem Gesetz zugrunde gelegt habe, ob er alle Gemeinwohlgründe sowie die Vor- und Nachteile der gesetzlichen Regelung umfassend und in nachvollziehbarer Weise abgewogen habe und ob der gesetzgeberische Eingriff geeignet, erforderlich und verhältnismäßig sei und die Gebote der Sach- und Systemgerechtigkeit beachte. Das war ein beeindruckender Katalog von Prüfungspunkten, der dem Verfassungsgericht den Weg zu einer intensiven und umfassenden Kontrolle des Gesetzgebers eröffnet hätte und jedenfalls deutlich weiter reichte als ein bloßes Anhörungsrecht verbunden mit der Pflicht des Gesetzgebers, das öffentliche Wohl zu verwirklichen. Das scheint dem Vorprüfungsausschuss bewusst gewesen zu sein. Er begrenzte nämlich sofort das weit abgesteckte Feld der Prüfung, indem er herausarbeitete, dass sich das Verfassungsgericht nicht an die Stelle des Gesetzgebers setzen dürfe, sondern seine Nachprüfung darauf zu beschränken habe, ob die Einschätzungen und Entscheidungen des Gesetzgebers offensichtlich fehlerhaft oder eindeutig wider-

---

[12] Niedersächsischer Staatsgerichtshof, DVBl. 1974, 520; *Granderath*, DÖV 1973, 332 (334); *Maunz*, in: Maunz/ Dürig, Grundgesetz, Kommentar, Art. 28 Rn. 45.

[13] BVerfGE 50, 50 f.

legbar seien oder der verfassungsrechtlichen Wertordnung widersprächen. Diese Einschränkung der Prüfungsbefugnis sollte gelten, soweit über die Zielvorstellungen, Sachabwägungen, Wertungen und Prognosen des Gesetzgebers ein verfassungsgerichtliches Urteil zu fällen war. Das Bundesverfassungsgericht fasste damit ausdrücklich die Ergebnisse der frühen Rechtsprechung der Landesverfassungsgerichte zusammen[14].

Waren die vom Bundesverfassungsgericht gebildeten Obersätze in Bezug auf die Reichweite der verfassungsgerichtlichen Kontrolle noch durchaus ambivalent, so zeigte ihre Anwendung auf den konkreten Fall eine große Zurückhaltung. Der Einwand der Beschwerdeführerin, der Gesetzgeber habe ihr bestimmte Gebiete zuordnen müssen, wird knapp mit dem Argument zurückgewiesen, es seien keine greifbaren Anhaltspunkte dafür erkennbar, dass die neu gebildete Stadt ohne die genannten Gebiete die ihr obliegenden Selbstverwaltungsaufgaben nicht effektiv erfüllen könne und deshalb auf die Dauer nicht lebensfähig sei. Nur im Rahmen dieser Prüfung sei erheblich, ob die Ausgliederung von Gebietsteilen aus der gesamten Gebietsmasse mehrerer zur Zusammenlegung anstehenden Gemeinden in eine dritte Gemeinde durch Gründe des öffentlichen Wohls gerechtfertigt sei. Die Bindung des Gesetzgebers an das öffentliche Wohl wird damit sehr eng begrenzt und schränkt seine Handlungsfreiheit kaum ein.

Betont wird auch die Gestaltungsfreiheit des Parlaments. Sie umfasst die Entscheidung für ein bestimmtes Neugliederungsmodell und den Verzicht auf Eingemeindungen in die Kernstadt Hannover. Mit einem Satz wird knapp festgestellt, die dem Neugliederungsgesetz zugrundeliegenden Wertungen, Abwägungen und Prognosen seien weder offensichtlich fehlerhaft noch eindeutig widerlegbar noch widersprächen sie der verfassungsrechtlichen Wertordnung. Nähere Ausführungen zu diesen Prüfungspunkten hält das Bundesverfassungsgericht nicht für erforderlich. Von großer Klarheit sind auch die Ausführungen zu Ausnahmen vom Grundkonzept, die als Ergebnis politischer Kompromisse zum Zwecke der parlamentarischen Mehrheitsbildung geschlossen werden mussten. Der Neugliederungsgesetzgeber hatte nämlich ausnahmsweise doch Eingemeindungen und Gebietseingliederungen in die Landeshauptstadt Hannover angeordnet. Der Vorprüfungsausschuss sah insoweit jedoch trotz der Abweichung von der Grundkonzeption keinen Verstoß gegen den Grundsatz der Systemgerechtigkeit und das Willkürverbot. Vielmehr hielt er es für ausreichend, dass die Ausnahmen ihrerseits auf sachgerechten Erwägungen beruhten. Dass sie zugleich Ergebnis der erwähnten notwendigen Kompromissfindung waren, ist aus Sicht der verfassungsgerichtlichen Prüfung unschädlich. Auch dass andere Lösungen als die vom Gesetzgeber gefundenen möglicherweise

---

[14] BVerfGE 50, 50 (51 f.).

ebenso zweckmäßig gewesen wären, hält das Bundesverfassungsgericht für irrelevant und dementsprechend nicht für prüfungswürdig. Es betont nachdrücklich den Spielraum, den der Gesetzgeber für Wertungen und Prognosen habe und der erst dort ende, wo die Wertungen und Prognosen offensichtlich fehlerhaft und eindeutig widerlegbar seien. Die vom Gesetzgeber genannten Gemeinwohlgründe hält das Gericht nur für angreifbar, wenn es greifbare Anhaltspunkte dafür gebe, dass die Gemeinwohlgründe nur vorgeschoben seien. Das wird sich jedoch nur in den seltensten Fällen nachweisen lassen.

Auch die abschließende Verhältnismäßigkeitsprüfung räumte dem Gesetzgeber weiten Raum für die Umsetzung seiner politischen Vorstellungen ein. Der Beschwerdeführerin wurde vor allem kein Schutz ihres Vertrauens auf die Erhaltung eines ungeschmälerten Gebietsbestandes auch im Rahmen der Zusammenlegung mit anderen Gemeinden zugebilligt, obwohl sie vorgetragen hatte, sie habe ihre Entwicklung gerade darauf ausgerichtet, dass die nach Hannover eingegliederten Gebiete ihrer Gebietshoheit auch künftig unterstellt blieben. Dem hält der Vorprüfungsausschuss kühl entgegen: „Ein so weitgehender Vertrauensschutz ist indessen nicht Inhalt des durch Art. 28 Abs. 2 GG garantierten Selbstverwaltungsrechts"[15]. Wiederum sieht das Gericht die Grenze der Gestaltungsfreiheit mit Blick auf das Selbstverwaltungsrecht erst dort, wo eine neu gebildete Gemeinde infolge der Abtrennung bestimmter Gebiete trotz gleichzeitiger Gebietsvergrößerung an anderer Stelle nicht mehr in der Lage wäre, als Selbstverwaltungskörperschaft zu bestehen und ihre Verwaltungs-, Daseinsvorsorge- und Entwicklungsaufgaben angemessen zu erfüllen. Entsprechendes Vorbringen der Beschwerdeführerin wird als nicht hinreichend substantiiert zurückgewiesen[16].

Knapp 15 Jahre später hatten sich Intensität und Umfang der Prüfung durch das Bundesverfassungsgericht deutlich erhöht. Nunmehr musste der Zweite Senat des Gerichts über Verfassungsbeschwerden der Gemeinde Neuenkirchen (Oldenburg), der Stadt Vechta und der Stadt Papenburg entscheiden. Einleitend wiederholte der Senat die Feststellung, dass die Selbstverwaltungsgarantie Veränderungen des Gebietsbestandes einzelner Gemeinden nicht entgegenstehe, vielmehr Gemeinden nur institutionell, nicht aber individuell gewährleiste. Bekannt war auch der Satz, dass Bestands- und Gebietsänderungen von Gemeinden nur aus Gründen des öffentlichen Wohls und nach Anhörung der betroffenen Gebietskörperschaften zulässig seien[17]. Schon das Anhörungsgebot wurde nunmehr jedoch breit entfaltet. Es fordere, dass die Gemeinde von der beabsichtigten Regelung Kenntnis erlange. Diese Kenntnis müsse nicht nur den we-

---

[15] BVerfGE 50, 50 (55).
[16] BVerfGE 50, 50 (56).
[17] BVerfGE 86, 90 (107).

sentlichen Inhalt des Neugliederungsvorhabens und der dafür gegebenen Begründung umfassen, sondern auch so rechtzeitig erfolgen, dass es der Gemeinde möglich sei, sich aufgrund eigener fundierter Vorbereitung unter Mitwirkung der gewählten Bürgervertretung zur geplanten Gebietsänderung als einer für sie existenziellen Entscheidung sachgerecht zu äußern und ihre Auffassung zur Geltung zu bringen. Die zur Verfügung stehende Zeit sei im Zweifel eher großzügig zu bemessen. Zum Anspruch auf Anhörung zählte der Senat auch die Pflicht des Gesetzgebers, die Stellungnahme der Gemeinde, durch die nach seiner Auffassung zumeist erst die erforderliche umfassende und zuverlässige Information über alle für die Gebietsreform erheblichen Umstände erlangt werde, vor einer abschließenden Entscheidung zur Kenntnis zu nehmen und bei der Abwägung der für und gegen die Neugliederungsmaßnahme sprechenden Gründe zu berücksichtigen[18]. Damit war das Anhörungsrecht zu einem Recht auf Berücksichtigung geworden. Zudem wurde dem Gesetzgeber implizit die Fähigkeit abgesprochen, selbst die für eine Neugliederung relevanten Tatsachen zu ermitteln. Vielmehr sollte die Tatsachenkenntnis nach der Vorstellung des Zweiten Senats dem Gesetzgeber von den Betroffenen vermittelt werden. Dass diese Informationen gelegentlich interessengeleitet sein könnten, wurde nicht problematisiert.

Sodann wurde in der Senatsentscheidung einem Neugliederungsvorhaben ein deutlich planerischer Einschlag attestiert. Daraus wiederum wurden gesteigerte verfassungsrechtliche Anforderungen an eine Neugliederungsentscheidung abgeleitet. Zwar wurde noch einmal die grundsätzliche Entscheidungsfreiheit des Gesetzgebers in der Setzung von Zielen, Leitbildern und Maßstäben betont. Zugleich wurden aber prozedurale Anforderungen an das Zustandekommen der gesetzgeberischen Entscheidung entwickelt. Darüber hinaus sollte sich das Neugliederungsgesetz auch im Ergebnis an unverzichtbaren Wertmaßstäben messen lassen, die der Senat aus dem Grundgesetz ableitete. Der Senat stellte wiederum einen umfänglichen Prüfungskatalog für die verfassungsgerichtliche Kontrolle auf, betonte allerdings auch den weiten Gestaltungs- und Wertungsspielraum des Gesetzgebers[19].

Auf dieser Grundlage entwickelt der Senat dann noch strengere Anforderungen für von ihm sogenannte „Rück-Neugliederungen" und „Mehrfachneugliederungen". Das Bundesverfassungsgericht zitiert in diesem Zusammenhang den Saarländischen Verfassungsgerichtshof, der allerdings in der zitierten Entscheidung gerade keine höheren Anforderungen für eine Veränderung einer bereits erfolgten Neugliederung aufgestellt hatte[20]. Dem Zweiten Senat des Bundesver-

---

[18] BVerfGE 86, 90 (107 f.).

[19] BVerfGE 86, 90 (108 f.).

[20] Saarländischer Verfassungsgerichtshof, NvWZ 1986, 1008.

fassungsgerichts erscheinen demgegenüber die Gestaltungsspielräume des Gesetzgebers bei einer erneuten Neugliederung als deutlich geschrumpft: „Der Gesetzgeber ist nicht prinzipiell gehindert, eine Neugliederungsmaßnahme aufzuheben oder zu ändern, wenn diese sich ihm als Fehlentscheidung darstellt oder wenn ihm eine erneute Regelung abweichenden Inhalts wegen veränderter Verhältnisse oder neuer Erkenntnisse notwendig oder zweckmäßig erscheint"[21].

Dass der Senat die Befugnis des Gesetzgebers, eine Neugliederungsmaßnahme zu ändern, offenbar nicht für selbstverständlich hält, sondern den Gesetzgeber nur nicht prinzipiell an einer derartigen Veränderung gehindert sieht, muss überraschen. Gerade Neugliederungen beruhen auf schwierigen und komplexen Prognosen, die sich im Laufe der Zeit durchaus als falsch erweisen können. Dann aber liegt es im Interesse der Verwirklichung des öffentlichen Wohls, eine Neugliederungsmaßnahme, die sich als verfehlt erwiesen hat, auch zu korrigieren. Es ist schwer vorstellbar, warum dem Gesetzgeber eine solche Korrektur verwehrt sein sollte. Letztlich verwehrt das Bundesverfassungsgericht dem Gesetzgeber denn auch Änderungen einer einmal durchgeführten Gebietsreform nicht, erhöht aber die verfassungsrechtlichen Voraussetzungen. Das Anhörungsrecht der Gemeinde wird zu einer Pflicht des Gesetzgebers, der Gemeinde nachvollziehbar die Gründe mitzuteilen, die den Gesetzgeber veranlassen, seine grundsätzlich auf dauerhaften Bestand angelegte Neugliederung schon nach einer verhältnismäßig kurzen Zeit rückgängig zu machen. Aus dem verfassungsrechtlichen Anspruch der Kommune, gehört zu werden, ist damit unter der Hand eine Begründungspflicht des Gesetzgebers geworden. Begründungspflichten kann der Gesetzgeber aber wesentlich schlechter erfüllen als eine Verwaltungsbehörde. Welche Gründe letztlich zu einer parlamentarischen Entscheidung führen, bleibt regelmäßig wegen der Vielzahl der an dieser Entscheidung Beteiligten offen. In der Praxis wird das vom Zweiten Senat des Bundesverfassungsgerichts aufgestellte Begründungserfordernis die jeweilige Regierung treffen, die in ihrem Gesetzentwurf für ein Neugliederungsgesetz entsprechende Ausführungen machen muss.

Auch die bis dahin eher abstrakte Bindung des Gesetzgebers an das öffentliche Wohl wird nun inhaltlich aufgefüllt. In „wiederholten gesetzlichen Änderungen im Bestand oder im gebietlichen Zuschnitt von Gemeinden", die offenbar schon bei der ersten Änderung einer Neugliederung anzunehmen sind, sieht der Senat Gefährdungen der Rechtssicherheit, insbesondere des Bestands- und Vertrauensschutzes. Entsprechende Erwartungen der Bürgerinnen und Bürger muss der Gesetzgeber in seine Abwägung einstellen. Auch die fehlende Akzeptanz eines die neue örtliche Gemeinschaft konstituierenden Gebietszuschnitts bei erheblichen Teilen der Einwohnerschaft kann sich nach Auffassung des

---

[21] BVerfGE 86, 90 (110).

Verfassungsgerichts nachteilig auf die notwendige Integration und die zu wahrende örtliche Verbundenheit der Einwohner auswirken. Immerhin sieht der Senat, dass gerade die Wiederherstellung der ursprünglichen Verhältnisse solche Nachteile beheben kann. Er hält deshalb entsprechende Korrekturmaßnahmen für verfassungskonform, weil sie ein grundsätzlich zulässiges Gemeinwohlziel verfolgen.

Von der fehlenden Akzeptanz wird jedoch ein „bloßer Unwille im Sinne einer Stimmung der Unzufriedenheit mit der durch die Neugliederung geschaffenen Lage" unterschieden, der für sich allein eine Rück-Neugliederungsmaßnahme nach Auffassung des Bundesverfassungsgerichts nicht zu tragen vermag. Immerhin kann auch ein bloßer Unwille das für eine Rück-Neugliederung erforderliche Gewicht gewinnen, wenn er sich zu einem Defizit an Akzeptanz entwickelt, das auf „objektivierbare gewichtige Gründe aus der historischen und kulturellen Entwicklung, aus den geografischen Verhältnissen, der wirtschaftlichen oder sozialen Struktur oder aus anderen vergleichbaren Gegebenheiten zurückführen lässt", so dass nach Auffassung des Senats „mit seinem Schwinden in einem überschaubaren Zeitraum nicht zu rechen ist". Der Gesetzgeber, der bloßen Unwillen von fehlender Akzeptanz unterscheiden muss, ist um seine Aufgabe nicht zu beneiden. Er wird vom Bundesverfassungsgericht jedenfalls ausdrücklich verpflichtet, den maßgeblichen Sachverhalt entsprechend zu ermitteln: „Hierzu ist erforderlich, dass hinreichend sichere Feststellungen, insbesondere über Ausmaß und Gewicht der Unzufriedenheit mit den Ergebnissen der ersten Neugliederung, deren Ursachen und deren Bedeutung für die Entwicklung der örtlichen Gemeinschaft, aber auch über die Folgewirkungen, die mit einer Rück-Neugliederung voraussichtlich verbunden sind, getroffen und dem Gesetz zugrunde gelegt werden. Der Gesetzgeber ist dabei gehalten, sich aufgrund verlässlicher Quellen ein eigenes Bild von den tatsächlichen Verhältnissen in der Gemeinde zu verschaffen, in deren Gebietsbestand er erneut eingreifen will; er darf sich nicht mit Berichten von interessierter Seite begnügen"[22]. Da kaum an eine Augenscheinseinnahme gedacht gewesen sein wird, ist es nicht leicht vorstellbar, wie das vom Bundesverfassungsgericht so betonte „eigene" Bild des Gesetzgebers gewonnen werden soll. Aus der Korrektur einer fehlerhaften Neugliederung im Interesse des Gemeinwohls ist damit in Entfaltung der Selbstverwaltungsdogmatik eine für den Gesetzgeber nicht leicht fehlerfrei zu erfüllende Agenda geworden. So überrascht denn auch nicht, dass der Zweite Senat des Bundesverfassungsgerichts dem niedersächsischen Gesetzgeber vorhält, er habe es an einer ausreichenden Ermittlung des für seine Entscheidungen erheblichen Sachverhalts und deshalb notwendig auch an einer verfassungsrechtlich tragfähigen Abwägung der Gründe und Gegengründe fehlen lassen.

---

[22] BVerfGE 86, 90 (110 ff.), 112.

Außerdem weisen die vom Gesetzgeber geschaffenen Regelungen nach Auffassung des Bundesverfassungsgerichts auch inhaltlich verfassungsrechtlich erhebliche Abwägungsfehler auf[23]. Der Zweite Senat des Bundesverfassungsgerichts widmet sich dann in Anwendung der von ihm selbst entwickelten besonderen Maßstäbe einer intensiven Prüfung der Beratungen und Begründungen des niedersächsischen Landesgesetzgebers auf Abwägungsfehler hin. Damit ist der Weg zu einer verfassungsgerichtlichen Kontrolle von Neugliederungsmaßnahmen vollzogen, die mit der verwaltungsgerichtlichen Kontrolle von Abwägungsentscheidungen im Planungsrecht vergleichbar ist. Der Gesetzgeber ist damit aus der Sicht des Verfassungsgerichts praktisch in die Rolle einer Verwaltungsbehörde versetzt worden, die Planungsentscheidungen zu treffen hat. Die politische Eigenart auch von Neugliederungsentscheidungen des Parlaments spielt insoweit keine Rolle mehr.

2002 hatte der Zweite Senat des Bundesverfassungsgerichts dann noch einmal Gelegenheit, sich mit den verfassungsrechtlichen Anforderungen an eine Anhörung vor einer Neugliederungsmaßnahme zu beschäftigen[24]. Hier zeigte sich der Senat deutlich zurückhaltender. Zwar sprach er von der Möglichkeit einer „Verletzung des Anhörungsrechts in seiner Ausprägung als Ermittlungspflicht", hielt also an dem Übergang von der Anhörungs- zur Ermittlungspflicht fest, verwies jedoch zugleich darauf, dass die Anhörung von Verfassungs wegen nicht an eine bestimmte Form gebunden sei. So könne die Prüfung der Frage, ob die Anhörung einer Gemeinde die verfassungsrechtlichen Anforderungen erfülle, nicht allein auf die Anhörungsfrist abstellen, weil die Anhörung der Gemeinden kein streng formalisiertes Verfahren sei. Vielmehr könne der Gesetzgeber die Modalitäten der Anhörung nach seinem Ermessen frei gestalten, solange das Anhörungsverfahren insgesamt geeignet sei, den gemeindlichen Belangen angemessen Rechnung zu tragen. Die Rüge einer unzureichenden Sachverhaltsermittlung weist der Senat mit dem Hinweis zurück, die Beschwerdeführer hätten weder vorgetragen noch sei sonst erkennbar, welche konkreten Umstände sie bei der Sachverhaltsermittlung vermissten. Damit ist das Pendel wieder deutlich zu Gunsten der Gestaltungsfreiheit des Gesetzgebers zurückgeschwenkt.

IV. Aktuelle Rechtsprechung

Mittlerweile hat sich die Rechtsprechung der Landesverfassungsgerichte zu den verfassungsrechtlichen Vorgaben für Gebietsreformen deutlich weiter ent-

---

[23] BVerfGE 86, 90 (114 ff.).
[24] BVerfGE 107, 1 (24 ff.).

wickelt. Beschränkten die Gerichte sich vor 40 Jahren noch auf die Prüfung, ob die betroffenen Kommunen angehört worden waren und ob der Gesetzgeber mit seiner Neugliederung das öffentliche Wohl verfolgt habe, ließen dabei aber weiten Raum für den Gestaltungsspielraum des Parlaments, sind die landesverfassungsgerichtlichen Vorgaben mittlerweile deutlich konkretisiert und ausgeformt worden. Ein gutes Beispiel dafür bildet das Urteil des Landesverfassungsgerichts Mecklenburg-Vorpommern vom 26. Juli 2007 zur Kreisgebietsreform. In diesem Verfahren war Hans Peter Bull als Prozessbevollmächtigter des Landtags beteiligt. Er hat sich mit dem Urteil des Landesverfassungsgerichts auch wissenschaftlich auseinandergesetzt[25].

Das Gericht geht davon aus, dass die institutionelle Garantie der kommunalen Selbstverwaltung der Ausgestaltung durch den Gesetzgeber bedarf. Es sieht mit dieser Ausgestaltung eine Pflicht verbunden, „die auf Freiräume sichernde Gestaltung der kommunalen Selbstverwaltung gerichtet ist." Aus der Verfassung ergebe sich eine spezifische Funktion der kommunalen Selbstverwaltung[26]. Die spezifische Funktion der kommunalen Selbstverwaltung definiert das Landesverfassungsgericht als Aktivierung der Bürger für ihre eigenen Angelegenheiten. Leitbild der kommunalen Selbstverwaltungsgarantie sei eine bürgerschaftliche Mitwirkung, die sich auch in einem politischen Gestaltungswillen niederschlage[27]. Die bürgerschaftliche Selbstverwaltung sieht das Gericht als eigenen Verfassungswert hervorgehoben, weil in der Verfassung des Landes Mecklenburg-Vorpommern die Selbstverwaltung in den Gemeinden und Kreisen dem Aufbau der Demokratie von unten nach oben dient (Art. 3 Abs. 2 LV M-V).

Zwischen der Wirtschaftlichkeit der Verwaltung und der bürgerschaftlich-demokratischen kommunalen Selbstverwaltung bestehe ein Spannungsverhältnis. Das Landesverfassungsgericht beruft sich insoweit auf das Bundesverfassungsgericht. Nach dessen Auffassung setze die Verfassung den ökonomischen Erwägungen, dass eine zentralistisch organisierte Verwaltung rationeller und billiger arbeiten könnte, den demokratischen Gesichtspunkt der Teilnahme der örtlichen Bürgerschaft an der Erledigung ihrer öffentlichen Aufgaben entgegen und gebe ihm den Vorzug[28]. Das Landesverfassungsgericht räumt dem Gesetzgeber dennoch durchaus das Recht ein, sich bei einem Gesetzgebungsvorhaben zu Lasten bürgerschaftlicher Mitwirkung für eine wirtschaftlich-sinnvolle Lösung zu entscheiden. Es verlangt aber vom Gesetzgeber, die Grundentschei-

---

[25] *Bull*, falscher Abwägungsprozess oder „falsches" Ergebnis?, in: Büchner/Franzke/Nierhaus (Hrsg.), Verfassungsrechtliche Anforderungen an Kreisgebietsreformen, 2008, S. 23 ff.

[26] LVerfG Greifswald, Urteil vom 26. Juli 2007, LVerfG 9/06, Rn. 106 (juris).

[27] LVerfG Greifswald, Urteil vom 26. Juli 2007, LVerfG 9/06, Rn. 107 (juris).

[28] BVerfGE 79, 127 (153).

dung der Verfassung für bürgerschaftlich-demokratische Mitwirkung stets im Blick zu haben und mit dem entsprechenden Gewicht einzubeziehen. Gute staatliche Verwaltung und gute Selbstverwaltung dürften nicht gleichgesetzt werden, weil gute Landesverwaltung primär auf rationelle Aufgabenerfüllung nach Maßgabe der Gesetze und des Regierungsprogramms ausgerichtet sei, während die bürgerschaftlich-demokratische Entscheidungsfindung für gute kommunale Selbstverwaltung neben rationaler Aufgabenerfüllung von Verfassungs wegen ein Wesensmerkmal sei[29].

Die Anforderungen an ein die kommunale Selbstverwaltung betreffendes Gesetz und dementsprechend die verfassungsgerichtliche Kontrolldichte sind nach Auffassung des Landesverfassungsgerichts Mecklenburg-Vorpommern umso höher, je mehr die kommunale Selbstverwaltung an Substanz verliert. So könne durch die Gebietsänderung von Kreisen für die Demokratiefunktion der Selbstverwaltung ein Verlust eintreten. Je schwerwiegender dieser Verlust sei, desto gewichtiger müssten die Gründe des öffentlichen Wohls sein, die den Eingriff des Gesetzgebers in den Bestand der betroffenen Kreise rechtfertigen sollten[30].

Das Landesverfassungsgericht Mecklenburg-Vorpommern wiederholt dann den Satz, dass zum Kernbereich der kommunalen Selbstverwaltung gehöre, dass Bestands- und Gebietsänderungen nur aus Gründen des öffentlichen Wohls und nach vorheriger Anhörung der betroffenen Gebietskörperschaften zulässig seien. Das Gericht räumt ein, dass das öffentliche Wohl als Sammelbegriff für eine Vielzahl von Zwecken in unterschiedlichen Konstellationen offen sei und im Einzelnen vom Gesetzgeber bestimmt werde. Dieser habe dabei einen großen, jedoch durch die Verfassung gebundenen Spielraum. So werde einerseits Raum für das Politische geschaffen und andererseits werde der Steuerungsfunktion der Verfassung Geltung verschafft. „So hat das öffentliche Wohl als steuerndes Element einer kommunalen Gebietsreform die Strukturmerkmale kommunaler Selbstverwaltung in sich aufzunehmen und als entscheidungsleitend in Rechnung zu stellen." Daraus folgert das Landesverfassungsgericht, dass der Gesetzgeber das naheliegende Abwägungsmaterial zu ermitteln und auf dieser Grundlage die unterschiedlichen Belange und Interessen zu bewerten habe, um ein Abwägungsergebnis herbeizuführen, das auf der Summe der gewogenen Einzelaspekte beruhe[31]. Das Gericht versteht das öffentliche Wohl umfassend. Es schließe sowohl staatliche als auch kommunale Belange ein. Bei einer Gebietsreform müsse die kommunale Selbstverwaltung mit dem ihr von Verfassungs wegen zukommenden Gewicht einbezogen werden. Die beiden sie

---

[29] LVerfG Greifswald, Urteil vom 26. Juli 2007, LVerfG 9/06, Rn. 110 ff. (juris).

[30] LVerfG Greifswald, Urteil vom 26. Juli 2007, LVerfG 9/06, Rn. 115 (juris).

[31] LVerfG Greifswald, Urteil vom 26. Juli 2007, LVerfG 9/06, Rn. 117 (juris).

tragenden Komponenten, nämlich die Leistungsfähigkeit im Sinne rationeller
Aufgabenerfüllung einerseits und die bürgerschaftlich-demokratische Dimension andererseits, müssten in den Blick genommen werden. Werde eine dieser
beiden Komponenten als Regelungsziel in den Vordergrund gestellt, so sei die
Kontrolle erforderlich, ob auch der anderen Komponente hinreichend Genüge
getan sei. Erforderlich sei eine eigene Überprüfung und Gewichtung durch das
Parlament[32].

Während 40 Jahre zuvor noch die Steigerung der Verwaltungseffizienz als
hinreichend legitimierendes Ziel für eine Gebietsreform angesehen wurde, bilden entsprechende Erwägungen des Gesetzgebers heute nur noch Abwägungsmaterial, das der Gesetzgeber berücksichtigen muss, das aber nicht etwa schon
gewichtig genug ist, um eine Gebietsreform zu rechtfertigen. Vielmehr muss
der Gewinn an Verwaltungseffizienz in Relation zum Verlust an bürgerschaft-
lich-demokratischer Beteiligung gesetzt werden. Bei seiner Abwägung muss
der Gesetzgeber die im konkreten Fall angesprochenen Gemeinwohlgründe
sowie die Vor- und Nachteile der gesetzlichen Regelung einstellen. Sonst leide
seine Entscheidung an einem Abwägungsdefizit. „Ob die für die Abwägung
wesentlichen Belange aufgrund zutreffender oder vertretbar ermittelter Fakten
mit ihrem vor dem Hintergrund der Verfassung richtigen Gewicht eingestellt
worden sind, unterliegt der vollen Prüfung durch das Landesverfassungsgericht"[33]. Während zu Beginn der einschlägigen Rechtsprechung der Landesverfassungsgerichte noch der weite Gestaltungsspielraum des Gesetzgebers betont
wurde, geht das Landesverfassungsgericht Mecklenburg-Vorpommern auf der
Grundlage der Entscheidung des Bundesverfassungsgerichts aus dem Jahre
1992 von einer starken Steuerungskraft der Verfassung aus. Aus ihr ergibt sich
nach Auffassung des Gerichts auch das richtige Gewicht einzelner Abwä-
gungsbelange, wobei die Gewichtung der vollen Prüfung durch das Landesverfassungsgericht unterliegt.

Bis zu dieser Feststellung war es ein weiter Weg von den Anfängen der einschlägigen landesverfassungsgerichtlichen Rechtsprechung, in denen noch die
Gefahr eines Richterstaates hervorgehoben und zugleich der weite Gestaltungsspielraum des Gesetzgebers betont wurde. Das Landesverfassungsgericht
Mecklenburg-Vorpommern folgt maßgeblich einer bald 20 Jahre zurückliegenden Entscheidung des Bundesverfassungsgerichts, welche die verfassungsgerichtliche Kontrolle von Gebietsreformen gezielt an die verwaltungsgerichtliche
Rechtsprechung zu Planungsfehlern angenähert hatte. Mittlerweile ist das Bundesverfassungsgericht allerdings wieder zu einer wesentlich stärkeren Betonung
des Gestaltungsspielraums des Gesetzgebers zurückgekehrt. Das Landesverfas-

---

[32] Insoweit bezieht sich das Landesverfassungsgericht auf BVerfGE 86, 90 (116).

[33] LVerfG Greifswald, Urteil vom 26. Juli 2007, LVerfG 9/06, Rn. 121 (juris) unter
Bezug auf BVerfGE 86, 90 (109 ff.).

sungsgericht ist dieser Entwicklung nicht gefolgt, sondern sieht Gebietsreformen nicht nur weitgehend durch die Verfassung determiniert, sondern beansprucht auch einen umfassenden Prüfungsumfang für die Abwägungen des Gesetzgebers. Es hat die Kreisgebietsreform in Mecklenburg-Vorpommern für verfassungswidrig erklärt, weil wesentlichen Belangen der Selbstverwaltung in dem einschlägigen Gesetz nicht mit dem ihnen zukommenden Gewicht Rechnung getragen worden sei[34]. Das Landesverfassungsgericht stellt fest, dass der Gesetzgeber die kommunale Selbstverwaltung unter dem Blickwinkel der Erhöhung der Leistungskraft und der Aufgabenerweiterung der Kreise gewürdigt habe. Während das in der frühen Rechtsprechung der Landesverfassungsgerichte noch ausgereicht hätte, um eine Gebietsreform verfassungsrechtlich zu legitimieren, wird nun bemängelt, dass gegenüber den Effizienzerwägungen die bürgerlich-demokratische Dimension der kommunalen Selbstverwaltung nicht hinreichend in eine Abwägung eingestellt worden sei. Dem verfassungsrechtlichen Gebot, weniger einschneidende Alternativen der Neugliederung wertend in das Gesetzgebungsverfahren einzuführen, sei der Gesetzgeber nicht hinreichend nachgekommen[35]. Damit hat sich die Garantie der kommunalen Selbstverwaltung von einem bloßen Gebot, betroffene Kommunen anzuhören und mit der Neugliederungsgesetzgebung das öffentliche Wohl zu verfolgen, zu einem gehaltvollen Steuerungsinstrument für den Gesetzgeber entwickelt. Gesteuert wird der Gesetzgeber in der Staatspraxis allerdings nicht von der Verfassung, sondern durch die Auslegung, die das jeweils zuständige Landesverfassungsgericht der Selbstverwaltungsgarantie gibt.

V. Ergebnis

Die Entwicklung der landesverfassungsgerichtlichen Rechtsprechung zur Kontrolle von Neuordnungsgesetzen in den letzten 40 Jahren ist beeindruckend. Am Anfang standen zwei mehr oder weniger selbstverständliche Feststellungen: Der Gesetzgeber musste auch bei Neugliederungsvorhaben das öffentliche Wohl verfolgen und die betroffenen Kommunen anhören. Beiden Geboten konnte der Gesetzgeber genügen, wenn er die üblichen Sorgfaltsanforderungen beachtete. Inhaltlich blieb seine Entscheidung weithin frei. Die Verfassung setzte einen äußersten Rahmen für Neugliederungsgesetze, ließ dem Gesetzgeber aber weiten Raum für die Verwirklichung seiner politischen Ziele und die Umsetzung seiner politisch getroffenen Wertungen. Das Bild des Richterstaates wurde warnend an die Wand geworfen, um sogleich die Gestaltungsfreiheit des Gesetzgebers auch bei Neugliederungsentscheidungen zu betonen.

---

[34] LVerfG Greifswald, Urteil vom 26. Juli 2007, LVerfG 9/06, Rn. 141 (juris).

[35] LVerfG Greifswald, Urteil vom 26. Juli 2007, LVerfG 9/06, Rn. 141 ff. (juris).

Gut 20 Jahre später hatte sich nicht nur die Kontrolle der Landesverfassungsgerichte verdichtet, sondern auch das Bundesverfassungsgericht, das zunächst noch ebenfalls den Gestaltungsspielraum des Gesetzgebers betont hatte, sah nun die Selbstverwaltungsgarantie mit vielfältigen Anforderungen an die vom Gesetzgeber bei einer Gebietsneuordnung zu treffenden Abwägungen gestellt. Die einschlägige Verfassungsrechtsprechung wurde nach dem Bild der verwaltungsgerichtlichen Kontrolle von Planungsentscheidungen konzipiert, aus der die bis in Einzelheiten gehende verwaltungsgerichtliche Prüfung von Abwägungsfehlern nutzbar gemacht wurde. Während das Bundesverfassungsgericht aber später wieder den Gestaltungsspielraum des Gesetzgebers betont hat, bleiben die Landesverfassungsgerichte der intensiven Kontrolle des Gesetzgebers nach dem Vorbild der Kontrolle der Verwaltung bei Planungsentscheidungen treu. Ihr Vertrauen auf eine gehaltvolle Steuerung von Neugliederungsvorhaben durch die Selbstverwaltungsgarantie ist nicht erschüttert worden. Vielmehr zeigt das Beispiel des Landesverfassungsgerichts Mecklenburg-Vorpommern, dass zusätzlich zu den bekannten Abwägungsvorgaben mittlerweile auch das Element der bürgerlich-demokratischen Selbstverwaltung mit Verfassungsrang den Erwägungen der Verwaltungseffizienz gegenübergestellt wird, die traditionell Neugliederungsvorhaben geleitet haben. Während sich die Verfassungsgerichte vor 40 Jahren damit begnügt haben, Effizienzerwägungen als hinreichende Legitimation für Gebietsreformen zu akzeptieren, beanspruchen sie heute die volle gerichtliche Kontrolle der Abwägungen des Gesetzgebers im Einzelnen. Es reicht nicht aus, wenn der Gesetzgeber plausibel macht, dass sein Neugliederungsvorhaben zu einer deutlichen Steigerung der Effizienz der Verwaltung führt. Vielmehr muss er den Effizienzgewinn in Relation zum Verlust an bürgerlich-demokratischer Selbstverwaltung stellen und seine Abwägung zwischen beiden Elementen nachvollziehbar begründen. Das Landesverfassungsgericht Mecklenburg-Vorpommern behält sich insoweit eine volle Prüfung vor.

Diese Entwicklung wirft die Frage auf, ob nicht die Eigenart des politischen Prozesses und des politischen Handelns des Parlaments verkannt werden. Hans Peter Bull hat mit Recht betont, dass die Entwicklung der Rechtsprechung notwendige Funktional- und Gebietsreformen erschwert. Er hatte darauf hingewiesen, dass die umfassende Anwendung des Verhältnismäßigkeitsprinzips, die zum Schutz individueller Rechte geboten ist, tendenziell stets die Erhaltung des Bestehenden begünstigt und schon deshalb als Reformbremse wirkt und eine Politik der kleinsten Schritte fördert[36]. Seine Mahnung sollte nicht ungehört verhallen. Mehr verfassungsgerichtliche Kontrolle ist nicht notwendig mit ei-

---

[36] DVBl. 2008, 1 (10).

nem Mehr an Gemeinwohl verbunden. Sie kann uns auch dem Richterstaat näher bringen, der vor vierzig Jahren auch von den Landesverfassungsgerichten noch als Gefahr beschworen wurde.

Information, Kommunikation, Datenschutz

Grundrechtsdogmatische Eckpunkte des Schutzes informationeller Selbstbestimmung im innerbundesstaatlichen Verfassungsvergleich

Hartmut Bauer

I. Informationelle Selbstbestimmung zwischen Vision und Illusion

Eine „wissenschaftliche Streitschrift"[1] mit dem Titel „Informationelle Selbstbestimmung – Vision oder Illusion?" zielt auf Provokation. Die Provokation kommt von *Hans Peter Bull* und trägt den Untertitel „Datenschutz im Spannungsverhältnis von Freiheit und Sicherheit". Dazu konnte der Jubilar als erster Bundesbeauftragter für den Datenschutz (1978–1983) und später als Innenminister des Landes Schleswig-Holstein (1988–1995) reichhaltige praktische Erfahrungen sammeln, die sich mit Beobachtungen und Erkennt-nissen aus seiner wissenschaftlichen Beschäftigung mit dem Datenschutz- und Informationsrecht verbinden. Vor diesem Hintergrund will die Streitschrift „Defizite der öffentlichen Diskussion" aufzeigen und „eine bessere Fundierung des Datenschutzes" skizzieren.[2] Die wertenden Analysen liegen in mancherlei Hinsicht quer zu herrschenden Meinungen und münden am Ende in ein Plädoyer für „Datenschutz nach Augenmaß"[3]. Darin eingeschlossen ist pointierte Kritik an Visionen einer umfassenden informationellen Selbstbestimmung und insbesondere an dem Volkszählungs-Urteil des Bundesverfassungsgerichts[4], das in der Rechtspraxis[5] dem seinerzeit noch in Anführungszeichen gesetzten Recht auf „informationelle Selbstbestimmung"[6] zum Durchbruch verholfen hat.[7]

---

[1] *Hans Peter Bull*, Informationelle Selbstbestimmung – Vision oder Illusion?, Datenschutz im Spannungsverhältnis von Freiheit und Sicherheit, 2009, S. V.

[2] Informationelle Selbstbestimmung (Fn. 1), S. V.

[3] *Bull*, Informationelle Selbstbestimmung (Fn. 1), S. 124.

[4] BVerfGE 65, 1.

Die Kritik konzentriert sich auf das Bundesrecht und die Verankerung des Rechts auf informationelle Selbstbestimmung im Grundgesetz. Indes ist das Bundesrecht nicht der einzige Regelungsort für den Datenschutz in der Mehr-Ebenen-Verfassung. Vielmehr finden sich informationelle Selbstbe-stimmungs-rechte auch als europäische Gewährleistung[8] und nicht zuletzt im Verfassungs-recht deutscher Länder, die das Grundrecht auf Datenschutz teilweise sogar ausdrücklich regeln. Dieser Befund regt dazu an, die Debatten über das Grund-recht auf informationelle Selbstbestimmung auf ein breiteres Fundament zu stellen und in sie stärker als bisher das Landesverfassungsrecht einzubeziehen. Bei sechzehn Ländern ist damit allerdings die Türe zu einem weiten Feld auf-gestoßen, zumal die Landesverfassungen sehr heterogenen Grundrechtsphilo-sophien folgen, die bis hin zum völligen Verzicht auf die Aufnahme von Grundrechten[9] reichen.

In einem Beitrag zu einer Festschrift zwingt dies zu rigoroser Beschränkung und exemplarischer Auswahl. Die hier angestellten Überlegungen fokussieren die dogmatischen Grundstrukturen. Nach einer kurzen Vergewisserung der

---

[5] Zu Vorarbeiten in der Literatur vgl. *Hans Peter Bull*, Verfassungsrechtliche Vorga-ben zum Datenschutz, CR 1998, S. 385 (386 m. Fn. 3), und als frühes Beispiel etwa *Eg-gert Schwan*, Datenschutz, Vorbehalt des Gesetzes und Freiheitsgrundrechte, VerwArch 66 (1975), S. 120 (120 f., 127 ff.), der frühzeitig aus Art. 2 Abs. 1 GG ein Individu-algrundrecht auf „Freiheit vor staatlicher Informationssammlung und Informationswei-tergabe" abgeleitet hat.

[6] So BVerfGE 65, 1 (1 Leitsatz 2, 43). Die Anführungszeichen hatten sich freilich schon innerhalb der Entscheidung alsbald (BVerfGE 65, 1 [46, 49 und passim]) und vor allem in späteren Entscheidungen (z. B. BVerfGE 78, 77 [84]) abgeschliffen; dabei ist es bis heute geblieben (vgl. etwa BVerfGE 101, 106 [121]; 115, 320 [341]; 118, 168 [184]; 120, 351 [359 ff.]; 125, 260 [310]). Unzutreffend ist allerdings die dem Gericht oftmals zugeschriebene Urheberschaft der Begriffsbildung. Der Terminus findet sich nämlich schon vor dieser Entscheidung im Schrifttum; dazu etwa *Spiros Simitis*, Die in-formationelle Selbstbestimmung – Grundbedingung einer verfassungskonformen Infor-mationsordnung, NJW 1984, S. 398 (399 m Fn. 8 ff.).

[7] *Bull*, Informationelle Selbstbestimmung (Fn. 1), S. 22 ff. (insb. S. 36 ff., 45 ff.) m.w.N. auch zu Vorläufer-Entscheidungen des Bundesverfassungsgerichts.

[8] Insb. Art. 6 Abs. 1 EU i. V. m. Art. 8 ChGrEU; Art. 16 AEU; ferner aus dem Se-kundärrecht Richtlinie 95/46/EG zum Schutz natürlicher Personen bei der Verarbeitung personenbezogener Daten und zum freien Datenverkehr (Abl. EG 1995 L 281/31). Vgl. auch Art. 8 EMRK und die Datenschutzkonvention des Europarates (Übereinkommen zum Schutz des Menschen bei der automatischen Verarbeitung personenbezogener Da-ten, [BGBl II 1985, S. 539]), die in Deutschland Bestandteil des Bundesrechts ist.

[9] So ist die Verfassung der Freien und Hansestadt Hamburg im Wesentlichen ein rei-nes Organisationsstatut; andere Verfassungen wie die des Landes Baden-Württemberg nehmen die Grundrechte des Grundgesetzes auf und ergänzen sie durch einen mehr oder weniger kleinen Katalog eigener Grundrechte.

bundesverfassungsgerichtlichen Spruchpraxis (II) beschäftigt sich der Beitrag mit den dogmatischen Grundlinien des grundrechtlichen Schutzes informationeller Selbstbestimmung im Landesverfassungsrecht (III), und zwar zum einen anhand eines Textvergleichs der dort ausdrücklich kodifizierten informationellen Selbstbestimmungsrechte (III.1) und zum anderen anhand einer Analyse der landesverfassungsgerichtlichen Judikatur zum bayerischen Verfassungsrecht, das keine ausdrückliche Gewährleistung informationeller Selbstbestimmung kennt (III.2). In der Zusammenschau informiert der innerbundesstaatliche Verfassungsvergleich über die bewährten grundrechtsdogmatischen Eckpunkte des informationellen Selbstbestimmungsrechts und regt zugleich zur Aufnahme eines Kommunikationsgrundrechts in das Grundgesetz an (IV).

II. Dogmatische Eckpunkte des grundrechtlichen Schutzes informationeller Selbstbestimmung in der bundesverfassungsgerichtlichen Spruchpraxis

Im bundesstaatlichen Verfassungsverbund spielt das Grundgesetz schon wegen seiner bundesweiten Geltung eine herausragende Rolle, auch wenn der Text der Bundesverfassung den grundrechtlichen Datenschutz nicht ausdrücklich erwähnt. Das Bundesverfassungsgericht leitet das Recht auf informationelle Selbstbestimmung bekanntlich aus dem durch Art. 2 Abs. 1 in Verbindung mit Art. 1 Abs. 1 GG geschützten allgemeinen Persönlichkeitsrecht her[10]. Danach umfasst das Persönlichkeitsrecht unter den Bedingungen der modernen Datenverarbeitung auch den Schutz des Einzelnen gegen die unbegrenzte Erhebung, Speicherung, Verwendung und Weitergabe seiner persönlichen Daten. Insoweit – so das Gericht weiter – gewährleistet das Grundrecht die Befugnis des Einzelnen, „grundsätzlich selbst über die Preisgabe und Verwendung seiner persönlichen Daten zu bestimmen"[11]. Das schließt einen Anspruch auf Information über vorhandene personenbezogene Daten ein[12], weil andernfalls die Bürger nicht mehr wissen können, wer was wann und bei welcher Gelegenheit über sie weiß.

Im Anschluss an die grundlegenden Ausführungen im Volkszählungs-Urteil orientiert sich die dogmatische Erfassung des Rechts auf informationelle Selbstbestimmung an dem liberalen Modell der Eingriffsabwehr[13]. Der Feststel-

---

[10] Dazu und zum Folgenden BVerfGE 65, 1 (1 Leitsatz 1, 41 ff.).

[11] BVerfGE 65, 1 (43).

[12] BVerfGE 120, 351 (359 f.); vgl. auch bereits BVerfGE 65, 1 (46); 113, 29 (58).

[13] Vgl. statt vieler *Bodo Pieroth/Bernhard Schlink*, Grundrechte, Staatsrecht II, 26. Aufl. 2010, S. 93 ff.; Christian Starck, in: Hermann v. Mangoldt/Friedrich Klein/Christian Starck, Kommentar zum Grundgesetz, Bd. 1, 6. Aufl. 2010, Art. 2 Abs. 1 Rn. 114 ff.; *Horst Dreier*, in: ders. (Hrsg.), Grundgesetz-Kommentar, Bd. 1, 2. Aufl. 2004,

lung eines Eingriffs[14] in den Schutzbereich folgt die Beschäftigung mit dessen Verfassungsmäßigkeit bzw. Rechtfertigung im Rahmen der Schrankentrias des zweiten Halbsatzes von Art. 2 Abs. 1 GG. Im Vordergrund stehen dabei der Vorbehalt einer gesetzlichen Regelung, die dem Grundsatz der Verhältnismäßigkeit und ergänzenden rechtsstaatlichen Anforderungen, in Sonderheit den Geboten der Normenklarheit und Normenbestimmtheit genügt, sowie organisatorische und verfahrensrechtliche Vorkehrungen, die einer Verletzung des Rechts auf informationelle Selbstbestimmung entgegenwirken und Missbräuchen vorbeugen. Das ist in der Leitentscheidung zum Datenschutzgrundrecht genau so angelegt. Sie setzt am grundrechtlichen Schutzbereich an, fordert unter Hinweis auf Art. 2 Abs. 1 GG für Einschränkungen eine gesetzliche Grundlage, die den Eingriff auf den gesetzlich klar bestimmten Zweck begrenzt, den Verhältnismäßigkeitsgrundsatz mit seinen drei Komponenten Geeignetheit, Erforderlichkeit und Verhältnismäßigkeit im engeren Sinn beachtet[15] und die erwähnten Schutzvorkehrungen trifft. Völlig „rasserein" durchgehalten ist die abwehrrechtliche Konzeption freilich nicht[16]. Denn der Anspruch auf Information über personenbezogene Daten verweist auf Leistung und die erwähnten Schutzvorkehrungen thematisieren zumindest ansatzweise staatliche Schutzpflichten. Gleichwohl bleibt in der Gesamtbetrachtung die Eingriffsabwehr prägend. Selbst die zuletzt genannte und in dem Urteil besonders hervorgehobene Komponente organisatorischer und verfahrensrechtlicher Vorkehrungen beschränkt sich nach mancher Analyse nämlich „ganz auf die flankierende Verstärkung der Abwehrkomponente […] und ist insofern nicht von eigenständiger Bedeutung"[17].

Die herrschende Lesart ist allerdings nicht frei von Unstimmigkeiten und stößt in Teilen des Schrifttums auf deutliche Vorbehalte. Die Kritik betrifft ne-

---

Art. 2 I Rn. 78 ff., 83 ff.; *Hanno Kube*, Persönlichkeitsrecht, in: HStR VII, § 148 Rn. 36 ff. (66 ff.), 79 ff., 83 ff.; differenzierend *Friedhelm Hufen*, Staatsrecht II, Grundrechte, 2. Aufl. 2009, S. 207 ff., 212 f.

[14] Der klassischen Eingriffen weit vorgelagert „bereits im Vorfeld konkreter Bedrohungen benennbarer Rechtsgüter" in Persönlichkeitsgefährdungen liegen kann (BVerfGE 118, 168 [184]). In dem erweiterten Eingriffsverständnis sieht etwa *Friedhelm Hufen*, Schutz der Persönlichkeit und Recht auf informationelle Selbstbestimmung, in: Peter Badura/Horst Dreier (Hrsg.), Festschrift 50 Jahre Bundesverfassungsgericht, Bd. II, 2001, S. 105 (117 f.), das eigentlich Neue der Entscheidung zur Volkszählung.

[15] BVerfGE 65, 1 (41 ff. zum Schutzbereich, 43 f. zum Erfordernis einer [verfassungsmäßigen] gesetzlichen Grundlage, 45 f. und 54 ff. zu Zweckbindung und Verhältnismäßigkeit).

[16] Vgl. auch BVerfGE 120, 351 (360: der Grundrechtsschutz „erschöpft sich nicht in einem Abwehrrecht gegen staatliche Datenerhebung und Datenverarbeitung").

[17] So die Einschätzung von *Dreier* (Fn. 13), Art. 2 I Rn. 91; zu der gemeinhin von der grundrechtlichen Eingriffsabwehrfunktion etwas abgesetzten Deutung der Grundrechte als Organisations- und Verfahrensmaximen vgl. *dens.*, ebd., Vorb. Rn. 105 f. m.w.N.

ben anderem die normative Ableitung des informationellen Selbstbestimmungsrechts aus dem allgemeinen Persönlichkeitsrecht (Art. 2 Abs. 1 in Verbindung mit Art. 1 Abs. 1 GG)[18] und die sich daran zwanglos anschließende Frage nach einem schon im Volkszählungs-Urteil angedeuteten[19] Schutz informationeller Selbstbestimmung durch andere Grundrechte[20]. Noch grundsätzlichere Kritik wendet sich gegen die dogmatische Grundkonzeption, in Sonderheit gegen das Eingriffs-Abwehr-Denken, die Konturlosigkeit des Schutzbereichs sowie die Vernachlässigung objektiv-rechtlicher Gewährleistungsgehalte, und stempelt das Recht auf informationelle Selbstbestimmung schlicht als „juristische Fehlkonstruktion" ab.[21] Doch konnte solche Grundsatzkritik die Spruchpraxis des Bundesverfassungsgerichts bislang nicht entscheidend beeinflussen.[22]

---

[18] Die Verankerung auch in der Menschenwürde macht beispielsweise die Grundrechtsberechtigung juristischer Personen mehr als prekär. Konsequent verneint daher etwa *Hufen*, Grundrechte (Fn. 13), S. 206, unter Hinweis auf Art. 19 Abs. 3 GG die Grundrechtsträgerschaft juristischer Personen; ähnlich *Walter Schmitt Glaeser*, Schutz der Privatsphäre, in HStR VI², § 129 Rn. 88; *Walter Rudolf*, Datenschutz – Ein Grundrecht, in: Max-Emanuel Geiß/Dieter Lorenz (Hrsg.), Festschrift für Hartmut Maurer, 2001, S. 269 (274 f.); zurückhaltend auch *Kube* (Fn. 13), § 148 Rn. 74 f. Nicht ganz konsistent wirkt deshalb die vom Bundesverfassungsgericht gleichwohl angenommene Grundrechtsträgerschaft juristischer Personen, die das Gericht veranlasst, für diese Rechtsträger ein gleichsam von dem allgemeinen Persönlichkeitsrecht normativ abgespaltenes, ausschließlich auf Art. 2 Abs. 1 GG gestütztes (Teil-)Recht auf informationelle Selbstbestimmung zu entwickeln (BVerfGE 118, 168 [203 f.]; vgl. auch bereits BVerfGE 95, 220 [241 f.]; 106, 28 [42 f.]).

[19] BVerfGE 65, 1 (43) mit Blick auf Art. 8 und 9 GG.

[20] Denn nach der weiten Schutzbereichsdefinition sind prinzipiell auch berufliche, ökonomische, ökologische, soziale, wissenschaftliche, künstlerische und andere kulturelle Aktivitäten gegen Datenzugriffe und Datenverarbeitung geschützt. Deshalb bietet es sich an, den Datenschutz aus einer Mehrzahl von Grundrechtsnormen herzuleiten (so etwa *Marion Albers*, Informationelle Selbstbestimmung, 2005, S. 355 f., 600 ff.) und insgesamt auf ein anderes Fundament zu stellen (dazu und zum Folgenden *Bull*, Informationelle Selbstbestimmung [Fn. 1], S. 42, 56 ff.). Elemente des Datenschutzes enthielten dann neben Art. 2 Abs. 1 GG auch die spezielleren Grundrechte etwa aus Art. 4, 5, 8, 9, 12 und 14 GG, weil „auch in diesen Bereichen [...] die Abschirmung vor fremder Kenntnis und vor unerwünschter Nutzung von Informationen zur ‚Abrundung' des Freiheitsrechts essentiell erforderlich sein" (*Bull*, a. a. O., S. 57) kann.

[21] *Karl-Heinz Ladeur*, Das Recht auf Selbstbestimmung: Eine juristische Fehlkonstruktion?, DÖV 2009, S. 45 ff.

[22] Zur prinzipiellen Fortführung der im Volkszählungs-Urteil begründeten konzeptionellen Ausrichtung auch in der jüngeren Vergangenheit vgl. etwa BVerfGE 115, 320 (341 ff.); 118, 168 (183); 120, 351 (359 ff.); 120, 378 (397 ff., 401 ff.); jeweils m.w.N. und unter Hinweis insb. auch auf die Leitentscheidung in BVerfGE 65, 1.

III. Dogmatische Eckpunkte
des grundrechtlichen Schutzes informationeller
Selbstbestimmung im Landesverfassungsrecht

Die eben skizzierte Abstützung des Rechts auf informationelle Selbstbestimmung im allgemeinen Persönlichkeitsrecht findet sich auch im Verfassungsrecht der Länder, die das Grundrecht auf Datenschutz heute jedoch überwiegend ausdrücklich geregelt[23] haben. Strukturell zeigt das Landesverfassungsrecht viele Parallelen zur bundesverfassungsrechtlichen Gewährleistung,
setzt aber auch eigene dogmatische Akzente. Im Einzelnen:

1. Informationelle Selbstbestimmungsrechte
im landesverfassungsrechtlichen Textvergleich

Von einem „Recht auf informationelle Selbstbestimmung"[24] ist in den Texten von Landesverfassungen nur vereinzelt ausdrücklich die Rede. Doch findet
sich das Normprogramm dieses Rechts in zahlreichen Konkretisierungen. Abgesehen von landesverfassungsrechtlichen Bestimmungen über unabhängige
Datenschutzbeauftragte[25], die von erheblicher Bedeutung für den effektiven
Schutz des Rechts auf informationelle Selbstbestimmung sind[26], gilt dies zuallererst für den jedem zuerkannten „Anspruch auf Schutz seiner personenbezogenen Daten"[27]. Die Formulierungen changieren. Verbreitet ist auch die Gewährleistung des Rechts „des einzelnen, grundsätzlich selbst über die Preisgabe
und Verwendung seiner persönlichen Daten zu bestimmen"[28], bzw. des Rechts,
„über die Erhebung, Verwendung und Weitergabe seiner personenbezogenen

---

[23] Eine gewisse Vorreiterfunktion hat das Land Nordrhein-Westfalen übernommen,
das schon 1978 und damit vor BVerfGE 65, 1 in Art. 4 Abs. 2 der Landesverfassung das
Grundrecht auf Datenschutz („Jeder hat Anspruch auf Schutz seiner personenbezogenen
Daten. Eingriffe sind nur im überwiegenden Interesse der Allgemeinheit auf Grund ei-
nes Gesetzes zulässig.") in die Verfassung aufgenommen hat (Gesetz vom 19. 12. 1978,
GVBl S. 632). Später kamen hinzu Art. 33 BerlVerf, Art. 11 BbgVerf, Art. 12 Brem-
Verf, Art. 6 VerfMV, Art. 4a VerfRheinlPfalz, Art. 2 Satz 2 SaarlVerf, Art. 33 Sächs-
Verf, Art. 6 VerfSA und Art. 6 ThürVerf.

[24] Art. 47 Abs. 1 BerlVerf.

[25] Vgl. Art. 33a BV; Art. 47 BerlVerf; Art. 74 BbgVerf; Art. 37 VerfMV; Art. 77a
VerfNRW; Art. 57 SächsVerf; Art. 63 VerfSA; Art. 69 ThürVerf.

[26] BVerfGE 65, 1 (46).

[27] So die Formulierung in Art. 4 Abs. 2 Satz 1 VerfNRW; Art. 2 SaarlVerf; Art. 6
Abs. 2 Satz 1 ThürVerf; ähnlich Art. 12 Abs. 3 Satz 1 BremVerf; Art. 6 Abs. 1 Satz 2
VerfMV; Art. 6 Abs. 1 Satz 1 VerfSA: „Jeder hat das Recht auf Schutz seiner personen-
bezogenen Daten."

[28] So die Formulierung in Art. 33 Satz 1 BerlVerf; ähnlich Art. 11 Abs. 1 Satz 1
BbgVerf; Art. 6 Abs. 2 Satz 2 ThürVerf.

Daten selbst zu bestimmen"[29]. Trotz der wechselnden sprachlichen Fassungen geht es in der Sache im wesentlichen um den bereits erwähnten Schutz des Einzelnen gegen die unbegrenzte Erhebung, Speicherung, Verwendung und Weitergabe seiner persönlichen Daten, an dem das informationelle Selbstbestimmungsrecht teleologisch anknüpft. Oftmals ausdrücklich geregelt sind in Landesverfassungen außerdem Ansprüche des Bürgers auf Auskunft über die Speicherung ihn betreffender Informationen in Akten und Dateien sowie auf Einsicht in diese Akten und Dateien[30], wie sie dem Grunde nach inzwischen auch für den Datenschutz auf der Ebene der Bundesverfassung anerkannt sind[31].

Erheblich variantenreicher sind im länderübergreifenden Textvergleich die auf das informationelle Selbstbestimmungsrecht bezogenen Bestimmungen über Grenzen, Beschränkungen und Eingriffsmöglichkeiten[32]. Bei aller innerbundesstaatlichen Vielfalt lässt sich jedoch ein gemeinsamer Kernbestand ausmachen, wonach Einschränkungen dieses Rechts einer gesetzlichen Regelung bedürfen, nur im überwiegenden Interesse der Allgemeinheit zulässig sind und mit gewissen Abstufungen ergänzenden Anforderungen genügen müssen[33]. Exemplarisch ist Art. 11 Abs. 2 Satz 1 der brandenburgischen Landesverfassung. Danach sind Einschränkungen des Datenschutzrechts „nur im überwiegenden Allgemeininteresse durch Gesetz oder aufgrund eines Gesetzes im Rahmen der darin festgelegten Zwecke zulässig". Ähnlich, aber detaillierter ist die Vorbehaltsregelung in Art. 6 Abs. 1 der Verfassung des Landes Sachsen-Anhalt: In das Recht auf informationelle Selbstbestimmung „darf nur durch oder auf Grund eines Gesetzes eingegriffen werden. Dabei sind insbesondere Inhalt, Zweck und Ausmaß der Erhebung, Verarbeitung und Nutzung der perso-

---

[29] So Art. 33 Satz 1 SächsVerf; ähnlich Art. 4a Abs. 1 Satz 1 VerfRheinlPfalz („Jeder Mensch hat das Recht, über die Erhebung und weitere Verarbeitung seiner personenbezogenen Daten selbst zu bestimmen.").

[30] Vgl. zu den in uneinheitlichen sprachlichen Wendungen gewährleisteten Ansprüchen auf Auskunft und Akteneinsicht Art. 11 BbgVerf; Art. 12 Abs. 4 BremVerf; Art. 6 Abs. 2 VerfMV; Art. 4a Abs. 1 Satz 2 VerfRheinlPfalz; Art. 6 Abs. 4 ThürVerf. Zu weitergehenden Informationsansprüchen, die sich zumeist auf Umweltdaten beziehen, vgl. Art. 21 Abs. 4, 39 Abs. 7 Satz 2 BbgVerf; Art. 6 Abs. 3 VerfMV; Art. 34 SächsVerf; Art. 6 Abs. 2 VerfSA; Art. 33 ThürVerf.

[31] Oben bei Fn. 12.

[32] So regelt etwa Art. 11 BbgVerf Eingriffsmodalitäten wie freiwillige und ausdrückliche Zustimmung des Berechtigten, gegebenenfalls auch dessen nachträgliche Information; ähnlich Art. 33 SächsVerf. Weitere Abweichungen ergeben sich aus einer unterschiedlichen Regelungsdichte der Schranken sowie daraus, dass die Auskunftsansprüche nicht durchgängig in allen erwähnten Landesverfassungen geregelt sind und sich die Gesetzesvorbehalte nicht immer ausdrücklich auf alle Aspekte des Datenschutzes beziehen.

[33] Vgl. Art. 33 Sätze 2 und 3 BerlVerf; Art. 11 Abs. 2 BbgVerf; Art. 12 Abs. 3 BremVerf; Art. 6 Abs. 1, 2 und 4 VerfMV; Art. 4 Abs. 2 Satz 2 VerfNRW; Art. 4a Abs. 2 VerfRheinlPfalz; Art. 2 Satz 3 SaarlVerf; Art. 33 Satz 3 SächsVerf; Art. 6 Abs. 1 VerfSA; Art. 6 Abs. 3 Satz 1 ThürVerf.

nenbezogenen Daten zu bestimmen und das Recht auf Auskunft, Löschung und Berichtigung näher zu regeln."

In der Grundstruktur orientieren sich die Texte der Landesverfassungen demnach an der Dogmatik der Eingriffsabwehr, die auch für das grundgesetzliche Verständnis des Rechts auf informationelle Selbstbestimmung charakteristisch ist. Abweichend vom Bundesverfassungsrecht stellen die Landesverfassungstexte jedoch nicht durchgängig eine direkte Verknüpfung mit der Menschenwürde her, und die Eingriffsmodalitäten sind zusammen mit flankierenden Ansprüchen auf Auskunft, Akteneinsicht, Löschung, Berichtigung usw. nach Voraussetzungen und Rechtsfolgen teilweise wesentlich detaillierter vorgeformt. In der Gesamtanalyse ändert dies aber nichts an der prinzipiell abwehrrechtlichen Konzeption, die ergänzend leistungs- und verfahrensrechtliche Direktiven aufnimmt. Sehr anschaulich ablesbar ist die Annexfunktion leistungs- und verfahrensrechtlicher Komponenten an der eben vorgestellten sachsen-anhaltinischen Regelung. Danach sind vom Gesetzgeber beim Erlass von Eingriffsvorschriften („dabei") neben anderem Auskunfts-, Löschungs- und Berichtigungsansprüche näher zu regeln. Diese unterstützende Funktion für die Eingriffsabwehr mag sich nicht zuletzt aus der Vorbildwirkung des insoweit gleichsinnig angelegten Bundesrechts[34] erklären.

2. Zum grundrechtlichen Schutz informationeller Selbstbestimmung im bayerischen Verfassungsrecht

Was für Landesverfassungen mit ausdrücklichen Garantien des Rechts auf informationelle Selbstbestimmung gilt, muss nicht notwendig auch für jene Landesverfassungen gelten, denen solche Garantien fremd sind. Die daran anschließende Suche nach funktionell vergleichbaren Gewährleistungsgehalten in anderen Grundrechtsnormen oder ungeschriebenem Recht stößt allerdings auf den bereits eingangs erwähnten Befund bundesstaatlicher Vielfalt. Das rechtfertigt die Beschränkung auf das bayerische Verfassungsrecht anhand einer Analyse der landesverfassungsgerichtlichen Judikatur.

a) Die Rezeption des grundgesetzlichen Schutzes informationeller Selbstbestimmung

Die Verfassung des Freistaates Bayern (BV) enthält zwar einen umfangreichen Grundrechtskatalog[35], jedoch keine ausdrückliche Gewährleistung eines informationellen Selbstbestimmungsrechts. Abweichend von der bundesverfas-

---

[34] Dazu oben bei Fn. 17.
[35] Art. 98 ff. BV.

sungsgerichtlichen Spruchpraxis zum Grundgesetz hat der Bayerische Verfassungsgerichtshof aus der bayerischen Verfassung bislang auch kein eigenständiges, klar umrissenes oder gar detailliert ausgearbeitetes Persönlichkeitsrecht abgeleitet[36], das mit dem allgemeinen Persönlichkeitsrecht des Grundgesetzes vergleichbar wäre. Dieser Befund ist auf den ersten Blick überraschend, weil die bayerische Verfassung in Art. 100 BV wortlautidentisch[37] mit Art. 1 Abs. 1 GG den Schutz der Menschenwürde verbürgt und mit Art. 101 BV zumindest ein Art. 2 Abs. 1 GG strukturell vergleichbares Grundrecht garantiert[38]. Damit wären an sich die normativen Grundlagen für die Ausbildung eines solchen Rechts in Anlehnung an die grundgesetzliche Parallele vorhanden. Eine mögliche Erklärung für die in der landesverfassungsgerichtlichen Spruchpraxis gleichwohl unterbliebene dogmatische Ausformung eines allgemeinen Persönlichkeitsrechts auf der Grundlage von Art. 100, 101 BV mag darin liegen, dass der Bayerische Verfassungsgerichtshof wegen der häufig in zivil- und strafrechtlichen, also bundesgesetzlichen Kontexten geltend gemachten Verletzungen des Persönlichkeitsrechts bislang keine Notwendigkeit für eine detailliert ausgearbeitete Dogmatik dieses Grundrechts gesehen hat; denn Bundesrecht und auf materielles Bundesrecht gestützte Gerichtsentscheidungen unterliegen grundsätzlich nicht der Überprüfung durch den Gerichtshof.[39] Indes kann der zumindest verfassungspolitische Entwicklungsrückstand hier auf sich beruhen.

Trotz des nicht dogmatisch durchgebildeten Persönlichkeitsrechts ist die Bayerische Verfassung nämlich kein datenschutzrechtliches Niemandsland[40].

---

[36] So die Einschätzung von *Josef Franz Lindner*, in: Josef Franz Lindner/Markus Möstl/Heinrich Amadeus Wolff, Verfassung des Freistaates Bayern, Kommentar, 2009, Art. 101, Rn. 27 m. w. N.; vgl. auch *Christian Pestalozza*, in: Hans Nawiasky/Karl Schweiger/Franz Knöpfle (Hrsg.), Die Verfassung des Freistaates Bayern, Kommentar, Loseblatt, Art. 100 (1997/1999/2000/2003), Art. 100 Rn. 51; tendenziell anders wohl *Gertrud Paptistella*, Verfassung des Freistaates Bayern, Kommentar, 2008, S. 150 f., die als Beleg allerdings ganz überwiegend die bundesverfassungsgerichtliche Spruchpraxis heranzieht.

[37] Die Anpassung des Wortlauts an Art. 1 Abs. 1 GG erfolgte allerdings erst durch die Verfassungsänderung 2003 (GVBl. S. 817) zur Klarstellung der identischen Reichweite des Schutzgehalts; dazu *Paptistella* (Fn. 36), S. 150, und – kritisch – *Pestalozza* (Fn. 36), Art. 100 Fn. *. Davor hatte Art. 100 BV folgenden Wortlaut: „Die Würde der menschlichen Persönlichkeit ist in Gesetzgebung, Verwaltung und Rechtspflege zu achten." Schon für die Vorläufer-Fassung ging die Begründung der Verfassungsänderung von einer mit Art. 1 Abs. 1 GG identischen Schutzwirkung aus; auch dazu kritisch *Pestalozza*, a. a. O.

[38] Art. 100 BV lautet: „[1]Die Würde des Menschen ist unantastbar. [2]Sie zu achten und zu schützen ist Verpflichtung aller staatlichen Gewalt." – Art. 101 BV lautet: „Jedermann hat die Freiheit, innerhalb der Schranken der Gesetze und der guten Sitten alles zu tun, was anderen nicht schadet."

[39] So die Überlegungen von *Lindner* (Fn. 36), Art. 101 Rn. 28.

[40] Vgl. ergänzend auch Art. 33a BV zum Landesbeauftragten für den Datenschutz.

Vielmehr hat der Bayerische Verfassungsgerichtshof nach anfänglichem „Offenlassen"[41] in spezifisch datenschutzrechtlichem Zusammenhang frühzeitig Art. 100, 101 BV zur Begründung eines landesverfassungsrechtlich gewährleisteten Rechts auf informationelle Selbstbestimmung herangezogen[42] und dabei ausdrücklich auf Ausführungen des Bundesverfassungsgerichts verwiesen. Die zentrale Passage der Rezeption lautet: „Das Bundesverfassungsgericht hat [...] in seiner Entscheidung [...] zum Volkszählungsgesetz 1983 (BVerfGE 65, 1 ff.) ausgeführt, daß unter den Bedingungen der modernen Datenverarbeitung der Schutz des einzelnen gegen eine unbegrenzte Erhebung, Speicherung, Verwendung und Weitergabe seiner persönlichen Daten von dem allgemeinen Persönlichkeitsrecht des Art. 2 Abs. 1 i.V.m. Art. 1 Abs. 1 GG umfaßt werde; Einschränkungen dieses Rechts seien nur im überwiegenden Allgemeininteresse auf verfassungsmäßiger gesetzlicher Grundlage zulässig. [...] Da der Schutz der Menschenwürde und der Handlungsfreiheit nach bayerischem Verfassungsrecht [...] nicht hinter den im wesentlichen inhaltsgleichen Grundrechten des Grundgesetzes zurückbleibt, können die Ausführungen des Bundesverfassungsgerichts zur informationellen Selbstbestimmung jedenfalls in den Grundaussagen auch zur Auslegung von Art. 100 und 101 BV herangezogen werden. Von besonderer Bedeutung [...] ist der Anspruch des Bürgers auf normative Bestimmtheit der Voraussetzungen und des Umfangs zulässiger Beschränkungen."[43]

Mit diesem Paukenschlag war die Rezeption des informationellen Selbstbestimmungsrechts im bayerischen Verfassungsrecht auf den Weg gebracht. Sie stieß zwar zum Teil auf heftige Kritik[44], zumal der Verfassungsgerichtshof bereits in der ersten Rezeptions-Entscheidung einen Verstoß gegen das neue Grundrecht bejaht hatte[45]. Die Kritik konnte sich jedoch bislang nicht durchset-

---

[41] Unentschieden und mangels Entscheidungserheblichkeit im Dezember 1984 noch offen lassend, aber in Hilfserwägungen bereits eher zur Rezeption tendierend VerfGH 37, 177 (181 ff.); dazu kritisch *Pestalozza* (Fn. 36), Art. 100 Rn. 45 m. Fn. 78.

[42] Die weichenstellende Grundsatzentscheidung datiert vom 9. 7. 1985 und ist abgedruckt in VerfGH 38, 74.

[43] VerfGH 38, 74 (79 f., teilweise ähnlich 74 Leitsatz 2).

[44] Siehe zur Kritik nur *Pestalozza* (Fn. 36), Art. 100 Rn. 45 ff. m.w.N.; allgemeingrundsätzliche Vorbehalte gegen das Recht auf informationelle Selbstbestimmung auch bei *Theodor Meder*, Die Verfassung des Freistaates Bayern, Handkommentar, 4. Aufl. 1992, Art. 100 Rn. 1b ff.

[45] In der Entscheidung führte das Fehlen einer hinreichend klaren gesetzlichen Eingriffsregelung nur deshalb nicht zur Aufhebung des seinerzeit angegriffenen Urteils, weil zur Wahrung der Funktionsfähigkeit staatlicher Einrichtungen die auf Grund neuer verfassungsgerichtlicher Erkenntnisse beanstandete Regelungslücke für eine Übergangszeit hinzunehmen war (VerfGH 38, 74 [81]).

zen. Vielmehr hat das Gericht seine Spruchpraxis wiederholt bestätigt[46] und damit für die Rechtspraxis die Geltung des Rechts auf informationelle Selbstbestimmung im bayerischen Verfassungsrecht entschieden; die neuere Kommentarliteratur hat dies inzwischen überwiegend akzeptiert[47]. Akzeptanzfördernd dürfte nicht zuletzt die behutsame Handhabung durch den Verfassungsgerichtshof gewirkt haben, der das informationelle Selbstbestimmungsrecht zwar in einer ganzen Reihe von Entscheidungen erwähnt und als Prüfungsmaßstab heranzieht[48], am Ende der Prüfung aber nur selten zu einem Verfassungsverstoß gelangt[49].

b) Zur Rezeption der abwehrrechtlichen Konzeption

In der Sache selbst stützt der Verfassungsgerichtshof das informationelle Selbstbestimmungsrecht auf Art. 101 in Verbindung mit Art. 100 BV[50] und betont mehrfach, dass es sich um „kein besonderes Grundrecht neben anderen [handle], sondern [um] eine Ausprägung der Menschenwürde und der Handlungsfreiheit"[51]. Allerdings sei dieses Recht nicht schrankenlos gewährleistet; vielmehr müsse es der in der Gemeinschaft lebende Bürger „grundsätzlich hinnehmen, dass bestimmte Daten über ihn erhoben und gesammelt werden"[52]. Das Recht auf informationelle Selbstbestimmung sei daher „nur innerhalb der

---

[46] Z.B. VerfGH 40, 7 (12 f., und Sondervotum, 13 f.); 42, 21 (21, 25); 42, 135 (141); 47, 241 (254 f.); 50, 156 (178); 50, 226 (227, 246); 56, 28 (44); 57, 113 (119 ff.); 59, 29 (34); ferner BayVerfGH, Entsch. v. 19. 4. 2007, Vf. 17-VII-05 u.a., Rn. 78; BayVerfGH, Entsch. v. 12. 10. 2010, Vf. 19-VII-09, Rn. 24, 32 f.; zit. n. juris.

[47] Vgl. *Lindner* (Fn. 36), Art. 101 Rn. 27 ff., 32, 39 ff., 59; *Paptistella* (Fn. 36), S. 151 ff.

[48] Eine Ende Februar 2011 durchgeführte juris-Recherche ergab für die Kombination der Suchbegriffe „Selbstbestimmung" und „informationell" beim Bayerischen Verfassungsgerichtshof insgesamt 22 Treffer. Thematisch sind gewisse Schwerpunkte neben datenschutzrechtlichen Bestimmungen das Polizeirecht und das Schulrecht.

[49] Zum Verdikt der Verfassungswidrigkeit gelangte der Gerichtshof, soweit ersichtlich, nur in VerfGH 59, 29 (33 ff.) für die Durchsuchung von Sachen, die eine von einer Identitätskontrolle bei einer Schleierfahndung betroffene Person mit sich führt; siehe ergänzend aber auch die Hinweise in Fn. 45.

[50] So VerfGH 59, 29 (34); oftmals benennt der Gerichtshof als Rechtsgrundlagen auch etwas ungenau Art. 100, 101 BV (VerfGH 42, 135 [141]; 47, 241 [255]); 50, 226 [246]; 57, 113 [119]), vereinzelt ist sogar recht unbekümmert von „Art. 100 in Verbindung mit Art. 101 BV" (VerfGH 59, 29 [33, 34]; BayVerfGH, Entsch. v. 24. 2010, Vf. 7-VI-08, Rn. 17, zit. n. juris) die Rede. Das bietet mancherlei Angriffsfläche für Kritik an dem „neuen Kombinationsgrundrecht"; vgl. *Pestalozza* (Fn. 36), Art. 100 Rn. 43 ff.

[51] Z.B. VerfGH 40, 7 (12); 42, 135 (141); 50, 226 (246); ähnlich VerfGH 57, 113 (120).

[52] VerfGH 42, 135 (141); ebenso oder ähnlich z.B. VerfGH 37, 177 (182); 47, 241 (255); 50, 226 (246); 57, 113 (120).

Schranken der Gesetze"[53] gewährleistet und deshalb Einschränkungen auf „ver-
fassungsgemäßer gesetzlicher Grundlage"[54] zugänglich. Bei der Bestimmung
der Schranken sei – so das Verfassungsgericht weiter – der Gesetzgeber aber
nicht völlig frei[55]. Einschränkungen müssten allgemeine normative Vorgaben
wie die Zuständigkeitsordnung und das allgemeine Rechtsstaatsprinzip beachten; auch seien sie nur im überwiegenden Allgemeininteresse zur Verfolgung
eines legitimen Zwecks und unter Wahrung des Grundsatzes der Verhältnismäßigkeit (Geeignetheit, Erforderlichkeit, Übermaßverbot) zulässig[56]. An eine Art
Kernbereichsdenken erinnern die dabei formulierten „Schranken, jenseits derer
die Preisgabe und Verwertung persönlicher Daten schlechthin unzumutbar
sind"[57]. Besonderes Gewicht legt das Gericht außerdem auf die rechtsstaatlichen Gebote der Bestimmtheit und Klarheit der Eingriffsnormen[58], und nach
anfänglichem Zögern[59] erwähnt der Verfassungsgerichtshof mittlerweile auch
die Notwendigkeit verfahrens- und organisationsrechtlicher Vorkehrungen, die
der Gefahr einer Verletzung des informationellen Selbstbestimmungsrechts
entgegenwirken[60].

In den dogmatischen Grundlinien und Eckpunkten ist all dies aus der bundesverfassungsgerichtlichen Judikatur bekannt und vertraut. Der Bayerische
Verfassungsgerichtshof orientiert sich in der prinzipiellen Ausrichtung an der
bewährten Dogmatik der Eingriffsabwehr, und er stellt das informationelle
Selbstbestimmungsrecht des bayerischen Verfassungsrechts in einen Traditi-
onszusammenhang mit dem des Grundgesetzes und der Verfassungstexte anderer Länder. All dies fällt im innerbundesstaatlichen Verfassungs-rechtsver-
gleich nicht aus dem Rahmen und wäre deshalb keiner besonderen Hervorhebung wert.

---

[53] VerfGH 56, 28 (44).

[54] VerfGH 38, 74 (79); 50, 226 (246 f.); 57, 113 (119).

[55] VerfGH 56, 28 (44).

[56] Vgl. zu diesen Anforderungen etwa VerfGH 40, 7 (12 f.); 42, 135 (141); 50, 226
(246, 249 ff.); 56, 28 (44); 57, 113 (119 ff.), 59, 29 (34 f.).

[57] VerfGH 40, 7 (7, 13); ähnlich VerfGH 47, 241 (255); 50, 226 (246); 57, 113
(120).

[58] Z.B. VerfGH 38. 74 (80 f.); 40, 7 (13); 47, 241 (255 ff.); 50, 226 (246, 248 f.); 59,
29 (34 ff.).

[59] Bezeichnenderweise blieben die in der Entscheidung des Bundesverfassungsgericht zur Volkszählung wiederholt angesprochenen, damals für die Dogmatik
aber noch eher gewöhnungsbedürftigen verfahrens- und organisationsrechtlichen Direktiven von Grundrechtsnormen bei der Rezeption durch den Bayerischen Verfassungsgerichtshof noch unerwähnt; vgl. VerfGH 38, 74 (79).

[60] VerfGH 47, 241 (254); 50, 226 (246); 57, 113 (120).

c) Zur konzeptionellen Öffnung für weitere Grundrechtsdimensionen

Indes ist der Bayerische Verfassungsgerichtshof bei der dogmatischen Ausformung des Rechts auf informationelle Selbstbestimmung nicht bei der abwehrrechtlichen Dimension[61] stehen geblieben. Vielmehr hat er daneben konzeptionell wiederholt die objektive Bedeutung der Grundrechte besonders betont, die daraus abgeleitete staatliche Schutzpflicht pointiert herausgestellt und zu einer speziell auf das informationelle Selbstbestimmungsrecht bezogenen Schutzpflichtendogmatik fortentwickelt, die sich so in der bundesverfassungsgerichtlichen Spruchpraxis nicht findet.

In der Kurzfassung lautet der zentrale Kerngedanke wie folgt: „Insgesamt muss der Gesetzgeber aufgrund des aus Art. 100, 101 BV abzuleitenden Rechts auf informationelle Selbstbestimmung ein Regelungssystem [!] entwickeln, das durch bereichsspezifische [!], den Grundsätzen der Bestimmtheit und Verhältnismäßigkeit entsprechende Normen die Fragen der Datenerhebung und -verwertung regelt sowie durch verfahrensrechtliche Vorkehrungen Missbräuchen entgegenwirkt und so insgesamt den Schutz des allgemeinen Persönlichkeitsrechts verwirklicht. Wie der Gesetzgeber diese Schutzpflicht [!] erfüllt, ist indes von ihm grundsätzlich in eigener Verantwortung zu entscheiden".[62] Obschon in späteren Hinweisen auf Bestimmtheit und Verhältnismäßigkeit abwehrrechtliches Denken präsent bleibt[63], vollzieht sich in diesen Ausführungen ein bemerkenswerter Perspektivenwechsel, zumindest aber eine beachtliche Perspektivenerweiterung: Die Ausführungen zielen auf die grundrechtsgeforderte Bereitstellung bereichsspezifischer Regelungssysteme für Datenerhebung und -verwertung, durch die der Gesetzgeber seine Schutzpflicht erfüllt.

---

[61] Vgl. allgemein zur Rezeption der allgemeinen Grundrechtslehren im bayerischen Verfassungsrecht *Lindner* (Fn. 36), Vor Art. 98 Rn. 50 ff., 87 ff. m. w. N.

[62] VerfGH 57, 113 (120); bis in die Formulierungen hinein ähnlich bereits VerfGH 50, 226 (246 f.). Im Grunde dürfte es sich um eine Kombination von Elementen einerseits der Dimension grundrechtlicher Schutzpflichten und andererseits verfahrens- und organisationsrechtlicher Direktiven handeln. Namentlich die zuletzt genannte Entscheidung (VerfGH 50, 226), die mit dem Bayerischen Verfassungsschutzgesetz und dem Bayerischen Datenschutzgesetz befasst war, hat für einiges Aufsehen gesorgt und ist seinerzeit wiederholt kritisch gewürdigt worden, wobei sich die Kritik allerdings weniger gegen die dogmatische Konzeption und mehr gegen deren Handhabung in der konkreten Fallkonstellation richtete; siehe dazu vor allem *Bull*, CR 1998, S. 385 ff.; vgl. ferner *Reinhard Vetter/Claus Pätzel*, Datenschutzkontrolle von Akten aus verdeckten Erhebungen, DuD 1998, S. 334 ff.; *Ferdinand Martin Bauer*, Urteilsanmerkung, BayVBl. 1998, S. 750 ff.

[63] VerfGH 57, 113 (120 ff.). In der Gesamtbetrachtung bleibt das Verhältnis der Dimensionen von Eingriffsabwehr und Schutzpflicht daher etwas undeutlich; ähnlich bereits VerfGH 50, 226 (248 ff.).

Zur näheren Begründung verweist der Verfassungsgerichtshof auf – freilich in ganz anderen als datenschutzrechtlichen Kontexten stehende[64] – bundesverfassungsgerichtliche Leitentscheidungen zu Schutzpflichten[65] und überträgt die dort entwickelten Grundsätze auf die Datenerhebung und -verwertung. Grundrechtsdogmatisch ist darin an sich ein gedankliches Umschwenken vom Übermaßverbot auf das Untermaßverbot[66] mit deutlich zurückgenommener gerichtlicher Kontrolle angelegt. Begrifflich scheut der Bayerische Verfassungsgerichtshof vor dieser Konsequenz zwar zurück. Doch trägt er inhaltlich der Einsicht Rechnung, dass sich Abwehrrechte und Schutzpflichten grundlegend voneinander unterscheiden, weil „das Abwehrrecht in Zielsetzung und Inhalt ein bestimmtes staatliches Verhalten fordert, während die Schutzpflicht grundsätzlich unbestimmt ist"[67]. Dementsprechend ist auch nach Einschätzung des Bayerischen Verfassungsgerichtshofs die Aufstellung und Umsetzung eines Schutzkonzepts „Sache des Gesetzgebers, dem grundsätzlich auch dann ein Einschätzungs-, Wertungs- und Gestaltungsspielraum zukommt, wenn er verpflichtet ist, Maßnahmen zum Schutz eines Rechtsguts zu ergreifen [...]. Nur ausnahmsweise lassen sich aus den Grundrechten konkrete Regelungspflichten ableiten."[68] Daraus können sich weitreichende Konsequenzen ergeben:

So kann in dem Spannungsverhältnis von Freiheit und Sicherheit[69] die informationelle Selbstbestimmung in Widerstreit zur verfassungsrechtlichen Verpflichtung des Staates zum Schutz seiner Bürger[70] geraten[71], und zwar auf derselben Regelungsebene. Denn die staatlich zu gewährleistende Sicherheit der Bevölkerung ist ein Verfassungswert, der ranggleich mit anderen Verfassungsrechtsgütern ist[72]. Dieser Schutzpflicht des Staates korrespondiert das Informationsbedürfnis der Sicherheitsbehörden[73], das der Gesetzgeber bei Regelungen über die Erhebung und Verwertung personenbezogener Daten zu berücksichti-

---

[64] Pointiert *Bull*, CR 1998, S. 385 (388): „die angeführten Präjudizien" betreffen „recht unterschiedliche Fälle".

[65] Die hier interessierenden Bezugnahmen in VerfGH 50, 226 (247) betreffen BVerfGE 46, 160 (164) – Schleyer; 88, 203 (262) – Schwangerschaftsabbruch II; 96, 56 (63 ff.) – Vaterschaftsauskunft (vom BayVerfGH zitiert nach NJW 1997, S. 1769 [1770]).

[66] Vgl. BVerfGE 88, 203 (254, 262); *Bull*, CR 1998, S. 385 (388); ferner allgemein zum Untermaßverbot in der bayerischen Grundrechtsdogmatik *Markus Möstl*, in: Lindner/Möstl/Wolff (Fn. 36), Art. 99 Rn. 10 f.

[67] BVerfGE 96, 56 (64).

[68] VerfGH 50, 226 (247).

[69] Oben I.

[70] Vgl. Art. 99 Satz 2 BV und zur grundgesetzlichen Parallele etwa BVerfGE 49, 24 (56 f.).

[71] VerfGH 50, 226 (247); vgl. auch VerfGH 47, 241 (255).

[72] Vgl. VerfGH 47, 241 (255) unter Hinweis auf BVerfGE 49, 24 (56 f.).

[73] VerfGH 47, 241 (255); 50, 226 (247).

gen und im Rahmen seines Entscheidungsspielraums abzuwägen hat. In solchen Konstellationen beschränkt sich die verfassungsgerichtliche Kontrolle darauf zu prüfen, „ob sich die Abwägungsentscheidung des Gesetzgebers in einem nach den Maßstäben der Verfassung vertretbaren Rahmen hält"[74]. Deshalb soll es „verfassungsrechtlich grundsätzlich nicht zu beanstanden [sein], wenn der Gesetzgeber zu dem Ergebnis kommt, dass die allgemeine Sicherheit des Staates und die Sicherheit des einzelnen Bürgers in bestimmten Fällen den Vorrang vor dem Recht auf informationelle Selbstbestimmung haben"[75]. Im praktischen Ergebnis nimmt die Vertretbarkeitskontrolle demnach Intensität und Dichte verfassungsgerichtlicher Überprüfung weit zurück und überlässt im vorgegebenen verfassungsrechtlichen Rahmen die Entscheidung des Konflikts zwischen Freiheit und Sicherheit über weite Strecken dem parlamentarischen Gesetzgeber.

Nichts wesentlich anderes gilt nach Einschätzung des Verfassungsgerichtshofs für Konflikte zwischen dem informationellen Selbstbestimmungsrecht einerseits und anderen Rechtsgütern von Verfassungsrang oder Grundrechten Dritter andererseits,[76] die bis in das Zivilrecht hineinreichen[77] können: Auch insoweit ist es Aufgabe der jeweils zuständigen Organe, zwischen den einander gegenüberstehenden Grundrechten und Verfassungsrechtsgütern abzuwägen, die verschiedenen Optionen zur Erfüllung der Schutzpflicht zu bewerten und den von der Verfassung geforderten Schutz zu verwirklichen. Auch insoweit ist bei der Aufstellung und normativen Umsetzung des Schutzkonzepts zuallererst der Gesetzgeber gefordert, dem dabei wiederum ein beträchtlicher Einschätzungs-, Wertungs- und Gestaltungsspielraum zukommt. Und auch insoweit beschränkt sich die verfassungsgerichtliche Überprüfung „im wesentlichen darauf, ob der Gesetzgeber die maßgebenden Faktoren ausreichend berücksichtigt und abgewogen, ob er also seinen Einschätzungsspielraum in vertretbarer Weise gehandhabt hat"[78]. Gleichsam im Gegenzug treffen den Gesetzgeber allerdings zumindest verfassungspolitisch entsprechende Darlegungslasten, Begründungs- und Rechtfertigungspflichten[79], weil erst solche Pflichten die Ausnutzung der Einschätzungs-, Wertungs- und Gestaltungsspielräume rational

---

[74] VerfGH 50, 226 (248).

[75] VerfGH 50, 226 (248).

[76] Vgl. dazu und zum Folgenden wiederum VerfGH 50, 226 (246 ff.).

[77] Vgl. allgemein BVerfGE 96, 56 (64).

[78] VerfGH 50, 226 (247).

[79] Zur umstrittenen, durch die letzte Hartz IV-Entscheidung des Bundesverfassungsgerichts (BVerfGE 125, 175 [225 f.]) neu belebte Diskussion über verfassungsrechtliche Darlegungslasten, Begründungs- und Rechtfertigungspflichten des Gesetzgebers siehe aus jüngerer Zeit etwa *Timo Hebeler*, Ist der Gesetzgeber verpflichtet, Gesetze zu begründen?, DÖV 2010, S. 754 ff., und *Veit Mehde/Stefanie Hauke*, Gesetzgeberische Begründungspflichten und -obliegenheiten, ZG 25 (2010), S. 381 ff., jeweils m. w. N.

nachvollziehbar machen, die sehr weit zurückgenommene verfassungsgerichtliche Kontrolle erleichtern und so insgesamt eine gewisse Kompensation für die Kontrollreduktion bieten.

IV. Nochmals: Informationelle Selbstbestimmung zwischen Vision und Illusion

Im innerbundesstaatlichen Vergleich stimmen die Verfassungen beim grundrechtlichen Schutz informationeller Selbstbestimmung in den dogmatischen Grundstrukturen über weite Strecken überein. Die Übereinstimmung betrifft namentlich die im Kern auf die Eingriffsabwehr ausgerichtete Grundkonzeption[80] und die zentralen verfassungsrechtlichen Anforderungen an Grundrechtseingriffe, die sich in schlagwortartiger Verkürzung mit Gesetzesvorbehalt, Bestimmtheit, Verhältnismäßigkeit und flankierenden Verstärkungen durch Organisation und Verfahren überschreiben lassen. Über die Jahrzehnte hinweg hat diese Gesamtkonzeption hohe Anziehungskraft auf die Verfassungsgeber in den Ländern ausgeübt, und zwar teilweise schon lange vor der bahnbrechenden Grundsatzentscheidung des Bundesverfassungsgerichts zum Recht auf informationelle Selbstbestimmung.[81] Dass später ausnahmslos alle Verfassungen der neuen Länder von Anbeginn ein Grundrecht auf Datenschutz aufgenommen haben, beruht nicht nur auf den spezifischen Unrechtserfahrungen der kommunistischen Vergangenheit. Anders wäre die Vorbildwirkung der ostdeutschen Kodifikationen für Verfassungsreformen in Westdeutschland nicht zu erklären. Inzwischen enthält die ganz überwiegende Mehrzahl der Landesverfassungen ausdrückliche Gewährleistungen des Datenschutzes.[82] Bei allen Abweichungen im Detail und trotz fortwährender Fragwürdigkeiten bestätigt der Siegeszug kodifizierter informationeller Selbstbestimmungsrechte in den Landesverfassungen zusammen mit einschlägiger landesverfassungsgerichtlicher Spruchpraxis das liberale Modell der Eingriffsabwehr und bietet dafür zugleich eine gewisse Richtigkeitsgewähr im Prinzipiellen. Dies darf freilich nicht zu der Erwartung einer allumfassenden Garantie informationeller Selbstbestimmung verleiten, die im praktischen Ergebnis schon wegen der zahlreichen Ausnahmen in der Tat „illusionär"[83] wäre. Entscheidend ist vielmehr die grundrechtlich vorgegebene Dogmatik, die Grenzen absteckt und zugleich Eingriffsoptionen eröffnet, deren Nutzung aber modal mit Verpflichtungen zur Rechtfertigung ver-

---

[80] Nicht nur am Rande erwähnenswert ist, dass auch die gemeinschaftsrechtliche Gewährleistung (Fn. 8) dieses Grundanliegen aufnimmt und im Konzert der Verfassungen in Europa die Abwehrfunktion unterstreicht.

[81] Fn. 23.

[82] Fn. 23.

[83] Vgl. *Bull*, Informationelle Selbstbestimmung (Fn. 1), S. 45.

bindet, die einer inhaltlichen Überprüfung standhalten muss. In diesem Analyserahmen verbleiben den parlamentarischen Gesetzgebern im Bund und in den Ländern beträchtliche Spielräume für die konkretisierende Ausgestaltung informationeller Selbstbestimmung. Das schließt die Befugnis zum Ausgleich von Visionen und Illusionen informationeller Selbstbestimmung, die Befugnis zur behutsamen Austarierung von Freiheit und Sicherheit im Datenschutz ein, über deren Handhabung man im konkreten Einzelfall freilich wiederum mit guten Gründen streiten mag.

Tendenziell eher noch weiter gehen die parlamentarischen Gestaltungsrechte bei der vom Bayerischen Verfassungsgerichtshof vorgespurten Einbindung informationeller Selbstbestimmung in eine Schutzpflichtendogmatik[84]. Denn die danach vom Gesetzgeber geforderte Bereitstellung eines bereichs-spezifischen Regelungssystems setzt ein Konzept zum Schutz und zur Durchsetzung informationeller Selbstbestimmung voraus, das „jedenfalls nicht in allen Einzelheiten der Verfassung entnommen werden"[85] kann. Das erklärt den vom Verfassungsgerichtshof besonders betonten legislativen Einschätzungs-, Wertungs- und Gestaltungsspielraum mit entsprechend zurückgenommener richterlicher Kontrolle, gibt dem Gesetzgeber aber nicht plein pouvoir im Umgang mit dem Datenschutz. Vielmehr bleibt die Verfassung als fleet in being präsent, sie steuert durch auf Widerspruchsfreiheit und Systemgerechtigkeit zielende Direktiven[86], sie bürdet dem Gesetzgeber Darlegungslasten und Begründungspflichten auf, und sie steckt mit aus dem Grundgesetz „ausnahmsweise" ableitbaren konkreten Regelungspflichten auch äußerste Grenzen ab. Ganz im Sinne des Jubilars führt dies zu einer Arbeitsteilung zwischen Verfassungsgeber und Gesetzgeber, bei der die Verfassung die grobe Richtungsbestimmung vorgibt und das einfache Gesetz die Feinarbeit leistet[87]. Dass man auch über die Handhabung dieser Modalitäten im konkreten Einzelfall mit guten Gründen streiten kann, versteht sich.[88] Doch ändert dies nichts an dem auch in der Schutzpflichtendogmatik enthaltenen Lösungspotential für Datenschutzkonflikte im Spannungsverhältnis von Freiheit und Sicherheit.

Die landesrechtlichen Kodifikationen relativieren auch manchen Vorbehalt gegen Vorstöße zur Aufnahme eines Datenschutzgrundrechts in das Grundge-

---

[84] Dazu oben III.2.c.

[85] *Bull*, CR 1998, S. 385 (388).

[86] Treffend *Bull*, CR 1998, S. 385 (390): Wenn sich der Gesetzgeber „für ein Modell entschieden hat, muss dies auch konsequent durchgehalten werden, damit der Grundrechtsschutz gewährleistet ist".

[87] Vgl. *Bull*, Informationelle Selbstbestimmung (Fn. 1), S. 122.

[88] Vgl. nochmals *Bull*, CR 1998, S. 385 (390): „Die verfassungsrechtlichen Ausführungen des bayerischen Gerichts sind in ihrer Pauschalität kaum angreifbar, werden aber den realen Verhältnissen insbesondere im Sicherheitsbereich nicht gerecht."

setz[89]. Gewiss hat die bundesverfassungsgerichtliche Spruchpraxis mit dem Recht auf informationelle Selbstbestimmung ein solches Grundrecht längst ausgebildet; doch rechtfertigt dies nicht die Schlussfolgerung, dass es „eines neuen Grundrechts nicht bedarf"[90]. Denn zum einen hat die Rechtsprechung des Bundesverfassungsgerichts in der Vergangenheit wiederholt wichtige klärungsbedürftige Fragen offen gelassen[91]. Zum anderen hat das Gericht mit dem „Grundrecht auf Gewährleistung der Vertraulichkeit und Integrität informationstechnischer Systeme"[92] erst unlängst wieder ein „neues Grundrecht"[93] kreiert, das in einer undeutlichen Beziehung zum Recht auf informationelle Selbstbestimmung steht[94] und für die informationelle Selbstbestimmung im Internet verfassungsrechtlichen Ergänzungs-, Fortentwicklungs-, Konkretisierungs- oder jedenfalls Präzisierungsbedarf signalisiert, der schon aus funktionell-rechtlichen Gründen mit einer Verfassungsänderung überzeugender behoben werden könnte als mit einer Rechtsprechungsinnovation, die mehr Fragen aufwirft als klärt. Auch sind seit langem auffallende Wertungswidersprüche in der Behandlung von Beeinträchtigungen des Rechts auf informationelle Selbstbestimmung und anderen Formen grundrechtsbeeinträchtigenden staatlichen Informationshandelns zu beobachten[95], die auf normative Bereinigung drängen. Und schließlich geben ganz allgemein die zahlreichen Problemlagen und Unzu-

---

[89] Dazu aus jüngerer Zeit insb. *Renate Künast,* „Meine Daten gehören mir" – und der Datenschutz gehört ins Grundgesetz, ZRP 2008, S. 201 ff.; dazu kritisch und in der Sache zurückhaltend *Bull,* Informationelle Selbstbestimmung (Fn. 1), S. 119 ff. mit ergänzenden Hinweisen auf frühere Vorstöße.

[90] *Hufen,* Grundrechte (Fn. 13), S. 204.

[91] Insoweit ist an dieser Stelle nur beispielhaft hinzuweisen auf die prekäre normative Ableitung des informationellen Selbstbestimmungsrechts, die daran anschließenden Fragen nach Ob und Reichweite des Grundrechtsschutzes für juristischer Personen, das Verhältnis zu anderen Grundrechten und die grundrechtsdogmatische Einordnung zwischen Eingriffsabwehr und Schutzpflicht; vgl. dazu bereits oben bei Fn. 18 ff. Zu den wichtigen offenen Fragen gehört auch die verfassungsrechtliche Absicherung und Ausgestaltung der Stellung von Datenschutzbeauftragten.

[92] BVerfGE 120, 274.

[93] *Gabriele Britz,* Vertraulichkeit und Integrität informationstechnischer Systeme – Einige Fragen zu einem „neuen Grundrecht", DÖV 2008, S. 411 ff.; *Martin Eifert,* Informationelle Selbstbestimmung im Internet, NVwZ 2008, S. 521 ff.; *Martin Kutscha,* Mehr Schutz vor Computerdaten durch ein neues Grundrecht?, NJW 2008, S. 1042 ff.; *Alexander Roßnagel/Christoph Schnabel,* Das Grundrecht auf Gewährleistung der Vertraulichkeit und Integrität informationstechnischer Systeme und sein Einfluss auf das Privatrecht, NJW 2008, S. 3534 ff.; *Michael Sachs/Thomas Krings,* Das neue „Grundrecht auf Gewährleistung der Vertraulichkeit und Integrität informationstechnischer Systeme", JuS 2008, S. 481 ff.

[94] Siehe dazu nur die Kritik von *Britz,* DÖV 2008, S. 411 (413 ff.), und *Eifert,* NVwZ 2008, S. 521 ff.

[95] Siehe dazu unlängst nur *Friedrich Schoch,* Die Schwierigkeiten des BVerfG mit der Bewältigung staatlichen Informationshandelns, NVwZ 2011, S. 193 (198).

länglichkeiten der Informations- und Kommunikationsordnung[96] angesichts der mit immer rasanterer Geschwindigkeit ablaufenden technologischen Entwicklungen mehr als einen Anlass, die auf diesen Realbereich bezogenen grundgesetzlichen Regelungen unter Einbeziehung gemeinschaftsrechtlicher Direktiven im offenen Verfassungsdiskurs zu überprüfen und zeitgerecht auszugestalten. Diese Erarbeitung eines solchen Kommunikationsgrundrechts weist freilich weit über die Möglichkeiten des innerbundesstaatlichen Verfassungsvergleichs hinaus.

---

[96] Vgl. aus der Diskussion nur *Friedrich Schoch* und *Hans-Heinrich Trute*, Öffentlich-rechtliche Rahmenbedingungen einer Informationsordnung, VVDStRL 57 (1998), S. 158 ff., 216 ff., sowie *Rolf Gröschner* und *Johannes Masing*, Transparente Verwaltung: Konturen eines Informationsverwaltungsrechts, VVDStRL 63 (2004), S. 344 ff., 377 ff.

Döner und Finanzdienstleistungen –
Informationsansprüche als Allheilmittel?

Monika Böhm

I. Einleitung

Ursprünglich zeichnete sich das deutsche Verwaltungsrecht durch eine deutlich eingeschränkte Aktenöffentlichkeit aus. Nur diejenigen, die tatsächlich, persönlich und rechtlich betroffen waren, konnten sich auf Akteneinsicht und Anhörungsrechte berufen. Der Satz „Da könnte ja jeder kommen" wird als Ausdruck der Arkantradition des deutschen Verwaltungsrechts angesehen, verhaftet in der Tradition einer nachmonarchischen geheimhaltungsorientierten Exekutive.[1] Mittlerweile gibt es aber auch in Deutschland eine ganze Reihe von Gesetzen, die den Bürgerinnen und Bürgern Informationsansprüche einräumen, ohne dass bei diesen eigene Rechte betroffen sein müssten. Angestoßen wurde diese Entwicklung durch die Europäische Union. Die Richtlinie 90/313/EG über den freien Zugang zu Informationen über die Umwelt[2] wurde – verspätet – durch das Umweltinformationsgesetz des Bundes (UIG) umgesetzt.[3] Mittlerweile wurden nicht nur die Umweltinformationsrichtlinie[4] und das deutsche Umweltinformationsrecht reformiert.[5] Auf der Ebene des Bundes und in einigen Bundesländern gibt es außerdem Informationsfreiheitsgesetze,[6] die allgemeine Informationsansprüche gegenüber der Verwaltung einräumen. Verabschiedet

---

[1] Zur Arkantradition des deutschen Verwaltungsrechts vergleiche nur *Gröschner*, Transparente Verwaltung – Konturen eines Informationsverwaltungsrechts, VVDStRL, Bd. 63 (2003), S. 344, 347 f. m.w.Nachw.

[2] ABl. EG 1990, L 158, S. 56.

[3] BGBl. I 1994, S. 1490.

[4] RL 2003/4/EG über den Zugang der Öffentlichkeit zu Umweltinformationen.

[5] Vgl. nur UIG des Bundes vom 14.02.2005, BGBl. I, S. 3704; vgl. außerdem die Umweltinformationsgesetze der Länder. Der von Anfang an bestehende Streit über die einschlägigen Gesetzgebungskompetenzen wurde nach der Novellierung der Umweltinformationsrichtlinie zugunsten der auch den Ländern obliegenden Gesetzgebungskompetenzen für das Verwaltungsverfahren zugeordnet, nicht mehr den Bundekompetenzen für das materielle Umweltrecht.

[6] Zum Pro und Contra schon frühzeitig *Bull*, ZG 2002, 201 ff.

wurde außerdem ein Informationsweiterverwendungsgesetz (IWG)[7] und zuletzt das Verbraucherinformationsgesetz (VIG).[8]

Ein deutlicher Paradigmenwechsel hat stattgefunden. Manchen geht er jedoch noch nicht weit genug, sie fordern die Ausweitung der vorhandenen Gesetze. Doch taugen Informationsansprüche als Allheilmittel für tatsächlich vorhandene oder nur als solche empfundene Defizite des Verwaltungsrechts? Und welche Rolle kommt ihnen im Zusammenspiel mit anderen Regelungsinstrumenten, insbesondere aus dem Ordnungs- und dem Haftungsrecht zu. Nachfolgend wird zunächst auf Entwicklung und Zielsetzung der Informationsansprüche in Deutschland eingegangen. Im Anschluss daran werden praktische Erfahrungen mit den vorhandenen Informationsgesetzen (UIG und IFG in Bund und Ländern sowie VIG des Bundes) dargestellt. Am Beispiel Finanzdienstleistungen wird sodann das Verhältnis der unterschiedlichen Informationsgesetze zueinander thematisiert. Schließlich wird am Beispiel der sog. Pankower Negativliste („Döner") das Verhältnis von Informationsrechten und Ordnungsrecht aufgezeigt. Am Ende steht ein kurzes Fazit.

II. Entwicklung von Informationsansprüchen in Deutschland

1. Zielsetzung

Die Erwartungen an die Wirkungen der Informationsansprüche sind hoch. Die mit ihnen verbundene Transparenz wird als Voraussetzung zur Wahrnehmung von Bürgerrechten und zur Meinungs- und Willensbildung angesehen. Ein stärker konsensuales Handeln soll erreichbar sein. Außerdem verspricht man sich eine stärkere Kontrolle staatlichen Handelns und eine wirksame Korruptionsbekämpfung. Informationserteilung soll Akzeptanz durch Partizipation ermöglichen und die Markttransparenz erhöhen. In der Öffentlichkeit spielt auch die Vorbeugung und Eindämmung von Skandalen durch Informationsansprüche eine besondere Rolle. Doch können Informationsansprüche überhaupt die in sie gesetzten Erwartung erfüllen? Die staatsrechtliche Sichtweise ist insoweit jedenfalls optimistisch.

---

[7] Gesetz vom 13.12.2006, BGBl. I, S. 2913.

[8] Gesetz zur Verbesserung der gesundheitsbezogenen Verbraucherinformation (VIG) vom 05.11.2007, BGBl. I, S. 2558.

2. Voraussetzungslose Informationsansprüche –
die staatsrechtliche Sicht

Auch auf der Ebene des Staatsrechts wird die Einführung der voraussetzungslosen Informationsansprüche begleitet. Mittlerweile lässt sich hier ein grundsätzlicher Paradigmenwechsel beobachten.

In der staatsrechtlichen Literatur wird die Forderung nach umfassender gesellschaftlicher Teilhabe an staatlichem Wissen und eine allgemeine Öffnung der Verwaltung staats- und demokratietheoretisch, z. T. auch grundrechtlich untermauert.[9] Der Informationszugangsfreiheit werden dabei mehrere Funktionen zugeschrieben. Zunächst einmal ist als eher klassische Zielsetzung die Wahrung und Verteidigung eigener subjektiver Rechte zu nennen.[10] Ein Anspruch auf Zugang zu Informationen besteht danach, soweit diese erforderlich sind, um gegen etwaige eigene Rechtsverletzungen vorzugehen. Die klassische Abwehrfunktion der Grundrechte wird ergänzt durch eine Kontroll- und Partizipationsfunktion sowie einen sog. Grundrechtsvoraussetzungsschutz.[11] Dadurch soll der Tatsache Rechnung getragen werden, dass nur der informierte Bürger seine Grundrechte angemessen wahrnehmen kann.

Durch voraussetzungslose Informationsansprüche soll jeder Einzelne zur Kontrolle der öffentlichen Verwaltung und deren Machtausübung beitragen können.[12] Diese Öffentlichkeitskontrolle wird zum einen als Mittel der Korruptionsbekämpfung angesehen.[13] Durch den freien Zugang zu Informationen soll außerdem die Teilhabe der Bürger am Staatsgeschehen verbessert werden. Information wird insoweit als unabdingbare Voraussetzung der demokratischen Meinungs- und Willensbildung verstanden.[14] Schließlich wird die Gewährung des freien Zugangs zu amtlichen Informationen als Voraussetzung für die Wahrnehmung von Grundrechtspositionen angesehen. Nach der herrschenden Meinung wird allerdings ein unmittelbarer grundrechtlicher Anspruch auf In-

---

[9] Vgl. ausführlich *Scherzberg*, Die Öffentlichkeit der Verwaltung, S. 289 ff.; ausführlich auch *Rossi*, Informationszugangsfreiheit und Verfassungsrecht; vgl. auch *Masing*, Die Mobilisierung des Bürgers für die Durchsetzung des Rechts, aus europarechtlicher Perspektive; *Gurlit*, Die Verwaltungsöffentlichkeit im Umweltrecht; jeweils mit umfangreichen Nachw.; zu weit *Wegener*, Der geheime Staat – Arkantradition und Informationsfreiheitsrecht, S. 412 ff., 498 ff., der einen individuellen Anspruch auf Informationsfreiheit aus dem GG ableitet; zu Recht kritisch dazu *Bull*, DÖV 2007, 894 f.; *Scherzberg*, DV 2008, 127 ff.

[10] *Kloepfer*, in: ders. (Hrsg.), Die transparente Verwaltung, S. 9, 18.

[11] Vgl. nur *Schoch*, IFG, Einl. Rn. 36 ff.

[12] s. z.B. *Kloepfer*, in: ders. (Hrsg.), Die transparente Verwaltung, S. 9, 19 f.

[13] *Kugelmann*, DÖV 2005, 851, 857; vgl. auch *Rohde-Liebenau*, in: Kloepfer (Hrsg.), Die transparente Verwaltung, 2003, S. 109 ff.

[14] Vgl. *Bull*, ZG 2002, 201, 208 f.

formationszugang abgelehnt.[15] Auch das Bundesverfassungsgericht geht davon aus, dass ein Grundrecht auf Eröffnung einer Informationsquelle nicht besteht.[16] Begründet wird dies weitgehend mit dem Abwehrcharakter des entsprechenden Grundrechts aus Art. 5 Abs. 1 GG.[17]

Die Frage nach der Ableitung eines verfassungsrechtlichen Anspruchs ist von der Frage nach dem Bestehen von Informationskompetenzen des Staates zu trennen. Nur letztere war Gegenstand der sog. Glykolwein-Entscheidung des Bundesverfassungsgerichts.[18] Darauf wird noch zurückzukommen sein.

Als Zwischenfazit lässt sich festhalten, dass mittlerweile aus der Verfassung Transparenzgebote abgeleitet werden. Soweit nicht unmittelbar subjektive Rechte betroffen sind, werden Informationsansprüche allgemein als Grundvoraussetzung für die Wahrnehmung staatsbürgerschaftlicher Rechte angesehen. Verfassungsrechtliche Ansprüche Einzelner sind damit regelmäßig nicht verbunden. Transparenz wird als allgemeines Ziel, nicht aber als einklagbarer Anspruch verstanden. Als allgemeine Zielsetzung und Richtschnur allen staatlichen Handelns haben sich gesteigerte Transparenzanforderungen jedoch durchgesetzt.

3. Gegenrechte Betroffener

Auch wenn mittlerweile die voraussetzungslosen Informationsansprüche grundsätzlich nicht mehr in Frage gestellt werden, gibt es doch noch heute so manche Behörde, der es schwer fällt, die alten Traditionen aufzugeben. Zu konstatieren ist allerdings nicht selten auch ein recht ausgeprägtes und umfangreiches Verlangen nach Zugang zu staatlichen Informationen. Würde man hier jedem Informationsanspruch stattgeben, so dürfte dies zuweilen die zuständigen Behörden an die Grenzen ihrer Kapazitäten bringen. Außerdem mag zwar der Informationsanspruch ohne eigene rechtliche Betroffenheit und insoweit voraussetzungslos bestehen. Das heißt aber nicht, dass alle vorhandenen Informationen ohne Weiteres herausgegeben werden dürfen. Vielmehr gibt es im öffentlichen und im privaten Interesse liegende Gründe und Rechtspositionen, die

---

[15] Vgl. *Schoch*, IFG, Einl. Rn. 52 m.w.Nachw.

[16] BVerfG, NJW 2001, 1633, 1634 zu Art. 5; zu einem Grundrecht der Informationsfreiheit *Schoch*, JURA 2008, 25 ff.

[17] Ebenso *Schoch*, JURA 2008, 25, 30 m. w. Nachw.; a.A. *Scherzberg*, Die Öffentlichkeit der Verwaltung, S. 336 ff., der die Entscheidung über die Widmung staatlicher Datenbestände zu allgemein zugänglichen Quellen als vom Regelungsbereich der grundrechtlichen Vorsorgefunktion des Art. 5 Abs. 1 S. 1, 2. HS GG umfasst ansieht.

[18] BVerfGE 105, 252 ff.; vgl. auch die sog. Osho-Entscheidung BVerfGE 105, 279 ff.

der Gewährung von Informationsansprüchen entgegenstehen. Freilich ist es nicht immer leicht, hier Grenzen zu ziehen.

Gegenrechte sind z. T. verfassungsrechtlich vorgegeben. Bezüglich der Rechte Privater ist insoweit zum einen das informationelle Selbstbestimmungsrecht maßgeblich, das das Bundesverfassungsgericht als Ausprägung und Konkretisierung des allgemeinen Persönlichkeitsrechts aus Art. 2 Abs. 1 i. V. mit Art. 1 Abs. 1 GG entwickelt hat.[19] Dieses Recht verleiht dem Einzelnen die Befugnis, selbst über die Preisgabe und Verwendung von Daten zu entscheiden, die ihn betreffen.[20] Der Datenschutz begrenzt damit auch die Informationsansprüche neuerer Art.

Auch die Weitergabe von Daten kann einen Eingriff darstellen und zwar insbesondere dann, wenn es um nicht anonymisierte personenbezogene Daten geht und eine Einwilligung der Betroffenen fehlt. Eine Herausgabe entsprechender Daten ist vor diesem Hintergrund nur aufgrund einer gesetzlichen Grundlage möglich, die auf einem überwiegenden Allgemeininteresse beruht und das Übermaßverbot wahrt.[21]

Der Weitergabe von Informationen können auch die Eigentums- und die Berufsfreiheit entgegenstehen. Eine Veröffentlichung von Betriebs- und Geschäftsgeheimnissen ist deshalb grundsätzlich unzulässig, es sei denn, Rechte Dritter oder gewichtige öffentlichen Interessen erfordern gerade eine Bekanntgabe. Außerdem muss eine ausreichende gesetzliche Grundlage vorhanden sein.[22] Staatliche Informationstätigkeit ist nach der Glykol-Entscheidung des Bundesverfassungsgerichts jedenfalls dann an Art. 12 Abs. 1 GG zu messen, wenn sie in ihrer Zielsetzung und in ihren Wirkungen Ersatz für eine staatliche Maßnahme ist, die ihrerseits als Grundrechtseingriff zu qualifizieren wäre.[23]

Neben privaten Rechtspositionen sind öffentliche Interessen zu wahren. Zu nennen sind insbesondere die innere und äußere Sicherheit, die nationalen Be-

---

[19] Vgl. insbes. BVerfGE 65, 1, 41 ff.; 76, 77, 84; ausführlich zum Datenschutz im Spannungsverhältnis von Freiheit und Sicherheit *Bull,* Informationelle Selbstbestimmung – Vision oder Illusion?, 2009; zu Risiken des UIG für Unternehmen *Schmidt/Hungeling,* NuR 2010, 449 ff.

[20] BVerfGE 113, 29, 46; 115, 166, 188; 119, 168, 184; 120, 274, 312.

[21] BVerfGE 65, 1, 44 ff.

[22] Vgl. im Einzelnen *Scherzberg*, in: Fluck/Theuer, Informationsfreiheitsrecht, Bd. 1 A I, Rn. 58.

[23] BVerfGE 105, 252, 273; zu Umfang und Grenzen staatlicher Informationstätigkeit vgl. auch die am gleichen Tag ergangene Osho-Entscheidung, BVerfGE 105, 279, 292 ff., die in der Begründung aber jeweils auf die vorausgegangene Glykolwein-Entscheidung verweist.

ziehungen sowie die Funktionsfähigkeit von Regierung und Verwaltung.[24] Alle Informationszugangsgesetze weisen entsprechende Ausnahmeregelungen auf, wenn auch in unterschiedlicher Ausgestaltung.

Ob diese allerdings immer auch hinreichend miteinander abgestimmt sind, ist fraglich. Gleiches gilt für die nicht wenigen Spezialgesetze, die Zugang zu Informationen gewähren, vielfach aber gerade auch beschränken.[25]

III. Praktische Erfahrungen

1. Allgemeines

In der Praxis wird von den Informationsansprüchen durchaus rege Gebrauch gemacht. Insbesondere in den Anfangszeiten taten sich deutsche Behörden allerdings schwer bei der Gewährung des Zugangs zu Informationen. Besonders deutlich zeigte sich dies bei der Umsetzung der ersten EG-Umweltinformationsrichtlinie. Die Richtlinie wurde nicht fristgemäß und inhaltlich unzureichend umgesetzt. Mehrfach wurde die Bundesrepublik Deutschland deshalb vom EuGH zu Nachbesserungen verurteilt.[26] Aber nicht nur die Gesetzgebung, sondern auch die Verwaltung tat sich schwer, insbesondere beim Zugang zu Informationen über die Umwelt. Mittlerweile hat sich insoweit jedoch vieles eingespielt. Auseinandersetzungen werden eher geführt über Umfang und Grenzen von Informationsansprüchen auf Grundlage der allgemeinen Informationsfreiheitsgesetze. Muss Auskunft gegeben werden über die Kosten einer Einladung zum Grillen, die Bundeskanzlerin Merkel an den ehemaligen amerikanischen Präsidenten George Bush ausgesprochen hat? Und muss der Terminkalender von Ministerin von der Leyen offen gelegt werden? Sind Religionsgemeinschaften und solchen, die vorgeben eben dies zu sein, die Informationen zugänglich zu machen, die staatliche Einrichtungen über sie gesammelt haben? Informationen werden mitunter nur nach langwierigen Gerichtsverfahren herausgegeben oder eben auch gerade nicht. Zu konkretisieren hat die Rechtsprechung nämlich in diesem Zusammenhang auch die Regelungen, die Ausnahmen vom allgemeinen Informationszugang vorsehen. Am Beispiel des VIG seien nachfolgend die Anwendungserfahrungen mit einem Gesetz zur Information der Verbraucherinnen und Verbraucher ein wenig ausführlicher dargelegt.

---

[24] Vgl. nur *Scherzberg* in: Fluck/Theuer, Informationsfreiheitsrecht, Bd. 1 A I, Rn. 32 ff.

[25] Als Beispiel sei insoweit nur auf die vorhandenen Archivgesetze und das Stasiunterlagengesetz verwiesen.

[26] Vgl. nur EuGH, Slg. 1998, I-3809 und Slg. 1999, I-5087 (Informationsansprüche in Verwaltungsverfahren), außerdem EuGH ZUR 2000, 16 f. m. Anm. *Schomerus* zu § 10 UIG a.F. (Kostenregelung).

2. VIG

Das Verbraucherinformationsgesetz wurde im November 2007 verabschiedet und ist am 1. Mai 2008 in Kraft getreten. Beim VIG handelt es sich um ein vergleichsweise kurzes Gesetz, das gerade einmal sechs Paragraphen umfasst. In § 1 wird ein Anspruch auf Zugang zu gesundheitsbezogenen Verbraucherinformationen eingeräumt, insbesondere über Verstöße gegen lebensmittelrechtliche Vorschriften. In § 2 werden Ausschluss- und Beschränkungsgründe vorgesehen. Diese führen zum Teil zu nicht unerheblichen Auslegungsproblemen, insbesondere wenn über Verstöße gegen lebensmittelrechtliche Vorschriften zwar im Rahmen von Verwaltungsverfahren informiert werden soll, dies jedoch nicht, wenn ordnungs- oder strafrechtliche Verfahren eingeleitet worden sind. Abgesehen davon, dass die Übergänge oft fließend sein dürften, ergibt sich die Konsequenz, dass über geringere Verstöße leichter informiert werden kann als über schwerere. In sich stimmig ist dies nicht.

Vorgaben zur Antragsstellung, zum Antragsverfahren und zur Informationsgewährung finden sich in den §§ 3-5. In § 6 ist die Erhebung von Gebühren und Auslagen geregelt, diese soll kostendeckend erfolgen. Ergänzt wird das VIG durch die zeitgleich verabschiedete Regelung des § 40 Abs. 2 Satz 2 LFGB. Die Vorschrift enthält eine Ermächtigung zur Information der Öffentlichkeit über Rücknahme- und Rückrufaktionen. Schon bei der Verabschiedung des Gesetzes verlangten Bundestag und Bundesrat seine Evaluierung innerhalb von zwei Jahren. Die entsprechenden Berichte wurden im Mai 2010 vorgelegt.[27]

Als Ergebnis der Evaluierung kann zunächst einmal festgehalten werden, dass Deutschland das einzige Land ist, das ein eigenständiges Verbraucherinformationsgesetz kennt.[28] Einschlägige Informationen können in anderen Ländern auf Grundlage von allgemeinen Informationsfreiheitsgesetzen erlangt werden. Auch in Deutschland konnten Informationen, die nun über das VIG zugänglich gemacht werden müssen, vor dessen Erlass auf Grundlage der Informationsfreiheitsgesetze von Bund und Ländern verlangt werden. Ausgelöst durch eine Reihe von Lebensmittelskandalen wurde letztlich jedoch durch den

---

[27] *Böhm/Lingenfelder/Voit*, Auswertung der Anwendungserfahrungen mit dem Verbraucherinformationsgesetz (VIG) sowie Erarbeitung von konkreten Empfehlungen für Rechtsänderungen; *Oertel/Schimke/Ulmer/Karig*, Untersuchung der Veränderung der Informationskultur der für die Lebensmittel- und Futtermittelüberwachung zuständigen Behörden sowie der in diesem Bereich tätigen Unternehmen durch das Inkrafttreten des Verbraucherinformationsgesetzes (VIG), Berlin/Stuttgart 2010; *Pfeiffer/Heinke/Portugall*, Rechtsvergleichende Untersuchung des Verbraucherinformationsrechts in Deutschland, Belgien, Dänemark, Frankreich, Großbritannien, Irland, Schweden und den Vereinigten Staaten von Amerika, 2010. Alle Studien im Internet zu finden unter: http://www.vig-wirkt.de/.

[28] Vgl. *Pfeiffer u.a.,* a.a.O.

Erlass des VIG auf entsprechende Forderungen, insbesondere von Verbraucherschutzverbänden, reagiert.[29] Nachfolgend seien die wichtigsten Ergebnisse der Evaluierung des Gesetzes kurz zusammengefasst.[30]

In der Praxis wurde das Gesetz von einigen Verbraucherschutzorganisationen stark kritisiert. Ein „Praxistest" von Foodwatch beurteilte die Wirkungen des VIG mit „abschrecken, abservieren, abkassieren".[31] Die Verbraucherzentrale Bundesverband kam bei einem „bundesweiten Behördentest" zu dem Ergebnis, dass das VIG bei den Verbrauchern durchgefallen sei.[32]

Nach der Evaluierung des Gesetzes kann diese Beurteilung nicht aufrechterhalten werden.[33] Zwar war die Zahl der innerhalb eines Jahres gestellten Anträge mit 487 nicht besonders hoch. Allerdings war das VIG nicht die alleinige Informationsquelle der Verbraucherinnen und Verbraucher. Wie schon vor dem Inkrafttreten des Gesetzes wurde eine große Zahl nicht förmlicher Anfragen von den Behörden, aber auch von Unternehmen beantwortet. Eine große Zahl der Informationsanträge nach dem VIG wurde im Übrigen von den Verbraucherorganisationen selbst gestellt. Allein die Verbraucherzentrale Bundesverband (vzbv) hat bundesweit 105 Anträge mit zum Teil sehr umfassenden Fragestellungen (Globalanfragen) gestellt.

Gefragt wurde schwerpunktmäßig nach Rechtsverstößen. Außerdem nach Überwachungsmaßnahmen, der Beschaffenheit von Lebensmitteln, Gefahren und Ausgangsstoffen. Bei 324 Anträgen wurde pauschal nach größeren Datenbeständen gefragt. Nur knapp ein Drittel der Anträge bezog sich konkret auf bestimmte Produkte.

Zum Stichtag der Untersuchung war der Informationszugang in 187 Fällen ganz und in 48 Fällen teilweise gewährt worden. In 143 Fällen wurde er abge-

---

[29] BT-Drucks. 16/5404, S. 14 ff.

[30] Ausführlich zum Ganzen *Böhm/Lingenfelder/Voit*, a.a.O., insbes. S. 31 ff.; zu neueren Entwicklungen im Verbraucherinformationsrecht vgl. außerdem *Schoch*, NJW 2010, S. 2241 ff. m.w.Nachw.

[31] Vgl. dazu foodwatch e.V., abschrecken, abservieren abkassieren – der foodwatch-Report über den Praxistest des Verbraucherinformationsgesetzes: wenig Informationen, lange Fristen, hohe Gebühren, Berlin 2008.

[32] Vgl. dazu vzbv, VIG – Bei den Verbrauchern durchgefallen, Ergebnisse eines bundesweiten Behördentests zur Anwendung des Verbraucherinformationsgesetz, Herausgabe: 14.1.2009, Berlin 2009.

[33] Vgl. im Einzelnen bei *Böhm/Lingenfelder/Voit*, a.a.O., S. 31 ff.; mittlerweile liegen auch Daten zum zweiten Anwendungsjahr des VIG vor, sie entsprechen in der Tendenz denjenigen für das erste Anwendungsjahr, vgl. im Einzelnen unter www.vig-wirkt.de. Dort finden sich auch Stellungnahmen zur Evaluierung des VIG, insbes. von Verbänden, aber auch von der Konferenz der Informationsfreiheitsbeauftragten in Deutschland und von der Verbraucherschutzministerkonferenz. Zur praktischen Bedeutung des IFG vgl. *Rossi*, DVBl. 2010, 554, 555 m.w.Nachw.

lehnt. Die restlichen Anträge waren noch nicht abschließend bearbeitet. Dies war mit erforderlichen Rückfragen sowie laufenden Widerspruchs- und Klageverfahren zu erklären. Ablehnungsgründe waren neben öffentlichen Belangen insbesondere die Wahrung von Betriebs- oder Geschäftsgeheimnisse sowie von personenbezogenen Daten und geistigem Eigentum.

Die Bearbeitungsdauer soll nach dem Gesetz in der Regel innerhalb einer Frist von einem Monat erfolgen, bei Drittbeteiligung gelten zwei Monate. Diese Frist wurde in 301 Fällen eingehalten. Zu Fristüberschreitungen kam es insbesondere bei umfangreichen Globalanträgen mit Drittbeteiligung. Insoweit erscheint allerdings die vom Gesetz gesetzte Frist angesichts der ebenfalls nach den gesetzlichen Vorschriften erforderlichen Verfahrensschritte als zu kurz bemessen. Eine offenere Vorgabe wäre insoweit zweckmäßig. Bei Beibehaltung der Regelfrist von einem Monat könnte im Übrigen eine zügige Bearbeitung vorgegeben werden.

In der weit überwiegenden Zahl der Fälle wurde keine Gebühr erhoben, in 15 Fällen bis zu 25 €, in 52 Fällen bis zu 250 € und in 6 Fällen über 250 €. Von einer überhöhten Gebührenerhebung kann damit keine Rede sein. Eher ist zu bezweifeln, dass – wie vom Gesetz gefordert – kostendeckende Gebühren erhoben wurden. Es dürfte in vielen Fällen vielmehr zu einer deutlichen Subventionierung der Informationsgewährung durch die öffentliche Hand gekommen sein. Dies gilt insbesondere für die Beantwortung umfassender Globalanfragen.

Für die Verbraucherinnen und Verbraucher dürfte sich jedoch die Gebührenerhebung durchaus als wenig transparent dargestellt haben. Erst nach und nach lagen Regelungen für die einzelnen Bundesländer vor. Diese waren nicht immer unmittelbar zugänglich und nachvollziehbar, so dass sich das Kostenrisiko nicht abschätzen ließ.

Im Rahmen des Gesetzgebungsverfahrens wurde um den beschränkten Anwendungsbereich des VIG gestritten. Dabei ging es um technische Produkte, Chemikalien, Arzneimittel, Pyrotechnik, Werkzeuge und Dienstleistungen, insbes. Finanzdienstleistungen.[34] Betrachtet man die für die einzelnen Bereiche schon bestehenden Regelungen, so zeigt sich allerdings, dass eine Erweiterung des VIG nicht sinnvoll wäre. Differenzierte Regelungen bestehen nicht nur auf

---

[34] s. die Entschließungsanträge von Bündnis 90/Die Grünen vom 4.7.2007, BT-Drucks. 16/5976, der FDP vom 4.7.2007, BT-Drucks. 16/5977 und der Linken vom 4.7.2007, BT-Drucks. 16/5975, vgl. außerdem die Stellungnahmen des Bundesbeauftragen für den Datenschutz und die Informationsfreiheit vom 11.6.2007, AS-Drucks. 16(10)439-F, der Verbraucherzentrale Bundesverband vom 8.6.2007, AS-Drucks. 16(10)439-D, die Stellungnahme der Stiftung Warentest vom 8.6.2007, AS-Drucks. 16(10)439-C sowie die Stellungnahme von foodwatch vom 1.6.2007, AS-Drucks. 16(10)439-A s. auch Stellungnahme der Deutschen Umwelthilfe vom 23.5.2006 bereits zum VIG Entwurf der Fraktionen CDU/CSU und SPD.

deutscher, sondern auch auf europäischer Ebene. [35] Zu berücksichtigen ist auch, dass Informationsrechte bereits auf anderer Grundlage zu gewähren sind und auch gewährt werden.

Auf die Forderung nach Ausdehnung des Anwendungsbereichs des VIG wird nachfolgend am Beispiel der Finanzdienstleistungen genauer eingegangen.

IV. Verhältnis IFG und VIG – das Beispiel Finanzdienstleistungen

Als lückenhaft wird insbesondere der Bereich der Informationen über Finanzdienstleistungen angesehen.[36] Bis vor einiger Zeit galt für die Tätigkeit der BaFin allein § 29 Verwaltungsverfahrensgesetz. Akteneinsicht konnte demnach nur beanspruchen, wer als Beteiligter eines Verwaltungsverfahrens die Einsicht zur Wahrung seiner rechtlichen Interessen bedurfte. Nunmehr unterfallen die Informationsansprüche jedoch dem IFG.[37] Entsprechende Ansprüche sind mittlerweile auch gerichtlich anerkannt.[38] Dies wirft Konflikte auf, soweit davon auch Informationen betroffen sind, die der BaFin von Dritten zur Verfügung zu stellen sind.[39] In diesem Rahmen wird auch die Geltung bereichsspezifischer Verschwiegenheitspflichten bestätigt, durch die die Ausnahmebestimmungen des IFG ergänzt werden. Insoweit vorgetragene verfassungsrechtliche Bedenken sind deshalb gegenstandslos.[40] Bereichsausnahmen für die BaFin und die Deutsche Bundesbank, die vom Bundesrat gefordert worden waren,[41] wurden vom Bundestag abgelehnt.[42] Jedenfalls vom Grundsatz her ist damit der Zugang zu Informationen über Finanzdienstleistungen möglich. Wo insoweit Lücken bestehen sollen, wird dann auch von denjenigen, die eine Erweiterung des VIG fordern, nicht näher spezifiziert.

Im Übrigen wäre eine Einbeziehung weiterer Informationsansprüche in das VIG schon deshalb nicht sachgerecht, weil das VIG selbst ein Spezialgesetz

---

[35] Vgl. dazu *Böhm/Lingenfelder/Voit*, a.a.O., S. 155 ff. und S. 244 ff.

[36] Vgl. dazu insbes. Stellungnahme von *Rotter* auf dem BMELV Symposium „Zugang zu Unternehmensinformationen" am 12./13.5.2009, ebenso *Westphal*, ebd.

[37] Vgl. dazu ausführlich *Gurlit*, WM 2009, 773 ff.

[38] Vgl. VG Frankfurt, 17.06.2009, Az.: 7 K 2282/08.F(3) und VGH Kassel, 2.3.2010, Az.: 6 A 1684/08, der der Klage einer Privatperson, die einem Institut Spekulationsgeschäfte zu ihren Lasten vorwarf, ein Recht auf Einsicht in die Unterlagen zugestand und es als hinnehmbaren Aufwand ansah, Geschäftsgeheimnisse auf 7500 Seiten zu schwärzen; vgl. außerdem VG Berlin, 3.12.2008, Az.: 2 A 132.07 zum Zugang zu Informationen durch das Bundesministerium der Finanzen.

[39] VG Frankfurt, NVwZ 2008, 1384 ff.

[40] s. insoweit *Scholz*, BKR 2008, 485 ff., a.A. *Gurlit*, WM 2009, 773 ff.

[41] BR-Drucks. 827/08.

[42] Vgl. *Tolkmitt/Schomerus*, NVwZ 2009, 568 ff.

gegenüber den allgemeinen Informationsfreiheitsgesetzen darstellt. Vor dem Erlass des VIG wurden, wie schon erwähnt, auch Informationsanfragen aus dem Bereich des Lebensmittelrechts auf Grundlage der IFGe beantwortet.[43] Das deutsche Recht nimmt auch international eine Sonderrolle ein. Zwar kennen viele Länder allgemeine Informationszugangs- bzw. freiheitsgesetze. Spezielle Gesetze zur Verbraucherinformation sind aber nicht bekannt.[44] Aus systematischer Sicht spricht vieles dafür, eine Ausweitung des Zugangs zu Informationen in Deutschland, sollten insoweit in den oben genannten Bereichen tatsächlich Lücken bestehen, grundsätzlich im Rahmen der allgemeinen Bestimmungen vorzunehmen, nicht aber in einem Gesetz, das sich ohnehin schon auf eine Spezialmaterie bezieht.

V. Das Verhältnis von Informationsrechten und Ordnungsrecht

1. Die Pankower Negativliste

Bundesweit viel diskutiert wurde und wird die sog. Pankower Negativliste. In der Negativliste veröffentlicht das Veterinär- und Lebensmittelaufsichtsamt Pankow im Internet Betriebe, die gegen lebensmittelrechtliche Vorschriften verstoßen haben. Laut eigener Internetaussage erfüllen die veröffentlichten Verstöße mindestens den Tatbestand einer Ordnungswidrigkeit.[45] Veröffentlicht werden demnach nur Verstöße, die eine gewisse Schwere aufweisen. Ins Internet gestellt werden auch Fotos aus den in der Negativliste aufgeführten Betrieben, beispielsweise über verschmutzte Arbeitsflächen und verschimmelte Lebensmittel. Auf freiwilliger Basis wird daneben ein sog. Smileysystem angewendet.[46] Angelehnt an das dänische Smileysystem können dabei Auszeichnungen verliehen werden, wenn die überprüften Betriebe die maßgeblichen Standards erfüllen. Eine Teilnahme am Smileysystem erfolgt durch eine Vereinbarung zwischen dem Bezirksamt Pankow und dem jeweiligen Inhaber eines Lebensmittelbetriebes. Die Negativliste wird dagegen ohne eine derartige Vereinbarung allein auf Veranlassung des Bezirksamts ins Internet gestellt.

---

[43] Vgl. nur OVG SchlHol., 22.6.2005, Az.: 42B30/04; *Pfeiffer/Heinke/Portugall*, in: Pfeiffer et al., B.II.1.a. – Rechtsgrundlagen und sachlicher Anwendungsbereich der Informationspflichten und -rechte.

[44] Oft wird jedoch zwischen allgemeinen Informationsfreiheitsgesetzen und Umweltinformationsgesetzen unterschieden, *Pfeiffer/Heinke/Portugall*, in: Pfeiffer et al., B.II.1. – Informationspflichten und -rechte im Verhältnis Behörde – Bürger.

[45] s. www.Berlin.de/BA-Pankow/Verwaltung/Ordnung/Smiley.html.

[46] Informationen dazu finden sich unter der oben angegebenen Internetadresse.

2. Informationsrechte als Ordnungsrechtsersatz?

Die Pankower Negativliste wird auf § 5 Abs. 1 Satz 2 VIG gestützt. Informationen können danach nicht nur auf eine entsprechende Anfrage, sondern direkt und allgemein durch eine Behörde zugänglich gemacht werden. Die Pankower Negativliste ist sicherlich ein extensives Beispiel einer aktiven Informationspolitik einer Behörde.[47]

Von den Betroffenen wird die Nennung im Internet dabei als durchaus härter empfunden, als die Verhängung eines Bußgeldes. Wenn aber eine Informationserteilung Wirkungen hat, die denen eines ordnungsrechtlichen Instruments entspricht, so ist dies nach der Rechtsprechung des Bundesverfassungsgerichts als Grundrechtseingriff zu qualifizieren.[48] Dies wiederum hat zur Konsequenz, dass Voraussetzungen und Umfang des Eingriffs im Einzelnen durch Gesetz festzulegen sind. Etwas anderes gilt lediglich für das Handeln der Bundesregierung – und entsprechend der Landesregierungen –, soweit diese im Rahmen ihrer Aufgabe der Staatsleitung informierend tätig werden.[49]

Jedenfalls Informationen, die sich als Grundrechtseingriffe im oben genannten Sinne darstellen, dürfen also von Behörden unterhalb der Regierungsebene nur nach Maßgabe gesetzlich festgelegter Voraussetzungen herausgegeben werden. Ob § 5 Abs. 1 Satz 2 VIG den insoweit geltenden Anforderungen genügt, ist zweifelhaft. Dies gilt umso mehr, als § 40 LFGB sehr viel engere Voraussetzungen für eine Information der Öffentlichkeit in Fällen vorsieht, in denen ein Handeln aus Gründen der Gefahrenabwehr erforderlich ist. Vor diesem Hintergrund überzeugt die unterschiedliche Ausgestaltung des § 5 Abs. 1 Satz 2 VIG und des § 40 LFGB weder aus rechtssystematischer noch aus rechtspolitischer Sicht. Die Voraussetzungen für eine aktive Informationserteilung nach dem VIG sollten deshalb modifiziert werden. Vorzugswürdig erscheint es, im VIG lediglich eine Grundlage für die aktive Information ohne Nennung konkreter Namen und Vorgänge festzulegen und im LFGB einheitlich die Voraussetzungen für aktives Informationshandeln der Behörden unter Nennung von Namen und Unternehmen zu regeln.

Im Übrigen sind auch die Vorgaben des Europarechts zu beachten, das gerade im Bereich des Lebensmittelrechts eine Vielzahl von speziellen Regelungen, u.a. auch zur Information der Öffentlichkeit, getroffen hat.[50] Abgesehen von der Frage, ob für das Handeln der Pankower Behörde eine inhaltlich hinreichend

[47] Vgl. dazu die bei *Oertel et al.* aufgeführten Beispiele unter 5. Proaktive Informationen im Internet in der Folge des VIG, S. 53 ff.

[48] BVerfGE 105, 252, 273.

[49] BVerfGE 105, 252, 270.

[50] Vgl. dazu näher bei *Böhm/Lingenfelder/Voit*, a.a.O., S. 262 ff.

bestimmte Ermächtigungsgrundlage zugrunde lag, stellt sich auch die Frage, welche Behörden überhaupt für ein nach außen wirksames Rechtshandeln zuständig sind. Bezüglich der Informationserteilung wird es zu Recht als fraglich angesehen, ob die Lebensmittelüberprüfung nur intern, nicht aber nach außen hin tätig wird und deshalb nicht Behörde i. S. des § 1 Abs. 2 Satz 1 VIG i.V.m. § 1 Abs. 4 VwVfG ist. Dies hätte dann die Konsequenz, dass jedenfalls die Untersuchungsämter nicht von sich aus Informationen herausgeben dürfen. Dafür zuständig wäre die jeweilige Fachbehörde.[51]

VI. Fazit

Voraussetzungslose Informationsansprüche erfüllen wichtige Funktionen. Sie sorgen für Transparenz und Kontrolle des staatlichen Handelns und sind Voraussetzung dafür, dass die Bürgerinnen und Bürger informiert am demokratischen Diskurs mitwirken können. Sie werden allerdings auch weiterhin nur ein Instrument neben anderen Regelungsinstrumenten sein können. Insbesondere können sie angemessene ordnungsrechtliche Vorgaben nicht ersetzen. Gerade zur Abwehr von Skandalen sind sie allenfalls mittelbar geeignet: Wer fürchtet, an den Pranger gestellt zu werden, wird vermutlich versuchen, sich regelkonform zu verhalten.

Den Zugang zu Informationen würde es erleichtern, wenn die vorhandenen Ansprüche in einem einheitlichen Gesetz zusammengefasst und vom Verfahren her auch einheitlich geregelt würden. Darüber könnte dann wiederum auf einer bundeseinheitlichen Internetseite informiert werden, wie dies derzeit schon in gewissen Umfang über die Seite www.vig-wirkt.de geschieht. Eher kontraproduktiv dürften dagegen manche überzogenen Stellungnahmen von Verbraucherschutzverbänden sein. Wer die Wirkungen des VIG mit „abschrecken, abservieren, abkassieren" charakterisiert, auch wenn in der überwiegenden Zahl der Fälle überhaupt keine Gebühr erhoben wird, der wird potentielle Fragesteller vermutlich eher abschrecken. Im Interesse einer angemessenen Nutzung der Informationsansprüche liegt dies jedenfalls nicht.

---

[51] OVG Münster, 27.5.2009, Az. 13 aF 13/09 und VGH BaWü, 13.09.2010, Az. 10 S 2/10; vgl. auch OVG Lüneburg, 21.9.2009, Az. 14 PS 2/09.

Netzneutralität – Determinanten und Anforderungen[*]

Carl-Eugen Eberle

Auf das Internet kann heute nicht mehr verzichtet werden. Dies gilt insbesondere für Medienunternehmen. Sie nutzen das Internet vor allem für die Verbreitung ihrer Angebote. Der öffentlich-rechtliche Rundfunk hat durch den seit 1. Juni 2009 geltenden 12. Rundfunkänderungsstaatsvertrag sogar einen auf Telemedienangebote im Internet ausgerichteten Funktionsauftrag.[1] Er ist in Telemedienkonzepten der Rundfunkanstalten konkretisiert worden. Diese weisen vielfältige, vor allem auch audiovisuelle Angebote aus, mit denen die Anstalten ihre demokratischen, sozialen und kulturellen Aufgaben[2] speziell im Internet erfüllen sollen. Mit ihren Telemedienangeboten sollen sie zugleich allen Bevölkerungsgruppen die Teilhabe an der Informationsgesellschaft ermöglichen, Orientierungshilfe geben sowie die Medienkompetenz fördern.[3] Insoweit erfasst der Auftrag zur (technischen) Grundversorgung[4] auch die Internetangebote der Anstalten mit dem Ziel einer möglichst umfassenden Verbreitung dieser Angebote an jedermann. Sie stehen damit zugleich im publizistischen Wettbewerb mit den Angeboten der privaten Rundfunkveranstalter und der Verlage; sie tragen so insgesamt zur Vielfalt im Netz bei und sichern sie.

Unter diesem Blickwinkel erlangen die spezifischen Funktionsbedingungen des Internets Bedeutung, die, soweit sie auf die Verbreitung der Telemedienangebote ausgerichtet sind, derzeit unter dem Stichwort der Netzneutralität diskutiert werden. Die Abhandlung befasst sich nach einer kurzen Darstellung der unter dem Begriff der Netzneutralität beschriebenen Entwicklungen (I.) mit der Struktur der Verbreitung der Telemedienangebote der Rundfunkanstalten im Netz (II.) und prüft sodann, welche rechtlichen Aspekte diese Struktur prägen (III.).

---

[*] Für wertvolle Anregungen zu diesem Beitrag danke ich meinem Mitarbeiter Gregor Wichert.

[1] Vgl. § 11d RfStV.

[2] Vgl. § 11 RfStV.

[3] Vgl. § 11 d Abs. 3 RfStV.

[4] Zur technischen Grundversorgung vgl. BVerfGE 74, 297, 326 (für die Programmangebote der Rundfunkanstalten).

I. Netzneutralität versus Priorisierung im Netz

Im Internet erfolgt die Verbreitung von Angeboten über Datennetze, die wiederum untereinander vernetzt sind. Für die Abwicklung des Datentransports gilt bislang das Best-Effort-Prinzip bzw. First-In/First-Out-Prinzip. Das bedeutet, dass alle Angebote ungeachtet ihres Inhalts gleichbehandelt werden, bei Übertragungsengpässen entscheidet allein die zeitliche Reihenfolge der anfallenden Transportvorgänge darüber, welcher Vorgang zuerst abgewickelt wird. Mögliche andere Differenzierungskriterien werden nicht berücksichtigt. Diese Art der Abwicklung des Datentransports im Internet wird als Netzneutralität gekennzeichnet, weil sie Vorrangprobleme inhaltsneutral löst: Die Frage, ob einem Angebot im Kollisionsfall Priorität eingeräumt wird, beantwortet sich ohne Berücksichtigung der Inhalte, die mit diesem Angebot verbreitet werden.[5]

Die solchermaßen durch den Grundsatz der Netzneutralität geprägte Verbreitung von Angeboten im Netz wird durch das stetig zunehmende Datenvolumen im Netz infrage gestellt. Videos, Live-Streaming von Fernsehsendungen, datenaufwendige Online-Spiele und Software-Downloads führen die Netzkapazitäten an ihre Grenzen mit der Folge, dass sich die Übertragungsqualität verschlechtern kann und die Funktionsfähigkeit des Netzes beschädigt zu werden droht. Um Abhilfe zu schaffen, wird ein neues Priorisierungsverfahren vorgeschlagen. Es soll – so die Begründung – bei Engpässen im Netz zur Anwendung kommen, tatsächlich wird aber daran gedacht, bevorzugte Verbreitungsformen im Netz auch unabhängig von Engpassproblemen zur Anwendung zu bringen. Das Priorisierungsverfahren besteht darin, Angeboten bestimmter (insbesondere zeitkritischer) Dienste den Vorrang vor anderen Angeboten einzuräumen. Damit zusammenhängend sollen Angebote, die vorrangig durch das Netz geleitet werden, dafür ein besonderes Entgelt entrichten.[6]

---

[5] Zum Begriff der Netzneutralität vgl. *Vogelsang*, Infrastrukturwettbewerb und Netzneutralität, in: *Picot*/Freyberg, Infrastruktur und Services – Das Ende einer Verbindung?, S. 219, 220; *Holznagel/Dörr/Hildebrand*, Elektronische Medien, München 2008, S. 447, 448 f.; *Lehofer*, Net Neutrality: Ein Neutralitätsmythos anderer Art, in: *Berka/Grabenwarter/Holoubek*, Medien im Web, Wien 2009, S. 83, 86 ff.; *Holznagel*, Kommunikation und Recht 2010, S. 95, 96; *Koenig/Fechtner*, Kommunikation und Recht 2011, S. 73., *Gersdorf*, Netzneutralität: Landesrechtliche Plattformregulierung als Referenzmodell? in Kommission für Zulassung und Aufsicht (ZAK) der Landesmedienanstalten (Hrsg.), Digitalisierungsbericht 2010, S. 29 ff., jeweils m.w.N.

[6] So hat der britische Minister für Kultur, Kommunikation und Kreativwirtschaft im November 2010 Internet Service Providern nahegelegt, bandbreitenintensiven Diensten eine gute Übertragungsqualität (nur) gegen Entgelt zu gewährleisten. Zu den Differenzierungsmöglichkeiten vgl. die in Fn. 5 genannten Autoren. Dass nicht Knappheitsprobleme, sondern die Suche nach neuen Geschäftsmodellen hinter den neuen Formen des Netzmanagements stehen, wird im Thesenpapier der Kommission für Zulassung und Aufsicht der Landesmedienanstalten vom 18. Januar 2011 zur Netzneutralität im Internet, Funkkorrespondenz 5/2011, S 3 vermutet.

Im Rahmen dieser unter dem Begriff der Netzneutralität geführten Diskussion werden auch andere Formen unterschiedlicher Behandlung von Angeboten bei ihrer Verbreitung im Netz behandelt, wie z. B. der Ausschluss von Inhalten und Diensten, die Unterbrechung bzw. Verlangsamung des Datentransports oder das Blockieren des Zugangs zu bestimmten Inhalten, die hier jedoch nicht weiter behandelt werden sollen.[7]

II. Verbreitungsstrukturen im Internet

Bevor die Frage des Vorrangs im Internet angegangen wird, lohnt es sich, einen Blick auf die Strukturen zu werfen, nach denen die Verbreitung von Angeboten im Internet organisiert ist. Dabei sind die Relationen zwischen Anbietern, Service Providern und Nutzern einerseits zu unterscheiden von den Fragen des Netzmanagements andererseits.

1. Anbieter, Service Provider und Nutzer im Internet

Kommunikation im Internet kommt durch das Zusammenwirken von Anbietern, Dienstleistungsunternehmen, die den Datentransport im Netz abwickeln (Internet Service Provider) und Nutzern zustande. Die Strukturen dieses Zusammenwirkens lassen sich gut erfassen, wenn man sie den Strukturen gegenüberstellt, die für die Verbreitung von Fernsehprogrammen im Kabel gelten. In beiden Fällen geht es um die Verbreitung relevanter Medieninhalte, bei denen nicht nur die Anbieter und Nutzer ein großes Interesse haben, dass ihr ungestörter Empfang gewährleistet wird. Vielmehr besteht aufgrund der gesellschaftlichen Bedeutung der Medien ein allgemeines öffentliches Interesse an einer effektiven Versorgung mit diesen kommunikativen Gütern.

Die Kabelverbreitung, wie sie für Fernsehprogramme üblich ist, hat eine medienrechtliche und eine vertragsrechtliche Komponente. Medienrechtlich geregelt ist die dienende Funktion der Kabelverbreitung gegenüber den von der Rundfunkordnung bestimmten Vielfalterfordernissen. Sie drückt sich aus in der Verpflichtung der Kabelunternehmen, die für das jeweilige Verbreitungsgebiet bestimmten Programme der öffentlich-rechtlichen Rundfunkanstalten und darüber hinaus ausgewählte Programme privater Veranstalter weiter zu verbreiten (Must-Carry-Status). Weitere Anforderungen können sich aus den Regelungen für Plattformanbieter ergeben.

---

[7] Vgl. zu dieser Systematisierung *Holznagel/Dörr/Hildebrand*, a. a. O. (Fn. 5), S. 449; *Lehofer*, a. a. O. (Fn. 5), S. 93 f.; *Gersdorf*, a. a. O. (Fn. 5) S. 29-32.

Wechselseitige Rechte und Pflichten im Detail ergeben sich aus den zwischen Rundfunkveranstaltern und Kabelunternehmen jeweils abgeschlossenen Verträgen. In ihnen sind insbesondere Einspeiseverpflichtungen und technische Übertragungsstandards geregelt sowie Entgeltverpflichtungen der Rundfunkveranstalter. Die Abgeltung von Ansprüchen aus Urheber- und Leistungsschutzrechten wird in Globalverträgen zwischen den Kabelunternehmen und den Rechteinhabern (insbesondere Verwertungsgesellschaften) geregelt. Vertragliche Beziehungen zum Kabelkunden als Empfänger der weiterverbreiteten Programme unterhält nach diesem Modell nur das Kabelunternehmen, das von diesem für die Bereitstellung der Programme ein Leistungsentgelt verlangt.

Die Verbreitung von Angeboten im Internet folgt anderen Strukturen. Medienrechtliche Vorgaben für Beziehungen von Rundfunkveranstaltern und Internet Service Providern im Hinblick auf die Verbreitung von Angeboten im Internet bestehen nur rudimentär. So gelten Vorschriften zur Plattformregulierung in offenen Netzen, zu denen der Gesetzgeber das Internet zählt, nicht, soweit der Plattformanbieter dort über keine marktbeherrschende Stellung verfügt.[8]

Deshalb beruht die Organisation der Verbreitung von Angeboten im Internet im Wesentlichen auf Verträgen der Inhalteanbieter mit Internet Service Providern. Der Verbreitungsweg, den Angebote vom Anbieter bis zum Nutzer zurücklegen, lässt sich im Wesentlichen in drei Etappen unterteilen:

- In einer ersten Etappe gelangt ein Angebot von den Servern des Anbieters in das Internet.

- In einer zweiten Etappe erfolgt die Weiterleitung innerhalb des Internets über vernetzte Netzwerke (Content Delivery Networks): Sie bestehen aus leistungsfähigen Leitungen (Backbones) für den Verkehr über weite Entfernungen, Knotenpunkten (Router) als Verbindungen zwischen verschiedenen Netzwerken sowie Servern zur benutzernahen Zwischenspeicherung der Angebote. Diese Server übernehmen auch oftmals aus Wirtschaftlichkeitsgründen die Zwischenspeicherung häufig abgerufener Angebote in räumlicher Nähe zu den Endnutzern (Proxy-Server).

- In einer dritten Etappe wird das Angebot über Leitungen oder über Funk den Empfangsgeräten des jeweiligen Nutzers zugeliefert.

Zur Verbreitung von Angeboten im Internet schließen die Anbieter (z. B. Rundfunk- oder Presseunternehmen) Verträge mit Internet Service Providern. Im Hinblick darauf, dass die Verbreitung in einer Vielzahl untereinander verbundener Netzwerke unter Einschluss zahlreicher Provider erfolgt, hat es sich eingebürgert, dass die Anbieter Verträge über Standardangebote mit nur einem Service Provider abschließen, der dann seinerseits durch Verträge mit weiteren

---

[8] Vgl. § 52 Abs. 1 Ziff. 1 RfStV.

Providern die Verbreitung in den oben beschriebenen Etappen organisiert und sicherstellt.

In den Dienstleistungsverträgen der Anbieter mit den Service Providern ist auch beschrieben, welche Verbreitungsart für die Angebote vorgesehen ist. Die wichtigsten Arten sind Live-Streaming (z. B. zur zeitgleichen Verbreitung eines linearen Fernsehprogramms), On-Demand-Streaming (z. B. zur zeitunabhängigen Verbreitung von Videos, etwa aus einer Mediathek, ohne dass die Inhalte beim Endnutzer gespeichert werden), Download (Verbreitung von Inhalten zur Speicherung beim Endnutzer) oder schlicht die Verbreitung von Websites mit redaktionell gestalteten Inhalten. Die Verträge regeln darüber hinaus weitere Leistungsspezifizierungen (Standards). Diese betreffen insbesondere die Verbreitung und Auslieferung von Videos, die Codierung und Containerformate (z. B. MPEG 4, Windows Media, Flash), die Übertragungsprotokolle (z. B. http) und die geforderten Bitraten für die Übertragung.

Der Zugang der Endnutzer zum Internet wird wiederum von Internet Service Providern realisiert auf der Basis von Verträgen, die diese mit den (End-) Kunden abschließen. Diese Verträge sehen in der Regel eine Flatrate für eine bestimmte Datenübertragungsrate vor. Eine vertragliche Endkundenbeziehung eines Rundfunkveranstalters im Hinblick auf den Verbreitungsvorgang besteht nicht.

Das medienrechtliche Kabelregime rechtfertigt sich letztlich dadurch, dass es sich bei den Kabelunternehmen um regionale Monopole handelt. Gerade die öffentlich-rechtlichen Rundfunkanstalten sind auf deren Dienstleistungen angewiesen, um ihrem technischen Grundversorgungsauftrag nachzukommen und mit ihren Programmangeboten möglichst alle Bürger zu erreichen. Eine vergleichbare medienrechtliche Inanspruchnahme der Internet Service Provider wurde bislang angesichts der Offenheit des Internets, der Vielfalt der Netze und der fehlenden Monopolsituation prima vista nicht für erforderlich gehalten. Dies gilt umso mehr, als Mangelsituationen und Defizite bei der Verbreitung von Telemedienangeboten im Internet, soweit bekannt, bislang nicht in relevanter Weise aufgetreten sind.

2. Netzmanagement im Internet

Die Verbreitungsstrukturen im offenen Internet sind, wie gezeigt, durch privatrechtliche Beziehungen geprägt. Die Dienstleistungen haben sich nach Maßgabe der Marktentwicklung herausgebildet, indem Verbreitungsbedarfe erkannt und durch entsprechende Angebote befriedigt worden sind. Die Leistungsfähigkeit des Netzes ist durch das globale Zusammenwirken dezentral organisierter Leistungserbringer befördert worden. Die so geschaffene Komplexität wird dadurch beherrschbar, dass für die Angebotsformen Standards entwickelt worden sind (z. B. Netzsprachen wie HTML, Videoformate wie Windows Media oder Flash). Sie erlauben es, dass die Angebote über Netzadressen abgerufen, in Datencontainern über das Netz befördert und beim Endnutzer zum Empfang gebracht werden.

Der Internetverkehr wurde bislang, soweit es die Bewältigung von Engpässen anbelangt, von den oben beschriebenen Verbreitungsstrukturen und - prinzipien (Best-Effort-Prinzip, First-in/First-out-Prinzip) geprägt. Nach diesen Prinzipien wird beim Datenverkehr verfahren, ohne dass es hierfür besonderer Vereinbarungen bedarf. Sie erscheinen vielmehr als Ergebnis technisch bedingter und faktisch gewachsener Muster zur Lösung von Knappheitsproblemen. Auch die Verträge der Inhalteanbieter mit den Internet Service Providern nehmen diese Prinzipien nicht in ihr Regelwerk auf, sie sind gewissermaßen vorgegeben. Dass es in der Praxis durch Engpässe beim Datenverkehr nicht zu Problemen gekommen ist, mag mit dem steten Wachstum der Übertragungskapazitäten zusammenhängen. Die Volumina zum Transport der stetig größer werdenden Datenmengen wurden durch Investitionen bedarfsgerecht vergrößert, die die Internet Service Provider vorgenommen und über die Entgelte der Anbieter und der Endnutzer refinanziert haben.

Insofern kommt der Vorschlag überraschend, nunmehr Angebote zu Verbreitungszwecken zu klassifizieren und sie mit entsprechenden Leistungsentgelten zu belegen, damit sie die ihnen angemessene Transportleistung (Quality of Service) erfahren und im Kollisionsfall ggfs. Vorrang vor Angeboten niedriger klassifizierter Angebote genießen. Deshalb geht auch ein sehr praktischer Einwand dahin, man solle doch darauf setzen, dass auch in Zukunft ausreichend Verbreitungskapazitäten zur Verfügung stünden und das Problem nicht weiter diskutieren.

Tatsächlich ist das Internet jedoch zu einem so wichtigen Bestandteil auch medialer Entfaltung und Aufgabenerfüllung geworden, dass man sich nicht einfach damit begnügen kann, den Lauf der Dinge abzuwarten. Vielmehr ist zu prüfen, ob die Verbreitungsstrukturen, wie sie sich herausgebildet haben, nicht durch Rechtsstrukturen hinterlegt sind, die die Funktionsfähigkeit des Internets gewährleisten sollen und können.

a) Netzmanagement durch Standards

Für das Netzmanagement, das die Verbreitungsstrukturen im Internet organisiert, sind Standards von maßgeblicher Bedeutung. Die Adressierung und der Transport von Datenpaketen auf ihrem Weg vom Anbieter zum Endnutzer erfolgt z. B. nach Maßgabe des „Internet Protokolls". Die derzeit gebräuchliche Version ist das „Internet Protokoll Standards Version 4 (IPv4)". Es trägt dem

Grundsatz der Netzneutralität insoweit Rechnung, als aus ihm nichts über den Inhalt der von ihm durch das Netz geleiteten Datenpakete ersichtlich ist, so dass sich aus ihm auch keine diesbezüglichen Vorrangregeln erkennen lassen. Im Ergebnis trägt dieser Standard also dazu bei, dass Datenpakete bei der Verbreitung eine gleichwertige Behandlung nach dem Best-Effort-Prinzip erfahren.

Da der Raum für die Adressierung, den dieses Protokoll anbietet, zwischenzeitlich zu klein geworden ist, wird daran gearbeitet, diese Version durch das „Internet Protokoll Standards Version 6 (IPv6)" abzulösen. Diese Version bietet nicht nur ein größeres Adressfeld, um die sich rasch vermehrende Zahl der Internetadressen zu bewältigen. Sie erlaubt vielmehr auch, Datenpakete nach ihrer Dienstegüte zu kennzeichnen und zu klassifizieren mit der Folge, dass sie dann mit einer ihrer Qualitätsklasse entsprechenden Netzleistung (Quality of Service) im Netz transportiert und in den aktiven Netzwerkkomponenten (Router), soweit geboten, vorrangig behandelt werden („Differenciated Services").

Die Quality of Service bezieht sich auf den raschen Verbindungsaufbau, die Stabilität und Störungsfreiheit der Verbindung sowie die Vollständigkeit und Fehlerfreiheit der übertragenen Datenpakete. Die damit verbundene Gewährleistung der Übertragungsqualität ist vor allem für Fernseh- und fernsehnahe Angebote (IP-TV, Live-Streaming von Sendungen, Videostreaming aus Mediatheken) von großer Wichtigkeit, wenn Qualitätseinbußen bei den Angeboten vermieden werden sollen. Mit der Einführung des Internet Protokolls Version 6 wird also die Möglichkeit geschaffen, Angebote entsprechend ihrer Qualitätsklasse vorrangig vor anderen Angeboten über das Internet zu verbreiten. Man spricht in diesem Zusammenhang in den USA von einem „Reasonable Network Management" (Modell eines „vernünftigen Netzmanagements"), das neben Vorrangregelungen nach Qualitätsklassen allerdings auch noch weitere, hier allerdings nicht näher zu behandelnde Netzmanagementelemente wie Schutz vor Spam oder ungewollten bzw. schädlichen Angeboten, die Sicherung öffentlich wichtiger Funktionen (z. B. Notrufe) sowie Maßnahmen zum Jugendschutz und zur Netzsicherheit beinhaltet.

b) Quality of Service im Internet

Die Lösung der Vorrangfrage bei knappen Übertragungskapazitäten nach dem Muster der Quality of Service setzt bei einer Differenzierung der Übertragungsleistungen in unterschiedliche Qualitätsstufen an: Die genannten Parameter (Schnelligkeit des Verbindungsaufbaus, Stabilität und Störungsfreiheit der Verbindung, Vollständigkeit und Fehlerfreiheit der übertragenen Datenpakete) werden auf der jeweiligen Qualitätsstufe in einem bestimmten Umfang garantiert. Je höher der Qualitätslevel, umso höher die Gewährleistung für eine schnelle und störungsfreie Datenübertragung und umso höher die Gewährleistung, dass das Angebot sicher und funktionsgerecht den Nutzer erreicht.

Die Einrichtung eines Netzmanagements nach Maßgabe von Qualitätsklassen wirft eine Reihe von Fragen auf. Die erste Frage, die sich bei diesem Ansatz stellt, richtet sich darauf, nach welchen Kriterien die Angebote nach dem Modell der Quality of Service klassifiziert werden sollen. Sodann stellen sich Verfahrensfragen für die praktische Realisierbarkeit des Quality of Service-Ansatzes.

(1) Bestimmungsfaktoren für Quality of Service

So könnte ein Grund für eine bevorzugte Behandlung im Netz in den Funktionserfordernissen einer bestimmten Anwendung zu suchen sein. Dies gilt etwa für Streaminganwendungen von Fernsehsendungen, deren Funktionalität einen zeitgleichen, ununterbrochenen, vollständigen und störungsfreien Datenfluss bedingt. Bereits bei Videoanwendungen nach Art des Video on Demand sind die Anforderungen zwar in Bezug auf Unterbrechungsfreiheit, Vollständigkeit und Störungsfreiheit gleich hoch, doch wird die Funktionalität nicht relevant gestört, wenn sich der Verbindungsaufbau geringfügig, für den Nutzer gar nicht oder nur kaum merklich verzögert, hier kommt es dem Nutzer nur auf den fehlerfreien Ablauf des Videos an. Das Beispiel zeigt, dass es bereits im Hinblick auf die Funktionalität bestimmter Anwendungen nicht leicht ist, Güteklassen zu bilden. Dieses Bild verkompliziert sich noch dadurch, dass andere Anwendungen wie z. B. zeitkritische Computerspiele im Netz die gleichen Anforderungen an einen zeitgleichen, ununterbrochenen, vollständigen und störungsfreien Datentransfer stellen wie Videoübertragungen. Sie gehen sogar noch darüber hinaus, weil dies, anders als bei Videos, ggfs. auch für die Reaktionen der Spieler (Spielzüge) gelten muss. Schließlich sind auch medizinische Anwendungen oder Anwendungen zur Gefahrenabwehr (etwa im Katastrophenfall) denkbar, für die eine vorrangige Beförderung im Netz geltend gemacht werden könnte.

Denkbar sind aber auch andere Kriterien zur Begründung eines Vorrangs für bestimmte Datenpakete im Netz. Abgestellt werden könnte auch auf die inhaltliche Wertigkeit der Angebote, z. B. auf ihre gesellschaftliche Bedeutung oder ihre Funktionsnotwendigkeit für Dienstleistungen, die in besonderer Weise dem Gemeinwohl dienen. Dies gilt um so mehr, wenn man das Internet als ein Medium ansieht, das in besonderer Weise zur Meinungsbildung und zur (gesellschaftlichen) Integration beitragen kann und für das deshalb Vielfaltanforderungen gelten, wie sie für andere Medienbereiche (Presse, Rundfunk) besonders zu gewährleisten sind. Könnte auf diese Weise, z. B. für die Angebote des

Rundfunks oder der Presse ein Vorrang begründbar sein, etwa gegenüber Computerspielen im Netz?

Schließlich könnte man den Vorrang im Netz auch als eine zu bepreisende Leistung ansehen und nach Maßgabe von Marktgesetzlichkeiten gewähren. Dann würden Quality of Services nach Marktpreisen vergeben. Jeder Anbieter könnte sich auf diese Weise den Vorrang erkaufen, indem er – unabhängig von dem Inhalt, den er transportiert wissen möchte – einen höheren Preis für den Transport im Netz entrichtet. Dies wäre ein Modell der Datenautobahnen im Netz, für deren Nutzung gegen eine besondere Maut eine erhöhte Transportgeschwindigkeit bzw. Transportsicherheit gekauft werden kann. An einer solchen Preisdifferenzierung sind vor allem die Netzbetreiber interessiert. Bislang müssen sie es hinnehmen, dass die Inhalteanbieter über Werbung oder über inhaltsbezogene Entgelte Vergütungen generieren, an denen sie über ihre üblicherweise inhaltsneutral ausgestalteten Entgelte nicht mitverdienen. Eine nach Maßgabe der Quality of Service konzipierte Entgeltstaffelung dagegen könnte sie an den Einkünften aus rentablen Inhaltsangeboten partizipieren lassen.

Ein solcher, rein entgeltorientierter Quality of Service-Ansatz würde das Geschäftsmodell der Internet Service Provider dem der Kabelnetzanbieter annähern. Es wäre deshalb vor allem geeignet, einen Strukturwandel im Netz herbeizuführen. Bevorzugt durchgeleitet würden ertragsstarke Angebote, die die höheren Transportentgelte erwirtschaften können. Benachteiligt würde der übrige Datenverkehr, dem eine solche Refinanzierung verschlossen bleibt. Damit würden ökonomische Determinanten für die Kommunikation im Netz bestimmend werden und zu einer Asymmetrie führen. Auf dem freien Marktplatz der Meinungen, wie er für die Kommunikation im Netz prägend ist, würde es zu Verzerrungen kommen, die den publizistischen Wettbewerb beeinträchtigen könnten.

(2) Verfahrensfragen

Mit der Einführung einer Differenzierung der Internetdienste nach Maßgabe der Quality of Services sind vor allem auch Verfahrensfragen verbunden. So bedarf es zunächst einer Verständigung auf Parameter, um unterschiedliche Qualitätsklassen zu definieren. Fraglich ist, auf welchem Wege und zwischen wem eine solche Verständigung herbeizuführen wäre. Sodann müssten auch die Hersteller von Netzequipment bereit sein, die so vorgegebenen Standards umzusetzen. Auch müssten sich die Internet Service Provider verständigen, die damit verbundenen Vorrangregeln in den Netzwerken zu realisieren. Insgesamt zeichnet sich also ein langer Weg ab, bis sich ein solchermaßen an der Quality of Services orientiertes Vorrangprinzip durchsetzen könnte.

Ob die von der Einführung eines solchen Modells erwarteten Vorteile wirklich eintreten, erscheint darüber hinaus unsicher. Kapazitätsprobleme in den Netzwerken lassen sich auf diese Weise vielleicht lösen, wenn die bevorzugten Dienste nur einen geringen Prozentsatz des Datenverkehrs ausmachen. Wenn aber, wie z. B. für die Videoverbreitung im Netz zu erwarten, typische Vorrangdienste die Mehrzahl des Datenverkehrs stellen, dann helfen die auf Quality of Service abstellenden Vorrangregeln auch nicht mehr weiter, da dann das Netz bereits durch Vorrangdienste überlastet ist.

Zudem ist zu besorgen, dass die Möglichkeit der Priorisierung und der damit verbundenen Entgeltstaffelung einen – gesellschaftlich unerwünschten – Anreiz setzen würde, nicht in Ausbau und Modernisierung der Netze zu investieren. Denn die Internet Service Provider könnten auch und gerade bei Knappheit der Kapazitäten ihre Erlöse steigern.

III. Rechtliche Determinanten

Abweichungen vom Grundsatz der Netzneutralität, wie sie sich mit der Realisierung eines an der Quality of Service orientierten Netzmanagements verbinden, müssten sich auch an rechtlichen Vorgaben messen lassen. Dabei wird zunächst zu prüfen sein, ob das sachnahe Telekommunikationsrecht Maßstäbe liefert (1.). Sodann kommen medienrechtliche Rahmenvorgaben in Betracht (2.). Schließlich sind ergänzend grundrechtliche Überlegungen mit heranzuziehen (3.).

1. Telekommunikationsrechtliche Rahmenvorgaben

Bei den telekommunikationsrechtlichen Rahmenvorgaben sind europarechtliche und nationale Regelungen zu prüfen.

a) Europarechtliche Vorgaben

Für die Verbreitungsstrukturen im Internet sind auf europäischer Ebene die Regelungen im Telekompaket relevant, deren Umsetzung in nationales Recht ansteht. Sie betreffen insbesondere auch die Qualitätssicherung der Netzverbindungen, die in die Hände der nationalen Regulierungsbehörden gelegt wird. Sie haben Mindestanforderungen festzulegen, um eine Verschlechterung der Dienste und eine Behinderung oder Verlangsamung des Datenverkehrs in den Netzen zu verhindern.[9] Hieraus könnte man schließen, dass dem Ausbau der Netze

---

[9] Vgl. Art. 22 Abs. 3 Universaldienstrichtlinie 2009.

Vorrang vor Mechanismen gebührt, die auf andere Weise Kapazitätsengpässen im Netz begegnen wollen. Die Kommission selbst allerdings scheint eher Vorrangregeln zur Behebung von Kapazitätsengpässen zu favorisieren. So betrachtet sie insbesondere die Priorisierung von Diensten „generell als vorteilhaft" für den Markt, solange Verbraucher die Möglichkeit haben, zwischen verschiedenen Zugangswegen und Diensten auszuwählen.[10] Hieraus erklärt sich auch die Forderung der Kommission nach Transparenz für die Verbraucher: Sie sollen als gut informierte Marktteilnehmer agieren. Damit wird das Problem der Netzneutralität allerdings lediglich aus der Sicht der Verbraucher betrachtet und gelöst, die mit dem Quality of Service-Ansatz verbundenen Fragen für die Diensteanbieter werden dabei ausgeblendet. Zudem ist fraglich, ob im vertraglichen Verhältnis zwischen Endkunden und deren Service Providern transparent darüber informiert werden kann, welche Qualitätsstufe ein Anbieter mit seinem Service Provider für ein bestimmtes Angebot vereinbart hat. Es muss deshalb bezweifelt werden, dass angesichts der Komplexität des Netzes und der Vielgestaltigkeit der Angebote die vorgeschlagene Transparenzpflicht die Defizite ausgleichen kann, die durch den Verzicht auf die Netzneutralität entstehen. Ökonomisch betrachtet handelt es sich hier um einen Fall des Marktversagens durch asymmetrische Information.[11]

Ungeachtet dessen hat eine von der EU-Kommission durchgeführte Konsultation zu dem Ergebnis geführt, dass der neu gefasste EU-Rechtsrahmen für die elektronische Kommunikation, der im Jahre 2009 verabschiedet wurde, als hinreichendes Instrument zur Behebung der Netzneutralitätsprobleme gelten soll. Angesichts der Offenheit der europarechtlichen Vorgaben wird es allerdings vornehmlich auf die Umsetzung des Europäischen Rechtsrahmens in nationales Recht ankommen.

b) Telekommunikationsrechtliche Vorgaben in Deutschland

Im Rahmen der notwendigen Anpassung des nationalen Telekommunikationsrechts an die Ende 2009 erfolgte Novellierung des europäischen Richtlinienpakets („TK-Review") wird insbesondere die Umsetzung von Art. 22 der Universaldienstrichtlinie von Bedeutung sein. Ein im Herbst 2010 veröffentlichter Referentenentwurf sieht hierzu vor, dass durch Rechtsverordnung in Rahmenvorschriften gegenüber Unternehmen, die öffentliche Telekommunikationsnetze betreiben, Mindestanforderungen an die Dienstqualität festlegt werden können, um eine Verschlechterung von Diensten und eine Behinderung

---

[10] Vgl. Holznagel, a. a. O. (Fn. 5), S. 98 f. unter Verweis auf eine Äußerung der Kommissarin Reding vom 6.10.2009.

[11] Vgl. entsprechende Überlegungen zur Informationsasymmetrie auf dem Gebiet des Rundfunks bei *Holznagel/Dörr/Hildebrand*, a. a. O. (Fn. 5), S. 404 f.

oder Verlangsamung des Datenverkehrs in den Netzen zu verhindern.[12] Dies eröffnet einen breiten Handlungsspielraum, der wohl Verfügungen zum Netzausbau ebenso erfassen könnte wie die Zulassung von Verbreitungsstrukturen nach dem Quality of Service-Modell. Gleichzeitig soll allerdings auch die Transparenz für die Nutzer erhöht werden, indem z. B. die zu erfassenden Parameter für die Dienstqualität sowie Inhalt, Form und Art der zu veröffentlichenden Angaben einschließlich etwaiger Qualitätszertifizierungsmechanismen vorgeschrieben werden.

Käme es zur Realisierung des Quality of Service-Modells, so hätte dies wesentliche Folgen für beide Enden des Netzes. Für die Nutzer bedeutet das wohl, dass sie für bestimmte, qualitativ hochwertige Dienste, die sie bislang ohne gesonderte Vergütung empfangen konnten, zukünftig ein gesondertes Entgelt zu bezahlen haben, wenn sie die Funktionalität dieser Dienste gewährleistet haben wollen. Alternativ sind auch Regelungen denkbar, nach denen die heute schon geltende Praxis, für „schnellere" Anschlüsse höhere Entgelte zu verlangen, preislich und technisch weiter ausdifferenziert wird. Gleichzeitig werden die Provider zu größerer Transparenz über dieses System verpflichtet. Entsprechende Mehrbelastungen werden auch die Anbieter bandbreitenintensiver Dienste zu erwarten haben. Das Geschäftsmodell besteht demnach darin, sich die faktische Verknappung von Übertragungskapazitäten durch die Einrichtung entgeltlicher Vorrangmechanismen honorieren zu lassen.

Dass dieser Weg beschritten werden soll, darauf deuten auch Äußerungen des Präsidenten der Bundesnetzagentur hin.[13] Aus ökonomischer Sicht sei eine Differenzierung unter bestimmten Bedingungen durchaus sinnvoll, um Spielräume für Innovationen und neue Geschäftsmodelle freizulegen. So sei es zu begrüßen, dass durch die Einführung von Qualitätsklassen in Ergänzung zum bisherigen „Best-Effort-Prinzip" neue Wahlmöglichkeiten für die Kunden geschaffen werden. Die wichtigsten Säulen für die Netzneutralität seien

- die Existenz ausreichenden Wettbewerbs auf der Netzebene,
- Angebotstransparenz und
- die Gewährleistung einer Mindestqualität für alle Nutzer.

Damit wird der von der Kommission vorgegebene, lediglich die Verbraucher in den Blick nehmende Ansatz aufgegriffen und umgesetzt. Folgen für die Diensteanbieter geraten, wie aus Kommissionssicht, nicht in den Blick.

Im Ergebnis eröffnet diese Interpretation der telekommunikationsrechtlichen Regelungen einem Netzmanagement nach Maßgabe des Quality of Service ein

---

[12] Vgl. § 45o Abs. 1 TKG-E.
[13] Vgl. Kurth, FAZ v. 24.8.2010, S. 15.

weites Anwendungsfeld, das insbesondere rein ökonomischen, an der innovativen Generierung neuer Geschäftsmodelle orientierten Überlegungen breiten Raum schafft.

2. Medien- und kartellrechtliche Vorgaben

Rechtliche Rahmenvorgaben für die Netzneutralität könnten sich sodann aus der medienrechtlichen Plattformregulierung ergeben.[14] Sie unterwirft Plattformen auf allen technischen Übertragungskapazitäten einer besonderen Aufsicht und regelt vor allem auch die Belegung von Plattformen mit Fernseh- und Hörfunkprogrammen. Als Instrumentarium zur Gewährleistung von Netzneutralität eignen sich diese Vorschriften allerdings kaum. Zum einen gelten sie für Anbieter von Plattformen in offenen Netzen (Internet, UMTS oder vergleichbare Netze) nicht, soweit sie dort über keine marktbeherrschende Stellung verfügen.[15] Ob sodann die Offenheit des Internet schon dadurch verloren gehen kann, dass Verbreitung und Zugang von Angeboten über Qualitätsklassen differenziert behandelt werden, muss jedoch bezweifelt werden. Ziel dieser Vorschrift ist es vielmehr, den Flaschenhals, über den Plattformbetreiber möglicherweise den Zugang zu den von ihnen gehaltenen Inhalten gestaltend regeln, nach Maßgabe verfassungsrechtlich gebotener Pluralismussicherung offen zu halten.[16] Ein offenes Netz liegt dann nicht vor, wenn die Auswahl darüber, welche Angebote zum Netz zugelassen werden, nicht beim Anbieter selbst liegt, sondern bei einem Dritten, etwa dem Netzbetreiber.[17] Eine vergleichbare Situation wird aber durch die Ablösung der Netzneutralität durch Vorrangregeln im Netz nicht ohne Weiteres geschaffen. Hier bleibt der Zugang für jeden Anbieter offen, seine Angebote in das Netz zu stellen. Die Quality of Service-Klassen für schnelle oder bevorzugte Verbreitung im Netz können von jedem Anbieter selbst gewählt werden und behindern deshalb den Zugang als solchen zum Netz nicht. Die negativen Effekte, die mit dem Quality of Service-Modell verbunden sind, lassen sich nicht am Kriterium des freien Netzzugangs festmachen. Die

---

[14] Vgl. §§ 52 ff. RfStV.

[15] § 52 Abs. 1 Ziff. 1 RfStV. *Gersdorf*, a. a. O. (Fn. 5), S. 34 nimmt für die Deutsche Telekom AG eine marktbeherrschende Stellung im Bereich der Zugangsnetze (3. Etappe im Internet-Verbreitungsmodell, vgl. oben Abschnitt II. 1.) an. Dies hilft jedoch nicht gegenüber den negativen Effekten, die durch das Quality of Service-Modell auf der ersten Etappe des Verbreitungsmodells gegenüber den Anbietern hervorgerufen werden.

[16] Vgl. *Gersdorf*, a. a. O. (Fn. 5), S. 34.

[17] Vgl. *Hartstein u. a.*, Rundfunkstaatsvertrag – Kommentar, München 2010, § 52 Rdnr. 4.

Plattformregulierung im Rundfunkstaatsvertrag liefert deshalb keine geeigneten Maßstäbe für die Sicherung der Netzneutralität.[18]

Jenseits der medienrechtlichen Pluralismussicherung könnten aber auch kartellrechtliche Anforderungen zu beachten sein, wenn ein Netzmanagement unter Berücksichtigung von Quality of Service eingeführt werden soll. Erfolgt dieser Wechsel durch Monopolunternehmen und würde er aus der Sicht der betroffenen Inhalteanbieter zu einer Diskriminierung führen, dann wäre dies anhand des allgemeinen Nichtdiskriminierungsgebots zu prüfen.

In jedem Fall bedingt die entsprechende Ausgestaltung des Netzmanagements aber Absprachen unter allen beteiligten Internet Service Providern, weil sonst die für das Funktionieren des Netzes insgesamt nötige Einhaltung der Standards nicht gewährleistet werden kann. Absprachen dieser Art haben zugleich erhebliche Auswirkungen auf die mit der Internetverbreitung zusammenhängenden Märkte. Unter Berücksichtigung dieser Auswirkungen ist insbesondere die Abstimmung zwischen Internet Service Providern über die Einführung neuer Tarifstrukturen oder Leistungsmerkmale der Netze zu problematisieren. Insoweit bedürfte es der Prüfung, ob es sich nicht um verbotene wettbewerbsbeschränkende Vereinbarungen im Sinne des § 1 GWB handelt. Dabei wird insbesondere von Bedeutung sein, ob eine angemessene Teilhabe der von der Umstellung Betroffenen (Diensteanbieter und Nutzer) an den Vorteilen der Abstimmung nachgewiesen werden kann (§ 2 GWB). Diesen Fragen kann aber an dieser Stelle aus Platzgründen nicht weiter nachgegangen werden.

3. Grundrechtliche Vorgaben

Ein auf Grundrechtsregeln gestützter Ansatz wird von Holznagel vertreten.[19] Er bewertet die Bedeutung, die der Internetkommunikation heute für die Gesellschaft zukommt und sieht ihren Wert vor allem für die Information der Bevölkerung, für die aktive Teilhabe an der (Cyber-)Öffentlichkeit, an der Teilnahme an E-Commerce und E-Government. Daraus folgert er, dass der Gesetzgeber schon von Verfassungs wegen aufgefordert ist, Gefährdungen für eine

---

[18] *Gersdorf*, a. a. O. (Fn. 5), will wenigstens die Regulierungsmaßstäbe der Plattformregulierung wie das Verbot der eigenmächtigen Veränderung und Vermarktung von Inhalten sowie das Verbot, durch technische Vorgaben oder durch die Ausgestaltung der Entgelte und Tarife die Verbreitung von Angeboten Dritter unbillig und ohne sachlichen Grund zu behindern, zugunsten der Netzneutralität anwenden, was allerdings wohl nur de lege ferenda gelingen dürfte.

[19] *Holznagel*, a. a. O. (Fn. 1), S. 99 f. Eine Anwendung der Grundrechte aus Art. 5 Abs. 1 GG verneinen dagegen *Koenig/Fechtner*, a. a. O. (Fn. 5), S. 75, ohne jedoch den objektivrechtlichen Gehalt dieser Gewährleistungen ausreichend in den Blick zu nehmen.

freie und offene Internetkommunikation entgegenzutreten und im Sinne einer „kommunikativen Grundversorgung" den Zugang zum Internet bzw. eine Versorgung mit Internetdiensten sicherzustellen.

Dieser Ansatz bedarf sicher noch weiterer verfassungsrechtlicher Fundierung. Sie könnte gelingen, wenn man auf den aus Art. 5 Abs. 1 S. 2 GG entwickelten Gedanken des BVerfG zurückgreift, dass die für die Rundfunkfunktion geltenden Strukturprinzipien in dem Maß auf das Internet zu übertragen sind, wie die mit dem Rundfunk verbundenen Gefährdungslagen und Pluralismusanforderungen auch für das Internet zu diagnostizieren sind.[20] Darüber hinaus wäre der beschriebene Ansatz einer „kommunikativen Grundversorgung" nicht nur aus Bürgersicht zu begründen. Vielmehr müsste er die Inhalteanbieter, deren Funktion und Gefährdungslagen in den Blick nehmen und berücksichtigen, dass sie bei der Wahrnehmung der ihnen zukommenden gesellschaftlichen Funktion nicht unangemessen benachteiligt werden.

Allerdings wird man den Grundversorgungsgedanken im Sinne einer „kommunikativen Grundversorgung" nicht ohne Weiteres für Kommunikationsstrukturen im Internet adaptieren können. Zwar geht es auch im Internet um den Schutz vor Meinungsmonopolen, aber die Rahmenbedingungen, unter denen im Internet Kommunikation stattfindet, sind andere als die im Rundfunkwesen. Kennzeichen der Internetkommunikation ist, dass das Internet jedem einzelnen die passive und vor allem aktive Teilhabe an kollektiven Meinungsbildungsprozessen, insbesondere an der Herausbildung der öffentlichen Meinung, mit Folgewirkungen für die Gesellschaft insgesamt ermöglicht. Deshalb gewinnt unter Verbreitungsaspekten die kommunikative Chancengleichheit[21] an Bedeutung, die jedem den Zugang zum Netz unter gleichen Bedingungen erlaubt. Rechtliche Ansatzpunkte hierfür sind die Informationsfreiheit für den passiven Zugang zum Netz und die Meinungsfreiheit für die aktive Beteiligung an der Netzkommunikation.

Die Sicherung der Rahmendingungen einer solchen, am Grundsatz der kommunikativen Chancengleichheit ausgerichteten Kommunikation im Internet ist Aufgabe des Staates. Da die Strukturen der Verbreitung von Angeboten im Internet, wie gezeigt, grundsätzlich auf privatrechtlicher Gestaltung beruhen, ist der Staat gehalten, die durch die Kommunikationsgrundrechte in ihrem objek-

---

[20] Vgl. BVerfGE 119, 181, 214 ff, 218; dazu *Eberle,* Archiv für Presserecht 2008, S. 329, 330 ff.

[21] Der Begriff der Chancengleichheit wird in diesem Zusammenhang auch von *Koenig/Fechtner,* a. a. O. (Fn. 5), S. 74 verwandt.

tivrechtlichen Gehalt vorgegebenen Anforderungen über das dafür zur Verfügung stehende Instrumentarium umzusetzen.[22]

Die gebotene gesetzliche Regelung kann im Rahmen der Umsetzung der europarechtlichen Vorgaben, insbesondere von Art. 22 Abs. 3 Universaldienstrichtlinie 2009, geschaffen werden. Diese Umsetzung soll nach derzeitigem Erkenntnisstand in der Form einer gesetzlichen Verordnungsermächtigung geschehen.[23] Dabei müssen Inhalt und Zweck der Verordnung im Gesetz beschrieben und auf den Gedanken der Netzneutralität ausgerichtet sein. Soweit die Entwurfsfassung der Vorschrift dem Verordnungsgeber aufgibt, Mindestanforderungen an die Dienstequalität festzulegen, um eine Verschlechterung von Diensten und eine Behinderung oder Verlangsamung des Datenverkehrs in den Netzen zu verhindern, lassen sich diese Anforderungen im Sinne der Netzneutralität auslegen. Wenn die gesetzliche Vorschrift jedoch gleichzeitig zu Rahmenvorschriften für „zusätzliche Dienstmerkmale, die der Kostenkontrolle dienen" ermächtigt[24], dann deutet dies auf die Zulässigkeit einer Verbreitungsstruktur nach Art des Quality of Service-Modells hin. Angesichts der Bedeutung, die der Netzneutralität im Hinblick auf die Realisierung der kommunikativen Chancengleichheit im Internet zukommt, darf sich der Verordnungsgeber aber nicht damit begnügen, Kapazitätsprobleme durch Priorisierungsregeln zu lösen, die vor allem dem Zweck dienen, den Netzbetreibern zu neuen Geschäftsmodellen und höheren Einkünften zu verhelfen. Vielmehr muss der chancengleiche Zugang aller Anbieter und Nutzer in den Blick genommen werden. Im Zweifel sollte deshalb anstelle von Vorranglösungen der Ausbau der Netze im Vordergrund stehen, der ohnehin als sinnvolle Lösung der Kapazitätsproblematik empfohlen wird.[25]

---

[22] Insofern realisiert sich hier auch die alte Vorstellung einer „dienenden Funktion", die in BVerfGE 12, 205, 227 dem Fernmeldewesen gegenüber dem Rundfunk zugewiesen worden war, in einer neuen, auf die Kommunikation im Internet zugeschnittenen Weise.

[23] § 45o ETKG.

[24] Vgl. § 45o Abs. 1 ETKG

[25] In diesem Sinne auch die Stellungnahmen von ARD und ZDF sowie der DLM vom 30.9.2010 für die Anhörung der EU-Kommission zur Netzneutralität im Internet, Funkkorrespondenz 5/2011, S. 13, 6.

Katastrophenkommunikation ... vor der Katastrophe ...[1]

Christoph Gusy

Katastrophen, Katastrophenkommunikation und Katastrophenforschung haben Konjunktur. Die lange unterbelichtete Materie ist in das Licht einer Öffentlichkeit getreten, welche ein eher hohes Aufmerksamkeitspotential für Katastrophenmeldungen in den Medien zeigt. Noch sind Katastrophen in Deutschland eher Medienereignisse. Zumindest aus der Sicht der großen Bevölkerungsmehrheit gilt hier also: Die Katastrophenkommunikation findet bislang „vor der Katastrophe"[2] statt. Zugleich ist jene Kommunikation aber auch ein zentrales Element der Sicherheitskultur.[3]

I. Einleitung: Katastrophen und Katastrophenkommunikation[4]

Wir wissen nicht, ob die Zahl oder die Intensität von Katastrophen in den letzten Jahren oder Jahrzehnten gestiegen ist. Belastbare Zahlen hierzu gibt es –

---

[1] Dass die Rechtsordnung wesentlich eine Kommunikationsordnung ist, war bereits in der Antike bekannt. In jüngerer Zeit hat in Deutschland immer wieder H. P. Bull auf diesen Zusammenhang aufmerksam gemacht; s. grundlegend *Bull*, Datenschutz, Informationsrecht und Rechtspolitik, 2005. Dass dieses Anliegen gerade für Datenverarbeitungs- und Datenschutzrechtler ein hohes Maß an Augenmaß und Sensibilität erfordert, zeigt eindrucksvoll seine jüngste Schrift: Informationelle Selbstbestimmung, Vision oder Illusion?, 2009. Für viele Einsichten, seine stete Bereitschaft zum Zuhören und zur Diskussion sowie seinen hohen Sinn für Respekt und Fairness möchte ich danken! Ich habe mehrfach davon profitieren dürfen!

[2] Den Titel verdanke ich der Vortragsreihe am CAS München „Vor der Katastrophe – Szenarien aus Wissenschaft, Politik und Gesellschaft". Dass ich mich damit befassen durfte, verdanke ich S. Meiners und J. Kersten. Für weiterführende und sehr anregende Diskussion danke ich A. Zick, Bielefeld; für Hilfestellung bei der Abfassung K. Pohlmann und Dr. S. Müller, Bielefeld.

[3] Nach *Daase*, Sicherheitskultur im Wandel, Projekt C 1 des Frankfurter Exzellenzclusters „Herausbildung normativer Ordnungen" bezeichnet Sicherheitskultur „die Gesamtheit der Überzeugungen, Werte und Praktiken von Individuen und Organisationen, die darüber entscheiden, was als eine Gefahr anzusehen ist und mit welchen Mitteln ihr begegnet werden soll."

[4] Der Titel der Abhandlung bringt es mit sich, dass im Folgenden die Begriffe „Katastrophe" und „Kommunikation" sehr häufig benutzt werden müssen. Aus rein sprachlichen Gründen ist letzterer hier nicht selten durch die Termini „Diskurs" oder „Diskussi-

soweit uns bekannt – nicht. Wir wissen jedoch, dass die Höhe der Schäden aus Katastrophen stetig ansteigt oder aber zumindest auf hohem Niveau verbleibt.[5] Und wir sehen, dass in den Medien die Aufmerksamkeit für Katastrophen zugenommen hat. Gefühlt scheint nahezu jeden Tag irgendwo eine Katastrophe stattzufinden: Erdbeben, Überschwemmungen, Schneekatastrophen, Missernten, Pandemien, Attentate.... Und nahezu stets und überall scheint sofort oder kurz danach eine Kamera zur Stelle zu sein. Zugenommen haben also zumindest die Katastrophenschäden und die Katastrophenmeldungen, also die Katastrophenkommunikation. Und damit wären wir bereits mitten in unserem Thema.

Dabei gibt es in der Bundesrepublik einen interessanten Effekt zu beobachten. Hier werden die Schadenshöhen besonders genau addiert und registriert.[6] Und hier steigt auch die Flut medialer Katastrophenkommunikation. Doch spricht man mit Experten, so korrespondiert dem ein erstaunlicher Befund: Danach hat es in Deutschland im letzten Jahrzehnt kaum eine Katastrophe gegeben; genauer: es gab nahezu *keine Katastrophe im Sinne des deutschen Zivil- und Katastrophenschutzrechts*. Hierzu zählt nämlich nicht jedes Ereignis, welches für einzelne Betroffene oder auch die Öffentlichkeit „katastrophale" Folgen hat: etwa die tragischen Ereignisse bei der Loveparade in Duisburg, Flugzeugabstürze, schwere Verkehrsunfälle mit Toten oder Verletzten oder auch der tagelange Stromausfall in einigen Gemeinden im Münsterland vor wenigen Jahren. Was eine Katastrophe im Rechtssinne ist, bemisst sich nicht nach den Folgen für die Betroffenen, sondern nach den Folgen für das Katastrophenmanagement. Großschadensereignisse, welche von den zuständigen Behörden und ihren Trabanten – Hilfsorganisationen, Krankenhäuser u.a. – mit eigenen Ressourcen bewältigt werden können, sind ohne Rücksicht auf Urheber und Opfer in diesem Sinne keine Katastrophen. Dazu zählen vielmehr ausschließlich Ereignisse, welche von den üblicherweise zuständigen Stellen nicht mit eigenen

---

on" ersetzt, ohne dass dies in einem kommunikationstheoretischen Sinne auf sachliche Differenzen hindeuten soll. Dass die genannten Begriffe Bedeutungsvarianten aufweisen, wird also nicht ignoriert. Doch sind sie hier aus rein sprachlichen Gründen lediglich als Platzhalter für das zu vermeidende Wort „Kommunikation" eingesetzt.

[5] Dies muss nicht notwendig aus einer steigenden Zahl von Katastrophen resultieren. Vielmehr kann es auch mit einer erfolgreichen Geschäftspolitik der Versicherungen zusammenhängen, die immer mehr Risiken versicherbar macht und dadurch die Zahl der potentiellen Schadensrisiken und Schäden steigert.

[6] Dies hängt nicht zuletzt davon ab, dass hier große Rückversicherer tätig sind, deren Geschäftsergebnis auch von der Höhe der versicherten Katastrophenschäden abhängt.

Mitteln bewältigt werden können, sondern deren Management zusätzlicher, regelmäßig auswärtiger Ressourcen unter einheitlicher Leitung bedarf.[7] Kurz: Es geht um die Abgrenzung von Schaden und Großschaden; nicht jeder Schaden ist bereits eine Katastrophe. In diesem Sinne kommen in Deutschland am ehesten die Überschwemmungen der Oder (1997/2010) und der Elbe (2002/2006) als Katastrophen in Betracht. Und über allem schwebt natürlich das Menetekel der Hamburger Überflutungen (1962). Im Übrigen aber blieben Katastrophen im Rechtssinne[8] in Deutschland in den letzten Jahrzehnten glücklicherweise aus.

Dieser Umstand ermöglicht eine erste interessante Einsicht. Jedenfalls aus deutscher und aus Juristensicht findet die hier gegenwärtig stark verbreitete Katastrophenkommunikation ohne (hier stattfindende) Katastrophen statt. Es geht um zukünftige Katastrophen, deren Vermeidung bzw. – wenn sie denn einmal eingetreten sind – der Bewältigung ihrer Folgen. Sie sind – traditionell gesprochen – Katastrophenrisikodiskurse oder – moderner gesprochen – „Bedrohungs"-diskurse.[9] Und dies heißt wiederum: *Katastrophendiskurse in Deutsch-*

---

[7] So oder ähnlich etwa § 1 Abs. 2 BWKatSG, Art. 1 Abs. 2 BayKatSG, §§ 1 Abs. 2 MVKatSG, 2 Abs. 3 S. 2 SächsBRKG, 1 Abs. 2 LSAKatSG, 1 Abs. 1 SHKatSG, 25 ThürBKG. Die Definitionen in Brandenburg, Bremen, Hamburg und Hessen stellen – mit unterschiedlichen Formulierungen – zusätzlich auf die Notwendigkeit der Verstärkung der Einsatzkräfte, z.T. explizit durch Einheiten und Einrichtungen des Katastrophenschutzes ab, s. § 1 Abs. 2 Nr. 2 BbgBKG, § 37 Abs. 2 BremHilfeG, § 1 Abs. 1 HmbKatsG, § 24 HeBKG, § 16 Abs. 2 i.V.m. Abs. 1 SaarlBKG. § 1 Abs. 3 NRWFSHG definiert statt der Katastrophe „Großschadensereignisse". Entscheidendes Kriterium ist ein erheblicher Koordinierungsbedarf, der eine „rückwärtige Unterstützung der Einsatzleitung erforderlich (macht), die von einer kreisangehörigen Gemeinde nicht mehr geleistet werden kann" (zur „rückwärtigen Unterstützung" s. *Schneider*, Feuerschutzhilfeleistungsgesetz Nordrhein-Westfalen, 8. Aufl., 2008, § 1 Erl. 21; *Exner*, in: Steegmann (Hrsg.), Recht des Feuerschutzes und des Rettungsdienstes, FSHG, § 29 Rn 13). Auf Letzteres stellt auch der im Grundgesetz nicht erwähnte sog. „verfassungsrechtliche Katastrophenbegriff" ab. Da es in Art. 35 Abs. 2, 3 GG um das Anfordern/Entsenden von bestimmten Unterstützungskräften geht, scheint das wesentliche Kriterium die Notwendigkeit von Verstärkung bzw. die Überforderung der zuständigen Kräfte zu sein (vgl. *Kloepfer*, VerwArch 2007, 163, 167 f., 168; *von Danwitz*, in: von Mangoldt/Klein/ Starck, GG II, 5. Aufl., 2005, Art. 35 Rn. 70: „Aus dem Wesen der Hilfeleistung folgt als weitere Tatbestandsvoraussetzung, dass das betroffene Land nicht in der Lage ist, die Gefahr aus eigener Kraft abzuwenden"). Nicht relevant ist hier die einheitliche Leitung.

[8] Enger und wohl auch zukunftsweisender der Katastrophenbegriff bei *Reichenbach u.a.* (Hrsg.), Risiken und Herausforderungen für die öffentliche Sicherheit in Deutschland, 2008 (zitiert: Grünbuch). Danach soll nur dann eine Katastrophe angenommen werden, wenn die Schäden derart groß sind, dass keine Hilfe aus intakten Infrastrukturen beschafft werden kann.

[9] Dazu näher *Schirmer*, Bedrohungskommunikation, 2008.

land sind gegenwärtig ganz überwiegend Katastrophenkommunikation vor der Katastrophe. Und damit sind wir endgültig mitten in unserem Thema.

II. Katastrophenkommunikation als Medienkommunikation

Bekanntlich hat niemand von uns das Ozonloch je gesehen. Und auch die Veränderungen des Weltklimas können wir selbst weder belegen noch widerlegen. Das gilt ebenso für die möglichen Folgen des Klimawandels, des mittelfristig wohl meist diskutierten Katastrophenereignisses. Der Mangel an individueller Kenntnismöglichkeit des Publikums bedeutet natürlich nicht, dass es jene Katastrophen bzw. Katastrophenrisiken nicht gibt. Er besagt vielmehr allein, dass solche Risiken nicht mehr der Wahrnehmungs- und Beurteilungsmöglichkeit der Allgemeinheit unterliegen. Solche Möglichkeiten stehen allein Experten zu, denen ein besonderes Fachwissen und hinreichender Einfluss auf die wissenschaftliche Erkenntnisgewinnung und Prioritätensetzung zukommt. Hier zeigt sich zugleich ein rationaler Kern der zunehmenden Katastrophenkommunikation: *Es gibt inzwischen und nicht zuletzt wegen ihr viel mehr Forschung, Forschungsmethoden und Forschungsgelder zur Erforschung potentieller Katastrophen.* Erforscht werden die Möglichkeit zukünftiger Asteroideneinschläge auf der Erde einschließlich der Möglichkeiten ihrer Abwendung; die Entstehungs- und Ausbreitungsbedingungen von Erdbeben, Tsunamis oder Pandemien; die Laufbahn weit entfernter Kometen oder Asteroiden, welche irgendwann auf der Erde einschlagen könnten; potentielle Auswirkungen terroristischer Attentate mit Mitteln, welche noch gar nicht angewandt worden sind und vielleicht nie angewandt werden. Dies alles gab es vor 100 Jahren noch nicht. Damals war also das Wissen um potentielle Katastrophen geringer.[10] Hier folgt also die Ausweitung der Katastrophendiskussionen u.a. einer Ausweitung des wissenschaftlichen Erkenntnisstandes. Doch kommt dem steigenden Expertenwissen in der medialen Katastrophenkommunikation kein Monopol zu. Gleichermaßen einflussreich sind daneben mehr oder weniger rationale bzw. irrationale Stimmungen, welche jedenfalls nicht auf Erkenntnisse aus dem Bereich der Wissenschaft angewiesen sind. Solche kollektiven Erwartungen oder Befürchtungen – etwa: fin des siècle-Stimmungen – bilden sich nach eigenen Logiken und Gesetzmäßigkeiten, die ihrerseits – im Unterschied zu den Erwartungen selbst – wiederum nicht notwendig irrational sind. Manches spricht dafür, dass beides zusammen – Stimmungen und Expertenwissen – in wechselseitiger Abhängigkeit die mediale Katastrophenkommunikation befördern.

---

[10] Nicht geringer war demgegenüber wohl zumindest zeitweise die Katastrophenfurcht. Diese war zwar ihrerseits gleichsam kommunikativ begründet, folgt allerdings nicht den Einsichten der Forschung und war aus heutiger Sicht ganz überwiegend „irrational".

Das heißt: Die verbreitete Katastrophendiskussion findet nicht nur ganz überwiegend in den Medien statt: Fernsehen, Internet, Presse, Fachliteratur. Vielmehr finden dort – überspitzt formuliert – auch die meisten Katastrophen statt. Unser Wissen um tatsächliche Katastrophen nah und fern haben wir – jedenfalls dann, wenn uns diese nicht unmittelbar betrifft – allein aus den Medien. Ob es Katastrophen gibt, wo und wie sie stattfinden, aber auch deren Bezeichnung bzw. Bewertung als „Katastrophe" entnehmen wir den Medien. Dort – und nur dort – erfahren wir auch von drohenden Katastrophen, von möglichen Ursachen und möglichen Maßnahmen zu deren Abwendung bzw. der Bewältigung ihrer Folgen. Aus unserer Sicht gehören Katastrophen demnach der Medienwelt an; die bekannte Frage: „Is there a life outside the medias?" lässt sich für das eigene Erleben der meisten Bundesbürger im Hinblick auf – glücklicherweise – bislang fast vollständig verneinen.

Auch hier gilt demnach: Unser Wissen, unsere Wahrnehmung und unsere Bewertung der Welt ist medial begründet und gesteuert. Damit unterliegt es – gerade mangels fast vollständiger eigener Evidenz der Menschen: Nur noch die Alten haben die Katastrophe des Zweiten Weltkriegs wirklich selbst erlebt und wahrgenommen! – praktisch ausschließlich den Handlungs-, Deutungs- und Geschäftslogiken der Medien.[11] Diese sind – schon wegen der grundgesetzlich garantierten Pressefreiheit – ganz überwiegend privat und eben nicht staatlich. Mediale Katastrophenkommunikation unterliegt also ganz wesentlich den Logiken privater Medien und damit des Medienmarktes.[12] Der Staat nimmt daneben allenfalls eine Randposition ein.[13] Der Marktmechanismus ist in hohem Maße nachfrageorientiert. *Und hier gilt gerade im Medienmarkt der Satz: Risk sells.* Die „Nachricht", dass alles ruhig sei und keine Katastrophen erwartbar sind, lohnt nicht die Meldung in der Presse. Sie hat keinerlei auflagenfördernde Wirkung.[14] Dies wird eher im umgekehrten Fall, also für die Meldung oder Diskussion von Katastrophenrisiken der Fall sein. Aber auch hier gibt es natür-

---

[11] Zum Folgenden näher *Jaeckel*, Medienwirkungen, 4. Aufl., 2008; *Hoffmann-Riem*, Politiker in den Fesseln der Mediengesellschaft, in: ders. (Hrsg.), Wandel der Medienordnung, 2009, S. 879 ff.; am Beispiel der medial vermittelten Einschätzung von Politikern *Maurer*, Der Einfluss verbaler und visueller Informationen auf die Urteilsbildung über Politiker, in: Schermer/Wirth/Wünsch (Hrsg.), Politische Kommunikation: Wahrnehmung, Verarbeitung, Wirkung, 2010, S. 53.

[12] Dies gilt nicht vollständig, wohl aber in eingeschränktem Umfang auch für die öffentlich-rechtlichen Medien, welche eben kein Staatsfernsehen oder Staatsrundfunk sind, sondern auf einem überwiegend privat verfassten Markt konkurrieren müssen. S. die Programmanalyse von *Krüger/Zapf/Schramm*, Politikthematisierung und Alltagskultivierung im Infoangebot, Media-Perspektiven 2009, H. 4, S. 201, 204 f.

[13] Näher *Gusy*, KritV 2010, 111, 124 ff.

[14] Dies kann wohl nur unter einer Randbedingung anders sein, nämlich wenn damit aufgemacht werden kann, dass andernorts verbreitete Katastrophenstimmung auf falschen oder manipulierten Nachrichten oder Quellen basiert.

lich Grenzen, namentlich die Möglichkeit der Übersättigung: Wenn alles kata-
strophal zu werden droht, tritt irgendwann in der Öffentlichkeit ein Sättigungs-
und Abwendungseffekt ein. Die absatzfördernde Wirkung von Risiko-, Kata-
strophen- u.a. -szenarien ist also nicht grenzenlos, aber sie lässt sich feststellen.
Von daher spricht manches dafür, dass mediale Katastrophendiskussionen vor
der Katastrophe die Risiken tendenziell größer zeichnen, als sie wirklich sind.
Unter diesen Bedingungen kann sich die Risikodiskussion von den tatsächlichen Bedrohungen verselbstständigen.

III. Vor der Katastrophe: Die Katastrophe
in der Katastrophenkommunikation

a) Es gibt gegenwärtig nicht nur in Deutschland eine lebhafte Katastrophendiskussion. Was auch immer deren changierende Auslöser und Gegenstände
gewesen sein mögen: Sie unterscheidet sich jedenfalls quantitativ, aber wohl
auch qualitativ von derjenigen früherer Jahrzehnte. Aber historisch ist sie keineswegs neu, im Gegenteil: Die Geschichte ist reich an Katastrophenkommunikation,[15] namentlich solchen vor der Katastrophe. Die Beispiele reichen teils
weit zurück, teils sind sie neueren Datums. Und es finden sich sowohl gesellschaftlich weit verbreitete Kommunikationen im Hinblick auf tatsächlich stattfindende oder stattgefundene Katastrophen als auch solche ohne Katastrophen.
Man sieht: *Katastrophenkommunikation kann unter bestimmten Voraussetzungen relativ unabhängig von realen Katastrophenereignissen stattfinden.* Und es
wäre ein Desiderat der Forschung, der Frage nachzugehen, unter welchen Voraussetzungen eine solche Kommunikation stattfinden kann. Offenbar bedarf es
zu ihrer Entstehung und Ausbreitung der Katastrophe selbst nicht. Die Frage
kann auf zwei analytisch zu unterscheidenden Ebenen diskutiert werden:

(1) Auf der *individuellen Ebene* kann gefragt werden: *Unter welchen psychologisch zu deutenden Prämissen wird vom Einzelnen eine Aussage über zukünftige Großschäden als relevantes Risiko wahrgenommen*, das in der Lage
sein kann, die eigene Informationswahrnehmung, das eigene Kommunikations-
verhalten oder gar das eigene Realverhalten – also eigene konkrete Vorberei-
tungen auf einen Katastrophenfall – zu verändern?

(2) Auf der *gesellschaftlichen Ebene* kann gefragt werden: *Und unter welchen sozialpsychologisch oder soziologisch zu deutenden Prämissen wird in
der Gesellschaft eine Aussage über zukünftige Großschäden als relevantes Risiko wahrgenommen*, welches in der Lage ist, die Agenda der Aufmerksamkeit,
der Kommunikationsinhalte und ggf. des Realverhaltens – also etwa politische
Maßnahmen der zuständigen Stellen zu beeinflussen?

---

[15] Dazu *Nitschke*, Die Bedrohung, 1972.

Es liegt auf der Hand, dass es zwischen beiden Ebenen Zusammenhänge gibt. Aber schon diese Einsicht ist eher eine Vermutung als eine bewiesene Aussage. Gleichfalls nahe liegt der Gedanke, dass dabei offenkundig oder latent vorhandene *Stimmungen* eine wesentliche Rolle spielen.[16] Aber woher diese resultieren und wie sie ggf. erzeugt, verbreitet oder wahrgenommen werden, ist weniger geklärt. Am Beispiel: Die fin de siècle-Stimmung[17] am Ende des 19. Jh. war auch eine Katastrophenstimmung, welche weite Verbreitung fand und kulturelle, soziale und politische Relevanz erlangte. Die dabei befürchteten Katastrophen blieben allerdings weitgehend aus oder fanden wesentlich später oder und jedenfalls nicht in der Art und Weise statt, wie sie zuvor befürchtet worden waren. In gewiss vorsichtiger Annäherung kann man hier von einer *Katastrophenstimmung ohne Katastrophe* sprechen. Umgekehrt ist die von Manchen als Katastrophe empfundene Finanzkrise der Jahre 2008 ff. zuvor mehrfach vorausgesagt und sogar relativ detailliert beschrieben worden, ohne dass diese Prognosen in die Agenda von Wirtschaft, Gesellschaft und Politik relevanten Eingang gefunden hätte. Vorher jedenfalls war von einer Katastrophenstimmung nahezu nichts zu spüren; es handelte sich also – mit aller Zurückhaltung formuliert – um eine *Katastrophe ohne Katastrophenstimmung*. Es ist also überaus lohnenswert, nicht nur die Katastrophen, sondern daneben und unabhängig von ihnen auch die Katastrophenkommunikation – etwa in ihrer Rolle als mögliche Produzentin von Katastrophenstimmung – zu untersuchen.

b) Die dadurch aufgeworfenen Fragen sollen durch eine weitere ergänzt werden. *Ist Katastrophenkommunikation gut oder schlecht?* In dieser Form ist jene Frage wohl zu einfach gestellt. Aber gewiss ist: Katastrophen haben ihre soziale, ökonomische und politische Relevanz und vielleicht sogar eine entsprechende „Funktion"[18] auf jenen Sektoren. Was für die Katastrophe festgestellt werden kann, gilt aber auch für die auf sie bezogene Kommunikation. Ihr kommen offenkundig gesellschaftliche Relevanz und möglicherweise auch entsprechende „Funktionen" zu. Aber welche können dies sein? Und wie kann man sie angemessen messen und diskutieren? Eine Grundaussage ist für die Katastrophenkommunikation ex ante schon getroffen: Wenn es Katastrophenkommunikation ohne Katastrophen und Katastrophen ohne (vorherige) diesbe-

---

[16] Dazu am Beispiel des Sicherheitsgefühls *Schewe*, Das Sicherheitsgefühl und die Polizei, 2009, S. 117 ff.; *Gusy*, KritV 2010, 114 ff.

[17] Zu ihr etwa *Bauer* (Hrsg.), Fin des siècle, 1977; *Graetz* (Hrsg.), Krisenwahrnehmungen im fin des siècle, 1997; Rückblick bei *Fülberth* (Hrsg.), 100 Jahre Jahrhundertwende, 1988.

[18] Dies hängt nicht zuletzt von der ebenso offenen wie umstrittenen Fassung des Funktionsbegriffs ab; dazu knapper Überblick bei *Endruweit u.a.*, Wörterbuch der Soziologie, 2. Aufl., 2002, S. 175 ff. Aus jüngerer Zeit *Aderhold u.a.* (Hrsg.), Intention und Funktion, 2007; aus der älteren Literatur *MacRath*, The social function of social science, 1976; *Luhmann*, Funktionen und Folgen formaler Organisationen, 1964.

zügliche Kommunikation gibt, so können Relevanz und Funktion der Kommunikation nicht linear aus derjenigen des kommunizierten Ereignisses hergeleitet werden. Offenbar ist die Bedeutung der Katastrophenkommunikation von derjenigen der Katastrophen selbst zu unterscheiden.

Die Bewertung der Katastrophenkommunikation erscheint vielfach als eine ausschließlich negative. Sie evoziere das Bild vom Kaninchen vor der Schlange; und sie verweise die Kommunikationsteilnehmer und -adressaten auf die Rolle des Kaninchens. Diesem stehe die Katastrophe selbst bevor; und es sei darauf verwiesen, auf sie zu starren und seinen Wahrnehmungsfokus auf dieses Ereignis zu beschränken. Eine solche Rolle schließt somit sowohl die Möglichkeit eigenen Handelns überhaupt als auch erst recht diejenige von Handlungsalternativen von vornherein aus. Gewiss, dies war historisch manche Form apokalyptischer Katastrophenkommunikation nach dem Motto: „Das Ende ist nahe!" oder „memento mori!". Etwas anspruchsvoller formuliert zeigen sich vergleichbare Aspekte in der Forschung über Kriminalitätsfurcht und Sicherheitsgefühle. Danach sind konkrete Unsicherheitsgefühle in der Lage, das allgemeine Sicherheitsempfinden ihres Trägers insgesamt negativ zu beeinflussen. Zugespitzt formuliert: Wer um seinen Arbeitsplatz fürchtet, fürchtet sich auch im öffentlichen Raum. Dies kann zu Vermeidungsverhalten, also zu Verhaltensänderungen führen.[19] Im Extremfall kann sogar die Sicherheit des Einzelnen selbst negativ beeinflusst werden. Von daher liegt der Schluss nahe: Katastrophenkommunikation kann im Einzelfall Katastrophenstimmung schaffen. Und Katastrophenstimmung kann potentiell zur Bewertung von Ereignissen als Katastrophe führen, die ansonsten gar nicht oder jedenfalls nicht als solche wahrgenommen worden wären.

Doch wäre jene These von der ausschließlich negativen Deutung der Katastrophenkommunikation wohl voreilig oder jedenfalls einseitig, jedenfalls für die Kommunikation vor der Katastrophe. Dies kann am Beispiel der Klimakatastrophe gezeigt werden. Sie ist nach gegenwärtigem Erkenntnisstand noch nicht eingetreten, umgekehrt aber Gegenstand intensivster Kommunikation. Deren Inhalt ist jedoch nicht primär die Fixierung auf das Ende. Ihr geht es vielmehr zentral um die Frage, wie realistisch der Katastropheneintritt ist; ob und wie er ggf. vermieden werden kann und wie mit den möglichen Folgen umgegangen werden könnte bzw. müsste. Es geht also um *Katastrophenvermeidung* bzw. *Katastrophenmanagement*. Auch vor der Katastrophe ist die Zahl von Handlungsmöglichkeiten nicht gleich null oder gleich eins; zumeist gibt es mehrere Alternativen: Sie lassen sich grob einteilen in: Aufrüsten; Einigeln; Hilfe holen; Weglaufen. Noch etwas knapper, aber auch etwas anspruchsvoller

---

[19] *Schewe*, S. 129 f.

lassen sich die Handlungsmöglichkeiten beschreiben als *„approach or avoid"*.[20] Ganz so verläuft denn auch die Klimadiskussion: Während die einen für ein „weiter so!" plädieren und zunächst konkretere Forschungen bzw. reale Entwicklungen abwarten wollen, plädieren die anderen für unterschiedliche Varianten der Veränderungen individuellen, gesellschaftlichen oder politischen Handelns, um den Eintritt des Wandels schon gegenwärtig, also ex ante, und nachhaltig ausschließen wollen. Auch hier geht es also um „approach" or „avoid". Dies kann und braucht hier nicht bewertet zu werden. Wichtig ist hier die Schlussfolgerung: In den Diskussionen dominiert keineswegs die Rolle des Kaninchens vor der Schlange. Wer nach Handlungsalternativen sucht und solche findet, ist kein Kaninchen und auch nicht in dessen Rolle.

Es gibt also Katastrophendiskurse, welche nicht an den eingangs beschriebenen Asymmetrien leiden. Umgekehrt ist dies aber auch nicht bei allen derartigen Diskursen der Fall. Dem fin des siècle oder religiös eingefärbten Weltuntergangsdiskursen konnte man nicht entgehen. Eine Bewertung solcher Kommunikation nach dem hier zugrunde gelegten Ausgangsschema ist demnach nicht einfach möglich: Sie kann schlecht („Kaninchen und Schlange!"), sie kann aber auch gut (Klimadiskussion) sein. Ob das eine oder das andere der Fall ist, hängt von Inhalt und Umständen jener Diskurse ab. Ansatzweise könnte man vielleicht formulieren: Je rationaler die Katastrophenprognosen und ihre Eintrittsbedingungen sind, desto rationaler können auch die Diskurse sein. Und sie sind einer Debatte um „approach or avoid" zugänglich. Sind hingegen die Prognosen irrational bzw. definitionsgemäß nur einzelnen Erkennenden (Propheten, Weissagenden, Weisen) zugänglich, desto stärker ist die Verweisung der von solchem Sonderwissen Exkludierten auf die Rolle des Kaninchens.

Das Ergebnis ist ernüchternd: *Katastrophenkommunikation vor der Katastrophe ist nicht immer schlecht, aber sie ist auch nicht immer gut.* Das konnte hier nur an einem Beispiel ausgeführt geben. Es gibt gewiss andere und mehr Kriterien und Kategorien.[21]

---

[20] Für diesen Hinweis und viele andere mehr danke ich Herrn Prof. Dr. *A. Zick,* Bielefeld.

[21] Daneben gibt es weitere Fragestellungen hinsichtlich der Katastrophenkommunikation: Ist sie hilfreich oder nicht? Und wenn ja, unter welchen Bedingungen? Solche und andere weitere Fragestellungen sind für die zukünftige Erörterung bedeutsam. Für den Hinweis danke ich *G. Rusch,* Siegen.

IV. Politische Dimensionen der Katastrophenkommunikation: Katastrophenvermeidung und Katastrophenfolgenmanagement

a) *Katastrophen sind die Stunde des Staates.* Zumeist werden ihm die größte Fachkompetenz und die relativ bestmögliche Ausstattung zugetraut, um mit derartigen Großschäden so weit wie möglich fertig zu werden. Und wenn und wo dies einmal nicht der Fall ist – wie nach dem großen Erdbeben von Haiti Anfang 2010 –, wird dies öffentlich angeprangert und nach Unterstützung durch andere Staaten gerufen. Diese Sicht kann man als unnötig oder einseitig etatistisch kritisieren. Doch ist dabei zu bedenken: In Deutschland wie auch in den meisten anderen Staaten der Welt sind bislang (noch) keine Alternativen erkennbar. Die Diskussion um die Selbsthilfefähigkeit der Einzelnen oder der Gesellschaft kommt zwar allmählich in Gang.[22] Doch ist die in ihrem Zentrum stehende Idee der „*resilient society*" jedenfalls für Deutschland bislang zwar ein erst kürzlich importiertes Desiderat, aber noch kein mit konkreten Inhalten gefülltes Konzept. Was mit der Forderung nach resiliency angestrebt werden soll, ist – im Gegensatz zur Medizin, aus welcher der Begriff stammt – für die Gesellschaft noch unbestimmt. Ebenso unbestimmt bleibt auch, wo diese Eigenschaft in der Gesellschaft funktional verortet werden kann und wer in der Gesellschaft die aus ihr resultierenden Funktionen wahrnehmen kann oder muss. Und erst recht fehlt es bislang über den theoretischen Erkenntnisstand hinaus an einer politischen oder sonstigen sozialen Realisierung jener Konzepte – übrigens sowohl hier als auch in anderen Staaten. Gegenwärtig bleibt es also dabei: Die Katastrophe ist die Stunde des Staates – schon mangels Alternativen.

b) Von daher mag es nicht verwundern: Der Staat steht im Zentrum der Katastrophendiskussion. Er ist ihr wesentlicher Adressat und in Einzelfällen auch Teilnehmer an solchen Diskussionen. Dieser Umstand ist wesentlich geeignet, manche Diskussionsperspektiven zu prägen. Hinsichtlich der Katastrophen kommt dem Staat nämlich eine mehrfache Rolle zu. Dies soll hier am Beispiel des deutschen Rechts verdeutlicht werden. Danach steht der Staat in einer charakteristischen Doppelrolle.

Einerseits obliegt ihm die Aufgabe der *Katastrophenprävention,*[23] also der vorbeugenden Verhinderung von Katastrophen. Auch dies ist eine Aufgabe des Staates, der sie selbst oder ggf. unter Einschaltung Anderer zu erfüllen hat. Dass die Deiche ausreichend hoch und die Kraftwerke auf modernstem Stand sind, dass der Schutz vor Attentaten und anderer schwerer Kriminalität auf ho-

---

[22] Jüngst *Würtenberger*, in: Riescher (Hrsg.), Sicherheit und Freiheit statt Terror und Angst, 2010, S. 97.

[23] Zum Unterschied zwischen Katastrophenprävention und Katastrophenschutz in Deutschland *Kloepfer*, 191 ff. Zur Gefahrenabwehr im Katastrophenfall *Sattler*, Gefahrenabwehr im Katastrophenfall, 2008.

hem Niveau ist und die Impfpflicht durchgesetzt wird, ist von den öffentlichen Händen selbst sicherzustellen oder von ihnen gegenüber sonstigen Verpflichteten oder Mitwirkenden (Grundstückseigentümer, Kraftwerksbetreiber, Impfpflichtige) durchzusetzen. Es ist eine elementare, allerdings nur selten explizit herausgestellte Dimension zahlreicher Staatsziele und Verfassungsnormen, den Menschen mindestens ein katastrophenfreies Leben zu garantieren. Je effektiver solche Aufgaben durchgeführt werden, desto geringer ist die Wahrscheinlichkeit einer Katastrophe. Man kann geradezu formulieren: Ein wesentlicher Indikator für die angemessene Wahrnehmung dieser Aufgabe ist, dass keine Katastrophe stattfindet. Diese Perspektive prägt auch die auf sie gerichteten Diskurse: Es handelt sich um *Katastrophenvermeidungsdiskurse*. Das „richtige" Verhalten in solchen Diskursen liegt dann darin, auf mögliche allgemeine oder spezifische Mängel bei der Katastrophenverhinderung hinzuweisen, deren Beseitigung oder jedenfalls das Bemühen darum zu fordern und andererseits die staatlichen Aktivitäten herauszustellen, die zu gerade diesem Zweck unternommen werden, um Katastrophen von vornherein zu verhindern und den bestmöglichen Katastrophenschutz durch Vermeidung ihres Eintretens zu erreichen. Ein solcher Diskurs verläuft optimal, wenn in den Medien und der Öffentlichkeit der Eindruck entsteht, alles sei ruhig und in Ordnung; eine Katastrophengefahr bestehe nach staatlichem und menschlichem Erkenntnisstand nicht; und wo sie ausnahmsweise sichtbar werde, werde alles mögliche getan, um eine mögliche Bedrohung gar nicht erst aufkommen zu lassen oder sie aber im Vorhinein abzuwenden. Die Katastrophe tritt dann auf der öffentlichen Agenda völlig hinter die Katastrophenprävention zurück, erstere wird im günstigsten – allerdings zugleich eher unwahrscheinlichen – Fall sogar dethematisiert.

Andererseits gibt es aber auch die Aufgabe des Katastrophenschutzes. Er ist jedenfalls in Deutschland *kein Schutz vor der Katastrophe selbst, sondern vor den Katastrophenfolgen*.[24] Diese Aufgabe setzt also das Stattfinden der Katastrophe schon voraus: Ohne Katastrophenfall kann der Katastrophenschutz gar nicht wirksam werden. Auch dies ist eine wichtige Staatsaufgabe, die ihre Grundlagen sowohl im Grundgesetz und in zahlreichen konkreten Gesetzen findet. Eine auf sie gerichtete Kommunikation ist – erst recht aus der ex-ante-Perspektive – demnach darauf verwiesen, die Katastrophe auf der öffentlichen Agenda zu platzieren, sie also zu thematisieren und eben nicht zu dethematisieren. Wohlgemerkt: Die Aufgabe des Folgenmanagements selbst kann möglicherweise auch ohne öffentliche Kommunikation wahrgenommen werden und wird dies vielerorts auch. Wenn sie allerdings kommuniziert wird, kann dies nur unter der Prämisse einer möglichen – eingetretenen – Katastrophe gesche-

---

[24] Dazu näher *Gusy*, DÖV 2011, 85 ff.

hen. Diese Form der Katastrophenkommunikation ist notwendigerweise *Katastrophenfolgenkommunikation.*

Das heißt aber auch: Würden Katastrophenprävention und Katastrophenvermeidungsdiskurs optimal gelingen, so bliebe für einen Katastrophenfolgendiskurs kein Raum. Aus dieser Perspektive gilt: Katastrophenvorbeugung und Katastrophenschutz mögen einander ergänzende Staatsaufgaben sein. Im Prozess der öffentlichen Kommunikation gilt dies nur eingeschränkt: Je besser die Wahrnehmung der Präventionsaufgaben gelingt, desto weniger Raum bleibt für die Folgendiskussion. Doch es ist nicht nur dieser Effekt, welcher die Diskussionslage als schief erscheinen lässt. Vielmehr tritt ein weiterer hinzu. Aus der Sicht präventionsorientierten Denkens – also des mainstreams des sicherheitspolitischen und -rechtlichen Denkens – tritt ein weiterer Aspekt hinzu. Ist der Idealfall der Katastrophenprävention der gar nicht stattfindende Großschadensfall, so indiziert jede dennoch eintretende Katastrophe ein Zurückbleiben der Realität gegenüber den eigenen Zielen und Ansprüchen. Aus einer idealtypisch zugespitzten präventiven Denkweise[25] kann man auch so formulieren: *Jede Katastrophe ist (auch)* ein Fall des Versagen ihrer Prävention, sie ist dann zugleich *ein Fall des Staatsversagens.* Dies mag auf den ersten Blick übertrieben erscheinen, doch ist sie von der Beschreibung der Realität gar nicht so weit entfernt, wie ein Blick auf die Folge der Katastrophe für das Kommunikationsgeschehen nach ihrem Eintreten zeigen mag. Dann kann es nur noch um die Frage gehen, ob das wider – zuvor öffentlich verbreitetes – Erwarten dennoch eingetretene Ereignis vorhersehbar oder unvorhersehbar, vermeidbar oder unvermeidbar war und was die Gründe für die fehlende Vorhersehbarkeit bzw. Vermeidbarkeit waren. Hier schlagen dann die Diskurse in Anklage-, Rechtfertigungs- und Entschuldigungsdiskurse um. Ihnen allen ist eines gemeinsam: Sie gehen von der staatlichen Aufgabe wirksamer und möglichst lückenloser Katastrophenprävention aus.

Daraus folgt notwendigerweise eine gewisse *Kakophonie der politischen Katastrophenkommunikation.* Sie folgt nicht allein den gewiss dominierenden Prioritäten der kommunizierenden Medien, sondern daneben und danach auch den heterogenen *Interessen und Perspektiven der Kommunikationsteilnehmer und -adressaten.* Katastrophenprävention und -folgenmanagement haben jeweils ihre eigenen Instanzen, Behörden, Amtswalter und Interessenten in Staat, Wirtschaft und Gesellschaft. Für sie ist Kommunikation kein Selbstzweck. Im

[25] Zum präventiven Denken näher resümierend *Möstl*, Die staatliche Garantie für die öffentliche Sicherheit und Ordnung, 2002, S. 147 ff.; genetisch *Kötter*, Pfade des Sicherheitsrechts, 2008, S. 157 ff.; *Gusy*, in: Kugelmann (Hrsg.), Polizei unter dem Grundgesetz, 2010, S. 11; bilanzierend *Huster/Rudolph*, Vom Rechtsstaat zum Präventionsstaat, 2008; krit. *Albrecht*, Der Weg in die Sicherheitsgesellschaft, 2009, S. 5 ff. u. a.; aus der älteren Diskussion insbes. *Grimm*, KritV 1986, 38; *Waechter*, JZ 2002, 854.

Kampf um Aufmerksamkeit geht es nicht zuletzt darum, die eigenen Sichtweisen, Interessen und Absichten in das Forum möglicherweise interessierter Öffentlichkeiten bzw. Teilöffentlichkeiten zu bringen. Diese Publizitätsinteressen können aber durchaus gegenläufig sein: Wer dethematisieren will, wird mögliche Gefahren eher abwiegelnd behandeln, die Handlungs- und Reaktionsfähigkeit der dafür zuständigen Stellen betonen und so die Beherrschbarkeit möglicher Katastrophen herausstellen. Er wird daher andere Aspekte in den Vordergrund rücken als derjenige, der thematisieren will. Er muss mögliche Risiken tendenziell eher betonen und zugleich die Notwendigkeit weiterer Vorkehrungen für deren Management herausstellen. Damit wird nicht nur genau das Gegenteil desjenigen behauptet, was die zuvor genannten Stimmen fordern. Vielmehr muss explizit oder zumindest implizit die weitere Behauptung aufgestellt werden, die Aussagen der präventionsorientierten Stellen seien falsch, einseitig oder ergänzungsbedürftig, weil die von ihnen getroffenen Maßnahmen allein nicht in der Lage seien, den Katastrophenfall zu verhindern. Und wer implizit die Möglichkeit des Versagens anderer Politiken, Behörden oder Maßnahmen behaupten will, hat von Seiten derer Träger und Sachwalter ggf. publizistische und politischen Gegenwind zu erwarten.

Insoweit ist „die" Katastrophenkommunikation nicht zufällig, sondern geradezu notwendig vielschichtig und widersprüchlich. Dies gilt nicht nur hinsichtlich der kommunizierten Inhalte. Es gilt vielmehr schon hinsichtlich der Frage ihres möglichen Stattfindens. Von Seiten mancher Interessenten, Politiker und Behörden mag gelten: Eine gute Katastrophenkommunikation ist eine ausbleibende Katastrophenkommunikation. Aber genau so wichtig ist natürlich auch: Gelingt dies, so bleibt eben nur die Katastrophenkommunikation aus, nicht hingegen notwendigerweise die Katastrophe selbst.

V. Katastrophendiskussion als Ressourcenzuteilungsdiskussion

Wir haben gesehen: Risk sells. Katastrophenkommunikation kann also aus der Sicht von Beteiligten, Medien und Rezipienten – nicht unbedingt hingegen derjenigen des Staates – einen Eigenwert haben: Es ist besser, wenn sie stattfindet, als wenn sie ausbleibt. Dabei gibt es solche Kommunikation vor der Katastrophe in vielfältigen Kontexten. Da ist die Kommunikation zwischen staatlichen Stellen und privaten Hilfsorganisationen: über die Vorbereitung des Folgenmanagements für den Katastrophenfall, vor Großereignissen oder absehbaren Schadensereignissen, über konkrete Vorbereitungshandlungen, Abstimmung von Maßnahmen und Organisation der Zusammenarbeit sowie die Kommunikation über Risikoabschätzungen und Warnungen bei Großveranstaltungen im Hinblick auf deren Genehmigungsfähigkeit....

Hier soll der Blick auf einen übergreifenden Kontext gelegt werden. Kata-
strophenkommunikationen vor der Katastrophe sind namentlich dann, wenn sie
staatsbezogen sind oder gar die öffentlichen Hände als Kommunikationspartner
beteiligt sind, vielfach Ressourcendiskussionen, genauer: *Ressourcenzutei-*
lungsdiskussionen. Deren Gegenstände können ganz unterschiedliche Ressourcen sein.

Da geht es um (1) *politische Aufmerksamkeit*:[26] Die Agenda von Politik und
Politikern ist immer übervoll; die Zahl der Themen, Interessen und Interessenten immer größer als die Kapazitäten zu ihrer Diskussion, Berücksichtigung
oder Zurückweisung. Am Anfang jeder Befassung steht daher die Selektion des
Interessanten vom Uninteressanten, des Relevanten vom Irrelevanten und des
Wichtigen vom Unwichtigen. Schon die politische Wahrnehmung hat ihre
Agenda. Die Möglichkeit zukünftiger Katastrophen nimmt dort – trotz deren
möglicherweise katastrophalen Folgen – keineswegs naturgemäß einen prioritä-
ren Platz ein. Eine solcher muss dem Thema vielmehr erst verschafft werden,
etwa durch seinen besonderen Rang bei der Wahrnehmung der Bevölkerung,
seine besondere Vordringlichkeit infolge hoher Eintrittswahrscheinlichkeit eines Großschadens oder aber durch die besonderen Teilnehmer oder Interessenten einer Thematisierung. Daneben besteht auch eine (2) *Knappheit politischer*
Handlungskapazitäten. Die Zahl der Gesetze, Regierungsentscheidungen und
sonstigen staatlichen Maßnahmen kann nicht beliebig gesteigert werden. Viel
spricht dafür, dass die vorhandenen Kapazitäten in Deutschland jedenfalls auf
der Bundesebene in weitestem Umfang ausgeschöpft sind. Vielerorts kann also
nicht einfach mehr, sondern allenfalls Anderes geleistet werden. Für einen neu-
en oder neu abzuarbeitenden Belang müssen dann andere von der Agenda abgesetzt werden. Damit gerät das Thema in Konkurrenz zu den anderen Themen,
welche die Welt, die Nation oder relevante Teile der Bevölkerung bewegen.
Umso notwendiger ist es in dieser Knappheitssituation, für ein Thema – etwa:
Katastrophenprävention und -management – Interessenten und Verbündete in
den entscheidungsvorbereitenden Gremien – Exekutiven, Parlamenten u.a. – zu
finden und zu mobilisieren. Hier geht es also wesentlich um den Zugang zu
Entscheidern und Entscheidungsgremien, d.h. den Transfer bisher exkludierter
oder randständiger Probleme in die Sphäre politischen Handelns. Da ist weiter
die (3) *Knappheit der mobilisierbaren Ressourcen* im Staat.[27] Selbst wenn entscheidende Stellen handlungswillig und handlungsfähig sind, können sie nicht

---

[26] Zum Wechselverhältnis der Medien zur Politik unter dem Stichwort der politischen
Kommunikation *Donges/Jarren*, Politische Kommunikation in der Mediengesellschaft,
2. Aufl., 2006; zur Problematik der Darstellung komplexer politischer Sachverhalte in
den Medien *Hoffmann-Riem*, Mediengesellschaft, S. 812 ff.

[27] Hierzu am Beispiel der jüngst eingeführten „Schuldenbremse" des Art. 115 Abs. 2
GG *Lenz/Burgbacher*, NJW 2009, 2561; *Tappe*, DÖV 2009, 881; *Konrad*, KritV 2008,
157; *Westerhoff*, ZRP 2010, 73; schon früher *Engels/Hugo*, DÖV 1997, 445.

alles – und erst nicht alles gleichzeitig – leisten. Der Haushalt ist auf allen Ebenen ausgeschöpft, wenn nicht überlastet. Und er ist nur gegen ganz erhebliche Widerstände vergrößerbar. Von daher können Behörden, Beamte und Finanzen kaum je vermehrt, sondern allenfalls umverteilt werden. Dies stößt auf den Widerstand bislang Begünstigter bzw. potentiell Betroffener. Was an der einen Stelle zugeteilt wird, kann eben an einer anderen nicht mehr zugeteilt werden. Dabei entsteht die Ressourcenkonkurrenz sowohl katastrophenschutzextern wie auch -intern. Mittel, die für Renten, Arbeitslose oder Kindergeld benötigt werden, stehen für den Katastrophenschutz nicht mehr zur Verfügung. Aber auch innerhalb dieses Sachbereichs entsteht die Bedarfs- und Anspruchskonkurrenz. Dies zeigt sich schon am bereits erwähnten Beispiel von Katastrophenprävention und Katastrophenschutz: Was für Deichbau oder Flussregulierung (also präventiv) zur Verfügung gestellt worden ist, kann nicht gleichzeitig in die Verbesserung der Ausstattung von Rettungseinheiten, Evakuierungszentren oder Notfallreserven in Krankenhäusern (also folgenbewältigend) fließen. Da ist nicht zuletzt die (4) *Knappheit von Legitimationschancen*. Nicht alles, was politisch machbar ist, ist auch politisch vermittelbar. Wahrscheinlich für alle Staatsformen, ganz besonders aber für Demokratien gilt: Wer mittelfristig gegen die Interessen relevanter Teile der Bevölkerung handelt, muss mit politischen Widerständen durch Neinstimmen, Nichtbefolgung oder gar Abwahl der Verantwortlichen rechnen. Das gilt namentlich dann, wenn die Zuteilung der zuvor genannten Ressourcen in der Öffentlichkeit nicht mehr (vermittelbar) ist, wenn also die Prioritäten der Legitimierenden von denjenigen der Legitimierten allzu stark abweichen. Dies ist nicht zuletzt eine Frage der Verteilung der politischen Aufmerksamkeit und ihrer relativen Knappheit, also dem oben zuerst genannten Aspekt (1).

Katastrophenkommunikation hat also auch ihre im engeren Sinne politische Dimension. Gewiss, die genannte ist nicht ihre einzige „politische" Dimension; sie ist nur eine der zahlreichen Facetten des „Politischen". Jedenfalls insoweit steht jene nicht isoliert, sondern ist Teil des politischen Diskurses und unterliegt insoweit dessen Logiken. Hier haben Themen Konjunkturen, unterliegen den Gesetzen von Auf- und Abwertung je nach ihrer „politischen Relevanz". Diese ist aber wiederum nicht einfach da, sondern wird ihrerseits durch Kommunikation begründet, erhöht oder gemindert. Denn die Existenz eines Problems begründet nicht selbst und von vornherein seine Relevanz für die oder in der Politik und erst recht keinen bestimmten Platz auf der Agenda. Das gilt erst recht für Katastrophen, solange sie nicht oder anderswo stattfinden, sofern keine unmittelbaren Auswirkungen für die Bundesrepublik zu befürchten sind. Die Umstände, welche die politische Relevanz eines Themas begründen, liegen also regelmäßig zumindest auch außerhalb seiner selbst. Daneben gilt aber auch: Ist ein politisches Problem relativ autonom gegenüber seiner Bedeutung in der öffentlichen Kommunikation, so gilt das auch für seine Lösung. Politische Kommunikation hat ihre eigenen Gesetze und unterliegt ihrer eigenen Logik, welche auch aus sich heraus und nicht zentral aus ihren Gegenständen ableitbar ist. So kann der Sinn der Kommunikation über einen Gegenstand primär in ihr selbst liegen; sie bleibt somit eine symbolische. Solche *symbolische Kommunikation* ist ihrerseits keineswegs sinnlos, sondern im politischen Betrieb geradezu unentbehrlich. Sie kann ihre eigenen Leistungen haben, leistet aber nichts oder wenig zum Thema der Lösung der von ihr thematisierten Probleme.

Politische Kommunikation hat also ihre eigene Logik, namentlich im Hinblick auf politische Aufmerksamkeit, Lernfähigkeit, Handlungsfähigkeit und Handlungslegitimation. In diesem Kontext nimmt Katastrophenkommunikation keine Sonderstellung ein. Als Element der politischen Diskussionen ist sie hinsichtlich ihrer Wirksamkeit(schancen) in diesem Kontext zu deuten. Und jedenfalls aus dieser Perspektive ist sie kontextgeprägt und kontextgebunden. In diesem Rahmen steht der Staat primär in der Rolle als Umwelt jener Kommunikation. Maßgebliche Kommunikationsvorgänge können von ihm initiiert werden. Er ist auch Adressat vielfältiger Diskurse. Aber er veranstaltet sie nicht selbst und kann sie schon wegen der Presse- und Medienfreiheit kaum steuern. Die Katastrophe ist die Stunde des Staates, die vorherige Katastrophenkommunikation allenfalls in Ausnahmefällen.

VI. Katastrophendiskussion als Katastrophenszenariodiskussion

Vor der Katastrophe kennt man diese naturgemäß noch nicht. Da zudem die Bundesrepublik bislang von derartigen Unglücksfällen glücklicherweise weitgehend verschont worden ist, können auch Erfahrungen aus der eigenen Vergangenheit nicht einfach extrapoliert oder sonst nutzbar gemacht werden. Daher arbeitet sich die Katastrophenkommunikation weitgehend an Katastrophenszenarien[28] ab. In Deutschland gilt: *Katastrophendiskussion ex ante ist Katastrophenszenarienkommunikation.* Solche Szenarien nehmen entweder Erfahrungen mit realen Ereignissen im Ausland oder aber theoretische Simulationen für das Inland zum Ausgangspunkt und fragen: Was wäre, wenn...? Sie basieren also auf Extrapolationen realer Sachverhalte und Verhaltensweise anderswo oder aber auf gerechneten bzw. geschätzten Annahmen über solche Lagen und Ereignisse im Inland.

In den Szenarien werden bestimmte Schadensereignisse gesetzt und potentielle Folgewirkungen simuliert, welche nicht zuletzt aus unterschiedlichen Reaktionsformen von Behörden, Betroffenen, Außenstehenden usw. folgen kön-

---

[28] Zur Entstehung etwa *Weingart u.a.* (Hrsg.), Von der Hypothese zur Katastrophe, 2002. Zum Folgenden danke ich den Kolleginnen und Kollegen des BMBF-geförderten Forschungsprojekts „Prikats" für zahlreiche und wichtige Anregungen und Hinweise.

nen. Die angesichts solcher Daten notwendigen Maßnahmen von Staat, Unternehmen, Hilfsorganisationen und Bürgern werden sodann auf ihre – unter den dann noch bestehenden Prämissen eingeschränkte – Möglichkeit und Durchführbarkeit befragt. Am Beispiel: Bei einer Pandemie werden eben nicht nur Bürger, sondern auch Ärzte, Pflegepersonal und Mitarbeiter von Rettungsdiensten krank. Und bei einem Ausfall des Stromnetzes fallen nicht nur Fahrstühle, Tiefkühltruhen, Heizungen und Tankstellen aus, sondern auch die regulären Kommunikationseinrichtungen von Behörden, Unternehmen und potentiellen Helfern. Solche Szenarien zu simulieren und kalkulierbarer zu machen, erbringt zahlreiche neue Einsichten in ein Leben mit z.T. dramatischen Einschränkungen. Auch bringt es neue Einsichten in die Abhängigkeit nicht nur der Menschen, sondern auch der Behörden und Unternehmen von als selbstverständlich vorausgesetzten zivilisatorischen Grundleistungen Dritter und in die Bedingtheiten eines Katastrophenmanagement, welches in Normalzeiten geplant, aber unter Bedingungen flächendeckender Großschäden funktionieren soll. Inzwischen haben sich in Deutschland die Szenariendiskussion nahezu standardisiert; es gibt bestimmte Szenarien, die sich immer wiederholen und mit Abwandlungen einzelne Diskussionsrichtungen prägen: Terroranschläge mit Großschadensfolgen (Prototyp: Attentat auf das World Trade Center in New York oder nukleare Explosion), Pandemien (Beispiel: „Schweinegrippe", „Vogelgrippe"), mittelfristiger großflächiger Ausfall wichtiger Versorgungseinrichtungen (Beispiel: Stromausfall in einigen Gemeinden im Münsterland 2005), großflächige Überschwemmungen (Beispiele: Oder-, Elbehochwasser).[29]

Dabei ist das Szenario selbst keine Katastrophe, sondern zeigt lediglich potentielle Katastrophen und ihre potentiellen Folgen auf und ermöglicht im Idealfall die Ermittlung bzw. Konkretisierung weiterer denkbarer Ereignisse und Folgen. Es ist also seinerseits Teil des Katastrophendiskurses. Daher nimmt es an den zuvor aufgezeigten Eigenschaften dieses Diskurses teil. Insbesondere nehmen sie eine *Thematisierungsfunktion* ein: Was real glücklicherweise noch nicht eingetreten ist, kann eben nicht durch Evidenz, sondern nur durch Kommunikation selbst thematisiert werden. Auf diese Weise können Szenarien geeignet sein, *Aufmerksamkeit zu steuern*; etwa der Politik, der Wirtschaft oder eben auch der Forschung. Sie sind dann im Idealfall sowohl Ergebnisse (anwendungsbezogener) Forschung als auch Initiatoren neuer Forschungen. Auf diese Weise können sie Eingang finden in die *Prioritätensetzung* von Politik, Behörden und Medien. Es werden potentielle Zustände oder Ereignisse aufge-

---

[29] Daneben gab und gibt es aus dem Bereich des Zivilschutzes auch Szenarien hinsichtlich militärischer Ereignisse, die allerdings schon wegen der dabei praktizierten Geheimhaltung nicht in die öffentliche Katastrophenkommunikation eingingen. Damit sei deren Bedeutung weder ignoriert noch gering geschätzt. Im Gegenteil: Manches spricht für die Annahmen, dass die hier umrissene Szenariendiskussion aus dem militärischen Bereich stammt.

rufen, welche Handlungsnotwendigkeiten oder Profilierungsmöglichkeiten für Organisationen, Institutionen und Akteure begründen können. Hier kann den Szenarien eine wichtige Brückenfunktion zukommen: Im besten Falle können sie helfen,

– sowohl den hypothetischen Charakter der zugrunde gelegten Ereignisse zu überwinden (ob die Katastrophe so abläuft wie prognostiziert, bleibt naturgemäß noch offen. Auch hier mag gelten: „Jede Katastrophe ist anders.").

– als auch den Umstand zu überbrücken, dass auf der Grundlage solcher Szenarien getroffene Maßnahmen den Bürgern nicht sogleich, sondern oft erst viel später und im besten Falle (mangels Katastrophe) überhaupt nicht zugute kommen.

Die politische Dimension dieser Szenarien erscheint auf den ersten Blick paradox: Szenarien ermöglichen Sicherheitsmaßnahmen (z.B. Sicherheitspolitik) durch Aufzeigung von Sicherheitsmängeln und die aus ihr resultierende Beunruhigung der Öffentlichkeit. Überspitzt formuliert erhöhen sie Sicherheitsniveau und Sicherheitsgefühl gegenüber Risiken, welche in der Öffentlichkeit ohne das Szenario gar nicht als Quellen von Unsicherheit bewusst würden. Doch ist dieser keineswegs auf Katastrophenszenarien beschränkte Effekt wohl der notwendige Preis der Diskutierbarkeit von Sicherheit.

Zumindest ein Aspekt bleibt in solchen Diskussionen aber regelmäßig unerörtert. Die Katastrophenszenarien setzen mit der Katastrophe ein und setzen diese einfach voraus. Sie fokussieren den Blick damit von vornherein auf das Katastrophenmanagement ex post. Gewiss, darin liegt ihre Aufgabe, aber zugleich ihre Grenze. Denn es fehlt von vornherein der Aspekt der Katastrophenvermeidung, also ihrer Prävention. Der Großschadensfall erscheint von vornherein als gegeben und damit unausweichlich, man muss mit ihm leben („approach") statt ihn zu vermeiden („avoid"). Diese Grenze schränkt nicht nur die verbleibenden Handlungs- und Reaktionsmöglichkeiten ein, sondern ist geeignet, auch die Katastrophenkommunikation einzuschränken. Sie erzwingt geradezu die Perspektive des Kaninchens vor der Schlange, also jene Perspektive, die hier an jener Kommunikation als „schlecht" bezeichnet worden ist.[30] Der Schaden ist unabwendbar, es gibt keine Alternative und damit auch keine Handlungsmöglichkeit. „Das Ende ist nahe", und es ist unvermeidlich.

Darin liegt in der Katastrophenkommunikation jedenfalls eine Vereinseitigung; es fehlt der Gedanke der Katastrophenprävention.[31] Dass beide in

---

[30] s. o. 3 b).

[31] Immerhin hat das Szenariendenken hierzu bereits den Gedanken hervorgebracht, dass Katastrophenschutzbehörden mit den Katastrophenpräventionsbehörden und den dabei involvierten Unternehmen besser zusammenarbeiten sollen.

Deutschland sachlich, institutionell und personell weitgehend voneinander getrennt sind, ist bereits ausgeführt.[32] In dem Moment, in welchem das Szenario zugrunde gelegt wird, wird sein Eintreten bereits vorausgesetzt, ohne nach den Eintrittsbedingungen und der Eintrittswahrscheinlichkeit zu fragen und dabei mögliche Abwehrmaßnahmen von Behörden, Unternehmen und Betroffenen in Rechnung zu stellen. Deren Versagen wird einfach vorausgesetzt. In diesem Sinne kann gelten: *Szenariendiskussion ist nahezu notwendig worst-case-Diskussion.* Gewiss, sie sind als solche noch nicht falsch, aber sie sind einseitig und u.a. in der Lage, den Blick von zumindest zeitlich vorrangigen Fragen auf zeitlich nachrangige zu verengen. Darin liegt ihre Leistung (die Perspektive wird konkreter und dadurch diskutierbarer), aber auch ihre Restriktion (andere Bedingungen werden ausgeblendet). In diesem Sinne *unterscheidet sich Katastrophendiskussion dann doch von der Szenariendiskussion.* Erstere erfordert zusätzlich mindestens,

– die Eintrittsbedingungen des Szenarios zu beachten: Unter welchen Voraussetzungen kann etwa ein an Tieren beobachteter Virus auf Menschen überspringen? Und liegen diese Voraussetzungen in Deutschland überhaupt vor?

– die Eintrittswahrscheinlichkeit des Szenarios zu beachten: Risiken, welche in Drittewelt- oder Schwellenländern für Teile der Bevölkerung bestehen, welche möglicherweise fehlernährt ist und im Einzelfall vielleicht sogar noch mit den Tieren unter einem Dach lebt, sind nicht geeignet, gleichsam 1:1 auf die Verhältnisse in Deutschland übertragen zu werden.

– die Anforderungen an das Folgenmanagement des Szenarios beachten: Nicht jedes denkbare Katastrophenszenario kann in vollem Umfang bedient werden. Dies gilt erst recht bei Konkurrenz mehrerer Szenarien. Eine Überforderung der öffentlichen Hände wegen Knappheit der Ressourcen wäre die notwendige Folge.

– die Notwendigkeit von Vorsorge und Prävention beachten: Hier gilt es, unter Beachtung bei beiden Bedingungen (1) und (2) Vorsorge möglichst szenarienübergreifend zu betreiben, Hilfsmittel möglichst, multifunktional einzusetzen. Und gerade hier gilt: *Katastrophenprävention geht vor Katastrophenfolgenbeseitigung.*

Alles dies bedeutet nicht, dass auf Szenarienkommunikation vollständig verzichtet werden sollte oder könnte. Doch besteht Veranlassung, auf die Grenzen ihrer Leistungsfähigkeit und damit ihrer Verwendbarkeit hinzuweisen.

---

[32] s. o. 4 b).

VII. Thesen

Katastrophen – jedenfalls solche im Rechtssinne – sind in Deutschland in den letzten Jahrzehnten fast gar nicht eingetreten. *Katastrophendiskurse sind hier daher gegenwärtig ganz überwiegend Katastrophenkommunikation vor der Katastrophe.*

Katastrophenkommunikation ist Medienkommunikation und unterliegt als solche ganz wesentlich den Logiken privater Medien und damit des Medienmarktes. Die absatzfördernde Wirkung von Risiko-, Katastrophen- u.a. -szenarien ist zwar nicht grenzenlos, aber sie lässt sich feststellen. Von daher spricht manches dafür, dass mediale Katastrophendiskussionen vor der Katastrophe die Risiken tendenziell größer zeichnen, als sie wirklich sind. Dann kann sich die Risikodiskussion von den tatsächlichen Bedrohungen verselbstständigen.

Zwei offene Grundfragen: Unter welchen psychologisch zu deutenden Prämissen wird vom Einzelnen eine Aussage über zukünftige Großschäden als relevantes Katastrophenrisiko wahrgenommen? Und unter welchen sozialpsychologisch oder soziologisch zu deutenden Prämissen wird in der Gesellschaft eine Aussage über zukünftige Großschäden als Katastrophenrisiko wahrgenommen?

Katastrophenkommunikation birgt Risiken des Herbeiredens von Katastrophenstimmung, aber auch Chancen der Katastrophenvermeidung. Hierfür kann die Klimadiskussion als Beispiel stehen.

Katastrophenkommunikation ist vor deren Eintritt zentral Ressourcenzuteilungsdiskussion. Die dabei verfolgten Interessen und Ziele können allerdings gegenläufig sein: Da gibt es die Katastrophenvermeidungs- und die Katastrophenfolgenbewältigungsperspektive. Beide können gleichlaufend, aber auch gegensätzlich sein. Dann ist die politische Katastrophenkommunikation nicht selten kakophonisch.

Katastrophendiskussion ex ante ist Katastrophenszenarienkommunikation. Solche Szenarien nehmen entweder Erfahrungen mit realen Ereignissen im Ausland oder aber theoretische Simulationen für das Inland zum Ausgangspunkt und fragen: Was wäre, wenn? Sie basieren also auf Extrapolationen realer Sachverhalte und Verhaltensweise anderswo oder aber auf gerechneten bzw. geschätzten Annahmen über solche Lagen und Ereignisse im Inland.

Katastrophenszenarien setzen mit der Katastrophe ein und setzen diese einfach voraus. Es fehlt von vornherein der Aspekt der Katastrophenvermeidung, also ihrer Prävention. Der Großschadensfall erscheint von vornherein als gegeben und damit unausweichlich, man muss mit ihm leben („approach") statt ihn zu vermeiden („avoid"). Der Schaden erscheint unabwendbar, es gibt keine Alternative und damit auch keine Handlungsmöglichkeit. Darin liegt jedenfalls eine Vereinseitigung; es fehlt der Gedanke der Katastrophenprävention. In diesem Sinne kann gelten: *Szenariendiskussion ist nahezu notwendig worst-case-Diskussion.*

Alles dies bedeutet nicht, dass auf Szenarienkommunikation vollständig verzichtet werden sollte oder könnte. Doch besteht Veranlassung, auf die Grenzen ihrer Leistungsfähigkeit und damit ihrer Verwendbarkeit hinzuweisen.

Komplexe Kontexte – einfache Regeln
Zwischen Liberalität und Paternalismus –
Wo fördert, wo beschränkt der Datenschutz
Bürgerrechte?

Ein Essay mit Anmerkungen

Bernd Lutterbeck

Rachel's Leid

Rachel, eine junge Studentin in Toronto, hatte ein Problem mit Facebook, das sie vorher niemals ernsthaft in Betracht gezogen hatte. Am 21. April 2009 bricht es aus ihr heraus. „Meine Großmutter will mich zum Freund haben", war bei Facebook zu lesen: „No. Facebook you have gone too far." Rachel hatte immer eine sehr gute Beziehung zu ihrer Großmutter, sie haben viel Privates miteinander geteilt. Rachel war aber entsetzt, dass ihre Großmutter sie auf einmal vor ihren „Freunden" bloßstellen konnte. Das mochte Rachel nicht.

Rachel sucht Regeln für den öffentlichen Raum, in dem sie kommuniziert und über den sie ihre Persönlichkeit jedenfalls teilweise findet. Rachel legt großen Wert auf die private Sphäre, die sie mit den „Freunden" teilt, weniger interessant ist es für sie, was das Unternehmen Facebook mit ihren Daten anstellt. Diese Einstellung zum Datenschutz scheint sich zu widersprechen. Umfragen in der Europäischen Union, den USA und Kanada belegen diesen vermeintlichen Widerspruch mit Zahlen. Wie erklären sich diese Zahlen? Nur der Paternalist hat eine schnelle Antwort parat. Die Menschen sind eben nicht genug aufgeklärt, wird er uns sagen, und Broschüren und Programme für Medienkompetenz auflegen. Ich befürchte, diese Antwort greift zu kurz.

Die Evolution der Kooperation

Menschen waren zu allen Zeiten phantasievoll bei der Ordnung ihrer Verhältnisse. Ganz früh entwickelten die Jäger Weisen der Kooperation, um große Tiere besser jagen zu können. Später war das nicht mehr ausreichend. Die Umstände verlangten eine zentrale Instanz, die die Koordination übernahm. Zu diesem Zweck erfanden die Menschen Kaiser und Könige. Die waren insbesondere dafür da, das kollektive Gut „Verteidigung gegen Feinde" so effizient wie eben möglich zu organisieren. Ab dem 14. Jahrhundert, besonders radikal in den Stadtrepubliken Siena, Florenz und später Venedig, kam auch dieses Modell der Kooperation in Verruf – viel zu teuer und unsensibel gegenüber den Bedürfnissen der Menschen. Die Stunde der frühen Demokraten hatte geschlagen. Mit ihren Modellen – mit leichten Vorteilen für Thomas Hobbes' Leviathan – koordinieren wir unsere Verhältnisse noch heute.

Es hat einige Vorzüge, die Geschichte aus dieser ungewohnten Warte zu betrachten. Evolutionstheoretiker und Verhaltensökonomen sprechen von Ko-Evolution, um das Zusammenspiel von Menschen und ihren Regelsystemen (Institutionen) zu charakterisieren. Wichtig ist der Ausgangspunkt: Kein Regelsystem fällt vom Himmel, die Menschen müssen sich alles hart erarbeiten. Ein Beispiel: Die Römer erfinden um 300 bis 200 v. Chr. den Vertrag, das Vertragsrecht ändert das Verhalten von Menschen, das jetzt neue Verhalten gibt wiederum Raum für neue Institutionen. So gehört heute eine Haltung wie „Verträge muss man halten" zur moralischen Grundausstattung der meisten Menschen. Menschen spielen also gewissermaßen mit sich selber Pingpong. Wo ihnen das nicht gelungen ist wie in vielen Ländern der Dritten Welt, herrscht meist das blanke Elend. Dieses Zusammenspiel von Mensch und Institution hat allerdings eine Eigenschaft, die sie für Ideologen aller Art suspekt macht. Die Kommunikation der Menschen wird so komplex, dass eine Ordnung (oder Kontext) entsteht, an die niemand vorher gedacht hat, die deshalb auch nicht planbar war. Die so entstehende Ordnung ist also „das Ergebnis menschlichen Handelns, aber nicht menschlichen Entwurfs" (Friedrich A. von Hayek).

Diese Sicht hat durch die neueste Entwicklung von Computertechnik, Software und dem Internet empirische Evidenz erhalten. Man nehme das Beispiel Google Maps. Google Maps liefert lediglich eine Infrastruktur, auf deren Basis unterschiedlichste Angebote realisiert werden. Die Spanne reicht von Nachbardiffamierungsseiten wie <rottenneighbor.com> zu lokalisierten Verzeichnissen von Sexualstraftätern und innerstädtischen Mitfahrbörsen wie <citypendler.de>. Kein Mensch bei Google hat das geplant oder will es auch nur planen. Google stellt allein eine offene Programmierschnittstelle zur Verfügung, auf deren Basis Menschen ihre sog. „Mashups" erstellen können. Sie erstellen neue Inhalte, indem sie sie mit alten vermischen („to mash"). Damit bestätigt sich eine weitere Vorhersage von Hayek's. Das Wissen, das die Entwicklung der Menschheit vorantreibt, entsteht zunächst dezentral bei den Menschen selber und kann nicht in hierarchisch-planerischen Prozessen erschlossen werden. Es erzeugt Kontexte, das sind soziale Strukturen, deren Eigenschaften im Laufe der Zeit evolvieren. Diese sind keineswegs chaotisch oder instabil, sondern organisieren sich nach Regeln der Kommunikation, die für den jeweiligen Kontext erheblich sind, in Sonderheit Regeln der Reziprozität. Solche Kontexte sind der eigentliche Wachstumsmotor einer digitalen Ökonomie. Zunächst unbedeutend können sie geräuschlos verschwinden oder sich zu großen Unternehmen wie z. B. Google heranbilden oder wie im Falle von Open Source Software Lieferant von unverzichtbarer Infrastruktur sein. Man denke an das Beispiel des Betriebssystems Linux oder die Apache-Server. Erst diese vernetzte Infrastruktur gibt den verteilten Zusammenhängen der Kommunikation ihren Halt und ihre Dynamik. In allen Fällen entsteht Ordnung, weil Menschen nach Regeln kooperieren.

Die Irritationen und Unsicherheiten um den Datenschutz haben ihre tiefere Ursache in dem Unverständnis dieser evolutionären Herausbildung spontaner Ordnungen.

„Privacy in Context"

Führt das Informationsgebaren des Staates und privater Unternehmen zu einem anderen Typ von Gesellschaft? Wenn ja, wollen wir in dieser Gesellschaft leben? Nein, lautet die Antwort des (nicht nur deutschen) Datenschutzrechts. Das herrschende juristische Konzept für den deutschen Datenschutz ist aus dieser Angst vor dem totalitären Staat entstanden. Es denkt den einzelnen Menschen zumeist in einer Totalität, die sich den Mächten der Düsternis entgegenstellt. Der Mensch steht dann im digitalen Zeitalter unter „präventiver Überwachung", die „softwaregestützte Durchregelung seines Alltags" kann nur durch „digitale Selbstverteidigung" und beherzte Eingriffe des Bundesverfassungsgerichts gestoppt werden (Frank Rieger vom Chaos Computer Club). Geradezu zwanghaft bewegt man sich so in einer Dichotomie zwischen gut und böse, zwischen Sicherheit und Freiheit, die beide Standpunkte den Launen des politischen Prozesses überantwortet. Je nach politischer Mehrheit siegt mal die eine, mal die andere Position. So segelt der Datenschutz ohne Kompass auf der Woge der jeweils aktuellen Empörung – mal bei einer „vorsorglich anlasslosen Speicherung der Telekommunikationsverkehrsdaten", mal bei StreetView oder irgendeinem Skandal bei Großunternehmen.

Diese Konzeption des Menschen und seiner Gesellschaft ist überholt. Sie übersieht, wie es der Gedanke der Ko-Evolution nahelegt, dass Menschen sich durch den Gebrauch der von ihnen geschaffenen Institutionen verändern. 30 Jahre BDSG haben viele Verstöße, aber keinerlei Tendenzen zu einem totalitären Staat offengelegt. Die Menschen haben gelernt, dass dieser Aspekt heute nicht der entscheidende sein kann. Sie passen ihre Prioritäten dem ständigen Wandel der Umstände an und setzen ihre moralischen Präferenzen in Trade-offs (adaptive Präferenzen). Sie wissen längst, dass ein Informationelles Selbstbestimmungsrecht, das ihnen ein eigentümerähnliches Recht an den Daten verheißt, „im Internetzeitalter nicht realisierbar ist" (Hans Peter Bull). Es ist deshalb an der Zeit, von dem „großen Bruder" und dem mit teutonischer Wucht errichteten Abwehrbollwerk endgültig Abschied zu nehmen. Eine Regel, die ihre

eigenen Setzungen durch zahlreiche, praktisch notwendige Ausnahmen durch-
löchern muss, zerstört die Voraussetzungen, unter denen sie angetreten ist und
untergräbt die Legitimation des Datenschutzes. Wir können diesen institutionellen Datenschutz – vor allem den Schutz vor großen Datensammlungen – getrost
in den Alltag und die mühselige Arbeit beim Ausgleich der Interessen entlassen.* So wird der Blick frei für die zwei wesentlichen Herausforderungen für
die „Privatsphäre" im 21. Jahrhundert: Das Regulierungskonzept selbst und die
Ordnung des Wissens. Diesen Datenschutz nenne ich vorläufig, mangels eines
besseren Wortes, sozialer Datenschutz.

Je einfacher die Regeln, umso größer die Wahrscheinlichkeit, dass man sie
ernst nimmt. Deshalb hat sich ein neuer Typ von Regelungen herausgebildet,
den ich „generisches Recht" genannt habe. Vorbild sind „Creative Commons
(CC)-Lizenzen", die es Millionen von Menschen in der ganzen Welt ermöglichen, ihre Urheberrechte im Netz wahrzunehmen – unabhängig von den Anordnungen jeweiliger nationaler Rechtsordnungen. Ein anderes Beispiel sind
die „Privacy Settings" von Facebook. Die „Settings" sind so etwas wie die Essenz des Datenschutzes. Denn die Regelungen, die durch Software eingestellt
werden, müssen ja für Menschen in unterschiedlichen Jurisdiktionen gelten und
vor allem verständlich sein. Am Besten, sie passen – ohne Scrollen und durch
Graphiken selbsterklärend – übersichtlich auf eine einzige Webseite. So wird
der einzelne Mensch zum Regulator seiner Verhältnisse. Er verwendet wie
selbstverständlich „CC-Lizenzen", ohne je eine Stunde Urheberrecht gehört zu
haben und im Zweifel ohne Kenntnis seines nationalen Rechts. Dass erst politischer und sozialer Druck zu diesen neuen „Settings" geführt hat, zeigt, dass der
Staat und seine Datenschutzbeauftragten im digitalen Zeitalter mitnichten entbehrlich sind.

Nach heutiger Einsicht entsteht das Wissen der Welt nicht mehr überwiegend in den Institutionen des Industriezeitalters, sondern zunehmend auch in
sozialen Kontexten, wie sie zB Facebook, Wikipedia oder Twitter repräsentieren. Natürlich fließen in diesen Kontexten personenbezogene Daten, die je nach
Situation ihre ganz eigene Bedeutung erhalten. Man denke etwa an den Fluss
von Daten, die die Gesundheit betreffen. Die Daten sind dabei immer nur Mittel für den Zweck, sich kommunikativ zu verwirklichen. Datenschutz ist folglich nicht Selbstzweck, er will die Spielräume für Leben erhalten und vergrößern – aber er ist nicht das Leben selber. Deshalb ist der Trade-off, der sich
empirisch für zahlreiche Kontexte nachweisen lässt, folgerichtig und rational:
Mal ist der Schutz personenbezogener Daten für die Menschen besonders wich-

---

* Das wissenschaftliche Konzept für den deutschen Datenschutz, insbesondere die
Figur des Informationellen Selbstbestimmungsrechts, ist eine Erfindung von 1971, an
der ich beteiligt war, vgl. *Steinmüller/Lutterbeck/Mallmann*: Grundfragen des Datenschutzes, Anlage 1 der Bundestagsdrucksache VI/3826 v. 7. September 1972

tig, mal ist er es nicht. Rachel und ihre „Freunde" werden (neben viel Unsinn) ein Wissen erzeugen, das heute noch nicht existiert und sich weltweit vernetzt heranbildet. Die List evolutionärer Ordnung will es aber, dass niemand wissen kann, welche Richtung die Menschen damit einschlagen werden. Gerade wegen dieser Ungewissheit ist die Wirtschaft auf Gedeih und Verderb auf die Kooperation der Menschen angewiesen. Alles andere wäre eine „Anmassung von Wissen".

Nach den Visionen führender Informatiker wird das Wissen künftig technisch überwiegend in der „Wolke" generiert (Cloud Computing). Den „Herrn der Daten" früherer Tage wird es wohl gar nicht mehr geben. Auch ist Facebook sicher nur Vorreiter für technisch ganz anders funktionierende Systeme – eine Spielwiese der ersten Generation, technisch wie sozial. Angesichts der Nicht-Vorhersagbarkeit der Entwicklung sollte der Gesetzgeber immer nur einen Rahmen setzen, der die Entstehung dieses dezentralen Wissens nicht behindert. Er wird den Wettbewerb als „Entdeckungsverfahren" nutzen – gegen Monopolbildungen und für Netzneutralität, Interoperabilität und Offenheit der Standards und Schnittstellen. Er muss also das Open Source Prinzip als wesentliches Bauelement dezentraler Kontexte stärken. Der klassische institutionelle Datenschutz kennt den Menschen nur als „Betroffener", für den sozialen Datenschutz sind die Menschen Subjekte, die die Wissensordnung der Zukunft bauen. Im institutionellen Datenschutz spielen Rechtsregeln die alles entscheidende Rolle, beim sozialen sind es soziale Normen. Die größte Herausforderung für den Datenschutz liegt in dem neuerdings so genannten „Institutionendesign", der beide Typen aufeinander beziehen muss. Datenschutz wird sich dann zu einer Disziplin über die Kooperation von Menschen in einer vernetzten Welt entwickeln.

Conclusio

Ein zu rigider Gesetzgeber, der das Verhalten der Menschen – in guter Absicht – reguliert, kann die (intrinsische) Motivation untergraben, aus der heraus Menschen kooperieren und das für alle künftigen Innovationen erforderliche Wissen erzeugen. Ein Effekt, der anschaulich mit „Crowding Out" bezeichnet wird – Verdrängung. Wer als Gesetzgeber (oder auch Richter) immer nur an den Schurken denkt, der mit seiner Informationsverarbeitung die guten Bürger ins Verderben stürzen will, erzeugt erst den Schurken, den er eigentlich verhindern will. Der erste Bundesdatenschutzbeauftragte Hans Peter Bull hat recht: „Die Freiheit des Individuums wird durch übermäßige Verrechtlichung in ihr Gegenteil verkehrt." Seit den bahnbrechenden Arbeiten von Elinor Ostrom, die 2009 mit dem Nobelpreis für Ökonomie geehrt wurde, weiß man, dass neu entstehende soziale Kontexte im Schatten des Rechts entstehen können. Rechtliche

Regelungen können unter Umständen also entbehrlich sein. Das macht Mut für den folgenden praktischen Rat:

Achte darauf, nicht zu sehr zu intervenieren in das, was Menschen erreichen wollen. Lass sie in Ruh' und gib ihnen die Chance, ihre intrinsische Motivation so weit wie eben möglich an den Tag zu legen! (Bruno Frey)

Es ist eigentlich ganz einfach: Gesetzgeber (und Richter) des digitalen Zeitalters müssen ihre „Default-Einstellung" beim Design von Institutionen ändern: den Hebel von Misstrauen auf Vertrauen stellen!

Die Giganten des Industriezeitalters werden nicht alle absterben. Sie werden auch nicht einfach von Wölfen zu liebenswerten Lämmern. Man braucht sie noch – aber immer weniger. Dieser Prozess ist unvermeidlich und unentrinnbar. Wir sollten deshalb bei den Diskussionen um den Datenschutz aufhören, die Schlachten der Vergangenheit zu schlagen. Und Rachel? Ich denke, ein „Right for the last word" würde ihr fürs Erste weiterhelfen.

Anmerkungen zu einem Essay

Dieser (ohne Änderungen abgedruckter) Essay ist als Beitrag für einen Wettbewerb entstanden, den die Schufa Holding AG/Wiesbaden am 17. November 2009 ausgelobt hat: „Zwischen Liberalität und Paternalismus – Wo fördert, wo beschränkt der Datenschutz Bürgerrechte?". Den Essay habe ich am 15. März 2010 eingereicht. Im Mai 2010 ist er mit dem zweiten Preis ausgezeichnet worden. Im September 2010 habe ich die zugrunde liegenden wissenschaftlichen Thesen auf einem Symposium der Schufa AG öffentlich vorgestellt (*Lutterbeck* 2010), die Schufa AG selbst hat den Essay im November 2010 in einem kleinen Band mit den ausgezeichneten Wettbewerbsbeiträgen öffentlich gemacht (*Schufa* 2010).

Der literarische Typ „Essay" hat gegenüber dem Typ wissenschaftlicher Aufsatz einige gravierende Nachteile, allerdings auch einen entscheidenden Vorteil:

a) Man merkt dem Text sicher an, dass er sich verzweifelt bemüht, die Vorgaben der auslobenden Stelle zu erfüllen – maximal vier Seiten. Diese Seitenvorgabe für ein derart herausgehobenes Thema war hart und nur durch Tricks bei den Formaten und Fonds zu erfüllen. Und natürlich lässt der Typ „Essay" die unter Wissenschaftlern übliche wissenschaftliche Zitierweise nicht zu. Es ist mir deshalb ein Anliegen, darauf hinzuweisen, dass ich eine zentrale Idee des Essay's – Rachel's Leid – aus einer Examensarbeit eines jungen amerikanischen Autors bezogen habe – Chris Petersen's „Saving Face: The Privacy Architecture of Facebook" von 2009. Auf die Idee, ausgerechnet eine Examensarbeit zur Klärung meiner eigenen Position zu Rate zu ziehen, hatte mich die junge australische Doktorandin Kate Raynes-Goldie gebracht. In ihrem schönen kurzen Beitrag für die Januarausgabe 2010 von „firstmonday" untersucht sie empirisch die Kommunikation in der wohl weltweit größten Facebook-Community in Toronto. Ihre Untersuchung ist geeignet, die allgemeine Rede von den im Datenschutz so schrecklich naiven jungen Leuten in Zweifel zu ziehen.

Mein schlechtes Gewissen ist etwas geringer, wenn ich jetzt auf zwei weitere Autoren verweise, bei denen ich geborgt habe. Meine Überschrift „Privacy in Context" zitiert den Titel des gleichnamigen Buchs von Helen Nissenbaum, das im Januar 2010 erschienen ist, während ich den Text des Essay's verfasst habe. Auf ihre Spur hatte mich Seda Gürses bebracht. Seda war vor Jahren ein Semester lang Informatik-Studentin in meinem Kurs „Information Rules" an der TU Berlin und mir durch ihre originellen Ideen aufgefallen. Später war ich dann ihr Gutachter für ein Promotionsstipendium über „Software Engineering und Datenschutz". Ihre Idee, als Informatikerin den Datenschutz vom Kopf auf die Füße zu stellen, hat mir imponiert. Auch der zweite im Text verschwiegene Autor stammt aus meinem Berliner Umfeld. Von Frank Pallas, meinem früheren Assisstenten, habe ich einen konzeptionellen Zugang zum Problem des Paternalismus gelernt und die „Google-Maps-Beispiele" übernommen.

Ich hoffe, dass alle diese Erklärungen Mängel der Wissenschaftlichkeit lindern helfen.

b) Essays haben aber auch einen großen Vorteil: Man kann eine Geschichte erzählen. Man soll es vielleicht sogar. Mein Essay ist auch eine Geschichte über Alte und Junge, neue Ideen und alte Vorteile. Er erzählt die Geschichte meiner diffizilen Beziehung zu Hans Peter Bull – eines damals jungen Juristen zu seinem Chef und Bundesdatenschutzbeauftragten. Mit ihm zusammen habe ich von 1979–1983 in einer für den Datenschutz bedeutsamen historischen Phase den Datenschutz auf den Weg gebracht. Der damals junge und Fast-Informatiker hat dem Verfassungsjuristen eigentlich immer widersprochen. Wir konnten, über Jahrzehnte nicht, keine geneinsame Sicht auf das Recht entwickeln, die wir miteinander teilten. Inzwischen bin ich nicht mehr jung. Das schon fassungslose Erstaunen über den Weg, den der Datenschutz in den letzten Jahren genommen hat, führt uns wieder zusammen. Ein illliberales Weltbild (dazu *Bull* 2011, S. 92 ff) hat sich wie ein Grauschleier über die öffentlichen und juristischen (pointiert im Ansatz *Ladeur* (2009)) Debatten gelegt. So zeigt diese Geschichte ein nachgerade kitschiges Panorama: Die alten Männer des Datenschutzes, vereint im Kampf gegen die Mächte der Düsternis.

Die unter a) angeführten Belege legen es nahe, die Meinungen der Alten ernster zu nehmen, als ihnen das in der öffentlichen Debatte zugebilligt wird. Es sind ja gerade – neben handfesten empirische Belegen – Stimmen der heute Jungen, die ihnen recht zu geben scheinen. Ihre Vorstellungen vom Recht scheinen eher mir zuzustimmen. Aber bloß kein neuer Streit. Es gibt Wichtigeres.

Quellenverzeichnis

Benkler, Yochai (2010a), Law, Policy, and Cooperation, in: Balleisen, E. und Moss, D. (Hg.), Government and Markets. Toward a New Theory of Regulation, Cambridge University Press: Cambridge, S. 299-332

Benkler, Yochai (2010b), Beyond the Bad Man and the Knave: Law and the interdependence of motivational vectors. Paper zu einem Vortrag am 3.3.2010 im Rahmen der Workshop & Lecture Series in Law & Economics, Zurich University: Schedule spring 2010, http://www.ip.ethz.ch/education/lawecon/ Benkler_2.pdf

Bizer, Johann (2007), Sieben Goldene Regeln des Datenschutzes, Datenschutz und Datensicherung 31 Heft 5, S. 350-356

Böckenförde, Wolfgang (1976), Die Entstehung des Staates als Vorgang der Säkularisation, in: Ders., Staat, Gesellschaft, Freiheit. Studien zur Staatstheorie und zum Verfassungsrecht, Suhrkamp: Frankfurt, S. 42-64

Bowles, Samuel (2008), Policies designed for Self-Interested Citizens May Undermine „The Moral Sentiments": Evidence from Economic Experiments, Science Vol. 320, S. 1605-1609

Braman, Sandra (2006), Tactical Memory: The Politics of Openness in the Construction of Memory, First Monday, Vol. 11, no. 7 (July 2006), http://firstmonday.org/issues/ issue11_7/braman/index.html

Bull, Hans Peter (2009), Informationelle Selbstbestimmung – Vision oder Illusion?, Mohr Siebeck: Tübingen

Bull, Hans Peter (2011), Grundsatzentscheidungen zum Datenschutz bei den Sicherheitsbehörden. Rasterfahndung, Online-Durchsuchung, Kfz-Kennzeichenerfassung und Vorratsdatenspeicherung in der Rechtsprechung des Bundesverfassungsgerichts, in: Möllers/van Ooyen (Hg.): Bundesverfassungsgericht und Öffentliche Sicherheit, Jahrbuch für Öffentliche Sicherheit Sonderband 3, Verlag für Polizeiwissenschaft: Frankfurt, S. 67-98

Bundesverfassungsgericht (2010a), Pressemitteilung Nr. 11/2010 zum Urteil vom 2.3.2010: „Konkrete Ausgestaltung der Vorratsdatenspeicherung nicht verfassungsgemäß", Karlsruhe

Bundesverfassungsgericht (2010b), BverfG: Verfassungsgemäße Ausgestaltung der Vorratsdatenspeicherung, Urteil des Bundesverfassungsgerichts vom 2.3.2010, in: Computer und Recht Heft 4/2010, S. 232-247 mit Anmerkung Heun auf S. 247-249

Denham, Elizabeth (2009), Report of Findings into the Complaint Filed by the Canadian Internet Policy and Public Interest Clinic (CIPPIC) against Facebook Inc. Under the Personal Information Protection and Electronic Documents Act, July 16, 2009, Ottawa, http://www.priv.gc.ca/cf-dc/2009/ 2009_008_0716_e.cfm

Dreier, Thomas / *Spiecker*, Indra gen. Döhmann (2010), Google Street View rechtswidrig? Wissenschaftler am KIT stellen Gutachten zur Zulässigkeit des neuen Google-

Dienstes vor, Pressemitteilung v. 4.3.2010, http://www.informatik. kit.edu/309_4012. php

Ernst, Stefan (2010), Google StreetView: Urheber- und persönlichkeitsrechtliche Fragen zum Straßenpanorama, in: Computer und Recht Heft 3/2010, S. 178-184

Eurobarometer (2008), Data Protection in the European Union – Citizens' perceptions. Summary, European Commission (Hg.), Flash Eurobarometer No. 225, Brüssel, February 2008

Forgó, Nikolaus (2010), Gutachten Google StreetView, Gutachten für die Google Cooperation Deutschland, Hannover 18.2.2010 (nicht öffentlich – on file with the author; Zusammenfassung unter http://www.jura.uni-hannover.de/fileadmin/fakul taet/Institute/IRI/Streetview_Gutachten_-_Titel_Inhalt_Ex.Summary.pdf)

Fox, Susannah (2000), Trust and privacy online: Why Americans want to rewrite the rules, Report des Pew Research Center's Internet & American Life Project v. 20.8.2000, http://www.pewinternet.org/~/media//Files/Reports/2000/ PIP_Trust_ Privacy_Report.pdf.pdf

Freiwald, Susan (2009), A Comment on James Grimmelmann's Saving Facebook, Iowa Law Review Bulletin Vol. 95, S. 5–11, http://www.uiowa.edu/~ilr/bulletin/ILRB_95 _Freiwald.pdf.

Frey, Bruno, (2008), Motivation crowding theory - a new approach to behaviour, in: Behavioural Economics and Public Policy. Roundtable Proceedings, Melbourne, 8.- 9. August 2007. Australian Government Productivity Commission, S. 37–54, online unter http://www.bsfrey.ch/articles/D_201_08.pdf

Grimmelmann, James (2005), Regulation by Software, Yale Law Journal Vol. 14, S. 1719–1758

Grimmelmann, James (2009), Saving Facebook, Iowa Law Review Vol. 95, S. 1738– 1806. This thesis refers to a draft of the article, entitled Facebook and the Social Dynamics of Privacy, Available at http://ssrn.com/abstract=1262822.

Gürses, Seda / *Preneel* / *Berendt*, Bettina (2008), PETs under Surveillance: A critical review of the potentials and limitations of the privacy as confidentiality paradigm, http://www.cosic.esat.kuleuven.be/publications/article-1302.pdf

Ishii, Kei / *Lutterbeck*, Bernd / *Pallas*, Frank (2008), Forking, Itch-Scratching und Re-Merging. Ein informatischer Blick auf die Rechtsinformatik, Bericht Nr. 2008-4 der Fakultät für Elektrotechnik und Informatik der TU Berlin für das Symposium „Informationsrecht. Geschichte und Zukunft einer neuen Disziplin", veranstaltet vom Alfried Krupp Wissenschaftskolleg Greifswald v. 3. bis 6.3.2008, http://ig.cs.tu-berlin.de/ma/bl/ap/2008/IshiiLutterbeckPallas-ForkingItch-scratchingUndRe-merging.EinInformatischerBlickAufDieRechtsinformatik-2008-03-03.pdf

Jarvis, Jeff (2010), The German privacy paradox , Blog Buzzmachine vom 11. Februar 2010, http://www.buzzmachine.com/tag/sauna/

Krishnamurthy, Sandeep (2001), Customer Confidence in E-Tailers, First Monday, Vol. 6, No. 1 (January 2001), http://firstmonday.org/issues/issue6_1/ krishnamurthy/in dex.htm

Ladeur, Karl-Heinz (2009): Das Recht auf informationelle Selbstbestimmung: Eine juristische Fehlkonstruktion?, in: Die Öffentliche Verwaltung 2009, S.45–55

Lutterbeck, Bernd (2007), Sharing – ein Kampf ums Recht, in: Lutterbeck/Gehring/Bärwolff (Hg.), Open Source Jahrbuch 2007, LehmannsMedia: Berlin, S. 461–480.

Lutterbeck, Bernd (2008), Open Source Communitys und Geistiges Eigentum, in: Hoffmann-Riehm, Wolfgang und Eifert, Martin (Hg.), Geistiges Eigentum und Innovation, Dunker & Humblot: Berlin, S.207–236

Lutterbeck, Bernd (2010), Das Informationelle Selbstbestimmungsrecht auf dem Prüfstand. 7 Schritte auf dem Weg zu einem zukunftsfähigem Datenschutz Impulsreferat für das 5. Datenschutzkolloquium der SCHUFA Holding AG „Wer bin ich im Datennetz und wenn ja: wie viele?", 29. September 2010 in Berlin (online unter http://lutterbeck.org/2.html)

Malone, Thomas W. (2004), The Future of Work. How the New Order of Business Will Shape Your Organization, Your Management Style, and Your Life, Harvard Business School Press: Boston (Ma)

Moritz, Hans-Werner (2010), Zur Zulässigkeit von Google StreetView unter dem Aspekt des Deutschen Datenschutzrechts, Kommunikation und Recht Beihefter 2/2010

Nissenbaum, Helen F. (2004), Privacy as Contextual Integrity. Washington Law Review, Vol. 79, No. 1, S. 119–157, Available at SSRN: http://ssrn.com/abstract =534622

Nissenbaum, Helen F. (2010), Privacy in Context: Technology, Policy, and the Integrity of Social Life, Stanford Law Books, Stanford University Press: Stanford

Orwat, Carsten et al (2010), Software als Institution und ihre Gestaltbarkeit, publiziert von einem Autorenkollektiv unter Leitung von Carsten Orwat (BL ist Mitverfasser) Informatik Spektrum Volume 33, Number 6 (December 2010), S. 626–633 (published online bei Springer-Verlag DOI 10.1007/s00287-009-0404-z vom 16 December 2009)

Osterloh, Margit / *Weibel*, Antoinette (2006), Investition Vertrauen. Prozesse der Vertrauensbildung in Organisationen, Gabler: Wiesbaden

Ostrom, Elinor (1999), Die Verfassung der Allmende, Mohr Siebeck: Tübingen

Ostrom, Elinor (2009), Beyond Markets and States: Polycentric Governance of Complex Economic Systems, Nobel Prize Lecture, December 8, 2009, http://nobelprize.org/ nobel_prizes/economics/laureates/2009/ostrom-lecture.html

Ostrom, Elonor / *Walker*, James (Hg.) (2003), Trust & Reciprocity. Interdisziplinary Lessons from Experimental Research, Russel Sage Foundation: New York

Pallas, Frank (2008), Simple Regeln für komplexe Strukturen: Was die Informatik von der NIÖ lernen kann, Diskussionspapier zum Workshop „Software als Institution", Karlsruhe Institute of Technology, 12. Dezember 2008, http://ig.cs.tu-berlin.de/ ma/fp/ap

Peterson, Chris (2009), Saving Face: The Privacy Architecture of Facebook, The Selected Works of Chris Peterson, Available at http://works.bepress.com/cpeterson/1

Raynes-Goldie, Kate (2010), Aliases, creeping, and wall cleaning: Understanding privacy in the age of Facebook, First Monday, Volume 15, No. 1 (January 2010), http://firstmonday.org/htbin/cgiwrap/bin/ojs/index.php/fm/article/viewArticle/2775/2 432

Richerson, Peter J. / *Boyd*, Robert (2005), Not by Genes Alone. How Culture Transformed Human Evolution, The University of Chicago Press: Chicago und London

Rieger, Frank (2010), Der Mensch wird zum Datensatz, Frankfurter Allgemeine Zeitung vom 15.01.2010, S. 33

Schufa AG (Hg.) (2010), Zwischen Liberalität und Paternalismus – Wo fördert, wo beschränkt der Datenschutz Bürgerrechte? Essay-Wettbewerb der SCHUFA Holding AG 2009/2010, Eigenverlag: Wiesbaden

Singleton, Solveig M. / *Harper*, Jim (2001), With A Grain of Salt: What Consumer Privacy Surveys Don't Tell Us, Available at SSRN: http://ssrn.com/abstract=299930

Spiekermann, Sarah / *Pallas*, Frank (2006), Technology Paternalism – wider implications of ubiquitous computing, in: Poiesis & Praxis Vol. 4 No. 1 (march 2006), S. 6–18

Statistics Canada (2002), Electronic commerce: Household shopping on the Internet. Eine Erhebung von 2001, Presserklärung von Statistics Canada v. 19. September 2002, http://www.statcan.gc.ca/daily-quotidien/020919/dq020919b-eng.htm

Steinmüller, Wilhelm / *Lutterbeck*, Bernd / *Mallmann*, Christoph (1972): Grundfragen des Datenschutzes, Gutachten im Auftrag des Bundesministers des Innern, Anlage 1 der Bundestagsdrucksache VI/3826 vom 7. September 1972, Bonn: Deutscher Bundestag.

The Surveillance Project (2006), A Report on the Surveillance Society for the Information Commissioner by the Surveillance Studies Network vom September 2006, hg. für das Surveillance Project der Queens University von David Murakami Wood, http://www.ico.gov.uk/upload/documents/library/data_protecion/practical_applicatio n/ surveillance_society_public_discussion_document_06.pdf

The Surveillance Project (2008), The Globalization of Personal Data Project: An International Survey on Privacy and Surveillance Summary of Findings vom November 2008, hg. vom Surveillance Project der Queens University, http://www.sscqueens. org/research/intl_survey

Thaler, Richard H. / *Sunstein*, Cass R. (2009): Nudge: Improving Decisions About health, wealth and hapiness, Penguin Books: London

Von Hayek, Friedrich A. (1945), The Use of Knowledge in Society, American Economic Review Vol. XXXV, No. 4 v. September 1945, S. 518–530

Von Hayek, Friedrich A. (2003 [1967]), Die Ergebnisse menschlichen Handelns, aber nicht menschlichen Entwurfs, in: Rechtsordnung und Handelnsordnung. Ansätze zur Ordnungsökonomik, Gesammelte Schriften in deutscher Sprache Bd. 4, Mohr Siebeck: Tübingen, S.178–189

Von Hayek, Friedrich A. (2003 [1968]), Der Wettbewerb als Entdeckungsverfahren, in: Rechtsordnung und Handelnsordnung. Ansätze zur Ordnungsökonomik, Gesammelte Schriften in deutscher Sprache Bd. 4, Mohr Siebeck: Tübingen, S. 132–149

Von Hayek, Friedrich A. (1989 [1974]), The Pretence of Knowledge, The American Economic Review, Vol. 79 Iss. 6, S. 3–7

Von Hayek, Friedrich A. (2003 [1983]), Evolution und spontane Ordnung, in: Rechtsordnung und Handelnsordnung. Ansätze zur Ordnungsökonomik, Gesammelte Schriften in deutscher Sprache Bd. 4, Mohr Siebeck: Tübingen, S. 92–103

Warren, Samuel / *Brandeis,* Louis D. (1890), The Right to Privacy, Harvard Law Review Vol. 4 Iss 5, S. 193–220

Von Weizsäcker, Carl Christian (2010), Wie vertragen sich Nachhaltigkeit und Demokratie?, in: Neue Zürcher Zeitung v. 20.1.2010

Whitman, James Q. (2004), The Two Western Cultures of Privacy: Dignity Versus Liberty, Yale Law Journal Vol. 113, S. 1151–1221

World Internet Project Report (2010), World Internet Project Report, Center for the Digital Future der USC Annenberg School, Presseerklärung v. 26.2.2010, http://www.digitalcenter.org/WIP2010/wip2010_long_press_release_v2.pdf

Zuckerberg, Marc (2010), Mike Arrington interrogates Mark Zuckerberg on Facebook's privacy policies, Video-Interview v. 8.1.2010, http://www.ustream. tv/recorded/3848950

Data Mediation: Ein Weg zu Transparenz und Akzeptanz im Verwaltungsverfahren

Ulrich Ramsauer

I. Einführung

Der Versuch einer Schlichtung im Konfliktfall „Stuttgart 21" im Herbst 2010 hat den Blick einmal wieder auf Möglichkeiten und Grenzen einer Konfliktlösung durch Verhandlungen unter Einschaltung eines unbeteiligten Dritten gelenkt. Dieses Schlichtungsverfahren ist in mancherlei Hinsicht lehrreich. Bewertet man es unter dem Aspekt der Konfliktmittlung bzw. Mediation, muss es als gescheitert angesehen werden. Eine Beilegung des Konflikts wurde nicht erreicht. Dieses Scheitern ist nicht verwunderlich. Weder lagen die Voraussetzungen für eine Konfliktlösung durch Mediation[1] vor, noch hat sich der Mediator an die für Verfahren dieser Art anerkannten Spielregeln gehalten. Dies soll hier nicht näher dargelegt werden, zumal mit dem Schlichtungsverfahren ohnehin in erster Linie politische Ziele verfolgt worden sein dürften und die für eine Mediation geltenden Regeln deshalb ohnehin nicht zielführend gewesen sein mögen. Für die Mediationslehre interessant ist etwas anderes, nämlich das intensive und teilweise auch erfolgreiche Bemühen um Transparenz der empirischen Grundlagen der umstrittenen Planungsentscheidungen.

Die Streitschlichtung von Stuttgart zielte von vornherein nicht auf einen Interessenausgleich ab, jedenfalls nicht in erster Linie. Im Vordergrund standen vielmehr die umstrittenen empirischen Entscheidungsgrundlagen des Projekts, wie etwa die Leistungsfähigkeit des geplanten Bahnhofs, die zu erwartenden Kosten, die verkehrstechnische Anbindung, die stadtplanerischen Auswirkungen, ferner die Verkehrsprognosen und Bedarfsannahmen. In mehreren Verhandlungsrunden bemühte sich der Schlichter, Licht in das – trotz der vorangegenen Verfahren bestehende – Dunkel dieser Grundlagen des gesamten Projekts zu bringen. Insoweit handelte sich – in den Begriffskategorien der Mediationslehre gesprochen – um eine Form der sog. in der Literatur bisher wenig behandelten Data Mediation,[2] bei der die Beteiligten unter Einschaltung eines

---

[1] Hierzu statt vieler *Holznagel/Ramsauer*, Mediation im Verwaltungsverfahren, in: Haft/Schlieffen, Handbuch Mediation, 2. Aufl. 2009, S. 687, 690ff.

[2] Zum Begriff *Holznagel/Ramsauer* (Fn. 1), S. 700.

Konfliktmittlers einen Konsens über die empirischen Grundlagen eines umstrittenen Vorhabens anstreben. Verfahren dieser Art werden getragen von der Erwartung, dass sich Konflikte um komplexe raumrelevante Projekte leichter bewerten und schließlich auch lösen lassen, wenn jedenfalls über die empirischen Grundlagen kein Streit mehr besteht.

Vor dem Hintergrund der derzeitigen Diskussion um die Akzeptanz von Vorhaben, insbesondere von Großvorhaben, lohnt es sich, dem Instrument der sog. Data Mediation mehr Aufmerksamkeit zu schenken. Die folgenden Überlegungen sollen Funktionsweise und Anwendungsfelder der Data Mediation darlegen und zeigen, dass es Verwaltungsverfahren gibt, in denen es ratsam sein kann, mit ihrer Hilfe Defizite im Hinblick auf Transparenz und Akzeptanz von Verwaltungsentscheidungen auszugleichen.

II. Bedeutung der Transparenz für die Legitimation von Verwaltungsentscheidungen

1. Das Legitimationsproblem

Belastende Verwaltungsentscheidungen benötigen wegen der Geltung des Gesetzesvorbehalts einer gesetzlichen Grundlage. Das gilt auch für Verwaltungsentscheidungen, mit denen Vorhaben zugelassen werden, die geeignet sind, Rechte Dritter in relevanter Weise zu beeinträchtigen. Die damit rechtsstaatlich (vgl. Art. 20 Abs. 2 GG) postulierte Gesetzesbindung vermittelt in der Perspektive des Demokratieprinzips (Art. 20 Abs. 1 GG) zugleich eine sachlich-inhaltliche Legitimation der auf Gesetz gegründeten Verwaltungsentscheidungen, die freilich nur so weit reichen kann wie die vom Gesetz ausgehende inhaltliche Steuerungswirkung.[3] Gerade bei komplexen Verwaltungsentscheidungen etwa über raumrelevante Großprojekte ist diese Steuerungswirkung begrenzt, weil die einschlägigen Ermächtigungsgrundlagen den zur Entscheidung berufenen Behörden teilweise erhebliche Spielräume eröffnen und zur Erreichung sachgerechter Entscheidungen auch eröffnen müssen.

Die wegen der begrenzten Steuerungswirkung der gesetzlichen Ermächtigungen[4] bestehenden Legitimationsdefizite lassen sich durch die personelle Le-

---

[3] Zur begrenzten Steuerungswirkung von Gesetzen *Hoffmann-Riem*, Eigenständigkeit der Verwaltung, in: Hoffmann-Riem/Schmidt-Aßmann/Voßkuhle, Grundlagen des Verwaltungsrechts I, 2006, S. 623, 632 ff.; *Schoch,* Entformalisierung staatlichen Handelns, in: Isensee/Kirchhof, Handbuch des Staatsrechts III, 3. Auflage 2005, § 37, Rn. 4 ff.

[4] s. hierzu *Hoffmann-Riem,* (Fn. 3), S. 634; *Ramsauer*, Zur Kontrolldichte im Verwaltungsprozess, in: Heckmann, Gedächtnisschrift für Ferdinand O. Kopp, 2007, S. 72; weitere Nachweise bei *Kopp/Ramsauer*, VwVfG, 11. Aufl. 2010, § 40 Rn. 7 ff.

gitimation im Konzept einer parlamentarischen Demokratie[5] nur begrenzt ausgleichen. Die Gründe hierfür sind vielfältig. Sie reichen von der dem Konzept personell vermittelter Legitimation ohnehin strukturell innewohnenden Schwäche[6] über den Befund diverser externer Einflussnahmen auf Planungs- und Zulassungsverfahren bis hin zu den Fällen, in denen die Legitimationskette bereits kraft Gesetzes unterbrochen oder jedenfalls gelockert ist. Es wird deshalb immer häufiger verlangt, das Legitimationsniveau[7] auch durch organisationsrechtliche und verfahrensrechtliche Elemente zu erhöhen, mit denen sich die Akzeptanz von Verwaltungsentscheidungen verbessern lässt.[8] Zu den verfahrensrechtlichen Instrumenten der Verbesserung der Akzeptanz zählen Transparenz und Partizipation im Verwaltungsverfahren.

2. Das Problem der Akzeptanz von Verwaltungsentscheidungen

Das Problem der Akzeptanz stellt sich naturgemäß nur bei Verwaltungsentscheidungen, die von den Betroffenen als ungünstig empfunden werden. Billigung oder gar Zustimmung sind in diesen Fällen nicht zu erwarten; ausreichend muss es sein, dass der Betroffene die Entscheidung für sich „akzeptiert". Die äußere Seite der Akzeptanz kann man daran erkennen, dass der Betroffene darauf verzichtet, die Entscheidung mit den zur Verfügung stehenden Rechtsbehelfen anzugreifen. Ein solcher Verzicht kann allerdings auch auf Resignation, auf mangelndem Vertrauen in das Rechtsschutzsystem oder auf den hohen Kostenrisiken beruhen und muss deshalb nicht Ausdruck einer Befriedung sein. Die innere Seite der Akzeptanz betrifft die aus rationalen und emotionalen Elementen bestehende Einstellung des Betroffenen zu der Entscheidung. In diesem Sinn ist Akzeptanz gegeben, wenn der Betroffene nicht nur aus Mutlosigkeit oder wegen mangelnden Vertrauens in die Kontrollinstanzen oder Kostenrisiken auf Rechtsbehelfe verzichtet, sondern weil er eine zumindest gewisse Berechtigung der Entscheidung auf der Grundlage des bestehenden Rechts anerkennt. Diese Anerkennung beruht entweder auf Vertrauen in die Entscheidungsträger und Entscheidungsverfahren oder auf der Einsicht in die Rationali-

---

[5] *E. W. Böckenförde*, Demokratie als Verfassungsprinzip, Handbuch des Staatsrechts II, 3. Auflage 2004, § 24, S. 429, Rn. 16 ff.

[6] Vgl. z.B. *Mehde*, Neues Steuerungsmodell und Demokratieprinzip, 2000, S. 504 ff.; *Schliesky*, Souveränität und Legitimation von Herrschaftsgewalt, 2004, S. 295 f.; *Trute*, Die demokratische Legitimation der Verwaltung, in: Hoffmann-Riem/Schmidt-Aßmann/Voßkuhle, Grundlagen des Verwaltungsrechts I, 2006, S. 307, 337.

[7] Zum Begriff des Legitimationsniveaus BVerfGE 83, S. 60, 72; 93, S. 37, 67; *Mehde* (Fn. 6), S. 197 ff.; *Schmidt-Aßmann*, Verwaltungslegitimation als Rechtsbegriff, AöR 116, S. 329, 366 f.

[8] *Vetter,* Mediation und Vorverfahren, 2004, S. 172 ff.; *Würtenberger*, Die Akzeptanz von Verwaltungsentscheidungen, 1996, S. 80 ff.

tät der Entscheidung in verfahrensrechtlicher und sachlich-inhaltlicher Hinsicht. Wie gezeigt werden kann, setzt beides einen die Akzeptanz fördernden Prozess der Kommunikation voraus.

a) Vertrauen als Grundlage von Akzeptanz

Die nach wie vor wichtigste Grundlage für Akzeptanz auch von Verwaltungsentscheidungen ist Vertrauen. Dieses kann sich zunächst einmal aus der (angenommenen) Kompetenz und Integrität der im Verfahren tätigen Personen ergeben. Persönliches Vertrauen kann Akzeptanz unabhängig von der sachlichen Nachvollziehbarkeit oder Plausibilität eines Verfahrens bzw. einer Entscheidung im konkreten Fall schaffen. Wer einer Person vertraut, bezieht dieses Vertrauen typischerweise auch auf Handlungen und Erklärungen dieser Person, die er nicht (vollständig) durchschaut, einfach in der Annahme, die Vertrauensperson werde schon „das (für ihn) Richtige tun" und die getroffenen Entscheidungen würden seine Interessen in angemessenem Umfang wahren. Formlose Verwaltungsverfahren sind allerdings nicht auf die Schaffung derartigen Vertrauens angelegt. Sie laufen regelmäßig schriftlich und weitgehend anonym ab. Die Betroffenen kennen die Entscheidungsträger zumeist nicht; nur selten besteht Gelegenheit, sie etwa in einer Erörterung oder mündlichen Verhandlung kennen zu lernen. Deshalb entsteht zu ihnen typischerweise auch kein besonderes Vertrauensverhältnis, auf das sich Akzeptanz gründen könnte.

Auch ein allgemeineres Vertrauen in die Kompetenz und Neutralität einer Behörde und in ein sach- und ordnungsgemäß verlaufendes Verfahren kann Akzeptanz der Betroffenen gegenüber den daraus resultierenden Verwaltungsentscheidungen schaffen. Dieses Vertrauen speist sich aus der zumeist unspezifischen Annahme, dass funktionsfähige Organisationen in einem demokratisch und rechtsstaatlich verfassten Gemeinwesen wie in Deutschland die Gesetze grundsätzlich ordnungsgemäß, sachgerecht und fair vollziehen. Es beruht auf der Vorstellung, dass Entscheidungen solcher Behörden „schon in Ordnung" sein werden. Eine derartige Einstellung darf nicht mit Obrigkeitsgläubigkeit verwechselt werden. Sie ist vielmehr Ausdruck einer positiven Grundeinstellung zum Gemeinwesen und seinen Institutionen.

Es drängt sich der Eindruck auf, dass diese allgemeine positiv gefärbte Grundeinstellung zu den Institutionen in den letzten Jahrzehnten deutlich abgenommen hat. Empirisch ist das nicht leicht nachzuweisen. Die Zunahme der Rechtsbehelfsverfahren und der Widerstände gegen raumrelevante Vorhaben deuten aber darauf hin, dass nicht selten der Argwohn und der Verdacht der Kungelei und der einseitigen Interessenorientierung an die Stelle der beschriebenen positiven Grundeinstellung getreten sind. Auch schon bei kleineren Projekten formiert sich heute regelmäßig der Protest, der auch in der wachsenden

Zahl von Bürgerbegehren zum Ausdruck kommt. Man kann den Eindruck gewinnen, an die Stelle der Grundannahme, eine Entscheidungen werde „schon in Ordnung" sein, sei die gegenteilige Einstellung getreten, an der Entscheidung müsse doch „etwas faul" sein.

b) Transparenz als Grundlage von Akzeptanz

Neben Vertrauen kann auch die Transparenz von Verwaltungsverfahren und Entscheidungsfindung eine Grundlage für die Akzeptanz von Verwaltungsentscheidungen schaffen. Der mündige, kritische Bürger gibt keinen großen Vertrauensvorschuss, sondern will rational überzeugt werden. Die Einsicht setzt voraus, dass die normativen Entscheidungsgrundlagen und die zur Entscheidung führenden Schritte transparent sind, also für die Betroffenen durchschaubar. Dieser Durchschaubarkeit dienen Klarheit und Verständlichkeit der gesetzlichen Grundlagen und der Verwaltungsentscheidungen (vgl. § 37 VwVfG) und die Begründungspflicht (§ 39 VwVfG). In förmlichen Verfahren dient die mündliche Verhandlung, in Planfeststellungsverfahren der Erörterungstermin (auch) diesem Ziel.

Eine die Akzeptanz fördernde Transparenz in diesem Sinn erfordert aber nicht nur die theoretische Möglichkeit, Entscheidungsverfahren und -prozesse nachzuvollziehen, sondern auch die Berücksichtigung des durchschnittlichen Erkenntnisvermögens von Betroffenen. Dabei ist in den Blick zu nehmen, dass Akzeptanz durch Transparenz bei dem Betroffenen einen Erkenntnisprozess voraussetzt, also ein Sich-Vertraut-Machen mit den Verfahrensschritten und den sachlichen Erwägungen. Dies ist – namentlich bei komplexen Verwaltungsentscheidungen – ein äußerst anspruchsvoller Vorgang, der auch bei gutem Willen der Betroffenen in vielen Fällen nicht ohne eine kommunikative Unterstützung bewältigt werden kann. Günstig wirkt sich hier naturgemäß eine Partizipation im Verwaltungsverfahren aus, also die aktive Teilnahme am Verwaltungsverfahren und am Prozess der Entscheidungsfindung. Tatsächlich bestehen aber erhebliche Transparenzdefizite in Verwaltungsverfahren.

III. Transparenzdefizite bei der Sachverhaltsermittlung im Verwaltungsverfahren

Während der Verwaltungsprozess von einer sehr weitgehenden Mitwirkung der Beteiligten an der Sachverhaltsermittlung geprägt ist und eine hohe Transparenz bei der Gewinnung der Entscheidungsgrundlagen aufweist, verläuft die Sachverhaltsfeststellung in der Praxis im allgemeinen formlosen Verwaltungsverfahren weitgehend im Verborgenen ab. Auch in den förmlichen Verwaltungsverfahren, in den UVP-pflichtigen Verfahren und in Planfeststellungsver-

fahren bleibt die Transparenz der empirischen Entscheidungsgrundlagen begrenzt.

1. Das nicht formgebundene Verfahren (§ 9 ff. VwVfG)

Der Amtsermittlungsgrundsatz weist der zuständigen Behörde die Verant-
wortung für die ordnungsgemäße Feststellung des Sachverhalts, welcher der
Entscheidung zugrunde gelegt werden soll, zu. Nach § 24 Abs. 1 Satz 1
VwVfG ermittelt die Behörde den Sachverhalt von Amts wegen. Sie bestimmt
Art und Umfang der Ermittlungen und ist dabei weder an das Vorbringen der
Beteiligten noch an deren Beweisanträge gebunden (§ 24 Abs. 1 Satz 2
VwVfG). Nach § 26 Abs. 1 VwVfG bedient sich die Behörde dabei derjenigen
Beweismittel, die sie nach pflichtgemäßem Ermessen für erforderlich hält.

Die Beteiligten haben im formlosen Verwaltungsverfahren eine relativ
schwache Stellung. Sie „sollen" nach § 26 Abs. 2 Satz 1 u. 2 VwVfG zwar bei
der Ermittlung des Sachverhalts mitwirken und dabei insbesondere ihnen bekannte Tatsachen und Beweismittel angeben. Dabei geht es aber in erster Linie
darum, von ihnen einen Beitrag zur Sachverhaltsermittlung zu erhalten, weniger darum, sie am Gesamtprozess der Sachverhaltsermittlung teilhaben zu lassen. Sie haben demgemäß – anders als etwa nach § 66 VwVfG im förmlichen
Verfahren – keinen Anspruch darauf, zu einer Beweisaufnahme hinzugezogen
zu werden. Ob die Behörde sie teilnehmen lässt, kann sie im Rahmen ihres Ver-
fahrensermessens (§ 10 VwVfG) selbst entscheiden.[9] Was für eine Beweisaufnahme anerkannt ist, gilt erst recht für die reguläre Sachverhaltsaufklärung, bei
der die Behörde die notwendigen sachlichen Grundlagen ihrer Entscheidung
ermittelt, ohne in eine Beweisaufnahme einzutreten. Das Recht auf Akteneinsicht (§ 29 VwVfG) und das für die Partizipation zentrale Anhörungsrecht
(§ 28 VwVfG) schaffen nur begrenzte Transparenz. Der Beteiligte wird, wenn
er vom Recht auf Akteneinsicht überhaupt Gebrauch macht, dies vor einer beabsichtigten Stellungnahme tun. Er steht stets vor der Frage, ob er von seinem
Recht zur Stellungnahme zur Vermeidung von Vorfestlegungen möglichst früh
oder möglichst spät, wenn schon alle Fakten auf dem Tisch liegen, Gebrauch
machen soll.[10] Es besteht nach derzeitiger Rechtslage keine Verpflichtung der
Behörde, dem Betroffenen eine Gelegenheit zur Stellungnahme nach Abschluss
der eigenen Sachverhaltsermittlung zu geben.

Im Hinblick auf die Fragen der Transparenz und Akzeptanz ist ferner zu berücksichtigen, dass sich sämtliche Rechte im allgemeinen Verwaltungsverfah-

---

[9] *Kopp/Ramsauer* (Fn. 4), § 26 Rn. 8 mwN.
[10] s. hierzu näher *Kopp/Ramsauer* (Fn. 4), § 28 Rn. 36.

ren ohnehin nur auf Beteiligte (§ 13 VwVfG) beziehen.[11] Andere am Ausgang des Verfahrens interessierte Personen oder gar die Öffentlichkeit insgesamt bleiben von dem Prozess der Sachverhaltsermittlung wie von dem Verfahren insgesamt ausgeschlossen. Das VwVfG sieht die Möglichkeit einer Beteiligung von mittelbar Betroffenen und der interessierten Öffentlichkeit nicht vor. Allerdings sind im Zuge der Europäisierung des Verwaltungsverfahrens verfahrensunabhängige Akteneinsichts- und Auskunftsrechte geschaffen worden, etwa durch die Umweltinformationsgesetze und die Informationsfreiheitsgesetze und das Verbraucherinformationsgesetz.

Auch die Begründungspflicht (§ 39 Abs. 1 VwVfG) dient der Herstellung von Transparenz. In der Begründung sollen die tragenden Erwägungen enthalten sein, die die Verwaltung zu ihrer Entscheidung bewogen haben. Die Begründung soll zugleich eine Kontrolle der Verwaltungsentscheidung durch den Bürger und ggf. durch die Gerichte ermöglichen. Diese zuletzt genannte Funktion der Begründung ist in den letzten Jahrzehnten immer stärker in den Vordergrund geraten. Damit einhergehen sachlich-inhaltlichen Beschränkungen der Begründung, die heute vor allem im formlosen Verwaltungsverfahren Gründe für die individuelle Beeinträchtigung des Einzelnen liefert, aber in der Regel keine Gesamteinschätzung von Vorhaben ermöglicht.

2. Verfahren mit qualifizierter Beteiligung

Das Verfahrensrecht sieht allerdings für komplexere Vorhaben, die typischerweise einen größeren Personenkreis beeinträchtigen können, weiter gehende Beteiligungsrechte vor. Abgesehen von dem allerdings außerhalb des Wasserrechts selten anwendbaren förmlichen Verwaltungsverfahren (§§ 63 ff. VwVfG), das regelhaft eine mündliche Verhandlung (§§ 67 ff. VwVfG) und die Möglichkeit der Teilnahme der Beteiligten an Beweisaufnahmen (§ 66 Abs. 2 VwVfG) vorsieht, sind vor allem die Regelungen des UVPG und des Planfeststellungsrechts zu nennen, die weiter gehende Beteiligungsrechte Dritter vorsehen. Soweit Vorhaben einer Umweltverträglichkeitsprüfung zu unterziehen sind (§§ 3a ff. UVPG) ist eine Beteiligung der Öffentlichkeit vorgesehen (§ 9 UVPG), die regelhaft den Anforderungen an das Beteiligungsverfahren im Planfeststellungsrecht (§ 73 Abs. 4 – 7 VwVfG) entsprechen muss. Das damit geregelte Beteiligungsverfahren ist zwar verfahrensrechtlich deutlich günstiger ausgestaltet als beim formlosen Verfahren, weil die Unterlagen aufbereitet, ausgelegt und zum Gegenstand einer Erörterung gemacht werden sollen, andererseits in der Praxis aber relativ wirkungslos, weil „die Würfel" in der Regel bereits „gefallen" sind, wenn es zur Auslegung der Pläne kommt, weshalb in

---

[11] Zum Begriff des Beteiligten *Kopp/Ramsauer* (Fn. 4), § 13.

der Praxis zumeist nur noch marginale Änderungen erreicht werden können.[12] Jedenfalls in der praktischen Ausgestaltung der Beteiligungsverfahren wird eine Akzeptanz durch Transparenz eher selten erreicht.

Im förmlichen Verfahren spielt auch die Begründung eine größere Rolle (vgl. § 69 Abs. 2 S. 1 VwVfG, ggfs. i. V. m. § 74 Abs. 1 VwVfG) Im Planfeststellungsverfahren muss schon die Auslegung nach § 73 Abs. 1 Satz 2 VwVfG Zeichnungen und Erläuterungen umfassen, die das Vorhaben, seinen Anlass und die betroffenen Grundstücke erkennen lassen. Im Planfeststellungsbeschluss sind – wie im formlosen Verfahren auch – die maßgebenden Erwägungen der Entscheidung darzulegen. Dazu zählt auch die Begründung der Ablehnung von Planalternativen. Handelt es sich um ein UVP-pflichtiges Vorhaben sind die gemäß § 11 UVPG darzulegenden Umweltauswirkungen als Bestandteil in die Begründung aufzunehmen. Aber auch hier fehlen in der Begründung regelmäßig die finanziellen Gesichtspunkte, also insbesondere die Kosten und finanziellen Vorteile eines Vorhabens, sofern sie nicht im Rahmen der Alternativenprüfung eine Rolle spielen. Schwer nachvollziehbar sind außerdem Bedarfsannahmen und Bedarfsprognosen, soweit sie nicht ohnehin dem Planfeststellungsverfahren vorgegeben sind und deshalb keiner näheren Begründung bedürfen.

IV. Data Mediation als Instrument zur Steigerung von Akzeptanz

1. Begriff und Ziel der Data Mediation

Data Mediation ist keine Form der Mediation im technischen Sinn. Äußerlich läuft sie zwar ähnlich wie eine reguläre Mediation ab,[13] insbesondere unter Einschaltung eines neutralen Mediators. Ihr Ziel ist aber nicht die Erarbeitung einer für die Interessen aller Beteiligten günstigen Konfliktlösung (sog. winwin-Situation), sondern eine mittlergestützte Klärung von empirischen Grundlagen einer Verwaltungsentscheidung unter Einbeziehung von (potentiell) Betroffenen und/oder von Personen der interessierten Öffentlichkeit. Es geht anders als bei der regulären Mediation nicht um einen Interessenausgleich unter den von einem Konflikt betroffenen Parteien, sondern die Herstellung von

---

[12] Zu dieser Kritik s. *Kanngießer*, Mediation zur Konfliktlösung bei Planfeststellungsverfahren, S. 102 ff. In der Diskussion ist deshalb die Einführung einer vorgezogenen Bürgerbeteiligung nach dem Muster des § 3 Abs. 1 BauGB.

[13] s. hierzu *Hopt/Steffek*, Mediation – Rechtsvergleich, Regelungsmodelle, Grundsatzprobleme, in: Hopt/Steffek, Mediation, Rechtstatsachen, Rechtsvergleich, Regelungen, 2008, S. 1, 42 ff.; *Rüssel*, Mediation in komplexen Verwaltungsverfahren, 2004, S. 132 ff.

Konsens darüber, von welchen tatsächlichen Annahmen bei der Entscheidung über ein Vorhaben ausgegangen werden soll. Es handelt sich um eine Form kooperativer Sachverhaltsermittlung[14] unter Einschaltung eines Mediators, dessen Aufgabe es vor allem ist, Asymmetrien im Diskurs zu verhindern bzw. auszugleichen und Blockaden im Dialogprozess zu vermeiden bzw. aufzulösen.

Der in der Data-Mediation ablaufende Diskursprozess ist prinzipiell geeignet, die oben beschriebenen Transparenzdefizite teilweise auszugleichen und darüber hinaus auch Vertrauen aufzubauen. Die über einen gewissen Zeitraum laufende Mediation mit typischerweise mehreren Verhandlungsrunden ermöglicht nicht nur die Herstellung von Transparenz durch die aktive Beteiligung in einem ungleich stärkeren Maß als das herkömmliche Verwaltungsverfahren, sondern über die entstehenden Kommunikationsbeziehungen auch die Bildung von persönlichem Vertrauen, zumindest den Abbau von Misstrauen. Es können damit gerade diejenigen Defizite ausgeglichen werden, die zu dem oben beschriebenen Verlust von Akzeptanz geführt haben.

a) Schaffung der sachlichen Entscheidungsgrundlagen

Bei der Data Mediation geht es den Beteiligten (nur) um die Klärung der tatsächlichen Entscheidungsgrundlagen, also um die Beschaffung und Bewertung derjenigen Informationen, die einer späteren Entscheidung als tatsächliche Annahmen zugrunde gelegt werden können. Zwar lässt sich eine tatsächliche Entscheidungsgrundlage nicht ohne Blick auf die spätere Verwaltungsentscheidung und deren rechtliche Voraussetzungen herstellen, weshalb es wichtig ist, schon zu Beginn einen Konsens über Inhalt und Grenzen des relevanten Tatsachenstoffs zu erzielen.[15] Gleichwohl soll es aber nicht um den Inhalt der Verwaltungsentscheidung selbst und um Fragen des optimalen Interessenausgleichs gehen. Deshalb eignet sich das Verfahren der Data-Mediation vor allem in Situationen, in denen sich die Auseinandersetzungen im Vorfeld eines Verwaltungsverfahrens bereits an den tatsächlichen Grundannahmen entzündet haben und es noch nicht um die Bewältigung einer konkreten individuellen Betroffenheit geht. Das Schlichtungsverfahren Stuttgart 21 ist insoweit ein gutes Beispiel, als es dabei vorrangig um Kostenfragen und Bedarfsfragen ging, die in einem interessenzentrierten Mediationsverfahren – ebenso wie in einer gerichtlichen Auseinandersetzung – regelmäßig keine besondere oder jedenfalls nur

---

[14] Zu den Formen kooperativer Sachverhaltsermittlung ausführlich *Kobor*, Kooperative Amtsermittlung im Verwaltungsrecht, 2007, passim.

[15] So muss etwa über die Frage Einigkeit erzielt werden, ob Fragen der Finanzierung eines Vorhabens Teil der Mediation sein sollen, obwohl sie für die Rechtmäßigkeit einer späteren Verwaltungsentscheidung möglicherweise keine Rolle spielen.

eine untergeordnete Rolle spielen würden. Ist das Ausmaß der Betroffenheit bereits hinreichend genau absehbar, so kommt in Betracht, im Rahmen eines regulären Mediationsverfahrens die empirischen Fragen auf einer ersten Stufe zu behandeln und dann auf einer zweiten Stufe zu einem interessenzentrierten Aushandlungsprozess, der eigentlichen Mediation bzw. Konfliktmittlung, überzugehen.

Die Data Mediation ist kein Instrument, das an die Stelle der Amtsermittlung (§ 24 VwVfG) treten könnte oder sollte. Vielmehr geht es vor allem um die Kontrolle und kritische Erörterung der bereits zur Verfügung stehenden Entscheidungsgrundlagen. Typischerweise ist Tatsachenmaterial von der zuständigen Behörde oder von einem (zukünftigen) Antragsteller bereits zusammengetragen und aufbereitet worden; in der Data-Mediation wird dieses Material von den Teilnehmern einer kritischen Prüfung unterzogen und erforderlichenfalls korrigiert oder ergänzt. Mittel hierzu ist der kritische Diskurs der Teilnehmer über die Validität der tatsächlichen Annahmen der Verwaltung bzw. eines (späteren) Antragstellers, wobei die Möglichkeit bestehen sollte, auf geeignetem Weg (Anhörung von Experten, Einholung von Auskünften usw.) zusätzliche Informationen zu beschaffen und einzubeziehen. Für das nachfolgende Verwaltungsverfahren gilt dann wieder die alleinige Verantwortlichkeit der zuständigen Behörde, die sich allerdings der Ergebnisse der Data Mediation bedienen kann und das regelmäßig auch tun wird.

b) Einschaltung eines Mediators

Von entscheidender Bedeutung ist auch bei der Data-Mediation die Einschaltung eines unabhängigen Mediators, auf den sich die Beteiligten einigen müssen und der das Vertrauen sämtlicher Beteiligter genießt. Seine Aufgabe besteht vor allem darin, die Informationsaymmetrien auszugleichen, die vor allem bei raumrelevanten Großprojekten typischerweise bestehen.[16] Gerade die hohe Komplexität von Großvorhaben, die mangelnde Durchschaubarkeit und die Probleme der Kontrolle von empirischen Grundannahmen erfordern es, dass der Mediator dafür sorgt, dass die Aussagen und Standpunkte im Diskurs verständlich und nachvollziehbar sind und dass für sämtliche Teilnehme die Gelegenheit besteht, Verständnisdefizite auf geeignete Weise auszugleichen. Nicht selten fühlen sich Bürger in Erörterungsterminen nach § 73 Abs. 6 VwVfG durch den geballten Sachverstand von Experten auf der Seite von Vorhabenträger und Behörde „überfahren" mit der Folge, dass die Experten zwar in der konkreten Auseinandersetzung die „Lufthoheit" behalten, die Betroffenen aber

---

[16] *Gaßner/Holznagel/Lahl*, Mediation, 1992, S. 86 f.; *Breidenbach*, Mediation, 1995, S. 101 ff.

gleichwohl nicht überzeugen können. Hier muss der Mediator dafür sorgen, dass im Mediationsverfahren „auf Augenhöhe" verhandelt und diskutiert werden kann.

2. Verfahren der Data Mediation

a) Verhältnis zum Verwaltungsverfahren

Für das Verfahren der Data Mediation bestehen gegenüber der herkömmlichen Mediation[17] an sich keine Besonderheiten. Allerdings wird es sich bei der Data Mediation typischerweise um ein sog. vorlaufendes Verfahren handeln müssen, welches also dem späteren Verwaltungsverfahren vorgeschaltet ist, weil es dazu dient, die tatsächlichen Entscheidungsgrundlagen dafür zu schaffen. Ausnahmsweise mag auch ein sog. mitlaufendes Mediationsverfahren in Betracht kommen, welches parallel zu einem anhängigen Verwaltungsverfahren durchgeführt wird, um Konflikte um empirische Grundlagen zu beheben, die erst während des Verwaltungsverfahrens entstanden sind. Es kommt etwa in Betracht, ein Planfeststellungsverfahren zu unterbrechen, um über bestimmte umstrittene Entscheidungsgrundlagen Einigkeit herzustellen oder wenigstens zu einer Annäherung der Standpunkte zu gelangen. Eine sog. nachlaufende Mediation, wie sie etwa bei der Schlichtung Stuttgart 21 versucht wurde, ist demgegenüber nicht mehr zielführend, sondern allenfalls noch dazu geeignet, sich über ein Wiederaufgreifen eines an sich bereits abgeschlossenen Verfahrens klar zu werden.

Für die Einbeziehung der Ergebnisse der Data Mediation in ein Verwaltungsverfahren gelten die allgemeinen Grundsätze der Mediation, wonach eine rechtliche Verpflichtung der Behörde zur Übernahme grundsätzlich nicht besteht. Das gilt auch dann, wenn die Ergebnisse der Mediation in einer „Vereinbarung" festgehalten werden. Die Übernahme der Ergebnisse in das Verwaltungsverfahren ist Sache der Behörde; sie ist rechtlich nicht gebunden und kann – grundsätzlich – auch von dem Ergebnis abweichen.[18] Hierzu wird bei einem geglückten Mediationsverfahren allerdings kein Anlass bestehen.

---

[17] Siehe hierzu näher *Holznagel/Ramsauer* (Fn. 1), S. 702 ff.
[18] Zum faktischen Druck zur Übernahme siehe *Holznagel/Ramsauer* (Fn. 1), S. 709.

b) Beteiligte der Data-Mediation

Die Data-Mediation ist rechtlich nicht formalisiert;[19] dementsprechend gibt es grundsätzlich keine festen Regeln für die Zusammensetzung der Teilnehmerschaft an einem derartigen Verfahren. Neben Experten der zuständigen Behörden werden dies Betroffene sein und ggfs. Vertreter der interessierten Öffentlichkeit. Das Problem besteht hier vor allem darin, geeignete Repräsentanten für die möglicherweise unterschiedlichen Interessengruppen, für Verbände und die Öffentlichkeit zu finden, die als Vertreter akzeptiert werden und die Ergebnisse des Verfahrens vermitteln können. Ohne die erforderliche Rückbindung der Teilnehmer einer Data Mediation an ihre Interessengruppen kann sich die akzeptanzbildende Funktion nicht entfalten.

3. Fazit

Der Gedanke, dass die tatsächlichen Entscheidungsgrundlagen einer Verwaltungsentscheidung Gegenstand eines mediationsähnlichen Verfahrens sein können, an dem unter Umständen auch am Verwaltungsverfahren nicht beteiligte Dritte mitwirken, erscheint auf den ersten Blick befremdlich. In einem von rechtsstaatlichen Prinzipien und Garantien geprägten Verwaltungsverfahren werden Tatsachen üblicherweise von Amts wegen erhoben (vgl. § 28 VwVfG), falls erforderlich auch im Wege einer Beweisaufnahme (§ 26 VwVfG), etwa auch unter Einschaltung von Sachverständigen ermittelt, aber nicht ausgehandelt.

Zur Herstellung von Entscheidungsgrundlagen reicht es nicht aus, geeignete Informationen bereitzustellen. Akzeptiert wird eine Entscheidung von Betroffenen erst dann, wenn diese entweder hinreichendes Vertrauen in die Integrität und Kompetenz der Entscheidungsträger haben oder wenn sie die Ergebnisse rational hinreichend nachvollziehen können. Hier ist ein Erkenntnisprozess nötig, der eine aktive Auseinandersetzung mit zur Verfügung stehenden Daten erfordert. Die Data-Mediation kann dazu beitragen, dass ein solcher Prozess sich auch bei Betroffenen einstellt. Auch wenn nicht immer Überzeugungen vermittelt werden können, verbessert sie die Grundlagen für die Akzeptanz von Verwaltungsentscheidungen wesentlich. Dies hat schließlich sogar die gescheiterte Schlichtung im Fall Stuttgart 21 gezeigt.

---

[19] Auch der Entwurf eines Gesetzes zur Förderung der Mediation und anderer Verfahren der außergerichtlichen Konfliktbeilegung v. 4.2.2011 (BR-Drs. 60/11) enthält nur wenige Regelungen über Organisation und Ablauf von Mediationsverfahren.

Die Digitalisierung des Alltags

Ingo Richter

Im Jahre 1973 sendete das amerikanische öffentliche Fernsehen (PBS) in zwölf Teilen in insgesamt 300 Stunden „An American Family", Szenen aus dem Alltag der Familie Loud aus Santa Barbara, Kalifornien. Zehn Millionen Zuschauer haben die Sendung damals gesehen, eine für die damalige Zeit riesiges Publikum. Die Sendung wurde 1979 parodiert, 1983 und 2001 weitergeführt und in den Medien vielfach besprochen[1]. Sie gilt als der Ursprung des Reality TV, das seither in einer Vielzahl von Varianten ein sehr erfolgreiches Mediengenre geworden ist; die Übergänge zwischen Spielfilm, Pseudo-Reality TV, Doku-Soap, Daytime-Talkshow, Dokumentation und Reality TV sind seither fließend geworden, wie insbesondere Expedition Robinson 1997 und Big Brother 1999 gezeigt haben. Trotz mancher juristischer Zweifel[2] haben die Gerichte - bisher jedenfalls – das Reality TV nicht untersagt[3].

Bill und Pat Loud und ihre fünf Kinder haben die Fernsehkameras in ihr Haus gelassen, die ihr Alltagsleben rund um die Uhr gefilmt haben; aus dem originalen Filmmaterial wurden sodann die zwölf Episoden zusammengeschnitten. Pat und Bill haben sich „vor der Kamera" getrennt und sich in der Serie scheiden lassen; der zwanzigjährige Sohn Lance hatte vor der Kamera sein Coming Out und wurde dadurch der erste „öffentliche bekennende Homosexuelle" der Vereinigten Staaten und als solcher eine Ikone der Homosexuellen – Bewegung. Trennung und Scheidung von Bill und Pat waren angeblich „echt", während Bill und Pat die Homosexualität ihres Sohnes bereits vorher gekannt hatten; das Coming Out war trotzdem „echt". Die Louds haben freiwillig an der Serie teilgenommen; sie haben freiwillig ihren Alltag „veröffentlicht"; doch was ist von der Freiwilligkeit der z. T. minderjährigen Kinder zu halten, deren Eltern für sie zugestimmt haben? Pat Loud hat kurz nach der Ausstrahlung der

---

[1] *Ruoff, Jeffrey*, An American Family: A Televised Life, 2002.

[2] *Klass, Nadine*, Rechtliche Grenzen des Realitätsfernsehens, 2004; *Hansen, Ralf*, Aspekte der Zerstörung von Privatheit und Intimität, 13.6.2006 http://www.heise. de/tp/r4/artikel/22722849/l.html.

[3] Corte Suprema di Cassazione vom 12.9.2009, n.28219.

Sendung in einem Buch geschrieben, dass sie sich in ihrer menschlichen Würde nicht verletzt gefühlt habe[4].

Die „Veröffentlichung des Alltagslebens", wie ich es genannt habe, war seinerzeit eine umstrittene medienpolitische Sensation, die einen „unguten juristischen Geschmack" auf der Zunge hinterließ, und ich habe es auch so empfunden, als ich die Serie damals sah. Doch das was seinerzeit Ausnahme und Sensation war, ist durch die Digitalisierung des Alltags heute tägliche Normalität geworden. Ich will mich dieser Digitalisierung des Alltags zunächst einmal phänomenologisch nähern, um sodann den Versuch einer juristischen Einordnung und Bewertung zu wagen, der freilich unvermeidlich grundsätzlich und kursorisch ausfallen wird.

Individualität und Identität

Das Internet bietet allen Menschen, die einen Zugang zum Netz haben, ein Medium zur öffentlichen Selbstdarstellung der Person.

Vor der Einführung und Verbreitung des Internet entwickelte sich die Individualität des Menschen in den gesellschaftlichen Gruppen, in die er hineingeboren wurde, in die er hineingestellt wurde oder die er frei gewählt hatte. Merkmale, die seine Identität ausmachten, konnte er sich selber zulegen oder sie wurden ihm zugeschrieben. Nur wenige Personen erwarben eine Identität, die über diese gesellschaftlichen Gruppen hinausging, indem sie z.B. durch bestimmte Handlungen von sich reden machten, indem sie z.B. Werke schufen, die weit verbreitet wurden, usw. Nur wer die Aufmerksamkeit der Öffentlichkeit erregte, war eine „öffentliche Person". Napoleon wurde z.B. durch seine Kriege bekannt, Kant z.B. durch den kategorischen Imperativ.

Im Internet dagegen kann ich heute meine Individualität entfalten und mir eine bestimmte Identität zulegen, z.B. indem ich eine homepage einrichte, indem ich mich bei Wikipedia anmelde oder mich einem sozialen Netzwerk anschließe, z.B. Facebook oder My Space. Wenn ich nicht „über die Stränge schlage", wenn ich also nicht blanken Unsinn oder Schlimmes ins Netz stelle, bin ich in meiner Selbstdarstellung völlig frei. Was nun für die Selbstdarstellung gilt, das gilt auch für die Darstellung durch Dritte. Ich finde meinen Namen, meine Adresse, mein Bild und alles Mögliche über mich im Netz, obwohl ich es selber nicht hinein gestellt habe. Viele Millionen „namenloser" junger Menschen nutzen die Möglichkeiten des Netzes für solche Darstellungen, z.B. von Freunden oder Feinden. Diese Möglichkeit eröffnet auch die Tür für vielfältige Formen des Missbrauchs, z.B. durch hate speech oder cybermobbing,

---

[4] *Loud, Pat*, A Woman's Life, 1974.

und die „Netzaufsicht" und das Strafrecht tun sich schwer damit, dies zu verhindern[5].

Durch die Möglichkeit der Selbstdarstellung und die Möglichkeiten der Fremddarstellung kann jeder im Netz eine wahre oder falsche Individualität erhalten. Jeder Mensch ist eine potentiell „öffentliche Person", - sei es mit oder ohne sein Zutun. Das Netz ermöglicht also eine „freie Entfaltung der Persönlichkeit" im Sinne von Art. 2 Abs. 1 GG, wie man sie sich nur wünschen kann, wie sie zur Zeit der ersten Erklärungen der Menschen- und Bürgerrechte undenkbar war, und auch Fremddarstellungen sind auf dieser Grundlage grundrechtlich möglich, soweit sie nicht „die Rechte anderer, die verfassungsmäßige Ordnung oder das Sittengesetz" verletzen.

Die Privatsphäre

Eine Privatsphäre im Sinne eines abgrenzbaren impermeablen sozialen Raumes gibt es nicht (mehr); alle internetfähigen Inhalte, Bilder und Töne sind tendenziell öffentlich.

Privatsphäre nennt man den geschützten persönlichen Lebensbereich des Menschen; eine absolute Privatsphäre gibt es freilich nicht. Die Privatsphäre ist vielmehr an den Rändern durchlässig, und der „Inhaber" der Privatsphäre kann sie öffnen. Doch die Privatsphäre ist geschützt. Der Staat darf in sie nicht ohne Grund eindringen; z.B. braucht die Polizei einen richterlichen Durchsuchungsbefehl, bevor sie in eine Wohnung eindringen darf; z.B. dürfen „Wanzen" nur bei konkreter Gefahr und aufgrund richterlicher Anordnung angebracht werden (Art. 13 GG). Gegen das Finanzamt schützt – freilich nur begrenzt – das Bankgeheimnis (§ 30a AO); eine regelmäßige Veröffentlichung von Steuerlisten ist unzulässig. Gegen das Eindringen von Privatpersonen in die Wohnung schützt das Hausrecht, und Hausfriedensbruch ist nach § 123 StGB strafbar. Private Computer dürfen privat nicht ausgespäht werden; das ist nach § 202 a StGB strafbar. Das Bankgeheimnis schützt auch vor Privatpersonen, z.B. vor den Gläubigern. In Deutschland haben Private kein Recht auf Einsicht in die Steuerakten anderer Personen.

Neue Technologien dringen nun auf vielfältige Weise in die traditionell geschützte Privatsphäre ein. Neue Ausweisdokumente enthalten genetische Fingerabdrücke; durch die Erstellung von Bewegungsprofilen lässt sich die Mobilität kontrollieren und durch E-Mail Überwachung eine Vorratsdatenspeicherung anlegen. Im Internet werden darüber hinaus viele Informationen aus der

---

[5] s. z.B. Recht der Jugend und des Bildungswesens Heft 4/2010 mit mehreren Beiträgen.

Privatsphäre öffentlich gemacht. Das geschieht überwiegend freiwillig. Die Villa des Vorstandsvorsitzenden von Novartis, Vassalla, in Zug z.B. ist in einer Großaufnahme im Internet zu bestaunen; seine homepage nennt sein Vermögen und sein Gehalt. Es gehört zu den Standardinformationen von und über Teenager im Netz, welches ihre Lieblings(musik)gruppe ist, welche Jeans sie tragen, mit wem sie befreundet sind. Über Facebook erfährt man am besten und schnellsten wer sich von wem getrennt hat. Diabetiker informieren sich im Netz über ihre Krankheit und über Therapien und Medikamente, – öffentlich und freiwillig! Das klingt alles gut, – in Wirklichkeit bestehen jedoch beträchtliche soziale Zwänge zur Veröffentlichung der Privatsphäre im Netz. Was muss sich wohl ein Fünfzehnjähriger auf dem Schulhof anhören, wenn er im Netz keine Lieblingsgruppe angegeben hat? Ein Vassalla könnte es sich vermutlich leisten, seine Villa nicht im Netz zu zeigen. Nicht alle Diabetiker gehören Selbsthilfegruppen im Netz an; aber wird sich ein Diabetiker nicht fragen, ob er nicht Heilungs- und Lebenschancen versäumt, wenn er das Netz nicht nutzt?

Darüber hinaus gibt es Bereiche, in denen die Verletzung der Privatsphäre gang und gebe ist. Das gilt zunächst für den Bereich der Prominenz, der schon immer im Mittelpunkt der Presseberichterstattung stand, der jedoch durch das Internet vielfältiger und intensiver öffentlich gemacht wird. Nun gut, es gibt ein berechtigtes Interesse der Öffentlichkeit an Personen, die eine öffentliche Funktion erfüllen und diese auch freiwillig erfüllen.[6] Haben Verbrecher eigentlich auch eine Privatsphäre? – insbesondere nach der Verjährung ihrer Taten oder nach der Verbüßung ihrer Strafe? Lang ist es her (1973), dass das Bundesverfassungsgericht dem ZDF die Ausstrahlung eines Films über den Lebach-Mörder am Tage seiner Entlassung aus der Haft untersagte.[7] Einige amerikanische Kommunen veröffentlichen im Internet die Wohnadressen entlassener Sexualstraftäter, um Kinder und Eltern in der Umgebung zu schützen.

Bei Google Earth habe ich ein Bild meiner Dachterrasse gesehen; ich bin nicht um Genehmigung gefragt worden, habe allerdings auch nicht widersprochen.[8] Google macht Anstalten, ohne Rücksicht auf Urheber- und Verlagsrech-

---

[6] Das Verhältnis von Pressefreiheit und Persönlichkeitsschutz war und ist Gegenstand der zahlreichen sog. Caroline-Entscheidungen, bei denen das Bundesverfassungsgericht tendenziell eher zugunsten der Pressefreiheit und der Europäische Gerichtshof für Menschenrechte tendenziell eher zugunsten des Persönlichkeitsschutzes entschieden hat, s. BVerfG in Neue Juristische Wochenschrift 2000, S. 1021 und EGMR in Neue Juristische Wochenschrift 2004, S. 2647.

[7] BVerfGE 35, 202.

[8] Im Rahmen der Planungen von Google Street View ist im Jahre 2010 allerdings ein Widerspruchsrecht vorgesehen worden, das im Netz ausgeübt werden konnte.

te die gesamte Weltliteratur digital zu veröffentlichen.[9] Durch open access wollen die deutschen Bibliotheken allen Nutzern die Lektüre meiner Bücher gestatten; doch ich bin nicht gefragt worden.

Dem Begriff der Privatsphäre liegt eine räumliche Vorstellung zugrunde, wie sie insbesondere im Schutz des Briefgeheimnisses nach Art. 10 GG und in der Unverletzlichkeit der Wohnung nach Art. 13 GG zum Ausdruck gekommen ist; doch der Begriff der Privatsphäre ist aufgrund dieser räumlichen Struktur im Zeitalter des Internet ungeeignet, individuelle Interessen an der Privatheit hinreichend zu schützen. Transparenz scheint in der Demokratie eine Voraussetzung für legitimes öffentliches Handeln zu sein. Wer sich vor der Öffentlichkeit abschirmt, hat anscheinend etwas zu verbergen, heißt es. Der Schutz der Privatsphäre richtet sich allerdings traditionellerweise in erster Linie gegen den Staat, vor allem gegen die Polizei. Wer aber gewährleistet mein Interesse daran, in Ruhe gelassen zu werden, wie es das Bundesverfassungsgericht in der Entscheidung zum sog. Großen Lauschangriff formuliert hat?[10] Sollte es nicht auch einen Schutz vor sozialen Zwängen geben, die die Freiwilligkeit zur Farce werden lassen?

Wissen und Kommunikation

Alles vorhandene Wissen ist für jedermann jederzeit überall abrufbar; jeder kann mit jedem jederzeit überall und über alles kommunizieren; jedermann kann beliebiges Wissen jederzeit generieren und im Internet verbreiten.

Das Internet hat die Informations- und Wissensgesellschaft für alle zugänglich gemacht, sie vielleicht überhaupt erst begründet, und zwar unabhängig von allen Sprachbarrieren. Es ist erstaunlich, mit welcher Leichtigkeit insbesondere junge Menschen Sprachbarrieren überwinden, wenn es um ihre persönlichen Interessen geht, z.B. um Popmusik oder Motorräder. Der Rezeption wissenschaftlicher Information und der wissenschaftlichen Kommunikation sind allerdings immer noch Grenzen gesetzt, denn es gibt Sprachräume, die sich der Verbreitung des Englischen als Lingua Franca des Internet widersetzen, insbesondere im spanischen, aber auch im russischen und sogar im französischen Sprachraum.

Im Internet haben sich über die einseitige Informations- und Wissensdissemination hinaus längst interaktive Kommunikationsformen etabliert, die unter dem Begriff Web 2.0 zusammengefasst werden: Wikipedia, Youtube, Blog-

---

[9] Im Jahre 2008 haben Google und Verlegerverbände einen Vergleich abgeschlossen, der jedem Autor 60 Dollar für die Abgeltung seines Urheberrechtes garantieren sollte; durchgeführt wurde der Vergleich allerdings einstweilen nicht.

[10] BVerfGE 109, 279.

ging, Twitter, Facebook, My Space, StudiVZ, SchülerVZ und viele andere mehr.[11] Es geht nun im Internet nicht nur um die Vermittlung von „totem Wissen" und um verbale Kommunikation; es geht vielmehr auch um die Anwendung des Wissens und die praktische Nutzung der Kommunikation. Rechtsanwälte bieten ihre Dienste an, Finanzberater informieren über neue Finanzprodukte, und Mediziner über Krankheitssymptome; Selbsthilfegruppen beraten über Therapien, und das Netz wird überschwemmt von Firmen, die z.B. Viagra anbieten.

Das Internet ermöglicht und gewährleistet, dass jeder „seine Meinung in Wort, Schrift und Bild frei äußern und verbreiten" kann; nur „die allgemeinen Gesetze, und die gesetzlichen Bestimmungen zum Schutze der Jugend und der persönlichen Ehre" beschränken diese Kommunikationsgemeinschaft (Art. 5 GG). Das Internet wird gepriesen, weil es allen Menschen Gleichheit verheißt und sehr vielen Menschen Gleichheit auch faktisch ermöglicht. Nun ist aber so viel vom digital divide die Rede, davon dass – ganz im Gegenteil zu den Verheißungen – das Internet die alte soziale Ungleichheit fortsetzt, sie sogar noch verstärkt und neue soziale Ungleichheit schafft.

Internetkompetenz und -kreativität

Kinder und Jugendliche erwerben – ohne dass es dazu mehr als einer Einführung in die Funktionen bedarf – selbständig und scheinbar mühelos die internetspezifischen Kompetenzen und entwickeln eine internetspezifische Kreativität, indem sie mit den Möglichkeiten der Programme spielerisch umgehen.

Das Internet verlangt Kompetenzen, die deutlich über Grundkompetenzen hinausgehen, die allerdings die Beherrschung der Schrift und des Zahlensystems voraussetzen. Das Internet verlangt vor allem, dass der Nutzer mit Symbolen umgehen kann. Der Drang zu einer immer größeren Benutzerfreundlichkeit, dem die Anbieter anscheinend folgen müssen, scheint jedoch die Anforderungen an die Internetkompetenz laufend herabzusetzen, sodass der Tag nicht mehr fern ist, an dem die Nutzung so einfach geworden ist, dass sie keinerlei besondere Kompetenz mehr erfordert.

Die Vorstellungen von Kreativität haben sich so entwickelt, dass nur noch die Schöpfung kulturell wertvoller Werke, wie z.B. das Schreiben von Romanen oder der Bau origineller Bauwerke als kreativ gilt, während das Schnitzen einer Pfeife aus einem Weidenzweig oder das Trällern eines Popsongs als

---

[11] Der Film „The Social Network" hat 2010 der Entstehung und Verbreitung von Facebook und seinem Gründer Mark Zuckerberg ein Denkmal gesetzt. Inzwischen spricht man von einem web 3.0., das ein sich selbst generierendes und sich weiter entwickelndes semantisches Wissensnetz meint.

schlicht, ja primitiv gilt, – allerdings hat sich dies in der Unterhaltungsbranche seit einiger Zeit geändert. Es besteht jedoch im Großen und Ganzen kein Zweifel, dass sich die Hochkultur des Kreativitätsbegriffes bemächtigt hat. Im Internet ist nun alles oder jedenfalls vieles möglich. Man kann dort zeichnen und malen, schreiben und lesen, singen und spielen, sehen und hören, Quatschiges und Tiefsinniges von sich geben, sein Leben aktiv gestalten und sich auf die passive Rezeption beschränken. Doch man soll sich nicht täuschen lassen. Die empirisch belegte Wirklichkeit des Internet ist nicht diese „schöne neue Welt", sondern der Stumpfsinn der Playstations und die Banalität der Chatrooms. Kinder und Jugendliche machen von den wunderbaren Möglichkeiten des Internet eben nicht Gebrauch, sondern das Internet reproduziert neben dem digital divide auch den social divide, d.h. kompetente und kreative Menschen sind auch im Internet kompetent und kreativ und inkompetente und triviale Menschen sind dies eben auch im Internet. Daran hat bisher keine „Medienerziehung" etwas ändern können.[12] Und dennoch: Das Recht auf gleiche Bildung nach Art. 2 Abs. 1 und 3 Abs. 1 GG verheißt heute allen Menschen und insbesondere den Kindern und Jugendlichen einen gleichen Zugang zum Netz.

Partnerschaft und Sexualität

Das Internet ist eine lokale wie globale Partnerschaftsbörse, die den Partnerschaftswechsel und die Anknüpfung sexueller Beziehungen außerordentlich erleichtert hat. Das Internet bietet eine Fülle pornographischen Materials, das für jedermann – auch für Kinder und Jugendliche – leicht zugänglich ist.

Im Internet werden partnerschaftliche Beziehungen jeder Art angeboten und gesucht. Anscheinend hat sich die Zahl der Menschen, die durch „Kontaktanzeigen" Partner suchen deutlich erhöht. Durch das Internet lässt sich die Aufnahme der Kontakte individuell und variabel gestalten. Es scheint so, als ob das Angebot und die Suche nach Partnerschaft das Anrüchige verloren hat, das sie einmal besaßen. Möglicherweise gilt das sogar für die Aufnahme sexueller Beziehungen. Wenn es richtig ist, dass – wie die Presse berichtet hat – 43% aller deutschen Männer YouPorn, ein riesiges Angebot pornographischer Bilder und Filme, nutzen, dann sind die Zeiten, in denen Jugendliche „Josefine Mutzenbacher" heimlich auf der Toilette lasen, endgültig vorbei. 75% aller Jugendliche im Alter von 14–16 Jahren – so wiederum die Presse – sehen pornographische Bilder und Filme im Internet; das Internet – und nicht mehr der zufällig in der

---

[12] *Fuhs,* Burkhard u.a. (Hrsg.), Mit der Welt vernetzt, 2010; *Betz,* Tanja u.a. (Hrsg.), Partizipation von Kindern und Jugendlichen, 2010; zum „digital divide" s. das gleichnamige Projekt des Deutschen Jugendinstituts unter www.dji.de

elterlichen Bibliothek entdeckte „Van der Velde" – vermittelt heute die „Aufklärung", – wenn man das denn Aufklärung nennen kann.[13]

Die Staaten haben Jahrhunderte lang – weitgehend erfolglos – versucht, außereheliche Beziehungen zu bekämpfen; Pornographie und Prostitution waren und sind unter spezifischen Voraussetzungen strafbar. Hat der Staat angesichts des Internet aufgegeben? Hat der Staat angesichts des Internet und seiner Transnationalität überhaupt noch eine Chance? Da zwischen der Free Speech-Ideologie der USA und der Verbotsmentalität in der EU unüberbrückbare Gegensätze zu bestehen scheinen, lassen sich nicht einmal Maßnahmen gegen Kinderpornographie im Internet (Löschen oder Stoppschild?) durchsetzen.[14]

Nach Art. 2 Abs. 1 GG gehören sexuelle Beziehungen zur freien Entfaltung der Persönlichkeit, und zwar sowohl hetero- als auch homosexueller Art, und das innerhalb wie außerhalb ehelicher oder lebenspartnerschaftlicher Beziehungen, – mag einem das nun sympathisch oder unsympathisch sein! Das Internet leistet also einen wichtigen Beitrag zur Verwirklichung dieses Grundrechtes. Art. 6 Abs. 1 GG schützt nicht nur die bestehende Ehe, sondern auch die Eheschließungsfreiheit und steht der Ehescheidungsfreiheit nicht entgegen. Das Internet leistet insofern deshalb auch einen Beitrag zur Verwirklichung dieses Grundrechtes.

Markt und Konsum

Durch E-Commerce vergrößert sich das Angebot an Waren und Dienstleistungen, sie scheinen gleichzeitig vielfältiger und uniformer zu werden. Werbung ist im Netz allgegenwärtig.

Mit dem E-Commerce scheinen Markt und Konsum eine neue Dimension zu erhalten. Der Käufer einer Bahnfahrkarte muss nicht mehr am Bahnschalter anzustehen, während der Zug sich schon nähert, muss nicht mehr für eine Konzertkarte stundenlang in einer Schlange warten, um dann enttäuscht nach Hause zu gehen, muss nicht mehr im Antiquariat stöbern – was eigentlich Spaß gemacht hat –, um ein bestimmtes altes Buch zu suchen oder um irgendetwas be-

---

[13] Nicht nur die Massenmedien zeichnen ein reißerisches Bild der Veränderungen jugendlichen Sexualverhaltens durch das Internet, sondern auch zahlreiche Bücher und Schriften, die sich allerdings weniger auf empirische Untersuchungen als vielmehr auf „Erlebnisse" und „Erfahrungen" berufen, s. z.B. *Gernert,* Johannes, Generation Porno – Jugend, Sex und Internet, 2010; nach anderen Quellen dominiert bei den Jugendlichen der Unterschicht nach wie vor die direkte brutale sexuelle Praxis männlicher Herrschaft, s. z.B. *Balci,* Güner Yasemin, Arabboy – Eine Jugend in Deutschland oder Das kurze Leben des Rashid A., 2009; *Siggelkow,* Bernd / *Büscher,* Wolfgang, Deutschlands sexuelle Tragödie – Wenn Kinder nicht mehr lernen, was Liebe ist, 2010.

[14] s. mehrere Beiträge in Recht der Jugend und des Bildungswesens 2010 Heft 4.

liebig Schönes zu finden, muss nicht mehr nach Wolfsburg, um dort seinen neuen Käfer Probe zu fahren und ihn dann nach Hause zu bringen, muss nicht mehr Porree und Sellerie aussuchen, an der Melone riechen, die Erdbeeren probieren, es sei denn er liebt den Marktgang usw. Der Käufer kann alle Produkte im Internet anschauen, sich in Ruhe informieren, die Empfehlungen und Bewertungen anderer Kunden lesen, die Preise unterschiedlicher Anbieter vergleichen, bedenkenlos Bedenkzeit in Anspruch nehmen; der Käufer sieht sich keinem Kaufzwang ausgesetzt; es braucht sich gar nicht fortzubewegen, denn alles wird ins Haus gebracht.

Es entsteht der Eindruck einer großen Vielfalt. Das gilt jedenfalls für die Konsumwelt des reichen Westens; doch dieser Eindruck wird auch in der Dritten Welt vermittelt Die finanziellen Zwänge, die auch im Westen zur Begrenzung des Konsums führen, vermittelt das Internet nämlich nicht. In Wirklichkeit verbirgt sich hinter dem Bild der Vielfalt eine gewisse Uniformität, die in der Vielfalt verborgen ist. Sind die T-Shirts und die Jeans, die in der ganzen Welt getragen werden, wirklich so unterschiedlich? – auch wenn die Werbung und der Gossip dies den Jugendlichen einreden. Das Benzin ist sowieso überall gleich, und ein und dasselbe i-Phone wurde innerhalb weniger Stunden millionenfach verkauft. Die begrenzte Kaufkraft, die Standardisierung und die Werbung verhindern also die Vielfalt, die das Internet vortäuscht.

Das Schild „Bitte keine Werbung" kann man zwar an seinem Briefkasten, nicht aber an seinem PC anbringen. In der Zeitung ist es leicht, die Werbung zu überschlagen, und das Fernsehen kann man abschalten. Im Internet muss man das Wegschauen erst lernen. Während man sich bisher die Werbung vom Halse halten konnte, dringt sie per Internet täglich unvermeidlich in unseren persönlichen Handlungsbereich ein. Nun soll es allerdings auch Menschen geben, die aus den unterschiedlichsten Gründen die Werbung lieben und gar nicht genug davon kriegen können.

Die Eigentums- und Berufsfreiheit der Art. 12 und 14 GG gewährleisten jedenfalls die auf die Vertragsfreiheit gegründete „freie/soziale Marktwirtschaft"; erst das Internet ermöglicht die Universalität von Nachfrage und Angebot sowie die Transparenz des Marktes. Wettbewerbsfreiheit und Kartellverbote, Verbraucherinformation und Verbraucherschutz sichern dieses System auch rechtlich ab.

Politische Meinungs- und Willensbildung/Partizipation

Das Internet hat die Formen der Information und der Meinungsäußerung, insbesondere im Zusammenhang von aktuellen politischen Ereignissen stark verändert. Die Informationsfreiheit schafft die Voraussetzungen für die politische Meinungsbildung; die Meinungsäußerungsfreiheit gewährleistet die welt-

weite digitale Verbreitung politischer Meinungen. Durch das Internet ist eine massenhafte spontane Mobilisierung von Teilnehmern öffentlicher Demonstrationen möglich. Doch haben sich Meinungsbildung und Partizipation an politischen Entscheidungen hierdurch wesentlich verändert?

Wikileaks hat im Sommer 2010 die massenhafte Veröffentlichung von Daten aus dem amerikanischen Verteidigungsministerium über den Irakkrieg angekündigt und im Herbst 2010 in der Tat rd. 400.000 Dokumente im Internet veröffentlicht, die als geheim klassifiziert waren und aus denen eine tiefere Verstrickung der amerikanischen Regierung in den Krieg ersichtlich wird, als bisher bekannt war, – bis hin zu dem Vorwurf der Beteiligung an Kriegsverbrechen. Die amerikanische Außenministerin musste sich ohnmächtig auf eine verbale Verurteilung und die Behauptung beschränken, dass das Leben amerikanischer Soldaten so gefährdet würde, während das Verteidigungsministerium 1972 noch versucht hatte, die Veröffentlichung der sog. Pentagon-Papers über den Vietnam-Krieg juristisch zu verhindern, – auch wenn es dabei letztlich erfolglos blieb[15].

In den USA ist es nun so, dass der Freedom of Information Act nicht für Dokumente gilt, die als „Geheim" klassifiziert worden sind, während das deutsche Informationsfreiheitsgesetz von 2005 eine solche Ausnahme nicht kennt. Das „Staatsgeheimnis" ist also in Deutschland abgeschafft. Ein Recht auf Information gibt es allerdings nach deutschem Recht nicht, wenn es sich um „personenbezogene Daten" handelt und wenn das Interesse des Betroffenen höher zu bewerten ist als das Interesse des Antragstellers an der Information. Ein Antragsteller kann allerdings nicht nur im privaten Interesse Zugang zu Informationen verlangen, sondern auch im öffentlichen Interesse. Nach deutschem Recht müsste es also ein Recht auf den Zugang zu Dokumenten geben, die den Irakdokumenten ähnlich sind. Man kann davon ausgehen, dass schon aus diesem Grunde in Deutschland solche Dokumente nicht gespeichert werden, und man kann nur hoffen, dass das den Dokumenten zugrunde liegend Verhalten deutschen Soldaten nicht angelastet werden kann.

Das deutsche Informationsfreiheitsgesetz gewährt also nicht nur Zugang zu den „allgemein zugänglichen Quellen", wie es Art. 5 Abs. 1 GG vorsieht, sondern geht weit darüber hinaus, indem der Zugang zu den Quellen selber offen gelegt, also Akteneinsicht gewährt werden muss, wobei „Akten" nicht nur Papiere, sondern auch gespeicherte Daten sind. Auch im Westen ist also die Gewährleistung von Informationsfreiheit relativ neuen Datums und keinesfalls vollkommen. In anderen Ländern der Welt, wie insbesondere in China, hat dagegen der Kampf um die Informationsfreiheit gerade erst begonnen, und es

---

[15] *Ellsberg,* Daniel, Secrets. A Memoir of the Vietnam War and the Pentagon Papers, 2002.

drohen denjenigen, die ihn führen – wie in Mitteleuropa in der Mitte des 19. Jahrhunderts – Gefängnisstrafen.

Die Informationsfreiheit, wie sie das deutsche Informationsfreiheitsgesetz nun gewährt, ist eine unerlässliche Voraussetzung für die politische Meinungsbildung; doch die geschieht nicht von selbst, auch wenn man alle Informationen verlangen kann. Die politische Meinungsbildung braucht vielmehr personale und soziale Voraussetzungen, die nicht überall gewährleistet sind. Es geht dabei um die persönlichen Voraussetzungen vor allem in der Familie, der Verwandtschaft, der Nachbarschaft und im Freundeskreis. Persönliche Vorbilder entscheiden über die Art der politischen Meinungsbildung. Es geht aber auch um die sozialen Orte, an denen die politische Meinungsbildung stattfindet. Neben dem genannten sozialen Nahraum spielen die traditionellen Meinungsbildungsorte eine große Rolle: die Schule, die Presse, das Fernsehen, Versammlungen und Vereine. Empirische Untersuchungen über die politische Meinungsbildung zeigen nun allerdings einen charakteristischen Unterschied zwischen dem politischen Interesse, das nach allen Befragungen sehr hoch ist und über 70% liegt, und der politischen Beteiligung, die – in welcher Form auch immer – unter 10% liegt[16]. Politisches Interesse allein bedingt also noch nicht politische Meinungsbildung und Beteiligung selbst wenn Informationsfreiheit herrscht.

Nun könnte man meinen, dass auch hier das Internet grundsätzliche Veränderungen geschaffen hat oder schaffen wird. Anhänger die sog. E-Democracy schwärmen davon, dass das Internet eine umfassende politische Meinungsbildung und Beteiligung ermöglicht[17]. Empirische Untersuchungen über das wirkliche Medienverhalten von Jugendlichen zeigen jedoch, dass das soziale Netz beziehungs- und nicht gegenstandsgesteuert ist[18], d.h. Jugendliche unterhalten sich im Netz eher darüber, „wer mit wem geht" als „wer was politisch meint". Das Internet ist nicht die griechische Agora und nicht der britische Club, in dem angeblich Männer Meinung machten, sondern – soweit die politische Meinungsbildung dort überhaupt eine Rolle spielt – eine „Reproduktionsmaschine" vor gefasster politischer Meinungen[19].

Das Internet hat nun allerdings für die Meinungsäußerung ein neues Forum geschaffen, – was der Meinungsbildung nicht unbedingt dienen muss. Wo konnte man denn in der Vergangenheit „seinen Kropf leeren", wenn man die

---

[16] *Gille,* Martina u. a. (Hrsg.), Jugendliche und junge Erwachsene in Deutschland. Jugendsurvey 3 des Deutschen Jugensinstituts, 2006.

[17] *Gantert,* Tobias, E-Demokratie – Chancen und Risiken, 2006.

[18] *Hasebrink u. a.*. Das Social Web in den Medienrepertoires von Jugendlichen und jungen Erwachsenen, in: Hepp, A. und Wimmer, J. (Hrsg.), Medienkulturen, 2010.

[19] *Sunstein,* Cass, Republic.com 2.0, 2007.

begrenzten Möglichkeiten der Presse und des Partei-, Vereins- und Versammlungswesens nicht nutzen wollte oder konnte, weil dort Querdenker und Querulanten häufig keine Chance der Meinungsäußerung haben? Neben der Familie eigentlich doch nur am Stammtisch, dem klassischen Ort männlicher politischer Meinungsäußerung. Politische Meinungsäußerungen haben nun häufig etwas Plakatives. Tucholskys Satz „Soldaten sind Mörder", vermutlich die bekannteste und umstrittenste politische Meinungsäußerung in der Geschichte der alten Bundesrepublik, fiel zunächst in einer Schulversammlung in Frankfurt, war dann aber eine plakative auf einem herumfahrenden Auto angebrachte Inschrift[20].

Anders als Facebook, My Space und StudiVZ, die – wie gesagt – eher beziehungs- als gegenstandsgesteuert zu sein scheinen, sehen die User in Twitter und im Blogging wohl eher Medien der Meinungsäußerung, wobei Twitter eher informations- und Blogging eher meinungsbezogen zu funktionieren scheint. Es ist nicht zu übersehen, dass Twitter der Schnellinformation über Events dient, wie es erstmals die Informationen über die Wahl des iranischen Staatspräsidenten Achmanishad und die ihr folgenden Unruhen gezeigt haben, die über Twitter in Windeseile weltweit verbreitet wurden und so die internationale Aufmerksamkeit überhaupt erst erregt haben. Die Lektüre von hunderten von Blogs ist dagegen überaus frustrierend, weil sehr häufig einige wenige Blogger immer wieder ihre Meinungen zu besten geben und weil Diskussionen weder eingeleitet noch gesteuert werden. Blogs sind die Stammtische der jungen Leute, die ihnen die Gelegenheit bieten, unverantwortet und unverantwortbar ihre Vorurteile zu produzieren und zu reproduzieren. Zwar kann man einem Blogger antworten, durchaus, und dies geschieht auch recht häufig, aber man muss und kann ihm nicht ins Auge schauen; es werden deshalb eher Vorurteile ausgetauscht als Meinungen gebildet. Die social networks sind in Wirklichkeit gar nicht social, sondern wirken wie ein „Dialog" unter tauben Menschen.

Die größten Veränderungen im Bereich der Organisation der politischen Meinungsbildung hat das Internet bei den Demonstrationen und Versammlungen bewirkt. Während früher Versammlungen formell einberufen und Demonstrationen beantragt werden mussten, während früher Plakate zu Demonstrationen aufriefen und Handzettel zu diesem Zweck verteilt wurden, genügt heute ein Mausklick, um Hunderte oder Tausende zu mobilisieren, wenn denn deren Daten gespeichert sind. Während die Gerichte jahrelang brauchten, um sich dazu durchzuringen, die sog. Spontandemonstrationen überhaupt als solche anzuerkennen, kann man heute innerhalb von Stunden große Menschenmengen mobilisieren, und sie verlaufen mehr oder weniger ordnungsgemäß ab, – und

---

[20] s. die sog. Frankfurter Soldaten-Urteile des Bundesverfassungsgerichts Bd. 86 S. 1 und 93 S. 266.

zwar auch ohne den ganzen bürokratischen Organisationsaufwand. Diese medienspezifischen Möglichkeiten machen sich die Veranstalter von Fun-Events, von gewerkschaftlichen Schnellprotesten, aber auch von politischen Demonstrationen zu eigen: Das Netz ist voll von mobilisierenden Aufrufen und Stellungnahmen, deren Beitrag zur Meinungsbildung allerdings eher gering ist. Die Folge dieser mobilisierenden Form politischer Beteiligung ist nun allerdings, dass man sie nicht einfach vernachlässigen kann. So einfach lässt sich diese neue Form demokratischer Beteiligung nicht domestizieren.

Die traditionellen verfestigten Organisationen der politischen Meinungsbildung, die Verbände und Parteien, haben die Möglichkeiten des Internet zunächst überhaupt nicht erkannt, sich dann nur sehr zögerlich ihrer bedient und sie bis heute nur sehr unvollkommen genutzt. Irgendwie ist es komisch, wenn die CDU-Vorsitzende und Bundeskanzlerin einen Blog schreibt, – da doch jeder weiß, dass es sich um eine PR-Aktion ihres Büros handelt. Der über das Internet organisierte Obama-Wahlkampf war zwar außerordentlich erfolgreich; doch mit dem Regierungsantritt verpuffte die Wirkung der Internet-Mobilisierung. Die neben den etablierten Organisationen entstandenen Nichtregierungsorganisationen, die NGOs, bedienen sich allerdings äußerst munter der neuen Informationstechnologien und erreichen damit ein Klientel, das den Verbänden und Parteien sowieso fern steht. Ähnlich wie bei Spontandemonstrationen, die über das Internet organisiert werden, nutzen die NGOs das Internet zur blitzschnellen Verbreitung ihrer Meinungen und zur Mobilisierung ihrer Mitglieder. Greenpeace, Transparency und Human Rights Watch stellen ihre Reaktionen auf politische Ereignisse sofort ins Netz, und zwar ehe die Verbände und Parteien überhaupt mit dem Nachdenken angefangen, geschweige denn autorisierte Beschlüsse gefasst haben. Sie können so schnell reagieren, weil sie keiner legitimatorischen Grundlage für ihre Meinungsäußerungen bedürfen. Die NGOs haben keine demokratische Basis, keine Verfahren, die sie fesseln, und keine Mitglieder, die sie zur Verantwortung ziehen können[21]; sie agieren in einem verantwortungsfreien Raum und sind deshalb ideale User des Netzes.

Das Internet und das Menschenbild des Grundgesetzes

Nach diesem Überblick über die Möglichkeiten, die das Internet im Alltag bietet, will es so scheinen, als ob das Internet den Bürgerinnen und Bürgern optimale Möglichkeiten für die Verwirklichung ihrer Grundrechte gibt, weil es

– die freie Entfaltung der Persönlichkeit durch die Selbstdarstellung im Netz fördert, die informationelle Selbstbestimmung gewährleistet, die Grenzen der Privatsphäre öffnet, freie partnerschaftliche, auch sexuelle

---

[21] *Richter,* Ingo, Transnationale Menschenrechte, 2008.

Beziehungen erleichtert und einen allgemeinen transparenten Marktzugang gewährt,

- die Informations-, Kommunikations-, Handlungs-, Bewegungs- und Kooperationsfreiheit als Voraussetzung jeder Gemeinschaftsbildung und jeden Gemeinschaftslebens vorsieht und

- die demokratische Öffentlichkeit der politischen Meinungs- und Willensbildung unter Einschluss legitimer Entscheidungsprozesse und -vollzüge garantiert.

Man könnte sogar meinen, dass das Menschenbild des Grundgesetzes erst durch das Internet im Alltag der Menschen Wirklichkeit zu werden verspricht.

Das Menschenbild des Grundgesetzes ist nämlich nicht das eines isolierten souveränen Individuums; das Grundgesetz hat vielmehr die Spannung Individuum – Gemeinschaft im Sinne der Gemeinschaftsbezogenheit und Gemeinschaftsgebundenheit der Person entschieden, ohne dabei deren Eigenwert anzutasten. Das ergibt sich insbesondere aus einer Gesamtsicht der Art. 1, 2, 12, 19 und 20 GG. Dies heißt aber: der Einzelne muss sich diejenigen Schranken seiner Handlungsfreiheit gefallen lassen, die der Gesetzgeber zur Pflege und Förderung des sozialen Zusammenlebens in den Grenzen des bei dem gegebenen Sachverhalt allgemein Zumutbaren zieht, vorausgesetzt, dass dabei die Eigenständigkeit der Person gewahrt bleibt[22].

Die Selbständigkeit der Person – so könnte man danach sagen – darf im Internet nur durch diejenigen Regelungen eingeschränkt werden, die der Gesetzgeber „zur Pflege und Förderung des sozialen Zusammenlebens....zieht". Die Entwicklungen der modernen Informations- und Kommunikationstechnologien legen jedoch die Frage nahe, ob der Gesetzgeber nicht darüber hinaus Schutzpflichten zugunsten des Individuums hat, weil das Menschenbild des Bundesverfassungsgerichts nur das Spannungsverhältnis Individuum-Gemeinschaft, nicht aber das Schutzbedürfnis des Individuums und der Gruppen in der Gemeinschaft und die Spannungen innerhalb der Gemeinschaft thematisiert. Die Schutzfunktion des staatlichen Gesetzgebers lässt sich in zehn Dimensionen entfalten:

- Minderheiten bedürfen des Schutzes gegen die Meinungsmacht der Mehrheit, weil der Pluralismus keinesfalls die Gleichheit aller Minderheiten gewährleisten kann.

- Kinder- und Jugendliche bedürfen des Schutzes, weil sie durch Bildung erst „Netzbürger" werden müssen.

---

[22] Nach der berühmten Formulierung aus dem Investitionshilfe-Urteil von 1954, s. BVerfGE 4,7,15f.

- Verbraucher müssen gegen die Marktmacht der Anbieter im Netz geschützt werden, weil sie die Möglichkeiten des Netzes nicht in gleicher Weise nutzen wie die Anbieter.

- Opfer von Internetstraftaten bzw. -rechtsverletzungen müssen sich aus Gründen der „Waffengleichheit" im Netz zur Wehr setzen können.

- Diejenigen, die ihre Privatsphäre nicht freiwillig öffnen, bedürfen des Schutzes gegen Eindringlinge im Netz.

- Der „gläserne Mensch" kann kein Leitbild sein, sondern die informationelle Selbstbestimmung hat Vorrang und muss gesichert bleiben.

- Menschen, die sich an der öffentlichen Meinungsbildung beteiligen wollen, müssen gleichen Zugang erhalten.

- Menschen, die sich an der öffentlichen Meinungsbildung nicht beteiligen wollen, müssen vor Beteiligungszwängen geschützt werden.

- Manchmal müssen Menschen auch vor sich selber geschützt werden; man muss sich auch wieder zurückziehen können, man muss auch schweigen dürfen, man muss Dinge auch zurücknehmen dürfen.

- Der Eigenwert der Person, die Würde des Menschen, muss nicht nur gegen den Staat und die Gemeinschaft, sondern auch gegen den Menschen selbst geschützt werden.

Nimmt man alle diese Schutzverpflichtungen zusammen, so kommen dem Staat im Internet beträchtliche Aufgaben zu, die er z. Z. bei weitem nicht wahrnimmt.

Der Funktionswandel des Datenschutzes

Peter Schaar

In den knapp 50 Jahren seiner Geschichte hat der Datenschutz einen dramatischen Funktions- und Bedeutungswandel erfahren. Von Beginn an war der Datenschutz eine juristische Reaktion auf technologische Herausforderungen. Insofern weist der Datenschutz Parallelen zu technikrechtlichen Regelungen auf, etwa zum Gerätesicherheits-, Verkehrs- und Atomrecht. Im Unterschied zu diesen Bestimmungen geht es im Datenschutz allerdings nicht allein um die Abwehr rein technischer Risiken; anders als etwa bei dem per se gefährlichen Umgang mit ionisierenden Strahlen ist die Datenverarbeitung an sich ganz überwiegend nicht gefahrengeneigt. Lediglich dort, wo die Verarbeitung persönlicher Daten ungefiltert durch menschliche Sichtung und Beurteilung zu automatisierten Entscheidungen führt, etwa bei der Steuerung medizinischer Geräte oder bei einem automatisierten Kreditrating, entfaltet die Datenverarbeitung selbst unmittelbare Wirkung für die Betroffenen. Ansonsten hängen ihre Wirkungen ganz wesentlich davon ab, wie diejenigen, die von den Informationen Kenntnis erlangen, damit umgehen. Schon deshalb ist das Datenschutzrecht weitaus komplexer als andere (rein) technikrechtliche Regelungen.

Im Mittelpunkt datenschutzrechtlicher Betrachtungen stand also traditionell – und zu Recht – nicht die Technik selbst, sondern der Umgang mit dabei verarbeiteten personenbezogenen Daten in einem umfassenden sozialen Kontext. Daraus entwickelten sich Denkfiguren wie der Schutz der Privatsphäre, des „unantastbaren Kernbereichs der privaten Lebensgestaltung"[1]. Wie diese Ziele erreicht werden können, hängt allerdings entscheidend von technologischen Rahmenbedingungen ab, die sich fortlaufend weiterentwickeln.

Datenschutzrechtliche Regelungen sollen den mit der Verwendung der IT verbundenen Risiken, insbesondere dem Missbrauch persönlicher Daten entgegenwirken. Zugleich sind sie stets der Versuch des Ausgleichs zwischen dem Recht auf informationelle Selbstbestimmung mit vielfältigen anderweitigen Interessen, die mittels Datenverarbeitung verfolgt werden.

---

[1] Etwa in der Rspr. des Bundesverfassungsgerichts, s. z.B. Urteil zum Großen Lauschangriff vom 3. März 2004, Az: 1 BvR 2378/98 und 1 BvR 1084/99.

Es liegt auf der Hand, dass die Verwendungszwecke der Daten sehr vielfältig sind. Personenbezogene Daten werden von staatlichen und nicht-öffentlichen Stellen erhoben und verwendet. Sie dienen der Vereinfachung der Kommunikation, sollen administrative Prozesse beschleunigen und sie werden verwendet, um menschliches Verhalten zu bewerten und zu manipulieren.

So breit die Verwendungszwecke der Daten sind, so unterschiedlich sind die Formen ihrer Verarbeitung. Die Verarbeitung persönlicher Daten begleitet alle möglichen Geschäftsprozesse im privatwirtschaftlichen Bereich und ist Auslöser und Gegenstand hoheitlichen staatlichen Handelns. Relativ neu ist es, dass auch bei rein technischen Prozessen immer mehr Daten anfallen, die zumindest einen indirekten Personenbezug aufweisen, etwa bei elektronischen Kommunikationsmitteln und Navigationssystemen.

I. Informationstechnologie und Datenschutzrecht

Dass neue Techniken und die damit verbundenen Risiken häufig den Ausgangspunkt (datenschutz)rechtlicher Reaktionen bilden, ist kein neues Phänomen. Bereits der im Jahr 1890 von den amerikanischen Anwälten Samuel D. Warren und Louis Brandeis veröffentlichte Aufsatz „The Right to Privacy"[2] war eine Reaktion auf die Gefährdung der Privatsphäre durch die gerade erfundene Fotografie. Die Autoren plädierten – abgeleitet aus den Rechtsgrundsätzen des Schutzes der Person und des Eigentums – für ein „Right to be left alone", also das Recht eines jeden Menschen, von anderen in Ruhe gelassen zu werden. Das „Recht auf informationelle Selbstbestimmung", dem das Bundesverfassungsgericht in seinem Volkszählungsurteil[3] fast hundert Jahre später zum Durchbruch verhalf, hat hier seine Wurzeln.

Auch die Datenschutzgesetze, zunächst das Hessische Datenschutzgesetz 1970 und dann die nachfolgenden Datenschutzgesetze der übrigen Bundesländer und des Bundes (1977), waren Reaktionen auf technische Entwicklungen, nämlich auf die Gefahren, die in der Datenverarbeitung durch Datenbanken auf Großrechnern gesehen wurden.

Das Datenschutzrecht folgte dabei der Vorstellung, die Menschen vor der Informationstechnologie zu schützen. Zwischen den in Rechenzentren betriebenen „Elektronengehirnen" und der Gesellschaft wurden rechtliche Schutzwälle und Mauern errichtet, um die möglichen negativen Auswirkungen der elektronischen Datenverarbeitung auf die „Betroffenen" zu verhindern oder zumindest zu begrenzen.

---

[2] *Warren/Brandeis*, Harvard Law Review (Jahrgang 4, Nr. 5), 1890.
[3] BVerfGE 65, 1, 1.

Zudem wurden Wachen eingerichtet, die darauf zu achten hatten, dass die rechtlichen Vorgaben auch eingehalten werden. Die Datenschutzbeauftragten, wie man diese modernen Torwächter nannte, wurden mit allerlei äußeren Insignien der Integrität und Bedeutung ausgestattet, aber nur mit ziemlich geringen effektiven Eingriffsbefugnissen. So ist die „Beanstandung", also der formell erhobene warnende Zeigefinger, nach wie vor ihre einzige „Waffe" gegen Datenschutzverstöße öffentlicher Stellen. Immerhin hat man den Datenschutzaufsichtsbehörden für den nicht-öffentlichen Bereich inzwischen einige wirksamere Mittel (Bußgelder, Anordnungs- und Untersagungsbefugnisse) an die Hand gegeben, mit denen sie Verstöße ahnden und unterbinden können.

Die Welt hat sich seit dem Erlass der ersten Datenschutzgesetze stark verändert. Die heutige IT-Landschaft ist gekennzeichnet durch die Vernetzung und intensive Nutzung unterschiedlicher, meist auf unscheinbaren Technologien beruhender Datenverarbeitung. Eine Vielzahl der technologischen Entwicklungen, technischen Systeme und Anwendungen, die unseren heutigen Alltag prägen, waren in den 1970/80er Jahren noch nicht bekannt, vielfach noch nicht einmal denkbar. Heute selbstverständliche Dinge wie Mobiltelefone, Navigationssysteme, Geldautomaten oder Speichermedien wie CD-ROM, DVD, USB-Sticks und Chipkarten waren im Jahr 1977 ebenso Utopie der gesamte Bereich des Internets – ganz zu schweigen von den sozialen Medien des Web 2.0, also sozialen Netzwerken, Blogs, elektronischen Video- und Fotogalerien, Wikipedia oder Online-Spielen. Selbst so grundlegende Dinge wie PC, Maus und Officesysteme waren noch nicht erfunden. Schon diese unvollständige Aufzählung belegt, wie der technologische Fortschritt unsere Alltagswelt durchdringt und bestimmt. IT-Systeme sind heute praktisch überall vorhanden.

Eine Folge davon ist, dass persönliches Verhalten zunehmend beobachtet, registriert und bewertet wird. Besonders kritisch ist es zu sehen, dass immer mehr Alltagsaktivitäten registriert werden, weil die dabei verwendeten Gerätschaften elektronisch gesteuert werden. Eine Vielzahl neu-deutscher „e-Wörter" (eCommerce, eGovernment, eEnergy, eMobility ...) illustrieren diese Entwicklung.

Hinzu kommt, dass Daten angesichts ubiquitärer Datenverarbeitung zunehmend nicht einem bestimmten Verarbeitungszweck dienen, sondern als Nebenprodukt anfallen. So setzt jeder elektronische Kommunikationsvorgang heute bestimmte Daten über Sender und Empfänger voraus, und es entstehen weitere Kommunikationsdaten zur Verbindungssteuerung und zur Abrechnung. Seit dem Übergang von analoger zu digitaler Telekommunikation wird praktisch bei jedem Telefonanruf eine Datenspur gelegt, deren Aussagkraft durch Zusammenführung mit anderen Datenspuren und sonstigen personenbezogenen oder statistischen Angaben angereichert werden kann. Auch bei sonstigen elektronischen Aktivitäten entstehen Datenspuren, etwa bei der Inanspruchnahme des Internets.

II. Herausforderungen an das Datenschutzrecht

Roßnagel hat zutreffend drei Phasen der informationstechnologischen Entwicklung herausgearbeitet, welche jeweils mit unterschiedlichen datenschutzrechtlichen Herausforderungen einhergehen.[4] In der ersten Phase beschränkte sich das Datenschutzrecht als Reaktion auf Rechenzentren und Großrechner auf die Begrenzung der Verarbeitung und die Einführung einiger grundlegender Datenschutzrechte der Betroffenen. In der zweiten Phase, die durch stärkere Vernetzung und insbesondere den Siegeszug des Internets gekennzeichnet war, wurden diese Vorgaben durch das Gebot der Datenvermeidung und -sparsamkeit ergänzt. Außerdem wurden erste Schritte zu einem „Datenschutz durch Technik" unternommen, indem die Konzepte des Selbstdatenschutzes eingeführt wurden. Rossnagel hält aber auch dieses ergänzte Datenschutzsystem für unzureichend, um angemessen mit der zunehmend allgegenwärtigen Datenverarbeitung als dritter Phase der informationstechnologischen Entwicklung umzugehen.

Diese Allgegenwart der Datenverarbeitung stellt das Datenschutzrecht vor enorme Herausforderungen. Die in den Entstehungsjahren des Datenschutzrechts definierten und auch heute noch gültigen Regelungskonzepte des klassischen Datenschutzrechts stoßen in einer Welt, in der Datenverarbeitung die Regel und nicht mehr die Ausnahme ist, zwangsläufig an ihre Grenzen. Wie schwierig die datenschutzrechtliche Beurteilung sein kann, zeigt sich, wenn man die grundlegenden Konzepte des heutigen Datenschutzrechts mit der technologischen Realität konfrontiert:

1. Personenbezug

Zentraler Anknüpfungspunkt des Datenschutzrechts sind die „personenbezogenen Daten". Das Bundesdatenschutzgesetz definiert diesen Begriff als „Einzelangaben über persönliche oder sachliche Verhältnisse einer bestimmten oder bestimmbaren natürlichen Person (Betroffener)[5]". Vorname und Familienname, Anschrift, Geschlecht, Geburtstag und Familienstand werden unschwer als personenbezogen zu gelten haben. Wie aber steht es mit Häuserfassaden, die fotografisch dokumentiert im Internet der Allgemeinheit zugänglich gemacht wer-

---

[4] *A. Roßnagel*, Modernisierung des Datenschutzrechts für eine Welt allgegenwärtiger Datenverarbeitung, mmr 2005, S. 71.

[5] § 3 Abs. 1 BDSG.

den? In der datenschutzrechtlichen Auseinandersetzung mit dem Internet-Geodatendienst Google Street View haben sich seitenlange Gutachten allein mit der Frage der Personenbeziehbarkeit von Häuserfassaden beschäftigt. Als schwierig, wenn auch im Wesentlichen geklärt, gestaltet sich die Beurteilung von IP-Adressen, die dynamisch vergeben werden. Trefflich streiten lässt sich auch über den Personenbezug von RFID-Tags (Funkchips), die an Gegenständen des täglichen Gebrauchs angebracht sind.

2. Verbot mit Erlaubnisvorbehalt

Das Datenschutzrecht geht von der Prämisse aus, dass personenbezogene Daten nur verarbeitet werden dürfen, soweit eine ausdrückliche gesetzliche Erlaubnis hierfür vorhanden ist. Die Erlaubnis kann in Form einer gesetzlichen Rechtsgrundlage bestehen oder als individuell erteilte Einwilligung des Betroffenen[6]. Der Umgang mit fremden Daten ist also in der Regel verboten und nur ausnahmsweise zulässig. Man spricht daher von einem „Verbot mit Erlaubnisvorbehalt". Dieses Regel-Ausnahme-Verhältnis des Umgangs mit anderer Leute Daten wird in einer Welt der allgegenwärtigen Datenerhebung, in welcher die beiläufige Erhebung und Verarbeitung von Daten zur Regel geworden ist, faktisch in sein Gegenteil verkehrt.

3. Zweckbindungsgrundsatz

Ein weiteres, zentrales Prinzip des Datenschutzrechts ist der Grundsatz der Zweckbindung. Personenbezogene Daten sollen grundsätzlich nur für die Zwecke verarbeitet werden, für die sie erhoben werden. Die Verarbeitung der Daten soll für die Betroffenen möglichst transparent geschehen und die Zusammenführung von Daten zu abweichenden Zwecken verhindern. Eine Nutzung für andere Zwecke ist nur ausnahmsweise zulässig[7]. Zweckänderungen finden wir häufig dort, wo Daten, die im Rahmen eines Vertragsverhältnisses ausgetauscht wurden, plötzlich nicht mehr zu Abrechnungszwecken, sondern zu Profilbildungen genutzt werden. Daten aus dem bargeldlosen Zahlungsverkehr können beispielsweise – und dies ist in jüngster Zeit leider auch geschehen – über Abrechnungszwecke hinaus genutzt werden, um Rückschlüsse auf die Bonität der Kunden zu gewinnen oder um die Kundenstruktur eines Unternehmens zu ermitteln. So genannte *smart grids*, „intelligente" Stromzähler, bieten dem Kunden eine Verbrauchs- und Kostenkontrolle, lassen aber auch weitreichende Rückschlüsse über die Lebensgewohnheiten der Kunden zu. Es besteht daher

---

[6] § 4 Abs. 1 BDSG.
[7] Vgl. z.B. § 28 Abs. 2 BDSG.

die Gefahr, dass die Verbrauchsdaten von den Versorgern erfasst und ausgewertet werden.

4. Erforderlichkeitsgrundsatz

Auch der Grundsatz der Erforderlichkeit und die daraus abgeleiteten Gebote der Datenvermeidung und Datensparsamkeit[8] werden in der Praxis zu wenig beachtet. Der Erforderlichkeitsgrundsatz besagt, dass nur diejenigen Daten erhoben, verarbeitet und genutzt werden dürfen, die für die Erfüllung der jeweiligen Aufgabe tatsächlich auch benötigt werden. Das Konzept der *Datenvermeidung und Datensparsamkeit* geht über den Erforderlichkeitsgrundsatz hinaus, da es auch den Aspekt des Systemdatenschutzes, d. h. die Integration der Datenschutzanforderungen in die IT-Systeme, umfasst. Datenschutz soll nicht allein durch gesetzliche Regelungen normiert, sondern auch durch das Design der IT realisiert werden. Der technische Gestaltungsauftrag scheint bei den Herstellern von Datenverarbeitungssystemen allerdings noch nicht angekommen zu sein. Eine Vielzahl von Systemen und Diensten beruht nach wie vor darauf, dass mehr personenbezogene Daten als nötig angefordert werden, weil technisch mögliche Alternativen, die mit weniger Personenbezug auskommen, nicht realisiert worden sind. So werden in der Bestellmaske im eCommerce auch schon einmal Daten von den Kunden abgefragt, die für die Abwicklung des Vertrags gar nicht erforderlich sind.

5. Datenschutzrechtliches Rollenkonzept

Das letzte Konzept, auf das ich eingehen möchte, ist das datenschutzrechtliche Rollenkonzept. Das Datenschutzrecht beruht auf einem an sich klaren Rollenmodell zwischen maximal vier Kategorien von Beteiligten. Der Betroffene ist Inhaber der personenbezogenen Daten, die Gegenstand der Erhebung, Verarbeitung oder Nutzung sind. Den Betroffenen gegenüber steht die „verantwortliche Stelle", die personenbezogene Daten für sich selbst erhebt, verarbeitet oder nutzt oder dies durch andere im Auftrag vornehmen lässt. Die letzte Alternative spricht die Möglichkeit an, dass die verantwortliche Stelle die Datenverarbeitung – nicht aber die Verantwortlichkeit – delegieren kann, zum Beispiel durch die Einschaltung eines Rechenzentrums. Dies wird unter den Begriff der „Auftragsdatenverarbeitung" gefasst, bei welchem der weisungsgebundene Auftragnehmer im Auftrag der verantwortlichen Stelle personenbezogene Da-

---

[8] § 3a BDSG.

ten erhebt, verarbeitet oder nutzt[9]. Alle sonstigen Personen oder Stellen werden datenschutzrechtlich als Dritte bezeichnet.

Dieses Rollenkonzept, das in der Theorie so einfach und einleuchtend klingt, bereitet in der Praxis mittlerweile erhebliche Schwierigkeiten. Die Zuteilung von Verantwortlichkeiten wird immer schwieriger, wenn Datenverarbeitungsprozesse in immer stärkerem Maße arbeitsteilig vorgenommen werden und nicht mehr deutlich ist, welche Stelle jeweils für welche Daten und für welche Verarbeitungsschritte verantwortlich ist. Dies wird beim Outsourcing virulent, das über eine bloße Abwicklung definierter Verarbeitungsvorgänge hinausgeht, wie dies z. B. bei der Abwicklung der Personalbuchhaltung für ein Unternehmen der Fall ist. Das Rollenmodell gerät aber auch ins Wanken im Hinblick auf moderne Technologien wie das *cloud computing*, bei dem sich die Verantwortlichkeiten nicht mehr eindeutig trennen lassen. Da das Datenschutzrecht regelmäßig nur eine verantwortliche Stelle kennt, ist die Zuteilung von Verantwortlichkeit bei einem gleichwertigen, arbeitsteiligen Zusammenwirken nur schwer lösbar.

Und schließlich entstehen schwierige Gemengelagen, wenn die Betroffenen selbst zum Verarbeiter ihrer eigenen Daten werden. Hier spielen Technologien eine Rolle, bei denen die Betroffenen nicht bloß Objekt der Datenverarbeitung sind, sondern durch ihr Tun oder durch bewusste Äußerungen Daten preisgeben. Exemplarisch hierfür steht das Internet, das sich etwa seit Beginn des 21. Jahrhunderts mit Hilfe der *social media* zum Web 2.0, also einer Plattform der Kommunikation und Interaktion aller Nutzer, weiter entwickelt hat. War der Nutzer im Web 1.0 in erster Linie passiver Konsument von Inhalten, sind die Nutzer des Web 2.0 aktive Gestalter, die Netzinhalte erstellen, bearbeiten und verteilen und sich mit Hilfe sozialer Software untereinander vernetzen. Wenn Nutzer sozialer Medien zu Autoren werden und dabei eigene und Daten fremder Personen ins Netz stellen, stellt sich die Frage, ob derartige Konstellationen im Sinne der Unterscheidung zwischen Betroffenem, verantwortlicher Stelle und Auftragnehmer sinnvoll beschrieben und rechtlich beherrscht werden können.

III. Eckpunkte zur Modernisierung des Datenschutzrechts

Der Gesetzgeber hat den Gestaltungsauftrag, das Datenschutzrecht kontinuierlich auf dem Stand der Technik zu halten. Nur so lässt sich das grundrechtlich verbriefte Recht auf informationelle Selbstbestimmung auch tatsächlich gewährleisten.

---

[9] § 11 BDSG.

Eine grundlegende Modernisierung des Datenschutzrechts aus einem Guss steht noch immer aus, obwohl der Reformbedarf schon lange bekannt ist. Bereits das 2001 vorgelegte Gutachten von Roßnagel, Pfitzmann und Garstka zur Modernisierung des Datenschutzrechts[10] hat leider kaum Beachtung gefunden und ist seinerzeit in einer Ministeriumsschublade verschwunden. Dem Gutachten verdanken wir allerdings, dass die Diskussion über den Reformbedarf des Datenschutzrechts nicht bei Null anfangen muss. Viele seiner nach wie vor aktuellen Anregungen sind in das Eckpunktepapier zur Modernisierung des Datenschutzrechts eingeflossen, das die Datenschutzbeauftragten des Bundes und der Länder im März 2010 beschlossen haben[11].

Im Mittelpunkt des Eckpunktepapiers steht die Forderung, dass das Recht auf informationelle Selbstbestimmung auch im Zeitalter der allgegenwärtigen und oftmals unbemerkten Datenverarbeitung Geltung beanspruchen muss. Die Kernaussage des Volkszählungsurteils, nämlich dass jeder Mensch selbst bestimmen können muss, wer was wann über ihn weiß, hat sowohl in der realen wie in der digitalen Welt nicht an Bedeutung verloren – im Gegenteil: die Wahrung der informationellen Selbstbestimmung ist eine Funktionsbedingung einer menschenwürdigen Informationsgesellschaft. Es ist Aufgabe des Gesetzgebers, dem grundrechtlich geschützten Recht auf Datenschutz auch unter veränderten Bedingungen zur Wirksamkeit zu verhelfen. In einer immer stärker von allgegenwärtiger Datenverarbeitung geprägten Realität müssen die Regelungsziele des Datenschutzrechts – Schutz der Privatsphäre und des Rechts auf informationelle Selbstbestimmung – durch modifizierte Regelungsmechanismen durchgesetzt und durch neue, auch technologische Instrumente flankiert werden. Die folgenden acht Kerngedanken des Eckpunktepapiers sollen keinen Anspruch auf Vollständigkeit erheben, erscheinen mir aber besonders wichtig:

1. Konkrete Schutzziele und Grundsätze verankern

Auch wenn der Gesetzgeber innerhalb des BDSG und durch Schaffung besonderer Rechtsvorschriften – etwa des Telemediengesetzes (TMG) – punktuell auf technologische Entwicklungen reagiert und technikbezogene Sondervorschriften – z. B. für die RFID-Technologie[12] – geschaffen hat, zeigen sich doch zunehmend die Nachteile eines solchen Gesetzgebungspatchworks. Nach den neuesten BDSG-Novellen aus dem Jahr 2009 verfügen einige Vorschriften des BDSG im nicht-öffentlichen Bereich mittlerweile, die Unterabsätze mitgezählt,

---

[10] *Roßnagel,* A. / *Pfitzmann,* A. / *Garstka,* H., Modernisierung des Datenschutzrechts, Gutachten im Auftrag des Bundesministeriums des Innern, 2001.

[11] Konferenz der Datenschutzbeauftragten des Bundes und der Länder, Ein modernes Datenschutzrecht für das 21. Jahrhundert – Eckpunkte, Stuttgart 2010.

[12] § 6c BDSG.

über bis zu elf Absätze mit Regeln, Ausnahmen und Gegenausnahmen[13] – ein anwenderfreundliches Datenschutzrecht stellt man sich anders vor.

Es ist daher an der Zeit, das BDSG stärker darauf zu fokussieren, einen verbindlichen Mindeststandard an Grundsatznormen zu formulieren, denen spezialgesetzliche Bestimmungen nur noch ausnahmsweise vorgehen. Zu den allgemein gültigen Grundsätzen des Datenschutzes zählen:

a) Strikte Beschränkung der Datenverarbeitung und -nutzung auf das Erforderliche

Der Erforderlichkeitsgrundsatz ist zwar geltendes Datenschutzrecht, in seiner technischen Ausgestaltung als Grundsatz der Datenvermeidung und Datensparsamkeit hat er allerdings kaum Wirkung entfaltet. Verstöße gegen den in § 3a BDSG normierten Grundsatz der Datenvermeidung und Datensparsamkeit sind derzeit nicht sanktionsbewehrt, weil es sich um eine allgemeine Zielvorgabe handelt. Der Gesetzgeber wäre gut beraten, den Grundsatz der Datenvermeidung und Datensparsamkeit in den Rang einer verbindlichen und sanktionsbewehrten Norm zu erheben. So wichtige technische Datenschutzlösungen wie der eingebaute Datenschutz (Privacy by Design) und der voreingestellte Datenschutz (Privacy by Default) könnten dann endlich auch von der Datenschutzaufsicht überwacht werden.

b) Konsequente Zweckbindung der erhobenen personenbezogenen Daten

Auch die bisherige Ausgestaltung des Grundsatzes der Zweckbindung hat sich angesichts der zunehmenden Vernetzung unterschiedlicher Datenbestände als unzureichend erwiesen. In der datenschutzrechtlichen Praxis kann die Zweckbestimmung ihre herausragende Bedeutung für die Gewährleistung des Persönlichkeitsrechts immer weniger erfüllen, weil es häufig an einer klaren Zweckbestimmung bei der Erhebung der Daten fehlt und zahlreiche Vorschriften unter sehr allgemein formulierten Voraussetzungen Zweckänderungen zulassen[14]. Sinnvoll wäre es daher, die Zweckbindung durch eine eigenständige, ebenfalls bußgeldbewehrte Norm in die Reihe der Datenschutzgrundsätze aufzunehmen. Die Vorschrift sollte zweckändernde Verwendungen personenbezogener Daten nur in klar definierten Ausnahmefällen auslassen, die ihrerseits nicht durch die Einwilligung der Betroffenen umgangen werden darf.

---

[13] § 28 BDG, vgl. auch § 29 und § 34 BDSG.
[14] Vgl. erneut § 28 Abs. 2 BDSG.

c) Wahrung der Transparenz – Offene Datenverarbeitung

Mikrotechnologie und Digitalisierung ermöglichen in erheblichem Umfang eine für die Betroffenen unbemerkte Erhebung, Verarbeitung und Nutzung ihrer Daten. Ein spezifisches Problem intransparenter Datenerhebung ist die Ortung, d. h. die Feststellung des geografischen Standortes von Personen oder Gegenständen, für welche bisher nur das Telekommunikationsrecht eine bereichsspezifische Lösung anbietet. An einem übergreifenden, technikunabhängigen Konzept transparenter Datenverarbeitung fehlt es bislang. Umfassende Transparenz setzt auch voraus, dass die Betroffenen angemessen über die Erhebung und Verwendung der Daten informiert werden. Es muss wieder der Grundsatz gelten, dass die Datenerhebung erkennbar sein muss und umgekehrt die heimliche Datenerhebung grundsätzlich verboten ist.

d) Grundsätzliches Verbot der Profilbildung

Der rasante technologische Fortschritt lässt Unmengen an personenbezogenen Daten anfallen, deren Verknüpfung immer ausgefeiltere Profile möglich macht. Derartige Profile gibt es bereits in vielen Bereichen, etwa als Konsumentenprofil, Bewegungsprofil oder Nutzerprofil im Internet, ohne dass sich die Betroffenen dessen überhaupt bewusst sind. Die Zusammenführung und Verknüpfung personenbezogener Daten zu Profilen stellt eine besondere Gefahr für das Persönlichkeitsrecht dar, weil sich auf diese Weise die Persönlichkeit eines Menschen, sein Verhalten, seine Interessen und Gewohnheiten verfügbar und kommerziell nutzbar machen lassen. Eine strikte Reglementierung von Profilbildungen durch eine gesetzliche Grundlage oder eine jederzeit widerrufbare Einwilligung würde die informationelle Selbstbestimmung in diesem besonders sensiblen Bereich stärken.

e) Überarbeitung des datenschutzrechtlichen Rollenkonzepts

Auch das Konzept der Zuweisung von Verantwortlichkeiten sollte neu gefasst werden. Im Gegensatz zur Europäischen Datenschutzrichtlinie kennt das BDSG beim Begriff der verantwortlichen Stelle nicht die Möglichkeit einer gemeinsamen Verantwortlichkeit mehrerer Stellen. Verteilte und häufig grenzüberschreitende Datenverarbeitung, wie es z. B. beim *Cloud Computing* der Fall ist, lassen sich daher nicht befriedigend regeln. Wünschenswert wäre, dass jede Stelle verantwortlich ist, wenn und soweit sie über Mittel und Zwecke der Datenverarbeitung maßgeblich bestimmen kann. Das Prinzip der *Accountability*, der Rechenschaftspflicht der Verantwortlichen, kann zudem zur Stärkung des Datenschutzes beitragen, indem die verantwortlichen Stellen geeignete und wirksame Maßnahmen zur Umsetzung des Datenschutzes treffen und nachweisbar dokumentieren müssen.

2. Schaffung eines technikneutralen Ansatzes

Technikneutrale Vorgaben bieten ein nachhaltiges Konzept, das nicht ständig durch die neusten technischen Entwicklungen überholt wird. Solange das Datenschutzrecht nur punktuell, zum Beispiel durch Spezialregelungen bei der Videoüberwachung[15] und für RFID-Chips[16], und oft mit erheblicher zeitlicher Verzögerung an die technologischen Neuerungen angepasst wird, wird es der Entwicklung immer reaktiv hinterher laufen. Mehr als Spezialnormen für einzelne technische Sachverhalte – zum Beispiel auch für Google Street View – brauchen wir technikneutrale Formulierungen, die den Umgang mit personenbezogenen Daten unabhängig von der eingesetzten Technik reglementieren.

3. Stärkung der Betroffenenrechte

Dreh- und Angelpunkt zur Durchsetzung des Datenschutzes ist der aufmerksame und kritische Betroffene. Doch nur wenn die Betroffenen ihre Rechte einfach und effektiv geltend machen können, werden sie diese auch nutzen. Die Datenverarbeitung muss für die Betroffenen transparenter werden, etwa indem der Zugang zu Informationen über gespeicherte Daten erleichtert und erweitert wird: So sollten die Kerninformationen, die die Betroffenen zur Ausübung ihrer Rechte benötigen, an prominenter Stelle platziert werden. Mehrseitige, kleingedruckte Einwilligungserklärungen und unscheinbare Datenschutzerklärungen schaffen das Gegenteil von Transparenz.

Das Konzept der Einwilligung als Rechtsgrundlage der Datenerhebung und -verarbeitung muss darüber hinaus gestärkt werden, damit die Betroffenen wieder in die Lage versetzt werden, ihre Daten selbst zu kontrollieren. Formularmäßige Einwilligungen, die der Betroffene durch seine Unterschrift unter allgemeine Geschäftsbedingungen oder umfangreiche Datenschutzerklärungen bestätigt, ohne sie jemals gelesen zu haben, helfen den Betroffenen nicht weiter.

Bereits eng mit dem nächsten Punkt – dem Datenschutz im Internetzeitalter – verbunden ist die Möglichkeit der elektronischen Ausübung der Betroffenenrechte und des elektronischen Widerrufs der Einwilligung.

---

[15] § 6b BDSG.
[16] § 6c BDSG.

4. Datenschutzrecht internetfähig machen

Dem Datenschutz im Internet kommt eine herausgehobene Bedeutung zu. Die globale Struktur des Internets und die sozialen Medien bergen besondere Gefährdungslagen. Angesichts der weltweiten Vernetzung und der dauerhaften Verfügbarkeit von Inhalten im Netz, über die die Betroffenen zunehmend die Kontrolle verlieren, sind internetspezifische Instrumente zur Gewährleistung und Durchsetzung der Datenschutzrechte der Betroffenen erforderlich. Hierzu zählt neben den bereits genannten Aspekten der Vermeidung des Medienbruchs bei der Ausübung von Betroffenenrechten und der datenschutzfreundlichen Ausgestaltung von Internetdiensten, z. B. datenschutzfreundlichen Grundeinstellungen bei Internetbrowsern, die Möglichkeit einer grundsätzlich unbeobachteten Kommunikation und Nutzung des Internets. Besondere Regelungen zum Datenschutz bedarf es bei Diensten, die sich – wie soziale Netzwerk – an minderjährige Nutzer richten. Auch die Aufnahme von „Verfallsdaten" – eines digitalen Radiergummis – und die Schaffung eines Widerspruchsregisters gegen die Veröffentlichung personenbezogener Daten im Internet sollte erwogen werden. Schließlich muss der Begriff der „öffentlich zugänglichen Daten", der geringere Anforderungen im Umgang mit personenbezogenen Daten zur Folge hat, mit Blick auf das Internet überdacht und einschränkend interpretiert werden.

Die weltweite Vernetzung setzt nationalen Regelungen ohne Zweifel enge Grenzen. Internationale Internetdienste wie Google Street View oder Facebook machen die mangelnde Geltungs- und Durchsetzungskraft deutscher Datenschutzgesetze offenkundig. Nationale Regelungen müssen daher durch internationale Vereinbarungen flankiert werden.

5. Mehr Eigenkontrolle

Verbesserungsmöglichkeiten bestehen auch bei der Eigenkontrolle der verantwortlichen Stellen. Das gegenwärtige Datenschutzrecht leidet an einem Vollzugsdefizit, weil die Datenschutzaufsichtsbehörden durch ihre unzureichende Ausstattung mit personellen und finanziellen Mitteln immer wieder Kompromisse bei der Kontrolldichte machen müssen. Die bestehenden Sanktionsmöglichkeiten reichen zudem häufig nicht aus. Die betrieblichen und behördlichen Datenschutzbeauftragten sind daher ein wichtiges Element der Eigenkontrolle, soweit sie ihre Aufgabe unabhängig, kompetent und mit ausreichenden Möglichkeiten wahrnehmen können. Ihre Stellung ist daher – auch im europäischen Raum – weiter zu stärken.

Gegenüber den verantwortlichen Stellen sollten zudem Anreize gesetzt werden, Datenschutz als eigenes Anliegen zu verstehen. Das im Bundesdatenschutzgesetz bereits verankerte[17], aber nicht ausgeführte Datenschutzaudit könnte den Datenschutz zu einem Wettbewerbsfaktor machen und auf diese Weise stärken. Es wird sich zeigen, ob mit der Gründung der im Koalitionsvertrag der Regierungsparteien vorgesehenen Stiftung Datenschutz endlich ein bundesweit gültiges Auditverfahren eingeführt wird.

6. Stärkung der unabhängigen Datenschutzaufsicht

Neben den betrieblichen und behördlichen Datenschutzbeauftragten kommt der staatlichen Datenschutzaufsicht eine herausragende Rolle für die Verwirklichung eines effizienten Datenschutzes zu. Die Datenschutzaufsichtsbehörden kontrollieren nicht nur die Einhaltung der datenschutzrechtlichen Bestimmungen, sondern beraten die verantwortlichen Stellen bereits im Vorfeld. Daneben informieren sie die Öffentlichkeit über datenschutzrechtliche Probleme und Lösungswege.

Damit die Datenschutzaufsichtsbehörden ihrem Kontrollauftrag nachkommen können, müssen ihre Kontrollbefugnisse aus § 38 BDSG über die jüngsten Gesetzesänderungen hinaus weiter gestärkt werden. Dies gilt im Übrigen auch für den Bundesbeauftragten für den Datenschutz und die Informationsfreiheit, dessen Rechtsstellung hinter der der Aufsichtsbehörden der Länder zurückbleibt. So verfügt der BfDI über kein Anordnungsrecht bei Datenschutzverstößen, obwohl auch der BfDI nach dem TKG und dem PostG nicht-öffentliche Stellen kontrolliert.

Eine effiziente Arbeit der Aufsichtsbehörden setzt auch deren Unabhängigkeit voraus. Die absolute Unabhängigkeit der Datenschutzaufsicht, die der EuGH in seinem viel beachteten Urteil vom März diesen Jahres eingefordert hat, muss rechtlich, organisatorisch und finanziell abgesichert werden. Dies gilt im nicht-öffentlichen wie im öffentlichen Bereich, auf Landesebene wie auf Bundesebene.

7. Wirksamere Sanktionen

Schließlich sind wirksamere Sanktionen wichtig. Die immer noch vorhandenen Lücken im datenschutzrechtlichen Sanktionssystem müssen endlich geschlossen werden. Noch immer sind wichtige Datenschutzvorschriften – ich erinnere nur an die Grundsätze der Zweckbindung und der Datensparsamkeit – nicht bußgeldbewehrt.

---

[17] § 9a BDSG.

Die bestehenden Schadensersatzansprüche der Betroffenen werden nur selten geltend gemacht, weil die Anforderungen für eine Geltendmachung sehr hoch sind. Ansprüche scheitern oft daran, dass die Betroffenen zwar einen Schaden, aber kein Verschulden der verantwortlichen Stelle nachweisen können. Für die Betroffenen sollten daher einfach zu handhabende Haftungsansprüche, etwa eine Gefährdungshaftung oder ein pauschalierter Schadensersatzanspruch auch gegenüber nicht-öffentlichen Stellen, eingeführt werden.

IV. Ausblick

Es ist nicht absehbar, ob und wann eine grundlegende Reform des Datenschutzrechts angegangen wird. Auch die aktuellen Gesetzentwürfe zum Datenschutzrecht – insb. zum Beschäftigtendatenschutz[18] und das vom Bundesinnenministerium angekündigte sog. „Rote-Linien-Gesetz" zum verbesserten Datenschutz im Internet – betreffen nur zwei weitere Einfügungen in ein immer schwieriger verständliches Regelwerk, dessen Neustrukturierung überfällig ist.

Hoffnung erwecken immerhin Diskussionen auf europäischer Ebene, den EU-Rechtsrahmen für den Datenschutz nach dem Inkrafttreten des Vertrags von Lissabon[19] grundlegend zu überarbeiten.[20] Zumindest in diesem Kontext wird es unvermeidlich sein, die immer wieder aufgeschobene grundlegende Modernisierung auch des deutschen Datenschutzrechts endlich in Angriff zu nehmen.

---

[18] BR-Drs. 535/10.

[19] EU ABl. Nr. C 83 v. 30.03.2010, S. 47 ff.

[20] Mitteilung der Europäischen Kommission zum Gesamtkonzept für den Datenschutz in der Europäischen Union, KOM(2010) 609 endg. v. 4. 11. 2010.

Die „völlig unabhängige" Aufsichtsbehörde

Zum Urteil des EuGH vom 09.03.2010 – C-518/07

Heinrich Amadeus Wolff

I. Die Datenschutzkontrolle in Deutschland

Das Datenschutzrecht ist eine Querschnittsmaterie, deren kompetenzrechtliche Zuordnung nicht völlig eindeutig ist. Am überzeugendsten ist es, die Gesetzgebungskompetenz für den Datenschutz im öffentlichen Bereich als eine Frage der Gesetzgebung des Verwaltungsverfahrens zu begreifen und im privaten Bereich als den Erlass materiellrechtlicher Vorschriften des Zivilrechts bzw. des Arbeitsrechts. Insofern ist es durchaus überzeugend, dass der Bundesgesetzgeber mit dem Bundesdatenschutzgesetz Datenschutznormen für den Privatrechtsbereich und für die Bundesverwaltung erlassen hat. Die Datenschutzbestimmungen für die Landesverwaltung finden sich demgegenüber in den Datenschutzgesetzen der Länder.

Sofern das Bundesdatenschutzgesetz Regeln für die Bundesverwaltung enthält, wird es von der Bundesverwaltung ausgeführt mit der Folge, dass die grundrechtlich geforderte unabhängige Kontrolle dem Bundesbeauftragten für Datenschutz und Informationsfreiheit obliegt. Die Länder deren Datenschutzgesetze Vorgaben für ihre Landesverwaltungen enthalten, führen diese Gesetze selbst aus und übertragen die Kontrolle ihren unabhängigen Datenschutzbeauftragten. Soweit das BDSG Normen für den Wirtschafts- oder Zivilrechtsverkehr enthält, handelt es sich um ein Bundesgesetz, das gemäß den Normen der Art. 83 ff. GG von den Ländern ausgeführt wird, mangels spezieller Normen daher als eigene Angelegenheit gemäß Art. 84 GG.

Nach der allgemeinen Regel des Art. 84 GG bestimmen die Länder bei der Ausführung von Bundesgesetzen als eigene Angelegenheit grundsätzlich selbst die Einrichtung der Behörden. Vor der Föderalismusreform durfte der Bund Organisationsregeln mit Zustimmung des Bundesrates erlassen, nun enthält Art. 84 Abs. 1 S. 5-6 GG eine detaillierte Neuregelung. Das BDSG bestimmt nicht, in welcher Organisationsform die Länder das BDSG ausführen. § 38 BDSG regelt zwar Befugnisse der Aufsichtsbehörden, nicht aber die Organisation der Aufsichtsbehörden selbst. Vielmehr bestimmen gem. § 38 Abs. 6 BDSG die

Landesregierungen oder die von ihnen ermächtigten Stellen die für die Kontrolle der Durchführung des Datenschutzes im Anwendungsbereich dieses Abschnittes zuständigen Aufsichtsbehörden.

Die Länder haben (bzw. hatten) die Aufsichtsbehörden in ganz unterschiedlicher Weise organisiert. Teilweise wird die Aufsichtsbehörde dem Innenministerium zugeordnet (Baden-Württemberg/ Saarland/ Brandenburg), teilweise den Regierungsbezirken (Hessen und Sachsen), mitunter auch beim Landesverwaltungsamt (Thüringen/Sachsen-Anhalt) oder einem eigenen Landesamt mit technischer Unterstützung des TÜV (Bayern). Während diese Gruppe die Aufsicht über den Privaten Bereich in die Verwaltung eingegliedert hat, organisiert ein großer Teil der Länder diese Kontrolle parallel zu der des öffentlichen Bereichs, entweder indem sie dem Landesdatenschutzbeauftragten des Landes zugeordnet ist (Berlin/Bremen/Hanse und Freie Stadt Hamburg/Mecklenburg Vorpommern/Rheinland Pfalz /Niedersachsen/Nordrhein-Westfalen) oder einem unabhängigen Landesdatenschutzzentrum (Schleswig Holstein).[1] In den Ländern Baden-Württemberg, Brandenburg und Saarland ist die Übertragung auf den Landesdatenschutzbeauftragten schon länger geplant.

Sofern die Landesdatenschutzbehörden zugleich als Aufsichtsbehörden bestimmt werden, nehmen sie diese Aufgaben mit der ihnen zukommenden Unabhängigkeit wahr, sofern sie in die allgemeine Staatsverwaltung eingegliedert sind, gelten die Regeln über die normale Verwaltungshierarchie.

II. Vereinbarkeit mit der Datenschutzrichtlinie

Schon bald kam die Frage auf, ob die Organisation der Datenschutzkontrolle in den Ländern, die die Aufsichtsbehörden in die staatliche Verwaltungshierarchie eingliederten, mit Art. 28 der Richtlinie 95/46/EG des Europäischen Parlaments und des Rates vom 24.10.1995 zum Schutz natürlicher Personen bei der Verarbeitung personenbezogener Daten und eines freien Datenverkehrs (RL 94/96 (EG) vereinbar ist. Nach Art. 28 Abs. 1 RL 94/96 (EG) sehen die Mitgliedstaaten vor, dass eine oder mehrere öffentliche Stellen beauftragt werden, die Anwendung der von den Mitgliedstaaten zur Umsetzung dieser Richtlinie erlassenen einzelstaatlichen Vorschriften in ihrem Hoheitsgebiet zu überwachen. Und Art. 28 Abs. 1 UAbs. 2 RL 94/96 (EG) verlangt, dass diese Stellen die ihnen zugewiesenen Aufgaben in völliger Unabhängigkeit wahrnehmen. Sofern die Aufsichtsbehörden der Länder in die allgemeine Verwaltungshierar-

---

[1] *Däubler u.a.*, BDSG, 3. Aufl. 2010, § 38 Rn. 4 f.; *Alexander Roßnagel*, Verurteilung Deutschlands zur Neuorganisation seiner Datenschützer, EuZW 2010, 299, 300; Begmann/Möhrle/Herb, BDSG § 38 Anhang 1 (Stand Nov. 2009); *Gola/Schomerus*, BDSG, 10. Aufl. 2010, § 38, Rn. 29.

chie integriert waren bzw. sind, wurde bestritten, dass diese Behörden die völlige Unabhängigkeit i.S.v. Art. 28 der RL besitzen.

Aufgrund eines Vertragsverletzungsverfahrens gegen Deutschland hat der EuGH in einem viel beachteten Urteil vom 09.03.2010[2] eine Vertragsverletzung Deutschlands gegen die Konventionspflicht aus Art. 28 Abs. 1 UAbs. 2 RL 94/96 (EG) festgestellt, nachdem Deutschland die für die Überwachung der Verarbeitung personenbezogener Daten im nicht-öffentlichen Bereich zuständigen Kontrollstellen in den Bundesländern staatlicher Aufsicht unterstellt und damit das Erfordernis, dass diese Stellen ihre Aufgaben „in völliger Unabhängigkeit" wahrnehmen, falsch umgesetzt hat.

Der EuGH stützte sich dabei vor allem auf den Wortlaut der Norm. In Bezug auf öffentliche Stellen bezeichnet der Begriff „Unabhängigkeit" in der Regel eine Stellung, in der gewährleistet sei, dass die betreffende Stelle völlig frei von Weisungen und Druck handeln könne.[3] Eine Unabhängigkeit allein von der kontrollierten Stelle genüge nicht.[4] Weiter habe die RL 94/96 (EG) die Funktion, einen hohen Schutz der Grundrechte und Grundfreiheiten zu gewährleisten und die Kontrollstellen hätten die Funktion Hüter dieser Grundrechte und Grundfreiheiten zu sein.[5] Dies verlange ein objektives und unparteiisches Vorgehen, was nur bei Freiheit vor jeglicher Einflussnahme von außen gewährleistet sei.[6] Auch der europäische Datenschutzbeauftragte sei völlig unabhängig von hoheitlichen Stellen, die auf vergleichbar formulierte Normen beruhten.[7] Als Ergebnis formuliert der EuGH:[8]

Nach alledem ist Art. 28 Abs. 1 Unterabs. 2 der Richtlinie 95/46 dahin auszulegen, dass die für die Überwachung der Verarbeitung personenbezogener Daten im nicht-öffentlichen Bereich zuständigen Kontrollstellen mit einer Unabhängigkeit ausgestattet sein müssen, die es ihnen ermöglicht, ihre Aufgaben ohne äußere Einflussnahme wahrzunehmen. Diese Unabhängigkeit schließt

---

[2] EuGH (Große Kammer), Ut. v. 09.03.2010, RS - C-518 (Kommission/Deutschland), EuZW 2010, 296 mit Anmerkung von *Roßnagel* (Fn. 1), EuZW 2010, 299 ff.; *Thomas Petri/ Marie-Theres Tinnefeld*, Zur Frage der Unabhängigkeit der Datenschutzaufsicht über den privaten Bereich in Deutschland, MMR 2010, 355 ff.; *Indra Spiecker gen. Döhmann*, Zum Datenschutz im Hinblick auf die Unabhängigkeit der nationalen Aufsichtsstellen über den Datenschutz, JZ 2010, 787 ff.; *Hans Peter Bull*, Die „völlig unabhängige" Aufsichtsbehörde, EuZW 2010, 488 ff.; *Eike Michael Frenzel*, „Völlige Unabhängigkeit" im demokratischen Rechtsstaat, DÖV 2010, 925 ff.; *Astrid Epiney*, Urteilsanmerkung, AJP/PJA 2010, 659 ff.

[3] EuGH, Ut. v. 09.03.2010, RS - C-518 (Kommission/Deutschland), Rn. 18.

[4] EuGH, Ut. v. 09.03.2010, RS - C-518 (Kommission/Deutschland), Rn. 19.

[5] EuGH, Ut. v. 09.03.2010, RS - C-518 (Kommission/Deutschland), Rn. 20-23.

[6] EuGH, Ut. v. 09.03.2010, RS - C-518 (Kommission/Deutschland), Rn. 24-26.

[7] EuGH, Ut. v. 09.03.2010, RS - C-518 (Kommission/Deutschland), Rn. 26-29.

[8] EuGH, Ut. v. 09.03.2010, RS - C-518 (Kommission/Deutschland), Rn. 30.

nicht nur jegliche Einflussnahme seitens der kontrollierten Stellen aus, sondern auch jede Anordnung und jede sonstige äußere Einflussnahme, sei sie unmittelbar oder mittelbar, durch die in Frage gestellt werden könnte, dass die genannten Kontrollstellen ihre Aufgabe, den Schutz des Rechts auf Privatsphäre und den freien Verkehr personenbezogener Daten ins Gleichgewicht zu bringen, erfüllen.

Die Eingliederung der Aufsichtsbehörde in die allgemeine Verwaltung genüge diesen Grundsätzen nicht,[9] da staatliche Aufsicht, gleich welcher Art sie der Regierung grundsätzlich ermögliche, die Entscheidungen der Kontrollstellen unmittelbar oder mittelbar zu beeinflussen, aufgrund eines potenziellen Interesses von Regierungen an einer Einflussnahme, d. h. schon wegen der Möglichkeit einer Intervention die Unabhängigkeit schwäche.[10]

Die Einwände Deutschlands ließ der EuGH nicht gelten: (a) Der Grundsatz der Demokratie des Art. 6 Abs. 1 EUV a.F./ Art. 2 EUV (Lissabon) bedeute nicht, dass es außerhalb des klassischen hierarchischen Verwaltungsaufbaus keine öffentlichen Stellen geben könne, die von der Regierung mehr oder weniger unabhängig seien.[11] Nach Auffassung des EuGH gäbe es solche Stellen zudem auch im deutschen Rechtssystem, wobei die betreffenden Stellen nicht genannt werden.[12] (b) Weiter verlange auch die RL 94/96 (EG) nicht dem Parlament jede Einflussmöglichkeit vorzuenthalten:[13] So könne zum einen das Leitungspersonal der Kontrollstellen vom Parlament oder der Regierung bestellt werden. Zudem dürfe der Gesetzgeber die Kompetenzen der Kontrollstellen festlegen, und schließlich sei der Gesetzgeber befugt die Kontrollstellen zu verpflichten dem Parlament Rechenschaft über ihre Tätigkeiten abzulegen. (c) Die Kompetenz des Art. 100a EGV, auf die die RL 94/96 (EG) gestützt sei, rechtfertige es auch die Unabhängigkeit der Kontrollstellen festzulegen, da dies das gleiche hohe Niveau der Persönlichkeitsschutz gewährleiste.[14] (d) Auch eine Missachtung des Grundsatzes der Subsidiarität liege nicht in der Weise vor, dass nur die Unabhängigkeit verlangt werde, aber nicht mehr.[15]

---

[9] EuGH, Ut. v. 09.03.2010, RS - C-518 (Kommission/Deutschland), Rn. 31-32.

[10] EuGH, Ut. v. 09.03.2010, RS - C-518 (Kommission/Deutschland), Rn. 33-38.

[11] EuGH, Ut. v. 09.03.2010, RS - C-518 (Kommission/Deutschland), Rn. 41 f.

[12] EuGH, Ut. v. 09.03.2010, RS - C-518 (Kommission/Deutschland), Rn. 42.

[13] EuGH, Ut. v. 09.03.2010, RS - C-518 (Kommission/Deutschland), Rn. 43–45.

[14] EuGH, Ut. v. 09.03.2010, RS - C-518 (Kommission/Deutschland), Rn. 47–51.

[15] EuGH, Ut. v. 09.03.2010, RS - C-518 (Kommission/Deutschland), Rn. 52–55.

III. Ausmaß der geforderten Unabhängigkeit

Der EuGH spricht davon, die Kontrollstellen müssten ihre Aufgaben ohne äußere Einflussnahme wahrnehmen. Ausgeschlossen sei jegliche Einflussnahme. Erlaubt sei aber die Wahl durch das Parlament, die gesetzliche Vorgabe der Aufgaben und Befugnisse, die Berichtspflicht gegenüber dem Parlament und die gerichtliche Kontrolle. Da selbst schon die psychologische Vorwirkung jeder Art von Kontrolle ausgeschlossen werden soll, sind diese Vorgaben eng auszulegen.

Überträgt man dies auf das Organisationsrecht gilt: Eine Eingliederung in die Staatsverwaltung ist ausgeschlossen, eine organisatorische Selbständigkeit ist erforderlich. Ausgeschlossen sind weiter die Fachaufsicht[16] und die Rechtsaufsicht.[17] Nicht ganz eindeutig ist, inwiefern die Dienstaufsicht möglich bleibt.[18] In der Literatur wird überwiegend angenommen, eine mit der Dienstaufsichtvon Richtern vergleichbare Aufsicht sei mit der Entscheidung vereinbar.[19] Für diese Ansicht spricht zumindest, dass bei dem als Referenzbeispiel herangezogenen europäischen Datenschutzbeauftragten die Möglichkeit besteht, auf entsprechenden Antrag ihn durch den Gerichtshof des Amtes zu entheben oder seiner Ruhegehaltsansprüche oder an ihrer Stelle gewährte Vergünstigungen für verlustig zu erklären, wenn er die Voraussetzungen für die Ausübung seines Amtes nicht mehr erfüllt oder eine schwere Verfehlung begangen hat. Dies ist zwar keine Dienstaufsicht im technischen Sinne, aber immerhin die Möglichkeit eines Amtsenthebungsverfahrens. Gegen die Annahme der Zulässigkeit einer Dienstaufsicht spricht allerdings zunächst der vom EuGH selbst so betonte Wortlaut.[20] Völlige Unabhängigkeit ist ersichtlich mehr als richterliche Unabhängigkeit.[21] Auch der Verweis auf die zu vermeidende psychologische Vorwirkung spricht für die Annahme, eine Dienstaufsicht sei ausgeschlossen. Schließlich sind die ausdrücklich zugelassenen Kontrollmittel wie eine Berichtspflicht, eine Wahlmöglichkeit und der Gerichtsschutz deutlich von der Dienstaufsicht zu unterscheiden. Wenn man mit den Worten des EuGH ernst macht, liegt die Annahme nahe, auch die Dienstaufsicht sei unzulässig; verwunderlich, aber relativ eindeutig. Selbst über die Zulässigkeit der beim Europäischen Datenschutzbeauftragten vorgesehenen Amtsenthebung könnte man

---

[16] *Petri* (Fn. 2), MMR 2010, 355.

[17] *Petri* (Fn. 2), MMR 2010, 355; *Spiecker gen. Döhmann,* (Fn. 2), JZ 2010, 787, 788.

[18] *Petri* (Fn. 2), MMR 2010, 355; *Spiecker gen. Döhmann,* (Fn. 2), JZ 2010, 787, 790: Ausschluss jeglicher Aufsicht.

[19] *Petri* (Fn. 2), MMR 2010, 355.

[20] Ähnlich *Gola/Schomerus*, BDSG, 10. Aufl. 2010, § 38, Rn. 31.

[21] A.A. *Epiney* (Fn. 2), Urteilsanmerkung, AJP/PJA 2010, 659, 661.

streiten, denn diese kann die Unabhängigkeit in erheblichem Maße beeinträchtigen.

Nimmt man die Anforderungen des EuGH ernst, hätten diese auch Auswirkungen auf die Rechtsstellung der unabhängigen Datenschutzbeauftragten in Deutschland. Die Kommission hat nur hinsichtlich der Kontrollstellen ein Vertragsverletzungsverfahren angestrengt, weil sie davon ausging, dass die Datenschutzbeauftragten von Bund und Ländern den Anforderungen des Art. 28 RL 94/96 (EG) genügten.[22] Die Einschätzung der Kommission ersetzt aber nicht die Prüfung an Hand der neuen Konkretisierung der Richtlinien durch den EuGH.[23] Da die unabhängigen Datenschutzbeauftragten oft einer – zu richterlichen Dienstaufsicht parallel organisierten Dienstaufsicht – unterworfen sind, kann man durchaus daran zweifeln, dass selbst diese hinreichend unabhängig sind. Auch die in diesem Zusammenhang vorgesehene Absetzungsmöglichkeit versteht sich nicht von selbst. Sollte es zudem bisher im Bereich der unabhängigen Landesdatenschutzbehörden, im Bereich der Kontrolle des Privatbereichs, eine Rechtsaufsicht gegeben haben,[24] müsste diese auch abgestellt werden. Sicher dürfte sein, dass der ein oder andere Datenschutzbeauftragte nun unter Hinweis auf die Entscheidung eine bessere Personal- oder Finanzausstattung einfordert. Auch weitere Auswirkungen auf die Ausgestaltung der Behörden der Datenschutzbeauftragten sind möglich.[25]

IV. Europarechtliche Bewertung

Die Entscheidung des EuGH ist europarechtlich zumindest vertretbar. Zwingend ist diese Auslegung allerdings auch europarechtlich nicht, wie schon an der entgegengesetzten Stellungnahme des Generalanwalt Mazák deutlich wird.[26] Die Ansicht, der Passus „völlig unabhängig" verlange eine Freiheit von jeder Art von Aufsicht ist grammatikalisch gut vertretbar. Das „Außer-Acht-lassen" der historischen Auslegung[27] ist vielleicht nicht zwingend, aber durchaus innerhalb der bisherigen Rechtsprechungslinie.[28] Der Schluss, das europäi-

---

[22] *Petri* (Fn. 2), MMR 2010, 355.

[23] A.A. *Roßnagel* (Fn. 2), EuZW 2010, 299, 300.

[24] Vgl. *Gola/Schomerus*, BDSG, 10. Aufl. 2010, § 38, Rn. 31.

[25] *Petri* (Fn. 2), MMR 2010, 355.

[26] Schlussanträge des *GA Jan Mazak* v. 12.11.2009, Rs. C-518/07; s.a. *Epiney* (Fn. 2), AJP/PJA 2010, 659, 660: „denkbar streng".

[27] Zur Entstehungsgeschichte des Artikel 28 Absatz 1 der RL vgl. *Johannes Hellermann, Joachim Wieland*, Die Unabhängigkeit der Datenschutzkontrolle im nicht-öffentlichen Bereich, DuD 2000, 284, 285.

[28] *Daniel Meltzian*, Die Arbeit der Aufsichtsbehörde, in: Voßbein, Datenschutz Best Practice, 4. Aufl. 2008, Abschn. 11, S. 125, 126.; *Petri/Tinnefeld* (Fn. 2), Völlige Unabhängigkeit der Datenschutzkontrolle, MMR 2010, 157, 160, Fn. 53.

sche Demokratieprinzip verlange keine demokratische Legitimation jeder Stelle mit Entscheidungsgewalt im Sinne der deutschen Dogmatik ist ebenfalls gut vertretbar, allenfalls die Darlegungen zur Subsidiarität sind angreifbar, da ja nun gerade der Generalanwalt verdeutlichte, dass die Ziele der Richtlinie auch auf anderer Weise erreichbar seien.

V. Bewertung aus deutscher Sicht

Anders fällt die Bewertung aus deutscher Sicht aus. Aus deutscher Sicht ist die Entscheidung schmerzlich, auch wenn dies nichts an ihrer Gültigkeit ändert. Sofern man den Blickwinkel auf die RL 94/96 (EG) allein beschränkt oder auf die institutionelle Stellung der unabhängigen Datenschutzbehörden, mag man die Entscheidung begrüßen.[29] Wer demgegenüber den Datenschutz in die allgemeine Dogmatik eingliedern will, wird über die Entscheidung entsetzt seien müssen. Die Argumentation des EuGH ist – von dem Wortlautargument abgesehen – brüchig und erkennt nicht, wie sehr sie nationale Verfassungsstrukturen beschädigt.[30]

1. Es überrascht, wenn in Reaktion auf die Entscheidung festgestellt wird, dass die durch den Anwendungsvorrang hervorgerufenen Friktionen mit dem Prinzip der demokratischen Legitimationen seien gar nicht zu groß.[31]

Bekanntlich folgert das BVerfG aus dem Demokratieprinzip aus Art. 20 Abs. 1 GG, dass alles amtliche Handeln mit Entscheidungscharakter demokratisch legitimiert sein muss. Entscheidend sei das jeweils sachlich angemessene Legitimationsniveau. Die Legitimation kann vor allem auf zwei Wegen erreicht werden, organisatorisch-personell oder sachlich-inhaltlich. Bei der organisatorisch-personellen Legitimation kommt es darauf an, wie sehr der mit der Wahrnehmung staatlicher Aufgaben betraute Amtswalter an das Parlament rückgekoppelt ist (Ernennung/Abberufung/Dienstaufsicht). Die sachlich-inhaltliche Legitimation beruht auf einer inhaltlichen Steuerung, die bis zum Parlament zurück geht (Gesetzesbindung/Rechtsaufsicht/Fachaufsicht). Beide Stränge greifen ineinander. Defizite im Bereich der so begründeten demokratischen Legitimation sind bei verfassungsrechtlicher Legitimation (Art. 28 Abs. 2GG/ Art. 88

---

[29] *Roßnagel* (Fn. 2), EuZW 2010, 299 ff.; *Petri* (Fn. 2), MMR 2010, 355 ff.

[30] *Bull* (Fn. 2), EuZW 2010, 488, 489.

[31] *Petri/ Tinnefeld* (Fn. 28), MMR 2010, 157, 160; *Roßnagel* (Fn. 2), EuZW 2010, 299, 300; EuGH, Ut. v. 09.03.2010, RS - C-518 (Kommission/Deutschland), Rn. 40 f.; *Florian Albrecht*, Anmerkung, jurisPR-ITR 15/2010 Anm. 4 unter C; überzeugender dagegen *Spiecker gen. Döhmann* (Fn. 2), JZ 2010, 787 ff.; *Bull* (Fn. 2), EuZW 2010, 488 ff.; in diese Richtung auch *Frenzel* (Fn. 2), DÖV 2010, 925, 928 ff.

GG) und ggf. entsprechender Substitution durch Partizipationsrecht der Betroffenen (Selbstverwaltungskörperschaften oder Anstalten) denkbar.[32]

Die Abweichungen der Organisation der Kontrollstellen gem. Art. 28 RL 94/96 (EG) in der Auslegung des EuGH wird mit der Überlegung relativiert, es gebe durchaus auch in Deutschland Stellen, die ebenfalls in anderen Bereichen eine Unabhängigkeit aufwiesen, wie die Kontrollstellen nach der Lesart des EuGH.[33] Leider bleiben diese Hinweise immer sehr abstrakt. Entscheidend sind die Funktion und die Aufgabe, die die Stelle ausübt. Eine Stelle, die mit der Befugnis ausgestattet ist. Ordnungswidrigkeitenbescheide und Untersagungsverfügungen gegenüber Privaten zu erlassen (vgl. §§ 38 Abs. 5, 43 BDSG) und nicht einmal eine Rechtsaufsicht und/oder Dienstaufsicht unterliegt, ist dem Verfasser nicht bekannt. Es wird auch in der Literatur keine genannt. Es gibt keine Referenzbeispiele dafür.[34] Der Bundesrechnungshof ist eine oberste Bundesbehörde und als unabhängiges Organ der Finanzkontrolle nur dem Gesetz unterworfen, und darf gem. § 105 BHO unter bestimmten Voraussetzungen auch Private prüfen, erlässt aber soweit ersichtlich weder Ordnungswidrigkeiten noch Änderungsverfügungen. Die Bundesnetzagentur und das Bundeskartellamt sind Bundesoberbehörden, bei denen das Weisungsrecht bewusst transparent ausgestaltet ist (§ 117 TKG/§ 52 GWB). Beide Behörden können ersichtlich die Behauptung, die völlige Unabhängigkeit von Behörden mit Eingriffsbefugnis gleich der der Aufsichtsbehörden komme gegenwärtig schon vor, nicht stützten.

Auch die Annahme, die Grundsätze der demokratischen Legitimation seien Prinzipien, die nicht rein durchgehalten werden,[35] überzeugt nicht. Die Reichweite der demokratischen Legitimation, insbesondere die Bestimmung des im jeweiligen Einzelfall erforderlichen Legitimationsniveaus kann schwierig sein und das Thema ist auch in seinen Grundfesten umstritten. Dass aber Stellen, die mit den Befugnissen ausgestattet sind, die § 38 BDSG den Kontrollstellen vermittelt, grundsätzlich einer strengen demokratischen Legitimation unterliegen, ist bisher nicht streitig gewesen. Defizite im Bereich der persönlichen oder sachlichen Legitimation bedürfen daher einer verfassungsrechtlichen Rechtfertigung. Für den Bereich der Kontrolle von Privaten, die zugleich Exekutive

---

[32] s. dazu BVerfGE 83, 60, 73; BVerfGE 93, 37, 67 ff.; BVerfGE 107, 59, 92 ff.; BVerfGE 111, 191, 216 ff.; *Böckenförde*, HStR II, 3. Aufl. 2004, § 24, Rn. 11 ff.; *Bull* (Fn. 2), EuZW 2010, 488, 489 ff.; *Wolfgang Kahl*, Die Staatsaufsicht, 2000, 479 ff.

[33] *Roßnagel* (Fn. 2), EuZW 2010, 299, 300; EuGH, Ut. v. 09.03.2010, RS - C-518 (Kommission/Deutschland), Rn. 42.

[34] Ausführlich *Bull* (Fn. 2), EuZW 2010, 488, 490; s. etwa die Aufzählung bei *Hans Heinrich Trute*, § 6 Die demokratische Legitimation der Verwaltung, in: Hoffmann-Riehm/ Schmidt-Aßmann/ Voßkuhle, Grundlagen des Verwaltungsrechts, Bd. I, 2006, 307, Rn. 60 ff.

[35] *Petri/Tinnefeld* (Fn.2), MMR 2010, 157, 160.

Funktion wahrnimmt, fehlt diese. Der Hinweis, sie sei im institutionellen Grundrechtsschutz zu suchen,[36] trägt nicht. Grundrechtsschutz genießen die Privaten, die von den Kontrollstellen überwacht werden, die Herausnahme dieser Stellen aus der demokratischen Legitimationskette ist keine Stärkung des Grundrechtsschutzes, sondern ein Schwächung. Die Anforderung der demokratischen Legitimation soll nach deutschem Verständnis die Kontrolle erhöhen und nicht absenken.[37] Die Praxis straft diese Vorstellung nicht als Irrtum. Man kann nicht ernsthaft darüber streiten, dass eine völlige Freistellung der Kontrollstellen von jeder Aufsicht mit dem Gebot der hinreichenden demokratischen Legitimation (nach deutschem Recht) grundsätzlich unvereinbar ist. Eine ausreichende Rechtfertigung für die Defizite im Legitimationsniveau besteht nicht.

2. Der Sache nach beruht die Entscheidung auf einer Aufgabe der Unterscheidung zwischen staatlicher und privater Datenverarbeitung und der privaten. Die RL 94/96 (EG) behandelt beide Bereiche gleich, die gesamte deutsche Rechtsordnung, von den Handlungsformen angefangen, über die Grundrechtswirkungen und den Legitimationswirkungen bis hin zum Rechtsweg trennt diese Bereiche. Bisher ist Deutschland mit dieser Trennung gut gefahren und hat zudem bis zum Zeitpunkt der EuGH-Entscheidung die Auffassung vertreten, Art. 28 RL 94/96 (EG) hebe diese Trennung nicht faktisch auf.

3. An zentraler Stelle des Urteils wird die von der EU für ihre eigene Datenschutzkontrolle formulierte Organisationsform (die Ausgestaltung der Unabhängigkeit des europäischen Datenschutzbeauftragten) auf die der nationalen Kontrollstellen übertragen. „Ohne mit der Wimper zu zucken" werden aufgrund begrifflicher Verwandtschaft Anforderungen aus einer Verordnung[38] auf die Anforderungen der Vorgaben einer Richtlinie übertragen, obwohl die Richtlinie eigentlich Umsetzungsgestaltungsraum beherbergen müsste (Art. 288 AEUV). Diese Übertragung findet dabei im Verwaltungsorganisationsbereich statt, d. h. in einem Umfeld, bei dem die Gründe der Harmonisierung strukturell nicht besonders dringend seien dürften. Weiter war die deutsche Regelung zur Ausgestaltung der Datenschutzkontrolle in dem Bereich, in dem der europäische Datenschutzbeauftragte zuständig ist, gerade nicht Gegenstand des Verfahrens (Kontrolle des Verwaltungsbereichs). Der Hinweis der Bundesrepublik Deutschland, die im Endeffekt vom EuGH postulierten Forderungen seien mit dem Subsidiaritätsgebot nicht vereinbar, wischt der EuGH mit dem Argument weg, die Anforderungen seien zur Zielerreichung des EG-Vertrags erforderlich.

---

[36] *Petri/ Tinnefeld* (Fn. 28), MMR 2010, 157, 161; *Roßnagel* (Fn. 2), EuZW 2010, 299, 300.

[37] *Spiecker gen. Döhmann*, (Fn. 2), JZ 2010, 787, 789; *Bull* (Fn. 2), EuZW 2010, 488, 491.

[38] Artikel 44 Verordnung (EG), Nr. 45/2001.

4. Der EuGH rechtfertigt die Kontrollstellen indem er sie in einer für rechtliche Argumentation ungewöhnlichen Form „heilig spricht" sie seien die Hüter dieser Grundrechte und der Grundfreiheiten. Die in Bezug genommenen Grundrechte werden nicht konkret benannt. Vielmehr werden der zehnte Erwägungsgrund und Art. 1 der RL 94/96 (EG) genannt, nach dem die Richtlinie außerdem zum Ziel habe, den durch die bestehenden nationalen Rechtsvorschriften garantierten Schutz nicht zu verringern, sondern vielmehr in der Gemeinschaft bei der Verarbeitung personenbezogener Daten ein hohes Niveau des Schutzes der Grundrechte und Grundfreiheiten zu gewährleisten.[39] Bei allem gebührenden Respekt vor dem Datenschutz, so erscheint – zumal bei der schmalen normativen Grundlage – diese rechtsethische Überhöhung einer Behörde deutlich übertrieben zu sein. „Hüter der Grundrechte" nannte der deutsche Jurist bisher nur das BVerfG, historisch geprägt eventuell noch den Bundespräsidenten als Hüter der Verfassung. Mit beiden sind die Kontrollstellen nicht zu vergleichen.

Die Kontrollstellen werden nun zu Hütern der Grundfreiheiten und der Grundrechte aufgrund ihrer Kontrollbefugnisse in der RL 94/96 (EG). Gegenstand der Kontrolle ist dabei die Einhaltung der Bestimmung der RL 94/96 (EG) bei Privaten. Für diesen Bereich können die Kontrollstellen nur dann Hüter der Grundfreiheiten und Grundrechte sein, wenn die Privaten, die von den Kontrollstellen überwacht werden, Verpflichtete der Grundfreiheiten und der Grundrechte sind. Eine unmittelbare Drittwirkung der Grundfreiheiten hat der EuGH bisher nur im Arbeitsrecht angenommen.[40] Im Bereich der Grundrechte sieht es etwas günstiger aus. Zwar ordnet Art. 51 GRCh keine Bindungswirkung gegenüber Dritten an, dennoch geht man davon aus, eine unmittelbare Drittwirkung sei nicht von vornherein ausgeschlossen.[41] Der EuGH hat sie – wiederum im Bereich des Arbeitsrechts – in Bezug auf Art. 8 EMRK – bei der Weitergabe personenbezogener Gehaltsdaten des Arbeitgebers an Dritte (allerdings noch nicht bei deren Speicherung beim Arbeitgeber) angenommen.[42] Diese schmale Grundlage genügt offenbar nicht, um auf der Grundlage einer Erwähnung in der Präambel, dem gesamten grundrechtlichen Datenschutz und den Grundfreiheiten, deren Realisierung der Datenschutz als Querschnittsmaterie dient, erstens Drittschutz beizumessen und zweitens diesen Drittschutz

---

[39] EuGH, Ut. v. 09.03.2010, RS - C-518 (Kommission/Deutschland), Rn. 23; zustimmend etwa *Petri* (Fn. 2), MMR 2010, 355; *Roßnagel* (Fn. 2), EuZW 2010, 299, 300.

[40] Andreas Haratsch/Christian Koenig/ Matthias Pechstein, Europarecht, 7. Auflage, 2010, Rn. 781.

[41] *Rudolf Streinz*, in: ders., EuV/EGV, Art. 51 GRCh, Rn. 10.

[42] EuGH, Rs C-465/00 u.a. Slg. 2003-I 4989, Rn. 79 f (Österreichischer Rundfunk), s. dazu *Thorsten Kingreen,* in: Callies/Ruffert, EUV/EGV, 3. Aufl. 2006, Art. 8 GRCh, Rn. 13.

so zu erhöhen, dass für dessen Realisierung organisatorische Sonderstatute erforderlich seien.

Es ist auch praktisch schwer vorstellbar, dass diese Sichtweise sich durchsetzt. Deutlich wird dies, wenn man die Argumentation auf ihre praktische Tauglichkeit prüft. Erlässt die Kontrollstelle beispielsweise gegen einen Pizza-Service einen Ordnungswidrigkeitenbescheid, weil dessen Werbepraktiken das Widerspruchsrecht gem. § 28 Abs. 4 S. 2 BDSG verletzten (§ 43 Abs. 1 Nr. 3 BDSG), wird dieser sicher nicht zustimmen, wenn die Kontrollstelle darauf hinweist, sie hüte seine Grundrechte durch Erlass dieses Bescheids. Der Hinweise, die Kontrollstelle hüte zumindest die Grundrechte der Kunden, wird ihn ebenfalls zumindest dann irritieren, wenn gleichzeitig die zuständige Lebensmittelaufsicht ihm gem. § 39 LFGB auferlegt, vorhandenen Schimmel in der Backstube zu beseitigen, diesmal aber mit dem Hinweis, es liege kein Handeln der Hüter der Grundrechte vor, da nur das Lebensmittel- und Futtermittelgesetzbuch ausgeführt werde, und möge der Schimmel noch so gesundheitsgefährdend für die Kunden sein. Den Hinweis, er sei doch bei der Produktion von Pizzen gar nicht grundrechtsgebunden, wird er vor Verwirrung vermutlich gar nicht mehr versuchen anzubringen.

5. Die Bewertung dieser Entscheidung aus deutscher Sicht hängt davon ab, wie die Tätigkeit der Aufsichtsbehörde sachlich zu qualifizieren ist. Eine ganze Reihe von Stimmen sind der Auffassung, die völlige Unabhängigkeit der Aufsichtsbehörde sei verfassungsrechtlich unproblematisch, da die Kontrollstellen keine normale Verwaltungstätigkeit ausübten. Sie nähmen eine Funktion wahr, die Aufgabenanteile eines Ombudsman, eines Petitionsorgans, eines Gerichts, eines Beratungsorgans und einer Aufsichtsbehörde sei.[43] Auch dies überzeugt nicht.[44] Die Kontrollstellen dürfen von sich aus tätig werden; sie sind nicht auf Anträge für ein Einschreiten angewiesen; sie sind keine Vermittler, sondern bei der Ausgestaltung des § 38 BDSG klar Aufsichtsbehörden. Gegenwärtig verhelfen die Kontrollstellen zivilrechtlichen Rechtsnormen (des BDSG) kraft staatlichen Durchsetzungsanspruchs zur Geltung, übernehmen also eine Aufgabe der Verwaltung.[45]

6. Der Hinweis, Bedenken bezüglich des Gesichtspunkts der parlamentarischen Kontrolle seien deshalb nicht vorhanden, da der EuGH gerade eine parlamentarische Kontrolle durch das Parlament zugelassen habe,[46] überzeugt

---

[43] *Petri/ Tinnefeld* (Fn. 28), MMR 2010, 157, 158; *Roßnagel* (Fn. 2), EuZW 2010, 299, 300.

[44] Zutreffend *Indra Spiecker gen. Döhmann*, (Fn. 2), JZ 2010, 787, 788.

[45] *Spiecker gen. Döhmann*, (Fn. 2), JZ 2010, 787, 788.

[46] *Roßnagel* (Fn. 2), EuZW 2010, 299, 300.

ebenfalls nicht.[47] Der EuGH erwähnt eine Berufung durch das Parlament und eine Berichtspflicht, mehr nicht. Dies würde, gemessen an den Anforderungen für die Rückkopplung von Stellen innerhalb der Exekutive, nicht genügen. Zumindest die Möglichkeit der Abberufung und eigentlich auch die der Rechtsaufsicht wären als zusätzliche Mindestbestandteile erforderlich.

Ein weiterer Aspekt kommt hinzu: Durch die Ankopplung der Aufsichtsbehörden an das Parlament wird die Einhaltung des Bundesgesetzes durch Private dem Staat bzw. dem Parlament zugeordnet. Gerade dies ist eigentlich nicht die Aufgabe des Parlaments. Die Kontrolle der Exekutiven durch das Parlament ist eines seiner klassischen Aufgabenfelder, die Kontrolle der Privaten dagegen nicht.

VI. Die Frage der Verbindlichkeit der Entscheidung

Die geltend gemachten Bedenken gegen die Entscheidung ändern nichts daran, dass der Art. 28 RL 94/96 (EG) in der Auslegung des EuGH an dem durch Art. 23 Abs. 1 S. 2 GG i. V. m. dem in den Primärverträgen angeordneten Anwendungsvorrang des Sekundärrechts teilnimmt. Eine Überschreitung der Integrationsgrenzen wird man kaum annehmen können. Zwar wird man unterstellen können, dass die Abwesenheit jeglicher Rechts-, Fach- und Dienstaufsicht auch gegenüber dem Parlament bei der Ausführung des BDSG durch die Kontrollstellen mit deutschem Verfassungsrecht nicht vereinbar ist, dennoch überschreiten diese Friktionen nicht die Integrationsgrenzen des Art. 23 Abs. 1 GG. Art. 23 Abs. 1 GG enthält der Sache nach drei Integrationsgrenzen: das Gebot der Einhaltung der Strukturgarantien des Art. 23 Abs. 1 S. 1 GG durch die EU, das Prinzip der Einzelermächtigung gem. Art. 23 Abs. 1 S. 2 GG und den Identitätsvorbehalt gem. Art. 23 Abs. 1 S. 3 GG.

1. Das Prinzip der Ultra-Vires-Kontrolle und Einhaltung der Strukturgarantien (Art. 23 Abs.1 S. 1 u. S. 2 GG)

Die beiden ersten Schranken sind offenbar eingehalten. Die völlige Unabhängigkeit ist, wie den auf das Europarecht bezogenen Äußerungen des EuGH, die aber auf Art. 23 Abs. 1 S. 1 und S. 2 GG übertragen werden können, sowohl mit den Strukturvorgaben des Art. 23 Abs. 1 S. 1 GG als auch mit dem Prinzip der Einzelermächtigung gemäß Art. 23 Abs. 1 S. 2 GG vereinbar. Die Überlegungen des EuGH sind nicht fehlerhaft, zumindest nicht so evident fehlerhaft, dass eine abweichende Beurteilung am Maßstab des Art. 23 GG zulässig wäre.

---

[47] Zutreffend *Spiecker gen. Döhmann*, (Fn. 2), JZ 2010, 787, 790.

2. Identitätsvorbehalt
(Art. 23 Abs. 1 S. 3 i.V.m. Art. 79 Abs. 3 GG i.V.m. Art. 20 GG)

Fraglich ist aber, ob nicht der Identitätsvorbehalt des Art. 23 Abs. 1 S. 3 i.V.m. Art. 79 Abs. 3 GG i.V.m. Art. 20 GG eingreift. Auch dies wird man im Ergebnis verneinen müssen. Der Grund ist folgender:

Die Friktionen, die die Entscheidung mit dem Prinzip der demokratischen Legitimation aufwirft, sind nicht sehr erheblich. Erstens ist der sachliche Bereich des Tätigkeitsfelds der Kontrollstellen beschränkt. Zweitens besteht eine Nähe zur Kontrolltätigkeit im staatlichen Bereich, bei der eine organisatorische Unabhängig nötig ist. Drittens würden Kontrollstellen, die keine Exekutivbefugnisse i.S.d. § 38 BDSG hätten, diese Friktionen nicht aufwerfen und dennoch weiter den Vorgaben des Art. 28 Abs. 3 RL 94/96 (EG) genügen. Viertens gab es ja realiter auch vor der Entscheidung des EuGH in den meisten Ländern schon Kontrollstellen, die organisatorisch ausgegliedert waren, nach Einschätzung der Kommission den Vorgaben der RL 94/96 (EG) genügten und bisher – unzutreffender Weise – auch nicht als grober Verfassungsverstoß bewertet wurden (allerdings sind Teile der Exekutivbefugnisse bekanntlich noch nicht alt). Und viertens hat das Bundesverfassungsgericht ausdrücklich bei seiner Entscheidung über die Vorratsdatenspeicherung angenommen, dass bei der Kontrolle der Einhaltung der Datenschutzvorschriften bei der Ausführung der Vorratsdatenspeicherung durch die privaten Telekommunikationsunternehmen eine unabhängige Datenschutzkontrollstelle eingerichtet werden muss, und hat auf diese Weise eine Relativierung der demokratischen Legitimation der Verwaltungstätigkeit im Bereich der Datenschutzkontrolle konkludent auch nach deutschem Verfassungsrecht zugelassen.[48] Auch wenn dieses obiter dictum aller Wahrscheinlichkeit nach auf eine Verwechslung mit der Datenschutzkontrolle im staatlichen Bereich zurückzuführen sein dürfte,[49] so kann man dennoch nicht sagen, dass eine Freistellung der staatlichen Datenschutzkontrolle des privaten Bereichs durch unabhängige Stellen den Demokratiegrundsatz des Grundgesetzes in einer für Art. 23 Abs. 1 S. 3 GG erforderlichen Deutlichkeit verletzen würde.

---

[48] Dazu BVerfG, Urt. v. 2. 3. 2010, Az: 1 BvR 256/08, NJW 2010, 833 Rn. 225.

[49] *Heinrich Amadeus Wolff*, Vorratsdatenspeicherung – Der Gesetzgeber gefangen zwischen Europarecht und Verfassung?, NVwZ 2010, 751, 752.

VII. Handlungsoptionen

1. Umsetzung der Vorgaben der Entscheidung

Der EuGH hat eine Vertragsverletzung festgestellt. Deutschland ist aus den Primärverträgen heraus verpflichtet, die Vertragsverletzung zu beseitigen. Die Kontrollstellen müssen daher, auch sofern sie den privaten Bereich kontrollieren, von der Staatsverwaltung so getrennt werden, dass eine Aufsicht, insbesondere jede Fach- und Rechtsaufsicht, ausgeschlossen ist und allenfalls eine der bei den Richtern vergleichbaren Dienstaufsicht besteht.[50] Eine organisatorische Trennung liegt zumindest sehr nahe,[51] auch wenn der EuGH die organisatorische Einbindung selbst nicht ausdrücklich beanstandet hat. Eine Eingliederung in die Stelle des öffentlichen Bereichs ist naheliegend, aber nicht zwingend.[52] Weiter müssen die Kontrollstellen über die finanziellen und personellen Ausstattungen verfügen, die ihnen erlauben die Aufgaben auch wahrzunehmen.[53]

Deutschland ist dabei verpflichtet den Weg zu wählen, der mit seiner eigenen Verfassung die geringsten Reibungen aufweist. Dieser dürfte bei einer organisatorischen Zuordnung der Kontrollstellen zum Parlament eher der Fall sein als bei einer Zuordnung zur Exekutiven.

2. Längerfristige Strategien

Bei einer reinen Umsetzung des Urteils wird es aber kaum bleiben können. Niemandem ist auf längere Sicht mit Aufsichtsbehörden geholfen, die, anders als alle anderen staatlichen Stellen, nur einer gerichtlichen Kontrolle aber keiner wirksamen demokratischen Kontrolle unterliegen. Auch die Kontrollstellen selbst werden auf längere Sicht damit nicht glücklich werden.[54]

Längerfristig besteht zunächst die Möglichkeit, auf eine Änderung des Art. 28 RL 94/96 (EG) hinzuwirken. Die Vorteile, die die Einhaltung der Grundsätze der demokratischen Legitimation für das Staatsgefüge mitbringen, sind so groß, dass der damit verbundene Aufwand nicht zu groß wäre.

Die Alternative wäre eine Herabsenkung der Eingriffsbefugnisse für die Kontrollstellen. Die Anforderungen an die demokratische Legitimation sind

---

[50] *Epiney* (Fn. 2), AJP/PJA 2010, 659, 661 f.

[51] A.A. *Epiney* (Fn. 2), AJP/PJA 2010, 659, 661: organisatorische Selbständigkeit sei nicht zwingend vom EuGH verlangt.

[52] *Petri* (Fn. 2), MMR 2010, 355, 356.

[53] *Epiney* (Fn. 2), AJP/PJA 2010, 659, 662.

[54] *Bull* (Fn. 2), EuZW 2010, 488, 493.

umso höher, je gewichtiger die Kompetenzen der betreffenden Stelle sind. Reduziert man die Eingriffsbefugnisse der Kontrollstellen, verringert man das zu erreichende Legitimationsniveau. Europarechtlich gibt Art. 28 Abs. 3 RL 94/96 (EG) vor, welche Mindestbefugnisse die Kontrollstellen besitzen müssen. § 38 BDSG geht deutlich darüber hinaus. Zu nennen sind die Befugnisse, Maßnahmen anzuordnen und Ordnungswidrigkeitenbescheide zu erlassen. Streng genommen müsste die Gewährung der völligen Unabhängigkeit der Kontrollstellen einhergehen mit einer Reduzierung ihrer Eingriffsbefugnisse. Beschränkt man die unabhängigen Datenschutzbeauftragten auch im Bereich der Kontrolle der Privaten auf die Erstellung von Berichten und die Möglichkeit, den Staatsanwaltschaften und den Ordnungsbehörden Meldungen zu machen, genügt dies Art. 28 Abs. 3 RL 94/96 (EG), sofern sie gleichzeitig über effektive Informationsbefugnisse verfügen. Unrichtig ist die Behauptung aus der Unabhängigkeit folge ein Mindestmaß an exekutiven Durchsetzungsbefugnisse.[55]

VIII. Schluss

In seiner Entscheidung legt der EuGH Art. 28 Abs. 1 UAbs. 2 RL 94/96 (EG) in einer Weise aus, die sich innerhalb der Integrationsschranken bewegt, die für die EU-Gewalt gelten; dies ist daher von Deutschland umzusetzen. Bestehender Umsetzungsspielraum ist zu Gunsten der Vorgaben des GG zu nutzen. Die Vorgaben des EuGH selbst wären ohne Berufung auf den Anwendungsvorrang des EU-Rechts vor dem GG nicht zu rechtfertigen. Dies beruht darauf, dass die Kontrollbehörden gem. § 38 BDSG eine Kompetenzfülle besitzen, die durch ein so niedriges demokratisches Niveau, wie es Art. 28 Abs. 1 UAbs. 2 RL 94/96 (EG) aufweist, nicht ausreichend legitimiert werden kann. Angesichts der erheblichen Friktionen, die die Entscheidung mit dem deutschen Verfassungsrecht hervorruft, ist die zur Rechtfertigung gebotene Entscheidungsbegründung enttäuschend.

---

[55] In diese Richtung aber *Petri* (Fn. 2), MMR 2010, 355, 356.

Der berechtigte Schutz des staatlichen Arkanum – Bemerkungen am Beispiel der Vergabe öffentlicher Aufträge

Jan Ziekow

Der Schutz von sensiblen Daten gegen Offenbarung hat *Hans-Peter Bull* als Thema über verschiedene Stationen seiner beruflichen Karriere begleitet, sowohl als ersten Bundesbeauftragter für den Datenschutz wie als Innenminister des Landes Schleswig-Holstein wie als Wissenschaftler. Dabei hat er gleichsam „beide Seiten" des Geheimnisschutzes kennen gelernt, sowohl den verfassungsrechtlich gebotenen Schutz der Bürgerinnen und Bürger gegen staatliche Datensammelwut als auch die Notwendigkeit, die Sicherheit des Staates betreffende Informationen geheim zu halten.

Der Geheimschutz sicherheitsrelevanter Informationen ist ein Querschnittsthema, das in zahlreichen Regelungen in verschiedenen Rechtsgebieten Ausdruck gefunden hat. Ausweislich der Zahl von Entscheidungen verschiedener Instanzen von zunehmender Bedeutung ist die den Geheimschutz bei der Vergabe öffentlicher Aufträge betreffende Regelung des § 100 Abs. 2 lit. d GWB. Hieraus könnte sich möglicherweise eine Tendenz staatlicher Stellen entnehmen lassen, sich der Pflicht zur wettbewerblichen Vergabe öffentlicher Aufträge unter Berufung auf die genannte Vorschrift zu entziehen. Denn zumindest aus den §§ 97 ff. GWB und den in der „Kaskade" in Bezug genommenen unterrangigen Vorschriften lässt sich bei Erfüllung der Voraussetzungen des § 100 Abs. 2 lit. d GWB eine Ausschreibungspflicht nicht herleiten. Zweck der Vorschrift ist es, Vorgänge, die deutsche Geheimhaltungs- und Sicherheitsinteressen berühren, der Anwendung des Vergaberechts und insbesondere dem dort geltenden Transparenzgebot zu entziehen. Dabei kommt es nicht darauf an, welcher Art das in concreto betroffene Interesse ist. Unter § 100 Abs. 2 lit. d GWB fallen innen- wie außenpolitisch motivierte Sicherheits- und Geheimhaltungsinteressen.[1]

Andererseits ist zu beachten, dass nicht etwa ein Regel-Ausnahme-Verhältnis dergestalt gilt, dass ein das Vergaberecht beherrschender „Wettbewerbsgrundsatz" die Regel darstellt, an dem sich die Reichweite des § 100 Abs. 2 lit. d GWB messen lassen müsste. Die Herstellung eines unionsweiten Wett-

---

[1] OLG Düsseldorf, Beschl. v. 30. 4. 2003 – Verg 61/02 –.

bewerbs auf den Beschaffungsmärkten ist kein auslegungsleitender Grundsatz wie der Gleichbehandlungs- oder der Transparenzgrundsatz, sondern ein integrierendes Ziel des Vergaberechts, das sich in den vergaberechtlichen Vorschriften konkretisiert und nur nach deren Maßgabe gilt.[2] Darüber hinaus dienen die Bereichausnahmen der Feinabstimmung des Wettbewerbsgrundsatzes mit solchen Sachbereichen, die aus ihrer spezifischen ratio heraus der Anwendung des gemeinschaftlichen Vergaberechts entzogen sein sollen – sei es, dass das Wettbewerbsziel nicht berührt wird, sei es, dass ein grenzüberschreitendes Element fehlt, sei es, dass sonstige Gesichtspunkte einer Erstreckung des Regimes des Vergaberechts auf die besonderen Sachbereiche entgegenstehen.[3] Die gebotene enge Auslegung der Ausnahmetatbestände darf daher nicht so verstanden werden, dass auf jeder Stufe des Methodenkanons immer die Auslegung zu wählen sein soll, die den Anwendungsbereich der Ausnahme möglichst eng fasst. Geboten ist vielmehr eine Auslegung, die unter teleologischen Gesichtspunkten der ratio des jeweiligen Ausnahmetatbestands gerecht wird. Zu wählen ist diejenige – im Übrigen zulässige – Auslegungsvariante, die den Zweck der Ausnahmevorschrift verwirklicht. „Eng" hat diese Auslegung insofern zu sein, als die Zweckbestimmung der Auslegung eine strikte Grenze setzt.[4]

Für die Anwendung des § 100 Abs. 2 lit. d GWB bedeutet dies, dass vorschnelle Abwägungslösungen, die die tatbestandlichen Konturen überspielen, zu vermeiden sind. Geboten ist vielmehr eine eingehende Auseinandersetzung mit den Merkmalen der verschiedenen Varianten der Vorschrift, wobei im Folgenden aus Raumgründen eine Konzentration auf die beiden wichtigsten Varianten, § 100 Abs. 2 lit. d aa und bb GWB, erfolgen wird.[5]

I. Geheimerklärung im Sinne von § 100 Abs. 2 lit. d aa GWB

§ 100 Abs. 2 lit. d aa GWB ist anwendbar, wenn erstens der betreffende Auftrag für geheim erklärt wird und zweitens diese Geheimerklärung in Übereinstimmung mit den Rechts- und Verwaltungsvorschriften in der Bundesrepublik Deutschland steht.

Die Vorschrift stellt an Form und Inhalt der Geheimerklärung keine besonderen Anforderungen. Grundsätzlich ist es deshalb nicht notwendig, dass der

---

[2] *Jan Ziekow*, in: Ziekow / Völlink, Vergaberecht, 2011, § 97 GWB Rdnr. 3 ff.

[3] *Walter Frenz*, Handbuch Europarecht, Bd. 3: Beihilfe- und Vergaberecht, 2007, Rdnr. 2200.

[4] Zustimmend *Hendrik Röwekamp*, in: Kulartz / Kus / Portz, GWB-Vergaberecht, 2. Aufl. 2009, § 100 Rdnr. 21.

[5] Vgl. jüngst zu § 100 Abs. 2 lit. cc GWB vgl. OLG Düsseldorf, Beschl. v. 12.7. 2010 – VII-Verg 27/10 -.

Auftraggeber bei der Geheimerklärung den fraglichen Vorgang unter einzelne Bestimmungen der einschlägigen Geheimhaltungsvorschriften subsumiert. Vielmehr reicht es aus, wenn sich aus der Erklärung des Auftraggebers entnehmen lässt, welche Vorgänge geheim gehalten werden sollen und welches Regelwerk hierfür die Grundlage bildet.[6] Hinsichtlich der Bewertung, ob die Geheimerklärung in Übereinstimmung mit den Rechts- und Verwaltungsvorschriften steht, kommt der betreffenden Stelle ein Beurteilungsspielraum zu.[7]

Zwar statuiert § 100 Abs. 2 lit. d aa GWB keine allgemeine Pflicht der zuständigen Stellen zur Geheimerklärung, wenn die Voraussetzungen für eine solche vorliegen. Jedoch kann sich eine solche Pflicht aus den Rechtsvorschriften ergeben, die Grundlage der fraglichen Geheimerklärung sind. Gemäß §§ 4, 35 SÜG in Verbindung mit § 8 Abs. 1 der „VS-Anweisung" vom 31. 3. 2006[8] (VSA) ist eine Einstufung als VS-Sache vorzunehmen, wenn eine solche notwendig ist. Kann im Einzelfall wegen der Hochrangigkeit der staatlichen Sicherheitsinteressen ein Ermessensspielraum nicht angenommen werden, so muss eine Geheimerklärung pflichtig erfolgen. Die Geheimerklärung muss sich nicht zwingend auf den gesamten Auftrag beziehen, sondern kann sich auch nur auf besonders relevante Unterlagen o. ä. erstrecken.[9]

Es wäre ein Missverständnis anzunehmen, dass eine Geheimerklärung eines Auftrags den vorgängigen Erlass einer zu einer solchen Erklärung spezifisch ermächtigenden Rechts- oder Verwaltungsvorschrift voraussetzen würde. Vielmehr erfordert § 100 Abs. 2 lit. d aa GWB lediglich, dass sich die Geheimerklärung auf geltende Rechts- und/oder Verwaltungsvorschriften stützen lässt. Weitere Voraussetzungen bestehen nicht. Insbesondere ist nicht erforderlich, dass die Vorschrift, auf die sich die Geheimerklärung stützt, tatsächlich einem Sicherheitsinteresse dient.[10] Grundsätzlich ist es Sache jedes Mitgliedstaates, durch seine Rechts- und Verwaltungsvorschriften zu bestimmen, in welchen Fällen er eine Geheimhaltung für erforderlich hält. Um missbräuchliche Geheimerklärungen in konkreten Einzelfällen zu verhindern, verlangt § 100

---

[6] VK Bund, Beschl. v. 14. 7. 2005 – VK 3-55/05 –; VK Potsdam, Beschl. v. 22. 3. 2004 – VK 6/04 –.

[7] OLG Düsseldorf, Beschl. v. 30. 3. 2005 – VII-Verg 101/04 –; VK Bund, Beschl. v. 14. 7. 2005 – VK 3-55/05 .

[8] Allgemeine Verwaltungsvorschrift des Bundesministeriums des Innern zum materiellen und organisatorischen Schutz von Verschlusssachen vom 31. März 2006.

[9] *Marco Herrmann / Julian Polster*, Die Vergabe von sicherheitsrelevanten Aufträgen, NVwZ 2010, S. 341.

[10] Zustimmend *Hendrik Röwekamp*, in: Kulartz / Kus / Portz, GWB-Vergaberecht, 2. Aufl. 2009, § 100 Rdnr. 31. A. M. VK Bund, Beschl. v. 9. 2. 2004 – VK 2-154/03 –; *Kay Hailbronner*, in: Byok / Jaeger, Kommentar zum Vergaberecht, 2. Aufl. 2005, § 100 Rdnr. 554.

Abs. 2 lit. d aa GWB gerade die vorherige Festlegung der Geheimschutzgründe in Rechts- und Verwaltungsvorschriften, also abstrakt-generellen Regelungen.

Bereits nach dem Wortlaut des § 100 Abs. 2 lit. d aa GWB müssen Grundlage der Geheimerklärung nicht Rechts- oder Verwaltungsvorschriften *der* Bundesrepublik Deutschland sein; vielmehr genügt es, dass diese Vorschriften *in der* Bundesrepublik Deutschland gelten. Hierzu zählen auch von EU-Organen erlassene Bestimmungen, die zumindest die mitgliedstaatlichen Behörden binden.

Nationalrechtliche Grundlage einer Geheimerklärung ist meist – aber nicht ausschließlich – § 4 SÜG. Danach sind Verschlusssachen im öffentlichen Interesse geheimhaltungsbedürftige Tatsachen, Gegenstände oder Erkenntnisse, unabhängig von ihrer Darstellungsform. Diese Tatsachen etc. werden entsprechend ihrer Schutzbedürftigkeit von einer amtlichen Stelle oder auf deren Veranlassung eingestuft, wobei § 4 Abs. 2 SÜG die Grade „STRENG GEHEIM", „GEHEIM", „VS-VERTRAULICH" und „VS-NUR FÜR DEN DIENSTGEBRAUCH" vorsieht. Dabei ist zu beachten, dass die Formulierung „für geheim erklärt" in § 100 Abs. 2 lit. d aa GWB nicht identisch ist mit dem Geheimhaltungsgrad „GEHEIM" nach § 4 Abs. 2 SÜG.[11] Im Sinne von § 100 Abs. 2 lit. d aa GWB für geheim erklärbar sind vielmehr auch Tatsachen, Gegenstände und Erkenntnisse, die nur als „VS-VERTRAULICH" eingestuft werden.[12] Denn ausweislich des § 4 Abs. 1 S. 1 SÜG sind alle diese Tatsachen etc. geheimhaltungsbedürftig. Dass die Terminologie von § 100 Abs. 2 lit. d aa GWB nicht mit den Geheimhaltungsgraden des § 4 Abs. 2 SÜG harmonisiert ist, ergibt sich schon daraus, dass es sich bei dem Terminus „geheim" in § 100 Abs. 2 lit. d aa GWB um einen durch Art. 14 VKR unionsrechtlich vorgegebenen Begriff handelt, der mit anderweitigen Begriffsverwendungen im nationalen Recht nicht identisch ist. Eine besondere Sicherheitsmaßnahme ist insbesondere die Sicherheitsüberprüfung der mit dem Auftrag befassten Mitarbeiter des Auftragnehmers.[13]

§ 4 Abs. 1 SÜG behält die Einstufung von Tatsachen etc. als Verschlusssache amtlichen Stellen vor. Ausweislich des § 35 SÜG werden die Vorschriften des SÜG durch Allgemeine Verwaltungsvorschriften konkretisiert. Eine solche Allgemeine Verwaltungsvorschrift ist die VSA, nach deren § 8 Abs. 1 die eine Verschlusssache (VS) herausgebende Stelle über die Notwendigkeit der VS-

---

[11] So aber wohl VK Bund, Beschl. v. 14. 7. 2005 – VK 3-55/05 –, wobei es im Ergebnis auf diese Frage jedoch nicht ankam.

[12] Vgl. BTDrucks. 16/10117 S. 19: alle Aufträge, die nach den deutschen Geheimschutzvorschriften VS-Vertraulich oder höher eingestuft sind.

[13] OLG Düsseldorf, Beschl. v. 30. 3. 2005 – VII-Verg 101/04 –; VK Bund, Beschl. v. 2. 2. 2006 – VK 2 02/06 –; Beschl. v. 3. 2. 2006, VK 1-01/06 –; Beschl. v. 18. 11. 2003 – VK 2-110/03 –.

Einstufung und den Geheimhaltungsgrad bestimmt. Amtliche Stelle im Sinne des § 4 SÜG ist daher zumindest jede Stelle, die der VS-Anweisung unterfällt. In den Anwendungsbereich der VS-Anweisung einbezogen sind gemäß § 1 Abs. 1 VSA Bundesbehörden und bundesunmittelbare öffentlich-rechtliche Einrichtungen, die mit Verschlusssachen arbeiten.

Lediglich dann, wenn eine amtliche Stelle dies veranlasst, ist auch eine Geheimerklärung durch andere Stellen möglich. Ist eine Geheimerklärung durch eine andere Stelle als dem öffentlichen Auftraggeber, der für die Durchführung des fraglichen Auftrags einen (Unter-)Auftragnehmer sucht, erfolgt, so ist der öffentliche Auftraggeber an diese Geheimerklärung gebunden. Seiner Prüfung unterliegt lediglich, ob eine Geheimerklärung im Sinne von § 100 Abs. 2 lit. d aa GWB vorliegt. Eine eigene Geheimerklärung von Auftragsteilen, die nicht unter die Geheimerklärung durch die dafür zuständige amtliche Stelle fallen, durch den öffentlichen Auftraggeber ist ohne Veranlassung durch die amtliche Stelle nicht möglich.

II. Erfordernis besonderer Sicherheitsmaßnahmen gemäß § 100 Abs. 2 lit. d bb GWB

§ 100 Abs. 2 lit. d bb GWB nimmt solche Aufträge von der Anwendung des Vierten Teils des GWB aus, deren Ausführung nach den deutschen Rechts- und Verwaltungsvorschriften besondere Sicherheitsmaßnahmen erfordert. Die Anwendung dieser Variante ist von einer Handlung des Auftraggebers unabhängig. Sie greift bereits dann ein, wenn die Tatbestandsmerkmale objektiv vorliegen, d. h. Rechts- und Verwaltungsvorschriften besondere Sicherheitsmaßnahmen vorgeben.[14] Ein Ermessen des öffentlichen Auftraggebers, die Ausnahmevorschrift des § 100 Abs. 2 lit. d bb GWB anzuwenden oder nicht, besteht nicht.[15] Es steht dem Auftraggeber nicht frei, auf die Sicherheitsmaßnahmen zu verzichten und eine Ausschreibung vorzunehmen.[16]

Umgekehrt genügt es nicht, dass der Auftraggeber ohne Vorliegen der Voraussetzungen des § 100 Abs. 2 lit. d bb GWB erklärt, dass die Ausführung des Auftrags besondere Sicherheitsmaßnahmen erfordere. Soweit die einschlägigen Rechts- und Verwaltungsvorschriften keine spezifischen Sicherheitsmaßnahmen vorschreiben, kann der Auftraggeber die Maßnahme hinsichtlich des „Ob"

---

[14] VK Bund, Beschl. v. 12. 12. 2006 – VK 1-136/06 –; VK Kiel, Beschl. v. 28.11. 2006 – VK-SH 25/06 –; 1. VK Sachsen, Beschl. v. 12. 6. 2009 – 1/SVK/011-09 –.

[15] 1. VK Sachsen, Beschl. v. 12. 6. 2009 – 1/SVK/011-09 –.

[16] VK Bund, Beschl. v. 3. 2. 2006, VK 1-01/06 –; Beschl. v. 12. 12. 2006 – VK 1-136/06 –; VK Kiel, Beschl. v. 28. 11. 2006 – VK-SH 25/06 –. A. M. OLG Düsseldorf, Beschl. v. 27. 10. 2010 – VII-Verg 47/10 –.

und des „Wie" nach seinen Bedürfnissen auswählen.[17] Grenze ist lediglich die Erforderlichkeit der Maßnahme zur Realisierung der jeweiligen Sicherheitsinteressen. Bei der Maßnahme darf es sich um keine bloße Verwaltungsförmlichkeit handeln, sondern sie muss zur Gewährleistung der Sicherheitsinteressen tatsächlich durchgeführt werden.[18]

Die Entscheidung des Auftraggebers für die Nichtanwendbarkeit des Vergaberechts wegen der Erforderlichkeit besonderer Sicherheitsmaßnahmen ist schon dann nicht zu beanstanden, wenn sich die Entscheidung auf Rechts- oder Verwaltungsvorschriften im Sinne von § 100 Abs. 2 lit. d) bb) GWB stützen lässt.[19] Zu diesen Vorschriften zählen alle Bestimmungen, die unmittelbar oder mittelbar dem Schutz staatlicher Sicherheitsinteressen dienen.[20]

Beispiel für einschlägige Sicherheitsmaßnahmen ist die Sicherheitsüberprüfung einzusetzenden Personals nach dem Sicherheitsüberprüfungsgesetz[21]. Ausweislich des § 1 Abs. 1 SÜG erfolgt eine Sicherheitsüberprüfung oder Wiederholungsüberprüfung von solchen Personen, die von der zuständigen Stelle mit einer sicherheitsempfindlichen Tätigkeit betraut werden sollen oder bereits betraut worden sind. Eine sicherheitsempfindliche Tätigkeit übt u. a. aus, wer an einer sicherheitsempfindlichen Stelle innerhalb einer lebens- oder verteidigungswichtigen Einrichtung beschäftigt ist oder werden soll (§ 1 Abs. 4 SÜG) bzw. Zugang zu Verschlusssachen hat oder ihn sich verschaffen kann, die STRENG GEHEIM, GEHEIM oder VS-VERTRAULICH eingestuft sind (§ 1 Abs. 2 Nr. 1 SÜG). Dabei ist nicht erforderlich, dass die bei dem Auftragnehmer beschäftigten Personen dienstlich mit den Verschlusssachen umzugehen haben werden. Es reicht aus, dass sie sich ggf. auf illegale Weise einen Zugang verschaffen können.[22] Entsprechendes gilt für eine eventuelle Zugangsverschaffung durch von dem Auftragnehmer seinerseits beauftragte Unternehmen.

---

[17] EuGH, Urt. v. 16. 10. 2003, Rs. C-252/01, Kommission / Belgien, Rdnr. 30; OLG Düsseldorf, Beschl. v. 20.12.2004 – VII-Verg 101/04 –; Beschl. v. 30.3.2005 – VII-Verg 101/04 –; VK Bund, Beschl. v. 3.2.2006, VK 1-01/06 –; Beschl. v. 12.12.2006 – VK 1-136/06 –.

[18] EuGH, Urt. v. 16. 10. 2003, Rs. C-252/01, Kommission / Belgien, Rdnr. 34.

[19] VK Bund, Beschl. v. 2. 2. 2006 – VK 2 02/06 –; Beschl. v. 3. 2. 2006, VK 1-01/06 –; Beschl. v. 12.12.2006 – VK 1-136/06 –; 1. VK Sachsen, Beschl. v. 12.6.2009 – 1/SVK/011-09 –.

[20] VK Bund, Beschl. v. 12.12.2006 – VK 1-136/06 –; 1. VK Sachsen, Beschl. v. 12.6.2009 – 1/SVK/011-09 –.

[21] OLG Düsseldorf, Beschl. v. 30.3.2005 – VII-Verg 101/04 –; VK Bund, Beschl. v. 28. 5. 1999 – VK 2-8/99 –; Beschl. v. 2.2.2006 – VK 2 02/06 –; Beschl. v. 3.2.2006, VK 1-01/06 –; Beschl. v. 18. 11. 2003 – VK 2-110/03 –; 1. VK Sachsen, Beschl. v. 12.6. 2009 – 1/SVK/011-09 –.

[22] OLG Düsseldorf, Beschl. v. 10. 9. 2009 – Verg 12/09 –; VK Bund, Beschl. v. 3. 2. 2006 – VK 1-01/06 –.

III. Erforderlichkeit einer Vergabe ohne Durchführung eines Ausschreibungsverfahrens

Auch dann, wenn die genannten tatbestandlichen Voraussetzungen von § 100 Abs. 2 lit. d aa bzw. bb GWB erfüllt sind, fordert das OLG Düsseldorf, dass „gerade durch die *Anwendung der vergaberechtlichen Bestimmungen* eine tatsächliche und hinreichend schwere Gefährdung staatlicher Sicherheitsinteressen" drohen muss[23]. Dies würde die Konsequenz zeitigen, dass es für die Anwendbarkeit des § 100 Abs. 2 lit. d bb GWB nicht darauf ankommen würde, ob die *Ausführung* des Auftrags besondere Sicherheitsmaßnahmen erfordert. Erforderlich wäre vielmehr, dass die staatlichen Sicherheitsbelange bereits durch die mit der Durchführung eines Vergabeverfahrens verbundene Publizität berührt würden.

Methodisch ist diesbezüglich darauf hinzuweisen, dass sich eine zulässige Auslegung nach den Grundsätzen der juristischen Methodenlehre innerhalb der durch den Wortlaut der Norm gezogenen Grenzen bewegen muss.[24] Eine gegen den Wortlaut einer Norm erfolgende Auslegung ist nur dann zulässig, wenn entweder höherrangiges Recht dies fordert oder Indizien eindeutig belegen, dass der vom Gesetzgeber gemeinte Sinn im Text nur unzureichend Ausdruck gefunden hat.

Letzteres ist ohne jeden Zweifel nicht der Fall: Zu dem vom Gesetzgeber mit § 100 Abs. 2 lit. d bb GWB gemeinten Regelungsgehalt führt die Begründung des Entwurfs des Vergaberechtsmodernisierungsgesetzes aus: „Doppelbuchstabe bb) ... betrifft beispielsweise Schutzvorkehrungen, die beim Transport von sensiblem Material notwendig sind."[25] Deutlicher kann kaum zum Ausdruck gebracht werden, dass es für die Anwendung des § 100 Abs. 2 lit. d bb GWB auf die Phase der Ausführung, nicht auf die vorgelagerte Stufe der Vergabe des Auftrags ankommen soll.

Allerdings greifen nach der neueren Rechtsprechung des Europäischen Gerichtshofs die den Ausschlussgründen der § 100 Abs. 2 lit. d GWB zugrunde liegenden unionsrechtlichen Regelungen nur dann, wenn die Vergabe ohne Durchführung eines Ausschreibungsverfahrens im konkreten Fall erforderlich ist, um das Ziel, das Bekanntwerden sicherheitsrelevanter Informationen im Zusammenhang mit der Durchführung des Auftrags zu verhindern, zu errei-

---

[23] OLG Düsseldorf, Beschl. v. 10.9.2009 – Verg 12/09 – (*Hervorhebung* durch den Verf.).

[24] *Karl Larenz*, Methodenlehre der Rechtswissenschaft, 5. Aufl. 1983, S. 307.

[25] BTDrucks. 16/10117 S. 19.

chen.[26] Dies bedeutet insbesondere, dass es an dieser Erforderlichkeit fehlt, wenn den staatlichen Sicherheitsinteressen auch durch die Auferlegung von Geheimhaltungspflichten in dem mit dem beauftragten Unternehmen geschlossenen Vertrag genügt werden kann.

Hieraus lassen sich folgende Grundsätze für die Anwendung des § 100 Abs. 2 lit. d aa bzw. bb GWB entnehmen:

- Die Vorschrift ist nicht anwendbar, wenn es zur Wahrung der staatlichen Sicherheitsinteressen ausreicht, das beauftragte Unternehmen in dem zu schließenden Vertrag zur Geheimhaltung zu verpflichten. Dies wird in der Regel dann der Fall sein, wenn den Sicherheitsbelangen durch unternehmensinterne Vorkehrungen Rechnung getragen werden kann. Beispiel ist die Sicherheitsrelevanz lediglich einzelner Produktionsschritte, wenn die Sicherheitsrelevanz erst durch den Produktionsprozess selbst entsteht – beispielsweise durch das Entstehen von sicherheitssensiblen Abfallprodukten – und dieser Produktionsschritt abschirmbar ist.

- Gleichsam das andere Ende der Skala bildet die Konstellation, dass einem an der Übernahme des betreffenden Auftrags interessierten Unternehmen bereits vor Vertragsabschluss sicherheitsrelevante Informationen zugänglich gemacht werden müssen, damit das Unternehmen überhaupt in der Lage ist, ein Angebot zu kalkulieren und abzugeben. In diesem Fall ist § 100 Abs. 2 lit. d aa bzw. bb GWB unzweifelhaft anwendbar. Zentrales Beispiel sind zur Angebotsabgabe erforderliche technische Informationen mit Sicherheitsrelevanz.

- Zwischen diesen beiden Fallgruppen steht die Gestaltung, dass die Beauftragung selbst noch ohne Offenlegung sicherheitssensibler Informationen erfolgen kann, jedoch für die Ausführung des Auftrags eine Sicherheitsüberprüfung von bei dem beauftragten Unternehmen beschäftigten Personal oder von Nachunternehmen durchzuführen ist. Hierzu ist darauf hinzuweisen, dass sich die Sicherheitsüberprüfung nach dem SÜG auf konkrete Personen, die mit einer sicherheitsempfindlichen Tätigkeit betraut werden sollen, und zwar mit Blick auf eine konkrete sicherheitsempfindliche Tätigkeit bezieht. Zwar ließe sich darauf hinweisen, dass die durchzuführenden Sicherheitsüberprüfungen erst die Phase der Auftragsausführung beträfen und deshalb ein Ausschreibungsverfahren ohne Berührung von staatlichen Sicherheitsbelangen durchgeführt werden könne. Jedoch würde eine solche Ent-

---

[26] EuGH, Urt. v. 8.4.2008, Rs. C-337/05, Kommission / Italien, Rdnr. 51 ff.; in diesem Sinne auch EuGH, Urt. v. 2.10.2008, Rs. C-157/06, Kommission/Italien, Rdnr. 30 ff.

koppelung von Auftragsvergabe und Sicherheitsüberprüfung ggf. dazu führen, dass ein Unternehmen mit der Ausführung eines Auftrags beauftragt wird, dessen für die Ausführung zwingend benötigtes Personal der Sicherheitsüberprüfung nicht standhält. Dieser Konsequenz könnte jedenfalls im Regelfall auch nicht dadurch entgangen werden, dass alle Unternehmen ihr Personal vor der Zuschlagserteilung auf der Stufe der Eignungsprüfung einer Sicherheitsüberprüfung nach dem SÜG unterziehen lassen müssten. Denn für alle Unternehmen mit Sitz außerhalb Deutschlands ist die Durchführung einer SÜG-Überprüfung für alle Bieter auf der Stufe der Eignungsprüfung nicht realisierbar. Die Forderung, die teilnehmenden Unternehmen müssten bereits mit dem Teilnahmeantrag in Form einer Eigenerklärung versichern, dass sie nur durch die jeweiligen nationalen Behörden sicherheitsüberprüfte Mitarbeiter einsetzen werden, macht die Überprüfung nach dem SÜG nicht entbehrlich. Es ist gerade Charakteristikum der Formulierung nationaler Sicherheitsinteressen, dass eine Gleichwertigkeitsprüfung mit der Formulierung ihrer eigenen Sicherheitsinteressen durch andere Mitgliedstaaten nicht erfolgt. Dies bedeutet, dass in den Fällen, in denen die Ausführung eines Auftrags eine Sicherheitsüberprüfung von Personal des beauftragten Unternehmens erforderlich macht, Auftragsvergabe und Auftragsausführung eine Einheit bilden.[27] Dementsprechend hat das OLG Dresden in seinem Beschluss vom 18. 9. 2009 noch einmal ausdrücklich hervorgehoben, dass der Umstand, dass die Durchführung des Vergabeverfahrens noch nicht eine Sicherheitsüberprüfung erforderlich machen würde, nichts an der Anwendbarkeit des § 100 Abs. 2 lit. d GWB ändert, wenn für die Ausführung des Auftrags die Sicherheitsüberprüfung des eingesetzten Personals notwendig sein wird.[28]

IV. Verhältnismäßigkeitsprüfung?

Liegen die Voraussetzungen des § 100 Abs. 2 lit. d aa oder bb GWB vor, so führt dies nach bislang überwiegender Auffassung dazu, dass der Auftrag von der Anwendung der §§ 97 ff. GWB ausgenommen ist, ohne dass es einer weiteren Prüfung bedarf. Anders als für die Anwendung des § 100 Abs. 2 lit. d dd

---

[27] Vgl. nur OLG Düsseldorf, Beschl. v. 20. 12. 2004 – VII-Verg 101/04 –; Beschl. v. 30. 3. 2005 – VII-Verg 101/04 –; VK Bund, Beschl. v. 11. 11. 2004 – VK 1-207/04 –; 1. VK Sachsen, Beschl. v. 12. 6. 2009 – 1/SVK/011-09 -. Ebenso *Janka Gass / Mario Ohle*, Sicherheit vor Wettbewerb? § 100 Abs. 2 lit. d) GWB – ein Ausnahmetatbestand im Wandel, ZfBR 2006, S. 655 (656).

[28] OLG Dresden, Beschl. v. 18. 9. 2009 – WVerg 0003/09 –.

GWB, für die anerkannt ist, dass die Feststellung, ob staatliche Sicherheitsinteressen die Ausnahme vom Anwendungsbereich des Vergaberechts *gebieten*, eine Abwägung fordert,[29] wird insbesondere für § 100 Abs. 2 lit. d bb GWB[30], aber auch für § 100 Abs. 2 lit. d aa GWB[31] davon ausgegangen, dass eine Abwägung der staatlichen Sicherheitsbelange und des Geheimhaltungsbedürfnisses gegen die Interessen der Bieter nicht stattfindet.

Die vom OLG Düsseldorf in einem anlässlich eines Verfahrens des Eilrechtsschutzes geäußerten obiter dictum vorgenommene Unterstellung des gesamten Ausnahmetatbestands des § 100 Abs. 2 lit. d GWB unter das Gebot der Verhältnismäßigkeit[32] war vom Gericht in der Entscheidung in der Hauptsache zunächst nicht wiederholt worden; vielmehr hatte der Senat klargestellt, dass sich das Abwägungserfordernis nur auf § 100 Abs. 2 lit. d dd GWB bezieht.[33]

Mittlerweile hat das OLG Düsseldorf jedoch angenommen, dass jedenfalls bei § 100 Abs. 2 lit. d bb GWB die Erfüllung der Tatbestandsvoraussetzungen allein noch nicht zur Nichtanwendbarkeit der §§ 97 ff. GWB führe. Vielmehr sei unter Verhältnismäßigkeitsgesichtspunkten über die durchgeführte Erforderlichkeitsprüfung hinaus[34] eine Abwägung zwischen den Sicherheitsinteressen des Auftraggebers und den Interessen des Bieters vorzunehmen.[35] Die Nichtanwendung des Vergaberechts in den Fällen des § 100 Abs. 2 lit. d bb GWB verkürze den Bieterschutz, so dass der Grundsatz der Verhältnismäßigkeit staatlichen Handelns eine solche Abwägung gebiete. Nur dann, wenn die durch die Anwendung der vergaberechtlichen Bestimmungen zu besorgende Beeinträchtigung der staatlichen Sicherheitsbelange so schwerwiegend sei, dass demgegenüber die Bieterinteressen an einem förmlichen und mit subjektivem Rechtsschutz ausgestatteten Vergabeverfahren zurückzutreten haben, sei Raum für eine Anwendung des § 100 Abs. 2 lit. d bb GWB. Die im Falle des § 100 Abs. 2 lit. d bb GWB bestehende Interessenlage entspreche der dem § 100 Abs. 2 lit. d dd GWB zugrunde liegenden, für die die Notwendigkeit einer Abwä-

---

[29] OLG Düsseldorf, Beschl. v. 30. 4. 2003 – Verg 61/02 –.

[30] VK Bund, Beschl. v. 2. 2. 2006 – VK 2 02/06 –; Beschl. v. 3. 2. 2006, VK 1-01/06 –; Beschl. v. 12. 12. 2006 – VK 1-136/06 –; Beschl. v. 30. 5. 2008 – VK 1-48/08 –.

[31] Vgl. nur *Matthias Diehr*, in: Reidt / Stickler / Glahs, Vergaberecht, 3. Aufl. 2011, § 100 Rdnr. 38.

[32] OLG Düsseldorf, Beschl. v. 20. 12. 2004 – VII-Verg 101/04 –.

[33] OLG Düsseldorf, Beschl. v. 30. 3. 2005 – VII-Verg 101/04 –.

[34] So ausdrücklich OLG Düsseldorf, Beschl. v. 2. 11. 2009 – VII-Verg 12/09 –.

[35] OLG Düsseldorf, Beschl. v. 10. 9. 2009 – Verg 12/09 –; ebenso OLG Düsseldorf, Beschl. v. 2. 11. 2009 – VII-Verg 12/09 –; Beschl. v. 16. 12. 2009 – VII-Verg 32/09 –; OLG Celle, Beschl. v. 3. 12. 2009 – 13 Verg 14/09 –; OLG Koblenz, Beschl. v. 15. 9. 2010, 1 Verg 7/10 –; 2. VK Bund, Beschl. v. 30. 9. 2010 – VK 2 – 80/10 –; *Clemens Antweiler*, in: Ziekow / Völlink, Vergaberecht, 2011, § 100 GWB Rdnr. 25.

gung anerkannt sei. Nicht in jedem Fall würde die Beachtung staatlich vorgesehener Sicherheitsmaßnahmen bei der Auftragsdurchführung eine Ausnahme des Vergabeverfahrens von der Anwendung der §§ 97 ff. GWB erfordern. Von einem solchen Erfordernis könne vielmehr nur dann ausgegangen werden, wenn im Einzelfall gerade durch die Anwendung der vergaberechtlichen Bestimmungen eine tatsächliche und hinreichend schwere Gefährdung staatlicher Sicherheitsinteressen von beachtlichem Grad und Gewicht drohe.

Zur Stützung seiner Auffassung beruft sich das OLG Düsseldorf auf das Urteil des Europäischen Gerichtshofs vom 8. 4. 2008 in der Rechtssache Kommission / Italien[36]. Diesem Urteil lag der Sachverhalt zugrunde, dass der italienische Staat ohne jedes Ausschreibungsverfahren Hubschrauber von der Firma Agusta erwarb. Zur Frage, ob die Vertraulichkeit der Daten die Auftragsvergabe im Verhandlungsverfahren rechtfertige, führte der EuGH aus:

„Es ist jedoch festzustellen, dass sie (die italienische Regierung) nicht angegeben hat, warum ihrer Ansicht nach die Vertraulichkeit der Daten, die für die Herstellung der von Agusta gebauten Hubschrauber weitergegeben werden, weniger gut gewährleistet wäre, wenn andere Unternehmen, ob mit Sitz in Italien oder in einem anderen Mitgliedstaat, mit der Hubschrauberherstellung beauftragt würden.

Die Notwendigkeit, eine Geheimhaltungspflicht vorzusehen, hindert insoweit keineswegs an einer Auftragsvergabe im Ausschreibungsverfahren.

Die Rechtfertigung des Erwerbs der fraglichen Hubschrauber in Verhandlungsverfahren mit Art. 2 Abs. 1 Buchst. b der Richtlinie 93/36 (entspricht § 100 Abs. 2 lit. d aa, bb und dd GWB) ist deshalb gemessen an dem Ziel, das Bekanntwerden vertraulicher Informationen im Zusammenhang mit der Hubschrauberherstellung zu verhindern, unverhältnismäßig. Die Italienische Republik hat nämlich nicht dargetan, dass dieses Ziel bei einer Ausschreibung … nicht hätte erreicht werden können."[37]

Für die Bewertung der Reichweite dieser Entscheidung ist zunächst zu beachten, dass der EuGH nicht zwischen den drei unterschiedlichen Varianten des Art. 2 Abs. 1 Buchst. b der Richtlinie 93/36 (entspricht § 100 Abs. 2 lit. d aa, bb und dd GWB) unterscheidet. Der mitgeteilte Sachverhalt enthält hierzu keine Informationen, auf welche der Varianten sich die italienische Republik gestützt hat. Insoweit ist zu berücksichtigen, dass der Gerichtshof in der die von § 100 Abs. 2 lit. d bb GWB geregelte Konstellation betreffenden Entscheidung Kommission / Belgien[38] keine Verhältnismäßigkeitsprüfung durchgeführt hat. Dieses frühere Urteil erwähnt der Gerichtshof in seinem Urteil in der Sache Kommission / Italien nicht, so dass nicht auszuschließen ist, dass sich die letztgenannte Entscheidung nur auf die Regelungssituation des § 100 Abs. 2 lit. d dd GWB bezieht.

---

[36] EuGH, Urt. v. 8. 4. 2008, Rs. C-337/05, Kommission / Italien.

[37] EuGH, Urt. v. 8. 4. 2008, Rs. C-337/05, Kommission / Italien, Rdnr. 51-53.

[38] EuGH, Urt. v. 16. 10. 2003, Rs. C-252/01, Kommission / Belgien.

Allerdings dürfte das Urteil in der Sache Kommission / Italien wohl dahingehend zu verstehen sein, dass sich die Prüfung der Unverhältnismäßigkeit der Wahl des Verhandlungsverfahrens auf alle Bereichsausnahmen zu beziehen hat, die sich im deutschen Recht jetzt in § 100 Abs. 2 lit. d aa, bb und dd GWB finden. Doch ergibt sich entgegen der Auffassung des OLG Düsseldorf hieraus keineswegs, dass „Notwendigkeit, Grad und Gewicht der beeinträchtigten Sicherheitsbelange gegen die Interessen des Bieters abzuwägen" wären, also eine Verhältnismäßigkeitsprüfung im Wege der Abwägung der betroffenen Interessen durchzuführen wäre[39]. Diese Auffassung verkennt die Struktur der vom EuGH durchgeführten Verhältnismäßigkeitsprüfung, die aus der Prüfung, ob die Maßnahme über das hinausgeht, was zur Erreichung des Ziels erforderlich ist, besteht: Da die von der italienischen Republik angestrebte Geheimhaltung von Daten auch möglich war, wenn die Beauftragung mit der Hubschrauberherstellung in einem Ausschreibungsverfahren erfolgen würde, war die Nichtanwendung des Vergaberechts zur Verwirklichung des staatlichen Sicherheitsinteresses nicht erforderlich.

Der Neuigkeitswert dieser vom EuGH durchgeführten „Verhältnismäßigkeitsprüfung" für die Anwendung des § 100 Abs. 2 lit. d GWB ist begrenzt. Schon bisher wurde im Rahmen des § 100 Abs. 2 lit. d dd GWB eine Verhältnismäßigkeitsprüfung durchgeführt, die über die vom EuGH praktizierte Erforderlichkeitsprüfung hinausgeht. Dass die Anwendung des § 100 Abs. 2 lit. d bb GWB die Erforderlichkeit der Maßnahme zur Realisierung der jeweiligen Sicherheitsinteressen voraussetzt, war auch vor der Entscheidung des EuGH in der Sache Kommission / Italien unumstritten. Allenfalls für die Geheimerklärung nach § 100 Abs. 2 lit. d aa GWB enthält das Urteil die Klarstellung, dass eine solche Geheimerklärung nur dann erfolgen darf, wenn ein Schutz der Geheimhaltungsinteressen nicht auf andere Weise als durch die Nichtanwendung des Vergaberechts erreicht werden kann.

Ebenso wenig verfängt das zweite vom OLG Düsseldorf zur Begründung seiner These, im Rahmen des § 100 Abs. 2 lit. d bb GWB sei eine Interessenabwägung erforderlich, vorgetragene Argument. Keineswegs sind § 100 Abs. 2 lit. d bb GWB und § 100 Abs. 2 lit. d dd GWB strukturell in einer Weise vergleichbar, die eine Übertragung des im Rahmen des § 100 Abs. 2 lit. d dd GWB anerkannten Erfordernisses einer Abwägung auf § 100 Abs. 2 lit. d bb GWB nahe legen würde. Zwar ist es zutreffend, wenn das OLG Düsseldorf ausführt, „so wie nicht bei jeder Berührung staatlicher Sicherheitsbelange ein Ausschluss des Auftrages vom Vergaberechtsregime geboten ... (sei, so erfordere) auch die Beachtung staatlich vorgesehener Sicherheitsmaßnahmen bei der Auftragsdurchführung nicht in jedem Fall, das Vergabeverfahren von einer Anwendung

---

[39] So aber OLG Düsseldorf, Beschl. v. 10. 9. 2009 – Verg 12/09 –.

des Vierten Teils des GWB auszunehmen"[40]. Doch führt diese Einsicht wiederum nur zu dem vom Europäischen Gerichtshof formulierten Korrektiv der Erforderlichkeitsprüfung, nicht aber zur Notwendigkeit einer Interessenabwägung. Dass § 100 Abs. 2 lit. d bb GWB einerseits und § 100 Abs. 2 lit. d dd GWB andererseits gerade strukturverschieden sind, weil die im Rahmen des § 100 Abs. 2 lit. d dd GWB vorzunehmende Abwägung für die Anwendung des § 100 Abs. 2 lit. d bb GWB bereits beim Erlass der zugrunde liegenden Rechts- und Verwaltungsvorschriften zugunsten der Sicherheitsinteressen des Staates vorgenommen worden ist, ist in den Entscheidungen der Nachprüfungsinstanzen zum wiederholten Male verdeutlicht worden.[41] Entsprechendes gilt für § 100 Abs. 2 lit. d aa GWB.[42]

V. Schlussbetrachtung

Unterzieht man die den Schutz nationaler Geheimhaltungs- und Sicherheitsinteressen bezweckende Vorschrift des § 100 Abs. 2 lit. d GWB einer genaueren Prüfung, so wird deutlich, dass die in der neueren Spruchpraxis der deutschen Nachprüfungsinstanzen vorgenommene Relativierung des genannten Schutzes in einer Einzelfallabwägung nicht haltbar ist. Wie sich auch in anderen spektakulären Fällen der jüngsten Zeit gezeigt hat[43], eilt der Gehorsam der deutschen Gerichte gegenüber einer vermuteten Position des EuGH zuweilen viel zu weit voraus. Die pauschale Berufung auf das Wettbewerbsziel darf nicht dazu führen, das sorgfältig ausdifferenzierte und -balancierte vergaberechtliche System aufzulösen. Dies gilt auch und gerade für die Abschirmung von Informationen, die elementare Funktionen der Staatlichkeit berühren.

---

[40] So OLG Düsseldorf, Beschl. v. 10. 9. 2009 – Verg 12/09 –.

[41] 2. VK Bund, Beschl. v. 2. 2. 2006 – VK 2 02/06 –; 1. VK Bund, Beschl. v. 3. 2. 2006, VK 1-01/06 –; Beschl. v. 12. 12. 2006 – VK 1-136/06 –; Beschl. v. 30. 5. 2008 – VK 1-48/08 –.

[42] *Jan Ziekow*, Die Wirkung von Bereichsausnahmen vom Vergaberecht, VergabeR 2007, S. 711 (717 f.).

[43] Siehe nur das Schicksal der vom OLG Düsseldorf begründeten sog. Ahlhorn-Rechtsprechung zur Vergaberechtspflichtigkeit kommunaler Grundstücksverkäufe, Nachweise bei *Jan Ziekow*, in: Ziekow / Völlink, Vergaberecht, 2011, § 99 GWB Rdnr. 47 ff., 167 ff.

Schriftenverzeichnis von Hans Peter Bull

Stand: Februar 2011

I. Selbständige Schriften

Verwaltung durch Maschinen. Rechtsprobleme der Technisierung der Verwaltung. Diss. Hamburg 1963. 2. A. Köln 1964 (Veröffentlichungen der Kommunalen Gemeinschaftsstelle für Verwaltungsvereinfachung).

Die Staatsaufgaben nach dem Grundgesetz. Habilitationsschrift Hamburg 1972. 1. A. Frankfurt am Main 1973; 2., erweiterte A. und Studienausgabe Kronberg / Ts. 1977.

Ziele und Mittel des Datenschutzes. Kronberg / Ts. 1981.

Allgemeines Verwaltungsrecht. Ein Lehrbuch. 1. A. Königstein / Ts. 1982; 2., neubearbeitete A. Heidelberg 1986; 3., überarbeitete A. Heidelberg 1991; 4. A. Heidelberg 1993; 5. A. Heidelberg 1997; 6. A. Heidelberg 2000; 7. A. unter dem Titel: Allgemeines Verwaltungsrecht mit Verwaltungslehre (zusammen mit Veith Mehde) Heidelberg 2005, 8. Auflage Heidelberg 2009.

Datenschutz oder Die Angst vor dem Computer, München 1984.

De fundamentele problemen van het informatierecht / Die Grundprobleme des Informationsrechts. Zwolle / Frankfurt am Main 1985.

Staatsaufgabe Sicherheit – Erfüllungsmöglichkeiten und Defizite. Leipzig 1994 (Leipziger Juristische Vorträge 3).

Privatisierung von Verwaltungsaufgaben. 7. Erbdrostenhofgespräch am 16. 12. 1996, hrsg. v. Direktor des Landschaftsverbandes Westfalen-Lippe, Juni 1997

Grenzen des grundrechtlichen Schutzes für rechtsextremistische Demonstrationen, Rechtsgutachten im Auftrag der Behörde für Inneres der FHH, Hamburg (Landeszentrale für politische Bildung) 2000.

Datenschutz, Informationsrecht und Rechtspolitik. Gesammelte Aufsätze. Berlin 2005.

Absage an den Staat? Warum Deutschland besser ist als sein Ruf. Berlin 2005

Vom Staatsdiener zum öffentlichen Dienstleister. Zur Zukunft des Dienstrechts. Berlin 2006

Informationelle Selbstbestimmung – Vision oder Illusion? Tübingen 2009

Rundfunkbeitrag und Datenschutz. Rechtsgutachten im Auftrag der ARD und des ZDF, Baden-Baden 2011

Gefühle der Menschen in der „Informationsgesellschaft" – Wie reagiert das Recht? Juristische Studiengesellschaft Hannover, Baden-Baden 2011 (i.E.)

II. Kommentierung

Art. 35 Abs.1 (Amtshilfe) und Art. 83 bis 87, 87c, 87d sowie 89 und 90 (Ausführung der Bundesgesetze und Bundesverwaltung), in: Kommentar zum Grundgesetz für die Bundesrepublik Deutschland, Reihe Alternativ-Kommentare, Neuwied / Darmstadt 1984; 2. A. 1991; 3. A. 2001

III. Herausgeberschaften

Verwaltungspolitik. Mit Beiträgen von G. R. Baum, M. Drexelius, T. Ellwein, Chr. v. Hammerstein, M. Lorbacher, E. Schleberger, R. Wassermann, W. Wiese und H. P. Bull. Neuwied / Darmstadt 1979.

K. Twesten, Der preußische Beamtenstaat. Darmstadt 1979.

Computer im Dienst der Gesellschaft? (zusammen mit Z. Kitagawa). Köln u.a. 1984 (Japanisches Recht 13).

Sicherheit durch Gesetze? Mit Beiträgen von A. v. Schoeler, A. Dietel, Th. Utecht, H. Lisken, M. Kniesel, H. Bäumler und H. P. Bull. Baden-Baden 1987.

Festschrift für Werner Thieme zum 70. Geburtstag (zusammen mit Bernd Becker und Otfried Seewald). Köln u.a. 1993.

Personalrecht und Personalwirtschaft als Handlungsfelder der Verwaltungsreform (zusammen mit Volker Bonorden). Baden-Baden 2001.

Fünf Jahre direkte Bürgerbeteiligung in Hamburg – unter Berücksichtigung von Berlin und Bremen. Hamburg (Landeszentrale für politische Bildung und Senatsamt für Bezirksangelegenheiten) 2001.

Umweltverwaltung in den Ostsee-Anrainerstaaten. Schriften der Deutschen Sektion des Internationalen Instituts für Verwaltungswissenschaften, Band 28. Baden-Baden 2002.

Verwaltungslehre in Hamburg 1962 – 2002. Münster 2003.

Festgabe für Werner Thieme zum 80. Geburtstag. Beiträge aus dem Freundeskreis des Seminars für Verwaltungslehre. Münster 2003 (zusammen mit Thomas Fraatz-Rosenfeld).

IV. Zeitschriftenaufsätze und Beiträge zu Sammelwerken

Automation in der Verwaltung? in: Juristische Rundschau (JR) 1965, 178

Wohnungsbau und Gemeindefinanzen. Über die gerechte Verteilung der Erschließungskosten und Folgelasten, in: JR 1965, 338

Arbeitsvermittlung – Staatsmonopol für alle Zeiten? in: Juristenzeitung (JZ) 1967, 564

Der Richter – „königlich", „demokratisch" oder was sonst? Bemerkungen zur Justizreform, in: Zeitschrift für Rechtspolitik (ZRP) 1968, 64

Für die Abschaffung des „Vorbereitungsdienstes". Programm einer neuartigen Zusammenarbeit von Wissenschaft und Praxis bei der Ausbildung von Juristen, in: Recht und Politik (RuP) 1968, 128, auch in: R. Wassermann (Hrsg.), Erziehung zum Establishment, Karlsruhe 1969, 65

Zum Stand der Studienreform, in: Juristische Schulung (JuS) 1969, 192

Zur Systematik öffentlich-rechtlicher Ansprüche, JZ 1969, 422 (zusammen mit W. Thieme)

DDR – Vorbild für uns? in: Loccumer Arbeitskreis (Hrsg.), Neue Juristenausbildung, Neuwied 1970, 167

„Dienstliche Anweisung" statt Widerspruchsbescheid? Ein Diskussionsbeitrag zu den Grenzen der Fachaufsicht, in: Deutsches Verwaltungsblatt (DVBl.) 1970, 243

Staatlich geförderte Forschung in privatrechtlichen Institutionen. Dargestellt am Beispiel d. Hamburger Überseeforschungs-Institute, in: Wissenschaftsrecht – Wissenschafts-verwaltung – Wissenschaftsförderung 1971, 35

Das Hamburger Modell – Ansatz einer integrierten theoretisch-praktischen Juristenaus-bildung, in: Konstanzer Blätter für Hochschulfragen H. 31, 1971, 37

Ampel-Unfälle als Schicksalsschläge? in: Die öffentliche Verwaltung (DÖV) 1971, 305

Demokratie – nur im geheimen? Zu den Parteiausschlußverfahren wegen innerparteili-cher Opposition, in: ZRP 1971, 196

Parlamentsauflösung - Zurückverweisung an den Souverän, in: ZRP 1972, 201

Wertbezug und Normativität in der Politikwissenschaft, in: JZ 1974, 160

Einstufige Juristenausbildung im Aufbau, in: JuS 1974, 266

Wandel und Wachsen der Verwaltungsaufgaben, in: U. Becker/W. Thieme (Hrsg.), Handbuch der Verwaltung, Köln u.a. 1974, Heft 2.3

Leitsätze zur innerparteilichen Demokratie, in: Recht und Politik 1974, 79

Entscheidungsfragen in Sachen Datenschutz, in: ZRP 1975, 7

Arbeitnehmerkammern und Gewerkschaften – Konkurrenz oder Ergänzung? in: Arbeit und Recht 1975, 271

Verwaltung für den Bürger, in: Recht und Politik 1976, 218

Staatstheoretische und verfassungsrechtliche Bemerkungen zur Lage der Selbstverwal-tung in der Sozialversicherung, in: Die Krankenversicherung 1976, 175

Maßstäbe und Verfahrensvorschriften für die Tätigkeit der Aufsichtsbehörden nach dem Sozialgesetzbuch, in: Vierteljahresschrift für Sozialrecht 1977, 113

Mitwirkung des Volkes an der Verwaltung durch die Deputationen der Hamburger Fachbehörden, in: Hamburg – Deutschland – Europa, FS für H.P.Ipsen, Tübingen 1977, 299

Evangelische Akademien und demokratisches Gemeinwesen, in: H. Albertz/J. Thomsen (Hrsg.), Christen in der Demokratie, FS für J. Ziegenrücker, Wuppertal 1978, 159

Verbraucherschutz bei öffentlichen Leistungen – eine große Lösung? Zu Dennis R. Young, Consumer Problems in the Public Sector, in: Zeitschrift für Verbraucherpolitik 1978, 72

Datenschutz als Informationsrecht und Gefahrenabwehr, in: Neue Juristische Wochen-schrift (NJW) 1979, 1177

Datenschutz contra Amtshilfe. Von der „Einheit der Staatsgewalt" zur „informationellen Gewaltenteilung", in: DÖV 1979, 689

Auf dem Weg zu einem Recht der Informationsbeziehungen, in: Recht und Politik 1980, 150

Datenschutz und Ämter für Verfassungsschutz, in: Bundesministerium des Innern (Hrsg.), Verfassungsschutz und Rechtsstaat, Köln u.a. 1981, 133

Verfassungsrechtlicher Datenschutz, in: Bieber/Bleckmann/Capotorti (Hrsg.), Das Europa der zweiten Generation, Gedächtnisschrift für Christoph Sasse, Kehl a. Rh./ Straßburg 1981, Bd. 2, 869

Artikel „Datenschutz" in: Strutz (Hrsg.), Handwörterbuch der Verwaltung und Organisation, Köln/Stuttgart 1981, 94

Wissenschaftliche Forschung und Datenschutz (zusammen mit Ulrich Dammann), in: DÖV 1982, 213

Rechtsprobleme der polizeilichen Informationssammlung und -verarbeitung, in: Datenverarbeitung im Recht (DVR) 1982, 1

Datenschutz im Gesundheitswesen, in: Recht und Politik 1983, 45

Der Einfluß der Datenschutzgesetze auf die öffentliche Verwaltung, in: DÖV 1983, 829

Der Einzelne in der Informationsgesellschaft, in: Ph. Sonntag (Hrsg.), Die Zukunft der Informationsgesellschaft, Frankfurt a.M. 1983, 10

Bericht: Zur Arbeitsweise der Medien – Erfahrungen eines Amtsträgers, in: Rundfunk und Fernsehen 1983, 337

Politik der „inneren Sicherheit" vor einem mißtrauisch gewordenen Publikum, in: Leviathan 1984, 155

Rechtsgutachten zu Fragen der Filmförderung durch den Bundesminister des Innern, in: Berichte und Dokumente, hrsg. v. d. Staatlichen Pressestelle Hamburg, Nr. 746 v. 5.12.84

Über die Grenzen der Autorität der Gesellschaft über das Individuum, in: „Über Freiheit", John Stuart Mill und die Politische Ökonomie des Liberalismus, hrsg. von J. Harms, Frankfurt a.M. 1984, 54

Rechtliche Grundlagen der Offenbarung von Patientendaten durch Kassenärzte, in: Transparenzprojekte in der GKV, Köln 1984, 97

Rechtspolitik zwischen Standesvertretung und Sozialreform, in: FS f. R. Wassermann, Neuwied/Darmstadt 1985, 45

Artikel „Datenschutz", in: D. Nohlen/R.O.Schultze (Hrsg.), Politikwissenschaft, Pipers Wörterbuch zur Politik Bd. 1, München 1985, 119

Das Recht der Informationsbeziehungen und die Sozialarbeit - gegenwärtiger Stand und künftige Entwicklung, in: Frommann/Mörsberger/Schellhorn (Hrsg.), Sozialdatenschutz, Frankfurt a.M.1985, 252

Thesen zu den sozialen und rechtlichen Risiken der Informationstechnik, in: Informatik und Recht 1, 1986, 3

Individuelle Selbstbestimmung angesichts der neuen Medien, in: Hessische Blätter für Volksbildung 1986, 236

Der Daten-Ombudsman, in: U.Kempf/H.Uppendahl (Hrsg.), Ein deutscher Ombudsman? Opladen 1986, 63

Regelungserfordernisse und Regelungspraxis. Die rechts- und verwaltungswissenschaftliche Perspektive, in: Th. Ellwein/J.J. Hesse (Hrsg.), Verwaltungsvereinfachung und Verwaltungspolitik, Baden-Baden 1985, 48

Diskussionsbeitrag in: Der Zustand des Rechtsstaates. Ein Cappenberger Gespräch, Köln 1986, 48

Gesellschaftliche Ordnung durch Computerisierung? Zu einigen Erscheinungen der Technologie-Diskussion, in: Recht und Politik 1986, 210

Das Bundesdatenschutzgesetz. Eine Einführung mit Fallbeispielen, in: Jura 1987, 193 und 295

Vom Datenschutz zum Informationsrecht – Hoffnungen und Enttäuschungen, in: H. Hohmann (Hrsg.), Freiheitssicherung durch Datenschutz, Frankfurt a.M. 1987, 173

Die Entwicklung von Informationstechnik und -recht in der Sicht des Office of Technology Assessment, in: Computer und Recht (CR) 1987, 200

The Basic Problems of Information Law, in: Lex Golem, ed. by the National Research Center on Computers and Law, Oslo 1987

Wie können Juristen zur Technikfolgen-Abschätzung beitragen? in: RuP 1987, 131

Die „Sicherheitsgesetze" im Kontext von Polizei- und Sicherheitspolitik, in: H. P. Bull (Hrsg.), Sicherheit durch Gesetze? Baden-Baden 1987, 15

Geheimhaltung für Gutachten in Berufungsverfahren? In: Wissenschaftsrecht – Wissenschaftsverwaltung – Wissenschaftsförderung 1987, 11

Grundlagen des Verwaltungshandelns, in: W. Hoffmann-Riem/H.-J. Koch (Hrsg.), Hamburgisches Staats- und Verwaltungsrecht, Frankfurt a.M. 1988, 155

Der Sozialstaat als Rechtsstaat. Zur gegenwärtigen Bedeutung des Sozialstaatsprinzips und des Eigentumsschutzes für soziale Rechte, in: Zeitschrift für Sozialreform 1988, 13

Herausforderungen der Informationstechnologie an die Arbeitswelt, in: Computer und Recht 1988, 923

Telekommunikative Traum-Demokratie? Auswirkungen der Informationstechnik auf die verfassungsmäßige Ordnung, in: Universitas 1989 H. 2, 128; auch in: Roßnagel (Hrsg.), Freiheit im Griff. Informationsgesellschaft und Grundgesetz, Stuttgart 1989, 41

Staatszwecke im Verfassungsstaat, in: NJW 1989, 801

Die Reform ist tot – es lebe die Reform! In: H. Giehring/ F.Haag/ W. Hoffmann-Riem/ C. Ott (Hrsg.), Juristenausbildung – erneut überdacht, Baden-Baden 1990, 1

Zum Wandel öffentlicher Aufgaben und Staatsfinanzen, in: J. J. Hesse/ Ch. Zöpel (Hrsg.), Der Staat der Zukunft, 1990, S. 31

Recht und Menschlichkeit. Zur Rolle von Verwaltungsbeamten und Richtern in den Entschädigungsverfahren, in: Helga und Hermann Fischer-Hübner (Hrsg.), Die Kehrseite der „Wiedergutmachung". Das Leiden von NS-Verfolgten in den Entschädigungsverfahren, Gerlingen 1990 (Bleicher Verlag). S. 179-185

Koordination des Regierungshandelns – wieviel Öl braucht der Motor? In: Th. Ellwein/ J. J. Hesse / R. Mayntz / F. Scharpf (Hrsg.), Jahrbuch zur Staats- und Verwaltungswissenschaft Bd. 5, Baden-Baden 1991, 29

Die Parteienfreiheit und der Schutz der Verfassung, in: G. Schröder/ H.-P. Schneider (Hrsg.), Soziale Demokratie – Das Grundgesetz nach vierzig Jahren, Heidelberg 1991, 73

Rezension von D. Grimm (Hrsg.), Wachsende Staatsaufgaben – sinkende Steuerungsfähigkeit des Rechts, in: Archiv des öffentlichen Rechts (AöR) 1991, 615

Abschied von einem Provisorium, in: Recht und Politik 1991, 193

Verfassunggebung und Verfassungsreform im vereinigten Deutschland, in: Gegenwartskunde 1992, 259

Eine Fallstudie zur Gesetzgebung: Zur politischen, juristischen und journalistischen Polizeirechts-Diskussion am Beispiel des schleswig-holsteinischen Landesverwaltungsgesetzes, in: Zeitschrift für Parlamentsfragen 1993, 293

Die Verfassungen der neuen Länder – zwischen östlicher Selbstbestimmung und westlichen Vorgaben, in: Festschrift für Werner Thieme zum 70. Geburtstag, Köln u.a. 1993, 305

Innenpolitik zwischen Sicherheitsgesetzen und Sozialreform, in: RuP 1995, 9

Umsteuern im Beamtenrecht – aber wie? In: DÖV 1995, 592

Privatisierung öffentlicher Aufgaben, in: Verwaltungsarchiv 1995, 621

Visionen und Wirklichkeit einer Kriminalpolitik für Europa, in: Kritische Vierteljahresschrift für Gesetzgebung und Rechtswissenschaft 1995, 313)

Vom Eigentums- zum Vermögensschutz – ein Irrweg, in: NJW 1996, 281

Zur Lage des öffentlichen Dienstes, in: Verwaltung und Management 1996, 75

Neue Steuerungsmodelle als Teil der Verwaltungsreform? In: J. Ipsen (Hrsg.), Verwaltungsreform – Herausforderung für Staat und Kommunen, Baden-Baden 1996, 69 – 81

Richterwahl unter Konkurrentenaufsicht, in: ZRP 1996, 335

Schwachstellen der geltenden Finanzverfassung, in: NVwZ 1996, 838 (zusammen mit Felix Welti)

Aufgabenentwicklung und Aufgabenkritik, in: K. König/ H. Siedentopf (Hrsg.), Öffentliche Verwaltung in Deutschland, 1996/97, S. 343

Vom Einfluß eines einzelnen auf die Rechtspolitik. Zum 70. Geburtstag von Claus Arndt, in: DÖV 1997, 290

Belastungen durch bundesgesetzliche Leistungspflichten. Das Beispiel Hamburg, in: Verwaltung und Management 1997, 226 (zusammen mit Veith Mehde).

Verkürzung und Vereinfachung des verwaltungsgerichtlichen Verfahrens. Zur neuesten Änderung der deutschen Verwaltungsgerichtsordnung, ins Niederländische übersetzt (Bekorting en vereenvoudiging in het Duitse bestuursprocesrecht. Over de recente wijziging van de Verwaltungsgerichtsordnung) in: Nederlands Tidjschrift voor Bestuursrecht 1997, 183

Zeit für einen grundlegenden Wandel des Datenschutzes? in: Computer und Recht 1997, 711

Braucht Europol die Immunität? in: FAZ v. 20. 1. 1998 (zusammen mit Manfred Baldus).

Das Europäische Polizeiamt – undemokratisch und rechtsstaatswidrig? in: Deutsche Richterzeitung 1998, 32

Sicherheit und Prävention im europäischen Rechtsstaat, in: Johannes Bizer/ Hans-Joachim Koch (Hrsg.), Sicherheit, Vielfalt, Solidarität. Ein neues Paradigma des Verfassungsrechts? Symposium zum 65. Geburtstag Erhard Denningers am 20. Juni 1997, 1998, S. 13

Recht der Verwaltungsorganisation und des Verwaltungshandelns, in: Wolfgang Hoffmann-Riem/Hans-Joachim Koch (Hrsg.), Hamburgisches Staats- und Verwaltungsrecht, 2. Aufl. 1998, S. 77–132 (3. A. 2006 s. unten)

„Angstfach" Verwaltungsrecht. Was wir den Studenten zumuten, in: Juristenzeitung 1998, 338

Hierarchie als Verfassungsgebot? Zur Demokratietheorie des Bundesverfassungsgerichts, in: Bürgersinn und Kritik. Festschrift für Udo Bermbach, 1998, S. 41

Europol, der Datenschutz und die Informationskultur, in: Siegfried Lamnek/Marie-Theres Tinnefeld (Hrsg.), Globalisierung und informationelle Rechtskultur in Europa, 1998, S. 217

Neue Konzepte, neue Instrumente? Zur Datenschutz-Diskussion des Bremer Juristentages, in: ZRP 1998, 310

Verfassungsrechtliche Vorgaben zum Datenschutz, in: Computer und Recht 1998

Mehr Datenschutz durch weniger Verrechtlichung, in: Helmut Bäumler (Hrsg.), Der neue Datenschutz, 1998, S. 25

Artikel „Berufsbeamtentum", „Bundesaufsicht", „Hamburg" und „Polizei", in: G. Sommer / R. Graf von Westphalen (Hrsg.), Staatsbürgerlexikon, 1998, S. 76, 126, 431 und 711

Das Recht auf Information, in: Mitteilungen aus dem Bundesarchiv 1/1998 S. 3

Mehr Gemeinsinn zeigen. Können neue Organisationsformen die Hochschulreform voranbringen? in: DUZ 19/1998 S. 18

Informationsmanagement in der eingreifenden Verwaltung, in: K. Lenk/ R. Prätorius (Hrsg.), Eingriffsstaat und öffentliche Sicherheit, 1998, S. 196

Innenpolitik der „Neuen Mitte" – Einzelvorhaben und roter Faden, in: Recht und Politik 1998, 192

Finanzausgleich im „Wettbewerbsstaat", in: DÖV 1999, 269

Demokratie braucht Zeit. Zur Frage demokratischer Abstimmungen mittels telekommunikativer Verfahren, in: Multimedia@Verwaltung. Jahrbuch Telekommunikation und Gesellschaft 1999, S. 293

Notwendigkeiten und Grenzen internationaler polizeilicher Zusammenarbeit, in: M. Baldus/M. Soiné (Hrsg.), Rechtsfragen internationaler polizeilicher Zusammenarbeit, S. 9

Das zentrale Verwaltungsmanagement in Hamburg, in: J. Albers/K. Asche/J. Gündisch/ W. Thieme (Hrsg.), Recht und Verwaltung in Hamburg, Band II, 1999, S. 53

Wiedergewinnung von Handlungsspielräumen durch Aufgabenkritik? in: J. Ziekow (Hrsg.), Handlungsspielräume der Verwaltung, 1999, S. 33

Die Ein-Partei-Regierung – eine Koalition eigener Art, in: R. Sturm/S. Kropp (Hrsg.), Hinter den Kulissen von Regierungsbündnissen, 1999, S. 169

Der tägliche Ärger mit der Verwaltung, in: Verwaltung & Management 1999, S. 324

Erfahrungen mit dem Datenschutz aus unterschiedlichen Perspektiven, in: Helmut Bäumler/Albert von Mutius (Hrsg.), Datenschutzgesetze der dritten Generation, 1999, S. 119–125

Polizei und Datenschutz aus der Mitte betrachtet ..., in: Helmut Bäumler (Hrsg.), Polizei und Datenschutz, 1999, S. 318-328

Aus aktuellem Anlaß: Bemerkungen über Stil und Technik der Datenschutzgesetzgebung, RDV 1999, S. 148-153

Vorlesungs- und Telefonverzeichnisse im Internet - datenschutzrechtlich unzulässig? in: MMR 1999/7, S. V–VII

Wie „riskant" sind Themenarbeiten? – Hilfestellungen und Tipps für Studierende, in: Juristische Schulung (JuS) 2000, S. 47

Politische Steuerung im Politikfeld Innere Sicherheit, in: H.-J. Lange (Hrsg.), Staat, Demokratie und Innere Sicherheit in Deutschland, 2000, S. 401

Gewaltenteilung als konstitutives Merkmal eines Rechtsstaates, in: Rechtsschutz durch Gewaltenteilung, Evangelische Akademie Bad Boll, Protokollband 18/00, 2000, S. 24

Die Organisationsreform der Bundesanstalt für Arbeit im Kontext der Reform des öffentlichen Dienstes. Allgemeine verwaltungswissenschaftliche Aspekte, in: Beiträge zum Recht der sozialen Dienste und Einrichtungen, Heft 48 (2001), S. 42

„Die Klage hat Erfolg, wenn sie zulässig und begründet ist". Bemerkungen zur Schein-Sicherheit durch Anwendung der Schemata im öffentlichen Recht, in: JuS 2000, 778

Die politische und rechtliche Ausgangslage und der internationale Vergleich, in: H. P. Bull/ V. Bonorden (Hrsg.), Personalrecht und Personalwirtschaft als Handlungsfelder der Verwaltungsreform, Baden-Baden 2001, S. 17

Offene Punkte, Forschungs- und Entscheidungsbedarfe, ebenda S. 153 (zusammen mit Volker Bonorden)

Wandel der Staataufgaben im föderalen System, in: K. König/K.-D. Schnapauff (Hrsg.), Die deutsche Verwaltung unter 50 Jahren Grundgesetz, Baden-Baden 2001, S. 49

Öffentlichkeitsarbeit unter gerichtlicher Kontrolle – Wie unabhängig sind die Datenschutzbeauftragten? in: Völkerrecht und deutsches Recht, FS für Walter Rudolf, hrsg. von H.-W. Arndt, F.-L. Knemeyer, D. Kugelmann, W. Meng und M. Schweitzer, München 2001, S. 421

Über Formenwahl, Formwahrheit und Verantwortungsklarheit in der Verwaltungsorganisation, in. Staat – Kirche – Verwaltung, FS für Hartmut Maurer, hrsg. von M.-E. Geis und D. Lorenz, München 2001, S. 545

Freiheit und Grenzen des politischen Meinungskampfes, in: FS 50 Jahre Bundesverfassungsgericht, hrsg. von P.Badura und H. Dreier, Tübingen 2001, II. Band, S. 163

Clemens Theodor Perthes und die Konstruktion des Beamtenverhältnisses, in: Der Staat 40 (2001) S. 432

Das Dilemma der Richterwahl, in: Betrifft Justiz Nr. 68, Dezember 2001, S. 208

Reinventing NPM: Verwaltungsmodernisierung im Rechtsstaat, DVBl. 2001, 1818

Zivilgesellschaftliche Eigenverantwortung versus bürokratische Aufgabenerfüllung? Zur Abgrenzung von „privatem", „öffentlichem" und „staatlichem" Bereich, in: G. Winter (Hrsg.), Das Öffentliche heute. Kolloquium zu Ehren von Alfred Rinken, Baden-Baden 2001/02, S. 127

Informationsfreiheitsgesetze – wozu und wie? in: Zeitschrift für Gesetzgebung 2002, S. 201

Sind die Tarifparteien bereit, den BAT grundlegend zu ändern?, in: ZRP 2002, 338

Eigentum an öffentlichen Organisationen, in: M. Hilf/Th. Bruha (Hrsg.), Perspektiven für Europa: Verfassung und Binnenmarkt, Europarecht Beiheft 3/2002, S. 71

Wandel der Verwaltungsaufgaben, in: K. König (Hrsg.), Deutsche Verwaltung an der Wende zum 21. Jahrhundert, Baden-Baden 2002, S. 77

Perspektiven der Verwaltungsforschung (Resümée), in: K.-P. Sommermann/J. Ziekow (Hrsg.), Perspektiven der Verwaltungsforschung, S. 327

Von der Rechtswissenschaftlichen Fakultät zur Fachhochschule für Rechtskunde?, in: JZ 2002, 977

Der Gesetzgeber als Zauberkünstler – ein Wunder oder ein Flop? „Befangene" Bemerkungen zum Hamburger Airbus-Gesetz, in: NordÖR 2002, S. 439

Die Verfassungsentwicklung in Schleswig-Holstein, in: Jahrbuch des öffentlichen Rechts der Gegenwart, hrsg. v. P. Häberle, Neue Folge Bd. 51, 2003, S. 489

Das Dilemma der juristischen Verwaltungsausbildung, in: H. P. Bull (Hrsg.), Verwaltungslehre in Hamburg 1962 – 2002. Münster 2003, S. 57

Wandlungen in der Lehre und Neuorganisation des Wahlschwerpunkts, ebenda S. 73

Gesetzgebungsbedarf im Allgemeinen Verwaltungsrecht, in: H. P. Bull/ Th. Fraatz-Rosenfeld (Hrsg.), Festgabe für Werner Thieme zum 80. Geburtstag, Münster 2003, S. 9

Verfehltes Verfahren, Niederlage der abwehrbereiten Demokratie oder Sieg der Toleranz? Zur Einstellung des NPD-Verbotsverfahrens, in: M. H. W. Möllers/ R. Chr. van Ooyen (Hrsg.), Jahrbuch Öffentliche Sicherheit 2002/2003, Frankfurt/M. 2003, S. 197–217; auch in: Möllers/van Ooyen (Hrsg.),.Politischer Extremismus 2: Terrorismus und wehrhafte Demokratie, Frankfurt/M. 2007, S. 430–452

Freiheit und Sicherheit angesichts terroristischer Bedrohung. Bemerkungen zur rechtspolitischen Diskussion, ebenda S. 265–281 (Jahrbuch) bzw. S. 126-143 (Politischer Extremismus 2)

Verwaltungswissenschaft – disziplinär und transdisziplinär. Einleitung zur Podiums- und Plenumsdiskussion, in: J. Ziekow (Hrsg.), Verwaltungswissenschaften und Verwaltungswissenschaft. Forschungssymposium anlässlich der Emeritierung von Klaus König, Berlin 2003, S. 119 ff.

Über den richtigen Gebietszuschnitt von Ländern und Verwaltungsbezirken, in: NordÖR 2003, S. 438–443

Politik und Politiker als Objekte der Publizistik, in. W. Langenbucher (Hrsg.), Die Kommunikationsfreiheit der Gesellschaft, Sonderheft 4/2003 der Zeitschrift „Publizistik", 2003, S. 241–262

Das öffentliche Dienstrecht in der Diskussion, DÖV 2004, S. 155–163

Sozialstaat – Krise oder Dissens? Schwierigkeiten bei der Verständigung über einen verfassungsrechtlichen Kernbegriff, in: M. Brenner/P. M. Huber/M. Möstl (Hrsg.), Der Staat des Grundgesetzes – Kontinuität und Wandel. Festschrift für Peter Badura zum siebzigsten Geburtstag, 2004, S. 57–75

„Vernunft" gegen „Recht"? Zum Rationalitätsbegriff der Planungs- und Entscheidungslehre, in: A. Benz/H. Siedentopf/K.-P. Sommermann (Hrsg.), Institutionenwandel in Regierung und Verwaltung. Festschrift für Klaus König zum 70. Geburtstag, 2004, S. 179–199

Polizeiliche und nachrichtendienstliche Befugnisse zur Verdachtsgewinnung, in: Festschrift für Peter Selmer, 2004, S. 29-50

Reasonable Expectations of Privacy, in: Innovativer Datenschutz 1992 – 2004. Wünsche – Wege – Wirklichkeit. Für Helmut Bäumler. Kiel 2004, S. 85–99

Positionen, Interessen und Argumente im Streit um das öffentliche Dienstrecht, in: Die Verwaltung 37 (2004), S. 327–352

Der Volksentscheid – unverbindlich und folgenlos? In: NordÖR 2005, 99-101

Trennungsgebot und Verknüpfungsbefugnis. Zur Aufgabenteilung der Sicherheitsbehörden, in: R. Hendler/M. Ibler/J. M. Soria (Hrsg.), Für Sicherheit, für Europa. Festschrift für Volkmar Götz zum 70. Geburtstag, Göttingen 2005, S. 341–358

Verwaltungspolitik konkret, in: F. Behrens/R. G. Heinze/J. Hilbert/S. Stöbe-Blossey (Hrsg.), Ausblicke auf den aktivierenden Staat, Berlin 2005, S. 85–97

Bürokratieabbau – richtige Ansätze unter falscher Flagge, in: Die Verwaltung 38 (2005), S. 285–314

Vom Auf- und Abbau der Bürokratie. Vortrag in der Deutschen Hochschule für Verwaltungswissenschaften Speyer am 21. Juni 2005, in: Vortragsreihe des Deutschen Forschungsinstituts für öffentliche Verwaltung, Heft 1, 2005, und in: Verwaltung & Management 2005, S. 228–235

Zur Verfassungsmäßigkeit des Verwaltungsmodernisierungsgesetzes Mecklenburg-Vorpommern, in: NordÖR 2005, 458/459

Verwaltungslehre heute – Rückblick, Standortbestimmung und Perspektive, in: NordÖR 2006, 1–6

Urteilsanmerkung zu LVerfG Mecklenburg-Vorpommern, Urteile v. 7.7.2005, DVBl. 2006, S. 302–305

Bürokratieabbau und Dienstrechtsreform, in: DÖV 2006, S. 241–249

Der Beitrag des Bundesverfassungsgerichts zur „Berücksichtigung der hergebrachten Grundsätze des Berufsbeamtentums", in: Robert Chr. van Ooyen/Martin H. W. Möllers (Hrsg.), Das Bundesverfassungsgericht im politischen System, Wiesbaden 2006, S. 449–461

Recht der Verwaltungsorganisation und des Verwaltungshandelns, in: Wolfgang Hoffmann-Riem/Hans-Joachim Koch (Hrsg.), Hamburgisches Staats- und Verwaltungsrecht, 3. Aufl. 2006, S. 87–143

Zweifelsfragen um die informationelle Selbstbestimmung – Datenschutz als Datenaskese? In: NJW 2006, S. 1617–1624

Hamburg, in: Th. Mann/G. Püttner (Hrsg.), Handbuch der kommunalen Wissenschaft und Praxis, Band 1 Grundlagen und Kommunalverfassung, 3. Aufl. 2007, § 26b, S. 743–769

Föderalismusreform auf falscher Fährte, in: Recht und Politik 2007, S. 67–72

„Umweltverwaltungen unter Reformdruck: Herausforderungen, Strategien, Perspektiven" – Ein Sondergutachten des Sachverständigenrates für Umweltfragen, DÖV 2007, 695–698

Wie weit reicht das Sicherheitsversprechen des Staates gegenüber seinen Bürgern? In: K. Graulich/D. Simon (Hrsg.), Terrorismus und Rechtsstaatlichkeit: Analysen, Handlungsoptionen, Perspektiven, Berlin 2007, S. 303–314

„Freiheit der Arbeit" als Unterdrückung der Koalitionsfreiheit – Die loi Le Chapelier von 1791 und ihre Folgen, in: G. H. Gornig/U. Kramer/U. Volkmann (Hrsg.), Staat – Wirtschaft – Gemeinde, Festschrift für Werner Frotscher zum 70. Geburtstag, Berlin 2007, S. 129–143

Fortschritte, Fehlschläge und Moden: eine Zwischenbilanz, in: J. Ziekow (Hrsg.), Entwicklungslinien der Verwaltungspolitik, Baden-Baden 2007, S. 151–161

Von der amtsangemessenen Alimentation zur leistungsgerechten Bezahlung, in: Verein Deutscher Verwaltungsgerichtstag (Hrsg.), Dokumentation 15. Deutscher Verwaltungsrichtertag Weimar 2007, S. 291–301

Wie „öffentlich" sind Stiftungen und Non-Profit-Organisationen? In: H. Kohl/F. Kübler/C. Ott/K. Schmidt (Hrsg.), Zwischen Markt und Staat. Gedächtnisschrift für Rainer Walz, Köln u.a. 2007, S. 53–69

Beamte – die vernachlässigten Hüter des Gemeinwohls. Die Dienstrechtsdiskussion zwischen Standespolitik und Staatstheorie, DÖV 2007, 1029–1038

Kommunale Selbstverwaltung heute – Idee, Ideologie und Wirklichkeit, Zugleich eine Anmerkung zur juristischen Methodenlehre, DVBl. 2008, 1–11

Falscher Abwägungsprozess oder „falsches" Ergebnis? Was der Gesetzgeber „im Blick haben" soll – Ein Lehrstück über den Unterschied zwischen Urteilskern und Begründung, in: C. Büchner/J. Franzke/M. Nierhaus (Hrsg.), Verfassungsrechtliche Anforderungen an Kreisgebietsreformen. Zum Urteil des Landesverfassungsgerichts Mecklenburg-Vorpommern, Potsdam 2007, S. 23–31

Wie wirkt das Landesverfassungsrecht? Anmerkungen aus Anlass eines neuen Kommentars, in: NordÖR 2008, S. 49–55

Daseinsvorsorge im Wandel der Staatsformen, in. Der Staat 2008, 1-19

Informationsrecht ohne Informationskultur? In: Recht der Datenverarbeitung 2008, 47–54

Verfassungsrechtliche Rahmenbedingungen einer Funktional-, Struktur- und möglichen Kreisgebietsreform in Schleswig-Holstein, in: Landesregierung Schleswig-Holstein (Hrsg.), Gutachten zur Verwaltungsstruktur- und Funktionalreform in Schleswig-Holstein, Kiel 2008, S. 1–126

Leistungsorientierte Bezahlung im öffentlichen Dienst – Probleme und Lösungsansätze, in: Karl-Peter Sommermann/Siegfried Magiera/Jacques Ziller (Hrsg.), Verwaltungswissenschaft und Verwaltungspraxis in nationaler und internationaler Perspektive, Festschrift für Heinrich Siedentopf zum 70. Geburtstag, Berlin 2008, S. 531–550

Meilensteine auf dem Weg des Rechtsstaates. Die neuen Grundsatzentscheidungen des Bundesverfassungsgerichts zum Datenschutz im Bereich der öffentlichen Sicherheit, in: Jahrbuch Öffentliche Sicherheit 2008/2009, Frankfurt/Main 2008, S. 317–331

Sind Nachrichtendienste unkontrollierbar? In. DÖV 2008, 751–759

Rechtliche Möglichkeiten und Grenzen der Innovationen im öffentlichen Sektor, in: Rudolf Fisch/Andrea Müller/Dieter Beck (Hrsg.), Veränderungen in Organisationen: Stand und Perspektiven, Wiesbaden 2008, S. 39–52

Politische Verantwortung für einen leistungsstarken öffentlichen Dienst, in: Verwaltung & Management 2008, S. 227–234

Verfassungsrechtliche Bedenkensammlung oder politische Wegweisung? Über sicherheitspolitische Programmpapiere, in: Neue Gesellschaft/Frankfurter Hefte, 10/2008, S. 46–49

Regieren mit beamteter und nichtbeamteter Expertise, in: Werner Jann/Klaus König (Hrsg.), Regieren zu Beginn des 21. Jahrhunderts, Tübingen 2008, S. 205–230

Neue Bewegung im Datenschutz. Missbrauchsbekämpfung oder Ausbau bereichsspezifischer Regelungen?, in: ZRP 2008, 233–236

Neue Entwicklungen im deutschen öffentlichen Dienst: Veränderungen des Bewusstseins und der Rechtslage, in: Zeitschrift für Staats- und Europawissenschaften 2008/4, S. 638–665

Kommunale Gebiets- und Funktionalreform – aktuelle Entwicklung und grundsätzliche Bedeutung, in: der moderne staat, 2/2008, S. 285–302

Die „Online-Durchsuchung" und die Angst vor dem Überwachungsstaat. Zum Urteil des Bundesverfassungsgerichts vom 27. Februar 2008, in: vorgänge 184, Dezember 2008, S. 11–19

Der deutsche Bundesstaat als Gegenstand des Staatsrechts, in: Recht und Politik 2009/2, S. 102–110

Über den Beitrag der öffentlichen Verwaltung zur Nationenbildung: Das Beispiel Deutschland, in: DÖV 2009, 786–793

Konkreter Realismus statt abstrakter Polemik: Ist Datenschutz ein Grundwert?, in: Neue Gesellschaft/Frankfurter Hefte 12/2009, S. 34–37

Sind Video-Verkehrskontrollen „unter keinem rechtlichen Aspekt vertretbar"?, in: NJW 2009, 3279–3282

Kommunale Selbstverwaltung als Schule der Demokratie, in: Dieter Schimanke (Hrsg.), Verwaltung und Raum, Baden-Baden 2010, S. 131-142 (Schriften der Deutschen Sektion des Internationalen Instituts für Verwaltungswissenschaften, Band 34)

Das Bundesverfassungsgericht – Hüter der Freiheitsrechte, in: Brenneisen/Staack/Kischewski (Hrsg.), 60 Jahre Grundgesetz, Münster u.a. 2010, S. 402–409

Geschlossenheit oder Pluralität? Das Dilemma einer Volkspartei, in: Berliner Republik 1/2010, S. 36–38

„Mitte und Herz der Verfassung"? Die Freiheitsrechte im Handbuch des Staatsrechts, in: Recht und Politik 2010, S. 37–46

Vom „Verwaltungsfabrikat" zur „Produktion von Dienstleistungen": Ein halbes Jahrhundert Diskussion über Informationstechnik und Verwaltung, in: Verwaltung und Management 2010, S. 65–68

Erfahrungen mit Kreis- und Gemeindegebietsreformen in anderen Ländern. Vortrag am 10.5.2010 in Jena (Friedrich-Ebert-Stiftung), zugänglich über: www.fes-thueringen. de/arbeitspapiere

Die schwierige Diskussion zwischen Sicherheitsbehörden, Bürgerrechtlern und Bundesverfassungsgericht, in: Die Polizei 2010, S. 153–159

Die „völlig unabhängige" Aufsichtsbehörde, in: Europäische Zeitschrift für Wirtschaftsrecht 2010, S. 488–494

Artikel „Datenschutz", in: Dieter Nohlen/Florian Grotz (Hrsg.), Kleines Lexikon der Politik, 5. Aufl. 2010

Insolvenzfähigkeit von Kommunen – Contra, in: NordÖR 2010, 343–346

Grundsatzentscheidungen zum Datenschutz bei den Sicherheitsbehörden (erweiterte und überarbeitete Fassung von: Meilensteine auf dem Weg des Rechtsstaates, JBÖS 2008/09, S. 317-331, s.o.), in: Möllers/van Ooyen (Hrsg.), Bundesverfassungsgericht und Öffentliche Sicherheit, JBÖS Sonderband 3, Frankfurt/Main 2010, S. 67–98

Modernisierung der kommunalen Selbstverwaltung, in: Bernhard Blanke/Frank Nullmeier/Christoph Reichard/Göttrik Wewer (Hrsg.), Handbuch zur Verwaltungsreform, 4. Aufl. Wiesbaden 2011, S. 545–553

Persönlichkeitsschutz im Internet: Reformeifer mit neuen Ansätzen, in: NVwZ 2011, 257–263

Regulierung des Internets mit den Instrumenten des Datenschutzes?, in: spw 1/2011 (Heft 182), S. 21–26

Die Wirtschaftskrise und die Kultur des Maßes, Freiheit und Schranken des Erwerbsstrebens in staatsrechtlicher und staatstheoretischer Betrachtung (Handbuch des Staatsrechts, Bd. VIII), in: Recht und Politik 2011 (i.V.)

Wie „politisch" ist der öffentliche Dienst?, in: Dieter Schimanke/Werner Jann/Hans Peter Bull (Hrsg.), Bürokratie im Irrgarten der Politik, Gedächtnissymposium für Hans-Ulrich Derlien, Baden-Baden 2011 (i.V.)

V. Zeitungsartikel (Auswahl)

Die Sehnsucht nach einem neuen Führer, in: Süddeutsche Zeitung vom 11.7.2005, S. 2 („Außenansicht")

Wir sind von Kopf bis Fuß auf Vorschriften eingestellt, in: Süddeutsche Zeitung vom 12.8.2005, S. 2 („Außenansicht")

Niemand hat nur Recht. „Cicero", die Pressefreiheit und der Innenminister, in: Neue Gesellschaft/Frankfurter Hefte 12/2005, S. 55

Autonomie oder Planung? Marktfassade: Die falschen Wege der deutschen Hochschulpolitik, in: Frankfurter Allgemeine Zeitung v. 6.1.2006, S. 34

Die lernunfähige Gesellschaft. Wir ertrinken in Informationen und verdrängen unsere Erfahrungen, in: Berliner Republik 3/2006, S. 58-67

Absage an den Staat? In: spw Heft 153 (1/2007), S. 14-17

Kämpfer für den Rechtsstaat. Die Reden und Schriften des SPD-Politikers Claus Arndt, in: Süddeutsche Zeitung v. 26.11.2007, S. 35

Werbesendungen schaden niemandem, in: Süddeutsche Zeitung v. 20.8.2008, S. 2 („Außenansicht")

Neosozialer Unfug, in: Die Zeit v. 21.8.2008 („Widerspruch")

Werbesendungen schaden niemandem, in: Süddeutsche Zeitung v. 20.8.2008, S. 2 („Außenansicht")

Warum die NPD nicht verboten werden kann, in: Frankfurter Allgemeine Zeitung v. 27.1.2009, S. 7 („Die Gegenwart")

Angstmache anstatt Aufklärung, in: Frankfurter Allgemeine Zeitung v. 17.10.2009, S. 8

Volkszählung – ja bitte!, in: Süddeutsche Zeitung v. 18.7.2010, S. 2 („Außenansicht")

Der Unfug vom deutschen FBI, in: Frankfurter Rundschau v. 27.12.2010, S. 12

VI. Editorials

Das Scharnier quietscht, in: Verwaltung und Management 3/2008, S. 114

„Ich habe meine Vorschriften" oder „System Simone"?, in: Verwaltung und Management 3/2009

Vorratsdatenspeicherung – Recht gegen Dämonen?, in: NJW Heft 12/2010 (NJW-aktuell S. 3)

Verzeichnis der Autoren

Prof. Dr. *Manfred Baldus*, Universität Erfurt

Prof. Dr. Dr. h. c. *Ulrich Battis*, Humboldt-Universität Berlin

Prof. Dr. *Hartmut Bauer*, Universität Potsdam

Prof. Dr. Dr. *Jörg Berkemann*, Universität Hamburg

Prof. Dr. Dr. h. c. *Udo Bermbach*, Universität Hamburg /Universität Budapest ELTE

Prof. Dr. *Bernhard Blanke*, Universität Hannover

Prof. Dr. *Monika Böhm*, Universität Marburg

Prof. Dr. *Carl Böhret*, Deutsche Hochschule für Verwaltungswissenschaften Speyer

Prof. Dr. *Heinz Joachim Bonk*, Richter am Bundesverwaltungsgericht a. D., Rechtsanwalt, Berlin

Senatsdirektor Dr. *Volker Bonorden*, Leiter des Personalamtes der Freien und Hansestadt Hamburg.

Prof. Dr. *Martin Burgi*, Universität Bochum

Prof. Dr. *Klaus Dammann*, Universität Bielefeld

Prof. Dr. *Hans-Ulrich Derlien* †, Bamberg

Dr. *Andreas Dressel*, MdHB, Hamburg

Prof. Dr. *Carl-Eugen Eberle*, Universität Hamburg, jetzt Justitiar beim ZDF, Mainz

Prof. Dr. Dr. h. c. mult. *Peter Eichhorn*, Universität Mannheim

Prof. Dr. *Dagmar Felix*, Universität Hamburg

Prof. Dr. *Rudolf Fisch*, Deutsche Hochschule für Verwaltungswissenschaften Speyer

Dr. *Thomas Fraatz-Rosenfeld*, Rechtsanwalt, Fachanwalt für Verwaltungsrecht / Fachanwalt für Miet- und Wohnungseigentumsrecht, Hamburg

Prof. Dr. *Klaus-Eckart Gebauer*, Landtagsdirektor a. D., Mainz

Prof. Dr. *Max-Emanuel Geis*, Universität Erlangen

Prof. Dr. *Christoph Gusy*, Universität Bielefeld

Prof. Dr. *Armin Hatje*, Universität Hamburg

Prof. Dr. *Hermann Hill*, Deutsche Hochschule für Verwaltungswissenschaften Speyer

Prof. Dr. *Wolfgang Hoffmann-Riem*, Universität Hamburg, Richter am BVerfG a.D.

Dr. *Rainer Holtschneider*, Staatssekretär a. D., Köln

Prof. Dr. *Ulrich Karpen*, Universität Hamburg

Prof. Dr. *Hans-Joachim Koch*, Universität Hamburg

Prof. Dr. Dr. *Klaus König*, Deutsche Hochschule für Verwaltungswissenschaften Speyer

Prof. Dr. *Karl-Heinz Ladeur*, Universität Hamburg

Prof. Dr. *Hans-Werner Laubinger*, Universität Mainz

Prof. Dr. *Otto Luchterhandt*, Universität Hamburg

Prof. Dr. *Bernd Lutterbeck*, Technische Universität Berlin

Prof. Dr. *Veith Mehde*, Universität Hannover

Prof. Dr. *Andreas Musil*, Universität Potsdam

Prof. *Janbernd Oebbecke*, Universität Münster

Prof. Dr. *Claus Ott*, Universität Hamburg

Prof. Dr. *Stefan Ulrich Pieper*, Universität Münster, Leiter des Referats „Verfassung und Recht Justitiariat" Bundespräsidialamt

Dr. *Arne Pilniok*, Wissenschaftlicher Mitarbeiter, Universität Hamburg

Prof. Dr. *Ulrich Ramsauer*, Universität Hamburg

Prof. Dr. Dr. h. c. *Norbert Reich*, Universität Bremen

Prof. Dr. *Heinrich Reinermann*, Deutsche Hochschule für Verwaltungswissenschaften Speyer

Prof. Dr. *Ingo Richter*, Universität Tübingen

Prof. Dr. *Alfred Rinken*, Universität Bremen

Peter Schaar, Bundesbeauftragter für Datenschutz

Prof. Dr. *Hans-Bernd Schäfer*, Universität Hamburg, Affiliate Professor, Bucerius Law School, Hamburg

Prof. Dr. *Dian Schefold*, Universität Bremen

Prof. Dr. *Arno Scherzberg*, Universität Erfurt

Prof. Dr. *Dieter Schimanke*, Staatssekretär a. D, Großhansdorf

Prof. Dr. *Utz Schliesky*, Direktor des schleswig-holsteinischen Landtags, geschäftsführender Direktor des Freiherr-vom Stein-Instituts an der Universität Kiel

Prof. Dr. *Arndt Schmehl*, Universität Hamburg

Prof. Dr. *Edzard Schmidt-Jortzig*, Bundesminister a. D., Universität Kiel

Dr. *Margrit Seckelmann*, Geschäftsführerin des Deutschen Forschungsinstituts für öffentliche Verwaltung Speyer

Prof. Dr. *Peter Selmer*, Universität Hamburg

Dr. *Sikandar Siddiqui*, Diplom-Volkswirt, Heidelberg

Dr. *Carsten Stender*, Rechtsanwalt, Berlin,

Prof. Dr. *Werner Thieme*, Universität Hamburg

Prof. Dr. *Hans-Heinrich Trute*, Universität Hamburg

Prof. Dr. *Maximilian Wallerath*, Universität Greifswald

Prof. Dr. *Felix Welti*, Universität Kassel

Prof. Dr. *Joachim Wieland*, Deutsche Hochschule für Verwaltungswissenschaften Speyer

Prof. Dr. *Heinrich Amadeus Wolff*, Universität Frankfurt (Oder)

Dr. *Hans-Hermann Zahn*, Regierungsdirektor, Vorsitzender des Freundeskreises des Seminars für Verwaltungslehre Hamburg

Prof. Dr. *Jan Ziekow*, Deutsche Hochschule für Verwaltungswissenschaften Speyer

Datenschutz, Informationsrecht und Rechtspolitik

Gesammelte Aufsätze

Von

Hans Peter Bull

Beiträge zum Informationsrecht, Band 16
377 S. 2005 ⟨978-3-428-11759-8⟩ € 98,–

Die Informations- und Kommunikationstechnik hat unser Leben in den letzten Jahrzehnten verändert und wird es weiter verändern. Aus der Erkenntnis der damit verbundenen Risiken für Individualrechtsgüter ist das Datenschutzrecht entstanden. Der Autor hat die Entwicklung dieses neuen Rechts als erster Bundesbeauftragter für den Datenschutz mit geprägt und später aus anderen Perspektiven – als Wissenschaftler und als Landesinnenminister – weiter beeinflusst. Er hat sich andererseits auch stets für Informationsfreiheit der Bürger und Transparenz der Verwaltung eingesetzt.

Die hier gesammelten Aufsätze aus über 25 Jahren, die in der Erstveröffentlichung z. T. nur noch schwer zugänglich sind, behandeln zentrale Fragen der Rechtsdogmatik von Datenschutz und Informationsordnung, der Technikeinschätzung und der Rechtspolitik. Einen Schwerpunkt bildet die Informationsverarbeitung der Sicherheitsbehörden. Auch zu neueren Diskussionen über Zustand und Zukunft des Datenschutzes nimmt der Autor kritisch Stellung.

Internet: www.duncker-humblot.de

Duncker & Humblot · Berlin